千年湖湘八景图典

名誉主编／夏义生
主编／赵涛　杨玲

北京时代华文书局

【编委会】

【名誉主编】

夏义生，男，汉族，湖南常宁人，中共党员，研究生学历，文学博士，文学创作一级。现任中国文联第十届全委会委员，中国文艺评论家协会理事，湖南省文联党组书记、副主席，中国新文学学会副会长，政协湖南省第十二届委员会常委。曾任湖南省文联文艺理论研究室主任，《理论与创作》执行主编，省文艺评论家协会秘书长。2010 年 9 月至 12 月，参加湖南省中青年领导干部公共管理高级培训班，在美国加州圣何塞州立大学学习。主要从事文艺评论和文艺理论研究工作，在《人民日报》《光明日报》《文艺报》等刊物发表文艺评论和理论研究文章近百篇；先后主持承担了中国文联课题、湖南省社科联课题、社科规划立项课题、社科成果评审委员会课题的研究任务；曾获第六届、第七届中国文联文艺评论奖。著有《消费时代的文化镜像》（湖南文艺出版社出版）、《湖南当代少数民族作家小传》（湖南师范大学出版社出版）。

【主编】

赵涛，湖南省文联委员、湖南省企（事）业文联秘书长、《财富地理》总编辑，曾任湖南美术馆建设领导小组办公室主任。主编《湖南文艺六十年·省企（事）业文联卷》《文脉·千年湖湘书院图记》《湖南人文地理丛书》《百年湖湘工业三部曲》《水兮湖湘——湖南防汛抗旱三部曲》等文献专辑近百卷，创作出版长篇报告文学《大梦峥嵘》《凤凰涅槃》等。

杨玲，湖南省企（事）业文联理事、湖南省企（事）业文联官网主编、《财富地理》执行主编。参与策划编撰《湖南文艺六十年·省企（事）业文联卷》《水兮湖湘——湖南防汛抗旱三部曲》《岳麓文史·纪念抗日战争胜利七十周年》《湖湘五记·千年湖湘“一湖四水”文脉图记》等文献专辑。

【编辑说明】

一、《文脉·千年湖湘八景图典》全书以湖南各市州、县市区分篇，以宋代“潇湘八景”为开篇，下迄民国，今人所评新八景未录。每篇所录“八景”皆依据历代方志记载，并综合各类底本予以比对校勘，尽量采用善本。但鉴于少数“八景”已为今人所共识，虽一时无历史文献所佐证，亦编录入书，有待日后增补完善。同时，于各分篇首简述当地历史沿革和区划变迁，并选录历代方志所载府、州、厅、县之“境图”“治图”“山水图”以彰湖南形胜。

二、“八景”以诗、图为载体，融合地域风物景观与人文文化。《文脉·千年湖湘八景图典》全书将湖南各地“八景”钩沉荟萃，并将部分诗词爬梳考订，分别选录附后，然因篇幅及史料所限，遗珠之憾亦在所难免。

三、湖南“八景”文化流传千年，历史久远，诸多景观早已无存失考。《文脉·千年湖湘八景图典》全书所载“八景图”均为历代方志所载“八景图”，所引用史料均以方志中“山川”“形胜”“古迹”“艺文”等史料为准，强调全书文献视角，不另载实景图（除“岳麓书院八景”外）。

四、《文脉·千年湖湘八景图典》全书所载图片皆为国家图书馆、故宫博物院、湖南省图书馆、湖南方志馆等所藏方志古籍影印。古籍原本历经自然和人为破坏，难免墨迹污染、虫蠹漫漶、残损缺页，影印清晰度与文献完整性因底本而异。

五、湖南“八景”文化源远流长，所涉及方志史料五百余种，内容纷繁庞杂，加之采编时间与编者学识所限，错讹之处，敬请读者批评指正。

【前言】

山川奇气曾钟此

《永乐大典方志辑佚》记载：“八景之作，始自潇湘。”

潇湘，泛指湖南。北宋沈括在《梦溪笔谈》中写道：“度支员外郎宋迪工画，尤善为平山远水，其得意者有平沙雁落、远浦帆归、山市晴岚、江天暮雪、洞庭秋月、潇湘夜雨、烟寺晚钟、渔村落照，谓之八景。”后人将平沙雁落、远浦帆归、渔村落照分别改称平沙落雁、远浦归帆、渔村夕照。北宋嘉祐年间，时人筑八景台于长沙，将宋迪“八景”列其上，“海内咸称之。转相效拟，益若甲天下”。自此，“各郡县均有八景，处处皆然”“十室之邑、三里之城、五亩之园，以及琳宫梵宇，靡不有八景十景诗矣”。八景作为一种普遍存在的地域自然景观与文化风雅，赓续千年，流播海内外。

宋迪“潇湘八景图”荟萃春夏秋冬之节，晨午昏夜之时，晴雨雪烟之候，潇湘景色，尽入画中。以“潇湘八景”为主导的选景模式，将实体具象与隐喻智慧、天地自然与人类心灵、恒定景物与瞬间景观、日常体验与超常感悟合而为一，交相辉映，历久弥新，成为中华优秀传统文化生生不息的人文母题和熠熠生辉的文旅胜迹。

习近平总书记强调，“要把优秀传统文化的精神标识提炼出来、展示出来，把优秀传统文化中具有当代价值、世界意义的文化精髓提炼出来、展示出来”。

湖南省文联、湖南省企（事）业文联、《财富地理》策划编纂出版《文脉·千年湖湘八景图典》文献图书，以“八景”为经，以全省市州、县市区为纬，全景钩沉湖南八景，为文脉立传，为山水画像，为教化明德，探寻八景湖南的历史嬗变与时代表达的创造性转化与创新性发展。

八景湖南，山水图景。

“山不在高，水不在深，而皆以胜概得名，故志山川则必志名胜”。观照历代方志书写传统，人们专注于本土特色景观的呈现与淬炼，这一方面可以标新不同地域的山水格局，另一方面又可以形塑丰沛的地域人文。明清时期，方志、笔记的涌现以及刻印技术的发展，刻绘地域山光水色日益成熟，八景文化一脉传承，异彩纷呈。

清同治年间《续修永定县志》“山水”载“八景图”有记曰：“昔王摩诘绘《辋川图》，谓诗不能写者以画传之。盖善状难状之景，即一丘一壑，尚使人流连，况以城郭之区，山水之胜，触处更易动情乎。永据楚西，上游万山环绕，天然一幅画图。今拣名胜，续标八景。”

而且，“夫简策有图，非徒工绘事也。盖记未备者，可按图而穷其胜；记所已备者，可因图而索其精。图为贡幽阐邃之具也”。《文脉·千年湖湘八景图典》以宋代“潇湘八景”开篇，下迄民国，所录“八景”“八景图”皆据历代方志所载，并综合各类底本予以比对校勘，尽量采用善本，所引用史料均以方志中“山川”“形胜”“古迹”“艺文”等史料为准，凸显全书文献立场。同时，于各分篇首简述当地历史沿革和区划变迁，并选录历代方志所载府、州、厅、县之“境图”“治图”“山水图”以彰湖南形胜。

八景湖南，人文胜景。

八景根植于地方的自然山水，也植根于地方的乡土人文。

仁者乐山，智者乐水。山与水升华成为人格化的存在，自然山水不只是观赏、游览的物质空间，更是人们寄托情感和理想的精神空间。

正如李劼《山水图志与家国、社会角色及其关系的建构》中所言，山水自在，不以物喜，不以己悲，但生活其间的人们在时间的流逝中，将不变的山水纳入到自己的叙事体系中，山水遂成为人们盛放身家的“容器”，或者也可以说，山水亦成为盛放于人们无边的精神空间里的“内容”。

“一切高深，可以为山水，而山水反不能自为胜；一切山水，可以高深，而山水之胜反不能自为名。山水者，有待而名胜者也：曰事，曰诗，曰文。之三者，山水之眼也。”

日月星辰、春夏秋冬、风雨霜雪、山岩洞石、江湖泉瀑、花草林木、飞禽走兽、佛寺道观、楼台亭阁、名人遗迹、农耕渔樵、民居桑田、风物特产……八景以高度的艺术概括，写意山水与人文的大美，折射出中国人的生命本真和审美理想，凝聚着中华民族历史传统的共同品质，确立了“天人合一”的人文坐标。“模山范水”传统浸润下的文人士大夫，擘画理想中的生活图景，自觉地通过“事”“诗”“文”为八景中的山水点睛。

《文脉·千年湖湘八景图典》文献图书选录湖南各地历代“八景”诗词与“八景图”，尽显“展其图而曲尽幽人，读其诗而烟云万丈”之妙，以志人文大观。

八景湖南，文旅美景。

2018年3月，国务院办公厅印发《关于促进全域旅游发展的指导意见》指出，把促进全域旅游发展作为推动经济社会发展的重要抓手，从区域发展全局出发，统一规划，整合资源，凝聚全域旅游发展新合力。

文化是旅游的灵魂，旅游是文化的载体。推动文化与旅游的深度融合，对于发展全域旅游、打造品质旅游、实现旅游业高质量发展具有重要意义。

因此，“要深刻体会文旅要素中的历史属性一定要靠现代运筹来得以弘扬；文旅要素中的自然属性，也一定要凭人文投射来得以光大；文旅项目不仅是静态的存在，更是动态的创造；文旅产业既是一个实体经济，又是一个想象空间”。

八景作为特有的一种旅游文化资源，不仅可以为“文化赋能旅游”提供新的路径，而且为旅游资源的开发与可持续利用提供精准的现实参照。

江山留胜迹，我辈复登临。文旅融合的美景正向纵深铺展。《文脉·千年湖湘八景图典》文献图书以文化初心，守正创新，溯源湖湘八景的千年演变与传承，复苏湖湘大地久远的“乡愁”，再现湖湘记忆里永恒的“诗与远方”，全力落实省委打造“锦绣潇湘”全域旅游的战略部署，助推文化与旅游在更广范围、更深层次、更高水平上实现融合发展，不断满足人民群众对美好生活的需要，其意义不言而喻。

山川之美，古来共谈。九百多年前，北宋大书画家米芾为“潇湘八景画”题诗写序：“洞庭南来，浩淼沉碧，叠嶂层岩，绵衍千里，际以天宇之虚碧，杂以烟霞之吞吐，风帆沙鸟，出没往来，水竹云林，映带左右，朝昏之气不同，四时之候不一，此则潇湘之大观也。”

一方水土养一方人。从某种意义上来说，八景湖南就是文化湖南的诗意表达，就是湖湘文脉的诗性写照。展读湖湘八景千年画卷，让我们更好地读懂湖南，读懂湖南人，读懂“山川奇气曾钟此”的文气，为奋力实施“三高四新”战略，建设现代化新湖南贡献文化力量。

【目录】

潇湘卷

长沙卷

株洲卷

湘潭卷

衡阳卷

邵阳卷

岳阳卷

常德卷

张家界卷

益阳卷

永州卷

怀化卷

湘西卷

【潇湘八景】

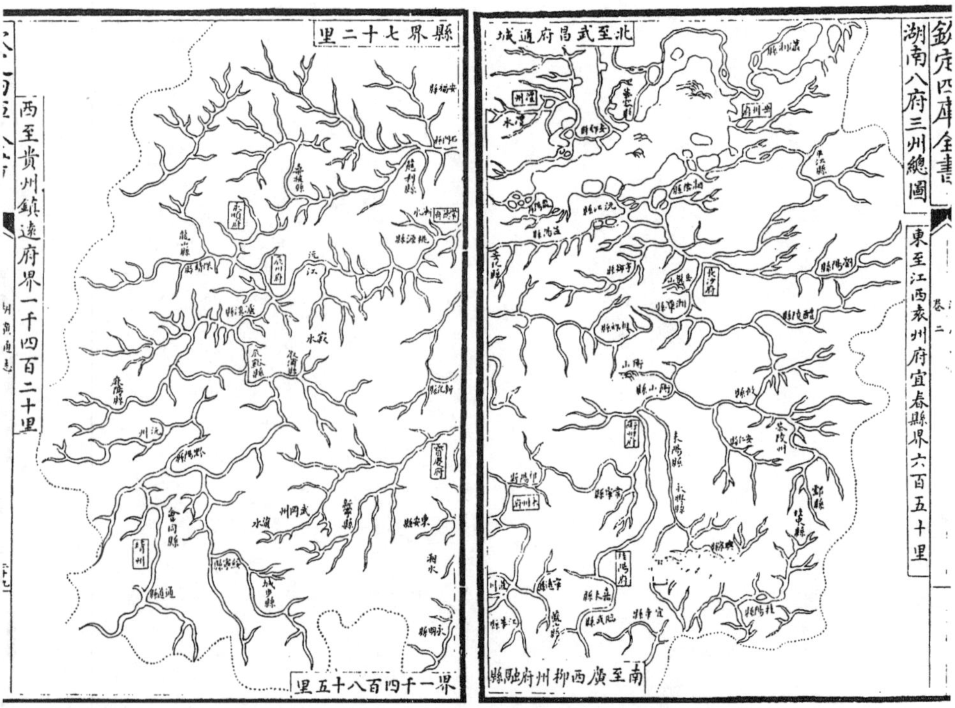

圖清《四库全书·湖广通志》“卷二”载“湖南八府三州总图”

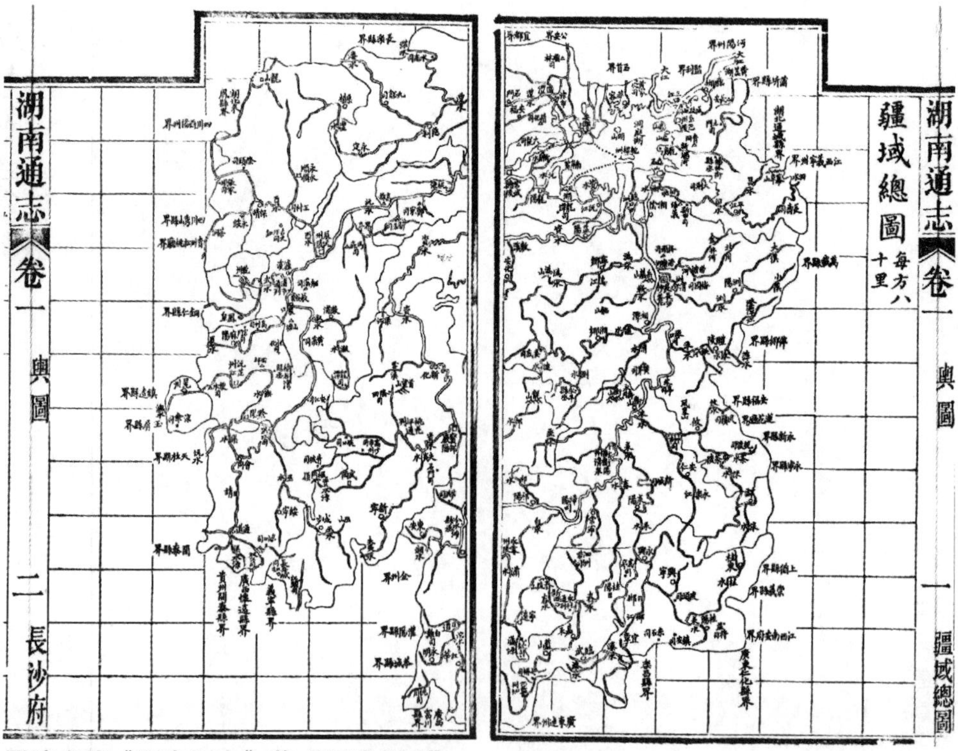

圖清光绪《湖南通志》载“疆域总图”

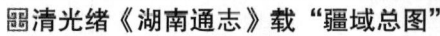

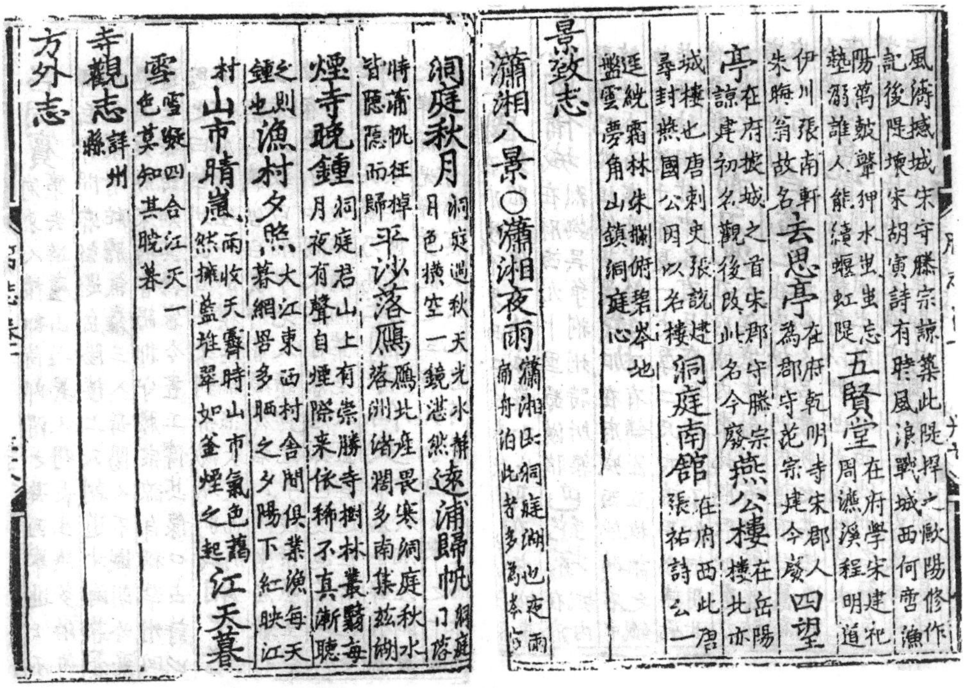

風濤撼城宋守滕宗諒築此隄捍之歐陽修作
記後隄壞宋胡寅詩有聽風浪戰城西何啻漁
陽萬艘聲押水患忘
埶溺誰人能績蝘虹隄
五賢堂 在府學宋建祀周濂溪程明道
伊川張南軒朱晦翁故名
去思亭 在府乾明寺宋郡人為郡守范宗建今廢
四望亭 在府城之首宋郡守滕宗諒建初名觀後改此名今廢
燕公樓 在岳陽樓北亦城樓也唐刺史張說建尋封燕國公因以名樓
洞庭南館 在府西此唐張祐詩云一逕繞霜林朱欄俯碧岑地盤雲夢角山鎮洞庭心
景致志
瀟湘八景○瀟湘夜雨 瀟湘卧洞庭湖也夜雨扁舟泊此者多為李
洞庭秋月 洞庭過秋天光水靜月色横空一鏡湛然
遠浦歸帆 洞庭门落時蒲帆枉棹皆隱隱而歸
平沙落鴈 鴈北進畏寒洞庭秋水落洲渚濶多南集蒹湖
煙寺晚鍾 洞庭君山上有崇勝寺樹林叢翳每月夜有聲自煙際来依稀不真漸聽之則鍾也
漁村夕照 大江東西村舍閭俱業漁每天暮網罟多晒之夕陽下紅映江村
山市晴嵐 雨收天霽時山市氣色藹然擁藍堆翠如釜煙之起
江天暮雪 雪凝四合江天一色莫知其晚暮
寺觀志 詳州縣
方外志

明弘治《岳州府志》“景致志”载“潇湘八景”

湖南，位于我国中部、长江中游，因大部分区域在洞庭湖以南而得名“湖南”，因省内最大河流湘江流贯全境而简称“湘”。湖南自古盛植木芙蓉，五代时就有“秋风万里芙蓉国”之说，因此又有“芙蓉国”之称。

湖南省现行行政区域在周朝为荆州南境，春秋战国时期纳入楚国版图。秦统一中国后，实行郡县制，湖南地区设置有黔中郡、长沙郡。

西汉实行州、郡、县三级制，与封国并行。湖南境内设有武陵郡、桂阳郡、零陵郡和长沙国。王莽新朝曾废长沙国改立长沙郡，桂阳郡改南平郡，武陵郡改建平郡，零陵郡改九嶷郡。东汉时恢复原郡名，但长沙不再立国而保留长沙郡。

三国时期，湖南地区为蜀汉和东吴角逐之所，零陵、武陵郡属蜀，长沙、桂阳郡属吴。后零陵、武陵郡归入东吴版图，并增置南郡、临贺郡、衡阳郡、湘东郡、天门郡、昭陵郡。

西晋时，湖南分属荆州、广州。东晋偏安江左，湖南分属荆州、湘州和江州。南朝宋、齐和梁前期，湖南分属湘州、郢州和荆州。陈朝时湖南分属荆州、沅州、湘州。

隋朝裁并州、县，改州、郡、县三级制为郡县二级制。湖南省境设：长沙、武陵、沅陵、澧阳、巴陵、衡山、桂阳、零陵等八郡。

唐初改郡为州，武德四年（621）置潭州总管府，管辖潭州、衡州、永州、郴州、连州、南梁州、南云州、南营州。武德七年（624）改总管府为都督府，统辖潭州、衡州、永州、郴州、连州、邵州和道州。太宗朝始设道，道下设州（或郡），州下为县。湖南分属山东南道、江南西道和黔中道、黔中道黔州都督府。广德二年（764）置湖南观察使，湖南之名自此始。

五代十国时期，马殷据有湖南，立楚国，国都为长沙府。楚分其所辖地为二十八州一监，在湖南境有十三州一监：潭州、岳州、郴州、朗州、辰州、溪州、邵州、锦州、澧州、叙州、衡州、永州、道州、桂阳监。

宋朝分全国为路，路下设州、府、军、监，各辖若干县。湖南分属荆湖南路和荆湖北路。

元代实行行省制度。湖南属湖广行省，分十四路三州：岳州路、常德

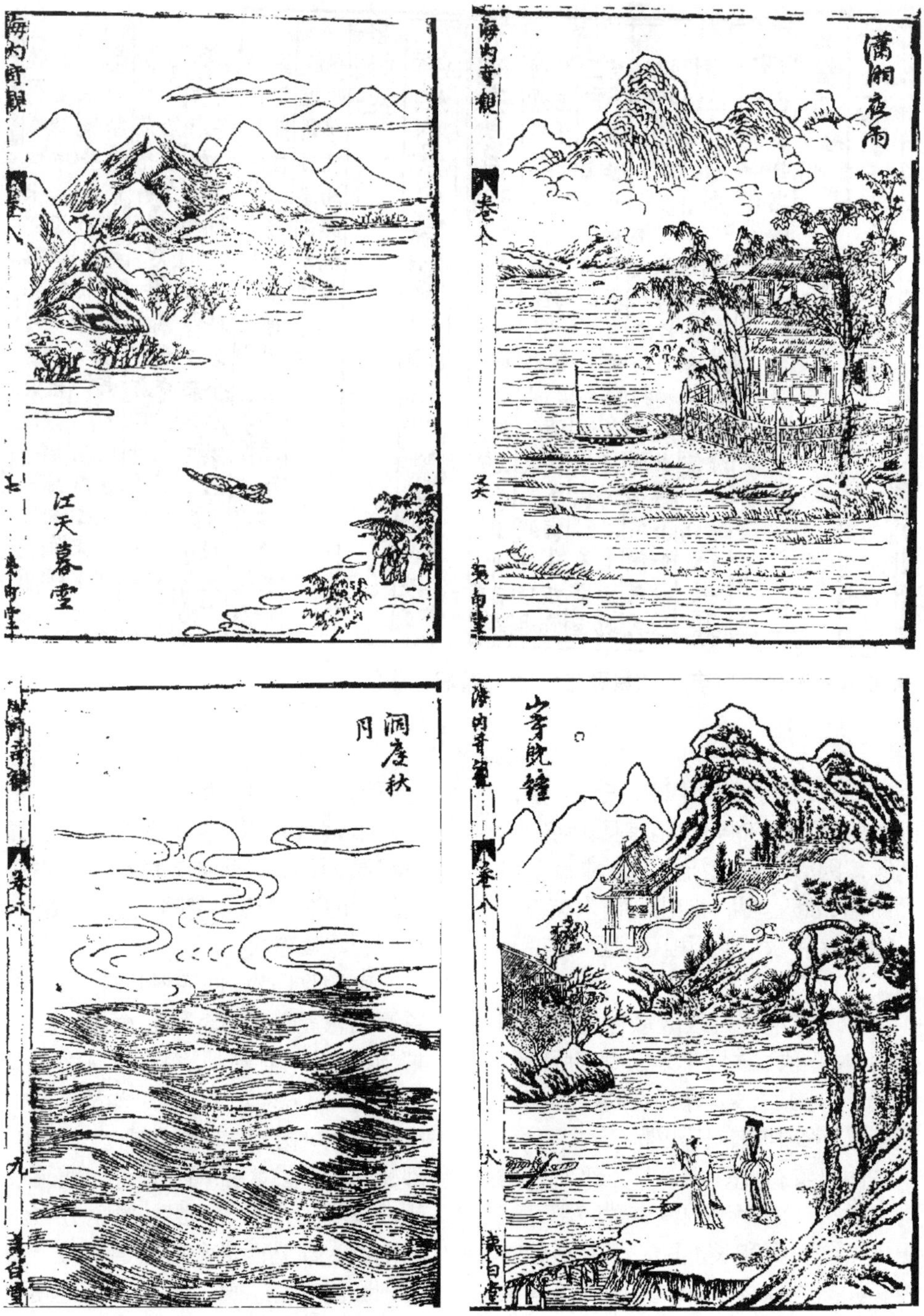

明《海内奇观》载“咏潇湘八景”

路、澧州路、辰州路、沅州路、靖州路、天临路、衡州路、道州路、永州路、郴州路、宝庆路、武冈路、桂阳路、茶陵州、耒阳州、常宁州。元朝还在今湘西少数民族聚居地实行土司制度，置有十多个长官司或蛮夷长官司，分别隶属思州军民安抚司、新添葛蛮安抚司和四川行省永顺等处军民安抚司管辖。

明朝行省设布政使司，后改为承宣布政使司。省下为府（州），府下设县，实行省、府（州）、县三级制。湖南属湖广布政使司，辖地在今湖南境的有七府、二州、二司：岳州府、长沙府、常德府、衡州府、永州府、宝庆府、辰州府、郴州、靖州、永顺军民宣慰使司、保靖州军民宣慰使司。

清朝地方政权实行省、道、府（直

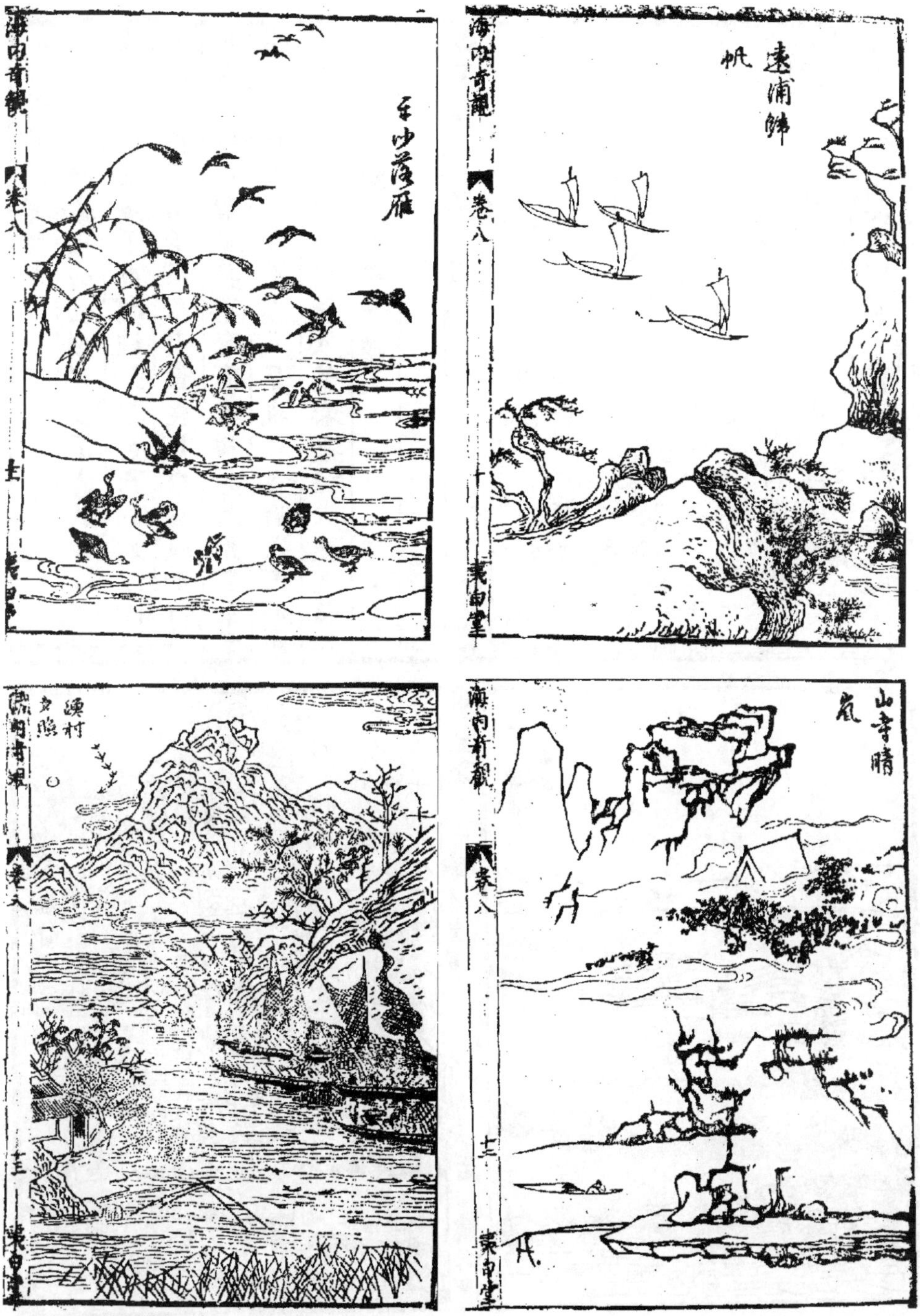

明《海内奇观》载“咏潇湘八景”

隶厅、直隶州）、县（散厅、散州）四级制。康熙三年（1664）置湖广按察使司，湖广右布政使、偏沅巡抚均移驻长沙。湖广行省南北分治，湖南独立建省。长沙府、衡州府、永州府、宝庆府、辰州府、常德府、岳州府，郴州、靖州由偏沅巡抚直接管辖。雍正二年（1724），偏沅巡抚易名湖南巡抚。至此，现行的湖南省行政区域作为独立的地方一级政权组织才基本确立下来。

清代湖南总计分四道、九府、四直隶州、五直隶厅（不辖县）。直隶州、直隶厅直接隶属道与省，而不由府管辖。县以外设有散厅、散州，受府节制，相当县一级。湖南有散州三个，散厅一个。作为基本行政单位的县和散州、散厅，包括不辖县的直隶厅和直隶州

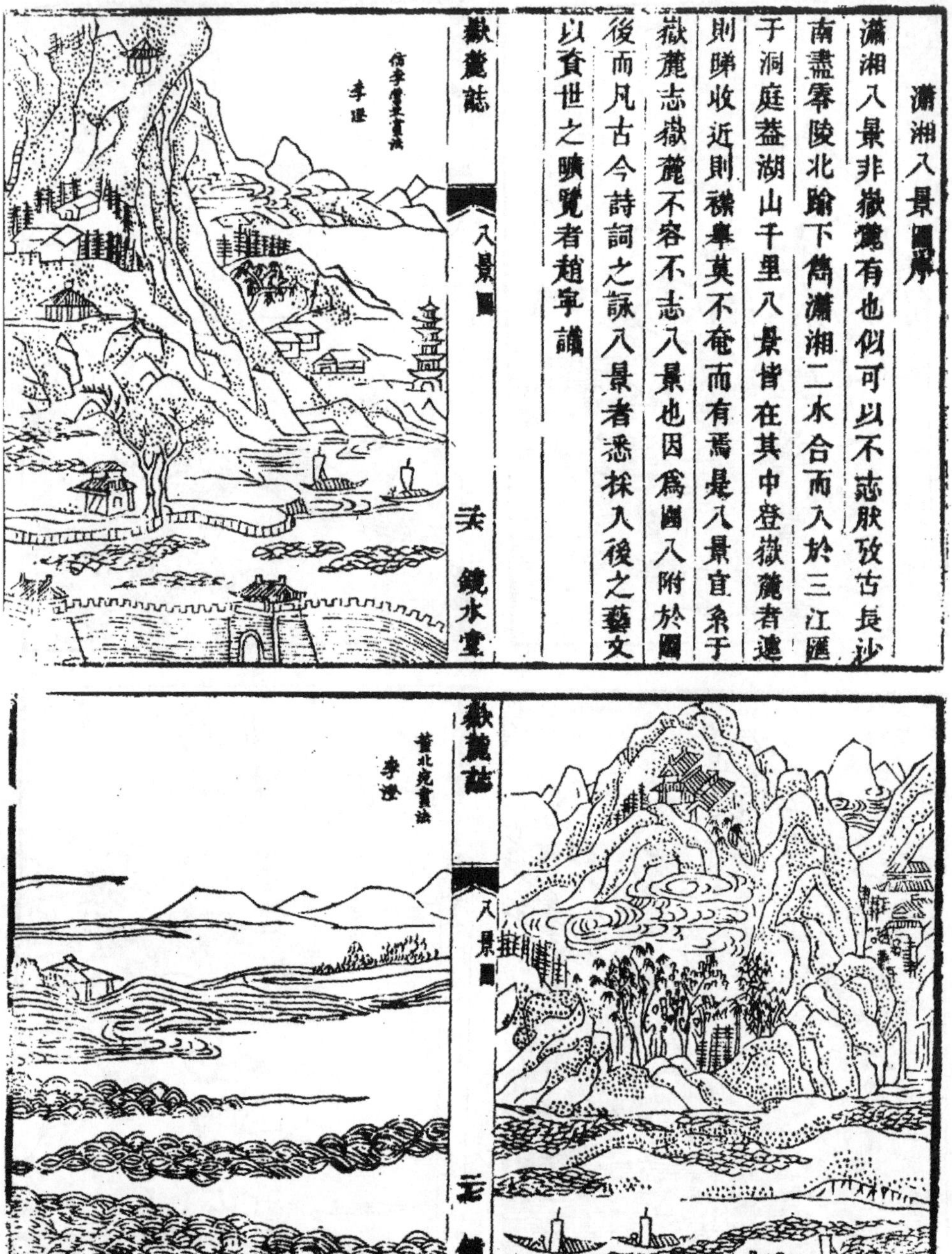
瀟湘八景圖序

瀟湘八景非嶽麓有也似可以不志然攷古長沙南盡零陵北踰下雋瀟湘二水合而入於三江匯于洞庭叠湖山千里八景皆在其中登嶽麓者遠則睇收近則襟聚莫不奄而有焉是八景宜系于嶽麓志嶽麓不容不志八景也因爲圖八附於圖後而凡古今詩詞之詠八景者悉採入後之藝文以資世之曠覽者趙寧識

图清康熙《岳麓志》载"潇湘八景图（并序）"（一）

在内，共有七十七个单位。

潇湘八景，相传为潇湘一带的八处佳胜。宋人沈括《梦溪笔谈》载，"度支员外郎宋迪工画，尤善为平远山水，其得意者有平沙雁落、远浦帆归、山市晴岚、江天暮雪、洞庭秋月、潇湘夜雨、烟寺晚钟、渔村落照，谓之八景，好事者多传之"。后人将平沙雁落、远浦帆归、渔村落照分别改为平沙落雁、远浦归帆、渔村夕照，形成了迄今为止固定的潇湘八景称谓。

据周阅《"潇湘八景"的诗情画意》所考证：沈括所说的宋迪是目前有案可考的绘制了《潇湘八景图》的第一人。宋迪，字复古，生卒年不详，是生活于十一世纪的北宋文人画家。北宋郭若虚在画史著作《图画见闻志》卷三《纪艺中》中说："宋道字公达，

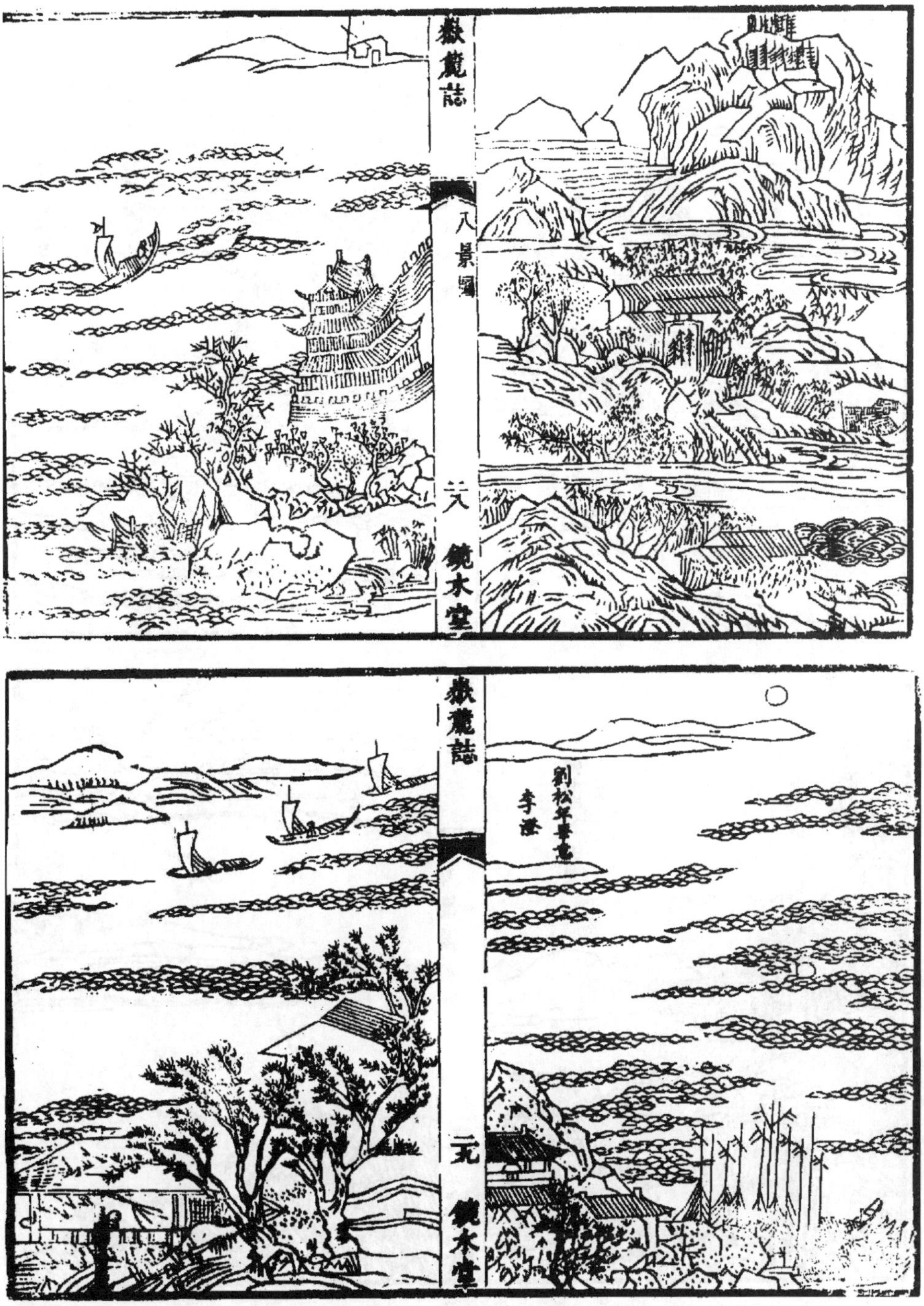

图清康熙《岳麓志》载“潇湘八景图（并序）”（二）

宋迪字复古，雒阳人。二难皆以进士擢第，今并处名曹。”由此可见，当时宋迪与其兄宋道都是知名人士。又据《宣和画谱》卷十二记载：宋迪“性嗜画，好作山水，或因览物得意，或因写物创意，而运思高妙，如骚人墨客，登高临赋，当时推重往往不名，以字显，故谓之宋复古。又多喜画松，而枯槎老枿，或高或偃，或孤或双，以至于千株万株，森森然殊可骇也”。宋迪曾于嘉祐年间任转运判官和度支员外郎，亲临潇湘之地，或许他的《潇湘八景图》正是在此期间创作的。

2005 年，湖南省旅游学会启动“新潇湘八景”评选，评出山水文化、人文景观、生态休闲三大类“新潇湘八景”。

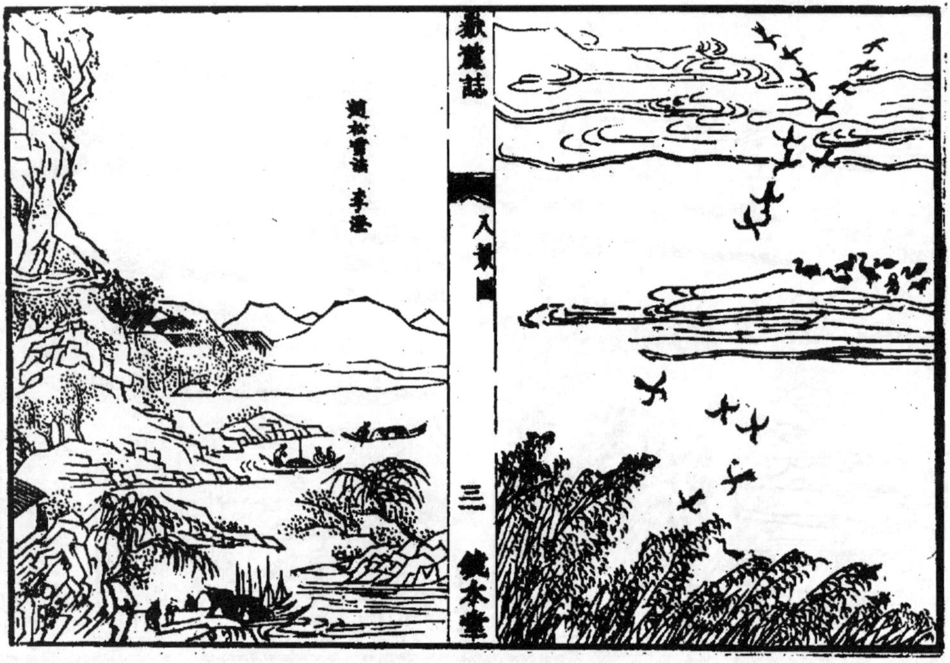

图清康熙《岳麓志》载“潇湘八景图（并序）”（三）

宋代米芾《潇湘八景图诗序》

潇水出道州，湘水出全州，至永州而合流焉。自湖而南，皆二水所经，至湘阴始与沅之水会，又至洞庭，与巴江之水合，故湖之南皆可以潇湘名。若湖之北，则汉沔汤汤，不得谓之潇湘。潇湘之景可得闻乎？洞庭南来，浩淼沉碧，叠嶂层岩，绵衍千里。际以天宇之虚碧，杂以烟霞之吞吐。风帆沙鸟，出没往来。水竹云林，映带左右。朝昏之气不同，四时之候不一。此则潇湘之大观也！若夫八景之极致，则具列如左。

潇湘夜雨

苦竹丛翳，鹧鸪哀鸣。江云黯黯，江水冥冥。翻河倒海，若注若倾。舞泣珠之渊客，悲鼓瑟之湘灵。

大王长啸起雄风，又逐行云入梦

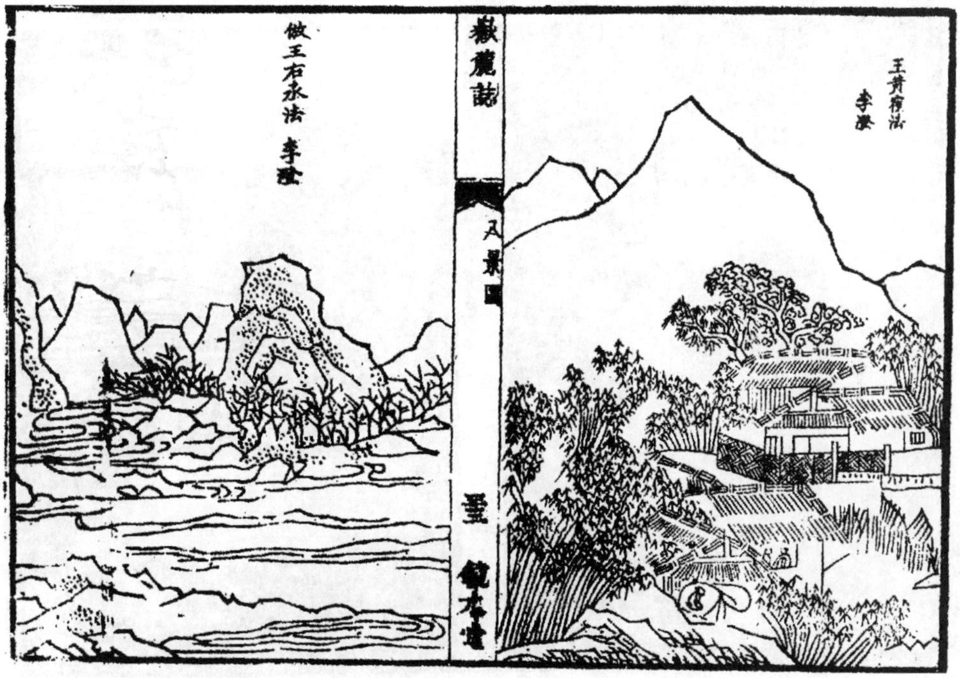

图清康熙《岳麓志》载“潇湘八景图（并序）”（四）

中。想像瑶台环佩湿，令人魂断楚江东。

山市晴岚

依山为郭，列肆为居。鱼虾之会，菱芡之都。来者于于，往者徐徐。林端缥缈，峦表萦纡。翠含山色，红射朝晖。舒不盈乎一掬，散则满乎太虚。

乱峰空翠晴还湿，山市岚昏近觉遥。正值微寒堪索醉，酒旗从此不须招。

远浦归帆

晴岚漾波，落霞照水。有叶其舟，捷于飞羽。幸济洪涛，将以宁处。家人候门，观笑容与。

汉江游女石榴裙，一道菱歌两岸闻。估客归帆休怅望，闺中红粉正思君。

烟寺晚钟

暝入松门，阴生莲宇。杖锡之僧，将归林莽。蒲牢一声，猿惊鹤举。幽谷云藏，东山月吐。

图清康熙《岳麓志》载“潇湘八景图（并序）”（五）

绝顶曾僧未易逢，禅床常被白云封。残钟已罢寥天远，杖锡时过紫盖峰。

渔村夕照

翼翼其庐，濒崖以居。泛泛其艇，依荷与蒲。有鱼可脍，有酒可需。收纶卷网，其乐何如。西山之晖，在我桑榆。

晒网柴门返照新，桃花流水认前津。买鱼沽酒湘江去，远吊怀沙作赋人。

洞庭秋月

君山南来，浩浩沧溟。飘风之不起，层浪之不生。夜气既清，静露斯零。素娥浴水，光荡金精。倒霓裳之清影，来广乐之天声。纤云不起，上下虚明。

李白曾移月下仙，烟波秋醉洞庭船。我来更欲骑黄鹤，直上高楼一醉眠。

平沙落雁

霜清木落，芦苇苍苍。群鸟肃肃，

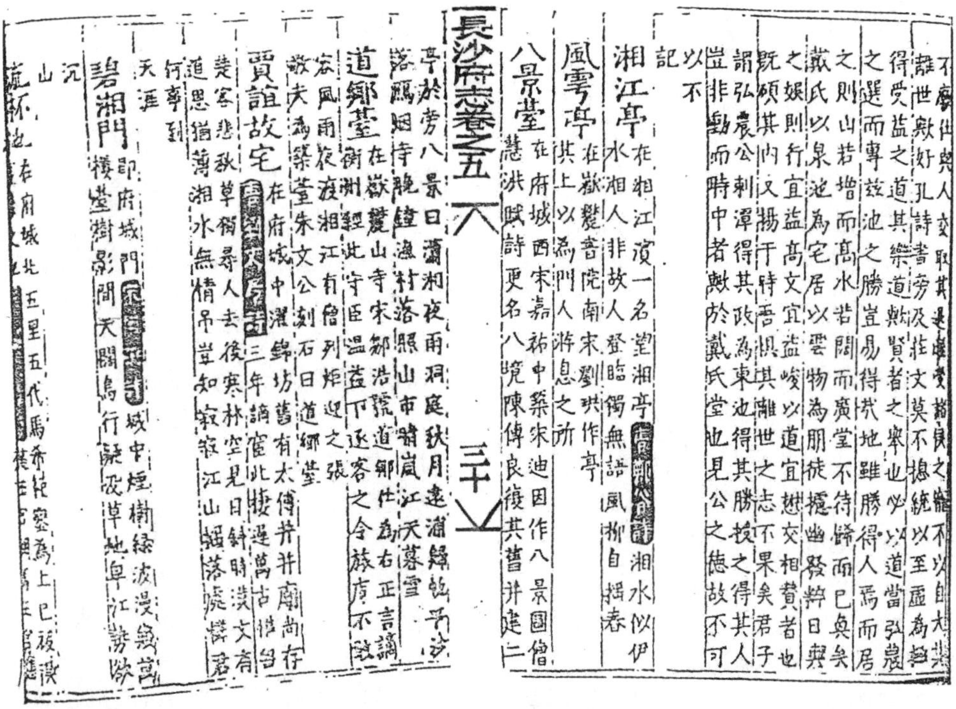

明嘉靖《长沙府志》“卷之五·名胜纪”载“八景台”

有列其行。或饮或啄，或鸣或翔。匪上林之不美，惧缯缴之是将。云飞水宿，聊以随阳。

阵断衡阳暂此回，沙明水碧岸莓苔。相呼正喜无缯缴，又被孤城画角催。

江天暮雪

岁晏江空，风严水结。冯夷剪冰，乱飘洒雪。浩歌者谁，一蓬载月。独钓寒潭，以寄清绝。

蓑笠无踪失钓船，彤云暗淡混江天。湘妃独对君山老，镜里修眉已皓然。

元代欧阳玄《登八景台》

山几层兮水几重，晴岚夕照有归鸿。潇湘八景丹青画，尽在高台指顾中。

元代马致远《寿阳曲·潇湘八景》

潇湘夜雨

渔灯暗，客梦回。一声声滴人心碎。

孤舟五更家万里，是离人几行清泪。

山市晴岚

花村外，草店西，晚霞明雨收天霁。

四围山一竿残照里，锦屏风又添铺翠。

远浦归帆

夕阳下，酒旆闲，两三航未曾着岸。

落花水香茅舍晚，断桥头卖鱼人散。

烟寺晚钟

寒烟细，古寺清。近黄昏礼佛人静。

顺西风晚钟三四声，怎生教老僧禅定。

渔村夕照

鸣榔罢，闪暮光，绿杨堤数声渔唱。

挂柴门几家闲晒网，都撮在捕鱼图上。

洞庭秋月

芦花谢，客乍别，泛蟾光小舟一叶。

豫章城故人来也，结末了洞庭秋月。

平沙落雁

南传信，北寄书，半栖近岸花汀树。

似鸳鸯失群迷伴侣，两三行海门斜去。

江天暮雪

天将暮，雪乱舞，半梅花半飘柳絮。

江上晚来堪画处，钓鱼人一蓑归去。

元代鲜于必仁《中吕·普天乐·潇湘八景》

洞庭秋月

水无痕，秋无际。光涵贔屭，影浸玻璃。龙断巨阙珠，兔走蟾宫桂。

万顷沧波淳天地，烂银盘寒褪云衣。洞箫谩吹，篷窗静倚，良夜何其。

烟寺晚钟

树藏山，山藏寺。藤荫杳杳，云影差差。疏钟送落晖，倦鸟催归翅。

一抹烟岚寒光渍，问胡僧月下何之？逐朝夜时，扶筇到此，散步寻诗。

江天暮雪

晚天昏，寒江暗。雪花軃軃，云叶毵毵。渔翁倦欲归，久客愁多憾。

浩浩汀洲船着缆，玉蓑衣不换青衫。闲情饱慆？高眠醉酣，世事休参。

潇湘夜雨

白蘋洲，黄芦岸。密云堆冷，乱雨飞寒。渔人罢钓归，客子推篷看。

浊浪排空孤灯灿，想鼋鼍出没其间。魂消闷颜，愁舒倦眼，何处家山？

平沙落雁

稻粱收，菰蒲秀。山光凝暮，江影涵秋。潮平远水宽，天阔孤帆瘦。

雁阵惊寒埋云岫，下长空飞满沧洲。西风渡头，斜阳岸口，不尽诗愁。

远浦帆归

水云乡，烟波荡。平洲古岸，远树孤庄。轻帆走蜃风，柔橹闲鲸浪。

隐隐牙樯如屏障。了吾生占断渔邦。船头酒香，盘中蟹黄，烂醉何妨。

山市晴岚

似屏围，如图画。依依村市，簇簇人家。小桥流水间，古木疏烟下。

雾敛晴峰铜钲挂，闹腥风争买鱼虾。尘飞乱沙，云开断霞，网晒枯槎。

渔村落照

楚云寒，湘天暮。斜阳影里，几个渔夫。柴门红树村，钓艇青山渡。

惊起沙鸥飞无数，倒晴光金缕扶疏。鱼穿短蒲，酒盈小壶，饮尽重沽。

明代朱瞻基《潇湘八景画》

潇湘夜雨

浓云如墨黯江树，九疑山迷天色暮。苍松岩下客维舟，鱼龙鼓舞飞烟雾。但见长空风雨来，势与云梦相周回。三湘淋漓泻银竹，七泽汹涌翻春雷。长江横绝巴陵北，一水悠悠漾空碧。洪涛巨涨顷刻中，虹桥隐隐无人迹。前溪遥见野人家，槿篱茅屋半欹斜。高楼谁得江湖趣，坐听潇潇对烛花。隔浦钟声来远寺，晓色苍凉喜开霁。青天万里白云收，满目湘山翠欲流。

山市晴岚

茅屋几家山下住，长桥遥接山前路。湖天雨过晓色开，满市晴岚带烟树。远山近山杳霭间，前村后村相弥漫。浮蓝积翠久不散，悬崖滴露松稍寒。湘市老人头半白，琴仆从容随杖舄。林外青帘卖酒家，山殽野蔌渔樵客。洞庭春来湖水生，君山到处花冥冥。波光澄涵横素练，树色掩映开银屏。抚景徘徊看未足，飒飒天风满林麓。何人独倚岳阳楼，长笛数声山水绿。

远浦归帆

斜阳欲挂晴川树，丹霞远映潇湘浦。洞庭湖上接星沙，万里归舟自何处。云帆缥缈天际来，势压滔天雪浪摧。须臾已达汉江曲，江声汹涌如鸣雷。汉阳城头夜吹角，暂从鹦鹉洲边泊。长笛一声山月低，残灯数点江云薄。西蜀滇南与海通，浮波来往自无穷。暮天已卷三湘雾，晓日还悬七泽风。突兀危楼瞰江水，临眺何人频徙倚。寒鸦飞尽淡烟收，浩荡瑶空净如洗。

烟寺晚钟

烟光漠漠春山紫，古寺深藏万松里。夕阳西坠群壑阴，隔林蔼蔼疏钟起。潇湘无风波浪停，恍如水底鸣长鲸。山僧策杖归来晚，遥听穿云百八声。缓急因风如断续，远彻山阿并水曲。已随暮角响江城，更送樵歌出林麓。乘桥二客心悠然，偶立遥看瀑布泉。高山流水有深意，咫尺不闻音韵传。乾坤无尘万籁静，朗然空谷声相应。高秋正遇晓霜清，分明若向丰山听。

渔村夕照

岳阳城头望湘浦，芳草垂杨迷古渡。晴岚霏白夕阳红，渺渺江村天欲暮。渔家茅屋住汀洲，罢钓归来稳系舟。自念生涯在网罟，临风高挂向船头。出水鲜鳞杂紫蟹，垆头有酒还堪买。东邻西舍当此时，欢笑声余歌欸乃。豚鱼吹浪白连天，隔江贾客促归船。

余光远映双凫外，残影半落孤鸿边。
湖上高楼云外起，下瞰湖湘千百里。
凭高一望楚天低，云树苍苍暮山紫。

洞庭秋月

洞庭秋水清彻底，岳阳城头月初起。巴山落影半湖阴，金波倒浸芙蓉翠。
须臾素景当瑶空，寒光下烛冯夷宫。
云梦微茫冰鉴里，沅湘浩荡玉壶中。
霜华初飞风浪息，万籁无声夜方寂。
仿佛湘灵汗漫游，虹桥直跨天南北。
但见鸥汀与鹭洲，折苇寒莎带浅流。
缟衣纶巾湘中老，高歌取醉岳阳楼。
回看月下西山去，湖水悠悠自东注。
洞庭咫尺西南陬，赤岸银河万里秋。

平沙落雁

秋江水落波痕浅，平沙渺渺连天远。白蘋黄蓼满潇湘，枯苇寒芦迷汉沔。
鸿雁恒怜泽国秋，数声忽报楚天秋。
万里避寒违朔漠，几行带雪下汀洲。
云水微茫少矰缴，岁岁南来欢有托。
霜田岂乏稻粱谋，江村自得栖迟乐。
黄鹤楼前铁笛鸣，时惊嘹唳两三声。
湖通巴蜀寒烟净，天接荆衡暮景澄。
嗟尔迢迢自荒服，慕恋中华生计足。
行当懋德覆群生，尽使洪纤皆发育。

江天暮雪

大江东去天连水，薄暮萧萧朔风起。须臾吹却冻云同，六花乱撒沧波里。
桥南桥北树槎牙，隔浦纷纷集晚鸦。
马嘶百折蟠云路，犬吠孤村卖酒家。
俯仰山川同一色，眼前不辨浪花白。
茫茫七泽与三湘，分明皓彩遥相射。
渔翁独酌寒江滨，顷刻琼瑶飞满身。
得鱼醉唱湖南曲，欸乃一声天地春。
有时倚棹弄长笛，洞庭景物清无敌。
中流迢递望君山，但见遥空耸银壁。

明代文征明《潇湘八景》

潇湘夜雨

湿云载秋声，万籁杂篁竹。江湖白发长，独拥孤蓬宿。

山市晴岚

鸡声茅屋午，霭霭墟烟白。市散人亦稀，山空翠犹滴。

远浦归帆

孤帆落日明，青山相映带。遥遥万里情，更落青山外。

烟寺晚钟

日没浮图昏，遥钟出烟岭。应有未眠人，泠然发深省。

渔村夕照

晒网白鸥沙，冲烟青箬笠。欸乃一声长，江空楚天碧。

洞庭秋月

月出天在水，平湖净于席。安得谪仙人，来听君山笛。

平沙落雁

征鸿恋回渚，欲下还惊飞。苇深矰缴繁，岁晚稻粱微。

江天暮雪

密雪洒空江，云暝天浩浩。宁知风浪高，但道渔蓑好。

明代于谦《壁间画·潇湘八景》

烟寺微茫几杵钟，渔村斜映夕阳红。平沙落雁迷残霭，远浦归帆趁便风。山市晴岚孤屿断，江天欲雪暮云同。洞庭月色潇湘雨，想像阴晴似梦中。

明末清初王船山《寄调摸鱼儿·潇湘大八景词》

情者，非有区宇者也。有一可易情之区，移傺侘而昭苏之，何为怀此都哉！余歌小八景来，十六年矣。云中眇眇，北渚愁予。九疑修眉，烟秋不展。望里盈千，目飞无寄；续歌爱九，魂授尤勤。惘张乐之箫钟，哀琴在御；追泪筠之粉翠，香酒忘尊。然则迷不一方，思横三楚，固其所矣。重吟大八景词，复用瞿、辛原体，旌初志也。虽然，北逾冥厄，南度秦城，西望雨云之浦，东临日夜之江，岂但此哉，而只以寄情于畔岸耶！行且怨紫塞之归禽，唁苍山之吊鸟，于斯始矣。

潇湘夜雨

望九疑炉烟飞黛，远送玄云千里。斜阳枫岸平沉后，木末惊飙拂水。兰舟舣，荐新凉、银釭影颤篷声起。推窗闲盼，看幅幅轻绡，层层珠瀑，骀宕空青里。

清绝地，故是蕙汀兰沚，浅碧旧含芳蕊。朝来润浥灵苗发，共载天香云髓。君莫拟，君不见楚骚歌阕兰蘅死。灵修邈矣。怕碎玉鏦铮，金铃淋沥，吹入愁人耳。

洞庭秋月

展平湖一片玻璃，何处天围四野。金风轻卷千波雪，阵阵落晖低亚。真潇洒，渐西晶、连天接住东光射。冰轮上也，见镜吸空明，练飞霜影，一荡清无罅。

凭槛处，百尺丽谯飞榭，玉楼闪冉光乍。清魂摇曳浑无定，灵肉欲随羽化。君莫诧，君不见南来猿鹤悲清夜，天孤月寡。叹吹笛王孙，朗吟仙客，倦理云軿驾。

平沙落雁

问阳禽北发天山，尺帛为谁长系。当年不作关山怨，但爱江南佳丽。秋无际，拥长汀、银膏玉屑堆光腻。横空如砌。宛一抹修眉，千行淡墨，欲坠还容曳。

菰米熟，千顷玄珠丰脆，何须更寻归计。丹枫染紫蘋花白，飞舞一江清霁。君莫睇，君不见三更月落催哀唳。春光无蒂。旱炎焰燔空，狂涛拍岸，羽驾何方税。

远浦归帆

接长江西上三巴，东下海门万里。高楼思妇天涯梦，昨日金钱送喜。春归矣，倩啼莺、遥催彩鹢乘风起。危阑闲倚，望碧浪参天，斜阳低树，片影浮空水。

相认处，青练双飞旗尾，夕风吹送旖旎。银釭对照江楼眼，收拾寄愁蠲纸。君莫盼，君不见征人已老兰舟委。艨艟浪起。尽大帽白衣，摊钱打鼓，不向湘皋舣。

渔村夕照

卷残虹隔岸芦梢，低挂一团赪玉。紫金光聚明霞闪，雪洗鹭飞鸥浴。江一曲，舞轻桡、橛头车子相随逐。荻湾六六，听短笛横吹，棹歌遥答，共趁沙汀宿。

投竿处，牵动绡金波蹙，溅珠悬洒江粟。暝空欲敛西清色，一派炊烟凝绿。君莫瞩，君不见羲轮无系西流速。云昏极目。听哀雁啼更，孤篷打雨，难拟明朝旭。

山市晴岚

俯江浔滩临危磴，屏拥青蓉回抱。小桥流水平田迥，绿浪风生畦稻。当晴昊，散溪云、轻松一抹飞烟巧。青帘缭绕，有白笋黄鱼，红虾绿酒，装点旗亭好。

兰舟泊，正及江南春早，玉山何惜倾倒。桃花留客红垂晕，幂历轻绡笼罩。君莫恼，君不见鲛人蜃客迷三岛。韶华易老。但棠杜花边，鹧鸪声里，瘴雨迷衰草。

山寺晚钟

转汀洲回峦斜拥，曲径松杉堆黛。落帆人语寒潭静，幡影风摇星彩。涵轻霭，渐潮声、鱼音梵呗喧金界。霜林惊籁。更百八绵连，噌吰翼发，流响空青内。

深院锁，谁放鲸吟出海，澄江欻腾澎湃。唤回客梦清宵永，寂历闲心如洒。君莫骇，君不见景阳旧恨台城改。佛灯绿叆。共窣堵铃鸣，相轮铎语，长夜悲兴败。

江天暮雪

舞廉纤不知是雪，还是沙明波素。同云返映晶光凝，暝色遥笼烟树。双无据，颤寒空、微霄极浦相回互。芦洲古渡，有孤艇篷窗，挑灯酌酒，唱彻梁园句。

知此夕，一派瑶峰玉宇，朦胧半函银兔。清晖的皪蛟冰漾，疑是东方已曙。君莫觑，君不见回波难挽流澌住。珠摧玉仆。向帝女祠东，昭王潭北，直下长江去。

清代陶汝鼐《潇湘八景》

潇湘八景者，潭胜也。《水经》云“巴陵郡南靡湘浦”，又云“湘水至巴丘入于江，水色青异，称潇湘”云。古有八景台，海内咸称之。转相效拟，益若甲天下。然独称潇湘者，以二水合注于潭，与洞庭接。罗子而下三百里，皆古长沙地。江湖吞吐，气象殊绝。故八景独著，沿潭水也。前人诗歌，传者不少。如近代李崆峒诗、王威宁词，并脍炙人口。而非生长其地，琉璃合眼，尚隔一尘。予厌此熟题，亦不复作。偶于雪夜拥炉，小孙从师授威宁句，记忆有阙，辄相问讯，予亦多忘之，因为绝句示其意。亦如柳州作朱陵以上记，老杜作三峡以上诗，但数家珍，较为亲切耳。不然，无故弄此笔墨，近于戏矣。仲春日记。

山市晴岚

墟烟旭彩气相涵，天近岣嵝最蔚蓝。海市何须幻楼阁，古来清绝在湖南。

潇湘夜雨

鼓残灵瑟暗江滨，帝子仙衣湿似尘。不是此天偏夜雨，晓来谁为染湘筠。

烟寺晚钟

响随晴雨落随风，两岸霜钟听不同。最是夕阳云外寺，度江声在白云中。

洞庭秋月

风净湖云露净波，楚天连汉复连河。岳阳无限烟霜月，不及秋蟾气象多。

远浦归帆

湘妃祠下白云矶，极目江空入翠微。三十六湾帆转尽，北风飞送几船归。

渔村夕照

一村蓑笠护渔梁，万井楼台背夕阳。落日过江相对影，不须渔火辨沧浪。

平沙落雁

沙屿清寒少荻芦，云田阔处近南湖。分明雁宕天边影，画入长沙落照图。

江天暮雪

空江香雪画难成，暮霭瑶光并作明。谁道君山须划却，夜来群玉为铺平。

[潇湘夜雨]

清乾隆《长沙府志》载“潇湘夜雨”。“潇湘夜雨”位于今永州市零陵区蘋岛。蘋岛古称潇湘渚，一称浮洲，位于湘水与潇水的汇合处。

[山市晴岚]

▣清乾隆《长沙府志》载“山市晴岚”。“山市晴岚”位于今湘潭市昭山。清乾隆《长沙府志》“卷之五·山川·善化”载“昭山”：县南五十里，秀起湘岸，挺然耸翠，怪石异木，匼匝掩蔽，微露岩嵴而势若飞动。舟过其下，往往见岩牖石窗，窥攀莫及。

[远浦归帆]

图清乾隆《长沙府志》载“远浦归帆”。“远浦归帆”位于今湘阴县。

[烟寺晚钟]

圖清乾隆《长沙府志》载“烟寺晚钟”。“烟寺晚钟”位于今衡山县清凉寺。后废，现有遗构存于衡山县二中内。

[渔村夕照]

清乾隆《长沙府志》载“渔村夕照”。“渔村夕照”位于今桃源县白鳞洲村（一说位于今湘潭市杨梅洲）。

[洞庭秋月]

▣清乾隆《长沙府志》载“洞庭秋月”。“洞庭秋月”位于洞庭湖。

[平沙落雁]

图清乾隆《长沙府志》载“平沙落雁”。“平沙落雁”位于今衡阳市回雁峰。

[江天暮雪]

清乾隆《长沙府志》载“江天暮雪”。江天暮雪”位于今长沙市橘子洲。

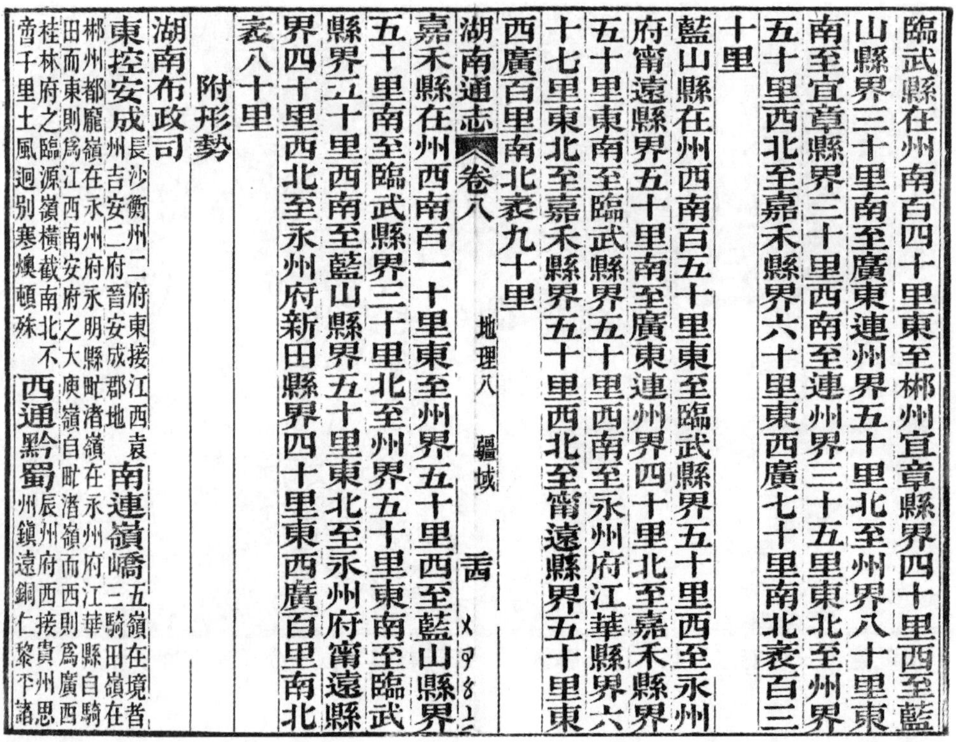

臨武縣在州南百四十里東至郴州宜章縣界四十里西至藍山縣界三十里南至廣東連州界五十里北至州界八十里東南至宜章縣界三十里西南至連州界三十五里東北至州界五十里西北至嘉禾縣界六十里東西廣七十里南北袤百三十里

藍山縣在州西南百五十里東至臨武縣界五十里西至永州府甯遠縣界五十里南至廣東連州界四十里北至嘉禾縣界五十里東南至臨武縣界五十里西南至永州府江華縣界六十七里東北至嘉禾縣界五十里西北至甯遠縣界五十里東西廣百里南北袤九十里

湖南通志卷八 地理八 疆域

嘉禾縣在州西南百一十里東至州界五十里西至藍山縣界五十里南至臨武縣界三十里北至州界五十里東南至臨武縣界五十里西南至藍山縣界五十里東北至永州府甯遠縣界四十里西北至永州府新田縣界四十里東西廣百里南北袤八十里

附形勢

湖南布政司

東控安成長沙衡州二府東接江西袁州吉安二府晉安成郡地南連嶺嶠五嶺在境者三騎田嶺在郴州都龐嶺在永州府永明縣甿渚嶺在永州府江華縣自騎田而東則爲江西南安府之大庾嶺自甿渚嶺而西則爲廣西桂林府之臨源嶺橫截南北不啻千里土風迴別寒燠頓殊西通黔蜀辰州府西接貴州思州鎮遠銅仁黎平諸

府永順府接四川西陽州界北限大江岳州府巴陵臨湘華容三縣濱江北爲湖北地澧州接荆州公安縣其江北即大江其名山則有衡山在衡州府衡山縣西五嶽之一也九疑在永州府甯遠縣南六十里其大川則有湘水源出廣西靈川縣南海陽山自全州東北流入永州府東安縣南至府城西瀟水入之謂之瀟湘又東北流至衡州府北烝水入之謂之烝湘又北流至沅江與沅水合謂之沅湘其正支北流逕長沙府至湘陰縣北達青草湖而注於洞庭沅水源一出貴州平越州西北諸梁山一出都匀府邦水司東山至清水江合流自黎平府天柱縣流入靖州會同縣東北流逕辰州府又東北流逕常德府至龍陽縣北沅江縣西入洞庭湖常德辰州二府漸無辰漵酉諸水及五溪皆附沅水以達洞庭湖資水源出城步縣廣福山之茅坪坳流逕武岡邵陽新甯新化安化益陽至沅江之臨資口入洞庭澧水源出澧州安福縣西南歷山東北流逕慈利石門二縣過州城南至安鄉縣北入洞庭湖洞庭湖在岳州府巴陵縣之西華容縣及澧州安鄉縣之西南常德府龍陽縣之東北沅江縣之南長沙府湘陰縣之西北南爲青草湖西爲赤沙湖合而爲一周圍八百餘里其重險則有荆江口在岳州府城北十五里亦名三江口

湖南通志卷八 地理八 形勢

大江與洞庭湖匯流處壺頭在常德府桃源縣之西南辰州府沅陵縣之東北自楚入秦之要道一統志

長沙府

南通嶺表脣齒荆區南齊書州郡志南以五嶺爲限北以洞庭爲界元和志右納夏汭左控荆門劉敘唐書五嶺南指三湘北流鄰聯滄浪邊遙峋嶁張謂風土碑湘中七郡彈壓上游左振牂蠻右馳甌越控交廣之戶牖扼吳蜀之咽喉翼張四隅襟帶萬里呂溫集潭州湘嶺要劇宋史地理志長沙一都會控扼湖嶺鎮撫蠻猺宋史李椿傳宜春襟喉湖南要膂范成大行程記依負喬嶽襟帶重湖明統志

長沙縣附郭

善化縣附郭

清嘉庆《湖南通志》载“湖南形势”

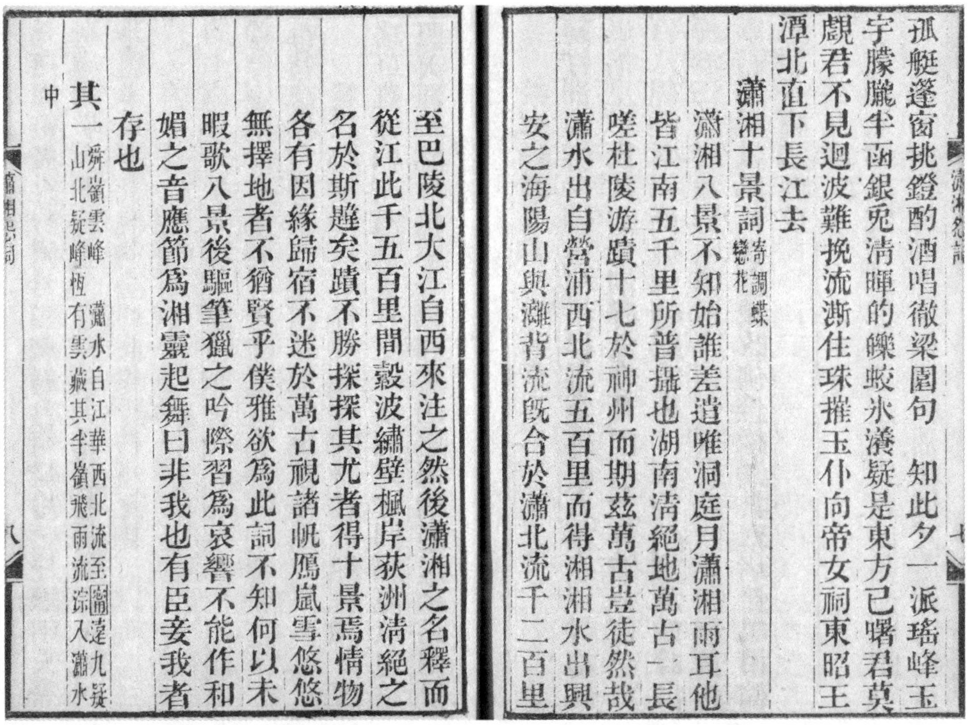

孤艇蓬窗挑鐙酌酒唱徹梁園句　知此夕一派瑤峰玉宇朦朧半函銀兎清暉的皪蛟氷瀁疑是東方已曙君莫覰君不見迴波難挽流澌住珠摧玉仆向帝女祠東昭王潭北直下長江去

瀟湘十景詞　寄調蝶戀花

瀟湘八景不知始誰差遣唯洞庭月瀟湘雨耳他皆江南五千里所普攝也湖南清絕地萬古一長嗟杜陵游蹟十七於神州而期兹萬古豈徒然哉瀟水出自甇浦西北流五百里而得湘湘水出興安之海陽山與灕背流既合於瀟北流千二百里至巴陵北大江自西來注之然後瀟湘之名釋而從江此千五百里間轂波繡壁楓岸荻洲清絕之名於斯蹔矣蹟不勝採採其尤者得十景焉情物各有因緣歸宿不迷於萬古視諸帆鴈嵐雪悠悠無擇地者不猶賢乎僕雅欲爲此詞不知何以未暇歌八景後驅筆獵之吟際習爲哀響不能作和媚之音應節爲湘靈起舞曰非我也有臣妾我者存也

其一　舜嶺雲峰　瀟水自江華西北流至鬬違九疑山北疑峰恆有雲藏其半嶺飛雨流淙入瀟水中

圖清《船山遗书》载“潇湘十景词”（一）

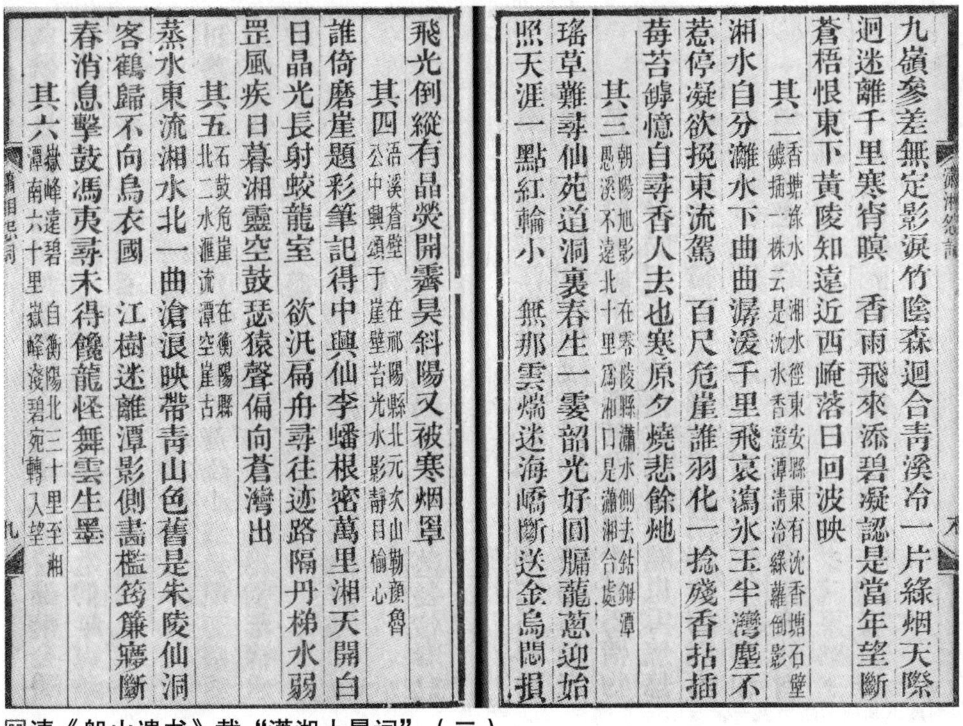

九嶺參差無定影淚竹陰森迴合青溪冷一片綠烟天際迴迷離千里寒宵暝　香雨飛來添碧凝認是當年望斷蒼梧恨東下黃陵知遠近西崦落日回波映

其二　香塘淥水　湘水徑東安縣東有沈香塘石壁鋳插一株云是流水香澄潭清冷綠蘿倒影

湘水自分灕水下曲曲潺湲千里飛哀瀉氷玉半灣塵不惹停凝欲挽東流駕　百尺危崖誰羽化一捻殘香拈插莓苔罅憶自尋香人去也寒原夕燒悲餘灺

其三　朝陽旭影　在零陵縣瀟水側去鈷鉧潭愚溪不遠北十里爲湘口是瀟湘合處

瑤草難尋仙苑道洞裏春生一霎韶光好回顧龍蔥迎始照天涯一點紅輪小　無那雲端迷海嶠斷送金烏悶損飛光倒縱有晶熒開霽昊斜陽又被寒烟罩

其四　浯溪蒼壁　在祁陽縣北元次山勒顏魯公中興頌于崖壁苔光水影靜目愉心

誰倚磨崖題彩筆記得中興仙李蟠根密萬里湘天開白日晶光長射蛟龍室　欲泛扁舟尋往迹路隔丹梯水弱罡風疾日暮湘靈空鼓瑟猿聲偏向蒼灣出

其五　石鼓危崖　在衡陽縣北二水滙流潭空崖古

蒸水東流湘水北一曲滄浪映帶青山色舊是朱陵仙洞客鶴歸不向烏衣國　江樹迷離潭影側畫檻筠簾寥斷春消息擊鼓馮夷尋未得饞龍怪舞雲生墨

其六　嶽峰遠碧　自衡陽北三十里至湘潭南六十里嶽峰淺碧宛轉入望

圖清《船山遗书》载“潇湘十景词”（二）

古代湖南还有“潇湘十景”之说：舜岭云峰、香塘渌水、朝阳旭影、浯溪苍壁、石鼓危崖、岳峰远碧、昭山孤翠、铜官戍火、湘湾曲岸、君山浮黛。

明末清初王夫子《寄调蝶恋花·潇湘十景词》

潇湘八景，不知始谁，差遣唯洞庭月、潇湘雨耳，他皆江南五千里所

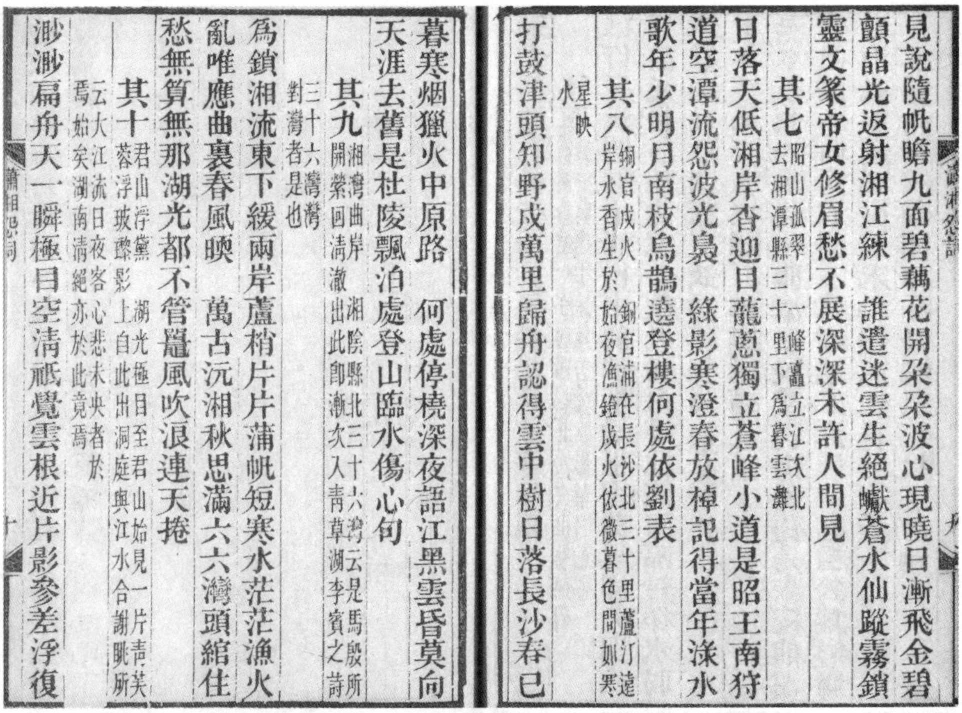
見說隨帆瞻九面碧藕花開朶朶波心現曉日漸飛金碧顫晶光返射湘江練 誰遣迷雲生絕巘蒼水仙蹤霧鎖靈文篆帝女修眉愁不展深深未許人間見
其七 昭山孤翠 一峰矗立江北去湘潭縣三十里下爲暮雲灘
日落天低湘岸杳迎目蘢蔥獨立蒼峰小道是昭王南狩道空潭流怨波光裊 綠影寒澄春放棹記得當年涤水歌年少明月南枝烏鵲遶登樓何處依劉表
其八 銅官戍火 銅官渚在長沙北三十里蘆汀遠岸水香生於始夜漁鐙戍火依微暮色間如寒星映水
打鼓津頭知野戍萬里歸舟認得雲中樹日落長沙春已暮寒烟獵火中原路 何處停橈深夜語江黑雲昏莫向天涯去舊是杜陵飄泊處登山臨水傷心句
其九 湘灣曲岸 湘陰縣北三十六灣云是馬殷所開縈回清澈出此即漸次入青草湖李賓之詩三十六灣灣對灣者是也
爲鎖湘流東下緩兩岸蘆梢片片蒲帆短寒水茫茫漁火亂唯應曲裏春風暎 萬古沅湘秋思滿六六灣頭縮住愁無算無那湖光都不管鬮風吹浪連天捲
其十 君山浮黛 湖光極目至君山始見一片青芙蓉浮玻瓈影上自此出洞庭與江水合謝朓所云大江流日夜客心悲未央者於焉始矣湖南清絕亦於此竟焉
渺渺扁舟天一瞬極目空清祇覺雲根近片影參差浮復

圖清《船山遗书》载“潇湘十景词”（三）

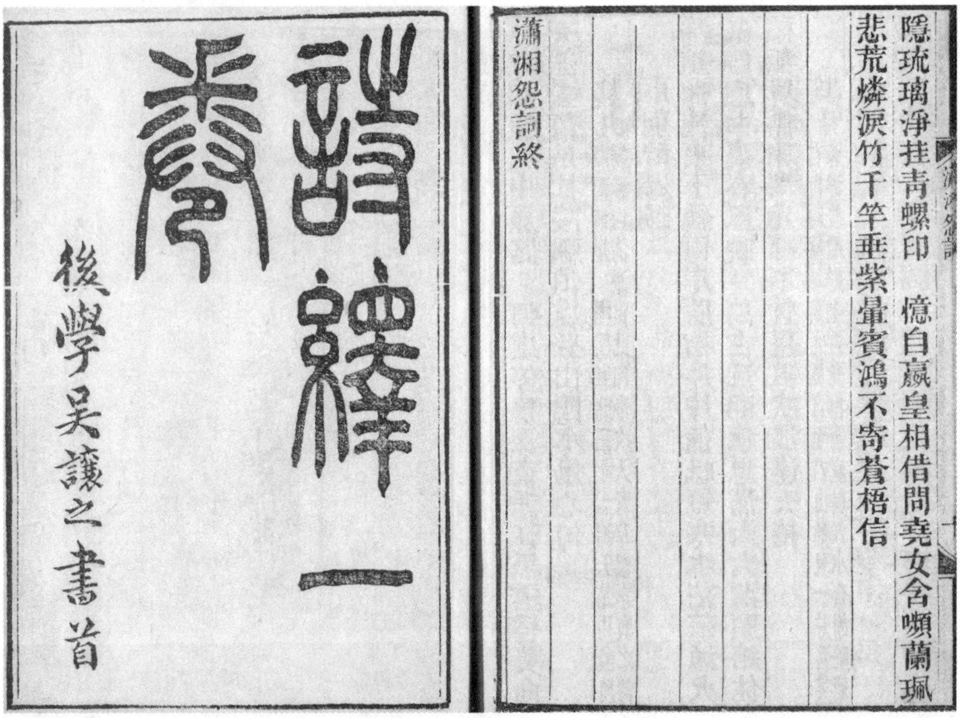
隱琉璃淨挂青螺印 億自嬴皇相借問堯女含嚬蘭珮悲荒燐淚竹千竿垂紫暈賓鴻不寄蒼梧信
瀟湘怨詞終

詩譯一卷
後學吳讓之書耑

圖清《船山遗书》载“潇湘十景词”（四）

普摄也。“湖南清绝地，万古一长嗟。”杜甫游迹十七于神州，而期兹万古，岂徒然哉！潇水出自营浦，西北流五百里而得湘。湘水出兴安之海阳山，与漓背流，既合于潇，北流千二百里至巴陵北。大江自西来，注之，然后潇湘之名释而从江。此千五百里间，縠波绣壁，枫岸荻洲，清绝之名，于斯匙矣。迹不胜探，探其尤者，得十景焉。情物各有因缘，归宿不迷于万古。

视诸帆雁岚雪，悠悠无择地者，不犹贤乎。仆雅欲为此词，不知何以未暇。歌八景后，驱笔猎之。吟际习为哀响，不能作和媚之音，应节为湘灵起舞曰：非我也，有臣妾我者存也。

舜岭云峰

潇水自江华西北流至宁远九疑山北疑峰，恒有云藏其半岭，飞雨流淙，入潇水中。

九岭参差无定影，泪竹阴森，回合青溪冷。一片绿烟天际迥，迷离千里寒宵暝。

香雨飞来添碧凝，认是当年，望断苍梧恨。东下黄陵知远近，西崦落日回波映。

香塘渌水

湘水径东安县东，有沉香塘，石壁罅插一株，云是沉水香，澄潭清泠，绿萝倒影。

湘水自分漓水下，曲曲潺湲，千里飞哀泻。冰玉半湾尘不惹，停凝欲挽东流驾。

百尺危崖谁羽化，一捻残香，拈插莓苔罅。忆自寻香人去也，寒原夕烧悲余灺。

朝阳旭影

在零陵县潇水侧，去钴鉧潭、愚溪不远，北十里为湘口，是潇湘合处。

瑶草难寻仙苑道，洞里春生，一霎韶光好。圆牖茏葱迎始照，天涯一点红轮小。

无那云端迷海峤。断送金乌，闷损飞光倒。纵有晶荧开霁昊，斜阳又被寒烟罩。

浯溪苍壁

在祁阳县北。元次山勒颜鲁公《中兴颂》于崖壁。苔光水影，静目愉心。

谁倚磨崖题彩笔，记得中兴，仙李蟠根密。万里湘天开白日，晶光长射蛟龙室。

欲泛扁舟寻往迹，路隔丹梯，水弱罡风疾。日暮湘灵空鼓瑟，猿声偏向苍湾出。

石鼓危崖

在衡阳县北，二水汇流，潭空崖古。

蒸水东流湘水北，一曲沧浪，映带青山色，旧是朱陵仙洞客，鹤归不向乌衣国。

江树迷离潭影侧，画槛筠帘，梦断春消息。击鼓冯夷寻未得，馋龙怪舞云生墨。

岳峰远碧

自衡阳北三十里，至湘潭南六十里，岳峰浅碧，宛转入望。

见说随帆瞻九面，碧藕花开，朵朵波心现。晓日渐飞金碧颤，晶光返射湘江练。

谁遣迷云生绝巘，苍水仙踪，雾锁灵文篆。帝女修眉愁不展，深深未许人间见。

昭山孤翠

一峰矗立江次，北去湘潭县三十里，下为暮云滩。

日落天低湘岸杳，迎目茏葱，独立苍峰小。道是昭王南狩道，空潭流怨波光袅。

绿影寒澄春放棹，记得当年，渌水歌年少。明月南枝乌鹊绕，登楼何处依刘表。

铜官戍火

铜官浦在长沙北三十里。芦汀远岸，水香生于始夜。渔灯戍火，依微暮色间，如寒星映水。

打鼓津头知野戍，万里归舟，认得云中树。日落长沙春已暮，寒烟猎火中原路。

何处停桡深夜语，江黑云昏，莫向天涯去。旧是杜陵飘泊处，登山临水伤心句。

湘湾曲岸

湘阴县北三十六湾，云是马殷所开，萦回清澈。出此即渐次入青草湖。李宾之诗“三十六湾湾对湾”者是也。

为锁湘流东下缓，两岸芦梢，片片蒲帆短。寒水茫茫渔火乱，惟应曲里春风暖。

万古沅湘秋思满，六六湾头，绾住愁无算。无那湖光都不管，鼍风吹浪连天卷。

君山浮黛

湖光极目，至君山始见一片青芙

蓉浮玻璃影上。自此出洞庭与江水合，谢朓所云“大江流日夜，客心悲未央”者，于焉始矣。湖南清绝，亦于此竟焉。

渺渺扁舟天一瞬，极目空清，只觉云根近。片影参差浮复隐，琉璃净挂青螺印。

忆自嬴皇相借问，尧女含嚬，兰佩悲荒磷。泪竹千竿垂紫晕，宾鸿不寄苍梧信。

清代傅绍岩《潇湘十景诗》

舜岭云峰

峰峰云气迷离际，竹泪萧骚怨有无。多少累臣遗恨在，冷烟寒绿望苍梧。

朝阳旭影

瑶草仙踪事渺茫，韶曦一霎郁风霜。晶荧霁旻须臾际，又被寒烟罩夕阳。

浯溪苍壁

磨崖彩笔炤孱颜，终古人来未易攀。无限罡风吹不断，猿声落日满苍湾。

香塘渌水

烧馀残绿自寒原，石壁沉香有罅痕。清冷湘源流不尽，哀湍千里泻潺湲。

石鼓危崖

蒸水东流树影分，朱陵洞口夕氤氲。筠帘画槛无消息，剩有馋龙喷墨云。

岳峰远碧

七二芙蓉弯后弯，望衡九面识烟鬟。灵文仙篆知何处，只在苍烟杳霭间。

昭山孤翠

危峰岌立昼阴阴，绿影漫天堕碧浔。一自昭王征不复，空潭流怨到于今。

铜官戍火

津头打鼓对江村，日落长沙冷烧痕。兵火万家沉劫后，寒烟猎火隔中原。

湘湾曲岸

六六湾头有和歌，鼍风吹浪奈愁何。茫茫渔火寒芦外，万古沅湘哀怨多。

君山浮黛

清绝湖南自古今，江流一夜客愁深。烟鬟缥渺疑天外，鼓瑟湘灵何处寻。

【天心阁四景】

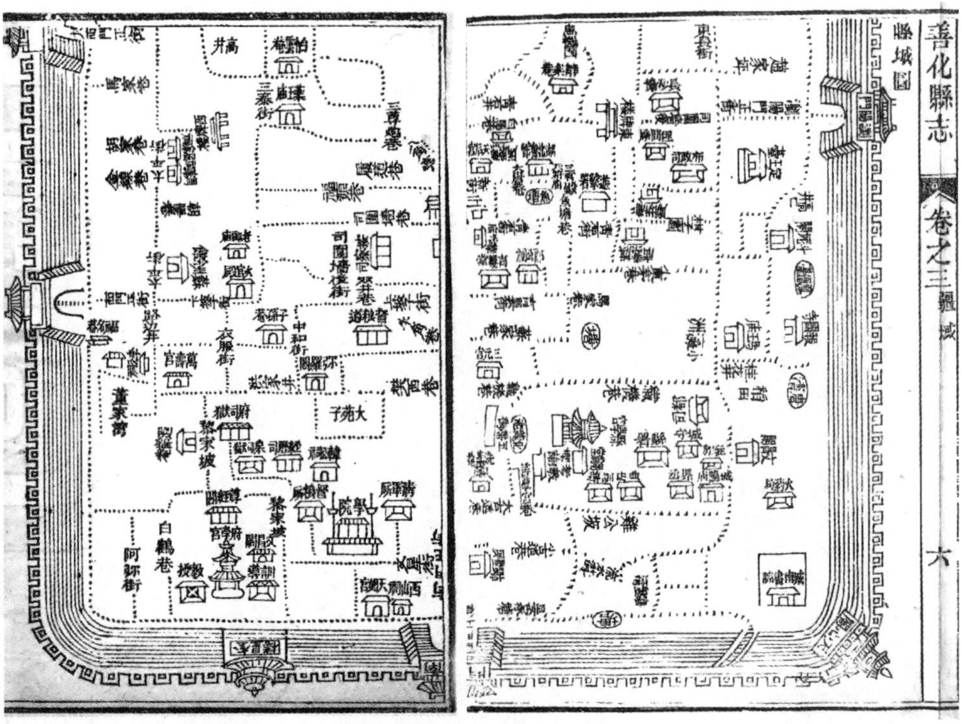

图清嘉庆《善化县志》“县城图”载“天心阁”

天心阁位于长沙市天心区，为长沙重要名胜，历代均视为长沙古城的标志。

殷商之世，长沙属扬越之地，是百越部落的分支。春秋战国时期，长沙属楚国黔中郡。秦设长沙郡，为秦初全国三十六郡之一，长沙自此列入中原政权的行政区划，郡治湘县。西汉置长沙国，治临湘县，辖临湘、罗、连道、益阳、下隽、攸、酃、承阳、湘南、昭陵、荼陵、容陵、安成。王莽始建国元年（9）改长沙国为填（镇）蛮郡，改临湘县为抚睦县。东汉复置长沙郡，改抚睦县为临湘县，仍为郡治，上隶荆州。辖临湘、攸、荼陵、安成、酃、湘南（侯国）、连道、昭陵、益阳、下隽、罗、容陵、醴陵。三国时期属东吴。吴晋南朝，临湘县析出湘西县，临湘县为长沙郡首邑，南朝宋开始，湘西县为衡阳郡（长沙郡析出）首邑，上隶荆州或湘州（西晋怀帝永嘉元年分荆、江二州置）。公元589年，隋统一中国，废州郡，行州县二级制，长沙郡改潭州，辖长沙、衡山、益阳、邵阳。临湘县（省湘西县）改称长沙县，为潭州州治（大业三年隋一度改潭州为长沙郡）。唐武德三年入唐版图；贞观元年设十道，潭州（天宝元年，潭州改为长沙郡，至德元年十二月十五日复改为潭州）属江南道，辖长沙、衡山、醴陵（武德四年分长沙县立）、湘乡（武德四年析衡山县置）、益阳、新康（武德四年析益阳设，七年又并入益阳）等六县。开元二十一年分十五道，潭州属江南西道。后唐天成二年，马殷“以潭州为长沙府”，长沙为楚国都城，周太祖广顺二年（952），南唐边镐陷长沙，湖南政治中心移至朗州（常德）。宋太祖乾德元年（963），入宋版图，至道三年（997）分全国为十五路，潭州为荆湖南路路治。哲宗元符元年（1098）分长沙县五乡及湘潭县二乡设善化县，与长沙县同附廓，潭州辖长沙、善化、浏阳、宁乡、湘潭、湘乡、益阳、安化、湘阴、醴陵、茶陵、攸县，直至民初，长沙城为路、州及长善二县治所。元世祖至元十三年正月初一，长沙入元版图，设安抚司。十四年设潭州行省，十八年二月初九迁潭州行

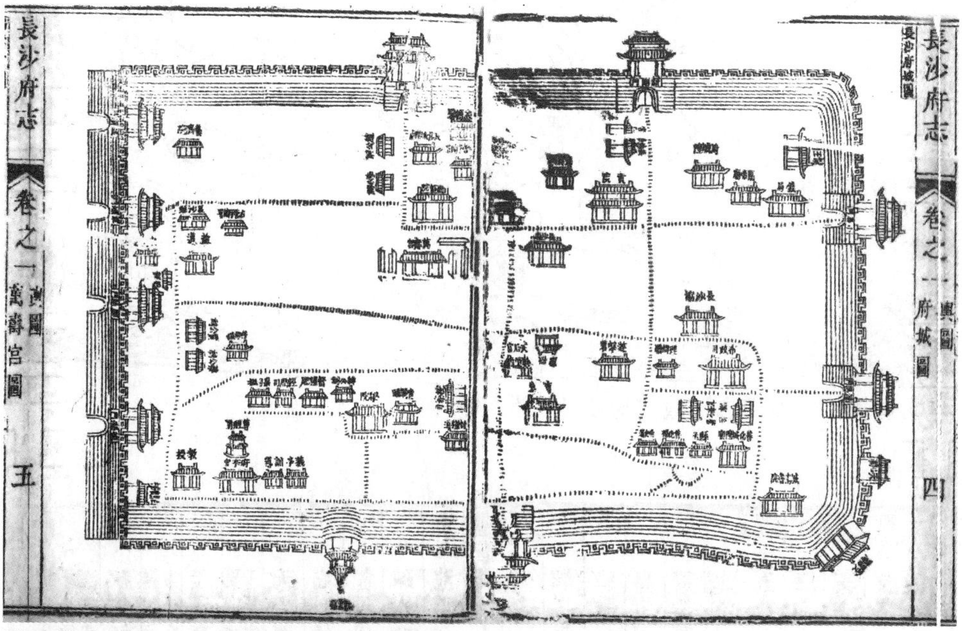

圖清乾隆《长沙府志》“长沙府城图”载“天心阁”

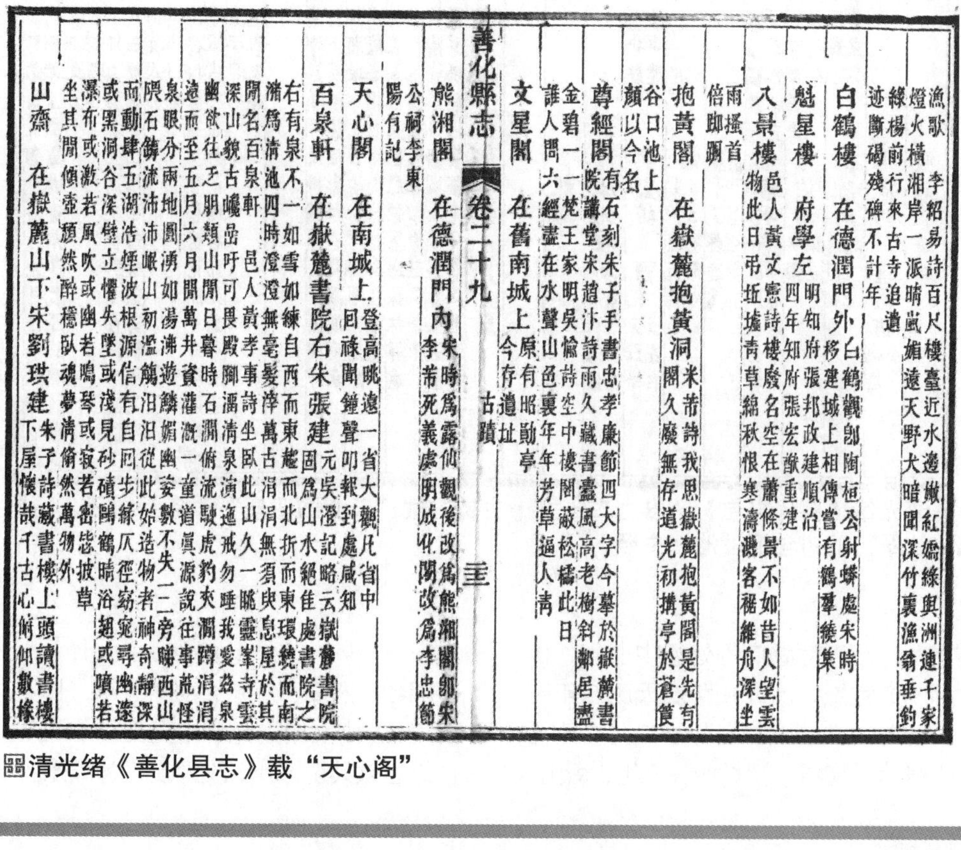

漁歌　李紹易詩百尺樓臺近水邊嫩紅嬌綠與洲連千家燈火橫湘岸一派晴嵐媚遠天野犬暗聞深竹裏漁翁垂釣綠楊前行來古寺追遺迹斷碣殘碑不計年

白鶴樓　在德潤門外白鶴觀即陶桓公射蟒處宋時移建城上相傳嘗有鶴翬繞集

魁星樓　府學左明知府張邦政建順治四年知府張宏猷重建

八景樓　邑人黃文憲詩樓廢名空在蕭條景不如昔人望雲物此日弔坵墟青草綿秋恨寒濤濺客裾維舟深坐雨搔首倍踟躕

抱黃閣　在嶽麓抱黃洞米芾詩我思嶽麓抱黃閣是先有閣久廢無存道光初搆亭於蒼篔谷口池上顏以今名

尊經閣　有石刻朱子手書忠孝廉節四大字今摹於嶽麓書院講堂宋趙汴詩雨久藏書蠹風高老樹斜鄰居盡金碧一一梵王家明吳愉詩空中樓閣蔽松橋此日誰人問六經盡在水聲山色裏年年芳草逼人青

文星閣　在舊南城上原有昭勛亭今存遺址

古蹟

善化縣志　卷二十九　圭

熊湘閣　在德潤門內宋時為露仙觀後改為熊湘閣即宋李芾死義處明成化閣改為李忠節公祠李東陽有記

天心閣　在南城上登高眺遠一省大觀凡省中回祿聞鐘聲叩報到處咸知

百泉軒　在嶽麓書院右朱張建元吳澄記略云嶽麓書院固為山水絕佳處書院之右有泉不一如雪如練自西而東趨而北折而東環繞而南瀦為清池四時澄澄無毫髮滓萬古涓涓無須臾息屋於其閒名百泉軒邑人黃孝事詩坐臥此山久一眺靈峯寺雲深山貌古巘岳吁可畏殿腳灑清泉滴適戒勿睡我愛蕊泉幽欲往乏朋類山閒日暮時石澗倘流驟虎豹夾澗蹲消消邃而至五月六月閒萬井資灌溉一童道眞源說在事荒怪泉眼分兩地圓湧如湯沸遊鱗媚幽姿數不失一二旁睇西山隈石罅流沛沛嵫山初溢觴汩汩從此始造物者神奇靜深而動肆五湖浩煙波根源信有自回步緣爪徑窈窕尋幽邃或黑洞谷深壁立懼失墜或淺見砂磧鷗鶴晴浴翅或噴若瀑布或激若風吹或幽若鳴琴或寂若密悠披草坐其閒傾壺頹然醉穩臥魂夢清翛然萬物外

山齋　在嶽麓山下宋劉珙建朱子詩藏書樓上頭讀書樓下屋懷哉千古心俯仰數椽

圖清光绪《善化县志》载“天心阁”

长沙卷

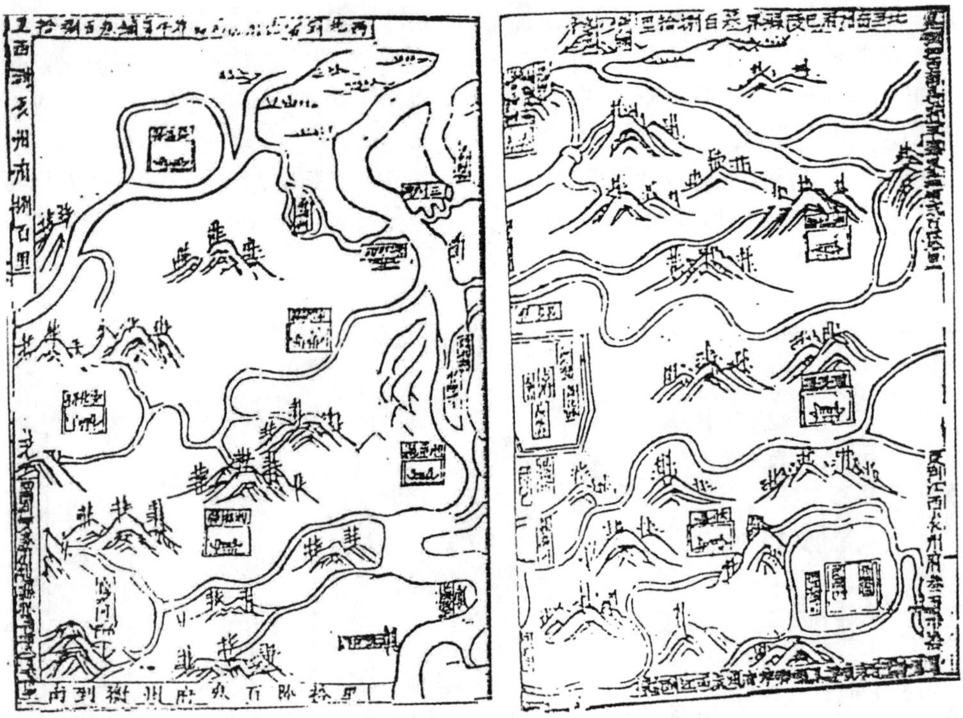

明嘉靖《长沙府志》载“长沙总图”

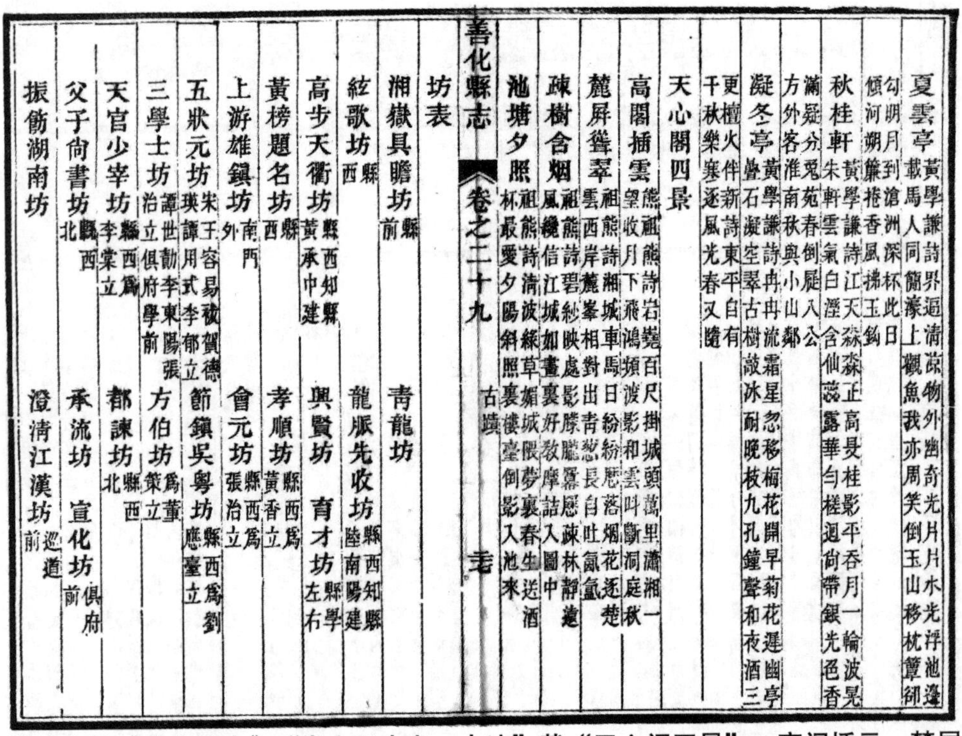

善化縣志　卷之二十九　古蹟

夏雲亭 黃學謙詩界逈清虛物外幽奇光片片水光浮池邊載馬人同簡襂上觀魚我亦周芙倒玉山移枕簟卻勾明月到滄洲深杯此日傾河朔簾捲香風拂玉鈎

秋桂軒 黃學謙詩江天淼淼正高旻桂影平吞月一輪波晃朱軒雲氣白溼含仙蕊露華勻檻迴尙帶銀光色香滿疑分兎苑春倒屣入公方外客淮南秋與小山鄰

凝冬亭 黃學謙詩冉冉流霜星忽移梅花開早菊花遲幽亭疊石凝空翠古樹敲冰耐晚枝九孔鐘聲和夜酒三更檀火件新詩東平自有千秋樂寒逐風光春又隨

天心閣四景

高閣插雲 熊祖熊詩岩嶤百尺掛城頭萬里瀟湘一望收月下飛鴻頻渡影和雲叫斷洞庭秋

麓屏聳翠 祖熊詩湘城車馬日紛紛歷落烟花逐楚雲西岸麓峯相對出青葱長自吐氤氳

疏樹含烟 祖熊詩碧紗映處影朦朧羃歷疎林靜遠風幾信江城如畫裏好教摩詰入圖中

池塘夕照 祖熊詩清波綠草媚城隈夢裏春生送酒杯最愛夕陽斜照裏樓臺倒影入池來

坊表

湘嶽具瞻坊 縣前　青龍坊

絃歌坊 縣西　龍脈先收坊 縣西知縣陸南陽建

高步天衢坊 縣西知縣黃承中建　興賢坊　育才坊 縣學左右

黃榜題名坊 縣西　孝順坊 縣西爲黃香立

上游雄鎭坊 南門外　會元坊 縣西爲張治立

五狀元坊 宋王容易祓賀德璵譚用式李郁立　節鎭吳粵坊 縣西爲劉應臺立

三學士坊 譚世勣李東陽張治立俱府學前　方伯坊 爲董策立

天官少宰坊 縣西爲李棠立　都諫坊 縣西北

父子尙書坊 縣西北　承流坊　宣化坊 俱府前

振衙湖南坊　澄清江漢坊 巡道前

清光绪《善化县志》“卷之二十九·古迹”载“天心阁四景”：高阁插云、麓屏耸翠、疏树含烟、池塘夕照。

省于鄂州，称湖广等处行中书省，徙湖南道宣慰司治潭州路。天历二年三月初九，文宗以“潜邸所幸”，改潭州路为天临路，辖长沙、善化、衡山、宁乡、安化五县，醴陵、浏阳、攸、湘乡、湘潭、益阳、湘阴七州，长沙、善化两县依郭。元顺帝至正二十四年，徐达领兵至潭州，改天临路为潭州府。

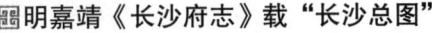

洪武五年六月，潭州府更名长沙府，辖长沙、善化（洪武十年省入长沙，十三年五月复置）、湘阴、湘潭、浏阳（洪武二年降为县）、醴陵、宁乡、益阳、湘乡、攸、安化十一县及茶陵州，府城依旧设于长沙、善化两县，上隶湖广布政使司。清顺治四年四月，高士俊领兵入长沙，长沙纳入清版图，沿明制设长沙府，上隶湖广，仍辖十二州县。康熙三年（1664），湖广省设右布政使司、湖南按察使司于长沙，偏沅巡抚移驻长沙。清雍正元年（1723）改湖广右布政使司为湖南布政使司。清雍正二年（1724）改偏沅巡抚为湖南巡抚（仍隶湖广）。长沙（府）城自此为湖南省会。长沙府上有盐法长宝道。乾隆时长沙府城不仅为巡抚治，亦为布政、提学、提法三司，巡警、劝业、盐法、长宝四道治所。民国元年（1912）四月，并县归府，长沙、善化二县合并为长沙府直辖地。

天心阁始建于明末，原名“天星阁”，最初是为祈福文运昌隆而建的文昌阁，其名源于明代盛传的“星野”之说，按星宿分野，“天星阁”正对应天上“长沙星”，并因此而得名。乾隆十一年（1746）重建时，引《尚书》“咸有一德，克享天心”之意，更名为天心阁。古时地势高峻，地脉隆起，自古有“高阁插云”“麓屏耸翠”“疏树含烟”“池塘夕照”四景。

【城南书院十景】

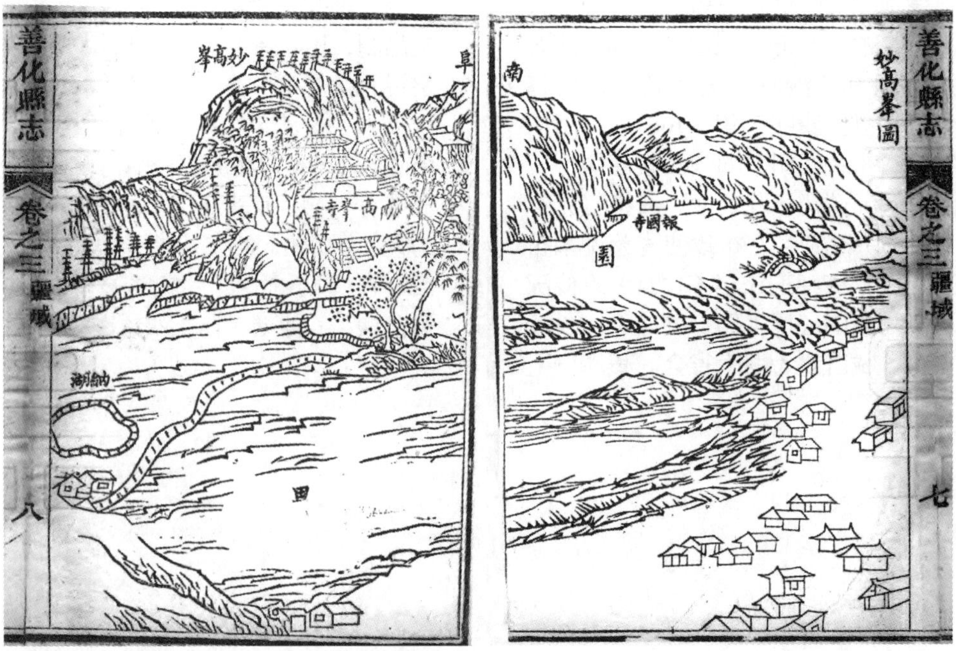

清嘉庆《善化县志》载“妙高峰图”

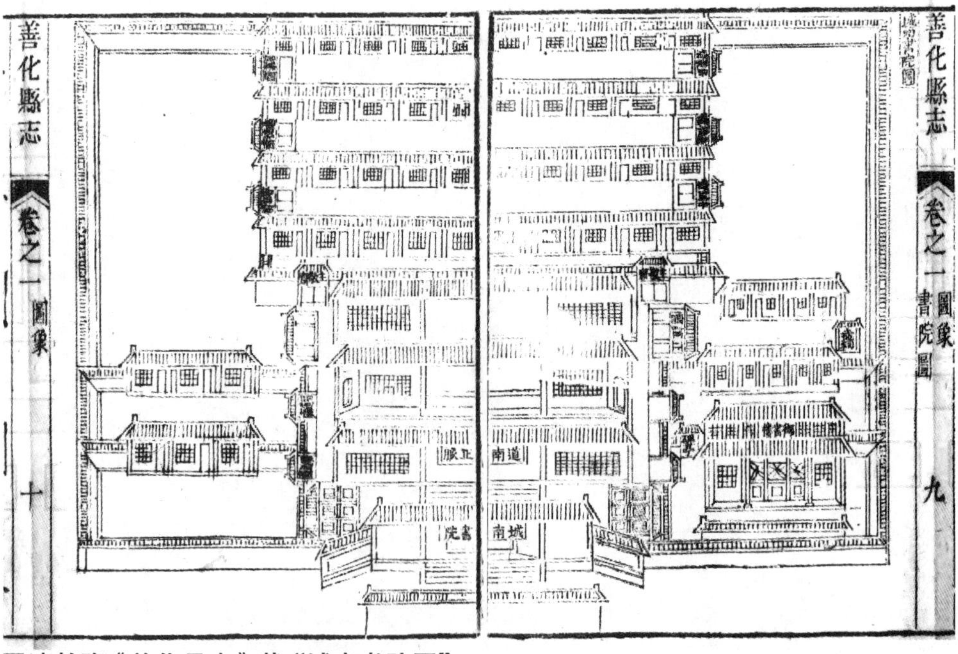

清乾隆《善化县志》载“城南书院图”

城南书院位于长沙市天心区。《城南书院志》载：“城南之肇自有宋，与岳麓先相等，其隔江对峙，各藉先贤之声以俱永，亦遥遥相望。”

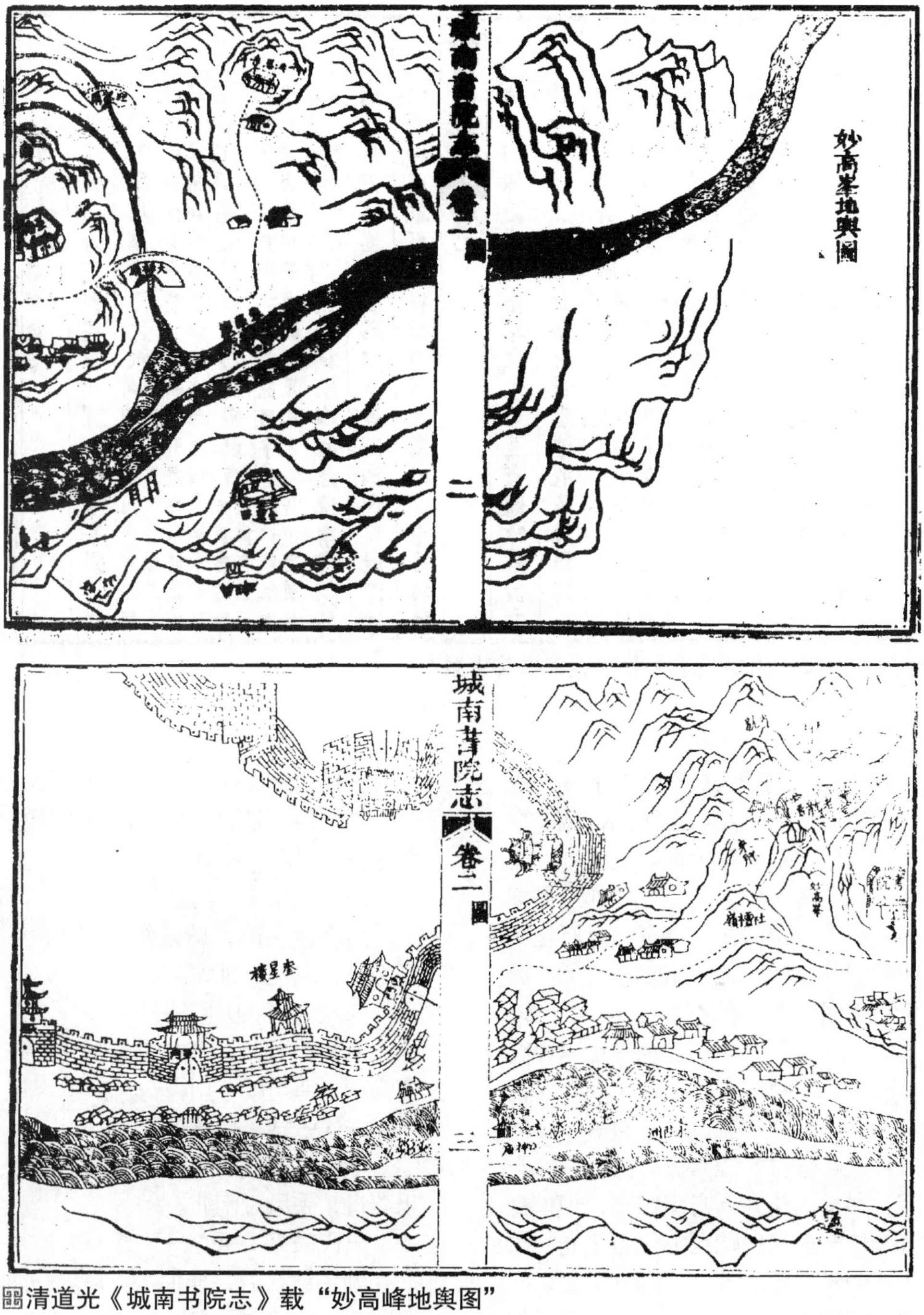

圖清道光《城南书院志》载“妙高峰地舆图”

南宋年间，儒学名臣张栻随父张浚迁居潭州（今长沙），常到长沙城南的妙高峰下游玩览胜，此处景色宜人，与岳麓山隔岸相望，遂有创立书院之心。此后开凿亭沼，修建精舍，经过几年时间的筹备，绍兴三十一年（1161），创城南书院于妙高峰下。

乾道元年（1165），张栻开始在这里授徒传业。城南书院旧址宽阔，书院有监院、讲堂、书房等六斋。另设“城南十景”：卷云亭、琮峥谷、听雨舫、采菱舟、书楼、蒙轩、月榭、南阜、纳湖、丽泽堂。

乾道三年（1167），朱熹自闽来访，与张栻会讲于岳麓、城南二院。会讲之余，朱熹与张栻各有唱和诗十首。

乾隆十年（1745），巡抚杨锡绂以岳麓书院隔江，“每校课为风涛所阻”，就南门内天心阁下旧署改建，仍名“城南”，辟御书楼、礼殿、讲

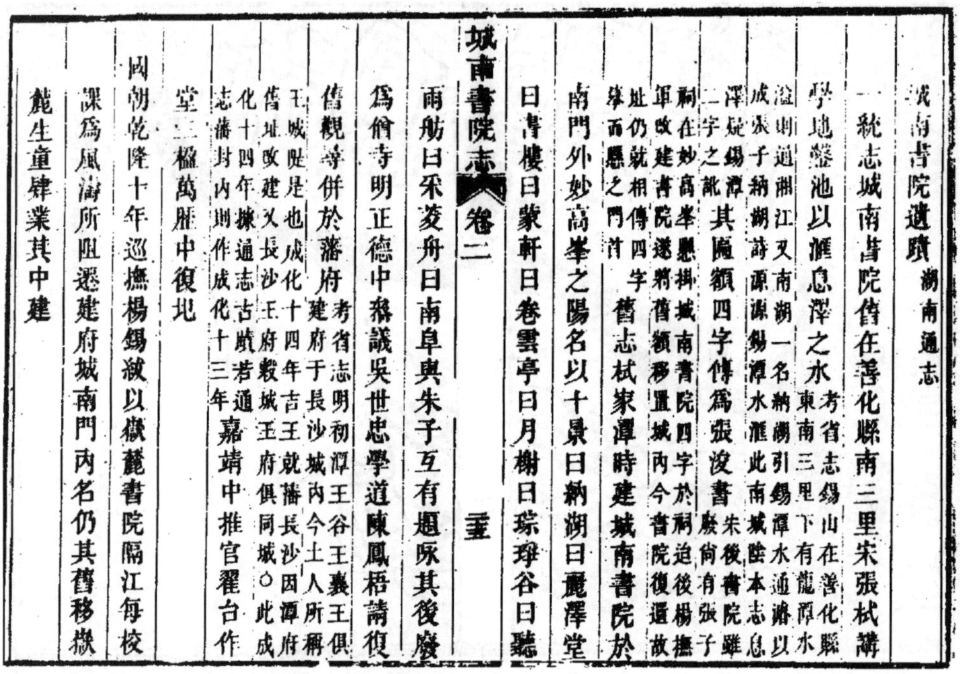
城南書院遺蹟 湖南通志

一統志城南書院舊在善化縣南三里宋張栻講學地鑿池以滙息澤之水考省志錫山在善化縣東南三里下有龍潭水溢則通湘江又南湖一名納湖引錫潭水通瀦以成沼朱子納湖詩源源錫潭水滙此南城陰本志息澤疑錫潭二字之訛其匾額四字傳爲張浚書朱後書院雖廢尚有張子祠在妙高峯懸掛城南書院四字於祠迨後楊撫軍改建書院遂將舊額移置城內今書院復還故址仍就相傳四字舉而懸之門首舊志栻家潭時建城南書院於南門外妙高峯之陽名以十景曰納湖曰麗澤堂曰書樓曰蒙軒曰卷雲亭曰月榭曰琮琤谷曰聽

城南書院志 卷二 叁

雨舫曰采菱舟曰南阜與朱子互有題詠其後廢爲僧寺明正德中屬議吳世忠學道陳鳳梧請復舊觀尋併於藩府考省志明初潭王谷王襄王俱建府于長沙城內今土人所稱王城是也成化十四年吉王就藩長沙因潭府舊址改建又長沙王府數城王府俱同城○此成化十四年據通志古蹟若通志藩封內則作成化十三年嘉靖中推官翟台作堂三楹萬歷中復圯

國朝乾隆十年巡撫楊錫紱以嶽麓書院隔江每校課爲風濤所阻遂建府城南門內名仍其舊移嶽麓生童肄業其中建

清道光《城南书院志》载“城南书院十景”

堂及正谊、主敬、进德、存诚、居业、明道六斋，共八十四间，藏书数千卷，移“岳麓”生童肄业其中。乾隆二十一年（1756），巡抚陈宏谋复移生员于“岳麓”，留童生及新生于“城南”。道光二年（1822），为“远尘俗之嚣，聆清幽之胜，踵先贤之迹，兴尚友之思”，巡抚左辅等迁返妙高峰旧址，宋时“十景”“举其六”，建山长居、监院署、文星楼等，修南轩祠以祀张栻，辟六斋等共一百二十间，“堂构整齐，斋房栉比，规模视昔十倍”。又增购图书至万余卷，改为“通省肄业之地”，内外学正、附课生额扩为一百三十八名，与“岳麓”相等。道光皇帝又御赐“丽泽风长”额，以为表彰。

宋代张栻《卷云亭》

云生山气佳，云卷山色静。隐几亦何心，此意相与永。

宋代朱熹《卷云亭》

西山云气深，徙倚一舒啸。浩荡忽搴开，为君展遐眺。

宋代张栻《琮琤谷》

幽谷竹成阴，悬流着石清。不妨风月夕，来此听琮琤。

宋代朱熹《琮琤谷》

湖光湛不流，嵌宝亦潜注。倚杖忽琮琤，竹深无觅处。

宋代张栻《听雨舫》

风吹渡头雨，摵摵蓬上声。欣然会心处，端复与谁评。

宋代朱熹《听雨舫》

彩舟停画桨，容与得欹眠。梦破蓬窗雨，寒声动一川。

宋代张栻《采菱舟》

散策下亭阿，水清鱼可数。却上采菱舟，乘风过南浦。

宋代朱熹《采菱舟》

湖平秋水碧，桂棹木兰舟。一曲菱歌晚，惊飞欲下鸥。

宋代张栻《书楼》

高楼出林杪，中有千载书。昔人不可见，倚槛意何如。

宋代朱熹《书楼》

君家一编书，不自圯上得。石室寄林端，时来玩幽迹。

宋代张栻《蒙轩》

开轩径寻丈，水竹亦萧疏。客来须起敬，题榜了翁书。

宋代朱熹《蒙轩》

先生湖海姿，蒙养今自閟。铭坐

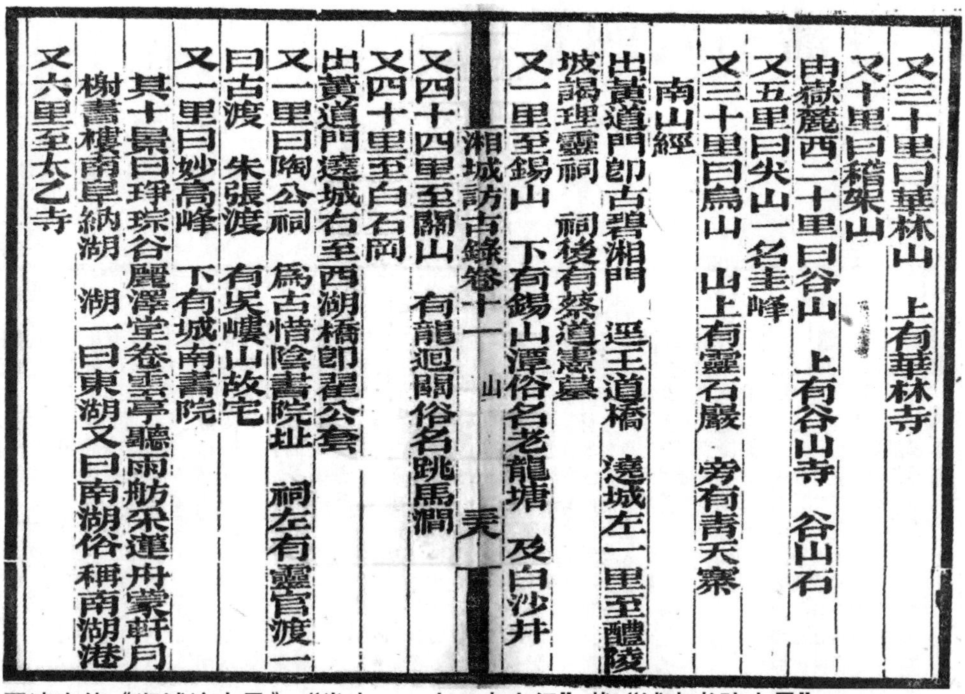
又三十里曰華林山　上有華林寺
又十里曰稽架山
由嶽麓西二十里曰谷山　上有谷山寺　谷山石
又五里曰尖山一名圭峰
又三十里曰烏山　山上有靈石巖　旁有青天寨
南山經
出黃道門卽古碧湘門　迎王道橋　遶城左一里至醴陵
坡鍋理靈祠　祠後有蔡道憲墓
又一里至錫山　下有錫山潭俗名老龍塘　及白沙井
湘城訪古錄卷十一　山
又四十四里至關山　有龍廻關俗名跳馬澗
又四十里至白石岡
出黃道門遶城右至西湖橋卽翟公套
又一里曰陶公祠　爲古惜陰書院址　祠左有靈官渡一
曰古渡　朱張渡　有吳巘山故宅
又一里曰妙高峰　下有城南書院
其十景曰琤琮谷麗澤堂卷雲亭聽雨舫采蓮舟蒙軒月
榭書樓南阜納湖　湖一曰東湖又曰南湖俗稱南湖港
又六里至太乙寺

图清光绪《湘城访古录》“卷十一·山·南山经”载“城南书院十景”

仰先贤，点画存象系。

宋代张栻《月榭》

危栏明倒影，面面涌金波。何处无佳月，惟应此地多。

宋代朱熹《月榭》

月色三秋白，湖光四面平。与君凌倒影，上下极空明。

宋代张栻《南阜》

湘水接洞庭，秋山见遥碧。南阜时一登，搔首意无斁。

宋代朱熹《南阜》

高丘复层观，何日去登临。一目长空尽，寒江列暮岑。

宋代张栻《纳湖》

源源锡潭水，汇此南城阴。岸花有开落，水盈无浅深。

宋代朱熹《纳湖》

诗筒连画卷，坐看复行吟。想像南湖水，秋来几许深。

宋代张栻《丽泽堂》

长哦伐木篇，伫立以望子。日暮飞鸟归，门前长春水。

宋代朱熹《丽泽堂》

堂后林影密，堂前湖水深。感君怀我意，千里梦相寻。

【吉藩书院四景】

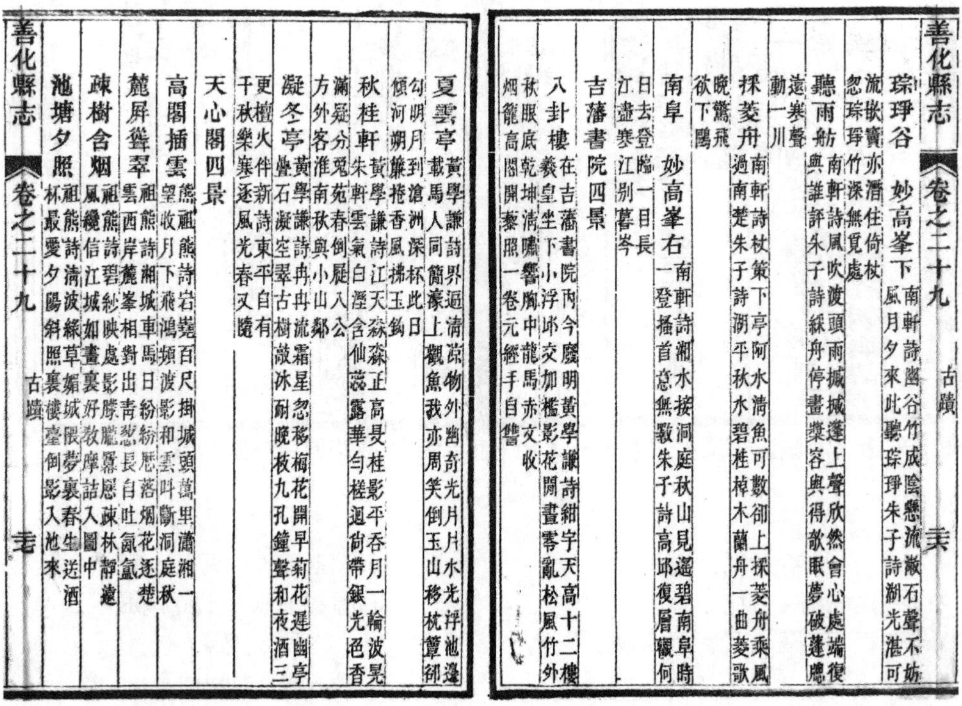
善化縣志　卷之二十九　古蹟

琮琤谷　妙高峯下　南軒詩幽谷竹成陰懸流漱石聲不妨風月夕來此聽琮琤朱子詩㶇光湛可流歎寶亦潛住倚杖忽琮琤竹深無覓處

聽雨舫　南軒詩風吹渡頭雨㵾㵾蓬上聲欣然會心處端復與誰評朱子詩綵舟停畫槳容與得欹眠夢破蓬窗遠寒聲動一川

採菱舟　南軒詩杖策下亭阿水清魚可數卻上採菱舟乘風過南楚朱子詩㶇平秋水碧桂棹木蘭舟一曲菱歌晚驚飛欲下鷗

南阜　妙高峯右　南軒詩湘水接洞庭秋山見遙碧南阜時一登搔首意無斁朱子詩高邱復層巘何日去登臨一目長江盡寒江別暮岑

吉藩書院四景

八卦樓　在吉藩書院內今廢明黃學謙詩紺宇天高十二樓羲皇坐下小浮邱交加檻影花聞晝零亂松風竹外秋眼底乾坤清嘯響胸中龍馬赤文收烟籠高閣開藜照一卷元經手自讐

夏雲亭　黃學謙詩界逈清涼物外幽奇光月片水光浮池邊載馬人同簡豪上觀魚我亦周笑倒玉山移枕簟卻勾明月到滄洲深杯此日傾河朔簾捲香風拂玉鈎

秋桂軒　黃學謙詩江天淼淼正高旻桂影平吞月一輪波晃朱軒雲氣白滢含仙蕊露華勻樣迴尚帶銀光色香滿疑分兔苑春倒疑入公方外客淮南秋與小山鄰

凝冬亭　黃學謙詩冉冉流霜星忽移梅花開早菊花遲幽亭疊石凝空翠古樹敲冰耐晚枝九孔鐘聲和夜酒三更檻火件新詩東平自有千秋樂寒逐風光春又隨

天心閣四景

高閣插雲　熊祖詒詩岩蕘百尺掛城頭萬里瀟湘一望收月下飛鴻頻渡影和雲叫斷洞庭秋

麓屏聳翠　祖熊詩湘城車馬日紛紛歷落烟花逐楚雲西岸麓峯相對出青葱長自吐氤氳

疎樹含烟　祖熊詩碧紗映處影朦朧冪冪歷疎林靜遠風幾信江城如畫裏好教摩詰入圖中

池塘夕照　祖熊詩清波綠草媚城隈夢裏春生送酒杯最愛夕陽斜照裏樓臺倒影入池來

善化縣志　卷之二十九　古蹟

清光绪《善化县志》“卷之二十九·古迹”载“吉藩书院四景”：八卦楼、夏云亭、秋桂轩、凝冬亭。

【岳麓书院八景】

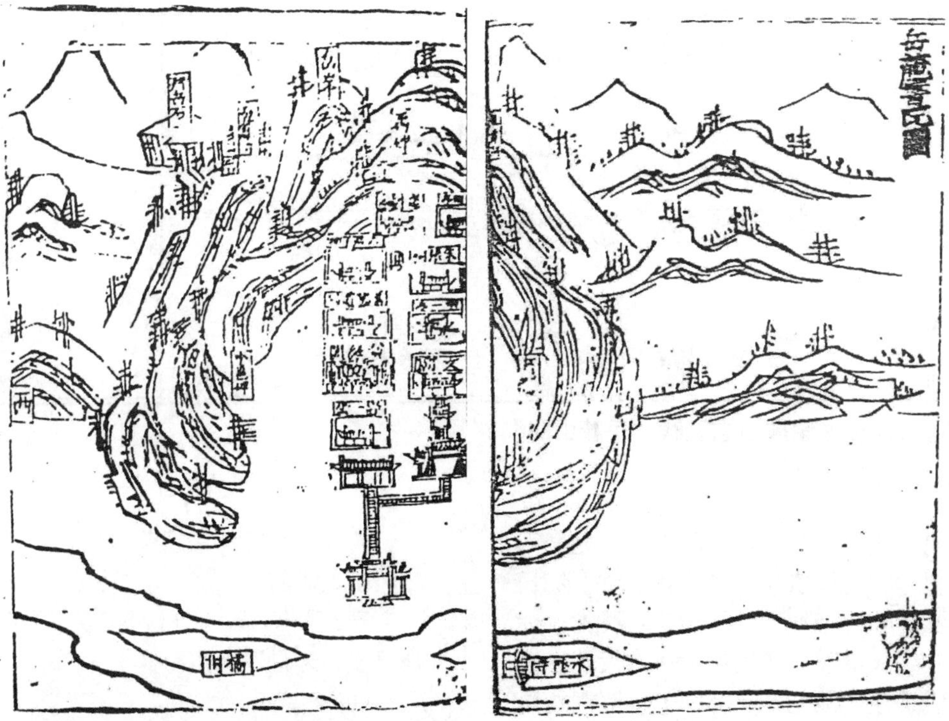

图明嘉靖《长沙府志》载“岳麓书院图”

岳麓书院位于长沙市湘江西岸岳麓山下，被誉为“千年学府”。为我国著名的“四大书院”之一。

北宋开宝九年（976）潭州太守朱洞创建岳麓书院于岳麓山抱黄洞下，初设“讲堂五间斋序五十二间”，由此奠定了书院讲学部分的基础。咸平二年（999）州守李允则扩建，书院建筑的讲学、藏书、供祀三个组成部分的基本规制形成。北宋大中祥符八年（1015），宋真宗召见山长（即院长）周式，并颁书赐额，“于是书院之称闻天下”。

南宋乾道元年（1165）安抚使刘珙因旧址复建，保持了原有规制。刘珙延请张栻主持教事。随后朱熹自闽专程来访，与张栻论学，首开书院会讲先河。至绍兴五年朱熹出任湖南安抚使，书院“更建于爽垲之地，规制一新”。其时，“学徒千余人，食田五十顷”。谚曰，“道林三百众，书院一千徒”，书院规模有了很大发展。

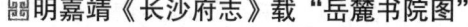

元明一代屡有兴废，阳明心学和明代实学相继发扬于书院。据志载，元明大小修建活动廿多次。明廷几次令毁书院，尚未受直接影响。正德年间守道吴世忠重新规划，“以风水未美，迁正学基”，更书院向，迁大成殿于书院左，并形庙制，拆毁道林寺，以其材修建书院，因此形成了现存书院前部的基本布局。

清代两百多年间，修建更密，志载大小修建活动达数十次之多，且多有朴学大师掌院，传书院经世致用之风。康熙七年（1668）巡抚周召南倡修，基本承明遗制。康熙二十三年（1684）巡抚丁思孔再修，次年得康熙御书“学达性天”额及十三经等赐书十六种，

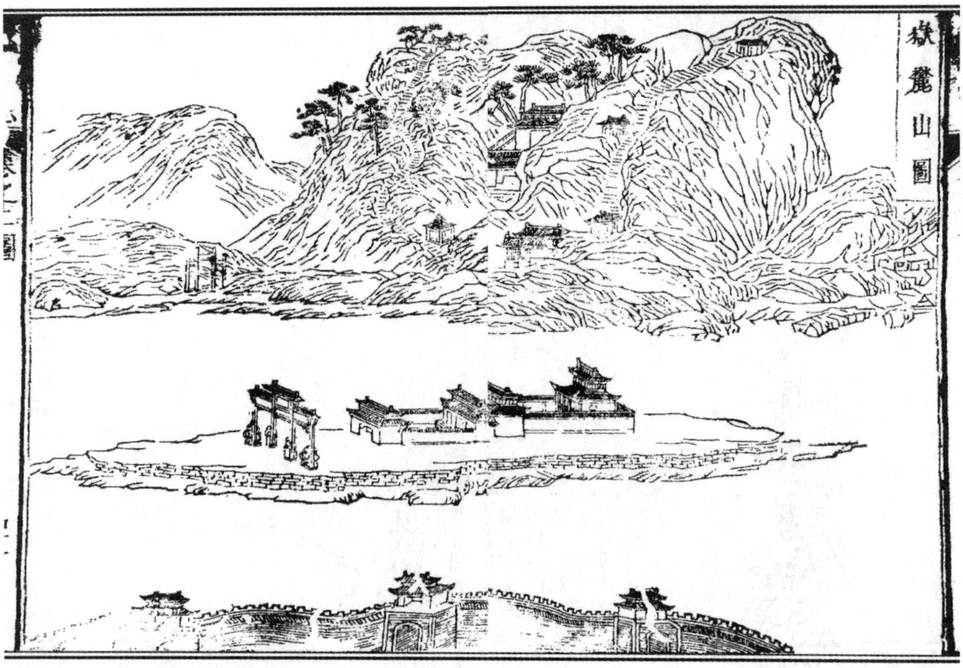

清雍正《湖广通志》载“岳麓山图”

便成现存书院中轴后部规制。乾隆年间对环境风景建设又多有所创。院长罗典辟院旁隙地为园池，栽花木，标以“八景”。清代最后一次大规模修建是在同治七年（1868），巡抚刘昆重振书院，留下书院的最后形制规模，现存书院古建亦多经此次重修或重建。

罗典，字微五，号慎斋，湘潭人，乾隆丁卯乡试第一，辛未成进士，选庶吉士授编修转御史，以母老、乞养归。主讲岳麓书院二十七年，是湖湘著名教育家。

岳麓书院八景分为前四景和后四景，前四景为：柳塘烟晓、桃坞烘霞、风荷晚香、桐荫别径；后四景为：花墩坐月、碧沼观鱼、竹林冬翠、曲涧鸣泉。

清代俞超《岳麓八景》

晓烟低护柳塘宽，桃坞烘霞一色丹。路绕桐荫芳别径，香生荷岸晚风抟。泉鸣涧并青山曲，鱼戏人从碧沼观。小坐花墩斜月照，冬林翠绕竹千杆。

清代陶必铨《岳麓杂咏八首》

桃坞烘霞

春花及春媚，满目朝霞被。门前蹊已成，未是秦人避。

曲涧鸣泉

空山自流泉，响漱声声玉。欲引灌南塘，不妨环道曲。

柳塘烟晓

杨柳丝乱垂，银塘青未了。依依曲涧边，钟鼓一声晓。

风荷晚香

浅水擎高盖，薰风度晚凉。兴来倾榼对，不是甕头香。

桐阴别径

曾除盖地皮，并斩穿篱刺。龙门种自多，百尺在能植。

碧沼观鱼

朝昏碧沼边，熟看鱼儿戏。烟里翡翠群，飞集亦相媚。

花墩坐月

不作茅亭好，天空罗幕开。晚来明镜里，随意坐青苔。

竹林冬翠

劲节终成直，虚心故耐寒。残冬无别况，风月倚千竿。

清康熙《长沙府岳麓志》载“岳麓书院”

只在寒山外隖破梅花一段香

嶽麓雜詠八首

桃塢烘霞

春花及春媚滿目朝霞被門前蹊巳成未是秦人避

曲澗鳴泉

空山自流泉響激琤聲玉欲引灌南塘不妨環道曲

柳塘煙曉

楊柳絲亂垂銀塘青未了依依曲澗邊鐘鼓一聲曉

風荷晚香

淺水擎高蓋蘋風度晚涼與來傾榼對不是襲頭香

桐陰別徑

沅湘耆舊集卷第百二十六　三

曾除蓋地皮并斬穿籬刺龍門種自多百尺枉能植

碧沼觀魚

朝昏碧沼邊熟看魚兒戲煙裏翡翠羣飛集亦相媚

花墩坐月

不作茅亭好天空羅幕開晚來明鏡裏隨意坐青苔

竹林冬翠

勁節終成直虛心故耐寒幾冬無別况風月倚千竿

春夜

寂寂春深夜花生夢未成無端溪澗水徹曉斷腸聲

贈答

恰恰啼黃鶯憐君亦弟兄風前無限柳一路故人情

清邓显鹤《沅湘耆旧集》“卷一百二十六”载“陶必铨《岳麓杂咏八首》”（本书所载“岳麓书院八景图”源自网络）。

[柳塘晓烟]

“柳塘晓烟”为岳麓书院八景之一。南宋乾道三年（1167），朱熹来岳麓书院讲学，前来听讲的人不计其数，载人的马匹多得将书院门前池塘的水都喝光了，此池故得名“饮马池”。清乾隆五十二年（1787），山长罗典在池中修筑了一座蘑菇状的草亭，又在池的周围种植垂柳，取名“柳塘烟晓”，列入“岳麓八景”。嘉庆二十四年（1819）山长欧阳厚均重修，改名风雩亭，亭名源自《论语·先进》“浴乎沂，风乎舞雩，咏而归”，现亭为 1984 年重修。

清代张晋元《柳塘烟晓》

横塘一抹野烟轻，垂柳阴浓晓气清。几点疏星光暗淡，半珪残月影分明。碧梢露重疑无力，绿叶风吹似有情。曙色渐开更漏寂，朦胧庭院听鸡鸣。

清代罗绮《柳塘烟晓》

灵和漫独擅风流，曙景平添曲沼头。朝露未晞青欲滴，春波渐暖碧初浮。不妨吟兴偏因晓，那信诗情易感秋。试向林前聊徙倚，溶溶新绿尽消愁。

清代周锷《柳塘烟晓》

杨柳依依晓色垂，方塘烟影迈青旗。微波潋滟生霞处，晓月空濛在水时。冷护春寒眠未足，阴笼朝日上来迟。柔条青眼知谁是，无限东风拂面吹。

[桃坞烘霞]

“桃坞烘霞”为岳麓书院八景之一，是指书院大门外的一片桃林。清乾隆四十七年（1782）山长罗典始植。原桃坞长宽百余丈，植桃树数百株，后渐渐荒废。现桃林面积较之古时要少得多，桃林亦为新植，称之“桃李坪”。每当春天来临，桃花盛开，春光与桃花交相辉映，故名“桃坞烘霞”。

清代彭珹《桃坞烘霞》

簇簇秾华满坞红，霞光几认赤城中。须知一样林间树，为属春官便不同。

清代严如煜《桃坞烘霞》

晴云香霭午融融，簇锦花团羡化工。禁火不烧寒食后，绮霞疑灼赤城中。芳枝春放千株艳，暖气晴蒸半里红。莫道本来根叶好，须知颜色待东风。

[风荷晚香]

“风荷晚香”为岳麓书院八景之一。岳麓书院头门北侧、文庙照壁之外，有黉门池，始凿于宋代，与饮马池相对应。“黉”，即古时的学校。池上有亭，名曰吹香亭；相传为宋代尚书钟仙巢所建，宋理宗亲书“仙巢吹香亭”额，并书杜荀鹤《题衡山隐士山居》诗“放鹤去寻三岛客，任人来看四时花”为柱联，久废。乾隆五十三年（1788），山长罗典筑今亭，名为东亭，并建有木桥通往亭内。嘉庆二十四年（1819），山长欧阳厚均为存故迹，改东亭名为“吹香亭”。道光六年（1826年）改木桥为石桥。抗日战争中亭毁桥存。现亭为1984年修复。因池中遍种荷花，岳麓八景之一的“风荷晚香”即取景于此。

清代严祐《风荷晚香》

何处消残暑，池荷入夜风。香清衣欲袭，波静月初融。晚景微茫里，函芳淡远中。由来怀茂叔，应许赏心同。

清代罗辉潭《风荷晚香》

蓬莱闻说属飞仙，缥缈池亭讲院前。槛拥黄云千亩稻，祠围绿树一林烟。当檐夜色波心月，破晓晴光镜里天。杖履追陪凭领略，先生道妙示鱼鸢。

[桐荫别径]

“桐荫别径”为岳麓书院八景之一，是从黉门池经文庙北通往爱晚亭的一条曲径，古代连接麓山寺与道乡祠的山道。因路旁种有桐树而得名。清乾隆年间，书院山长罗典进行园林建设时始辟，后渐荒毁。1984 年修缮书院时，仍置桐荫别径以留故迹。今之别径虽有别于古之别径，亦无桐树，但小路两旁古树参天，林木繁茂，闲来漫游其中也别有意趣，不失为休息散步、陶冶性情的好地方。

清代周锷《桐荫别径》

邱壑盘纡似道林，山桐一径恰成阴。花开三月春当路，客到丛台绿满襟。碧叶诗题凉月晓，秋风子落白云深。青鞋布袜频来往，空谷跫然听足音。

清代严如煜《桐荫别径》

添得丛祠一段春，千株嘉植晓烟匀。残碑字蚀崇台古，密叶阴沉曲径新。绿草黄泥峰半路，青鞋白夹树前人。他时郁郁孙枝老，会有丹山鸟宿频。

[花墩坐月]

“花墩坐月”为岳麓书院八景之一。静夜，空旷的庭院洒满皎洁的月色，明月高悬，心地也清朗起来，在这样的夜晚，思想也变得深远了，露珠清凉晶莹，银河疏朗娴静，凭栏夜眺，微风徐徐，空明的心已澄碧如秋月。

清代吉兆魁《花墩坐月》

良宵兀坐紫茸茵，月朗天空易感人。数点微云添夜色，半林轻雾散香尘。疏钟清磬三更寂，冷蕊寒花一径新。对景流连情最远，许谁探取眼前春。

清代蒋鸿《花墩坐月》

良夜花阴静，庭空皎月浮。镜悬心朗朗，人定意悠悠。玉露清如濯，银河淡不流。栏干风细起，虚室已澄秋。

[碧沼观鱼]

“碧沼观鱼”为岳麓书院八景之一。书院园林位于书院中轴线后部南侧，建于清乾隆四十七年（1782）。当时罗典任山长，辟书院周围空地，修池塘泽沼，筑亭台假山，引岳麓山清风峡溪泉涧流，植名花树木，形成最初的园林景观。今存园林为 1992 年修复。

园林中部，以水池为中心，山涧清泉穿行其中。池内遍种睡莲，鱼游其间。环池缀以花草、树木、拙石。筑有石桥，流水泻于桥下，声似琴笙。池与桥的南面有一巨石，临水一面上书朱熹“鸢飞鱼跃”，面岸一面刻张栻“招隐”二字。临池观鱼，怡然自得，古今皆然。

清代谭人豪《碧沼观鱼》

水静能动鱼，鱼动不离沼。自得任优游，沼大湖海小。但看水底鱼，莫看天上鸟。

清代陈融观《碧沼观鱼》

山池残雨收，细浪鳞而作。悠然濠濮心，一镜不肯唾。偶然啖苹花，波动云影破。

清代李自瑛《碧沼观鱼》

无定天光荡碧池，锦鳞翔跃散沦漪。啖花影失清波转，洗墨香浓翠浪吹。出没似知人意快，留连偏有化机随。濠梁情兴今犹昨，徙倚临流乐未疲。

[竹林冬翠]

“竹林冬翠”为岳麓书院八景之一，位于书院西侧。清乾隆年间，罗典所植，今仍有修竹上千株。翠竹历来为名人墨客所称颂。观竹，其最好时节莫过于冬季。冬季雪落之时，藏不住的竹尖从雪中钻出，与白雪映衬，更显生机与活力。

清代朱元诚《竹林冬翠》

直干亭亭耸碧岑，凌冬不碍雪霜侵。绿藏书屋千竿秀，翠绕湘川万壑深。节劲并无逢世态，岁寒方见此君心。当年淇澳磋磨意，百世犹宜共咏吟。

清代严祜《竹林冬翠》

一片琅玕影，偏增物色新。雪凝浓翠绿，风抹冷烟匀。摇落看如许，春葱独可人。此君谁得似，鸾风好为邻。

[曲涧鸣泉]

“曲涧鸣泉”为岳麓书院八景之一。曲涧，是从清风峡爱晚亭流经书院园林的溪涧，自古有之。曲涧边，最好的去处就是爱晚亭，山中各峡谷的溪水在此汇聚，每当春雨绵绵或秋雨潇潇，山中水流顺涧而下，宣泄于此，声如洪钟，状如瀑布。清代乾隆年间，罗典深悟此中佳境，在涧边建亭，以供观景的人躲避风雨，欣赏曲涧的鸣泉声，并以此命名。

清代周锷《曲涧鸣泉》

碧玉山泉出峡清，流来曲涧韵瑽琤。空斋夜听三更雨，绕户风腾万马声。香送落花春宛转，人方倚树月分明。如闻绿绮调冰柱，何事尘心更不平。

清代吉启楠《曲涧鸣泉》

岩溜穿云一径清，涓涓幽韵惬闲情。应分山涧松涛响，似听蕉窗夜雨声。枕石客归烟两岸，挂瓢人去月三更。潺潺雅与弦歌答，天籁琅然耳暂明。

【桐溪八景】

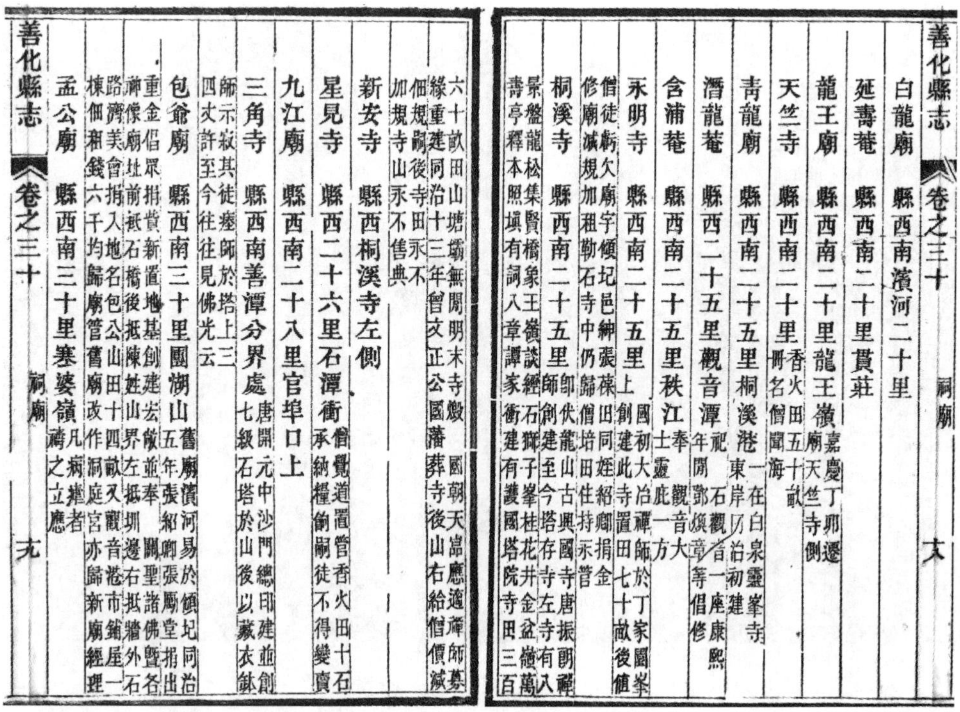

善化縣志 《卷之三十 祠廟 十八

白龍廟 縣西南濱河二十里

延壽菴 縣西南二十里貫莊

龍王廟 縣西南二十里龍王嶺 嘉慶丁卯遷廟天竺寺側

天竺寺 縣西南二十里 香火田五十畝冊名僧聞海

青龍廟 縣西南二十五里桐溪港 一在白泉靈峯寺東岸同治初建

濟龍菴 縣西二十五里觀音潭 祀石觀音一座康熙年間鄧旗章等倡修

含浦菴 縣西南二十五里秩江 奉觀音大士靈庇一方

永明寺 縣西南二十五里上 國初大冶禪師於丁家圍峯創建此寺置田七十畝後僧僧徒虧欠廟宇傾圮邑紳張葆田同姪紹卿捐金修廟滅規加租勒石寺中仍歸僧培田住持永管

桐溪寺 縣西南二十五里 即伏龍山古興國寺唐振朗禪師創建至今塔存寺左寺有八景盤龍松集賢橋象王嶺談經石獅子峯桂花井金盆嶺萬壽亭釋本照塡有詞八章譚家衝建有護國塔院寺田三百

善化縣志 《卷之三十 祠廟 十九

六十畝田山塘壩無間明末寺燬 國朝天岩應適禪師募緣重建同治十三年曾文正公國藩葬寺後山右給僧價減佃規剛後寺田永不加規寺山永不售典

新安寺 縣西桐溪寺左側

星見寺 縣西二十六里石潭衝 僧覺道置管香火田十石承納糧餉嗣徒不得變賣

九江廟 縣西南二十八里官埠口上

三角寺 縣西南善潭分界處 唐開元中沙門總印建並創七級石塔於山後以藏衣鉢師示寂其徒瘗師於塔上三四丈許至今往往見佛光云

包爺廟 縣西南三十里團湖山 舊廟濱河易於傾圮同治五年張紹卿張厲堂捐出重金倡衆捐貲新置地基創建宏敞並奉關聖諸佛暨各神像廟址前舐石橋後抵陳姓山界左抵圳邊右抵牆外石路齊美會捐入地名包公山田十四畝又觀音巷市鋪屋一棟佃租錢六千均歸廟管舊廟改作洞庭宮亦歸新廟經理

孟公廟 縣西南三十里塞婆嶺 凡病痒者禱之立應

清光绪《善化县志》“桐溪寺”载“桐溪八景”

桐溪寺，古称兴国寺，位于长沙市岳麓区伏龙山下，为唐代振朗禅师创建。后毁，至宋复建，名曰伏龙庵。寺周有八景：盘龙松、集贤桥、象王岭、谈经石、狮子峰、桂花井、金盆岭、万寿亭。至明末，寺又毁。清代，经天岩应适禅师募缘重建，改名桐溪寺。

据清光绪《善化县志》载，与桐溪寺邻近的谭家冲，建有护国塔院，“寺田三百六十亩，田山塘坝无间”。民国期间，桐溪专属“长沙八大丛林”之一，山门上书“兴国寺”三字，其门联云：兴国家风古；伏龙祖道长。

【圭峰八景】

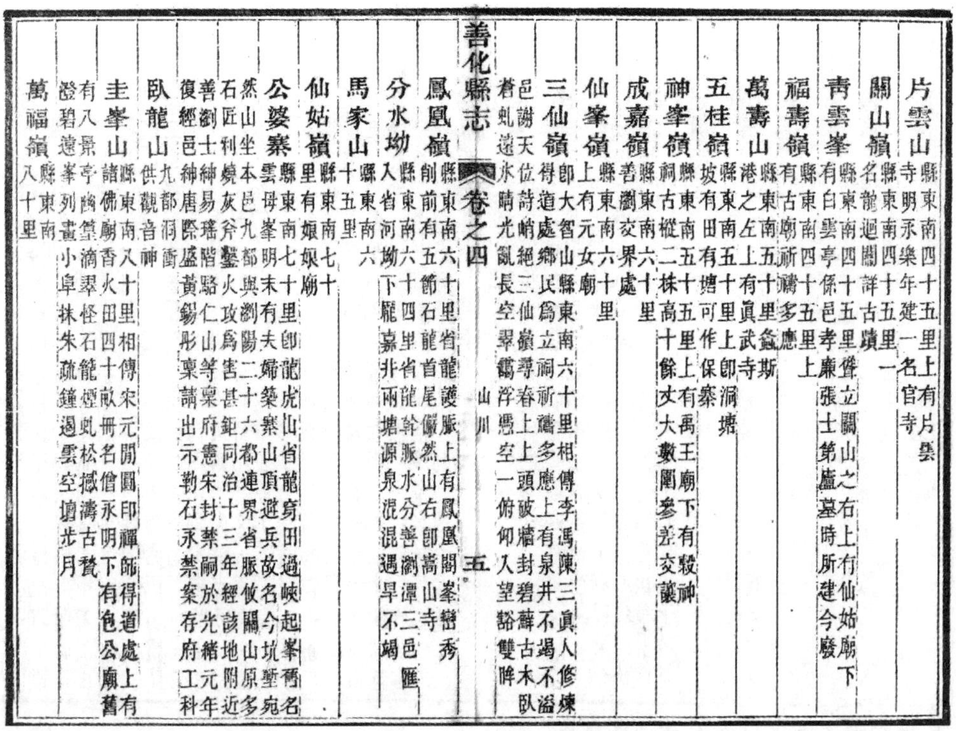

片雲山 縣東南四十五里上有片雲寺明永樂年建一名官寺
關山嶺 縣東南四十五里一名龍廻關詳古蹟
青雲峯 縣東南四十五里舊立關山之右上有仙姑廟下有白雲亭係邑孝廉張士第廬墓時所建今廢
福壽嶺 縣東南四十五里上有古廟祈禱多應
萬壽山 縣東南五十里螽斯港之左上有眞武寺
五桂嶺 縣東南五十里上郎洞塘坡有田有塘可作保寨
神峯嶺 縣東南五十五里上有禹王廟下有穀神祠古縱二株高十餘丈大數圍參差交讓
成嘉嶺 縣東南六十里善劉交界處
仙峯嶺 縣東南六十里上有元女廟
三仙嶺 即大智山縣東南六十里相傳李馮陳三眞人修煉得道處鄉民爲立祠祈禱多應上有泉井不竭不溢邑謝天位詩峭絕三仙嶺尋春上上頭破牆封碧薜古木臥耆虬遠水晴光亂長空翠鶴浮憑空一俯仰入望豁雙眸

善化縣志 卷之四 山川 五

鳳凰嶺 縣東南六十里省龍護脈上有鳳凰閣峯巒秀削前有五節石龍首尾儼然山右即嵩山寺
分水坳 縣東南六十四里省龍幹脈水分善劉潭三邑匯入省河坳下龍嘉非兩塘源泉混混遇旱不竭
馬家山 縣東南六十五里
仙姑嶺 縣東南七十里有娘娘廟
公婆寨 縣東南七十里即龍虎山省龍穿田過峽起峯稱名雲母峯明末有夫婦築寨山頂避兵故名今坑塹宛然山坐本邑九都與劉陽二十六都連界省脈攸關山原多石匠利燒灰斧鑿火攻爲害甚鉅同治十三年經該地附近善劉士紳易瑤階駱仁山等稟府憲宋封禁嗣於光緒元年復經邑紳唐際盛黃錫彤稟請出示勒石永禁案存府工科
臥龍山 九都洞衙供觀音神
圭峯山 縣東南八十里相傳宋元間圓印禪師得道處上有諸佛廟香火田四十畝冊名僧永明下有色公廟舊有八景亭幽篁滴翠怪石籠煙虬松撼濤古甃澄碧遠峯列畫小阜抹朱疏鐘遏雲空壇步月
萬福嶺 縣東南八十里

清光绪《善化县志》“卷之四·山川”载“圭峰山”：旧有八景亭：幽篁滴翠、怪石笼烟、虬松撼涛、古甃澄碧、远峰列画、小阜抹朱、疏钟遏云、空坛步月。

【华林八景】

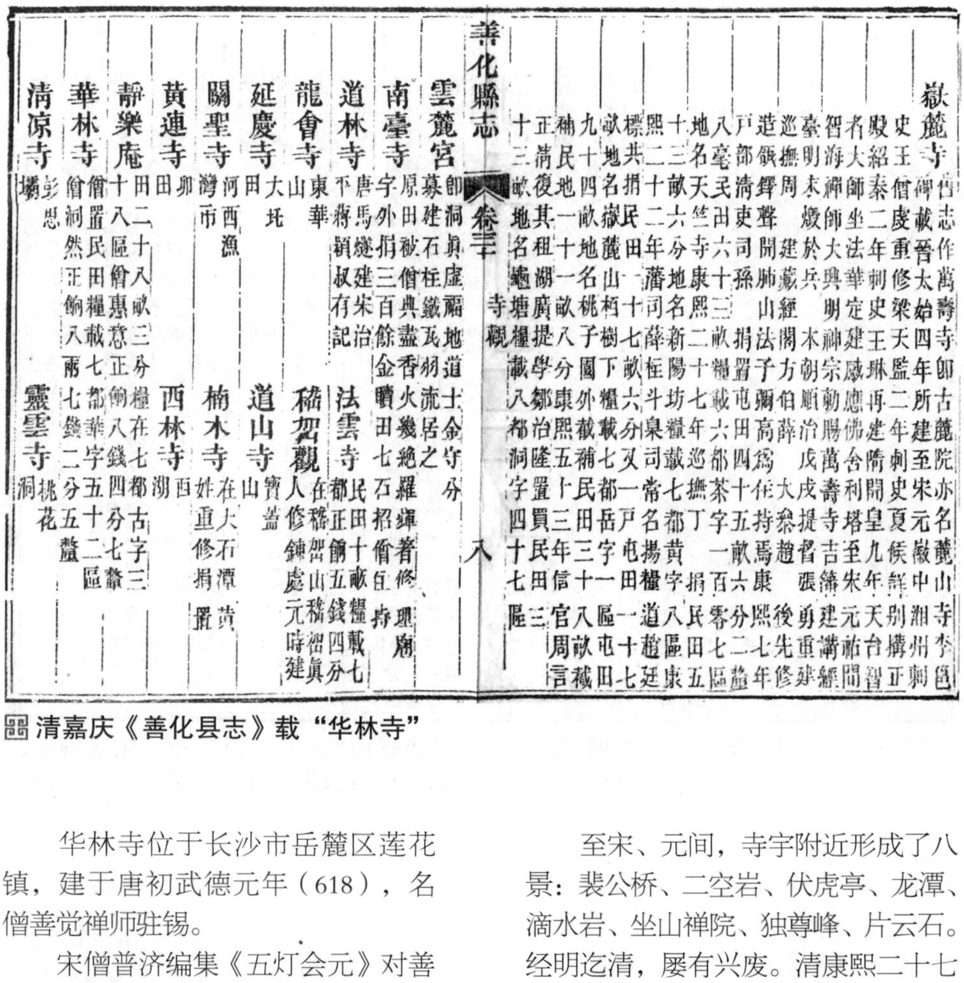

嶽麓寺　舊志作萬壽寺即古麓院亦名麓山寺李邕碑載晉太始四年所建至宋元嘉中湘州刺
史王僧虔重修梁天監二年刺史夏侯詳別搆正
殿紹泰二年刺史王琳再建隋開皇九年天台智
者大師坐法華定建感應佛舍利塔至宋元祐間
智海禪師大興明神宗勅賜萬壽寺吉祥建講經
臺明末燬於兵　本朝順治戊戌提督張勇重建
巡撫周　建藏經閣方伯薛　大參趙　後先修
造嶺鐸聲開肺山法子彌高為住持馬康熙七年
戶部清吏司孫　捐置屯田四十五畝六分二釐
八毫民田六十三畝糧載六都茶字一百零七區
地名天竺寺康熙二十七年巡撫丁　捐民田五
十三畝六分地名新陽坊糧載七都黃字八區康
熙二十二年藩司薛柱斗臬司常名揚糧道趙延
標共捐民田一十七畝六分又一戶屯田一十七
畝地名嶽麓山栢樹下糧載七都岳字一區屯田
九十四畝地名桃子園外載補民田三十八畝糧
補民地一十一畝八分康熙五十三年信官周言
正清復其租湖廣提學鄒治隆置買民田三
十三畝地名龜塘糧載八都洞字四十七區

善化縣志　卷二十　寺觀　八

雲麓宮　即洞眞虛福地道士金守分募建石柱鐵瓦羽流居之
南臺寺　原田被僧典盡香火幾絕羅輝著修理廟宇外捐三百餘金贖田七石招僧住持
道林寺　唐馬燧建宋治平蔣穎叔有記
法雲寺　民田十畝糧載七都正餉五錢四分
龍會寺　東華山
稽架觀　在稽架山稽架眞人修鍊處元時建
延慶寺　大托田
道山寺　寶蓋山
關聖寺　河西漁灣市
楠木寺　在大石潭黃姓重修捐置
黃連寺　卯田
西林寺　西湖
靜樂庵　田二十八畝三分糧在七都古字三十八區僧惠意正餉八錢四分七釐
華林寺　僧置民田糧載七都華字五十二區僧祠然正餉八兩七錢二分五釐
清涼寺　彭思壩
靈雲寺　桃花洞

圖　清嘉庆《善化县志》载“华林寺”

华林寺位于长沙市岳麓区莲花镇，建于唐初武德元年（618），名僧善觉禅师驻锡。

宋僧普济编集《五灯会元》对善觉的奇言异行有所记载，常持锡杖，夜出林麓间，七步一振锡，一称观音名号。……观察使裴休访之，问曰：“还有传者否？”师曰：“有一两个，只是不可见客。”裴曰：“在甚么处？”师乃唤大空、小空，时二虎自庵后而出。裴睹之惊悸。师语二虎曰：“有客，且去。”二虎哮吼而去。裴问曰：“师作何行业，感得如斯？”师良久乃曰：“会么？”曰：“不会。”师曰：“山僧常念观音。”这就是禅宗史上的“华林饲虎”之典故。

至宋、元间，寺宇附近形成了八景：裴公桥、二空岩、伏虎亭、龙潭、滴水岩、坐山禅院、独尊峰、片云石。经明迄清，屡有兴废。清康熙二十七年（1688），该寺僧人操雪为寺庙购置田产，并立契据碑记。四十六年（1707），又在垅中选择基地新建寺宇。民国时僧徒聚居，仍为“长沙八大丛林”之一。

清代释本照《华林寺》

梦想华林二十年，此来凭眺兴悠然。云封万壑浓还淡，翠削千峰断复连。在夕谈经招虎伏，祇今听法有龙眠。支公灵骨今何在，七级浮屠锁暮烟。

【北庄八景】

清嘉庆《长沙县志》载“鹅羊山图”

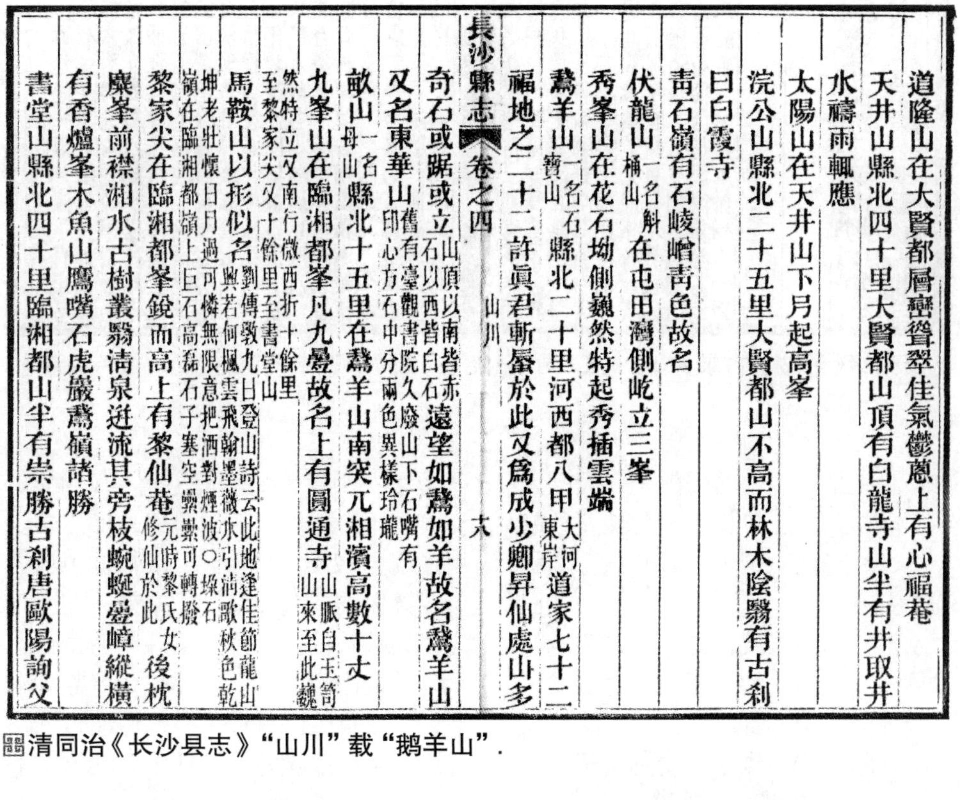
道隆山在大賢都層巒聳翠佳氣鬱蔥上有心福菴
天井山縣北四十里大賢都山頂有白龍寺山半有井取井
水禱雨輒應
太陽山在天井山下月起高峯
浣公山縣北二十五里大賢都山不高而林木陰翳有古刹
曰白霞寺
靑石嶺有石崚嶒靑色故名
伏龍山一名斛桶山在屯田灣側屹立三峯
秀峯山在花石坳側巍然特起秀插雲端
鵞羊山一名石寶山縣北二十里河西都八甲大河東岸道家七十二
福地之二十二許眞君斬蜃於此又爲成少卿昇仙處山多
長沙縣志 卷之四 山川 六
奇石或踞或立山頂以南皆赤石以西皆白石遠望如鵞如羊故名鵞羊山
又名東華山舊有臺觀書院久廢山下石嘴有印心方石中分兩色異樣玲瓏
畝山一名母山縣北十五里在鵞羊山南突兀湘濱高數十丈
九峯山在臨湘都峯凡九疊故名上有圓通寺山脈自玉笥山來至此巍
然特立又南行微西折十餘里至黎家尖又十餘里至書堂山
馬鞍山以形似名劉傳敎九日登山詩云此地逢佳節龍山興若何楓雲飛翰墨瀫水引淸歌秋色乾
坤老壯懷日月過可憐無限意把洒對煙波○煉石嶺在臨湘都嶺上巨石高磊石子塞空纍纍可轉撥
黎家尖在臨湘都峯銳而高上有黎仙菴元時黎氏女修仙於此後枕
麋峯前襟湘水古樹叢翳淸泉迸流其旁枝蜿蜒疊嶂縱橫
有香爐峯木魚山鷹嘴石虎巖鵞嶺諸勝
書堂山縣北四十里臨湘都山半有崇勝古刹唐歐陽詢父

清同治《长沙县志》“山川”载“鹅羊山”.

长沙卷

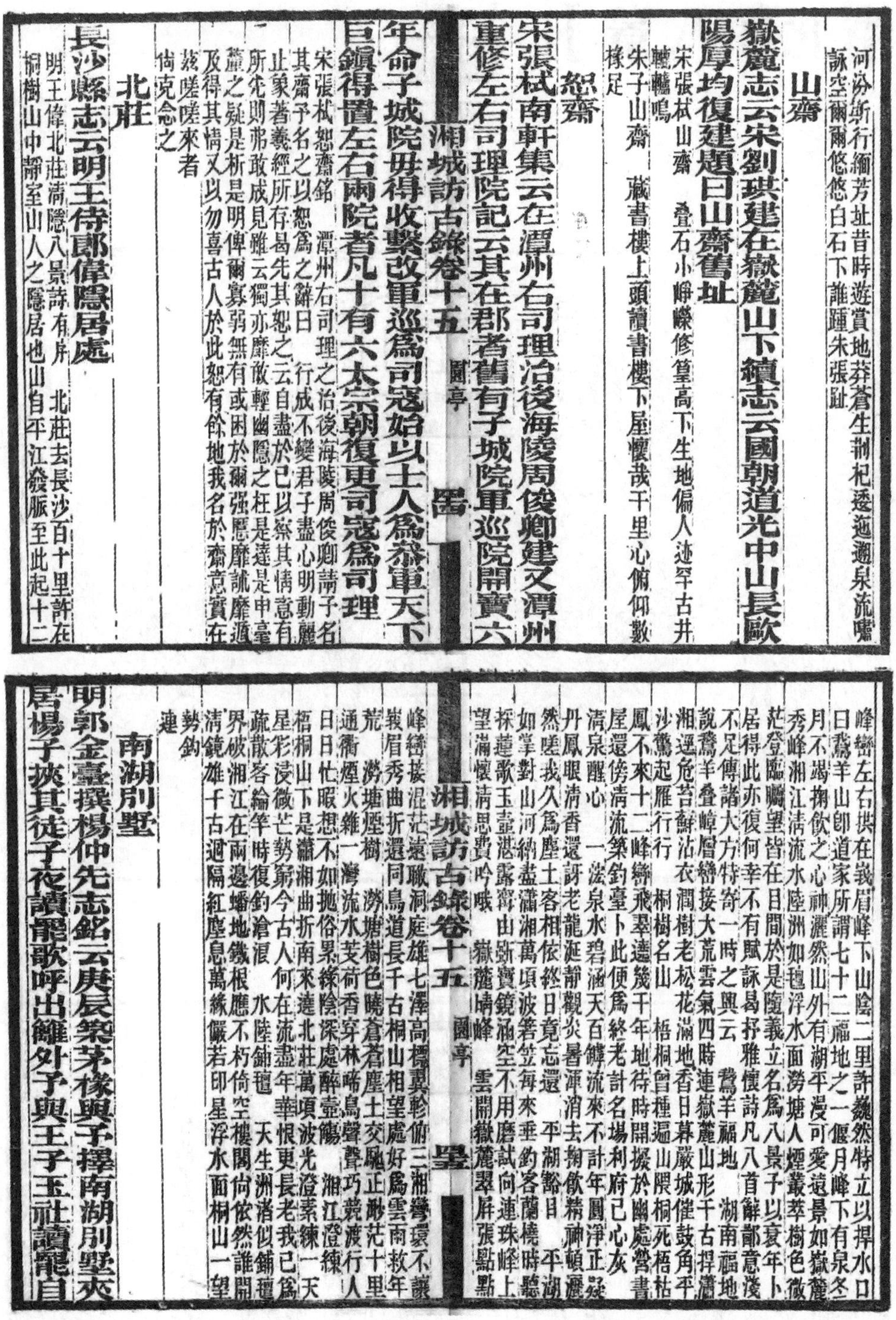
河汾斯行緬芳址昔時遊賞地莽蒼生荆杞逶迤邈泉流嘯
詠空爾爾悠悠白石下誰踵朱張趾
山齋
嶽麓志云宋劉珙建在嶽麓山下續志云國朝道光中山長歐
陽厚均復建題曰山齋舊址
宋張栻山齋　疊石小峥嶸修篁高下生地偏人迹罕古井
轆轤鳴
朱子山齋　藏書樓上頭讀書樓下屋懷哉千里心俯仰數
椽足
恕齋
宋張栻南軒集云在潭州右司理治後海陵周俊卿建又潭州
重修左右司理院記云其在郡者舊有子城院軍巡院開寶六
湘城訪古錄卷十五　園亭
年命子城院毋得收繫改軍巡爲司寇始以士人爲叅軍天下
巨鎮得置左右兩院者凡十有六太宗朝復更司寇爲司理
宋張栻恕齋銘　潭州右司理之治後海陵周俊卿請子名
其齋予名之以恕爲之辭曰　行成不變君子盡心明動麗
止象著羲經所存曷先其恕之云自盡於己以察其情意有
所先則弗敢成見雖云獨亦靡敢輕幽隱之枉是達是申毫
釐之疑是析是明俾爾寡弱無有或困於爾強禦靡誠靡遁
及得其情又以勿喜古人於此恕有餘地我名於齋意實在
茲嗟嗟來者
尚克念之
北莊
長沙縣志云明王侍郎偉隱居處
明王偉北莊清隱八景詩有序　北莊去長沙百十里許在
桐樹山中靜室山人之隱居也山自平江發脈至此起十二
峰巒左右拱在峩眉峰下山陰二里許巍然特立以捍水口
曰鵞羊山即道家所謂七十二福地之一偃月峰下有泉冬
月不竭掬飲之心神灑然山外有湖平漫可愛遠景如嶽麓
秀峰湘江清流水陸洲如氊浮水面澇塘人煙叢萃樹色微
茫登臨矚望皆在目間於是隨義立名爲八景予以衰年卜
居得此亦復何幸不有賦詠曷抒雅懷詩凡八首辭鄙意淺
不足傳諸大方特寄一時之興云　鵞羊福地　湖南福地
說鵞羊疊嶂層巒接大荒雲氣四時連嶽麓山形千古捍瀟
湘逕危苔蘚沾衣潤樹老松花滿地香日暮嚴城催鼓角平
沙驚起雁行行　桐樹名山　梧桐曾種遍山隈桐死梧枯
鳳不來十二峰巒飛翠遶幾千年地待時開擬於幽處營書
屋還傍清流築釣臺卜此便爲終老計名場利府已心灰
清泉醒心　一泓泉水碧涵天百斛流來不計年圓淨正疑
丹鳳眼清香還訝老龍涎靜觀炎暑渾消去掬飲精神頓灑
然嗟我久爲塵土客相依終日竟忘還　平湖霽月　平湖
如掌對山河納盡瀟湘萬頃波箬笠每來垂釣客蘭橈時聽
採蓮歌玉壺湛露寒由勁寶鏡涵空不用磨試向連珠峰上
望滿懷清思費吟哦　嶽麓晴峰　雲開嶽麓翠屏張點點
湘城訪古錄卷十五　園亭
峰巒接混茫遠瞰洞庭雄七澤高標真軫俯三湘彎環不羨
峩眉秀曲折還同鳥道長千古桐山相望處好爲雲雨救年
荒　澇塘煙樹　澇塘樹色曉蒼蒼塵土交飛正渺茫十里
通衢煙火雜一灣流水芰荷香穿林啼鳥聲聲巧競渡行人
日日忙暇想不如拋俗累綠陰深處醉壺觴　湘江澄練
梧桐山下是瀟湘曲折南來遶北莊萬頃波光澄素練一天
星彩浸微芒勢窮今古人何在流盡年華恨更長老我已爲
疏散客綸竿時復釣滄浪　水陸鋪氊　天生洲渚似鋪氊
界破湘江在兩邊蟠地鐵根應不朽倚空樓閣尚依然誰開
清鏡雄千古迥隔紅塵息萬緣儼若印星浮水面桐山一望
勢鈎
連
南湖別墅
明郭金臺撰楊仲先志銘云庚辰築茅椽與子擇南湖別墅爽
居楊子挾其徒子夜讀罷歌呼出籬外予與王子玉社讀罷自

囧 清光绪《湘城访古录》“卷十五·园亭·北庄”载“明王伟《北庄清隐八景诗有序》”

北庄是明兵部右侍郎王伟天顺元年（1457）罢官归长后，在长沙县鹅羊山、秀峰山一带（今属开福区）所筑的庄园。

王伟，字士英，号桐山，长沙府攸县人，世居长沙。王伟幼时随父王灵成宣府，十四岁时，明仁宗北巡，王向其献《安边颂》，受到嘉奖，补为保安州学生员。正统元年（1436）成进士，选庶吉士，改授户部主事。正统十四年（1449），瓦剌首领也先侵扰大同，明英宗御驾亲征，在土木堡兵败被俘。于谦立英宗弟为景帝，率兵抗击也先军。王伟被命行监御史事，召集士民据守广平，迫使也先送回英宗，以功升兵部郎中。其时文书繁杂，王伟援笔立就，深得于谦信任，引为职方司郎中，后晋兵部右侍郎。天顺元年（1457），英宗复位，于谦遭陷害，王伟亦以于谦党羽被论罪，除籍归长沙。成化三年（1467）诏复原官，甫二年以病乞归，著有《桐山集》。

“北庄八景”：鹅羊福地、桐树名山、清泉醒心、平湖豁目、岳麓晴峰、涝塘烟树、湘江澄练、水陆铺毡。

宋代毕田《鹅羊山》

羽客何年此炼丹，尚留空灶镇孱颜。云中鸡犬仙应远，山下鹅羊石转顽。湘渚几因沧海变，辽城无复令威还。何年仙驭还来此，尽遣飞腾上九关。

明代王伟《北庄清隐八景诗有序》

北庄去长沙百十里许，在桐树山中，静室山人之隐居也。山自平江发脉，至此起十二峰峦，左右拱在峨眉峰下。山阴二里许，巍然特立，以捍水口，曰鹅羊山，即道家所谓七十二福地之一。偃月峰下有泉，冬月不竭，掬饮之心神洒然。山外有湖，平漫可爱。远景如岳麓秀峰，湘江清流，水陆洲如毡浮水面，涝塘人烟丛萃，树色微茫。登临瞩望，皆在目间。于是随义立名，为“八景”。予以衰年卜居得此，亦复何幸，不有赋咏，曷抒雅怀。诗凡八首，辞陋意浅，不足传诸大方，特寄一时之兴云。

鹅羊福地

湖南福地说鹅羊，叠嶂层峦接大荒。云气四时连岳麓，山形千古捍潇湘。径危苔藓沾衣润，树老松花满地香。日暮严城催鼓角，平沙惊起雁行行。

桐树名山

梧桐曾种遍山陂，桐死梧枯凤不来。十二峰峦飞翠绕，几千年地待时开。拟于幽处营书屋，还傍清流筑钓台。卜此便为终老计，名场利府已心灰。

清泉醒心

一泓泉水碧涵天，百罅流来不计年。圆净正疑丹凤眼，清香还讶老龙涎。静观炎暑浑消去，掬饮精神顿洒然。嗟我久为尘土客，相依终日竟忘还。

平湖豁目

平湖如掌对山河，纳尽潇湘万顷波。箬笠每来垂钓客，兰桡时听采莲歌。玉壶湛露宁由斫，宝镜涵空不用磨。试向连珠峰上望，满怀清思费吟哦。

岳麓晴峰

云开岳麓翠屏张，点点峰峦接混茫。远瞰洞庭雄七泽，高标翼轸俯三湘。弯环不让峨眉秀，曲折还同鸟道长。千古桐山相望处，好为云雨救年荒。

涝塘烟树

涝塘树色晓苍苍，尘土交驰正渺茫。十里通衢烟火杂，一湾流水芰荷香。穿林啼鸟声声巧，竞渡行人日日忙。暇想不如抛俗累，绿阴深处醉壶觞。

湘江澄练

梧桐山下是潇湘，曲折南来绕北庄。万顷波光澄素练，一天星彩浸微芒。势穷今古人何在，流尽年华恨更长。老我已为疏散客，纶竿时复钓沧浪。

水陆铺毡

天生洲渚似铺毡，界破湘江在两边。蟠地铁根应不朽，倚空楼阁尚依然。谁开清镜雄千古，迥隔红尘息万缘。俨若印星浮水面，桐山一望势钩连。

【泐潭八景】

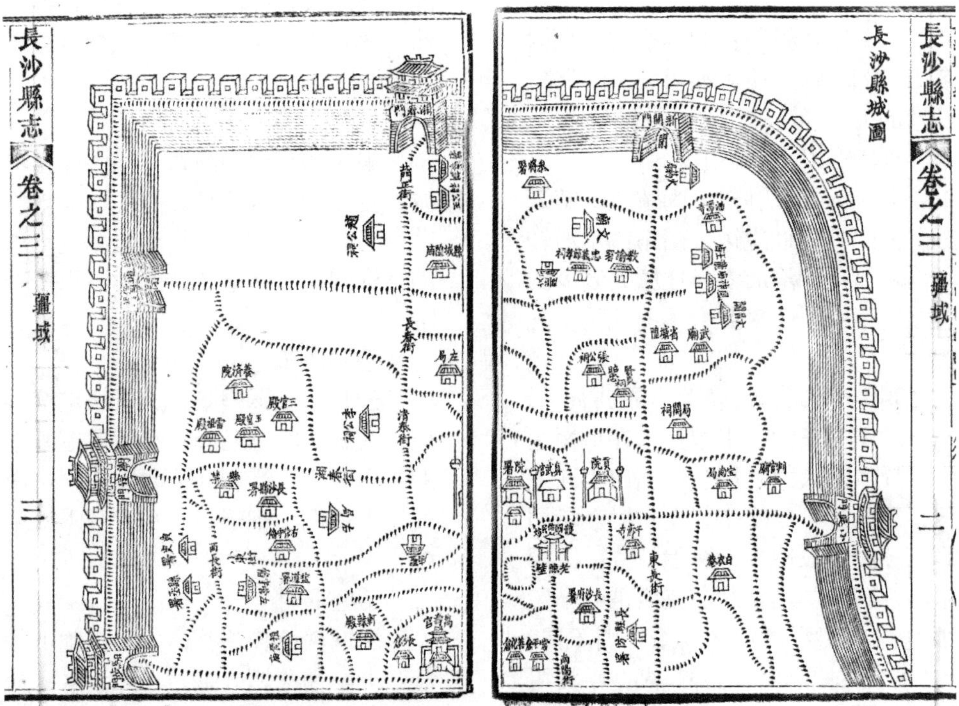

清嘉庆《长沙县志》“长沙县城图”载“泐潭寺”

泐潭八景，位于今开福区荷花池。荷花池古为园林胜地，清同治《长沙县志》载，乾隆初年，池上建远香亭，匝以回栏，池中杂植芰荷，旁架飞桥，环砌花墙，门额曰“纳凉”。池中深处建台榭，额曰“有君子风”。

民国李抱一在《湖南省城古迹今释》中追忆荷花池：一方荷花数亩，松竹交阴，周围亭榭，挹爽迎风，清幽绝尘；一方泐潭寺巨刹巍然，古木蓊然，禅房虽深邃，却鸟窥香人，四时都有佳景。

泐潭寺又名报恩寺，始建于唐，初为马祖道场，位于长沙古城长乐门外，宋代古城新开门内。“明时荒废至百余年，为人占作家园”。清康熙二十二年（1683），长沙协镇胡戴臣捐资赎回泐潭寺，重修殿宇，刻意布置，并建有“泐潭八景”：大士观园、说法狮台、银龙出壑、放生鱼沼、云覆长桥、古洞明月、莲香曲浦、静宝清风。清康熙四十三年（1704），长沙知府姜立广重修泐潭寺，并作记。

唐代裴休《泐潭寺》

泐潭形胜地，祖塔在云湄。浩劫有穷日，真风无堕时。岁华空自老，消息竟谁知。到此轻尘虑，功名自可遗。

清代张迪贞《过泐潭寺》

不信城中寺，翻如郭外春。山僧方过客，林鸟欲依人。浊水无珠颗，莲花有佛身。未能耽妙谛，香影坐消尘。

清代释衍义《泐潭寺八景诗碑并序》

康熙辛酉岁，山僧住长安荐福寺。癸亥（康熙二十二年），榆杨波罗副戎大护法胡公（胡载臣）升长沙协镇，相邀至楚，供礼数载。一日，闻有泐潭马祖道场，荒废百有余年，无人住持，

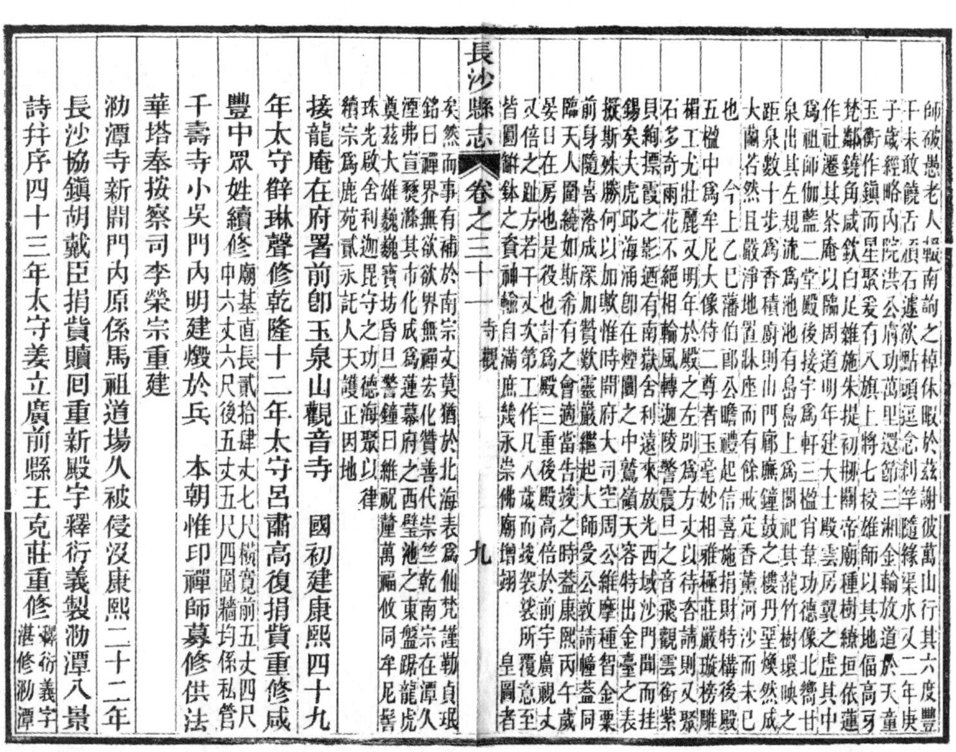

師破愚老人輟南詢之棹休暇於茲謝彼萬山行其六度豐
千未敢饒舌頑石遽欲點頭逗念刹竿隨緣渠水又二年庚
子歲經略內院洪公府功蕆聖還節三湘金輪放道於天童
玉衡作鎮而星聚爰有八旗上將七校雄師以其地偪高牙
梵鄰鐃角咸欽白足雜施朱提初捌帝廟種樹繚垣依蓮
作社遷其茶庵以臨周道明年建大士殿雲房翼之虛其中
爲祖師伽藍二堂殿後接宇爲軒三楹肖韋功德像北嚮甘
泉出其左規流爲池池有島島上爲閣祀其龍竹樹環映之
距泉數十步爲香積廚則山門廊廡鐘鼓之樓丹堊煥然成
大蘭若然且嚴淨地置牀座而有餘戒定香薰河沙而未已
也　今上乙巳藩伯郎公瞻禮起信喜施捐財特構後殿
五楹中爲牟尼大像侍二尊者玉毫妙相雅極莊嚴璇榜雕
楣工尤壯麗又明年於殿之左别爲方丈以待杏請則又聚
石多奇雨花不絕相輪風轉迦陵警震旦之音飛觀雲衢紫
貝絢標霞之彩迺有南嶽舍利遠來放光西域沙門聞而挂
錫矣夫虎邱海涌即在煙圖之中鷲嶺天容特出金臺之表
擬斯殊勝何以加歟惟時開府大司空周公維摩種智金粟
前身隨喜落成深加讚歎靈巖繼起大師受公敦請幢蓋同
臨天人圍繞如斯希有之會適當告竣之時蓋康熙丙午歲
晏日在房也是役也計爲殿三重後殿高倍於前宇廣視丈
又倍之趾方若干丈次第工作凡八歲而竣袈裟所覆意至
皆圓辦鉢之資神輸自滿庶幾永崇佛廟增翊　皇圖者

長沙縣志　卷之三十一　寺觀　九

矣然而事有補於南宗文莫猶於北海表爲仙梵謹勒貞珉
銘曰禪界無欲欲界無禪宏化贊善代崇竺乾南宗在潭久
湮弗宣發滌其市化成爲蓮幕府之西璧池之東盤踞龍虎
奠茲大雄巍巍寶坊昏旦警鐘日維祝釐萬福攸同牟尼髻
珠光啟舍利迦毗守之功德海聚以律
續宗爲鹿苑貳永託人天護正因地
接龍庵在府署前即玉泉山觀音寺　國初建康熙四十九
年太守辥琳聲修乾隆十二年太守呂肅高復捐貲重修咸
豐中衆姓續修廟基直長貳拾肆丈七尺橫寬前五丈四尺中六丈六尺後五丈五尺四圍牆均係私管
千壽寺小吳門內明建燬於兵　本朝惟印禪師募修供法
華塔奉按察司李榮宗重建
沕潭寺新開門內原係馬祖道場久被侵沒康熙二十二年
長沙協鎮胡戴臣捐貲贖回重新殿宇釋衍義製沕潭八景
詩幷序四十三年太守姜立廣前縣王克莊重修釋衍義字湛修沕潭

清同治《长沙县志》“寺观”载“沕潭寺”

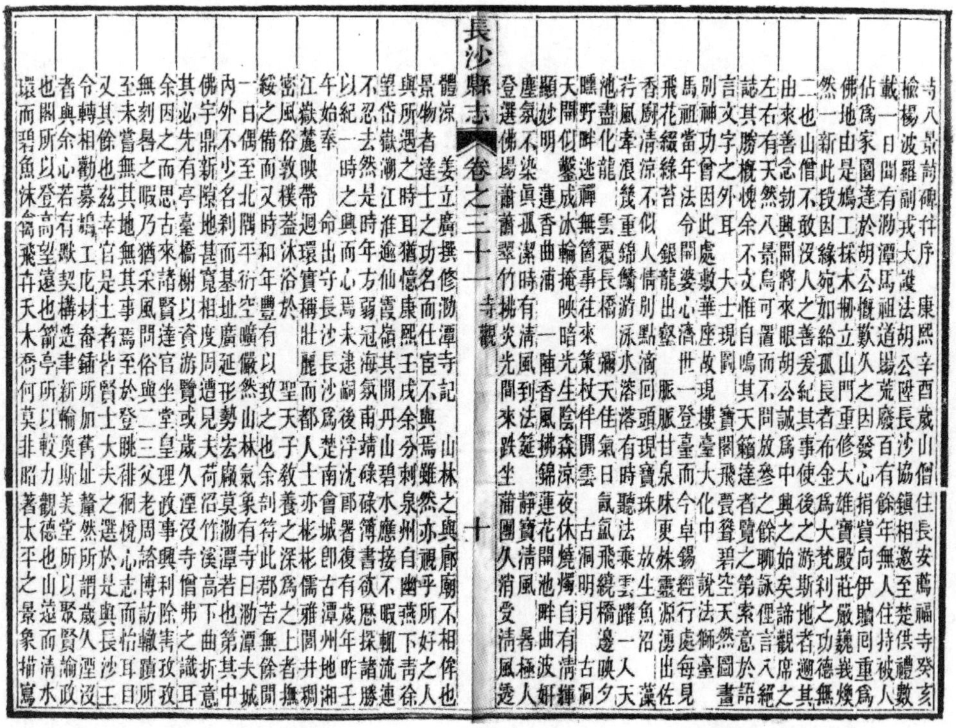

寺八景詩碑幷序　康熙辛酉歲山僧住長安萬福寺癸亥
檢楊波羅副戎大護法胡公陞長沙協鎮相邀至楚供禮數
載一日聞有沕潭馬祖道場荒廢百有餘年無人住持被人
佔爲家園達於胡公慨歎久之因發心捐貲向伊贖回重爲
佛地由是鳩工採木剏立山門重修大雄寶殿莊嚴巍峩煥
然一新此段因緣宛如給孤長者布金爲大梵刹之功德無
二也山僧不敢沒人之善爰紀其事使後之游斯地者遡其
由來善念勃興開將來眼胡公誠爲中興之始矣諦觀席之
左右有天然八景闕可置而不問放參之餘聊詠偈言八絕
誌其勝概愧余不文惟自鳴其天籟達者覽之第索意於語
言文字之外耳　大士現圓寶閣飛甍聳碧空天然圖畫
別神功會因此處敷華座故現樓臺大化中說法獅臺
馬祖當年法令開婆心濟世一現登臺而今卓錫經行處每見
飛花綴綠苔　銀龍出竅脈脈甘泉味更殊靈源湧出佐
香廚清涼不似人情別點滴迴頭現寶珠　放生魚沼　藻
荇風牽浪幾重錦鱗游泳水潺潺有時聽法乘雲躍一人天
池盡化龍　雲覆長橋　獨天佳氣日氤氳飛繞橋邊映夕
矚野畔逃禪無箇事往來策杖伴閒雲　古洞明月　古洞
天開似鑿成冰輪掩映暗光生陰森涼夜休燒燭自有淸輝
顯妙明　蓮香曲浦　一陣香風拂錦蓮花開池畔曲波妍
塵氛不染眞孤潔時有淸風到法筵　靜寶淸暑極人
登選佛場蕭蕭翠竹拂炎光閒來趺坐蒲團久消受淸風透

長沙縣志　卷之三十一　寺觀　十

體涼　姜立廣撰修沕潭寺記　山林之與廊廟不相侔也
景物者　達士之功名而仕宦不與焉　雖然亦視乎所好之人
與所遇之時耳猶憶康熙壬戌余分刺泉州自幽燕下靑徐
望岱嶽溯江淮逾仙霞嶺其間丹山碧水應接不暇輒流連
不忍去然是時年方弱冠海氣甫靖祿祿簿書欲歷探諸勝
以紀一時之興而心焉未逮嗣後浮沈郎署復有歲年昨壬
午始奉命出守長沙長沙爲楚南會城郎古潭州地湘
江嶽麓映帶迴環實稱壯麗而都人士亦彬彬儒雅閭井稠
密風俗敎樸蓋沐浴於聖天子敎養之深爲之上者撫
綏之備而又時和年豐有以致之也余剖符此郡苦無餘閒
一日偶至北隅平衍空曠儼然山林氣象有寺曰沕潭夫城
內外不少名剎而基址廣延形勢宏敞莫沕潭若也第其中
佛宇鼎新際地甚寬相度周遭見夫荷沼竹溪高下曲折意
其必先有亭臺橋榭以資游覽或歲久湮沒寺僧弗之識耳
余因之而思古來諸賢達官坐堂皇理政事興利除害孜孜
無刻晷之暇乃猶采風問俗與二三父老周諮博訪輒蹟所
至未嘗無其地無其事焉至於登眺徘徊悅心志而怡耳目
又其餘也茲幸官是土者皆賢士大夫之選於是與長沙王
令轉相勸募鳩工庀材畚鍤所加舊址歸然所謂歲久湮沒
者與余心若有默契構造聿新輪奐斯美堂所以聚賢論政
也閣所以登高望遠也篇亭所以較力觀德也山遠而淸水
環而碧魚泳禽飛卉天木喬何莫非昭著太平之景象描寫

清同治《长沙县志》“寺观”载“释衍义《沕潭寺八景诗碑并序》”

被人占为家园。达于胡公，慨叹久之，因发心捐赀，向伊赎回，重为佛地。由是鸠工采木，创立山门，重修大雄宝殿，庄严巍峨，焕然一新。此段因缘，宛如给孤长者布金，为大梵语刹之功德无二也。山僧不敢没人之善，爰纪其事，使后之游斯地者，溯其由来，善念勃兴，开将来眼。胡公诚为中兴之始矣。

谛观席之左右，有天然八景，乌可置而不问。放参之余，聊咏俚言八绝，志其胜概。愧余不文，唯自鸣其天籁，达者览之，第索意于语言文字之外耳。

大士现图

宝阁飞甍耸碧空，天然图画别神功。曾因此处敷华座，故现楼台大化中。

说法狮台

马祖当年法令开，婆心济世一登台。而今卓锡经行处，每见飞花缀绿苔。

银龙出壑

脉脉甘泉味更殊，灵源涌出佐香厨。清凉不似人情别，点滴回头现宝珠。

放生鱼沼

藻荇风牵浪几重，锦鳞游泳水溶溶。有时听法乘云跃，一入天池尽化龙。

云覆长桥

弥天佳气日氤氲，飞绕桥边映夕曛。野畔逃禅无个事，往来策杖伴闲云。

古洞明月

古洞天开似凿成，冰轮掩映暗光生。阴森凉夜休烧烛，自有清辉显妙明。

莲香曲浦

一阵香风拂锦莲，花开池畔曲波妍。尘氛不染真孤洁，时有清风到法筵。

静宝清风

暑极人登选佛场，萧萧翠竹拂炎光。闲来趺坐蒲团久，消受清风透体凉。

【开福寺十六景】

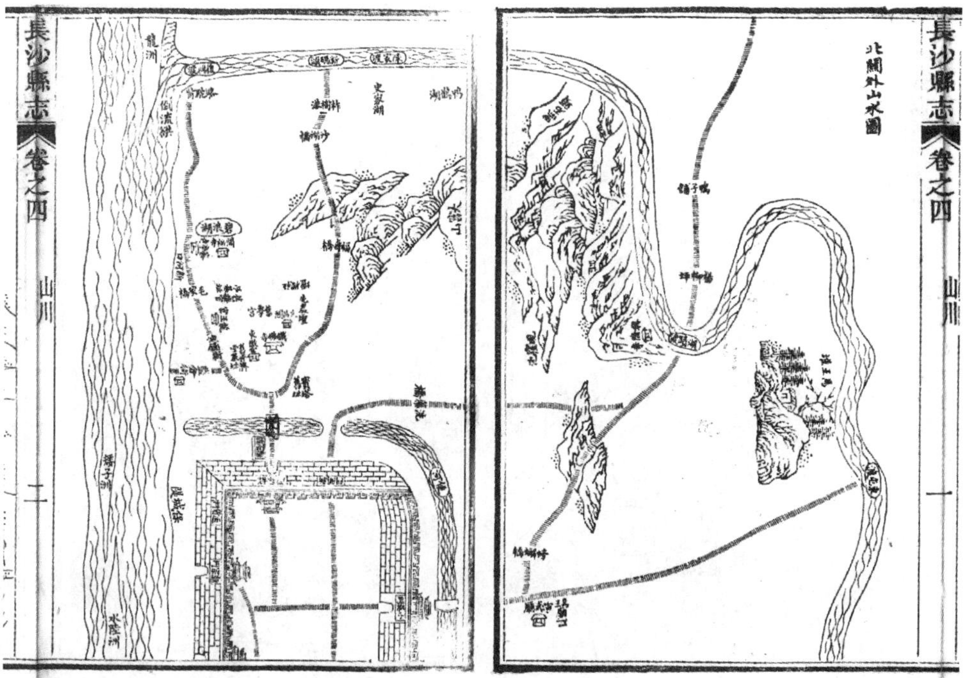

清同治《长沙县志》“北关外山水图”载“开福寺”

开福寺位于长沙城北，是中国佛教重点开放寺院之一，为禅宗临济宗杨岐派著名寺院。始建于五代时期，距今已有一千多年历史。当时马殷割据湖南，建立楚国，史称“马楚”。马氏以长沙为都城，在城北营建行宫，建有会春园，作为避暑之地。后唐天成二年（927），马殷之子马希范将会春园的一部分施舍给僧人保宁，创建了开福寺。马希范继位后，又在附近大兴土木，旁垒紫微山，北开碧浪湖，使开福寺一带成为著名的风景胜地。宋代，开福寺佛事兴隆，高僧辈出，风光如画，相传有紫微山、碧浪湖、白莲池、龙泉井、放生池、鸳鸯井、凤咀洲、木鱼岭、拔楔亭、嘉宴堂、会春园、回步桥、舍茶亭、清泰桥、舍利塔、千僧锅等十六景。

清光绪十二年（1886），名僧寄禅、笠云与著名诗人王闿运等僧俗十九人在此组织碧湖诗社，赋诗谈禅，一时传为美谈。

明代李冕《开福寺》

最爱招提景，天然入画屏。水光含镜碧，山色拥螺青。抱子猿归洞，冲云鹤下汀。从容坐来久，花落满闲庭。

【书堂山八景】

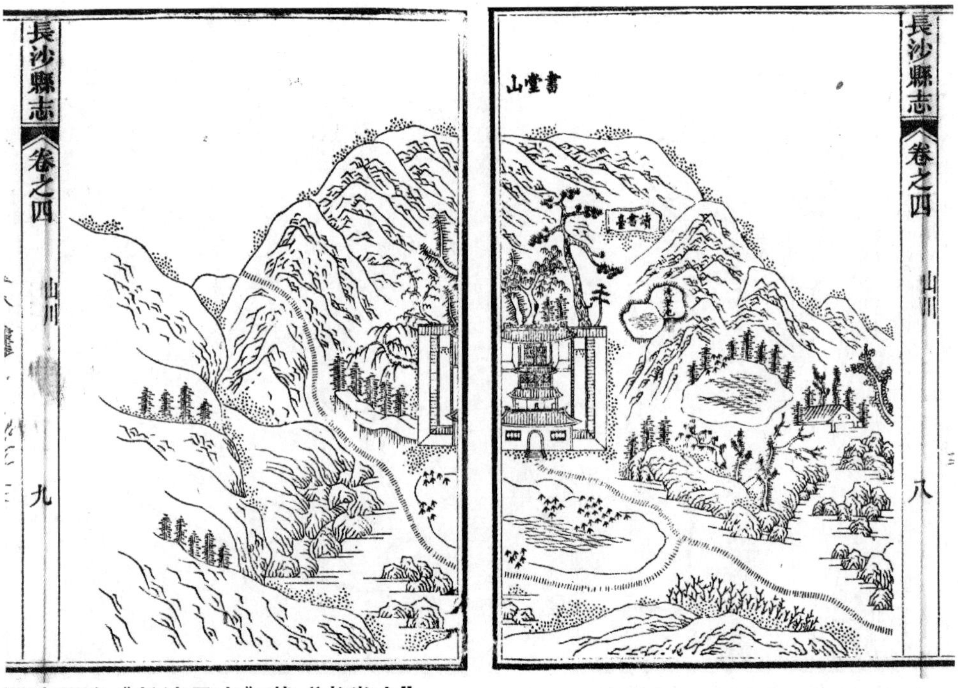

图清同治《长沙县志》载“书堂山”

书堂山位于长沙市望城区。清同治《长沙县志》“卷之四·山川”载“书堂山”：县北四十里临湘都，山半有崇胜古刹，唐欧阳询父子读书处。

欧阳氏家族世居于书堂山，欧阳询在此研习书法近二十年，创下了流传后世的“欧体”，后世尊称为“楷圣”。历经一千多年，稻香泉涌、双枫夹道、读书台址、洗笔泉池、桧柏连株、欧阳阁峙、太子围圩、玉案摊书等“书堂八景”遗风尚存。

【麻潭山十景】

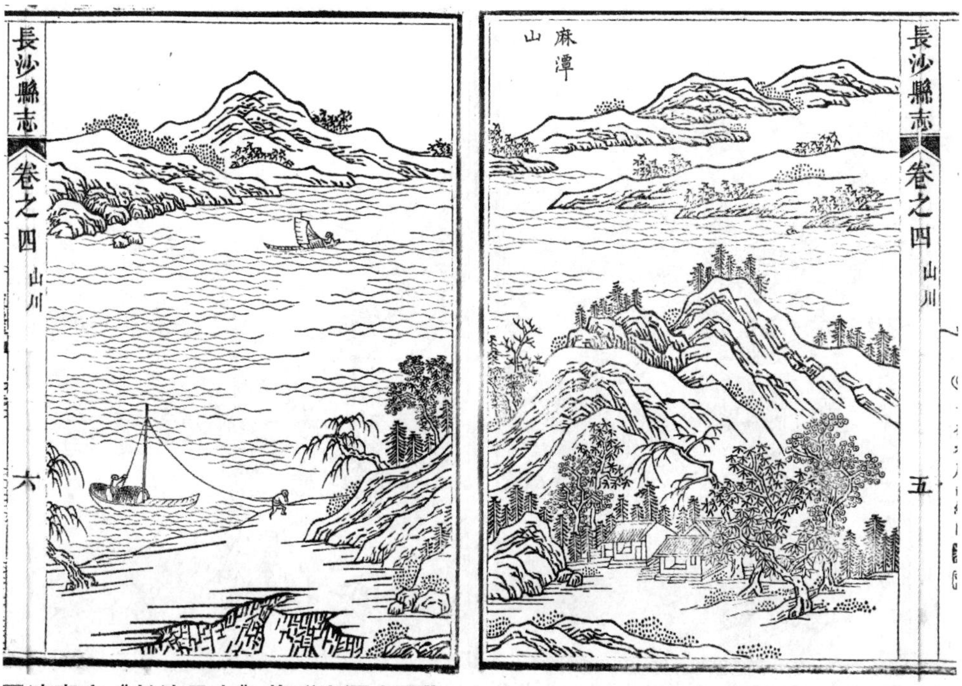

图清嘉庆《长沙县志》载“麻潭山图”

麻潭山位于望城区丁字镇。清嘉庆《长沙县志》“卷之四·山川”载“麻潭山”：县北五十里，山多石，为长沙水口，形家称“芦花鞭”。其山峰险峻，秀云出表，怪石巍峨，常有迁客骚人登山揽胜，概之为“麻潭十景”：凌霄仙洞、狮子衔樟、白云古寺、金龟越塘、果老耸立、桂泉清香、歇憩坳岭、黑狗逐羊、练马池上、钟鼓广场。

【智度山八景】

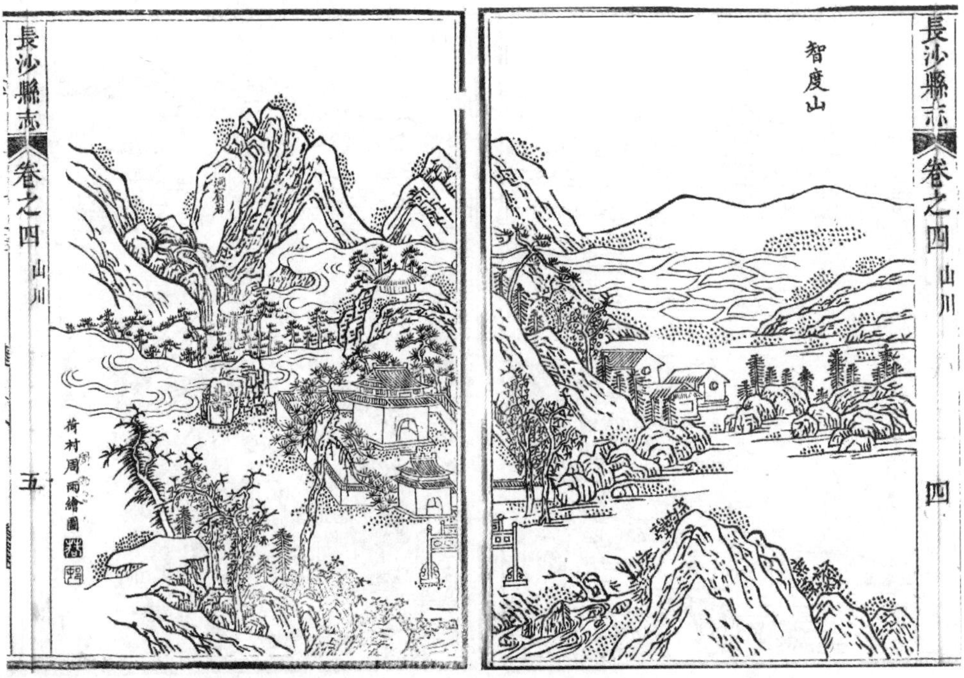

清嘉庆《长沙县志》“卷之四·山川”载“智度山”

府志云在長沙縣北二十里一名石寶山成少卿昇仙處道家福地第七十二之一石如鵝羊故名明統志云在府城北二十里山多奇石或踞或立狀若鵝羊故名昔成少卿昇仙之所有仙壇丹臺在一名東華又名石寶即七十二福地之一影宋本寰宇記云東華山在長沙縣北二里亦名石室亦名神仙之洞府也洞天福地記云鵝羊山在潭州長沙縣宋史食貨志云麻潭鵝羊山銅戸數百餘家草堂詩箋云盛宏之荊州記曰鵝羊山石皆成鵝羊形云昔有成少卿者年十四五兒令牧羊見一老人謂曰汝有仙骨可相隨去市人報其兒兒至山見少卿送

湘城訪古錄卷十一 山 九

兒出問羊在否指謂石使令隨兒去陳書侯陽王叔慎傳云隋湘州刺史薛胄兵次鵝羊山叔慎遣正理樊通等拒之大敗

宋畢田鵝羊山注在長沙縣北二十里上有仙壇丹竈 羽客何年此煉丹尚留空竈鎖孱顏雲中雞犬仙應遠山下鵝羊石轉頑湘渚幾因滄海變遼城無復令威還何年仙馭重來此盡遣飛騰上九關

智度山

明統志云在府城北五十里山高數百丈環二百餘里眾山羅列獨黑石峰最高唐將軍劉度居之府志云高臺插天萬峰列嶅唐劉智度將軍居之明谷王亦嘗於此逃禪寺極壯麗明末燬於兵而石坊猶存詩僧岳菴誅茅再構山有八景

清光绪《湘城访古录》“卷十一·山”载“智度山”：山有八景

清光绪《湘城访古录》载“智度山”：“《明统志》云：在府城北五十里。山高数百丈，环二百余里，众山罗列，独黑石峰最高。唐将军刘度居之”“《府志》云：高矗插天，万峰列笏，唐刘智度将军居之，明谷王亦尝于此逃禅，寺极壮丽。明末毁于兵，而石坊犹存，诗僧岳庵诛茅再构。山有八景”。此八景，无详考。

清代毛国翰《智度寺》

兰若藏深壁，松杉立万柯，垂藤蒙石角，断碣卧泉涡。青霭寺门合，白云禅院多。老僧漫煨芋，吾意在烟萝。

【黑麋峰八景】

清同治《长沙县志》“卷之四·山川”载“黑麋峰”

彤筆用能感孫人拜嶽恆槩踐[illegible]旬昨余初蒞官爐熾[illegible]
雩旱牲幣偶告虔甘霖徧灑馱牧民本無術允賴神降戩靈
霧何當開精誠託遙晒
黃本騏登嶽麓峰望嶽次韻　一氣排青蒼嶽色破天展循
相蜿蜒來環抱似百轉九疑羅兒孫三楚扼關鍵我公羅其
麓眼豁天與遠雲漾千丈歘吸車輪輾低笏拱祝融黨搭
眾峰淺恭聞崇望秩煌煌紀舜典羲娥轆跳盪陰陽割晦顯
冠古呵神碑劫火燬野燹糧貯石稟開旅懸華益偃效靈翊
聖朝簪彼王臣寒鎮離朱鳥翔火德長燁燁荒渺紫虛君彩
鳳鞭飛輦焚頂潁愬民百舍忘重趼[illegible]趯敎詎知嶽
降神執柄司豐旱觸石潤崇朝神功媲岱畎允矣南山春天
保歆俾戩胏饗畬公誠萬靈湊一晒

妙高峰

明統志云在府城南門外一峰高聳雲表府志云即高峰寺一名琮琤谷聳立雲表江流環帶諸山屛列城南第一奇觀

湘城訪古錄卷十一　山

國朝陶澍長沙竹枝詞　妙高山色畫屛新妙高山下水粼粼多少游人知味出山何似在山眞

徐受妙高峰晚眺　寥泬天高暑氣清夕陽西下月東生竹枝墮地不成影桐葉未秋先有聲半壁雲山支冷寺萬家煙火擁嚴城長沙自古悲遷謫身世惟堪濁酒傾

黑麋峰

府志云在長沙北七十里雲霧長封翠光四滴仙靈之窟宅也唐有劉氏女棲此修眞得道去今石亭遺址尚存明萬歷間塘冲周福亦於此得道今有二仙遺像禱雨輒應峰中亦有八景

國朝李光曉遊黑麋峰記　郡城出湘春門六十里連山綿亙勢若浪湧其巍峩而傑峙者黑麋峰盤諸山之冠一邑之鎭也顧黑麋所自名不可考或曰古號洞陽山今寺額洞陽古利可驗也[illegible]乾隆戊子暮春偕從

清光绪《湘城访古录》“卷十一·山”载“黑麋峰”：峰中亦有八景

清光绪《湘城访古录》载“黑麋峰”：“《府志》云：在长沙北七十里，云雾长封，翠光四滴，仙灵之窟宅也。唐有刘氏女栖此修真得道去，今石亭遗址尚存。明万历间，塘冲周福亦于此得道，今有二仙遗像，祷雨辄应，峰中亦有八景。”此八景，无详考。

清代毛国翰《黑麋峰》

峰前支遁宅，春尽不开关。石蹬扪萝上，风门见鹤还。晴天空翠合，远色夕阳殷。盛夏想飞雪，松亭好待攀。

【梨江八景】

民国《临湘山志》载“临湘山全图”。赞曰：山环八景，号曰临湘。梨江鹄峙，茆港鸦翔。风清幽谷，月照禅房。山虽不高，南楚增光。

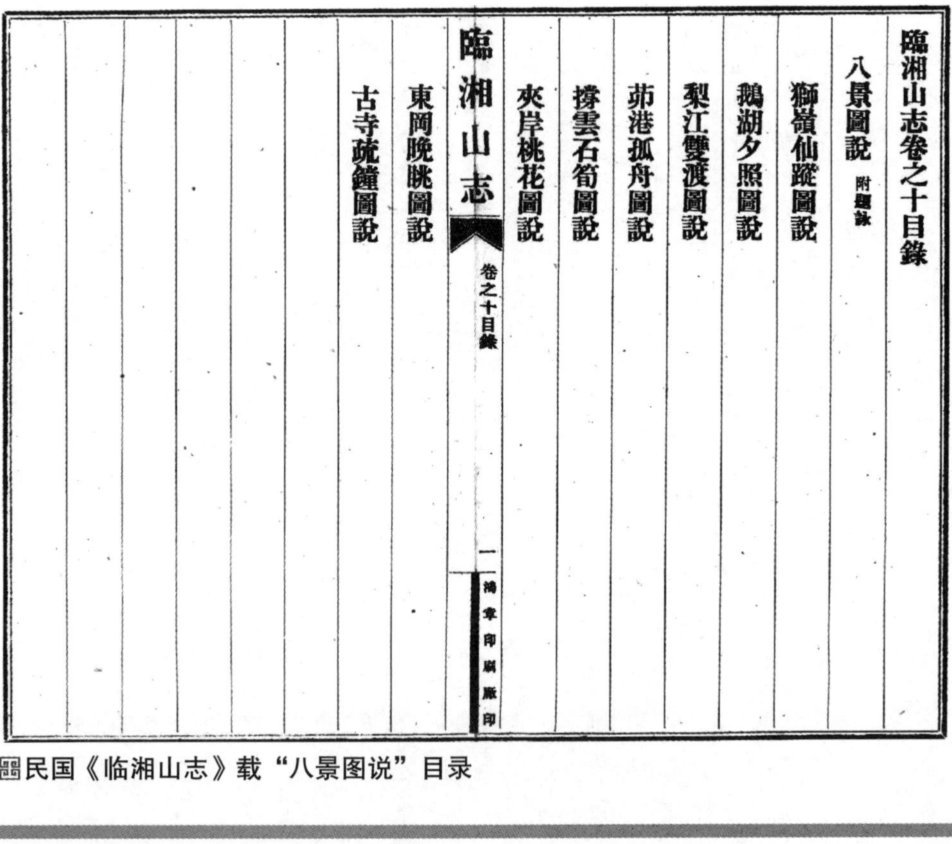

臨湘山志卷之十目錄

八景圖說 附題詠

獅嶺仙蹤圖說

鵝湖夕照圖說

梨江雙渡圖說

茆港孤舟圖說

撐雲石筍圖說

夾岸桃花圖說

東岡晚眺圖說

古寺疏鐘圖說

臨湘山志 卷之十目錄 一

鴻章印刷廠印

民国《临湘山志》载“八景图说”目录

“梨江”者，乃浏阳河流经长沙县榔梨镇一段，因湾如梨形，故称梨江，亦为榔梨的代称。榔梨历史悠久，“六朝遗庙”陶公庙距今有一千五百多年历史。同时，榔梨还是1959年以前长沙县委县政府所在地。长沙县，三湘首善之区。自古即为南楚重镇、秦汉名邑。隋开皇九年（589），改临湘县

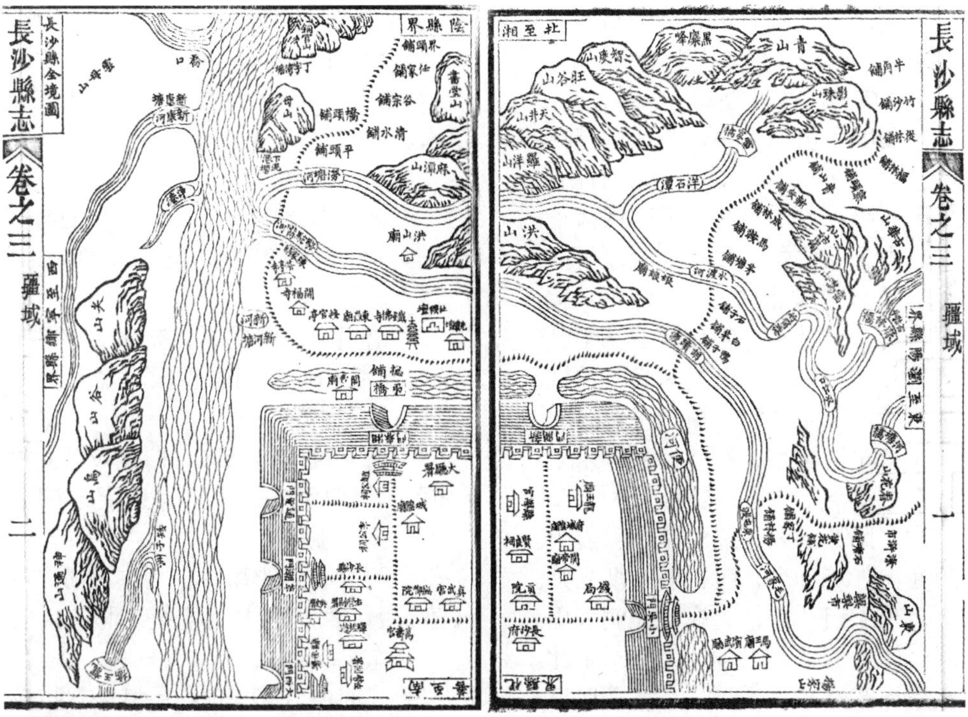

清嘉庆《长沙县志》载“四境全图”

城中水穿城下入大河在長沙界者有三一由樂朋橋出流
水橋院署前府署右及鹽署前後等處之水皆由此出一由螃蟹井出雷家園碼頭
藩署協署及貢院前後之水皆由賜閒湖文星橋孫家橋王皇坪至螃蟹井一由舊通貨門側出
保城隄武廟前後之水及荷花池縣學宮之水會於潮音菴經副爺坪紗帽塘高陞門屈宗祠等處又經茶園中
出保城隄舊志云穿水有三又云水伏流曰穿也按舊志穿水之後又有漏水未
免重複又云漏水有九在長沙者六今未能指其處刪之○又按舊志云墉子頭河通貨門外西北今亦未能確指其處
惟北面城壕水由城西北出大河或即此水附記於此
新開河在北關外開福寺西城瀕大河每遇風濤行舟難泊
商旅苦之康熙二十五年巡撫王民相度開濬引大河水從
黑潦塘西下沿新泰橋通城外便河計長二百七十餘丈寬
三十餘丈深三丈五六尺泊舟甚便後因歲久濁泥填壅舟
長沙縣志 卷之四 山川 圭
不能入巡撫趙申喬陳宏謀屢經開濬旋復淤塞今但存其
名而已
瀏渭水發源瀏陽縣東鄉大圍山有大小二溪合流經瀏邑
城南又西行百餘里經善化界至東山入長沙界經杜家河
收湯家橋善化橋之水至榔梨市又收未嫁橋鴉靈橋雙橋
之水經杉木港長塘灣北收饒家托萬雀塘油塘馬橋壩羅
溪港諸水南收道都官托及跳馬磵白田鋪龜塘花橋諸水
經東屯渡湖蹟渡陳家渡至駱駝觜入湘
澇塘河一名澇谿水發源瀏陽縣東鄉經北鄉西行過永安
市雷家河入長沙界經橫坑太陽灘春華山郭公渡馬園黃
絲渡赤石河會楓林港水此水有數源最遠者爲金井河次學士橋水次麻林江次尋龍河詳

清同治《长沙县志》“山川”载“浏渭水”

为长沙县，是为长沙县名之始。其后县名多有更改，区划建置屡经析合。

梨江之畔有临湘山，因西汉长沙县名临湘县而名。“梨江八景”亦名“临湘山八景”，是以陶公庙为核心的八处景观，分别是狮岭仙踪、鹅湖夕照、梨江双渡、茆港孤舟、撑云石笋、夹岸桃花、东冈晚眺、古寺疏钟。

民国柳敏泉《临湘山八景》

湘城东去三十里，奇峰崛起临湘水。峰环水抱结成村，岚气波光扑山市。登山石级耸苍翠，翘首云端伏狮子。疑是安公旧冶炉，月地云阶差可拟。此中导引驻双仙，道承太白悟主旨。清修原是竹林贤，坐化同留梛梨趾。自来灵秀毓畸人，况复风光旷盈视。梨江茆港贯东西，双楫扁舟奇耦比。长桥交口说吾宗，利涉行人歌乐只。晶莹石笋势插天，一任浮云翻玉垒。鱼梁夕照映鹅湖，遥对东冈散霞绮。圆通古寺静禅心，疏钟敲碎烟光紫。桑麻鸡犬自为邻，夹岸桃花明表里。洞口休云何处寻，神仙窟宅即于此。人境原知好景多，领略真如心自喜。何须涉远访蓬莱，入眼丹丘增仰止。我来揽胜发长歌，为乞山灵护斯纸。

民国王竞《咏临湘八景》

狮岭仙踪

遗蜕千秋尚宛然，我曾膜拜晋时仙。引书今有吴碑在，应共城隍片石传。

自注：陶真人庙中有前清湘抚吴大澄篆书石刻碑记，其笔法不减少温庙碑也。

鹅湖夕照

云桂亭轩迹久荒，居人犹指养鹅场。联姻为溯吾家世，甥馆吹箫引凤凰。

自注：明吉藩书院四景有夏云亭、秋桂轩。余四世叔祖善所公为吉藩仪宾。

梨江双渡

波间荡漾燕双飞，待得轻舠载客归。一幅画图何处写，春江渺渺柳依依。

茆港孤舟

瞥见群鸦降碧霄，宛然七夕鹊填桥。含情无限如传语，惆帐盈盈一水遥。

撑云石笋

奇石凌空翠黛环，似疑筱荡矗林间。地灵自聚诗书气，高缀蓬莱玉笋班。

夹岸桃花

可曾有地避嬴秦，两岸缤纷二月春。最忆武陵风景好，桃花带雨笑游人。

东冈晚眺

元时旧院剩崇基，舒啸东冈向晚时。八百年来弦诵歇，苔痕深浅认残碑。

古寺疏钟

劝学曾经事未忘，只今八景咏临湘。何时再访山中寺，来听疏钟送夕阳。

[狮岭仙踪]

民国《临湘山志》载“狮岭仙踪”

民国《临湘山志》载“狮岭仙踪图说”：陶真人叔侄得道于临湘山，一鹿三鹤相随左右。山形俨若啸天狮子，二真人遗蜕正趺坐于狮顶，得天地之正气，历万古而不磨，道貌长存，山以人重，古称蓬莱仙境，仿佛似之。

[鹅湖夕照]

民国《临湘山志》载“鹅湖夕照”

民国《临湘山志》载“鹅湖夕照图说”：黎家坨距临湘山约六七里，其坨方广二十余亩，黎氏子孙环坨而居，恃水灌田，兼蓄鱼苗。明吉王据湘，时曾养鹅于此，每当夕阳西照，而鹅影映水，故号曰鹅湖。

[梨江双渡]

民国《临湘山志》载“梨江双渡”

民国《临湘山志》载“梨江双渡图说”：槩梨市街一面临水，一面临山，梨江即槩梨出省河之水道。浏水由东而西，横趋临湘山，右侧且地当孔道，往来如织，市场繁盛，商贾纷驰，故昔分上下两渡。

[茆港孤舟]

民国《临湘山志》载“茆港孤舟”

民国《临湘山志》载“茆港孤舟图说”：东茆港水自北乡曲折而来，横贯庙前，与梨江、浏水汇合。昔人曾以一舟应渡，往来行客因以是名。清初，长桥柳氏出资督修石桥，桥成适有无数乌鸦飞翔鸣集，应时而至，故亦名鸦林桥。

[撑云石笋]

▣民国《临湘山志》载“撑云石笋”

民国《临湘山志》载“撑云石笋图说”：梨市东白衣庵侧，有古玉晶石笋一株，其干峭直，势欲凌云，俨有独立不移之概。昔司马头陀曾有钤记曰：石笋伴南地，高山落下平。明堂如仰掌，世代出奇英。物之珍贵已可想见。

清乾隆《长沙府志》“古迹”载“石笋”：在浏阳门外榔（梨）梨市，平地突起，高数尺许，屡断而尺寸不减，如竹笋然，人咸异之。

[夹岸桃花]

民国《临湘山志》载“夹岸桃花”

民国《临湘山志》载“夹岸桃花图说”：距临湘山二里许，有花园港，每逢春仲，夹岸花开，桃红似锦，缤纷掩映，如入桃源仙境。游览之士，群疑武陵春色，此地平分，盖以低徊，留之不忍去云。

[东岗晚眺]

▣民国《临湘山志》载“东岗晚眺”

民国《临湘山志》载“东岗晚眺图说”：元许冢宰有壬之父东冈先生，曾讲学如此，后有壬建东冈书院于临湘山左，以为课士之所，示不忘也。遗址即今之准提庵。内有碑记，文曰东冈书院，又曰准提。大明《府志》：许氏修建。

[古寺疏钟]

民国《临湘山志》载“古寺疏钟”

民国《临湘山志》载“古寺疏钟图说”：古圆通寺，乃唐尉迟公所建造，在临湘山前，相距里许，至今尚存。近为梨江女校课徒之所，寺内旧有古钟，声韵悠扬，发人深省。今虽香烟冷落，时或遥传逸响，天地为清。

【天华八景】

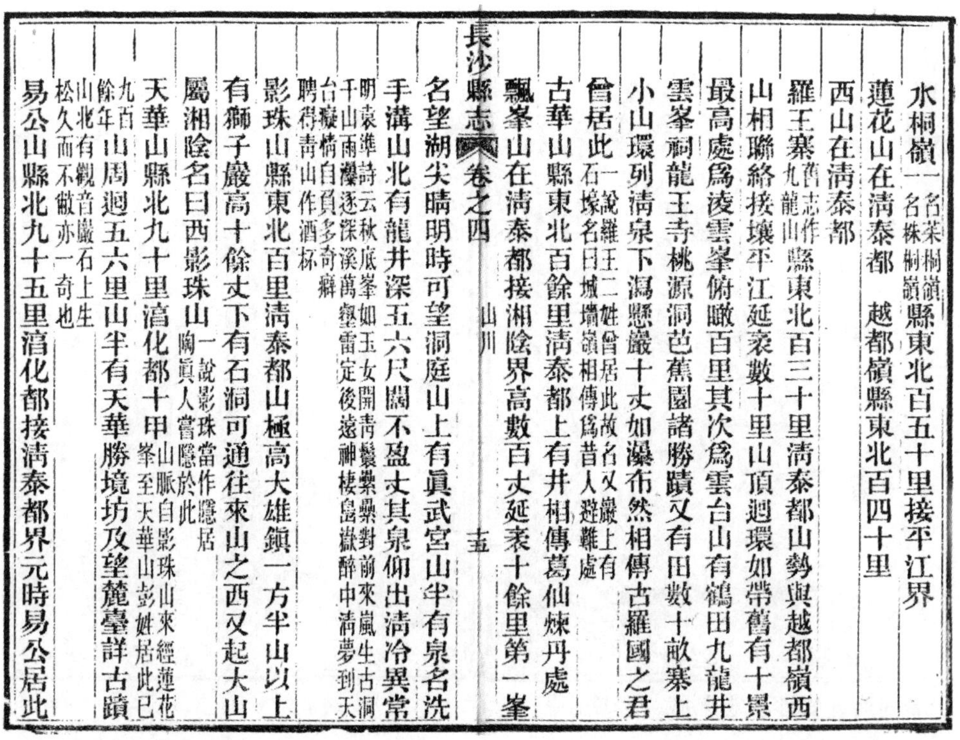

水桐嶺一名茶桐嶺一名株桐嶺縣東北百五十里接平江界
蓮花山在清泰都 越都嶺縣東北百四十里
西山在清泰都
羅王寨舊志作九龍山縣東北百三十里清泰都山勢與越都嶺西
山相聯絡接壤平江延袤數十里山頂迴環如帶舊有十景
最高處爲淩雲峯俯瞰百里其次爲雲台山有鶴田九龍井
雲峯祠龍王寺桃源洞芭蕉園諸勝蹟又有田數十畝寨上
小山環列清泉下瀉懸巖十丈如瀑布然相傳古羅國之君
曾居此一說羅王二姓曾居此故名又巖上有石壕名曰城牆嶺相傳爲昔人避難處
古華山縣東北百餘里清泰都上有井相傳葛仙煉丹處
飄峯山在清泰都接湘陰界高數百丈延袤十餘里第一峯

長沙縣志 卷之四 山川 十五

名望湖尖晴明時可望洞庭山上有眞武宮山半有泉名洗
手溝山北有龍井深五六尺闊不盈丈其泉仰出清冷異常明袁準詩云秋底峯如玉女開青鬟槃槃對前來嵐生古洞千山雨瀑逐深溪萬壑雷定後遠神棲島嶽醉中清夢到天台癡情自負多奇癖聘得青山作酒杯
影珠山縣東北百里清泰都山極高大雄鎮一方半山以上
有獅子巖高十餘丈下有石洞可通往來山之西又起大山
屬湘陰名曰西影珠山一說影珠當作隱居陶眞人嘗隱於此
天華山縣北九十里滄化都十甲山脈自影珠山來經蓮花峯至天華山彭姓居此已九百餘年山周迴五六里山半有天華勝境坊及望麓臺詳古蹟
山北有觀音巖石上生松久而不敝亦一奇也
易公山縣北九十五里滄化都接清泰都界元時易公居此

圖清同治《长沙县志》载“天华山”

天华山位于长沙县青山铺镇，呈南北走向，山脉源于影珠山，天华古寺内旧有石碑，镌“天华胜景”四字。清嘉庆《长沙县志》“古迹”载，“天华寺石碑高七八尺，镌‘天华胜境’四大字，不署年月及书人姓氏”“（天华）寺前有大石壁立，明嘉靖辛亥青山杨廷相镌‘望麓台’三大字，刻云：予尝读《易》此山，每遇天朗气清，伫立石上，南望岳麓，烟云缥缈。因思灵麓之涯，予师友在焉，庸镌斯石，以怀远也。”

清同治《长沙县志》“山川”载：（天华）山北有观音岩，石上生松，久而不敝，亦一奇也。

《天华村史》“文化篇·名胜古迹”载：天华山八景久负盛名，天华古寺、镇山宝塔两个景点因历史原因被毁，万年松、自来泉、望麓台、观音岩、响鼓石、蛤蟆岩都保存完好。

【隐珠山凌云峰十景】

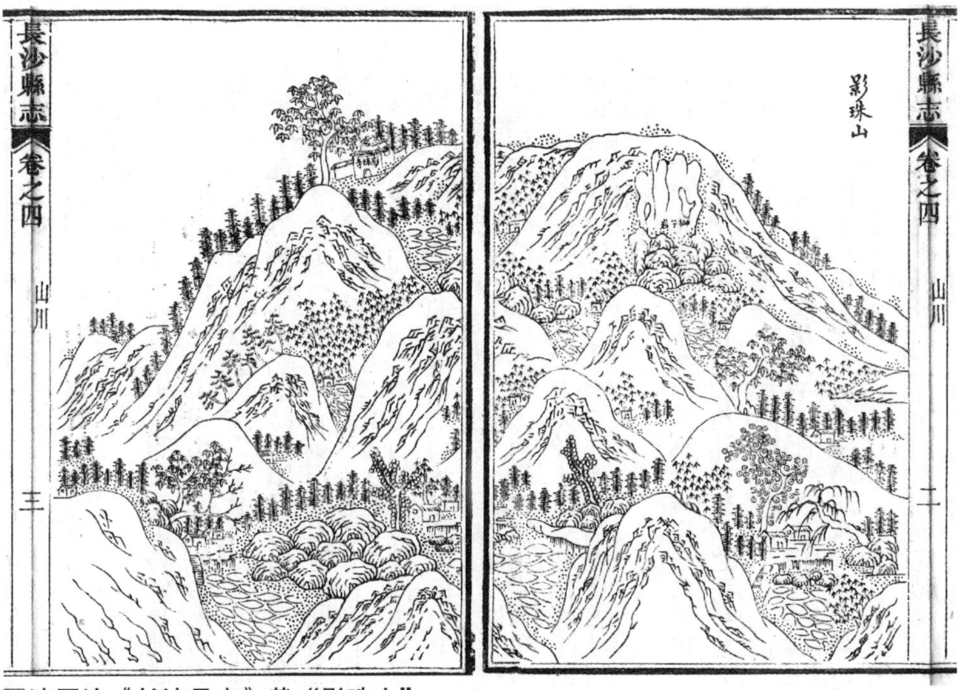

清同治《长沙县志》载“影珠山”

清同治《长沙县志》载“影珠山凌云峰”

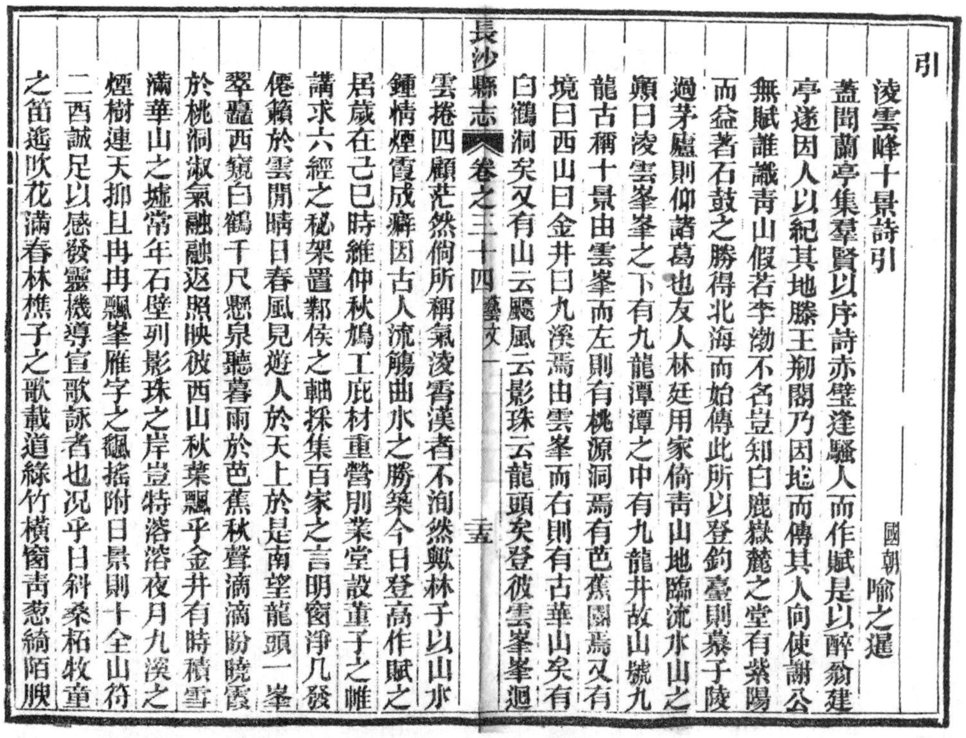
引

淩雲峰十景詩引　國朝　喻之遲

蓋聞蘭亭集羣賢以序詩赤壁逢騷人而作賦是以醉翁建亭遂因人以紀其地滕王搠閣乃因地而傳其人向使謝公無賦誰識青山假若李渤不名豈知白鹿嶽麓之堂有紫陽而益著石鼓之勝得北海而始傳此所以登釣臺則慕子陵過茅廬則仰諸葛也友人林廷用家倚青山地臨流水山之巔曰淩雲峯峯之下有九龍潭潭之中有九龍井故山號九龍古稱十景由雲峯而左則有桃源洞焉有芭蕉園焉又有境曰西山曰金井曰九溪焉由雲峯而右則有古華山矣有白鶴洞矣又有山云颺風云影珠云龍頭矣登彼雲峯峯迴

長沙縣志　卷之三十四　藝文一　五十五

雲捲四顧茫然倘所稱氣淩霄漢者不洵然歟林子以山水鍾情煙霞成癖因古人流觴曲水之勝築今日登高作賦之居歲在己巳時維仲秋鳩工庀材重營別業堂設董子之帷講求六經之秘架置鄴侯之軸採集百家之言明窗淨几發僊籟於雲開晴日春風見遊人於天上於是南望龍頭一峯翠矗西窺白鶴千尺懸泉聽暮雨於芭蕉秋聲滴滴盼曉霞於桃洞淑氣融融返照映彼西山秋葉飄乎金井有時積雪滿華山之墟常年石壁列影珠之岸豈特潞潞夜月九溪之煙樹連天抑且冉冉飄峯雁字之飆搖附日景則十全山符二酉誠足以感發靈機導宣歌詠者也況乎日斜桑柘牧童之笛遙吹花滿春林樵子之歌載道綠竹橫窗青葱綺陌腴

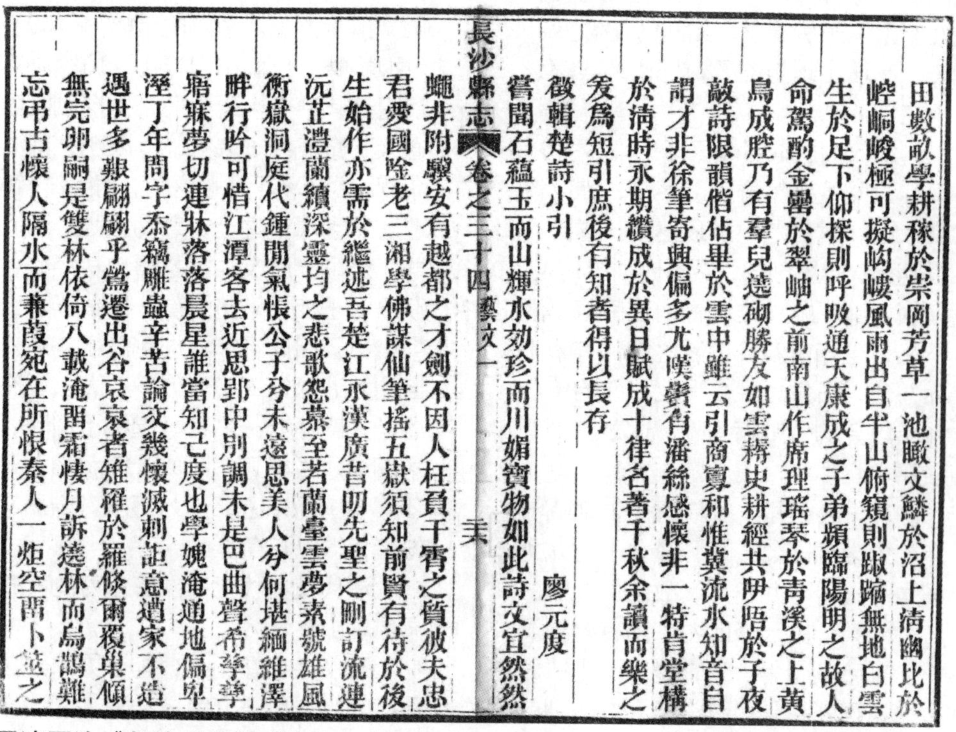
田數畝學耕稼於崇岡芳草一池瞰文鱗於沼上清幽比於崆峒峻極可擬岣嶁風雨出自半山俯窺則趾踹無地白雲生於足下仰採則呼吸通天康成之子弟頻臨陽明之故人命駕酌金罍於翠岫之前南山作廗理瑶琴於青溪之上黃鳥成腔乃有羣兒遶砌勝友如雲耨史耕經共吚唔於子夜敲詩限韻偕佔畢於雲中雖云引商寡和惟冀流水知音自謂才非徐筆寄與偏多尤嘆贊有潘絲感懷非一特肯堂構爰為短引庶後有知者得以長存

徵輯楚詩小引　廖元度

嘗聞石蘊玉而山輝水劾珍而川媚寶物如此詩文宜然然

長沙縣志　卷之三十四　藝文一　五十六

蠅非附驥安有越都之才劍不因人枉負干霄之質彼夫忠君愛國隆老三湘學佛謀仙筆搖五嶽須知前賢有待於後生始作亦需於繼述吾楚江永漢廣昔叨先聖之刪訂流連沅芷澧蘭續深靈均之悲歌怨慕至若蘭臺雲夢素號雄風衡嶽洞庭代鍾閒氣悵公子兮未遠思美人兮何堪緬維澤畔行吟可惜江潭客去近思郢中別調未是巴曲聲希孳孳寤寐夢切連牀落落晨星誰當知己度也學媿淹通地偏卑溼丁年問字忝竊雕蟲辛苦論交幾懷滅刺詎意遭家不造遇世多艱翩翩乎鶯遷出谷哀哀者雉罹於羅條爾覆巢傾無完卵嗣是雙林依倚八載淹留霜悽月訴遶林而烏鵲難忘弔古懷人隔水而蒹葭宛在所恨秦人一炬空留卜筮之

清同治《长沙县志》“卷之三十四·艺文一”载“喻之遲《凌云峰十景诗引》”

影珠山为长沙四大名山之一，位于长沙县福临镇，是长沙与汨罗的界山。

清同治《长沙县志》载，“影珠山在县东北百里清泰都，山极高大，雄镇一方，半山以上有狮子岩、高十余丈，下有石洞。可通往来。山之西又起大山，属湘阴（今属汨罗），名曰西影珠山”。

“影珠”之名由来有四：一曰影珠谐音隐居，因山清水秀适于隐居而得名，南朝陶真人就曾隐居于此；二曰影珠谐音隐朱，传有朱姓皇帝隐居于此，至今仍有朱姓后人来此寻根问祖；三曰清《古今图书集成·职方典》称“山顶有井，其影如珠”；四曰山中有珠之影子，传说山顶神庙内曾锁有蛟龙，偶见龙珠现影。

影珠山南北长七公里，有凌云峰等大小七十几个山头。清人喻之暹有《凌云峰十景引》，其十景曰：桃源洞、芭蕉园、西山、金井、九溪、古华山、白鹤洞、飘风山、影珠山、龙头山。两座主要的山峰一东一西，分别为东影珠山、西影珠山。佛教文化曾经盛极一时，当地有“十二个岭，四十八个庵”之说。自然风光得天独厚，山腰腰子坡东侧有巨石临空，如啸天狮子，故名狮子岩。崖下乱石嶙峋，有石洞几层，俗名“九间房”。此外，西坡有“仙人洞”。山南有九马嘴，九座山头昂头耸立，如九马奔槽。

影珠山地势险要，历代为兵家必争之地。

清代喻之暹《凌云峰十景诗引》

盖闻兰亭集群贤以序诗，赤壁逢骚人而作赋。是以醉翁建亭，遂因人以其地；滕王创阁，乃因地则传其人。向使谢公无赋，谁识青山；假若李渤不名，岂知白鹿？岳麓之堂，有紫阳而益著；石鼓之胜，得北海而始传。此所以登钓台则慕子陵，过茅庐则仰诸葛也。

友人林廷用，家倚青山，地临流水。山之巅曰凌云峰，峰之下有九龙潭，潭之中有九龙井，故山号九龙。古称十景：由云峰而左，则有桃源洞焉，有芭蕉园焉，又有境曰西山、曰金井、曰九溪焉；由云峰而右，则有古华山矣，有白鹤洞矣，又有山云飘风、云影珠、云龙头矣。登彼云峰，峰回云卷，四顾茫然。倘所称气凌霄汉者，不洵然与？林子以山水钟情，烟霞成癖，因古人流觞曲水之胜，筑今日登高作赋之居。

岁在己巳，时维仲秋，鸠工庀材，重营别业。堂设董子之帷，讲求六经之秘；架置邺侯之轴，采集百家之言。明窗净几，发仙籁于云间；晴日春风，见游人于天上。于是南望龙头，一峰翠矗；西窥白鹤，千尺悬泉。听暮雨于芭蕉，秋声滴滴；盼晓霞于桃洞，淑气融融。返照映披西山，秋叶飘乎金井。有时积雪满华山之墟，常年石壁列影珠之岸。岂特溶溶夜月，九溪之烟树连天；抑且冉冉飘峰，雁字之飘摇附日。景则十全，山符二酉，诚足以感发灵机，导宣歌咏者也。况乎日斜桑柘，牧童之笛遥吹；花满春林，樵子之歌载道。绿竹横窗，青葱绮陌。腴田数亩，学耕稼于崇岗；芳草一池，瞰文鳞于沼上。清幽比于崆峒，峻极可拟岣嵝。风雨出自半山，俯窥则踟蹰无地；白云生于足下，仰探则呼吸通天。康成之子弟频临，阳明之故人命驾。酌金罍于翠岫之前，南山作席；理瑶琴于清溪之上，黄鸟成腔。乃有群儿绕砌，胜友如云。耨史耕经，共咿唔于子夜；敲诗限韵，偕佔毕于云中。虽云引商寡和，惟冀流水知音。自谓才非徐笔，寄兴偏多；尤叹鬓有潘丝，感怀非一。特肯堂构于清时，永期缵成于异日。赋成十律，名著千秋。余读而乐之，爰为短引。庶后有知者，得以长存。

清代黄兆枚《次韵答东寿约九日游影珠山》

看山人访在山人，与证方来过去因。今古一般重九节，悲欢齐入大千尘。黄花识我当前是，白发随年分外亲。惟愧登高无脚力，眼前丘壑似胡秦。

【宁乡十景】

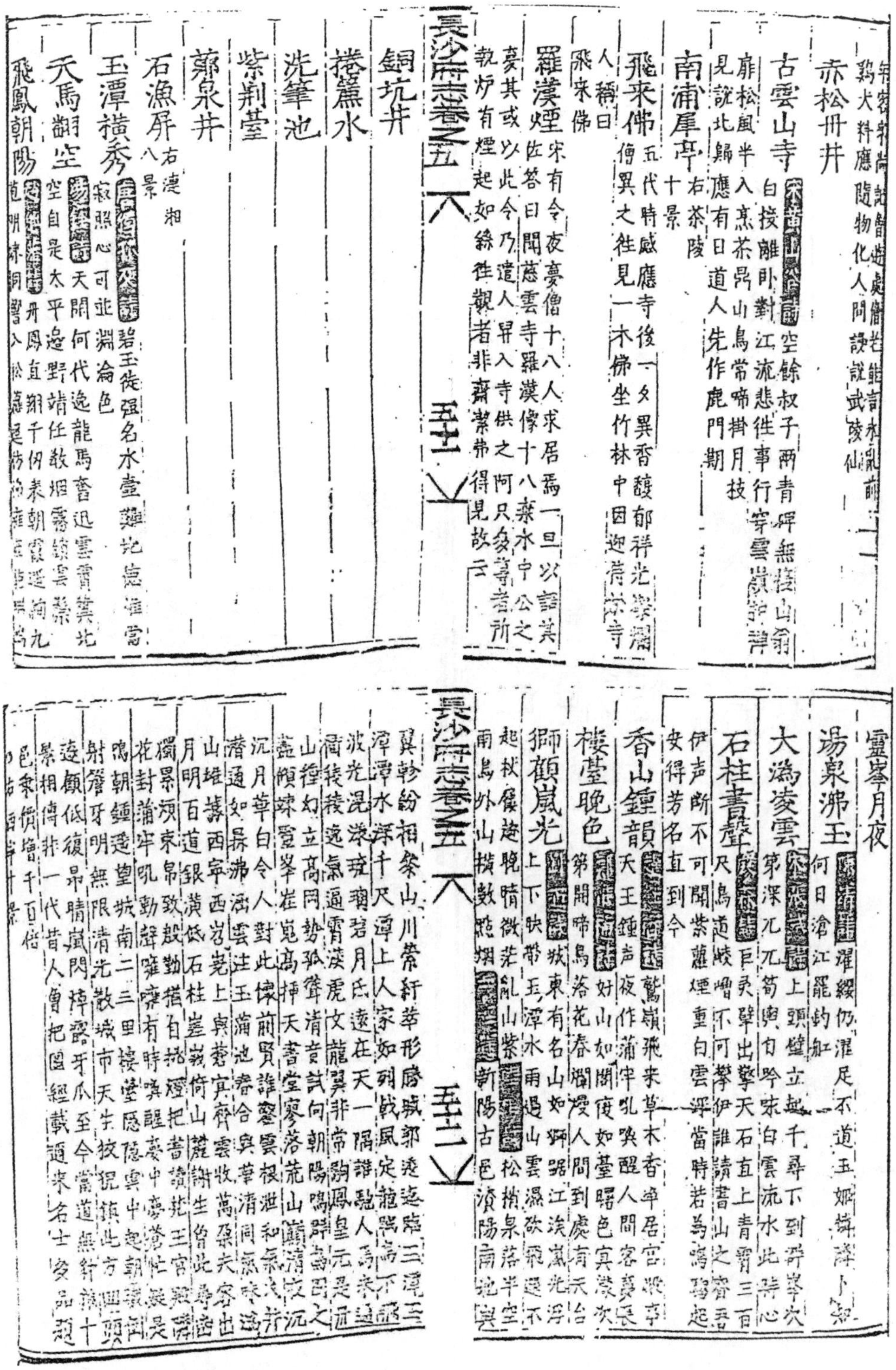

……鷄犬料應隨物化人間謾說武陵仙

赤松丹井

古雲山寺 空餘叔子兩青碑無[illegible]山翁

白接離卧對江流悲往事行穿雲嶺訪禪

扉松風半入烹茶昂山鳥常啼掛月枝

見說北歸應有日道人先作鹿門期

南浦犀亭 右茶陵十景

飛來佛 五代時感應寺後一夕異香馥郁祥光燦爛

僧異之往見一木佛坐竹林中因迎置於寺

人稱曰

飛來佛

羅漢煙 宋有令夜夢僧十八人求居爲一旦以語其

佐答曰聞慈雲寺羅漢像十八棄水中公之

夢其或以此令乃遣人舁入寺供之阿只多等者所

執炉有煙起如絲往觀者非齋潔弗得見故云

長沙府志卷之五 五十一

銅坑井

捲簾水

洗筆池

紫荊臺

鄭泉井

石漁屏 右湘潭八景

玉潭橫秀 碧玉徒强名水壺難比然淮當

寂照心可並淵渝色

天馬翺空 天開何代逸龍馬杳迅雲霄冀北

空自是太平逸野靖任教烟霧鎖雲崇

飛鳳朝陽 丹鳳直翔千仞表朝霞遥絢九

苞明爍洞曙入松蘿[illegible]

靈峯月夜

湯泉沸玉 濯纓仍濯足不道玉姬[illegible]降下知

何日滄江罷釣舡

大溈凌雲 上頭壁立幾千尋下到翁峯次

第深兀兀筍輿白吟未白雲流水此時心

石柱青聲 巨灵擘出擎天石直上青霄三百

尺鳥道峨嶒不可攀伊誰讀書山之窮

伊声断不可聞紫蘿煙重白雲浮當時若爲鳴鶴起

安得芳名直到今

香山鐘韻 驚嶺飛來草木香卓居宮殿亭

天王鍾声夜作蒲牢吼喚醒人間客夢長

樓臺晚色 好山如閣夜如臺暝色冥濛次

第開啼鳥落花春爛熳人間到處有天台

獅顛嵐光 城東有名山如獅踞江濱嵐光浮

上下映帶玉潭水雨過山雲濕欲飛還不

起秋霞趁晚晴微茫亂山紫 松梢泉落半空

南島外山横數點烟 新陽古邑潙陽南地與

長沙府志卷之五 五十二

翼軫紛相參山川素紆萃形勝城郭遶遙帶三湟三

潭潭水深千尺潭上人家如列戟風定龍眠高不通

波光混漾璉琍碧月氐遠在天一隔誰聽人訪來逝

簡長長逸氣逼霄漢虎文龍翼非常駒鳳皇元是

山從幻立高岡勢孤聳清音試向朝陽鳴群萬目之

巍頗崍豐峯崖嵬高插天書堂寥落荒山巔清夜沉

沉月華自令人對此懷前賢誰鑿雲根泄和氣氷井

潛通如鼎沸滿雲注玉滿池春合與草清同氣味過

山堆蒸西寧西岩嵬上與蒼冥齊雲收萬朵夫容出

月明百道銀潢低石柱崖嶺倚山麓謝生留此尋幽

獨景頻東帛致殷勤搖自挑燈把書讀龍王宮殿傍

花封蒲牢吼動辟離齊有時喚醒夢中夢潑忙幾是

鳴朝鐘遶望城南二三里樓臺隱隱雲中起朝暮昏

射簷牙明無限清光散城市天生奇狀鎮此方四顧

遊顛低復昂晴嵐閃爍露牙爪至今當道無行旅十

景相傳非一代昔人曾把圖經載過來名士多品題

邑乘價增千百倍

[illegible]

明嘉靖《长沙府志》“卷之五”载“西宁十景”

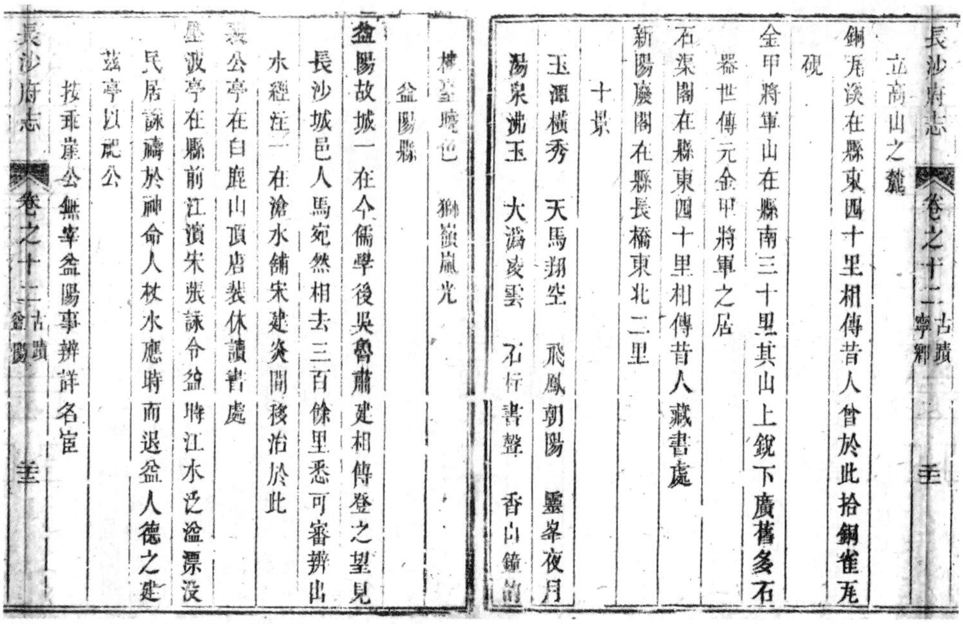

長沙府志 卷之十二古蹟 寧鄉 圭

立高山之麓

銅雀硯在縣東四十里相傳昔人曾於此拾銅雀瓦硯

金甲將軍山在縣南三十里其山上鋭下廣舊多石器世傳元金甲將軍之居

石渠閣在縣東四十里相傳昔人藏書處

新陽慶閣在縣長橋東北二里

十景

玉潭橫秀 天馬翔空 飛鳳朝陽 靈峯夜月

湯泉沸玉 大溈凌雲 石仟書聲 香山鐘韻

樓臺曉色 獅嶺嵐光

益陽縣

益陽故城一在今儒學後吳魯肅建相傳登之望見長沙城邑人馬宛然相去三百餘里悉可審辨出水經注一在滄水舖宋建炎間移治於此

裴公亭在白鹿山頂唐裴休讀書處

壓波亭在縣前江濱宋張詠令益時江水泛溢漂没民居詠禱於神命人杖水應時而退益人德之建茲亭以祀公

按乖崖公無宰益陽事辨詳名宦

長沙府志 卷之十二古蹟 益陽 圭

清乾隆《长沙府志》载“宁乡十景”

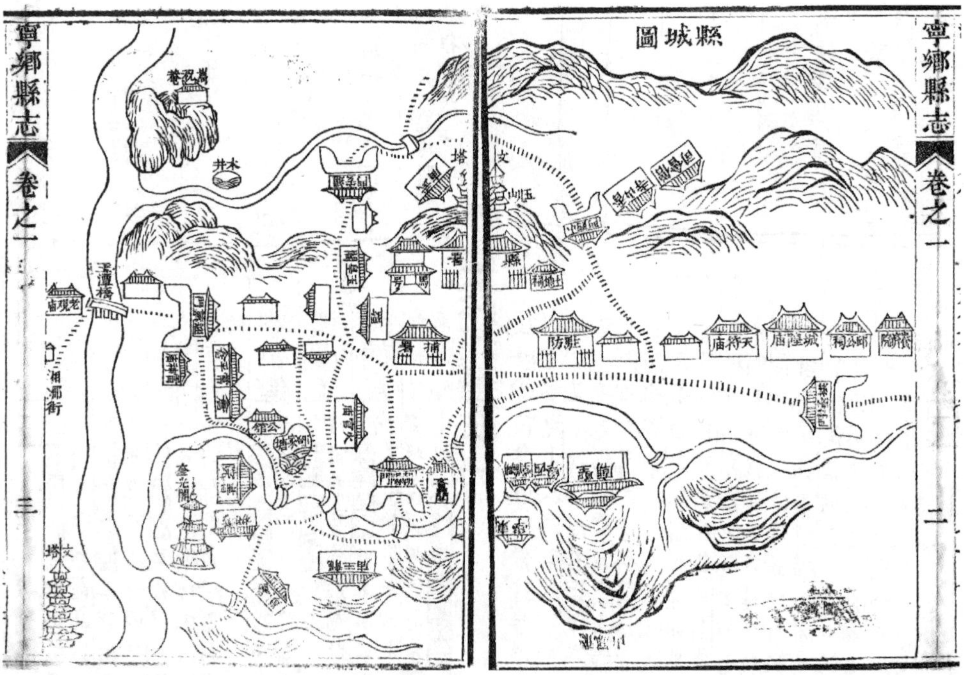

清嘉庆《宁乡县志》载“县城图”

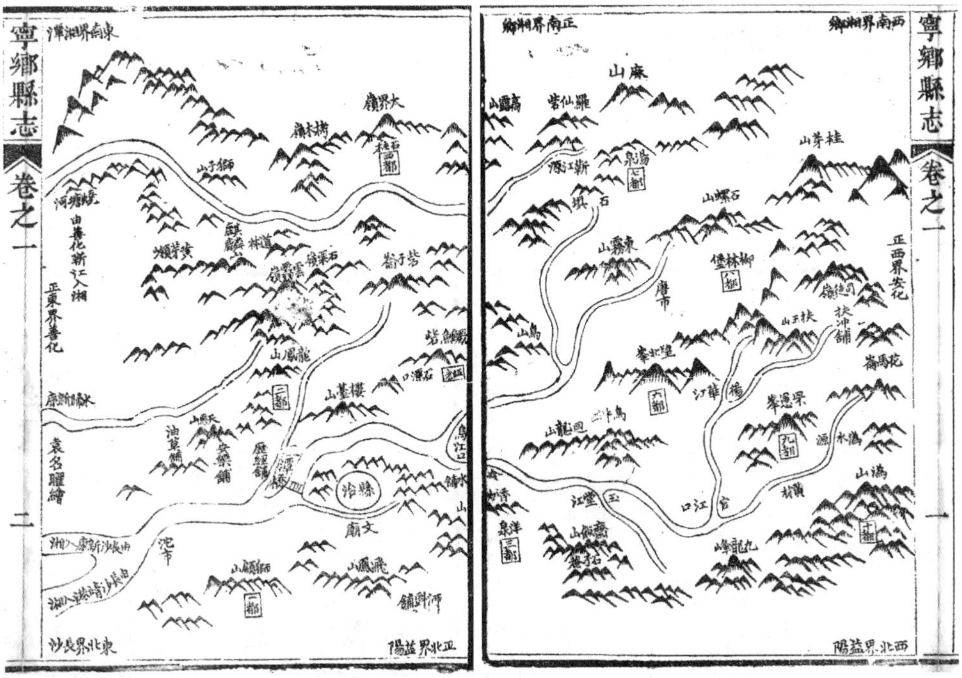

清嘉庆《宁乡县志》载“县境图”

宁乡，夏、商、周为荆楚地，春秋战国时属楚国黔中郡，秦属长沙郡，汉为益阳县地。汉献帝建安十三年（208）孙、刘破曹后属刘，建安二十四年（219）关羽败死后属吴。吴会稽王太平二年（257）始设县，称新阳，设治于长桥（今横市）属衡阳郡。西晋武帝太康元年（280）改称新康县，治所迁于冷水铺（今冷水铺与万寿山之间）。隋文帝开皇九年（589）并入益阳县，改属长沙郡。唐高祖武德四年（621）再从益阳析出置新康县，七年又省入益阳。宋太宗太平兴国二年（977）析益阳、长沙、湘乡部分地置宁乡县，治所迁今玉潭街道，属潭州长沙郡。元初属湖广行中书省湖南道宣慰司潭州路，元文宗天历二年（1329）改属湖广行中书省湖南道宣慰司天临路。明隶湖广布政使司长沙府。清隶湖南省长沙府。境内丘陵起伏，河流交错，古迹遍布，奇景甚多，自古就是文人墨客的流连之地。“宁乡十景”最早源于明朝正德年间，当时叫“西宁十景”。

清顺治十二年（1655），宁乡全境根据十景划为十都（即区、乡）：狮顾一都，飞凤二都，玉潭三都，灵峰四都，汤泉五都，石 柱六都，天马七都，楼台八都，香山九都，沩山十都。

清嘉庆《宁乡县志》“卷之三·地理·古迹·西宁十景”载：标题胜景，分著名目，昉自米南宫“潇湘八景”，后人竞效之。一乡一邑，莫不有景，雷同剿袭，颇为大雅所讥。然案天下志书，皆以相传已久，姑从菅蒯之例。西宁十景，创于明臣袁经。正德己巳志稿以后，修志者俱录之。明臣陶汝鼐补注，今仍其旧。

[玉潭环秀]

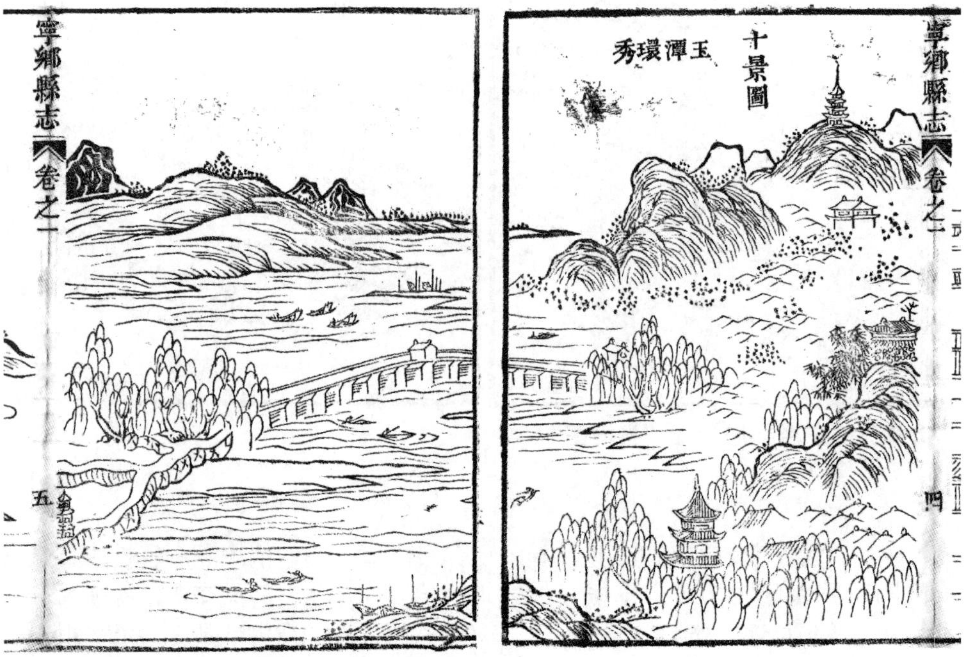

圖清嘉庆《宁乡县志》载“玉潭环秀”

宁乡城区东南沩江河畔有一藓花岩。清嘉庆《宁乡县志》载：“藓花岩下，石壁澄潭，岸松映碧，渔家十数。旧所建玉潭桥处。”沩水从上流来，朝阳河、化龙溪自城中流入，岩下历久成深潭。两岸绿树成荫，岩上青松滴翠，倒影入水，水碧如玉，遂名玉潭。潭上一桥飞架，桥下渔舟竞渡，绿波金梭，风景极为秀丽。入夜，万家灯火映入河中，渔歌晚唱，短笛横吹。

[大沩凌云]

▣清嘉庆《宁乡县志》载“大沩凌云”

宁乡市西大沩山，被称为宁乡众山之岳，又是宁乡、安化、桃江三县的天然分界线。因山高林密，云气蒸腾，气势磅礴，故有“大沩凌云”之誉。

清嘉庆《宁乡县志》载：“沩山邑治准之可高出数十里，自古方丈传灯，海内称祖庭之一。干云薄雾，势绝尘寰，高寒入空，夏可拥褐。”

清代周在武《大沩凌云》

大沩十万丈，上与浮云齐。山势长不改，云飞东复西。云去山有风，云来山有雨。风雨无定期，云情竟如许。

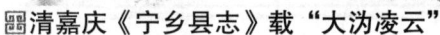

[香山钟韵]

清嘉庆《宁乡县志》载“香山钟韵”

宁乡城区小西门外有香林山，山中古木参天，百鸟争栖。绿荫深处有一古寺，始名香山馆，后称香山寺。

清嘉庆《宁乡县志》载：“香林山，古旃檀生处。当县治之西隅，有双种洪声昏晓，落烟阛间，晴雨异音，不减姑苏城外寒山寺。”

唐代窦常《香山馆听子规》

楚塞余春听渐稀，断猿今夕泪沾衣。云埋老树空山里，仿佛千声一度飞。

[飞凤朝阳]

▣清嘉庆《宁乡县志》载“飞凤朝阳”

飞凤山在宁乡城区化龙溪北，山如凤凰两翼伸展，故名“飞凤朝阳”。

清嘉庆《宁乡县志》载：“山在邑中南向，舒翼若飞凤状，学宫冠其上。《一统志》载，宁之飞凤山，盖名胜云。”

清代陈清《飞凤朝阳》

红日生沧海，丹山起凤凰。青青衿佩拥，桐竹满高岗。

[汤泉沸玉]

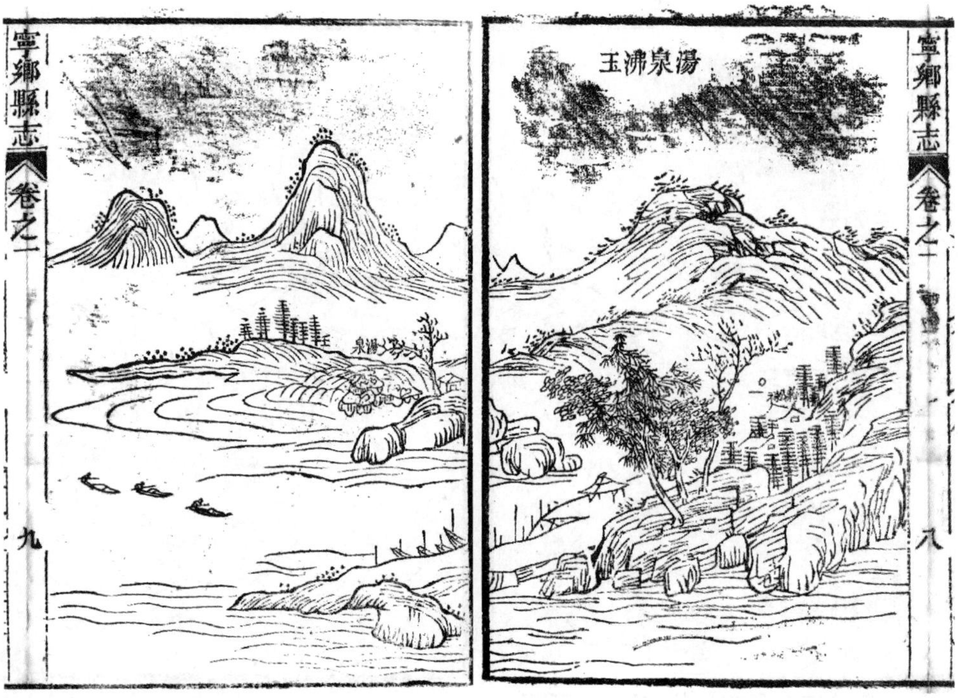

图清嘉庆《宁乡县志》载“汤泉沸玉”

宁乡市区西五十五公里，有著名的灰汤。灰汤泉水从沙石中迸发涌出，晶莹洁白，水泡如珠，此起彼落，蔚为奇观。明人陶汝鼐称之为“汤泉沸玉”。清嘉庆《宁乡县志》载“汤泉”：“在县西南九十里，俗名灰汤泉。凡三坎，上沸中温下热。上可𬊈羽毛，下可沐浴，鹅饮此泉，胫骨多髓。旁有一塘，半冷半热，鱼极肥美。”

清嘉庆《宁乡县志》载：“泉滨山溪，白石入溪中，坟起陷处，若釜鬵沸出数孔间，如𬊈爚不可掬，凌冬望之，十里外青烟如燎，蠲疴愈疾常有奇功。其上有蒋琬庙，土人祀之。”

[石柱书声]

图清嘉庆《宁乡县志》载“石柱书声”

“石柱书声”位于宁乡市道林镇金华村青山冲。清嘉庆《宁乡县志》“卷之三·地理·古迹”载“石柱书声”：石柱嶙峋，其上方广，藉其平莹，为读书堂，谢征士之遗躅。风晨月夜，往往有咿唔声。

清代周书《石柱书声》

亭亭石柱最高头，曾有幽人读未休。谁遣六丁轻借力，移将此柱砥中流。

［天马翔空］

图清嘉庆《宁乡县志》载“天马翔空”

宁乡夏铎铺区内有天马山，山高势挺，俨然天马翔空。

清嘉庆《宁乡县志》“卷之三·地理·古迹”载“天马翔空”：两山腾耸，骧首行空，当县之东南入省必经之路。昂霄扼要，风气尤良。

天马山地势险峻壮观，山上翠竹苍松，远望若青鬃直竖。两山之间今为公路，昔为关隘，土垒石门，遗迹尚在。当年一夫当关，万夫莫入，为宁乡东边之屏障。相传三国蜀之大将关羽曾在此陈兵御敌。如今山下尚有关王塘、关王庙等遗迹。

清代赵维藩《天马翔空》

地灵拥出山为马，天帝乘将向碧空。只恐夜深龙化去，故教石柱锁云鬃。

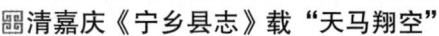

[狮顾岚光]

图清嘉庆《宁乡县志》载“狮顾岚光”

宁乡市区东，有一石山名狮顾。清嘉庆《宁乡县志》“卷之三·地理·古迹”载“狮顾风光”：狮峰蹲踞白石关下，若搏象之余，回瞩林表，以其滨江抱寺，岚翠缤纷，故朝旭夕曛，每多佳气。

狮顾山上自唐代起就建有一寺，叫“狮顾观音寺”。

明代刘端《狮顾岚光》

城东有名山，如狮蹲江涘。岚光浮上下，映带玉潭水。雨过山云湿，欲飞还不起。杖屦趁晚晴，微茫乱山紫。

[楼台晓色]

图清嘉庆《宁乡县志》载“楼台晓色”

宁乡市区东门原称迎薰门，出迎薰门不远，有楼台山，山上有窑头寨，寨上有楼台遗迹。清嘉庆《宁乡县志》“卷之三·地理·古迹”载“楼台晓色”：层峦叠翠，山曰楼台。东拱迎薰门，竦碧壓江，送青排闼。每朝晖初起，云霞之色照人。

明代刘端《楼台晓色》

山势耸楼台，清曙色带好。东方日曈昽，帘箔尚清杳。仿佛骊山宫，依稀蓬莱岛。有酒当跻攀，何须问五老。

[灵峰夜月]

图清嘉庆《宁乡县志》载“灵峰夜月”

宁乡市区东北朱良桥，古为洞庭湖尾。境内有一灵峰山，林谷清幽，江流环绕。每当夜月当空，静影沉璧，景色极为幽美。清嘉庆《宁乡县志》“卷之三·地理·古迹”载“灵峰夜月”：当林谷清幽之处，拔起干云，江流其址，胡五峰筑室，张南轩从公讲学，至今明月空山，令人神恬气静。

山下有灵峰书院，为宋代大学士胡安国、胡宏父子讲学处，朱熹、张栻等大儒也曾来灵峰书院讲学。由于胡宏的学术主张以“道”为最高标准，因此后人又把灵峰山称为道山，以示纪念。

明代胡灿瑞《灵峰夜月》

峰以昔贤传，月映峰增色。峰与月依然，昔贤难再得。

【宁乡学宫八景】

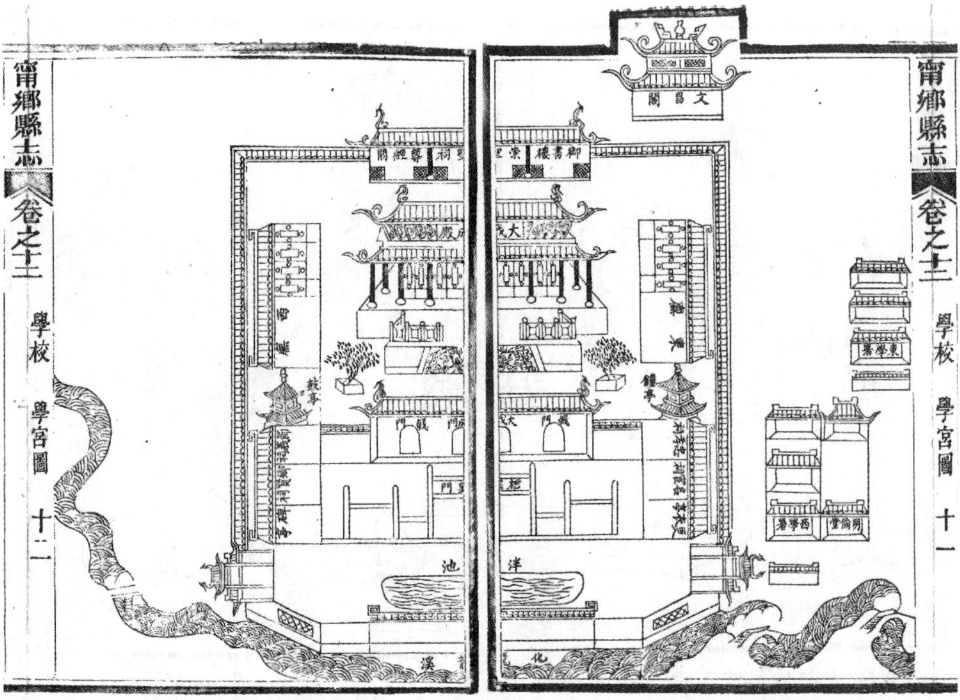

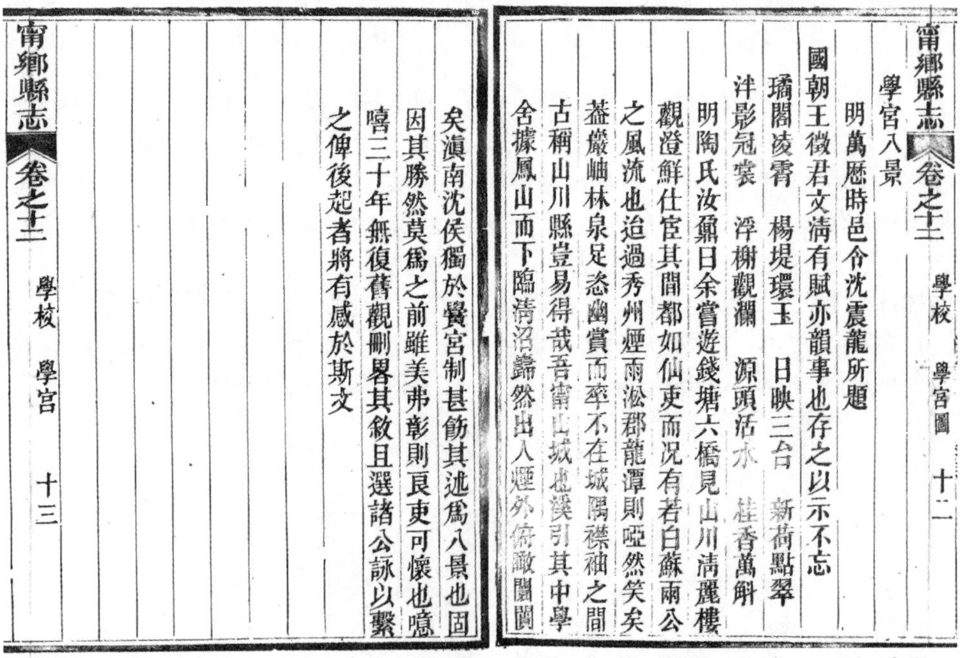
甯鄉縣志 卷之十二 學校 學宮圖 十二

學宮八景

明萬歷時邑令沈震龍所題

國朝王徵君文湉有賦亦韻事也存之以示不忘

璚閣凌霄　楊堤環玉　日映三台　新荷點翠

泮影冠裳　浮榭觀瀾　源頭活水　桂香萬斛

明陶氏汝鼐曰余嘗遊錢塘六橋見山川清麗樓觀澄鮮仕宦其間都如仙吏而況有若白蘇兩公之風流也迨過秀州煙雨湓郡龍潭則啞然笑矣蓊巖岫林泉足恣幽賞而率不在城隅襟袖之間古稱山川縣豈易得哉吾甯山城也溪引其中學舍據鳳山而下臨湋沼翛然出入煙外俯瞰闤闠矣滇南沈侯獨於黌宮制甚飭其迹爲八景也固因其勝然莫爲之前雖美弗彰則良吏可懷也噫嘻三十年無復舊觀刪畧其敘且選諸公詠以繫之俾後起者將有感於斯文

甯鄉縣志 卷之十二 學校 學宮 十三

清同治《宁乡县志》“卷之十二·学校·学宫图”载“学宫八景”：璚阁凌霄、杨堤环玉、日映三台、新荷点翠、泮影冠裳、浮榭观澜、源头活水、桂香万斛。

【沩山十二景】

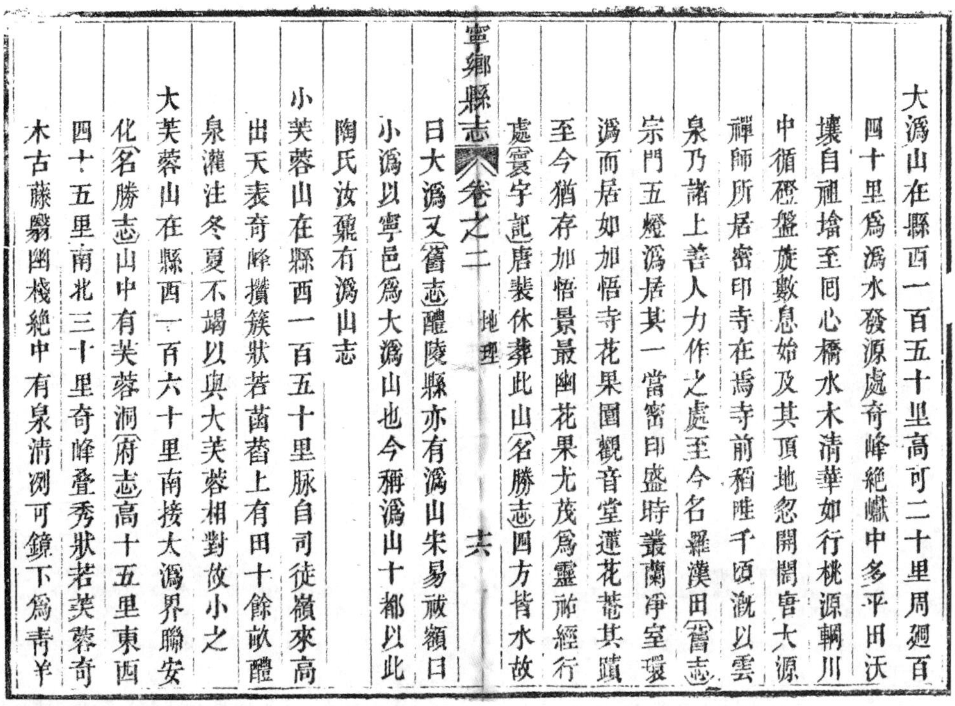
大溈山在縣西一百五十里高可二十里周迴百
四十里爲溈水發源處奇峰絶巘中多平田沃
壤自祖塔至回心橋水木清華如行桃源輞川
中循磴盤旋數息始及其頂地忽開闊唐大源
禪師所居密印寺在焉寺前稻畦千頃溉以雲
泉乃諸上善人力作之處至今名羅漢田(舊志)
宗門五燈溈居其一當密印盛時叢蘭淨室環
溈而居如加悟寺花果園觀音堂蓮花菴其蹟
至今猶存加悟景最幽花果尤茂爲靈祐經行
處(寰宇記)唐裴休葬此山(名勝志)四方皆水故
寧鄉縣志 卷之二 地理 十六
曰大溈又(舊志)醴陵縣亦有溈山宋易祓額曰
小溈以寧邑爲大溈山也今稱溈山十都以此
陶氏汝鼐有溈山志
小芙蓉山在縣西一百五十里脉自司徒嶺來高
出天表奇峰攢簇狀若菡萏上有田十餘畝醴
泉灌注冬夏不竭以與大芙蓉相對故小之
大芙蓉山在縣西一百六十里南接大溈界聯安
化(名勝志)山中有芙蓉洞(府志)高十五里東西
四十五里南北三十里奇峰疊秀狀若芙蓉奇
木古藤蟠幽棧絶中有泉清冽可鑑下爲青羊

清嘉庆《宁乡县志》载“大沩山”

沩山，传说舜帝之子“沩”在此开发农耕而得名，湘水支流沩水的发源地。“千山万水朝沩山，人在沩山不见山。”沩山风光秀丽，崇山峻岭、溪涧纵横、流水潺潺、鸟鸣花灿，自古有大沩凌云、芦花瀑布、白果含檀、仙女朝贡等三十六景之说。在清代宁乡人陶汝鼐、陶之典编撰的《大沩山古密印寺志》中，则称毗卢峰、芙蓉峰、优钵泉、禅衣峰、寄檀灵树、天人供石、象王峰、峨嵋塔、神木井、石龙枧、龟山、龙潭为沩山十二景。如今，人们又将回心桥、来木井、养生池、仙人献宝（朝供）、龙王井、芦花水、镜子岩、狮子岩、千人锅万人床、白果含檀称为“沩山十景”。

陶汝鼐《沩山十二景》

毗卢峰

密印主山，古有潭在其下，慈义龙迁以待师，一夕涌沙成地处。

万仞山头古碧潭，金沙龙涌作精蓝。中峰不动如如佛，藏得骊珠与众探。

芙蓉峰

芙蓉山当寺之前西去五十里，青嶂倚天。中有古刹，云是楷禅师曾挂锡杖处。

更横榔栗向千峰，绝壁粘天觌面逢。莫讶芙蓉青未了，孤猿啼彻白云封。

优钵泉

泉出香严岩，落处如优钵罗花状。伏流二里，出黄木江。香严禅师因水悟道处。

千尺飞泉落素旻，优昙花白大于轮。若教声色前头荐，道是香严也未亲。

禅衣峰

岭纹复襞，俨若禅衣在架，北向密印寺，中与毗卢峰对。

徒怜袍色同青草，欲去裁荷学水

卷之七

艺文

诗

题咏

沩山悬钟石 [宋] 开国男 易袚 山斋 邑人

不今不古不朝昏，只与南山伴白云。我既无声亦无相，众生当以不闻闻。

大芙蓉峰 [宋] 修撰 张栻 南轩 蜀人

上头壁立起千寻，下到群峰次第深。兀兀篮舆自吟咏，白云深水此时心。

青龙岩在大沩山间，有大小二岩，祷雨多应。 [宋] 廖则逢

有泉莹洁深谼谾，裔溱泼阚声如钟。仿佛使我毛发竖，中有高卧虬髯翁。山岩瀑布泻明月，惊涛触石调焦桐。蠲烦折酲竟造此，稽首匍拜玄冥宫。蜿蜒莫向此中处，天下苍生待霖雨。

沩山禅堂前太史 陶汝鼐 密庵 邑人

坐禅成佛事淆讹，警策承谁恩力多。师子室中床座满，新分一座与维摩。

沩山十二景首唱 陶汝鼐

毗卢峰密印主山，古有潭在其下，慈义龙迁以待师，一夕涌沙成地处。

万仞山头古碧潭，金沙龙涌作精蓝。中峰不动如如佛，藏得骊珠与众探。

芙蓉峰芙蓉山当寺之前西去五十里，青嶂倚天。中有古刹，云是楷禅师曾挂锡杖处。

更横榔栗向千峰，绝壁粘天觌面逢。莫讶芙蓉青未了，孤猿啼彻白云封。

优钵泉泉出香严岩，落处如优钵罗花状。伏流二里，出黄木江。香严禅师因水悟道处。

千尺飞泉落素旻，优昙花白大于轮。若教声色前头荐，道是香严也未亲。

禅衣峰岭纹复襞，俨若禅衣在架，北向密印寺，中与毗卢峰对。

徒怜袍色同青草，欲去栽荷学水田。昨日直赢山一座，禅衣无缝覆诸天。

寄檀灵树古银杏，在毗卢峰之右。唐元和时物也。既枯十数年，一夕南枝复活，中生檀香一株。今全树皆荣，荫可十亩。

旃檀枯杏总灵芽，今日同参转法华。何似雪山寒到骨，瞥然拈出手中花。

天人供石禅衣岭之左，有石一峰，如人向寺作擎，曰“天人送供”。

插却田锹手不开，寻常玉粒满施台。只应天外南询客，擎得须弥楼阁来。

象王峰禅衣峰之右，一峰回势如香象，头鼻宛然。

香象行时卓地寒，春风俱在一毫端。夜来明月寥寥白，直作沩山水牯看。

峨嵋塔密印开时，寺畔有少塔屹立。胡僧见之曰：此峨嵋峰上物，向飞去，岂意在是也。

峨嵋当日为谁留，浩劫山空塔亦愁。莫怪飞来复飞去，普贤眼底一浮沤。

神木井寺前华严坪，有井深黑，内植木一株，相传建寺时，尊者募材于蜀，浮岷江而下，咸于此中涌出。最后一株拔之不动，至今隐隐可见。

分明古木倚蛟宫，谁信沩山与蜀通。亲到龙潭方广彻，长留一柱砥虚空。

石龙枧九关泉自毗卢峰右绝壁飞流，古凿石为枧千馀尺，汇人石龙池，泄入天供厨。厨足，绕涧而出。

石虬天际泻潺湲，供遍诸方绕鹿园。日日祖师呼洗面，何曾持钵出山门。

龟山山在优钵泉下，状如龟，与象相望。

谁舍灵龟作涸鱼？好随龙象护精庐。几番立尽埋腰雪，独对孤峰映洛书。

龙潭潭去寺十里，方数丈，窈然沉墨。逼视之，令人生寒，慈义龙避师所迁也。相传师持锡诏龙曰：“锡所落处，当汝为宫。”风雨拥锡，径止于此。

空潭窈窈尺澜生，每有慈云似化城。解得护珠如护法，弥天雷雨不曾惊。

景诗选咏

毗卢峰外史 刘应祁

谁向毗卢顶上行，净瓶赢得此峥嵘。分明据胜开天宇，未许中途望化城。法以穷梯方首出，山从蓦地绝群生。当前若肯抬眸审，不怪寒山作虎鸣。

寄檀树

无情说法却森然，时至缘生妙不传。莫向桃花寻旧迹，试看灵叶吐新妍。山中法正谈充满，树下人将荫五千。若问溉培谁力

清陶汝鼐 陶之典《大沩山古密印寺志》（校点本）载“陶汝鼐《沩山十二景》”

田。昨日直赢山一座，禅衣无缝覆诸天。

寄檀灵树

古银杏，在毗卢峰之右。唐元和时物也。既枯十数年，一夕南枝复活，中生檀香一株。今全树皆荣，荫可十亩。

旃檀枯杏总灵芽，今日同参转法华。何似雪山寒到骨，瞥然拈出手中花。

天人供石

禅衣岭之左，有石一峰，如人向寺作擎，曰“天人送供”。

插却田锹手不开，寻常玉粒满施台。只应天外南询客，擎得须弥楼阁来。

象王峰

禅衣峰之右，一峰回势如香象，

头鼻宛然。

香象行时卓地寒，春风俱在一毫端。夜来明月寥寥白，直作沩山水牯看。

峨嵋塔

密印开时，寺畔有少塔屹立。胡僧见之曰：此峨嵋峰上物，向飞去，岂意在是也。

峨嵋当日为谁留，浩劫山空塔亦愁。莫怪飞来复飞去，普贤眼底一浮沤。

神木井

寺前华严坪，有井深黑，内植木一株，相传建寺时，尊者募材于蜀，浮岷江而下，咸于此中涌出。最后一株拔之不动，至今隐隐可见。

分明古木倚蛟宫，谁信沩山与蜀通。亲到龙潭方广彻，长留一柱砥虚空。

清陶汝鼐、陶之典《大沩山古密印寺志》载“沩山图”（一）

石龙枧

九关泉自毗卢峰右绝壁飞流，古凿石为枧千余尺，汇入石龙池，泄入天供厨。厨足，绕涧而出。

石虬天际泻潺湲，供遍诸方绕鹿园。日日祖师呼洗面，何曾持钵出山门。

龟山

山在优钵泉下，状如龟，与象相望。

谁舍灵龟作涸鱼，好随龙象护精庐。几番立尽埋腰雪，独对孤峰映洛书。

龙潭

潭去寺十里，方数丈，窈然沉墨。逼视之，令人生寒，慈义龙避师所迁也。相传师持锡诏龙曰：“锡所落处，当汝为宫。”风雨拥锡，径止于此。

空潭窈窈尺澜生，每有慈云似化城。解得护珠如护法，弥天雷雨不曾惊。

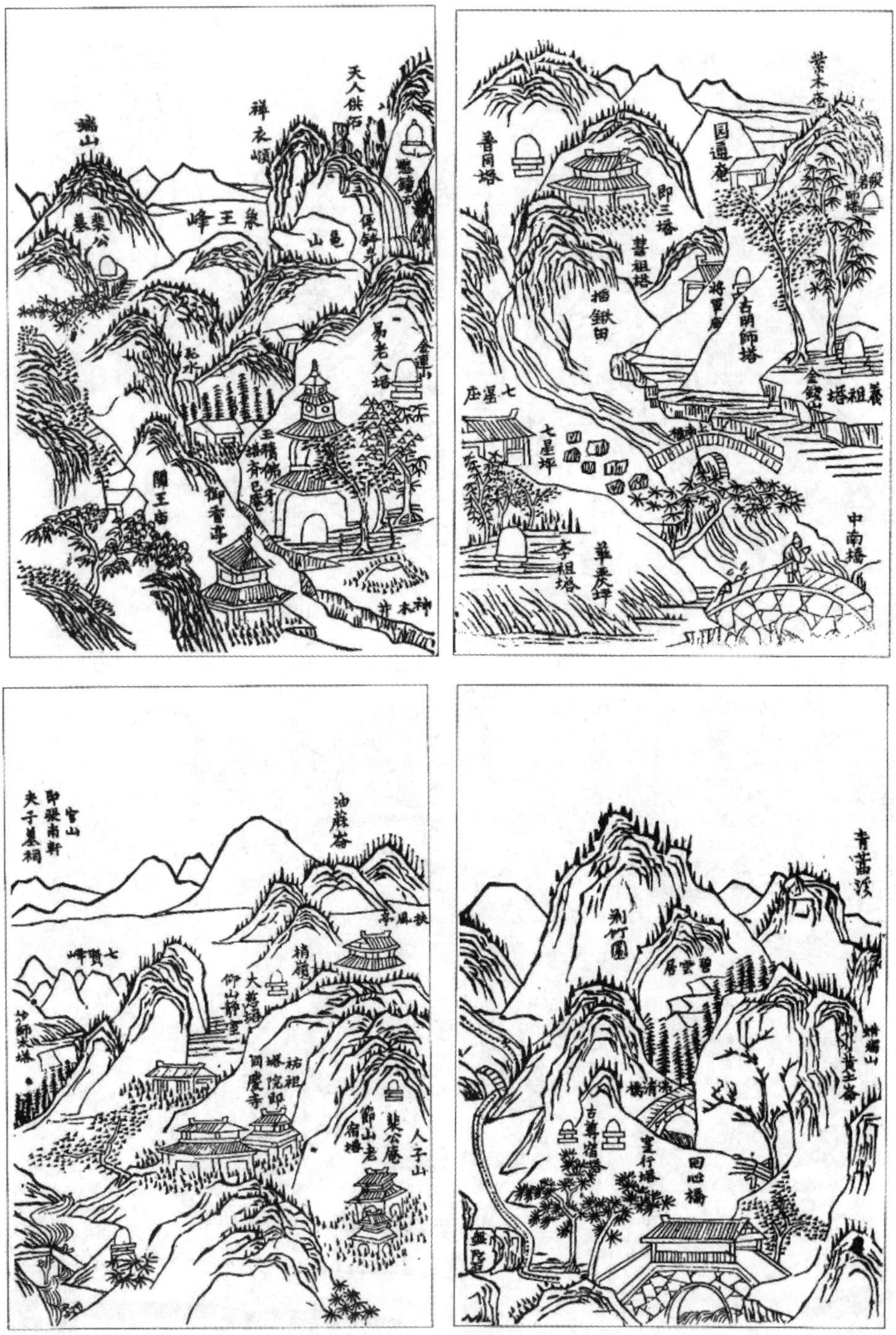

▣清陶汝鼐、陶之典《大沩山古密印寺志》载“沩山图”（二）

图清陶汝鼐、陶之典《大沩山志》载“沩山图”（三）

长沙卷

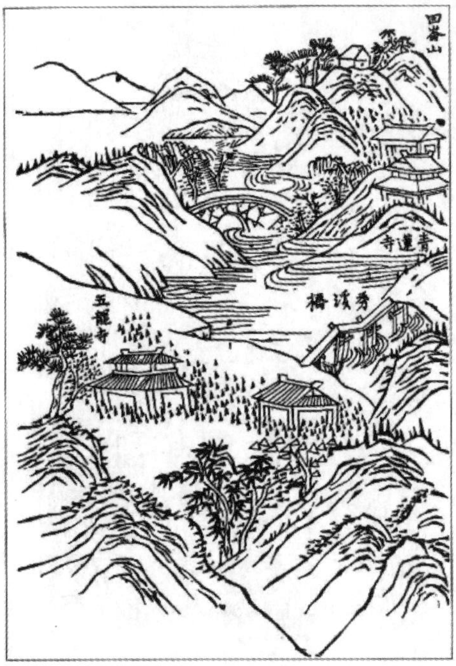

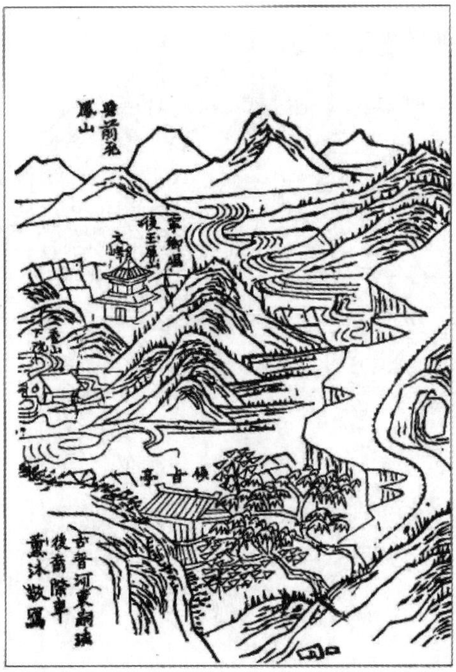

▣清陶汝鼐、陶之典《大沩山志》载“沩山图”（四）

【浏阳八景】

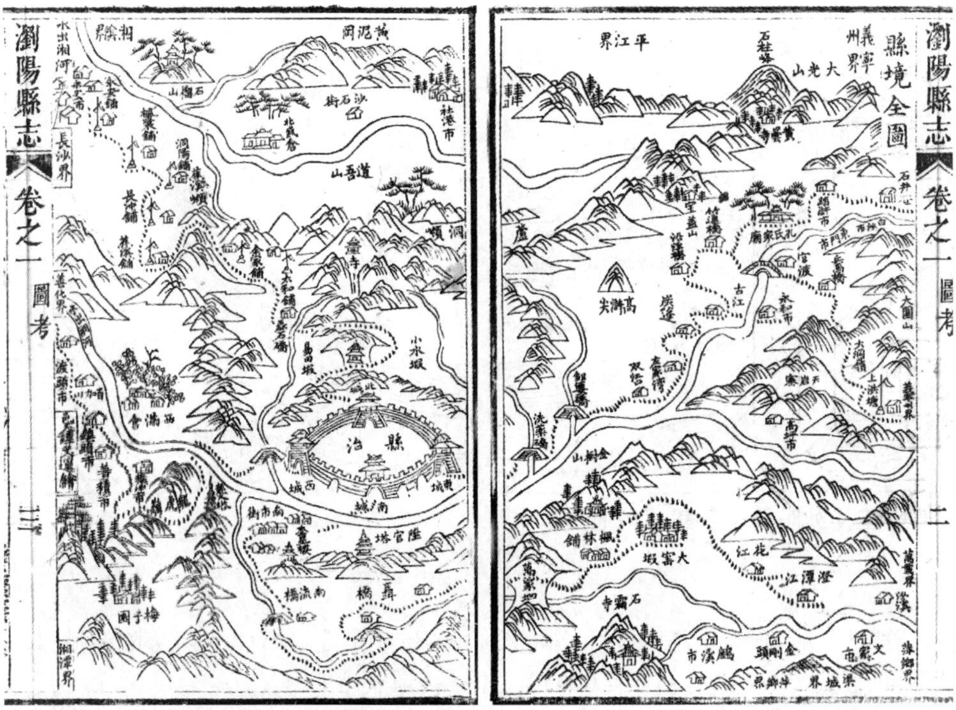

清嘉庆《浏阳县志》载“县境全图”

廂都六後增編者凡十三（康熙三十年增七都雍正十一年增六都）地廣衍有差（分地多不相聯廣狹亦殊土人率以鄉分祇呼村市地名多不知都甲惟徵收糧冊例載之）其里甲均莫詳也

形勝

瀏居萬山中當吳楚之交袤廣數百里枕平江而控甯萬南跨潭醴西蔽郡城實楚東一戶羣山透迤環衛縣治溪流三派呼吸湘江西南稍平衍東北半山谷重巒疊壑自爲藩籬其奧窟亦孔多（戊寅志東障孫隱西抱巨湖南亙天馬北鎖道吾襟中洲而帶瀏水蓋就附郭形勝言又引史大成序大圍繞其東巨湖環其西天馬矗其南石柱鎖其北巨川細流縈洄百折西注入湘蓋略就一縣大勢言）

瀏陽縣志 卷之二 輿地 五

八景（附）。瀏陽八景不知何自昉註杜集者引楓浦漁樵爲八景之一前志錄明無名氏詩蓋由來已久矣八景皆環萃縣城足供眺覽故備錄之

中洲風月（縣治前狀元洲長約里許平沙鋪錦綠草芊眠月夜波光瀲灔江風襲人幽賞不厭）

巨湖煙雨（縣治西大湖山蔥青入郭雲煙繚繞如披圖畫）

相臺春色（縣南猨啼山裴休讀書處一帶平原菜畦茅舍繡錯其下生意盎然）

吾山雪霽（縣北道吾山屏張笏列巖壑依稀晴雪欲消寒光遠射）

藥橋泉石（縣東洗藥橋澗水潺湲巖石錯崿負郭村原助此幽曠）

楓浦漁樵（縣南雙楓浦臨水依山藤蘿交翠夕陽歌唱互答如入桃源）

鷂亭芳草（在縣西廨）

鴻閣斜陽（在儀門外）

清同治《浏阳县志》载“八景”

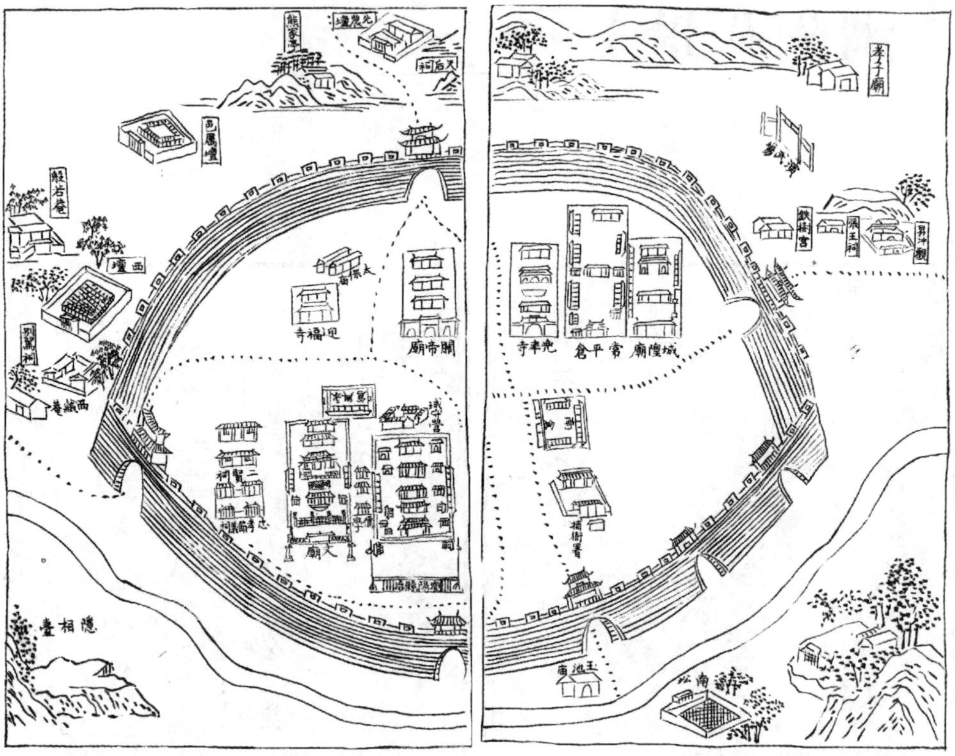

清雍正《浏阳县志》载“城池图”

浏阳古属荆州，因县城位于浏水之阳而得名。东汉建安十四年（209）析临湘县地始置刘阳县，东汉建安十四年（209）析临湘县地而始置刘阳县。《晋书·地理志》载县名为“刘阳”。旧志据此断言，浏阳之浏原无水旁。世代相沿，似成定论。但浏阳河在《水经注》中载为浏水，置县时，因县城在其岸，而古以水北为阳，遂以浏阳为县名。既如此，则不应有“刘阳”之称。查旧籍用同音字写地名的现象不为少见。《三国志·吴志》在叙周瑜俸邑时为“浏阳”，而叙吕蒙俸邑时却为“刘阳”，同一志书出现两种写法。即使《晋书》在有的人物传中也用了“浏阳”。清道光十七年出版的《历代地理韵编今释》，在“刘阳”条下注云“浏阳之讹”。也就是说，《晋书·地理志》中的“刘阳”，实为误写。后人修志以讹传讹，遂有“刘阳”改“浏阳”之说。今录以释疑。为周瑜四俸邑之一。隋大业三年（607）并入长沙县。唐景龙二年（708）复设浏阳县。元贞元年（1295）升为浏阳州。明洪武二年（1369）复降为县。明、清属长沙府。

“浏阳八景”：相台春色、枫浦渔樵、鸿阁斜阳、鷃亭芳草、药桥泉石、巨湖烟雨、吾山雪霁、中洲风月。

明代佚名《浏阳八景》

相台春色

调元人去旧游空，唯有阳和竞化工。轻簇暖烟芳草绿，乱飘残雨落花红。近依栏槛丹青里，远指湘山锦绣中。偏惹竹林诗酒客，年年来此咏东风。

枫浦渔樵

南下清浏第一湾，短篷蓑笠有人闲。荡开萍叶垂纶去，拾得荆薪弄笛还。帆影近依红蓼外，斧声遥在白云间。优游自得营生计，浮利浮名总不关。

鸿阁斜阳

龟山遗像系人思，高阁凌秋夕照迟。山藻影摇金错落，帘栊光绚锦离披。余辉尚想瞻星日，残霭应非立雪时。对景有怀魂欲断，忍磨苔藓认丰碑。

鷃亭芳草

水流花谢露飘零，玩物亭荒草自青。翠雨晚凉侵坏砌，绿云春暖荫闲庭。

铜驼已没当年迹，石马偏留此日形。万古程门人去远，有谁游乐更传经。

吾山雪霁

画屏千仞接楼空，六出谁将罨碧峰。林谷气严藏虎豹，石潭寒重锁蛟龙。日华深处青先露，云影临时翠尚封。几度凭栏闲纵目，错教人讶玉芙蓉。

药桥泉石

羽客凌霄岁月多，尚遗仙迹锁烟萝。溪流细泛桃花去，地骨轻穿薜荔过。洗药已无前日穴，炼丹空有昔时窝。何时拉得奚囊侣，来涤尘襟细琢磨。

大湖烟雨

危巅高峙隔龙津，斜锁岚光昼亦昏。凝翠湿飞千万缕，酿寒轻洒两三番。崖前隐约高低树，竹外溟濛远近村。欲倩王维挥彩笔，画图描出半吟轩。

中洲风月

屹立江心势欲浮，凉飔蟾魄共清幽。萧骚响度蘼芜晚，皎洁光寒杜若秋。两岸箭威从北至，一滩银浪向西流。洲边曾有鲸鳌否，乘兴期来把钓钩。

清代周忠信《浪淘沙·浏阳八景》

相台春色

烟雨霭朦胧，缀绿飞红。真儒元老旧游踪。弃笏投簪从此遁，千古高风。

一片晓云封，人去台空。莺花三月艳芳丛，载酒徜徉闲拾翠，逸兴偏浓。

枫浦渔樵

村落隔江城，沙草寒汀，石桥烟冷两枫青。临水登山堪托业，宠辱无惊。

钓艇手支撑，樵斧腰横，垂纶伐木和歌声。千古兴亡成佚事，尽付闲评。

鸿阁斜阳

高阁对琴堂，淡抹烟光，年来风物换沧桑。翘首飞鸿何处落，一片斜阳。

遗像绘图装，千载传芳，程门人去景苍凉。遥见暮云笼碧树，犹忆甘棠。

鶗亭芳草

立雪几何时，枳棘权栖，空亭犹记鶗孤飞。三径春残花老去，芳草萋萋。

冷署发华滋，嫩绿参差，东风吹影上帘帷。惆怅王孙今不见，零落香泥。

吾山雪霁

一夜朔风高，六出花飘，吾山万叠砌琼瑶。石径莲峰无觅处，白缀林梢。

五老倚寒霄，皓首相招，水帘千尺卷冰绡。漫道峨眉多胜概，此亦堪描。

药桥泉石

涧曲水云连，仿佛桃源，杏林橘井迹犹传，洗濯临流香泽泛，龙虎堪痊。

羽化已千年，销尽炉烟。丹台何处问神仙。唯有溪桥泉石在，灵气悠然。

巨湖烟雨

烟雨暗层峦，西望漫漫，村墟城郭雾中看。气涌湖心肤寸引，酿就轻寒。

几缕向空翻，数点飘残，潇湘彭蠡合奇观。疑是南宫传笔意，水墨溪山。

中洲风月

空阔拥江流，雅似瀛洲，清风明月此长留。佳景和人三个共，目荡神游。

北岸晚烟浮，南浦云收，沙明水碧接天悠。良夜有怀何计遣，酌酒相酬。

[相台春色]

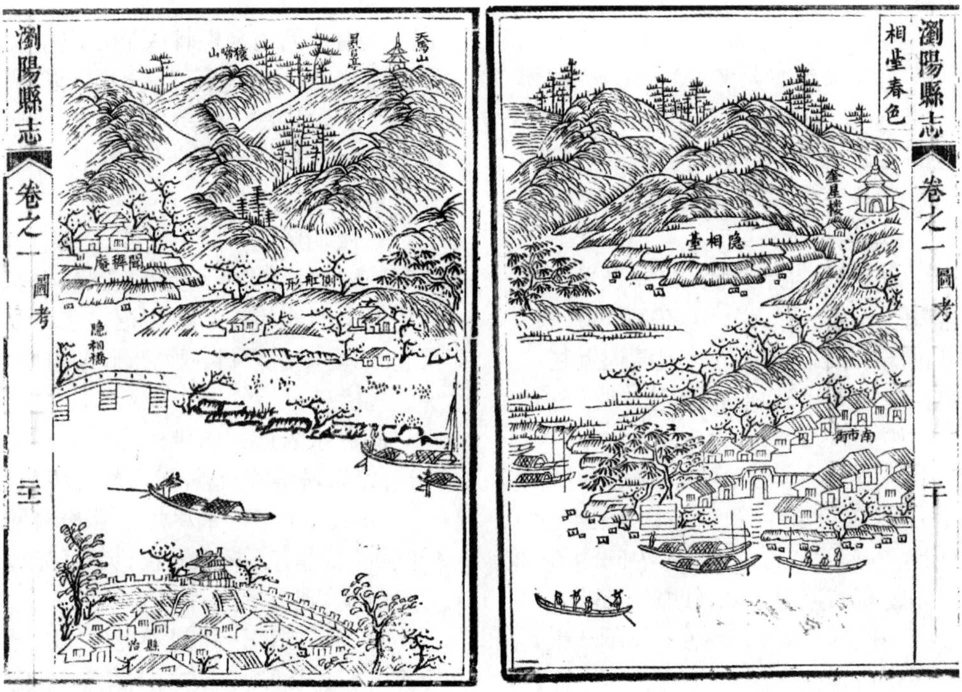

图清嘉庆《浏阳县志》载“相台春色”

清同治《浏阳县志》“卷之二·舆地·八景”载“湘台春色”：县南猿啼山，裴休读书处。一带平原，菜畦茅舍，绣错其下，生意盎然。

宋代杨时《相公台》

柔条疏蔓绿交加，烟锁云涵去路赊。绣绂貂缨无处问，空余鸡犬两三家。

[枫浦渔樵]

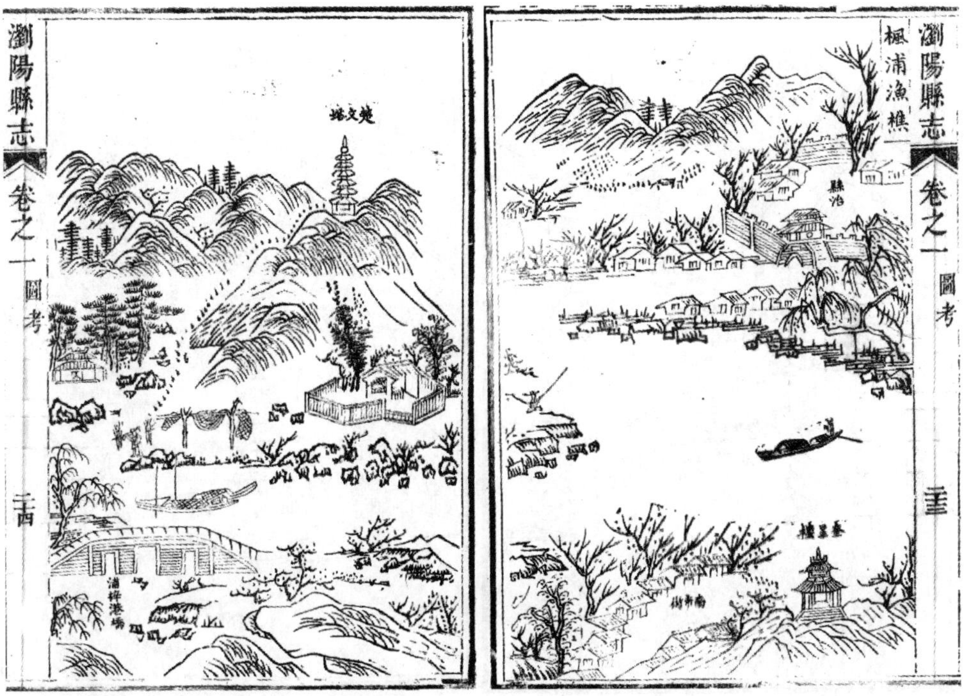

清嘉庆《浏阳县志》载“枫浦渔樵”

清同治《浏阳县志》“卷之二·舆地·八景”载“枫浦渔樵”：县南双枫浦，临水依山，藤萝交翠，夕阳歌唱互答，如入桃源。

清代杨安澜《枫浦渔樵》

山霭水云中，如入维摩画。枫叶下寒空，静听渔樵话。

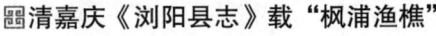

[鸿阁斜阳]

图清嘉庆《浏阳县志》载“鸿阁斜阳”

清雍正《浏阳县志》“卷三·古迹”载“飞鸿阁”：一作归鸿楼，在县厅事仪门外，宋邑令杨时建，取目送飞鸿义。南渡后，邑令张才邵重葺。

清代杨安澜《鸿阁斜阳》

薄领余闲日，瑶琴手自挥。高楼残照里，目送断鸿飞。

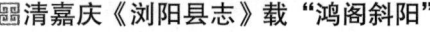

[鷗亭芳草]

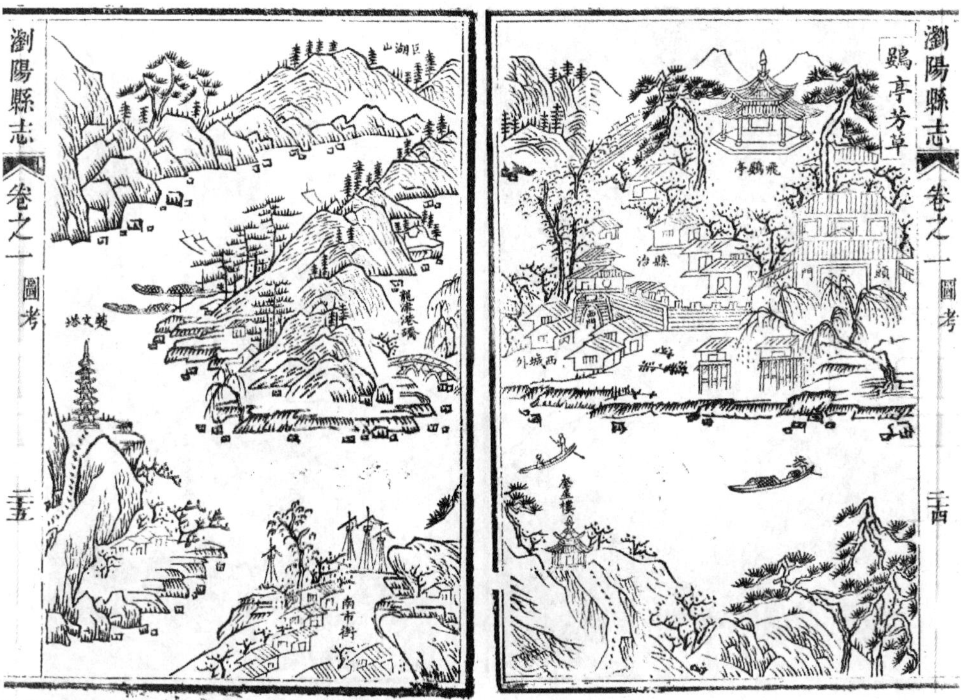

圖清嘉庆《浏阳县志》载“鸥亭芳草”

清雍正《浏阳县志》“卷三·古迹”载“飞鸥亭”：在署内二堂右，龟山先生憩息处也。旧有额，传是先生手迹，岁久失之。

宋代杨时《飞鸥亭》

芙蓉凋尽蕙兰芳，杖履翛然一曼郎。凫鹤短长宁复问，但知鹏鸥两相忘。

[吾山雪霁]

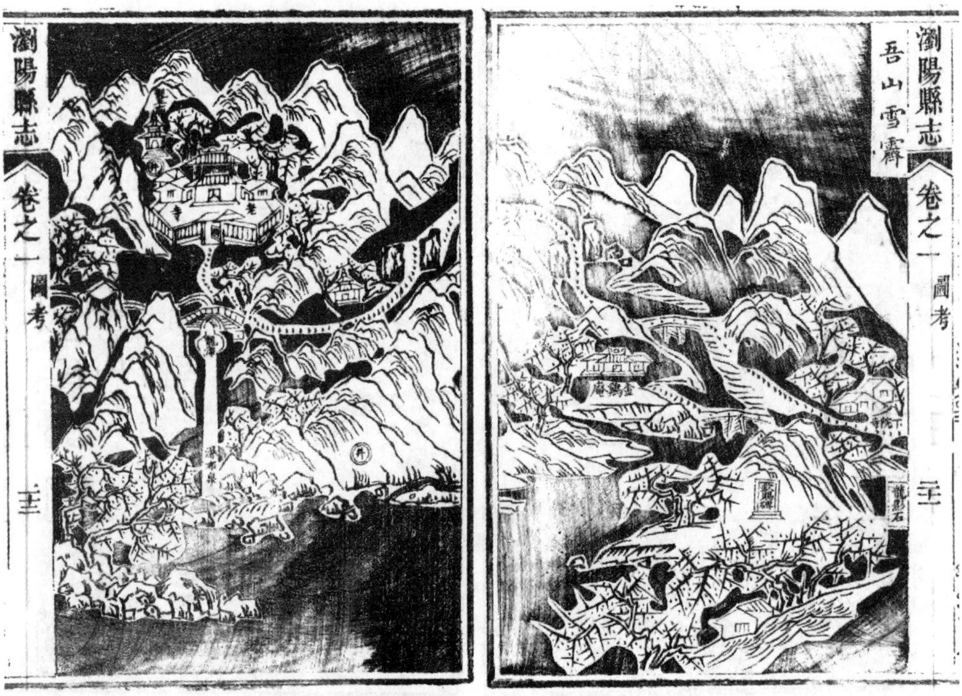

图清嘉庆《浏阳县志》载“吾山雪霁”

道吾山位于浏阳城北的道吾村。唐大和年间，有僧名宗智者入山，以道吾名其山。道吾山重峦叠嶂，风景秀丽，山中有兴华古寺。

“吾山雪霁”是前人对道吾山雪霁美景“屏张笏列，岩壑依稀，晴雪欲消，寒光远射”的描绘。

清代罗源潜《吾山雪霁》

吾山玉屑合奇观，胜地高天一色看。最妙日华来照澈，莲花峰在水晶盘。

[药桥泉石]

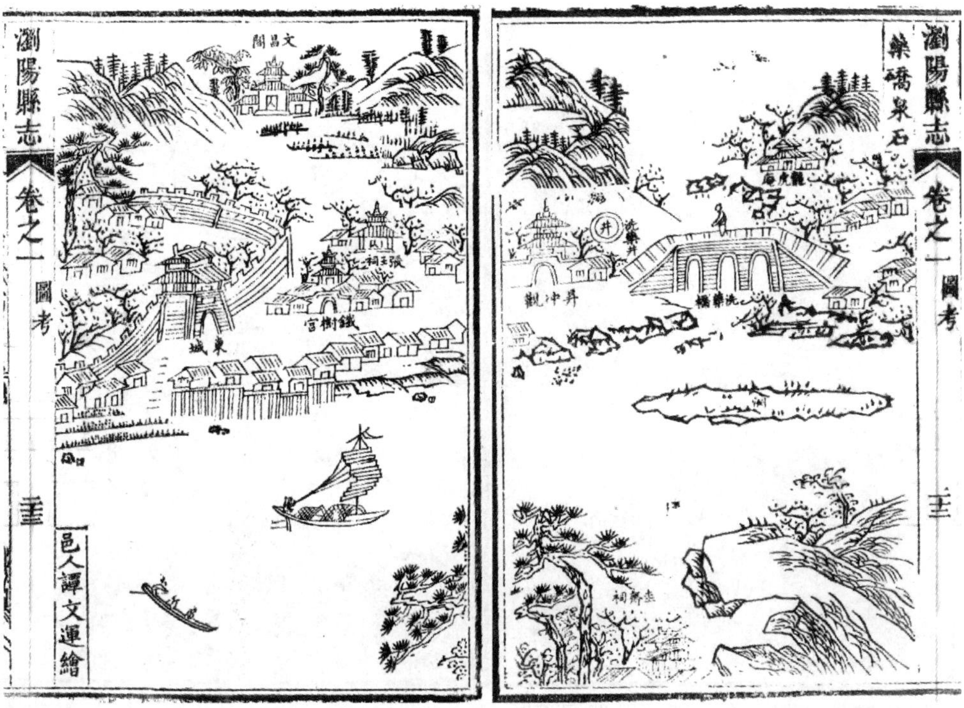

清嘉庆《浏阳县志》载“药桥泉石”

孙隐山，位于浏阳城东，相传隋唐间医学家孙思邈曾隐居在此而名。清同治《浏阳县志》“卷之二·舆地”载“药桥泉石”：县东洗药桥，涧水潺湲，岩石错愕，负郭村原，助此幽旷。

明代郑序《升冲观》

孙隐兹山已有年，至今台观尚依然。云间不见烧丹灶，桥下犹流洗药泉。造谒为民祈雨泽，徘徊寓目爱山川。穹碑备载飞升事，胜迹由来岂浪传。

[巨湖烟雨]

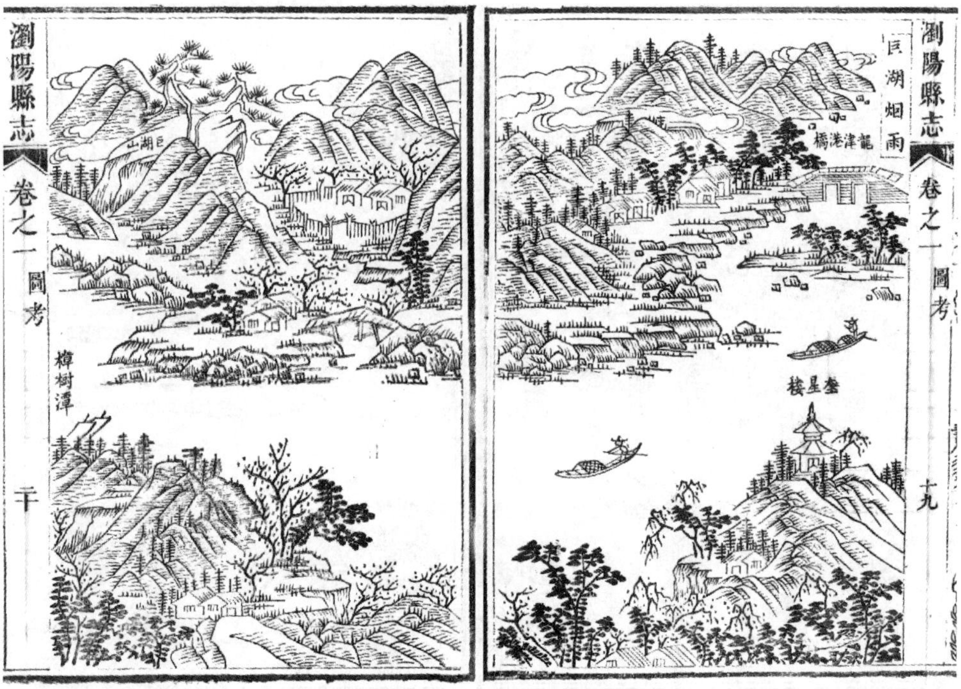

图 清嘉庆《浏阳县志》载“巨湖烟雨”

浏阳城西约十五公里神岭一带，三峰鼎峙，葱青入郭，中间有一大湖，曰巨湖。清同治《浏阳县志》“卷之二·舆地”载“巨湖烟雨”：县治西大湖山，葱青入郭，云烟绕峦，如披图画。

[中洲风月]

清嘉庆《浏阳县志》载“中洲风月”

中州指今浏阳市浏阳河畔的“状元洲”，浏阳古谚云，“中洲过学前，浏阳出状元”，故名状元洲。清同治《浏阳县志》“卷之二·舆地”载“中洲风月”：县治前状元洲，长约里许，平沙铺锦，绿草芊绵，月夜波光荡目，江风袭人，幽赏不厌。

【石霜寺十八景】

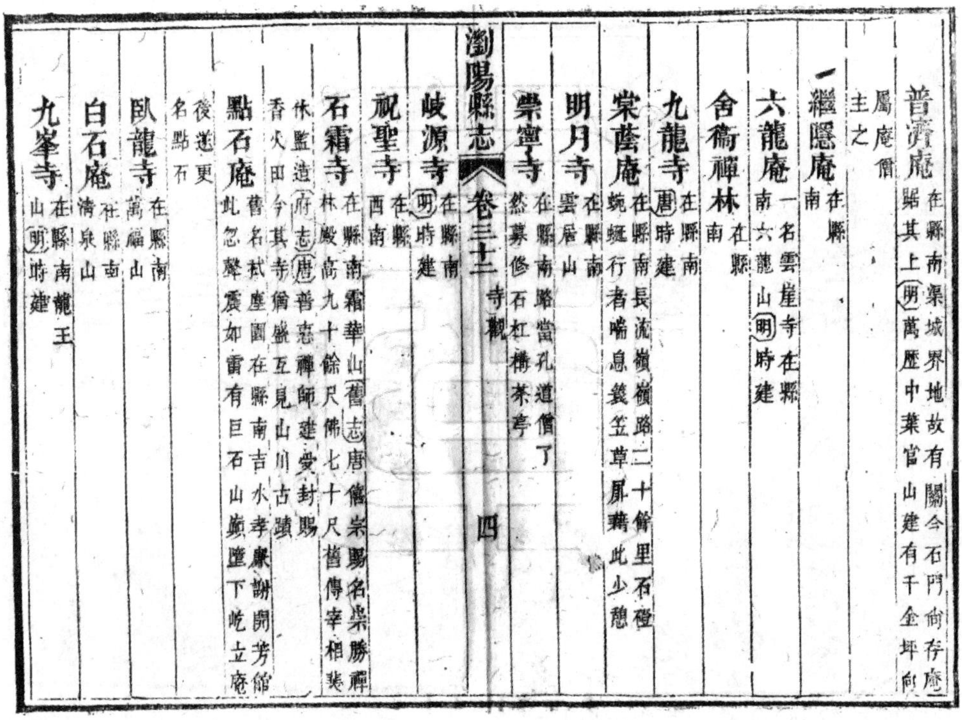

普濟庵在縣南渠城界地故有關今石門尚存庵踞其上明萬歷中葉官山建有千金坪向屬庵僧主之

繼隱庵在縣南

六龍庵一名雲崖寺在縣南六龍山明時建

舍衛禪林在縣南

九龍寺在縣南唐時建

棠蔭庵在縣南長流嶺嶺路二十餘里石磴蜿蜒行者喘息簑笠草屐藉此少憩

明月寺在縣南雲居山

崇寧寺在縣南路當孔道僧了然募修石杠構茶亭

瀏陽縣志　卷三十二　寺觀　四

岐源寺在縣南明時建

祝聖寺在縣西南

石霜寺在縣南霜華山舊志唐僖宗賜名崇勝禪林殿高九十餘尺佛七十尺舊傳宰相裴休監造府志唐普慈禪師建受封賜香火田今其寺僧盛互見山川古蹟

點石庵舊名栻塵園在縣南吉水孝康謝開芳館此忽聲震如雷有巨石山巔墮下屹立庵後遂更名點石

臥龍寺在縣南萬福山

白石庵在縣南清泉山

九峯寺在縣南龍王山明時建

清嘉庆《浏阳县志》载“石霜寺”

石霜寺，位于浏阳市金刚镇，为我国著名禅宗丛林。寺宇坐北朝南，山门前眺浏翠峰，后傍凤翔峰，狮子峰居其左，象王峰居其右，宛如狮象拱卫门庭。由唐僖宗李儇下诏修建，宰相裴休奉旨监建，御赐为“唐代国寺，仰食皇恩”，敕封“崇胜禅林”。其名石霜者，以山峻水激，触石喷霜故也。

石霜寺景色优美，古迹星罗。有“内八景”“外八景”“石霜寺十六景”之胜。

“石霜寺十八景”：隔河相会、蛤蟆滴水、太子桥、仙人磨、霜华潭、打鼓岭、万阳山、下马石、目鱼山、棋盘石、将军洞、芭蕉冲、飞来塔、虎爬泉、盐醋井、仙人洞、仙女晒鞋、石笋尖。

清代徐旭旦《石霜寺》

春深玉殿紫苔封，簇绕屏山翠几重。鸟识磬声仍下食，云移潭影恰闻钟。龙华地变黄金界，鹫岭南归白社宗。我爱远公栖遁好，再来挥尘抚长松。

【道吾山二十四景】

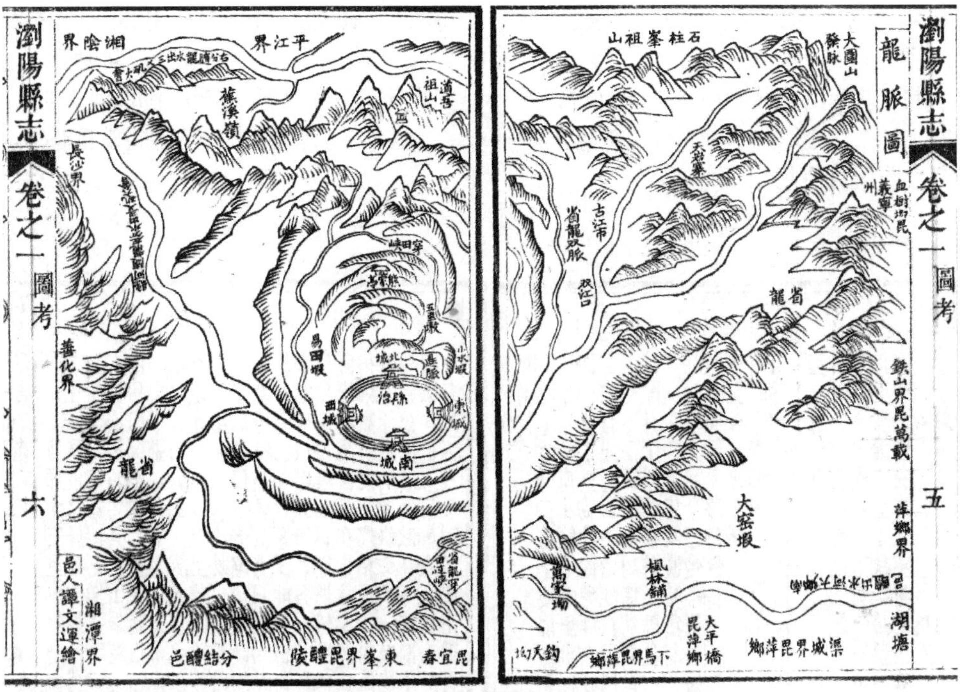

圌清嘉庆《浏阳县志》“龙脉图”载“道吾祖山”

圌清嘉庆《浏阳县志》载“道吾全图”

道吾山，位于浏阳市城北道吾村，古称白鹤山，又名赵王山。主峰五老峰，可望“岳麓暮云垂”，是“雄镇古潭州”的著名佛教胜地。

前人记有二十四景：祖师岩、冷泉井、回龙桥、引路松、挂剑泉、老龙潭、明月湖、龙卷田、虎爬丘、莲花峰、兴华寺、白龙泉、五老峰、罗汉洞、白鹤山、挂榜山、吾山雪霁、失马桥、龙影石、棋盘石、雷劈石、定心石、金刚塔、裴休亭。

元代欧阳元《登道吾山》

道吾山头有龙卧，叠嶂重岗深紫逻。灵湫瀑布千丈长，古寺神杉十围大。崇祠坎坎风雨来，樵径丁丁鸿雁过。郡人夜望北斗魁，下有突兀青莲座。

清代韩爆《道吾山》

曲磴盘旋数十层，纡回鸟道诱人行。龙藏渊静超三峡，雷劈分明胜五丁。怪石穿空天作险，潺流沸涧地为鸣。老僧久住忘清韵，笋碧茶香洗俗情。

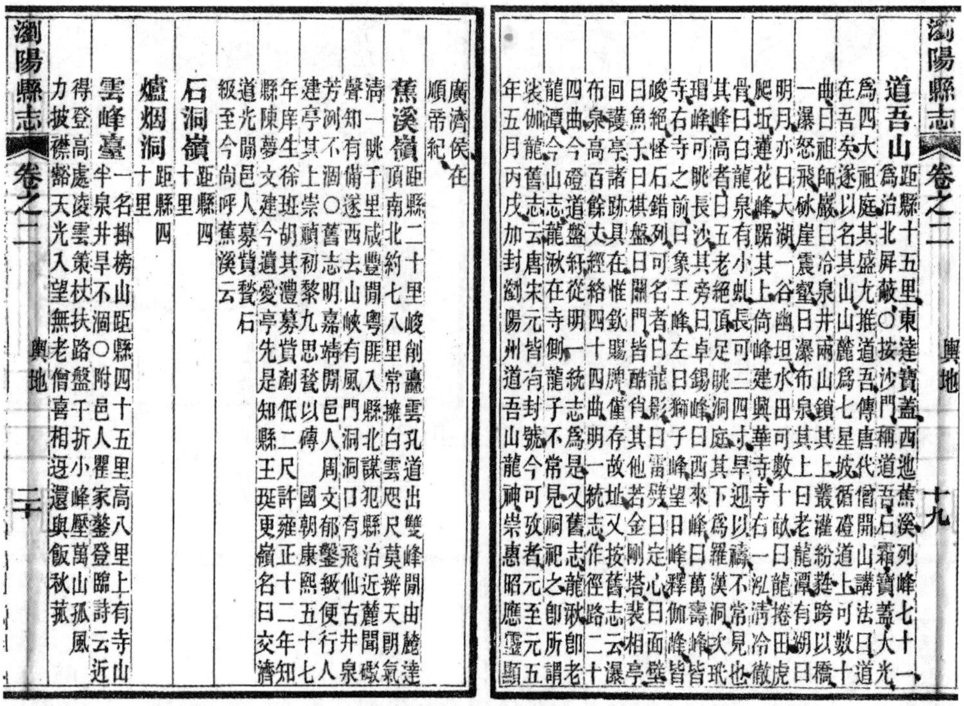
瀏陽縣志 卷之二 輿地 十九

道吾山 距縣十五里東達寶蓋西迤蕉溪列峰七十一
爲治北屏蔽○按沙門稱道吾石霜寶蓋大光
爲四大祖庭其盛尤推道吾傳唐代僧開山講法曰道
在吾矣遂以名其山山麓爲七星坡循磴道上可數十
曲曰祖師巖曰冷泉井兩山鎖其上叢灌紛拏跨以橋
一瀑怒飛砯崖震壑曰瀑布泉其上曰老龍潭有湖曰
明月亦曰大湖一谷幽坦水田可數十畝曰龍捲田虎
爬坵蓮花峰踞其上倚峰建興華寺寺右一泓清冷徹
骨曰白龍泉有小虬長可三四寸旱迎以禱不常見也
其峰高者曰五老絕頂足眺洞庭其下爲羅漢洞穴玳
瑁峰可眺長沙其旁曰卓錫峰曰西來峰曰萬壽峰皆
寺右寺之前曰象王峰左曰獅子峰望日峰釋伽峰皆
峻絕怪石錯列可名者曰龍影曰雷發曰定心曰面壁
曰魚子曰棋盤曰闕門皆酷肖其他若金剛塔裴相亭
回護亭諸跡具在惟欽賜牌僅存故址又按舊志云瀑
布泉高百餘丈經絡四十四曲明一統志又作徑路二十
四曲今磴道盤紆從明一統志爲是又舊志龍湫卽老
龍潭今山志龍湫在寺側龍子不常見祠祀之卽所謂
裟伽龍舊志云唐宋元皆有封號今可攷者元至元五
年五月丙戌加封劉陽州道吾山龍神祟惠昭應靈顯
廣濟侯在順帝紀
蕉溪嶺 距縣二十里峻削矗雲孔道出雙峰開由麓達頂南北約七八里常擁白雲咫尺莫辨天朗氣
清一眺千里咸豐間粵匪入縣北謀犯縣治近麓閭閻
聲知有備遂西去山峽有風門洞洞口有飛仙古井泉
芳洌不涸○舊志明嘉靖間邑人周文郁甃級便行人
建亭其上崇禎初黎九思發以磚 國朝康熙五十七
年庠生徐班胡其禮募貲剗低二尺許雍正十二年知
縣陳夢文建今遺愛亭先是知縣王班更嶺名曰交濟
道光間邑人募貲甃石
級至今尚呼蕉溪云
石洞嶺 距縣四十里
爐烟洞 距縣四十里
雲峰臺 一名掛榜山距縣四十五里高八里上有寺山半泉井旱不涸○附邑人瞿家鍪登臨詩云近
得登高處凌雲策杖扶路盤千折小峰壓萬山孤風
力披襟豁天光入望無老僧喜相逅還與飯秋菰
瀏陽縣志 卷之二 輿地 二十

圖清同治《浏阳县志》“卷之二·輿地”载“道吾山”

【狮山八景】

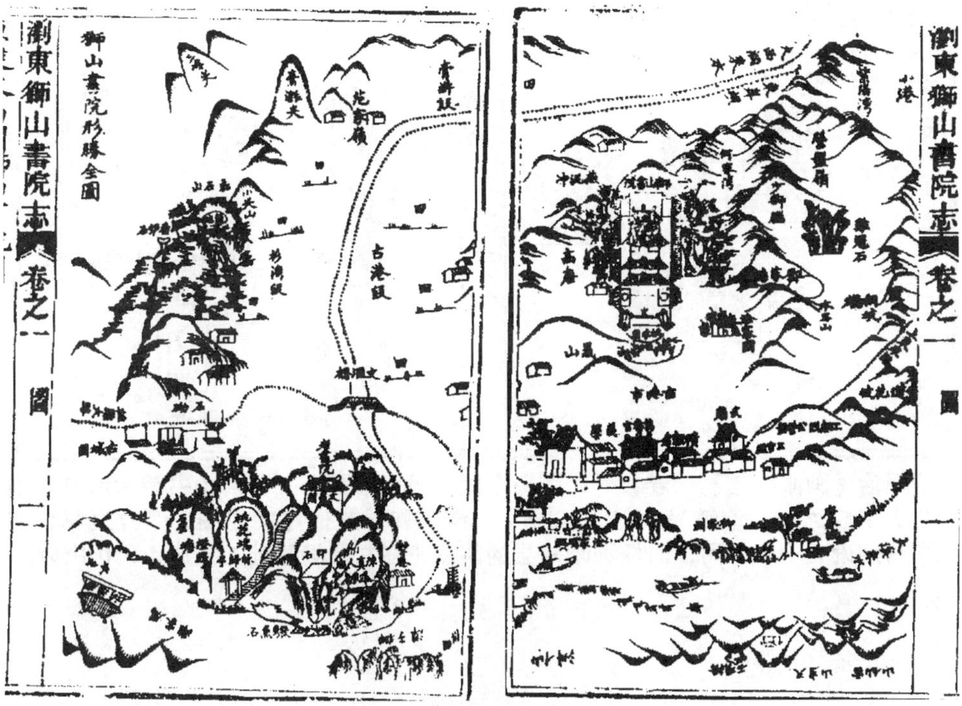

清光绪《狮山书院志》载“狮山书院形胜全图”

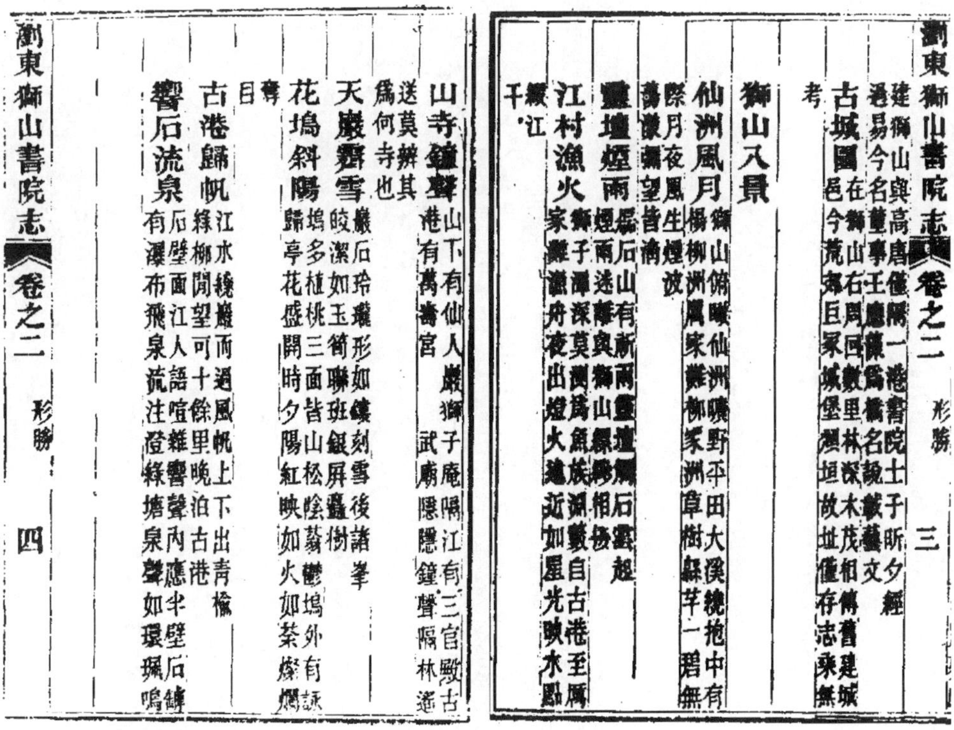

瀏東獅山書院志 卷之二 形勝 三

建獅山與高唐僅隔一港書院士子晰夕經過易今名董事王應麟爲橋名毓秀載藝文

古城圖 在獅山右周圍數里林深木茂相傳舊建城邑今荒爲巨冢城堡頹垣故址僅存志乘無考

獅山八景

仙洲風月 獅山俯瞰仙洲曠野平田大溪繞抱中有楊柳洲鳳家灘柳家洲章樹綠芋一碧無際月夜風生煙波蕩漾翹望皆滴

靈壇煙雨 嶽石山有新雨靈壇屬石嶽超煙雨迷濛與獅山綠鈔相協

江村漁火 獅子潭深莫測爲魚族淵藪自古港至屬家灘漁舟夜出燈火遠近如星光映水點綴江干

瀏東獅山書院志 卷之二 形勝 四

山寺鐘聲 山下有仙人巖獅子庵瞰江有三官殿古港有萬壽宮武廟隱隱鐘聲隔林遙送莫辨其爲何寺也

天巖霽雪 巖石玲瓏形如鏤刻雪後諸峯皎潔如玉筍聯班銀屏疊樹

花塢斜陽 塢多植桃三面皆山松陰蓊鬱塢外有詠歸亭花盛開時夕陽紅映如火如荼燦爛奪目

古港歸帆 江水繞巖而過風帆上下出青檣綠柳間望可十餘里晚泊古港

響石流泉 石壁面江人語喧雜響聲内應半壁石罅有瀑布飛泉流注澄綠塘泉聲如環珮鳴

清光绪《狮山书院志》载“狮山八景”

长沙卷

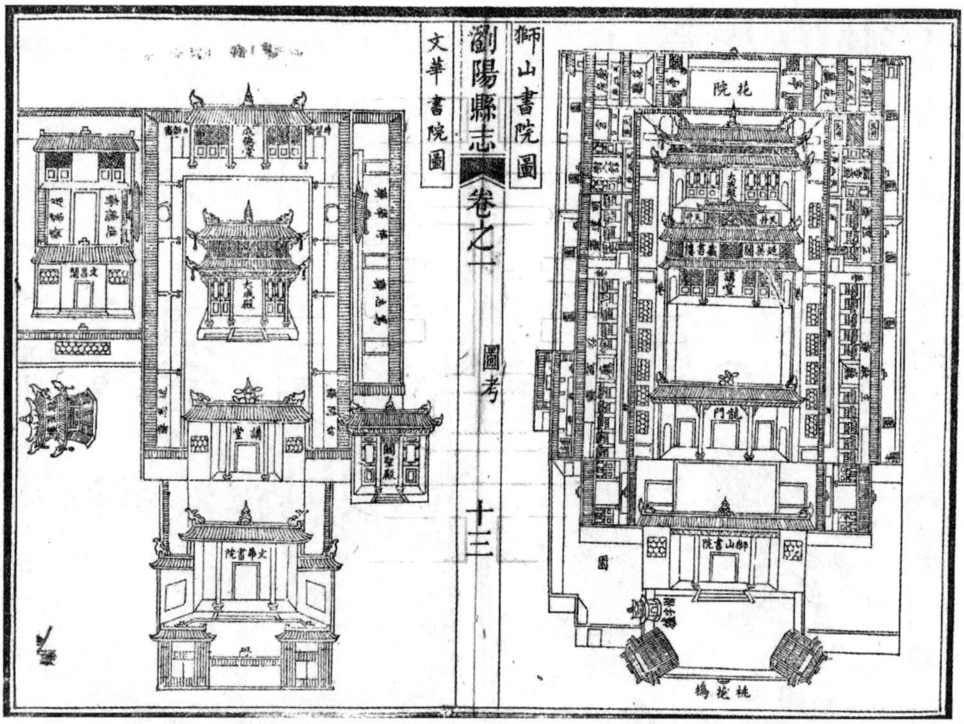

清同治《浏阳县志》“卷之一·图考”载“狮山书院图”。狮山书院为清末浏阳八大书院之一，清道光六年（1826），浏阳知县赵瑜建文昌阁，旁立义学，在文昌阁设立十三年后，时任浏阳知县的胡泰阶在文昌阁基础上拓建为狮山书院。

[仙洲风月]

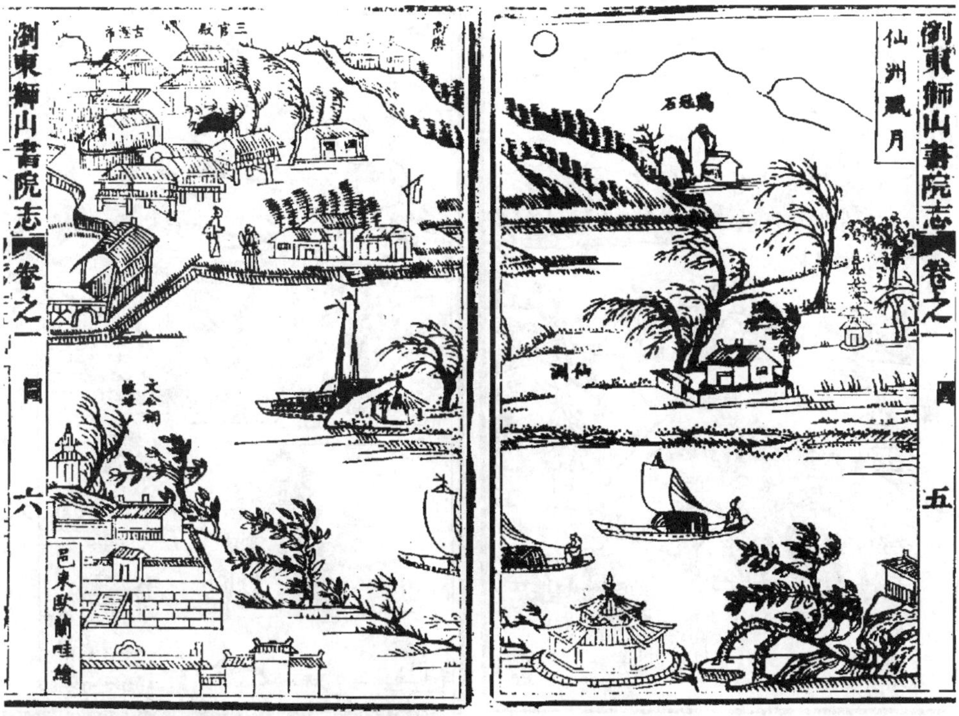

▣清光绪《狮山书院志》载“仙洲风月”

长沙卷

[灵坛烟雨]

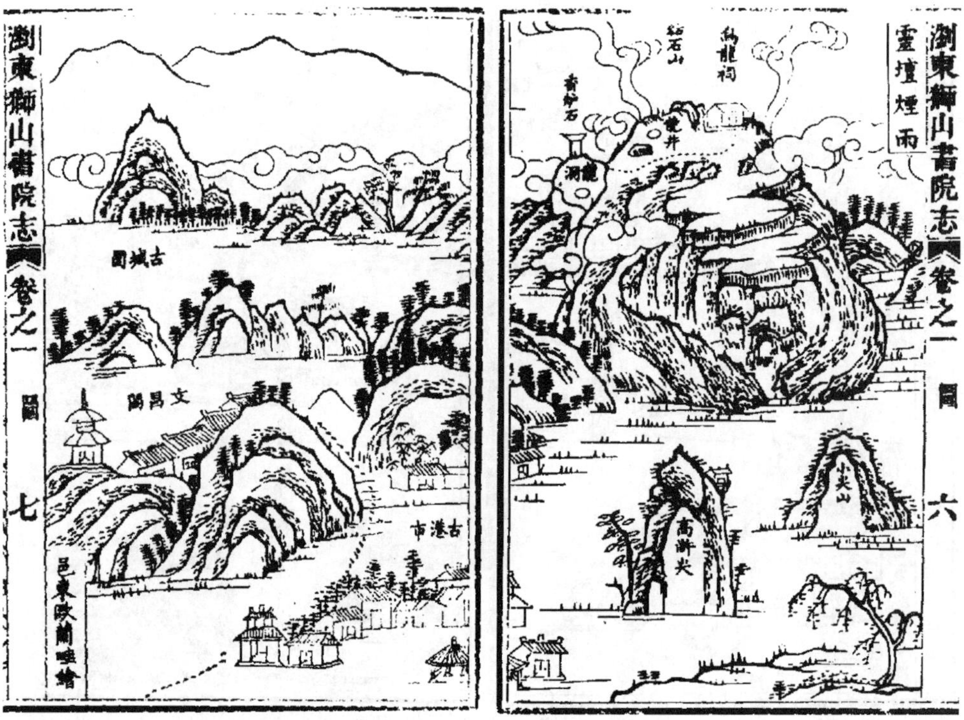

图清光绪《狮山书院志》载“灵坛烟雨”

[江村渔火]

图 清光绪《狮山书院志》载“江村渔火”

[山寺钟声]

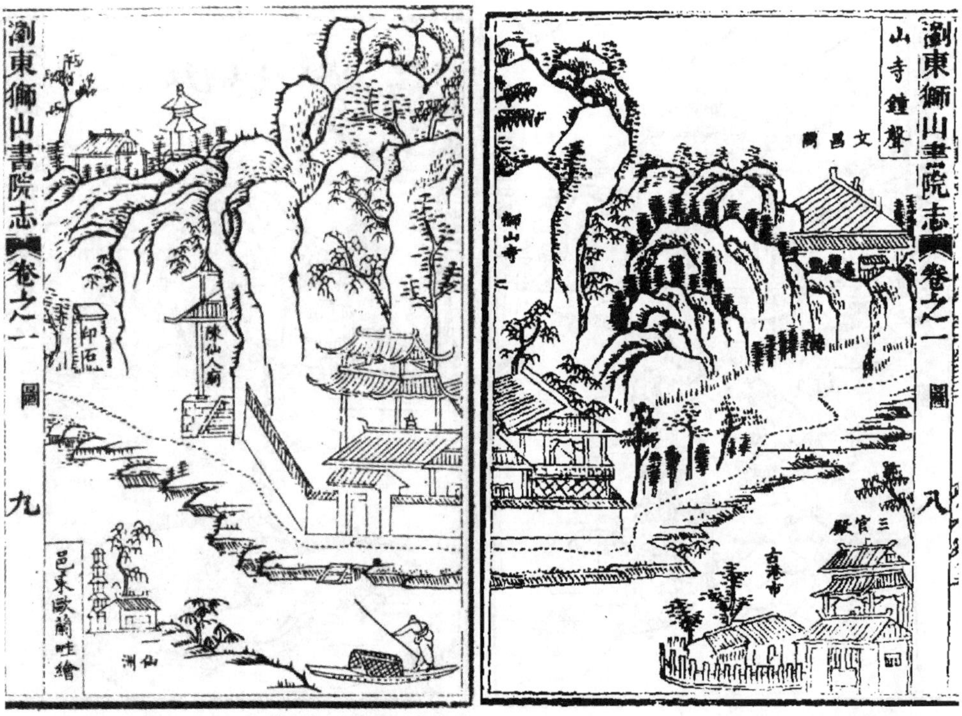

圖清光绪《狮山书院志》载“山寺钟声”

[天岩霁雪]

圖清光绪《狮山书院志》载“天岩霁雪”

［花坞斜阳］

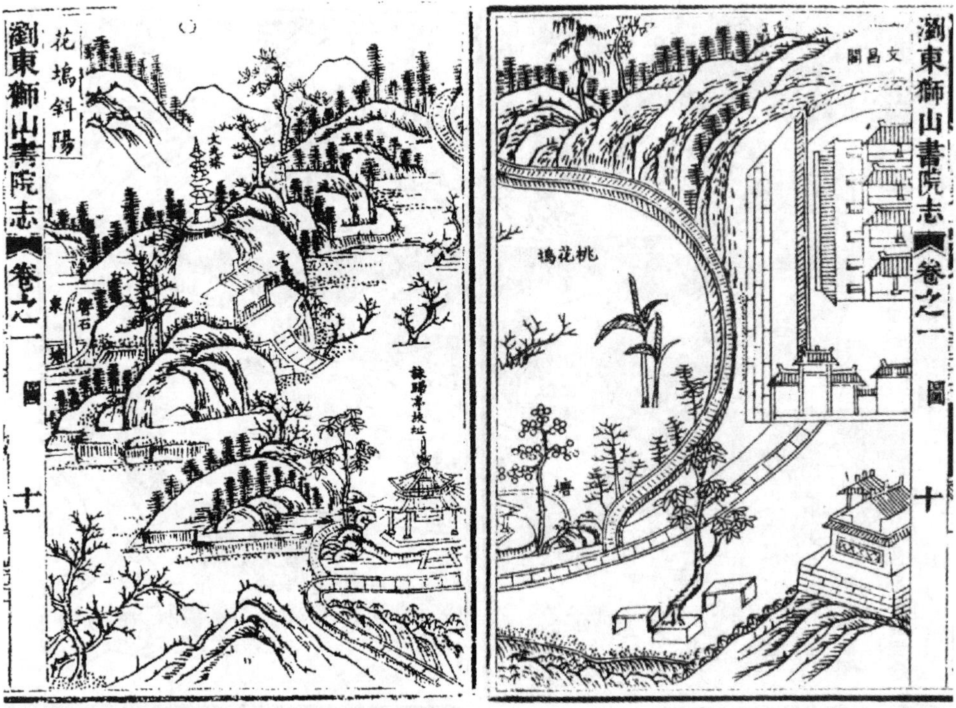

图清光绪《狮山书院志》载“花坞斜阳”

［古港归帆］

清光绪《狮山书院志》载“古港归帆”

[响石流泉]

清光绪《狮山书院志》载“响石流泉”

【洞溪书院八景】

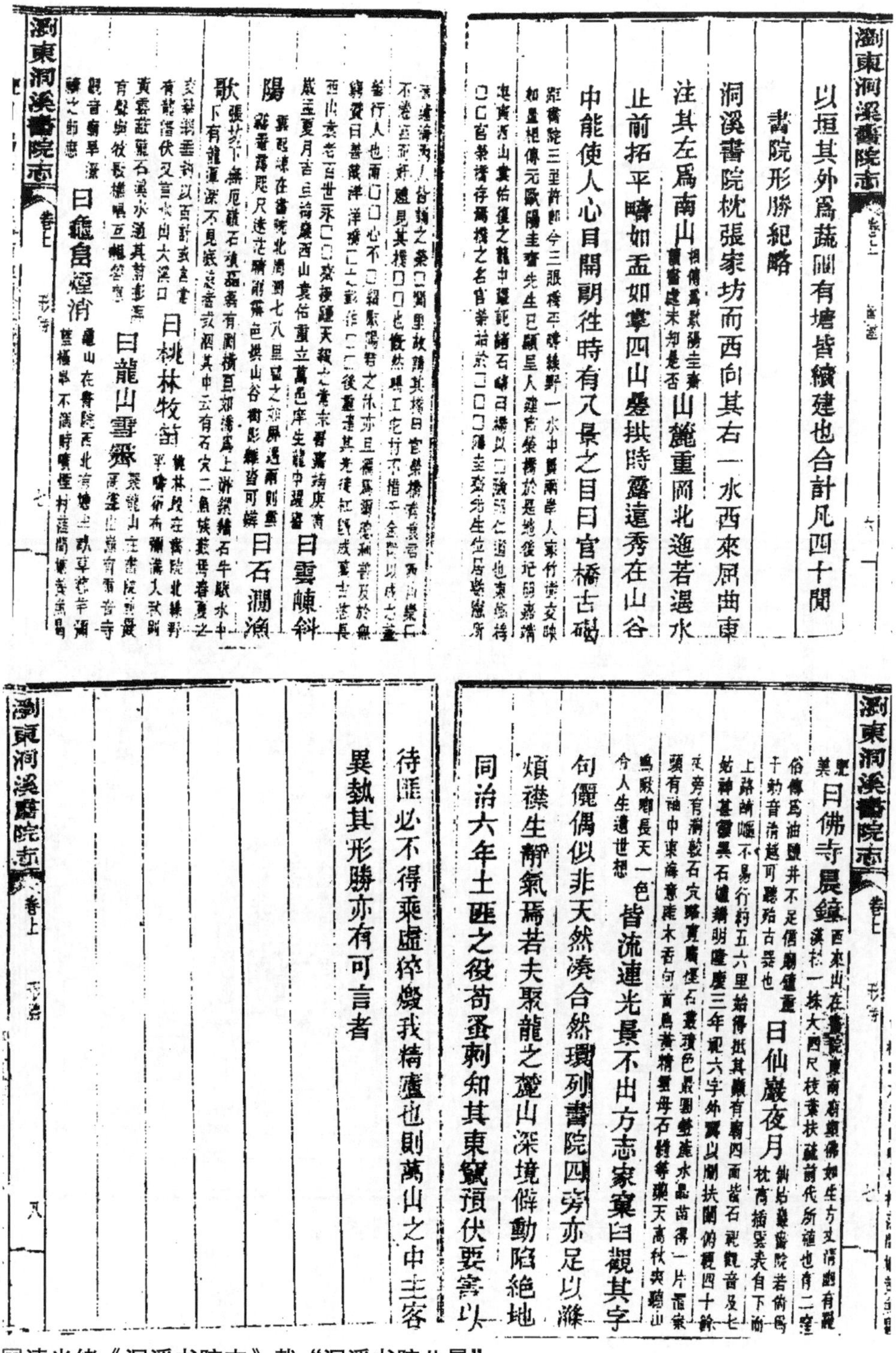

以垣其外爲蔬圃有塘皆續建也合計凡四十間

書院形勝紀略

洞溪書院枕張家坊而西向其右一水西來屈曲東注其左爲南山（相傳爲歐陽圭齋讀書處未知是否）山麓重岡北迤若遏水止前拓平疇如盂如掌四山疊拱時露遠秀在山谷中能使人心目開朗往時有八景之目曰官橋古磡（距書院三里許即今三眼橋平疇綠野一水中貫兩岸人家竹樹交映如畫相傳元歐陽圭齋先生已顯呈人建官祭橋於是地後圯明嘉靖 [illegible]）

[illegible] 曰雲幢斜陽 [illegible] 曰石澗漁歌 [illegible] 曰桃林牧笛 [illegible] 曰龍山雪霽 [illegible] 曰龜阜煙消 [illegible]

曰佛寺晨鐘（西來山在書院東南有寺與佛如生方丈清幽有羅漢杉一株大四尺枝葉扶疏前代所植也有二鐘 [illegible] 俗傳爲油鹽井不足信朝鐘暮 [illegible] 于鈞音清越可聽殆古器也）曰仙巖夜月（仙岩與書院若倚焉杖高插竪表自下而上路崎嶇不易行約五六里始得抵其巔有廟四面皆石祀觀音及七姑神甚靈異石壇鐫明隆慶三年祀六字外圍以鐵扶闌俯瞰四十餘里 [illegible]）皆流連光景不出方志家窠臼觀其字句儷偶似非天然湊合然環列書院四旁亦足以滌煩襟生靜氣焉若夫聚龍之麓山深境僻動陷絕地同治六年土匪之役苟蚤刺知其東竄預伏要害以待匪必不得乘虛猝發我精廬也則萬山之中主客異勢其形勝亦有可言者

圖清光绪《洞溪书院志》载“洞溪书院八景”

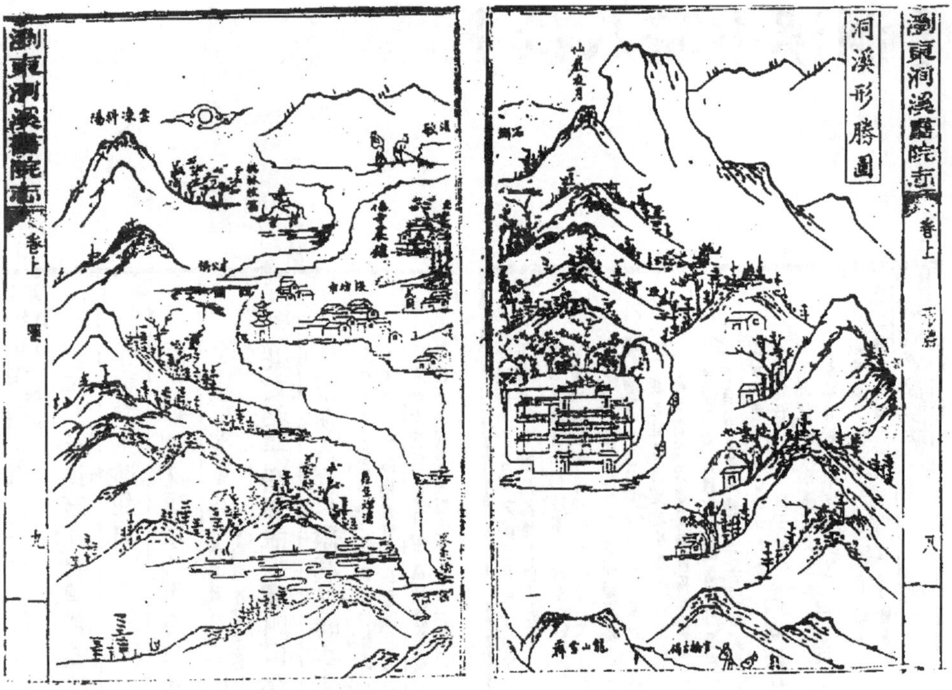

▣清光绪《洞溪书院志》载“洞溪形胜图”

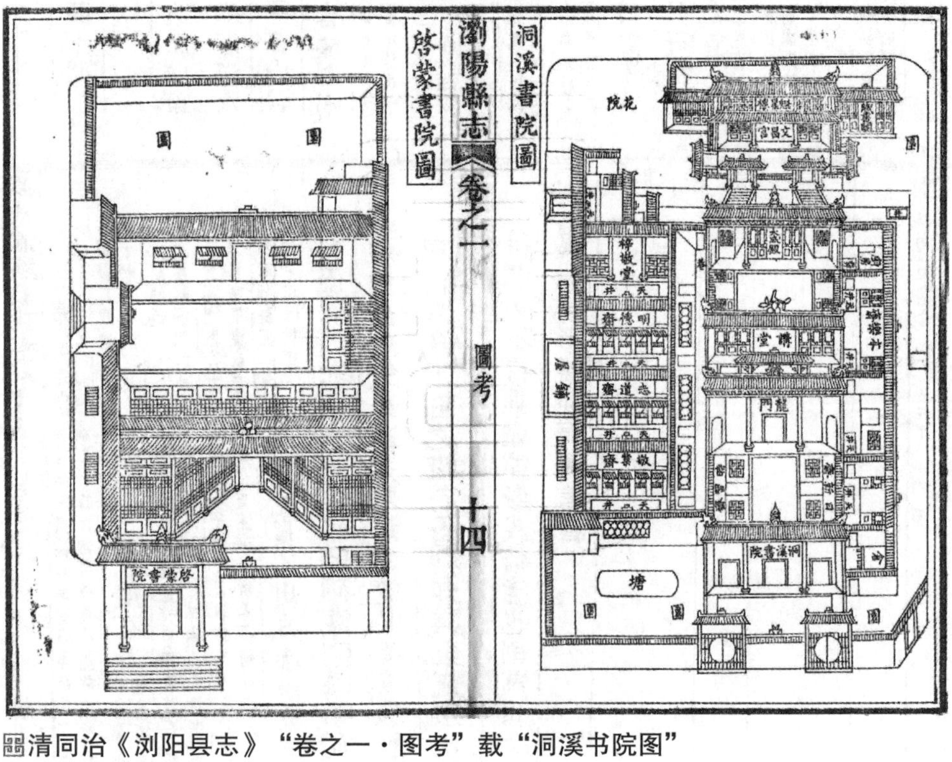

▣清同治《浏阳县志》“卷之一·图考”载“洞溪书院图”

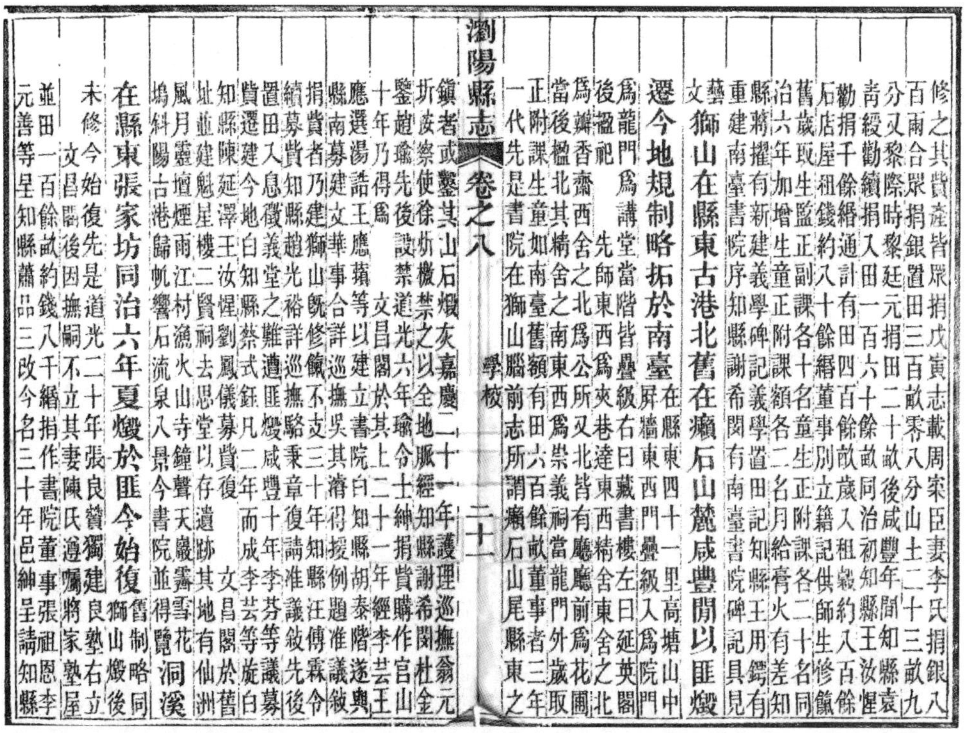

修之其費產皆眾捐戊寅志載周宗臣妻李氏捐銀八百兩合眾捐銀置田三百畝零八分山土二十三畝九分又黎際時黎廷元捐田二十畝後咸豐年間知縣袁青綬勸續捐入田一百六十餘畝同治初知縣王汝惺勸捐千餘緡通計有田四百餘畝歲入租穀約八百餘石店屋租錢約八十餘緡董事別立籍記供師生修饘舊歲取生監正副課各十名童生正附課各二十名同治六年加增生童正附課額各二名月給膏火有差知縣蔣擢有新建義學碑記義學置田記知縣王用鍔有重建南臺書院序知縣謝希閔有南臺書院碑記具見藝文

獅山在縣東古港北舊在瀨石山麓咸豐間以匪燬遷今地規制略拓於南臺在縣東四十一里高塘山中屏牆東西門疊級入為院門為龍門為講堂當階皆疊級右曰藏書樓左曰延英閣後盥祀 先師東西為夾巷達東西精舍東舍之北為辦香齋西舍之北為公所又北皆有廳廳前為花圃當後楹北其精舍之南東西為祟義祠當龍門外歲取正附課生童如南臺舊額有田六百餘畝董事者三年一代先是書院在獅山腦前志所謂瀨石山尾縣東之

瀏陽縣志 卷之八 學校 二十二

鎮者或鑿其山石燬灰嘉慶二十一年護理巡撫翁元圻按察使徐圻檄禁之以全地脈經知縣謝希閔杜金鑒趙瑜先後設禁道光六年瑜令士紳捐貲購作宮山十年乃得爲 文昌閣於其上二十一年經李芸王應選湯諾王應蘋等以建立書院白知縣胡泰階遂輿縣南募建文華事合詳巡撫吳其濬得援例題准議敘捐貲者乃建獅山既修饘不支三十年知縣汪傳霖令續募貲知縣趙光裕詳巡撫駱秉章復請准議敘先後置田入息饘義堂之難遭匪燬咸豐十年李芬等議募貲選建今地白知縣蔡式鈺凡二年而成李芸等旋白知縣陳延澤王汝惺劉鳳儀募貲復 文昌閣於舊址並建魁星樓二賢祠去思堂以存遺跡其地有仙洲風月靈壇煙雨江村漁火山寺鐘聲天巖霽雪花塢斜陽古港歸帆響石流泉八景今書院並得覽

洞溪在縣東張家坊同治六年夏燬於匪今始復舊制略同獅山燬後未修今始復先是道光二十年張良贊獨建良塾右立文昌閣後因撫嗣不立其妻陳氏遵囑將家塾屋並田一百餘畝約錢八千緡捐作書院董事張祖恩李元善等呈知縣蕭品三改今名三十年邑紳呈請知縣

清同治《浏阳县志》"卷之八·学校"载"洞溪书院"：在县东张家坊，同治六年（1867）夏毁于匪，今始复（旧制略同狮山，毁后未修，今始复，先是道光二十年张良赞独建良塾，右立文昌阁，后因抚嗣不立，其妻陈氏遵嘱将家产塾屋并田一百余亩，约钱八千缗捐作书院。董事张祖恩、李元善等呈知县萧品三改今名）。

【株洲八景】

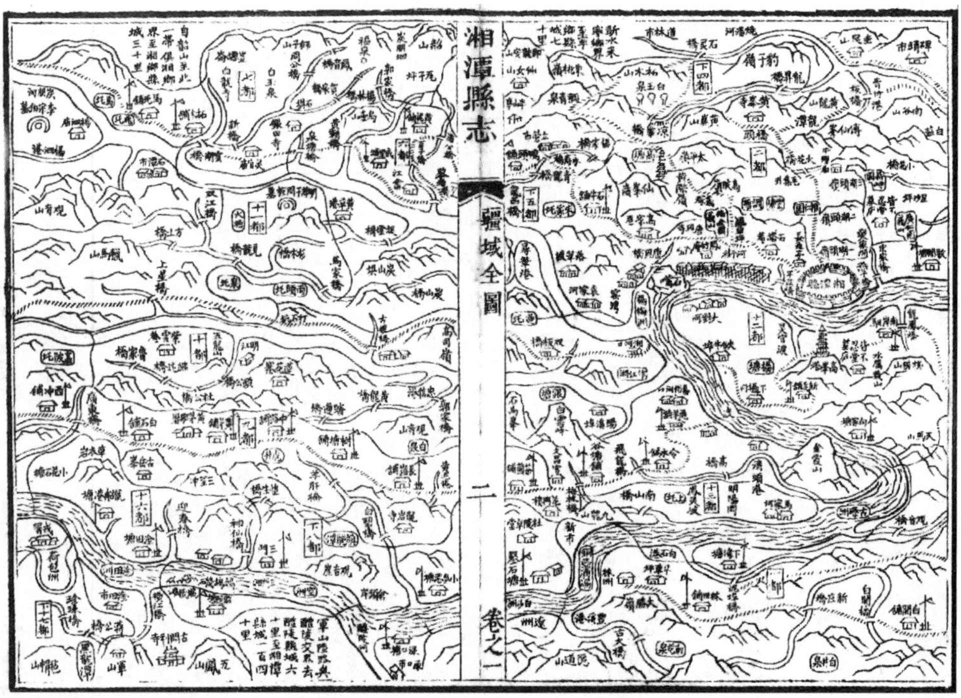

清嘉庆《湘潭县志》“疆域全图”（局部）载“株洲”

株洲古称建宁，后又名槠洲。“株”字可能取自株田之“株”，株洲、株田相距数里，五代时株田已较著名。“洲”字取自古人以湘水两岸为洲之“洲”，连缀而成地名。一说因地多槠木，且“槠”“株”同音，故又名“槠洲”。自南宋绍熙元年（1190）正式定名株洲后，株洲之名沿用至今。

春秋战国时期，株洲属楚国之黔中郡。东汉建安十九年（214），孙权置建宁县，筑县城于今株洲市庆云山解放街、南湖街沿建宁港两岸，属长沙郡，乃株洲建县之始。三国吴太平二年（257），建宁县治从槠洲迁驻淦田（今淦田村，现存有建宁故城）。三国吴宝鼎元年（266），建宁县治又复迁槠洲。晋代，建宁县治仍驻槠洲，属古荆州长沙郡。南朝齐时期，建宁县属湘州长沙郡。隋开皇九年（589），隋灭陈，废建宁县入湘潭县。唐武德四年（621），复置建宁县，属南云州（州治在今攸县县治）。唐贞观元年（627），废除南云洲，取消建宁县。建宁县域划归湘潭、醴陵两县。清光绪三十四年（1908），设株洲厅。“株洲抚民府”位于今芦淞区樟树坪。

清光绪年间，名士易慎谷曾作《咏怀株洲古迹》诗，咏叹少陵草堂、大营坪、莱子古墓、大胜岭、太尉碣、分袂亭、屈公遗像、建宁故址等株洲胜迹，时人合称“株洲八景”。

清代易慎谷《咏怀株洲古迹》

少陵草堂

南国风霜刀尺冷，西京车马羽书迟。七哀长泄羁臣泪，三礼曾邀故主知。茅屋秋风依古寺，青灯缺月想当时。灵修恋否江潭畔，指点湘累旧有祠。

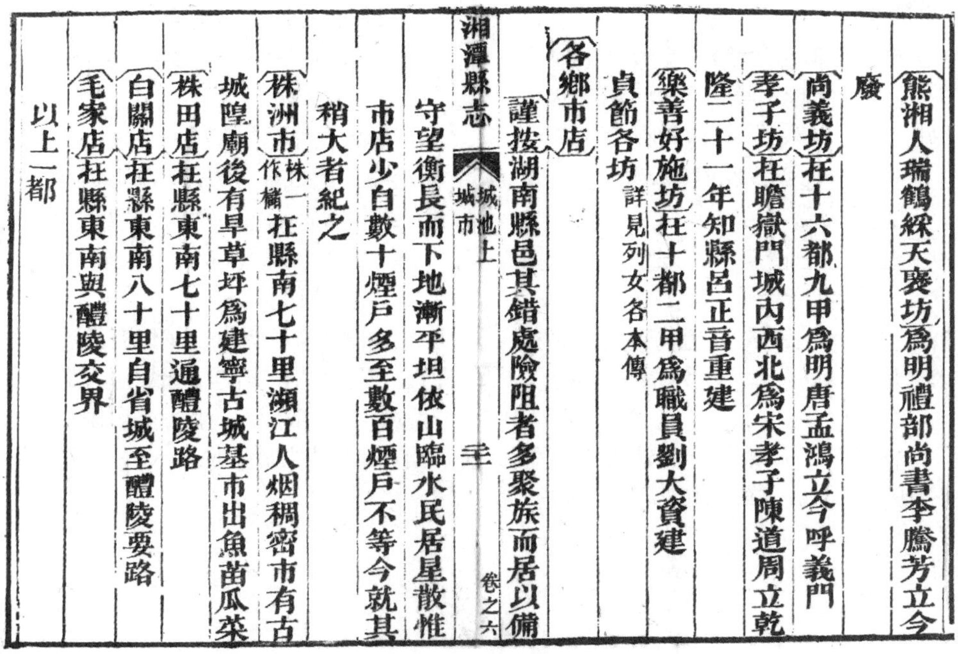

熊湘人瑞鶴綵天褒坊爲明禮部尚書李騰芳立今
廢
尚義坊在十六都九甲爲明唐孟鴻立今呼義門
孝子坊在瞻嶽門城内西北爲宋孝子陳道周立乾
隆二十一年知縣呂正音重建
樂善好施坊在十都二甲爲職員劉大賓建
貞節各坊詳見列女各本傳
各鄉市店
謹按湖南縣邑其錯處險阻者多聚族而居以備

湘潭縣志　卷之六　城池上　城市　三

守望衡長而下地漸平坦依山臨水民居星散惟
市店少自數十煙戶多至數百煙戶不等今就其
稍大者紀之
株洲市株一作櫧在縣南七十里瀕江人烟稠密市有古
城隍廟後有旱草坪爲建寧古城基市出魚苗瓜菜
株田店在縣東南七十里通醴陵路
白關店在縣東南八十里自省城至醴陵要路
毛家店在縣東南與醴陵交界
以上一都

清嘉庆《湘潭县志》“城池、城市”载“株洲市”

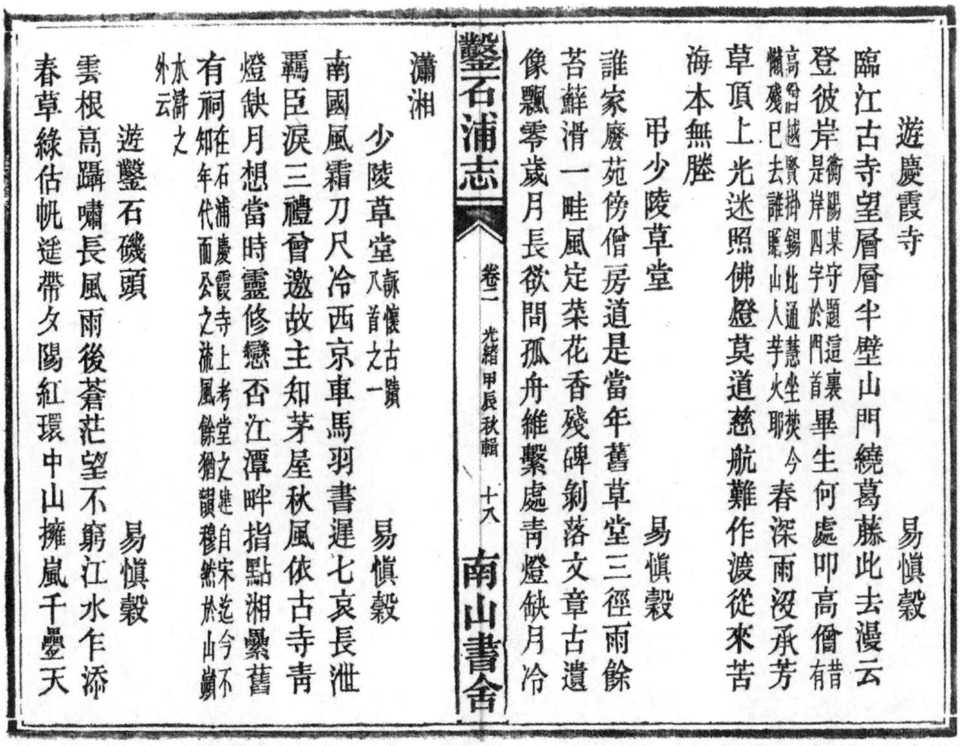

遊慶霞寺　易慎穀
臨江古寺望層層半壁山門繞葛藤此去漫云
登彼岸衡陽某守題這裏是彼岸四字於門首畢生何處叩高僧昔有
高僧越賢掛錫此通慧坐楼今懶殘已去誰匿山人芋火耶春深雨沒承芳
草頂上光迷照佛燈莫道慈航難作渡從來苦
海本無塍
弔少陵草堂　易慎穀
誰家廢苑傍僧房道是當年舊草堂三徑雨餘
苔蘚滑一畦風定菜花香殘碑剝落文章古遺
像飄零歲月長欲問孤舟維繫處青燈缺月冷

鑿石浦志　卷二　光緒甲辰秋鐫　十八　南山書舍

瀟湘
少陵草堂詠懷古蹟八首之一　易慎穀
南國風霜刀尺冷西京車馬羽書遲七哀長泄
羈臣淚三禮曾邀故主知茅屋秋風依古寺青
燈缺月想當時靈修戀否江潭畔指點湘纍舊
有祠在石浦慶霞寺上考堂之建自宋迄今不知年代而公之流風餘韻猶穆然於山巔
水濱之外云
遊鑿石磯頭　易慎穀
雲根高蹋嘯長風雨後蒼茫望不窮江水乍添
春草綠估帆遥帶夕陽紅環中山擁嵐千疊天

清光绪《凿石浦志》“卷二”载“易慎谷《少陵草堂》（咏怀古迹八首之一）”

大营坪

功名不数勒燕然，绿满平畴万顷田。孤鸟望中微没影，数峰江上远含烟。磷销白月寒星夜，樵唱秋风落照边。欲问向来烽火事，百年遗老已无传。

莱子古墓

菽水糟糠乐自寻，于陵未足拟知音。青山终古高人迹，明月当年出世心。三户歌残铜狄杳，两京秋老棘芜深。南雄相业春申辈，朱履凭谁指故岑。

大胜岭

古戍销磨剩故墩，当年亡国恨难论。南来风鹤秋声壮，百战虫沙日色昏。终见枳旁俘竖子，可怜碧化痛王孙。由来神器非虚假，螳臂如何拒走辕。

太尉碣

崔峨片石傍旃檀，宋室妖氛迅扫难。北地山河劳指画，南京胜举自平安。桥浮铁骑河流断，电绕龙光剑气寒。太息荆南休马后，小朝廷事总辛酸。

分袂亭

南朝绝学仰朱张，此地曾经唱渭阳。分袂有亭成蔓草，瓣香无处拜烝尝。衡瞻九面高风远，湘合三流道脉长。感慨昔时回首处，迷离衰柳映河梁。

屈公遗像

清烈祠堂古木萧，去来俎豆换僧寮。披莱此日寻遗像，洒泪何人赋大招。芳草自随鶗鴂老，美人终怨水天遥。魂留故国沧桑后，应作湘江十丈潮。

建宁故址

碣断碑残历岁华，建宁遗迹渺难查。汉家争割东流逝，晋代山河落日斜。荒坂何年名旱草，平桥空自说长沙。预知化鹤人归晚，城郭人民感慨赊。

[少陵草堂]

樹也夏秋之潦江水既漲自橋入穿洗硯池一望
淼淼遊人小艇子出入皆繫於樹枝上舉酒以酹
樹水勢既急樹汩汩有聲與櫓啞舟鼓相答余嘗
徘徊其間者久之
〔唐興寺〕節胥時石頭寺唐永徽開褚遂良易爲唐興寺
手書其額其時以諫立武昭儀貶潭州都督中宗尙
未立公固知武氏立而唐之將敗也忠悃所寄隱示
匡扶之意焉旁有知儼大師石塔劉禹錫銘
〔落筆渡〕在縣西二十里離渡一里爲尋筆港相傳褚河
湘潭縣志　卷之五　山川三　古蹟　十二
南經湘鄉遺蹟今湘鄉有洗筆池朱令趙必穆於池
中得湘潭偶題斷碑詩筆兼妙
〔少陵草堂〕在鑿石浦唐杜文貞公往來衡湘間艤舟宿
此有詩宋米芾書懷杜處三字鐫崖上潭人士爲建
草堂
國朝高其任刻詩王廷綬繪像董廷恩集杜以見志乾
隆己卯庚辰間知縣秦鏻鄉健捐俸募修
〔謹按〕宛委餘編偶閱張伯雨贈紐憐太監詩跋云
曾疏請以蜀文翁之石室揚雄之墨池杜甫之草

清嘉庆《湘潭县志》“卷之五·山川三·古迹”载“少陵草堂”

清光绪《凿石浦志》“石浦全图”载“怀杜岩”

株洲卷

[大营坪]

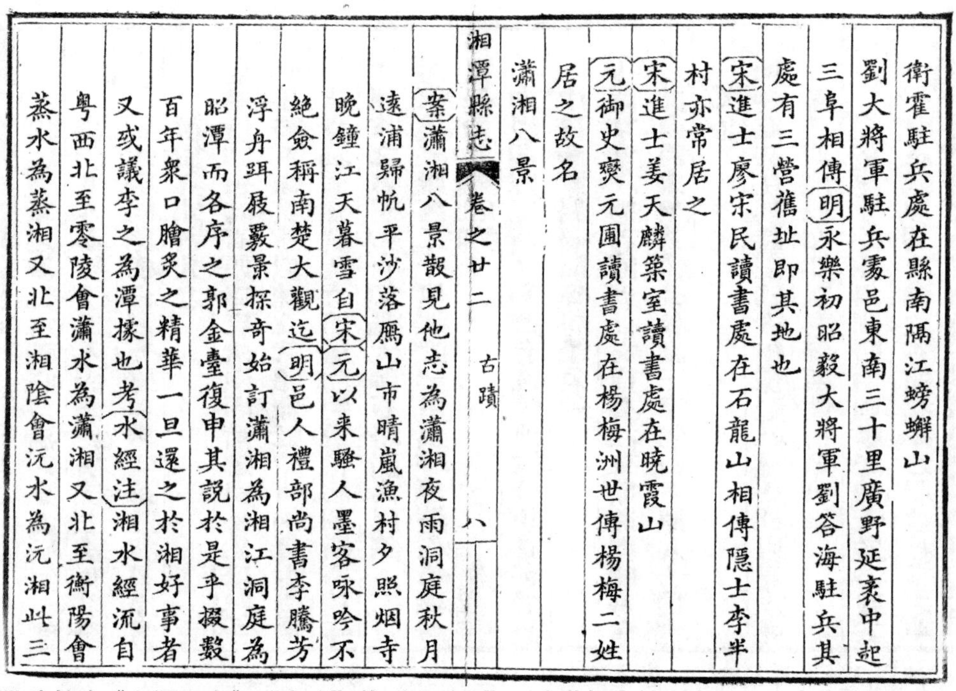
衡霍駐兵處在縣南隔江螃蠏山
劉大將軍駐兵處邑東南三十里廣野延袤中起
三阜相傳明永樂初昭毅大將軍劉荅海駐兵其
處有三營舊址即其地也
宋進士廖宋民讀書處在石龍山相傳隱士李半
村亦常居之
宋進士姜天麟築室讀書處在曉霞山
元御史夔元圃讀書處在楊梅洲世傳楊梅二姓
居之故名
瀟湘八景
湘潭縣志　卷之廿二　古蹟　八
案瀟湘八景散見他志為瀟湘夜雨洞庭秋月
遠浦歸帆平沙落鴈山市晴嵐漁村夕照烟寺
晚鐘江天暮雪自宋元以来騷人墨客咏吟不
絕僉稱南楚大觀迄明邑人禮部尚書李騰芳
浮舟躡屐覈景探奇始訂瀟湘為湘江洞庭為
昭潭而各序之郭金臺復申其說於是乎掇數
百年衆口膾炙之精華一旦還之於湘好事者
又或議李之為潭掾也考水經注湘水經流自
粤西北至零陵會瀟水為瀟湘又北至衡陽會
蒸水為蒸湘又北至湘陰會沅水為沅湘此三

清乾隆《湘潭县志》“古迹”载“驻兵处”。大营坪在株洲市北，为古代驻军之所

[莱子古墓]

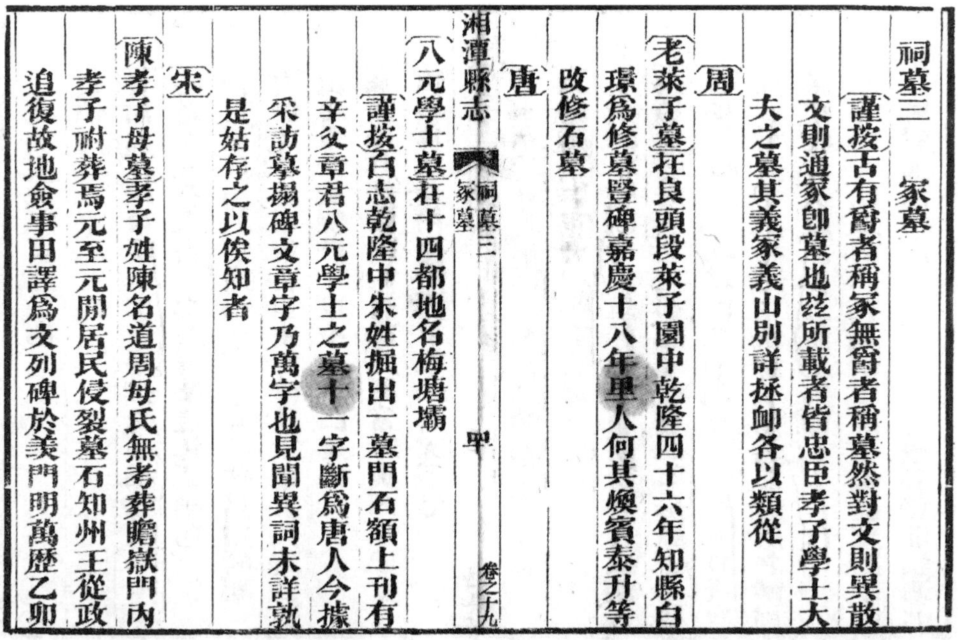
祠墓三　冢墓
謹按古有爵者稱冢無爵者稱墓然對文則異散
文則通冢卽墓也玆所載者皆忠臣孝子學士大
夫之墓其義冢義山別詳拯䘏各以類從
周
老萊子墓在良頭段萊子園中乾隆四十六年知縣白
璟爲修墓豎碑嘉慶十八年里人何其煥賓泰升等
改修石墓
唐
湘潭縣志　祠墓三　冢墓　四十　卷之十九
八元學士墓在十四都地名梅塘壩
謹按白志乾隆中朱姓掘出一墓門石額上刊有
辛父章君八元學士之墓十一字斷爲唐人今據
采訪摹搨碑文章字乃萬字也見聞異詞未詳孰
是姑存之以俟知者
宋
陳孝子母墓孝子姓陳名道周母氏無考葬瞻嶽門內
孝子祔葬焉元至元閒居民侵裂墓石知州王從政
追復故地僉事田譯爲文列碑於美門明萬歷乙卯

清嘉庆《湘潭县志》“祠墓”载“老莱子墓”：在良头段莱子园中。乾隆四十六年（1781）知县白璟为修墓竖碑。嘉庆十八年（1813）里人何其焕、宾泰升等改修石墓。

莱子古墓原位于株洲市荷塘区余家塅余家祠（现株洲车辆厂内）。1999年，在宋家桥杉坡里一袁姓村民的屋后发现“莱子捐碑”，今保存于仙庾庙内。该碑刻于清同治十三年（1874），记述同治九年（1870）老莱子墓焚毁后捐款修复及老莱子墓的由来。

[大胜岭]

虯龍仙山在縣東北三都
道仙山在縣東北三都
婆仙山在縣東南一都奇峯疊秀高插雲表
隱道山在縣東南一都石徑盤旋林樹幽邃
沖天羅漢山在縣東南一都崇岡峭壁鳥道崎嶇
屏風山在縣東南百里南界醴陵東連善化爲省城
山祖峯巒繚繞數十里中有谷曰殘梅
鷲管山在縣南山中有白鹿潭常奉眞湘潭記鷲管
山霜可染紫白鹿潭露可染紅爲天下冠

湘潭縣志 山川一 山 三 卷之三

南天臺山在縣東南一都岧壁峭絕攀援甚難
大勝嶺在縣東南一都有青錢石
早草坪在縣南七十里株洲城隍廟後有古城基
大房山在縣東北三都連峯接嶂狀如房俎
石圍峯一作石圅山在縣南九十里界連醴陵淥口康熙
間潭醴互爭漁埠趙中丞申喬判云江深處在醴則
屬醴在潭則屬潭自是始定爲潭有
明月山在縣東南一百五十里高峭宏麗足跨醴陵
攸縣界通志山產石圓如月上有靈谷岧龍鬚灘名

清嘉庆《湘潭县志》“山川一”载“大胜岭”：“在县东南一都，有青钱石。”大胜岭原名大石岭，位于今株洲市解放东街，是株洲老街地势最高处。吴三桂反出云南，在此大胜清兵，遂得名。

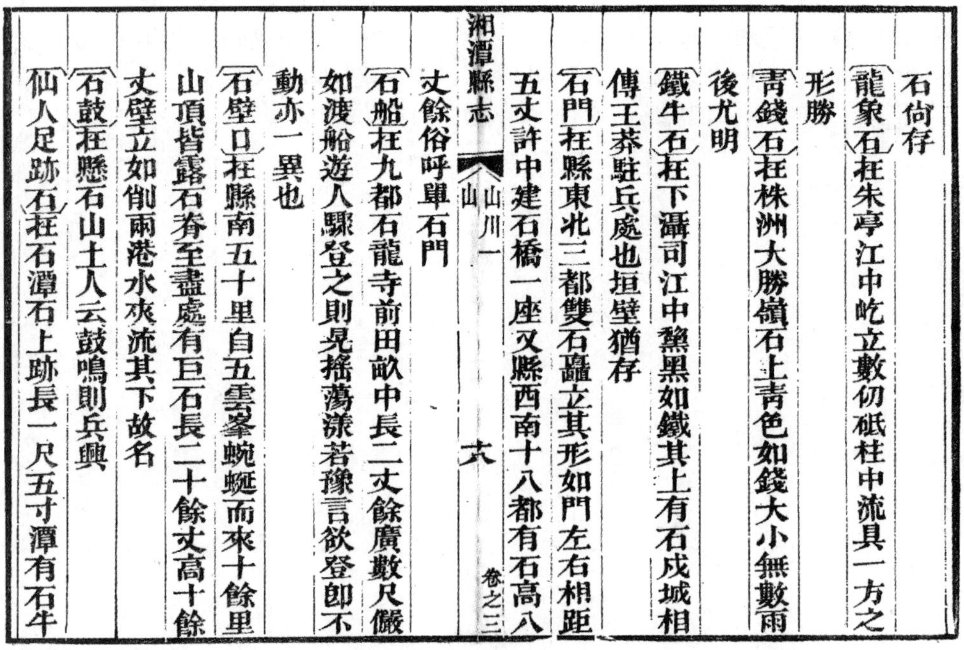

石尚存
龍象石在朱亭江中屹立數仞砥柱中流具一方之
形勝
青錢石在株洲大勝嶺石上青色如錢大小無數雨
後尤明
鐵牛石在下灄司江中黧黑如鐵其上有石戍城相
傳王莽駐兵處也垣壁猶存
石門在縣東北三都雙石矗立其形如門左右相距
五丈許中建石橋一座又縣西南十八都有石高八

湘潭縣志 山川一 山 六 卷之三

丈餘俗呼單石門
石船在九都石龍寺前田畝中長二丈餘廣數尺儼
如渡船遊人驟登之則晃搖蕩漾若豫言欲登即不
動亦一異也
石壁口在縣南五十里自五雲峯蜿蜒而來十餘里
山頂皆露石脊至盡處有巨石長二十餘丈高十餘
丈壁立如削兩港水夾流其下故名
石鼓在懸石山土人云鼓鳴則兵興
仙人足跡石在石潭石上跡長一尺五寸潭有石牛

清嘉庆《湘潭县志》“山川一”载“青钱石”

[太尉碣]

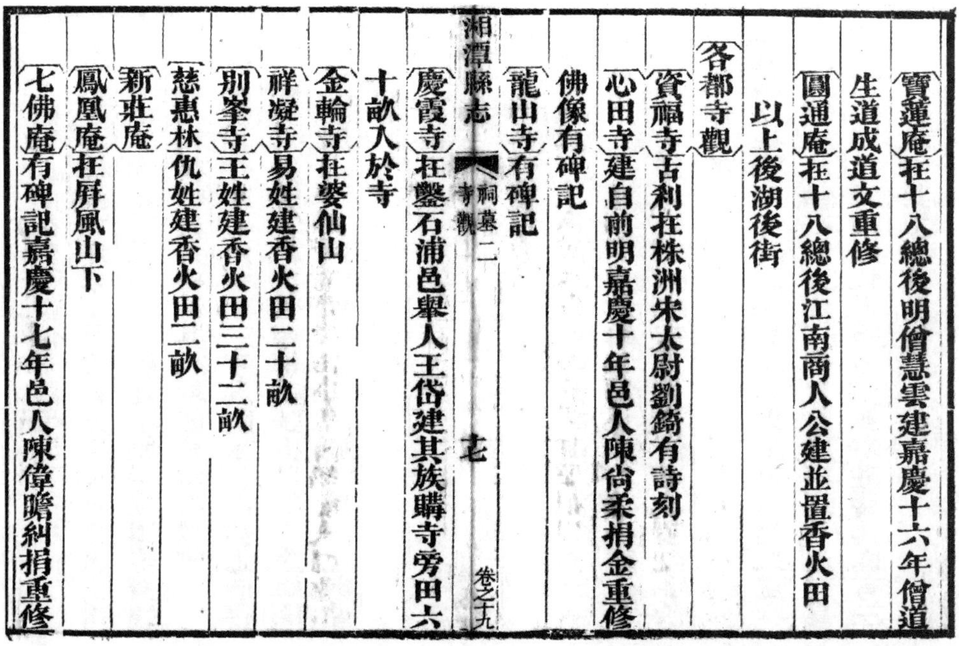
寶蓮庵在十八總後明僧慧雲建嘉慶十六年僧道
生道成道文重修
圓通庵在十八總後江南商人公建並置香火田
以上後湖後街
各都寺觀
資福寺古剎在株洲宋太尉劉錡有詩刻
心田寺建自前明嘉慶十年邑人陳尚柔捐金重修
佛像有碑記
龍山寺有碑記
湘潭縣志　祠墓二　寺觀　七　卷之十九
慶霞寺在盤石浦邑舉人王岱建其族購寺旁田六
十畝入於寺
金輪寺在婆仙山
祥凝寺易姓建香火田二十畝
別峯寺王姓建香火田三十二畝
慈惠林仇姓建香火田二畝
新莊庵
鳳凰庵在屏風山下
七佛庵有碑記嘉慶十七年邑人陳偉贍糾捐重修

清嘉庆《湘潭县志》“寺观”载“资福寺”：古刹在株洲，宋太尉刘锜有诗刻。

太尉碣位于资福寺，是纪念宋代抗金名将刘锜而立。据《湖南通志》载，刘锜曾夜宿资福寺。寺中僧人见他气度非凡，不知是何方名士，问其姓名，他没有作答，只是挥笔在墙上写下了这样的诗句：“迅扫妖氛六合清，匣中宝剑气犹横。夜观星斗鬼神泣，昼会风云龙虎惊。重整山河归北地，两扶圣主到南京。山僧不识英雄汉，只管滔滔问姓名。”有识之士将刘诗镌刻成石碑，镶嵌于资福寺正殿内壁，呼为“太尉碣”，后人为之凭吊。

［分袂亭］

贈言二詩往來衡嶽停舟講學固不誣矣

分袂亭在株洲北岸朱子祭南軒先生文有風雪南山解袂株洲之語元儒謝一魯建亭紀勝歐陽圭齋題曰分袂後燬於兵相傳其故址卽今水府殿側

清風閣在今縣署內榜額三字爲張南軒書舊志僅存垣壁嘉慶間知縣吳哲謝攀雲張雲璈節次重修閣凡三層上奉文昌神像中奉前令衞學瑗木主朔望行香

謹按姜志謂榜字尚存則縣治固宋舊制也今榜字已失不可考

湘潭縣志 山川三 古蹟 卷之五

胡安撫故居在縣南三十里許九龍山之麓俗名土城灣土人掘地往往獲古鼎古鑪古瓶古硯古罇罍之屬識者曰宋時法物也又得古磚僅識胡顯二字餘剝蝕難讀

來諗堂在縣南一統志宋胡顯築以奉母事見宋史

劉大將軍故壘在縣東南三十里廣野延袤中起三阜相傳明永樂初昭毅大將軍劉荅海駐兵其處有三營舊址卽其地也

清嘉庆《湘潭县志》载“分袂亭”

分袂亭始建于元代，由元末进士谢一鲁发起建造，纪念南宋著名理学家朱熹、张栻在长沙举行了“朱张会讲”后，同游南岳，解袂株洲。朱熹取道东归，张栻西还长沙。朱熹写诗答谢张栻：“劳君步玉趾，送我登南山。南山高不极，雪深路漫漫。泥行复几程，今夕宿槠洲。明当分背去，惆怅不得留。”今址位于株洲市芦淞区建宁港入江口的沿江风光带上。

［屈公遗像］

西臺觀在碧岫峰周穆王南廵所建
搔首樓不知何處因杜甫樓上詩天地空搔首之
句而建也舊志改樓上詩題爲搔首樓終無所考
少陵草堂在鑿石浦昔杜公在潭州皆舟居甯此
有詩宋潭人士爲建草堂並鐫懷杜處三字今江
漲堂傾後人好古情深其必有起而更新之者
杜文貞公像在少陵草堂故址自宋建堂鐫石以
後國朝高其任爲刻詩王廷綬爲繪像董廷恩
集杜以見志由今溯昔不知幾易滄桑而公之流
風餘韻猶足千古云

三閭大夫像在株洲水府殿土人傳屈相公祠圯
遂移像於此考祠之建猶長沙賈傅投書湘流托
以弔意也邑僧大琛詩曰三山遥隔洞庭波空擬
投書弔汨羅角黍縱能迷魍魎忠魂無計駕黿鼉
屈子詞賦之祖忠魂寄湘流潭人宜專祠祀之
古城隍廟在株洲市市北旱草坪有城基水經注
湘水北逕建寧縣北又逕建寧故城下案此即建
寧故城以基易没水更遷新城也
昭潭有寒泉水深不測昔人覆舟於此沉銅甑甑
有銘詞後於洞庭湖得之疑有潛穴相通耳

清乾隆《湘潭县志》“古迹”载“三间大夫像”

[建宁故址]

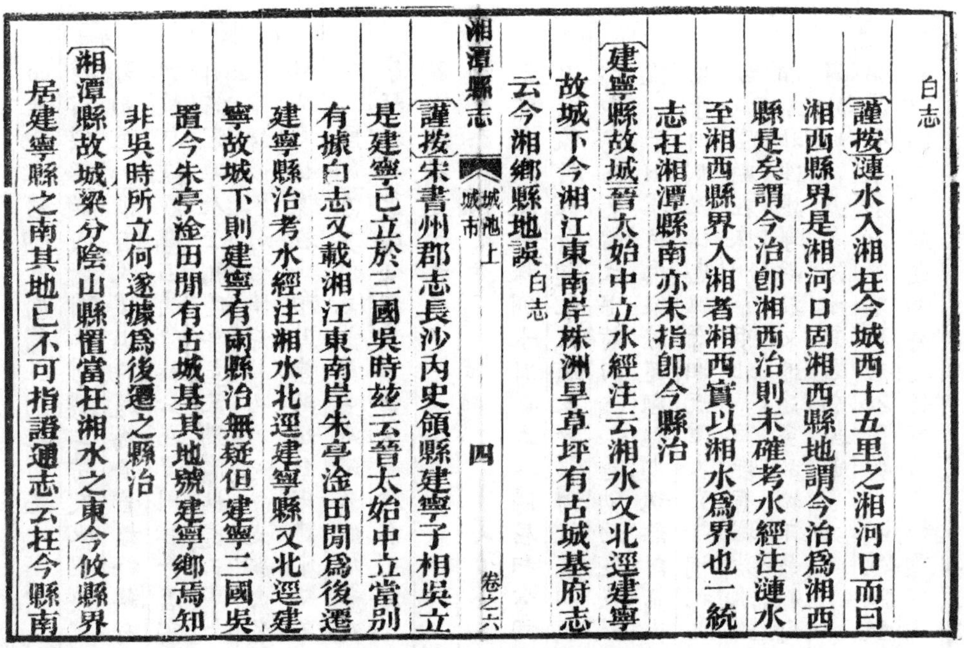

白志

謹按漣水入湘在今城西十五里之湘河口而曰湘西縣界是湘河口固湘西縣地謂今治爲湘西縣是矣謂今治卽湘西治則未確考水經注漣水至湘西縣界入湘者湘西實以湘水爲界也一統志在湘潭縣南亦未指卽今縣治

建寧縣故城晉太始中立水經注云湘水又北逕建寧故城下今湘江東南岸株洲旱草坪有古城基府志云今湘鄉縣地誤白志

湘潭縣志　卷之六　城池上　城市　四

謹按宋書州郡志長沙內史領縣建寧子相吳立是建寧已立於三國吳時玆云晉太始中立當別有據白志又載湘江東南岸朱亭淦田間爲後遷建寧縣治考水經注湘水北逕建寧縣又北逕建寧故城下則建寧有兩縣治無疑但建寧三國吳置今朱亭淦田閒有古城基其地號建寧鄉焉知非吳時所立何遽據爲後遷之縣治

湘潭縣故城梁分陰山縣置當在湘水之東今攸縣界居建寧縣之南其地已不可指證通志云在今縣南

清嘉庆《湘潭县志》“城池、城市”载“建宁县古城”

建宁故址位于株洲市荷塘区今石子湖公园（东湖公园）一带。东汉建安十九年（214），孙权与刘备分荆州，以湘水为界划江而治，东吴在河东（今解放街）设“建宁县”，成为株洲建城之始。今日市内的建宁港、建宁闸、建宁街、建宁乡等均以此得名。

【仙庾八景】

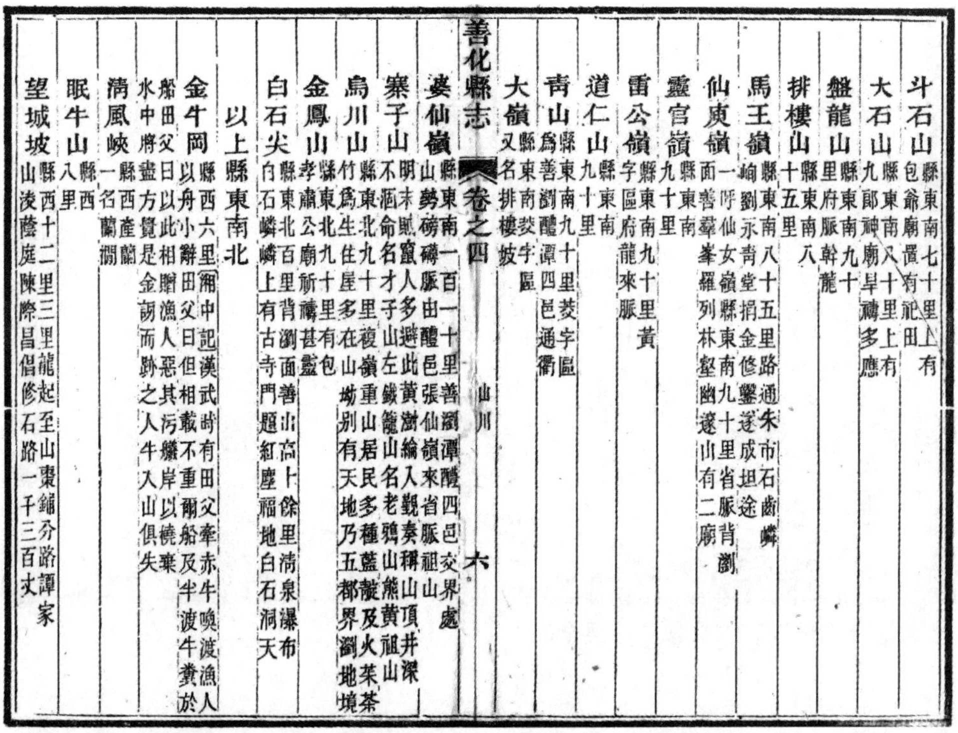
斗石山縣東南七十里上有包爺廟置有祀田
大石山縣東南八十里上有九郎神廟旱禱多應
盤龍山縣東南九十里府脈幹龍
排樓山縣東南八十五里
馬王嶺縣東南八十五里路通朱市石齒嶙峋劉永青堂捐金修鑿遂成坦途
仙庾嶺一呼仙女嶺縣東南九十里省脈背瀏面善羣峯羅列林壑幽邃山有二廟
靈官嶺縣東南九十里
雷公嶺縣東南九十里黃字區府龍來脈
道仁山縣東南九十里
青山縣東南九十里茭字區為善瀏醴潭四邑通衢
大嶺縣東南茭字區又名排樓坡
善化縣志　卷之四　山川　六
婁仙嶺縣東南一百一十里善瀏潭醴四邑交界處山勢磅礴一脈由醴邑張仙嶺來省脈祖山
寨子山明末賊竄人多避此黃谿綸入覲奏稱山頂井深不涸命名才子山左鐵籠山名老鴉山熊黃祖山
烏川山縣東北九十里複嶺重山居民多種藍靛及火柴茶竹為生住屋多在山坳別有天地乃五都界瀏地境
金鳳山縣東北九十里有包孝肅公廟祈禱甚靈
以上縣東南北
白石尖縣東北百里背瀏面善山高十餘里清泉瀑布白石嶙嶙上有古寺門題紅塵福地白石洞天
金牛岡縣西六里湘中記漢武時有田父牽赤牛喚渡漁人以舟小辭田父曰但相載不重爾船及半渡牛糞於船田父曰以此相贈漁人惡其污擲岸以棹棄水中將盡方覺是金訽而跡之人牛入山俱失
清風峽縣西產蘭一名蘭澗
眠牛山縣西八里
望城坡縣西十二里三里龍起至山棗鋪分路譚家山湊蔭庭陳際昌倡修石路一千三百丈

清光绪《善化县志》“卷之四·山川”载“仙庾岭”：一呼仙女岭，县东南九十里，省脉背浏面善，群峰罗列，林壑幽邃，山有二庙。

仙庾岭位于潭州府善化县十都（今株洲市荷塘区仙庾镇）。高阁古刹，暮鼓晨钟，有着悠久的历史传说，其半山腰有仙女庙，山巅有仙庾塔。历代文人墨客，留下许多咏景寄情之作。清代刘泽熙作《题仙庾岭八景诗》，以高阁冲霄、圭峰晚钟、石塘春涨、白毛霁雪、湘江帆影、云岫冬梅、清泉漱玉、金轮翠嶂八题将仙庾胜景尽收笔底。

【南云八景】

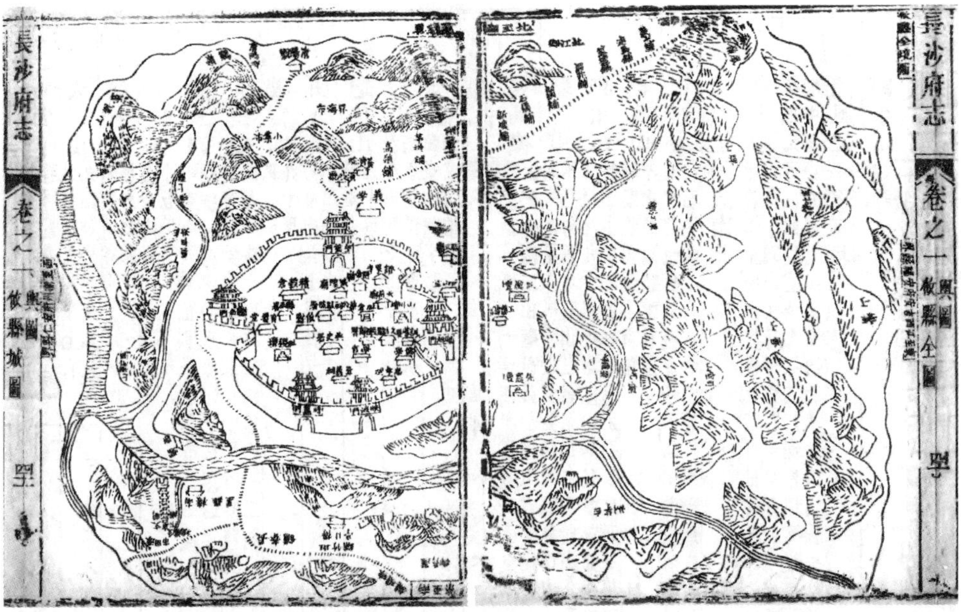

清乾隆《长沙府志》载"攸县全图"

攸县于汉高祖五年（前202）置县。《史记》载：汉武帝元朔四年（前125），封长沙王刘定之子刘则为攸舆侯。长沙马王堆出土的西汉六号墓墓葬物中，有"攸丞"滑石印章一枚。"攸丞"为凹文小篆字体，是现今发现的攸县最早的官印，为攸县西汉时就已建县提供了实物证据。

攸县因攸水贯穿县境而得名。《水经注》载："县北带攸溪，盖即溪以名县也。"攸溪，今攸水是也。

攸县西汉时属长沙国，东汉时属长沙郡。建安二十年（215），吴孙权攻取长沙郡，攸县属吴。太平三年（258）设湘东郡，郡治在今衡阳市，攸县属湘东郡。南朝陈代时期，攸县改称攸水县。隋初，攸水县并入湘潭县，属衡山郡。

唐武德四年（621），废湘潭县，设南云州，攸水县分置为安乐、新兴两县，属南云州。南云州治所设在原攸水县县治。贞观元年（627），废南云州，原南云州五县合并为攸县，属衡州衡阳郡。武后圣历元年（698），原茶陵旧地分出，复置茶陵县。南云州存有仅六年，后来文人雅士带着对往昔的留恋，常将攸县称之为南云。

清浙江天台人陈溥在攸县任知县期间曾写有《南云八景》（龟峰观涛、北仙招鹤、金溪仙迹、漕泊花石、丹陵夜月、云桥秋色、斗坛翠嶂、龙湖梨花），就是以南云称攸县。

清代陈溥《南云八景》

龟峰观涛

孤峰东抱大江回，江上飞甍梵阁开。风鼓鲸钟摇海岳，月明蛟窟见楼台。千林晴霭薰吟屐，万壑流云泻酒杯。最是桃花春涨好，惊涛吹作雪山来。

北仙招鹤

跨鹤仙人去不归，北山遗迹尚依稀。池名试剑余龙气，台化吹笙记羽

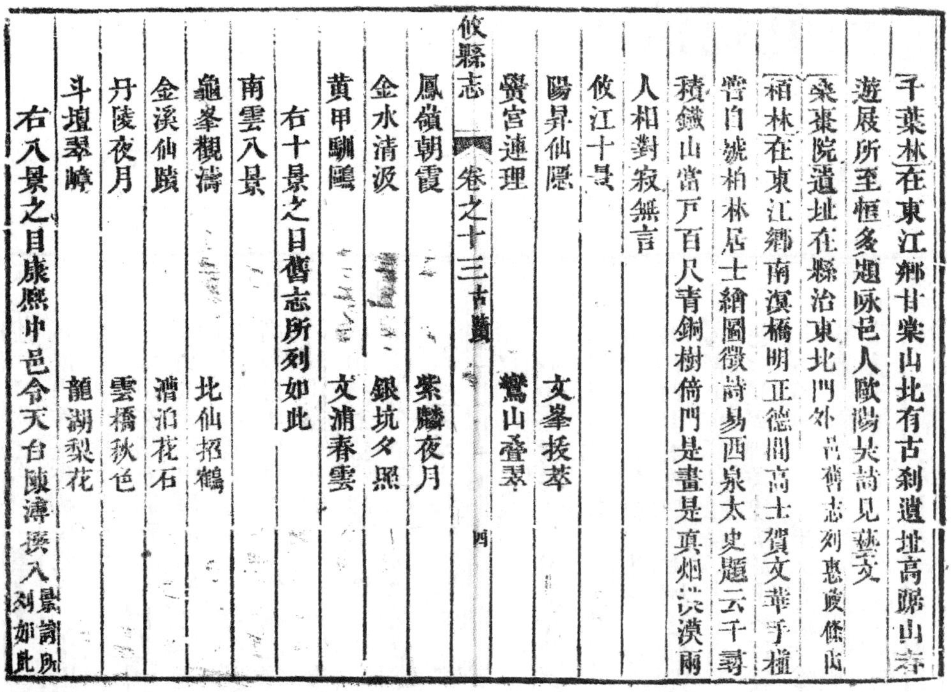

千葉林在東江鄉甘棠山北有古刹遺址高踞山寺
遊屐所至恒多題詠邑人歐陽昊詩見藝文
桑棗院遺址在縣治東北門外邑舊志列惠廣僊山
栢林在東江鄉南瀼橋明正德間高士賀文華手植
營自號栢林居士繪圖徵詩易西泉太史題云千尋
積鐵山當戶百尺青銅樹倚門是畫是真烟淡漠兩
人相對寂無言

攸江十景

陽昇仙隱　文峯拔萃

黌宮連理　鸞山疊翠

攸縣志　卷之十三古蹟　四

鳳嶺朝霞　紫麟夜月

金水清波　銀坑夕照

黃甲馴鷗　文浦春雲

右十景之目舊志所列如此

南雲八景

龜峯觀濤　比仙招鶴

金溪仙蹤　漕泊花石

丹陵夜月　雲橋秋色

斗壇翠嶂　龍湖梨花

右八景之目康熙中邑令天台陳濤撰八景詩所列如此

清同治《攸县志》载“南云八景”

衣。半岭松涛飞夜雪，一龛梦月锁秋晖。亭前几度摇招手，华表重来事恐非。

金溪仙迹

金溪溪上维摩室，旧是仙人礼斗台。双涧云萝留古月，六朝碑碣锁苍苔。药池春暖琅茎茁，丹灶烟消白日回。夜半松梢风瑟瑟，犹疑仙鹤驾空来。

漕泊花石

烟峦回合绕琳宫，宫下飞泉绝壑通。石破倒窥天一线，崖穿低指路千弓。珠琛骊窟须燃烛，花散云根不借风。解道真源流不息，罗浮江水自朝宗。

丹陵夜月

日落江村逗晚风，断烟残霭散晴空。千峰有意来明月，一水无心抱彩虹。波影潆洄金潋滟，滩声摇曳玉玲珑。天衢夜色明于昼，人在冰壶朗鉴中。

云桥秋色

霜染红叶烂若霞，青山秋晚斗铅华。倩将绮陌三春色，幻作寒原十里花。江上晓岚迷过雁，林边残照误归鸦。西风慎勿轻吹泊，留与游人住钿车。

斗坛翠嶂

飞霞千尺映晴峰，紫石苍崖路几重。地逼云根开罨画，人从天半数芙蓉。岩泉溅雪迷双屐，草阁凌霄拄短筇。今夜游仙端入梦，莫教浪打五更钟。

龙湖梨花

何来一夜天山雪，飞入龙湖郭外村。春去尚留新蝶粉，香繁犹认旧梅痕。枝头细雨寻残梦，林下清风洗浊尊。幽艳剧怜烟月好，一卮少坐到黄昏。

株洲卷

[灵龟观涛]

攸縣志 卷之六 山川 三

鳳凰山在擢秀鄉縣北百二十里地錯醴陵湘潭衡山界明鎮將黃朝宗屯營山上
巖仙山在擢秀鄉縣北八十里一名巖仙嶺三峯如螺劉宋元嘉中巖起兄弟修煉處下有七仙巖
明月山擢秀鄉縣北九十里醴陵湘潭三邑界峯巒高聳月出即見上有杉仙廟靈谷巖
大川山在北江鄉縣北一百里唐廣德間閻伯艮楠入山搆慈雲寺以居
仙花山在清陽鄉張司空採藥處明嘉靖戊午邑庠劉銳結茅其上顏曰臨清亭康熙乙酉庠生劉其灝

重修
白石山在清陽鄉巨田張檉讀書處
丫尖山在南鄉距縣四十里康熙五十八年茶陵陳名驥藉界侵佔邑庠生蔡上桂訟之官邑令陳州牧朱會勘山屬攸督攸士周廷伸建玉壺寺有碑
馬鞍山在西鄉距縣二十里爲一邑水口嘉慶丙子邑令趙率紳耆建塔於上名曰凌雲有記
朝天峯縣北郊一里又名第一峯
靈龜峯縣東三里其山如龜出穴踞水上游邑人三月三日九月九日率踏青登高於此

攸縣志 卷之六 山川 四

▣清同治《攸县志》“山川”载“灵龟峰”：县东三里，其山如龟出穴，踞水上游。邑人三月三日，九月九日率踏青登高于此。

清同治《攸县志》“艺文”载“灵龟观涛”：“县东三里，孤峰独峙，下临大江，春水方生，于焉观涛。”

[北仙招鹤]

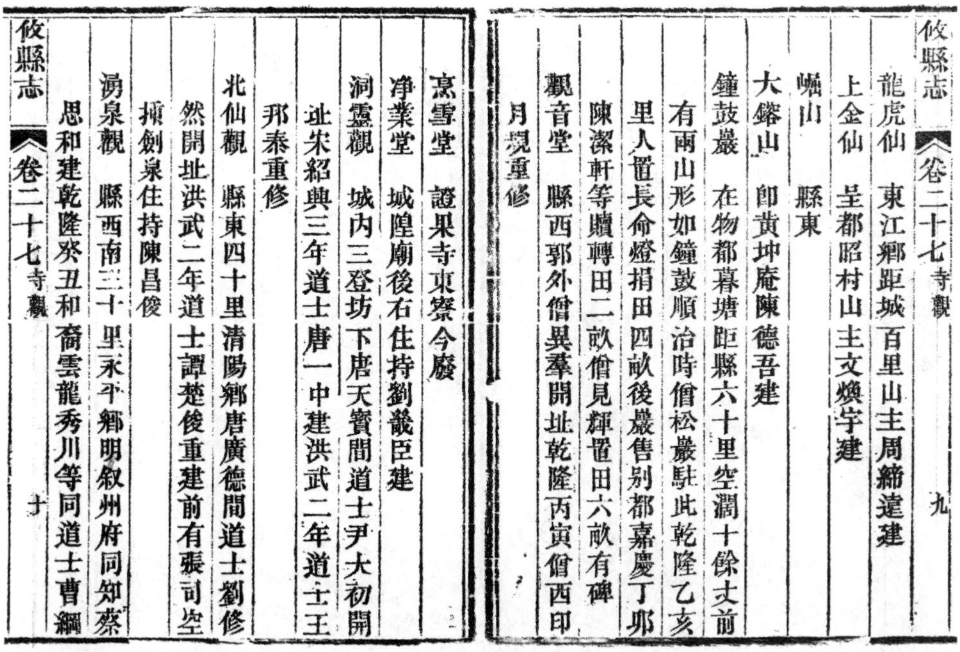
龍虎仙　東江鄉距城百里山主周締達建
上金仙　呈都昭村山主文煥宇建
嶓山　縣東
大鎔山　卽黃坤庵陳德吾建
鐘鼓巖　在物都暮塘距縣六十里空濶十餘丈前有兩山形如鐘鼓順治時僧松巖駐此乾隆乙亥里人置長命燈捐田四畝後巖售別都嘉慶丁卯陳潔軒等贖轉田二畝僧見輝置田六畝有碑
觀音堂　縣西郭外僧異峯開址乾隆丙寅僧西印月規重修
攸縣志　《卷二十七　寺觀　九

烹雪堂　證果寺東寮今廢
净業堂　城隍廟後右住持劉羲臣建
洞靈觀　城內三登坊下唐天寶間道士尹大初開址宋紹興三年道士唐一中建洪武二年道士王邦泰重修
北仙觀　縣東四十里清陽鄉唐廣德間道士劉修然開址洪武二年道士譚楚俊重建前有張司空插劍泉住持陳昌俊
湧泉觀　縣西南三十里永平鄉明敘州府同知蔡思和建乾隆癸丑和裔雲龍秀川等同道士曹綱
攸縣志　《卷二十七　寺觀　十

清同治《攸县志》“卷二十七·寺观”载“北仙观”：县东四十里清阳乡，唐广德间道士刘修然开址。洪武二年，道士谭楚俊重建。前有张司空插剑泉，住持陈昌俊。

[金溪仙迹]

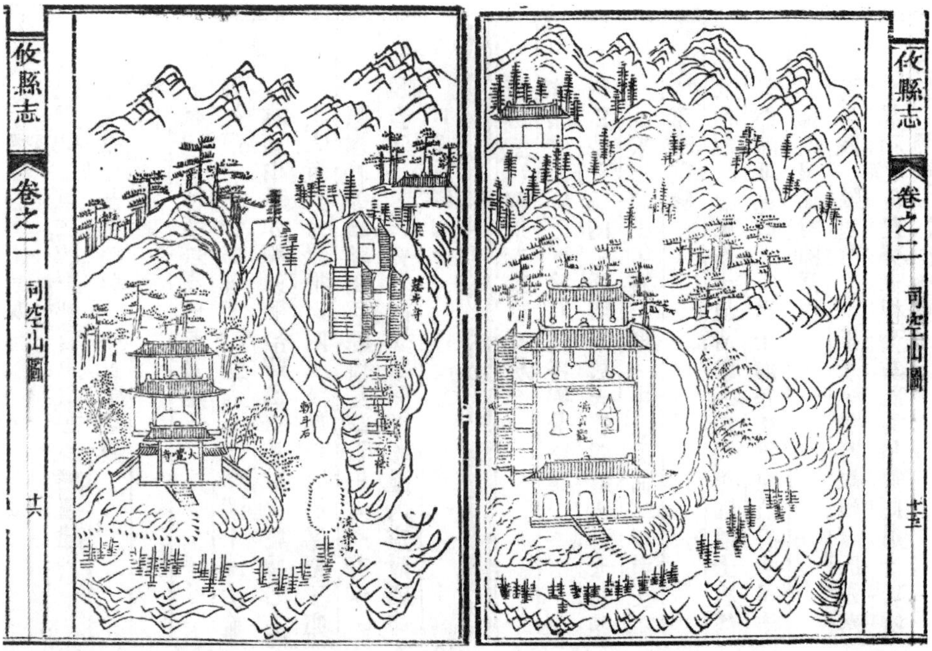

攸縣志 卷之二 司空山圖 十六

司空山圖說

攸山奇秀甚在東北境所謂近尋則一巖異色遠望則百嶺俱青也其最著者羅浮金仙山以軒轅集顯又爲胡公古蟾仙處嚴仙山以宋元嘉時嚴起巖肅顯明月山以杉仙顯紫雲山以宋紹興間伶人顯諸山皆距今縣治遠惟清陽鄉司空山距縣治較邇舊名麒麟山以葛藟二仙顯至南齊清河張司空復於此冲舉遂更今名爲峯三十六爲澗十三爲溪十八爲石室十二唐天寶七載勅建朱陽觀宋政和三年改建賜額陽昇於時陽昇之[illegible]與人之居天下第一山則中書舍人張孝祥書南齊張司空宅張司空石山書院張司空白馬溪書院則秘書易祓書紫麟峯飛天法輪則殿講綦院奚燧書而司空山名遂播於寰宇垂於圖籍夫司空以忠君愛國之身退而養素遂乃神遊福地跡著名山儲麻凝祉福庇攸輿至於今靈異不替朝斗壇下步虛有聲洗藥池邊清香猶襲祥風甘雨翠靄蒼烟攸輿不得私而若或私之也仙乎仙乎倘令人低徊於天鈞鑾爾鸞鶴翔鳴時乎

攸縣志 卷之二 司空山圖 十七

圖 清同治《攸县志》载“司空山图”

清同治《攸县志》“艺文·金溪仙迹”载：“在司空山，旧有道观，今改为佛刹。”唐潭州刺史苏师道《司空山记》载：“江南攸邑，为地最僻，有司空山，去县四十五里，当南岳之东隅，连云阳之福地，振潇湘之胜境，作郡邑之崇丘。东西光一百二十里，南北一百八十里，高二千六百丈，有温泉源，故名温泉，山亦名紫麟山，及司空隐此得道，遂名司空山焉。”

［漕泊花石］

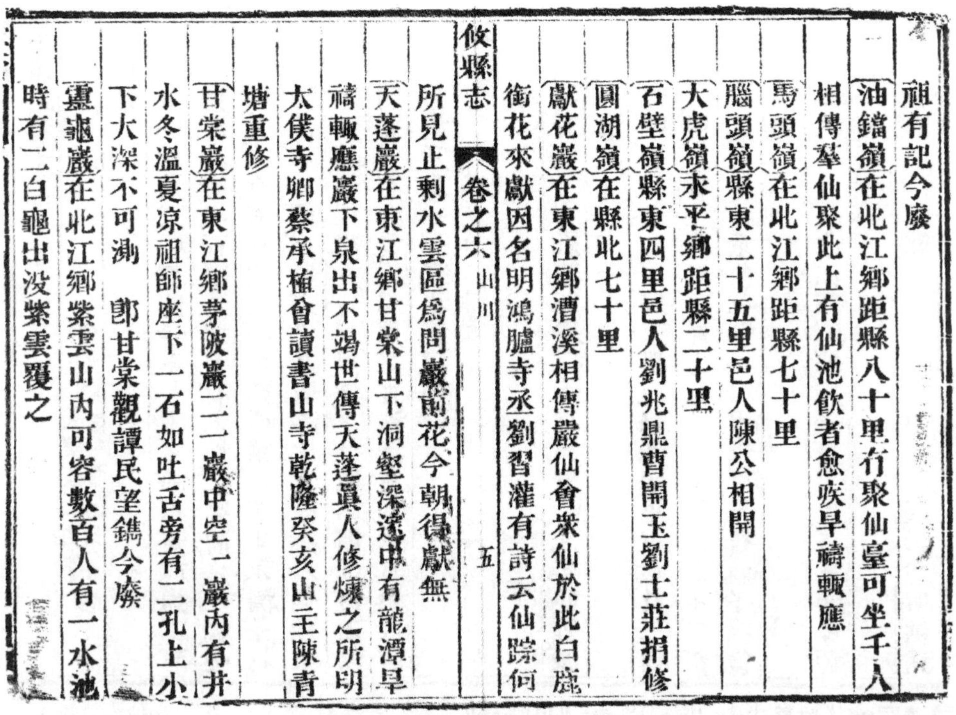

祖有記今廢
油鎋嶺在北江鄉距縣八十里有聚仙臺可坐千人
相傳羣仙聚此上有仙池飲者愈疾旱禱輒應
馬頭嶺在北江鄉距縣七十里
腦頭嶺縣東二十五里邑人陳公相開
大虎嶺永平鄉距縣二十里
石壁嶺縣東四里邑人劉兆鼎曹開玉劉士莊捐修
圓湖嶺在縣北七十里
獻花巖在東江鄉漕溪相傳嚴仙會衆仙於此白鹿
銜花來獻因名明鴻臚寺丞劉習灌有詩云仙踪何
攸縣志 卷之六 山川 五
所見止剩水雲區爲問巖前花今朝得獻無
天蓬巖在東江鄉甘棠山下洞壑深邃中有龍潭旱
禱輒應巖下泉出不竭世傳天蓬眞人修煉之所明
太僕寺卿蔡承植會讀書山寺乾隆癸亥山主陳青
塘重修
甘棠巖在東江鄉茅陂巖二一巖中空一巖內有井
水冬溫夏凉祖師座下一石如吐舌旁有二孔上小
下大深不可測 即甘棠觀譚氏望鎸今廢
靈龜巖在北江鄉紫雲山內可容數百人有一水池
時有二白龜出沒紫雲覆之

圖 清同治《攸县志》“山川”载“献花岩”

清同治《攸县志》“卷之六·山川”载“献花岩”：在东江乡漕溪，相传严仙会众仙 于此，白鹿衔花来献，因名。明鸿胪寺丞刘习灌有诗云：仙踪何所见，止剩水云区。为问岩前花，今朝得献无。

[丹陵夜月]

攸縣志卷十二

知縣事大興王元凱 馬平嚴鳴琦 續修

津梁

蓋聞辰角天根應時修舉者古之制也是故道不可廢津必有梁而梁爲尤要有木柱之梁渭之中橋便橋是也有石柱之梁灞之灞橋雒之天津永濟是也至於石杠謂之徛不必其皆橋大津設舟以便往來不必其皆梁總之可以梁稟之攸境不濱大河而溪闊過辨有非爲揭爲厲之可汔濟者春水官橋古渡舟楫所宜一一紀也志津梁

攸縣志 卷之十二 津梁 一

橋

湧石橋 在縣東距縣三十里康熙十八年知縣張潛建

丹陵橋 坐北江鄉天都距縣九十里石造計三圈明知縣徐希明建原有橋亭十七間康熙甲午劉寶翁子孫重修乾隆癸丱水圯甲辰寶翁子孫復修

公義橋 坐北江鄉距縣八十里宋崇寧三年陳源建

普濟橋 距縣九十里宋政和三年張彬建明洪武

图 清同治《攸县志》“津梁”载“丹陵桥”

丹陵桥，位于攸县皇图岭镇笔增村地段沙江之上。古称渡，贯穿攸邑南北官道上一要津。“上接两粤，下通长鄂，往来奔驰者络绎于道。”渡东，一片平畴沃野。渡西，皇图岭横卧。传说尧皇之子丹朱，殁于斯葬于斯，故此地名曰丹陵。清同治《攸县志》载“丹陵桥”：坐北江乡天都，距县九十里。石造，计三口。明知县徐希明建，原有桥亭十七间。

徐希明，浙江上虞人，明万历年间曾任攸县知县，颇有政绩。

［云桥秋色］

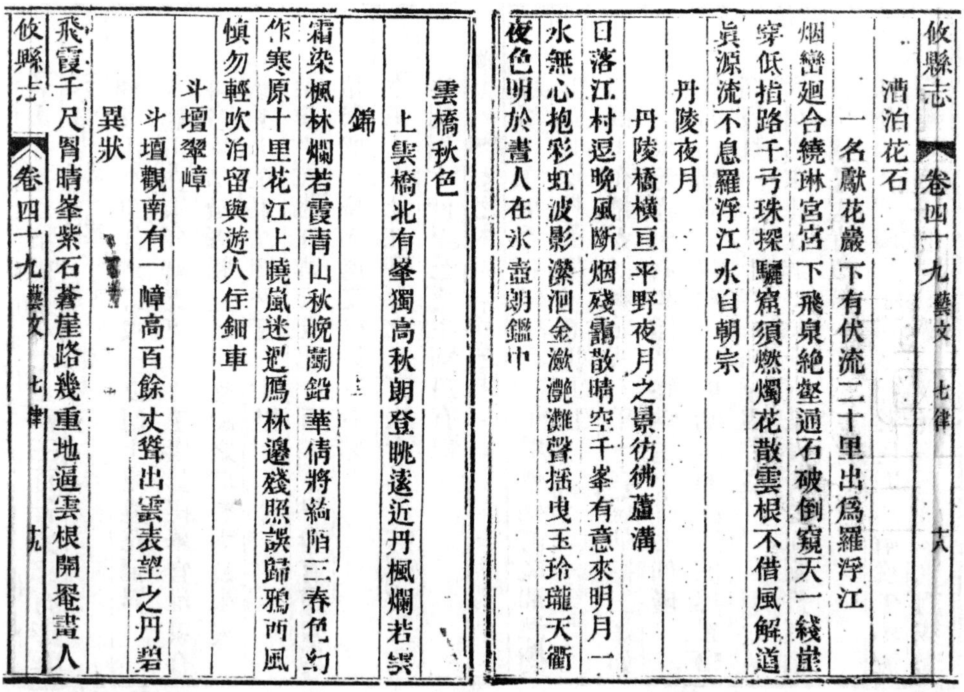

漕泊花石

一名獻花巖下有伏流二十里出爲羅浮江

烟巒迴合繞琳宮宮下飛泉絕壑通石破倒窺天一綫崖穿低指路千弓珠探驪窟須燃燭花散雲根不借風解道眞源流不息羅浮江水自朝宗

丹陵夜月

丹陵橋橫亘平野夜月之景彷彿蘆溝

日落江村逗晚風斷烟殘靄散晴空千峯有意來明月一水無心抱彩虹波影漾洄金瀲灩灘聲搖曳玉玲瓏天衢夜色明於晝人在冰壺朗鑑中

雲橋秋色

上雲橋北有峯獨高秋朗登眺遠近丹楓爛若雲錦

霜染楓林爛若霞青山秋晚鬪鉛華倩將綺陌三春色幻作寒原十里花江上曉嵐迷迴鴈林邊殘照誤歸鴉西風愼勿輕吹泊留與遊人佇鈿車

斗壇翠嶂

斗壇觀南有一嶂高百餘丈聳出雲表望之丹碧異狀

飛霞千尺冒晴峯紫石蒼崖路幾重地逼雲根開畫入

清同治《攸县志》“艺文”载“云桥秋色”：上云桥北有峰独高，秋朗登眺，远近丹枫烂若云锦。

株洲卷

[斗坛翠嶂]

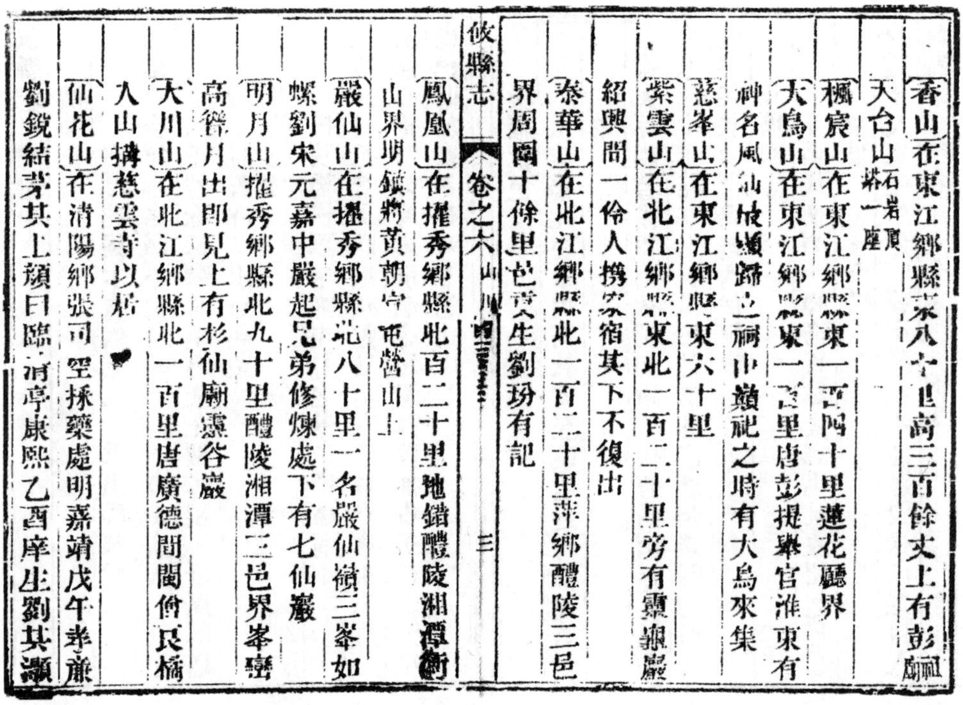

香山在東江鄉縣東八十里高三百餘丈上有彭祖廟
天台山石岩頂跡一座
楓宸山在東江鄉縣東一百四十里蓮花廳界
大鳥山在東江鄉縣東一百里唐彭提舉官淮東有
神名風仙成仙蹤跡立祠山巔祀之時有大鳥來集
慈峯山在東江鄉縣東六十里
紫雲山在北江鄉縣東北一百二十里旁有靈鵝巖
紹興間一僧人携衣宿其下不復出
泰華山在北江鄉縣北一百二十里萍鄉醴陵三邑
界周圍十餘里邑貢生劉玢有記
攸縣志 卷之六 山川 三
鳳凰山在擢秀鄉縣北百二十里地錯醴陵湘潭衡
山界明鎮將黄朝宗屯營山上
巖仙山在擢秀鄉縣北八十里一名巖仙嶺三峯如
螺劉宋元嘉中巖起兄弟修煉處下有七仙巖
明月山擢秀鄉縣北九十里醴陵湘潭三邑界峯巒
高聳月出即見上有杉仙廟靈谷巖
大川山在北江鄉縣北一百里唐廣德間閻伯良橘
入山搆慈雲寺以居
仙花山在清陽鄉張司空採藥處明嘉靖戊午舉廉
劉銳結茅其上額曰臨清亭康熙乙酉庠生劉其灝

图 清同治《攸县志》“山川”载“天台山”

天台山名冠湘东，为攸县十大名山之一，位于皇图岭镇境内。群峦环抱，崛起于方圆数十里起伏绵延丘冈之中。山顶为一处平整光洁的岩石，远观有如一赤色圆状台柱耸立苍穹。清康熙朝攸县知县、浙江天台进士陈溥曾游历至此，题名“天台山”，题注“斗坛观南有一嶂高百余丈，耸出云表，望之丹碧异状”。并赋七律一首以“斗坛翠嶂”之名列入“南云八景”。

[龙湖梨花]

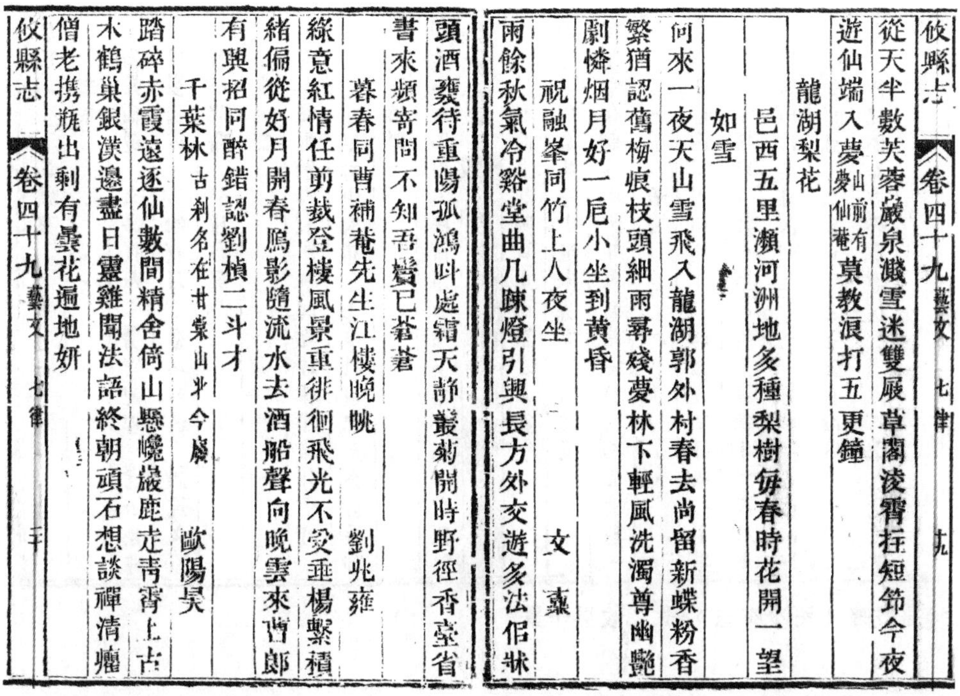

攸縣志 卷四十九 藝文 七律 九

從天半數芙蓉巖泉濺雪迷雙屐草閣淩霄拄短筇今夜遊仙端入夢（山前有夢仙菴）莫教淚打五更鐘

龍湖梨花

邑西五里瀕河洲地多種梨樹每春時花開一望如雪

何來一夜天山雪飛入龍湖郭外村春去尚留新蝶粉香繁猶認舊梅痕枝頭細雨尋殘夢林下輕風洗濁尊幽艷劇憐烟月好一卮小坐到黄昏

祝融峯同竹上人夜坐　文[illegible]

雨餘秋氣冷谿堂曲几疎燈引興長方外交遊多法侶狀頭酒甕待重陽孤鴻叫處霜天静叢菊開時野徑香臺省書來頻寄問不知吾鬢已蒼蒼

暮春同曹補菴先生江樓晚眺　劉兆雍

綠意紅情任剪裁登樓風景重徘徊飛光不受垂楊繫積緒偏從妬月開春鴈影隨流水去酒船聲向晚雲來曹郎有興招同醉錯認劉楨二斗才

千葉林（古剎名在甘棠山北今廢）　歐陽旲

踏碎赤霞遠逐仙數間精舍倚山懸巉巖鹿走靑霄上古木鶴巢銀漢邊盡日靈雞聞法語終朝頑石想談禪清癯僧老携瓶出剩有曇花遍地妍

攸縣志 卷四十九 藝文 七律 二十

清同治《攸县志》“艺文”载“龙湖梨花”：西五里濒河洲地多种梨树，每春时花开，一望如雪。

【攸江十景】

盧瓊壇今石砌猶存
十景
陽昇仙隱　文峯拔翠　黌宮連理　鸞山叠秀
鳳嶺朝霞　紫麟夜月　金水清波　銀坑夕照
黃甲馴鷗　文浦春雲
安化縣
藏書閣在舊學內宋熙寧間建尉據熊琮有序銘
讀書堂在縣治中宋嘉定壬申以趙忠定公沂墨跡
刻榜楣間
印文石在酉都木榴百里園東溪潭中大小八顆如
長沙府志　卷之十二　古蹟　安化　宋
印浮水面上刻篆百里由東之六篆字
釣月樓在縣北三十里宋隱士王南美建
瑞蓮堂在縣治內宋知縣趙崇模將代後圃池蓮一
本雙葩築堂表之
五寨在縣南五里曰梅子口即鎮安寨縣東七十里
曰七星寨縣北九十里曰首溪寨縣北一百二十
里曰白沙寨縣西南九十里曰蟒蟒寨五代時梅
山猺爲患宋太宗討平之立五寨以爲防禦後章
惇經制開梅立縣梅猺伏膺漢力耕桑人稱萬世
功德

▣清乾隆《长沙府志》载“攸县十景”

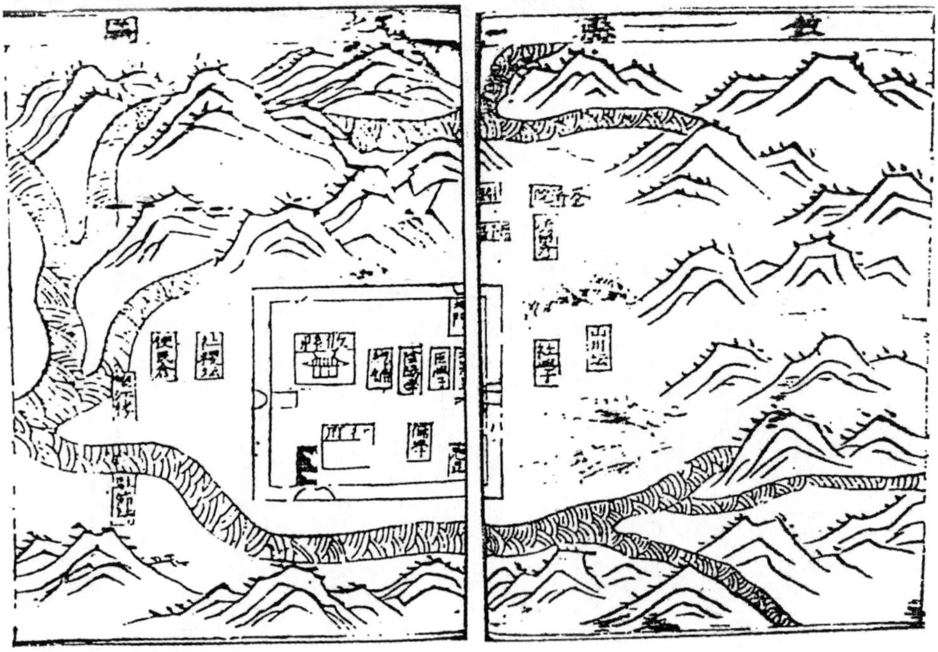

▣明嘉靖《长沙府志》载“攸县图”

清同治《攸县志》“古迹”载“攸江十景”：凤岭朝霞、鸾山叠翠、金水清汲、银坑夕照、阳升仙隐、紫麟夜月、文峰拔萃、黉宫连理、黄甲驯鸥、文浦春云。

“文峰拔萃”，无考。

[凤岭朝霞]

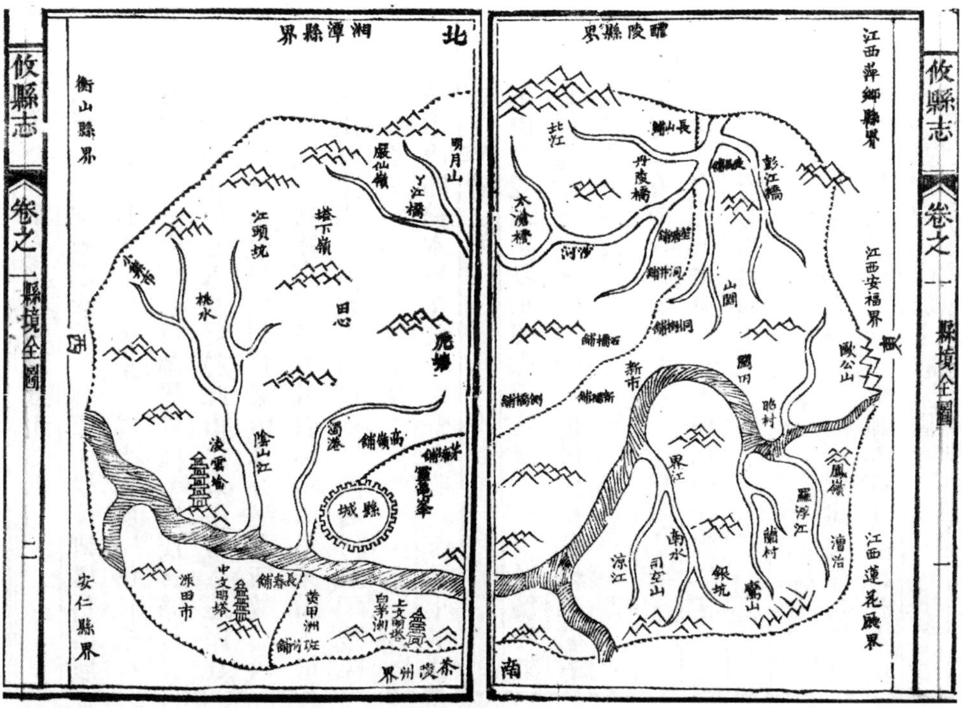

图 清同治《攸县志》“县境全图”载“凤岭”

凤岭地处攸县东部，横亘湘赣边陲，形如凤凰展翅。每当朝阳升起，云霞似锦，绚丽灿烂，“凤岭朝霞”列为古“攸江十景”之首。据旧县志载，宋代凤岭就有集市，与南渌田、西小集、北丫江、中新市齐名，为攸县五大墟场之一。宋端平三年（1236）这里曾建有凤岭巡检署，明时设巡检司，元代建有凤山书院，清朝有凤山书阁、凤山义塾。自古至今，文人辈出。

[鸾山叠翠]

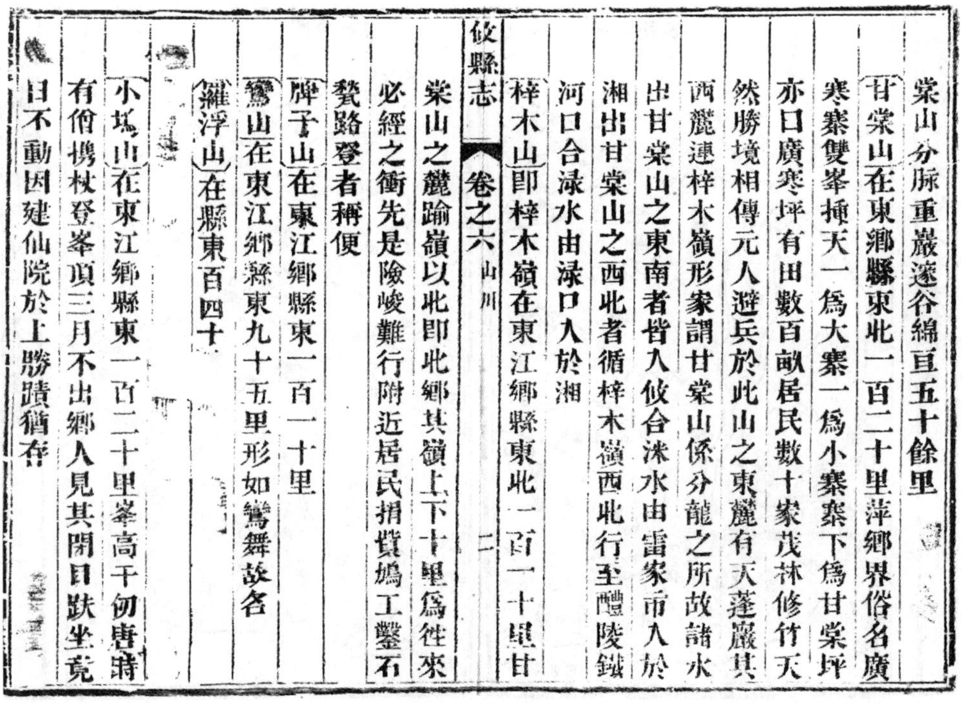
棠山分脉重巖邃谷綿亘五十餘里
甘棠山在東鄉縣東北一百二十里萍鄉界俗名廣
寒寨雙峯插天一爲大寨一爲小寨寨下爲甘棠坪
亦曰廣寒坪有田數百畝居民數十家茂林修竹天
然勝境相傳元人避兵於此山之東麓有天蓬巖其
西麓連梓木嶺形家謂甘棠山係分龍之所故諸水
出甘棠山之東南者皆入攸合洣水由雷家市入於
湘出甘棠山之西北者循梓木嶺西北行至醴陵錄
河口合淥水由淥口入於湘
梓木山即梓木嶺在東江鄉縣東北一百一十里甘
攸縣志　卷之六　山川　二
棠山之麓踰嶺以北即北鄉其嶺上下十里爲往來
必經之衝先是險峻難行附近居民捐貲鳩工鑿石
甃路登者稱便
牌子山在東江鄉縣東一百一十里
鸞山在東江鄉縣東九十五里形如鸞舞故名
羅浮山在縣東百四十
小嶌山在東江鄉縣東一百二十里峯高千仞唐時
有僧携杖登峯頂三月不出鄉人見其閉目趺坐竟
日不動因建仙院於上勝蹟猶存

清同治《攸县志》“山川”载“鸾山”

鸾山，清同治《攸县志》载“鸾山”：在东江乡，县东九十五里。形如鸾舞，故名。今鸾山镇因山而得名。

[金水清汲]

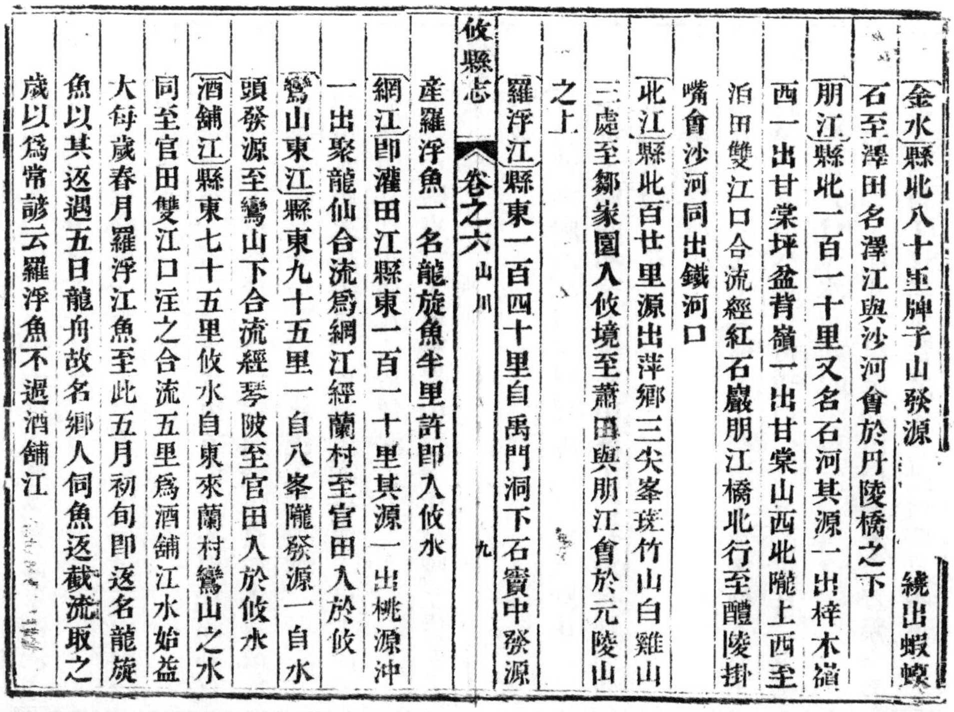

金水縣北八十里牌子山發源　遶出蝦蟆
石至澤田名澤江與沙河會於丹陵橋之下
朋江縣北一百一十里又名石河其源一出梓木嶺
西一出甘棠坪盔背嶺一出甘棠山西北隴上西至
泊田雙江口合流經紅石巖朋江橋北行至醴陵掛
嘴會沙河同出鐵河口
北江縣北百廿里源出萍鄉三尖峯毬竹山白雞山
三處至鄒家園入攸境至蕭田與朋江會於元陵山
之上
羅浮江縣東一百四十里自禹門洞下石竇中發源

攸縣志　卷之六　山川　九

產羅浮魚一名龍旋魚半里許即入攸水
綱江即濯田江縣東一百一十里其源一出桃源沖
一出聚龍仙合流爲綱江經蘭村至官田入於攸
鸞山東江縣東九十五里一自八峯隴發源一自水
頭發源至鸞山下合流經琴陂至官田入於攸水
酒舖江縣東七十五里攸水自東來蘭村鸞山之水
同至官田雙江口匯之合流五里爲酒舖江水始益
大每歲春月羅浮江魚至此五月初旬即返名龍旋
魚以其返過五日龍舟故名鄉人伺魚返截流取之
歲以爲常諺云羅浮魚不過酒舖江

清同治《攸县志》载“金水”

北宋时，宋徽宗问大学士彭天益，攸邑风土如何，答曰：“鸾山配凤岭，金水绕银坑。金柑玉版笋，银杏水晶葱。”

金水，今名泽江。清乾隆《攸县志》载：“金水，北江乡，去县北八十里，牌子山发源，出醴陵渌口。”清同治《攸县志》载：“金水，县北八十里，牌子山发源，□□□□，绕出蛤蟆石至泽田名泽江，与沙河会于丹陵桥之下。”

［银坑夕照］

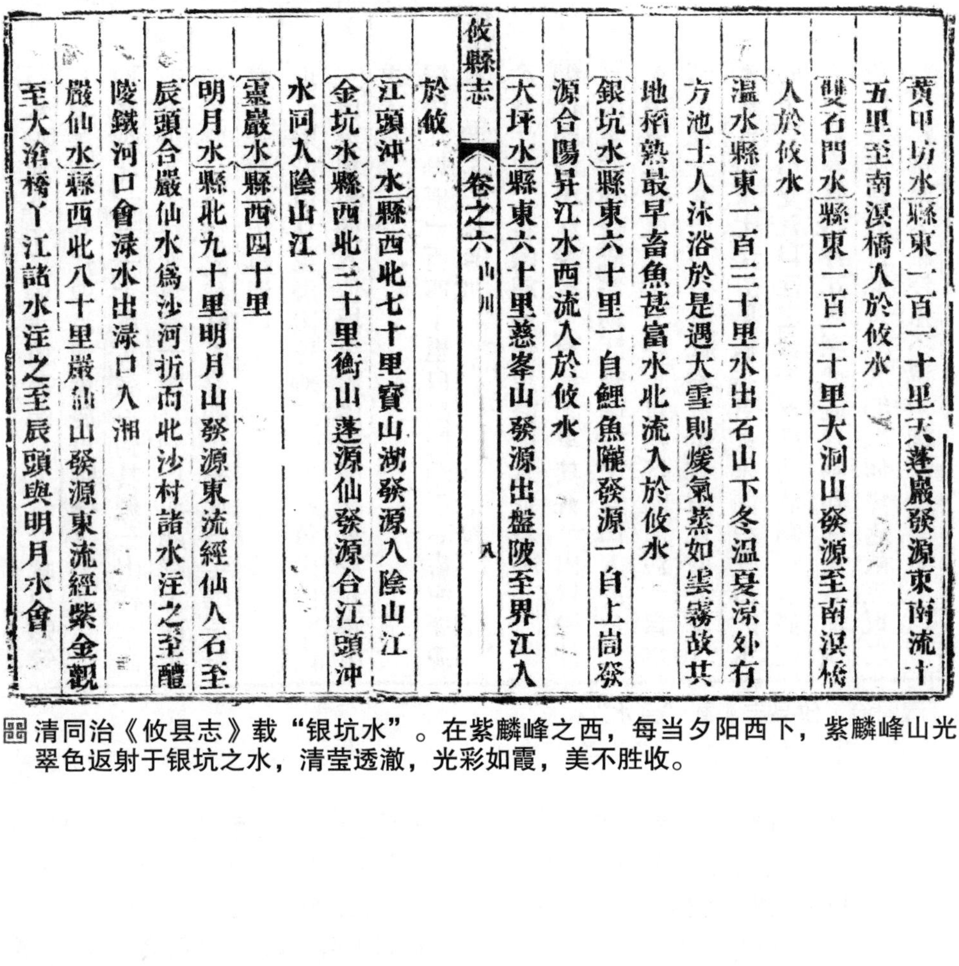

黄甲坊水縣東一百一十里天蓮巖發源東南流十五里至南溪橋入於攸水
雙石門水縣東一百二十里大洞山發源至南溪橋入於攸水
溫水縣東一百三十里水出石山下冬溫夏涼外有方池土人沐浴於是遇大雪則煖氣蒸如雲霧故其地稻熟最早畜魚甚富水北流入於攸水
銀坑水縣東六十里一自鯉魚隴發源一自上嵩發源合陽昇江水西流入於攸水
大坪水縣東六十里慈峯山發源出盤陂至界江入於攸

攸縣志 卷之六 山川 八

江頭沖水縣西北七十里寶山湖發源入陰山江
金坑水縣西北三十里衡山蓮源仙發源合江頭沖水同入陰山江
靈巖水縣西四十里
明月水縣北九十里明月山發源東流經仙人石至辰頭合巖仙水爲沙河折西北沙村諸水注之至醴陵鐵河口會淥水出淥口入湘
巖仙水縣西北八十里巖仙山發源東流經紫金觀至大滄橋丫江諸水注之至辰頭與明月水會

清同治《攸县志》载“银坑水”。在紫麟峰之西，每当夕阳西下，紫麟峰山光翠色返射于银坑之水，清莹透澈，光彩如霞，美不胜收。

[阳升仙隐]

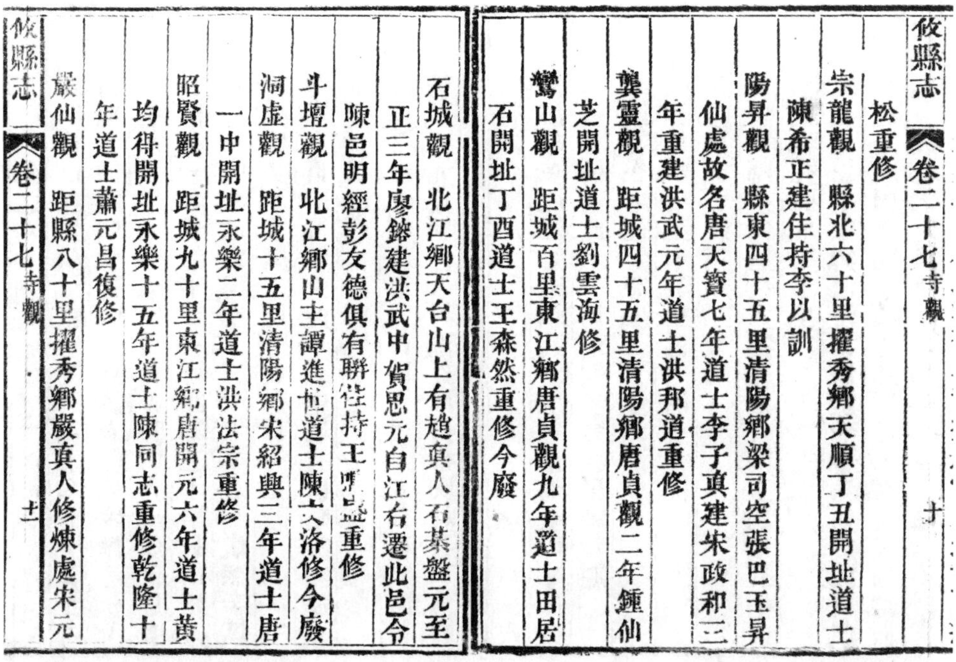
攸縣志 卷二十七寺觀 十

松重修

宗龍觀 縣北六十里擢秀鄉天順丁丑開址道士陳希正建住持李以訓

陽昇觀 縣東四十五里清陽鄉梁司空張巴玉昇仙處故名唐天寶七年道士李子真建宋政和三年重建洪武元年道士洪邦道重修

襲靈觀 距城四十五里清陽鄉唐貞觀二年鍾仙芝開址道士劉雲海修

鷲山觀 距城百里東江鄉唐貞觀九年道士田居石開址丁酉道士王森然重修今廢

石城觀 北江鄉天台山上有趙真人石棊盤元至正三年廖鏴建洪武中賀思元自江右遷此邑令陳邑明經彭友德俱有聯往持王[illegible]重修

斗壇觀 北江鄉山主譚進恒道士陳六洛修今廢

洞虛觀 距城十五里清陽鄉宋紹興三年道士唐一中開址永樂二年道士洪法宗重修

昭賢觀 距城九十里東江鄉唐開元六年道士黃均得開址永樂十五年道士陳同志重修乾隆十年道士蕭元昌復修

巖仙觀 距縣八十里擢秀鄉巖真人修煉處宋元

攸縣志 卷二十七寺觀 十一

清同治《攸县志》“卷二十七·寺观”载“阳升观”：县东四十五里清阳乡，梁司空张巴玉升仙处，故名。唐天宝七年道士李子真建。宋政和三年重建，洪武元年道士洪邦道重修。

阳升，指阳升观，仙隐，指南齐司空张巴玉弃官归隐麒麟山修炼成仙。

唐天宝年间，唐玄宗敕令在司空古迹仙坛立祠，塑造道像，永为供奉。因司空山在南岳朱陵洞之南，古以山南为“阳”，玄宗皇帝又下旨，赐张司空祠额为“朱阳观”。

宋徽宗热心道教、尊崇道法，自称“道君皇帝”。政和二年（1112），“天子览图籍，异其事昔其废迹”，便命中奉大夫、湖南路转运副使程元佐负责对朱阳观进行修复，改朱阳观名“阳升观”。

宋代彭天益《司空山》

扶筇疑是出天台，云锁岩扃次第开。未得路通游紫府，且随溪转上丹台。藤萝映带皆天设，山水潆洄总地裁。历历仙家遗旧迹，清奇端不让蓬莱。

明代王伟《司空山》

一溪流水奏笙簧，万树蝉鸣送夕阳。古庙尚存唐故事，断碑犹有宋文章。司空羽化芳名在，野老登临秋思长。坐对白云闲出岫，半生荣辱已都忘。

[紫麟夜月]

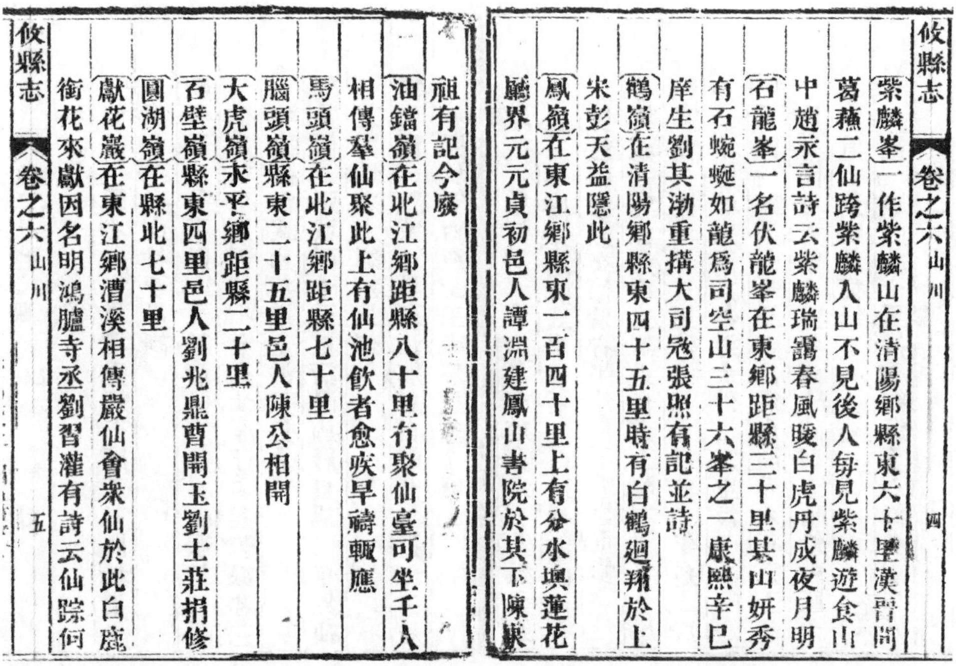

攸縣志 卷之六 山川 四

紫麟峯一作紫麟山在清陽鄉縣東六十里漢晉間葛蘇二仙跨紫麟入山不見後人每見紫麟遊食山中趙永言詩云紫麟瑞靄春風暖白虎丹成夜月明

石龍峯一名伏龍峯在東鄉距縣三十里其山妍秀有石蜿蜒如龍爲司空山三十六峯之一康熙辛巳庠生劉其渤重搆大司寇張照有記並詩

鶴嶺在清陽鄉縣東四十五里時有白鶴廻翔於上宋彭天益隱此

鳳嶺在東江鄉縣東一百四十里上有分水與蓮花飂界元元貞初邑人譚淵建鳳山書院於其下陳[illegible]

攸縣志 卷之六 山川 五

祖有記今廢

油鐺嶺在北江鄉距縣八十里有聚仙臺可坐千人相傳羣仙聚此上有仙池飲者愈疾旱禱輒應

馬頭嶺在北江鄉距縣七十里

腦頭嶺縣東二十五里邑人陳公相開

大虎嶺永平鄉距縣二十里

石壁嶺縣東四里邑人劉兆鼎曹開玉劉士莊捐修

圓湖嶺在縣北七十里

獻花巖在東江鄉漕溪相傳巖仙會衆仙於此白鹿銜花來獻因名明鴻臚寺丞劉習灌有詩云仙踪何

清同治《攸县志》“山川”载“紫麟峰”：一作紫麟山。在清阳乡，县东六十里。汉、晋间葛、苏二仙跨紫麟入山不见，后人每见紫麟游食山中。赵永言诗云：紫麟瑞霭春风暖，白虎丹成夜月明。

［黉宫连理］

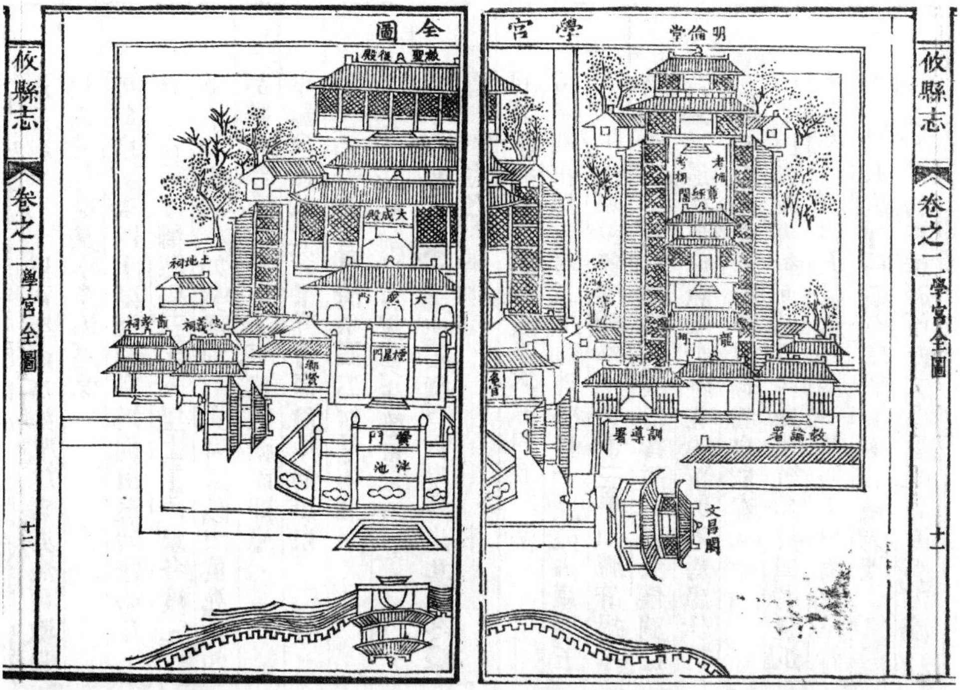

▣清同治《攸县志》载“学宫全图”。黉宫即学校，攸县官学在县城南隅，官学的目的主要是培养生员参加岁科考试，以取得乡试资格。连理是指连中。

株洲卷

［黄甲驯鸥］

温泉縣東三十里司空山水如噴珠璣游魚可數張
眞人修煉處其水冬溫夏凉
挿劍泉縣東四十里張司空挿劍出泉因修爲井
夏泉在永平鄉距縣三十五里上下兩泉各廣三十
畝清淺澄澈水如噴珠劉龍文詩云濺出黄泥森九
品翻朝銀漢應羣星下有伏龍禱雨即應
卓錫泉在城北證果寺有高僧卓錫出泉
瀧門古井在北鄉清泉湧出雖旱不涸
秀茈在北鄉離城百里貢生鄧世本有記
煖水石泉在東江鄉鸞山從石竇中湧出其水冬煖

攸縣志 卷之六 山川 十二

可落下有煖水塘約廣五六畝四時不涸
黃甲洲在縣對河二里舊爲學業士民盜占康熙五
十八年知縣陳餙清歸學雍正十三年知縣許揭示
將洲土二十七畝零給西閣僧智隱常住太僕劉穩
詩云溪邊柳色迎魚艇野外花陰覆鷗冠周忠仕詩
云翠遠烟微疑是畫紅嬌綠靄自成春
白茅洲在縣東對河二里居民植竹爲界四時種瓜
蔬蕌芋白石山人詩云風塵一落四千里海嶺重歸
十二秋有客題詩蓮石宅無人舉酒鏡光樓
三台洲在萬石市澗百餘丈鳥鳴幽竹漁唱古渡月

清同治《攸县志》载“黄甲洲”：在县对河二里，旧为学业，土民盗占。康熙五十八年（1719）知县陈饬清归学。雍正十三年（1735）知县许揭示将洲土二十七亩零给西阁僧智隐常住。太仆刘稳诗云：溪边柳色迎鱼艇，野外花阴覆鸥冠。周忠仕诗云：翠远烟微疑是画，红娇绿霭自成春。

[文浦春云]

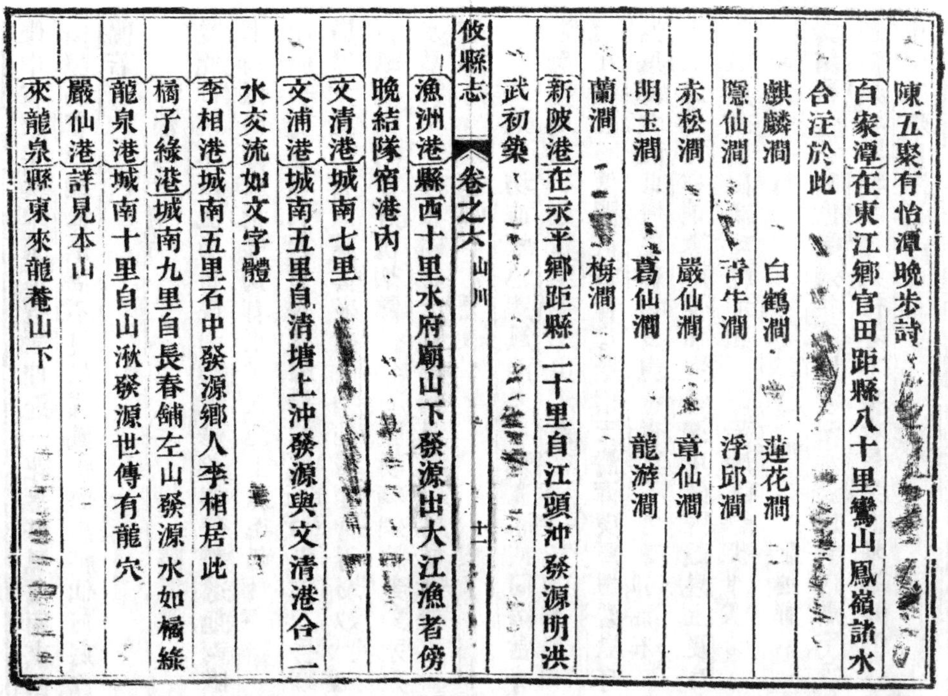

陳五聚有怡潭晚步詩

白衆潭在東江鄉官田距縣八十里鸞山鳳嶺諸水合注於此

麒麟澗　白鶴澗　蓮花澗

隱仙澗　青牛澗　浮邱澗

赤松澗　巖仙澗　章仙澗

明玉澗　葛仙澗　龍游澗

蘭澗　梅澗

新陂港在永平鄉距縣二十里自江頭沖發源明洪武初築

攸縣志　卷之六　山川　十二

漁洲港縣西十里水府廟山下發源出大江漁者傍晚結隊宿港內

文清港城南七里

文浦港城南五里自清塘上沖發源與文清港合二水交流如文字體

李相港城南五里石中發源鄉人李相居此

橘子緣港城南九里自長春舖左山發源水如橘絲

龍泉港城南十里自山湫發源世傳有龍穴

巖仙港詳見本山

來龍泉縣東來龍菴山下

清同治《攸县志》载“文浦港”：城南五里，自清塘上沖发源，与文清港合，二水交流，如文字体。

【杜溪八景】

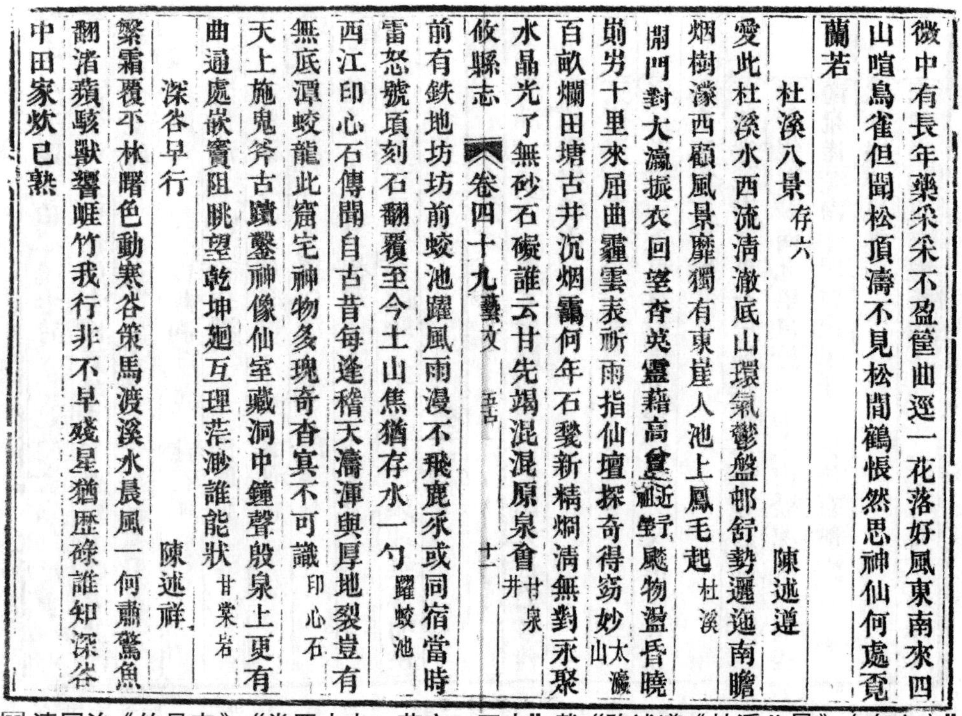
微中有長年藥采采不盈筐曲逕一花落好風東南來四
山喧鳥雀但聞松頂濤不見松間鶴悵然思神仙何處覓
蘭若

杜溪八景存六　陳述遵

愛此杜溪水西流清澈底山環氣鬱盤邨舒勢邐迤南瞻
烟樹濛西顧風景靡獨有東崖人池上鳳毛起杜溪
開門對大瀛振衣回望杳英靈藉高仙近墅颷物盪昏曉
崩峛十里來屈曲霾雲表祈雨指仙壇探奇得窈妙太瀛山
百畝爛田塘古井沉烟靄何年石甃新精烔清無對永聚
水晶光了無砂石礙誰云甘先竭混混原泉會甘泉井

攸縣志　卷四十九藝文　五古　十二

前有鉄地坊坊前蛟池躍風雨漫不飛鹿豕或同宿當時
雷怒號頃刻石翻覆至今土山焦猶存水一勺躍蛟池
西江印心石傳聞自古昔每逢稽天濤渾輿厚地裂豈有
無底潭蛟龍此窟宅神物多瑰奇杳冥不可識印心石
天上施鬼斧古蹟鑿神像仙室藏洞中鐘聲殷泉上更有
曲逼處嵌竇阻眺望乾坤廻互理茫渺誰能狀甘棠岩

深谷早行　陳述遵

繁霜覆平林曙色動寒谷策馬渡溪水晨風一何肅驚魚
翻渚蘋駭獸響睚竹我行非不早殘星猶歷碌誰知深谷
中田家炊已熟

清同治《攸县志》“卷四十九·艺文·五古”载“陈述遵《杜溪八景》（存六）”

杜溪是泽江（又称金水，是从攸县境内东部山区流入沙河的一条主要支流）的源头。经排山进杜口，在杜口一段叫杜溪。杜口历史悠久，自宋代以来，就是泽江河畔一个繁华的村落。

同治版《攸县志》收录乾隆朝县籍文士陈述遵所吟“杜溪八景（存六）”，即《杜溪》《太瀛山》《甘泉井》《跃蛟池》《印心石》《甘棠岩》六景，由此可见杜口之美。

清代陈述遵《杜溪八景》（三首）

杜溪

爱此杜溪水，西流清澈底。山环气郁盘，村舒势逦迤。南瞻烟树濛，西顾风景靡。独有东崖人，池上凤毛起。

甘泉井

百亩烂田塘，古井沉烟霭。何年石甃新，精烔清无对。永聚水晶光，了无砂石碍。谁云甘先竭，混混原泉会。

跃蛟池

前有铁地坊，坊前蛟池跃。风雨漫不飞，鹿豕或同宿，当时雷怒号，顷刻石翻覆。至今土山焦，犹存水一勺。

【茶陵八景】

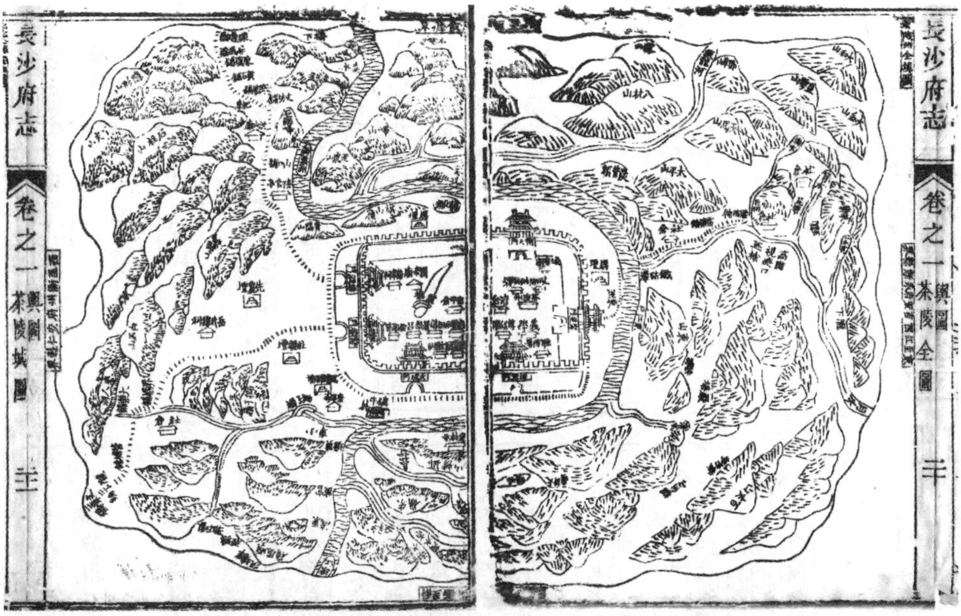

清乾隆《长沙府志》载“茶陵州全图”

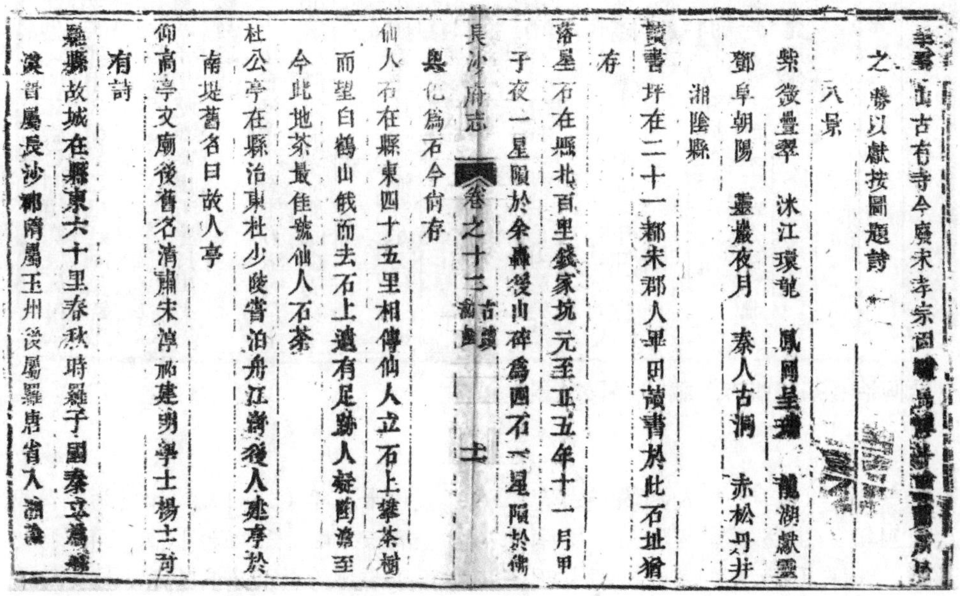

山古有寺今廢宋孝宗

之卷以獻按圖題詩一

八景

紫薇疊翠　洣江環龍　鳳岡呈瑞　龍湖獻靈

鄧阜朝陽　靈巖夜月　秦人古洞　赤松丹井

湘陰縣

讀書坪在二十一都耒郡人畢田讀書於此石址猶
存

落星石在縣北百里錢家坑元至正五年十一月甲
子夜一星隕於余姓後山碎爲四石一星隕於衛

長沙府志　卷之十三　古蹟

巖化爲石今尚存

仙人石在縣東四十五里相傳仙人立石上摘茶樹
而望白鶴山餞而去石上遺有足跡人疑爲跡至
今此地茶最佳號仙人石茶

杜公亭在縣治東杜少陵嘗泊舟江滸後人建亭於
南堤舊名曰故人亭

仰高亭文廟後舊名清爾宋淳祐建明學士楊士奇
有詩

羅縣故城在縣東六十里春秋時羅子國秦立爲縣
漢晉屬長沙郡隋屬玉州後屬羅唐省入湘陰

清乾隆《长沙府志》载“ 茶陵八景”

紫薇叠翠、洣水环流、凤冈呈现、龙湖献灵、邓阜朝阳、灵岩夜月、秦人古洞、赤松丹井，俗称“茶陵八景”。

茶陵，因境内盛产茶茗，炎帝神农氏崩葬于“茶乡之尾”而得名。秦嬴政二十六年（前 211）茶陵置县。元朔四年（前 125）改为茶陵侯国。太初元年（前 104）废侯国，复置县。

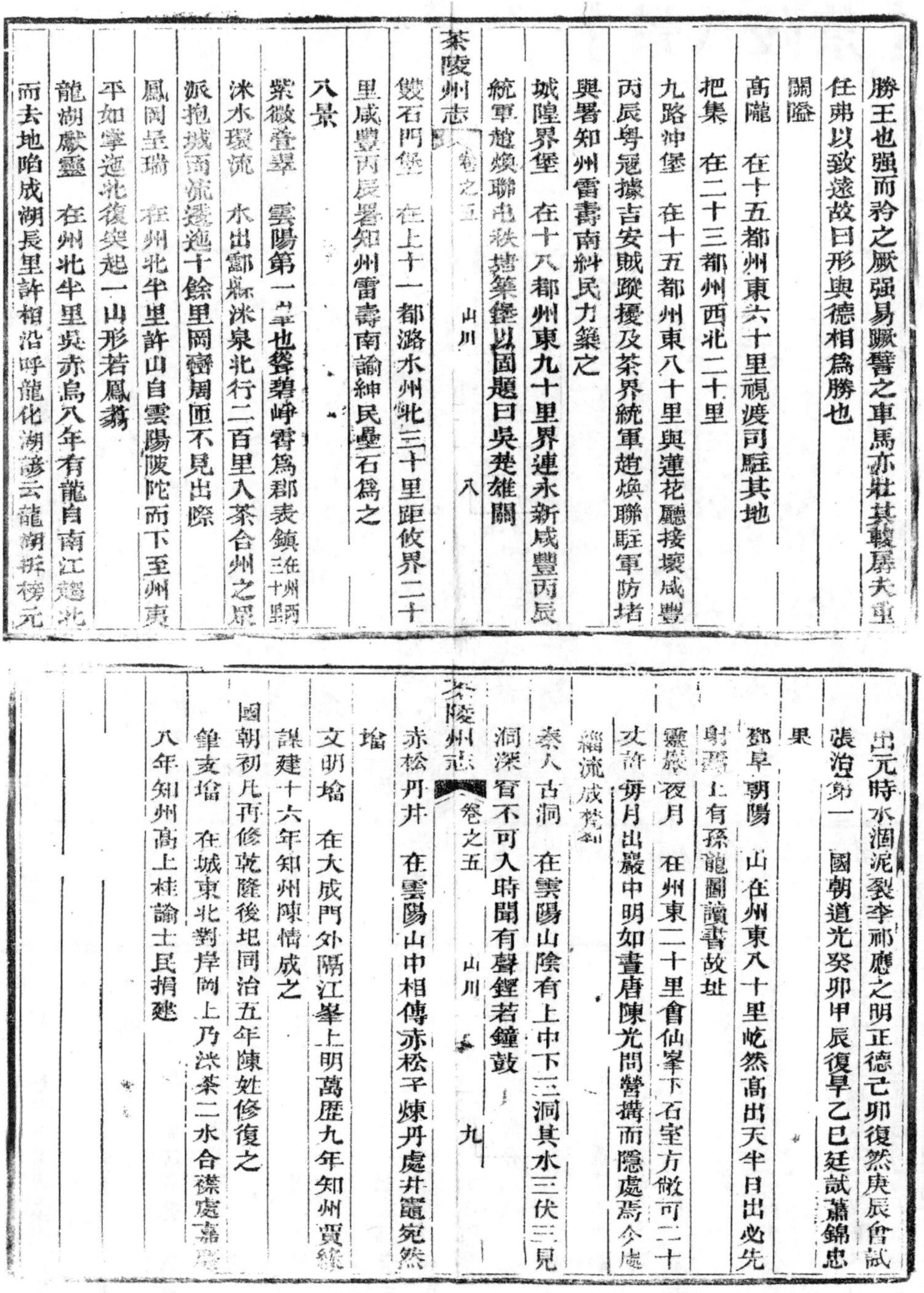

勝王也强而矜之厥强易蹶譬之車馬亦壯其轅厉夫重
任弗以致遠故曰形與德相為勝也
關隘
高隴　在十五都州東六十里視渡司駐其地
把集　在二十三都州西北二十里
九路沖堡　在十五都州東八十里與蓮花廳接壤咸豐
丙辰粵寇據吉安賊蹤擾及茶界統軍趙煥聯駐軍防堵
與署知州雷壽南糾民力築之
城隍界堡　在十八都州東九十里界連永新咸豐丙辰
統軍趙煥聯屯秩捷築壘以固題曰吳楚雄關
茶陵州志　卷之五　山川　八
雙石門堡　在上十一都潞水州北三十里距攸界二十
里咸豐丙辰署知州雷壽南諭紳民壘石為之
八景
紫微叠翠　雲陽第一峰也聳碧崢嵘為郡表鎮在州西十五都
洣水環流　水出酃縣洣泉北行二百里入茶合州之界
派抱城而流繞廻十餘里岡巒周匝不見出際
鳳岡呈瑞　在州北半里許山自雲陽陂陀而下至州東
平如掌迤北復與起一山形若鳳翥
龍湖獻靈　在州北半里吳赤烏八年有龍自南江翹北
而去地陷成湖長里許相沿呼龍化湖諺云龍湖拆榜元
出元時水涸泥裂李祁應之明正德己卯復然庚辰會試
張治第一國朝道光癸卯甲辰復旱乙巳廷試蕭錦忠
果
鄧阜朝陽　山在州東八十里屹然高出天半日出必先
射焉上有孫龍圖讀書故址
靈巖夜月　在州東二十里會仙峯下石室方徹可二十
丈許每月出巖中明如晝唐陳光問營搆而隱處焉今處
緇流成梵刹
秦人古洞　在雲陽山陰有上中下三洞其水三伏三見
洞深窅不可入時聞有聲鏗若鐘鼓
茶陵州志　卷之五　山川　九
赤松丹井　在雲陽山中相傳赤松子煉丹處井竈宛然
墖
文明墖　在大成門外隔江峯上明萬歷九年知州賈綵
謀建十六年知州陳情成之
國朝初凡再修乾隆後圮同治五年陳姓修復之
犁支墖　在城東北對岸岡上乃洣茶二水合襟處嘉慶
八年知州高上桂諭士民捐建

清同治《茶陵州志》载“茶陵八景”

隋开皇九年（589）并入湘潭县；唐武德四年（621）复置茶陵县，属南云州。北宋为衡州茶陵县。南宋绍兴九年（1139）升县为军，嘉定四年（1211）划出康乐、霞阳（一作云阳）、常平三乡设置酃县（今炎陵县），仍属茶陵军；元为天临路醴陵州、攸州和湘潭州地，以及衡州路酃县。元世祖十九年（1282）升县为州。明代属长沙府，明洪武五年（1372）改州为县，成化十八年（1482）又升县为州，直至清末，隶属长沙府。民国二年（1913年）改州为县，属湘江道。县境位于湘赣边界、罗霄山脉西麓，株洲市南部。东与江西的莲花、永新县和井冈山接壤，南与炎陵县毗邻，西与安仁县交界，北与攸县相连。

茶陵自古有“三路（湖南、江西、广东）襟喉”之称。

[紫微叠翠]

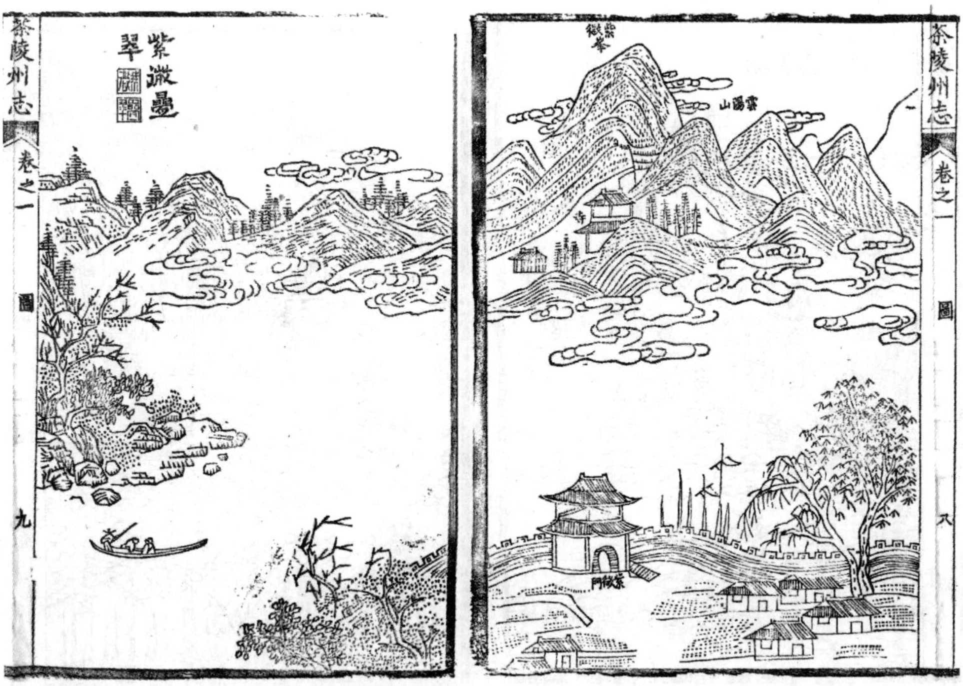

清同治《茶陵州志》载"紫微叠翠"

清同治《茶陵州志》"卷之五·山川"载"紫微叠翠"：云阳第一峰也。耸碧峥霄，为郡表镇（在州西三十里）。

清代谭兆鸿《紫微峰》（集唐句）

俯视但一气，诸峰尽觉低。阴阳割昏晓，残雨隔虹霓。石磴平黄陆，层峦枕碧溪。更疑天路近，客到与云齐。

[洣水环流]

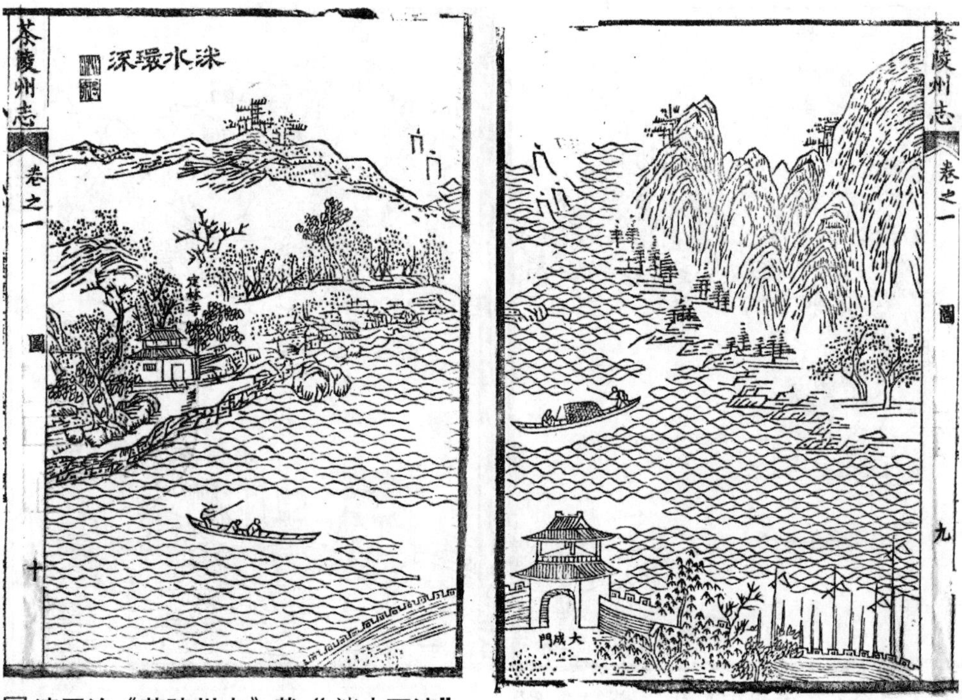

圖 清同治《茶陵州志》载“洣水环流”

清同治《茶陵州志》“卷之五·山川”载“洣水环流”：水出酃县洣泉，北行二百里入茶，合州之众派，抱城而流，逶迤十余里。冈峦周匝，不见出际。

明代罗朝月《洣水环流》

洣水南来几百折，城头月出寒潭深。道人结屋伴江浒，夜静时闻龙一吟。

[凤冈呈瑞]

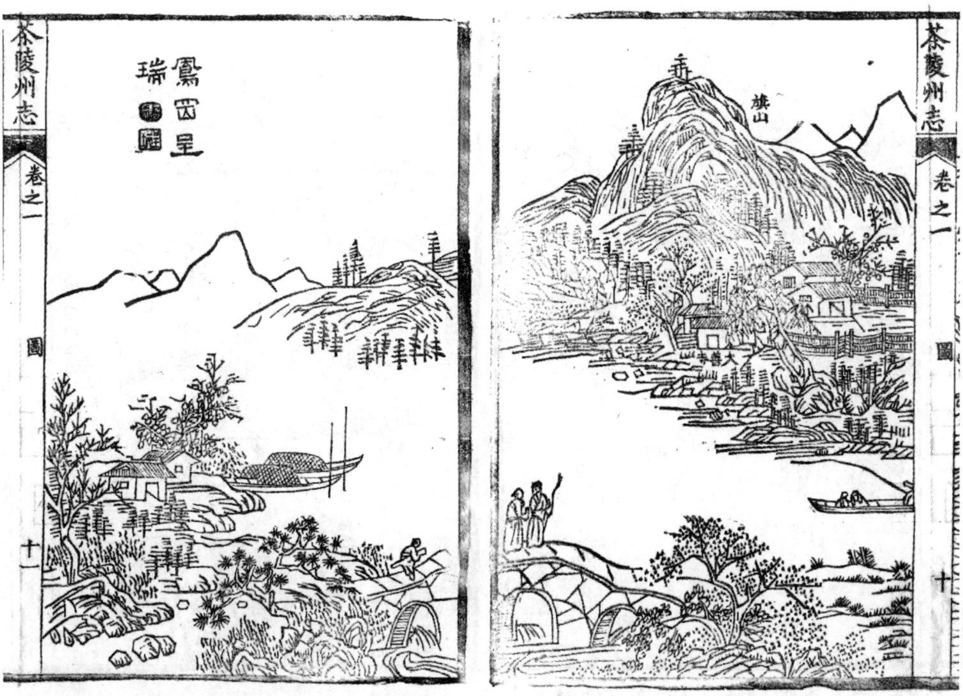

圖 清同治《茶陵州志》载“凤冈呈瑞”

清同治《茶陵州志》“卷之五·山川”载“凤冈呈瑞”：在州北半里许，山自云阳陂陀而下，至州夷平如掌，迤北突起一山，形若凤翥。

[龙湖献灵]

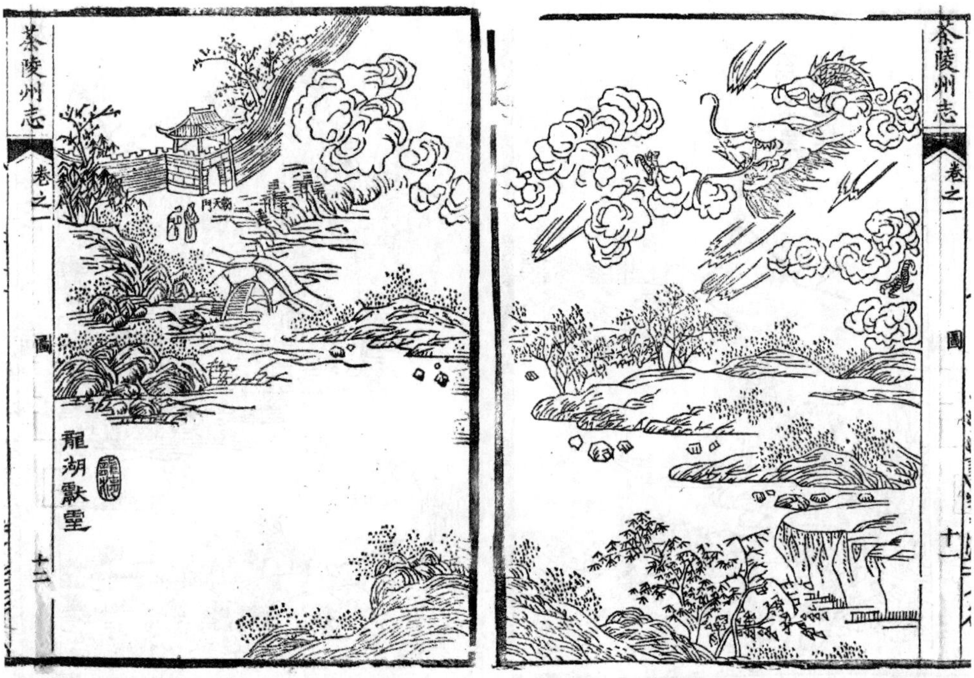

▣ 清同治《茶陵州志》载“龙湖献灵”

清同治《茶陵州志》“卷之五·山川”载“龙湖献灵”：在州北半里，吴赤乌八年有龙自南江趋北而去，地陷成湖，长里许，相沿呼“龙化湖”。谚云：“龙湖拆，榜元出。”元时，水涸泥裂，李祁应之。明正德己卯复然，庚辰会试张治第一。国朝道光癸卯复旱，乙巳廷试，萧锦忠果口。

明代谭朗然《龙湖献灵》

龙潜湖水深，湖干龙欲化。咫尺凌风云，膏雨满天下。

［邓阜朝阳］

圖 清同治《茶陵州志》载“邓阜朝阳”

清同治《茶陵州志》“卷之五·山川”载“邓阜朝阳”：山在州东八十里，屹然高出天半，日出必先射焉。上有孙龙图读书故址。

明代杨继善《邓阜山》

名山吞海日，日放众山低。树老虬龙跃，碑沉蝌蚪迷。山麇随犬逐，谷鸟共鸡栖。犹忆登临岁，烟霞入品题。

清代谭培元《登邓阜山顶》

名山坐对觉崔巍，乘兴登临第二回。心折龙图读书处，身穿鸟道带云来。半林斜照明黄叶，几点青烟锁绿苔。步上峰巅寻古迹，老僧为指一声雷。

[灵岩夜月]

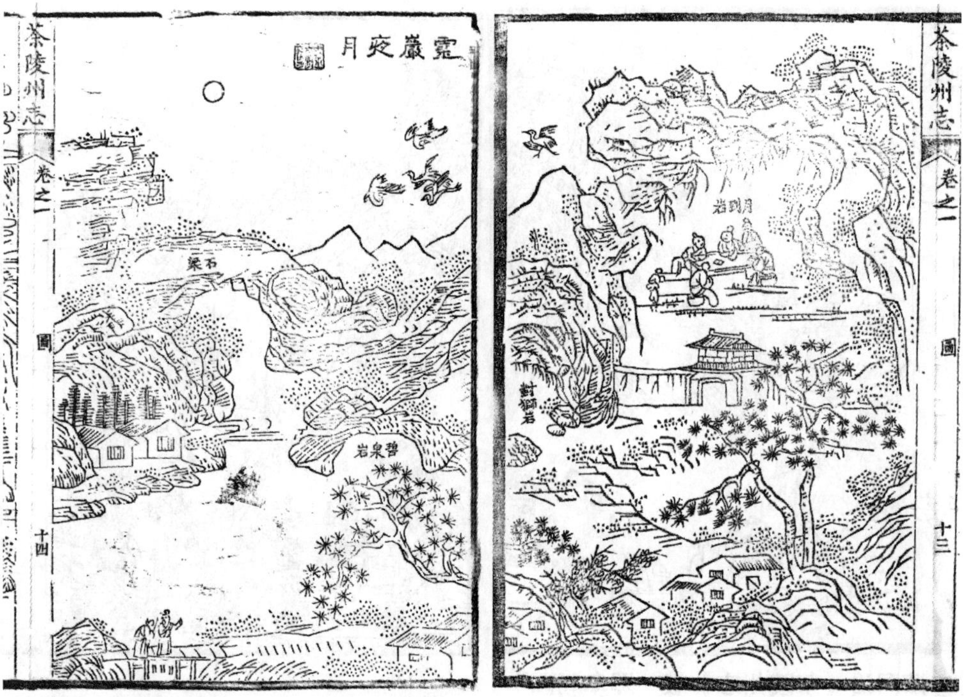

▣ 清同治《茶陵州志》载“灵岩夜月”

清同治《茶陵州志》“卷之五·山川”载“灵岩夜月”：在州东二十里会仙峰下，石室方敞，可二十丈许，每月出岩中，明如昼。唐陈光问营构而隐处焉。今处缁流成梵刹。

宋代侯延年《咏灵岩夜月》

十年辛苦唐贤士，千载奇观旧石岩。天籁沉沉山月小，夜深文字与谁谈。

清代陈德祥《游月到岩》

何年凿破石孱颜，一片清虚接广寒。地与云阳争胜迹，天教月色助奇观。人间挈伴来游易，壁上题诗不朽难。醉后朗吟唐宋句，嫦娥徒倚玉栏干。

清代段裳《秋日游灵岩》

喜有灵岩约，寻秋上玉坡。云根开锡杖，石室笼金鹅。洞里春来少，天边月到多。应留高士卧，不问夜如何。

[秦人古洞]

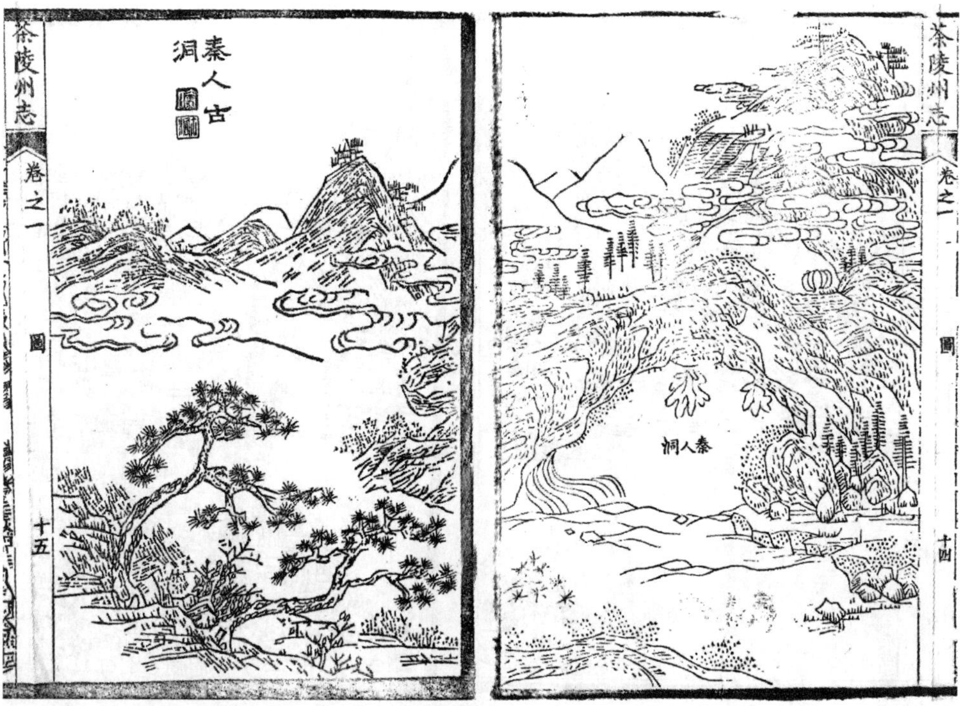

图 清同治《茶陵州志》载“秦人古洞”

清同治《茶陵州志》“卷之五・山川”载“秦人古洞”：在云阳山阴，有上中下三洞，其水三伏三见，洞深窅不可入，时闻有声，铿若钟鼓。

清代罗从龙《秦人古洞》

桃源仙迹杳，三洞也秦人。滚滚洪钟撞，长鸣洞口春。

清代汪定昌《秦人古洞》

古洞深沉坐古人，桃花落蕊塞前津。生逢魏晋轮蹄错，畏对征本话避秦。

[赤松丹井]

圖 清同治《茶陵州志》载“赤松丹井”

清同治《茶陵州志》“卷之五·山川”载“赤松丹井”：在云阳山中，相传赤松子炼丹处，井灶宛然。

明代江存礼《赤松山》

紫微峰畔赤松坛，路人仙源杳蔼间。尘世不堪思往事，白云长在绕孤山。炎陵几度尘飞海，汉代何年客渡关。欲拂苍苔书岁月，高山千仞水潺潺。

清代谭兆鸿《赤松仙》（集唐句）

偶然值林叟，邀入赤松家。竹经通幽处，茅檐覆地花。高萝成帷幄，古屋画龙蛇。叹息此人去，秋风落日斜。

【茶陵十景】

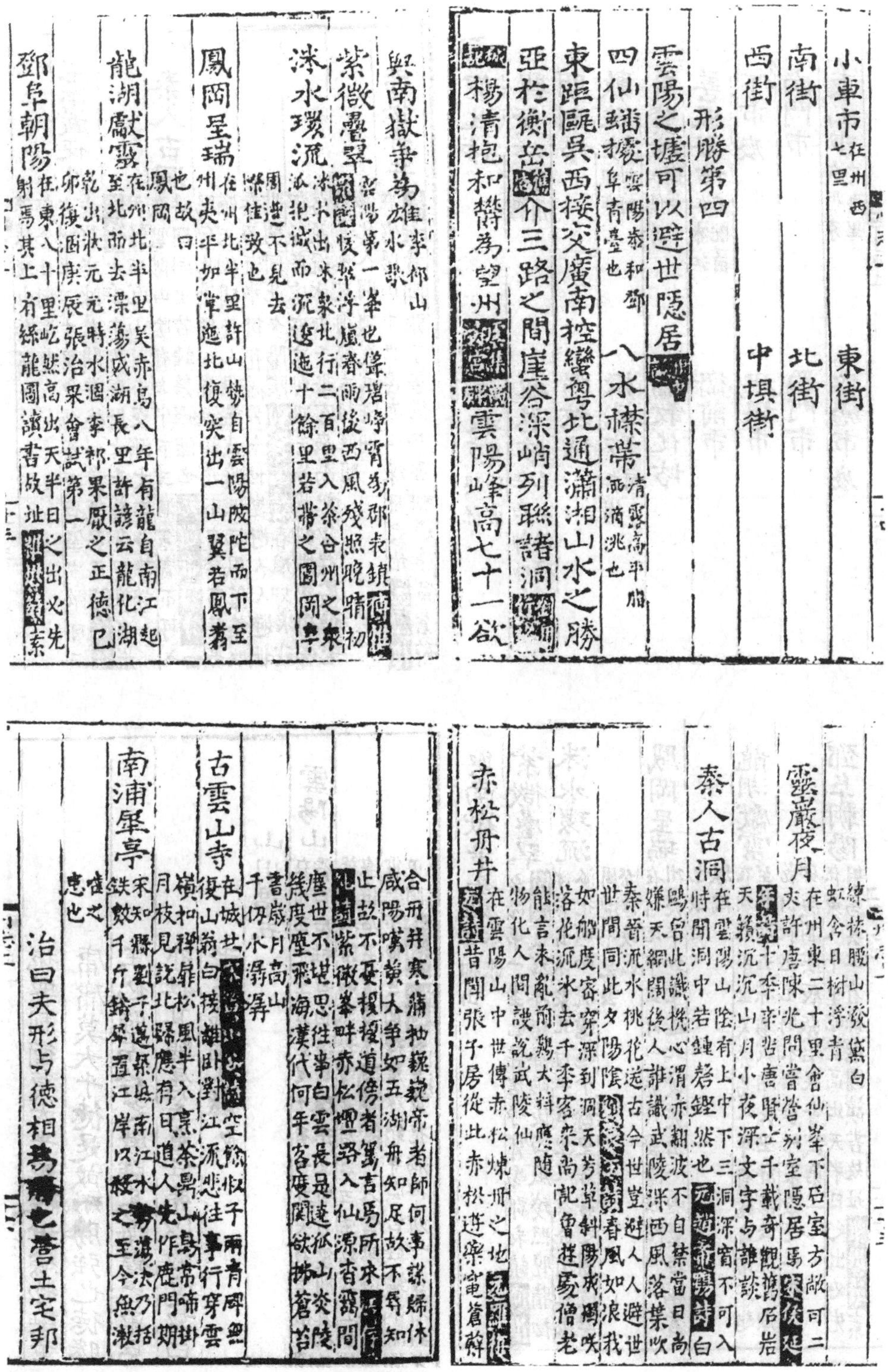
小車市（在州西七里）
東街
南街
北街
西街
中埧街
形勝第四
雲陽之墟可以避世隱居[illegible]
四仙雞壇（雲陽泰和鄧阜青臺也）八水襟帶（清霞高平船溜滴洮也）
東距甌吳西接交廣南控蠻粵北通瀟湘山水之勝
亞於衡岳[illegible]介三路之間崖谷深峭列聯諸洞[illegible]
[illegible]楊清抱和鬱為望州[illegible]雲陽峰（山）高七十一欲
與南嶽爭為雄（李郁山水歌）
紫微疊翠（雲陽第一峯也偉瑲崢霄勢郡表鎮[illegible]偃翠浮嵐春雨後西風殘照晚晴初）
洣水環流（洣水出米泉北行二百里入茶合州之泉派挹瀲而沉逶迤十餘里若帶之圍岡亭周遭不見去綠佳致也）
鳳岡呈瑞（在州北半里許山勢自雲陽陂陀而下至州夾平加掌迤北復突出一山翼若鳳翥也故曰鳳岡）
龍湖獻霧（在州北半里吳赤烏八年有龍自南江起至北而去漂蕩成湖長里許諺云龍化湖乾出狀元元時水涸李祁果厭之正德己卯復涸庚辰張治果會試第一）
鄧阜朝陽（在東八十里屹然高出天半日之出必先射焉其上有綠龍圖讀書故址[illegible]索
綠林腰山發黛白虹含日樹浮青
靈巖夜月（在州東二十里會仙峯下石室方敞可二夫許唐陳光問嘗營別室隱居焉[illegible]十年來嵩唐賢士千載奇觀鶴石岩天籟沉沉山月小夜深文字與誰談）
秦人古洞（在雲陽山陰有上中下三洞深窅不可入時聞洞中若鍾磬鏗然也[illegible]白鷗留此識機心渭赤翻波不自禁當日尚嫌天網闊後人誰識武陵深西風落葉吹秦晉流水桃花送古今世豈避人人避世世間同此夕陽陰[illegible]春風如浪我如船度容穿深到洞天芳草斜陽夜闌咲落花流水去千年客來尚記曾遊處僧老能言未亂前鷄犬料應隨物化人間謾說武陵仙）
赤松丹井[illegible]（在雲陽山中世傳赤松煉丹之地[illegible]昔聞張子房從此赤松遊藥竈蒼蘚合丹井寒蒲抽雞窺帝者師何事謀歸休咸陽嗟贏大爭如五湖舟知足故不辱知止故不憂揚揚道傍者罵言焉所求[illegible]紫微峯畔赤松煙路入仙源杳靄間塵世不堪思往事白雲長是遶孤山炎陵幾度塵飛海漢代何年客夜閑欲拂蒼苔書巖月高山千仞水潺潺）
古雲山寺（在城廿[illegible]空餘似子雨青問無復山翁白接籬臥對江流悲往事行穿雲嶺和禪扉松風半入烹茶鼎山鳥常啼掛月枝見說北歸應有日道人先作鹿門期）
南浦犀亭（宋知縣劉子邁築於南江水[illegible]漭汰乃括鐵數千斤鑄犀置江岸以鎮之至今無激之患也）
治曰夫形與德相[illegible]也營土宅邦

明嘉靖《茶陵州志》載“茶陵十景”

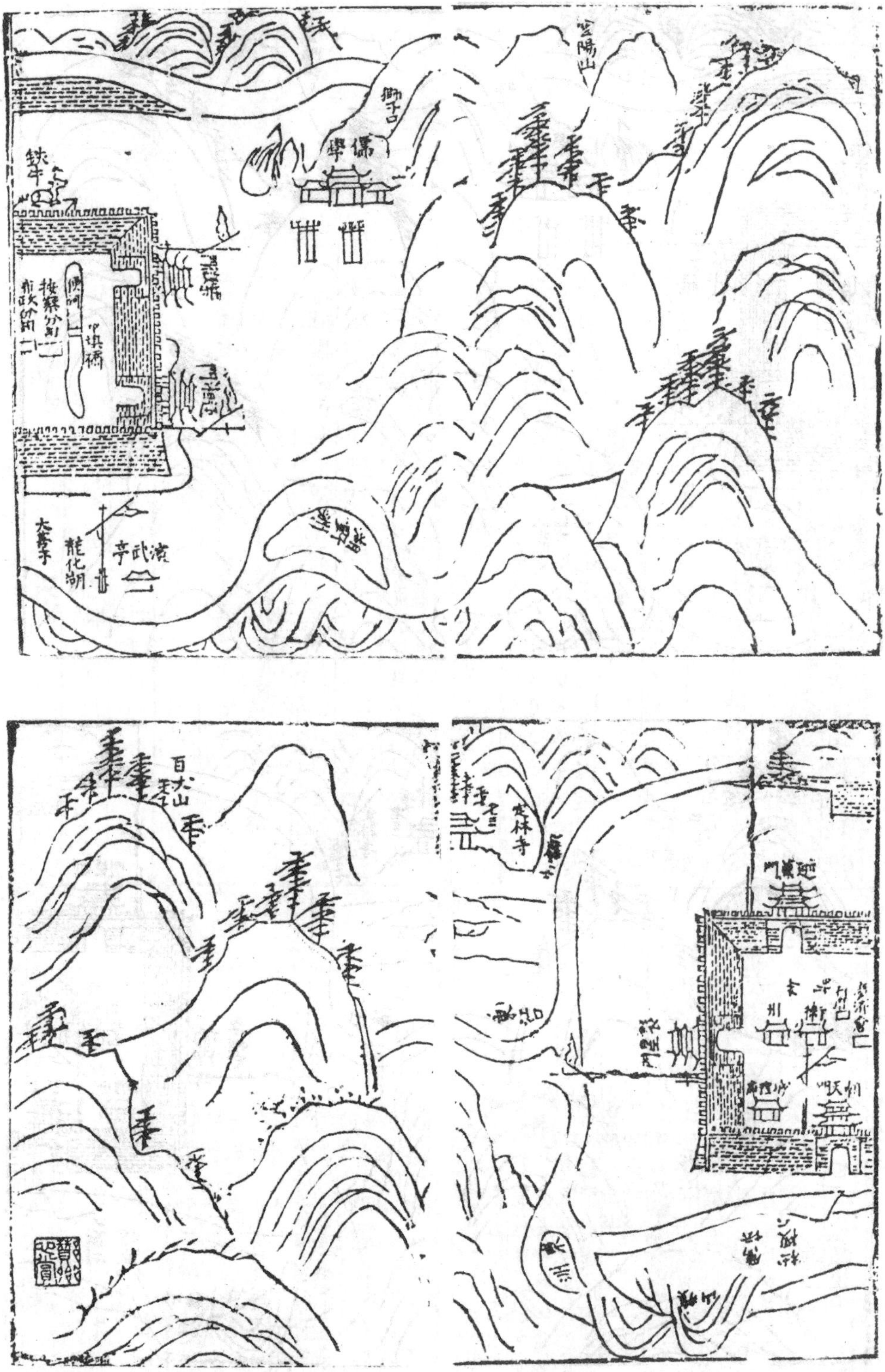

明嘉靖《茶陵州志》载“茶陵州全图”

【灵岩八景】

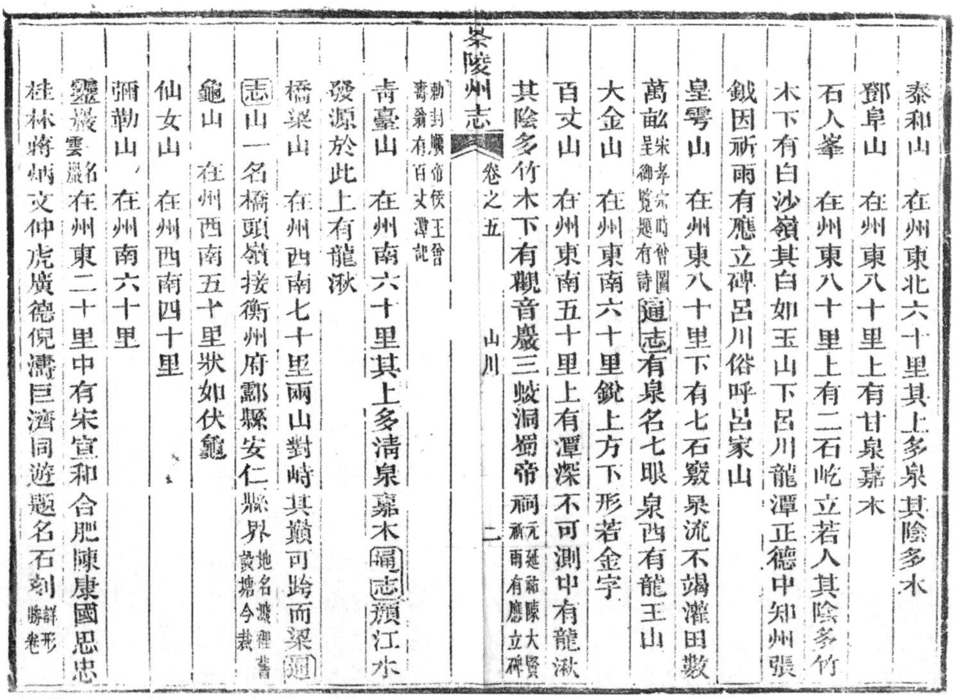

泰和山　在州東北六十里其上多泉其陰多木
鄧阜山　在州東八十里上有甘泉嘉木
石人峯　在州東八十里上有二石屹立若人其陰多竹
木下有白沙嶺其白如玉山下呂川龍潭正德中知州張
鉞因祈雨有應立碑呂川俗呼呂家山
皇雩山　在州東八十里下有七石竅泉流不竭灌田數
萬畝宋孝宗時曾圖呈御覽題有詩通志有泉名七眼泉西有龍王山
大金山　在州東南六十里鋭上方下形若金字
百丈山　在州東南五十里上有潭深不可測中有龍湫
其陰多竹木下有觀音巖三蛟洞蜀帝祠元延祐陳大賢祈雨有應立碑

茶陵州志　卷之五　山川　二

勅封廣帝侯王曾壽翁有百丈潭記
青臺山　在州南六十里其上多清泉嘉木通志瀕江水
發源於此上有龍湫
橋梁山　在州西南七十里兩山對峙其巔可跨而梁通
志山一名橋頭嶺接衡州府酃縣安仁縣界地名漿裡皆設塘今裁
龜山　在州西南五十里狀如伏龜
仙女山　在州西南四十里
彌勒山　在州南六十里
靈巖名雲巖在州東二十里中有宋宣和合肥陳康國思忠
桂林蔣㫤文仲虎廣德倪濤巨濟同遊題名石刻詳形勝卷

清同治《茶陵州志》载“灵岩”

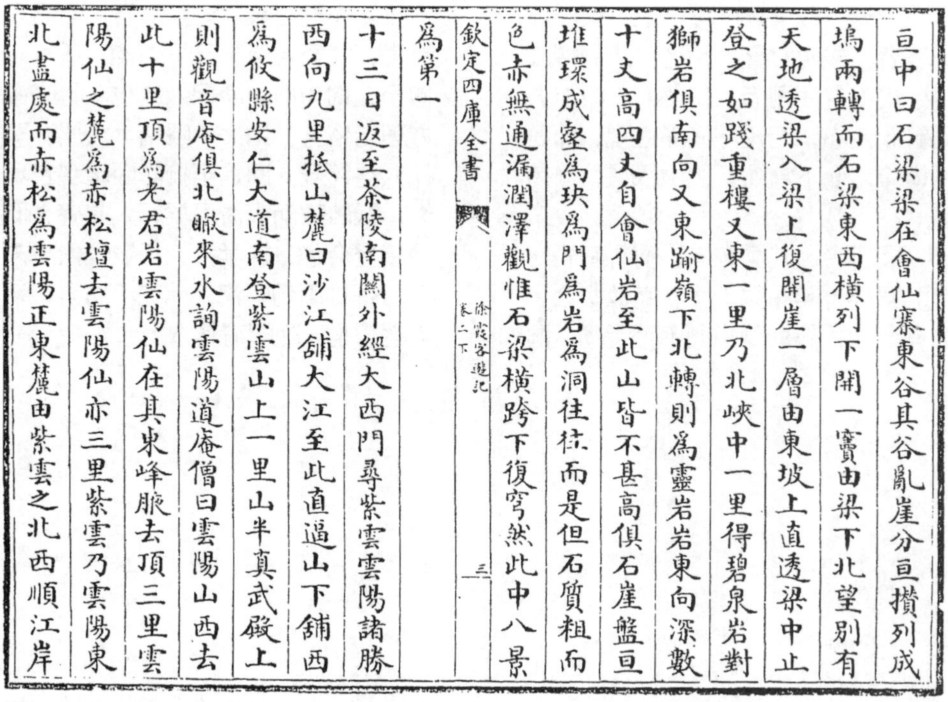

亘中曰石梁梁在會仙寨東谷其谷亂崖分亘攢列成
塢兩轉而石梁東西横列下開一竇由梁下北望別有
天地透梁入梁上復開崖一層由東坡上直透梁中止
登之如践重樓又東一里乃北峡中一里得碧泉岩對
獅岩俱南向又東踰嶺下北轉則爲靈岩岩東向深數
十丈高四丈自會仙岩至此山皆不甚高俱石崖盤亘
堆環成壑爲玦爲門爲岩爲洞往往而是但石質粗而
色赤無通漏潤澤觀惟石梁横跨下復穹然此中八景

欽定四庫全書　徐霞客遊記卷二下　三

爲第一
十三日返至茶陵南關外經大西門尋紫雲雲陽諸勝
西向九里抵山麓曰沙江舖大江至此直逼山下舖西
爲攸縣安仁大道南登紫雲山上一里山半真武殿上
則觀音庵俱北瞰來水詢雲陽道庵僧曰雲陽山西去
此十里頂爲老君岩雲陽仙在其東峰脉去頂三里雲
陽仙之麓爲赤松壇去雲陽仙亦三里紫雲乃雲陽東
北盡處而赤松爲雲陽正東麓由紫雲之北西順江岸

清《钦定四库图志》“徐霞客游记”载“灵岩八景”（局部）

"灵岩八景"位于茶陵县沙溪境内，分别为石梁桥、月到岩、对狮岩、观音岩（又名观音现像）、伏虎岩、会仙寨、读书堂、滴水岩（又名碧泉岩）。

明代徐霞客在《楚游日记》写道：

十二日

晓寒甚。舟人由江口挽舟入鄠水，遂循茶陵城过东城，泊于南关。入关，抵州前，将出大西门，寻紫云、云阳之胜。闻灵岩在南关外十五里，乃饮于市，复出南门，渡鄠水。时微雨飘扬，朔风寒甚。东南行，陂陀高下五里，得平畴，是曰欧江。有溪自东南来，遂溯之行，雾中望见其东山石突兀，心觉其异。又五里，抵山嘴溪上，是曰沙陂，以溪中有陂也（溪源在东四十里百丈潭）。陂之上，其山最高者，曰会仙寨，其内穹崖裂洞，曰学堂岩。再东，山峡盘亘，中曰石梁岩，即在沙陂之上，余不知也。又东一里，乃北入峡中。一里，得碧泉岩、对狮岩，俱南向。又东逾岭而下，转而北，则灵岩在焉。以东向，曾守名才汉又名为月到岩云。

自会仙岩而东，其山皆不甚高，俱石崖盘亘，堆环成壑，或三面回环如玦者，或两对叠如门者，或高峙成岩，或中空如洞者，每每而是。但石质粗而色赤，无透漏润泽之观，而石梁横跨，而下穹然，此中八景，当为第一。

灵岩者，其洞东向，前有亘岩，南北回环，其深数十丈，高数丈余，中有金仙，外列门户而不至于顶，洞形固不为洞掩也，为唐陈光问读书处。陈居严塘（在洞北二十里）。其后裔犹有读书岩中者。

观音现像，伏狮峰之东，回崖上万石迹成像，赭黄其色。

对狮岩者，一名小灵岩，在灵岩南岭之外。南对狮峰，上下两层，上层大而高穹，下层小而双峙。

碧泉岩者，在对狮之西，亦南向，洞深三丈，高一丈余。内有泉一缕，自洞壁半崖滴下，下有石盘承之，清冽异常，亦小洞间一名泉也。

伏虎岩，在清泉之后。

石梁岩，在沙陂会仙寨东谷。其谷乱崖分亘，攒列成坞，两转而东西横亘，下开一窦，中穹若梁，由梁下北望，别有天地，透梁而入，梁上复开崖一层，由东陂而上，直造梁中而止，登之如践层楼矣。

会仙寨，下临沙溪，上亘圆顶，如叠磨然，独出众山，罗洪山罗名其纶，琼司理。结净蓝于下，即六空上人所栖也。其师号涵虚。

学堂岩，在会仙之北，高崖间迸开一窦，云仙人授学之处。

此灵岩八景也。余至灵岩，风雨不收。先过碧泉、对狮二岩，而后入灵岩，晓霞留饭，已下午矣。适有一僧至，询为前山净侣六空也。时晓霞方理诸俗务，结茅、喂猪。饭罢，即托六空为导。回途至狮峰而睹观音现像，抵沙陂而入游石梁，入其庵，而乘暮登会仙，探学堂，八景惟伏虎未至。是日雨仍空濛，而竟不妨游，六空之力也。晚即宿其方丈。

【酃县八景】

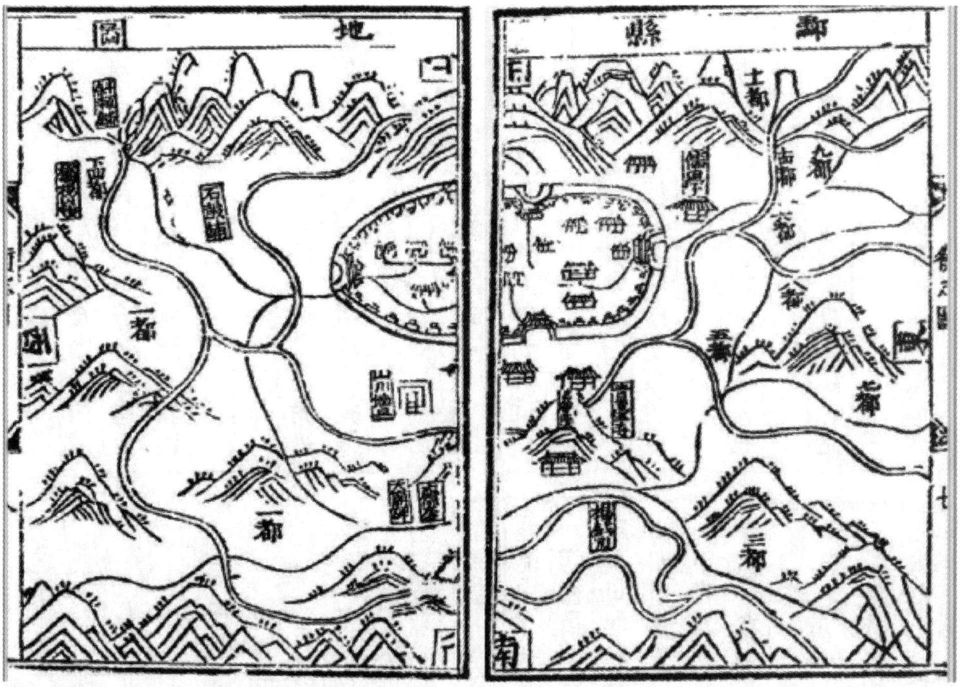

▣ 明嘉靖《衡州府志》载“酃县地图”

炎陵县，原名酃县，始建于宋嘉定四年（1211），地处湘东南边陲、井冈山西麓，因“邑有圣陵”——炎帝陵，1994 年更名为炎陵县。

清乾隆《酃县志》载“酃县八景”，分别是醽醁泉香、梅山朝旭、桃花春涨、湘刹夹流、秋山远霭、青台霁岚、天半晓钟、白云灵谷。

清代刘武枚《集八景》

初升旭日映晴梅，遥望彩霞罩碧台。邃谷云蒸滋化雨，灵源浪暖起春雷。秋高山色莹如锦，气冽泉甘味胜醅。两派逶迤随刹绕，一声鞺鞳破空来。

陵右支分汪東吳不具載中支自團蒼山峰巒絡繹以
金鐘山東北之芽嶺折入霞陽鄉崖嘴寨及斷丫嶺過
十里山分水坳至大壟上直登神僊界大峰墩左達青
臺山筆架峰雖羣峭摩天而勢欲俯臨逶迤至北郭演
武亭氣極翕聚象極開朗結爲縣治

八景 附

醽醁泉香　在東城內俗呼龍王井色清味冽甘若膏露

梅山朝旭　在城東學宮側半里許日方東昇曙光掩映
山水俱輝過時則異

桃花春漲　在城東一里許懸崖而下噴雪濺珠直至桃

酃縣志　卷之二　地理志　八景　三

花源春雨溪漲波流連滿岸花倒映水中新秀可玩

湘利夾流　在城西郇湘山寺也孤峰拔起二水夾流澗
響琮琤與松濤上下坐對移時令人躁心俱釋

秋山遠靄　在城西蒼山層疊秋時雲氣蜿蜒出沒巒岫
間高瞻遠矚杳無定態

青臺霽嵐　在城北每當雨霽嵐翠橫空朝夕移時景色
迥別 舊志作暮嵐今按青臺之嵐朝暮皆同惟雨霽倍爲可觀故改之

天半曉鐘　在城北危峰卓立古刹高懸清夜鳴鐘響徹
雲表若從天半飛來

白雲靈谷　在城北三里許俗呼僊碁洞巖洞幽深藤蘿
交翠有石枰坐具相傳有僊弈於此每當白雲繚繞則
霖雨可待故世傳靈谷云

蕃按宇宙大矣山川草木雲日煙嵐或千古齊觀
或頃刻異致景物佳處惟會心人得之若必刻畫
一定則混沌幾鑿而死矣乃志家列景不十則八
衆手雷同牢不可破殊堪噴飯宜楊升庵先生有
宇宙安得許多景之譏也酃舊志八景及炎陵八
景本欲刪去以邑士重於變舊姑存之正阮生所
謂未能免俗云爾

山川

酃縣志　卷之二　地理志　山川　四

廻龍山　在縣東五里當邑東之衝元末流寇剽掠邑人
譚德昌結寨守禦於此

纈貝山　在縣東五里

高朗山　在縣東八里

斷丫嶺　在縣東十五里

芽嶺　在縣東二十里

崖嘴寨　在縣東二十里

犁壁嶺　在縣東北二十里陡峭逼霄形似犁嘴踰此郇
爲大墳屬茶陵地

金鐘山　在縣東三十里圓如覆鐘

清乾隆《酃县志》“卷之二·地理志”载“八景”

【醽醁泉香】

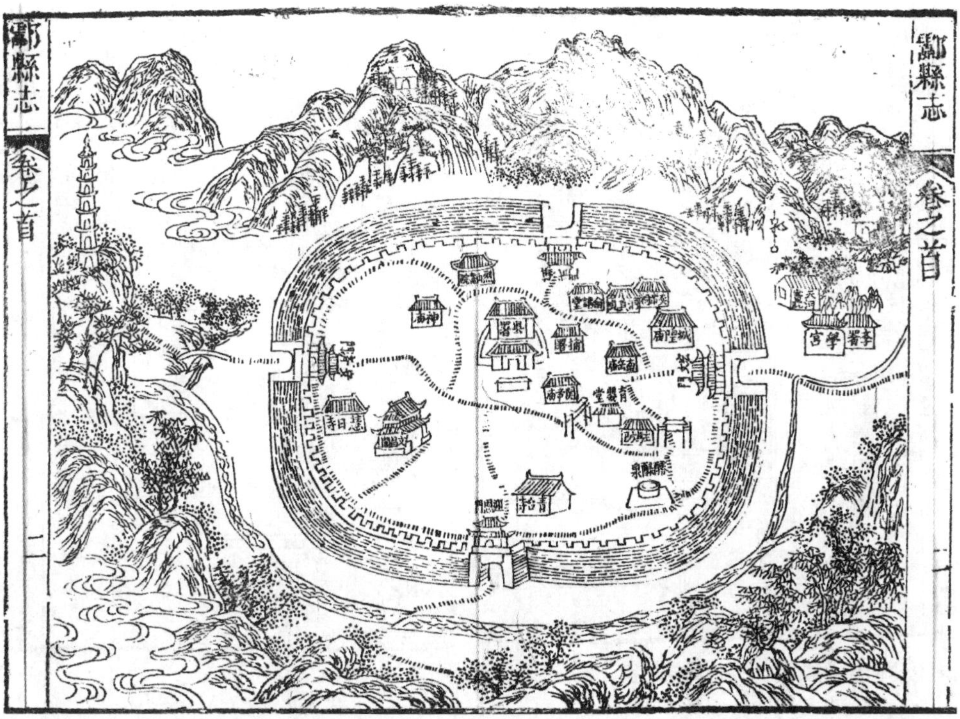

㗊 清乾隆《酃县志》“酃县全城图”“醽醁井”

清乾隆《酃县志》“卷之二·地理志”载“醽醁泉香”：在东城内，俗呼龙王井。色清味冽，甘若膏露。

清代李朝事《醽醁泉香》

醽醁泉源寄市城，澄清不受物嚣撄。金茎仙露□同质，玉涧芳流可并声。受福已知占井汲，濡膏靡尽羡渊泓。个中不减湘兰味，肯教时人识米精。

［梅山朝旭］

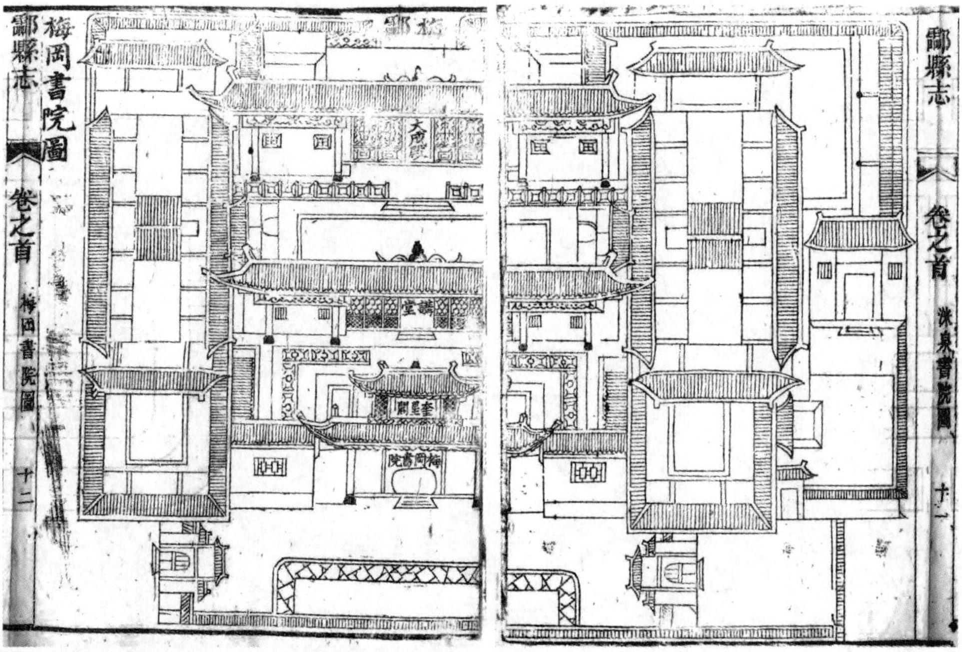

清同治《酃县志》“卷之首”载“梅冈书院图”

梅山，在县城东门外桃花园梅冈书院旁，今炎陵一中所在地。清乾隆《酃县志》“卷之二·地理志”载“梅山朝旭”：在城东学宫侧半里许，日方东升，曙光掩映，山水俱辉，过时则异。

梅冈书院建于清嘉庆二十二年（1817），由时任酃县知县麦连倡议，武举朱光贤与文举贾元贞等主持修建，因院南有梅山，故命名为梅冈书院。

清代谭楚题《梅冈朝旭》

东皋特秀有梅冈，襟带梅江灌楚湘。晓际氤氲羲御近，宛然一气翊扶桑。

[桃花春涨]

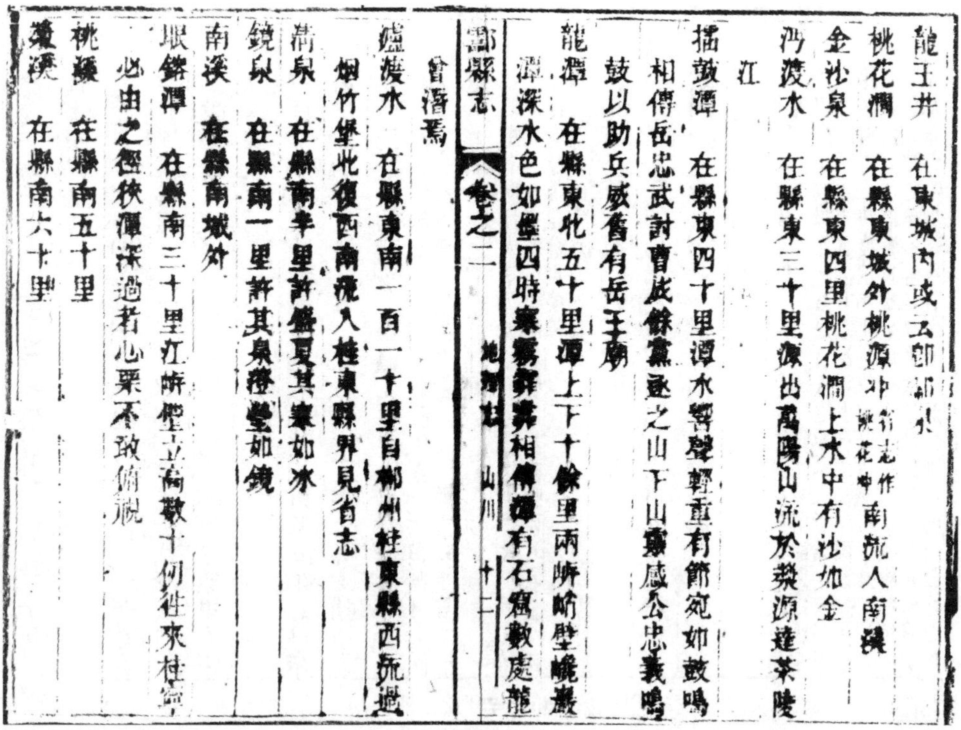

龍王井　在東城內或云即訓水
桃花澗　在縣東城外桃源冲（舊志作桃花冲）南流入南溪
金沙泉　在縣東四里桃花澗上水中有沙如金
沔渡水　在縣東三十里源出高陽山流於谿源達茶陵
江
擂鼓潭　在縣東四十里潭水聲響輕重有節宛如鼓鳴
相傳岳忠武討曹成餘黨逐之山下山靈感公忠義鳴
鼓以助兵威舊有岳王廟
龍潭　在縣東北五十里潭上下十餘里兩岸峭壁巉巖
潭深水色如墨四時寒霧霏霏相傳潭有石窟數處龍

酃縣志　卷之二　地理志　山川　十二

曾潛焉
爐渡水　在縣東南一百一十里自郴州桂東縣西流過
烟竹堡北復西南流入桂東縣界見省志
清泉　在縣南半里許盛夏其寒如冰
鏡泉　在縣南一里許其泉澄瑩如鏡
南溪　在縣南城外
瑯錦潭　在縣南三十里江岸壁立高數十仞往來桂寧
必由之徑狹灘深過者心栗不敢俯視
桃源　在縣南五十里
瀼溪　在縣南六十里

清乾隆《酃县志》“地理志”载“桃花涧”

“桃花春涨”在城东三里许，今霞阳镇。清乾隆《酃县志》“卷之二·地理志”载：悬崖而下，喷雪溅珠，直至桃花源。春雨溪涨，波流涟漪，岸花倒映水中，新秀可玩。

霞阳，因境内有霞阳峰而得名，历来为县治所在地。明嘉靖二年（1523），知县易宗周以石易木建成城垣，并设东宏文门、南迎恩门、西安济门、北镇武门。

[湘刹夹流]

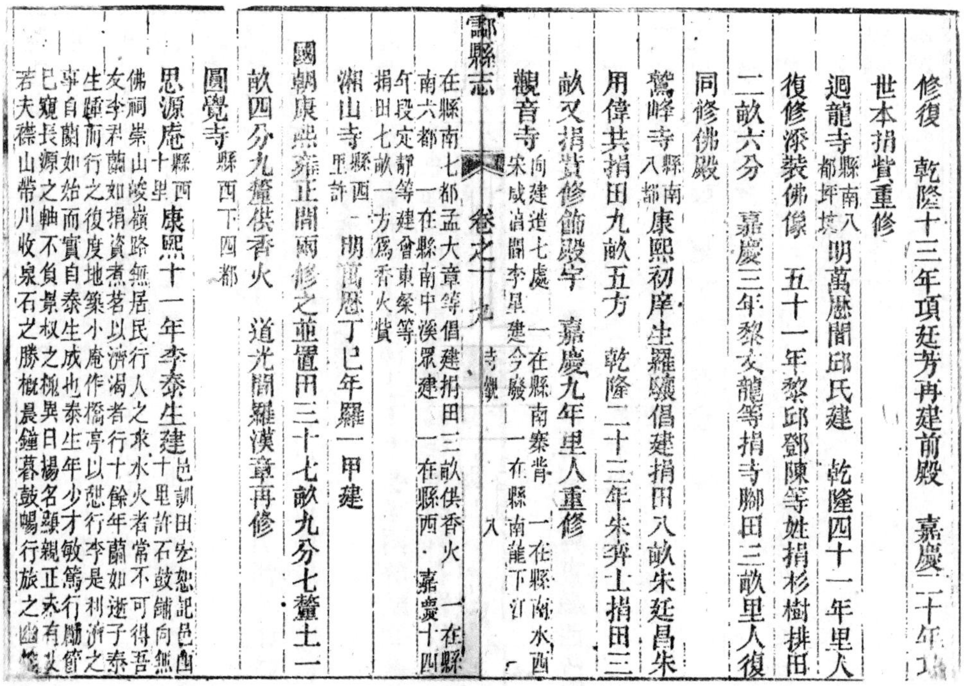

修復　乾隆十三年項廷芳再建前殿　嘉慶二十年
世本捐貲重修
迴龍寺縣南八都坪坡　明萬歷間邱氏建　乾隆四十一年里人
復修添裝佛像　五十一年黎邱鄧陳等姓捐杉樹拼田
二畝六分　嘉慶三年黎文龍等捐寺腳田三畝里人復
同修佛殿
鷲峰寺縣南八都　康熙初庠生羅驤倡建捐田八畝朱廷昌朱
用偉共捐田九畝五方　乾隆二十三年朱彝士捐田三
畝又捐貲修飾殿宇　嘉慶九年里人重修
觀音寺向建造七處　一在縣南寨背　一在縣南水西　宋咸淳間李杲建今廢　一在縣南龍下江
酃縣志　卷之十九　寺觀　八
在縣南七都孟大章等倡建捐田三畝供香火　一在縣南六都　一在縣南中溪眾建　一在縣西．嘉慶十四年段定靜等建曾東粲等捐田七畝一方為香火貲
湘山寺縣西一里許　明萬歷丁巳年羅一甲建
國朝康熙雍正間兩修之並置田三十七畝九分七釐土一
畝四分九釐供香火　道光間羅漢章再修
圓覺寺縣西下四都
思源庵縣西十里　康熙十一年李泰生建　邑訓田宏恕記邑西十里許石鼓鋪向無佛祠崇山峻嶺路無居民行人之求水火者常不可得吾友李君藺如捐資煮茗以濟渴者行十餘年藺如逝子泰生踵而行之復度地築小庵作橋亭以憩行李是利濟之事自藺如始而實自泰生成也泰生年少才敏篤行勵節已窺長源之軸不負景叔之槐異日揚名顯親正未有艾若夫襟山帶川收泉石之勝楸晨鐘暮鼓暢行旅之幽懷

清同治《酃县志》“寺观”载“湘山寺”

在城西湘山公园内，北宋始建湘山寺，又名三湘寺。清乾隆《酃县志》“卷之二·地理志”载：在城西，即湘山寺也。孤峰拔起，二水夹流，涧响琮琤，松涛上下，坐对移时，令人躁心俱释。

清代李超鼎《湘刹夹流》

山下寒江左右流，梵宫盘结在峰头。镜中倒出烟林合，云际遥连泉石幽。塔影双悬明月夜，松涛分逐锦帆舟。钟声恍彻诸天外，湘浦循环韵未休。

［秋山远霭］

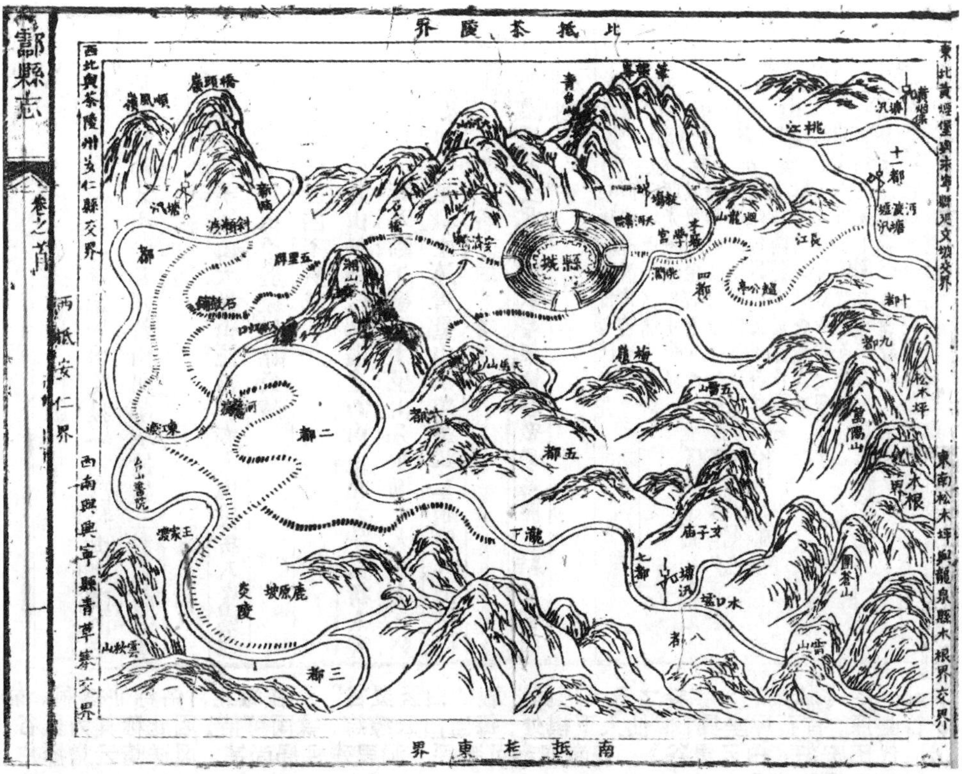

清乾隆《酃县志》“酃县全境图”载“云秋山”。“卷之二·地理志”载“秋山远霭”：在城西，苍山层叠，秋时云气蜿蜒，出没峦岫间。清代谭楚赆《秋山远霭》：海市蜃楼映帝丘，晴烟万缕驻南陬。偏宜秋色来天地，能伴骚人续旧游。

[白云灵谷]

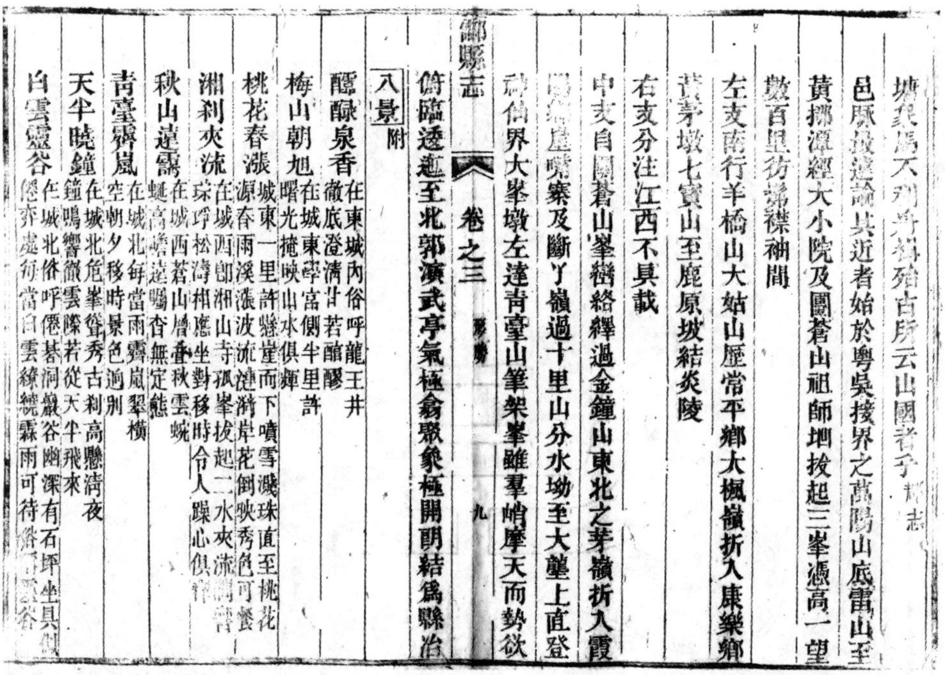

塽衍爲天列并糾殆古所云山國者乎 酃志
邑脈發源論其近者始於粵吳接界之萬陽山底雷山至
黄掛潭經大小院及圓蒼山祖師坳拔起三峯憑高一望
數百里彷彿襟袖間
左支南行羊橋山大姑山歷常平鄉太楓嶺折入康樂鄉
黄茅墩七寶山至鹿原坡結炎陵
右支分注江西不具載
中支自圓蒼山峯巒絡繹過金鐘山東北之茅嶺折入霞
陽鄉歷嘴寨及斷丫嶺過十里山分水坳至大壟上直登
詩僧界大峯墩左達青臺山筆架峯雖羣峭摩天而勢欲
傍臨透迤至北郭演武亭氣極翕聚象極開朗結爲縣治

酃縣志 卷之三 形勢 九

八景 附
醽醁泉香 在東城內俗呼龍王井徹底澄清甘若醽醪
梅山朝旭 在城東學宮側半里許曙光掩映山水俱輝
桃花春漲 城東一里許懸崖而下噴雪濺珠直至桃花源春雨溪漲波流漣漪岸花倒映秀色可餐
湘剎夾流 在城西酃湘山寺孤峯拔起二水夾流潺湲琮琤松濤相應坐對移時令人躁心俱靜
秋山遠靄 在城西若山層疊秋雲蜿蜒高嶠遠矚杳無定態
青臺霽嵐 在城北每當雨霽嵐翠橫空朝夕移時景色迥別
天半曉鐘 在城北危峯聳秀古剎高懸清夜鐘鳴響徹雲際若從天半飛來
白雲靈谷 在城北俗呼僊棊洞巖谷幽深有石坪坐具似僊弈處每當白雲繚繞霖雨可待故稱靈谷

清同治《酃县志》“卷之三·形势”载“白云灵谷”：在城北，俗称仙棋洞。岩谷幽深，有石坪坐具，似仙人下棋处，每当白云缭绕，霖雨可待，因此称其为灵谷。清代田宏恕《白云灵谷》：苍崖羽客可频呼，洞里残枰局尚铺。风送晴云常掩户，烂柯王质到来无。

[青台霁岚]

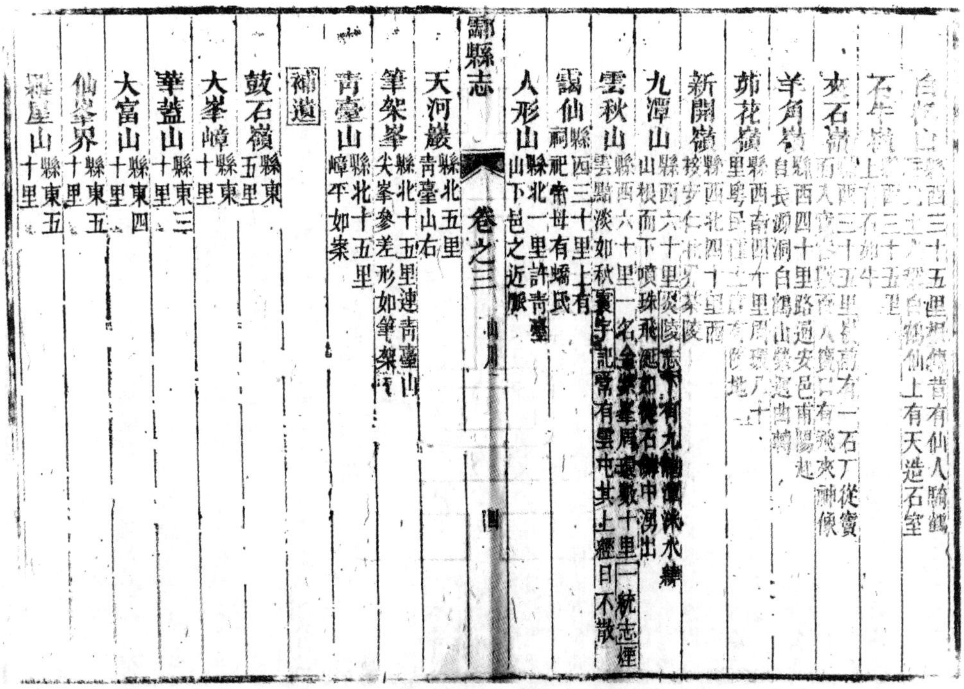

白[illegible]山縣西三十五里[illegible]昔有仙人騎鶴[illegible]仙上有天造石室

石牛嶺縣西三十五里上有石如牛

夾石嶺縣西三十五里[illegible]前有一石丁從竇[illegible]有飛來神像

羊角嶺縣西四十里路通安邑甫陽起自長源洞自鴉山[illegible]

茆花嶺縣西南四十里周環八十里[illegible]

新開嶺縣西北四十里[illegible]接安仁[illegible]茶陵

九潭山縣西六十里[illegible]志下有九[illegible]深水[illegible]山根而下噴珠飛瀑如從石罅中湧出

雲秋山縣西六十里一名金紫峯周環數十里[一統志]雲點淡如秋[寰宇記]常有雲屯其上經日不散

靄仙縣西三十里上有祠祀帝母有蟜氏

人形山縣北一里許青臺山下邑之近脈

酃縣志 卷之三 山川

天河巖縣北五里青臺山右

筆架峯縣北十五里連青臺山尖峯參差形如筆架

青臺山縣北十五里嶂平如案

補遺

鼓石嶺縣東五里

大峯嶂縣東十里

華蓋山縣東三十里

大富山縣東四十里

仙峯界縣東五十里

[illegible]山縣東五十里

清同治《酃县志》“山川”载“青台山”。清乾隆《酃县志》“卷之二·地理志”载“青台霁岚”：在城北，每当雨霁，岚翠横空，朝夕移时，景色迥别（旧志作“暮岚”，今按：青台之岚，朝暮皆同，惟雨霁倍为可观，故改之）。

[天半晓钟]

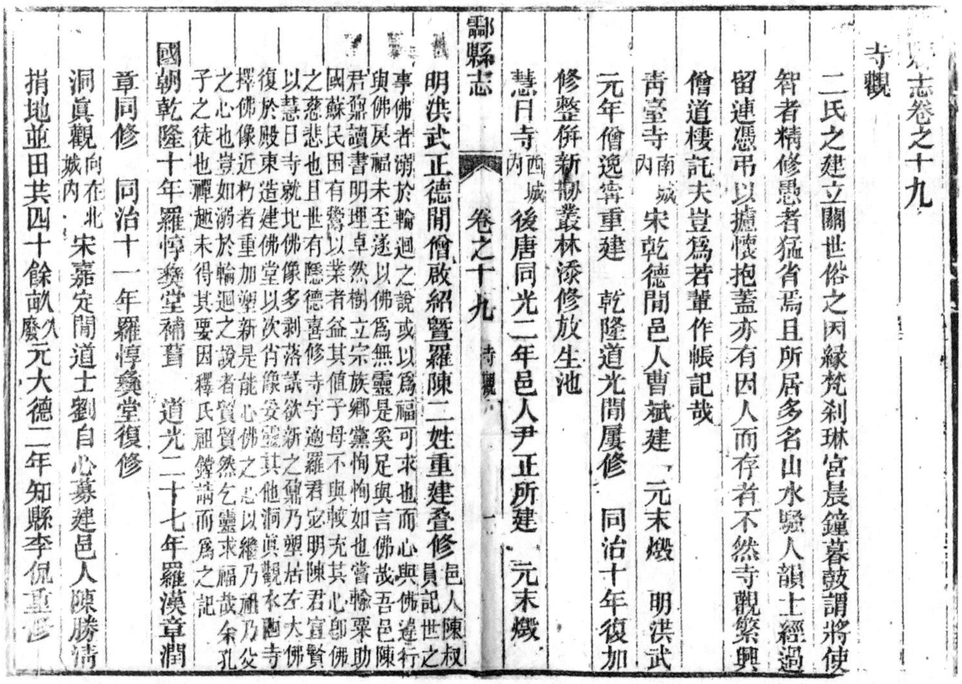

酃縣志卷之十九

寺觀

二氏之建立關世俗之因緣梵刹琳宮晨鐘暮鼓謂將使智者精修愚者猛省焉且所居多名山水騷人韻士經過留連憑弔以攄懷抱蓋亦有因人而存者不然寺觀繁興僧道棲託夫豈爲若輩作帳記哉

靑臺寺城南內 宋乾德間邑人曹斌建 元末燬 明洪武元年僧逸𡨴重建 乾隆道光間屢修 同治十年復加修整併新刱叢林添修放生池

慧日寺城西內 後唐同光二年邑人尹正所建 元末燬 明洪武正德間僧啟紹暨羅陳二姓重建疊修 邑人陳叔員記 世之事佛者溺於輪迴之說或以爲福可求也而心與佛違行與佛戾福未至遂以佛爲無靈是奚足與言佛哉吾邑陳君鼐讀書明理卓然樹立宗族鄉黨恂恂如也嘗輸粟助國蘇民因有鬻以業者益其值子母不與較充其心即佛之慈悲也且世有隱德喜修寺宇適羅君宓明陳君宣贊以慧日寺就圮佛像多剝落議欲新之鼐乃塑佑左大佛復於殿東造建佛堂以次肖像妥靈其他洞眞觀本廟寺擇佛像近朽者重加塑新是能心佛之志以繼乃祖乃父之心也豈如溺於輪迴之說者貿貿然乞靈求福哉 余孔子之徒也禪趣未得其要因釋氏祖鐃請而爲之記

國朝乾隆十年羅惇彝堂補葺 道光二十七年羅漢章潤章同修 同治十一年羅惇彝堂復修

洞眞觀城內向北 宋嘉定間道士劉自心募建邑人陳勝淸捐地並田共四十餘畝 久廢 元大德二年知縣李侃重修

清同治《酃县志》“寺观”载“青台寺”。清乾隆《酃县志》“卷之二·地理志”载“天半晓钟”：在城北，危峰卓立，古刹高悬，清夜鸣钟，响彻云表，若从天半飞来。

【炎陵十景】

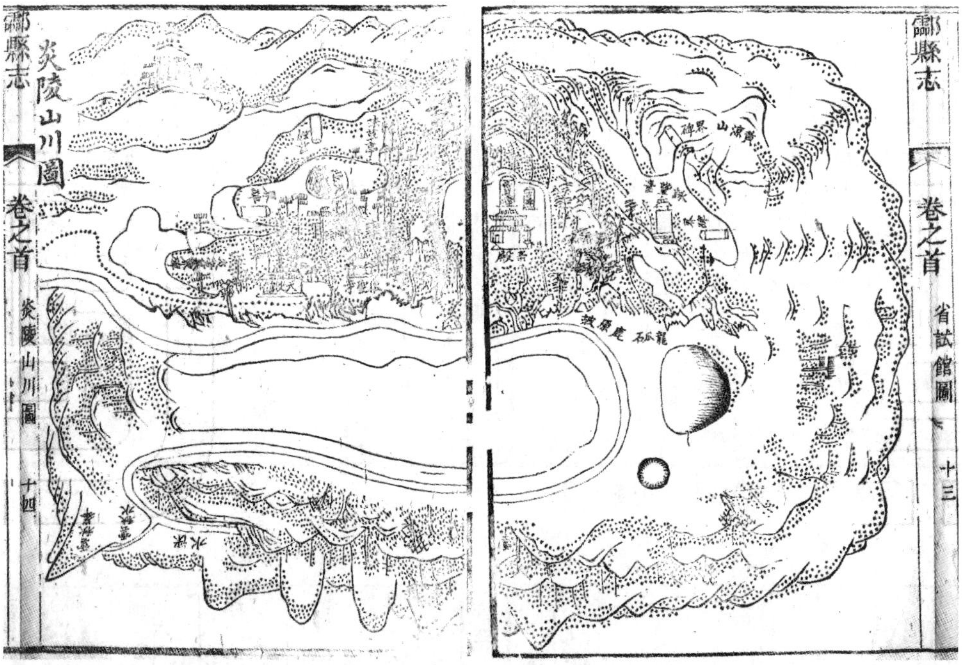

清同治《酃县志》载“炎陵山川图”

陵後東十里有崖陰山臨江擁翠叠嶂層巒亙狂鹿原
陂相傳帝産於此
嶠梁嶺俗呼嶠頭嶺在陵北二十里羅泌註圖經云帝
卜葬南方過嶠即止是也相傳嶺上帝鑄有嘗藥鼎
在焉三足有蓋素質無文蓋端蝌蚪數十字不可識
五代時一浮圖見之弗識爲神物移時覓之不可得
但聞虎嘯云見茶陵舊志
嶠梁嶺山凹古坑中相傳爲帝大行所經路史梁坑有
轍跡是也邑諭彭非瞿云嘗下峻坂於荒徑側見之
徑可數寸深而光滑且堅洵不同於山蹊潰水之所

酃縣志　卷之十二　炎陵志　勝蹟　三

洣江北岸下有巨蟹竪上石痕縷縷相傳帝曾鞭藥於
此今屬茶陵梁舫舊建寺奉帝像
茶陵睦鄉有潞水兆相傳帝先卜葬於此弗吉乃歸棲
鹿原今潞水尚有古坑土人猶呼爲天子冢云
陵西北十餘里有藥湖屬安仁境相傳爲炎帝洗藥處
湖方廣畝許澄澈如鑑底皆成紫綬文湖畔生草深
冬不凋見郡志
陵西洣江有潭清瑩可鑑舊稱龍潭中多遊鱗每於波
平日暖與水光相上下漁者百計取之弗能得
炎陵十景　附

清乾隆《酃县志》载“炎陵十景”

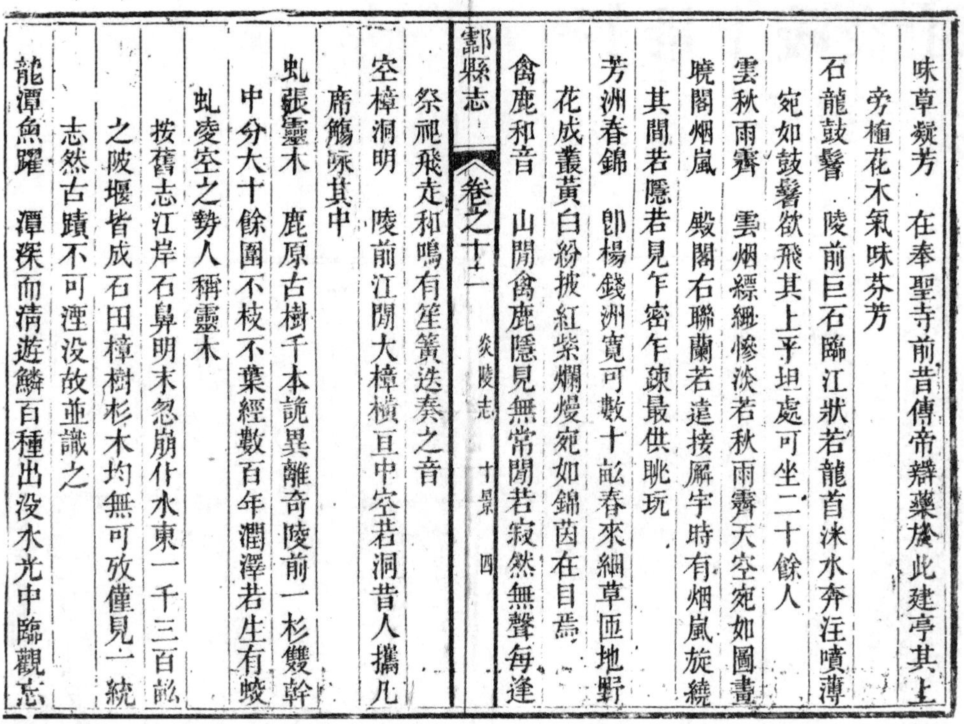

味草凝芳　在奉聖寺前昔傳帝辯藥於此建亭其上
旁植花木氣味芬芳
石龍鼓鬐　陵前巨石臨江狀若龍首洣水奔注噴薄
宛如鼓鬐欲飛其上平坦處可坐二十餘人
雲秋雨霽　雲烟縹緲慘淡若秋雨霽天空宛如圖畫
曉閣烟嵐　殿閣右聯蘭若遠接廨宇時有烟嵐旋繞
其間若隱若見乍密乍疎最供眺玩
芳洲春錦　卽楊錢洲寬可數十畝春來細草匝地野
花成叢黃白紛披紅紫爛熳宛如錦茵在目焉
禽鹿和音　山閒禽鹿隱見無常閒若寂然無聲每逢

酃縣志　卷之十二　炎陵志　十景　四

祭祀飛走和鳴有笙簧迭奏之音
空樟洞明　陵前江閒大樟橫亘中空若洞昔人攜几
席觴詠其中
虬張靈木　鹿原古樹千本詭異離奇陵前一杉雙幹
中分大十餘圍不枝不葉經數百年潤澤若生有蛟
虬夌空之勢人稱靈木
按舊志江岸石鼻明末忽崩仆水東一千三百畝
之陂堰皆成石田樟樹杉木均無可攷僅見一統
志然古蹟不可湮没故並識之
龍潭魚躍　潭深而清遊鱗百種出没水光中臨觀忘

清乾隆《酃县志》载“炎陵十景”

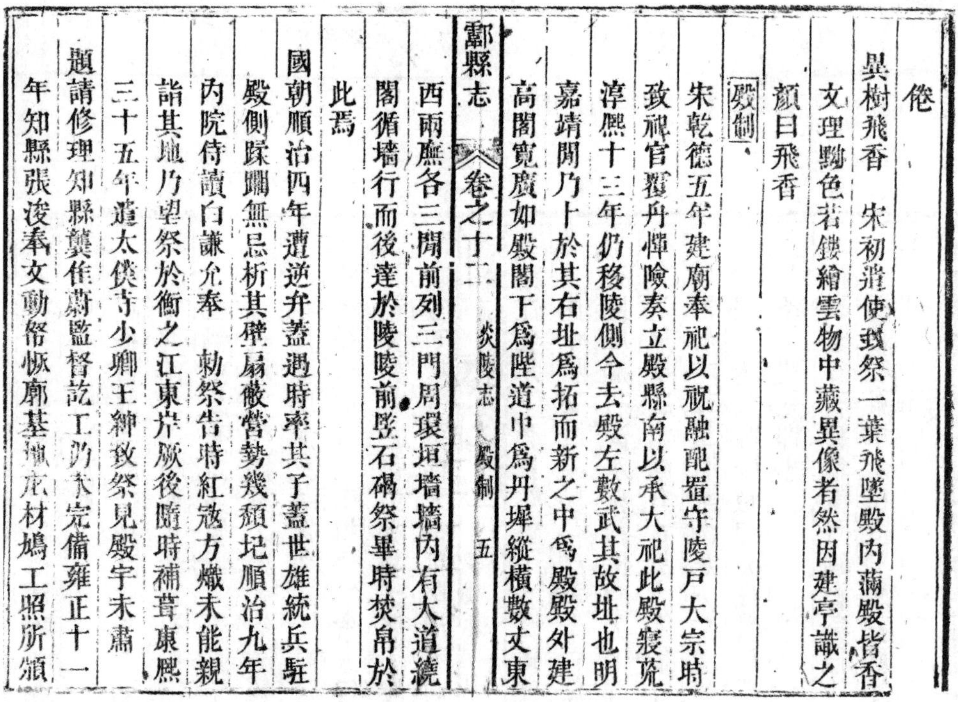

倦
異樹飛香　宋初遣使致祭一葉飛墜殿內滿殿皆香
文理黝色若鏤繪雲物中藏異像者然因建亭識之
額曰飛香
殿制
宋乾德五年建廟奉祀以祝融配置守陵戶大宗時
致祀官覆舟憚險奏立殿縣南以承大祀此殿寢荒
淳熙十三年仍移陵側今去殿左數武其故址也明
嘉靖閒乃卜於其右址爲拓而新之中爲殿殿外建
高閣寬廣如殿閣下爲陛道中爲丹墀縱橫數丈東

酃縣志　卷之十二　炎陵志　殿制　五

西兩廡各三閒前列三門周環垣墻墻內有大道繞
閣循墻行而後達於陵陵前竪石碣祭畢時焚帛於
此焉
國朝順治四年遭逆弁蓋遇時率其子蓋世雄統兵駐
殿側蹂躪無忌析其璧扇礮營勢幾頹圮順治九年
內院侍讀白謙允奏　勅祭告時紅蔻方熾未能親
詣其地乃望祭於衙之江東岸厥後隨時補葺康熙
三十五年遣太僕寺少卿王紳致祭見殿宇未肅
題請修理知縣龔佳蔚監督訖工仍未完備雍正十一
年知縣張浚奉文動帑恢廓基址庀材鳩工照所頒

清乾隆《酃县志》载“炎陵十景”

炎帝陵位于炎陵县城西南鹿原陂，又称“天子坟”。史称炎帝教民播种五谷，收获粮食，故被称为“神农”。因误食断肠草，“崩葬长沙茶乡之尾，是曰茶陵”（炎陵县在南宋时由茶陵分置）。汉代以前有帝陵，唐代奉祀以昌，宋乾德五年（967），“立庙陵前，肖像而祀”，同时诏禁樵采，置守陵户。北宋以降，历代不辍祭祀，不失修葺。

清代罗士彝在《炎陵山水记》中写道：酃邑西行三十里，起伏蜿蜒，形势奔趋，有如星罗棋布，俨若金城汤池。接其境古树阴翳，长松挺立，望之郁郁苍苍，斜倚直竖，参差匪一，盖不知其几千万数者。古神农氏之故墟也，殿前有黄杨山，两峰对峙，仿佛树旗盖，列旌矛。中如覆盂，视之又不啻悬章甫，朝至尊焉。江流襟带，有武夷九曲之势，黄河澎湃之状。石巉巌而壁立，疑人疑鬼；山崆峒以响应，且叩且鸣。不独周围环匝，宛然辰居曜拱也，宜望气者以为神灵之所栖云。

“炎陵十景”即：味草凝芳、石龙鼓鬐、云秋雨霁、晓阁烟岚、芳洲春锦、禽鹿和音、空樟洞明、虬张灵木、龙潭鱼跃、异树飞香。

［味草凝芳］

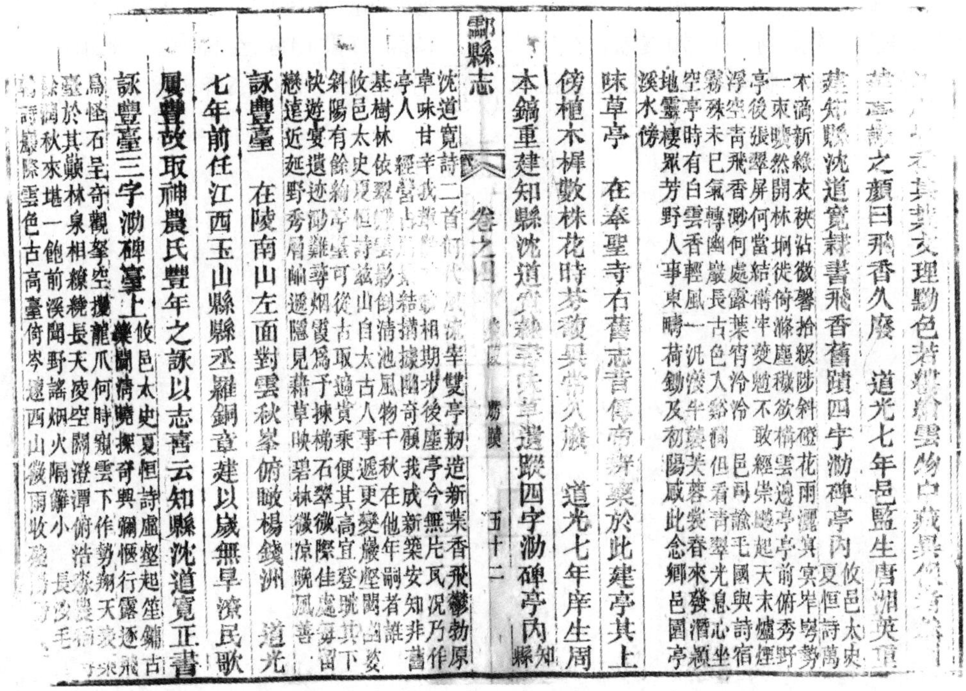

[illegible]之顏曰飛香久廢　道光七年邑監生唐湘英重
建知縣沈道寬隸書飛香舊蹟四字勒碑亭內　攸邑太史夏恒詩萬
木滴新綠衣袂沾微馨拾級陟斜磴花雨灑寘寘岩岈勢
一束曉然開林垌從倚滌塵穢欲構雲邊亭亭前俯秀野
亭後張翠屏何當結構半菱魈不敢經崇巇起天末爐煙
浮空青飛香渺何處露葉宵冷冷邑司諭毛國與詩宿
霧殊未已氣轉幽巖長古色入谿澗但看青翠光息心坐
空亭時有白雲香輕風一氿潑牛犢芙蓉[illegible]春來發酒題
地靈棲眾芳野人事東疇一荷鋤及初陽感此念鄉邑圃亭
溪水傍
味草亭　在奉聖寺右舊志昔傳帝辨藥於此建亭其上
傍植木樨數株花時芬馥異常久廢　道光七年庠生周
本鎬重建知縣沈道寬隸書味草遺蹤四字勒碑亭內　知縣
酃縣志　卷之四　[illegible]　勝蹟　五十二
沈道寬詩二首何代[illegible]流芊雙亭刱造新葉香飛鬱勃原
草味甘辛我[illegible]相期步後塵亭今無片瓦況乃作
亭人　經營[illegible]結搆攄幽奇願我成新築安知非昔
基樹林依翠[illegible]影倒清池風物千秋在他年嗣者誰
攸邑太史夏恒詩茲山自太古人事遞更變巖壑閟幽姿
斜陽有餘納亭臺可從古取適貴乘便其高宜登眺其下
快遊賞遺迹渺難尋烟霞爲予揀梯石翠微際佳處每留
戀遠近延野秀層巘遞隱見耤草映碧林微涼曉風善
詠豐臺　在陵南山左面對雲秋峯俯瞰楊錢洲　道光
七年前任江西玉山縣縣丞羅銅章建以歲無旱潦民歌
屢豐故取神農氏豐年之詠以志喜云知縣沈道寬正書
詠豐臺三字勒碑臺上　攸邑太史夏恒詩盧墊起笙鏞古
欒闕清曉探奇興彌愜行露逐飛
鳥怪石呈奇觀拏空攫龍爪何時窺雲下作勢翔天衮
臺於其巔林泉相繚繞長天淩空闊澄潭俯浩淼豐穰永
餘潤秋來堪一飽前溪聞野謠烟火隔籬小長沙毛
詩[illegible]際雲色古高臺倚岑遠西山微雨收[illegible]

圖 清同治《酃县志》载“味草亭”

味草亭位于炎帝陵奉圣寺前，近临洣水，相传炎帝辨药于此，因建此亭。后亭废，清道光七年（1827）重建于炎帝陵西北山顶。亭旁木樨数株，花香异常，故得其名。

清乾隆《酃县志》“炎陵志”载“味草凝芳”：在奉圣寺前，昔传帝辩药于此，建亭其上，旁植花木，气味芬芳。

清代谭楚颎《味草凝芳》

水泉甘苦在云乡，圣迹登临此大荒。亭畔溯洄垂万古，不教民患入膏肓。

［石龙鼓鬐］

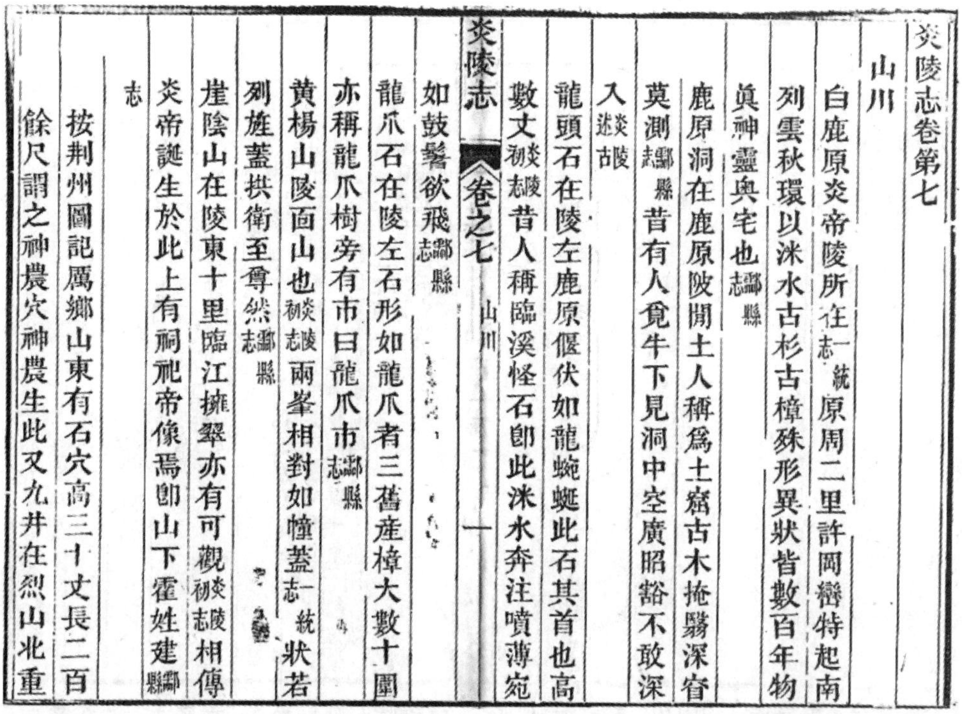

炎陵志卷第七

山川

白鹿原炎帝陵所在一統志原周二里許岡巒特起南

列雲秋環以洣水古杉古樟殊形異狀皆數百年物

眞神靈奥宅也酃縣志

鹿原洞在鹿原陂開土人稱爲土窟古木掩翳深窅

莫測酃縣志昔有人覓牛下見洞中空廣昭豁不敢深

入炎陵述古

龍頭石在陵左鹿原偃伏如龍蜿蜒此石其首也高

數丈炎陵初志昔人稱臨溪怪石卽此洣水奔注噴薄宛

炎陵志　卷之七　山川　一

如鼓鬐欲飛酃縣志

龍爪石在陵左石形如龍爪者三舊產樟大數十圍

亦稱龍爪樹旁有市曰龍爪市酃縣志

黃楊山陵面山也炎陵初志兩峯相對如幢蓋一統志狀若

列旌蓋拱衛至尊然酃縣志

崖陰山在陵東十里臨江擁翠亦有可觀炎陵初志相傳

炎帝誕生於此上有祠祀帝像焉卽山下霍姓建酃縣

志

按荆州圖記厲鄉山東有石穴高三十丈長二百

餘尺謂之神農穴神農生此又九井在烈山北重

清道光《炎陵志》“山川”载“龙脑石”。“石龙鼓鬐”俗称龙脑石，在炎帝陵右侧洣水河岸。巨石临江，状若龙首。洣水奔流而下，灌注石罅，宛如巨龙鼓鬐欲飞。清乾隆《酃县志》“卷之十二·炎陵志”载“石龙鼓鬐”：陵前巨石临江，状若龙首，洣水奔注喷薄，宛如鼓鬐欲飞，其上平坦处，可坐二十余人。

[云秋雨霁]

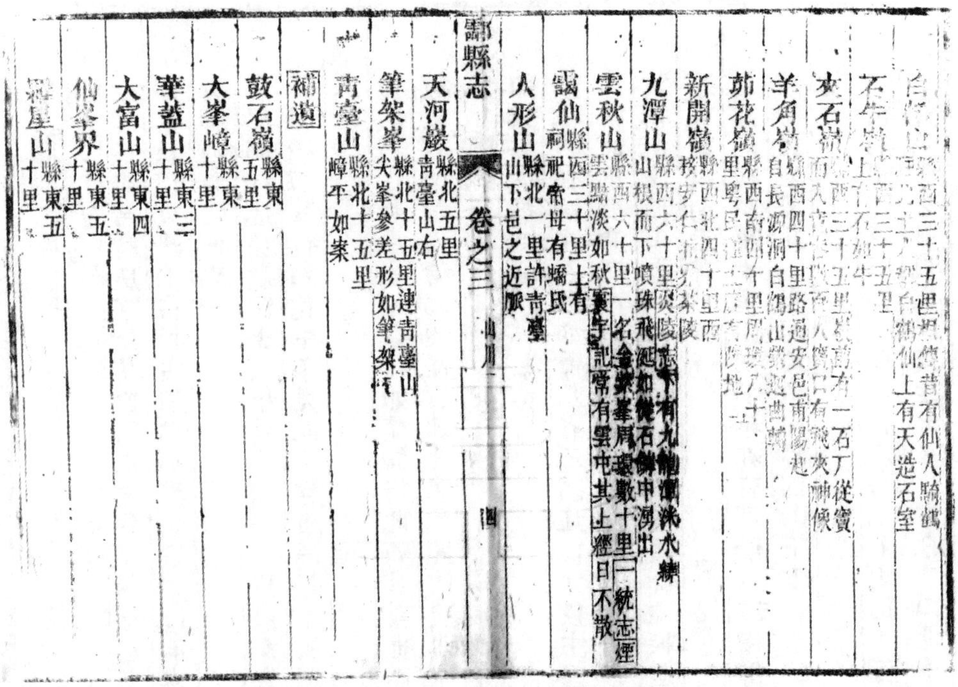

白鶴山縣西三十五里[illegible]昔有仙人騎鶴[illegible]白鶴仙上有天造石室
石牛嶺縣西三十五里上有石如牛
麥石嶺縣西三十五里[illegible]前有一石丁從實[illegible]人覽口有飛來神像
羊角嶺縣西四十里路通安邑甫陽起自長源洞白鶴山蜿蜒曲轉
茆花嶺縣西南四十里周環八十里粵民[illegible]居之[illegible]地
新開嶺縣西北四十里西抵安仁[illegible]茶陵
九潭山縣西六十里炎陵志下有九龍潭泳水轉山根而下噴珠飛泗如從石罅中湧出
雲秋山縣西六十里一名金紫峯周環數十里一統志煙雲黯淡如秋寰宇記常有雲屯其上經日不散
靈仙縣西三十里上有祠祀帝母有蟜氏
人形山縣北一里許青臺山下邑之近脈

酃縣志 卷之三 山川 四

天河巖縣北五里青臺山右
筆架峯縣北十五里連青臺山尖峯參差形如筆架
青臺山縣北十五里嶂平如案

補遺

鼓石嶺縣東五里
大峯嶂縣東十里
華蓋山縣東三十里
大富山縣東四十里
仙峯界縣東五十里
[illegible]屋山縣東五十里

清同治《酃县志》“山川”载“云秋山”。清乾隆《酃县志》“卷之十二·炎陵志”载“云秋雨霁”：云烟缥缈，惨淡若秋，雨霁天空宛如图画。

[晓阁烟岚]

清乾隆《酃县志》载“炎陵殿图”。“卷之十二·炎陵志”载“晓阁烟岚”：殿阁右联兰若，远接廨宇，时有烟岚旋绕其间，若隐若现，乍密乍疏，最供眺玩。

[芳洲春锦]

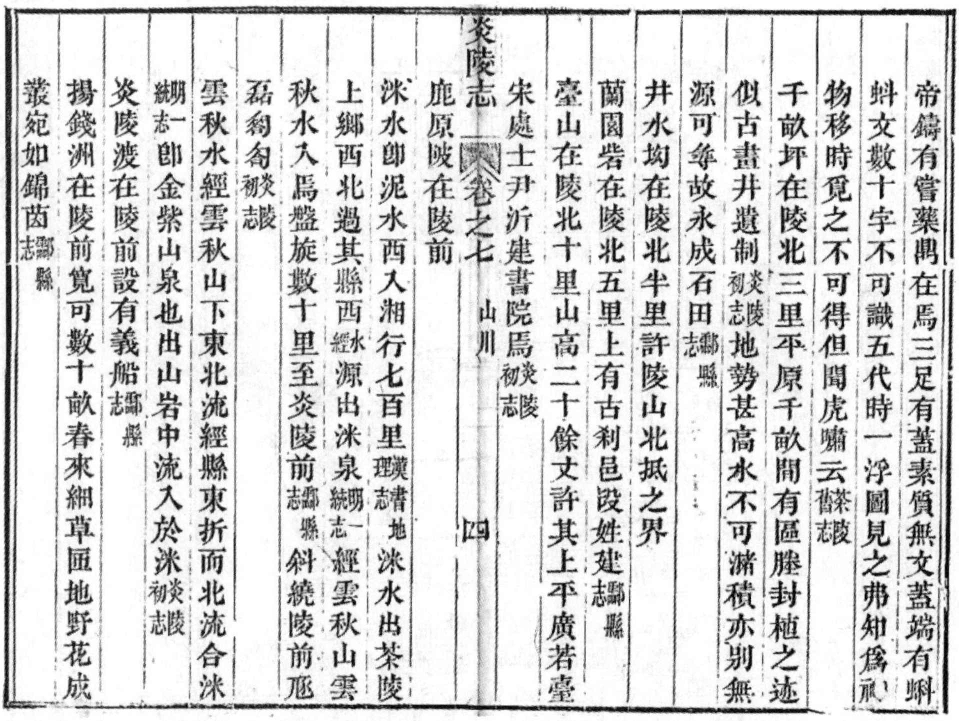

帝鑄有嘗藥鼎在焉三足有蓋素質無文蓋端有蝌
蚪文數十字不可識五代時一浮圖見之弗知爲祕
物移時覔之不可得但聞虎嘯云茶陵舊志
千畝坪在陵北三里平原千畝間有區塍封植之迹
似古畫井遺制炎陵初志地勢甚高水不可潴積亦别無
源可争故永成石田酃縣志
井水坳在陵北半里許陵山北抵之界
蘭園砦在陵北五里上有古刹邑段姓建酃縣志
臺山在陵北十里山高二十餘丈許其上平廣若臺
宋處士尹沂建書院焉炎陵初志

炎陵志 卷之七 山川 四

鹿原陂在陵前
洣水即泥水西入湘行七百里漢書地理志洣水出茶陵
上鄉西北過其縣西水經源出洣泉明一統志經雲秋山雲
秋水入焉盤旋數十里至炎陵前酃縣志斜繞陵前瓜
磊豹匌炎陵初志
雲秋水經雲秋山下東北流經縣東折而北流合洣
明一統志即金紫山泉也出山岩中流入於洣炎陵初志
炎陵渡在陵前設有義船酃縣志
揚錢洲在陵前寬可數十畝春來細草匝地野花成
叢宛如錦茵酃縣志

清道光《炎陵志》“山川”载“扬钱洲”。清乾隆《酃县志》“卷之十二·炎陵志”载“芳洲春锦”：即阳钱洲，宽广数十亩，春来细草匝地，野花成丛，黄白纷披，红紫烂漫，宛如锦茵在目焉。

［禽鹿和音］

▣ 清乾隆《衡州府志》载“炎陵图”

清乾隆《酃县志》“炎陵志”载“禽鹿和音”：山间禽鹿隐见无常，间若寂然无声。每逢祭祀，飞走和鸣，有笙簧迭奏之音。

清代李朝事《禽鹿和音》

山林吏守推衡鹿，仙兽灵禽护更奇。莫哔和鸣闻隔水，令人疑是奏扶黎。

[空樟洞明]

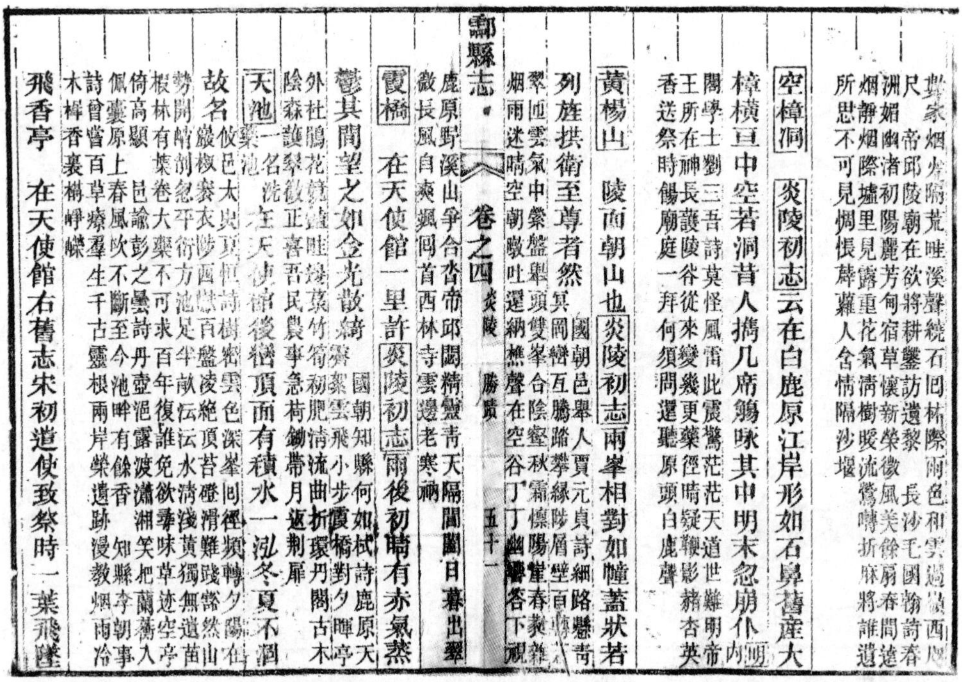

塹家烟火隔荒畦溪聲繞石回林際雨色和雲過嶺西風
尺帝邱陵廟在欲將耕鑿訪遺黎 長沙毛國翰詩春
洲媚幽渚初陽麗芳甸宿草懷新榮徽風美餘扇春間遠
烟靜烟際墟里見露重花氣清樹暖流鶯囀折麻將誰遺
所思不可見惆悵薜蘿人含情隔沙堰

空樟洞 炎陵初志云在白鹿原江岸形如石鼻舊產大
樟橫亘中空若洞昔人攜几席觴咏其中明末忽崩仆內明
閣學士劉三吾詩莫怪風雷此震驚茫茫天道世難明帝
王所在神長護陵谷從來變幾更藥徑晴疑鞭影赭杏英
香送祭時餳廟庭一拜何須問還聽原頭白鹿聲

黃楊山 陵面朝山也炎陵初志兩峯相對如幢蓋狀若
列旌拱衛至尊者然 國朝邑舉人賈元貞詩細路懸青
冥岡巒互騰踏拳緣陟層壁百轉
翠匝雲氣中縈盤舉頭雙峯合陰蜜秋霜凜陽崖春爇雜
烟雨迷晴空朝暾吐還納樵聲在空谷丁丁幽響答下視

鄢縣志 卷之四 炎陵 勝蹟 五十一

鹿原野溪山爭合沓帝邱鬱精靈青天隔閶闔日暮出翠
微長風自爽颯回首西林寺雲邊老寒祠

霞橋 在天使館一里許炎陵初志雨後初晴有赤氣蒸
鬱其間望之如金光散綺 國朝知縣何如栻詩鹿原天
霽絮雲飛小步霞橋對夕暉亭
外杜鵑花鏡畦綠葉竹箭初肥清流曲折環丹閣古木
陰森護翠微正喜吾民農事急荷鋤帶月返荊扉

天池 一名洗藥池 在天使館後嶺頂而有積水一泓冬夏不涸
故名 攸邑太史夏恒詩樹密雲色深峯回徑頻轉夕陽在
巖椒褰衣陟西嶺百盤凌絕頂苔磴滑難踐嶷然山
勢開峭削忽平衍方池足半畝沄沄水清淺黃獨無遺苗
根林有葉卷大藥不可求百年復誰免欲尋味草迹空亭
倚高顯 邑諭彭之曇詩丹壺浥露渡瀟湘笑把蘭蕎入
佩囊原上春風吹不斷至今池畔有餘香 知縣李朝事
詩曾嘗百草療羣生千古靈根兩岸榮遺跡漫教烟雨冷
木樨香裹崢嶸

飛香亭 在天使館右舊志宋初遣使致祭時一葉飛墜

清同治《酃县志》载“空樟洞”。清乾隆《酃县志》“卷之十二·炎陵志”载“空樟洞明”：陵前江间，大樟横亘，中空若洞。昔人携几席觞咏其中。

[虬张灵木]

清乾隆《酃县志》载“炎陵图”。另，“卷之十二·炎陵志”载“虬张灵木”：鹿原古树千本，诡异离奇，陵前一杉，双干中分，大十余围，不枝不叶，经数百年润泽若生，有蛟虬凌空之势，人称“灵木”。

[龙潭鱼跃]

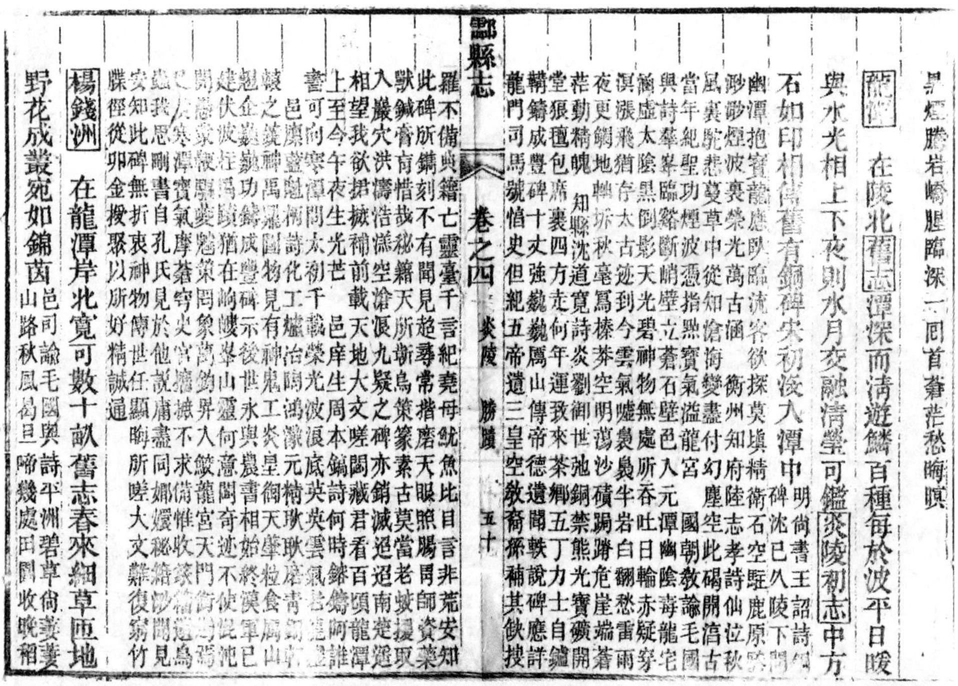
晷煙騰岩嶠腥臨深一回首蒼茫愁晦暝
龍潭 在陵北舊志潭深而清遊鱗百種每於波平日畯
與水光相上下夜則水月交融清瑩可鑑炎陵初志中方
石如印相傳舊有銅碑宋初沒入潭中 明尚書王詔詩碑沈已久陵下問
幽潭抱寶龍應臥臨流客欲探莫填精衛石空駐鹿原
渺渺煙波裏榮光萬古涵 衡州知府陸志孝詩仙位秋
風裏駝悲蔓草中從知滄海變盡付幻塵空此碣開洺古
當年紀聖功煙波憑指點寶氣溢龍宮 國朝教諭毛國
興詩舉峯臨谿斷峭壁立蒼石壁色入元潭幽陰毒龍宅
滴虛太陰黑倒影天光碧神物無處所吞吐日輪赤疑穿
溟漲飛猶存太古迹到今雲氣噓梟梟牛岩白翻愁雷雨
夜更銅地軸坼秋毫寫榛莽空明蕩沙磧踴蹲危崖端蒼
茫動精魄 知縣沈道寬詩炎劉御世弛銅禁熊光寶礦開
堂狠璽包燕裏四方走何年運致來茶鄉五丁力士自鑄
鞲鑄成豐碑十丈強巍巍厲山傳帝德遺聞軼說碑應詳
龍門司馬號惜史但紀五帝遺三皇空教裔孫補其缺披
酃縣志 卷之四 炎陵 勝蹟 五十
羅不備典籍亡靈臺千言紀堯母鯱魚比目言非荒安知
此碑所鐫刻不有聞見超尋常措磨天眼照腸胃師資藥
獸鍼膏肓惜哉秘籍天所靳鳥篆素古莫當老妓摸取
入巖穴洪濤浩淼空滄溟九疑之碑亦銷滅迢迢南楚遐
相望我欲捫撫補前載天地大文嗟閟藏君看百頭龍潭
上至今午夜生光芒 邑庠生周本鎬詩何時鑄阿誰
書可向寥潭問太初千載榮光波浪底英英雲氣老龍
邑庠靈魁祠詩化工爐冶陶鴻濛元精耿耿磨青銅山
韓之嶽神禹圖物見有神鬼工炎皇御天肇粒食岣嶁已
楊錢洲 在龍潭岸北寬可數十畝舊志春來細草匝地
野花成叢宛如錦茵 邑司諭毛國興詩平洲碧草尚萋萋山路秋風鳥且啼幾處田園收晚稻

清同治《酃县志》载“龙潭”。龙潭位于龙爪石旁。清乾隆《酃县志》“卷之十二·炎陵志”载“龙潭鱼跃”：潭深而清，游鳞百种出没水光中，临观忘倦。

[异树飞香]

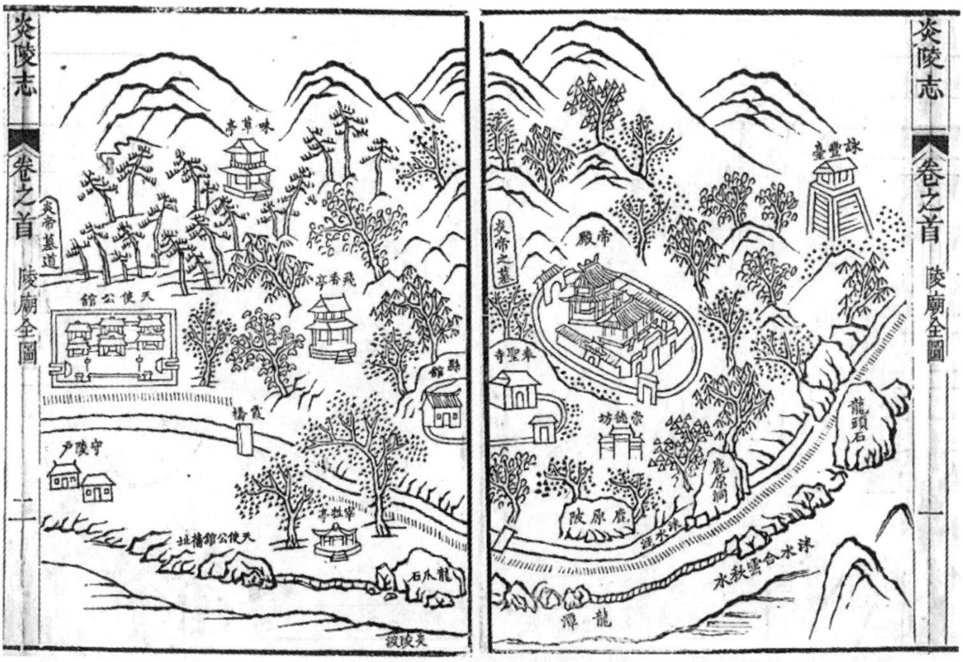

清道光《炎陵志》“炎帝陵庙全图”载“飞香亭”

清乾隆《酃县志》“炎陵志”载“异树飞香”：宋初遣使致祭，一叶飞坠殿内，满殿皆香，文理黝色若镂绘云物中藏异像者然，因建亭识之，颜曰“飞香”。

清道光十年（1827），邑监生唐湘英重建此亭。知县沈道宽隶书“飞香旧迹”四个大字，刻碑亭内。

【醴陵八景】

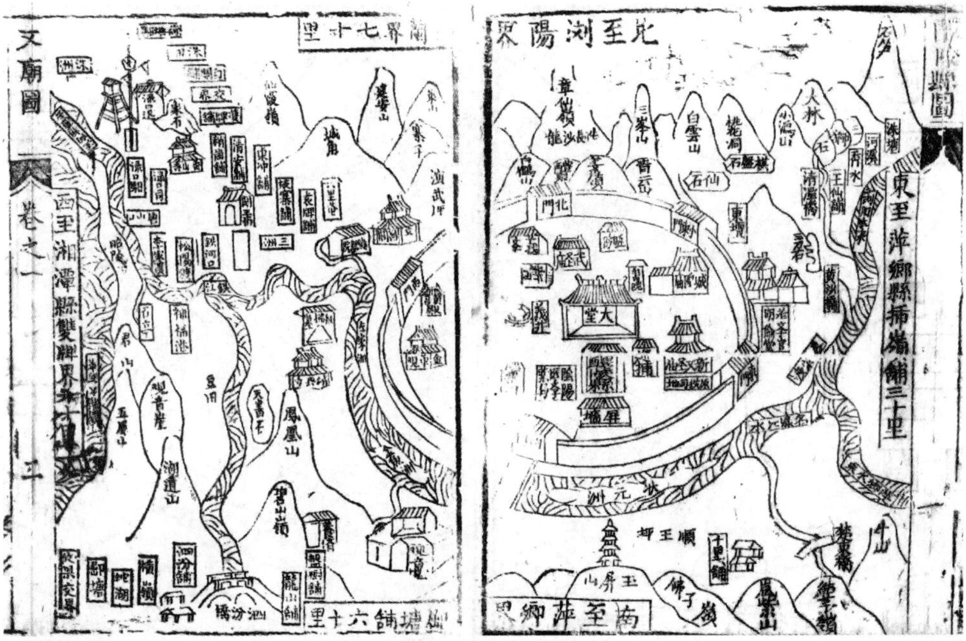

清乾隆《增修醴陵县志》载“醴陵县图”

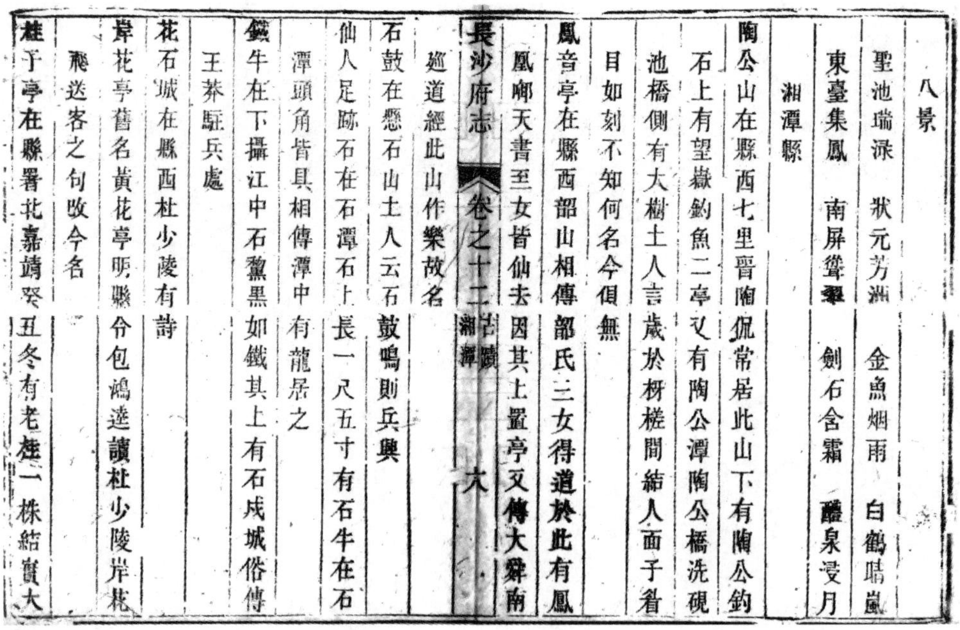

八景
聖池瑞渌　狀元芳洲　金魚烟雨　白鶴晴嵐
東臺集鳳　南屏聳翠　劍石含霜　醴泉浸月
湘潭縣
陶公山在縣西七里晉陶侃常居此山下有陶公釣石上有望嶽釣魚二亭又有陶公潭陶公橋洗硯池橋側有大樹土人言歲於枒槎間結人面子眉目如刻不知何名今俱無
鳳音亭在縣西韶山相傳韶氏三女得道於此有鳳凰啣天書至女皆仙去因其上置亭又傳大舜南

長沙府志《卷之十二古蹟　湘潭　六

巡道經此山作樂故名
石鼓在縣石山土人云石鼓鳴則兵興
仙人足跡石在石潭石上長一尺五寸有石牛在石潭頭角背具相傳潭中有龍居之
鐵牛在下攝江中石黧黑如鐵其上有石戍城俗傳王莽駐兵處
花石城在縣西杜少陵有詩
岸花亭舊名黃花亭明縣令包鴻逵讀杜少陵岸花飛送客之句改今名
桂子亭在縣署花嘉靖癸丑冬有老桂一株結實大

清乾隆《长沙府志》载“醴陵八景”

醴陵市位于湖南东部，罗霄山脉北段西沿，湘江支流渌水流域，紧邻长沙、株洲、湘潭。春秋战国时属楚国黔中郡。秦时属长沙郡临湘县。西汉高祖五年（前202）属长沙国临湘县。汉高后四年（前184）封长沙相刘越

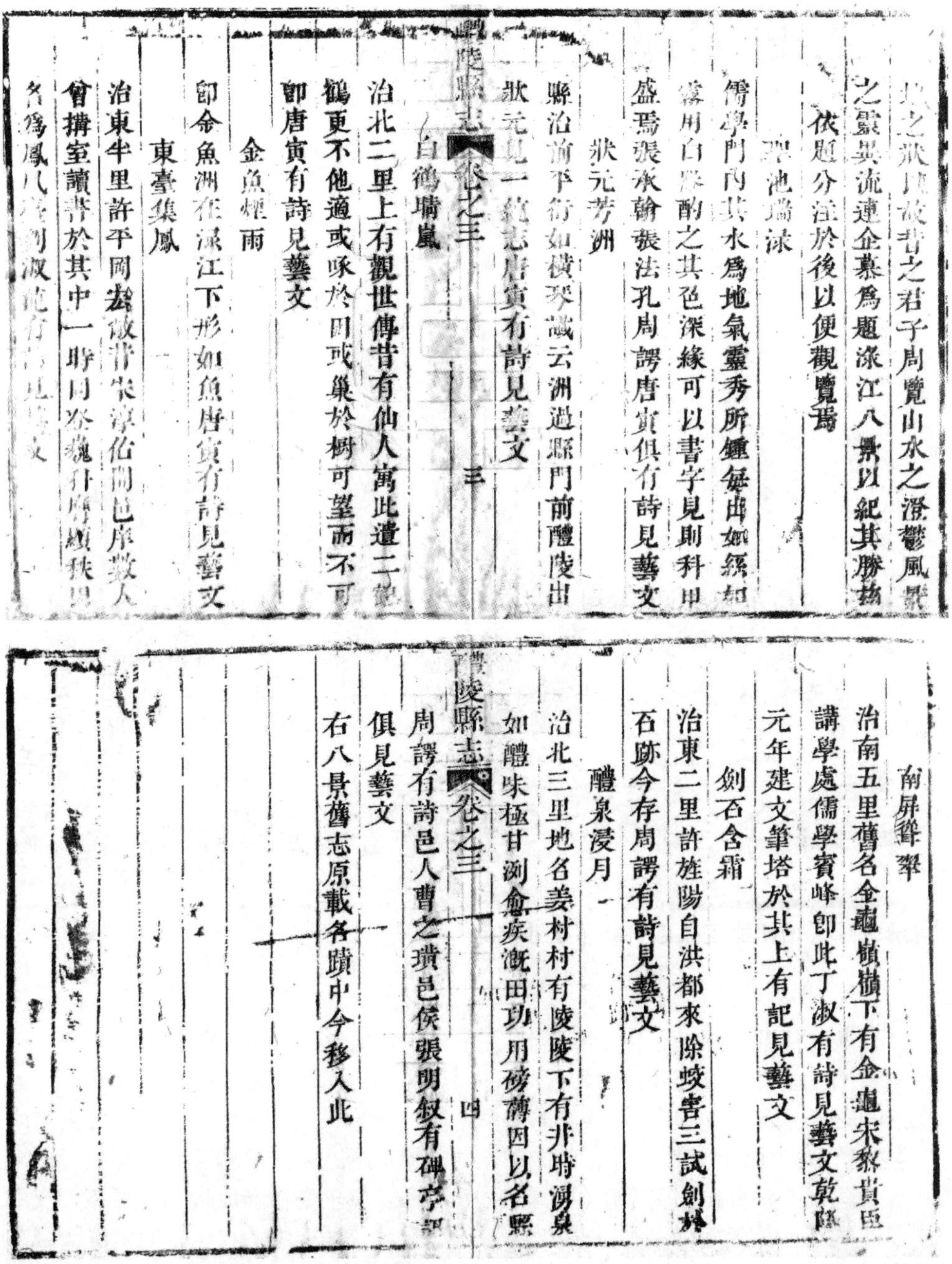
地之狀故昔之君子周覽山水之澄鬱風景之靈異流連企慕爲題淥江八景以紀其勝茲依題分注於後以便觀覽焉

聖池瑞淥

儒學門內其水爲地氣靈秀所鍾每出如綠知縣用白礬酌之其色深綠可以書字見則科甲盛焉張承翰張法孔周謂唐寅俱有詩見藝文

狀元芳洲

縣治前平衍如橫琴讖云洲過縣門前醴陵出狀元見一統志唐寅有詩見藝文

醴陵縣志　卷之三　三

白鶴晴嵐

治北二里上有觀世傳昔有仙人寓此遺二鶴鶴更不他適或啄於田或巢於樹可望而不可即唐寅有詩見藝文

金魚煙雨

即金魚洲在淥江下形如魚唐寅有詩見藝文

東臺集鳳

治東半里許平岡巖峻昔宋淳佑間邑庠數人曾搆室讀書於其中一時同登魏升[illegible]

名爲鳳八[illegible]劉淑[illegible]有[illegible]藝文

南屏聳翠

治南五里舊名金龜嶺嶺下有金龜宋黎貴臣講學處儒學賓峰即此丁淑有詩見藝文乾隆元年建文筆塔於其上有記見藝文

劍石含霜

治東二里許旌陽自洪都來除蛟害三試劍於石跡今存周謂有詩見藝文

醴泉浸月

治北三里地名姜村村有陵陵下有井時湧泉如醴味極甘洌愈疾溉田功用磅礴因以名縣周謂有詩邑人曹之璜邑侯張明叙有碑亭記俱見藝文

醴陵縣志　卷之三　四

右八景舊志原載各蹟中今移入此

圖 清乾隆《增修醴陵县志》载“醴陵八景”

为醴陵侯。食邑六百户，并建侯城于转步古城村。东汉初，从临湘县划出一部分置醴陵县，并从湘南县划入部分地区。时，县境东至今江西杨岐山，西至湘江沿岸。据此，醴陵建置伊始。三国时，醴陵属吴国荆州长沙郡。隋代，属荆州长沙郡。大业三年（607），改临湘为长沙县，撤醴陵并入长沙。至唐武德四年（621），复从长沙县划出置醴陵县。宋代，属荆湖南路潭州长沙郡。元代，属湖广行省天临路。元贞元年（1295）升为州，天历年间由州降为县，至正二十四年（1364）复升为州。明洪武二年（1369）由州改县，属湖广布政使司潭州。清康熙三年（1664），隶属湖南省长宝道长沙府。民国元年（1912），属湖南省湘江道。

清乾隆《长沙府志》载“醴陵八景”：圣池瑞渌、状元芳洲、金鱼烟雨、白鹤晴岚、东台集凤、南屏耸翠、剑石含霜、醴泉浸月。

[圣池瑞渌]

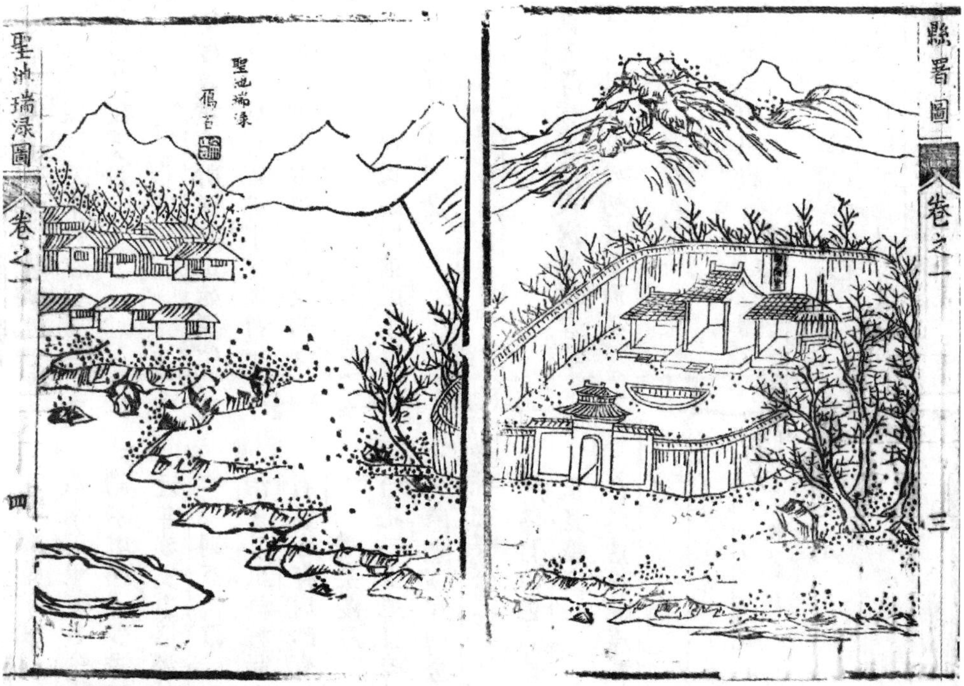

清乾隆《增修醴陵县志》载“圣池瑞渌”

圣池瑞绿即瑞渌池，位于醴陵城东青云山下。现址在醴陵一中校园内梯云阁一侧。清乾隆《增修醴陵县志》“卷之三”载“圣池瑞渌”：儒学门内，其水为地气灵秀所钟，每出如丝如雾。用白器酌之，其色深绿，可以书字，见则科甲盛焉。张承翰、张法孔、周谔、唐寅俱有诗，见“艺文”。

明代张承翰《圣池瑞渌》

池开一鉴渌生衣，灵秀钟来海内稀。影泛碧流凝瑞雾，光摇锦縠动晴辉。鱼龙变化春风暖，芹草芬芳夜雨肥。弦诵声中清昼永，凉阴洸漾袭书帷。

[状元芳洲]

图 清乾隆《增修醴陵县志》载“状元芳洲”

状元洲是醴陵城区渌江中的一座小洲，呈纺锤状，因醴陵民谣“洲过县门前，醴陵出状元”，故取名“状元洲”。醴陵八景之一，被誉为“状元芳洲”。明代，洲上为大片的菜园。清时辟为桑园。现为状元洲公园，状元阁昂然独立于洲首。

清乾隆《增修醴陵县志》“卷之三”载“状元芳洲”：县治前平衍如横琴。谶云：“洲过县门前，醴陵出状元”（见《统一志》）。唐寅有诗。见“艺文”。

[金鱼烟雨]

清乾隆《增修醴陵县志》载“金鱼烟雨”

“金鱼烟雨”即金鱼洲，位于渌江桥下游靠城南一侧江边（原造船厂）。现址在渌江风光带，与市房产局隔河相望。此地因为是渌江河在城区转弯处，沙洲状如金鱼而得名。周边曾遍栽桑树，郁郁葱葱。而河湾适宜舟船停泊，入夜渔火点点，灯光闪烁。每当细雨蒙蒙，烟笼雾锁，蔚为奇观，因而著名。

清乾隆《增修醴陵县志》“卷之三”载“金鱼烟雨”：即金鱼洲，在渌江下，形如鱼。唐寅有诗。见“艺文”。

清代赖超彦《金鱼烟雨》

待化金鱼住小洲，常鳞凡介邈非俦。凡雷倏奋新头角，浪涌沧溟泽九州。

[白鹤晴岚]

清乾隆《增修醴陵县志》载“白鹤晴岚”

白鹤晴岚位于城北寨子岭。相传晋代青阳县令丁令威弃官学道于辽东灵墟山，云游至醴陵。在仙岳山得道成仙后，骑鹤飞升，曾息歇于此。后人因建白鹤观于其上，故寨子岭又称白鹤岭。观宇绿荫环抱，风景清幽。每当旭日东升。烟霞灿烂，蔚为奇观。

清乾隆《增修醴陵县志》“卷之三”载“白鹤晴岚”：治北二里，上有观。世传昔有仙人寓此，遗二鹤。鹤更不他适，或啄于田，或巢于树，可望而不可即。唐寅有诗。“见艺文”。

[东台集风]

圖 清乾隆《增修醴陵县志》载“东台集风”

东台集风即东山、云盘山。位于城东醴陵大桥北侧。现址在湘东医院。此山矗立江边，林木茂盛，环境清幽，为闹市中的一片绿园。临江建有东禅寺（现改名为青云禅寺），古朴典雅，分外醒目。古时，这里属城郊野外，山高林密，常有群鸟栖息翔旋。相传宋时有数生构室读书于此，后同登高科。邑人曾建“凤凰台”以作纪念，故称东台集风。

清乾隆《增修醴陵县志》“卷之三”载“东台集风”：治东半里许，平冈宏敞，昔宋淳祐间，邑痒数人曾构室读书于其中，一时同登巍科，□显秩□，名为“凤凰台”。刘淑龙有诗。见“艺文”。

［南屏耸翠］

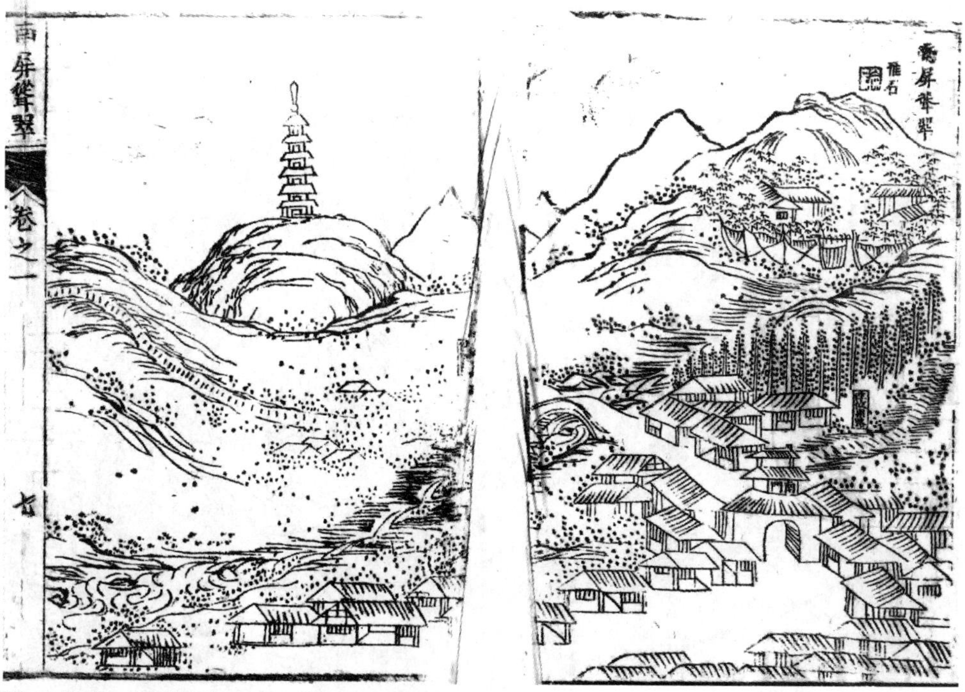

囧 清乾隆《增修醴陵县志》载“南屏耸翠”

南屏耸翠即玉屏山、南屏山，亦称金龟岭或塔岭。山色青葱，为城南之屏障。昔人建塔于其上，为山增色。宋淳熙二年（1175），邑贡生黎贵臣所创讲学之“昭文书院”故址，就在这南屏山下。

清乾隆《增修醴陵县志》“卷之三”载“南屏耸翠”：治南五里，旧名金龟岭，岭下有金龟。宋黎贵臣讲学处，儒学宾峰即此。丁淑有诗。见“艺文”。乾隆元年建文笔塔于其上，有记。见“艺文”

明代丁淑《游玉屏山》

南屏削玉当湘路，瀑布如花洒壁斜。栈石截云遮鸟道，机声出树有人家。河横午夜潮归海，斗柄中天月散华。锄遍心田灌沧水，道人亦自有生涯。

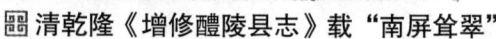

[剑石含霜]

▣ 清乾隆《增修醴陵县志》载“剑石含霜”

剑石含霜即三刀石，位于醴陵城东巫家巷路东端的青云山下，渌水折弯西转入城处江北一侧。现址在三刀石路南端与先农坛路接口处。这里傍山临水，有一苍颜古貌之巨石拔地而起，高约丈余，且连接山岩。石理横勒三道深痕，如剑砍刀削一般，其痕迹清晰可辨，因而称之为三刀石。民间传说是西晋许逊（许旌阳）斩孽龙为民除害，就石试剑所留。

清乾隆《增修醴陵县志》“卷之三”载“剑石含霜”：治东二里，许旌阳自洪都来，除蛟害，三试剑于石，迹今存。周谓有诗。见“艺文”。

［醴泉浸月］

清乾隆《增修醴陵县志》载“醴泉浸月”

醴泉浸月即醴泉井，位于城北姜岭北麓。该井泉水甘甜，自古有名。清代，邑人先后多次修葺此井。并镌刻“醴泉浸月”“醴泉涌瑞”石碑于井边，砌成围栏。

清乾隆《增修醴陵县志》“卷之三”载“醴泉浸月”：治北三里，地名姜村，村有陵，陵下有井，时涌泉如醴，味极甘冽，愈疾溉田，功用磅礴，因以名县。周谔有诗。邑人曹之璜、邑侯张明叙有碑亭记。俱见“艺文”。

清代贺之理《醴泉浸月》

琼浆石迸夕岚沉，傍麓亭高彩月临。玉甃围天澄一握，辘轳转影落千寻。无声沆瀣飞尘净，有象蟾蜍伏槛阴。自是升平呈地瑞，掬来频沁野人心。

【湘潭八景】

澄碧今如許靈泉自有源書筠開勝地講樹[illegible]
松柏嚴寒盛春秋老筆存此鄉因過化道脉好重論

湘帆　張坊

衡峰猶咫尺日夕見湘帆曲折通蘭浦田環達翠嵒
風生雲影動水泛月光銜為錫佳名始清音寄一緘

昭山　王燦

突起巉巖色江濵聳峯微孤高懸峭壁清絕古禪扉
應有蛟龍伏時看鷗鷺飛膠舟元漢水此地舊傳非

望昭山有感　胡正笏

獨鎮湘江水高峰不可攀白雲飛殿瓦夜月宿漁灣

湘潭縣志　卷之廿四　藝文　詩　九三

母氏當年別予生此日還靈妃多勝蹟不忍上昭山

橘洲　張九鈞

萬頃昭潭側沙洲一片橫想緣神禹貢遂與建山争
作賦輸曹植移家慕李衡空靈岸外岸縈帶更多情

花橋夜月　張九鎰

我愛石塘月金波泛碧流風生松徑裡花落板橋頭
白鶴雲中駐青龍水上浮吾宗三世聚十里接林邱

平湖煙柳　張九鎰

出谷平洲濶絲絲萬柳垂凝雲青入眼臨水翠顰眉
牧笛停聲處征鞭拂影時雙柑一樽酒滿意惠風吹

湘山墖影　張九鎰

一字湘山案憑高眼不迷遥將青鏤管隱插碧雲梯
漠漠煙光接亭亭夕照低何當登絕頂湖嶽劃東西

集井流泉　張九鎰

滑笏溪流浄人家傍碧泉時聞風雨至遥共水雲連
一帶松陰裡千條竹塢邊蔬園鄰小市灌汲盡欣然

桐塘荷蓋　張九鎰

郭家善種樹村故號桐塘對此青錢滿悠然翠蓋凉
風絲縈荇藻雨葉伏鴛鴦笑指丹山路田田水一方

湘潭縣志　卷之廿四　藝文　詩　九四

松亭擁翠　張九鎰

六徑何盤互青青萬樹松深林無伏虎一壑有鬐龍
攜客忘炎日登山拄短笻孤亭足憑眺葱蒨露遥峰

龍嶺棲霞　張九鎰

袞袞黃龍嶺霞光縹緲間峯從仙女落水到碧湘關
草沐朱陵洞雲消赤壁山舉頭望餘景石色盡斑斕

圓靈曉鐘　張九鎰

聞說圓靈寺朝龍刼小更曉風遲貝梵殘月吼銅鯨
夢斷尋何處心空寄此聲山林長樂遠待漏想餘清
唐興寺志載褚公都督潭州手書今額字磨滅
不可復識慨夫　張九鎰

清乾隆《湘潭县志》"卷之廿四·艺文·诗"载"张九镒《花桥夜月》《平湖烟柳》《湘山塔影》《集井流泉》《桐塘荷盖》《松亭拥翠》《龙岭栖霞》《圆灵晓钟》"诗八首。

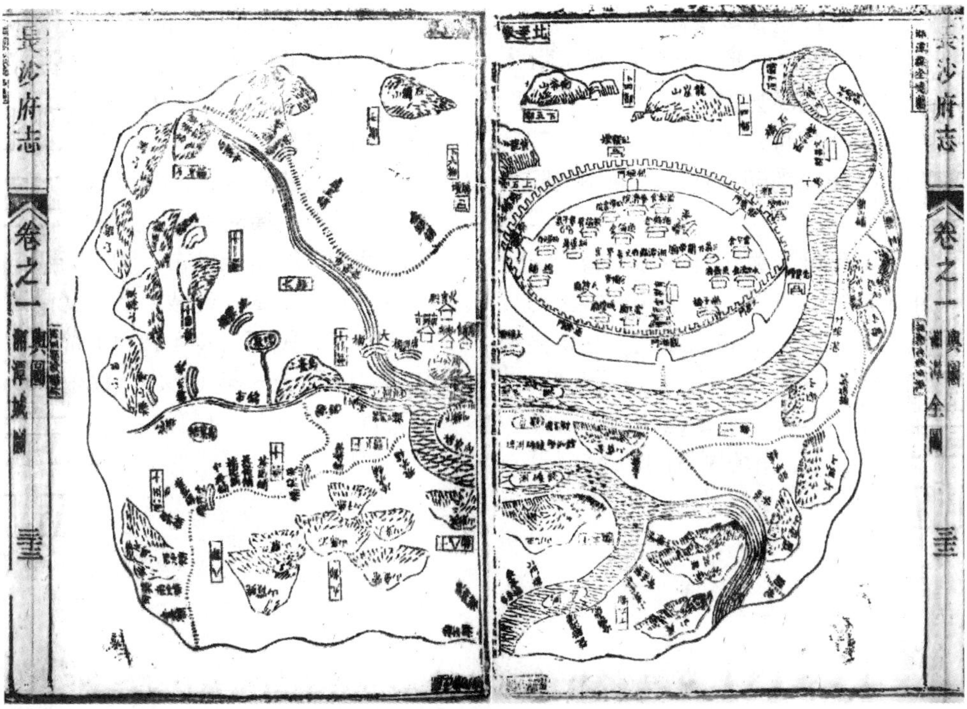

清乾隆《长沙府志》载“湘潭全图”

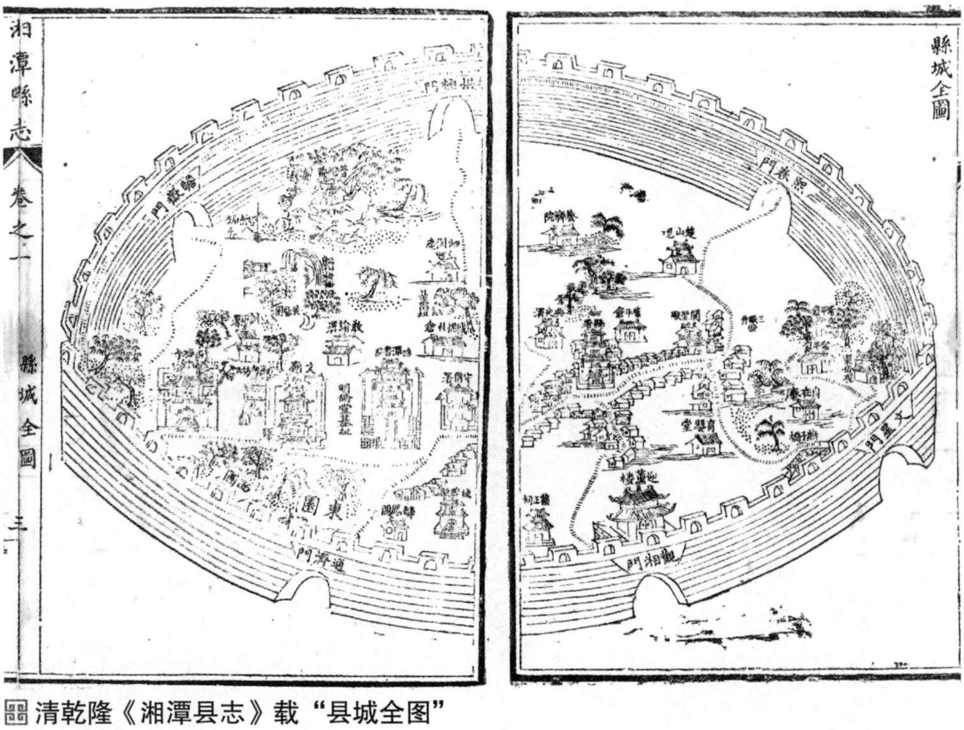

清乾隆《湘潭县志》载“县城全图”

商周时期，湘潭市境为荆楚之地，越文化的影响较大。战国后期，楚从黔中郡划出长沙郡，湘潭市全境属长沙郡。秦统一中国，郡属仍旧。西汉，刘邦封吴芮为长沙王，继而刘发为长沙王，湘潭全境属长沙国。东汉初，建湘乡县，划入零陵郡，境内余地属长沙郡。建安二十年（215），蜀、吴划势力范围，零陵郡属蜀，长沙郡属吴；建安二十四年（219），吴袭荆州，市境遂均属吴衡阳郡，郡治在今湘潭县古城乡。晋，市境属衡阳郡，郡治仍在今湘潭县古城乡。当东晋从荆州析出湘州时，境属湘州。南北朝时期，市境属南朝管辖，属湘州衡阳郡。

隋，市境属潭州长沙郡。唐天宝八年（749），从隋代的湘潭和衡山两县北部调整出新的湘潭县，并将县治移至洛口（今易俗河镇）。五代时期，市境为南方马氏所建楚国属地，隶潭州长沙府。宋，市境属荆湖南路潭州。南宋，湘潭县城迁至今湘潭市城正街。元贞元年（1295），湘乡、湘潭县均升为州，同属湖广行省湖南道天临路。明，市境属潭州，湘潭、湘乡复为县。明万历、天启年间，湘潭城区街市从宋家桥延至石嘴垴一带，长约七公里，形成沿湘江的带状城市。明万历四年（1576），湘潭县筑城。清代，市境属长沙府。民国三年（1914）境属湘江道，民国十一年（1922）撤道，属省直管。

【雨湖八景】

清乾隆《湘潭县志》载“城总全图”

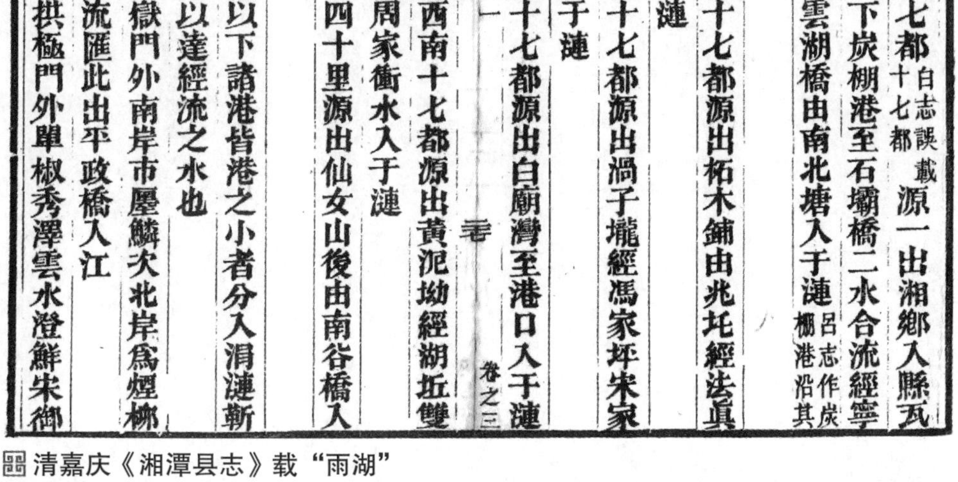

雲湖港在縣西七都白志誤載十七都源一出湘鄉入縣瓦子坪一出韶山下炭棚港至石壩橋二水合流經寧田寺靈官廟至雲湖橋由南北塘入于漣呂志作炭棚港沿其上流之名也

龍泉港在縣西十七都源出柘木鋪由兆圫經法眞庵至港口入于漣

盤石港在縣西十七都源出渦子壠經馮家坪宋家壠至南盤石入于漣

趙家港在縣西十七都源出白廟灣至港口入于漣

湘潭縣志　卷之三　山川一

泉塘衝港在縣西南十七都源出黃泥坳經湖坵雙廟至大光橋匯周家衝水入于漣

青竹港在縣北四十里源出仙女山後由南谷橋入于靳江

謹按小南港以下諸港皆港之小者分入涓漣靳諸河由支流以達經流之水也

雨湖在縣西瞻嶽門外南岸市廛鱗次北岸爲煙椰堤繞沿東水西流匯此出平政橋入江

雙家湖在縣北拱極門外畢椒秀澤雲水澄鮮朱御

清嘉庆《湘潭县志》载“雨湖”

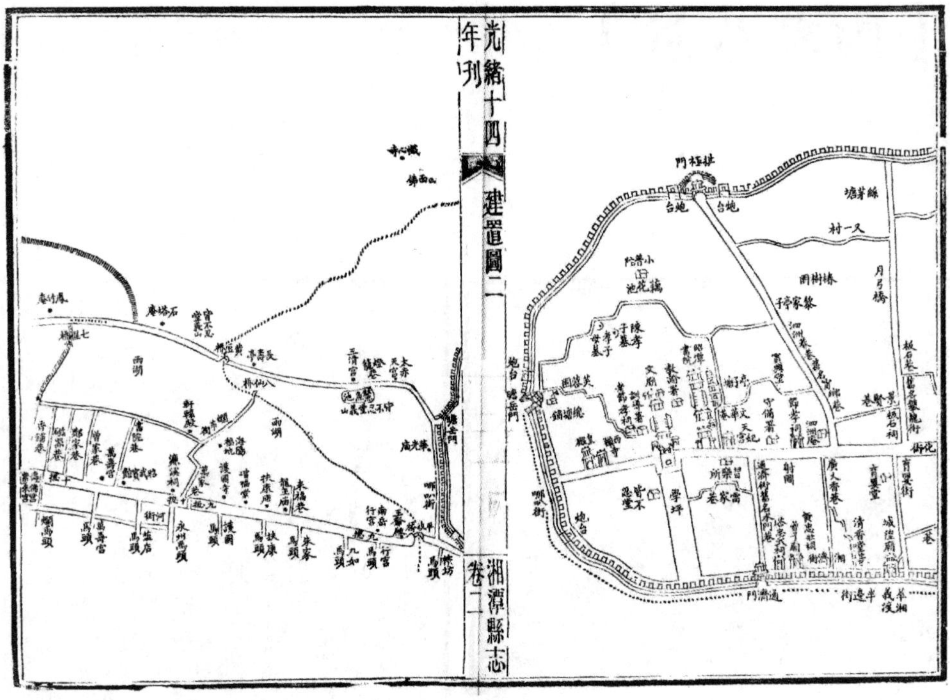

清光绪《湘潭县志》载“建置图”（局部）载“雨湖”

雨湖由来已久，《潭城史迹》载：“相传约六百年前，明吉王三世偕徐妃春游于此，途中遇雨，见雨滴荷钱，千万珠跳，感景而命名。另说，雨湖地势低洼，积雨成湖，故名雨湖。”《湖湘文化大辞典》载“雨湖八景”：凤竹禅林、雨湖烟柳、鳌山夕照、平湖晚眺、雨湖观涨、双璧无瑕、夜半钟声、长寿亭寺。

雨湖区因境内有千年名胜“雨湖”而得名。这里是湘潭城市的发祥地，晋时初成小镇，宋代湘潭县治迁于此。因濒临湘江，水陆交通发达，客商过往非常频繁，商业氛围浓厚，至明清时期最为鼎盛，人称工商十万，中南八省物资均在此集散，是全国有名的药都，有“小南京”“金湘潭”的美誉，也曾是全国三大布市之一。

［凤竹禅林］

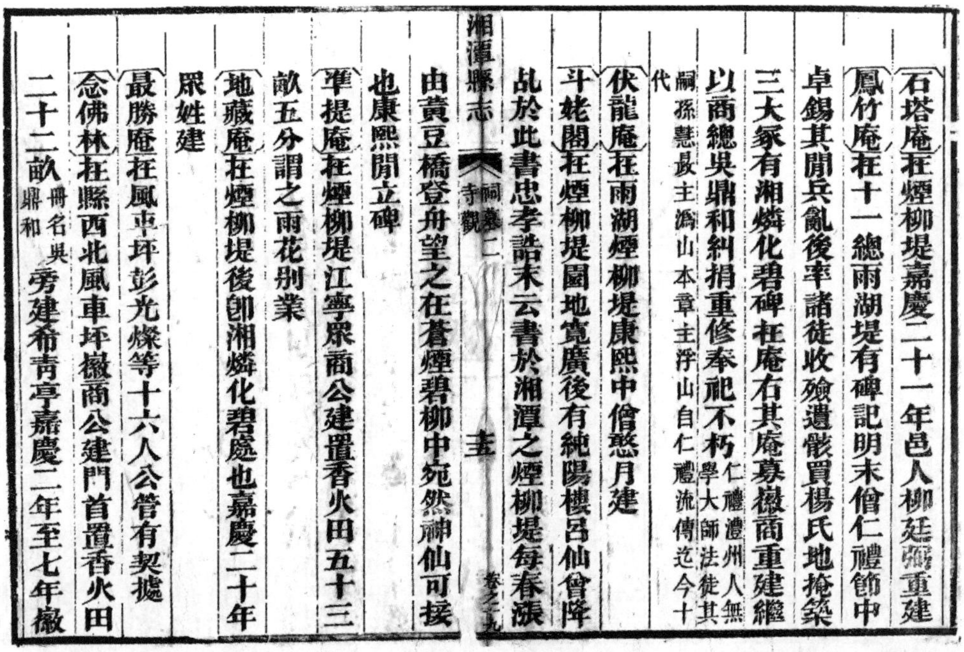

石塔庵在煙柳堤嘉慶二十一年邑人柳廷弼重建
鳳竹庵在十一總雨湖堤有碑記明末僧仁禮節中
卓錫其間兵亂後率諸徒收殮遺骸買楊氏地掩葬
三大冢有湘鱗化碧碑在庵右其庵募徽商重建繼
以商總吳鼎和糾捐重修奉祀不朽仁禮澧州人無學大師法徒其
嗣孫慧最主溈山本章主浮山自仁禮流傳迄今十
代
伏龍庵在雨湖煙柳堤康熙中僧慈月建
斗姥閣在煙柳堤圖地寬廣後有純陽樓呂仙曾降
乩於此書忠孝誥末云書於湘潭之煙柳堤每春漲
湘潭縣志 卷之二十九 祠祀二 寺觀 圭
由黃豆橋登舟望之在蒼煙碧柳中宛然神仙可接
也康熙間立碑
準提庵在煙柳堤江寧眾商公建置香火田五十三
畝五分謂之雨花別業
地藏庵在煙柳堤後即湘鱗化碧處也嘉慶二十年
眾姓建
最勝庵在風車坪彭光燦等十六人公管有契據
念佛林在縣西北風車坪徽商公建門首置香火田
二十二畝冊名吳鼎和秀建希青亭嘉慶二年至七年徽

清嘉庆《湘潭县志》“卷之十九·寺观”载“凤竹庵”：“在十一总雨湖堤，有碑记。”清光绪《湘潭县志》“卷四·山水十三”载：后湖亦谓之雨湖。烟柳堤外多园寺，嘉庆时官士文宴每集于凤竹庵，即徽商汪程所建，门临湖颈，四山环翠。王山长所云，市不近喧，野无伤寂者矣。

[雨湖烟柳]

婁登山望絕下有香爐石又其下有鯿魚石其形甚
肖
煙柳隄在縣西後湖夾岸垂楊綠煙如幕隄北爲斗姥
閣康熙中呂祖降靈於閣書忠孝誥末云書於湘潭
之煙柳隄每值後湖春漲自北郭望之畫橋煙柳宛
然罨畫溪山亦湘中勝境也
吸江亭在朱亭前俯江潭潭中石城龍穴盤空玲瓏冬
日水落石出乘小舟盤旋水面歷歷可見離亭里許
有釣嵒濯足石相傳仙人濯足垂釣處今亭久廢僅
湘潭縣志 山川三 古蹟 卅 卷之五
存遺址又吹香亭與吸江亭相望以山中叢桂濃郁
吹香不斷故名今廢址在縣丞署後

清嘉庆《湘潭县志》“卷之五·山川·古迹”载“烟柳堤”：在县西后湖，夹岸垂杨，绿烟如幕。堤北为斗姥阁。康熙中，吕祖降灵于阁，书忠孝诰，末云书于湘潭之烟柳堤。每值后湖春涨，自北郭望之，画桥烟柳，宛然罨画溪山，亦湘中胜境也。

雨湖，自古就有“垂柳碧孤塔，夕阳红半桥”的名句传诵至今。清光绪《湘潭县志》载，“湘浦通沟，辟为后湖，亦谓之雨湖。上为烟柳堤，外多园寺”。柳荫环抱，莺飞燕舞，故名“雨湖烟柳”。

[鳌山夕照]

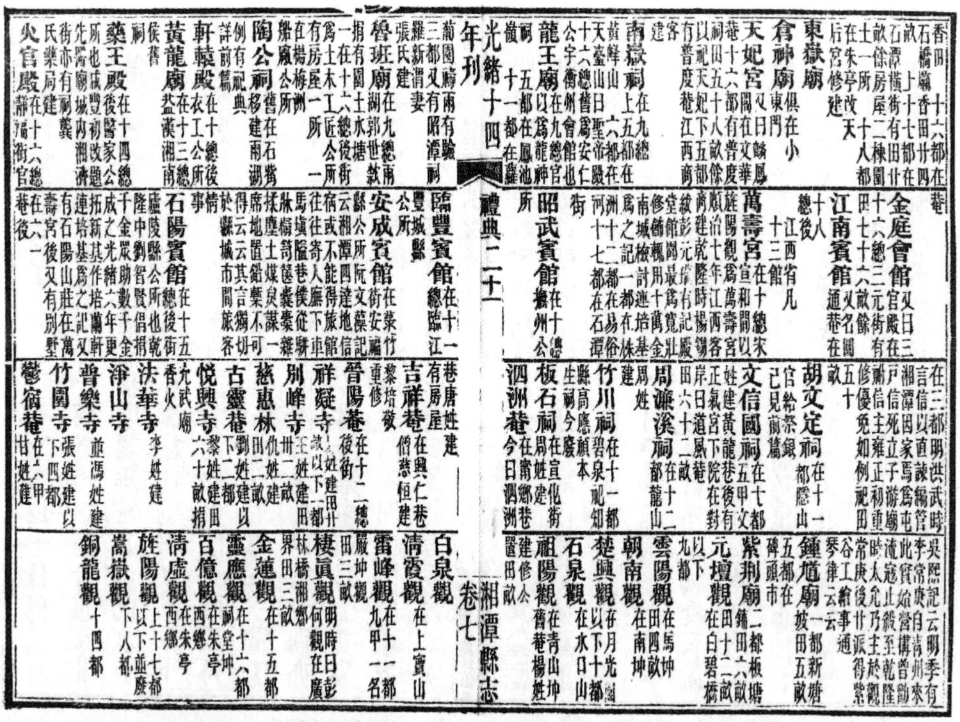

香田十六都在石橋嶺香田廿四畝上十七都在石潭横街有田廿畝徐房屋二棟圍土一所十八都在朱亭改天后宮修建
東嶽廟
倉神廟倶在小東門
天妃宮又日鱗鳳閣在文華菴十六都有普度祠田五十八畝餘以祀天妃下五都有普度菴江西商客建
南嶽祠在九總上五都在黄峰山六都在天臺山日聖帝殿十六總舊爲安仁公宇衡州會館也
龍王廟在九總宮以爲龍神祠五都在鳳池嶺十一都在蘿

光緒十四年刊

金庭會館又日三官殿在十六總三元街有田七十六畝餘
江南賓館又名圓通巷在十八總後江西省凡十三館
萬壽宮在十總宋宣和閭以延陽觀爲萬壽宮順治七年江西客商建乾隆時楊錫紱彭元瑞有記殿堂館閣最爲寬壯修飾瓤用十萬金南城檢討進培基爲之記一都在株洲十二都在易俗河十七都在石潭街
昭武賓館在十總撫州公所

禮典二十一

在三都明洪武時言信以直諫編管湘潭因家焉爲屯戶信死立子游廟鄺信主雍正初重修優免如例祀田五十畝
胡文定祠在十一都隱山官給祭錄己見前篇
文信國祠在七都五甲文姓建黄龍巷後有正氣宮下院在對岸日道鳳菴田六十二畝
周濂溪祠在十二都龍山周姓建
竹川祠在十一都碧泉祀知縣高應頵本生祠今廢
板石祠在宣化街周姓建
泗洲菴在衛鄉巷今日泗洲

吳熙記云明季有李常庚自青州來此賓始營備曾勸流寇止殺至乾隆時太允乃主於觀常庚後廿派得紫谷工繪事通琴律云云
鍾馗廟一都新塘坡田五畝五都在碑頭市
紫荆廟二都板塘鎮田六畝
元壇觀田十二畝在白碧橋以下九都
雲陽觀在馬坤田四畝
朝南觀在南坤
楚興觀在月光園以下十都
石泉觀在水口山
祖陽觀在青山坤舊菴楊姓建修公置田畝

卷七 湘潭縣志

葡園禱雨有驗三都又有昭潭祠羅新渭妻張氏建
魯班廟在九總雨湖郭世款捐有園土水塘街一在十六總後所窩土木工匠公一有房屋一所在楊梅洲艜廠公所
陶公祠舊在石嘴移建雨湖例有祀典詳前篇
軒轅殿在十總後衣工公所
黄龍廟在十三總鹽漢湘南
侯舊祠
藥王殿在十四總後醫家公所也咸豐初改題先醫廟城內湘濟衛亦有祠冀氏藥局建
火官殿在十六總靖福街官

臨豐賓館在十一總臨江豐城縣公所
安成賓館在蔡竹街安福縣公所阮文藻記云湘潭四達地信宿式往往不能得旅館寄人廡下車馬臨巷僕從驛脈墳蓫囊橐雜採塵土煤臭謀一席地置鉛槧不可得云云其言獨切於縣城市閒旅客情事
石陽賓館在十五總後街廬陵縣公所也乾隆中劉習賢倡捐千金眾助數千金成之光緒六年更拓新基作培蘭軒連培基爲之記又有石陽山莊在萬壽宮後又有別墅在六一菴後

巷唐姓建有房屋
吉祥菴在興仁巷僧慈恒建黎培蔭重修
晉陽菴在十二總後街
祥凝寺[illegible]姓建田廿畝以下二都
別峰寺王姓建田卅二畝
慈惠林仇姓建田二畝
古靈菴劉姓建以下二都
悅興寺黎姓建田六十畝捐
允武廟香火
法華寺李姓建
淨山寺
普樂寺並馮姓建
竹園寺張姓建以下四都
鬱嶺菴在六甲甘姓建

白泉觀
清霞觀在上寶山
雷峰觀在十一都九甲一名嚴坤觀田三畝
棲眞觀明時日彭何觀在廣林橋湘鄉界田三畝
金蓮觀在十五都
靈應觀在十六都祠堂坤
百億觀在朱亭西鄉
清虛觀在朱亭西鄉
旌陽觀上十七都以下並廢
嵩嶽觀下八都
銅龍觀十四都

清光绪《湘潭县志》“卷七·礼典二十一·会馆”载“万寿宫”。清顺治七年（1650），江西商人于雨湖建许旌阳祠，并题门额“万寿宫”，由石雕牌楼、正殿、水阁凉亭、花园等组成。现存夕照亭即“雨湖八景”之“鳌山夕照”处。

夕照亭为正方形，檐四角攒尖顶，覆黄色琉璃瓦，葫芦顶。亭为石木结构，花岗石基座自池中垒起，亭环以青石栏杆，东以石桥接岸。亭顶有二龙戏珠图案，枋檩彩绘麒麟、蝙蝠、镂雕狮、鹿等走兽，形态生动逼真，色彩绚丽，是古代园林建筑中的佳作。亭下辟清池，清池岸边垒怪石嶙峋假山。

[双璧无瑕]

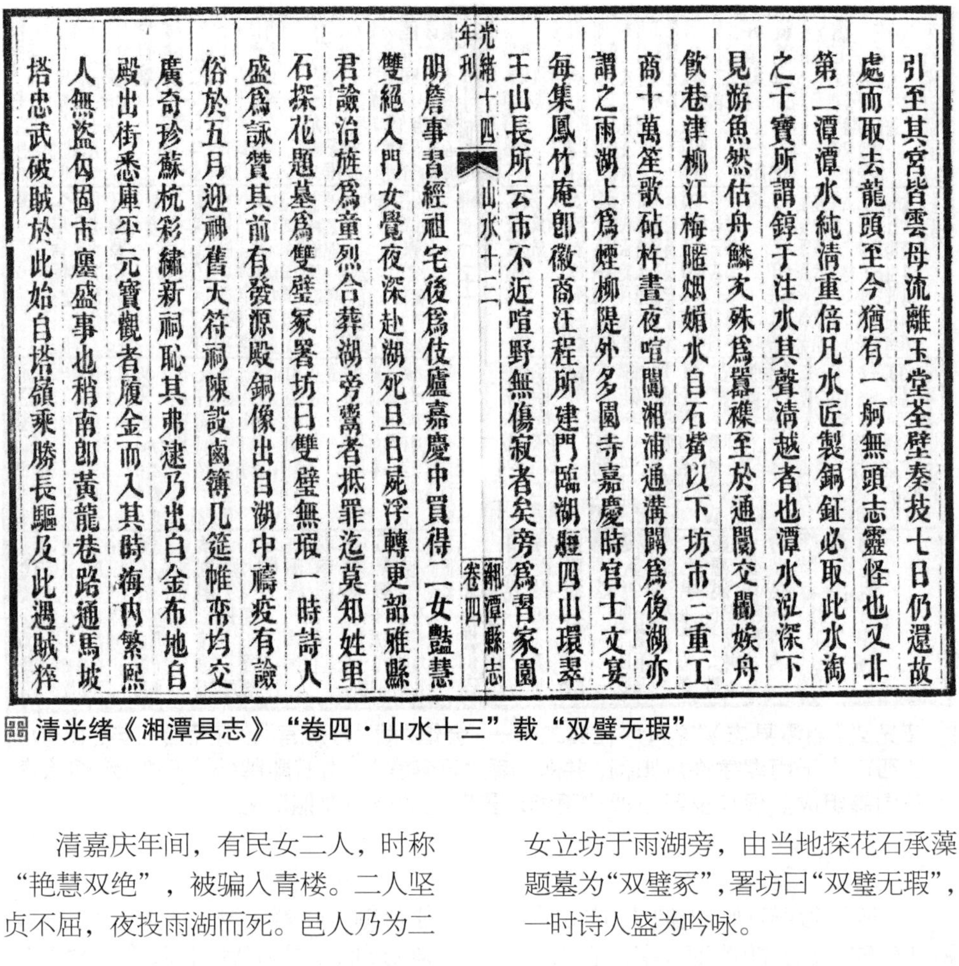

引至其宮皆雲母流離玉堂荃壁奏技七日仍還故處而取去龍頭至今猶有一舸無頭志靈怪也又北第二潭潭水純清重倍凡水匠製鍋鉦必取此水淘之千寶所謂錞于注水其聲清越者也潭水泓深下見游魚然估舟鱗次殊爲羃䍥至於通闤交闠娭舟飲巷津柳江梅瞷烟媚水自石觜以下坊市三重工商十萬笙歌砧杵晝夜喧闐湘浦通溝闢爲後湖亦謂之雨湖上爲烟柳隄外多園寺嘉慶時官士文宴每集鳳竹庵郎徽商汪程所建門臨湖壢四山環翠王山長所云市不近喧野無傷寂者矣旁爲胥家園

光緒十四年刊　山水十三　湘潭縣志　卷四

明詹事胥經祖宅後爲伎廬嘉慶中買得二女豔慧雙絕入門女覺夜深赴湖死且日屍浮轉更韶雅縣君諭治旌爲童烈合葬湖旁鬻者抵罪迄莫知姓里石探花題墓爲雙璧冢署坊曰雙璧無瑕一時詩人盛爲詠贊其前有發源殿銅像出自湖中禱疫有讖俗於五月迎神舊天符祠陳設鹵簿几筵帷帟均交廣奇珍蘇杭彩繡新祠恥其弗逮乃出白金布地自殿出街悉庫平元寶觀者履金而入其時海內繁熙人無盜匃固市廛盛事也稍南郎黃龍巷路通馬坡塔忠武破賊於此始自塔嶺乘勝長驅及此遇賊猝

清光绪《湘潭县志》“卷四·山水十三”载“双璧无瑕”

清嘉庆年间，有民女二人，时称“艳慧双绝”，被骗入青楼。二人坚贞不屈，夜投雨湖而死。邑人乃为二女立坊于雨湖旁，由当地探花石承藻题墓为“双璧冢”，署坊曰“双璧无瑕”，一时诗人盛为吟咏。

【韶山八景】

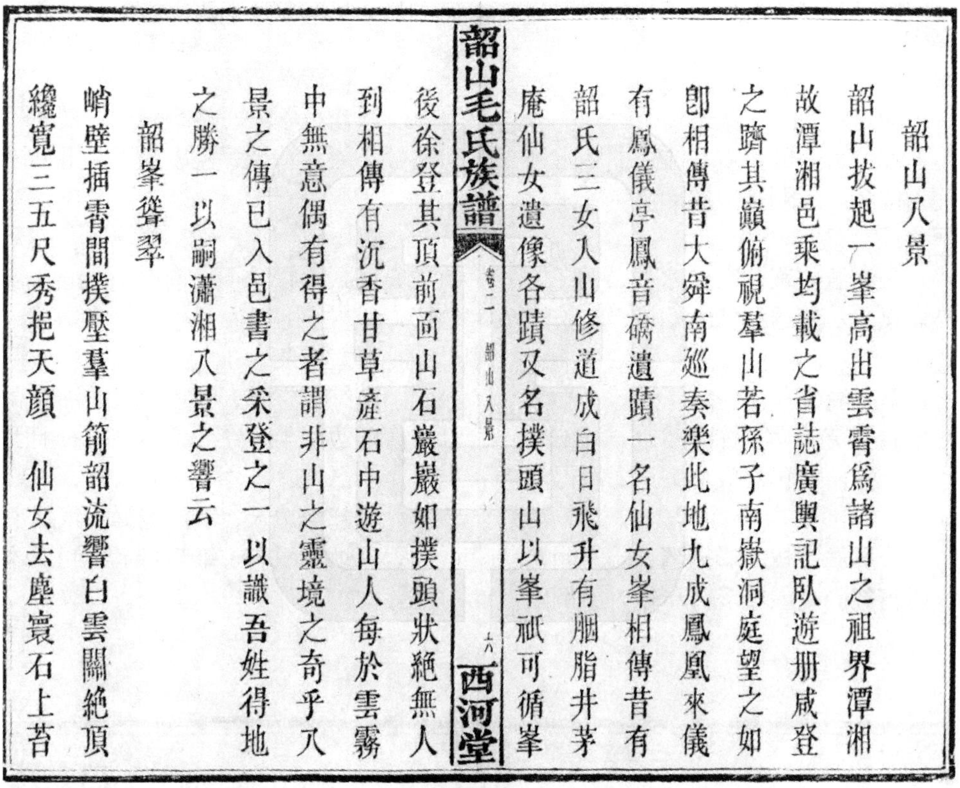
韶山八景
韶山拔起一峯高出雲霄爲諸山之祖界潭湘故潭湘邑乘均載之省誌廣輿記臥遊冊咸登之躋其巔俯視羣山若孫子南嶽洞庭望之如即相傳昔大舜南巡奏樂此地九成鳳凰來儀有鳳儀亭鳳音磚遺蹟一名仙女峯相傳昔有韶氏三女入山修道成白日飛升有胭脂井茅庵仙女遺像各蹟又名撲頭山以峯衹可循峯

韶山毛氏族譜　卷二　韶山八景　六　西河堂

後徐登其頂前面山石巉巖如撲頭狀絕無人到相傳有沉香甘草産石中遊山人每於雲霧中無意偶有得之者謂非山之靈境之奇乎八景之傳已入邑書之采登之一以識吾姓得地之勝一以嗣瀟湘八景之響云

韶峯聳翠

峭壁插霄間撲壓羣山箾韶流響白雲關絕頂纔寬三五尺秀挹天顏　仙女去塵寰石上苔

图 清光绪《中湘韶山毛氏二修族谱》载“韶山八景”（局部）

韶山，古为苗蛮之地。秦至西汉属湘南县，东汉至晋未变。南齐废湘南县，遂属湘西县。隋开皇九年（589）入衡山县。唐天宝八年（749），改衡山县为湘潭县；自此至宋，属湘潭县。元湘潭县升湘潭州，韶山属湘潭州。明代属湘潭县移风乡；清代为湘潭县七都。

“韶”，虞舜时乐名。《书·益稷》曰：“箫韶九成，引凤来仪。” 史载：“韶山，相传舜南巡时，奏韶乐于此，因名。”《辞海》据此诠释韶山：相传古代虞舜南巡时，奏韶乐于此，故名……山有八景，风景优美。

韶山八景在韶山市韶峰及其周围，即韶峰耸翠、凤仪亭址、仙女茅庵、胭脂古井、石屋清风、顿石成门、塔岭晴霞、石壁流泉。《毛氏族谱》载：“八景之传已入邑书之采，登之一以识吾姓得地之胜，一以嗣潇湘八景之响云。”

清代毛兰芳《浪淘沙·韶山八景》

韶峰耸翠

峭壁插霄间，扑压群山。箫韶流响白云关。绝顶才宽三五尺，秀挹天颜。

仙女去尘寰，石上苔斑。风梳雨沐绿云鬟。万古头颅新色相，月挂金环。

凤仪亭址

乐奏九成期，瑞应于斯。亭空凤去几多时。破瓦颓垣天爱惜，烟幕云帷。

远翥欲何之，琴瑟维持。高冈又

长绿桐枝。圣德巍巍天地永，正好来仪。

仙女茅庵

山深别有天，草木皆仙。茅庵丹灶筑当年。道成女子今何在，一座金莲。

晨钟暮鼓边，惊醒尘缘。高僧无事抱云眠。何必普陀观自在，面壁依然。

胭脂古井

仙迹寄高冈，古井流香。胭脂笑问为谁妆。色即是空空即色，春雨斜阳。

一派玉琼浆，寒碧冰芒。无纤尘染影岚光。参透神仙中妇艳，红粉何妨。

石屋清风

砖瓦莫为功，栋宇凌空。神工鬼斧石琼宫。九转丹成仙去后，剩得清风。

云雾卷帘栊，彩挂晴虹。月明灯火澈宵红。金屋几多沉草径，笑倒山翁。

顿石成门

门户别开奇，两石为之。一关不许野云驰。春色满林关不住，摇曳生姿。

雨过碧玻璃，雾锁烟司。闲花野鸟各支持。若得当年由也宿，夫复何疑。

塔岭晴霞

峰峦泼翠鲜，岭断云连。横中一塔插空天。晴光暮色霞烘里，玉烛摇烟。

风雨自年年，破补苔钱。春风无主鹤高眠。好欲招来询甲子，沧海桑田。

石壁流泉

素练影空悬，瀑布飞泉。佛幡高挂五云边。半点红尘都不到，石上因缘。

撑起半边天，清洁澄鲜。水晶帘卷万家烟。说与王维难着笔，此景才仙。

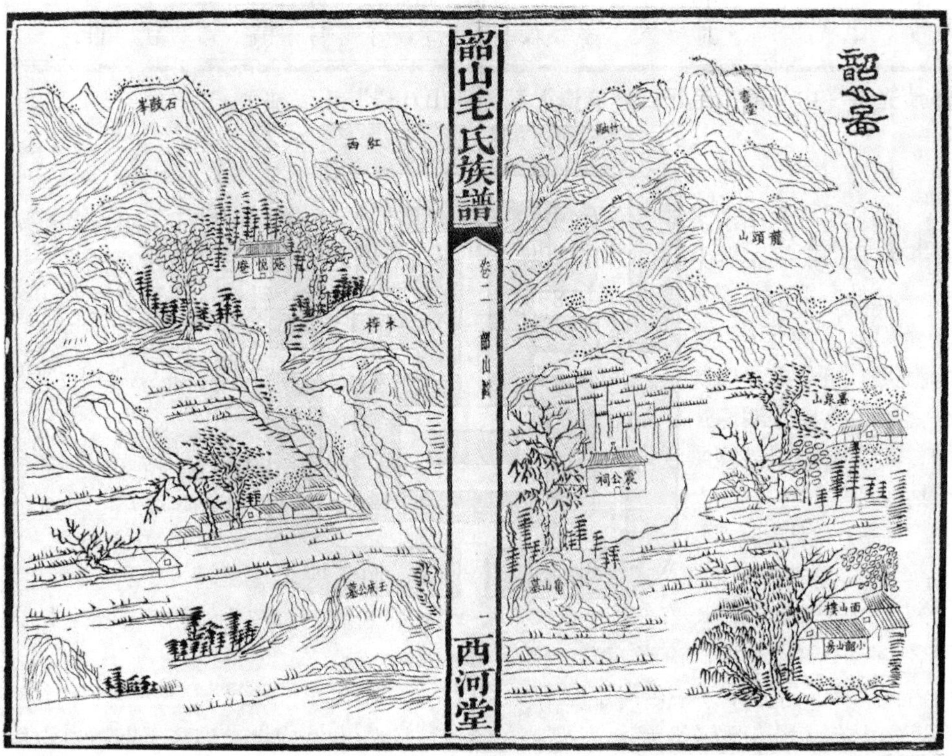

清光绪《中湘韶山毛氏二修族谱》载“韶山图”（局部）

[韶峰耸翠]

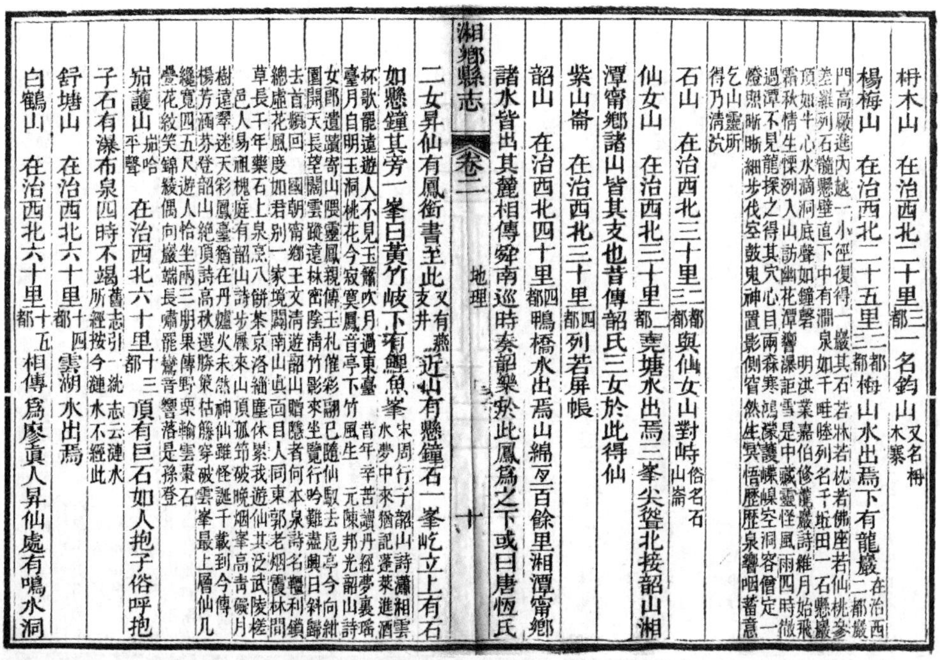

枏木山　在治西北二十里三都一名鈞山又名枏木寨

楊梅山　在治西北二十五里三都梅山水出焉下有龍巖在治西二都巖門高廠進內越一小徑復得一巖其石若牀若枕若佛座若仙桃參差羅列石髓懸壁直下中有淵泉如千畦睦列名千坵田一石懸巖頂如牛心水滴洞底聲如鐘磬　明洪業嘉伯修龍巖詩維月始飛霜秋情生慄冽入山訪幽花潭響瀑詎雪是中藏靈怪風雨四時微過潭不見龍探之得其穴心目兩森寒鴝鵒護幉嶼空洞容僧定一燈照晰晰細步伐空鼓鬼神置影側窅然生冥悟歷歷泉響咽蓄意乞山靈所得乃清泚

石山　在治西北三十里二都三都與仙女山對峙俗名石山嶺

仙女山　在治西北三十里二都堯塘水出焉三峯尖聳北接韶山湘潭甯鄉諸山皆其支也昔傳韶氏三女於此得仙

紫山嶺　在治西北三十里四都列若屏帳

韶山　在治西北四十里四都鴨橋水出焉山緜亙百餘里湘潭甯鄉諸水皆出其麓相傳舜南巡時奏韶樂於此鳳為之下或曰唐恆氏

湘鄉縣志　卷二　地理　十

二女昇仙有鳳銜書至此又有燕支井近山有懸鐘石一峯屹立上有石如懸鐘其旁一峯曰黃竹岐下有鯉魚峯　宋周行子韶山詩瀟湘雲水夢中來猶記蓬萊進酒杯歌罷遠遊人不見玉簫吹月過東臺　昔年辛苦讀丹經夢裏瑤臺月自明玉洞桃花今寂寞鳳音亭下竹風生　元陳邦光韶山詩女郎遺蹟寄山隈靈鳳親傳玉札催彩翮已隨仙馭去危亭今向紺園開天長望闊雲蹤遠林密陰清竹影來坐覽行吟難盡興日斜歸去首頻回　國朝甯鄉王文清遊韶山贈隱者何本泉詩名韁利鎖總虛花風度如君別一家境闢南山真面目人同東郭老烟霞林間草長千年藥石上泉烹八餅茶京洛緇塵休累我遊仙其泛武陵槎　邑人易祖槐韶山詩步屧來山頂孤筇破晚烟峯高青礙月樹遠翠迷天彩鳳臺猶在丹爐火未然神仙雖怪誕千載到今傳　楊芳涵芬登韶山絕頂詩高秋選勝策枯藤穿破雲峯最上層仙几纔寬四五尺遊人恰坐兩三朋果傳野栗輸雲棗石疊花紋笑錦綾偶向巖端長嘯罷鸞音響落是孫登

峆護山峆哈平聲　在治西北六十里十三都頂有巨石如人抱子俗呼抱子石有瀑布泉四時不竭舊志引一統志云漣水所經按今漣水不經此

舒塘山　在治西北六十里十四都雲湖水出焉

白鶴山　在治西北六十里十五都相傳為廖真人昇仙處有鳴水洞

清同治《湘乡县志》载“仙女山”

韶峰是南岳衡山七十二峰中的第七十一峰，亦名仙女山、仙顶灵峰。“韶峰耸翠”为“韶山八景”的第一景，居湘乡、宁乡、韶山交界处，登高远眺，心旷神怡。

宋代周行子《韶山》

潇湘云水梦中来，犹记蓬莱进酒杯。歌罢远游人不见，玉箫吹月过东台。

昔年辛苦读丹经，梦里瑶台月自明。玉洞桃花今寂寞，凤音亭下竹风生。

元代陈邦光《韶山》

女郎遗迹寄山隈，灵凤亲传玉札催。彩翮已随仙驭去，危亭今向绀园开。天长望阔云踪远，林密阴清竹影筛。坐览行吟难尽兴，日斜归去首频回。

清代杨芳《登韶山绝顶》

高秋选胜策枯藤，穿破云峰最上层。仙几才宽四五尺，游人恰坐两三朋。果传野栗输云枣，石叠花纹笑绵绫。偶向岩端长啸罢，鸾音响落是孙登。

清代易祖槐《韶山》

步屐来山顶，孤筇破晚烟。峰高青碍月，树远翠迷天。彩凤台犹在，丹炉火未然。神仙虽怪诞，千载到今传。

[凤仪亭址]

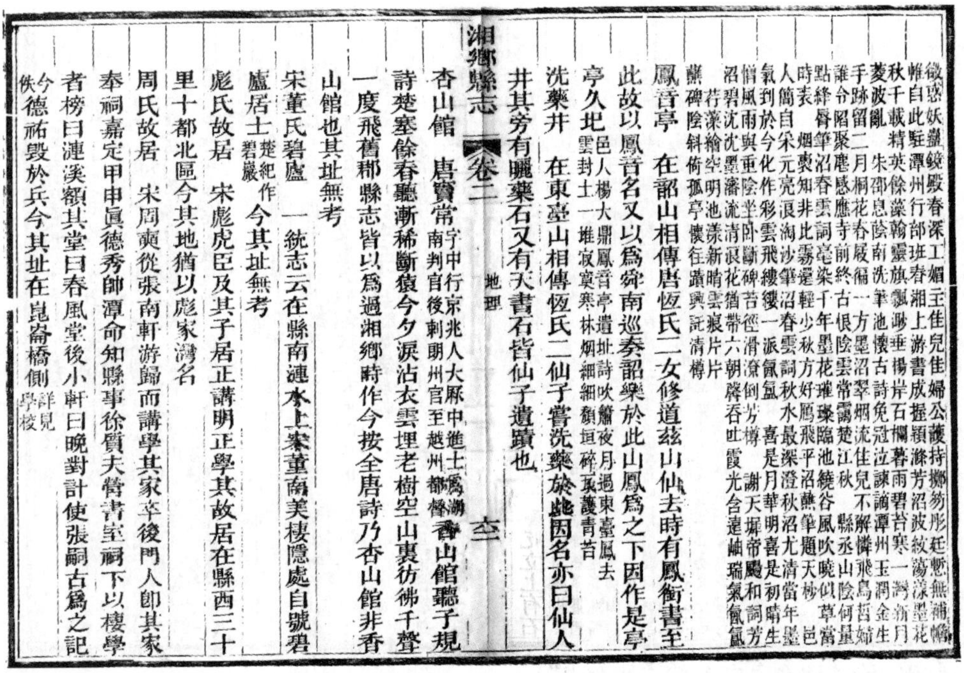

徵惑妖蠱鏡殿春深工媚主佳兒佳婦公護持擲紛形廷懲無補幡
帷自此駐潭州行部班春湘上游書成握穎滌芳沼波紋蕩漾墨花
秋千載　精英餘藻翰靈旗飄渺垂楊岸石欄暮雨碧苔寒一灣新月
菱波亂　朱邵息陰南洗筆池懷古詩免冠泣諫謫潭州玉潤金生
手跡留二月桐花春屐徧一方墨沼翠烟流佳兒不解憐飛鳥哲婦
誰令昭聚麀感應寺前終古恨陰雲常靄楚江秋　縣丞山陰何量
點絳唇筆沼春雲詞毫染千年墨花璀璨臨池繞谷風吹曉似草當
時表　烟裊知非比霧還輕少秋方好鴈飛平沼燕筆題天杪　邑
人簡自采元亮浪淘沙筆沼一春雲詞秋水最深澄秋沼尤清當年墨
氣到於今化作彩雲飛縷縷一派氤氳　喜是月華明喜是初晴生
悄風雨與垂陰坐卧斷碑苔徑滑潦倒芳樽　謝天墀帝颺和詞芳
沼碧沈沈墨瀋流清浪花猶帶六朝聲吞吐霞光合遠岫瑞氣氤氳
荇藻綸空明池漾新晴雲痕片片
蘸碑陰斜倚孤亭懷往蹟興託清樽

鳳音亭　在韶山相傳唐恆氏二女修道兹山仙去時有鳳銜書至
此故以鳳音名又以爲舜南巡奏韶樂於此山鳳爲之下因作是亭
亭久圮　邑人楊大鼎鳳音亭遺址詩吹簫夜月過東臺鳳去雲封土一堆寂寞寒林烟細細頹垣碎瓦護青苔
洗藥井　在東臺山相傳恆氏二仙子嘗洗藥於此因名亦曰仙人
井其旁有曬藥石又有天書石皆仙子遺蹟也

湘鄉縣志　卷二　地理　六

杏山館　唐寶常字中行京兆人大厤中進士爲湖南判官後刺朗州官至越州都督　杏山館聽子規
詩楚塞餘春聽漸稀斷猿今夕淚沾衣雲埋老樹空山裏彷彿千聲
一度飛舊郡縣志皆以爲過湘鄉時作今按全唐詩乃杏山館非香
山館也其址無考
宋董氏碧廬　一統志云在縣南漣水上宋董南美棲隱處自號碧
廬居士楚紀作碧巖今其址無考
彪氏故居　宋彪虎臣及其子居正講明正學其故居在縣西三十
里十都北區今其地猶以彪家灣名
周氏故居　宋周奭從張南軒游歸而講學其家卒後門人卽其家
奉祠嘉定甲申眞德秀帥潭命知縣事徐質夫脩書室祠下以棲學
者榜曰漣溪額其堂曰春風堂後小軒曰晚對計使張嗣古爲之記
今佚　德祐毀於兵今其址在崑崙橋側詳見學校

清同治《湘乡县志》载“凤音亭”

凤仪亭亦作凤音亭，位于引凤山麓。清同治《湘乡县志》载“凤音亭”，在韶山，相传唐恒氏三女修道兹山，仙去时，有凤衔书至此，故以凤音名。又以为舜帝南巡，奏《韶》乐于此山，凤为之下，因作是亭。

清代杨大鼎《凤音亭遗址》

吹箫夜月过东台，凤去云封土一堆。寂寞寒林烟细细，颓垣碎瓦护青苔。

［仙女茅庵］

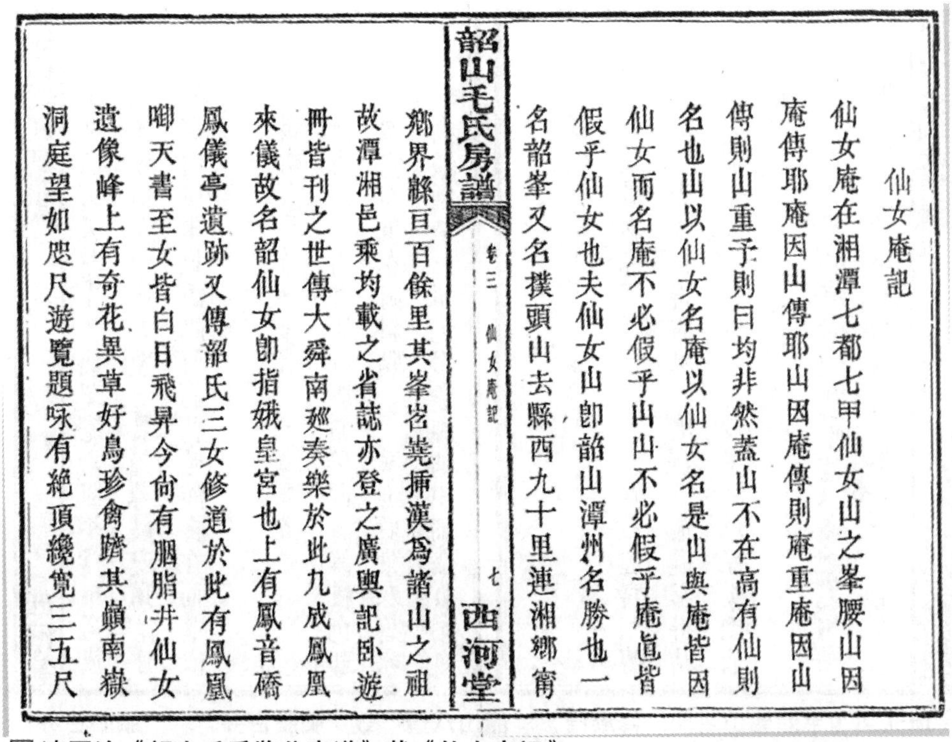

仙女庵記

仙女庵在湘潭七都七甲仙女山之峯腰山因庵傳耶庵因山傳耶山因庵傳則庵重庵因山傳則山重予則曰均非然蓋山不在高有仙則名也山以仙女名庵以仙女名是山與庵皆因仙女而名庵不必假乎山山不必假乎庵豈皆假乎仙女也夫仙女山卽韶山潭州名勝也一名韶峯又名撲頭山去縣西九十里連湘鄉甯

韶山毛氏房譜　卷三　仙女庵記　七　西河堂

鄉界縣亘百餘里其峯岧嶢揷漢爲諸山之祖故潭湘邑乘均載之省誌亦登之廣輿記卧遊冊皆刊之世傳大舜南廵奏樂於此九成鳳凰來儀故名韶仙女卽指娥皇宮也上有鳳音礄鳳儀亭遺跡又傳韶氏三女修道於此有鳳凰啣天書至女皆白日飛昇今尙有胭脂井仙女遺像峰上有奇花異草好鳥珍禽躋其巔南嶽洞庭望如咫尺遊覽題咏有絕頂纔寬三五尺

▣ 清同治《韶山毛氏鉴公房谱》载《仙女庵记》

“仙女茅庵”位于韶峰东北面山腰处，庵址尚存。相传为唐时韶氏三女修道时建造。又传系明初为纪念舜之二妃娥皇、女英所修。韶山毛氏族谱有《仙女庵记》。

［胭脂古井］

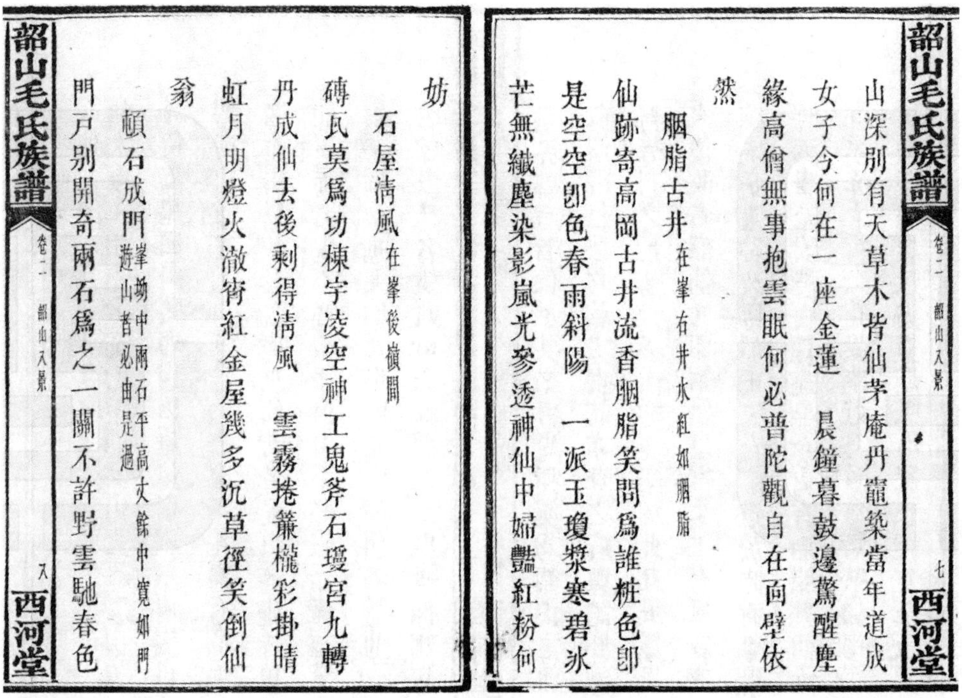

韶山毛氏族譜　卷二　韶山八景　七　西河堂

山深别有天草木皆仙茅庵丹竈築當年道成女子今何在一座金蓮　晨鐘暮鼓邊驚醒塵緣高僧無事抱雲眠何必普陀觀自在面壁依然

胭脂古井 在峯右井水紅如胭脂

仙跡寄高岡古井流香胭脂笑問爲誰粧色卽是空空卽色春雨斜陽　一派玉瓊漿寒碧冰芒無纖塵染影嵐光參透神仙中婦豔紅粉何妨

石屋清風 在峯後嶺間

磚瓦莫爲功棟宇凌空神工鬼斧石瓊宮九轉丹成仙去後剩得清風　雲霧捲簾櫳彩掛晴虹月明燈火澈宵紅金屋幾多沉草徑笑倒仙翁

頓石成門 峯坳中兩石平高丈餘中寬如門遊山者必由是過

門戶别開奇兩石爲之一闢不許野雲馳春色

韶山毛氏族譜　卷二　韶山八景　八　西河堂

清光绪《中湘韶山毛氏二修族谱》“韶山八景”载“胭脂古井”。“胭脂古井”位于韶峰半山腰，景址尚存。相传恒氏三女以此井为镜梳妆，胭脂落入井中，日久井水成粉红色。

［石屋清风］

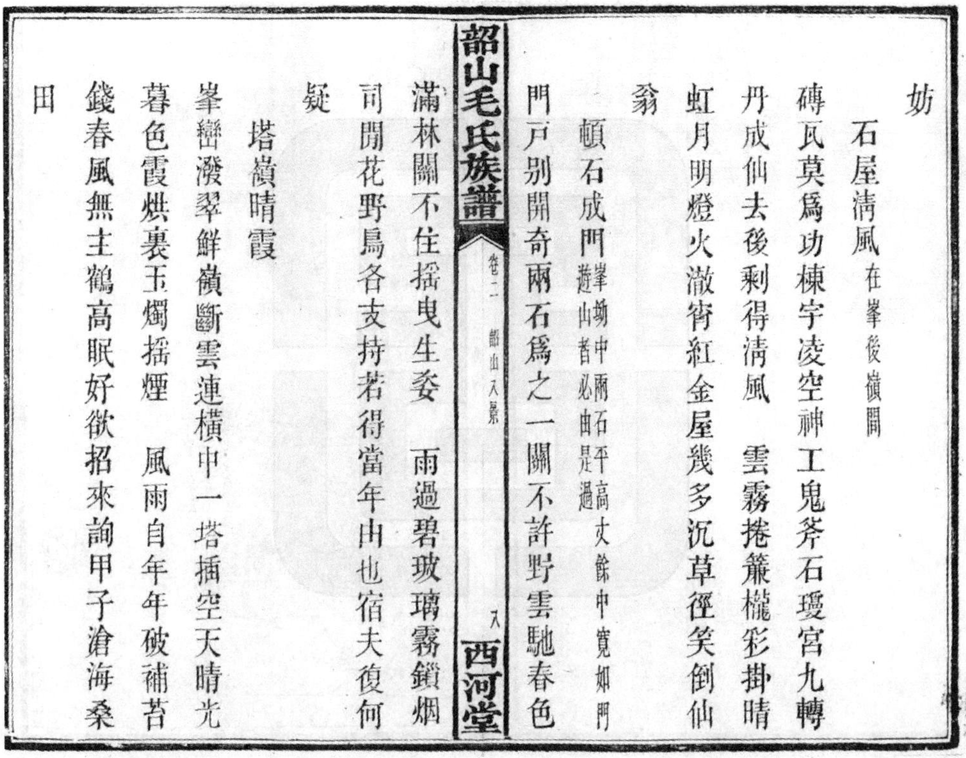

妨

石屋清風 在峯後嶺間

磚瓦莫爲功棟宇凌空神工鬼斧石瓊宮九轉丹成仙去後剩得清風　雲霧捲簾櫳彩掛晴虹月明燈火澈宵紅金屋幾多沉草徑笑倒仙翁

頓石成門 峯坳中兩石平高丈餘中寬如門遊山者必由是過

門戶别開奇兩石爲之一闢不許野雲馳春色滿林關不住搖曳生姿　雨過碧玻璃霧鎖烟司開花野鳥各支持若得當年由也宿夫復何疑

塔嶺晴霞

峯巒潑翠鮮嶺斷雲連横中一塔插空天晴光暮色霞烘裏玉燭搖煙　風雨自年年破補苔錢春風無主鶴高眠好欲招來詢甲子滄海桑田

韶山毛氏族譜　卷二　韶山八景　八　西河堂

▣ 清光绪《中湘韶山毛氏二修族谱》“韶山八景”载“石屋清风”。“石屋清风”位于车箩埂山上，与韶峰毗邻。景物尚存。韶峰东北面有一带状石群，如石屋林立，相传为神仙炼丹之所。

[顿石成门]

清光绪《中湘韶山毛氏二修族谱》“韶山图”（局部）载“顿石”。“顿石成门”位于韶峰和云富（韶山境内次高峰）之间的中部山脊处，两巨石撑天直立，有如天门。

[塔岭晴霞]

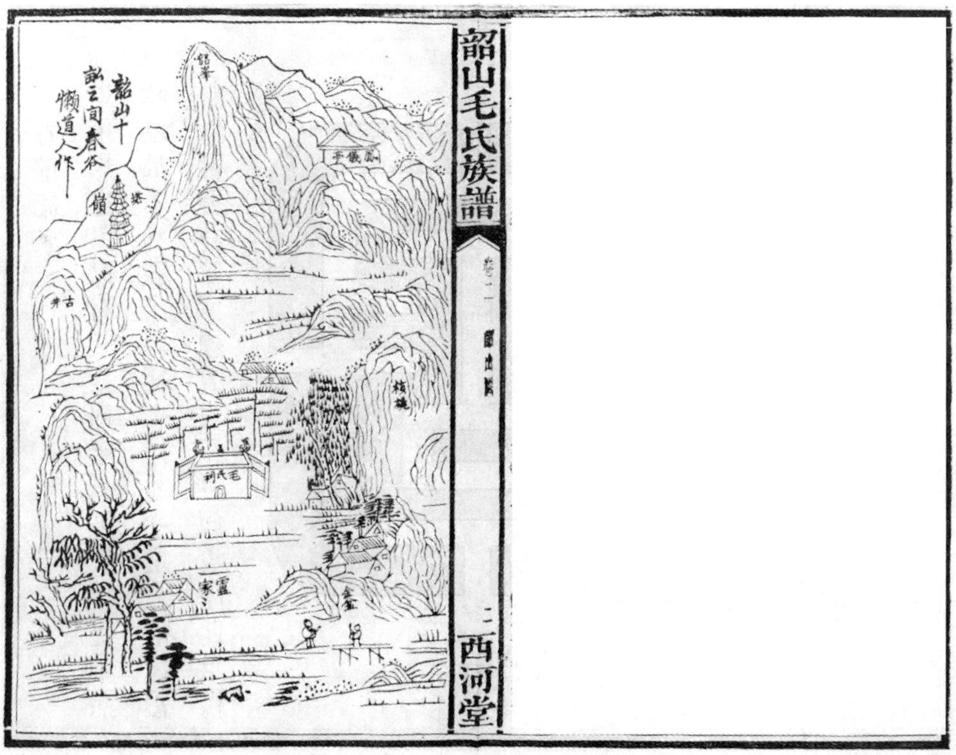

清光绪《中湘韶山毛氏二修族谱》“韶山图”（局部）载“塔岭”。“塔岭晴霞”位于韶峰前半山腰，景址无存。传说此塔很高能在云雾中飘移。景址地现名“塔子岭”。

［石壁流泉］

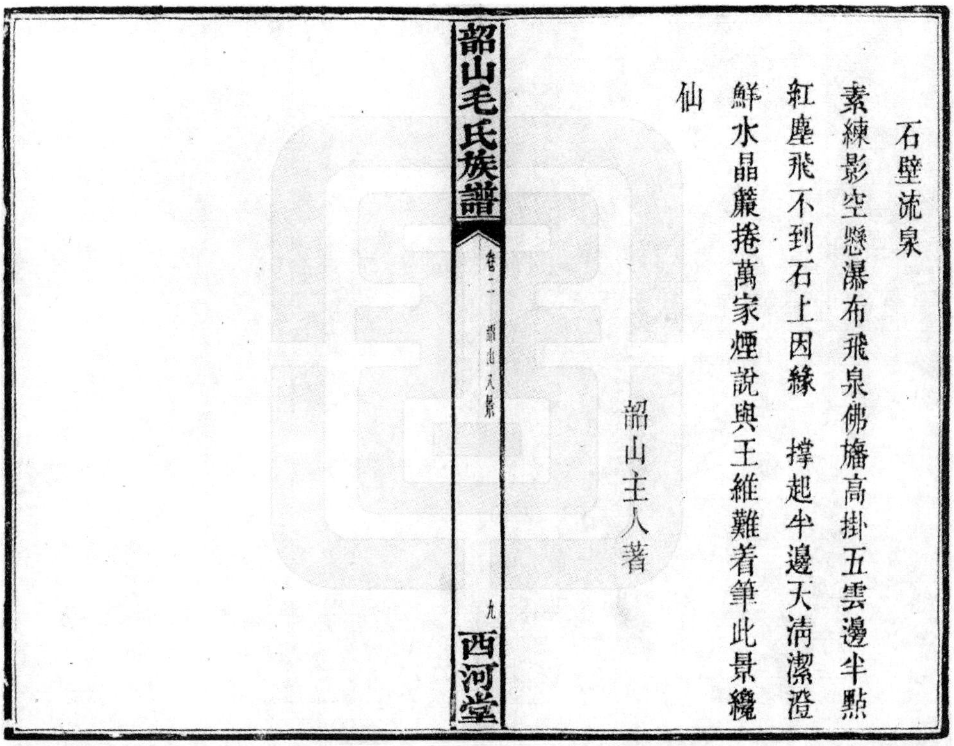
韶山毛氏族譜　卷二　韶山八景　九　西河堂

石壁流泉

素練影空懸瀑布飛泉佛檐高掛五雲邊半點紅塵飛不到石上因緣　撑起半邊天清潔澄鮮水晶簾捲萬家煙說與王維難着筆此景纔仙

韶山主人著

清光绪《中湘韶山毛氏二修族谱》“韶山八景”载“石壁流泉”。“石壁流泉”位于仙女茅庵后山中。韶峰与车箩埂两山之间有清泉长流不断，经峭壁形成飞瀑，故名。

【韶山仙女庵四景】

仙女庵圖

右庵名仙女取因其在仙女山也建於前明剪茅結庵者吾祖　鑑公之闢構也招僧奉佛由來舊矣庵中堂一龕香火供奉三仙女遺像如來諸佛諸大菩薩左右兩座色相如生者四六諸天二九羅漢也香爐鐘鼓花瓶錚磬皆我先人置遺未假外人一絲一粟其各小品玩器沾聖惠而貢獻者固亦有之佛座後卽招僧習禪之所蒲團滿座貝葉堆几狀經悉藏其處左階進爲僧舍臥雲居香

韶山毛氏族譜　卷二　仙女庵圖　一　西河堂

清光绪《中湘韶山毛氏二修族谱》“仙女庵图”载“四景”：六朝松、飞来船、四方竹、白石泉

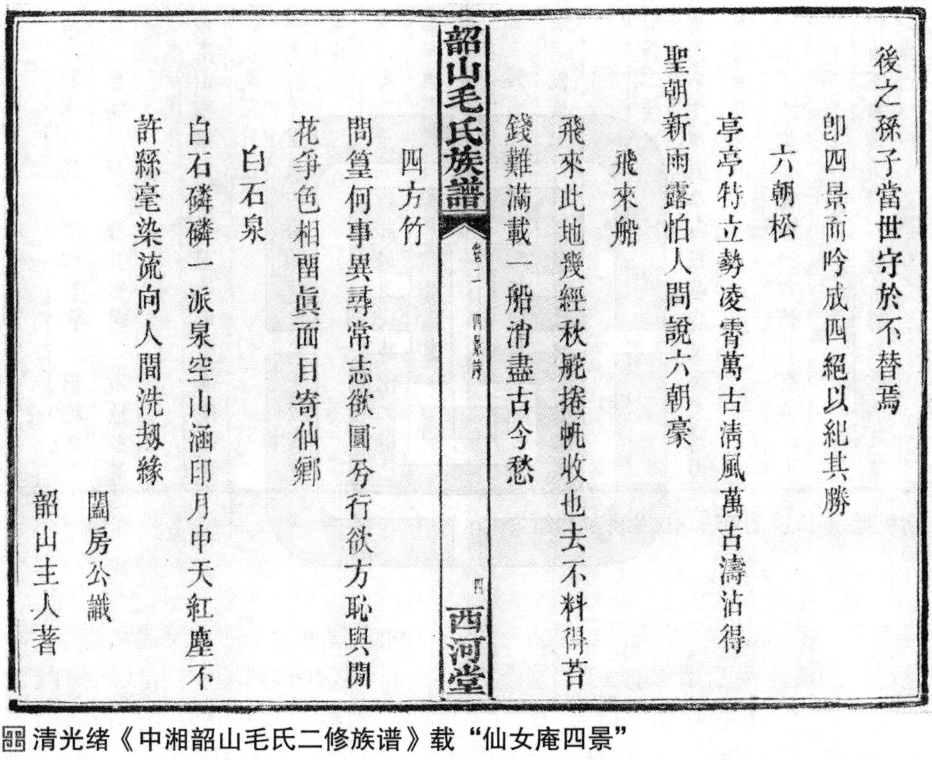

後之孫子當世守於不替焉

卽四景而吟成四絕以紀其勝

六朝松

亭亭特立勢凌霄萬古清風萬古濤沾得
聖朝新雨露怕人問說六朝豪

飛來船

飛來此地幾經秋舵捲帆收也去不料得苦錢難滿載一船消盡古今愁

韶山毛氏族譜　卷二　四景詩　四　西河堂

四方竹

問篁何事異尋常志欲圓兮行欲方恥與閑花爭色相留眞面目寄仙鄉

白石泉

白石磷磷一派泉空山涵印月中天紅塵不許絲毫染流向人間洗刼緣

圜房公識

韶山主人著

清光绪《中湘韶山毛氏二修族谱》载“仙女庵四景”

【湘乡八景】

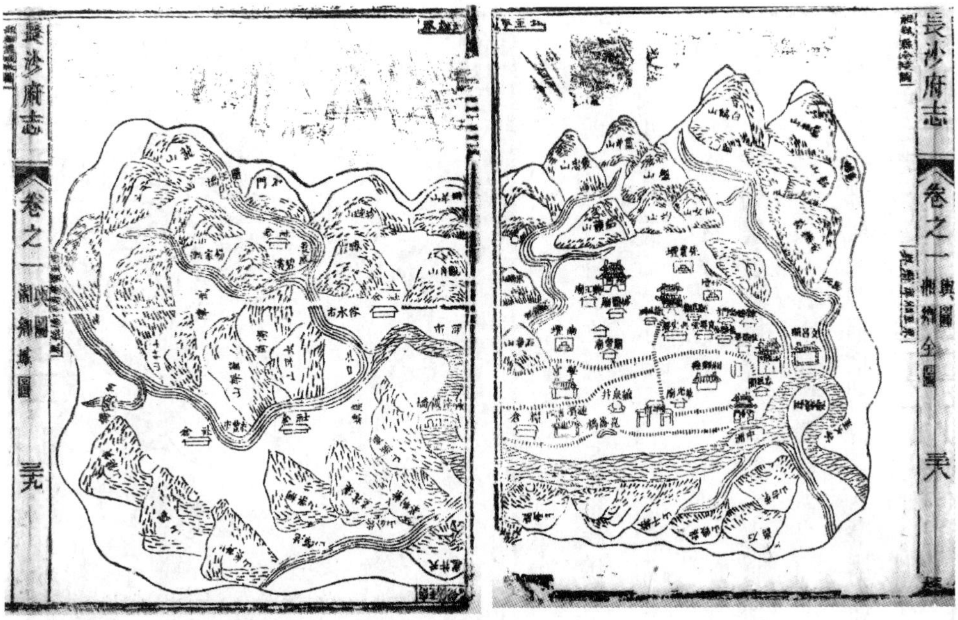

清乾隆《长沙府志》载“湘乡全图”

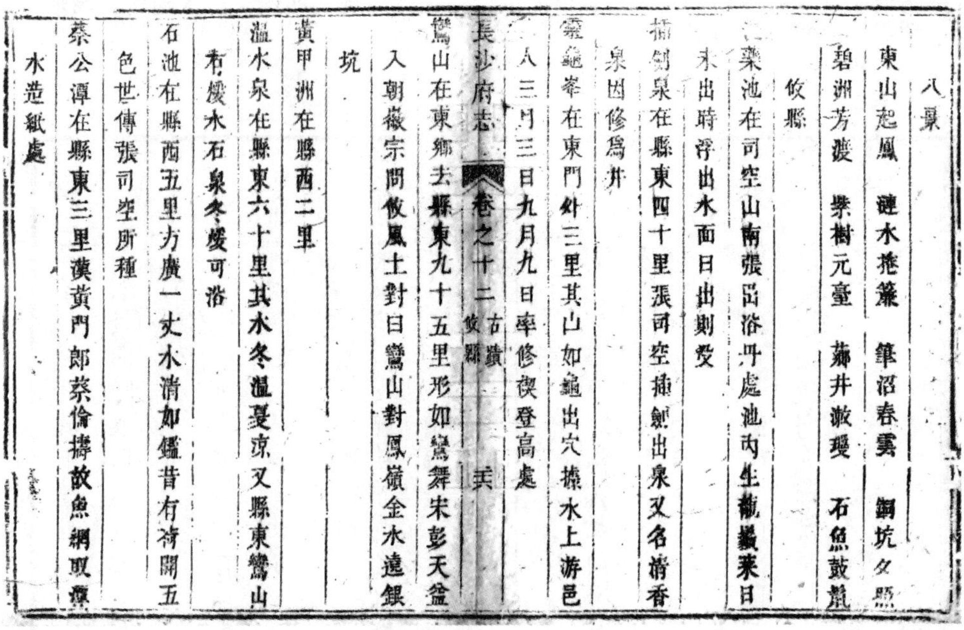

八景
東山起鳳　漣水拖藍　筆洺春雲　銅坑夕照
碧洲芳渡　紫樹元臺　蒲井漱瓔　石魚鼓[illegible]
攸縣
藥池在司空山南張昷洛丹處池內生龍鱗來日
水出時浮出水面日出則沒
插劍泉在縣東四十里張司空插劍出泉又名清香
泉因修爲井
靈龜峯在東門外三里其山如龜出穴據水上游邑
人三月三日九月九日率修禊登高處
長沙府志　卷之十二　古蹟　攸縣　兲
鸞山在東鄉去縣東九十五里形如鸞舞宋彭天益
入朝徽宗問攸風土對曰鸞山對鳳嶺金水遶銀
坑
黃甲洲在縣西二里
溫水泉在縣東六十里其水冬溫夏涼又縣東鸞山
有煖水石泉冬煖可浴
石池在縣西五里方廣一丈水清如鑑昔有荷開五
色世傳張司空所種
蔡公潭在縣東三里漢黃門郎蔡倫搗故魚網取潭
水造紙處

清乾隆《长沙府志》载“湘乡八景”

湘乡，湘军故里，楚南重镇，古称龙城。西汉建平四年（前3），皇帝刘欣封长沙王子刘昌为湘乡侯，此为湘乡建置之始。东汉建武初年，在原湘乡侯领地置湘乡县，属荆州零陵郡。三国时属衡阳郡。南朝宋永初三年（442）并连道入湘乡县。隋朝开皇九年（589），将湘乡、湘西、衡山三县合并为衡山县，属潭州总管府。大业三年（607）改潭州总管府为长沙郡。湘乡地属长沙郡。唐武德四年（621）析衡山县复置湘乡县。元朝元贞元年（1295），升为湘乡州。明洪武二年（1369），湘乡州复降为县。清代，湘乡县属长沙府。

清乾隆《长沙府志》载“湘乡八景”：东山起凤、涟水卷帘、笔沼春云、铜坑夕照、碧洲芳渡、紫树元台、芗泉漱琼、石鱼鼓鬣。

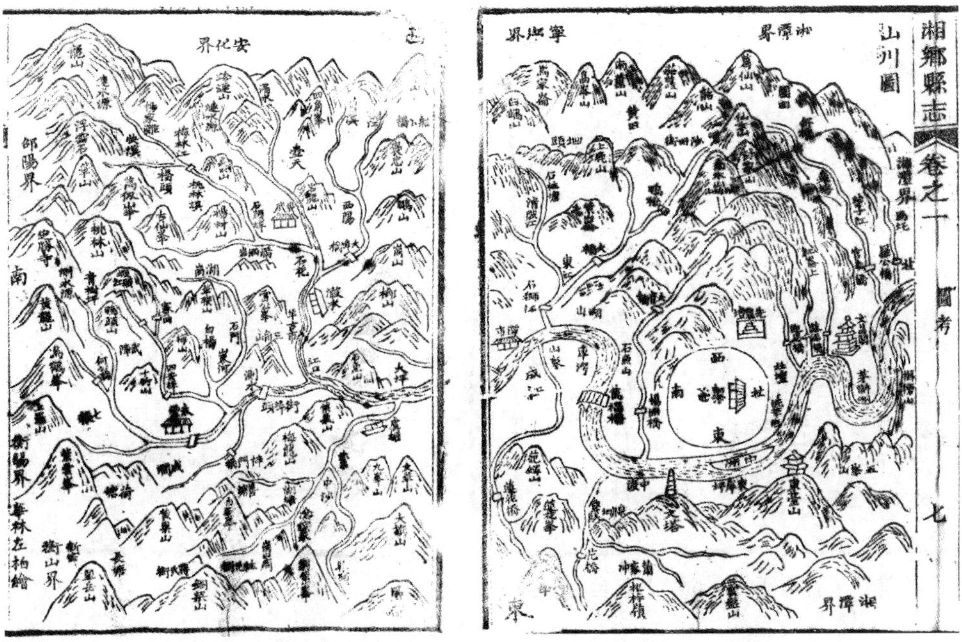

清道光《湘乡县志》载“山川图”

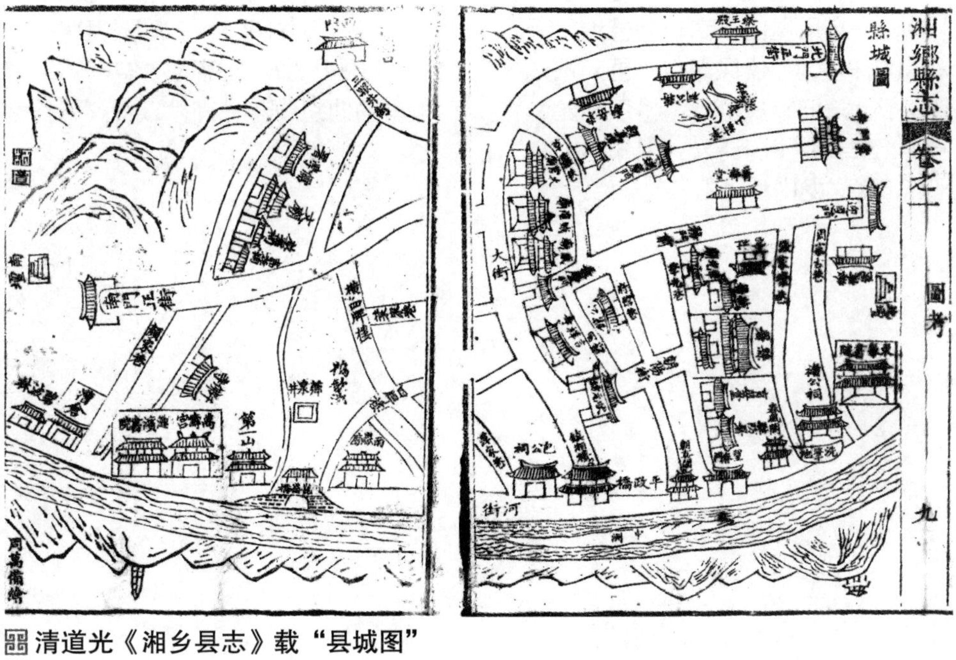

清道光《湘乡县志》载“县城图”

[东山起凤]

图 清道光《湘乡县志》载“东台起凤”

清道光《湘乡县志》“卷之三·古迹”载“东山起凤”：东山者，东台山也，一名凤凰山，高起为邑治。天马峰峦轩峻，如仪凤翔空。邑人重九登高于此。旧有风落亭，景泰初建，今废。宋县宰王汾诗云：但知落帽临风醉，未必龙山胜凤山。

明代郑祥《秋日游东台》

蜡屐枯藤上碧岑，何人济胜喜追寻。岩边旧井衔红日，岭上遗尊醉绿荫。寺古无僧烟作篆，亭空有竹鸟成吟。神仙到处随时有，二女停骖且盍簪。

[涟水卷帘]

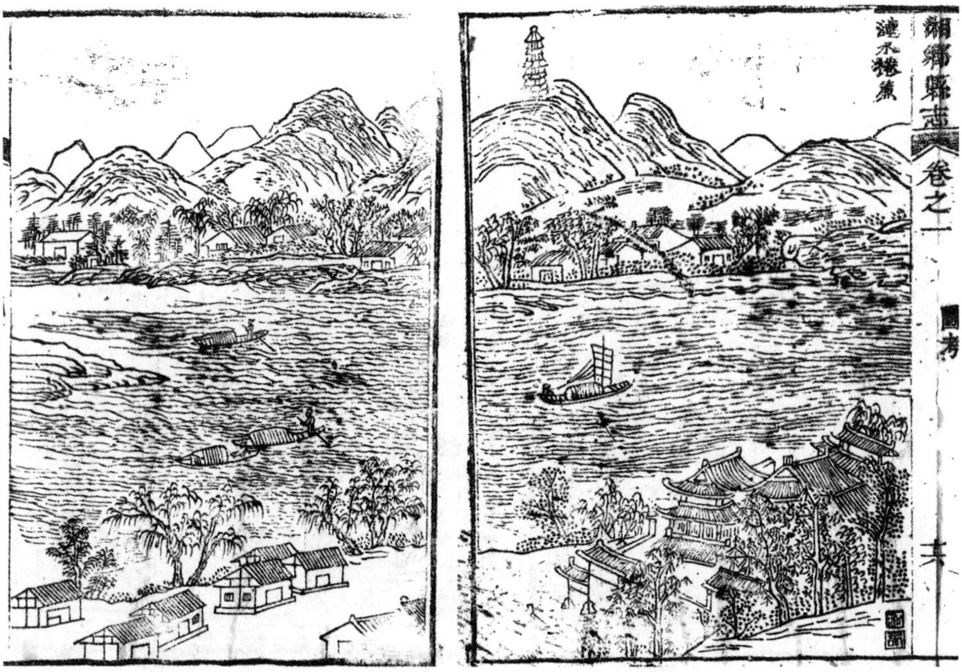

囧 清道光《湘乡县志》载“涟水卷帘”

清道光《湘乡县志》“卷之三·古迹”载“涟水卷帘”：涟水从龙山来，至旧学前汇而为泽，无风而纹自成逆湍飞雪如珠帘之倒卷。景泰初建观涟亭于岸，今废。相传水卷帘则科名盛。

［笔沼春云］

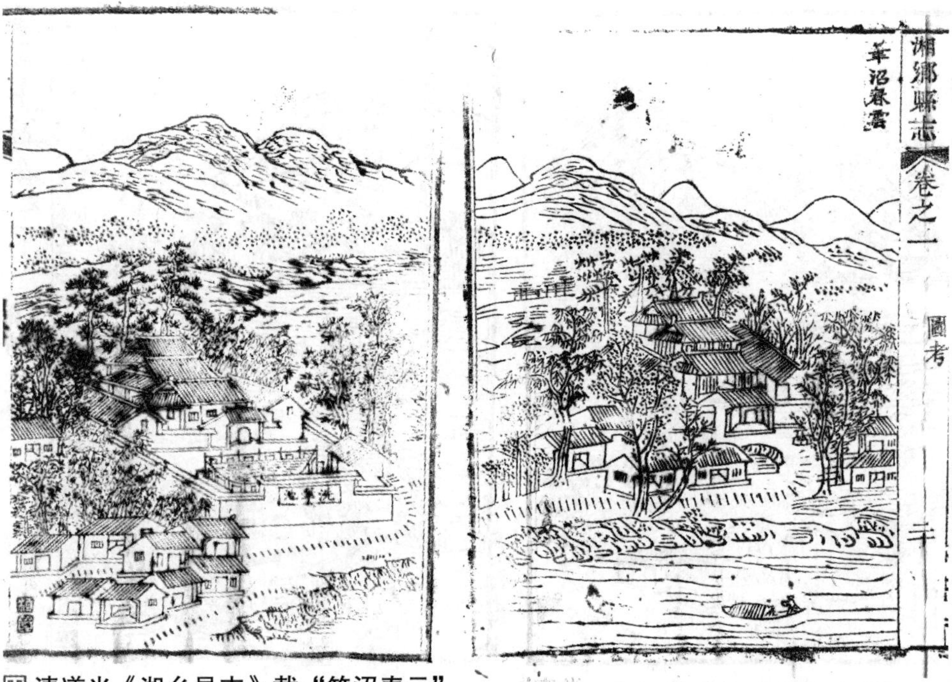

清道光《湘乡县志》载“笔沼春云”

清道光《湘乡县志》“卷之三·古迹”载“笔沼春云”：即褚公祠之洗笔池。在望春门外，每春云四合，云绕池上，有墨气蓬勃之势。按：唐褚公遂良谏立武宸妃，谪潭州都督。行部至邑去治北数百步，有感应寺，寺侧有池。公临池上，宴集赋诗，常洗笔于池，有浮云滃然，人异之，即地立祠以祀。宋邑令邵自信名曰洗笔池，志遗爱焉。魏了翁为之记。宋邑令赵必稷于池内得断石，上刻公诗“远山崷崒翠凝烟”一首，盖公遗笔也。祠外凝烟亭取诗中“凝烟”字以名。又有圣教序碑，唐永徽四年癸丑褚公临之刻石于湘。杜甫《潭州》诗云：贾傅才何有，褚公书绝伦。

清代王敔《洗笔池》

古池浸碧湘南北，池上风清露萧索。可怜云气时峥嵘，为忆当年驻迁客。千载茫茫馀古径，登临是客饶清兴。丈夫勋业待依人，为问丰碑复谁赠。荣辱生死何足道，贾生不为灵均老。男儿有时揖白云，拂袖何须怨芳草。凤山直矗翠云低，遥接轻烟漾碧溪。应知当日临池宴，回首秦云北望迷。

清代朱祖洛《洗笔池》

昔年行部此栖迟，遗迹苍茫一笔池。岸绕斜阳风淡荡，峰含倒影草葳蕤。才人擅宠唐宫日，都督挥毫楚水时。多少胸中难写字，至今墨渖尚淋漓。

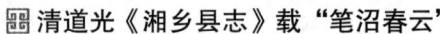

清代蒋湘培《洗笔池怀古》

永徽往迹留清池，一碧半顷堆琉璃。苔色凄凄映江绿，墨气馥馥浮云驰。池上有庙绘古像，我来展拜神魂爽。千秋臣节凛冰霜，一片丹心走魑魅。犹忆当年顾命时，佳儿佳妇卿扶持。先帝胡为作此语，毋乃早见恩乖离。当时才人正入侍，何不早剪鹦鹉翅。嗟哉祸水起波澜，扑杀此獠方快意。公不奉诏心如铁，凛凛生气天风冽。潭州去国几千里，孤魂飞作炎天雪。行部偶来湘浦口，濡笔径展锥沙手。至今池上风雨夕，仿佛犹似蛟龙走。千秋事往如云烟，却想临池宴集年。狂歌欢咏亦偶尔，长安不见应潸然。神龙御天唐再造，洗日虞渊宁足道。孤臣曲突意何为，零落丰碑卧秋草。误国李许名谁馨，精气蟠郁池为灵。我欲从公乞笔札，写诗上续离骚经。

[铜坑夕照]

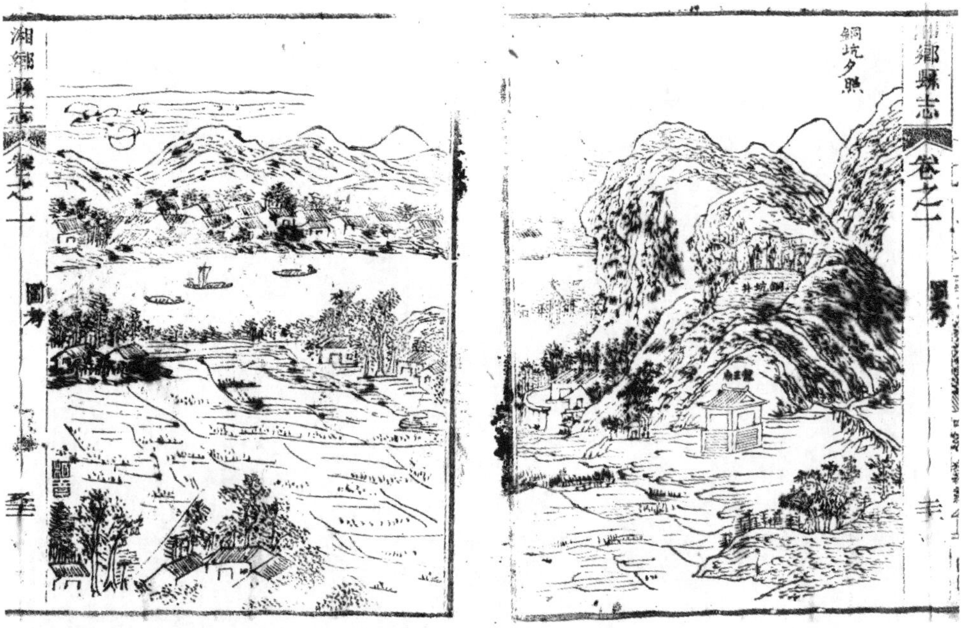

图 清道光《湘乡县志》载“铜坑夕照”

清道光《湘乡县志》“卷之三·古迹”载“铜坑夕照”：即铜坑井，在东岸坪山冈中。相传产石绿有龙湫，方阔丈许，四时常溢，夕阳西照，则群岫平野，紫翠交映，遇旱祷雨，投以楮币，受则沉，不则浮。元至顺甲戌，州判夏观增躬祷，井中浮一牒，乃延祐丁巳知州贺弼请雨文。洪武三年，知县吴显奏封为铜坑龙进之神，有司每岁一祭焉，今废。

明末清初龙孔然《铜坑夕照》

晚步荒郊认碧潭，一泓清彻色拖蓝。乌当返照鳞难遁，龙在潜湫霓半含。广亩不须劳瓮灌，秽形可藉濯冠簪。异哉旱祷犹多验，受牒浮沉不二三。

[碧洲芳渡]

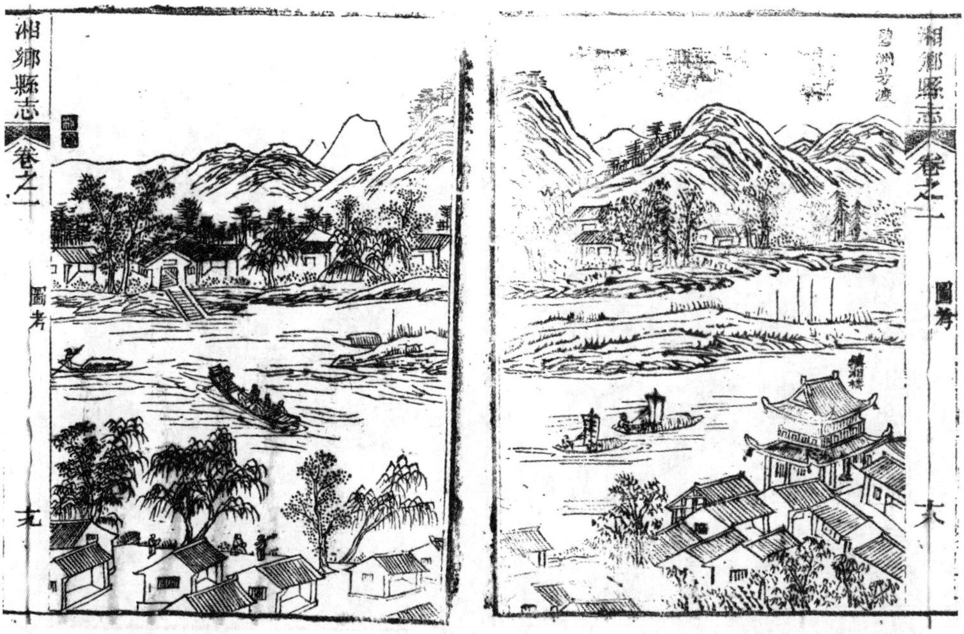

图 清道光《湘乡县志》载“碧洲芳渡”，“卷之三·古迹”载：洲在治前，为涟水所经，与镇湘楼相对，即中洲也。春流淼漫，横舟问渡与客艇渔舠相上下，堪舆家谓，宜建塔于其上。

[紫树元台]

囧 清道光《湘乡县志》载“紫树元台”

清道光《湘乡县志》“卷之三·古迹”载“紫树云台”：邑西门外，旧有一方池，池中有台。相传水增则台起，水落则台降。上有紫荆树，春花盛发，登临时有异香，俗呼为紫金台。今台废矣。明邑士龙应滨诗云：只今惟有台前月，曾对名花弄影来。

清代何量《点绛唇·紫树元台》

紫树何年，莫非田氏移来此。异香初起，忙杀都人士。

台水沉浮，更是传闻美。嗟迁徙，剪荆披杞，寻遍城西里。

[芗泉漱琼]

▣ 清道光《湘乡县志》载“芗泉漱琼”

清道光《湘乡县志》“卷之三·古迹”载“芗泉漱琼”：即芗泉井，详“山川”中。按：厉锷《宋诗纪事》载《湘中别记》云：香水在县阁内，其水甚香，昔年贡此，民多困敝，齐末因罷以板覆之，上起塔。湘乡本谓湘香，盖以此而名。宋长沙毕田诗云：九重无复修常贡，空有香名与邑传。

清代李本鹏《芗泉竹枝词》

烹茶酿酒水泉香，齐代曾闻贡上方。亲见浮屠人有几，空留遗迹照清湘。

改凿旧传乾道年，如何至治有碑镌。文昌阁下清如许，不是芗泉亦让泉。

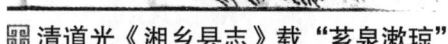

[石鱼鼓鬣]

图 清道光《湘乡县志》载“石鱼鼓鬣”

湘乡城西十里的湖山乡境内有石鱼山，又名石鱼屏。清道光《湘乡县志》“卷之三·古迹”载“石鱼鼓鬣”：即石鱼山，详郦道元《水经注》。又，《酉阳杂俎》云：湘乡县有石鱼山，石黑色，理若生雌黄，开发一重，輙有鱼形，鳞鳍首尾有若尽长数寸，烧之作鱼腥。盖本郦注也。六朝张正见《石赋》云：鱼跃湘乡之水，雁浮平固之湖。

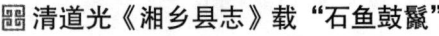

【湘乡更正八景】

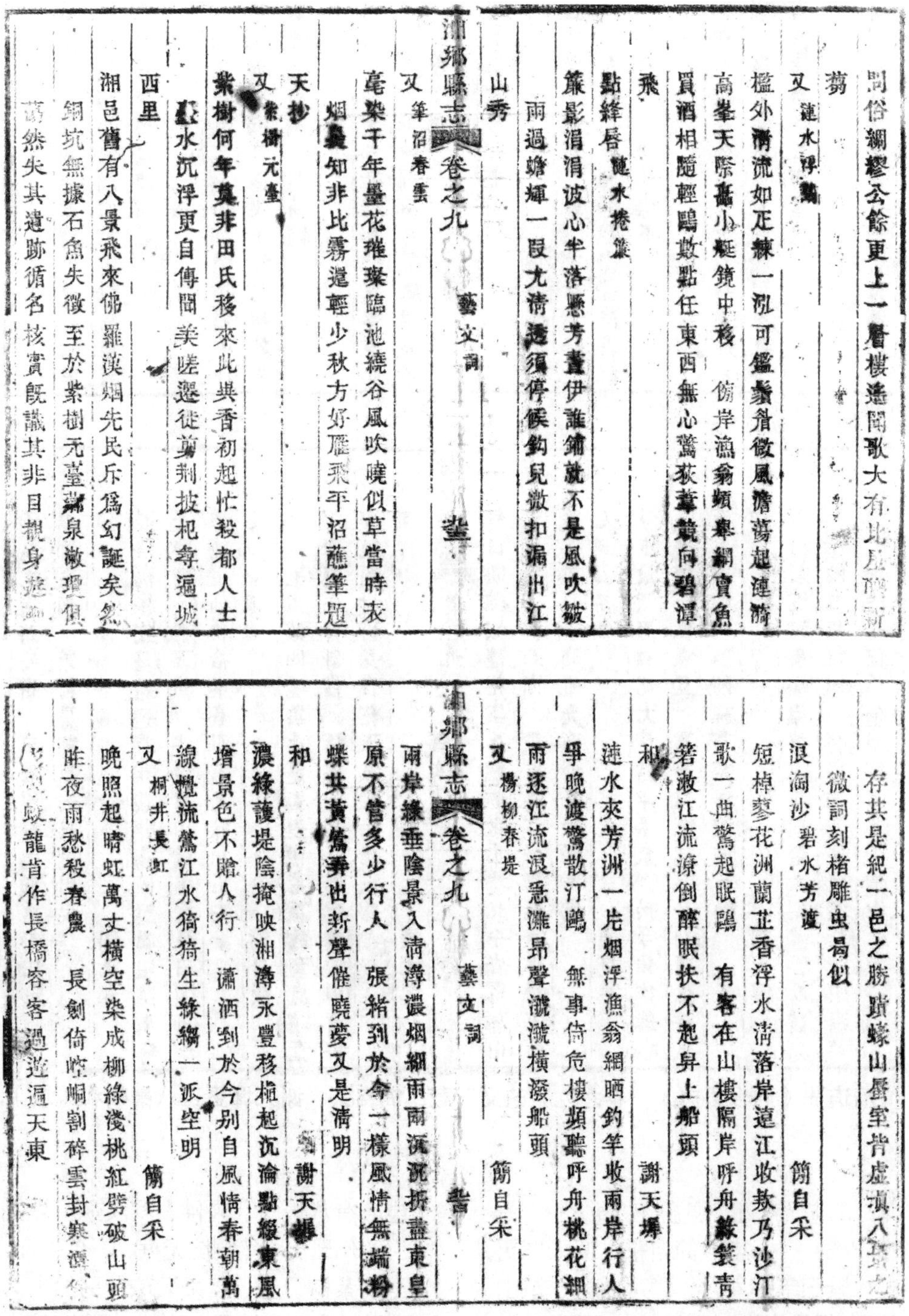

問俗綢繆公餘更上一層樓遶閣歌大有比屋騰新
蒭
又 漣水浮鷗
檻外晴流如疋練一泓可鑑鬚眉微風湧蕩起漣漪
高峯天際矗小艇鏡中移 傍岸漁翁頻舉網賣魚
買酒相隨輕鷗數點任東西無心驚荻葦競向碧潭
飛
點絳唇 隨水捲簾
簾影涓涓波心半落懸芳畫伊誰舖就不是風吹皺
雨過蟾輝一段尤清透須停候釣兒微扣漏出江
山秀

湘鄉縣志 卷之九 藝文詞

毫染千年壘花璀璨臨池繞谷風吹曉似草當時表
又 筆沼春雲
烟蟲知非比霧還輕少秋方好雁飛平沼蘸筆題
天抄
又 紫樹元臺
紫樹何年莫非田氏移來此異香初起忙殺都人士
盤水沉浮更自傳聞美 嗟遷徙剪荊披杞尋遍城
西里
湘邑舊有八景飛來佛羅漢烟先民斥爲幻誕矣然
銅坑無據石魚失徵至於紫樹元臺湧泉激灔俱
藹然失其遺跡循名核實既識其非目覩身遊
存其是紀一邑之勝蹟蠔山層室旹虛實八卦之
微詞刻楮雕虫鳥似
浪淘沙 碧水芳洲 簡自采
短棹蓼花洲蘭芷香浮水清落岸遠江收款乃沙汀
歌一曲驚起眠鷗 有客在山樓隔岸呼舟簑簑青
箬激江流潦倒醉眠扶不起舁上船頭
和 謝天墀
漣水夾芳洲一片烟浮漁翁網晒釣竿收兩岸行人
爭晚渡驚散汀鷗 無事倚危樓頻聽呼舟桃花細
雨逐江流浪急灘昂聲潺潺橫潑船頭
又 楊柳春堤 簡自采

湘鄉縣志 卷之九 藝文詞

兩岸綠垂陰景入清漪濃烟細雨兩沉沉折盡東皇
原不管多少行人 張緒到於今一樣風情無端粉
蝶共黃鶯弄出新聲催曉夢又是清明
和 謝天墀
濃綠護堤陰掩映湘漪永豐移植起沉淪點綴東風
增景色不賭人行 瀟洒到於今別自風情春朝萬
線攪流鶯江水猶猶生綠繞一派空明
又 桐井長虹 簡自采
晚照起晴虹萬丈橫空染成柳綠淺桃紅劈破山頭
昨夜雨愁殺春農 長劍倚崆峒割碎雲封寒潭
蛟龍肯作長橋容客過遊遍天東

清道光《湘乡县志》“卷之九·艺文”载：简自采、谢天墀更正八景唱和（一）

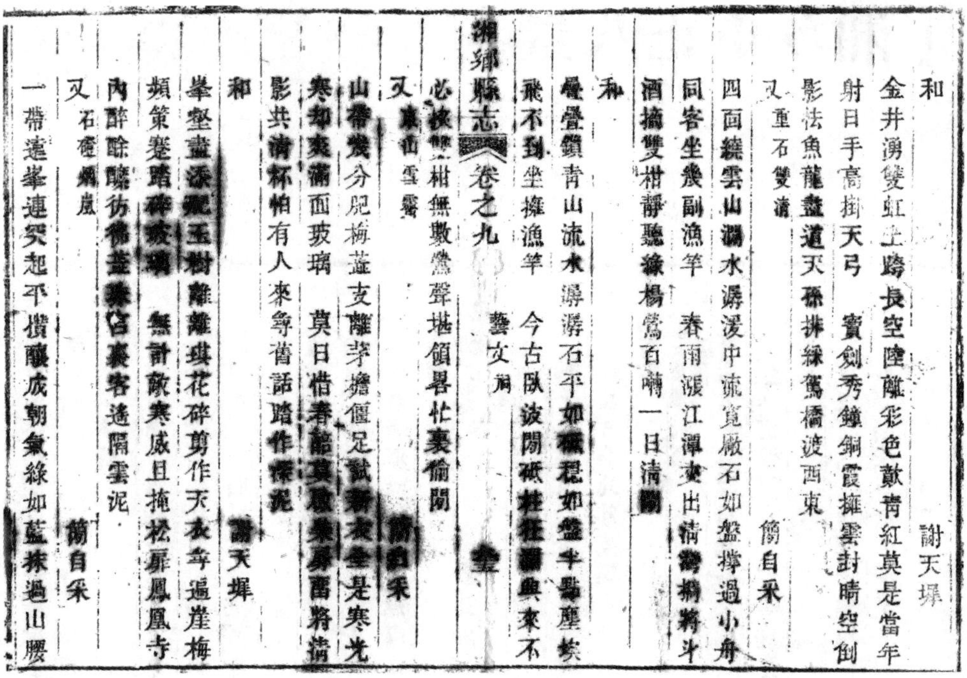

和　謝天墀

金井湧雙虹上跨長空陸離彩色歛青紅莫是當年射日手高掛天弓　寶劍秀鍾銅霞擁雲封晴空倒影怯魚龍盡道天孫排練鵲橋渡西東

又重石雙清　簡自采

四面綠雲山瀉水潺湲中流寬廠石如盤撐過小舟同客坐幾副漁竿　春雨漲江潭浸出清漪搦將斗酒摘雙柑靜聽綠楊鶯百囀一日清閒

和

疊疊鎖青山流水潺潺石平如砥穩如盤半點塵埃飛不到坐擁漁竿　今古臥波間砥柱狂瀾與來不必泛雙柑無數鶯聲堪領略忙裏偷閒

湘鄉縣志《卷之九　藝文詞

又東山雪霽　簡自采

山帶幾分屍梅蕊支離茅簷傴足試新衣全是寒光寒却爽滿面玻璃　莫日惜春臨莫取東原[illegible]將猜影共清杯怕有人來尋舊話踏作深泥

和　謝天墀

峯巒盡添瓏玉樹離離瑤花碎剪作天衣奇遍崖梅頻策蹇踏碎玻璃　無計敵寒威且掩松扉鳳凰寺內醉餘曉彷彿臺[illegible]召表客遙隔雲泥

又石磴烟嵐　簡自采

一帶遠峯連哭起平鋪釀成朝氣綠如藍抹過山腰

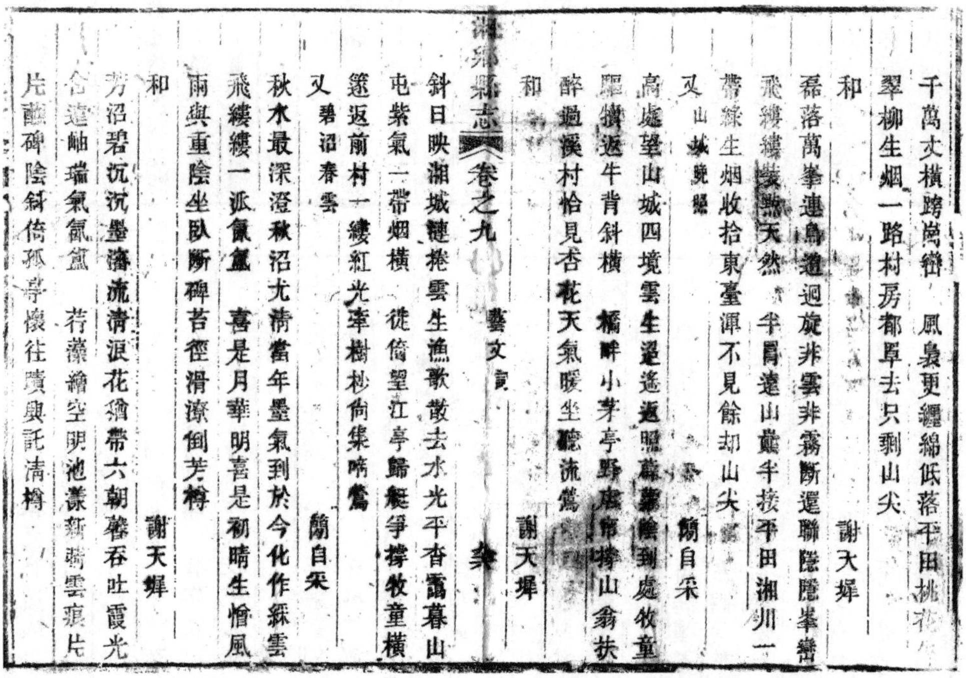

千萬丈橫跨崗巒　風梟更纏綿低落平田桃花翠柳生烟一路村房都卑去只剩山尖

和　謝天墀

磊落萬峯連鳥道迴旋非雲非霧斷還聯隱隱峯巒飛縷縷[illegible]然天然　半肩遠山戴半接平田湘川一帶綠生烟收拾東臺潭不見餘却山尖

又山城晚照　簡自采

高處望山城四境雲生逸遙遙照[illegible][illegible]陰到處牧童騎犢返牛背斜橫　橋畔小茅亭野店[illegible]攜山翁扶醉過溪村恰見杏花天氣暖坐聽流鶯

湘鄉縣志《卷之九　藝文詞

和　謝天墀

斜日映湘城捲捲雲生漁歌散去水光平杳靄暮山屯紫氣一帶烟橫　徙倚望江亭歸艇爭撐牧童橫篷返前村一縷紅光牽樹杪倘集啼鶯

又碧沼春雲　簡自采

秋水最深澄秋沼尤清當年壘氣到於今化作綵雲飛縷縷一派氤氳　喜是月華明喜是初晴生愴風雨與重陰坐臥斷碑苔徑滑潦倒芳樽

和　謝天墀

芳沼碧沉沉疊瀚流清浪花猶帶六朝馨吞吐霞光合遠岫瑞氣氤氳　荇藻繪空明池漾新萌雲痕片片蘸碑陰斜倚孤亭懷往蹟興託清樽

清道光《湘乡县志》“卷之九·艺文”载：简自采、谢天墀更正八景唱和（二）

清道光《湘乡县志》“卷之三·古迹”载：“旧志载简自采、谢天墀更正八景曰笔沼春云、碧洲芳渡、东山雪霁、杨柳春堤、桐井长虹、重石双清、石蹬烟岚、山城晚照唱和，有浪淘沙词。”另，“卷之九·艺文·词”载：“湘邑旧有八景，飞来佛、罗汉烟。先民斥为幻诞矣。然铜坑无据，石鱼失征，至于紫树元台、芗泉漱琼俱荡然失其遗址。循名核实，既识其非，目睹身游，存其是，纪一邑之胜迹，蚝山蜃室皆虚，填八景之微词，刻楮雕虫曷似。”

【壶天八景】

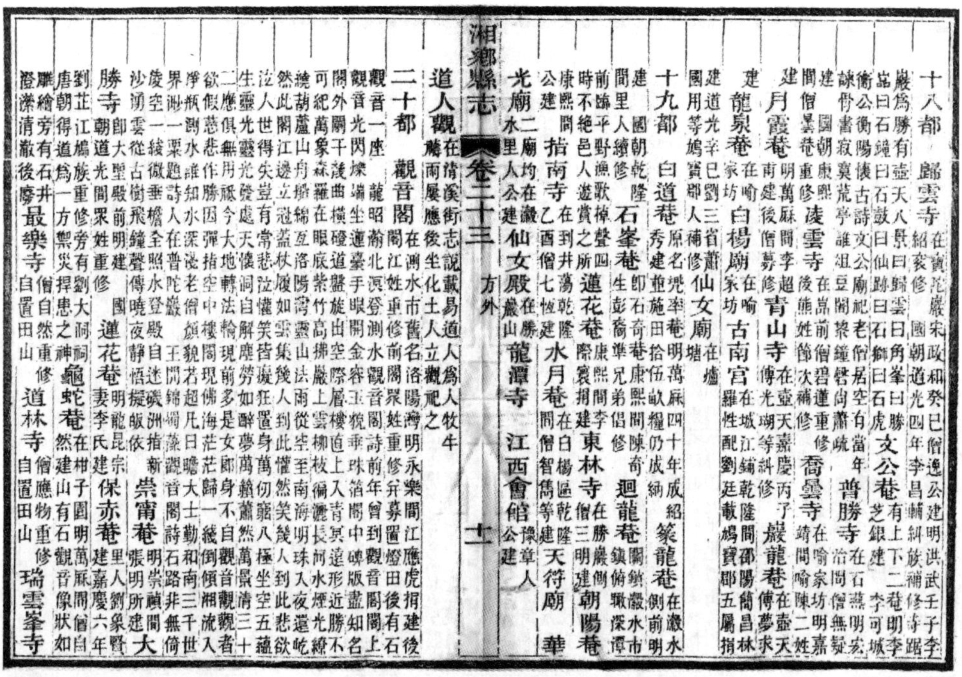

十八都歸雲寺在寶花巖宋政和癸巳僧邈公建明洪武壬子李紹衮修國朝道光四年李昌輔糾族補修寺踞巖爲勝有壺天八景曰歸雲曰角峯曰勝嵒曰石鐘曰石鼓曰仙跡曰石獅曰石虎文公菴有上下二菴明李芝銀建李可城衛公衡陽懷古詩文公廟祀老僧居空有當年諫骨書寂寞荒亭誰俎豆閑黎纜磬尚蕭疏普勝寺在石燕明宏治間僧無疑建國朝康熙間僧曇菴重修淩雲寺在嵐前僧碧蓮重修後熊姓節次補修喬曇寺在喻家坊明嘉靖間喻陳二姓建月霞菴明萬麻間李超南建後僧募修青山寺在壺天嘉慶丙子傳光湖等糾修巖龍菴在壺天傳夢求建龍泉菴在喻家坊白楊廟在喻家坊古南宮在城江鋪乾隆間邵陽倘昌林羅性配劉廷載鳩貲郡五屬捐建道光辛巳劉三省蕭國用等鳩貲郡人補修仙女廟在爐塘

十九都白道菴原名兜率菴明萬麻四十年成紹秀建並施田拾伍畝糧仍成紹篆龍菴在瀫水側前明建國朝乾隆間里人續修石峯菴即石奇菴康熙間陳奇生彭喬準兄弟倡修迴龍菴關鎮瀫水市俯瞰深潭前臨平野漁歌樵聲四時不絕邑人遊賞之所蓮花菴康熙間李際褒捐建東林寺在勝巖側僧三明建朝陽菴康熙間公建指南寺在到井蕩乾隆乙酉僧七恢建水月菴在白楊區乾隆間僧智雋等建天符廟華光廟二廟均在瀫水里人公建仙女殿在勝巖山龍潭寺江西會館豫章人公建

湘鄉縣志　卷二十三　方外　十一

道人觀在清溪街志說載易道人爲人牧牛禱雨屢應後坐化土人立觀祀之

二十都觀音閣在測水市舊名洛陽灣明永樂間江應虎捐建後閣江姓重修前閣衆姓重修并募置燈田後有石觀音一座龍昭爾北溟登測水觀音閣詩前年曾到觀音閣閣上觀音光閃爍端坐蓮臺手眼開金容玉貌垂珠箔閣中碑版盡知名閣外闌干護曲横礙道盤旋出空際層樓直上入青冥遠形近勝不可紀萬象森羅在眼底紫竹高拂巖上雲柳枝偏灑長河水煙光繚繞胡蘆山舟擲錦互落陽灣靈山法雨從空至南海明珠入夜還乾然此閣江邊立祖蓋杖履如雲集幾人到此懂然笑幾人到此悲欲泣人世得失豈有常悲泣懂笑皆癡狂置身萬仞窮八極坐空五蘊生靈光靈光發處天懷洞自解塵勞如醉夢萬籟蕭然萬景清三十二應俱無用祇今大地轉法輪現前多是女郎身不自觀音觀觀者欲假慈悲作勝因彈指空中樓閣現佛海茫茫歸一綫倒傾湘流入淨瓶一勺水誰知水深淺老僧頌貌若超凡日聽大士勤和南三千世界洲一粟題詩人在普陀巖王門錦蜀藻觀音閣詩石路非無倚廢空一綫微垂檐全照水登殿自迷礙洲指新沙湧雲從古樹飛鐘聲傳曉夜靜悟擬皈依崇甯菴明崇禎間張明所建大勝寺郎大聖殿前明建國朝道光間衆姓重修蓮花菴明龍昆宗妻李氏建保赤菴里人劉象賢建嘉慶六年劉芷江鳩族重修旁有劉大祠唐朝得道爲一方禦災捍患之神龜蛇菴在柑子圓明萬麻間僧自然建山有石觀音像狀如雕繪旁有石井澄潔清澈後廖最樂寺僧自然重修自置田山道林寺僧應物重修自置田山瑞雲峯寺

清同治《湘乡县志》“卷二十三·方外”载“壶天八景”

湘乡市壶天镇壶天村位于湘潭、长沙、娄底三市的交界处，曾经是湖南、湖北通往云南、贵州的重要交通节点，地理之要造就了壶天的繁华，壶天老街的起源可追溯至宋庆历五年（1046），清末达到鼎盛，分上街、下街和横街。

壶天以八景著称，清同治《湘乡县志》“卷十三·方外”载“壶天八景”：“曰归云，曰角峰，曰胜岩、曰石钟、曰石鼓、曰仙迹、曰石狮、曰石虎”。

【潭台八景】

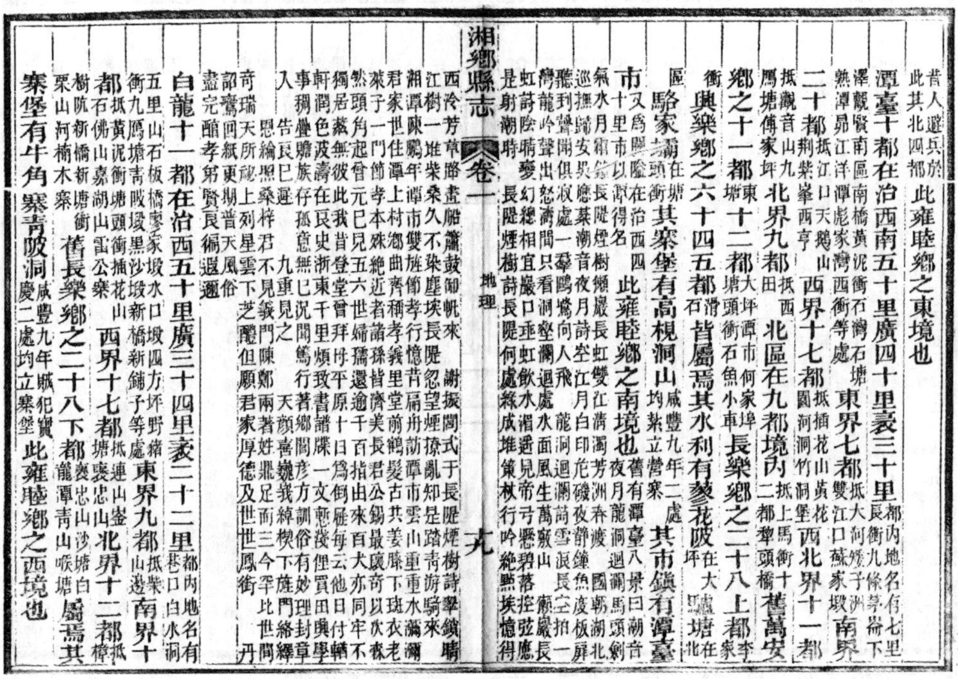
湘鄉縣志 卷一 地理 九

昔人避兵於此其北四都此雍睦鄉之東境也
潭臺十都在治西南五十里廣四十里袤三十里都內地名有七里長衡九條等嶺下
澤觀賢南區南橋黃泥衝石灣石塘熟潭昴江洋潭彪家灣西衝等處東界七都抵大河埈子洲雙江口蘇家塅南界
二十都抵江口天鵝山荊紫峯西亭西界十七都抵插花山黃花圓河洞竹洞堡西北界十一都
抵觀音山九馬塘傅家坪北界九都抵西田北區在九都境內抵上馬衝十二都犂頭橋舊萬安
鄉之十一都東塘十二都大坪潭市何家埠塘頭衝石魚小車長樂鄉之二十八上都李家
衝興樂鄉之六十四五都滑石皆屬焉其水利有蓼花陂在大鸕塘在坪北
區駱家灞在塘頭衝其寨堡有高梘洞山咸豐九年二處均紮立營寨其市鎮有潭臺
市又為陽險在治西四十里市以潭得名此雍睦鄉之南境也舊有潭臺八景曰潮音夜月龍洞迴瀾馬頭劍
氣水月霜鐘長隄煙樹獺巖長虹雙江清濁芳洲春渡國朝湖北
巡撫歸安吳應棻潮音夜月詩空江月白印花磯夜靜鐘魚度板扉
聽到聲聞俱寂處一聲鷗鷺向人飛龍洞迴瀾詩雪浪長空拍一
灣龍吟聲出怒濤間只看洞壑瀾迴處水面風生萬竅山獺巖長
虹詩陰晴變幻總相宜巖口垂虹飲水湄遙見帝弓懸碧落控弦應
是射潮時長隄煙樹詩長隄何處綠成堆策杖行吟絕點埃憶得
西泠芳草路畫船簫鼓御帆來謝振闓式于長隄煙樹詩翠鎖晴
江樹一堆柴桑久不染塵埃長隄忽望煙撩亂知是踏青游騎來
湘潭陳鵬年潭市雙旌節孝行憶昔扁舟訪潭市雲山重重水瀰瀰
君家一世住潭上村鄉曲齊稱孝義里堂前鶴髮古共姜膝下斑衣老
萊子一門節孝本殊絕近者諸孫皆濟美長君公錫最瓌奇以次森
然頭角起曾元已見五六世婦孺還逾千百指由來百犬亦同牢不
獨居蒸無彼此我昔登堂曾拜母平原十日為留歷每云他日付輶
軒潤色波濤在良史漸東千里煩致書諸牒一文慙發俚買田輿學
事搦管增族存孤意無已況聞篤行著鄉閭彥方訓俗有妙理封章
入告良已遲九重見之天顏喜巍峩綽楔下旌門絡繹
恩綸照桑梓君不見義門陳鄭兩著姓鼎足而三今罕比世間
奇瑞天所祕上列星雲下芝醴但願君家厚德及世世鳳銜丹
詔鸞回紙更期普天風俗
盡完醕孝弟賢良徧遐邇
白龍十一都在治西五十里廣三十四里袤二十二里都內地名有巷口白水洞
五里山石板橋廖家塅水口塅四方坪野豬衝九鴈塘青陂塅黑沙塅新橋新鋪子等處東界九都抵柴山邊南界十
都抵黃泥衝塘頭衝插花山石佛山嘉湖山雷公寨西界十七都抵連山崙塘裹忠山北界十二都抵樟
樹阬新橋新塘衝栗山河橋木寨舊長樂鄉之二十八下都裹忠山沙塘白龍潭青山喉塘屬焉其
寨堡有牛角寨青陂洞咸豐九年賊犯寶慶二處均立寨堡此雍睦鄉之西境也

清同治《湘乡县志》载“潭台八景”

湘乡名镇潭市镇，地处涟水河北岸，湘乡市中部，距湘乡市城区二十公里。明崇祯《长沙府志》称潭头市，亦称潭市，有潭市渡。清同治《湘乡县志》称潭台市，亦称潭市，为水陆之关隘。涟水河在此地转弯处有名潭“龙瞌潭”，前人曾有“雪浪长空拍一湾，龙吟声出怒涛间。只看洞壑澜回处，水面风生万窍山”的诗句赞美其姿，遂更名潭市。境内有报恩寺遗迹、观音阁、圣帝殿等名胜。

潮音夜月、龙洞回澜、马头剑气、水月霜钟、长堤烟树、獭岩长虹、双江清浊、芳洲春渡，誉为“潭台八景”。

文脉

文脉·千年湖湘八景图典·衡阳卷

【衡阳八景】

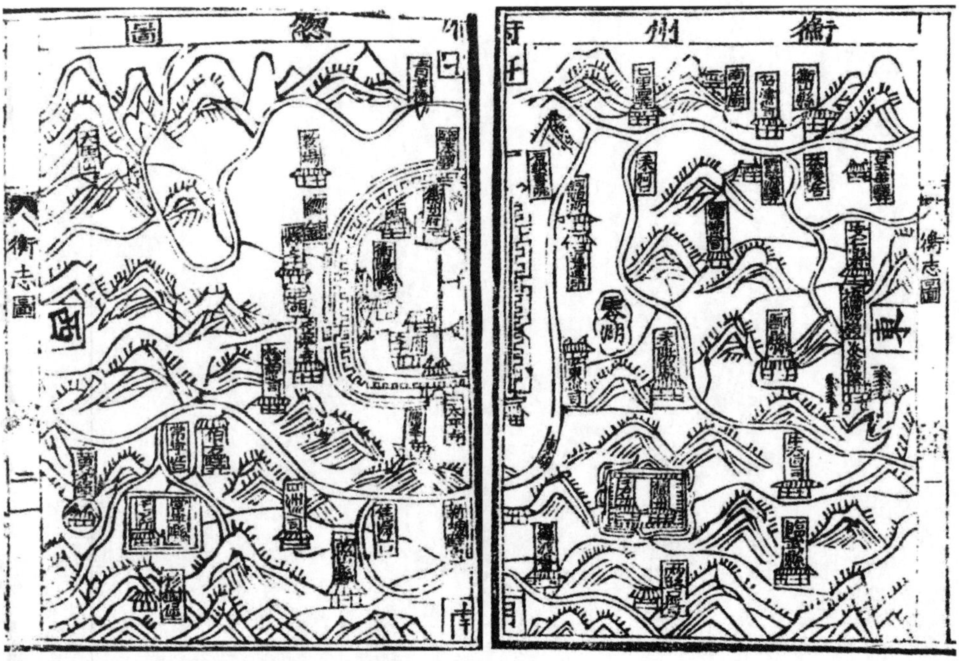

明嘉靖《衡州府志》载“衡州府总图”

衡阳位于湖南省中南部，湘江中游，衡山之南。

西汉高祖五年（前202）始建酃县（今珠晖区酃湖乡，西汉至隋朝酃县治现衡阳市珠晖区酃湖，后迁现炎陵县治）。西汉末年，酃县西部设钟武侯国。三国时期衡阳分属于衡阳郡和湘东郡，出现二郡分立，分别隶属于荆州湘东郡和衡阳郡，耒阳、常宁属桂阳郡。西晋初沿袭之，后析荆州、广州置湘州，现衡阳市均属湘州。东晋废湘州并其入荆州，先后设湘东郡、湘州，现衡阳市均位于其范围内。

南朝宋齐梁陈四朝，仍设重安县、临蒸县、衡山县，南朝陈设新城县，湘州隶衡阳国；耒阳、衡东先后属桂阳郡、湘州；常宁均属湘东郡；现祁东刘宋时分属永昌、祁阳二县，隶湘州零陵国，齐梁陈三朝，祁东亦分属永昌、祁阳二县，属零陵郡。隋开皇七年（589），隋灭陈并改郡为州，并湘东、衡阳两郡为衡州，并临蒸、新城、重安为衡阳县，州、县城均设湘江东岸，为历史上首次出现以衡阳命名的县。

唐武德四年（621），置衡州，复析临蒸、新城、重安三县。后重安、新城并入临蒸。开元二十年（732），复名衡阳，为衡州治。天宝元年（742），衡州改为衡阳郡。乾元元年（758），复为衡州。五代十国时期，马殷在湖南创建楚国，衡阳为衡州地。北宋，现衡阳市仍分属衡州与潭州，现衡山、衡东、祁东属潭州。南宋沿袭之。元朝确定行省制度，省下设路，改置衡州路总管府，现衡阳市分属衡州路总管府和永州路总管府，在衡州设湖南道宣慰司（后迁治潭州），隶属湖广行省。元贞元年（1295），朝廷于衡州设行枢密院。明初，置衡州府，隶属湖广行省。下辖衡阳、衡山、衡东、常宁、耒阳、安仁、炎陵、桂阳、嘉禾、蓝山、临武地。明朝中后期设雍王、桂王藩国，都衡阳。清朝，为衡州府，辖境为衡阳、衡山、衡东、常宁、耒阳、安仁、炎陵、桂阳、嘉禾、蓝山、临武等县地。雍正十年（1732），桂阳州升为桂阳直隶州，府境南界北移至耒阳市、常宁市。民国三年（1914），废府存道，改衡永郴桂道为衡阳道。衡阳道所辖县仍如清代衡永郴桂道，治衡阳，辖湘南三十四县。后废道。

衡阳，一方风水宝地。清乾隆《衡州府志》“卷之四・形势”载：“郡之镇曰南岳，岳发脉于岷山，由蜀入黔，南方之干也。自骑田岭入楚，蕴崇菀积起而为衡岳，其势蜒蜿从岣嵝峰走郡西郭至花药山，委折而下，结为郡治。左直雁峰，右带湘水，蒸流回注，耒水汇之。东洲浮其前，石鼓蹲于侧，隔岸望之，形如偃月。虽非天险之邦，而萦纡逶迤，秀色葱茏，

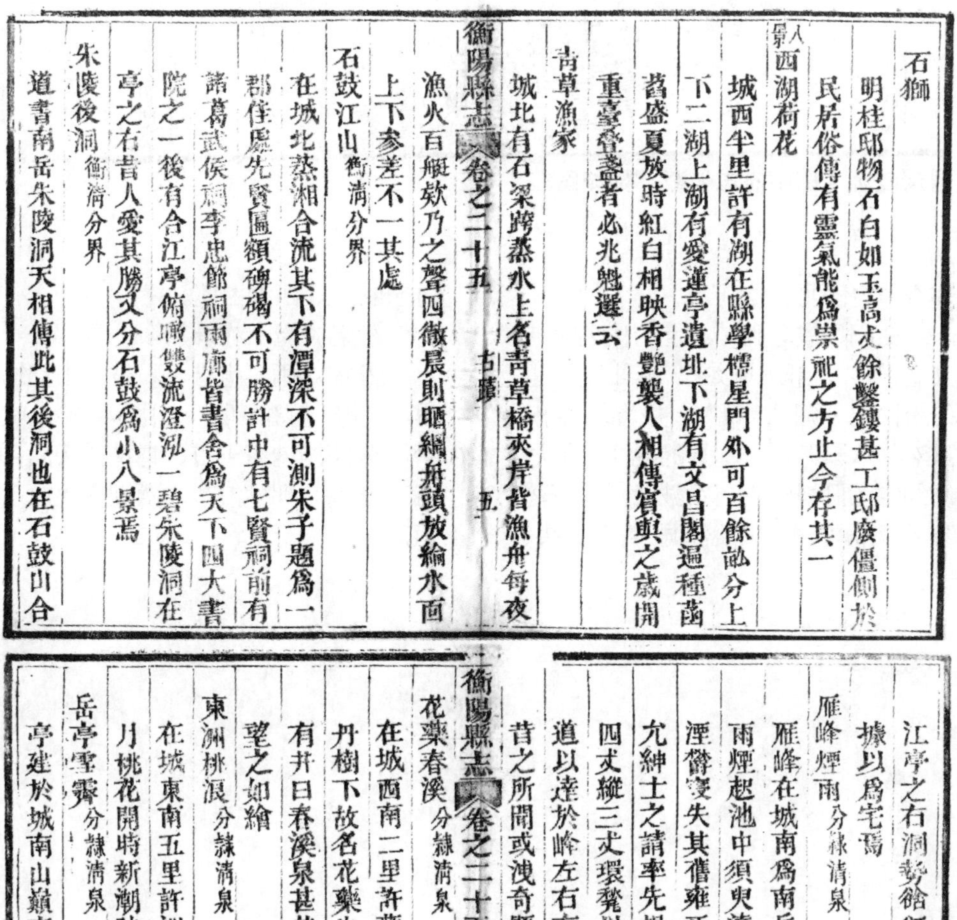
石獅
明桂邸物石白如玉高丈餘鑿鏤甚工邸廢偃側於
民居俗傳有靈氣能爲祟祀之方止今存其一
八景 西湖荷花
城西半里許有湖在縣學櫺星門外可百餘畝分上
下二湖上湖有愛蓮亭遺址下湖有文昌閣遍種菡
萏盛夏放時紅白相映香艷襲人相傳賓興之歲開
重臺登盞者必兆魁選云
青草漁家
城北有石梁跨蒸水上名青草橋夾岸皆漁舟每夜
衡陽縣志 卷之二十五 古蹟 五
漁火百艘欸乃之聲四徹晨則曬網舟頭放綸水面
上下參差不一其處
石鼓江山 衡清分界
在城北蒸湘合流其下有潭深不可測朱子題爲一
郡佳處先賢匾額碑碣不可勝計中有七賢祠前有
諸葛武侯祠李忠節祠兩廊皆書舍爲天下四大書
院之一後有合江亭俯瞰雙流澄泓一碧朱陵洞在
亭之右昔人愛其勝又分石鼓爲小八景焉
朱陵後洞 衡清分界
道書南岳朱陵洞天相傳此其後洞也在石鼓山合
江亭之右洞勢谽谺可置几榻間有仙人朝出暮入
據以爲宅焉
雁峰煙雨 分隸清泉
雁峰在城南爲南岳七十二峰之首峰下有池天將
雨煙起池中須臾達峰頂鬱葱繚繞一郡奇觀明季
湮廢寖失其舊雍正九年桂陽州牧張明叙署郡事
允紳士之請率先捐金前縣何衢實董其事濬池廣
四丈縱三丈環甃以石周繚以垣前建高坊後闢磴
道以達於峰左右有碑覆以亭惜煙雨真蹟終不如
昔之所聞或洩奇顯秘尚待後之司牧者未可知也
衡陽縣志 卷之二十五 古蹟 六
花藥春溪 分隸清泉
在城西南二里許舊有仙人煉藥五色禽常棲於牡
丹樹下故名花藥山山下有大剎宋明迭爲修建前
有井曰春溪泉甚耳冽每春時井水流溢煙霧溟濛
望之如繪
東洲桃浪 分隸清泉
在城東南五里許洲長數里浮湘水中雙流夾之春
月桃花開時新潮映帶隔岸望之如入武陵源焉
岳亭霽雪 分隸清泉
亭建於城南山巔高百尋前對岳峰雪後登眺晶光

清嘉庆《衡阳县志》“古迹”载“八景”

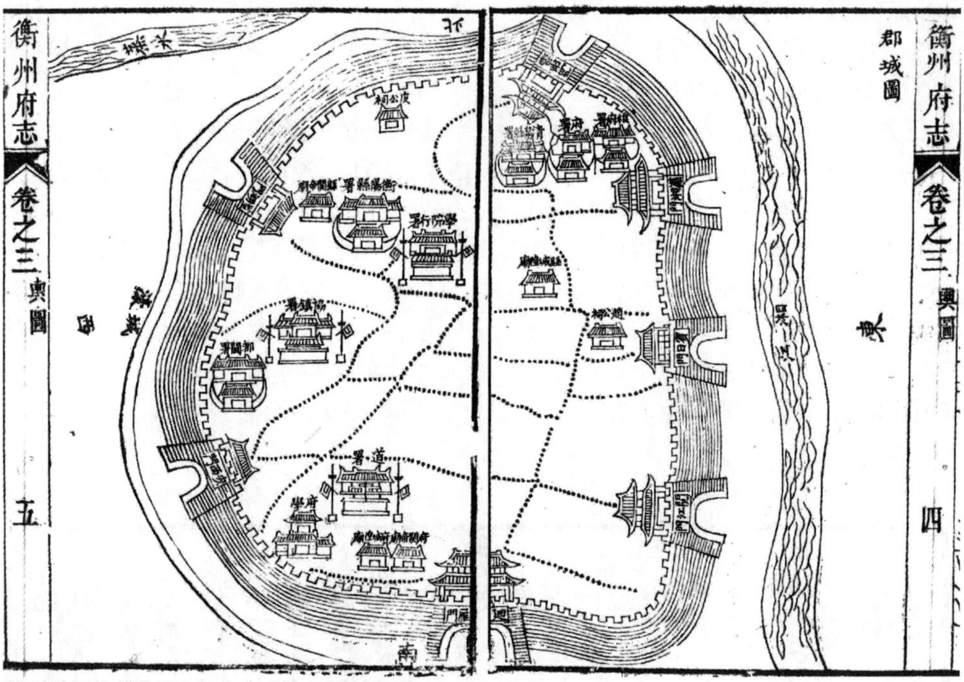

▣清乾隆《衡阳府志》载“郡城图”

亦寰中之佳丽者也。”

衡阳风景名胜，见于历代名家诗文者甚多。自明代以来，衡阳士人也纷纷拟定“衡阳八景”，并为之题咏，虽然“八景”曾有不同的说法，但最终约定为雁峰烟雨、石鼓江山、花药春溪、岳屏雪霁、朱陵仙洞、青草桥头、东洲桃花、西湖白莲。

佚名《衡阳八景》

雁峰烟雨实堪夸，石鼓江山锦绣华。花药春溪龙现爪，岳屏雪岭鸟喧哗。朱陵洞内诗千首，青草桥头酒百家。试看东洲桃浪暖，西湖夜放白莲花。

[雁峰烟雨]

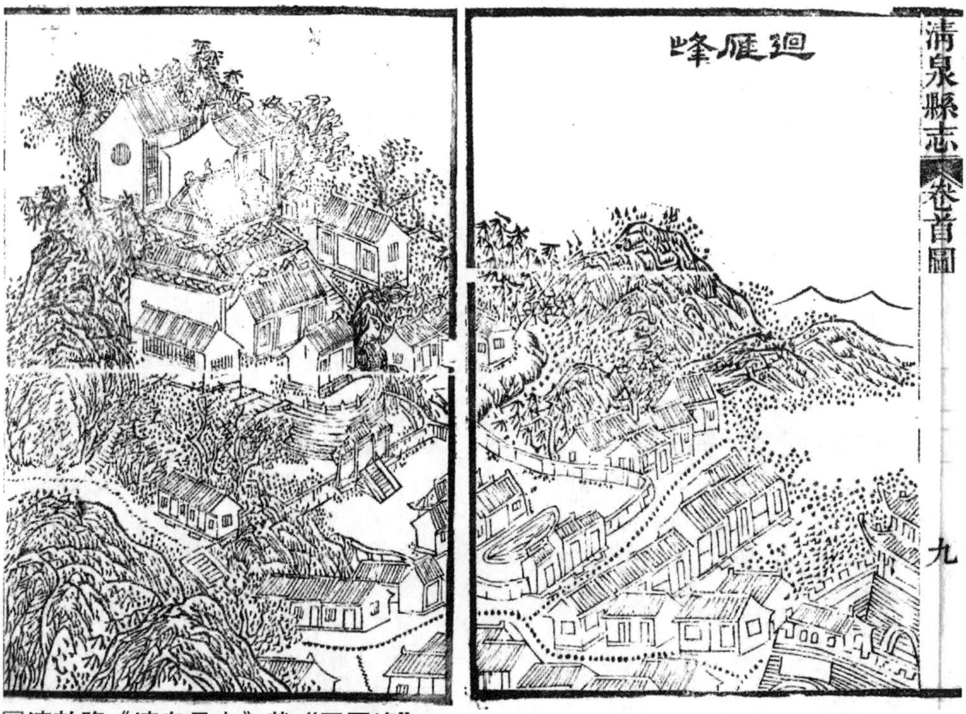

清乾隆《清泉县志》载“回雁峰”

太廟吳都賦飛瓊觴而酌酃醽即此水經注湖中有洲
湖邊向有酃縣故治
案湖已淤淺多為民田而郡中衡酃猶著名如昔
雖非湖水然釀者取湘江之水亦止閣江門至賓
日門之水可用或其地脉猶與湖相通云
泉湖 在城南七十三里水由石沙涌出可溉田千畝雖
極旱不竭夏秋間水面煙浮天必雨其地有泉湖市
烟雨池 在迴鴈峰之麓近朱紫巷天將雨則前一日雲
與池中遙望如煙居人每以此占晴雨故名消流潺湲
經夏不涸池畔有亭榭遊人踵至自明季燬於兵故蹟
湮埋尋爲民壓屢謀開濬 國朝雍正九年桂陽牧張
清泉縣志 卷一地理志 山川 三十
攝郡篆紳士以請上聞各大吏捐俸屬縣令何重濬廣
四丈縱三丈環堤以石前建高坊左右碑亭周繚以垣
闢門以道於峰設僧綱司啟閉登臨稱勝
朱紫塘 在迴鴈峰左
大漁塘 在城南五十五里王氏聚族於此號漁溪王氏
明司空詔故里也周迴二百餘畝
鷺立塘 在城南六十里
斜陂 在城東四十里
龍陂 在城東八十里
斗陂 在城南十里舊蓮茶
竹陂 在城南十五里

清乾隆《清泉县志》“地理志”载“烟雨池”

衡阳卷

清嘉庆《衡阳县志》“古迹”载“雁峰烟雨”：雁峰在城南，为南岳七十二峰之首，峰下有池，天将雨，烟起池中，须臾达峰顶，郁葱缭绕，一郡奇观。明季湮郁寖失其旧。雍正九年，桂阳州牧张明叙署郡事，允绅士之请，率先捐金，前县何衢实董其事。浚池广四丈，纵三丈，环甃以石，周缭以垣，前建高坊，后辟磴道以达于峰，左右有碑，覆以亭，惜烟雨真迹终不如昔之所闻。或泄奇显秘，尚待后之司 牧者未知也。

唐代柳宗元《过衡山见新花开却寄弟》

故国名园久别离，今朝楚树发南枝。晴天归路好相识，正是峰前回雁时。

明代朱维京《回雁峰》

振衣高眺大江喷，萃律孤峰迥不群。洞野秋云迷莽沆，关门紫气散氤氲。蒸湘水合双龙转，楚粤天从一雁分。策杖会须凌上界，焚香先礼祝融君。

元代陈孚《回衡山县望南岳呈御史完颜正夫修庞夷简（其三）》

回雁峰前一棹孤，平波如镜浸菰蒲。楚天日落碧云合，山北山南闻鹧鸪。

元代傅若金《回雁峰》

江上青峰宿雨开，江头归使日南来。登高欲访平安字，二月衡阳雁已回。

明代毛会建《回雁峰》

山到衡阳尽，峰回雁影稀。更怜归路远，不忍更南飞。

清代罗沛《春日雁峰远眺和韵》

春光无价不须赊，缓步闲吟过水涯。插汉遥峰都积翠，烘云落日半成霞。烟笼古寺藏深树，潮退群鸥宿浅沙。指点山前还自笑，一瓢陋巷是吾家。

[石鼓江山]

湘于理爲允者右刻石壇所以告後來勿使淫祀得紊典常以嚴山川大神之威靈酈注又云
縣有石鼓高六尺湘水所逕鼓鳴則土有兵革之事
羅君章云扣之聲聞數十里此鼓今無復聲觀陽縣
東有裴巖其下有石鼓形如覆船扣之淸響遠徹其
類也今石鼓山杜承口南湘水西山勢靑圓正類鼓
鼓山體純石無土卽狀爲名若六尺小石不當言湘
水所逕昔晉庾仲初爲零陵太守有觀石鼓詩云鳴
石含潛響雷駭震九天又曰翔霄拂翠領綠澗漱巖
間足知石鼓之名因水激響矣庾闡觀石鼓詩云命駕觀奇逸逕騖造靈
山朝濟淸溪岸夕憩五龍泉鳴石含潛響雷駭震九天妙化非不有莫知神自然翔霄拂翠嶺綠澗漱巖

同治十一年刊 山水冊一 衡陽縣志 卷九

間手澡春泉潔目翫陽葩鮮但君章郡人聞見宜審而云扣之有
聲則當時別有一鼓祥符圖經又云盧循推墮水中
道光廿五年五月甲子晝晦承溢漱激石鼓吼怒訇
訇覆舟折棟縱橫湘曲知府高人鑑飛輿登望聞水
石噴薄若萬霆震盪愀然歎息顧謂僚屬曰石鼓鳴
矣今天下承平何以有此乃因水災修城濬池朝夕
視工遂成崇垣其後廣西寇軼東南波蕩曾國藩因
衡州之資力搠募湘軍四郊言言始追思高公歎其
先見矣然人鑑竟以勞役工竣而卒今民祠之于石
鼓也范石湖游記曰石鼓書院實州學也始諸郡未

清同治《衡阳县志》“山水册”载“石鼓山”

清嘉庆《衡阳县志》“古迹”载“石鼓江山”：在城北蒸湘合流，其下有潭，深不可测。朱子题为“郡佳处”。先贤匾额碑刻不可胜计，中有七贤祠，前有诸葛武侯祠，李忠节祠，两廊皆书舍，为天下四大书院之一。后有合江亭，俯瞰双流澄泓一碧。朱陵洞在亭之右，昔人爱其胜，又分石鼓为小八景。

晋代庾阐《观石鼓诗》

命驾观奇逸，径骛造灵山。朝济清溪岸，夕憩五龙泉。鸣石含潜响，雷骇震九天。妙化非不有，莫知神自然。翔霄拂翠岭，绿涧漱岩间。手澡春泉洁，目玩阳葩鲜。

清代旷大中《石鼓山》

揽胜到衡州，应输石鼓幽。鼍梁悬七隧，虎踞瞰双流。北望长安远，南来吾道悠。会偕仙洞侣，联步入瀛洲。

[花药春溪]

▣清乾隆《清泉县志》载“花药寺”

清嘉庆《衡阳县志》“古迹”载“花药春溪”：在城西南二里许，旧有仙人炼药，五色禽常栖于牡丹树下，故名花药山。山下有大刹，宋明迭为修建，前有井曰春溪泉，甚甘洌，每春时井水流溢，烟雾溟濛，望之如绘。

明代蔡汝楠《花药寺》

雁峰不尽城南胜，咫尺丛林尚可攀。药径盘回初入寺，禅房行遍又看山。开帘鸟下窥经室，扫榻风归闭竹关。自是俗情牵簿领，白云长日共僧闲。

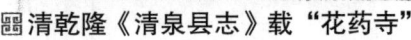

[岳亭雪霁]

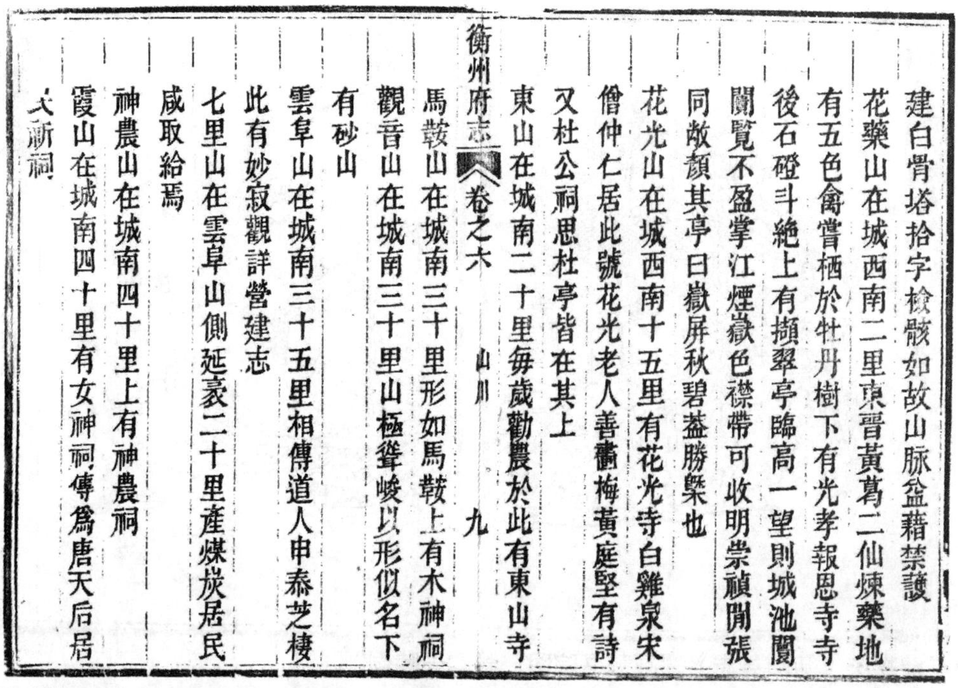

建白骨塔拾字檢骸如故山脉益藉禁護
花藥山在城西南二里東晋黃葛二仙煉藥地
有五色禽嘗栖於牡丹樹下有光孝報恩寺寺
後石磴斗絶上有擷翠亭臨高一望則城池闤
闠覽不盈掌江煙嶽色襟帶可收明崇禎間張
同敞顔其亭曰嶽屏秋碧葢勝槩也
花光山在城西南十五里有花光寺白雞泉宋
僧仲仁居此號花光老人善畫梅黃庭堅有詩
又杜公祠思杜亭皆在其上
東山在城南二十里每歲勸農於此有東山寺

衡州府志 卷之六 山川 九

馬鞍山在城南三十里形如馬鞍上有木神祠
觀音山在城南三十里山極聳峻以形似名下
有砂山
雲阜山在城南三十五里相傳道人申泰芝棲
此有妙寂觀詳營建志
七里山在雲阜山側延袤二十里産煤炭居民
咸取給焉
神農山在城南四十里上有神農祠
霞山在城南四十里有女神祠傳爲唐天后居
之祈祠

▣ 清乾隆《衡阳府志》“卷之六 · 山川 · 花药山”载：上有撷翠亭，临高一望，则城池阛阓览不盈掌，江烟岳色襟带可收。明崇祯间张同敞颜其亭曰“岳屏秋碧”，盖胜概也。

清嘉庆《衡阳县志》“古迹”载“岳亭雪霁”：亭建于城南山巅，高百寻，前对岳峰，雪后登眺，晶光映日，如置身大地琼瑶之内。

明代许宗鲁《花药山》

花药经行处，云霞坐卧深。谈禅逢白足，扫地布黄金。竹抱高僧节，莲开静者心。何须访庐岳，即此是东林。

［朱陵后洞］

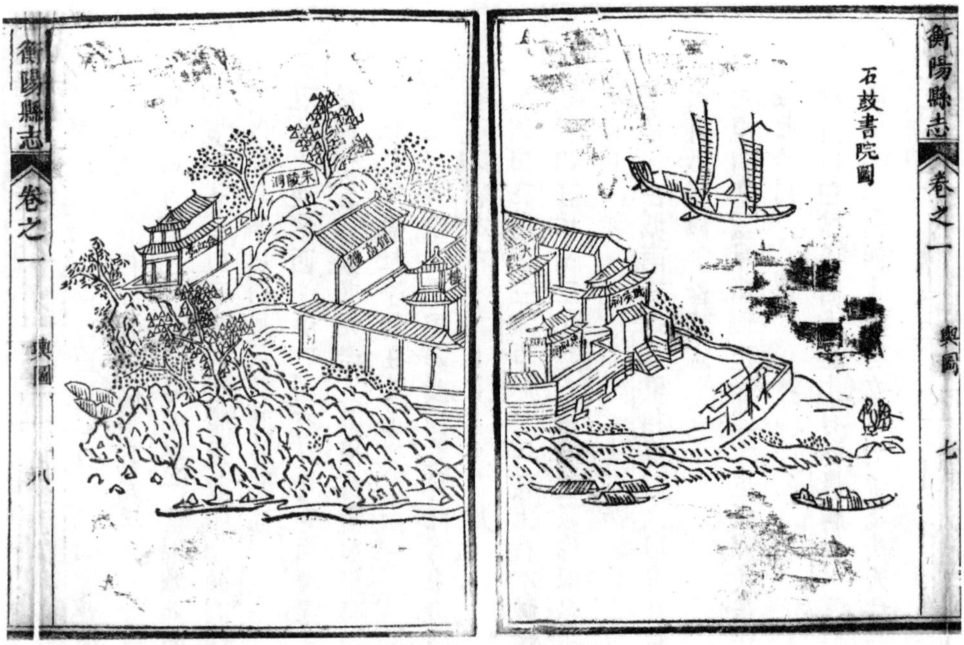

▣清嘉庆《衡阳县志》“石鼓书院图”载“朱陵洞”

清嘉庆《衡阳县志》“古迹”载“朱陵后洞”：道书南岳朱陵洞天相传此其后洞也。在石鼓山合江亭之右，洞势谽谺，可置几榻，闻有仙人朝出暮入，据以为宅焉。

宋代陈田夫《题朱陵洞白云堂》

我爱潇湘境，朱陵后洞天。白云堂里客，青草渡头眠。小艇牵红鲤，幽池种碧莲。颐真堪此地，风月两依然。

明代王在晋《朱陵洞》

翠华掩映玉玲珑，一片空明断太濛。洞里瑶光应不夜，步虚人入水晶宫。

[青草渔家]

清嘉庆《衡阳县志》载"青草桥图"

清嘉庆《衡阳县志》"古迹"载"青草渔家"：城北有石梁跨蒸水，上名青草桥，夹岸皆渔舟，每夜渔火百艇，欸乃之声四彻。晨则晒网，舟头放纶，水面上下，参差不一其处。

青草桥位于衡阳市城北蒸、湘汇合处，石鼓山左侧。此地原有渡口，称青草渡。南宋淳熙十三年（1186）四月，衡州知府薛柏瑄始建木桥于青草渡。明嘉靖二十四年（1545），青草桥遭火焚毁，分巡道姜仪、太守林允宗、知县郭文习等大集工匠，尽易以石，为七隧，长四十五丈，逾年讫工，并更名为"永济桥"。清康熙八年（1669），僧人海岸、圆木募银两千七百余两，又对该桥进行修缮，桥两侧悬建吊楼，桥上开设四十余间茶楼酒肆店铺，风格别致，桥头草前街、草后街酒家林立，商贾云集，一时成为繁华之地，桥北头的筷子洲为修造木船处，白帆连片，艄艉相接，每当夜幕降临，桥上桥下和桥头，灯火万点，渔歌满江，甚为奇观，"青草桥头酒百家"被誉为衡阳八景之一。清雍正二年（1724）十月十三日夜一次大火，将桥上的茶楼酒肆店铺焚毁殆尽，知府孙元以桥上开设店铺易致桥坏为由，严禁民众再在桥上建屋开店，并捐资在桥的两旁立石栏杆，尽设石扇，桥面石上加铁锭，北头建"文昌阁"。清乾隆二十七年（1762），洪水冲坏五墩桥脚面后，栏杆多坏，又募捐修复，改称"青草桥"。

清代朱佩连《清泉杂咏（之八）》

潇湘八景画难描，雅爱衡阳青草桥。雨后凭栏新月上，渔歌欸乃橹声摇。

[东洲桃浪]

斯館順治初洪承疇經略雲貴幕其盛業假館茲山殆亦火逼鄺侯之類矣承水富亭下東入于湘水經曰湘水又東北過重安縣東又東北過酃縣西承水從東南來注之注云東注于湘斯則經云東南東字誤也湘水自常甯逕崧柏司百二十里逕東洲府城南湘水中洲也舊傳名勝有東洲桃浪蓋春漲激濤花樹交映長風別隯孤嶼中川隰㮰圃桃懷煙媚水常豫詩云二月春波漫漫流桃花丁樹簇芳洲飛紅颭作燕支水釀盡穠華洗盡愁西岸回鴈峰圖經云南嶽名峰七十有二鴈峰爲首嶽麓爲足自唐以前皆云南鴈飛宿不度衡陽故峰受此號今衡桂以南賓鴻成陳或疑回鴈之說乃云以峰勢回翔得名斯未喻古今之物候耳但鴈峰首嶽宜特高峻今此部婁未足爲峰若九峰山雨母山則南嶽之連體疑此乃建寺郭外因襲峰名凡名山道場必在平地五嶽神祠皆立山趾此乃回鴈峰寺唐之乘雲寺唐小說云元和中于此有使者廟柳實元徹至登州海島遇南溟夫人侍女寄玉合于此廟也柳實元徹二人皆衡嶽人唐元和中二人結伴往驩愛二州各省其父至登州爲風飄入海島二子登岸見一廟有玉皇天尊像案有金鑪俄有雙鬟捧玉合至炷以異香二子以事告女曰玉虛師當降此島與南溟夫人會子堅請之言訖二仙果至泣而求救玉虛曰子隨南溟夫人行當無憂也夫人覩二子曰爾殊有仙骨他日

同治十一年刊　山水卅七　衡陽縣志卷九

清同治《衡阳县志》“山水”载“东洲桃浪”

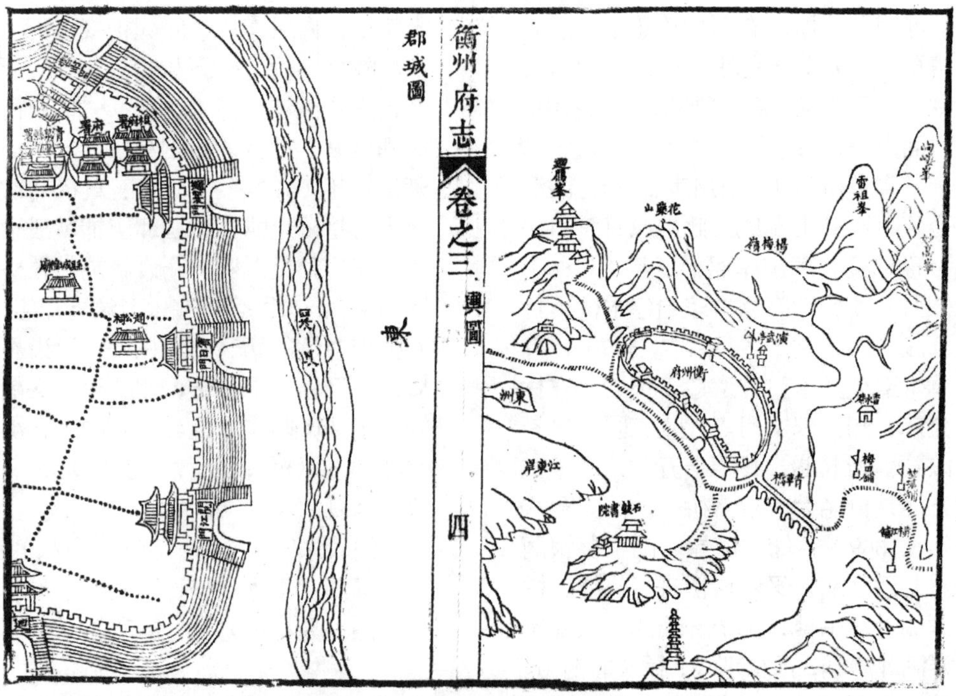

清乾隆《衡州府志》“南岳图”（局部）载“东洲”

清嘉庆《衡阳县志》“古迹”载“东洲桃浪”：在城东南五里许，洲长数里，浮湘水中，双流夹之，春月桃花开时，新潮映带，隔岸望之如入武陵源焉。

清代常豫《东洲桃浪》

二月春波慢慢流，桃花千树簇芳洲。飞红腻作燕支水，酿尽繁华洗尽愁。

清代王闿运《东洲月宴》

月圆如人意，蒸鄢照一光。席灯摇酒白，城桂入船香。影拂秋衣静，阴连磴树凉。东洲此时会，千里共难忘。

清末民初杨度《东洲行》

衡阳郭外有东洲，左右平分湘水流。洲上彭公营矮愿，更为湘绮筑高楼。楼前精舍诸生宿，日听康成讲经熟。我昔从游问字余，爱此山川旷心目。一时师友劳攀仰，更兼云物宜清赏。风浪相期万里怀，文章各有千秋想。

[西湖荷花]

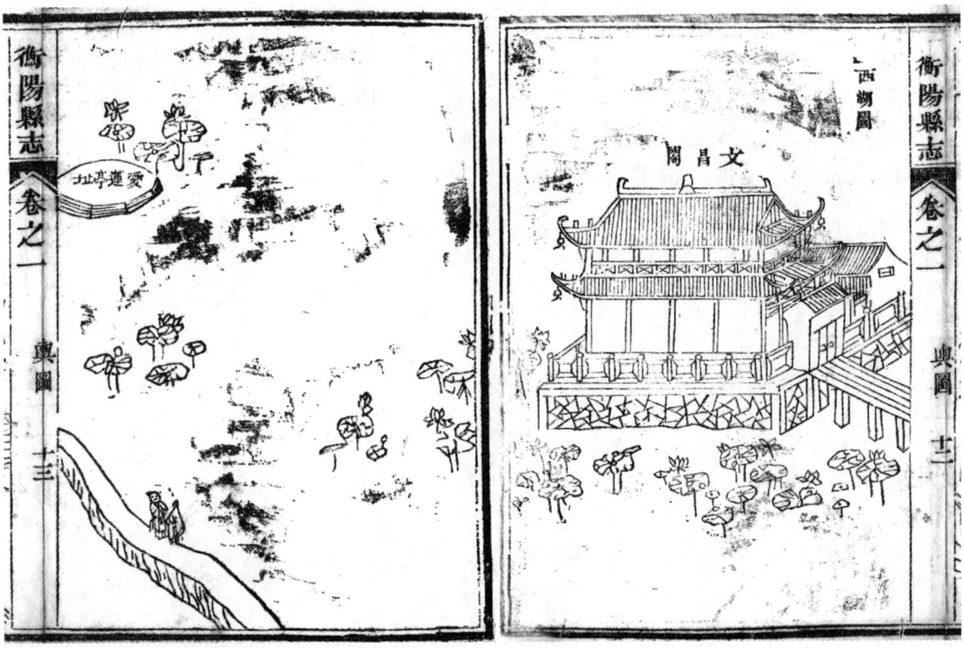

清嘉庆《衡阳县志》载“西湖图”

清嘉庆《衡阳县志》“古迹”载“西湖荷花”：城西半里许，有湖在县学棂星门外，可百余亩，分上下二湖。上湖有爱莲亭遗址，下湖有文昌阁，遍种菡萏。盛夏放时，红白相映，香艳袭人。相传宾兴之岁，开重台叠盏者必兆魁选云。

明末清初王夫之《西湖荷花》

漾平塘，绿钱初展，正是乳鸽啼后。桃尖渐放朱霞晕，芳惹游鞭征袖。真如绣，点波纹，红绡青幛团绒皱。田田歌奏，问苦药寻莲，萦丝觅藕，几许多情逗。

莫浪语，西子湖头难又，锦屏十里香透。繁华满目江南梦，约略送愁时候。君莫嗅，君不见，清香销尽酸风瘦，秋容如旧，只落草吟蛰，蓼花飞鹭，露冷全飙骤。

【石鼓书院八景】

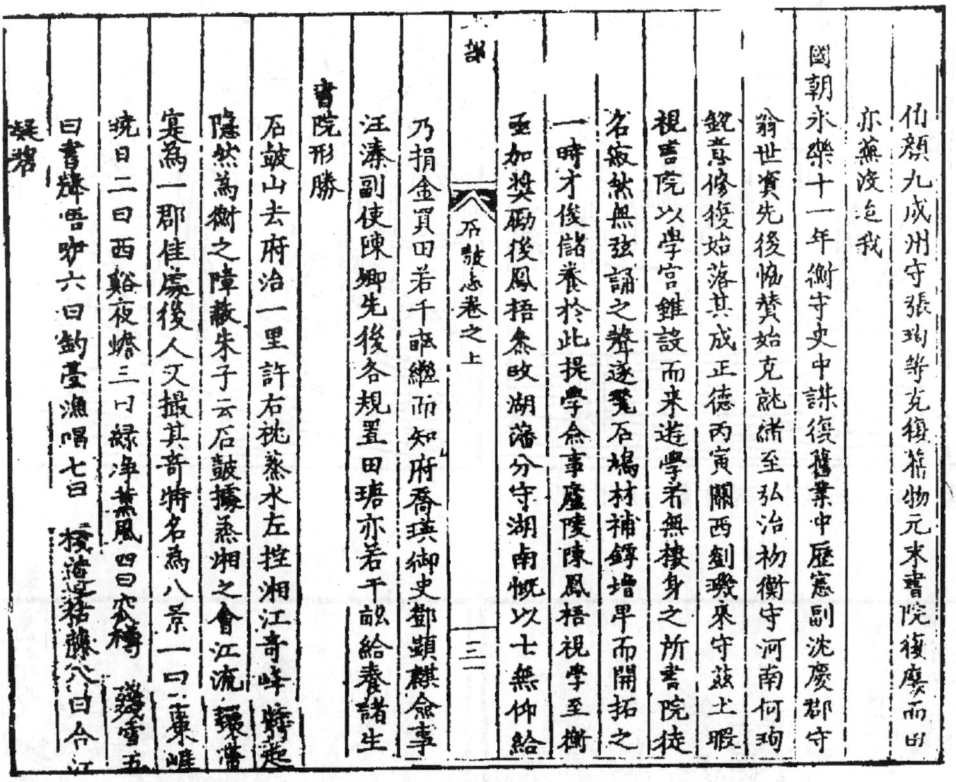

仙顏九成州守張珣等克復舊物元末書院復廢而田
亦蕪沒迨我
國朝永樂十一年衡守史中請復舊業中歷憲副沈慶郡守
翁世資先後協贊始克就緒至弘治初衡守河南何珣
銳意修復始落其成正德丙寅關西劉瓛來守茲土暇
視書院以學宮雖設而來遊學者無棲身之所書院徒
名寂然無弦誦之聲遂覓石鳩材補葺增畢而開拓之
一時才俊儲養於此提學僉事廬陵陳鳳梧視學至衡
亟加獎勵後鳳梧參政湖廣分守湖南慨以士無仰給
石鼓志卷之上　三
乃捐金買田若干畝繼而知府喬琪御史鄧顯麒僉事
汪溱副使陳卿先後各規置田塘亦若干畝給養諸生
書院形勝
石鼓山去府治一里許右挹蒸水左控湘江奇峰特起
隱然為衡之障蔽朱子云石鼓據烝湘之會江流環帶
最為一郡佳處後人又撮其奇特名為八景一曰東崖
曉日二曰西谿夜蟾三曰綠淨薰風四曰窊樽殘雪五
曰書聲唔咿六曰釣臺漁唱七曰棧道枯藤八曰合江
凝碧

明代《石鼓书院志》载“石鼓书院八景”

石鼓书院，位于衡阳市石鼓区石鼓山，是湖湘文化重要发源地。

唐贞观时期，衡州刺史宇文炫辟石鼓东岸西溪间为游览胜地，题“东崖”“西溪”四字，刻于东西岸壁。天宝年间，著名道士董奉先在“朱陵后洞”栖息，修炼九华丹，杜甫《忆苦行》诗中有“更忆衡阳董炼师”之句。德宗贞元三年（787），宰相齐映贬到衡州任刺史，在山之东面建一凉亭，取名为“合江亭”。顺宗永贞元年（805），韩愈由广东至湖北，途径衡州，齐映请韩愈为此亭写下著名的《合江亭》，后人建“绿净阁”以此为纪念韩愈。地以人传，石鼓名声大振。宪宗元和年间，有“唐代八大诗人之一”美誉的衡州刺史吕温，任期间又对合江亭进行扩建装修；唐元和元年（806），衡阳秀才李宽在合江亭旁建“寻真观”（李宽中秀才书院），在此悉心读书，为石鼓书院之雏形。衡州刺史吕温访之，并作《同恭夏日题寻真观李宽中秀才书院》记其事。

宋代太平兴国二年（978），宋太宗赵光义赐“石鼓书院”匾额，宋至道三年（997），衡州郡人李士真在石鼓书院内开堂讲学、广招弟子，石鼓书院成为正式书院。宋仁宗景祐二年（1035），宋仁宗赐额“石鼓书院”。石鼓书院两度被宋朝皇帝“赐额”，成为全国著名的四大书院之一。

元至元十九年（1292），书院为灵岩寺僧强占，经邓大白、王复、康庄、

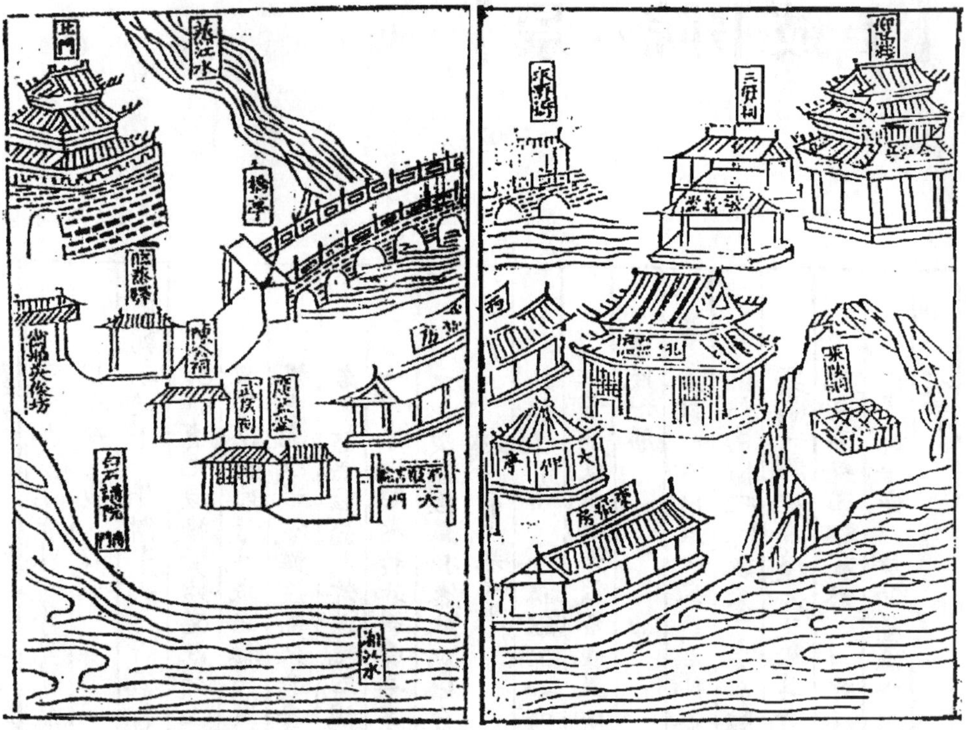

▣明代《石鼓书院志》载“形胜图”

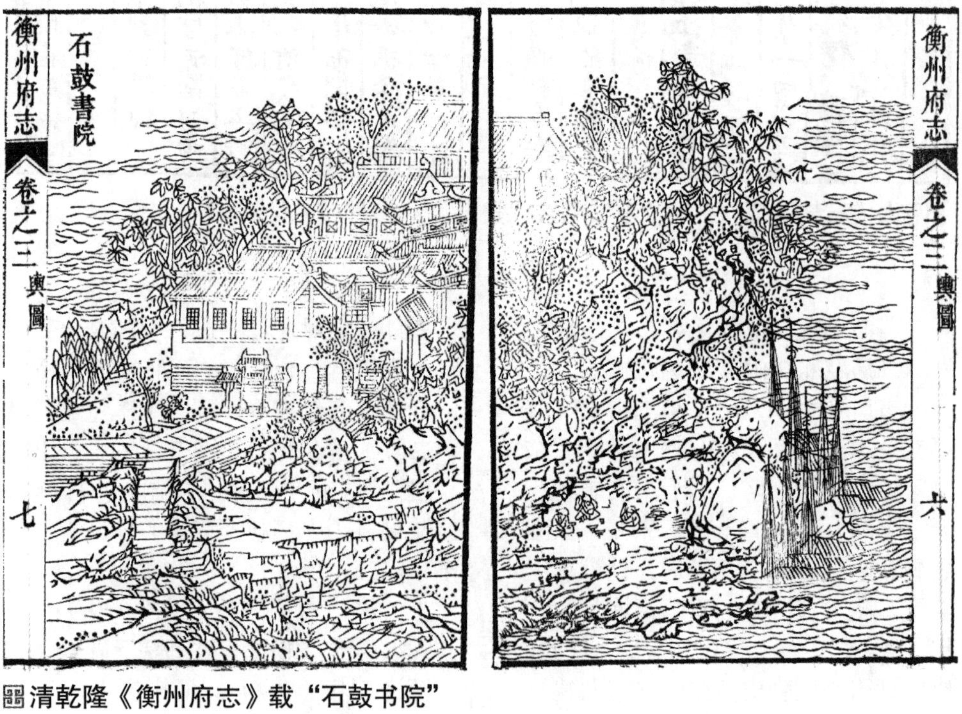

▣清乾隆《衡州府志》载“石鼓书院”

程敬直等长达六十二年争讼，才得归还。元末毁于兵火。

明永乐十一年（1413），知府史中重建书舍六间以待游学者，有礼殿祀孔子，韩张祠祀韩愈、张栻。天顺、弘治间均有修葺。正德四年（1509），叶钊为山长，讲圣贤身心之学、道德之旨，剖析疑义，阐发幽微，“一时学者翕然云从”。嘉靖间，湛若水数至“石鼓”讲论“体认”之学，邹守益亦来大倡“良知”之说。二十八年，知府蔡汝楠以其为朱、张、湛、邹“过化之地”，乃重整书院，扩建主静、定性二斋，订立规约，以学文敦行、辨志慎习、笃伦常、识仁体训士，刊《说经札记》《衡湘问辨》《太极问答》等，“亹亹忘倦”达四年（1549–1552）。又请赵大洲、茅鹿门等“海内名公”讲学其中，诸士环听，“宛然一邹鲁洙泗之风也”。万历四十年（1612），巡按史记事、观察邓云霄大修书院，以“铸士陶民”，建有讲堂、敬义堂、回澜堂、大观楼、仰高楼、砥柱中流坊、棂星门、风雩、沧浪、禹碑、合江诸亭，其他“殿祠号舍，罔不完葺”，规模极一时之盛。崇祯十五年（1642），提学高世泰修葺。明末毁于兵。

清顺治十四年（1657），经略大臣洪承畴将石鼓书院作为大清军事指挥所。同年，偏沅巡抚袁廓宇上奏清廷，申请重建石鼓书院，衡阳县知县余天溥具体负责修复工程。此时，建有合江亭、禹王碑、武侯祠、大观楼、会讲堂、忠节祠、七贤祠等建筑。康熙七年（1668），衡州知府张奇勋扩建号舍二十余间，“拔衡士之隽者肄业其中，……每月试之，士风最盛”。二十八年，知府崔鸣捐俸“增其所未备”。时七贤祠、仰高、大观二楼，敬业堂、留待轩、浩然台、合江亭及东西斋房等“焕然巨观”。清光绪二十八年（1902），石鼓书院改为衡阳官立中学堂，清光绪三十年（1904），改为湖南南路师范学堂；民国相继改为“衡郡女子职业学校”和“湖南省立第三师范学校”（湖南三师），后因石鼓山无法满足新型学校要求，学校被迁移至金鳌山。此时，石鼓书院便成为供人游览、祈祀的风景文化名胜。

[东岩晓日]

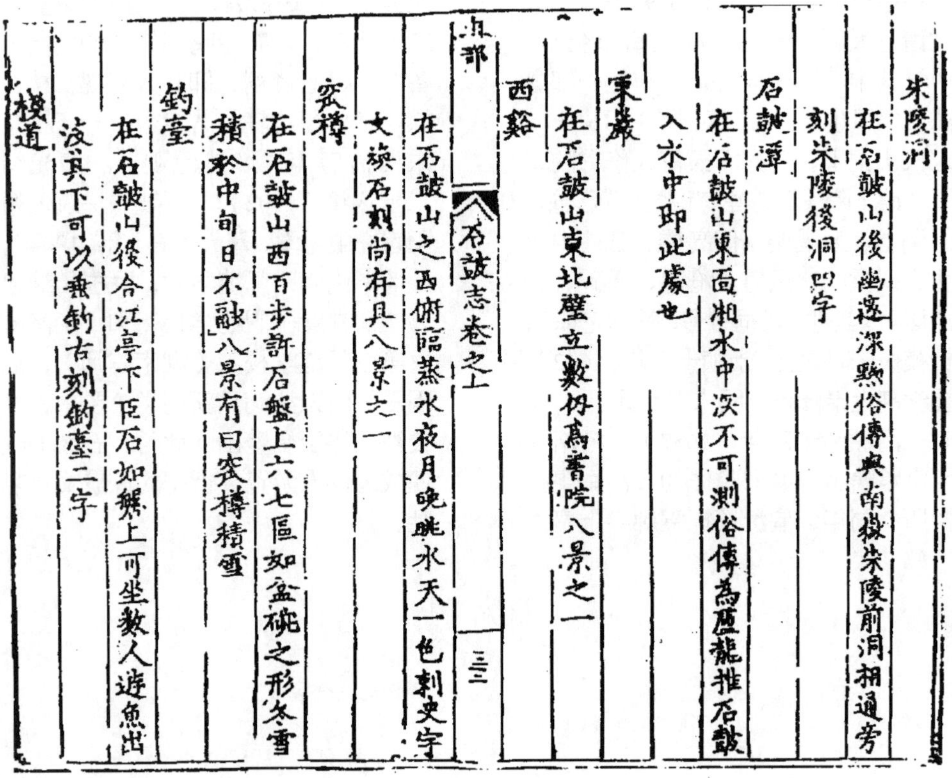

朱陵洞
在石鼓山後幽邃深黙俗傳與南嶽朱陵前洞相通旁
刻朱陵後洞四字
石鼓潭
在石鼓山東面湘水中深不可測俗傳爲蟄龍推石鼓
入水中即此處也
東巖
在石鼓山東北壁立數仞爲書院八景之一
西谿
在石鼓山之西俯臨蒸水夜月曉眺水天一色刺史宇
文族石刻尚存具八景之一
窊樽
在石鼓山西百步許石盤上六七區如盂碗之形冬雪
積於中旬日不融八景有曰窊樽積雪
釣臺
在石鼓山後合江亭下巨石如槃上可坐數人遊魚出
沒其下可以垂釣古刻釣臺二字
棧道

石鼓志卷之上
山部
三三

▣明代《石鼓书院志》载“东岩”

[西溪夜蟾]

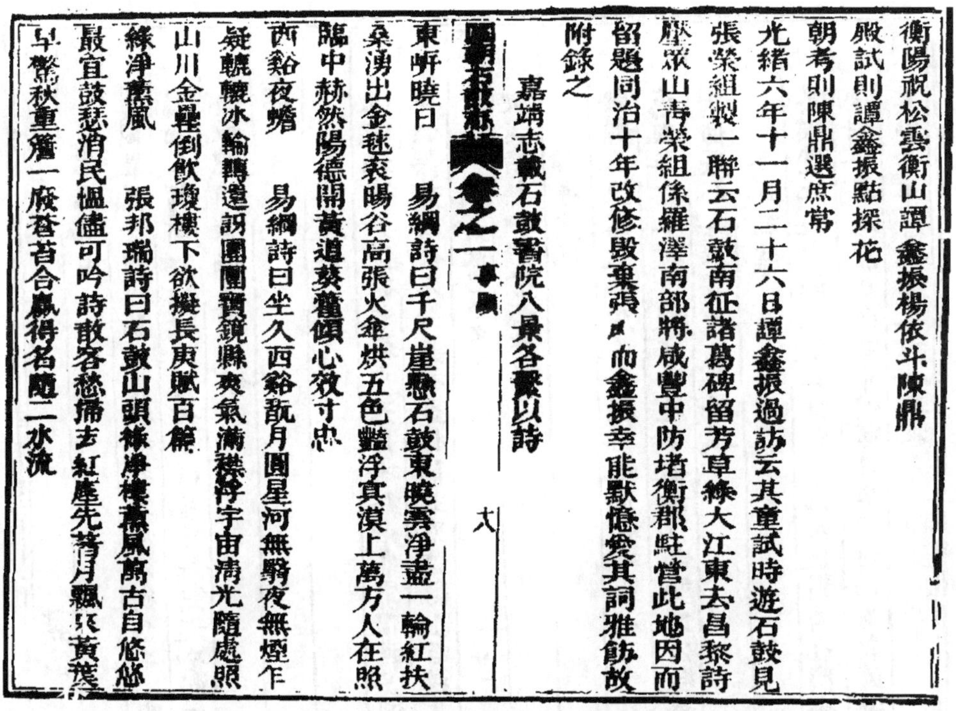
衡陽祝松雲衡山譚鑫振楊依斗陳鼎
殿試則譚鑫振點探花
朝考則陳鼎選庶常
光緒六年十一月二十六日譚鑫振過訪云其童試時遊石鼓見
張榮組製一聯云石鼓南征諸葛碑留芳草綠大江東去昌黎詩
壓衆山青榮組係羅澤南部將咸豐中防堵衡郡駐營此地因而
留題同治十年改修毀棄殘缺而鑫振幸能默憶發其詞雅飭故
附錄之

嘉靖志載石鼓書院八景各繫以詩

卷之一　事蹟　六

東岣曉日　易綱詩曰千尺崖懸石鼓東曉霽淨盡一輪紅扶
桑湧出金毬袞暘谷高張火傘烘五色豔浮寘漠上萬方人在照
臨中赫然陽德開黃道葵藿傾心效寸忠
西谿夜蟾　易綱詩曰坐久西谿翫月圓星河無翳夜無煙乍
疑蟾魄冰輪轉還訝團圞寶鏡懸爽氣滿襟浮宇宙清光隨處照
山川金罍倒飲瓊樓下欲擬長庚賦百篇
綠淨薰風　張邦瑞詩曰石鼓山頭綠淨樓薰風萬古自悠悠
最宜鼓瑟消民慍儘可吟詩散客愁拂去紅塵先著月飄來黃落
早驚秋重簷一敞蒼苔合贏得名隨二水流

清代《石鼓书院志》“嘉靖志载石鼓书院八景各系以诗”载“西溪夜蟾”

[绿净薰风]

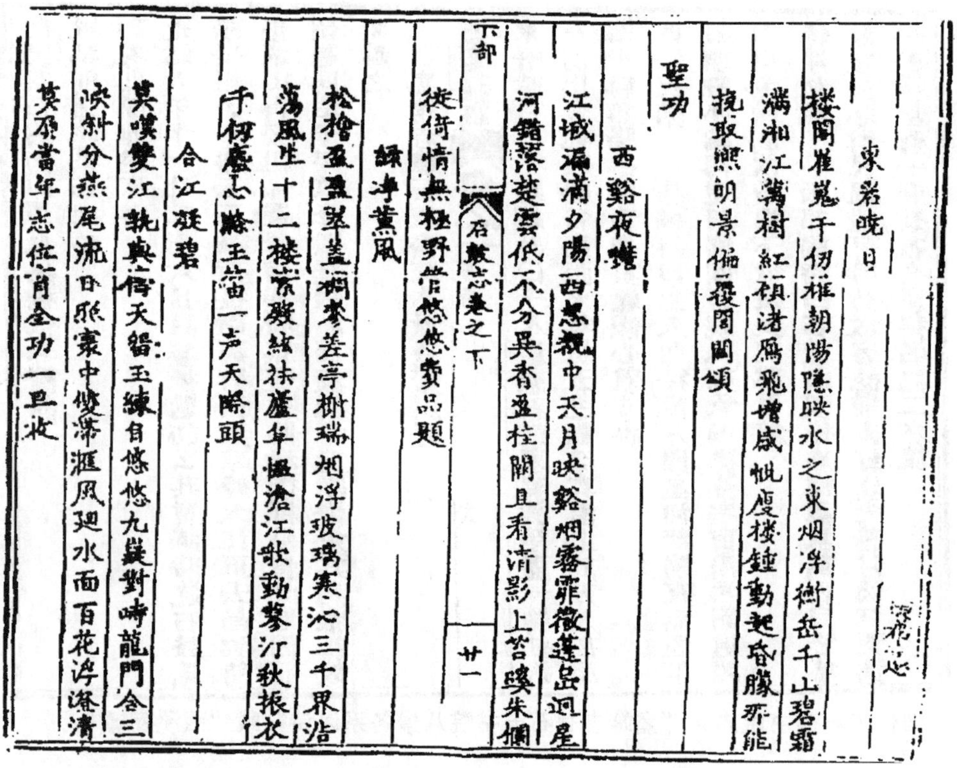

明代《石鼓书院志》“词翰志”载“八景诗”之“绿净薰风”

［洼樽残雪］

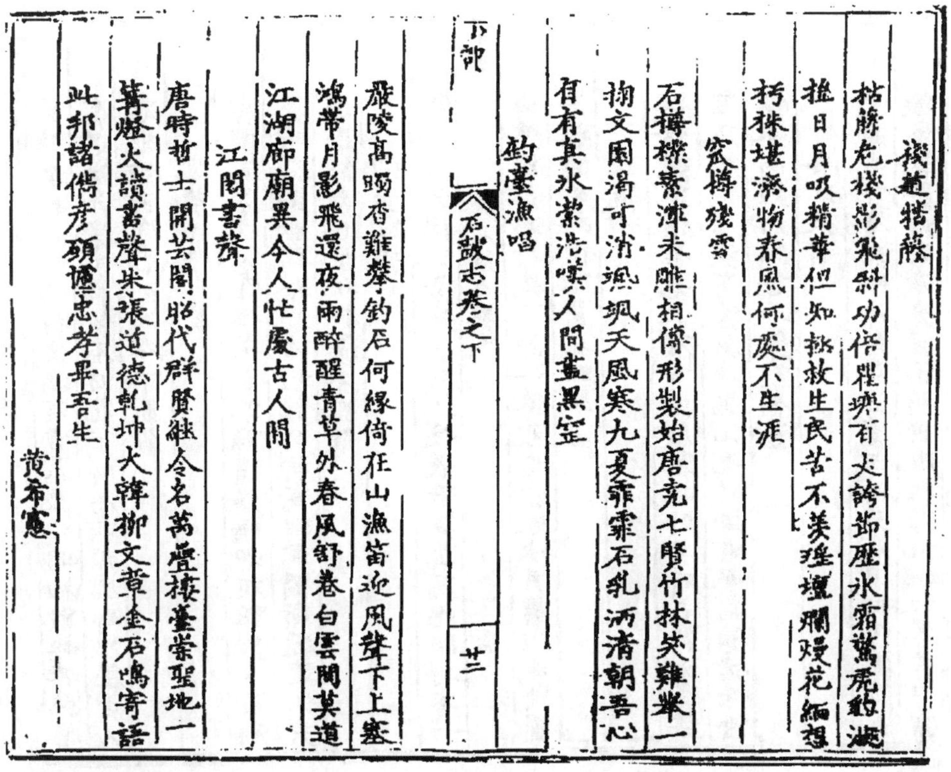

棧道猺藤
枯藤危棧影飛斜功倍羅瑛百丈誇節歷冰霜驚飛欹澁
拯日月吸精華但知救救生民苦不羨瑤壇欄煖花細想
杇株堪滌物春風何處不生涯
窊樽殘雪
石樽樸素渾未雕相傳形製始唐堯七賢竹林笑難舉一
掬文園渴可消颯颯天風寒九夏霏霏石乳洒清朝吾心
自有真冰潔浩嘆人間盡黑窒
釣臺漁唱
嚴陵高躅杳難攀釣石何緣倚在山漁笛迎風聲下上塞
鴻帶月影飛還夜雨醉醒青草外春風舒卷白雲間莫道
江湖廊廟異今人忙處古人閒
江閣書聲
唐時哲士開芸閣昭代群賢繼令名萬疊樓臺崇聖地一
簷燈火讀書聲朱張道德乾坤大韓柳文章金石鳴寄語
此邦諸俊彥願懷忠孝畢吾生
黄希憲

下部　石鼓志卷之下　廿二

圖明代《石鼓书院志》“词翰志”载“八景诗”之“洼樽残雪”

衡阳卷

[书声唔咿]

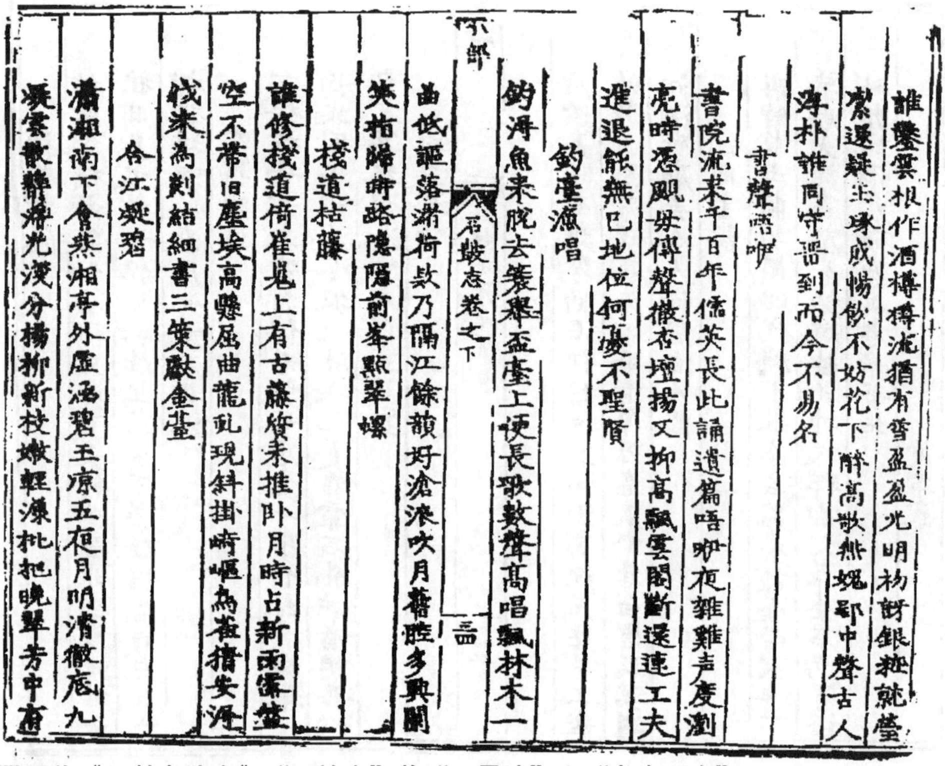

誰鑿雲根作酒樽樽流猶有雪盈盈光明初射銀盤就瑩
紫邏疑生琢成暢飲不妨花下醉高歌無媿耶中聲古人
渾朴誰同守留到而今不易名

書聲唔咿

書院流芳千百年儒英長此誦遺篇唔咿夜雜雞声度瀏
亮時憑颶毋傳聲徹杏壇揚又抑高飄雲閣斷還連工夫
進退能無巳地位何憂不聖賢

釣臺漁唱

釣得魚來晚去簑舉盃臺上便長歌數聲高唱飄林木一

文部　石鼓志卷之下　廿四

曲低謳落渚荷欸乃隔江餘韻好滄浪吹月舊睦多興闌
笑指歸時路隱隔前峯點翠螺

棧道枯藤

誰修棧道倚崔嵬上有古藤發未推卧月時占新雨露螢
空不帶旧塵埃高懸屈曲龍亂現斜掛崎嶇為雀猜安得
伐來為劇結細書三策獻金臺

合江凝碧

瀟湘南下會烝湘渚外虛涵碧玉凉五夜月明清徹底九
凝雲散靜浮光淺分楊柳新枝嫩輕瀑拋把晚翠芳中有

明代《石鼓书院志》“词翰志”载“八景诗”之“书声唔咿”

[钓台渔唱]

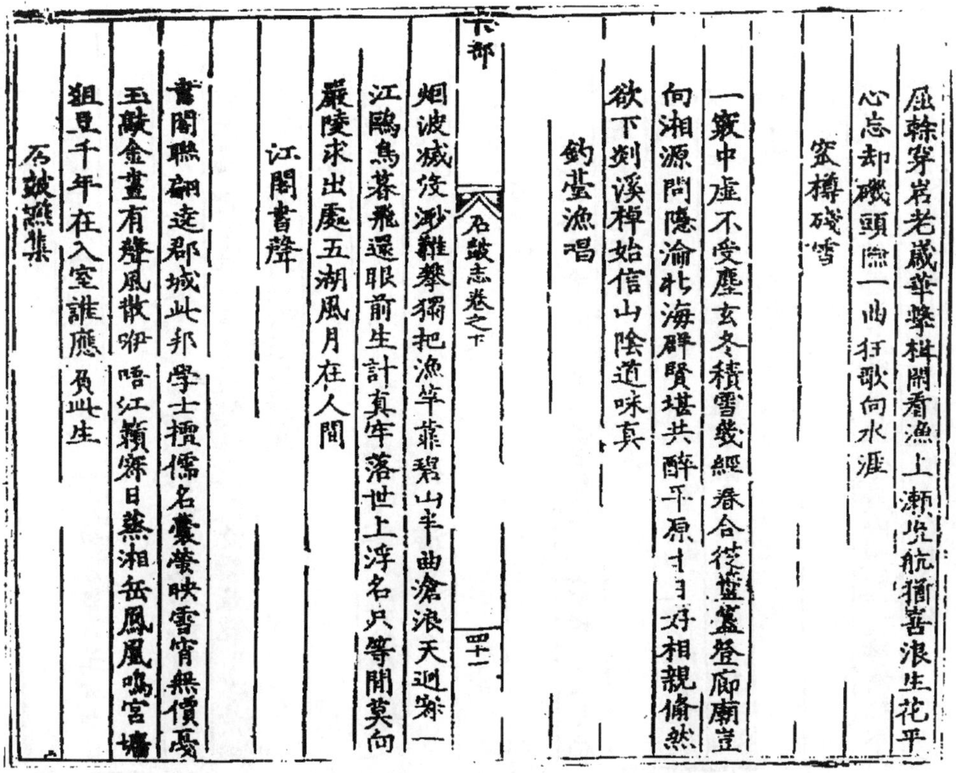

風榦穿岩老蔵華擊枓開看漁上瀨兇航猶喜浪生花平
心忘却磯頭㷀一曲狂歌向水涯
窓樽殘雪
一竅中虛不受塵玄冬積雪幾經春合從萱籃登廊廟豈
向湘源問隱淪北海群賢堪共醉平原十日好相親倫然
欲下剡溪棹始信山陰道味真
釣臺漁唱
石鼓志卷之下
四十一
烟波淼汶渺難攀獨把漁竿兼碧山半曲滄浪天迥寂一
江鷗鳥暮飛還眼前生計真牢落世上浮名只等閒莫向
嚴陵求出處五湖風月在人間
江閣書聲
書閣聯翩近郡城此邦學士擅儒名囊螢映雪宵無倦夢
玉軑金壺有聲風散卯唔江籟霽日蒸湘岳鳳凰鳴宮墻
俎豆千年在入室誰應負此生
石鼓燕集

明代《石鼓书院志》“词翰志”载“八景诗”之“钓台渔唱”

衡阳卷

[栈道枯藤]

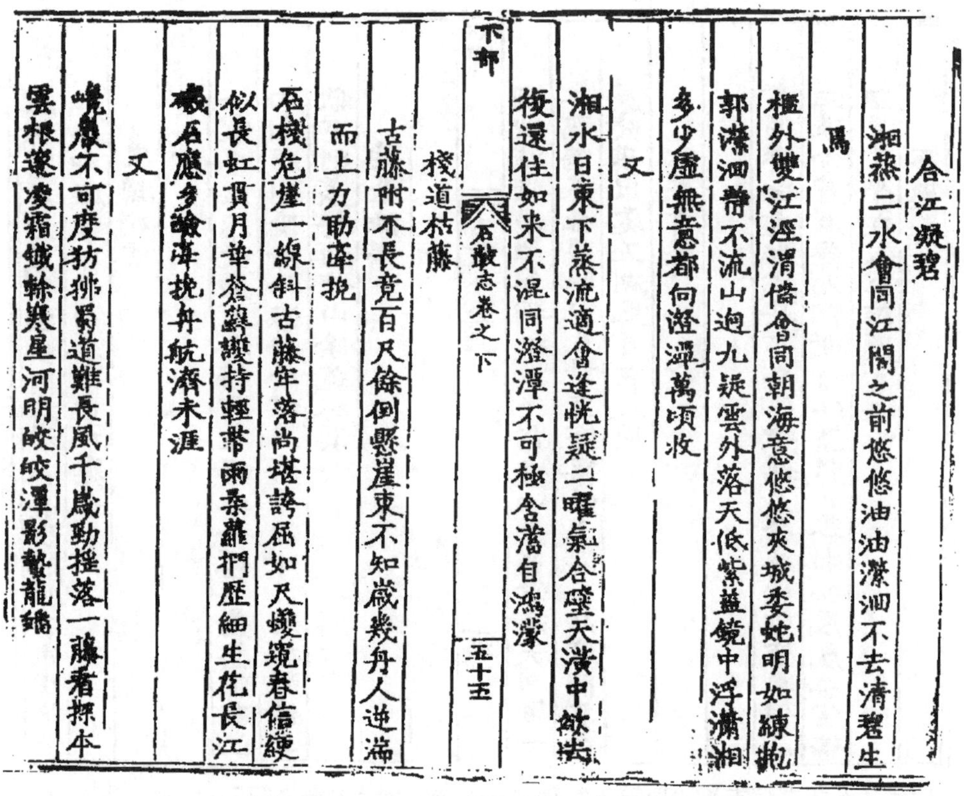

合江凝碧
湘蒸二水會同江閣之前悠悠油油潔洄不去清碧生
馬
檻外雙江涇渭偕會同朝海意悠悠夾城委蛇明如練抛
郭瀠洄帶不流山迴九疑雲外落天低紫蓋鏡中浮瀟湘
多少虛無意都向澄潭萬頃收
又
湘水日東下蒸流適會逢恍疑二曜氣合璧天潢中斂潔
復還住如來不混同澄潭不可極含灊自鴻濛
下都
石鼓志卷之下
五十五
棧道枯藤
古藤附不長竟百尺餘倒懸崖東不知歲幾舟人逆湍
而上力助牽挽
石棧危崖一線斜古藤牢落尚堪誇屈如尺蠖窺春信硬
似長虹貫月華蒼蘚護持輕帶雨柔蘿捫歷細生花長江
幾石懸多險牽挽舟航濟未涯
又
嵯峨不可度彷彿蜀道難長風千歲動搖落一藤看探本
雲根邈凌霜鐵幹寒星河明皎皎潭影蟄龍蟠

明代《石鼓书院志》“词翰志”载“八景诗”之“栈道枯藤”

[合江凝碧]

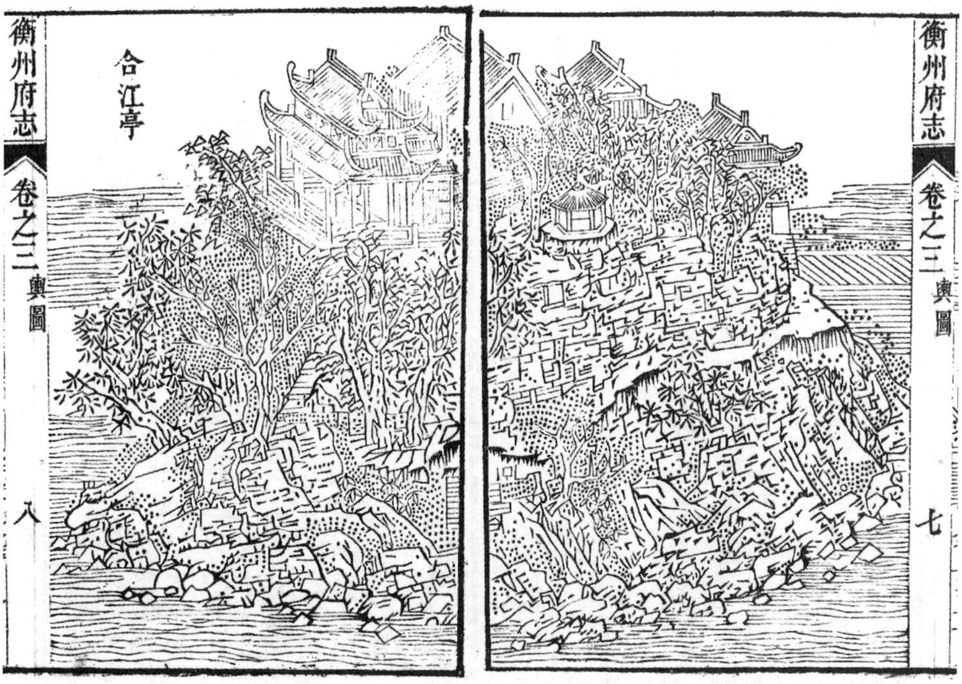

图 清乾隆《衡州府志》载“合江亭”

【石鼓八景】

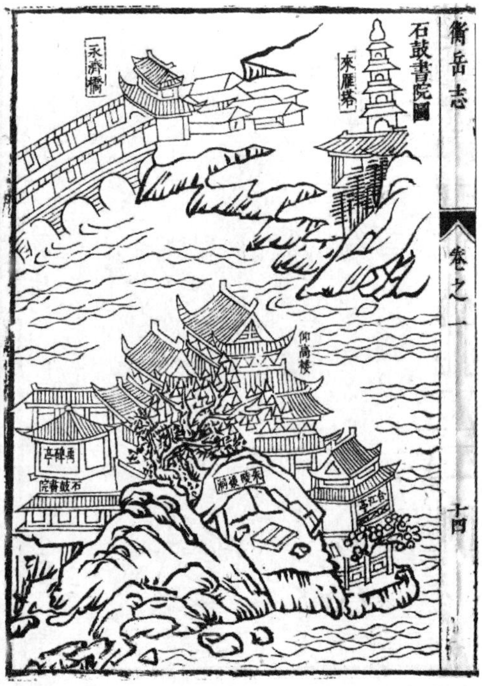

衡岳志 卷之一 十五

石鼓山在衡嶽部內爲朱陵後洞踞蒸湘合流之上
故有亭曰合江自唐隱士李寬讀書其間因有書院
之設一盛於宋淳熙間之創造再盛於明提學高世
泰之修葺今盛於
皇清順治丙申間廵撫偏院都御史袁廓宇手闢荆
榛再爲鼎建而宮牆廊廡彬彬復舊觀矣樞廵彭公
諱而述知府李公諱光座各有碑紀其事

▣清康熙《衡岳志》载“石鼓书院图”

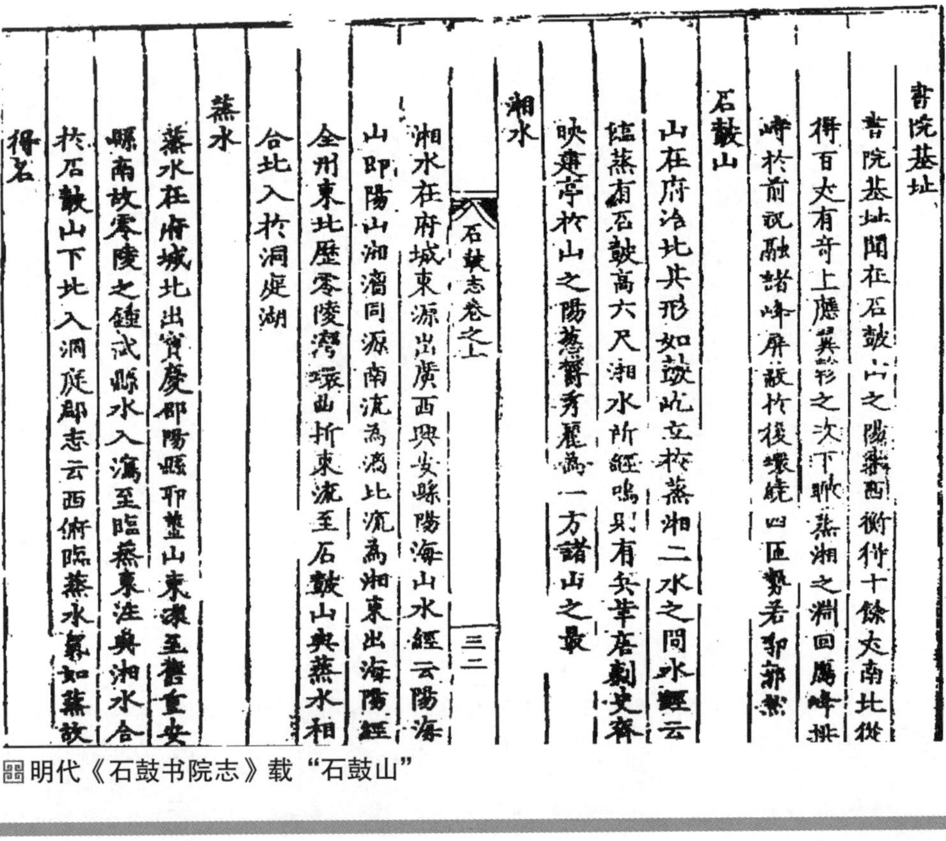

書院基址
書院基址閒在石鼓山之陽東西衡衍十餘丈南北從
衍百丈有奇上應翼軫之次下瞰蒸湘之淵回鴈峰拱
峙於前祝融諸峰屏㪚於後環繞四匝勢若郛郭然
石鼓山
山在府治北其形如鼓屹立於蒸湘二水之間水經云
臨蒸有石鼓高六尺湘水所經鳴則有兵革唐刺史齊
映建亭於山之陽蔥鬱秀麗爲一方諸山之最
湘水
湘水在府城東源出廣西興安縣陽海山水經云陽海
山即陽山湘漓同源南流爲漓北流爲湘東出海陽經
全州東北歷零陵瀟環山折東流至石鼓山與蒸水相
合北入於洞庭湖
蒸水
蒸水在府城北出寶慶邵陽縣耶薑山東流至衡之安
縣南故零陵之鍾武縣水入瀉至臨蒸東注與湘水合
於石鼓山下北入洞庭郡志云西衡臨蒸水氣如蒸故
得名

石鼓志卷之上 三二

▣明代《石鼓书院志》载“石鼓山”

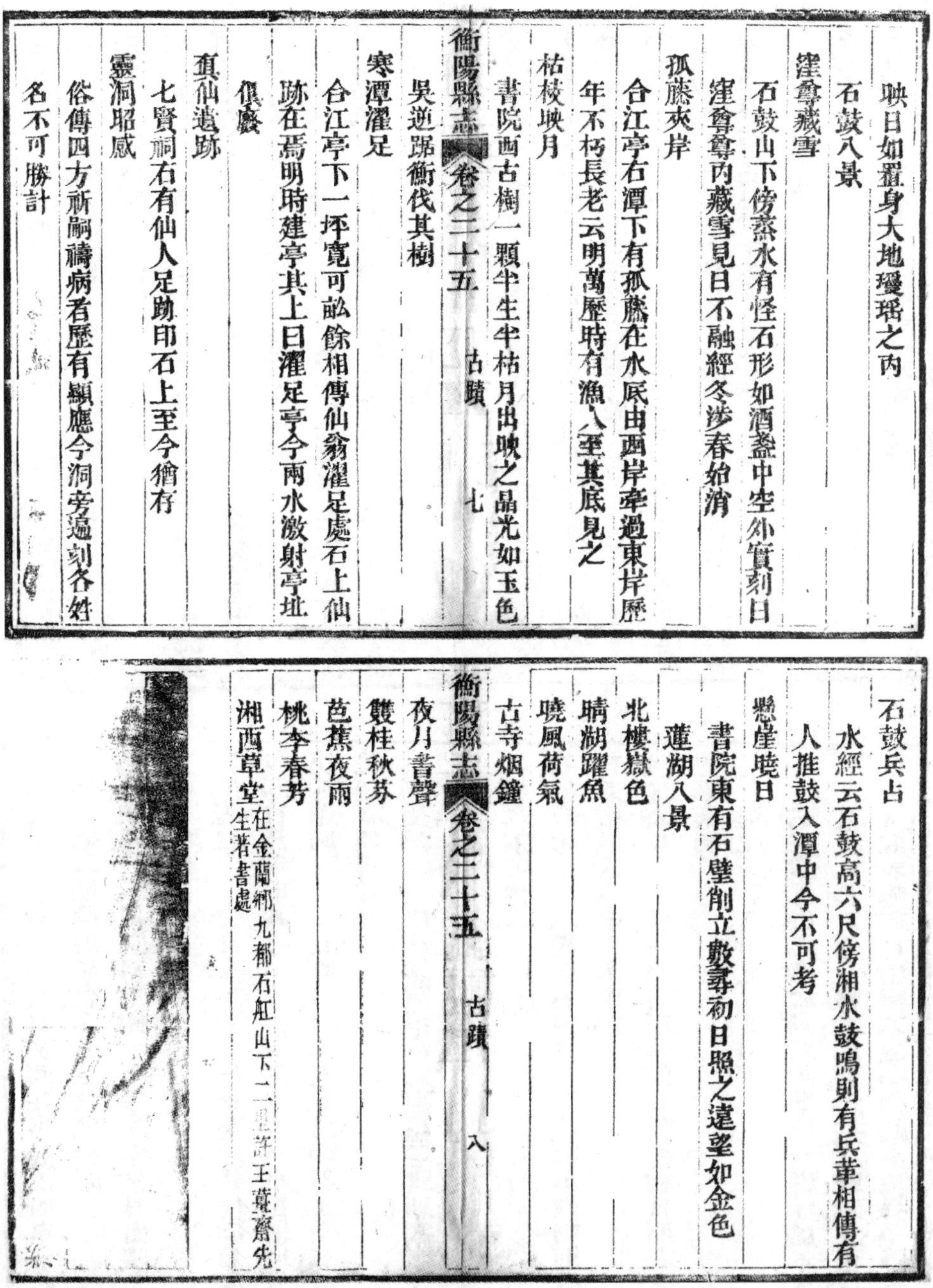

映日如置身大地瓊瑤之內

石鼓八景

洼尊藏雪

石鼓山下傍烝水有怪石形如酒盞中空外實刻曰洼尊尊內藏雪見日不融經冬涉春始消

孤藤夾岸

合江亭右潭下有孤藤在水底由西岸牽過東岸歷年不朽長老云明萬歷時有漁人至其底見之

枯枝映月

書院西古樹一顆半生半枯月出映之晶光如玉色吳逆踞衡伐其樹

寒潭濯足

合江亭下一坪寬可畝餘相傳仙翁濯足處石上仙跡在焉明時建亭其上曰濯足亭今兩水激射亭址俱廢

真仙遺跡

七賢祠石有仙人足跡印石上至今猶有

靈洞昭感

俗傳四方祈嗣禱病者歷有顯應今洞旁遍刻各姓名不可勝計

衡陽縣志 卷之二十五 古蹟 七

石鼓兵占

水經云石鼓高六尺傍湘水鼓鳴則有兵革相傳有人推鼓入潭中今不可考

懸崖曉日

書院東有石壁削立數尋初日照之遠望如金色

蓮湖八景

北樓嶽色

晴湖躍魚

曉風荷氣

古寺烟鐘

夜月書聲

雙桂秋芬

芭蕉夜雨

桃李春芳

湘西草堂 在金蘭鄉九都石舡山下二里許王薑齋先生著書處

衡陽縣志 卷之二十五 古蹟 八

图 清嘉庆《衡阳县志》“古迹”载“石鼓八景”

石鼓之名，一说石鼓四面凭虚，其形如鼓，因而得名。北魏郦道元《水经注》载：“山势青圆，正类其鼓，山体纯石无土，故以状得名。”另一说是因它三面环水，水浪花击石，其声如鼓。

清嘉庆《衡阳县志》“古迹”载“石鼓八景”：洼樽藏雪、孤藤夹岸、枯枝映月、寒潭濯足、真仙遗迹、灵洞昭感、石鼓兵占、悬崖晓日。

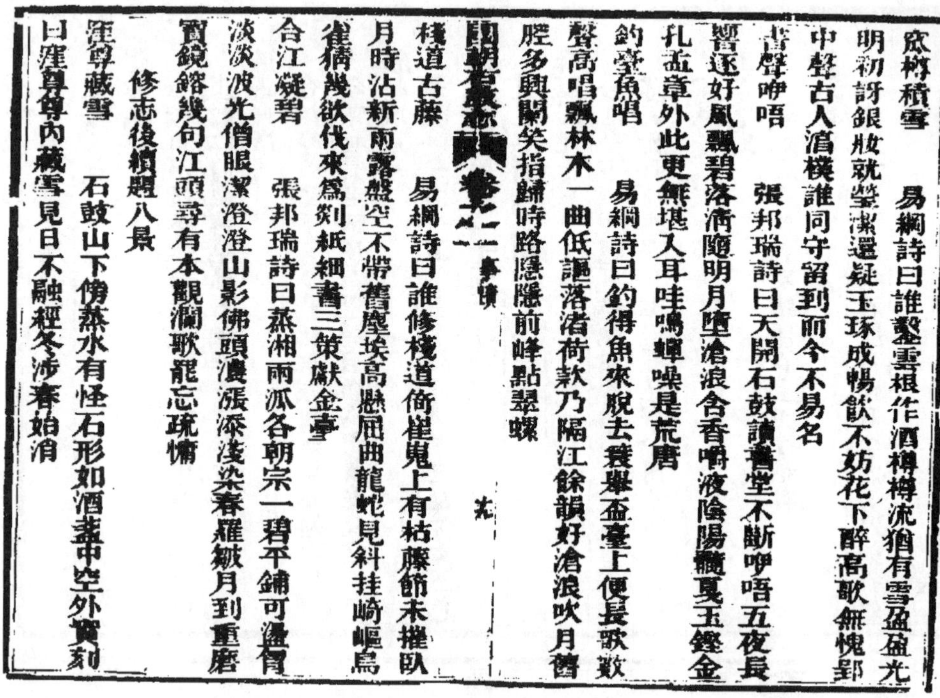
窊樽積雪　易綱詩曰誰鑿雲根作酒樽樽流猶有雪盈盈光
明初訝銀妝就瑩潔還疑玉琢成暢飲不妨花下醉高歌無愧郢
中聲古人澹樸誰同守留到而今不易名
書聲咿唔　張邦瑞詩曰天開石鼓讀書堂不斷咿唔五夜長
響逐好風飄碧落濟隨明月墮滄浪含香嚼液陰陽髓戛玉鏗金
孔孟章外此更無堪入耳哇鳴蟬噪是荒唐
釣臺漁唱　易綱詩曰釣得魚來脫去蓑舉杯臺上便長歌數
聲高唱飄林木一曲低謳落渚荷款乃隔江餘韻好滄浪吹月舊
腔多興闌笑指歸時路隱隱前峰點翠螺

國朝石鼓志　卷之一　事蹟　十九

棧道古藤　易綱詩曰誰修棧道倚崔嵬上有枯藤節未摧臥
月時沾新雨露盤空不帶舊塵埃高懸屈曲龍蛇見斜挂崎嶇鳥
雀猜幾欲伐來爲剡紙細書三策獻金臺
合江凝碧　張邦瑞詩曰蒸湘兩派各朝宗一碧平鋪可盪胷
淡淡波光僧眼潔澄澄山影佛頭濃漲添淺染春羅皺月到重磨
寶鏡鎔幾句江頭尋有本觀瀾歌罷忘疏慵
修志後續題八景
洼尊藏雪　石鼓山下傍蒸水有怪石形如酒盞中空外實刻
曰洼尊尊內藏雪見日不融經冬涉春始消

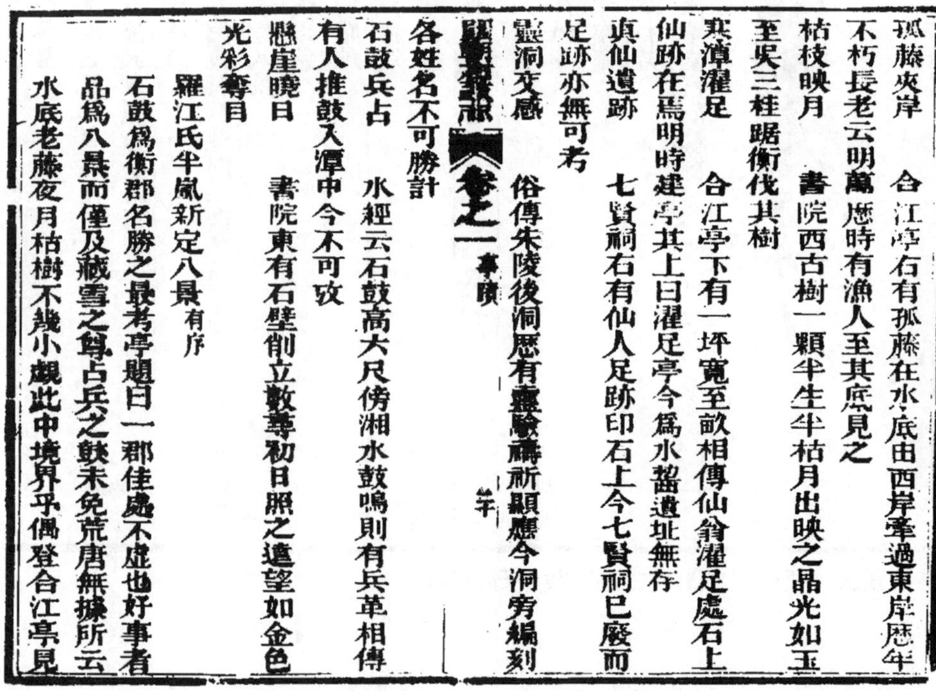
孤藤夾岸　合江亭右有孤藤在水底由西岸牽過東岸歷年
不朽長老云明萬歷時有漁人至其底見之
枯枝映月　書院西古樹一顆半生半枯月出映之晶光如玉
至吳三桂踞衡伐其樹
禹潭濯足　合江亭下有一坪寬至畝相傳仙翁濯足處石上
仙跡在焉明時建亭其上曰濯足亭今爲水齧遺址無存
真仙遺跡　七賢祠石有仙人足跡印石上今七賢祠已廢而
足跡亦無可考
靈洞交感　俗傳朱陵後洞歷有靈驗禱祈顯應今洞旁編刻

國朝石鼓志　卷之一　事蹟　廿

各姓名不可勝計
石鼓兵占　水經云石鼓高大尺傍湘水鼓鳴則有兵革相傳
有人推鼓入潭中今不可攷
懸崖曉日　書院東有石壁削立數尋初日照之遙望如金色
光彩奪目
羅江氏半嵐新定八景有序
石鼓爲衡郡名勝之最考亭題曰一郡佳處不虛也好事者
品爲八景而僅及藏雪之尊占兵之鼓未免荒唐無據所云
水底老藤夜月枯樹不幾小覷此中境界乎偶登合江亭見

圖清代《石鼓书院志》载“石鼓八景”

【石鼓书院新定八景】

各姓名不可勝計

石鼓兵占　水經云石鼓高大尺傍湘水鼓鳴則有兵革相傳有人推鼓入潭中今不可攷

懸崖晚日　書院東有石壁削立數尋初日照之遙望如金色光彩奪目

羅江氏半嵐新定八景有序

石鼓為衡郡名勝之最考亭題曰一郡佳處不虛也好事者品為八景而僅及藏雪之尊占兵之鼓未免荒唐無據所云水底老藤夜月枯樹不幾小覷此中境界乎偶登合江亭見

夫風帆沙鳥竹樹烟雲盪胸豁目因口號八章不計工拙庶使生面別開且為茲山賀也

東巖曉日　巖端曉日近曈曨日射鯨波激水紅更上層樓堪縱目乘潮早渡海門東

開軒待月　曲檻疎櫺四扇開座中有客薄雲來停琴久駐空山裏直待圓光頂上回

塔影淩空　懸崖塔影勢玲瓏萬頃洪流砥柱中會看淩雲題鴈字一枝文筆插天空

湘帆夕照　江郡返照映巉巖極目風烟送客帆林半進分鵶

背色歸來片片夕陽銜

漁歌唱晚　漁人網集掠輕波落照溪邊聽棹歌長笛一聲明月上數枝柔櫓窮江過

長橋煙雨　輕煙漠漠雨瀟瀟一幅江城淡墨描得過昇仙從此去且容騎馬坐題橋

古壁留題　絕壁空青乳竇流攀崖獨自覓真搜苔深印去高人跡刺史猶餘姓字留

仙洞尋幽　花開花落幾春秋石徑陰陰碧蘚幽一自仙尋丹竈後洞門無復見韓休

江氏女名半嵐號梅谷湖北、陽人素擅詩才嫁清泉羅姓閨來居於桑園與石鼓近尋原遊眺故有八景之改衡山翰林聶銑敏採入蓉峯詩話以半嵐所品者為妥存舊題而附改定者於后

齊映瀛州高陽人舉進士貞元二年以舍人同平章事張延賞劾映非宰相器貶夔州刺史徙衡州映在郡標表名勝石鼓有合江亭自映始也

呂溫字和叔一字化光貞元末擢進士第因詰李吉甫陰事失寵

清代《石鼓书院志》载“罗江氏半岚新定八景（有序）”。序曰：“石鼓为衡郡名胜之最，考亭题曰一郡佳处，不虚也。好事者品为八景，而仅及藏雪之尊、占兵之鼓，未免荒唐无据。所云水底老藤、夜月枯树，不几小觑此中境界乎。”新定八景曰：“东岩晓日、开轩待月、塔影凌空、湖帆夕照、渔歌唱晚、长桥烟雨、古壁留题、仙洞寻幽。”

【莲湖八景】

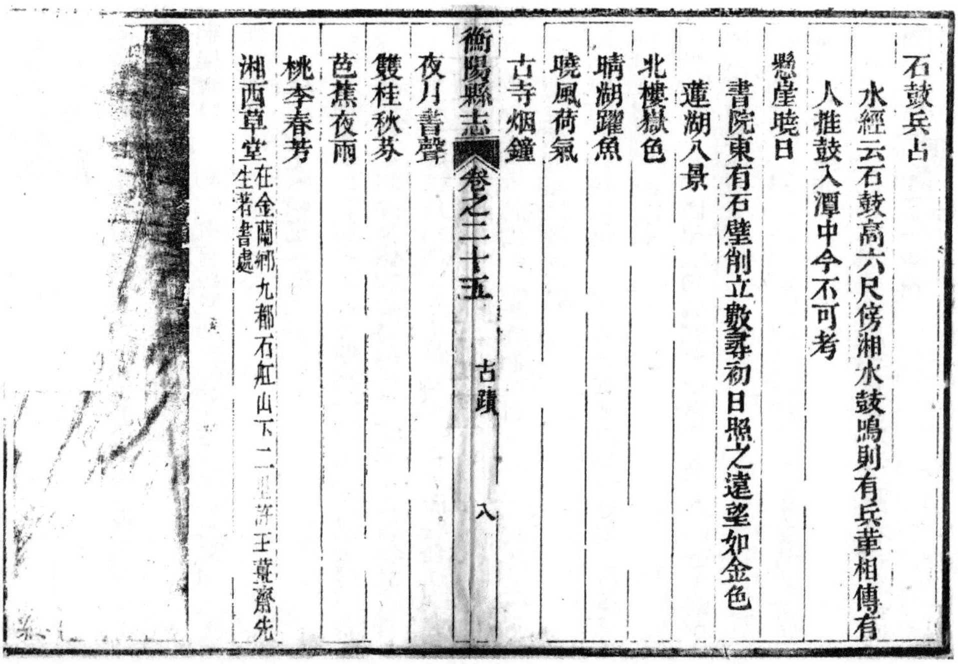

石鼓兵占

水經云石鼓高六尺傍湘水鼓鳴則有兵革相傳有人推鼓入潭中今不可考

懸崖曉日

書院東有石壁削立數尋初日照之遠望如金色

蓮湖八景

北樓嶽色

晴湖躍魚

曉風荷氣

古寺烟鐘

衡陽縣志 卷之二十五 古蹟 八

夜月書聲

雙桂秋芬

芭蕉夜雨

桃李春芳

湘西草堂在金蘭鄉九都石舡山下二里許王薑齋先生著書處

清嘉庆《衡阳县志》“古迹”载“莲湖八景”：北楼岳色、晴湖跃鱼、晓风荷气、古寺烟钟、夜月书声、双桂秋芬、芭蕉夜雨、桃李春芳。

【衡山八景】

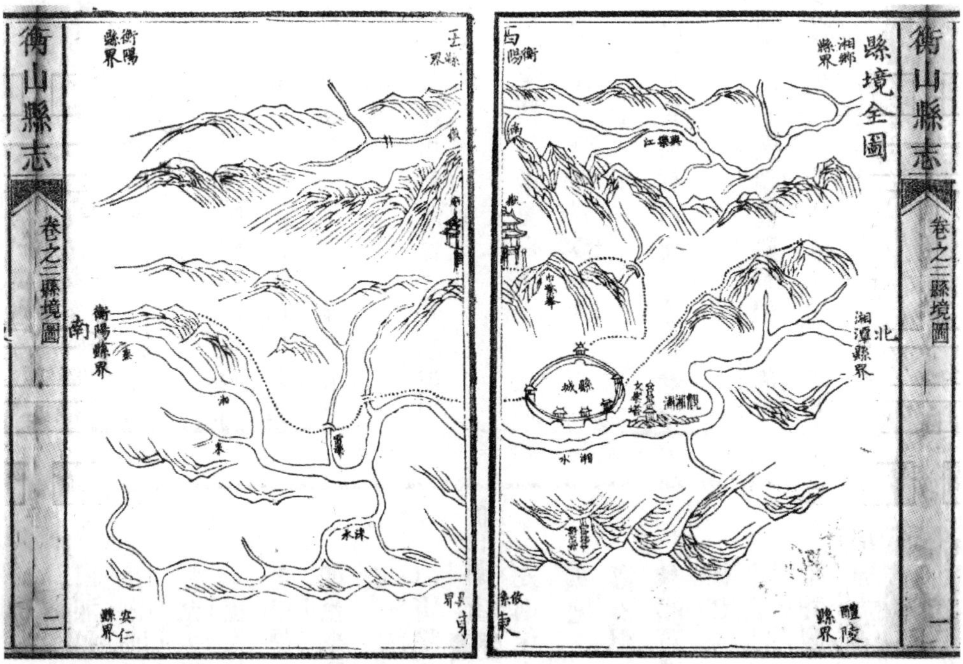

清道光《衡山县志》载“县境全图”

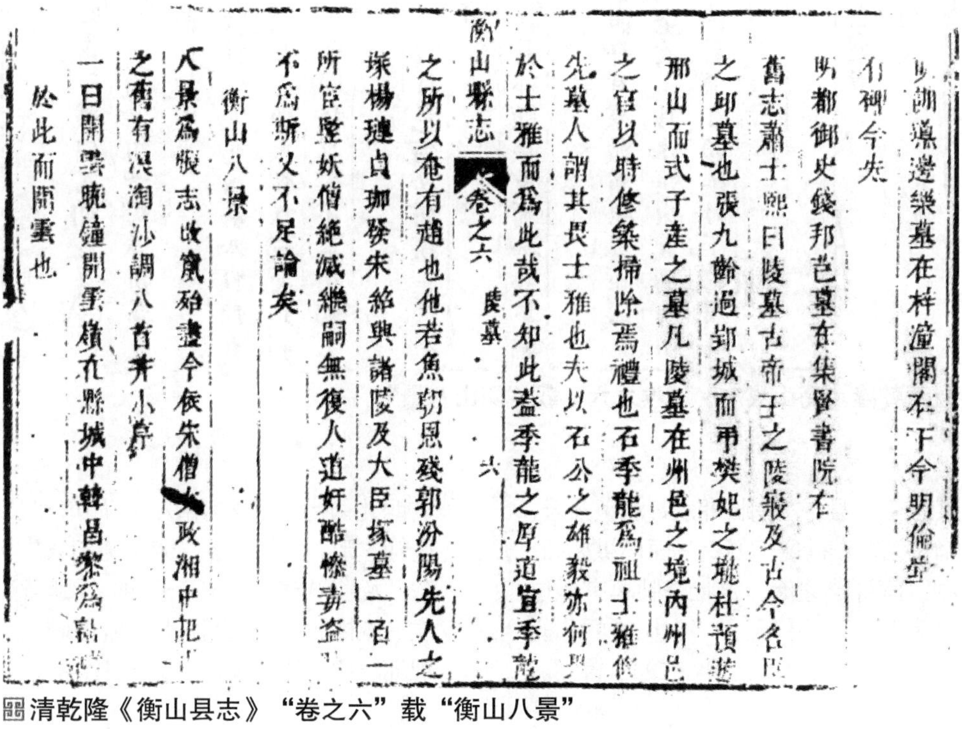

步謝漁灣樂墓在梓潼閣右下今明倫堂

右神今失

明都御史錢邦芑墓在集賢書院右

舊志蕭士熙曰陵墓古帝王之陵寢及古今名臣之邱墓也張九齡過鄴城而弔樊妃之墟杜預遺邢山而式子產之墓凡陵墓在州邑之境內州邑之官以時修築掃除焉禮也石季龍爲祖士雅修先墓人謂其畏士雅也夫以石公之雄毅亦何畏於士雅而爲此哉不知此蓋季龍之厚道宜季龍之所以奄有趙也他若魚朝恩發郭汾陽先人之塚楊璉真珈發宋綿與諸陵及大臣塚墓一百一所宦豎妖僧絕滅繼嗣無復人道奸酷慘毒盗不爲斯又不足論矣

衡山八景

八景爲舊志收載殆盡今依宋僧[illegible]政湘中把之衡有浪淘沙調八首并小序

一日開雲曉鐘開雲嶺在縣城中韓昌黎爲謁於此而開雲也

衡山縣志 卷之六 陵墓 六

清乾隆《衡山县志》“卷之六”载“衡山八景”

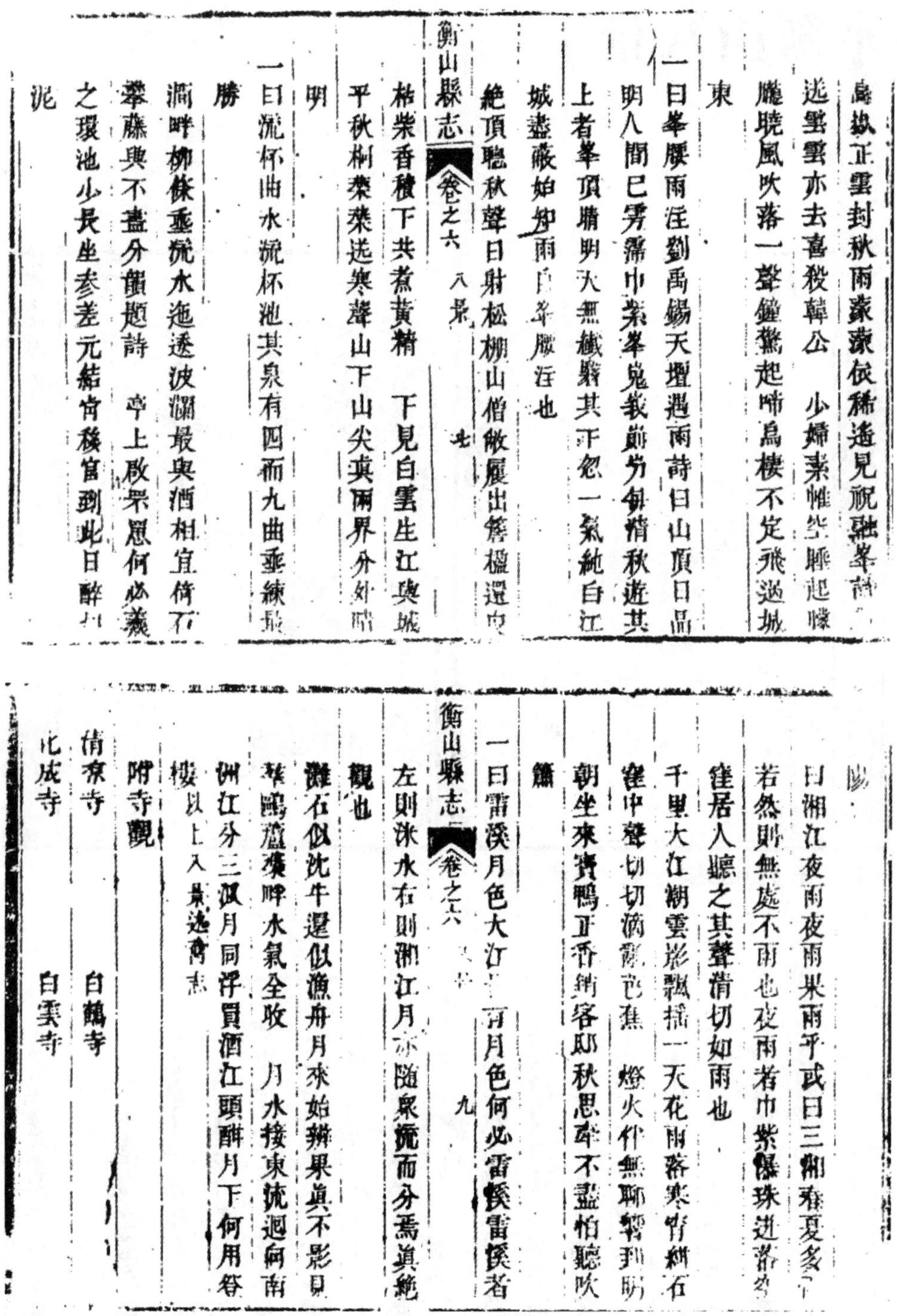

烏擬正雲封秋雨濛濛依稀遙見祝融峯詩
送雲雲亦去喜殺韓公　少婦素帷午睡起朦
朧曉風吹落一聲鐘驚起啼烏棲不定飛過城
東
一曰峯腰雨注劉禹錫天壇遇雨詩曰山頂日晶
明人間已雱霈巾紫峯鬼衮巔岑氣精秋遊其
上者峯頂晴明天無纖翳其下忽一氣純白江
城盡蔽始知雨自峯腰注也
絕頂聽秋聲日射松棚山僧敞屨出簷楹還向
衡山縣志　卷之六　八景　七
柿柴香積下共煮黃精　下見白雲生江與城
平秋桐葉葉送寒聲山下山尖真兩界分外晴
明
一曰流杯曲水流杯池其泉有四而九曲垂練懸
勝
澗畔柳條垂流水迤逶波瀾最與酒相宜倚石
攀藤興不盡分韻題詩　亭上取果思何必羲
之環池少長坐參差元結宵稀宦到此日醉[illegible]
泥

陽
曰湘江夜雨夜雨果雨乎或曰三湘春夏多[illegible]
若然則無處不雨也夜雨者巾紫懷珠迸落如
佳居人聽之其聲清切如雨也
千里大江湖雲影飄搖一天花雨落寒宵樹石
崔中聲切切滴離色蕉　燈火伴無聊雙手[illegible]
朝坐來寶鴨正香銷客邸秋思牽不盡怕聽吹
簫
一曰雷溪月色大江[illegible]月色何必雷溪雷溪者
衡山縣志　卷之六　八景　九
左則洣水右則湘江月亦隨泉流而分焉眞絕
觀也
灘石似沈牛還似漁舟月來始辨果眞不影見
華鷗蘆葉畔水氣全收　月水接東流迴向南
洲江分三派月同浮買酒江頭醉月下何用登
樓以上八景逸齋志
附寺觀
清涼寺　白鶴寺
化成寺　白雲寺

图 清乾隆《衡山县志》“卷之六”载“衡山八景”

衡山县，“南临湘水，北负开云，衡岳诸峰，磅礴蜿蜒，三面环拱如城。湖以南郡县之治，雄壮奇胜莫有能过之者”。欧阳修云：“山川秀丽称衡湘。”晋惠帝永熙元年（290）置县。“西北衡山，是为南岳，山如车盖及衡轭之形，故名。”清光绪《衡山县志》载“衡山八景”：开云晓钟、腰峰雨注、流杯曲水、桐冈归牧、晓霞晴岚、观湘返照、湘江夜雨、雷溪月色。

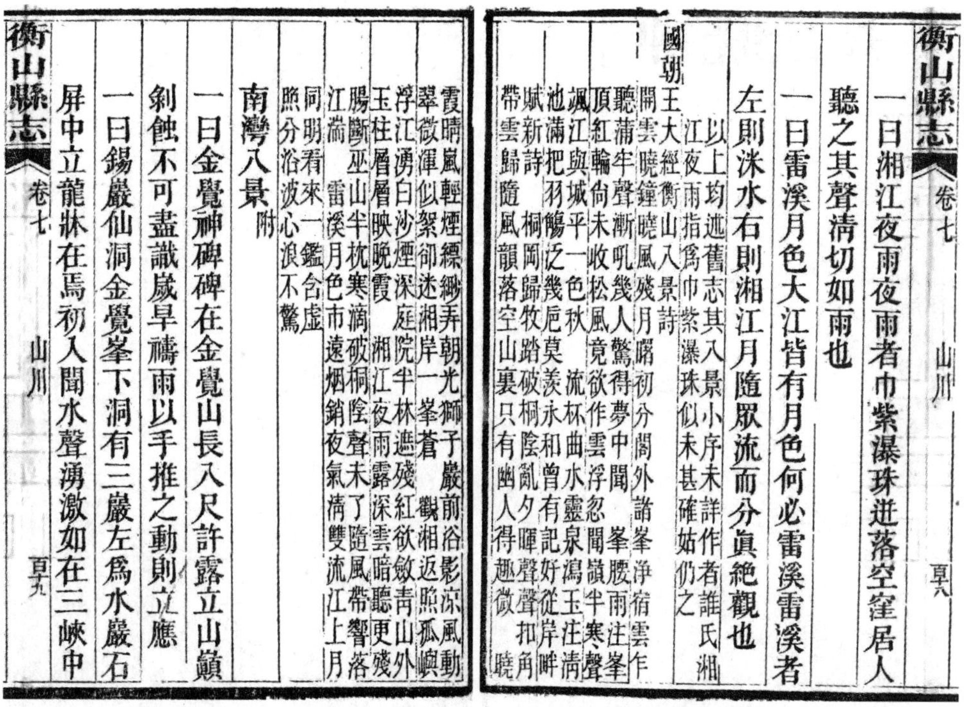

衡山縣志 卷七 山川 百八

一曰湘江夜雨夜雨者巾紫瀑珠迸落空窪居人聽之其聲清切如雨也

一曰雷溪月色大江皆有月色何必雷溪雷溪者左則洣水右則湘江月隨眾流而分眞絶觀也

以上均迯舊志其八景小序未詳作者誰氏湘江夜雨指爲巾紫瀑珠似未甚確姑仍之

國朝王大經衡山八景詩

開雲曉鐘曉風殘月曙初分閶外諸峯淨宿雲作聽蒲牢聲漸吼幾人驚得夢中聞 峯腰雨注峯頂紅輪尙未收松風竟欲作雲浮忽聞嶺半寒聲颯江與城平一色秋 流杯曲水靈泉瀉玉注淸池滿把羽觴泛幾巵莫羨永和曾有記好從岸畔賦新詩 桐岡歸牧踏破桐陰亂夕暉聲聲扣角帶雲歸隨風韻落空山裏只有幽人得趣微 曉霞晴嵐輕煙縹緲弄朝光獅子巖前浴影凉風動翠微渾似絮卻迷湘岸一峯蒼 觀湘返照孤嶼浮江湧白沙煙深庭院半林遮殘紅欲斂靑山外玉柱層層映晚霞 湘江夜雨露深雲暗聽更殘腸斷巫山半枕寒滴破桐陰聲未了隨風帶響落江湍 雷溪月色市遠烟銷夜氣淸雙流江上月同明看來一鑑合虛照分浴波心浪不驚

南灣八景 附

一曰金覺神碑碑在金覺山長八尺許露立山巓剝蝕不可盡識歲旱禱雨以手推之動則立應

一曰錫巖仙洞金覺峯下洞有三巖左爲水巖石屏中立龍牀在焉初入聞水聲湧激如在三峽中

衡山縣志 卷七 山川 百九

圖 清光绪《衡山县志》“卷七・山川”载“王大经《衡山八景诗》”

衡阳卷

[开云晓钟]

清光绪《衡山县志》“卷二·八景图”载“开云晓钟”，“卷七·山川”载“开云晓钟”：开云岭，在县城中，韩昌黎为诗祷于此而开云也。

[腰峰雨注]

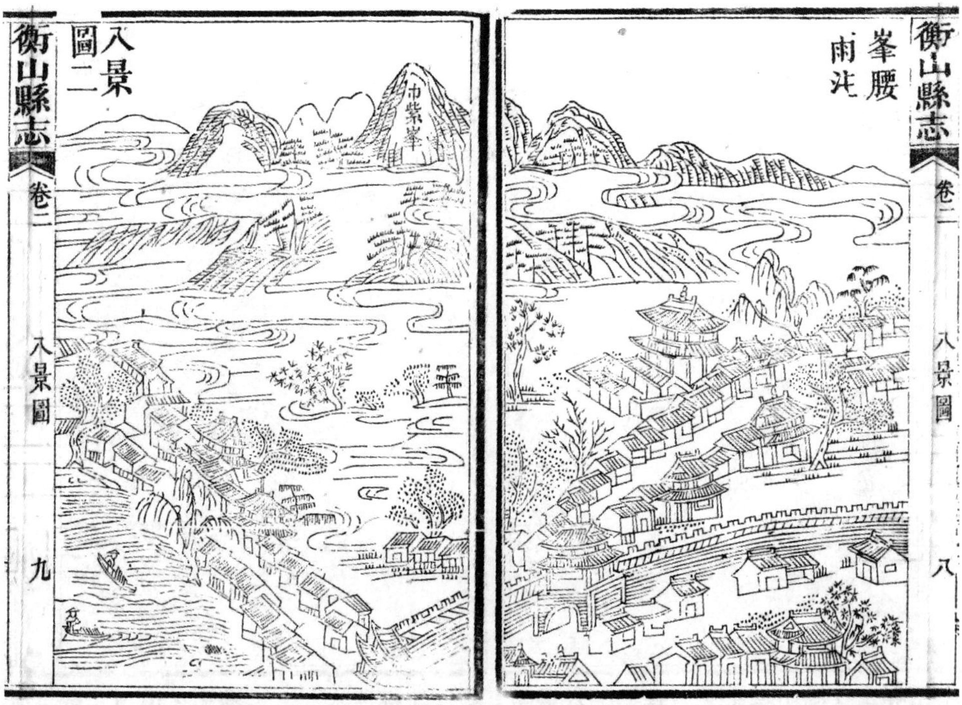

圖 清光绪《衡山县志》“卷二·八景图”载“腰峰雨注”，“卷七·山川”载“腰峰雨注”：刘禹锡天坛遇雨诗曰：山顶日晶明，人间已滂霈。巾紫峰嵬峨崱屴，每清秋，其上见峰顶晴明，天无纤翳，其下忽一气纯白，江城尽蔽，始知雨自峰腰注也。

[流杯曲水]

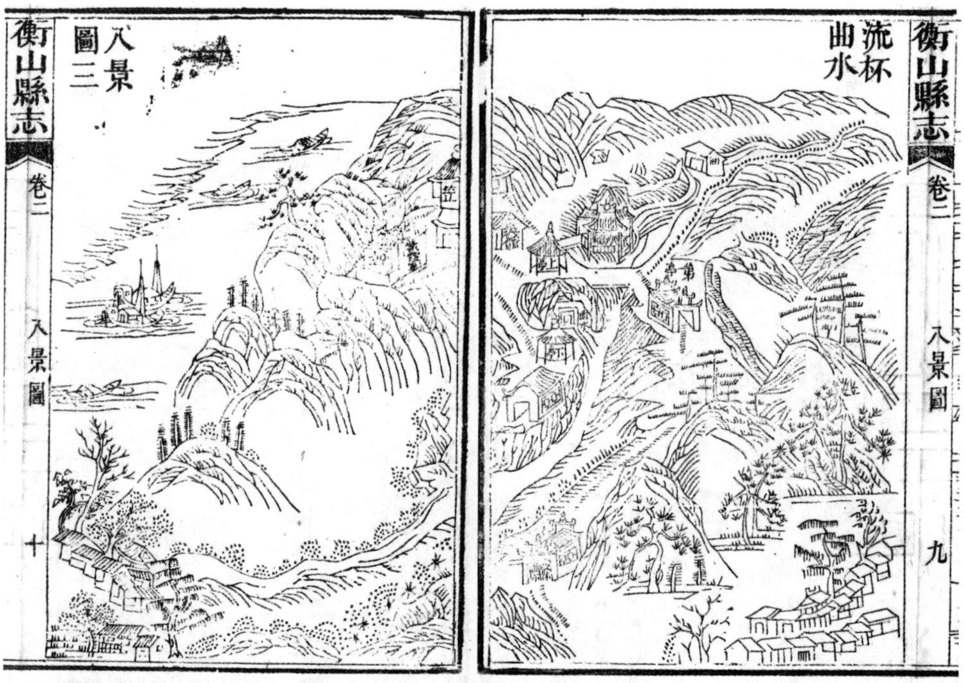

清光绪《衡山县志》“卷二·八景图”载“流杯曲水”，“卷七·山川”载“流杯曲水”：流杯池，其泉有四而九曲垂练最胜。

[桐冈归牧]

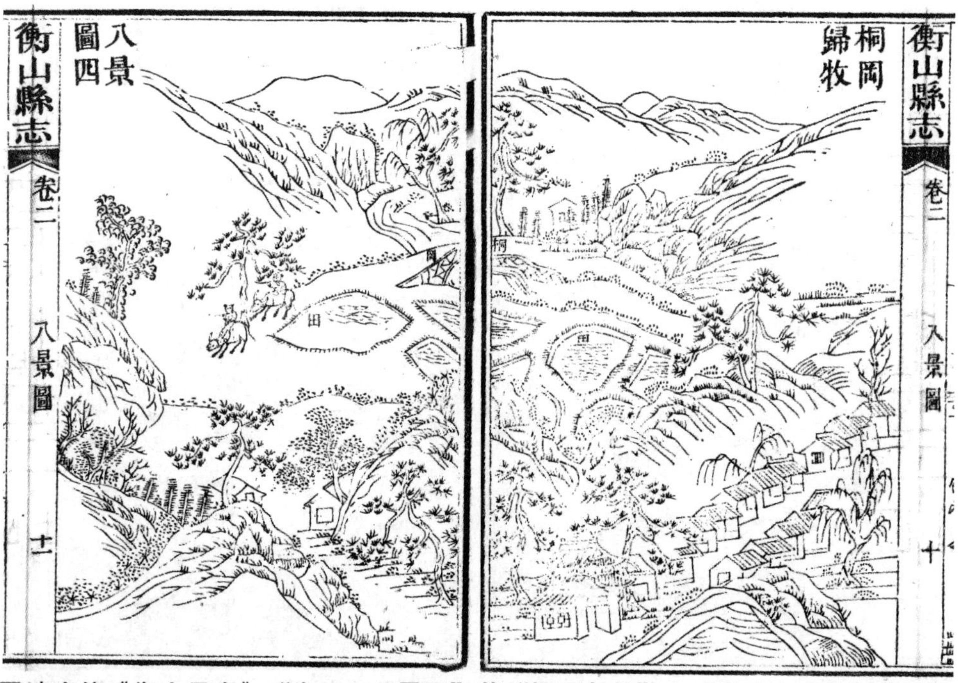

清光绪《衡山县志》“卷二·八景图”载“桐冈归牧”，“卷七·山川”载“桐冈归牧”：桐冈，即岳路桐木冈也，松声清瑟，牧子歌来，冈头响答，悠然如游尘外。

[晓霞晴岚]

囧清光绪《衡山县志》“卷二·八景图”载“晓霞晴岚”，“卷七·山川”载“晓霞晴岚”：诸山晴岚时有之，而晓霞独异。夏秋之交，轻霞方落，白练横披。倪云林未易着笔。

[观湘返照]

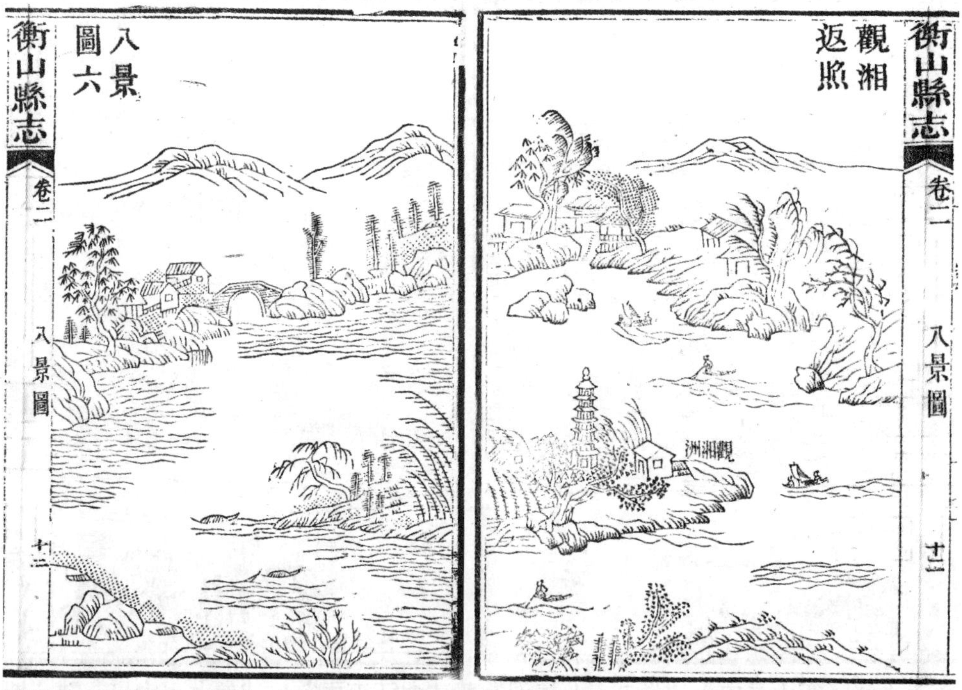

清光绪《衡山县志》“卷二·八景图”载“观湘返照”，“卷七·山川”载“观湘返照”：即观湘洲也。澄江日夕，贾舶帆悬，鸥浴平沙，金光万状。

［湘江夜雨］

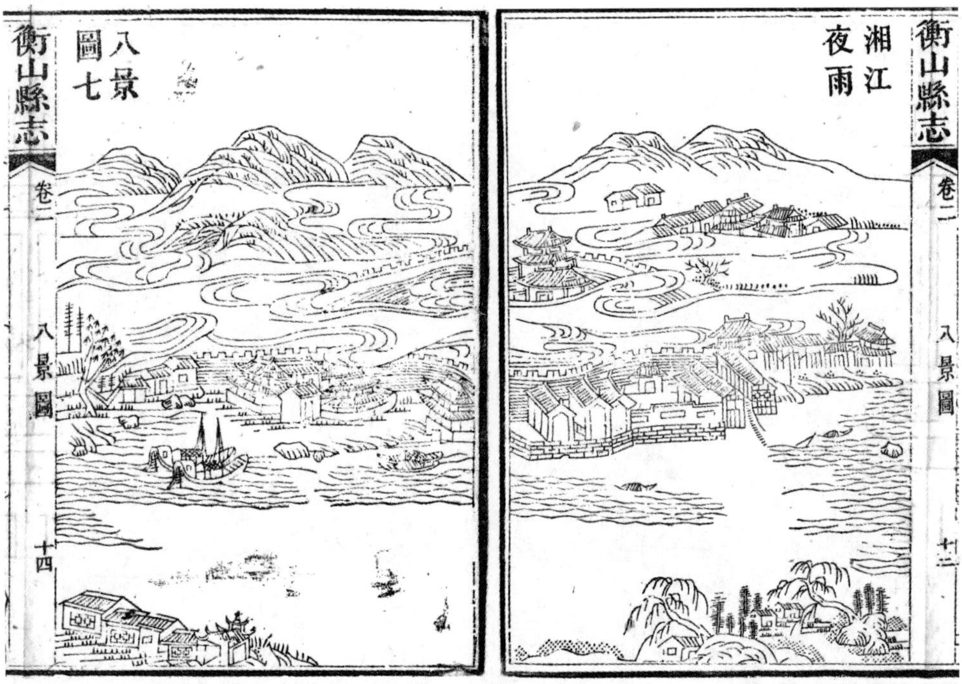

清光绪《衡山县志》“卷二·八景图”载“湘江夜雨”，“卷七·山川”载“湘江夜雨”：夜雨者，巾紫瀑珠迸落空洼，居人听之，其声清切如雨也。

[雷溪月色]

圖 清光绪《衡山县志》“卷二·八景图”载“雷溪月色”，“卷七·山川”载“雷溪月色”：大江皆有月色，何必雷溪。雷溪者，左则涞水，右则湘江，月随众流而分真，绝观也。

【衡山十景】

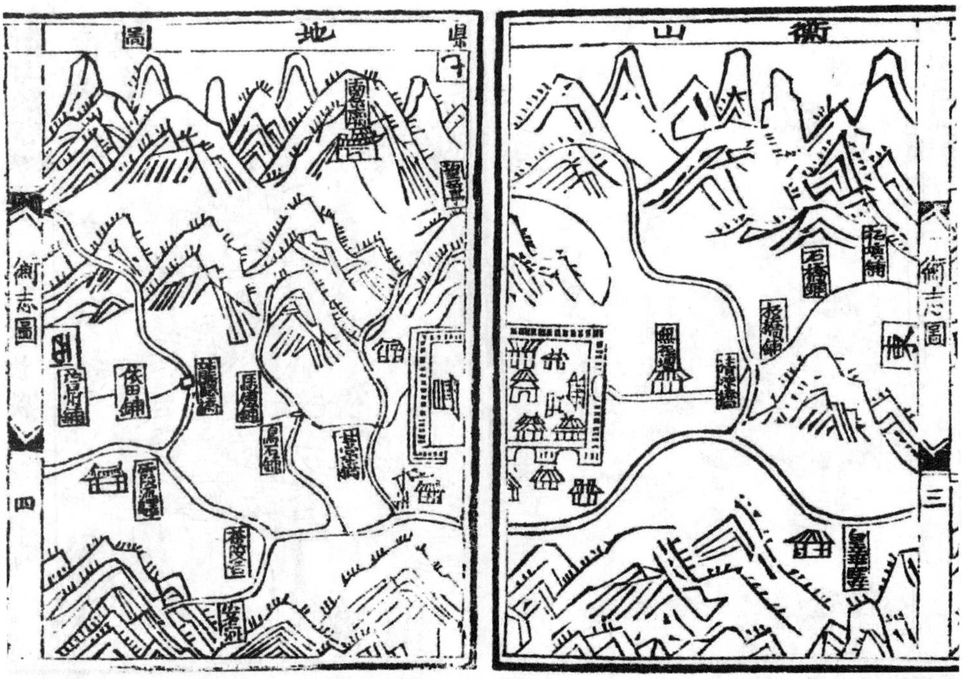

明嘉靖《衡州府志》载“衡山县地图”

明弘治《衡山县志》载“衡山十景”：开云晓钟、雷家夜月、芙蓉飞瀑、绝顶寒松、岳路樵歌、桐冈牧笛、觞流曲水、帆泊观湘、舜洞晴云、禹碑古篆。

明代王肇《衡山十景》

开云晓钟

层楼高出曙光分，楼外疏钟隐隐闻。岂贵吼声能送晓，须知华扁重开云。士民聋瞶咸知警，庐井耕营并起勤。百八敲残惊梦觉，令人欹枕忆韩文。

雷家夜月

埠头人散寂无哗，夜气沉沉助月华。玉兔分明澄海底，银盘端正挂天涯。波光浩荡迎归舫，柳色依稀见暮鸦。几处砧声眠不得，何堪驿使又催笳。

芙蓉飞瀑

奇峰叠嶂耸芙蓉，一派香泉下碧空。坐听响声如怒虎，遥看瀑布似飞龙。朝宗沧海宁无意，润泽农田最有功。好景天留供胜赏，不劳写入画图中。

绝顶寒松

不随桧柏老林丘，占断高峰最上头。老鹤巢云经几世，苍龙凌汉阅千秋。节坚饱历冰霜苦，材大难为匠石求。六月祝融严号令，几多冠盖此淹留。

岳路樵歌

迢迢岳路最平夷，日听樵歌满路歧。一曲悠扬朝去早，数声倡和暮归迟。和平腔调偏娱我，凄绝风情似怨谁。个里岂无贤达士，丁宁俗眼莫相欺。

桐冈牧笛

芊芊芳草遍桐冈，牧笛纷纷噪夕阳。杨柳怨残如有限，梅花落尽不闻香。牛羊惯听无惊骇，商旅初闻动感伤。莫道抑扬惟信手，有时一曲协宫商。

觞流曲水

凿石为池九曲萦，清时来此寄闲情。山阴自昔曾修禊，衡岳于今亦擅名。水面浮觞催客饮，石边击节报诗成。笑谈喜合词林彦，不用弦歌耳畔鸣。

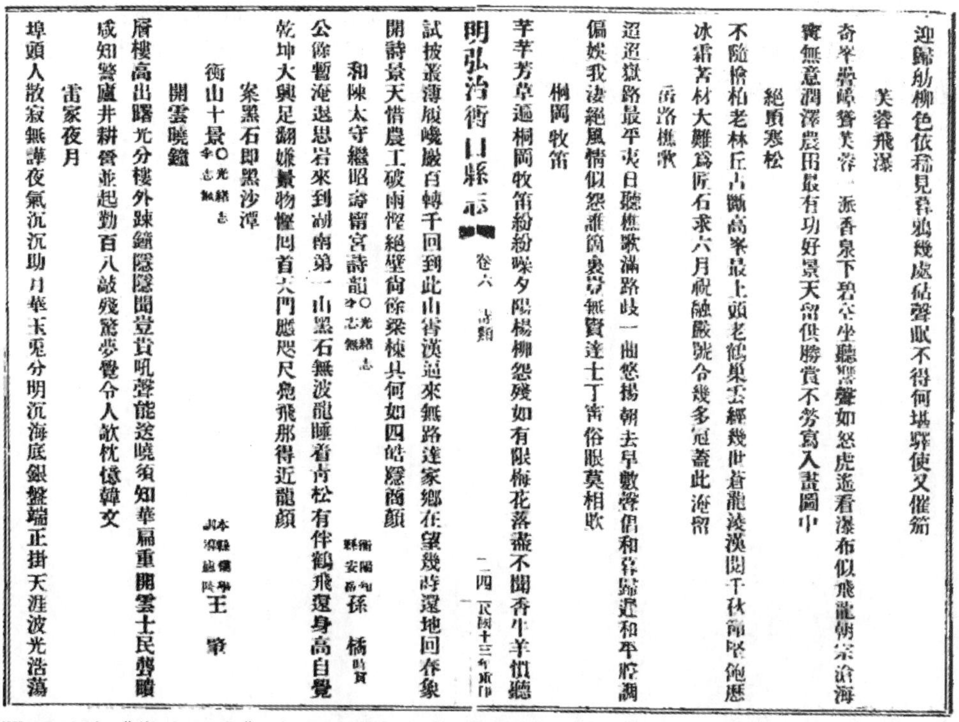

迎歸舫柳色依稀見暮鴉幾處砧聲眠不得何堪驛使又催笳

芙蓉飛瀑

奇峯疊嶂聳芙蓉一派香泉下碧空坐聽響聲如怒虎遥看瀑布似飛龍朝宗滄海寧無意潤澤農田最有功好景天留供勝賞不勞寫入畫圖中

絕頂寒松

不隨檜柏老林丘占斷高峯最上頭老鶴巢雲經幾世蒼龍淩漢閲千秋霜堅飽歷冰霜苦材大難爲匠石求六月祝融巖號令幾多冠蓋此淹留

岳路樵歌

迢迢嶽路最平夷日聽樵歌滿路歧一曲悠揚朝去早數聲倡和暮歸遲和平腔調偏娛我淒絕風情似怨誰簡褭芻蕘無實達士丁寧俗眼莫相欺

桐岡牧笛

芊芊芳草遍桐岡牧笛紛紛噪夕陽楊柳怨殘如有恨梅花落盡不關香牛羊慣聽

明弘治衡山縣志 卷六 詩類 二四 民國十三年重印

試披叢薄履巉巖百轉千回到此山昏漢逼來無路達家鄉在望幾時還地回春象開詩景天惜農工破雨慳絕壁尙餘梁棟具何如四皓隱商顏

和陳太守繼昭蒋留宮詩韻（光緒志無） 衡陽知縣安福孫橘

公餘暫淹退思岩來到湖南第一山累石無波龍睡着青松有伴鶴飛還身高自覺乾坤大興足翻嫌景物慳回首六門咫尺飛那得近龍顏

案累石即累沙潭

衡山十景（光緒志無） 本縣儒學訓導廬陵王寧

開雲曉鐘

層樓高出曙光分樓外疎鐘隱隱聞豈貫吼聲能送曉須知華扁重開雲士民聾聵咸知警廬井耕耘並起勤百八敲殘驚夢覺令人欹枕憶韓文

雷家夜月

埠頭人散寂無譁夜氣沉沉助月華玉兔分明沉海底銀盤端正掛天涯波光浩蕩

明弘治《衡山县志》（民国重印）载“衡山十景”

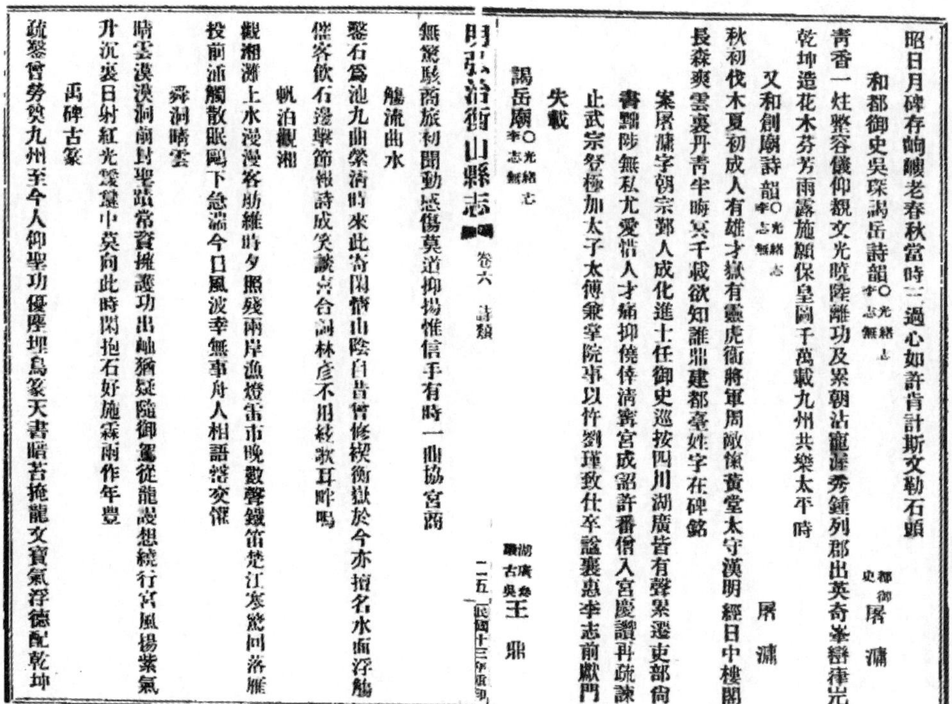

昭日月碑存岣嶁老春秋當時三過心如許肯計斯文勒石頭

和都御史吳琛謁岳詩韻（光緒志無） 都御史屠滽

青香一炷整容儀仰覩文光曉陸離功及累朝沾寵渥秀鍾列郡出英奇峯巒律屺乾坤造花木芬芳雨露施願保皇圖千萬載九州共樂太平時

又和創廟詩韻（光緒志無） 屠滽

秋初伐木夏初成人有雄才獄有靈虎衛將軍周敞幌黃堂太守漢明經日中樓閣長森爽雲裏丹青半晦冥千載欲知誰鼎建都臺姓字在碑銘

案屠滽字朝宗鄞人成化進士任御史巡按四川湖廣皆有聲累遷吏部尙書黜陟無私尤愛惜人才痛抑僥倖清寧宮成詔許番僧入宮慶讚再疏諫止武宗登極加太子太傅兼掌院事以忤劉瑾致仕卒諡襄惠李志前獻門失載

謁岳廟（光緒志無） 湖廣參議古吳王鼎

明弘治衡山縣志 卷六 詩類 二五 民國十三年重印

無窮感商旅初聞動感傷莫道抑揚惟信手有時一曲協宮商

觴流曲水

鑿石爲池九曲縈淸時來此寄閑情山陰自昔曾修禊衡嶽於今亦擅名水面浮觴催客飲石邊擊節報詩成笑談喜合詞林彦不用絃歌耳畔鳴

帆泊觀湘

觀湘灘上水漫漫客舫維時夕照殘兩岸漁燈雷市晚數聲鐵笛楚江寒驚回落雁投前浦觸散眠鷗下急湍今日風波幸無事舟人相語話交懽

舜洞晴雲

晴雲漠漠洞前封聖蹟常資擁護功出岫猶疑隨御駕從龍渾想繞行宮風揚紫氣升沉裏日射紅光變態中莫向此時閑抱石好施霖雨作年豐

禹碑古篆

疏鑿曾勞奠九州至今人仰聖功優摩挲鳥篆天書暗若掩龍文寶氣浮德配乾坤

明弘治《衡山县志》（民国重印）载“衡山十景”

帆泊观湘

观湘滩上水漫漫，客舫维时夕照残。两岸渔灯雷市晚，数声铁笛楚江寒。惊回落雁投前浦，触散眠鸥下急湍。今日风波幸无事，舟人相语罄交欢。

舜洞晴云

晴云漠漠洞前封，圣迹常资拥护功。出岫犹疑随御驾，从龙谩想绕行宫。风扬紫气升沉里，日射红光叆叇中。莫向此时闲抱石，好施霖雨作年丰。

禹碑古篆

疏凿曾劳奠九州，至今人仰圣功优。尘埋鸟篆天书暗，苔掩龙文宝气浮。德配乾坤昭日月，碑存岣嵝老春秋。当时三过心如许，肯计斯文勒石头。

【灵山八景】

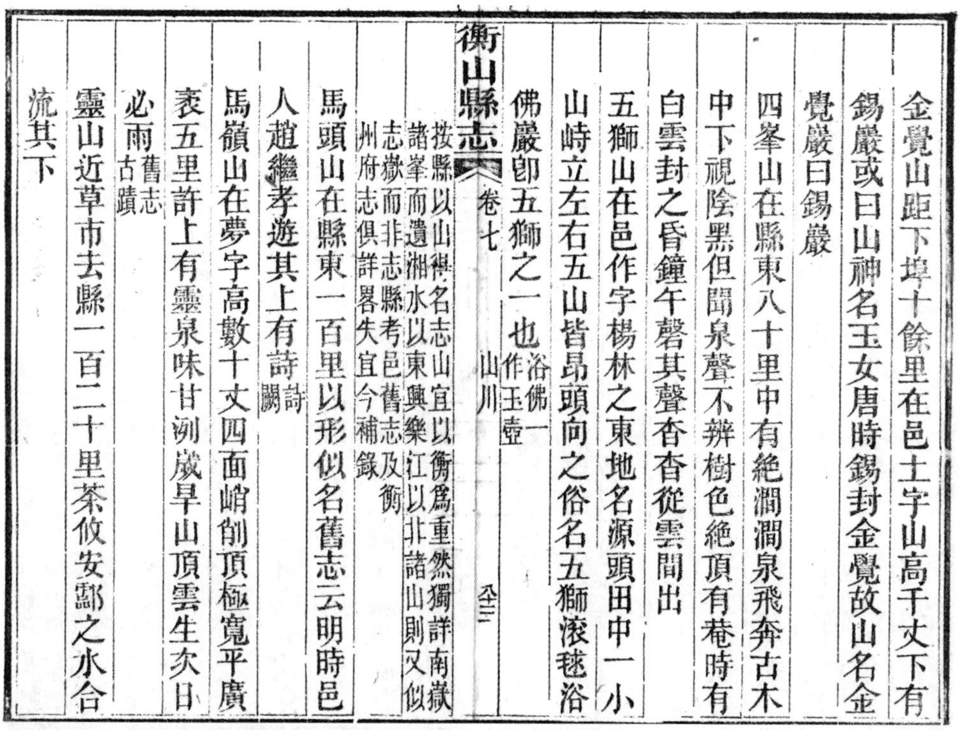
金覺山距下埠十餘里在邑土宇山高千丈下有錫巖或曰山神名玉女唐時錫封金覺故山名金覺巖曰錫巖

四峯山在縣東八十里中有絶澗澗泉飛奔古木中下視陰黑但聞泉聲不辨樹色絶頂有菴時有白雲封之昏鐘午磬其聲杳杳從雲間出

五獅山在邑作字楊林之東地名源頭田中一小山峙立左右五山皆昂頭向之俗名五獅滾毬浴佛巖卽五獅之一也（浴佛一作玉壺）

衡山縣志 卷七 山川

（按縣以山得名志山宜以衡爲重然獨詳南嶽諸峯而遺湘水以東與樂江以北諸山則又似志嶽而非志縣考邑舊志及衡州府志俱詳畧失宜今補錄）

馬頭山在縣東一百里以形似名舊志云明時邑人趙繼孝遊其上有詩（詩闕）

馬嶺山在夢字高數十丈四面峭削頂極寬平廣袤五里許上有靈泉味甘洌歲旱山頂雲生次日必雨（舊志古蹟）

靈山近草市去縣一百二十里茶攸安鄢之水合流其下

▣清光绪《衡山县志》载“灵山”

灵山，位于衡东县草市镇。草市镇地处衡东县东南，东与攸县接壤，南与安仁毗邻，洣水、永乐江在此交汇，属洣水流域重镇。明清两代曾设巡检司，以巡检司和练兵的草坪而名草司，清咸丰三年（1853）更名为草市。

据《灵山志》载，秦代原名麟山，以“山如麟”得名。至汉三侯（绍德侯、衍德侯、协德侯均为中山靖王胄）为“免五季乱，奉母偕隐于此”“兄弟坐石成真”“邦人立庙以祀，祈无不应”，遂易名灵山。灵山山顶建有古寺庙，始建于后唐同光年间，千余年来，几毁几建，香火经久不衰，清光绪中，宏兴庙貌。四周古木如盖，遮天蔽地。鸟瞰洣水如画，南眺群山叠翠。山有灵泉，清澈见底，旱年不涸。山有楠树，“传为三侯奉母命所种”。

双流漾月、峭壁回澜、云根仙座、水际石枰、神植楠荫、前洲橘色、滴响神泉、山市炊烟，誉为“灵山八景”。

明代张治《草市灵山庙》

登临犹不倦，依杖更山扉。旧壁龙蛇落，空堂蝙蝠飞。云香流别涧，树影动深矶。便欲招山侣，青衣振羽衣。

清代刘诏升《草市灵山》

市临江浒渡头喧，峭壁高悬古庙存。客舍酒楼连画阁，一湾回抱俨孤村。

【南湾八景】

霞晴嵐輕煙縹緲弄朝光獅子巖前浴影凉風動翠微渾似絮卻迷湘岸一峯蒼 觀湘返照孤嶼浮江湧白沙煙深庭院半林遮殘紅欲斂青山外玉柱層層映晚霞 湘江夜雨露深雲暗聽更殘腸斷巫山半枕寒滴破桐陰聲未了隨風帶響落江淌 雷溪月色市遠烟銷夜氣清雙流江上月同明看來一鑑含虛照分浴波心浪不驚

南灣八景附

一曰金覺神碑碑在金覺山長八尺許露立山巔剝蝕不可盡識歲旱禱雨以手推之動則立應

一曰錫巖仙洞金覺峯下洞有三巖左爲水巖石屏中立龍牀在焉初入聞水聲湧激如在三峽中入中巖洞天三重冬月甚温遊者解衣秉炬而入及至碧泉潭邊寂然也右爲風巖陰風怒號不可徹晝夜莫窮其底

一曰雙流拱璧南灣溪中有小洲名璧洲世傳唐處士結廬於此雙流者一水自錫巖一水自泉陂清瑩秀徹環洲而流如拱翊焉又云雙流夾鏡

一曰五馬騰雲黑威嶺右五馬峯昔有黑眞人者學道龍虎山一日自吳歸長驅五馬至此不見故名又云五馬繞雲

一曰雷坡曉霞坡間有石闊五尺許長數十丈

一曰虎邱夕照俗名虎巖舊傳有神虎從洞出蹲踞山前數日不知所之

一曰寒塘秋月秋月橫空水天一色寒潭寫影不是過也

一曰麻姑醴泉麻姑井名深不盈尺廣不及丈泉甚甘夏飲可解熱毒

國朝熊方受南灣八景詩

金覺神碑神碑突立半崖中片石居然潤物功不敢等閒披蘚讀風雷常恐化金龍 錫巖仙洞遮莫神僧卓錫巖巖間古洞隱松杉問津應有漁人到款乃聲中挂席帆 雙流夾鏡昨歲看山到宛陵雙流夾鏡正秋澄拈毫更寫南洲勝清景還疑夢見曾 五馬繞雲繡若散作五花紋蹀躞如空冀北羣不向風塵受羈靮揭來嶺上踏寒雲 雷坡曉霞盤龍寺右傲雷坡霞散晴空五色多應是當年流電火至今餘彩照巖阿 虎邱夕照風吹夕照墮長林一片荒邱虎蹟侵卻憶蘇臺間弔古茫茫霸業已銷沉 寒塘秋月澄潭百尺向人清小立堤邊趁晚晴莫訝夜深寒徹骨一輪皓月最空明 麻姑醴泉曾說麻姑倩影妍滿奩秋水淨涓涓蓬萊幾度看清淺萬古長流祗此泉 高軒虎邱夕照詩鴉翻幾點秋容澹葉醉千山夕照酣添箇生公講臺石湘西風景似江南 曹家玉虎邱夕照詩亂石平鋪氣象遒洞門慣鎖古今愁殘紅半落青山外牧豎魂飛是虎邱 羅祖珠錫巖仙洞詩萬樹松杉古洞幽洞門深邃碧泉流是非不惹漁人論無數仙蹤在盡頭

羅廷彥南灣八景詩

圖 清光绪《衡山县志》载“南湾八景”：金觉神碑、锡岩仙洞、双流拱璧、五马腾云、雷坡晓霞、虎邱夕照、寒塘秋月、麻姑醴泉。

【耒阳十景】

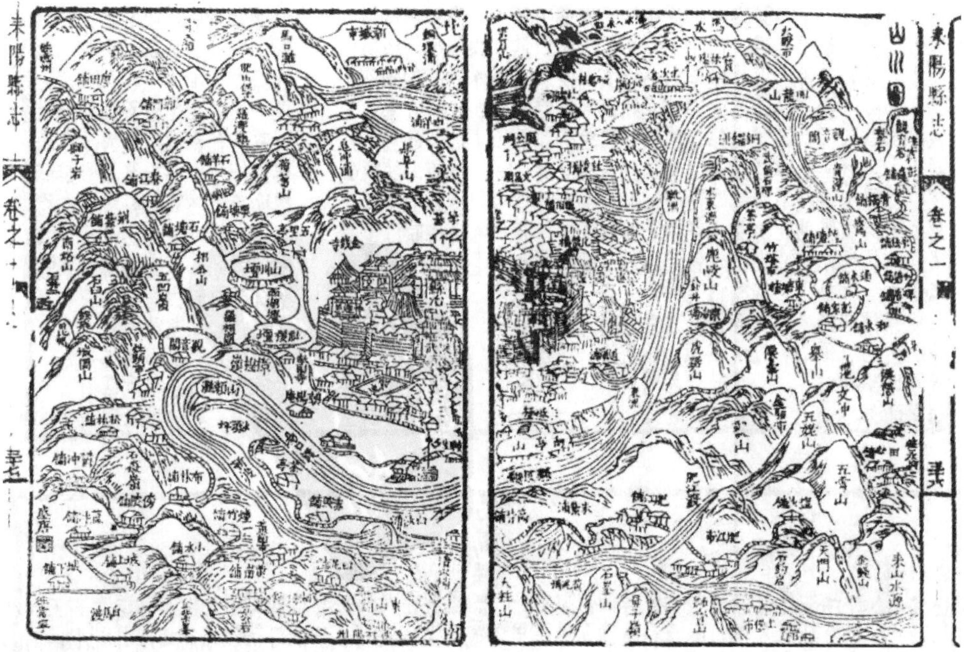

清康熙《耒阳县志》载“山水图”

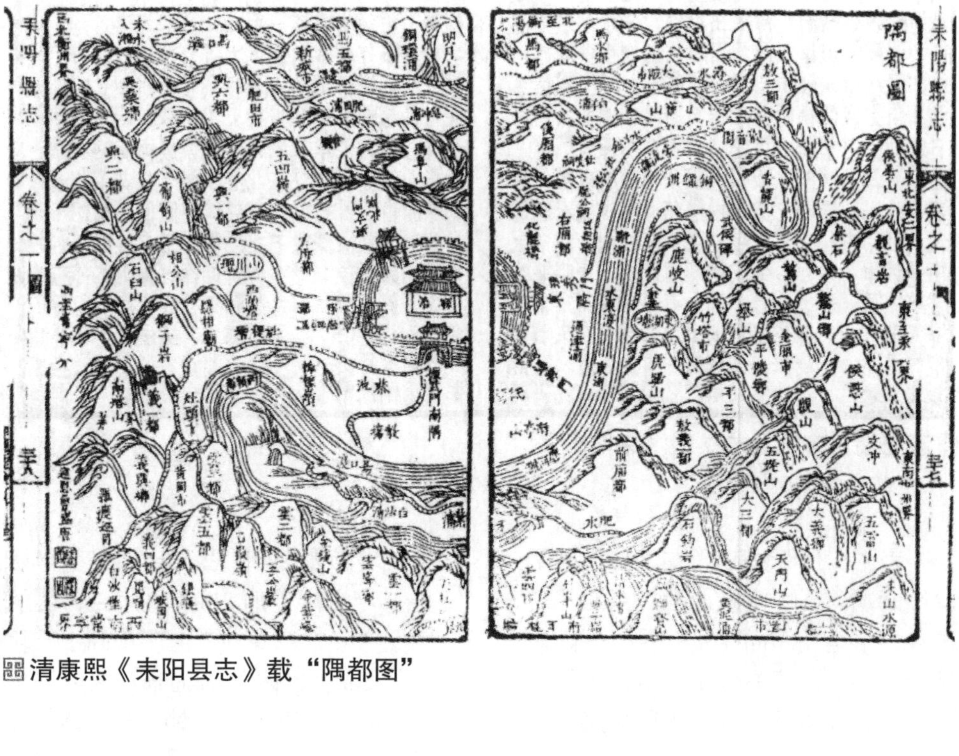

清康熙《耒阳县志》载“隅都图”

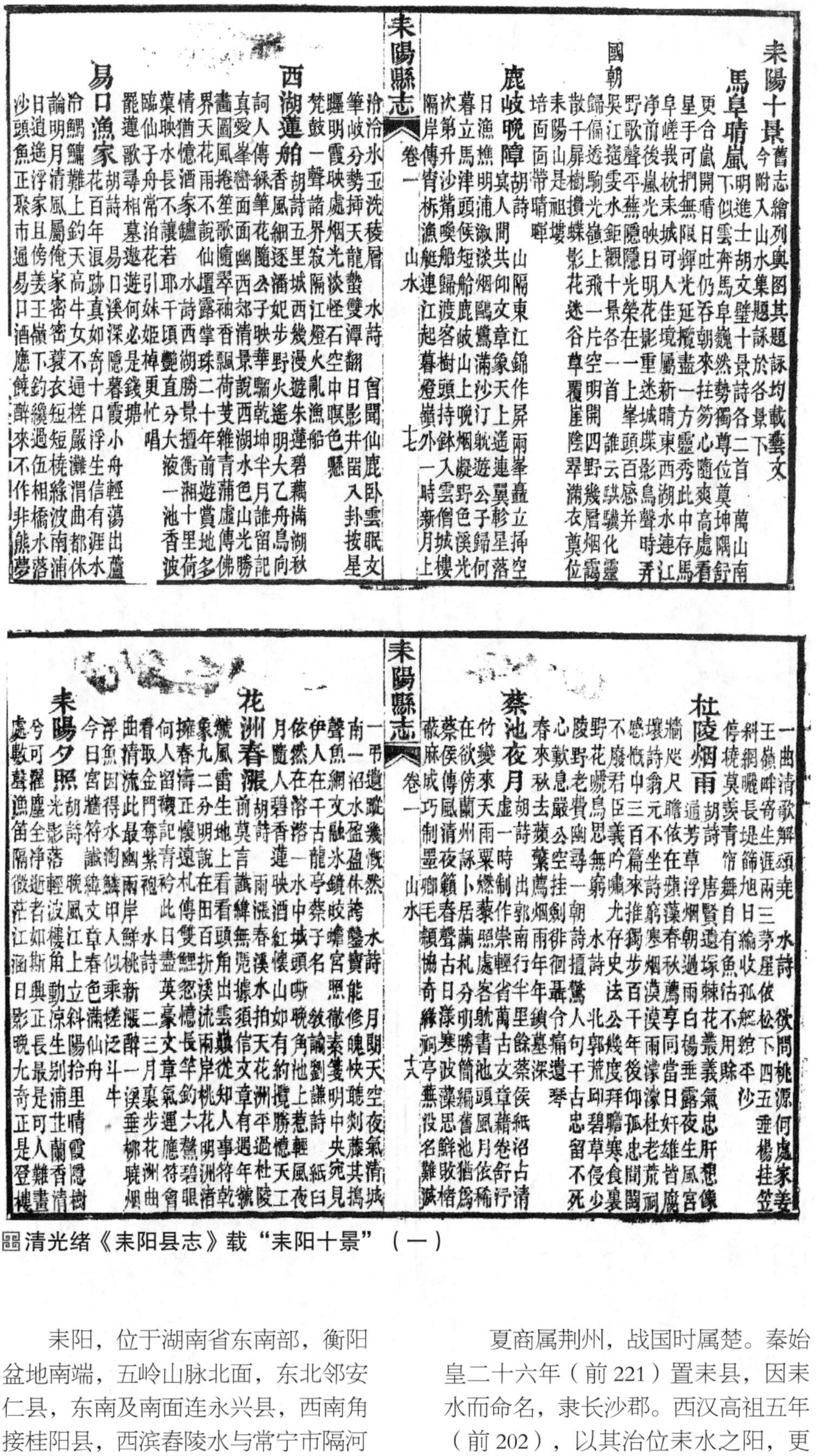

图 清光绪《耒阳县志》载“耒阳十景”（一）

耒阳，位于湖南省东南部，衡阳盆地南端，五岭山脉北面，东北邻安仁县，东南及南面连永兴县，西南角接桂阳县，西滨舂陵水与常宁市隔河相望，北界衡南县。这里历史悠久，人文灿烂，素有“荆楚名区”“三湘古邑”的美誉。

夏商属荆州，战国时属楚。秦始皇二十六年（前 221）置耒县，因耒水而命名，隶长沙郡。西汉高祖五年（前 202），以其治位耒水之阳，更名耒阳县，隶属桂阳郡。王莽新朝天凤元年（14），改耒阳县为南平亭，隶南平郡（桂阳郡改）。东汉建武年

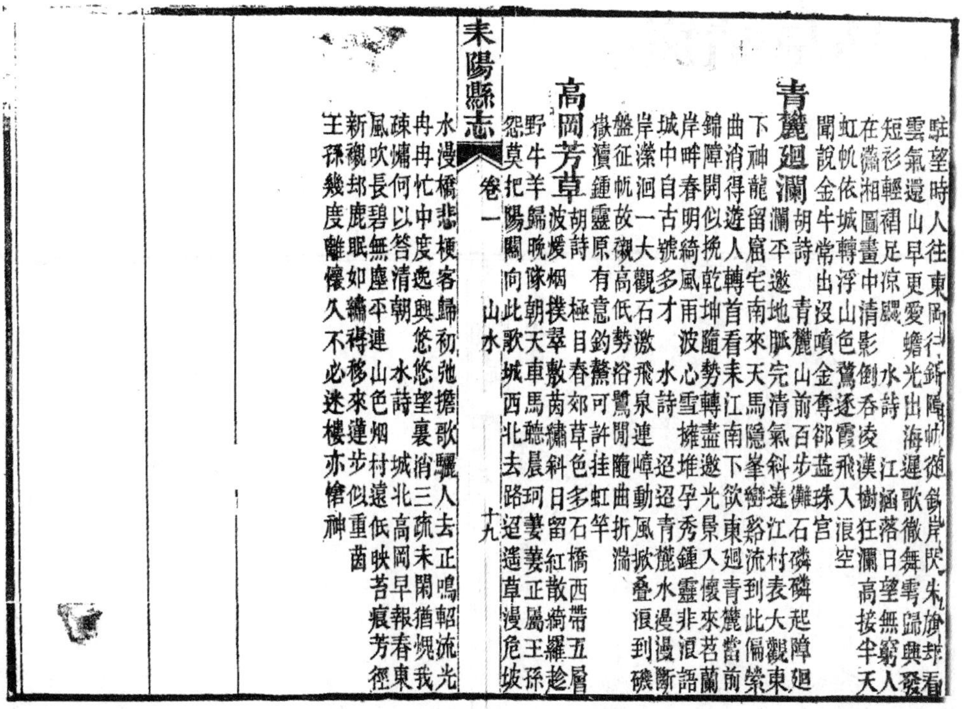

駐望時人往東岡行新隅圻遊釣岸民朱旋封看
雲氣還山早更愛蟾光出海遲歌徹舞雩歸興發
短衫輕裙足涼颸 水詩 江涵落日望無窮人
在瀟湘圖畫中清影倒吞凌漢樹狂瀾高接半天
虹帆依城轉浮山色鷺逐霞飛入浪空
聞說金牛常出沒噴金奪郤藍珠宮

青麓迴瀾

胡詩 青麓山前百步灘石磯磷起障迴
瀾平邀地脈完清氣斜遶江村表大觀東
下神龍留窟宅南來天馬隱峯巒谿流到此偏縈
曲消得遊人轉首看未江南下欲東迴青麓當前
錦障開似挽乾坤隨勢轉盡邀光景入懷來若蘭
岸畔春明綺風雨波心雪擁堆孕秀鍾靈非浪語
城中自古號多才 水詩 迢迢青麓水漫漫斷
岸瀠洄一大觀石激飛泉連嶂動風掀疊浪到磯
盤征帆故襯高低勢浴鷺閒隨曲折湍
嶽瀆鍾靈原有意釣鰲可許挂虹竿

高岡芳草

胡詩 極目春郊草色多石橋西帶五層
波煖烟樸翠敷茵繡斜日留紅散犄羅趁
野牛羊歸晚傺朝天車馬聽晨珂萋萋正屬王孫
怨莫把陽關向此歌城西北去路迢遶草漫危坡

耒陽縣志 卷一 山水 十九

水漫橋悲梗客歸初弛擔歌驪人去正鳴軺流光
冉冉忙中度逸興悠悠望裏消三疏未閒猶愧我
疏慵何以答清朝 水詩 城北高岡早報春東
風吹長碧無塵平連山色烟村遠低映苔痕芳徑
新襯郄鹿眠如繡褥移來韉步似重茵
王孫幾度離懷久不必迷樓亦愴神

圖清光绪《耒阳县志》载“耒阳十景”（二）

间，废南平亭，复耒阳为县，隶桂阳郡，属荆州刺史部。东汉献帝建安十三年（208），刘豫州据荆州，取桂阳，耒隶之。蜀汉隶桂阳郡，属荆州刺史。章武二年（222）八月荆襄属吴，耒阳仍隶桂阳郡。吴孙亮析县地为新宁、新平、梨阳、耒阳四县，耒阳属桂阳郡。西晋，耒阳仍隶桂阳郡，初属湘州，复属荆州。改梨阳县为利阳县，仍属湘东郡。东晋孝武帝太元二十年（395），撤利阳并入耒阳，隶桂阳郡，属江州。南北朝时，南朝宋、齐至梁天正元年，耒阳县隶桂阳郡，属湘州。梁元帝时，改隶湘东郡，上属湘州。陈朝未变。隋文帝开皇九年（589）平陈，耒阳县更为洡阴县，以其治位于耒阳水之阴也（水之东为阴），置衡州，县属之。唐武德四年（621），复名耒阳县，治所迁回汉晋故治，隶衡州。唐贞观元年（627）起，上属江南道。昭宗乾宁三年（896）马殷据潭州，称楚王，衡州俱系统属，耒属焉，历梁、唐、晋、汉，凡五十六年，皆马殷地。南唐保大九年（951），刘仁瞻取岳州，命边镐自袁州取长沙而楚灭，十年（952）武平节度使周行逢取潭州，子保权嗣衡州刺史，而耒阳属南唐，名仍旧。宋朝，改名为耒阳县，隶衡州衡阳郡，属荆湖南路安抚司。元世祖至元年十九年（1282），因耒阳民众繁富，升为州，直隶湖广行省湖南道宣尉司。明洪武三年（1370）三月，耒阳因遭兵灾，人口骤减，复降为县，隶衡州府，属湖广政使司。清朝仍为耒阳县，隶衡州府，属衡郴桂道（初为衡永郴道）。

清光绪《耒阳县志》载“耒阳十景”：马阜晴岚、鹿岐晚障、西湖莲舫、易口渔家、杜陵烟雨、蔡池夜月、花洲春涨、耒阳夕照、青麓回澜、高冈芳草。

［马阜晴岚］

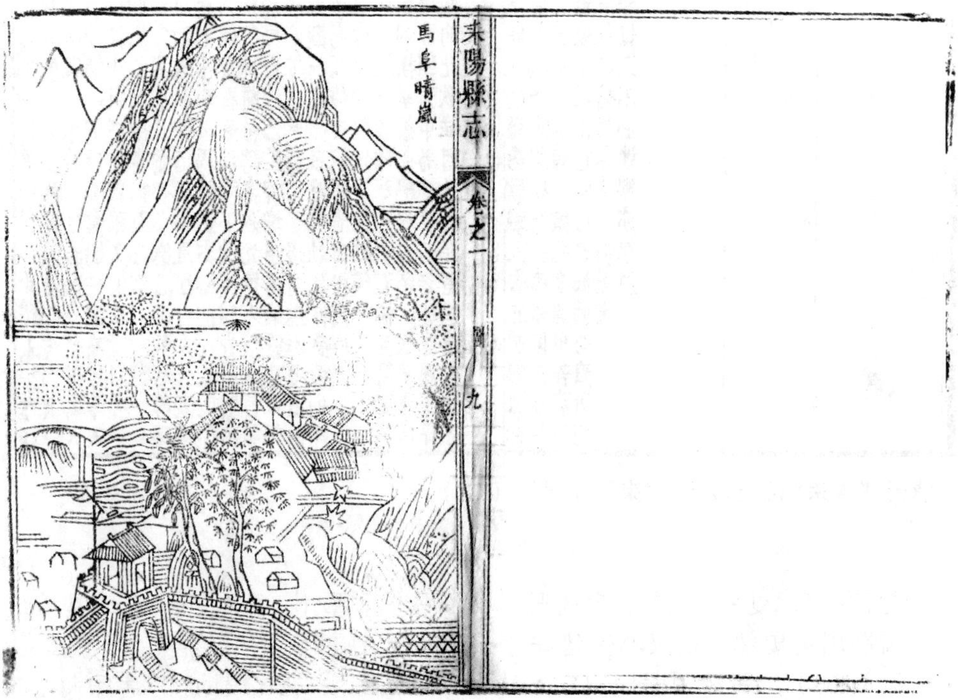

清道光《耒阳县志》载“马阜晴岚”

马阜岭位于耒阳市区北部，山势宽大，形如群马奔腾，绵亘五公里。史载，三国时诸葛亮、张飞曾屯兵于此。

明代胡文璧《马阜晴岚》

万山南下似云奔，马阜巍然势独尊。位奠坤隅舒更合，岚开晴日吐仍吞。朝来拄笏心随爽，高处看星手可扪。无限辉光延揽尽，一方灵秀此中存。

[鹿岐晚障]

图 清道光《耒阳县志》载“鹿岐晚障”

鹿岐峰位于耒阳市区东郊两公里处，隔耒水南上，二峰如笔，故又称笔架山。四望山形如掌，掌中有刹，刹侧有井，井水冽而秀。

明代胡文璧《鹿岐晚障》

山隔东江锦作屏，两峰矗立插空冥。人间共仰文章象，天上遥连翼轸星。落日渔樵明浦溆，淡烟鸥鹭满沙汀。耽游公子归何暮，立马津头候短舲。

[西湖莲舶]

清道光《耒阳县志》载“西湖莲泊”

耒阳西湖原有水面三百亩，湖中遍种湘莲。今辟为西湖游园，位于耒阳市区中心，城市主干道五一路与西湖路交叉口处。

明代胡文璧《西湖莲舶》

五里城西几漫游，朱莲碧藕满湖秋。香风细逐潘妃步，野火遥明大乙舟。鸟向词人传彩笔，花随公子映华骝。乾坤半月谁留记，真爱峰峦面面幽。

清代水钜观《西湖莲舶》

西湖胜景擅衡湘，十里荷蕖映水长。不让若耶千顷艳，直分大液一池香。波临仙子舟常泊，花引妹姬棹更忙。唱罢莲歌寻相墓，遨游何必是钱塘。

[易口渔家]

图 清道光《耒阳县志》载“易口渔家”

易口渡是耒水中下游最宽处。清光绪《耒阳县志》“卷一·津梁”载“易口渡”：在县南五里，郴粤要津。乾隆甲寅，士庶倡建义渡。

旧时，两岸古树参天，渡口水深流缓，鸬鸟环舟，渔艇如织，堪称世外桃源。

明代胡文璧《易口渔家》

易口溪深隐暮霞，小舟轻荡出芦花。百年浪迹真如寄，十口浮生信有涯。水冷鰅鳙难上钓，天高牛女不通槎。严滩渭曲都休论，明月清风属俺家。

清代水钜观《易口渔家》

欲问桃源何处家，姜王岭畔寄生涯。两三茅屋依松下，四五垂杨挂笠斜。网晒长堤筛旭日，纶收孤艇绾平沙。停桡莫羡青帘舞，自有鱼沽不用赊。

[杜陵烟雨]

圖清道光《耒阳县志》载“杜陵烟雨”

史载，唐大历五年（770）杜甫“至耒阳而卒”，耒阳城北二里许（今耒阳市一中校内）有杜甫墓，环墓建祠，名杜工部祠。杜工部祠始建于后梁开平元年（907）。原为四合院式，坐北朝南。杜工部祠自宋代起设杜陵书院，书院四周广植松柏、香樟、桂花，黄梅时节，雨丝如烟，云蒸雾漫，写意“杜陵烟雨暗蒙蒙”之绝唱。

清代水钜观《杜陵烟雨》

北郭荒丘碧草侵，少陵野老费幽寻。一朝诗擅惊人句，千古忠留不死心。叹息严公空挂剑，徘徊聂令痛遗琴。春来秋去苹蘩荐，烟雨年年锁墓深。

［花洲春涨］

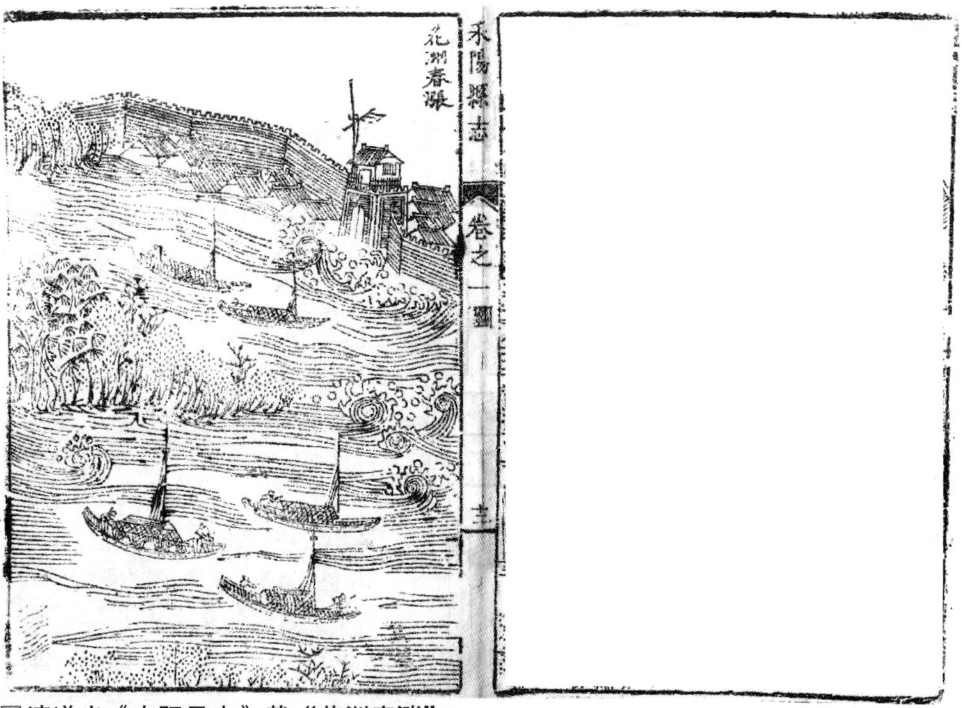

▣清道光《耒阳县志》载“花洲春涨”

花洲，位于耒阳市城区耒水中流偏东，四面环水。花洲又名靴洲，俗传葬杜甫遗靴于洲上。每年春汛，水漫花洲，甚是壮观。今辟为杜甫公园。

清代水钜观《花洲春涨》

二三月里步花洲，曲曲清流此最幽。两岸桃鲜新涨醉，一溪垂柳晓烟浮。鱼因得水淘鳞甲，人似乘槎泛斗牛。今日宫墙符谶纬，文章春色满仙舟。

[蔡池夜月]

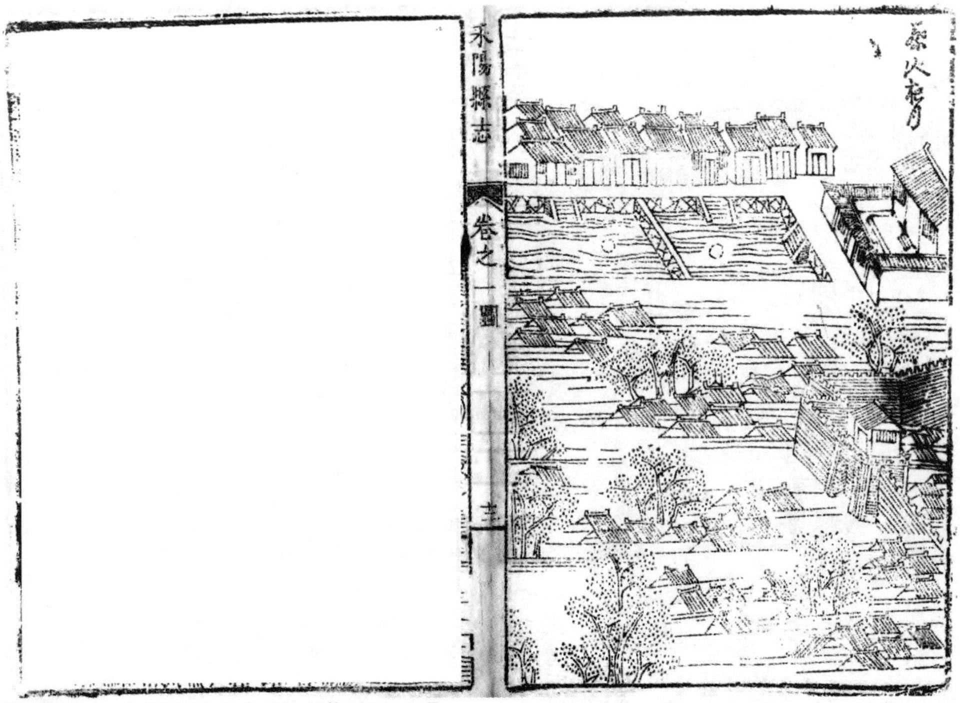

囧清道光《耒阳县志》载“蔡池夜月”

蔡池，即蔡子池，相传为蔡伦回到耒阳故里所建。清光绪《耒阳县志》“卷一·山水”载“蔡子池”：在县西南里许，蔡伦故宅旁，伦始以渔网造纸。县人犹多能作纸，盖蔡伦遗业也。池南有石臼，即伦舂纸臼。唐别驾李悬以臼入贡，今池存宅废，臼迹犹存。

明代胡文壁《蔡池夜月》

茧札分明胜简编，旧池犹为蔡侯传。风清夜籁舂声古，日漾寒波藻思群。败楮敝麻成巧制，墨卿毛颖协奇缘。祠亭芜没名难灭，一吊遗踪几慨然。

清代水钜观《蔡池夜月》

月朗天空夜气清，城南一沼水盈盈。休夸凿宝能修魄，快听剡藤共捣声。渔网文融冰镜皎，蟾宫照彻素笺明。中央宛见伊人在，千古龙亭蔡子名。

[耒水夕照]

圖清道光《耒阳县志》载“耒水夕照”

铜锣洲，位于耒阳市水东江街道境内，三面环水，“耒水夕照”即铜锣洲水东区域晚霞之景。夕阳斜照，天水一色，写意“夕阳斜照耒江东”之美。

清代水钜观《耒阳夕照》

江涵落日望无穷，人在潇湘图画中。清影倒吞凌汉树，狂澜高接半天虹。帆依城转浮山色，鹜逐霞飞入浪空。闻说金牛常出没，喷金夺却蕊珠宫。

[青麓回澜]

清道光《耒阳县志》载“青麓回澜”

青麓回澜，位于耒阳市区北郊青麓山前，耒水从城东直下，至青麓塔前被青麓山所阻，形成一个大漩涡，蔚为大观，令人流连忘返。

明代胡文璧《青麓回澜》（两首）

青麓山前百步滩，石磷磷起障回澜。平邀地脉完清气，斜绕江村表大观。东下神龙留窟宅，南来天马隐峰峦。溪流到此偏萦曲，消得游人转首看。

耒江南下欲东回，青麓当前锦障开。似挽乾坤随势转，尽邀光景入怀来。苕兰岸畔春明绮，风雨波心雪拥堆。孕秀钟灵非浪语，城中自古号多才。

清代水钜观《青麓回澜》

迢迢青麓水漫漫，断岸潆洄一大观。石激飞泉连嶂动，风掀叠浪到矶盘。征帆故衬高低势，浴鹭闲随曲折湍。岳渎钟灵原有意，钓鳌可许挂虹竿。

[高冈芳草]

清道光《耒阳县志》载“高冈芳草”

高冈芳草，位于耒阳市区西北郊。古时，高冈报春，绿茵如毯，杂花生树，方圆上千亩。

明代胡文璧《高冈芳草》（两首）

极目春郊草色多，石桥西带五层波。暖烟扑翠敷茵绣，斜日留红散绮罗。趁野牛羊归晚队，朝天车马听晨珂。萋萋正属王孙怨，莫把阳关向此歌。

城西北去路迢遥，草漫危坡水漫桥。悲梗客归初弛担，歌骊人去正鸣轺。流光冉冉忙中度，逸兴悠悠望里消。三疏未闲犹□我，疏慵何以答清朝。

清代水钜观《高冈芳草》

城北高冈早报春，东风吹长碧无尘。平连山色烟村远，低映苔痕芳径新。衬却鹿眠如绣缛，移来莲步似重茵。王孙几度离怀久，不必迷楼亦怆神。

【常宁八景】

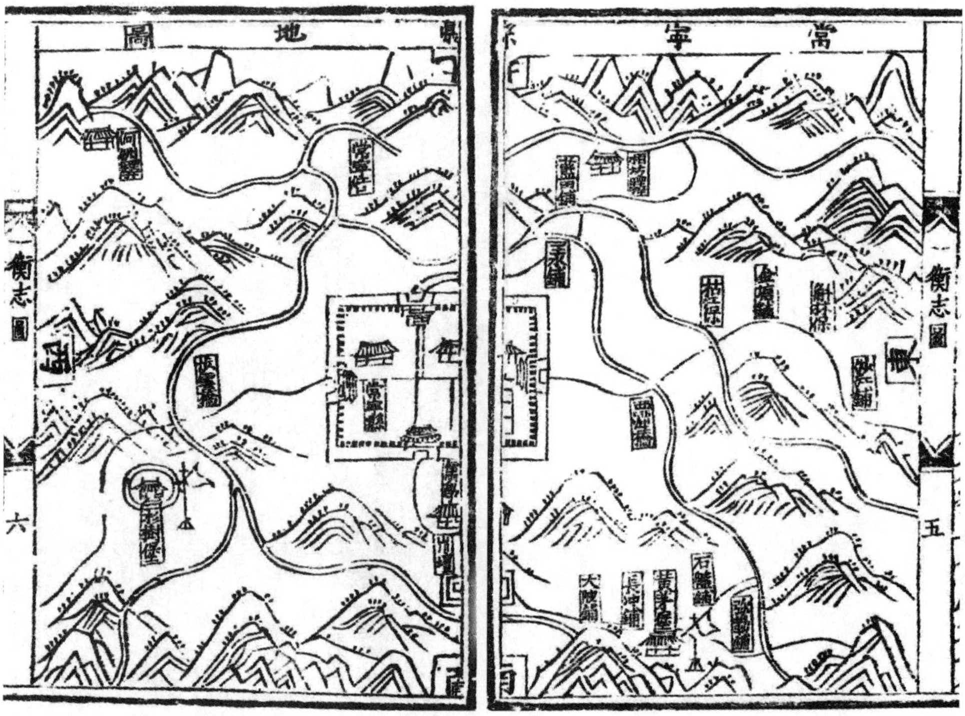

明嘉靖《衡州府志》载“常宁县地图”

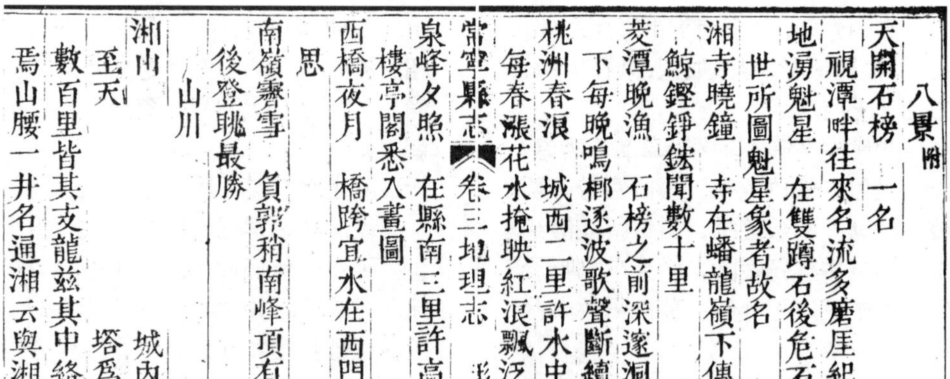

八景附

天開石榜　一名　石長平如版平
視潭畔往來名流多磨厓紀跡
地湧魁星　在雙蹲石後危石拔地丈餘人形卓立彷彿
世所圖魁星象者故名
湘寺曉鐘　寺在蟠龍嶺下傳有自鳴鐘霜晨扣之獅吼
鯨鏗錚鉉聞數十里
茭潭晚漁　石榜之前深邃洞黑是曰茭潭漁舟咸泊其
下每晚鳴榔逐波歌聲斷續響答遙天
桃洲春浪　城西二里許水中有洲雙流夾之兩岸植桃
每春漲花水掩映紅浪飄泛疑入桃源仙境

常寧縣志　卷三　地理志　形勝　十二

泉峰夕照　在縣南三里許高六七百丈日夕返照則城
樓亭閣悉入畫圖
西橋夜月　橋跨宜水在西門外數武長虹飄渺動人秋
思
南嶺霽雪　負郭稍南峰頂有泉名應龍池冬夏不涸雪
後登眺最勝

山川

湘山　城內其絡自海陽山沿湘而下
至天　塔爲首東西兩翼列如屏障亘
數百里皆其支龍兹其中絡之盡也宜溪砥石兩水合
焉山腰一井名逼湘云與湘水逼南一峰卽輿泉其巔

清嘉庆《常宁县志》“卷三·地理志”载“八景”

常宁，位于湘江中游南岸，地处五岭山系。东以舂陵水与耒阳市为界，南与桂阳县相邻，西与祁阳县接壤，北濒湘江与祁东、衡南二县相望。常宁历史悠久，周朝以前属荆，战国时属楚，秦汉时属耒阳县，三国吴孙亮析耒阳西南地置新宁、新平二县，东晋太元二十年（396）并新平于新宁县，唐天宝元年（742）改新宁为常宁，属衡州。五代及宋属衡州。元至元十九年（1282）升为州，无领地。明洪武三年（1370）三月降为县，属湖广布政使司衡州府。清属湖南衡永郴桂道衡州府。

清同治《常宁县志》载“八景”：天开石榜、地涌魁星、湘寺晓钟、茭潭晚渔、桃洲春浪、泉峰夕照、西桥夜月、南岭霁雪。

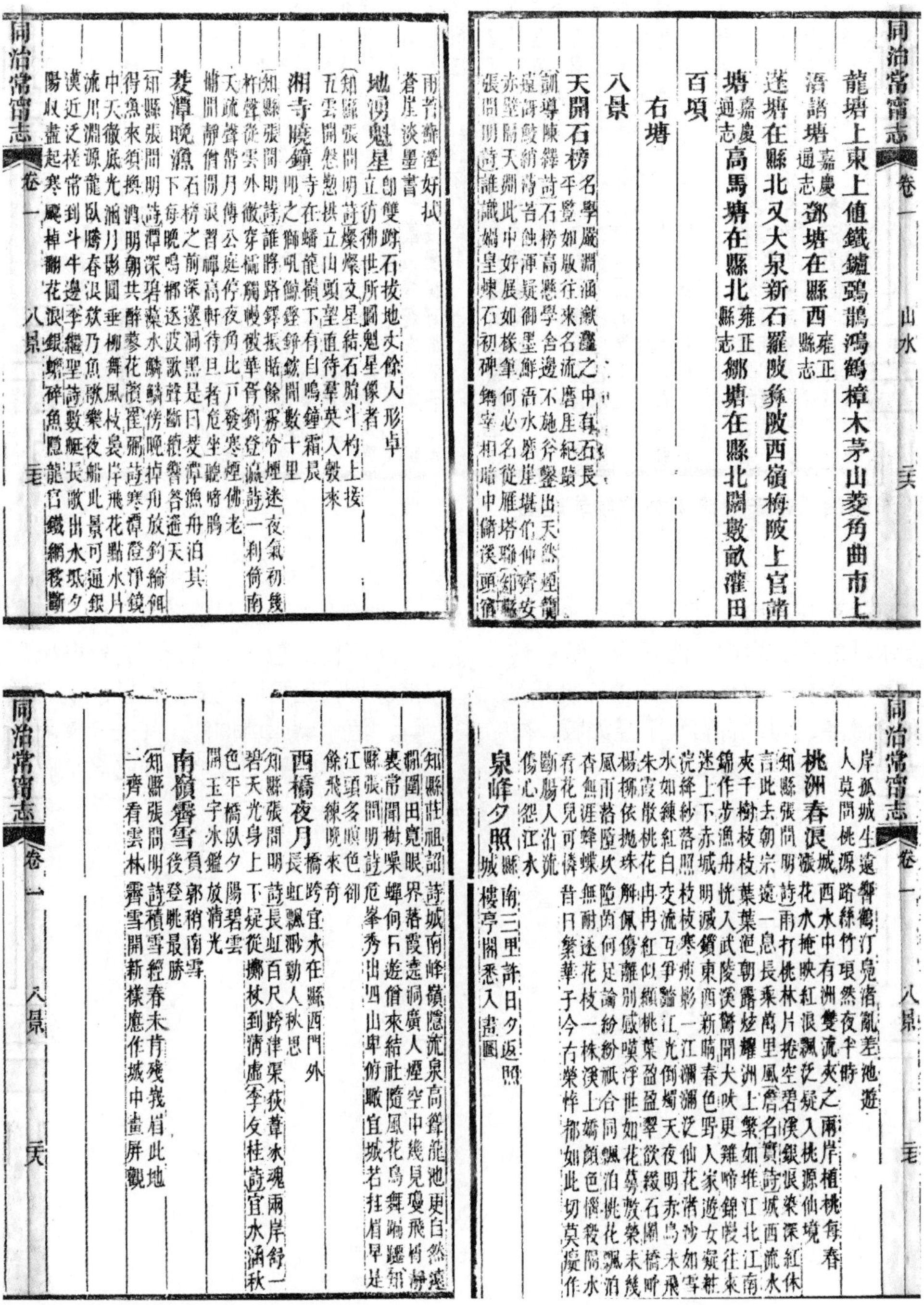
同治常寧志　卷一　山水　三

龍塘上東上值鐵爐鵶鵲鴻鶴樟木茅山菱角曲市上潛諸塘嘉慶通志鄧塘在縣西雍正縣志蓮塘在縣北又大泉新石羅陂彝陂西嶺梅陂上官諸塘嘉慶通志高馬塘在縣北雍正縣志鄒塘在縣北闊數畝灌田百頃

右塘

八景

天開石榜名學巖淵涵獻蠶之中有石長平豎如版往來名流磨崖紀蹟訓導陳鐸詩石榜高懸學舍邊不施斧鑿出天然塵簡遠蒔較納蒔苔蝕渾疑御墨鮮酒水磨崖堪作伸齊安赤壁題天聞此中好展如椽筆何必名從雁塔聯知縣張問明詩誰識媧皇煉石初碑鐫寧相暗中儲溪頭循雨若蘚濕好拭蒼崖淡墨書

同治常寧志　卷一　八景　三

地湧魁星雙躋石拔地丈餘人形卓立彷彿世所圖魁星像者知縣張問明詩燦燦文星結石胎斗杓上接五雲開慇懃拱立山頭望直待羣英入彀來

湘寺曉鐘寺在蟠龍嶺下有自鳴鐘霜晨叩之獅吼鯨鏗錚鏦聞數十里知縣張問明詩誰將路鐸振晨餘霧冷煙迷夜氣初柝聲從雲外徹穿樵觸嵲破華胥劉登瀛詩一刹倚南天疏聲帶月傳公庭佇夜角比戶發寒煙佛老慵開靜僧閑退習禪高軒待旦者危坐聽晴鵑

茭潭晚漁石榜之前深邃洞黑是曰茭潭漁舟泊其下每晚鳴榔遞波歌聲斷續響答遙天知縣張問明詩潭深碧藻水鱗鱗傍晚掉舟放釣綸得魚來須換酒明朝共醉蓼花蘋翟珮詩寒潭澄淨鏡中天徹底光涵月影圓垂柳舞風枝裊岸飛花點水片銀流川淵源龍臥騰春浪欸乃魚歌樂夜船此景可通銀漢近泛槎常到斗牛邊李繼聖詩數艇長歌出水夕陽收盡起寒颸棹翻花浪銀蟾碎魚隱龍宮鐵網移斷

同治常寧志　卷一　八景　三

岸孤城生遠響鶴汀鳧渚亂差池遊人莫問桃源路綠竹瑣然夜半時

桃洲春浪城西水中有洲雙流夾之兩岸植桃每春漲花水掩映紅浪飄泛疑入桃源仙境知縣張問明詩雨打桃林片片擁空碧漾銀浪染深紅休言此去朝宗遠一息長乘萬里風詹名賢詩城西流水夾千樹枝枝葉葉泡朝露炫耀洲上繁如堆江北江南錦作步漁舟忱入武陵溪驚聞犬吠更雞啼錦嶺往來迷上下赤城明滅鎖東西新晴春色野人家遊女凝粧浣絳紗落照枝枝寒疾影一江瀾瀾泛仙花渚沙如雪水如練紅白交流互爭豔江光倒燭天夜明赤鳥未飛朱霞散桃花冉冉紅似纈桃葉盈盈翠欲綴石闌橋畔楊柳依拋珠解佩傷離別感嘆浮世如花萼敷榮未幾風雨落墜坎陷肉何足論紛紛祇合同飄泊桃花飄泊杳無涯蜂蝶無耐逐花枝一株溪上嬌顏色憐殺隔水看花兒可憐昔日繁華子今古榮悴都如此切莫癡作斷腸人沿流傷心怨江水

泉峰夕照縣南三里許日夕返照城樓亭閣悉入畫圖

同治常寧志　卷一　八景　三

知縣莊祖詔詩城南峰嶺隱流泉高聳龍池更自然遠瞰圍田寬眼界落霞遠洞廣人煙空中幾見瓊飛榭靜裏常聞樹噪蟬何日遊僧來結社隨風花鳥舞蹁躚知縣張問明詩危峯秀出四山卑俯瞰宜城若掛眉早是江頭多瞑色卻餘飛練晚來奇

西橋夜月橋跨宜水在縣西門外長虹飄渺勸人秋思知縣張問明詩長虹百尺跨津渠荻葦冰魂兩岸舒一碧天光身上下疑從擲杖到清虛李文桂詩宜水涵秋色平橋臥夕陽碧雲開玉宇冰鑑放清光

南嶺霽雪負郭稍南霽後登眺最勝知縣張問明詩積雪經春未肯殘峩眉此地一齊看雲林霽雪開新樣應作城中畫屏觀

圖 清同治《常宁县志》载“八景”

［天开石榜］

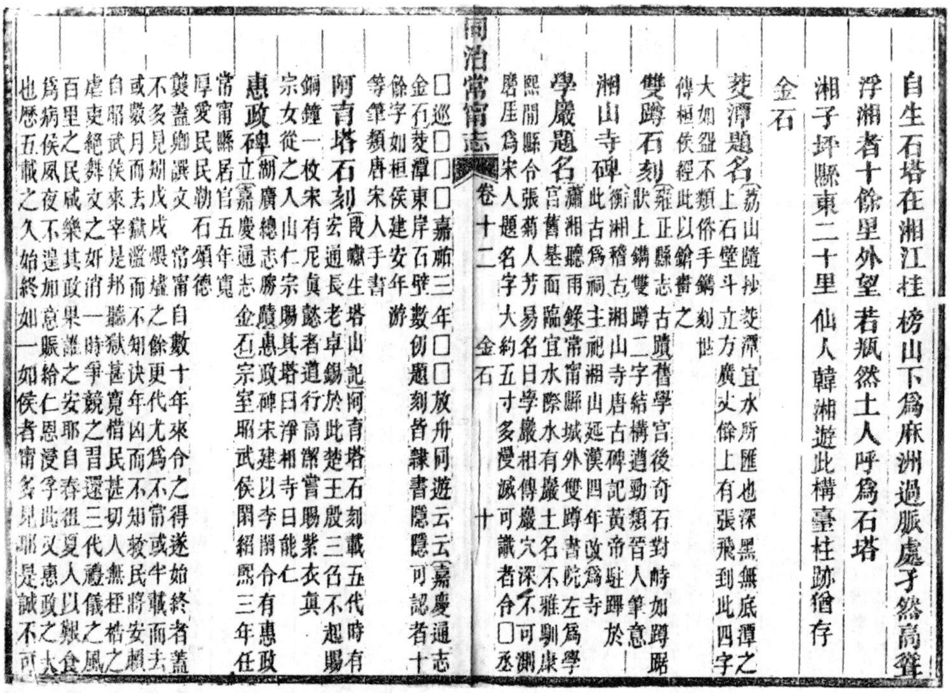
自生石塔在湘江桂榜山下爲麻洲過脈處孑然高聳浮湘者十餘里外望若瓶然土人呼爲石塔

湘子坪縣東二十里仙人韓湘遊此構臺柱跡猶存

金石

茇潭題名〔黄山隨抄〕茇潭宜水所匯也深黑無底潭之上石壁斗立方廣丈餘上有張飛到此四字大如盌不類俗手鐫刻世傳桓侯經此以鎗書之

雙蹲石刻〔雍正縣志古蹟〕舊學宮後奇石對峙如蹲踞上鐫雙蹲二字結構遒勁類晉人筆意

湘山寺碑〔衡湘稽古〕湘山寺唐古碑記黄帝駐蹕於此古爲祠主祀湘山延漢四年改爲寺

學巖題名〔瀟湘聽雨錄〕常甯縣城外雙蹲書院左爲學宮舊基面臨宜水際水有巖土名不雅馴康熙間縣令張莉人芳易名日學巖相傳巖穴深不可測磨厓爲宋人題名字大約五寸多漫滅可識者令□丞

同治常甯志　卷十二　金石　十

□巡□□□□嘉祐三年□□□放舟同遊云云〔嘉慶通志金石〕茇潭東岸石壁數仞題刻皆隸書隱隱可認者十餘字如桓侯建安年游等筆類唐宋人手書

阿育塔石刻〔畏嚾生塔山記〕阿育塔石刻載五代時有宏通長老卓錫於此楚王殷三召不起賜銅鐘一枚宋有尼貞懿者道行高潔嘗賜紫衣真宗女從之入山仁宗賜其塔日淨相寺日能仁

惠政碑〔湖廣總志〕府蹟惠政碑宋建以李開令有惠政立〔嘉慶通志金石〕宗室昭武侯閈紹熙三年任常甯縣居官五年寬厚愛民民勒石頌德襲蓋卿撰文常甯自數十年來令之得遂始終者蓋不多見矧戊戌煨燼之餘更代尤爲不常或半載而去或數月而去獄濫而不知決年凶而不知教民將安觀自昭武侯來宰是邦聽獄甚寬措民甚切人無枉栺之虐吏絕弊文之奸消一時爭競之習還三代禮儀之風百里之民咸樂其政果盡之安耶自春徂夏人以鰥食爲病侯夙夜不遑加意賑給仁恩浸孚此又惠政之大也歷五載之久始終如一如侯者甯多見非是誠不可

圖清同治《常宁县志》载“学岩题名”

“天开石榜”，位于今常宁二中宜水畔的石灰岩岸。清同治《常宁县志》“卷一·山水”载，“名学岩，渊涵潋滟之中，有石长平竖如版，往来名流，摩崖纪迹”。

明代陈绎《天开石榜》

石榜高悬学舍边，不施斧凿出天然。烟笼远讶鲛绡薄，苔蚀浑疑御墨鲜。浯水磨崖堪伯仲，齐安赤壁隔天渊。此中好展如椽笔，何必名从雁塔联。

[地涌魁星]

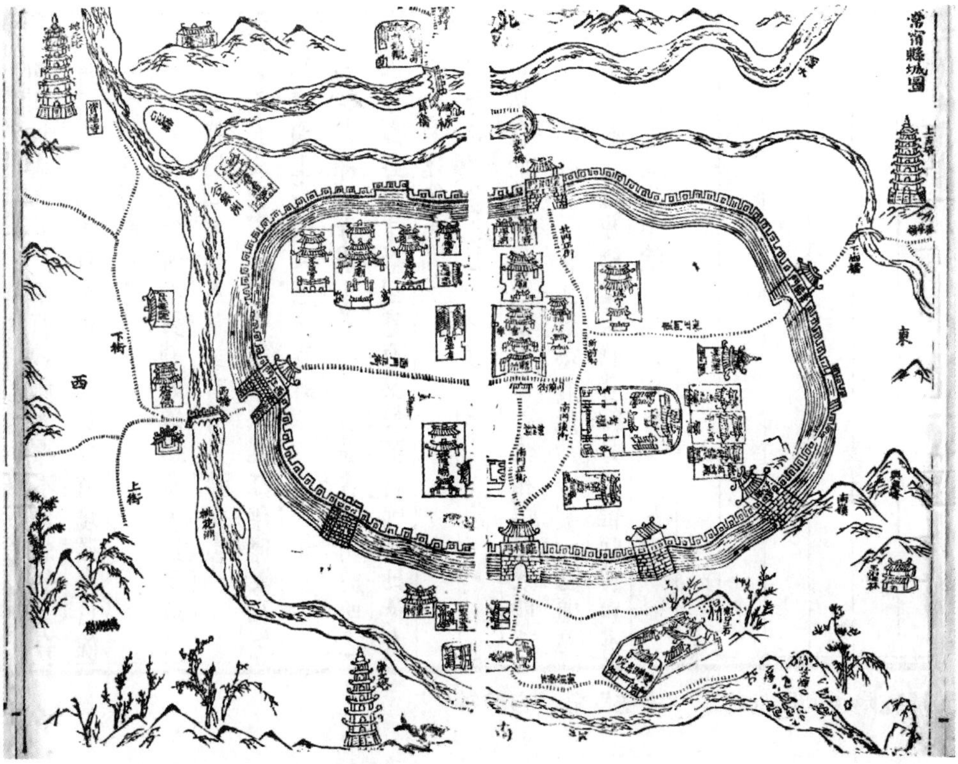

清同治《常宁县志》“常宁县城图”载“双蹲书院魁星石”

“地涌魁星”，位于今常宁二中校内双蹲亭旁。据清同治《常宁县志》“卷一·山水”载，“即双蹲石，拔地丈余，人形卓立，仿佛世所图魁星像者”。

清代张问明《地涌魁星》

灿烂文星结石胎，斗杓上接五云开。殷勤拱立山头望，直待群英入彀来。

［湘寺晓钟］

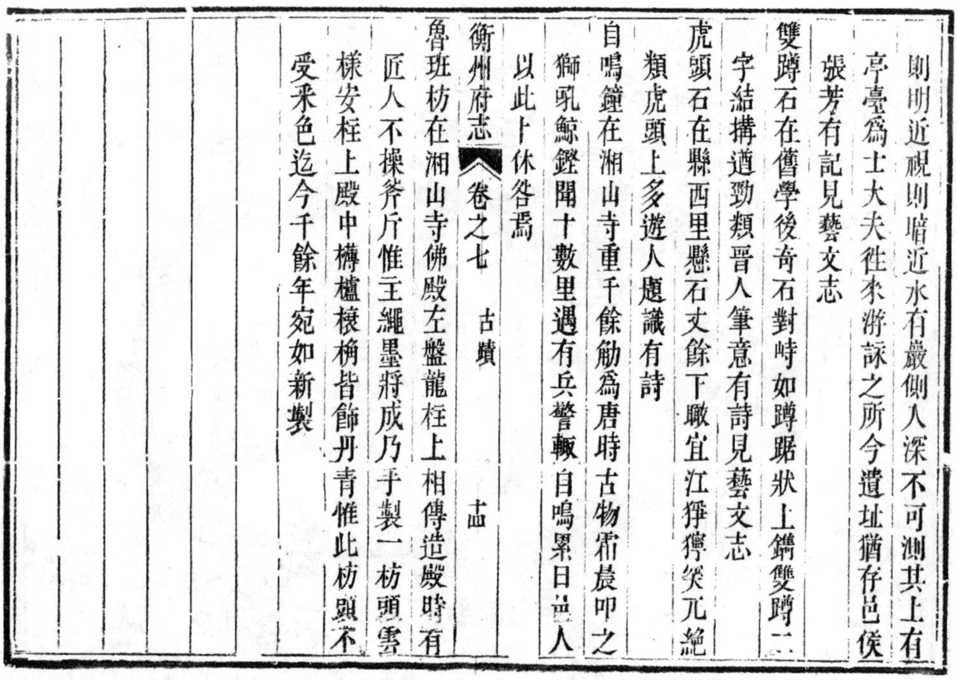

則明近視則暗近水有巖側入深不可測其上有
亭臺爲士大夫往來遊詠之所今遺址猶存邑侯
張芳有記見藝文志
雙蹲石在舊學後奇石對峙如蹲踞狀上鐫雙蹲二
字結搆遒勁類晉人筆意有詩見藝文志
虎頭石在縣西里懸石丈餘下瞰宜江猙獰突兀絕
類虎頭上多遊人題識有詩
自鳴鐘在湘山寺重千餘觔爲唐時古物霜晨叩之
獅吼鯨鏗聞十數里遇有兵警輒自鳴累日邑人
以此卜休咎焉
衡州府志　卷之七　古蹟　盂
魯班枋在湘山寺佛殿左盤龍柱上相傳造殿時有
匠人不操斧斤惟王繩墨將成乃手製一枋頭雲
樣安柱上殿中構櫨榱桷皆飾丹青惟此枋頭不
受采色迄今千餘年宛如新製

清乾隆《衡阳府志》“古迹”载“自鸣钟”

清同治《常宁县志》“卷一·山水”载，“寺在蟠龙岭下，有自鸣钟，霜晨叩之，狮吼鲸铿铮鋐闻数十里”。

清代刘登瀛《湘寺晓钟》

一刹倚南天，疏声带月传。公庭停夜角，比户发寒烟。佛老慵闲静，僧闲浪习禅。高轩待旦者，危坐听啼鹃。

[茭潭晚渔]

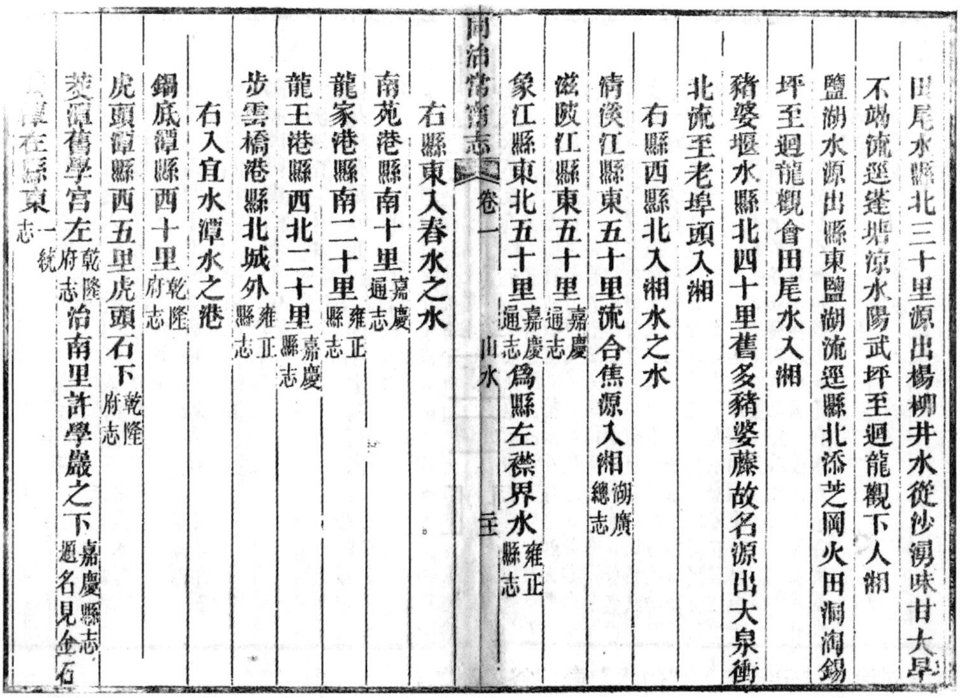

田尾水縣北三十里源出楊柳井水從沙湧味甘大旱
不竭流逕鑵塘涼水陽武坪至迴龍觀下入湘
鹽湖水源出縣東鹽湖流逕縣北添芝岡火田洞淘錫
坪至迴龍觀會田尾水入湘
豬婆堰水縣北四十里舊多豬婆藤故名源出大泉衝
北流至老埠頭入湘
右縣西縣北入湘水之水
清溪江縣東五十里流合焦源入湘 湖廣總志
滋陂江縣東五十里 嘉慶通志
象江縣東北五十里 嘉慶通志 爲縣左襟界水 雍正縣志
同治常寧志 卷一 山水 壬
右縣東入舂水之水
南苑港縣南十里 嘉慶通志
龍家港縣南二十里 雍正縣志
龍王港縣西北二十里 嘉慶縣志
步雲橋港縣北城外 雍正縣志
右入宜水潭水之港
錫底潭縣西十里 乾隆府志
虎頭潭縣西五里虎頭石下 乾隆府志
茭潭舊學宮左 乾隆府志 治南里許學巖之下 嘉慶縣志 迺名見金石
[illegible]潭在縣東 一統志

图 清同治《常宁县志》“山水”载“茭潭”

清同治《常宁县志》“卷一·山水”载“茭潭晚渔”：“石榜之前，深邃洞黑，是曰茭潭。渔舟泊其下，每晚鸣榔逐波，歌声断续，响答遥天。”即今常宁市南门潭，宜水自西向北在此转弯。

清代李继圣《茭潭晚渔》

数艇长歌出水坻，夕阳收尽起寒飔。棹翻花浪银蟾碎，鱼陷龙宫铁网移。断岸孤城生远响，鹤汀凫渚乱差池。游人莫问桃源路，丝竹琅然夜半时。

清代崔弼《茭潭晚渔》

寒潭澄净镜中天，彻底光涵月影圆。垂柳舞风枝袅岸，飞花点水片流川。渊源龙卧腾春浪，欸乃渔歌乐夜船。此景可通银汉近，泛槎常到斗牛边。

[桃洲春浪]

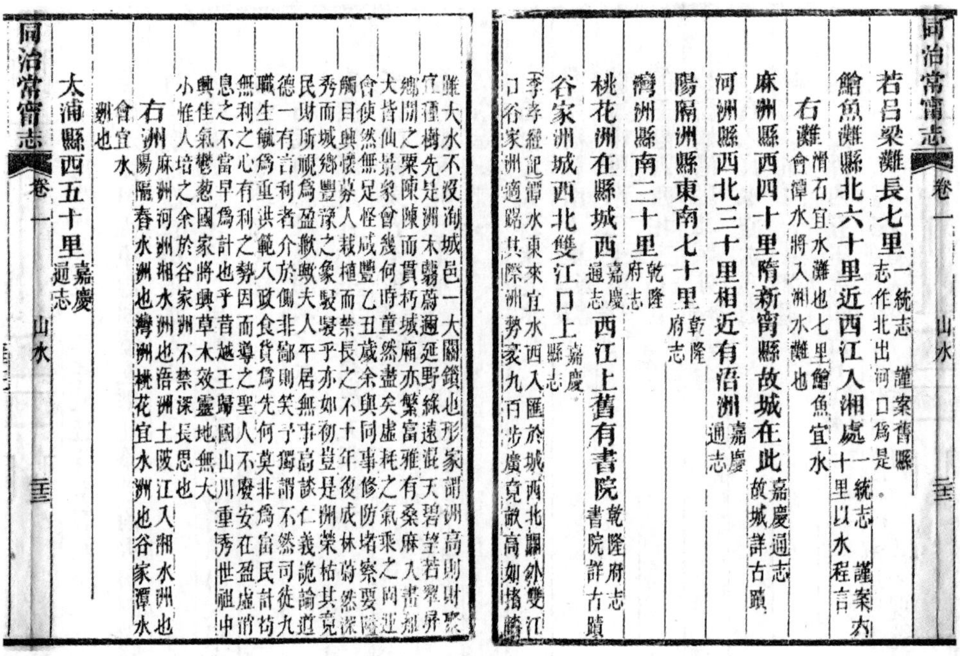

同治常甯志　卷一　山水

若呂梁灘長七里一統志作北出河口為是 謹案舊縣

鱠魚灘縣北六十里近西江入湘處一統志十里以水程言 謹案大

右灘 滑石宜水灘也七里鱠魚宜水會漳水將入湘水灘也

麻洲縣西四十里隋新甯縣故城在此嘉慶通志故城詳古蹟

河洲縣西北三十里相近有湣洲嘉慶通志

陽隔洲縣東南七十里乾隆府志

灣洲縣南三十里乾隆府志

桃花洲在縣城西嘉慶通志西江上舊有書院乾隆府志書院詳古蹟

谷家洲城西北雙江口上嘉慶縣志

[李孝經記]潭水東來宜水西入匯於城西北闢外雙江口谷家洲適踞其際洲勢袤九百步廣克畝高如堵

……

右洲 麻洲河洲湘水洲也湣洲土陂江入湘水洲也陽隔春水洲也灣洲桃花宜水洲也谷家潭水會宜水洲也

太浦縣西五十里嘉慶通志

图 清同治《常宁县志》“山水”载“谷家洲”

“桃洲春浪”，位于今常宁宜水、潭水交汇成形成的谷家洲。清同治《常宁县志》“卷一·山水”载，“城西水中有洲，双流夹之，两岸植桃。每春涨，花水掩映，红浪飘泛，疑入桃花仙境”。

清代张问明《桃洲春浪》

雨打桃林片卷空，碧溪银浪染深红。休言此去朝宗远，一息长乘万里风。

[泉峰夕照]

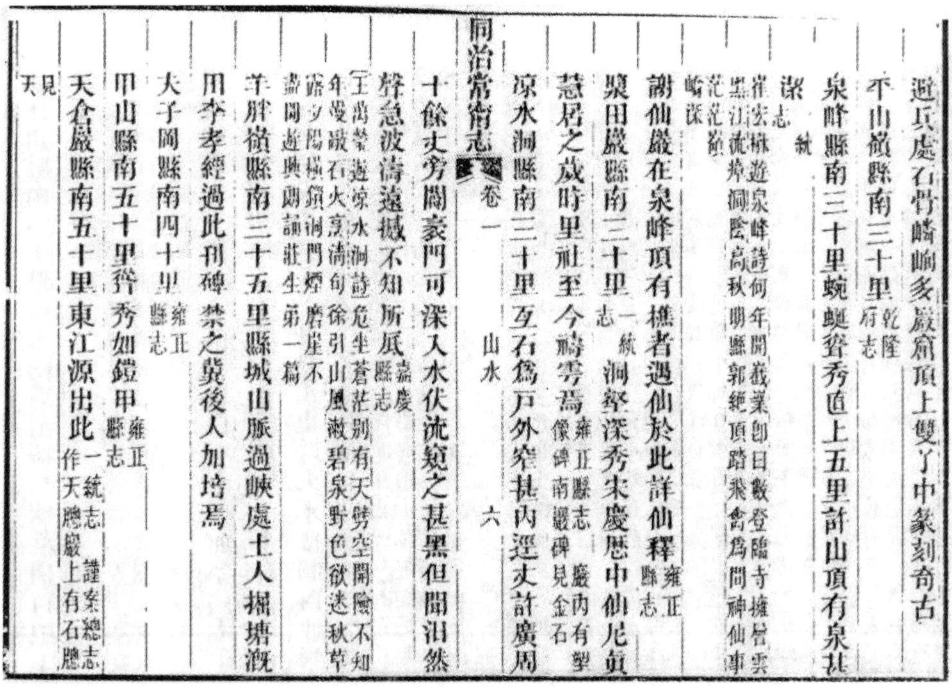

避兵處石骨嶙峋多巖竇頂上雙了中篆刻奇古
不山嶺縣南三十里乾隆府志
泉峰縣南三十里蜿蜒聳秀直上五里許山頂有泉甚
潔一統志
崔宏琳遊泉峰詩何年開鑿業即日數登臨寺擁層雲黑江流瀑洞陰高秋明縣郭絕頂踏飛禽爲問神仙事茫茫鎖嶺深
謝仙巖在泉峰頂有樵者遇仙於此詳仙釋雍正縣志
騾田巖縣南三十里一統志洞壑深秀宋慶歷中仙尼貞
慧居之歲時里社至今禱雩焉雍正縣志巖內有塑像碑南巖碑見金石
涼水洞縣南三十里亙石爲戶外窄甚內逕丈許廣周
同治常寧志 卷一 山水 六
十餘丈旁闢衺門可深入水伏流窺之甚黑但聞汩然
聲急波濤遠撼不知所底嘉慶縣志
王尚榮遊涼水洞詩危坐蒼茫別有天劈空開險不知年漫峩石火烹清句徐引山風潄碧泉野色欲迷秋草路夕陽橫鎖洞門煙磨崖不盡開遊興爾誦莊生第一篇
羊肸嶺縣南三十五里縣城山脈過峽處土人掘塘溉
田李孝經過此刊碑禁之冀後人加培焉
大子岡縣南四十里雍正縣志
甲山縣南五十里聳秀如鎧甲雍正縣志
天倉巖縣南五十里東江源出此一統志作天聰巖謹案總志作天聰巖上有石聰見天

图 清同治《常宁县志》“山水”载“兴泉峰”

泉峰，位于今常宁市区中心泉峰公园。清同治《常宁县志》“卷一·山水”载“泉峰夕照”：县南三里许，日夕返照，城楼亭阁悉入画图。

清代张问明《泉峰夕照》

危峰秀出四山卑，俯瞰宜城若挂眉。早是江头多暝色，却余飞练晚来奇。

[西桥夜月]

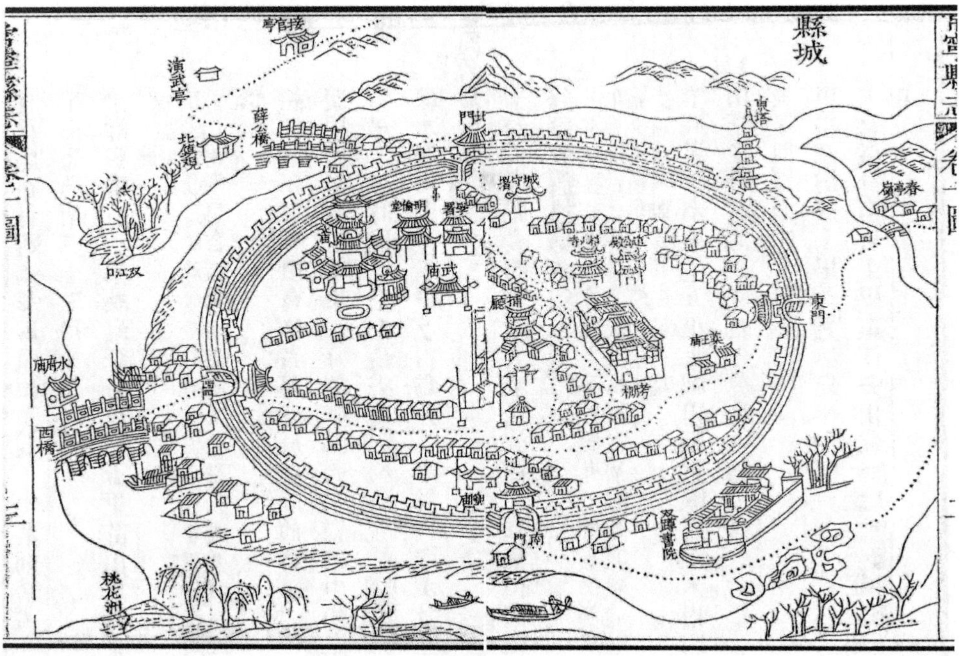

图 清嘉庆《常宁县志》“县城图”载“西桥”

清同治《常宁县志》“卷一·山水”载“西桥夜月”：“桥跨宜水，在西门外，长虹缥缈，动人秋思。”西桥始建于宋淳祐四年（1244），明成化二十三年（1487），改为石桥，为五拱石桥。

清代张问明《西桥夜月》

长虹百尺跨津渠，荻苇冰魂两岸舒。一碧天光身上下，疑从掷杖到清虚。

[南岭雾雪]

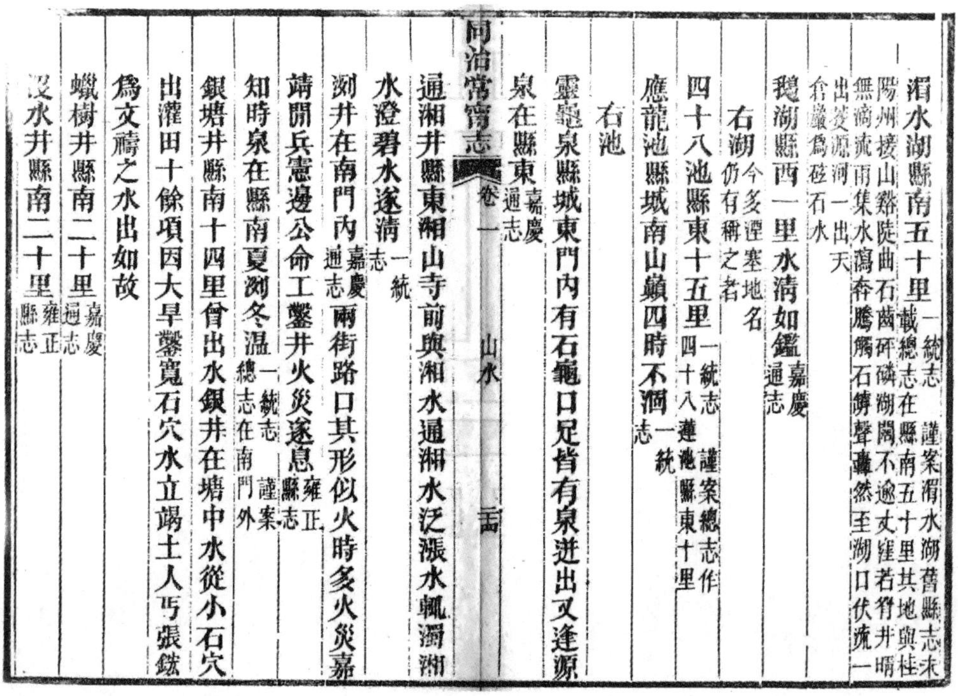
湄水湖縣南五十里一統志 謹案湄水湖舊縣志未載總志在縣南五十里其地與桂陽州接山勢陡曲石齒砑磷湖闊不逾丈深若脊井晴無滴流雨集水瀉奔騰觸石礴聲轟然至湖口伏流一出茭源河一出天倉巖爲砼石水
鵝湖縣西一里水清如鑑嘉慶通志
石湖今多湮塞地名仍有稱之者
四十八池縣東十五里一統志 謹案總志作四十八蓮池縣東十里
應龍池縣城南山巔四時不涸一統志
石池
靈龜泉縣城東門內有石龜口足皆有泉迸出又逢源泉在縣東嘉慶通志

同治常寧志 卷一 山水

通湘井縣東湘山寺前與湘水通湘水泛漲水輒溷濁水澄碧水遂清一統志
渕井在南門內嘉慶通志兩街路口其形似火時多火災嘉靖間兵憲邊公命工鑿井火災遂息雍正縣志
知時泉在縣南夏渕冬温一統志 謹案總志在南門外
銀塘井縣南十四里曾出水銀井在塘中水從小石穴出灌田十餘頃因大旱鑿寬石穴水立竭土人丐張鋐爲文禱之水出如故
蠟樹井縣南二十里嘉慶通志
汲水井縣南二十里雍正縣志

▣清同治《常宁县志》“山水”载“应龙池”

清同治《常宁县志》“卷一·山水”载“南岭雾雪”：负郭稍南，雪后登眺最胜。

清代张问明《南岭雾雪》

积雪经春未肯残，峨眉此地一齐看。云林雾雪开新样，应作城中画屏观。

【宝庆十二景】

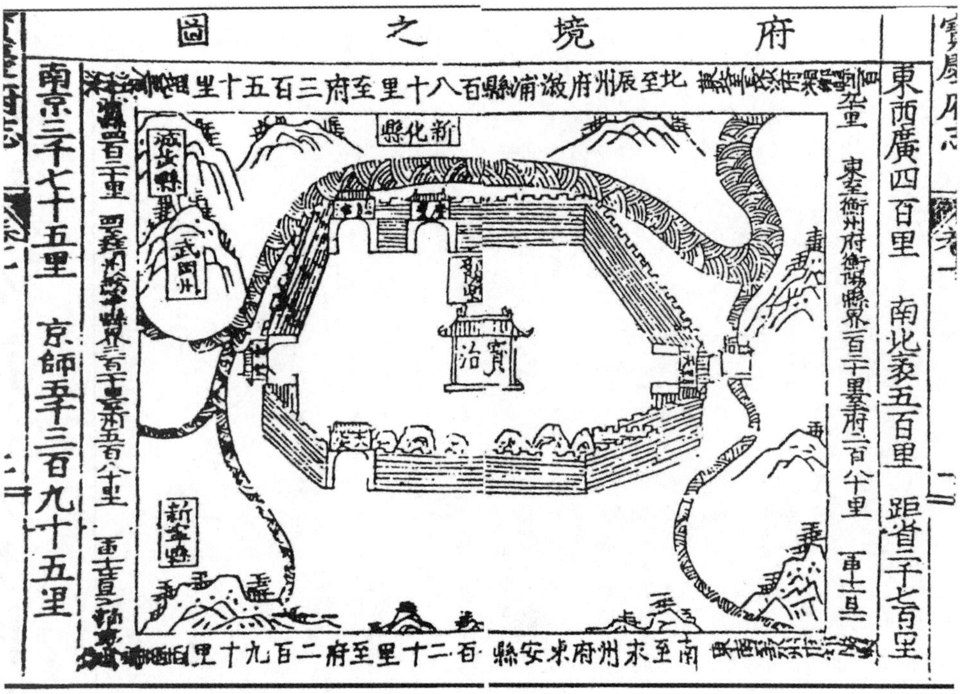

明隆庆《宝庆府志》载“府境图”

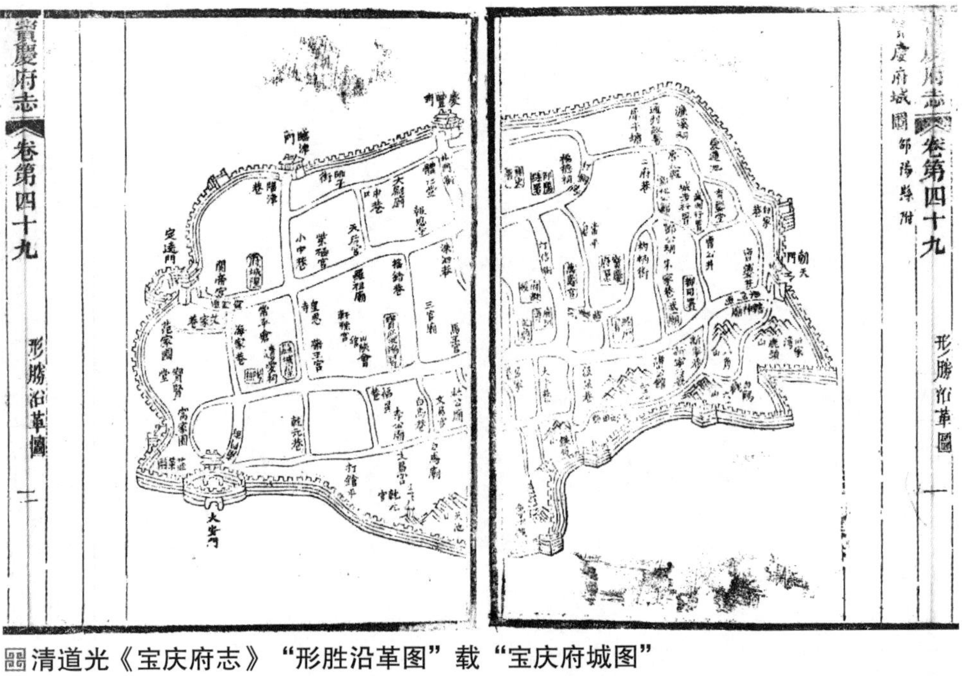

清道光《宝庆府志》“形胜沿革图”载“宝庆府城图”

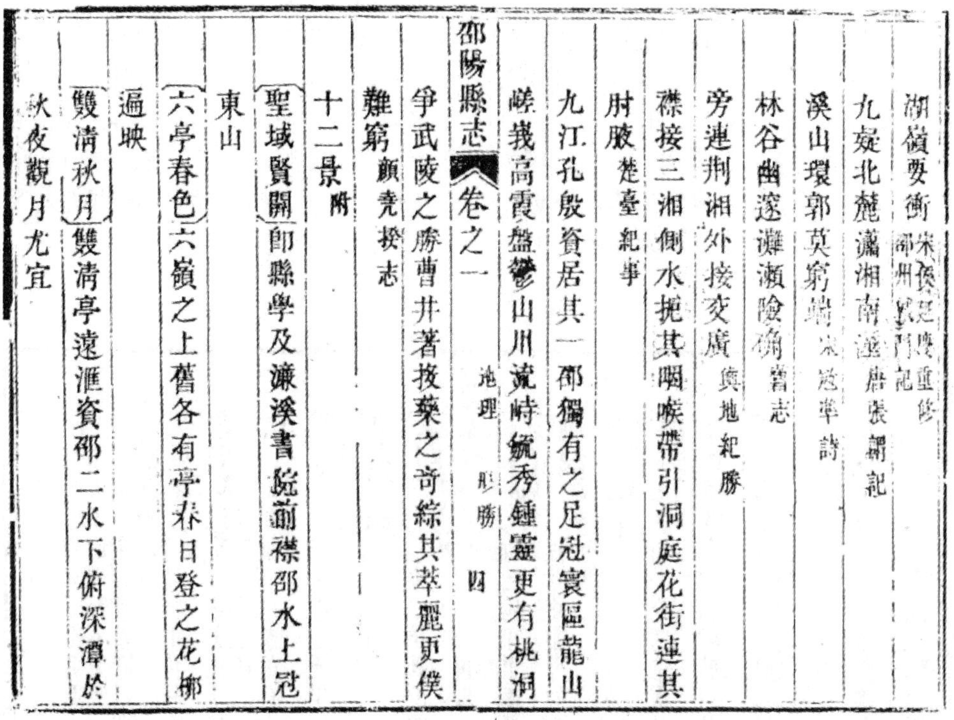
湖嶺要衝 宋侯廷度重修郡州譙門記
九疑北麓瀟湘南遊 唐張謂記
溪山環郭莫窮端 宋陸壑詩
林谷幽邃灘瀨險僞 舊志
旁連荆湘外接交廣 輿地紀勝
襟接三湘側水扼其咽喉帶引洞庭花街連其肘腋 楚臺紀事
九江孔殷資居其一邵獨有之足冠寰區龍山嵯峩高霞盤鬱山川流峙毓秀鍾靈更有桃洞
邵陽縣志 卷之一 地理 形勝 四
爭武陵之勝曹井著披藥之奇綜其萃麗更僕難窮 顧堯授志
十二景 附
聖域賢關 即縣學及濂溪書院前襟邵水上冠東山
六亭春色 六嶺之上舊各有亭春日登之花柳遍映
雙清秋月 雙清亭遠滙資邵二水下俯深潭於秋夜觀月尤宜

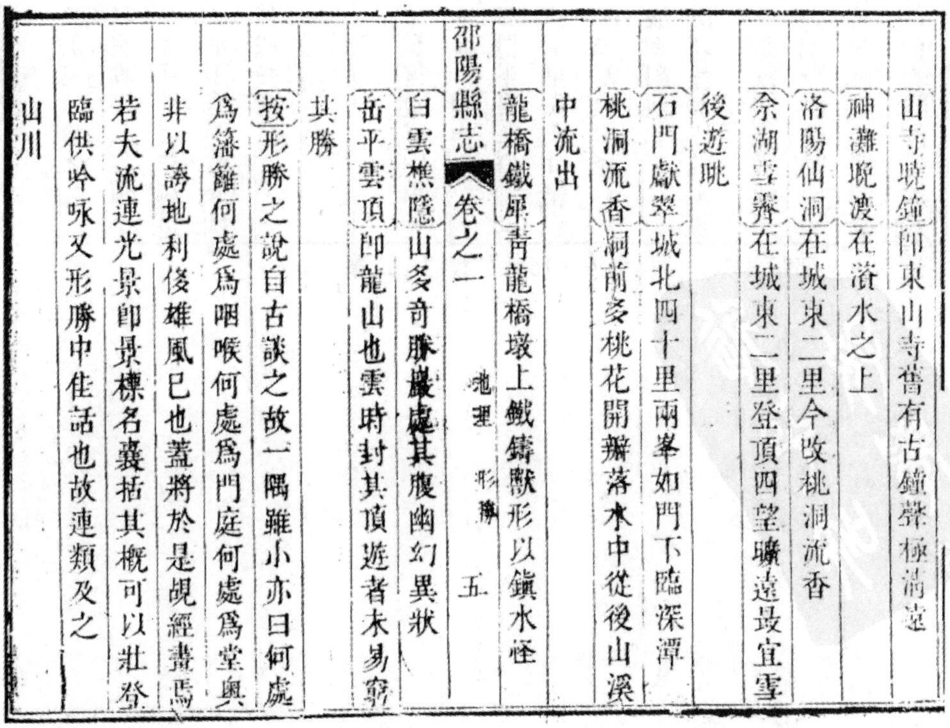
山寺曉鐘 即東山寺舊有古鐘聲極清遠
神灘晚渡 在資水之上
洛陽仙洞 在城東二里今改桃洞流香
佘湖雪霽 在城東二里登頂四望曠遠最宜雪後遊眺
石門獻翠 城北四十里兩峯如門下臨深潭
桃洞流香 洞前多桃花開瓣落水中從後山溪中流出
龍橋鐵犀 青龍橋壞上鐵鑄獸形以鎮水怪
邵陽縣志 卷之一 地理 形勝 五
白雲樵隱 山多奇勝巖處其腹幽幻異狀
岳平雲頂 即龍山也雲時封其頂遊者未易窮其勝
按形勝之說自古談之故一隅雖小亦曰何處爲藩籬何處爲咽喉何處爲門庭何處爲堂奧非以誇地利侈雄風已也蓋將於是覘經畫焉若夫流連光景即景標名囊括其概可以壯登臨供吟咏又形勝中佳話也故連類及之
山川

图 清乾隆《邵阳县志》载“十二景”

邵阳，史称“宝庆”。春秋末期，楚国大夫白善在此筑城，称白公城。秦代，今境内分属长沙郡及黔中郡。西汉初，始置昭陵县。吴宝鼎元年（266），分零陵郡北部都尉辖地置昭陵郡，治今城区，为境内建郡之始。西晋太康元年（280），更昭陵为邵陵，移郡治于资江北岸。唐代设邵州，与邵阳县在今城区同城而治。

宋崇宁五年（1106），分邵州西部置武冈军。南宋宝庆元年（1225），理宗赵昀登极，用年号命名曾领防御使的封地，升邵州为宝庆府，宝庆之名始于此。元代设宝庆、武冈二路。明初设宝庆、武冈二府，后降武冈为州。清初承明制。康熙三年（1664），宝庆府改隶湖南省长宝道。雍正二年（1724），新宁县直隶宝庆府。乾隆三年（1738），城步县改隶靖州，七年复隶宝庆府。

清乾隆《邵阳县志》“卷之一·形胜”载“十二景”：圣域贤关、六亭春色、双清秋月、山寺晓钟、神滩晚渡、洛阳仙洞、佘湖雪霁、石门献翠、桃洞流香、龙桥铁犀、白云樵隐、岳平云顶。

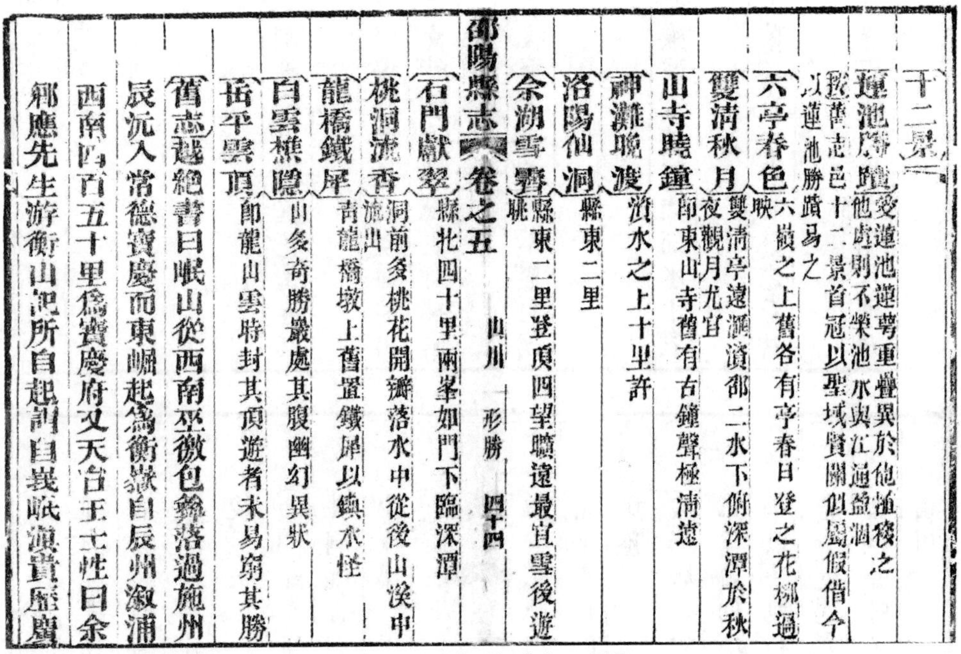

十二景

蓮池勝蹟 愛蓮池蓮蕚重疊異於他植後之 他處則不榮池水與江通盈涸

按舊志邑十二景首冠以聖域賢關似屬假借今以蓮池勝蹟易之

六亭春色 六嶺之上舊各有亭春日登之花柳遍映

雙清秋月 雙清亭遠瞰資邵二水下俯深潭於秋夜觀月尤宜

山寺曉鐘 南東山寺舊有古鐘聲極清遠

神灘晚渡 資水之上十里許

洛陽仙洞 縣東二里

佘湖雪霽 縣東二里登頂四望曠遠最宜雪後遊眺

邵陽縣志 卷之五 山川 形勝 四十四

石門獻翠 縣北四十里兩峯如門下臨深潭

桃洞流香 洞前多桃花開瓣落水中從後山溪中流出

龍橋鐵犀 青龍橋墩上舊置鐵犀以鎮水怪

白雲樵隱 山多奇勝巖處其腹幽幻異狀

岳平雲頂 即龍山雲時封其頂遊者未易窮其勝

舊志越絕書曰岷山從西南至徽包餘落過施州辰沅入常德寶慶而東崛起為衡嶽自辰州溆浦西南四百五十里為寶慶府又天台王七姓曰余鄒應先生游衡山記所自起訓自裴祇瀆貫歷廣

清嘉庆《邵阳县志》“卷之五·形胜”载“十二景”

[双清秋月]

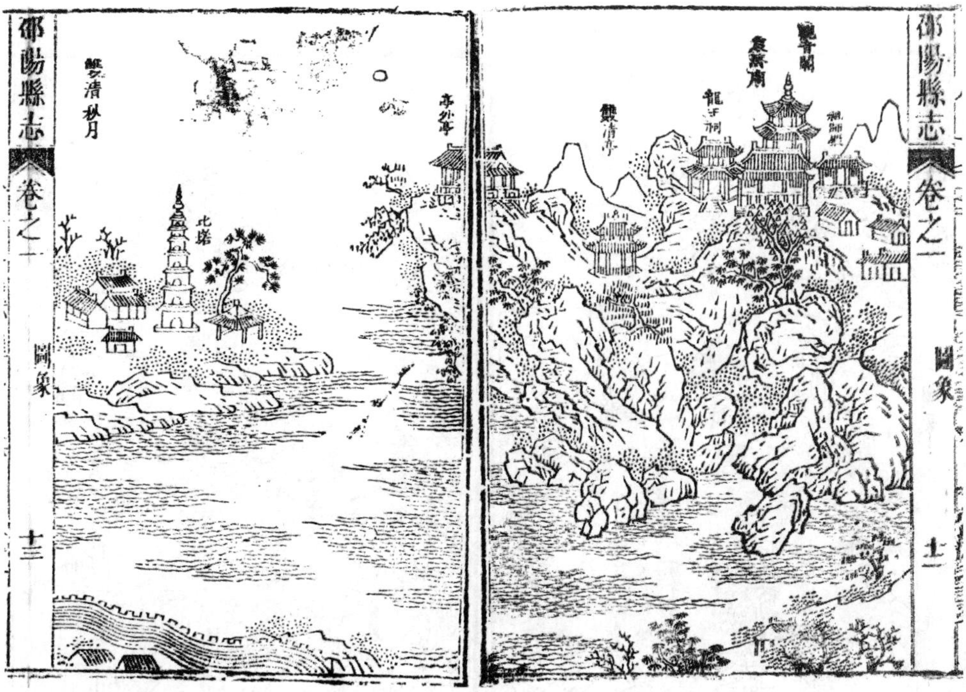

图清嘉庆《邵阳县志》载“双清秋月”

清乾隆《邵阳县志》“卷之一·形胜”载“双清秋月”：双清亭远汇资、邵二水，下俯深潭，于秋夜观月尤宜。

前人《双清秋月》

郭远双津合，天空片月浮。银河连下界，素魄落中流。蟾兔疑霜湿，鱼龙看出游。清光与澄碧，同泻万年秋。

[六亭春色]

图 清嘉庆《邵阳县志》载“六亭春色”

清乾隆《邵阳县志》“卷之一·形胜”载“六亭春色”：“六岭之上，旧各有亭，春日登之，花柳遍映。”清康熙《邵阳县志》“卷一·山川”载“六亭山”：四时登临俱佳，而尤宜于春景，为邵陵八景之一。

明代车大任《六亭春色》

春信传三楚，晴光漾六亭。浓花随雨绿，细柳杂烟青。野色薰人醉，莺声唤客醒。笙歌十万户，应为护山灵。

［龙桥铁犀］

▣ 清嘉庆《邵阳县志》载“龙桥铁犀”

清乾隆《邵阳县志》“卷之一·形胜”载“龙桥铁犀”：青龙桥墩上铁铸兽形，以镇水怪。

前人《龙桥铁犀》

宛转如龙卧，雄蹲更伏犀。飞形连地起，垂影逐虹低。乍睹云蚪舞，时闻水怪啼。会须乘驷马，不效长卿题。

[洛阳仙洞]

▣清嘉庆《邵阳县志》载“洛阳仙洞”

清嘉庆《邵阳县志》“卷之五·山川”载“洛阳洞”：县东二里许，即申泰芝往来处。

前人《洛阳仙洞》

杖履跻扳到九华，不知何处是仙家。落花流水春难老，古木闲云夕照斜。丹鼎何人知岁月，洞门长日锁烟霞。仙踪一去无消息，唯有碧桃春自花。

[桃洞流香]

清康熙《邵阳县志》载“桃花仙洞”（一名“桃洞流香”）

清乾隆《邵阳县志》“卷之一·形胜”载“桃洞流香”：洞前多桃花，开瓣落水中，从后山溪中流出。

[莲池胜迹]

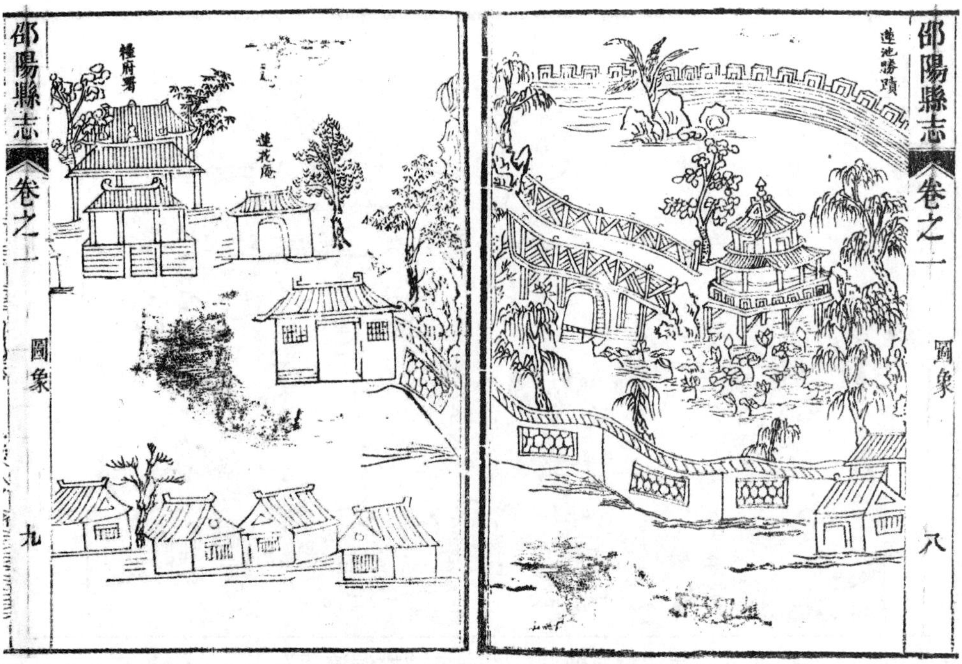

清嘉庆《邵阳县志》载“莲池胜迹”（又名“圣域贤关”）

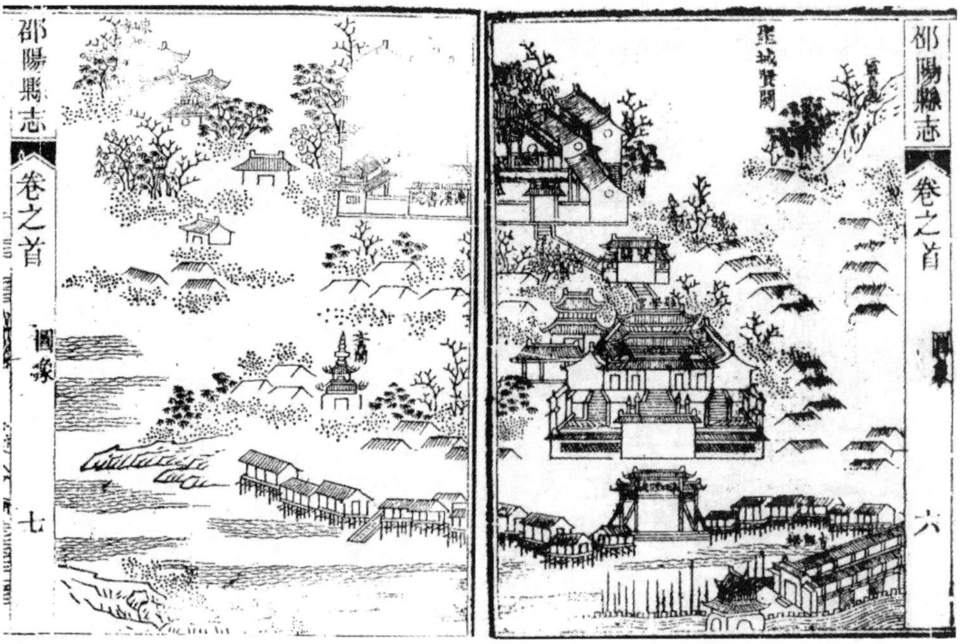

清乾隆《邵阳县志》“图像”载“圣域贤关”

清乾隆《邵阳县志》“卷之一·形胜”载“圣域贤关”：即县学及濂溪书院，前襟邵水，上冠东山。

[山寺晓钟]

图 清嘉庆《邵阳县志》载“山寺晚钟”

清乾隆《邵阳县志》“卷之一·形胜”载“山寺晓钟”：即东山寺，旧有古钟、极清远。

前人《山寺晓钟》

城柝犹乘月，寺钟忽破烟。穿云声百八，幼梦惺三千。断续因风度，轻清杂呗圆。尘途多特旦，听此已悠然。

[佘湖雪霁]

清嘉庆《邵阳县志》载“佘湖雪霁”

清乾隆《邵阳县志》“卷之一·形胜”载“佘湘雪霁”：在城东二里，登顶四望旷远，最宜雪后游眺。

前人《佘湖雪霁》

佘山高百仞，翻爱雪晴时。积素兼天远，凝辉映日奇。千林频送色，万壑顿回姿。欲借阳春意，挥成郢客辞。

[神滩晚渡]

清嘉庆《邵阳县志》载“神滩晚渡”

清乾隆《邵阳县志》“卷之一·形胜”载“神滩晚渡”：在资水之上。

前人《神滩晚渡》

路转神滩入望赊，归人待渡簇平沙。空江寂寂来鸿杳，远树依稀落日斜。暝色酿成千里雾，橹声摇碎一川霞。纷纭世故忙如蚁，那得浮生鬓不华。

［岳平云顶］

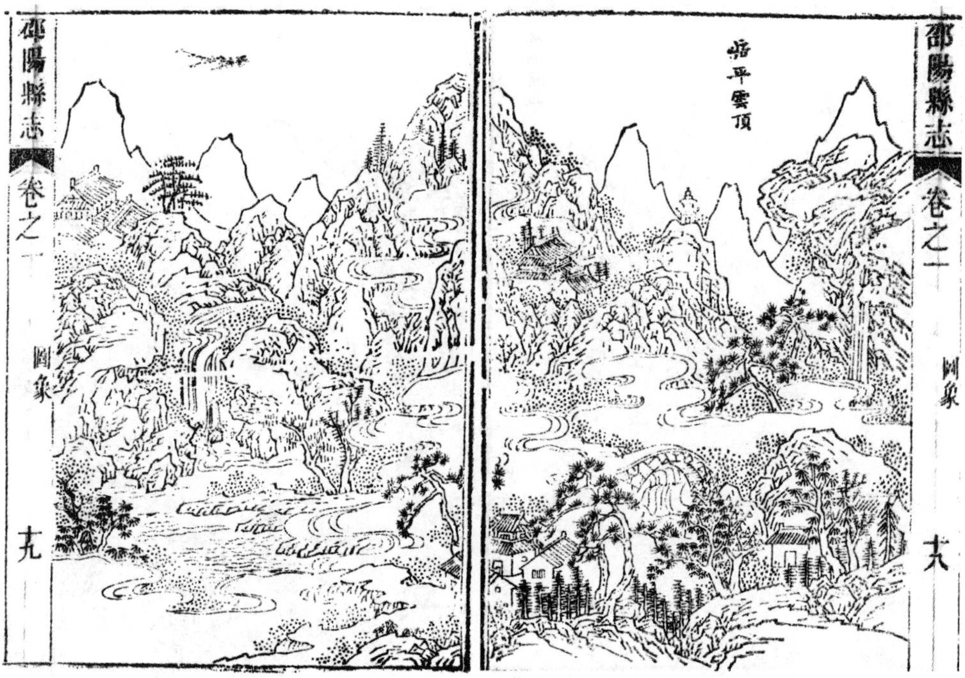

圖清嘉庆《邵阳县志》载“岳平云顶”

清乾隆《邵阳县志》“卷之一·形胜”载“岳平云顶”：即龙山也，云时封其顶，游者未易穷其胜。

清代曾荣鑛《登岳平顶》

万仞龙山邵郡东，霞光九面嵌青空。计通帝座凭嘘吸，七十峰峦入眼中。

［白云樵隐］

图 清嘉庆《邵阳县志》载“白云岩隐”（一名“白云樵隐”）

白云岩，位于新邵县巨口铺镇白云铺村。清乾隆《邵阳县志》“卷之一·山川”载“白云樵隐”：山多奇胜，岩处其腹，幽幻异状。

[石门献翠]

清嘉庆《邵阳县志》载“石门献翠”

石门山，位于新邵新田铺与龙口溪两地交界的资江上，又叫石门滩，两山夹峙如门，河岸狭窄，礁石耸立。资水穿行其间，奔腾咆哮，撞击石壁，声响如雷。古时江边曾置铜柱，以挽行舟，故又称铜柱滩，今铜柱无存。清乾隆《邵阳县志》“卷之一·山川”载“石门献翠”：城北四十里，两峰如门，下临深潭。

前人《石门献翠》

石门突兀两峰横，翠色遥联白善城。雨过江来青不断，月斜岩下碧还生。黛眉锁去双痕露，螺髻藏看半点明。夺得当年摩诘笔，画中犹带水流声。

【高沙八景】

高沙八景
馬嶺回雲　距市五里許山氣溟濛則天必雨人以是占晴雨
上有石似棋枰俗呼仙人石
洪灘浴鶒　文禽尾似船舵性食短狐在山澤中無復毒氣其
宿若有勅今多出江南此地最少故以誌景灘在楊公橋下
石井浮香　在楊公橋夾流之中其形若臼時有香氣氤氳
蓮寺禁鐘　庵在市後先有鐘聲相傳擊之多火災故禁
沙潭躍鯉　在半山廟下時有大鯉泳游水面漁者不能網獲
驚為神魚
石祖懸[illegible]市龍頭村突有怪石矗起如人狀夜
烱烱若[illegible]肖鐫元帝像舁至沙
武岡州志
市奉大士庵[illegible]
洄瀾湧月　在祖師橋[illegible]澄清斜拖碧練月輪迴轉與波
上下今書院以觀瀾名因此
滄浪擊磬　距市三里名鐘滄寺寺前面江水流潺湲擊磬應
之餘韻互相繚繞月夜側聽使人意靜
石堰八景
斗牛煙雨　斗子嶺蒼松蓊鬱牛形嶺草木錯雜風晨月夕煙
嵐繚繞
楊柳春色　楊柳塘在鵝形嶺下廣三十餘畝環塘柳樹數十
株春至則絲裊岸旁花浮水面濃陰密護不異蘇堤
天螺晒醫　曾氏廷芷墳地名天螺曬醫形其山突湧如螺上

▣清光绪《武冈州志》“卷之五十四·拾遗志”载“高沙八景”

高沙镇，又称“高沙市”。秦汉时建街，唐宋时称市，明清时臻于鼎盛，繁荣于当代。高沙镇旧属武冈。在西汉时期，刘遂为都梁侯，高沙属都梁国，后改名为都梁县。到三国时候，都梁县改名武冈县，高沙属武冈县地。清乾隆二十五年（1760）至辛亥革命改元，武冈设州同驻高沙曰分州衙门，管辖今洞口县全境。清道光二十五年（1845），又设千总驻军于此，高沙遂成为武冈州乃至宝庆府的政治、军事、经济与文化重镇。

马岭回云：距市五里许，山气溟蒙则天必雨，人以是占晴雨，上有石似棋枰。俗呼仙人石。

洪滩浴鶒：文禽，尾似船駞，性食短狐，在山中复无毒气，其宿若有敕，多出江南，此地最少，故以志景，滩在杨公桥。

石井浮香：在杨公桥夹流之中，其形若石臼，时有香气氤氲。

莲寺禁钟：庵在市后，先有钟声，相传击之多火灾，故禁。

石祖悬灯：明万历时，近市龙头村突有怪石直立如人状，夜炯炯若星悬，光亘数里，丙夜愈炽。乡耆肖镌元帝像，舁至沙市奉大士庵，屡著灵异。

洄澜涌月：在祖师桥下，秋气澄清，斜拖碧练，月轮洄转，与波上下。今书院以观澜名因此。

沧浪击磬：距市三里处，名钟沧寺，寺前面江水，水流潺潺，击磬应之余韵，互相缭绕，月夜侧听，使人意静。

沙潭跃鲤：在半山庙下，时有大鲤泳游水面，渔者不能网获，惊为神鱼。

【石堰八景】

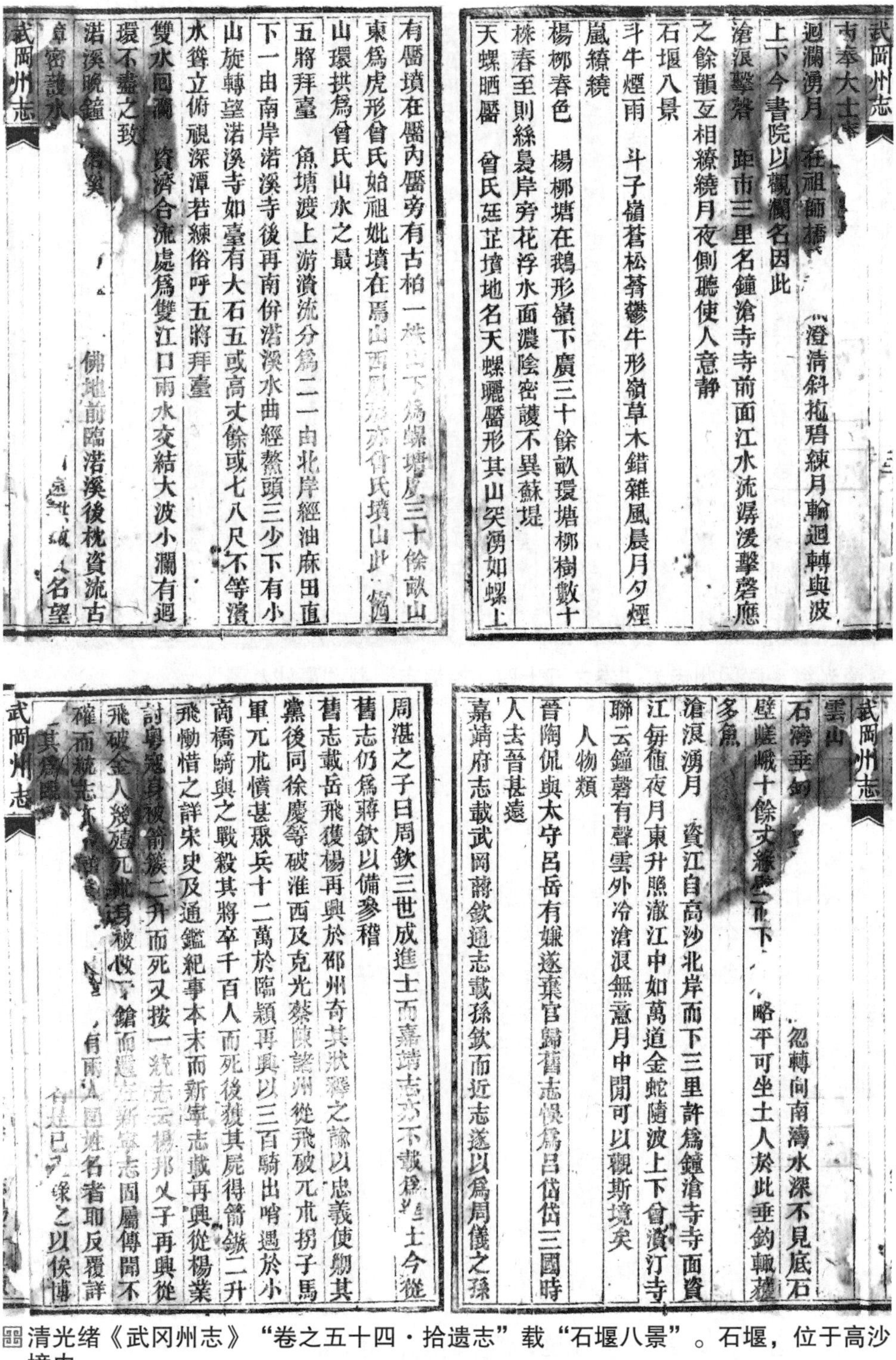

武岡州志

寺奉大士[illegible]
迴瀾湧月　在祖師橋[illegible]　澄清斜拖碧練月輪迴轉與波
上下今書院以觀瀾名因此
滄浪擊磬　距市三里名鐘滄寺寺前面江水流潺湲擊磬應
之餘韻互相繚繞月夜側聽使人意静
石堰八景
斗牛煙雨　斗子嶺蒼松蓊鬱牛形嶺草木錯雜風晨月夕煙
嵐繚繞
楊栁春色　楊栁塘在鵝形嶺下廣三十餘畝環塘栁樹數十
株春至則絲裊岸旁花浮水面濃陰密護不異蘇堤
天螺晒曆　曾氏廷芷墳地名天螺曬曆形其山突湧如螺上
有曆墳在曆內曆旁有古柏一株[illegible]下爲螺塘廣三十餘畝山
東爲虎形曾氏始祖妣墳在焉山西[illegible]亦曾氏墳山此[illegible]
山環拱爲曾氏山水之最
五將拜臺　魚塘渡上游資流分爲二一由北岸經油麻田直
下一由南岸渚溪寺後再南併渚溪水曲經鰲頭三少下有小
山旋轉望渚溪寺如臺有大石五或高丈餘或七八尺不等濱
水聳立俯覷深潭若綀俗呼五將拜臺
雙水回瀾　資濟合流處爲雙江口兩水交結大波小瀾有迴
環不盡之致
渚溪晚鐘　[illegible]　佛地前臨渚溪後枕資流古
章密護水[illegible]名望

武岡州志

雲山
石灣垂釣　[illegible]　忽轉向南灣水深不見底石
壁嵯峨十餘丈[illegible]下　略平可坐土人於此垂釣輙獲
多魚
滄浪湧月　資江自高沙北岸而下三里許爲鐘滄寺寺面資
江每值夜月東升照澈江中如萬道金蛇隨波上下曾濱汀寺
聯云鐘磬有聲雲外冷滄浪無意月中閒可以觀斯境矣
人物類
晉陶侃與太守呂岳有嫌遂棄官歸舊志误爲呂岱岱三國時
人去晉甚遠
嘉靖府志載武岡蔣欽通志載孫欽而近志遂以爲周儀之孫
周湛之子曰周欽三世成進士而嘉靖志亦不載[illegible]士今從
舊志仍爲蔣欽以備參稽
舊志載岳飛獲楊再興於邵州奇其狀釋之諭以忠義使刎其
黨後同徐慶等破淮西及克光蔡陳諸州從飛破兀朮拐子馬
軍兀朮憤甚聚兵十二萬於臨潁再興以三百騎出哨遇於小
商橋驟與之戰殺其將卒千百人而死後獲其屍得箭鏃二升
飛慟惜之詳宋史及通鑑紀事本末而新寧志載再興從楊業
討粵寇身被箭鏃二升而死又按一統志云楊邦乂子再興從
飛破金人幾殲兀朮[illegible]被[illegible]下鎗而還[illegible]新寧志因屬傳聞不
確而統志[illegible]　[illegible]有兩人同姓名者耶反覆詳
其[illegible]　[illegible]是已[illegible]缘之以俟博

清光绪《武冈州志》“卷之五十四·拾遗志”载“石堰八景”。石堰，位于高沙境内。

【绥宁十二景】

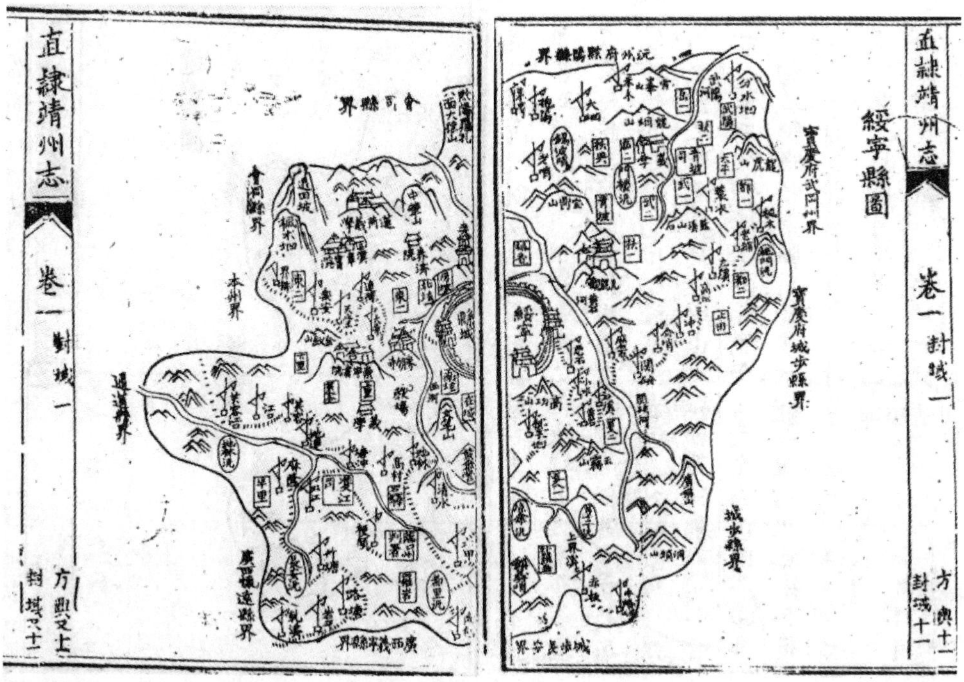

清乾隆《直隶靖州志》载“绥宁县图”

寨市古镇位于绥宁县西南部，四山环翠，东有云雾山，西是虎溪山，北边玉屏山，南边是高功山。清澈见底的莳竹水穿镇而过，而后汇入巫水，流入沅水。

寨市古镇历经三国、两晋、隋、唐、宋、元、明、清、民国和现代，其中作为县城达九百多年。寨市三国时称诸葛城；唐代为徽州首府，称飞凤徽城；宋元丰四年（1081）改徽州为莳竹县，崇宁二年（1103）改莳竹为绥宁县，县衙皆建于此。南宋初年，县境少数民族首领杨再兴率众在临冈（今通道县临口，原为绥宁县地）起义，临冈离寨市不远，县治受到严重威胁，被迫于绍兴十一年（1141）迁置武阳砦（今李熙镇苏家州），二十五年（1155）因起义被镇压而回迁寨市。

“绥宁十二景”除枫岭秋容、独岩挺秀、蓝溪霁雪三景外，一水纡蓝、四山环翠、七星森列、高井回甘、文笔凌云、云拥天阙、宿楼夕照、高功春色、金钗西垂九景皆位于寨市古镇镇内或郊外。

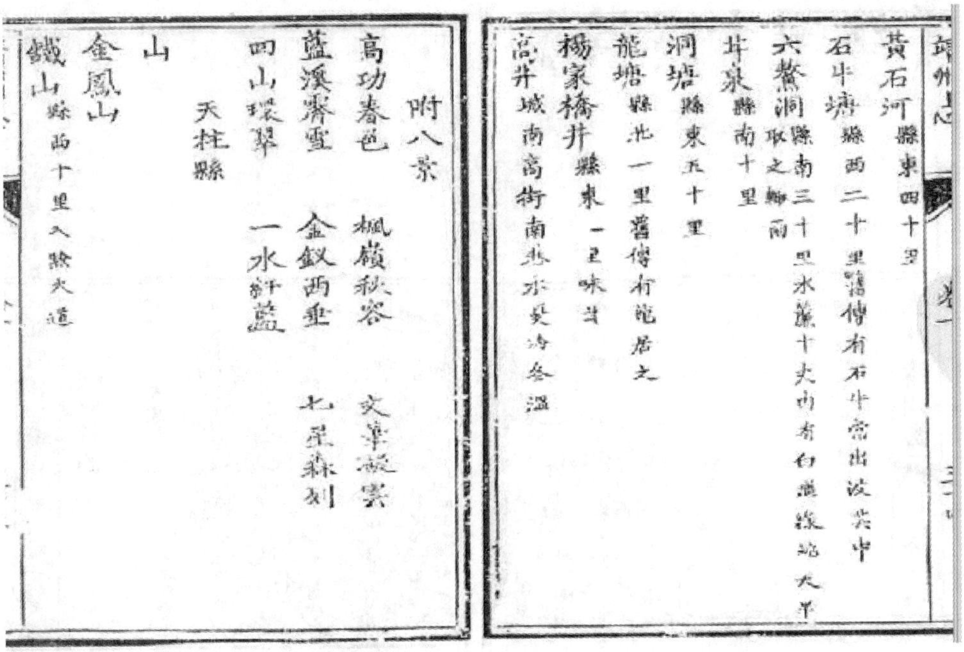

靖州志　卷一

黃石河　縣東四十里
石牛塘　縣西二十里舊傳有石牛常出波浪中
六鰲洞　縣南三十里水深十丈内有白魚緣始大旱取之輒雨
井泉　縣南十里
洞塘　縣東五十里
龍塘　縣北一里舊傳有龍居之
楊家橋井　縣東一里味甘
高井　城南高街南泉水夏冷冬溫

附八景
高功春色　楓嶺秋容　文峯凝雲
藍溪霽雪　金釵西垂　七星森列
四山環翠　一水紆藍

天柱縣

山
金鳳山
鐵山　縣西十里入黔大道

▣清康熙《靖州志》载“绥宁八景”

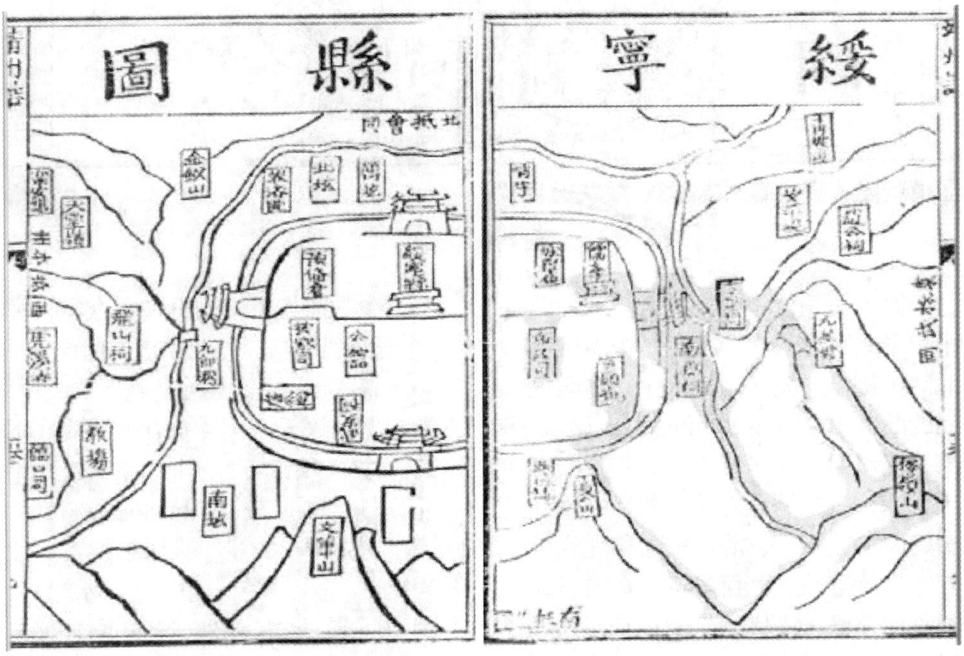

▣清康熙《靖州志》载“绥宁县图”

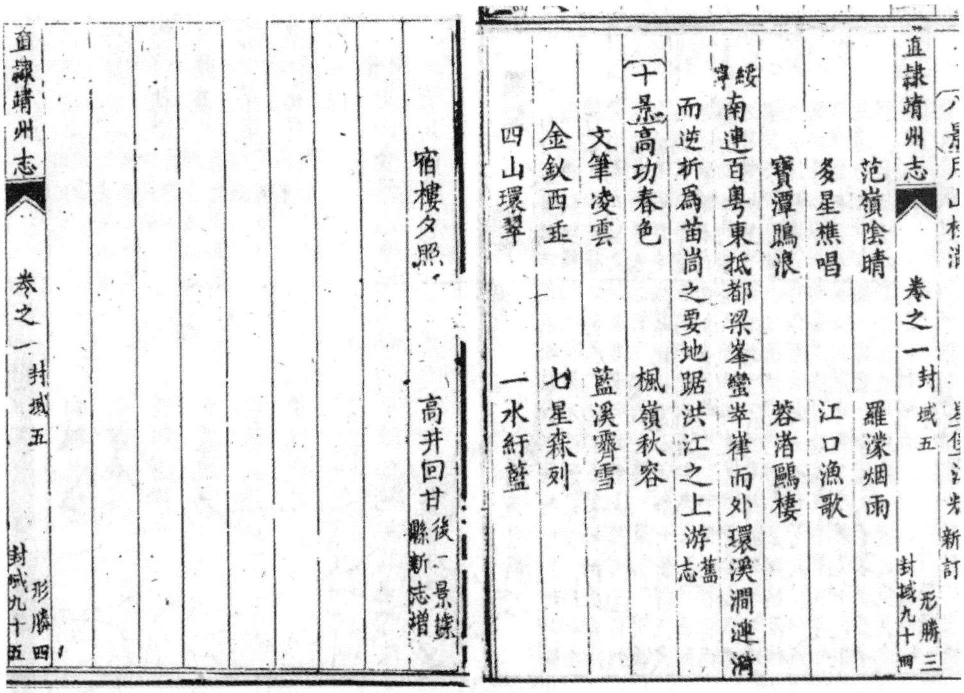

直隸靖州志　卷之一　封域五　封域九十四　形勝三

范嶺陰晴　羅濛烟雨
多星樵唱　江口漁歌
寶潭鵬浪　蓉渚鷗棲
綏寧南連百粵東抵都梁峯巒崒嵂而外環溪澗漣漪而逆折爲苗峒之要地踞洪江之上游舊志
十景
高功春色　楓嶺秋容
文筆凌雲　藍溪霽雪
金釵西垂　七星森列
四山環翠　一水紆藍
宿樓夕照　高井回甘後二景據縣新志增

直隸靖州志　卷之一　封域五　封域九十五　形勝四

圖清乾隆《直隶靖州志》载“绥宁十景”

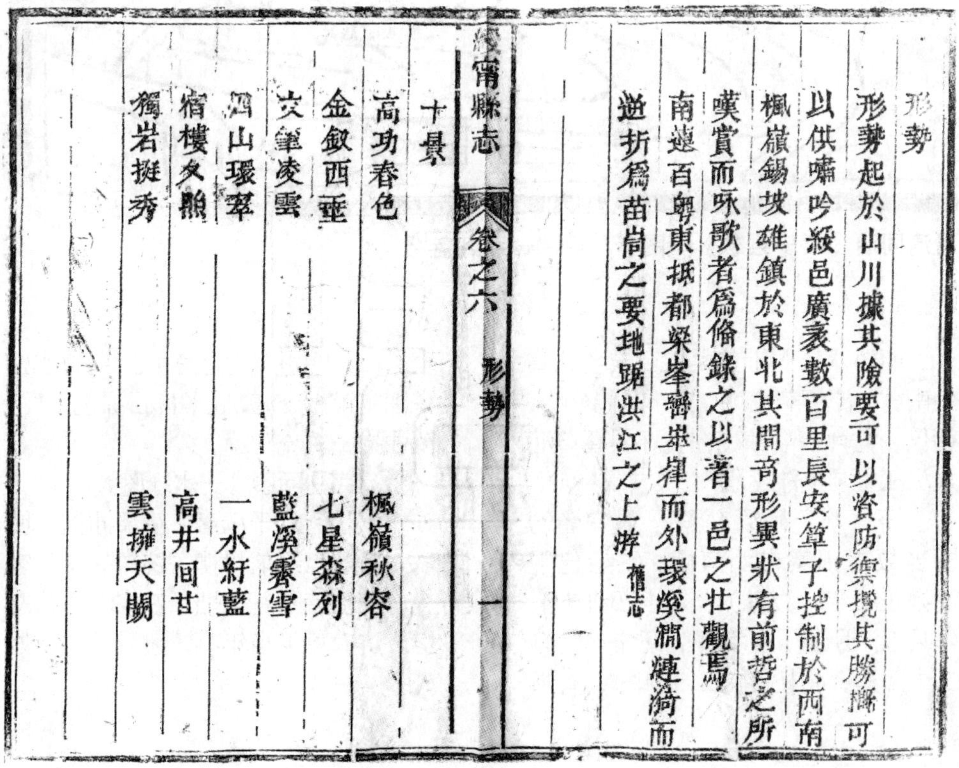

形勢
形勢起於山川據其險要可以資防禦攬其勝槪可以供嘯吟綏邑廣袤數百里長安箄子控制於西南楓嶺錫坡雄鎮於東北其間奇形異狀有前哲之所嘆賞而詠歌者爲備錄之以著一邑之壯觀焉
南連百粵東抵都梁峯巒崒嵂而外環溪澗漣漪而逆折爲苗峒之要地踞洪江之上游舊志

綏寧縣志　卷之六　形勢　一

十景
高功春色　楓嶺秋容
金釵西垂　七星森列
文筆凌雲　藍溪霽雪
四山環翠　一水紆藍
宿樓夕照　高井回甘
獨岩挺秀　雲擁天關

圖清同治《绥宁县志》“形势”载“十二景”

［一水纡蓝］

图清同治《绥宁县志》“图考”载“一水纡蓝”

莳竹水，源于黄桑坪苗族乡乌鸡山南麓，流经黄桑坪、寨市、鹅公岭、朝仪、党坪等乡镇，在党坪界溪口汇入沅江主要支流巫水。

莳竹水上桥梁众多，最有名的桥当数古镇寨市西河桥。它始建于清雍正五年（1727），二十四排（清廷县以下所管，称为里，绥宁当时有二十四里，将桥建为二十四排，有举全县二十四里之力之意）。莳竹水在古镇寨市拐个湾，映照满目绿色，“清溪曲抱一城流”。

清代程际泰《一水纡蓝》

蓝水远从千涧落，清溪曲抱一城流。薇茫点缀前村柳，婉转呕哑下客舟。锦被墙隈花灿灿，虹飞石岸路悠悠。济人莫笑当年事，遗爱于今到处流。

[七星森列]

清同治《绥宁县志》“图考”载“七星森列”

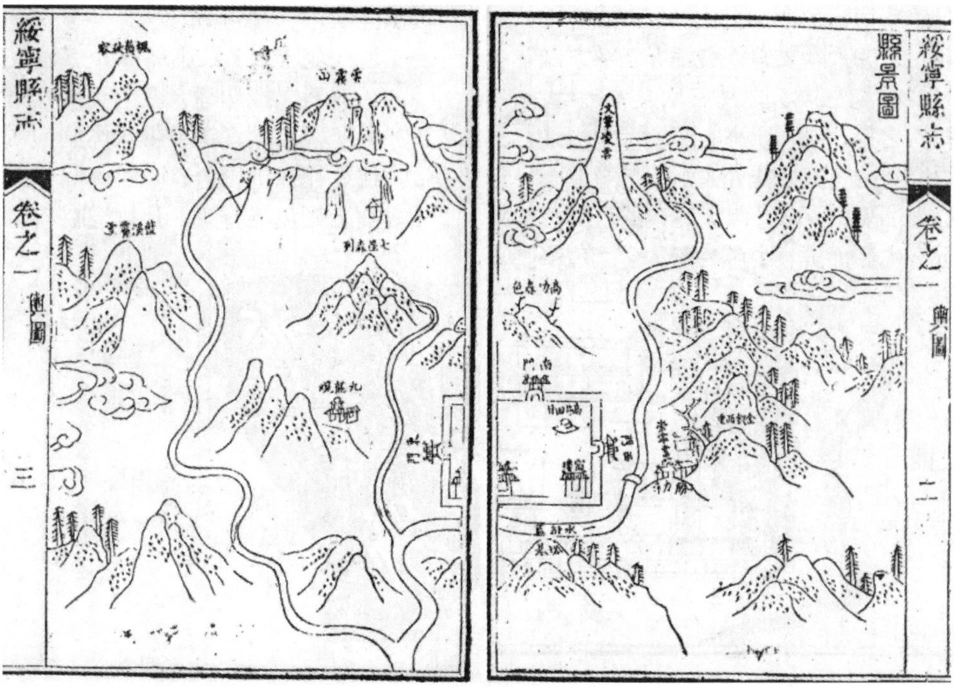

清乾隆《绥宁县志》“县景图”载“七星森列”

［四山环翠］

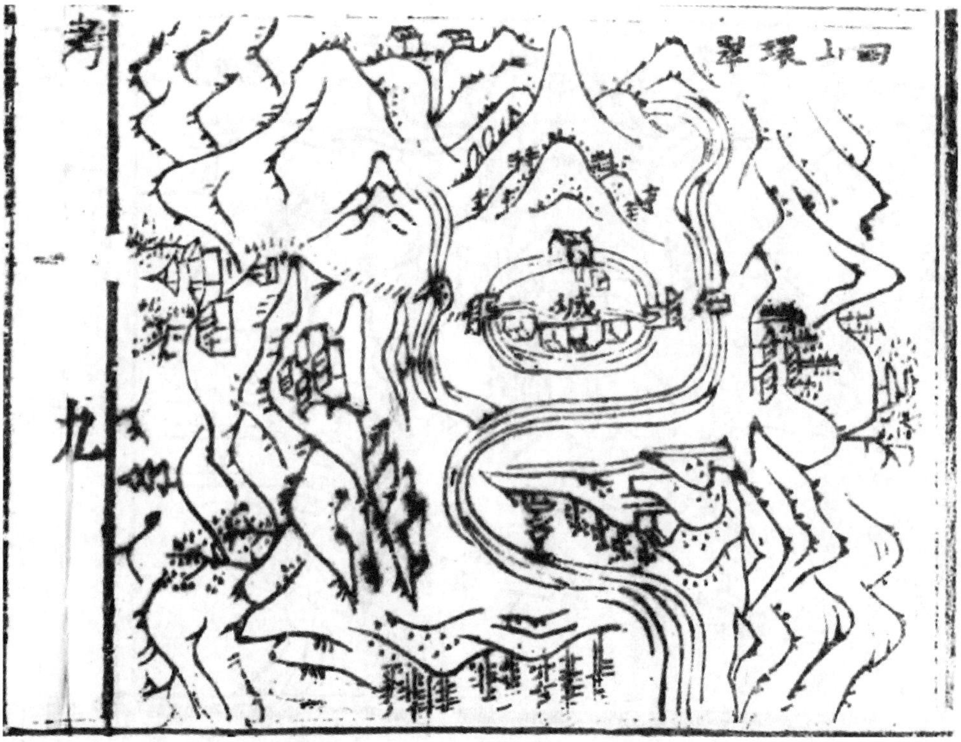

清同治《绥宁县志》“图考”载“四山环翠”

寨市古镇四面环山，东有云雾山，兼“云拥天阙”之胜、庵寺庙宇之藏、泉涌涧流之声、林秀三秋之翠、奇峰对峙之势，自明以来，即为宗教福地、祈愿灵山、览景佳处。西面是虎溪山，虎溪书院曾深藏于此。北边的玉屏山，远望山影如屏，山色如玉，含烟蕴翠。古镇之南，靠着高功山。

清代范成龙《四山环翠》

一泒晴岚拥曙晖，四山高接五云飞。层峦叠出朝青锁，带水潆洄抱翠微。往往花开锦绣合，时时落照彩霞晞。惟余颇负寻芳兴，几欲登临载屐归。

[高功春色]

清同治《绥宁县志》“图考”载“高功春色”

清同治《绥宁县志》“卷之七·山川”载“高功山”：治南城外，山麓名楠木山，自与粤西交界之鹦哥山，绵亘二百余里，南历云雾山，又十余里。结县治，碣口矗立，端凝如几，见“八景”。

明代高应冕《高功春色》

春到天涯处处通，山名何独属高功。草知蜡尽先纾绿，花喜阳回故放红。百里围屏开翠色，千里桃李醉东风。王孙勒马来芳径，踏破前峰锦绣丛。

清代范成龙《高功春色》

历历溪谷过眼空，高功独秀驾苍穹。喜看翠黛悬青锁，更有阳和点碧丛。鸟语枝头声嘹亮，花间竹里影曚曈。因思潘岳栽桃日，未否分来此处红。

[文笔凌云]

圖清同治《绥宁县志》“图考”载“文笔凌云”（一名“文笔凝云”）。清代杨龙鼎《文笔凌云》：层峦列嶂列檐前，更有奇峰倚碧天。云雾凌空资化雨，苍苍想也护如椽。

[金钗西垂]

▣清同治《绥宁县志》"图考"载"金钗西垂"。清代杨龙鼎《金钗西垂》：西山一带若鸾翔，疑是金钗列几行。云白枫青垂杂珮，朝霞春晓靓新妆。

[枫岭秋容]

清同治《绥宁县志》“图考”载“枫岭秋容”

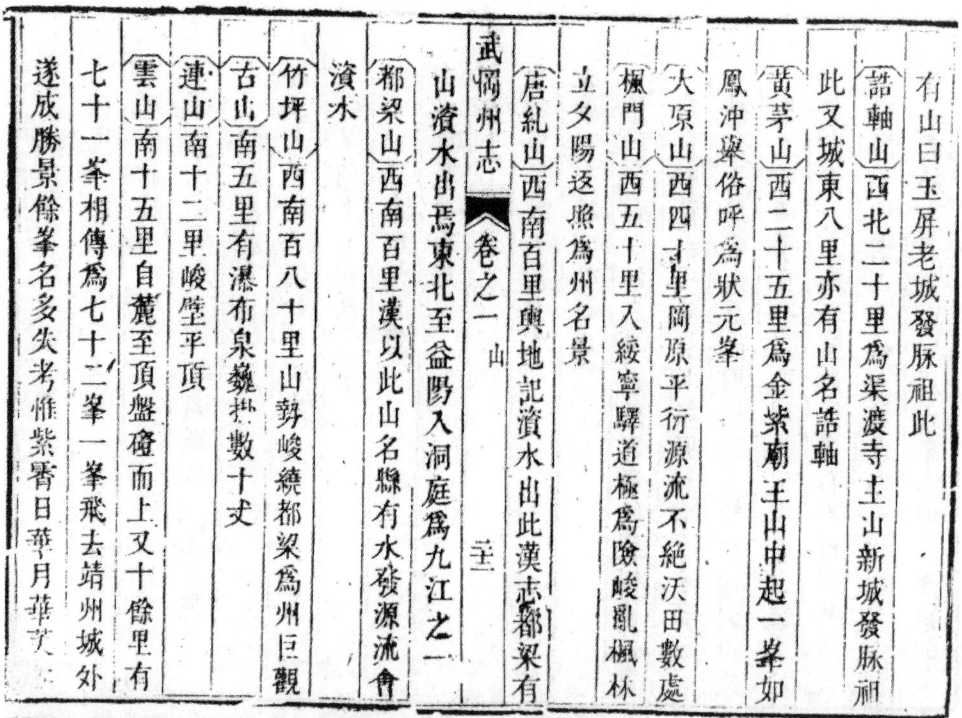

有山曰玉屏老城發脉祖此
誥軸山西北二十里爲渠渡寺主山新城發脉祖
此又城東八里亦有山名誥軸
黄茅山西二十五里爲金紫廟主山中起一峯如
鳳冲舉俗呼爲狀元峯
大原山西四十里岡原平衍源流不絕沃田數處
楓門山西五十里入綏寧驛道極爲險峻亂楓林
立夕陽返照爲州名景
唐糺山西南百里輿地記資水出此漢志都梁有

武岡州志 卷之一 山 三

山資水出焉東北至益陽入洞庭爲九江之一
都梁山西南百里漢以此山名縣有水發源流會
資水
竹坪山西南百八十里山勢峻繞都梁爲州巨觀
古山南五里有瀑布泉巍掛數十丈
連山南十二里峻壁平頂
雲山南十五里自麓至頂盤磴而上又十餘里有
七十一峯相傳爲七十二峯一峯飛去靖州城外
遂成勝景餘峯名多失考惟紫霄日華月華文

清乾隆《武冈州志》载“枫门山”

枫门岭，为绥宁、城步两县界山，以山岭多古枫而名。枫树是苗瑶人的神树。深秋，枫叶红于二月花，“枫岭秋容”胜春朝。

清光绪《湖南通志》载，“枫门岭在（绥宁）县东百三十里，最高险”“枫门岭在州（武冈州）西六十里，一名风门山，又名风门岭，又名风阳山，接城步县及靖州、绥宁县界，黔楚通衢也，山势极高峻”“城步为宝庆西南最要地，二都之枫门岭，西遏云贵咽喉”。自唐以来，枫门岭或设铺驿，或设哨汛，供来往安全和情报通讯。清乾隆年间，枫门岭讯规模扩大，署九间，兵房一十六间，把总一员，兵二十一名。

清代范成龙《枫岭秋容》

秋水长天一色通，枫门高耸闘霜丛。飞霞直缀层峦上，落叶孤飘绝巘中。一片烟光凝紫雾，几番秋月冷青葱。登临时切伊人慕，白露蒹葭处处同。

清代彭汲《枫门秋色》

山意经秋不自聊，山谷落寞老枫凋。鸿飞孤影增离索，蝉曳残声助寂寥。十里长亭烟袅袅，半林黄叶雨萧萧。人从古道披云去，日暮西风下酒招。

[蓝溪霁雪]

▣清同治《绥宁县志》“图考”载“蓝溪霁雪”

蓝溪，又称兰溪、岚溪、关峡水。今绥宁县关峡苗族乡有兰溪村，即兰溪口，意为此地位于兰溪流入黄石河（即今巫水）入口处。兰溪古渡位于关峡苗族乡境内的关峡水下游，即今雄关（关峡隘口峡史称雄关）东面出口的定远桥上方蓝溪与黑江汇处。

在定远桥建成之前，兰溪古渡是湘黔古道干线的必经之地。

清代彭汲《兰溪霁雪》

溪水兰前本洞澈，溪流雪后更清漪。采薪衣薄初停负，独钓蓑寒已罢披。昨夜因风商絮咏，今朝见晛觅梅诗。江天一览澄如此，霁色遥看处处宜。

[宿楼夕照]

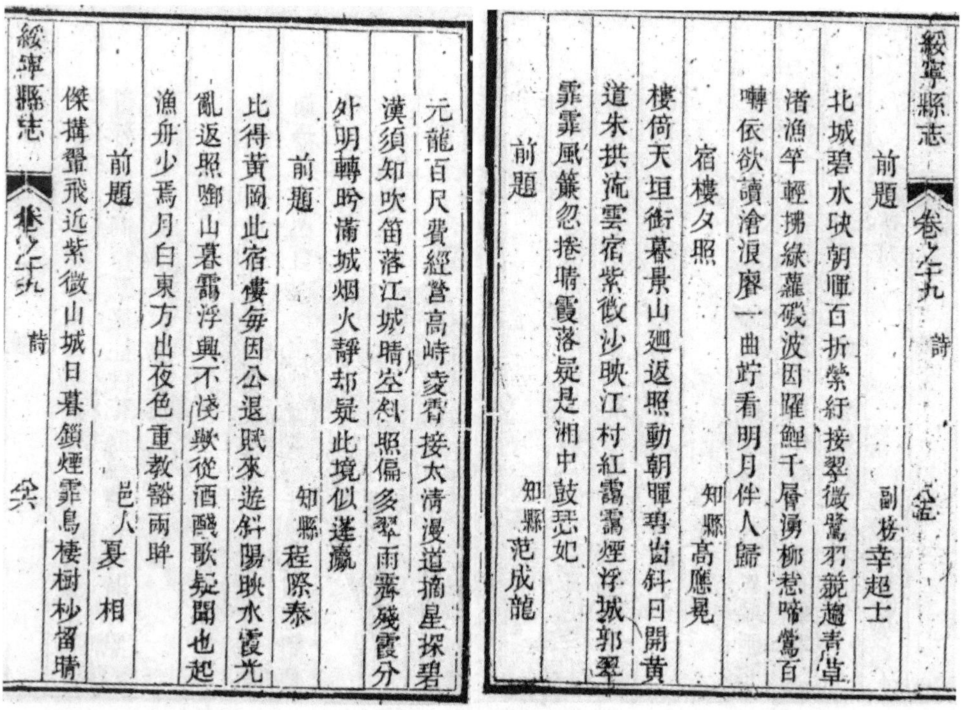

綏寧縣志　卷之十九　詩

前題　副榜 辛超士

北城碧水玦朝暉百折縈紆接翠微鷺羽競趨青草渚漁竿輕拂綠蘿磯波因躍鯉千層湧柳惹啼鶯百囀依欲讀滄浪賡一曲竚看明月伴人歸

宿樓夕照　知縣 高應晁

樓倚天垣銜暮景山迴返照動朝暉尋凿斜日開黄道朱拱流雲宿紫微沙映江村紅靄靄煙浮城郭翠霏霏風簾忽捲晴霞落疑是湘中鼓瑟妃

前題　知縣 范成龍

元龍百尺費經營高峙凌霄接太清漫道摘星探碧漢須知吹笛落江城晴空斜照偏多翠雨霽殘霞分外明轉盼滿城烟火靜却疑此境似蓬瀛

前題　知縣 程際泰

比得黄岡此宿樓每因公退賦來遊斜陽映水霞光亂返照啣山暮靄浮興不淺歟從酒醆歌疑聞也起漁舟少焉月白東方出夜色重教豁兩眸

前題　邑人 夏相

傑搆翚飛近紫微山城日暮鎖煙霏鳥棲樹杪留晴

清乾隆《绥宁县志》“艺文”载“《宿楼夕照》”

清代范成龙《宿楼夕照》

元龙百尺费经营，高峙凌霄接太清。漫道摘星探碧汉，须知吹笛落江城。晴空斜照偏多翠，雨霁残云分外明。转睇满城烟火静，却疑此境似蓬瀛。

[高井回甘]

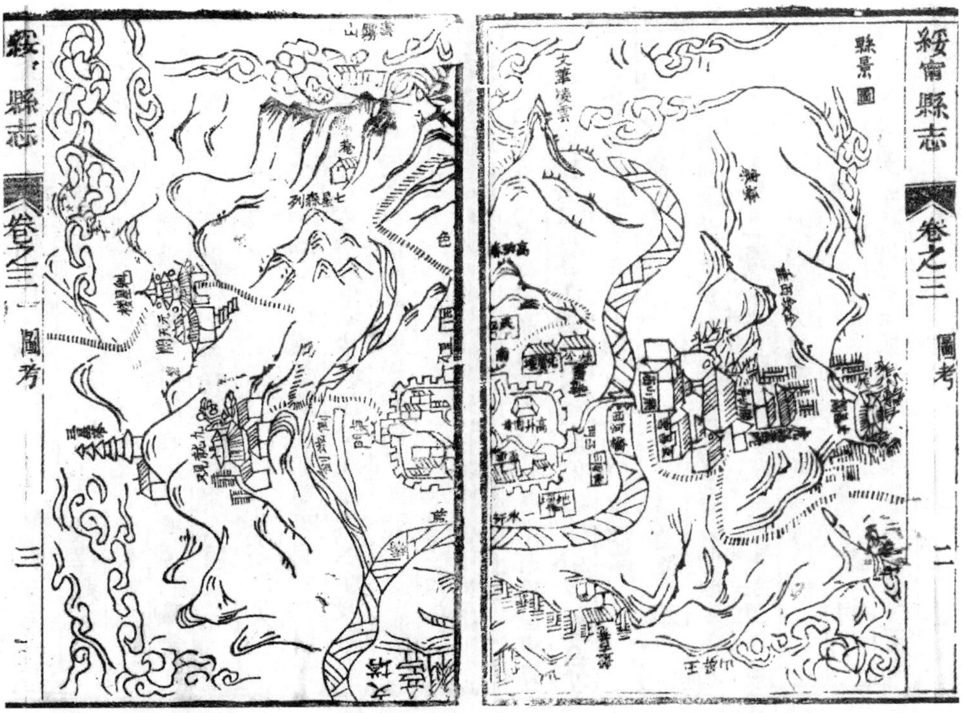

图 清同治《绥宁县志》“县景图”载“高井回甘”，“山水”载“高井”：南城内，高街巷。

清代范成龙《高井回甘》

年年高井唤甘泉，滴滴怡人到处传。一泒清流同合浦，满城庆洽赖烹鲜。春来疑有金茎露，秋后惟余石谷烟。昔日子云曾献赋，至今谁复奏斯篇。

［独岩挺秀］

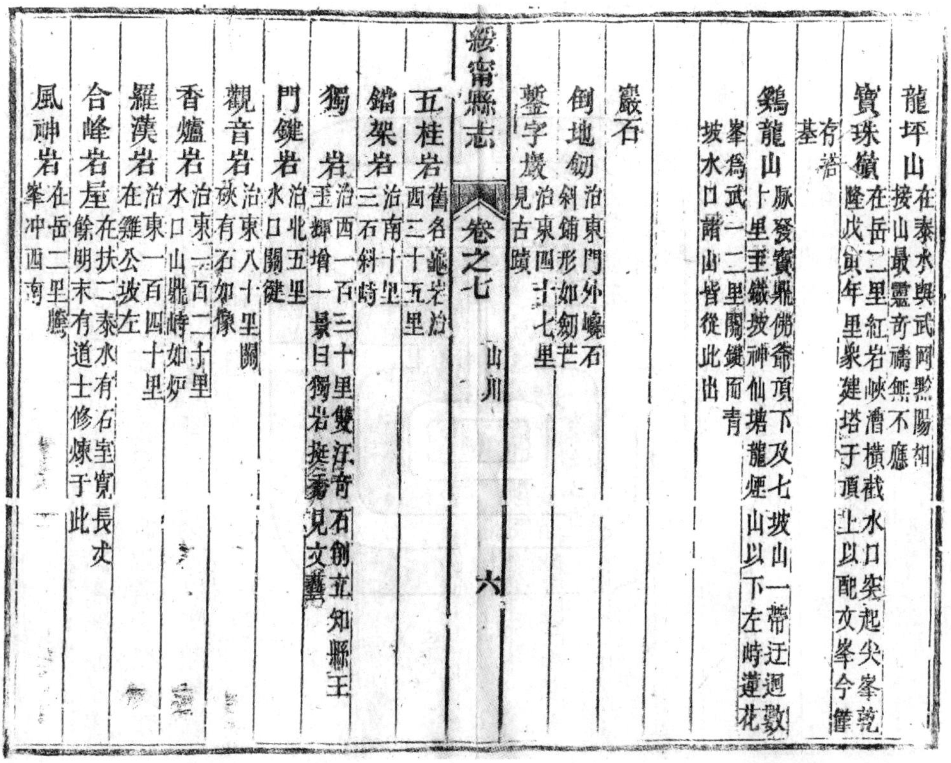

龍坪山在泰水與武岡黔陽知接山最靈奇禱無不應

寶珠嶺在岳二里紅岩峽漕橫截水口突起尖峯乾隆戊寅年里衆建塔于頂上以配文峯今[illegible]存塔基

鷄龍山脉發寶鼎佛翁頂下及七坡山一帶迂迴數十里至鐵坡神仙塘龍煙山以下左峙蓮花峯爲武一二里關鍵而青坡水口諸山皆從此出

巖石

倒地劒治東門外巉石斜鋪形如劒芒

鑿字巖治東四十七里見古蹟

綏寧縣志　卷之七　山川　六

五柱岩舊名龜岩治西三十五里

鐺架岩治南十里三石斜峙

獨岩治西一百三十里雙江奇石削立知縣王玉輝增一景曰獨岩挺秀見文藝

門鍵岩治北五里水口關鍵

觀音岩治東八十里關硤有石如像

香爐岩治東一百二十里水口山鼎峙如爐

羅漢岩治東一百四十里在雞公坡左

合峰岩在扶二泰水有石室寬長丈屋餘明末有道士修煉于此

風神岩在岳二里鷹峯冲西南

清同治《绥宁县志》“山川”载“独岩”：治西一百三十里，双江奇石削立。知县王玉辉增一景曰“独岩挺秀”。

[云拥天阙]

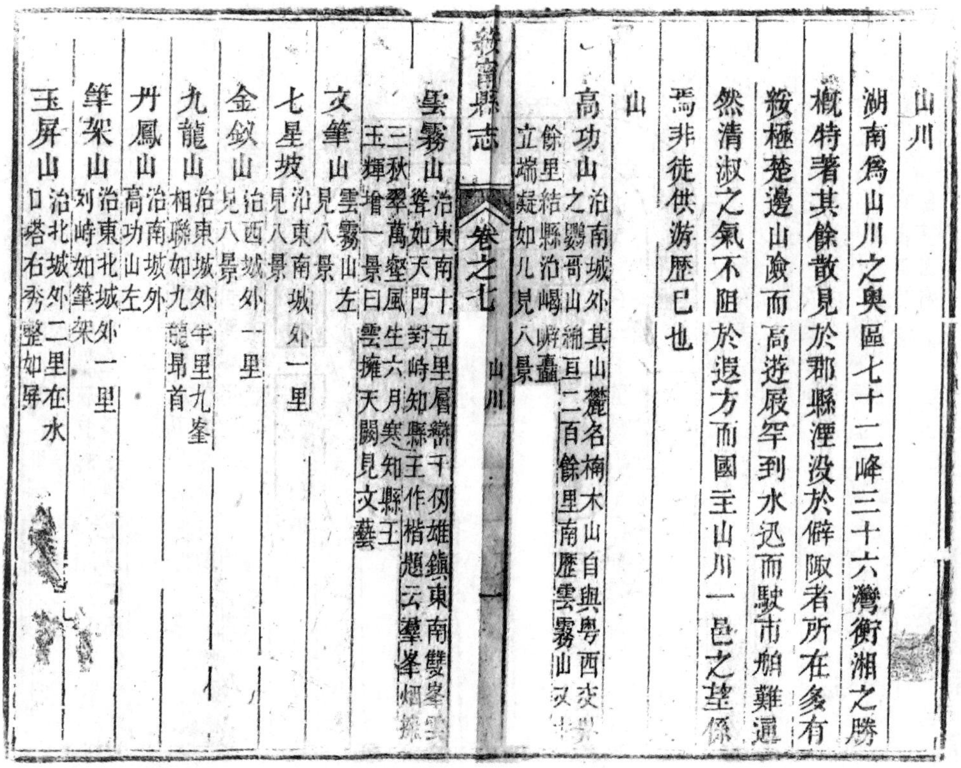
山川
湖南爲山川之奥區七十二峰三十六灣衡湘之勝概特著其餘散見於郡縣湮没於僻陬者所在多有綏極楚邊山險而高遊屐罕到水迅而駛市舶難通然清淑之氣不阻於遐方而國宝山川一邑之望係焉非徒供游歷已也

山

高功山 治南城外其山麓名楠木山自與粤西交界之鸚哥山綿亘二百餘里南歷雲霧山又餘里結縣治蝸孵蠢立端凝如几見八景

綏寧縣志 卷之七 山川 一

雲霧山 治東南十五里層巒千仞雄鎮東南雙峯雲聳如天門對峙知縣王作楷題云羣峯烟擁三秋翠萬壑風生六月寒知縣王玉輝增一景曰雲擁天闕見文藝

文筆山 雲霧山左見八景

七星坡 治東南城外一里見八景

金釵山 治西城外一里見八景

九龍山 治東城外十里九峯相聯如九龍昂首

丹鳳山 治南城外高功山左

筆架山 治東北城外一里列峙如筆架

玉屏山 治北城外二里在水口塔右秀聳如屏

图 清同治《绥宁县志》“山水”载“云雾山（云拥天阙）”

清同治《绥宁县志》“卷之七·山川”载“云雾山”：治东南十五里，层峦千仞，雄镇东南，双峰云耸如天门对峙。知县王作楷题云“群峰烟拥三秋翠，万壑风生六月寒”。知县王玉辉增一景曰“云拥天阙”。

【夫夷十二景】

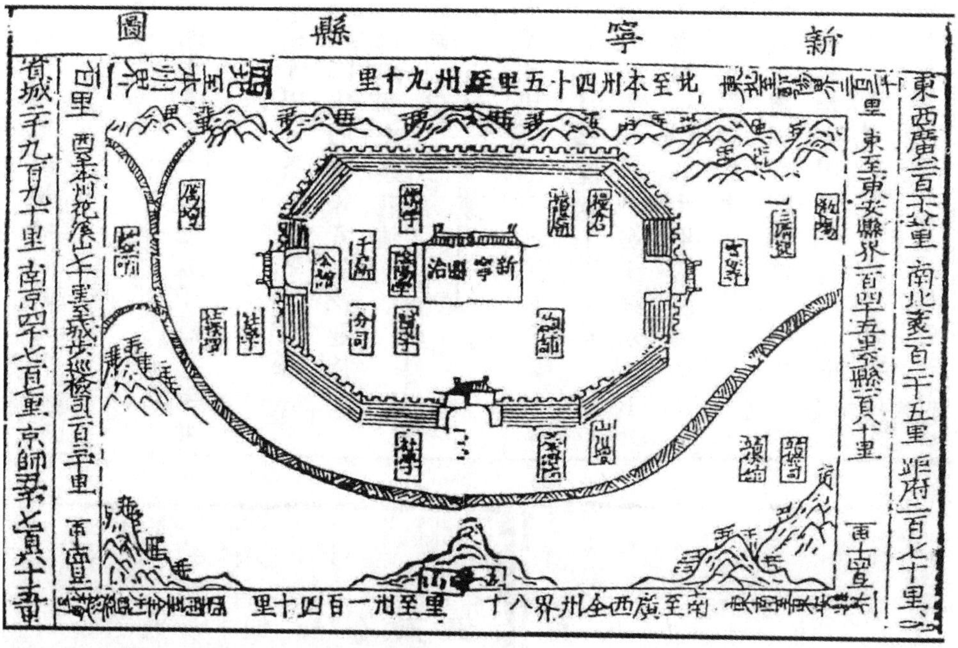

明隆庆《宝庆府志》载“新宁县图”

新宁，县境秦属长沙郡，自西汉元朔五年（前124）立夫夷侯国始有建置。东汉建武二十九年（53），改夫夷侯国为夫夷县，是为建县之始。东晋元兴元年（402），改夫夷为扶县。梁改扶县为扶阳县，陈改扶阳为扶夷。隋时并入邵阳县。唐时县境属武冈。南宋绍兴二十五年（1155），置新宁县。

清道光《重辑〈新宁县志〉》“形势”载“十二景”：金城雪霁、崀笏朝天、帽山占雨、莲潭夜月、花渡春风、白亭夕照、石幕扁舟、烟林古道、崖流瀑布、溪洞晴岚、放生晚眺、温泉仙洞。

野色百尺撑天石作笏雲霞挾雙島以迎朝

十二景

金城春霽在縣東十五里

萬笏朝天在縣西十五里一石擎立千尋遥望如大臣正笏狀

鰲山占雨在縣東十里一名小金峯山頂戴雲即雨

蓮灘夜月在縣北郭宋周濂溪先生泛蓮處

花渡春風在城東記稱東蓮花渡

白亭夕照在縣南一里

新寧縣志卷之五 山川 形勢

石幕扁舟在縣東七里石上有仙人字跡

梅林古道在縣西六十五里旁有下柿嶺

虎流瀑布在縣東五里即金城嶺上泉水流下

遶洞鵑聲在下富村去城六十里

放生晚鐘在縣北郭覺潭之上

温泉仙洲在縣東五里明修撰羅洪先有詩鐫壁

先王維七關聯疊地制邑度地居民或拓封千里或蕞爾一隅必須相其陰陽審向面勢有臨水者有面山者有平原曠野者山澤吐奇高深映帶莫不以形勝為上寧邑僻處萬山野不沃人不稠百物不足卓獨其奇者東有金城山高天表斜岡連百斛鐵而前則有花溪韓木逍遥天門鎖鑰而北則有赤木紫雲建關地戶其他如崖高嶼雲洞龍宮諸景攢翠碁羅星布隱然如大環焉

金城山為邑之大觀他如紫華龍宮花溪雲山高樹之類不勝指屈近復騰新寧名其十二以協天數祖名勝無地不有其實景不止十二也

新寧縣志卷之五 山川 形勢

邑之上游多秀峰下者巖洞山特靈空崎麗而扶疎一水紛流帶紫鸞廻峰叠巘百折而始匯大淵意者鍾毓科產才儁其在斯乎

清道光《重辑〈新宁县志〉》“形势”载“十二景”

[金城雪霁]

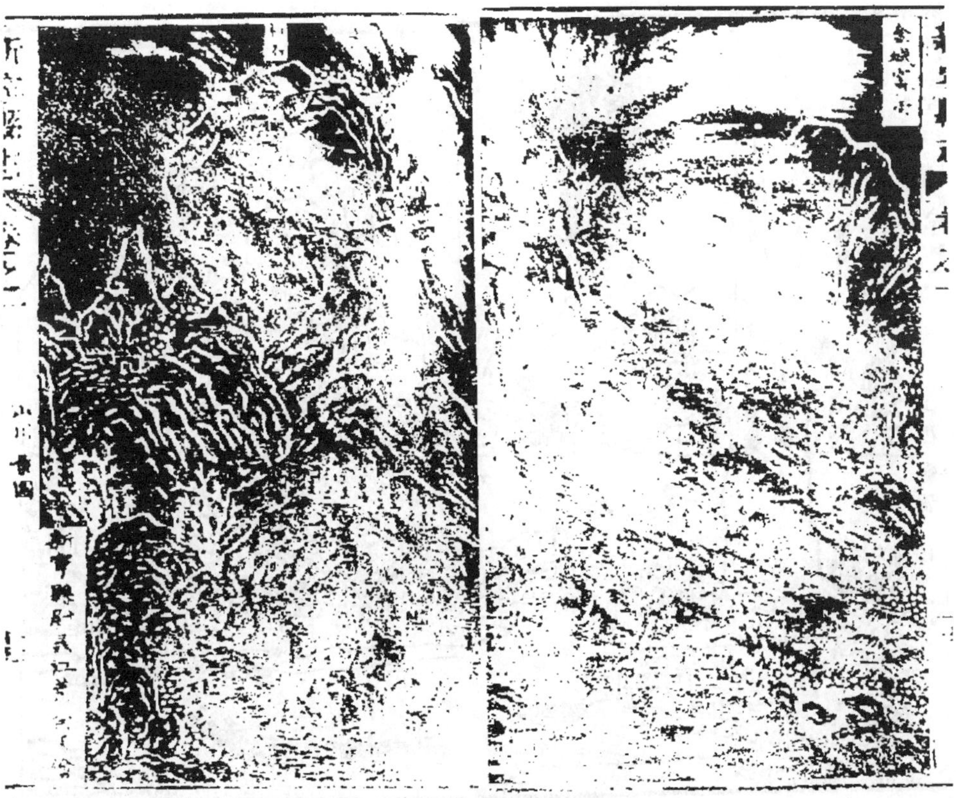

▣清道光《重辑〈新宁县志〉》"山川景图"载"金城雪霁"

清康熙《新宁县志》"卷之四·形胜·山川"载"金城山"：在县南十五里许，《道书》称六十八福地。由邑至巅约二十里，鸟道迂回，度三天门直贯其顶。洞崖高敞，石巷幽扃，左右腋有泉二、炼丹池一。天半有七星桥。

寒冬雪霁之日，山顶冰封雪冻，银装素裹，山下林木青黛，炊烟缕缕，景色秀丽。

宋代李思聪《金城山》

试问金城山里事，只言仙境似蓬壶。岩深却有烟霞聚，树老频招鹤雀呼。

[崀笏朝天]

清道光《重辑〈新宁县志〉》“山川景图”载“崀笏朝天”

清康熙《新宁县志》“卷之四·形胜·山川”载“笏山”：县西十五里，一石突起，峭削如笏，猿鸟畏集，苔草不生。新宁十景之一。

明代曹一夔《崀笏朝天》

拔地芙蓉耸翠痕，嶙峋千尺指天门，夫彝江水平如掌，日捧红云朝至尊。

[帽山占雨]

图 清道光《重辑〈新宁县志〉》“山川景图”载“帽山占雨”

清康熙《新宁县志》“卷四·形胜·山川”载“纱帽山”：县东十余里，一名小金峰。

明代曹一夔《帽山占雨》

山垂青影水拖蓝，醉眼模糊带酒酣，遥望白云千涧雪，谁知霖雨到江南。

[莲潭夜月]

图 清道光《重辑〈新宁县志〉》“山川景图”载“莲潭夜月”

清康熙《新宁县志》“卷之四·形胜·山川”载“莲潭”：县北数武，石崖下有深潭千尺，旧传周茂叔采风入宁，与绅士鼓棹潭湄，碧筒劝酒，泛莲花于水上，故名。昔人有诗云：一阵香风凝水面，元公到处有莲花。

明代曹一夔《莲潭夜月》

潭泛青莲旧有名，又怜明月碧潭生。珊珠抱弄寒空影，不断春风夜气清。

明代何士域《莲潭夜月》

澄潭千顷荡孤辉，偶弄莲舟傍石矶。深夜有人吹笛起，满空华露鹤来归。

[花渡春风]

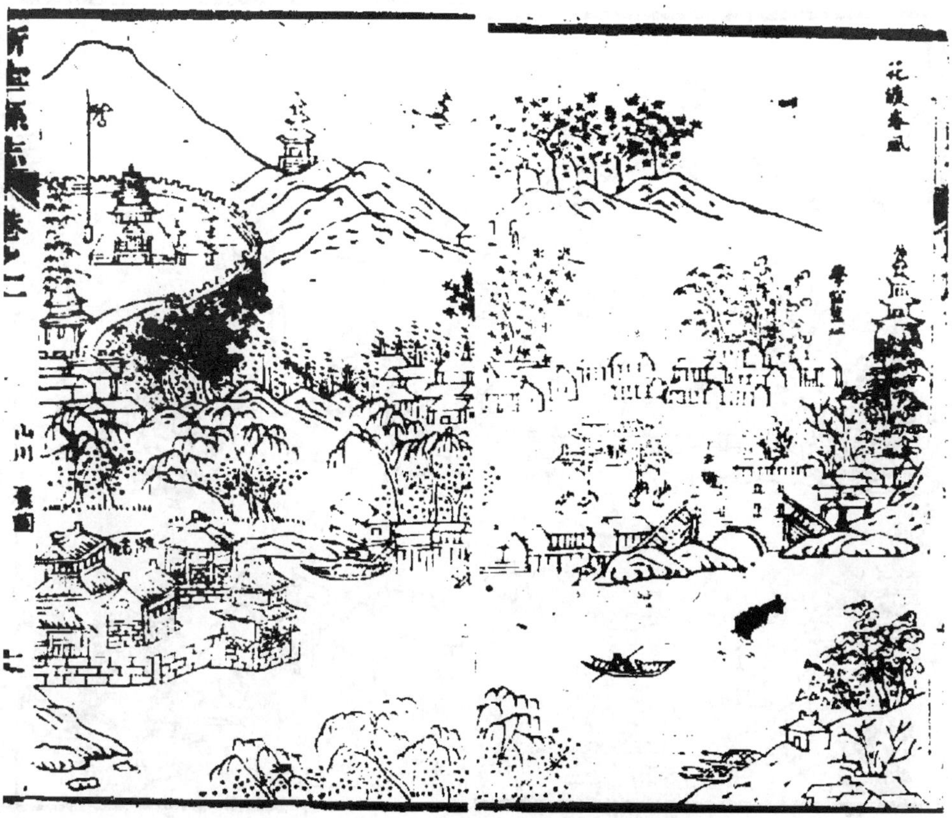

图 清道光《重辑〈新宁县志〉》“山川景图”载“花渡春风”

清光绪《新宁县志》“营造志·津梁”载“花渡”：在东关外。“花渡春风”为邑十景之一。知县何士域、袁刘芳、崔锜、牟国镇及曹一夔均有诗，见“艺文志”。

明代曹一夔《花渡春风》

山城谁挂锦为丛，万树桃花映水红。落日晚霞成一色，迷人渡口问春风。

［白亭夕照］

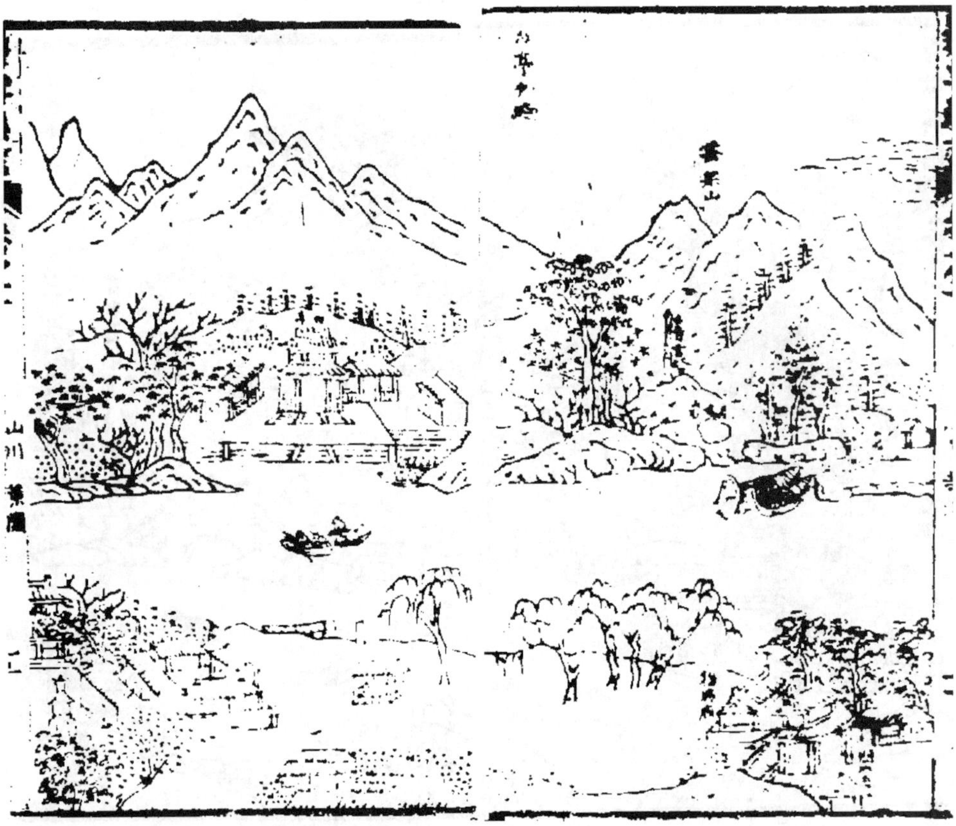

▩清道光《重辑〈新宁县志〉》“山川景图”载“白亭夕照”

清光绪《新宁县志》“营造志·亭阁”载“向公亭”：在城南白公渡，嘉庆间知县安舒重修。光绪六年绅士邓锡龄倡捐复修，刘长佑为之记。见“艺文志”。

[石幕扁舟]

清道光《重辑〈新宁县志〉》“山川景图”载“石幕扁舟”

清康熙《新宁县志》“卷之四·形胜·山川”载“石幕岩”：县东七里，巨石覆空，如幕绵亘里许，中有神仙掌迹，彝水径其下。

清代袁刘芳《石幕扁舟》

石障绵连一望开，时将短棹碧波来。风流赤壁情如许，满引山光入酒杯。

[烟林古道]

图 清道光《重辑〈新宁县志〉》“山川景图”载“烟村古道”（一名烟林古道）

清道光《重辑〈新宁县志〉》“形势·十二景”载“烟林古道”：在县西六十里，旁有下棋岩。

清代牟国镇《烟村古道》

烟村人住乱峰前，日日人行古道边。石磴崎岖仍未改，不知蹊径自何年。

[崖流瀑布]

▣清道光《重辑〈新宁县志〉》“山川景图”载“崖流瀑布”

清康熙《新宁县志》“卷四·形胜·十景”载“崖流瀑布”：在县五里，即金城岭上泉水流下。

清代袁刘芳《层崖瀑布》

玉峡飞龙饮涧泉，恍疑雷雨决前川。喷云溅雪三千尺，流溉资南万顷田。

[溪洞晴岚]

▣清道光《重辑〈新宁县志〉》“山川景图”载“溪洞晴岚”

清康熙《新宁县志》“卷四·形胜·十景”载“溪洞晴岚”：下富村，去城六十里。

明代曹一夔《溪洞晴岚》

扶桑挂日雨初晴，一片岚光画不成。我欲结为青玉佩，醉招黄鹤朗吹笙。

[放生晚眺]

清道光《重辑〈新宁县志〉》“山川景图”载“放生晚眺”

清光绪《新宁县志》“营造志·亭阁”载“放生阁”：在城北半里，原名狮蹲阁，其建置于县治伊始。明季重修掘土得古碑，刊“放生”二字，因改焉。

明代刘禹甸《放生阁晚眺》

雨余江阁望斜晖，秋遍郊原万宝肥。莫问桃花开两岸，但看回水绕前矶。苍烟重领渔樵路，纤月初浮梵呗扉。一自云深藏世界，却因歌舞满城飞。

清代崔铸《放生晚眺》

江亭载酒对斜阳，四面青山一样妆。生市虫鱼怀孟简，轻鸥老衲两相忘。

[温泉仙洞]

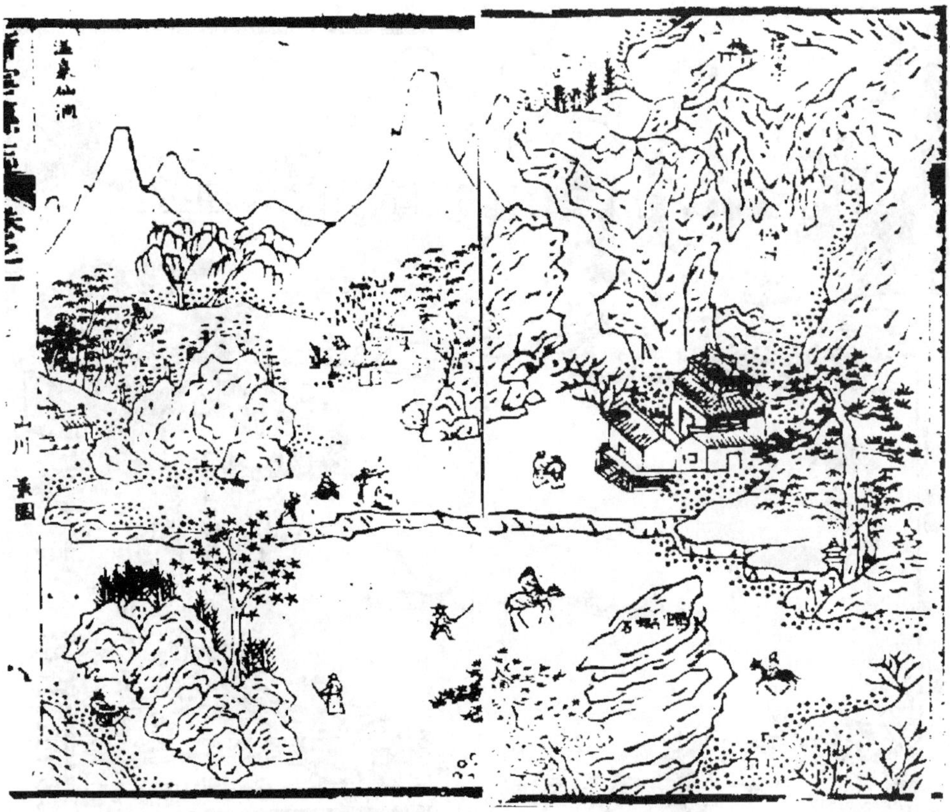

图清道光《重辑〈新宁县志〉》“山川景图”载“温泉仙洞”

清康熙《新宁县志》“卷五·都分·井泉”载“温泉”：县东五里，即温泉仙洞。

清代黄瑾《温泉洞》

灵绝清虚峭壁空，构亭仙引碧霄中。敛藏吸得温泉洞，十里花开四季红。

【西喉村八景】

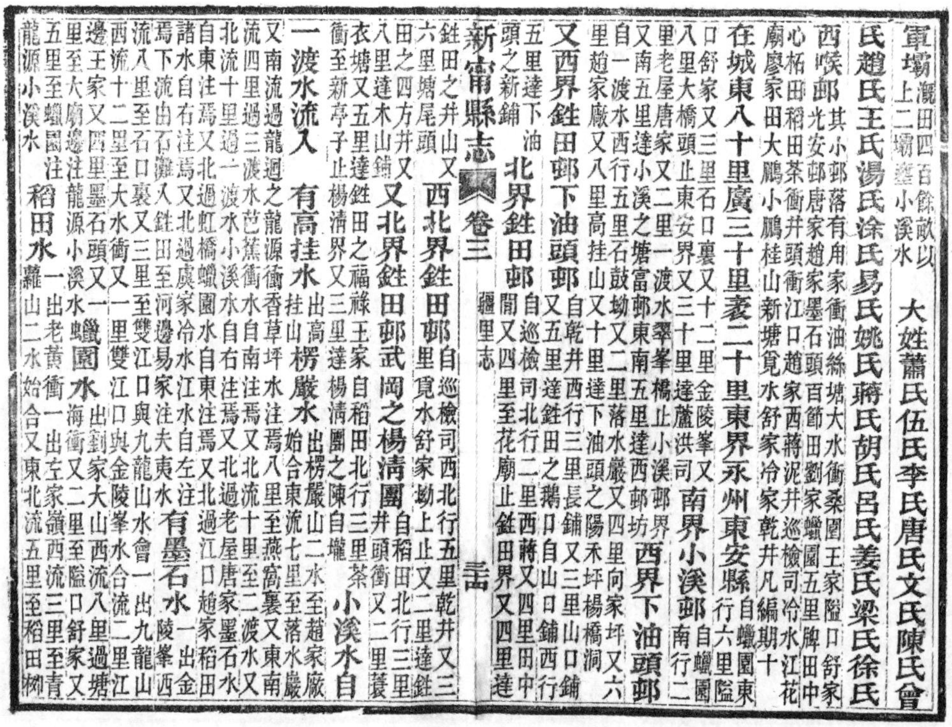

軍壩漑田四百餘畝以上二壩壅小溪水　大姓蕭氏伍氏李氏唐氏文氏陳氏曾
氏趙氏王氏湯氏涂氏易氏姚氏蔣氏胡氏呂氏姜氏梁氏徐氏
西喉鄉其小鄉落有角家衝油絲塘大水衝桑園王家隘口舒家光安鄉唐家趙家墨石頭百節田劉家蠟園五里牌田中
心栢田稻田茶衝井頭衝江口趙家西蔣泥井巡檢司冷水江花
廟廖家田大鵬小鵬桂山新塘覓水舒家冷家乾井凡編期十
在城東八十里廣三十里袤二十里東界永州東安縣自蠟園東行六里隘
口舒家又三里石口裏又十二里金陵峯又八里大橋頭止東安界又三十里達蘆洪司又南界小溪鄉自蠟園南行二
里老屋唐家又二里一渡水翠峯橋止小溪鄉界又南五里達小溪之塘富鄉東南五里達西鄉坊西界下油頭鄉
自一渡水西行五里石鼓坳又二里落水巖又四里向家坪又六里趙家廠又八里高挂山又十里達下油頭之陽禾坪楊橋洞
又西界銈田鄉下油頭鄉自乾井西行三里長鋪又三里山口鋪又五里達銈田之鶏口自山口鋪西行
五里達下油頭之新鋪　北界銈田鄉自巡檢司北行二里西蔣又四里田中閒又四里至花廟止銈田界又四里達

新甯縣志　卷三　疆里志　卅四

銈田之井山又六里塘尾頭　西北界銈田鄉自巡檢司西北行五里乾井又三里覓水舒家坳上止又二里達銈
田之四方井又八里達木山鋪　又北界銈田鄉武岡之楊清團自稻田北行三里井頭衝又二里蓑
衣塘又五里達銈田之福祿王家自稻田北行三里茶
衝至新亭子止楊清界又三里達楊清團之陳自壠　小溪水自
一渡水流入　有高挂水出高挂山　楞巖水出楞巖山二水至趙家廠始合東流七里至落水巖
又南流過龍迴之龍源衝香草坪水注焉八里至燕窩裏又東南
流四里過三渡水芭蕉衝水自南注焉又北流十里至二渡水又
北流十里過一渡水小溪水自右注焉又北過老屋唐家墨石水
自東注焉又北過虹橋蠟園水自東注焉又北過江口趙家稻田
諸水自右注焉又北過虞家冷水江水自左注
焉下流由石灘入銈田至河邊易家注夫夷水　有墨石水一出金陵峯西
流八里至石口裏又三里至雙江口與九龍山水會一出九龍山
西流十二里至大水衝又一里雙江口與金陵峯水合流二里江
邊王家又四里壘石頭又一里至大廟邊注龍源小溪水　蠟園水出劉家大山西流八里過塘海衝又二里至隘口舒家又
五里至蠟園注龍源小溪水　稻田水一出老黃衝一出左家嶺西流三里至青蘿山二水始合又東北流五里至稻田柳

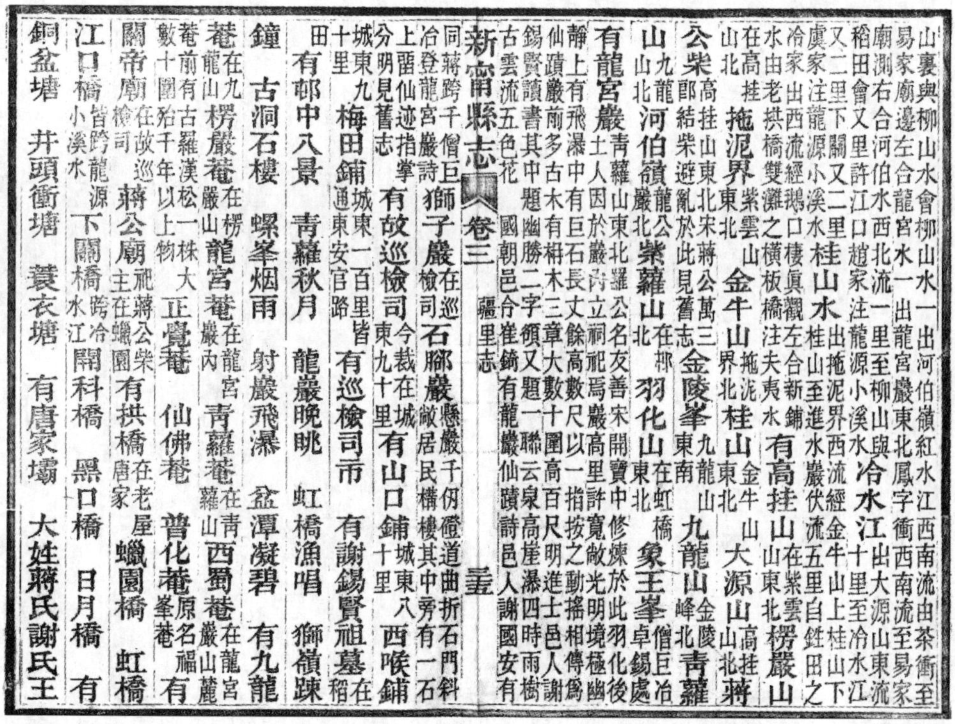

山裏與柳山水會柳山水一出河伯嶺紅水江西南流由茶衝至
易家廟邊左合龍宮水一出龍宮巖東北鳳字衝西南流至易家
廟測右合河伯水西北流一里至柳山與小溪水稻田會又里許江口趙家注龍源小溪水　冷水江出大源山東流十里至冷水江
又二里下關又二里虞家注龍源小溪水　桂山水出掩泥界西流經金牛山上桂山下桂山至進水巖伏流五里自銈田之
冷家出西流經鵝口棲真觀左合新鋪
水由老拱橋雙灘之橫板橋注夫夷水　有高挂山在紫雲山東北　楞巖山
在高挂山北　掩泥界紫雲山東北　金牛山掩泥界北　桂山金牛山東北　大源山高挂山北　蔣
公柴高挂山東北宋蔣公萬三郎結柴避亂於此見舊志　金陵峯九龍山東南　九龍山金陵峯北　青蘿
山九龍山北　河伯嶺龍公巖北　紫蘿山在椰北　羽化山在虹橋東北　象王峯僧巨冶卓錫處
有龍宮巖青蘿山東北羅公名友善宋開寶中修煉於此羽化後土人因於巖內立祠祀焉巖高一里許寬敞光明境極幽
靜上有飛瀑中有巨石長丈餘高數尺以一指撥之動搖相傳爲
仙蹟巖前多古木有栴木三章大數十圍高百尺明進士邑人謝
錫賢讀書其中題幽勝二字額又題一聯云泉高崖瀑四時雨樹
古雲流五色花　國朝邑令崔錡有龍巖仙蹟詩邑人謝國安有

新甯縣志　卷三　疆里志　卅五

同蔣跨千僧巨冷登龍宮巖詩　獅子巖在巡檢司　石腳巖懸巖千仞磴道曲折石門斜敞居民構樓其中旁有一石
上留仙迹指掌分明見舊志　有故巡檢司今裁在城東九十里　有山口鋪城東八十里　西喉鋪
城東九十里　梅田鋪城東一百里皆通東安官路　有巡檢司市　有謝錫賢祖墓在稻
田　有鄉中八景　青蘿秋月　龍巖晚眺　虹橋漁唱　獅嶺踈
鐘　古洞石樓　螺峯烟雨　射巖飛瀑　盆潭凝碧　有九龍
菴在九龍山　楞巖菴在楞巖山　龍宮菴在龍宮巖內　青蘿菴在青蘿山　西蜀菴在龍宮巖山麓
菴前有古羅漢松一株大數十圍殆千年以上物　正覺菴　仙佛菴　普化菴原名福峯菴　有
關帝廟在故巡檢司　蔣公廟祀蔣公柴主在蠟園　有拱橋在老屋唐家　蠟園橋　虹橋
江口橋皆跨龍源小溪水　下關橋跨冷水江　闢科橋　黑口橋　日月橋　有
銅盆塘　井頭衝塘　蓑衣塘　有唐家壩　大姓蔣氏謝氏王

清光绪《新宁县志》“疆里志”载“西喉村八景”：青萝秋月、龙岩晚眺、虹桥渔唱、狮岭踈钟、古洞石楼、螺峰烟雨、射岩飞瀑、盆潭凝碧。

【小溪村八景】

氏唐氏趙氏蕭氏易氏舒氏彭氏劉氏伍氏顧氏冷氏況氏朱氏丁氏胡氏何氏楊氏毛氏幸氏范氏李氏洪氏陳氏張氏莫氏葉氏周氏薛氏汪氏羅氏

小溪鄉其小鄉落有一渡水歐菜塘富鄉西鄉坊曲頭灣城平范家井頭衙司馬堂高梘邊大觀塘安家衙桃花嶺唐家板宅顏家赤竹鋪三山鋪凡編期八在城東百一十里廣十六里袤三十五里東界永州東安縣由赤竹鋪東行八里板宅又二里梨子坳越上界頭達東安之沙子鋪南界東安縣由一渡水渡翠峰橋南行逕塘富鄉渡二渡橋逕坦源鋪渡三渡橋逕鎖石鋪赤竹鋪三山鋪安甯亭達東安縣西界龍迴鄉北界西喉鄉自西鄉坊北行逕歐菜桑園達西喉之游絲塘龍源水自龍迴鄉三渡水流入有小溪一出大雄江北流五里與穿巖水合一出穿巖北流四里左與大雄江水合流經高梘邊拱橋頭曲頭灣廣竹山水自右注焉又北流過小溪西鄉坊一渡水注龍源水有白竹山在板宅東崇頭山在杉樹坳西

新甯縣志　卷三　疆里志　三十六

南梨子坳崇頭山東楓木坳揚旛嶺東桃花嶺居鄉中廣竹山拱橋頭東李華嶺廣竹山東揚旛嶺李華嶺北伏龍山揚旛嶺北龍口嶺東安界咸豐九年設隘防守飛水柴上多方竹有穿巖拱橋頭南湖南通志所載穿巖卽此巔薄巖在赤竹鋪風巖下臨深潭中通一徑每當炎暑涼風颯然行人憩之雞籠巖昔人避兵處牆垣尚存有一渡水市有坦源鋪城東百十里赤竹鋪城東百三十里三山鋪一名黃家鋪城東百四十里皆通東安官路有司馬菴太極菴梅峯菴三聖觀常春菴在大虎山聚福菴在桃花嶺有二渡水橋翠峯橋皆跨龍源水聚豐橋二龍橋迴溪橋雲溪橋銅鼓橋一石橫亙丈餘擊之有聲故名以上俱跨小溪水有蓮花井在歐菜有和尚壩雷公壩文仙壩坦源壩長田壩風巖壩鎖囊壩迴瀾壩琵琶壩有鄉中八景銅鼓競響風巖古洞金沙炫彩雙江

鎖翠琵琶晚曲迴瀾夕照桃花泛浪涼潭夜月大姓李氏范氏簡氏唐氏顏氏

龍迴鄉其小鄉落有對江鄉巖塘靖位嘯巖粱家龍源衙水坑裏凡編期十二在城東百二十里廣十八里袤三十五里東界小溪鄉自靖位東行逕八角亭巖塘達小溪之板宅南界東安縣之壩頭西界檀山下油頭鄉北界西喉鄉皆山路高挂山水自龍源衙流入有香草坪水自會源橋注龍源水芭蕉衙水自三渡水注龍源水北流至一渡水與小溪合有嘯巖水一出羅家菴一出烟竹山一出九龍塘南流十餘里由嘯巖入東安有荆竹山西首於高挂山香山嶺一名香草坪九龍塘紫雲山東南萬壽山九龍塘南司馬坳嘯巖南烟竹山在靖位西有嘯巖天門高敞光透數畝宋末廣西寇叛居民壘石為碉橫截巖口寇攻經旬料其乏水內以生魚投之寇一嘯而去故名明末亦避兵於此居民建菴其中巖外溪徑盤旋花香燕舞明永陽別駕佚其名

新甯縣志　卷三　疆里志　三十七

有詩鐫壁宋通判周裕有題嘯巖石壁詩國朝蔣舒惠有嘯巖記邑令崔錡有嘯巖漁艇詩邑人貢生劉京達有嘯巖懷古寄謝公輔詩仰天巖在對江鄉一名碓臼衙有故靖位司明羅倫有靖位司公館記有鎖石鋪城東百二十里通東安官路有三渡水市有白雲菴羅家菴朝水菴白竹菴在巖塘泉源菴在龍源衙雙泉菴在對江鄉有會源橋在龍源衙富貴橋在三渡水有八角亭在靖位東大姓李氏何氏劉氏粱氏譚氏張氏黃氏陳氏鄧氏胡氏伍氏袁氏蔣氏彭氏雷氏簡氏余氏唐氏

八峒

羅邊峒其小鄉落有麻林衙大牛塘一渡橋冷菜衙蕨芭山陽奇峒衙赤泥衙水源頭洪水井鄧門衙田中心麥子坪荒田衙蘇麻衙黃泥洞大峰頭凡編期三在城西三十里廣十里袤八里東界新柴鄉自田中心東行五里一渡橋又五里越丫口嶺達新柴之羅基塘南界石田鄉自田中心南行逕牛塘裏壬癸嶺達石田

清光绪《新宁县志》“疆里志”载“小溪村八景”：铜鼓竞响、风岩古洞、金沙炫彩、双江锁翠、琵琶晚曲、回澜夕照、桃花泛浪、凉潭夜月。

【城步八景】

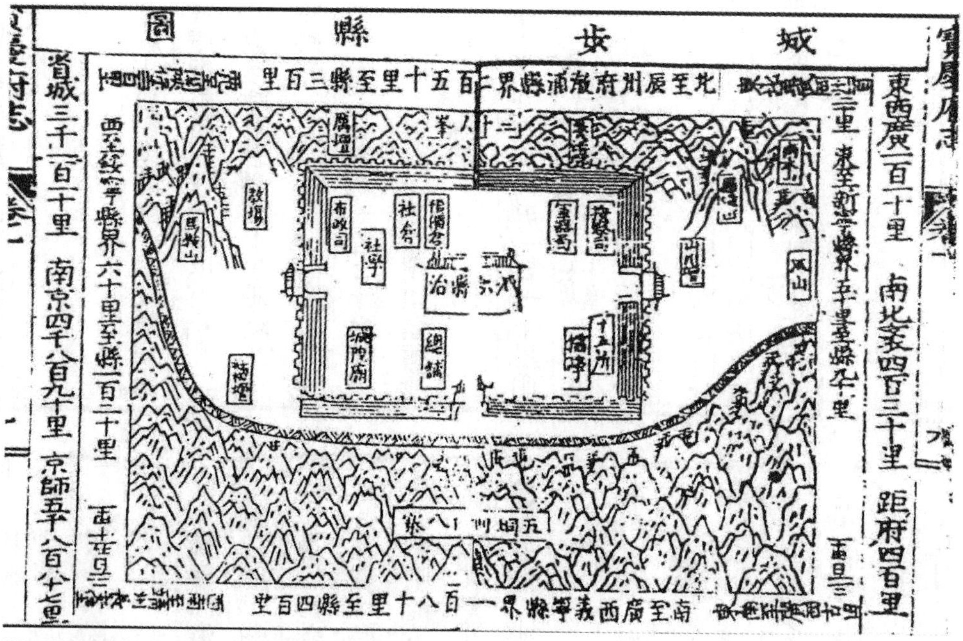

明隆庆《宝庆府志》载“城步县图”

城步，地处湖南省西南边陲，沅江支流巫水上游，历史悠久，县境因所处地理位置的关系，历史上常分属不同政区。

隋末，肖铣据邵阳置建州，设武攸县，治今城步儒林镇，为置县之始。唐武德四年（621），李渊平肖铣，更武攸为武冈，仍治今儒林镇，隶南梁州。贞观十年（636），改南梁州为邵州，今城步大部分地方为邵州武冈县地，县南境则分别为“西原蛮”地和“桂州蛮”地。宋初移武冈县治于今武冈市城关镇，于原治置城步寨，始用“城步”之名。弘治十七年（1504）析武冈、绥宁县地置城步县，隶属宝庆府，治所设今县城，并沿袭至今。清乾隆三年（1738）城步改隶靖州，乾隆六年（1741）复隶宝庆府。

清同治《城步县志》载“城步八景”：巫水涵清、普寺晚钟、南湖月照、东井龙蟠、仙掌萦回、蒋村春渡、白云樵隐、黔峰合秀。

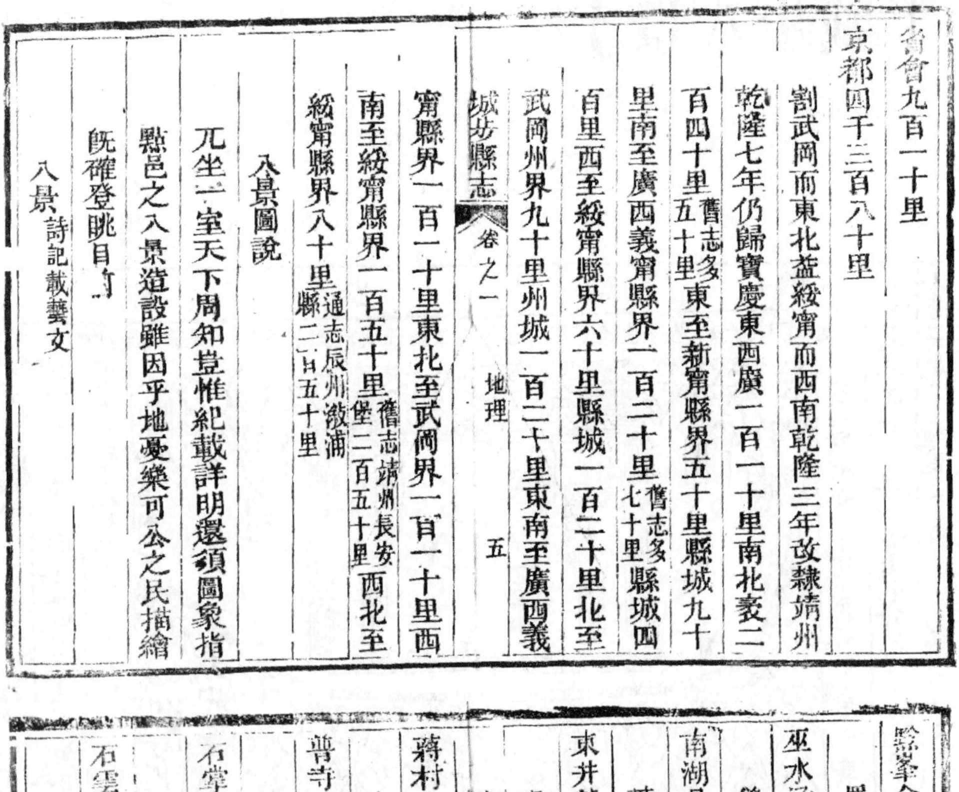

省會九百一十里
京都四千三百八十里
割武岡而東北益綏寗而西南乾隆三年改隸靖州
乾隆七年仍歸寶慶東西廣一百一十里南北袤二
百四十里舊志多五十里東至新寗縣界五十里縣城九十
里南至廣西義寗縣界一百二十里舊志多七十里縣城四
百里西至綏寗縣界六十里縣城一百二十里北至
武岡州界九十里州城一百二十里東南至廣西義
城步縣志　卷之一　地理　五
寗縣界一百一十里東北至武岡界一百一十里西
南至綏寗縣界一百五十里舊志靖州長安堡二百五十里西北至
綏寗縣界八十里通志辰州溆浦縣二百五十里
八景圖說
兀坐一室天下周知豈惟紀載詳明還須圖象指
點邑之八景造設雖因乎地憂樂可公之民描繪
既確登眺自可
八景詩記載藝文

黔峯合秀　縣東二十里諸山攢拱蒼翠入雲俯視一切
置身天際
巫水涵清　縣西南二里環曲澄泓波恬浪靜沙鷗翔集
錦鱗泳游
南湖月照　縣東南城下水潤潭深波光掩映漁歌互答
蘆影參差
東井龍蟠　縣東一里許遠壑幽泉盈盈一鑑雲蒸霞涌
隱隱龍吟
城步縣志　卷之一　地理　六
蔣村春渡　縣南里許津映桃紅堤垂柳綠漁舟如織野
店笙歌
普寺晚鐘　縣東南隅松梢月掛香刹雲封鯨音清丞天
籟悠然
石掌仙迴　縣北五里蒼奇拳石指掌螺紋烟鎖雨浸苔
蘚絕少
石雲樵隱　縣東三里爽塏幽杳滴翠堆藍雲中雞犬氣
象萬千

清同治《城步县志》“地理”载“八景图说”

[巫水涵清]

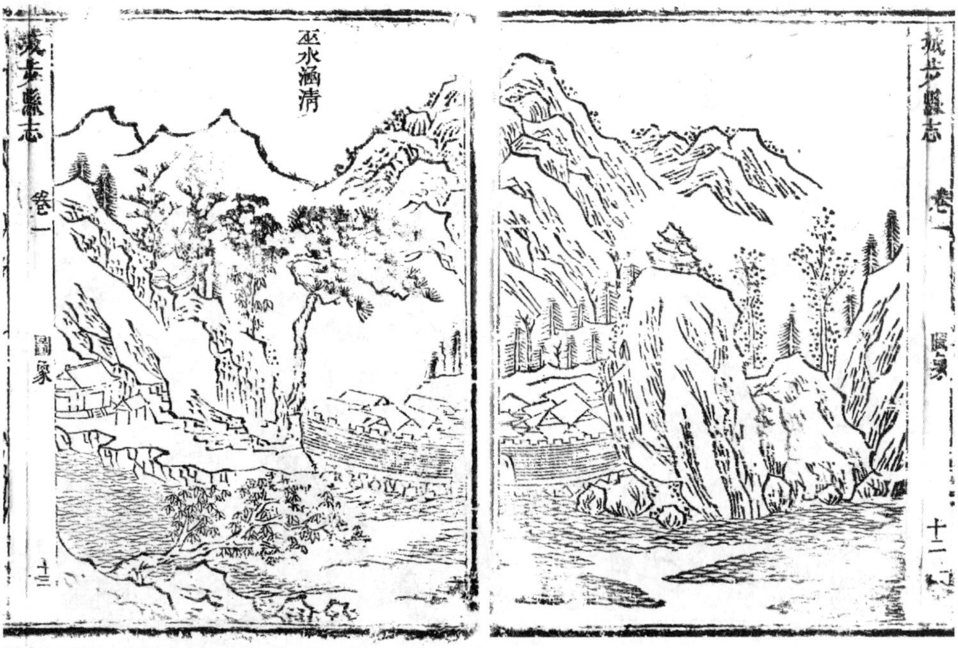

▣清同治《城步县志》载“巫水涵清”

清同治《城步县志》“卷之一 · 地理 · 八景图说”载“巫水涵清”：县西南二里，环曲澄泓，波恬浪静，沙鸥翔集，锦鳞泳游。

清代陈之敬《巫水涵清》

廉泉让水古梁州，最好巫江万里流。对镜形分真面目，清人肺腑涤人愁。

［普寺晚钟］

▣清同治《城步县志》载“普寺晚钟”

清同治《城步县志》“卷之一·地理·八景图说”载“普寺晚钟”：县东南隅，松梢月挂，香刹云封，鲸音清永，天籁悠然。

清代杨时宪《普寺晚钟》

梵王宫殿锁云烟，几扣蒲团物外天。午夜唤回孤鹤梦，一声惊动老龙眠。韵随残月穿香阁，清逐微风入客船。仿佛寒山苏郭寺，潮音四越更悠然。

[南湖月照]

图 清同治《城步县志》载"南湖月照"

清同治《城步县志》"卷之一·地理·八景图说"载"南湖月照"：县东南城下，水阔潭深，波光掩映，渔歌互答，芦影参差。

清代向继申《南湖月照》

碧潭影入一轮秋，泛泛银盘共水流。沙白蓼洲寒素晕，草萋兰渚冷烟浮。山从摩诘图中见，人在轩辕镜里游。赢得洞庭清夜景，举杯吟玩韵悠悠。

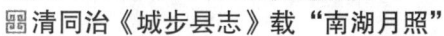

［东井龙蟠］

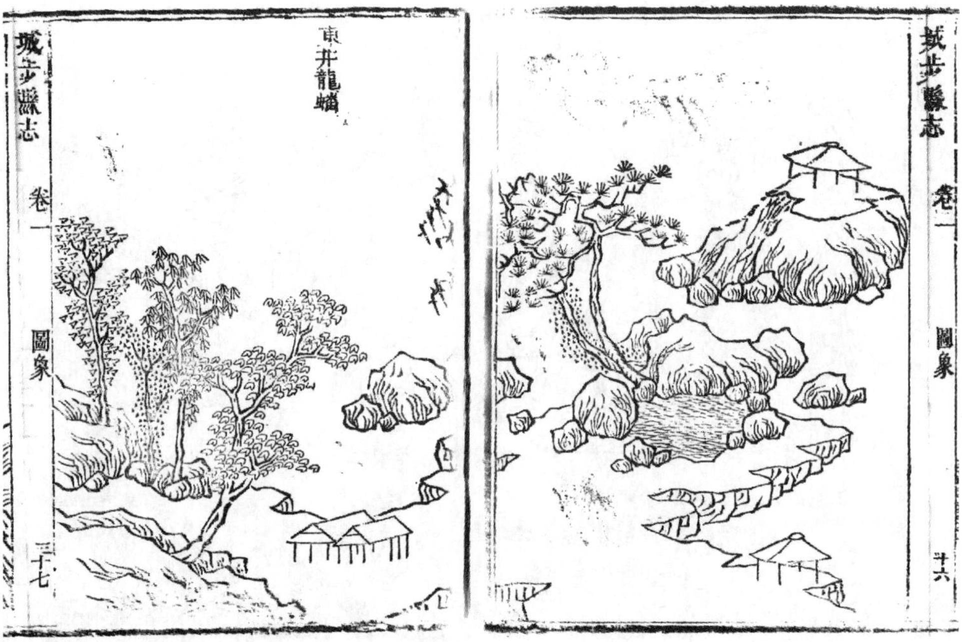

图清同治《城步县志》载“东井龙蟠”

清同治《城步县志》“卷之一·地理·八景图说”载“东井龙蟠”：县东南一里许，邃壑幽泉，盈盈一鉴，云燕霞涌，隐隐龙吟。

清代杨时宪《东井龙蟠》

东井杳然争抹烟，相传幽处有龙眠。扬髭终破千层浪，抱影聊依百丈泉。夜静云空腾彩气，春深水长泛腥涎。旱余祷雨多霑足，寄语渔郎稳泊船。

[仙掌萦回]

清同治《城步县志》载“仙掌云回”，一名“仙掌云回”，又名“石掌仙回”

清同治《城步县志》“卷之一·地理·八景图说”载“石掌仙回”：县北五里，苍奇拳石，指掌螺纹，烟锁雨浸，苔藓绝少。

明代饶维机《仙掌萦回》

羽人幻化本无踪，岂破藓苔作掌容。疑是补天余一石，道傍长着白云封。

［蒋村春渡］

图 清同治《城步县志》载“蒋村春渡”

清同治《城步县志》“卷之一·地理·八景图说”载“蒋村春渡”：县南里许，津映桃红、堤垂柳绿、渔舟如织、野店笙歌。

明代杨轩《蒋村春渡》

江村烟水绕江楼，不断寒声动客愁。自是农家带春急，桅樯短棹乱横舟。

[白云樵隐]

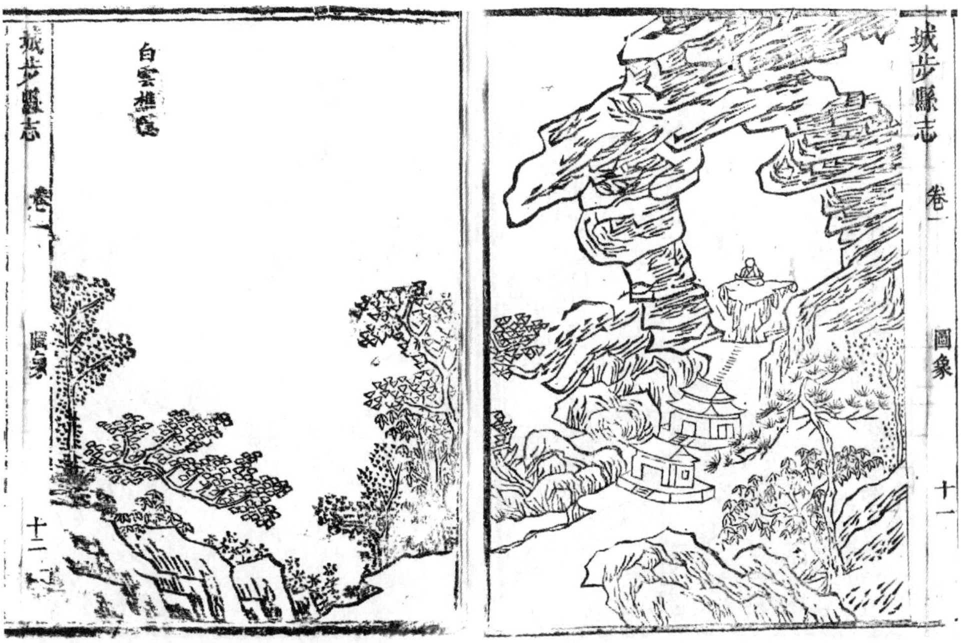

清同治《城步县志》载“白云樵隐”

清同治《城步县志》“卷之一·地理·八景图说”载“石云樵隐”（应为“白云樵隐”）：县东三里，爽垲幽杳，滴翠堆蓝，云中鸡犬，气象万千。

明代彭谨《饮白云洞》

龙窟曾游处，重来景倍增。山深翠烟合，洞远白云生。地窍何年凿，神工不日成。衣冠聚文武，宴坐有余清。

明代张大威《游白云洞》

好景凭谁赏，登临酒一卮。杏飞红雨落，泉滴玉虹垂。满洞虚生白，诸岩势拥奇。耽游归去晚，明月喜相知。

明代张大翔《白云樵隐》

樵歌一曲洞云寒，碧草丹花是处繁。柯烂不知清昼永，却疑何自骨珊珊。

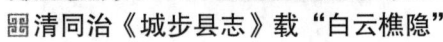

[黔峰合秀]

▣清同治《城步县志》载“黔峰合秀”

清同治《城步县志》“卷之一·地理·八景图说”载“黔峰合秀”：县东二十里，诸山攒拱，苍翠入云，俯视一切，置身天际。

明代胡采《黔峰合秀》

山色黔州胜，春风楚碛开。树分天外锦，泉应壑中雷。鸾鹗影相逐，蛟龙势共回。何因驾辀毂，问俗献瑶台。

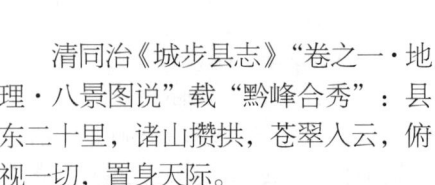

【都梁十景】

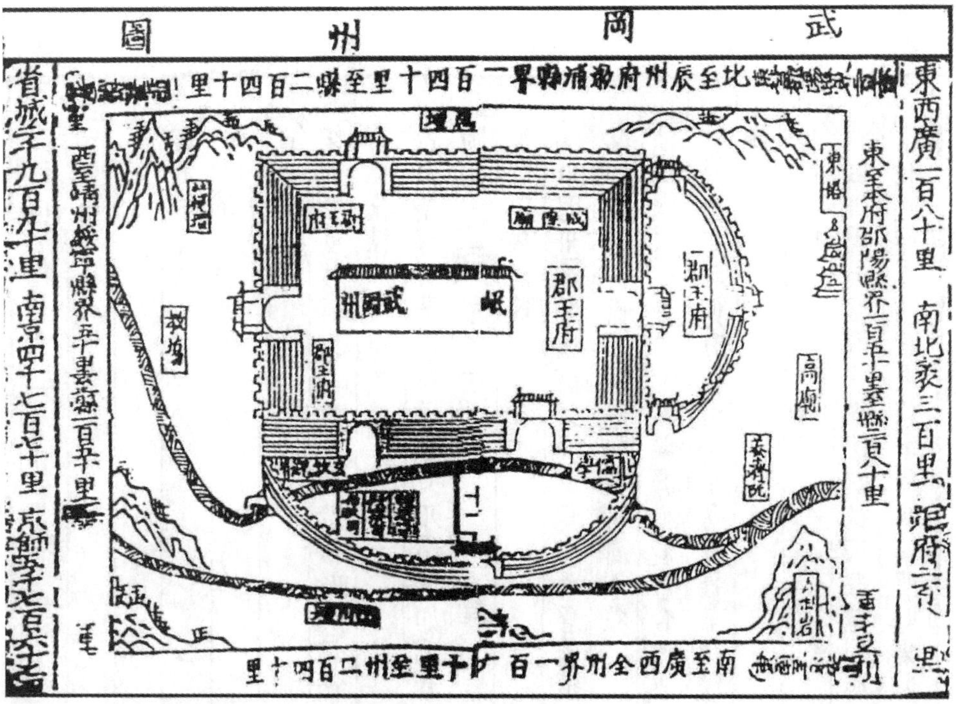

明隆庆《宝庆府志》载“武冈州图”

武冈古称都梁，位于湖南省西南部、邵阳市西部中心。素有“三省通衢、黔巫要地”之美称，历为湘西南政治、经济、文化中心。

据1981年《湖南省志》载：“长沙近郊出土有西汉‘武冈长印’石印一枚。汉大县称‘令’，小县称‘长’。”由此印证，武冈自西汉建县，已有二千多年的建制史。

武冈曾名都梁。《元和郡县志》云：“武冈西二十里有都梁山，北五里有同保山，即武冈山。”郦道元《水经注》曰：“县左右二岗对峙，重岨齐秀，间可二里……后汉伐五溪蛮（又称武陵蛮），蛮保此岗，故曰武冈，县即其称焉。”接着又曰：“县西有小山，山上有渟水……其中悉生兰草……俗谓兰为都梁，山因以号，县受名焉。”这就是武冈（都梁）名称的由来。

西汉文、景帝年间置武冈县，隶属长沙郡。汉武帝元朔五年（前124）封长沙定王之子刘遂为都梁侯国敬侯，侯址设今城郊七里桥，世袭历时一百三十一年。汉武帝元鼎六年（前111）改武冈县为都梁县，隶属零陵郡。三国吴宝鼎元年（266）复名武冈县，隶属昭陵郡。晋太康元年（280）将原武冈县析置武冈、都梁、建兴三县，隶属荆州邵陵郡。晋元帝建武元年（317）封王导为武冈侯。

东晋至隋朝末年，武冈县相继改名为武刚县、武强县、武攸县；唐高祖武德四年（621）复名武冈县，治所在今城步县，隶属邵州；宋初，武冈县治所迁今武冈城。宋徽宗崇宁五年（1106）升武冈县为武冈军，领武冈、绥宁、临刚（后改新宁）三县，隶属荆州湖南路。元世祖至元十三年

（1276）置武冈安抚司，次年改为武冈路总管府，领武冈、绥宁、新宁三县，隶属湖南道。明洪武元年（1368）改武冈路为武冈府，领属不变。洪武九年（1376）改武冈府为武冈州，辖新宁县，属宝庆府。明成祖永乐二十一年（1423）十月，朱元璋第十八子岷王朱楩从云南改封武冈州城，建王邸，世袭十四代，历时二百三十二年。清顺治四年（1671）四月，南明桂王朱由榔建立永历王朝后迁武冈，以岷王府为王宫，改武冈州为奉天府；八月，

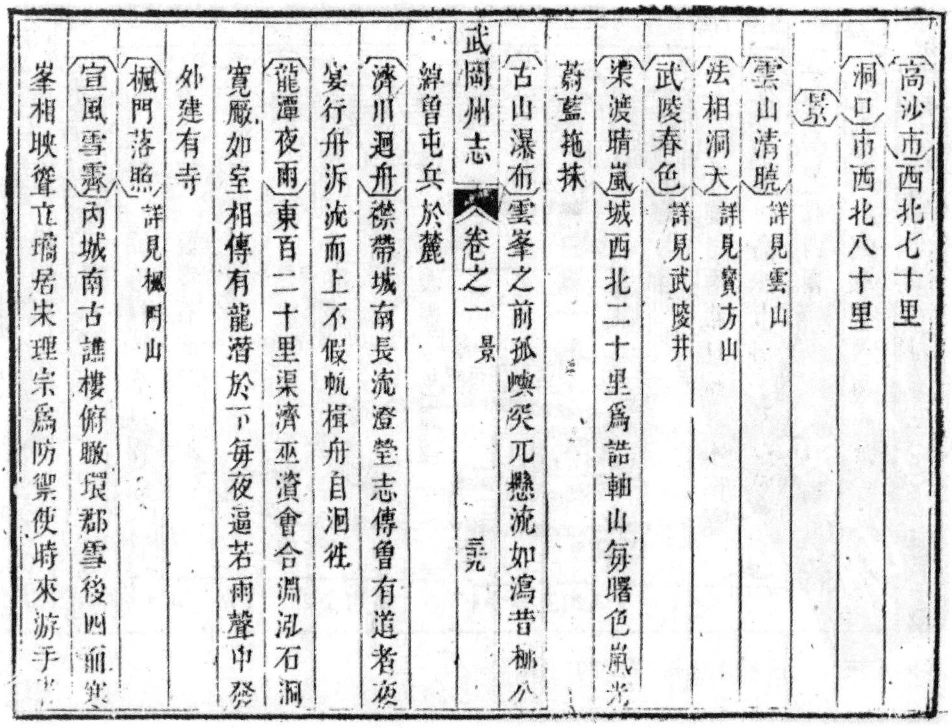

高沙市西北七十里
洞口市西北八十里
景
雲山清曉 詳見雲山
法相洞天 詳見寶方山
武陵春色 詳見武陵井
渠渡晴嵐城西北二十里爲詰軸山每曙色嵐光
蔚藍拖抹
古山瀑布雲峯之前孤嶼突兀懸流如瀉昔郝公
武岡州志 卷之一 景 卅九
緯曾屯兵於麓
濟川迴舟襟帶城南長流澄瑩志傳曾有道者夜
宴行舟泝流而上不假帆楫舟自洄徃
龍潭夜雨東百二十里渠濟巫潰會合淵泓石洞
寬厰如室相傳有龍潛於下每夜逼若雨聲中發
外建有寺
楓門落照 詳見楓門山
宣風雪霽內城南古譙樓俯瞰環郡雪後四面實
峯相映聳立璃居宋理宗爲防禦使時來游手书

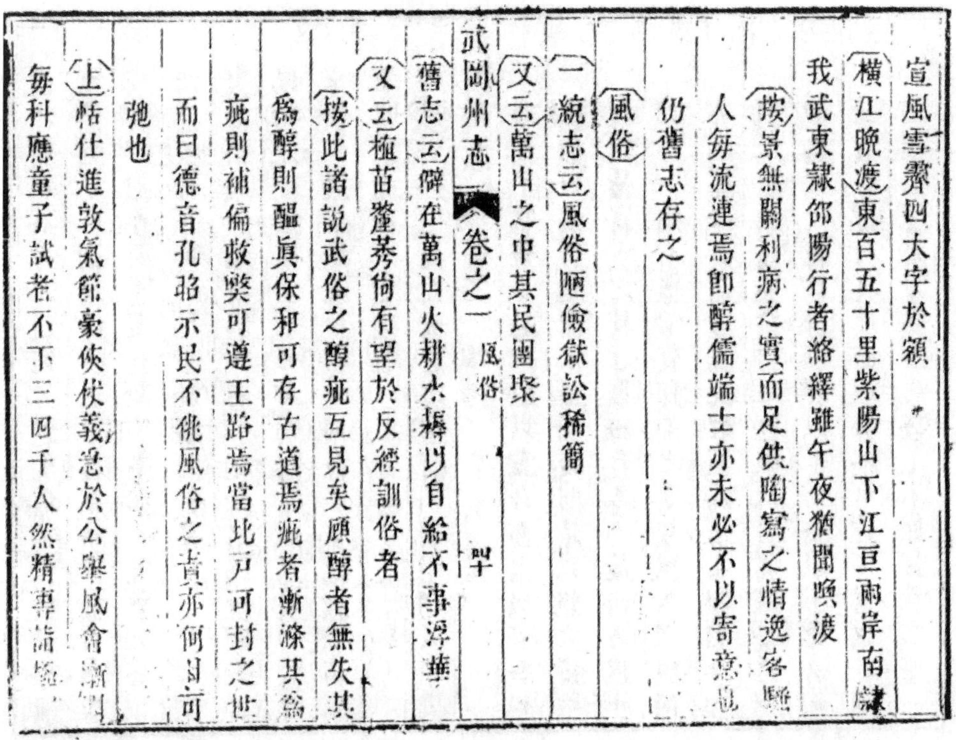

宣風雪霽四大字於額
橫江晚渡東百五十里紫陽山下江亘兩岸南隸
我武東隸郤陽行者絡繹雖午夜猶聞喚渡
按景無關利病之實而足供陶寫之情逸客騷
人每流連焉即醇儒端士亦未必不以寄意也
仍舊志存之
風俗
一統志云風俗陋儉獄訟稀簡
又云萬山之中其民團聚
武岡州志 卷之一 風俗 卌
舊志云僻在萬山火耕水耨以自給不事浮華
又云樞茁鸄莠倘有望於反經訓俗者
按此諸說武俗之醇疵互見矣顧醇者無失其
爲醇則醞眞保和可存古道焉疵者漸滌其爲
疵則補偏救弊可遵王路焉當比戶可封之世
而曰德音孔昭示民不佻風俗之責亦何日可
弛也
上恬仕進敦氣節豪俠伏義急於公擧風會漸開
每科應童子試者不下三四千人然精專詣極

清乾隆《武冈州志》载“十景”

永历帝败走黔滇，武冈复为州。民国元年（1912），武冈知州公署改为武冈州行政厅；民国二年（1913）九月，武冈州改为武冈县，隶属湘江道，后废道直属湖南省。

清乾隆《武冈州志》载“十景”：云山清晓、法相洞天、武陵春色、渠渡晴岚、古山瀑布、济川回舟、龙潭夜雨、枫门落照、宣风雪霁、横江晚渡。此“十景”属古“都梁”，即老武冈。按今武冈的疆域，其中“枫门落照”“龙潭夜雨”“横江晚渡”三景分属今城步、洞口、隆回三县，其余七景均在武冈境内。

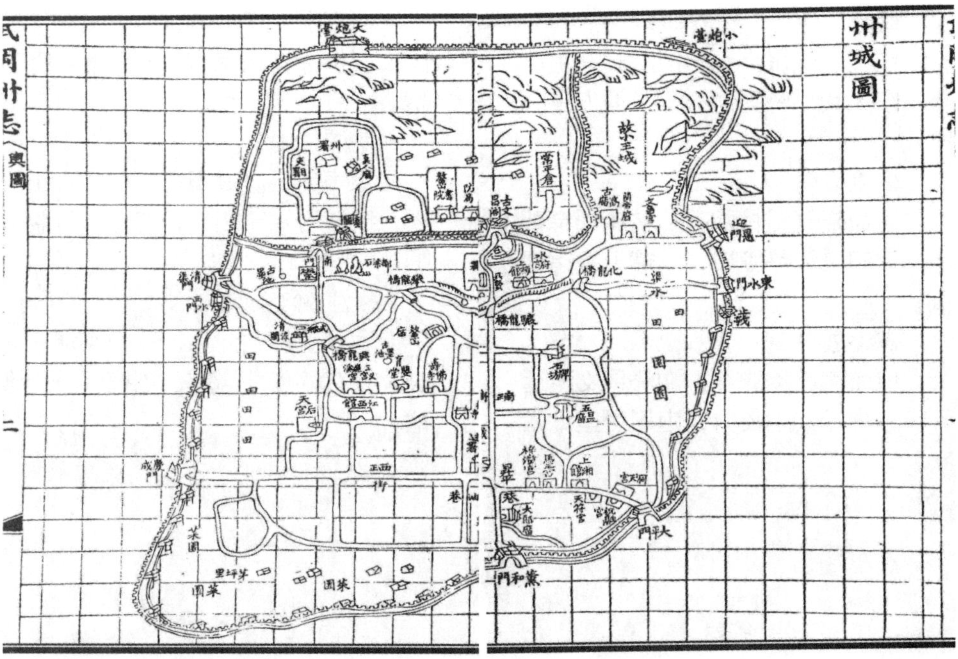

清光绪《武冈州志》载“武冈州城图”

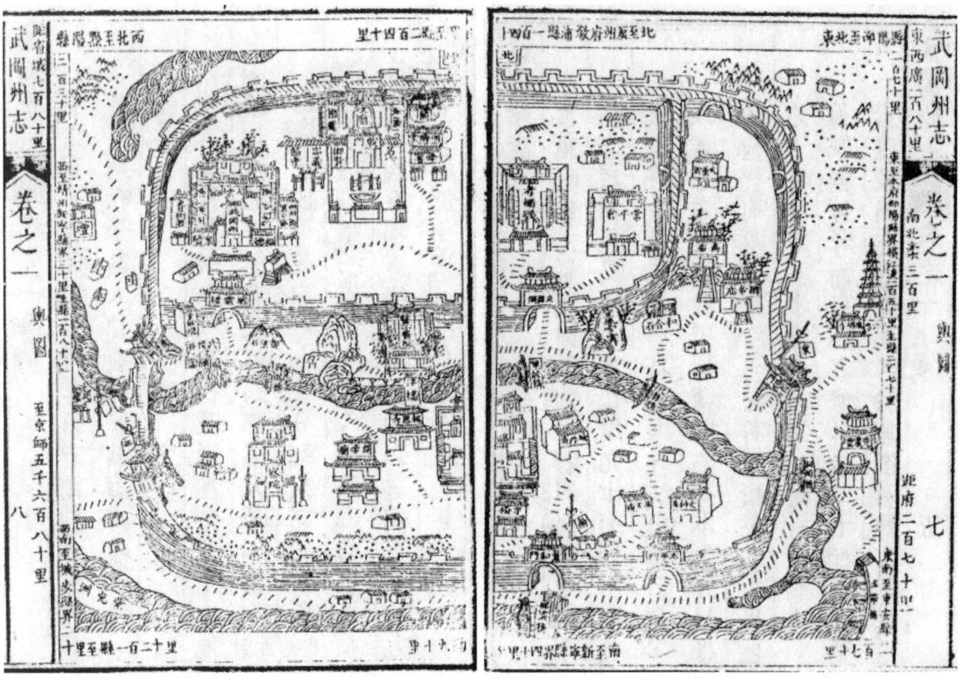

清乾隆《武冈州志》载“武冈州舆地图”

唐代王昌龄《题赠武冈十景》

云山清晓

苍深翠浅瀑峥潺，岂谓讥秦始爱山。一炬咸阳秦冢赤，紫霄巍立晓云间。

法相洞天

擘絮飞英一坞云，云根尽湿老苔文。此中澒洞原无物，风铎何曾惑众闻。

武陵春色

红绽夭桃缀小春，清深甘井艳浮新。东风阅尽娇花面，不见渔人更问津。

渠渡晴岚

盈盈晓气湿林函，谷转溪回窅蔚蓝。欲向渠流寻渡口，灵幢袅袅指晴岚。

古山瀑布

惊崖喷壑落渊渊，洵洗星文淡远天。容与浮玄闲夜月，山川影里见张骞。

济川回舟

脉脉溶溶夜色寒，伊人停楫月魂安。素波泛后无消息，迴薄凄清万顷澜。

宣风雪霁

危楼振立朔风横，四面寒光冷雉城。升旭欲移丹阙影，玉山未倒翠先迎。

枫门落照

何年羽化老枫魂，林立斜阳似拥门。引接啼霜宿水客，五溪三峡听号猿。

龙潭夜雨

寒声殊足渥桑田，耐可中宵小洞天。纵使岩霖无用处，老龙未肯偃鳞眠。

横江晚渡

后来前往共江狂，逼晚寒烟絮絮长。只有醉乡茅店客，招招望子为谁忙。

[云山清晓]

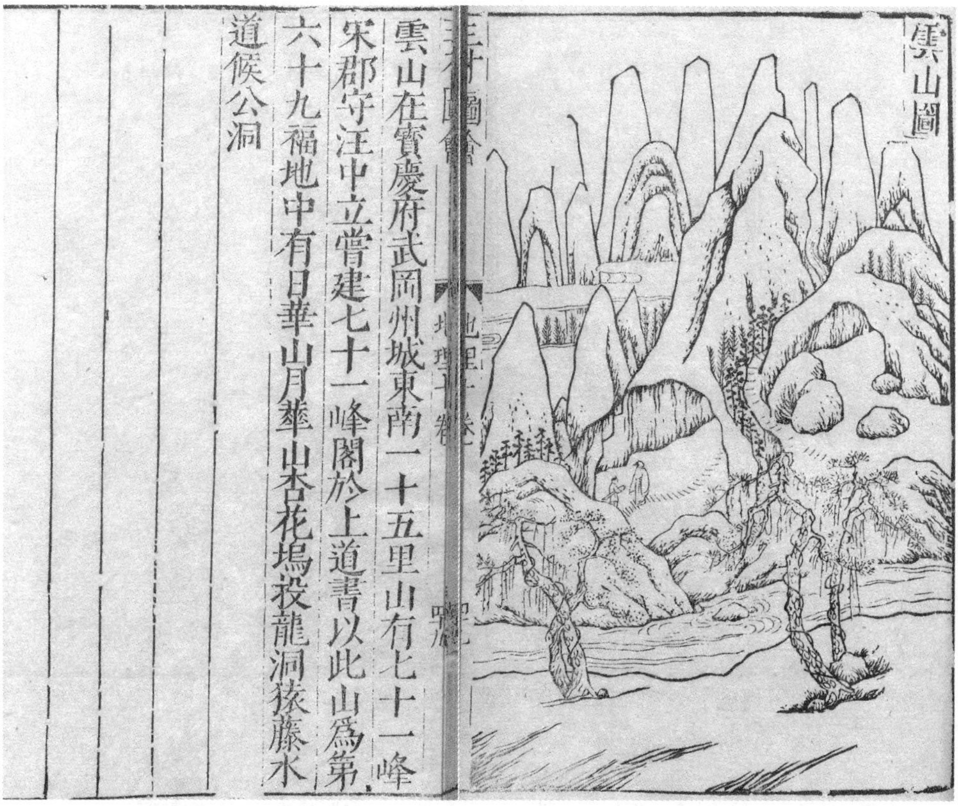
雲山圖

雲山在寶慶府武岡州城東南一十五里山有七十一峰
宋郡守汪中立嘗建七十一峰閣於上道書以此山爲第
六十九福地中有日華山月華山杏花塢投龍洞猿藤水
道候公洞

明《三才图会》载“云山图”

云山，被誉为道教第六十九福地的“楚南胜境”，位于武冈市城南五公里处，属雪峰山余脉，共有七十一座山峰，东西狭长，绵延二十公里，以山奇、水秀、林幽、云幻著称。云山之名，据清初新化人邓显鹤游云山后著文：“每晨起，坐院中，见脚底白烟一线，蓬蓬出石际，老僧曰：‘云起矣’，已而蓊然满山谷。乃叹云山之名不虚也。”可见云山是以云缭雾绕的特异景色而享其名。

清光绪《武冈州志》载：云山为七十二峰，一峰飞去靖州城外，遂成胜景，余峰名多失考，唯紫霄、日华、月华、芙蓉、香炉最著。

宋代陈与义《云山清晓》

崒嵂奇峰万叠横，山花开后暖风轻。楚天曙色平分处，一带烟光画不成。

[法相洞天]

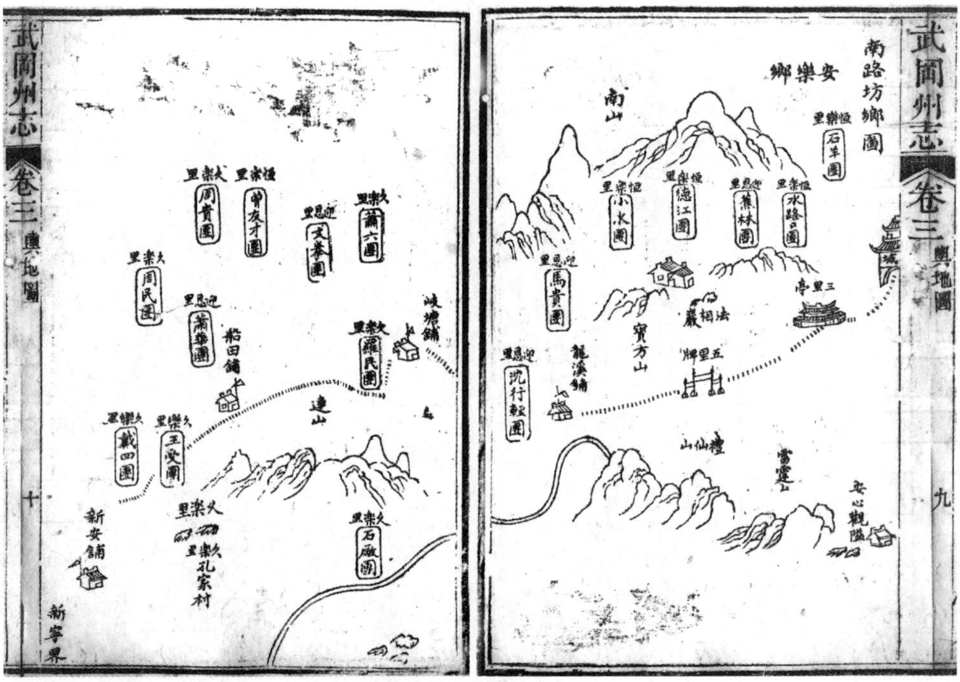

清嘉庆《武冈州志》“南路坊乡图”载“法相岩”

清嘉庆《武冈州志》“山川考”载“宝方山”：城东南五里，一名宝胜山，亦名资胜山，又名法相岩。《明一统志》：宝方山有岩洞八：栖真、上屏、太保、朝阳、迎阳、芙蓉、隐仙、花乳。其中龙甲、神像皆滴孔所成。

历代文人争相称颂，唐代著名诗人王昌龄，宋代著名诗人陈与义和著名书法家、翰林学士楼钥，明代监察御史曹一夔与进士潘应斗，清代州牧席芬和拔贡舒作揖等留下了许多名诗佳词。其中有一幅四十字《金刚般若经》偈语，出自宋开禧三年（1207）都梁郡幕官吴中之手。

宋代陈与义《法相洞天》

石洞虚空路暗穿，尘襟过此觉翛然。洞门正在云深处，谁想人间别有天。

［武陵春色］

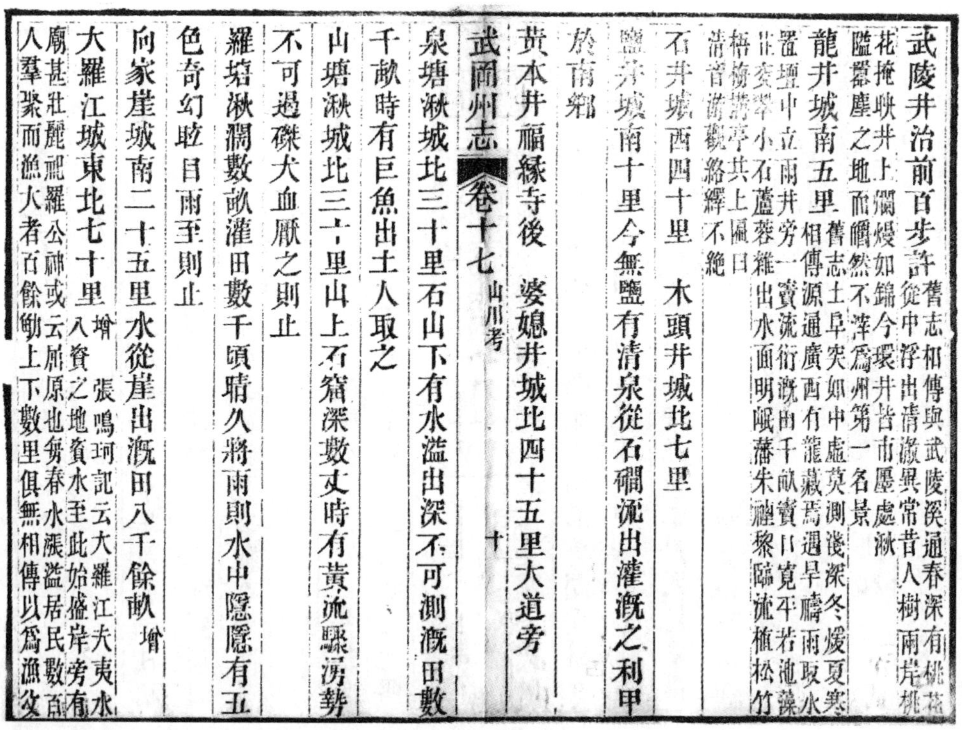

武陵井治前百步許舊志相傳與武陵溪通春深有桃花從中浮出清澈異常昔人樹兩岸桃花掩映井上爛熳如錦今環井皆市廛處湫隘囂塵之地而皭然不滓爲州第一名景

龍井城南五里舊志土阜突如中處莫測淺深冬煖夏寒相傳源通廣西有龍藏焉遇旱禱雨取水置甃中立兩井旁一竇流衍溉田千畝竇口寬平若池藻荘交翠小石蘆蓉雜出水面明祇蕃朱薀黎臨流植松竹梧桐構亭其上匾曰清音游觀絡繹不絕

石井城西四十里　木頭井城北七里

鹽井城南十里今無鹽有清泉從石罅流出灌溉之利甲於南鄉

黄本井福緣寺後　婆媳井城北四十五里大道旁

武岡州志　卷十七　山川考　十

泉塘湫城北三十里石山下有水溢出深不可測溉田數千畝時有巨魚出土人取之

山塘湫城北三十里山上石竇深數丈時有黄流驟湧勢不可遏磔犬血厭之則止

羅塘湫潤數畝灌田數千頃晴久將雨則水中隱隱有五色奇幻眩目雨至則止

向家崖城南二十五里水從崖出溉田八千餘畝增

大羅江城東北七十里增張鳴珂記云大羅江夫夷水入資之地資水至此始盛岸旁有廟甚壯麗祀羅公神或云屈原也每春水漲溢居民數百人羣聚而漁大者百餘觔上下數里俱無相傳以爲漁父

▣清嘉庆《武冈州志》“山川考”载“武陵井”

清嘉庆《武冈州志》“山川考”载“武陵井”：治前百步许。旧《志》相传与武陵溪通，春深有桃花从中浮出，清澈异常。昔人树两岸桃花，掩映井上，烂漫如锦。今环井皆市廛处，湫隘嚣尘之地而皭然不滓，为州第一名景。

宋代陈与义《武陵春色》

当日仙源路已迷，武攸何事又名题。料应洞口春常在，流水桃花过此溪。

［渠渡晴岚］

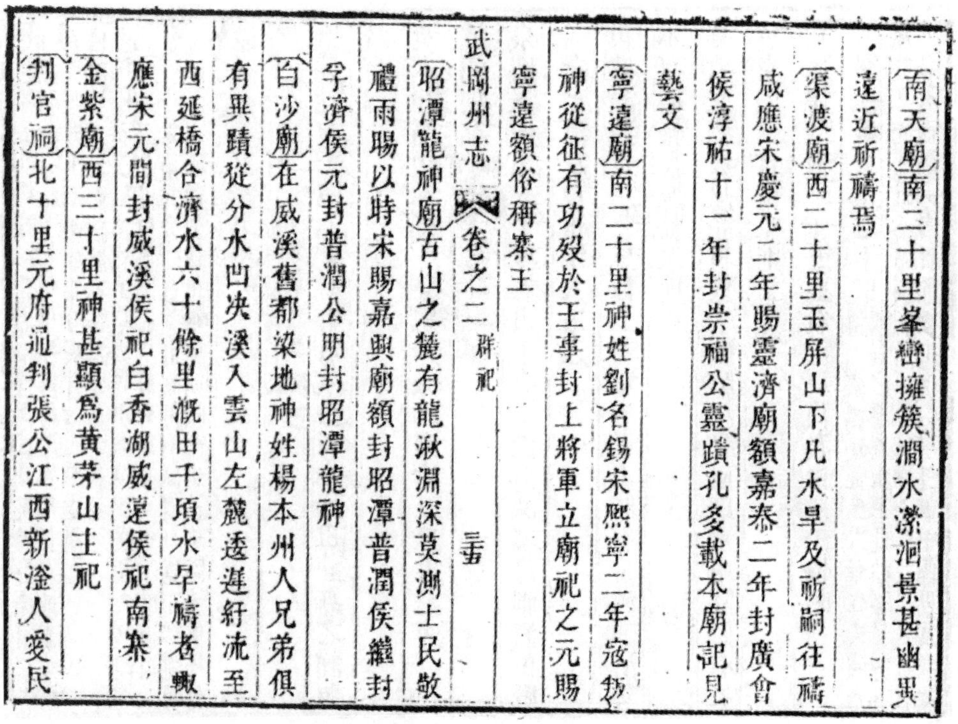
南天廟南二十里峯巒擁簇澗水瀠洄景甚幽異
遠近祈禱焉
渠渡廟西二十里玉屏山下凡水旱及祈嗣往禱
咸應宋慶元二年賜靈濟廟額嘉泰二年封廣會
侯淳祐十一年封崇福公靈蹟孔多載本廟記見
藝文
寧遠廟南二十里神姓劉名錫宋熙寧二年寇叛
神從征有功歿於王事封上將軍立廟祀之元賜
寧遠額俗稱寨王
武岡州志　卷之二　群祀　三五
昭潭龍神廟古山之麓有龍湫淵深莫測士民敬
禮雨暘以時宋賜嘉與廟額封昭潭普潤侯繼封
孚濟侯元封普潤公明封昭潭龍神
白沙廟在威溪舊都梁地神姓楊本州人兄弟俱
有異蹟從分水凹決溪入雲山左麓透邐紆流至
西延橋合濟水六十餘里溉田千頃水旱禱者輒
應宋元間封威溪侯祀白香湖威遠侯祀南寨
金紫廟西三十里神甚顯爲黃茅山主祀
判官祠北十里元府通判張公江西新淦人愛民

清乾隆《武冈州志》载“渠渡庙”

清乾隆《武冈州志》载“渠渡晴岚”：城西北二十里为诰轴山，每曙色岚光，蔚蓝拖抹。

清康熙《武冈州志》“山川”载“诰辅山”：在西北二十里，为渠渡祠。主山每岚气弥布，则晴明可下，为州名景。

宋代陈与义《渠渡晴岚》

胜地偏然景物饶，溪流清澈转山腰。岚光旦夕藏钟鼓，仿佛灵祠对小桥。

［古山瀑布］

武岡州志 卷十五 疆域志二

寺上明嘉靖壬寅知州王暄建萬壽宮於眞人祠後郡人潘應
星標題十景曰兩華聳翠一瀑飛濤仙橋橫漢杏塢藏春竹臺
風埽丹井雲封石畔遺蹤洞門餘
影巖前簾水雲外鐘聲處和甚衆 東爲州場嶺 山南爲石巖 爲南山
山半有泉冬夏
不竭二石相連 自雲山北別爲古山 山有瀑布俗稱十景之一 古山瀑布者也有宋時摩
巖飛瀑
二字 有投龍洞起雲洞 在雲山 有將軍石 在雲山五里庵 有七十一雲
峯閣 雲山之峯七十有一宋守汪立中建閣於上 因以爲名祀玉皇後燬明潘應斗募捐重修 迴龍閣 在雲山入
寺口 路 勝力寺 在雲山 古山寺 一名梯雲寺 半山廟鼓響廟 大姓曹氏
仇氏鍾氏李氏
惟塘團 其小郁落有栢木橋劉家坊劉家衙西浦石小水港鳳
溪衙李家衙下金巖頭下渡頭橋三嵐衙西筵橋蔡家
塘蔡家坊下溫衙
清水塘陶家塘 在城西南三里廣十里袤二十四里東界西
廟 由劉家坊東二里至栢木橋又東二里達西廂之紅廟 由
鳳溪衙東四里至小水港又東北四里達西廂之紅廟 由
三嵐鋪東北五里至渡頭橋達南廟由渡頭橋東一里至夏家
西廂之紅廟此通城步官道也 南廟又東三里達南廟之水南

橋
古山郁 由三嵐鋪東五里達古山之沙子江 由西筵橋東五里達古山之雷家 東南界城步下
七都 由西筵橋東南六里至蔡家塘又 東南八里達下七都之獅子塘 南界城步上七都 由西筵橋
西南三里至魚塘又西南三里至下溫衙又西南三里至清水
塘又東南四里達上七都之陳家坊 由清水塘西三里至上
七都之下溫衙又西三里復至惟塘 西界獨力團 由三嵐鋪西
之陶家塘又南達上七都之高壁山 半里至椎塘
鋪又西南四里半至西筵橋又西南三里達獨力之魚塘此通
城步官道也 由西筵橋西北四里至巖頭下又西北一里達
獨力之下泥洞 由鳳溪衙西南三里至李 青溪團 由劉家坊
家衙又西南四里至巖頭下亦達下泥洞 西三里至
塔塔嶺又西四里 北界斜頭團 由劉家坊西 北 羅團村 由劉家坊北一
達青溪之紅朱井 四里達斜頭
里至劉家衙又北三
里達羅團之白公廟 資水自獨力流入威溪自城步下七都流
入石浦江自獨力流入小水港自斜頭流入背注馬橋子水自
城步上七都流入注威溪有李家水 由李家山 注石沸江有黃木井
清水塘陶家塘蔡家塘有塔塔嶺 西北首於青溪之 石山山北爲斜頭 西南爲李

武岡州志 卷十五 疆域志二 二

清光绪《武冈州志》“疆域志”载“古山”

清光绪《武冈州志》载“古山”：山有瀑布，俗称十景之一——“古山瀑布”者也。有宋时摩崖“飞瀑”二字。

宋代陈与义《古山瀑布》

层层石壁跋云端，好景偏于静处安。一派飞泉如白练，半空泻出碧光寒。

[济川回舟]

大簩水卽資水詳見後

渠水　府志源出天尊山東南流至城西入城從東門出爲渠江入資舊志渠水卽都梁水發源都梁山此云天尊山一水二源隨地異名耳按渠水非都梁水舊志誤見後資水辨

濟水卽都梁水　方輿勝覽都梁水出都梁縣西南百里　通志濟水出城步縣巫山東流合威溪　府志濟水發源城步經武岡州南有巨洲橫截湍流轉激清波潆洄東流與資水合

威溪水州西三十里　一統志溪中有白香湖　湖廣志

武岡州志　卷十七　山川考　九

白香湖在武岡州境舊志今劃屬城步　通志源出城步縣巫山分東西二派東流者至縣東北入十里爲威溪又北至武岡州界入資西流者經縣東南爲南江又西北爲烏龍江又西北入靖州綏寧縣界至會同縣爲洪江

洞口水　通志州北一百六十里源出猺洞諸小溪東南入資　府志一出蒜芽嶺一出黔陽縣打水坪會洞口至龍溪入濟水

高沙市水　府志出綏寧縣青坡分水坳行數十里至武岡尹家莊歸資巫溪入濟水

清嘉庆《武冈州志》“山川考”载“济水”

济川回舟，位于武冈城区梯云桥与玉带桥之间。济川，即济水。清乾隆《武冈州志》载：“济水，发源于城步，经城南有巨洲横截，湍流转激，清波潆回，为州名胜，东流与资水合。”

宋代陈与义《济川回舟》

江横虹跨水中天，月夜伊人可扣舷。何事扁舟归棹晚，片帆无碍过前川。

[宣风雪霁]

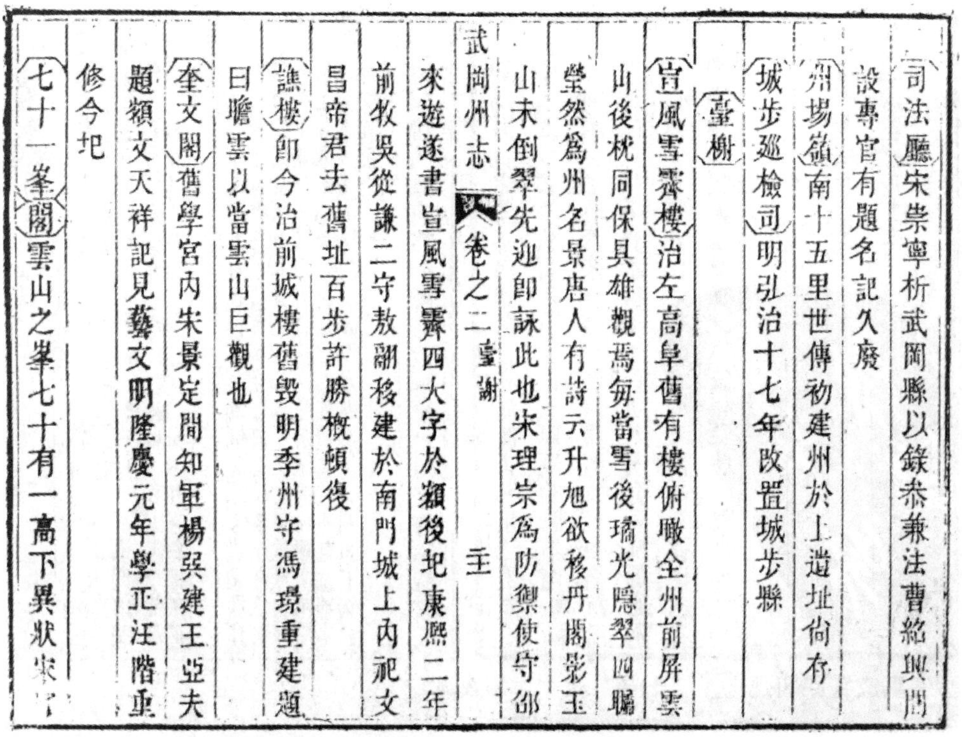

司法廳宋崇寧析武岡縣以錄叅兼法曹紹興間
設專官有題名記久廢
州場嶺南十五里世傳初建州於上遺址尚存
城步巡檢司明弘治十七年改置城步縣

臺榭
宣風雪霽樓治左高阜舊有樓俯瞰全州前屏雲
山後枕同保具雄觀焉每當雪後璚光隱翠四矚
瑩然爲州名景唐人有詩云升旭欲移丹閣影玉
山未倒翠先迎卽詠此也宋理宗爲防禦使守郡

武岡州志 卷之二 臺榭 主

來遊遂書宣風雪霽四大字於額後圮康熙二年
前牧吳從謙二守敖翮移建於南門城上內祀文
昌帝君去舊址百步許勝槪頓復
譙樓卽今治前城樓舊毀明季州守馮璟重建題
曰瞻雲以當雲山巨觀也
奎文閣舊學宮內宋景定間知軍楊巽建王亞夫
題額文天祥記見藝文明隆慶元年學正汪階重
修今圮
七十一峯閣雲山之峯七十有一高下異狀宋寶

图 清乾隆《武冈州志》载"宣风雪霁楼"

清乾隆《武冈州志》"十景"载"宝风雪霁"：内城南古谯楼，俯瞰环郡，雪后四面寒峰相映耸立。宋理宗为防御使时来游，手书"宣风雪霁"四大字于额。

宋代陈与义《宣风雪霁》

楼回云随画拱飞，卷帘又映雪晴时。千秋冻解阴霾扫，放出青山分外奇。

[龙潭夜雨]

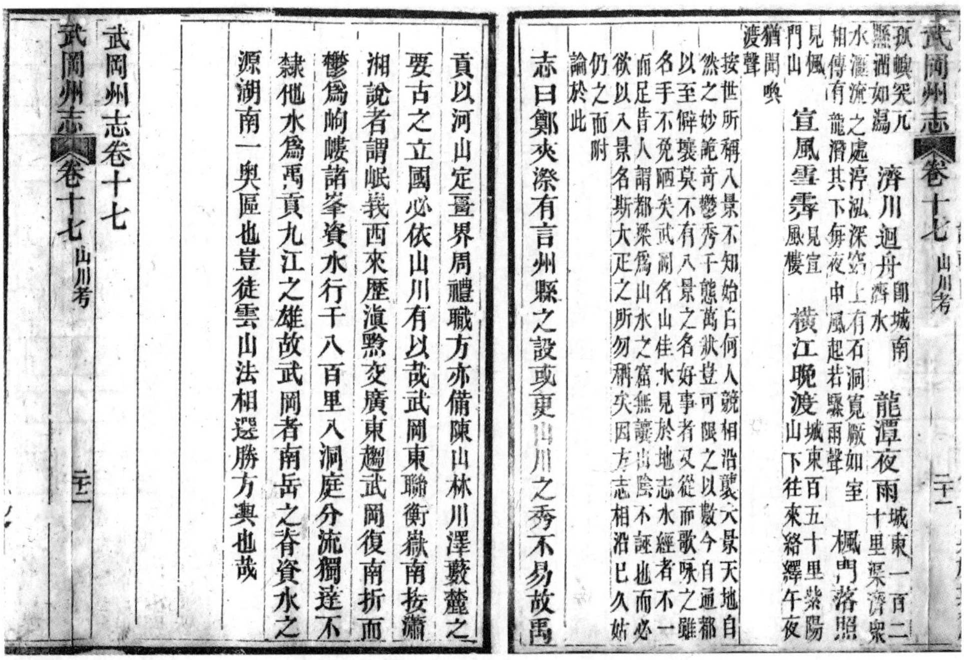

武岡州志卷十七 山川考 二十一

孤嶼突兀 縣酒如瀉 濟川廻舟即城南濟水 龍潭夜雨城東一百二十里渠濟衆水滙流之處渟泓深窈上有石洞寬敞如室相傳有龍潛其下每夜中風起若驟雨聲 楓門落照見佩門山 宣風雪霽見宣風樓 橫江晚渡城東百五十里紫陽山下往來絡繹午夜猶聞喚渡聲

按世所稱八景不知始自何人競相沿襲夫景天地自然之妙能奇變秀千態萬狀豈可限之以數今自通都以至僻壤莫不有八景之名好事者又從而歌咏之雖名手不免陋矣武岡名山佳水見於地志水經者不一而足昔人謂都梁爲山水之窟無讓也陰不誣也而必欲以八景名斯大疋之所匆稱矣因左志相沿已久姑仍之而附論於此

志曰鄭夾漈有言州縣之設或更山川之秀不易故禹貢以河山定疆界周禮職方亦備陳山林川澤藪麓之要古之立國必依山川有以哉武岡東聯衡嶽南接巔湘說者謂岷峩西來歷滇黔交廣東趨武岡復南折而鬱爲岣嶁諸峯資水行千八百里入洞庭分流獨達不隸他水爲禹貢九江之雄故武岡者南岳之脊資水之源湖南一奧區也豈徒雲山法相還勝方輿也哉

武岡州志卷十七

清嘉庆《武冈州志》“十景”载“龙潭夜雨”

“龙潭夜雨”，位于今洞口县黄桥镇。清嘉庆《武冈州志》“十景”载“龙潭夜雨”：城东一百二十里，渠、济众水汇流之处。渟泓深窈，上有石洞，宽敞如室。相传有龙潜其下，每夜中风起若骤雨声。

宋代陈与义《龙潭夜雨》

彻夜淋铃听雨声，寒潭顿觉碧波深。蛰龙应想苏民望，少试神功为作霖。

[横江晚渡]

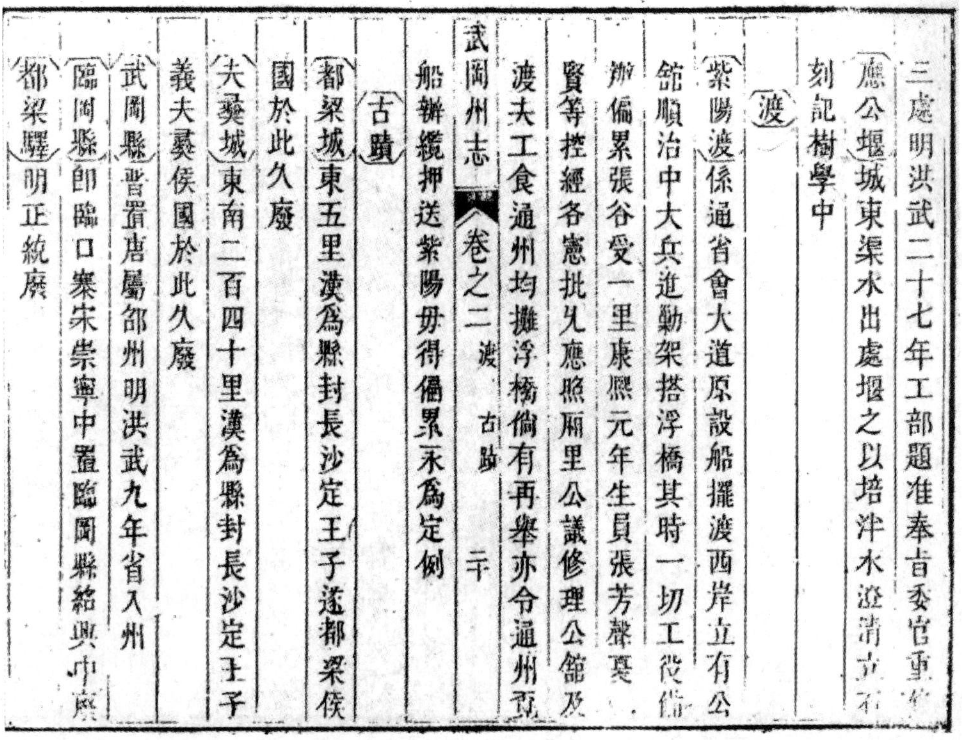

三處明洪武二十七年工部題准奉旨委官重修
應公堰城東渠水出處堰之以培泮水澄清立石
刻記樹學中

渡

紫陽渡係通省會大道原設船擺渡西岸立有公
舘順治中大兵進勦架搭浮橋其時一切工役俱
辦偏累張谷受一里康熙元年生員張芳聲葉
賢等控經各憲批允應照厢里公議修理公舘及
渡夫工食通州均攤浮橋倘有再舉亦令通州貢

武岡州志 卷之二 渡 古跡 二十

船辦纜押送紫陽毋得偏累永為定例

古蹟

都梁城東五里漢為縣封長沙定王子遂都梁侯
國於此久廢
夫夷城東南二百四十里漢為縣封長沙定王子
義夫夷侯國於此久廢
武岡縣晋置唐屬邵州明洪武九年省入州
臨岡縣即臨口寨宋崇寧中置臨岡縣紹興中廢
都梁驛明正統廢

清乾隆《武冈州志》载“紫阳渡”

紫阳渡，位于今隆回县三阁司乡紫河村北资水河畔，又名“横江渡”。

清乾隆《武冈州志》“十景”载“横江晚渡”：东百五十里紫阳山下，江亘两岸，南隶我武，东隶邵阳。行者络绎，虽午夜犹闻唤渡。

宋代陈与义《横江晚渡》

江澄浪静涌寒沙，寂寞临流八九家。断岸夕阳人渡少，小舟轻棹入芦花。

[枫门落照]

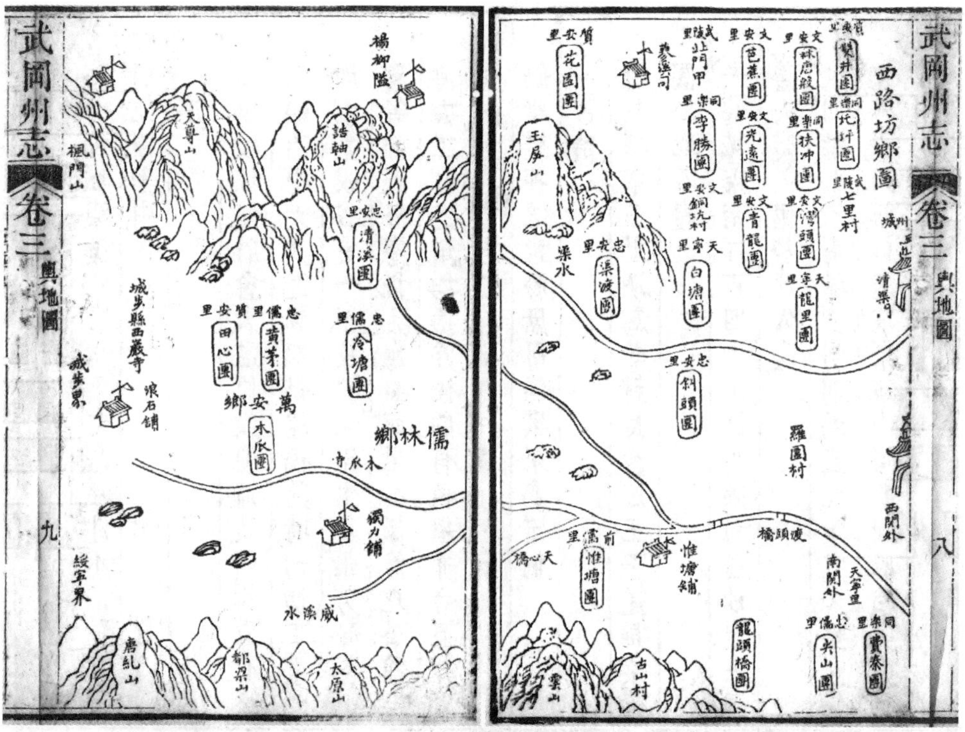

▣清嘉庆《武冈州志》“西路坊乡图”载“枫门山”

清康熙《武冈州志》“十景”载“枫门落照”：西五十里入绥宁山口，峻踞险要，苍枫丛立，夕阳射影，江村潋滟，则丹翠如画。

宋代陈与义《枫门落照》

丹枫如染带烟光，幻出人间锦绣乡。一段西山看不尽，野鸦数点送斜阳。

【云山十景】

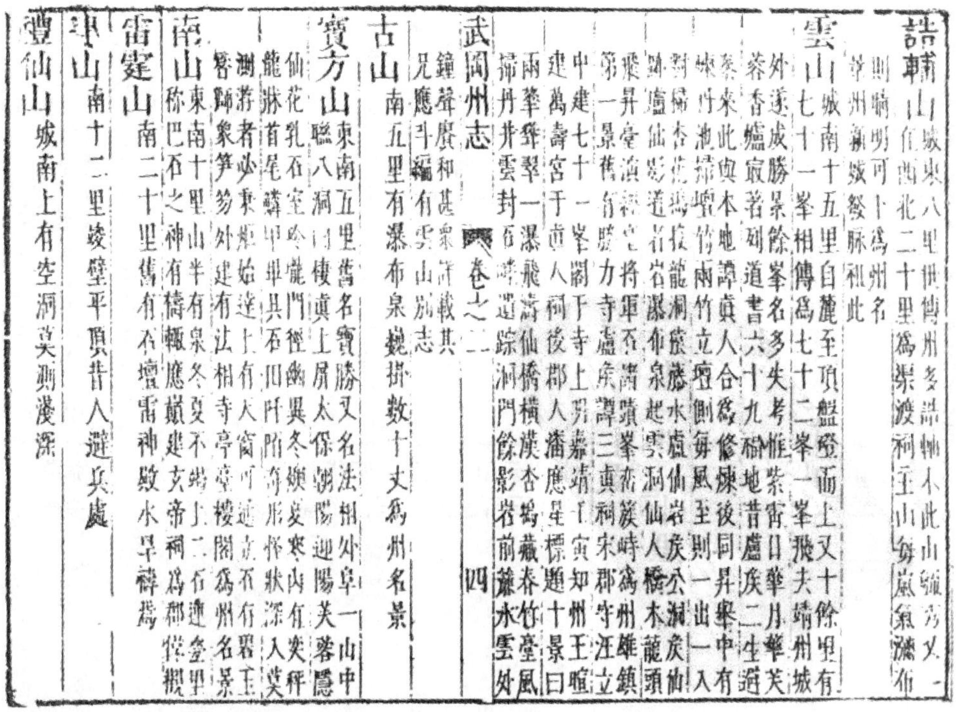

諸輔山 城東八里世傳州多諸輔不此山雖秀又一名在西北二十里爲渠渡祠至山每嵐氣濃布則晴明可卜爲州名勝州龍脈發祖此

雲山 城南十五里自麓至頂盤磴而上又十餘里有七十一峯相傳爲七十二峯一峯飛去靖州城外遂成勝景餘峯名多失考惟紫霄日華月華芙蓉香爐最著列道書六十九福地昔盧侯二生避秦來此與本地譚眞人合爲修煉後同一昇舉中有煉丹池掃壇竹兩竹立壇側每風至則一出一入有對歸杏花爲核龍洞簇藤水處仙岩侯公洞侯仙跡盧仙影道君岩瀑布泉起雲洞仙人橋木龍頭飛昇臺演經堂將軍石青蹟峯荷簇峙爲州雄鎮第一景舊有晴力寺盧侯譚三眞祠宋郡守汪立中建七十一峯閣下寺上有嘉靖壬寅知州王暄建爲壽宮于眞人祠後郡人潘應星標題十景曰兩華聳翠一瀑飛濤仙橋橫漢杏塢藏春竹臺風掃丹井雲封石壇遺蹤洞門餘影岩前篆水雲外鐘聲康和甚衆詩載其兄應斗編有雲山別志

武岡州志 卷之二 四

古山 南五里有瀑布泉幾掛數十丈爲州名景

寶方山 東南五里舊名寶勝又名法相外阜一山中聯八洞曰棲眞上昇太保朝陽迎陽芙蓉隱仙花乳石室吟龍門徑幽異冬煖夏寒內有奕秤龍牀首尾鱗甲畢具石皿杵臼奇形怪狀深入莫測游者必秉炬始達上有大窗可達五石有碧玉磐歸象笋笏外建有法相寺亭臺樓閣爲州名景

南山 東南十里山半有泉冬夏不竭上二石連登望稱巴石之神有禱輒應巔建玄帝祠爲郡禱觀

雷霆山 南二十里舊有石壇雷神殿水旱禱焉

坪山 南十二里峻壁平頂昔人避兵處

豐仙山 城南上有空洞莫測淺深

清康熙《武冈州志》“山川”载“云山十景”

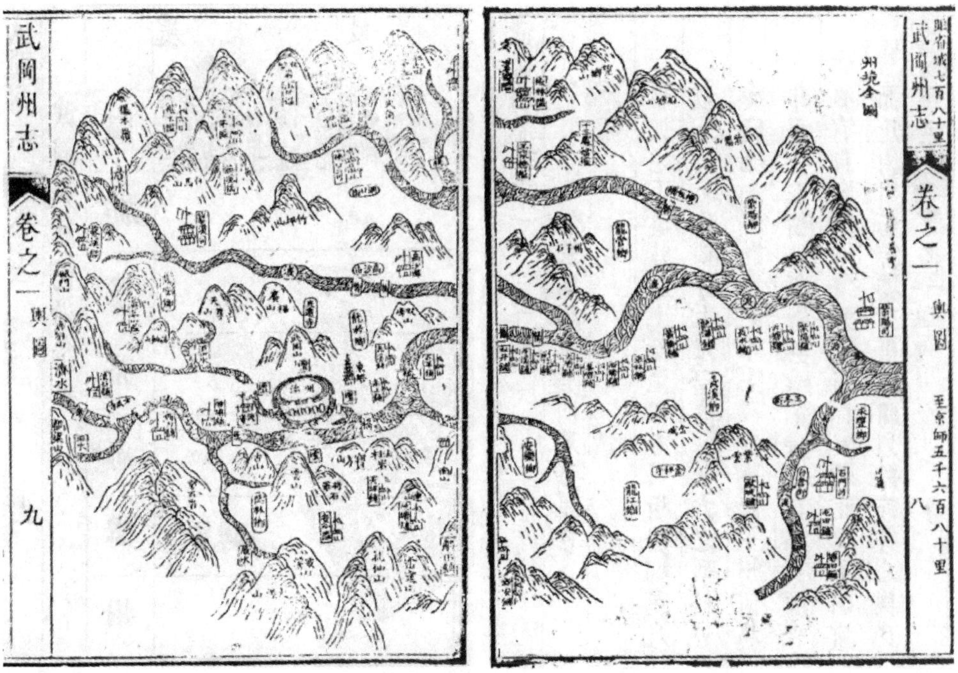

清乾隆《武冈州志》“州境全图”载“云山”

疆域志二

古山鄉其小鄉落有古山沙子江南山磐東山衝落井坡楊家衝三里庵五里庵塘灣夾泥蕩在城南[illegible]里廣六里袤四里東界龍頭園南界石廠園由南山磐東南衝六里達石廠之龍頭舖由沙子江東南二里至落井坡又西南曲曲二里至楊家衝又西南曲曲三里至大泥蕩又西南曲曲二里至三里庵又西南曲曲二里至塘灣又西南一里上雲山嶺又東下山曲曲六里達石廠之州堤嶺周氏園周貴園西界惟塘園由沙子江西行三里達惟塘至雷家北界南關廟由沙子江北四里達南廟有沙子江出古山有雲山西南首於蓮華之紫霄峯山南爲周氏别貴俗標十景之一雲山靖遠者也舊志云城南十五里得麓至頂盤礴而上又十餘里有七十一峯相傳爲七十二峯飛去靖州城外遂成十勝景餘峯名多失考惟紫霄日華月華芙蓉香爐最著列道書六十九福地昔盧侯二生遊泰來此與本地譚眞人合爲修煉後同昇舉中有煉丹池掃壇竹兩竹立壇側每風至則一出一入掃杏花塢投龍洞蘋藻水木盧仙巖侯公洞侯仙跡盧仙影道者巖瀑布泉起雲洞仙人橋木龍頭飛昇臺演經臺將軍石諸蹟峯巒蔟峙爲州雄鎮第一景舊有勝力寺盧侯譚三眞祠宋郡守汪立中建七十一峯閣於

武岡州志　卷十五　疆域志二　一

寺上明嘉靖壬寅知州王暄建萬壽宮於眞人祠後郡人潘應星繹題十景曰兩華聳翠一瀑飛濤仙橋橫漢杏塢藏春竹臺風掃丹井雲封石畔遺蹤洞門餘影巖前簾水雲外鐘聲賡和甚衆東爲州場嶺山南石廠爲南山山半有泉冬夏不竭二石相連自雲山北別爲古山山有瀑布俗稱十景之一古山瀑布者也有宋時摩崖書瀑字有投龍洞起雲洞在雲山有將軍石在雲山五里庵有七十一雲峯閣雲山之峯七十有一宋守汪立中建閣於上因以爲名祀玉皇後燬明潘應斗募捐重修迴龍閣在雲山入寺路口勝力寺在雲山古山寺一名棲雲寺半山廟鼓響廟大姓曹氏仇氏鍾氏李氏

惟塘園其小鄉落有栢木橋劉家坊劉家衝西浦石小水港鳳溪衝李家衝下金巖頭下渡頭橋三嵐衝西莚橋蔡家塘蔡家坊下溫衝清水塘陶家塘在城西南三里廣十里袤二十四里東界西廟由劉家坊東二里至栢木橋又東二里達西廂之紅廟由鳳溪衝東四里至小水港又東北四里達西廂之紅廟由三嵐舖東北五里至渡頭橋達西廂之紅廟此通城步官道也南廟由渡頭橋東一里至夏家又東二里達南廟之水南

清光绪《武冈州志》“疆域志”载“云山十景”：两华耸翠、一瀑飞涛、仙桥横汉、杏坞藏春、竹台风扫、丹井云封、石畔遗踪、洞门馀影、岩前帘水、云外钟声。

【君山八景】

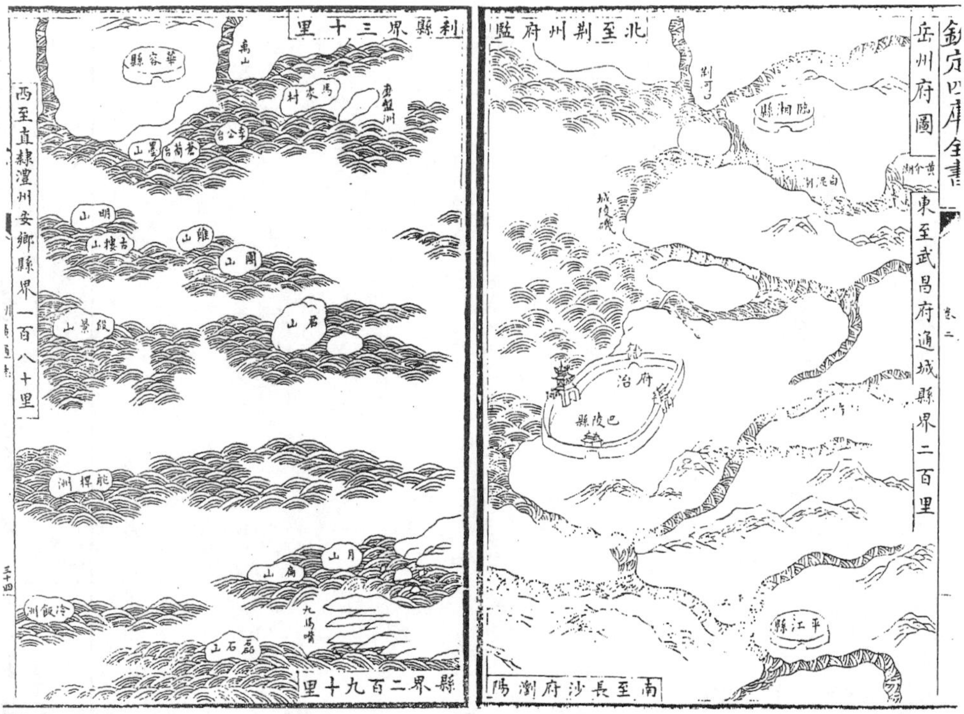

清《四库全书·湖广通志》“卷二”载“岳州府图”

清嘉庆《巴陵县志》载“君山图”

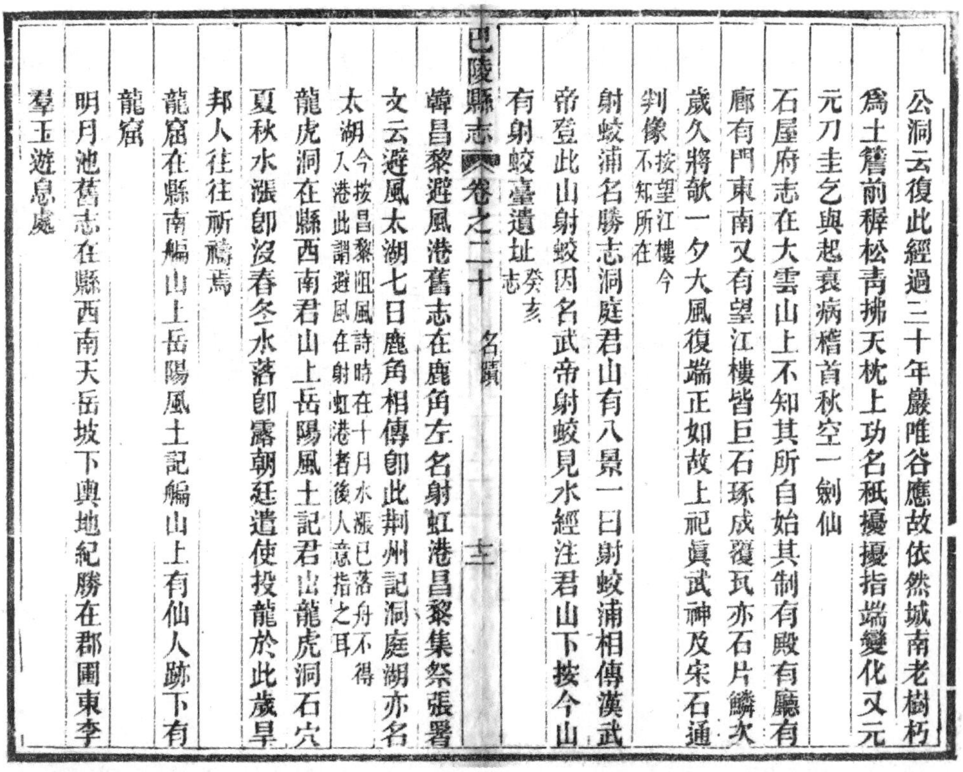

公洞云復此經過三十年巖唯谷應故依然城南老樹朽
爲土舊前稱松青拂天枕上功名秖擾擾指端變化又元
元刀圭乞與起衰病稽首秋空一劍仙
石屋府志在大雲山上不知其所自始其制有殿有廳有
廊有門東南又有望江樓皆巨石琢成覆瓦亦石片鱗次
歲久將欹一夕大風復端正如故上祀眞武神及宋石通
判像按望江樓今不知所在
射蛟浦名勝志洞庭君山有八景一曰射蛟浦相傳漢武
帝登此山射蛟因名武帝射蛟見水經注君山下按今山
有射蛟臺遺址癸亥志
巴陵縣志　卷之二十　名蹟　十三
韓昌黎避風港舊志在鹿角左名射虹港昌黎集祭張署
文云避風太湖七日鹿角相傳卽此荆州記洞庭湖亦名
太湖今按昌黎阻風詩時在十月水漲已落舟不得入港此謂避風在射虹港者後人意指之耳
龍虎洞在縣西南君山上岳陽風土記君山龍虎洞石穴
夏秋水漲卽沒春冬水落卽露朝廷遣使投龍於此歲旱
邦人往往祈禱焉
龍窟在縣南徧山上岳陽風土記徧山上有仙人跡下有
龍窟
明月池舊志在縣西南天岳坡下輿地紀勝在郡圃東李
羣玉遊息處

清同治《巴陵县志》“名迹”载：“君山有八景，一曰射蛟浦。”另七景，今无考。

石城山一統志在縣南六十里亦名石磯山上有楊幺砦壬申
志山在鹿角對岸湖中
右沙港以南山
君山在縣西三十里一名湘山亦稱洞庭山據一統志方輿紀要史記黃帝南
巡至於江登熊湘卽湘山也山海經洞庭之山其山多黃金其下多銀鐵其木多柤梨橘柚其草多葌蘪蕪芍藥芎藭帝之二女居之是常遊於江淵澧沅之風交瀟湘之淵是在九江之閒出入必以飄風暴雨是多怪神狀如人而載蛇左右手操蛇多怪鳥
道書以爲十一福地杜光庭福地洞天記有石穴潛通吳之包山郭景
純所謂巴陵地道者也水經注周回七里有奇外凸中凹上有十
二峯如螺髻明一統志出狀如十二螺髻又如芙蓉倒地半開上有軒轅臺
一名鑄鼎臺湘妃墓酒香亭柳毅井傳書亭朗吟亭飛仙亭又
巴陵縣志　卷之五　輿地志五山水　十一
有多緣寺有緑寺七先生祠崇勝寺寺中有秦王火樹又有湘
妃廟湘君廟宋元豐間祈禱屢應封其神爲淵德侯其產有方
竹斑竹茶丙寅府志湘江北流至岳陽達蜀江夏潦過住湘波泛爲
洞庭君山宛在水中秋水涸後此山復居於陸惟一條湘水而
已北夢瑣言東南對艑山兩山相次去十數里迴時相望孤影若浮
水經注
圓山在君山西六十里界華容附乾隆五十六年縣詳看得湖城垸棋杆嵴草湖東至巴邑洞庭水汛南至巴邑鷗山水汛西抵華邑司城湖鴨毛分水北抵趙公壋水汛東南西北四界昭然原係巴邑二十一都一甲民戶完糧管業之所因地偪近華邑南山肘腋屢行搶割柴草歷年案據炳著上年八月華民李勝悅羅秉綏等統衆越界强割陳燁遠以越疆强搶闖提未到本年正月內陳燁遠控道憲彭牌送憲台憲台轉飭巴華二縣會同勘訊臨有一甲生員王綱

清光绪《巴陵县志》“山水”载“君山”

君山，一名湘山，亦称洞庭山，系洞庭湖中小岛，位于岳阳市区西南方，与千古名楼岳阳楼隔湖相望。

岳阳市位于湖南东北部，素称“湘北门户”。夏、商时为“三苗”之地。春秋属楚，为麇、罗等附庸国地。战国时，为楚之黔中郡地。秦时，东属长沙郡罗县，西属南郡、黔中郡。汉高祖元年（前206），东属长沙国下隽县、罗县，西属南郡华容县、武陵郡孱陵县。东汉建安十五年（210），孙权分长沙郡北的下隽、罗县建汉昌郡，郡治设今平江县金铺观。晋武帝太康元年（280），分下隽县本部建巴陵县。南朝宋元嘉十六年（439）置巴陵郡。隋开皇九年（589）废巴陵郡为巴州，十一年（591）改为岳州。元为岳州路。明为岳州府。民国二年（1913）废府，后设湖南第一行政督察区，并改巴陵县为岳阳县。

[射蛟浦]

首秋空一劍仙賓退錄
石屋在大雲山上不知其所自始其制有殿有廳有廊有門東
南又有望江樓皆巨石琢成覆瓦亦石片鱗次歲久將欹一夕
大風復端正如故上祀眞武神及宋石通判像府志王申志按望江樓今不知所在
射蛟浦君山有八景射蛟浦者相傳漢武帝登是山射蛟於浦
口故名名勝志洞庭湖志射蛟臺下按武帝本紀元封五年冬南巡狩至於盛唐望祀虞舜於九疑登灊之天柱自潯陽浮江親射蛟於江中獲之據此則射蛟當在今安慶九江之閒
韓昌黎避風港在鹿角左名射虹港昌黎集祭張署文云避風
太湖七日鹿角相傳即此荊州記洞庭湖亦名太湖舊志
巴陵縣志 卷之六 輿地志六勝蹟 夫
龍虎洞在縣西南君山上岳陽風土記君山龍虎洞石穴夏秋
水漲即沒春冬水落即露朝廷遣使投龍於此歲旱邦人往往
祈禱焉按龍洞在崇勝寺左虎洞在崇勝寺右
龍窟在縣南艑山上岳陽風土記艑山上有仙人跡下有龍窟
白鶴池在縣東南三里方輿勝覽白鶴山陽有兩池池潛巨蟒
唐呂巖過此招之出化而爲劍今白鶴池舊跡是也
青蛇池在城南呂仙亭側方輿勝覽所載白鶴山陽兩池之一
今堙舊志
洗足池在君山朗吟亭下有石池相傳爲仙人洗足池大如洛
盆

清光绪《巴陵县志》“胜迹”载“射蛟浦”

在君山岛以南千米远的湖水中，有一巨石濒水而卧，高三丈余，宽二丈许，相传为汉武帝射蛟之处，故名“射蛟台”。

清光绪《巴陵县志》“舆地志·胜迹”载：“射蛟浦，君山有八景，射蛟浦者，相传汉武帝登是山，射蛟于浦口，故名。”今存射蛟台遗址。

“君山八景”另七景，今无考。

【昌江八景】

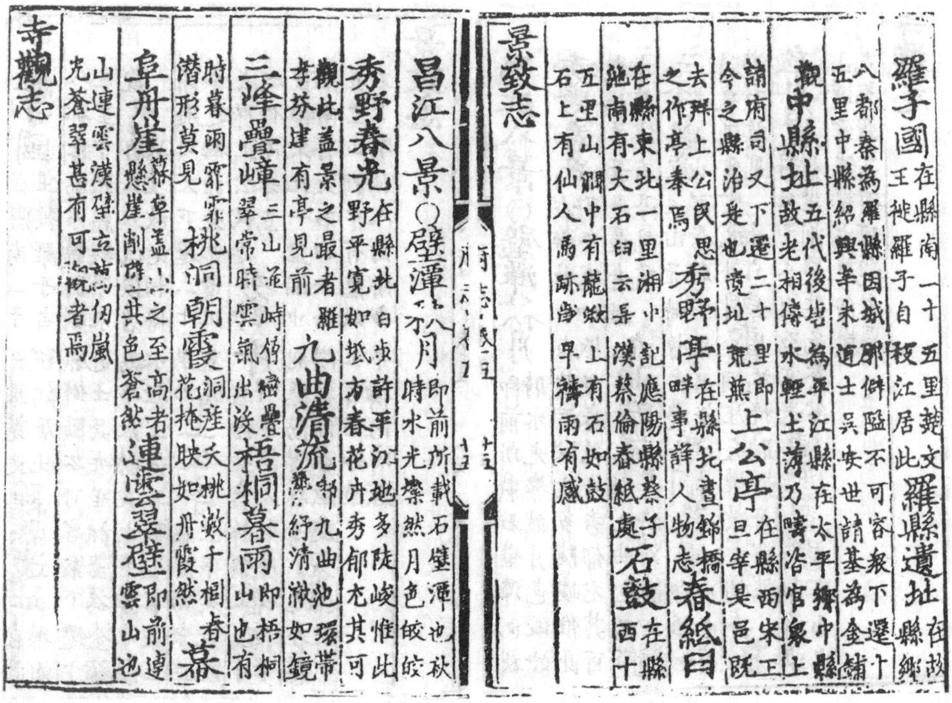

羅子國在縣南一十五里楚文王徙羅子自枝江居此羅縣遺址在故縣鄉八都秦為羅縣因城郡僻隘不可容衆下遷十五里中縣紹興辛未道士吳安世請基為金鋪觀中縣址五代後唐為平江縣在太平鄉中縣故老相傳水輕土薄乃曉洽官衆上請府司又下遷二十里即今之縣治是也遺址荒蕪上公亭在縣西宋王旦宰是邑既去拜上公民思之作亭奉焉秀野亭在縣北晝錦橋畔事詳人物志春紙臼在縣東北一里湘中記應陽縣蔡子池南有大石曰云是漢蔡倫舂紙處石鼓在縣西十五里山澗中有龍湫上有石如鼓石上有仙人爲跡每旱禱雨有感

景致志

昌江八景○壁潭秋月即前所載石壁潭也秋時水光燦然月色皎皎秀野春光在縣北百步許平江地多陡峻惟此野平寬如坻方春花卉秀郁尤其可觀此蓋景之最者羅孝芬建有亭見前九曲清流邑郭九曲池環帶縈紆清澈如鏡三峰疊嶂三山鼎峙儕巒疊翠常時雲氣出沒梧桐暮雨即梧桐山也有時暮雨霏霏潛形莫見桃洞朝霞洞産夭桃數千樹春花掩映如丹霞然幕阜丹崖幕阜蓋山之至高者懸崖削壁其色蒼然連雲翠壁即前連雲山也山連雲漢壁立萬仞嵐光蒼翠甚有可觀者焉

寺觀志

明弘治《岳州府志》载“昌江八景”

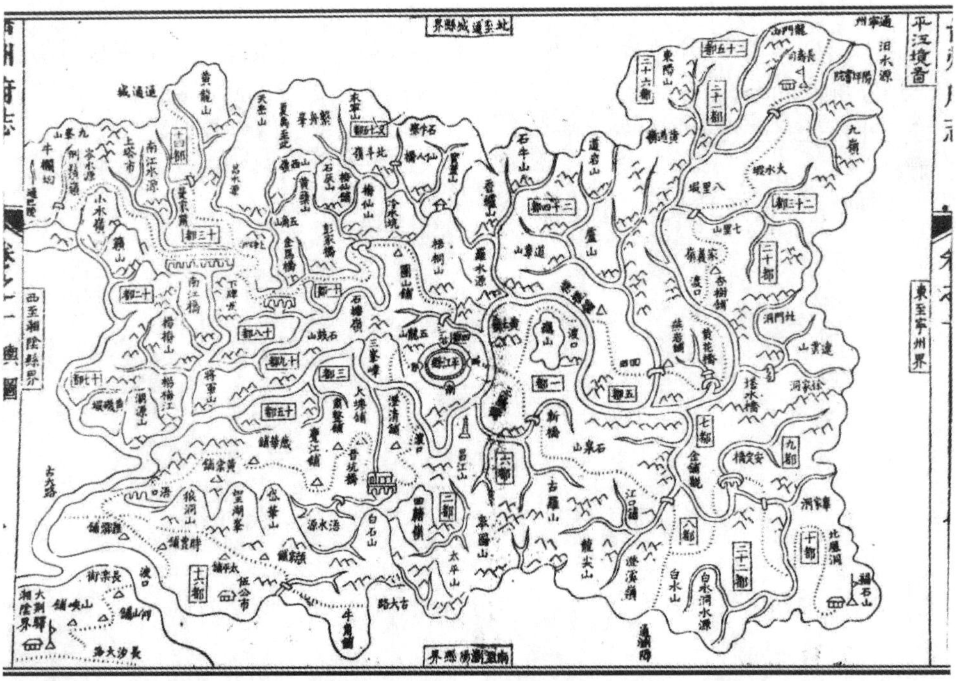

清乾隆《岳州府志》载“平江境图”

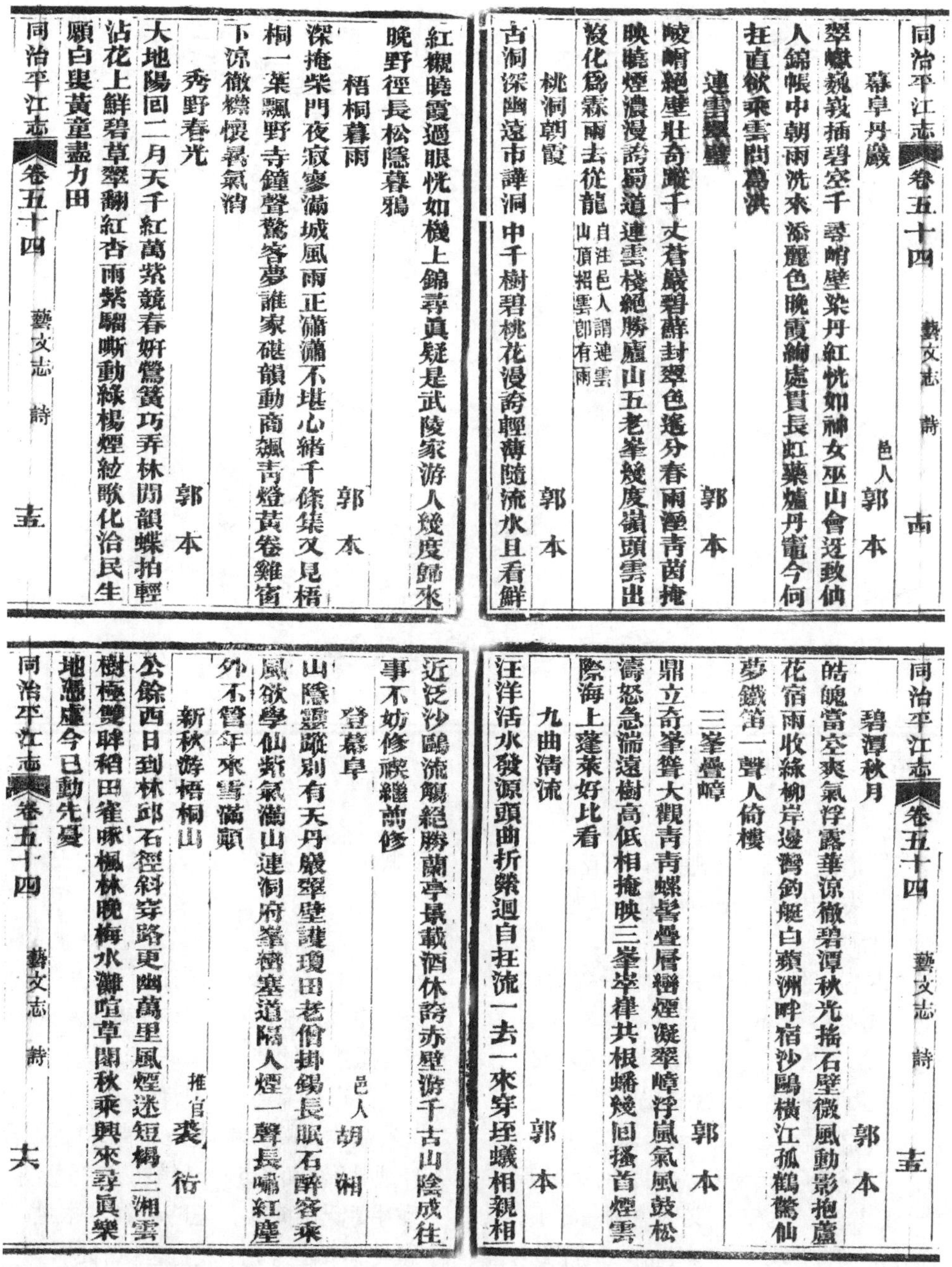

同治平江志　卷五十四　藝文志　詩　十四

暮阜丹巖　邑人郭本

翠巘巍峩插碧空千尋峭壁染丹紅恍如神女巫山會迓致仙人錦帳中朝雨洗來添麗色晚霞絢處貫長虹藥爐丹竈今何在直欲乘雲問葛洪

連雲翠壁　郭本

峻嶒絕壁壯奇蹤千丈蒼巖碧蘚封翠色遙分春雨溼青茵掩映曉煙濃漫誇蜀道連雲棧絕勝廬山五老峯幾度嶺頭雲出後化爲霖雨去從龍自注邑人謂連雲山頂招雲即有雨

桃洞朝霞　郭本

古洞深幽遠市譁洞中千樹碧桃花漫誇輕薄隨流水且看鮮紅襯曉霞過眼恍如機上錦尋真疑是武陵家游人幾度歸來晚野徑長松隱暮鴉

同治平江志　卷五十四　藝文志　詩　十五

梧桐暮雨　郭本

深掩柴門夜寂寥滿城風雨正瀟瀟不堪心緒千條集又見梧桐一葉飄野寺鐘聲驚客夢誰家砧韻動商飆青燈黃卷雞窗下涼徹襟懷暑氣消

秀野春光　郭本

大地陽回二月天千紅萬紫競春妍鶯簧巧弄林間韻蝶拍輕沾花上鮮碧草翠翻紅杏雨紫騮嘶動綠楊煙紛歌化洽民生願白叟黃童盡力田

同治平江志　卷五十四　藝文志　詩　十五

碧潭秋月　郭本

皓魄當空爽氣浮露華涼徹碧潭秋光搖石壁微風動影拖蘆花宿雨收綠柳岸邊灣釣艇白蘋洲畔宿沙鷗橫江孤鶴驚仙夢鐵笛一聲人倚樓

三峯疊嶂　郭本

鼎立奇峯聳大觀青青螺髻疊層巒煙凝翠嶂浮嵐氣風鼓松濤怒急湍遠樹高低相掩映三峯崒嵂共根蟠幾回搔首煙雲際海上蓬萊好比看

九曲清流　郭本

汪洋活水發源頭曲折縈迴自在流一去一來穿埡蟻相親相近泛沙鷗流觴絕勝蘭亭景載酒休誇赤壁游千古山陰成往事不妨修禊繼前修

同治平江志　卷五十四　藝文志　詩　十六

登幕阜　邑人胡湘

山陰靈蹤別有天丹巖翠壁護瓊田老僧掛錫長眠石醉客乘風欲學仙紫氣滿山連洞府峯巒塞道隔人煙一聲長嘯紅塵外不管年來雪滿顛

新秋游梧桐山　推官裴衎

公餘西日到林邱石徑斜穿路更幽萬里風煙迷短楫三湘雲樹極雙眸稻田雀啄楓林晚梅水灘喧草閣秋乘興來尋眞樂地憑虛今已動先憂

清同治《平江县志》“艺文”载“邑人郭本《题咏八景》”

平江，位于湖南省东北部，与湘、鄂、赣三省交界，毗邻长沙市。古属三苗国，秦属罗县，东汉末年将罗县东部划为汉昌县，三国改名吴昌县。唐神龙三年（706）析湘阴东境置昌江县，后唐同光元年（923）为避庄宗祖父李国昌讳，以县治周围地势平坦，江水至此平静无波，改称平江县。汨罗江自东向西贯穿全境。

明弘治《岳州府志》载“昌江八景”：壁潭秋月、秀野春光、九曲清流、三峰叠嶂、梧桐暮雨、桃洞朝霞、幕阜丹崖、连云翠壁。

明代郭本《题咏平江八景》

幕阜丹岩

翠巘巍峨插碧空，千寻峭壁染丹红。恍如神女巫山会，迓致仙人锦帐中。朝雨洗来添丽色，晚霞绚处贯长虹。药炉丹灶今何在？直欲乘云问葛洪。

连云翠壁

峻嶒绝壁壮奇踪，千丈苍岩碧藓封。翠色遥分春雨湿，青茵掩映晓烟浓。

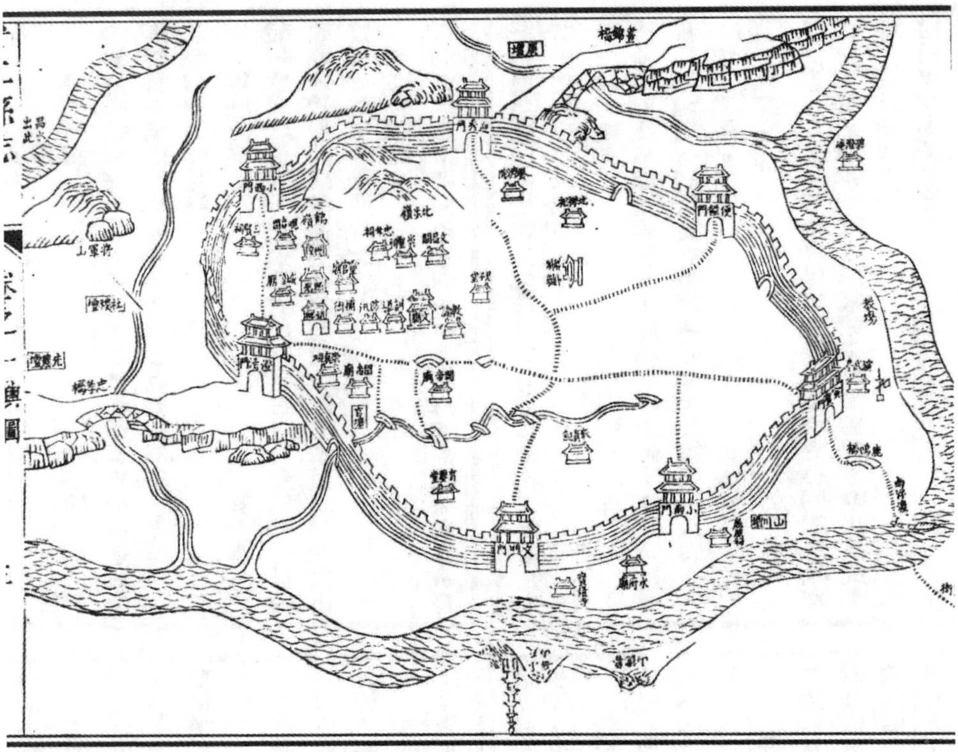

清嘉庆《平江县志》载“县城图”

漫夸蜀道连云栈，绝胜庐山五老峰。几度岭头云出没，化为霖雨去从龙。

桃洞朝霞

古洞深幽远市哗，洞中千树碧桃花。 漫夸轻薄随流水，且看鲜红衬晓霞。过眼恍如机上锦，寻真疑是武陵家。游人几度归来晚，野径长松隐暮鸦。

梧桐暮雨

深掩柴门夜寂寥，满城风雨正潇潇。不堪心绪千条集，又见梧桐一叶飘。野寺钟声惊客梦，谁家砧韵动商飚。青灯黄卷鸡窗下，凉彻襟怀暑气消。

秀野春光

大地阳回二月天，千红万紫竞春妍。莺簧巧弄林间韵，蝶拍轻沾花上鲜。碧草翠翻红杏雨，紫骝嘶动绿杨烟。弦歌化洽民生愿，白叟黄童尽力田。

碧潭秋月

皓魄当空爽气浮，露华凉彻碧潭秋。光摇石壁微风动，影抱芦花宿雨收。绿柳岸边湾钓艇，白萍州畔宿沙鸥。横江孤鹤惊仙梦，铁笛一声人倚楼。

三峰叠嶂

鼎立奇峰耸大观，青青螺髻叠层峦。烟凝翠嶂浮岚气，风鼓松涛怒急湍。远树高低相掩映，三峰崒嵂共根蟠。几回搔首烟云际，海上蓬莱好比看。

九曲清流

汪洋活水发源头，曲折萦回自在流。一去一来穿垤蚁，相亲相近泛沙鸥。流觞绝胜兰亭景，载酒休夸赤壁游。千古山阴成往事，不妨修禊继前修。

[壁潭秋月]

明隆庆《岳州府志》“平江县图”载“石壁潭”

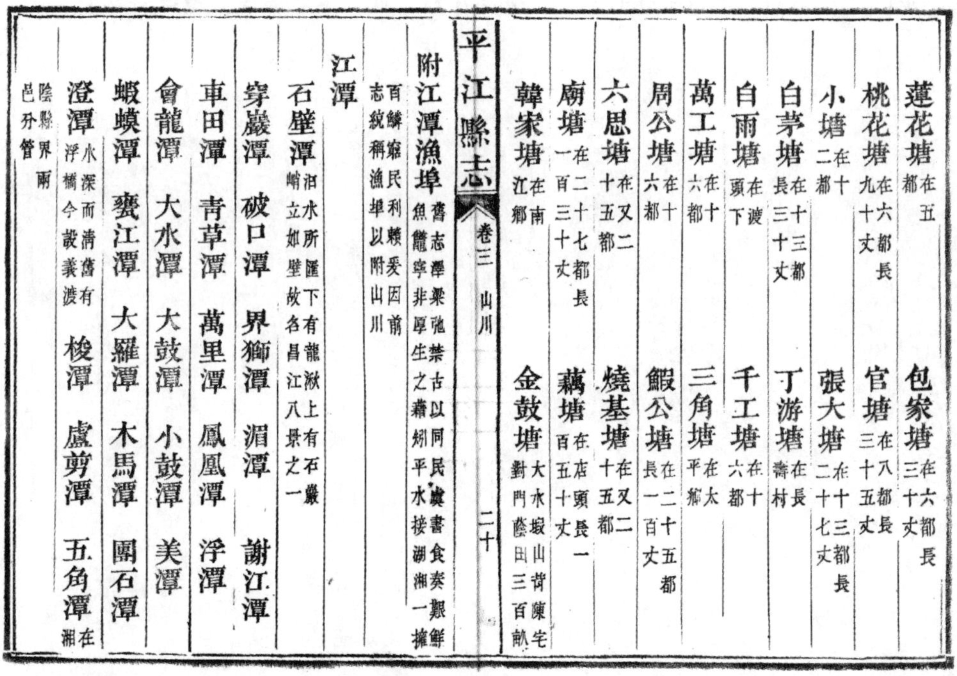

平江縣志 卷三 山川 二十

蓮花塘在五都

桃花塘在六都長九十丈

小塘在十二都

白茅塘在十三都長三十丈

自雨塘在渡頭下

萬工塘在十六都

周公塘在十六都

六思塘在叉二十五都

廟塘在二十七都長一百三十丈

韓家塘在南江鄉

包家塘在六都長三十丈

官塘在八都長三十五丈

張大塘在十三都長二十七丈

丁游塘在長壽村

千工塘在十六都

三角塘在太平鄉

鰕公塘在二十五都長一百丈

燒基塘在叉二十五都

藕塘在店頭長一百五十丈

金鼓塘大水蝦山背陳宅對門蔭田三百畝

附江潭漁埠舊志澤梁弛禁古以同民虞書食奏艱鮮魚鼈寧非厚生之藉矧平水接湖湘一擁百鱗窮民利賴爰因前志統稱漁埠以附山川

江潭

石壁潭汨水所匯下有龍湫上有石巖峭立如壁故名昌江八景之一

穿巖潭　破口潭　界獅潭　湄潭　謝江潭

車田潭　青草潭　萬里潭　鳳凰潭　浮潭

會龍潭　大水潭　大鼓潭　小鼓潭　美潭

蝦蟆潭　甕江潭　大羅潭　木馬潭　團石潭

澄潭水深而清舊有浮橋今設義渡　梭潭　盧剪潭　五角潭在湘陰縣界兩邑分管

清嘉庆《平江县志》“山川”载“石壁潭”：汨水所汇，下有龙湫，上有石岩峭立如壁，故名。昌江八景之一。

[秀野春光]

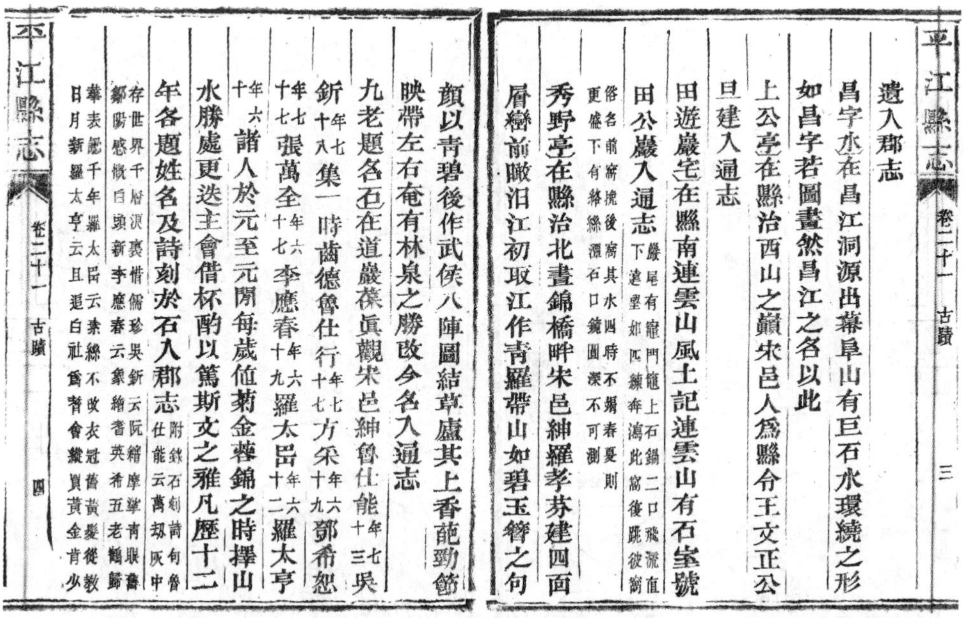

平江縣志 卷二十一 古蹟 三

遺入郡志

昌字水在昌江洞源出幕阜山有巨石水環繞之形如昌字若圖畫然昌江之名以此

上公亭在縣治西山之巔宋邑人爲縣令王文正公旦建入通志

田遊巖宅在縣南連雲山風土記連雲山有石室號田公巖入通志巖尾有窟門窟上石鍋二口飛流直下遠望如匹練奔瀉此窟後跳彼窟俗名前窟後窟其水四時不竭春夏則更盛下有絳絲潭石口鏡圓深不可測

秀野亭在縣治北畫錦橋畔宋邑紳羅孝芬建四面層巒前瞰汨江初取江作青羅帶山如碧玉簪之句顏以青碧後作武侯八陣圖結草廬其上香葩勁節映帶左右奄有林泉之勝改今名入通志

九老題名石在道巖葆眞觀宋邑紳魯仕能年七十三吳釿年七十八集一時耆德魯仕行年七十七方釆年六十九鄧希恕年七十七張萬全年六十七李應春年六十九羅太呂年六十二羅太亨年六十諸人於元至元間每歲値菊金蓉錦之時擇山水勝處更迭主會借杯酌以篤斯文之雅凡歷十二年各題姓名及詩刻於石入郡志附錄石刻詩句魯仕能云萬刼灰中存世界千層浪裏惜儒珍吳釿云阮籍摩挲青眼舊鄒陽感慨白頭新李應春云象緯耆英希五老鶴歸華表憩千年羅太呂云素絲不改衣冠舊黃髮從教日月新羅太亨云且追白社舊耆會纔買黃金肖少

平江縣志 卷二十一 古蹟 四

清嘉庆《平江县志》“卷二十一·古迹”载“秀野亭”：“在县治北画锦桥畔，宋邑绅罗孝芬建，四面层峦，前瞰汨江。初取‘江作青罗带，山如碧玉簪’之句。颜以‘青碧’，后作武侯八阵图，结草庐其上，香葩劲节，映带左右，奄有林泉之胜，改今名。”明弘治《岳州府志》载“秀野春光”：平江地多陡峭，唯此野平宽如砥，方春花卉秀郁，尤其可观，此盖景之最者。罗孝芬建有亭。

[连云翠壁]

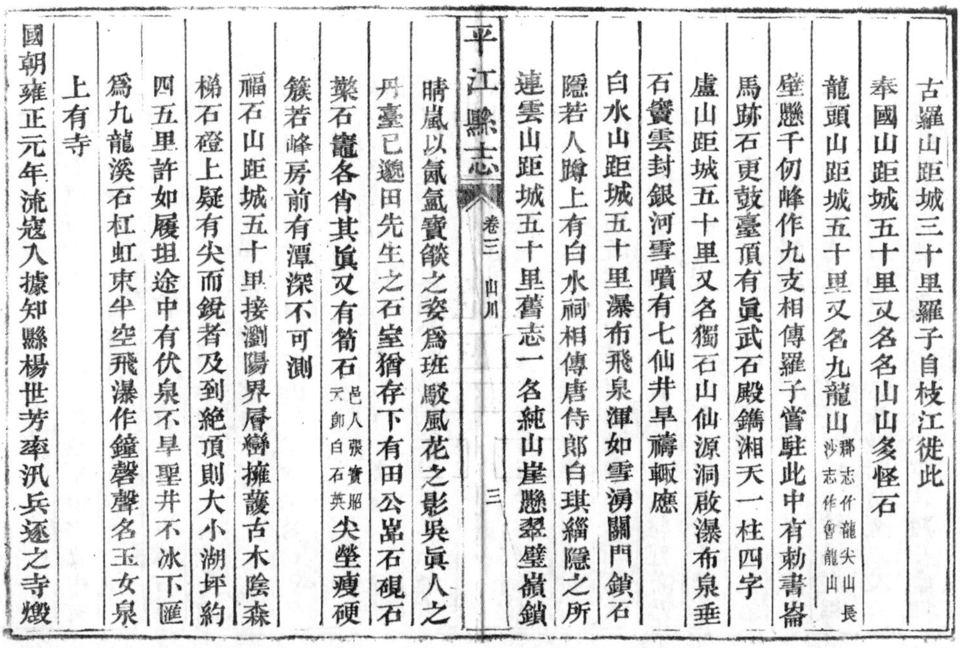

古羅山距城三十里羅子自枝江徙此
奉國山距城五十里又名名山山多怪石
龍頭山距城五十里又名九龍山郡志作龍尖山長沙志作曾龍山
壁懸千仞峰作九支相傳羅子嘗駐此中有勑書崙
馬跡石更鼓臺頂有眞武石殿鐫湘天一柱四字
盧山距城五十里又名獨石山仙源洞瀑布泉垂
石竇雲封銀河雪噴有七仙井旱禱輒應
白水山距城五十里瀑布飛泉渾如雪湧關門鎖石
隱若人蹲上有白水祠相傳唐侍郎白琪繙隱之所
連雲山距城五十里舊志一名純山崖懸翠壁嶺鎖
平江縣志 卷三 山川 三
晴嵐以氤氳寶燄之姿爲班駁風花之影吳眞人之
丹臺已邈田先生之石室猶存下有田公崑石硯石
檠石竈各肖其眞又有筍石邑人張實昭天郎白石英尖瑩瘦硬
簇若峰房前有潭深不可測
福石山距城五十里接瀏陽界層巒擁護古木陰森
梯石磴上疑有尖而銳者及到絕頂則大小湖坪約
四五里許如履坦途中有伏泉不旱罣井不冰下匯
爲九龍溪石杠虹束半空飛瀑作鐘磬聲名玉女泉
上有寺
國朝雍正元年流寇入據知縣楊世芳率汛兵逐之寺燬

清嘉庆《平江县志》“卷三 · 山川”载“连云山”：“距城五十里。旧志一名纯山。崖悬翠壁，岭锁晴岚，以氤氲宝焰之姿，为斑驳风花之影。吴真人之丹台已邈，田先生之石室犹存。下有田公岩、石砚、石檠、石灶各肖其真。又有笋石，尖莹瘦硬，簇若峰房。前有潭，深不可测。”明弘治《岳州府志》载“连云翠壁”：山连云汉，壁立万仞，岚光苍翠，甚有可观者焉。

［幕阜丹崖］

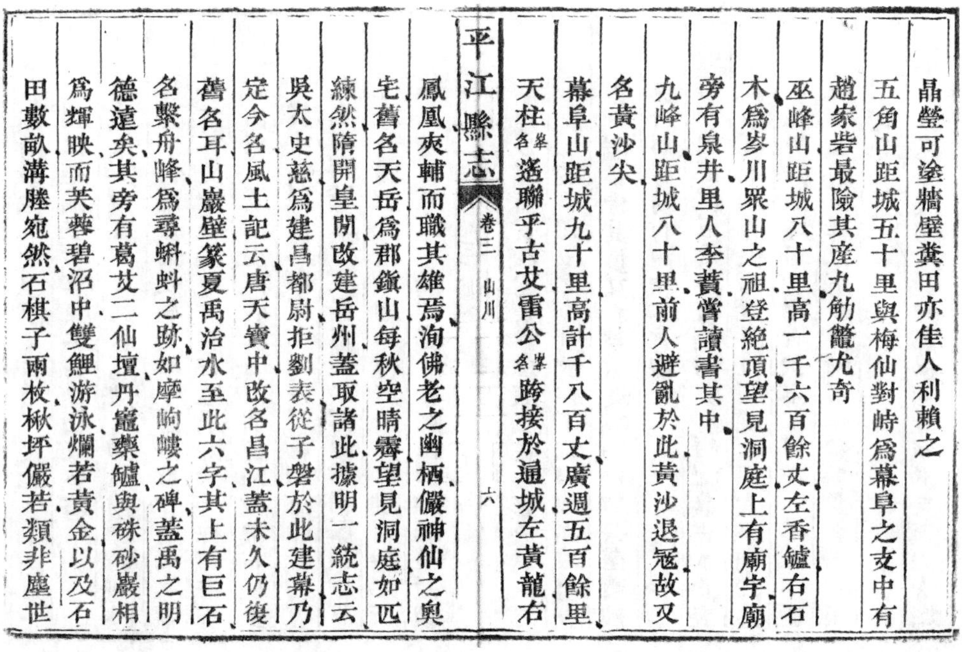

晶瑩可塗牆壁糞田亦佳人利賴之
五角山距城五十里與梅仙對峙爲幕阜之支中有
趙家砦最險其産九觔鼈尤奇
巫峰山距城八十里高一千六百餘丈左香爐右石
木爲岑川衆山之祖登絕頂望見洞庭上有廟宇廟
旁有泉井里人李黃嘗讀書其中
九峰山距城八十里前人避亂於此黃沙退寇故又
名黃沙尖
幕阜山距城九十里高計千八百丈廣週五百餘里
天柱(峯名)遙聯乎古艾雷公(峯名)跨接於通城左黃龍右
平江縣志　卷三　山川　六
鳳凰夾輔而職其雄爲洵佛老之幽棲儼神仙之奧
宅舊名天岳爲郡鎮山每秋空晴霽望見洞庭如匹
練然隋開皇間改建岳州蓋取諸此據明一統志云
吳太史慈爲建昌都尉拒劉表從子磐於此建幕乃
定今名風土記云唐天寶中改名昌江蓋未久仍復
舊名耳山巖壁篆夏禹治水至此六字其上有巨石
名繫舟峰爲蝌蚪之跡如摩岣嶁之碑蓋禹之明
德遠矣其旁有葛艾二仙壇丹竈藥爐與硃砂巖相
爲輝映而芙蓉碧沼中雙鯉游泳爛若黃金以及石
田數畝溝塍宛然石棋子兩枚楸枰儼若類非塵世

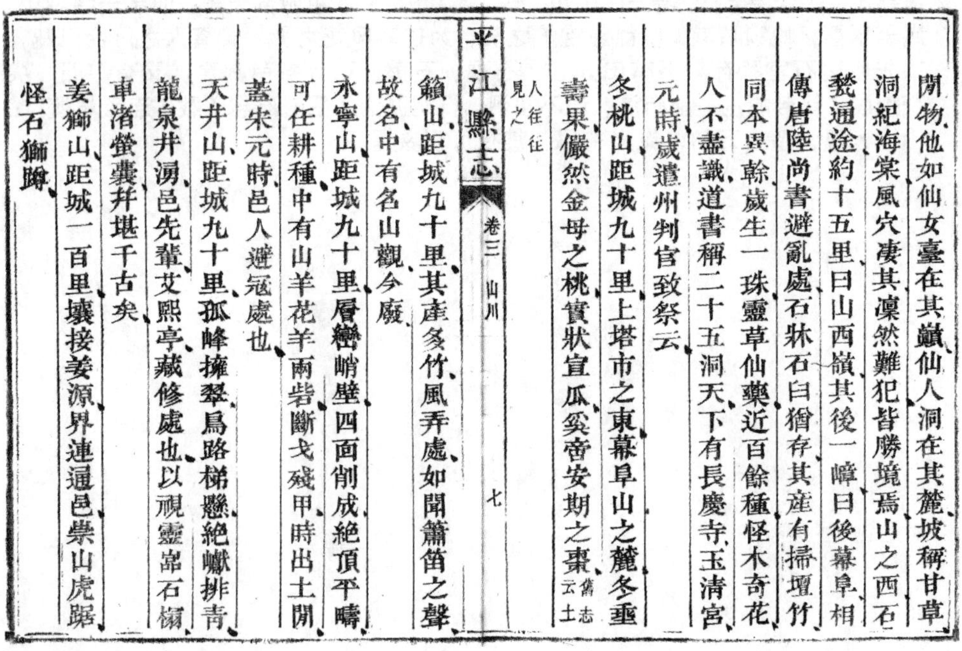

間物他如仙女臺在其巔仙人洞在其麓坡稱甘草
洞紀海棠風穴凄其凛然難犯皆勝境焉山之西石
甃通途約十五里曰山西嶺其後一嶂曰後幕阜相
傳唐陸尚書避亂處石牀石臼猶存其産有掃壇竹
同本異榦歲生一珠靈草仙藥近百餘種怪木奇花
人不盡識道書稱二十五洞天下有長慶寺玉清宮
元時歲遣州判官致祭云
多桃山距城九十里上塔市之東幕阜山之麓多垂
壽果儼然金母之桃實狀宜瓜奚啻安期之棗(舊志云土人往往見之)
平江縣志　卷三　山川　七
簫山距城九十里其産多竹風弄處如聞簫笛之聲
故名中有名山觀今廢
永寧山距城九十里層巒峭壁四面削成絕頂平疇
可任耕種中有山羊花羊兩砦斷戈殘甲時出土間
蓋宋元時邑人避寇處也
天井山距城九十里孤峰擁翠鳥路梯懸絕巘排青
龍泉井洞邑先輩艾熙亭藏修處也以覗靈岩石榻
車渚螢囊并堪千古矣
姜獅山距城一百里壤接姜源界連通邑崇山虎踞
怪石獅蹲

清嘉庆《平江县志》“山川”载“幕阜山”。幕阜，又名天岳山。明弘治《岳州府志》载“幕阜丹崖”：幕阜，盖山之至高者。悬崖削壁，其色苍然。

［九曲清流］

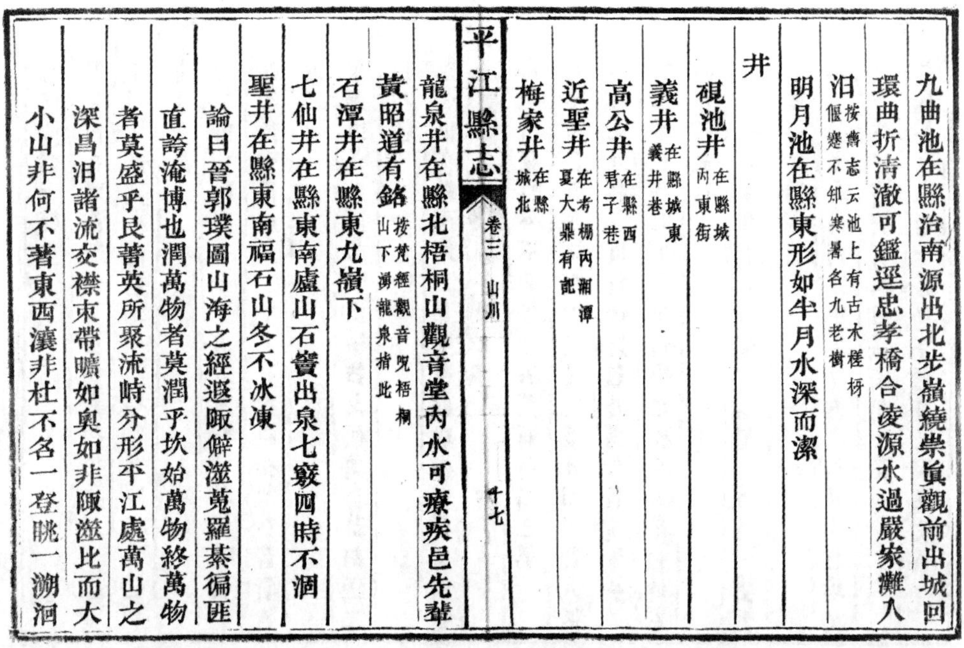

九曲池在縣治南源出北步嶺繞祟眞觀前出城回
環曲折清澈可鑑逕忠孝橋合凌源水過嚴家灘入
汨按舊志云池上有古木槎枒偃蹇不知寒暑名九老樹
明月池在縣東形如半月水深而潔
井
硯池井在縣城內東街
義井在縣城東義井巷
高公井在縣西君子巷
近聖井在考棚內湘潭夏大鼎有記
梅家井在縣城北

平江縣志　卷三　山川　十七

龍泉井在縣北梧桐山觀音堂內水可療疾邑先輩
黃昭道有銘按梵經觀音呪梧桐山下湧龍泉指此
石潭井在縣東九嶺下
七仙井在縣東南盧山石竇出泉七竅四時不涸
聖井在縣東南福石山冬不冰凍
論曰晉郭璞圖山海之經遐陬僻澨蒐羅綦徧匪
直誇淹博也潤萬物者莫潤乎坎始萬物終萬物
者莫盛乎艮菁英所聚流峙分形平江處萬山之
深昌汨諸流交襟束帶曠如奧如非陬澨比而大
小山非何不著東西瀼非杜不名一登眺一溯洄

清嘉庆《平江县志》“卷三·山川”载“九曲池”：“在县治南，源出百步岭，绕崇真观前出城，回环曲折，清澈可鉴，迳忠孝桥合凌源水过严家滩入汨。”明弘治《岳州府志》载“九曲清流”：环带郁纡，清澈如镜。

［三峰叠嶂］

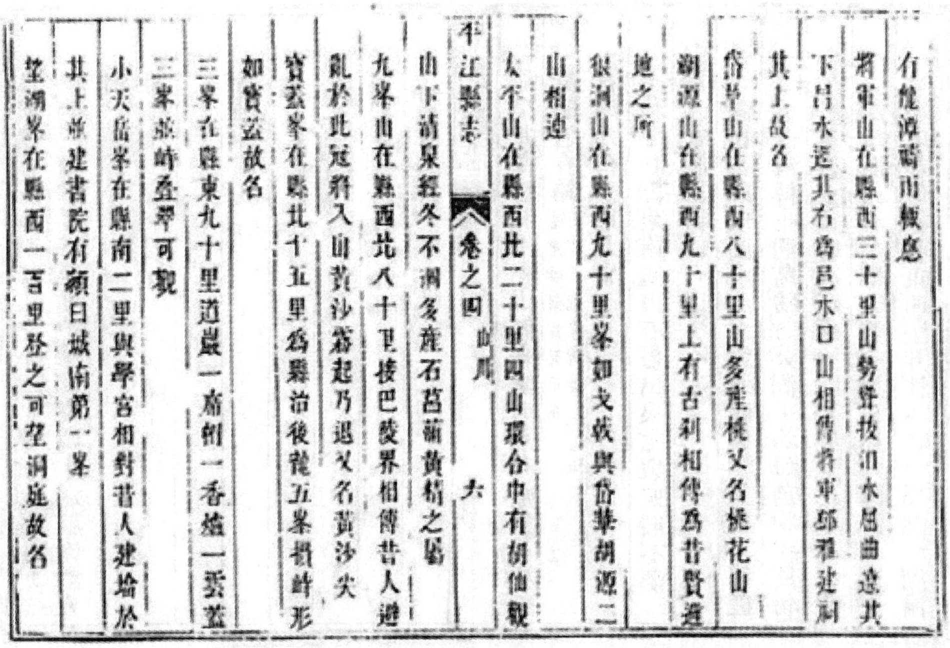

有龍湫禱雨輙應
將軍山在縣西三十里山勢聳拔汨水屈曲遶其
下昔水運其石爲邑水口山相傳將軍邵雅建祠
其上故名
鵞羊山在縣南八十里山多產桃又名桃花山
湖源山在縣西九十里上有古刹相傳爲昔賢避
地之所
很洞山在縣西九十里峯如戈戟與昏華湖源二
山相連
太平山在縣西北二十里四山環合中有胡仙觀
平江縣志　卷之四　山川　六
山下清泉經冬不涸多產石菖蒲黃精之屬
九峯山在縣西北八十里接巴陵界相傳昔人避
亂於此冦將入山黃沙霧起乃退又名黃沙尖
寶蓋峯在縣北十五里爲縣治後龍五峯攢峙形
如寶蓋故名
三峯在縣東九十里道巖一席帽一香爐一雲蓋
三峯並峙叠翠可觀
小天岳峯在縣南二里與學宮相對昔人建塔於
其上並建書院有額曰城南第一峯
望湖峯在縣西一百里登之可望洞庭故名

清乾隆《平江县志》“卷之四·山川”载“三峰”：“在县东九十里道岩，一席帽、一香炉、一云盖，三峰并峙，叠翠可观。”明弘治《岳州府志》载“三峰叠嶂”：三山并峙，层峦叠翠，常时云气出没。

[桃洞朝霞]

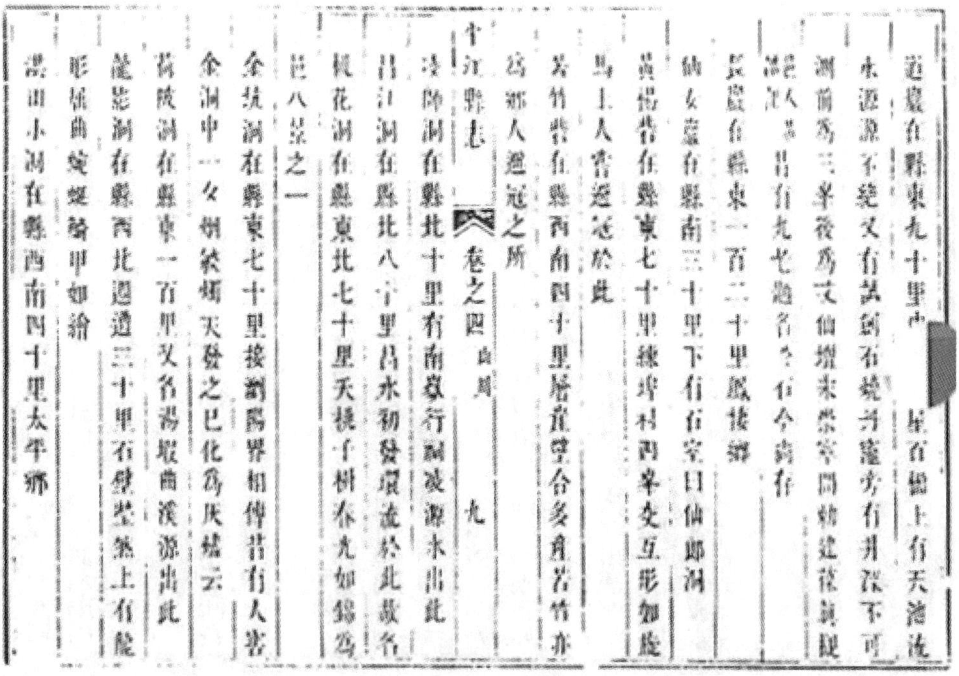
道巖在縣東九十里山巖有罅上有天池流
水源源不絕又有試劍石燒丹竈旁有井深下可
測前爲三峯後爲丈仙壇宋崇寧間始建後賴提
邑人黃澍昔有九乞題名今石今尚存
長巖在縣東一百二十里鳳棲鄉
仙女巖在縣南三十里下有石室曰仙郎洞
黃掲砦在縣東七十里練埠村兩峯交互形如旋
馬上人嘗遁迹於此
苦竹砦在縣西南四十里層巖壁合多竹若竹亦
高鄉人避冠之所
平江縣志 卷之四 山川 九
浚陂洞在縣北十里有南嶽行祠浚源水出此
昌江洞在縣北八十里昌水初發環流於此故名
桃花洞在縣東北七十里夭桃千樹春光如錦爲
邑八景之一
金坑洞在縣東七十里接瀏陽界相傳昔有人宦
金洞中一夕樹紋烟天發之巳化爲灰燼云
荷陂洞在縣東一百里又名湯堰曲溪源出此
龍歸洞在縣西北還遠三十里石壁崇然上有龍
形蜿曲蜿蜒鱗甲如繪
瑞田小洞在縣西南四十里太平鄉

清乾隆《平江县志》“卷之四·山川”载“桃花洞”：“在县东北七十里，夭桃千树，春光如锦，为邑八景之一。”明弘治《岳州府志》载“桃洞朝霞”：洞产夭桃数千树，春花掩映，如丹霞然。

[梧桐暮雨]

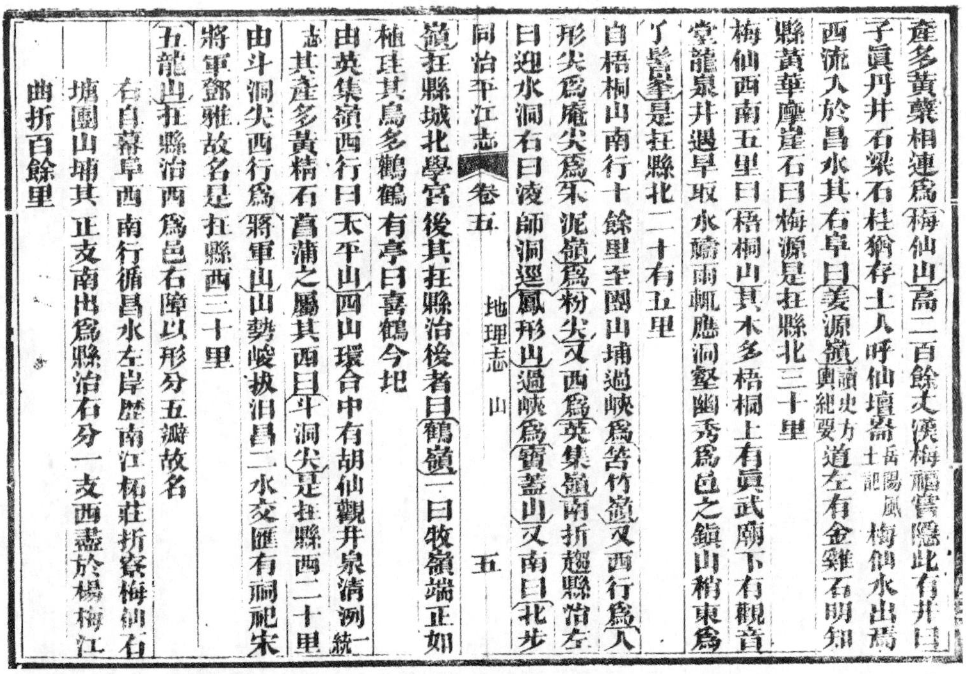
產多黃蘗相連爲梅仙山高二百餘丈漢梅福嘗隱此有井曰
子眞丹井石梁石柱猶存土人呼仙壇嶌岳陽風土記梅仙水出焉
西流入於昌水其右阜曰美源嶺讀史方輿紀要道左有金雞石明知
縣黃華摩崖石曰梅源是在縣北三十里
梅仙西南五里曰梧桐山其木多梧桐上有眞武廟下有觀音
堂龍泉井遇旱取水禱雨輒應洞壑幽秀爲邑之鎮山稍東爲
丫髻峯是在縣北二十有五里
自梧桐山南行十餘里至團山埔過峽爲筈竹嶺又西行爲八
形尖爲庵尖爲朱泥嶺爲粉尖又西爲英集嶺南折趨縣治左
曰迎水洞右曰淩師洞迴鳳形山過峽爲寶蓋山又南曰北步
同治平江志 卷五 地理志 山 五
嶺在縣城北學宫後其在縣治後者曰鶴嶺一曰牧嶺端正如
椎珪其鳥多鸛鶴有亭曰喜鶴今圮
由英集嶺西行曰太平山四山環合中有胡仙觀井泉清洌統一
志其產多黃精石菖蒲之屬其西曰斗洞尖是在縣西二十里
由斗洞尖西行爲將軍山山勢峻拔汨昌二水交匯有祠祀宋
將軍鄧雅故名是在縣西二十里
五龍山在縣治西爲邑右障以形分五瓣故名
右自幕阜西南行循昌水左岸歷南江橋莊折寮梅仙石
塘團山埔其正支南出爲縣治右分一支西盡於楊梅江
曲折百餘里

清同治《平江县志》“卷五·地理志”载“梧桐山”：“其木多梧桐，上有真武庙，下有观音堂、龙泉井，遇旱取水祷雨辄应。洞壑幽秀，为邑之镇山。”明弘治《岳州府志》载“梧桐暮雨”：有时暮雨霏霏，潜行莫见。

【湘阴八景】

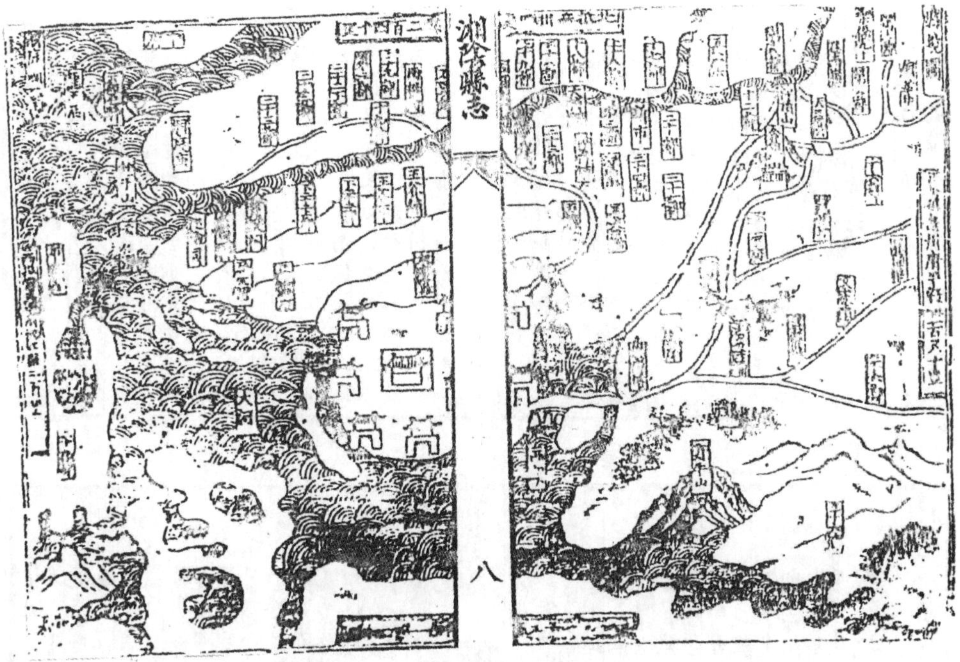

明嘉靖《湘阴县志》载“湘阴县境图”

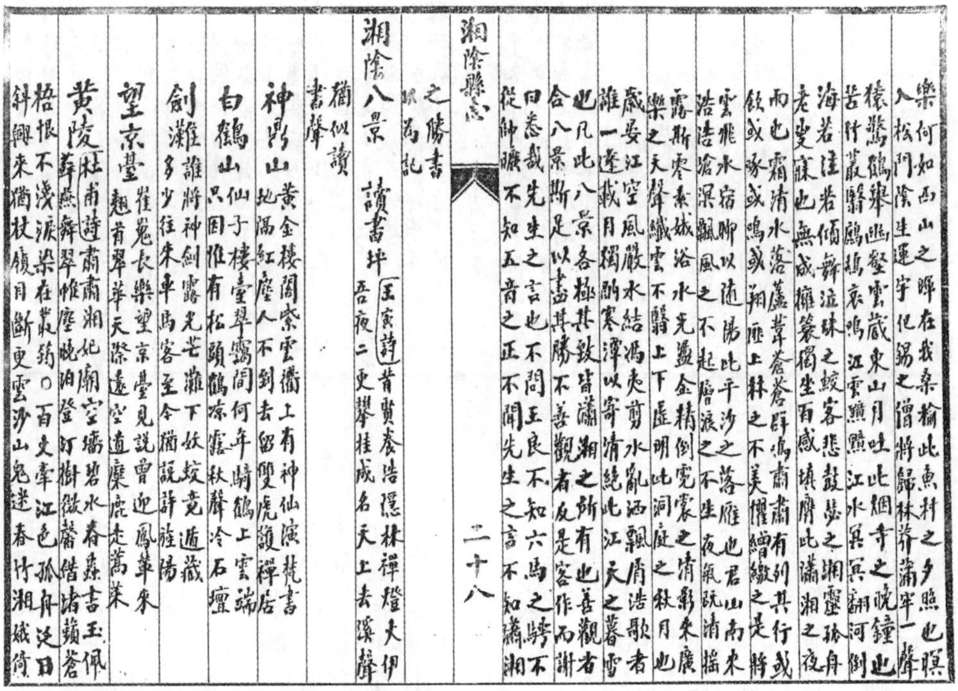

樂何如西山之暉在我桑榆此漁村之夕照也暝
入松門陰生連宇化錫之僧將歸林莽蕭寺一聲
猿驚鶴舉幽壑雲藏東山月吐此烟寺之晚鐘也
苦竹叢翳鷓鴣哀鳴江雲黯黯江水冥冥翻河倒
海若注若傾舞泣珠之鮫客悲鼓瑟之湘靈孤舟
老叟寐也無成擁篆獨坐百感填膺此瀟湘之夜
雨也霜清水落蘆葦蒼蒼群鳴肅肅有列其行或
飲或啄或鳴或翔歷上林之不羨懼繒繳之是將
雲飛水宿聊以隨陽此平沙之落雁也君山南來
浩浩滄溟飄風之不起層浪之不生夜氣既清描
露斯零素娥浴水光盪金精倒窺寰之清影來廣
樂之天聲纖雲不翳上下虛明此洞庭之秋月也
歲晏江空風嚴水結憑夷剪水亂洒飄屑浩歌者
誰一蓬載月獨酌寒潭以寄清絕此江天之暮雪
也凡此八景各極其致皆瀟湘之所有也善觀者
合八景斯足以盡其勝不善觀者反是客作而謝
曰恣哉先生之言也不問王良不知六馬之騁不
從師曠不知五音之正不聞先生之言不知瀟湘

湘陰縣志　二十八

之勝書以為記

湘陰八景

讀書坪（王寅詩）昔賢養浩隱林禪燈夫伊吾夜二更攀桂成名天上去溪聲猶似讀書聲

神鼎山　黃金樓閣紫雲衢上有神仙演梵書地隔紅塵人不到去留雙虎護禪居

白鶴山　仙子樓臺翠靄間何年騎鶴上雲端只因惟有松頭鶴凉露秋聲冷石壇

劍灘　誰將神劍露光芒灘下妖蛟竟遁藏多少往來車馬客至今猶說許旌陽

望京臺　崔嵬長樂望京臺見說曾迎鳳輦來翹首翠華天際遠空遺麋鹿走蒿萊

黃陵（杜甫詩）蕭蕭湘妃廟空墻碧水春蟲書玉佩蘚燕舞翠帷塵晚泊登汀樹微馨借渚蘋蒼梧恨不淺淚染在叢筠〇百丈牽江色孤舟泛日斜興來猶杖屨目斷更雲沙山鬼迷春竹湘娥倚

明嘉靖《湘阴县志》载“湘阴八景”（一）

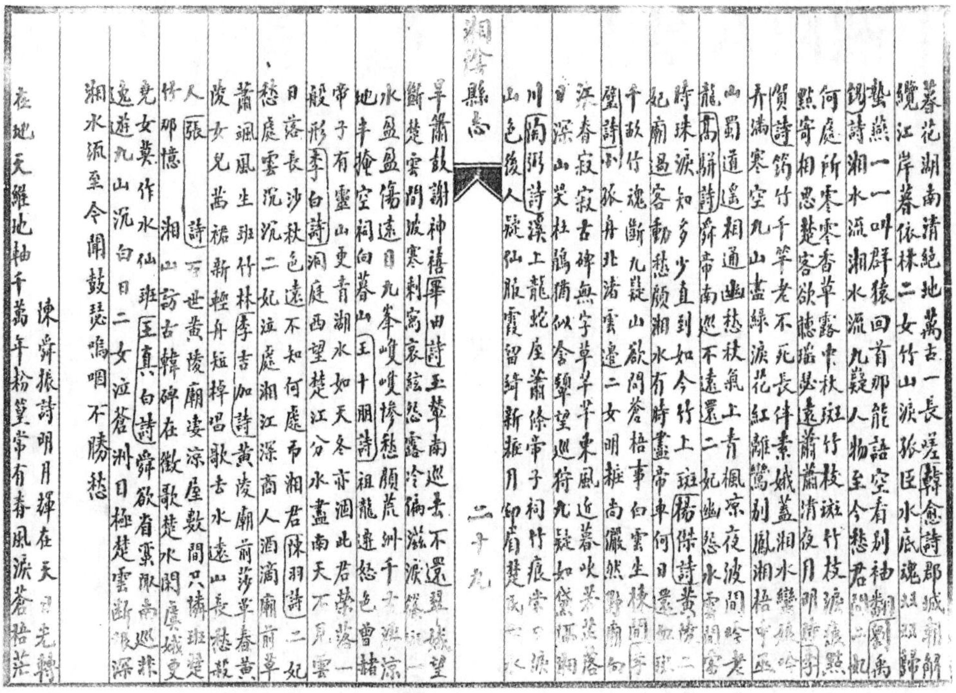

暮花湖南清絕地萬古一長嗟 韓愈詩 郡城朝解
纜江岸暮依林二女竹上淚孤臣水底魂[illegible][illegible]歸
藝燕一一叫群猿回首那能語空看別袖翻 劉禹
錫詩 湘水流湘水流九疑人物至今愁君問二妃
何處所零零香草露中秋斑竹枝斑竹枝淚痕點
點寄相思楚客欲聽瑤瑟遠蕭蕭清夜月明時 李
賀詩 筍竹千竿老不死長伴素娥蓋湘水鑾旗吟
齊滿寒空九山盡綠淚花紅離鸞別鳳湘梧中巫
山蜀道遠相通幽愁秋氣上青楓涼夜波間吟老
龍 高駢詩 舜帝南巡不遠還二妃幽怨水雲間
時珠淚知多少直到如今竹上斑 楊傑詩 黃陵二
妃廟過客動愁顏湘水有時盡常車何日還[illegible][illegible]
千載竹魂斷九疑山欲問蒼梧事白雲生棟間 李
羣詩 小舟北渚雲邊二女明妝尚儼然野廟向
江春寂寂古碑無字草芊芊東風近暮吹芳落
日深山哭杜鵑猶似含顰望巡狩九疑如黛隔湘
川 陶弼詩 溪上龍蛇座蕭條帝子祠竹痕當日淚
山色後人疑仙服霞留綺新妝月卸眉楚[illegible][illegible][illegible]
湘陰縣志 二十九
旱蕭鼓謝神禧 畢田詩 玉輦南巡去不還翠娥望
斷楚雲間波寒剩寫哀絃怨露冷偏滋淚纈一
水盈盈傷遠目九峯峨峨慘愁顏荒洲千古淒涼
地半掩空祠向暮山 王十朋詩 祖龍遠怒色曾赭
帝子有靈山更青湖水如天冬亦涸此君榮落一
般形 李白詩 洞庭西望楚江分水盡南天不見雲
日落長沙秋色遠不知何處弔湘君 陳羽詩 二妃
愁處雲沉沉二妃泣處湘江深商人酒滴廟前草
蕭颯風生斑竹林 李吉甫詩 黃陵廟前莎草春黃
陵女兒蒨裙新輕舟短棹唱歌去水遠山長愁殺
人 張詩 一寫世黃陵廟淒涼屋數間只憐斑楚
竹那憶湘山訪古韓碑在徽歌楚水閒虞娥更
覓女英作水仙班 王貞白詩 舜欲省蠻陬南巡非
逸遊九山沉白日二女泣蒼洲目極楚雲斷恨深
湘水流至今聞鼓瑟嗚咽不勝愁
陳舜振詩 明月揮在天日光轉
在地天羅地軸千萬年紛羣常有春風淚蒼梧茫

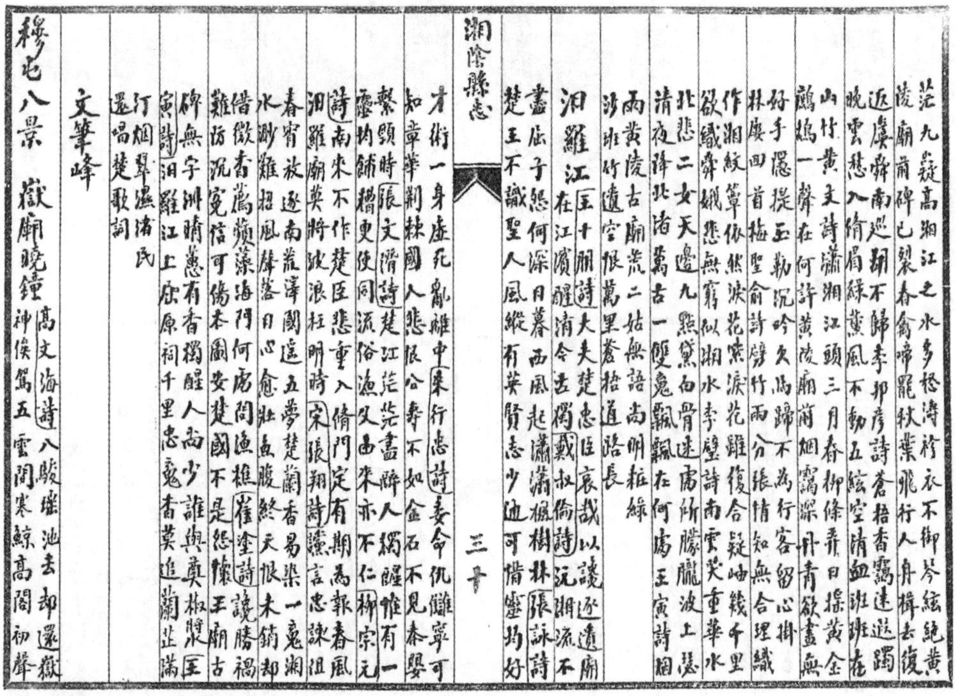

茫九疑高湘江之水多悠濤衿衣不御琴絃絕黃
陵廟前碑已裂春禽啼罷秋葉飛行人舟楫去復
返虞舜南巡期不歸 李邦彥詩 蒼梧香靄遠遊躅
晚雲愁入修眉綠蕙風不動五絃空清血斑斑在
山竹 黃庭堅詩 瀟湘江頭三月春柳條弄日搖黃金
鷓鴣一聲在何許黃陵廟前煙靄深丹青欲畫無
好手隱捉玉軌沉吟久為歸不為行客留心掛
林廣回首梅聖俞詩舜竹兩分張情知無合理織
作湘紋簟依然淚花紫淚花雖復合疑岫幾千里
欲織舜娥悲無窮似湘水李壁詩 南雲哭重華水
北悲二女天邊九點黛白骨迷虜所朦朧波上瑟
清夜降北渚萬古一雙魂飄飄在何處 王寅詩 烟
雨黃陵古廟荒二姑無語尚明妝綠
沙班竹遺空恨萬里蒼梧道路長
汨羅江 王十朋詩 大夫楚忠臣哀哉以讒逐遺廟
在江濱醒清今古獨 戴叔倫詩 沅湘流不
盡屈子怨何深日暮西風起瀟瀟楓樹林 張詠詩
楚王不識聖人風縱有英賢志少通可惜靈均好
湘陰縣志 三十
才術一身虛死亂離中 來行忠詩 妻命仇讎寧可
知章華荊棘國人悲很公壽不如金石不見秦嬰
繫頸時 張文潛詩 楚江茫茫晝醉人獨醒惟有一
靈均餔糟吏使同流俗漁父西來亦不仁 柳宗元
詩 南來不作楚臣悲重入脩門定有期為報春風
汨羅廟莫將波浪枉明時 宋張翔詩 讒言忠諫沮
春宵放逐南荒澤國遙五夢楚蘭香易染一魂湘
水渺難招風聲落日心愈壯魚腹終天恨未銷 郤
借微香薦蘋藻海門何處問漁樵 崔塗詩 讒勝禍
難防沉冤信可傷本圖安楚國不是怨懷王廟古
碑無字洲晴蕙有香獨醒人尚少誰與奠椒漿 匡
寅詩 汨羅江上屈原祠千里忠魂杳莫追蘭芷滿
汀烟翠濕渚氏
還唱楚歌詞
文筆峰
穆屯八景 嶽廟曉鐘 高文海詩 八駿瑤池去却還嶽
神俟駕五雲間寒鯨高閣初聲

明嘉靖《湘阴县志》载“湘阴八景”（二）

湘阴地处湘江之北、洞庭之南，集湖光、山色、水韵于一体，历史源远流长。夏代，为三苗部落所居。周代，成王分封诸侯，湘阴地属楚国。文王徙罗子国遗民至湘水之南，县境为罗子国地。秦始皇废封、行郡县，改罗子国为罗县，隶长沙郡。西汉高祖刘邦徙衡山王吴芮为长沙王，吴改长沙为国，东汉建武七年（31）复长沙郡。或国或郡，罗国均为其属地。汉献帝建安十三年（208），罗县属刘备。刘备、孙权以湘水为界分治荆州后，罗县归孙，仍隶长沙郡。至晋代隶属未变。南朝宋元徽二年（474），湘州刺史王僧虔为安置巴峡流民，上表割罗县、益阳、湘西三县部分地置一新县，名湘阴，属长沙内史，县治设琴棋望（今县芦苇场鲇鱼洲中部），一说在今县城西北。南朝梁天监元年（502），县治迁黄花城（今城西镇黄花岭）。隋开皇九年（589），湘阴并入岳阳县，县治迁长乐（今汨罗市长乐镇）。开皇十一年（591），改岳阳县为湘阴县，县治又迁至春秋罗子国都城、秦代的罗县县治古罗城（今屈原行政区马头槽）。唐武德八年（625），并罗县入湘阴。此时县域广阔，地辖今湘阴、汨罗、平江三地。唐中宗神龙三年（707），析湘阴县东部地置昌江县（今平江县），同属岳州。同年湘阴县治迁城江城（汨罗市川山坪镇常公村）。五代后周广顺三年（953），县治再迁白茅城（今汨罗市川山坪镇石桥村）。宋太宗淳化四年（993），湘阴改属潭州（今长沙市）。南宋，县治迁湘江之畔的瓦碎潭，即现在的县城（文星镇）。元成宗元贞年间升湘阴为州，属潭州路，文宗时又改属天临路。明洪武二年（1369）降州为县，属长沙府。清朝仍属长沙府。民国初年直属湖南省。

明嘉靖《湘阴县志》载“湘阴八景”：读书坪、神鼎山、白鹤山、剑滩、望京台、黄陵、汨罗江、文笔峰。

文笔峰，无考。

［读书坪］

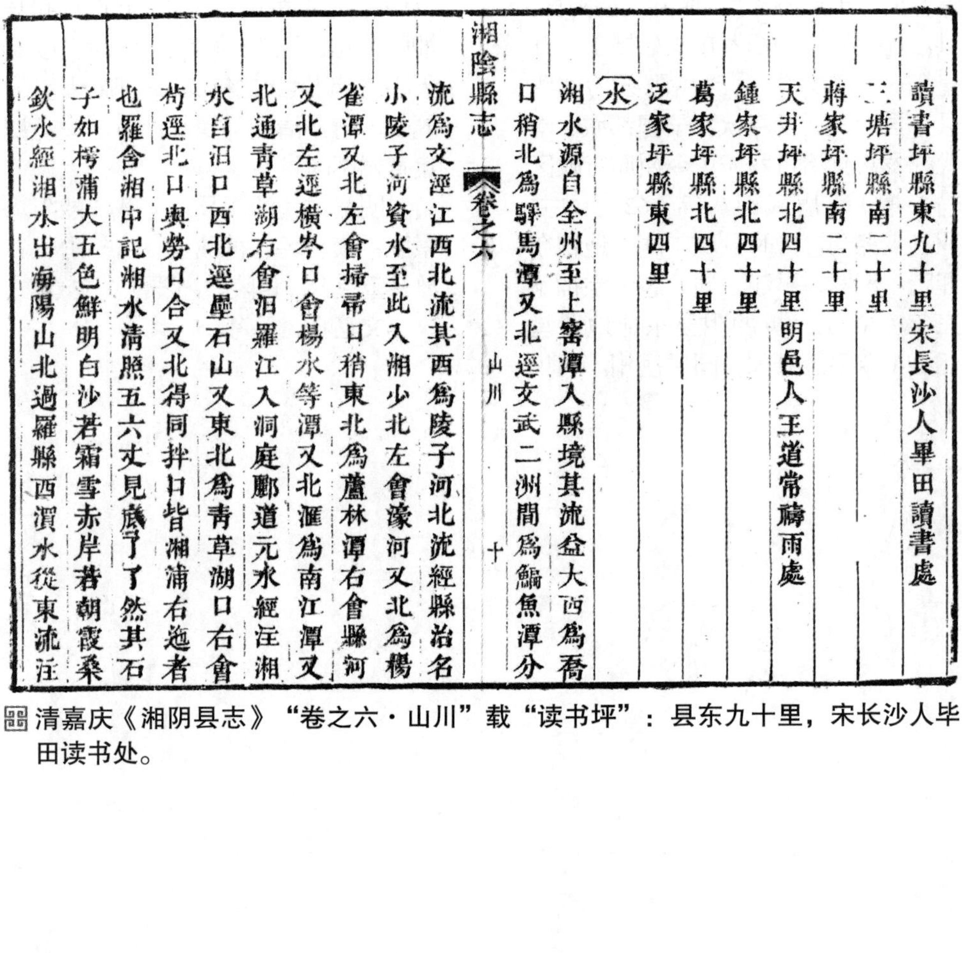

讀書坪縣東九十里宋長沙人畢田讀書處
三塘坪縣南二十里
蔣家坪縣南二十里
天井坪縣北四十里明邑人王道常禱雨處
鍾家坪縣北四十里
葛家坪縣北四十里
泛家坪縣東四里
水
湘水源自全州至上窰潭入縣境其流益大西為喬
口稍北為驛馬潭又北逕文武二洲間為鯿魚潭分

湘陰縣志 卷之六 山川 十

流為文逕江西北流其西為陵子河北流經縣治名
小陵子河資水至此入湘少北左會濠河又北為楊
雀潭又北左會掃帚口稍東北為蘆林潭右會縣河
又北左逕橫岑口會楊水等潭又北匯為南江潭又
北通青草湖右會汨羅江入洞庭酈道元水經注湘
水自汨口西北逕壘石山又東北為青草湖口右會
苟逕北口與勞口合又北得同拌口皆湘浦右迤者
也羅含湘中記湘水清照五六丈見底了了然其石
子如樗蒲大五色鮮明白沙若霜雪赤岸若朝霞桑
欽水經湘水出海陽山北過羅縣西濶水從東流注

清嘉庆《湘阴县志》“卷之六・山川”载“读书坪”：县东九十里，宋长沙人毕田读书处。

[神鼎山]

囧 清嘉庆《湘阴县志》“卷之二”载“神鼎山图”。另，“卷之六·山川”载“神鼎山”：县东六十里，左右有田水流出，双虹硚石上有仙人足迹。山半有石亭，为往来憩息之所。上有罗汉洞、万松岭、烟霞崙，惟岳神尖独高，远眺可望湘城。有垛子石、石棋、石盘，似出神工。旧志云：山有石似丹鼎，故名。

[白鹤山]

清嘉庆《湘阴县志》载“玉池山（又名白鹤山）图”

清嘉庆《湘阴县志》“卷之六·山川”载“白鹤山”：县东七十里，下有白鹤洞，相传陶淡学仙于此，有两白鹤来巢，故名。山中泉甚多，自山顶下流入潭，又数十里入湘江。

[剑滩]

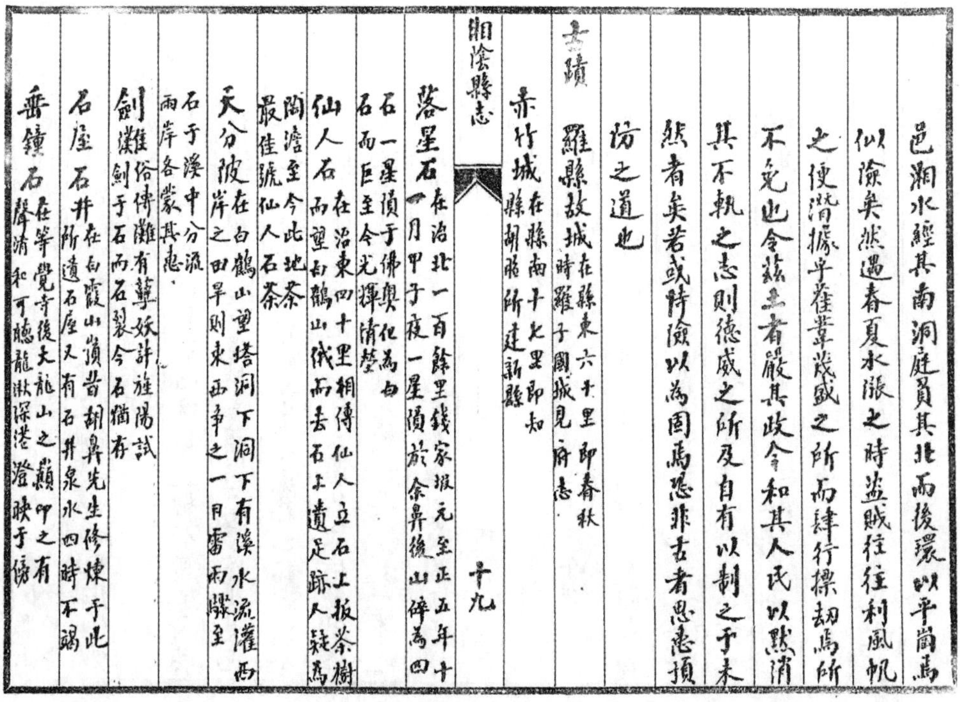

邑湘水經其南洞庭貫其北而後環以平崗為似險矣然遇春夏水漲之時盜賊往往利風帆之便潛據乎萑葦叢盛之所而肆行摽劫焉所不免也今蒞土者嚴其政令和其人民以默消其不軌之志則德威之所及自有以制之於未然者矣若或恃險以為固焉恐非古者思患預防之道也

古蹟

羅縣故城 在縣東六十里即春秋時羅子國城見府志

赤竹城 在縣南十七里即知縣胡胎所建新縣

湘陰縣志　十九

落星石 在治北一百餘里錢家墩元至正五年十一月甲子夜一星隕於余昇後山碎為四石一星隕于佛奧化為白石而巨至今光輝清瑩

仙人石 在治東四十里相傳仙人立石上採茶樹而望白鶴山俄而去石上遺足跡人疑為陶潛至今此地茶最佳號仙人石茶

天分陂 在白鶴山望塔洞下洞下有溪水流灌西岸之田旱則東西爭之一日雷雨驟至石于溪中分流兩岸各蒙其惠

劍灘 俗傳灘有孽妖許旌陽試劍于石而石裂今石猶存

石屋 石井 在白霞山嶺昔胡鼻先生修煉于此所遺石屋又有石井泉水四時不竭

岳鍾石 在等覺寺後大龍山之巔叩之有聲清和可聽龍湫深港澄映于傍

明嘉靖《湘阴县志》“古迹”载“剑滩”：俗传滩有孽妖，许旌阳试剑于石而石裂。今石犹存。

[望京台]

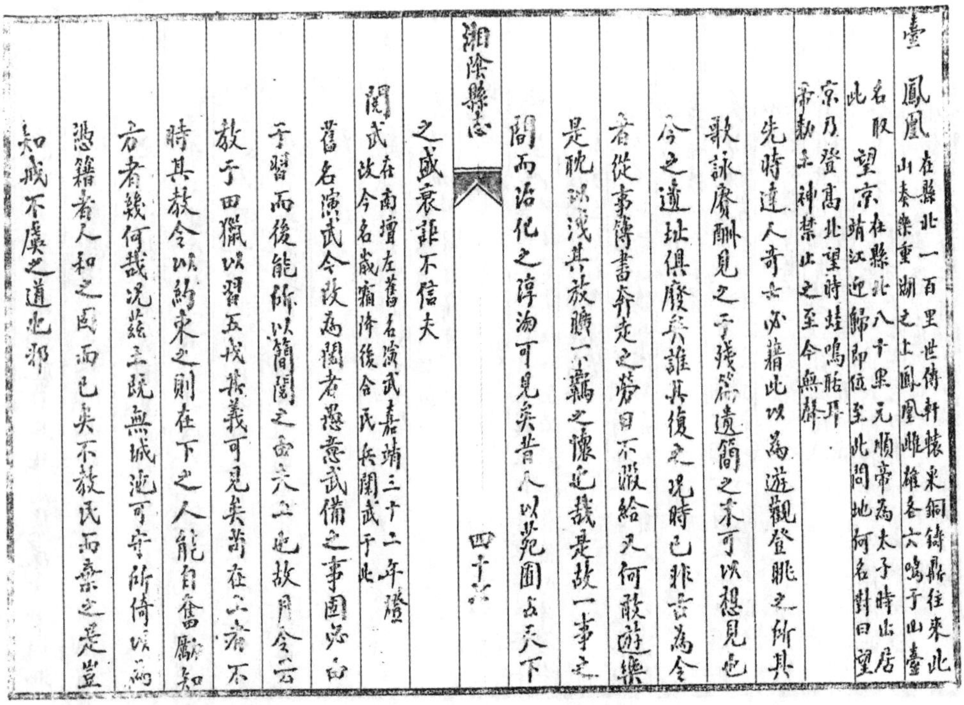

臺

鳳凰 在縣北一百里世傳軒轅采銅鑄鼎往來此山奏樂重湖之上鳳凰雌雄各六鳴于山臺名取此

望京 在縣北八十里元順帝為太子時出居靖江迎歸即位至此問地何名對曰望京乃登高北望時蛙鳴聒耳帝勅之神禁止之至今無聲

先時達人奇士必藉此以為遊觀登眺之所其歌詠賡酬見之于殘篇遺簡之末可以想見也今之遺址俱廢矣誰其復之况時已非昔為令者從事簿書奔走之勞日不暇給又何敢遊樂是耽以淺其放曠不羈之懷也哉是故一事之闕而治化之淳漓可見矣昔人以苑囿卜天下之盛衰詎不信夫

湘陰縣志　四十六

閱武 在南壇左舊名演武嘉靖三十二年改今名歲久將後合氏兵閱武于此

舊名演武今改為閱者懲意武備之事固宜肄習而後能所以簡閱之 ……

明嘉靖《湘阴县志》载“望京台”

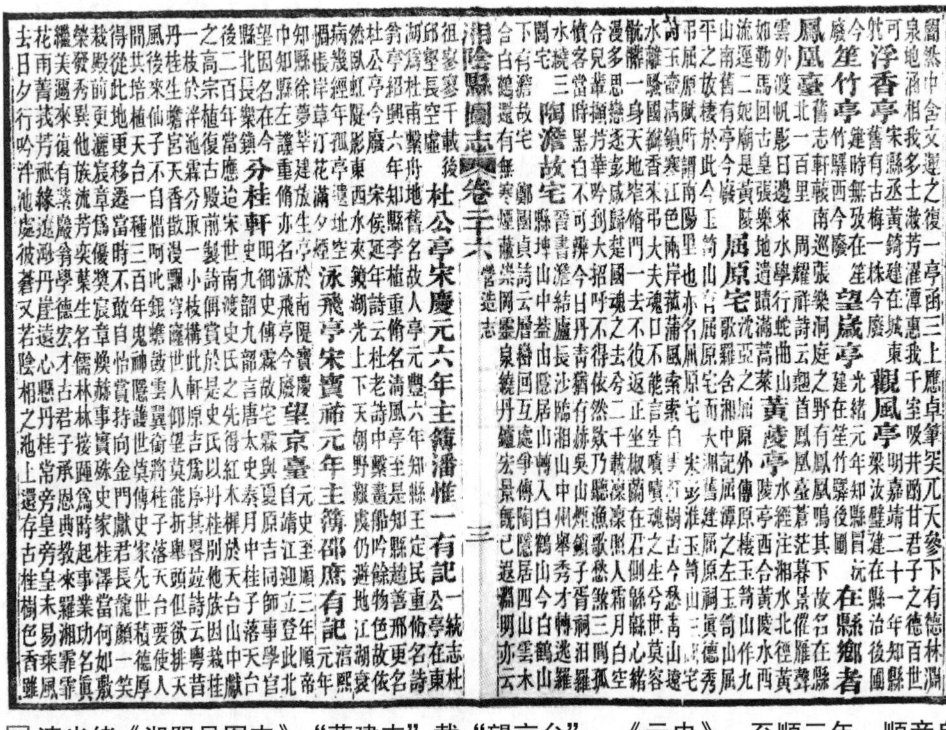

清光绪《湘阴县图志》“营建志”载“望京台”：《元史》：至顺三年，顺帝自靖江迎立，登此北望，因名。在今县北长乐镇。

[黄陵]

清嘉庆《湘阴县志》载“黄陵图”

[汨罗江]

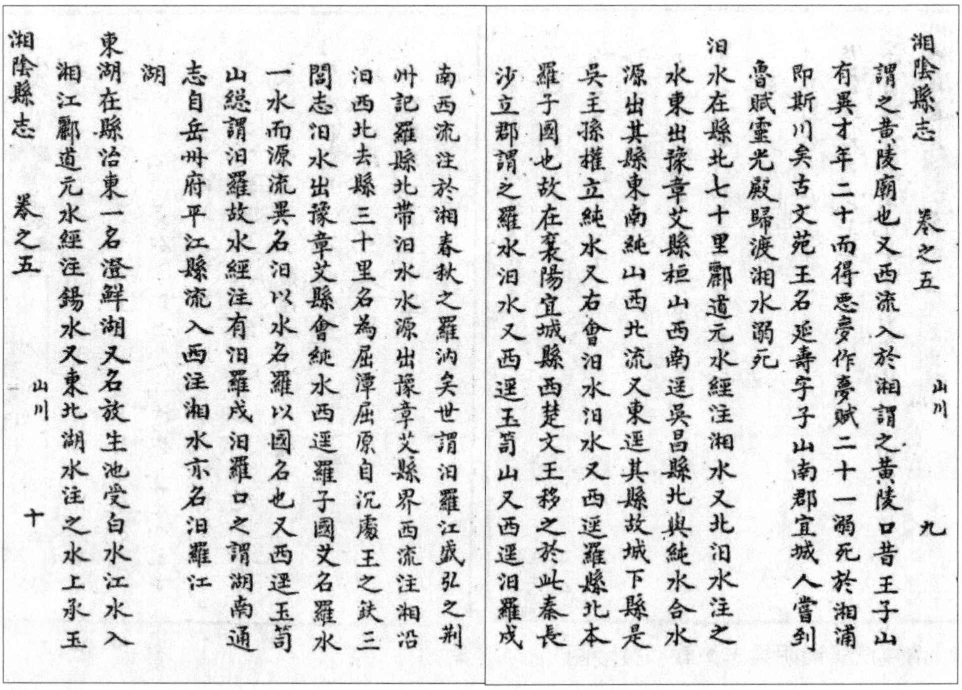

湘陰縣志　卷之五　山川　九

謂之黄陵廟也又西流入於湘謂之黄陵口昔王子山有異才年二十而得惡夢作夢賦二十一溺死於湘浦即斯川矣古文苑王名延壽字子山南郡宜城人嘗到魯賦靈光殿歸渡湘水溺死

汨

水在縣北七十里酈道元水經注湘水又北汨水注之水東出豫章艾縣桓山西南逕吳昌縣北與純水合水源出其縣東南純山西北流又東逕其縣故城下縣是吳主孫權立純水又右會汨水汨水又西逕羅縣北本羅子國也故在襄陽宜城縣西楚文王移之於此秦長沙立郡謂之羅水汨水又西逕玉笥山又西逕汨羅戍南西流注於湘春秋之羅汭矣世謂汨羅江盛弘之荆州記羅縣北帶汨水水源出豫章艾縣界西流注湘沿汨西北去縣三十里名為屈潭屈原自沉處王之鈇三閭志汨水出豫章艾縣會純水西逕羅子國支名羅水一水而源流異名汨以水名羅以國名也又西逕玉笥山總謂汨羅故水經注有汨羅戍汨羅口之謂湖南通志自岳州府平江縣流入西注湘水亦名汨羅江

湖

東湖在縣治東一名澄鮮湖又名放生池受白水江水入湘江酈道元水經注錫水又東北湖水注之水上承玉

湘陰縣志　卷之五　山川　十

清乾隆《湘阴县志》“山川”载“汨水”

【罗湘八景】

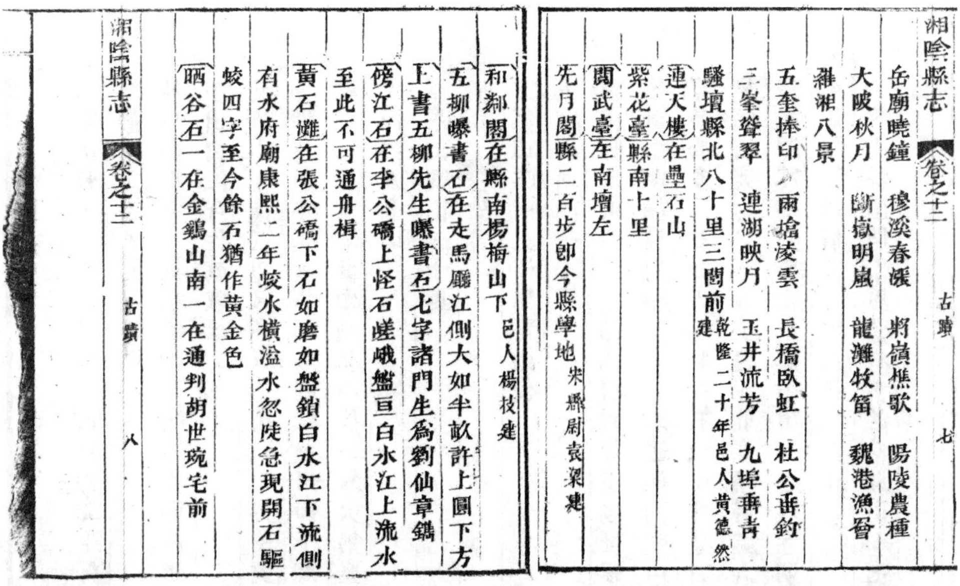

湘陰縣志　卷之十二　古蹟　七

岳廟曉鐘　穆溪春漲　將嶺樵歌　陽陵農種
大陂秋月　斷嶽明嵐　龍灘牧笛　魏港漁舂
羅湘八景
五奎捧印　兩塔凌雲　長橋卧虹　杜公垂釣
三峯聳翠　連湖映月　玉井流芳　九埠垂青
騷壇縣北八十里三閭前建乾隆二十年邑人黄德然
連天樓在疊石山
紫花臺縣南十里
閱武臺左南壇左
先月閣縣二百步即今縣學地宋縣尉袁渠建

湘陰縣志　卷之十二　古蹟　八

和鄰閣在縣南楊梅山下邑人楊枝建
五柳曝書石在走馬瀝江側大如半畝許上圓下方
上書五柳先生曝書石七字諸門生為劉仙章鐫
傍江石在李公橋上怪石嵯峨盤亘白水江上流水
至此不可通舟楫
黄石灘在張公橋下石如磨如盤鎖白水江下流側
有水府廟康熙二年蛟水横溢水忽陡急現開石驅
蛟四字至今餘石猶作黄金色
晒谷石一在金鷄山南一在通判胡世琬宅前

清嘉庆《湘阴县志》“古迹”载“罗湘八景”：“五奎捧印、两塔凌云、长桥卧虹、杜公垂钓、三峰耸翠、连湖映月、玉井流芳、九埠垂青。”玉井留芳，无考。

[五奎捧印]

遺址倘存
白霞山縣東南五十里昔有百歲禪師坐禪上有百
歲巖石屋石井其泉四時不竭
挂榜山縣南一里相傳除夕崩土多少占鄉會科名
下出白泥可作瀉銀器
女洲山縣南三里又名五奎山宋紹興中黃抗吳邁
鄧深夏侯孚先黃振五人赴試買舟山下師友餞送
之夕見五星聚奎光燭此山後五人次第登紹興進
士因名五奎山
雁峯山縣南三十里

文家山縣南三十里青山後
尖家山縣南三十里
青山縣東南四十里郎仙壇嶺從玉池發脉接低岑
嶺直上胡鼻岩層巒疊嶂一路逶迤而來山色比諸
峯特秀多巨石如大小牯牛石大小斗蓬石猴子石
鷹嘴石宛肖其形石壁書楊鼎峯讀書處六大字上
有龍潭霞峯臺皆禱雨處山頂有迴龍寺明萬歷間
生員左天民捐香火田六斗
金鷄山縣南四十里舊有黃鶴棲此山羽毛似金故
名

清嘉庆《湘阴县志》“山川”载“女洲山（五奎山）”：县南三里，又名五奎山。宋绍兴中，黄抗、吴迈、邓深、夏侯孚先、黄振五人赴试，买舟山下，师友饯送之夕，见五星聚奎，光烛此山。后五人次第登绍兴进士，因名五奎山。

[两塔凌云]

清嘉庆《湘阴县志》“东湖图”（局部）载“文星塔”

清嘉庆《湘阴县志》“西方图”（局部）载“状元塔”

清光绪《湘阴县图志》“营造志”载：“文星塔，乾隆五十年知县李昺有《记》。在文星桥南。”又载：“状元塔，嘉庆三年知县李其丰有《记》。在县北乌龙嘴。谚云‘乌龙出角状元生’，因名。乾隆五十年知县李昺修至踵成之。”

[长桥卧虹]

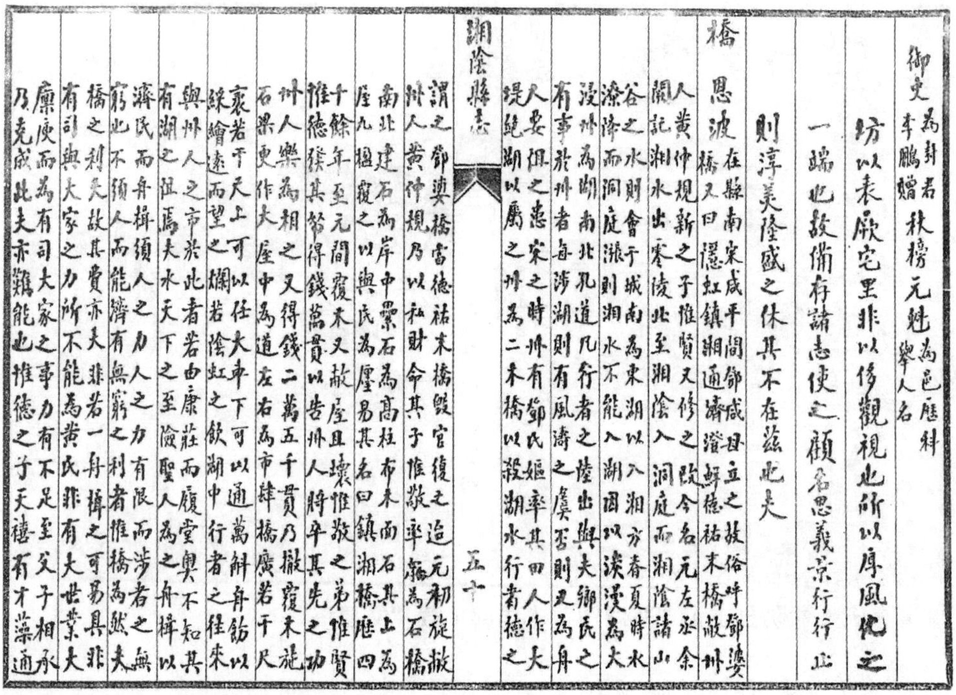
御史為封君李鵬贈秋榜元魁為邑歷科舉人名
坊以表厥宅里非以侈觀視也所以厚風化之
一端也故備存諸志使之顧名思義景行行止
則淳美隆盛之休其不在茲也夫
橋
恩波在縣南宋咸平間鄧咸母立之故俗呼鄧婆橋又曰隱虹鎮湘通濟澄鮮德祐末橋毀州
人黃仲規新之子唯賢又修之改今名元左丞余
闕記湘水出零陵北至湘陰入洞庭而湘陰諸山
谷之水則會于城南為東湖以入湘方春夏時水
潦降而洞庭漲則湘水不能入湖因以渼漫為大
浸州為湖南北孔道凡行者之陸出與夫鄉氏之
有事於州者每涉湖則有風濤之虞否則必為舟
人要阻之患宋之時州有鄧氏嫗率其田人作夫
堤絕湖以厲之州為二木橋以殺湖水行者德之
湘陰縣志　五十
謂之鄧婆橋當德祐末橋毀官復之迨元初旋廢
州人黃仲規乃以私財命其子唯敬率衆為石橋
南北建石為岸中累石為高柱布木而石其上為
屋九楹覆之以與民為廛易其名曰鎮湘橋歷四
十餘年至元間覆木又敝屋且壞惟敬之弟唯賢
惟德猶其節得錢萬貫以告州人將卒其先之功
州人樂為相之又得錢二萬五千貫乃撤覆木施
石梁更作大屋中為道左右為市肆橋廣若干尺
袤若干丈上可以任大車下可以通萬斛舟飭以
綵繪遠而望之爛若陰虹之飲湖中行者之往來
與州人之市於此者若由康莊而履堂奧不知其
有湖之阻焉夫水天下之至險聖人為之舟楫以
濟民而舟楫須人之力人之力有限而涉者之無
窮也不須人而能濟有無窮之利者惟橋為然夫
橋之利矣故其費亦大非若一舟楫之可易具非
有司與大家之力所不能為黃氏非有大世業大
廪庾而為有司大家之事力有不足至父子相承
乃克成此夫亦難能也推德之于天德有才藻通

明嘉靖《湘阴县志》载“恩波桥”：在县南，宋咸平间邓咸母立之，故俗呼邓婆桥，又曰隐虹、镇湘、通济、澄鲜。德祐间，桥毁，州人黄仲规新之，子唯贤又修之，改今名。元左丞余阙记。

文脉·千年湖湘八景图典

［杜公垂钓］

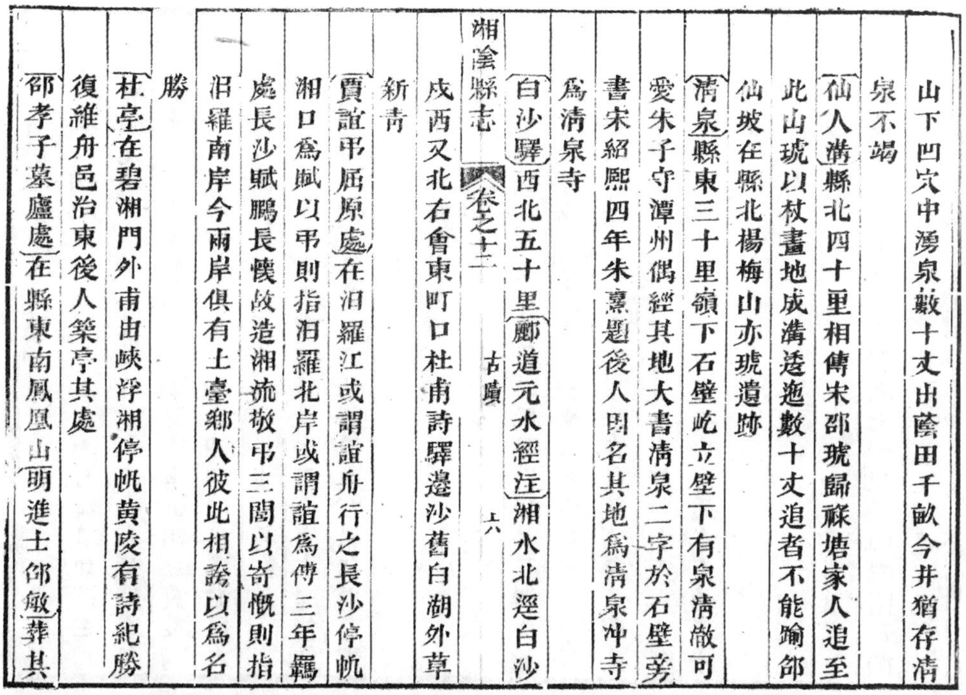

山下凹穴中湧泉數十丈出蔭田千畝今井猶存清
泉不竭
仙人溝 縣北四十里相傳宋邵珫歸蘇塘家人追至
此山珫以杖畫地成溝透迤數十丈追者不能踰郤
仙坡在縣北楊梅山亦珫遺跡
清泉 縣東三十里嶺下石壁屹立壁下有泉清澈可
愛朱子守潭州偶經其地大書清泉二字於石壁旁
書宋紹熙四年朱熹題後人因名其地爲清泉冲寺
爲清泉寺
白沙驛 西北五十里酈道元水經注湘水北逕白沙

湘陰縣志 卷之十二 古蹟 十六

戍西又北右會東町口杜甫詩驛邊沙舊白湖外草
新青
賈誼弔屈原處 在汨羅江或謂誼舟行之長沙停帆
湘口爲賦以弔則指汨羅北岸或謂誼爲傅三年鵩
處長沙賦鵩長懐故造湘流敬弔三閭以寄慨則指
汨羅南岸今兩岸俱有土臺鄉人彼此相誇以爲名
勝
杜亭 在碧湘門外甫由峽浮湘停帆黃陵有詩紀勝
復維舟邑治東後人築亭其處
郃孝子墓廬處 在縣東南鳳凰山明進士郃敏葬其

清嘉庆《湘阴县志》“古迹”载“杜亭”：在碧湘门外。甫由峡浮湘，停帆黄陵，有诗纪胜。复维舟邑治东，后人筑亭其处。

［三峰耸翠］

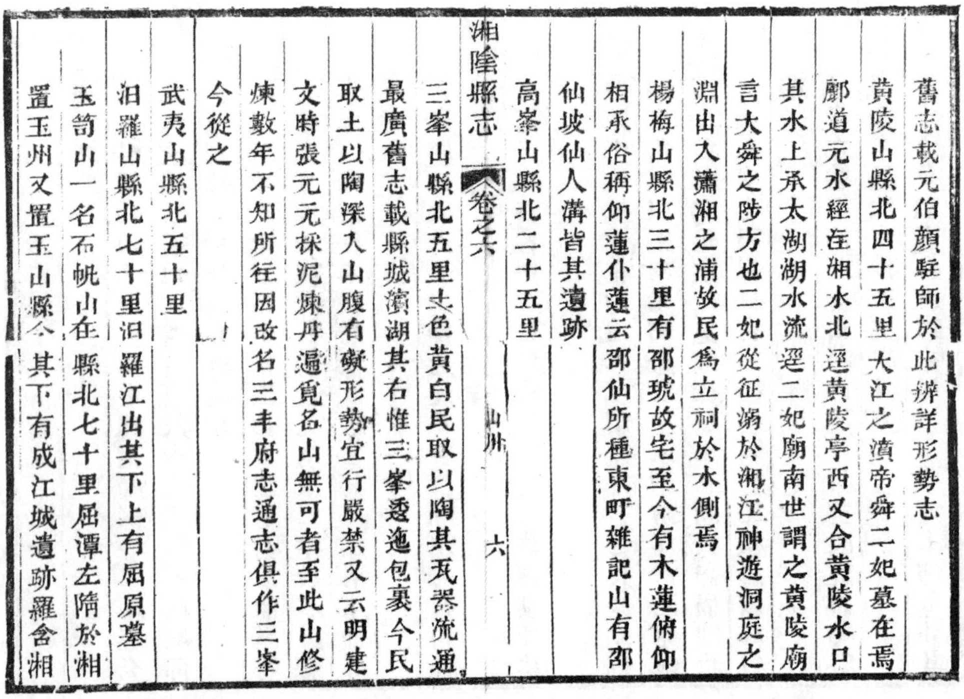

舊志載元伯顏駐師於此辨詳形勢志
黃陵山縣北四十五里大江之濵帝舜二妃墓在焉
酈道元水經注湘水北逕黃陵亭西又合黃陵水口
其水上承太湖湖水流逕二妃廟南世謂之黃陵廟
言大舜之陟方也二妃從征溺於湘江神遊洞庭之
淵出入瀟湘之浦故民為立祠於水側焉
楊梅山縣北三十里有邵琥故宅至今有木蓮俯仰
相承俗稱仰蓮仆蓮云邵仙所種東町雜記山有邵
仙坡仙人溝皆其遺跡
高峯山縣北二十五里

湘陰縣志 卷之六 山川 六

三峯山縣北五里土色黃白民取以陶其瓦器流通
最廣舊志載縣城濱湖其右惟三峯透迤包裹今民
取土以陶深入山腹有礙形勢宜行嚴禁又云明建
文時張元元採泥煉丹遍覓名山無可者至此山修
煉數年不知所往因改名三丰府志通志俱作三峯
今從之
武夷山縣北五十里
汨羅山縣北七十里汨羅江出其下上有屈原墓
玉笥山一名石帆山在縣北七十里屈潭左隋於湘
置玉州又置玉山縣今其下有成江城遺跡羅含湘

清嘉庆《湘阴县志》“山川”载“三峰山”：县北五里，土色黄白。民取以陶，其瓦器流通最广。

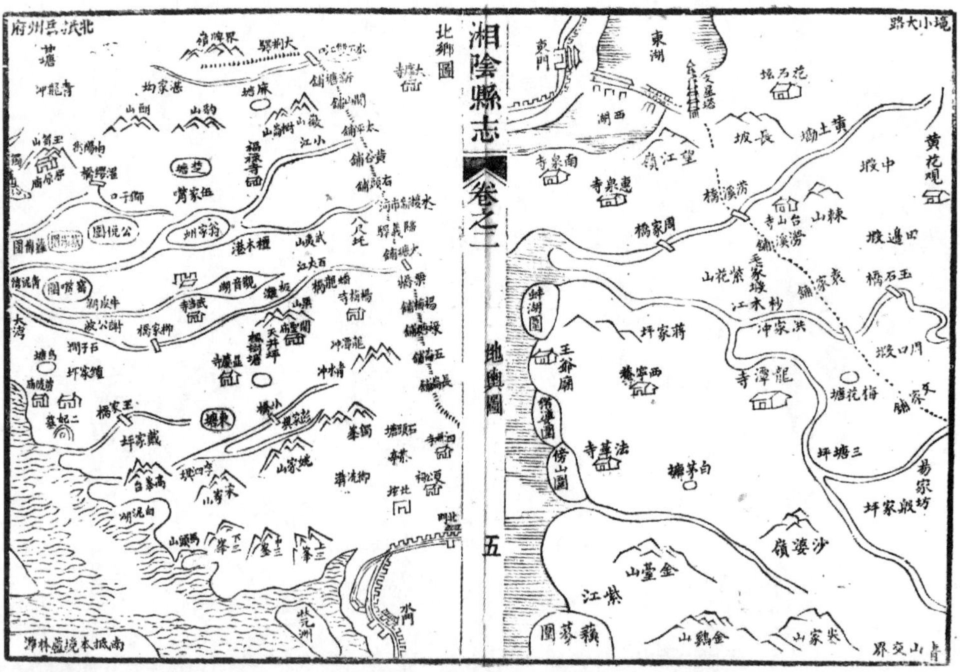

清嘉庆《湘阴县志》“北乡图”载“白泥湖”南岸“三峰”位置

[连湖映月]

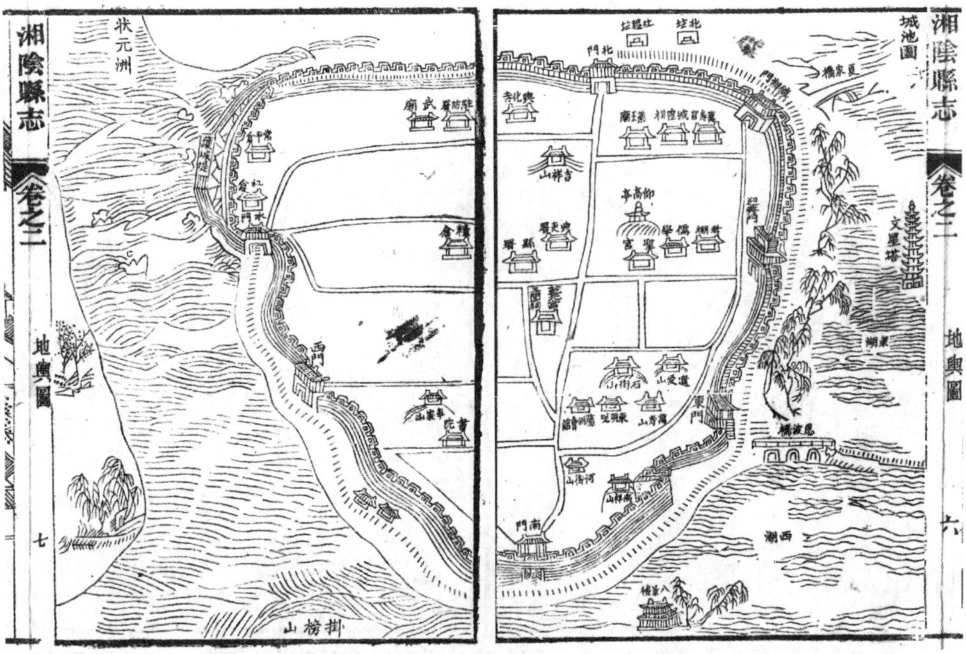

清嘉庆《湘阴县志》“湘阴县城池图”载“东湖”“西湖”

[九埠垂青]

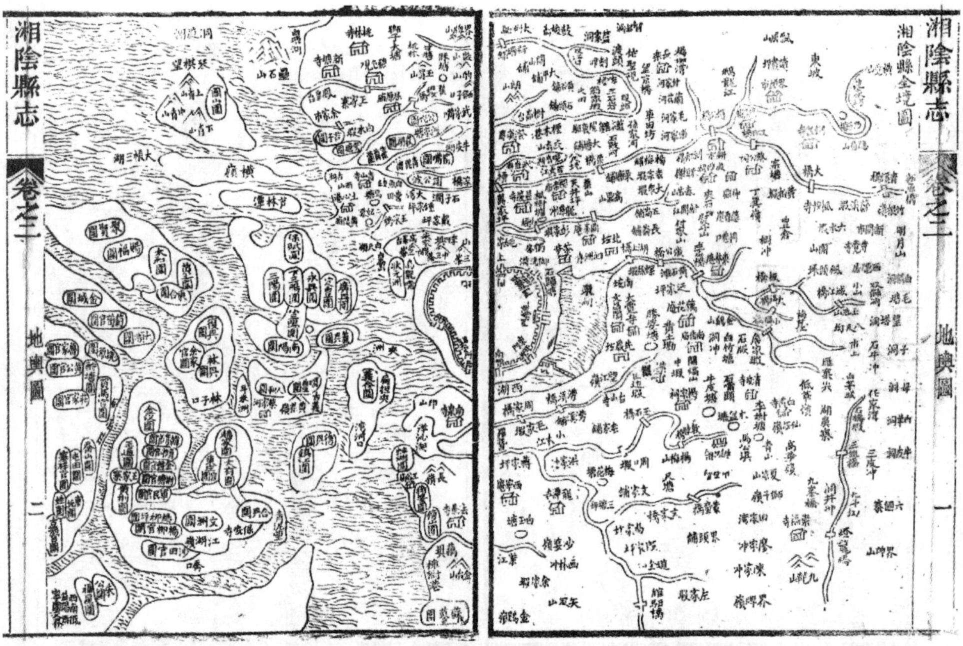

清嘉庆《湘阴县志》“湘阴县全境图”载从“三峰”到“洋沙湖”一带“九埠垂青”之繁华

【穆屯八景】

清嘉庆《湘阴县志》载“汨罗图”

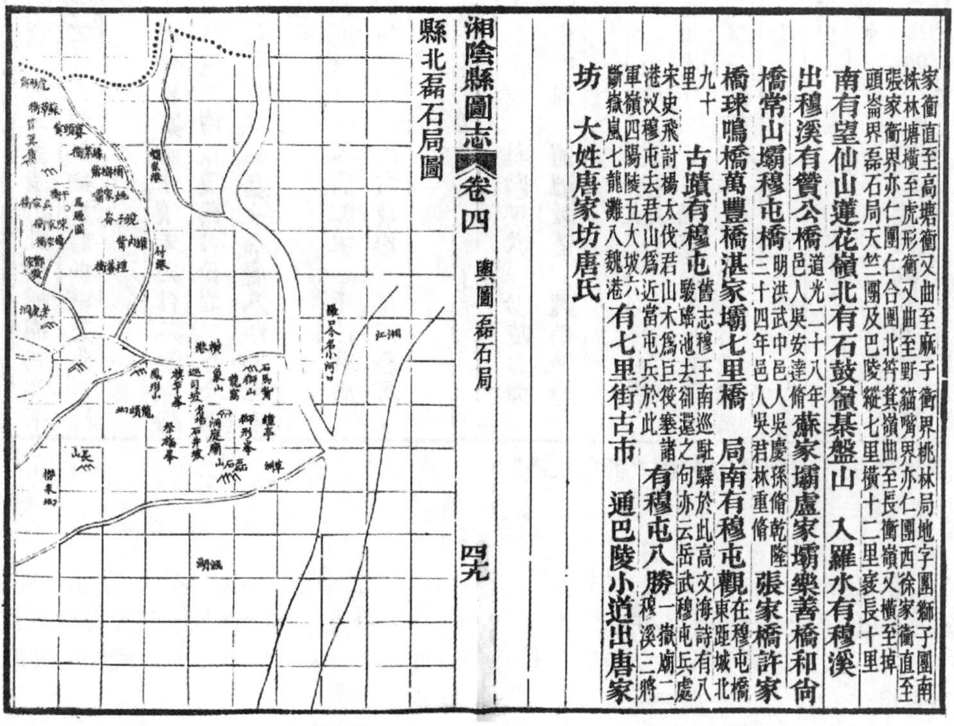

家衝直至高塘衝又曲至麻子衝界桃林局地字團獅子團南株林塘橫至虎形衝又曲至野貓嘴界亦仁團西徐家衝直至張家衝界亦仁團仁合團北符萁嶺曲至長衝嶺又橫至掉頭崙界磊石局天竺團及巴陵縱七里橫十二里袤長十里

南有望仙山蓮花嶺北有石鼓嶺棊盤山　入羅水有穆溪出穆溪有贊公橋道光二十八年邑人吳安達脩　蘇家壩盧家壩樂善橋和尙橋常山壩穆屯橋明洪武中邑人吳慶孫脩乾隆三十四年邑人吳君林重脩　張家橋許家橋球鳴橋萬豐橋湛家壩七里橋　局南有穆屯觀在穆屯橋東距城北九十里　古蹟有穆屯舊志穆王南巡駐驛於此高文海詩有八駿瑤池去卻還之句亦云岳武穆屯兵處宋史飛討楊太伐君山木爲巨筏塞諸港汊穆屯去君山爲近當屯兵於此　有穆屯八勝一嶽廟二穆溪三將軍嶺四陽陵五大坡六斷嶽嵐七龍灘八魏港　有七里街古市　通巴陵小道出唐家坊　大姓唐家坊唐氏

清光绪《湘阴县图志》“舆图”载“穆屯”

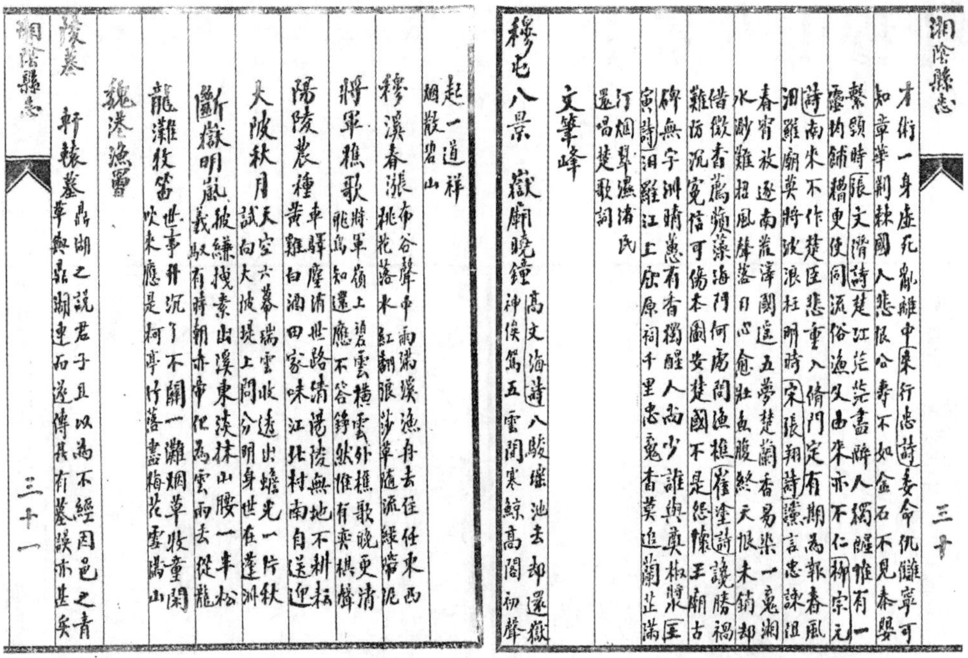

湘陰縣志

才術一身虛死亂離中〔東行忠詩〕妾命仉儺寧可知章華剩棘國人悲恨公壽不如金石不見秦嬰繫頸時〔張文潛詩〕楚江茫茫盡醉人獨醒惟有一靈均餔糟更使同流俗漁父由來亦不仁〔柳宗元詩〕南來不作楚臣悲重入脩門定有期為報春風汨羅廟莫將波浪枉明時〔宋張翔詩〕讒言忠諫沮春宵放逐南荒澤國遙五夢楚蘭香易染一寃淵水渺難招風聲落日心愈壯魚腹終天恨未銷却借微香薦蘋藻海門何處問漁樵〔崔塗詩〕讒勝禍難防沉寃信可傷本圖安楚國不是怨懷王廟古碑無字洲晴蕙有香獨醒人尚少誰與奠椒漿〔匡寅詩〕汨羅江上欣原祠千里忠寃杳莫追蘭芷滿汀烟翠濕渚氏還唱楚歌詞

文筆峰

穆屯八景

嶽廟曉鐘 〔高文海詩〕八駿瑤池去却還嶽神侯駕五雲閒寒鯨高閣初聲

三十

起一道祥烟散碧山

穆溪春漲 布谷聲中雨滿溪漁舟去往任東西桃花落水紅翻浪莎草隨流綠帶泥

將軍樵歌 將軍嶺上碧雲横雲外樵歌晚更清飛鳥知還應不管錚然惟有奕棋聲

陽陵農種 車驛塵清世路清陽陵無地不耕耘黃雞白酒田家味江北村南自送迎

大陂秋月 天空六幕瑞雲收透出蟾光一片秋試向大陂堤上問分明身世在蓬洲

斷嶽明嵐 披纖攙素出溪東淡抹山腰一半松義馭有時朝赤帝化為雲雨去從龍

龍灘牧笛 世事升沉了不關一灘烟草牧童閑吹來應是柯亭竹落盡梅花雪滿山

魏港漁罾

陵墓

軒轅墓 黃湖之説君子且以為不經因邑之青草與黃湖連而遂傳其有墓誤亦甚矣

湘陰縣志 三十一

明嘉靖《湘阴县志》载“穆屯八景”

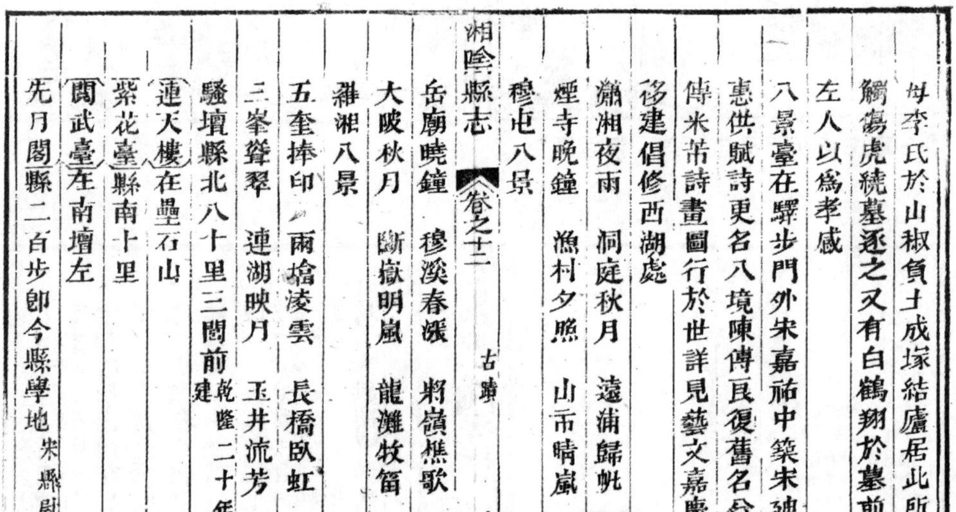

每李氏於山椒負土成塚結廬居此所植樹爲鹿豕觸傷虎繞墓逐之又有白鶴翔於墓前靈芝產於廬左人以爲孝感

八景臺在驛步門外宋嘉祐中築宋廸作八景圖僧惠供賦詩更名八境陳傅良復舊名爲楚二亭今所傳米芾詩畫圖行於世詳見藝文嘉慶八年高光甲移建倡修西湖處

瀟湘夜雨 洞庭秋月 遠浦歸帆 平沙落鴈

煙寺晚鐘 漁村夕照 山市晴嵐 江天暮雪

穆屯八景

湘陰縣志 卷之十二 古蹟 七

岳廟曉鐘 穆溪春漲 將嶺樵歌 陽陵農種

大陂秋月 斷嶽明嵐 龍灘牧笛 魏港漁罾

羅湘八景

五奎捧印 兩嵛凌雲 長橋卧虹 杜公垂釣

三峯聳翠 連湖映月 玉井流芳 九埠垂青

騷壇縣北八十里三閭前建乾隆二十年邑人黃德然

連天樓在壘石山

紫花臺縣南十里

閱武臺在南壇左

先月閣縣二百步即今縣學地宋縣尉袁梁建

清嘉庆《湘阴县志》载“穆屯八景”

清光绪《湘阴县图志》“舆图”载“穆屯”：旧志“穆王南巡驻驿于此”，亦云“岳武穆屯兵处”（今为汨罗市穆屯村）。

明嘉靖《湘阴县志》、清嘉庆《湘阴县志》载“穆屯八景”：岳庙晓钟、穆溪春涨、将岭樵歌、阳陵农种、大彼秋月、断岳明岚、龙滩牧笛、魏港渔罾。

#【容城十景】

华容县位于湖南省北部边陲，岳阳市西境，北倚长江，南滨洞庭湖。

春秋时为楚国境域，战国时属楚黔中地。秦昭襄王三十年（前277），置黔中郡，县境为秦黔中郡地。西汉高帝六年（前201），改黔中郡为武陵郡，并置孱陵县，县境归武陵郡孱陵县管辖。新莽始建国元年（9），改武陵郡为建平郡，改孱陵县为孱陆县，县境随之属建平郡孱陆县。东汉建武年间，复西汉旧地名，县境仍属武陵郡孱陵县。三国时期，吴大将吕蒙于建安二十四年（219）领南郡太守，徙治公安城，孱陵县改属南郡，县境为吴南郡孱陵县地。西晋太康元年（280），杜预定荆州，改南郡江南部分为南平郡，分孱陵县置南安县，属南平郡，此为华容建县之始。东晋，仍为南平郡属县。南朝宋永初三年（422），改南安县为安南县，隶南平内史。齐承宋制，仍名安南，属南平郡。梁武帝天监二年（503），立南安郡，不久，废郡，仍为安南县，属南平郡。梁敬帝时又立南安湘郡，领安南和今湖北石首二县。南朝陈废南安湘郡，安南县仍属南平郡。隋代初沿用陈名。开皇十八年（598）改安南县为华容县，移属巴陵郡，炀帝大业初，巴陵郡改称罗州，县境属罗州。大业三年（607）废州为郡，改罗州为巴陵郡，华容县复属巴陵郡。唐垂拱二年（686），改华容县为容城县，神龙二年（706），复名华容县。武德四年（621），废巴陵郡置巴州，武德六年改巴州为岳州，天宝元年（742）又改岳州为巴陵郡，乾元元年（758）复称岳州。或州、或郡、华容均为其属县。五代，华容县属岳州。宋乾德元年（963），岳州归于宋，称岳州巴陵郡。宣和元年（1119），以岳州为岳阳军。绍兴二十五年（1155）改岳州为纯州，岳阳军为华容军。绍兴三十一年（1161）复改纯州为岳州。此间，华容县均属其统辖。元至元十四年（1277），改岳州为岳州路总管府，华容县属岳州路。明太祖洪武二年（1369），置湖广布政使司，改岳州路为岳州府，华容县属岳州府。清康熙三年（1664），设湖南承宣布政使司，县境属湖南布政使司岳常澧道岳州府。

明弘治《岳州府志》载“容城十景”：梦泽晴云、章台古迹、沱溪晓渡、东山霁雪、板桥春涨、杏村夕照、青湖夜月、赤亭遗址、驿路松风、南山远翠。

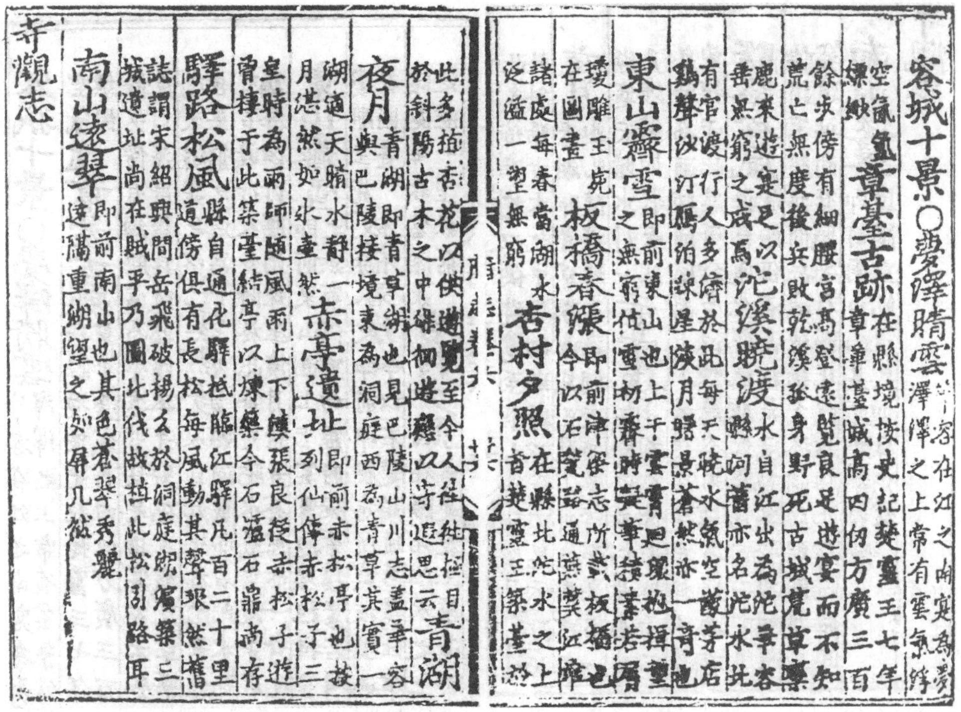

容城十景○雲夢澤晴雲 容在江之南寔為夢澤之上常有雲氣浮空氤氳煙歛

章臺古跡 在縣境按史記楚靈王七年章華臺城高四仞方廣三百餘步傍有細腰宮高登遠覽良是遊宴而不知荒亡無度後兵敗乾溪孤身野死古城荒草寒煙

沱溪曉渡 縣水自江出為沱爭客鹿來遊宴是以舊無窮之感焉縣西舊亦名沱水此有官渡行人多濟於此每天曉水氣空濛茅店雞聲汀鴈泊殘星淡月歸景蒼然亦一奇也

東山霽雪 即前東山也上干雲霄旦暖抱擁雪之無窮佳雪初霽時景華續素若層瓊雕玉宛在圖畫

板橋春漲 即前津梁志所載板橋已今以石甃路通燕葉江擁諸處每春當湖水泛溢一望無窮

杏村夕照 在縣北沱水之上昔楚靈王築臺於此多插杏花以供遊覽至今人往往於斜陽古木之中徘徊遊憩以寄遐思云

青湖夜月 青湖即青草湖也見巴陵山川志盡華一容與巴陵接境東為洞庭西為青草其實一湖適天晴水靜一月湛然如冰壺然

赤亭遺址 即前赤松亭也按列仙傳赤松子三皇時為雨師隨風雨上下張良從赤松子遊曾棲于此築臺結亭以煉藥今石爐石鼎尚存

驛路松風 縣自通化驛抵臨江驛凡百二十里道傍俱有長松每風動其聲琅然舊誌謂宋紹興間岳飛破楊么於洞庭縱燬寨三城遺址尚在賊平乃圖此伐故植此松引路耳

南山遠翠 即前南山也其色蒼翠秀麗遠隔重湖望之如屏几然

寺觀志

明弘治《岳州府志》载“容城十景”

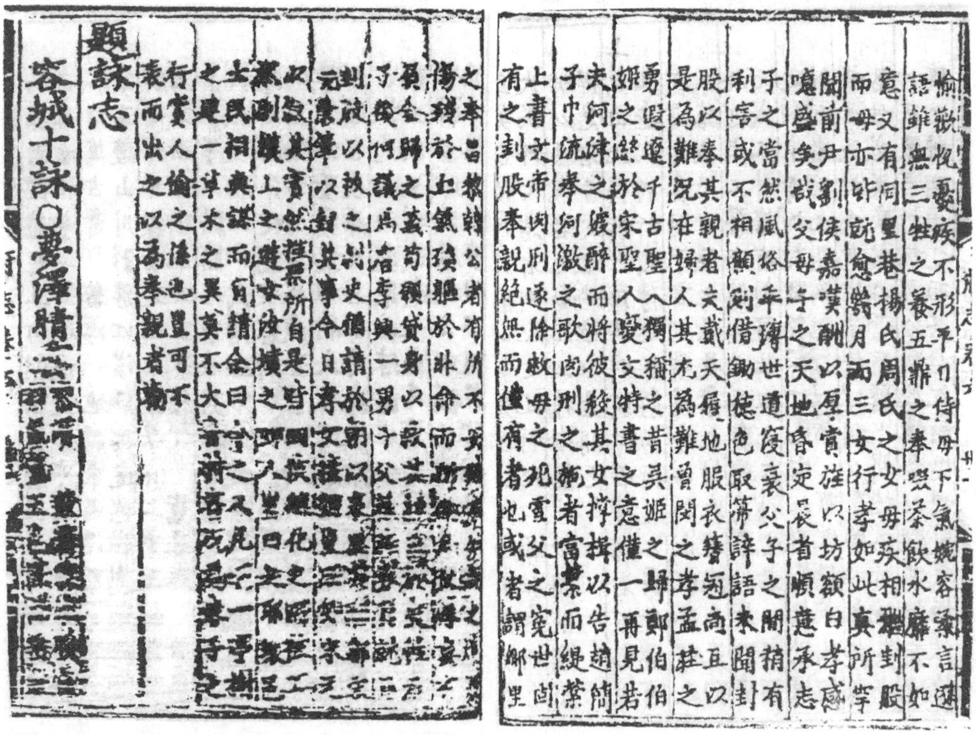

愉歡悅憂疾不形乎口侍母下氣婉容言遜語雖無三牲之養五鼎之奉啜菽飲水靡不如意又有同里巷楊氏周氏之女母疾相繼割股而母亦皆就愈數月兩三女行孝如此真所謂閨門尹劉侯嘉嘆酬以厚賞旌以坊額白孝感噫盛矣哉父母子之天地昏定晨省者順意承志子之當然風俗乖薄世道寢衰父子之間稍有利害或不相顧劉借鋤德色取箒誶語未聞割股以奉其親者古載天得地服衣簪冠尚且以是為難況在婦人其尤為難曾閔之孝孟莊之勇賢遷千古聖人猶稱之昔吳姬之歸鄭伯伯姬之[illegible]於宋聖人變文特書之意僅一再見君夫何肆之暴醉而將彼殺其女捽捽以告趙簡子巾流奉何激之歌肉刑之術者富[illegible]而緹縈上書文帝肉刑遂除救母之死雪父之冤世固有之封股奉親絕無而僅有者也或者謂鄉里

題詠志

容城十詠○雲夢澤晴雲

明弘治《岳州府志》载“容城十咏”（一）

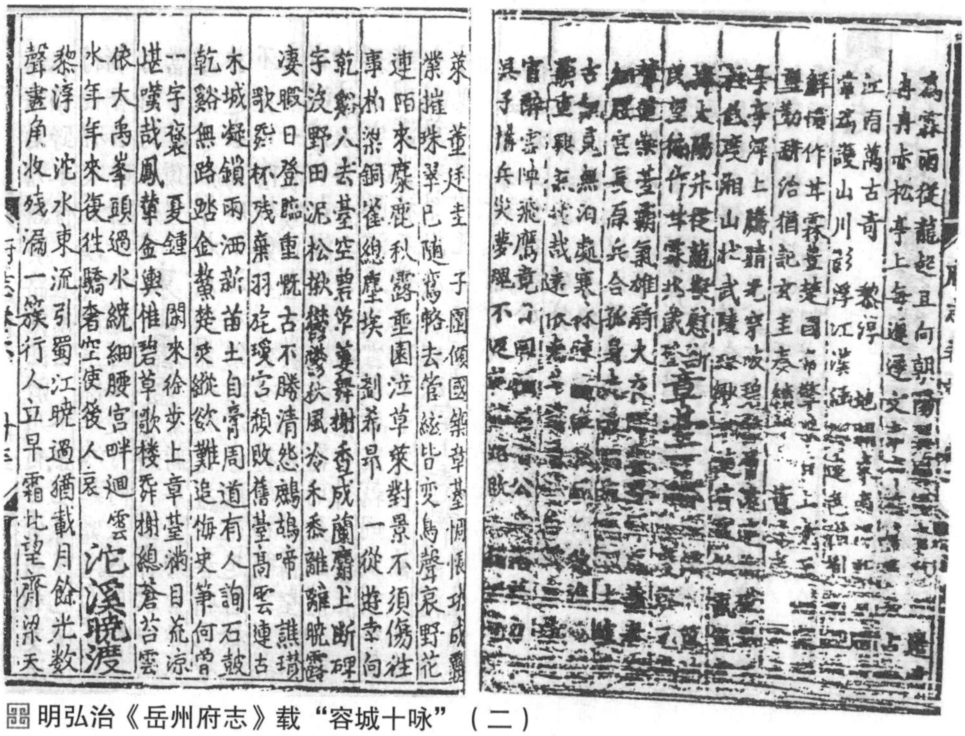

為霖雨從龍起且向朝[illegible]
身青赤松亭上每遇還文[illegible]
江有萬古奇 黎淳 [illegible]
章孤渡山川彩浮江漢[illegible]
解倚作草霧臺楚國[illegible]
暨勸耕給稽記玄圭奏[illegible]
亭亭浮上騰晴光穿[illegible]
枉威度湘山北武陵[illegible]
峯大陽朱從龍[illegible]
民望作半霖[illegible] 章臺[illegible]
葉董嶪臺霸氣雄簇大[illegible]
如殿宮長原兵合孤身[illegible]
古知真無泊處寒[illegible]
熏重興氣哉遠[illegible]
官醉雲沖飛鷹竟[illegible]
吳子攜兵災夢醒不[illegible]

萊 董廷圭 子國傾國樂章臺悃悵功成霸
業摧殘翠已隨鸞輅去管絃皆變鳥聲哀野花
連陌來麋鹿秋露垂園泣草萊對景不須傷往
事木消銅雀總塵埃 劉希昂 一從遊幸向
乾谿入去臺空碧草萋舞榭香成蘭麝上斷碑
字沒野田泥松楸鬱鬱秋風冷禾黍離離曉露
淒 暇日登臨重慨古不勝清怨鷓鴣啼 譙瑞
歌㸚杯殘棄羽旄瓊宮頹敗舊臺高雲連古
木城凝鎖雨洒新苗土自膏周道有人詢石鼓
乾谿無路踏金鰲楚宮縱欲難追悔史筆何曾
一字褒 夏鍾 閑來徐步上章臺滿目荒涼
堪嘆哉鳳輦金輿惟碧草歌樓舞榭總蒼苔雲
依大禹峯頭過水繞細腰宮畔迴 雲 沱溪曉渡
水年年來復往騎者空使後人哀
黎淳 沱水東流引蜀江曉過猶載月餘光數
聲畫角收殘漏一簇行人立早霜北望齊梁天

明弘治《岳州府志》载“容城十咏”（二）

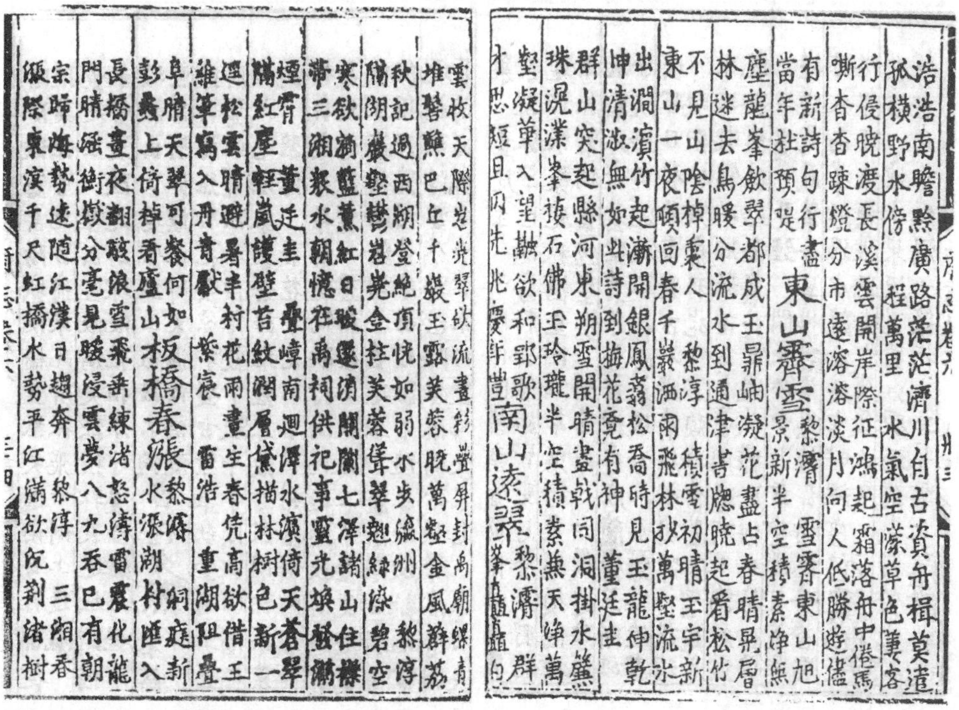

浩浩南瞻黔廣路茫茫濟川自古資舟楫莫遣
孤橫野水傍 程萬里 水氣空濛草色萋客
行侵曉渡長溪雲開岸際征鴻起霜落舟中倦馬
嘶杳杳蹤蹤分市遠溶溶淡月向人低勝遊儘
有新詩句行盡 東山霽雪 黎淳 雪霽東山旭
當年杜預隄 景新半空積素淨無
塵龍峯斂翠都成玉鼎峋凝花盡占春晴昇層
林遂去鳥暖分流水到通津書窗曉起看松竹
不見山陰棹棄人 黎淳 積雪初晴玉宇新
東山一夜傾回春千巖洒雨飛林外萬壑流冰
出澗濱竹起瀟聞銀鳳翥松喬時見玉龍伸乾
坤清澈無如此詩到梅花竟有神 董廷圭
群山突起縣河東朔雪開晴畫戟同洞掛水簾
珠浣漾峯捿石佛玉玲瓏半空積素兼天淨萬
壑凝華入望融欲和郢歌 南山遠翠 黎淳 群
才思短且因先兆慶年豐 峯直插白

雲收天際忽光翠欲流畫彩疊屏封禹廟螺青
堆髻照巴丘千巖玉露芙蓉曉萬壑金風薜荔
秋記過西湖登絕頂恍如弱水步瀛洲 黎淳
隔湖巖壑鬱岧嶤金柱芙蓉聳翠翹綠淼碧空
寒欲滴藍薰紅日暖還消關闢七澤諸山住襟
帶三湘眾水朝懷在禹祠供祀事靈光煥發滿
煙霄 董廷圭 疊嶂南迴澤水濱倚天蒼翠
隔紅塵輕嵐護壁苔紋潤層黛描林樹色新一
逕松雲晴避暑半村花雨畫生春梵高欲借王
維筆寫入丹青獻紫宸 雷浩 重湖阻疊
阜脂天翠可餐何如 板橋春漲 黎淳 洞庭新
彭蠡上倚棹看廬山 水漲湖村匯入
長橋晝夜翻鼓浪雪飛舞練渚怒濤雷震化龍
門晴漲衝嶽分毫見暖浸雲夢八九吞已有朝
宗歸海勢遠隨江漢日趨奔 黎淳 三湘春
漲際東濱千尺虹橋水勢平紅滿欲沉劉渚樹

明弘治《岳州府志》载“容城十咏”（三）

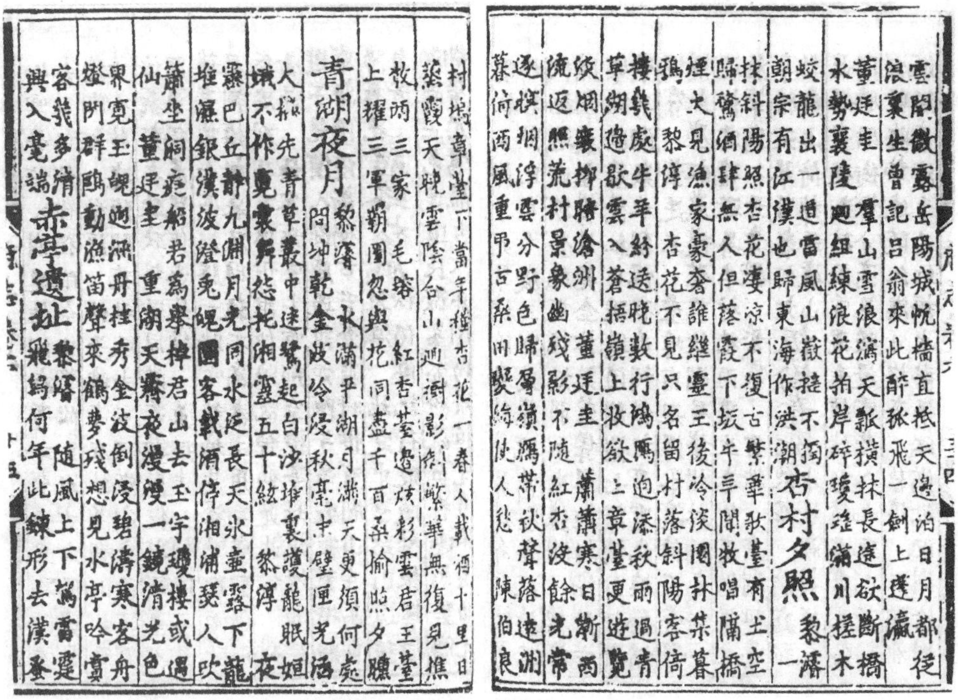

雲陷微露岳陽城帆檣直抵天邊泊日月都從
浪裏生曾記吕翁來此醉孤飛一劍上蓬瀛
董廷圭 羣山雲浪濤天飄横抹長逺欲斷橋
水勢襄陵廻組練浪花拍岸碎瓊瑤滿川提木
蛟龍出一道雷風山嶽搖不獨
朝宗有江漢也歸東海作洪潮
杏村夕照 黎淳
抹斜陽照杏花淒涼不復古繁華歌臺有土空
歸鶯酒肆無人但落霞下坂牛羊閒牧唱隔橋
煙火見漁家豪奢誰繼靈王後冷淡闌林棊暮
鴉 黎淳 杏花不見只名留村落斜陽客倚
樓幾處牛羊紛送晚數行鴻鴈迫添秋雨過青
草湖邊歇雲入蒼梧嶺上收欲三章臺更遊覽
綠烟裊柳暗滄洲 董廷圭 蕭蕭寒日漸西
流返照荒村景象幽殘影不隨紅杏沒餘光常
逐漢烟浮雲分野色歸層嶺鴈帶秋聲落遠洲
暮倚雨風重弔古桑田變海使人愁 陳伯良

村塢章臺下當年種杏花一春人載酒十里日
蒸霞天晚雲陰合山廻樹影斜繁華無復見樵
牧兩三家 毛瑢 紅杏臺邊燒彩雲君王臺
上耀三軍霸圖忽與花同盡千百桑榆照夕曛
青湖夜月 黎淳 長滿平湖月滿天更須何處
問坤乾金波冷浸秋宵未壁匣光涵
大瀛先青草最中逮驚起白沙堆裏護龍眠姮
娥不作霓裳舞怨托湘靈五十絃 黎淳 夜
霽巴丘靜九淵月光同水逐長天冰壺露下龍
堆濕銀漢波澄兔魄圓客載酒停湘浦瑟人吹
簫坐洞庭船 君爲舉棹君山去玉宇瓊樓或遇
仙 董廷圭 重湖天霽夜漫漫一鏡清光色
界寬玉魄廻流舟挂秀金波倒浸碧濤寒客舟
燈門群鷗動漁笛聲來鶴夢殘想見水亭吟賞
容幾多清
興入毫端
赤亭遺址 黎淳 隨風上下駕雷霆
飛錫何年此鍊形去漢登

明弘治《岳州府志》载“容城十咏”（四）

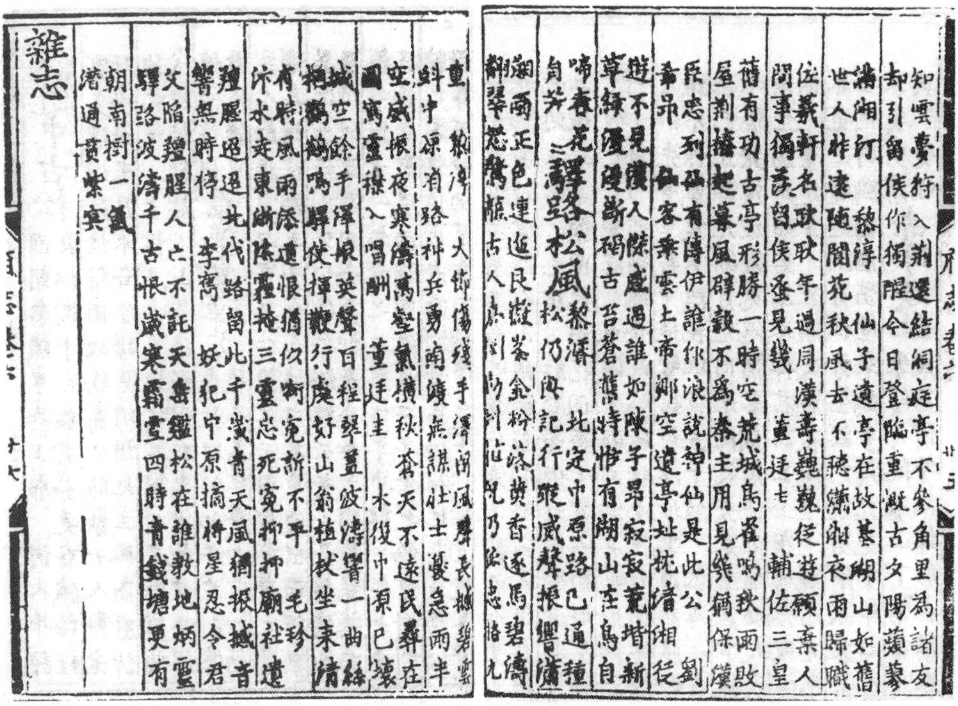

知雲夢狩入荊還結洞庭亭不參角里爲諸友
却引留侯作獨醒今日登臨重凝古夕陽蘋蓼
滿湘汀 黎淳 仙子遺亭在故基湖山如舊
世人非遠隨閬苑秋風去不聽瀟湘夜雨歸識
位義軒名耿耿年過周漢壽巍巍從遊顧棄人
間事獨爲留侯蚤見幾 董廷圭 輔佐三皇
蓓有功古亭形勝一時空荒城鳥雀鳴秋雨敗
屋荊榛起暮風辟穀不爲秦主用見幾猶保漢
辰忠 列仙有傳伊誰作浪說神仙是此公 劉
帝昂 仙客乘雲上帝鄉空遺亭址枕繪湘從
遊不見漢人傑盛過誰如陳子昂寂寞荒堦新
草綠漫漫斷碣古苔蒼焦時惟有湖山在鳥自
啼春花 驛路松風 黎淳 北定中原路已通種
自芳 松仍舊記行旅威聲振響濤
湖南正色連延艮嶽紫氣紛落黄香送馬碧濤
翻翠蕊驚龍古人忠到豹剌祖乳乃後忠洛九

重 黎淳 大節傷殘手澤留風聲長撼碧雲
斗中原消路絆兵勇兩鏡無謀壯士髮急雨半
空威振夜寒濤萬壑氣横秋蒼天不遠民彝在
國寫靈祿入唱酬 董廷圭 木從中原已壞
城空餘手澤根英聲百程翠蓋波濤響一曲絲
柏鶴鳴驛使揮歡行處好山翁植杖坐來清
有時風雨添遺恨猶似衝冤訴不平 毛珍
汴水廷東斷陰霾掩三靈忠死冤抑抑廟社遺
殲歷迢迢北代路留此千歲青天風猶振撼音
響無時停 李騫 妖犯中原摘將星忍令君
父陷鍾腥人亡不託天台鑑松在誰教地炳靈
驛路波濤千古恨歲寒霜雪四時青錢塘更有
朝南樹一氣
潛通貫紫宸
雜志

明弘治《岳州府志》载“容城十咏”（五）

【章华十景】

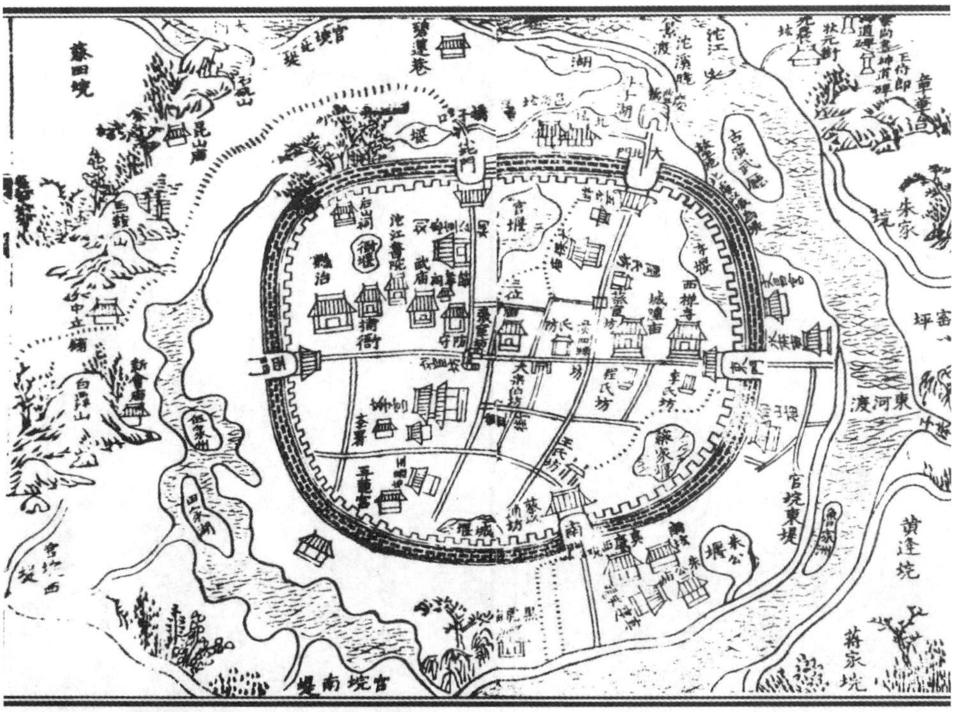

清乾隆《华容县志》载“县城图”

王明山草堂 邑南明山之麓
程素軒柳堂書屋 邑城學宮右
沱西別業 邑小北門外
何景明讀書處 邑北石磯山
袁氏古屋 邑東五十里唐季所搆制與今屋異其材俱栗木故能久
宋時古屋 元石山下有故宋時蕭家瓦屋五間在嚴谷中泉流周遭松杉蒼鬱榱桷楹柱壁砌無損蓋歷幾百載矣邑南南山下羅氏亦古屋數間規制正相類
洞庭書院 城南街孫漁人宜隱處
赤城別墅 南街孫山人斯億隱處

華容志 卷二 第宅 六四

四可書屋 邑東四都許事傅倘文創
泮東書院 王道街故郎中陳伯良讀書處
章華八景附
章華早春 南山晚翠 禹廟來鵜 寶慈倒柏
石佛樵歌 楮塘漁笛 墨山勝蹟 七女遺仙
章華十景附
沱溪曉渡 石佛樵歌 板橋春漲 青湖夜月
驛路松風 東山霽雪 南山遠翠 渚塘漁笛
靖廬瀑布 赤亭遺址 正統前止八景成化間更定爲十景

清光绪《华容县志》“古迹”载“章华十景”：沱溪晓渡、石佛樵歌、板桥春涨、青湖夜月、驿路松风、东山霁雪、南山远翠、渚塘渔笛、靖庐瀑布、赤亭遗址。

[沱溪晓渡]

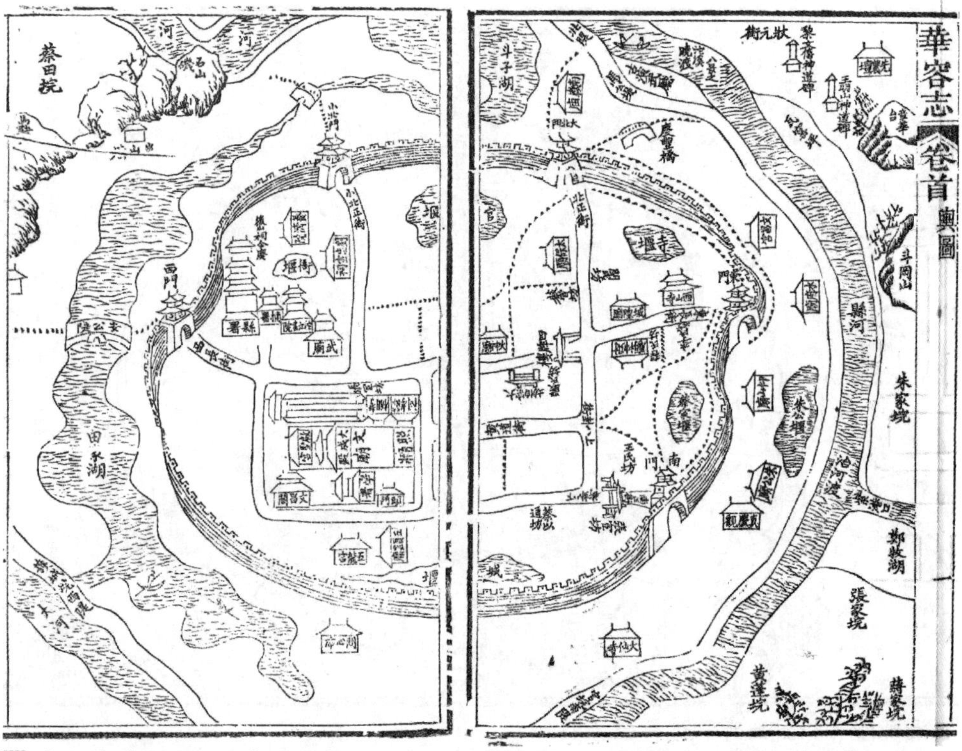

清光绪《华容县志》“舆图”载“沱溪晓渡”。清乾隆《华容县志》“卷之一”载“华容河”：县城百一里，自石首调弦口来，循东而南，出县港口，入洞庭湖。春夏水涨，由江达湖，舟人便之，亦名沱水、夏水。

[石佛樵歌]

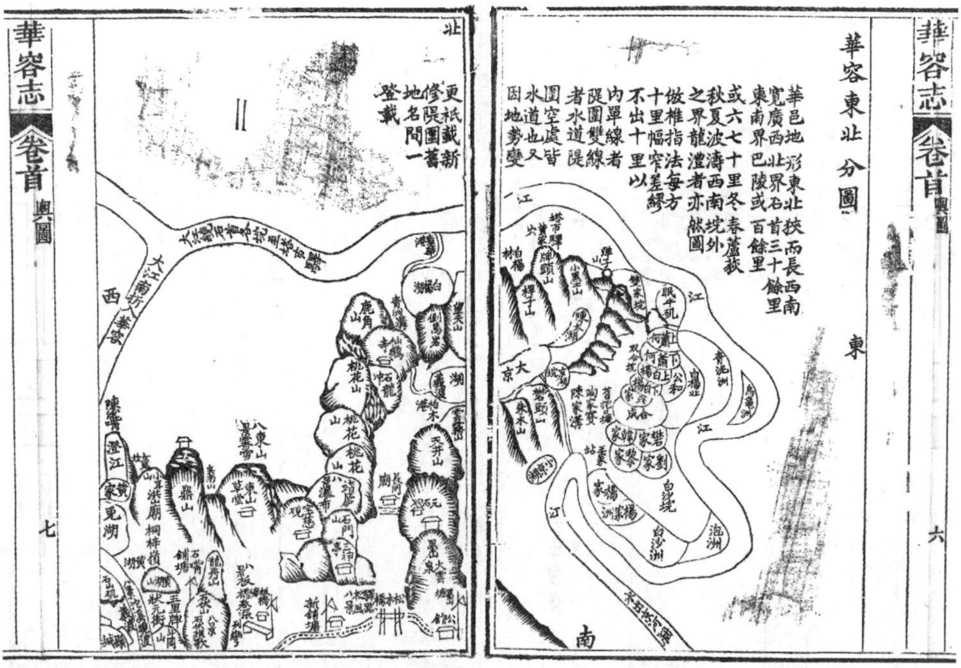

图 清光绪《华容县志》“华容东北分图”载“石伏（佛）樵歌”。清光绪《华容县志》“山水”载“石佛山”：石象佛，邑东七里。十景有石佛樵歌。

[板桥春涨]

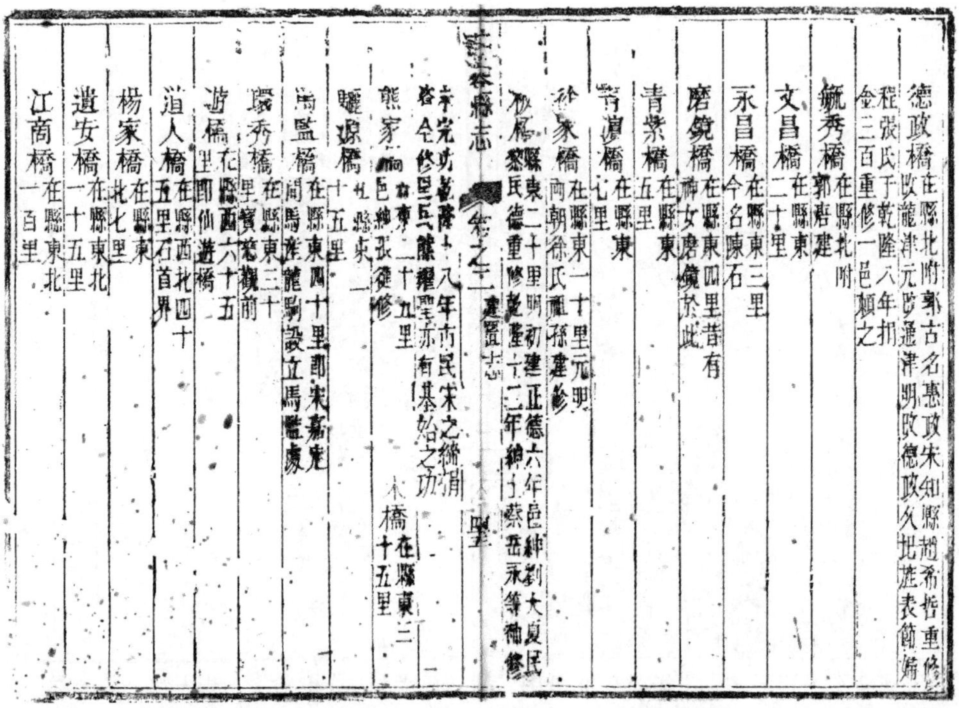

德政橋在縣北附郭古名惠政宋知縣趙希哲重修改龍津元改通津明改德政久圮莊表節婦程張氏于乾隆八年捐金三百重修一邑賴之
毓秀橋在縣北附郭唐建
文昌橋在縣東二十里
永昌橋在縣東三里今名陳石
磨鏡橋在縣東四里昔有神女磨鏡於此
青紫橋在縣東五里
青澧橋在縣東七里
徐家橋在縣東一十里元明兩朝徐氏祖孫建修
板橋縣東二十里明初建正德六年邑紳劉大夏民黎民德重修乾隆十二年紳士蔡岳永等補修

華容縣志　卷之二　建置志

卒完功乾隆十八年市民宋之緒捐資全修邑民龍耀聖亦有基始之功
熊家橋在縣東二十五里邑紳張鍵修
木橋在縣東三十五里
驪源橋在縣東一十五里
馬監橋在縣東四十里即宋嘉定間馬廷龍駒設立馬監處
環秀橋在縣東三十里寶塔觀前
遊橋在縣西六十五里即仙遊橋
道人橋在縣西北四十五里石首界
楊家橋在縣東北七里
遺安橋在縣東北一十五里
江商橋在縣東北一百里

清乾隆《华容县志》载“板桥”：“县东二十里，明初建，正德六年，邑绅刘大夏、民黎民德重修。乾隆十二年，绅士蔡岳永等补修。”清光绪《华容县志》载“板桥”：“邑东二十里，初以板造，后僧募石砌之，旁立石阑，创亭其上。后圮。明忠宣刘公、黎民德修之。”

[青湖夜月]

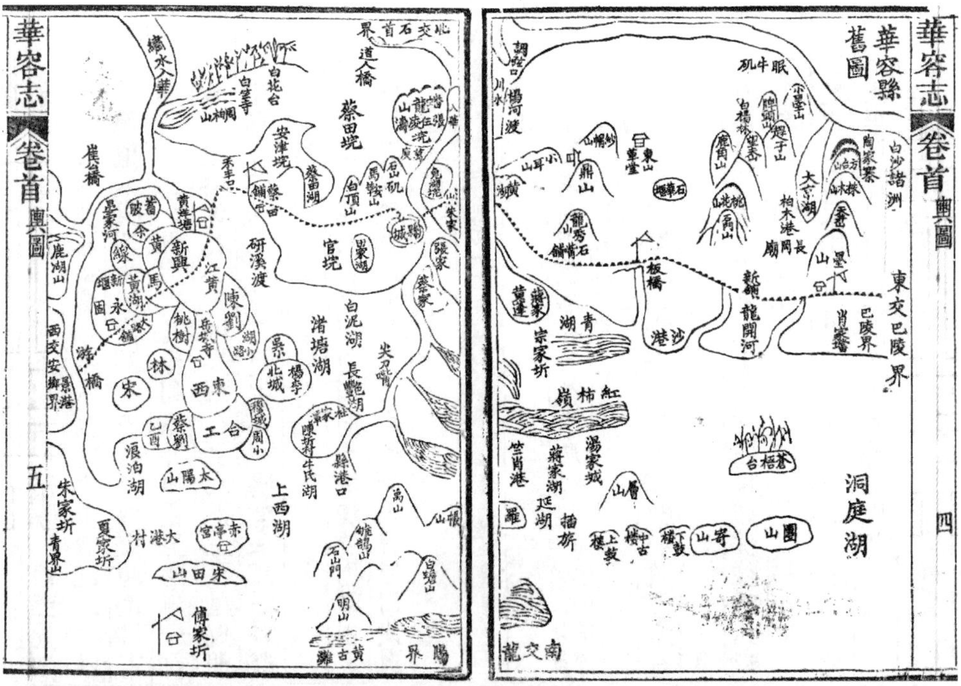

清光绪《华容县志》“华容县旧图”载“青湖”，“山水”载“青湖”：“邑东十五里。”

[驿路松风]

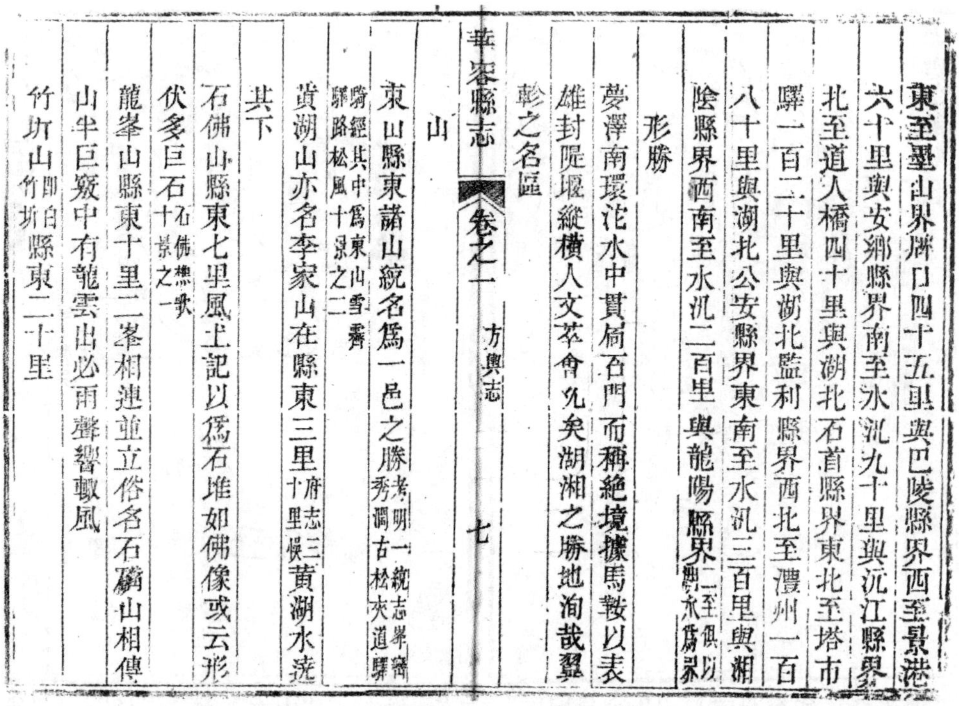

東至墨山界牌口四十五里與巴陵縣界西至景港六十里與安鄉縣界南至冰汛九十里與沅江縣界北至道人橋四十里與湖北石首縣界東北至塔市驛一百二十里與湖北監利縣界西北至澧州一百八十里與湖北公安縣界東南至水汛三百里與湘陰縣界西南至水汛二百里與龍陽縣界二至俱以湖水爲界

形勝

夢澤南環沱水中貫扃百門而稱絕境據馬鞍以表雄封隄堰縱橫人文萃會允矣湖湘之勝地洵哉翼軫之名區

華容縣志　卷之一　方輿志　七

山

東山縣東諸山統名爲一邑之勝考明一統志峯巒秀潤古松夾道驛騎經其中爲東山雪霽驛路松風十景之二

黃湖山亦名李家山在縣東三里府志三十里俟黃湖水遶其下

石佛山縣東七里風土記以爲石堆如佛像或云形伏多巨石石佛樵歌十景之一

龍峯山縣東十里二峯相連並立俗名石礄山相傳山半巨竅中有龍雲出必雨聲響輒風

竹圻山即白竹圻縣東二十里

清乾隆《华容县志》“形胜”载“东山”：县东诸山统名，为一邑之胜（考：《明一统志》：峰峦秀润，古松夹道，驿骑径其中，为东山雪霁、驿路松风十景之二）。

[东山霁雪]

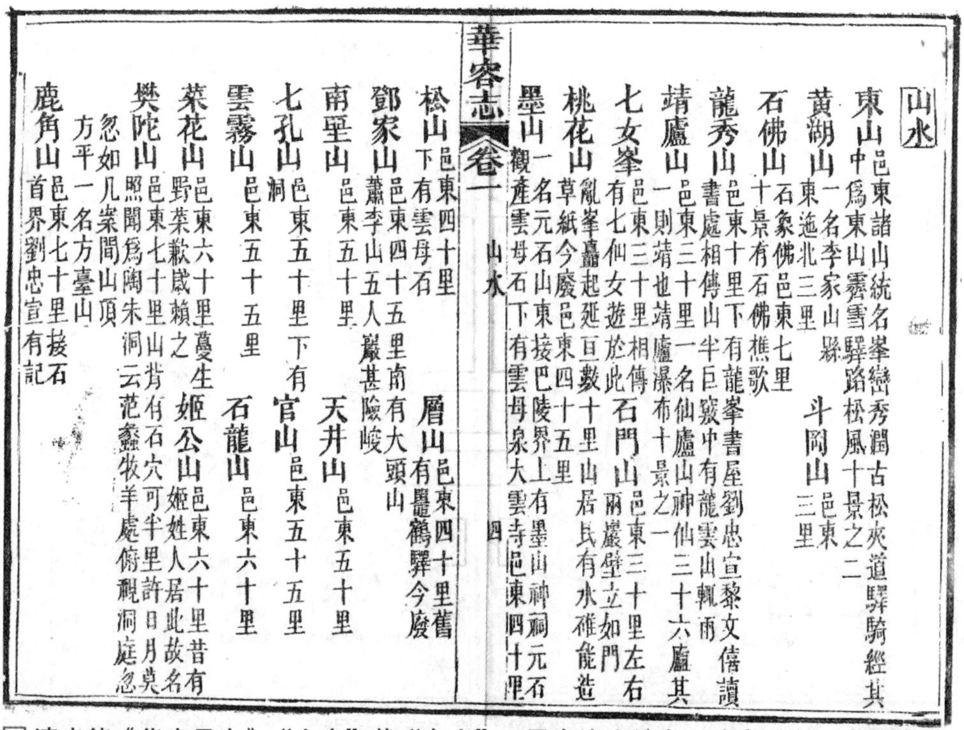

山水

東山邑東諸山統名峯巒秀潤古松夾道驛騎經其中爲東山霽雪驛路松風十景之二

黄湖山一名李家山縣東迤北三里　斗岡山邑東三里

石佛山石象佛邑東七里十景有石佛樵歌

龍秀山邑東十里下有龍峯書屋劉忠宣黎文僖讀書處相傳山半巨竅中有龍雲出輒雨

靖廬山邑東三十里一名仙廬山神仙三十六廬其一則靖也靖廬瀑布十景之一

七女峯邑東三十里相傳有七仙女遊於此　石門山邑東三十里左右兩巖壁立如門

桃花山亂峯矗起延亘數十里山居民有水碓能造草紙今廢邑東四十五里

墨山一名元石山東接巴陵界上有墨山神祠元石觀產雲母石下有雲母泉大雲寺邑東四十里

華容志　卷一　山水　四

松山邑東四十里下有雲母石　層山邑東四十里舊有鸓鶴驛今廢

鄧家山邑東四十五里南有大頭山蕭李山五人巖甚險峻

南望山邑東五十里　天井山邑東五十里

七孔山邑東五十里下有洞　官山邑東五十五里

雲霧山邑東五十五里　石龍山邑東六十里

菜花山邑東六十里蔓生野菜歉歲賴之　姬公山邑東六十里昔有姬姓人居此故名

樊陀山邑東七十里山背有石穴可半里許日月莫照闇爲陶朱洞云范蠡牧羊處俯瞰洞庭忽

忽如几案間山頂方平一名方臺山

鹿角山邑東七十里拔石首界劉忠宣有記

清光绪《华容县志》“山水”载“东山”：邑东诸山统名。峰峦秀润，古松夹道，驿骑经其中，为东山霁雪、驿路松风十景之二。

岳阳卷

[南山远翠]

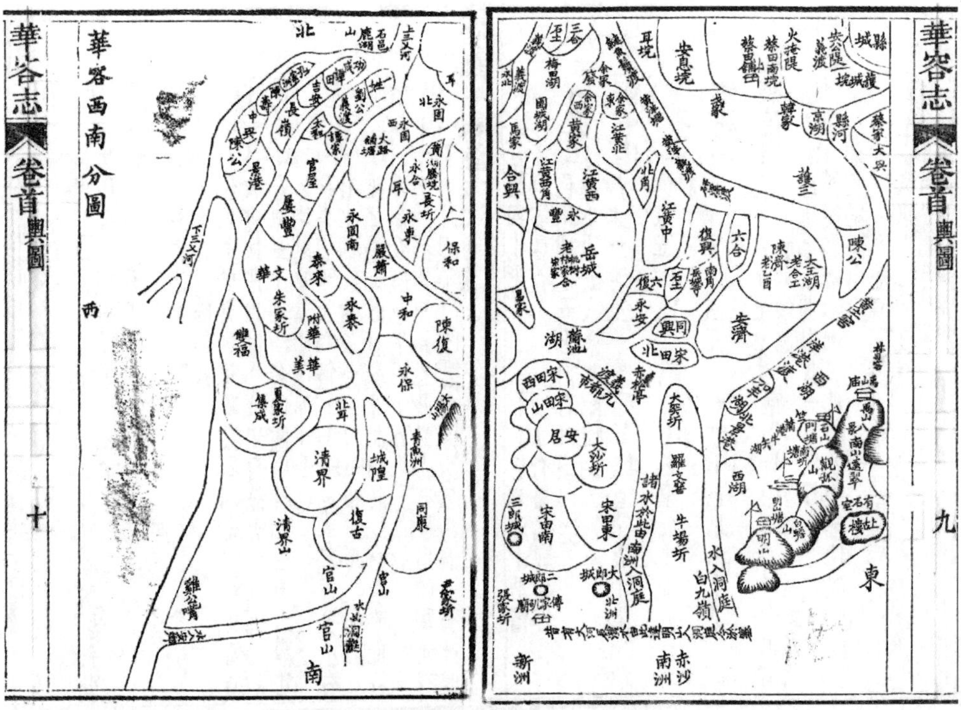

▣ 清光绪《华容县志》“华容西南分图”载“南山远翠”，“山水”载“南山”：邑南三十里，统南山之胜，俯瞰洞庭，望之苍翠如列屏。

[渚塘渔笛]

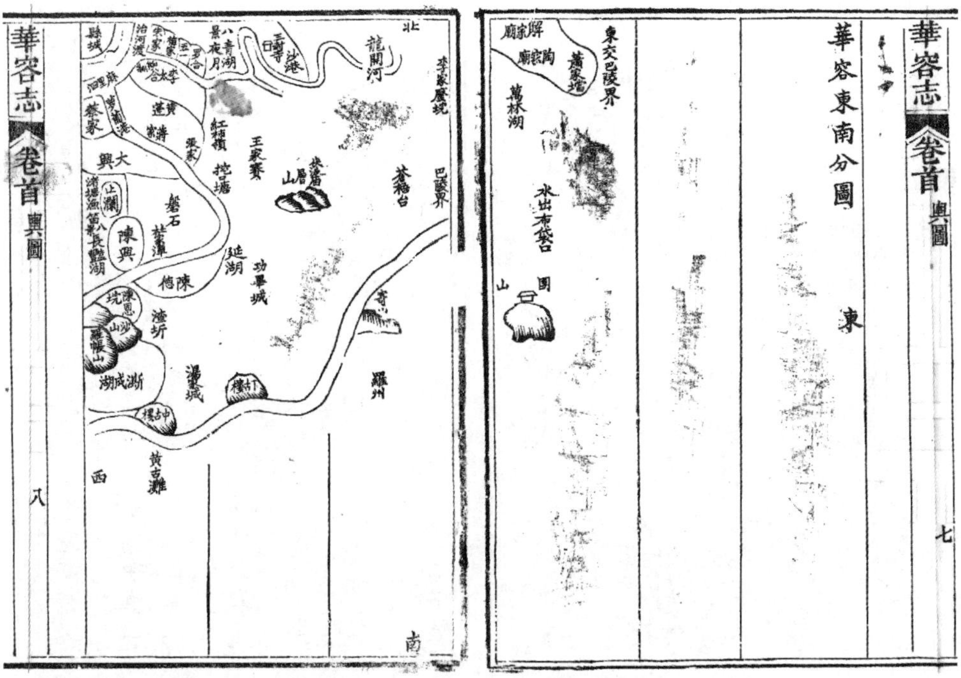

清光绪《华容县志》“华容东南分图”载“渚塘渔笛”（“渚”应为“褚”），“卷一·山水”载“褚塘湖”：邑南二十五里。

[靖庐瀑布]

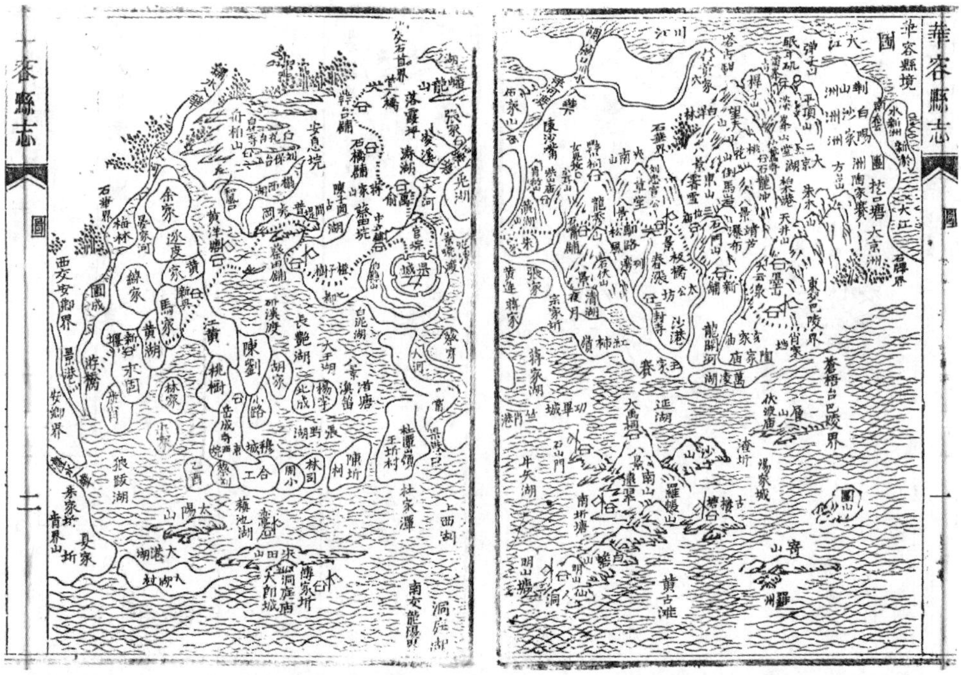

清乾隆《华容县志》"华容县境图"载"靖庐瀑布"。清光绪《华容县志》"山水"载"靖庐山"：邑东三十里，一名仙庐山，神仙三十六庐，其一则靖也。靖庐瀑布，十景之一。

[赤亭遗址]

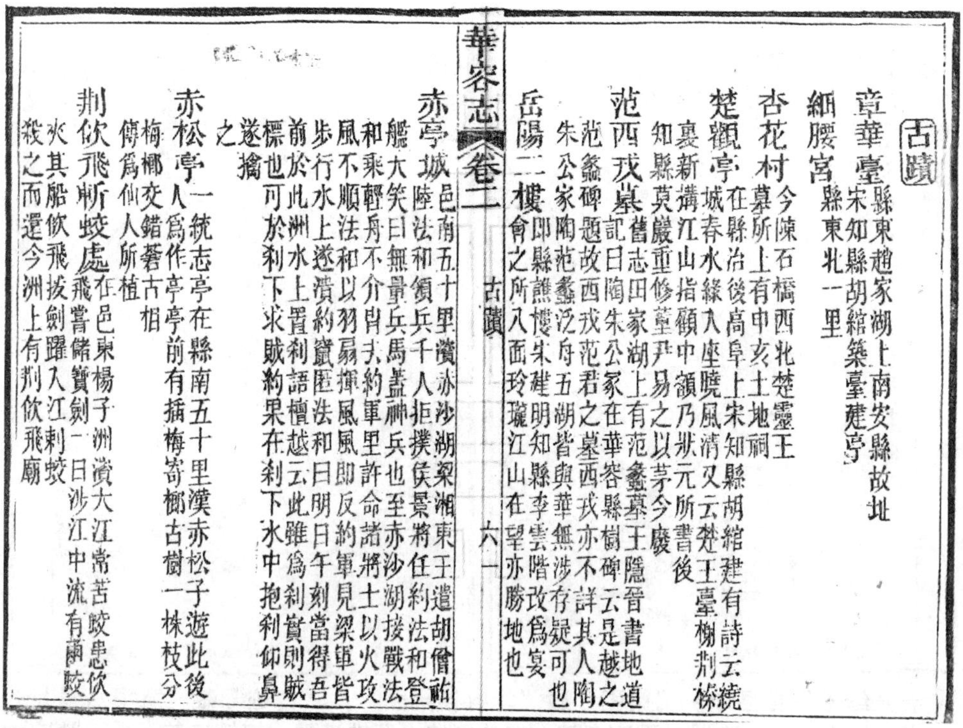

華容志 卷二 古蹟 六一

古蹟

章華臺 縣東趙家湖上南安縣故址宋知縣胡緒築臺建亭

細腰宮 縣東北一里

杏花村 今陳石橋西北楚靈王墓所上有中亥土地祠

楚觀亭 在縣治後高阜上宋知縣胡緒建有詩云繞城春水綠入座曉風淸又云楚王臺榭荆榛裏新構江山指顧中額乃狀元所書後知縣莫巖重修葺尹易之以茅今廢

范西戎墓 舊志田家湖上有范蠡墓王隱晉書地道記曰陶朱公冢在華容縣樹碑云是越之范蠡碑題故西戎范君之墓西戎亦不詳其人陶朱公冢陶范蠡泛舟五湖皆與華無涉存疑可也

岳陽二樓 即縣譙樓宋建明知縣李雲階改爲宴會之所八面玲瓏江山在望亦勝地也

赤亭城 邑南五十里瀆赤沙湖梁湘東王遣胡僧祐陸法和領兵千人拒撲侯景將任約法和登艦大笑曰無量兵馬蓋神兵也至赤沙湖接戰法和乘輕舟不介胄去約軍里許命諸將士以火攻風不順法和以羽扇揮風風即反約軍見梁軍皆步行水上遂潰約竄匿法和曰明日午刻當得吾前於此洲水上置刹語檀越云此雖爲刹實則賊標也可於刹下求賊約果在刹下水中抱刹仰鼻遂擒之

赤松亭 一統志亭在縣南五十里漢赤松子遊此後人爲作亭亭前有插梅寄椰古樹一株枝分梅椰交錯蒼古相傳爲仙人所植

荆飲飛斬蛟處 在邑東楊子洲瀆大江常苦蛟患飲飛嘗儲寶劍一日涉江中流有兩蛟夾其船飲飛拔劍躍入江刺蛟殺之而還今洲上有荆飲飛廟

清光绪《华容县志》“卷二·古迹”载“赤亭城”“赤松亭”

【章华八景】

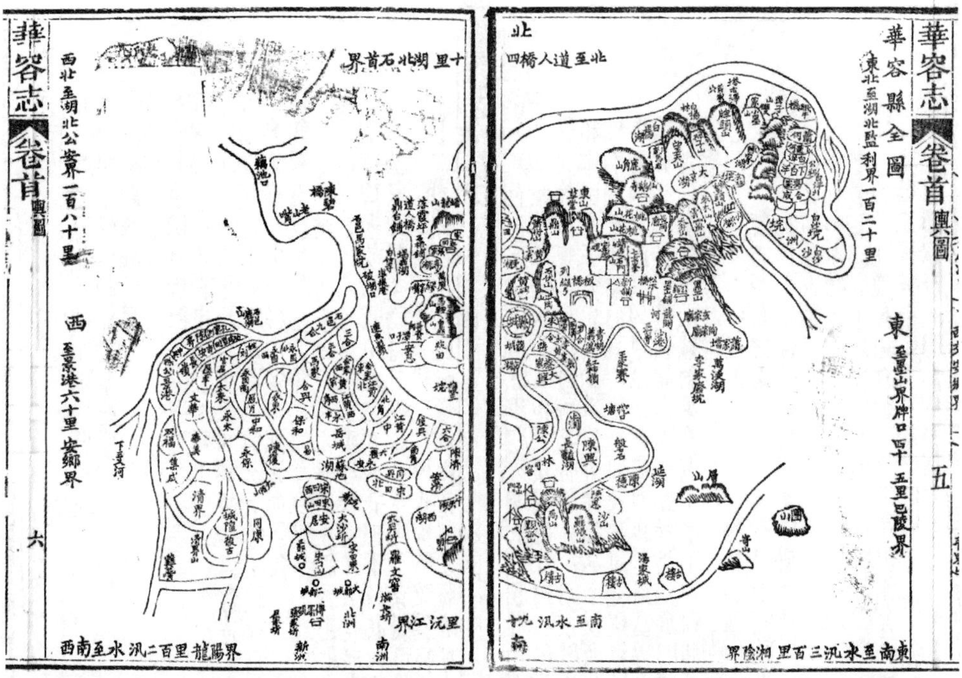

清光绪《华容县志》“舆图”载“华容县全图”，“古迹”载“章华八景”：章华早春、南山晚翠、禹庙来鹑、宝慈倒柏、石佛樵歌、褚塘渔笛、墨山胜迹、七女遗仙。

[章华早春]

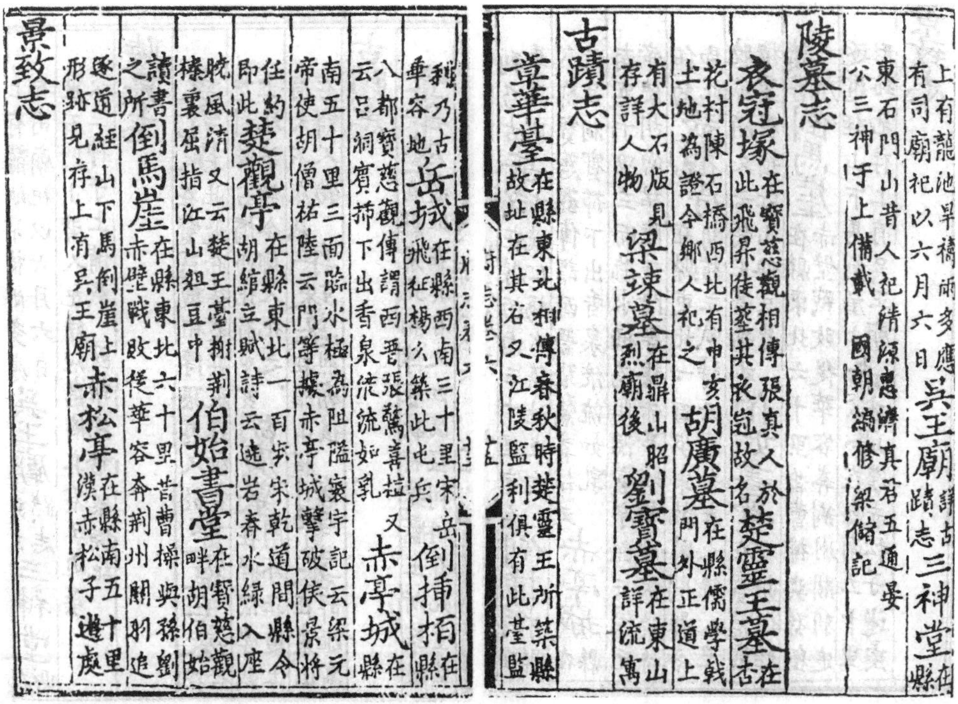

上有龍池旱禱所多應有司廟祀以六月六日吳王廟詳古蹟志三神堂在縣東石門山昔人祀清源惠濟真君五通晏公三神于上備載國朝謝修梁儲記

陵墓志

衣冠塚在寶慈觀相傳張真人於此飛昇徒瘞其衣冠故名楚靈王墓在古花村陳石橋西北有巾亥土地為證今鄉人祀之胡廣墓在縣儒學戟門外正道上有大石版見存詳人物梁竦墓在鼎山昭烈廟後劉寶墓在東山詳流寓

古蹟志

章華臺在縣東北相傳春秋時楚靈王所築縣故址在其右又江陵監利俱有此臺監

稱乃古乘容地岳城在縣西南三十里宋岳飛征楊么築此屯兵倒插栢在縣八都寶慈觀傳謂西晉張驚真拉云呂洞賓拂下出香泉流流如乳又赤亭城在縣南五十里三面臨水極為阻隘寰宇記云梁元帝使胡僧祐陸云門等據赤亭城擊破侯景將任約即此楚觀亭在縣東北一百步宋乾道間縣令胡綰立賦詩云逸岩春水綠入座朓風清又云楚王臺榭荊榛裏丞指江山俎豆中伯始書堂在寶慈觀畔胡伯始讀書之所倒馬崖在縣東北六十里昔曹操與孫劉赤壁戰敗從華容奔荊州關羽追逐道經山下馬倒崖上形跡見存上有吳王廟赤松亭在縣南五十里漢赤松子遊處

景致志

明弘治《岳州府志》载“章华台”

章華臺圖
章華臺在荊州府外沙市相傳楚子所築

清《四库全书·湖广通志》“卷二”载“章华台图”

［禹庙来鹑］

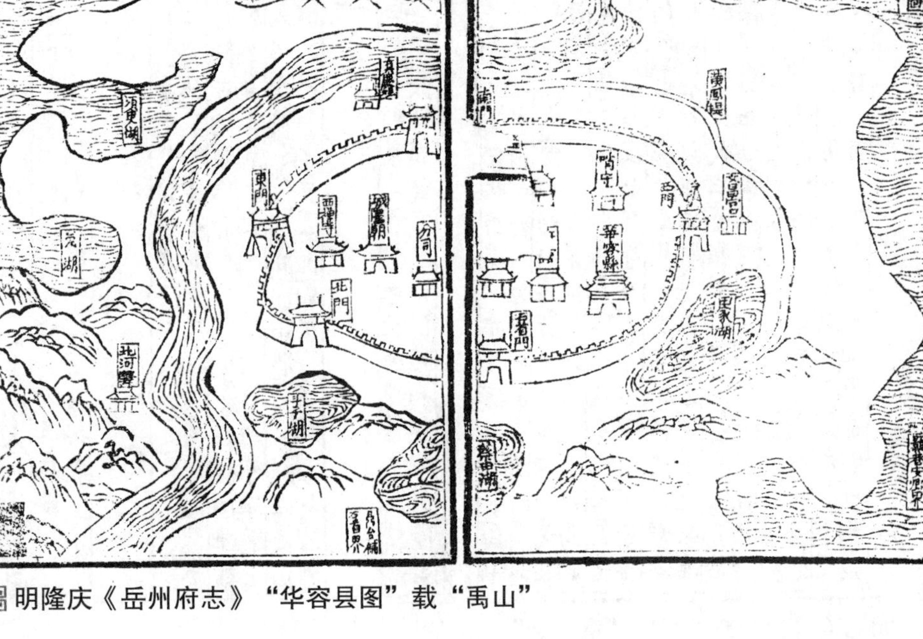

▣ 明隆庆《岳州府志》“华容县图”载“禹山”

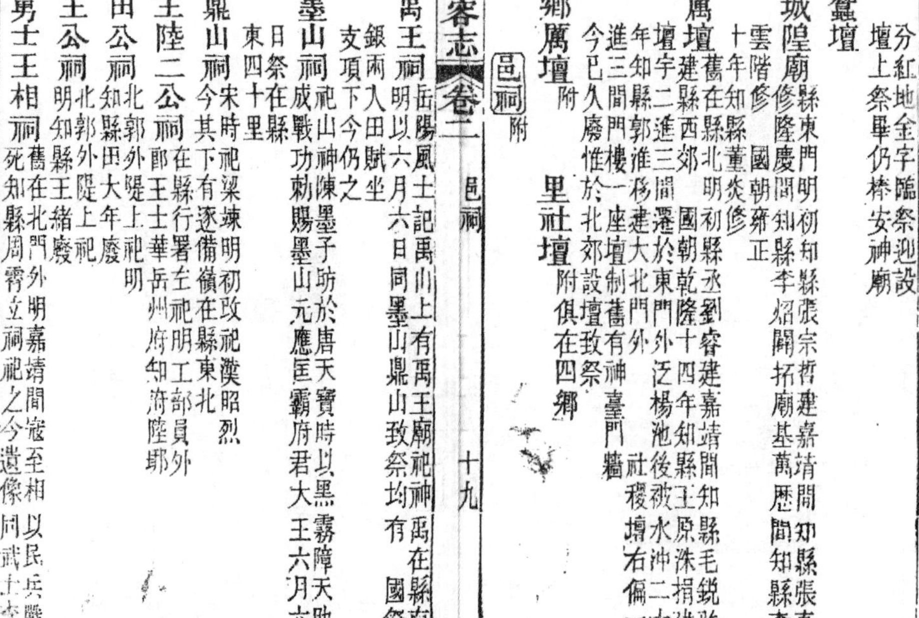

分紅地全字臨祭迎設
壇上祭畢仍捧安神廟

先蠶壇

城隍廟縣東門明初知縣張宗哲建嘉靖間知縣張真
修隆慶間知縣李熠闢拓廟基萬歷間知縣李
雲階修國朝彝正
十年知縣董炎修

厲壇舊在縣北明初縣丞劉睿建嘉靖間知縣毛鋭改
建縣西郊國朝乾隆十四年知縣王原洙捐建
壇宇二進三間遷於東門外泛楊池後被水冲二十
年知縣郭淮移建大北門外社稷壇右偏一
進三間門樓一座壇制舊有神臺門牆
今已久廢惟於北郊設壇致祭

鄉厲壇附　里社壇附俱在四鄉

邑祠附

華容志　卷二　邑祠　十九

禹王祠岳陽風土記禹山上有禹王廟祀神禹在縣南
明以六月六日同墨山鼎山致祭均有　國祭
銀兩入田賦坐
支項下今仍之

墨山祠祀山神陳墨子昉於唐天寶時以黑霧障天助
成戰功敕賜墨山元應匡霸府君大王六月六
日祭在縣
東四十里

鼎山祠宋時祀梁竦明初改祀漢昭烈
今其下有逐備嶺在縣東北

王陸二公祠在縣行署左祀明工部員外
郎王士華岳州府知府陸邦

田公祠北郭外堤上祀明
知縣田大年廢

王公祠北郭外隄上祀
明知縣王緒廢

勇士王相祠舊在北門外明嘉靖間寇至相以民兵戰
死知縣周霄立祠祀之今遺像同武士李

▣ 清光绪《华容县志》“邑祠”载“禹王祠”

文脉·千年湖湘八景图典

[宝慈倒柏]

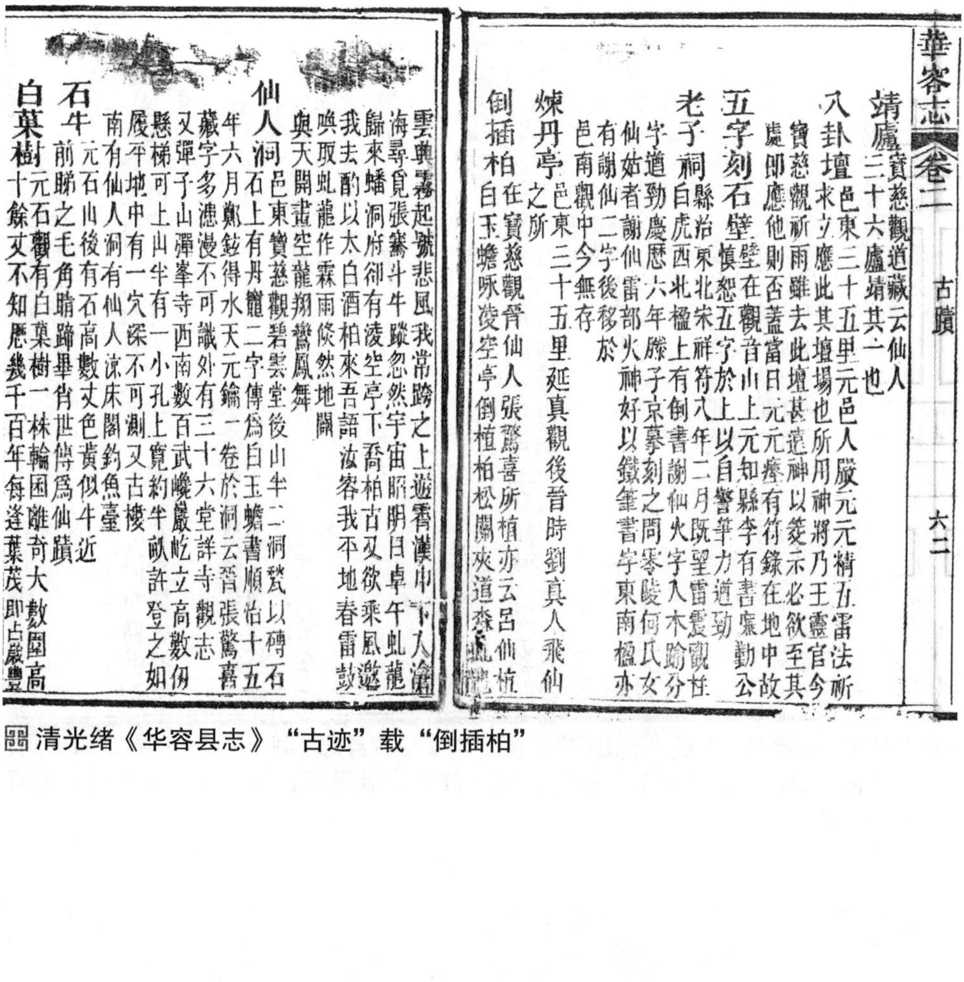
華容志 卷二 古蹟 六二

靖廬 寶慈觀道藏云仙人二十六廬靖其一也

八卦壇 邑東三十五里元邑人嚴元元精五雷法祈求立應此其壇場也所用神將乃王靈官今寶慈觀祈雨雖去此壇甚遠神以筊示必欲至其處即應他則否蓋當日元元瘞有符籙在地中故

五字刻石壁 壁在觀音山上元知縣李有書虞勤公慎怨五字於上以自警筆力遒勁

老子祠 縣治東北宋祥符八年二月既望雷震觀柱自虎西北楹上有倒書謝仙火字入木踰分字遒勁慶歷六年滕子京摹刻之問零陵何氏女仙姑者謝仙雷部火神好以鐵筆書字東南楹亦有謝仙二字後移於邑南觀中今無存

煉丹亭 邑東三十五里延真觀後晉時劉真人飛仙之所

倒插柏 在寶慈觀胥仙人張鷺喜所植亦云呂仙植自玉蟾咏凌空亭倒植柏松關夾道森[illegible]

雲興霧起號悲風我常跨之上遊霄漢中下入滄海尋覓張騫斗牛蹤忽然宇宙昭明日卓午虬龍歸來蟠洞府御有淩空亭下喬柏古又欲乘風邀我去酌以太白酒柏來吾語汝容我平地春雷鼓喚取虬龍作霖雨倏然地闢與天開晝空龍翔鸞鳳舞

仙人洞 邑東寶慈觀碧雲堂後山半二洞甃以磚石石上有丹體二字傳爲白玉蟾書順治十五年六月鄭鉉得水天元鑰一卷於洞云晉張鷺喜藏字多漶漫不可識外有三十六堂詳寺觀志又彈子山彈峯寺西南數百武巉巖屹立高數仞懸梯可上山半有一小孔上寬約半畝許登之如履平地中有一穴深不可測又古樓南有仙人洞有仙人涼床閣釣魚臺

石牛 元石山後有石高數丈色黃似牛近前睇之毛角睛蹄畢肖世傳爲仙蹟

白菓樹 元石觀有白菓樹一株輪囷離奇大數圍高十餘丈不知歷幾千百年每逢葉茂即占歲豐

圖 清光绪《华容县志》“古迹”载“倒插柏”

岳阳卷

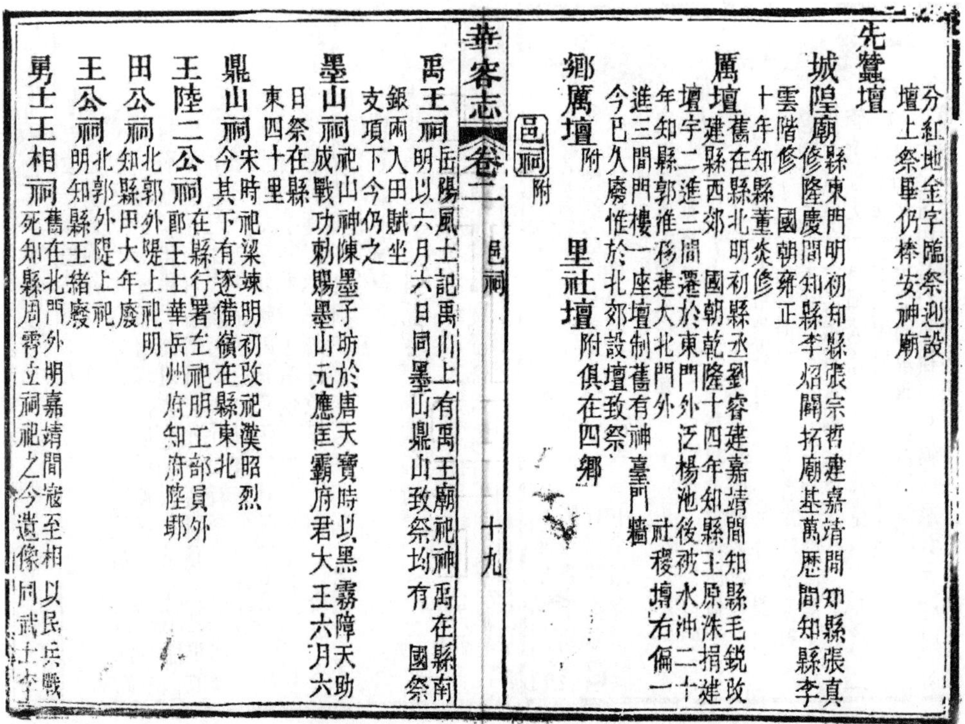

先蠶壇 分紅地金字臨祭迎設壇上祭畢仍捧安神廟

城隍廟 縣東門明初知縣張宗哲建嘉靖間知縣張真修隆慶間知縣李炤闢拓廟基萬歷間知縣李雲階修國朝雍正十年知縣董炎修

厲壇 舊在縣北明初縣丞劉睿建嘉靖間知縣毛銳改建縣西郊國朝乾隆十四年知縣王原洙捐建壇宇二進三間遷於東門外泛楊池後被水沖二十年知縣郭淮移建大北門外社稷壇右偏一進三間門樓一座壇制舊有神臺門牆今已久廢惟於北郊設壇致祭

鄉厲壇 附

里社壇 附 俱在四鄉

邑祠 附

華容志 卷二 邑祠 十九

禹王祠 岳陽風土記禹山上有禹王廟祀神禹在縣南明以六月六日同墨山鼎山致祭均有國祭銀兩入田賦坐支項下今仍之

墨山祠 祀山神陳墨子昉於唐天寶時以黑霧障天助成戰功勅賜墨山元應匡霸府君大王六月六日祭在縣東四十里

鼎山祠 宋時祀梁竦明初改祀漢昭烈今其下有逐備嶺在縣東北

王陸二公祠 在縣行署左祀明工部員外郎王士華岳州府知府陸邶

田公祠 北郭外隄上祀明知縣田大年廢

王公祠 北郭外隄上祀明知縣王緒廢

勇士王相祠 舊在北門外明嘉靖間寇至相以民兵戰死知縣周霽立祠祀之今遺像同武士李

清光绪《华容县志》载“墨山祠”。清乾隆《华容县志》载“墨山”：县东四十里，亦名元石山，有大小悬洞，有巨人迹。其产有云母石、麦饭石，可入药。上有墨山神祠。

［七女遗仙］

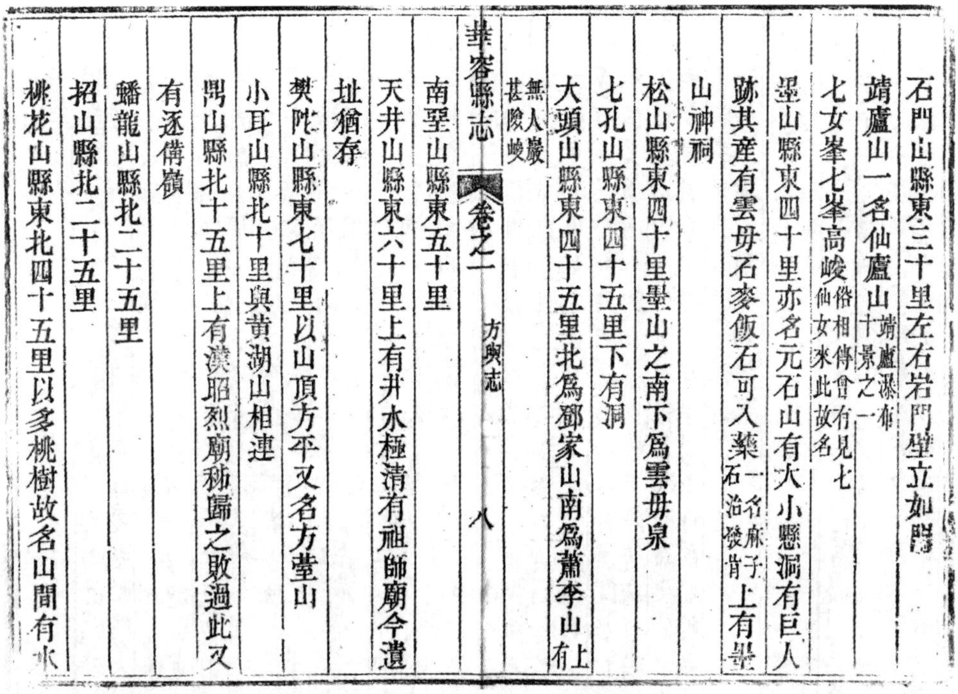
石門山縣東三十里左右岩門壁立如門
靖廬山一名仙廬山靖廬瀑布十景之一
七女峯七峯高峻俗相傳曾有見七仙女來此故名
墨山縣東四十里亦名元石山有大小懸洞有巨人跡其產有雲毋石麥飯石可入藥一名麻子石治發背上有壘
山神祠
松山縣東四十里壘山之南下爲雲毋泉
七孔山縣東四十五里下有洞
大頭山縣東四十五里北爲鄧家山南爲蕭李山上有無人巖甚險峻
華容縣志　卷之一　方輿志　八
南巠山縣東五十里
天井山縣東六十里上有井水極清有祖師廟今遺址猶存
樊阤山縣東七十里以山頂方平又名方臺山
小耳山縣北十里與黄湖山相連
閃山縣北十五里上有漢昭烈廟秭歸之敗過此又有逐備嶺
蟠龍山縣北二十五里
招山縣北二十五里
桃花山縣東北四十五里以多桃樹故名山間有水

清乾隆《华容县志》载“七女峰”。清光绪《华容县志》载“七女峰”：邑东三十里，相传有七仙女游于此。

【湘滣八景】

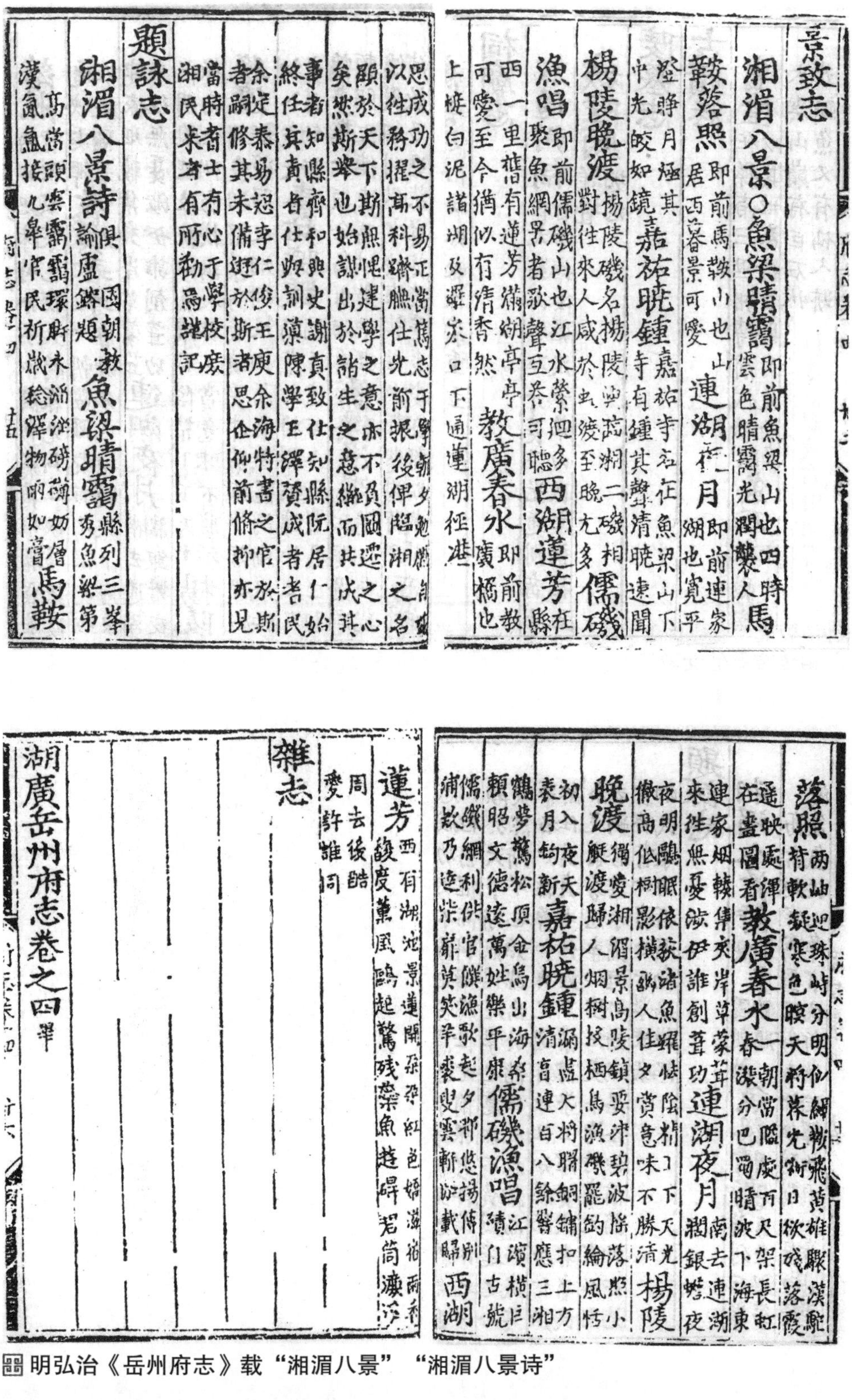

景致志

湘潙八景○魚梁晴靄即前魚梁山也四時雲色晴靄光潤襲人 馬鞍落照即前馬鞍山也山居西落景可愛 連湖夜月即前連家湖也寬平澄靜月極其中光皎如鏡 嘉祐曉鐘嘉祐寺在魚梁山下寺有鐘其聲清曉遠聞 楊陵晚渡楊陵磯名楊陵與疏湖二磯相對往來人咸於此渡至晚尤多 儒磯漁唱即前儒磯山也江水縈洄多聚魚網罟者歌聲互答可聽 西湖蓮芳在縣西一里舊有蓮芳滿湖亭亭可愛至今猶似有清香然 教廣春水即前教廣橋也上接白泥諸湖及避春口下通蓮湖徑湛

思成功之不易正當篤志于學孰夕勉勵自以往務擢高科躋膴仕光前振後俾臨湘之名顯於天下斯熙悝建學之意亦不負國邑之心矣然斯舉也始謀出於諸生之意繼而共成其事者知縣齊和與史謝真致仕知縣阮居仁始終任其責者仕鄉訓導陳學王澤贊成者耆民余定泰易冠李仁俊王庚余海特書之官於斯者嗣修其未備遡於斯者思企仰前脩抑亦見當時耆士有心于學校廢湘民求者有所勸爲謹記

題詠志

湘潙八景詩與國朝教諭盧鎔題 魚梁晴靄縣列三峯秀魚梁第一高當頭雲靄環斛未消凝磅礴妨層漢氣急接九皋官民祈歲稔澤物兩如膏 馬鞍落照兩山迎珠峙分明似繡鞍飛黃雄驟漢駝背軟疑寒色映天將落光銜日欲殘落霞遙映處渾在畫圖看 教廣春水一朝當臨處百尺架長虹春漲分巴蜀晴波下海東 連家烟轉夾岸草蒙茸來往無憂渉伊誰創茸功 連湖夜月南去連湖潤銀蟾夜夜明鷗眠依荻渚魚躍怯陰精下天光徹高似樹影橫函人佳夕賞意味不勝清 楊陵晚渡獨愛湘潙景島嶼鎮要津碧波依落照小艇渡歸人烟樹投栖鳥漁舟罷釣綸風恬 初入夜天表月鈎新 嘉祐曉鐘漏盡大將曙銅鋪扣上方清音連百八餘響應三湘 鶴夢驚松頂金烏出海涯賴昭文德遠萬姓樂平康 儒磯漁唱江濵橫巨績自古號儒磯網利供官膳漁歌起夕晖悠揚傳別浦款乃逐柴扉笑挙袁更雲斬詠載歸 西湖蓮芳西有湖池景蓮開朵朵紅色嬌滋宿雨香馥度薰風鷗起驚殘蕊魚游礙碧筒濂溪周去後酷愛許誰同

雜志

湖廣岳州府志卷之四 畢

明弘治《岳州府志》载“湘滣八景”“湘滣八景诗”

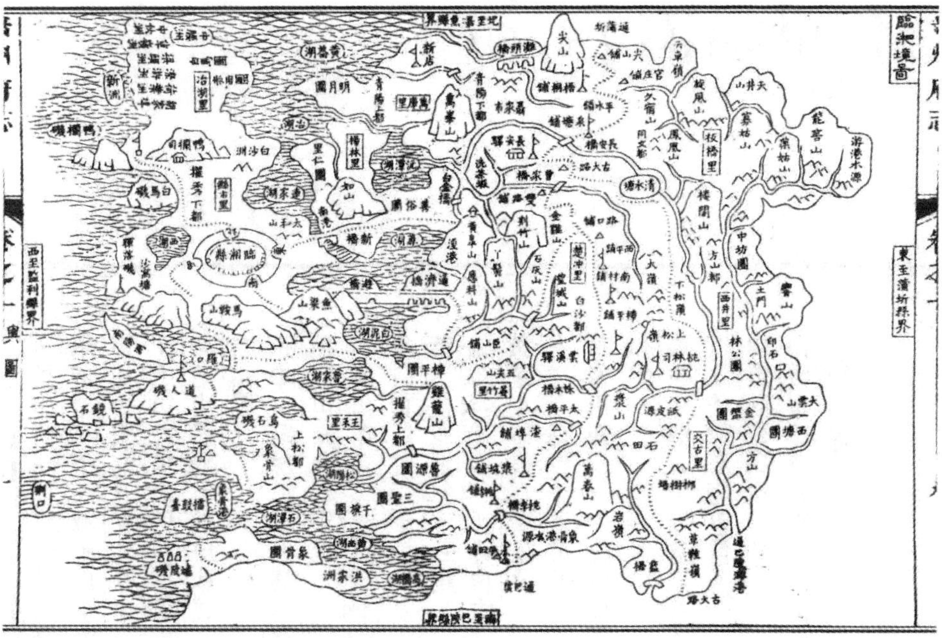

清乾隆《岳州府志》载“临湘境图”

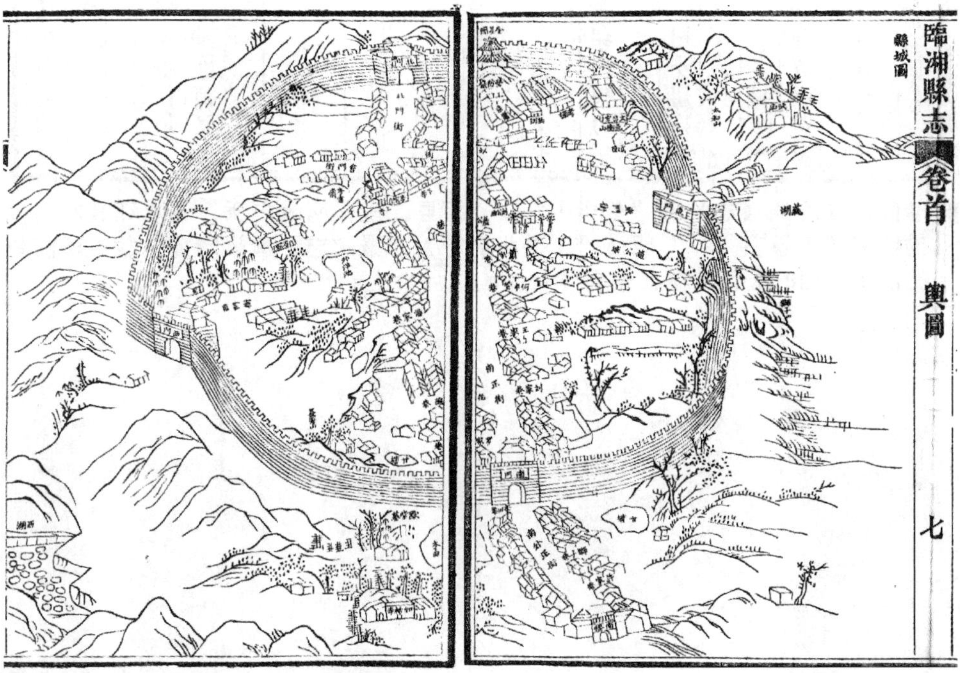

清同治《临湘县志》载“县城图”

临湘位于湘鄂交界处，长江中下游南岸，素称“湘北门户”，五代后唐清泰年间马殷在陆城置王朝场，北宋淳化五年（994）升王朝场为王朝县，至道二年（996）更名临湘县，隶岳州。

明代临湘县城陆城有“湘涓八景”，又称临湘八景、陆城八景。明弘治《临湘县志》载“湘涓八景”：教广春水，鱼梁晴霭，马鞍落照，嘉祐晚钟，连湖夜月，西湖莲芳，杨陵晚渡，儒矶渔唱。

[鱼梁晴霭]

魚梁山距縣二里兩峯挺秀湖水環其左右釣綸漁艇多聚其下九域志山下湖產魚極美

田公山距縣五里屼立辮口湖旁

丁家山距縣十里前三里爲橫擔山橫亙若長垣

雞籠山距縣十五里咸豐三年於山下設團練局改名基隆

伏牛山距縣二十里其下爲李溪

龍旺山距縣二十里

金泉山距縣二十里

象骨山距縣三十里

黃土嶺距縣三十五里

黃茅山距縣四十里

木嶺距縣五十里相近爲天撐嶺

筆架山距縣五十五里與縣東南之筆架山俱以形似名

巖嶺距縣五十五里接巴陵縣界稍下曰小巖嶺數峯連絡怪石壁立纔通一綫康熙十五年大兵由此開道收復長沙

白雲山距縣五十五里山左有文昌閣道光初邑紳劉繼善倡修右有白雲寺宋建

萬春山距縣六十里相近有琵琶尖

右縣西南山

清同治《临湘县志》载“鱼梁山”：“距县二里，两峰挺秀，湖水环其左右，钓纶渔艇多聚其下。”明弘治《岳州府志》“景致志·鱼梁晴霭”载：即前鱼梁山也。四时云色晴霭，光润袭人。

[马鞍落照]

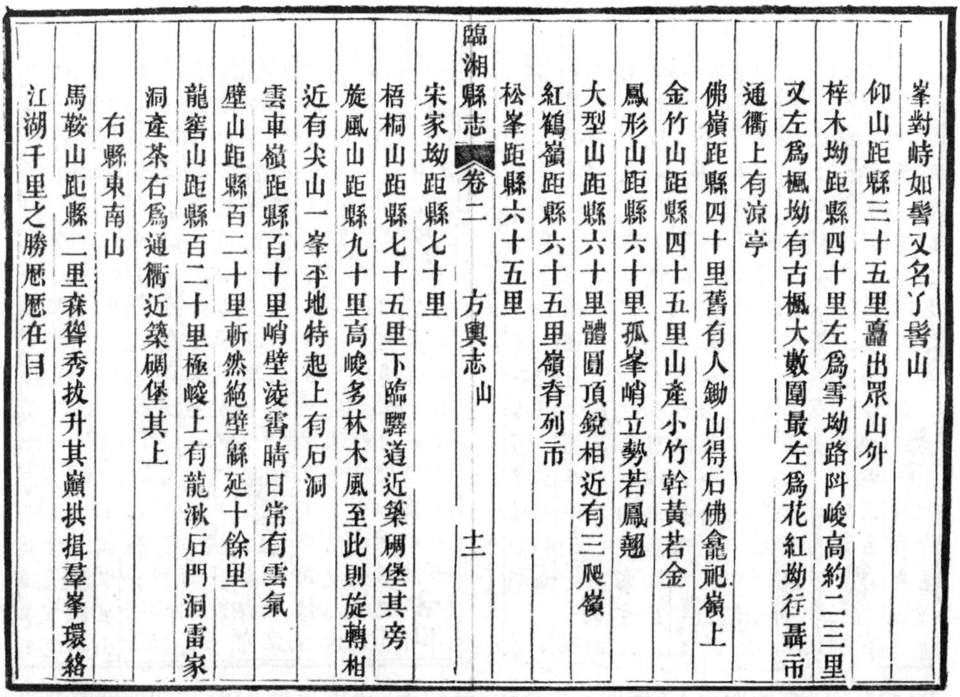

峯對峙如髻又名了髻山
仰山距縣三十五里矗出眾山外
梓木坳距縣四十里左爲雪坳路陡峻高約二三里
又左爲楓坳有古楓大數圍最左爲花紅坳荏苒而
通衢上有涼亭
佛嶺距縣四十里舊有人鋤山得石佛龕祀嶺上
金竹山距縣四十五里山產小竹幹黃若金
鳳形山距縣六十里孤峯峭立勢若鳳翹
大型山距縣六十里體圓頂銳相近有三爬嶺
紅鵠嶺距縣六十五里嶺脊列帀
松峯距縣六十五里
臨湘縣志 卷二 方輿志山 十二
宋家坳距縣七十里
梧桐山距縣七十五里下臨驛道近築碉堡其旁
旋風山距縣九十里高峻多林木風至此則旋轉相
近有尖山一峯平地特起上有石洞
雲車嶺距縣百十里峭壁淩霄晴日常有雲氣
壁山距縣百二十里嶄然絕壁綿延十餘里
龍窖山距縣百二十里極峻上有龍湫石門洞雷家
洞產茶右爲通衢近築碉堡其上
右縣東南山
馬鞍山距縣二里森聳秀拔升其巔拱揖羣峯環絡
江湖千里之勝歷歷在目

清同治《临湘县志》载“马鞍山”：“距县二里，森耸秀拔，升其巅，拱揖群峰，环络江湖，千里之胜，历历在目。”明弘治《岳州府志》“景致志·马鞍落照”载：即前马鞍山也。山居西，暮景可爱。

［连湖夜月］

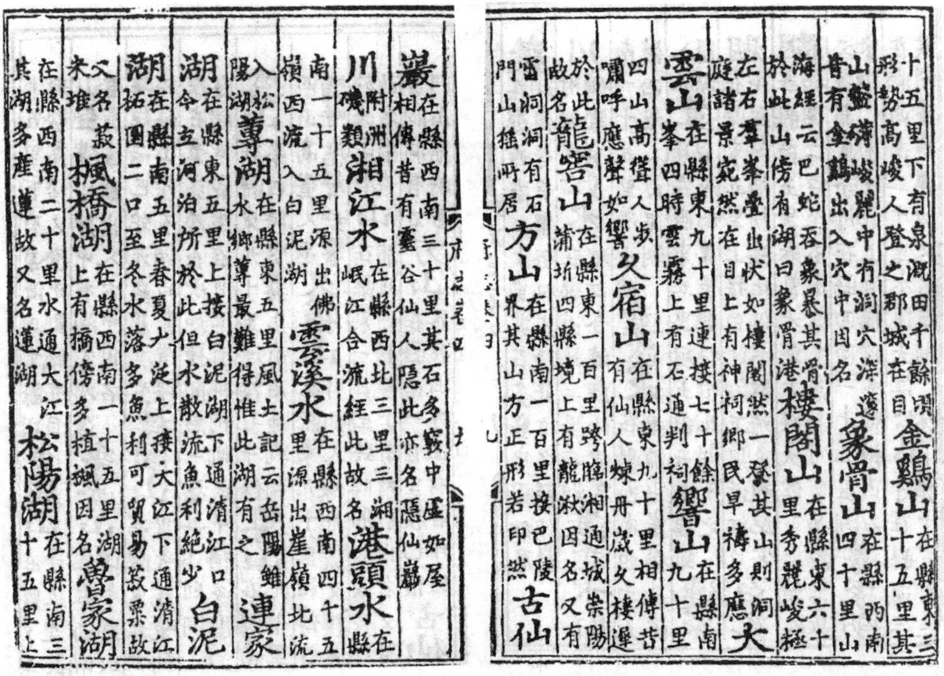

十五里下有泉溉田千餘頃形勢高峻人登之郡城在目金鷄山在縣東三十五里其
山盤礴峻麗中有洞穴深邃昔有金鷄出入穴中因名象骨山在縣西南四十里山
海經云巴蛇吞象暴其骨於此山傍有湖曰象骨港樓閣山在縣東六十里秀麗峻極
左右羣峯疊出狀如樓閣然一登其山則洞庭諸景宛然在目上有神祠鄉民旱禱多應大
雲山在縣東九十里連接七十餘峯四時雲霧上有石通判祠響山在縣南九十里
四山高聳人步讙呼應聲如響久宿山在縣東九十里相傳昔有仙人煉丹歲久棲遲
於此故名龍窖山在縣東一百里跨臨湘通城崇陽蒲圻四縣境上有龍湫因名又有
雷洞洞有石門山樵所居方山在縣南一百里接巴陵界其山方正形若印然古仙

巖在縣西南三十里其石多竅中虛如屋相傳昔有靈谷仙人隱此亦名隱仙巖
川附洲磯類湘江水在縣西北三里三湘岷江合流經此故名港頭水在縣
南一十五里源出佛嶺西流入白泥湖雲溪水在縣西南四十五里源出崖嶺北流
入松陽湖蓴湖在縣東五里風土記云岳陽雖水鄉蓴最難得惟此湖有之連家
湖在縣東五里上接白泥湖下通清江口今立河泊所於此但水散流魚利絕少白泥
湖在縣南五里春夏大漲上接大江下通清江拓圍二口至冬水落多魚利可貿易菽粟故
又名萩米堆楓橋湖在縣西南一十五里湖上有橋傍多植楓因名曾家湖
在縣西南二十里水通大江其湖多產蓮故又名蓮湖松陽湖在縣南三十五里上

明弘治《岳州府志》“卷四·临湘县·景致志·连湖夜月”载：“即前连家湖也。宽平澄□，月□其中，光皎如镜。”另，“山川志·连家湖”载：在县东五里，上接白泥湖，下通清江口。

[嘉祐晓钟]

貞女坊五　爲張大傑聘妻聶氏　范振聘妻鄭氏
姚琢章聘妻沈氏　劉善問聘妻丁氏　方大柱
聘妻沈氏立

寺觀

資福寺在南門外正街之左
嘉祐寺在縣西南一里宋嘉祐五年僧大宛建明洪
武十五年僧聰溪重修
紫雲寺在黃皋山明洪武九年僧普靖建
南亭寺在南亭山
應科寺在應科山明成化二年僧法登建
龍安寺一在象胥港五代唐同光元年建一在沅潭

臨湘縣志　卷三　建置志 寺觀　五

廣福寺在路口鋪
松峯寺在晏竹里明正德六年創建咸豐七年重修
寺有九井一名九井寺
盧漊寺在盧漊山寺前有井三如品字
興國寺在柘橋團宋時建
萬安寺在五峯尖下
龍潭寺在忠防團明景泰元年僧振富建
萬峯寺在萬峯山
中峯寺在洋樓司明河間通判沈鳴霆建
大福寺在花園衙唐初建
合盤寺在合盤山明柳御史尚義有詩

清同治《临湘县志》载“嘉祐寺”：“在县西南一里，宋嘉祐五年，僧大宛建。明洪武十五年，僧聪溪重建。”明弘治《岳州府志》“景致志·嘉祐晓钟”载：有鱼梁山下，寺有钟，其声清晓速闻。

[杨陵晚渡]

清同治《临湘县志》“舆图·县城上江干水图”载“杨林山”。杨林山一名杨陵山，古名杨林矶、隐矶。清同治《临湘县志》“山水”载“临湘矶”：“北对隐矶，今湖北监利之杨林矶，称隐矶。”明弘治《岳州府志》“景致志·杨陵晚渡”载：杨陵与临湘二矶相对，往来人咸于此渡，至晚尤多。

[儒矶渔唱]

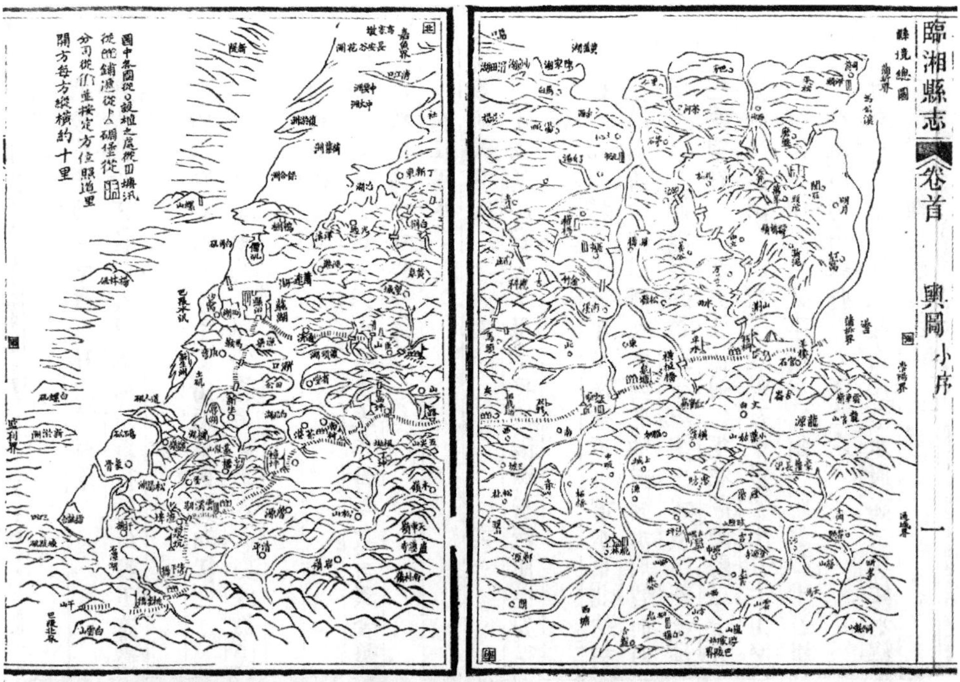

清同治《临湘县志》“县境总图”载“儒矶”。儒矶“背湖面江，势甚峭崒”，古代称为渔矶，因矶下江湾多有渔船，后雅称儒矶。明弘治《岳州府志》“景致志·儒矶渔唱”载：即前儒矶山也。江水萦回，多聚鱼，网罟者歌声互答，可听。

[西湖莲芳]

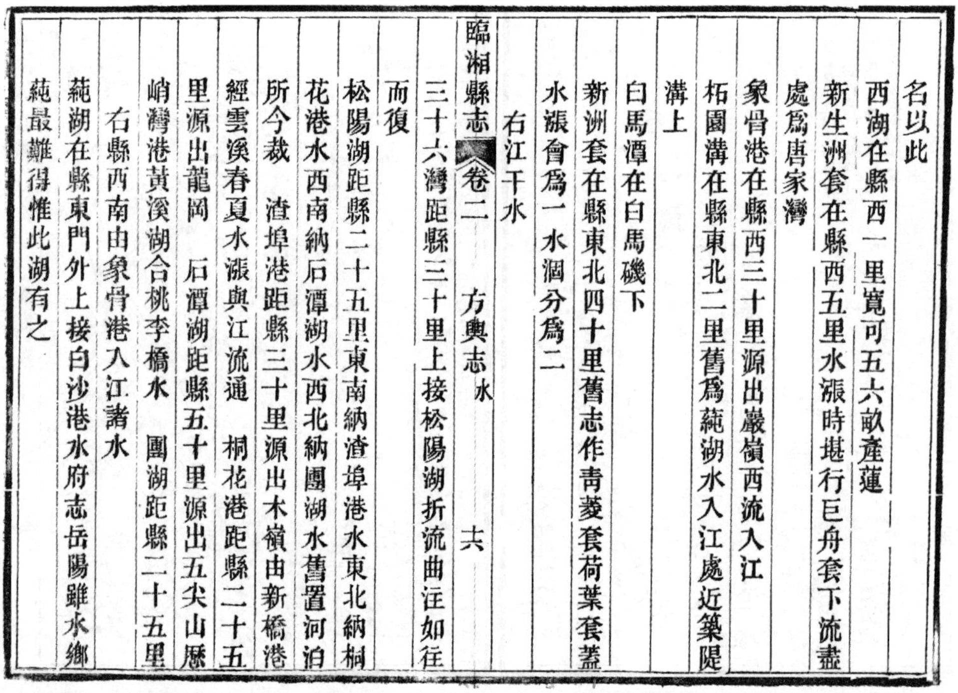

名以此
西湖在縣西一里寬可五六畝產蓮
新生洲套在縣西五里水漲時堪行巨舟套下流盡
處爲唐家灣
象骨港在縣西三十里源出巖嶺西流入江
柘園溝在縣東北二里舊爲蒓湖水入江處近築隄
溝上
白馬潭在白馬磯下
新洲套在縣東北四十里舊志作青菱套荷葉套蓋
水漲會爲一水涸分爲二
右江干水

臨湘縣志 卷二 方輿志 水 十六

三十六灣距縣三十里上接松陽湖折流曲注如往
而復
松陽湖距縣二十五里東南納渣埠港水東北納桐
花港水西南納后潭湖水西北納團湖水舊置河泊
所今裁　渣埠港距縣三十里源出木嶺由新橋港
經雲溪春夏水漲與江流通　桐花港距縣二十五
里源出龍岡　后潭湖距縣五十里源出五尖山歷
峭灣港黃溪湖合桃李橋水　團湖距縣二十五里
右縣西南由象骨港入江諸水
蒓湖在縣東門外上接白沙港水府志岳陽雖水鄉
蒓最難得惟此湖有之

清同治《临湘县志》载“西湖”：“在县西一里，宽可五六亩，产莲。”明弘治《岳州府志》“景致志·西湖莲芳”载：旧有莲芳满湖，亭亭可爱，至今犹似有清香然。

[教广春水]

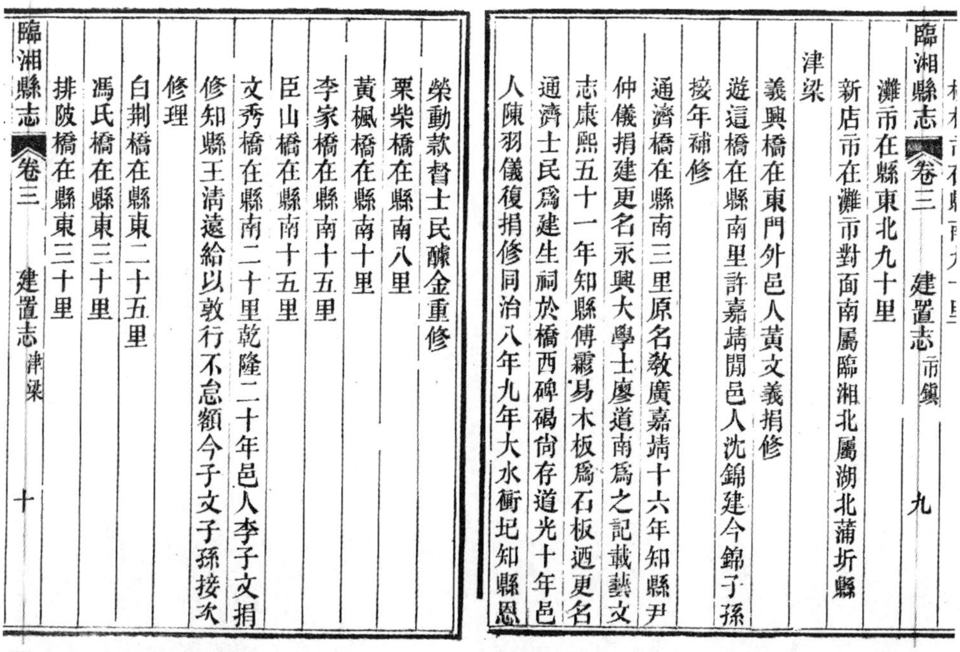
臨湘縣志 卷三 建置志 市鎮 九
灘市在縣東北九十里
新店市在灘市對面南屬臨湘北屬湖北蒲圻縣
津梁
義興橋在東門外邑人黃文義捐修
遊這橋在縣南里許嘉靖間邑人冼錦建今錦子孫
接年補修
通濟橋在縣南三里原名教廣嘉靖十六年知縣尹
仲儀捐建更名永興大學士廖道南爲之記載藝文
志康熙五十一年知縣傅霦易木板爲石板迺更名
通濟士民爲建生祠於橋西碑碣尚存道光十年邑
人陳羽儀復捐修同治八年九年大水衝圮知縣恩
榮勳款督士民醵金重修
栗柴橋在縣南八里
黃楓橋在縣南十里
李家橋在縣南十五里
臣山橋在縣南十五里
文秀橋在縣南二十里乾隆二十年邑人李子文捐
修知縣王清遠給以敦行不怠額今子文子孫接次
修理
白荆橋在縣東二十五里
馮氏橋在縣東三十里
排陂橋在縣東三十里
臨湘縣志 卷三 建置志 津梁 十

清同治《临湘县志》载“教广桥”：“通济桥在县南三里，原名教广。嘉靖十六年知县尹仲义捐建，更名永兴。大学士廖道南为之记，载艺文志。康熙五十一年，知县傅霦易木板为石板，乃更名通济。”明弘治《岳州府志》“景致志·教广春水”载：方春水起，层澜叠波，滔滔不息。

[武陵八景]

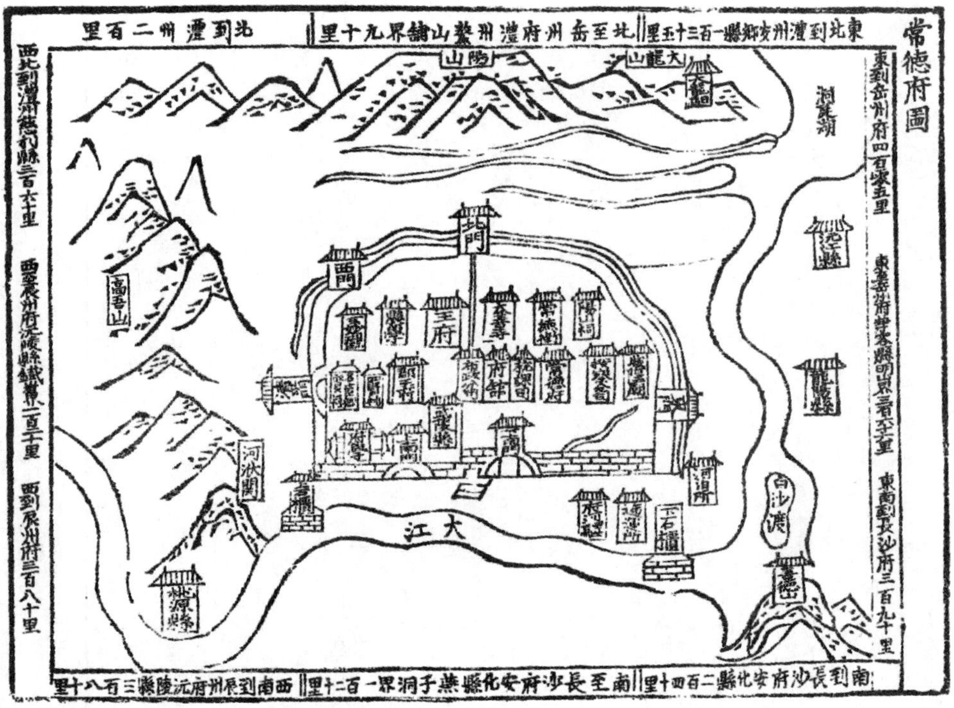

明嘉靖《常德府志》载“常德府图”

常德，古称“武陵”，别名“柳城”。秦昭襄王三十年（前277），蜀守张若“伐取巫郡及江南”，在今武陵区城东建筑城池，设黔中郡。秦代，常德属黔中郡，郡衙设临沅县。西汉高祖时取“止戈为武，高平为陵”之意，改黔中郡为武陵郡，隶属荆州刺史部。东汉光武帝恢复武陵郡，建武二十六年（50）郡治从义陵（今溆浦县）又迁往临沅县。顺帝阳嘉三年（134），荆州刺史部移治于索县（现鼎城区韩公渡镇城址村）。三国时，常德市归吴国管辖，仍名武陵郡，隶属荆州。西晋，常德市分属武陵、天门、南平三郡。唐代，武陵、澧州隶属江南西道。北宋，改朗州为鼎州，改澧州为澧阳军州，均隶属荆湖北路。常德之名始于北宋。南宋，乾道元年（1165），鼎州升为常德府。元代，常德府、澧阳军州分别改为常德路、澧阳路，隶属湖广行中书省江南北道。明朝初期，恢复常德府，澧阳路改为澧阳府，皆隶属湖广布政司分守上荆南道。洪武九年（1376），将澧阳府降为澧州。清雍正七年（1729），升澧州为直隶州。清代，常德府、直隶澧州同隶属于岳常澧道。至清末，常德府辖武陵、桃源、龙阳、沅江四县；直隶澧州辖石门、慈利、安乡、安福（今临澧县）、永定五县。

明嘉靖《常德府志》载“武陵八景”：善卷古坛、伏波遗庙、沅阳书院、秀水斗门、桃洞春风、橘洲晚霁、莱公甘泉、崔婆仙井。又：武陵春色、灵泉瀑布、丹砂寿井、玉带萦河、孤峰暮雨、枉渚朝烟、白沙晴月、金霞返照。

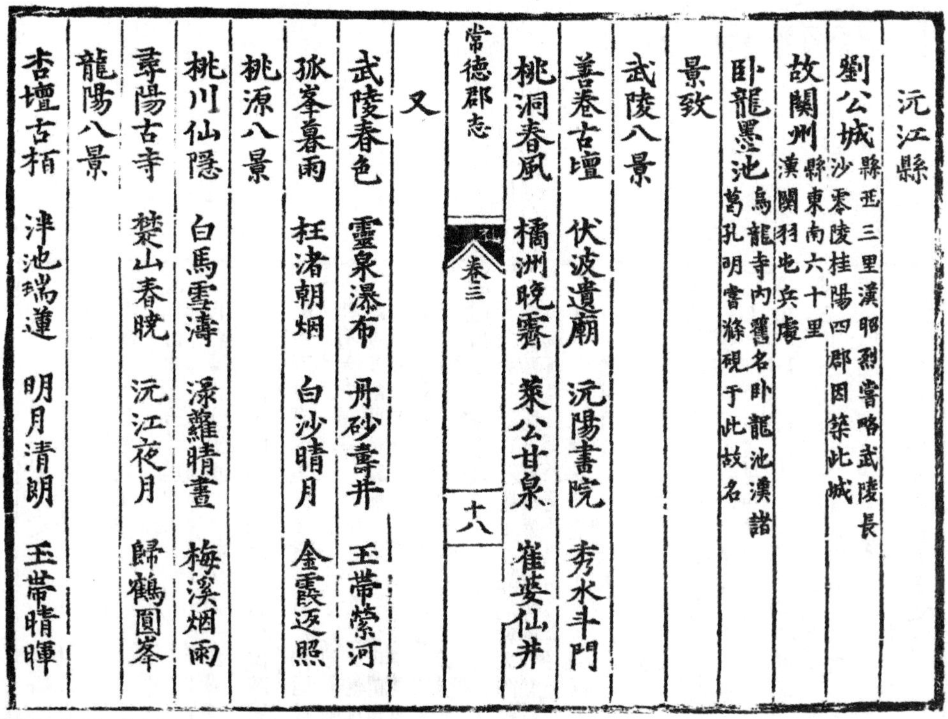

沅江縣
劉公城 縣西三里漢昭烈嘗略武陵長沙零陵桂陽四郡因築此城
故關州 縣東南六十里漢關羽屯兵處
卧龍墨池 烏龍寺內舊名卧龍池漢諸葛孔明嘗滌硯于此故名
景致
武陵八景
善巻古壇 伏波遺廟 沅陽書院 秀水斗門
桃洞春風 橘洲晚霽 萊公甘泉 崔婆仙井
常德郡志 卷三 十八
又
武陵春色 靈泉瀑布 丹砂壽井 玉帶縈河
孤峯暮雨 枉渚朝烟 白沙晴月 金霞返照
桃源八景
桃川仙隱 白馬雪濤 淥蘿晴晝 梅溪烟雨
尋陽古寺 楚山春曉 沅江夜月 歸鶴圓峯
龍陽八景
杏壇古栢 泮池瑞蓮 明月清朗 玉帶晴暉

图 明嘉靖《常德府志》载“武陵八景”

明代应履平《武陵八景》

善卷古坛

高蹈先生乐遁栖，荒台空倚武陵溪。孤峰几见留残照，断石还能觅旧题。千载清风江浩渺，一川明月草萋迷。于今复见雍熙治，谩许相从策杖藜。

伏波遗庙

将军肝胆贯忠良，矍铄攀鞍示壮强。亲在椒房功不灭，谤遭薏苡事何妨。锦袍到处崇神像，铜柱摩空耀目光。交趾一书垂鉴戒，令人景仰未能忘。

沅阳书院

讲堂旧向鼎江开，绕屋长松万个栽。空望青云攀逸驾，枉教皂盖访高台。落花流水为谁好，载酒扁舟何事来。歌罢沧浪成独笑，闲攀白芷踏苍苔。

秀水斗门

石壁中开引素波，灵源凿透演滂沱。清光动荡金茎露，胜迹流传玉带河。贝阙春雷翻锦鲤，珠宫夜月扣章鮀。雨晴更爱清奇处，一片云帘卷幔罗。

桃洞春风

武陵溪口蔼芳华，飘出东君几度花。点碧随波流澍雨，落花满地扫晴霞。渔舟吹入人惊问，鸡黍招邀事可夸。堪笑当年贤太守，何劳五马访仙家。

橘洲晚霁

木奴家圃等侯封，千树金黄锦作丛。霜饱叶含苏井水，雨酣香吐洞庭风。林栖魄磊秋云碧，华透玲珑夕照红。如此生涯成自美，却惭铜臭置田翁。

莱公甘泉

道旁石几经行，山水相看似有盟。济渴何缘逢寇老，沃惭又复饮丁生。人情去古殊多变，月影当空只自明。我亦停骖呼一酌，仰天已见透心清。

崔婆仙井

老妪香蒭古瓦盆，当时胜入杏花村。云边跨鹤人何在，水底鸣蛙石尚存。丹灶风残吹短鲠，辘轳月落照空樽。题诗欲问张虚白，说着青鞋恐断魂。

[善卷古坛]

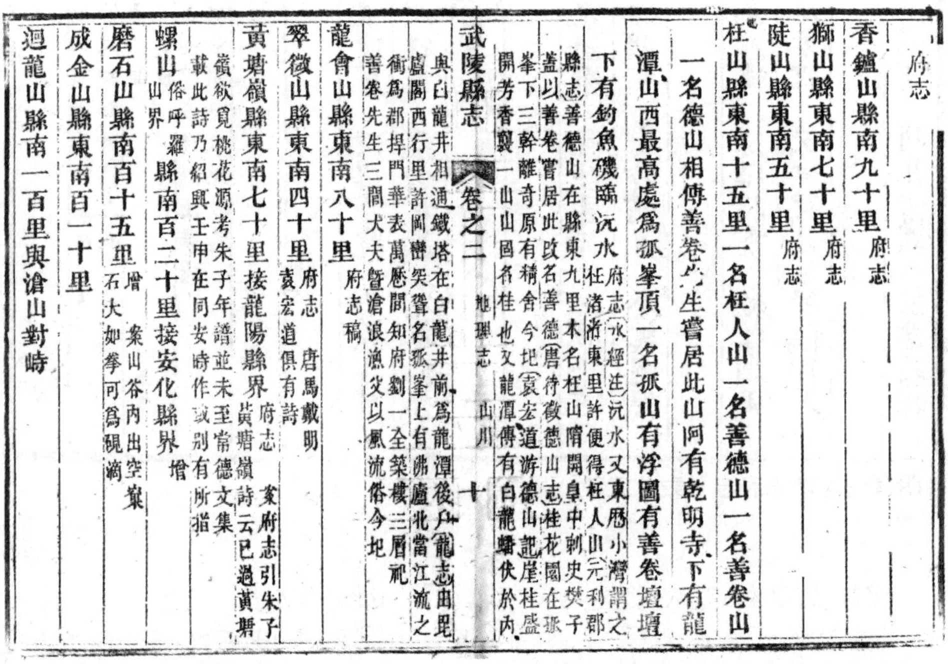
府志
香鑪山縣南九十里府志
獅山縣東南七十里府志
陡山縣東南五十里府志
枉山縣東南十五里一名枉人山一名善德山一名善卷山一名德山相傳善卷先生嘗居此山阿有乾明寺下有龍潭山西最高處爲孤峯頂一名孤山有浮圖有善卷壇壇下有釣魚磯臨沅水府志水經注沅水又東歷小灣謂之枉渚渚東里許便得枉人山元利郡縣志善德山在縣東九里本名枉山隋開皇中刺史樊子蓋以善卷嘗居此改名善德唐符徽德山志桂花園在孤峯下三幹離奇原有精舍今圮袁宏道游德山記崖桂盛開芳香襲一山山因名桂也又龍潭傳有白龍蟠伏於內與白龍井相通鐵塔在白龍井前爲龍潭後龍志由毘盧閣西行里許闔巒突聳名孤峯上有佛廬北當江流之衝爲郡捍門華表萬歷間知府劉一全築樓三層祀善卷先生三閭大夫暨滄浪漁父以風流俗今圮
武陵縣志 卷之二 地理志 山川 十
龍會山縣東南八十里府志稿
翠微山縣東南四十里府志 唐馬戴明袁宏道俱有詩
黃塘嶺縣東南七十里接龍陽縣界府志 案府志引朱子黃塘嶺詩云已過黃塘嶺欲覓桃花源考朱子年譜並未至常德文集載此詩乃紹興壬申在同安時作或別有所指
螺山俗呼羅山界縣南百二十里接安化縣界增
磨石山縣南百十五里增 案山谷內出空窠石大如拳可爲硯滴
成金山縣東南百一十里
迴龍山縣南一百里與滄山對峙

清同治《武陵县志》载“善德山”：一名德山，相传善卷先生尝居此。山阿有乾明寺，下有龙潭。山西最高处为孤峰顶，一名孤山，有浮屠，有善卷坛，坛下有钓鱼矶，临沅水。

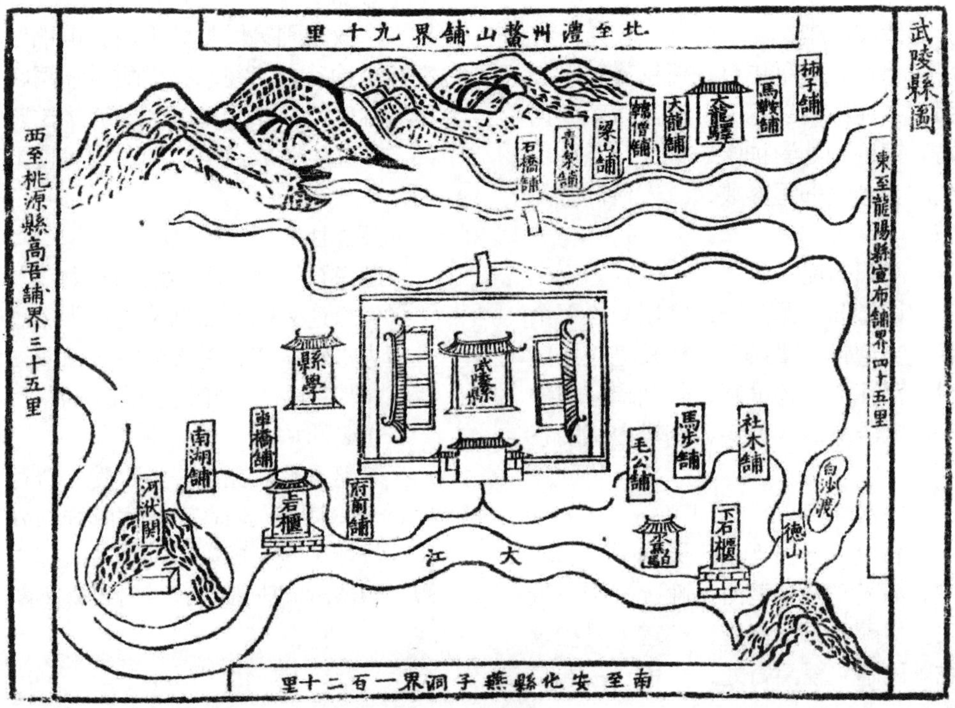

明嘉靖《常德府志》“武陵县图”载“德山”

［伏波遗庙］

善德山上有善卷古壇并讀書臺

二妃廟

府治西妃即屈原九歌中湘君湘夫人今廢

屈平祠

府東二里祠久廢址尚存今改祀於三賢祠

伏波廟

府城南江滸伏波將軍馬援征五溪蠻有功因祀之俗稱馬王廟久廢址存今改祀三賢祠

常德府志　卷十　七

陽山廟

舊志漢時郡人建以祀陽山之神以征南將軍梁松配享本在府城東北三十里陽山之巔後因展祭不便又建行祠於府治東北隅每年十月致祭上稱祀松而不及陽山失祀典之本意矣剡考史傳松亦無功德於茲土且爲讒說以傾正人不應祭法明矣府儒學訓導王儼作辯議二通具呈本府但行之已久尚俟當道君子正之

明嘉靖《常德府志》“卷十”载“伏波庙”：府城南江浒，伏波将军马援征五溪蛮有功，因祀之，俗称马王庙、久废。今改祀三贤祠。

[沅阳书院]

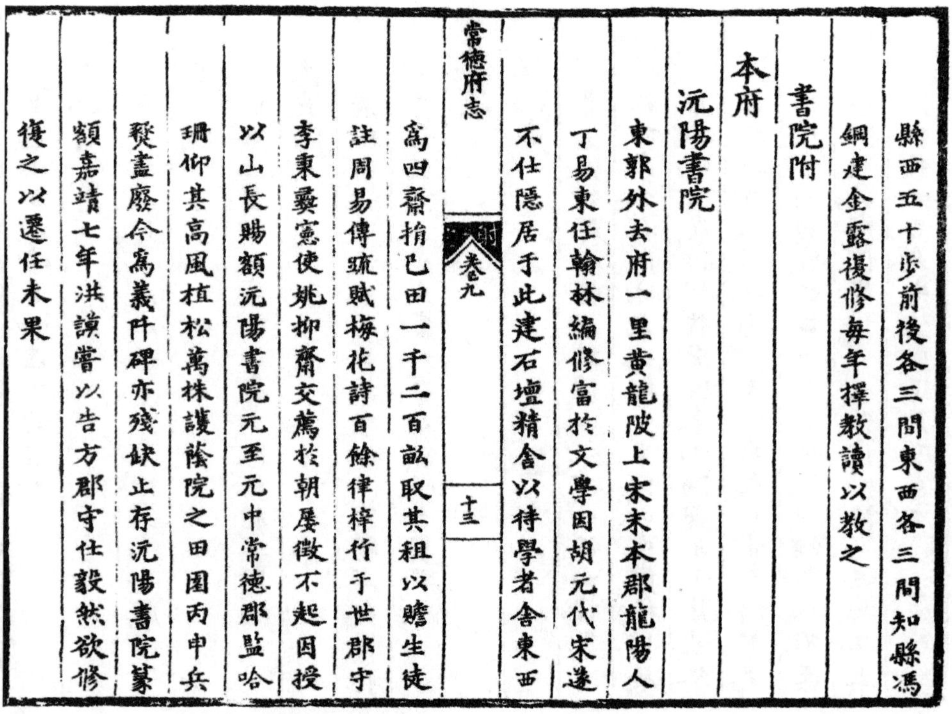

縣西五十步前後各三間東西各三間知縣馮
綱建金露復修每年擇教讀以教之
書院附
本府
沅陽書院
東郭外去府一里黃龍陂上宋末本郡龍陽人
丁易東任翰林編修富於文學因胡元代宋遂
不仕隱居于此建石壇精舍以待學者舍東西
常德府志　卷九　十三
爲四齋捐己田一千二百畝取其租以贍生徒
註周易傳疏賦梅花詩百餘律梓行于世郡守
李秉彝憲使姚掬齋交薦於朝屢徵不起因授
以山長賜額沅陽書院元至元中常德郡監哈
珊仰其高風植松萬株護蔭院之田園丙申兵
燹盡廢今爲義阡碑亦殘缺止存沅陽書院篆
額嘉靖七年洪謨嘗以告方郡守仕毅然欲修
復之以遷任未果

明嘉靖《常德府志》载“沅阳书院”

清同治《武陵县志》“学校志·书院”载“沅阳书院”：在县城外一里黄龙陂，宋丁易东隐居于此，建石坛精舍。舍东西为四斋，捐己田一千二百亩以赡生徒。元郡守李秉彝，宪使姚燧交荐于朝不起，因授以山长，赐额沅阳书院。至元中，郡监哈珊仰其高风，植松万株护荫书院。丙申，兵燹废为义阡，碑亦残缺，止存沅阳书院篆额。嘉靖七年，邑人陈洪谟以告郡守方仕，欲修复之，寻擢迁，未果。

[秀水斗门]

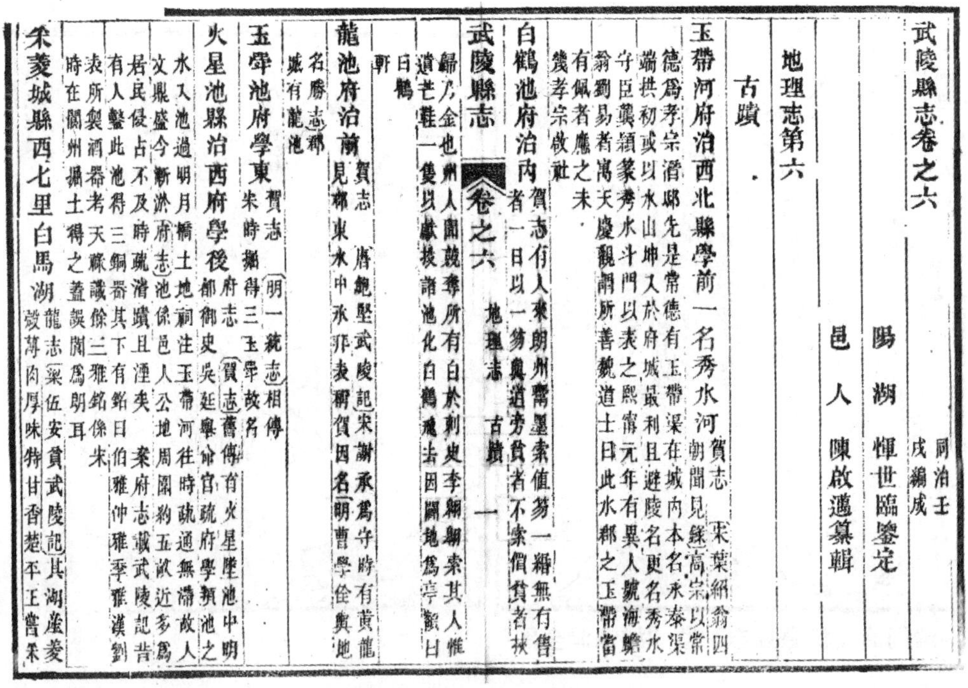

武陵縣志卷之六

同治壬戌編成

楊湖惲世臨鑒定

邑人陳啟邁纂輯

地理志第六

古蹟

玉帶河府治西北縣學前一名秀水河 賀志 宋葉紹翁四朝聞見錄高宗以常德爲孝宗潛邸先是常德有玉帶渠在城內本名永泰渠端拱初或以水山坤入於府城最利且避陵名更名秀水守臣龔穎篆秀水斗門以表之熙甯元年有異人號海蟾翁劉易者寓天慶觀謂所善魏道士曰此水郡之玉帶當有佩者應之未幾孝宗啟祉

白鶴池府治內 賀志 有人來朗州鬻墨索值𠂤一緡無有售者一日以一𠂤與道旁貧者不索價貧者挾歸乃金也州人聞競奔所有白於刺史李翺翺索其人惟遺芒鞋一隻以獻援諸池化白鶴飛去因闢地爲亭顏曰白鶴軒

龍池府治前 賀志 唐鮑堅武陵記宋謝承爲守時有黃龍見郡東水中承拜表稱賀因名 明曹學佺輿地名勝志郡城有龍池

玉斝池府學東 賀志 宋時掘得三玉斝故名 明一統志相傳

火星池縣治西府學後 府志 明都御史吳廷舉命官疏府學鑿池之 賀志 舊傳有火星墜池中明水入池過明月橋土地祠注玉帶河往時疏通無滯故人文鼎盛今漸淤 府志 池係邑人公地周圍約五畝近多爲居民侵占不及時疏濬壙且湮矣 案府志載武陵記昔有人鑿此池得三銅器其下有銘曰伯雅仲雅季雅漢劉表所製酒器考天祿識餘三雅銘係宋時在關州掘土得之蓋誤闕爲朗耳

采菱城縣西七里白馬湖 龍志 梁伍安貧武陵記其湖產菱殼薄肉厚味特甘香楚平王嘗采

清同治《武陵县志》“古迹”载“玉带河”

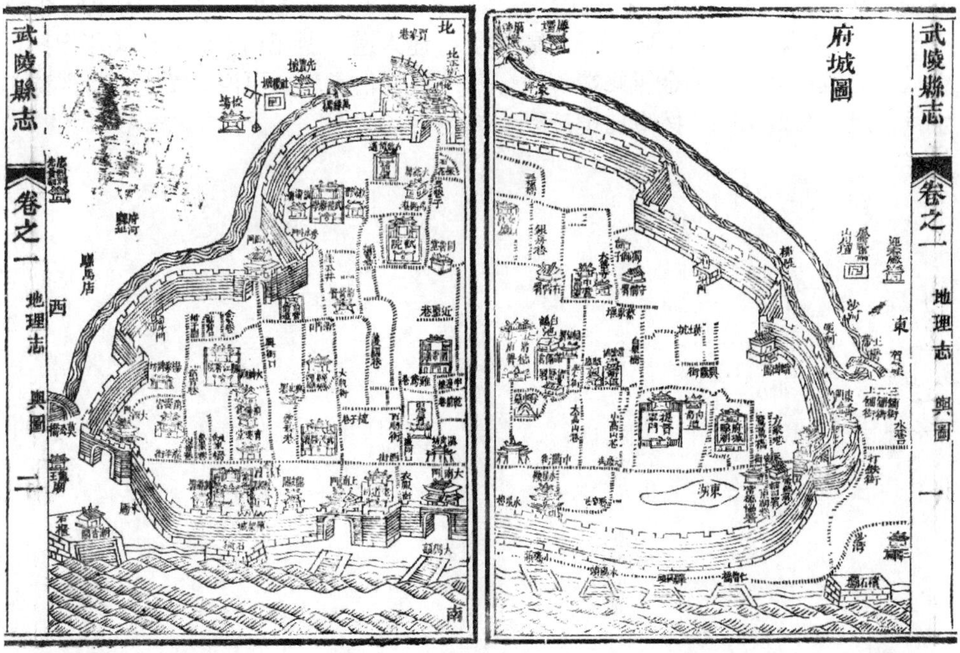

清同治《武陵县志》“府城图”载“秀水斗门”。清嘉庆《常德府志》载“玉带河”：“府治西北一里。旧《志》：水自府学西北火星池流至县学右出城外。宋端平间，太守龚颖篆额‘秀水斗门’四字。海蟾翁曰：此武陵一条玉带，他年必应。后待诏张颉为张惇平辰蛮划策，充东南发运使，升以玉带，果验其言。”

[桃洞春风]

清同治《桃源县志》载“桃源洞全图”

清光绪《桃源县志》“卷之一·疆域志·山”载“桃源洞”：在邑南三十里，碑镌“秦人古洞”。光绪十八年，邑令余良栋捐金重修靖节先生祠，缘山布置亭阁，按陶诗记额以佳名。

明代陈洪谟《桃洞春风》

武陵号名郡，大半以桃源。仙迹逢人道，山花阅岁繁。田桑年自熟，礼让俗长敦。更说崇黄老，余风犹尔存。

[橘洲晚霁]

囧 清嘉庆《常德府志》载“橘洲图”

清光绪《重修龙阳县志》载“氾洲”：县西，一名橘洲，一名九洲。李衡，汉末为丹阳太守，遣客十人往武陵龙阳氾洲上作宅，种橘千株。吴末，衡甘橘成，岁得绢千匹，家道富足。晋咸康中，其宅上枯蘖犹在。

明代陈洪谟《橘洲晚霁》

嘉树何年植，秋风万顷黄。寒沙频弄影，落日远浮光。锡贡珍堪拟，侯封富莫强。孔明亦遗后，负郭只田桑。

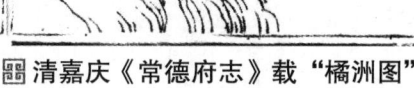

[莱公甘泉]

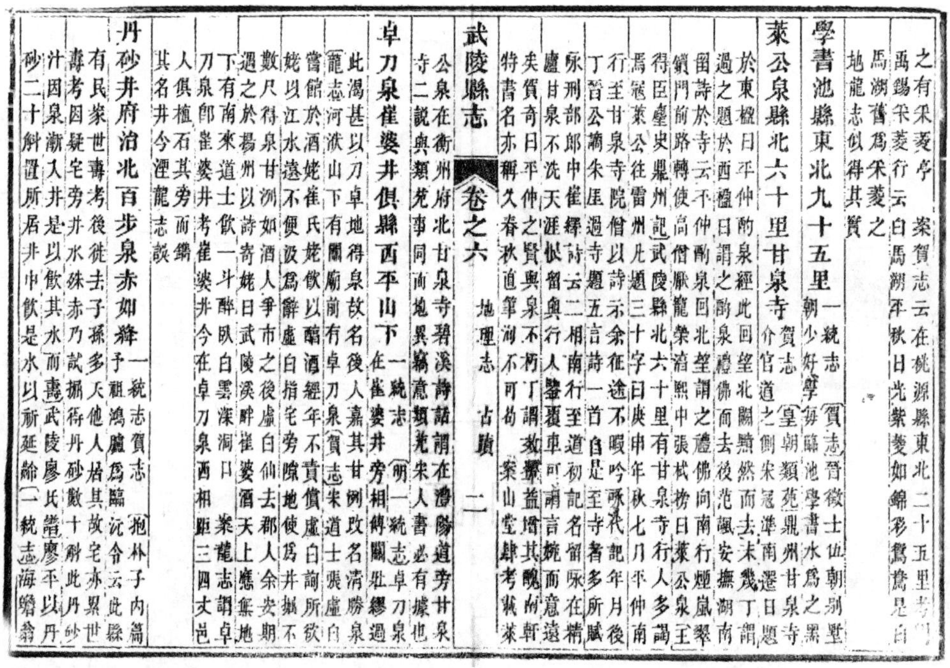

之有采菱亭　案賀志云在桃源縣東北二十五里考劉
禹錫采菱行云白馬湖平秋日光紫菱如錦彩鴛鴦是白
馬湖舊爲采菱之
地龍志似得其實
學書池縣東北九十五里　一統志賀志晉徵士伍朝別墅朝少好學每臨池學書水爲之黑
萊公泉縣北六十里甘泉寺　賀志皇朝類苑鼎州甘泉寺介官道之側宋寇準南遷日題
於東楹曰平仲酌泉經此回望北闕黯然而去未幾丁謂
過之題於西楹曰謂之酌泉禮佛而去後范諷安撫湖南
留詩於寺云平仲酌泉回北望謂之禮佛向南行煙嵐翠
鎖門前路轉使高僧厭寵榮湉熙中張栻榜曰萊公泉王
得臣塵史鼎州記武陵縣北六十里有甘泉寺行人多謁
焉寇萊公往雷州凡題三十字曰庚申年秋七月平仲南
行至甘泉寺院僧以詩示余在途不暇吟詠來記年月後
丁晉公謫朱厓過寺題五言詩一首自是至寺者多所賦
咏刑部郎中崔鐸詩云二相南行至道初記名留咏在精
廬甘泉不洗天涯恨留與行人鑒覆車可謂言婉而意遠
矣賀奇曰平仲之賢與泉不朽丁謂效顰蓋增其醜耳斬
特書名亦稱久春秋道筆削不可苟　案山堂肆考載萊

武陵縣志　卷之六　地理志　古蹟　二

公泉在衡州府北甘泉寺碧溪詩話謂在澧陽道旁甘泉
寺二說與類苑事同而地異竊意類苑宋人書必有據也
卓刀泉崔婆井俱縣西平山下　一統志（明一統志）卓刀泉在崔婆井旁相傳關壯繆過
此渴甚以刀卓地得泉故名後人嘉其甘冽改名清勝泉
（龍志）河洑山下有關廟前有卓刀泉（賀志）宋道士張虛白
嘗館於酒姥崔氏姥飲以醇酒經年不責償虛白詢所欲
姥以江水遠不便汲爲辭虛白指宅旁隙地使爲井掘不
數尺得泉甘冽如酒人爭市之後虛白仙去郡人余安期
過之於揚州以詩寄姥曰武陵溪畔崔婆酒天上應無地
下有南來道士飲一斗醉臥白雲深洞口　案龍志謂卓
刀泉即崔婆井考崔婆井今在卓刀泉西相距三四丈邑
人俱植石其旁而鐫
其名井今湮龍志誤
丹砂井府治北百步泉赤如絳　一統志賀志（抱朴子內篇）予祖鴻臚爲臨沅令云此縣
有民家世壽考後徙去子孫多夭他人居其故宅亦累世
壽考因疑宅旁井水殊赤乃試掘得丹砂數十斛此丹砂
汁因泉漸入井是以飲其水而壽武陵廖氏譜廖平以丹
砂二十斛置所居井中飲是水以祈延齡（一統志）海蟾翁

清同治《武陵县志》“卷三·古迹”载“莱公泉”

明嘉靖《常德府志》“古迹”载“莱公泉”：府北六十里甘泉寺。宋寇莱公南迁日过武陵甘泉寺，尝汲井饮泉，题诸东楹云，“平仲酌泉经此”，回望北阙，黯然而去。后数年，丁谓南迁亦过此，题诸西楹云，“谓之酌泉”，礼佛而去。人皆嗤之。张南轩乃特书“莱公井”三字，令郡人匾于寺门。

明代陈洪谟《莱公甘泉》

古寺一掬水，孤臣万里心。国恩终不负，帝赫若为临。胜地神应秘，高风世所钦。匪人亦饕酌，声迹自消沉。

[崔婆仙井]

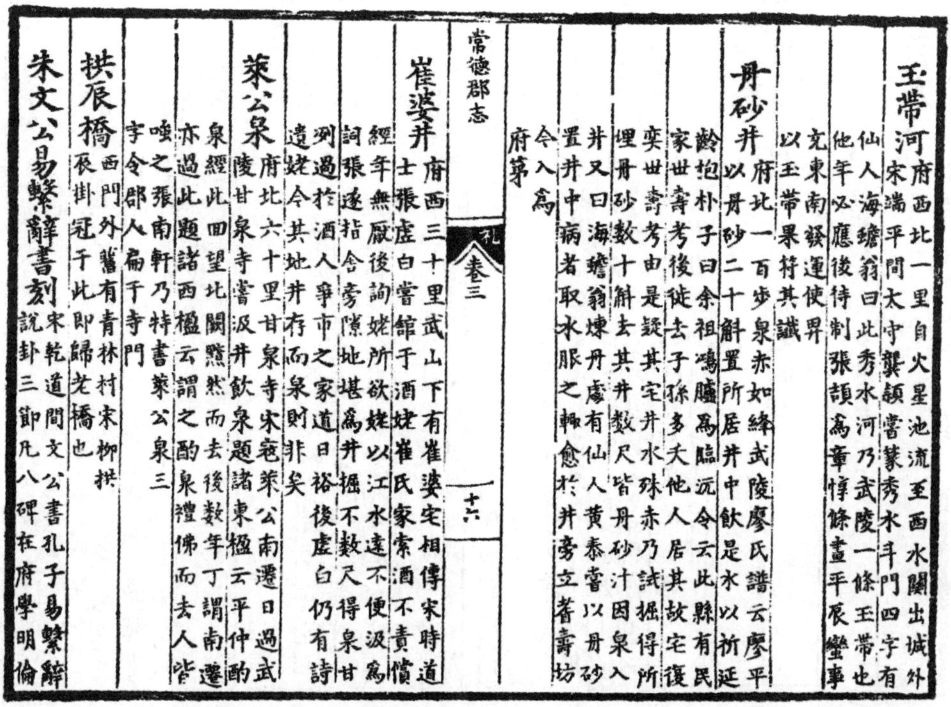

玉帶河 府西北一里自火星池流至西水關出城外宋端平間太守龔頴嘗篆秀水斗門四字有仙人海蟾翁曰此秀水河乃武陵一條玉帶也他年必應後侍制張頡爲章惇餘晝平辰蠻事充東南發運使畀以玉帶果符其讖

丹砂井 府北一百步泉赤如絳武陵廖氏譜云廖平以丹砂二十斛置所居井中飲是水以祈延齡抱朴子曰余祖鴻臚爲臨沅令云此縣有民家世壽考後徙去子孫多夭他人居其故宅復奕世壽考由是疑其宅井水殊赤乃試掘得所埋丹砂數十斛去其井數尺皆丹砂汁因泉入井又曰海蟾翁煉丹處有仙人黃泰嘗以丹砂置井中病者取水服之輒愈於井旁立耆壽坊令入爲府第

常德郡志 卷三 十六

崔婆井 府西三十里武山下有崔婆宅相傳宋時道士張虛白嘗館于酒姥崔氏家索酒不責償經年無厭後詢姥所欲姥以江水遠不便汲爲詞張遂指舍旁隙地堪爲井掘不數尺得泉甘洌過於酒人爭市之家道日裕後虛白仍有詩遺姥今其地井存而泉則非矣

萊公泉 府北六十里甘泉寺宋寇萊公南遷日過武陵甘泉寺嘗汲井飲泉題諸東楹云平仲酌泉經此回望北闕黯然而去後數年丁謂南遷亦過此題諸西楹云謂之酌泉禮佛而去人皆唉之張南軒乃特書萊公泉三字令郡人扁于寺門

拱辰橋 西門外舊有青林村宋柳拱辰掛冠于此即歸老橋也

朱文公易繫辭書刻 宋乾道間文公書孔子易繫辭說卦三節凡八碑在府學明倫

明嘉靖《常德府志》“古迹”载“崔婆井”：“府西三十里，武山下有崔婆宅，相传宋时道士张虚白尝馆于酒姥崔氏家，索酒不责偿，经年无厌。后询姥所欲，姥以江水远不便汲为词。张遂指舍旁隙地堪为井，掘不数尺得泉，甘洌过于酒，人争市之，家道日裕。后虚白仍有诗遗姥。今其地井存而泉则非矣。

【安乡八景】

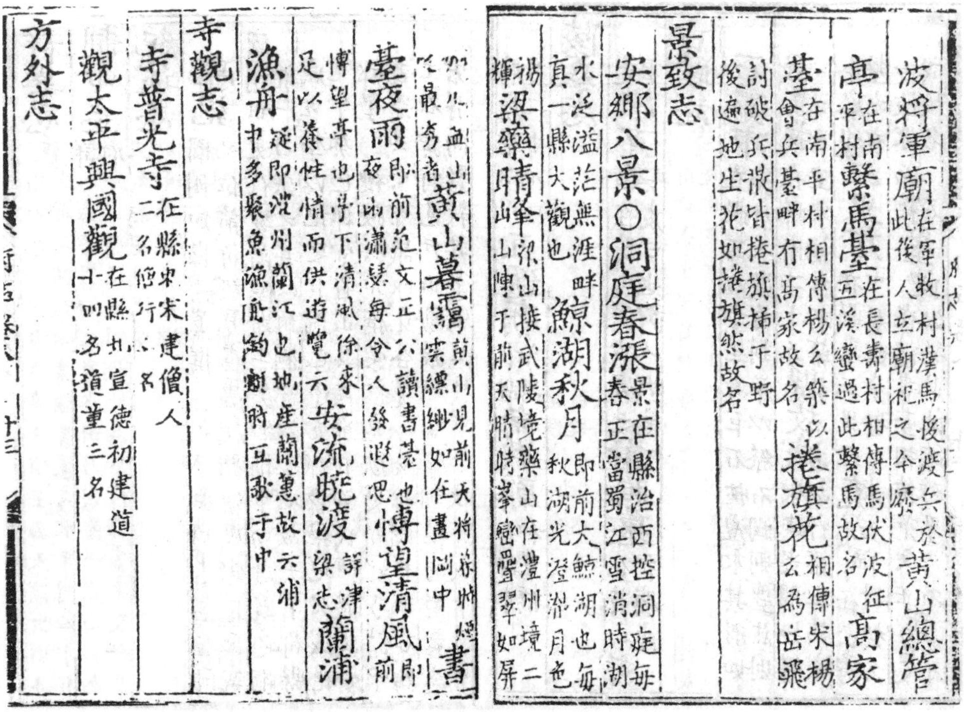
波將軍廟在軍牧村，漢馬援渡兵於此，後人立廟祀之，今廢。黃山總管亭在南平村。繫馬臺在長壽村，相傳馬伏波征五溪蠻過此繫馬，故名。高家臺在南平村，相傳楊么築以會兵，臺畔有高家，故名。捲旗花相傳宋楊么為岳飛討破，兵泯皆捲旗棄于野，後遍地生花如捲旗然，故名。

景致志

安鄉八景○洞庭春漲景在縣治西，控洞庭，每春正當蜀江雪消時，湖水泛溢，茫無涯畔，真一縣大觀也。鯨湖秋月即前大鯨湖也，每秋湖光澄澈，月色揚輝。梁藥晴峰即梁山，接武陵境；藥山在澧州境，二山陳于前，天晴時峰巒疊翠如屏。[illegible]最秀者。黃山暮靄即黃山，見前，天將昏時，烟雲縹緲，如在畫圖中。書臺夜雨即前范文正公讀書臺也，每夜雨瀟瑟，令人發遐思。博望清風即前博望亭也，亭下清風徐來，足以養性情而供遊覽。安流曉渡詳津梁志。蘭浦漁舟即澧州蘭江之地，產蘭蕙，故云浦中多聚魚，漁舟釣艇，時互歌于中。

寺觀志

普光寺在縣東，宋建，僧人二名，僧行二名。

太平興國觀在縣北，宣德初建，道十四名，道童三名。

方外志

明弘治《岳州府志》“安乡·景致志”载“安乡八景”

安乡，春秋战国时期，属楚国。秦昭襄王三十年（前 277）为秦黔中郡属地。秦始皇二十六年（前 221）置郡县，属黔中郡慈姑县地。西汉高祖五年（前 202）为武陵郡孱陵县地。元封五年（前 106），武陵郡县隶于荆州刺史部。新王莽始建国元年（9），郡改名建平，县改名孱陆，安乡为孱陆县地。东汉建武六年（30）复名武陵郡、孱陵县，安乡为孱陵县地。东汉建武十六年（40）析孱陵县置作唐县，境内始设县治。仍隶于荆州武陵郡。东汉建安十四年（209），孱陵县改名公安县。三国时期，作唐属吴国南郡。西晋太康元年（280）平吴，分南郡江南四县置南平郡，隶于荆州。始以作唐为郡治，后迁江安（由公安改名），东晋建武元年（317），复以作唐为南平郡治。东晋安帝隆安元年（397），在作唐西南境地侨立南义阳郡。南朝宋永初元年（420），作唐属南平内史，仍侨立南义阳郡。齐、梁如故。陈天嘉二年（561），析作唐西南部置安乡县，因“左挹洞庭，右接兰澧”“洞庭兰澧诸水各安其流”而名“安乡”。时为南义阳郡治，与作唐同隶于南荆州。隋开皇九年（589）平陈，废郡，改作唐为孱陵，与安乡俱隶于澧州。大业三年（607）改州为郡，孱陵、安乡俱属于澧阳郡。唐武德四年（621）平荆湘，改郡为州，孱陵、安乡隶于澧州。贞观元年（627）设道，孱陵并入安乡，属山南道澧州。开元二十一年（733）随澧州改属山南东道。天宝元年（742）改澧州为澧阳郡，乾元元年（758）复为澧州，安乡随属之。五代，梁开平二年（908）后，安乡属马氏楚国澧州。宋乾德元

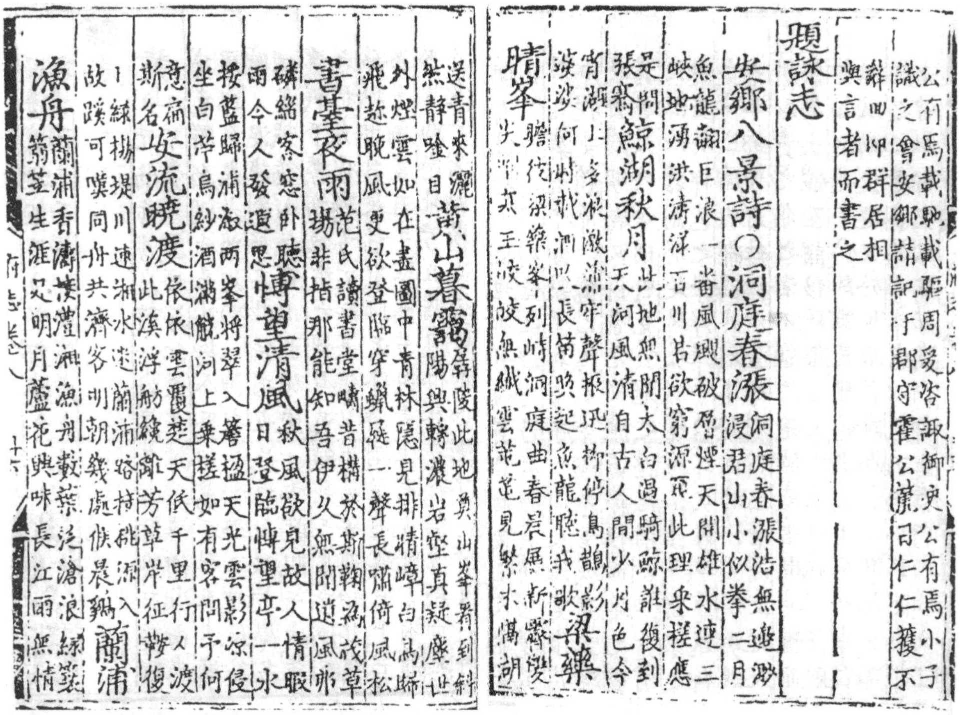

公有馬載馳載驅周爰咨諏御史公有馬小子
識之會安鄉請記于郡守霍公蒞司仁仁獲不
辭回仰群居相
與言者而書之

題詠志

安鄉八景詩○洞庭春漲
洞庭春漲浩無邊渺
浸君山小似拳二月
魚龍翻巨浪一番風颷破層煙天開雄水連三
峽地湧洪濤浴百川呑欲窮源尋此理乘槎應
是問張騫 鯨湖秋月
此地無閒太白過騎鯨誰復到
天河風清自古人間少月色今
宵瀨上多漁激漁守聲振迅柳停鳥韻影
淡淡何時載酒以長笛吹起魚龍聽我歌
晴峯
贍依梁絲客列峙洞庭曲春晨風新霽變
尖半茁王波皺無纖雲芘芘見繁木滿湖

送青來灑
然靜嗟目 黃山暮靄
郭陵此地與山峯看到斜
陽興轄濃岩巒真疑塵世
外煙雲如在畫圖中青林隱見排晴嶂白鳥歸
飛趁晚風更欲登臨穿蠟屐一聲長嘯倚風松
書臺夜雨
范氏讀書堂曠昔構於斯鞠為茂草
瑒非指那能知吾伊久無聞道風汞
磷緇客窓外聽
雨令人發遐思 博望清風
秋風欲見故人情暇
日登臨博望亭一水
按藍歸浦激雨峯將翠入簷楹天光雲影凉侵
坐白苧鳥紗酒滿觥洞上乘槎如有客問予何
意滿
斯名 安流曉渡
依依雲覆楚天低千里行人渡
此溪浮舫繞浦芳草岸征鞍復
一綠楊堤川連湘水迷蘭浦路持桃源入
故蹊可嘆同舟共濟客明朝幾處候晨雞
蘭浦漁舟
蘭浦香濤漢澧湘漁舟數葉泛滄浪綠蓑
箬笠生涯足明月蘆花興味長江雨無情

岳州府志卷之 十六

明弘治《岳州府志》“安乡·题咏志”载“安乡八景诗”

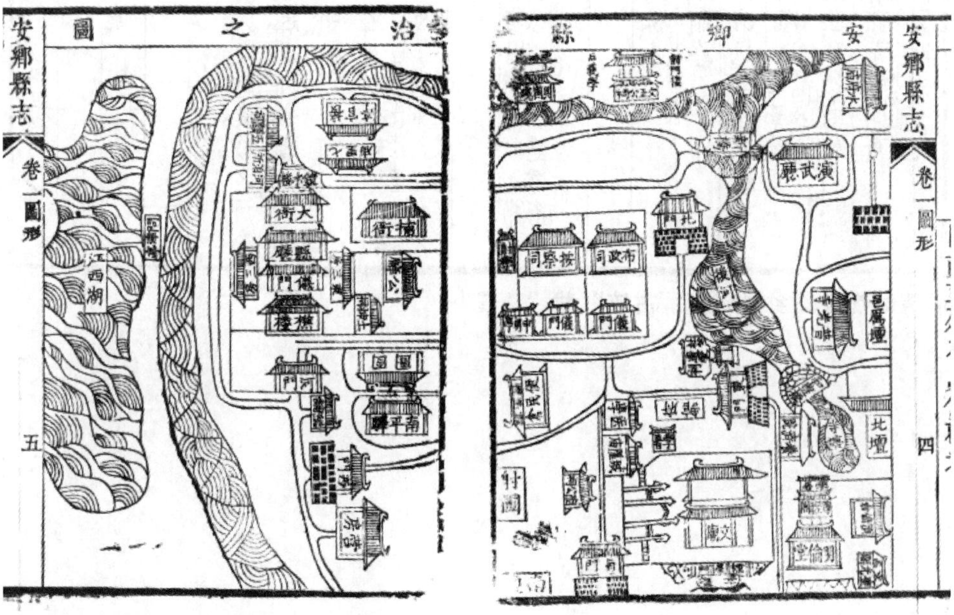

清乾隆《安乡县志》载“安乡县治之图”

年（963）平湖南，安乡属澧州澧阳郡。至道年间隶于湖北路。元丰年间改隶于荆湖北路。元至元十三年（1276）取湖南，安乡属澧州路，隶于湖广行中书省江南湖北道。朱元璋吴王元年（1364）定荆湘，安乡属湖广行省澧阳府。明洪武九年（1376），随澧州隶于湖广承宣布政使司常德府。洪武二十九年（1396）随澧州改属分守上荆南道岳州府。清顺治四年（1647）取湖南，沿用明制。康熙三年（1664）设湖南布政使司，安乡属岳常澧道澧州。雍正七年（1729）升澧州为直隶州，安乡随属之。

安乡自东晋以后，逐渐演变成水乡泽国。明万历年间始修堤垸，清至民国时期，河网密布，湖塘星罗，堤垸如鳞，弥望无际。北有长江四口（1958 年堵死调弦口，仅存松滋、太平、藕池三口）入湖洪道穿境而过，西有澧水尾闾缘境南注。

清乾隆《安乡县志》“古迹”载“八景”：洞庭春涨、鲸湖秋月、书台夜雨、梁药晴峰、黄山瑞霭、博望清风、安流晓渡、兰浦渔舟。

清代曾之亨《安乡八景》

洞庭春涨水环城，况接鲸湖秋月明。雨过书台夜未半，峰瞻梁药日初晴。山头瑞霭黄中色，亭上风来博望清。还看安流竞晓渡，渔舟兰浦发歌声。

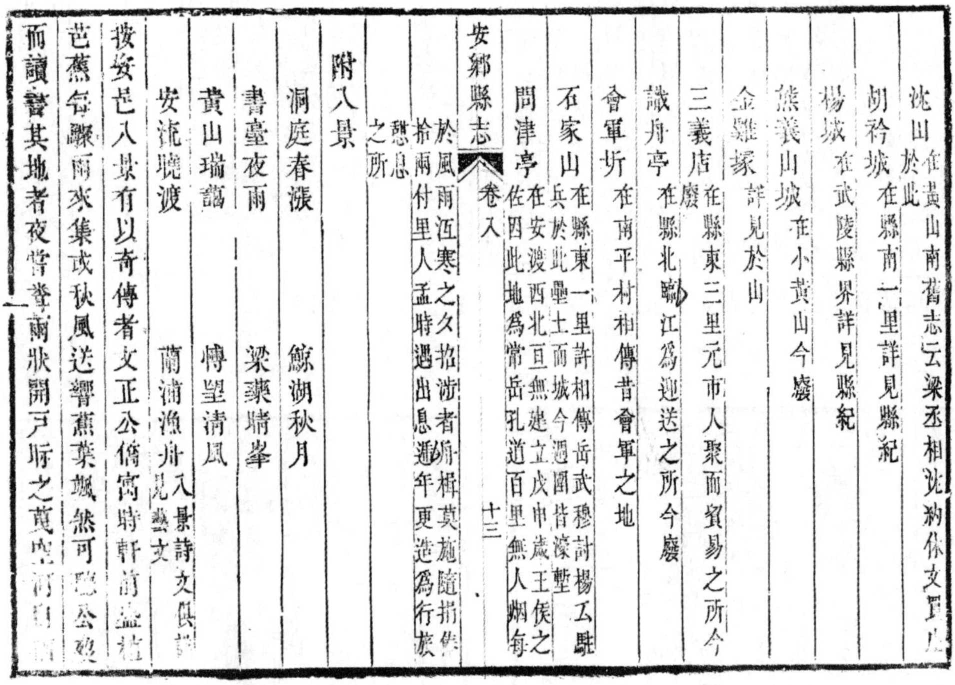

沈田在黃山南舊志云梁丞相沈約休文買[illegible]於此
胡衿城在縣南一里詳見縣紀
楊城在武陵縣界詳見縣紀
熊義山城在小黃山今廢
金雞塚詳見於山
三義店在縣東三里元市人聚而貿易之所今廢
識舟亭在縣北臨江為迎送之所今廢
會軍圻在南平村相傳昔會軍之地
石家山在縣東一里許相傳岳武穆討楊幺駐兵於此壘土而城今週圍皆濠塹
問津亭在安渡西北亘無建立戊申歲王侯之佐四此地為常岳孔道百里無人烟每

安鄉縣志 卷八 十三

於風雨沍寒之久招渉者俯楫莫施隨捐俸拾兩付里人孟時遇出息逓年更造為行旅憩息之所

附八景

洞庭春漲　鯨湖秋月
書臺夜雨　梁藥晴峯
黃山瑞靄　博望清風
安流曉渡　蘭浦漁舟 八景詩文俱詳見藝文

按安邑八景有以奇傳者文正公僑寓時軒前盆植芭蕉每驟雨來集或秋風送響蕉葉颯然可聽公竟而讀書其地者夜皆登樓開戶聽之[illegible]

清乾隆《安乡县志》“古迹”载“八景”

[鲸湖秋月]

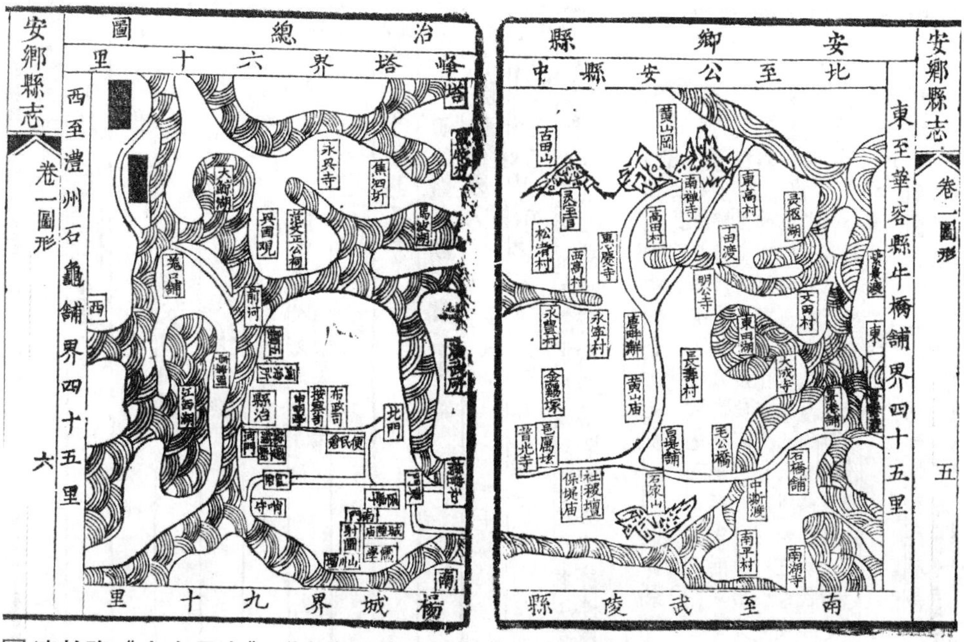

清乾隆《安乡县志》“安乡县治总图”载“大鲸湖”

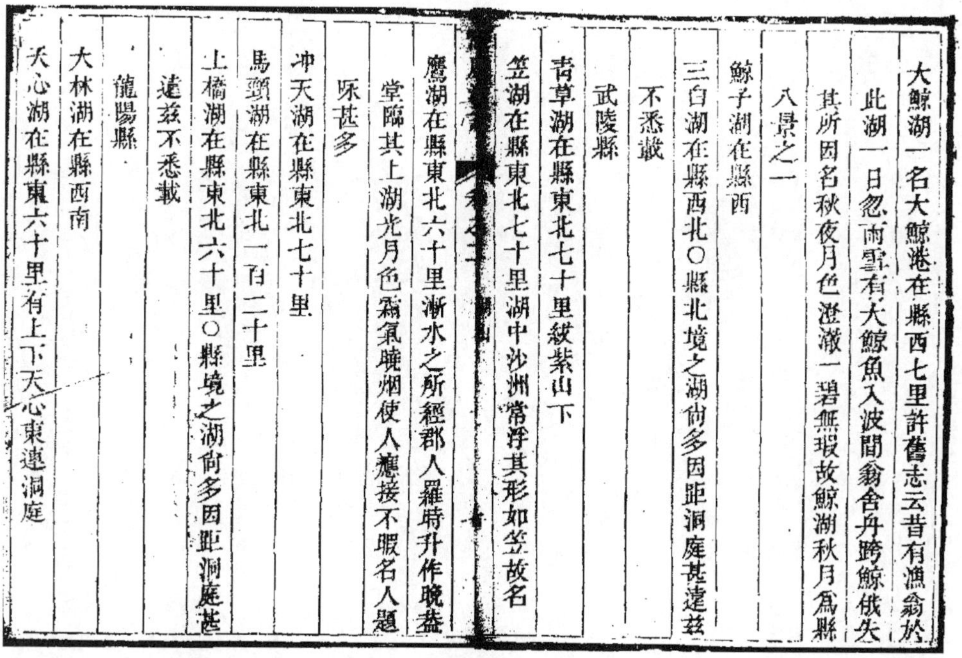

大鯨湖一名大鯨港在縣西七里許舊志云昔有漁翁於此湖一日忽雨雲有大鯨魚入波間翁舍舟跨鯨俄失其所因名秋夜月色澄澈一碧無瑕故鯨湖秋月爲縣八景之一

鯨子湖在縣西

三白湖在縣西北○縣北境之湖尙多因距洞庭甚遠茲不悉載

武陵縣

青草湖在縣東北七十里紱紫山下

笠湖在縣東北七十里湖中沙洲常浮其形如笠故名

鷹湖在縣東北六十里漸水之所經郡人羅畸升作曉蒸堂臨其上湖光月色霧氣曉烟使人應接不暇名人題咏甚多

冲天湖在縣東北七十里

馬頸湖在縣東北一百二十里

上橋湖在縣東北六十里○縣境之湖尙多因距洞庭甚遠茲不悉載

龍陽縣

大林湖在縣西南

天心湖在縣東六十里有上下天心東達洞庭

清道光《洞庭湖志》“湖山”载“大鲸湖”。明弘治《岳州府志》载“鲸湖秋月”：即前大鲸湖也，每秋湖光澄澈，月色扬辉。

[书台夜雨]

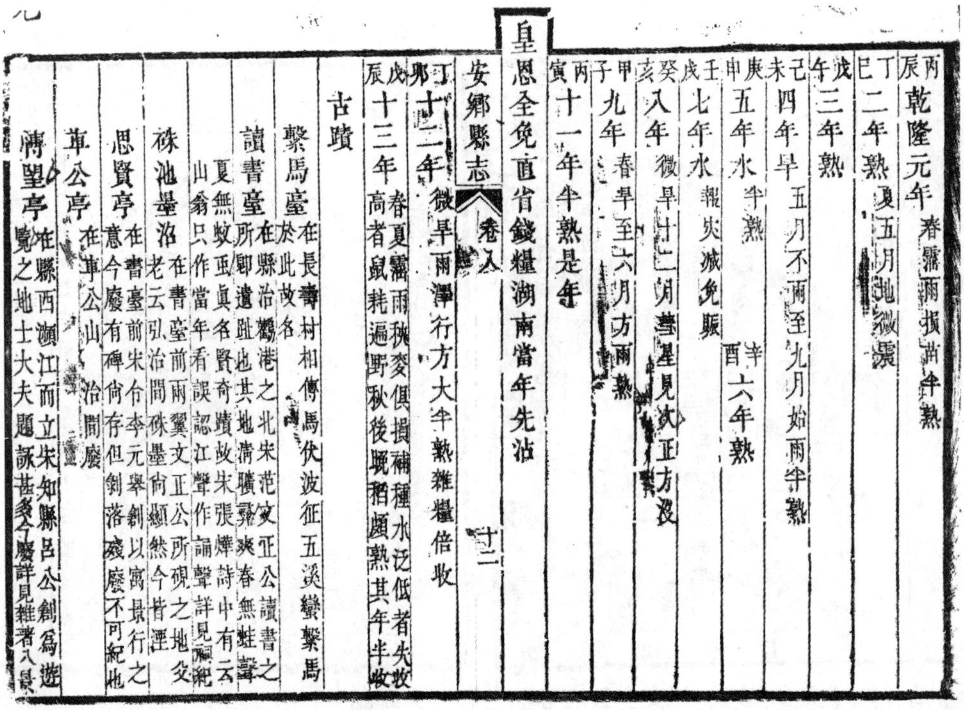

丙辰 乾隆元年春霪雨損苗半熟
丁巳 二年熟夏五月地微震
戊午 三年熟
己未 四年旱五月不雨至九月始雨半熟
庚申 五年水半熟 辛酉 六年熟
壬戌 七年水報災減免賑
癸亥 八年微旱廿三日彗星見次正方沒
甲子 九年春旱至六月方雨熟
丙寅 十一年半熟是年
皇恩全免直省錢糧湖南當年先沾

安鄉縣志 卷八 十二

丁卯 十二年微旱雨澤行方大半熟雜糧倍收
戊辰 十三年春夏霪雨秋麥俱損補種水泛低者失收高者鼠耗遍野秋後晚稻頗熟其年半收

古蹟

繫馬臺 在長壽村相傳馬伏波征五溪蠻繫馬於此故名
讀書臺 在縣治鸛港之北宋范文正公讀書之所即遺址也其地潇曠爽春無蛙聲夏無蚊虫真名賢奇蹟故宋張煒詩中有云山翁只作當年看誤認江聲作誦聲詳見詞紀
硃池墨沼 在書臺前兩翼文正公所硯之地父老云弘治間硃墨尚顯然今皆湮
思賢亭 在書臺前宋令李元舉創以寓景行之意今廢有碑尚存但剝落殘廢不可紀也
車公亭 在車公山 治間廢
溥望亭 在縣西瀕江而立宋知縣呂公創為遊覽之地士大夫題詠甚多今廢詳見雜著八景

清乾隆《安乡县志》载“读书台”。明弘治《岳州府志》载“书台夜雨”：即前范文正公读书台也。夜雨萧瑟，每令人发遐思。

[梁药晴峰]

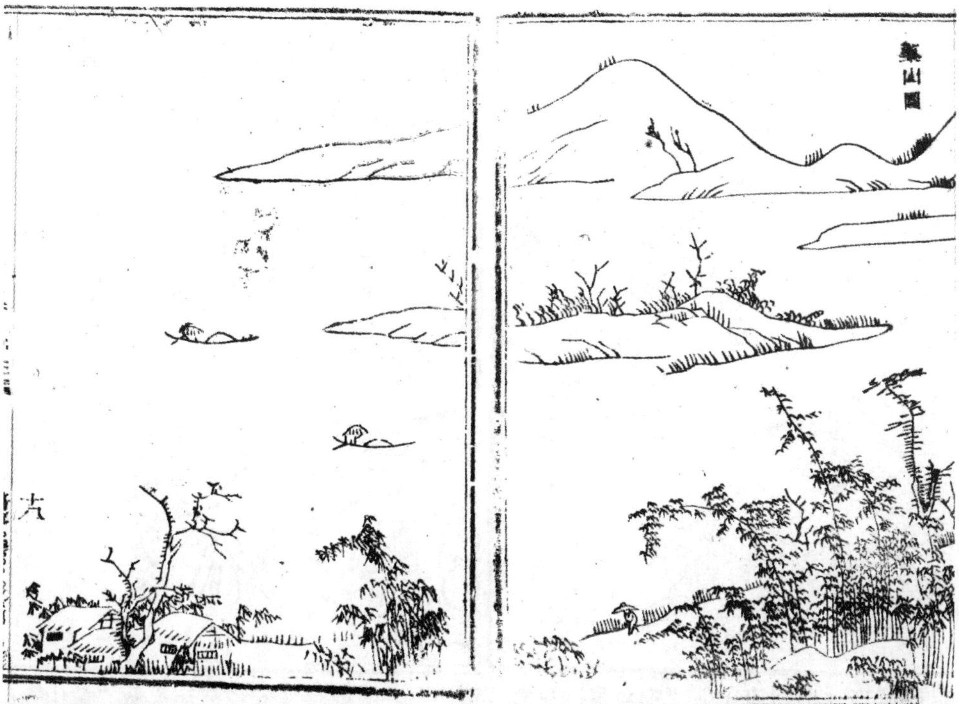

清嘉庆《常德府志》载“药山图”。明弘治《岳州府志》载“梁药晴峰”：梁山接武陵境，药山在澧州境，二山陈于前，天晴时，峰峦叠翠如屏，□□□山□最秀。

[黄山瑞霭]

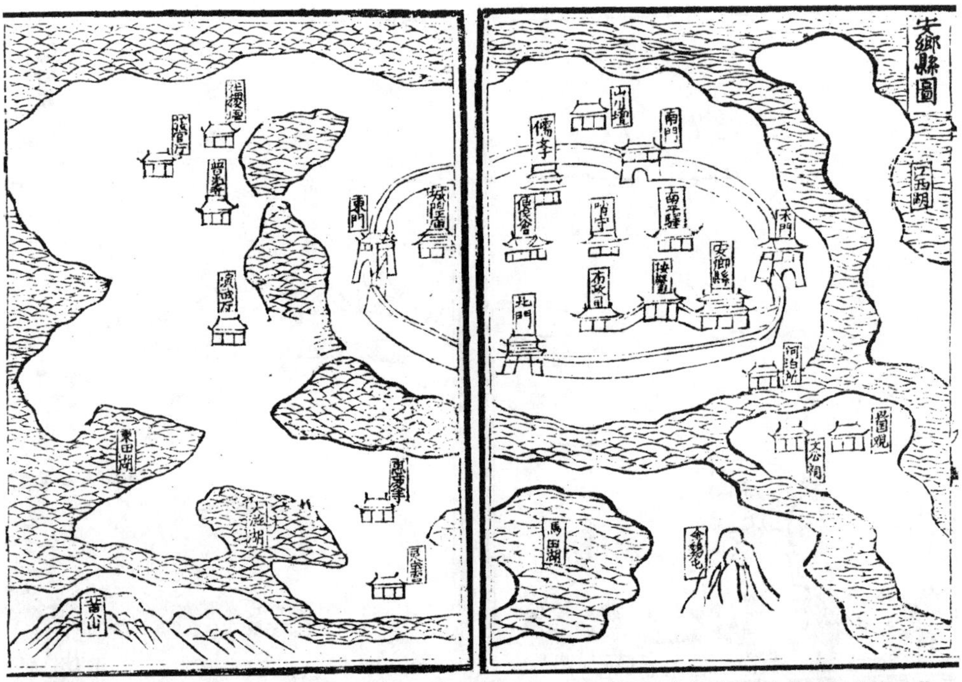

明隆庆《岳州府志》“安乡县图”载“黄山”。清乾隆《安乡县志》载“黄山”：“在县西北六十里，一名金峰山，土色皆黄，故名。”明弘治《岳州府志》载“黄山瑞霭”：天将暮时，烟云缥缈，如在画图中。

【安乡十景】

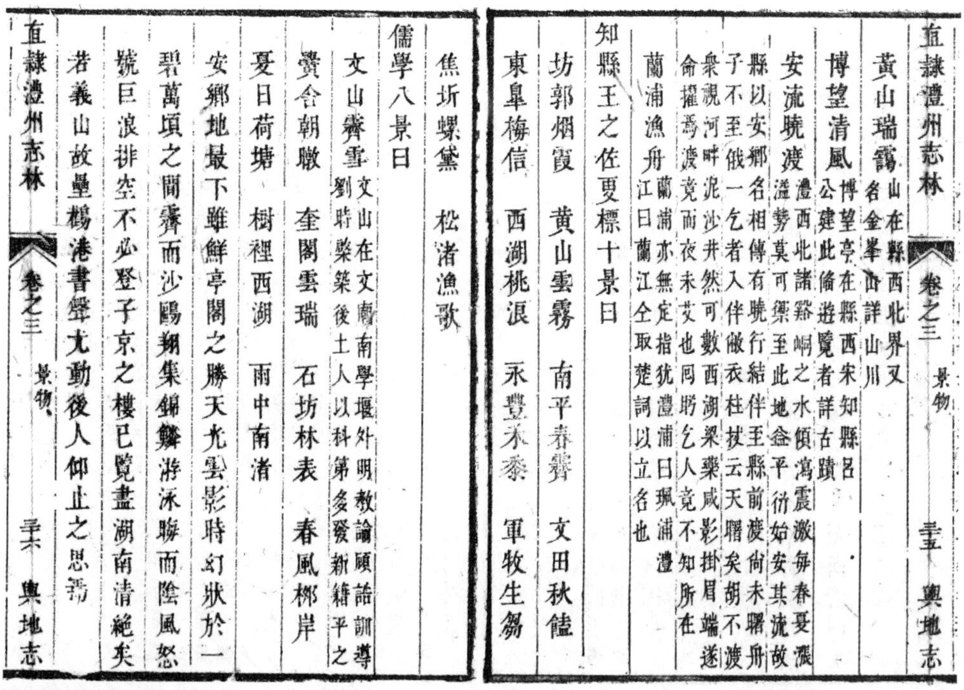
直隸澧州志林　卷之三　景物　三十五　輿地志

黃山瑞靄 山在縣西北界又名金峯山詳山川

博望清風 博望亭在縣西宋知縣呂公建此備遊覽者詳古蹟

安流曉渡 澧西北諸谿峒之水傾瀉震激每春夏漲溢勢莫可禦至此地益平衍始安其流故縣以安鄉名相傳有曉行結伴至縣前渡尚未曙舟子不至俄一乞者入伴敝衣柱杖云天曙矣胡不渡衆視河畔泥沙井然可數西湖梁欒咸影掛眉端遂命擢爲渡竟而夜未艾也回盼乞人竟不知所在

蘭浦漁舟 蘭浦亦無定指猶澧浦曰珮浦澧江曰蘭江仝取楚詞以立名也

知縣王之佐更標十景曰

坊郭烟霞　黃山雲霧　南平春霽　文田秋饁

東皋梅信　西湖桃浪　永豐禾黍　軍牧生芻

焦圻螺黛　松渚漁歌

儒學八景曰

文山霽雪 文山在文廟南學堰外明教諭顧誥訓導劉時槃築後土人以科第多發新籍平之

賫合朝暾　奎閣雲瑞　石坊林表　春風梆岸

夏日荷塘　樹裡西湖　雨中南渚

安鄉地最下雖鮮亭閣之勝天光雲影時幻狀於一碧萬頃之間霽而沙鷗翔集錦鱗游泳晦而陰風怒號巨浪排空不必登子京之樓已覽盡湖南清絶矣若義山故壘楊港書聲尤動後人仰止之思焉

直隸澧州志林　卷之三　景物　三十六　輿地志

清乾隆《直隶澧州志林》“卷之三・景物・安乡县”载“知县王之佐更标十景曰”：坊郭烟霞、黄山云雾、南市春霁、文田秋馌、东皋梅信、西湖桃浪、永丰禾黍、军牧生刍、焦圻螺黛、松渚渔歌。

【安乡儒学八景】

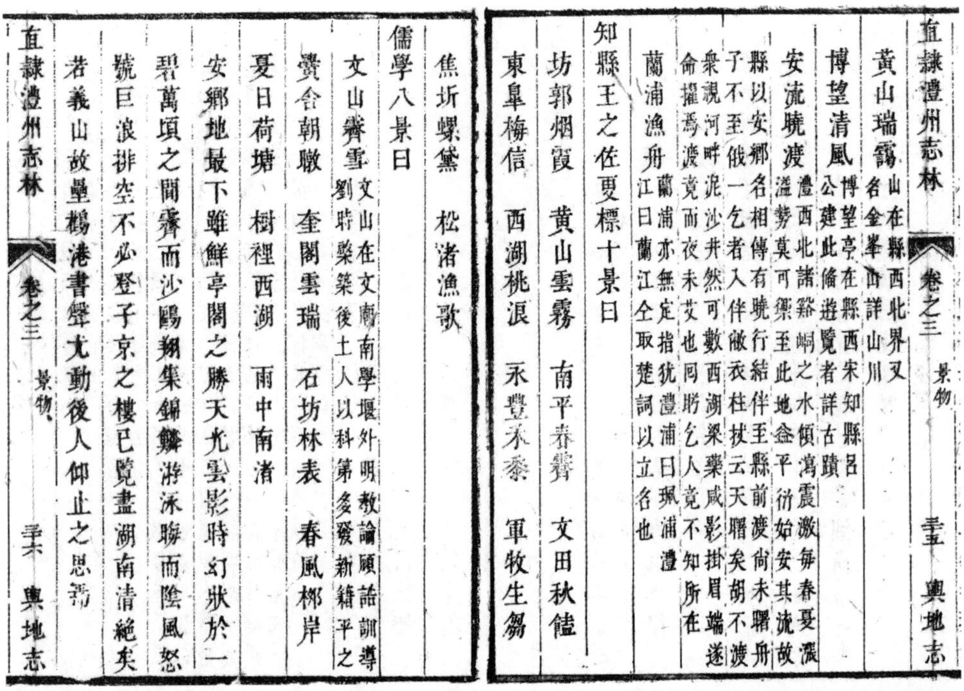
直隷澧州志林　卷之三　景物　三十五　輿地志

黃山瑞靄 山在縣西北界又名金峯山詳山川

博望清風 博望亭在縣西宋知縣呂公建此備遊覽者詳古蹟

安流曉渡 澧西北諸谿峒之水傾瀉震激每春夏漲溢勢莫可禦至此地盆平衍始安其流故縣以安鄉名相傳有曉行結伴至縣前渡尚未曙舟子不至俄一乞者入伴敝衣柱杖云天曙矣胡不渡衆視河畔泥沙井然可數西湖梁藥咸影掛眉端遂命擢為渡竟而夜未艾也回盼乞人竟不知所在

蘭浦漁舟 蘭浦亦無定指猶澧浦曰珮浦澧江曰蘭江仝取楚詞以立名也

知縣王之佐更標十景曰

坊郭烟霞　黃山雲霧　南平春霽　文田秋饎

東皐梅信　西湖桃浪　永豐禾黍　軍牧生芻

焦圻螺黛　松渚漁歌

儒學八景曰

文山霽雪 文山在文廟南學堰外明教諭顧詁訓導劉時槃築後土人以科第多發新籍平之

黌舍朝暾　奎閣雲瑞　石坊林表　春風柳岸

夏日荷塘　樹裡西湖　雨中南渚

安鄉地最下雖鮮亭閣之勝天光雲影時幻狀於一碧萬頃之間霽而沙鷗翔集錦鱗游泳瞬而陰風怒號巨浪排空不必登于京之樓已覽盡湖南清絕矣若義山故壘鵜港書聲尤動後人仰止之思焉

直隷澧州志林　卷之三　景物　三十六　輿地志

清乾隆《直隶澧州志林》“卷之三·景物·安乡县”载“儒学八景曰”：文山霁雪、黉舍朝暾、奎阁云瑞、石坊林表、春风柳岸、夏日荷塘、树里西湖、雨中南渚。

【澧阳八景】

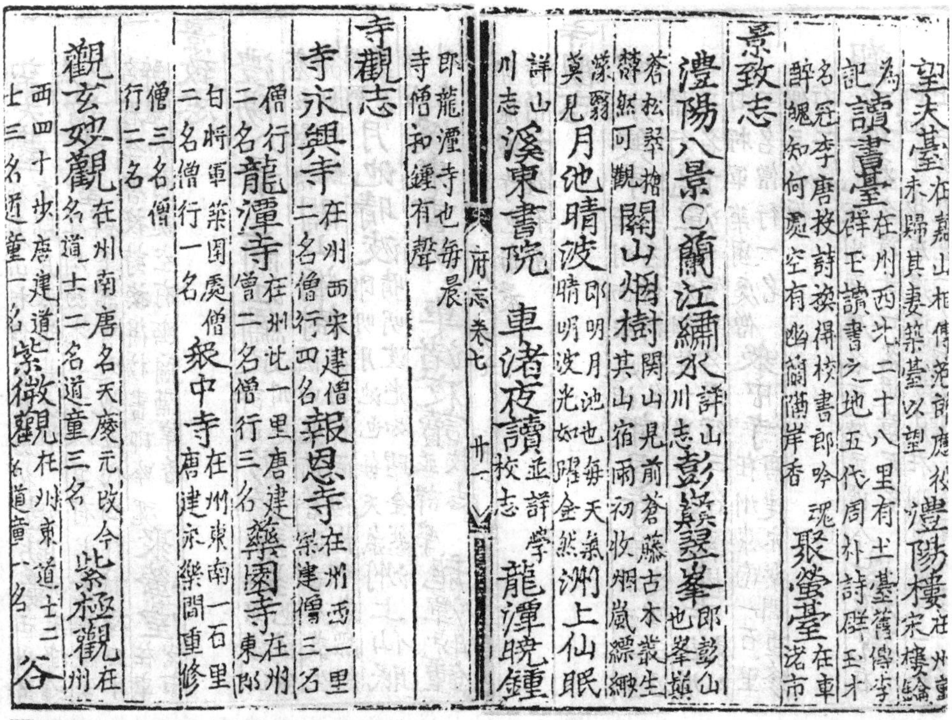
望夫臺在嘉山相傳苑詡應役未歸其妻築臺以望 澧陽樓在州…宋…樓…
為記 讀書臺在州西北二十八里有土臺舊傳李群玉讀書之地五代周朴詩群玉才
名冠李唐投詩換得校書郎吟䰟醉魄知何處空有幽蘭隔岸香 聚螢臺在車渚市
景致志
澧陽八景○蘭江繡水詳山川志 彭巔翠峯即彭山也峯巔
蒼松翠檜蔚然可觀 關山烟樹關山見前蒼藤古木叢生其山宿雨初收烟嵐縹緲
濛翳莫見 月池晴波即明月池也每天氣晴明波光如躍金然 洲上仙眠
詳山川志 溪東書院 車渚夜讀並詳學校志 龍潭曉鍾
即龍潭寺也每晨寺僧和鍾有聲
府志卷七 廿一
寺觀志
永興寺在州西宋建僧二名僧行四名 報恩寺在州西一里宋建僧三名
僧行二名 龍潭寺在州北一里唐建僧二名僧行三名 藥園寺在州東郊
白將軍築園處僧二名僧行一名 衆中寺在州東南一百里唐建永樂間重修
僧三名僧行二名
玄妙觀在州南唐名天慶元改今名道士二名道童三名 紫極觀在州
西四十步唐建道士三名道童一名 紫微觀在州東道士二名道童一名 谷

明弘治《岳州府志》载“澧阳八景”

澧县因澧水贯境故名，始见于《尚书·禹贡》载：“岷山导江，东别为沱，又东至于澧”。春秋、战国时均属楚国。秦始皇二十六年（前221），废分封，置郡县。分全国为三十六郡，置慈姑县，澧属之，隶黔中郡。两汉为孱陵、零阳县地，属武陵郡。三国吴为零阳、作唐县地，分隶天门郡与南郡。两晋为澧阳、作唐县地，分隶天门郡、南平郡。南北朝宋为作唐、澧阳、零阳县地。齐、梁为作唐、澧阳县地。梁敬帝绍泰元年（555）即西魏恭帝二年，废天门郡和南义阳郡，始置澧州。隋文帝开皇九年（589），改澧州为松州，不久复名澧州，并置澧阳县。隋炀帝大业三年（607）改澧州为澧阳郡。唐高祖武德二年（619），复为澧州，仍辖六县。唐玄宗天宝元年（742）复名澧阳郡，改隶山南东道。宋太祖建隆元年（960），为澧阳军州，隶荆湖北路。元世祖至元十二年（1275），升为澧州路。至元十四年（1277），改为澧州路总管府，隶湖广行中书省江南北道。惠宗至正二十四年（1364），改为澧州府，隶湖广布政使司分守上荆南道。明太祖洪武九年（1376），降澧州府为澧州，裁澧阳县入州治，隶常德府。洪武三十年（1397），改隶岳州府，辖安乡、石门、慈利三县。清康熙三年（1664），澧州改隶岳常澧道。清雍正七年（1729），升澧州为直隶州，辖安乡、石门、慈利、安福（今临澧县）四县。雍正十三年（1735），增辖永定县（今张家界市永定区）。

明弘治《岳州府志》载“澧阳八景”：兰江绣水、彭巅翠峰、关山烟树、月池晴波、洲上仙眠、溪东书院、车渚夜读、龙潭晓钟。

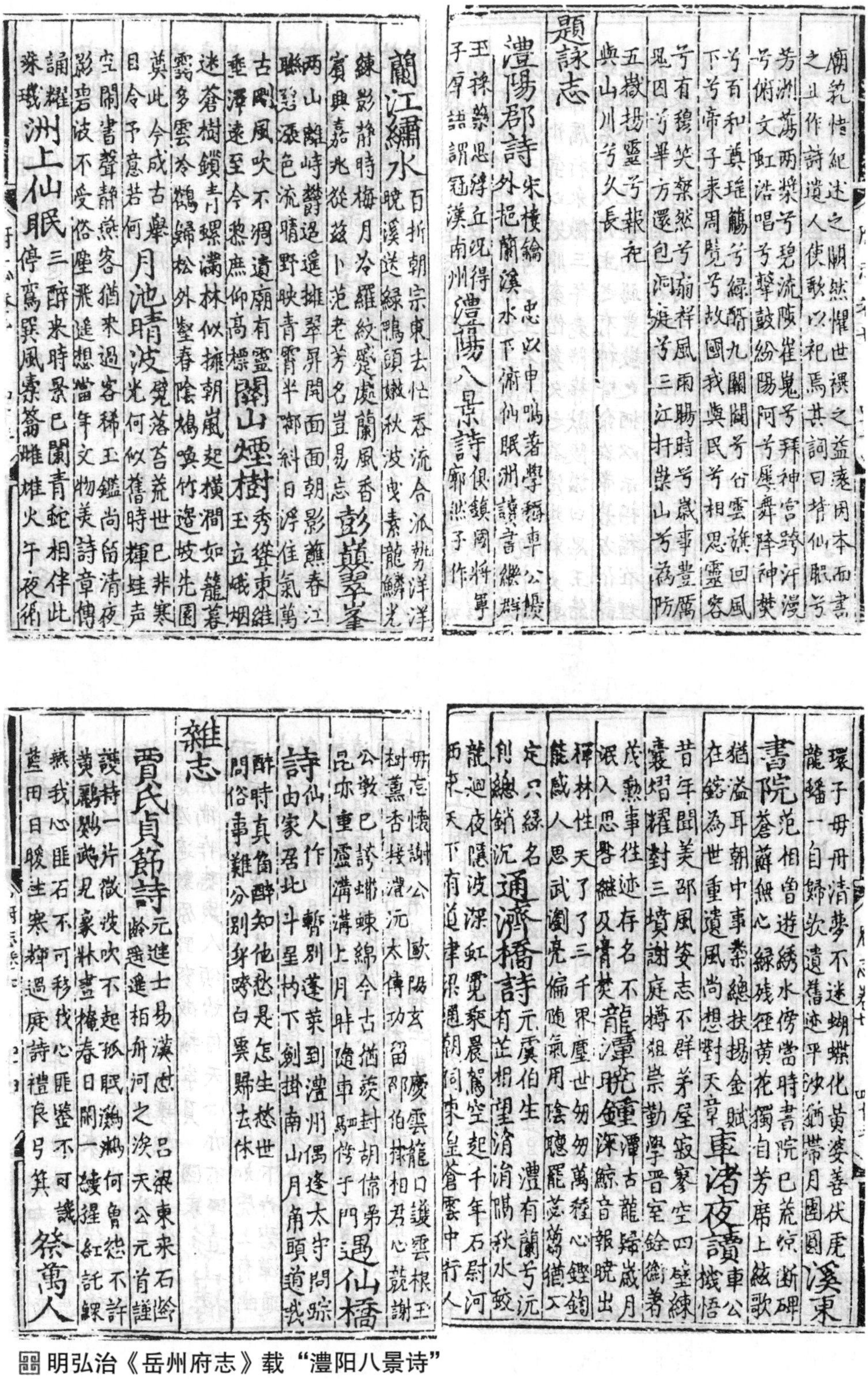

廟乾怡紀述之闕然懼世禩之益遠因本而書
之且作詩遺人使歌以祀焉其詞曰情仙眠兮
芳洲蕩兩槳兮艷流陂崔嵬兮拜神宮跨汗漫
兮俯文虹浩唱兮擊鼓紛陽阿兮屢舞降神楚
兮百和萸瑤觴兮綠醑九關闢兮谷雲旗回風
下兮帝子來周覽兮故國我與民兮相思靈容
兮有穆笑桀然兮瑜祥風雨暘時兮歲事豐厲
鬼因兮畢方還包洞庭兮三江捍崇山兮爲防
五嶽揖靈兮報祀
與山川兮久長

題詠志

澧陽郡詩 宋樓鑰 忠以申鳴著學稱車公胤
外挹蘭溪水下漓仙眠洲讀書繼群
王孫懿思得丘地得 澧陽八景詩 俱鎮閩將軍
子舉詰謂冠漢南州 鄭然子作

蘭江繡水 百折朝宗東去仕吞流合派勢洋洋
晚溪蹊綠鴨頭嫩秋波曳素龍鱗光
鍊影靜時梅月冷羅紋蹙處蘭風香 彭山翠峯
賓興嘉兆從茲卜范老芳名豈易忘
兩山離峙鬱迢遙排翠昇開面面朝影蘸春江
聯翠漾色流晴野映青霄半御斜日浮佳氣萬
古風吹不凋遺廟有靈 關山煙樹 秀聳東維
垂澤遠至今悲燕仰高標 玉立峨烟
迷蒼樹鎖青螺滿林似擁朝嵐起橫澗如籠暮
霧多雲冷鶴歸松外壑春陰鳩喚竹邊坡先園
莫此今成古舉 月池晴波 覓落苔荒世已非寒
目令予意若何 光何似舊時輝娃声
空閑書聲靜燕客猶來過客稀玉鑑尚留清夜
影碧波不受俗塵飛追想當年文物美詩章傳
誦耀 洲上仙眠 三醉來時景已闌青蛇相伴此
琛璣 停鶯巽風素簷雌雄火午夜術

環子毋丹清夢不迷蝴蝶化黃婆善伏虎
龍蟠一自歸歆遺舊迹平沙猶帶月團圓 溪東
書院 范相曾遊繡水傍當時書院已荒涼斷碑
蒼蘚無心綠殘徑黃花獨自芳席上絃歌
猶溢耳朝中事業總扶揚金賦
在鎔爲世重遺風尚想對天章 車渚夜讀 車公
昔年聞美邵風姿志不群茅屋寂寥空四壁練
囊熠耀對三墳謝庭樽俎崇勤學晉室銓衡著
茂勳事往迹存名不 龍潭曉鐘 潭古龍歸歲月
泯入思哲繼及青焚 深鯨音報曉出
禪林性天了了三千界塵世匆匆萬種心鏗鍧
能感人思武劉亮偏隨氣用陰聽罷惹翁猶入
定只緣名 通濟橋詩 元虞伯生 澧有蘭兮沅
創總銷沉 有芷相望消消觴秋水皎
龍迴夜隱波深虹霓夾晨駕空起千年石尉河
西來天下有道津梁通朝詞朱皇蒼雲中行人

毋忘懷謝公 歐陽玄 慶雲龍口護雲根玉
樹薰香接澧沅太傅功留邵伯棠相君心競謝
公墩已誇蝃蝀綿今古猶荻封胡偏弟
昆亦重盛滿滿上月畔隨車駟傍于門 遇仙橋
詩 仙人作 暫別蓬萊到澧州偶逢太守問蹤
由家居北斗星杓下劍掛南山月角頭道哉
醉時真箇醉知他愁是怎生愁世
問俗事難分別身跨白雲歸去休

雜志

賈氏貞節詩 元進士易漢忠 呂梁東來石齡
齡迢遞柏舟河之涘天公元首謹
護持一片微波吹不起孤眠鵜鶘何曾戀不許
黃鸝聯鳴見象牀書欄春日開一綫提紅託錁
撫我心匪石不可移我心匪鑒不可識 祭萬人
藍田日暖生寒猶過庭詩禮良弓箕

明弘治《岳州府志》载“澧阳八景诗”

【澧州城内八景】

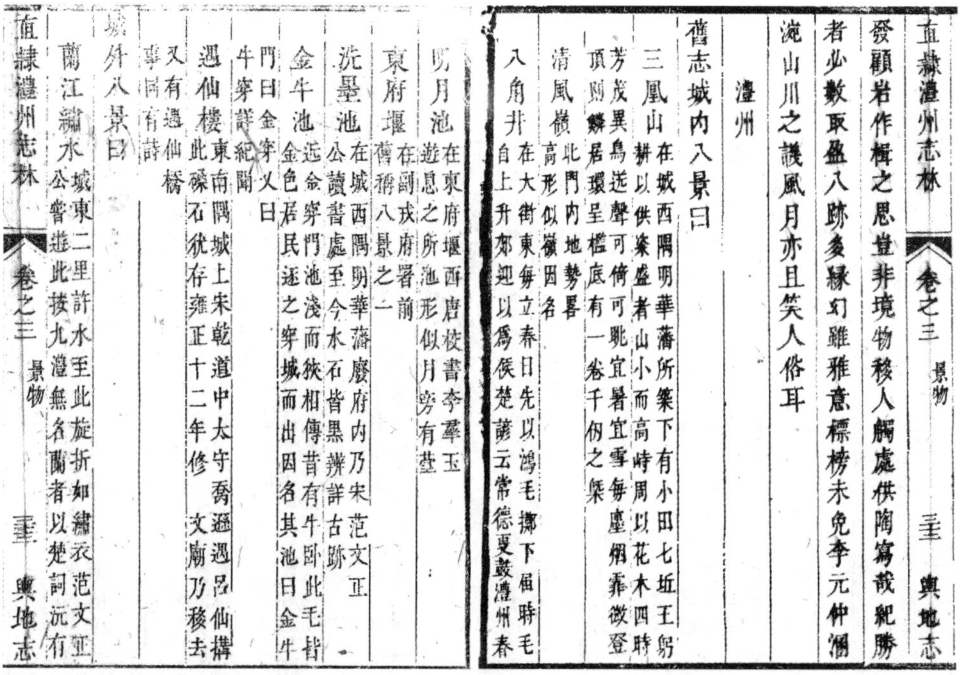

直隸澧州志林　卷之三　景物　輿地志

發顧岩作楫之思豈非境物移人觸處供陶寫哉紀勝者必數取盈八跡多緣幻雖雅意標榜未免李元仲澗瀧山川之譏風月亦且笑人俗耳

澧州

舊志城內八景曰

三凰山在城西隅明華藩所築下有小田七坵王躬耕以供粢盛者山小而高峙周以花木四時芳茂異鳥送聲可倚可眺宜暑宜雪每塵烟霏微登頂則鱗居環呈檻底有一卷千仞之槩

清風嶺北門內地勢高形似嶺因名

八角井在大街東每立春日先以鴻毛擲下屆時毛自上升郊迎以爲候楚謠云常德夏鼓澧州春

明月池在東府堰西唐校書李羣玉遊息之所池形似月旁有臺

東府堰在前戎府署前舊稱八景之一

洗墨池在城西隅明華藩廢府內乃宋范文正公讀書處至今水石皆黑辨詳古跡

金牛池近金牛穿門池淺而狹相傳昔有牛卧此毛皆金色居民逐之穿城而出因名其池曰金牛門曰金穿又曰牛穿詳紀聞

遇仙樓東南隅城上宋乾道中太守喬遜遇呂仙構此樓石猶存雍正十二年修文廟乃移去

又有遇仙橋事同有詩

城外八景曰

蘭江繡水城東二里許水至此旋折如繡衣范文正公嘗遊此接九澧無名蘭者以楚詞沅有

直隸澧州志林　卷之三　景物　輿地志

清乾隆《直隶澧州志林》载澧州“旧志城内八景”：三凰山、清风岭、八角井、明月池、东府堰、洗墨池、金牛池、遇仙楼。

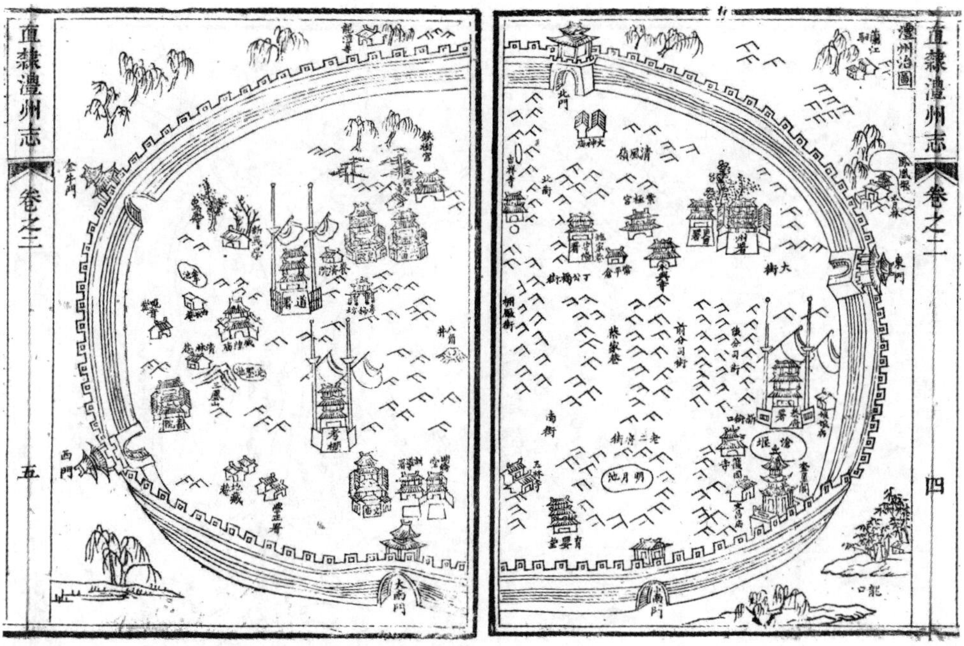

清道光《直隶澧州志》载“澧州治图”

【澧州城外八景】

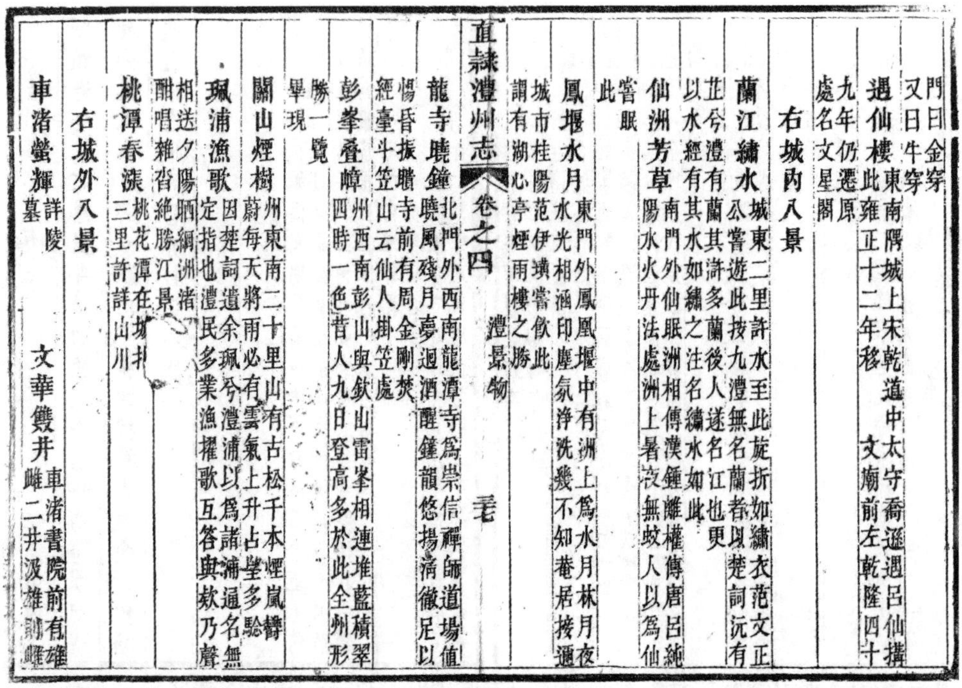

直隸澧州志　卷之四　澧景物

門曰金穿又曰牛穿

遇仙樓東南隅城上宋乾道中太守喬遜遇呂仙搆此雍正十二年移文廟前左乾隆四十九年仍遷原處名文星閣

右城內八景

蘭江繡水城東二里許水至此旋折如繡衣范文正公嘗遊此按九澧無名蘭者以楚詞沅有芷兮澧有蘭其滸多蘭後人遂名江也更以水經有其水如繡之注名繡水如此

仙洲芳草南門外仙眠洲相傳漢鍾離權傳唐呂純陽水火丹法處洲上暑夜無蚊人以為仙嘗眠此

鳳堰水月東門外鳳凰堰中有洲上為水月林月夜水光相涵印塵氛淨洗幾不知菴居接邇城市桂陽范伊墳嘗飲此謂有湖心亭煙雨樓之勝

龍寺曉鐘北門外西南龍潭寺為崇信禪師道場值曉風殘月夢迴酒醒鐘韻悠揚淸徹足以惕昏振聵寺前有周金剛焚經臺斗笠山云仙人掛笠處

彭峯疊嶂州西南彭山與欽山雷峯相連堆藍積翠四時一色昔人九日登高多於此全州形勝一覽畢現

關山煙樹州東南二十里山有古松千本煙嵐鬱蔚每天將雨必有雲氣上升占望多驗

珮浦漁歌因楚詞遺余珮兮澧浦以為諸浦通名無定指也澧民多業漁櫂歌互答與欸乃聲相送夕陽晒網洲渚酬唱雜沓絕勝江景

桃潭春漲桃花潭在城北三里許詳山川

右城外八景

車渚螢輝詳陵墓

文華雙井車渚書院前有雄雌二井汲雄則雌

清道光《直隶澧州志》载“城外八景”：兰江绣水、仙洲芳草、凤堰水月、龙寺晓钟、彭峰叠嶂、关山烟树、珮浦渔歌、桃潭春涨。

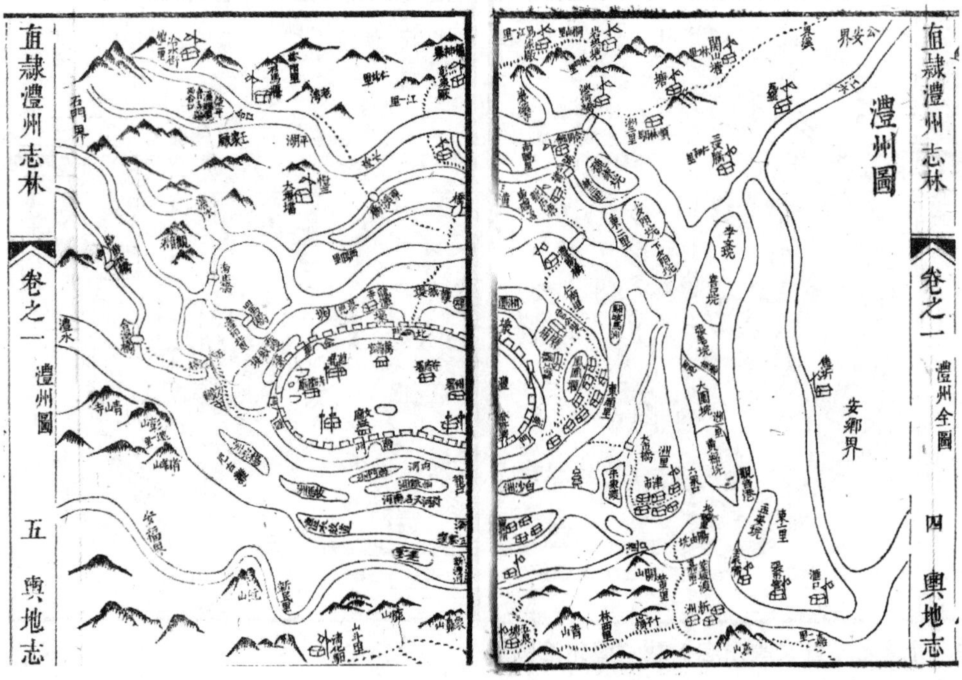

清乾隆《直隶澧州志林》载“澧州图”

[兰江绣水]

清道光《直隶澧州志》载“兰江绣水”。清道光《直隶澧州志》“卷之四·澧景物”载“兰江绣水”：城东二里许，水至此旋折如绣衣，范文正公尝游此。按：九澧无名兰者，以《楚辞》“沅有水兮澧有兰”，其浒多兰，后人遂名江也，更以《水经》有“其水如绣”之注，名绣水如此。

[仙洲芳草]

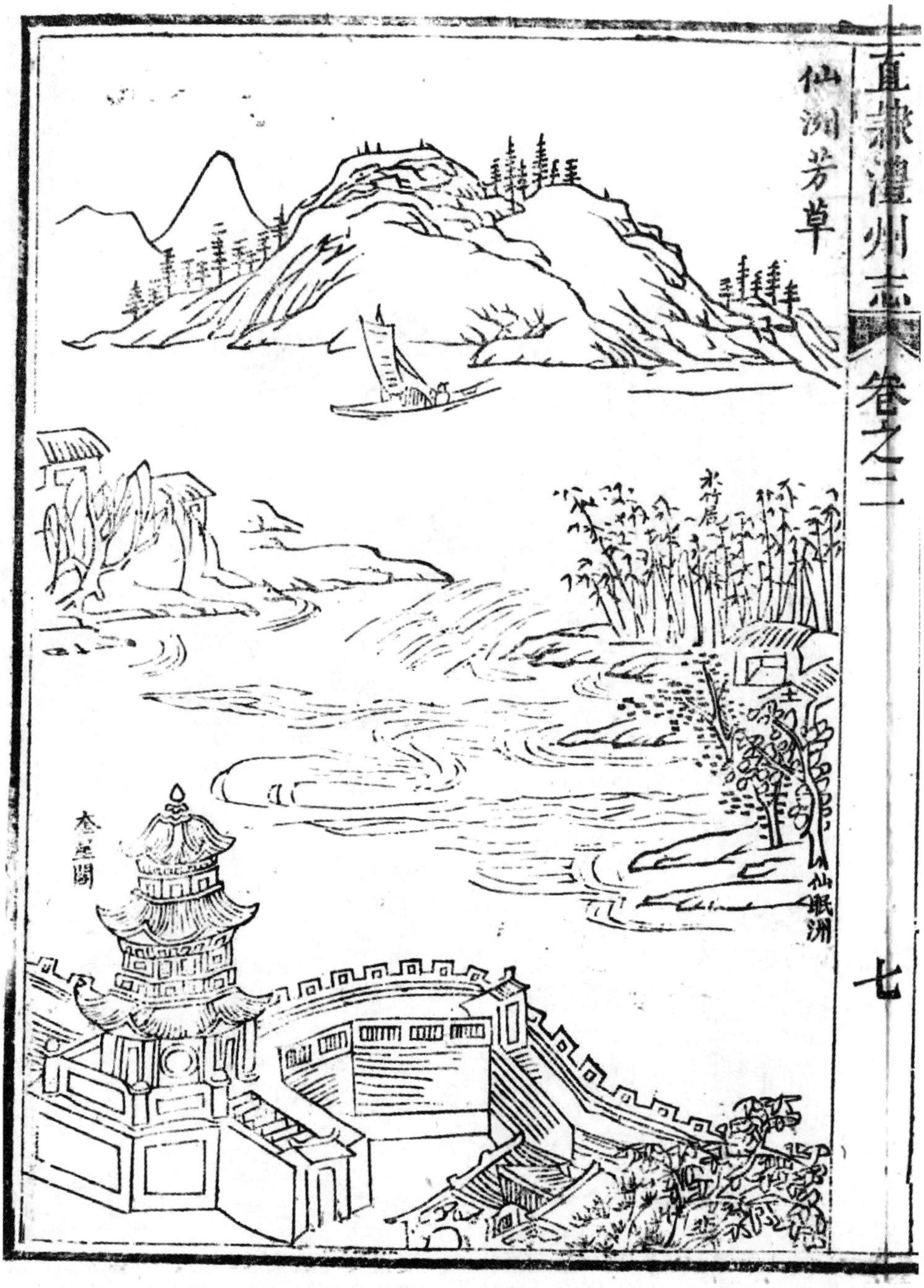

清道光《直隶澧州志》“卷之四·澧景物”载“仙洲芳草”：南门外仙眠洲，相传汉钟离权传唐吕纯阳水火丹法处，洲上暑夜无蚊，人以为仙尝眠此。

[凤堰水月]

清道光《直隶澧州志》“卷之四·澧景物”载“凤堰水月”：东门外凤凰堰中有洲，上为水月林，月夜水光相涵映，尘氛净洗，几不知庵居接迩城市。桂阳范伊璜尝饮此，谓有湖心亭、烟雨楼之胜。

[龙寺晓钟]

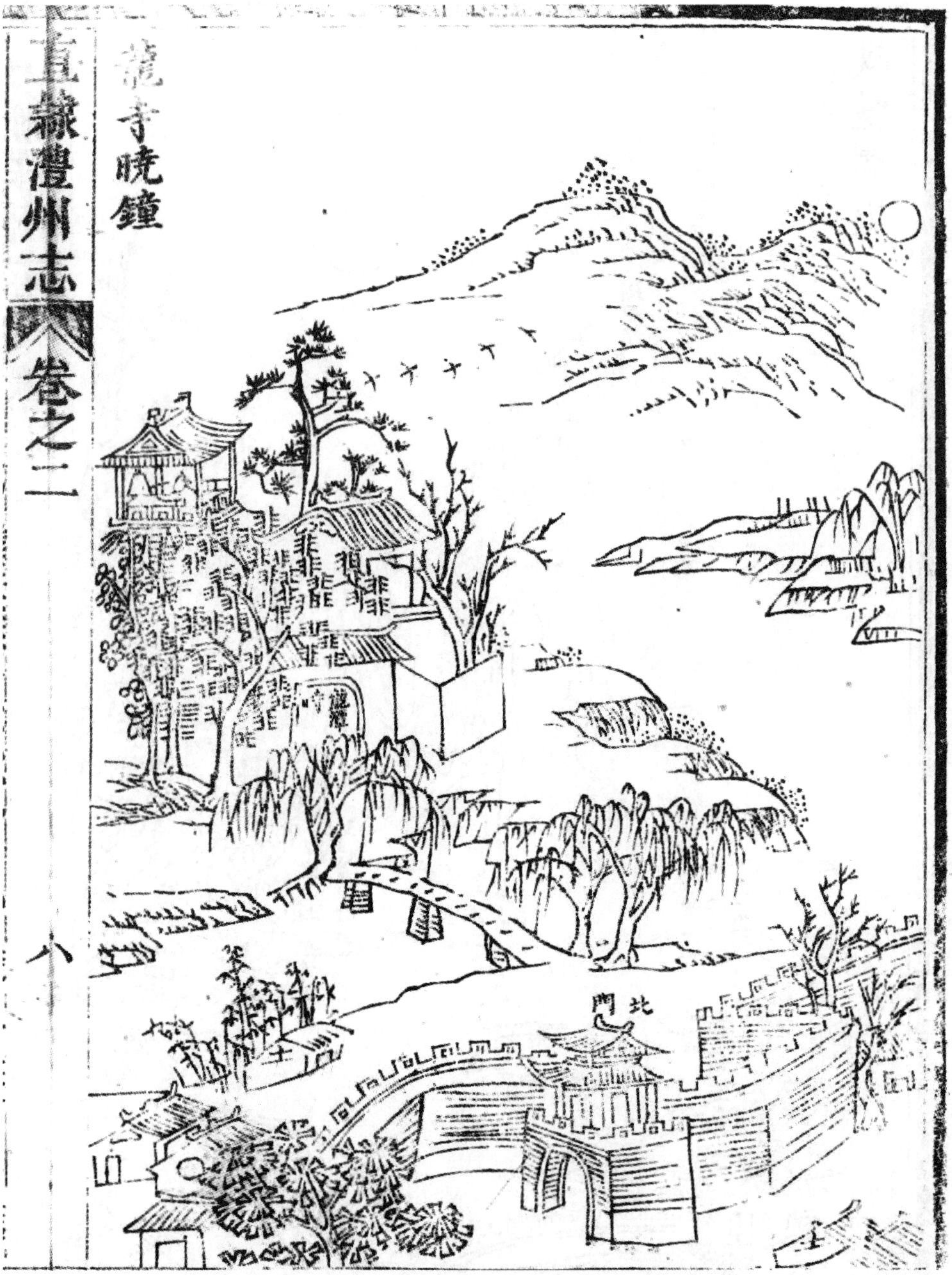

清道光《直隶澧州志》“卷之四·澧景物”载“龙寺晓钟”：北门外西南龙潭寺，为崇信禅师道场。值晓风残月，梦回酒醒，钟韵悠扬清彻，足以惕昏振聩。寺前有周金刚、焚经台、斗笠山，云仙人挂笠处。

［彭峰叠嶂］

清道光《直隶澧州志》“卷之四·澧景物”载“彭峰叠嶂”：州西南彭山与钦山雷峰相连，堆蓝积翠，四时一色。昔人九日登高多于此，全州形胜一览毕现。

[关山烟树]

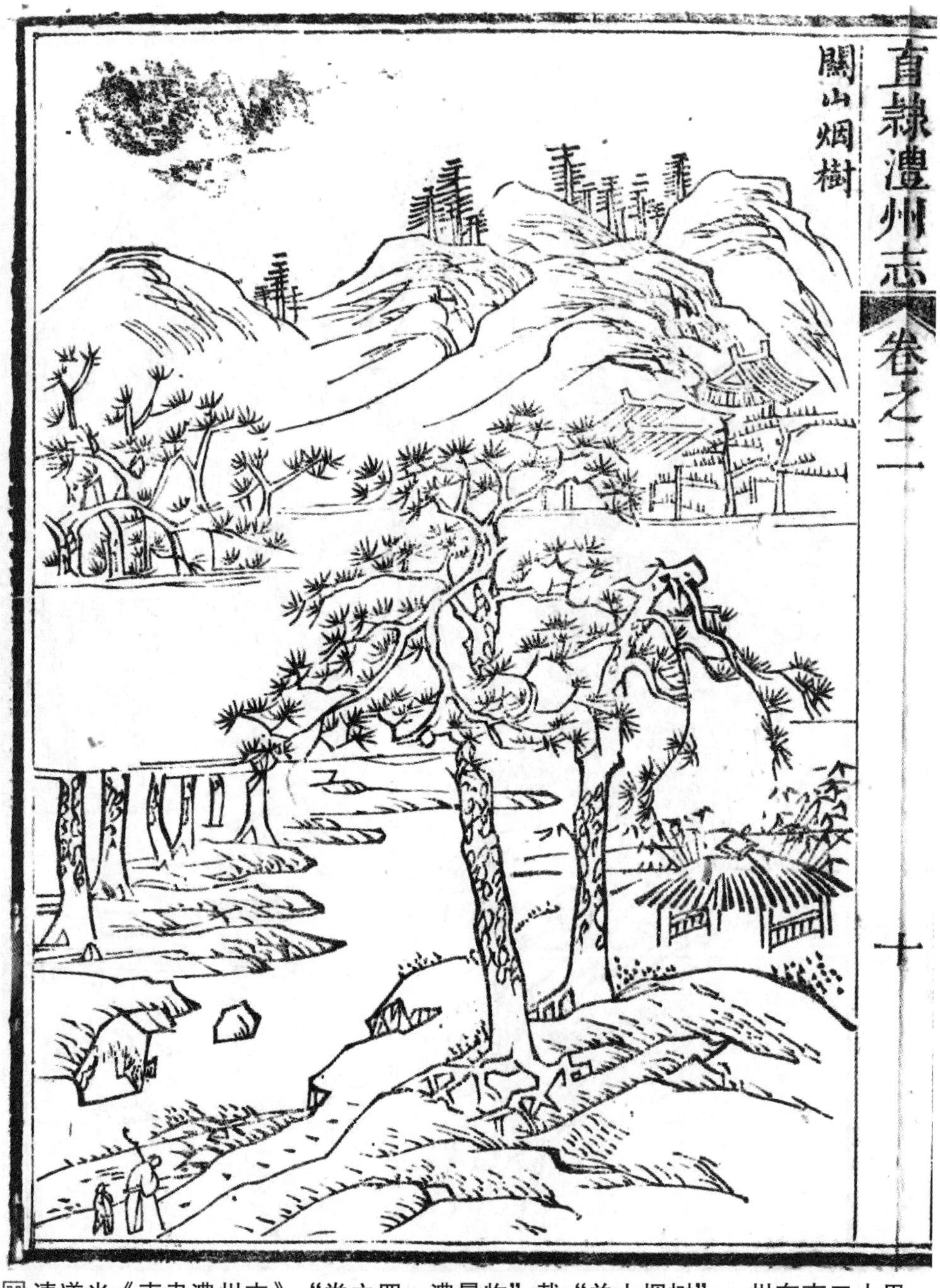

清道光《直隶澧州志》“卷之四·澧景物”载“关山烟树”：州东南二十里，山有古松千本，烟岚郁蔚，每天将雨必有云气上升，占望多验。

[珮浦渔歌]

清道光《直隶澧州志》“卷之四 · 澧景物”载“珮浦渔唱”（一名“珮浦渔歌”）：因《楚辞》“遗余珮兮澧浦”，以为诸浦通名，无定指也。澧民多业渔，擢歌互答，与欸乃声相送夕阳，晒网洲渚，酣唱杂沓，绝胜江景。

[桃潭春涨]

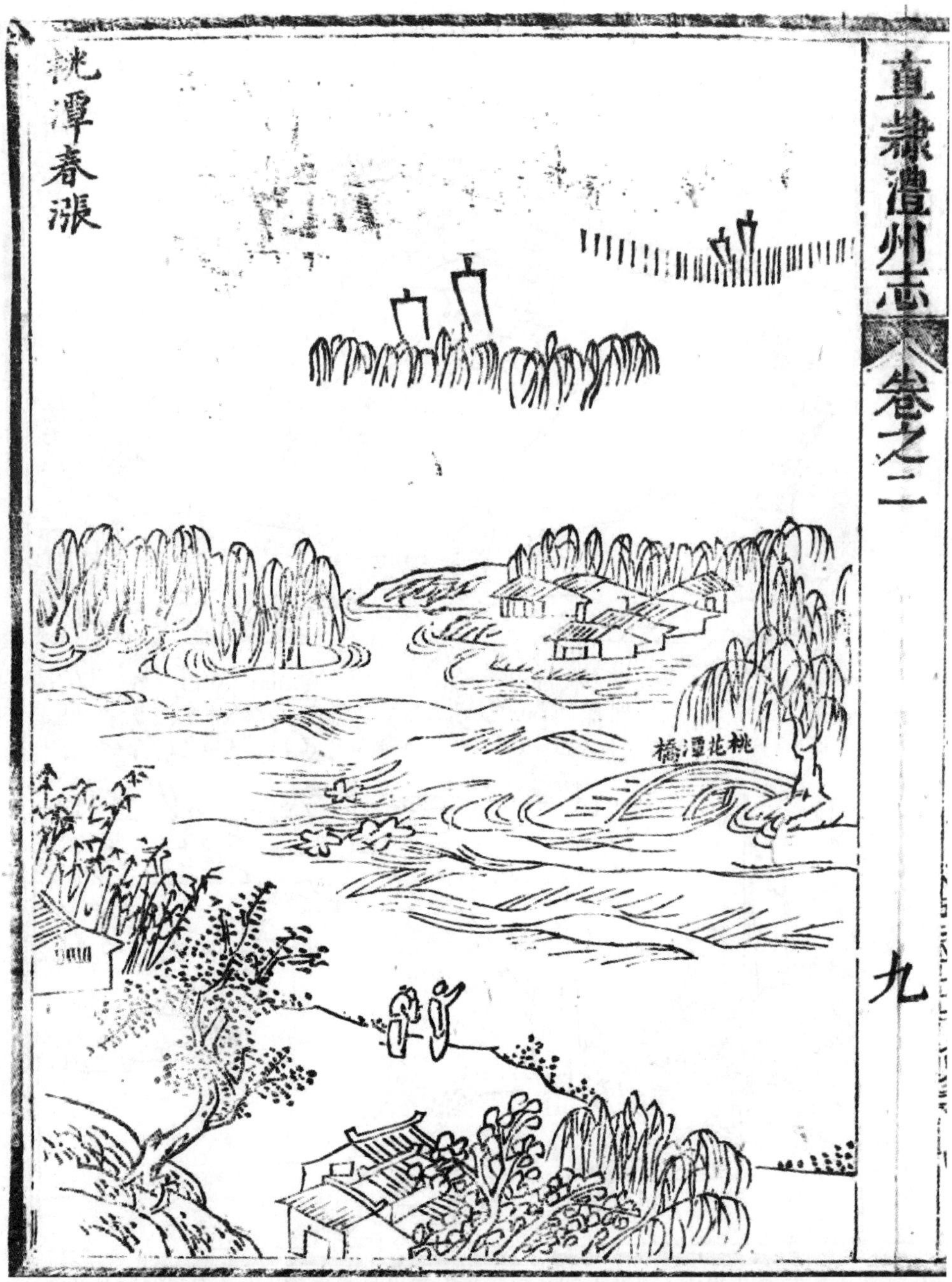

清道光《直隶澧州志》"卷之四·澧景物"载"桃潭春涨"："桃花潭在城北三里许。"另，"山川"载"桃花潭"：在州西北三里，有石桥，岸无桃树，水涨尝有桃花流出。

【多安桥八景】

清道光《直隶澧州志》载“多安桥八景总图”

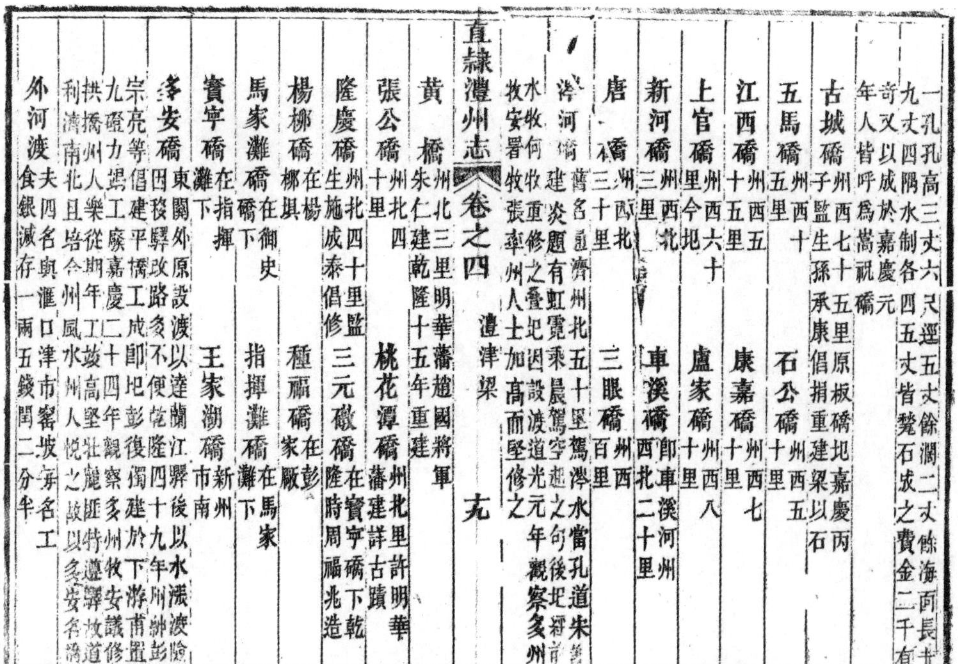

一孔孔高三丈六尺逕五丈餘濶二丈餘海面長廿九丈四隅水制各四五丈皆甃石成之費金二千有奇又以成於嘉慶元年人皆呼爲嵩祝橋

古城橋 州西七十五里原板橋圮嘉慶丙子監生孫承康倡捐重建梁以石

五馬橋 州西十五里　石公橋 州西五十里

江西橋 州西五十五里　康嘉橋 州西七十里

上官橋 州西六十里今圮　盧家橋 州西八十里

新河橋 州西北三里　車溪橋 即車溪河州西北二十里

唐橋 州西北三十里　三眼橋 州西百里

涔河橋 舊名孟濟州北五十里跨涔水當孔道朱建炎題有虹霓乘晨駕空起之句後圮署水牧何牧重修之疊圮因設渡道光元年觀察多州牧安署牧張幸州人士加高而堅修之

直隸澧州志　卷之四　澧津梁　九

黃橋 州北三里明華藩趙國將軍朱仁建乾隆十五年重建

張公橋 州北四十里　桃花潭橋 州北里許明華藩建詳古蹟

隆慶橋 州北四十里監生施成泰倡修　三元礅橋 在寶寧橋下乾隆時周福兆造

楊柳橋 在楊柳堤　種福橋 在彭家廠

馬家灘橋 在御史橋下　指揮灘橋 在馬家灘下

寶寧橋 在指揮灘下　王家湖橋 新州市南

多安橋 東關外原設渡以達蘭江驛後以水漲渡險因移驛改路多不便乾隆四十九年州紳彭宗亮等倡建平橋工成即圮彭復獨建於下游甫置九礅力竭工廢嘉慶二十四年觀察多州牧安議修拱橋州人樂從期年工竣高堅壯麗匪特遵驛故道利濟南北且培合州風水州人悅之故以多安名橋

外河渡 夫四名與滙口津市窖坡等名工食銀減存一兩五錢閏二分半

清道光《直隶澧州志》“卷四・津梁”载“多安桥”

清道光《直隶澧州志》“卷之四·澧津梁”载“多安桥”：东关外，原设渡以达兰江驿。后以水涨渡险，因移驿改路多不便。乾隆四十九年，州绅彭宗亮等倡建平桥，工成即圮。彭复独建于下游，甫置九磴，力竭工废，嘉庆二十四年，观察多、州牧安议修拱桥，州人乐从，期年工竣，高坚壮丽，匪特遵驿故道，利济南北，且培合州风水，州人悦之，故以多安名桥。

清同治《直隶澧州志》“卷四·澧津梁”载“多安桥”：东关外，原名兰江桥。乾隆四十九年，绅士彭宗亮等以水涨渡险，倡修石桥。工成未久，被水冲圮。彭复独建于下游，甫置九磴，力竭而止。嘉庆二十四年，守道多赉、州牧安佩莲，即彭旧址大建拱桥，颇壮丽。期年工竣。州人鉴前桥之圮，因成桥之人，更名多安桥。道光十一年，被水冲溃近南岸五孔。州牧谢希闵率绅士雷锟、胡湘等补修完善，十三年夏工竣。同治元年，复被水冲溃近北岸三孔。观察何玉棻捐廉倡建，署州牧廷桂、吴嗣仲、州牧魏式曾相继督修完固，同治五年工竣。州绅仍请观察为之记。载《艺文》。

[彭山拱翠]

清道光《直隶澧州志》载“多安桥八景分图·彭山拱翠”

[绣水拖蓝]

清道光《直隶澧州志》载“多安桥八景分图·绣水拖蓝”

[云潭塔影]

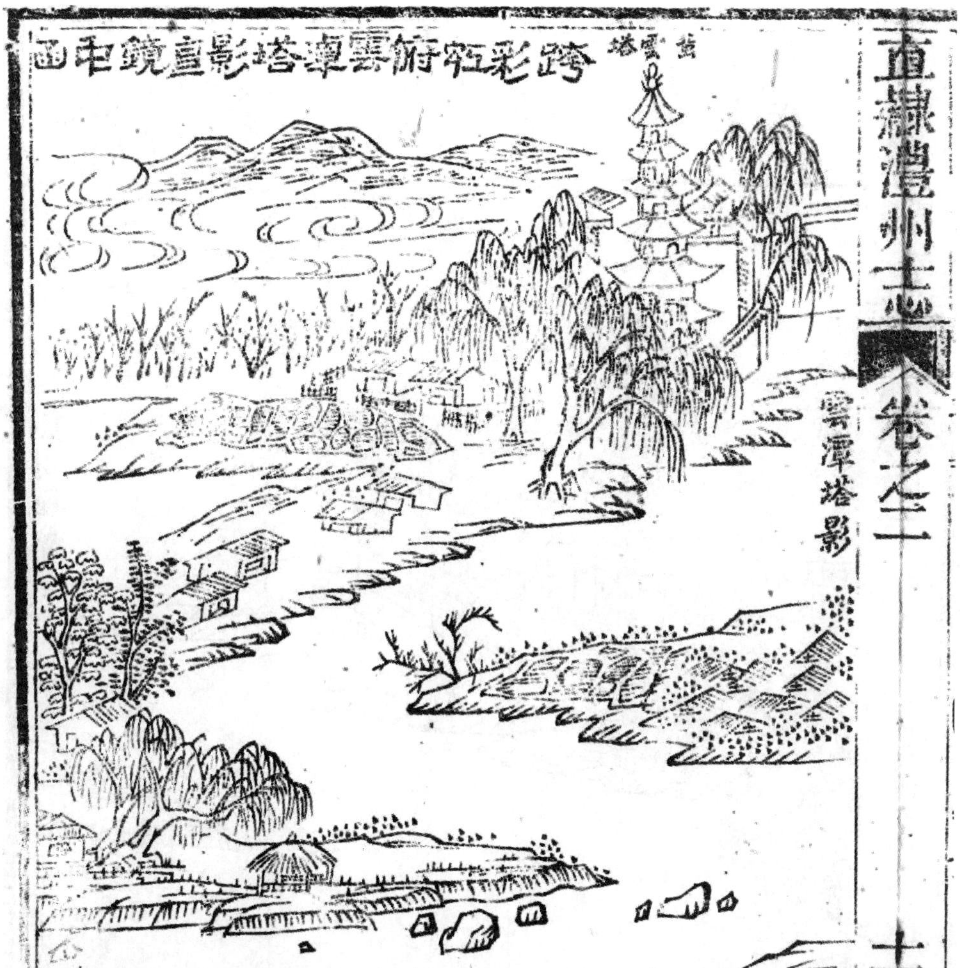

▣ 清道光《直隶澧州志》载“多安桥八景分图·云潭塔影”

[奎阁钟声]

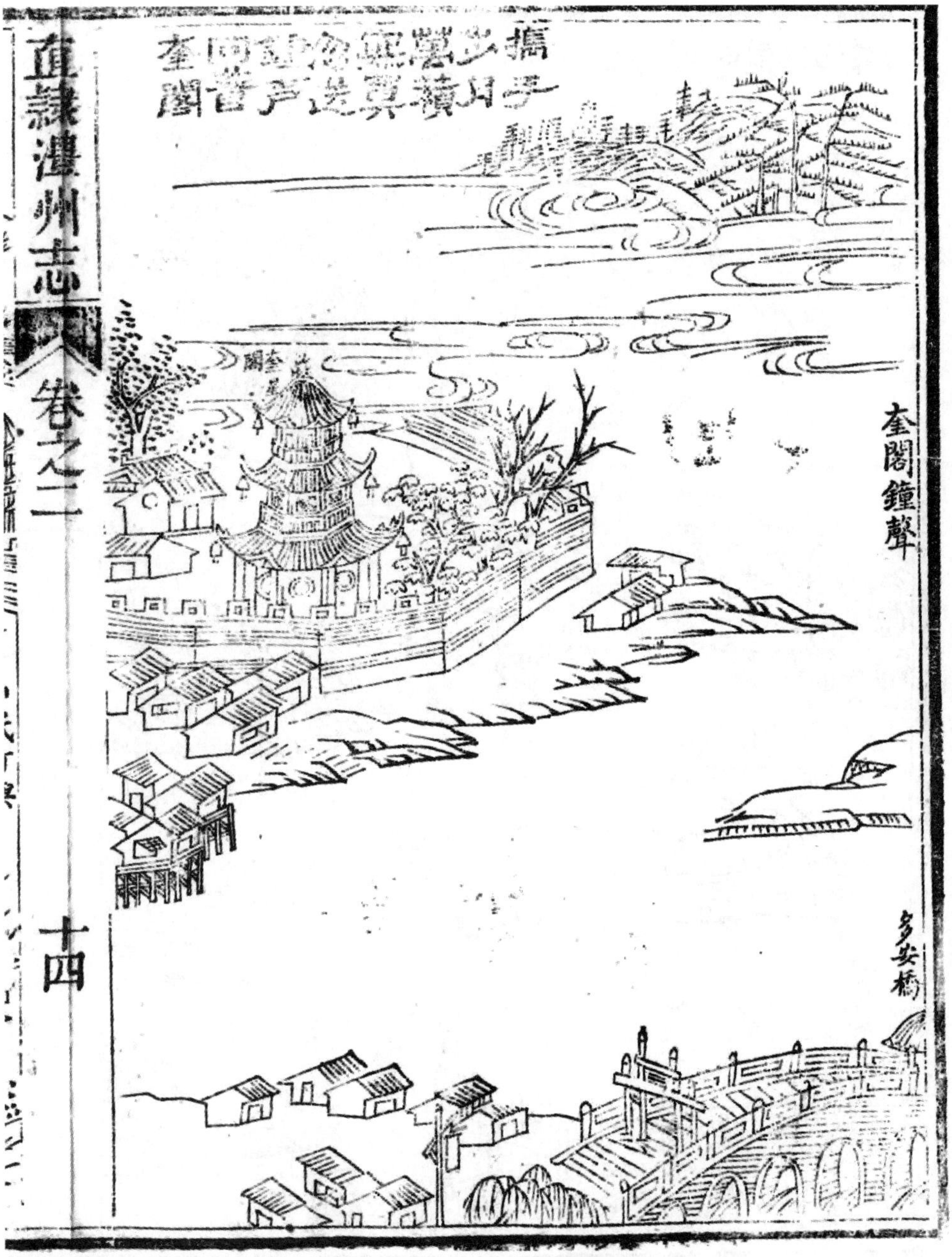

圖 清道光《直隶澧州志》载“多安桥八景分图·奎阁钟声”

[仙眠竹屿]

清道光《直隶澧州志》载"多安桥八景分图·仙眠竹屿"

常德卷

[龙口茗帆]

清道光《直隶澧州志》载“多安桥八景分图·龙口茗帆”

［兰江渔唱］

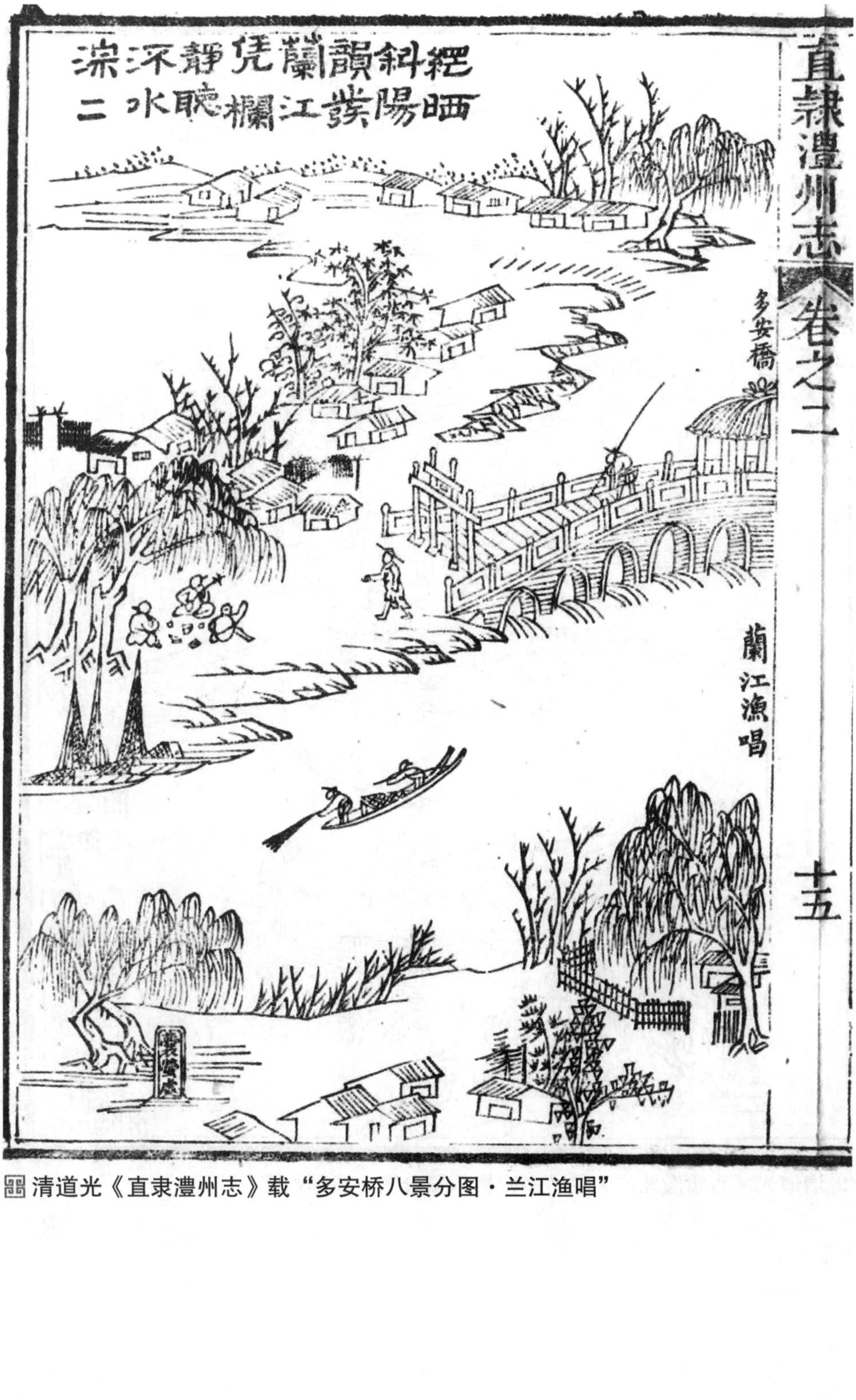

清道光《直隶澧州志》载“多安桥八景分图·兰江渔唱”

［澧郭炊烟］

▣ 清道光《直隶澧州志》载“多安桥八景分图·澧郭炊烟”

【桃源旧县志外八景】

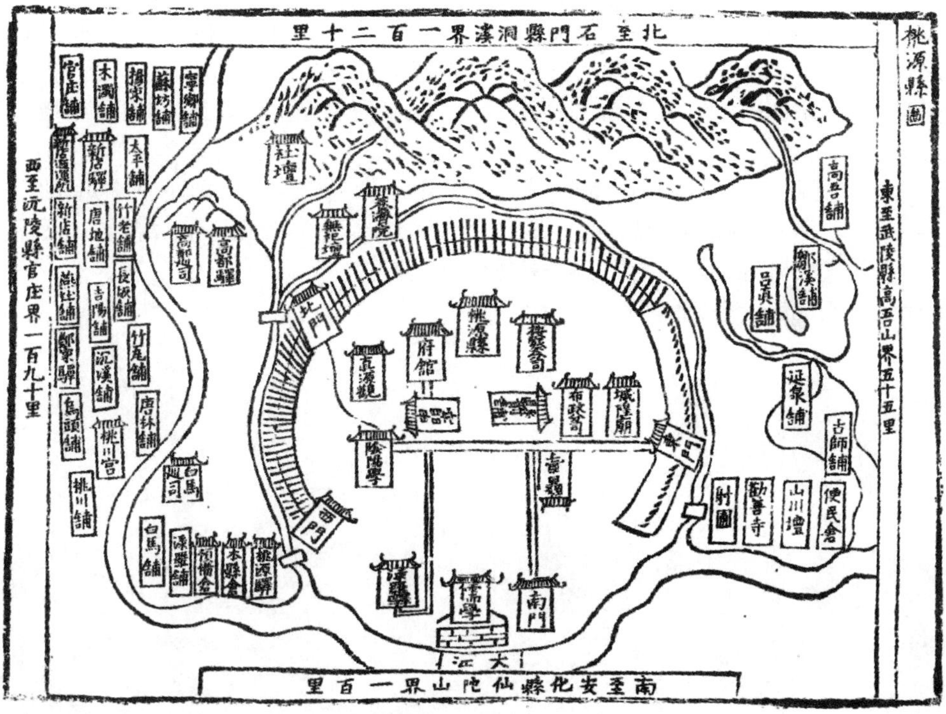

明嘉靖《常德府志》载“桃源县图”

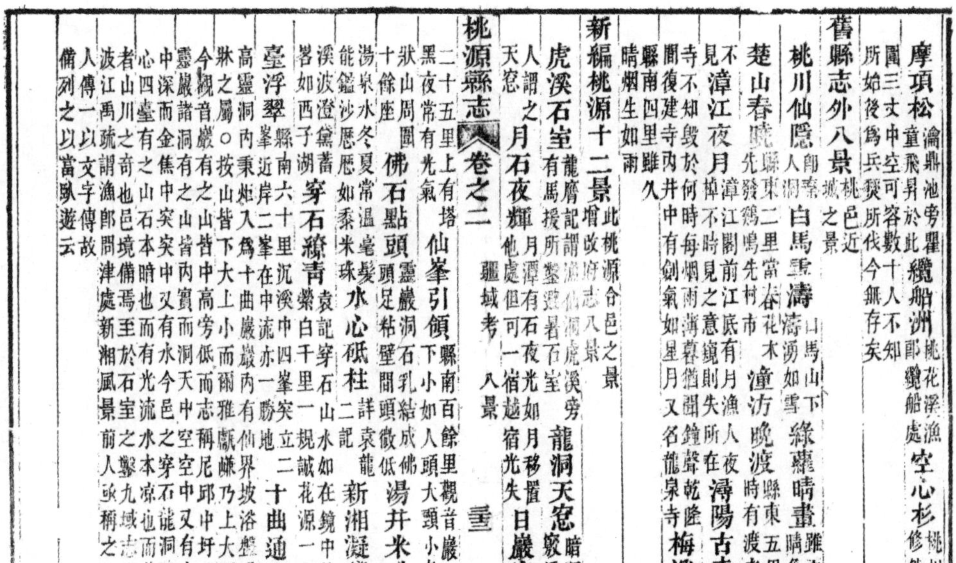

摩項松淪鼎池旁瞿童飛昇於此　纜船洲桃花深漁即纜船處　空心杉桃川宮前修然白尺
圍三丈中空可容數十人不知
所始後爲兵燹所伐今無存矣
舊縣志外八景桃邑近城之景
桃川仙隱即秦人洞　白馬雪濤白馬山下濤湧如雪　綠蘿晴晝雖雨山有晴色如畫
楚山春曉縣東二里常春花木先發鷄鳴先村市　潼汸晚渡縣東五里至晚時有渡者即之
不見　漳江夜月漳江劉前江底有月漁人夜棹不時見之意鏡則失所在　潯陽古寺縣東三里
寺不知毀於何時每烟雨薄暮猶聞鐘聲乾隆
閒復建寺內井中有劍氣如星月又名龍泉寺　梅溪烟雨
縣南四里雖久晴烟生如雨
新編桃源十二景此桃源合邑之景增改府志八景
虎溪石室龍膺記謂漁仙洞虎溪旁有馬援所鑿避暑石室　龍洞天窗暗洞中有竅透光土
人謂之天窗　月石夜輝月潭有石一夜光如月移置他處但可一宿越宿光失　日巖宵煥縣東
桃源縣志　卷之二　疆域考　八景　亖
二十五里上有塔黑夜常有光氣　仙峯引領縣南百餘里觀音巖山上大下小如人頭大頭小者如此
狀山周圍十餘座　佛石點頭靈巖洞石乳結成佛頭足粘壁間頭微低　湯井米珠俞聖謨記
湯泉水冬夏常溫毫髮能鑑沙歷歷如黍米珠　水心砥柱詳袁龍二記　新湘凝黛袁記新闢
溪波澄黛蓄碧如西子湖　穿石綠青袁記穿石山水如在鏡中綠青縈白千里一規誠花源一尤物　四
臺浮翠縣南六十里沉溪中四峯突立二峯近岸二峯在中流亦一勝地　十曲通幽闢士璚記
高靈洞內秉炬入爲十曲巖巖內有仙界坡浴盤璦田石狀之屬○按山皆下大上小而爾雅甗嶕乃上大而下小
今觀音巖有之山皆中高旁低而志稱尼邱中圩四高今靈巖諸洞有之山皆內寶而洞天中空空中又有光亦皆
中深而金焦中突突中又有水今邑之穿不能洞高嵩水心四臺有之山石本暗也而有光流水本凉也而能[illegible]六
者山川之奇也邑境備焉至於石室之擊九域志[illegible]依波江禹疏謂漁郎問津處新湘風景前人亟稱之一卬各
人傳一以文字傳故備列之以當臥遊云

清道光《桃源县志》载“旧县志外八景”

常德卷

桃源县，位于湖南省西北部。春秋战国时期，桃源县地域属楚；秦朝时，属黔中郡；西汉时，为临沅县的一部分。东汉建武二十六年（50），从临沅县析出，置沅南县，隶属武陵郡。三国、两晋、南北朝时期，县名均为沅南县，其隶属关系变动频繁。隋文帝开皇三年（583），废武陵郡，改为朗州，合临沅、沅南、汉寿三县为武陵县，隶属朗州。唐、五代时期均为武陵县。

宋太祖乾德元年（963），析武陵县，按转运使张咏的建议，以其地有桃花源而置桃源县。县治由沅水南岸迁至沅水北岸，隶属朗州。宋真宗大中祥符五年（1012），朗州改名为鼎州，桃源随之改属鼎州。宋孝宗乾道元年（1165），桃源属由鼎州改置的常德府。元成宗元贞元年（1295），升桃源为州，属常德路。明太祖洪武二年（1369），复改常德为府，桃源仍降为县。清初因明之制，清圣祖康熙三年（1664），桃源县属湖南布政使司岳常澧道常德府。

清道光《桃源县志》载“旧县志外八景”（桃邑近城之景）：桃川仙隐、白马雪涛、绿萝晴画、梅溪烟雨、楚山春晓、漳江夜月、浔阳古寺、潼汸晚渡。

[桃川仙隐]

清光绪《桃源县志》“八景各图”载“桃川仙隐”，“卷之一·附八景”载：此即统括渊明《记》中渔郎入桃花林，遇避秦人事也。

清嘉庆《常德府志》载“桃花源图”

[白马雪涛]

清光绪《桃源县志》“八景各图”载“白马雪涛”，“卷之一·附八景”载：县南二十里，白马山下涛汹涌作雪状。

[绿萝晴画]

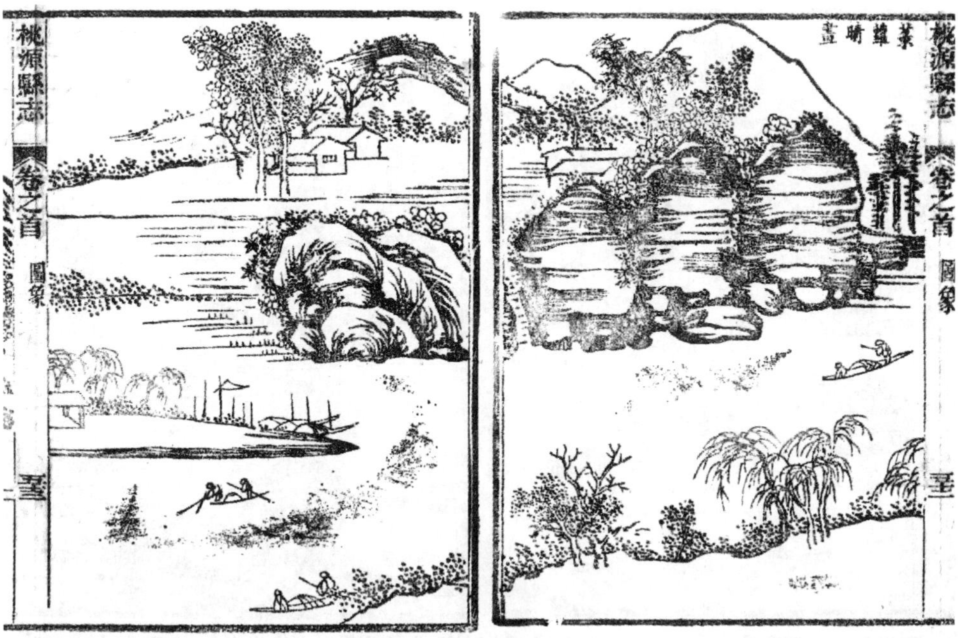

圖 清光绪《桃源县志》“八景各图”载“绿萝晴画”，“卷之一·附八景”载：县南五里，峭岩削立具画理，雨时常有晴色。

［梅溪烟雨］

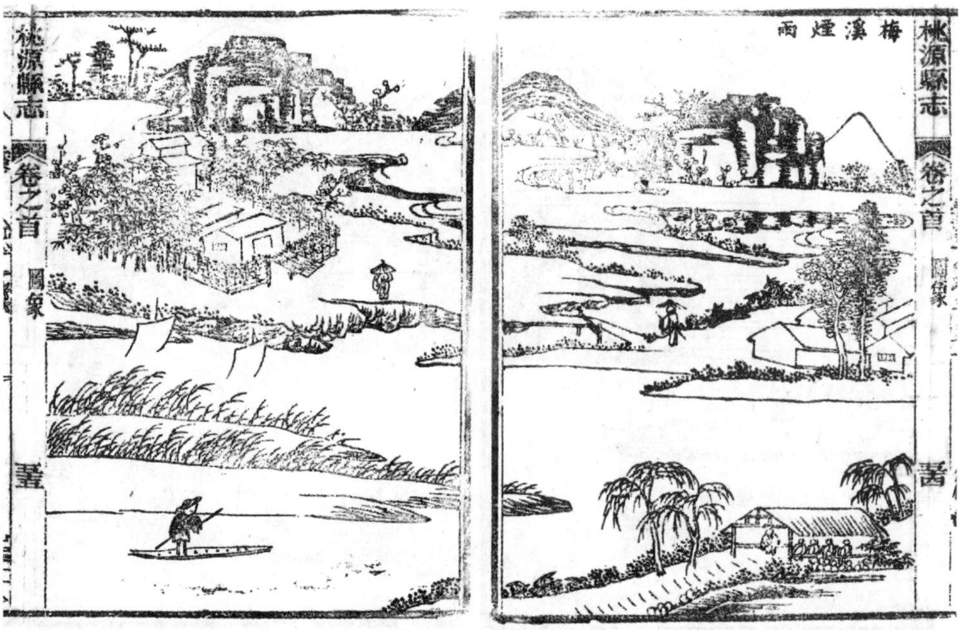

清光绪《桃源县志》“八景各图”载“梅溪烟雨”，“卷之一·附八景”载：县南四里，虽久晴，溪中烟生如雨。

［楚山春晓］

清嘉庆《常德府志》载“楚山图”

清光绪《桃源县志》“八景各图”载“楚山春晓”，“卷之一・附八景”载：县东二里，有小山如釜，曰楚山。当春花木先发，鸡鸣亦先村市。

［漳江夜月］

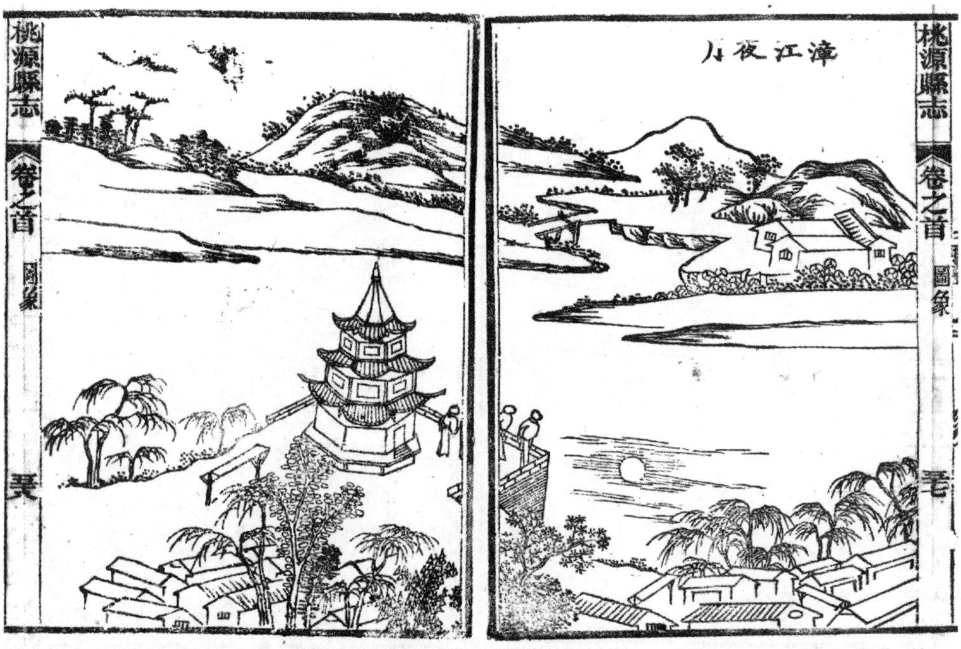

清光绪《桃源县志》“八景各图”载“漳江夜月”，“卷之一·附八景”载：旧传漳江江底晦朔有月光，渔人夜棹时或见之，旋失所在。

[浔阳古寺]

㗊 清光绪《桃源县志》“八景各图”载“浔阳古寺”，“卷之一・附八景”载：县东三里，寺兴废不知何时，每烟雨薄暮，隐闻钟声。乾隆间复建，寺内古井水时有剑气，如星月光，宵分隐见半空中，故又名龙泉寺。

[潼舫晚渡]

圖 清光绪《桃源县志》“八景各图”载“潼舫晚渡”

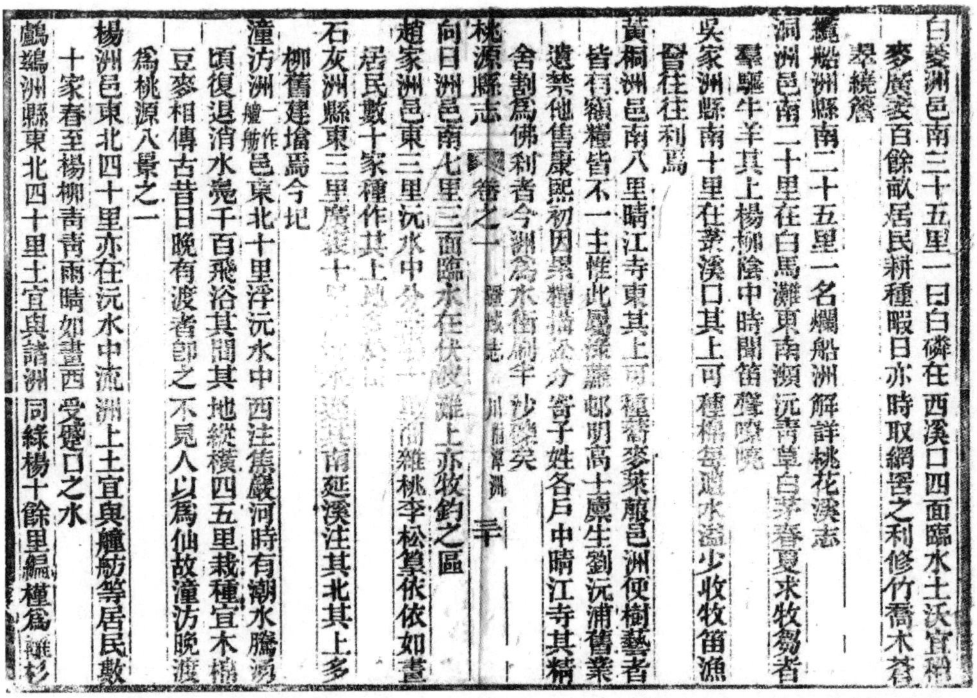

白蔆洲邑南三十五里一曰白磷在西溪口四面臨水土沃宜種
麥廣袤百餘畝居民耕種暇日亦時取網罟之利修竹喬木蒼
翠繞簷
爛船洲縣南二十五里一名爛船洲解詳桃花溪志
洞洲邑南二十里在白馬灘東南瀕沅青草白茅春夏求牧芻者
羣驅牛羊其上楊柳陰中時聞笛聲嘹喨
吳家洲縣南十里在萊溪口其上可種棉蓄避水溢少收牧笛漁
登往往利焉
黃桐洲邑南八里晴江寺東其上可種蒔麥菽蔬邑洲便樹藝者
皆有穢糧皆不一主惟此屬蔬圃邸明高士盧生劉沅浦舊業
遺禁他售康熙初因累糧攤[illegible]分寄子姓各戶中晴江寺其精
舍割為佛剎者今洲為水衝刷半沙磧矣

桃源縣志 卷之一 疆域志 川福潭洲 丰

向日洲邑南七里三面臨水在伏波灘上亦牧釣之區
趙家洲邑東三里沅水中分[illegible]兩[illegible]雜桃李松篁依依如畫
居民數十家種作其上[illegible]
石灰洲縣東三里廣袤十[illegible]南延溪注其北其上多
柳舊建埆焉今圮
潼汸洲一作艟舫邑東北十里浮沅水中西注焦巖河時有潮水騰湧
頃復退消水鳧千百飛浴其間其地縱橫四五里栽種宜木棉
豆麥相傳古昔日晚有渡者即之不見人以為仙故潼汸晚渡
為桃源八景之一
楊洲邑東北四十里亦在沅水中流洲上土宜與艟舫等居民數
十家春至楊柳青青雨晴如畫西受甓口之水
鸕鶿洲縣東北四十里土宜與諸洲同綠楊十餘里編槿為籬杉

圖 清光绪《桃源县志》载“潼汸洲”：一作艟舫，邑东北十里，浮沅水中，西注焦岩河，时有潮水腾涌，顷复退消，水凫千百，飞浴其间，其地纵横四五里，栽种宜木棉、豆麦。相传，古昔日晚有渡者，即之不见人，以为仙，故潼汸晚渡为桃源八景之一。

【新编桃源十二景】

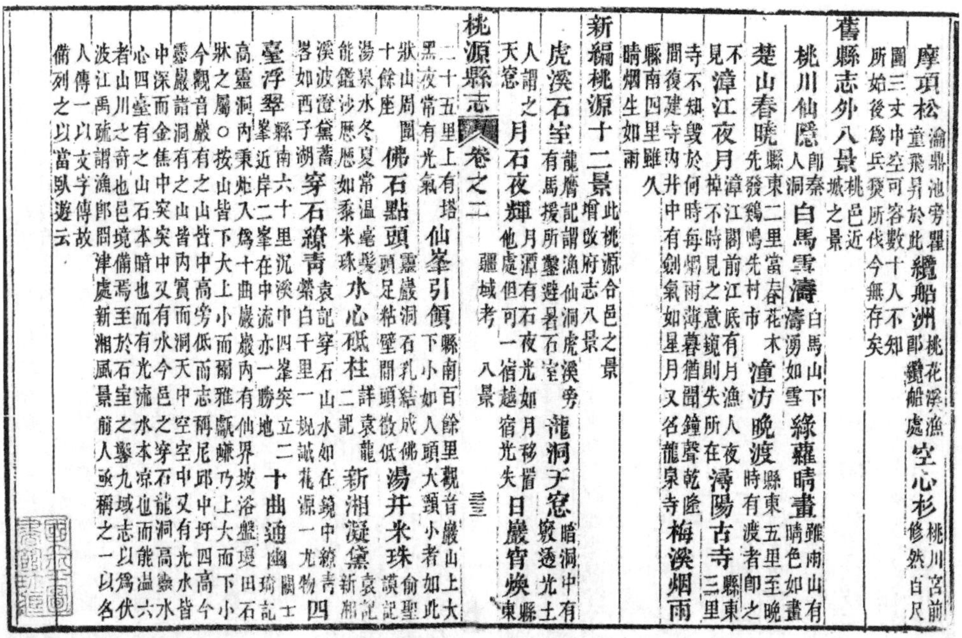

摩頂松（渝鼎池旁羅童飛昇於此）纜船洲（桃花溪漁郎纜船處）空心杉（桃川宮前修然百尺圍三丈中空可容數十人不知所始後爲兵燹所伐今無存矣）

舊縣志外八景（桃邑近城之景）

桃川仙隱（郎秦人洞）白馬雪濤（白馬山下濤湧如雪）綠蘿晴晝（雖雨山有晴色如畫）

楚山春曉（縣東二里當春花木先發雞鳴先村市）漳汸晚渡（縣東五里至晚時有渡者即之不見）

漳江夜月（漳江閣前江底有月漁人夜棹不時見之意境則失所在）澪陽古寺（縣東三里寺不知毀於何時每烟雨薄暮猶聞鐘聲乾隆間復建寺內井中有劍氣如星月又名龍泉寺）梅溪烟雨（縣南四里雖久晴烟生如雨）

新編桃源十二景（此桃源合邑之景增改府志八景）

虎溪石室（龍膺記謂漁仙洞虎溪旁有馬援所鑿避暑石室）瀧洞天窗（暗洞中有竅透光土人謂之天窗）月石夜輝（月潭有石夜光如月移置他處但可一宿越宿光失）日巖宵煥（縣東二十五里上有塔黑夜常有光氣）

桃源縣志　卷之二　疆域考　八景　亖

仙峯引領（縣南百餘里觀音巖山上大下小如人頭大頸小者如此狀山周圍十餘座）佛石點頭（靈巖洞石乳結成佛頭足粘壁間頭微低）湯井米珠（俞聖讀記湯泉水冬夏常溫毫髮能鑑沙歷歷如黍米珠）水心砥柱（詳袁龍二記）新湘凝黛（袁記新湘溪波澄黛蓄畧如西子湖）穿石繚青（袁記穿石一山水如在鏡中繚青縈白千里一規誠如花源一尤物）四臺浮翠（縣南六十里沉溪中四峯突立二峯近岸二峯在中流亦一勝地）十曲通幽（闢士琦訖）

高靈洞內秉炬入爲十曲巖巖內有仙界坡浴盤璝田石狀之屬○按山皆下大上小而爾雅甗嵰乃上大而下小今觀音巖有之山皆中高旁低而志稱尼邱中坪四高今靈巖諸洞有之山皆內實而洞天中空空中又有光水皆中深而金焦中突突中又有水今邑之穿石能洞高數水心四臺有之山石本暗也而有光流水本涼也而能温六者山川之奇也邑境備焉至於石室之擊九域志以爲伏波江禹疏謂漁郎問津處新湘風景前人亟稱之一以名人傳一以文字傳故備列之以當臥遊云

▣ 清同治《桃源县志》载“新编桃源十二景”：此桃源合邑之景，增改《府志》八景。

常德卷

[虎溪石室]

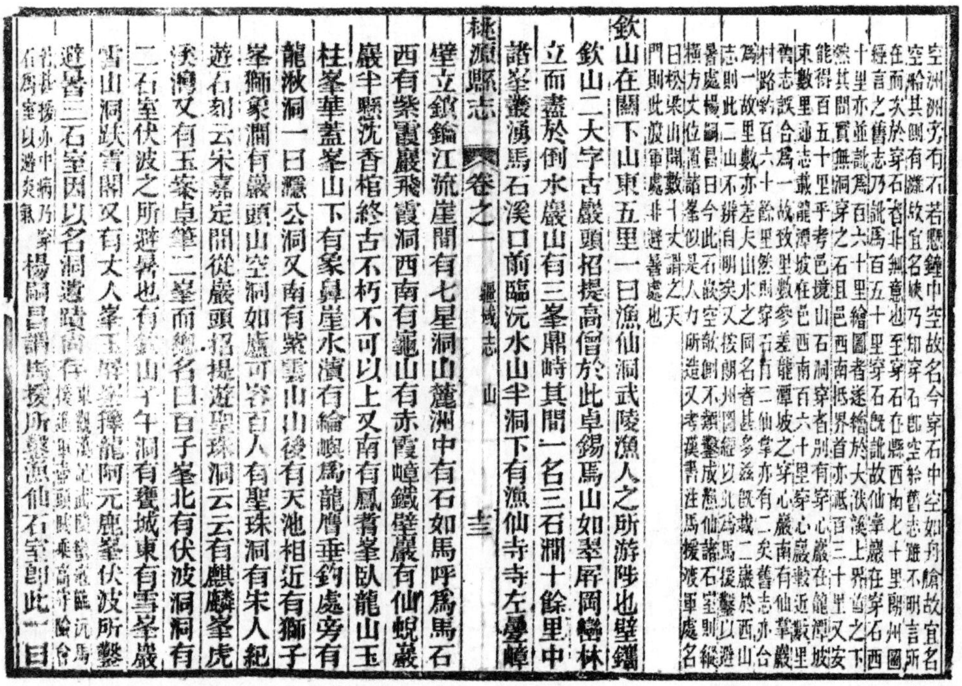

空洲洲旁有石若懸鐘中空故名今穿石中空如舟艙故宜名空舲其側有灘故宜名峽乃知穿石即空舲舊志避不明言所在而矣於穿石者非無意也至穿石在縣西南七十里朗州圖經言之舊志乃訛爲百五十里穿石既訛故仙掌巖在穿石西十里亦並訛爲百六十里繪圖者遂繪於大洑溪上界首之下然其間實無洞穿之石且邑西南抵界首亦祇百三十里又安能得百五十里乎考邑境山石洞穿者別有穿心巖在龍潭坡東數里通志載龍潭坡在邑西南百六十里穿心巖數近里舊志誤合爲一故致里數參差龍潭坡之穿心巖南有仙掌巖村路約百六十餘里然與穿石有二仙掌亦有二矣舊志亦合爲一故里數亦差夫山水之同名者甚多茲既載二巖於西山志則此二山不辨自明矣又按朗州圖經以爲馬援鑿以避暑處楊嗣昌曰今此石嵌空敧側不類鑿成爲仙諸石室則縱横方丈位置諸峯似是人力所造又考漢書注馬援波軍處名日松梁山開數十丈謂之天門則此波軍處非避暑處也

欽山在關下山東五里一曰漁仙洞武陵漁人之所游陟也壁鐫欽山二大字古巖頭招提高僧於此卓錫馬山如翠屏罔巒林立而盡於倒水巖山有三峯鼎峙其間一名三石淵十餘里中諸峯叢湧馬石溪口前臨沅水山半洞下有漁仙寺寺左疊嶂

桃源縣志　卷之一　疆域志　山　十三

壁立鏡鑰江流崖間有七星洞山麓洲中有石如馬呼爲馬石西有紫霞巖飛霞洞西南有龜山有赤霞嶂鐵壁巖有仙蜺巖巖半懸洗香棺終古不朽不可以上又南有鳳着峯臥龍山玉柱峯華蓋峯山下有象鼻崖水濆有綸軋爲龍膺垂釣處旁有龍湫洞一曰隱公洞又南有紫雲山山後有天池相近有獅子峯獅象澗有巖頭山空洞如廬可容百人有聖珠洞有宋人紀遊石刻云宋嘉定間從巖頭招提遊聖珠洞云云有麒麟峯虎溪灣又有玉簪卓筆二峯而總名曰白子峯北有伏波洞洞有二石室伏波之所避暑也有欽山子午洞有甕城東有雪峯巖雪山洞趺雪關又有丈人峯玉屏峯擎龍阿元鹿峯伏波所鑿避暑二石室因以名洞遺蹟尚存東觀漢記武陵蠻亂沅馬援進軍壺頭賊乘高守隘暑甚援亦中病乃穿岸爲室以避炎氣楊嗣昌謂馬援所鑿漁仙石室即此一曰

清光绪《桃源县志》载“渔仙洞”。清同治《桃源县志》载“虎溪石室”：龙膺《记》谓渔仙洞，虎溪旁有马援所凿避暑石室。

[龙洞天窗]

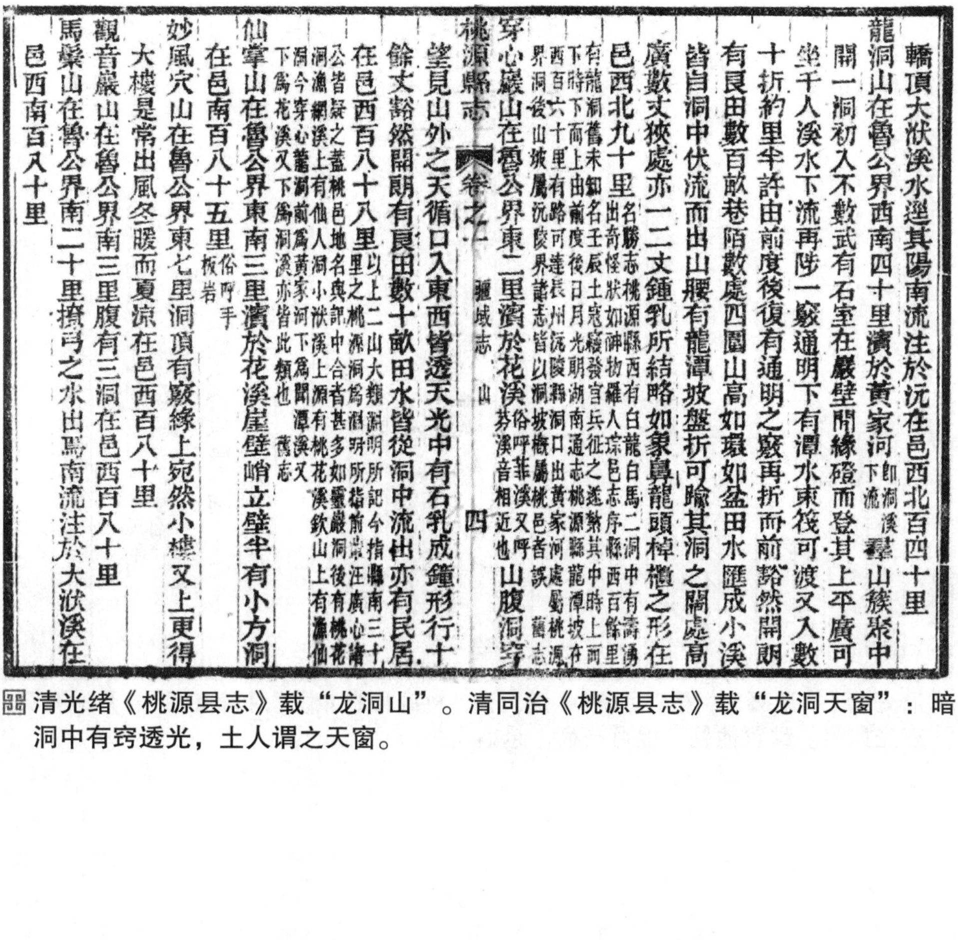

轎頂大洑溪水逕其陽南流注於沅在邑西北百四十里
龍洞山在魯公界西南四十里濱於黃家河即洞溪下流羣山簇聚中
開一洞初入不數武有石室在巖壁間緣磴而登其上平廣可
坐千人溪水下流再陟一竅通明下有潭水束筏可渡又入數
十折約里半許由前竅復有通明之竅再折而前豁然開朗
有良田數百畝巷陌數處四圍山高如環如盆田水匯成小溪
皆自洞中伏流而出山腰有龍潭坡盤折可踰其洞之闢處高
廣數丈狹處亦一二丈鍾乳所結略如象鼻龍頭棹櫓之形在
邑西北九十里名勝志桃源縣西有白龍白馬二洞中有壽湧出奇怪狀如神物羅人琮邑志序縣西百餘里有龍洞舊未知名壬辰土寇竊發官兵征之遂繫其中時上而下時下而上由前度後日月光明湖南通志桃源縣龍潭坡在西百六十里有路可達長州沅陵縣洞口出黃家河處屬桃源界洞後山坡屬沅陵界諸志皆以洞坡概屬桃邑者誤 舊志
穿心巖山在魯公界東二里濱於花溪俗呼菲溪又呼芬溪音相近也山腹洞穿

桃源縣志 卷之一 疆域志 山 四

望見山外之天循口入東西皆透天光中有石乳成鐘形行十
餘丈豁然開朗有良田數十畝田水皆從洞中流出亦有民居.
在邑西百八十八里以上二山大類淵明所記今指縣南三十里之桃源洞為淵明所指前崇汪廣心諸公皆疑之蓋桃邑地名與記中合者甚多如靈巖洞後有桃花洞漁網溪上有仙人洞小洑溪上源有桃花溪欽山上有漁仙洞今穿心巖洞前為黃家河下為聞潭溪又下為花溪又下為洞溪亦皆此類也 舊志
仙掌山在魯公界東南三里濱於花溪崖壁峭立壁半有小方洞
在邑南百八十五里俗呼手板岩
妙風穴山在魯公界東七里洞頂有竅緣上宛然小樓又上更得
大樓是常出風冬暖而夏涼在邑西百八十里
觀音巖山在魯公界南三里腹有三洞在邑西百八十里
馬鬃山在魯公界南二十里擠弓之水出焉南流注於大洑溪在
邑西南百八十里

清光绪《桃源县志》载“龙洞山”。清同治《桃源县志》载“龙洞天窗”：暗洞中有窍透光，土人谓之天窗。

常德卷

［月石夜辉］

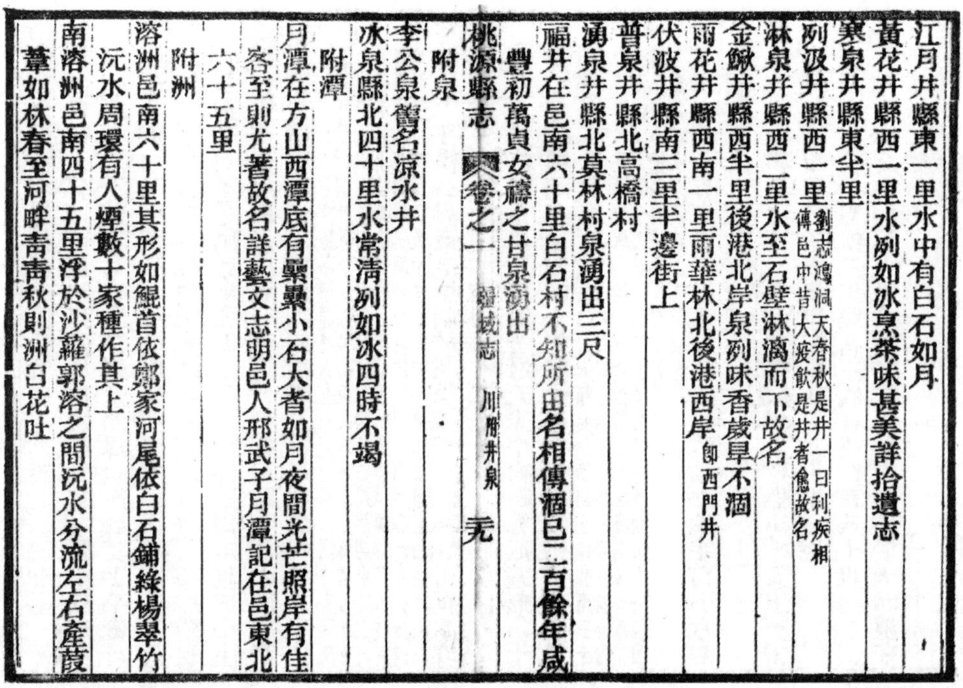

江月井縣東一里水中有白石如月
黃花井縣西一里水冽如冰烹茶味甚美詳拾遺志
寒泉井縣東半里
冽汲井縣西一里劉志鴻洞天春秋是井一日利疾相傳邑中昔大疫飲是井者愈故名
淋泉井縣西二里水至石壁淋漓而下故名
金鰍井縣西半里後港北岸泉冽味香歲旱不涸
雨花井縣西南一里雨華林北後港西岸卽西門井
伏波井縣南三里半邊街上
普泉井縣北高橋村
湧泉井縣北莫林村泉湧出三尺
福井在邑南六十里白石村不知所由名相傳涸已二百餘年咸
豐初蔣貞女禱之甘泉湧出

桃源縣志　卷之一　疆域志　川附井泉　元

附泉
李公泉舊名涼水井
冰泉縣北四十里水常清冽如冰四時不竭
附潭
月潭在方山西潭底有纍纍小石大者如月夜間光芒照岸有佳
客至則尤著故名詳藝文志明邑人邢武子月潭記在邑東北
六十五里
附洲
溶洲邑南六十里其形如鯤首依鄭家河尾依白石鋪綠楊翠竹
沅水周環有人煙數十家種作其上
南溶洲邑南四十五里浮於沙羅郭溶之間沅水分流左右產葭
葦如林春至河畔青青秋則洲白花吐

清光绪《桃源县志》载“月潭”。清同治《桃源县志》载“月石夜辉”：月潭有石，夜光如月。移置他处，但可一宿，越宿光失。

[日岩宵焕]

桃源縣志　卷之一　疆域志　山　十一

道書所謂二十四福地其東有峯曰筆架山在邑南十里山水記菜

蘿峯稜削出纖而不怒其左右翼皆奔趨如連手相縈又如頭頂相倚自縣斜對之龍青掩碧大似南宮烟雨圖胡世甯滌蘿山記蘿蘿山中空伺人語即應應連如語足踏之有聲水經注云怒綠幽絕浮響若鐘即此是也○青湘溪宜臥看如展卷絲蘿山宜劍看如佩劍此按淤善名狀

埜山在燕子巖東三里狹而卑圓如彈丸然春草先發曉雞先鳴

在邑東南四里舊志參洞天圖志

文溪山在燕子巖東二里一名龍窩山峻嶺高聳山半有泉四時

不竭是曰文溪有文石五色玲瓏文如指上螺紋是在邑東南

五里

伏金山在燕子巖東十里一曰覆甑一曰福慶其上多金沅水逕

於其陰在邑東十五里

曜日巖在燕子巖東北二十里羣峯逸邐蜿蜒臨江邑人建塔其

上東南有山曰千岡在邑東二十五里塔自嘉靖庚子始已卯知縣陳震袁智修乃竣○按野客青鞋記以此爲蔡巖支派則凡楚山雖日皆可蔡以蔡巖之名今俗專指三峯如削者村一隅耳

豆青山在燕子巖東五里一曰杜青四山環繞一峯矗然周遭砥

平笑咳則響應有小石圓瑩多紅白斑謂昔貞女豆青思夫而

死其淚著石漬成也有泉鳴咽聽之哀切有井清澈男子汲則

泛濁女子汲則香冽內有豆家冲夜中時聞琴簫剪刀之聲有

坡曰相思坡在邑東三十里今曜日巖東杜青村杜青隈杜豆字訛皆因貞女而得名也

右中山志凡十一山曲折一百一十里沅水以南濱沅一支

山脊皆統於燕子巖山

中次山志之首曰闕下之山一曰腳底痕山跨仙人溪西沅水之濱羣巒

聳峭鎖鑰衆流在邑西南九十里此支所記乃沅水北濱沅之山○邑西南至卜袱溪乃溝百二十里水心巖在其東二十里祇一百里仙人溪又在其東祇九十里舊志乃以小袱水心劃下概作一百二十里者疏也

桃源縣志　卷之一　疆域志　山　十一

囧 清光绪《桃源县志》载“曜日岩”。清同治《桃源县志》载“日岩宵焕”：县东二十五里，上有塔，黑夜常有光气。

[仙峰引领]

昔其竈也酈注又云夷水南出夷山北流注沅夾山壺頭夫夷水在沅水南則夷山亦在沅水南……頭則壺頭亦在沅水南矣而繪圖者或謬沅北誠伏……頭在沅北則夷山在南中隔沅江安能相接乎余嘗泝……清浪雷洞之間竊見沅南北皆高山但南岸高山略遠人豈以其稍遠遂疑無高山以當之歟其亦疎矣○此下……一支乃沅水南近安化之山

其首曰重山山海經云南山經之首曰鵲山其首曰招搖之山既曰南山經之首又曰其首者一山衍爲數峯也今用其例夷望之水出焉而東北流注於沅是在邑西南百九十里參水經注及舊志水經注夷望水南出重山遠注沅今水心巖南夷望溪有二源而西源爲正西源又自有三源名三渡水一渡水出沅陵界之山即重山也岡巒絡而三渡二渡之水源出皆其峯派所亘山峯迴環重複故名重山按此即壺頭之東北麓水經不曰出壺頭而曰重山者統之則皆爲壺頭分之則東北麓稱重山也

東北十里曰高崖之山峻絕不可以上是有石磴將軍蔡鐖棨攻辰龍關之所鑿也詳編年關隘旁有砲子巖巖壁有砲子擊

桃源縣志　卷之二　疆域考　山　二

痕大如盤小如柸焉是在邑西南百八十里增

又東北四十里曰仙人洞山諸山空洞俗謂灰窰洞舊有洞外狹內闊中有溪流伏溪中伏至祟陽坪流出近被燒瓦者鑿頂填塞知縣譚震封禁是在邑西南百四十里相近有華池山山頂有池舊有犀牛飲其中增

又東十里曰觀音巖山山上大下小不可以上旁環十餘峯亦皆上大而下小是曰甗錡是在邑西南百三十里增

北二十里曰焦林之山峯巘層疊環繞溪流溪源有坪廣圓一里羣山周如城闕中有巷陌焦溪出焉北流注于夷望之水是在邑西南百二十里相近有金鳳之山下有深峽龍湫禱雨者輒應焉參舊志闕記

又北十里曰彝壘之山……

清道光《桃源县志》载“观音岩”。清同治《桃源县志》载“仙峰引领”：县南百余里，观音岩山，上大下小，如人头大颈小者，如此状山周围十余座。

［佛石点头］

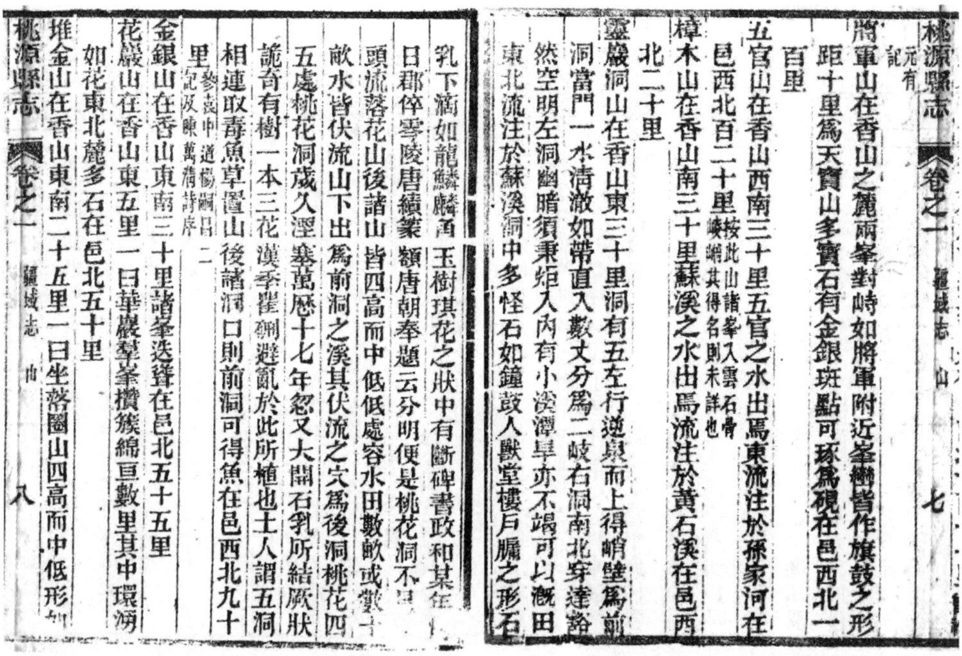

桃源縣志　卷之一　疆域志　山　七

元有記

將軍山在香山之麓兩峯對峙如將軍附近峯巒皆作旗鼓之形距十里爲天寶山多寶石有金銀斑點可琢爲硯在邑西北一百里

五官山在香山西南三十里五官之水出焉東流注於孫家河在邑西北百二十里按此山諸峯入雲石骨峻峭其得名則未詳也

樟木山在香山南三十里蘇溪之水出焉流注於黃石溪在邑西北二十里

靈巖洞山在香山東三十里洞有五左行逆泉而上得峭壁爲前洞當門一水清澈如帶直入數丈分爲二岐右洞南北穿達豁然空明左洞幽暗須秉炬入內有小溪潭旱亦不竭可以溉田東北流注於蘇溪洞中多怪石如鐘鼓人獸堂樓戶牖之形石乳下滴如龍鱗麟角玉樹琪花之狀中有斷碑書政和某年日郡倅零陵唐續篆額唐朝奉題云分明便是桃花洞不[illegible]頭流落花山後諸山皆四高而中低低處容水田數畝或數十畝水皆伏流山下出爲前洞之溪其伏流之穴爲後洞桃花四五處桃花洞歲久湮塞萬歷十七年忽又大闢石乳所結厥狀詭奇有樹一本三花漢季瞿硎避亂於此所植也土人謂五洞相連取毒魚草置山後諸洞口則前洞可得魚在邑西北九十里參戎中道楊嗣昌記及陳萬藩詩序

金銀山在香山東南三十里諸峯迭聳在邑北五十五里

花巖山在香山東五里一曰華巖羣峯攢簇綿亘數里其中環湧如花東北麓多石在邑北五十里

堆金山在香山東南二十五里一曰坐落團山四高而中低形如

桃源縣志　卷之一　疆域志　山　八

清光绪《桃源县志》载“灵岩洞”。清同治《桃源县志》载“佛石点头”：灵岩洞石乳结成佛头，足粘壁间，头微低。

[汤井米珠]

既而四境晏然百姓安堵不動甲冑而措一郡於泰山之
安節何如也功何如也今者我公將解組去合郡士民臥
轍攀轅哀籲陳情　督　撫大臣以我公之節與功上之
天子　諭下部議爲去爲留恩出自
上而吾合郡士民感激愛戴之忱因合億兆人歷之千百禩
仰公之節與功而未有涯也爰勒瑱石以傳不朽云

聖水泉記　俞益謨

海內之爲溫泉者多矣余征車所至其以身試者百之一
二耳聞者十之六七大抵硫石所蒸氣常觸鼻非酷熱難
親則微溫漸冷淆於清濁之間莫辨眞正之味者比比皆
然而非所語於斯泉也泉在楚桃源境雖載邑乘而[illegible]

甯手一語不但不能狀泉之勝且以掩泉之美載筆草草
致靈源抱屈者不計年所矣余駐節武陵距泉百一十里
許寒暑六更泉名不聞於耳戊子秋仲永定包將來謁爲
余具述厥概余越重陽二日偕友人策騎來過相與捕帳
振衣踪跡泉所泉鏗然出石罅間覆石屋如槁甕水次位
石六七枚光怪滑澗可坐而不可置足約其修廣卽以位
配浴人多則無所容余最先入始若春風拂面旣而芳氣
怡人水之下毫髮能鑑沙歷歷如黍米珠水之上潔不受
汚垢觸之如浮翳過虛略無留滯溫而處中甘而可飲浴
竟膚若柔脂百骸交暢余所身試者絕未嘗有耳聞者罕
能相類時有感冒風寒及肩背痾疾者浴之一汗而愈余

言憩信宿猶徘徊顧戀不欲遽去衆請余肇錫嘉名余曰
人有片善寸長者易爲節取斯泉之美難可具陳姑表其
最著有十二焉其氣芳潔無硫臭也其質淸明鑑毫髮也
其性溫不作酷熱也其情貞迥不留汚也瑩白而無間者
泉之色甘淡而可飲者泉之味沉痾一浴而愈垢穢一濯
而新又泉之功用效驗者也不特此也潦不加盈旱不爲
涸暑宜加炎乃退熱以就溫冬應覺冷反增溫而加熱雖
二氣伏洩之自然回天威以遂人願非神化無方者如是
乎至於幽僻自甘不屑爲車塵馬跡之所物色則又高人
隱君子之行宇宙不一二覯者因思夫人之至者謂之聖
物之佳者亦謂之聖酒有上聖中聖之號聖水名泉當乎

否耶衆爲擊節稱善余因建其亭名曰日新且額以聯曰
知者樂水仁者樂山到此境乃昧聖人之教猜兮濯纓濁
兮濯足坐斯亭且聽孺子之歌

重修桃川宮碑記　俞益謨

桃川宮歷秦漢迄今近二千歲餘矣其間世運之隆替人
事之變遷滄桑互更安危匪一而桃川之棟宇巍然仙跡
燦然豈皆晉世棟楹之盛唐代田畝之廣與自古耗斁無
世無之剏茲皇華扎衢匪曰河山莫不廢易然而廢者無
如世興者存乎人前代之廢而興興而廢者俱勿論矣近
今明末一廢深爲可慨棟楹之華殆爲灰燼牆砌之麗盡
爲焦土於戲噫嘻靑松落蔭誰與侶丹遝荒凉徙廷佇歸

清道光《桃源县志》载“俞益谟《圣水泉记》”。清光绪《桃源县志》载“汤井米珠”：井俗呼热水坑，其泉冬夏常温，毫发可鉴。白沙历历如黍米珠，康熙间湖广提督俞益谟改名圣水泉，有《记》。

[水心砥柱]

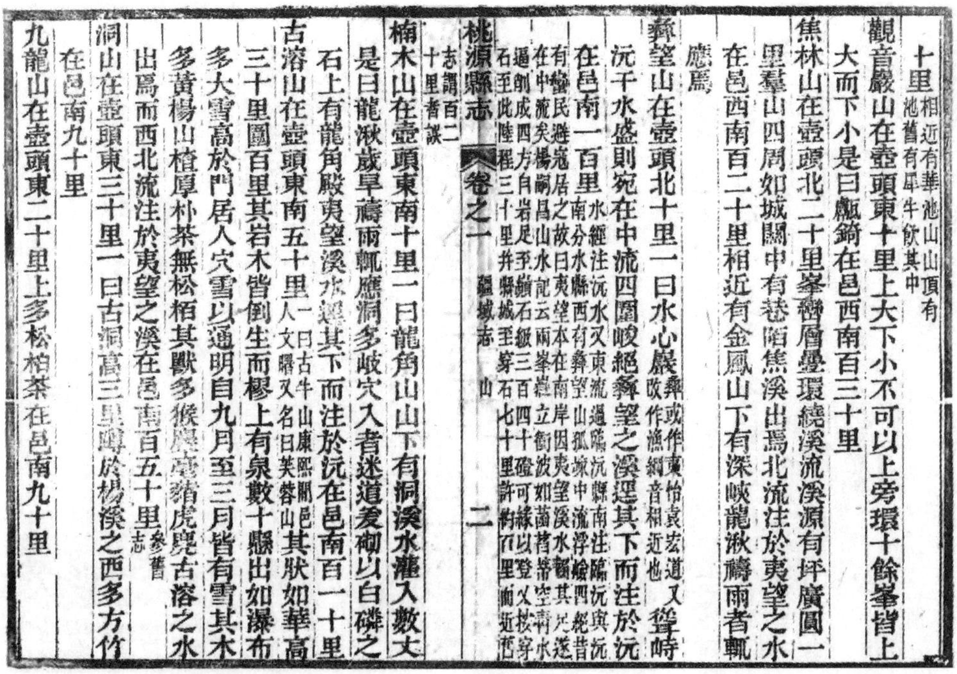

十里（相近有華池山山頂有池舊有犀牛飲其中）

觀音巖山在壺頭東十里上大下小不可以上旁環十餘峯皆上大而下小是曰甑錡在邑西南百三十里

焦林山在壺頭北二十里峯巒層疊環繞溪流溪源有坪廣圓一里羣山四周如城闕中有毖陷焦溪出焉北流注於夷望之水在邑西南百二十里相近有金鳳山下有深峽龍湫禱雨者輒應焉

彝望山在壺頭北十里一曰水心巖（彝或作夷怡袁宏道又改作漁網音相近也）聳峙沅干水盛則宛在中流四圍峻絕彝望之溪逕其下而注於沅在邑南一百里（水經注沅水又東流過臨沅縣南注臨沅與沅南分水縣西有彝望山孤竦中流浮險四絕昔有蠻民避寇居之故曰夷望本在南岸因夷望溪水齧其足遂在中流矣楊嗣昌山水記云兩峯矗立劖波如菡萏帶空削水通劍成四方自岩足至巔級三百四十磴可緣以登又拔穿石至此陸程三十里并縣城至穿石七十里許約百里而近芭）

桃源縣志　卷之一　疆域志　山　二

（志謂百二十里者誤）

楠木山在壺頭東南十里一曰龍角山山下有洞溪水灌入數丈是曰龍湫歲旱禱雨輒應洞多岐穴入者迷道爰砌以白磔之石上有龍角殿夷望溪水經其下而注於沅在邑南百一十里

古溶山在壺頭東南五十里（一曰古牛山康熙閒邑人文曙又名曰芙蓉山）其狀如華高三十里圍百里其岩木皆倒生而樛上有泉數十懸出如瀑布多大雪高於門居人穴雪以通明自九月至三月皆有雪其木多黃楊山檟厚朴茶無松栢其獸多猴猨麂豬虎兕古溶之水出焉而西北流注於夷望之溪在邑南百五十里（參舊志）

洞山在壺頭東三十里一曰古洞高三里𡊨於楊溪之西多方竹在邑南九十里

九龍山在壺頭東二十里上多松柏茶在邑南九十里

清光绪《桃源县志》载“彝望山”：在壶头山北十里，一曰水心岩（彝或作夷、怡。袁宏道又改作渔网，音相近也），耸峙沅干，水盛则宛在中流，四围峻绝，彝望之溪迳其下而注入沅。

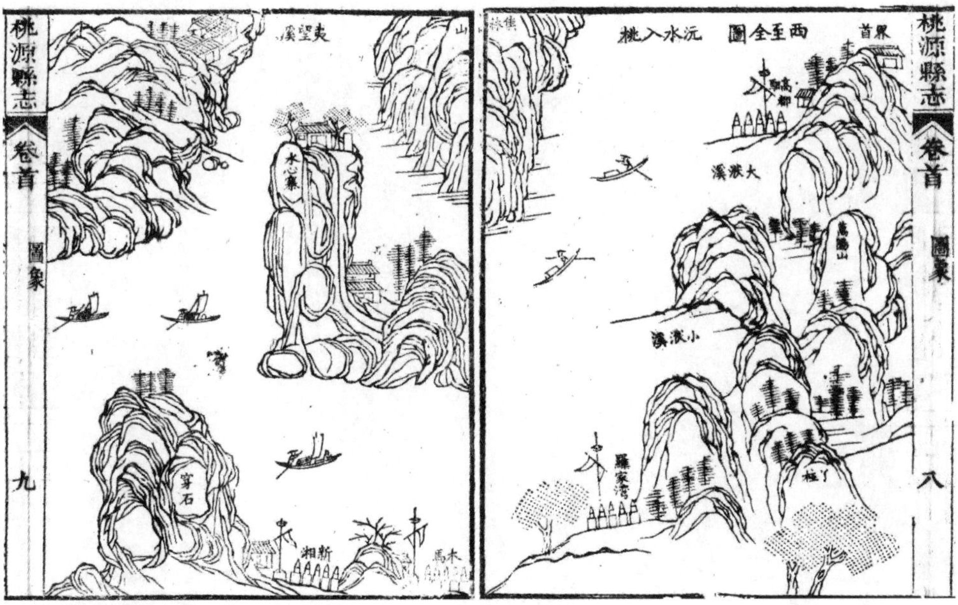

清道光《桃源县志》“西至全图”载“水心寨”

[新湘凝黛]

彝望溪邑南百里水經注南出重山遠注沅水今溯其源在新店驛東南則自安化界之茶溪木王溪古溶溪並陳家溪鐵山溪下欄溪諸水逕焦陵坪在新店驛西北則自沅陵界之辰龍關並三渡水蘇黃溪大馬溪木石溪李子溪諸水逕焦陵坪與東南諸水合流至水心崖而入沅彝望溪有三源南源出沅陵界合木王溪茶溪至甯鄉鋪北而合西源西源曰三渡水一渡自沅陵東南來百餘里二渡自南來三渡自北來合於長龍關之東東流至甯鄉鋪西又西北流十餘里抗而東北與南源合又東北逕太平鋪新店驛紫帶諸水東流過三源潭而合東源東源出安化界之古溶山下會茶庵黃棲坪鐵山溪龍打窖萬福菴北流注潮水菴而合三源潭之水合流逕木石溪焦林山楠木山至夷望山出水心崖而入沅三源唯西源二渡水最長大為正源夷望山下水際有墨石可以作書

小仙人溪邑西南九十里源出梁王山南流入沅大仙人溪源出火石崖西南流逕銅柱山西又南流至闔下山東入沅水經注謂闔溪一謂千人溪相傳隔岸有石千人曳之不動故名袁中

桃源縣志　卷之一　疆域志　川　圭

郎記仙人灘上碣石平滑如一方雪卽此

梅子溪邑西南九十五里源出新店驛北山中西北流繞馬頭山西北流入沅

新湘溪邑南八十里一名清湘源出花崖山枬木嶺間歷火麻溪口入沅沅水至此聚青澄碧衆山圍東如池漭然沙石多白酈水經武陵記所謂明月池也碧潭鏡澈百尺見底素巖若雪松如插翠流風叩角有絲竹之韻袁宏道記云新湘溪衆山東水如不欲去波澄黛蓄澹冶相得略如西子湖闕士琦山水記云沅水有南岸山佳者有北岸山佳者南北岸佳者獨清湘林壑細潤百媚横生穿石態具而色不足清湘色態雙美

馬石溪在穿石之東邑西南六十里源出欽山溪上有石如馬溯馬石而上為穿石馬石溪在其東

清光绪《桃源县志》载“新湘溪”。清同治《桃源县志》载“新湘凝黛”：袁《记》：新湘溪，波澄黛蓄，略如西子湖。

[穿石缭青]

▣ 清嘉庆《常德府志》载“穿石图”。清同治《桃源县志》载“穿石缭青”：袁《记》：穿石山，水如在镜中，缭青萦白，千里一规，诚桃花源一尤物。

［四台浮翠］

清道光《桃源县志》“南至全图”载“沅溪入沅”

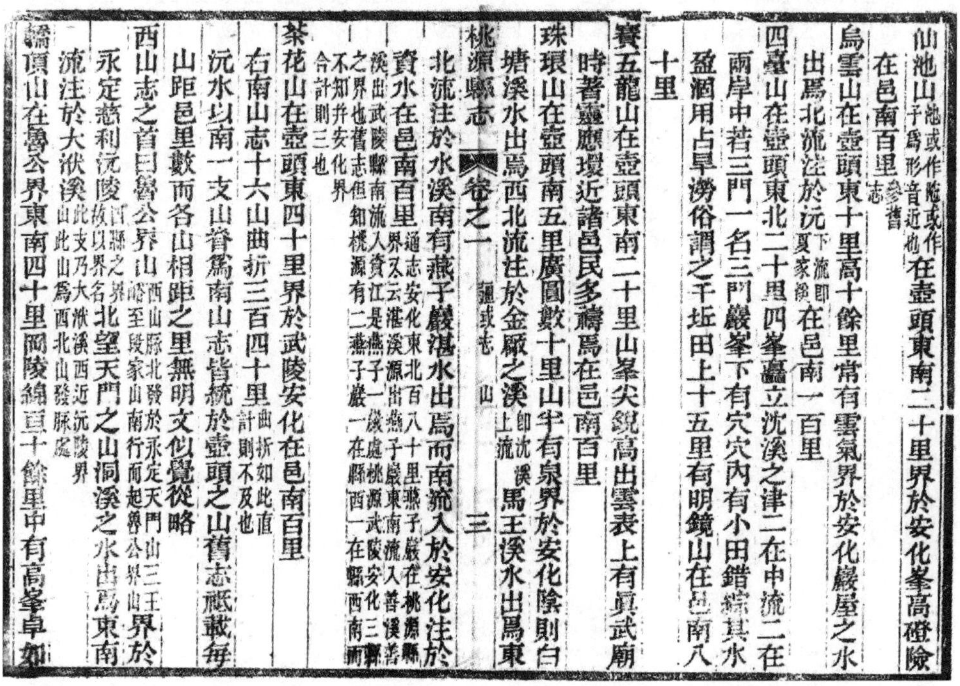

仙池山（池或作隴或作子爲形音近也）在壺頭東南二十里界於安化峯高磴險在邑南百里（志參舊）

烏雲山在壺頭東十里高十餘里常有雲氣界於安化巖屋之水出焉北流注於沅（下流即夏家溪）在邑南一百里

四臺山在壺頭東北二十里四峯矗立沅溪之津二在中流二在兩岸中若三門一名三門巖峯下有穴穴內有小田錯綜其水盈涸用占旱澇俗謂之千坵田上十五里有明鏡山在邑南八十里

寶五龍山在壺頭東南二十里山峯尖銳高出雲表上有眞武廟時著靈應環近諸邑民多禱焉在邑南百里

珠璣山在壺頭南五里廣圓數十里山半有泉界於安化除則白塘溪水出焉西北流注於金厰之溪（即沅溪上流）馬王溪水出焉東北流注於水溪南有燕子巖湛水出焉而南流入於安化注於資水在邑南百里（通志安化東北百八十里燕子巖在桃源縣界又云湛溪源出燕子巖東南流入普溪者溪出武陵縣南流入資江是燕子一巖處桃源武陵安化三縣之界也舊志但知桃源有二燕子巖一在縣西一在縣西南而不知幷安化界合計則三也）

茶花山在壺頭東四十里界於武陵安化在邑南百里

右南山志十六山曲折三百四十里（曲折如此直計則不及也）沅水以南一支山脊爲南山志皆統於壺頭之山舊志祇載每山距邑里數而各山相距之里無明文似覺從略

西山志之首曰魯公界山（西山脈北發於永定天門山三王峪至段家山南行而起魯公界山）界於永定慈利沅陵（四縣之界故以界名）北望天門之山洞溪之水出焉東南流注於大洑溪（此支乃大洑溪西近沅陵界由此山爲西北山發脈處）

鑰頂山在魯公界東南四十里岡陵綿亘十餘里中有高峯卓如

桃源縣志 卷之一 疆域志 山 三

清光绪《桃源县志》载“四台山”。清同治《桃源县志》载“四台浮翠”：县南六十里，沅溪中四峰突立，二峰近岸，二峰在中流，亦一胜地。

［十曲通幽］

北山志之首曰金鶴洞山此支在黃石溪北慈利石門之界三面絕人迹一面臨
水攀緣可登上有洞穴凡三折有小石室廣三四尺再折昏險
不可行在邑西北百十里闞士琦金鶴洞記
千里巖山在金鶴東北三十里其巔最高可望永定石門慈利安
福在邑北百三十里
詹家山在金鶴東南十五里山頂左右有二大池左曰康家堰長
八十餘丈廣二百餘畝有巨魚長數丈有異黿其大如笠暴雨
輒出人莫敢餌右曰黃泥堰廣殺於左池五分之一冬夏有水
其西南有山曰青山在邑北一百里府志
靈旂山在金鶴東二十里山勢雄猛虧蔽日月此爲五雷山入慈利界南有
赤霞洞山洞深莫測在邑北百三十里
高靈洞山在金鶴東南十里洞門高廠內平而曲三面皆白石俯
桃源縣志　卷之一　疆域志　山　六
仰五十尺橫廣倍之洞右小穴二尺許有水流出燃炬入數十
折漸闊如堂房鍾乳所結怪石尤多又涉水四五折漸卑漸狹
僅可蛇行爲十曲巖又入有坡高數十尺中高而旁殺爲仙界
坡逾坡有石盤盤常有水名曰浴盤雩者取水焉稍右有瓊田
十二水時盈涸可占十二月旱澇再入愈狹遊者難進有入之
者行十餘里通赤霞洞山體空洞行其上有空中跫蹬聲洞中
多旁穴道易迷昔有竹工於此覩石門開闔信步入迷不得出
見星斗歷歷在巖壁間洞左右多空穴凡數十有湯泉出石穴
中溫如沸湯有冰泉其水常寒有米井石子隨水沸如米高靈
之水出焉南流注於湯溪其旁皆高山屏蔽天日其東有山洞
曰潮音洞以石投之先小而後大聽之如潮洞壁東南略通人
跡西則壁立千仞不可以登在邑北一百一十里闞士琦記參昔人府志

清光绪《桃源县志》载“高灵洞”。清同治《桃源县志》载“十曲通幽”：阙士琦《记》：高灵洞内秉炬入，为十曲岩，岩内有仙界坡、浴盘、琼田、石床之属。

【桃源县邑内八景】

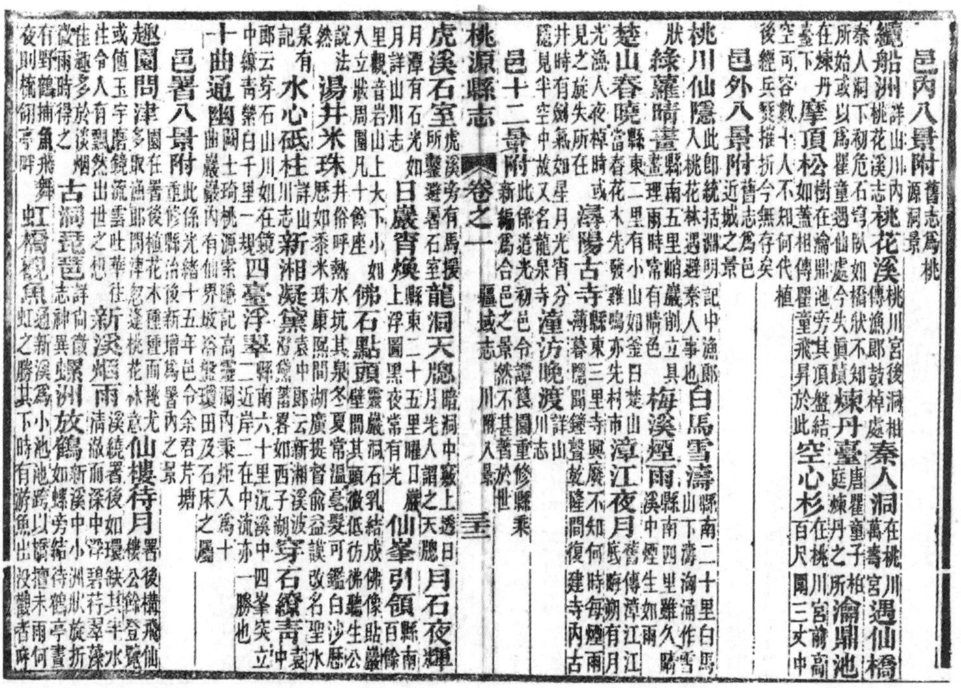

邑內八景附舊志爲桃源洞景

纜船洲詳山川志內 桃花溪桃川宮後洞相傳漁郎鼓棹處 秦人洞在桃川萬壽宮 遇仙橋秦人洞下初危石穹隆如橋狀不知所始或以爲瞿童遇仙處今失眞蹟 煉丹臺唐瞿童子相庭煉丹之所 淪鼎池在煉丹臺下 摩頂松樹在淪鼎池旁其頂盤結如蓋相傳瞿童飛昇於此 空心杉在桃川宮前高百尺圍三丈中空可容數十人不知何代植後經兵燹摧折今無存矣

邑外八景附舊志爲邑近城之景

桃川仙隱此即統括淵明記中漁郎入桃花林遇避秦人事也 白馬雪濤縣南二十里白馬山下濤洶湧作雪狀 綠蘿晴晝縣南五里峭巖削立具盡理雨時常有晴色 梅溪煙雨縣南四里雖久晴溪中煙生如雨 楚山春曉縣東二里有小山如釜曰楚山當春花木先發雞鳴亦先村市 漳江夜月舊傳漳江江底或晦朔有月光漁人夜棹時或見之旋失所在 潯陽古寺縣東三里寺興廢不知何時每煙雨薄暮隱聞鐘聲乾隆間復建寺內古井時有劍氣如星月光宵分隱見半空中故又名龍泉寺 潼汸晚渡詳山川志

邑十二景附此係道光初邑令譚襄圖重修縣乘新編爲合邑之景然不甚著於世

桃源縣志 卷之一 疆域志 三十五

虎溪石室虎溪旁有馬援所鑿避暑石室 龍洞天牕暗洞中竅上透日月光人謂之天牕 月石夜輝月潭有石光如月詳山川志 日巖宵煥縣東二十五里曬日巖上浮圖黑夜常有光 仙峯引領縣南百餘里觀音岩山上大下小如大立狀周圍凡十餘座 佛石點頭靈巖洞石乳結成佛像貼巖壁問其頭微低彷佛聽生公說法然 湯井米珠井俗呼熱水坑其泉冬夏常溫毫髮可鑑白沙歷歷如黍米珠康熙間湖廣提督兪益謨改名聖水泉 有水心砥柱詳山川志 新湘凝黛袁中郎云新湘溪波溜黛蓄署如西子湖 穿石繚青袁中郎記云穿石山川如在鏡中繚青縈白千里一規 四臺浮翠縣南六十里沅溪中四峯突立二近岸二在中流亦一勝也 十曲通幽閻士琦桃源探隱記高靈洞內秉炬入爲十曲巖巖內有仙界坡浴盤環田及石床之屬

邑署八景附此係光緒十五年邑令余君芳塘重修縣治後新增爲署內之景

趣園問津園在署後植花木種種而掩尤多取漁郎問津忽逢桃花林意 仙樓待月署後構飛仙樓公餘登覽或值玉宇磨鏡流雲吐華往往令人有飄然出世之想 新溪煙雨溪繞署後如環玦其半水清漵而深中浮碧荇翠藻佳趣多於淡烟微雨時得之 古洞琵琶詳尙微志神異 螺洲放鶴新溪中小洲狀旋折如螺旁結待鶴亭晝有野鶴捕魚飛舞夜則棲宿亭畔 虹橋觀魚通新溪爲小池池跨以橋擅未雨何虹之勝其下時有游魚出沒觀者咋

清光绪《桃源县志》载“邑内八景”：旧《志》为桃源洞景：缆船洲、桃花溪、秦人洞、遇仙桥、炼丹台、淪鼎池、摩顶松、空心杉。

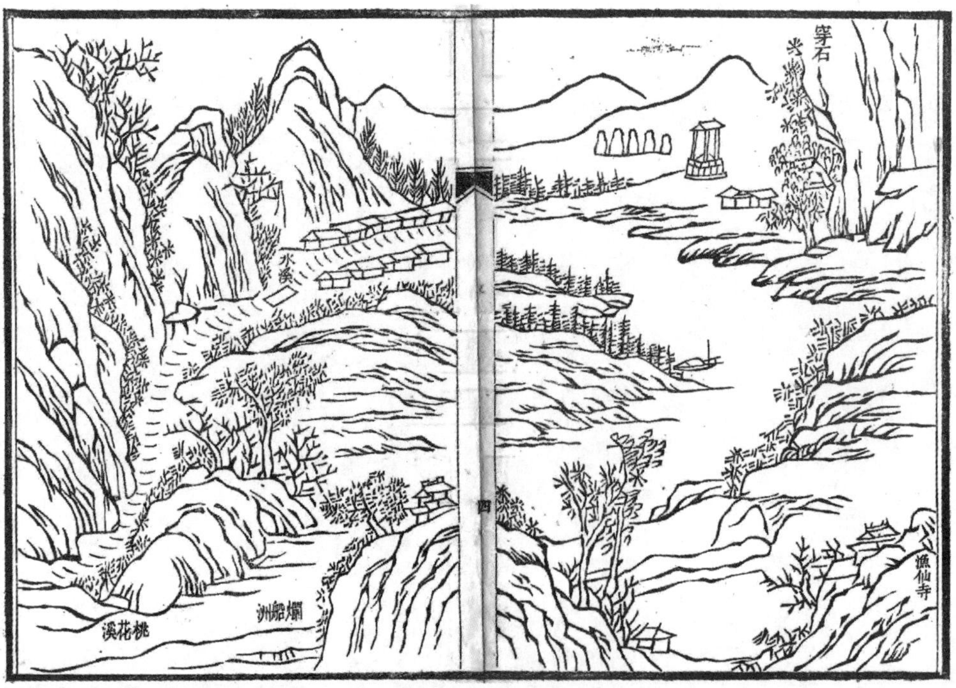

清光绪《桃花源志略》载“桃花源图”（一）

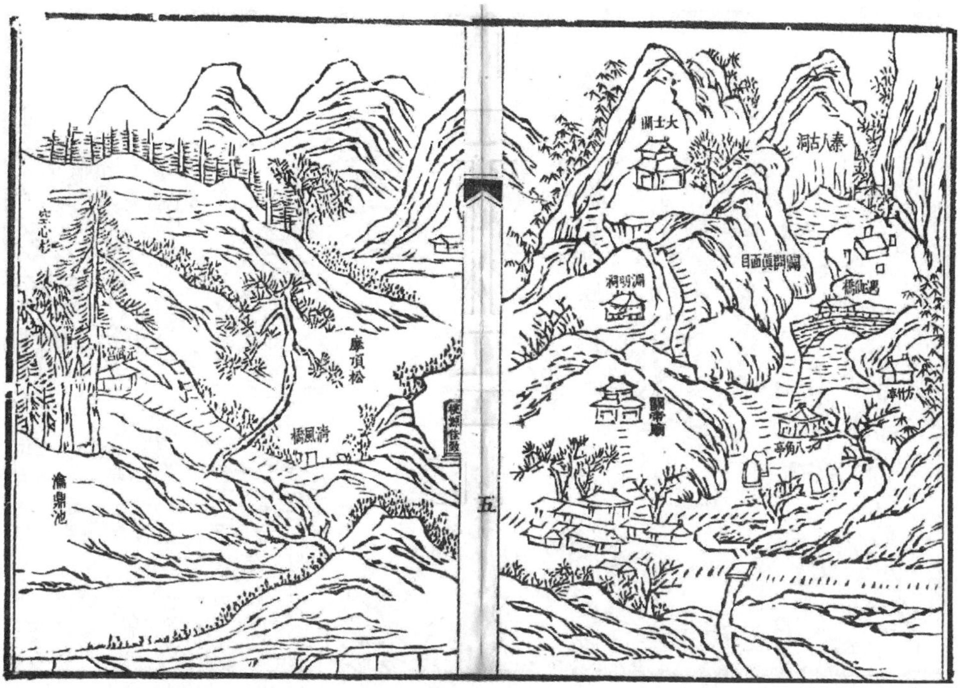

清光绪《桃花源志略》载“桃花源图”（二）

清光绪《桃花源志略》载“桃花源图”（三）

桃花源，位于常德市西南三十四公里处，与沅江相依，素来享有“第三十五洞天、第四十六福地”的美誉。

清光绪《桃源县志》载“邑内八景”：旧《志》为桃源洞景：缆（烂）船洲、桃花溪、秦人洞、遇仙桥、炼丹台、瀹鼎池、摩顶松、空心杉。

晋代陶渊明《桃花源诗》

嬴氏乱天纪，贤者避其世。黄绮之商山，伊人亦云逝。往迹浸复湮，来径遂芜废。相命肆农耕，日入从所憩。桑竹垂余荫，菽稷随时艺。春蚕

清光绪《桃花源志略》载“桃花源图”（四）

清光绪《桃花源志略》载“桃花源图”（五）

收长丝，秋熟靡王税。荒路暧交通，鸡犬互鸣吠。俎豆犹古法，衣裳无新制。童孺纵行歌，斑白竞游诣。草荣知节和，木衰识风厉。虽无纪历志，四时自成岁。怡然有余乐，于何劳智慧。奇踪隐五百，一朝敞神界。淳薄既异源，旋复还为蔽。借问游方士，焉测尘嚣外。愿言蹑轻风，高举寻吾契。

清光绪《桃花源志略》载“桃花源图”（六）

清光绪《桃花源志略》载“桃花源图”（七）

【桃源县邑署八景】

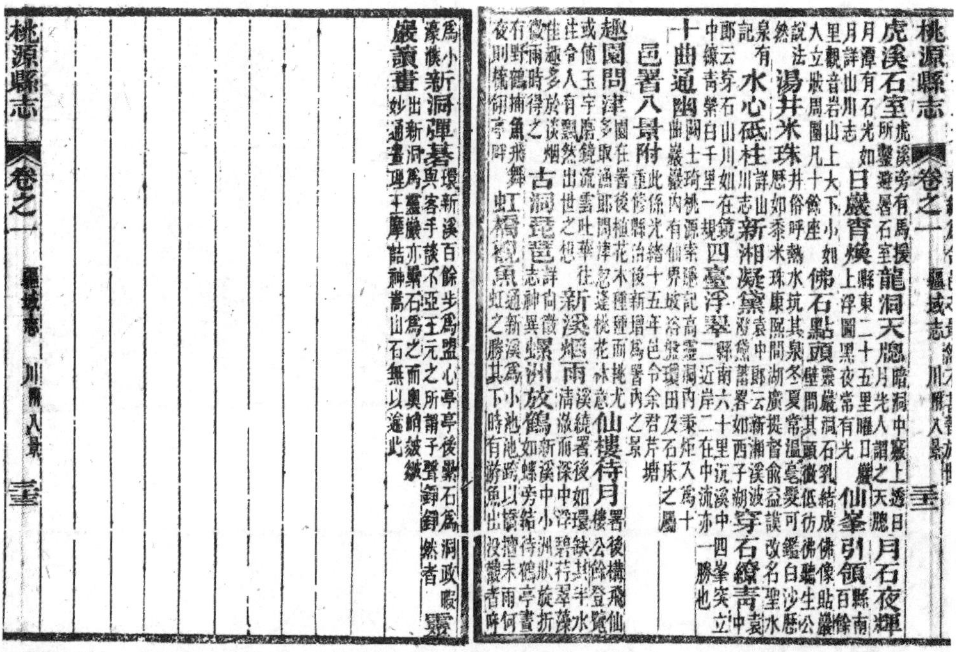

桃源縣志　卷之一　疆域志　川附八景

虎溪石室虎溪旁有馬援所鑿避暑石室　龍洞天窗暗洞中竅上透日月光人謂之天窗　月石夜輝月潭有石光如月詳山川志　日巖宵煥縣東二十五里曝日巖上浮圖黑夜常有光　仙峯引領縣南百餘里觀音岩山上大下小如人立狀周圍凡十餘座　佛石點頭靈巖洞石乳結成佛像貼壁間其頭微低彷彿聽生公說法然　湯井米珠井俗呼熱水坑其泉冬夏常溫毫髮可鑑白沙歷歷如黍米珠康熙間湖廣提督俞益謨改名聖水泉有記　水心砥柱詳山川志　新湘凝黛袁中郎云新湘溪波如西子湖　穿石縈青袁中郎云穿石山川如在鏡中縑青縈白千里一規　四臺浮翠縣南六十里沅溪中四峯突立二近岸二在中流亦一勝也　十曲通幽闕土琦桃源索隱記高靈洞內秉炬入為十曲巖巖內有仙界坡浴盤環田及石床之屬

邑署八景附此係光緒十五年邑令余君芹塘重修縣治後新增為署內之景

趣園問津園在署後植花木種種而挑尤多取漁郎問津忽逢桃花林意　仙樓待月樓署後構飛仙樓公餘登覽或值玉宇磨鏡流雲吐華往往令人有飄然出世之想　新溪烟雨溪繞署後如環鈌其半水清漲而深中浮碧荇翠藻佳趣多於淡烟微雨時得之　古洞琵琶詳向徵志神異　螺洲放鶴新溪中小洲狀旋折如螺旁結待鶴亭晝有野鶴捕魚飛舞夜則棲宿亭畔　虹橋觀魚通新溪為小池池跨以擋未雨何虹之勝其下時有游魚出沒攢簇吞吐為小濠濮　新洞彈棊環新溪百餘步為盟心亭亭後累石為洞政暇與客手談不亞王元之所謂子聲錚錚然者　靈巖讀畫出新洞為靈巖亦累石為之而奧峭皴皺妙通畫理王摩詰神嵩山石無以逾此

桃源縣志　卷之一　疆域志　川附八景

清光绪《桃源县志》载“邑署八景”（此系光绪十五年邑令余君芹塘重修县治后新增为署内之景）：趣园问津、仙楼待月、新溪烟雨、古洞琵琶、螺洲放鹤、虹桥观鱼、新洞弹棋、灵岩读画。

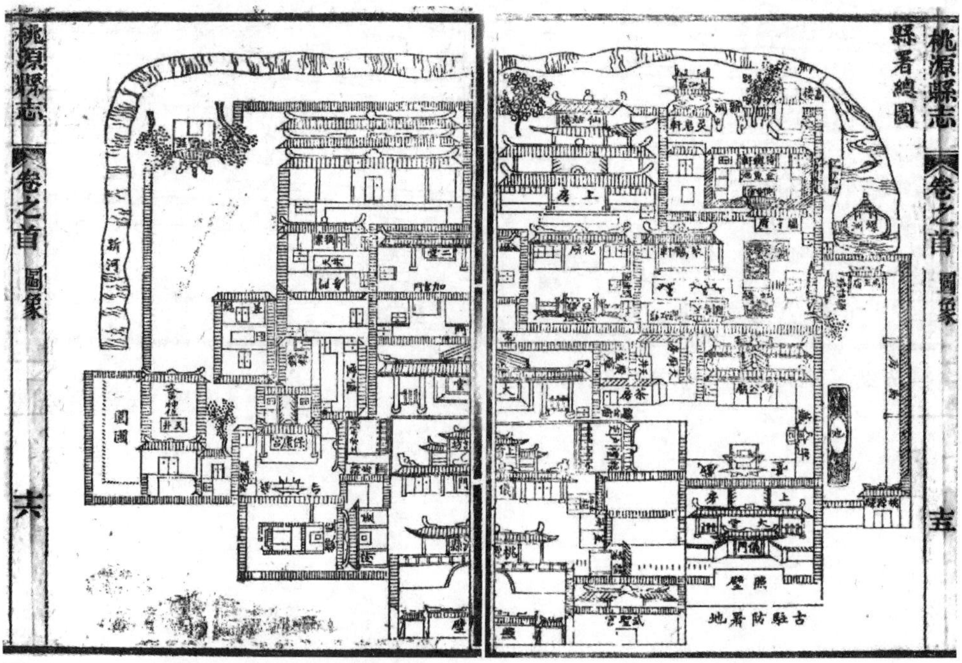

清光绪《桃源县志》载“县署总图”

【龙阳八景】

清嘉庆《龙阳县志》载“县城总图”

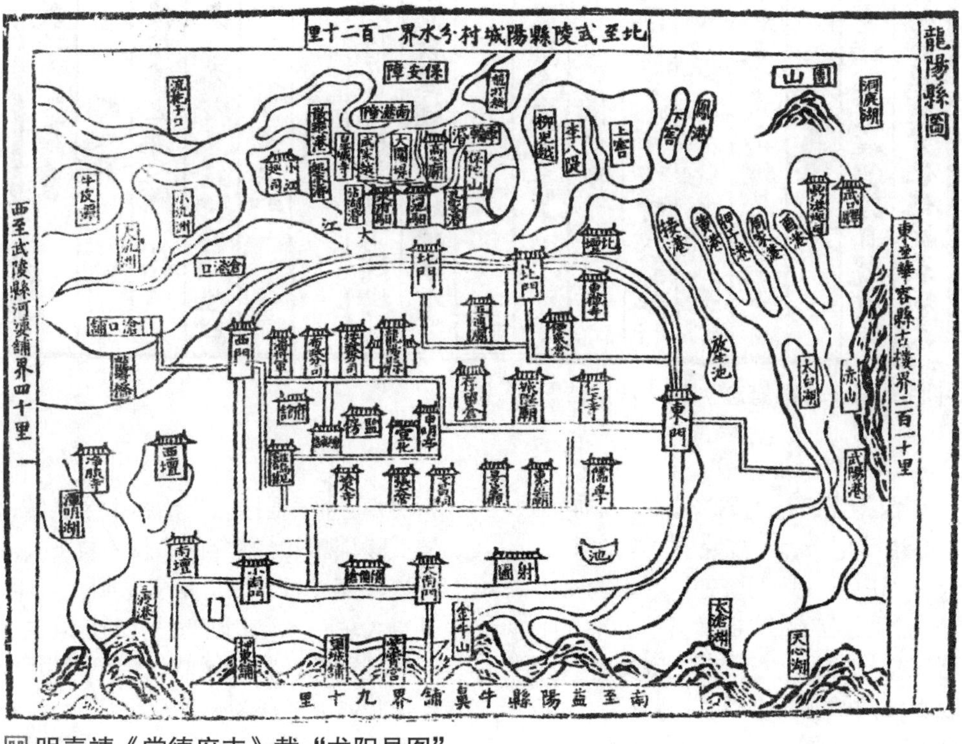

明嘉靖《常德府志》载“龙阳县图”

常德卷

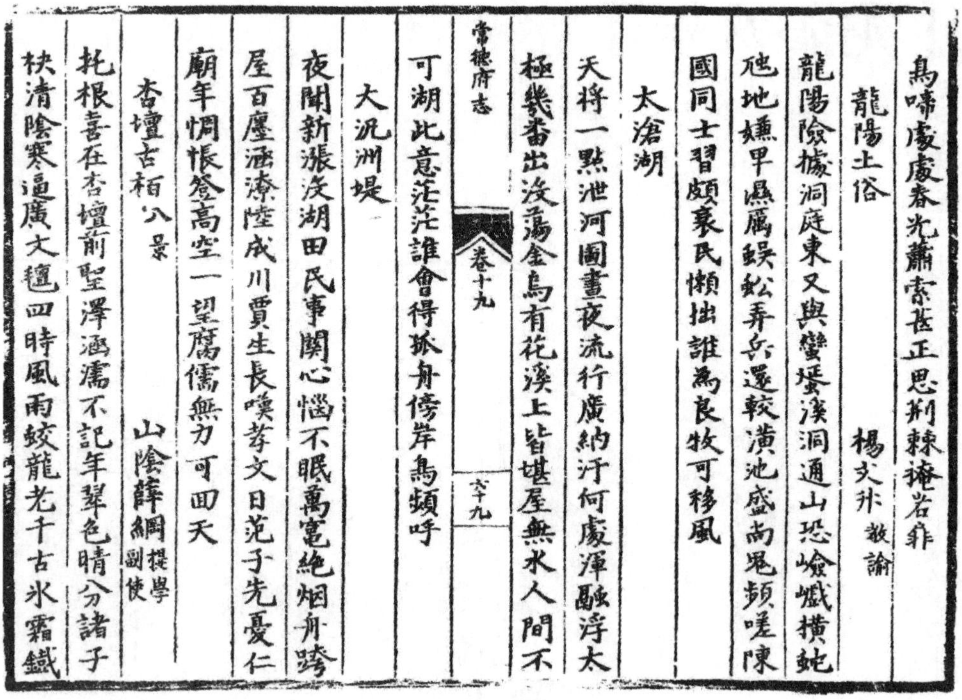
鳥啼處處春光蕭索甚正思荊棘掩岩扉
龍陽土俗　楊文升 教諭
龍陽險據洞庭東又與蠻蜑溪洞通山恐嶮巇橫蛇
虺地嫌甲濕厲蜈蚣弄兵還較潢池盛尚鬼頻嗟陳
國同士習頗衰民懶拙誰為良牧可移風
太滄湖
天將一點泄河圖晝夜流行廣納汙何處渾融浮太
極幾番出沒蕩金烏有花溪上皆堪屋無水人間不
常德府志　卷十九　六十九
可湖比意茫茫誰會得孤舟傍岸鳥頻呼
大沅洲堤
夜聞新漲沒湖田民事關心惱不眠萬竈絕烟舟艤
屋百廛涵漆陸成川賈生長嘆芬文日范子先憂仁
廟年惆悵登高空一望腐儒無力可回天
杏壇古柏 八景　山陰薛綱 提學副使
托根舊在杏壇前聖澤涵濡不記年翠色晴分諸子
袂清陰寒逼廣文氈四時風雨蛟龍老千古冰霜鐵

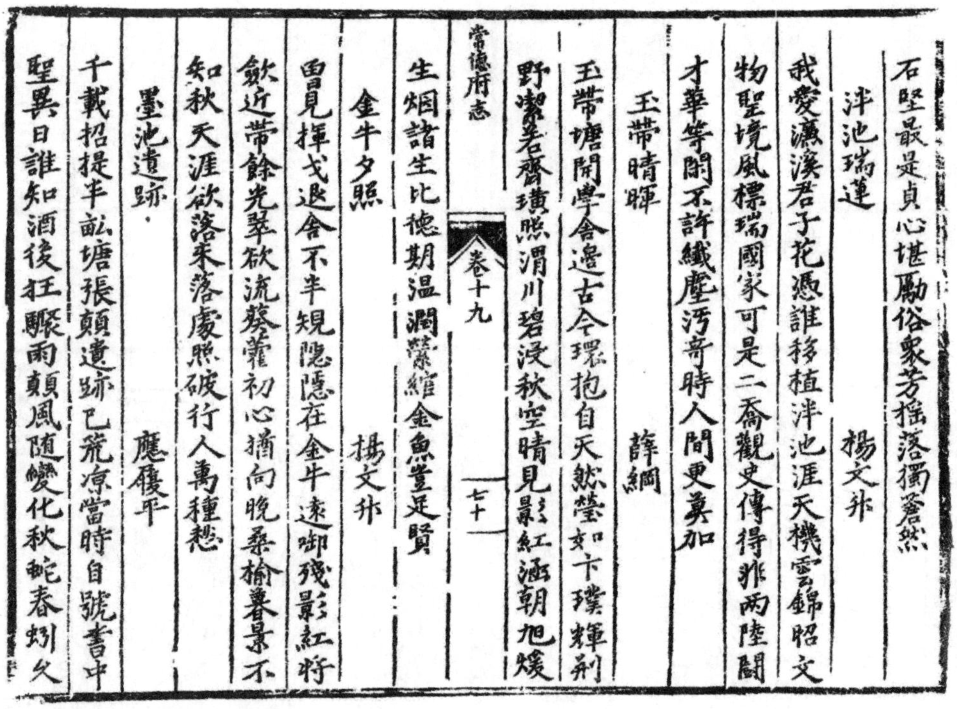
石堅最是貞心堪勵俗衆芳搖落獨蒼然
泮池瑞蓮　楊文升
我愛濂溪君子花憑誰移植泮池涯天機雲錦昭文
物聖境風標瑞國家可是二喬觀史傳得非兩陸闘
才華等閑不許纖塵污奇時人間更莫加
玉帶晴暉　薛綱
玉帶塘開學舍邊古今環抱自天然瑩如卞璞輝荊
野潔若齊璜照渭川碧浸秋空晴見影紅涵朝旭燦
常德府志　卷十九　七十
生烟諸生比德期溫潤紫綰金魚豈足賢
金牛夕照　楊文升
曾見揮戈退舍不半規隱隱在金牛遠啣殘影紅將
斂近帶餘光翠欲流葵藿初心傾向晚桑榆暮景不
知秋天涯欲落來落處照破行人萬種愁
墨池遺跡　應履平
千載招提半畝塘張顛遺跡已荒涼當時自號書中
聖異日誰知酒後狂驟雨顛風隨變化秋蛇春蚓久

图 明嘉靖《常德府志》载“八景诗”

汉寿县，地处雪峰山脉向洞庭湖平原过渡地带，自古就是“西楚唇齿，云贵门户”。战国属楚地。秦为黔中郡地。西汉为武陵郡索县地。东汉阳嘉三年（134），改索县为汉寿县，治所今鼎城区断港头。三国吴，汉寿县改为吴寿县。赤乌十一年（248），析吴寿县置龙阳县，设治所于今县城，属武陵郡。宋大观年间，改为辰阳县。绍兴三年（1133），复名龙阳。五年升县为军，移治黄城寨。三十年复县，治所迁回原址，隶属鼎州。元元贞元年（1295），升为州，辖沅江县，属常德路。明洪武三年（1370），降为县。

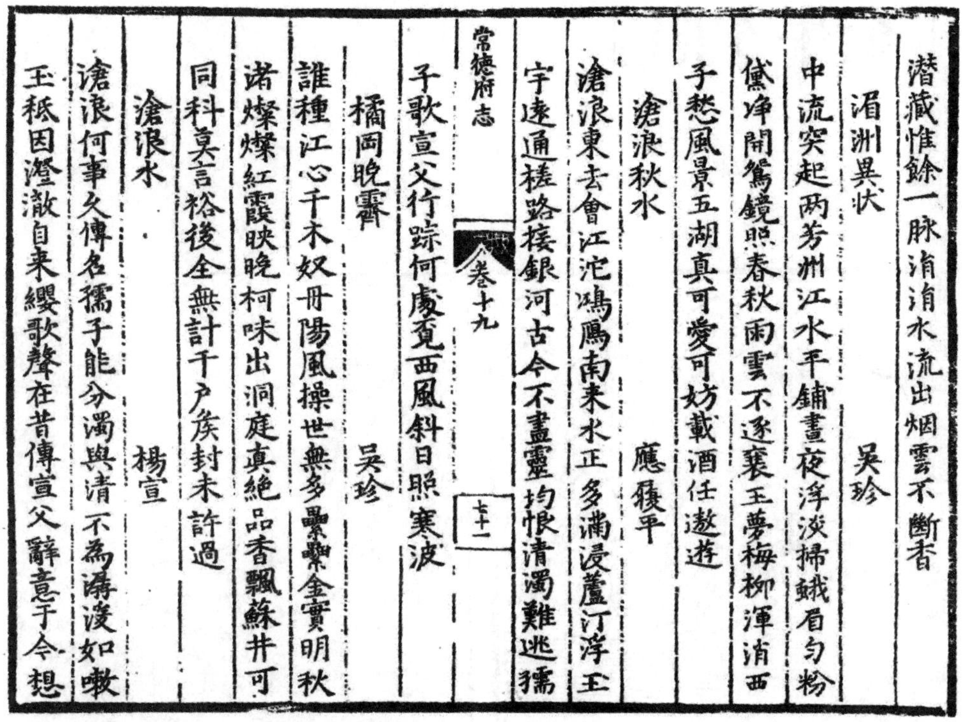

潛藏惟餘一脉涓涓水流出烟雲不斷香
湄洲異狀　吳珍
中流突起兩芳洲江水平鋪晝夜浮淡掃蛾眉匀粉
黛净開鴛鏡照春秋雨雲不逐襄王夢梅柳渾涓西
子愁風景五湖真可愛可妨載酒任遨遊
滄浪秋水　應履平
滄浪東去會江沱鴻鴈南來水正多滿浸蘆汀浮玉
宇遠通槎路接銀河古今不盡靈均恨清濁難逃孺
常德府志　卷十九　七十一
子歌宣父行踪何處覔西風斜日照寒波
橘岡晚霽　吳珍
誰種江心千木奴冊陽風操世無多纍纍金實明秋
渚燦燦紅霞映晚柯味出洞庭真絶品香飄蘇井可
同科莫言裕後全無計千户侯封未許過
滄浪水　楊宣
滄浪何事久傳名孺子能分濁與清不爲濤漫如嗽
玉秪因澄澈自來纓歌聲在昔傳宣父辭意于今想

明嘉靖《常德府志》载“八景诗”

至清，属常德府。民国元年（1912），龙阳更名汉寿。

明嘉靖《常德府志》载“龙阳八景”：杏坛古柏、泮池瑞莲、明月清朗、玉带晴晖、金牛晚照、沧浪秋水、墨池荒迹、眉洲异状。

清康熙《龙阳县志》载“八景图”：金牛夕昭、沧港夜渔、眉洲波平、墨池水湛、明月浴池、玉带通津、看灶残烟、宝台望橘。

清嘉庆《龙阳县志》载《龙阳八景图》：金牛夕照、看灶残烟、墨池水湛、沧浪夜渔、宝台望橘、眉洲波平、明月浴池、玉带通津。

[金牛夕照]

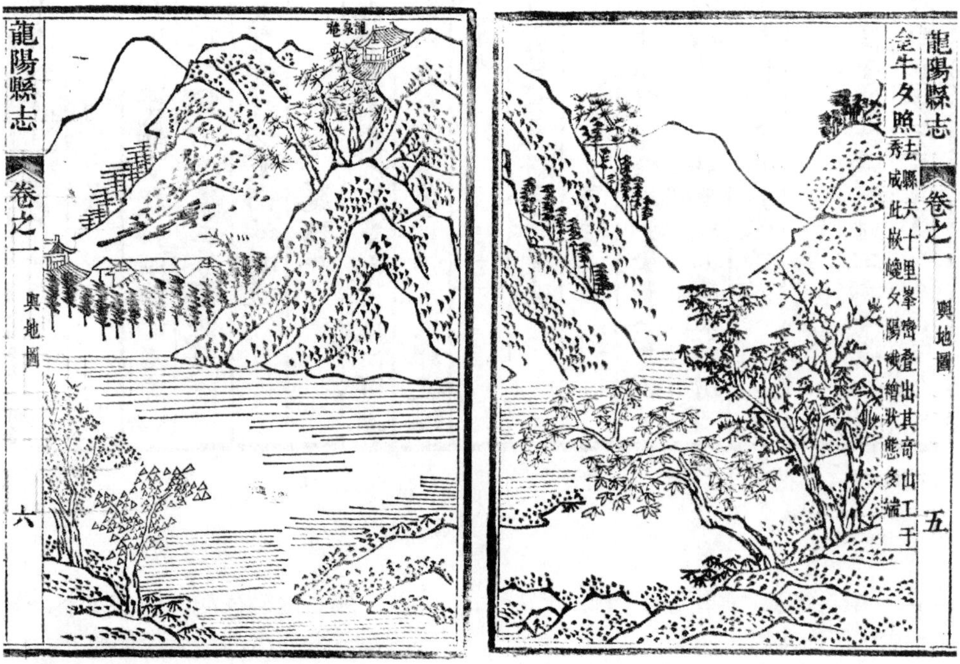

图 清光绪《重修龙阳县志》载“金牛夕照”

清光绪《重修龙阳县志》载“金牛夕照”：去县六十里，峰峦叠出其奇，山工于秀，成此嵌巉，夕阳织绘，状态多端。

清代陈昌盛《金牛山记》载：山面邑治（指汉寿县城），方如屏几。稍后，两峰高起，如双角侵云，横峰侧岭，磅礴郁怒，绵亘二十余里。

清代戴朝干《金牛夕照》

翠巘千寻带水涯，山居无日不仙家。晴飞丹火斜阳障，为问遗踪几岁华。

[看灶残烟]

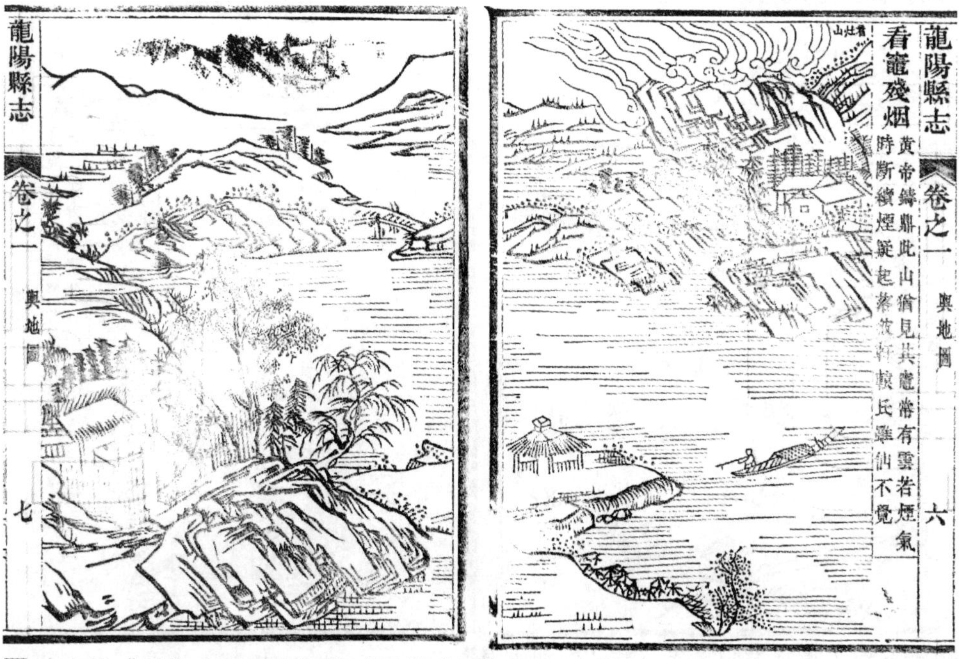

清光绪《重修龙阳县志》载“看灶残烟”

清嘉庆《龙阳县志》“卷之一”载“看灶山”：县东北酉港九十里，俗名老虎山。世传黄帝铸鼎于鼎港口，此山见铸灶，故名。旧志八景“看灶残烟”即此。

清代陈于连《看灶残烟》

铸就龙纹镇百川，犹遗丹灶古山边。神工不解人争看，半是云霞半是烟。

[墨池水湛]

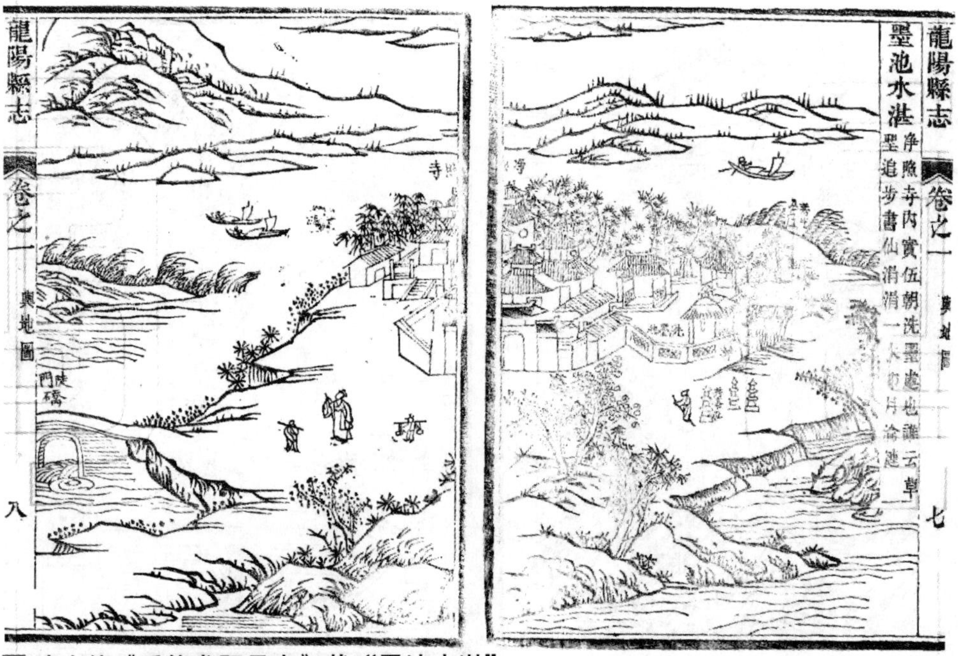

清光绪《重修龙阳县志》载“墨池水湛”

清康熙《龙阳县志》“卷一·古迹”载“张旭墨池”：在净照寺侧，唐张旭，苏州吴县人，善草书，性嗜酒。尝大醉以首濡墨书于此，池水净墨，世号为颠仙。

清代戴朝干《墨池水湛》

净寺门前浣墨池，一泓清浅澹漪漪。游人不辨松筠影，疑是当年濡发时。

[沧浪夜渔]

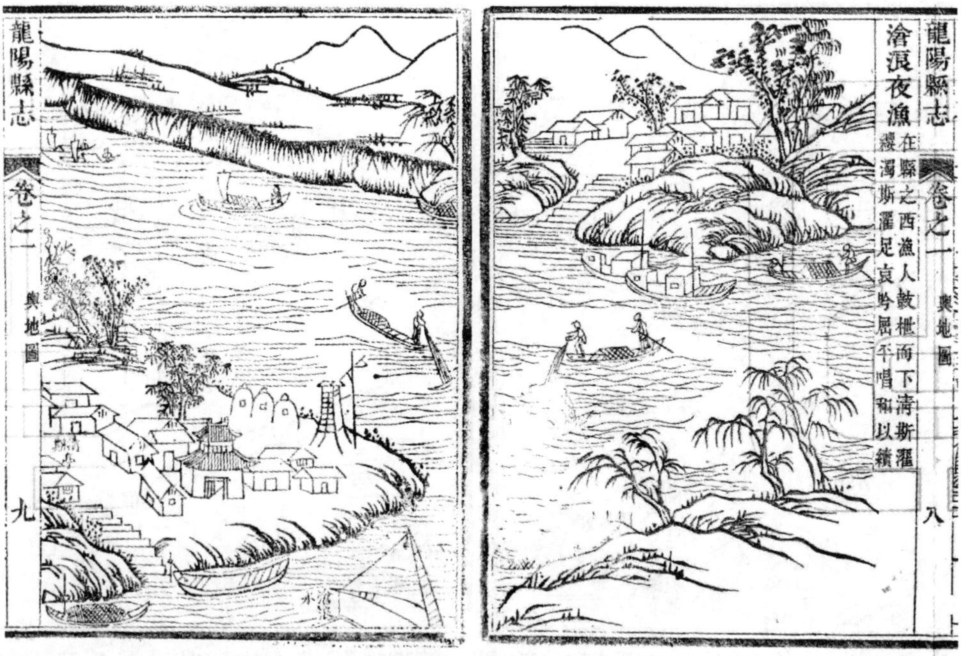

清光绪《重修龙阳县志》载“沧浪夜渔”

清嘉庆《龙阳县志》“卷之一”载“沧港”：县西通大江，即沧港水口，上有沧溪寺、三闾大夫祠。八景“沧港夜渔”即此，祠久废。

清代彭鸣霄《沧浪夜渔》

一水南来清浊分，江村渔笛隔溪闻。夜深稳系西风钓，明灭寒灯接暮云。

[宝台望橘]

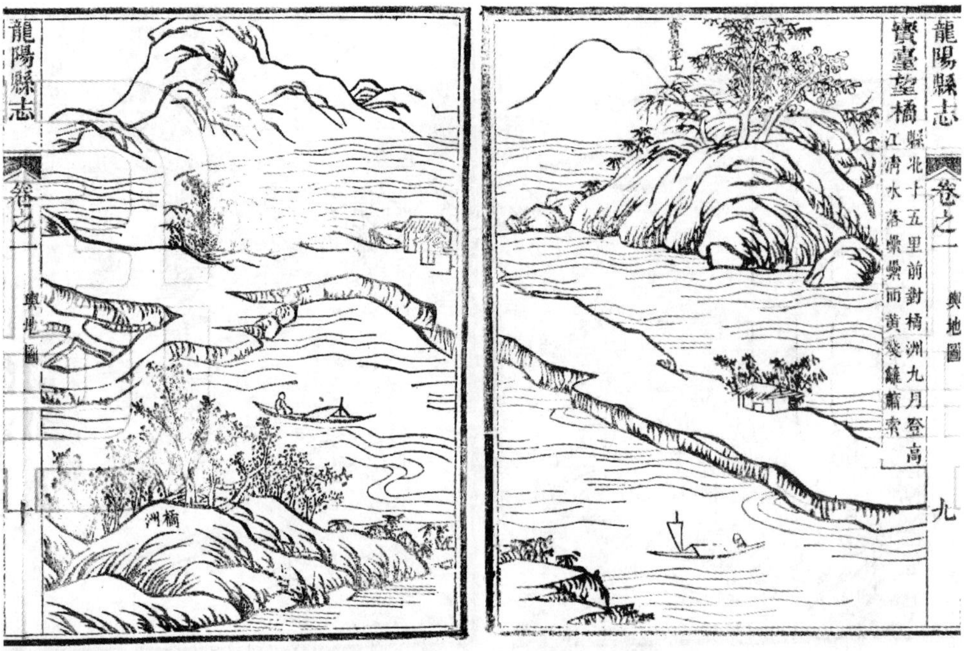

圖 清光绪《重修龙阳县志》载“宝台望橘”。清嘉庆《龙阳县志》“川”载“汎洲”：县西四十里，有大小二洲，一名橘洲，即古李衡种橘处。

[眉洲波平]

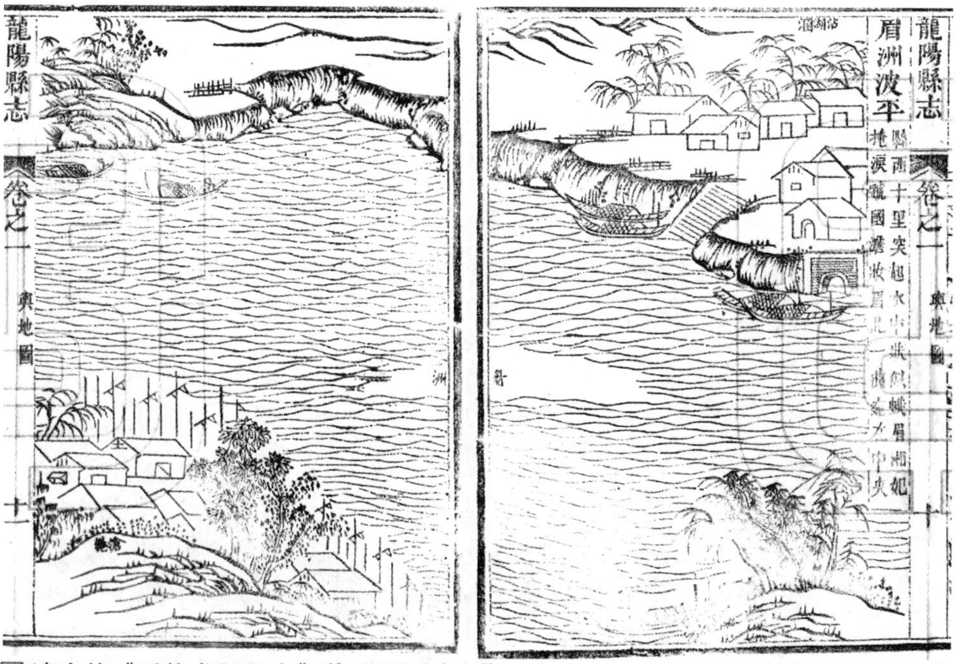

清光绪《重修龙阳县志》载“眉洲波平”

清嘉庆《龙阳县志》载“眉洲”：县西十里，突起中流，状如蛾眉。旧《志》：“眉洲波平”即此。

清代陈于连《眉洲波平》

安得沧江自在游，天然撑起一孤洲。娥眉欲向妆台照，明镜浮来远水流。

[明月浴池]

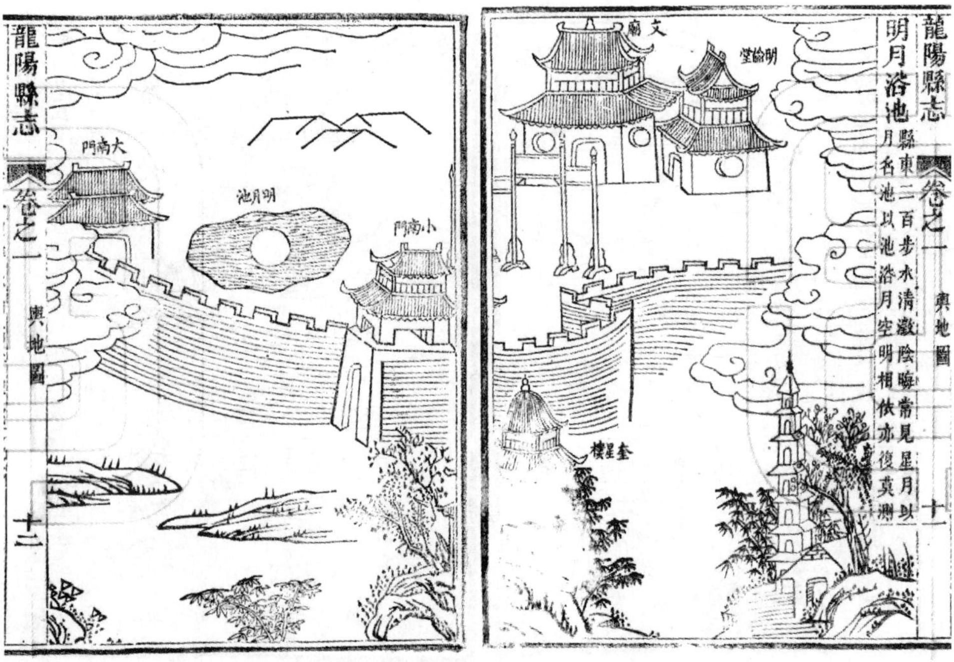

圖 清光绪《重修龙阳县志》载“明月浴池”

清光绪《重修龙阳县志》载“明月池”：县东城内，其水清澈，虽阴晦之夜，常见星月。

清代陈于连《明月浴池》

薄雾轻云扫不开，每从池上影徘徊。沧珠应有鲛人献，洗去清光夜夜来。

［玉带通津］

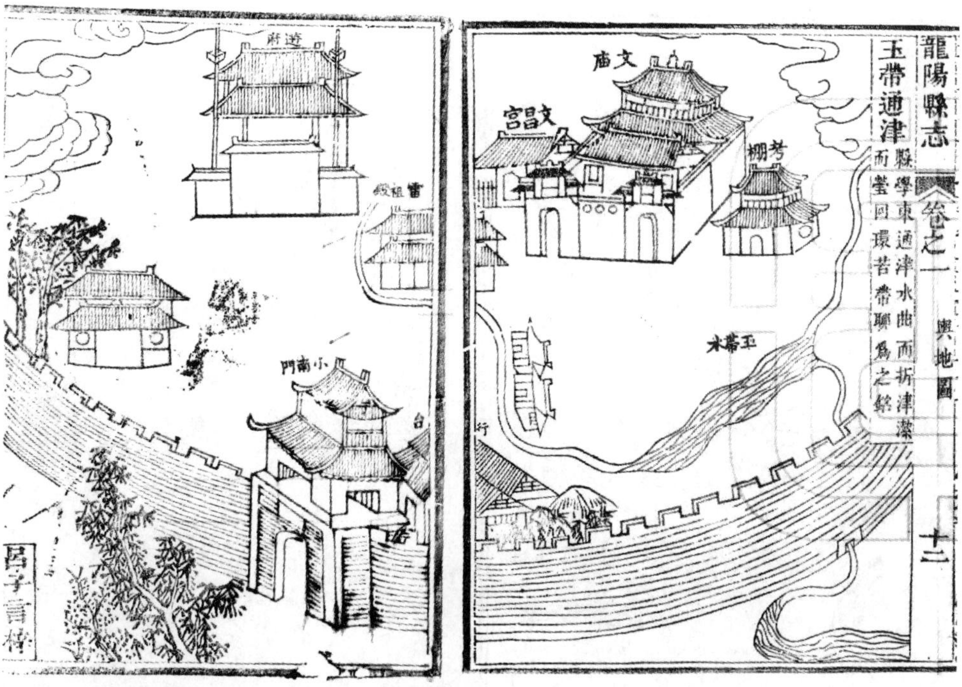

清光绪《重修龙阳县志》载“玉带通津”

清光绪《重修龙阳县志》载“玉带池”：儒学东通津，水萦环如带。又传水有玉带痕，汲注器中皆见（邑《志》八景之一）。

清代戴朝干《玉带通津》

带水晶莹半璧光，至今环抱圣宫墙。绿溪湍急春江溢，宛在盈盈发派长。

【金牛山八景】

清嘉庆《常德府志》载“金牛山图”

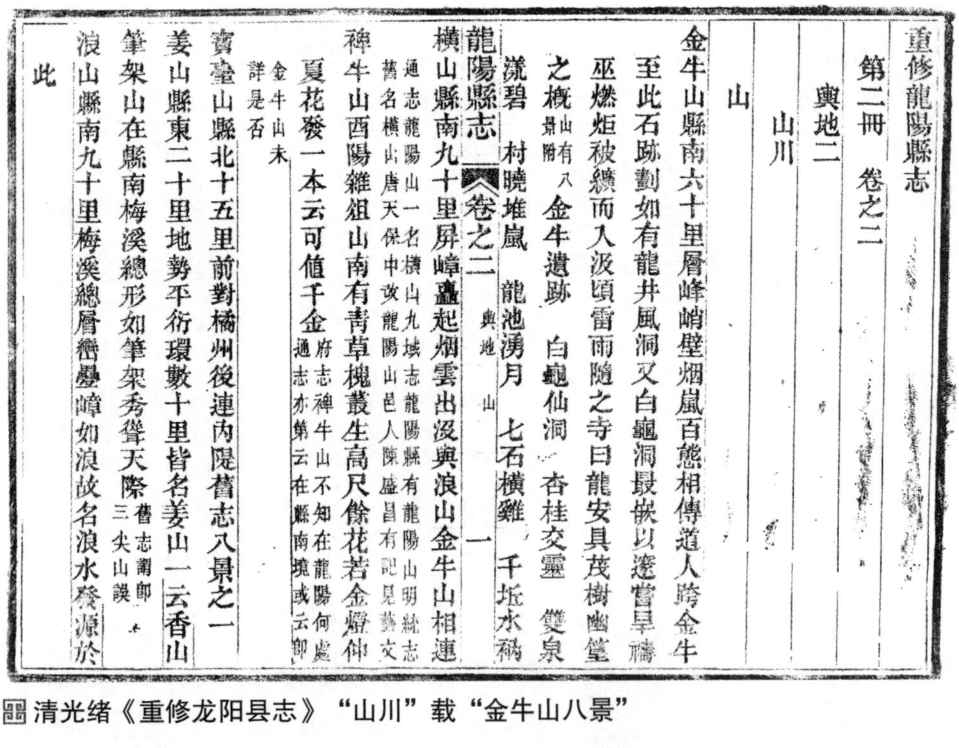

重修龍陽縣志
第二冊　卷之二
輿地二
山川
山
金牛山縣南六十里層峰峭壁烟嵐百態相傳道人跨金牛至此石跡劃如有龍井風洞又白龜洞最嵌以邃嘗旱禱巫燃炬被纜而入汲頃雷雨隨之寺曰龍安具茂樹幽篁之概山有八景附　金牛遺跡　白龜仙洞　杏桂交靈　雙泉漾碧　村曉堆嵐　龍池湧月　七石橫雞　千坵水稻

龍陽縣志《卷之二　輿地　山　一

橫山縣南九十里屏嶂矗起烟雲出沒與浪山金牛山相連通志龍陽山一名橫山九域志龍陽縣有龍陽山明統志舊名橫山唐天保中改龍陽山邑人陳盛昌有記見藝文
禪牛山酉陽雜俎山南有青草槐叢生高尺餘花若金燈仲夏花發一本云可值千金府志禪牛山不知在龍陽何處通志亦第云在縣南境或云即金牛山未詳是否
寶臺山縣北十五里前對橘州後連內隄舊志八景之一
姜山縣東二十里地勢平衍環數十里皆名姜山一云香山
筆架山在縣南梅溪總形如筆架秀聳天際舊志謂即三尖山誤
浪山縣南九十里梅溪總層巒疊嶂如浪故名浪水發源於此

清光绪《重修龙阳县志》“山川”载“金牛山八景”

清光绪《龙阳县志》“卷之二·山川”载“金牛山”：县南六十里，层峰峭壁，烟岚百态，相传道人跨金牛至此，石迹划如。有龙井风洞又白龟洞最嵌以邃，尝旱祷，巫燃炬被纩而入汲，顷雷雨随之。寺曰龙安，具茂树幽篁之概（山有八景）：金牛遗迹、白龟仙洞、杏桂交灵、双泉漾碧、村晓堆岚、龙池涌月、七石横鸡、千坵水衲。

明代李清《登金牛山》

金牛双角俯尘寰，峭壁横天不易攀。铁笛半吹霄汉外，烟蓑疑渡水云间。岚光隐隐藤萝古，秋气萧萧木叶斑。欲向此中寻胜概，清溪几曲弄潺潺。

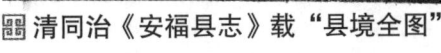

【安福城外八景】

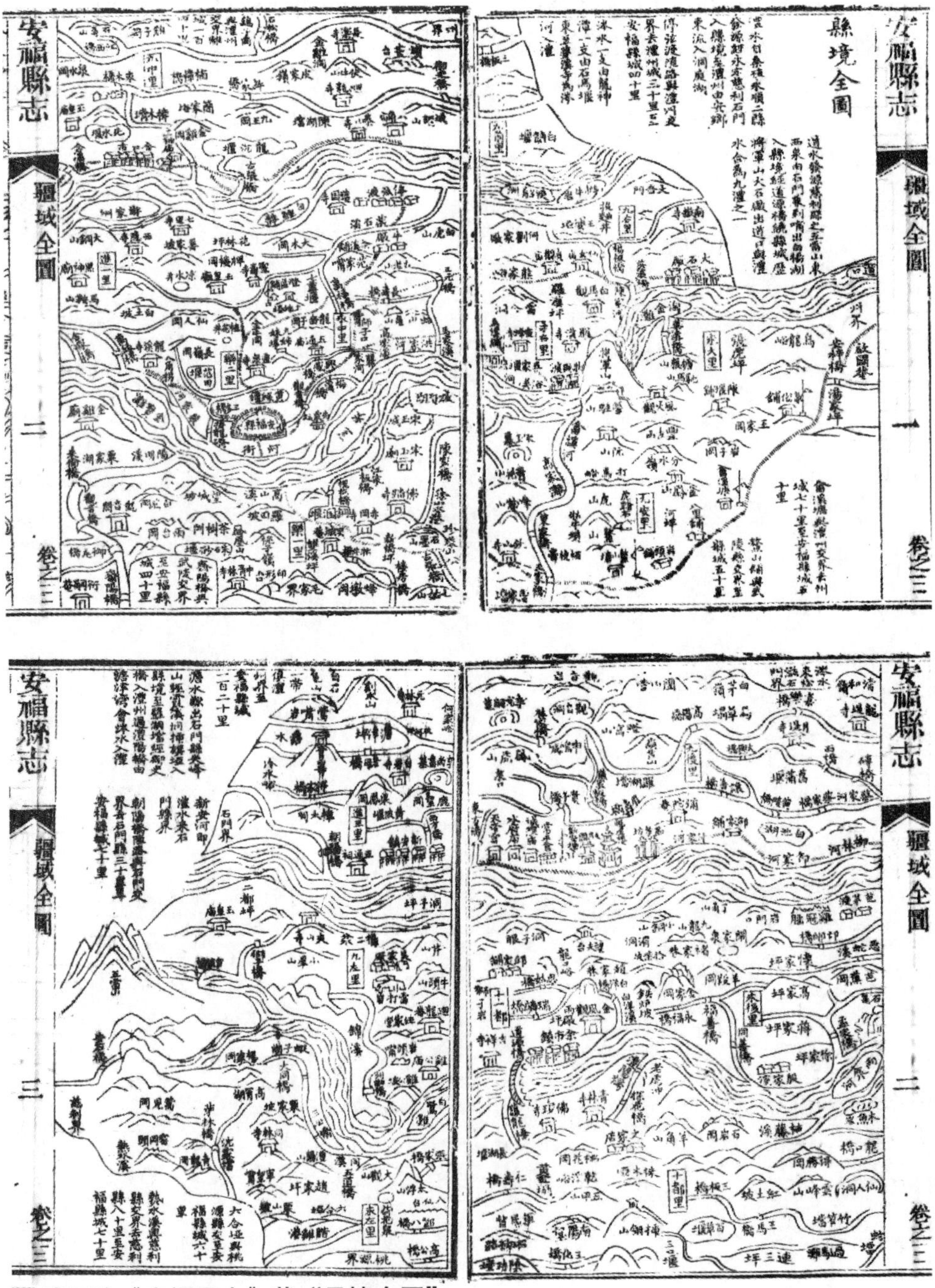

清同治《安福县志》载“县境全图”

临澧，地处湘西北，邑地古为荆楚之域。春秋战国属楚。秦嬴政三十六年（前211），隶黔中郡慈姑县。西汉罢荆州黔中郡置武陵郡，罢慈姑县置零阳县，属之。三国吴永安六年（263），析武陵郡地置天门郡，隶零阳县。西东晋隶属未变。南朝宋隶天门太守零阳县；齐、梁隶天

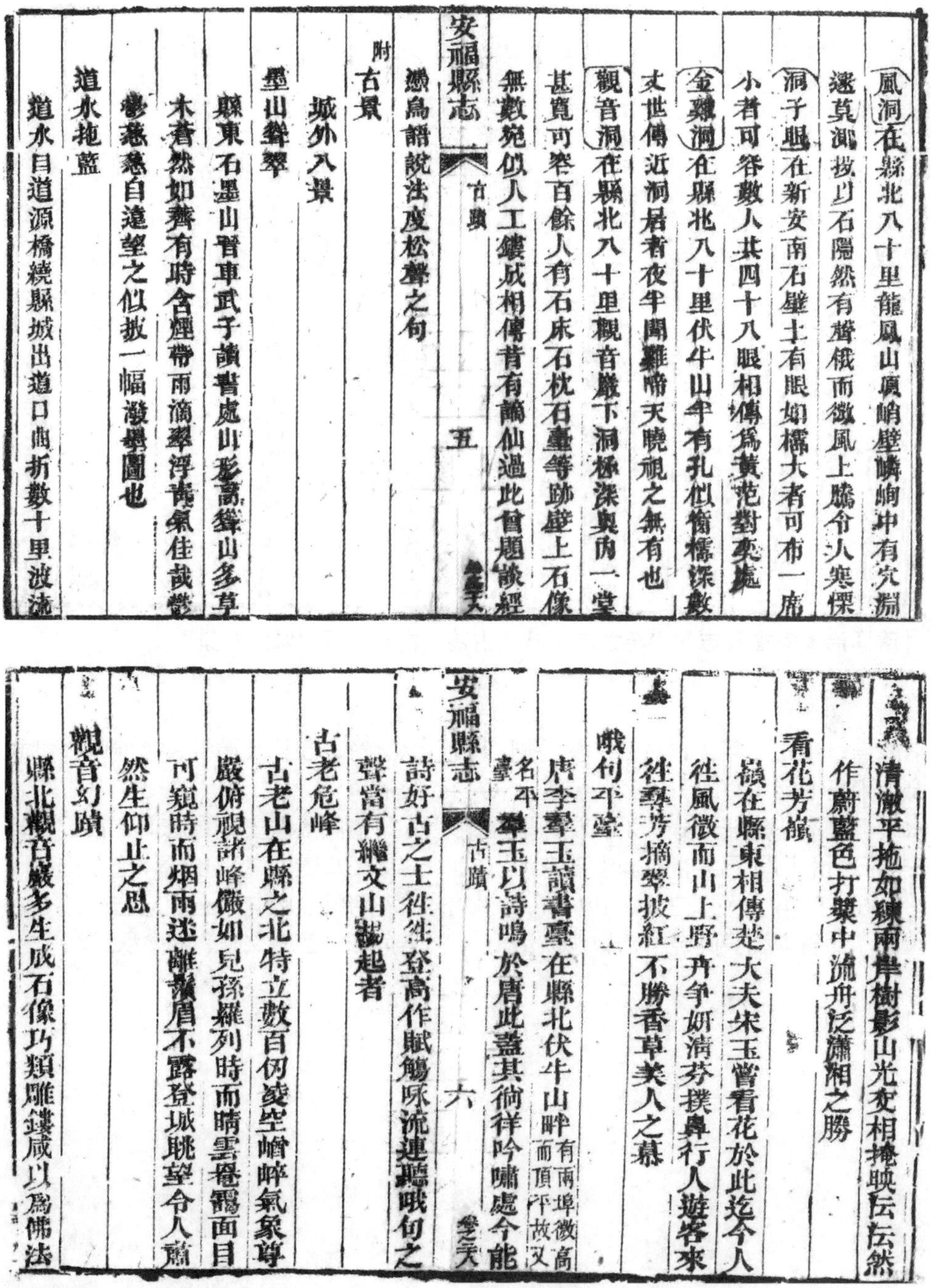

風洞在縣北八十里龍鳳山巔峭壁嶙峋中有穴淵
邃莫測投以石隱然有聲俄而微風上騰令人寒慄
洞子眼在新安南石壁上有眼如杯大者可布一席
小者可容數人共四十八眼相傳爲黃范對奕處
金雞洞在縣北八十里伏牛山半有孔似甕深數
丈世傳近洞居者夜半聞雞啼天曉視之無有也
觀音洞在縣北八十里觀音巖下洞極深奥內一堂
甚寬可容百餘人有石床石枕石臺等跡壁上石像
無數宛似人工鏤成相傳昔有神仙過此曾題詠經

安福縣志 古蹟 五

燬鳥語說法度松聲之句
附古景
城外八景
壘山聳翠
縣東石壘山昔車武子讀書處山形高聳山多草
木蒼然如舞有時含煙帶雨滴翠浮青氣佳哉鬱
鬱葱葱自遠望之似掛一幅潑墨圖也
道水拖藍
道水自道源橋繞縣城出道口曲折數十里波流

清澈平拖如練兩岸樹影山光交相掩映沄沄然
作蔚藍色打槳中流舟泛瀟湘之勝
看花芳嶺
嶺在縣東相傳楚大夫宋玉嘗看花於此迄今人
往風微而山上野卉爭妍清芬撲鼻行人遊客來
往尋芳摘翠披紅不勝香草美人之慕
哦句平臺
唐李群玉讀書臺在縣北伏牛山畔有兩埠微高而頂平故又名平臺群玉以詩鳴於唐此蓋其徜徉吟嘯處今能
詩好古之士往往登高作賦觴咏流連聽哦句之
聲當有繼文山而起者
古老危峰
古老山在縣之北特立數百仞凌空嶒嶸氣象尊
嚴俯視諸峰儼如兒孫羅列時而晴雲卷霧面目
可窺時而烟雨迷離蛾眉不露登城眺望令人蔚
然生仰止之思
觀音幻蹟
縣北觀音巖多生成石像巧類雕鏤咸以爲佛法

安福縣志 古蹟 六

清同治《安福县志》“卷之二十八・古迹・古景”载“城外八景”

门郡，分属澧阳、零阳县；西魏元廓二年（555），罢天门郡，置石门郡，隶之；陈隶石门郡，分属石门、零阳县。隋开皇九年（589），罢石门郡，隶澧州；大业三年（607），升澧州为澧阳郡，改零阳县为慈利县，分属澧阳、慈利县。唐武德二年（619），复澧州；开元二十一年（733），隶山南东道澧州澧阳郡。五代隶澧州，分属澧阳、慈利县。宋乾德元年（963），属荆湖北路澧州澧阳郡澧阳县。元至元十四年（1277），改隶湖广行省江南北道澧州路，分属澧阳县、慈利县；至正二十四年（1364），改路为府，隶荆南道澧阳府。明洪武十四年（1381），隶常德府；洪武二十九年（1396），隶岳州府，属湖广行省上荆南道岳州府澧州慈利县。清康熙三年（1664），改隶湖南省岳常澧道澧州直隶州；康熙九年（1670），隶岳

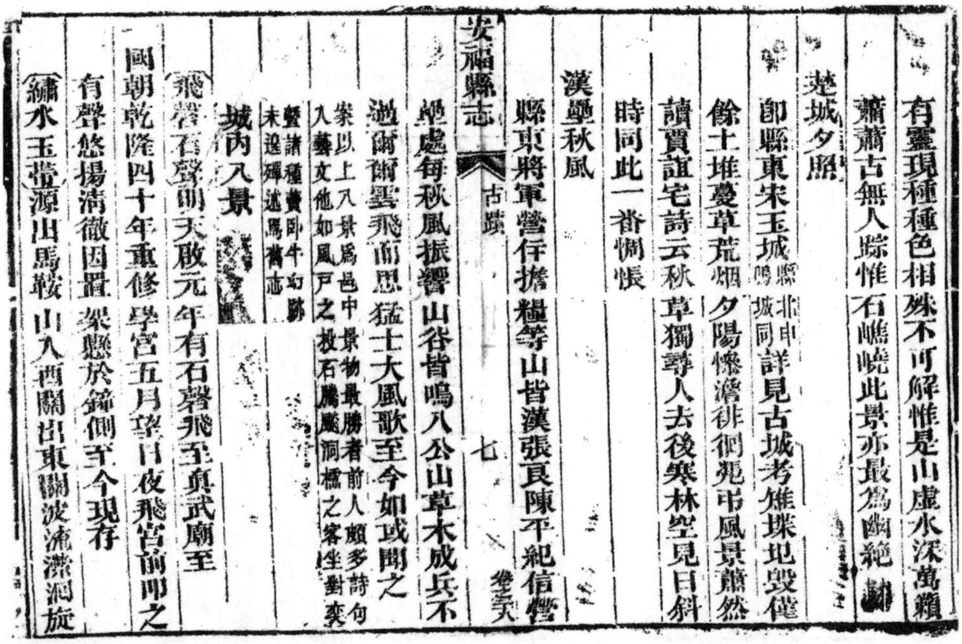

有靈現種種色相殊不可解惟是山虛水深萬籟蕭蕭古無人蹤惟石巉嶢此景亦最爲幽絶

楚城夕照

卽縣東宋玉城（縣北申鳴城同）詳見古城考雉堞圮毀僅餘土堆蔓草荒烟夕陽慘澹徘徊弔風景黯然讀賈誼宅詩云秋草獨尋人去後寒林空見日斜時同此一番惆悵

漢壘秋風

縣東將軍營仔擔糧等山皆漢張良陳平紀信營壘處每秋風振響山谷皆鳴八公山草木成兵不過爾爾雲飛而思猛士大風歌至今如或聞之

案以上八景爲邑中景物最勝者前人頗多詩句入藝文他如風戸之投石騰飃洞穩之客坐對奕暨諸種費卧牛幻跡未追碑述焉舊志

安福縣志 卷二十八 古蹟 七

城內八景

飛磬 石磬明天啟元年有石磬飛至眞武廟至國朝乾隆四十年重修學宮五月望日夜飛宮前即之有聲悠揚清徹因置架懸於鐘側至今現存

繡水 玉帶源出馬鞍山入西關出東關波流瀠洄旋

清同治《安福县志》“卷之二十八 · 古迹 · 古景”载“城外八景”

常澧道；雍正三年（1725），隶岳州府；雍正七年（1729），裁九溪卫、永定卫和澧州地一部分，始设县，取安福旧所名曰安福县，县城设裴家河（今城关镇地）。民国三年（1914），因与江西省安福县同名，乃取壤联澧水之意，改称临澧县，废府州，隶武陵道。

清同治《安福县志》“古迹”载“城外八景”：墨山耸翠、道水拖蓝、看花芳岭、哦句平台、观音幻迹、古老危峰、楚城夕照、汉垒秋风。

［墨山耸翠］

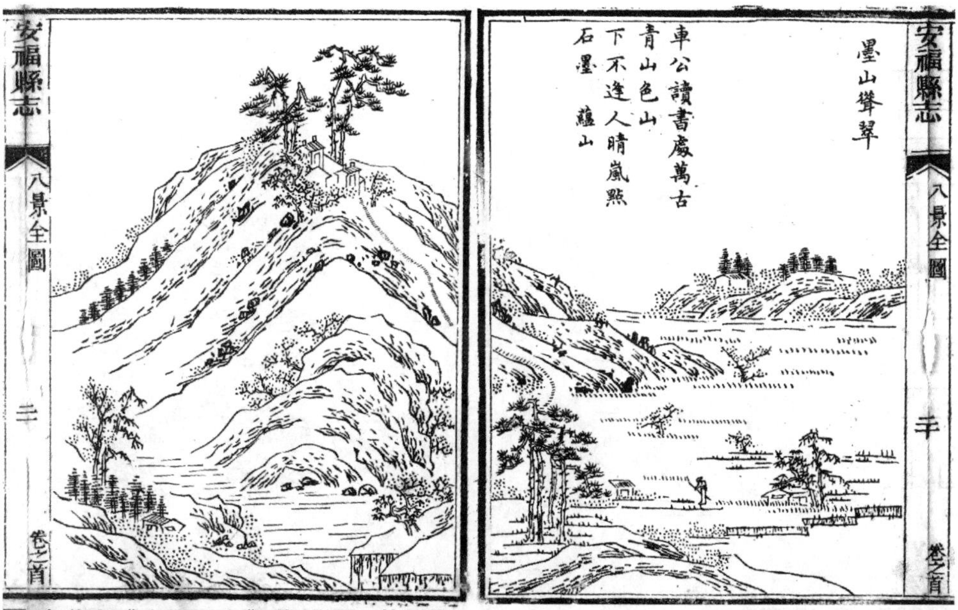

清道光《安福县志》载“墨山耸翠”

清同治《安福县志》“古迹”载“墨山耸翠”：县东石墨山，晋车武子读书处。山形高耸，山多草木，苍然如荠，有时含烟带雨，滴翠浮青，气佳哉，郁郁葱葱，自远望之，似一幅泼墨图也。

明代张琬《墨山耸翠》

翠巘天南峙，书台望眼空。囊萤堪射斗，石墨懒书穹。人倚苍苔秀，云连黛色融。名山千祀永，何处觅车翁。

[道水拖蓝]

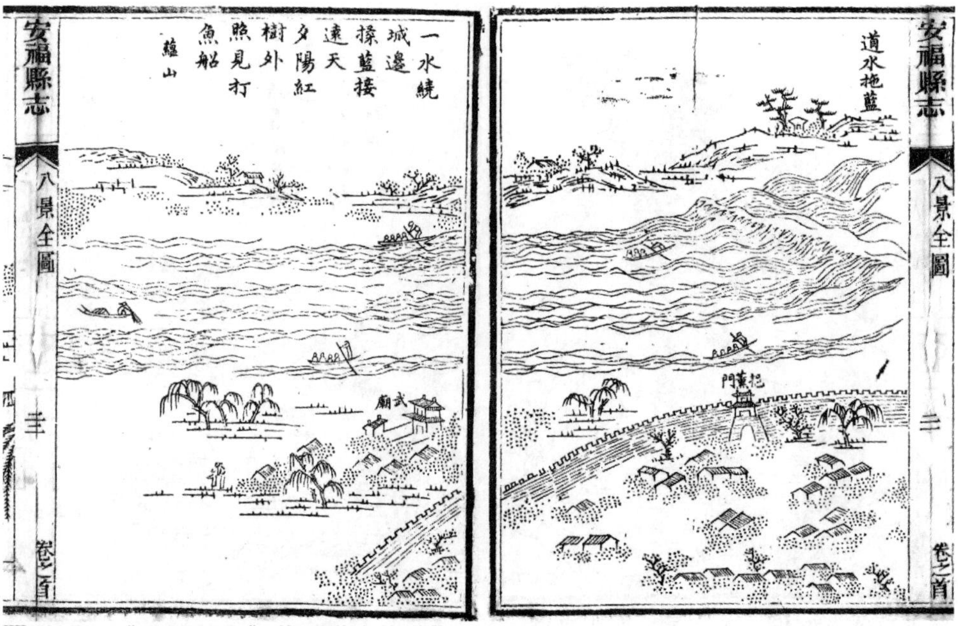

图 清道光《安福县志》载“道水拖蓝”

清同治《安福县志》“古迹”载“道水拖蓝”：道水自道源桥绕县城出道口，曲折数十里，波流清澈，平拖如练，两岸树影山光，交相掩映，沄沄然作蔚蓝色。打桨中流，舟泛潇湘之胜。

清代蒋仲《道水拖蓝》

绿树阴浓外，蔚蓝江上水。渔人唱晚秋，一叶烟波里。

[看花芳岭]

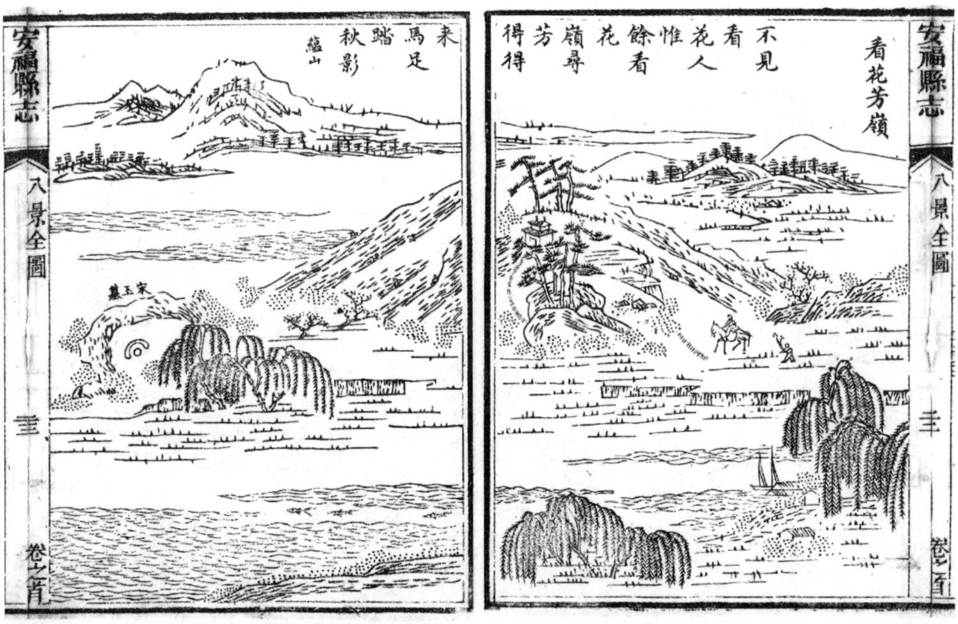

清道光《安福县志》载“看花芳岭”

清同治《安福县志》“古迹”载“看花芳岭”：岭在县东，相传楚大夫宋玉尝看花于此。迄今人往风微，而山上野卉争妍，清芬扑鼻，行人游客来往寻芳，摘翠披红，不胜香草美人之慕。

清代蒋健《看花芳岭》

昔人归何处，岭上有余芳。我来花正发，踏遍马蹄香。

[哦句平台]

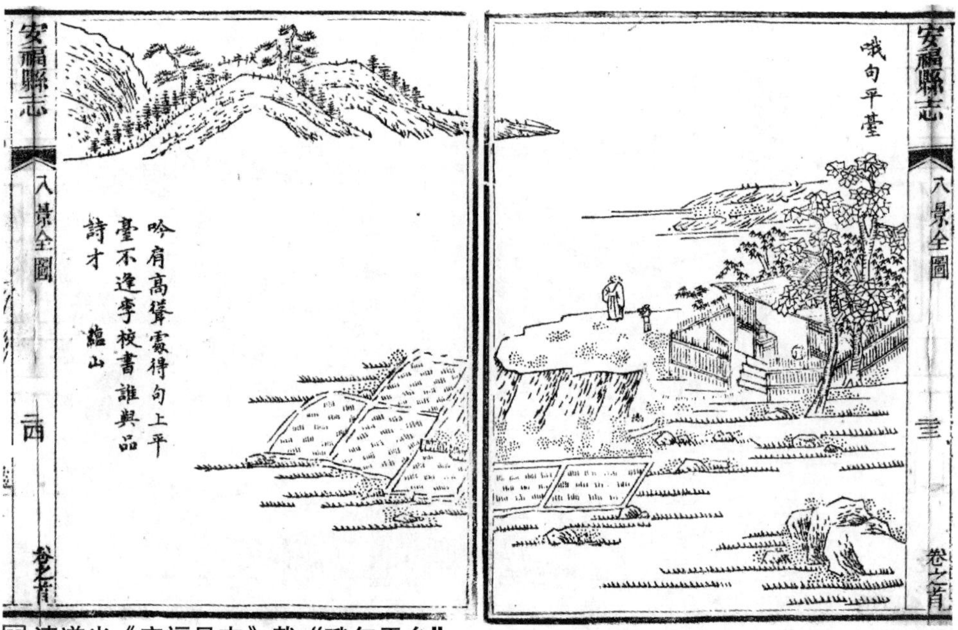

图 清道光《安福县志》载“哦句平台”

清同治《安福县志》“古迹”载“哦句平台”：唐李玉群读书台，在县北伏牛山畔（有两埠微高而顶平故，又名平台），群玉以诗鸣于唐，此盖其徜徉吟啸处。今能诗好古之士，往往登高作赋，觞咏流连，听哦句之声，当有继文山扬起者。

清代张范《哦句平台》

土台高不极，登临平如掌。不闻哦句声，惟听秋风响。

[观音幻迹]

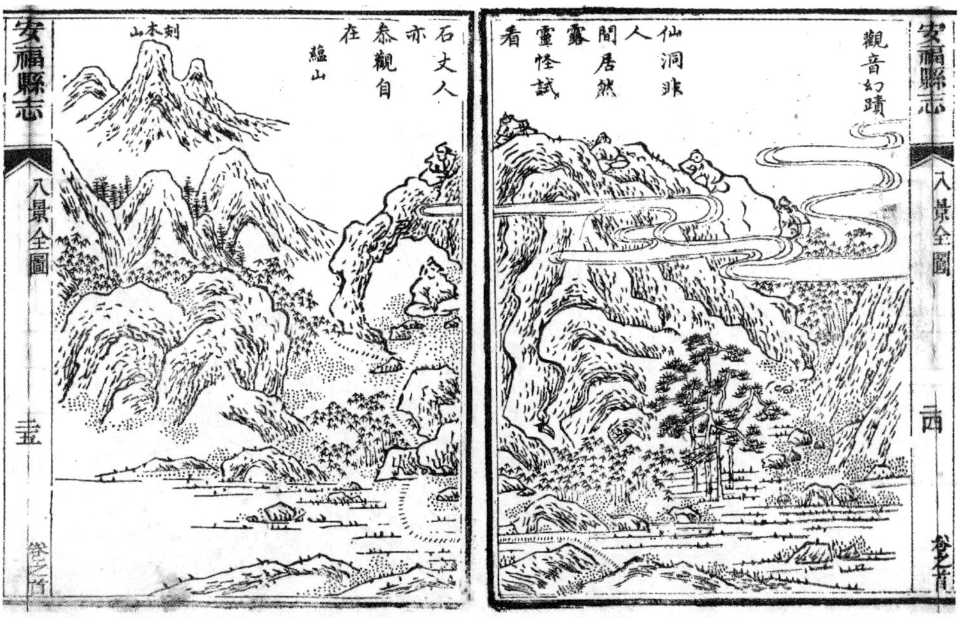

囧 清道光《安福县志》载“观音幻迹”

清同治《安福县志》“古迹”载“观音幻迹”：县北观音岩，多生成石像，巧类雕镂，咸以为佛法有灵，现种种色相，殊不可解。惟是山虚水深，万籁萧萧，古无人踪，惟石嶕峣，此景亦最为幽绝。

清代蒋健《观音幻迹》

坐向九莲台，神幻舍利子。洞中色相空，万籁萧萧起。

[古老危峰]

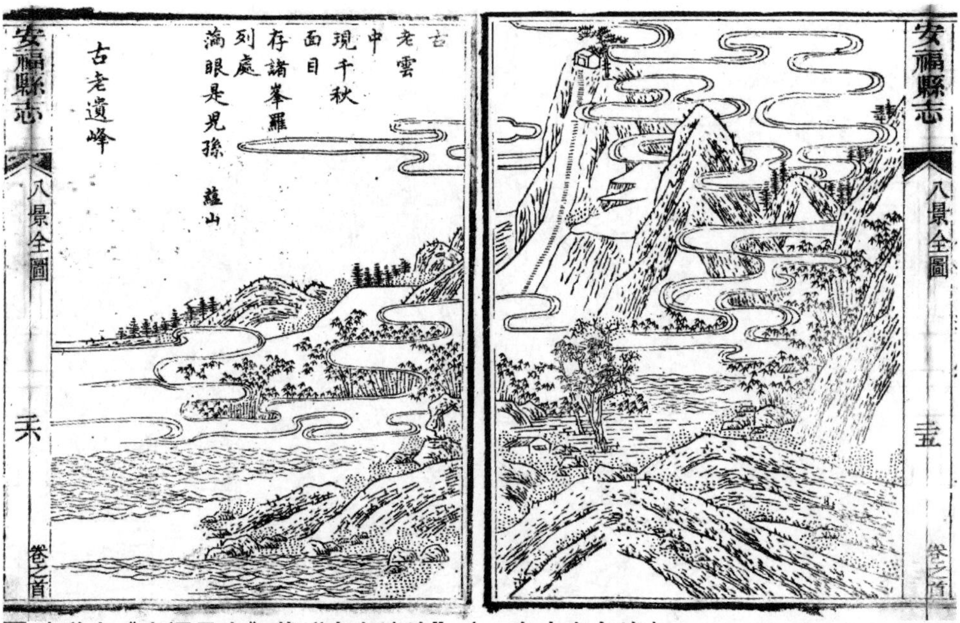

清道光《安福县志》载“古老遗峰”（一名古老危峰）

清同治《安福县志》“古迹”载“古老危峰”：古老山，在县之北，特立数百仞，凌空峭崒，气象尊严，俯视诸峰，俨如儿孙罗列，时而晴云罨霭，面目可窥。时而烟雨迷离，须眉不露。登城眺望，令人肃然生仰止之思。

清代张范《古老危峰》

危峰高百尺，苍然一老翁。何从问甲子，天地为始终。

[楚城夕照]

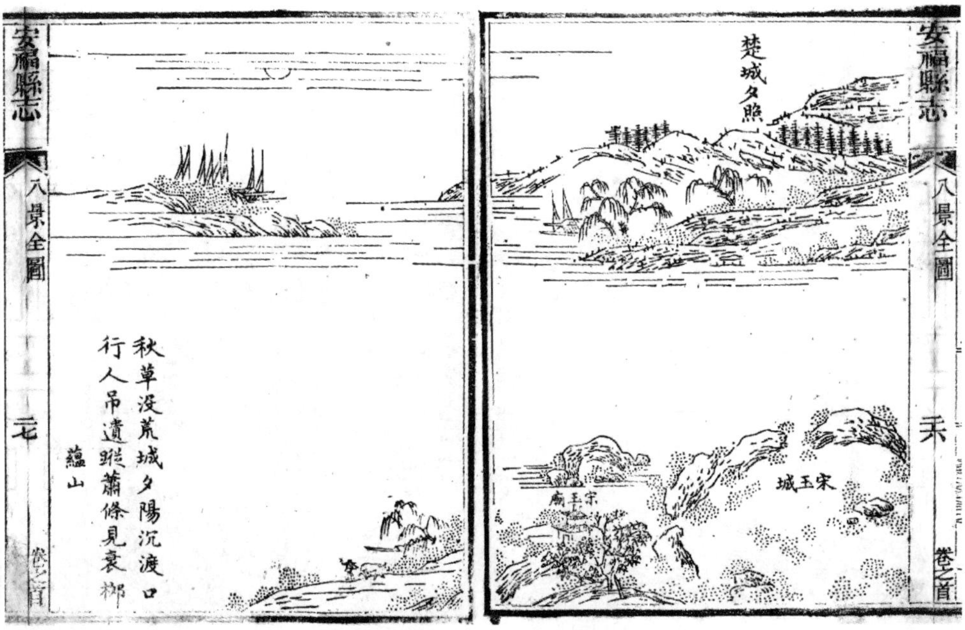

清道光《安福县志》载“楚城夕照”

清同治《安福县志》“古迹”载“楚城夕照”：即县东宋玉城，雉堞圮毁，仅余土堆，蔓草荒烟，夕阳惨淡，徘徊凭吊，风景萧然。读贾谊宅诗云：“秋草独寻人去后，寒林空见日斜时。”同此一番惆怅。

清代张范《楚城夕照》

落日下荒城，残霞散文绮。行人访遗踪，独立斜阳里。

［汉垒秋风］

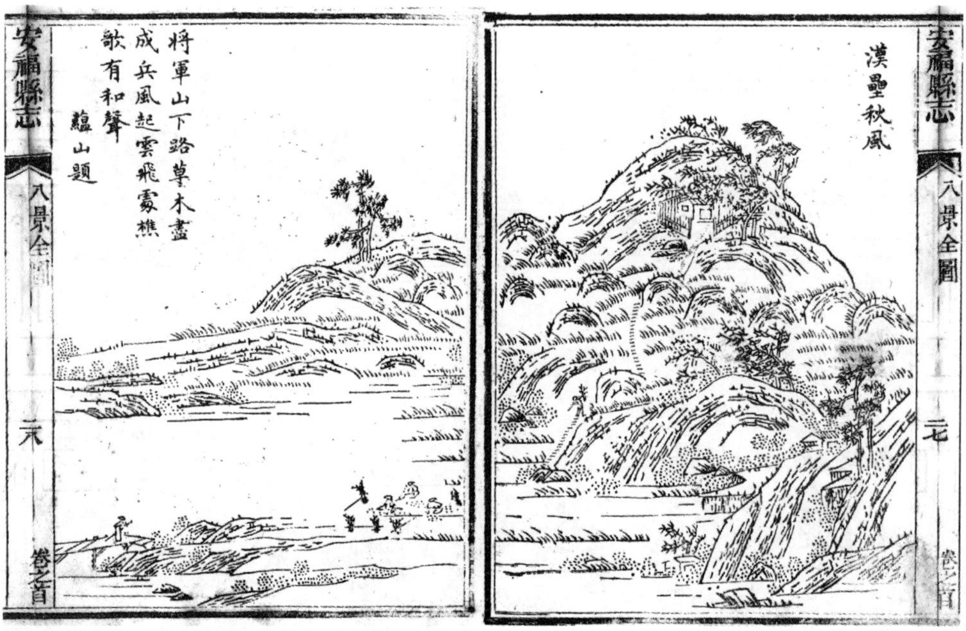

清道光《安福县志》载“汉垒秋风”

清同治《安福县志》“古迹”载“汉垒秋风”：县东将军、营驻、担粮等山，皆汉张良、陈平、纪信营垒处，每秋风振响，山谷皆鸣，八公山草木成兵不过尔尔。云飞而思猛士大风歌，至今如或闻之。

清代张范《汉垒秋风》

残叶卷秋云，樵歌出汉垒。空山草木深，时有大风起。

【安福县城内八景】

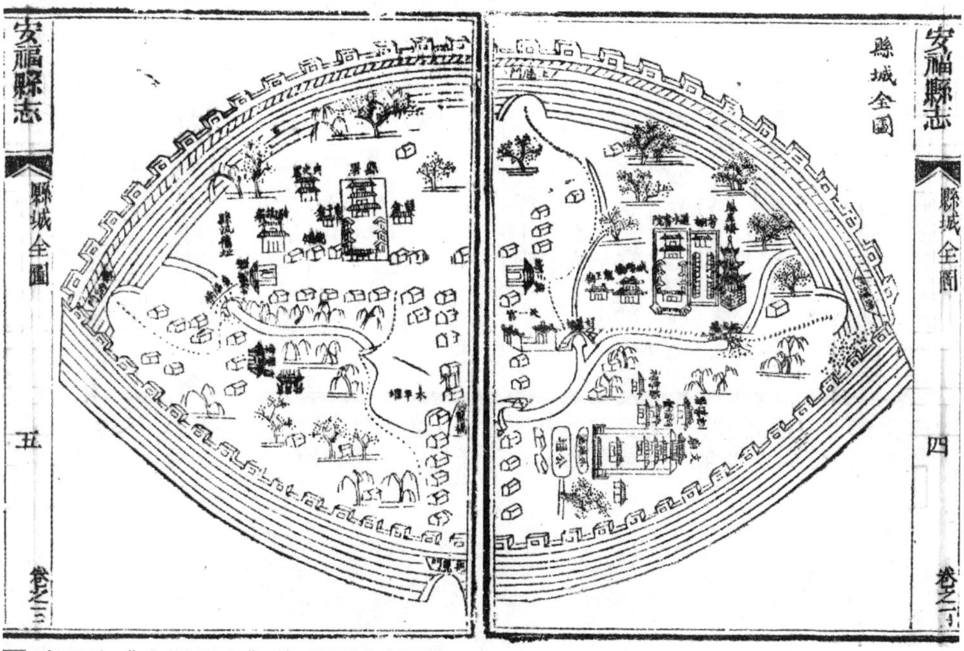

清同治《安福县志》载“县城全图”

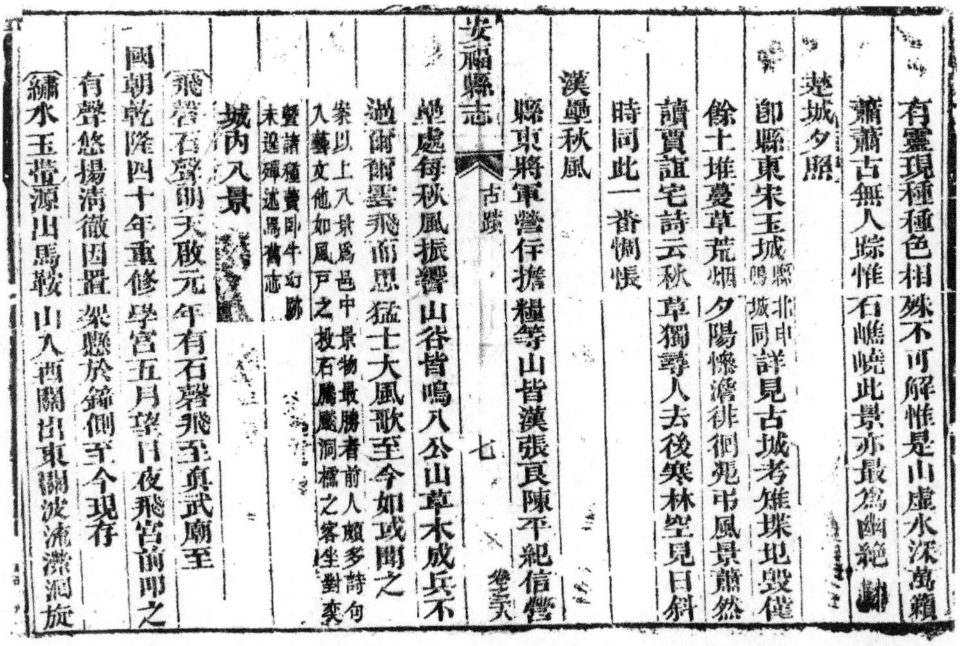

有靈現種種色相殊不可解惟是山虛水深萬籟
蕭蕭古無人蹤惟石巉巉此景亦最爲幽絶
楚城夕照
即縣東宋玉城縣北申鳴城同詳見古城考雉堞圮毁僅
餘土堆蔓草荒烟夕陽慘澹徘徊弔風景蕭然
讀賈誼宅詩云秋草獨尋人去後寒林空見日斜
時同此一番惆悵
漢壘秋風
縣東將軍營仔擔糧等山皆漢張良陳平紀信營

安福縣志　古蹟　七　卷之二十八

壘處每秋風振響山谷皆鳴八公山草木成兵不
過爾爾雲飛而思猛士大風歌至今如聞之
案以上八景爲邑中景物最勝者前人頗多詩句
入藝文他如風戸之投石騰飈洞標之客坐對奕
豎諸種費即牛幻跡
未遑殫述焉舊志
城内八景 [illegible]
飛磬石聲明天啟元年有石磬飛至真武廟至
國朝乾隆四十年重修學宮五月望日夜飛宮前即之
有聲悠揚清徹因置架懸於鐘側至今現存
繡水玉帶源出馬鞍山入西關出東關波流瀠洄旋

清同治《安福县志》“卷之二十八·古迹·古景”载“城内八景”：飞磬石声、绣水玉带、泮池夜皎、奎楼朝熙、书田春馌、署柳夏凉、灵桂秋芳、仙桥冬洁。（一）

常德卷

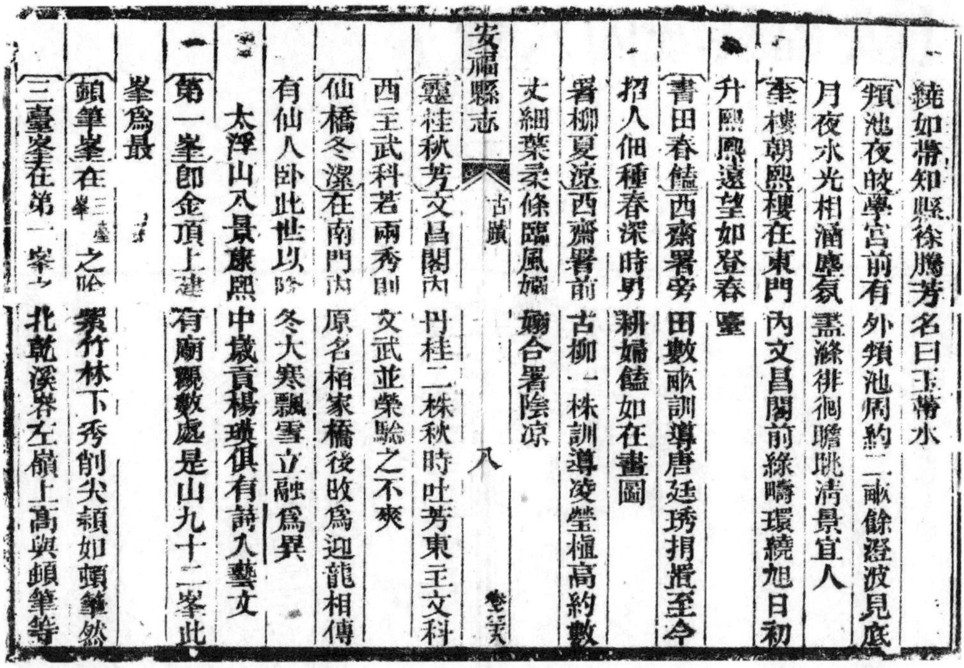

繞如帶知縣徐騰芳名曰玉帶水
泮池夜皎學宮前有外泮池周約二畝餘澄波見底月夜水光相涵塵氛盡滌徘徊瞻眺清景宜人
奎樓朝熙樓在東門內文昌閣前綠疇環繞旭日初升熙熙遠望如登春臺
書田春饁西齋署旁田數畝訓導唐廷琇捐置至今招人佃種春深時男耕婦饁如在書圖
署柳夏涼西齋署前古柳一株訓導凌瑩植高約數丈細葉柔條臨風婀娜合署陰涼

安福縣志　古蹟　八　卷二十八

靈桂秋芳文昌閣內丹桂二株秋時吐芳東主文科西主武科若兩秀則文武並榮驗之不爽
仙橋冬潔在南門內原名栢家橋後改爲迎龍相傳有仙人卧此世以隆冬大寒飄雪立融爲異
太浮山八景康熙中歲貢楊璣俱有詩入藝文
第一峯即金頂上建有廟觀數處是山九十二峯此峯爲最
頓筆峯在三臺峯之陰叢竹林下秀削尖頴如頓筆然
三臺峯在第一峯之北乾溪嶺左嶺上高與頓筆等

清同治《安福县志》“卷之二十八・古迹・古景”载“城内八景”：飞磬石声、绣水玉带、泮池夜皎、奎楼朝熙、书田春馌、署柳夏凉、灵桂秋芳、仙桥冬洁。（二）

【道源桥八景】

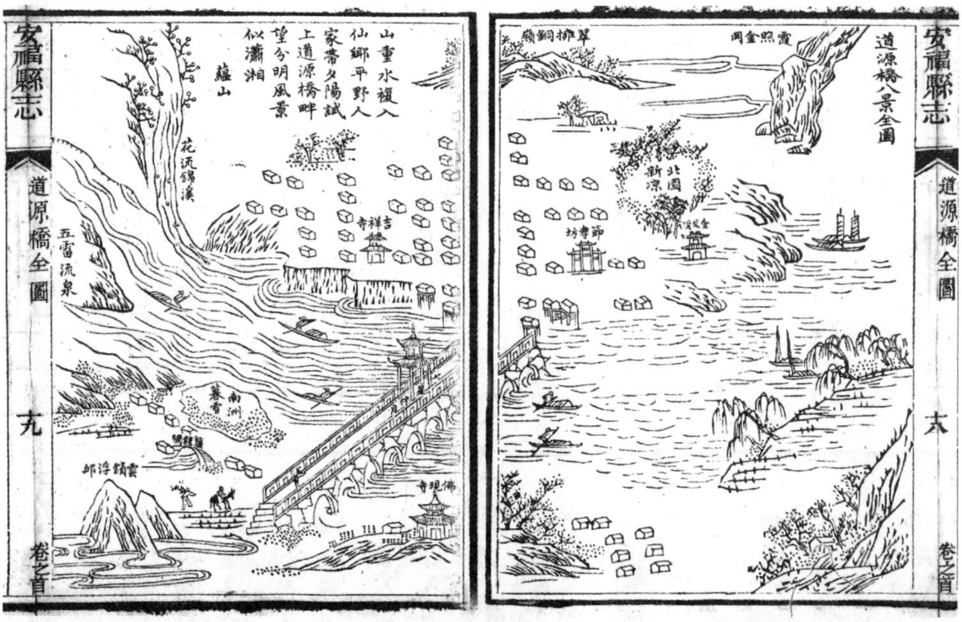

清道光《安福县志》“道源桥八景全图”载“八景”：霞照金冈、翠拥铜岭、北园新凉、花流锦溪、五雷流泉、南洲暮雪、七星伴月、云锁浮邱。

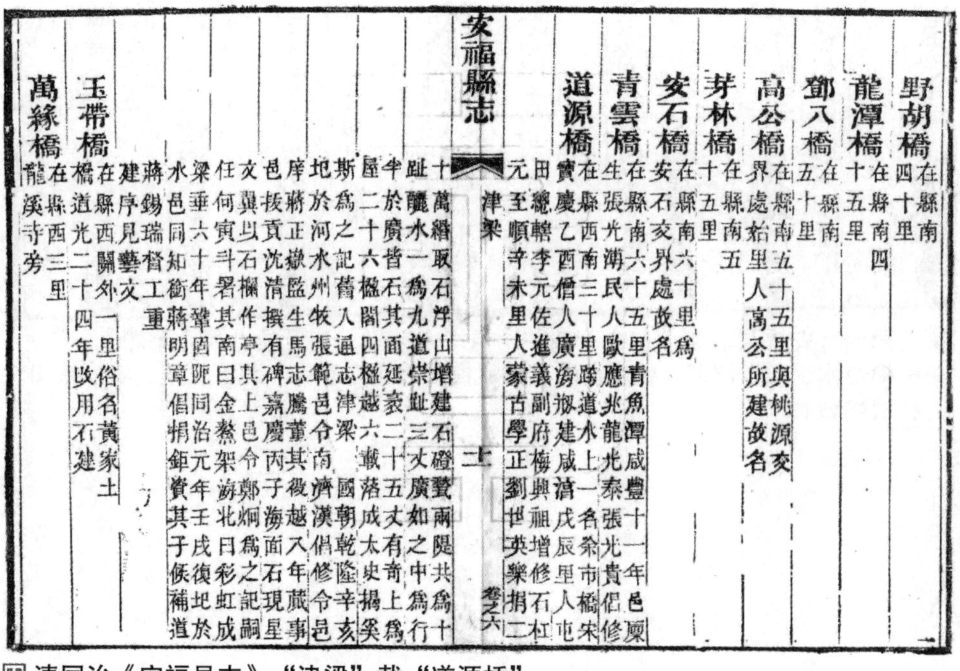

安福縣志 津梁 二十 卷之六

野胡橋 在縣南四十里

龍潭橋 在縣南四十五里

鄧八橋 在縣南五十里

高公橋 在縣南五十五里與桃源交界處始里人高公所建故名

芽林橋 在縣南五十五里

安石橋 在縣南六十里爲安石交界處故名

青雲橋 在縣南六十五里青魚潭咸豐十一年邑庠生張光瀚民人歐應兆龍光泰張光貴倡修

道源橋 在縣西南三十里跨道水上一名桼市橋宋寶慶乙酉僧人廣游擬建咸淳戊辰里人屯田總轄李元佐進義副府梅與祖增修石杠元至順辛未里人蒙古學正劉世英樂捐二十萬緡取石浮山增建石磴甃兩隄共爲十趾釃水一爲九道祟趾三丈廣如之中爲行半於廣皆石其面延袤二十五丈有奇上爲屋二十六楹閣四楹越六載落成太史揭傒斯爲之記舊入通志津梁國朝乾隆辛亥圯於河水州牧張範邑令南濟漢倡修令邑庠蔣正嶽監生馬志騰董其役越八年蕆事邑拔貢沈清撰有碑嘉慶丙子海面石現星文異出石欄作亭其上邑令鄭炯爲之記嗣任何寅斗署其南曰金鰲架游北曰彩虹成梁垂六十年犖确既同治元年壬戌復圯於水邑同知銜蔣明章倡捐鉅資其子候補道蔣錫瑞督工重建序見藝文

玉帶橋 在縣西關外一里俗名黃家土橋道光二十四年改用石建

萬緣橋 在縣西三里龍溪寺旁

清同治《安福县志》“津梁”载“道源桥”

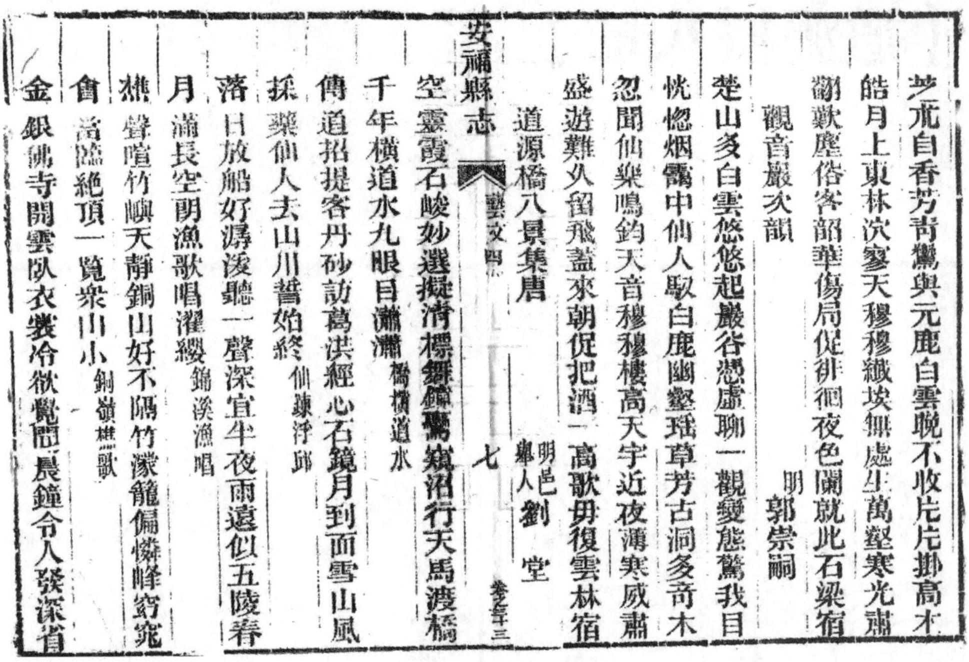

芝茄自香芳青鸞與元鹿白雲晚不收片片掛高木
皓月上東林泬寥天穆穆纖埃無處生萬壑寒光肅
翻歎塵俗客韶華傷局促徘徊夜色闌就此石梁宿
觀音巖次韻　明　郭崇嗣
楚山多白雲悠悠起巖谷愁慮聊一觀變態驚我目
恍惚烟霧中仙人馭白鹿幽壑瑶草芳古洞多奇木
忽聞仙樂鳴鈞天音穆穆樓高天宇近夜薄寒威肅
盛遊難久留飛蓋來朝促把酒一高歌毋復雲林宿
安福縣志　藝文四　七　卷之二十三
道源橋八景集唐　明邑舉人　劉　堂
空靈霞石峻妙選擬清標舞鶴鶩寒沼行天馬渡橋
千年橫道水九眼目瀟瀟　橋橫道水
傳道招提客丹砂訪葛洪經心石鏡月到面雪山風
採藥仙人去山川貫始終　仙鏈浮邱
落日放船好潺湲聽一聲深宜半夜雨遠似五陵春
月滿長空朗漁歌唱濯纓　錦溪漁唱
樵聲喧竹嶼天靜銅山好不隔竹濛籠偏憐峰窈窕
會當臨絕頂一覽衆山小　銅嶺樵歌
金銀佛寺開雲臥衣裳冷欲覺聞晨鐘令人發深省

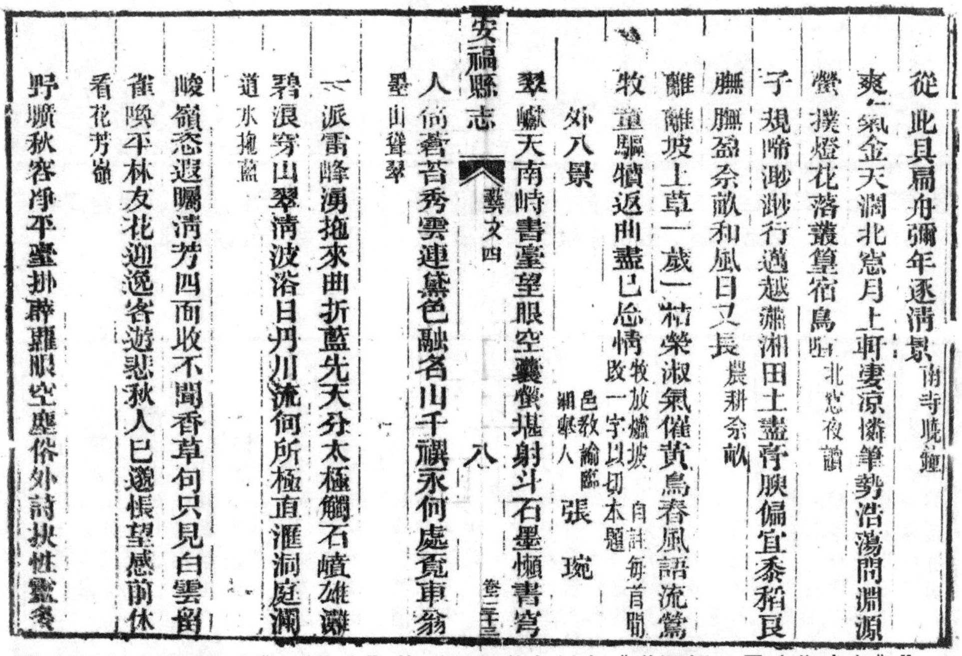

從此具扁舟彌年逐清景　南寺曉鐘
爽氣金天潤北窗月上軒凄涼憐筆勢浩蕩問淵源
螢撲燈花落叢篁宿鳥啼　北窗夜讀
子規啼渺渺行邁越瀟湘田土盡膏腴偏宜黍稻良
膴膴盈佘畝和風日又長　農耕佘畝
離離坡上草一歲一枯榮淑氣催黃鳥春風語流鶯
牧童驅犢返曲盡已忘情　牧放爐坡　自註每首單敗一字以切本題
外八景　邑教諭臨湘舉人　張　琬
翠巘天南峙書臺望眼空囊螢堪射斗石墨懶書穹
安福縣志　藝文四　八　卷二十三
人倚蒼苔秀雲連鶴邑融名山千禩永何處覓車翁
疊山聳翠
一派雷峰湧拖來曲折藍先天分太極觸石瀆雄灘
碧浪穿山翠清波浴日丹川流何所極直滙洞庭瀾
道水拖藍
峻嶺悉遐矚清芳四面收不聞香草句只見白雲留
雀噪平林友花迎逸客遊悲秋人已遠悵望感前休
看花芳嶺
野曠秋容淨平臺掛薜蘿眼空塵俗外詩枕性靈多

清同治《安福县志》“艺文”载“明邑举人刘堂《道源桥八景（集唐）》”：桥横道水、仙链浮邱、锦溪渔唱、铜岭樵歌、南寺晚钟、北窗夜读、农耕佘田、牧放炉坡。

【龙凤山八景】

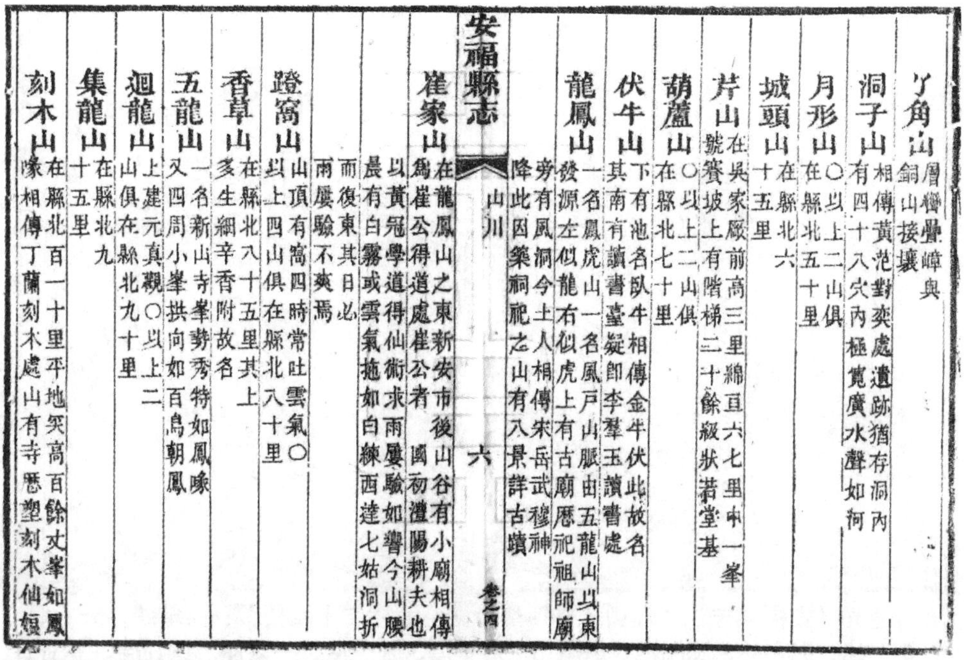

丫角山層巒疊嶂與銅山接壤

洞子山相傳黃范對奕處遺跡猶存洞內有四十八穴內極寬廣水聲如河

月形山○以上二山俱在縣北五十里

城頭山在縣北六十五里

芹山在吳家陂前高三里綿亘六七里中一峯號賽坡上有階梯二十餘級狀若堂基

葫蘆山○以上二山俱在縣北七十里

伏牛山下有池名臥牛相傳金牛伏此故名其南有讀書臺疑即李羣玉讀書處

龍鳳山一名鳳虎山一名鳳戶山脈由五龍山以東發源左似龍右似虎上有古廟歷祀祖師廟旁有風洞今土人相傳宋岳武穆神降此因築祠祀之山有八景詳古蹟

安福縣志　山川　卷之四　六

崔家山在龍鳳山之東新安市後山谷有小廟相傳爲崔公得道處崔公者國初澧陽耕夫也以黃冠學道得仙術求雨屢驗如響今山腰晨有白霧或雲氣拖如白練西達七姑洞折而復東其日必雨屢驗不爽焉

蹬窩山山頂有窩四時常吐雲氣○以上四山俱在縣北八十里

香草山在縣北八十五里其上多生細辛香附故名

五龍山一名新山寺峯勢秀特如鳳喙又四周小峯拱向如百鳥朝鳳

廻龍山上建元真觀○以上二山俱在縣北九十里

集龍山在縣北九十五里

刻木山在縣北百一十里平地突高百餘丈峯如鳳喙相傳丁蘭刻木處山有寺歷塑刻木仙像

清同治《安福县志》“山川”载“龙凤山”：“一名凤虎山、一名风户山。脉由五龙山以东发源，左似龙，右似虎，上有古庙，历祀祖师，庙旁有风洞，今土人相传，宋岳武穆神降此，因筑祠祀之。山有八景。详‘古迹’。”另，“卷之二十八·古迹”载“龙凤山八景”：凤岭盘空、螺峰耸翠、洞垭清风、磨泉碎玉、峻岭走马、灵山伏龟、龙潜古井、牛迹仙潭。

常德卷

【太浮山二十四景】

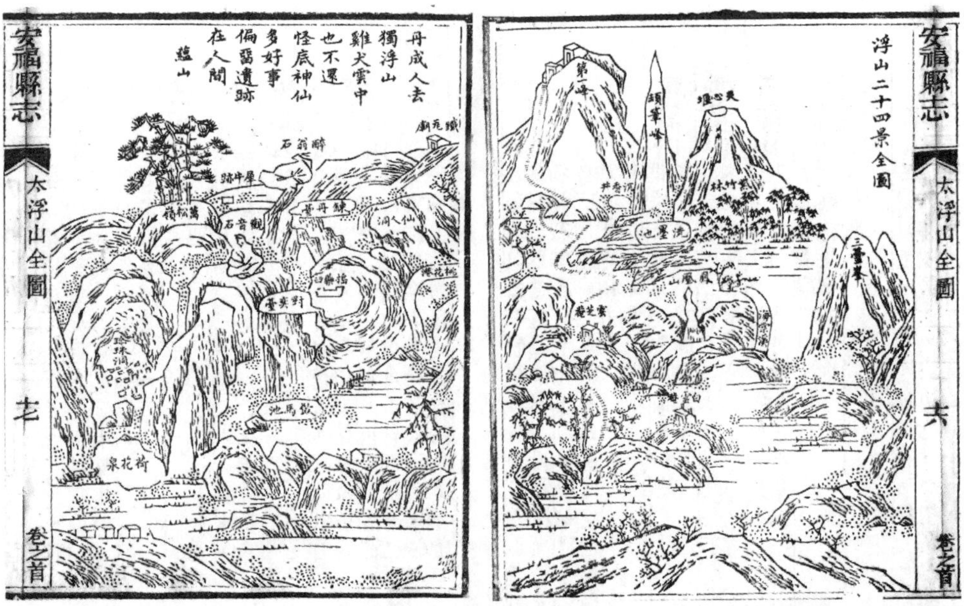

圖 清道光《安福县志》“浮山二十四景全图”载“二十四景”：顿笔峰、天心堰、第一峰、沉香井、洗墨池、凤凰山、海棠溪、云芝庵、白云庵、铁瓦庙、醉翁石、犀牛迹、万松岭、炼丹台、观音石、对弈台、捣药臼、仙人洞、桃花港、饮马池、荷花泉、珍珠洞、紫竹林、三台峰。

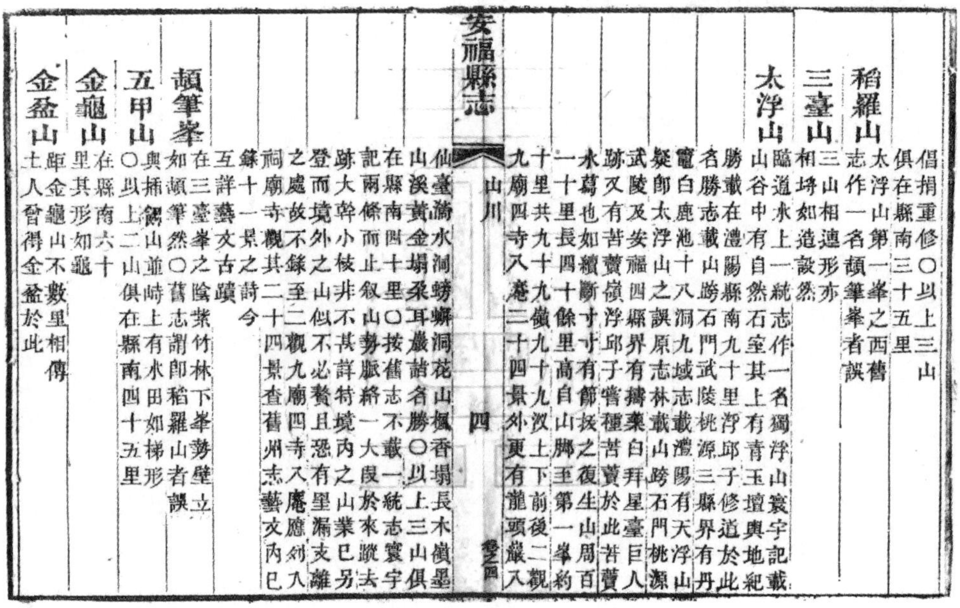

倡捐重修〇以上三山俱在縣南三十五里

稻羅山 太浮山第一峯之西舊志作一名頓筆峯者誤

三臺山 三山相連形亦相埒如造設然

太浮山 臨道水上一統志作一名獨浮山寰宇記載山谷中有自然石室其上有青玉壇輿地紀勝載在澧陽縣南九十里浮邱子修道於此名勝志載山跨石門武陵桃源三縣界有丹竈白鹿池十八洞九域志載澧陽有天浮山疑即太浮山之誤原志林載山跨石門桃源武陵及安福四縣界有擣藥臼拜星臺巨人跡又有苦蕒嶺浮邱子嘗種苦蕒於此苦蕒水葛也如續斷寸寸有節拔之復生山周百一十里長四十餘里高自山腳至第一峯約十里共九十九嶺九十九汊上下前後二觀九廟四寺八菴二十四景外更有龍頭巖入

安福縣志 山川 四 卷之四

仙臺滿水洞螃蟹洞花山楓香場長木嶺墨山溪黃金場朶耳巖諸名勝〇以上三山俱在縣南四十里〇按舊志不載一統志寰宇記兩條而止敘山勢脈絡一大段於來蹤去跡大幹小枝非不甚詳特境內之山業已另登而境外之山似不必贅且恐有罣漏支離之處故不錄至三觀九廟四寺八菴應刻入祠廟寺觀其二十四景查舊州志藝文內已錄十一景之詩今

互詳藝文古蹟

頓筆峯 在三臺峯之陰紫竹林下峯勢壁立如頓筆然〇舊志謂即稻羅山者誤

五甲山 與插鍋山並峙上有水田如梯形〇以上二山俱在縣南四十五里

金龜山 在縣南六十里其形如龜

金盔山 距金龜山不數里相傳土人嘗得金盔於此

圖 清同治《安福县志》“山川”载“太浮山”

【新安镇八景】

今佚惟前明舉人劉堂集唐八首劉堅古風一
首俱載藝文
橋横道水　仙鍊浮邱　南寺曉鐘　北窗夜讀
錦溪漁唱　銅嶺樵歌　農耕佘畝　牧放墟坡
道源橋八景邑令鄭炯有詩載藝文
七星伴月　五雷流泉　翠擁銅嶺　霞照金罔
南洲暮雲　北圃新凉　花流錦溪　雲鎖浮邱
龍鳳山八景
鳳嶺盤空　螺峯聳翠　洞瑶清風　磨泉碎玉
安福縣志　古蹟　十一　卷之三十八
峻嶺走馬　靈山伏龜　龍潛古井　牛跡仙潭
新安鎮八景
道溪秋月　銅嶺雲横　洞巖仙侶　奎閣書聲
尖峯晚景　灘聲課晴　福田暮鼓　古渡晴帆
附古墓
周楚大夫申鳴墓在縣北五十里合口市壽光寺劉
向說苑楚有士申鳴王欲相之辭不受其父曰汝何
不受對曰舍父之孝子爲王之忠臣何也其父曰吾
欲汝之相也鳴遂入朝楚王因授之相居三年白公

清同治《安福县志》“古迹”载“新安镇八景”：道溪秋月、铜岭云横、洞岩仙侣、奎阁书声、尖峰晚景、滩声课晴、福田暮鼓、古渡晴帆。

【石门旧传八景】

清康熙《石门县志》载“石门县境图”

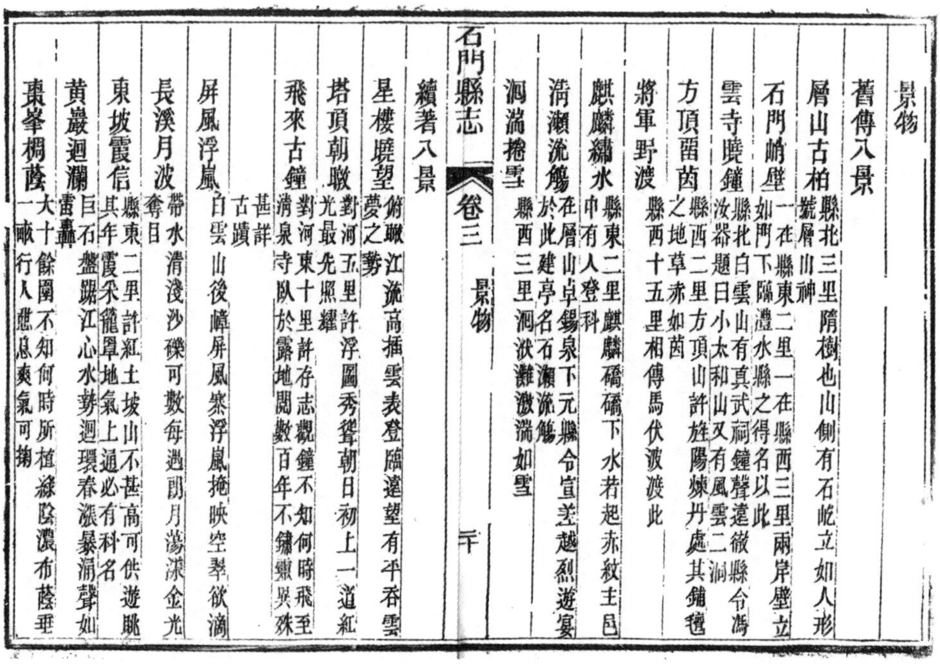

景物

舊傳八景

層山古柏 縣北三里隋樹也山側有石屹立如人形號層山神

石門峭壁 一在縣東二里一在縣西三里兩岸壁立如門下臨澧水縣之得名以此

雲寺曉鐘 縣北白雲山有真武祠鐘聲遠徹縣令濤汝器題曰小太和山又有風雲二洞

方頂留茵 縣西二里方頂山許旌陽煉丹處其鋪氊之地草赤如茵

將軍野渡 縣西十五里相傳馬伏波渡此

麒麟繡水 縣東二里麒麟磧磧下水若起赤紋主邑中有人登科

淸瀨流觴 在層山卓錫泉下元縣令宣差越烈遊宴於此建亭名石瀨流觴

澗流捲雪 縣西三里澗湫灘激湍如雪

石門縣志 卷三 景物

續著八景

星樓曉望 俯瞰江流高插雲表登臨遠望有乎吞雲夢之勢

塔頂朝暾 對河五里許浮圖秀聳朝日初上一道紅光最先照耀

飛來古鐘 對河東十里許存志觀鐘不知何時飛至清泉寺臥於露地閱數百年不銹䵅異殊甚詳古蹟

屏風浮嵐 白雲山後嶂屏風寨浮嵐掩映空翠欲滴

長溪月波 帶水清淺沙礫可數每遇朗月蕩漾金光奪目

東坡霞信 縣東二里許紅土坡山不甚高可供遊眺其年霞釆籠罩地氣上通必有科名

黃巖迴瀾 巨石盤踞江心水勢迴環春漲暴湍聲如雷轟

棗峯椆蔭 大十餘圍不知何時所植綠陰濃布蔭垂一畝行人憩息爽氣可掬

清同治《石门县志》载“旧传八景”

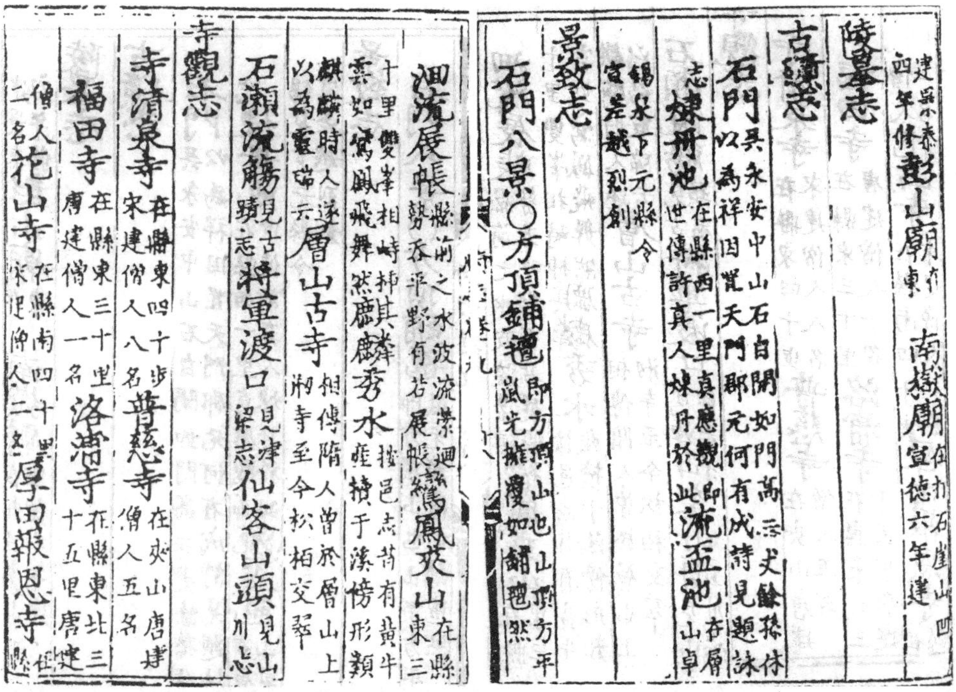
建□□泰四年修
彭山廟在□東
南嶽廟在□石崖山四 宣德六年建

陵墓志

古蹟志

石門吳永安中山石自開如門高三丈餘孫休以為祥因置天門郡元何有成詩見題詠志

煉丹池在縣西一里真應觀即世傳許真人煉丹於此

流盃池在府□山阜錫泉下元縣令宜若越烈創

景致志

石門八景○方頂鋪氊即方頂山也山頂方平嵐光擁護如鋪氊然

洄流展帳縣前之水波流縈迴勢吞平野有若展帳

鸞鳳夾山在縣東三十里雙峯相峙插其雲如鸞鳳飛舞然

麒麟秀水按邑志昔有黄牛蹟于溪傍形類麒麟時人遂以為靈瑞云

層山古寺相傳隋人曾於層山上刱寺至今松栢交翠

石瀨流觴見古蹟志

將軍渡口見津梁志

仙客山頭見山川志

寺觀志

清泉寺在縣東四十步宋建僧人八名

普慈寺在夾山唐建僧人五名

福田寺在縣東三十里唐建僧人一名

洛浦寺在縣東北三十五里唐建僧人二名

花山寺在縣南四十里宋建僧人二名

學田報恩寺在縣

明弘治《岳州府志》“景致志”载“石门八景”

石门县，位于湖南北部边陲，澧水中游。夏、商、周，属荆楚之域。春秋、战国，属楚。秦始皇元年（前221），石门为慈姑县地，隶黔中郡。西汉高祖二年（前205）罢黔中郡，置武陵郡，罢慈姑县，分置孱陵、零阳、充三县，石门属零阳县地，隶属武陵郡。新王莽改武陵郡为建平郡，王莽败，复名武陵。

东汉，零阳县地、隶武陵郡。三国，零阳县地、隶天门郡。晋武帝太康元年（280）分零阳县地为零阳、溇阳、临澧。四年（283）并溇阳，临澧为澧阳县，隶天门郡。南北朝为澧阳县，隶天门郡。陈文帝天嘉二年（561）改天门郡为石门郡。隋文帝开皇九年（589），罢石门郡，设石门县，隶澧州（旋改澧阳郡）。唐隶澧州澧阳郡。宋隶澧阳军州，属荆湖北路。元至元十二年（1275）升澧州为澧州路。属湖广行中书省江南湖北道。石门属其治。明太祖吴元年（1364）属澧州府。洪武二年（1369），新关以北设添平土司千户所。洪武九年（1376）降澧州府为州隶常德府，洪武三十年（1379）改隶岳州府。清初沿明制。康熙三年（1664），属湖南布政使司岳常澧道。雍正七年（1729），升澧州为直隶州。雍正十三年（1735），添平土司“改土归流”，隶石门。

明弘治《岳州府志》“景致志”载“石门八景”：方顶铺毡、洄流展帐、鸾凤夹山、麒麟秀水、层山古寺、石濑流觞、将军渡口、仙客山头。

清同治《石门县志》“景物”载“旧传八景”：层山古柏、石门峭壁、云寺晓钟、方顶留茵、将军野渡、麒麟绣水、清濑流觞、洄湍卷雪。

［层山古柏］

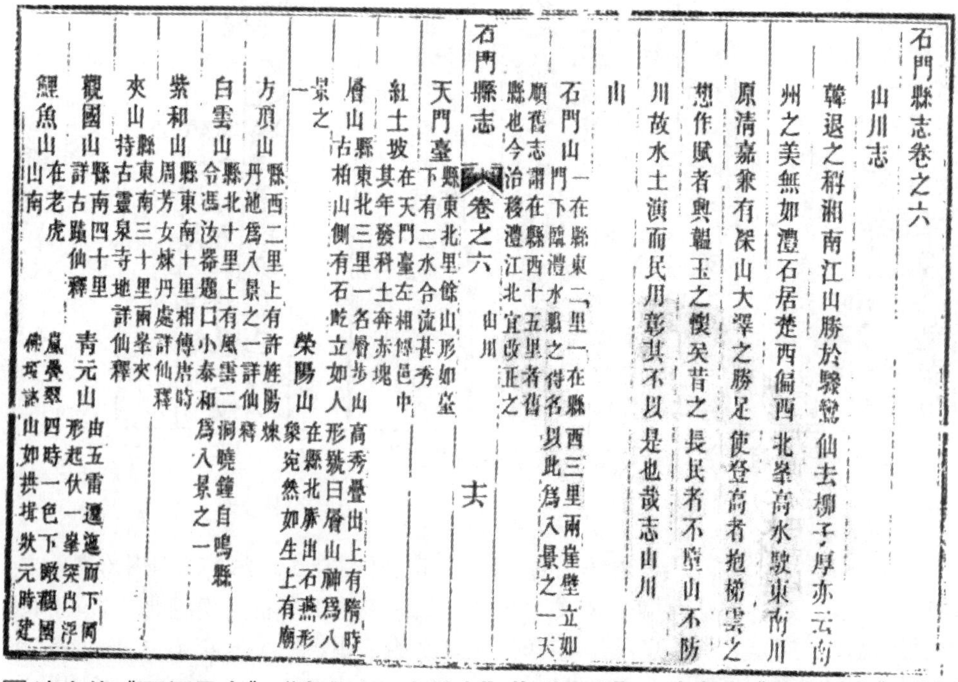

石門縣志卷之六

山川志

韓退之稱湘南江山勝於駱鸞仙去柳子厚亦云永州之美無如灃石居楚西偏西北峯高水駛東南川原清嘉兼有深山大澤之勝足使登高者抱樑雲之想作賦者興韞玉之懷矣昔之長民者不壁山不防川故水土演而民用彰其不以是也哉志山川

山

石門山 一在縣東二里一在縣西三里兩崖壁立如天門下臨灃水縣之得名以此為八景之一順舊志謂在縣西十五里者舊縣也今治移灃江北宜改正之

石門縣志 卷之六 山川 十六

天門臺 縣東北里餘山形如臺下有二水合流甚秀

紅土坡 在天門臺左相傳邑中其年發科土奔赤塊

層山古柏 縣東北三里一名層步山高秀疊出上有隋時柏山側有石屹立如人形號曰層山神為八景之一

榮陽山 在縣北麓出石燕形象宛然如生上有廟

方頂山 縣西二里上有許旌陽煉丹竈為八景之一詳仙釋

白雲山 縣北十里上有風雲二洞曉鐘自鳴縣令馮汝器題曰小泰和為八景之一

紫和山 縣東南十里相傳唐時周芳女煉丹處詳仙釋

夾山 縣東南三十里兩峯夾持古靈泉寺地詳仙釋

觀國山 縣南四十里詳古蹟仙釋

青元山 由五雷還遶而下岡形起伏一峯突出浮嵐叠翠四時一色下瞰觀國佛埡諸山如拱揖狀元時建

鯉魚山 在老虎山南

清光绪《石门县志》“卷之六·山川志”载“层山”。清嘉庆《石门县志》“古迹·石门八景”载“层山古柏”：县北三里，隋树也。山侧有石，屹立如人形，号曰层山神。

［石门峭壁］

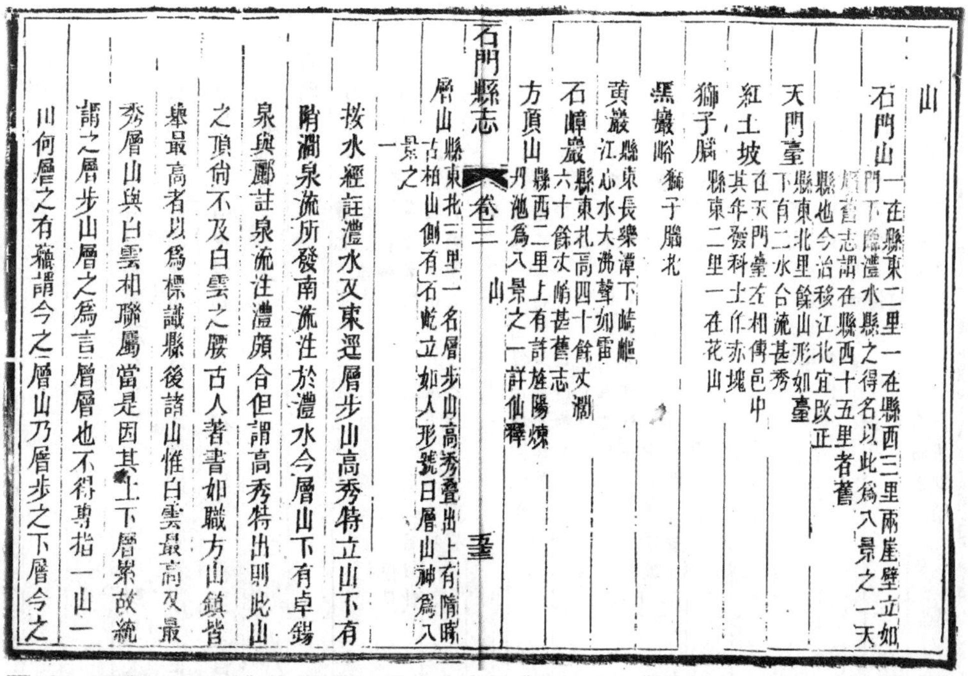

山

石門山　一在縣東二里一在縣西三里兩崖壁立如門下臨澧水縣之得名以此爲八景之一天順舊志謂在縣西十五里者舊縣也今治移江北宜改正

天門臺　縣東北里餘山形如臺下有二水合流甚秀

紅土坡　在天門臺左相傳邑中其年發科土作赤塊

獅子腦　縣東二里一在花山

黑巖峪　獅子腦北

黄巖　縣東長樂潭下崎嶇江心水大沸聲如雷

石嶂巖　縣東北高四十餘丈闊六十餘丈峭甚舊志

方員山　縣西二里上有許旌陽煉丹池爲八景之一詳仙釋

石門縣志　卷三　山

層山　縣東北三里一名層步山高秀疊出上有隋唐古柏山側有石屹立如人形號曰層山神爲八景之一

按水經註澧水又東逕層步山高秀特立山下有陏澗泉流所發南流注於澧水今層山下有卓錫泉與酈註泉流注澧頗合但謂高秀特出則此山之頂尚不及白雲之腰古人著書如職方山鎮皆舉最高者以爲標識縣後諸山惟白雲最高又最秀層山與白雲相聯屬當是因其上下層累故統謂之層步山層之爲言層層也不得專指一山一川何層之有竊謂今之層山乃層步之下層今之

清同治《石门县志》载“石门山”。清嘉庆《石门县志》“古迹·石门八景”载“石门峭壁”：一在县东二里，一在县西三里，两岸壁立如门，下临澧水，县之得名以此。

[云寺晓钟]

石門縣志卷之十三

古蹟志

西洞辛歲時現陸離之狀午橋子谷多留撰刻之文或地以人傳抑景由時造能使好事之興不淺懷古之情倍深旁逸偶錯境界一新後述神皋者宜其言之益如也志古蹟

石門八景

層山古柏 縣北三里時樹也山側有石徒立如人故號曰層山神

石門峭壁 一在縣東二里一在縣西三里兩岸壁立如門下臨澧水縣之得名以此

雲寺曉鐘 即白雲山上有風雲二洞曉鐘自鳴縣令馮汝器題曰小太和

石門縣志 卷之十三 古蹟 三

方頂靈茵 縣西二里相傳許旌陽煉丹處其鋪甕之地草赤如茵

將軍野渡 縣西十五里相傳馬伏波將軍渡此故名

麒麟秀水 縣東二里橋下流水若赤是年邑中必有科名

清瀨流觴 在層山卓錫泉下元縣令宜[illegible]烈遊宴於此建亭名石瀨流觴

洄湍捲雪 縣西三里許大河中有灘名洄狀灘激湍如雪亦佳境也

天門臺 以郡得名縣東二里

天門第一名山 清泉寺猲得古碑六字

墨蘸 在方頂山下其土色黑相傳許旌陽潑墨處

梯雲巖 在白雲山腰李仙道人題

曬經臺 在報恩寺有木魚山香爐峯寺東泉甚清冽折而上為朝山廟

圖 清嘉庆《石门县志》“古迹·石门八景”载“云寺晓钟”：即白云山，上有风云二洞，晓钟自鸣。县令冯汝器题曰：小太和。

[方顶留茵]

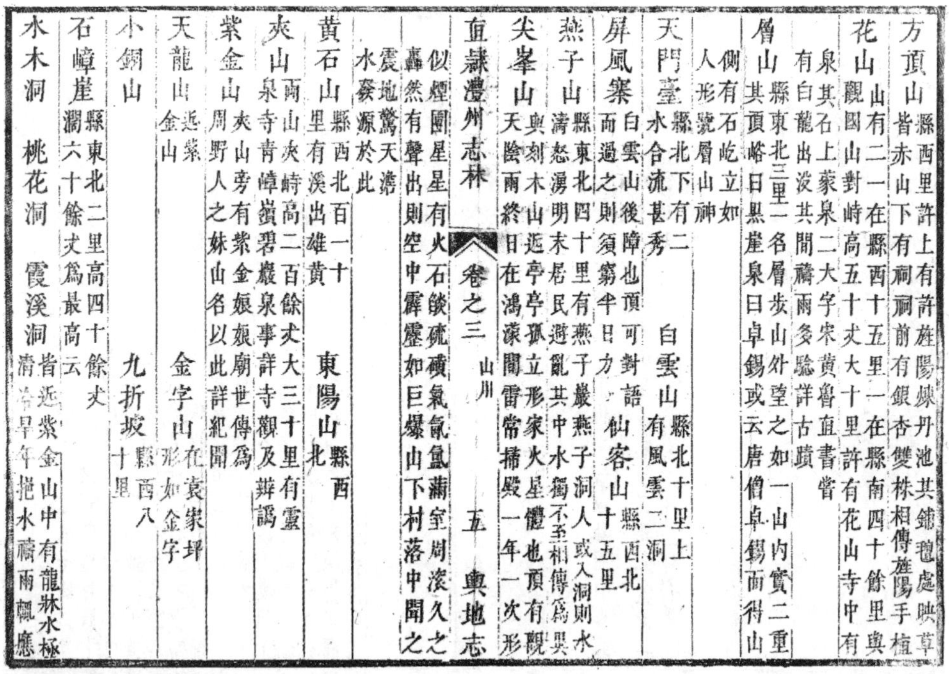

方頂山縣西里許上有許旌陽煉丹池其鋪氈處映草皆赤山下有祠祠前有銀杏雙株相傳旌陽手植

花山山有二一在縣西十五里一在縣南四十餘里與觀國山對峙高五十丈大十里許有花山寺中有泉其石上篆泉二大字宋黄魯直書嘗有白龍出沒其間禱雨多驗詳古蹟

層山縣東北三里一名層步山外望之如一山內實二重其頂峪日黑崖泉日卓錫或云唐僧卓錫而得山側有石屹立如人形號層山神

天門臺縣北下有二水合流甚秀　白雲山縣北十里上有風雲二洞

屏風寨白雲山後障也頂可對語而過之則須竆半日力　仙客山縣西北十五里

燕子山縣東北四十里有燕子巖燕子洞人或入洞則水濤怒湧明末居民避亂其中水獨不至相傳爲異

尖峯山與刻木山近亭亭孤立形家火星體也頂有觀天陰雨終日在鴻濛閒雷常掃殿一年一次形

直隷澧州志林　卷之三　山川　五　輿地志

似煙圍星星有火石燄硫磺氣氤氳滿室周浹久之轟然有聲出則空中霹靂如巨爆山下村落中聞之震地驚天湧水發源於此

黃石山縣西北百一十里有溪出雄黃　東陽山縣西北

夾山兩山夾峙高二百餘丈大三十里有靈泉寺青嶂嶺碧巖泉事詳寺觀及辨譌

紫金山夾山旁有紫金娘娘廟世傳爲周野人之妹山名以此詳紀聞

天龍山近紫金山　金字山在袁家坪形如金字

小銅山　九折坡縣西八十里

石嶂崖縣東北二里高四十餘丈濶六十餘丈爲最高云

水木洞　桃花洞　霞溪洞皆近紫金山中有龍湫水極清冷旱年挹水禱雨輒應

清乾隆《直隶澧州志林》载“方顶山”

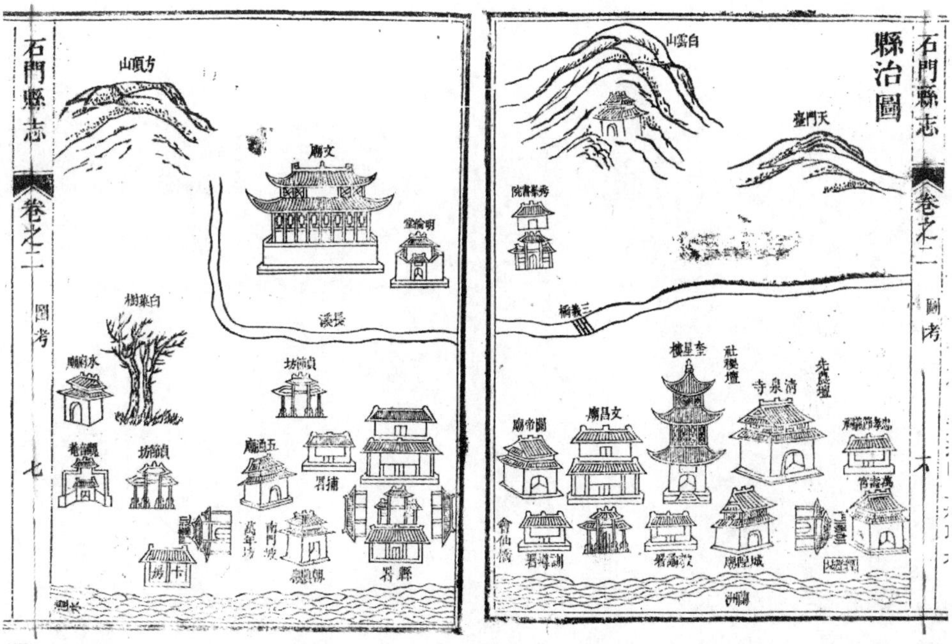

清嘉庆《石门县志》“县治图”载“方顶山”。另，“古迹·石门八景”载“方顶留茵”：县西二里，相传许旌阳炼丹处。其铺毡之地，草赤如茵。

［将军野渡］

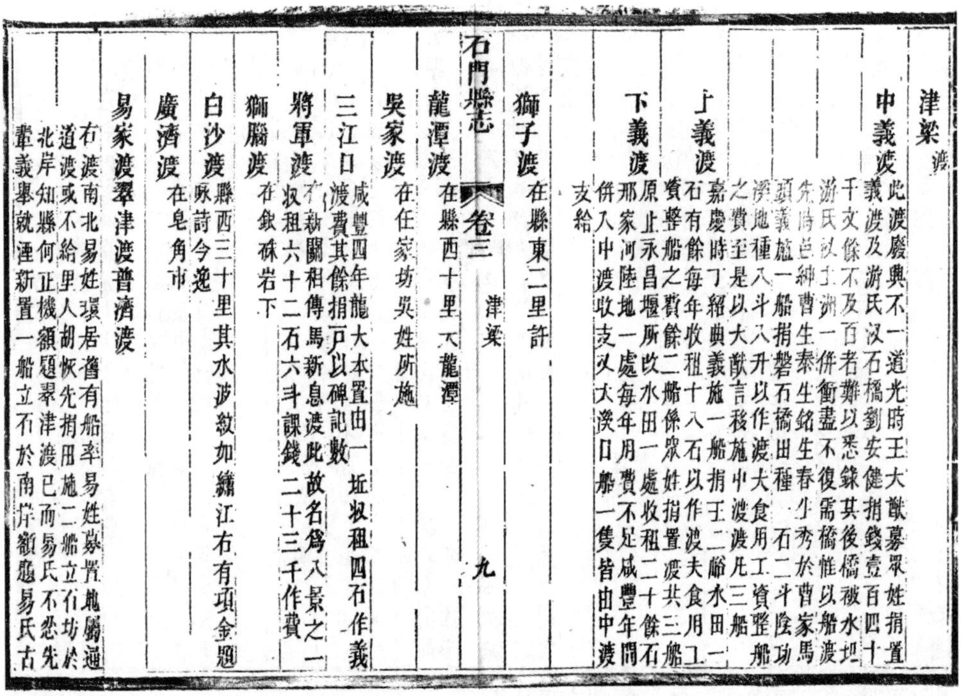

津梁 渡

中義渡 此渡廢興不一道光時王大猷募衆姓捐置義渡及游氏汉石橋劉安健捐錢壹百四十千文除不及百者難以悉錄其後橋被水圮游氏以土洲一併衝盡不復需橋惟以船渡先時邑紳曹生泰生銘生春生秀於曹家馬頭義施一船捐磐石橋田種石二斗陰功溪地種八斗八升以作渡夫食用工資豎船之費至是以大猷言移施中渡凡三船

上義渡 嘉慶時丁紹典義施一船捐王二嶠水田一石有餘每年收租十八石以作渡夫食用工資整船之費餘二船係衆姓捐置渡共三船

下義渡 原止永昌堰所改水田一處收租二十餘石那家河陸地一處每年用費不足咸豐年間併入中渡收支又大溪口船一隻皆由中渡支給

獅子渡 在縣東二里許

石門縣志 卷三 津梁 九

龍潭渡 在縣西十里下龍潭

吳家渡 在任家坊吳姓所施

三江口渡 咸豐四年龍大本置由一坵收租四石作義渡費其餘捐戸以碑記數

將軍渡 在新關相傳馬新息渡此故名爲八景之一收租六十二石六斗課錢二十三千作費

獅腦渡 在欽硃岩下

白沙渡 縣西三十里其水涉紋加綉江右有項金題咏詩今逸

廣濟渡 在皂角市

易家渡 翠津渡 普濟渡

右渡南北易姓環居舊有船率易姓募置亂屬通道渡或不給里人胡𢘽先捐田施二船立石坊於北岸知縣何正機額題翠津渡已而易氏不忝先輩義舉就湮新置一船立石於南岸額亟易氏古

清同治《石门县志》载“将军渡”。清嘉庆《石门县志》“古迹·石门八景”载“将军野渡”：县西十五里，相传马伏波将军渡此。故名。

[麒麟绣水]

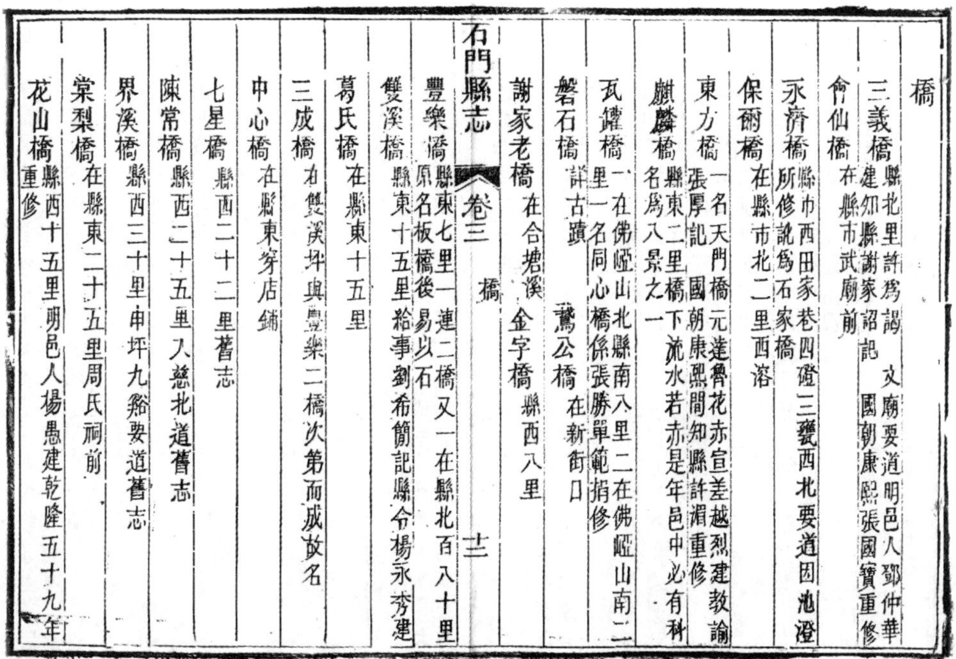

橋

三義橋縣北里許爲謁 文廟要道明邑人鄧仲華建知縣謝家詔記 國朝康熙張國寶重修

會仙橋在縣市武廟前

永濟橋縣市西田家巷四磴三甕西北要道因池澄所修訛爲石家橋

保爾橋在縣市北二里西溶

東方橋一名天門橋元達魯花赤宣差越烈建教諭張厚記 國朝康熙間知縣許湄重修

麒麟橋縣東二里橋下流水若赤是年邑中必有科名爲八景之一

瓦罐橋一在佛啞山北縣南八里二在佛啞山南二里一名同心橋係張勝單範捐修

磐石橋詳古蹟　鷺公橋在新街口

謝家老橋在合塘溪　金字橋縣西八里

石門縣志　卷三　橋　十二

豐樂橋縣東七里一連二橋又一在縣北百八十里原名板橋後易以石

雙溪橋縣東十五里給事劉希簡記縣令楊永秀建

葛氏橋在縣東十五里

三成橋在雙溪坪與豐樂二橋次第而成故名

中心橋在縣東穿店鋪

七星橋縣西二十二里舊志

陳常橋縣西二十五里入慈北道舊志

界溪橋縣西三十里申坪九谿要道舊志

棠梨橋在縣東二十五里周氏祠前

花山橋縣西十五里明邑人楊愚建乾隆五十九年重修

清同治《石门县志》载“麒麟桥”。清嘉庆《石门县志》“古迹·石门八景”载“麒麟秀（绣）水”：县东二里，桥下流水若赤，是年邑中必有科名。

[清濑流觞]

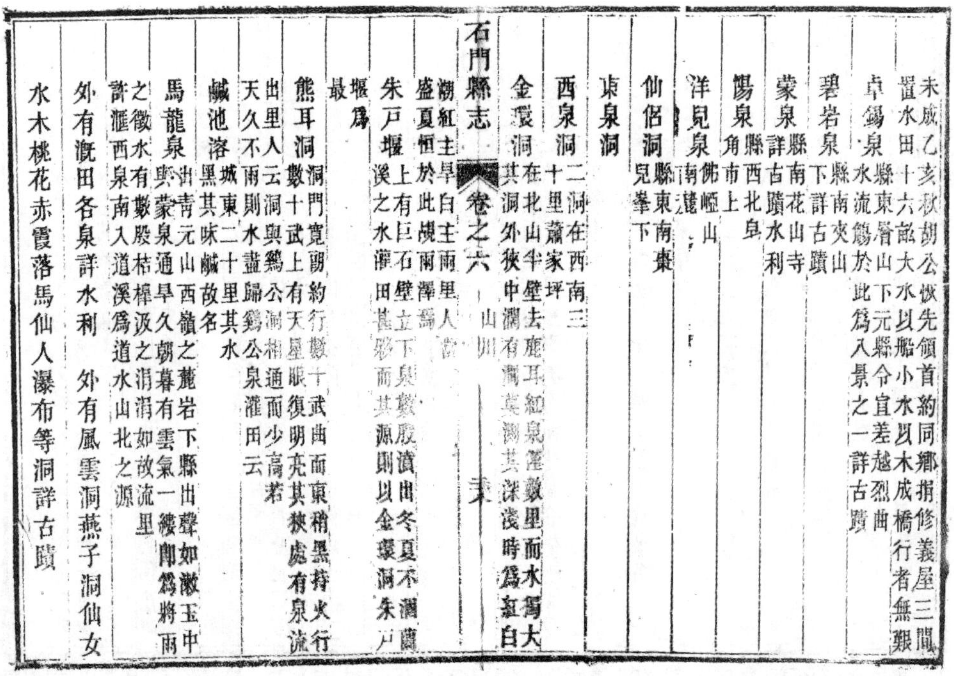

未成乙亥秋胡公恢先領首約同鄉捐修義屋三間置水田十六畝大水以船小水以木成橋行者無艱

卓錫泉 縣東層山下元縣令宣差越烈曲水流觴於此爲八景之一詳古蹟

碧岩泉 縣南夾山下詳古蹟

蒙泉 縣南花山寺詳古蹟水利

暘泉 縣西北阜角市上

洋兒泉 佛嶇山南麓

仙侶洞 縣東南棗兒峯下

涑泉洞

西泉洞 二洞在西南三十里蕭家坪

金環洞 在北山半壁去鹿耳紅泉僅數里而水獨大其洞外狹中濶有瀾莫測其深淺時爲紅白

石門縣志 卷之六 山川

湖紅主旱白主雨里人嘗盛夏恒於此覘雨澤焉

朱戶堰 上有巨石壁立下泉數股濆出冬夏不涸灌溪之水灌田甚夥而其源則以金環洞朱戶堰爲最

熊耳洞 洞門寬朗約行數十武曲而東稍黑持火行數十武上有天星眼復明亮其狹處有泉流出里人云洞與鷄公洞相通而少高若天久不雨則水盡歸鷄公泉灌田云

鹹池溶 城東二十里其水黑其味鹹故名

馬龍泉 出青元山西嶺之麓岩下縣出聲如漱玉中與蒙泉通旱久朝暮有雲氣一縷即爲將雨之徵水有數股枯槔汲之涓涓如故流里許滙西泉南入道溪爲道水山北之源

外有漑田各泉詳水利 外有風雲洞燕子洞仙女水木桃花赤霞落馬仙人瀑布等洞詳古蹟

清嘉庆《石门县志》“山川”载“卓锡泉”。另，“古迹·石门八景”载“清濑流觞”：在层山卓锡泉下，元县令宣差越烈游宴于此，建亭名“石濑流觞”。

[洄湍卷雪]

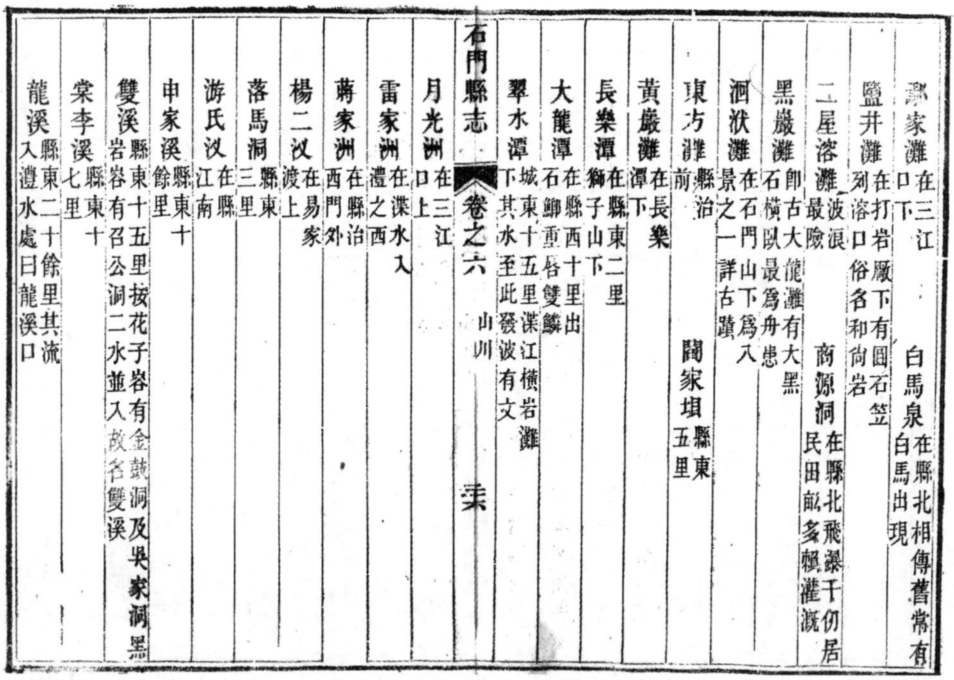

鄢家灘在三江口下　白馬泉在縣北相傳舊常有白馬出現
鹽井灘在打岩廠下有圓石笠列溶口俗名和尚岩
二星溶灘波浪最險　商源洞在縣北飛瀑千仞居民田畝多賴灌溉
黑巖灘即古大龍灘有大黑石橫臥最爲舟患
洄洑灘在石門山下爲八景之一詳古蹟
東方灘縣治前　闞家垻縣東五里
黃巖灘在長樂潭下
長樂潭在縣東二里獅子山下
大龍潭在縣西十里出石鯽重唇雙鱗
翠水潭城東十五里渫江橫岩灘下其水至此發波有文

石門縣志　卷之六　山川　柒

月光洲在三江口上
雷家洲在渫水入澧之西
蔣家洲在縣治西門外
楊二汊在易家渡上
落馬洞縣東三里
游氏汊在縣江南
申家溪縣東十餘里
雙溪縣東十五里按花子容有金鼓洞及吳家洞黑岩容有召公洞二水並入故名雙溪
棠李溪縣東十七里
龍溪縣東二十餘里其流入澧水處曰龍溪口

清嘉庆《石门县志》“山川”载“洄洑滩”。另，“古迹·石门八景”载“洄湍卷雪”：县西三里许，大河中有滩名洄洑滩，急湍如雪，亦佳境也。

【石门县续著八景】

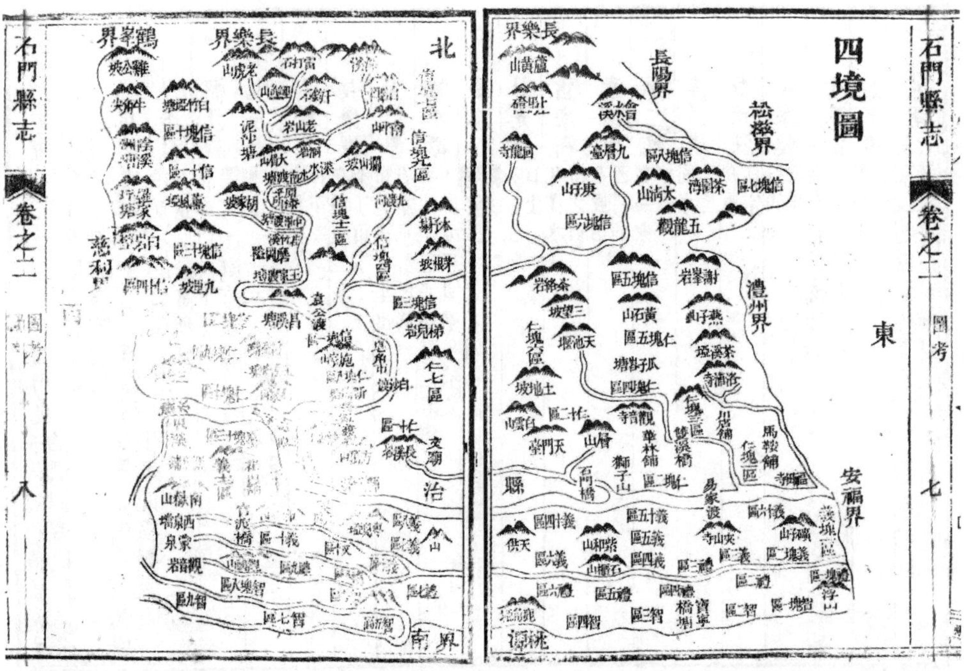

清嘉庆《石门县志》载“四境图”。清同治《石门县志》“景物”载“续著八景”：星楼晓望、塔顶朝瞰、飞来古钟、屏风浮岚、长溪月波、东坡霞信、黄岩洄澜、枣峰桐荫。

[星楼晓望]

▣ 清同治《石门县志》“县治图”载“文星楼”。另，“景物·续著八景”载“星楼晓望”：俯瞰江流，高插云表，登临远望，有平吞云梦之势。

[塔顶朝暾]

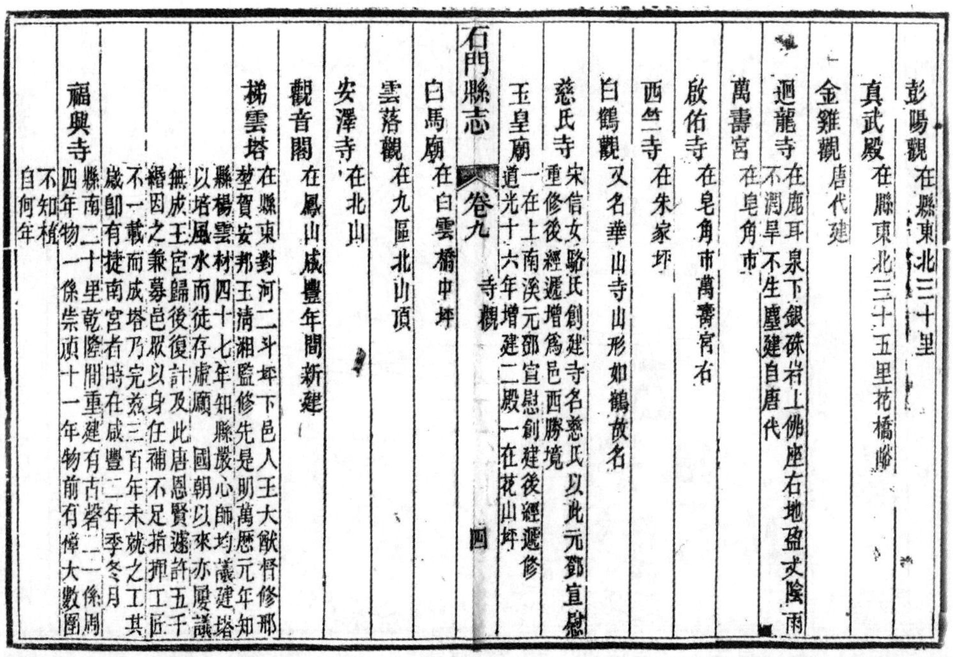

彭瑒觀 在縣東北三十里
真武殿 在縣東北三十五里花橋鄉
金雞觀 唐代建
廻龍寺 在鹿耳泉下銀硃岩上佛座右地盈丈陰雨不潤旱不生塵建自唐代
萬壽宮 在皂角市
啟佑寺 在皂角市萬壽宮右
西竺寺 在朱家坪
白鶴觀 又名華山寺山形如鶴故名
慈氏寺 宋信女駱氏創建寺名慈氏以此元鄧宣慰重修後經遞增為邑西勝境
玉皇廟 一在上南溪元鄧宣慰創建後經遞修道光十六年增建二殿一在花山坪

石門縣志 卷九 寺觀 四

白馬廟 在白雲橋中坪
雲落觀 在九區北山頂
安澤寺 在北山
觀音閣 在鳳山咸豐年間新建
梯雲塔 在縣東對河二斗坪下邑人王大猷督修邢埜賀安邦王清湘監修先是明萬歷元年知縣楊雲材四十七年知縣嚴心師均議建塔以培風水而徒存虛願國朝以來亦屢議無成王臣歸後復計及此唐恩賢遞許五千緡因之兼募邑眾以身任補不足捐押工匠不一載而成塔乃完茲三百年未就之工其歲即有捷南宮者時在咸豐二年季冬月
福興寺 縣南二十里乾隆間重建有古磬二一係周四年物一係崇禎十一年物前有樟大數圍不知植自何年

清同治《石门县志》“卷九·寺观”载“梯云塔”。另，“景物·续著八景”载“塔顶朝暾”：对河五里许，浮屠秀耸，朝日初上，一道红光，最先照耀。

［飞来古钟］

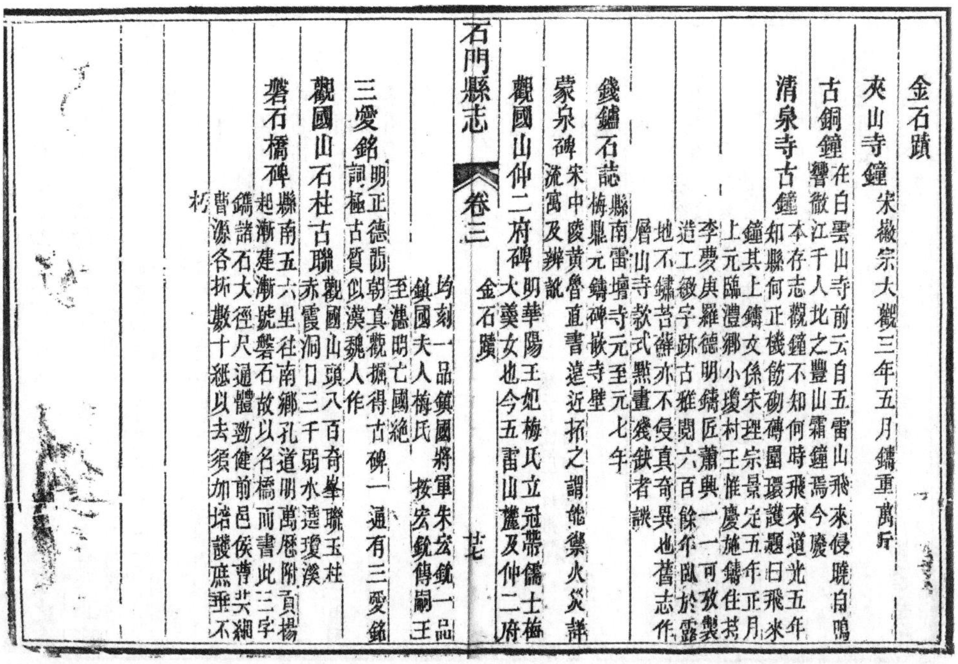

金石蹟

夾山寺鐘 宋徽宗大觀三年五月鑄重萬斤

古銅鐘 在白雲山寺前云自五雷山飛來侵曉自鳴響徹江千人北之豐山霜鐘焉今廢

清泉寺古鐘 本存志觀鐘不知何時飛來道光五年知縣何正機飭砌磚圍環護題曰飛來鐘其上鑄文係宋理宗景定五年正月上元臨澧鄉小瓊村王惟慶施鑄住持李夢與羅德明鑄匠蕭興一一可考製造工緻字跡古雅閱六百餘年臥於露地不鏽苔蘚亦不侵真奇異也舊志作層山寺款式點畫殘缺者誤

錢鑪石誌 縣南雷壇寺元至元七年梅鼎元鑄碑嵌寺壁

蒙泉碑 宋中陵黃魯直書遠近拓之謂能禦火災譁流寓及辨說

觀國山仲二府碑 明華陽王妃梅氏立冠帶儒士梅大美女也今五雷山麓及仲二府均刻一品鎮國將軍朱宏鈫一品鎮國夫人梅氏 按宏鈫傳嗣王至澂明亡國絕

三愛銘 明正德丙朝真觀掘得古碑一通有三愛銘詞極古質似漢魏人作

觀國山石柱古聯 觀國山頭八百奇峯聯玉柱赤霞洞口三千弱水遶瓊溪

磐石橋碑 縣南五六里往南鄉孔道明萬歷附貢楊起漸建漸號磐石故以名橋而書此三字鐫諸石大徑尺通體勁健前邑侯曹共綢晋源各拓數十紙以去須加培護庶垂不朽

石門縣志 卷三 金石蹟 廿七

清同治《石门县志》“金石迹”载“清泉寺古钟”。另，“景物·续著八景”载“飞来古钟”：对河东十里许，存志观钟不知何时飞至清泉寺，卧露地，阅数百年不锈，灵异殊甚。

[屏风浮岚]

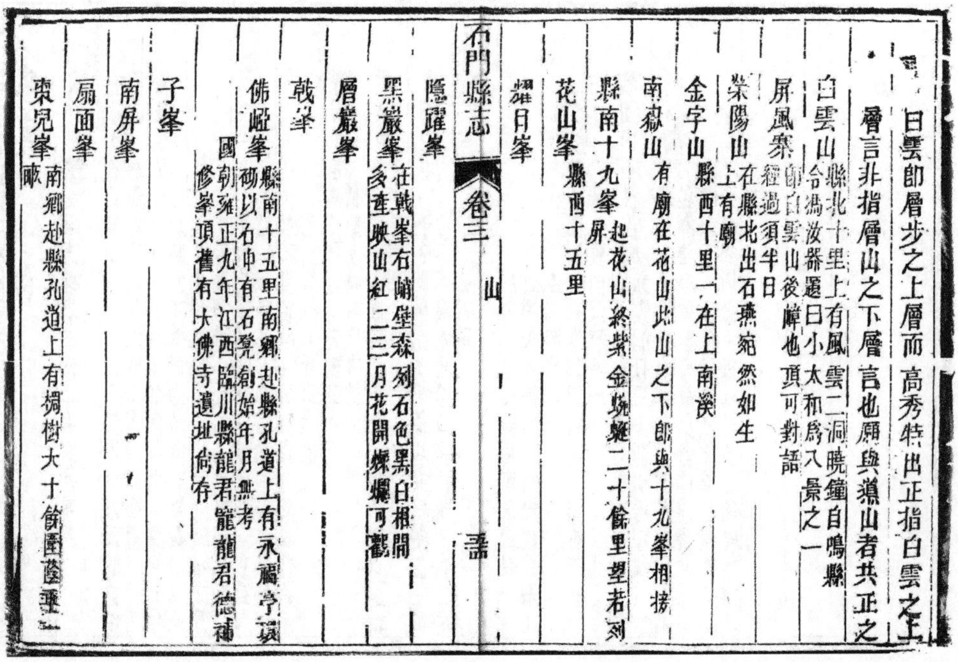

雲白雲即層步之上層而高秀特出正指白雲之上
層言非指層山之下層言也原與鷄山者共正之
白雲山縣北十里上有風雲二洞曉鐘自鳴縣令馮汝器題曰小太和爲八景之一
屏風寨即白雲山後嶂也頂可對語經過須半日
紫陽山在縣北出石燕宛然如生上有廟
金字山縣西十里一在上南溪
南嶽山有廟在花山此山之下即與十九峯相接
縣南十九峯屏起花山終紫金蜿蜒二十餘里望若列
花山峯縣西十五里
耀日峯
石門縣志 卷三 山 三十
隱羅峯
黑巖峯在戟峯右峭壁森列石色黑白相間多產映山紅二三月花開爛熳可觀
層巖峯
戟峯
佛巖峯縣南十五里南鄉赴縣孔道上有永福亭頂砌以石中有石凳創始年月無考國朝雍正九年江西臨川縣龍君寵龍君德補修峯頂舊有大佛寺遺址尚存
子峯
南屏峯
扇面峯
東兒峯南鄉赴縣孔道上有桐樹大十餘圍蔭垂畝

清同治《石门县志》“山”载“屏风寨”：“即白云山后嶂也，顶可对语，经过须半日。”另，“景物·续著八景”载“屏风浮岚”：白云山后嶂屏风寨，浮岚掩映，空翠欲滴。

[长溪月波]

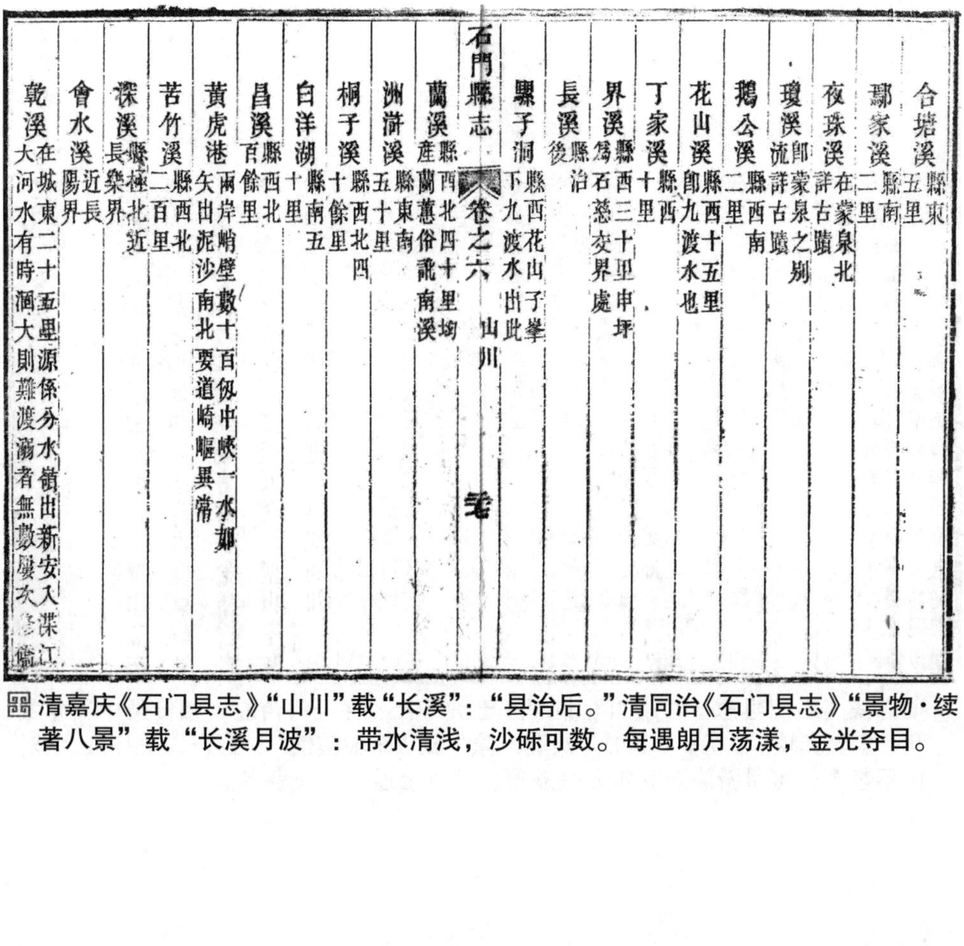

合堘溪縣東五里
鄢家溪縣南二里
夜珠溪在蒙泉北詳古蹟
瓊溪即蒙泉之別流詳古蹟
鵝公溪縣西南二里
花山溪縣西十五里即九渡水也
丁家溪縣西十里
界溪縣西三十里申坪為石慈交界處
長溪縣治後
鼎子洞縣西花山子峯下九渡水出此

石門縣志　卷之六　山川

蘭溪縣西北四十里均產蘭蕙俗訛南溪
洲滸溪縣東南五十里
桐子溪縣西北四十餘里
白洋湖縣南五十里
昌溪縣西北百餘里
黃虎港兩岸峭壁數十百仞中峽一水如矢出泥沙南北要道崎嶇異常
苦竹溪縣西北二百里
渫溪縣極北近長梁界
會水溪近長陽界
乾溪在城東二十五里源係分水嶺出新安入渫江大河水有時涸大則難渡溺者無數屢次修

清嘉庆《石门县志》“山川”载“长溪”：“县治后。”清同治《石门县志》“景物·续著八景”载“长溪月波”：带水清浅，沙砾可数。每遇朗月荡漾，金光夺目。

[东坡霞信]

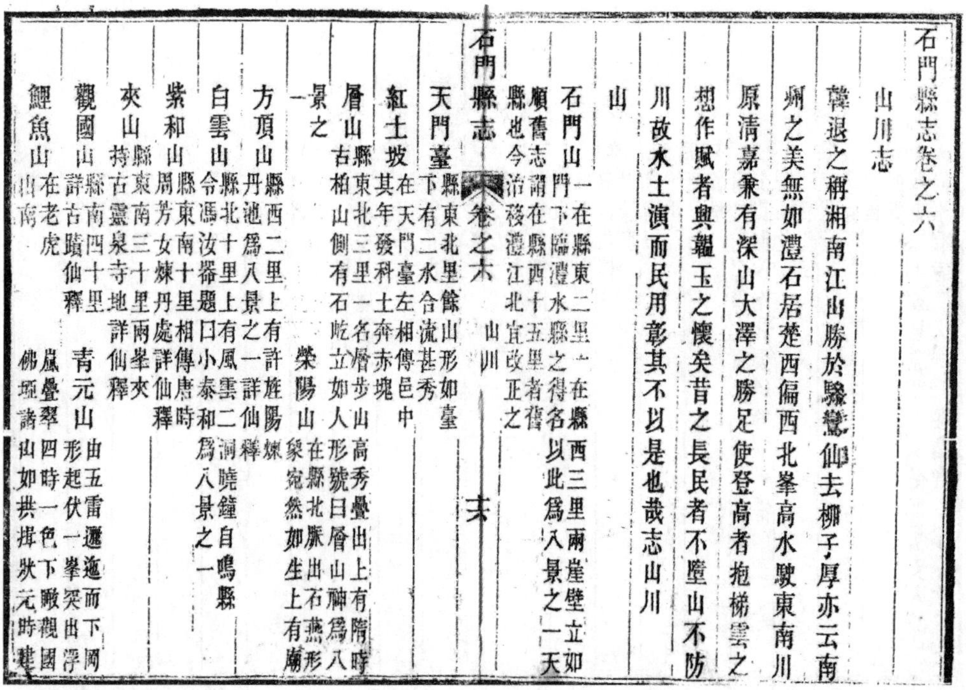

石門縣志卷之六

山川志

韓退之稱湘南江山勝於驂鸞仙去柳子厚亦云南州之美無如澧石居楚西偏西北峯高水駛東南川原清嘉兼有深山大澤之勝足使登高者抱梯雲之想作賦者興韞玉之懷矣昔之長民者不壅山不防川故水土演而民用彰其不以是也哉志山川

山

石門山 一在縣東二里一在縣西三里兩崖壁立如天門下臨澧水縣之得名以此爲八景之一順舊志謂在縣西十五里者舊縣也今治移澧江北宜改正之

石門縣志 卷之六 山川 十六

天門臺 縣東北里餘山形如臺下有二水合流甚秀

紅土坡 在天門臺左相傳邑中其年發科土奔赤塊

層山 縣東北三里一名層步山高秀疊出上有隋時古柏山側有石屹立如人形號曰層山神爲八景之一

榮陽山 在縣北脈出石燕形象宛然如生上有廟

方頂山 縣西二里上有許旌陽煉丹遁爲八景之一詳仙釋

白雲山 縣北十里上有風雲二洞曉鐘自鳴縣令馮汝器題曰小泰和爲八景之一

紫和山 縣東南十里相傳唐時周芳女煉丹處詳仙釋

夾山 縣東南三十里兩峯夾持古靈泉寺地詳仙釋

觀國山 縣南四十里詳古蹟仙釋

青元山 由五雷邐迤而下岡形起伏一峯突出浮嵐疊翠四時一色下瞰觀國佛埡諸山如拱揖狀元時建

鯉魚山 在老虎山南

清嘉庆《石门县志》“山川”载“红土坡”：“在天门台左，相传邑中其年发科，土奔赤块。”另，“景物·续著八景”载“东坡霞信”：县东二里许红土坡，山不甚高，可供游眺。其年霞采笼罩，地气上通，必有科名。

[黄岩洄澜]

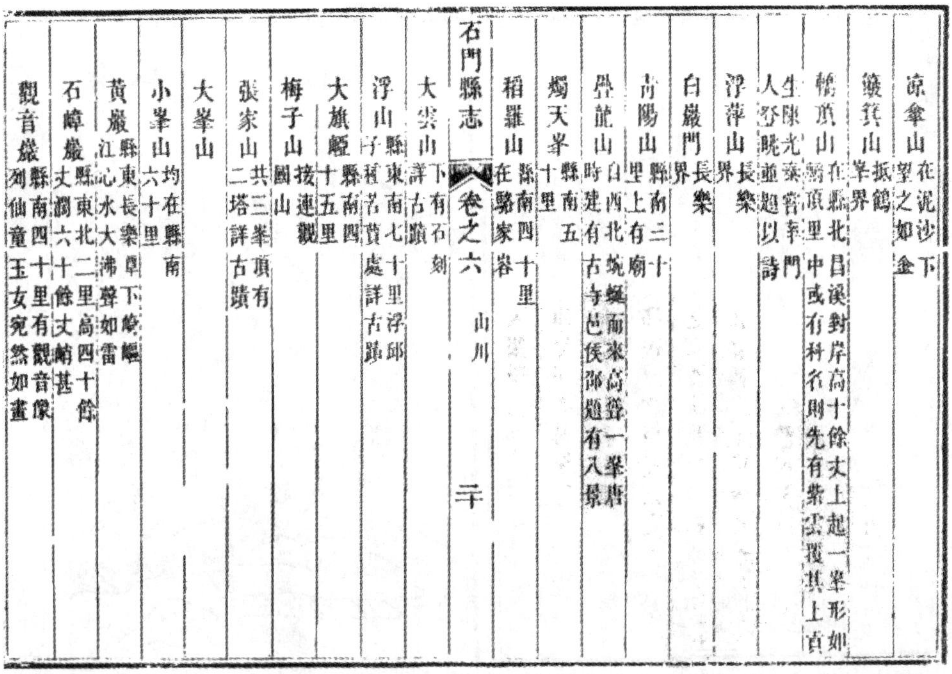

涼傘山在泥沙下望之如傘
簸箕山抵鶴峯界
幞頭山在縣北昌溪對岸高十餘丈上起一峯形如幞頭里中或有科名則先有紫雲覆其上貢生陳光棻詹李門人登眺並題以詩
浮萍山長樂界
白巖門長樂界
青陽山縣南三十里上有廟
登龍山自西北蜿蜒而來高聳一峯唐時建有古寺邑侯鄧題有八景
燭天峯縣南五十里
稻羅山縣南四十里在駱家峪
石門縣志　卷之六　山川　二十
大雲山下有石刻詳古蹟
浮山子縣東南七十里浮邱子種茗貰處詳古蹟
大旗嶺縣南四十五里
梅子山接連觀圃山
張家山共三峯頂有二塔詳古蹟
大峯山
小峯山均在縣南六十里
黃巖縣東長樂潭下崎嶇江心水大沸聲如雷
石嶂巖縣東北二里高四十餘丈濶六十餘丈峭甚
觀音巖縣南四十里有觀音像列仙童玉女宛然如畫

▣ 清光绪《石门县志》“卷之六·山川志”载“黄岩”：“县东长乐潭下，崎岖江心，水大沸声如雷。”清同治《石门县志》“景物·续著八景”载“黄岩洄澜”：巨石盘踞江心，水势回环，春涨暴涌，声如雷轰。

常德卷

[枣峰棡荫]

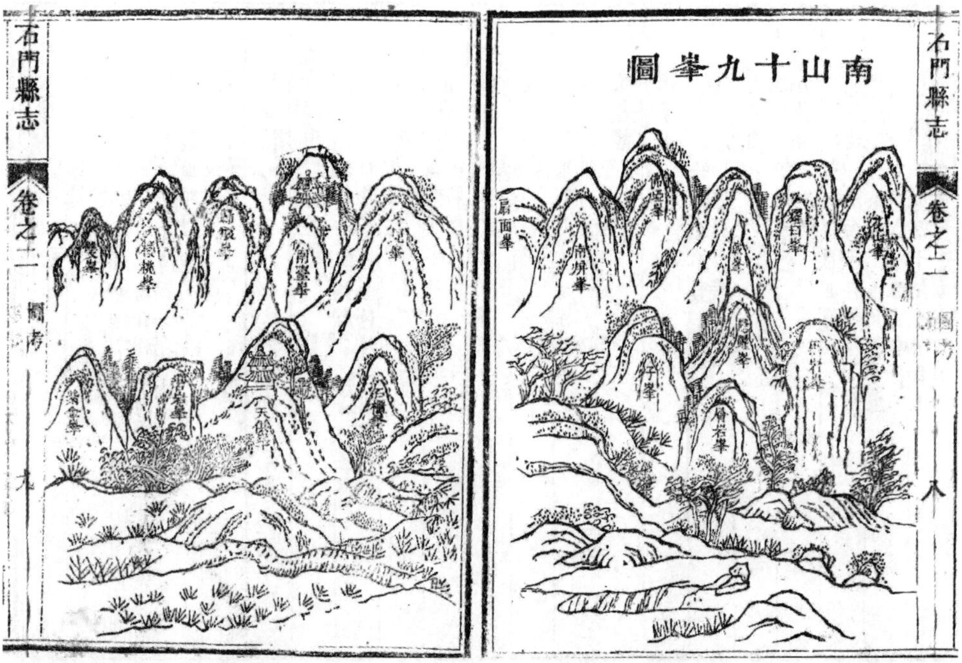

清嘉庆《石门县志》“南山十九峰图”载“枣儿峰”。清同治《石门县志》“景物·续著八景”载“枣峰棡荫”：大十余围，不知何时所植，绿荫浓布，荫垂一亩，行人憩息，爽气可掬。

【新洲城八景】

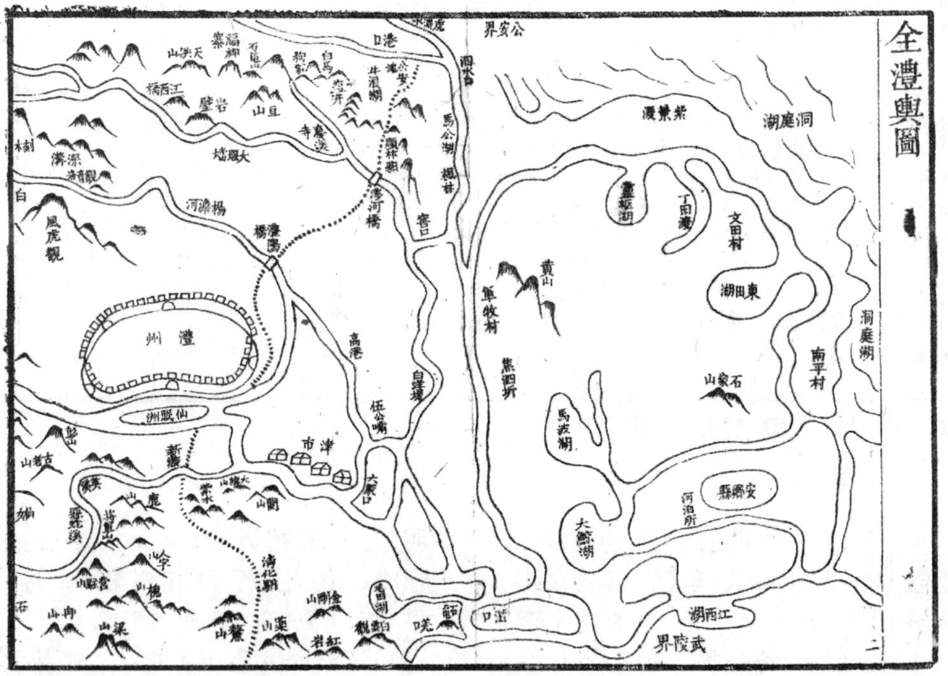

清乾隆《直隶澧州志林》“全澧舆图”（局部）载“津市”位置

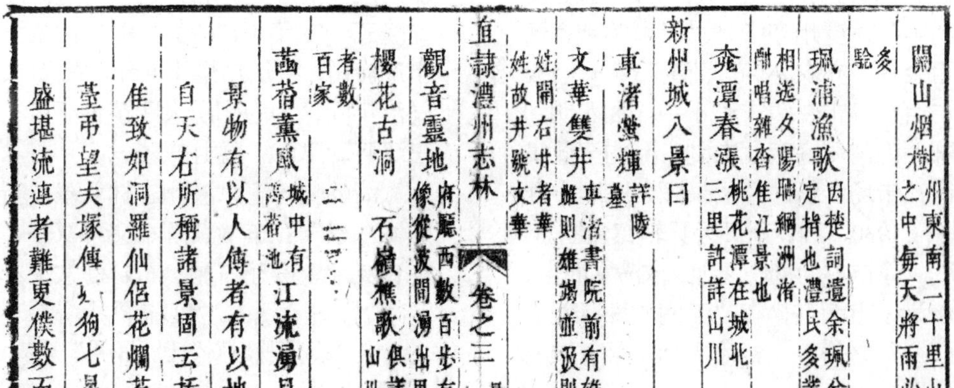

闗山烟樹州東南二十里山有古松千本欝蔚烟嵐之中每天將雨必有雲氣一縷上升占望多驗

珮浦漁歌因楚詞遺余珮兮澧浦以爲諸浦通名無定指也澧民多業漁櫂歌互答與欸乃聲相送夕陽晒網洲渚酬唱雜沓佳江景也

䆁潭春漲桃花潭在城北三里許詳山川

新州城八景曰

車渚螢輝詳陵墓

文華雙井車渚書院前有雄雌二井汲雄則雌竭汲雌則雄竭並汲則並涤相傳開左井者文姓開右井者華姓故井號文華

直隸澧州志林　卷之三　景物　[illegible]　輿地志

觀音靈地府廳西數百步有池周里許唐時有大士像從波間湧出里人取而祀之數日不見

櫻花古洞　石嶺樵歌俱詳山川　巖灣晚唱即嘉山俗呼巖頭灣業漁者數百家

菡萏薰風城中有菡萏池

江流漾月

景物有以人傳者有以地異者風月花鳥則增勝自天右所稱諸景固云㧞尤亦多和響未盡全州佳致如洞羅仙侶花爛芍藥佛寨高騫珠湖平漾臺弔望夫塚傳玄狗七星入桂之遺津市楊堤之盛堪流連者難更僕數而村烟稠曡畦稻遥芳册

清乾隆《直隶澧州志林》载“新州城八景”

常德卷

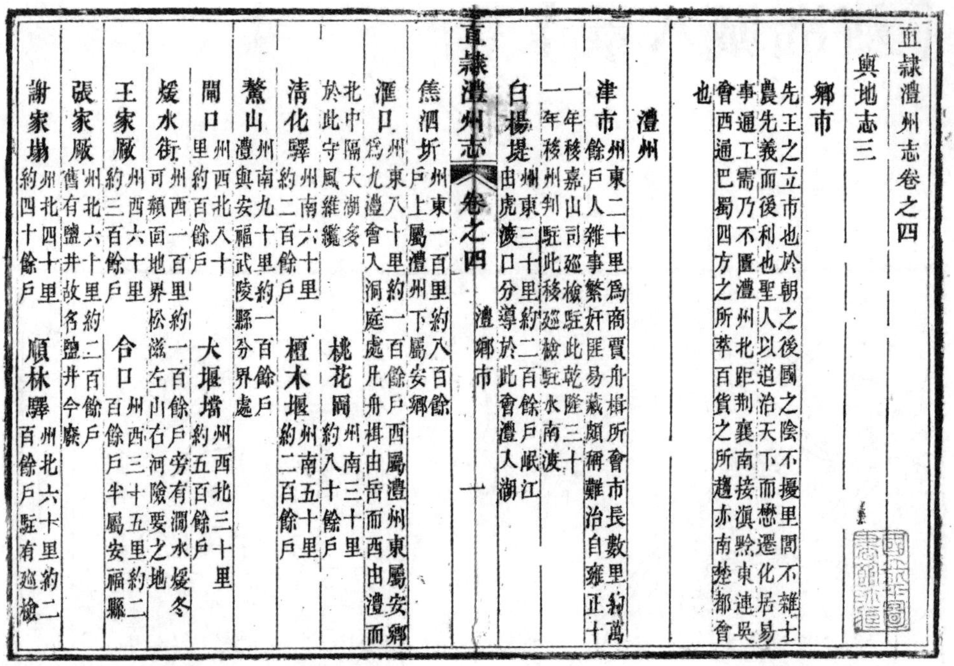
直隸澧州志卷之四

輿地志三

鄉市

先王之立市也於朝之後國之陰不擾里閭不雜士農先義而後利也聖人以道治天下而懋遷化居易事通工需乃不匱澧州北距荆襄南接滇黔東連吳會西通巴蜀四方之所萃百貨之所趨亦南楚都會也

澧州

津市 州東二十里為商賈舟楫所會市長數里約萬餘戶人雜事繁奸匪易藏頗稱難治自雍正十一年移嘉山司巡檢駐此乾隆三十一年移州判駐此移巡檢駐水南渡

白楊堤 州東三十里約二百餘戶岷江由虎渡口分導於此會澧入湖

直隸澧州志 卷之四 澧鄉市 一

焦泗圻 州東一百里約八百餘戶上屬澧州下屬安鄉

滙口 州東八十里約一百餘戶西屬澧州東屬安鄉為九澧會入洞庭處凡舟楫由岳而西由澧而北中隔大湖多於此守風維纜

桃花岡 州南三十里約八十餘戶

清化驛 州南六十里約二百餘戶

檀木堰 州南五十里約二百餘戶

鰲山 州南九十里約一百餘戶澧與安福武陵縣分界處

閘口 州西北八十里約百餘戶

大堰壋 州西北三十里約五百餘戶

煖水街 州西一百里約一百餘戶旁有澗水煖冬可頽面地界崧滋左山右河險要之地

王家廠 州西六十里約三百餘戶

合口 州西三十五里約二百餘戶半屬安福縣

張家廠 州北六十里約二百餘戶舊有鹽井故名鹽井今廢

謝家場 州北四十里約四十餘戶

順林驛 州北六十里約二百餘戶駐有巡檢

清道光《直隶澧州志》载“津市”

新洲，今属津市，相传为孟姜女出生地。晋为车城，车胤幼年曾在此囊萤读书。唐大历年间，翰林学士李沁再筑城垣，称新城，曾为州府治所。元至正三年（1344），澧州路总管府迁驻城内。明初，嘉山巡检司驻此。后圮于水，欠淤成洲，逐名新洲。明中叶，澧州守张公民筑垣为市，聚百余户，亦农亦商。清乾隆年间渐成二百户集市，清末逾千户。湘西北、鄂西南与洞庭南北农副产品均至此集散，市场活跃，经贸兴旺。民国十九年（1930）后，新洲为县辖镇建制。

津市古为荆楚之地，依澧水而生，傍津设市而名，有“江南明珠、九澧门户”之美誉，素为澧州（县）域内属地。明嘉靖至万历年间，境域逐渐形成“千户之聚”的港口集市，为州隶七市（澹河、道源、津市、五马、合口、新城、畲市）之一。清雍正十一年（1733），以“市长数里，约万余户，人杂事繁、颇称难治”，移嘉山巡检司驻此，首任巡检彭鳌。清乾隆三十二年（1767），奉文裁减津市巡检司，将州判移驻津市。清咸丰、同治年间，为澧州所隶四镇（汇口、三汊河、津市、嘉山）之一。

清乾隆《直隶澧州志林》载“新州城八景”：车渚萤辉、文华双井、观音灵地、樱花古洞、石岩樵歌、岩湾晚唱、菡萏薰风、江流涌月。

今“菡萏薰风”“江流涌月”无考。

［车渚萤辉］

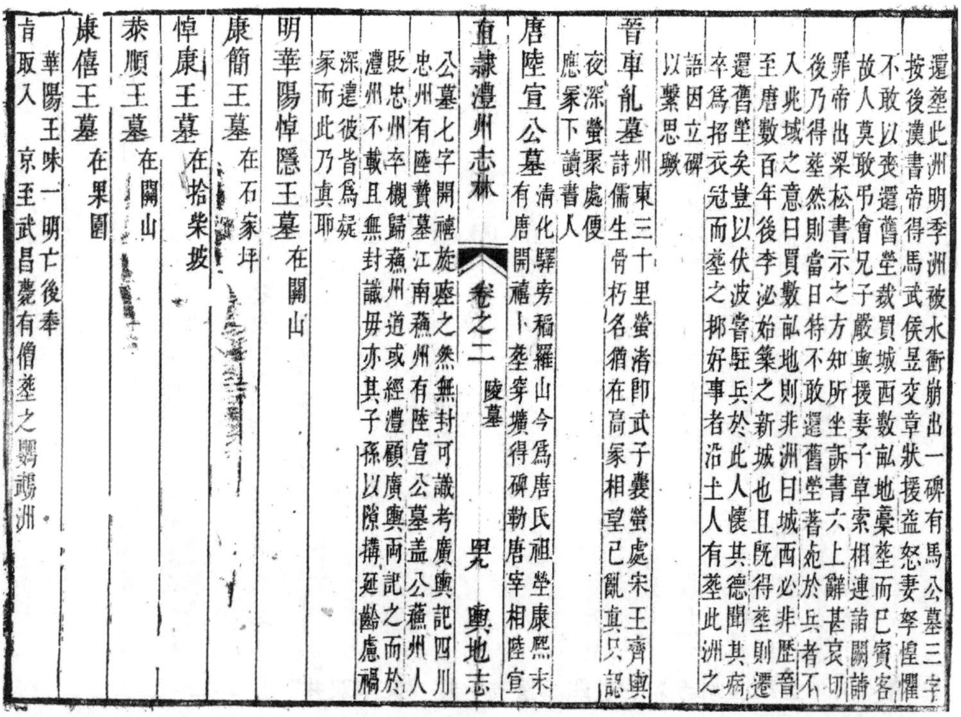

還葬此洲明季洲被水齧崩出一碑有馬公墓三字
按後漢書帝得馬武侯昱交章狀援益怒妻孥惶懼
不敢以喪還舊塋裁買城西數畝地槀葬而已賓客
故人莫敢弔會兄子嚴與援妻子草索相連詣闕請
罪帝出梁松書示之方知所坐訴書六上辭甚哀切
後乃得葬然則當日特不敢還舊塋著疕於兵者不
入此域之意日買數畝地則非洲日城西必非歷音
至唐數百年後李泌始築之新城也且既得葬則遷
還舊塋矣豈以伏波嘗駐兵於此人懷其德聞其病
卒爲招衣冠而葬之抑好事者沿土人有葬此洲之
語因立碑
以繫思歟
晉車胤墓州東三十里螢渚即武子囊螢處宋王齊輿
詩儒生骨朽名猶在高冢相望已亂真只認
夜深螢聚處便
應冢下讀書人
唐陸宣公墓清化驛旁稻羅山今爲唐氏祖塋康熙末
有唐開禧卜葬穿壙得碑勒唐宰相陸宣
直隸澧州志林 卷之二 陵墓 卌九 輿地志
公墓七字開禧旋瘞之然無封可識考廣輿記四川
忠州有陸贄墓江南蘄州有陸宣公墓盖公蘄州人
貶忠州卒櫬歸蘄州道或經澧顧廣輿兩記之而於
澧州不載且無封識毋亦其子孫以隙搆延齡慮禍
深遠彼皆爲疑
冢而此乃真耶
明華陽悼隱王墓在關山
康簡王墓在石家坪
悼康王墓在拾柴坡
恭順王墓在關山
康僖王墓在果園
華陽王味一明亡後奉
旨取入京至武昌囊有僧瘞之鸚鵡洲

清乾隆《直隶澧州志林》载“晋车胤墓”：州东三十里，萤渚即武子囊萤处。

[文华双井]

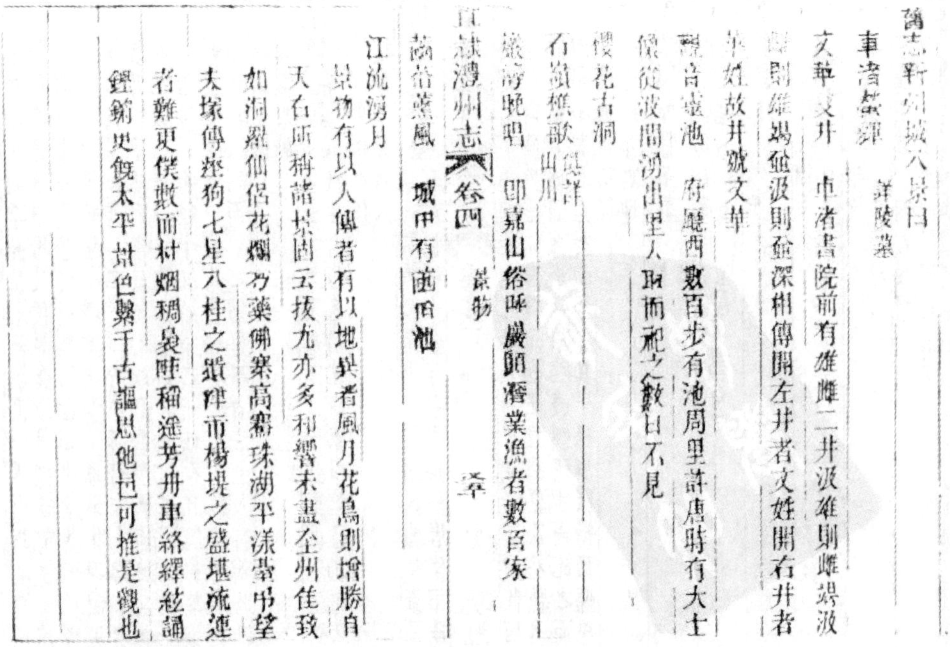

舊志新州城八景曰
車渚螢輝　詳陵墓
文華雙井　車渚書院前有雌雄二井汲雄則雌竭汲雌則雄竭並汲則並深相傳開左井者文姓開右井者華姓故井號文華
觀音寶池　府廳西數百步有池周里許唐時有大士像從波間湧出里人取而祀之數日不見
櫻花古洞
石嶺樵歌　已詳山川
漁溪晚唱　即嘉山俗呼嚴館灣業漁者數百家

直隸澧州志　卷四　景物

蘭苕薰風　城中有菡萏池
江流湧月
景物有以人傳者有以地與者風月花鳥則增勝自天石所稱蕭某固云拔尤亦多和響未盡全州佳致如洞羅仙侶花爛芍藥佛寨高霸珠湖平漾螢弔望夫塚傳瘞狗七星八桂之蹤肆而楊堤之盛堪流連者難更僕數而村烟稠叠畦稻迤芳舟車絡繹絃誦鏗鏘史傳太平其色槩千古謳思他邑可推是觀也

清同治《直隶澧州志》“卷四・景物”载“文华双井”

清乾隆《直隶澧州志林》“新州城八景”载“文华双井”：车渚书院前，有雌雄二井，汲雄则雌竭，汲雌则雄竭，并汲则并深。相传开左井者文姓，开右井者华姓，故井号文华。

[观音灵地]

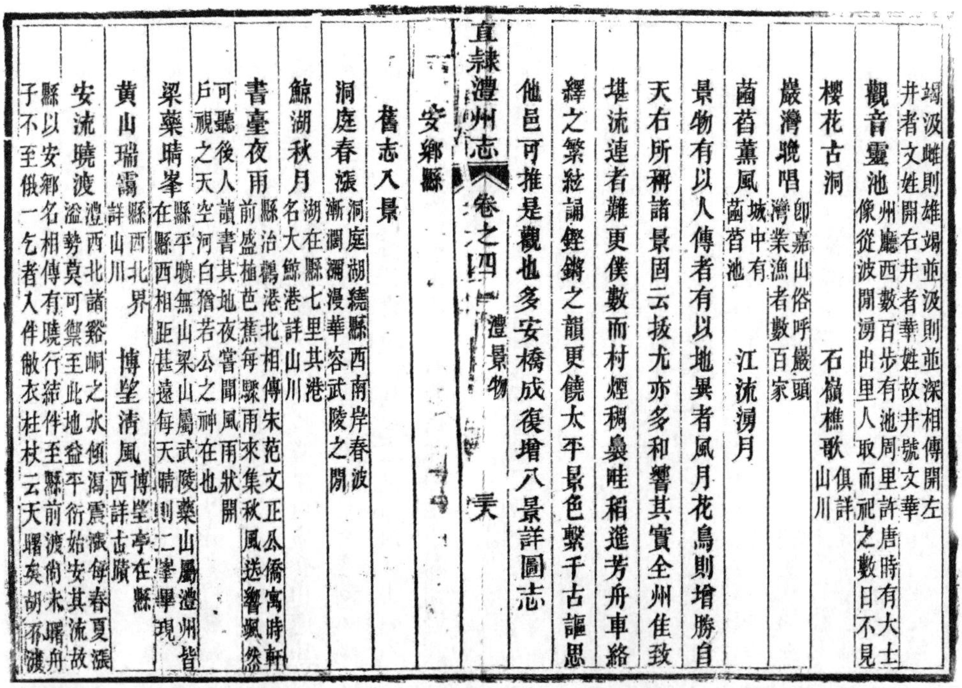

堨汲雌則雄竭並汲則並深相傳開左井者文姓開右井者華姓故井號文華
觀音靈池州廳西數百步有池周里許唐時有大士像從波間湧出里人取而祀之數日不見
櫻花古洞　石嶺樵歌俱詳山川
巖灣曉唱即嘉山俗呼巖頭灣業漁者數百家
菡萏薰風城中有菡萏池　江流湧月
景物有以人傳者有以地異者風月花鳥則增勝自
天右所稱諸景固云拔尤亦多和響其實全州佳致
堪流連者雖更僕數而村煙稠巔畦稻遷芳舟車絡
繹之繁絃誦鏗鏘之韻更饒太平景色繫千古謳思
他邑可推是觀也多安橋成復增八景詳圖志

直隸澧州志　卷之四　澧景物

安鄉縣
舊志八景
洞庭春漲洞庭湖繞縣西南岸春波漸闊瀰漫華容武陵之間
鯨湖秋月湖在縣七里共港名大鯨港詳山川
書臺夜雨縣治鶴港北相傳朱范文正公僑寓時軒前盛植芭蕉每驟雨來集秋風送響颯然可聽後人讀書其地夜嘗聞風雨狀開戶視之天空河白猶若公之神在也
梁藥晴峯縣平曠無山梁山屬武陵藥山屬澧州皆在縣西相距甚遠每天晴則二峯畢現
黃山瑞靄縣西北界詳山川　博望清風博望亭在縣西詳古蹟
安流曉渡澧西北諸谿峒之水傾瀉震蕩每春夏漲溢勢莫可禦至此地益平衍始安其流故縣以安鄉名相傳有曉行緒件至縣前渡尙未曙舟子不至俄一乞者入件敝衣柱杖云天曙矣胡不渡

清道光《直隶澧州志》“卷之四·澧景物”载“观音灵池（一名观音灵地）”。清乾隆《直隶澧州志林》“新州城八景”载“观音灵地”：府厅西数百步，有池周里许，唐时有大士像从波间涌出，里人取而祀之，数日不见。

[樱花古洞]

十條所
櫻花洞一名櫻桃洞在新城西里許相傳有修煉於中者白晝
飛昇所遺煉丹竈搗藥臼百物皆備
仙侶洞在天供福神二山谷底門如數石甕以木梯下亂
石嶙峋不堪布武漸進地稍濶有水洞為山水所趨處
白來無下視者其南有大石高七尺許登之有門石筍
倒垂不傴僂行觸頭如刃稍遠沙路平坦儼在甬道中
幾半里得寬處深廣可八九筵其崇則王宮之制不過
也四壁各有門門各有路任其所之莫知所底內有石
田石牀石竈等形往北下石級百餘門更小匍匐過溪
直隸澧州志 卷三 山 七
水湧溪如此者數至崎嶇處雷聲隱隱不敢深入矣又
有風洞投之以石則風出明末居民避亂其間賊以火薰
之風出反火燒賊所全活幾萬人
龍洞在黃溪上白龍所宅每旱禱雨輒往取水洞北有巖
廣深二丈許巖石一口可入其中若門者八九重水自
旁孔出注於灣取水者暖瓶入六七里水更清洌以禱
極有驗不取水則殺犬或黿投之二三日即濁水涌溢
出白崩巖謂龍洗洞亦可致雨龍洞有三王家山龍洞南灣源也溪流遶此洞
外名黃溪
王仙洞在州西九十里名不知何昉洞口壁立碧水淵渚

清同治《直隶澧州志》“卷三 · 山”载“樱花洞”：在新城西里许，相传有修炼于中者，白昼飞升，所遗炼丹灶，捣药臼，百物皆备。

文脉 · 千年湖湘八景图典

[石岭樵歌]

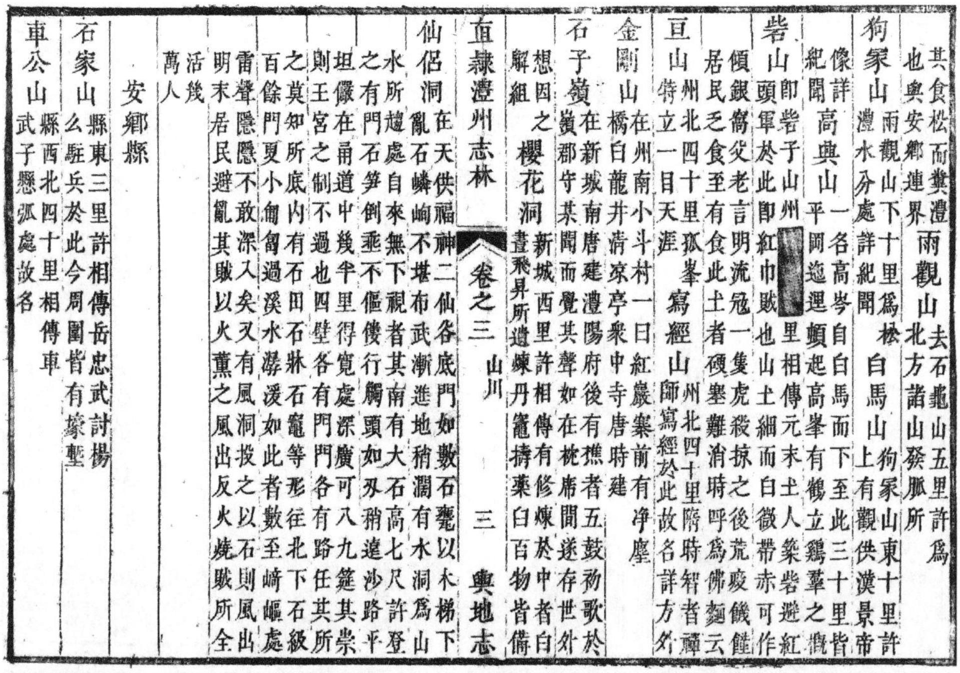
其食松而糞澧
也與安鄉連界
兩觀山去石龜山五里許爲
北方諸山發脈所
狗冢山兩觀山下十里爲桧
澧水分處詳紀聞
白馬山狗冢山東十里許
上有觀供漢景帝
像詳
紀聞
高輿山一名高岑自白馬而下至此三十里皆
平岡迤邐頓起高峯有鶴立鷄華之㮣
砦山即砦子山州[redacted]里相傳元末土人築砦避紅
頭軍於此即紅巾賊也山土細而白微帶赤可作
傾銀窩父老言明流寇一隻虎殺掠之後荒疫饑饉
居民乏食至有食此土者硬塞難消時呼爲佛麪云
亘山州北四十里孤峯
特立一目天涯
寫經山州北四十里隋時智者禪
師寫經於此故名詳方外
金剛山在州南小斗村一日紅巖寨前有净塵
橋白龍井清凉亭衆中寺唐時建
石子嶺在新城南唐建澧陽府後有樵者五鼓初歌於
嶺郡守某聞而覺其聲如在枕席間遂存世外
想因之
解組
櫻花洞新城西里許相傳有修煉於中者白
晝飛昇所遺煉丹竈擣藥臼百物皆備
直隸澧州志林 卷之三 山川 三 輿地志
仙侶洞在天供福神二仙各底門如數石甃以木梯下
亂石嶙峋不堪布武漸進地稍潤有水洞爲山
水所趨處自來無下視者其南有大石高七尺許登
之有門石筍倒垂不偃僂行觸頭如刄稍遠沙路平
坦儼在甬道中幾半里得寛處深廣可入九筵其崇
則王宮之制不過也四壁各有門門各有路任其所
之莫知所底內有石田石牀石竈等形往北下石級
百餘門更小匍匐過溪水滲淺如此者數至崎嶇處
雷聲隱隱不敢深入矣又有風洞投之以石則風出
明末居民避亂其賊以火薰之風出反火燒賊所全
活幾
萬人
安鄉縣
石家山縣東三里許相傳岳忠武討楊
么駐兵於此今周圍皆有壕塹
車公山縣西北四十里相傳車
武子懸弧處故名

清乾隆《直隶澧州志林》“卷三・山川”载“石子岭”：在新城南，唐建澧阳府后，有樵者五鼓初歌于岭，郡守某闻而觉其声如在枕席间。遂存世外想，因之解组。

［岩湾晚唱］

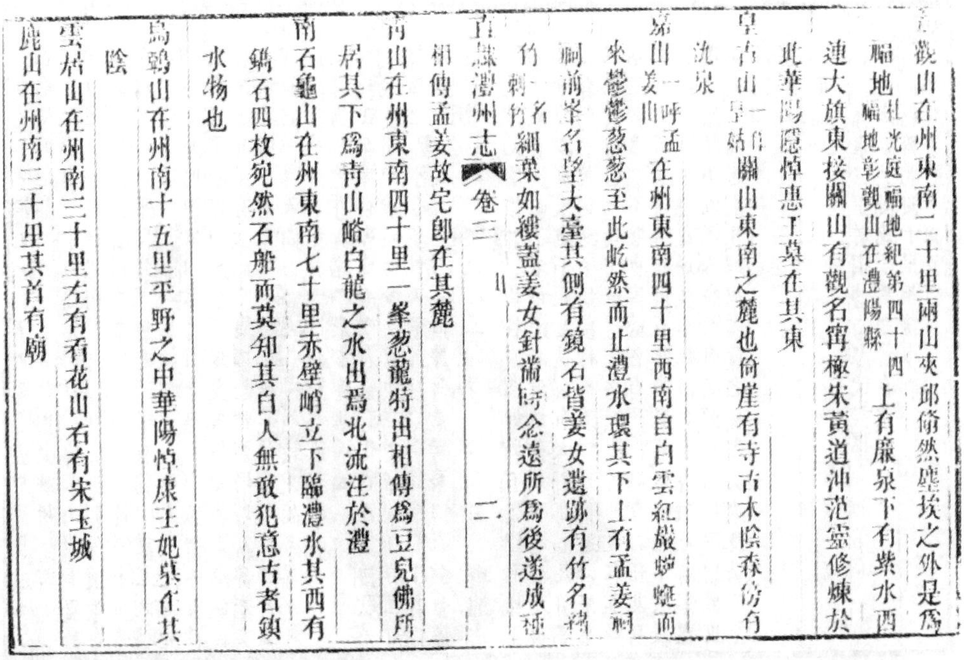

彰觀山在州東南二十里兩山夾峙倚然塵垓之外是爲
福地杜光庭福地紀第四十四福地彰觀山在澧陽縣上有廉泉下有紫水西
連大旗東接關山有觀名霄極朱黃道沖范窒修煉於
此華陽隱悼惠王墓在其東
皇姑山一作皇姑關山東南之麓也倚崖有寺古木陰森傍有
洗泉
嘉山一呼孟姜山在州東南四十里西南自白雲紅嶺蜿蜒而
來鬱鬱葱葱至此屹然而止澧水環其下上有孟姜祠
祠前峯名望大臺其側有鏡石背姜女遺跡有竹名穉
竹一名刺竹細葉如纓蓋姜女針黹時念遠所爲後遂成種
直隸澧州志 卷三 山 二
相傳孟姜故宅郎在其麓
青山在州東南四十里一峯葱蘢特出相傳爲豆兒佛所
居其下爲青山峪白龍之水出爲北流注於澧
南石龜山在州東南七十里赤壁峭立下臨澧水其西有
鐫石四枚宛然石船而莫知其白人無敢犯意古者鎮
水物也
烏鵶山在州南十五里平野之中華陽悼康王妃墓在其
陰
雲居山在州南三十里左有看花山右有宋玉城
鹿山在州南三十里其首有廟

清同治《直隶澧州志》“卷三·山”载“嘉山（一呼孟姜山）”。清乾隆《直隶澧州志林》“新州城八景”载“岩湾晚唱”：即嘉山，俗呼岩头湾，业渔者数百家。

【永定八景】

图 清乾隆《直隶澧州志林》载“永定县图”

永定地处湖南省西北部，属武陵山脉腹地，张家界市府所在地。

张家界市，商周时期地属荆楚，春秋战国为楚之黔中地，秦属黔中郡。西汉高祖五年（前202），分黔中郡为武陵郡，析慈姑县为孱陵、充县（含今永定、武陵源两区与桑植县）。三国时期，吴永安六年（263）嵩梁山洞门大开，改嵩梁山为天门山，同时改武陵郡为天门郡。

唐武德四年（621）置澧州、澧阳郡，属山南道，统辖六县，慈利与崇义县（今永定、武陵源二区与桑植县）归其所辖。五代十国时期，今张家界全境属楚国管辖。

宋乾德元年（963），今张家界市全境划归澧阳郡，曰慈利县，并在今桑植县设安福寨，在今永定区大庸所设武口寨，在武陵源区设索口寨。

元至元十四年（1277），改置澧州路总管府所辖四县（慈利是其中之一，即今张家界市全境），并在今永定区茅冈置茅冈都元帅府。

明洪武二年（1369），降慈利州改为大庸县，隶属于澧州。

清雍正八年（1730），桑植与茅冈土司相继改土归流，升澧州为直辖州，辖安乡、石门、慈利等四县，同时废永定、九溪两卫，新设安福县（今永定、武陵源两区与慈利、桑植两县在当时均属安福县）。

清雍正十三年（1735），割原九溪卫麻寮所并入溶美司，置鹤峰州，属湖北省宜昌府，同时割安福所与桑植司地置桑植县，属永顺府管辖。还将慈利十、十一、十二、十三都及八、

九、十四都的一部分地方，以及永顺部分地方和原茅冈司地方置永定县，隶属澧州。

清道光《直隶澧州志》载“永定八景”：芙蓉古渡、槟榔石屋、危峡啼猿、层岩涌塔、珠滩月皎、龙阁春熙、福岭积翠、仙溪澄练。

清同治《续修永定县志》载“永定八景”：龙阁春晖、珠滩晓月、福山积翠、仙溪澄练、芙蓉晚渡、槟榔石屋、危峡猿声、层岩塔影。

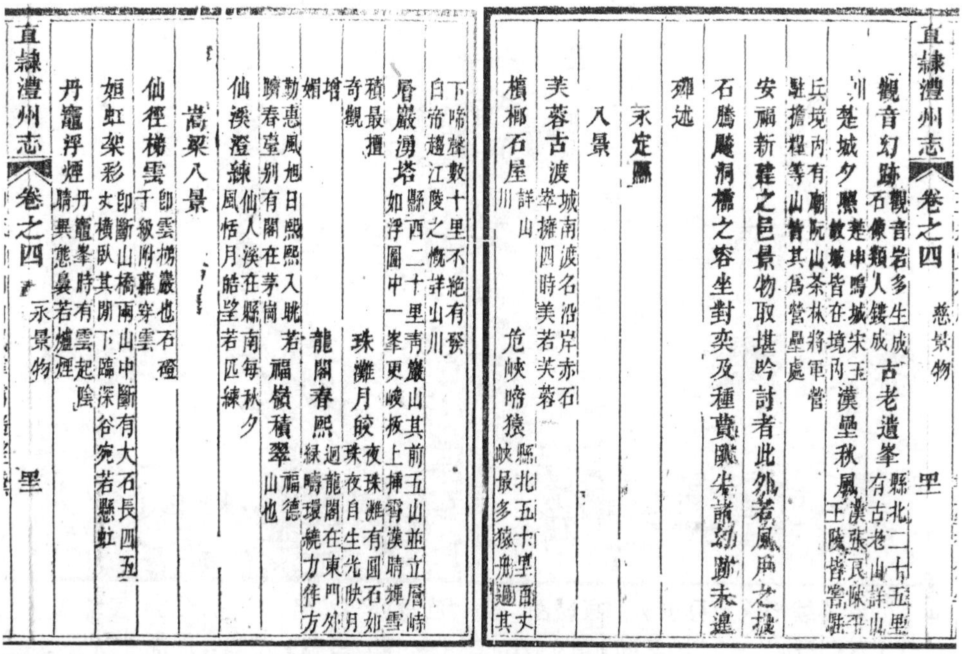

直隸澧州志 卷之四 景物

觀音幻跡 觀音岩多生成石像類人鏤成
古老遺峯 縣北二十五里有古老山詳山川
楚城夕照 楚中鳴城宋玉故城皆在境內
漢壘秋風 漢張良陳平王陵皆嘗駐兵境內有廟阮山茶林將軍營駐擔糧等山皆其為營壘處
安福新建之邑景物取堪吟詠者此外若鳳凰之據石騰龍洞橋之容坐對奕及種黃鸝坐聽勸駕未遑殫述
永定縣
八景
芙蓉古渡 城南渡名沿岸赤石峯擁四時美若芙蓉
檳榔石屋 詳山川
危峽啼猿 縣北五十里曰丈峽最多猿舟過其下啼聲數十里不絕有發白帝趨江陵之概 詳山川
層巖湧塔 縣西二十里青巖山其前五山並立層峙如浮圖中一峯更峻拔上插霄漢晴擁雪積最擅奇觀
珠灘月皎 夜珠灘有圓石如珠夜自生光映月增媚
龍閣春熙 迴龍閣在東門外綠疇環繞力作方勤惠風旭日熙熙入眺若躋春臺別有閣在茅崗
福嶺積翠 福德山也
仙溪澄練 仙人溪在縣南每秋夕風恬月皓望若匹練
嵩梁八景
仙徑梯雲 即雲梯巖也石磴千級附蘿穿雲
姮虹架彩 即斷山橋兩山中斷有大石長四五丈橫臥其閒下臨深谷宛若懸虹
丹竈浮煙 丹竈峯時有雲起陰晴異態裊若爐煙

清道光《直隶澧州志》“景物”载“永定县八景”

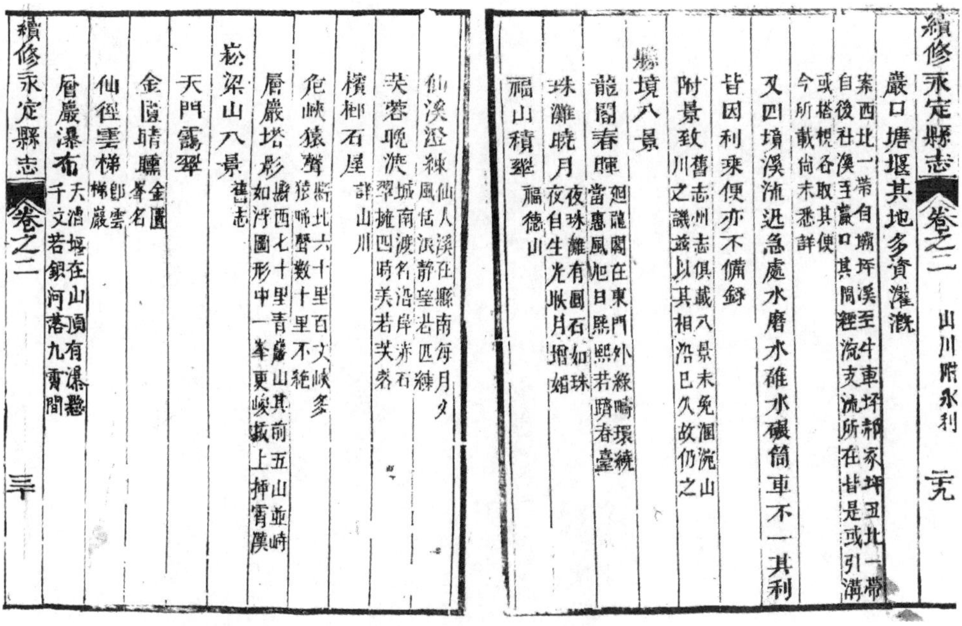

續修永定縣志 卷之二 山川附水利

巖口塘堰其地多資灌溉
案西北一帶自壩坪溪至牛車坪郝家坪丑北一帶自後社溪至巖口其間經流支流所在皆是或引溝或搭梘各取其便今所載尚未悉詳
又四境溪流迅急處水磨水碓水碾筒車不一其利皆因利乘便亦不備錄
附景致 舊志州志俱載八景未免涸洗山川之譏茲以其相沿已久故仍之
縣境八景
龍閣春暉 迴龍閣在東門外綠疇環繞當惠風旭日熙熙若躋春臺
珠灘曉月 夜珠灘有圓石如珠夜自生光映月增媚
福山積翠 福德山
仙溪澄練 仙人溪在縣南每月夕風恬浪靜望若匹練
芙蓉晚渡 城南渡名沿岸赤石翠擁四時美若芙蓉
檳榔石屋 詳山川
危峽猿聲 縣北六十里百丈峽多猿啼聲數十里不絕
層巖塔影 縣西七十里青巖山其前五山並峙如浮圖形中一峯更峻拔上插霄漢
崧梁山八景 舊志
天門靄翠
金匱晴曦 金匱峯名
仙徑雲梯 即雲梯巖
層巖瀑布 天滑埡在山頂有瀑懸千丈若銀河落九霄間

清同治《续修永定县志》“景致”载“县境八景”

张家界卷

[龙阁春晖]

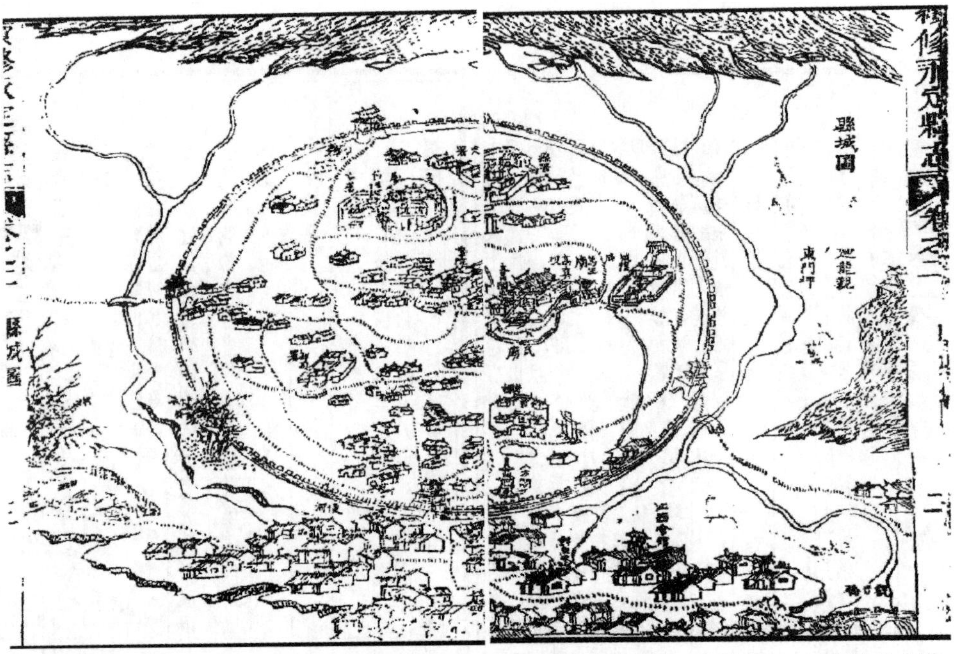

清同治《续修永定县志》“县城图”载“回龙观”。另，“卷之二·县境八景”载“龙阁春晖”：“回龙阁在东门外，绿畴环绕，当惠风旭日，熙熙若跻春台。”

[珠滩晓月]

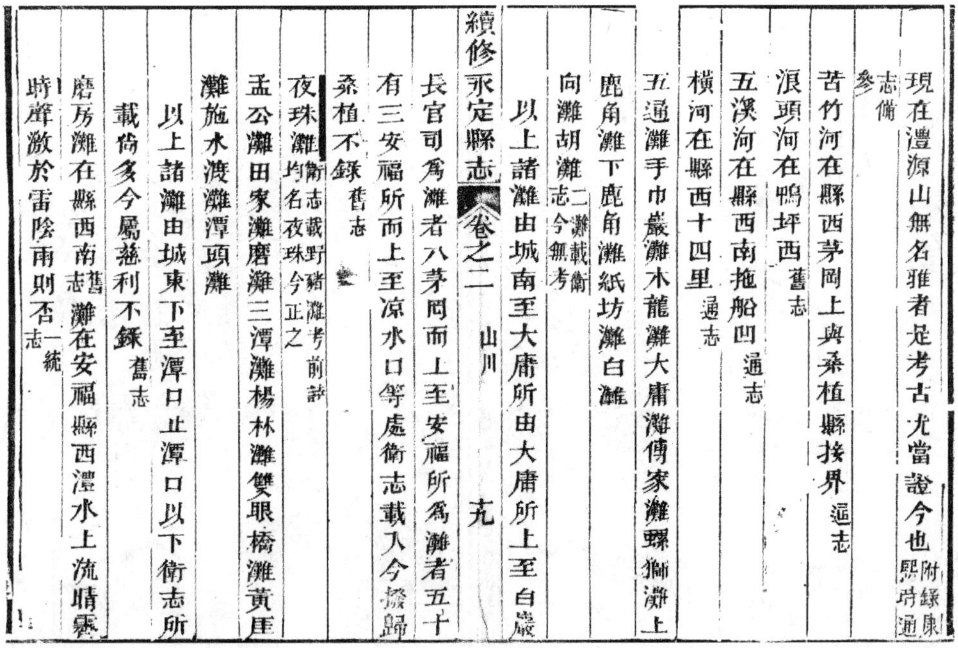

現在澧源山無名雅者是考古尤當證今也附錄康熙府通志備參
苦竹河在縣西茅岡上與桑植縣接界通志
浪頭泃在鴨坪西舊志
五溪泃在縣西南拖船凹通志
橫河在縣西十四里通志
五通灘手巾巖灘木龍灘大庸灘傅家灘螺獅灘上
鹿角灘下鹿角灘紙坊灘白灘
向灘胡灘二灘載衛志今無考
以上諸灘由城南至大庸所由大庸所上至白巖

續修永定縣志 卷之二 山川 九

長官司為灘者八茅岡而上至安福所為灘者五十
有三安福所而上至涼水口等處衛志載入今撥歸
桑植不錄舊志
夜珠灘衛志載野豬灘考前誌均名夜珠今正之
孟公灘田家灘磨灘三潭灘楊林灘雙眼橋灘黃匪
灘施水渡灘潭頭灘
以上諸灘由城東下至潭口止潭口以下衛志所
載尚多今屬慈利不錄舊志
磨房灘在縣西南舊志灘在安福縣西澧水上流晴雲
時聲激於雷陰雨則否一統志

清同治《续修永定县志》“山川”载“夜珠滩”。另，“卷之二·县境八景”载“珠滩晓月”：“夜珠滩有圆石如珠，夜自生光，映月增媚。”此滩在崇文塔下澧水河中。

［福山积翠］

清同治《续修永定县志》载“福德山”。福山，即永定城后之福德山，原名子午台，清雍正九年（1731）永顺县令李瑾改为此名（是时永定卫地域为永顺县辖）。

[仙溪澄练]

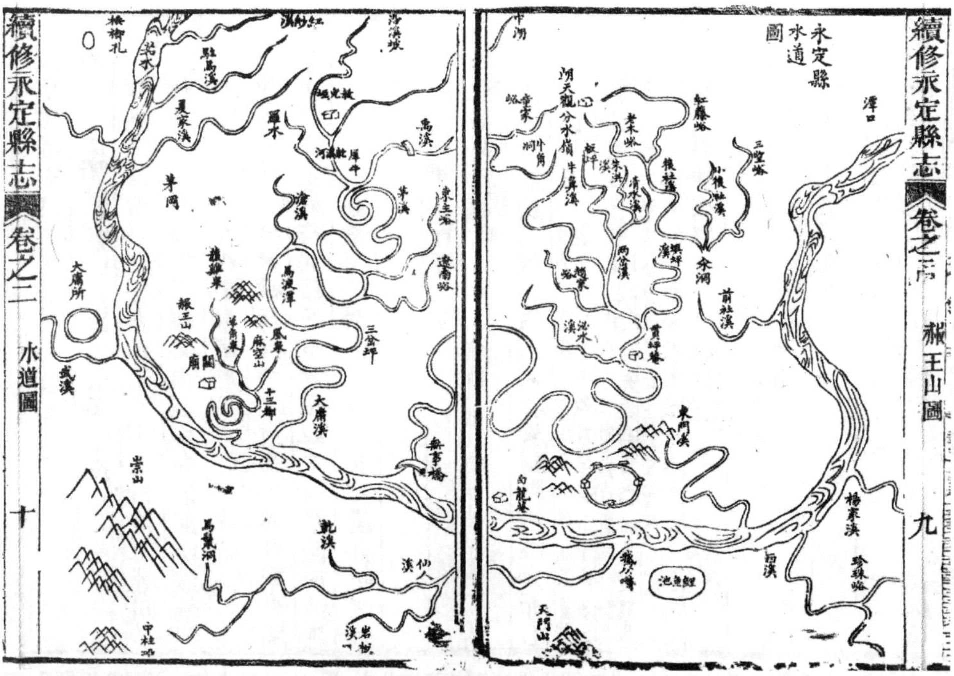

清同治《续修永定县志》“永定县水道图”载“仙人溪”。另，“卷之二·县境八景”载“仙溪澄练”：“仙人溪在县南，每月夕，风恬浪静，望若匹练。”

张家界卷

[芙蓉晚渡]

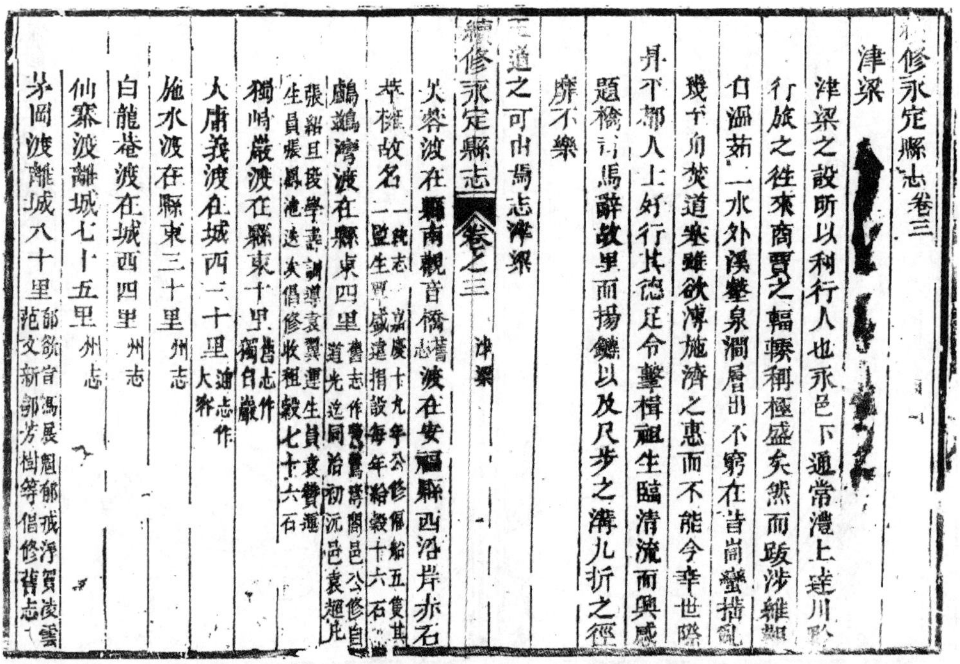

續修永定縣志卷三

津梁

津梁之設所以利行人也永邑下通常澧上達川黔行旅之往來商賈之輻輳稱極盛矣然而跋涉維艱白溜茹二水外溪壑泉澗層出不窮在昔崗巒措亂幾乎阻焚道塞雖欲溥施濟之惠而不能今幸世際昇平都人士好行其德疋令輩楫祖生臨清流而興感題橋司馬辭故里而揚鑣以及尺步之溝九折之徑靡不樂[illegible]道之可由焉志津梁

續修永定縣志 卷之三 津梁

芙蓉渡在縣南觀音橋舊志渡在安福縣西沿岸赤石芊樵故名 一舊志嘉慶十九年公修渡船五隻其一監生覃盛建捐設每年給穀十六石

鸕鷀灣渡在縣東四里 舊志作鸕鷀灣闔邑公修自道光迄同治初沉邑袁翘凡張紹旦設學書訓導袁翼運生員袁贊運生員張鳳池遂大倡修收租穀七十六石

獨岫巖渡在縣東十里 舊志作獨白巖

大庸義渡在城西二十里 舊志作大猕

施水渡在縣東三十里 州志

白龍巷渡在城西四里 州志

仙寨渡離城七十五里 州志

茅岡渡離城八十里 郁欲首馮展魁郁成浮賀凌雲范文新郁芳樹等倡修舊志

清同治《续修永定县志》“津梁”载“芙蓉渡”。另，“卷之二・县境八景”载“芙蓉晚渡”：“城南渡名，沿岸赤石翠拥，四时美若芙蓉。”

[槟榔石屋]

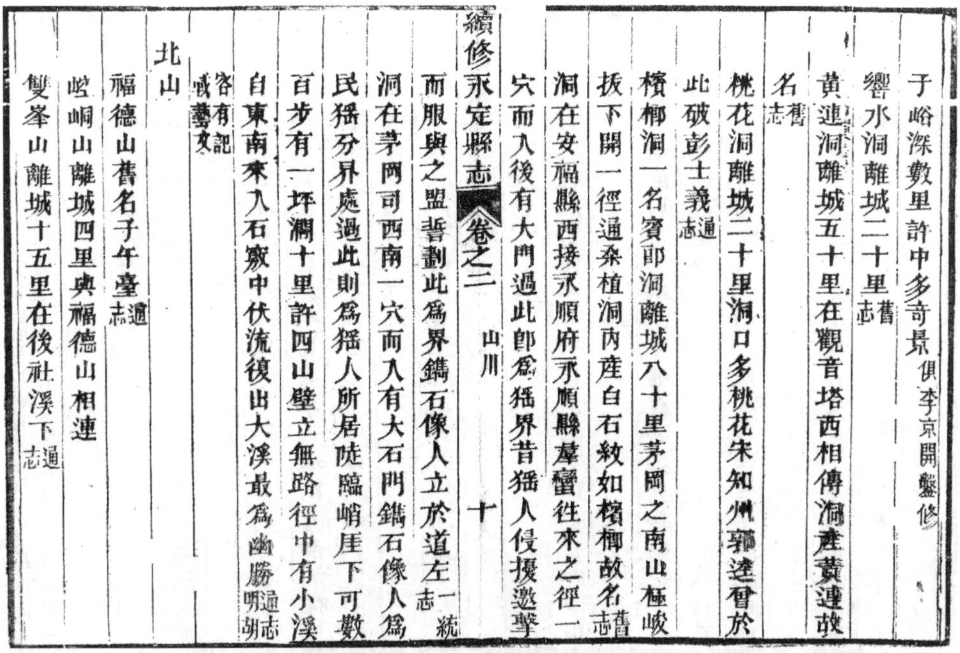
于峪深數里許中多奇景俱李京開鑿修
響水洞離城二十里舊志
黃連洞離城五十里在觀音塔西相傳洞產黃連故
名舊志
桃花洞離城二十里洞口多桃花宋知州郭達曾於
此破彭士義通志
檳榔洞一名賓郎洞離城八十里茅岡之南山極峻
拔下開一徑通桑植洞內產白石紋如檳榔故名舊志
洞在安福縣西接永順府永順縣羣蠻往來之徑一
穴而入後有大門過此即爲猺界昔猺人侵擾邀擊
續修永定縣志 卷之二 山川 十
而服與之盟誓劃此爲界鐫石像人立於道左一統志
洞在茅岡司西南一穴而入有大石門鐫石像人爲
民猺分界處過此則爲猺人所居陡臨峭崖下可數
百步有一坪濶十里許四山壁立無路徑中有小溪
自東南來入石竅中伏流復出大溪最爲幽勝通志明胡
容有記載藝文
北山
福德山舊名子午臺通志
岧峒山離城四里與福德山相連
雙峯山離城十五里在後社溪下通志

清同治《续修永定县志》“山川”载“槟榔洞”：“一名宾郎洞。离城八十里，茅岗之南，山极峻拔，下开一径通桑植，洞内产白石，纹如槟榔，故名。”

[危峡猿声]

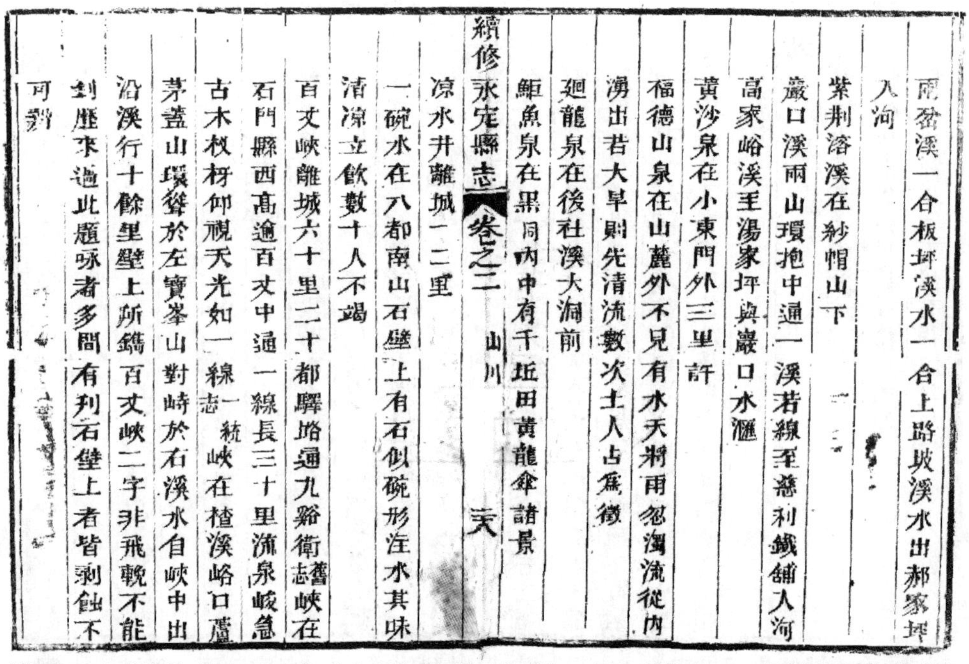

雨盈溪一合板坪溪水一合上路坡溪水出郝家坪
入河
紫荆溶溪在紗帽山下
巖口溪兩山環抱中通一溪若線至慈利鐵舖入河
高家峪溪至湯家坪與巖口水滙
黃沙泉在小東門外三里許
福德山泉在山麓外不見有水天將雨忽濁流從內
湧出若大旱則先清流數次土人占為徵
廻龍泉在後社溪大洞前
鯉魚泉在縣同內中有千坵田黃龍傘諸景

續修永定縣志 卷之二 山川 三六

涼水井離城一二里
一碗水在八都南山石壁上有石似碗形注水其味
清涼立飲數十人不竭
百丈峽離城六十里二十都驛路通九谿衛舊志峽在
石門縣西高逾百丈中通一線長三十里流泉峻急
古木杈枒仰視天光如一線一統志峽在楂溪峪口蘆
茅蓋山環聳於左寶峯山對峙於右溪水自峽中出
沿溪行十餘里壁上所鐫百丈峽三字非飛輓不能
到歷來過此題咏者多間有刊石壁上者皆剝蝕不
可對

▣ 清同治《续修永定县志》“山川”载“百丈峡”。另，“卷之二·县境八景”载“危峡猿声”：“县北六十里百丈峡多猿，啼声数十里不绝。”危峡，即今之百丈峡。

［层岩塔影］

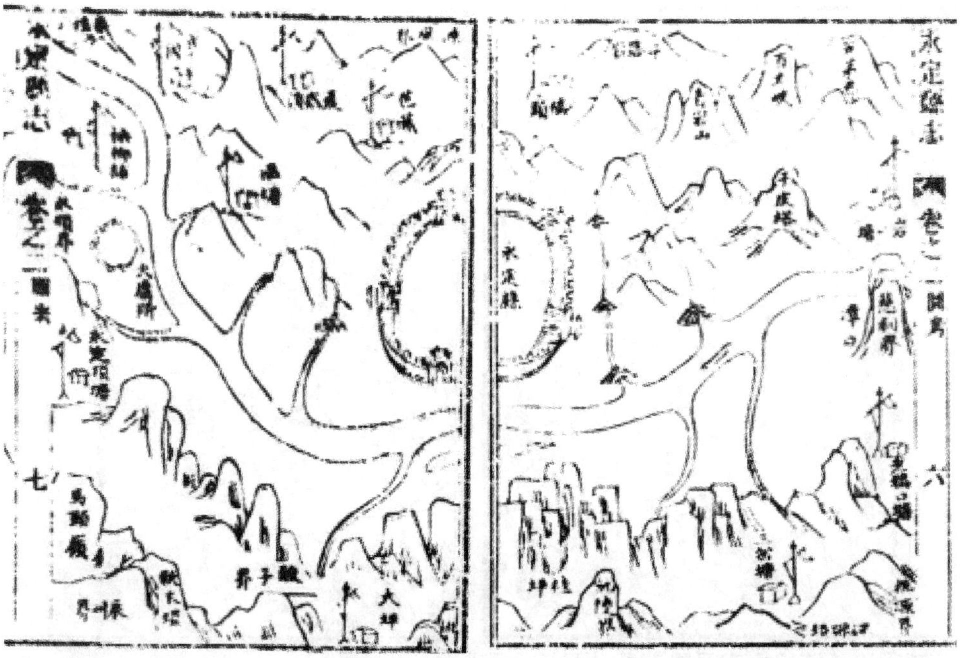

清嘉庆《永定县志》“舆地图”载“青岩山”。另，“卷之二·县境八景”载“层岩塔影”：“县西七十里青岩山，其前五山并峙，如浮屠形，中一峰更峻拔，上插霄汉。”

【永定新增县境八景】

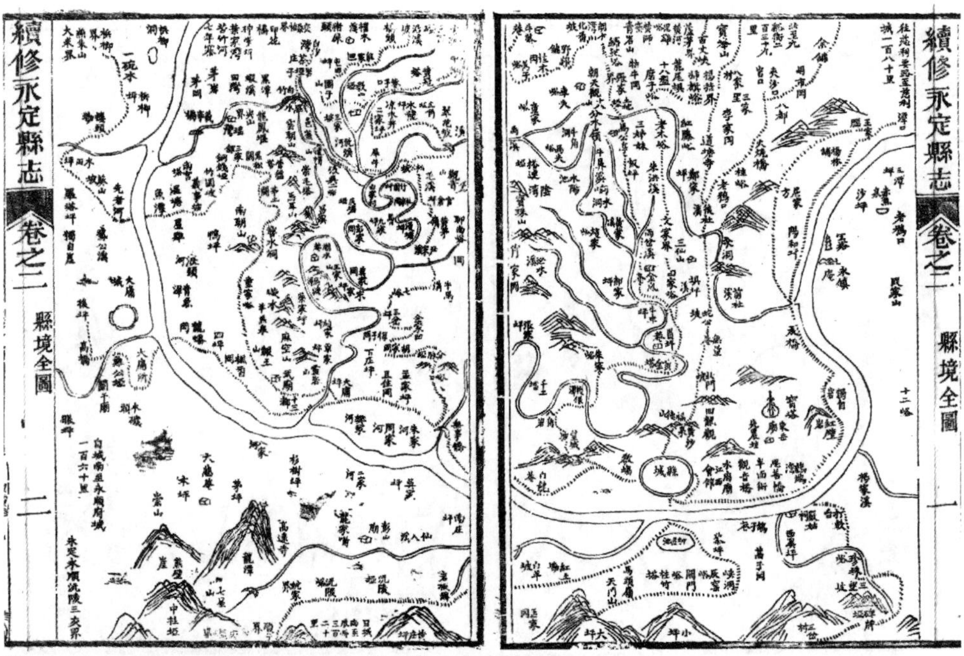

清同治《续修永定县志》载“县境全图”

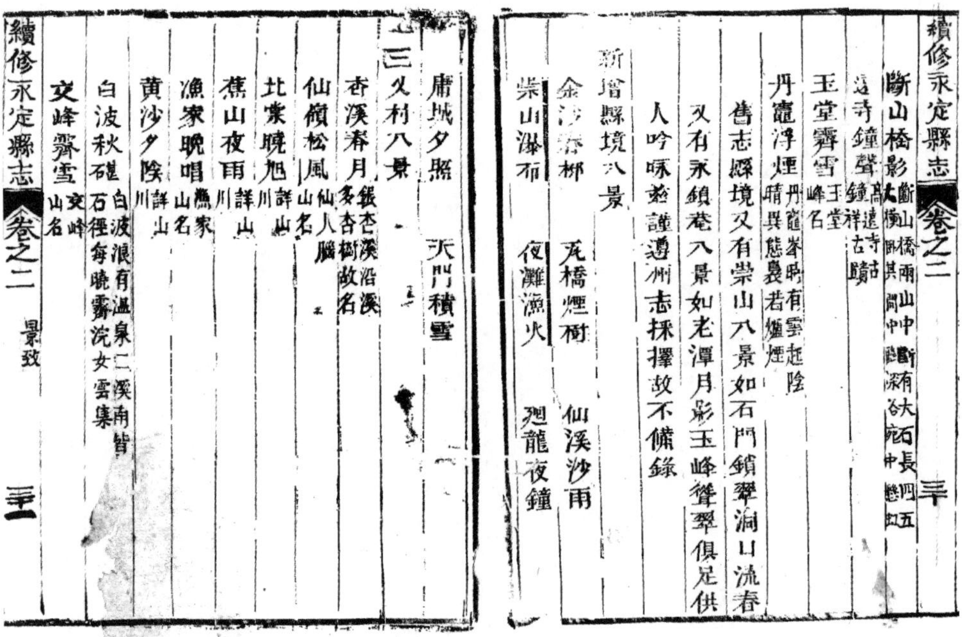

續修永定縣志 卷之二 三十

斷山橋影 斷山橋兩山中斷有大石長四五丈橫臥其間中懸如虹

遠寺鐘聲 高遠寺鐘祥古蹟

玉堂霽雪 玉堂峰名

丹竈浮煙 丹竈岑時有雲起陰晴異態裊若爐煙

舊志縣境又有崇山八景如石門鎖翠洞口流春又有永鎖菴八景如老潭月影玉峰聳翠俱足供人吟咏然謹遵州志採擇故不備錄

新增縣境八景

金沙落郴 瓦橋煙樹 仙溪沙雨

柴山瀑布 夜灘漁火 廻龍夜鐘

庸城夕照 天門積雪

三叉村八景

杏溪春月 銀杏溪沿溪多杏樹故名

仙嶺松風 仙人嶺山名

北崇曉旭 詳山川

蕉山夜雨 詳山川

漁家晚唱 漁家山名

黃沙夕陰 詳山川

白波秋磑 白波浪有溫泉二溪南皆石徑每曉霧浣女雲集

文峰霽雪 文峰山名

續修永定縣志 卷之二 景致 三十一

清同治《续修永定县志》载“新增县境八景”

清同治《续修永定县志》载“新增县境八景”：金沙春柳、瓦桥烟树、仙溪沙雨、崇山瀑布、夜滩渔火、回龙夜钟、庸城夕照、天门积雪。

清代徐奏钧《永定八景》

金沙春柳

芳洲近郭号金沙，千树垂杨一路斜。濯濯丰姿春日丽，隔溪掩映万人家。

珠滩渔火

芳名留得夜珠滩，滩上渔灯照夜阑。楚竹烟销人影散，空潭明月女祠寒。

仙溪沙雨

闻道仙人别有溪，沙滩平远涨痕齐。西风送到潇潇雨，雁落遥天暮影低。

回龙夜钟

近城杰阁倚回龙，群听中元节夜钟。唤起九幽沉魄醒，人间秋梦尚重重。

庸城夕照

丝鞭遥指大庸城，绝好关河界楚荆。一片斜阳山外影，依稀雉堞见纵横。

瓦桥烟树

一道长虹认瓦桥，雨中春树望中遥。浓荫翠黛迷离影，纵有荆关未易描。

天门积雪

凌空积雪望天门，高处生寒接帝阍。十六峰都排玉笋，要留清气镇乾坤。

崇山瀑布

一条界破古崇山，溅玉霏珠自等闲。流到沟渠甦万亩，也同霖雨济时艰。

[金沙春柳]

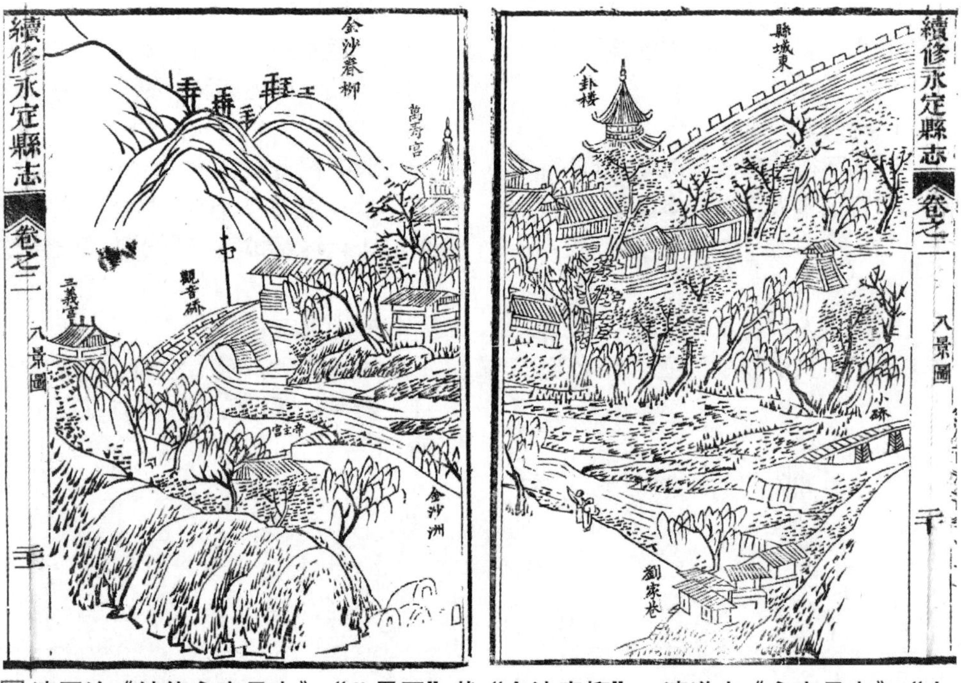

清同治《续修永定县志》“八景图”载“金沙春柳”。清道光《永定县志》“山川志”载“东门溪”：发源于黄沙泉，下流小东门，南流绕东门复绕金沙洲，出观音桥入大河。

[夜滩渔火]

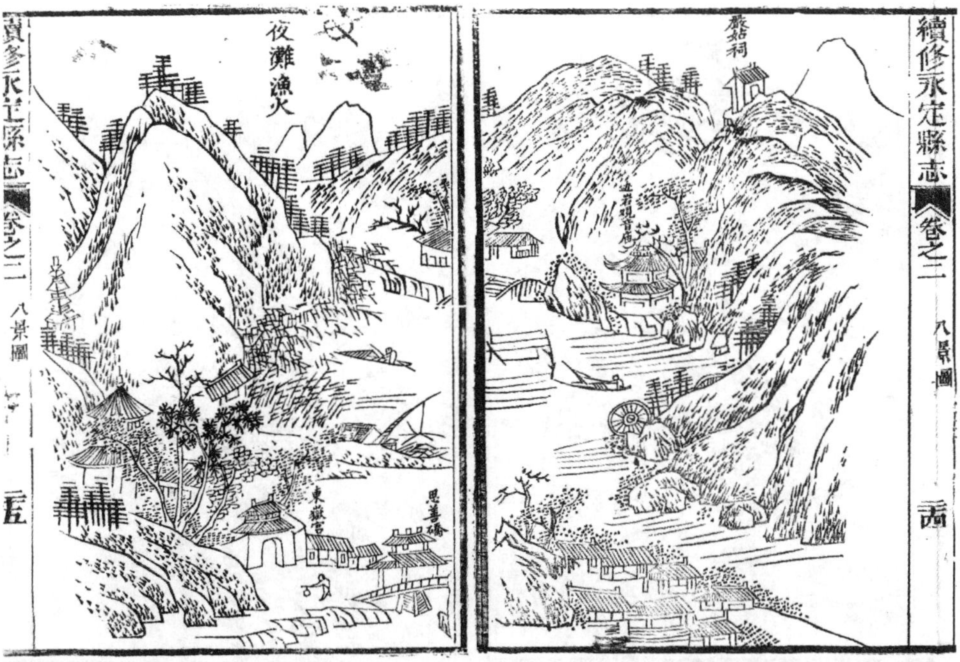

清同治《续修永定县志》“八景图”载“夜滩渔火”。夜滩渔火，又名珠滩渔火。清道光《永定县志》“山川志”载“夜珠滩”：卫《志》载野猪滩，考前人题词，均系夜珠，今正之。

[仙溪沙雨]

囧 清同治《续修永定县志》“八景图”载“仙溪沙雨”。另，“卷之二·山川”载“仙人溪”：在县南对岸。源出辰沅交界处中柱垭，行四十里入河。内有犀牛潭，溪口又有龙潭。

［回龙夜钟］

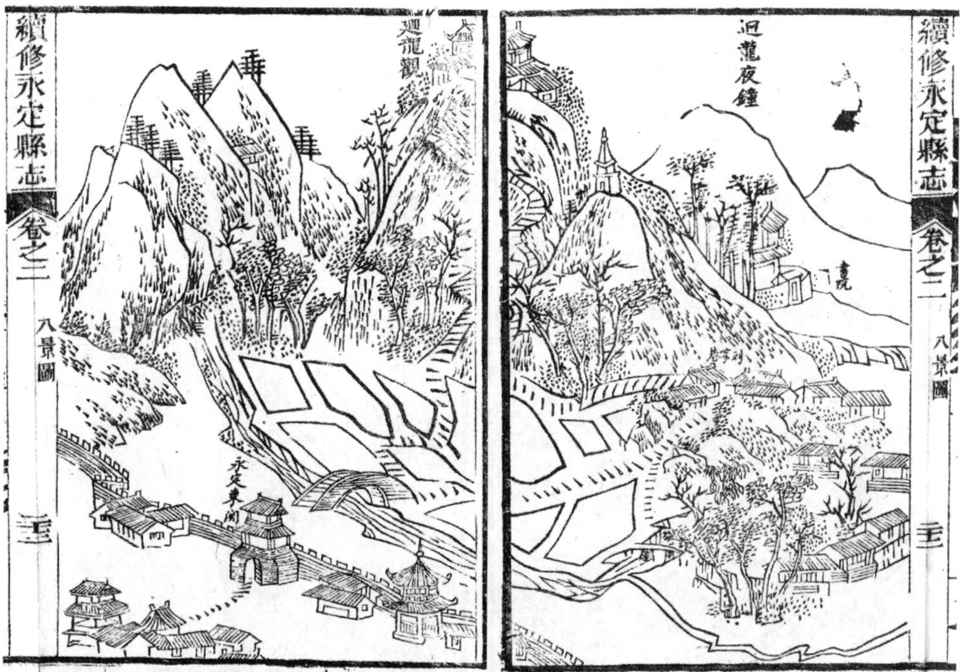

▣ 清同治《续修永定县志》“八景图”载“回龙夜钟”。民国《永定乡土志》“地理”载“回龙观”：夭矫蜿蜒，秀出云表，踞山顶，为县人游览胜地。

[庸城夕照]

图 清同治《续修永定县志》“八景图”载“庸城夕照”。民国《永定乡土志》“地理”载“大庸古城”：即今大庸所。宋时，筑武口寨于此，明设卫，遗址犹存，其上有教场、炮台。

［瓦桥烟树］

▣清同治《续修永定县志》“八景图”载“瓦桥烟树”。民国《永定乡土志》“地理”载“瓦桥”：城东十里，县八景瓦桥烟树即此。

［天门积雪］

清同治《续修永定县志》“八景图”载“天门积雪”。清道光《永定县志》“山川志”载“天门山”：在城南三十里，发脉自永顺府阳凤山，百余里蜿蜒至此，突兀险峻。旧《志》称崧梁山，又名壶头山。

［崇山瀑布］

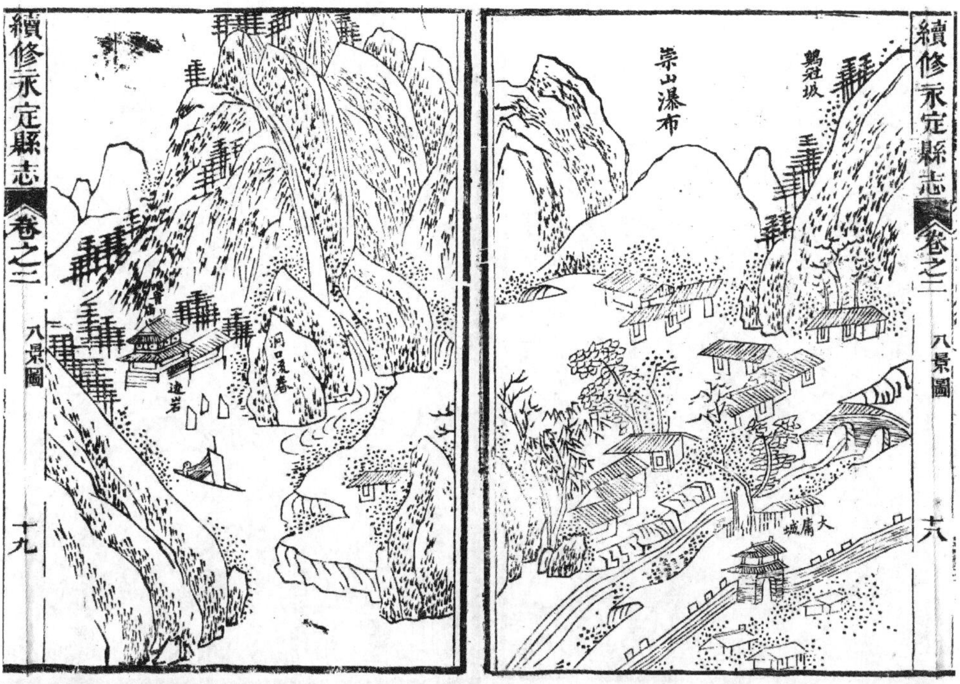

清同治《续修永定县志》“八景图”载“崇山瀑布”。清道光《永定县志》“山川志”载“崇山”：县西南四十里，与天门来脉相连，山势巀嵲，顶有村落，其地平广，环列八峰，传为八景。

【永定卫城内八景】

明隆庆《岳州府志》载“永定卫图”

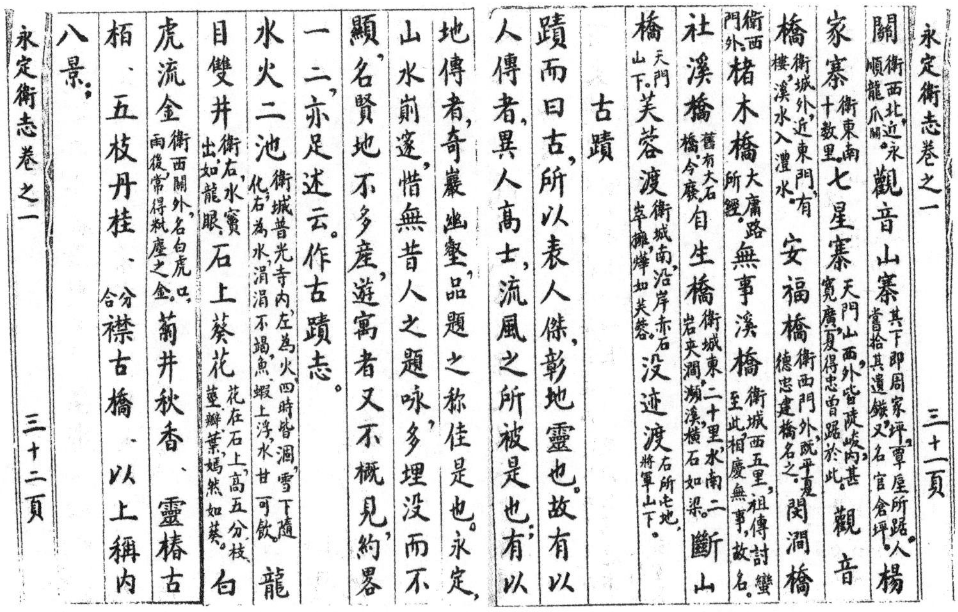

永定衛志卷之一　三十一頁

關衛西北，近永順龍爪關。觀音山寨其下即周家坪，覃垕所踞。人楊
家寨衛東南十數里。七星寨天門山西外，皆陡峻，內甚寬廣，夏得忠曾踞於此。觀音
橋衛城外，近東門，有樓，溪水入澧水。安福橋衛西門外，既平夏德忠建，橋名之。閔澗橋
衛西門外。楮木橋大庸路所經。無事溪橋衛城西五里，祖傳討蠻至此，相慶無事，故名。
社溪橋舊有大石橋，今廢。自生橋衛城東二十里，水南二岩夾澗瀨，溪橫石如梁。斷山
橋天門山下。芙蓉渡衛城南，沿岸赤石崒攤，嵂如芙蓉。沒迹渡右所屯地，將軍山下。

古蹟

蹟而曰古，所以表人傑，彰地靈也。故有以
人傳者，異人高士，流風之所被是也；有以
地傳者，奇巖幽壑，品題之称佳是也。永定，
山水崩遼，惜無昔人之題咏，多埋沒而不
顯，名賢地不多產，遊寓者又不概見，約畧
一二，亦足述云。作古蹟志。

水火二池衛城普光寺內，左為火，四時皆涸，雪下隨化；右為水，涓涓不竭，魚、蝦上浮，水甘可飲。龍
目雙井衛右，水竇出如龍眼。石上葵花花在石上，高五分，枝、莖、瓣、葉，嫣然如葵。白
虎流金衛西關外，名白虎口，雨後常得粃塵之金。菊井秋香、靈椿古
栢、五枝丹桂、分合襟古橋、以上稱內
八景；

永定衛志卷之一　三十二頁

清康熙《永定卫志》（翻印版）载“永定卫内八景”

清同治《续修永定县志》载“大庸古城”

永定卫城（大庸古城）位于今永定区后坪镇武溪村，现存古城残墙、东门、教场、会馆、寺庙等古代建筑遗址。

明洪武四年（1371），常德卫指挥使张胜奉明太祖朱元璋旨意，主持修建永定卫城（大庸古城），卫城方圆“九里百二十步”。永定卫城位于澧水中游北岸，是湘西北古商道重镇，各省商贾纷纷云集而来，被称为“小南京”。清道光《永定县志》载，“城外西便河、东河街长五里，贸迁（即贸易）约数千户……货皆来自苏杭闽浙。罗绮锦帛并各项精致之物，无一不具。本境所产粟、豆、油、纸、烟叶、生铁、药材亦往往泛舟运贩他处……终年不罢”。

清康熙《永定卫志》载“永定卫内八景”：水火二池、龙目双井、石上葵花、白虎流金、菊井秋香 、灵椿古柏、五枝丹桂、分襟古桥。

水火二池

清康熙《永定卫志》载，“卫城普光寺内，左为火，四时皆涸，雪下随化；右为水，涓涓不绝，鱼虾上浮，水甘可饮”。

民国《永定县乡土志》载，“水池四时不涸，饮之可愈疾。火池无水发，久雨无停注”。

龙目双井

清康熙《永定卫志》载，“卫右，水窦处，如龙眼”。

清同治《续修永定县志》“古迹”载，“龙眼井，一在马王庙，一在火药局，相距半里许。堪舆家言，县城龙脉自福德山蜿蜒而来，二井即龙之双眼云”。

石上葵花

清康熙《永定卫志》载，“花在石上，高五分，枝茎瓣叶，嫣然如葵”。

白虎流金

清康熙《永定卫志》载，“卫西关外，名白虎口，雨后常得秕尘之金”。

分襟古桥

清道光《永定县志》“津梁”载，“在县北城内”。

其中，菊井秋香、灵椿古柏、五枝丹桂，无考。

【永定卫城外八景】

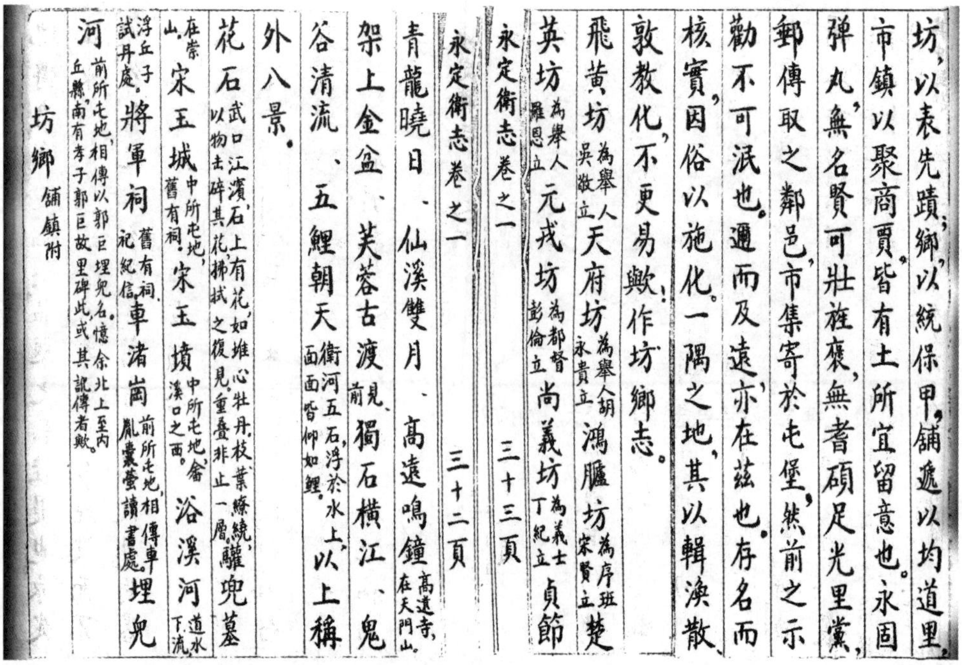

坊，以表先蹟，鄉，以統保甲，鋪遞以均道里，市鎮以聚商賈，皆有土所宜留意也。永固彈丸，無名賢可壯旌褒，無耆碩足光里黨，郵傳取之鄰邑，市集寄於屯堡，然前之示勸不可泯也，邇而及遠亦在茲也。存名而核實，因俗以施化，一隅之地，其以輯渙散敦教化，不更易歟！作坊鄉志。

飛黄坊 為舉人吳徵立 天府坊 為舉人胡永貴立 鴻臚坊 為序班宋賢立 楚英坊 為舉人羅恩立 元戎坊 為都督彭倫立 尚義坊 為義士丁紀立 貞節

永定衛志卷之一　三十三頁

永定衛志卷之一　三十二頁

青龍曉日、仙溪雙月、高遠鳴鐘 高遠寺，在天門山。架上金盆、芙蓉古渡 見前。獨石橫江、鬼谷清流、五鯉朝天 衛河五石，浮於水上，面面皆仰如鯉。以上稱外八景。

花石 武口江濱，石上有花，如堆心牡丹，枝葉繚繞，以物击碎其花，拂拭之復見。重疊非止一層。 驩兜墓 在崇山。 宋玉城 中所屯地，舊有祠。 宋玉墳 中所屯地，畲溪口之西。 浴溪河 道水下流，浮丘子試丹處。 將軍祠 舊有祠，祀紀信。 車渚崗 前所屯地，相傳車胤囊螢讀書處。 埋兜河 前所屯地，相傳以郭巨埋兒名。憶余北上至內丘縣，南有孝子郭巨故里碑，此或其訛傳者歟。

坊鄉 舖鎮附

清康熙《永定卫志》（翻印版）载“永定卫外八景”

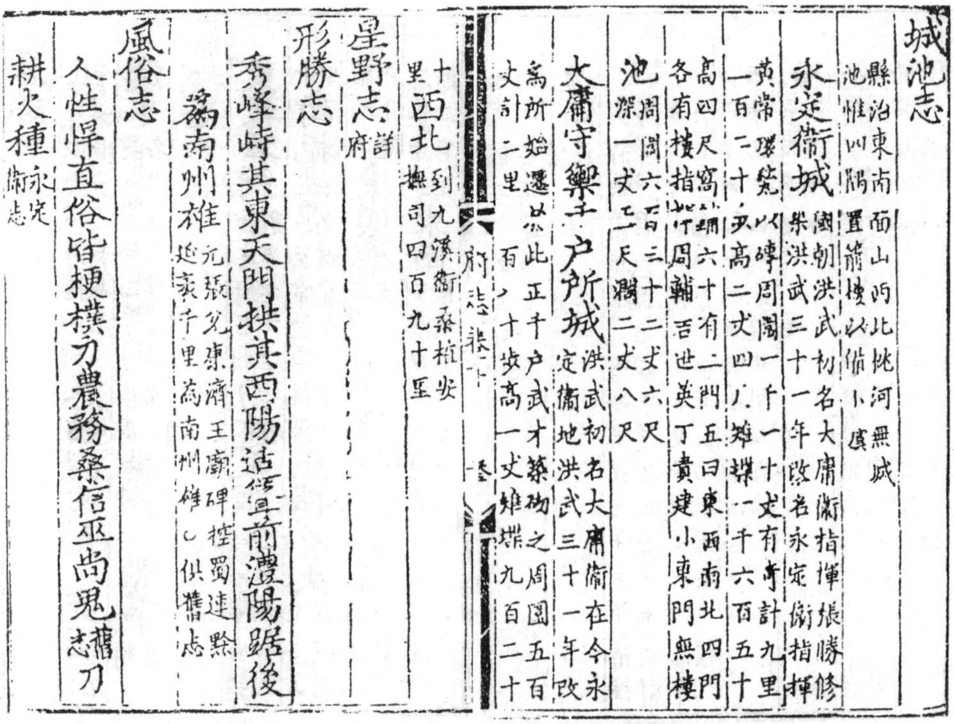

城池志

縣治東南面山西北枕河無城池惟四隅置箭樓以備不虞

永定衛城 國朝洪武初名大庸衛指揮張勝修築洪武三十一年改名永定衛指揮黄常環築以磚周圍一千一十丈有奇計九里一百二十步高二丈四尺雉堞一千六百五十高四尺窩鋪六十有二門五曰東西南北四門各有樓指揮[illegible]周輔吾世英丁貴建小東門無樓

池 周圍六百三十二丈六尺深一丈三尺闊二丈八尺

大庸守禦千户所城 洪武初名大庸衛在今永定衛地洪武三十一年改為所始遷於此正千户武才築砌之周圍五百丈計二里百八十步高一丈雉堞九百二十

府志卷七

十 西北到九溪衛桑植安撫司四百九十里

星野志 詳府

形勝志

秀峰峙其東天門拱其西陽[illegible]在前澧陽踞後

為南州雄 元張兌康濟王廟碑控蜀連黔延袤千里為南州雄也俱舊志

風俗志

人性悍直俗皆梗樸力農務桑信巫尚鬼 舊志

耕火種刀 永定衛志

明弘治《岳州府志》载“永定卫城”

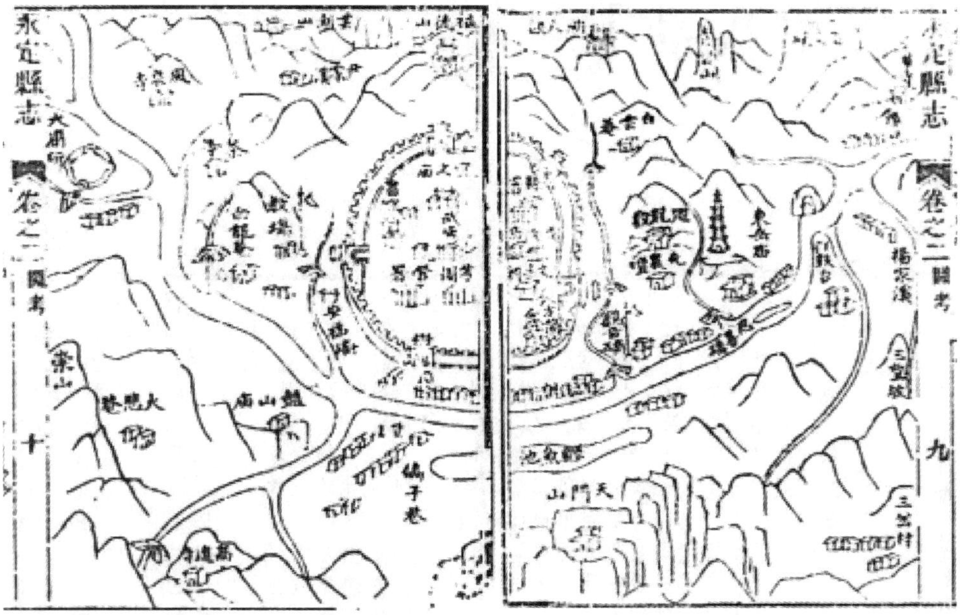

圖 清道光《永定县志》载“名胜图”

清康熙《永定卫志》载“永定卫外八景”：青龙晓日、仙溪双月、高远鸣钟、架上金盆、芙蓉古渡、独石横江、鬼谷清流、五鲤朝天。

青龙晓日

清道光《永定县志》“山川志”载，“青龙山，载城东门外，起伏回环，拥护城郭，上有回龙观，相连又有宝峰山”。

仙溪双月

仙溪，即仙人溪。见“永定八景”之“仙溪澄练”。

高远鸣钟

清道光《永定县志》“古迹志”载，“初，寺居山顶。后毁，钟埋土中。土人采药偶见之，识其处，复往，失所在，亦神物也”。

架上金盆

“架上金盆”，相传位于白虎山。清道光《永定县志》“山川志”载，“在城西门外白龙潭上，蜿蜒旋绕，与城郭相对其上。四山南北东西面面相对，饶有胜概”。

清同治《续修永定县志》“山川”载“白虎山，在西门外白龙潭上（《通志》）”。

芙蓉古渡

见“永定八景”之“芙蓉晚渡”。

独石横江

独石，一说为手巾岩，一说为独峙岩（独自岩）。清同治《续修永定县志》“山川”载，“手巾岩，在西门外。横截河中（《通志》）”“独峙岩，离城十里，孤立河滨，有砥柱之势（旧《志》）”。清同治《续修永定县志》“津梁”载，“独峙岩渡，在县东十里。旧志作独自岩”。

鬼谷清流

清康熙《永定卫志》载，“天门山下石室，蓊蔚下有清流，合于河，相传鬼谷子游此”。

五鲤朝天

清康熙《永定卫志》载，“卫河五石，浮于水上，面面皆仰如鲤”。

【嵩梁八景】

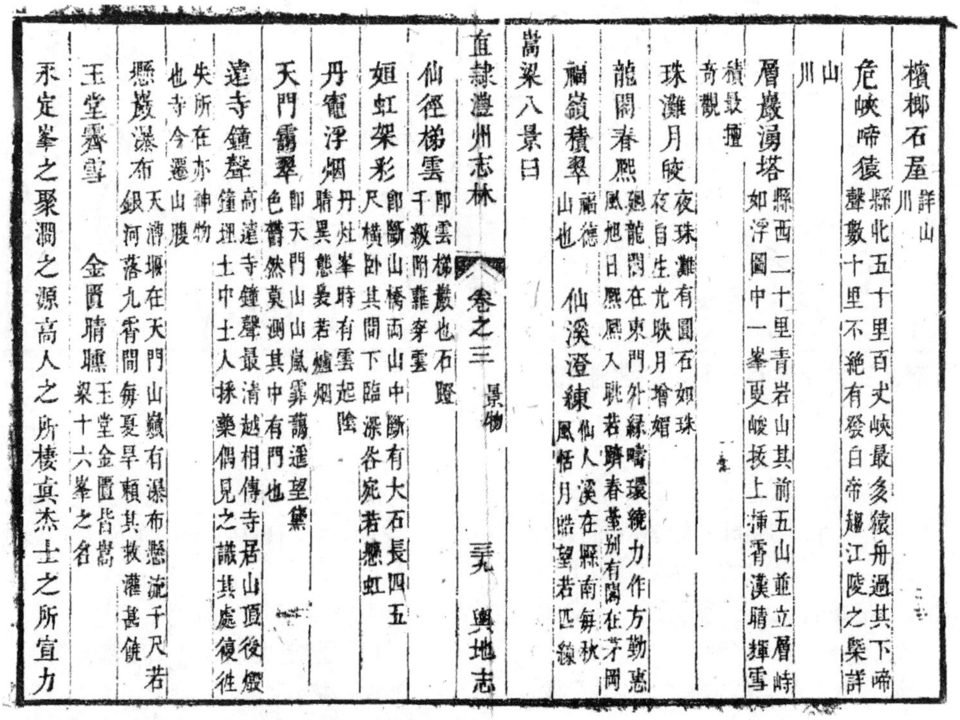

檳榔石屋詳山川

危峽啼猿縣北五十里百丈峽最多猿舟過其下啼聲數十里不絕有發白帝趨江陵之槩詳山川

層巖湧塔縣西二十里青岩山其前五山並立層峙如浮圖中一峯更峻拔上插霄漢晴揮雪積最擅奇觀

珠灘月皎夜珠灘有圓石如珠夜自生光映月增媚

龍閣春熙迴龍閣在東門外綠晴環繞力作方勒惠風旭日熙熙入眺若躋春臺州有閣在茅岡

福嶺積翠福德山也

仙溪澄練仙人溪在縣南每秋風恬月皓望若匹練

嵩梁八景曰

直隸澧州志林 卷之三 景物 輿地志

仙徑梯雲即雲梯巖也石磴千級附蘿穿雲

姮虹架彩即斷山橋兩山中斷有大石長四五尺橫卧其間下臨深谷宛若懸虹

丹竈浮烟丹灶峯時有雲起陰晴異態裊若爐烟

天門靄翠即天門山山嵐霏靄遙望黛色鬱然莫測其中有門也

遠寺鐘聲高遠寺鐘聲最清越相傳寺居山頂後燬鐘埋土中土人採藥偶見之識其處復往失所在亦神物也寺今遷山腹

懸巖瀑布天漕堰在天門山嶺有瀑布懸流千尺若銀河落九霄間每夏旱賴其救灌甚饒

玉堂霽雪 金匱晴曛玉堂金匱皆嵩梁十六峯之名

永定峯之聚潤之源高人之所棲真杰士之所宜力

清乾隆《直隶澧州志林》载“嵩梁八景”

嵩梁山，即天门山。清康熙《永定卫志》“山川”载，“天门山，卫南三十里，即古嵩梁山，孤峰高耸，素壁千寻，望之有似香炉。吴永安中，山洞开如门，高三百丈。孙休以为祥，分武陵郡地置天门郡”。

清乾隆《直隶澧州志林》载“嵩梁八景”：仙径梯云、姮虹架彩、丹灶浮烟、天门霭翠、远寺钟声、悬岩瀑布、玉堂霁雪、金匮晴曛。

仙径梯云

清乾隆《直隶澧州志林》载，“即云梯岩也。石磴千级，附萝穿云”。

姮虹架彩

清乾隆《直隶澧州志林》载，“即断山桥，两山中断，有大石长四五尺，横卧其间，下临深谷，宛若悬虹”。

丹灶浮烟

清乾隆《直隶澧州志林》载，“丹灶峰，时有云起，阴晴异态，袅若炉烟”。

天门霭翠

清乾隆《直隶澧州志林》载，“即天门山，山岚霏霭，遥望黛色郁然，莫测其中有门也”。

远寺钟声

清乾隆《直隶澧州志林》载，“高远寺，钟声最清越。相传寺居山顶，后毁，钟埋土中。土人采药偶见之，识其处，复往，失其所在，亦神物也。寺今迁山腹”。

悬岩瀑布

清乾隆《直隶澧州志林》载，“天漕堰在天门山岭，有瀑布悬流千尺，若银河落九霄间。每夏旱，赖其救灌，甚饶”。

玉堂霁雪、金匮晴曛

清乾隆《直隶澧州志林》载，“玉堂、金匮，皆嵩梁十六峰之名”。

【崧梁山八景】

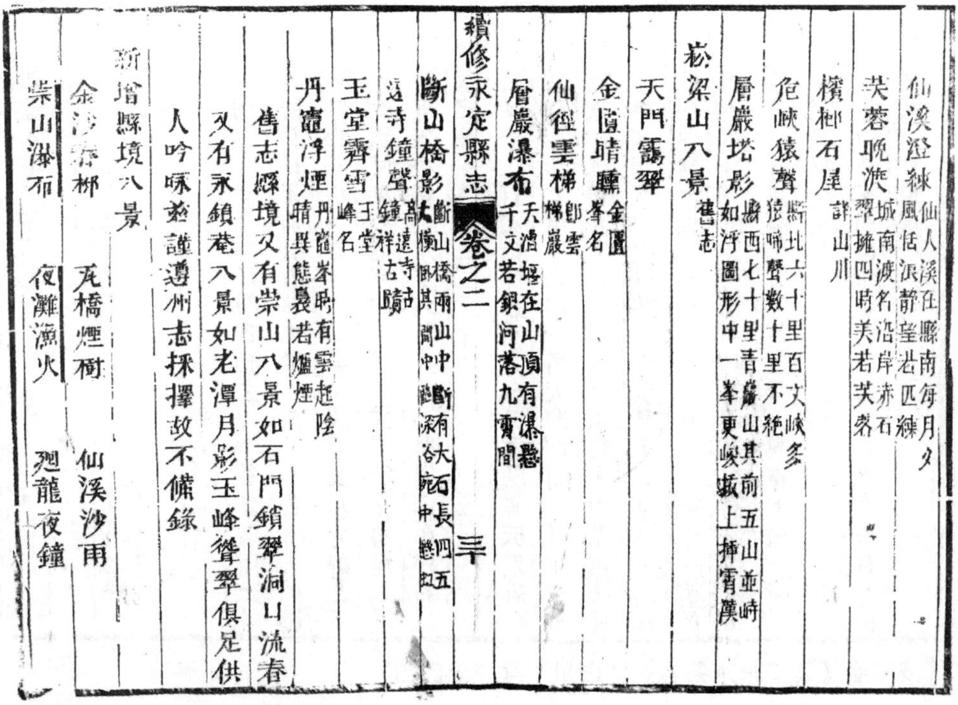

仙溪澄練 仙人溪在縣南每月夕風恬浪靜望若匹練
芙蓉晚渡 城南渡名沿岸赤石翠攤四時美若芙蓉
横栁石屋 詳山川
危峽猿聲 縣北六十里百丈峽多猿啼聲數十里不絶
層巖塔影 縣西七十里青巖山其前五山並峙如浮圖形中一峯更峻峨上揷霄漢
崧梁山八景 舊志
天門靄翠
金匱晴曛 金匱峯名
仙徑雲梯 郎雲梯巖
層巖瀑布 天門埡在山頂有瀑懸千丈若銀河落九霄間
續修永定縣志 卷之二 三十
斷山橋影 斷山橋兩山中斷有大石長四五丈横跨其間中斷深谷宛中懸虹
遠寺鐘聲 高遠寺古祥古蹟
玉堂霽雪 玉堂峰名
丹竈浮煙 丹竈峯晴有雲起陰晴異態裊若爐煙
舊志縣境又有崇山八景如石門鎖翠洞口流春
又有永鎮菴八景如老潭月影玉峰聳翠俱足供
人吟咏茲謹遵州志採擇故不備錄
新增縣境八景
金沙春栁 瓦橋煙樹 仙溪沙雨
崇山瀑布 夜灘漁火 廻龍夜鐘

清同治《续修永定县志》载“崧梁山八景”

崧梁山，即天门山。清同治《续修永定县志》“山川”载，“天门山，在安福县西，即古崧梁山，一名嵩梁山（《一统志》）”。

清同治《续修永定县志》载“崧梁山八景”：天门靄翠、金匮晴曛、仙径云梯、层岩瀑布、断山桥影、远寺钟声、玉堂霁雪、丹灶浮烟。

【天门八景】

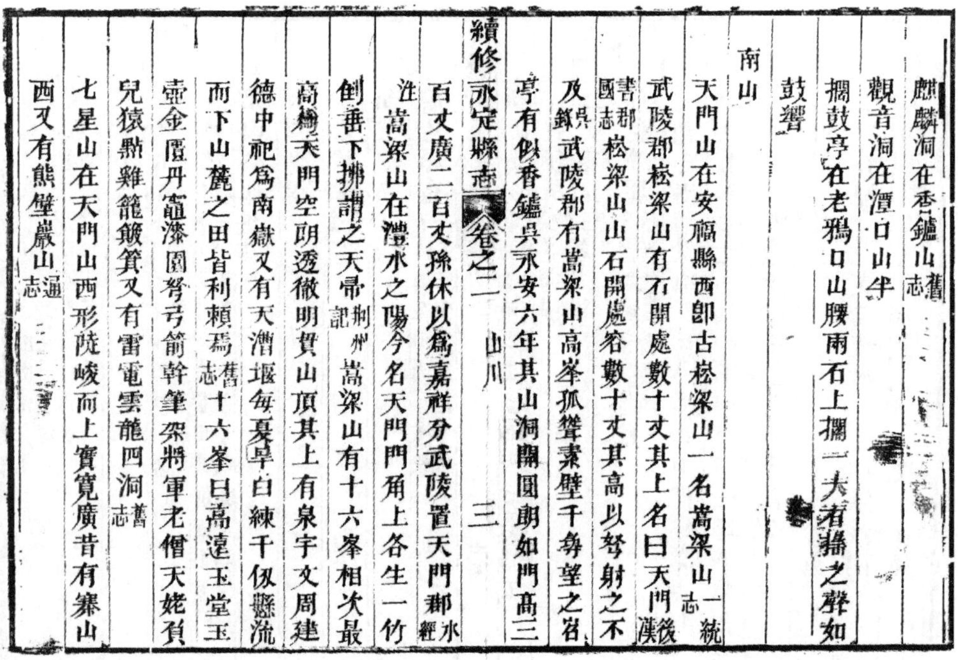

麒麟洞在香鑪山舊志
觀音洞在澧口山半
擱鼓亭在老鴉口山腰兩石上擱一大者擊之聲如
鼓響
南山
天門山在安福縣西即古崧梁山一名嵩梁山一統志
武陵郡崧梁山有石開處數十丈其上名曰天門後漢
書郡國志崧梁山山石開處容數十丈其高以弩射之不
及吳錄武陵郡有嵩梁山高峯孤聳素壁千尋望之宕
亭有似香鑪吳永安六年其山洞開圓朗如門高三
續修永定縣志 卷之二 山川 三
百丈廣二百丈孫休以爲嘉祥分武陵置天門郡水經
注嵩梁山在澧水之陽今名天門門角上各生一竹
倒垂下拂謂之天帚荊州記嵩梁山有十六峯相次最
高爲天門空朗透徹明貫山頂其上有泉宇文周建
德中祀爲南嶽又有天漕堰每夏旱白練千仞懸流
而下山麓之田皆利賴焉舊志十六峯曰高遠玉堂玉
壺金匱丹竈滌圜弩弓箭幹筆架將軍老僧天姥負
兒猿黙雞籠簸箕又有雷電雲龍四洞舊志
七星山在天門山西形陡峻而上寬廣昔有寨山
西又有熊壁巖山通志

清同治《续修永定县志》“山川”载“天门山”

天门山，古称云梦山、嵩梁山、崧梁山，因自然奇观天门洞而得名。

清同治《续修永定县志》“艺文”载清人俞永弼“天门八景诗”。

清代俞永弼《天门八景》

仙径云梯

拾级上丹梯，烟峦绝境迷。路从云外转，回望万山低。

断山虹石

神山之所居，往往不可接。石虹谁架险，遂与尘世浃。

丹灶飞烟

荒烟杳霭处，昔有仙人住。遗迹留丹灶，还疑常来去。

石门凝碧

翠壁何年凿，藤萝匝地缠。壶中闲岁月，别白一山川。

高远鸣钟

曾传天际钟，已失烟中寺。惟余空外音，缭绕凝岚翠。

天漕瀑布

飞瀑来何处，仙源不可寻。跏趺闲看久，冰雪净尘襟。

鬼谷清流

幽谷有流泉，潺潺泻终古。缅怀漱流人，千载一俯仰。

玉峰晴雪

雪霁朝霞丽，峰如玉琢成。凭高一眺望，云海隔蓬瀛。

清代胡世安《游天门山记》

田子王音、宗人诚一与予居近天门山。山甚高而景最奇，心窃慕之，畏其险，不果游也。丙子秋，三人约游，会以事阻。越三年，戊寅秋，得遂所约，偕二三童冠，载酒携笻，乘舆而往。西行数里，遇一老叟，年七十余，兴甚豪，步更矍铄，拉以前导，北向而登。

初，遇一岭，横亘云表，苍翠欲滴。叟曰：“是名马鬃，对岭峰曰猿点。”久之，陟岭，同人喘息坐。忽虫鸟作世外声，草木作世外气。田子曰：“此别一天也。”叟曰：“犹有进。”无何，叟扳援而上，同人亦缓随之；相与行歌，几忘乎形骸之外。既歌且和，上云梯，过土地垭，未几而断山桥矣。至桥，各选石坐。叟指曰：“桥之左，乃赤松山，闻丹灶存焉；右为足迹岩，闻有祖师拇迹。”

坐久，复起，俯视断处，深不可测，白云满壑，流于峭壁，窣窣如有声。田子掷石试之，久方响，响在白云间，又久响在空谷，又久响在对峰，不知其所止也。过桥半里许，一石如人踞；援石而上，有古木，枝皆拳曲下垂。田子曰：“此岂倒生树耶？”童子曰：“雪压故也。”相顾而笑。陟岭，欲设饮，值微雨霡霂，飞洒如雾，四顾峰头，尽为云掩；林际万籁作声，益增岑寂。遂共投寺中，至则衣履尽湿。

明日，天霁，仰观群峰，浮于雾面。田子喜曰：“天其假我以游乎！”于是携手缓步，搜奇探胜。时诚一为僧请卜塔址，叟亦留。予与田子、童冠数人，离寺眺望，异态毕呈。信步而前，忽入仄径，萦纡曲折，藤萝络石夹道，幽趣逼人。遂扪石缘木而下，幽奇怪伟，莫可名状。既下，沿路皆峭壁，周环如城，石罅出泉声，铮琮如琴筑。据石小憩，忽睹青嶂间树动叶落，忽寂忽喧。审睇之，乃猿戏也。

傍石壁而东行六七里，仰见天门洞启，吐翠吞青，云开阊阖，门下万石崚嶒，莫辨径同。相与跨石而登，且畏且喜。既至，而十六峰在望，眼界为之一空矣。门内多凤尾竹。门上约百丈许有石乳下垂，悠扬飘忽，非雪非珠；謦咳一声，如花雨乱坠。田子脱冠而审之。玩坐良久，益觉山容变幻，幽趣横生。田子顾予而叹曰：“嗟乎！予数人生长于斯，谓是童子时嬉游地也，乃至今日，始识天门之奇异。”临返，又欲寻天漕瀑布、玉壶鸣泉，意倦于行，而童冠亦促之归。乃各折凤尾竹一枝，觅原路，投寺中信宿而返。

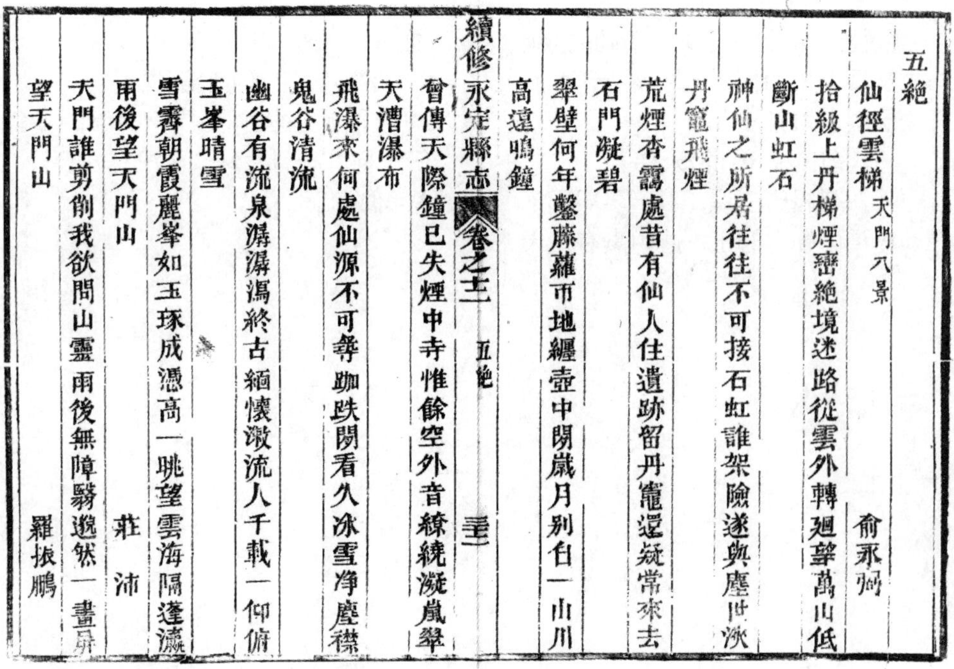
五絶
仙徑雲梯 天門八景 俞承弼
拾級上丹梯煙巒絶境迷路從雲外轉迴望萬山低
斷山虹石
神仙之所居往往不可接石虹誰架險遂與塵世渫
丹竈飛煙
荒煙杳靄處昔有仙人住遺跡留丹竈還疑常來去
石門凝碧
翠壁何年鑿藤蘿帀地纏壺中閱歲月別自一山川
高遠鳴鐘
續修永定縣志 卷之十二 五絶 圭
曾傳天際鐘已失煙中寺惟餘空外音繚繞凝嵐翠
天漕瀑布
飛瀑來何處仙源不可尋跏趺閒看久冰雪淨塵襟
鬼谷清流
幽谷有流泉潺潺瀉終古緬懷激流人千載一仰俯
玉峯晴雪
雪霽朝霞麗峯如玉琢成憑高一眺望雲海隔蓬瀛
雨後望天門山 莊沛
天門誰剪劈我欲問山靈雨後無障翳邈然一畫屏
望天門山 羅振鵬

清同治《续修永定县志》载“天门八景诗”

[仙径云祥]

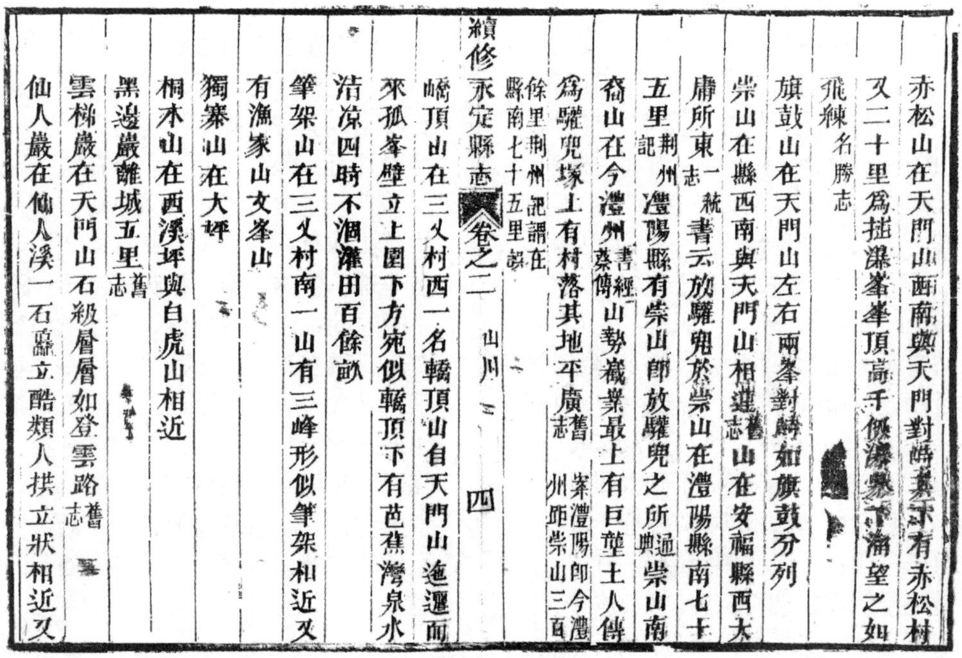

赤松山在天門山西南與天門對峙其下有赤松村又二十里爲揺瀑峯峯頂高千仞瀑布下瀉望之如飛練名勝志

旗鼓山在天門山左右兩峯對峙如旗鼓分列

崇山在縣西南與天門山相連舊志　山在安福縣西大庸所東一統志　書云放驩兜於崇山在澧陽縣南七十五里荊州記　澧陽縣有崇山即放驩兜之所通典　崇山南裔山在今澧州書經蔡傳　山勢巍業最上有巨塹土人傳爲驩兜塚上有村落其地平廣舊志　案澧陽即今澧州距崇山三百餘里荊州記謂在縣南七十五里誤

續修永定縣志　卷之二　山川　四

嶠頂山在三义村西一名轎頂山自天門山迤邐而來孤峯壁立上圓下方宛似轎頂下有芭蕉灣泉水清涼四時不涸灌田百餘畝

筆架山在三义村南一山有三峯形似筆架相近又有漁家山文峯山

獨寨山在大坪

桐木山在西溪坪與白虎山相近

黑邊巖離城五里舊志

雲梯巖在天門山石級層層如登雲路舊志

仙人巖在仙人溪一石矗立酷類人拱立狀相近又

清同治《续修永定县志》“山川”载“云梯岩”

仙径云梯，即云梯岩。清同治《续修永定县志》“山川”载：在天门山，石级层层，如登云路。

清代俞良模《仙径云梯》

云扶蹑履历山蹊，石磴层层远不迷。莫谓山高空仰止，此中真有上天梯。

清代俞棠《仙径云梯》

东海三神山，可望不可到。此径俨阶梯，腊屐欣然造。况有九天云，扶我成高蹈。

[断山虹石]

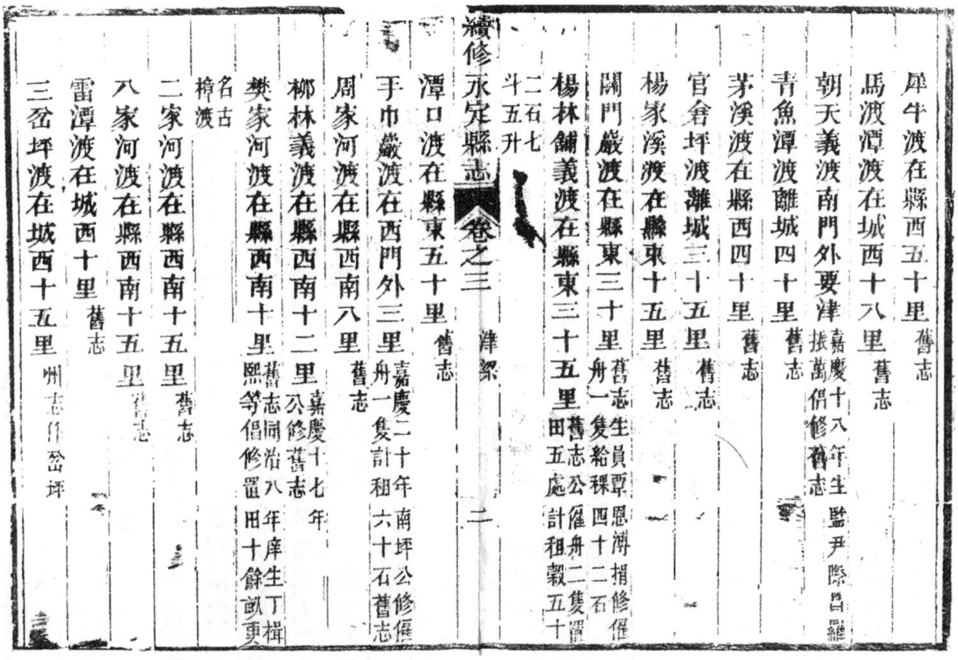
犀牛渡在縣西五十里舊志
馬渡潭渡在城西十八里舊志
朝天義渡南門外要津嘉慶十八年生監尹際昌維振嵩倡修舊志
青魚潭渡離城四十里舊志
茅溪渡在縣西四十里舊志
官倉坪渡離城三十五里舊志
楊家溪渡在縣東十五里舊志
闞門巖渡在縣東三十里舊志生員覃恩溥捐修僱舟一隻給稞四十二石
楊林鋪義渡在縣東三十五里舊志公僱舟二隻置田五處計租穀五十二石七斗五升

續修永定縣志 卷之三 津梁 二

潭口渡在縣東五十里舊志
手巾巖渡在西門外三里嘉慶二十年南坪公修僱舟一隻計租六十石舊志
周家河渡在縣西南八里舊志
柳林義渡在縣西南十二里嘉慶十七年公修舊志
樊家河渡在縣西南十里舊志同治八年庠生丁楫熙等倡修置田十餘畝更名古榨渡
二家河渡在縣西南十五里舊志
八家河渡在縣西南十五里舊志
雷潭渡在城西十里舊志
三岔坪渡在城西十五里州志作岔坪

清同治《续修永定县志》“津梁”载“断山桥”

清同治《续修永定县志》“津梁”载：“断山桥，在安福县西天门山下（《一统志》）”。见“嵩梁八景”之“姮虹架彩”。

清代俞耀《断山虹石》

隔断尘寰别有天，彩虹飞架是何年。危峰对峙千寻矗，孤磴高横一丝联。云护断崖常漠漠，泉流峭壁有涓涓。楮笻径渡烟霞里，试觅方壶碧眼仙。

清代俞良模《断山虹石》

山从中断绝攀跻，深谷谽谺万丈低。自有彩虹横绝壁，不教此路隔云泥。

清代俞棠《断山虹石》

行行历山腰，巨壑幽且旷。路断忽复连，彩虹架其上。从此款天关，不用仙人杖。

[丹灶飞烟]

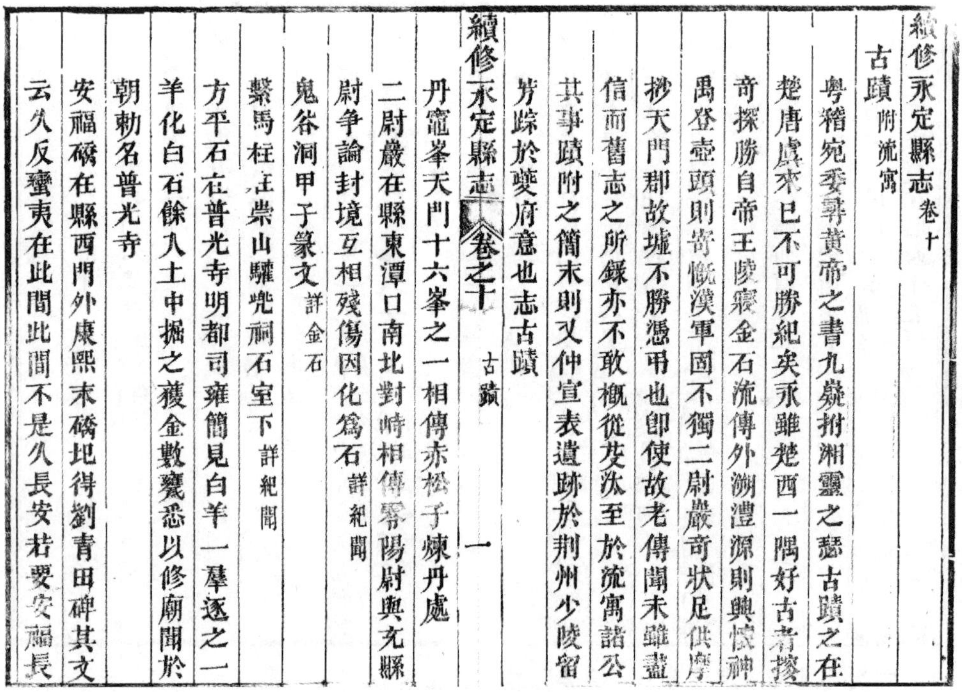

續修永定縣志　卷十

古蹟 附流寓

粤稽宛委尋黃帝之書九嶷拊湘靈之瑟古蹟之在楚唐虞來已不可勝紀矣永雖楚西一隅好古者援奇探勝自帝王陵寢金石流傳外瀏澧源則興懷神禹登壺頭則寄慨漢軍固不獨二尉巖奇狀足供摩挲天門郡故墟不勝憑弔也即使故老傳聞未雖盡信而舊志之所錄亦不敢概從芟洗至於流寓諸公其事蹟附之簡末則又仲宣表遺跡於荊州少陵留芳躅於夔府意也志古蹟

續修永定縣志　卷之十　古蹟　一

丹竈峯天門十六峯之一相傳赤松子煉丹處

二尉巖在縣東潭口南北對峙相傳零陽尉與充縣尉爭論封境互相殘傷因化爲石 詳紀聞

鬼谷洞甲子篆文 詳金石

繫馬樁在崇山驩兜祠石室下 詳紀聞

方平石在普光寺明都司雍簡見白羊一羣逐之一羊化白石餘入土中掘之獲金數甕悉以修廟聞於

朝勅名普光寺

安福碑在縣西門外康熙末碑圮得劉青田碑其文云久反蠻夷在此間此間不是久長安若要安福長

清同治《续修永定县志》“古迹”载“丹灶峰”

清同治《续修永定县志》“古迹”载：丹灶峰，天门十六峰之一，相传赤松子炼丹处。

清代俞耀《丹灶飞烟》

驭鹤骖鸾海外游，空余古灶此山头。浅深霞以炉烟出，缥缈云如篆石浮。炼就黄芽成九转，封来丹室已千秋。步虚试向林间听，韵和松风声更幽。

［石门凝碧］

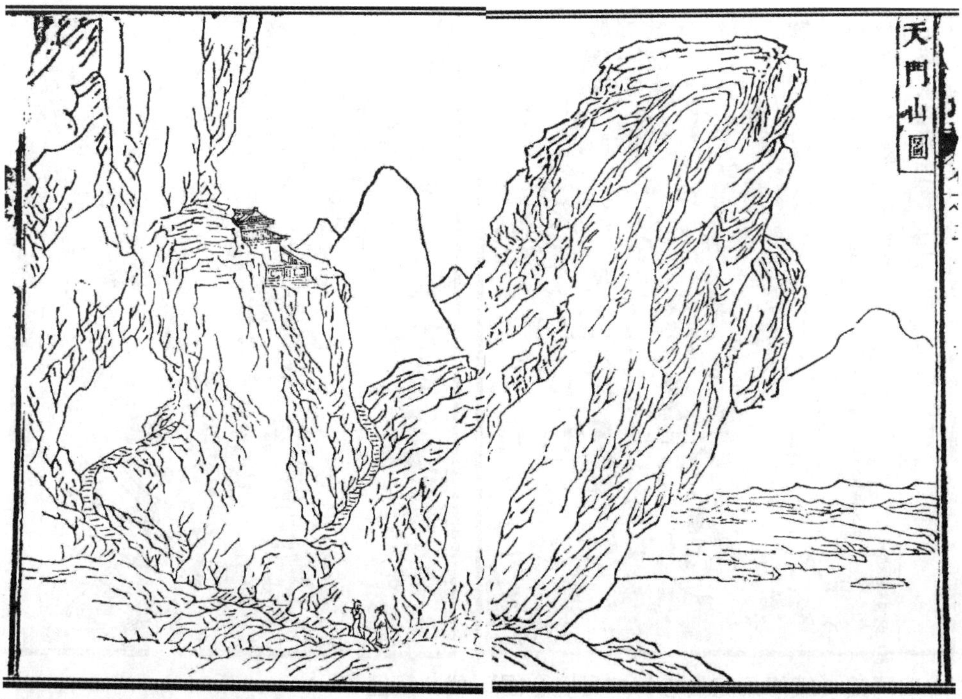

清乾隆《湖南通志》载“天门山图”

石门凝碧，见“嵩梁八景”之“天门霭翠”。

清代俞耀《石门凝碧》

非霞非雾复非烟，一片浮岚弄晚妍。翠黛乍描眉曲曲，碧螺新挽髻鬖鬖。层峦隐约青葱里，叠嶂依稀青霭边。试问云门在何许，光凝似草绿芊绵。

清代俞良模《石门凝碧》

谁将螺黛扫烟鬟，写出文君额上山。我欲振衣岩顶去，翠岚深处扣云关。

清代俞棠《石门凝碧》

浮岚翠几重，蔚蓝天一色。非雾复非烟，凝锁天门碧，我欲杳霭间，扶筇一登陟。

[高远鸣钟]

清同治《续修永定县志》“县境全图”载“高远寺”

清同治《续修永定县志》“古迹”载：高远寺钟，先寺居山顶，毁于火。一古钟埋土中，每夜静闻声。土人有采药者，偶见之，识其处。翌日，复往，遂失所在。

清代俞良模《高远鸣钟》

凭风遥送过江皋，催起扶桑日渐高。更与晨鸡惊晓梦，一声清响振蒲牢。

清代庄以宽《高远鸣钟》

疏钟如断复如因，高远峰头晌暮晨。惟有利名敲不醒，炯眸俱是梦中人。

［天漕瀑布］

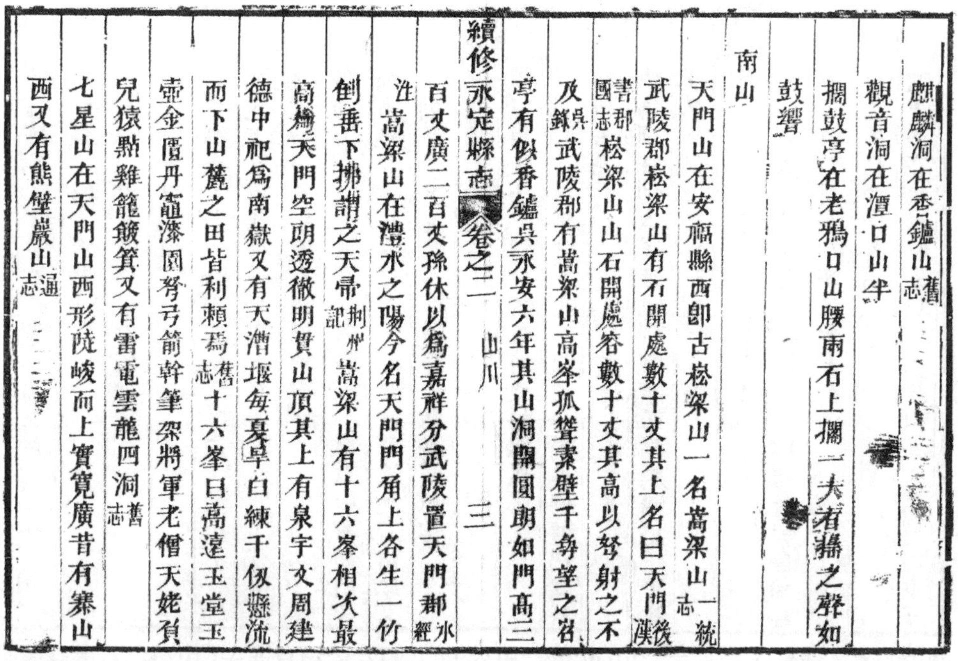

麒麟洞在香鑪山舊志
觀音洞在澧口山半
擱鼓亭在老鴉口山腰兩石上擱一大若鼖之聲如
鼓響
南山
天門山在安福縣西即古嵩梁山一名嵩梁山一統志
武陵郡嵩梁山有石開處數十丈其上名曰天門後漢
書郡國志 嵩梁山山石開處容數十丈其高以弩射之不
及吳錄 武陵郡有嵩梁山高峯孤聳素壁千尋望之宕
亭有似香鑪吳永安六年其山洞開圓朗如門高三

續修永定縣志 卷之二 山川 三

百丈廣二百丈孫休以爲嘉祥分武陵置天門郡水經
注 嵩梁山在澧水之陽今名天門門角上各生一竹
倒垂下拂謂之天帚荊州記 嵩梁山有十六峯相次最
高爲天門空明透徹明貫山頂其上有泉宇文周建
德中祀爲南嶽又有天澧堰每夏旱白練千仞懸流
而下山麓之田皆利賴焉舊志 十六峯曰高遠玉堂玉
壺金匱丹竈漆園弩弓箭幹筆架將軍老僧天姥負
兒猿猴雞籠簸箕又有雷電雲龍四洞舊志
七星山在天門山西形陡峻而上實寬廣昔有寨山
西又有熊壁巖山通志

清同治《续修永定县志》“天门山”载“天漕堰”

清同治《续修永定县志》“山川”载：天漕堰，每夏旱，白练千仞，悬流而下，山麓之田，皆利赖焉。

清代俞良模《天漕瀑布》

白练双条绝壁悬，喷珠溅沫下山田。好携破界青青句，看泻银河下九天。

［鬼谷清流］

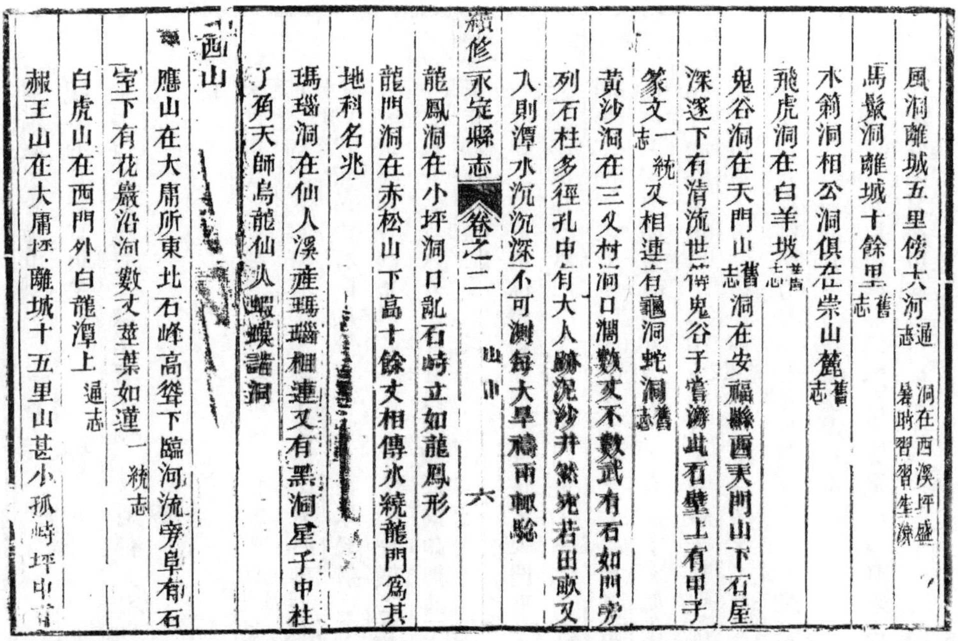

風洞離城五里傍大河通志 洞在西溪坪盛暑時習習生涼
馬鬃洞離城十餘里舊志
木鶲洞相公洞俱在崇山麓舊志
飛虎洞在白羊坡舊志
鬼谷洞在天門山舊志 洞在安福縣西天門山下石屋
深邃下有清流世傳鬼谷子嘗游此石壁上有甲子
篆文一統志 又相連有龜洞蛇洞舊志
黄沙洞在三义村洞口濶數丈不數武有石如門旁
列石柱多徑孔中有大人跡泥沙井然宛若田畝又
入則潭水沉沉深不可測每大旱禱雨輒驗

龍鳳洞在小坪洞口亂石崎立如龍鳳形
龍門洞在赤松山下高十餘丈相傳水繞龍門爲其
地科名兆
瑪瑙洞在仙人溪產瑪瑙相連又有黑洞星子中柱
了角天師烏龍仙人蝦蟆諸洞
西山
應山在大庸所東北石峰高聳下臨河流旁阜有石
室下有花巖沿洄數丈莖葉如蓮一統志
白虎山在西門外白龍潭上通志
赧王山在大庸坪離城十五里山甚小孤峙坪中首

清同治《续修永定县志》“山川”载“鬼谷洞”：洞在安福县西天门山下。石屋深邃，下有清流，世传鬼谷子尝游此，石壁上有甲子篆文。

[玉峰晴雪]

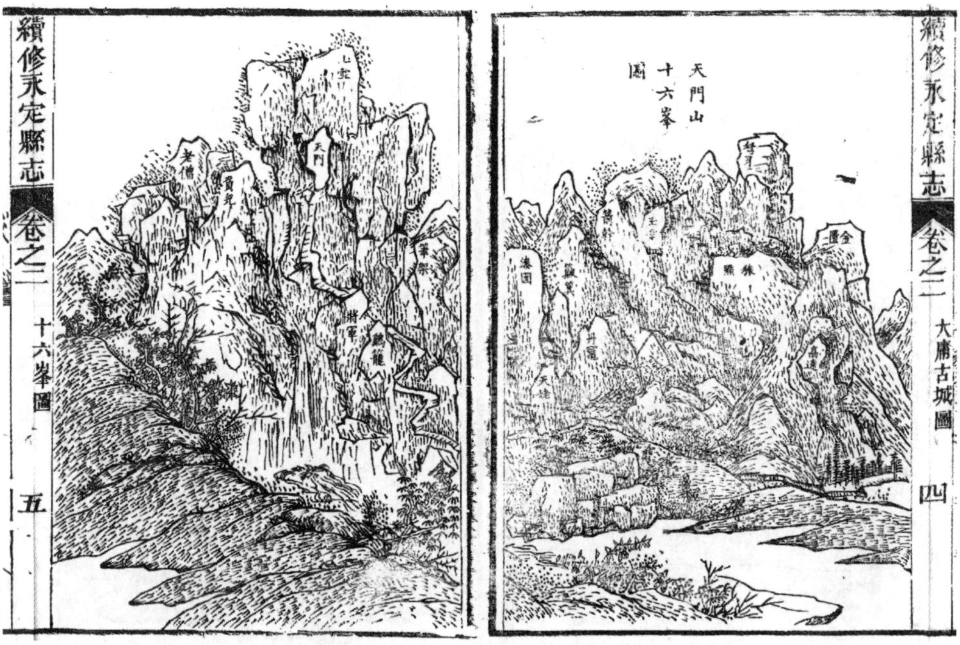

囧 清同治《续修永定县志》“天门山十六峰图”载“玉堂”。玉堂，天门山十六峰之一。

【崇山八景】

清同治《续修永定县志》载“崇山图”

崇山，又名天崇山，距张家界中心城区约十公里。史载，驩兜流放及归葬于崇山。

清同治《续修永定县志》“山川”载：“崇山，在县西南，与天门山相连（旧《志》）。山在安福县西大庸所（《一统志》）。”

清道光《永定县志》“山川志”载“崇山八景”：石梯仙径、挂鼓鸣岩、洞口流春、石门锁翠、瀑布双悬、云中插锡、龟蛇捧足、佳门古坼。

清代昌世麟《崇山八景》

洞口流春

东风吹积雪，洞口早流春。霁色明云表，晴光逗水滨。人间催腊枝，仙子庆芳辰。小折花枝插，重来莫问津。

石梯仙径

芳踪追谢客，石径绕云梯。路转盘岩上，峰回压月低。孤松巢野鹤，晓日唱天鸡。回首苍茫里，高吟过小溪。

挂鼓鸣岩

鼓挂层岩上，高悬望大庸。瀑声来远响，牧唱出幽丛。自结团圞势，谁施霹雳功。山灵时一系，不羡伏波铜。

佳门古坼

古坼何时劈，佳门似剑门。白云封早暮，野竹长儿孙。秋雨黏枯树，阴崖斗老猿。森森毛发竖，磷火散黄昏。

龟蛇捧足

积块崇朝麓，龟蛇像并呈，蹒跚横古道，迂曲走庸城。地籍天门势，山环澧水清。淳风犹太古，不必训先氓。

瀑布双悬

铎警人初起，开轩瀑布悬。清分双洞水，碧落一溪烟。剑化龙应合，

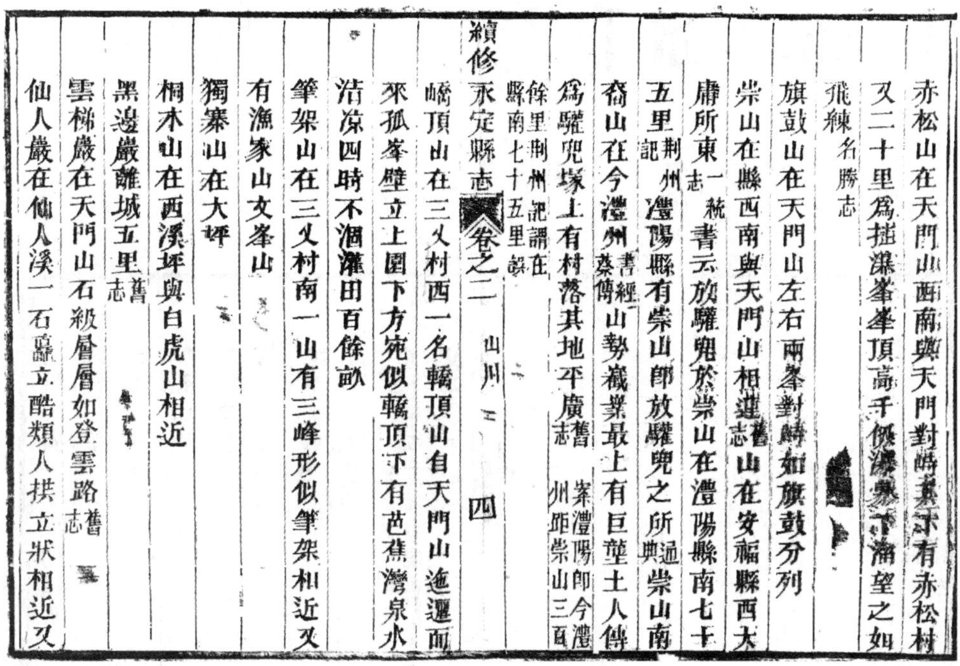

赤松山在天門山西南與天門對峙其下有赤松村
又二十里爲插瀑峯峯頂高千仞瀑布下瀉望之如
飛練名勝志
旗鼓山在天門山左右兩峯對峙如旗鼓分列
崇山在縣西南與天門山相連舊志山在安福縣西大
庸所東一統志書云放驩兜於崇山在澧陽縣南七十
五里荊州記澧陽縣有崇山即放驩兜之所通典崇山南
裔山在今澧州書經蔡傳山勢巍業最上有巨塋土人傳
爲驩兜塚上有村落其地平廣舊志 案澧陽即今澧州距崇山三百
餘里荊州記謂在縣南七十五里誤

續修永定縣志 卷之二 山川 四

嶠頂山在三义村西一名轎頂山自天門山迤邐而
來孤峯壁立上圓下方宛似轎頂下有芭蕉灣泉水
清涼四時不涸灌田百餘畝
筆架山在三义村南一山有三峯形似筆架相近又
有漁篆山文峯山
獨寨山在大坪
桐木山在西溪坪與白虎山相近
黑邊巖離城五里舊志
雲梯巖在天門山石級層層如登雲路舊志
仙人巖在仙人溪一石矗立酷類人拱立狀相近又

圖 清同治《续修永定县志》“山川”载“崇山”

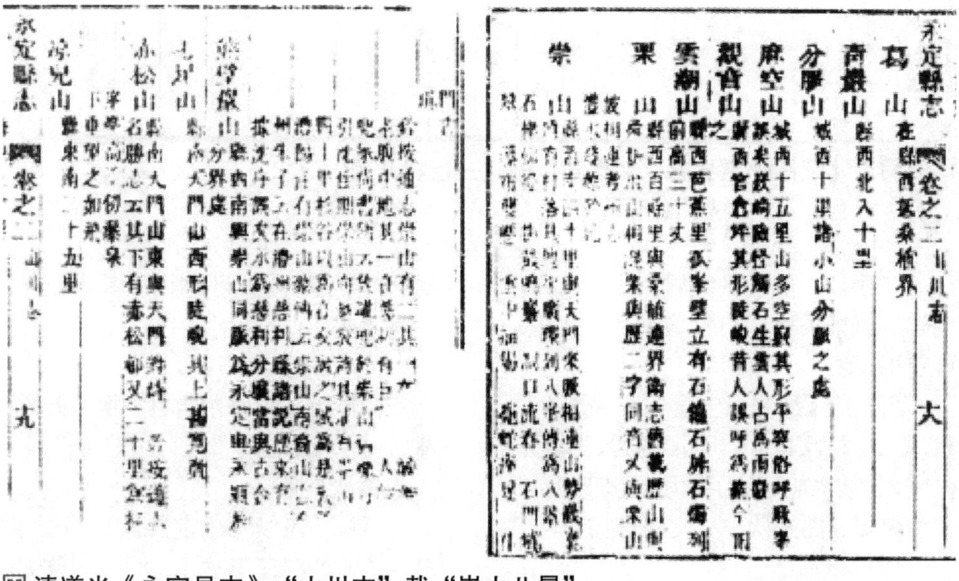

圖 清道光《永定县志》“山川志”载“崇山八景”

星辉壁欲联。古今谁卷得，萝月伴潺湲。

云中插锡

岂是神仙窟，棱棱锡插霄；半空追鹤侣，一碧绝尘嚣。可有慈云布，能无法雨调。诛茅无有愿，谁共此逍遥。

石门锁翠

欲觅崇山景，攀缘到石门。双峰开异境，一色锁荒村。雾卷千家晓，苔侵万古痕。薜萝迷远道，多恐近桃源。

【三岔八景】

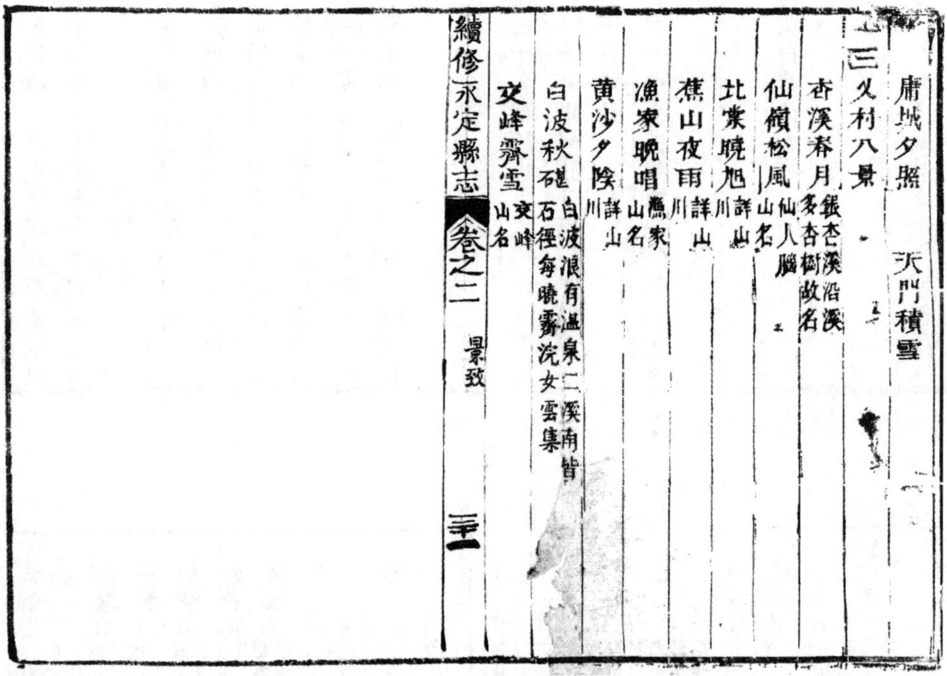
庸城夕照　天門積雪
三岔村八景
杏溪春月 銀杏溪沿溪多杏樹故名
仙嶺松風 仙人腦山名
北棠曉旭 詳山川
蕉山夜雨 詳山川
漁家晚唱 漁家山名
黃沙夕陰 詳山川
白波秋碪 白波浪有溫泉二溪南皆石徑每曉霽浣女雲集
文峰霽雪 文峰山名
續修永定縣志 卷之二 景致 三十一

清同治《续修永定县志》“景致”载“三岔村八景”

三岔乡，位于张家界市永定区东南部，风景秀丽，自然景观和人文景观交相辉映。

清同治《续修永定县志》“景致”载“三岔村八景”：杏溪春月、仙岭松风、北棠晓旭、蕉山夜雨、渔家晚唱、黄沙夕阴、白波秋砧、文峰霁雪。

杏溪春月

清同治《续修永定县志》“景致”载，“银杏溪，沿溪多杏树，故名”。

仙岭松风

清同治《续修永定县志》“景致”载，“仙人脑，山名”。

北棠晓旭

三岔乡北棠岭有长日峰。清同治《续修永定县志》“山川”载，“长日峰，在桂坪，每日出，石壁上霞光斑斓，倏成万壑奇观”。

蕉山夜雨

清同治《续修永定县志》“山川”载，“芭蕉洞，在金顶山下，其水清凉，四时不竭”。

渔家晚唱

清同治《续修永定县志》“景致”载，“渔家，山名”。

黄沙夕阳

清同治《续修永定县志》“山川”载，“黄沙洞在三岔乡，洞口阔数丈，不数武有石如门，旁列石柱，多径孔，中有大人迹。泥沙井然，宛若田亩，又入，则潭水沉沉，深不可测。每大旱，祷雨则验”。

白波秋砧

清同治《续修永定县志》“景致”载，“白波浪，有温泉二溪，南皆石径，每晓霁，浣女云集”。

文峰霁雪

清同治《续修永定县志》“景致”载，“文峰，山名”。

【永镇庵八景】

清嘉庆《永定县志》载，“永定庵，位于县南，距城三十里”。清同治《续修永定县志》“寺观”载，“永镇庵，在三潭坪，有八景见旧景物志”。

明代覃绳武有“永镇庵八景诗”：《古柏双青》《玉峰耸翠》《山泉水净》《寺塔风清》《老潭月影》《静夜滩声》《画阁倚岩》《云梯登殿》。

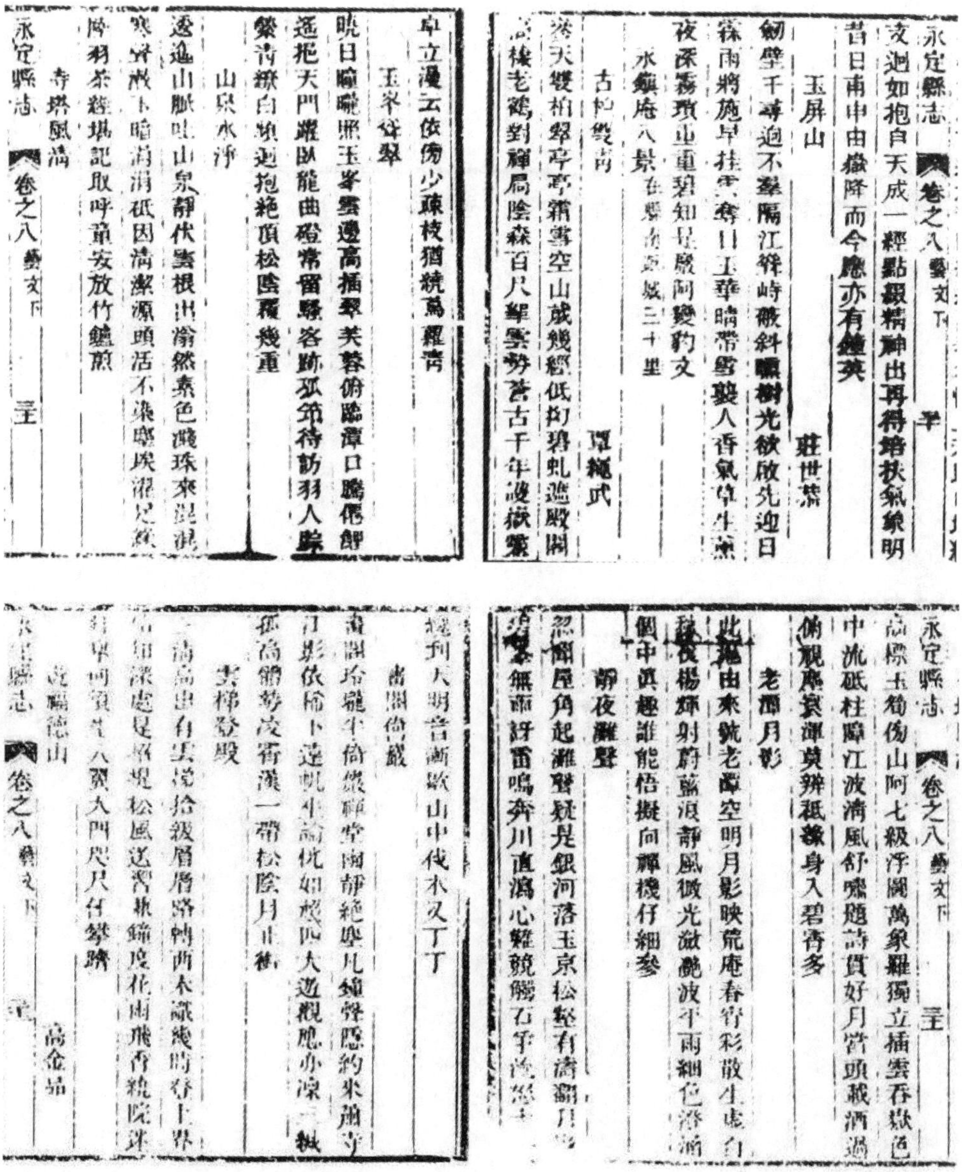

永定縣志 卷之八 藝文下

支迴如抱自天成一經點綴精神出再得培扶氣象明
昔日甫申由嶽降而今應亦有鍾英

玉屏山 莊世[illegible]

矧壁千尋逈不羣隔江鋒峙藏斜曛樹光欲啟先迎日
森雨將施早挂雲[illegible]玉華晴帶雪[illegible]人香氣草生薰
夜深霧擁山重碧知是巖阿變豹文

永鎮庵八景 在縣南距城三十里

古柏雙青 覃繩武

參天雙柏翠亭亭霜雪空山歲幾經低拂碧虬遮殿閣
高棲老鶴對禪扃陰森百尺拏雲勢蒼古千年傲嶽[illegible]
卓立漫云依傍少疎枝猶繞萬羅青

玉峰聳翠

曉日曈曨照玉峯雲邊高插翠芙蓉俯臨潭口騰佛髻
遙挹天門灑臥龍曲磴常留騷客跡孤筇待訪羽人蹤
繁青繚白頻迴抱絶頂松陰覆幾重

山泉水淨

逶迤山脈吐山泉靜伏雲根出澮然素色濺珠來[illegible]
寒聲漱下暗涓涓砥因清潔源頭活不染塵埃濯足鮮
陸羽茶經堪記取呼童安放竹爐煎

寺塔風清

永定縣志 卷之八 藝文下

高標玉筍傍山阿七級浮圖萬象羅獨立插雲吞嶽色
中流砥柱障江波清風舒嘯題詩貫好月當頭載酒過
倘觀塵寰渾莫辨祗緣身入碧霄多

老潭月影

此潭由來號老潭空明月影映荒庵春宵彩散生虚白
秋夜光輝射蔚藍浪靜風微光澈灔波平雨細色澄涵
個中真趣誰能悟擬向禪機仔細參

靜夜灘聲

忽聞屋角起灘聲疑是銀河落玉京松壑有濤翻月[illegible]
[illegible]無雨訝雷鳴奔川直瀉心難競觸石爭流怒[illegible]
幾刊大明音斷歇山中伐木又丁丁

畫閣倚巖

畫閣玲瓏半倚巖禪堂幽靜絶塵凡鐘聲隱約來蕭寺
日影依稀下遠帆[illegible]
孤高彷彿凌霄漢一帶松陰月[illegible]

雲梯登殿

一[illegible]高出自雲[illegible]拾級層層路轉西未識幾時登上界
[illegible]深處是[illegible]松風送客[illegible]花雨飛香[illegible]院迷
[illegible]咫尺[illegible]攀躋

[illegible]德山 高企品

▣ 清嘉庆《永定县志》载“永镇庵八景诗”

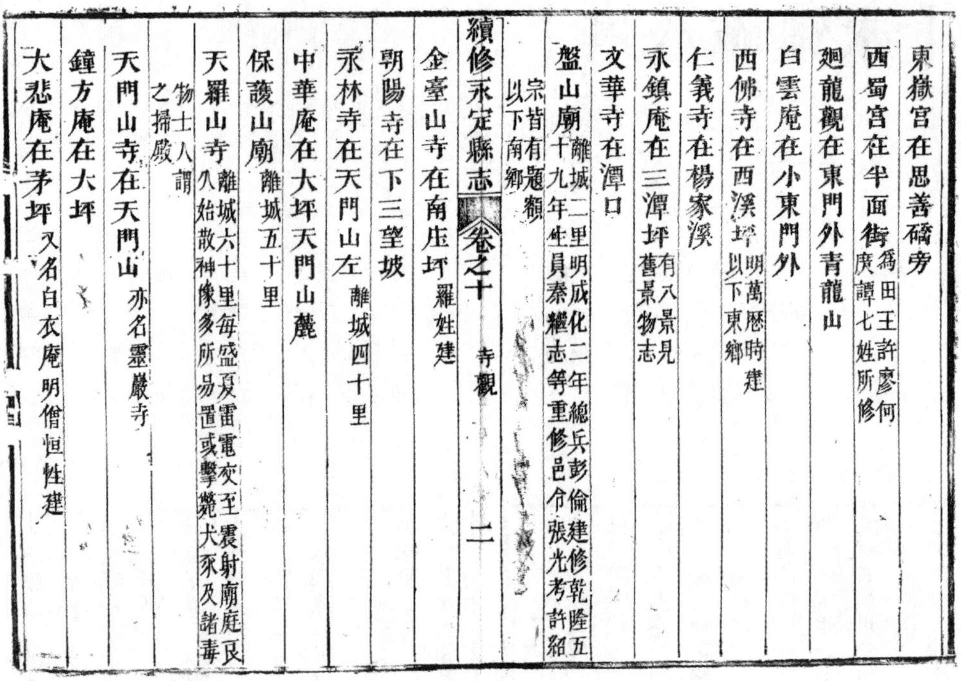

東嶽宮在思善磡旁
西蜀宮在半面街爲田王許廖何庹譚七姓所修
廻龍觀在東門外青龍山
白雲庵在小東門外
西佛寺在西溪坪明萬歷時建以下東鄉
仁義寺在楊家溪
永鎮庵在三潭坪有八景見舊景物志
文華寺在潭口
盤山廟離城二里明成化二年總兵彭倫建修乾隆五十九年生員秦繼志等重修邑令張光考許紹宗皆有題額以下南鄉

續修永定縣志　卷之十　寺觀　二

金臺山寺在南庄坪羅姓建
朝陽寺在下三望坡
永林寺在天門山左離城四十里
中華庵在大坪天門山麓
保護山廟離城五十里
天羅山寺離城六十里每盛夏雷電交至震射廟庭良久始散神像多所易置或擊斃犬豕及諸毒物士人謂之掃殿
天門山寺在天門山亦名靈巖寺
鐘方庵在大坪
大悲庵在茅坪又名白衣庵明僧恒性建

清同治《续修永定县志》“寺观”载“永镇庵”

【慈阳八景】

明隆庆《岳州府志》载"慈利县图"

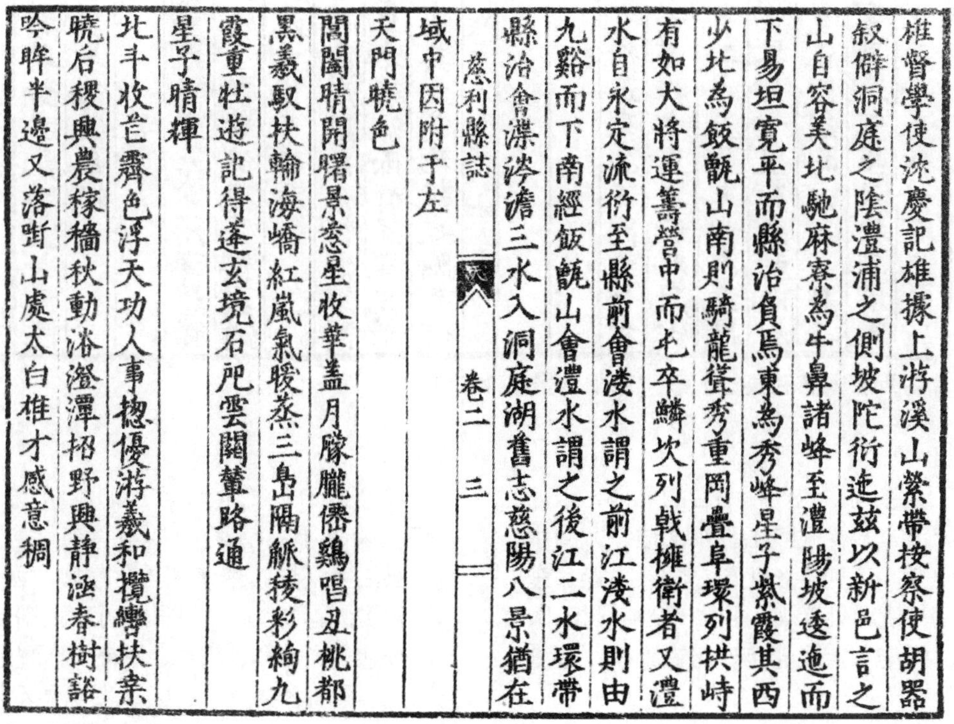

雄督學使沈慶記雄據上游溪山縈帶按察使胡器叙僻洞庭之陰澧浦之側坡陀衍迤兹以新邑言之山自容美北馳麻寮為牛鼻諸峰至澧陽坡逶迤而下易坦寬平而縣治負焉東為秀峰星子紫霞其西少北為飯甑山南則騎龍聳秀重岡疊阜環列拱峙有如大將運籌營中而士卒鱗次列戟擁衛者又澧水自永定流衍至縣前會溇水謂之前江溇水則由九谿而下南經飯甑山會澧水謂之後江二水環帶縣治會漊涔澹三水入洞庭湖舊志慈陽八景猶在

慈利縣誌　卷二　三

域中因附于左

天門曉色

閶闔晴開曙景悉星收華盖月隊朧僊鷄唱丑桃都黒義馭扶輪海嶠紅嵐氣暖蒸三島隅脉綾彩絢九霞重壯遊記得蓬玄境石阯雲闕輦路通

星子晴輝

北斗收芒霽色浮天功人事揔優游羲和攬轡扶桑曉后稷興農稼穡秋動滄澄潭招野興靜涵春樹豁吟眸半邊又落蚪山處太白惟才感意稠

明万历《慈利县志》载"慈阳八景"（一）

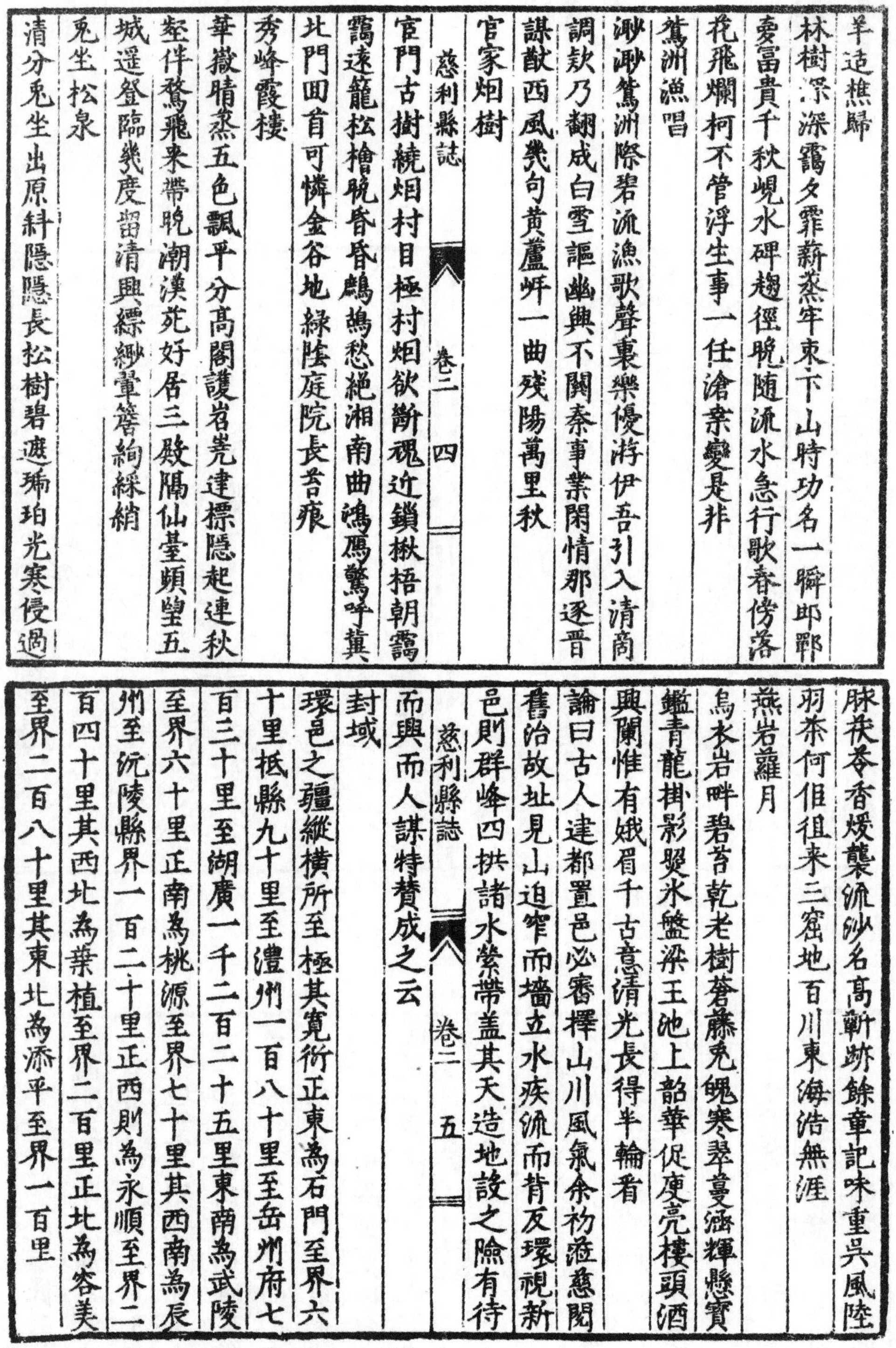
羊适樵歸
林樹深深靄夕霏薪蒸牢束下山時功名一瞬邯鄲夢富貴千秋峴水碑趨徑晚随流水急行歌春傍落花飛爛柯不管浮生事一任滄桑變是非
鷲洲漁唱
渺渺鷲洲際碧流漁歌聲裏樂優游伊吾引入清商調款乃翻成白雪謳幽興不關秦事業閑情那逐晉謀猷西風幾句黃蘆奸一曲残陽萬里秋
官家炟樹
慈利縣誌 卷二 四
官門古樹繞炟村目極村炟欲斷魂近鎖楸梧朝靄靄遠籠松檜晚昏昏鷓鴣愁絕湘南曲鴻雁驚呼冀北門回首可憐金谷地綠陰庭院長苔痕
秀峰霞樓
華嶽晴蒸五色飄平分高閣護岩嶤建標隱起連秋壑伴鶩飛來帶晚潮漢苑好居三殿隔仙臺頻望五城遥登臨幾度留清興縹緲暈簷絢綵綃
兎坐松泉
清分兎坐出原斜隱隱長松樹碧遮琥珀光寒侵過

脉茯苓香煖襲流沙名高斬跡餘章記味重吳風陸羽茶何但徂來三窟地百川東海浩無涯
燕岩蘿月
烏衣岩畔碧苔乾老樹蒼藤兎魄寒翠蔓涵輝懸寶鑑青龍掛影叕冰盤梁王池上韶華促庾亮樓頭酒興闌惟有娥眉千古意清光長得半輪看
論曰古人建都置邑必審擇山川風氣余初涖慈閱舊治故址見山迫窄而墻立水疾流而背反環視新邑則群峰四拱諸水縈帶盖其天造地設之險有待
慈利縣誌 卷二 五
而興而人謀特贊成之云
封域
環邑之疆縱橫所至極其寬衍正東為石門至界六十里抵縣九十里至澧州一百八十里至岳州府七百三十里至湖廣一千二百二十五里東南為武陵至界六十里正南為桃源至界七十里其西南為辰州至沅陵縣界一百二十里正西則為永順至界二百四十里其西北為桑植至界二百里正北為峇美至界二百八十里其東北為添平至界一百里

明万历《慈利县志》载“慈阳八景”（二）

慈利，地处湖南省西北部，张家界市东部，武陵山脉东部边缘，澧水中游。慈利县东北与石门县毗连，东南与桃源县接壤，西北与桑植县相邻，西南与永定区连接，自古素有“银澧金慈”之称。

春秋末，周楚平王之孙白胜筑白公城。秦始皇二十六年（前 221）分辖区为 36 郡，在黔中郡下置慈姑县（县治官塔坪，今慈利县蒋家坪乡太坪村），是澧水流域最早的行政区划，辖今慈利、安乡、澧县、津市、临澧、石门、桑植各县及永定区、武陵源区、湖北省公安、鹤峰县、湖南省桃源县

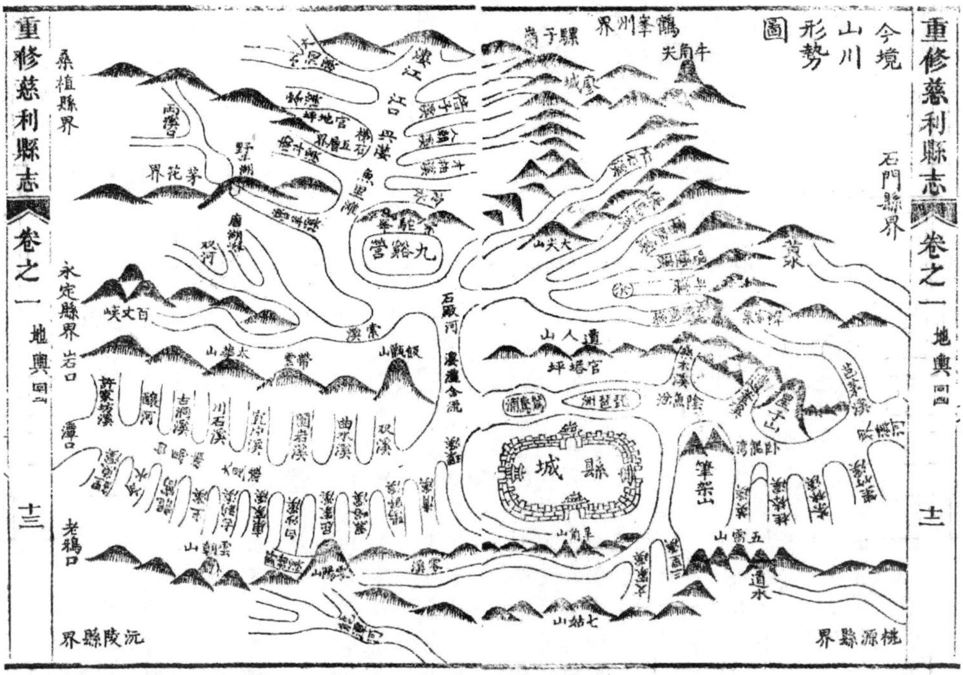

清嘉庆《重修慈利县志》载“今境山川形势图”

一部分。汉高祖五年（前 202），改黔中郡为武陵郡，将慈姑县分置为零阳（县治在白公城）、充、孱陵县三县。三国时期，吴国吴景帝永安六年（263），置天门郡，郡治在充县（今永定区），析零阳、充县地设溇中县（县治在今慈利三官寺乡），辖零阳、充、溇中三县。晋武帝太康元年（280），析零阳县设澧阳县（今石门、澧县一带），析溇中县设临澧县（今桑植、永定一带）。天门郡辖零阳、充、临澧、溇中、澧阳五县。南北朝，梁敬帝绍太元年（555），废天门郡设石门郡，郡治零阳县。隋文帝开皇十八年（598），改称慈利县，属崇州，县名取“土俗淳慈，产物得利”之义。炀帝大业三年（607），废崇州，改隶澧阳郡。唐高祖武德二年（619），改澧阳郡为澧州。高宗麟德元年（664），废充县，并崇义县入慈利县。宋太祖乾德元年（963），改澧州为澧阳军州，属荆湖北路。元世祖至元十二年（1275），升澧阳军州为澧州路。至元十四年（1277），改澧州路总管府，领慈利、澧阳、石门、安乡四县。元贞元年（1295），升慈利县为慈姑州，旋复名慈利州，辖今慈利、桑植、永定、武陵源等区县。明洪武二年（1369）降慈利州为大庸县，旋复名慈利县。洪武九年（1376），慈利县隶常德府。洪武二十九年（1396），划常德府所属慈利、石门、澧州、安乡改隶岳州府。洪武二十三年（1396），设九溪卫（卫治在今慈利县江垭），领前、后、左、右、中五所及添平、麻寮、安福诸所。清雍正八年（1730），改土归流，升澧州为直隶州，改隶澧州。割麻寮所（慈利十七都部分地及十八都）入容美司，置鹤峰州；割安福所（慈利十六都）入桑植司置桑植县。雍正十三年（1735），拨慈利十、十一、十二、十三都及八、九、十四都各部分地置永定县（今永定区）。

明万历《慈利县志》载“慈阳八景”：天门晓色、星子晴辉、羊适樵归、鸳洲渔唱、官家烟树、秀峰霞栖、兔坐松泉、燕岩萝月。

【慈利旧志八景】

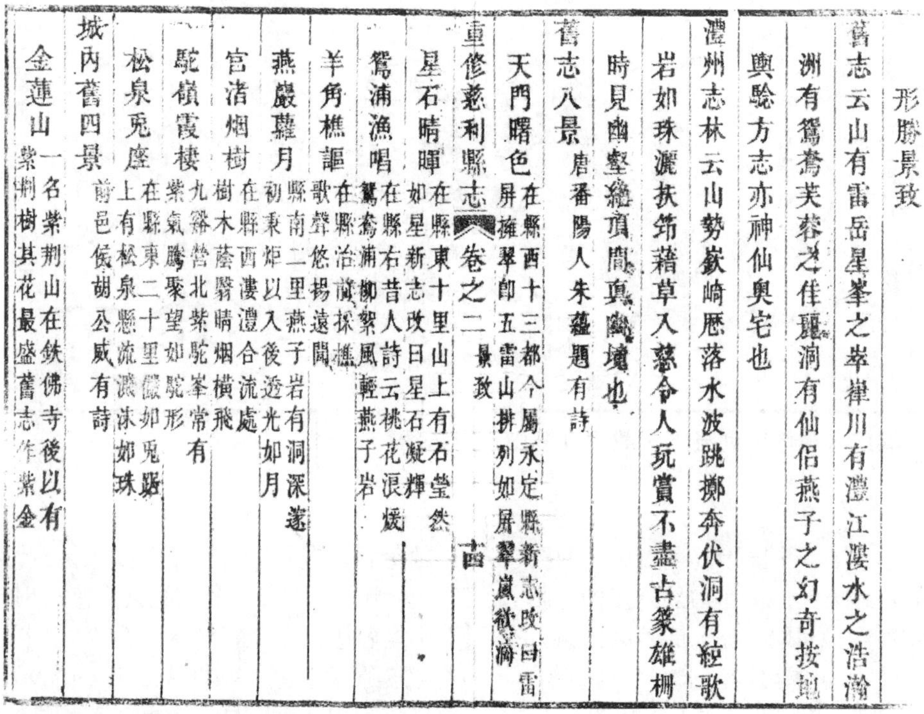

形勝景致
舊志云山有雷岳星峯之崒嵂川有澧江漊水之浩瀚洲有鴛鴦芙蓉之佳麗洞有仙侶燕子之幻奇披[illegible]
輿驗方志亦神仙奥宅也
澧州志林云山勢嶔崎懸落水波跳擲奔伏洞有絃歌岩如珠灑扶筇藉草入慈令人玩賞不盡古篆雄栅時見幽壑絕頂間真幽境也
舊志八景 唐番陽人朱蘊題有詩
天門曙色 在縣西十三都今屬永定縣新志改曰雷屏擁翠即五雷山排列如屏翠嵐欲滴
重修慈利縣志 卷之二 景致 十四
星石晴暉 在縣東十里山上有石瑩然如星新志改曰星石凝輝
鴛浦漁唱 在縣右昔人詩云桃花浪煖鴛鴦浦柳絮風輕燕子岩
羊角樵謳 在縣治前採樵歌聲悠揚遠聞
燕巖虧月 縣南二里燕子岩有洞深邃初秉炬以入後透光如月
官渚烟樹 在縣西漊澧合流處樹木蔭翳晴烟横飛
駝嶺霞棲 九谿營北紫駝峯常有紫氣騰聚望如駝形
松泉兎座 在縣東二十里儼如兎踞上有松泉懸流濺沫如珠
城內舊四景 前邑侯胡公威有詩
金蓮山 一名紫荆山在鉄佛寺後以有紫荆樹其花最盛舊志作紫金

清嘉庆《重修慈利县志》“景致”载“旧志八景”

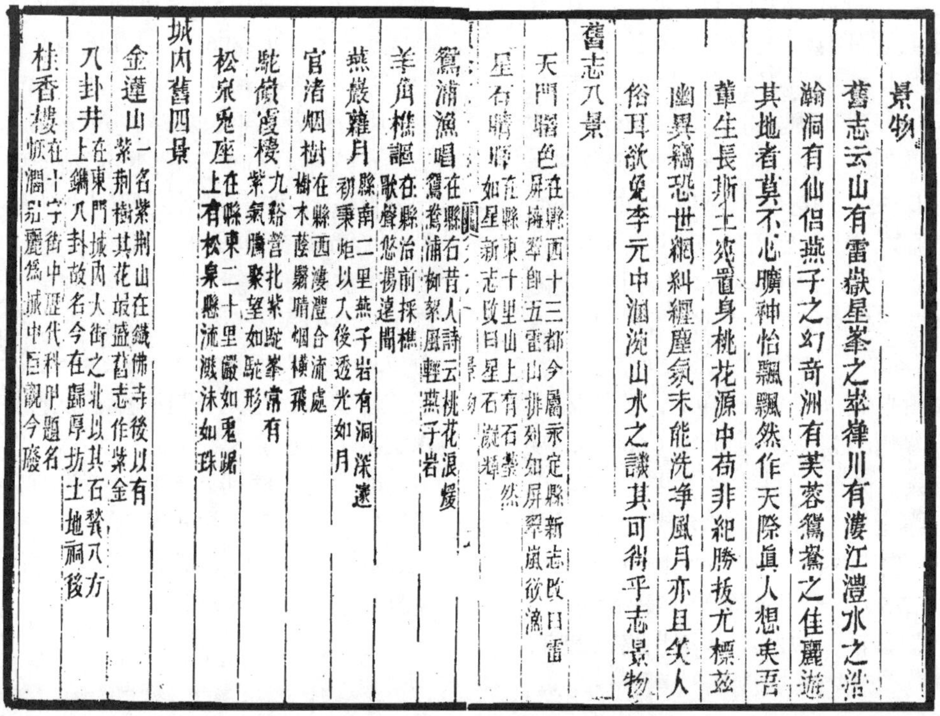

景物
舊志云山有雷嶽星峯之崒嵂川有漊江澧水之浩瀚洞有仙侶燕子之幻奇洲有芙蓉鴛鴦之佳麗遊其地者莫不心曠神怡飄飄然作天際眞人想夹吾輩生長斯土殆置身桃花源中苟非紀勝拔尤標茲幽異竊恐世網糾纏塵氛未能洗淨風月亦且笑人俗耳欲免李元中涸涴山水之譏其可得乎志景物
舊志八景
天門曙色 在縣西十三都今屬永定縣新志改曰雷屏擁翠即五雷山排列如屏翠嵐欲滴
星石晴暉 在縣東十里山上有石瑩然如星新志改曰星石凝輝
鴛浦漁唱 在縣右昔人詩云桃花浪煖鴛鴦浦柳絮風輕燕子岩
羊角樵謳 在縣治前採樵歌聲悠揚遠聞
燕巖虧月 縣南二里燕子岩有洞深邃初秉炬以入後透光如月
官渚烟樹 在縣西漊澧合流處樹木蔭翳晴烟横飛
駝嶺霞棲 九谿營北紫駝峯常有紫氣騰聚望如駝形
松泉兎座 在縣東二十里儼如黿踞上有松泉懸流濺沫如珠
城內舊四景
金蓮山 一名紫荆山在鐵佛寺後以有紫荆樹其花最盛舊志作紫金
八卦井 在東門城內大街之北以其石甃八方上鐫八卦故名今在歸厚坊土地祠後
桂香樓 在十字街中歷代科甲題名恢闊宏麗爲城中巨觀今廢

清同治《续修慈利县志》“景物”载“旧志八景”

清嘉庆《重修慈利县志》“景致”、清同治《续修慈利县志》“景物”载“旧志八景”：天门曙色、星石晴晖、鸳浦渔唱、羊角樵讴、燕岩萝月、官渚烟树、驼岭霞栖、松泉兔座。

天门曙色

清同治《续修慈利县志》“景物”载，“在县西十三都，今属永定县。《旧志》改曰雷屏拥翠，即五雷山。排列如屏，翠岚欲滴”。

星石晴晖

清同治《续修慈利县志》“景物”载，“在县东十里，山上有石，莹然如星。《新志》改曰星石凝晖”。

鸳浦渔唱

清同治《续修慈利县志》“景物”载，“在县右，昔人诗云：桃花浪暖鸳鸯浦，柳絮风轻燕子岩”。

羊角樵讴

清同治《续修慈利县志》“景物”载，“在县治前，采樵歌声，悠扬远闻”。

燕岩萝月

清同治《续修慈利县志》“景物”载，“县南二里，燕子岩有洞深邃，初秉烛以入，后透光如月”。

官渚烟树

清同治《续修慈利县志》“景物”载，“在县西溇澧合流处，树木荫翳，晴烟横飞”。

驼岭霞栖

清同治《续修慈利县志》“景物”载，“九溪营北，紫驼峰常有紫气腾聚，望如驼形”。

松泉兔座

清同治《续修慈利县志》“景物”载，“在县东二十里，俨如兔踞。上有松泉，悬流溅沫如珠”。

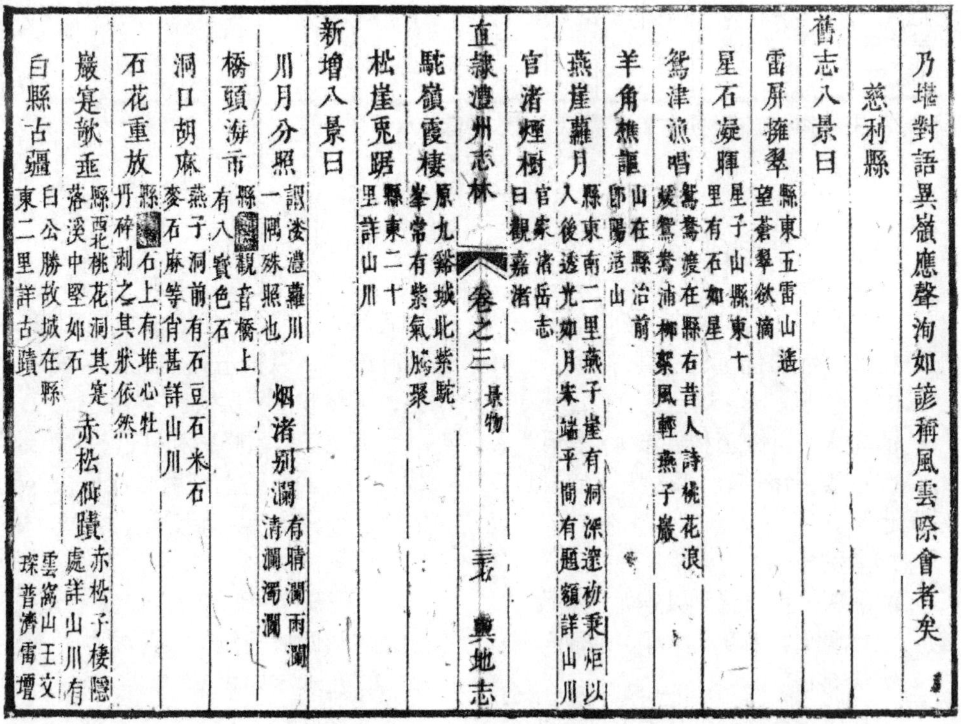
乃堪對語異嶺應聲洵如諺稱風雲際會者矣

慈利縣

舊志八景曰

雷屏擁翠 縣東五雷山遙望蒼翠欲滴

星石凝暉 星子山縣東十里有石如星

鴛津漁唱 鴛鴦渡在縣右昔人詩桃花浪暖鴛鴦浦柳絮風輕燕子巖

羊角樵謳 山在縣治前即陽送山

燕崖蘿月 縣東南二里燕子崖有洞深邃初秉炬以入後透光如月朱端平間有題額詳山川

官渚煙樹 官家渚岳志日觀嘉渚

駝嶺霞棲 原九谿城北紫駝峯常有紫氣騰聚

松崖兎踞 縣東二十里詳山川

直隸澧州志林　卷之三　景物　輿地志

新增八景曰

川月分照 謂溇澧蘿川一隅殊照也

烟渚別瀾 有晴瀾雨瀾清瀾濁瀾

橋頭海市 縣[illegible]觀音橋上有八寶色石

洞口胡麻 燕子洞前有石豆石米石麥石麻等肖甚詳山川

石花重放 縣[illegible]石上有堆心牡丹碎剥之其狀依然

巖寔歆垂 縣西北桃花洞其寔落溪中堅如石

赤松仙蹟 赤松子棲隱處詳山川有雲窩山王文琛普濟雷壇

白縣古疆 白公勝故城在縣東二里詳古蹟

清乾隆《直隶澧州志林》“卷之三·景物·慈利县”载“旧志八景曰”

【慈利续增八景】

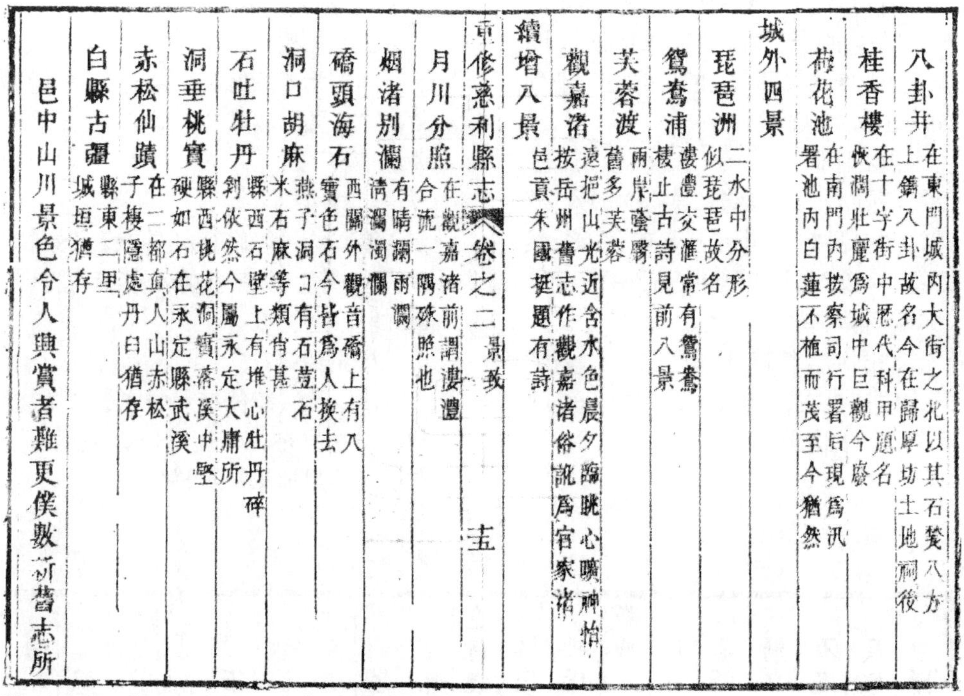

八卦井 在東門城內大街之北以其石甃八方上鐫八卦故名今在歸厚坊土地祠後
桂香樓 在十字街中歷代科甲題名恢濶壯麗爲城中巨觀今廢
荷花池 在南門內按察司行署后現爲汛署池內白蓮不植而茂至今猶然
城外四景
琵琶洲 二水中分形似琵琶故名
鴛鴦浦 疊疊交滙常有鴛鴦棲止古詩見前八景
芙蓉渡 兩岸蔭翳舊多芙蓉
觀嘉渚 遠挹山光近含水色晨夕臨眺心曠神怡按岳州舊志作觀嘉渚俗訛爲官家渚
續增八景 邑貢朱國梃題有詩

重修慈利縣志 卷之二 景致 十五

月川分照 在觀嘉渚前謂漊澧合流一隅殊照也
烟渚別瀾 有晴瀾雨瀾清瀾濁瀾
礄頭海石 西關外觀音礄上有八寶色石今皆爲人換去
洞口胡麻 燕子洞口有石荳石米石麻等類肖甚
石吐牡丹 縣西石壁上有堆心牡丹碎剝依然今屬永定大庸所
洞垂桃實 縣西桃花洞實落溪中堅硬如石在永定縣武溪
赤松仙蹟 在二都真人山赤松子棲隱處丹臼猶存
白縣古疆 縣東二里城垣猶存
邑中山川景色令人興賞者難更僕數前舊志所

清嘉庆《重修慈利县志》“景致”载“续增八景”

清嘉庆《重修慈利县志》“景致”载“续增八景”：月川分照、烟渚别澜、桥头海石、洞口胡麻、石吐牡丹、洞垂桃实、赤松仙迹、白县古疆。

月川分照

清嘉庆《重修慈利县志》“景致”载，“在观嘉渚前，谓溇澧合流一隅殊照也”。

烟渚别澜

清嘉庆《重修慈利县志》“景致”载，“有晴澜、雨澜、清澜、浊澜”。

桥头海石

清嘉庆《重修慈利县志》“景致”载，“西关外观音桥上有八宝色石，今皆为人换去”。

洞口胡麻

清嘉庆《重修慈利县志》“景致”载，“燕子洞口有石豆、石米、石麻等，类肖甚”。

石吐牡丹

清康熙《永定卫志》“古迹”载，“武口江滨，石上有花，如堆心牡丹，枝叶缭绕，以物击碎其花，拂拭之复见，重叠非止一层”。

清嘉庆《重修慈利县志》“景致”载，“县西石壁上有堆心牡丹，碎剥依然。今属永定大庸所”。

洞垂桃实

清嘉庆《重修慈利县志》“景致”载，“县西桃花洞，实落溪中，坚硬如实。在永定县武溪”。

赤松仙迹

清嘉庆《重修慈利县志》“景致”载，“在二都真人山，赤松子栖隐处，丹臼犹存”。

白县古疆

清嘉庆《重修慈利县志》“景致”载，“县东二里，城垣犹存”。

【慈利县城内旧四景城外四景】

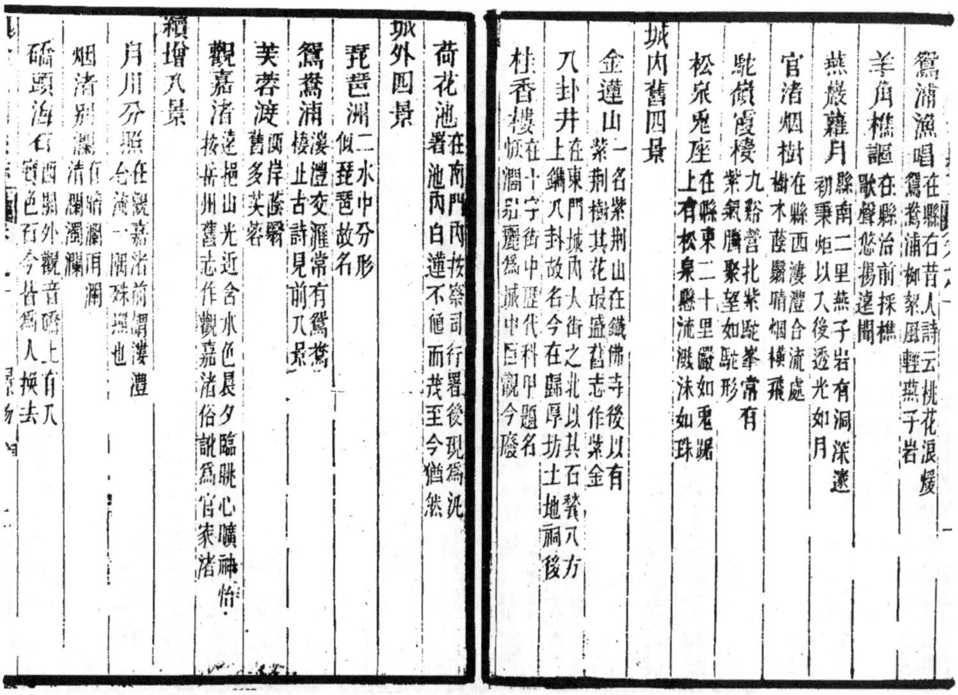

鴛浦漁唱 在縣右昔人詩云桃花浪煖鴛鴦浦柳絮風輕燕子岩
羊角樵謳 在縣治前採樵歌聲悠揚遠聞
燕巖籠月 縣南二里燕子岩有洞深邃初秉炬以入後透光如月
官渚烟樹 在縣西漊澧合流處樹木蔭翳晴烟橫飛
駝嶺霞樓 九谿營北紫駝峯常有紫氣騰聚望如駝形
松泉鬼座 在縣東二十里巖如鬼踞上有松泉懸流濺沫如珠
城內舊四景
金蓮山 一名紫荊山在鐵佛寺後以有紫荊樹其花最盛舊志作紫金
八卦井 在東門城內大街之北以其石甃八方上鐫八卦故名今在歸厚坊土地祠後
桂香樓 在十字街中歷代科甲題名恢濶壯麗爲城中巨觀今廢
荷花池 在南門內按察司行署後現爲汛署池內白蓮不植而茂至今猶然
城外四景
琵琶洲 二水中分形似琵琶故名
鴛鴦浦 漊澧交滙常有鴛鴦棲止古詩見前八景
芙蓉渡 兩岸蔭翳舊多芙蓉
觀嘉渚 遠挹山光近含水色晨夕臨眺心曠神怡按岳州舊志作觀嘉渚俗訛爲官家渚
續增八景
月川分照 在觀嘉渚前謂漊澧合流一闊殊瑩也
烟渚別瀾 在硝瀾雨瀾清瀾濁瀾
磧頭海石 在西關外觀音磧上有八寶色石今皆爲人換去

清同治《续修慈利县志》“景物”载“城内旧四景城外四景”

清同治《续修慈利县志》“景物”载，“城内旧四景城外四景”：金莲山、八卦井、桂香楼、荷花池，琵琶洲、鸳鸯浦、芙蓉渡、观嘉渚。

金莲山

清同治《续修慈利县志》“景物”载，“一名紫荆山，在铁佛寺后，以有紫荆树，其花最盛。《旧志》作紫金”。

八卦井

清同治《续修慈利县志》“景物”载，“在东门城内大街之北，以其石甃八方，上镌八卦，故名。今在归厚坊土地祠后”。

桂香楼

清同治《续修慈利县志》“景物”载，“在十字街中，历代科甲题名，恢阔壮丽，为城中巨观。今废”。

荷花池

清同治《续修慈利县志》“景物”载，“在南门内按察司行署后，现为汛署。池内白莲不植而茂，至今犹然”。

琵琶洲

清同治《续修慈利县志》“景物”载，“二水中分，形似琵琶，故名”。

鸳鸯浦

清同治《续修慈利县志》“景物”载，“溇澧交汇，常有鸳鸯栖止。古诗见前八景”。

芙蓉渡

清同治《续修慈利县志》“景物”载，“两岸荫翳，旧多芙蓉”。

观嘉渚

清同治《续修慈利县志》“景物”载，“远挹山光，近含水色，晨夕临眺，心旷神怡。按《岳州旧志》作观嘉渚，俗讹为官家渚”。

【慈利县又增八景】

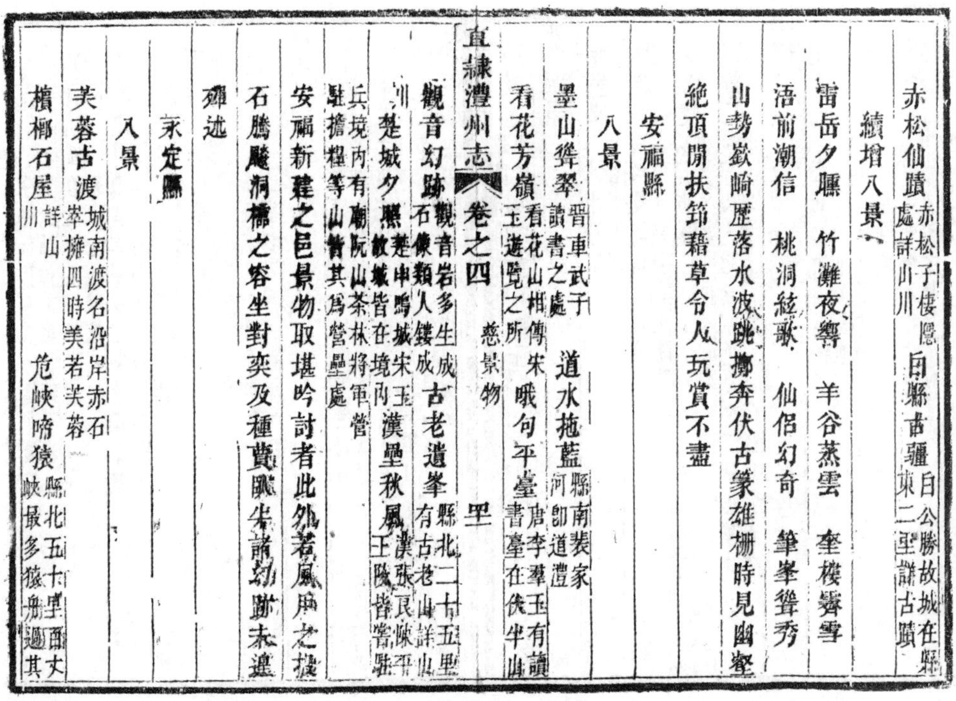

赤松仙蹟（赤松子棲隱處詳山川） 白縣古疆（白公勝故城在縣東二里詳古蹟）

續增八景

雷岳夕曛 竹灘夜響 羊谷蒸雲 奎樓霽雪

涪前潮信 桃洞絃歌 仙侶幻奇 筆峯聳秀

山勢嶽崎歷落水波跳擲奔伏古篆雄栅時見幽壑

絕頂閒扶筇藉草令人玩賞不盡

安福縣

八景

墨山聳翠（晉車武子讀書之處） 道水拖藍（縣南裴家河即道澧）

看花芳嶺（看花山相傳宋玉遊覽之所） 哦句平臺（唐李羣玉有讀書臺在伏牛山）

直隸澧州志 卷之四 慈景物 四十

觀音幻跡（觀音岩多生成石像類人鏤成） 古老遺峯（縣北二十五里有古老山詳山川）

楚城夕照（楚申鳴城宋玉故城皆在境內） 漢壘秋風（漢張良陳平王陵皆嘗駐兵境內有廟阮山茶林將軍營駐擔糧等山皆其爲營壘處）

安福新建之邑景物取堪吟討者此外若鳳凰之棲石騰飈洞橘之容坐對奕及種黃賦牛諸劫跡未遑彙述

永定縣

八景

芙蓉古渡（城南渡名沿岸赤石峯擁四時美若芙蓉）

檳榔石屋（詳山川） 危峽啼猿（縣北五十里西丈峽最多猿舟過其）

清道光《直隶澧州志》“景物”载“续增八景”

清嘉庆《重修慈利县志》“景致”载“（慈利）八景”、清道光《直隶澧州志》载“续增八景”、清同治《续修慈利县志》“景物”载“又增八景”：雷岳夕曛、竹滩夜响、羊谷蒸云、奎楼霁雪、涪前潮信、桃洞弦歌、仙侣幻奇、笔峰耸秀。

雷岳夕曛

清同治《续修慈利县志》“景物”载，“县东三十里，叠嶂凌云，晴雨变态，至夕阳回照，林壑鲜明，遥望庙顶，皎如白玉”。

竹滩夜响

清同治《续修慈利县志》“景物”载，“溇澧之交，名竹根滩。每当晴夜，声澈远近”。

羊谷蒸云

清同治《续修慈利县志》“景物”载，“县前羊角山，一名羊适山，云起山谷即雨”。

奎楼霁雪

清同治《续修慈利县志》“景物”载，“在西城上，登楼四望，山川如绘。雪后初晴，尤为奇观”。

涪前潮信

清同治《续修慈利县志》“景物”载，“县北三涪山，有三石。眼中有龙洞，其泉一日三潮，涌出数丈”。

桃洞弦歌

清同治《续修慈利县志》“景物”载，“县西八都桃溪洞，可容数百人，旁穴隐隐，闻弦歌之声，人不敢入”。

仙侣幻奇

清同治《续修慈利县志》“景物”载，“九溪城东仙侣洞，宏敞轩阔，青山戟竖，碧水带萦，竹木交阴，禽鸟泳游，湖南洞天也”。

笔峰耸秀

清同治《续修慈利县志》“景物”载，“九溪山多臃肿，此峰高如笔，实为秀气所钟”。

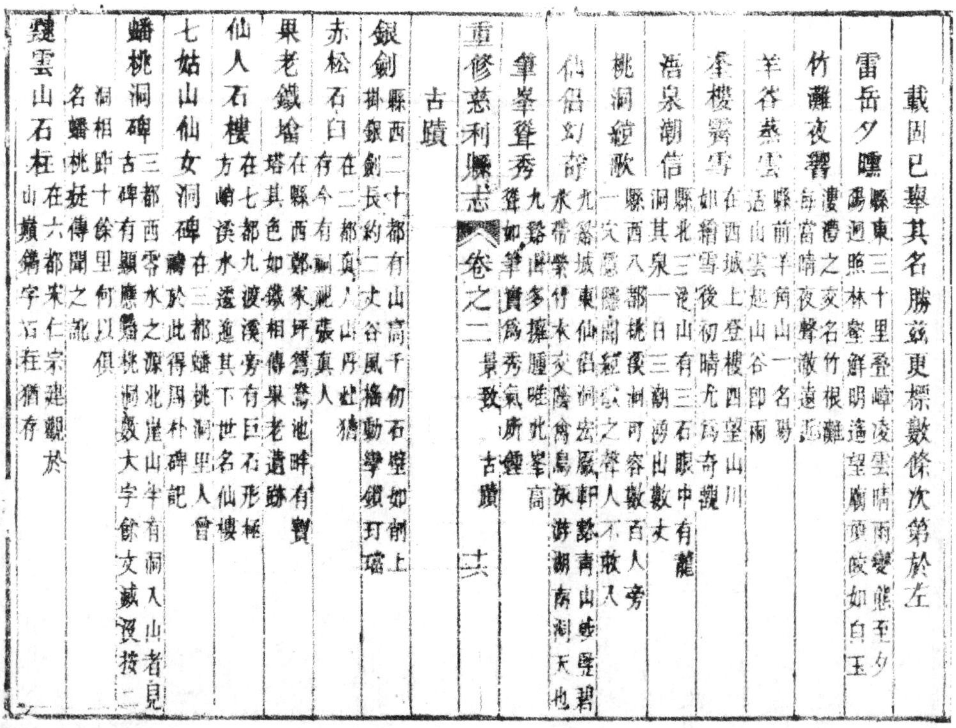

載固已舉其名勝茲更標數條次第於左
雷岳夕曛 縣東三十里疊嶂凌雲晴雨變態至夕陽迴照林巒鮮明遙望廟頂皎如白玉
竹灘夜響 澧澧之交名竹根灘每當晴夜聲徹遠近
羊谷燕雲 縣前羊角山一名朝陽谷山雲起即雨
牽樓霽雪 在西城上登樓四望山川如繪雪後初晴尤為奇觀
溫泉潮信 縣北三汜山有三石眼中有龍洞其泉一日三潮湧出數丈
桃洞絃歌 縣西八都桃溪洞可容數百人旁一穴隱隱聞絃歌之聲人不敢入
仙侶幻奇 九溪城東仙侶洞宏敞軒豁青山曲壁碧水帶縈竹木交蔭禽鳥泳游潮南洞天也
筆峯聳秀 九谿山多擁腫唯此峯高聳如筆實為秀氣所鍾
重修慈利縣志卷之二 景致 古蹟
古蹟
銀劍 縣西二十都有山高千仞石壁如削上掛銀劍長約二丈谷風搖動響鏗玎璫
赤松石臼 在二都真人山丹灶猶存今有祠祀張真人
果老鐵鞋 在縣西郭家坪鸞池畔有寶塔其色如鐵相傳果老遺跡
仙人石樓 在七都九渡溪旁有巨石形極方峭溪水遶其下世名仙樓
七姑山仙女洞碑 在三都蟠桃洞里人曾建於此得周朴碑記
蟠桃洞碑 三都西零水之源北崖山半有洞入山者見古碑有顯應蟠桃洞數大字餘文滅沒按二洞相距十餘里何以俱名蟠桃殆傳聞之訛
穠雲山石柱 在六都宋仁宗建觀於山巔鐫字石柱猶存

清嘉庆《重修慈利县志》“景致”载“（慈利）八景”

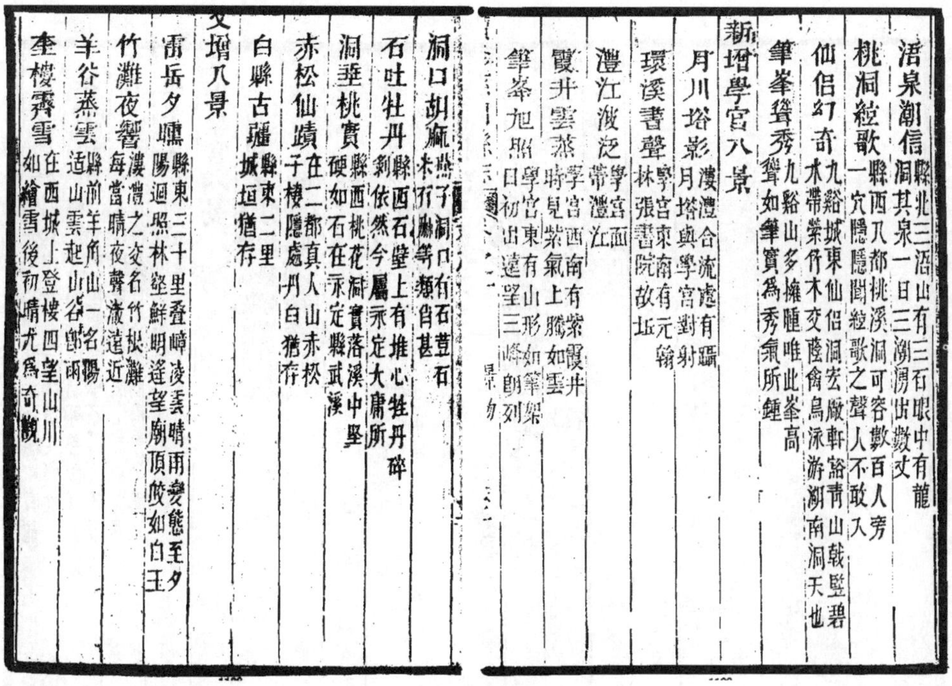

溫泉潮信 縣北三汜山有三石眼中有龍洞其泉一日三潮湧出數丈
桃洞絃歌 縣西八都桃溪洞可容數百人旁一穴隱隱聞絃歌之聲人不敢入
仙侶幻奇 九谿城東仙侶洞宏敞軒豁青山曲壁碧水帶縈竹木交蔭禽鳥泳游潮南洞天也
筆峯聳秀 九谿山多擁腫唯此峯高聳如筆實為秀氣所鍾
新增學宮八景
月川塔影 澧澧合流處有塔與學宮對射
環溪書聲 學宮東南有元翰林張書院故址
澧江波泛 學宮面帶澧江
霞井雲蒸 學宮西南有紫霞井時見紫氣上騰如雲
筆峯旭照 學宮東有山形如筆架初日出遠望三峰朗列
洞口胡麻 縣北子洞口有石苣石木竹麻等類自甚
石吐牡丹 縣西石壁上有推心牡丹碎剝依然今屬永定大庸所
洞垂桃實 縣西桃花洞實落溪中堅硬如石在永定縣武溪
赤松仙蹟 在二都真人山赤松子棲隱處丹白猶存
白縣古疆 縣東二里城垣猶存
又增八景
雷岳夕曛 縣東三十里疊嶂凌雲晴雨變態至夕陽迴照林巒鮮明遙望廟頂皎如白玉
竹灘夜響 澧澧之交名竹根灘每當晴夜聲徹遠近
羊谷燕雲 縣前羊角山一名朝陽谷山雲起即雨
牽樓霽雪 在西城上登樓四望山川如繪雪後初晴尤為奇觀

清同治《续修慈利县志》“景物”载“又增八景”

【慈利新增学宫八景】

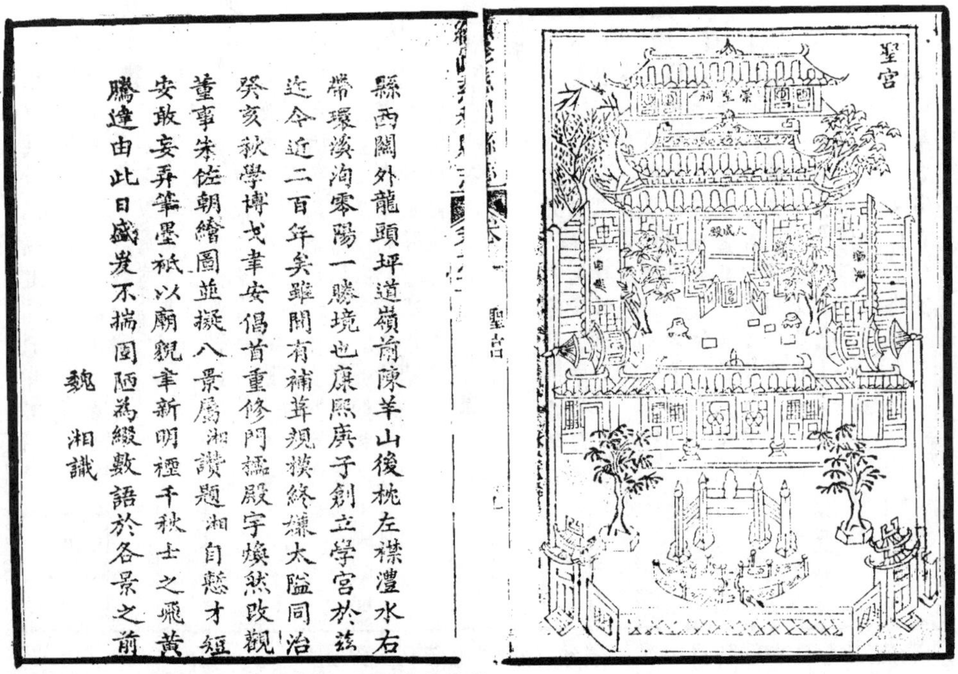

縣西關外龍頭坪道嶺前陳羊山後枕左襟澧水右帶環溪洵零陽一勝境也康熙庚子創立學宮於茲迄今近二百年矣雖間有補葺規模終嫌太隘同治癸亥秋學博弋聿安倡首重修門廡殿宇煥然改觀董事朱佐朝繪圖並擬八景屬湘讚題湘自慙才短安敢妄弄筆墨衹以廟貌聿新明禋千秋士之飛黃騰達由此日盛矣不揣固陋爲綴數語於各景之前

魏　湘識

清同治《续修慈利县志》载“圣宫学宫”

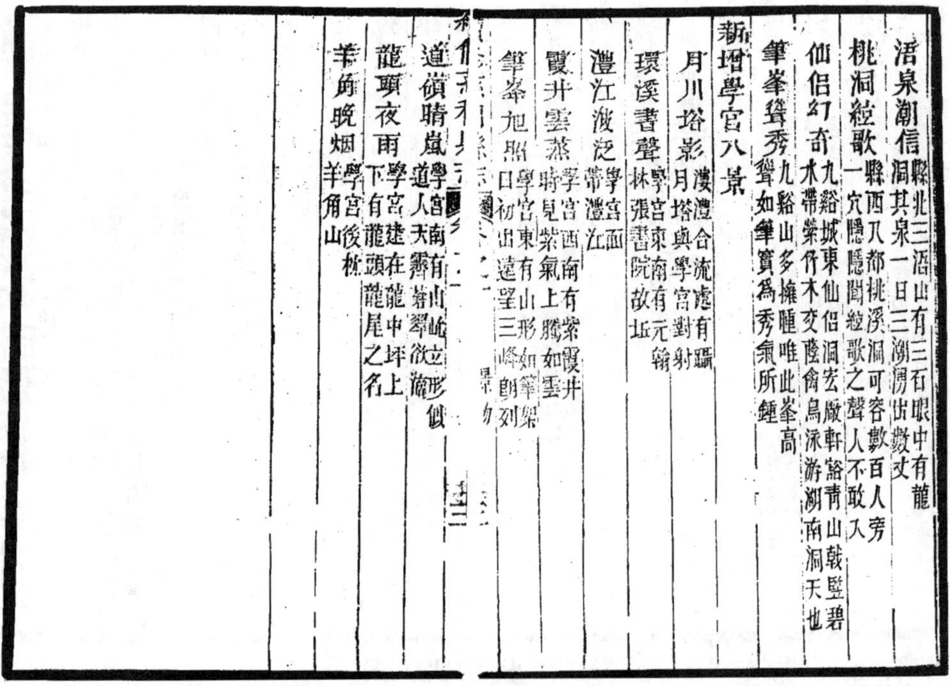

涪泉潮信　縣北三涪山有三石眼中有龍洞其泉一日三潮湧出數丈

桃洞絃歌　縣西八都桃溪洞可容數百人旁一穴隱隱聞絃歌之聲人不敢入

仙侶幻奇　九谿城東仙侶洞宏敞軒豁青山載壁碧水帶縈竹木交蔭禽鳥泳游湖南洞天也

筆峯聳秀　九谿山多攢簇唯此峯高聳如筆實爲秀氣所鍾

新增學宮八景

月川塔影　漊澧合流處有驛月塔與學宮對射

環溪書聲　學宮東南有元翰林張書院故址

澧江波泛　學宮面帶澧江

霞井雲蒸　學宮西南有紫霞井時見紫氣上騰如雲

筆峯旭照　學宮東有山形如筆架日初出遠望三峰朗列

道嶺晴嵐　學宮南有山屹立形似道人天霽蒼翠欲滴

龍頭夜雨　學宮建在龍中坪上下有龍頭龍尾之名

羊角晚烟　學宮後枕羊角山

清同治《续修慈利县志》“景物”载“新增学宫八景”：月川塔影、环溪书声、澧江波泛、霞井云蒸、笔峰旭照、道岭晴岚、龙头夜雨、羊角晚烟。

[月川塔影]

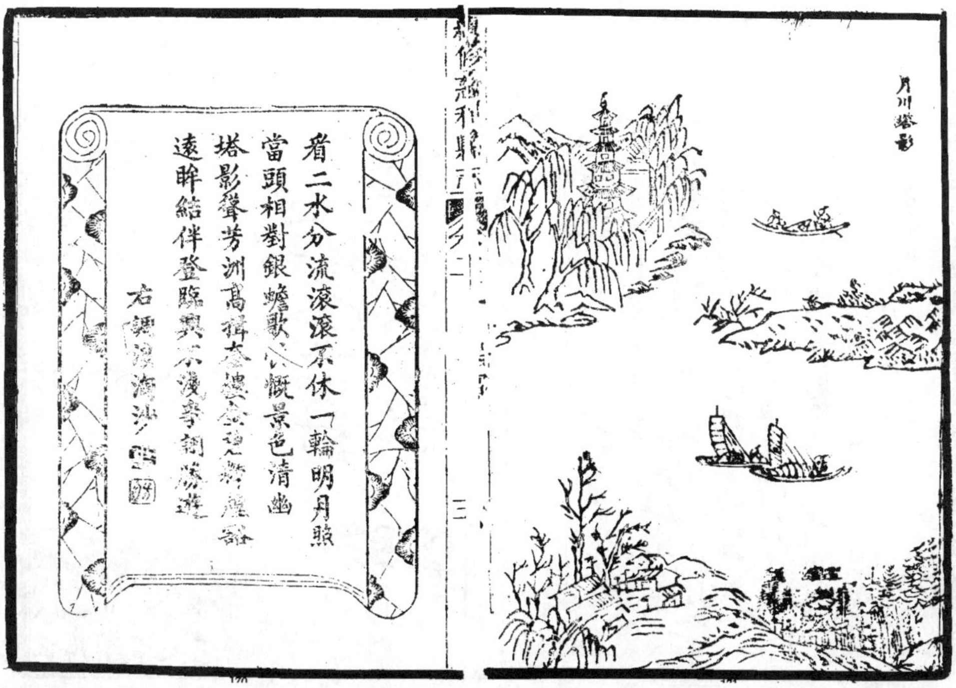

清同治《续修慈利县志》载“新增学宫八景”之“月川塔影”。另，“景物”载：溇澧合流处，有蹑月塔。与学宫对射。

[环溪书声]

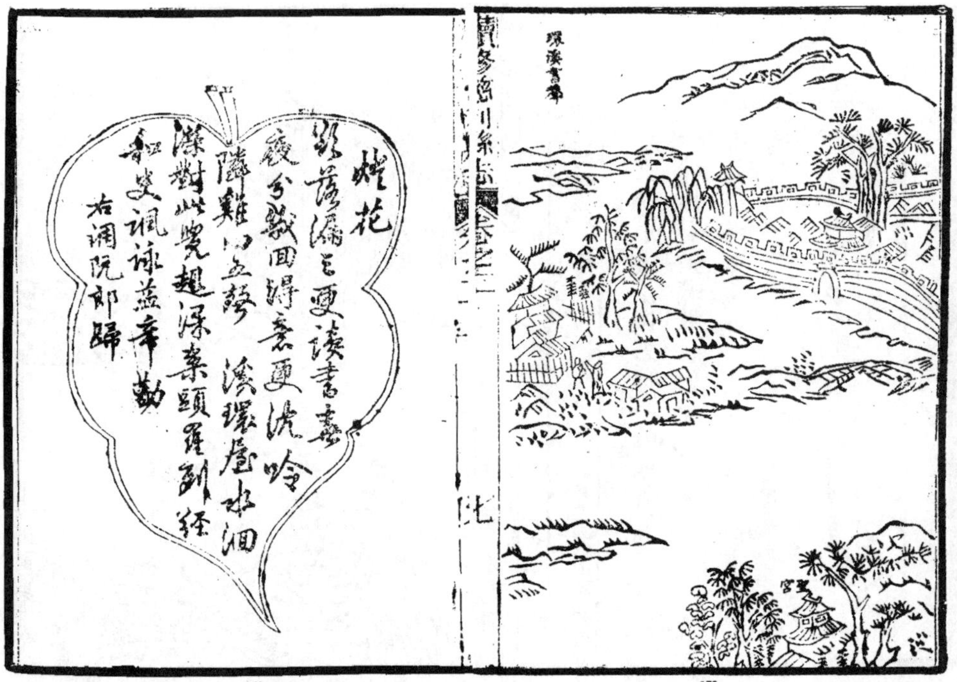

清同治《续修慈利县志》载“新增学宫八景”之“环溪书声”。另，“景物”载：学宫东南有元翰林张书院故丘。

[澧江波泛]

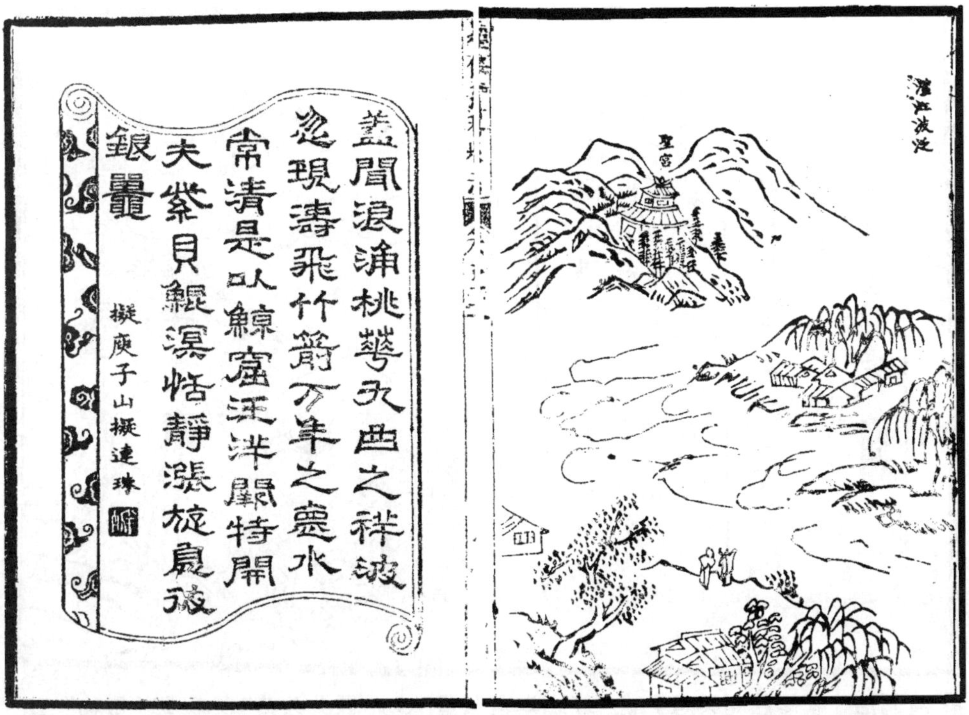

圖 清同治《续修慈利县志》载“新增学宫八景”之“澧江波泛”。另，“景物”载：学宫面带澧江。

[霞井云蒸]

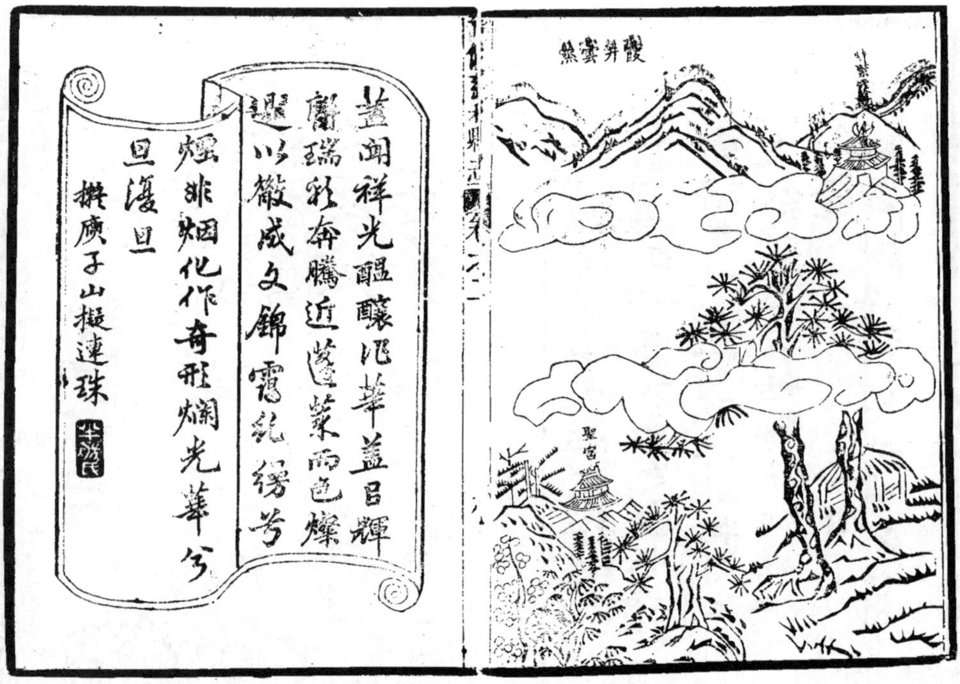

清同治《续修慈利县志》载"新增学宫八景"之"霞井云蒸"。另，"景物"载：学宫西南有紫霞井，时见紫气上腾如云。

[笔峰旭照]

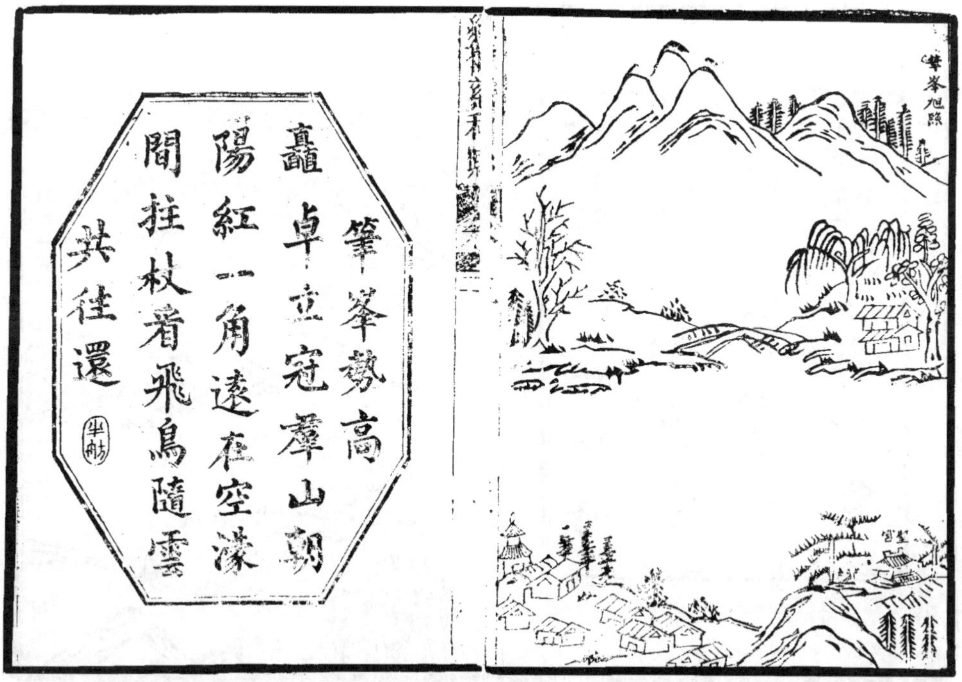

清同治《续修慈利县志》载“新增学宫八景”之“笔峰旭照”。另，“景物”载：学宫东有山形如笔架，日初出，远望三峰朗列。

张家界卷

[道岭晴岚]

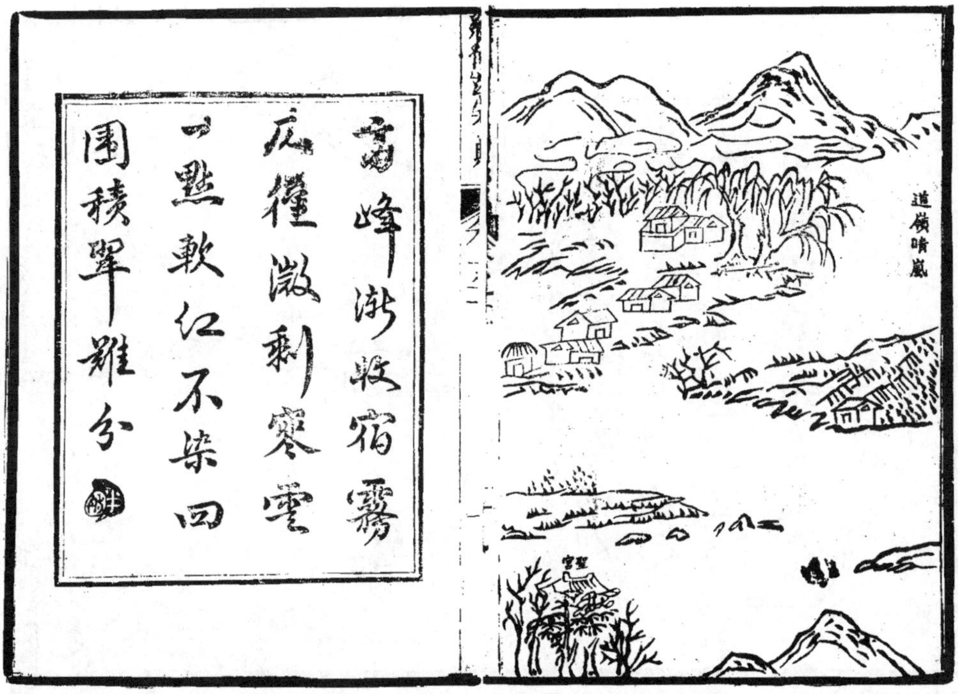

图 清同治《续修慈利县志》载“新增学宫八景”之“道岭晴岚”。另，“景物”载：学宫南有山屹立，形似道人，天霁苍翠欲滴。

[龙头夜雨]

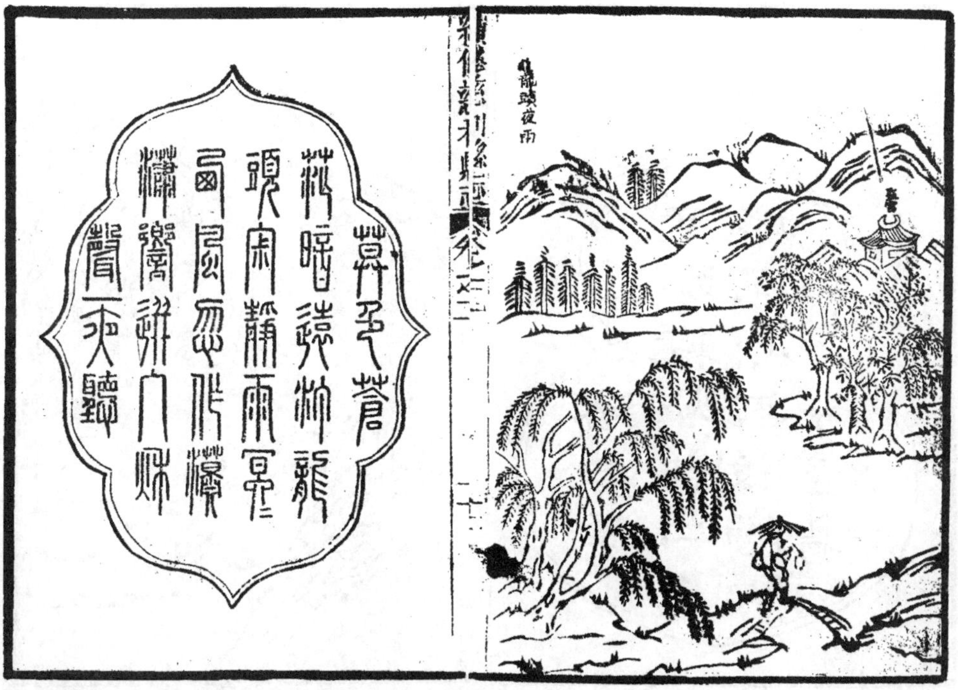

清同治《续修慈利县志》载“新增学宫八景”之“龙头夜雨”。另，“景物”载：学宫建在龙中坪，上下有龙头龙尾之名。

[羊角晚烟]

圖 清同治《续修慈利县志》载“新增学宫八景”之“羊角晚烟”。另，“景物”载：学宫后枕羊角山。

【九溪八景】

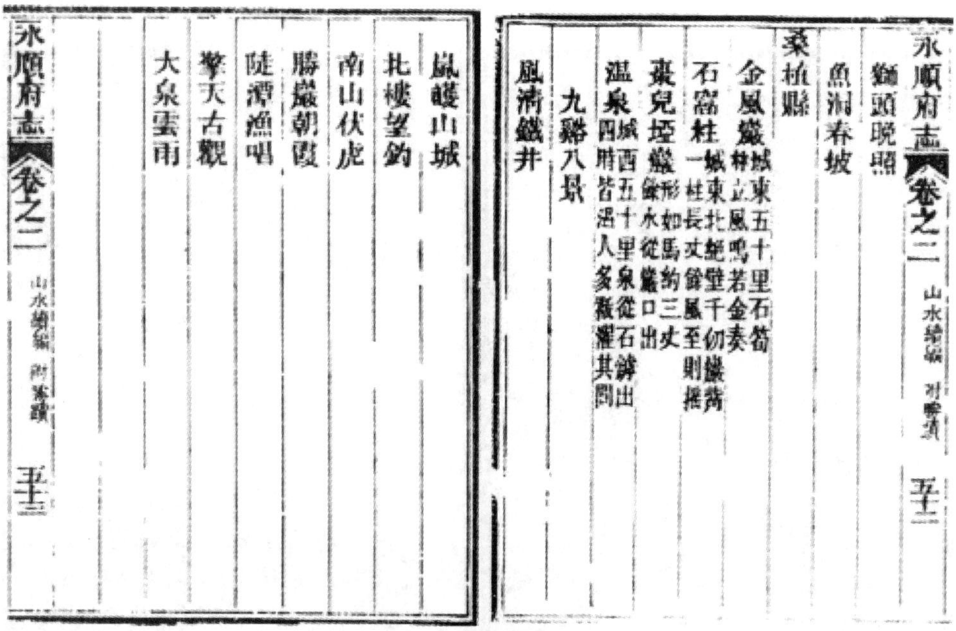
永順府志 卷之二 山水續編 附勝蹟 五十二

獅頭曉照
魚洞春坡
桑植縣
金鳳巖 城東五十里石筍林立風鳴若金奏
石窩柱 城東北絕壁千仞巖一柱長丈餘風至則搖
囊兒埡巖 形如馬約三丈餘水從巖口出
溫泉 城西五十里泉從石罅出四時皆溫人多澡濯其間
九谿八景
凰清鐵井

永順府志 卷之二 山水續編 附勝蹟 五十三

嵐護山城
北樓望釣
南山伏虎
勝巖朝霞
陡潭漁唱
擎天古觀
大泉雲雨

圖 清同治《永顺府志》“胜迹”载“九溪八景”

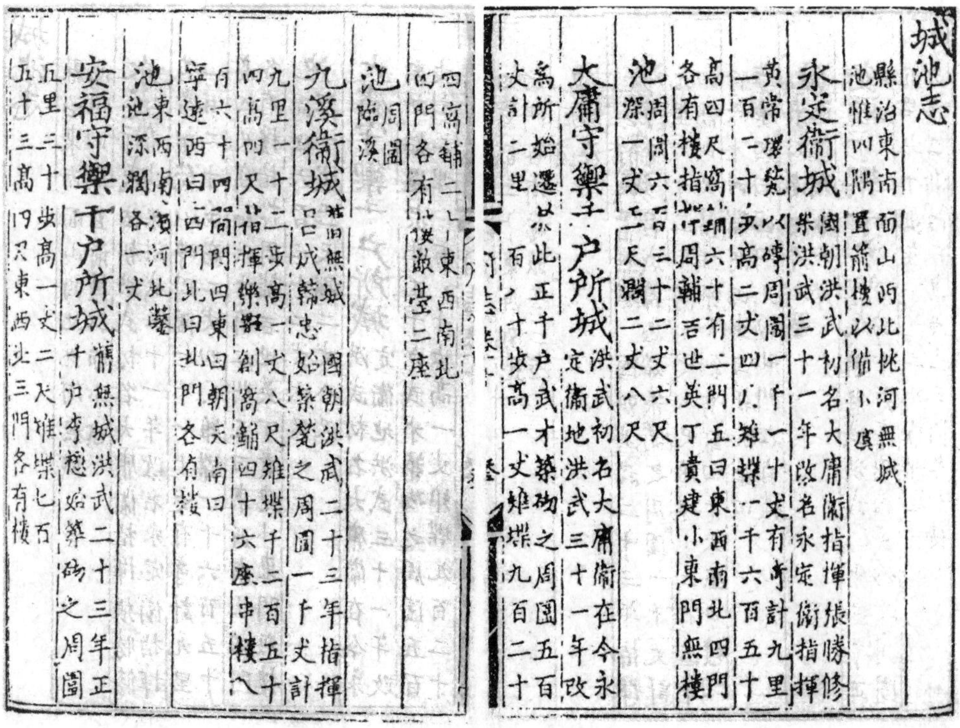
城池志
縣治東南面山西北枕河無城
池惟四隅置箭樓以備不虞
永定衛城 國朝洪武初名大庸衛指揮張勝修
築洪武三十一年改名永定衛指揮
黄常璎甃以磚周圍一千一十丈有奇計九里
一百二十步高二丈四尺雉堞一千六百五十
高四尺窩鋪六十有二門五曰東西南北四門
各有樓指揮周輔吾世英丁貴建小東門無樓
池 周圍六百三十二丈六尺
深一丈五尺闊二丈八尺
大庸守禦千户所城 洪武初名大庸衛在今永
定衛地洪武三十一年改
為所始遷於此正千户武才築砌之周圍五百
丈計二里 百八十步高一丈雉堞九百二十

四窩鋪二十七東西南北
四門各有樓敵臺二座
池 周圍
臨溪
九溪衛城 舊無城 國朝洪武二十三年指揮
呂成韓忠始築甃之周圍一千丈計
九里一十二步高一丈八尺雉堞千二百五十
四高四尺指揮樂□創窩鋪四十六座串樓八
百六十四間門四東曰朝天南曰
寧遠西曰西門北曰北門各有樓
池 東西南濱河北鑿
池深闊各一丈
安福守禦千户所城 舊無城洪武二十三年正
千户李總始築砌之周圍
五里二十步高一丈二尺雉堞七百
五十三高四尺東西北三門各有樓

圖 明弘治《岳州府志》“城池志”载“九溪卫城”

九溪卫城，位于慈利县江垭镇九溪村。明洪武二十三年（1390）设置“九溪卫”，下辖安福所、麻寮所、添平所、澧州所以及桑植宣慰司。同年，九溪卫指挥吕成、韩忠等人采木伐石，始筑卫城。清代康熙年间，又驻“九溪营”，副将李承恩率兵修葺完善。

清同治《永顺府志》“胜迹”载“九溪八景”：风清铁井、岚护山城、北楼望钓、南山伏虎、胜岩朝霞、陡潭渔唱、擎天古观、大泉云雨。

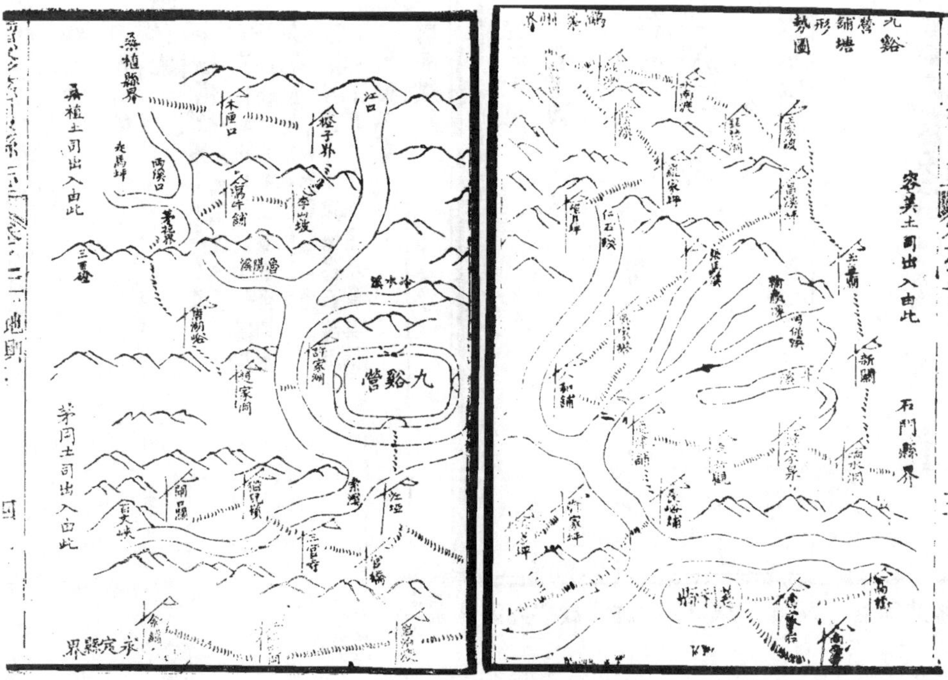

清同治《续修慈利县志》载“九溪营形势图”

明隆庆《岳州府志》载“九溪卫图”

【桑植城内四景城外八景新街八景】

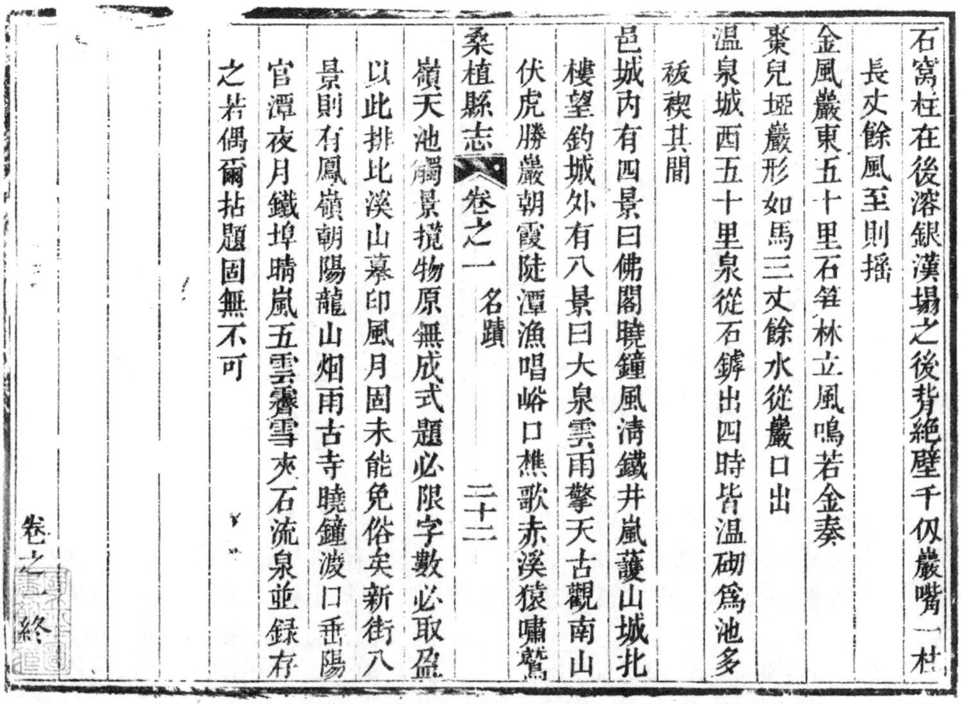

石窩柱在後溶鋃漢場之後背絶壁千仞巖嘴一柱
長丈餘風至則摇
金風巖東五十里石筍林立風鳴若金奏
棗兒埡巖形如馬三丈餘水從巖口出
温泉城西五十里泉從石罅出四時皆温砌爲池多
裓褉其間
邑城内有四景曰佛閣曉鐘風濤鐵井嵐蘿山城北
樓望釣城外有八景曰大泉雲雨擎天古觀南山
伏虎勝巖朝霞陡潭漁唱峪口樵歌赤溪猿嘯鷲
桑植縣志　卷之一　名蹟　二十二
嶺天池獨景攬物原無成式題必限字數必取盈
以此排比溪山摹印風月固未能免俗矣新街八
景則有鳳嶺朝陽龍山烟雨古寺曉鐘渡口垂陽
官潭夜月鐵埠晴嵐五雲霽雪夾石流泉並録存
之若偶爾拈題固無不可
卷之一終

清同治《桑植县志》“名迹”载邑城内四景、城外八景、新街八景。

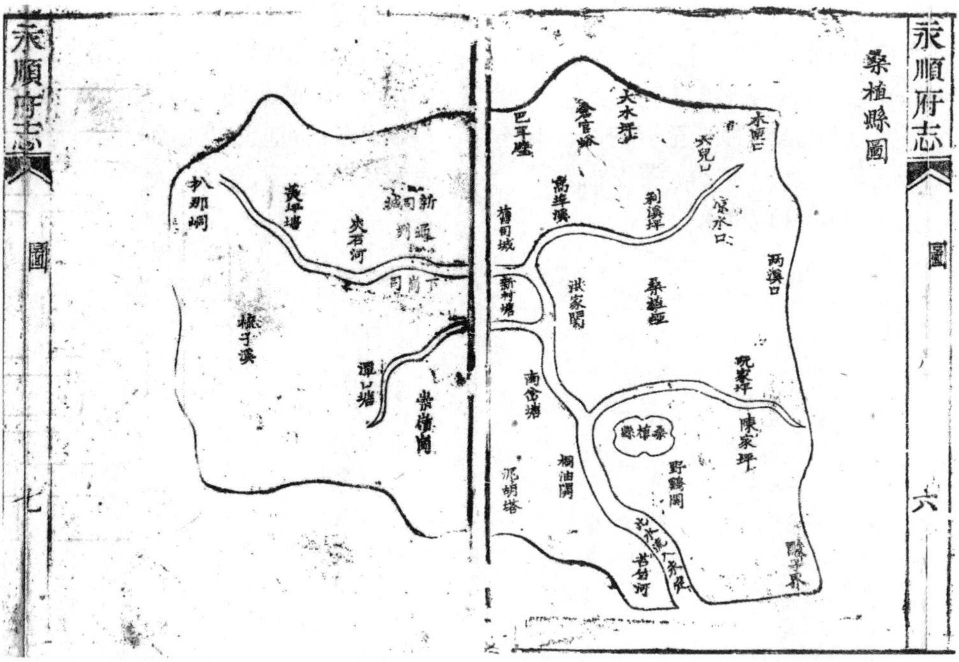

清乾隆《永顺府志》载“桑植县图”

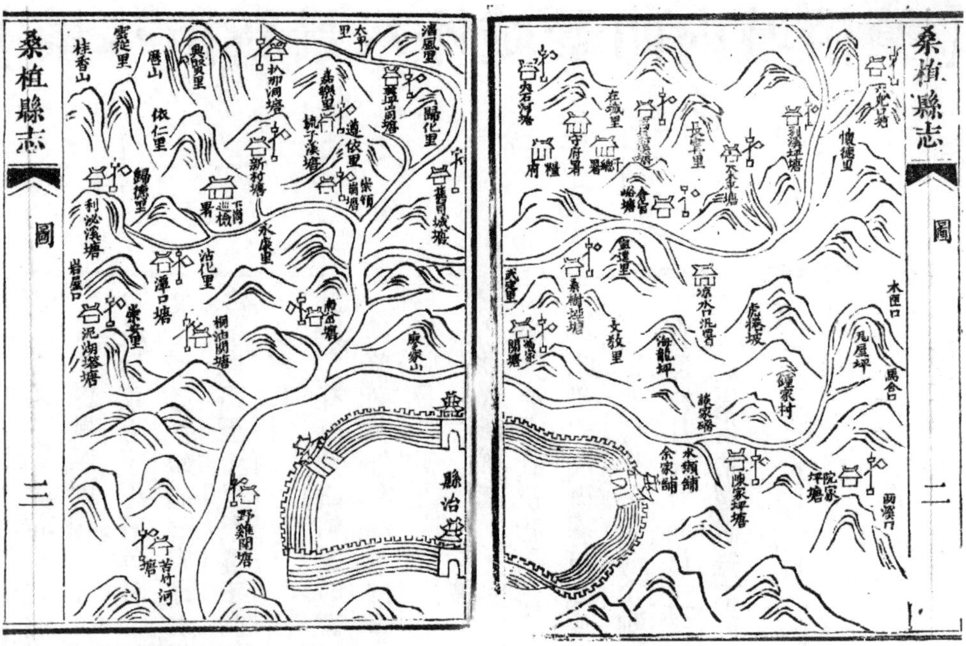

圖 清同治《桑植县志》载“县境图”

桑植县，位于湖南西北边陲，东界石门县、慈利县，南毗永定区、永顺县，西接龙山县，北邻湖北省宣恩、鹤峰县。

桑植上古史籍称古西南夷地，夏、商属荆地，西周属楚地，春秋属楚巫郡慈姑县，西汉至宋，相继属武陵郡充县、天门郡县、临澧县、崇义县、慈利县等。宋仁宗年间，桑植推行土司制度，设桑植宣抚司。因司治桑植坪而得名（今五道水镇芭茅溪境内）。元、明、清因袭宋制，至清雍正五年改土归流，七年（1729）置安福县。十三年（1735）改称桑植县。

清同治《桑植县志》“名迹”载，邑城内有四景，曰佛阁晓钟、风清铁井、岚护山城、北楼望钓。城外有八景，曰大泉云雨、擎天古观、南山伏虎、胜岩朝霞、陡潭渔唱、峪口樵歌、赤溪猿啸、鹫岭天池。新街（新司城市）八景，曰凤岭朝阳、龙山烟雨、古寺晓钟、渡口垂阳、官潭夜月、铁埠晴岚、五云霁雪、夹石流泉。

其中，岚护山城、北楼望钓、南山伏虎、胜岩朝霞、陡潭渔唱、峪口樵歌、鹫岭天池、古寺晓钟、渡口垂阳、官潭夜月、五云霁雪，无考。

[佛阁晚钟]

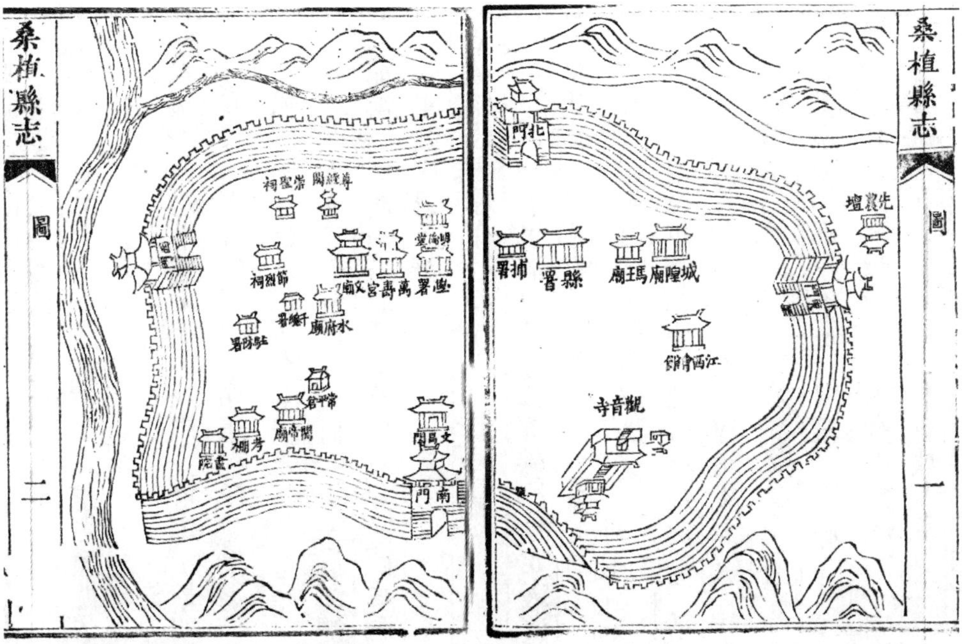

图 清同治《桑植县志》“县城图”载“观音寺”。清乾隆《桑植县志》载，“观音寺在南城内最高处，修篁曲径，虽在城市，幽寂如山林。明洪武初建，康熙三十七年重修”。

[风清铁井]

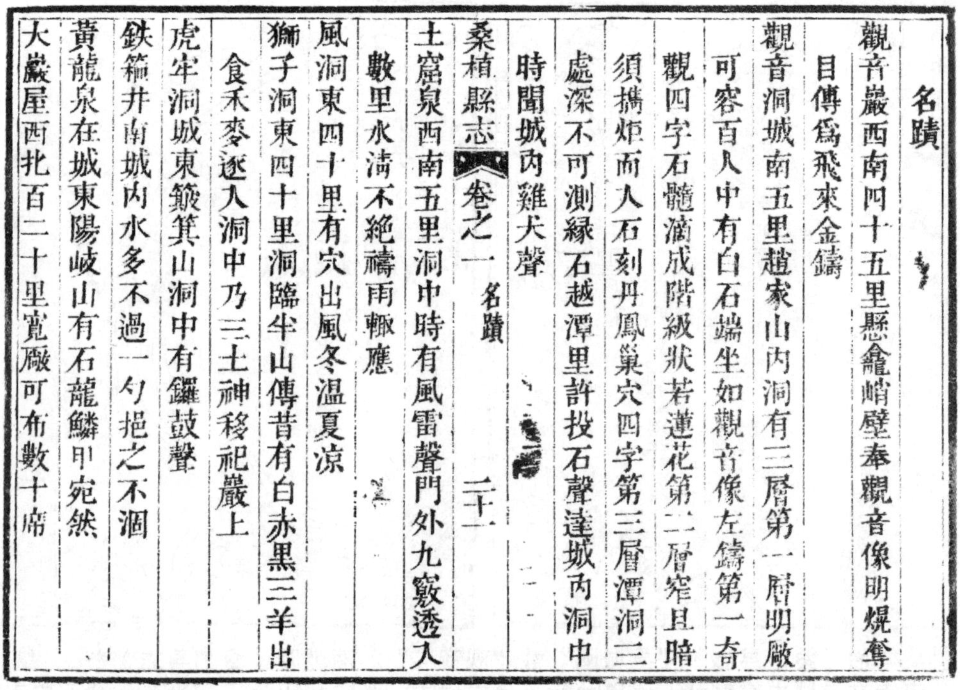

名蹟

觀音巖西南四十五里懸龕峭壁奉觀音像明熀奪目傳爲飛來金鑄

觀音洞城南五里趙家山內洞有三層第一層明敞可容百人中有白石端坐如觀音像左鑄第一奇觀四字石髓滴成階級狀若蓮花第二層窄且暗須攜炬而入石刻丹鳳巢穴四字第三層潭洞三處深不可測緣石越潭里許投石聲達城內洞中時聞城內雞犬聲

桑植縣志　卷之一　名蹟　二十一

土窟泉西南五里洞中時有風雷聲門外九竅透入數里水清不絕禱雨輒應

風洞東四十里有穴出風冬溫夏涼

獅子洞東四十里洞臨牛山傳昔有白赤黑三羊出食禾麥逐入洞中乃三土神移祀巖上

虎牛洞城東簸箕山洞中有鑼鼓聲

鐵箍井南城內水多不過一勺挹之不涸

黃龍泉在城東陽岐山有石龍鱗甲宛然

大巖屋西北百二十里寬敞可布數十席

圖 清同治《桑植县志》“名迹”载“铁箍井”。清乾隆《桑植县志》载，“铁箍井，南城内，其多不过一勺，挹之不涸，居民行汲鳞次，而进水亦最清”。

[大泉云雨]

禹王廟在東门内城隍廟右側雍正十年建
寺觀 附
觀音寺在南城内最高處修篁曲徑雖在城市幽寂
如山林明洪武初建康熙三十七年重修
佛閣晚鐘　邑令 鍾人文
山城如斗太名藍肅道場高閣凌雲霄扌搆何輝
煌市静人無譁月明滿正長破空一聲鐘苴云夜
未央驚覺夢中人起坐看晨光憶昔上 五階闌
鐘號景陽卯家
聖明遇作吏來楚種凤與戒逸志清慎凜官常及此
聽鐘鳴深省願無忘
觀寺音　梁溪 楊鴻觀
楚塞新分一彈丸招提高占古峰端總含山郭朝
暉静鐘出秋林夜月寒鳥咏苔仪笛梵笑貌噴香
桑植縣志　卷之四　壇廟　寺觀　九
蒙和梅檀
聖朝甘露敷南紀说法遠應現宰官
迎恩寺縣東五里即古擎天觀明永樂元年瘢建康
熙四十一年重修
擎天古觀　訓導 龍起韋
古觀構何年崔嵬連碧落高處暮雲寒松抄閣歸
鶴
迎恩寺　梁溪 顧敏恒
偶尋蕭寺去着屐上崔巍野菊花初放秋林葉正
飛淡煙横楚色清磬透禅扉未得遺塵事何由辨
佛機
大泉寺縣東二十里袁家坪明嘉靖二年建康熙二
十六年重修

清乾隆《桑植县志》载“大泉云雨”。清乾隆《桑植县志》载，“大泉寺，县东二十里袁家坪。明嘉靖二年建，康熙二十六年重修”。

［擎天古观］

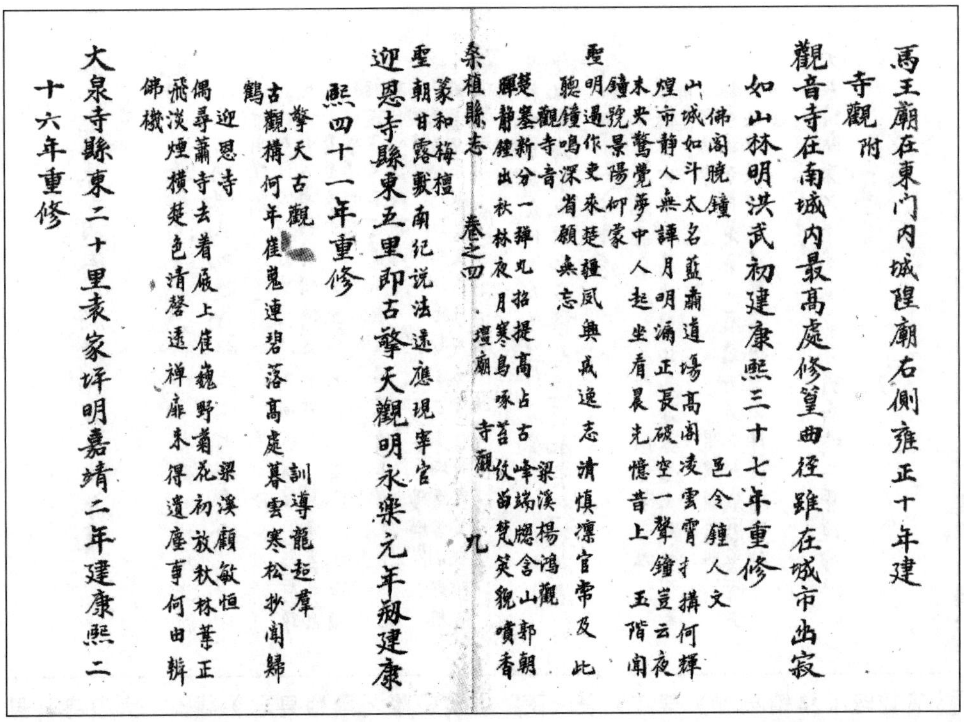
禹王廟在東门内城隍廟右側雍正十年建
寺觀 附
觀音寺在南城内最高處修篁曲徑雖在城市幽寂
如山林明洪武初建康熙三十七年重修
佛閣曉鐘　邑令鍾人文
山城如斗太名藍肅道場高閣凌雲霄才構何輝
煌市静人無譁月明漏正長破空一聲鐘豈云夜
未央驚覺夢中人起坐看晨先憶昔上　玉階闻
鐘號景陽卯蒙
聖明過作吏來楚疆夙興戒逸志清慎凜官常及此
聽鐘鳴深省顧無忘
觀寺音　梁溪楊鴻觀
楚塞新分一彈丸招提高占古峰端隱含山郭朝
暉靜鐘出秋林夜月寒鳥啄苔伏笛梵笑貌噴香
桑植縣志　卷之四　壇廟　寺觀　九
篆和梅檀
聖朝甘露敷南纪说法遠應現宰官
迎恩寺縣東五里即古擎天觀明永樂元年剏建康
熙四十一年重修
擎天古觀　訓導龍起犀
古觀構何年崔嵬連碧落高處暮雲寒松抄闻歸
鶴
迎恩寺　梁溪顧敏恒
偶尋蕭寺去着屐上崔巍野菊花初放秋林葉正
飛淡煙橫楚色清磬遠禪扉未得遺塵事何由辨
佛機
大泉寺縣東二十里袁家坪明嘉靖二年建康熙二
十六年重修

清乾隆《桑植县志》载“迎恩寺（古擎天观）”。清乾隆《桑植县志》载，“迎恩寺，县东五里，即古擎天观，明永乐元年创建，康熙四十一年重修”。

[赤溪猿啸]

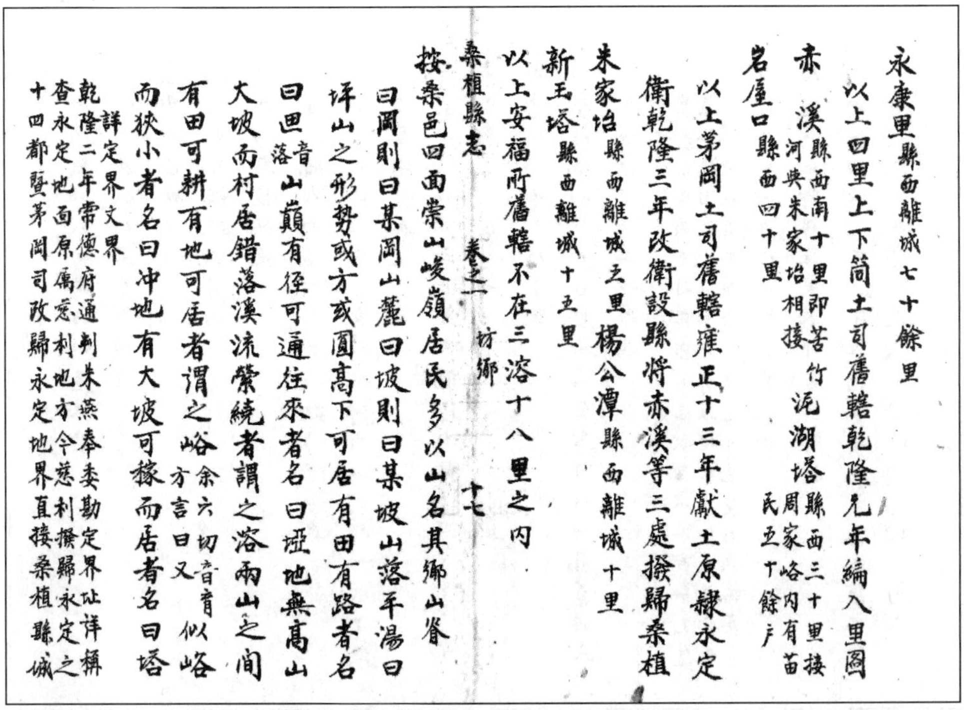

永康里縣西離城七十餘里

以上四里上下峒土司舊轄乾隆元年編入里圖

赤溪縣西南十里即苦竹河與朱家坮相接　泥湖塔縣西三十里接周家峪內有苗民五十餘户

岩屋口縣西四十里

以上茅岡土司舊轄雍正十三年獻土原隸永定衛乾隆三年改衛設縣將赤溪等三處撥歸桑植

朱家坮縣西離城五里　楊公潭縣西離城十里

新玉塔縣西離城十五里

以上安福所舊轄不在三溶十八里之內

桑植縣志　卷之一　坊鄉　十七

按桑邑四面崇山峻嶺居民多以山名其鄉山脊曰岡則曰某岡山麓曰坡則曰某坡山落平湯曰坪山之形勢或方或圓高下可居有田有路者名曰岜音落山巔有徑可通往來者名曰埡地無高山大坡而村居錯落溪流縈繞者謂之溶兩山之間有田可耕有地可居者謂之峪余六切音育方言曰又似峪而狭小者名曰冲地有大坡可稼而居者名曰塔

詳定界文界

乾隆二年常德府通判朱燕奉委勘定界址詳稱查永定地面原屬慈利地方今慈利撥歸永定之十四都暨茅岡司改歸永定地界直接桑植縣城

清乾隆《桑植县志》载“赤溪”。清乾隆《桑植县志》载，“赤溪，县西南十里，即苦竹河。其地多猿，四时啼声不绝”。

［凤岭朝阳］

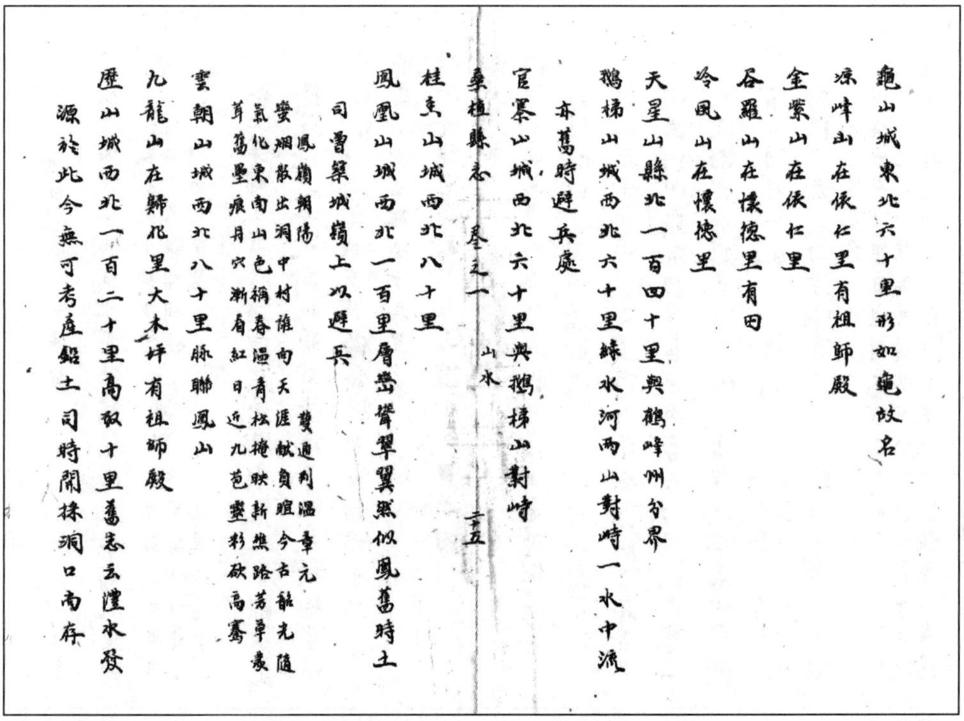

龜山　城東北六十里，形如龜，故名。
凉峰山　在依仁里，有祖師殿。
金紫山　在依仁里。
谷羅山　在懷德里，有田。
吟風山　在懷德里。
天星山　縣北一百四十里，與鶴峰州分界。
鵝梯山　城西北六十里，綠水河兩山對峙，一水中流，亦舊時避兵處。
官寨山　城西北六十里，與鵝梯山對峙。
桑植縣志　卷之一　山水　二十五
桂竹山　城西北八十里。
鳳凰山　城西北一百里，層巒聳翠，翼然似鳳。舊時土司曾築城嶺上以避兵。
鳳嶺朝陽　黄通判溫章元
巒烟散出洞中村，誰向天涯獻負暄。今古祇光隨氣化，東南山色稱春溫。青松掩映新樵路，芳草袁茸蕉壘痕。月穴漸看紅日近，九苞毳彩砍高騫。
雲朝山　城西北八十里，脈聯鳳山。
九龍山　在歸化里大木坪，有祖師殿。
歷山　城西北一百二十里，高數十里。舊志云澧水發源於此，今無可考。產鉛，土司時開採，洞口尚存。

囧 清乾隆《桑植县志》载“凤凰山”。清乾隆《桑植县志》载，“凤凰山，城西北一百里，层峦耸翠，翼然似凤。旧时，土司曾筑城岭上，以避兵”。

[龙山烟雨]

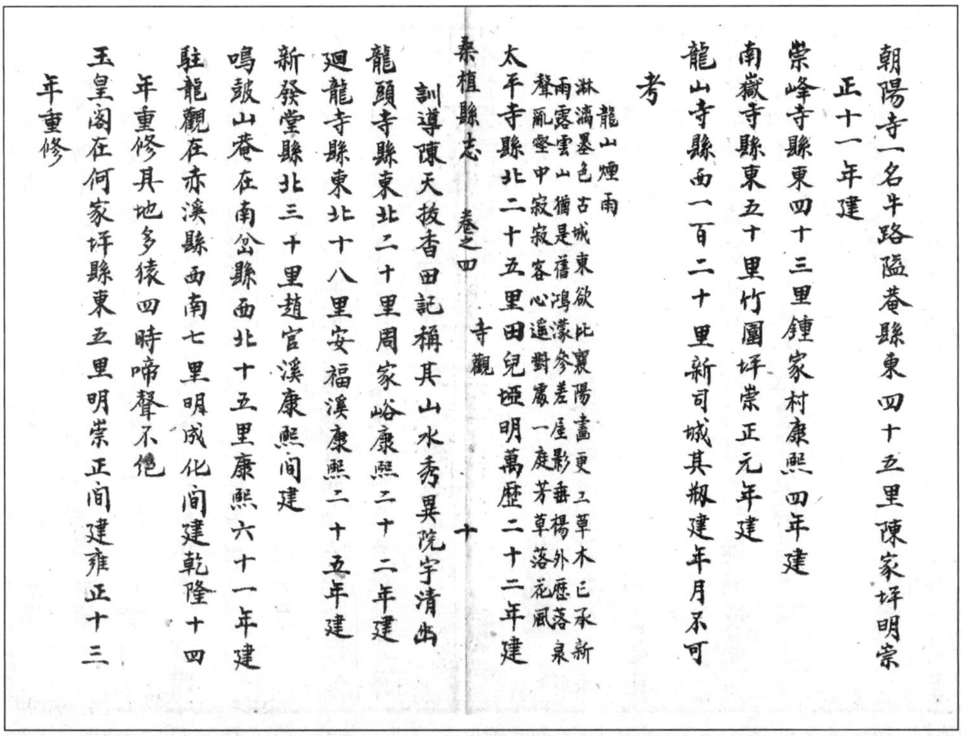

朝陽寺一名牛路隘菴縣東四十五里陳家坪明崇
正十一年建
崇峰寺縣東四十三里鍾家村康熙四年建
南嶽寺縣東五十里竹園坪崇正元年建
龍山寺縣西一百二十里新司城其創建年月不可
考
龍山煙雨
淋漓墨色古城東欲比襄陽畫更工草木已承新
雨露雲山猶是舊鴻濛參差屋影垂楊外歷落泉
聲亂壑中寂寂客心遥對處一庭芳草落花風
太平寺縣北二十五里田兒埡明萬歷二十二年建
訓導陳天拔香田記稱其山水秀異院宇清幽
龍頭寺縣東北二十里周家峪康熙二十二年建
廻龍寺縣東北十八里安福溪康熙二十五年建
新發堂縣北三十里趙官溪康熙间建
鳴皷山菴在南岔縣西北十五里康熙六十一年建
駐龍觀在赤溪縣西南七里明成化间建乾隆十四
年重修其地多猿四時啼聲不絕
玉皇阁在何家坪縣東五里明崇正间建雍正十三
年重修

清乾隆《桑植县志》载“龙山烟雨”。清乾隆《桑植县志》载，“龙山寺，县西一百二十里新司城，其创建年月不可考”。

［铁埠晴岚］

四望通村落桑麻繞籃輿此中行悠忽遲羲皞

鐵埠晴嵐　護通判 温元章

一春烟靄裏重重海日纔生翠更濃地險昔曾聞虎踞昇平今喜入堯封搗開碧嶂千村杵鋤入青雲四野農乘輿不妨携謝屐會逢山老話時雍

鳳嶺朝陽　温元章

蠻烟散出洞中村誰向天涯獻貢喧今古韶光隨氣化東南山色稱春温青松掩映新樵路芳草蒙茸舊壘痕丹穴漸看紅日近九苞靈彩欲高騫

觀音洞　楊鴻觀

渾沌忽然破鑱鑱碧巖穿慈雲藏玉洞頑石化金仙偪仄疑無地清徹別有天空潭秋水靜應制毒龍眠

前題　汪應綸

誰將鬼斧闢嶙峋疊嶂中藏世界寬石髓滴成金菡萏雲根矗立玉琅玕楊枝水灑秋潭靜蘋末風生夏月寒却恨此身閑未得籃輿冂月任盤桓

泊兩河口　四首　知縣 顧奎光

穩向平沙泊無愁風浪驚空山萬籟絕明月冷泉聲

清同治《桑植县志》载“温元章《铁埠晴岚》”。清乾隆《桑植县志》载，“铁桶埠，城西七十里。峭壁巉岩，土司居险护固之所”。

[夹石流泉]

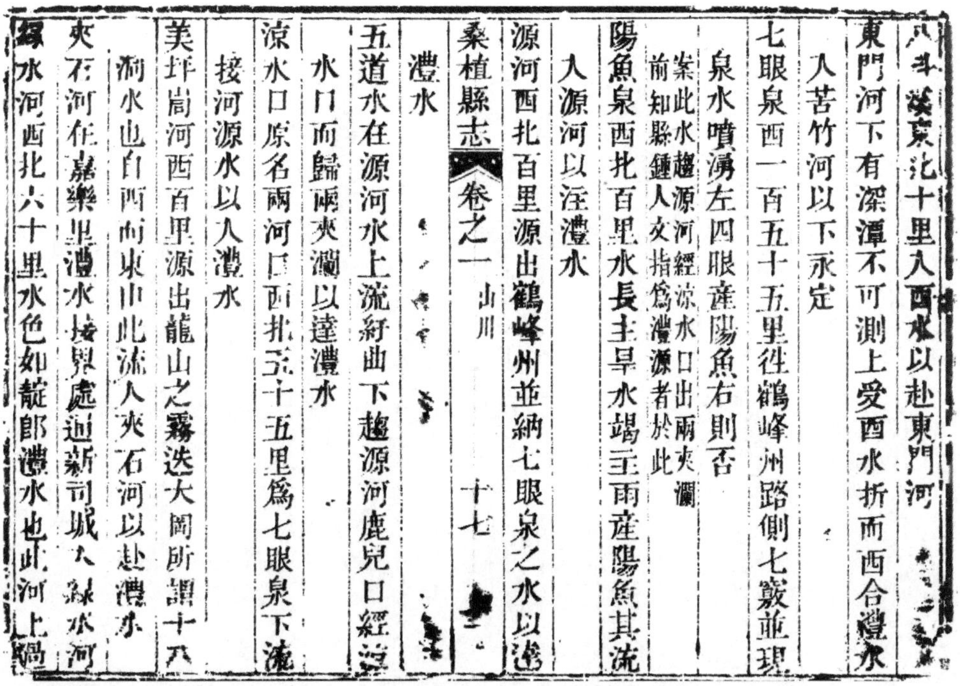
八斗溪東北十里入西水以赴東門河
東門河下有深潭不可測上受西水折而西合澧水
入苦竹河以下永定
七眼泉西一百五十五里往鶴峰州路側七竅並現
泉水噴湧左四眼產陽魚右則否
案此水趨源河經涼水口出兩夾瀾前知縣鍾人文指爲澧源者於此
陽魚泉西北百里水長主旱水竭主雨產陽魚其流
入源河以注澧水
源河西北百里源出鶴峰州並納七眼泉之水以達
桑植縣志　卷之一　山川　十七
澧水
五道水在源河水上流紆曲下趨源河鹿兒口經涼
水口而歸兩夾瀾以達澧水
涼水口原名兩河口西北五十五里爲七眼泉下流
接河源水以入澧水
美坪崗河西百里源出龍山之霧迭大阁所謂十八
洞水也自西而東由此流入夾石河以赴澧水
夾石河在嘉樂里澧水接界處通新司城入綠水河
綠水河西北六十里水色如靛即澧水也此河上爲

清同治《桑植县志》“山川”载“夹石河”。清同治《桑植县志》载，“夹石河，在嘉乐里，澧水接界处。通新司城入绿水河”。

文脉·千年湖湘八景图典·益阳卷

【资江十景】

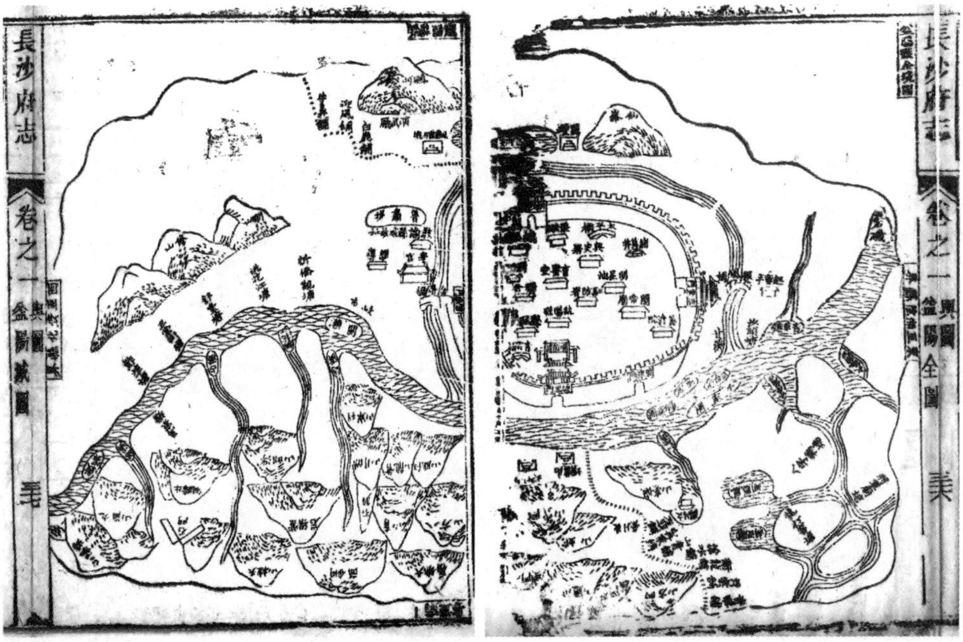

清乾隆《长沙府志》载“益阳全图”

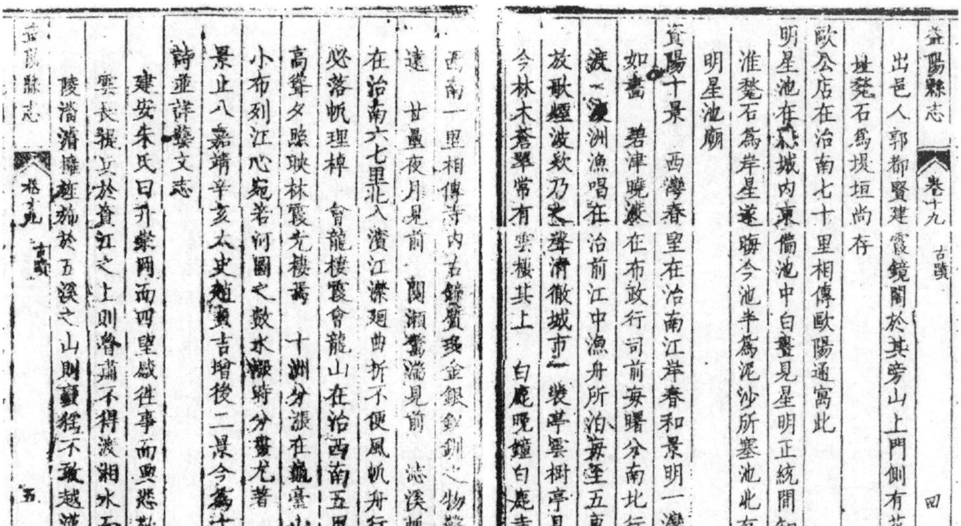

益陽縣志 卷十九 古蹟 四

出邑人郭都賢建霞鏡閣於其旁山上門側有花圃遺
址甃石為堤垣尚存
歐公店在治南七十里相傳歐陽通寓此
明星池在縣城內東備池中白晝見星明正統間知縣汪
淮甃石為岸星遂晦今池半為泥沙所塞池北有廟曰
明星池廟
資陽十景 西灣春望在治南江岸春和景明一灣春色
如畫 碧津晚渡在布政行司前每曙分南北行人喧
渡 [illegible]洲漁唱在治前江中漁舟所泊每五更漁人
放歌煙波欸乃之聲清徹城市 [illegible]岸雲樹亭見前[illegible]
今林木蒼翠常有雲樓其上 白鹿曉鐘白鹿寺在治

益陽縣志 卷十九 古蹟 五

西南一里相傳寺內古鐘質兼金銀鉛錫之物聲甚
遠 甘蠱夜月見前 關瀨驚濤見前 志溪帆落溪
在治南六七里北入資江漩洄曲折不便風帆舟行至此
必落帆理棹 會龍棲霞會龍山在治西南五里山勢
高聳夕照映林霞光樓閣 十洲分漲在龜臺山下大
小布列江心宛若河圖之數水漲時分島尤著 按舊
景止八嘉靖辛亥太史趙賁吉增後二景今為十云諸
詩並詳藝文志
建安朱氏曰升[illegible]而四望感往事而興悲歎嗟昔
雲長報兵於資江之上則魯肅不得渡湘水而爭武
陵潘濬擁[illegible]於五溪之山則[illegible]猛不敢越漢壽而

清乾隆《益阳县志》“卷十九 · 古迹”载“资阳十景”

清同治《益阳县志》载：益阳县“在益水之阳，当为县名”。

东周以前，益阳属《书 · 禹贡》所载九州中的荆州管辖。战国时期为楚国黔中郡属地。秦属长沙郡，置益阳县，是为区境置县之初。南朝梁时

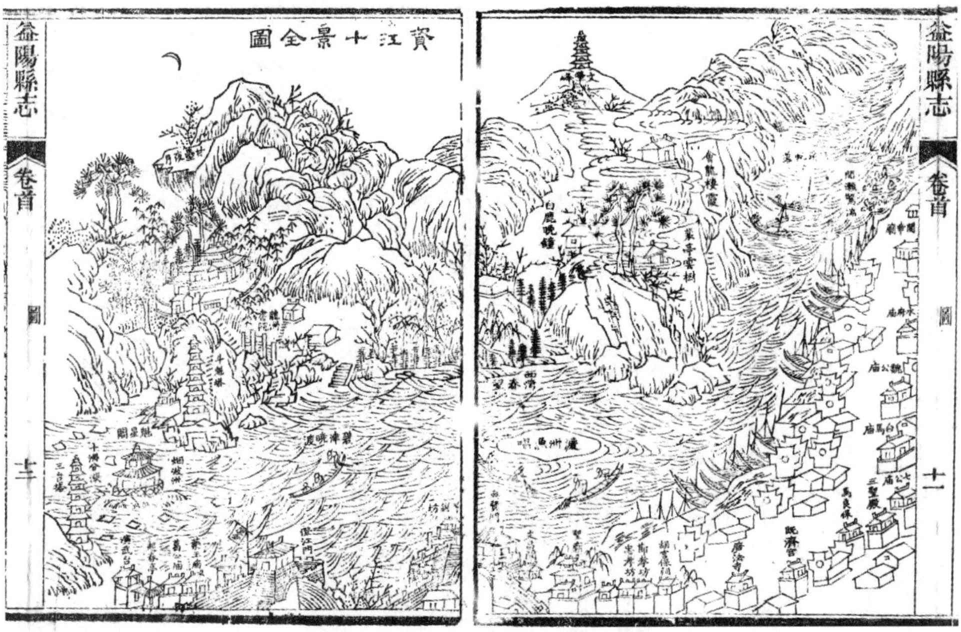

清同治《益阳县志》“卷首·图”载“资江十景全图”

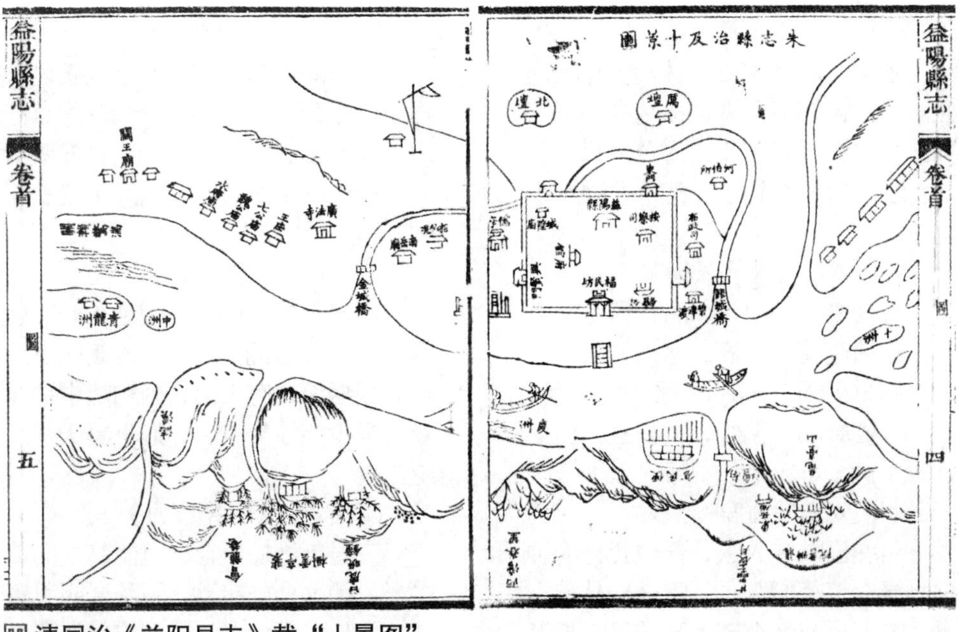

清同治《益阳县志》载“十景图”

置药山县（今沅江市），宋置安化县。清末，设南洲直隶厅（今南县）。

清乾隆《益阳县志》载“资阳十景”：关濑惊湍，志溪帆落，会龙栖霞，裴亭云树，白鹿晚钟，庆洲渔唱，西湾春望，碧津晓渡，甘垒夜月，十洲分涨。

明代刘激《关濑惊湍》

此地云长压重兵，惊飞湍濑至今鸣。乱腾唳鹤喧戈甲，寒遏流云拥旆旌。汉贼不忘忠独激，吴山未卷恨难平。乾坤昼夜资江水，长使英雄听此声。

明代刘激《志溪帆落》

溪上征舟尽落篷，志溪水曲似蟠龙。左经东岸忽西岸，右转南风倏北风。柔橹几将前树绕，孤樯复与后山逢。资阳此景非常调，谁许名家擅画工。

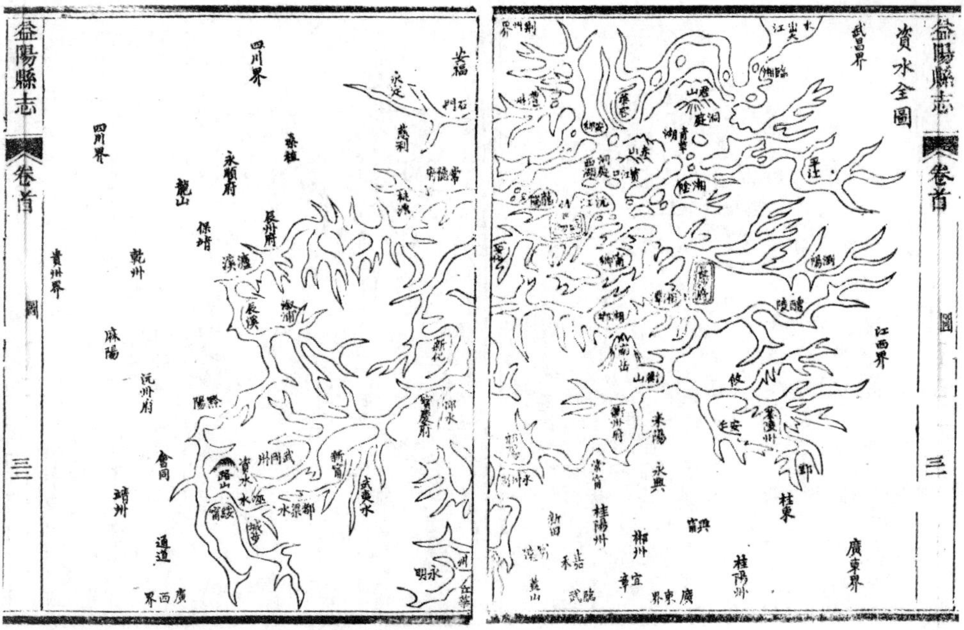

清同治《益阳县志》载“资水全图”

明代刘激《会龙栖霞》

峭绝龙峰倒夕阳，林梢时见紫霞光。千山自锁寒云暮，孤鹜齐飞彩气翔。丹映玉霄天不夜，海蒸朱日昼偏长。东堂月在帘钩上，犹落残霞到小窗。

明代刘激《裴亭云树》

裴公亭子益之滨，唐代遗踪几百春。古树暗花凝白鹿，寒云护晓任红轮。鹤巢夜雨书声杂，□□苍崖笔阵新。一度登临一惆怅，丈夫亘古但交神。

明代刘激《白鹿晚钟》

白鹿已随昔人去，翠微犹讶晚钟敲。绿穿苔径僧归舍，青破松林鹤入巢。皎彻星河惊夕鹊，暗随风雨起潜蛟。踏梅尤称寻春意，百八听残月满梢。

明代刘激《庆洲渔唱》

古渡何时露一拳，打渔人傍庆洲眠。风随短笛吹渔艇，月倚长歌落夜川。烟雾散开山水绿，沙汀惊起鹭鸥圆。钓□亦卷非熊梦，不啻周绵八百年。

明代刘激《西湾春望》

西湾隔岸抱资流，春色偏长可寄眸。云过列屏开蜀锦，雨余舒画点汀鸥。柳嘘□雾浮三麓，花染红波漾十洲。绝胜湖山四时好，东风不变楚江秋。

明代刘激《碧津晓渡》

水连天碧漾南津，暖色初分渡客频。江阔棹迟翻落月，湍流篙剧点浮萍。绿烟深处有人语，画舫喧中别样春。多少寒沙当渡者，造舟莫厌费经纶。

明代刘激《甘垒夜月》

三国英雄何处存，月明高垒向黄昏。云翻木杪旌旗动，石乱岩阴甲胄蹲。猿啸尚疑山鬼泣，籁鸣犹使野人奔。吴王不作甘宁已，夜夜婵娟独吊魂。

明代刘激《十洲分涨》

何代乾坤涌十洲，平分新涨自春秋。龟台涤雨开元瑞，龙马呈图合九畴。绿树人家浮水面，碧沙渔艇卧中。北窗看遍羲皇易，滴露研朱复点周。

[关濑惊湍]

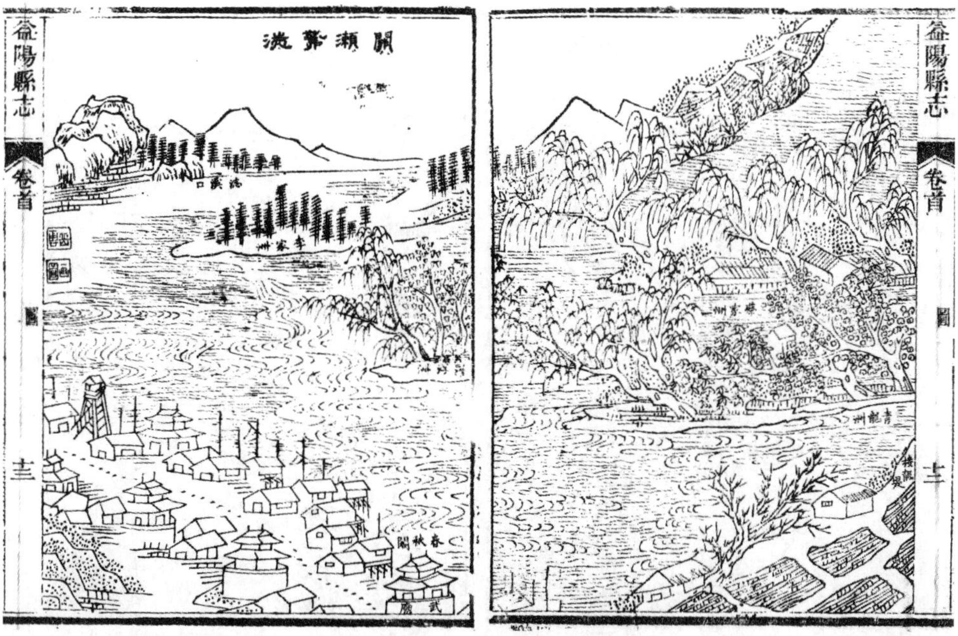

清同治《益阳县志》载“关濑惊湍”。清乾隆《益阳县志》“卷十九·古迹”载“关濑”：治西北七八里，乃汉壮缪侯屯兵之地，飞湍汹汹，有喷激声。

[志溪帆落]

清同治《益阳县志》载“志溪帆落”。清乾隆《益阳县志》“卷十九·古迹”载“资阳十景”：志溪帆落，在治南六七里，北入资江，潆洄曲折，不便风帆，行至此必落帆理棹。

[会龙栖霞]

图 清同治《益阳县志》载“会龙栖霞”。清乾隆《益阳县志》“卷十九·古迹”载“资阳十景”：会龙栖霞，会龙山在治西南五里，山势高耸，夕照映林，霞光栖焉。

［裴亭云树］

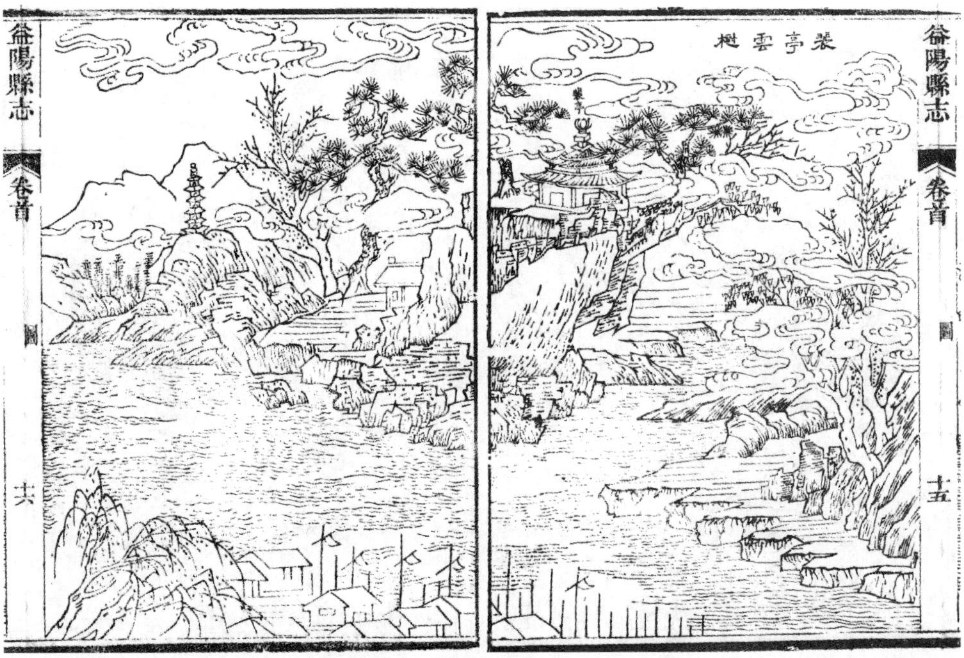

清同治《益阳县志》载“裴亭云树”。清乾隆《益阳县志》“卷十九·古迹”载“资阳十景”：裴亭云树，亭见前（裴公亭，在白鹿山顶临江，唐裴休构亭读书处。亭后有云树庵），至今林木苍翠，常有云栖其上。

［白鹿晚钟］

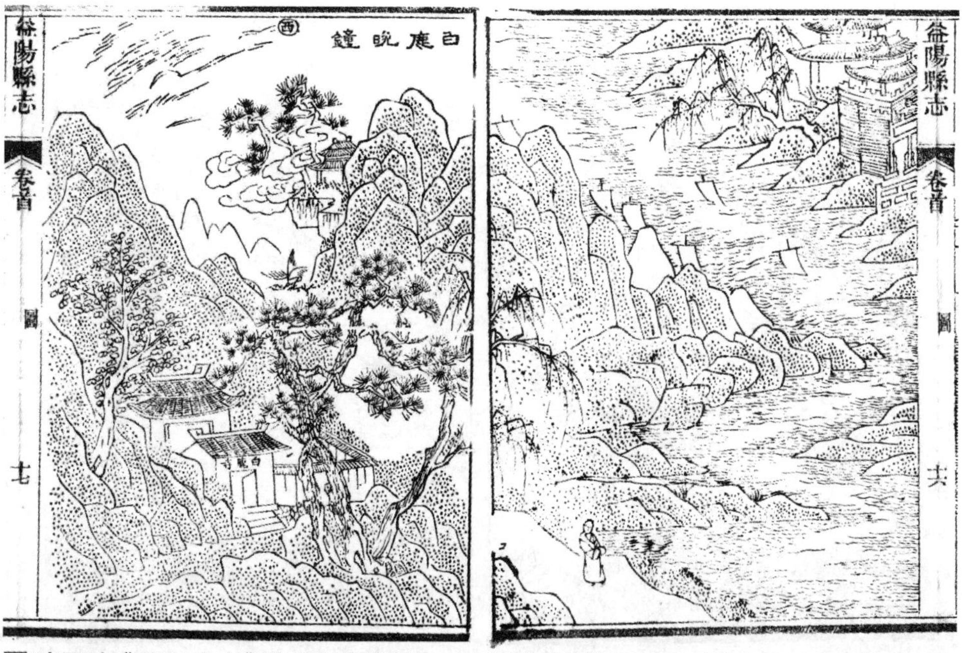

清同治《益阳县志》载“白鹿晚钟”。清乾隆《益阳县志》“卷十九·古迹”载“资阳十景”：白鹿晚钟，白鹿寺在治西南一里，相传寺内古钟，质多金银钗钏之物，声极□远。

[庆洲渔唱]

清同治《益阳县志》载“庆洲渔唱”。清乾隆《益阳县志》“卷十九·古迹”载“资阳十景”：庆洲渔唱，在治前江中，渔舟所泊，每至五更，渔人放歌。烟波欸乃之声，清彻城市。

[西湾春望]

清同治《益阳县志》载“西湾春望”。清乾隆《益阳县志》“卷十九·古迹”载“资阳十景”：西湾春望，在治南江岸，春和景明，一湾春色如画。

[碧津晓渡]

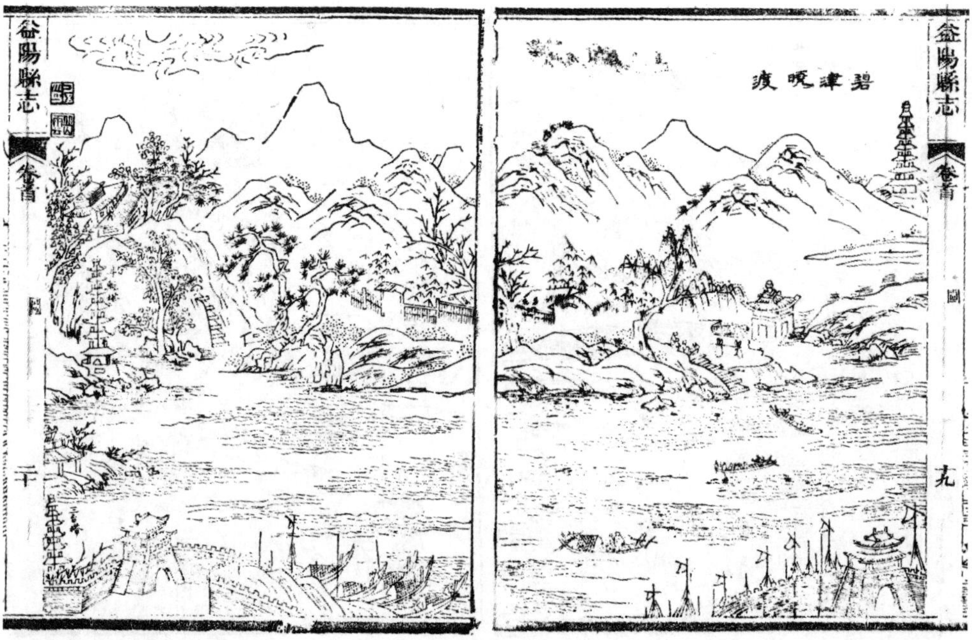

清同治《益阳县志》载“碧津晓渡”。清乾隆《益阳县志》“卷十九·古迹”载“资阳十景”：碧津晓渡，在布政行司前，每曙分，南北行人喧渡。

[甘垒夜月]

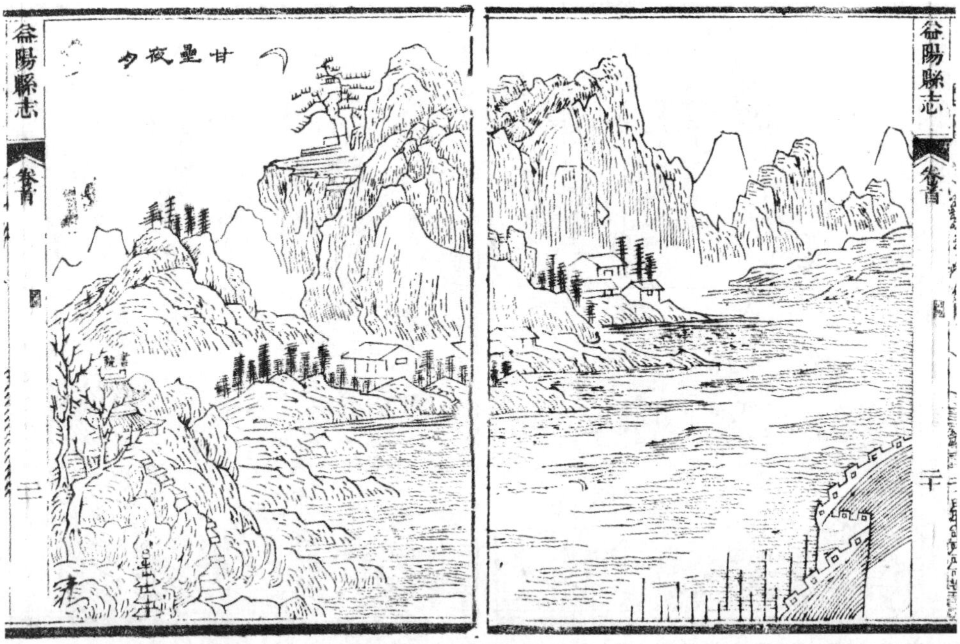

清同治《益阳县志》载“甘垒夜月”。清乾隆《益阳县志》“卷十九·古迹”载“夜月台”：治南一里，吴甘宁屯兵处。

[十洲分涨]

清同治《益阳县志》载“十洲分涨”。清乾隆《益阳县志》“卷十九·古迹”载“资阳十景”：十洲分涨，在龟台山下，大小布列江心，宛若河图之数，水涨时分，昼尤著。

【沅江八景】

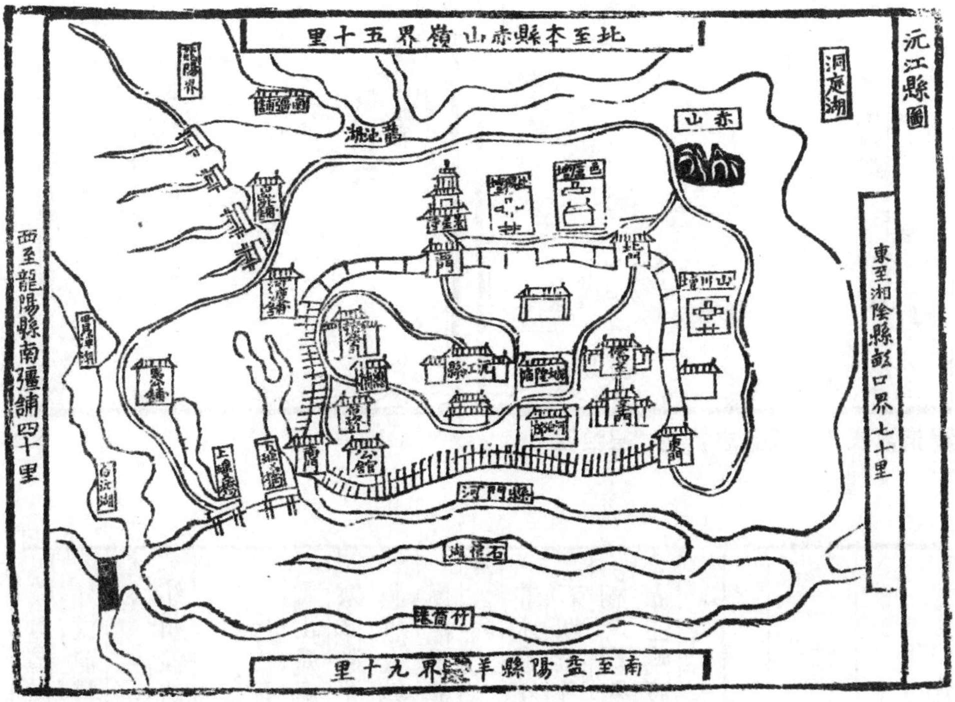

明嘉靖《常德府志》载“沅江县图”

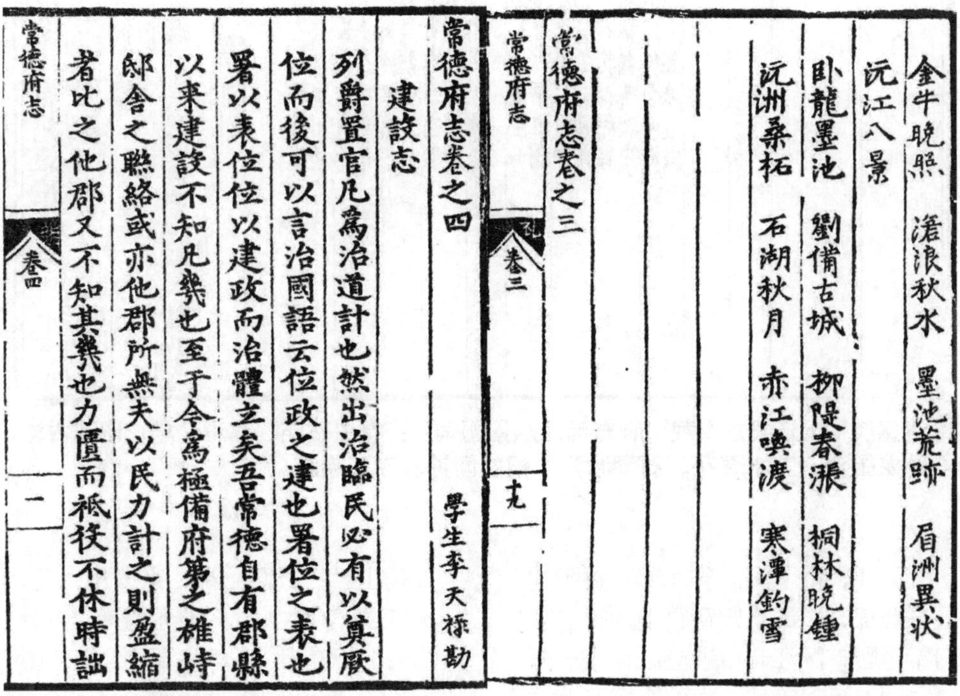

金牛晚照　滄浪秋水　墨池荒跡　眉洲異狀

沅江八景

卧龍墨池　劉備古城　柳隄春漲　桐林晚鍾

沅洲桑柘　石湖秋月　赤江喚渡　寒潭釣雪

常德府志卷之三

常德府志　卷三　九

常德府志卷之四

建設志

學生李天禄勘

列爵置官凡爲治道計也然出治臨民必有以奠厥位而後可以言治國語云位政之建也署位之表也署以表位位以建政而治體立矣吾常德自有郡縣以來建設不知凡幾也至于今爲極備府第之雄峙邸舍之聯絡或亦他郡所無夫以民力計之則盈縮者比之他郡又不知其幾也力匱而祇役不休時詘

常德府志　卷四　一

明嘉靖《常德府志》“古迹”载“沅江八景”

益阳卷

清嘉庆《沅江县志》载“县治图”

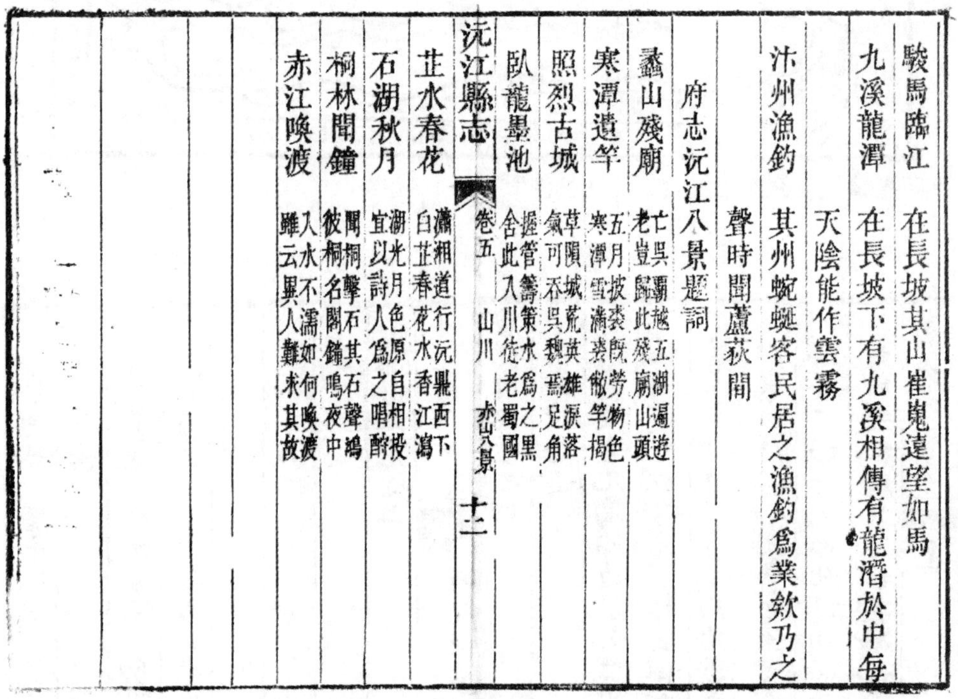

駿馬臨江　在長坡其山崔嵬遠望如馬

九溪龍潭　在長坡下有九溪相傳有龍潛於中每天陰能作雲霧

汴州漁釣　其州蜿蜒客民居之漁釣爲業欸乃之聲時聞蘆荻閒

府志沅江八景題詞

蠡山殘廟　亡吳霸越五湖遍遊老豈歸此殘廟山頭

寒潭遺竿　五月披裘飫勞物色寒潭雪濤裘敝竿揭

照烈古城　草間城荒英雄淚落氣可吞吳魏焉足角

臥龍墨池　握管籌策水爲之黑舍此入川從老蜀國

沅江縣志　卷五　山川　赤山八景　十二

芷水春花　瀟湘道行沅鼎西下白芷春花水香江瀉

石湖秋月　湖光月色原自相投宜以詩人爲之唱酧

桐林聞鐘　聞桐擊石其石聲鴻彼桐名闕鐘鳴夜中

赤江喚渡　入水不濡如何喚渡雖云異人難求其故

清嘉庆《沅江县志》载“府志沅江八景题词”：蠡山残庙、寒潭遗竿、昭烈古城、卧龙墨池、芷水春花、石湖秋月、桐林闻钟、赤江唤渡。

沅江，位于湖南省北部，益阳地区东北部，以沅水归宿之地而得名。自秦至晋，沅江未单独立县，先后分属益阳、汉寿等地。南朝梁武帝普通三年（522）从益阳、汉寿县地析出置药山县，属衡阳郡，隶湘州，是为沅江县建置之始。梁元帝承圣元年（552），置药山郡，隶郢州，辖药山、重华（与药山郡同时设置）二县。重华县治重华城，相传即虞舜古城（虞舜号重华），在今泗湖山镇重华垸内。隋文帝开皇二年（582），废药山郡及药山、重华二县，置安乐县。开皇十八年（598），改名沅江县，属巴陵郡。唐昭宗乾宁二年（895），改沅江县为乔江县，因县南有乔江河而得名。属岳州巴陵郡，隶江南西道。五代，仍为乔江县，改属朗州（今常德）。北宋太祖乾德元年（963），改乔江县为沅江县，还属岳州巴陵郡。南宋高宗建炎元年（1127），改属鼎州武陵郡。乾道中，复属岳州巴陵郡，后改属常德府。元属鼎州。元成宗元贞元年（1295），龙阳升县为州后，改属龙阳州，属常德路，隶江南湖北道。明太祖洪武二年（1369），废龙阳州后，属常德府。洪武十年五月，因地、丁太少，不合置制，并入龙阳县。洪武十三年，屯田招垦，五月，复置沅江县，仍属常德府。清属常德府，隶岳常澧道。

明嘉靖《常德府志》载“沅江八景”：卧龙墨池、刘备古城、柳堤春涨、枫林晚钟、沅洲桑柘、石湖秋月、赤江唤渡、寒潭钓雪。

清嘉庆《沅江县志》载“龙潭居士陈朝琥绘八景图并题”：自觉年来鬓已斑，酒余诗后写湖山。三春沅水桃花浪，几处烟林柘柳湾。城树远连青嶂合，墨池高接白云间。月明仙梵闻渔艇，疑是莲瀛咫尺间。

[昭烈古城]

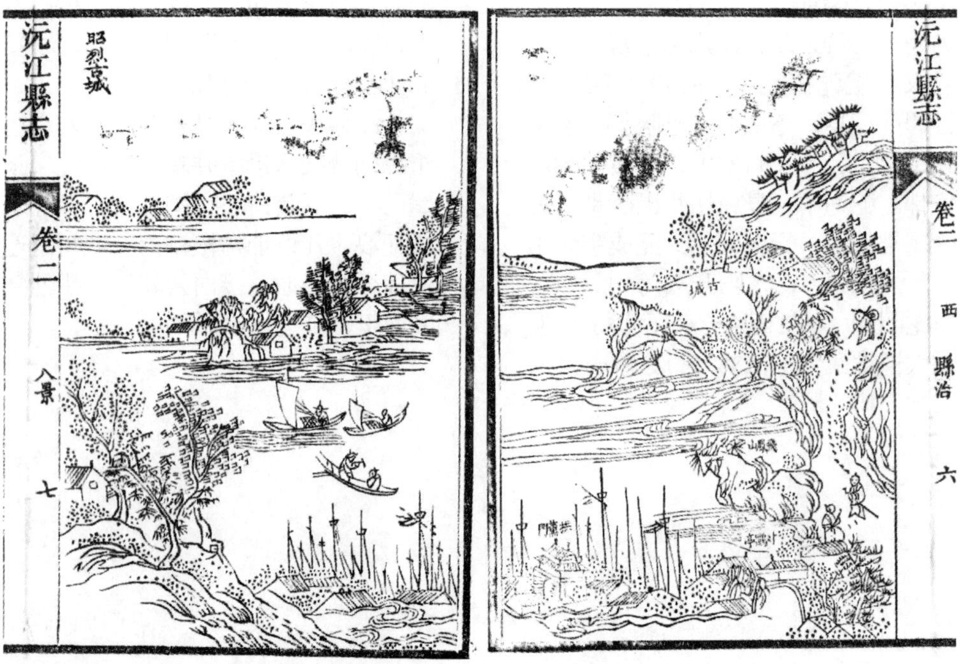

图 清嘉庆《沅江县志》载“昭烈古城”

清嘉庆《沅江县志》“卷五·山川”载“八景·昭烈古城”：在县西南三里，昔后汉昭烈帝巡武陵、长沙、桂阳、零陵，过此筑城，宿留一夕。至今阴雨尚有干戈之声。

[卧龙墨池]

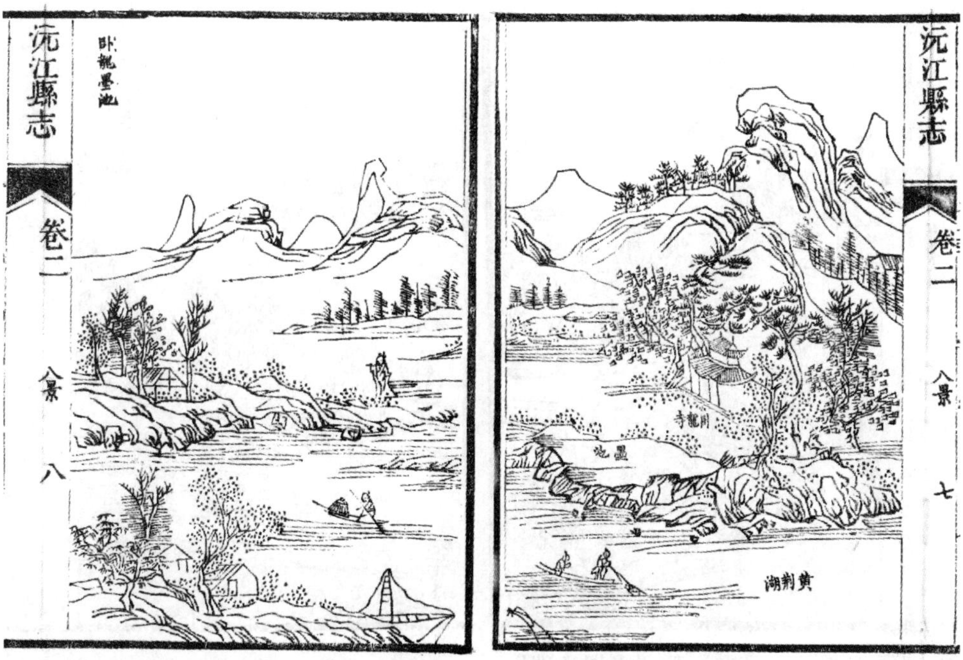

清嘉庆《沅江县志》载“卧龙墨池”

清嘉庆《沅江县志》“卷五·山川”载“八景·卧龙墨池”：在县南三十里，相传武侯宿此，曾洗砚于池，其水遂如墨汁。乾隆二十五年，土人偶于池内得石碑，其文乃宋人所撰，字尚可识，因即其地修卧龙寺，今碑存寺内。

[柳堤春涨]

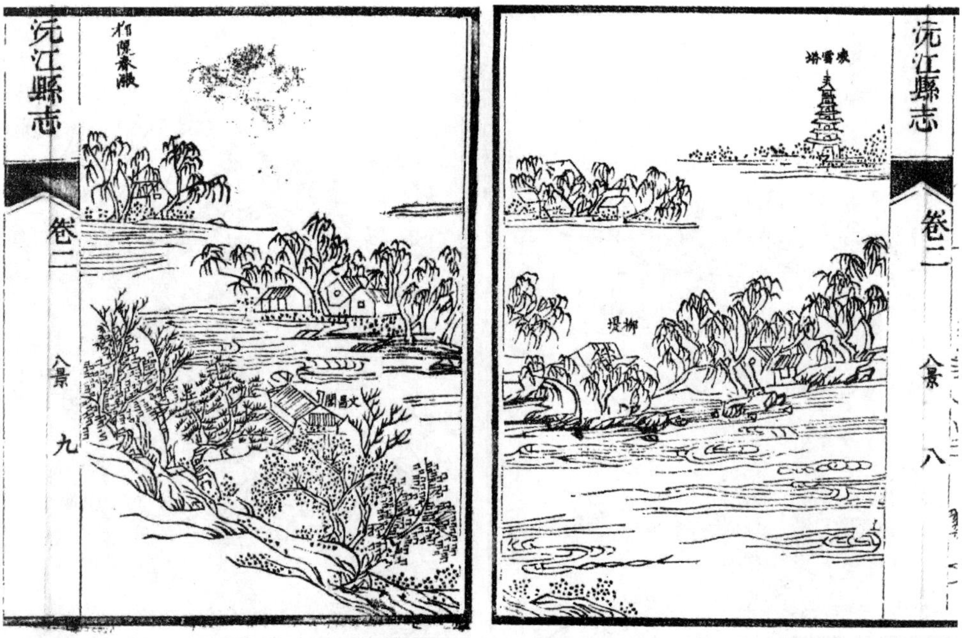

图 清嘉庆《沅江县志》载“柳堤春涨”

清嘉庆《沅江县志》“卷五·山川”载“八景·柳堤春涨”：在上下琼湖堤，昔人植柳绵亘里许。春来青翠可挹，后废为街道。今县治对岸沿堤皆柳，雨后风前，烟光如画，可补旧观。

[沅田桑柘]

囧 **清嘉庆《沅江县志》载“沅田桑柘”**

清嘉庆《沅江县志》“卷五 · 山川”载“八景·沅田桑柘”：在县对河，有桑园，春至桑条蓊郁，人争采之，久废。今县后桑柘蔚然，足当旧景。

[赤江唤渡]

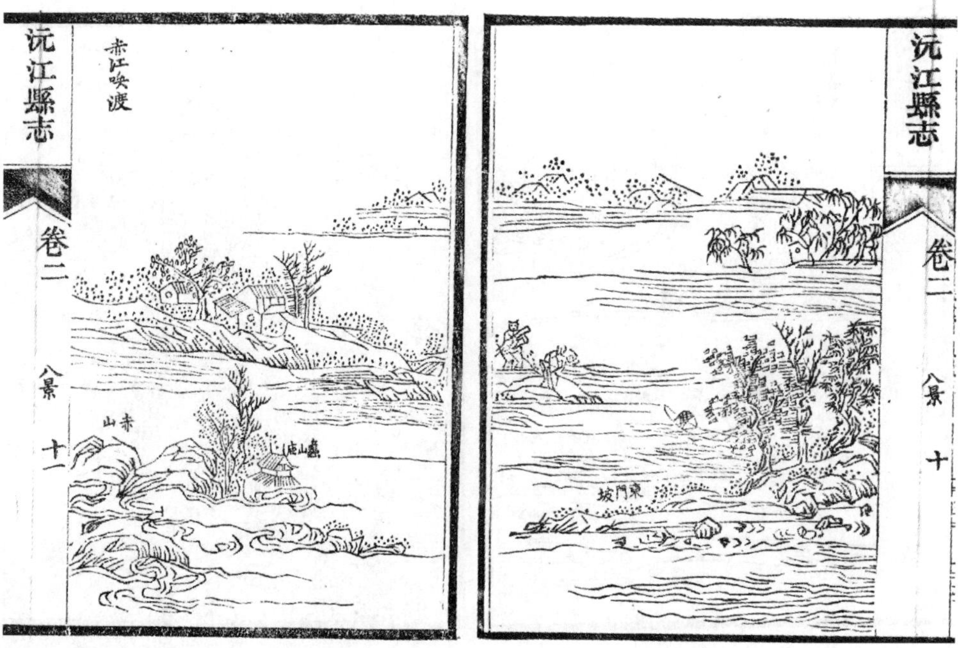

清嘉庆《沅江县志》载“赤江唤渡”

清嘉庆《沅江县志》“卷五·山川”载“八景·赤江唤渡”：在县东半里，江岸土赤如朱，昔有异人经此唤渡，其舟自济。

[寒潭钓雪]

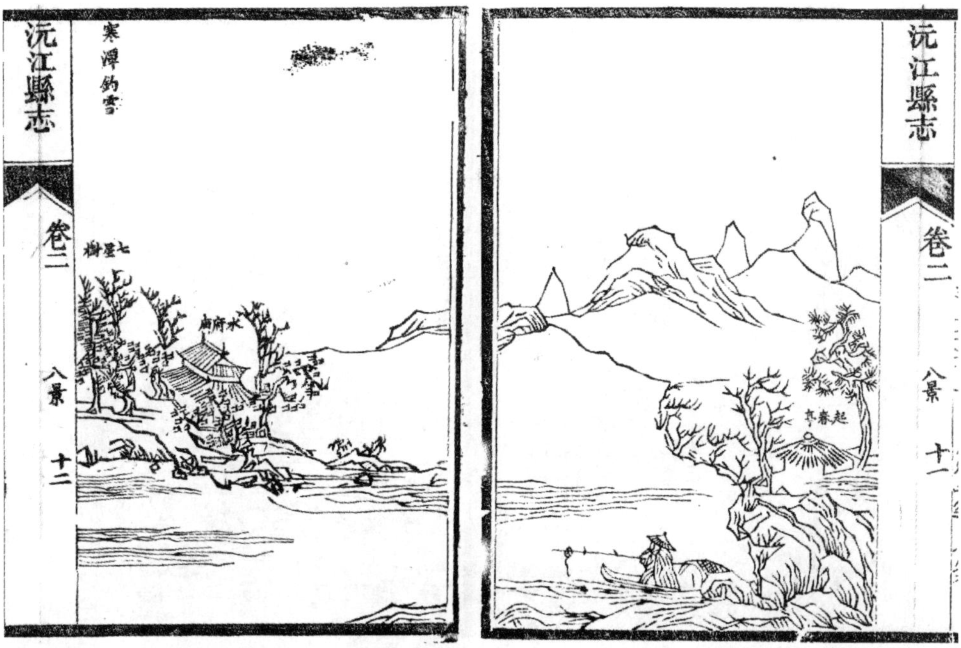

清嘉庆《沅江县志》载“寒潭钓雪”

清嘉庆《沅江县志》“卷五·山川”载“八景·寒潭钓雪”：在县东，相传严子陵钓此，至今雪夜每有渔人踪迹。

[桐林晚钟]

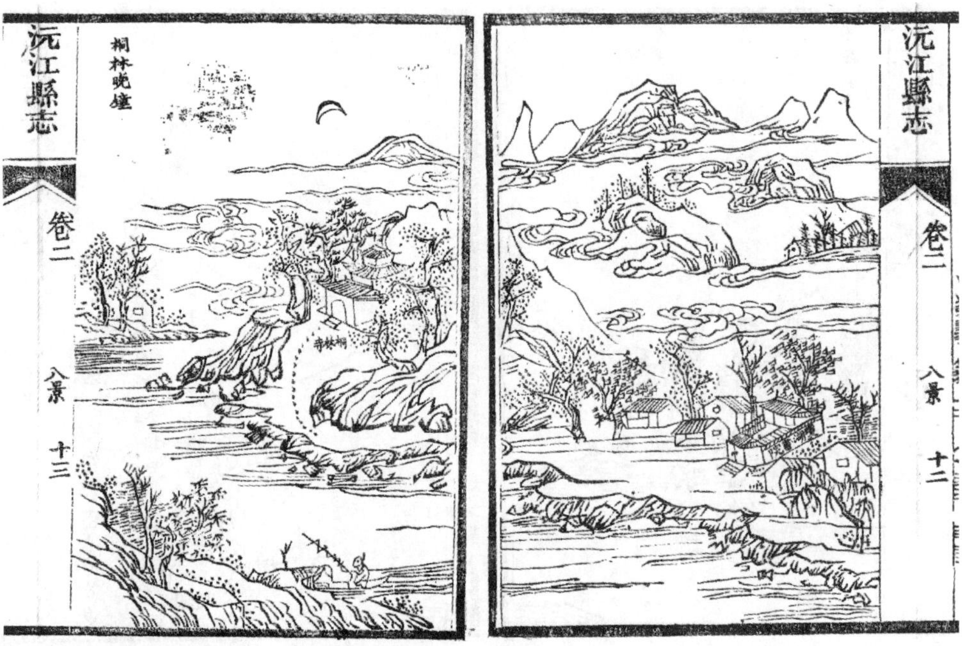

清嘉庆《沅江县志》载“桐林晚钟”

清嘉庆《沅江县志》“卷五·山川”载“八景·桐林晚钟”：在县西，有桐林阁，至晚其钟自鸣。

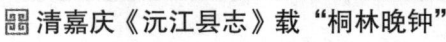

[石湖秋月]

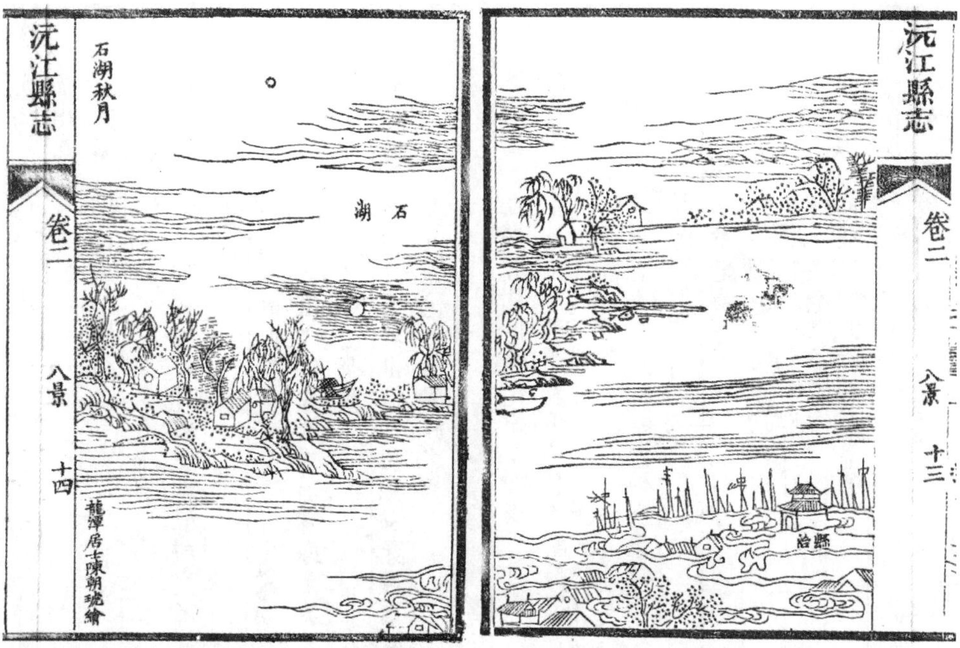

清嘉庆《沅江县志》载“石湖秋月”

清嘉庆《沅江县志》“卷五·山川”载“八景·石湖秋月”：在县对河石矶垸，新秋后，明月当空，水天一色。

【赤山八景】

沅江縣志　卷五　山川　八景　十一

赤山八景

蠡山遺祠　詳前

關公沙嘴　昔雲長屯兵此嶺石上有刀痕尚在

明月澄灣　地勢灣曲如新月然湖水澄清與之洄折

大仙石跡　在明月灣山坡下有青石一塊縱横可八九尺相傳仙人鐵拐李曾跰坐於此股痕足跡至今宛然

金雞峻嶺　在長坡頂其山昂首似雞每逢風雨殘夜山人恍惚聞膠膠之聲

駿馬臨江　在長坡其山崔嵬遠望如馬

九溪龍潭　在長坡下有九溪相傳有龍潛於中每天陰能作雲霧

汴州漁釣　其州蜿蜒容民居之漁釣爲業欵乃之聲時聞蘆荻閒

府志沅江八景題詞

蠡山殘廟　亡吳霸越五湖遍遊老豈歸此殘廟山頭

寒潭遺竿　五月披裘旣勞物色寒潭雪滿裘敝竿揭

照烈古城　草隕城荒英雄淚落氣可吞吳魏焉足角

臥龍墨池　握管籌策水爲之黑含此入川徙老蜀國

沅江縣志　卷五　山川　赤山八景　十二

清嘉庆《沅江县志》“山川”载“赤山八景”：蠡山遗祠、关公沙嘴、明月澄湾、大仙石迹、金鸡峻岭、骏马临江、九溪龙潭、汴州渔钓。

相連中阜爲身尾西指而首東顧左右兩阜適當中阜肩山色純赭如丹鳳之振翮然須嘗事禁止在地居民不得作窰或於江岸搆亭補其殘缺以還舊觀

紫雲山在縣南三十里通志

觀音山在縣南明王守仁有觀音山詩見文徵　福壽山縣南五十里增

會龍山在縣西後江湖　高家山距縣十里　高龍山在縣荆堤上俱增

鳳凰山縣北六十里　高脚山縣北七十里俱增

赤山縣東北六十里一名蠡山統志唐天寶中改爲蠡山在洞庭湖邊通志

常德府志　卷四　山川考一　三七

湖廣總志赤山綿亘數十里山色純赭映入湖水嶺上有蠡廟白鶴池金雞歇馬等山爲洞庭右翼

祝鳳舞遊赤山記畧曰赤山爲吾沅勝地登峯可覽重湖有蠡山之祠明月之灣嶺則駿馬金雞及九溪之龍潭汴洲之魚釣諸勝山中入蓋不能盡知予緣事至其地重岡疊巘凹凸非常一峯未落一峯忽起有長而銳者有平而哭者有峻起若鳳翥廻曲如龍盤者鴉岫蜿蜒若斷若續

駿馬嶺在赤山志縣

金雞山在赤山明月灣舊志

明山縣北一百里交華容界

清嘉庆《常德府志》“卷四・山川考一”载“赤山”

【梅山十景】

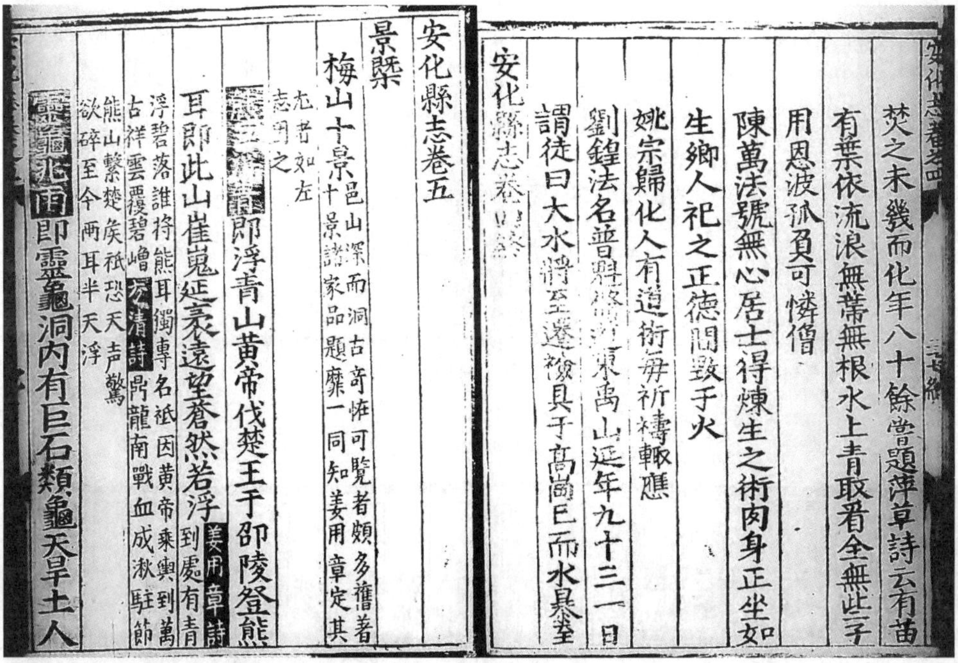

安化志卷之四

焚之未幾而化年八十餘嘗題浮草詩云有苗有葉依流浪無蒂無根水上青取看全無此子用恩波孤負可憐僧

陳萬法號無心居士得煉生之術肉身正坐如生鄉人祀之正德間毀于火

姚宗歸化人有道術每祈禱輙應

劉鍠法名普[illegible]東禺山延年九十三一日謂徒曰大水將至遂[illegible]具于高岡已而水暴至

安化縣志卷四終

安化縣志卷五

景槩

梅山十景 邑山深而洞古奇怪可覽者頗多舊著十景諸家品題靡一同知姜用章定其尤者如左志因之

[illegible] 即浮青山黃帝伐楚王于邵陵登熊耳即此山崔嵬延袤遠望蒼然若浮 姜用章詩 到處有青浮碧落誰將熊耳獨專名祇因黃帝乘輿到萬古祥雲覆碧嶒 方清詩 昂龍南戰血成湫駐節熊山繫楚矦祇恐天声驚欲碎至今兩耳半天浮

靈龜兆雨 即靈龜洞內有巨石類龜天旱土人

明嘉靖《安化县志》“景概”载“梅山十景”（一）

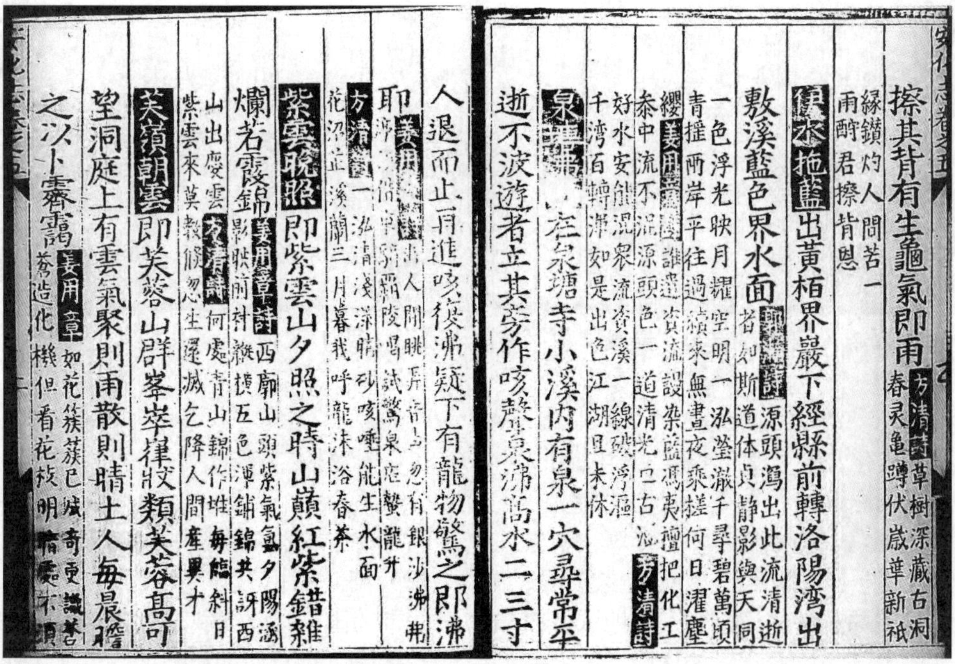

擦其背有生龜氣即雨 方清詩 草樹深藏古洞春灵龜蹲伏歲華新祇緣鑽灼人間苦一雨酬君擦背恩

伊水拖藍 出黃栢界巖下經縣前轉洛陽灣出敷溪藍色界水面 [illegible] 源頭瀉出此流清逝者如斯道体貞靜影與天同一色浮光映月耀空明一泓瑩澈千尋碧萬頃青搓兩岸平往過續來無晝夜乘搓何日濯塵纓 姜用章詩 誰道資流設染藍憑夷擅把化工奈中流不混源頭色一道清光亘古涵 方清詩 好水安能混衆流資溪一線破浮漚千灣百轉渾如是出色江湖且未休

泉[illegible] 在泉塘寺小溪內有泉一穴尋常平逝不波遊者立其旁作咳聲泉沸高水二三寸人退而止再進咳復沸疑下有龍物驚之即沸 姜用章詩 山人開眺弄音亭忽有銀沙沸耶浮[illegible]霸陵曾試驚泉窟蟄龍升 方清詩 一泓清淺深睛砂咳唾能生水面花沼泣溪蘭三月暮我呼龍沫浴春茶

紫雲晚照 即紫雲山夕照之時山巔紅紫錯雜爛若霞錦 姜用章詩 西鄘山頭紫氣氤夕陽涵影狀前村雜擴五色渾鋪錦共訝西山出慶雲 方清詩 何處青山錦作堆每臨斜日紫雲來莫教倏忽生還滅乞降人間產異才

芙嶺朝雲 即芙蓉山群峯崒嵂狀類芙蓉高可望洞庭上有雲氣聚則雨散則晴土人每晨稽之以卜霽霮 姜用章 如花簇簇已成奇更識蒼蒼造化機但看花枝明霜處不須

明嘉靖《安化县志》“景概”载“梅山十景”（二）

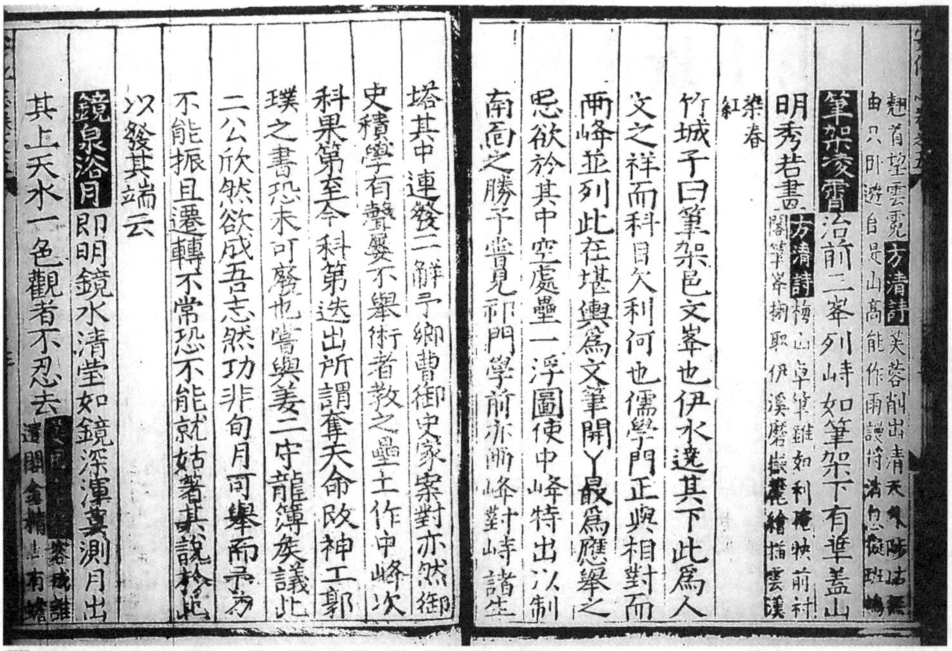

筆架凌霄 治前二峯列峙如筆架下有華蓋山明秀若畫
竹城子曰筆架邑文峯也伊水遶其下此爲人文之祥而科目欠利何也儒學門正與相對而兩峰並列此在堪輿爲文筆開丫最爲應舉之忌欲於其中空處壘一浮圖使中峰特出以制南面之勝予嘗見邗門學前亦兩峰對峙諸生塔其中連發二解予鄉曹御史家宗對亦然御史積學有聲屢不舉術者教之壘土作中峰次科果第至今科第迭出所謂奪天命敗神工郭璞之書恐未可廢也嘗與姜二守龍溥侯議此二公欣然欲成吾志然功非旬月可舉而予方不能振且遷轉不常恐不能就姑著其說於此以發其端云
鏡泉浴月 即明鏡水清瑩如鏡深渾莫測月出其上天水一色觀者不忍去

明嘉靖《安化县志》“景概”载“梅山十景”（三）

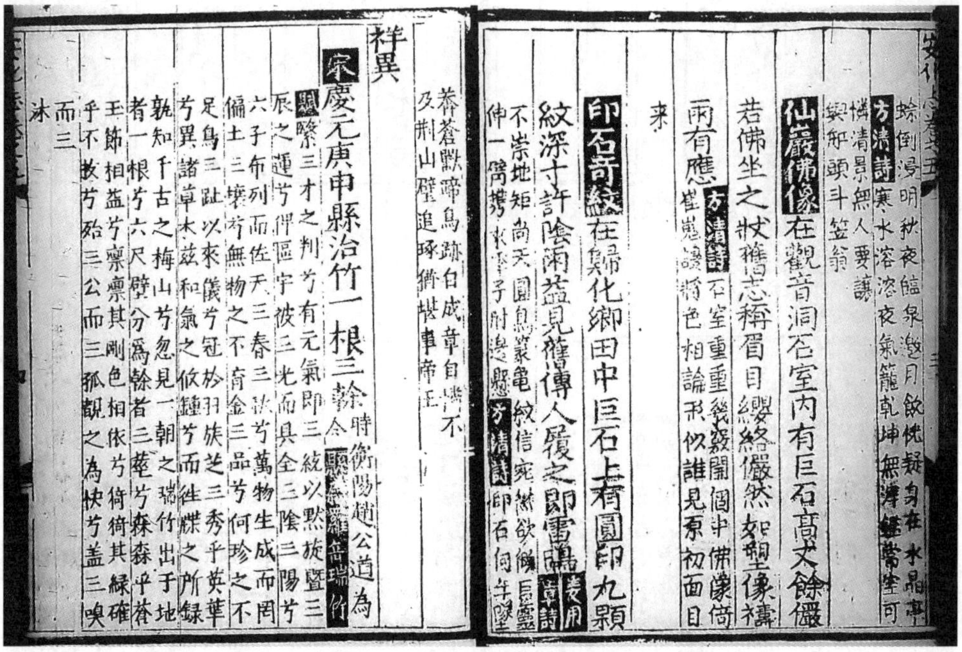

仙巖佛像 在觀音洞石室内有巨石高丈餘儼若佛坐之狀[illegible]
印石奇紋 在歸化鄉田中巨石上有圓印丸顆紋深寸許陰雨益見舊傳人履之即雷鳴[illegible]
祥異
宋慶元庚申縣治竹一根三榦

明嘉靖《安化县志》“景概”载“梅山十景”（四）

安化，位于资江中游，湘中偏北，雪峰山脉北段，是一个以山地为主的山区县。东与桃江、宁乡接壤，南与涟源、新化毗邻，西与溆浦、沅陵交界，北与桃源、常德相连。安化地域古称“梅山”，土著民多为瑶族。宋神宗熙宁五年（1072），朝廷遣章惇开梅山置县。

秦嬴政二十六年（前221）并六国，分天下为三十六郡，今安化属长沙郡。西汉初，置益阳县（一说秦置），属长沙郡。高祖五年（前202），改长沙郡为国，东汉光武时复改为郡。今安化属荆州长沙郡益阳县。东汉建安年间，刘备借荆州，长沙郡一度为刘所据，今安化地当属之。三国时期，

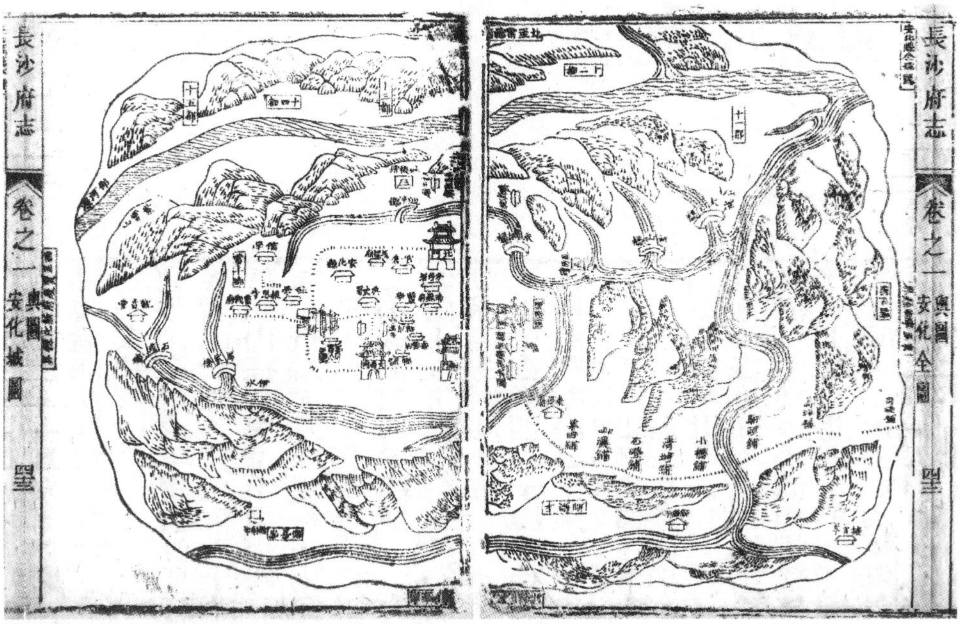

圖 清乾隆《长沙府志》载“安化全图”

今安化属吴长沙郡益阳县。太平二年（257），吴分长沙郡为湘东、衡阳二郡，今安化属吴衡阳郡益阳县。宋代建县之初，全县划分为四乡五都。四乡：归化、常丰、丰乐、常安。五都：十一都、十二都、十三都、十四都、十五都，后改称一、二、三、四、五都。元代，安化编十九里。明代，安化辖十一乡，编十九里，后并为九里。清初因明制，为九里。康熙三十五年(1696)，增设一坊，为九里一坊。咸丰年间复改为九里。同治年间复为四乡五都。其中常丰、常安、归化、丰乐四乡及五都各辖十保，一都辖十境，二都辖五保，三都辖八区，四都辖五区。民国初年，沿清旧制。

明嘉靖《安化县志》“卷五·景概”载“梅山十景”：熊耳浮青、灵龟兆雨、伊水拖蓝、泉塘沸玉、紫云晚照、芙岭朝云、笔架凌霄、镜泉浴月、仙岩佛像、印石奇纹。

清乾隆《长沙府志》“古迹·安化”载“十景”：伊水拖蓝、泉塘拂玉、熊耳浮青、灵龟兆雨、紫云晚照、芙岭朝云、笔架凌霄、镜泉浴月、仙岩佛像、印石奇纹。

[熊耳浮青]

北三台洲又夏泉在縣西北三十五里上下兩泉各廣三十畝清淺澄澈水涌如噴珠舊志

安化縣

東華山在縣東半里資江所經一統志

芙蓉山詳見寧鄉縣在縣東六十里舊志

移風山在縣東七十里相傳梅山猺人於此從化故名一統志

東山在縣東八十里梅溪出此一統志

鳳形山有二一在縣西橋口市南如棲鳳一在縣西市如飛鳳二山隔邵河各半里舊志

紫雲山在縣西上有三井一清二濁一統志

湖南通志卷十五 地理十五 山川三 七

天香山在縣西二十里上有眞武寺舊志

浮青山在縣南二十里一統志安化有浮青山九域志遠望如浮明統志 明陳揚明浮青山詩幽溪古剎碧雲懸瑶樹琪花古洞天絕頂雲封仙掌露半腰日射紫霞煙紅塵不到繙經處白鶴飛來卓錫邊前度宰官禪坐入標題勝蹟問前緣

雷公山在縣北十五里有雷神石像下有流泉甚甘潔一統志

大峯山在縣北七十里周圍百里有七十二峯環拱相向下有靈潭一統志與大小仙山相接明統志縣東有大峯山明史地理志

浮泥山在縣北七十里一統志崖壁峭絕土人攀援而上開畬種穀土壤沃饒因名名勝志縣東有浮泥山明史地理志

辰山在縣北百八十里高四十里跨益陽及寶慶府新化兩縣

清光绪《湖南通志》“卷十五・地理十五・山川三・安化县”载“浮青山”

明嘉靖《安化县志》“卷五・景概・梅山十景”载“熊耳浮青”：即浮青山。

清嘉庆《安化县志》“卷之三・山川”载“浮青山”：在县西三十里，两峰高耸并列，远望苍然若浮。旧《志》云，“黄帝南巡、齐桓南伐，俱登此山”。《府志》删之，改宋毕田诗“山色有无青欲浮”。确甚。

[灵龟兆雨]

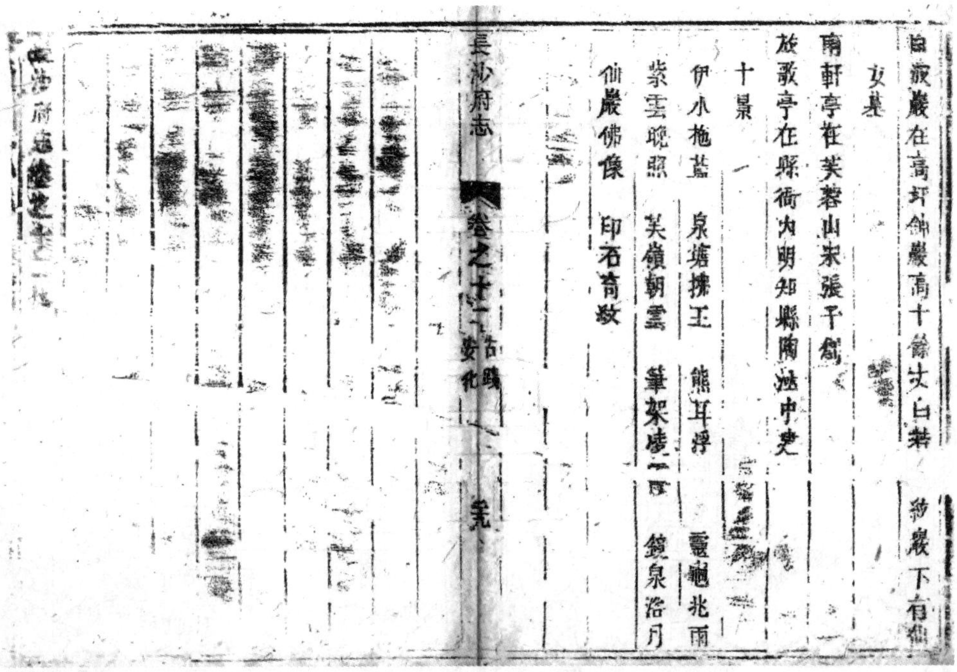

白巖巖在高圩鄉巖高十餘丈白若 紗巖下有仙
南軒亭在芙蓉山宋張千創
放歌亭在縣衙內明知縣周泓中建
十景
伊水拖藍 泉塘拂玉 熊耳浮 靈龜兆雨
紫雲曉照 芙嶺朝雲 筆架凌雲 鏡泉浴月
仙巖佛像 印石奇蹤
長沙府志 卷之十一 古蹟 安化

▣ 清乾隆《长沙府志》“古迹·安化·十景”载“灵龟兆雨”

明嘉靖《安化县志》“卷五·景概·梅山十景”载“灵龟兆雨”：即灵龟洞。

清嘉庆《安化县志》“卷之三·山川”载“灵龟洞”：在县东四十里洞天观上，洞门高丈余，广六七尺，水由中出，二三丈外有巨石横架坑上，为仙人桥。桥下左列，石龟昂首水中，祷雨擦龟背有生龟气则雨，即灵龟兆雨也。

[伊水拖蓝]

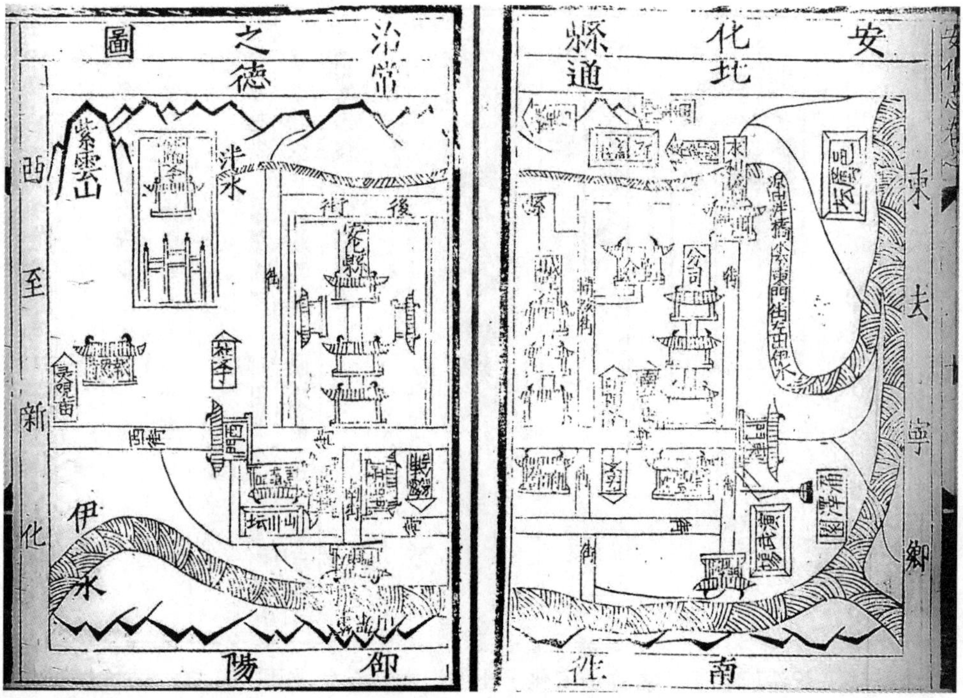

明嘉靖《安化县志》"安化县治之图"载"伊水"

清光绪《湖南通志》"山川"载"伊水"：在县南三十里，源出黄柏界山，东北流，会沉香溪。又东，至县东南，会梅子溪。绕县东，会岩溪。又北，会仙溪入资，一名敷溪。

［泉塘沸玉］

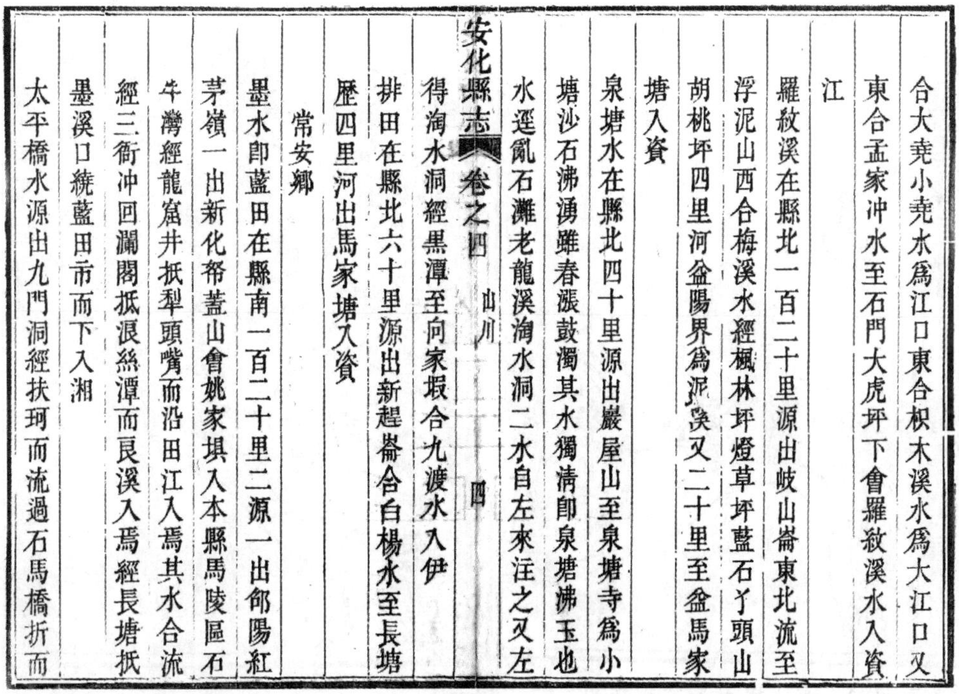

合大堯小堯水爲江口東合枳木溪水爲大江口又
東合孟家冲水至石門大虎坪下會羅敘溪水入資
江
羅敘溪在縣北一百二十里源出岐山嶺東北流至
浮泥山西合梅溪水經楓林坪燈草坪藍石孑頭山
胡桃坪四里河益陽界爲泥溪又二十里至益馬家
塘入資
泉塘水在縣北四十里源出巖屋山至泉塘寺爲小
塘沙石沸湧雖春漲鼓濁其水獨清卽泉塘沸玉也
水逕亂石灘老龍溪洵水洞二水自左來注之又左

安化縣志　卷之四　山川　四

得洵水洞經黒潭至向家堰合九渡水入伊
排田在縣北六十里源出新趕嵛合白楊水至長塘
歷四里河出馬家塘入資
常安鄉
墨水卽藍田在縣南一百二十里二源一出邵陽紅
茅嶺一出新化帑蓋山會姚家垻入本縣馬陵區石
牛灣經龍窩井抵犁頭嘴而沿田江入焉其水合流
經三衙冲回瀾閣抵浪絲潭而艮溪入焉經長塘抵
墨溪口繞藍田市而下入湘
太平橋水源出九門洞經扶珂而流過石馬橋折而

清嘉庆《安化县志》“山川”载“泉塘水”

明嘉靖《安化县志》“卷五·景概·梅山十景”载“泉塘沸玉”：“在泉塘寺小溪内”。清嘉庆《安化县志》“卷之三·山川”载“泉塘水”：在县北四十里，源出岩屋山，至泉塘寺为小塘，沙石沸涌，虽春涨鼓浊，其水独清，即泉塘沸玉也。

[紫云晚照]

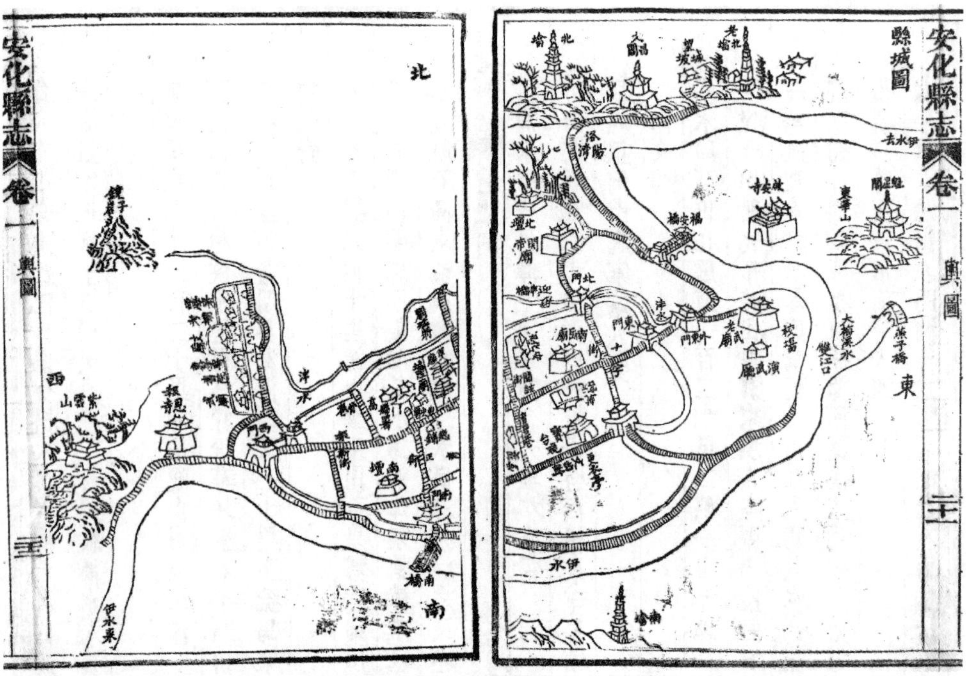

清同治《安化县志》“县城图”载“紫云山”

明嘉靖《安化县志》“卷五·景概·梅山十景”载“紫云晚照”：即紫云山。

清嘉庆《安化县志》“卷之三·山川”载“紫云山”：在县西半里，每日夕有紫光照耀满山，城中望之灿然，即紫云晚照也。

[芙岭朝云]

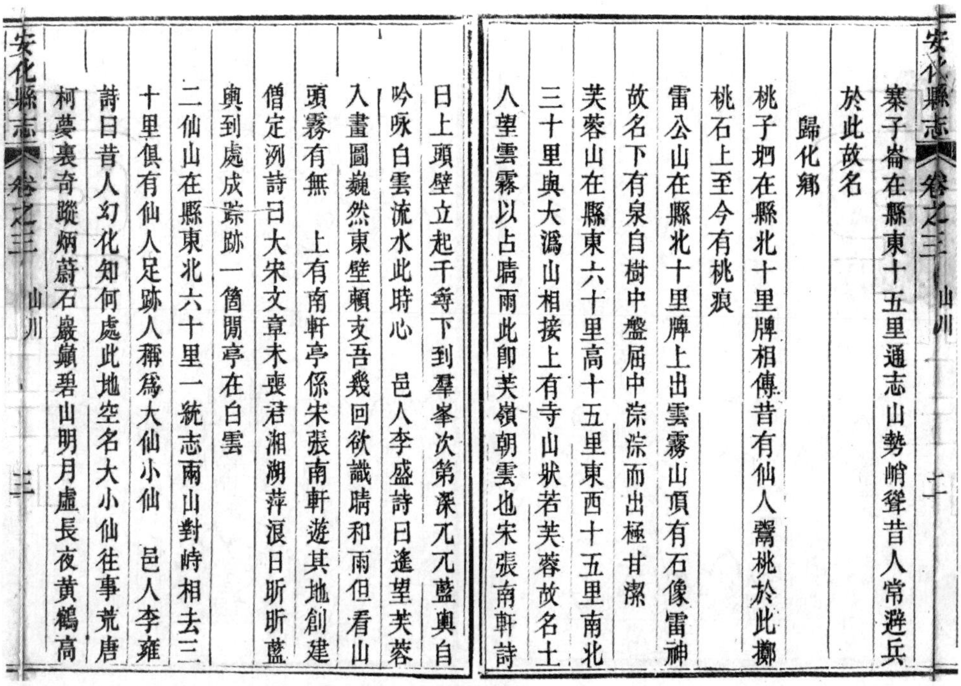

安化縣志　卷之三　山川　二

寨子崙在縣東十五里通志山勢峭聳昔人常避兵於此故名

歸化鄉

桃子坳在縣北十里牌相傳昔有仙人齎桃於此擲桃石上至今有桃痕

雷公山在縣北十里牌上出雲霧山頂有石像雷神故名下有泉自樹中盤屈中淙淙而出極甘潔

芙蓉山在縣東六十里高十五里東西十五里南北三十里與大溈山相接上有寺山狀若芙蓉故名土人望雲霧以占晴雨此即芙嶺朝雲也宋張南軒詩

安化縣志　卷之三　山川　三

日上頭壁立起千尋下到羣峯次第深兀兀藍輿自吟哦白雲流水此時心　邑人李盛詩曰遙望芙蓉入畫圖巍然東壁賴支吾幾回欲識晴和雨但看山頭霧有無　上有南軒亭係宋張南軒遊其地創建僧定洌詩曰大宋文章未喪君湘潮萍浪日昕昕藍輿到處成蹤跡一箇閒亭在白雲

二仙山在縣東北六十里一統志兩山對峙相去三十里俱有仙人足跡人稱為大仙小仙　邑人李雍詩曰昔人幻化知何處此地空名大小仙往事荒唐柯夢裏奇蹤炳蔚石巖巔碧山明月虛長夜黃鶴高

圖 清嘉庆《安化县志》“山川”载“芙蓉山”

明嘉靖《安化县志》“卷五·景概·梅山十景”载“芙岭朝云”：“即芙蓉山”。清嘉庆《安化县志》“卷之三·山川”载“芙蓉山”：在县东六十里，高十五里，东西十五里，南北三十里，与大沩山相接。上有寺，山状若芙蓉，故名。土人望云雾以占晴雨，此即芙岭朝云也。

［笔架凌霄］

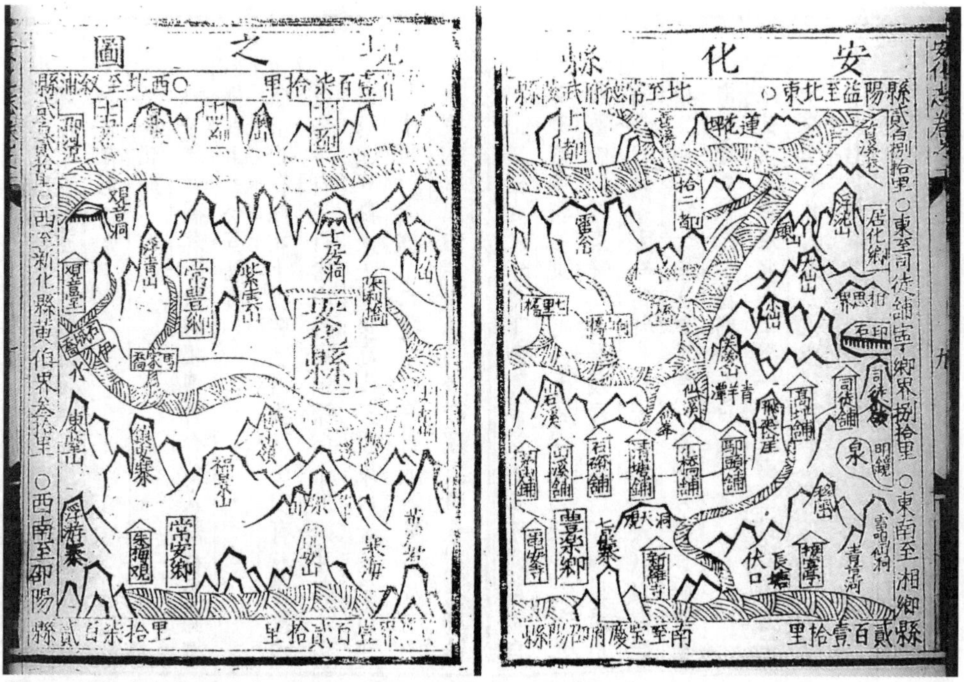

明嘉靖《安化县志》“安化县境之图”载“笔架山”

明嘉靖《安化县志》“卷五·景概·梅山十景”载“笔架凌霄”：“治前三峰列峙如笔架。”清嘉庆《安化县志》“卷之三·山川”载“笔架山”：在县治对岸，状如笔架，下如华盖，秀整可观，即笔架凌霄也。

[镜泉浴月]

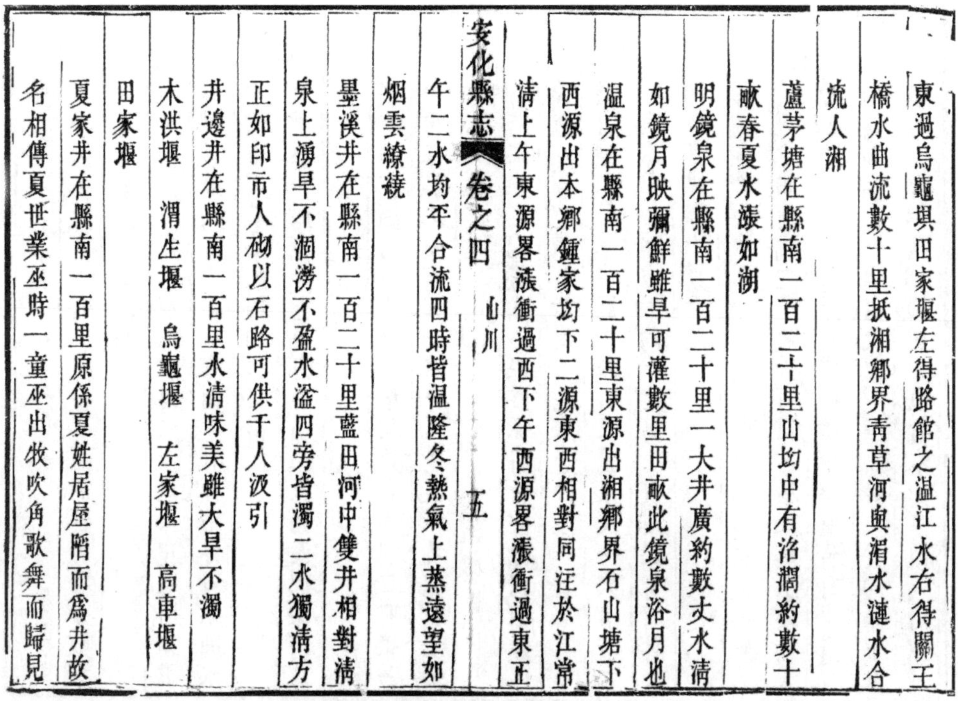

東過烏龜堪田家堰左得路舘之温江水右得關王
橋水曲流數十里抵湘鄉界青草河與湄水漣水合
流入湘
蘆茅塘在縣南一百二十里山坳中有沿潤約數十
畝春夏水漲如湖
明鏡泉在縣南一百二十里一大井廣約數丈水清
如鏡月映彌鮮雖旱可灌數里田畝此鏡泉浴月也
温泉在縣南一百二十里東源出湘鄉界石山塘下
西源出本鄉鍾家坳下二源東西相對同注於江常
清上午東源畧漲衝過西下午西源畧漲衝過東正
安化縣志 卷之四 山川 五
午二水均平合流四時皆温隆冬熱氣上蒸遠望如
烟雲繚繞
曇溪井在縣南一百二十里藍田河中雙井相對清
泉上湧旱不涸潦不盈水溢四旁皆濁二水獨清方
正如印市人砌以石路可供千人汲引
井邊井在縣南一百里水清味美雖大旱不涸
木洪堰 渭生堰 烏龜堰 左家堰 高車堰
田家堰
夏家井在縣南一百里原係夏姓居屋陷而為井故
名相傳夏世業巫時一童巫出牧吹角歌舞而歸見

清嘉庆《安化县志》“山川”载“明镜泉”

明嘉靖《安化县志》“卷五·景概·梅山十景”载“镜泉浴月”：“即明镜水”。清嘉庆《安化县志》“卷之四·山川”载“明镜泉”：在县南一百二十里，一大井，广约数丈，水清如镜，月映弥鲜，虽旱可灌数里田亩，此镜泉浴月也。

[仙岩佛像]

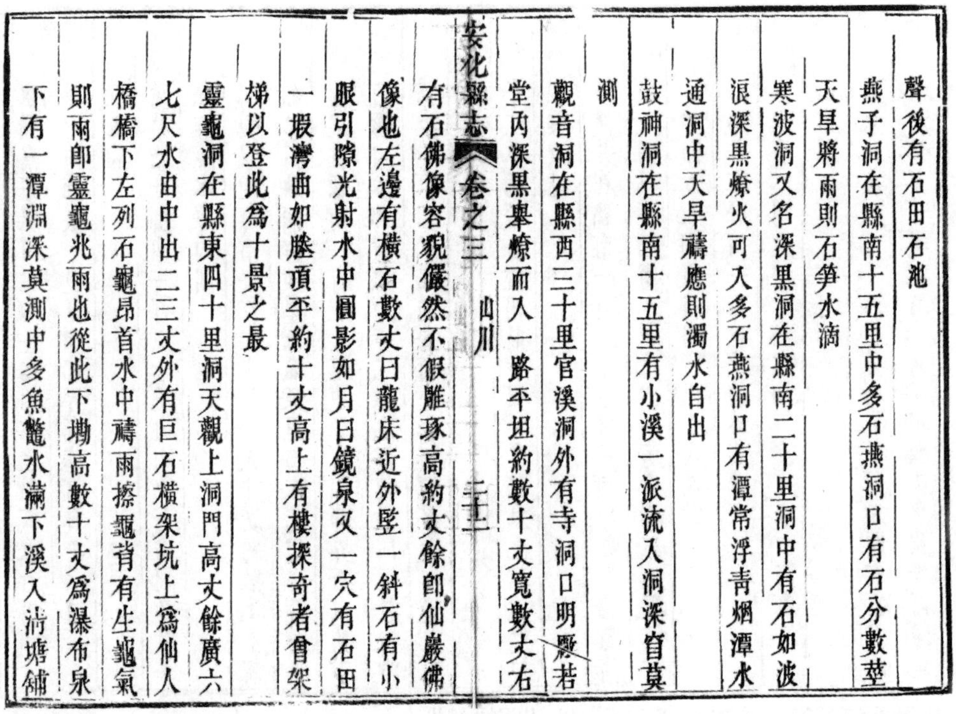

聲後有石田石池
燕子洞在縣南十五里中多石燕洞口有石分數莖
天旱將雨則石笋水滴
寒波洞又名深黑洞在縣南二十里洞中有石如波
浪深黑燎火可入多石燕洞口有潭常浮青烟潭水
通洞中天旱禱應則濁水自出
鼓神洞在縣南十五里有小溪一派流入洞深窅莫
測
觀音洞在縣西三十里官溪洞外有寺洞口明敞若
堂內深黑舉燎而入一路平坦約數十丈寬數丈右
安化縣志《卷之三 山川 二十三
有石佛像容貌儼然不假雕琢高約丈餘即仙巖佛
像也左邊有横石數丈曰龍床近外竪一斜石有小
眼引隙光射水中圓影如月曰鏡泉又一穴有石田
一坵彎曲如塍頂平約十丈高上有樓探奇者嘗架
梯以登此爲十景之最
靈龜洞在縣東四十里洞天觀上洞門高丈餘廣六
七尺水由中出二三丈外有巨石横架坑上爲仙人
橋橋下左列石龜昂首水中禱雨擦龜背有生氣
則雨即靈龜兆雨也從此下塴高數十丈爲瀑布泉
下有一潭淵深莫測中多魚鼈水滿下溪入淸塘鋪

清嘉庆《安化县志》“山川”载“观音洞”

明嘉靖《安化县志》“卷五·景概·梅山十景”载“仙岩佛像”：“在观音洞石室内。”清嘉庆《安化县志》“卷之三·山川”载“观音洞”：在县东三十里官溪，洞外有寺，洞口明敞若堂，内深黑，带燎而入，一路平坦，约数十丈，宽数丈，右有石佛像，容貌俨然，不假雕琢，高约丈余，即仙岩佛像也。

［印石奇纹］

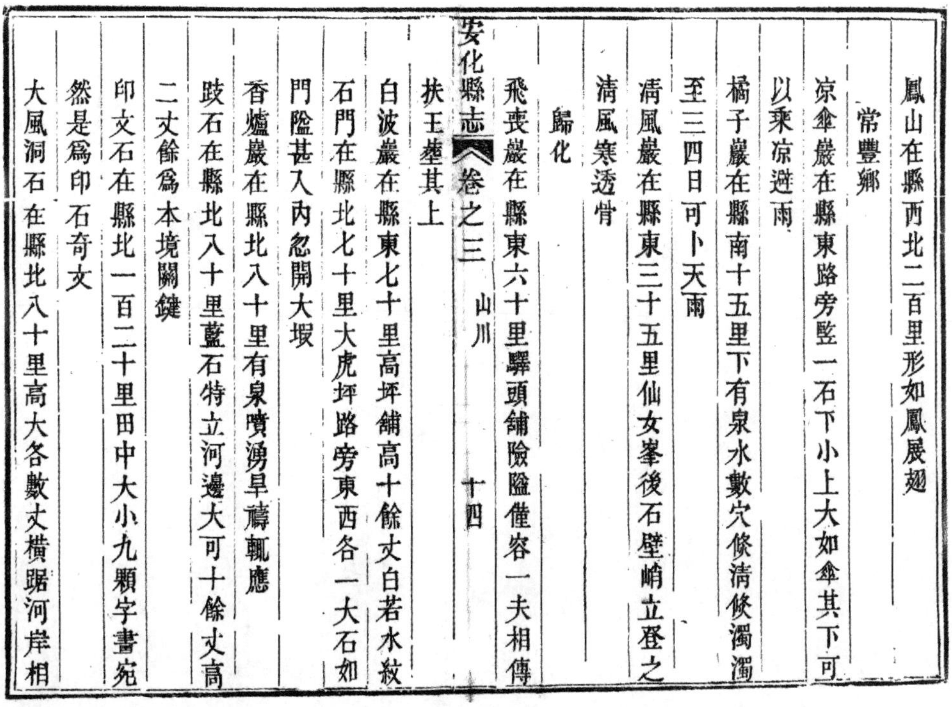
鳳山在縣西北二百里形如鳳展翅
常豐鄉
凉傘巖在縣東路旁豎一石下小上大如傘其下可
以乘凉避雨
橘子巖在縣南十五里下有泉水數穴倏清倏濁
至三四日可卜天雨
清風巖在縣東三十五里仙女峯後石壁峭立登之
清風寒透骨
歸化
飛喪巖在縣東六十里驛頭鋪險隘僅容一夫相傳
安化縣志 卷之三 山川 十四
扶王喪其上
白波巖在縣東七十里高坪鋪高十餘丈白若水紋
石門在縣北七十里大虎坪路旁東西各一大石如
門隘甚入內忽開大垠
香爐巖在縣北八十里有泉噴湧旱禱輒應
跂石在縣北八十里藍石特立河邊大可十餘丈高
二丈餘爲本境關鍵
印文石在縣北一百二十里田中大小九顆字書宛
然是爲印石奇文
大風洞石在縣北八十里高大各數丈橫踞河岸相

清嘉庆《安化县志》“山川”载“印文石”

明嘉靖《安化县志》“卷五·景概·梅山十景”载“印石奇纹”：“在归化乡田中。”清嘉庆《安化县志》“卷之三·山川”载“印文石”：在县北一百二十里田中，大小九颗，字画宛然，是为印石奇文。

文脉·千年湖湘八景图典·娄底卷

【娄底八景】

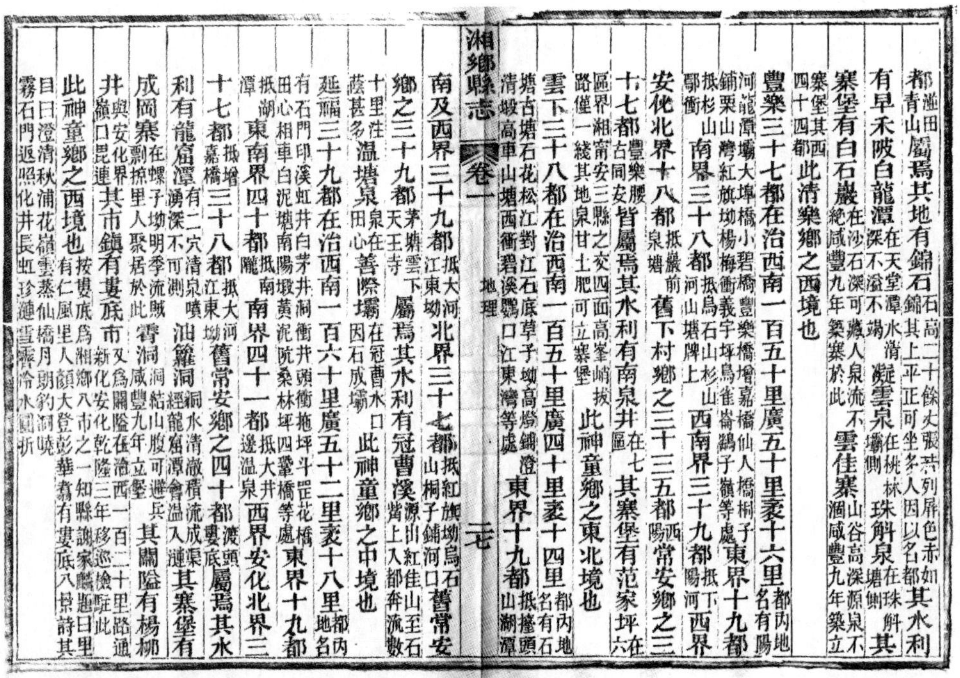
都青山溢田屬焉其地有錦石石高二十餘丈張若列屏色赤如錦其上平正可坐多人因以名都其水利
有旱禾陂白龍潭在天堂潭水清深不溢不竭凝雲泉在桃林壩側珠斛泉在珠斛塘側其
寨堡有白石巖在沙石深可藏人泉流不絕咸豐九年築寨於此雲佳寨山谷高深源泉不涸咸豐九年築立
寨堡其西四十四都此清樂鄉之西境也
豐樂三十七都在治西南一百五十里廣五十里袤十六里都內地名有陽
河龍潭壩大埠橋小碧橋豐樂橋增嘉橋仙人橋桐子鋪栗山灣紅旗坳楊梅衢義宇坪烏雀嶺鵝子嶺等處東界十九都
抵杉山鄂衢南界三十八都抵烏石山杉山河山塘牌上西南界三十九都抵下陽河西界
安化北界十八都抵巖前泉塘舊下村鄉之三十三五都西陽常安鄉之三
十七都豐樂腰古同安皆屬焉其水利有南泉井在七區其寨堡有范家坪在六
區界湘甯安三縣之交四面高峯峭拔路僅一綫其地泉甘土肥可立寨堡此神童鄉之東北境也
雲下三十八都在治西南一百五十里廣四十里袤十四里都內地名有石
塘古塘石花松江對江石底草子坳高嶺鋪澄清塅高車山塘西衢碧溪鸎口江東灣等處東界十九都抵擡頭山湖潭
湘鄉縣志 卷一 地理 二七
南及西界三十九都抵大河江東坳北界三十七都抵紅旗坳烏石山桐子鋪河口舊常安
鄉之三十九都茅塘雲下天王寺屬焉其水利有冠曹溪源出紅佳山至石背上入都奔流數
十里注蔭甚多溫塘泉泉在田心善際壩在冠曹水口因石成壩此神童鄉之中境也
延福三十九都在治西南一百六十里廣五十二里袤十八里都內地名
有石門印溪虹井白茅井洞衢井頭衢拖坪斗罡花橋田心相車白泥塘南陽塅黃泥阬桑林坪四鑿橋等處東界十九都
抵湖潭東南界四十都抵南隴南界四十一都抵大井邊溫泉西界安化北界三
十七都抵增嘉橋三十八都抵大河江東坳舊常安鄉之四十都渡頭婁底屬焉其水
利有龍窩潭有二穴清泉噴湧深不可測油籮洞洞水清澈積流成渠經龍窩潭會溫入漣其寨堡有
成岡寨在螺子坳明季流賊剽掠里人聚居於此脊洞洞結山腹可避兵咸豐九年立壘其關隘有楊柳
井與安化界嶺口毘連其市鎮有婁底市又爲關隘在治西一百二十里路通新化安化乾隆三年移巡檢駐此
此神童鄉之西境也按婁底爲湘鄉八市之一知縣謝家麟題曰里有仁風里人顏大登彭華翥有婁底八景詩其
目曰澄清秋浦花嶺雲蒸仙橋月朗豹洞曉霧石門返照化井長虹珍漣雪霽冷水圜折

清同治《湘乡县志》“地理”载“娄底八景”

娄底，位于湖南省中部，古属荆州地域，为群濮百蛮之区。春秋战国时属楚国。秦代，始皇二十六年（前221）置郡、县，境内属长沙郡湘南县。西汉，高祖五年（前202），长沙郡改长沙国，湘南县析置连道，治所龙城。连道以涟水得名，《水经注》载：“邑有蛮夷曰连道，连道治连水以西。”境内属连道，隶长沙国。东汉，光武六年（30），长沙国复改长沙郡，市境仍属长沙郡连道。东汉末，刘备、孙权迭据荆州，境内先为刘备占区，后为孙权占区。在刘属长沙郡，在孙属衡阳郡，三国时期为吴地衡阳郡。晋朝，属荆州衡阳郡。南朝，宋永初三年（422），连道并入湘乡县，封戴明宝为湘乡侯，衡阳郡改衡阳内史。齐复改衡阳内史为衡阳郡。齐、梁、陈境内随湘乡县属衡阳郡。隋朝，开皇九年（589），废衡阳郡置潭州总管府，湘乡县并入衡山县，改属潭州总管府。大业三年（607），潭州总管府改为长沙郡，市境属长沙郡衡山县。唐朝，武德四年（621），复长沙郡为潭州，析衡山县复置湘乡县，县治迁连道故城——龙城，不久，还故地（湘涟镇），开元二十一年（733），分全国为十五道，境内属江南西道潭州湘乡县。五代十国时期，马殷据湖南建楚国。后唐天成二年（927），改潭州为长沙府。湘乡属楚国长沙府。北宋时期，湖南分荆湖南路、荆湖北路，复潭州，境内属荆湖南路潭州湘乡县。熙宁六年（1073），娄底集镇初具规模，称楼底市，为湘乡县八大集镇之一。元朝，至元十四年（1277），立湖广行省，潭州改潭州路。元贞元年（1295），湘乡因民至万户升为州。天历二年（1329），潭州路易名天临路，市境随湘乡州属湖广行省天临

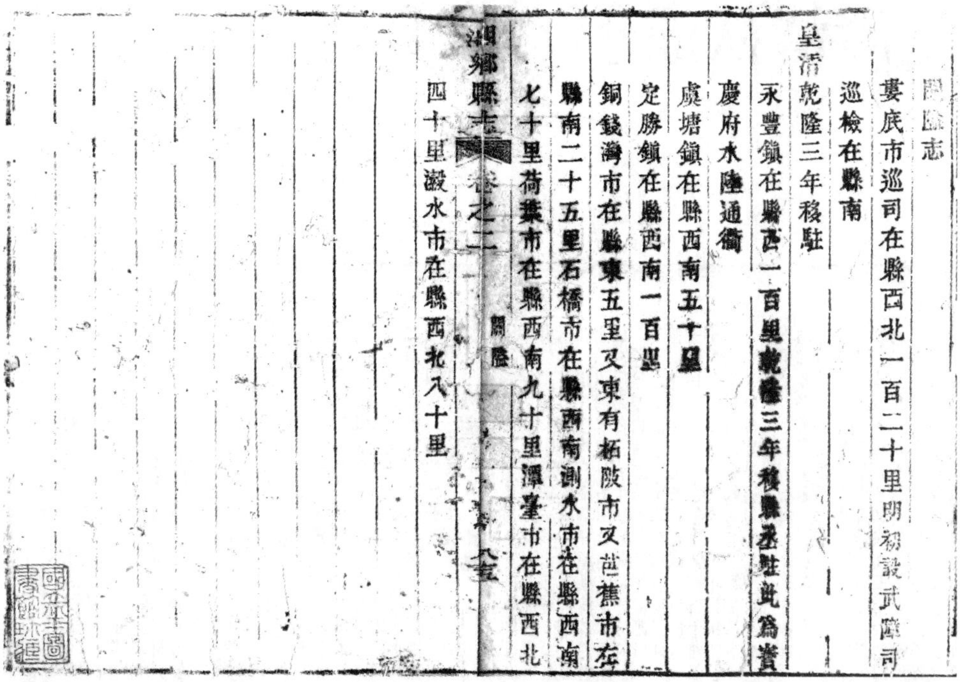

關隘志
婁底市巡司在縣西北一百二十里明初設武陵司
巡檢在縣南
皇清乾隆三年移駐
永豐鎮在縣西一百里乾隆三年移縣丞駐此爲寶
慶府水陸通衢
虞塘鎮在縣西南五十里
定勝鎮在縣西南一百里
銅錢灣市在縣東五里又東有栢旼市又芭蕉市在
縣南二十五里石橋市在縣西南測水市在縣西南
七十里荷葉市在縣西南九十里潭臺市在縣西北
四十里瀔水市在縣西北八十里

湘鄉縣志 卷之二 關隘 八

清道光《湘乡县志》“关隘”载“娄底市巡司”

路。至正二十四年（1364），吴王朱元璋改天临路为潭州府。明朝，洪武二年（1369），湘乡州降为县。洪武九年，改湖广行省为湖广布政使司，潭州府易名长沙府，市境仍随湘乡县归长沙府所辖。清代，地方政府采行“省”“道”“府”“厅”“州”制。康熙三年（1664），湖广布政使司分置湖南布政使司（即湖南省），下设长宝等四道，市境隶湖南省长宝道长沙府。乾隆五年（1738），“楼底”名改为“娄底”。

清同治《湘乡县志》“地理”载“娄底八景”：其市镇有娄底市（又为关隘，在治西一百二十里，路通新化、安化。乾隆三年，移巡检驻此），此神童乡之西镜也（按：娄底为湘乡八市之一，知县谢家麟题曰“里有仁风”。里人颜大登、彭华翥有“娄底八景诗”。其目曰：澄清秋浦、花岭云蒸、仙桥月朗、豹洞晓雾、石门返照、化井长虹、珍涟雪霁、冷水圆折）。

[澄清秋浦]

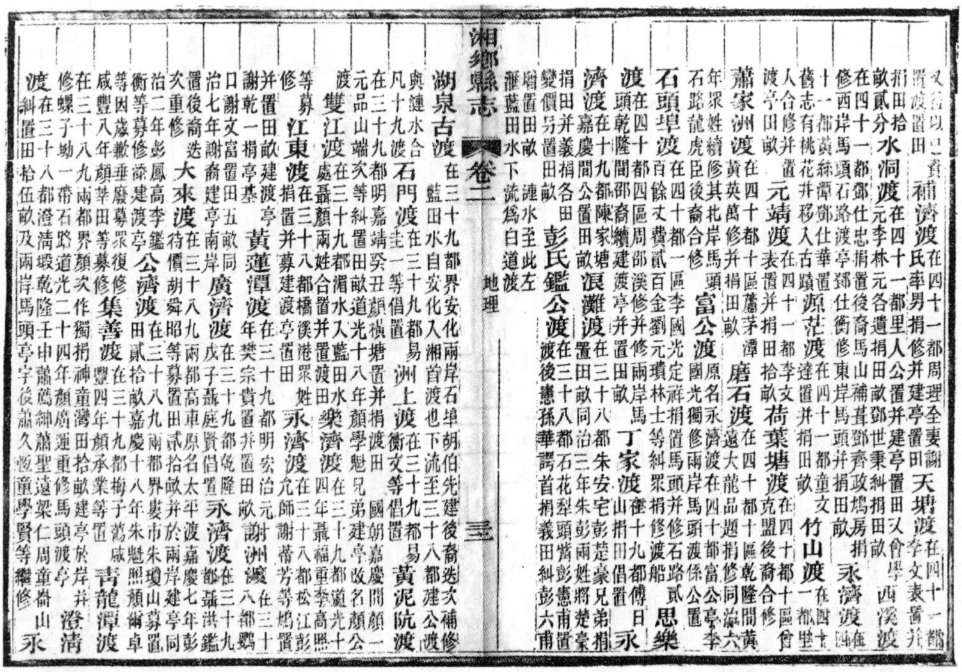

清同治《湘乡县志》"卷二·地理"载"澄清渡"：在三十八都澄清塅。乾隆壬申，萧荐绅、萧圣远、梁仁周、童崙山纠置田十五亩及两岸码头亭宇。后，萧久恒、童学贤等继修。

[花岭云蒸]

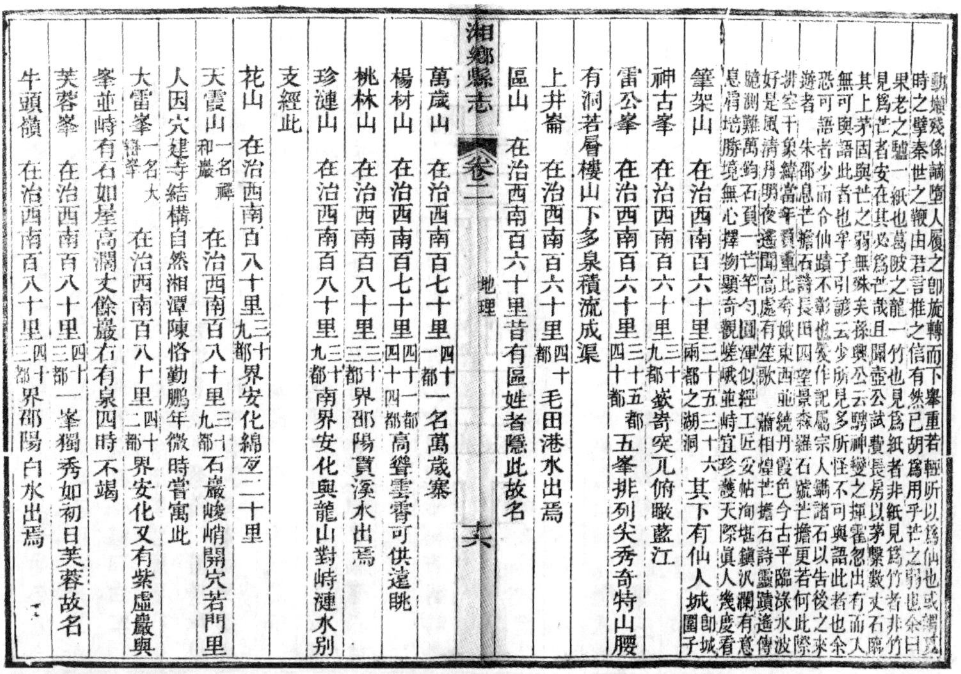
動爤殘保譎墮人履之卽旋轉而下舉重若輕所以爲仙也或嘲曰
時之擘秦世之鞭由君言推之信有然已胡爲用乎芒之躬也余
果老之驢一紙也葛陂之龍一竹也見爲紙者非紙見爲竹者非竹
見爲芒者安在其必爲芒哉且閬壺公試費長房以茅繫數丈石臨
其上茅固與芒之弱無殊矣孫興公云騁神變之揮霍忽出有而入
無可與語此者也半子引諺云少所見多所怪不可與語此者也余
恐可語者少而令仙蹟不彰也爰作記屬宗人鏘諸石以告後之來
遊者　朱邵息芒擔石詩長田四望景森羅石號芒擔更若何此際
排空千象緯當年負重比秦娥東西䆉繞丹霞色今古平臨淥水波
好是風清月明夜遙聞高處有笙歌　蕭相煌芒擔石詩靈蹟遙傳
聽渺難萬鈞石負一芒竿勻圓渾似經工匠安帖洵堪鎮汎瀾有意
息肩培勝境無心撑物顯奇觀嵯峨並峙宜珍護天際眞人幾度看
筆架山　在治西南百六十里三十五三十六兩都之湖洞　其下有仙人城卽城圍子
神古峯　在治西南百六十里三十九都　嶔嵜突兀俯瞰藍江
雷公峯　在治西南百六十里三十五四十都　五峯排列尖秀奇特山腰
有洞若層樓山下多泉積流成渠
上井嶺　在治西南百六十里四十都　毛田港水出焉
區山　在治西南百六十里昔有區姓者隱此故名

湘鄉縣志　卷二　地理　十六

萬歲山　在治西南百七十里四十一都　一名萬歲寨
楊材山　在治西南百七十里四十一四十四都　高聳雲霄可供遠眺
桃林山　在治西南百八十里三十三都　界邵陽貫溪水出焉
珍漣山　在治西南百八十里三十九都　南界安化與龍山對峙漣水別
支經此
花山　在治西南百八十里三十九都　界安化綿亙二十里
天霞山一名禪和巖　在治西南百八十里三十九都　石巖峻峭闢穴若門里
人因穴建寺結構自然湘潭陳恪勤鵬年微時嘗寓此
大雷峯一名大鋒峯　在治西南百八十里四十二都　界安化又有紫虛巖與
峯並峙有石如屋高濶丈餘巖右有泉四時不竭
芙蓉峯　在治西南百八十里四十三都　一峯獨秀如初日芙蓉故名
牛頭嶺　在治西南百八十里四十三都　界邵陽白水出焉

清同治《湘乡县志》“卷二·地理”载“花山”：在治西南百八十里（三十九都），界安化，绵亘二十里。

[仙桥月朗]

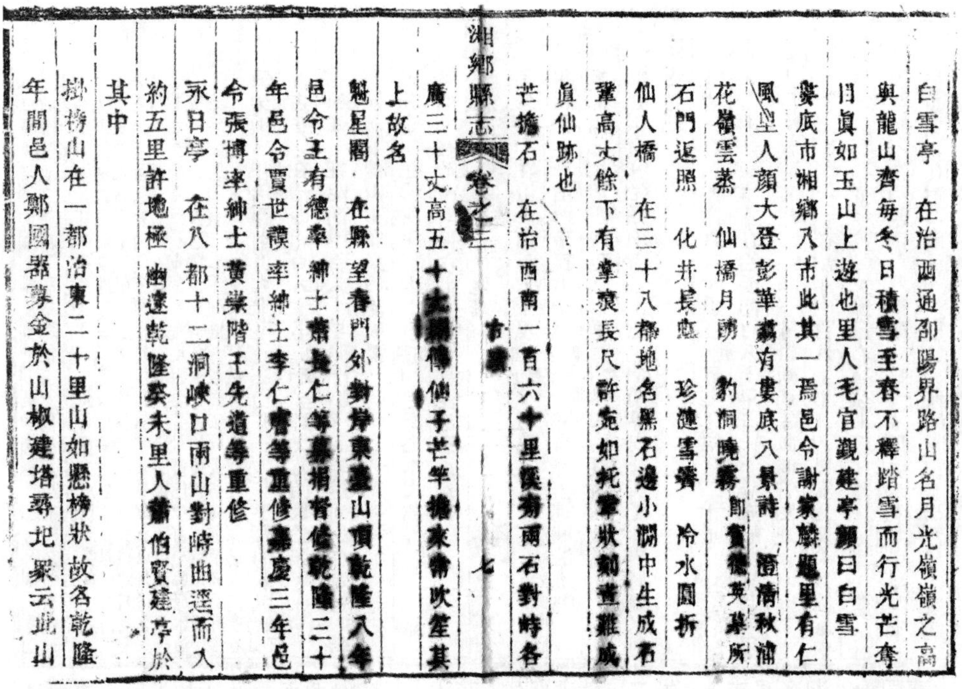

白雪亭　在治西通邵陽界路山名月光嶺嶺之高
與龍山齊每冬日積雪至春不釋踏雪而行光芒奪
目眞如玉山上遊也里人毛宜觀建亭額曰白雪
婁底市湘鄉八市此其一爲邑令謝家麟題里有仁
風里人顏大登彭華翥有婁底八景詩　澄清秋浦
花嶺雲蒸　仙橋月朗　豹洞曉霧　節寶德英舉所
石門返照　化井長虹　珍濂雪霽　冷水圓拆
仙人橋　在三十八都地名黑石邊小澗中生成石
鞏高丈餘下有掌痕長尺許宛如托鞏狀刻畫難成
眞仙跡也
芒擔石　在治西南一百六十里[illegible]夯兩石對峙各

湘鄉縣志　卷之三　古蹟　七

廣三十丈高五十丈相傳仙子芒芊擔來常吹崖其
上故名
魁星閣　在縣望春門外對岸東臺山頂乾隆八年
邑令王有德率紳士蕭長仁等募捐督修乾隆三十
年邑令賈世禩率紳士李仁齋等重修嘉慶三年邑
令張博率紳士黃棠階王先道等重修
永日亭　在八都十二洞峽口兩山對峙幽遼而入
約五里許地極幽邃乾隆癸未里人蕭伯賢建亭於
其中
掛榜山　在一都治東二十里山如懸榜狀故名乾隆
年間邑人鄭國器募金於山椒建塔[illegible]圯聚云此山

清道光《湘乡县志》“卷之三·古迹”载“仙人桥”：在三十八都，地名黑石边，小涧中声称石巩，高丈余，下有掌痕，长尺许，宛如托巩状，刻画难成，真仙迹也。

［豹洞晓雾］

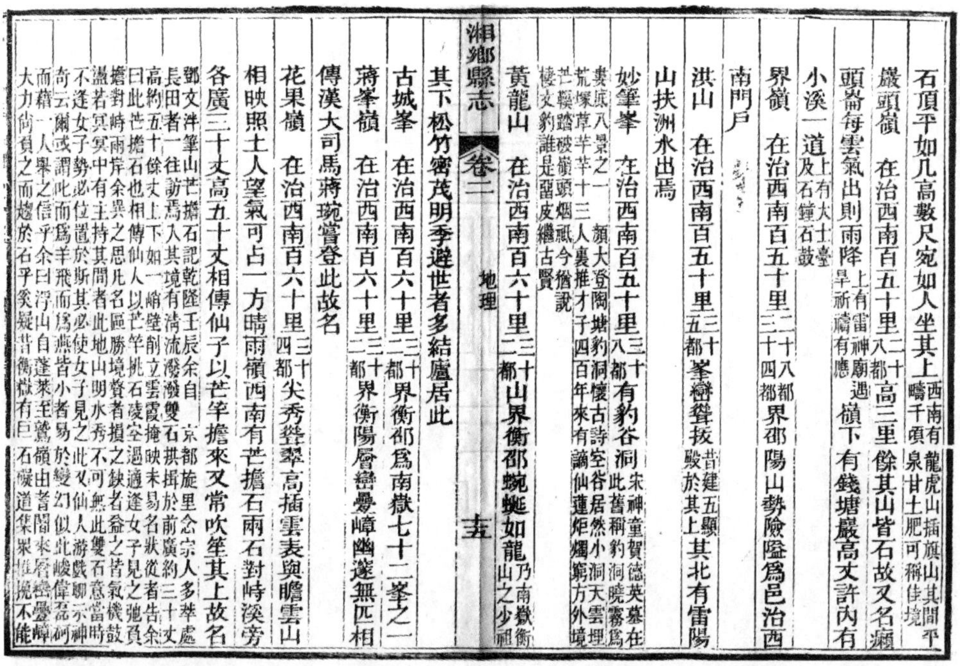

石頂平如几高數尺宛如人坐其上西南有龍虎山插旗山其間平疇千頃泉甘土肥可稱佳境
巖頭嶺　在治西南百五十里二十八都高三里餘其山皆石故又名癩
頭崙每雲氣出則雨降上有雷神廟遇旱祈禱有應嶺下有錢塘巖高丈許內有
小溪一道上有大士臺及石鐘石鼓
界嶺　在治西南百五十里二十八都三十四都界邵陽山勢險隘爲邑治西
南門戶
洪山　在治西南百五十里三十五都峯巒聳拔昔建五顯殿於其上其北有雷陽
山扶洲水出焉
妙筆峯　在治西南百五十里三十八都有豹谷洞宋神童賀德英墓在此舊稱豹洞曉霧爲
婁底八景之一　顏大登陶塘豹洞懷古詩空谷居然小洞天雲埋荒塚草芊芊十三人裏推才子四百年來有謫仙蓮炬燭窮方外境芒鞵踏破嶺頭烟祇今猶說棲文豹誰是留皮繼古賢
黃龍山　在治西南百六十里三十二都山界衡邵蜿蜒如龍乃南嶽衡山之少祖

湘鄉縣志　卷二　地理　十五

其下松竹密茂明季避世者多結廬居此
古城峯　在治西南百六十里三十二都界衡邵爲南嶽七十二峯之一
蔣峯嶺　在治西南百六十里三十二都界衡陽層巒疊嶂幽邃無匹相
傳漢大司馬蔣琬嘗登此故名
花果嶺　在治西南百六十里三十四都尖秀聳翠高插雲表與瞻雲山
相映照土人望氣可占一方晴雨嶺西南有芒擔石兩石對峙溪旁
各廣三十丈高五十丈相傳仙子以芒竿擔來又常吹笙其上故名
鄧文泮筆山芒擔石記乾隆壬辰余自京都旋里念宗人多萃處長田者一往訪焉入其境有淸流潑潑雙石拱揖於前廣約三十丈高約五十餘丈上下如一峭壁削立雲霞掩映未易名狀從者告余曰此芒擔石也相傳仙人以芒竿挑石凌空過適逢女子見之弛負擔對峙兩岸余異之思凡名區勝境賛者損之缺者益之皆氣機鼓盪若冥冥中有主持其間者此地山明水秀不可無此雙石意當時不逢女子勢必位置於斯其必使女子見之此又仙人游戲聊示神奇云爾或謂叱而爲羊飛而爲燕皆小者易於變幻似此峻偉磊砢而藉一人舉之信乎余曰浮山自蓬萊至鷲嶺由耆闍來層巒疊嶂大力尙負之而趨於石乎奚疑昔衡嶽有巨石礙道集衆推挽不能

清同治《湘乡县志》“卷二·地理”载“豹洞”：妙笔峰，在治西南百五十里（三十八都）有豹谷洞（宋神童贺德英墓在此。旧称“豹洞晓雾”为娄底八景之一）。

[石门返照]

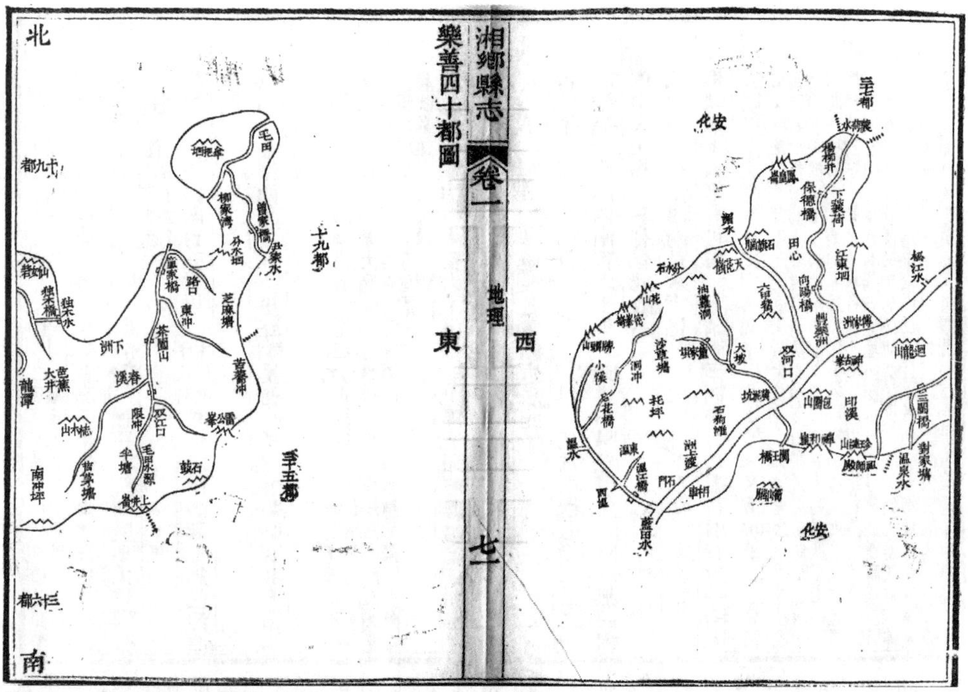

清同治《湘乡县志》“地理·延福三十九都图”（局部）载“石门”

[化井长虹]

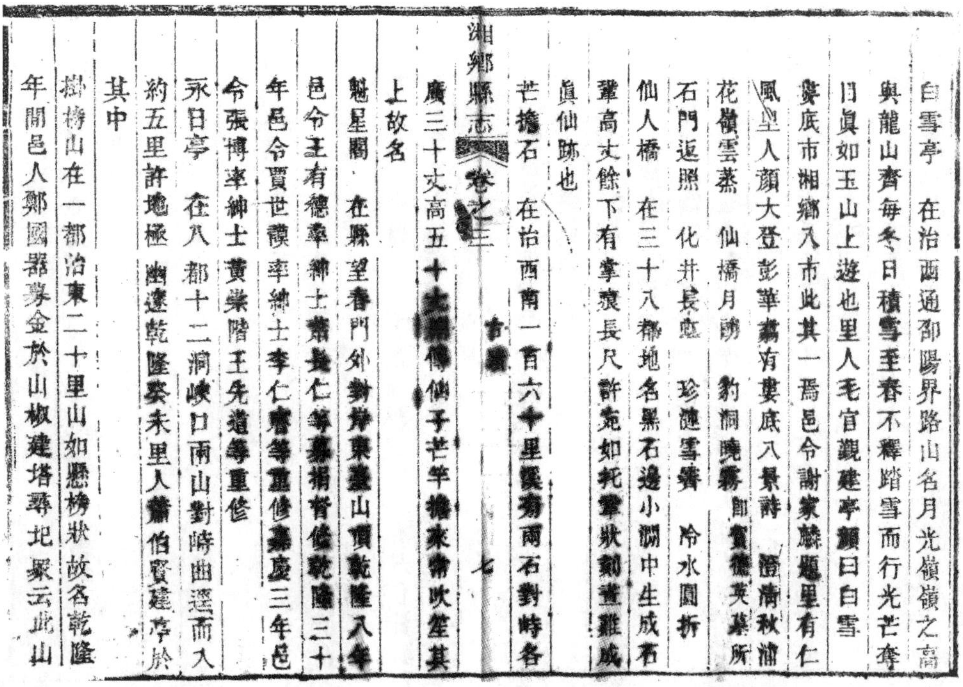

清道光《湘乡县志》“卷之三·古迹·娄底八景”载“化井长虹”

娄底卷

[珍涟雪霁]

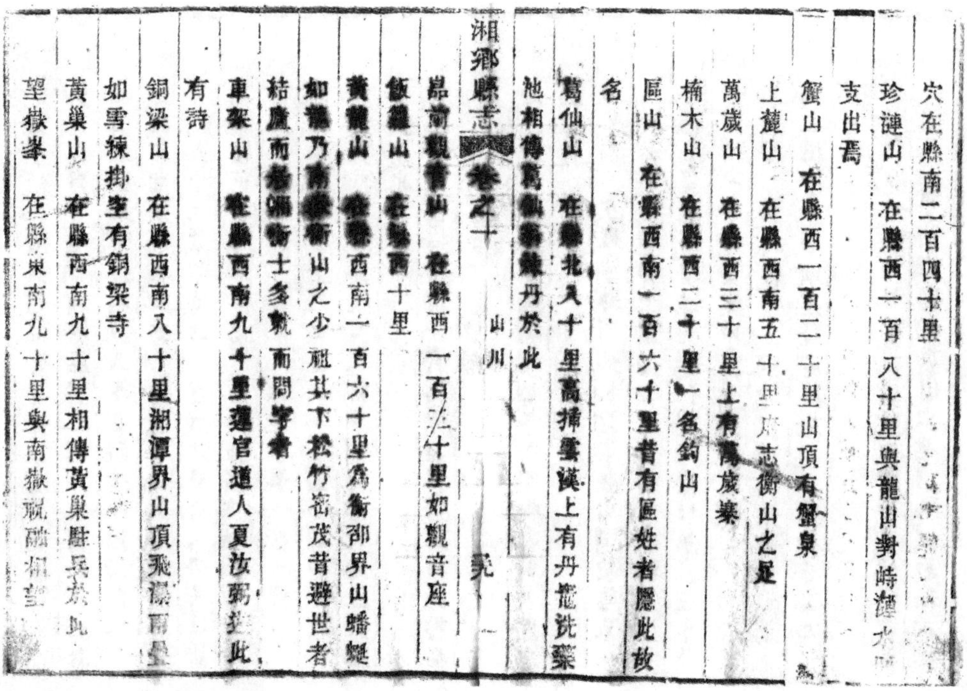

穴在縣南二百四十里
珍漣山 在縣西一百八十里與龍山對峙漣水別
支出焉
蟹山 在縣西一百二十里山頂有蟹泉
上麓山 在縣西南五十里府志衡山之足
萬歲山 在縣西三十里上有萬歲峯
楠木山 在縣西二十里一名釣山
匾山 在縣西南一百六十里昔有匾姓者隱此故
名
葛仙山 在縣北八十里高插雲漢上有丹竈洗藥
池相傳葛仙翁煉丹於此
湘鄉縣志 卷之一 山川
崑前觀音山 在縣西一百三十里如觀音座
飯籮山 在縣西十里
黃龍山 在縣西南一百六十里爲衡邵界山蟠蜒
如龍乃南嶽衡山之少祖其下松竹蔚茂昔避世者
結廬而[illegible]士多就而問字者
車架山 在縣西南九十里蓮官道人夏汝弼隱此
有詩
銅梁山 在縣西南八十里湘潭界山頂飛瀑而[illegible]
如雪練掛室有銅梁寺
黃巢山 在縣西南九十里相傳黃巢駐兵於此
望嶽峯 在縣東南九十里與南嶽祝融相望

清道光《湘乡县志》“卷之一 · 山川”载“珍涟山”：在县西一百八十里，与龙山对峙，涟水别支出焉。

[冷水圆折]

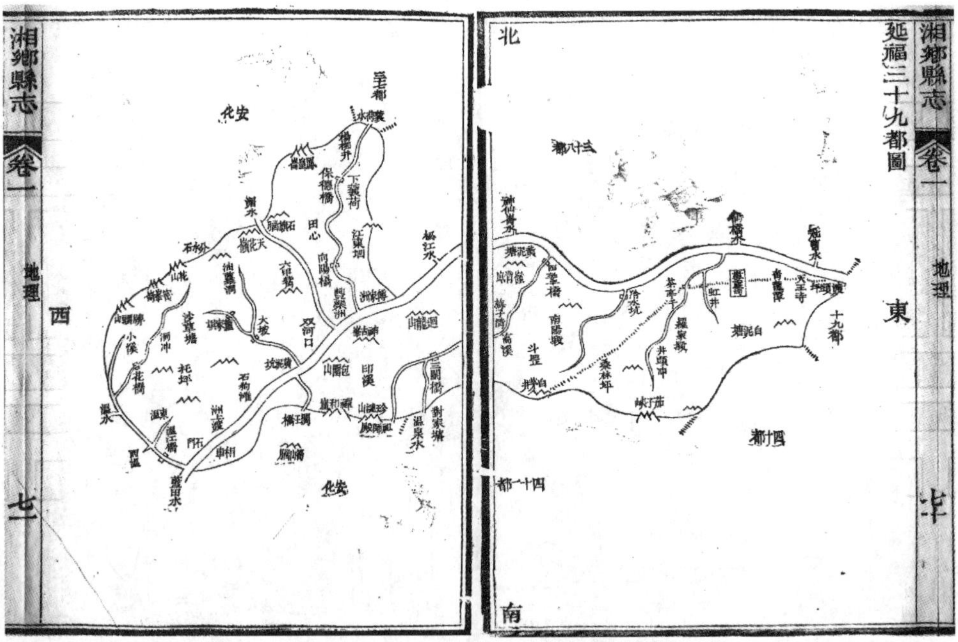

▣ 清同治《湘乡县志》“地理 · 延福三十九都图”载“冷水坑”

【新化八景】

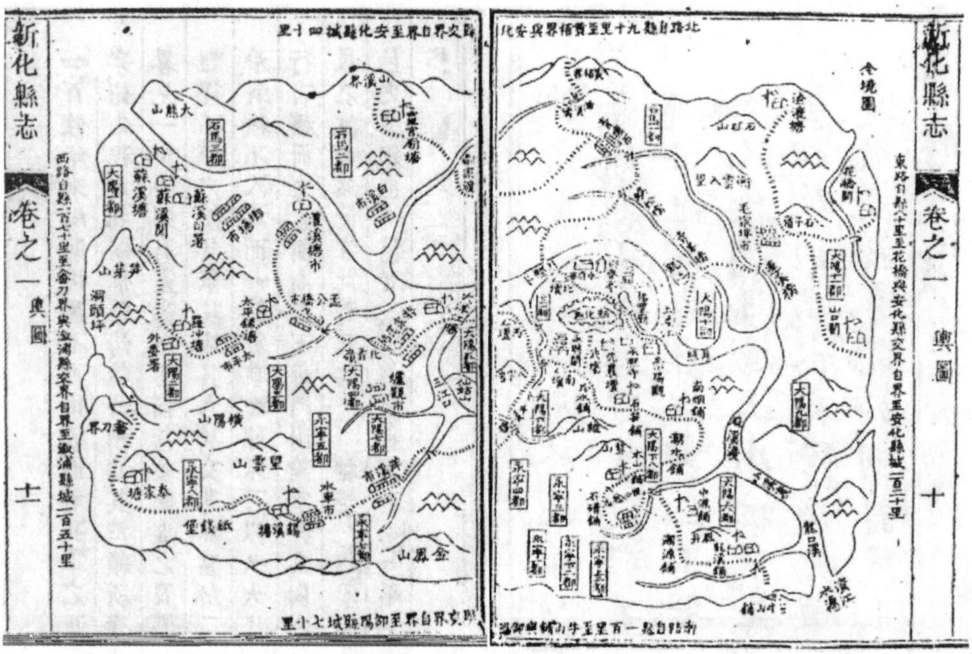

▣ 清乾隆《新化县志》载“全境图”

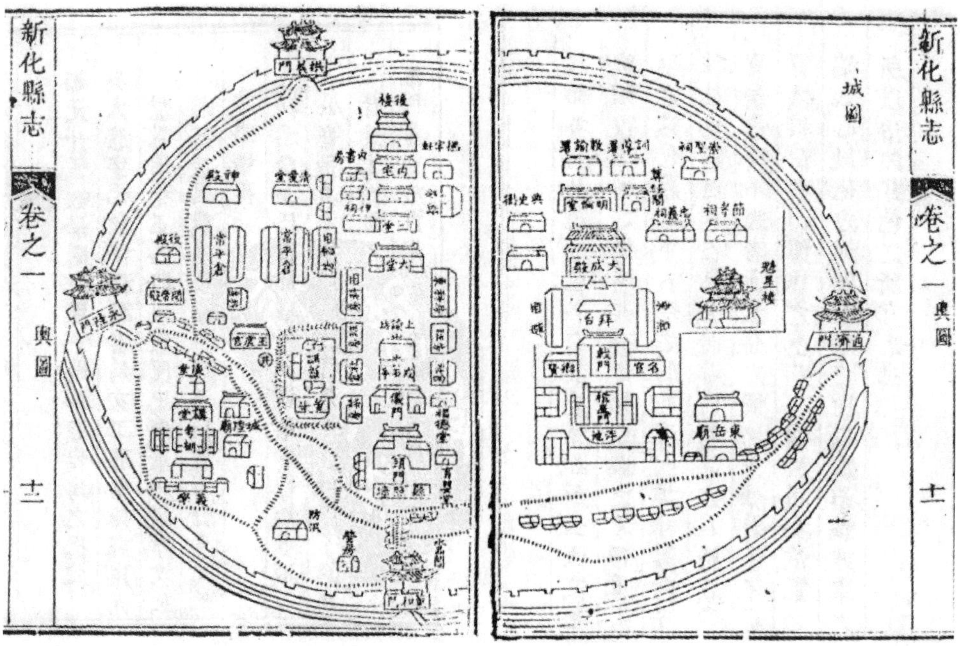

▣ 清乾隆《新化县志》载“城图”

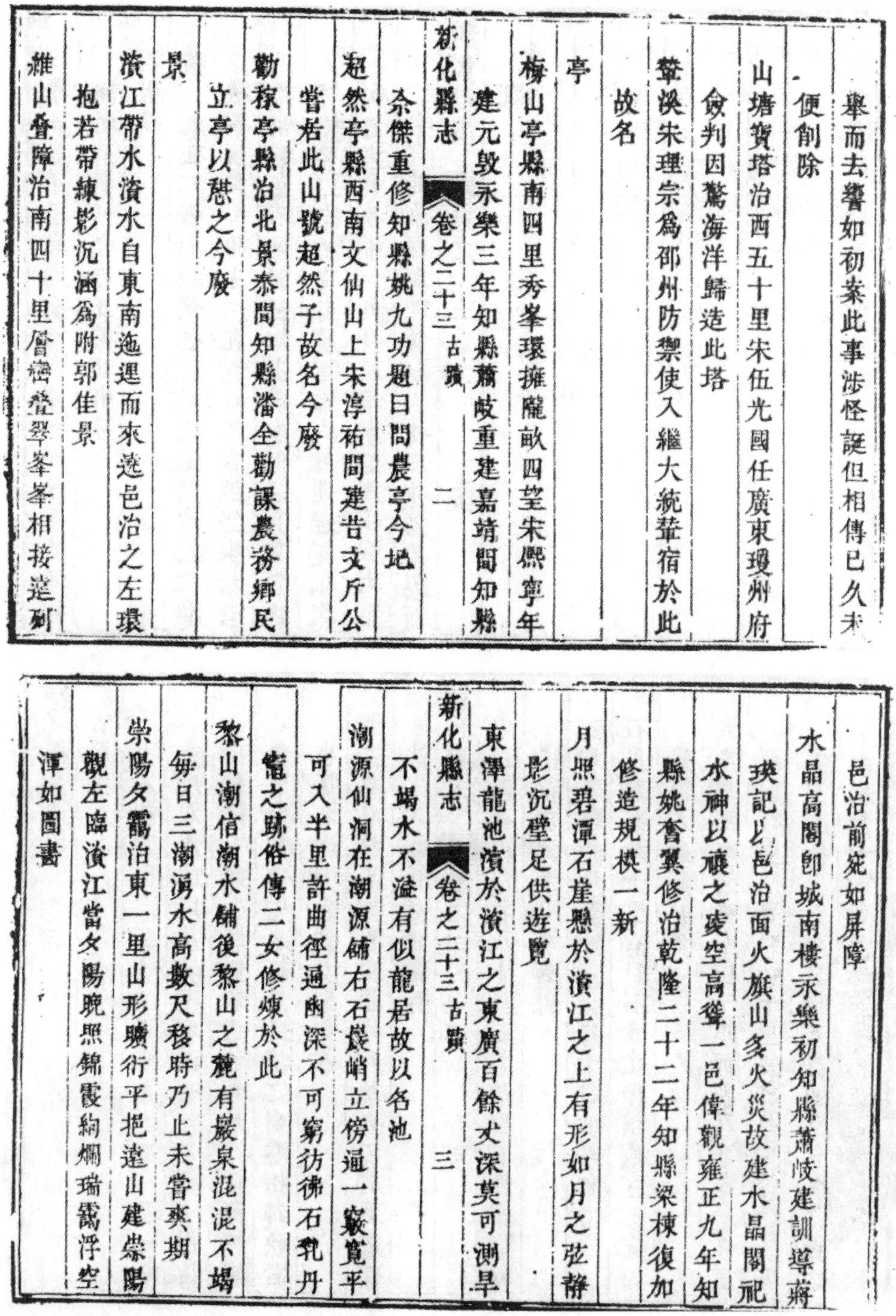

舉而去譬如初案此事涉怪誕但相傳已久未
便創除
山塘寶塔治西五十里宋伍光國任廣東瓊州府
僉判因驚海洋歸造此塔
輋溪朱理宗爲邵州防禦使入繼大統輋宿於此
故名
亭
梅山亭縣南四里秀峯環擁隴畝四望宋熙寧年
建元燬永樂三年知縣蕭岐重建嘉靖間知縣
新化縣志 卷之二十三 古蹟 二
余傑重修知縣姚九功題曰問農亭今圮
超然亭縣西南文仙山上宋淳祐間建昔文斤公
嘗居此山號超然子故名今廢
勸稼亭縣治北景泰間知縣潘全勸課農務鄉民
立亭以慰之今廢
景
資江帶水資水自東南迤邐而來遶邑治之左環
抱若帶練影沉涵爲附郭佳景
雉山疊障治南四十里層巒疊翠峯峯相接逶迤

邑治前宛如屏障
水晶高閣即城南樓永樂初知縣蕭岐建訓導蔣
瑛記以邑治面火旗山多火災故建水晶閣祀
水神以禳之爽塏高聳一邑偉觀雍正九年知
縣姚奮翼修治乾隆二十二年知縣梁棟復加
修造規模一新
月照碧潭石崖懸於資江之上有形如月之弦靜
影沉璧足供遊覽
東潭龍池濱於資江之東廣百餘丈深莫可測旱
新化縣志 卷之二十三 古蹟 三
不竭水不溢有似龍居故以名池
潮源仙洞在潮源鋪右石巖峭立傍逼一竅寬平
可入半里許曲徑通幽深不可窮彷彿石乳丹
竈之跡俗傳二女修煉於此
黎山潮信潮水鋪後黎山之麓有巖泉混混不竭
每日三潮湧水高數尺移時乃止未嘗爽期
崇陽夕霞治東一里山形曠衍平挹遠山建崇陽
觀左臨資江當夕陽晚照錦霞絢爛瑞靄浮空
潭如圖畫

清乾隆《新化县志》“古迹”载“八景”

新化县，位于湖南省中部偏西，东北至东南与涟源、冷水江市交界，南至西南与新邵、隆回县为邻，西至西北与溆浦县接壤，北与安化县毗连。春秋战国楚地。秦属长沙郡。汉属长沙王国，本益阳县旧梅山地。后汉末置县，地属昭陵。吴孙皓宝鼎元年（266），以零陵北部为昭陵郡，分昭陵置高平。晋武帝太康元年（280），改高平为南高平，后复曰高平，距今治百里，隶邵陵。宋、齐、梁俱因之，寻废。梁末陈初，以邵阳为郡治，省高平，入邵阳（但《陈书·疆域志》有高平县。《宝庆府志》亦主隋省）。清邹文苏高平考云：今新化县南百里，有九龙、灵真、长鄄、常福、金凤、高凤、太平、栗平、朴塘、石脚，凡十村，广五十余里，袤七十里，统名曰高平。吴高平县故址，即在石脚。县志又载：新化地，隋隶潭州，唐入邵州，五代时为蛮獠所据，宋初未置县，地属邵阳及“梅山蛮”。宋熙宁五年（1072），湖南转运副使蔡煜开辟梅山，“东起宁乡司徒岭，南抵湘乡佛子岭，西及邵阳白沙寨，北至益阳四里河”“得主客万四千八百九户，万九千八十九丁（按宋制：成年男女曰丁），田二十四万余亩，以上梅山地置新化县”“谓王化之一新也”。隶属于荆湖南路之邵州，南宋宝庆元年属宝庆府。元属湖广行省湖南路宣慰司宝庆路。明属湖广布政使司宝庆府，清属湖南省长宝道宝庆府。

清道光《新化县志》“卷五”载“八景图”：资江带水、崇阳夕霭、黎山潮信、月照碧潭、东泽龙池、水晶高阁、维山叠嶂、潮源仙洞。

[资江带水]

图 清道光《新化县志》“卷五 · 八景图”载“资江带水”。清乾隆《新化县志》“卷之二十三 · 古迹 · 景”载“资江带水”：资水自东南迤逦而来，绕邑之左，环抱若带，练影沉涵，为附郭佳景。

[崇阳夕霭]

清道光《新化县志》"卷五・八景图"载"崇阳夕霭"

清乾隆《新化县志》"古迹・景"载"崇阳夕霭"：治东一里，山形旷衍，平挹远山，建崇阳观，左临资江，当夕阳晚照，锦霞绚烂，瑞霭浮空，浑如图画。

清欧阳鹤《浪淘沙・崇阳夕霭》

返照映崇阳，夕霭苍茫，那堪暝色恼人肠，词客寻春归去晚，镇日轻狂。

得失尽相忘，荏苒韶光，楚天江上暮云黄。好待夜来珠继照，笛韵悠扬。

［黎山潮信］

图 清道光《新化县志》“卷五·八景图”载“黎山潮信”

清乾隆《新化县志》“古迹·景”载“黎山潮信”：潮水铺后，黎山之麓，有岩泉混混不竭，每日三潮涌，水高数尺，移时乃止，未尝爽期。

明代胡有恒《黎山潮信》

路入黎山石磴危，山前流水正漪漪。殊方胜迹真难遇，一日三潮信有期。地脉静观迟自挹，海门遥接更何疑。相看况与贪泉别，引酌何妨尽百卮。

[月照碧潭]

清道光《新化县志》“卷五·八景图”载“月照碧潭”

清乾隆《新化县志》“古迹·景”载“月照碧潭”：石崖悬于资江之上，有形如月之弦，静影沉璧，足供游览。

清代周鼎《月照碧障》

蟾魄依稀挂石台，清晖常在碧潭隈。要知方寸皆明月，造化何曾著相来。

［东泽龙池］

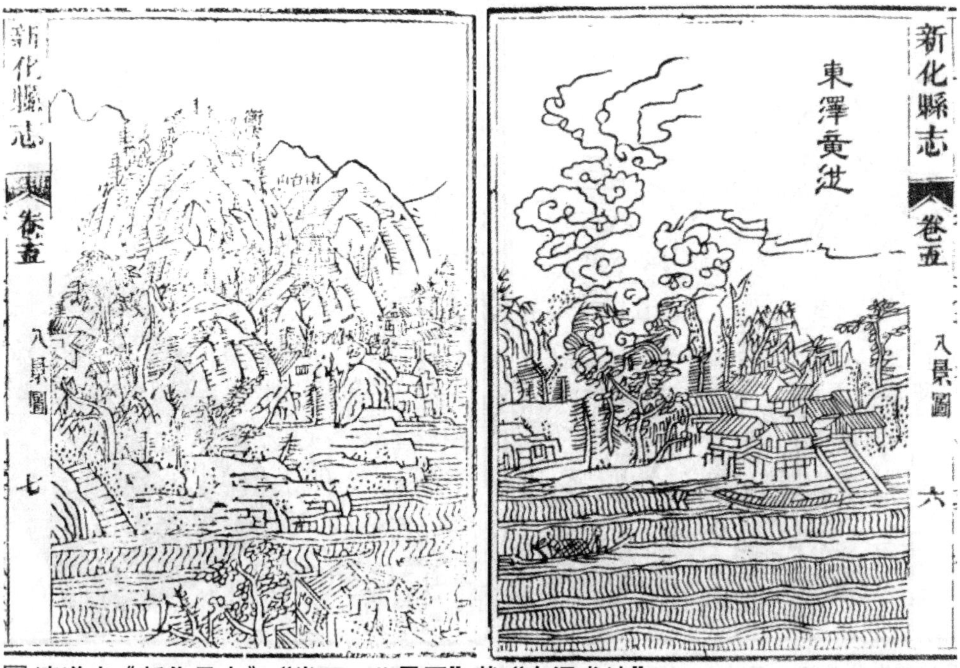

清道光《新化县志》“卷五·八景图”载“东泽龙池”

清乾隆《新化县志》“古迹·景”载“东泽龙池”：滨于资江之东，广百余丈，深莫可测，旱不竭，水不溢，有似龙居，故以名池。

［水晶高阁］

清道光《新化县志》“卷五·八景图”载“水晶高阁”

清乾隆《新化县志》“古迹·景”载“水晶高阁”：即城南楼。永乐初，知县萧岐建，训导蒋瑛记。以邑治面火旗山，山多火灾，故建水晶阁祀水神以禳之。凌空高耸，一邑伟观。

［维山叠嶂］

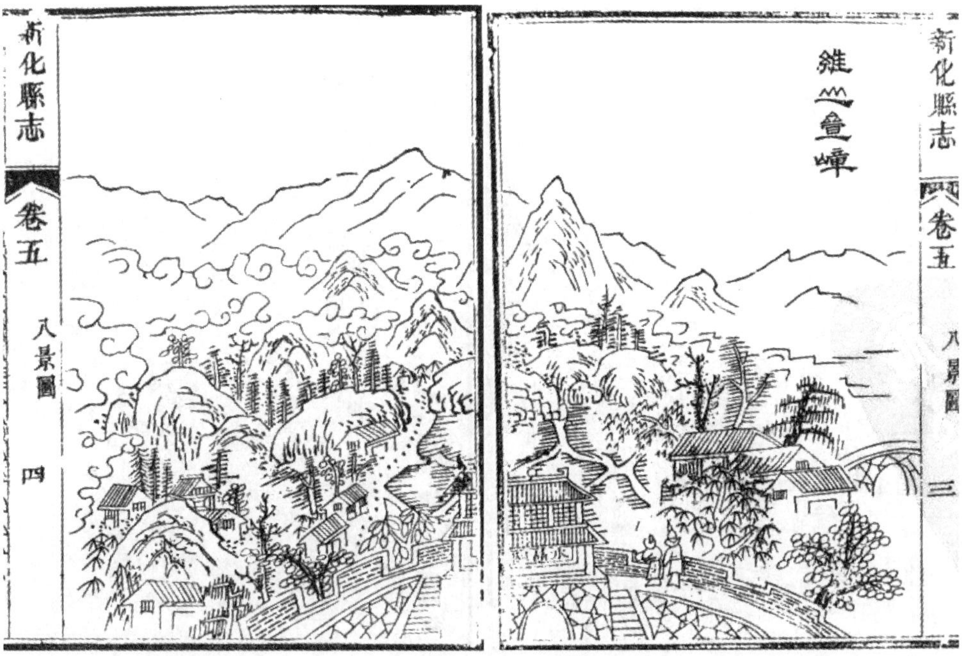

清道光《新化县志》“卷五·八景图”载“维山叠嶂”

清乾隆《新化县志》“古迹·景”载“维山叠嶂”：治南四十里，层峦叠翠，峰峰相接，远列邑前，宛如屏障。

清代欧阳鹤《浪淘沙·维山叠嶂》

苍翠拥维山，叠嶂回环，好登绝顶叩天关。指点红尘名利客，滚滚人间。

待阙半仙班，不见天颜，罡风吹坠落烟鬟。残照重寻黄叶路，再返尘寰。

[潮源仙洞]

图 清道光《新化县志》“卷五 · 八景图”载“潮源仙洞”

清乾隆《新化县志》“古迹 · 景”载“潮源仙洞”：在潮源铺右，石岩峭立，傍通一窍，宽可入半里许，曲径通幽，深不可穷，仿佛石乳丹灶之迹，俗传二女修炼于此。

清代曾承姒《潮源仙洞》

杜兰香去不归还，洞口春残翡翠班。夜半松涛潮信至，犹疑环珮响空山。

【蓝田八景】

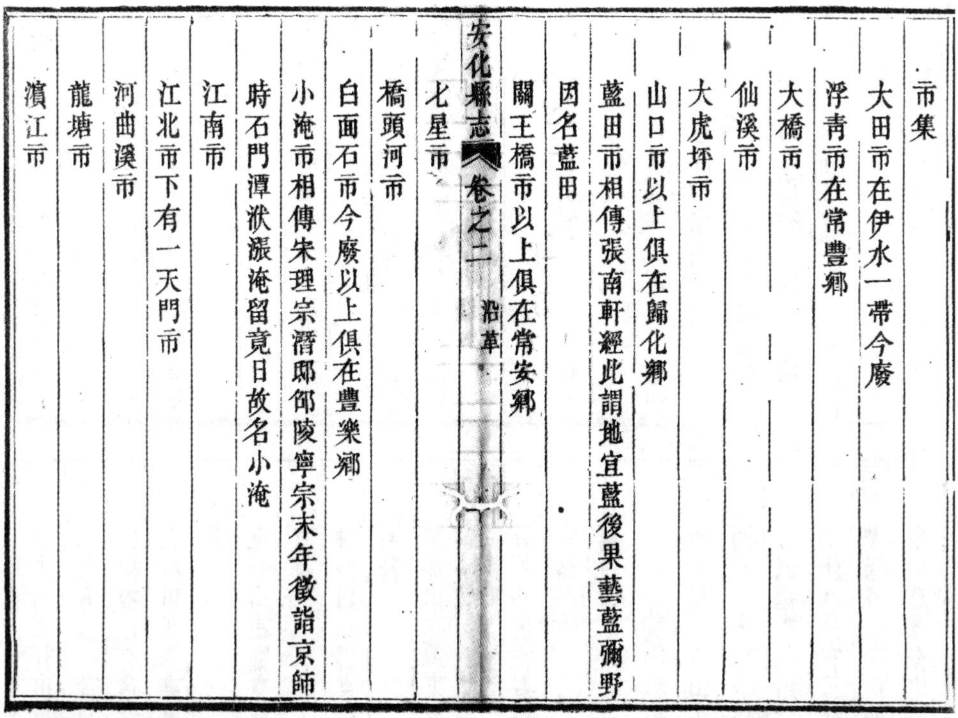

市集
大田市在伊水一帶今廢
浮青市在常豐鄉
大橋市
仙溪市
大虎坪市
山口市以上俱在歸化鄉
藍田市相傳張南軒經此謂地宜藍後果藝藍彌野
因名藍田
關王橋市以上俱在常安鄉
安化縣志 卷之二 沿革
七星市
橋頭河市
白面石市今廢以上俱在豐樂鄉
小淹市相傳宋理宗潛邸邵陵寧宗末年徵詣京師
時石門潭洑漲淹留竟日故名小淹
江南市
江北市下有一天門市
河曲溪市
龍塘市
濱江市

清嘉庆《安化县志》“卷之二·沿革”载“蓝田市”：相传张南轩经此，谓地宜蓝，后果艺蓝弥野，因名蓝田。

涟源，位于湖南省中部，衡邵盆地北缘，涟水上源。春秋战国时期，涟源属楚。秦嬴政二十六年（前221），秦并六国，分天下为三十六郡，今涟源属长沙郡。西汉高祖五年（前202），改长沙郡为长沙国，今涟源分属长沙国的连道、益阳、昭陵县地。东汉光武时，复改长沙国为郡，今涟源分属荆州长沙郡和零陵郡的连道、湘乡、益阳、昭陵县。三国时，零陵郡属蜀，长沙郡隶吴，增设堀陵等五郡，今涟源分属荆州衡阳都和昭陵郡的连道、湘乡、益阳、昭陵县。西晋沿旧制，但因避司马昭讳，改昭陵为邵陵。晋怀帝时，分荆、广二州置湘州，今涟源属湘州衡阳郡和邵陵郡的连道、湘乡、益阳、邵陵县地。南北朝时，连道并入湘乡县，今涟源属湘乡、益阳、邵陵县地。隋初，废郡为州，长沙郡改为潭州，大业三年（607）复改州为郡，今涟源属长沙郡益阳、衡山（隋开皇九年，撤衡阳郡，将湘乡、湘西、衡山三县合并成衡山县）、邵阳县地。唐代，州郡并称，一地二名，长沙郡即潭州，史称潭州长沙郡。贞观元年（627），分天下为十道，潭州长沙郡属江南道。开元二十一年（733），分江南道为东西两道，今涟源分属江南西道潭州长沙郡和邵州邵阳郡的湘乡（唐武德四年，析衡山县复置湘乡县）、益阳、邵阳县地。宋代，今涟源属湘乡、安化、新化（新化、安化在晚唐时称梅山蛮地，不听朝命，不服州统，不为县辖，“不与中国通”。熙宁五年，章惇开梅山，以上梅山置新化县，下梅山置

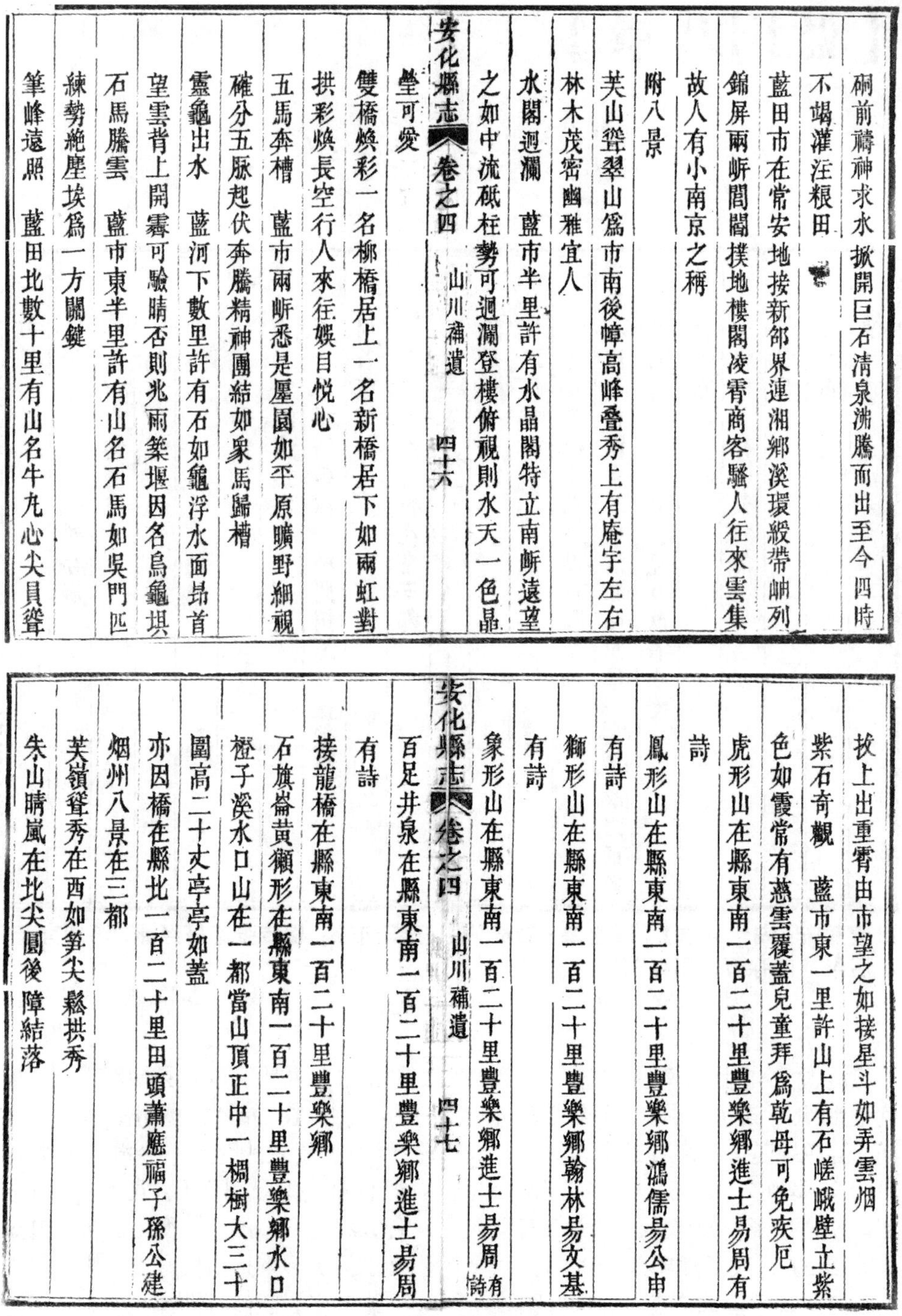

硐前禱神求水掀開巨石清泉沸騰而出至今四時
不竭灌注粮田
藍田市在常安地接新邵界連湘鄉溪環穀帶岫列
錦屏兩岓閭閻撲地樓閣凌霄商客騷人往來雲集
故人有小南京之稱
附八景
芙山聳翠 山爲市南後嶂高峰疊秀上有庵宇左右
林木茂密幽雅宜人
水閣迴瀾 藍市半里許有水晶閣特立南岓遠望
之如中流砥柱勢可迴瀾登樓俯視則水天一色晶
安化縣志 卷之四 山川補遺 四十六
瑩可愛
雙橋煥彩 一名柳橋居上一名新橋居下如兩虹對
拱彩煥長空行人來往娛目悅心
五馬奔槽 藍市兩岓悉是壓圍如平原曠野細視
確分五脉起伏奔騰精神團結如象馬歸槽
靈龜出水 藍河下數里許有石如龜浮水面昂首
望雲背上開霽可驗晴否則兆雨築堰因名烏龜堪
石馬騰雲 藍市東半里許有山名石馬如吳門匹
練勢絶塵埃爲一方關鍵
筆峰遠照 藍田北數十里有山名牛九心尖貝聳

拔上出重霄由市望之如摟星斗如弄雲烟
紫石奇觀 藍市東一里許山上有石嵯峨壁立紫
色如霞常有慈雲覆蓋兒童拜爲乾母可免疾厄
虎形山在縣東南一百二十里豐樂鄉進士易周有
詩
鳳形山在縣東南一百二十里豐樂鄉鴻儒易公申
有詩
獅形山在縣東南一百二十里豐樂鄉翰林易文基
有詩
象形山在縣東南一百二十里豐樂鄉進士易周有詩
百足井泉在縣東南一百二十里豐樂鄉進士易周
安化縣志 卷之四 山川補遺 四十七
有詩
接龍橋在縣東南一百二十里豐樂鄉
石旗崙黄獺形在縣東南一百二十里豐樂鄉水口
橙子溪水口山在一都當山頂正中一椆樹大三十
圍高二十丈亭亭如蓋
亦因橋在縣北一百二十里田頭蕭應禰子孫公建
烟州八景在三都
芙嶺聳秀在西如笋尖聳拱秀
朱山晴嵐在北尖圓後障結落

图 清嘉庆《安化县志》“山川补遗”载“蓝田八景”

安化县）、邵阳县地，隶属潭州长沙郡和邵州邵阳郡。元世祖分华夏为一个中书省和十一个行中书省（简称行省）。大德初年，又分全国为二十二道，道下设路，今涟源属湖广行省湖南道天临路和宝庆路辖下的湘乡州（元元贞元年，湘乡县升为湘乡州）和安化、新化、邵阳县地。明代，改路为府，今涟源属安化、新化、湘乡（明洪武二年，湘乡州降为湘乡县）、邵阳县地，隶属湖广布政使司长沙府和宝庆府。清代，袭用行省制（简称省），康熙三年（1664），湖广布政使司（即湖广行省）分置湖南布政使司（即湖南省），省下设四道，今涟源分属湖南省长宝道长沙府和宝庆府辖下的安化、新化、湘乡、邵阳县地。

清嘉庆《安化县志》“卷之四·山川补遗”载“蓝田八景”：芙山耸翠，水阁回澜，双桥焕彩，五马奔槽，灵龟出水，石马腾云，笔峰远照，紫石奇观。

芙山耸翠

清嘉庆《安化县志》“山川补遗·蓝田八景”载“芙山耸翠”：山为市南后幛，高峰叠秀，上有庵宇，左右林木茂密，幽雅宜人。

水阁回澜

清嘉庆《安化县志》“山川补遗·蓝田八景”载“水阁回澜”：蓝市半里许，有水晶阁，特立南岸，远望之如中流砥柱，势可回澜。登楼俯视，则水天一色，晶莹可爱。

双桥焕彩

清嘉庆《安化县志》“山川补遗·蓝田八景”载“双桥焕彩”：一名柳桥居上，一名新桥居下，如两虹对拱，彩焕长空，行人来往，娱目悦心。

五马奔槽

清嘉庆《安化县志》“山川补遗·蓝田八景”载“五马奔槽”：蓝市两岸，悉自廛园，如平原旷野，细视确分五脉，起伏奔腾，精神团结，如众马归槽。

灵龟出水

清嘉庆《安化县志》“山川补遗·蓝田八景”载“灵龟出水”：蓝河下数里许，有石如龟浮水面，昂首望云，背上开霁可验晴，否则兆雨，筑堰因名乌龟坝。

石马腾云

清嘉庆《安化县志》“山川补遗·蓝田八景”载“石马腾云”：蓝市东半里许，有山名石马，如吴门匹练，势绝尘埃，为一方关键。

笔峰远照

清嘉庆《安化县志》“山川补遗·蓝田八景”载“笔峰远照”：蓝田北数十里，有山名牛丸心，尖圆耸拔，上出重霄，由市望之，如接星斗，如弄云烟。

紫石奇观

清嘉庆《安化县志》“山川补遗·蓝田八景”载“紫石奇观”：蓝市东一里许，山上有石嵯峨壁立，紫色如霞，常有慈云覆盖，儿童拜为干母，可免疾厄。

文脉·千年湖湘八景图典·郴州卷

【郴阳八景】

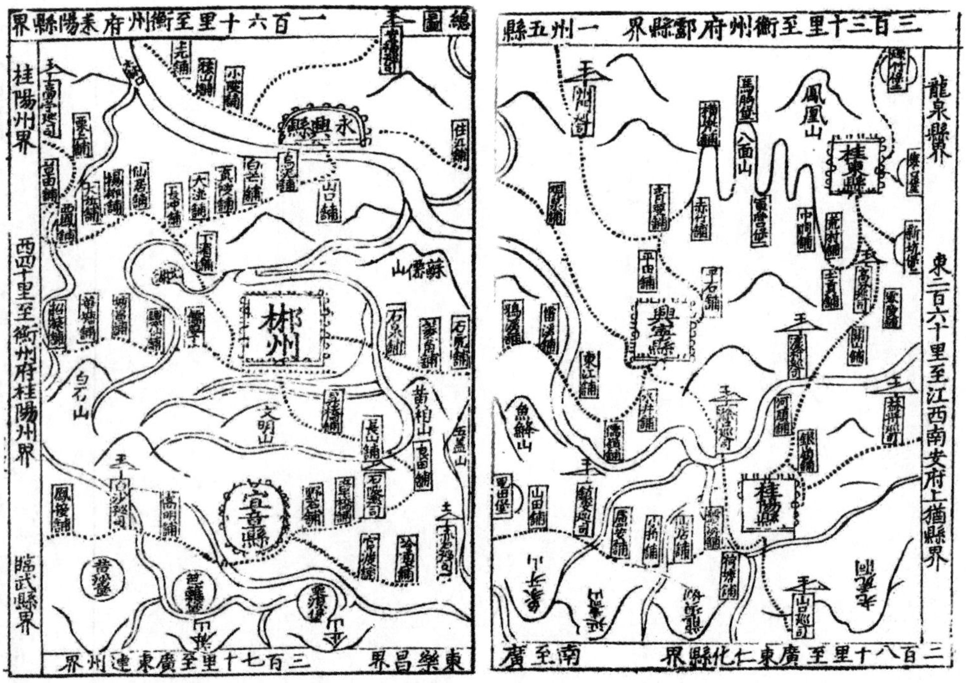

图 明万历《郴州志》载“一州五县总图”

“郴”字独属郴州。郴州，位于湖南省东南部，南岭北麓，湘江上游。秦置郴县、临武邑、鄙邑、耒县。西汉元鼎四年（前 113），桂阳郡辖郴、临武、南平、便、耒阳、桂阳、阳山、阴山、曲江、含洭、浈阳等县。新始建国元年（9），王莽称帝，改桂阳郡为南平郡，改郴县为宣风、临武为大武、便县为便屏、曲江为除虏、浈阳为基武，并移郡治于耒阳（改名南平亭）。东汉建武中，还郡治于郴县，恢复郡县原名。永和元年（136），分郴县地置汉宁县，省阴山县。三国吴建兴元年（252），改汉宁为阳安县。甘露元年（265），分南境曲江、桂阳、阳山、含洭、浈阳县置始兴郡，度属交州，桂阳郡则余六县。晋太康元年（280），阳安县更名晋宁。建兴三年（315），陶侃分郴县地立平阳郡领平阳县，始一分为二郡。升平二年（359），析晋宁县地置汝城县。南朝梁天监六年（507），初置郴州，不久撤销；耒阳县度属湘东。陈天嘉元年（560），以桂阳郡之汝城县置卢阳郡领卢阳县，则一地三郡。隋开皇九年（589），三郡合为郴州，平阳县、便县均省入郴县。大业三年（607），南平省入临武县，晋宁县更名晋兴。大业十三年（617），析郴县南为义章县，分郴县西复置平阳县。唐武德四年（621），复置南平县 。贞观元年（627），卢阳县更名义昌。咸亨三年（672），晋兴县更名资兴。如意、长寿元年（692），分义章南置高平县。开元十三年（725），分郴北置安陵县，此时桂阳郡领九县。开元二十三年（735），改桂阳郡为郴州，高平县省入义章，徙义章县治于高平旧址。天宝元年（742），始称郴州桂阳郡，安陵县改名高亭，八月，南平县改名蓝山。乾元元年（758），郴州移治于平阳县。贞元二十年（804），置桂阳监于平阳，专理采铜铸钱。元和十五年（820），郴州还治于郴县。后唐同光三年（925），义昌县更名郴义。后晋天福元年（936），改郴州为敦州，郴县为敦化，资兴为资兴寨、属敦化县，省平阳县入桂阳监。天福四年（939），省临武县入桂阳监。后汉乾祐三年（950），郴州、郴县复名，资兴县恢复县制，改名泰县。宋乾德元年（963），设郴州军。太平兴国元年（976），泰县并入郴县，郴义县改名桂阳，义章县改名宜章。景德二年（1005），蓝山县划入桂阳监。天禧三年（1019），复置平阳县属桂

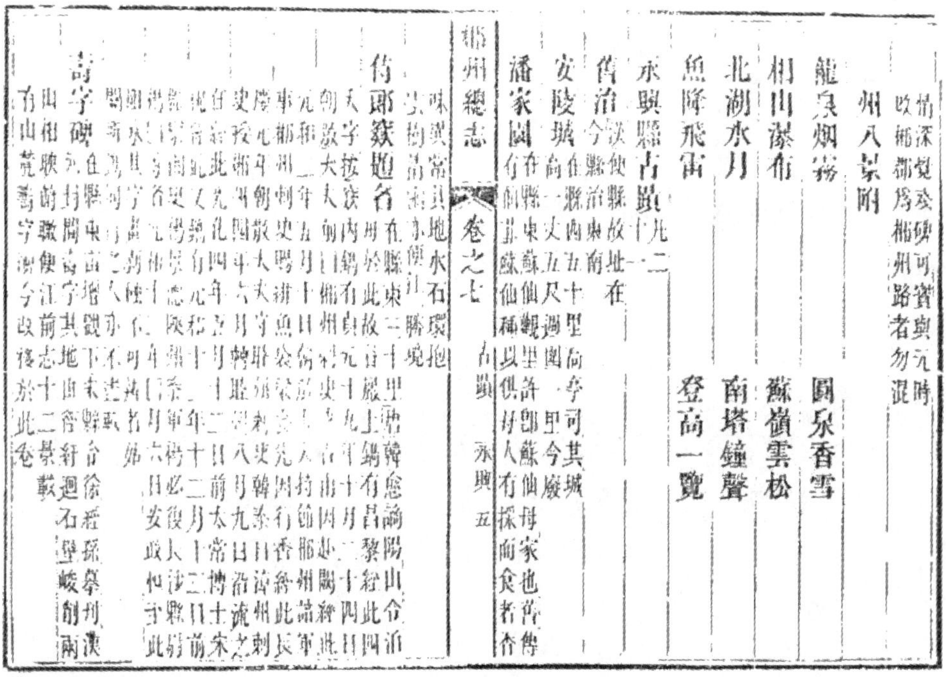
情深覺癸碑可賓與元時
改郴都爲郴州路者勿混
州八景附
龍泉烟霧　圓泉香雪
相山瀑布　蘇嶺雲松
北湖水月　南塔鐘聲
魚降飛雷　登高一覽
永興縣古蹟
舊治
安陵城
潘家園
郴州總志　卷之七　古蹟　永興　五
侍郎鎮題名
壽字碑
[illegible]

圖清嘉庆《郴州总志》“卷之七·古迹”载“州八景”

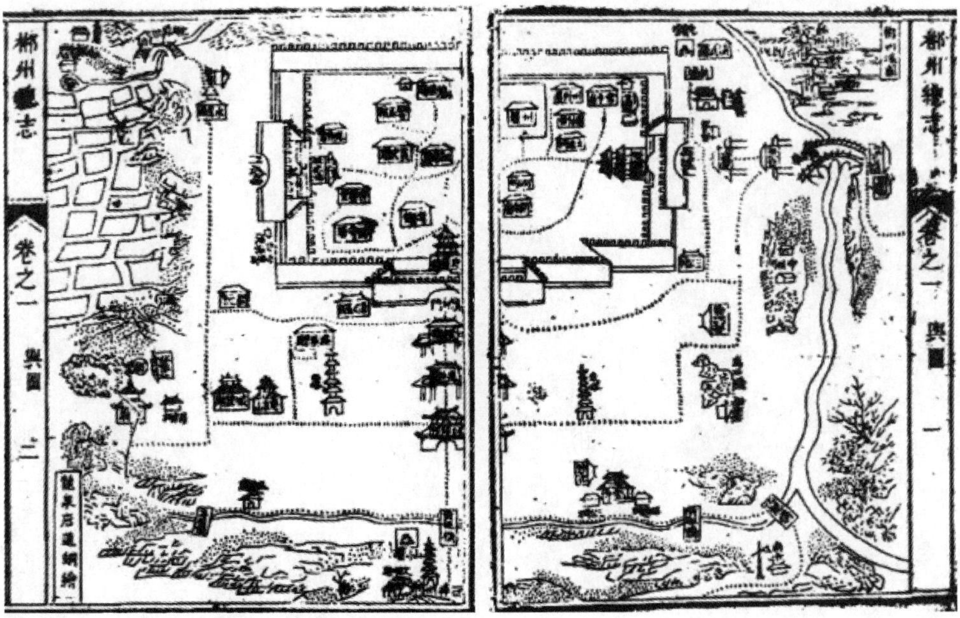

圖清乾隆《郴州总志》载“郴州城图”

阳监。熙宁六年（1073），高亭县改名永兴。绍兴三年（1133），桂阳监升为桂阳军。绍兴十年（1140），复置临武县属桂阳军。嘉定二年（1209），析郴县之资兴、程水二乡置资兴县，属郴州军。嘉定四年（1211），析桂阳县之零陵、宜城二乡置桂东县，郴州军辖六县。绍定二年（1229），资兴县改名兴宁，徙县治于管子濠。

元至元十三年（1276），改军为路，郴县改名郴阳。明洪武元年（1368），改路为府，蓝山县复归郴州府，府辖七县；桂阳府辖常宁、耒阳二州及平阳、临武二县。次年，蓝山复归桂阳府；常宁、耒阳均复为县，度属衡州府。洪武九年（1376），撤销桂阳府，平阳、临武、蓝山三县归衡州府辖；郴州撤府设直隶州，郴阳县并入郴州，辖五县。洪武十三年（1380），升平阳县为桂阳州，仍辖二县，隶于衡州府。崇祯十二年（1639），析桂阳州西南之禾仓堡置嘉禾县，并析临武县上乡八里属该县。清康熙十七年（1678），吴三桂称帝于衡州，改桂阳为义昌县、桂阳州为南平州。次年均复原名。雍正十年（1732），桂阳州改属州为直隶州，与郴州直隶州并列。

明万历《郴州志》载“八景”：苏岭云松、北湖水月、南塔夕照、东山一览、鱼绛飞雷、相山瀑布、园泉香雪、龙泉烟雾。

[苏岭云松]

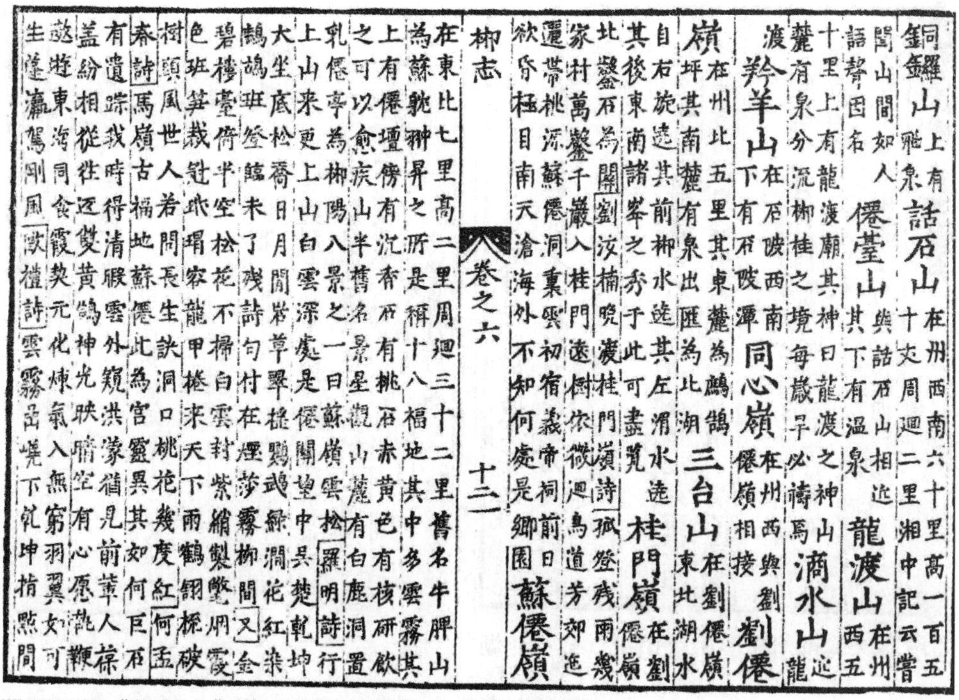

銅鑼山上有飛泉話石山在州西南六十里高一百五十丈周迴二里湘中記云嘗聞山間如人語聲因名僊臺山與話石山相近其下有溫泉龍渡山在州西五十里上有龍渡廟其神曰龍渡之神山麓有泉分流郴桂之境每歲旱必禱焉滴水山近龍渡羚羊山在石陂西南下有石陂潭同心嶺在州西與劉僊嶺相接劉僊嶺在州北五里其東麓為鷓鴣坪其南麓有泉出匯為北湖三台山在劉僊嶺東北湖水自右旋遶其前郴水遶其左渭水遶其後東南諸峯之秀于此可盡覽桂門嶺在劉僊嶺北鑿石為關劉汝楠晚渡桂門嶺詩孤燈殘雨幾家村萬鑿千巖入桂門遠樹依微迴鳥道芳郊迤邐帶桃源蘇僊洞裏雲初宿羲帝祠前日欲昏極目南天滄海外不知何處是鄉園蘇僊嶺

郴志　卷之六　十二

在東北七里高二里周迴三十二里舊名牛脾山為蘇耽翀昇之所是稱十八福地其中多雲霧其上有僊壇傍有沉香石有桃石赤黃色有核研飲之可以愈疾山半舊名景星觀山麓有白鹿洞置乳僊亭為郴陽八景之一曰蘇嶺雲松羅明詩行上山來更上山白雲深處是僊關望中吳楚乾坤大坐底松喬日月閒岩草翠搖鸚鵡綠澗花紅染鷓鴣斑登臨未了幾詩句付在煙莎霧柳間又金碧樓臺倚半空松花不掃白雲封紫綃製出烟霞色班笋栽成玳瑁容龍甲捲來天下雨鶴翎梳破樹頭風世人若問長生訣洞口桃花幾度紅何孟春詩馬嶺古福地蘇僊此為宮靈異其如何巨石有遺踪我時得清暇雲外窺洪濛猶見前華人禖蓋紛相從往返雙黃鵠神光映晴空有心愿執鞭兹遊東海同食霞契元化煉氣入無窮羽翼如可生蓬瀛駕剛風歐禮詩雲霧出嵂下乾坤指點間

明万历《郴州志》载“郴阳八景”之“苏岭云松”

明万历《郴州志》“卷之六”载“苏仙岭”：在东北七里，高二里，周回三十二里，旧名旧脾山，为苏耽翀升之所，是称十八福地。其中多云雾，其上有仙坛，傍有沉香石，有桃石赤黄色，有核，研饮之可以愈疾。山半旧名景星观，山麓有白鹿洞，置乳仙亭，为郴阳八景之一，曰苏岭云松。

［北湖水月］

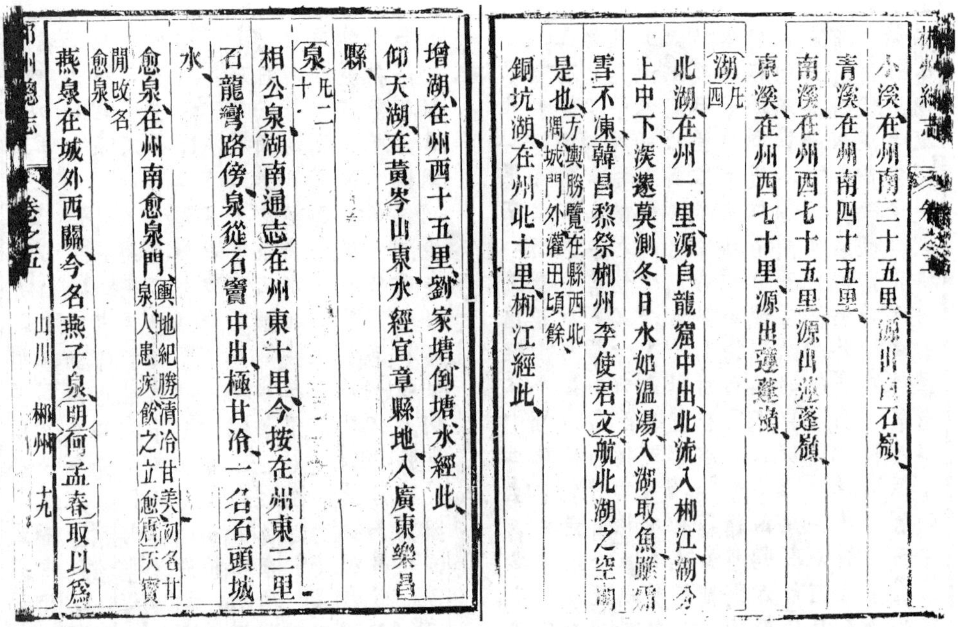

郴州總志　卷之五

小溪在州南三十五里源出白石嶺

青溪在州南四十五里

南溪在州西七十五里源出楚蓬嶺

東溪在州西七十里源出蓬蘿嶺

湖 凡四

北湖在州一里源自龍窟中出北流入郴江湖分上中下溪邃莫測冬日水如溫湯入湖取魚雖霜雪不凍韓昌黎祭郴州李使君文航北湖之空明是也方輿勝覽在縣西北隅城門外灌田頃餘

銅坑湖在州北十里郴江經此

增湖在州西十五里劉家塘倒塘水經此

仰天湖在黃岑山東水經宜章縣地入廣東樂昌縣

泉 凡十二

相公泉湖南通志在州東十里今按在州東三里石龍彎路傍泉從石竇中出極甘冷一名石頭城水

愈泉在州南愈泉門輿地紀勝清冷甘美初名甘泉人患疾飲之立愈唐天寶間改名愈泉

燕泉在城外西關今名燕子泉明何孟春取以爲

郴州總志　卷之五　山川　郴州　十九

清嘉庆《郴州总志》“山川”载“北湖”

清嘉庆《直隶郴州总志》“卷之五·山川”载“北湖”：在州一里，源自龙窟中出，北流入湘江，湖分上中下，深邃莫测，冬日水如温汤，入湖取鱼，虽霜雪不冻。韩昌黎祭郴州，李使君夜航北湖之空明是也。

[南塔夕照]

會云公名㬅夷常為大農丞
持淮西憲節眉山王構記桃花嶺與魚鮮山相接會僊
嶺 鳳凰山俱州東稍北三十里寶蓋山在州東四十里舊妄稱山有坑冶歷
朝鑄無驗屢禁閉詳見王構
琬及中復禁閉省符碑陰 四十里高山在州東五十里
雷溪山在州東六十里高五里周迴二百里其脈
從五蓋山來雷溪之水出焉以上諸山俱
在永豐鄉巽峯在州東南二里居巽位其峯卓如文筆玉桃山俱巽峯五之支
蓋山在州東南三十里高二十里周迴百八十里
山多雲霧其木多材草多藥湘中記山有五
峯狀如蓋鄉人每歲占之云五蓋壓普米賤如土
雪若不均米貴如銀[吳致堯詩]何如惠我民飛雪
離岡原[阮閱詩]縱見山中冬有雪郴人預說
歲豐穰山之南麓有水出焉至沙江合郴水南塔
郴志 卷之六 七
嶺在城南二里文明山之支舊有南塔寺為郴陽
八景之一曰南塔夕照[阮閱詩]江岸南峯對石
城僧房高在亂雲層臺前天闊秋多月塔上風微
夜有燈[金承務詩]孤城四望萬山中濃秀尤傳文
筆峯千古黃金光布地七層白塔影凌空[王
都中詩]一塔近天鈴自語千峯蘸水石空巍盤嶺
與南塔嶺相連頗高峻香山在州南五里山有香泉味頗甘
洌[張浮休詩]清泉滴瀝細如礬
轉盡山腰幾百尋[阮閱詩]直應老衲栘薰陸石罅
雲根久未收[丁逢勸農香山詩]宿雲留潤欲侵衣
草長山腰路濺泥映屋畫圖花遠近樓畦滿瀨水
高低人趁南畝生涯樂春入東菑土脈蘇說與老
農還自笑近來萬歲山在州南二十里周迴三十
辛苦慣扶犂七里郡國志萬歲山有靈
壽木可為扶漢平帝嘗以賜孔光唐天寶六年改
為靈壽山因所產也上有石室下有圓泉千秋之

明万历《郴州志》载“郴阳八景”之“南塔夕照”

明万历《郴州志》“卷之六”载“南塔岭”：在城南二里文明山之支，旧有南塔寺，为郴阳八景之一，曰南塔夕照。阮阅诗：江岸南峰对石城，僧房高在乱云层。台前天阔秋多月，塔上风微夜有灯。

清乾隆《直隶郴州总志》“卷之四·山川”载“文明山”：在州南一里，俗名南塔岭，上有文明塔，乃郴八景之一，曰南塔夕照。旧有亭曰：第一江山。久废，今有文明庵。

［东山一览］

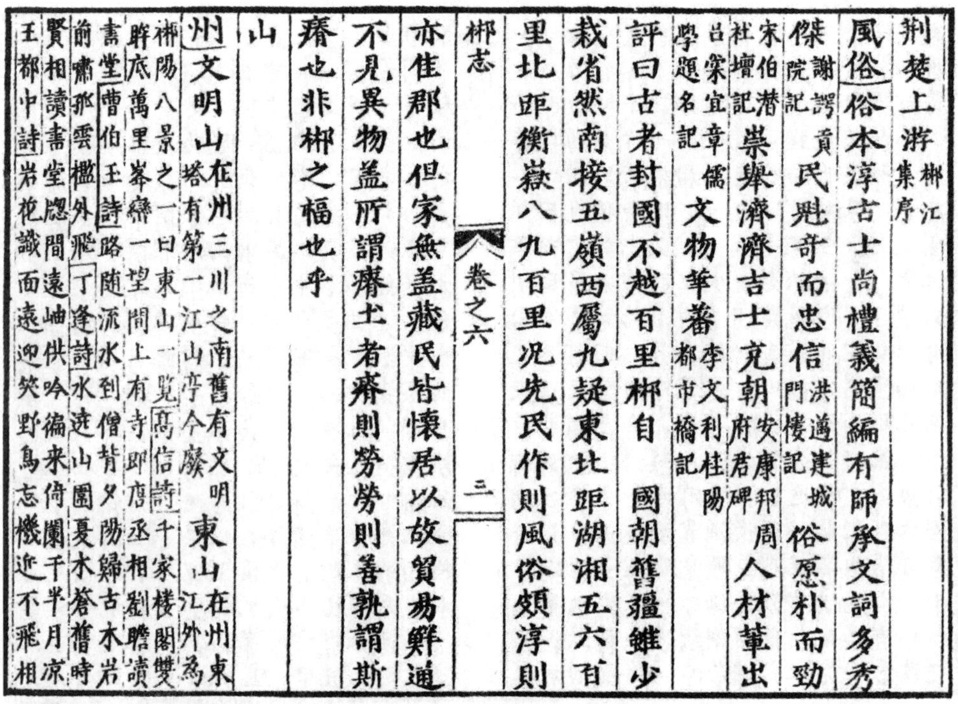

荆楚上游郴江集序
風俗 俗本淳古士尚禮義簡編有師承文詞多秀
傑謝諤貢院記民兟奇而忠信洪邁建城門樓記俗愿朴而勁
宋伯潛社壇記崇舉濟濟吉士克朝安康邦周府君碑人材輩出
呂桑宜章儒學題名記文物華蕃李文利桂陽都市橋記
評曰古者封國不越百里郴自　國朝舊疆雖少
裁省然南接五嶺西屬九疑東北距湖湘五六百
里北距衡嶽八九百里況先民作則風俗頗淳則
郴志　卷之六　三
亦佳郡也但家無蓋藏民皆懷居以故貿易鮮通
不見異物蓋所謂瘠土者瘠則勞勞則善孰謂斯
瘠也非郴之福也乎
山
州 文明山在州三川之南舊有文明塔有第一江山亭今廢 東山在州東江外為
郴陽八景之一曰東山一覽高信詩千家樓閣雙
眸底萬里峯巒一望間上有寺即唐丞相劉瞻讀
書堂曹伯玉詩路隨流水到僧背夕陽歸古木岩
前肅孤雲檻外飛丁逢詩水遶山圍夏木蒼舊時
賢相讀書堂牕間遠岫供吟徧来倚闌干半月凉
王都中詩岩花識面遠迎笑野鳥忘機近不飛相

明万历《郴州志》载“郴阳八景”之“东山一览”

清康熙《郴州总志》“卷一·封域·郴州山川”载“东山”：州东江外，即唐丞相刘瞻读书处，郴阳八景之一，曰东山一览。高信诗：千家楼阁双眸底，万里峰峦一望间。稍南旧有一览亭，名登高山可眺一州之胜。

[鱼绛飞雷]

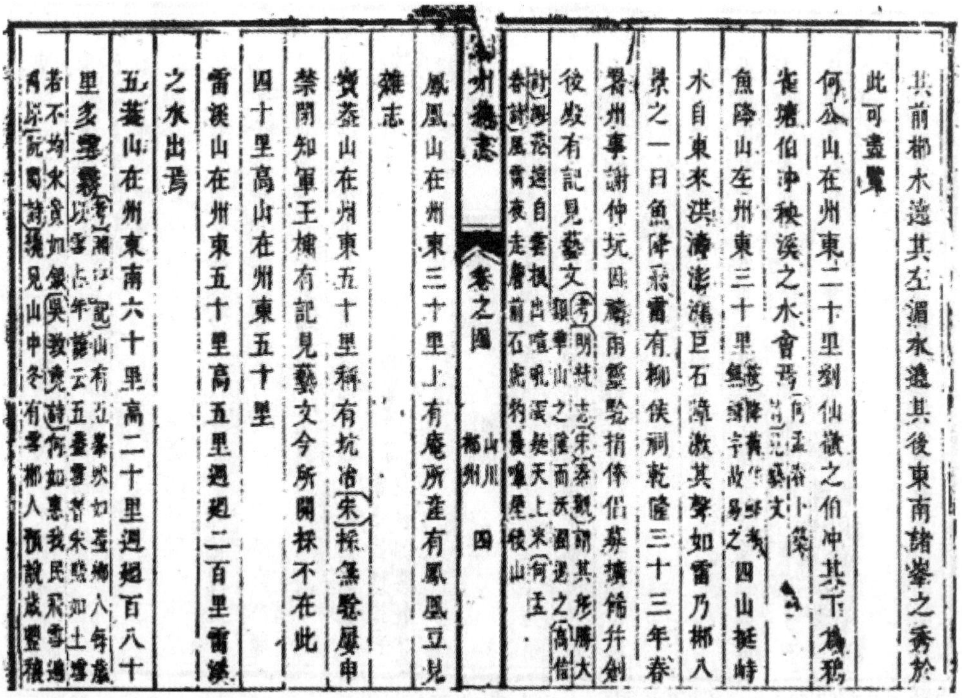

其前郴水遶其左淥水遶其後東南諸峯之秀於此可盡覽

何仙山在州東二十里列仙觀之伯冲其下為鶴雀塘伯冲秘溪之水會焉何孟春卜築詩見藝文

魚降山在州東三十里舊志作魚絳亭故易之四山挺峙水自東來洪濤澎湃巨石激其聲如雷乃郴八景之一曰魚降飛雷有柳侯祠乾隆三十三年春署州事謝仲玩因禱雨靈驗捐俸倡募擴飾并創後殿有記見藝文考明桂志宋秦觀謂其形勝大類華山之陰而沃潤過之高信詩渺茫遠自雲根出喧吼深疑天上來何孟春詩風雷夜走磨前石虎豹晨嗥屋後山

郴州總志　卷之四　山川　郴州　四

鳳凰山在州東三十里上有庵所產有鳳凰豆見雜志

資泰山在州東五十里稱有坑冶宋採銀屢申禁閉知軍王棟有記見藝文今所開採不在此

四十里高山在州東五十里

雷溪山在州東五十里高五里週廻二百里雷溪之水出焉

五蓋山在州東南六十里高二十里週廻百八十里多雲霧考湘中記山有五峯狀如蓋郴人每歲以雲占年諺云五蓋雲者朱歲如土壤若不均水貧如錢吳致堯詩何如惠我民飛雪過高嶺阮閱詩見山中冬有雪郴人預說歲豐穰

圖清乾隆《郴州总志》“山川”载“郴八景”之“鱼降飞雷”

明万历《郴州志》“卷之六”载“鱼绛山”：在州东三十里，上有飞流，下有二湫，飞流入湫，声如雷，为郴阳八景之一，曰鱼绛飞雷。高信诗：渺茫远自云根出，喧吼深疑天上来。

清康熙《郴州总志》“卷一·封域·郴州山川”载“鱼绛山”：州东三十里，自水出其南，碧崖银瀑，蜿蜒从空而下，其声如雷，郴阳八景之一，曰鱼绛飞雷。宋秦观游此，谓其形胜类华山之阴，而沃润过之。

[相山瀑布]

東山在州東江外上有劉瞻讀書堂又有寺俱久
廢乃郴八景之一曰東山一覽（考）（方輿紀要）郴環山而爲州（高信詩）
千家樓閣雙眸底萬里峯巒一望間
登高山在東山稍南高可半里登此可眺一州之
勝舊有一覽亭故又改景名登高一覽乾隆三十
五年冬知州揚桑阿委吏目閔行南倡建奎星閣
於上督學使者褚廷璋有記見藝文
玉枕山在州南五里巽峯之支臨江截然而止遠
觀之其平如衡近視之其圓若棒（唐韓昌黎詩）玉枕山如舊執曾
向穩眠
郴州總志　卷之四　山川　郴州　三
王相山舊志名簧相嶺在州東十里高五里週廻
七十里方方峻峭翠峯層摺澗皆清泉獨北流直
下高百餘丈色皎如雪乃郴八景之一曰相山瀑
布（高信詩）曉釀晴光籠淡日晚凝素色隱殘紅
曬袍山在相山之麓狀如曬袍然
武昌山在州西五里一名武丁岡一名羸仙嶺東
漢時眞人成武丁整此其友常見眞人乘羸今石
穴中羸跡尙存有庵名羸仙庵（阮閱詩）枝頭齊語人難會石上羸蹤
事已成
三台山在州北二里劉仙嶺之東北湖水自右逸

清乾隆《郴州总志》“卷四·山川”载“王相山”

清康熙《郴州总志》“卷一·封域·郴州山川”载“王相岭”：在东山南，有泉飞流直下，郴阳八景之一，曰相山瀑布。高信诗：晓酿晴光笼淡日，晚凝素色隐残虹。

［圆泉香雪］

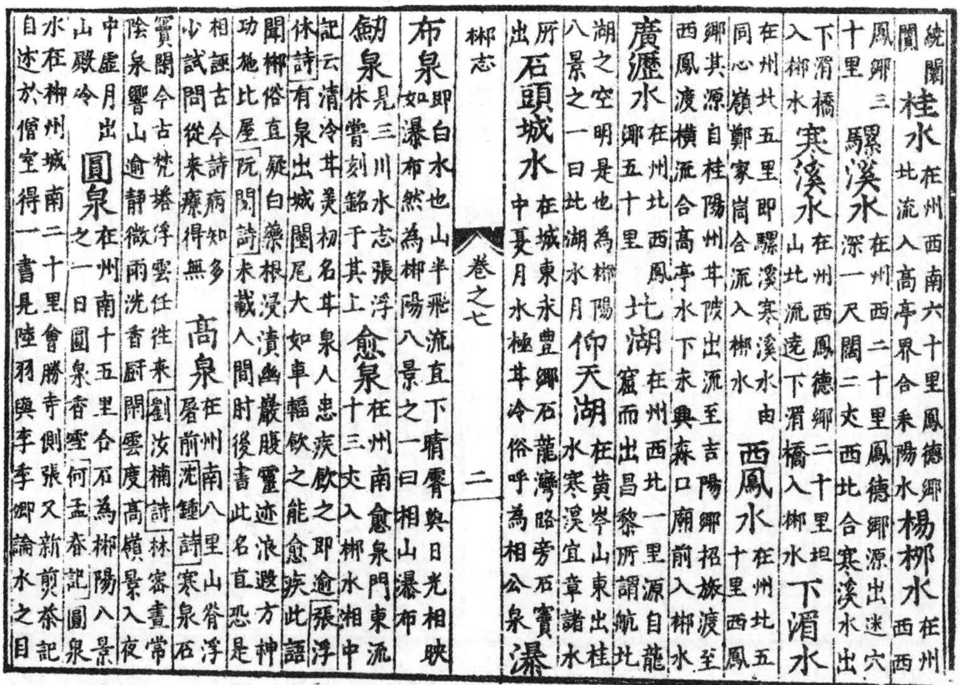

統閩桂水在州西南六十里鳳德鄉北流入高亭界合耒陽水楊郴水在州西西
鳳鄉三十里騾溪水在州西二十里鳳德鄉源出迷穴深一尺闊二丈西北合寒溪水出
下渭橋入郴水寒溪水在州西鳳德鄉二十里坦山北流遶下渭橋入郴水下渭水
在州北五里即騾溪寒溪水由同心嶺鄭家崗合流入郴水西鳳水在州北五十里西鳳
鄉其源自桂陽州耒陂出流至吉陽鄉招旅渡至西鳳渡橫流合高亭水下耒興森口廟前入郴水
廣瀝水在州北西鳳鄉五十里北湖在州西北一里源自龍窟而出昌黎所謂航北
湖之空明是也為郴陽八景之一曰北湖水月仰天湖在黄岑山東出桂水寒溪宜章諸水
所出石頭城水在城東永豊鄉石龍灣路旁石竇中夏月水極冷俗呼為相公泉瀑

郴志　卷之七　二

布泉即白水也山半飛流直下晴霽與日光相映如瀑布然為郴陽八景之一曰相山瀑布
飜泉見三川水志張浮休嘗刻銘于其上愈泉在州南愈泉門東流十三丈入郴水湘中
記云清冷異美初名異泉人患疾歃之即愈〔張浮休詩〕有泉出城闉尾大如車輻飲之能愈疾此語
聞郴俗直疑白藥根浸漬幽巖腹靈迹浪遯方神功施比屋〔阮閲詩〕未載入間时後書此名直恐是
相誣古今詩病知多少試問從來療得無高泉在州南八里山脊浮屠前〔沈鍾詩〕寒泉石
竇閱今古梵塔浮雲任往来〔劉汝楠詩〕林容晝常陰泉響山逾靜微雨洗香厨開雲度高嶺景入夜
中虛月出山殿冷圓泉在州南十五里合石為郴陽八景之一曰圓泉香雪〔何孟春記〕圓泉
水在郴州城南二十里會勝寺側張又新煎茶記自述於僧室得一書見陸羽與李季卿論水之目

明万历《郴州志》载“郴阳八景”之“圆泉香雪”

清康熙《郴州总志》“卷一·封域志”载“圆泉”：在州南十五里，陆羽《茶经》“第十八泉”。郴阳八景之一，曰圆泉香雪。何孟春有《记》。

[龙泉烟雾]

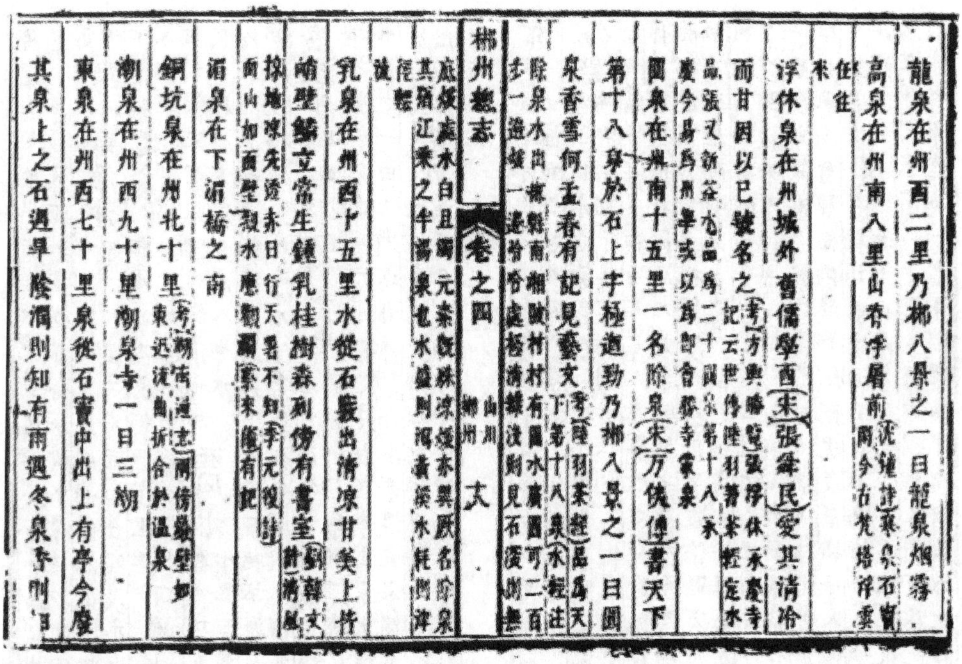

龍泉在州西二里乃郴八景之一曰龍泉烟霧
高泉在州南八里山脊浮屠前（沈鍾詩）寒泉石竇雨兮古梵塔浮雲任往來
浮休泉在州城外舊儒學西（宋）張舜民愛其清冷
而甘因以已號名之（考方輿勝覽）張浮休永慶寺記云世傳陸羽著茶經定水品張又新茶水品為二十關泉第十八永慶今易為州學或以為即會勝寺蒙泉
圓泉在州南十五里一名陸泉（宋）方俛傳書天下
第十八泉於石上字極遒勁乃郴八景之一曰圓
泉香雪何孟春有記見藝文（考陸羽茶經品為天下第十八泉水經注）陸泉水出郴縣南郴蔭村村有圓水廣圓可二百步一邊暖一邊冷冷處極清綠淺則見石深則無底煖處水白且濁元素馥綿涼煖亦異厥名除泉其猶江乘之半湯泉也水盛則渴素漲水耗則津徑鬆渡

郴州總志　卷之四　山川　郴州　丈

乳泉在州西十五里水從石竇出清涼甘美上有
崎壁縈立常生鐘乳桂樹森列傍有書室（劉韓文詩）清風掠地涼先透赤日行天暑不知（李元俊詩）面山如畫壁凝水應觀瀾（參來儀有記）
酒泉在下湄橋之南
銅坑泉在州北十里（考湖廣通志）兩傍巖壁如東迅流曲折合於溫泉
瀏泉在州西九十里瀏泉寺一日三潮
東泉在州西七十里泉從石竇中出上有亭今廢
其泉上之石遇旱陰潤則知有雨遇冬泉香則日

清乾隆《郴州总志》“卷之四·山川”载“龙泉”：在州西二里，乃郴八景之一，曰龙泉烟雾。

【苏山十二景】

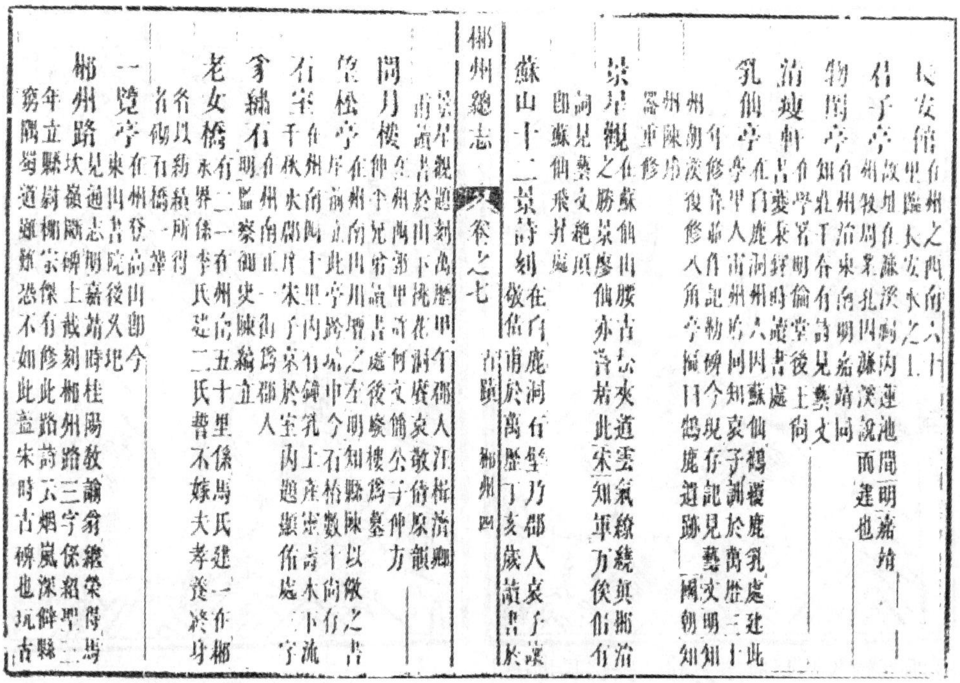

郴州總志 卷之七 古蹟 郴州 四

長安館 [illegible]

君子亭 [illegible]

物閒亭 [illegible]

清瘦軒 [illegible]

乳仙亭 [illegible]

景星觀 [illegible]

蘇山十二景詩刻 在白鹿洞石壁乃郡人袁子諫敬倩甫於萬歷丁亥歲讀書於景星觀題刻下為萬歷甲午郡人汪楫濟卿甫讀書於山下桃花洞賡袁敬倩原韻

問月樓 [illegible]

倚松亭 [illegible]

石室 [illegible]

翁鼐石 [illegible]

老女橋 [illegible]

一覽亭 [illegible]

郴州路 [illegible]

圖清嘉庆《郴州总志》“卷之七·古迹”载“苏山十二景诗刻”

清嘉庆《郴州总志》“卷之七·古迹”载“苏山十二景诗刻”：在白鹿洞石壁，乃郡人袁子让敬倩甫于万历丁亥岁读书于景星观题刻。万历甲午，郡人汪楫济乡甫读书于山下桃花洞，赓袁敬倩原韵。

【安仁八景】

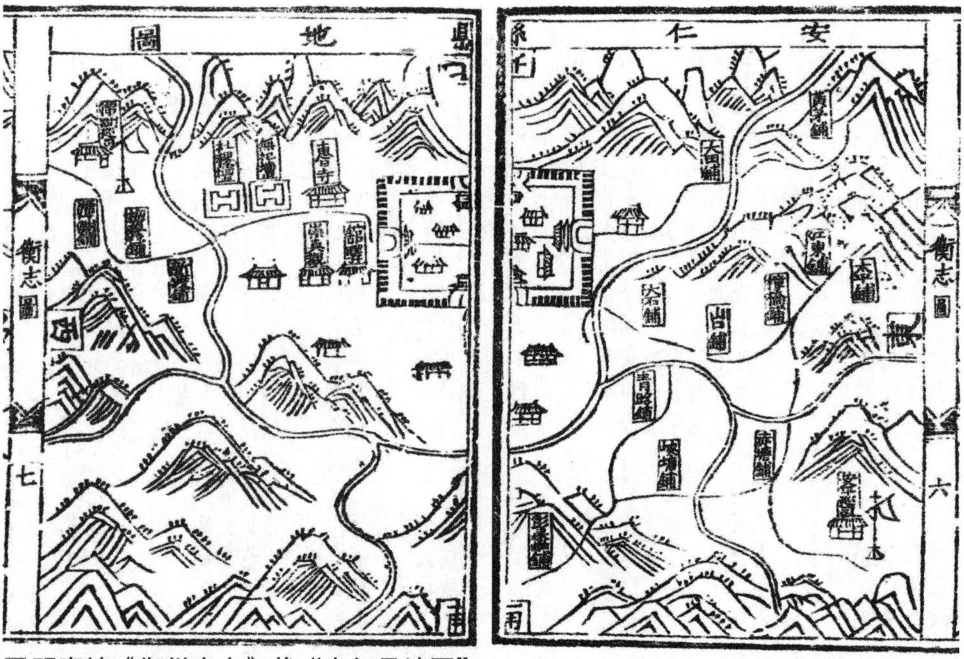

明嘉靖《衡州府志》载“安仁县地图”

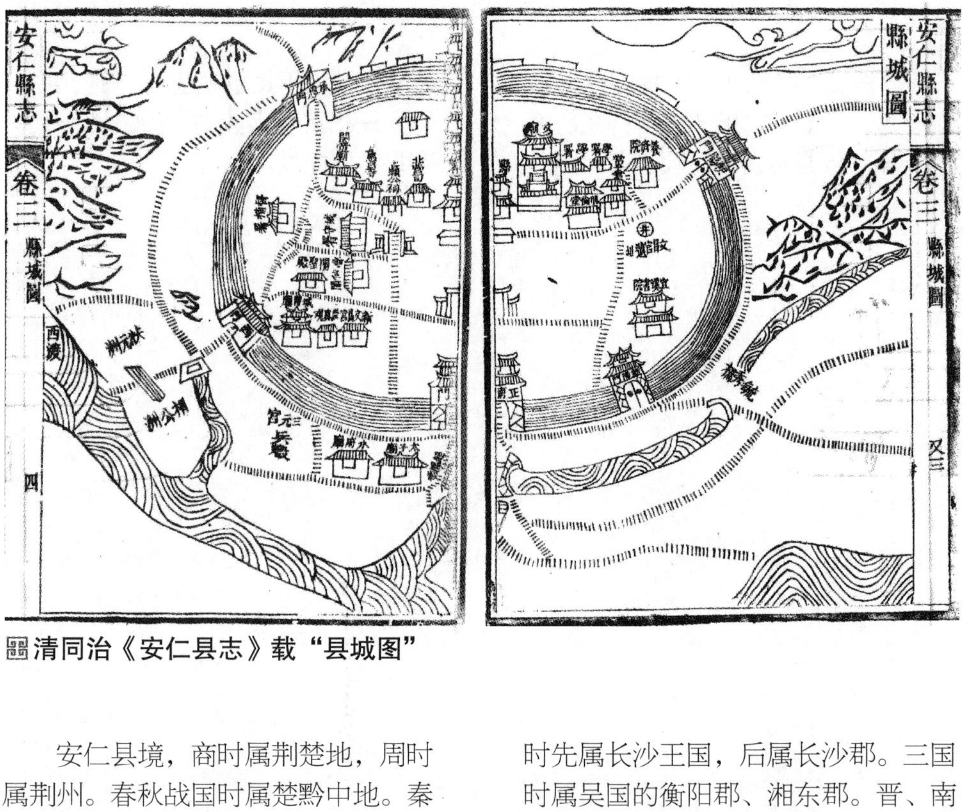

清同治《安仁县志》载“县城图”

安仁县境，商时属荆楚地，周时属荆州。春秋战国时属楚黔中地。秦时属长沙郡。汉时属长沙王国，后汉时先属长沙王国，后属长沙郡。三国时属吴国的衡阳郡、湘东郡。晋、南北朝时先属湘州（治长沙），后属荆州。隋时属衡山郡、长沙郡。唐时属长沙郡，武德年间置安仁镇，初属潭州，后属衡州衡阳郡。五代十国年间，后梁时属楚，后唐时属衡州衡阳郡（安仁场），后唐清泰二年（935）割衡山的宜阳熊耳二乡归安仁管辖。宋时属荆湖南路衡州衡阳郡，乾德三年（965）升场为县，割衡阳衡山的地方归安仁管辖。元代属湖广行中书省衡州路，后属湖南道。明朝属湖广布政使司衡州府。清朝先属湖广省（治武昌）衡州府，后属湖南省（治长沙）衡州府，康熙二十七年（1688）划茶陵部分土地归安仁管辖。

清同治《安仁县志》载“八景图”：凤冈紫气、熊峡红霞、泉亭珠涌、溪洞蛟腾、月潭夜色、雪岭晴光、玉峰琴韵、奎阁鸿声。

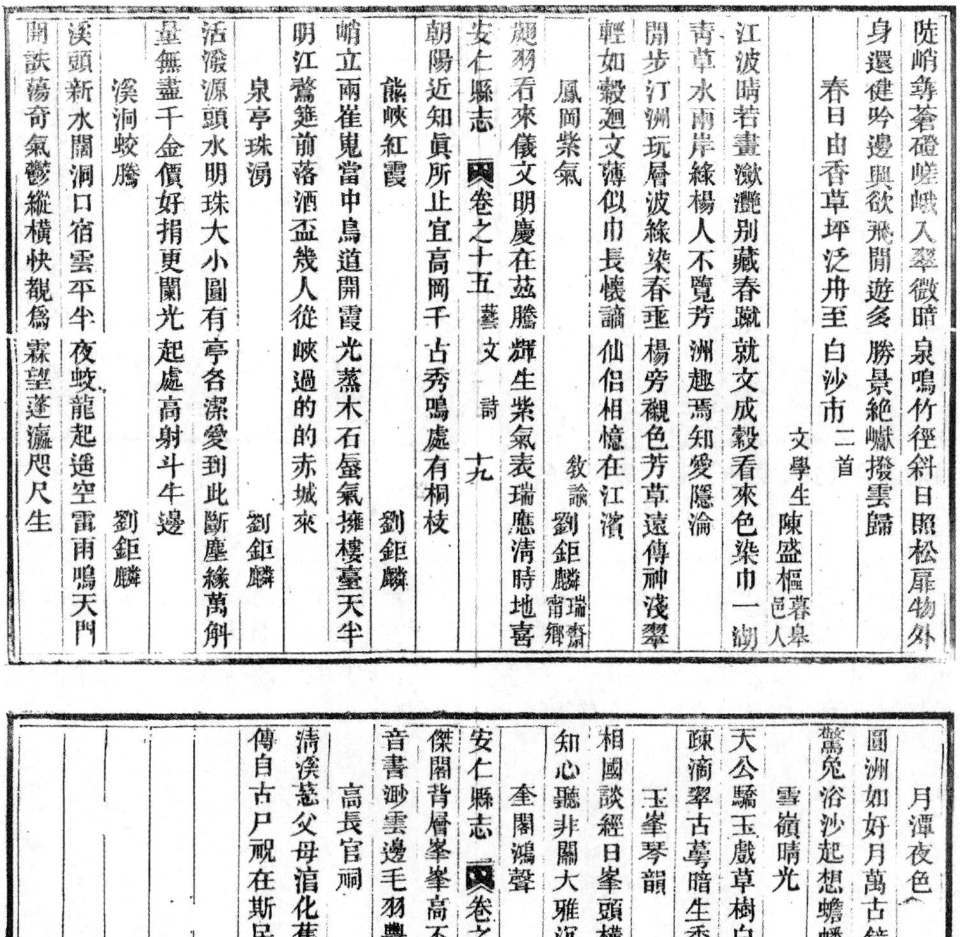

陡峭犇著磴嵯峨入翠微暗泉鳴竹徑斜日照松扉物外身還健吟邊興欲飛閒遊多勝景絕巘撥雲歸

春日由香草坪泛舟至白沙市 二首

文學生 陳盛樞 暮皋 邑人

江波晴若畫瀲灩別藏春蹴就文成縠看來色染巾一湖靑草水兩岸綠楊人不覺芳洲趣焉知愛隱淪

閒步汀洲玩層波綠染春垂楊旁襯色芳草遠傳神淺翠輕如縠迴文薄似巾長懷謫仙侶相憶在江濱

鳳岡紫氣

教諭 劉鉅麟 瑞齋 甯鄉

翅羽看來儀文明慶在茲騰輝生紫氣表瑞應淸時地喜

安仁縣志 卷之十五 藝文 詩 十九

朝陽近知眞所止宜高岡千古秀鳴處有桐枝

熊峽紅霞

劉鉅麟

峭立兩崖嵬當中鳥道開霞光蒸木石蜃氣擁樓臺天半明江鶩趁前落洒盃幾人從峽過的的赤城來

泉亭珠湧

劉鉅麟

活潑源頭水明珠大小圓有亭名潔愛到此斷塵緣萬斛量無盡千金價好捐更闌光起處高射斗牛邊

溪洞蛟騰

劉鉅麟

溪頭新水闊洞口宿雲平半夜蛟龍起遥空雷雨鳴天門開詄蕩奇氣鬱縱橫怏覩為霖望蓬瀛咫尺生

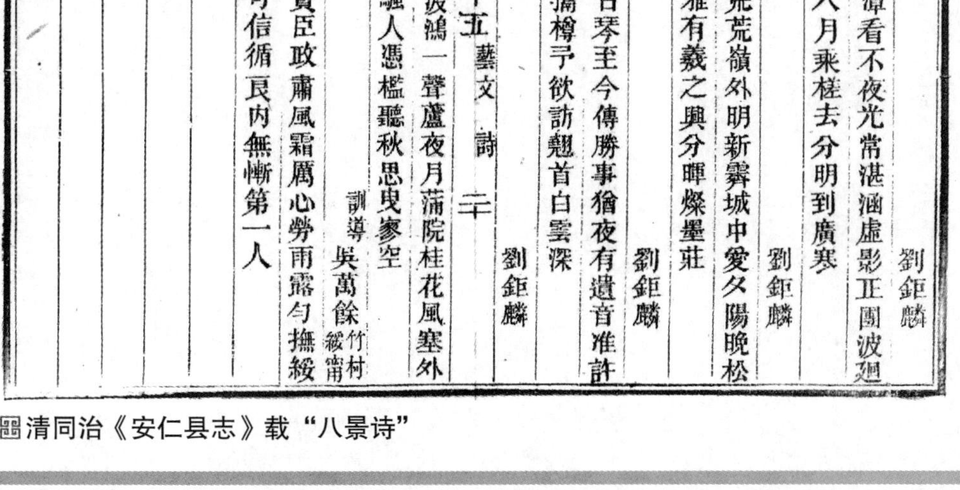

月潭夜色

劉鉅麟

圓洲如好月萬古鏡潭看不夜光常湛涵虛影正團波迴驚兔浴沙起想蟾蜍八月乘槎去分明到廣寒

雪嶺晴光

劉鉅麟

天公驕玉戲草樹白茫茫嶺外明新霽城中愛夕陽晚松疎滴翠古萼暗生香雅有羲之興分暉燦墨莊

玉峯琴韻

劉鉅麟

相國談經日峯頭橫古琴至今傳勝事猶夜有遺音准許知心聽非關大雅沉攜樽予欲訪翹首白雲深

奎閣鴻聲

劉鉅麟

安仁縣志 卷之十五 藝文 詩 二十

傑閣背層峯峯高不渡鴻一聲蘆夜月蒲院桂花風塞外音書渺雲邊毛羽豐騷人憑檻聽秋思曳寥空

高長官祠

訓導 吳萬餘 竹村 綏甯

淸溪慈父母滄化舊賢臣政肅風霜厲心勞雨露勻撫綏傳自古尸祝在斯民可信循良內無慚第一人

圖 清同治《安仁县志》载“八景诗”

［凤冈紫气］

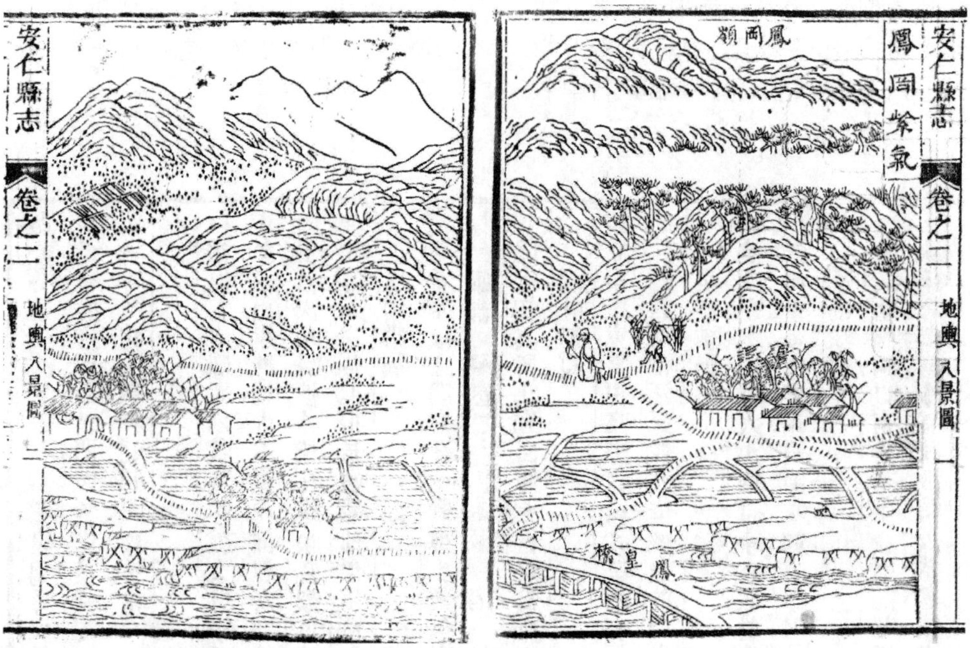

图 清同治《安仁县志》载“凤冈紫气”

清同治《安仁县志》“卷之二·山川”载“凤凰岭”：一名凤冈，在县东南二里，山形秀丽，宛转蹁跹，状如舞凤，为县治学宫之望，常有紫气自东而来，今为八景之一。宋时，建学宫于其下。韩大尉墓在焉。明嘉靖初，知县袁达建亭于其上，以宴僚友，今废。

[熊峡红霞]

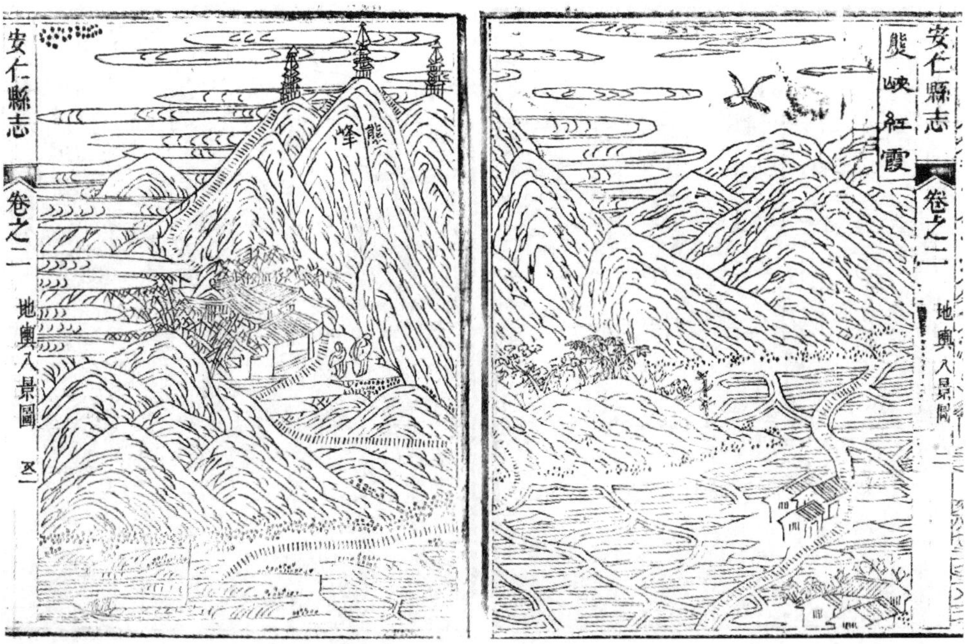

图 清同治《安仁县志》载“熊峡红霞”

清同治《安仁县志》“卷之二·山川”载“熊耳山”：在县东南十里，山高峻，状类熊耳，晴霞映射，山色如画，今为八景之一。嘉庆二十三年建塔三座，望如笔格。

[泉亭珠涌]

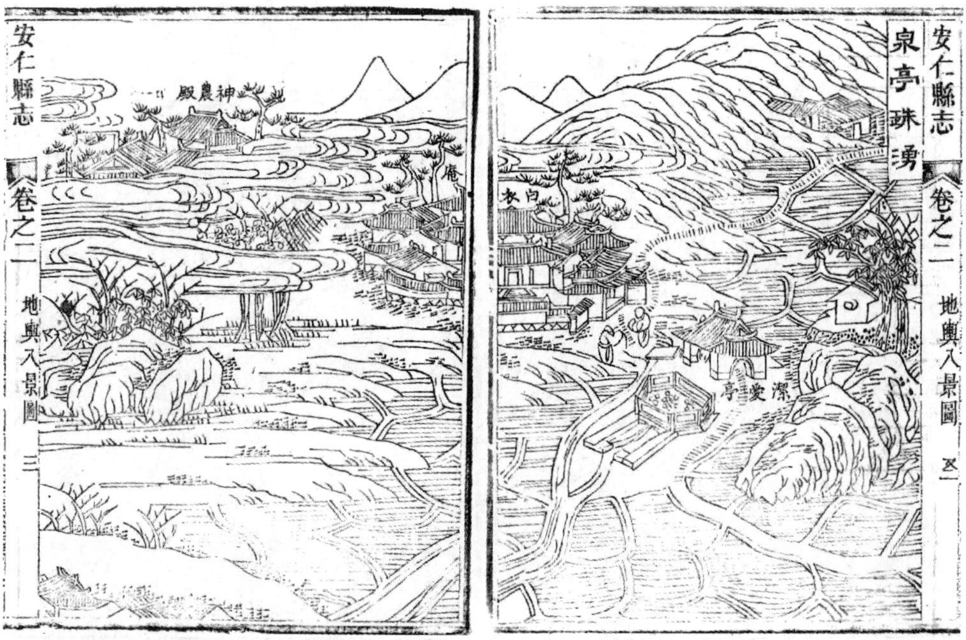

清同治《安仁县志》载“泉亭珠涌”

清同治《安仁县志》“卷之二·山川”载“泉亭港”：源出长廓冲，伏流至洁爱泉，从地涌出，喷瀑如珠，数十道湍浮水面，今为八景之一。至状元洲下，南入永乐江。

[溪洞蛟腾]

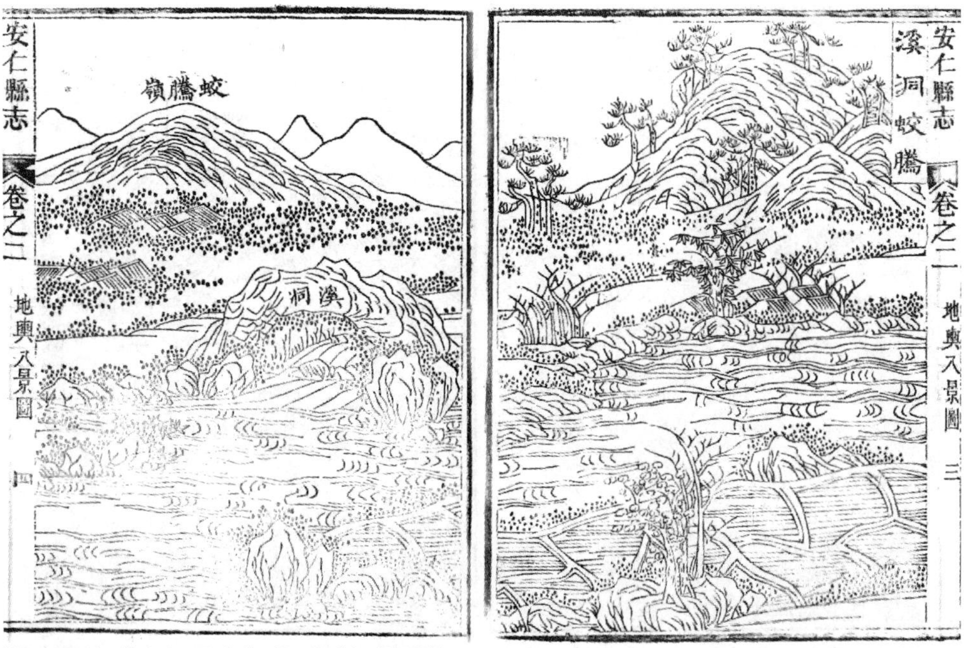

图 清同治《安仁县志》载“溪峒蛟腾”

清同治《安仁县志》“卷之二·山川”载：（月）潭之东南有洲，溪傍有石岩，洞门阔七八寸，旧传有鲤长丈许，踞门吸食后化为蛟去，其洞中之水可通茶陵，亦为八景之一。

[月潭夜色]

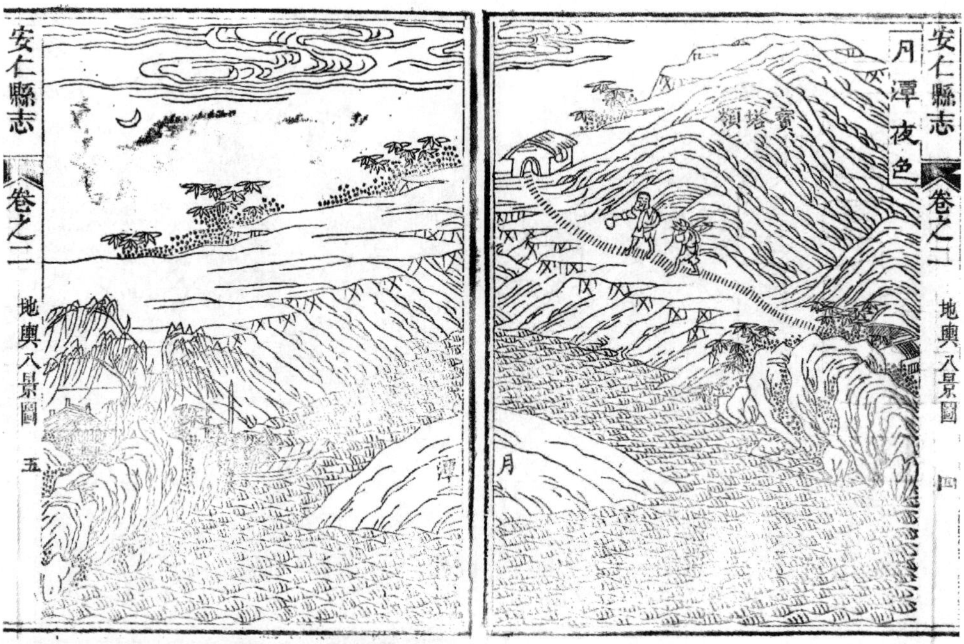

清同治《安仁县志》载“月潭夜色”

清同治《安仁县志》“卷之二·山川”载：（永乐）江水从宝塔岭南东北流屈，西汇为潭，四时澄澈，深不可测，中有洲特起，形如月，水光映沙，无月亦明，今为八景之一。

[雪岭晴光]

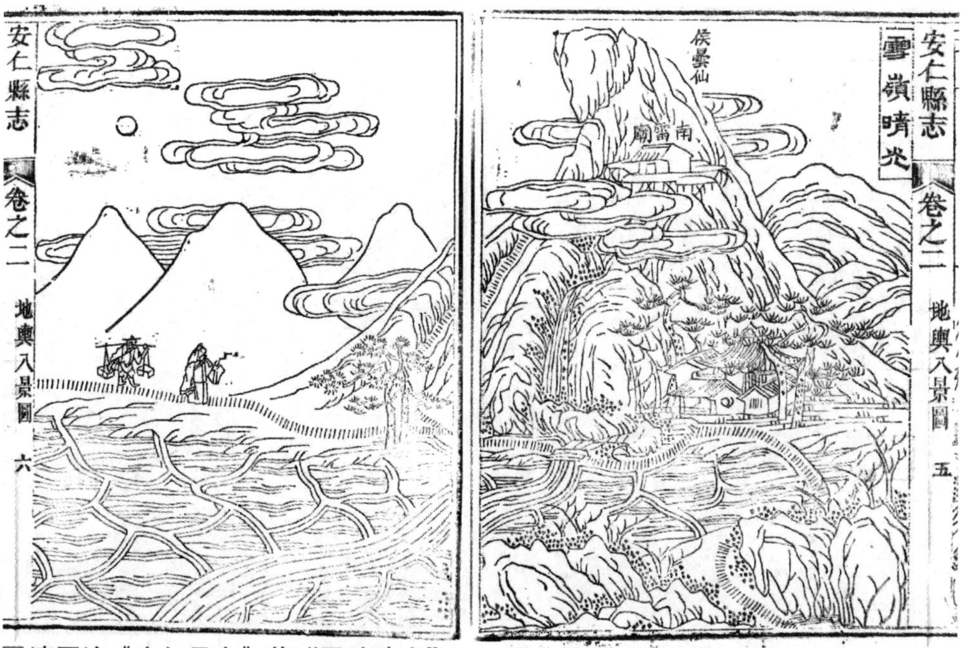

图 清同治《安仁县志》载“雪岭晴光”

清同治《安仁县志》“卷之二·山川”载“侯昙仙”：在县南二十里，《明一统志》一名侯堂山，有石井常涸，遇旱祀之则水出，祀毕仍涸，上有雪岭，每大雪晴霁数日亦不消，今为八景之一。旧有唐将南霁云、雷万春祠，其山岧峣耸峙，影插晴空，越石庙数武，其地丈余，踏之铿然有声。

[玉峰琴韵]

图 清同治《安仁县志》载“玉峰琴韵”

清同治《安仁县志》“卷之二·山川”载“玉峰”：在县东北二十里，宋少保周益公读书处。旧有书院，废址犹存。树杪风声，恍如琴韵，今为八景之一，后有三峰，形如笔架。

清代侯振焕《玉峰琴韵》

玉峰高矗势重重，相国祠堂尘土封。纵有碑残荒蔓草，犹留琴响答孤松。清风肯逐流泉渺，逸趣遥添晓露浓。我补瓣香心若接，平园访古漫扶筇。

[奎阁鸿声]

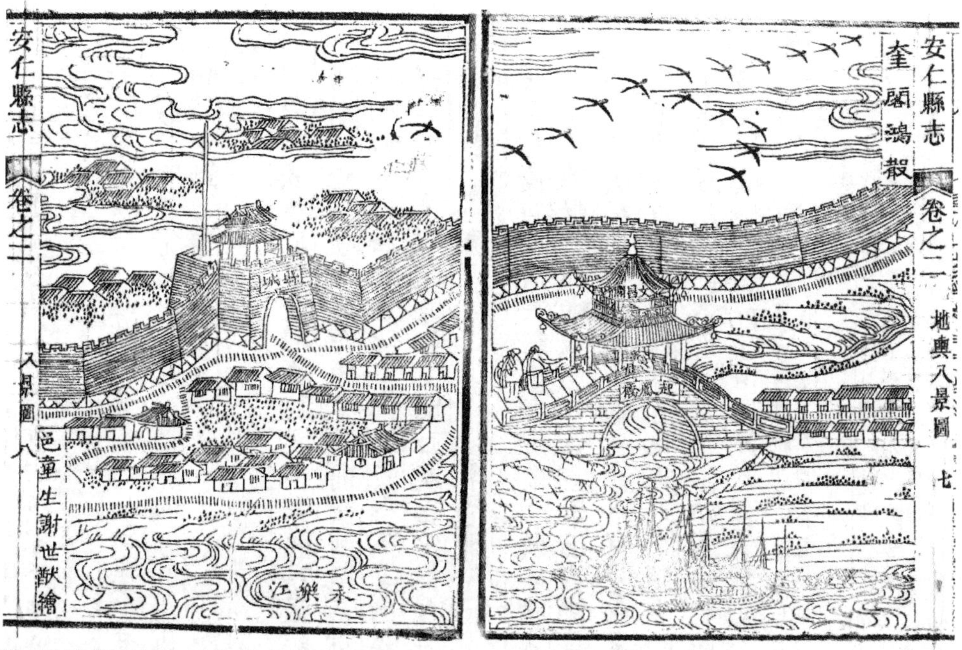

清同治《安仁县志》载“奎阁鸿声”

清同治《安仁县志》“卷之二·山川”载“龙角港”：一名小港，源出自庙冲，西流至毓秀门下，过起凤桥，上有奎星阁，每宾雁来往，回旋嘹唳，为八景之一。

【蓉城旧八景】

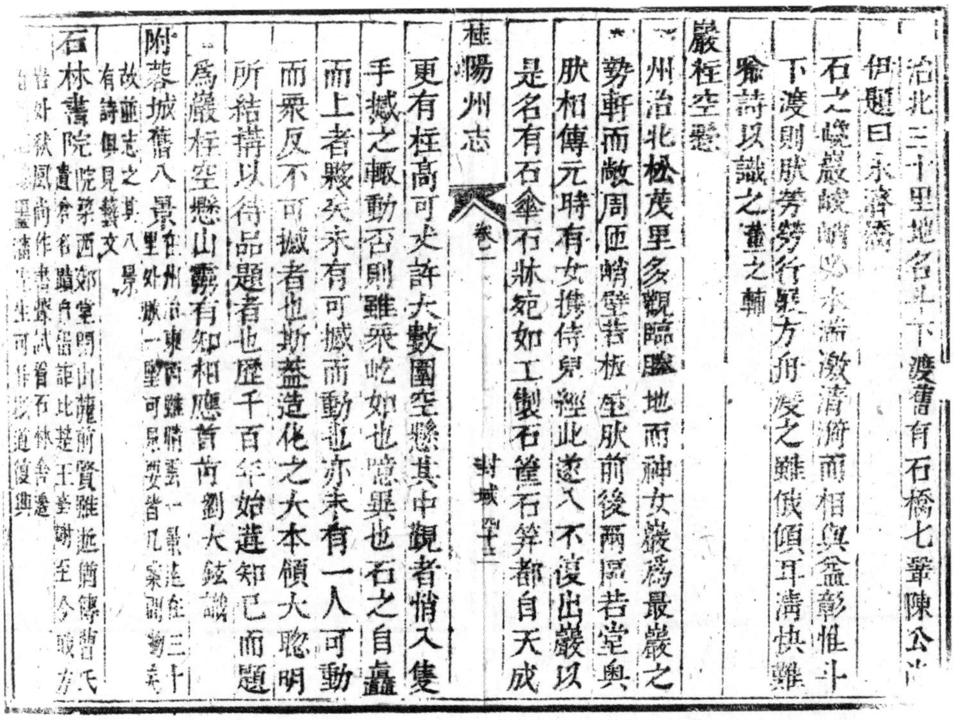

治北三十里地名斗下渡舊有石橋七鞏陳公

伊題曰永濟橋

石之嶙嶒巉峻……水流激清漪而相與益彰惟斗

下渡則勝勞勞行旅方舟凌之雖俄頃耳濤快難

爲詩以識之董之輔

巖桱空懸

州治北松茂里多觀臨勝地而神女巖爲最巖之

勢軒而敞周匝峭壁若板壁然前後兩扉若堂奥

然相傳元時有女携侍兒經此遂入不復出巖以

是名有石傘石牀宛如工製石篷石笋都自天成

桂陽州志 卷二 封域

更有桱高可丈許大數圍空懸其中觀者悄入隻

手撼之輒動否則雖衆屹如也噫異也石之自矗

而上者夥矣未有可撼而動也亦未有一人可動

而衆反不可撼者也斯蓋造化之大本領大聰明

所結搆以待品題者也歷千百年始遇知己而題

爲巖桱空懸山靈有知相應首肯 劉大鉉識

附蓉城舊八景

故舊志之載八景有詩俱見藝文

石林書院

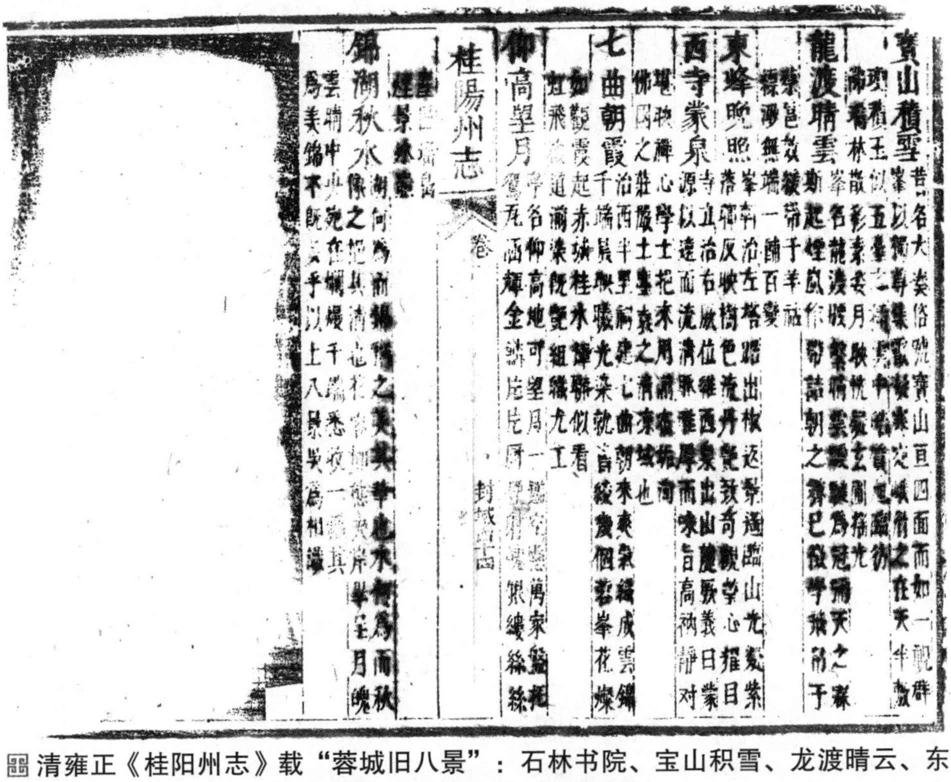

寶山積雪

龍渡晴雲

東峰晚照

西寺蒙泉

七曲朝霞

桂陽州志 卷二 封域

仰高望月

錦湖秋水

▣ 清雍正《桂阳州志》载“蓉城旧八景”：石林书院、宝山积雪、龙渡晴云、东峰晚照、西寺蒙泉、七曲朝霞、仰高望月、锦湖秋水。

桂阳，汉属桂阳郡郴县地。东晋建武元年（317），陶侃析郴西地置平阳县、平阳郡，县隶郡。隋开皇九年（589），平阳郡、平阳县俱废，并入郴县。隋大业十三年（617），萧铣复置平阳县，隶属桂阳郡。唐武德七年（624），平阳县并入郴县，次年复置，隶桂阳郡；唐至德二年（757），郴州桂阳郡改名郴州（天宝元年已改原郴州为郴州桂阳郡），州治移平阳县城。元和十五年（820）州治还郴。唐贞元二十年（804），置桂阳监于平阳城，掌矿冶铸铜钱，不领县，时境内有铜坑二百八十余处。唐天祐元年（904），撤平阳县，入桂阳监，监始为行政实体，隶属郴州。后晋天福元年（936），桂阳监领临武县。监领县为特别行政区，隶长沙府。郴桂自此分治。后晋天福四年（939），废临武县入桂阳监。宋景德二年（1005），蓝山县隶桂阳监。宋天禧三年（1019），复置平阳县，隶桂阳监。宋绍兴三年（1133），桂阳监改称桂阳军，军治平阳城，平阳县属之。元至元十四年（1277），桂阳州改为桂阳路，路治平阳城，平阳县隶之。明洪武元年（1368），桂阳路改为桂阳府，领平阳、临武二县及常宁州、耒阳州。明洪武九年（1376），桂阳府降为桂阳州，省平阳县入州（本州）编户，隶衡州府，洪武十三年（1380），桂阳州辖临武、蓝山、桂阳本州。明崇祯十二年（1639），析桂阳本州西南之禾仓堡置嘉禾县，析临武县部分地益之，属桂阳州。清康熙十三年（1674）（一说十七年），吴三桂反清据衡州，尽陷州境，因讳“桂”字，改桂阳州为南平州。十七年八月吴死，次年二月，复名桂阳州。清雍正十年（1732），桂阳州升为直隶州，领临武、蓝山、嘉禾三县，隶属衡永郴桂道。民国二年（1913）九月，废桂阳直隶州，改名桂阳县，隶湖南省衡永郴桂道。

桂阳，又称蓉城。

清雍正《桂阳州志》载“蓉城旧八景”：石林书院、宝山积雪、龙渡晴云、东峰晚照、西寺蒙泉、七曲朝霞、仰高望月、锦湖秋水。

［石林书院］

清乾隆《直隶桂阳州志》载“石林书院”

清同治《桂阳直隶州志》载“石林书院”：（明）隆庆时，州判王廷杰于芙蓉峰下构堂三间，为“石林书院”，以宋黄照邻“石林精舍”为名，知州王训扁曰“立极堂”。

［宝山积雪］

清乾隆《直隶桂阳州志》载“宝山积雪”

清雍正《桂阳州志》“蓉城旧八景”载“宝山积雪”：昔名大凑，俗号宝山。亘四面而如一，视群峰以独尊。集霞凝寒，宛峨眉之在天半。敷琼积玉，似五台之持云中。皓质旭临，仿佛琼林散彩。素口月映，恍疑玄圃摇光。

［龙渡晴云］

▣清乾隆《直隶桂阳州志》载“龙渡晴云”

清雍正《桂阳州志》“卷一”载“龙渡山”：州治南三十里，州之望山也，建有祠，遇旱□每祷辄应，龙渡晴云为旧八景之一，十二景改为奇云。

[东峰晚照]

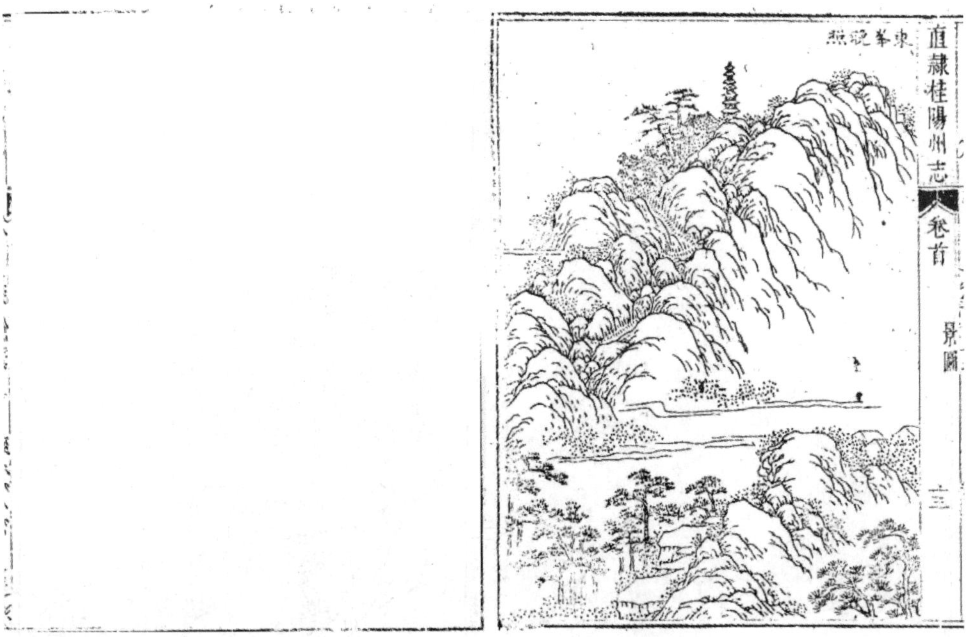

清乾隆《直隶桂阳州志》载“东峰晚照”（局部，原书缺）

清乾隆《直隶桂阳州志》“卷一·封域”载“东峰晚照”：治东半里许，即鹿峰山，与宝山对峙，晴日返景，其霞彩掩映城中，异常夺目。

[西寺蒙泉]

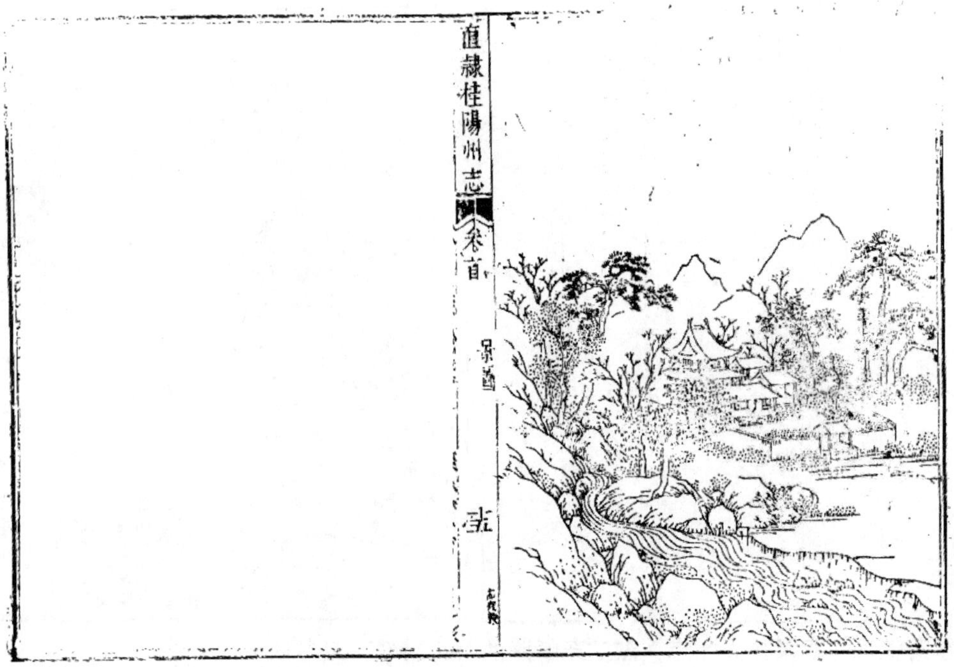

▣清乾隆《直隶桂阳州志》载“西寺蒙泉”（局部，原书缺）

清乾隆《直隶桂阳州志》“卷一·封域”载“西寺蒙泉”：治西不数武，古刹旁有泉，曰蒙泉，取井养之意，质清味甘，甲于合郡。

[七曲朝霞]

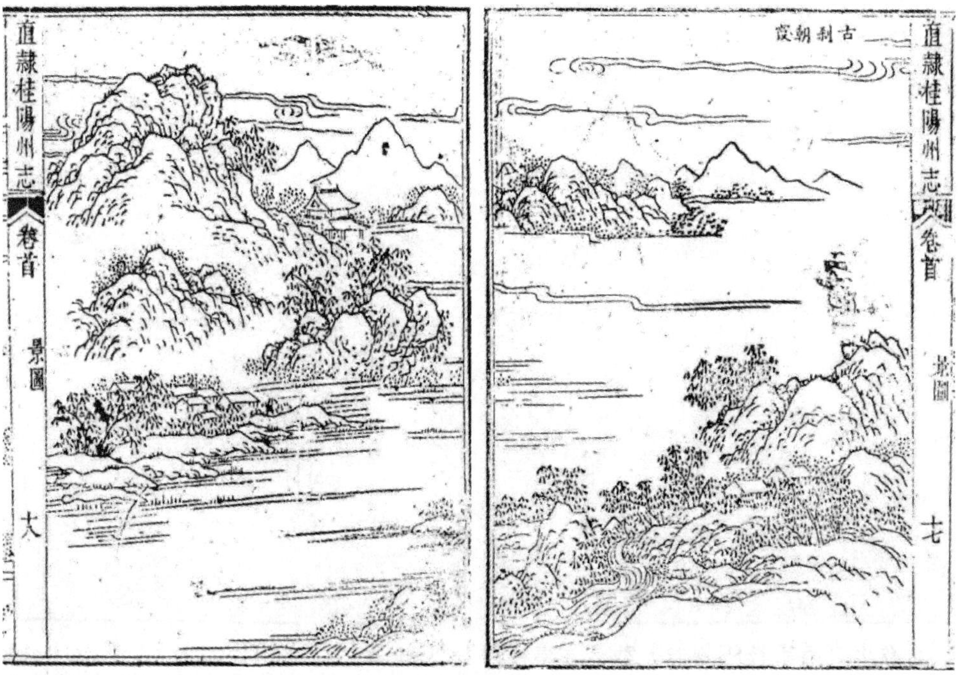

图 清乾隆《直隶桂阳州志》载“古刹朝霞”

清乾隆《直隶桂阳州志》“卷一·封域”载“古刹朝霞”（又名“七曲朝霞”）：治西半里许，七曲祠前每逢晴朗日，晨兴必有霞光映带山门。

[仰高望月]

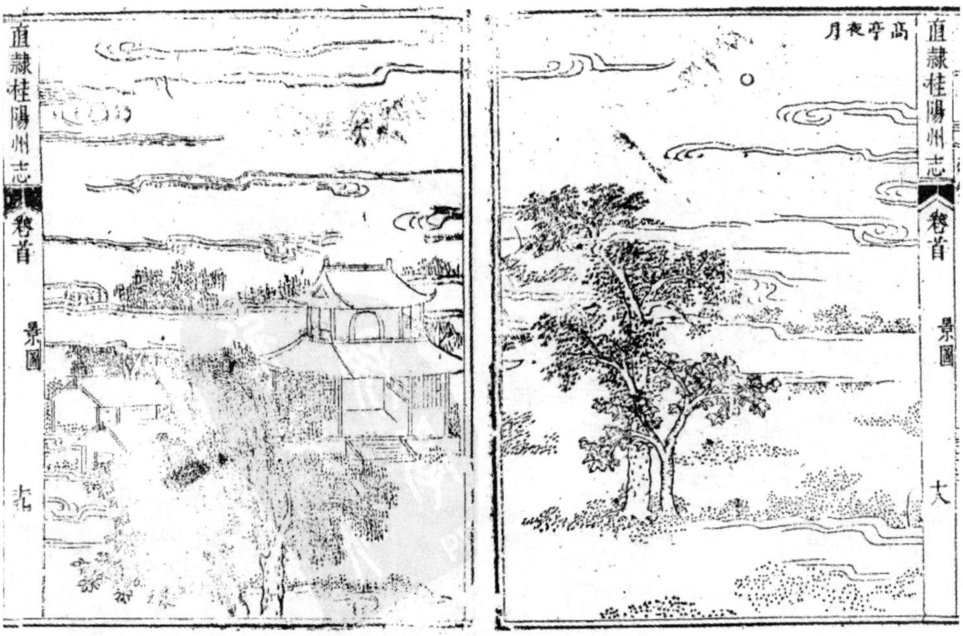

图 清乾隆《直隶桂阳州志》载“高亭夜月”

清雍正《桂阳州志》“蓉城旧八景”载“仰高望月”：亭名仰高，地可望月。一鉴空悬，万家盘托。鸳瓦涵辉，金鳞片片。厨烟射魄，银缕丝丝。尘图瑶岛，烟景冰壶。

[锦湖秋水]

清乾隆《直隶桂阳州志》载“锦湖秋水”

清乾隆《直隶桂阳州志》载“卷一·封域”载“锦湖秋水”：城南能仁寺前，湖可里许，夹岸芙蓉，每当秋水莹光相映，故名，今废。

【蓉城十二景】

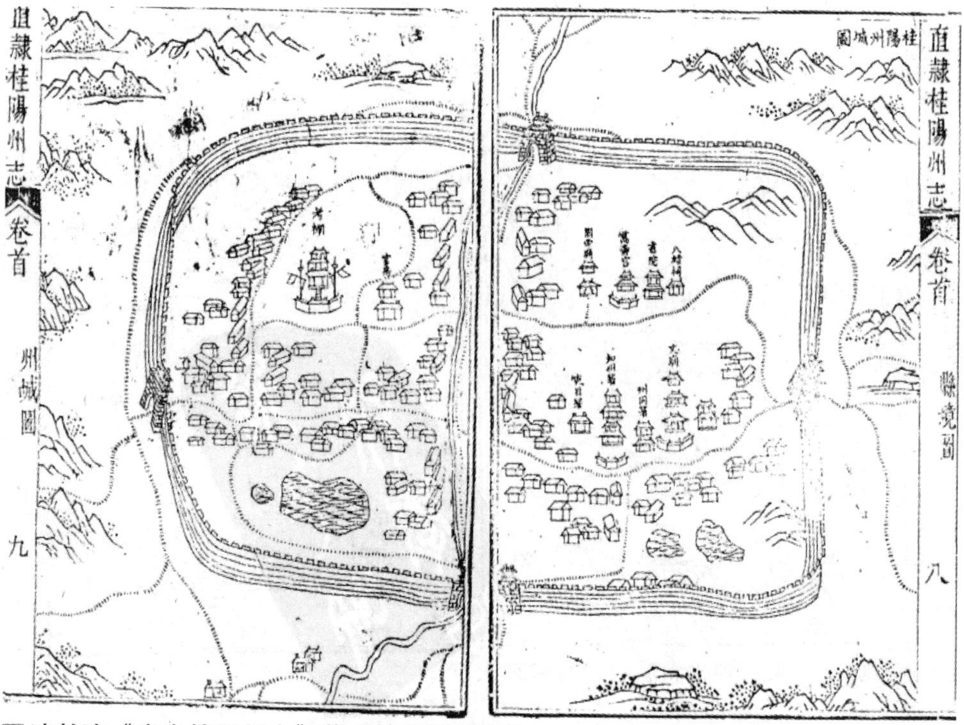

清乾隆《直隶桂阳州志》载“桂阳州城图”

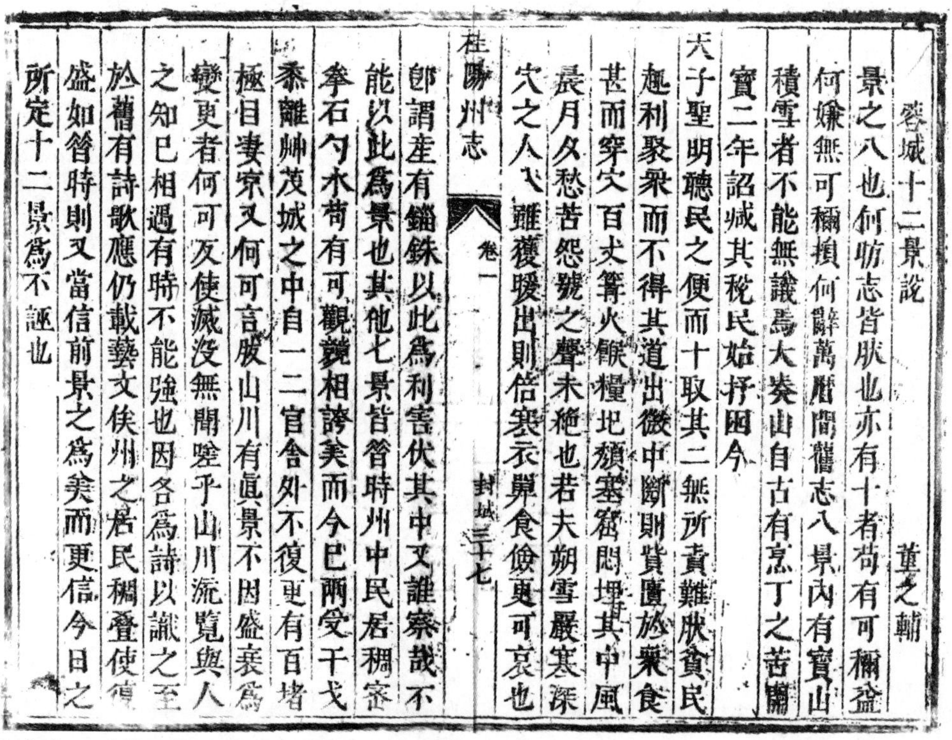

蓉城十二景說　董之輔

景之八也何妨志皆然也亦有十者苟有可稱益何嫌無可稱損何辭萬曆間舊志八景內有寶山積雪者不能無譏焉大奏山自古有烹丁之苦開寶二年詔減其稅民始抒困今

天子聖明聽民之便而十取其二無所責難然貧民趨利聚衆而不得其道出微中斷則貲盡於衆食甚而穿穴百丈篝火餱糧圯頹塞窟悶埋其中風晨月夕愁苦怨號之聲未絕也若夫朔雪嚴寒深穴之人人雖獲暖出則倍寒衣裘食儉更可哀也

桂陽州志　卷一　封域　三十七

卽謂產有錙銖以此爲利害伏其中又誰察哉不能以此爲景也其他七景皆昔時州中民居稠密峯石勺水苟有可觀競相誇美而今已兩受干戈黍離帅茂城之中自一二官舍外不復更有百堵極目淒凉又何可言服山川有眞景不因盛衰爲變更者何可反使滅沒無聞嗟予山川流覽與人之知已相遇有時不能強也因各爲詩以識之至於舊有詩歌應仍載藝文俟州之居民稠疊使復盛如昔時則又當信前景之爲美而更信今日之所定十二景爲不誣也

清雍正《桂阳州志》载“蓉城十二景说”（一）

清雍正《桂阳州志》载“蓉城十二景说”：能仁烟雨、芙蓉雪霁、鹿峰晚照、龙渡奇云、石林怀古、神田占岁、仙棋敲月、驿路香风、坛山异迹、灵泉幻潮、方舟斗下、岩柱空悬。

清乾隆《直隶桂阳州志》载“十二景”：宝山积雪、龙渡晴云、东峰晚照、西寺蒙泉、石林书院、锦湖秋水、古刹朝霞、高亭夜月、神田占岁、仙局留春、驿路香风、坛山异迹。

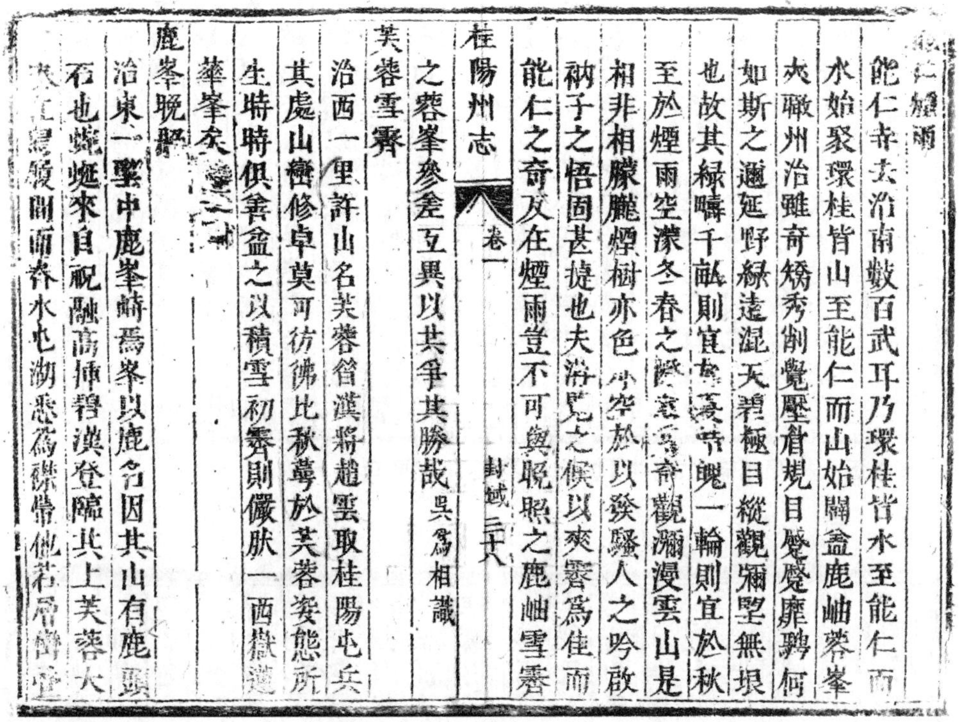
能仁煙雨
能仁寺去治南數百武耳乃環桂皆水至能仁而
水始聚環桂皆山至能仁而山始闢盒鹿岫蓉峯
夾峙州治雖奇矯秀削覺壓眉規目覺覺靡騁何
如斯之邇延野綠遠混天碧極目縱觀彌望無垠
也故其綠疇千畝則宜於[illegible]湧吐魄一輪則宜於秋
至於煙雨空濛冬春之際[illegible]奇觀瀰漫雲山是
相非相朦朧煙樹亦色亦空於以發騷人之吟啟
衲子之悟固甚捷也夫游覽之候以爽霽爲佳而
能仁之奇反在煙雨豈不可與晚照之鹿岫雪霽
桂陽州志 卷一 封域 三十八
之蓉峯參差互異以共爭其勝哉 吳爲相識
芙蓉雪霽
治西一里許山名芙蓉昔漢將趙雲取桂陽屯兵
其處山巒修阜莫可彷彿比秋冬於芙蓉姿態所
生時時俱著盒之以積雪初霽則儼然一西嶽蓮
華峯矣 [illegible]
鹿峯晚照
治東一里中鹿峯峙焉峯以鹿名因其山有鹿頭
石也蜿蜒來自祝融高插碧漢登臨其上芙蓉大
[illegible]而吞水也湖悉爲襟帶他若[illegible]

清雍正《桂阳州志》载“蓉城十二景说”（二）

[illegible]也爲之四際空明一徹無礙俯見日落
西矣暮樹煙迷歸鴻競集此獨餘暉掩映蕩漾澄
光不亞赤城霞起爲良久循浮屠直上尤如濟金
汪頂瞬息莫知所之洵爲一邑奇觀也今吾桂山
水主人標新選勝仍存之爲一景佐敢不曰幸哉
此峯也復經品題更稱佳山云 徐佐識
龍渡奇雲
雲奇于夏龍渡之雲不論夏雲騰必雨龍渡之雲
不皆雨時而束白練於山腰者晴也時而爲蒼狗
于頂際者雨也時而不雨不晴任我卷舒猗爲游
桂陽州志 卷一 封域 三十九
戲雲之性龍之情也且麓有雙泉流分左右中立
靈祠不爽禱求是奇於晴者更奇于雨也先是志
景者曰晴雲今易之以奇盒曰龍之膏澤不殫說
奈何以霖雨之才而獨作隱逸之怡乎只一字而
龍德普矣 何其高識
石林懷古
治西距芙蓉山數十武有石如林爲宋進士黃照
鄰父子書院
爲有石林矣墓也建室於山而勤其子意在玉枝
[illegible]

清雍正《桂阳州志》载“蓉城十二景说”（三）

[illegible]陽六巖
距州治東南二十里有巖名靈池巖何爲而池池
何爲而靈也巖軒而敞中有石龕土人迎神棲之
龕左有石田數坵約二尺許阡陌縱横歴歴可數
歲潦則石田水溢旱則涸歲有蝗則巖中之一葉
一莖悉爲虫嚙農人以此占稔歉得預爲渚洩旃
禱使禝少殺故曰靈也夫山川所以蒸雲布雨澤
萬物而已今巖之靈乃預以歲之豐凶告我農人
豈先畜之神實栖於此先憂其憂歟示以象使農
知自警歟抑山澤氣通得咸之義而巖又得氣之
桂陽州志 卷一 封域 四十
先故預呈其端倪於茲歟彼椎洞幽犁所在都有
有如斯之一掌石田而通休戚於民生者乎後之
游目於斯者毋徒作攬勝觀可也 吳爲相識

倒蒂敲月
州治北五十里地名板溪有集仙橋橋右有石筍
高十餘丈許其一筍高大倍之中開一洞坐二仙
相對而奕一仙頭挽丫髻一仙披巾垂帶中有棋
枰枰布黑子一出一手若下子狀一雙手按膝若
有所思其形色天性雖捏塑高手不能更有與者
迄月橋亭時聞子聲明毛伯溫先生隨史[illegible]

清雍正《桂阳州志》载“蓉城十二景说”（四）

從遊貢士李[illegible]在政門題有仙橋時有人來往好聽
鬭棋响一聲之句後巡者[illegible]發州詞謝其
師郷巳仙去獨二[illegible]看棋[illegible]須
史過逢會[illegible]
更復如何何其高識[illegible]

驛路香風
州北至宜江界九十里山花野卉到處都有四時
香氣襲人故名[illegible]
郵有香風[illegible]立州境山徑蜒曲篁竹叢密小
橋流水山中無艸不花無花不香各復幽異忽然
桂陽州志 卷一 封域 四十一
襲裾莫可自辨如桂如梅芬芬馥馥不獨適[illegible]
秋又不[illegible]有事西蜀山[illegible]
漫則甚相似香之襲我若或過之董之輔

壇山異跡
壇山去州九十里居西北之臨壇鄉攬勝者
饒異跡亟搜而闕之以爲桂景之一云夫山
異異於外亦異於内也何爲異於外山形八面
立千尋峻削如城堞嵲宛具故異也又何
其以招提之歸狀逼漢而欺雲乎未也
跡指掤宛[illegible]痕神[illegible]可想

清雍正《桂阳州志》载“蓉城十二景说”（五）

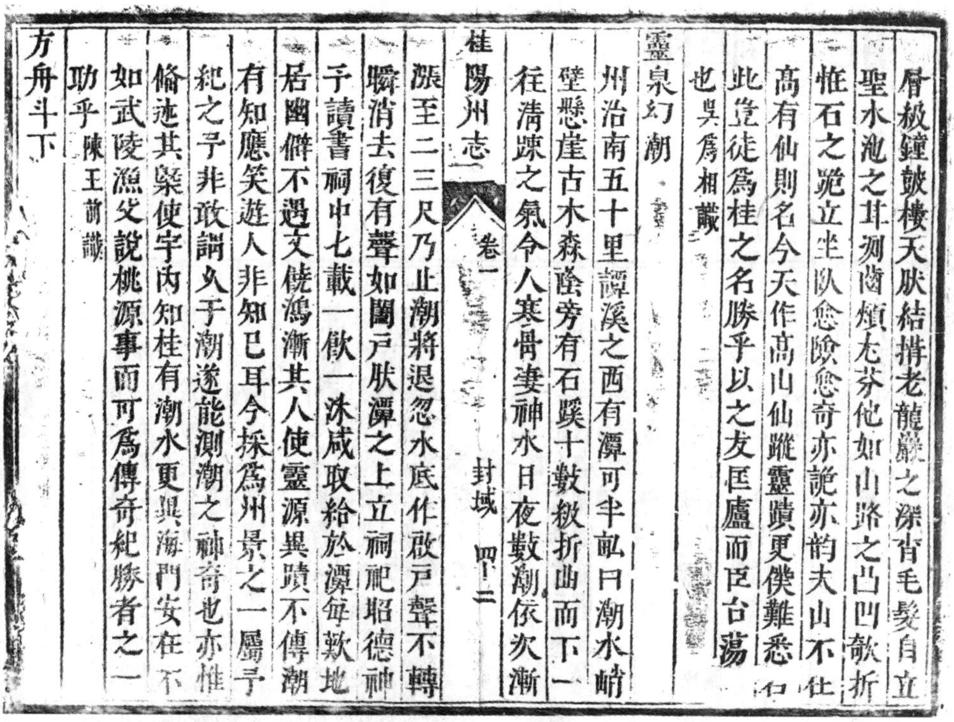

層級鐘鼓樓天然結搆老龍巖之深背毛髮自立
聖水泡之茸洌崮煩左芬佗如山路之凸凹欹折
惟石之詭立坐臥愈險愈奇亦詭亦韵夫山不在
高有仙則名今天作高山仙蹤靈蹟更僕難悉右
此豈徒爲桂之名勝乎以之友匡廬而臣台蕩
也吳爲相識

靈泉幻潮

州治南五十里譚溪之西有潭可半畝曰潮水峭
壁懸崖古木森蔭旁有石蹊十數級折曲而下一
往清踈之氣令人寒骨悽神水日夜數潮依次漸

桂陽州志　卷一　封域　四十二

漲至二三尺乃止潮將退忽水底作啟戶聲不轉
瞬消去復有聲如闔戶然潭之上立祠祀昭德神
予讀書祠中七載一飲一沐咸取給於潭每歎地
居幽僻不遇文饒鴻漸其人使靈源異蹟不傳潮
有知應笑遊人非知己耳今採爲州景之一屬予
紀之予非敢謂久于潮遂能測潮之神奇也亦惟
倚迹其槩使宇內知桂有潮水更異海門安在不
如武陵漁父說桃源事而可爲傳奇紀勝者之一
助乎 陳王前識

方舟斗下

圖清雍正《桂阳州志》载“蓉城十二景说”（六）

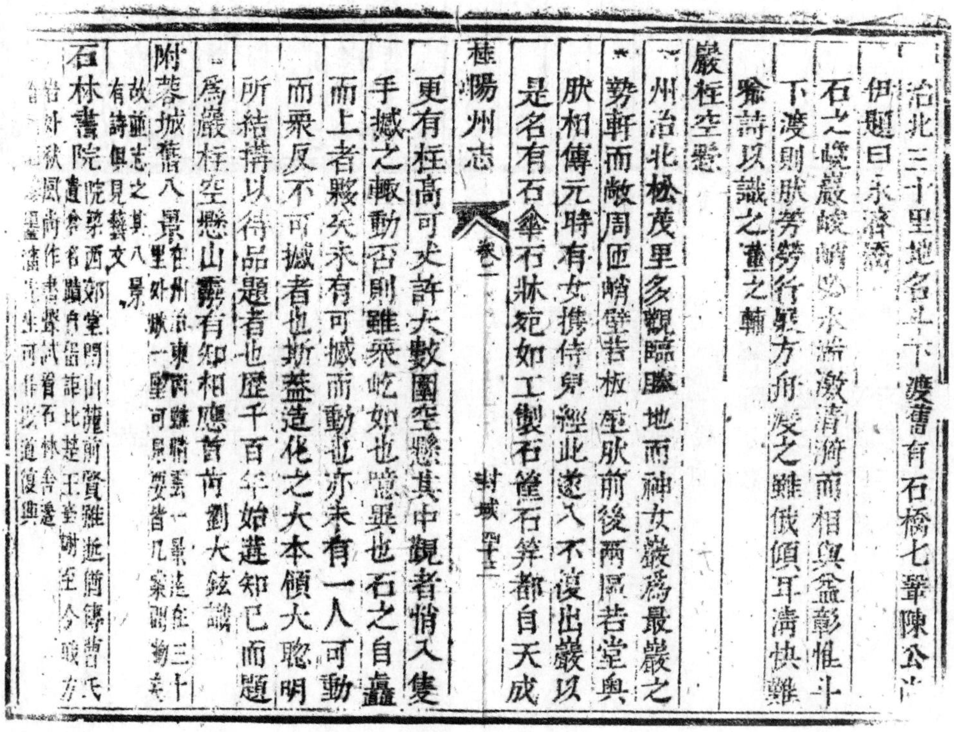

治北三十里地名斗下渡舊有石橋七鞏陳公光
伊題曰永濟橋
石之嶮巖峻峭迴水流激清漪而相與益彰惟斗
下渡則然旁勞行堅方舟渡之雖俄傾耳淸快難
喻詩以識之董之輔

巖桯空懸

州治北松茂里多覯臨勝地而神女巖爲最巖之
勢軒而敞周匝峭壁若板垩然前後兩屬若堂奥
然相傳元時有女携侍兒經此遂入不復出巖以
是名有石傘石牀宛如工製石筍石笄都自天成

桂陽州志　卷一　封域　四十三

更有桯高可丈許大數圍空懸其中覩者悄入雙
手撼之輒動否則雖衆屹如也噫異也石之自矗
而上者夥矣未有可撼而動也亦未有一人可動
而衆反不可撼者也斯蓋造化之大本領大聰明
所結搆以待品題者也歷千百年始遘知己而題
爲巖桯空懸山靈有知相應首肯 劉大鉉識

附蓉城舊八景在州治東南雖稍異一景近在三十里外然一望可見要皆几案間物矣故舊志之載八景有詩俱見藝文

石林書院 院築西郊堂門山麓前賢雖逝蹟傳昔氏遺念名蹟自留[illegible]比楚王[illegible]至今唯存[illegible]外[illegible]風尚作書聲試省石林舍邊[illegible]臺濱[illegible]生可作[illegible]道復興

圖清雍正《桂阳州志》载“蓉城十二景说”（七）

[能仁烟雨]

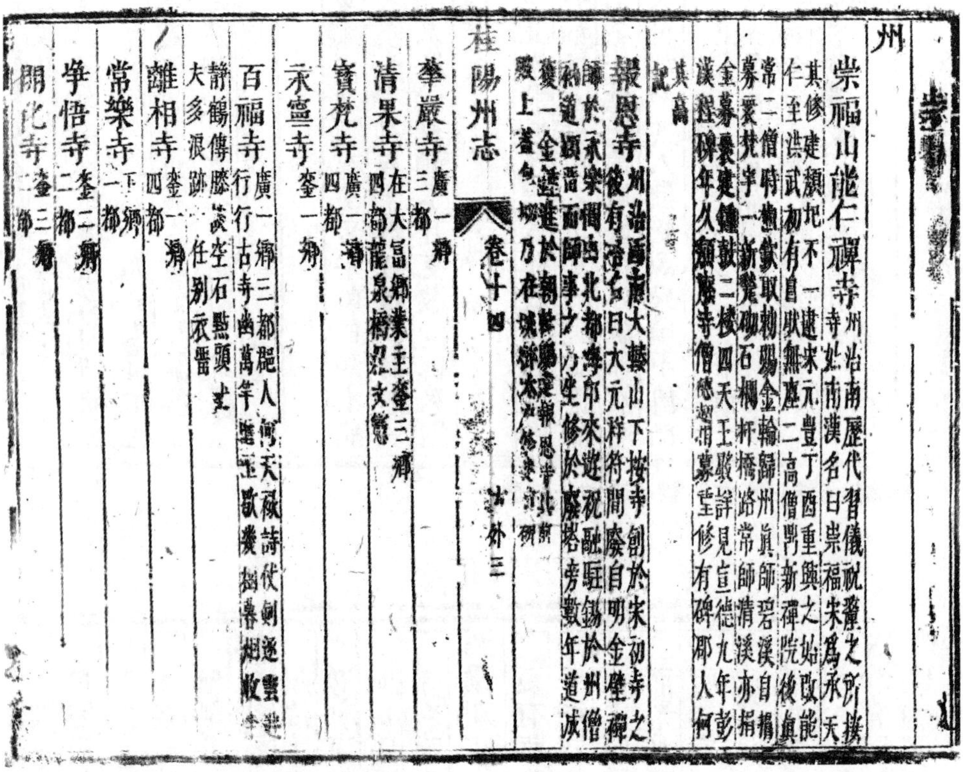

州

崇福山能仁禪寺 州治南歷代習儀祝釐之所按寺址南漢名曰崇福宋爲承天

其修建頹圮不一建宋元豐丁酉重興之始改能

仁至洪武初有自默無塵二高僧與新禪院後真

常二僧時蜀欽取賜鍋金輪歸州真師碧溪自揭

募衆梵宇一新覺砌石欄杆橋路常師清溪亦揭

金募衆建鐘鼓二樓四天王殿詳見宣德九年彭

漢程碑年久頹廢寺僧懋迦甫募修有碑鄉人何

其高記

報恩寺 州治西南大藤山下按寺創於宋初寺之

後有洞名曰大元祥符間廢自明金壁禪

師於永樂間由北都遊來遊祝融駐錫於州僧

納道顯晉而師事之乃坐修於窟塔旁數年道成

變一金蓮進於朝敕賜報恩寺北京

殿上蓋御匾乃在

桂陽州志 卷十四 寺外三

拳巖寺 廣一鄉三都

清果寺 在大富鄉業主坌三鄉四都龍泉橋

寶梵寺 廣一鄉四都

永寧寺 坌一鄉

百福寺 廣一鄉三都 邑人何天祿詩伏劍逐雲遊 行行古寺幽萬竿

靜鶴傳膝談空石點頭 大多浪跡任別衣留

離相寺 坌一鄉四都

常樂寺 下鄉一都

淨悟寺 坌二鄉二都

開化寺 坌三鄉二都

▣清雍正《桂阳州志》载“能仁寺”

清雍正《桂阳州志》“卷十四”载“崇福山能仁禅寺”：“州治南，历代习仪祝釐之所。”另，“卷一·封域·蓉城十二景说”载“能仁烟雨”：能仁寺，去治南数百武耳，乃环桂皆水，至能仁而水始聚；环桂皆山，至能仁而山始辟。……能仁之奇反在烟雨，岂不可与晚照之鹿岫，雪霁之蓉峰参差互异，以共争其胜哉。

［芙蓉雪霁］

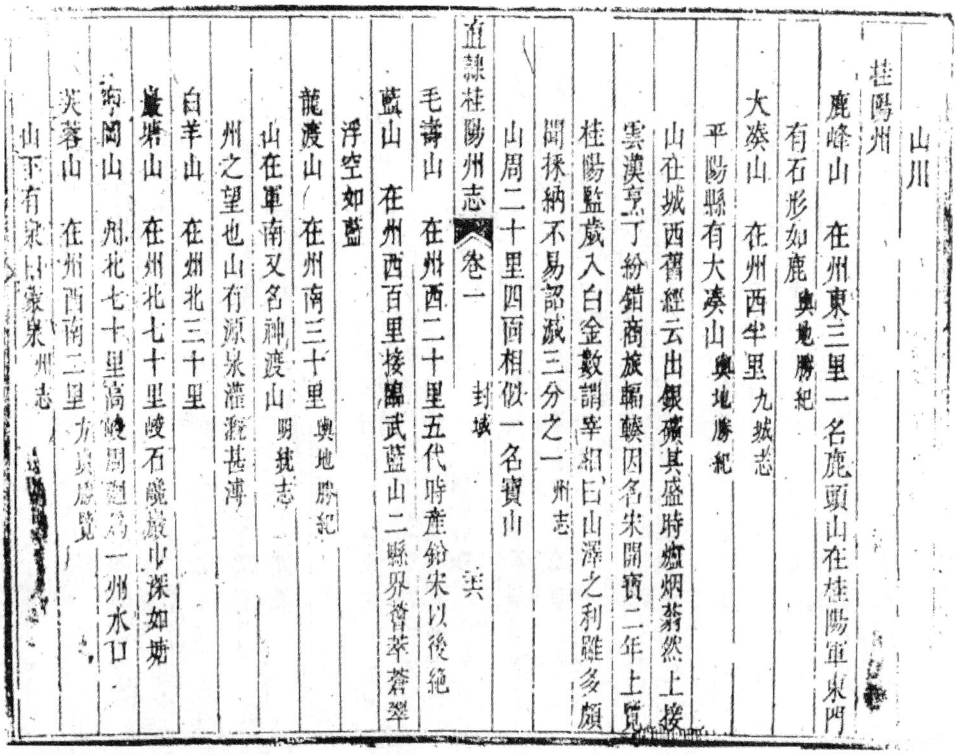
山川
桂陽州
鹿峰山　在州東三里一名鹿頭山在桂陽軍東門
有石形如鹿　輿地勝紀
大湊山　在州西半里　九城志
平陽縣有大湊山　輿地勝紀
山在城西舊經云出銀礦其盛時爐烟蓊然上接
雲漢烹丁紛錯商旅輻輳因名宋開寶二年上覓
桂陽監歲入白金數謂卒細曰山澤之利雖多頗
聞採納不易詔減三分之一　州志
山周二十里四面相似一名寶山
直隸桂陽州志　卷一　封域
毛壽山　在州西二十里五代時產鉛宋以後絕
藍山　在州西百里接臨武藍山二縣界層萃蒼翠
浮空如藍
龍渡山　在州南三十里　輿地勝紀
山在軍南又名神渡山　明統志
州之望也山有源泉灌溉甚溥
白羊山　在州北三十里
巖塘山　在州北七十里峻石巉巖中深如坳
峋岡山　州北七十里高峻周迴爲一州水口
芙蓉山　在州西南二里　方輿勝覽
山下有泉曰蒙泉　州志

图 清乾隆《直隶桂阳州志》“卷一”载“芙蓉山”

清雍正《桂阳州志》“卷一·封域·蓉城十二景说”载“芙蓉雪霁”：治西一里许，山名芙蓉，昔汉将赵云取桂阳屯兵其处，山峦修卓，莫可仿佛，比秋萼于芙蓉，姿态所生，时时俱善。益之以积雪初霁，则俨然一西岳莲花峰矣。

[鹿峰晚照]

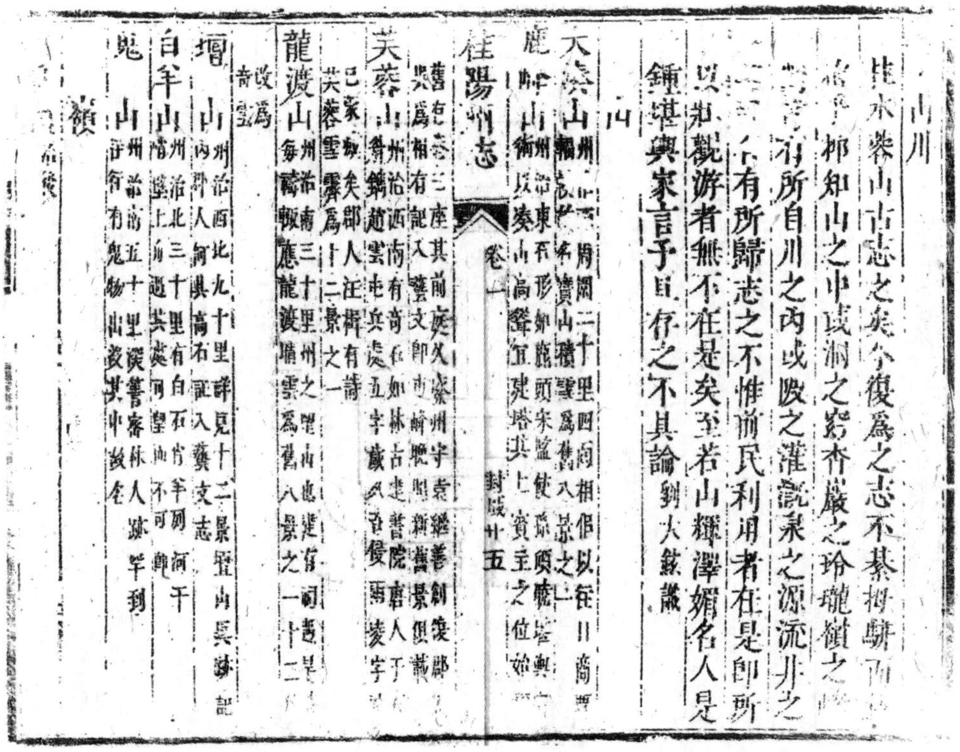

清雍正《桂阳州志》“山川”载“鹿峰山”

清雍正《桂阳州志》“卷一·封域·蓉城十二景说”载“鹿峰晚照”：治东一口中，鹿峰峙焉。峰以鹿名，因其山有鹿头石也，蜿蜒来自祝融，高插碧汉。……每见日沉西矣，暮树烟迷，归鸿竞集，此独余晖掩映，荡漾流光，不亚赤城霞起焉。良久，循浮屠直上，犹如溶金注顶，瞬息莫知，所以洵为一郡奇观也。

［龙渡奇云］

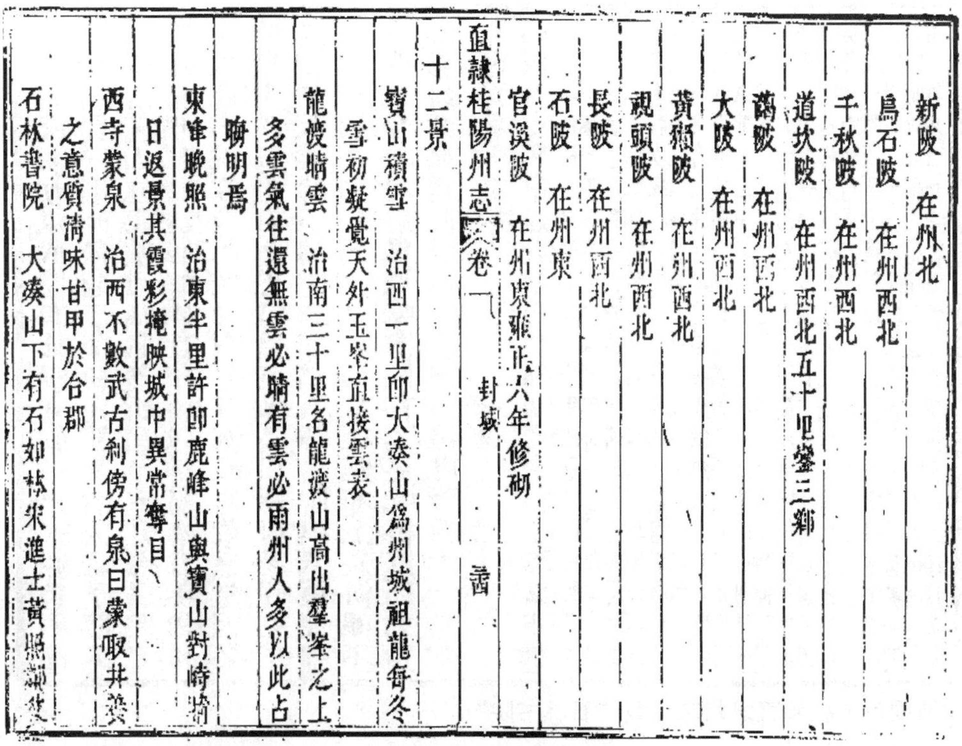
新陂　在州北
烏石陂　在州西北
千秋陂　在州西北
道坎陂　在州西北五十里鎣三鄉
鵝陂　在州西北
大陂　在州西北
黃獺陂　在州西北
視頭陂　在州西北
長陂　在州西北
石陂　在州東
官溪陂　在州東雍正六年修砌
直隸桂陽州志　卷一　封域
十二景
寶山積雪　治西一里即大湊山為州城祖龍每冬
雪初凝覺天外玉峯直接雲表
龍渡晴雲　治南三十里名龍渡山高出羣峯之上
多雲氣往還無雲必晴有雲必雨州人多以此占
晴明焉
東峰晚照　治東半里許即鹿峰山與寶山對峙猶
日返景其霞彩掩映城中異常奪目
西寺蒙泉　治西不數武古刹傍有泉曰蒙汲井養
之意質清味甘甲於合郡
石林書院　大湊山下有石如林宋進士黃照讀書

圖清乾隆《直隶桂阳州志》“十二景”载“龙渡晴云”

清雍正《桂阳州志》“卷一·封域·蓉城十二景说”载“龙渡奇云”：云奇于夏，龙渡之云不论夏，云腾必雨。……云之性，龙之情也。且麓有双泉，流分左右，中立灵祠，不爽祷求。是奇于晴者，更奇于雨也。先是志景者曰：晴云，今易之以奇。盖曰：龙之膏泽，不殚说，奈何以霖雨之才，而独作隐逸之怡乎，只一字而龙德普矣。

[石林怀古]

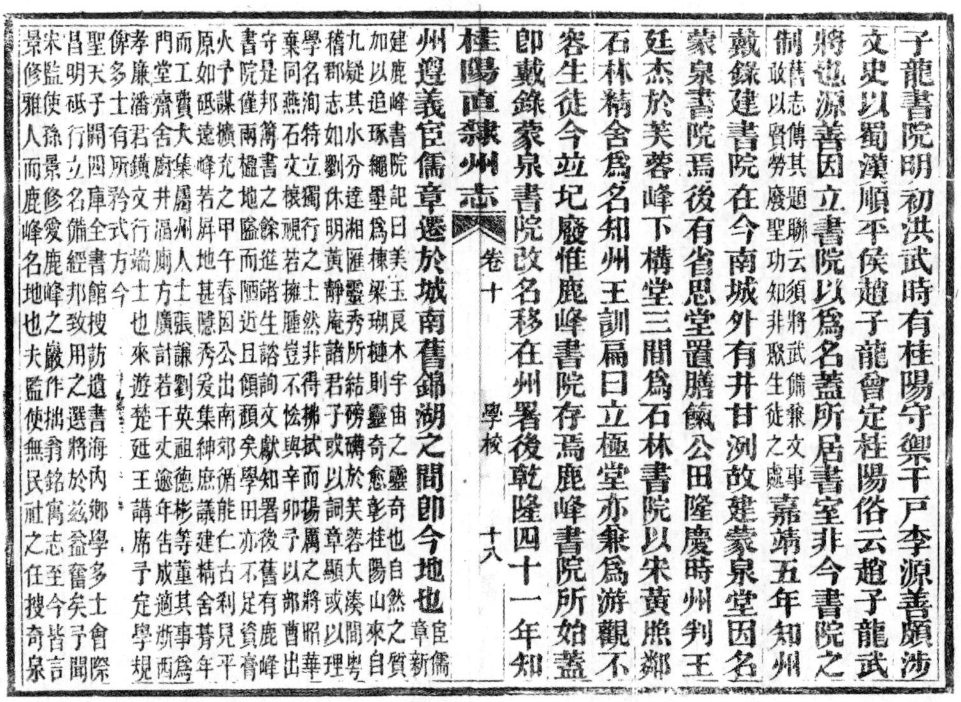

子龍書院明初洪武時有桂陽守禦千戶李源善頗涉文史以蜀漢順平侯趙子龍曾定桂陽俗云趙子龍武將遂源善因立書院以爲名蓋所居書室非今書院之制舊志傳其題聯云須將武備兼文事敢以賢勞廢聖功知非聚生徒之處嘉靖五年知州戴錄建書院在今南城外有井甘洌故建蒙泉堂因名蒙泉書院焉後有省思堂置贍饟公田隆慶時州判王廷杰於芙蓉峰下構堂三間爲石林書院以宋黃照鄰石林精舍爲名知州王訓扁曰立極堂亦兼爲游觀不容生徒今並圮廢惟鹿峰書院存焉鹿峰書院所始蓋即戴錄蒙泉書院改名移在州署後乾隆四十一年知

桂陽直隸州志 卷十 學校 十八

州遵義官儒章遷於城南舊錦湖之間即今地也官儒章新建鹿峰書院記曰美玉良木宇宙之靈奇也自然之質加以追琢繩墨爲棟梁瑚璉則靈奇愈彰桂陽山來自九疑其水分達湘匯靈秀所結磅礴於芙蓉大湊間粤稽郡志如劉休明黃靜庵諸君子或以詞章顯或以理學名洵特立獨行之士然非得拂拭而揚厲之將昭華棄同燕石文懷覗若擁腫豈不悵與辛卯予以部曹出守是邦簡書之餘進諸生諮詢文獻知署後舊有鹿峰書院僅兩楹地臨而陋近且傾頹矣學田亦不足資膏火予謀擴充之甲午春因公出南郊循能仁古刹見平原如砥遠峰若屏地甚隱秀爰集紳庶議建精舍募年而工費大集屬州人士張謙劉英祖德彬等董其事爲門堂齋舍廚井涌廟方廣討若干丈逾年告成適浙西孝廉潘君鏞文行端士也來遊楚廷王講席予定學規倂多士有所矜式方今聖天子闢四庫全書館搜訪遺書海內鄉學多士會際昌明祗行立名備經邦致用之選將於茲登奮矣予聞宋監使孫景修愛鹿峰之嚴作揣翁銘寓志至今皆言景修雅人而鹿峰名地也夫監使無民社之任搜奇泉

清同治《桂阳直隶州志》载“石林书院”

清雍正《桂阳州志》“卷一·封域·蓉城十二景说”载“石林怀古”：治西距芙蓉山数十武，有石如林，为宋进士黄照邻父子书院。

[神田占岁]

囧清乾隆《直隶桂阳州志》载“神田占岁”（局部，原书缺）

清雍正《桂阳州志》“卷一·封域·蓉城十二景说”载“神田占岁”：距州治东南二十里，有岩名灵池。……有石田数坵，约二尺许，阡陌纵横，历历可数。岁潦则石田水溢，旱则涸，岁有蝗则岩中一叶一茎悉为虫啮，农人以此占稔歉得，预为潴泄，祈祷使祲少杀，故曰灵也。

[仙棋敲月]

图 清乾隆《直隶桂阳州志》载“仙棋敲月”（局部，原书缺）

清雍正《桂阳州志》“卷一·封域·蓉城十二景说”载“仙棋敲月”：州治北五十里，地名板溪，有集仙桥，桥右有石笋，高十余丈许，其一笋高大倍之，中开一洞，坐二仙相对而弈。……更有异者，夜月，桥亭时闻子声。

[驿路香风]

清乾隆《直隶桂阳州志》载“驿路香风”（局部，原书缺）.

清雍正《桂阳州志》“卷一·封域·蓉城十二景说”载“驿路香风”：州治北九十里，有香风铺者，南通交广，北达衡湘，虽山径蜿蜒，不异秦关之险而野花烂漫，浑无蜀道之难。碧润幽篁，步步引人入胜。小桥流水，悠悠令我忘疲。两旁丛卉呈馨，不必留春而春常在，一路杂葩贡秀，不去寻芳而芳自来。

［坛山异迹］

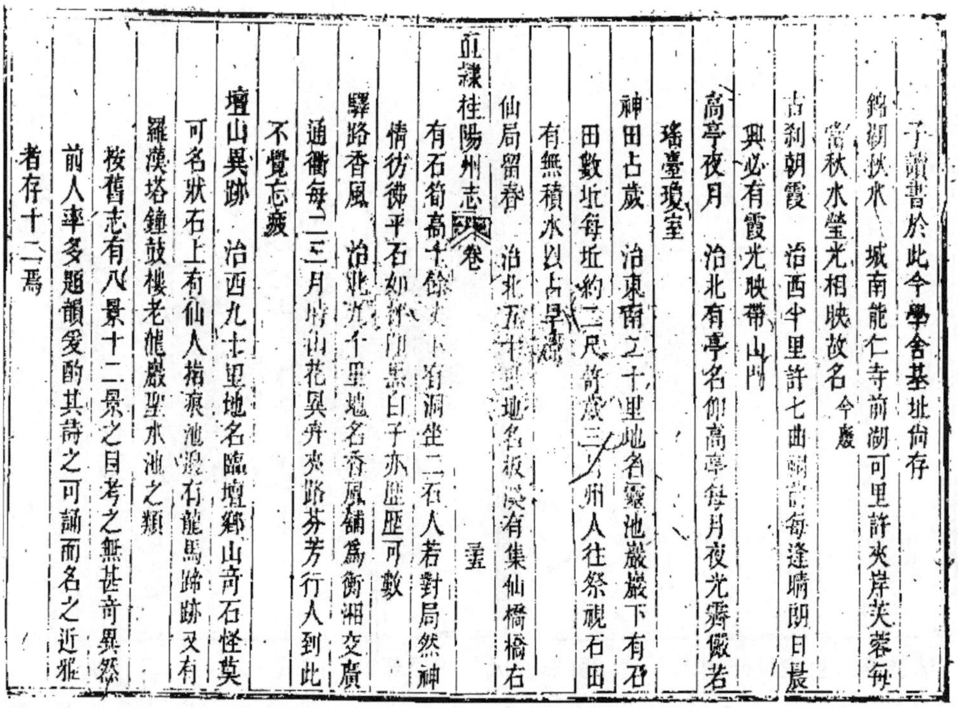

予讀書於此今學舍基址尚存
錦湖秋水　城南能仁寺前湖可里許夾岸芙蓉每
當秋水瑩光相映故名今廢
古刹朝霞　治西十里許七曲嶺□每逢晴朗日晨
興必有霞光映帶山門
高亭夜月　治北有亭名仰高亭每月夜光霽儼若
瑤臺瓊室
神田占歲　治東南二十里地名靈池巖巖下有石
田數坵每坵約二尺許歲三□州人往祭視石田
有無積水以占旱潦
仙局留春　治北五十里地名板□有集仙橋橋右
直隸桂陽州志　卷　壹
有石笋高十餘丈下有洞坐二石人若對局然神
情彷彿乎石如新□□黑白子亦歷歷可數
驛路香風　治北九十里地名香風鋪為衡湘交廣
通衢每二三月時山花異卉夾路芬芳行人到此
不覺忘疲
壇山異跡　治西九十里地名臨壇鄉山奇石怪莫
可名狀石上有仙人指痕池邊有龍馬蹄跡又有
羅漢塔鐘鼓樓老龍巖聖水池之類
按舊志有八景十二景之目考之無甚奇異然
前人率多題詠爰酌其詩之可誦而名之近雅
者存十二焉

图 清乾隆《直隶桂阳州志》“十二景”载“坛山异迹”

清乾隆《直隶桂阳州志》载“坛山异迹”：治西九十里，地名临坛乡，山奇石怪，莫可名状，石上有仙人指痕，池边有龙马蹄迹，又有罗汉塔、钟鼓楼、老龙岩、圣水池之类。

［灵泉幻潮］

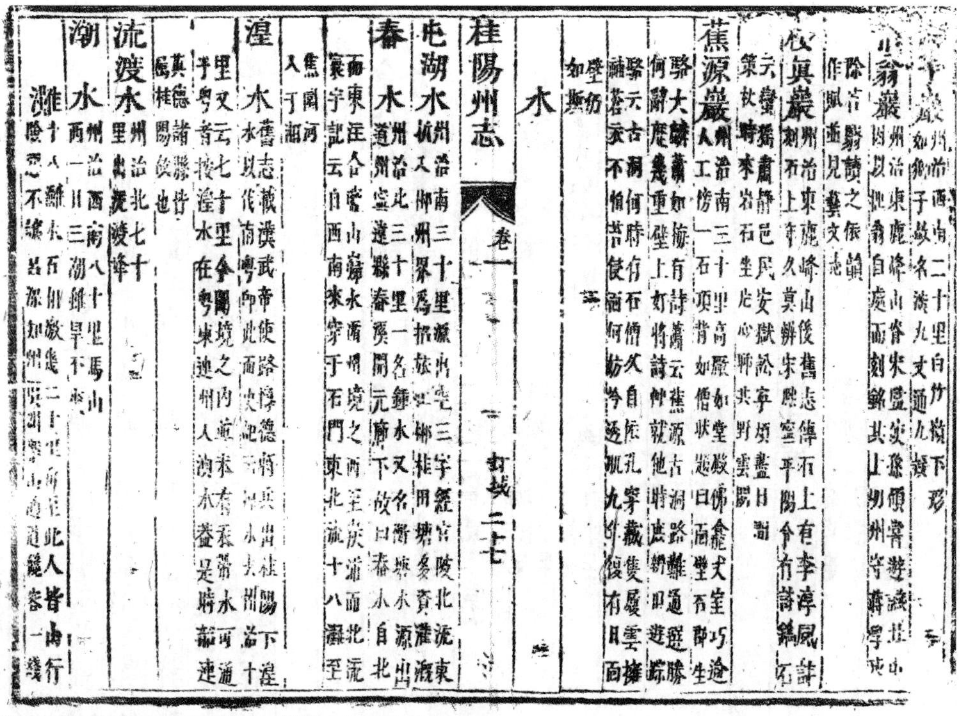

千□巖 州治西南二十里白竹嶺下形如獅子故名旁有九丈通九嶷

翁巖 州治東鹿峰山脊宋盛度孫碩嘗遊此因以翁自處而刻銘其上

除古騶讚之依韻作賦並見藝文志

仙人巖 州治東鹿峰山後舊志傳石上有李淳風詩刻石上年久莫辨宋熙寧平陽令有詩鐫石

云蠻猺肅靜邑民安獄訟寧頌盡日閑策杖時來岩石坐吟哦共野雲間

蕉源巖 州治南三十里高巖如堂殿佛龕丈室巧逾人工傍一石項背如僧狀題曰面壁石卻生

駱大韡蕭如椾有詩蕭云蕉源古洞路難通避勝何辭屣幾重壁上好將詩中就他時遺蹤即遊蹤

駱云古洞何時有石僧久自旅孔穿藏隻履雲擁蒲苔衣不怕苦使面何妨吟透九□復有日面

壁仍如斯

水

桂陽州志 卷一 封域 二十七

屯湖水 州治南三十里源出屯三字經官陵北流東抵入郴州界為招旅里郴桂用塘多資灌溉

春水 州治北三十里一名鍾水又名潛塘水源出道州寧遠縣春溪關元廟下故曰春水自北

西東注合藍山歸水兩州境之西至茂蒲而北流至衡陽江十八灘至□

焦嶺河 入于湘

湟水 舊志載漢武帝使路博德將兵出桂陽下湟水以伐南粵即此而史記云出桂陽者則由州治十湟

里又云七十里今為臨境之內並未有桂陽湟水可通于粵者接湟水在粵東連州入湞水春是時□通

真德諸縣皆屬桂陽使也

流渡水 州治北七十里出大渡嶺

潮水 州治西南八十里馬山西一日三潮雖旱不乘

圖清雍正《桂阳州志》“卷一”载“潮水”

清雍正《桂阳州志》“卷一·封域·蓉城十二景说”载“灵泉幻潮”：州治南五十里，谭溪之西有潭可半亩，曰潮水，峭壁悬崖，古木森荫，旁有石蹊十数级，折曲而下，一往清竦之气，令人寒骨凄神，水日夜数潮，依次渐涨至二三尺乃止，潮将退，忽水底作启户声，不转瞬消去，复有声如阖户然。

[方舟斗下]

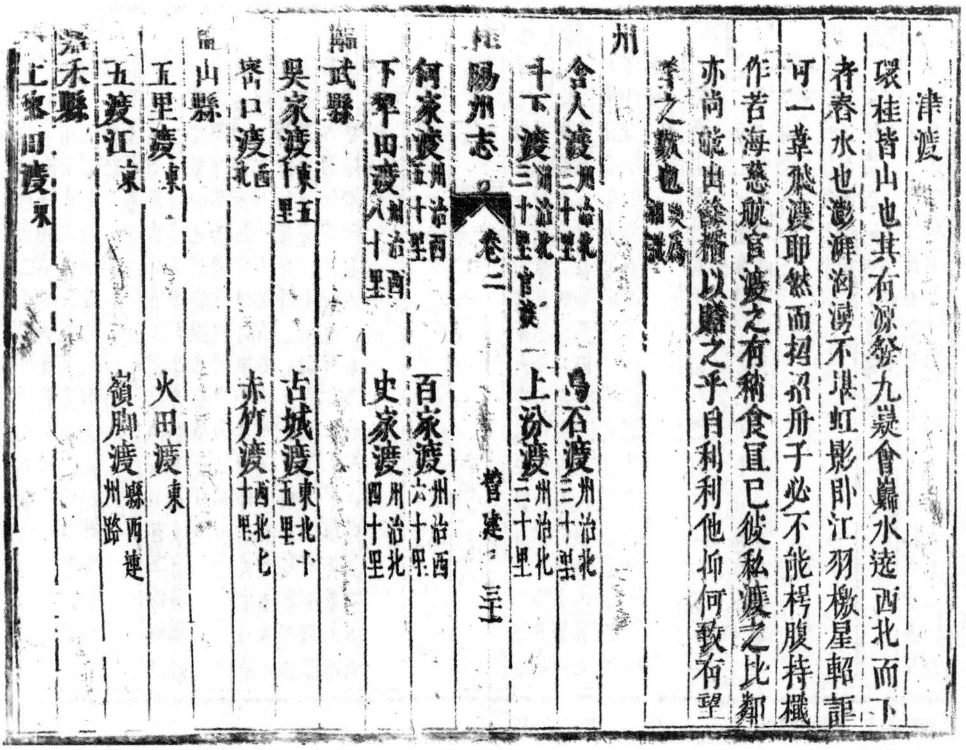

津渡

環桂皆山也其有源發九嶷會歸水逶西北而下者春水也澎湃洶湧不涯虹影卧江羽檄星軺詎可一葦飛渡耶然而招招舟子必不能枵腹持檝作若海慈航官渡之有稍食宜已彼私渡之比鄰亦尚能由餘稍以贍之乎自利利他抑何致有望洋之歎也 奕爲湘識

州

舍人渡 州治北三十里　烏石渡 州治北三十里

斗下渡 州治北三十里官設一　上汾渡 州治北三十里

何家渡 州治西五十里　百家渡 州治西六十里

下犁田渡 州治西八十里　史家渡 州治北四十里

臨武縣

吳家渡 東五十里　古城渡 東北十五里

寄口渡 西北　赤竹渡 西北七十里

藍山縣

五里渡 東　火田渡 東

五渡江 東　嶺脚渡 縣西連州路

嘉禾縣

上黎岡渡 東

桂陽州志　卷二　營建　三十三

清雍正《桂阳州志》“津渡”载“斗下渡”

清雍正《桂阳州志》“卷一·封域·蓉城十二景说”载“方舟斗下”：治北三十里，地名斗下渡，旧有石桥七巩，陈公尚伊题曰：永济桥。

[岩柱空悬]

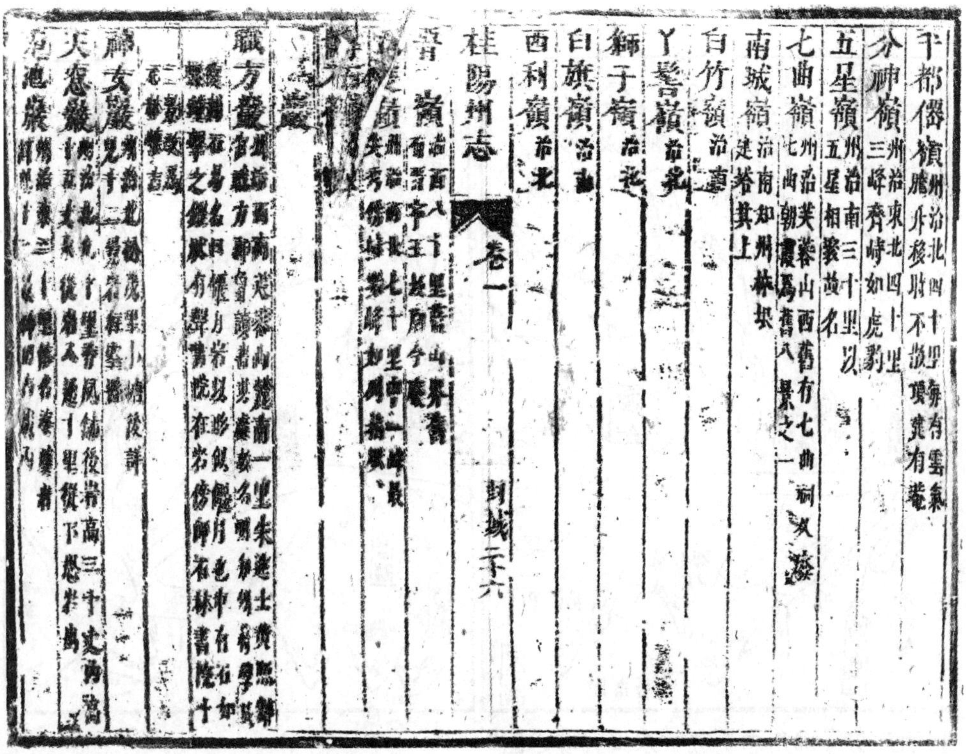

于都儁嶺 州治北四十里

分神嶺 州治東北四十里 三峰秀峙如虎豹

五星嶺 州治南三十里以五星相發故名

七曲嶺 州治芙蓉山西舊有七曲祠 七曲朝霞爲舊八景之一

南城嶺 治南知州林 建塔其上

白竹嶺 治東

丫髻嶺 治東北

獅子嶺 治北

白旗嶺 治西

西利嶺 治北

桂陽州志 卷一 封域 二十六

織方巖

神女巖

天窓巖

圖 清雍正《桂阳州志》载“神女岩”

清雍正《桂阳州志》“卷一·封域·蓉城十二景说”载“岩柱空悬”：州治北松茂里多观临胜地，而神女岩为最。岩之势轩而敞，周匝峭壁若板屋然，前后两区若堂奥然。……更有柱高可丈许，大数围，空悬其中，观者悄入，只手撼之辄动，否则虽众，屹如也。噫，异也。

【永兴十景】

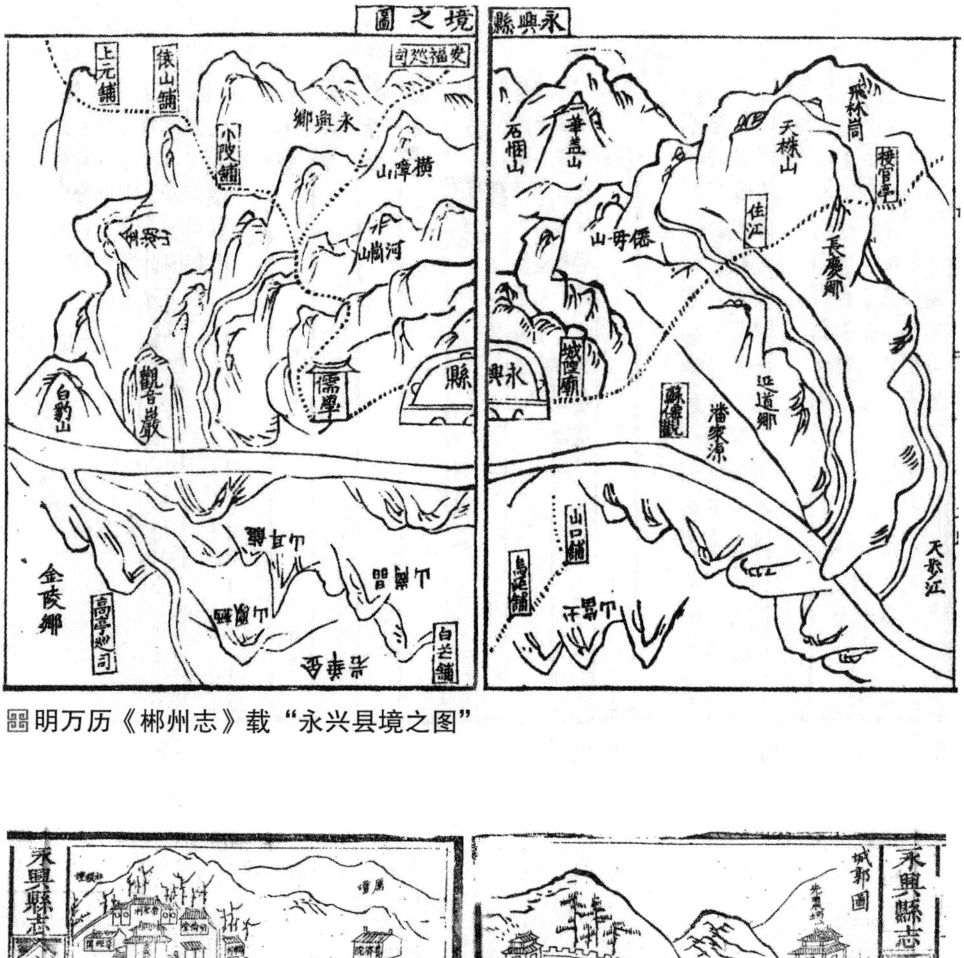

明万历《郴州志》载“永兴县境之图”

清光绪《永兴县志》载“城郭图”

西汉高祖五年（前 202），始置便县，以境内便江得名，属桂阳郡。新王莽始建国元年（9），改便县为便屏县，属南平郡。东汉建武元年（25），废“新”复汉室，郡、县恢复旧名。便屏县复称便县，属桂阳郡。三国为吴地，属桂阳郡，西晋、东晋因之。南北朝宋永初元年（420），便县并入郴县，隶属桂阳郡。陈永定三年（559），复置便县，隶湘州桂阳郡。隋开皇九年（589），便县再次并入郴县。唐开元十三年（725），郴州刺史赵瑾奏准，析郴县北四乡置安陵县，属江南道桂阳郡。唐天宝元

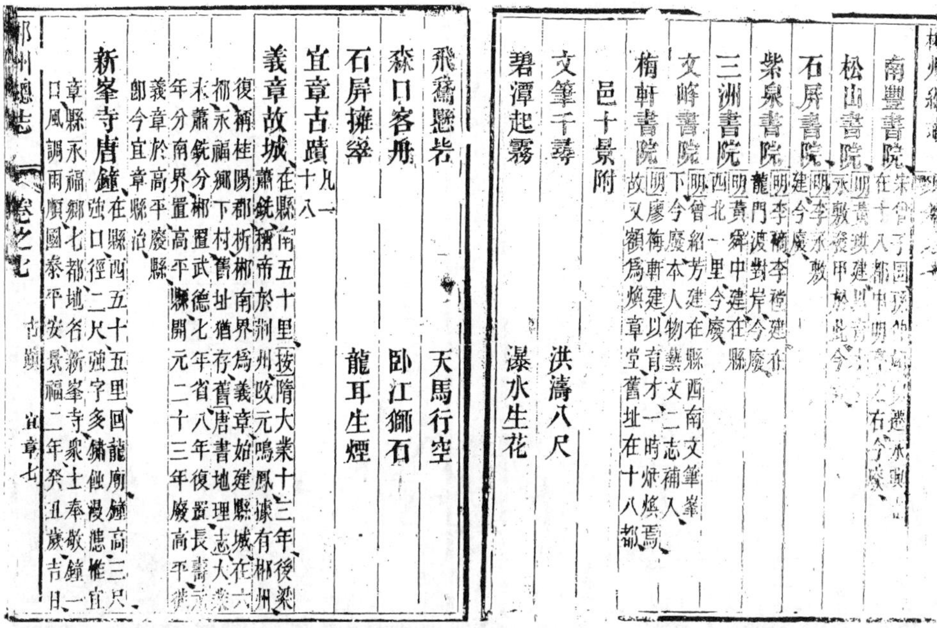

郴州總志 卷之七

南豐書院 在十八都中 宋曾子固…… [illegible]
松山書院 明黄洪建…… 永敷發甲…… [illegible]
石屏書院 明李永敷建今廢
紫泉書院 明李禮建在龍門渡對岸今廢
三洲書院 明黄舜中建在縣西北一里今廢
文峰書院 明曾紹方建在縣西南文筆峯下今廢本人物藝文二志補入
楠軒書院 明廖梅軒建以育才一時炳炳焉故又額為煥章堂舊址在十八都
邑十景附
文筆千尋 洪濤八尺
碧潭起霧 瀑水生花
飛鸞懸岩 天馬行空
森口客舟 卧江獅石
石屏擁翠 龍耳生煙
宜章古蹟 凡十八
義章故城 在縣南五十里 按隋大業十三年後梁蕭銑稱帝於荊州改元鳴鳳據有郴州復稱桂陽郡析郴南界為義章始建縣城在六都永福鄉下村舊址猶存 舊唐書地理志大業末蕭銑分郴置武德七年省八年復置長壽……年分南界置高平縣開元二十三年廢高平……義章於高平廢縣即今宜章縣治
新峯寺唐鐘 在縣西五十五里回龍廟鐘高三尺口徑二尺強字多鏽蝕漫漶惟宜章縣永福鄉七都地名新峯寺衆士奉敬鐘一口風調雨順國泰平安景福二年癸丑歲吉日

郴州總志 卷之七 古蹟 宜章七

清嘉庆《郴州总志》载“永兴十景”

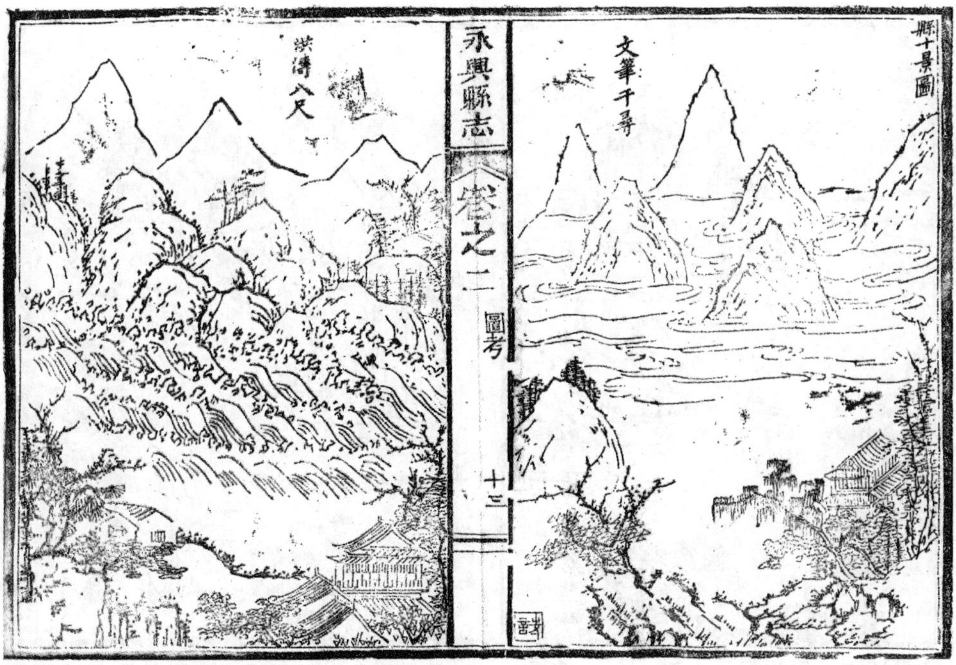

清光绪《永兴县志》载“县十景图”（一）

郴州卷

年（742），改安陵县为高亭县，属江南西道郴州桂阳郡。宋熙宁六年（1073），按郴州太守李士燮建议改高亭县为永兴县，隶属荆湖南路郴州军。元朝属湖南道郴州路；明朝属湖广行省郴州路、郴州府、郴州直隶州；清雍正二年（1724），永兴属湖南衡永郴道、郴州直隶州。

清嘉庆《直隶郴州总志》载“永兴十景”：文笔千寻、洪涛八尺、碧潭起雾、瀑水生花、飞鹅悬砦、天马行空、森口客舟、卧江狮石、石屏拥翠、龙耳生烟。

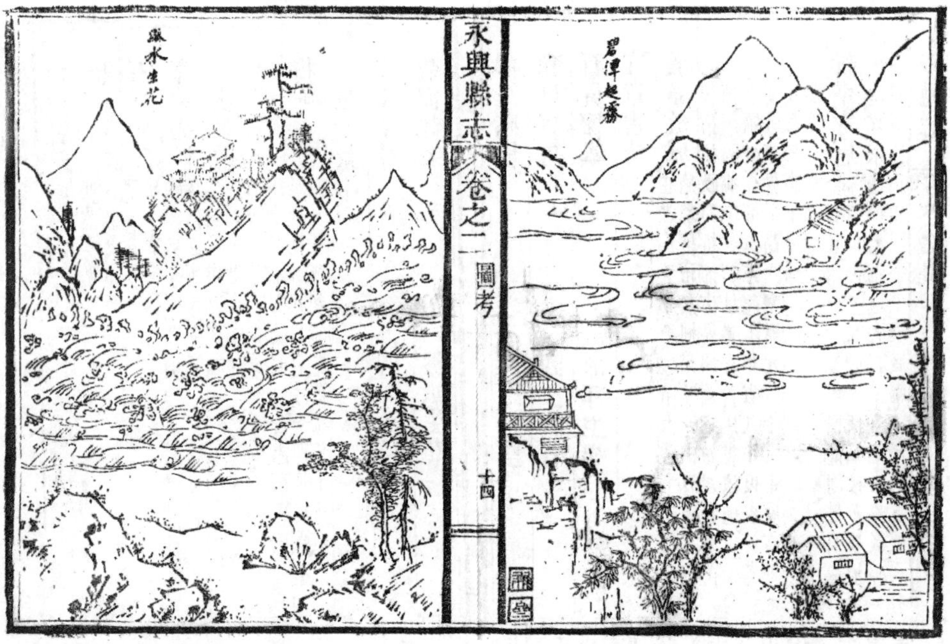

图清光绪《永兴县志》载“县十景图”（二）

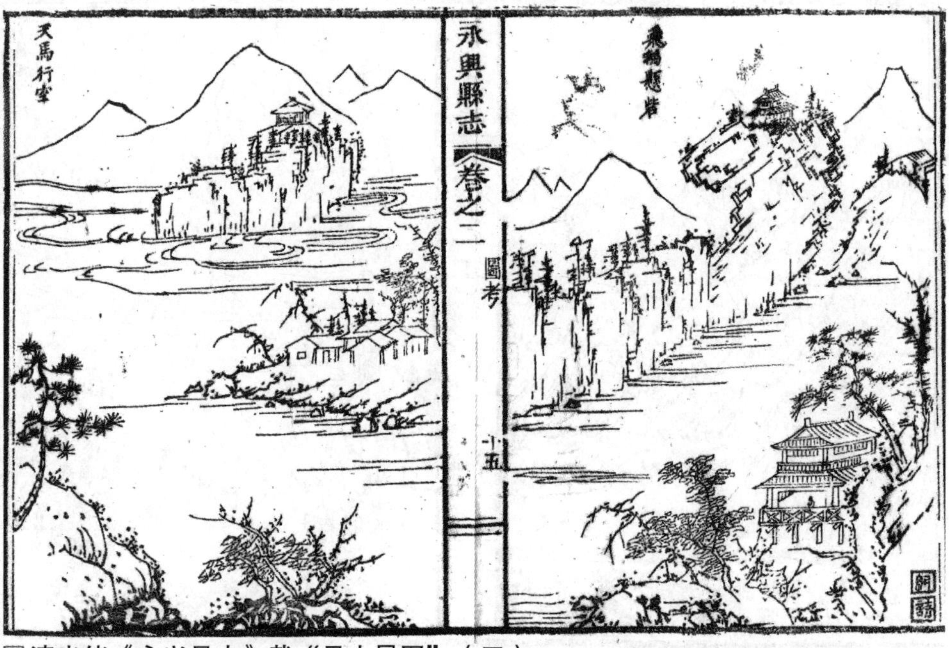

图清光绪《永兴县志》载“县十景图”（三）

圌清光绪《永兴县志》载“县十景图”（四）

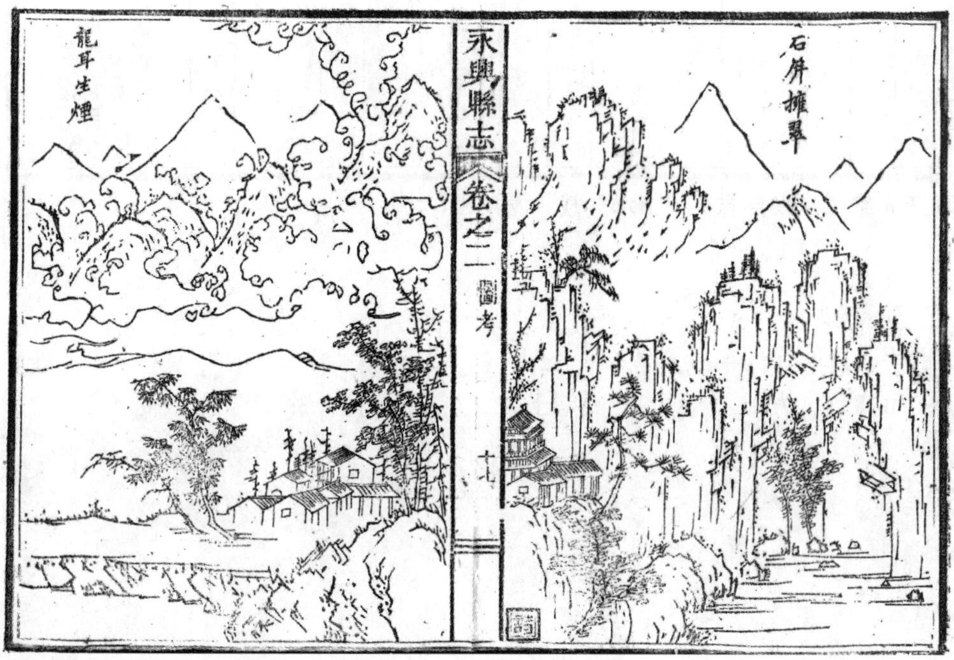

圌清光绪《永兴县志》载“县十景图”（五）

[文笔千寻]

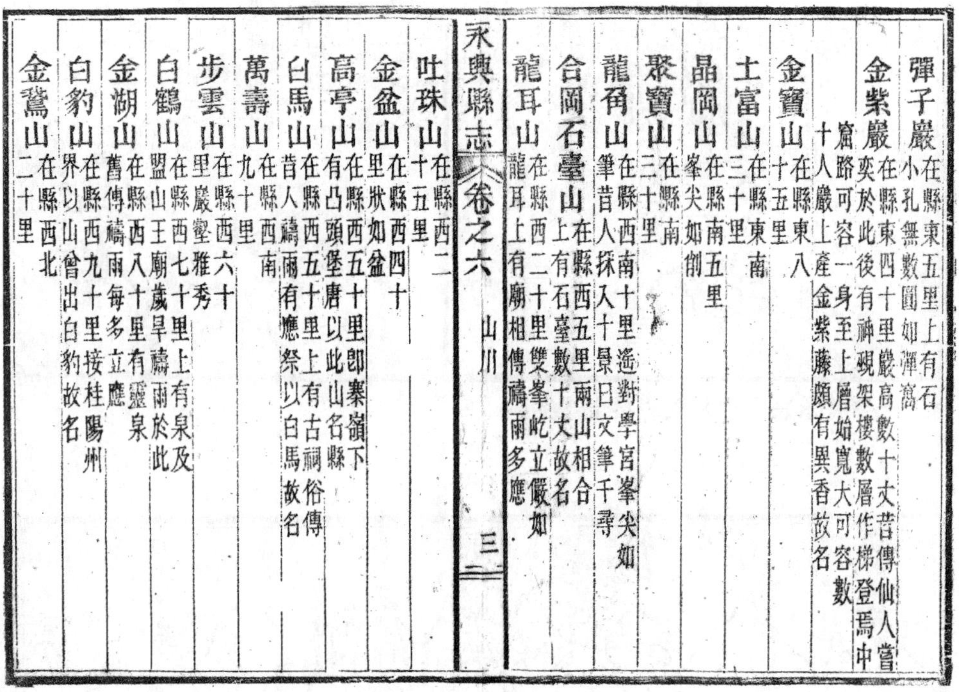

彈子巖在縣東五里上有石小孔無數圓如彈窩

金紫巖在縣東四十里巖高數十丈昔傳仙人嘗奕於此後有神覡架樓數層作梯登焉中窟路可容一身至上層始寬大可容數十人巖上產金紫藤頗有異香故名

金寶山在縣東八十五里

土富山在縣東南三十里

晶岡山在縣南五里峯尖如劍

聚寶山在縣南三十里

龍角山在縣西南十里遥對學宮峯尖如筆昔人採入十景曰文筆千尋

合岡石臺山在縣西五里兩山相合上有石臺數十丈故名

龍耳山在縣西二十里雙峯屹立儼如龍耳上有廟相傳禱雨多應

永興縣志 卷之六 山川 三

吐珠山在縣西二十五里

金盆山在縣西四十里狀如盆

高亭山在縣西五十里即寨嶺下有凸頭堡唐以此山名縣

白馬山在縣西五十里上有古祠俗傳昔人禱雨有應祭以白馬故名

萬壽山在縣西南九十里

步雲山在縣西六十里巖壑雅秀

白鶴山在縣西七十里上有泉及盟山王廟歲旱禱雨於此

金湖山在縣西八十里有靈泉舊傳禱雨每多立應

白豹山在縣西九十里接桂陽州界以山嘗出白豹故名

金鷺山在縣西北二十里

清光绪《永兴县志》“山水”载“龙角山”

清光绪《永兴县志》“山水”载“龙角山”：在县西南十里，遥对学宫。峰尖如笔，昔人采入十景，曰文笔千寻。

清代刘道纯《文笔千寻》

文峰千古秀，苍翠欲参天。散彩摇星斗，藏锋老岁年。霞飞花入梦，雁过字联篇。染翰云烟起，含毫思邈然。

[洪涛八尺]

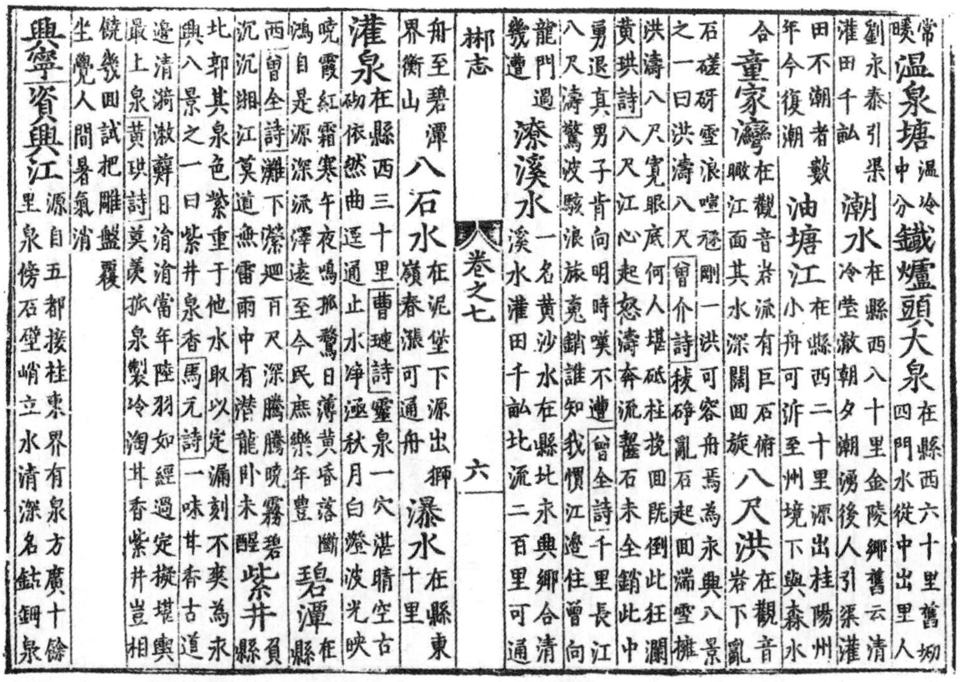
常暌　温泉塘温冷中分　鐵爐頭大泉在縣西六十里舊坳四門水從中出里人
劉永泰引渠灌田千畝　潮水在縣西八十里金陵鄉舊云清冷瑩澈朝夕潮湧後人引渠灌
田不潮者數年今復潮　油塘江在縣西二十里源出桂陽州小舟可泝至州境下與森水
合　童家灣在觀音岩流有巨石俯瞰江面其水深闊回旋　八尺洪在觀音岩下亂
石磋砑雪浪喧豗剛一洪可容舟焉為永興八景之一曰洪濤八尺曾介詩秋砯亂石起回湍雪擁
洪濤八尺寬眼底何人堪砥柱挽回既倒此狂瀾黄珙詩八尺江心起怒濤奔流齧石未全銷此中
勇退真男子肯向明時嘆不遭曾全詩千里長江八尺濤驚波駭浪旋蒐銷誰知我慣江邊住曾向
龍門過幾遭　潦溪水一名黄沙水在縣北永興鄉合清溪水灌田千畝北流二百里可通

郴志　卷之七　六

舟至碧潭界衡山　八石水在泥堡下源出獅嶺春漲可通舟　瀑水在縣東十里
灌泉在縣西三十里曹璉詩靈泉一穴湛晴空古砌依然曲逕通止水凈涵秋月白澄波光映
曉霞紅霜寒午夜鳴孤鶩日薄黄昏落斷鴻自是源深流澤遠至今民庶樂年豐　碧潭在縣
西曾全詩灘下縈廻百尺深騰騰曉霧碧沉沉湘江莫道無雷雨中有潜龍卧未醒　紫井負縣
北郭其泉色紫重于他水取以定漏刻不爽為永興八景之一曰紫井泉香馬元詩一味甘香古道
邊清漪瀲灔日涓涓當年陸羽如經過定擬堪輿最上泉黄珙詩莫羨孤泉製冷淘井香紫井豈相
饒幾回試把雕盤覆坐覺人間暑氣消
興寧　資興江源自五都接桂東界有泉方廣十餘里泉傍石壁峭立水清深名鈷鉧泉

明万历《郴州志》载“洪涛八尺”

明万历《郴州志》载“八尺洪”：在观音岩下，乱石磋砑，雪浪喧豗，刚一洪可容舟焉。为永兴八景之一，曰洪涛八尺。

清代沈维基《洪涛八尺》

殷雷晴雪起滩头，屡戒艄人稳放舟。怪石数重罗奕局，怒涛百里锁咽喉。休夸得势乘丹鹢，端的无愁羡白鸥。天险特宽输总秸，惊波万斛胜安流。

[碧潭起雾]

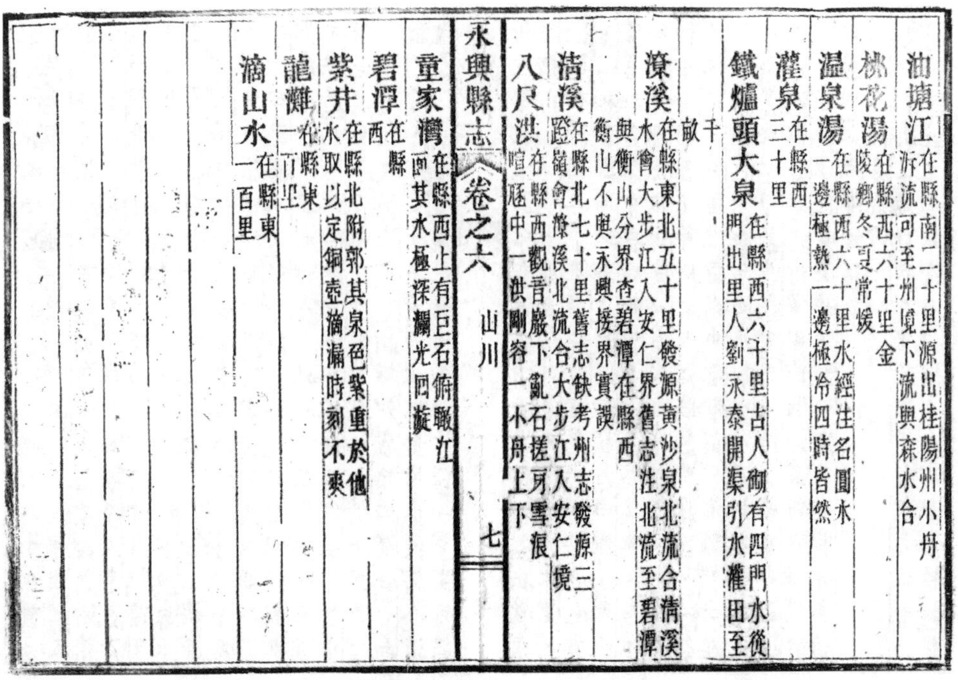

油塘江在縣南二十里源出桂陽州小舟泝流可至州境下流與森水合
桃花湯在縣西六十里金陵鄉冬夏常煖
溫泉湯在縣西六十里水經注名圓水一邊極熱一邊極冷四時皆然
灌泉在縣西三十里
鐵爐頭大泉在縣西六十里古人砌有四門水從門出里人劉永泰開渠引水灌田至千畝
潦溪在縣東北五十里發源黃沙泉北流合清溪水會大步江入安仁界舊志注北流至碧潭與衡山分界查碧潭在縣西衡山不與永興接界實誤
清溪在縣北七十里舊志缺考州志發源三蹬巖會潦溪北流合大步江入安仁境
八尺洪在縣西觀音巖下亂石槎枒雪浪喧豗中一泄剛容一小舟上下

永興縣志 卷之六 山川 七

童家灣在縣西上有巨石俯瞰江面其水極深瀾光回旋
碧潭在縣西
紫井在縣北附郭其泉色紫重於他水取以定銅壺滴漏時刻不爽
龍灘在縣東一百里
滴山水在縣東一百里

清光绪《永兴县志》“山水”载“碧潭”

清光绪《永兴县志》“山水”载“碧潭”：在县西。

清代沈维基《碧潭起雾》

碧潭如镜映秋空，忽漫霏霏晓雾濛。不识船头深浅向，强窥山色有无中。风摇始信芦花白，云漏方知日晕红。正忆古人昏壁画，一朝错置水晶宫。

[瀑水生花]

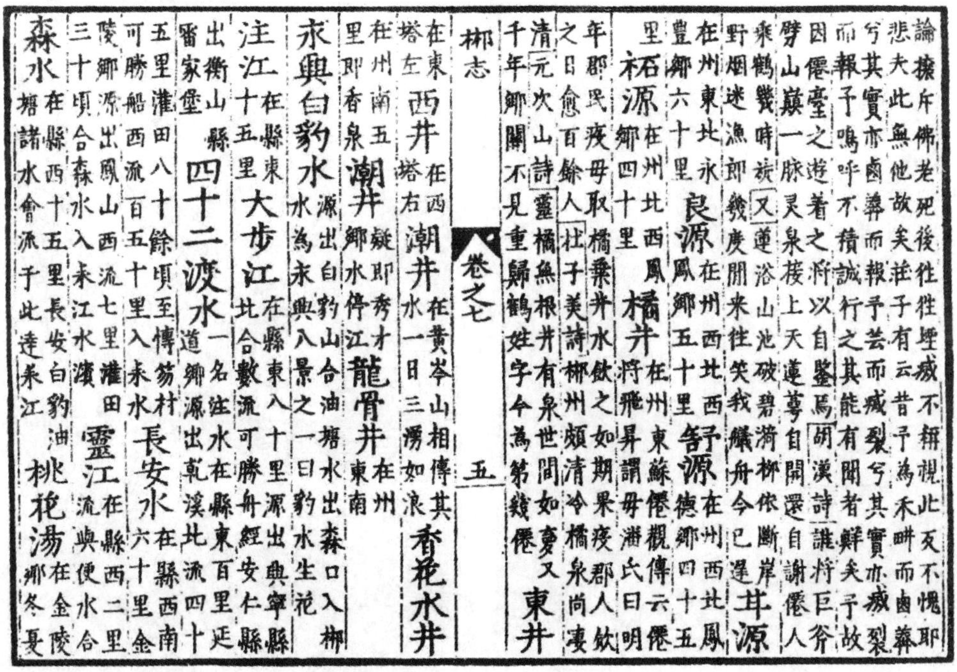

論擯斥佛老死後往往埋瘞不耕視此亦不愧耶
悲夫此無他故矣莊子有云昔予為禾畊而鹵莽
兮其實亦鹵莽而報予芸而滅裂兮其實亦滅裂
而報予嗚呼不積誠行之其能有聞者鮮矣予故
因僊臺之遊著之將以自鑒焉胡漢詩譙將巨斧
劈山巔一脉灵泉接上天蓮蕚自開還自謝僊人
乘鶴幾時旋又蓮浴山池破碧漪柳依斷岸
野烟迷漁郎幾度閒来往笑我攤舟今已遲井源
在州東北永豐鄉六十里良源在州西北西鳳鄉五十里舒源在州西北鳳德鄉四十五
里祏源在州北西鳳鄉四十里橘井在州東蘇僊觀傳云僊將飛昇謂母潘氏曰明
年郡民疫母取橘桒井水飲之如期果疫郡人飲之日愈百餘人杜子美詩郴州頗清冷橘泉尚凄
清元次山詩靈橘無根井有泉世間如夢又千年郴關不見重歸鶴姓字今為第幾僊東井

郴志　卷之七　五

西井在東塔左潮井在西塔右香花水井在黃岑山相傳其水一日三潮如浪
潮井在州南五里即香泉龍骨井疑即秀才鄉水停江在州東南
永興白豹水源出白豹山合油塘水出森口入郴水為永興八景之一曰豹水生花
注江在縣東十五里大步江在縣東入十里源出興寧縣北合數流可勝舟經安仁縣
出衡山縣留家壘四十二渡水一名注水在縣東百里延道鄉源出乾溪北流四十
五里灌田八十餘頃至傳芴村可勝船西流百五十里入耒水長安水在縣西南六十里金
陵鄉源出鳳山西流七里灌田三十頃合森水入耒江水瀨靈江在縣西二里流與便水合
森水在縣西十五里長安白豹油塘諸水會流于此達耒江桃花湯在金陵鄉冬夏

明万历《郴州志》载“豹水生花”

明万历《郴州志》载“永兴白豹水”：源出白豹山。合油塘水，出森口，入郴水。为永兴八景之一，曰豹水生花。

清代，“豹水生花”改为“瀑水生花”。

明代曾绍芳《瀑水生花》

一水回澜处，飞花映晓云。月落琼枝碎，风翻银浪纷。鹤获晴犹湿，鱼游贯复分。还将击石响，弦上写清芬。

[森口客舟]

圖清乾隆《永兴县志》“卷一”载“森口客舟”

清乾隆《永兴县志》“卷一·封域·附十景”载“森口客舟”：在县西十五，恤商旅也。

清代廖应召《森口客舟》

森流遥合到江门，水势潆洄未敢奔。两岸波光如带月，一时帆影自成村。渔歌何事翻新调，梵磬由来动旅魂。惆怅归鸿无限意，且须长啸对酒樽。

[卧江狮石]

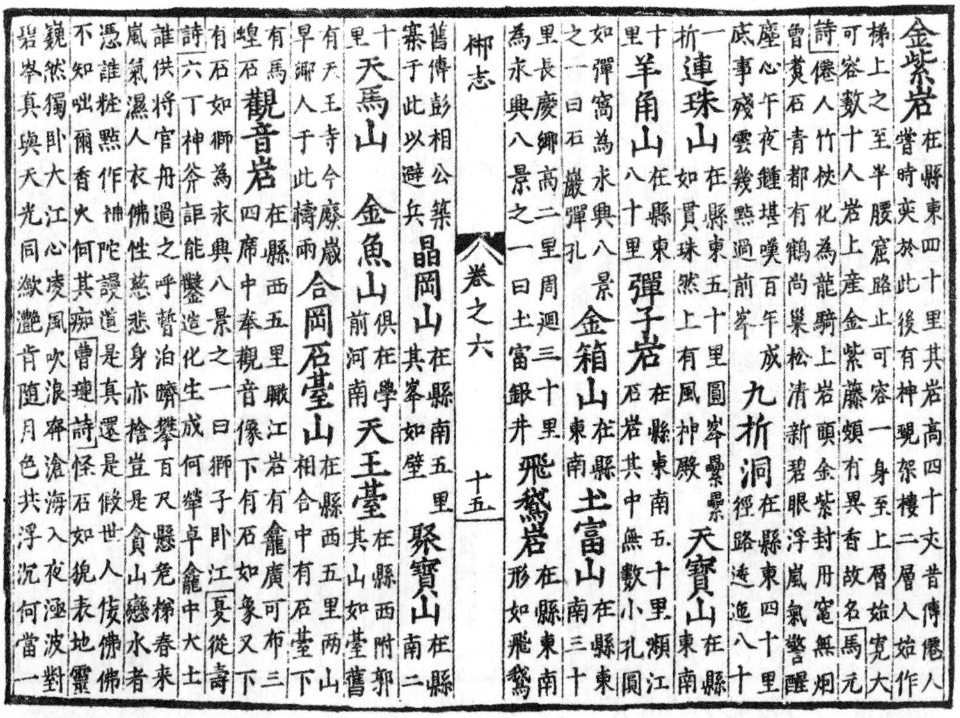

郴志 卷之六 十五

金紫岩在縣東四十里其岩高四十丈昔傳僊人嘗時奕於此後有神覡架樓二層人始作梯上之至半腰窟路止可容一身至上層始寬大可容數十人岩上產金紫藤頗有異香故名

馬元詩 僊人竹杖化為龍騎上岩頭金紫封丹竈無烟曾煑石青都有鶴尚巢松清新碧眼浮嵐氣警醒塵心午夜鐘堪嘆百年成底事殘雲幾點過前峯

九折洞在縣東四十里徑路迤邐八十一折

連珠山在縣東五十里圓峯纍纍如貫珠然上有風神殿

天寶山在縣東南十里

羊角山在縣東八十里

彈子岩在縣東南五十里瀕江石岩其中無數小孔圓如彈窩為永興八景之一曰石巖彈孔

金箱山在縣東南

土富山在縣東南三十里長慶鄉高二里周迴三十里為永興八景之一曰土富銀井

飛鷲岩在縣東南形如飛鷲舊傳彭相公築寨于此以避兵

晶岡山在縣南五里其峯如壁

聚寶山在縣南二十里

天馬山 金魚山俱在學前河南

天王臺在縣西附郭其山如臺舊有天王寺今廢歲旱鄉人于此禱雨

合岡石臺山在縣西五里兩山相合中有石臺下有馬蝗石

觀音岩在縣西五里瞰江岩有龕廣可布三四席中奉觀音像下有石如象又下有石如獅為永興八景之一曰獅子卧江

夏從壽詩 六丁神斧詎能鑿造化生成何犖卓龕中大士誰供將官舟過之呼暫泊躋攀百尺懸危梯春來嵐氣濕人衣佛性慈悲身亦捨豈是貪山戀水者憑誰粧點作神陀讚道是真還是假世人佞佛佛不知咄爾香火何其痴

曹璉詩 怪石如貌表地靈巍然獨卧大江心凌風吹浪奔滄海入夜涇波對碧岑真與天光同瀲灩肯隨月色共浮沉何當一

明万历《郴州志》载“狮子卧江”

明万历《郴州志》载“观音岩”：在县西五里。瞰江，岩有龛，广可布三四席，中奉观音像。下有石如象，又下有石如狮。为永兴八景之一，曰狮子卧江。

清代沈维基《卧江狮石》

灵鹫余妍出水心，冲波浴影弄浮沉。点头作态非顽石，彼岸回湍绕竹林。楚域昔闻梼杌戒，河东又续吼狮吟。厉民端被贪嗔误，凿齿穿龈直到今。

[飞鹅悬砦]

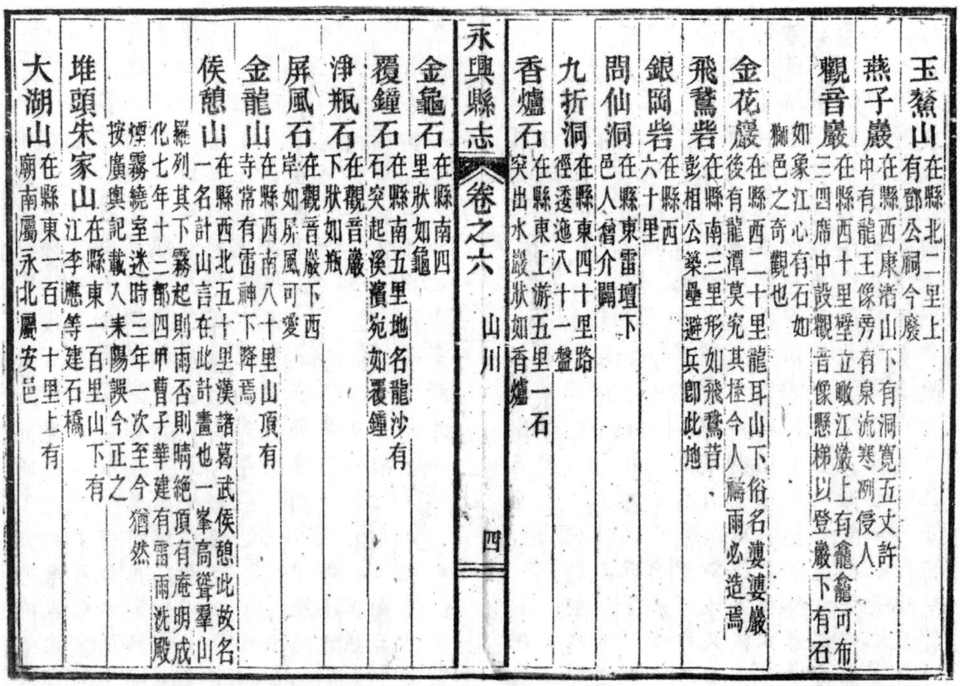

永興縣志 卷之六 山川 四

玉綮山在縣北二里上有鄧公祠今廢

燕子巖在縣西康游山下有洞寬五丈許中有龍王像旁有泉流寒冽侵人

觀音巖在縣西十里壁立瞰江巖上有龕龕可布三四席中設觀音像懸梯以登巖下有石如象江心有石如獅邑之奇觀也

金花巖在縣西二十里龍耳山下俗名婁婁巖後有龍潭莫究其極今人禱雨必造焉

飛鷲砦在縣南三里形如飛鷲昔彭相公築壘避兵即此地

銀岡砦在縣西六十里

問仙洞在縣東雷壇下邑人曾介闢

九折洞在縣東四十里路徑透迤八十一盤

香爐石在縣東上游五里一石突出水巖狀如香爐

金龜石在縣南四里狀如龜

覆鐘石在縣南五里地名龍沙有石突起溪濱宛如覆鐘

淨瓶石在觀音巖下狀如瓶

屏風石在觀音巖下西岸如屏風可愛

金龍山在縣西南八十里山頂有寺常有雷神下降焉

侯憩山在縣西北五十里漢諸葛武侯憩此故名一名計山言在此計畫也一峯高聳羣山羅列其下霧起則雨否則晴絕頂有庵明成化七年十三都四甲曹子華建有雷雨洗殿煙霧繞室迷時三年一次至今猶然按廣輿記載入耒陽誤今正之

堆頭朱家山在縣東一百里山下有江李應等建石橋

大湖山在縣東一百一十里上有廟南屬永北屬安邑

清光绪《永兴县志》“山水”载“飞鹅砦”

明万历《郴州志》载“飞鹅岩”：在县东南，形如飞鹅。旧传彭相公筑寨于此以避兵。

明代曾绍芳《飞鹅悬寨》

石寨高无极，远眺类飞鹅。凤岭遥相望，龙山亦并拖。相将侣灵鹫，仿佛浴天河。便邑此天险，当年保聚多。

清代沈维基《飞鹅悬砦》

势若凌霄倚急湍，溪南山险覆孟安。石崖自绕城千仞，古砦曾封土一丸。乐业遗黎忘战伐，闲摹断碣识荒残。百年耕凿平余垒，圣世山川作画看。

［天马行空］

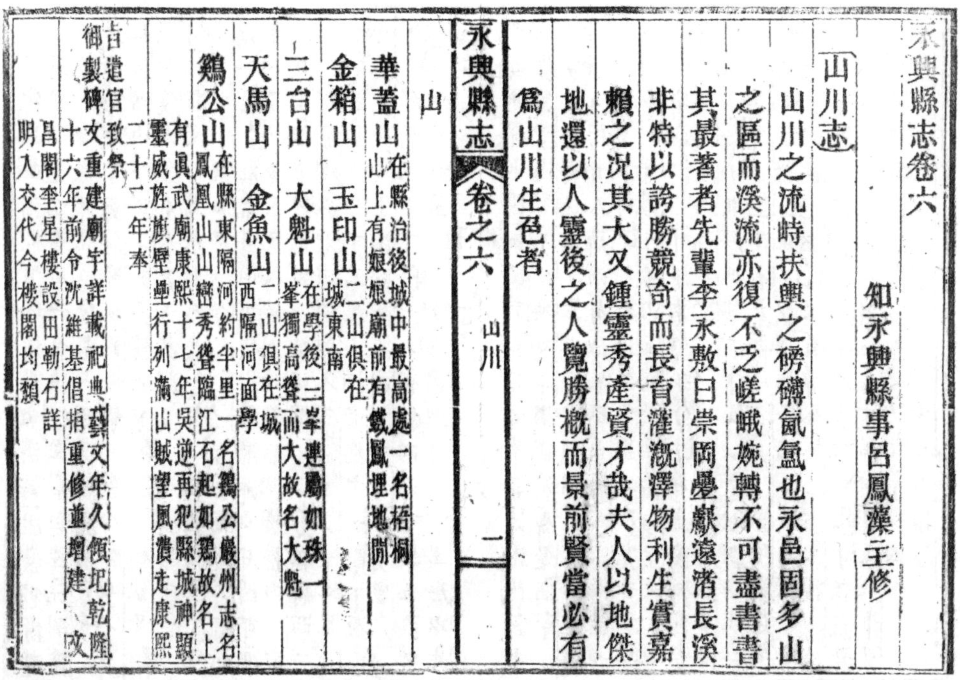

永興縣志卷六

知永興縣事呂鳳藻主修

山川志

山川之流峙扶輿之磅礴氤氲也永邑固多山之區而溪流亦復不乏嵯峨婉轉不可盡書書其最著者先輩李永敷曰崇岡疊巘遠渚長溪非特以誇勝競奇而長育灌溉澤物利生實嘉賴之况其大又鍾靈秀產賢才哉夫人以地傑地還以人靈後之人覽勝槪而景前賢當必有爲山川生色者

永興縣志 卷之六 山川 一

山

華蓋山在縣治後城中最高處一名梧桐山上有娘娘廟前有鐵鳳埋地閒

金箱山　玉印山二山俱在城東南

三台山　大魁山在學後三峯連屬如珠一峯獨高聳而大故名大魁

天馬山　金魚山二山俱在城西隔河面學

鷄公山在縣東隔河約半里一名鷄公巖州志名鳳凰山山巒秀聳臨江石起如鷄故名上有眞武廟康熙十七年吳逆再犯縣城神顯靈威旌旗壁壘行列滿山賊望風潰走康熙二十二年奉

旨遣官致祭

御製碑文重建廟宇詳載祀典藝文年久傾圮乾隆十六年前令沈維基倡捐重修並增建文昌閣奎星樓設田勒石詳

明入交代今樓閣均頹

▣清光绪《永兴县志》“山水”载“天马山”

清乾隆《永兴县志》“卷一·封域·附十景”载“天马行空”：在县西，隔江面学宫。

清代沈维基《天马行空》

谁鞭山势走如霆，分野浑疑应驷星。渴饮至今临白水，嘶风直欲撞苍冥。松萝仿佛披长鬣，云彩依稀杂兽形。未到上方供苜蓿，湘南千里草青青。

[石屏拥翠]

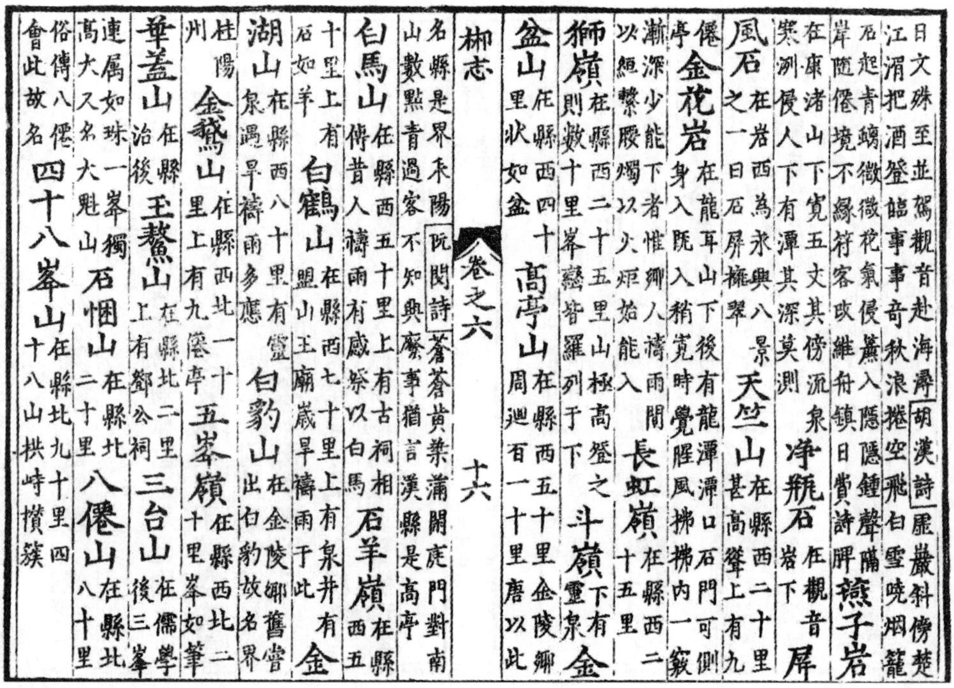

郴志 卷之六 十六

日文殊至並駕觀音赴海濤 胡漢詩 麗巖斜傍楚江湄把酒登臨事事奇秋浪捲空飛白雪曉烟籠石起青螭微微花氣侵簾入隱隱鐘聲隔岸隨僊境不緣符客或維舟鎮日賞詩牌

燕子岩 在康渚山下寬五丈其傍流泉寒冽侵人下有潭其深莫測

淨瓶石 在觀音岩下

屏風石 在岩西為永興八景之一曰石屏擁翠

天竺山 在縣西二十里甚高聳上有九僊亭

金花岩 在龍耳山下後有龍潭潭口石門可側身入既入稍寬時覺腥風拂拂內一竅漸深少能下者惟鄉人禱雨間以絙繫腰燭以火炬始能入

長虹嶺 在縣西二十五里

獅嶺 在縣西二十五里山極高登之則數十里峯巒皆羅列于下

斗嶺 下有靈泉

金盆山 在縣西四十里狀如盆

高亭山 在縣西五十里金陵鄉周迴百一十里唐以此名縣是界耒陽 阮閱詩 蒼蒼黃葉滿閑庭門對南山數點青過客不知興廢事猶言漢縣是高亭

白馬山 在縣西五十里上有古祠相傳昔人禱雨有感祭以白馬

石羊嶺 在縣西五十里上有石如羊

白鶴山 在縣西七十里上有泉井有盟山王廟歲旱禱雨于此

金湖山 在縣西八十里有靈泉遇旱禱雨多應

白豹山 在金陵鄉舊嘗出白豹故名界桂陽州

金鷲山 在縣西北一十里上有九僊亭

五峯嶺 在縣西北二十里峯如筆

華蓋山 在縣治後

玉鰲山 在縣北二里上有鄧公祠

三台山 在儒學後三峯連屬如珠一峯獨高大又名大魁山

石囷山 在縣北二十里

八僊山 在縣北八十里俗傳八僊會此故名

四十八峯山 在縣北九十里四十八山拱峙攢簇

明万历《郴州志》载“屏风石”

明万历《郴州志》载“屏风石”：在岩西。为永兴八景之一，曰石屏拥翠。

清代沈维基《石屏拥翠》

峭壁曾何斧削痕，倚空片片立云根。直分水面无穷碧，横绝寒风终古温。秋社鸿飞回素影，上弦月落易黄昏。呼童拂石思题句，感愧前人搁笔论。

[龙耳生烟]

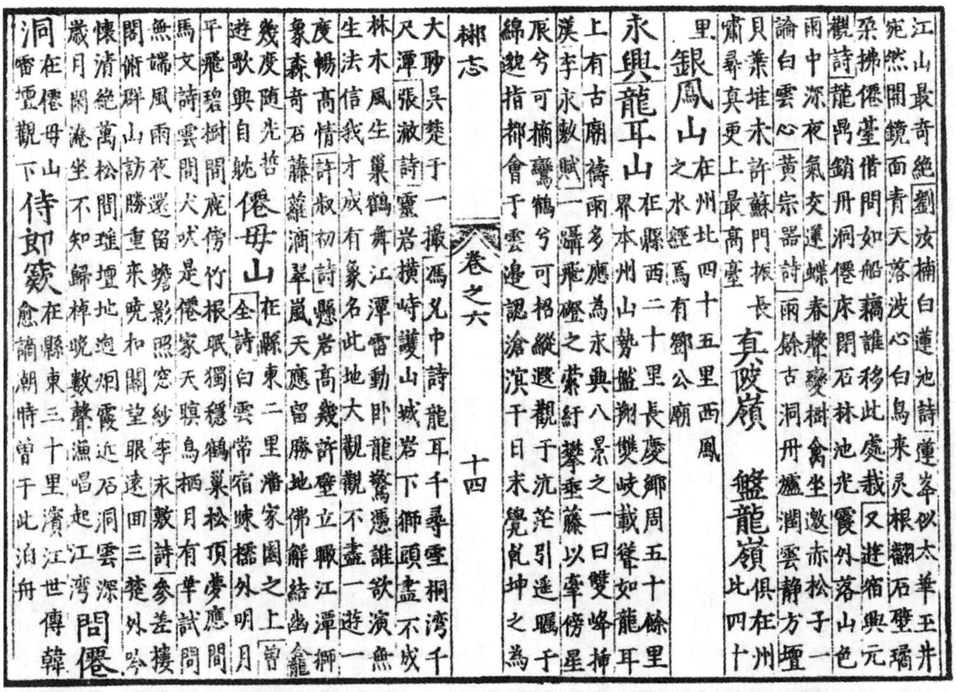
江山最奇絕【劉汝楠白蓮池詩】蓮峯似太華玉井
宛然開鏡面青天落波心白鳥來灵根翻石壁璚
朶拂僊臺借問如船藕誰移此處栽【又遊宿興元
觀詩】龍骨鎖丹洞僊床閒石林池光霞外落山色
雨中深夜氣交蓮蝶春聲變樹禽坐邀赤松子一
論白雲心【黃宗器詩】兩餘古洞丹爐潤雲靜方壇
貝葉堆未許蘇門振長
嘯尋真更上最高臺 真陂嶺 盤龍嶺 俱在州北四十
里 銀鳳山 在州北四十五里西鳳之水經焉有鄉公廟
永興龍耳山 在縣西二十里長慶鄉周五十餘里界本州山勢盤翔雙岐載聳如龍耳
上有古廟禱雨多應為永興八景之一曰雙峯插
漢【李永敷賦】一峯飛磴之縈紆攀垂藤以牽傍星
辰兮可摘鸞鶴兮可招縱遐觀于沆茫引遙矚于
綿邈指郴會于雲邊認滄溟于日末覺乾坤之為
郴志 卷之六 十四
大聊吳楚于一撮馮允中詩龍耳千尋壓桐灣千
尺潭【張淑詩】靈岩横峙護山城岩下獅頭盡不成
林木風生巢鶴舞江潭雷動卧龍驚憑誰欲演無
生法信我才成有象名此地大觀觀不盡一遊一
度暢高情【許淑初詩】懸岩高幾許壁立瞰江潭獅
象森奇石藤蘿滴翠嵐天應留勝地佛解結幽龕
幾度隨先哲遊歌興自眺 僊母山 在縣東二里潘家園之上【曾全詩】白雲常宿棟檽外明月
平飛碧樹間鹿傍竹根眠獨穩鶴巢松頂夢應閒
馬文詩雲間犬吠是僊家天暝鳥栖月有華試問
無端風雨夜還留鸞影照窗紗【李永敷詩】參差樓
閣衝群山訪勝重來曉和闌望眼遠回三楚外吟
懷清絶萬松間瑶壇址泡烟霞近石洞雲深 問僊
歲月閑滄坐不知歸棹晚數聲漁唱起江灣
洞 在僊母山下雷壇觀下 侍郎竂 在縣東三十里濱江世傳韓愈謫潮時曾于此泊舟

明万历《郴州志》载“双峰插汉”（清代改“双峰插汉”为“龙耳生烟”）

明万历《郴州志》载“永兴龙耳山”：在县西二十里长庆乡，周五十余里，界本州。山势盘翔，双岐载耸如龙耳。上有古庙，祷雨多应。为永兴八景之一，曰双峰插汉。

清代李朴大《龙耳山》

层岩梯入碧云端，削就芙蓉面面寒。青露千松横远黛，蓝堆双髻拥仙盘。高低鸟自天边堕，浓淡烟从雨后看。放眼乾坤攀绝顶，一声长啸起龙蟠。

【永兴十二景】

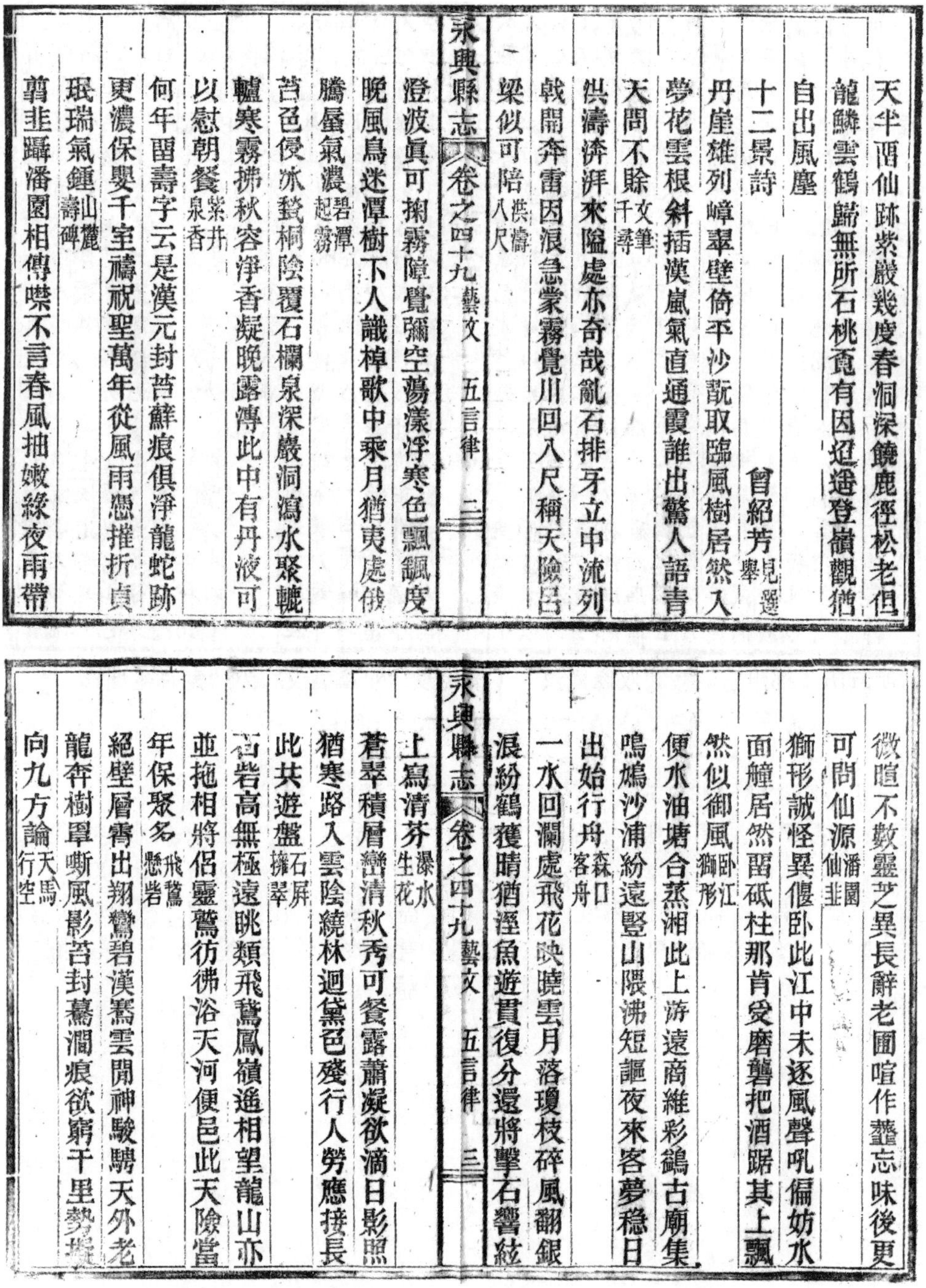
天半留仙跡紫巖幾度春洞深饒鹿徑松老但
龍鱗雲鶴歸無所石桃竟有因迢遥登嶺觀猶
自出風塵
十二景詩　曾紹芳見選舉
丹崖雄列嶂翠壁倚平沙翫取臨風樹居然入
夢花雲根斜插漢嵐氣直通霞誰出驚人語青
天問不賒文筆千尋
洪濤洴湃來隘處亦奇哉亂石排牙立中流列
戟開奔雷因浪急蒙霧覺川回八尺稱天險呂
梁似可陪洪濤八尺
永興縣志　卷之四十九　藝文　五言律　二
澄波眞可掬霧障覺彌空蕩漾浮寒色飄颻度
晚風鳥迷潭樹下人識棹歌中乘月猶夷處俄
騰蜃氣濃碧潭起霧
苔色侵冰甃桐陰覆石欄泉深巖洞瀉水聚轆
轤寒霧拂秋容淨香凝晚露漙此中有丹液可
以慰朝餐紫井泉香
何年留壽字云是漢元封苔蘚痕俱淨龍蛇跡
更濃保嬰千室禱祝聖萬年從風雨憑摧折貞
珉瑞氣鍾山麓壽碑
翦韭躡潘園相傳喋不言春風抽嫩綠夜雨帶

微暄不數靈芝異長辭老圃喧作虀忘味後更
可問仙源潘園仙韭
獅形誠怪異偃臥此江中未逐風聲吼偏妨水
面艟居然留砥柱那肯受磨礱把酒踞其上飄
然似御風臥江獅形
便水油塘合蒸湘此上游遠商維彩鷁古廟集
鳴鳩沙浦紛遠豎山隈沸短謳夜來客夢穩日
出始行舟森口客舟
一水回瀾處飛花映曉雲月落瓊枝碎風翻銀
浪紛鶴獲晴猶逕魚遊貫復分還將擊石響絃
永興縣志　卷之四十九　藝文　五言律　三
上寫清芬瀑水生花
蒼翠積層巒清秋秀可餐露蕭凝欲滴日影照
猶寒路入雲陰繞林迴黛色發行人勞應接長
此共遊盤石屏擁翠
百砦高無極遠眺類飛鵞鳳嶺遥相望龍山亦
並拖相將侶靈鷲彷彿浴天河便邑此天險當
年保聚多飛鵞懸砦
絕壁層霄出翔鸞碧漢騫雲開神駿騁天外老
龍奔樹畢嘶風影苔封蘚凋痕欲窮千里勢堪
向九方論天馬行空

清光绪《永兴县志》“卷之四十九·艺文”载“曾绍芳《十二景诗》”：文笔千寻、洪涛八尺、碧潭起雾、紫井泉香、山麓寿碑、潘园仙韭、卧江狮形、森口客舟、瀑水生花、石屏拥翠、飞鹅悬砦、天马行空。

【宜章八景】

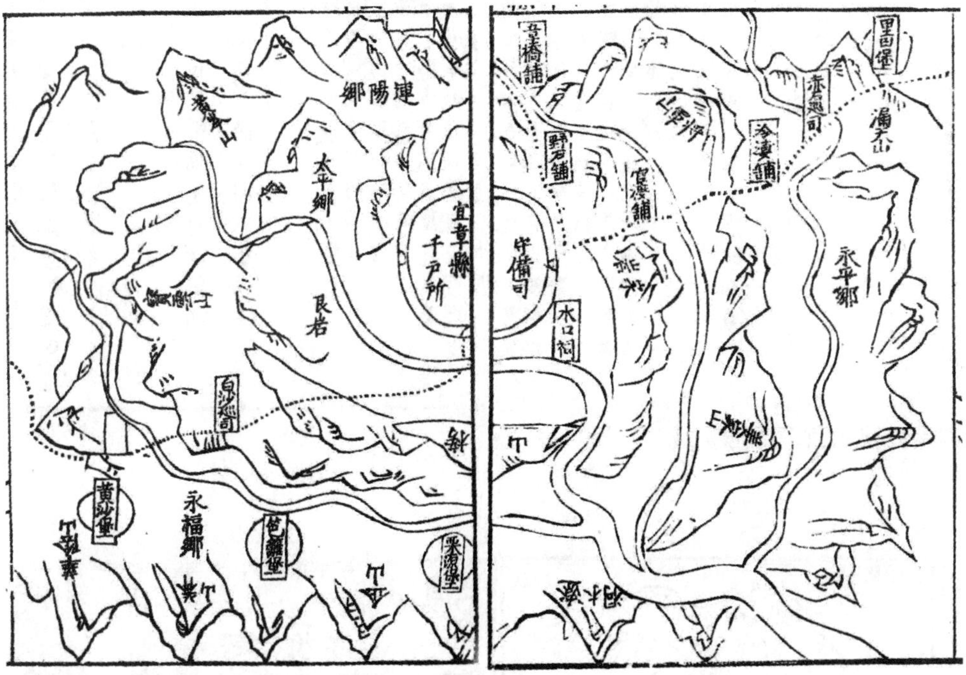

明万历《郴州志》载“宜章县境之图”

宜章，古称义章。隋大业十三年（617），后梁萧铣在荆州称帝，据有郴州，称桂阳郡，析郴县南境始置义章县。唐武德五年（622），义章县属潭州郴州；七年，义章县并入郴县；八年，复置义章县，属潭州桂阳郡。武后长寿元年（692），义章县分置义章、高平两县，同属江南道桂阳郡。开元二十二年（734），废高平，徙义章于高平县治，属郴州。宋乾德元年（963），义章县属荆湖南路郴州军。太平兴国元年（976），为避太宗赵光义讳，将义章县改名为宜章县．属湖南道郴州军。元至元十三年（1276），宜章县属岭北湖南路郴州；至元十四年，属湖广行中书省湖南道郴州路。明洪武元年（1368），宜章县属湖广行中书省郴州府；洪武九年，属湖广行中书省郴州直隶州。清顺治四年（1647），宜章县属湖广行省郴州直隶州。雍正二年（1724），宜章县属湖南省衡永郴道郴州直隶州。

清乾隆《宜章县志》载“八景”：黄岑叠翠、白水垂虹、玉溪春涨、宝刹云幡、蒙洞泉香、艮岩龙隐、榜山晴旭、普化晚钟。

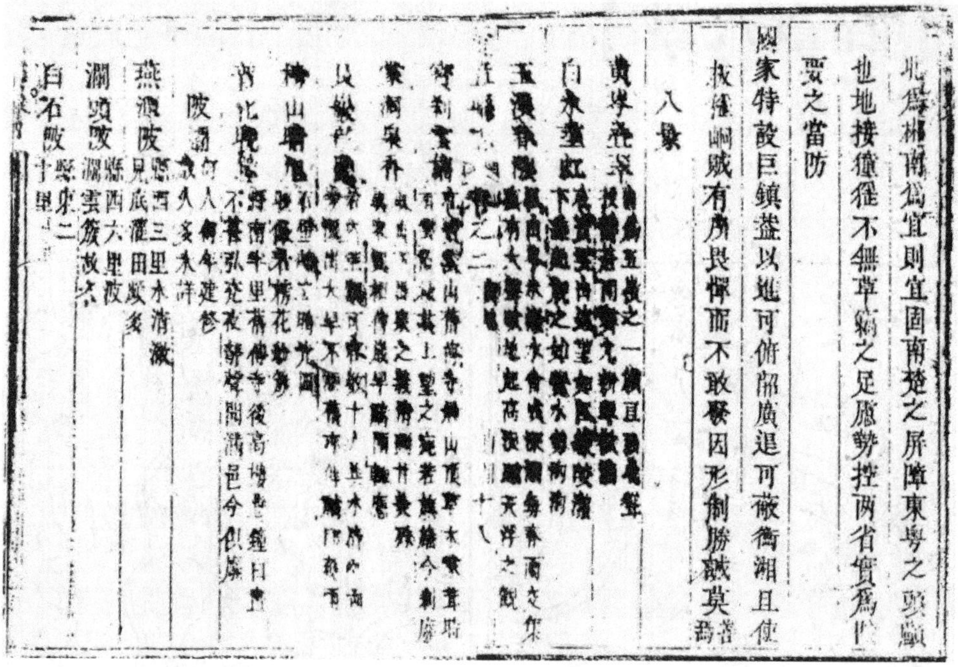

北為郴南為宜則宜固南楚之屏障東粵之[illegible]
也地接猺獞不無草竊之足應勢控兩省實為[illegible]
要之當防
國家特設巨鎮蓋以進可備郤廣退可蔽衡湘且使
掠猺峒賊有所畏懼而不敢發因形制勝誠莫善為
八景
[illegible]

▣清乾隆《宜章县志》载“八景”

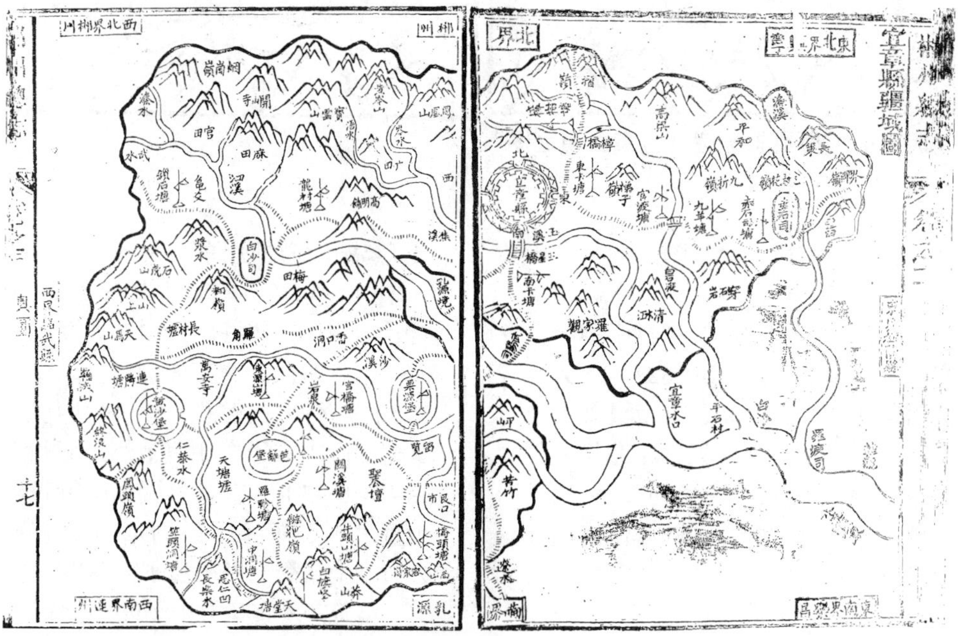

▣清嘉庆《郴州总志》载“宜章县疆域图”

［黄岑叠翠］

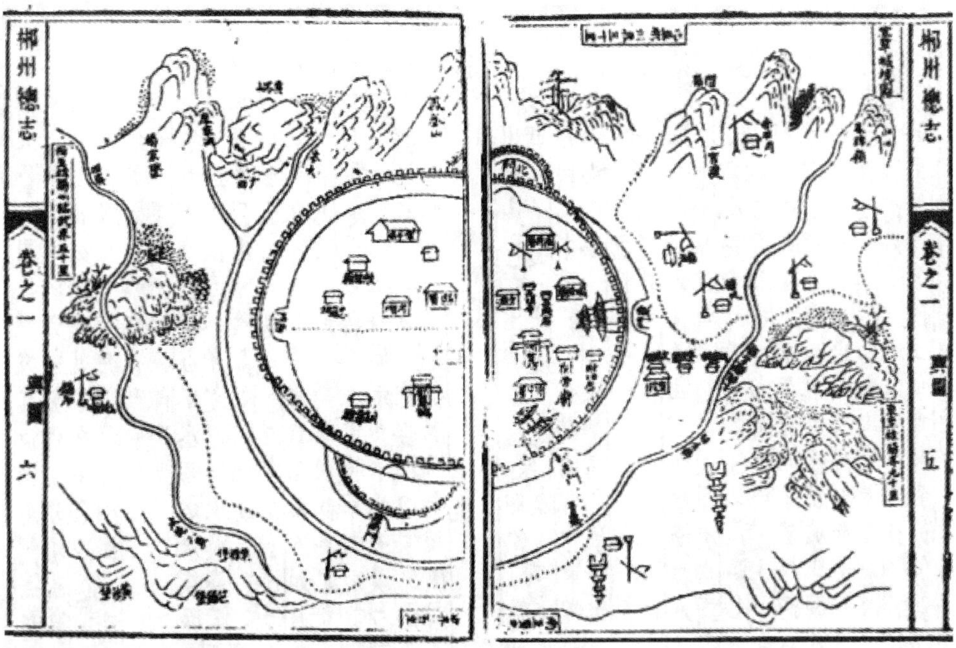

▣清乾隆《郴州总志》“宜章城境图”载“黄岑山”

民国《宜章县志》“第二十八卷·古迹志·八景”载“黄岑叠翠”：黄岑山，高二十九里，自曲尺岭而登，古松夹道，炎夏忘暑，上下皆有石亭，以憩行人。山当雨后，新翠欲滴，为八景之一。

明代邓庠《黄岑叠翠》

衡岳南来第一峰，宜阳奇秀此山钟。岚薰红日层霄近，翠滴苍松瑞霭浓。高比昆仑擎玉柱，清如彭蠡蘸芙蓉。谁能传得壶公术，缩地移将献九重。

[白水垂虹]

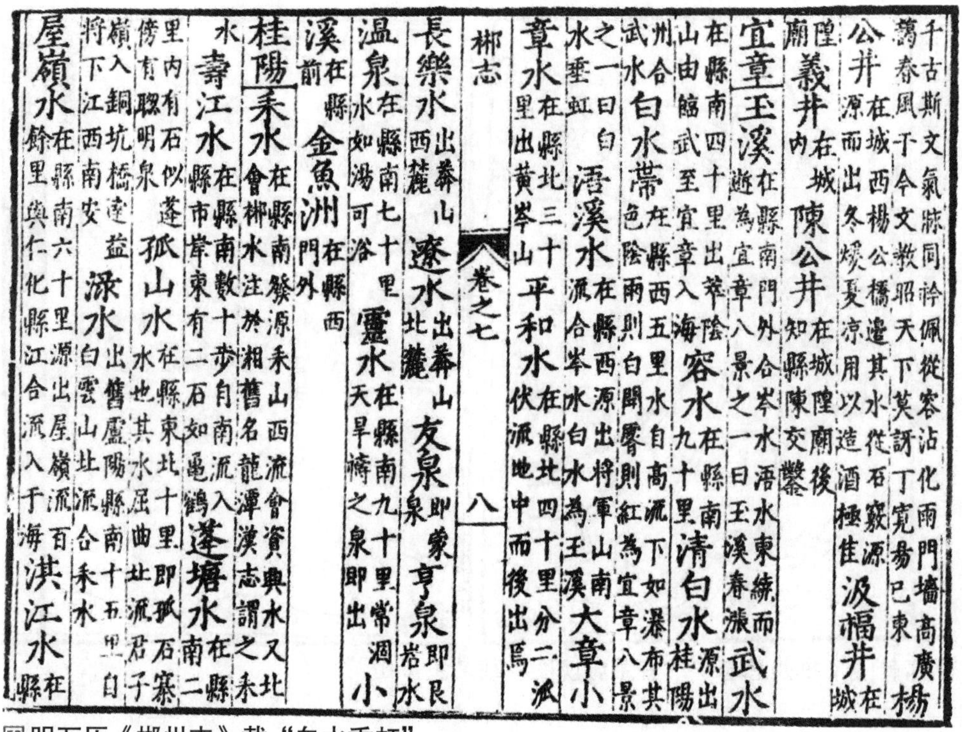
千古斯文氣脉同衿佩從容沾化雨門墻高廣楊
藹春風于今文教昭天下莫訝丁寬易已東
公井在城西楊公橋邊其水從石竅源而出冬煖夏凉用以造酒極佳 汲福井在城
隍廟 義井在城内 陳公井在城隍廟後知縣陳交鑿
宜章
玉溪在縣南門外合岑水浯水東繞而遊為宜章八景之一曰玉溪春漲 武水
在縣南四十里出莽陰山由館武至宜章入海 容水在縣南九十里 清白水源出桂陽
州合武水 白水帶在縣西五里水自高流下如瀑布其色陰雨則白開霽則紅為宜章八景
之一曰白水垂虹 浯溪水在縣西源出將軍山南流合岑水白水為玉溪 大章小
章水在縣北三十里出黃岑山 平和水在縣北四十里分二派伏流地中而後出焉
郴志 卷之七 八
長樂水出莽山西麓 遼水出莽山北麓 友泉即蒙泉 亨泉即艮岩水
溫泉在縣南七十里水如湯可浴 靈水在縣南九十里常涸天旱禱之泉即出 小
溪在縣前 金魚洲在縣西門外
桂陽
耒水在縣南發源耒山西流會資興水又北會郴水注於湘舊名龍潭漢志謂之耒
水 壽江水在縣南數十步自南流入縣市岸東有二石如龜鶴 蓬塘水在縣南二
里内有石似蓬傍有聰明泉 孤山水在縣東北十里即孤石寨水也其水屈曲北流君子
嶺入銅坑橋達益將下江西南安 淥水出舊盧陽縣南十五里自白雲山北派合耒水
屋嶺水在縣南六十里源出屋嶺流百餘里與仁化縣江合流入于海 洪江水在縣

圖明万历《郴州志》载“白水垂虹”

明万历《郴州志》载“白水带”：在县西五里，水自高流下，如瀑布。其色阴雨则白，开霁则红，为宜章八景之一，曰白水垂虹。

民国《宜章县志》“第二十八卷·古迹志·八景”载“白水垂虹”：在县西北五里，宝云山左。

明代邓庠《白水垂虹》

沧浪闲咏濯缨歌，白水寻源景最多。虹影穿云蟠地轴，琼花喷雪落天河。飞流晓霁光涵月，入涧春深翠染波。浩浩终归南海去，膏腴善养玉山禾。

［玉溪春涨］

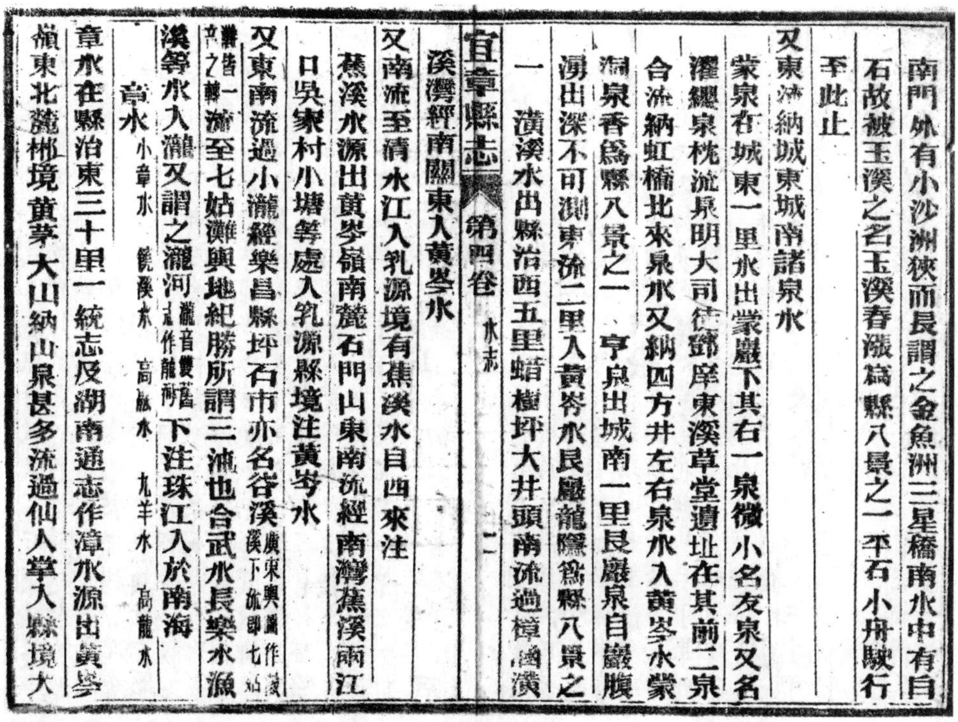

南門外有小沙洲狹而長謂之金魚洲三星橋南水中有白石故被玉溪之名玉溪春漲爲縣八景之一平石小舟駛行乎此止

又東流納城東城南諸泉水

蒙泉在城東一里水出蒙巖下其右一泉微小名友泉又名濯纓泉桄流泉明大司徒鄧庠東溪草堂遺址在其前二泉合流納虹橋北來泉水又納四方井左右泉水入黃岑水蒙洞泉香爲縣八景之一 亨泉出城南一里艮巖泉自巖腹湧出深不可測東流二里入黃岑水艮巖龍隱爲縣八景之一 瀆溪水出縣治西五里蜡樹坪大井頭南流過樟幽瀆

宜章縣志 第四卷 水志 二

溪灣經南關東入黃岑水

又南流至清水江入乳源境有蕉溪水自西來注

蕉溪水源出黃岑嶺南麓石門山東南流經南灣蕉溪兩江口吳家村小塘等處入乳源縣境注黃岑水

又東南流過小瀧經樂昌縣坪石市亦名谷溪廣東輿圖作滾溪下流即七姑灘皆險之轉一瀧至七姑灘輿地紀勝所謂三瀧也合武水長樂水瀨溪等水入瀧又謂之瀧河瀧音雙舊志作龍訛下注珠江入於南海

章水 小章水 饒豫水 高赦水 九羊水 高龍水

章水在縣治東三十里一統志及湖南通志作漳水源出黃岑嶺東北麓郴境黃茅大山納山泉甚多流過仙人掌入縣境大

圖民国《宜章县志》“水志”载“玉溪春涨”

明万历《郴州志》“卷之七”载“宜章玉溪”：在县南门外，合岑水浯水东绕而逝，宜章八景之一，曰玉溪春涨。

民国《宜章县志》“第四卷·水志”载：南门外有小沙洲狭而长，谓之金鱼洲。三星桥南水中有白石，故被玉溪之名。玉溪春涨为县八景之一。

明代邓庠《玉溪春涨》

渔未垂纶钓未沉，春涛雨涨拍溪深。宣尼漫有乘桴意，安道何能泛剡寻。石激雷鸣惊海鳄，云消风定乐沙禽。乡贤书院临溪上，砥柱狂澜耸碧岑。

[宝刹云幡]

花草含春媚，松蘿引夏凉。清風来左右，爽氣襲巾裳。逐爾驅煩囂，乾坤此坐忘。[謝邦信詩] 越聲知故國，斗酒憶高陽。逐客今三始，窮途且五噘。浮雲心仰切，流水意何長。窈窕諸天遠，崴蕤雙樹凉。花香滿天地，草色上衣裳。不謂憂黔首，雲巖與世忘。[周紫孔詩] 郭外真僊島，人間小洞天。海門當石闕，瑶闕帶山懸。玉毋蟠蒼翠，神龍漱玉泉。長洲蘇氏子，緣爾愛逃禅。[又] 出郭青山集，沿崖白水通。倚門蒼玉創，懸塔紫雲春。洞古應無夏，湫深合有龍。得添麋鹿伴，還上最高峰。[盧梦陽詩] 巖際宿雲將入袂，窓前流水似聞簫。雨滾半落樓臺净，日氣初澄燕雀驕。[張𢇍學詩] 山園蘭若境偏寂，水漫通池流自長。出鑿竅春潛弄色，早梅迎客故飄香。

榜山 在縣南二里，以形似而名，為宜章八景之一，曰榜山晴旭。**印山** 在縣南三里。**石輪山** 在縣南五里，四壁如車輪，上有水不竭。**石**

郴志　卷之六　二十三

虎山 在縣南六十里，山形聳拔。**西山** 在縣南百五十里，昔猺獞所居，今撫為編民。**莽山** 在縣南二百里，延袤百里，有九十九峯，界部英。**寶蓋山** 在縣西七里，聳秀如旗，舊有寶雲寺，為宜章八景之一，曰寶剎雲旛。**野石巖** 在縣北十五里，巖壁峭立，湖南帥潘疇書"野石岩"三字。[吳鎡詩] 夏夜渾如秋氣清，夜回雨露濕桃生。**摺嶺** 在縣北三十里，即黃岑麓也，兩峯對峙，又名臘嶺，路盤陟而上，山南北晴雨霎氣候頓殊。嘉靖丙申知縣胡勃鑿山通道。**漏天山** 在縣北九十里，萬山環聚，以多雨少晴而名。**僊人掌** 在縣北三十里，石壁峭立，高十餘丈，如僊人掌，石竇中出乳香。

[桂陽] **君子嶺** 在縣東二十里，高三百餘丈，相傳異人修練之所，有僊人池，凡縣官初任

明万历《郴州志》载"宝刹云幡"

明万历《郴州志》"卷之六"载"宝盖山"：在县西七里，耸秀如旗，旧有宝云寺，为宜章八景之一，曰宝刹云幡。

明代邓庠《宝刹云幡》

丛林昔辟给孤园，梵呗琅琅佛祖尊。地涌金莲云入座，天分旌节翠凝幡。浓阴黯淡旃檀霭，清景飘摇宝带繁。今日神宫亦消歇，独留山月照松门。

［艮岩龙隐］

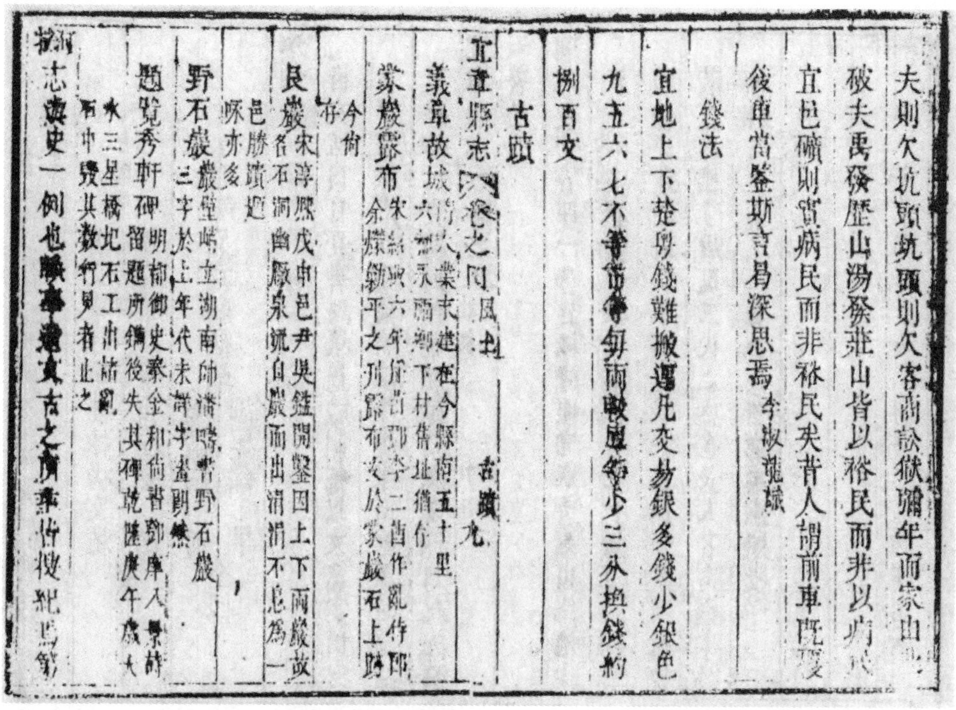

夫則欠坑頸坑頸則欠客商訟獄彌年而家由
破夫禹發歷山湯發莊山皆以裕民而非以病民
宜邑礦則實病民而非裕民矣昔人謂前車既覆
後車當鑒斯言曷深思焉
錢法
宜地上下楚粵錢難搬運凡交易銀多錢少銀色
九五六七不等[illegible]每兩較[illegible]少三分換錢約
捌百文
古蹟
宜章縣志 卷之四 風土 古蹟 九
義章故城[illegible]在今縣南五十里[illegible]下村舊址猶存
[illegible]巖露布 宋紹興六年[illegible]李二酋作亂侍郎[illegible]平之刊露布文於[illegible]巖石上[illegible]
今[illegible]存
艮巖 宋淳熙戊申邑尹吳鎰開鑿因上下兩巖故名石洞幽邃泉流自巖而出涓涓不息為一邑勝蹟[illegible]亦多
野石巖 巖壁峭立湖南帥潘畤書野石巖三字於上年代未詳字畫剛勁
題覽秀軒碑 明御史[illegible]和尚書鄧庠入景詩碑留題所鐫後失其碑乾隆庚午歲大水三星橋圯石工出諸亂石中得其數行[illegible]
[illegible]志[illegible]史一例也[illegible]古之[illegible]

圖清乾隆《宜章县志》“古迹”载“艮岩”

民国《宜章县志》“第二十八卷·古迹志·八景”载“艮岩龙隐”：地在城南一里，水曰亨泉，自岩底涌出，其深不测。水至澄澈，群鱼如游镜中。宋邑令吴镒以两岩兼重于卦象艮，目为艮岩。岩中有观世音神龛，香火极盛。

明代邓庠《艮岩龙隐》

覆碗沉沉水不澜，黑云漠漠老龙蟠。海门一窍蓬壶近，石窟千盘玛瑙寒。涧草翠涵风乍敛，岩花红浥露初干。髯翁早为商霖起，频念斯民稼穑难。

[蒙洞泉香]

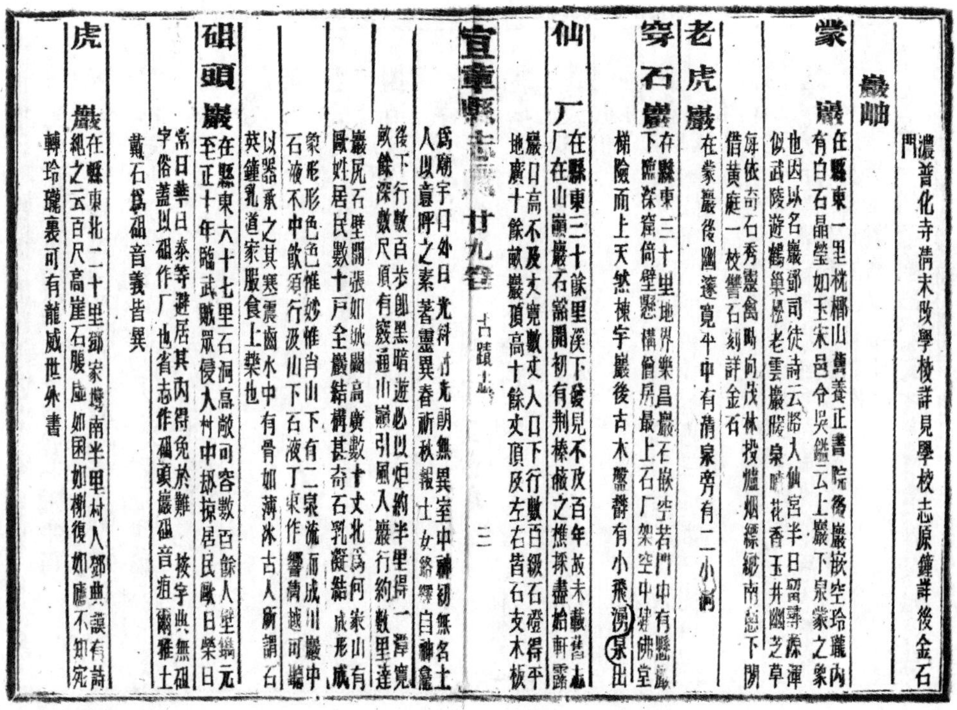

濃普化寺淸末改學校詳見學校志原鐘詳後金石門

巖岫

蒙巖在縣東一里枕郴山舊養正書院後巖嵌空玲瓏內有白石晶瑩如玉宋邑令吳鎰云上巖下泉蒙之象也因以名巖鄧司徒詩云路入仙宮半日留詩源渾似武陵遊鶴巢松老雲巖暖泉噴花香玉井幽芝草每依奇石秀靈禽鳴向茂林投爐烟縹緲南窗下閑借黃庭一校讐石刻詳金石

老虎巖在蒙巖後幽邃寬平中有淸泉旁有一小洞

穿石巖在縣東三十里地界樂昌巖石嵌空若門中有懸巖下臨深窟倚壁懸構僧房最上石厂架空中建佛堂梯險而上天然棟宇巖後古木鬱蔚有小飛洞泉出

仙厂在縣東三十餘里溪下發見不及百年故未載舊志厂在山巔巖石谿開初有荆榛蔽之樵採盡始軒露巖口高不及丈寬數丈入口下行數百級石磴得平地廣十餘畝巖頂高十餘丈頂及左右皆石支木板

宜章縣志 卷廿九 古蹟志 三

爲廟宇日外日光斜射光朗無異室中神像無名土人以意呼之素著靈異春祈秋報士女絡繹自神龕後下行數百步即黑暗遊必以炬約半里得一潭寬畝餘深數尺頂有竅通山巔引風入巖行約數里達巖尻石壁開張如城闕高廣數十丈北爲何家山有歐姓居民數十戶全巖結構甚奇石乳凝結成形成象形形色色惟妙惟肖山下有二泉流而成川巖中石液不中飲須行汲山下石液丁東作響淸越可聽以器承之其寒震齒水中有骨如薄冰古人所謂石英鍾乳道家服食上藥也

砠頭巖在縣東六十七里石洞高敞可容數百餘人壁鐫元至正十年臨武賊衆侵入村中劫掠居民歐日榮日常日華日泰等避居其內得免於難 按字典無砠字俗蓋以砠作厂也省志作砠頭巖砠音疽爾雅土戴石爲砠音義皆異

虎巖在縣東北二十里鄧家灣南半里村人鄧典謨有詩紀之云百尺高崖石腹虛如囷如櫥復如廬不知究轉玲瓏裏可有龍威世外書

民国《宜章县志》“古迹志”载“蒙岩”

民国《宜章县志》“第二十八卷·古迹志·八景”载“蒙洞泉香”：地在城东半里，蒙岩下，泉清冷澄澈，煮茗甚甘，石上刻“枕流濯缨”四字，无年月题款。

明代邓庠《蒙洞泉香》

石窦天然一脉奇，源泉混混岂人为。半林松影水清处，三月桃花雨涨时。禾黍生香农父喜，涧田新水洞龙知。诗成缓步仙台路，更爱西山翠展眉。

［榜山晴旭］

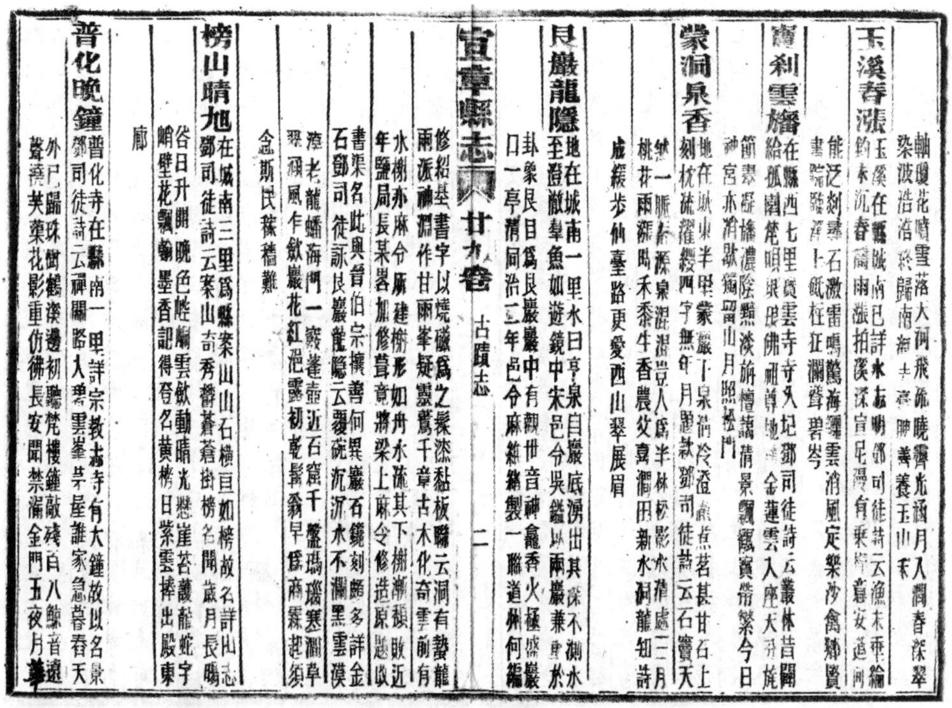

軸覆花噴雪落大河飛瀑曉霽光涵月入潤春深翠
染波浩浩終歸南海去[illegible]勝養玉山秀
玉溪春漲 玉溪在縣城南已詳水志明鄧司徒詩云漁未垂綸
釣未沉春潮雨漲拍溪深宜尼得有乘桴意安道何
能泛剡舟石激雷鳴鷗海彈雲消風定樂沙禽鄒賢
書院鐘聲上流在江瀾聲碧岑
寶剎雲旛 在縣西七里寶雲寺寺久圮鄧司徒詩云叢林昔闢
給孤園梵唄猶聞佛祖尊地湧金蓮雲入座天飛
簡翠擬旛濃陰點淡旃檀靄清景飄飄實帶縈今日
神宮亦寂寥獨留山月照松門
蒙洞泉香 地在城東半里蒙巖下泉滴冷澄煮茗甚甘石上
刻枕流濯纓四字無年月題款鄧司徒詩云石竇天
然一脈春深泉混混豈人爲半林秋影亦猜處三月
桃花雨漲時禾黍生香農父喜潤田新水洞龍知詩
成緩步仙臺路更愛西山翠展眉
艮巖龍隱 地在城南一里水曰亭泉自巖底湧出其深不測水
至澄澈羣魚如遊鏡中宋邑令吳鑑以兩巖兼象於
卦象艮目爲艮巖巖中有觀世音神龕香火極盛巖
口一亭清同治三年邑令麻維繩製一聯道州何編

宜章縣志 廿九卷 古蹟志 二

修紹基書字以曉磁爲之髹漆黏板聯云洞有蟄龍
雨派神淵作甘雨峯疑靈鷲千章古木化奇雲前有
水榭亦麻令所建榭形如舟水流其下榭漸頹敗近
年鹽局長某略加修葺竟將梁上麻令修造原題改
書集名此與曾伯宗擴善何異巖石鐫刻題多詳金
石鄧司徒詠艮巖龍隱云覆碗沉沉水不瀾黑雲漠
漠老龍蟠海門一竅蓬壺近石窟千盤瑪瑙寒潤草
翠涵風乍斂巖花紅浥露初乾鬚鬣早辯商霖起須
念斯民稼穡難
榜山晴旭 在城南三里爲縣案山山石横亘如榜故名詳山志
鄧司徒詩云案山奇秀鬱蒼蒼掛榜名聞歲月長暘
谷日升開曉色崆峒雲斂動晴光懸崖苔護龍蛇字
峭壁花飄翰墨香記得登名黃榜日紫雲捧出殿東
廊
普化晚鐘 普化寺在縣南一里詳宗教志寺有大鐘故以名景
鄧司徒詩云禪關路入碧雲峯草屋誰家急暮春天
外尸歸珠樹鶴溪邊初聽梵樓鐘敲殘百八鯨音遠
聲撓芙蕖花影重彷彿長安聞禁漏金門五夜月華

▣民国《宜章县志》“古迹志”载“榜山晴旭”

民国《宜章县志》“第二十八卷·古迹志·八景”载“榜山晴旭”：在城南三里，为县案山，山石横亘如榜，故名。详《山志》。

明代邓庠《榜山晴旭》

案山奇秀郁苍苍，挂榜名闻岁月长。旸谷日升开晓色，崆峒云敛动晴光。悬崖苔护龙蛇字，峭壁花飘翰墨香。记得登名黄榜日，紫云捧出殿东廊。

［普化晚钟］

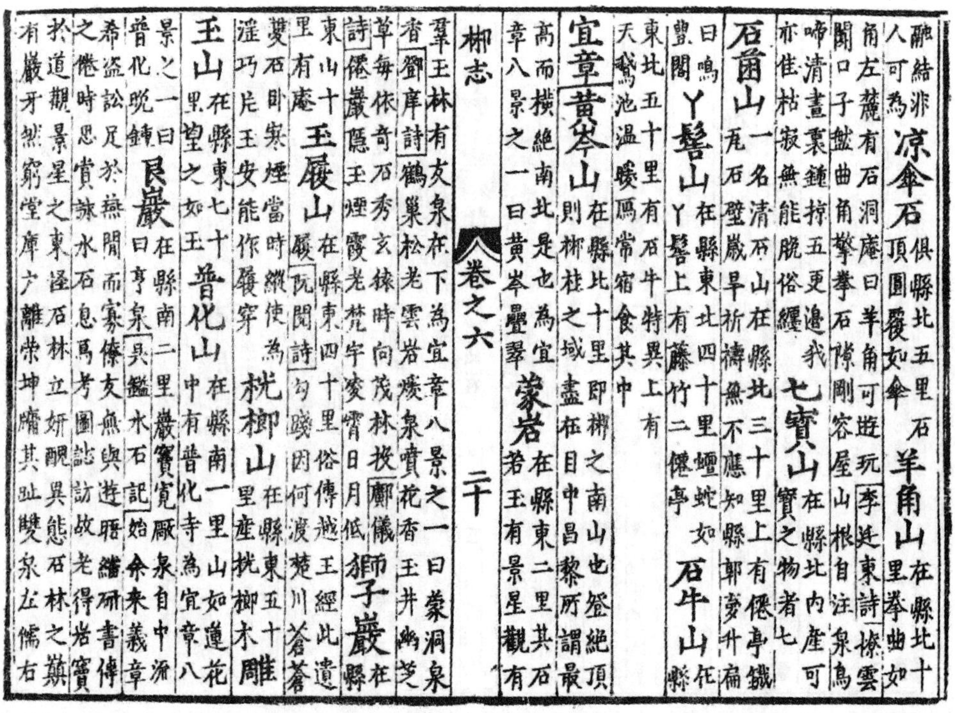

融結非人可為涼傘石俱縣北五里石頂圓覆如傘羊角山在縣北十里拳曲如
角左麓有石洞庵曰羊角可遊玩李廷東詩擦雲
閬口子盤曲角擎拳石隙剛容屋山根自注泉鳥
啼清晝裏鍾撞五更邊我
亦佳枯寂無能脫俗纏七寶山在縣北內產可寶之物者七
石甬山一名清石山在縣北三十里上有偃亭鐵尨石壁巖旱祈禱無不應知縣郭夢升扁
曰鳴豐閣丫髻山在縣東北四十里蜿蛇如丫髻上有藤竹二偃亭石牛山在縣
東北五十里有石牛特異上有
天鵞池溫暖鴈常宿食其中
宜章黃岑山在縣北十里即郴之南山也登絕頂則郴桂之域盡在目中昌黎所謂最
高而橫絕南北是也為宜
章八景之一曰黃岑疊翠蒙岩在縣東二里其石若玉有景星觀有
郴志　卷之六　二十
翠玉林有友泉在下為宜章八景之一曰蒙洞泉
香鄧庠詩鶴巢松老雲岩瘦泉噴花香玉井幽芝
草每依奇石秀玄猿時向茂林投鄭儀
詩偃巖隱玉煙霞老梵宇凌霄日月低獅子巖在縣
東山十里有庵玉巖山在縣東四十里俗傳越王經此遺履阮閱詩句踐因何渡楚川蒼蒼
蹇石卧寒煙當時縱使為
淫巧片玉安能作履穿桄榔山在縣東五十里產桄榔木雕
玉山在縣東七十里望之如玉普化山在縣南一里山如蓮花中有普化寺為宜章八
景之一曰普化晚鍾艮巖在縣南二里巖竇寬厰泉自中流曰亨泉吳鑑水石記始余來義章
希盜訟足於無聞而寡倖友無與遊晤繙研書傳
之倦時思賞詠水石息焉考圖誌訪故老得岩竇
於道覩景星之東逕石林立妍醜異態石林之巔
有巖牙然窮堂庫广離荣坤牖其趾噴泉左儒右

明万历《郴州志》载“普化晚钟”

明万历《郴州志》“卷之六”载“普化山”：在县南一里，山如莲花，中有普化寺，为宜章八景之一，曰普化晚钟。

民国《宜章县志》“第二十八卷·古迹志·八景”载“普化晚钟”：普化寺在县南一里，寺有大钟，故以名景。

明代邓庠《普化晚钟》

禅关路入碧云峰，茅屋谁家急暮春。天外已归珠树鹤，溪边初听梵楼钟。敲残百八鲸音远，声绕芙蕖花影重。仿佛长安闻禁漏，金门五夜月华浓。

【嘉禾八景】

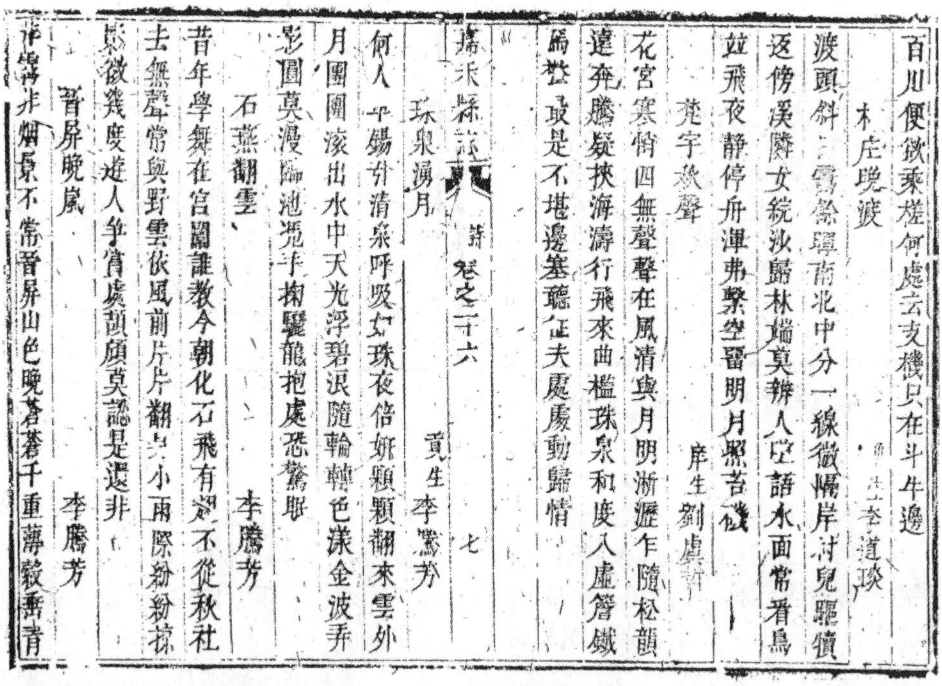

百川便欲乘槎何處云支機只在斗牛邊

杉庄晚渡　　庠生李道琰

渡頭斜日靄餘暉南北中分一線微隔岸村兒驅犢返傍溪隣女浣沙歸林端莫辨人空語水面常看鳥並飛夜靜停舟渾弗繫空留明月照苔磯

梵宇鐘聲　　庠生劉虞許

花宮寒竹四無聲聲在風清與月明漸瀝作隨松韻遠奔騰疑挾海濤行飛來曲檻珠泉和度入虛簷鐵馬鳴最是不堪邊塞聽征夫處處動歸情

嘉禾縣志　詩　卷之二十六　七

珠泉涌月　　貢生李鸞芳

何人平錫引清泉呼吸如珠夜倍妍顆顆翻來雲外月團團滚出水中天光浮碧浪隨輪轉色漾金波弄影圓莫漫臨池澆手掬驪龍抱處恐驚眠

石燕翻雲　　李騰芳

昔年學舞在宮闈誰教今朝化石飛有翼不從秋社去無聲常與野雲依風前片片翻如小雨際紛紛掠影微幾度遊人爭賞處頻頻莫認是還非

晉屏晚嵐　　李騰芳

翠鬱非烟景不常晉屏山色晚蒼蒼千重薄霧壽青

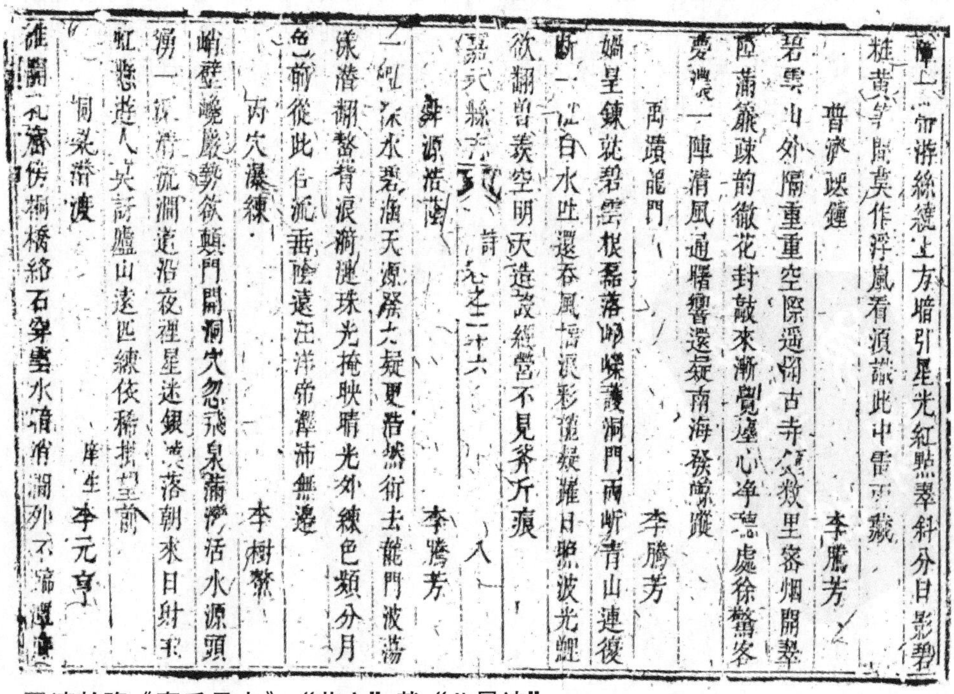

嶂上一帶游絲繞上方墻引星光紅點翠斜分日影碧粧黃等閒莫作浮嵐看須識此中帶瑞藏

普濟晚鐘　　李鸞芳

碧雲山外隔重重空際遙聞古寺鐘數里容烟開翠嶂滿籬疎韻徹花封敲來漸覺塵心淨聽處徐驚客夢濃一陣清風通嚮響還疑南海發[illegible]蹤

禹蹟龍門　　李騰芳

媧皇鍊就碧雲根磊落崢嶸護洞門兩岸青山連復斷一泓白水吐還吞風培浪彩疑羅日照波光蹴欲翻曾羨空明天造設經營不見斧斤痕

嘉禾縣志　詩　卷之二十六　八

舜源浩蕩　　李騰芳

一泓深水碧涵天源發九疑更浩然銜去龍門波蕩漾潛翻巒背浪瀰漣珠光掩映晴光外練色縈分月色前從此合流垂蔭遠汪洋常澤沛無邊

丙穴瀑練　　李樹蕃

崢嶸巉巖勢欲顛門開洞穴忽飛泉滿灣活水源頭湧一派清流澗道沿夜裡星迷銀漢落朝來日射玉虹懸遊人若許廬山遠匹練依稀掛望前

同彩滯渡　　庠生李元亨

誰剛一孔滲傍構橋絡石穿雲水暗消澗外不隨潭[illegible]

图 清乾隆《嘉禾县志》“艺文”载“八景诗”

郴州卷

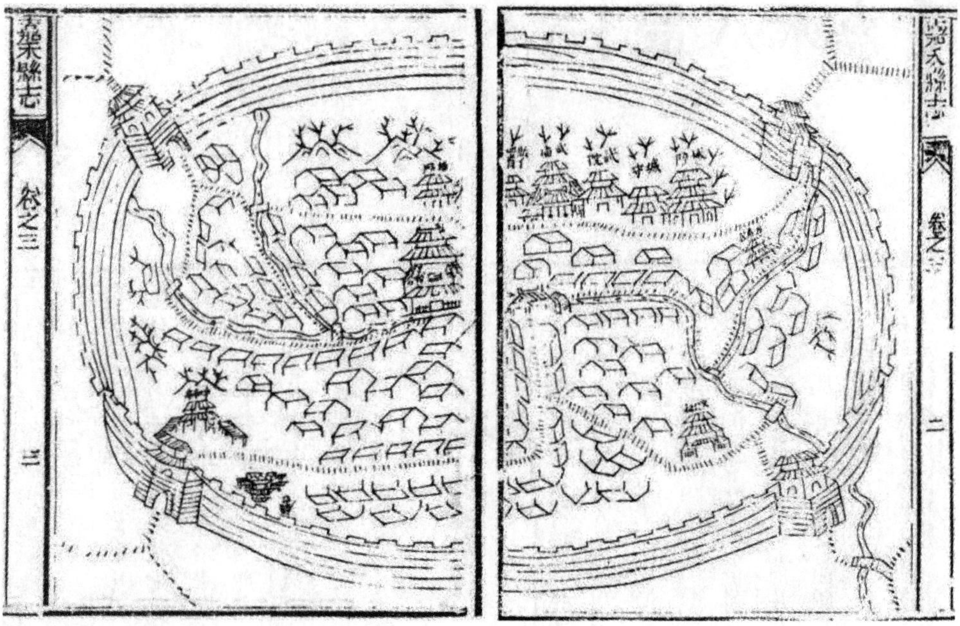

圖清同治《嘉禾县志》载“县城图”

嘉禾，明属桂阳、临武县地。

崇祯十二年（1639）始置嘉禾县，县治设禾仓堡。崇祯十六年（1643），张献忠占领长沙、衡州，其部属胡尚月、胡圣华、朱衣点进驻桂阳、临武、蓝山。嘉禾为刘新宇起义军余部占领。清顺治四年（1647）平南王尚可喜占领桂阳州，献忠领兵转移，嘉禾入清版图。次年，南明永明王袭取嘉禾。顺治九年（1652），明兵败走，嘉禾复归清，属衡州府。

雍正十年（1732），嘉禾属桂阳直隶州。

清同治《嘉禾县志》“嘉禾县八景诗”载“嘉禾八景”：万斛珠泉、普济晚钟、禹迹龙门、晋屏晚翠、石燕腾空、丙穴瀑练、舜源浩荫、桐梁潜渡。

［万斛珠泉］

圖 清乾隆《嘉禾县志》载“万斛珠泉”

清同治《嘉禾县志》“山川·卷之五”载“珠泉”：在北门外道旁，泉自下逆涌而上，吐沫如珠，颗粒朗朗，深不盈尺，广不逾丈，昼夜不舍。明郡司马张公额曰“万斛珠泉”。珠泉数十步外有泉，亦然名小珠泉。

[普济疏钟]

图 清乾隆《嘉禾县志》载“普济疏钟”

清同治《嘉禾县志》“寺观志·卷之二十四”载“普济寺”：又名观音阁。在县北门外，寺居山麓，林泉掩映，远眺之如天然图画，夜半钟声断续闻之，尘烦顿释。前令陈祥祚颜曰“普济晚钟”。

[禹迹龙门]

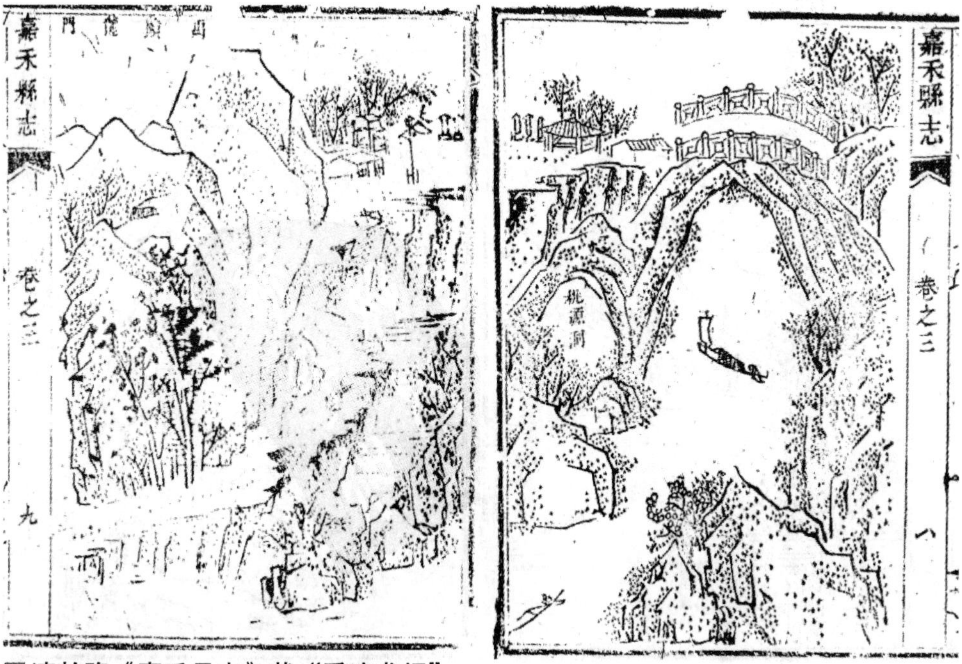

图 清乾隆《嘉禾县志》载"禹迹龙门"

清乾隆《嘉禾县志》"山川·卷之五"载"石门山"：在县北三十里，山势磊落壁立，岩穴洞然，凌驾两岸，凒水贯其中，舟筏经其下，灵桥若天成，故又名仙人桥。前令陈祥祚颜曰"禹迹龙门"。

[晋平晚翠]

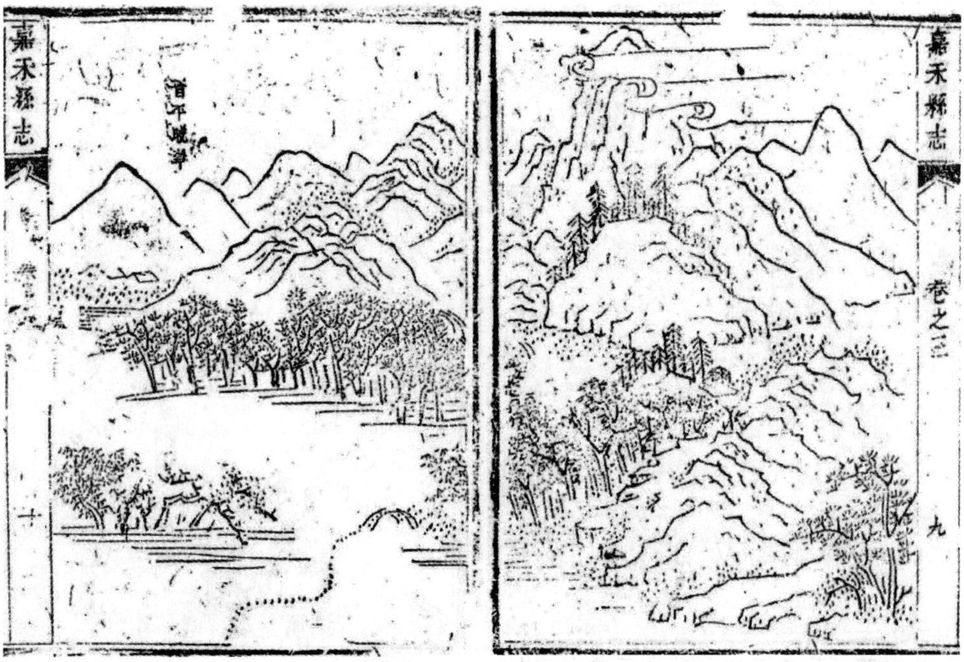

图 清乾隆《嘉禾县志》载“晋平晚翠”

清乾隆《嘉禾县志》“山川·卷之五”载“晋平山”：在县西二十里，峰峦秀丽，绵亘辽远，云覆必雨，云开必晴，农人较课辄望此山决之。前令陈祥祚颜曰“晋平晚翠”。

[石燕腾空]

圖清乾隆《嘉禾县志》载“石燕腾空”

清乾隆《嘉禾县志》“山川·卷之五”载“石燕山”：在县北十里，山巅有石壁，夏秋间雨过，坠石如燕，雌雄相比，医家以入本草。前令陈祥祚颜曰“石燕腾空”。

[丙穴瀑练]

▣清乾隆《嘉禾县志》载“丙穴瀑练”

清同治《嘉禾县志》“山川·卷之五”载“丙穴泉”：在西门外里许，其水自山而下，飞泻悬注，瀑布数丈，入城会珠泉岩口合溪水同汇于江。前令陈祥祚颜曰“丙穴瀑练”。

[舜源浩荫]

▣清乾隆《嘉禾县志》载“舜源浩荫”

清同治《嘉禾县志》“诗·卷之二十五·嘉禾县八景诗”载“岿江萦带”：“旧作舜源浩荫。”另，“山川·卷之五”载“岿江”：在县南三里，源出九疑，过蓝山，经滏口渡入嘉南境，东历到荫车，至永济桥又北迳西车湾，穿石门山，会桂阳州舂陵水入于湘。明郡司马张公颜曰“舜源浩荫”。

民国《嘉禾县图志》“卷三·山川”载：蓝山县西南为舜乡，钟源所经，故曰“舜源”，旧《县志》列“舜源浩荫”为八景。

[桐梁潜渡]

图 清乾隆《嘉禾县志》载“桐梁潜渡”

清同治《嘉禾县志》“疆域·卷之四”载“桐梁桥”：在县东三十里，系铺递孔道，芹扶二溪水悬岩而下，中有水穴潜流。知县陈祥祚颜曰“桐梁潜渡”。

【临武八景】

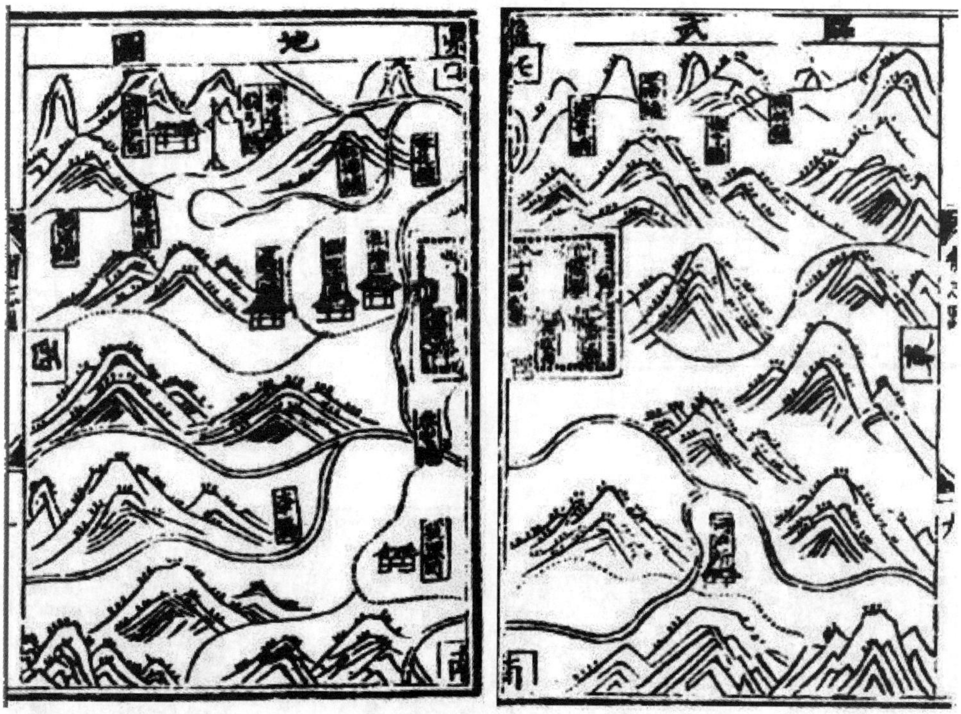

明嘉靖《衡州府志》载“临武县地图”

临武，春秋时属荆州。战国，楚设临武邑。公元前223年，秦置南郡、黔中郡，旋分黔中置长沙郡，临武属长沙郡。汉高祖五年（前202）置临武县，属桂阳郡。新（王莽）始建国元年（9），更名大武。东汉建武元年（25），复称临武，仍属桂阳郡。三国，属吴国之桂阳郡。西晋沿旧。东晋析郴县及临武北部置平阳县（今桂阳县）。隋大业元年（605），南平（今蓝山县）并入临武。大业十三年，析郴县南及临武部分属地置义章县（今宜章县）。唐咸亨二年（671），析临武复置南平，临武属郴州。武则天如意元年（692）易临武名为隆武。中宗神龙元年（705），复名临武。五代楚天福四年（939），临武并入桂阳监。南宋绍兴十一年（1141），复置临武县，属桂阳军。元，属桂阳路。明洪武元年（1368），隶属桂阳府，洪武九年，属衡州府桂阳州。崇祯八年（1635），矿工刘新宇、郭子奴举旗起义，占临武属地禾仓堡及蓝山。十一年，为官军所败，衡州府同知张恂等以该地边远偏僻，难于管辖为由，申报院、司，割临、桂边地置县，以便镇抚。院、司题允，于十三年割临武上乡6都8里计161村及桂阳5都6里，新立嘉禾县，县治禾仓堡。清顺治四年（1647），临武始入清版图，隶衡州府。雍正十年（1732），临武属桂阳直隶州。

清同治《临武县志》“八景图”载“八景”：官山遗迹、仙境春游、挂榜晴岚、舜峰晚眺、西山霁雪、武水拖蓝、秀岩风月、龙洞烟云。

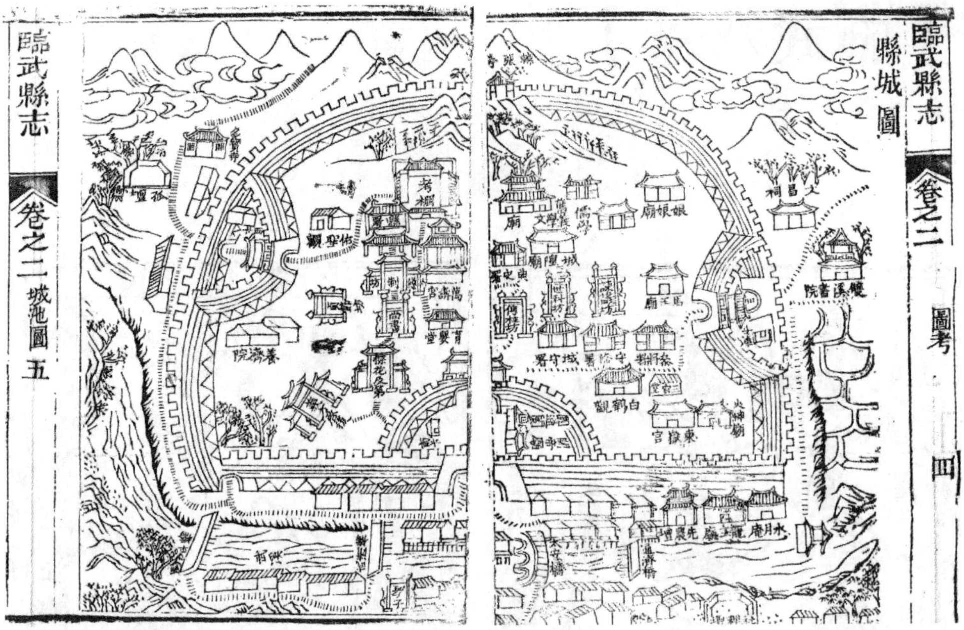

清同治《临武县志》载“县城图”

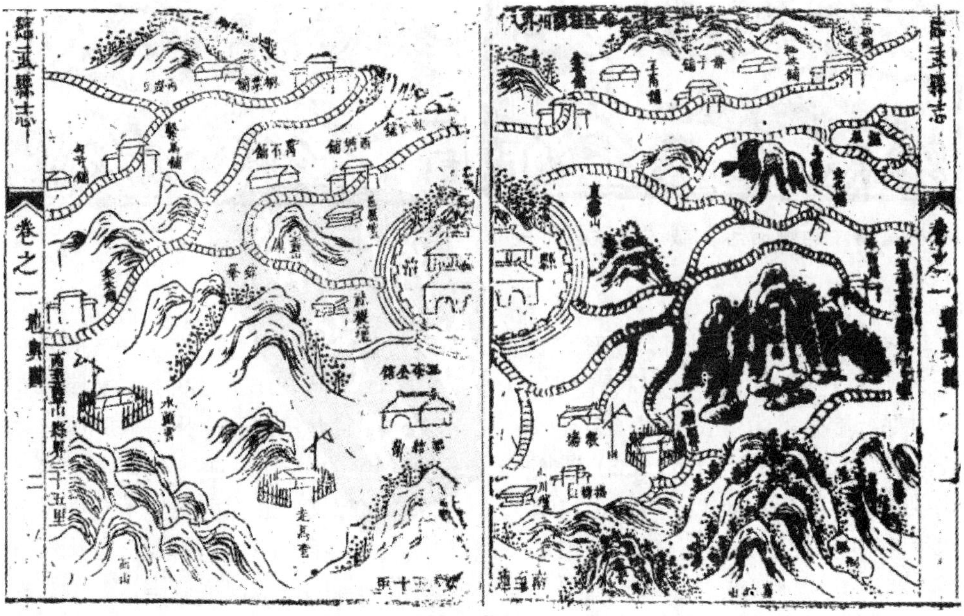

清康熙《临武县志》载“临武县地舆图”

[官山遗迹]

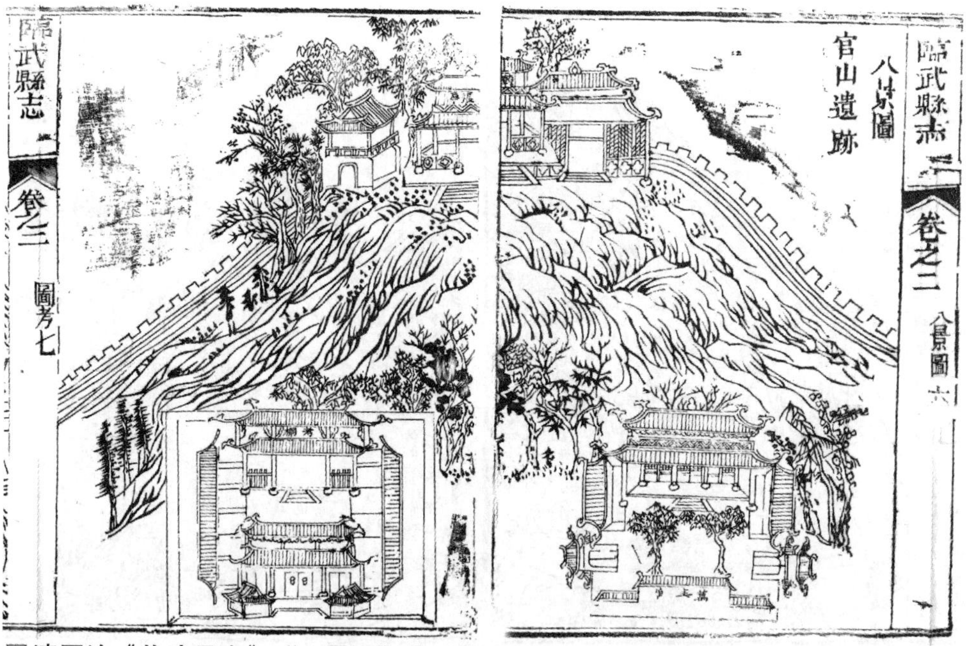

清同治《临武县志》“八景图”载“官山遗迹”

清同治《临武县志》“卷之六·山川”载“韩张山”：在县治后郎官山也，岿然城北，远山环绕，叠翠如画。唐张署韩愈同以言事被遣，署谪临武，愈谪阳山，并辔至临，登眺于此，盘桓久之。宋人因构韩张亭于山顶，为临武八景之一，曰“官山遗迹”。

[仙境春游]

图清同治《临武县志》“八景图”载“仙境春游”

清同治《临武县志》“卷之六·山川”载“东云山”：在城东里许，相传成武丁仙游憩此所，乘白骡遗足迹山中，至今存焉。宋人建成仙观于山腰，草树青葱，水云掩映，溪边兰芷，远递流香，为临武八景之一，曰“仙境春游”。

[挂榜晴岚]

图 清同治《临武县志》“八景图”载“挂榜晴岚”

清同治《临武县志》“卷之六·山川”载“挂榜山”：在县南四里许，高二百余丈，长亘数里，横截南境，下临石溪，一泓清浅，掩映山光，百丈丹崖，刻削云外。山腰有石函，世传中有秘符，山麓有深渊，远望之云气蒸郁，知为神物所潜，为临武八景之一，曰“挂榜晴岚”。

[舜峰晚眺]

图 清同治《临武县志》“八景图”载“舜峰晚眺”

清同治《临武县志》“卷之六·山川”载“舜峰山”：在县西三里许，高百余丈，三面壁立，前一径以通上下，山顶平衍，可二百亩许，虞舜南巡至九疑，曾驻跸于此山顶，建有虞帝祠，祠前有怪石嵚崎磊落，洵堪玩赏。宋人复于山腰建资福寺，登临其上，烟景纷错，目不暇接，为临武八景之一，曰“舜峰晚眺”。

[西山霁雪]

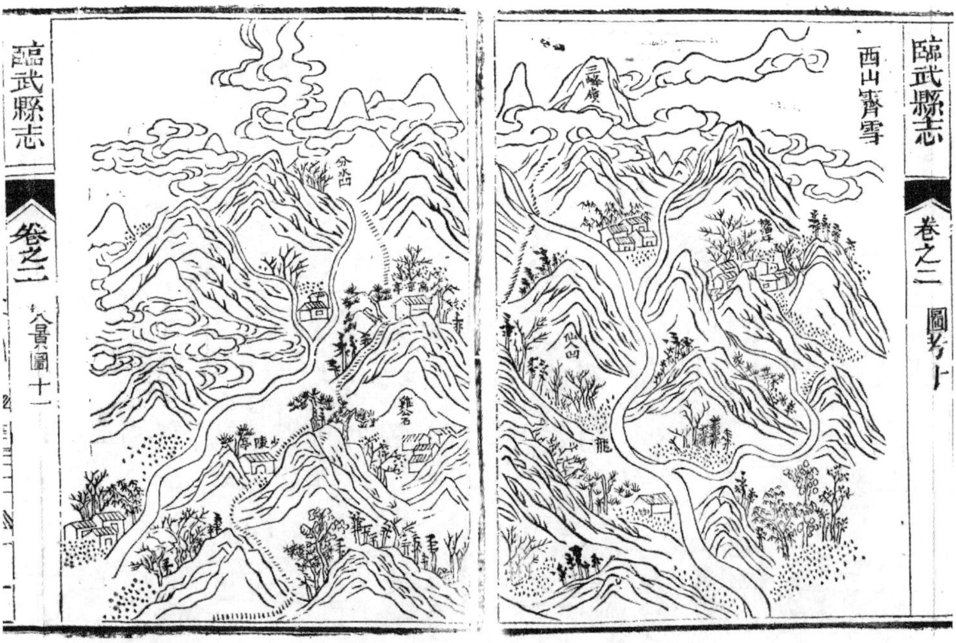

圖清同治《临武县志》“八景图”载“西山霁雪”

清同治《临武县志》“卷之六·山川”载“西山”：在县西二十里，《水经》名桐柏山，与南阳淮水所出之桐柏偶同名也。西界蓝山，直接九疑之麓，四面险绝，雄踞百余里，溪峒深杳，山势尊严，层云叠翠，春犹积雪，为临武八景之一，曰“西山霁雪”。

[武水拖蓝]

▣清同治《临武县志》“八景图”载“武水拖蓝”

清同治《临武县志》“卷之六·山川”载“武水”：源出县之西山，东流绕县治前，每雨涨溪潢，一水自南横截波面，清流迴别，为临武八景之一，曰“武水拖蓝”。

［秀岩风月］

清同治《临武县志》“八景图”载“秀岩风月”

清同治《临武县志》“卷之六 · 山川”载“秀岩”：在县南一十二里，岩石天成，门奥具备，中一室虚旷平坦，可停数百人。四壁璀璨，精莹无比，西北一牖通明，下有二穴，溪流入左穴伏不见，至岩前出流二百步伏于右穴，幽邃奇丽，声色俱佳，为临武八景之一，曰“秀岩风月”。

[龙洞烟云]

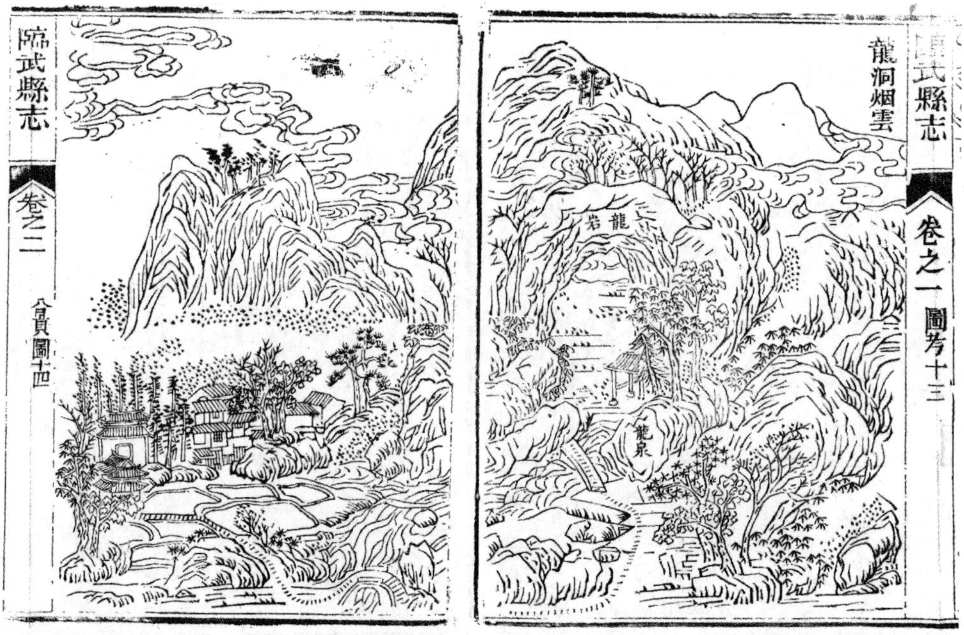

图 清同治《临武县志》“八景图”载“龙洞烟云”

清同治《临武县志》“卷之六·山川”载“龙洞”：在县北二十里石潭中，有石龙约一丈余，鳞爪具备，唯首潜入潭水中。洞势深黑一里许，以火烛之则可入，洞口时有烟雾结聚，盖龙气也，为临武八景之一，曰“龙洞烟云”。

【桂阳县（汝城）八景】

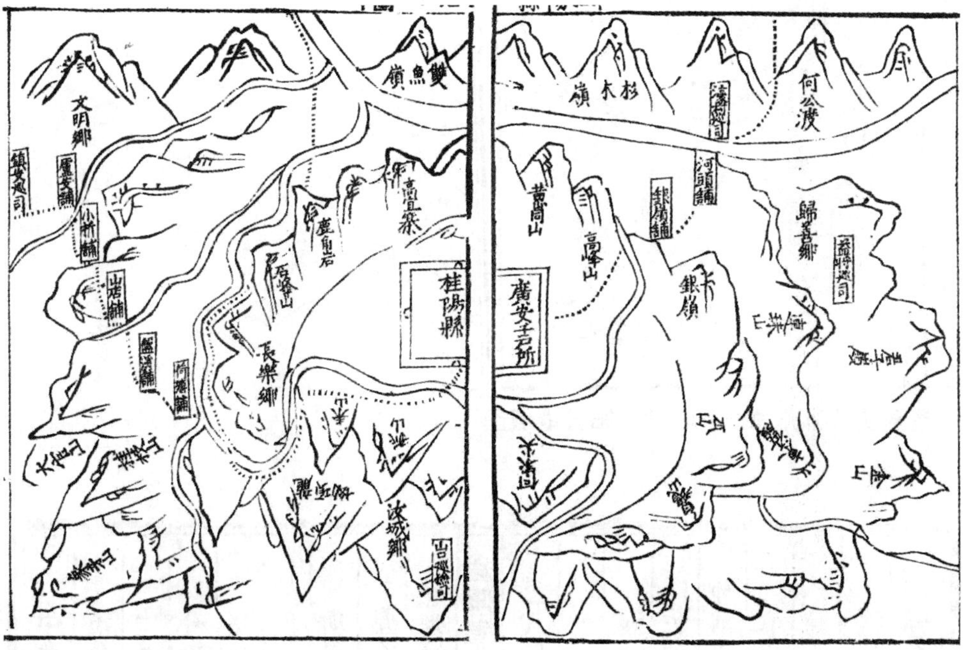

明万历《郴州志》载“桂阳县境之图”

春秋、战国时期，汝城为楚南边境地。秦代属长沙郡，为郴县地。西汉高祖五年（前 202）分长沙南部置桂阳郡，汝城属桂阳郡郴县地。东汉顺帝永和元年（136），析郴县置汉宁县，汝城为桂阳郡汉宁县地。三国时，汉宁县改为阳安县，汝城为阳安县地。西晋初，阳安县改称晋宁县，汝城属晋宁县地。

东晋穆帝升平二年（358），始分晋宁县地置汝城县，辖今汝城、桂东县地，属桂阳郡，汝城县之名始见于史籍。南朝陈武帝永定三年（559），废汝城县置卢阳郡。陈文帝天嘉元年（560），置卢阳县。隋开皇九年（589）废卢阳郡，卢阳县隶属郴州。唐玄宗天宝元年（742），改名义昌县，县城迁至城头寨附近，辖今汝城、桂东县地，属桂阳郡。五代后唐庄宗同光三年（925）因避庄宗李存勖的祖父李国昌之讳，楚马氏奏准改义昌县为郴义县，县址依旧，属郴州。宋太平兴国元年（976），因避宋太宗赵光义之讳，改郴义县为桂阳县。太平兴国三年（978），县治迁今址。宋嘉定四年（1211），析桂阳县之零陵、宜城两乡置桂东县，自是桂阳、桂东各为一县。元、明仍为桂阳县，属郴州路。清康熙十七年（1678），吴三桂举兵叛清，在衡州称帝，号周王，避讳“桂”字，曾一度将桂阳县改为义昌县。次年（1679）二月，吴三桂病死，兵败，复称桂阳县。民国二年（1913），因撤州建道，把郴州、桂阳州撤销，两州各县统一划归衡阳道，原桂阳州改为桂阳县，为避免两县同名，本县复称为汝城县，属衡阳道。

清同治《桂阳县志》“卷之六·山川”载“邑八景”：君子朝阳、大官夕照、桂岭秋香、苏山春霁、寿江奇石、热水灵泉、古刹钟声、长湖渔唱。

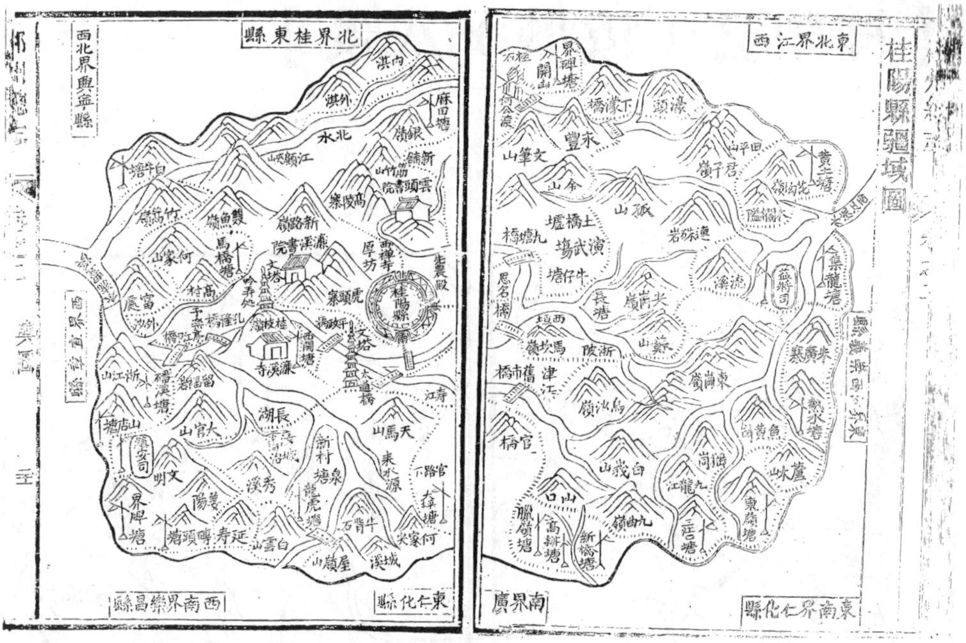

清嘉庆《郴州总志》载“桂阳县疆域图”

中有桂樹花幹宛然如畫以手醮水磨擦汁有黃色香似桂花至秋更甚　又在縣西五通廟二碑其花香亦如之枝幹則更明焉舊志未載今增入

池

愛蓮池　在縣治東湖南通志宋周子爲邑令時所鑿遺址在典史署北縣堂之東池上搆閣與堂今圮

泉塘池　在縣東亦周濂溪先生所鑿今亦湮

桂陽縣志　卷之六　山川　三十

邑八景

君子朝陽　大官夕照　桂嶺秋香

藕山春霽　壽江奇石　熱水靈泉

古刹鐘聲　長湖漁唱

外沙十景

官山曉曙　馬嶺晴雲　太清漁掉

禪寺僧鐘　東隴春耕　西岸晚眺

竹園晴翠　池月秋輝　筆峯雨意

屋後松聲

清同治《桂阳县志》“卷之六·山川”载“邑八景”

[君子朝阳]

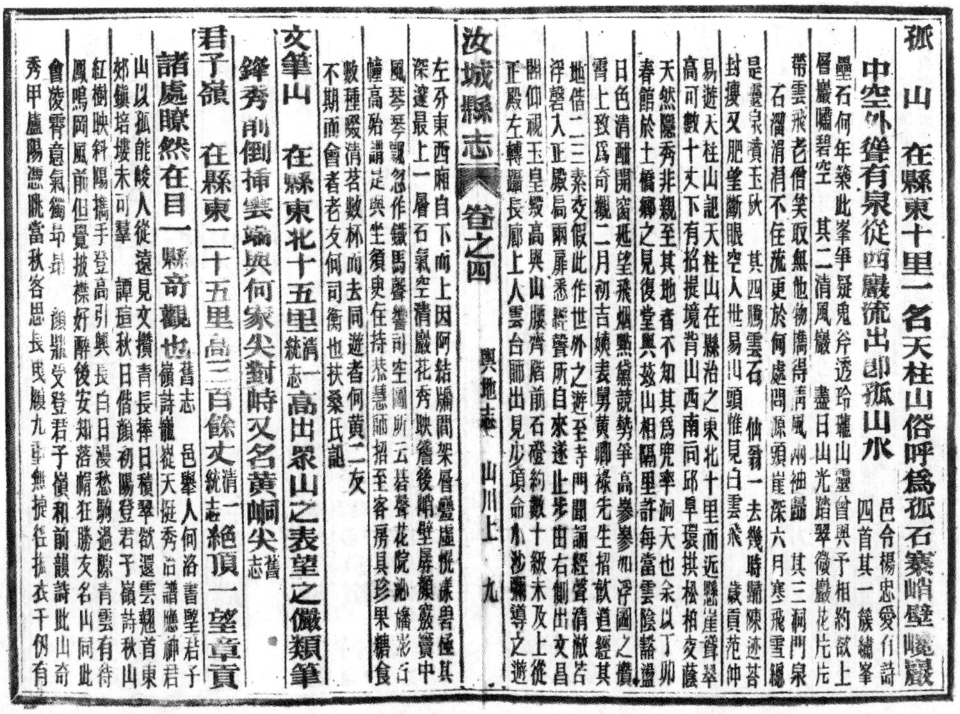

孤山 在縣東十里一名天柱山俗呼爲孤石寨峭壁巉巖中空外聳有泉從西巖流出即孤山水 邑令楊忠愛有詩四首其一簇繡峯 疊石何年築此峯爭疑鬼斧透玲瓏山靈曾與予相約歛上層巖嘯碧空 其二清風巖 盡日山光踏翠微巖花片片帶雲飛老僧笑取無他物携得清風兩袖歸 其三洞門泉 石溜涓涓不住流更於何處問源頭崖深六月寒飛雪纔是靈泉濺玉秋 其四騰雲石 仙翁一去幾時歸陳迹苔封瘦叉肥望斷眼空人世易山頭惟見白雲飛 歲貢范仲易遊天柱山記天柱山在縣治之東北十里而近懸崖聳翠高可數十丈下有招提境背山西南向邱阜環拱松柏交蔭天然隱秀非親至其地者不知其爲兜率洞天也余以丁卯春館於士犢鄉之見復堂與茲山相隔里許每當雲陰豁邊日色清酣開窗遙望飛煙黜黛競勢爭高參參如浮圖之攢霄上致爲奇觀二月初吉姨表舅黃鼎祿先生招歛道經其地偕一二三素交假此作世外之遊至寺門聞誦經聲清澈若浮磬入正殿局兩扉悉鎖贊所自來遂止步由右側出文昌閣仰視玉皇殿高與山腰齊階前石磴約數十級末及上從正殿左轉躡長廊上人雲台廊出見少項命小沙彌導之遊

汝城縣志 卷之四 輿地志 山川上 九

左分東西廂自下而上因阿結構闊架層疊虛幌滌碧極其深邃最上一層石氣空清巖花秀映簷後峭壁屏顏竅寶中風琴琴韻忽作鐵馬聲響司空圖所云碧聲花院淴牖影石壇高殆謂是與坐須臾住持恭慧師招至客房具珍果糖食數種啜清茗數杯而去同遊者何黃二友不期而會者老友何司衡也扶桑氏記

文筆山 在縣東北十五里清一統志高出衆山之表望之儼類筆鋒秀削倒插雲端與何家尖對峙又名黃峒尖舊志

君子嶺 在縣東二十五里高三百餘丈清一統志絕頂一望章貢諸處瞭然在目一縣奇觀也舊志 邑舉人何洛書望君子嶺詩巍從天挺秀治請應神君山以孤能峻人從遠見文攢青長捧日積翠欲還雲翹首東郊鎮培塿未可羣 譚瑄秋日借顏初陽登君子嶺詩秋山紅樹映斜陽攜手登高引興長白日漫愁驅過隙青雲有待鳳鳴岡風前但覺披襟好醉後安知落帽狂勝友名山同此會凌霄意氣獨昂昂 顏鼎受登君子嶺和前韻詩此山奇秀甲盧陽憑眺當秋客思長戌暇九重無掠往振衣千仞有

民国《汝城县志》“山川”载“君子岭”

清同治《桂阳县志》“卷之六·山川”载“君子岭”：在县东北二十里，高三百余丈，顶有仙人池，传异人修炼之所。凡官到任，此岭明丽则为显达之占。绝顶一望，诸境瞭然在目，一县奇观也。

［大官夕照］

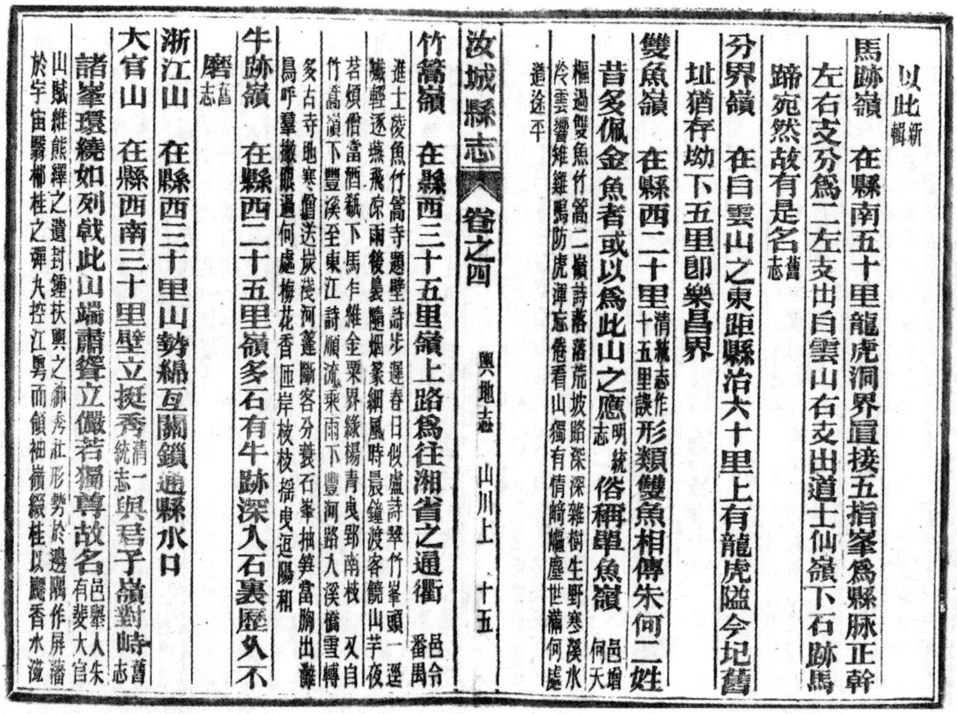

以此新輯

馬跡嶺　在縣南五十里龍虎洞界直接五指峯爲縣脈正幹左右支分爲二左支出自雲山右支出道士仙嶺下石跡馬蹄宛然故有是名舊志

分界嶺　在自雲山之東距縣治六十里上有龍虎隘今圮舊址猶存㘭下五里即樂昌界

雙魚嶺　在縣西二十里清統志作十五里誤形類雙魚相傳朱何二姓昔多佩金魚者或以爲此山之應明統志　俗稱單魚嶺　邑增何天樞過雙魚竹篙二嶺詩落落荒坡路深深雜樹生野寒溪水冷雲響雉雞鳴防虎渾忘倦看山獨有情崎嶇塵世滿何處道途平

汝城縣志　卷之四　輿地志　山川上　十五

竹篙嶺　在縣西三十五里嶺上路爲往湘省之通衢　邑令番禺進士淩魚竹篙寺題壁詩步遲春日似盧詩翠竹峯頭一逕纖輕逐燕飛涼雨後裊隨烟篆細風時晨鐘渡客饒山芋夜茗傾僧當酒瓶下馬乍維金粟界綠楊青曳郢南枝　又自竹篙嶺下豐溪至東江詩順流乘雨下豐河路入溪橋雪樽多古寺地寒僧送炭茂河蓬斷客分甆石峯抽笋當胸出灘鳥呼羣擲礙過何處梅花香匝岸枝枝探曳逗陽和

牛跡嶺　在縣西二十五里嶺多石有牛跡深入石裏歷久不磨舊志

漸江山　在縣西三十里山勢綿亙關鎖遶縣水口

大官山　在縣西南三十里壁立挺秀清一統志與君子嶺對峙舊志諸峯環繞如列戟此山端肅聳立儼若獨尊故名　邑舉人朱有斐大官山賦維熊羆之遺封鍾扶輿之靈秀壯形勢於邊陲作屏藩於宇宙翳郴桂之彈丸控江粤而領袖嶺綴桂以飄香水溢

民国《汝城县志》“山川”载“大官山”

清同治《桂阳县志》“卷之六·山川”载“大官山”：在县西三十里，《通志》云：壁立挺秀与君子岭对峙。宋端平初，知县彭九万《迁学上梁文》云：西望大官山之嘉号，东瞻君子岭之美名，盖远望俨然冠裳然，故名。

清代凌鱼《大官夕照》

巍然矗立藐群山，景色偏宜夕照间。树杪唤鸠投日宿，洞门归豹倚风关。烂柯侧听樵歌起，乘犊遥闻牧笛还。谁把大官题作号，豪吟空想破天悭。

[桂岭秋香]

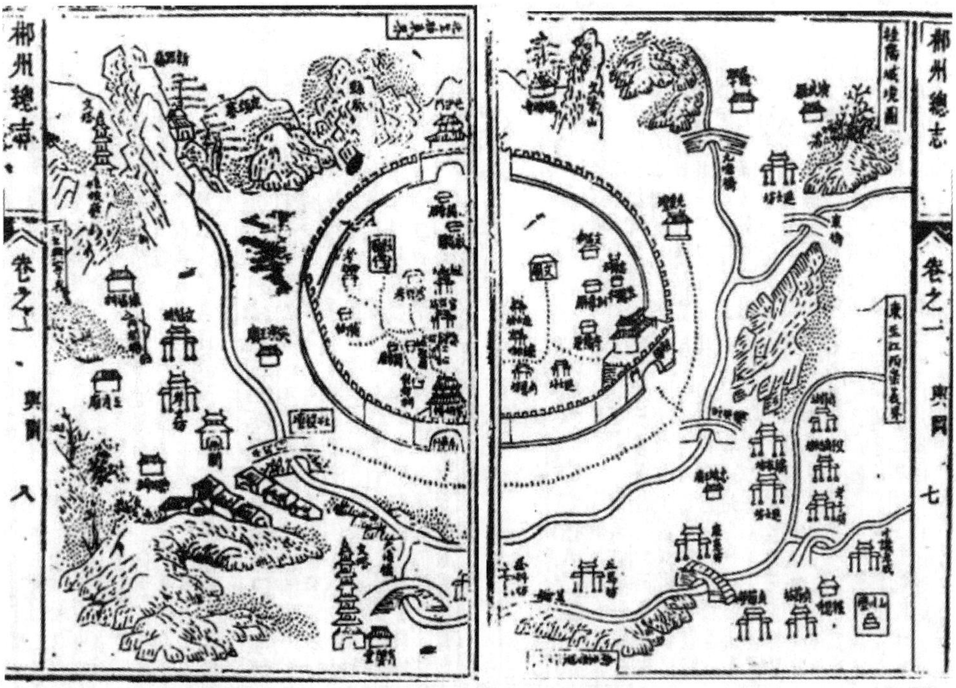

图清乾隆《直隶郴州总志》“桂阳城境图”载“桂枝岭”

桂枝岭多桂花树，秋天桂花盛开，芳香扑鼻。清同治《桂阳县志》“卷之六·山川”载“桂枝岭”：在县西。《湖南通志》一名金字岭。附郭巅有塔，明李东阳有《记》。《艺文》谚曰：桂枝岭头龙见角，太通桥上状元归。与马坎岭对峙，其塔日影西坠，状如笔架。

[苏山春霁]

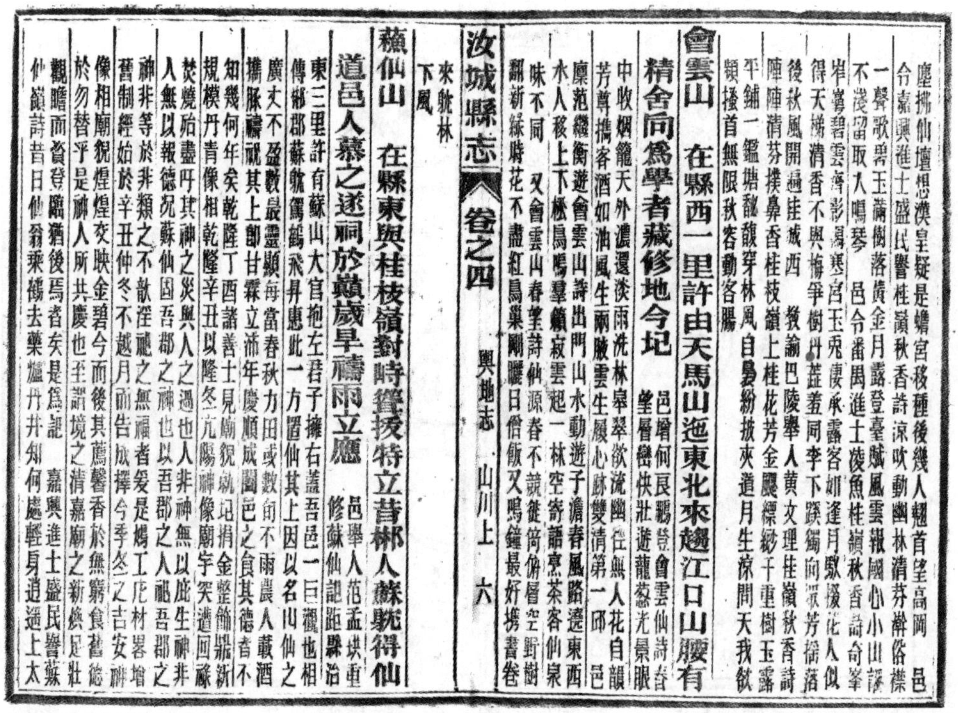

塵拂仙壇想漢皇疑是蟾宮移種後幾人翹首望高岡　邑
令嘉興進士盛民譽桂嶺秋香詩涼吹動幽林清芬辭俗襟
一聲歌鼻玉蒲樹落黃金月露登臺賦風雲報國心小山謾
不淺留取大鳴琴　邑令番禺進士凌魚桂嶺秋香詩奇峯
岸寫碧雲齊影寫寒宮玉兎康承露客如逢月駁擾花人似
得天梯清香不與梅爭樹丹萼羞同李下蹊獨向眾芳擷落
後秋風開遍桂城西　教諭巴陵舉人黃文理桂嶺秋香詩
陣陣清芬撲鼻香桂枝嶺上桂花芳金麗縹緲千重樹玉露
平鋪一鑑塘馥郁穿林風自裊紛披夾道月生涼問天我欲
頻搔首無限秋容動客腸

會雲山　在縣西一里許由天馬山迤東北來趨江口山腰有
精舍向為學者藏修地今圮　邑增何良鵬登會雲仙詩春
望層巒快壯遊龍蟠光景眼
中收烟籠天外濃還淡雨洗林皋翠欲流幽徑無人花自韻
芳尊攜客酒如油風生兩腋雲生屐心跡雙清第一邱　邑
廩范纖衡遊會雲山詩出門山水動遊子濟春風路遶東西
水人移上下林鳥鳴羣嶺寂雲起一林空寄語烹茶客仙泉
味不同　又會雲山春望詩仙源春不競健筍俯層空野樹
翻新綠時花不盡紅鳥巢剛曬日僧飯又鳴鐘最好攜書卷

汝城縣志　卷之四　輿地志　山川上　六

來虢林
下風

蘇仙山　在縣東與桂枝嶺對峙聳拔特立昔郴人蘇耽得仙
道邑人慕之遂祠於嶺歲旱禱雨立應　邑舉人范孟洪重修蘇仙記距縣治
東三里許有蘇山大官抱左君子擁右蓋吾邑一巨觀也相
傳郴郡蘇耽駕鶴飛昇憩此一方留仙其上因以名山仙之
廣丈不盈畝最靈顯每當春秋力田或數旬不雨農人載酒
攜豚禱祀其上即甘霖立沛年慶順成闔邑之食其德者不
知幾何年矣乾隆丁酉諸善士見廟貌朽圮捐金整飾鼎新
規模丹青像相乾隆辛丑以隆冬亢陽禱像廟宇突遭回祿
焚燒殆盡吁其神之災與人之過也人非神無以庇生神非
人無以報德況蘇仙固吾郡之神也以吾郡之人祀吾郡之
神非等於非類之不歆淫祀之無福者爰是鳩工庀材畧增
舊制經始於辛丑仲冬不越月而告成擇今季冬之吉安神
像相廟貌煌煌交映金碧今而後其薦馨香於無窮食舊德
於勿替乎是神人所共慶也至謂境之清嘉廟之新煥足壯
觀瞻而資登臨猶後焉者矣是為記　嘉興進士盛民譽蘇
仙嶺詩昔日仙翁乘鶴去藥爐丹井知何處輕身逍遙上太

民国《汝城县志》“山川”载“苏仙山”

清同治《桂阳县志》“卷之六·山川”载“苏仙山”：在县东，与桂枝岭对峙，山脉自白云山起伏而来，至是耸拔特立。昔郴人苏耽得仙道，邑人慕之，遂祠于岭。岁旱，祷雨立应。

[寿江奇石]

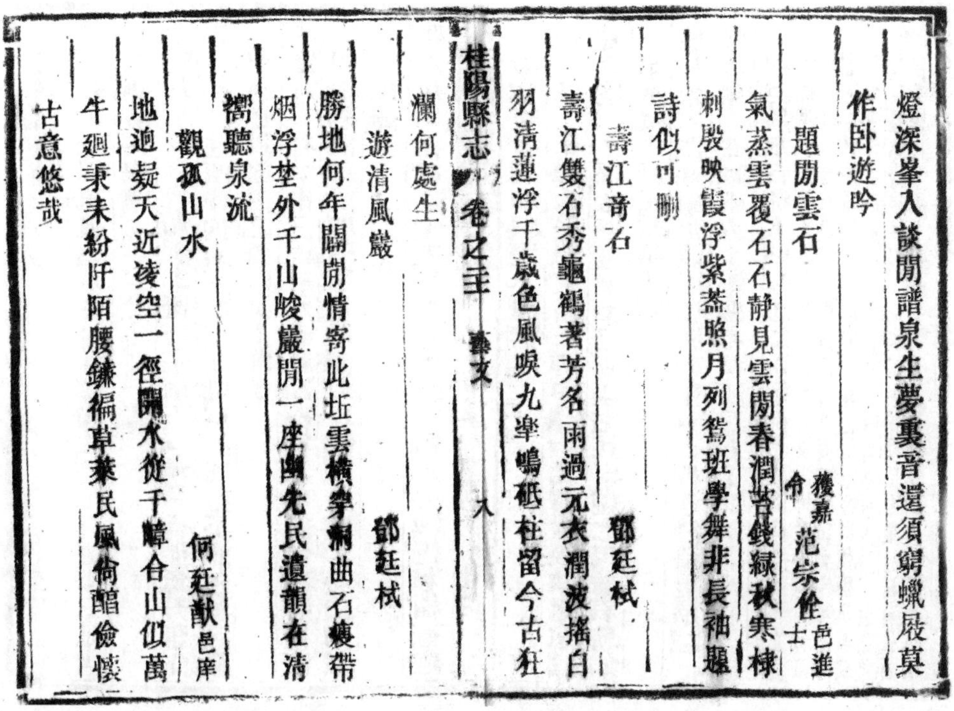

燈深峯入談閒譜泉生夢裏音還須窮蠟屐莫

作卧遊吟

題閒雲石　　　　　　　　　　　　　　　　邑進士獲嘉令 范宗銓

氣蒸雲覆石石靜見雲閑春潤苔錢緑秋寒棣

刺殷映霞浮紫蓋照月列鴛班學舞非長袖驅

詩似可刪

壽江奇石　　　　　　　　　　　　　　　　鄧廷栻

壽江雙石秀龜鶴著芳名雨過元衣潤波摇白

羽清蓮浮千歲色風唳九皐鳴砥柱留今古狂

桂陽縣志　卷之十三　藝文　八

瀾何處生

遊清風巖　　　　　　　　　　　　　　　　鄧廷栻

勝地何年闢閒情寄此坵雲横穿洞曲石瘦帶

烟浮埜外千山峻巖開一座幽先民遺韻在清

謌聽泉流

觀孤山水　　　　　　　　　　　　　　　　邑庠何廷猷

地迥疑天近凌空一徑開水從千嶂合山似萬

牛迴耒耒紛阡陌腰鐮徧草萊民風徜酯儉懷

古意悠哉

▣清同治《桂阳县志》“艺文”载“邓廷栻《寿江奇石》”

清同治《桂阳县志》“卷之六·山川”载“寿江”：在县南门外，从南流入，县市东岸有龟、鹤二石。明学士解缙有《记》，见《艺文》。

［热水灵泉］

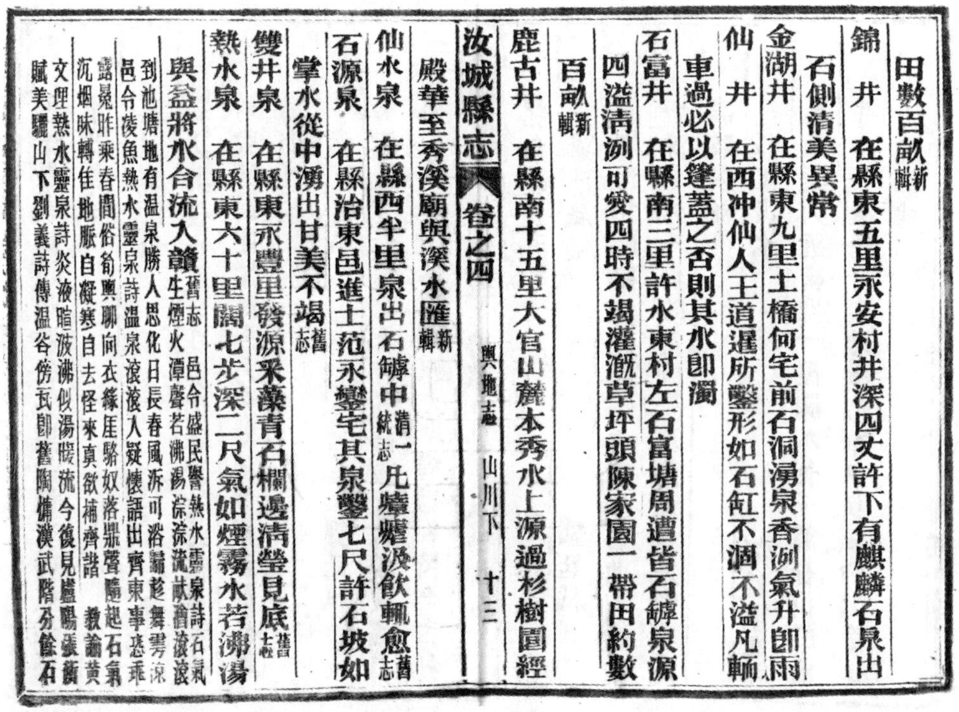

田數百畝新輯
錦　井　在縣東五里永安村井深四丈許下有麒麟石泉出
石側清美異常
金湖井　在縣東九里土橋何宅前石洞湧泉香洌氣升卽雨
仙　井　在西冲仙人王道遲所鑿形如石缸不涸不溢凡輀
車過必以篷蓋之否則其水卽濁
石富井　在縣南三里許水東村左石富塘周遭皆石罅泉源
四溢清洌可愛四時不竭灌漑草坪頭陳家園一帶田約數
百畝新輯
鹿古井　在縣南十五里大官山麓本秀水上源過杉樹圓經
汝城縣志　卷之四　輿地志　山川下　十三
殿華至秀溪廟與溪水匯新輯
仙水泉　在縣西半里泉出石罅中清一統志凡煙瘴汲飲輒愈舊志
石源泉　在縣治東邑進士范永鑾宅其泉鑿七尺許石坡如
掌水從中湧出甘美不竭舊志
雙井泉　在縣東永豐里發源釆藻青石欄邊清瑩見底舊志
熱水泉　在縣東六十里闊七步深二尺氣如煙霧水若沸湯
與益將水合流入贛舊志邑令盛民譽熱水靈泉詩石氣生煙火潭聲若沸湯淙淙流畝澮滾滾
到池塘地有溫泉勝人思化日長春風沵可浴歸趁舞雩涼邑令淩魚熱水靈泉詩溫泉滾滾入疑懷語出齊東事悉乖
露冕昨乘春閭俗翁輿聊向衣緣匡騖奴落鼎聲騰起石氣沉烟味轉佳地脈自凝寒自去怪來真欲補齊諧　教諭黃
文理熱水靈泉詩炎液暗波沸似湯暖流今復見鑪鴨張衡賦美驪山下劉義詩傳溫谷傍瓦卽舊陶備漢武階夯餘石

民国《汝城县志》“山川”载“热水泉”

清同治《桂阳县志》“卷之六·山川”载“热水泉”：在县东六十里，阔七步，深二尺，气如烟雾，水如沸汤，与益将水合流，通船下江西。

[古刹钟声]

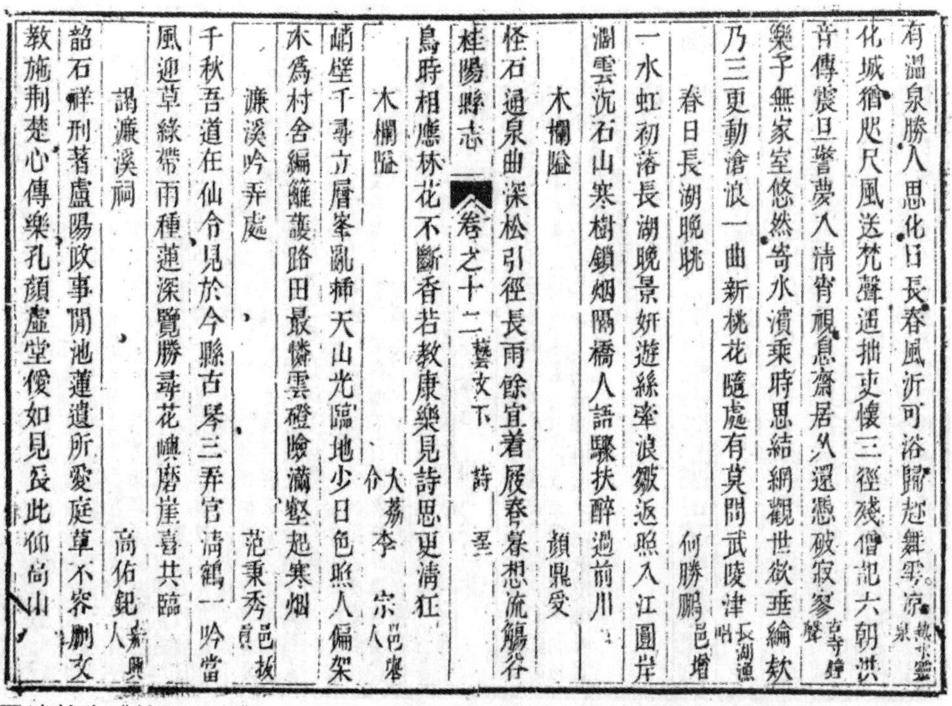
有温泉勝入思化日長春風沂可浴歸起舞雩凉 熱水靈泉
化城猶咫尺風送梵聲遥拙吏懷三徑殘僧記六朝洪
音傳震旦警夢入清宵覩息齋居久還憑破寂寥 古寺鐘聲
樂予無家室悠然寄水濱乘時思結網觀世欲垂綸欸
乃三更動滄浪一曲新桃花隨處有莫問武陵津 長湖漁唱
春日長湖晚眺 何勝鵬 邑增
一水虹初落長湖晚景妍遊絲牽浪皺返照入江圓岸
濶雲沉石山寒樹鎖烟隔橋人語驟扶醉過前川
木欄隘 顏鼎受
怪石通泉曲深松引徑長雨餘宜着屐春暮想流觴谷
桂陽縣志 卷之十二 藝文下 詩 巠
鳥時相應林花不斷香若教康樂見詩思更清狂
木欄隘 大荔李宗介 邑舉人
峭壁千尋立層峯亂插天山光臨地少日色照人偏架
木爲村舍編籬護路田最憐雲磴險滿壑起寒烟
濂溪吟弄處 范秉秀 邑拔貢
千秋吾道在仙令見於今縣古琴三弄官清鶴一吟當
風迎草綠帶雨種蓮深覽勝尋花嶼磨崖喜共臨
謁濂溪祠 高佑釲 新興人
韶石祥刑著盧陽政事開池蓮遺所愛庭草不容刪文
教施荊楚心傳樂孔顏盧堂儼如見長此仰高山

圖清乾隆《桂阳县志》“艺文”“盛民誉《桂阳八景》”载“古寺钟声”

清乾隆《桂阳县志》“杂志·寺观”载“报恩寺”：在南田坊，与妙觉寺合而为一，乃本县祝圣之所。明末毁于兵，国朝顺治八年，寺僧性融偕其徒智坚募资重建。知县盛民誉至任，每月朔望集士民于寺中，讲读条约。

[长湖渔唱]

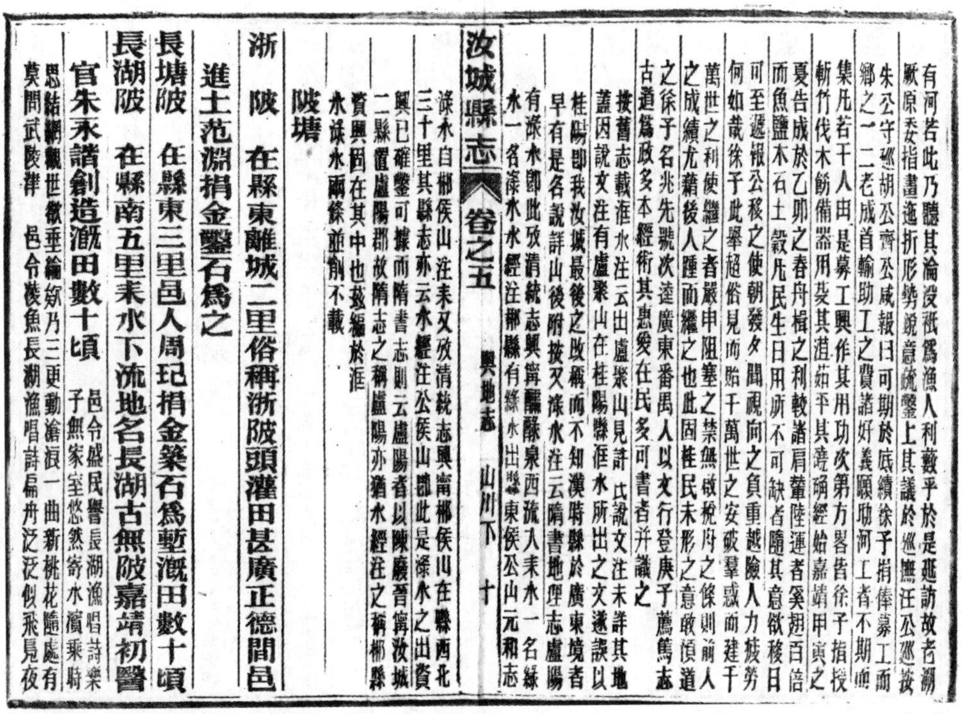
有河若此乃聽其淪沒祇爲漁人利藪乎於是延訪故者潮
歟原委指畫迤折形勢覘意旒鑒上其議於巡撫汪公巡按
朱公守巡胡公齊公咸報曰可期於底績徐予捐俸募工而
鄉之一二老成首輸助工之費諸好義願助河工者不期而
集凡若干人由是募工興作其用功次第方畧皆徐予指授
斬竹伐木飭備器用芟其葅茹平其磽确經始嘉靖甲寅之
夏告成於乙卯之春舟楫之利較諸肩輦陸運者奚翅百倍
而魚鹽木石土穀凡民生日用所不可缺者隨其意欲移日
可至遐報公移之使朝發夕聞視向之負重越險人力疲勞
何如哉徐予此舉超俗見而貽千萬世之安破羣惑而建千
萬世之利使繼之者嚴申阻塞之禁無敢稅舟之條則前人
之成績尤藉後人踵而繼之也此固桂民未形之意敢慎道
之徐予名兆先號次逵廣東番禺人以文行登庚子薦雋志
古道爲政多本經術其惠愛在民多可書者并識之
按舊志載淮水注云出盧聚山見許氏說文注未詳其地
蓋因說文注有盧聚山在桂陽縣淮水所出之文遂誤以
桂陽即我汝城最後之改稱而不知漢時縣於廣東境者
早有是名說詳山後附按又淥水注云隋書地理志盧陽

汝城縣志 卷之五 輿地志 山川下 十

有淥水即此攷清統志興甯縣醽泉西流入耒水一名綠
水一名淥水水經注郴縣有綠水出縣東侯公山元和志
淥水自郴侯山注耒又攷清統志興甯郴侯山在縣西北
三十里其縣志亦云水經注公侯山即此是淥水之出資
興已確鑿可據而隋書志則云盧陽者以陳廢晉甯汝城
二縣置盧陽郡故隋志之稱盧陽亦猶水經注之稱郴縣
資興固在其中也玆編於淮
水淥水兩條並削不載

陂塘

淅陂　在縣東離城二里俗稱淅陂頭灌田甚廣正德間邑
進士范淵捐金鑿石爲之

長塘陂　在縣東三里邑人周玘捐金築石爲塹溉田數十頃

長湖陂　在縣南五里耒水下流地名長湖古無陂嘉靖初醫
官朱永諧創造溉田數十頃
邑令盛民譽長湖漁唱詩樂子無家室悠然寄水濱乘時
思結網觀世欲垂綸欸乃三更動滄浪一曲新桃花隨處有
莫問武陵津　邑令倰魚長湖漁唱詩扁舟泛泛似飛鳧夜

民国《汝城县志》“山川”载“长湖陂”

清同治《桂阳县志》“卷之六·山川”载“长湖陂”：在耒水下流，地名长湖，古无陂。嘉靖初，医官朱永谐创造溉田，广数十顷。

清代盛民誉《长湖渔唱》

乐子无家室，悠然寄水滨。乘时思结网，观世欲垂纶。欸乃三更动，沧浪一曲新。桃花随处有，莫问武陵津。

【外沙十景】

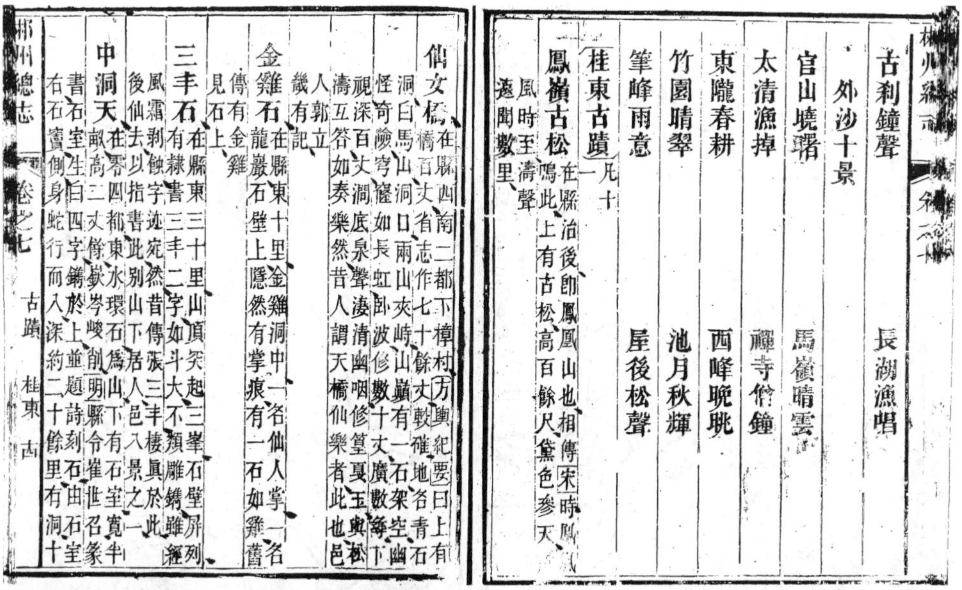
郴州總志 卷之七

古刹鐘聲　長湖漁唱
外沙十景
官山曉曙　馬嶺晴雲
太清漁棹　禪寺僧鐘
東隴春耕　西峰晚眺
竹園晴翠　池月秋輝
筆峰雨意　屋後松聲
桂東古蹟 一凡十
鳳嶺古松 在縣治後即鳳凰山也相傳宋時鳳鳴此上有古松高百餘尺黛色參天風時至濤聲遠聞數里

倘文橋 在縣西南二都下樟村方輿紀要曰上有橋百丈省志作七十餘丈較確地名青石洞白馬山洞口兩山夾峙山巔有一石架空幽怪奇險穹窿如長虹卧波修數十丈廣數尋下視深百丈洞底泉聲淒清幽咽修篁戛玉與松濤互答如奏樂然昔人謂天橋仙樂者此也邑人郭立識有記
金雞石 在縣東十里金雞洞中一名仙人掌一名龍巖石壁上隱然有掌痕有一石如雞舊傳有金雞見石上
三丰石 在縣東三十里山頂突起三峯石壁屏列有隸書三丰二字如斗大不類雕鐫雖經風霜剝蝕字迹宛然昔傳張三丰棲眞於此後仙去以指書此別山下居人邑入景之一此
中洞天 在零四都東水環石爲山下有石室寬半畝高二丈倚嶔岑峻削明縣令崔世召篆書石室生白四字鐫於上並題詩刻石由石室右石竇側身蛇行而入深約二十餘里有洞十

郴州總志 卷之七 古蹟 桂東 古

清嘉庆《郴州总志》载“外沙十景”

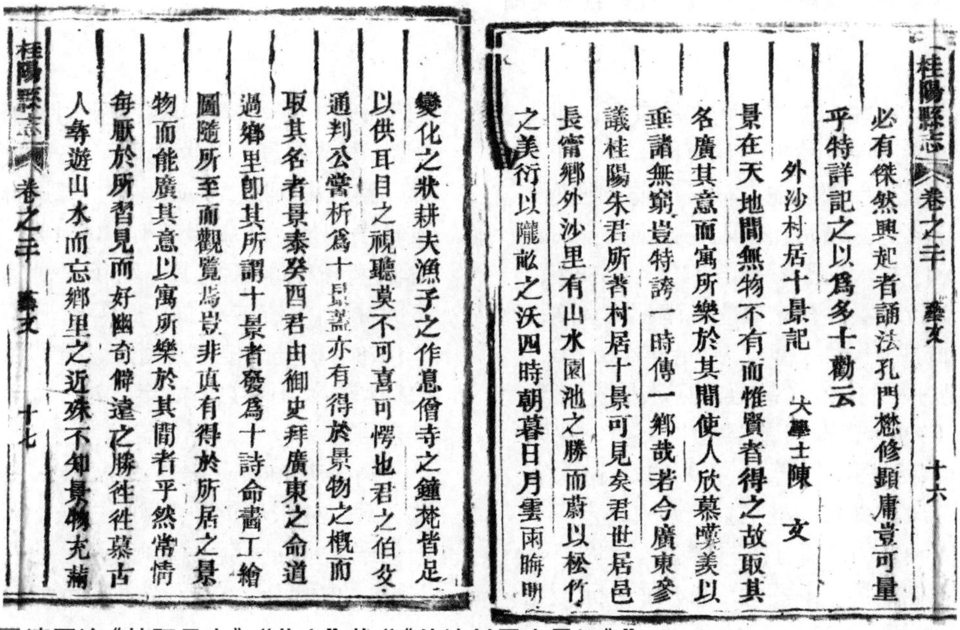
桂陽縣志 卷之十 藝文 十六

必有傑然興起者誦法孔門懋修顯庸豈可量乎特詳記之以爲多士勸云
外沙村居十景記　大學士陳 文
景在天地間無物不有而惟賢者得之故取其名廣其意而寓所樂於其間使人欣慕嘆美以垂諸無窮豈特誇一時傳一鄉哉者今廣東參議桂陽朱君所著村居十景可見矣君世居邑長甯鄉外沙里有山水園池之勝而蔚以松竹之美衍以隴畝之沃四時朝暮日月雲雨晦明變化之狀耕夫漁子之作息僧寺之鐘梵皆足以供耳目之視聽莫不可喜可愕也君之伯父通判公嘗析爲十景蓋亦有得於景物之概而取其名者景泰癸酉君由御史拜廣東之命道過鄉里即其所謂十景者發爲十詩命畫工繪圖隨所至而觀覽焉豈非真有得於所居之景物而能廣其意以寓所樂於其間者乎然常情每厭於所習見而好幽奇僻遠之勝往往慕古人尋遊山水而忘鄉里之近殊不知景物充滿

桂陽縣志 卷之十 藝文 十七

清同治《桂阳县志》“艺文”载“《外沙村居十景记》”

外沙村是汝城县外沙乡一个自然村，人文丰厚，景致宜人，村民多是明代两广总督、太子太保朱英的后裔。清嘉庆《郴州总志》载“外沙十景”：官山晓曙、马岭晴云、太清渔棹、禅寺僧钟、东陇春耕、西峰晚眺、竹园晴翠、池月秋辉、笔峰雨意、屋后松声。

【桂东八景】

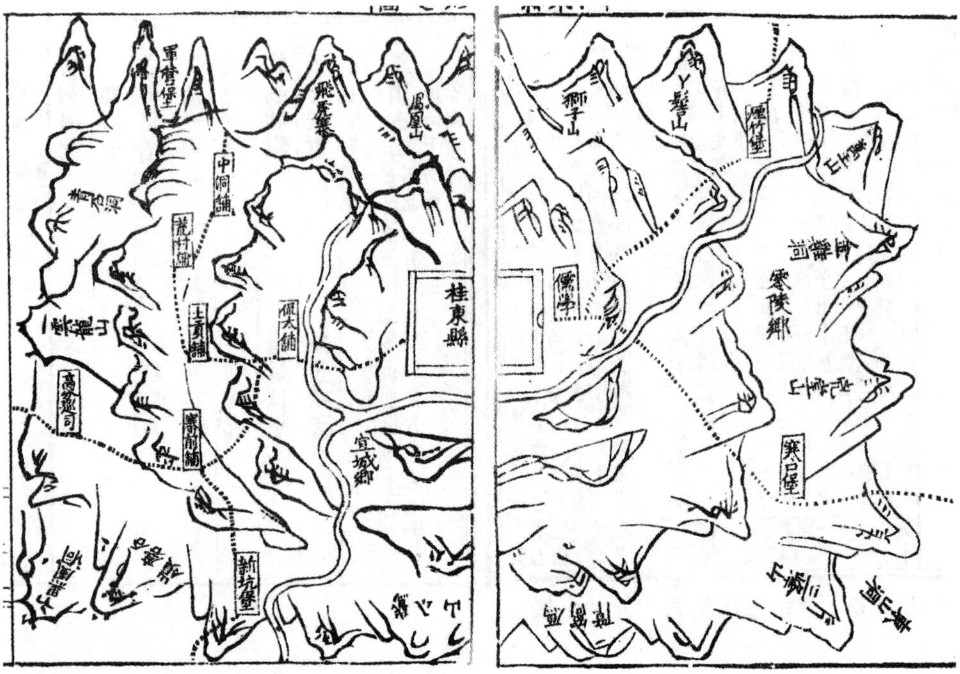

明万历《郴州志》载“桂东县境之图”

桂东，位于湖南省最东面，地处湘赣边界、罗霄山脉腹地。秦，桂东为长沙郡郴县地。东汉，属桂阳郡汉宁县。三国时，属阳安县。西晋，属晋宁县。东晋穆帝升平二年（358），置汝城县，桂东属之。南朝陈及隋，属卢阳县。唐贞观元年（627），改卢阳县为义昌县。庄宗同光三年（925），改义昌县为郴义县。北宋太宗太平兴国元年（976），避太宗讳改郴义县为桂阳县。南宋嘉定四年（1211），析桂阳县零陵、宜城二乡置桂东县，隶湖南路郴州军。元至元十三年（1276），隶属湖广行中书省郴州安抚司。次年改郴州安抚司为郴州路，桂东从属。明洪武元年（1368），郴州路改郴州府。洪武九年，郴州府改直隶郴州。清康熙三年（1664），置湖南省衡永郴桂道（治衡），辖直隶郴州，桂东从属。康熙十七年（1678），吴三桂称帝衡州，避其讳改桂东县为阳平县。次年二月，复名桂东县。

清嘉庆《郴州总志》“卷之七·古迹”载“桂东八景”：凤岭古松、狮山耸翠、玉女云鬟、碧洞飞烟、仙人石田、仙桥天乐、水声石鼓、龙溪瀑布。

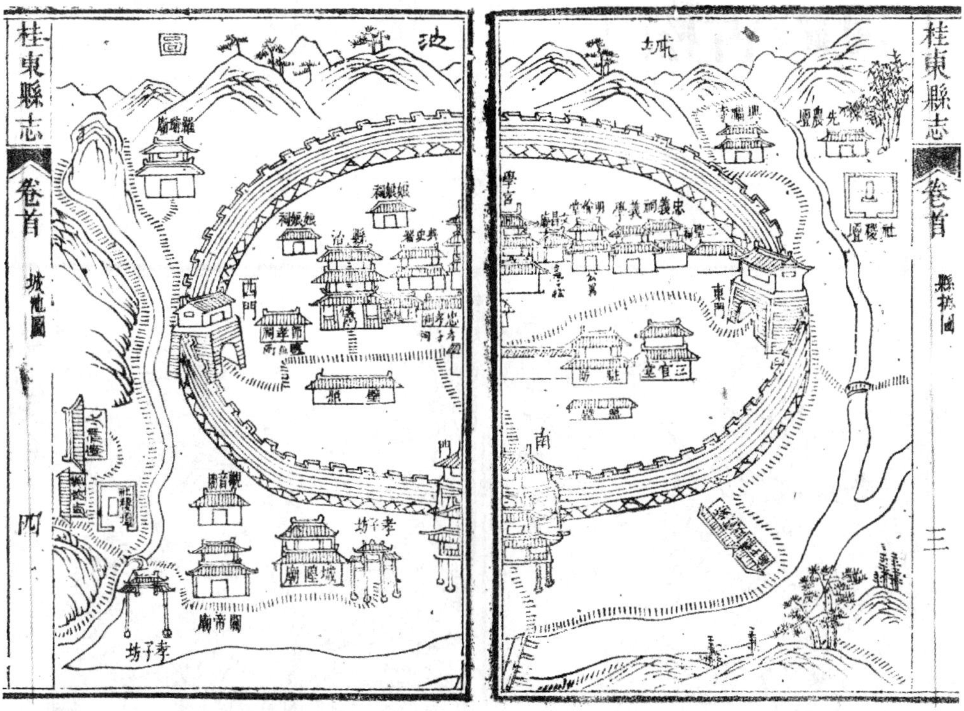

清同治《桂东县志》载“城池图”

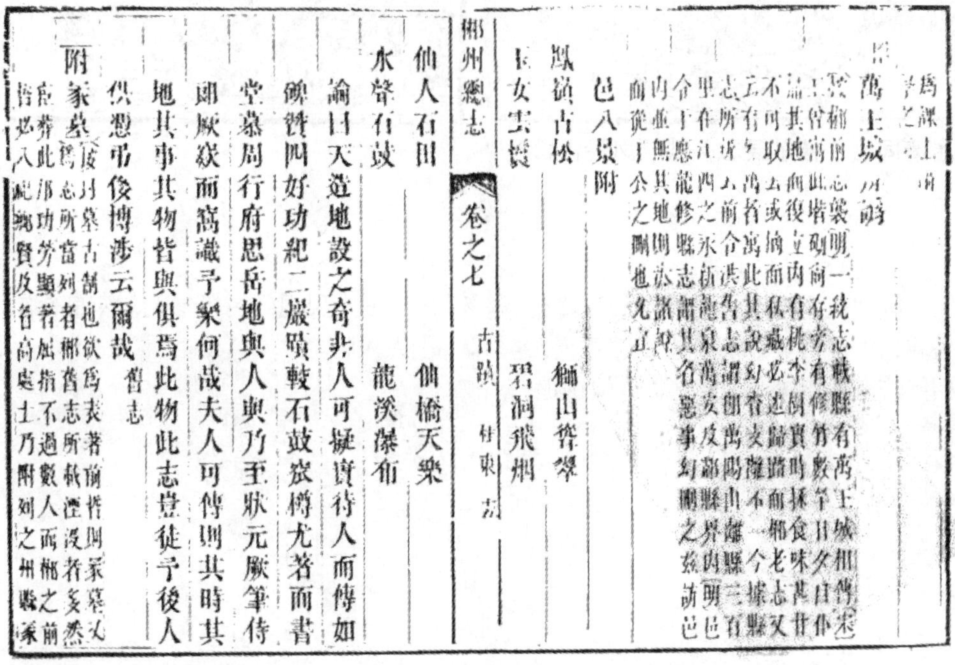

爲之課上前

萬王城 州詩

按郴前志載明一統志載縣有萬王城相傳宋
王皆萬此塔砌商存芳有修竹數千日夕自作
品其地而後立內有桃李樹實時抹食味其甘
不可取去或摘而私藏苾述歸踏而鄉老志又
去有女萬者萬此其說幻查支離不一今據縣
志所遊八前合洪告志謂朗萬陽山離縣三有
里作江四之永新德泉萬安皮讀縣界內明邑
合于應龍修縣志謂其名憩事幻廟之茲訪邑
內垂無其地則亦諸辭
而覺于公之蹦也允立

邑八景附

鳳嶺古松　獅山聳翠

玉女雲鬟　碧洞飛州

郴州總志　卷之七　古蹟　桂東　志

仙人石田　仙橋天樂

水聲石鼓　龍溪瀑布

論曰天造地設之奇非人可擬實待人而傳如碑贊四好功紀二巖蹟較石鼓窊樽尤著而書堂慕周行府思岳地與人與乃至狀元厥筆侍郎厥獄而竊識予樂何哉夫人可傳則其時其地其事其物皆與俱爲此物此志豈徒予後人供憑弔俟博涉云爾哉　舊志

附冢墓

按冢墓古制也欲爲表著前哲則冢墓久
舊志所當列者郴舊志所載湮沒者多然
丘葬此邦功勞顯著屈指不過數人而郴之前
皆必入祀鄉賢及名高處士乃附列之州縣冢

清嘉庆《郴州总志》“卷之七·古迹”载“桂东八景”

［凤岭古松］

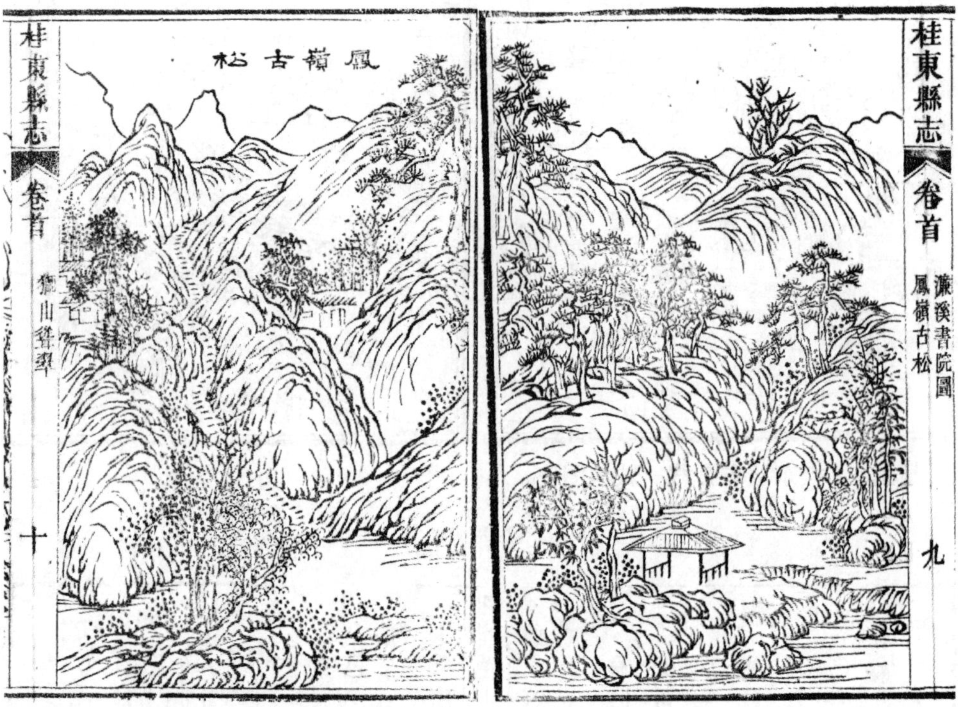

图 清同治《桂东县志》载“凤岭古松”

清同治《桂东县志》“卷之二·山川”载“凤凰山”：县治主山，峰峦秀峙，如凤飞集。旧《志》载：土人相传曾有凤凰翔鸣其岭，后衍为德胜山。

旧时凤凰山古松参天，松涛阵阵，引人入胜。

[狮山耸翠]

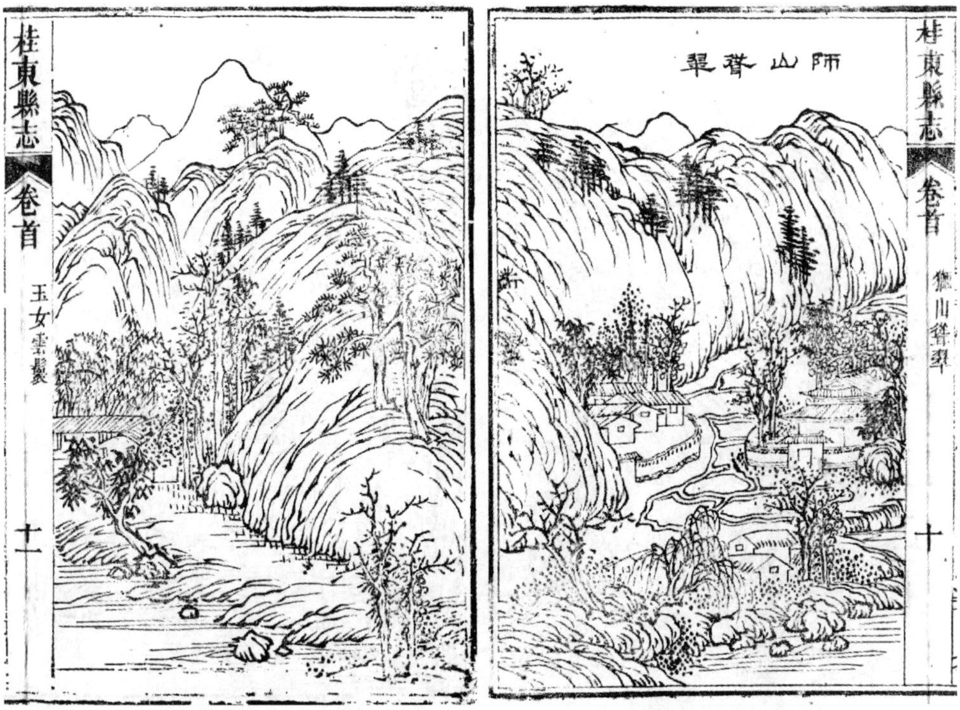

㘝清同治《桂东县志》载“狮山耸翠”

清同治《桂东县志》“卷之二·山川”载“狮山”：在县治左，以五山延绕联络起伏，名五虎出洞。明邑令胡视远谓不便于民，更名狮以能伏虎也。

[玉女云鬟]

图 清同治《桂东县志》载“玉女云鬟”

清同治《桂东县志》“卷之二·山川”载“丫髻山”：县东北，相传原有珍禽奇兽蕃育其中，今为薮泽，八景之一。

［碧洞飞烟］

图 清同治《桂东县志》载“碧洞飞烟”

清同治《桂东县志》“卷之二·山川”载“中洞”：亦曰中天洞，在零四都，有水环之，洞甚深，入必秉烛，烟雨迷离，云从穴中涌出，八景之一。

[仙人石田]

圖 清同治《桂东县志》载“仙人石田”

清同治《桂东县志》“卷之十·古迹”载“仙人石田”：在零四都东水即龙崖洞也。洞有上下二门，深可五里，宽数亩，中多怪石，有如柱者，如阙者，如狮者而伏者，如龙而舞者，如覆钟者。叩之铿然，如巨鱼者，双目炯炯，皆石乳结成石龛八，俗传八仙围坐处，洞中小溪水源不渴，有石田数十丘，连阡接陌，高低间错，塍界宛然，冬夏水常满，俨若有人耕作者，名曰仙人石田。诚鸿衣羽裳之士练精食饵之所也，邑八景之一。

[仙桥天乐]

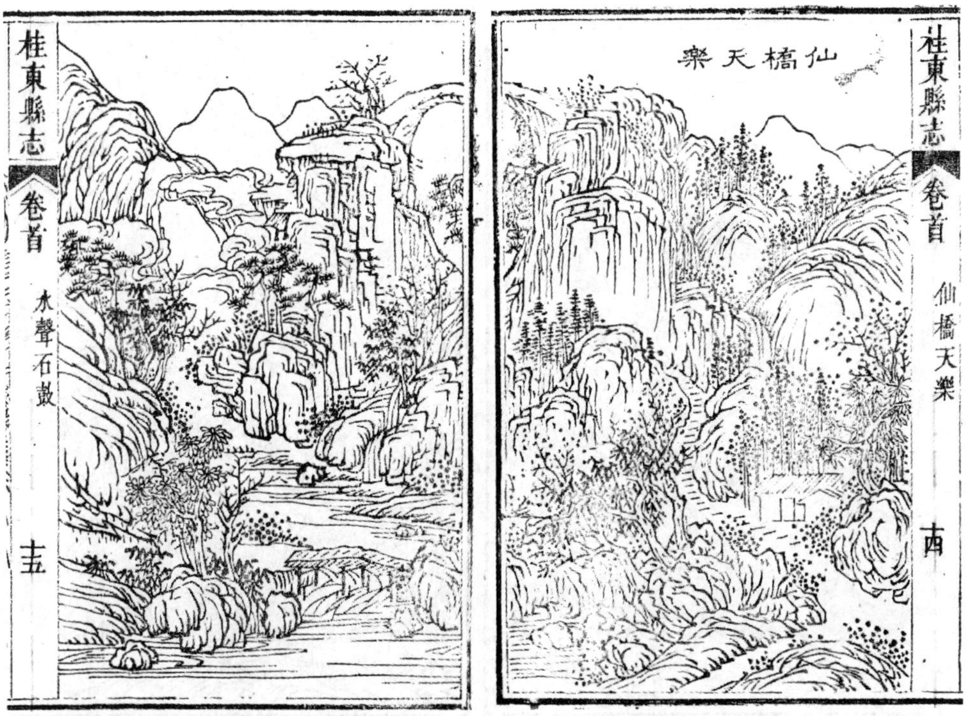

图 清同治《桂东县志》载“仙桥天乐”

清同治《桂东县志》“卷之二·山川”载“青石洞”：在县南七十里，《方舆纪要》曰：有石桥长百余丈，非人力所创，名曰仙女桥，八景之一。

[水声石鼓]

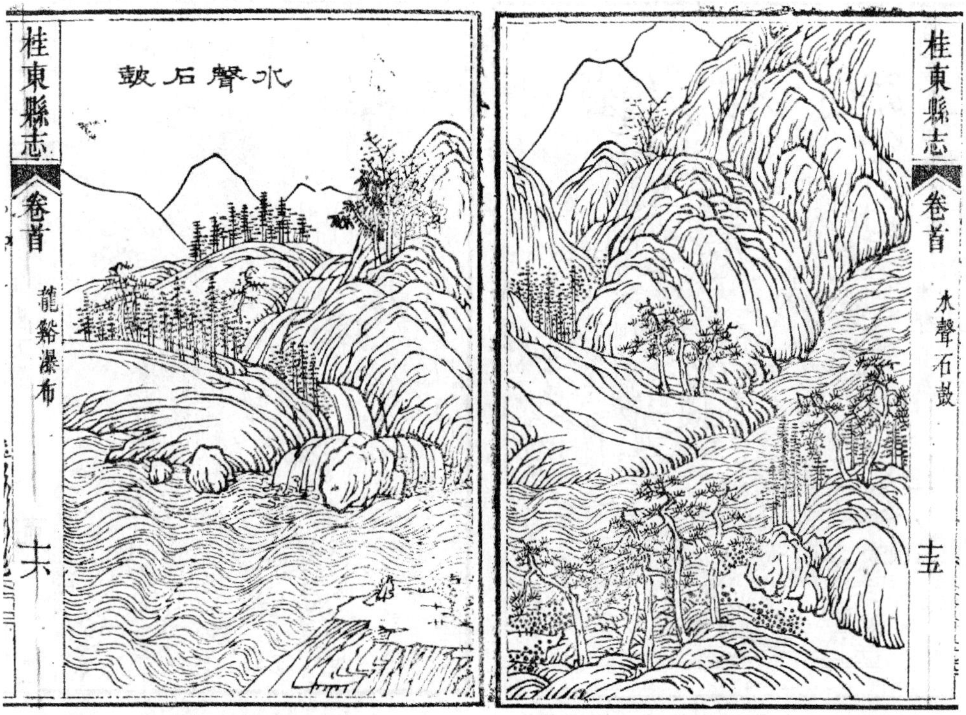

图 清同治《桂东县志》载“水声石鼓”

清嘉庆《桂东县志》“卷之二·山川”载“沤江”：其源有三。一出鄠县界烟竹堡屏水山，一出石鼠寨由沤菜洲会两水口至石门共达蛟潭，一出晒禾岗大盈脑由黄洞至上村，三源合流，冲激成沤，自北而南绕城而西，是为沤江。

沤江有奇石磊塞江中，百米不见水面，江水从石底奔流，鸣声如鼓。

[龙溪瀑布]

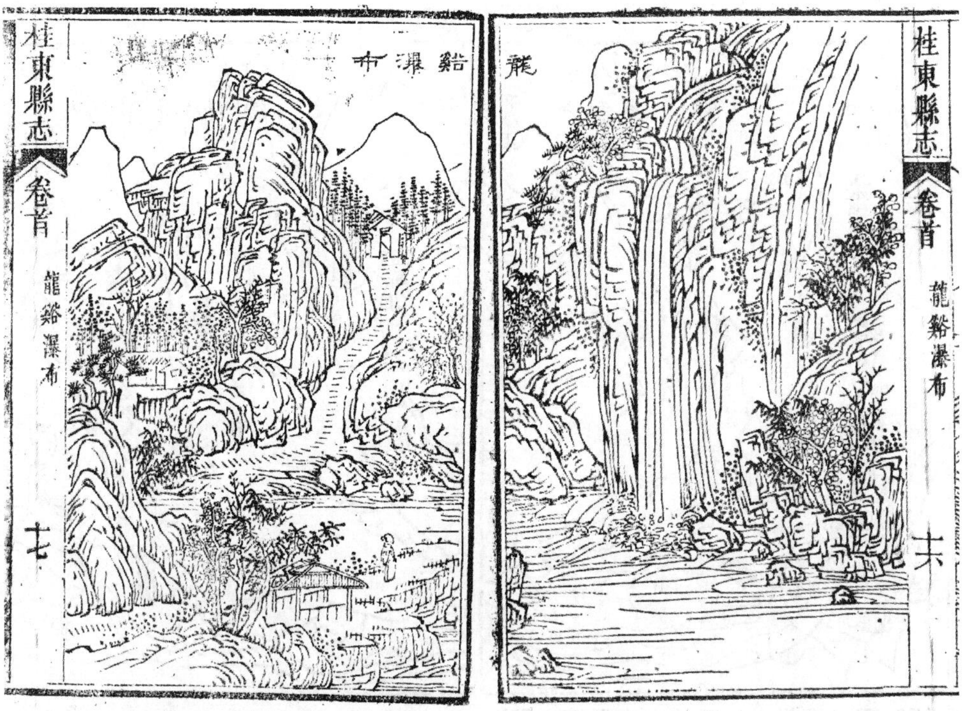

图 清同治《桂东县志》载“龙溪瀑布”

清同治《桂东县志》“卷之二·山川”载“龙溪瀑布”：离城五十里，在一都村尾，山皆峻壁，水从陡峭处飞腾而下，遥望若银河倒泻，玉屑纷霏也，八景之一。

【兴宁八景】

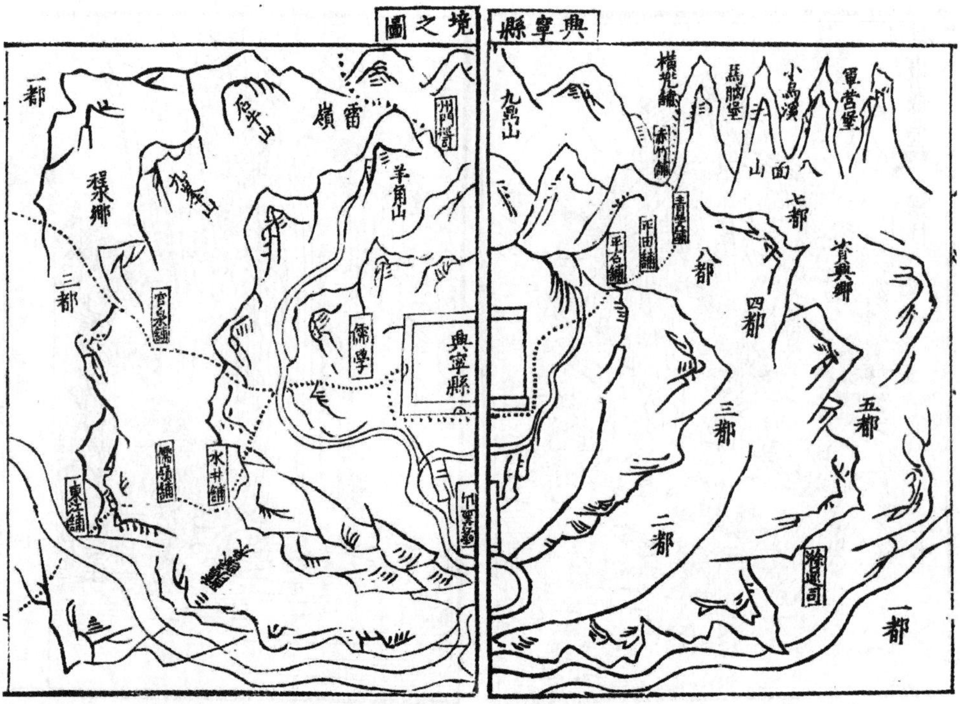

明万历《郴州志》载“兴宁县境之图”

资兴，位于湖南省东南部、耒水上游、罗霄山脉南端。东汉永和元年（136），即析郴县地置汉宁县，之后相继改县名为阳安—晋宁—晋兴—资兴—泰县—资兴—兴宁—资兴。春秋战国时，境地属楚国。秦始皇二十四年（前223）灭楚国，并天下为四十郡，境地属长沙郡郴县。西汉高祖五年（前202）改长沙郡为国，增设桂阳、武陵二郡，境地归属桂阳郡郴县。东汉永和元年（136），析郴县地始置县，名汉宁，隶桂阳郡。三国时，境地属吴，建兴元年（252），改县名为阳安。晋武帝太康元年（280），更阳安为晋宁，隶属桂阳郡。南北朝时，齐建元二年（480）撤晋宁县，并入郴县；梁始置郴州，恢复晋宁县；陈永定三年（559），复将晋宁并入郴县，陈天嘉元年（560），境地划属卢阳郡。隋开皇九年（589），境地复置县，仍名晋宁县，隶属郴州。大业三年（607），更晋宁县为晋兴县。唐贞观八年（634），撤晋兴县，境地归于郴县。唐咸亨三年（672），重置县，以流经治所前的资兴江命名，始称资兴县，隶属桂阳郡。五代时，后晋天福元年（936），改郴县为敦化，资兴隶属敦化；后汉乾祐三年（950），废资兴为泰县。北宋乾德元年（963），更郴州为郴州军，泰县隶之；太平兴国元年（976）废泰县，境域归郴县。南宋嘉定二年（1209），划郴县之程水、资兴二乡仍置资兴县；绍定二年（1229），改县名为兴宁县。元至元十四年（1277），改郴州军为郴州路，兴宁县属郴州路。明洪武元年（1368），改郴州路为郴州府，九年（1377）撤郴州府改设郴州直隶州，兴宁县均属之。清康熙三年（1664）置湖南省，下分四道，衡永郴桂道辖两府、两直隶州，兴宁县属郴州直隶州。

清光绪《兴宁县志》“卷之三”载“八景”：云盖仙亭、玉泉夜月、回龙望日、瑶岭占晴、程乡醁水、兜率灵岩、炉峰袅烟、牛山宿雁。

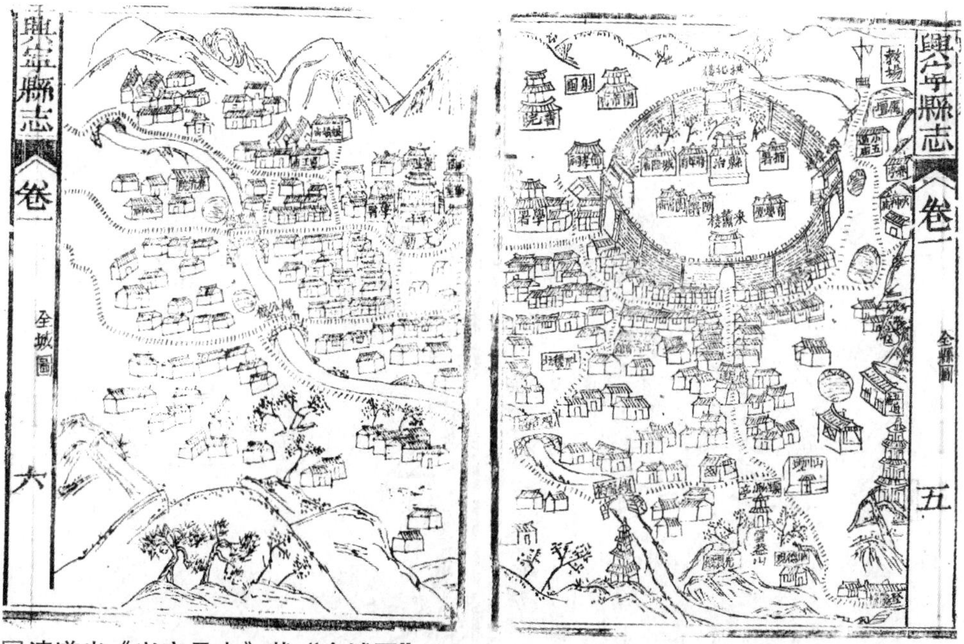

清道光《兴宁县志》载“全城图”

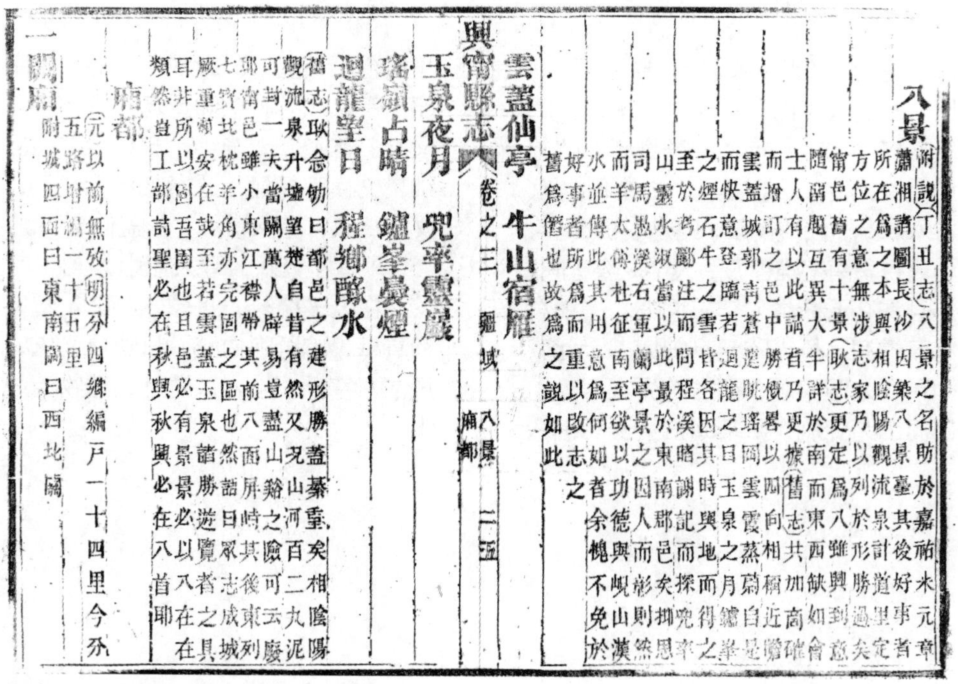

八景

附說（丁丑志）八景之名昉於嘉祐末元章蕭湘諸圖長沙因榮八景臺其後好事者所在為之本與相陰陽觀流泉計道里定方位之意無涉志家乃以列於形勝過矣甯邑舊有十景（耿志）更定為八雖興到意隨留題互異大牛詳於南而東西缺如會士人有以此請者乃更據（舊志）共加商確而增訂之邑中勝概晷以閱向相稱近贈雲蓋城郭青蒼遶眺瑤岡雲霞蒸蔚自是而快意登臨若迴龍之日玉泉之月鑪峯之煙石牛之雪皆各因其時與地而得之至於考鄙注而問程溪略諏記而探兜率山靈水淑當以此最於東南郡邑矣抑思司馬愚溪右軍蘭亭景之因人而彰則然而羊太傅杜征南至欲以功德與峴山漢水並傳此其用意為何如者余愧不免於好事者所為而重以改志之舊館也故為之說如此

雲蓋仙亭　牛山宿雁

興甯縣志　卷之三　疆域　八景　廂都　二五

玉泉夜月　兜率靈巖

瑤嶺占晴　鑪峯裊煙

迴龍望日　程鄉醁水

舊志（耿）念劬曰都邑之建形勝蓋綦重矣相陰陽觀流泉升墟望楚自昔有然又況山河百二丸泥可封一夫當關萬人辟易豈盡山谿之險可云廢耶甯邑雖小東江襟帶其前八面屏峙其後東列七寶北枕羊角亦完固之區也然諸日眾志成城厥重賴安在哉至若雲蓋玉泉諸勝遊覽者之具耳非所以固吾圉也且邑必有景景必以八在類然豈工部詩聖必在秋興秋興必在八首耶

廂都

（元）以前無攷（明）分四鄉編戶一十四里今分五路廿都一十五里

一關廂

附城四面曰東南關曰西北關

清光绪《兴宁县志》载“八景”

[云盖仙亭]

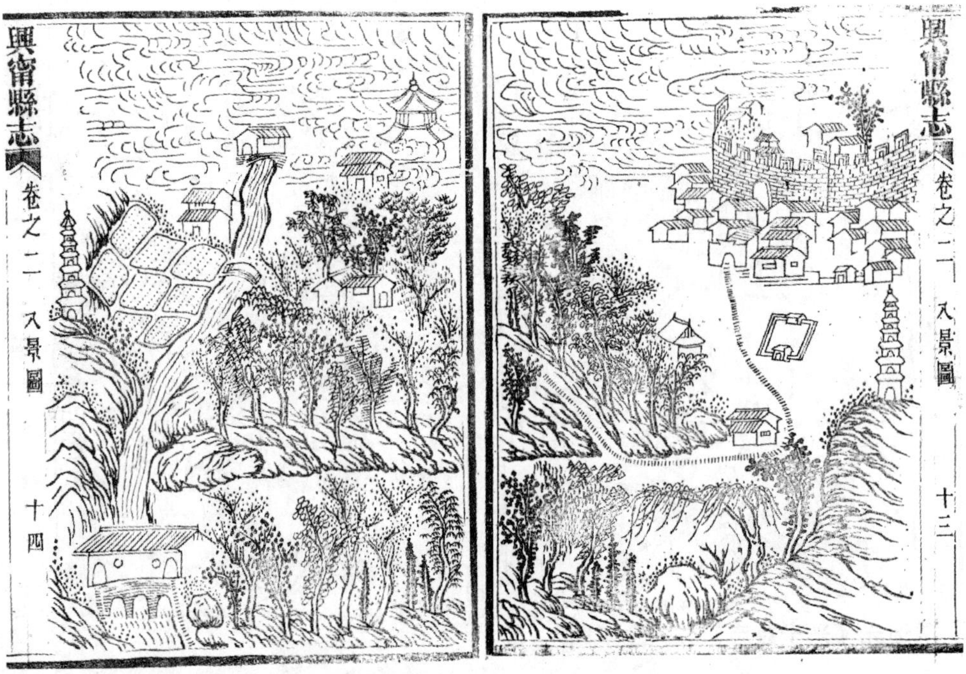

图 清光绪《兴宁县志》载“云盖仙亭”

清光绪《兴宁县志》“卷之三·山川”载“云盖山”：在县治南，为四关水口，两山合抱，中峰矗起，圆耸如覆钟，晨有云起盖其上，嶙峋嵌空，古木森荫，江流韵绕，路从右折而登，山麓镌“南楚雄视”四大字。隆庆间，知县许登云命邑人李应期书。上稍右有涵虚洞，邑人陈元旦曾读书于此。中稍左为昭德观，循右为先农坛。山巅面阳为梵刹，嘉靖间知县麦江创八角层台于其上，曰大观阁，寻废。康熙八年，知县耿念劬重建名缥缈亭，又废。乾隆二十一年，知县罗绅倡邑绅樊文模等复建，迁奉魁星于其上，文峰卓然，邑八景称“云盖仙亭”。

明代王廷玑《登云盖山》

白云笼绕径，丹鼎气凝眸。翠黛横青壁，蹁跹附白鸥。日映岚光绚，风清紫塞浮。巉岩供览胜，造物若为谋。

[玉泉夜月]

囧清光绪《兴宁县志》载“玉泉夜月”

清光绪《兴宁县志》“卷之三·泉”载“玉泉”：在南路井头，旧传古寺为龙陷，方广十余丈，渟洪渊静，水月交清。邑景称“玉泉夜月”。

[回龙望日]

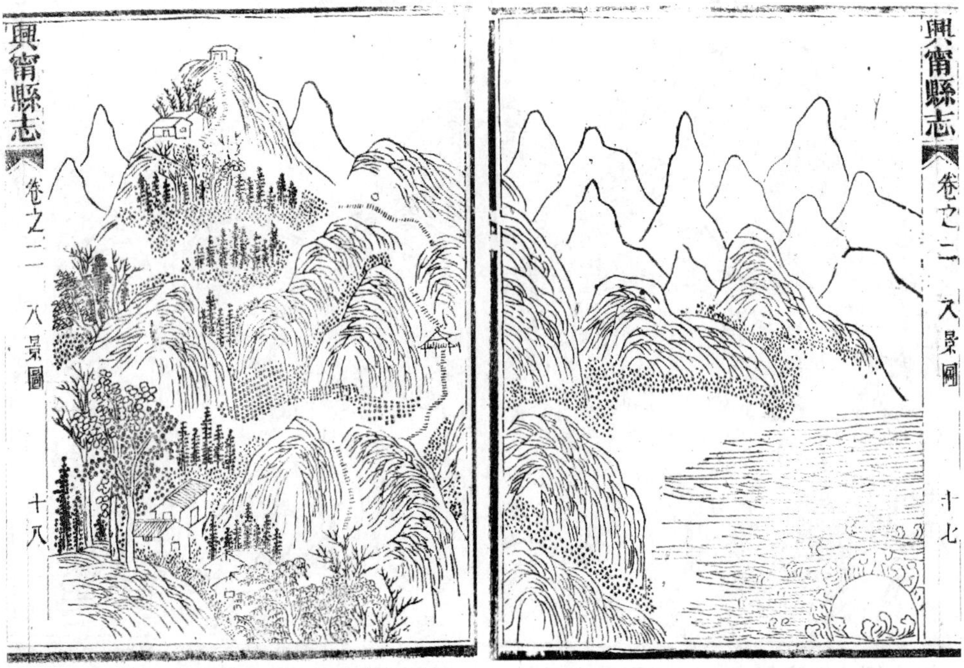

图 清光绪《兴宁县志》载“廻龙望日”

清光绪《兴宁县志》“卷之三·山川”载“回龙山”：在县北羊角山后十里外有山龙一支回绕故名，邑龙脉发源于此，古有骑龙跨鹤仙迹，中创庵刹，有石碣“古南岳”三大字，祈祷灵应。相传南岳大帝五六月间来避暑，奔走欢呼，络绎不绝，未虔者每遇蜂蛇惊异。上有望日台，鸡鸣往观，日出大如车轮，红赤晃目，扰扰不定，欲升而降者再三。一降即升其日必晴，数降数升其日必翳（其说具郭启悊《回龙山记》），邑八景称“回龙望日”。

清代郭启悊《回龙望日》

身寄回龙寺，鸡鸣顶上行。光从天外起，日向海东生。潮浪有高下，云旗互隐明。卓哉须一跃，万里尽晶莹。

[瑶岭占晴]

图清光绪《兴宁县志》载“瑶岭晴云”

清光绪《兴宁县志》“卷之三·山川”载“瑶冈岭”：即浦溪山，在县南六十里，顶有刘王七姑仙祠，山径高险，岩上多瓦石，片叠成小塔，极孤危，风暴不能坠。人或揭散，寻复聚。有玉簪石，得于土中者，若水晶，蹿上生草如龙须，可织席。有天鹅池，池中泉涌，清晨彩云缭绕其上。古谣云：要知晴，瑶冈岭上一朵云；要知落，瑶冈岭上光剥削。至今犹验。邑八景称“瑶冈占晴”。

清代李会福《瑶岭占晴》

感气成先兆，迎旸吐紫氛。青峰团宝盖，晓色度卿云。昔作从龙瑞，今呈捧日文。万山开霁处，极目正氤氲。

[程乡醁水]

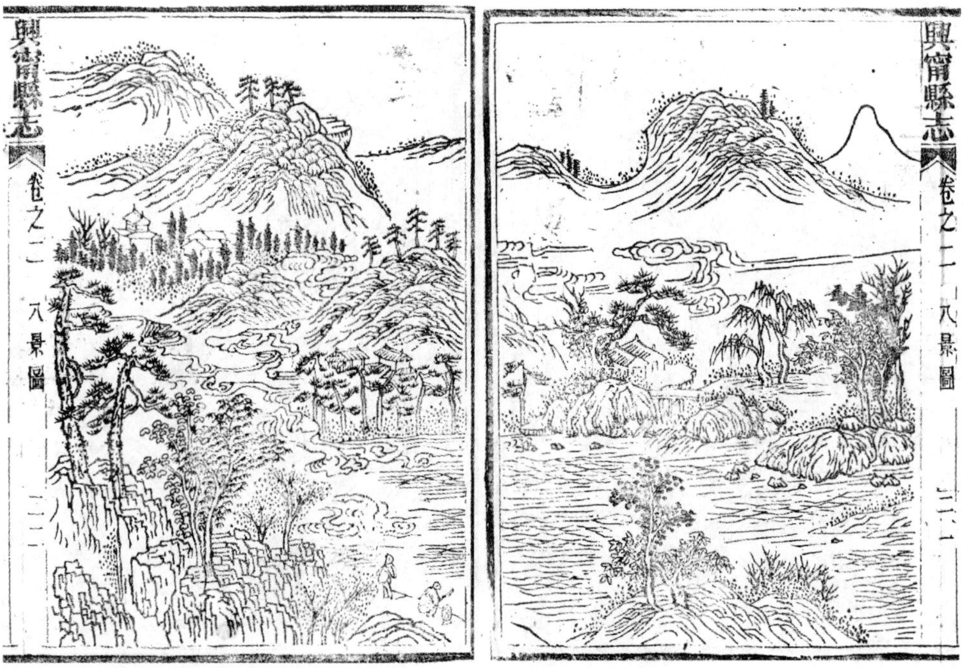

图 清光绪《兴宁县志》载“程乡醁水”

清光绪《兴宁县志》“卷之三·山川”载“程江”：在县北四十里，源出七宝山，经回龙山、唐泾垅、桃源关、湘源桥至蓼江市会永兴延道水出程江口，澄清见底，与延道水有轻重之别。以之造酒，色碧味醇，愈久愈香，所谓酿可千日至家而醉者也，邑称“程乡醁水”。

清代罗绅《程乡醁水》

程乡醪水《水经》传，别派犹存官酒泉。千日醉供高士兴，一盂清祝大夫贤。应从同献知名早，自信移封得味全。重与资阳拈旧景，观澜风月记年年。

[兜率灵岩]

▣清光绪《兴宁县志》载“兜率灵岩”

兜率岩，今位于东江湖中。清光绪《兴宁县志》“卷之三·山川”载“兜率岩”：在县南三十里，临桂水上，岩洞纡折数十里，夏寒冬燠，乳花绣碧，万象森列，燃炬循视洞心，骇目不可名状。承岩结僧舍数椽，邑州判李元禄书“兜率灵岩”四大字额于上。苍古峭茜，与岩相称。宋谢岩有《记》，采入《天下名山记》中，后郭启悊，李元禄各《记》以纪其胜。邑八景称“兜率灵岩”。

清代蔡贻諴《兜率灵岩》

蓬莱不可到，洞辟古今秋。石室和云住，山根带雨浮。径穿迷鸟迹，磴耸驾龙楼。更有汀泓处，中峰欲砥流。

[炉峰袅烟]

图 清光绪《兴宁县志》载“炉峰袅烟”

清光绪《兴宁县志》“卷之三·山川”载“罗仙山”：在县西三十里，双溪平珠，龙泉洞上有禅祠、仙亭、莲花座、龟文石诸胜，又有香炉峰，峰全石体，孤根突起如菌，上丰下锐，亭亭秀美，悬立万丈，俯临深壑，相传上有邑名宿郭启哲砂列八卦图迹，每天雨初霁，万壑归云，蹴根缭绕而上，如香云缈霭。邑八景称“炉峰袅烟”。

清代罗绅《炉峰袅烟》

西望玲珑邈画图，屏风几迭胜香炉。影穿奇石群峰绕，彩散莲花五色铺。仙舄飞来晴霭静，梵钟敲断暮云孤。兴余扶杖登临际，九点齐烟得似无。

[牛山宿雁]

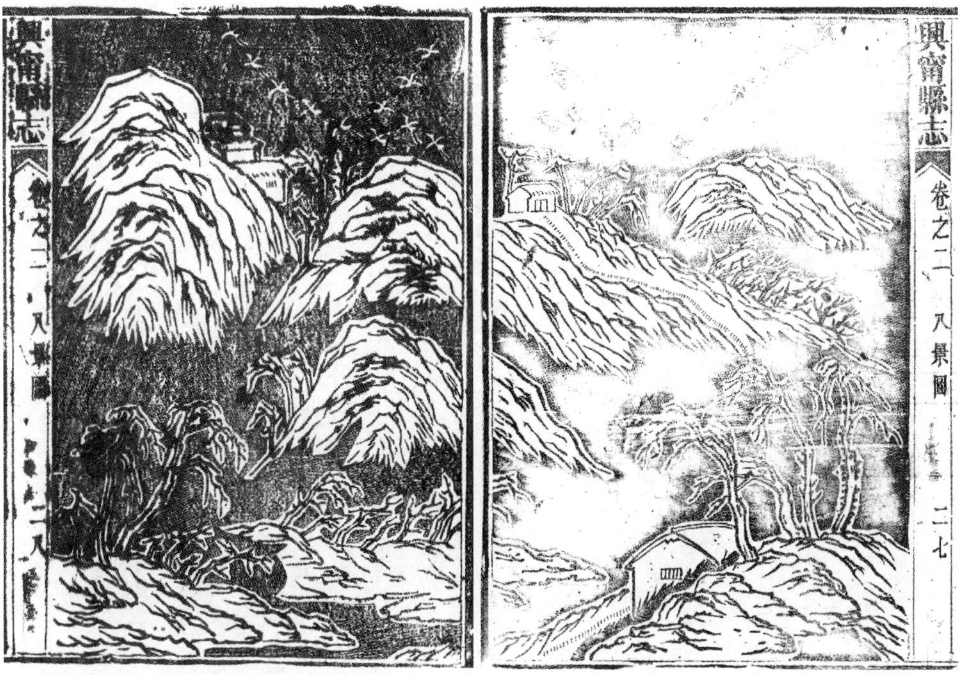

图 清光绪《兴宁县志》载“牛山宿雁”

清光绪《兴宁县志》“卷之三·山川”载“石牛山”：在县正东五十里。《明一统志》：石体如牛立，高险异常，土人望之，以占一冬寒燠。雪冒其顶谓之雪，过嶂则不复雪。上有天鹅池，冬月温暖，雁常栖息其中。邑八景称“牛山宿雁”。

【芝城八景】

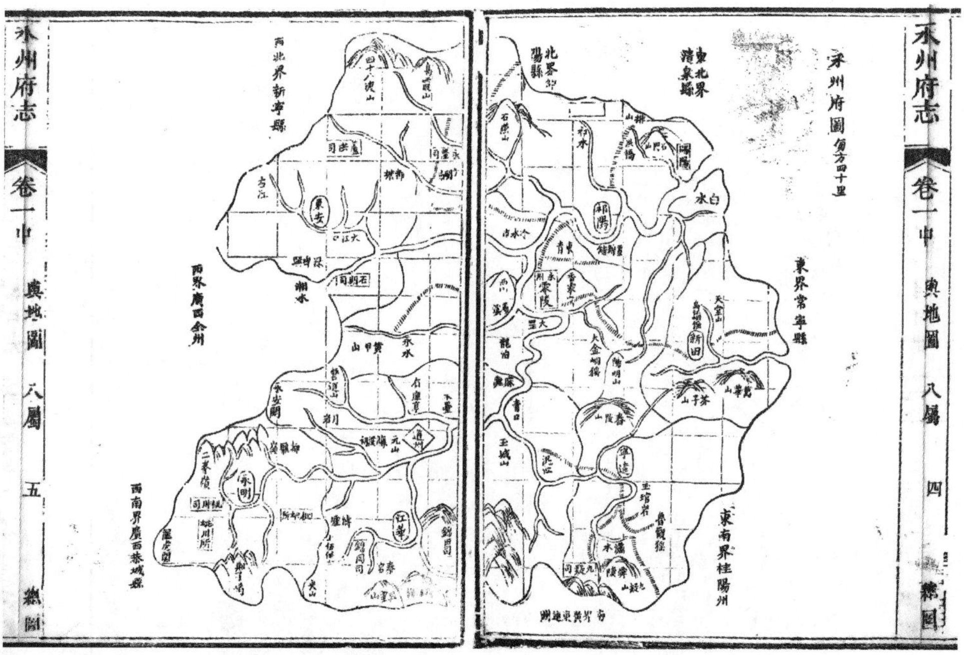

清道光《永州府志》“永州府图”

零陵，因舜“南巡狩，崩于苍梧之野，葬于江南九疑，是为零陵”而得名，是我国夏以前出现的34处重要的古地名之一。远在石器时代晚期，已有人类栖息。今永州市黄田铺尚保存的人类遗址——石棚，据考证为距今两万年的人类栖息场所（一说为原始宗教祭祀处）和道县玉蟾岩发掘出土的稻谷遗存距今一万年左右，均可资佐证。约五千年前左右，相传炎帝为南方氏族部落联盟首领，今零陵境域当属炎帝势力范围。原始社会末期，相传南方的缙云氏后代在今长沙一带建立三苗国，零陵属其江南地。舜帝灭三苗受禅为部落联盟首领，将其弟象封于有庳（今双牌江村一带），表明此时零陵已属舜的势力范围。禹继舜为部落联盟首领，其子启建立我国第一个奴隶制政权——夏，零陵属夏代荆州之域，殷商、西周因之。

春秋战国时期，南方楚国成七雄之一，零陵属楚国南境。秦始皇二十六年（前221），秦王朝实行郡县制，将全国划分为36郡，零陵属长沙郡。西汉初年，郡县制与封国制并行，鄱阳令吴芮封为长沙王，原长沙郡地成为长沙国，零陵属之。西汉武帝元鼎六年（前111），析长沙郡置零陵郡，郡治零陵（治所在今广西壮族自治区全州县西南）。元封五年（前106），郡上设州，零陵郡属荆州。居摄元年（6），王莽改零陵郡为九疑郡，仍隶属荆州。东汉光武帝建武元年（25），改九疑郡为零陵郡，迁郡治于泉陵（治所位于今永州市北1公里），仍属荆州。汉献帝建安三年（198），荆州牧刘表攻占零陵，零陵境域属刘表势力范围。建安十三年（208），赤壁之战后刘备代刘表领荆州牧，以诸葛亮督长沙、零

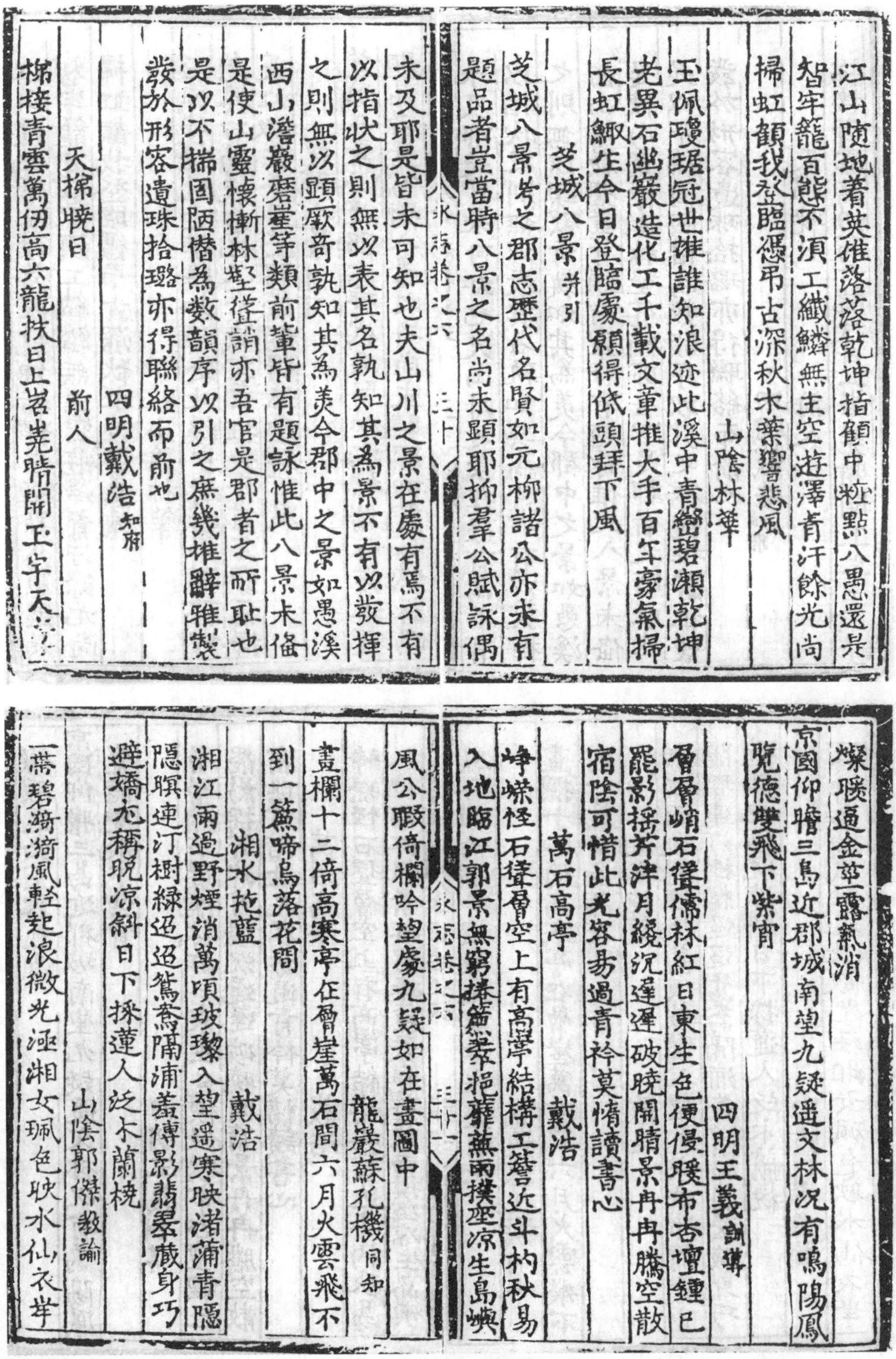
江山隨地着英雄落落乾坤指顧中粒點八愚還是
智牢籠百態不須工織鱗無主空遊澤青汗餘光尚
掃虹顧我登臨憑吊古深秋木葉響悲風
山陰林華
玉佩瓊琚冠世推誰知浪迹此溪中青巒碧瀨乾坤
老異石幽巖造化工千載文章推大手百年豪氣掃
長虹鯫生今日登臨處願得低頭拜下風
芝城八景并引
芝城八景考之郡志歷代名賢如元柳諸公亦未有
題品者豈當時八景之名尚未顯耶抑羣公賦詠偶
永志卷之六 三十
未及耶是皆未可知也夫山川之景在處有焉不有
以指狀之則無以表其名孰知其為景不有以敷揮
之則無以顯厥奇孰知其為美今郡中之景如愚溪
西山澹巖磨崖等類前輩皆有題詠惟此八景未備
是使山靈懷慚林壑含誚亦吾官是郡者之所耻也
是以不揣固陋僭為數韻序以引之庶幾摧辭雅製
敷於形容遺珠拾璐亦得聯絡而前也
四明戴浩知府
天梯曉日 前人
梯接青雲萬仞高六龍扶日上岧嶢晴開玉宇天[illegible]

爍暎遥金莖露氣消
京國仰瞻三島近郡城南望九疑遥文林况有鳴陽鳳
覧德雙飛下紫霄
四明王義訓導
層層峭石聳儒林紅日東生色便侵暖布杏壇鍾已
罷影揺芹泮月纔沉遅遅破曉開晴景冉冉騰空散
宿陰可惜此光容易過青衿莫惰讀書心
萬石高亭 戴浩
峥嶸怪石聳層空上有高亭結構工簷近斗杓秋易
入地臨江郭景無窮攙[illegible]翠拂蘼蕪雨撲座涼生島嶼
永志卷之六 三十一
風公暇倚欄吟望處九疑如在畫圖中
龍巖蘇孔機同知
畫欄十二倚高寒亭在層崖萬石間六月火雲飛不
到一簾啼鳥落花間
湘水拖藍 戴浩
湘江雨過野煙消萬頃玻瓈入望遥寒映渚蒲青隱
隱暝連汀樹緑迢迢鴛鴦隔浦羞傳影翡翠藏身巧
避矯尤稱晚涼斜日下採蓮人泛木蘭橈
山陰郭傑教諭
一帶碧漪漪風輕起浪微光涵湘女珮色映水仙衣芊

明弘治《永州府志》“卷之六·永州府题咏零陵县附”载“芝城八景”（一）

陵、桂阳三郡军事及赋税，零陵属刘备的势力范围。建安二十年（215），刘备与孙权言和，双方以湘水为东西界，长沙、江夏、桂阳以东属吴，零陵、武陵以西属蜀汉。三国蜀昭烈帝章武三年（223），刘备病故，零陵郡地入东吴。吴末帝甘露元年（265）分零陵南部置始安郡（今广西桂林市）。吴末帝宝鼎元年（266），析零陵郡置营阳郡，郡治营浦（今道县）；划出零陵郡北部置邵陵郡（今邵阳市）；零陵、营阳二郡属吴荆州之地。西晋武帝太康元年（280）吞并东吴，分全国为19州，废营阳郡

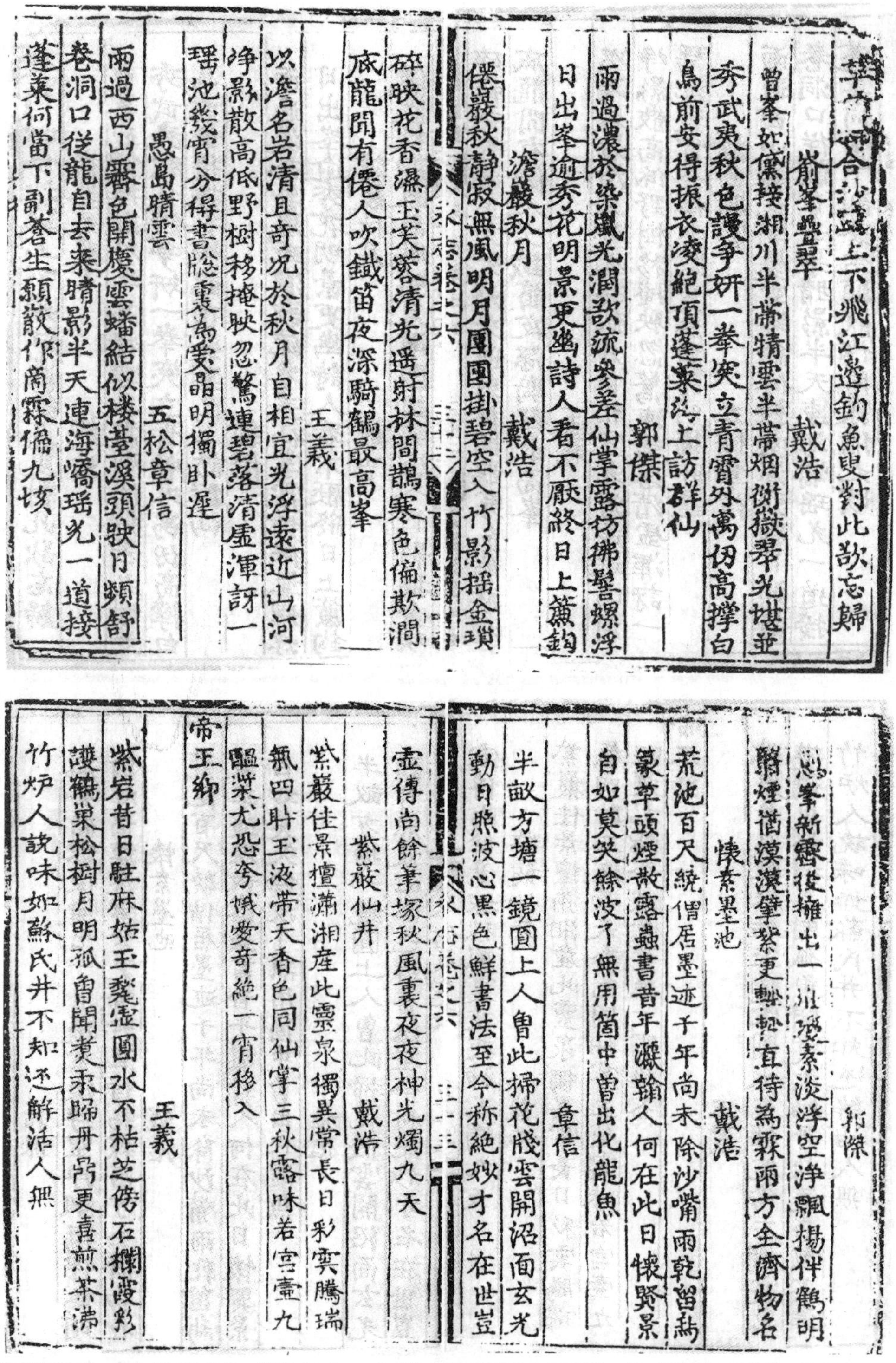
……合沙遶上下飛江邊釣魚叟對此欲忘歸
前峯疊翠　戴浩
曽峯如黛接湘川半帶晴雲半帶烟樹擁翠光堪並
秀武夷秋色護爭妍一拳突立青霄外萬仞高撐白
鳥前安得振衣凌絕頂蓬萊從上訪群仙
郭傑
雨過濃於染嵐光潤欲流參差仙掌露彷彿髻螺浮
日出峯逾秀花明景更幽詩人看不厭終日上簾鈎
澹巖秋月　戴浩
僊巖秋靜寂無風明月團團掛碧空入竹影搖金瑣
碎映花香濕玉芙蓉清光遥射林間鵲寒色偏欺澗
底龍聞有僊人吹鐵笛夜深騎鶴最高峯
王羲
以澹名岩清且奇况於秋月自相宜光浮遠近山河
净影散高低野樹移掩映忽驚連碧落清虛渾訝一
瑶池幾宵分得書牕裏為愛晶明獨卧遲
愚島晴雲　五松章信
雨過西山霽色開慶雲蟠結似樓臺溪頭映日頻舒
卷洞口從龍自去來晴影半天連海嶠瑶光一道接
蓬萊何當下副蒼生願散作商霖徧九垓
郭傑
愚峯新霽從擁出一派澄素淡浮空淨飄揚伴鶴明
縣煙猶漠漠肇繁更蟠蟠直待為霖雨方全濟物名
懷素墨池　戴浩
荒池百尺繞僧居墨迹千年尚未除沙嘴雨乾留鳥
篆草頭煙散露蟲書昔年灑翰人何在此日懷賢景
自如莫笑餘波了無用箇中曾出化龍魚
章信
半畝方塘一鏡圓上人曾此掃花箋雲開沼面玄光
動日照波心黑色鮮書法至今稱絕妙才名在世豈
壺傳尚餘筆塚秋風裏夜夜神光燭九天
紫巖仙井　戴浩
紫巖佳景擅瀟湘產此靈泉獨異常長日彩雲騰瑞
氣四時玉液帶天香色同仙掌三秋露味若宮壺九
醞漿尤恐姮娥愛奇絕一宵移入
帝王鄉
王羲
紫岩昔日駐麻姑玉甃虛圓水不枯芝傍石欄霞彩
護鶴巢松樹月明孤曾聞煮汞歸丹穴更喜煎茶沸
竹爐人說味如蘇氏井不知还解活人無

明弘治《永州府志》“卷之六·永州府题咏零陵县附”载“芝城八景”（二）

入零陵郡，属西晋之荆州。晋怀帝永嘉元年（307），析荆州、广州所辖9郡置湘州，零陵郡属之。东晋穆帝永和年间，析零陵郡复置营阳郡，仍治营浦，属湘州。安帝义熙十二年（417），废湘州，零陵、营阳二郡属荆州。南北朝时期，梁武帝天监十四年（515），改营阳郡为永阳郡。陈改永阳郡为营州永阳郡。零陵、永阳二郡属湘州。隋文帝开皇九年（589），废零陵、永阳二郡，因零陵郡治西南有“永山、永水”之名者，故置永州总管府，永州之名始称于世。隋炀帝大业三年（607），改州为郡，改永州总管府

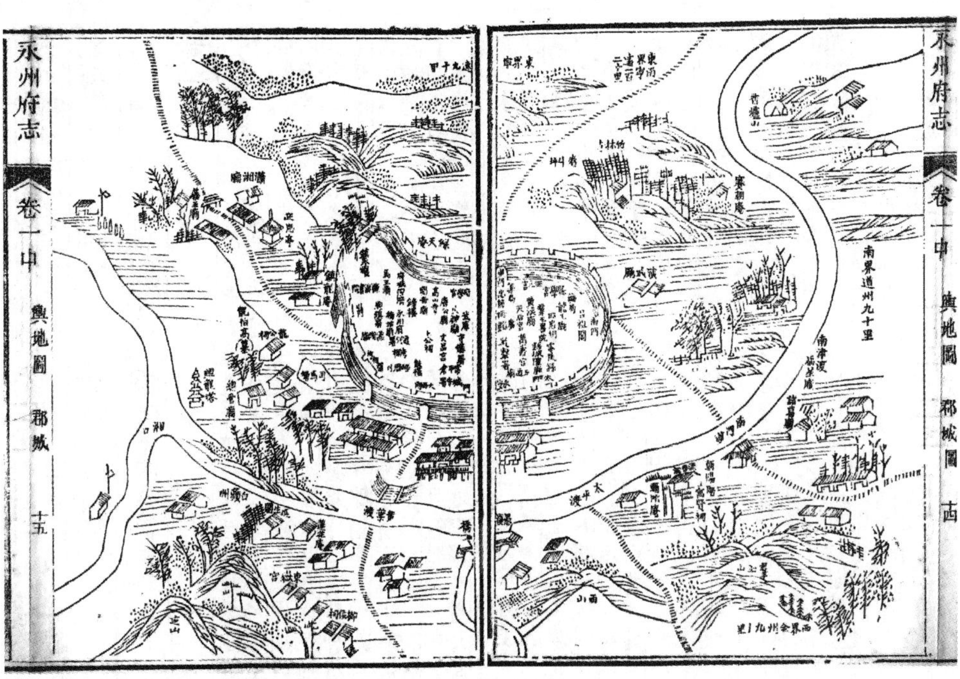

清道光《永州府志》载“郡城图”

为零陵郡。唐高祖武德四年（621），废零陵郡置永州、营州。武德五年，改营州为南营州。唐太宗贞观八年（634），改营州为道州。贞观十年，分全国为10道，永州、道州属江南道。贞观十七年，撤道州并入永州。唐高宗上元二年（675），复析永州置道州。唐玄宗开元二十一年（733），分全国为15道，永州、道州属江南西道。天宝元年（742），改永州为零陵郡，道州为江华郡，全称永州零陵郡、道州江华郡。唐肃宗乾元元年（758）复称永州、道州。五代十国时期，后梁太祖开平元年（907），武安节度使马殷为楚王。后唐明宗天成二年（927），马殷建立楚国，永、道二州属马氏楚国势力范围。后周太祖广顺元年（951），南唐出兵灭楚，永州、道州地入南唐。周世宗时授周行逢为武平军节度使兼侍中，“尽领湖南之地”，永州、道州属周领地。宋太祖建隆元年（960），分全国为13道，永、道二州属江南西道。太宗淳化五年（994），废道，改江南西道为荆湖路，永、道二州属之。至道三年（997），分荆湖路为荆湖南、北两路，永、道二州属荆湖南路。元世祖至元八年（1271），分全国为10行省，永、道二州属湖广行省。至元十三年（1276），置永州、道州安抚司。次年，永、道二州安抚司改称永州路、道州路总管府，隶属湖广行省湖南道宣慰司。明太祖洪武元年（1368），改永州路、道州路为永州府、道州府，属湖广行省。洪武九年（1376），道州由府降为州，属永州府；改湖广行省为湖广承宣布政使司，永州府属之。清顺治元（1644），分全国为15省，分湖广承宣布政使司为湖广左、右承宣布政使司，永州府属湖广右承宣布政使司。康熙三年（1644），改湖广右承宣布政使司为湖南省，省下设道，永州府属湖南省衡永郴桂道。

因零陵有芝山，故又名芝城。

明弘治《永州府志》“卷之六·永州府题咏·零陵县附”载“芝城八景”：天梯晓日、万石高亭、湘水托蓝、嵛峰叠翠、淡岩秋月、愚岛晴云、怀素墨池、紫岩仙井。

明隆庆《永州府志》“卷七·提封”载“零陵芝城八景”：天梯晓日、万石亭高、湘水托蓝、嵛峰叠翠、淡岩秋月、愚岛晴云、怀素墨池、紫岩仙井。并辑录明永州知府戴浩《芝城八景引》

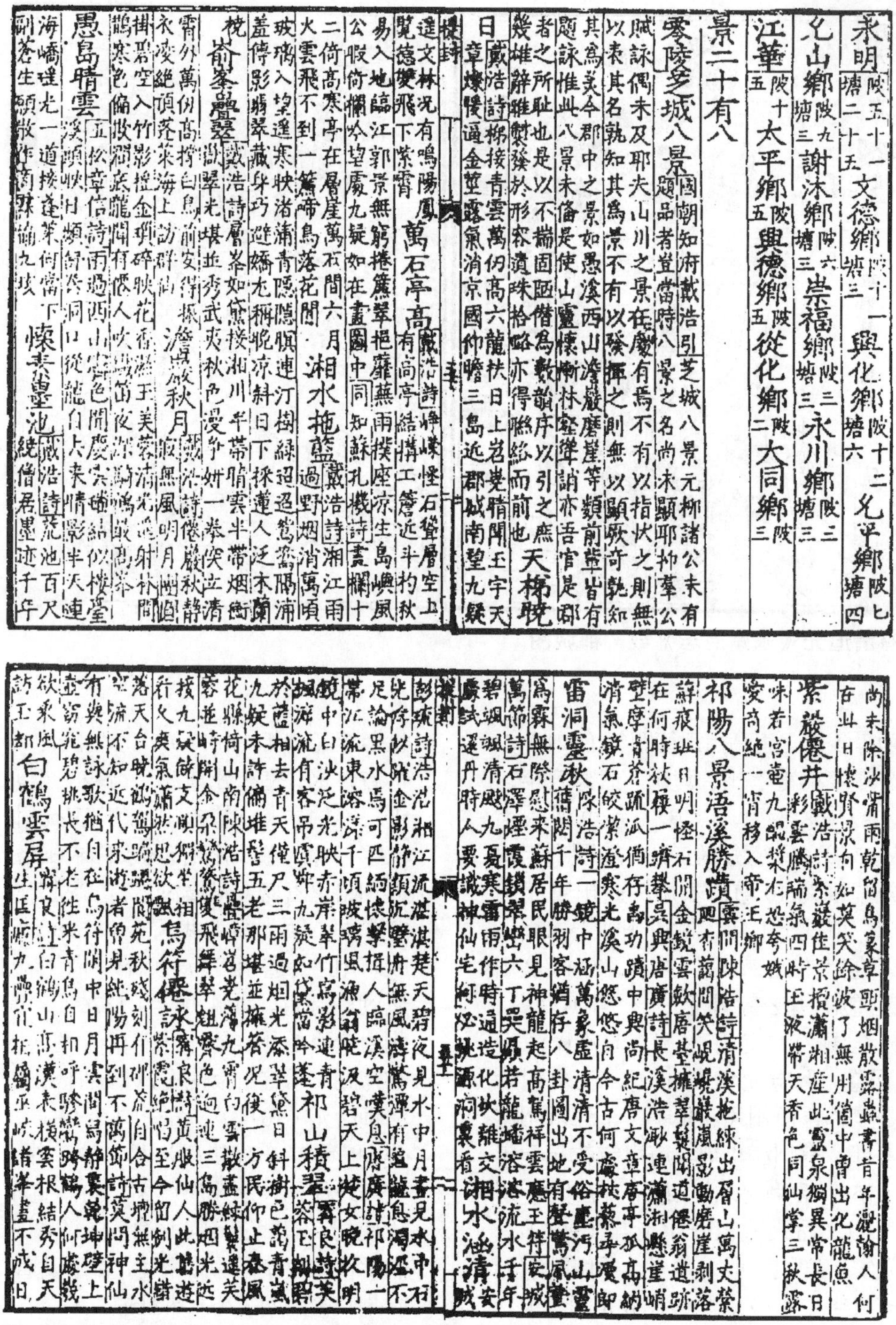

明隆庆《永州府志》载“永州芝城八景”

曰：芝城八景，元、柳诸公亦未有题品者，岂当时八景之名尚未显耶，抑群公赋咏偶未及耶。夫山川之景在处有焉，不有以指状之，则无以表其名，孰知其为景；不有以发挥之，则无以显厥奇，孰知其为美。今郡中之景如愚溪、西山、淡岩、磨崖等，类前辈皆有题咏。唯此八景未备，是使山灵怀惭，林壑耸诮，亦吾官是郡者之所耻也。是以不揣固陋，僭为数韵，序以引之，庶几雄辞雅制发于形容，遗珠拾璐，亦得联络而前也。

［天梯晓日］

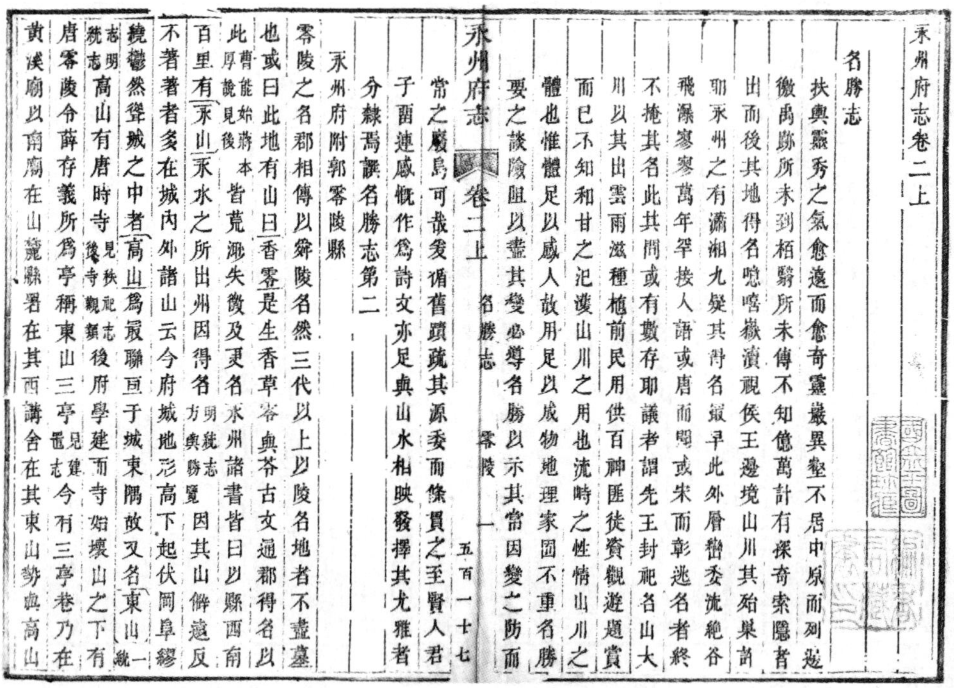

永州府志卷二上

名勝志

扶輿靈秀之氣愈遠而愈奇靈巖異壑不居中原而列邊徼禹跡所未到梧騶所未傳不知億萬計有探奇索隱者出而後其地得名噫嘻嶽瀆視侯王邊境山川其殆巢許耶永州之有瀟湘九疑其得名最早此外層巒委流絕谷飛瀑寥寥萬年罕接人語或唐而顯或宋而彰逃名者終不掩其名此其間或有數存耶議者謂先王封祀名山大川以其出雲雨滋種植前民用供百神匪徒資觀遊題賞而已不知和甘之汜濩山川之用也流峙之性情山川之體也惟體足以感人故用足以成物地理家固不重名勝要之談險阻以盡其變必尊名勝以示其常因變之防而

永州府志　卷二上　名勝志　零陵　一　五百一十七

常之嚴島可哉爰循舊蹟疏其源委而條貫之至賢人君子留連感慨作爲詩文亦足與山水相映發擇其尤雅者分隸爲譔名勝志第二

永州府附郭零陵縣

零陵之名郡相傳以舜陵名然三代以上以陵名地者不盡塋也或曰此地有山曰香零是生香草零與苓古文通郡得名以此（曹能始厚說見後）本皆荒渺失徵及更名永州諸書皆曰以縣西南百里有永山永水之所出州因得名（明統志方輿勝覽）因其山僻遠反不著著者多在城內外諸山云今府城地形高下起伏岡阜繚繞鬱然聳城之中者高山爲最聯亘于城東隅故又名東山（一統志明統志）高山有唐時寺（見秩祀志寺觀類）後府學建而寺始壞山之下有唐零陵令薛存義所爲亭稱東山三亭（見建置志）今有三亭巷乃在黃溪廟以南廟在山麓縣署在其西講舍在其東山勢與高山

清道光《永州府志》“卷二・名胜志・零陵”载“高山”

清道光《永州府志》“卷二・名胜志・零陵”载“高山”：今府城地形高下起伏，冈阜缭绕郁然耸城之中者，高山为最。联亘于城东隅，故又名东山。高山有唐时寺，后府学建而寺始坏，山之下有唐零陵令薛存义所为亭，称东山三亭，今有三亭巷，乃在黄溪庙以南，庙在山麓，县署在其西，讲舍在其东，山势与高山似断而属，殆皆当时东山也。宋丞相范忠宣公谪永时居之，张南轩有《记》。

天梯，喻高山之高。高山居城东，晓日辉映，书声琅琅，一邑之胜景也。

前人《天梯晓日》

梯接青云万仞高，六龙扶日上岧峣。晴开玉宇天章灿，暖逼金茎露气消。

前人《天梯晓日》

京国仰瞻三岛近，郡城南望九疑遥。文林况有鸣阳凤，览德双飞下紫宵。

明代王义《天梯晓日》

层层峭石耸儒林，红日东生色便侵。暖布杏坛钟已罢，影摇芹泮月才沉。迟迟破晓开晴景，冉冉腾空散宿阴。可惜此光容易过，青衿莫惰读书心。

[万石亭高]

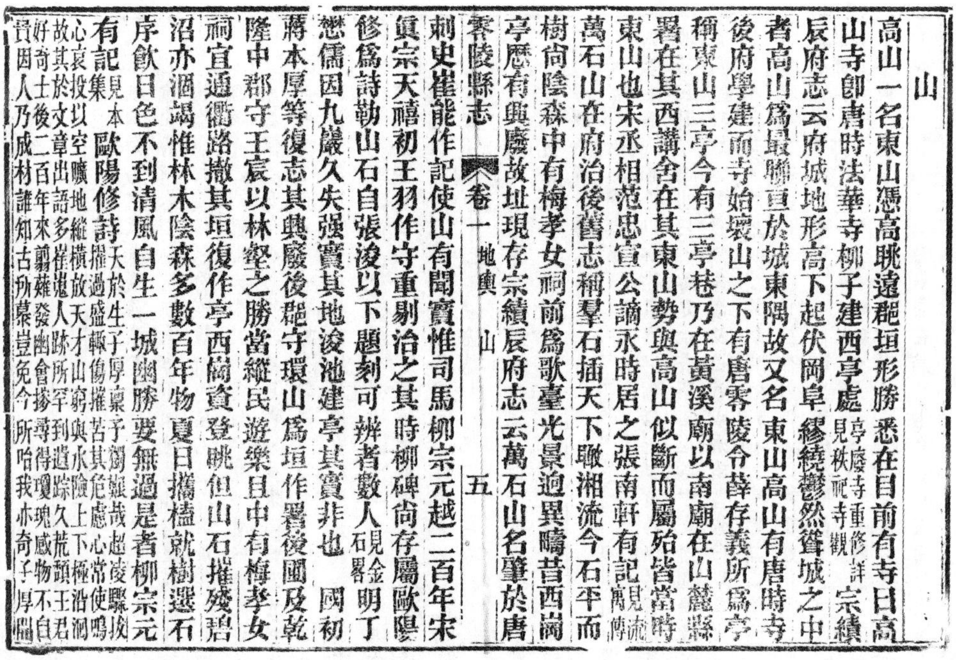

山
高山一名東山憑高眺遠雉垣形勝悉在目前有寺曰高
山寺即唐時法華寺柳子建西亭處亭廢寺重修詳見秩祀寺觀宗績
辰府志云府城地形高下起伏岡阜繆繞鬱然聳城之中
者高山爲最聯亘於城東隅故又名東山高山有唐時寺
後府學建而寺始壞山之下有唐零陵令薛存義所爲亭
稱東山三亭今有三亭巷乃在黃溪廟以南廟在山麓縣
署在其西講舍在其東山勢與高山似斷而屬殆皆當時
東山也宋丞相范忠宣公謫永時居之張南軒有記見流寓傳
萬石山在府治後舊志稱羣石插天下瞰湘流今石平而
樹尚陰森中有梅孝女祠前爲歌臺光景迥異曩昔西崗
亭歷有興廢故址現存宗績辰府志云萬石山名肇於唐
零陵縣志　卷一　地輿　山　五
刺史崔能作記使山有聞實惟司馬柳宗元越二百年宋
眞宗天禧初王羽作守重剔治之其時柳碑尚存屬歐陽
修爲詩勒山石自張浚以下題刻可辨者數人見金石略明丁
懋儒因九巖久失强實其地浚池建亭其實非也　國初
蔣本厚等復志其興廢後雉守環山爲垣作署後圃及乾
隆中郡守王宸以林壑之勝當縱民遊樂且中有梅孝女
祠宜通衢路撤其垣復作亭西崗資登眺但山石摧殘碧
沼亦涸竭惟林木陰森多數百年物夏日攜榼就樹選石
序飲日色不到清風自生一城幽勝要無過是者柳宗元
有記見本集歐陽修詩天於生子厚稟予獨艱哉超凌驟拔擢過盛輙傷摧苦其危慮心常使鳴
心哀投以空曠地縱横放天才山窮與水險上下極沿洄
故其於文章出語多崔嵬人跡所罕到遺蹤久荒頽王君
好奇士後二百年來翦薙發幽薈搜尋得瓌瑰感物不自
貴因人乃成材誰知古所慕豈免今所咍我亦奇子厚偶

清光绪《零陵县志》“卷一·山”载“万石山”

清嘉庆《零陵县志》“名胜”载“万石山”：在府治后，旧《志》称：群石插天，下瞰湘流。今石平而树尚阴森，中立神庙，前为歌台，光景迥异，畴昔有亭，柳子有《万石亭记》及欧阳公诗，均留登府《志》。

明代戴浩《万石亭高》

峥嵘怪石耸层空，上有高亭结构工。檐近斗杓秋易入，地临江郭景无穷。卷帘翠挹蘼芜两，揆座凉生岛屿风。公暇倚栏吟望处，九疑如在画图中。

[湘水拖蓝]

圖清嘉庆《零陵县志》“潇湘图”载“湘水”

湘水西来，潇水南至，二水交汇于苹岛（湘口），合而北去，古称潇湘水。明弘治《永州府志》“山川”载“湘水”：至湘口与潇水合，水至清，虽十丈见底。

明代戴浩《湘水拖蓝》

湘江雨过野烟消，万顷玻璃入望遥。寒映渚蒲青隐隐，暝连汀树绿迢迢。鸳鸯隔浦羞传影，翡翠藏身巧避娇。尤称晚凉斜日下，采莲人泛木兰桡。

[嵛峰叠翠]

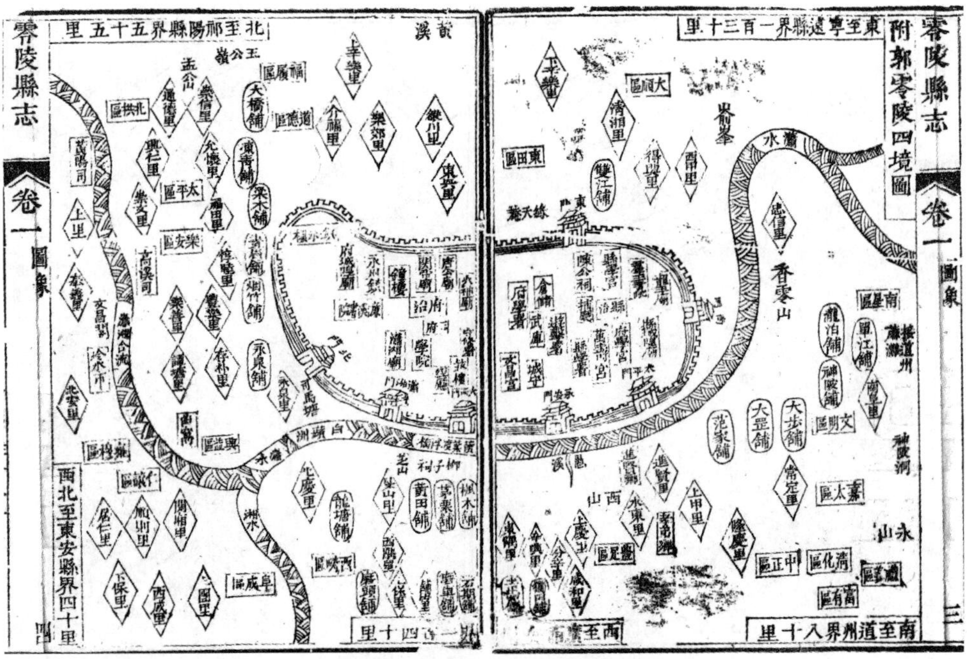

图 清嘉庆《零陵县志》“附郭零陵四境图”载“嵛峰”

清嘉庆《零陵县志》“名胜”载“嵛山”：南二十里，山形尖秀，以其独逾众山，故名。县庠对之俨然当窗一峰，山为一郡文笔，兆应科第。邑绅周圭曾倡捐建塔峰顶，费绌未竣，有培植文运者尚踵成之。

明代郭杰《嵛峰叠翠》

雨过浓于染，岚光润欲流。参差仙掌露，仿佛髻螺浮。日出峰逾秀，花明景更幽。诗人看不厌，终日上帘钩。

[淡岩秋月]

清嘉庆《零陵县志》载“淡岩图”

清光绪《湖南通志》“地理志十八·山川六·永州府一·零陵县”载“淡岩”：在县南二十五里。一名淡山岩，盘伏两江之间，周回二里。中有岩窦，可容万夫。古有老人处其下，以淡氏称，因名。山有二门，壁立万仞，东南角有一窍，遥瞩云日。中有淡山寺，楼殿屋室，隐隙罅中，虽风雨不能及。四顾石壁削成，旁有石窍，古今莫测其远近。岩状如覆盂，其地宜淡竹，故云。中有岩，空阔可容数千人。东南角有缺处，仰望之如窗户，洞照甚明。秦始皇时，有周贞实遁世于此，三召不赴，后尸解。

明戴浩《淡岩秋月》

仙岩秋静寂无风，明月团圆挂碧空。入竹影摇金琐碎，映花香湿玉芙蓉。清光遥射林间鹊，寒色偏欺涧底龙。闻有仙人吹铁笛，夜深骑鸿最高峰。

［愚岛晴云］

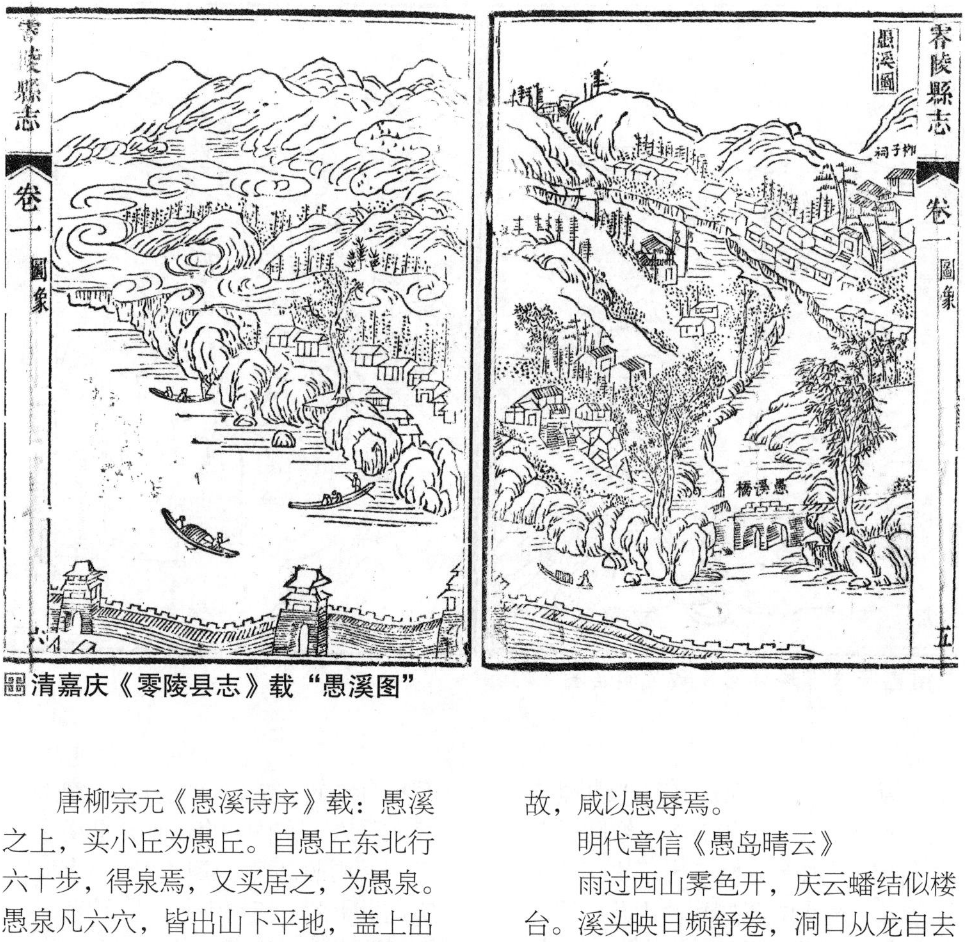

图 清嘉庆《零陵县志》载“愚溪图”

唐柳宗元《愚溪诗序》载：愚溪之上，买小丘为愚丘。自愚丘东北行六十步，得泉焉，又买居之，为愚泉。愚泉凡六穴，皆出山下平地，盖上出也。合流屈曲而南，为愚沟。遂负土累石，塞其隘，为愚池。愚池之东为愚堂。其南为愚亭。池之中为愚岛。嘉木异石错置，皆山水之奇者，以予故，咸以愚辱焉。

明代章信《愚岛晴云》

雨过西山霁色开，庆云蟠结似楼台。溪头映日频舒卷，洞口从龙自去来。晴影半天连海峤，瑶光一道接蓬莱。何当下副苍生愿，散作商霖偏九垓。

［怀素墨池］

图清嘉庆《零陵县志》载“绿天庵图”

清光绪《零陵县志》“古迹”载“墨池”：在城东郭里许绿天庵左侧。

明弘治《永州府志》“卷之七·提封”载“墨池”：相传唐僧怀素洗砚于此，其水尚黑，故名。

清光绪《湖南通志》“地理志十八·山川六·永州府一·零陵县”载“墨池”：在县东里许，唐僧怀素种蕉学书处。

明代戴浩《怀素墨池》

荒池百尺绕僧居，墨迹千年尚未除。沙嘴雨干留鸟篆，草头烟散露虫书。昔年洒翰人何在，此日怀贤景自如。莫笑余波了无用，个中曾出化龙鱼。

明代章信《怀素墨池》

半亩方塘一镜圆，上人曾此扫花笺。云开沼面玄光动，日照波心黑色鲜。书法至今称绝妙，才名在世岂虚传。尚余笔冢秋风里，夜夜神光烛九天。

[紫岩仙井]

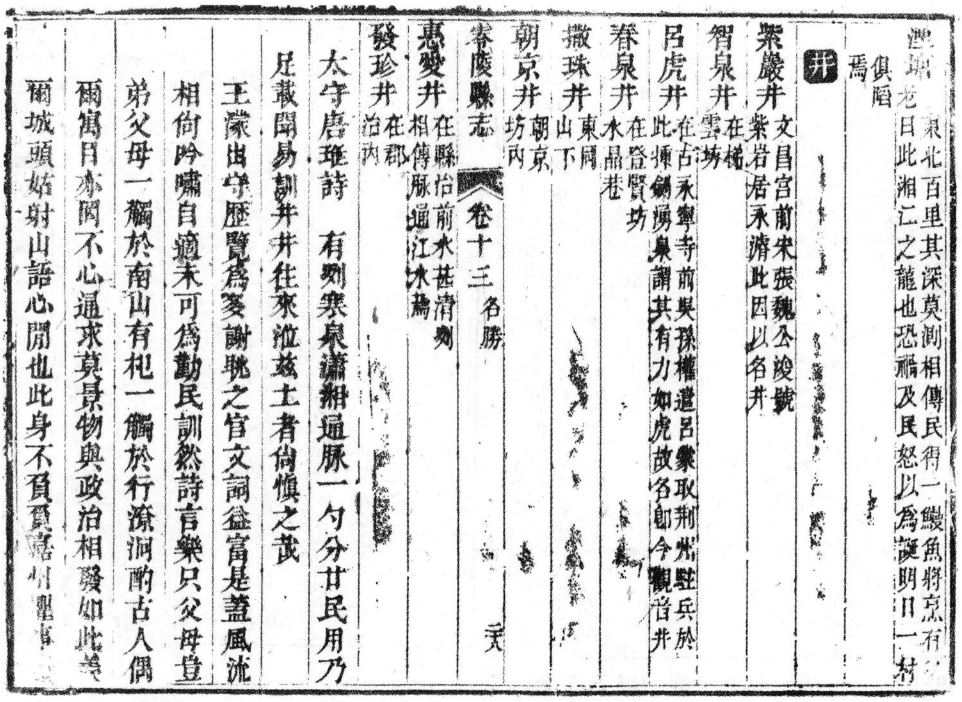

澧瑚泉北百里其深莫測相傳民得一鱗魚將烹有老曰此湘江之龍也恐禍及民怒以為誕明日一村
俱陷焉
井
紫巖井 文昌宮前宋張魏公浚號紫岩居永濟此因以名井
智泉井 在橋雲坊
呂虎井 在古永寧寺前吳孫權遣呂蒙取荊州駐兵於此揮劍湧泉謂其有力如虎故名即今觀音井
春泉井 在登賢坊水晶巷
撒珠井 東岡山下
朝京井 朝京坊內
零陵縣志 卷十三 名勝 卅六
惠愛井 在縣治前水甚清冽相傳脈通江沐爲
發珍井 在郡治內
太守唐珏詩 有冽寒泉瀟湘通脈一勺分甘民用乃
足載闢易劃井井往來泣茲土者尚慎之哉
王㠓出守歷覽爲篸謝眺之官文詞益富是蓋風流
相倘吟嘯自適未可爲勸民訓然詩言樂只父母豈
弟父母一觴於南山有杞一觴於行潦洞酌古人偶
爾寓目亦罔不心通求莫景物與政治相發如此卷
爾城頭姑射山語心閒也此身不負負嘉州

清嘉庆《零陵县志》“卷十三·名胜”载“紫岩井”

清嘉庆《零陵县志》“名胜”载“紫岩井”：文昌宫前，宋张魏公浚号紫岩，居永濬此，因以名井。

明代戴浩《紫岩仙井》

紫岩佳景擅潇湘，产此灵泉独异常。长日彩云腾瑞气，四时玉液带天香。色同仙掌三秋露，味若宫壶九酝浆。尤恐夸娥爱奇绝，一宵移入帝王乡。

明代王义《紫岩仙井》

紫岩昔日驻麻姑，玉甃虚圆水不枯。芝傍石栏霞彩护，鹤巢松树月明孤。曾闻煮汞归丹鼎，更喜煎茶沸竹炉。人说味如苏氏井，不知还解活人无。

【道州八景】

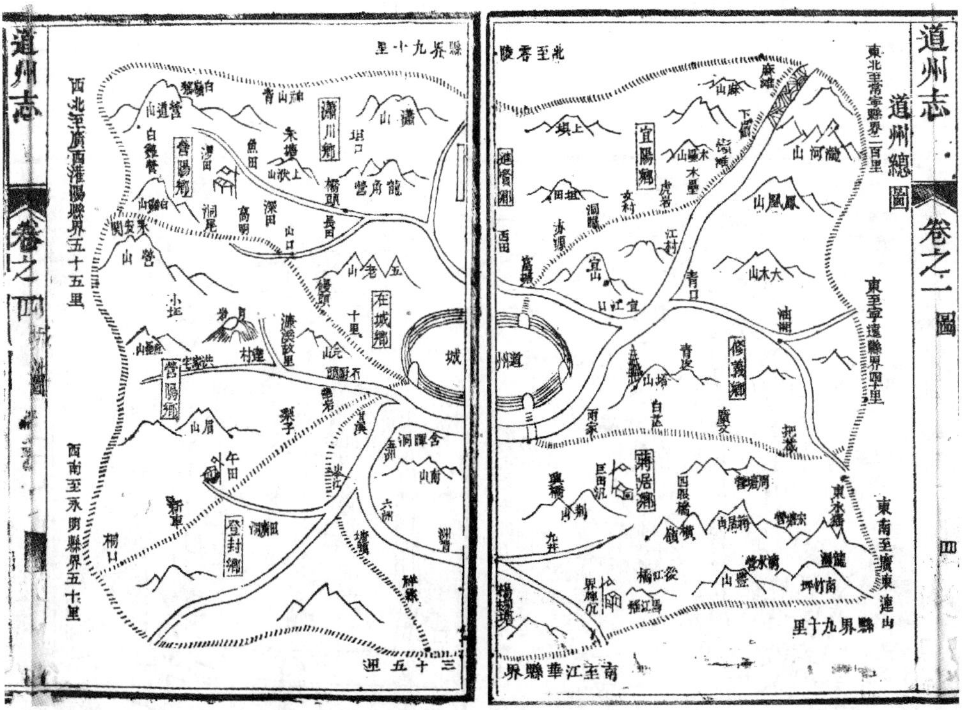

图清嘉庆《道州志》载“道州总图”

道县，位于湖南南部，潇水中游，南岭北麓。

春秋、战国时属楚国。秦嬴政二十六年（前221），王翦平定江南，修都庞之戍，请设营浦县，隶长沙郡，获诏准。

汉武帝元鼎六年（前111），置零陵郡，营浦县属之。三国吴宝鼎元年（266），分零陵郡置营阳郡，营浦为郡治。晋太康元年（280），废营阳郡，其辖地入零陵郡，营浦属之。东晋永和年间，分零陵郡，复置营阳郡，营浦为营阳郡治。南朝梁天监十四年（515），改营阳郡为永阳郡，营浦仍为郡治。

隋开皇九年（589），改零陵郡为永州总管府，废永阳郡，并营浦、谢沐二县为永阳县，属永州总管府。大业三年（607），永州总管府复称零陵郡，永阳县属之。

唐武德四年（621），以零陵郡之营道、永阳二县置营州。改永阳县为营道县（原营道县改为唐兴县），次年，改州为南营州。

贞观八年（633）改名道州（得名于营道山，今紫金山）。贞观十七年，废州入永州，营道属永州。上元二年（675）州复置，统五县，营道属之。天宝元年（742），改州为道州江华郡，改县为宏道，迁州、县治于今县治地。乾元元年（758），废郡名，复称道州。五代十国时期，道州仍辖五县，宏道属之。

宋太祖建隆三年（962），改宏道县为营道县，改道州为道州江华郡，营道县属之。两宋时期，道州江华郡辖四县：营道、江华、永明、宁远。

元至元十三年（1276），道州置

安抚司。十四年改为湖南道州路，置总管府。营道县属湖广行省湖南道道州路。

明洪武元年（1368），改道州路为道州府，营道为府治。九年，降为州，仍名道州，以州治营道县省入，辖三县（宁远、江华、永明）。崇祯十二年（1639），析宁远县新田堡置新田县，并隶道州。

清康熙三年（1664），道州为县级散州。

清光绪《道州志》载“八景图”：元峰钟英、宜峦献秀、月岩仙踪、含晖石室、莲池霁月、濂溪光风、窊樽古酌、开元胜游。

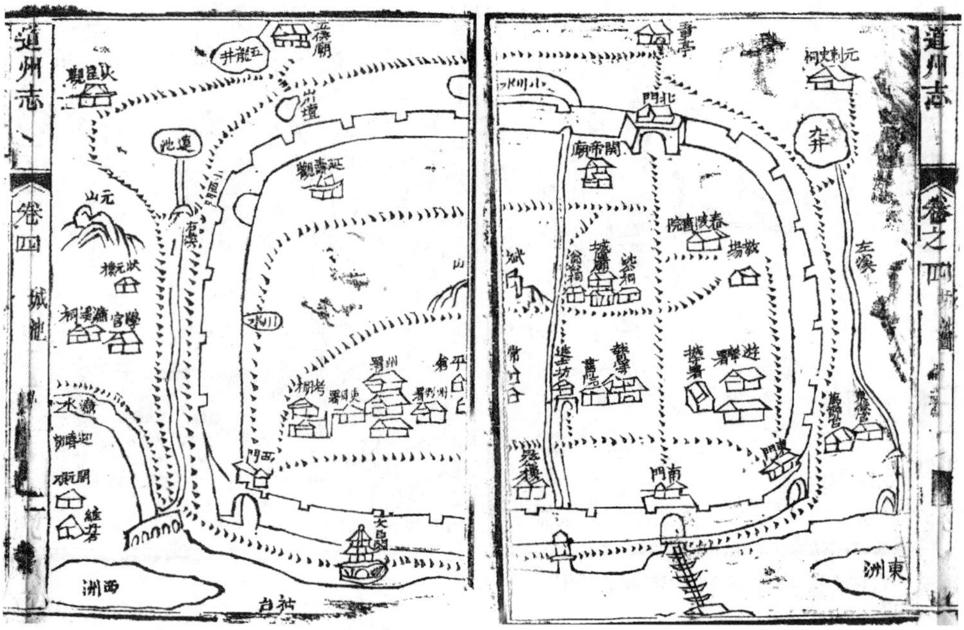

清嘉庆《道州志》载“城池图”

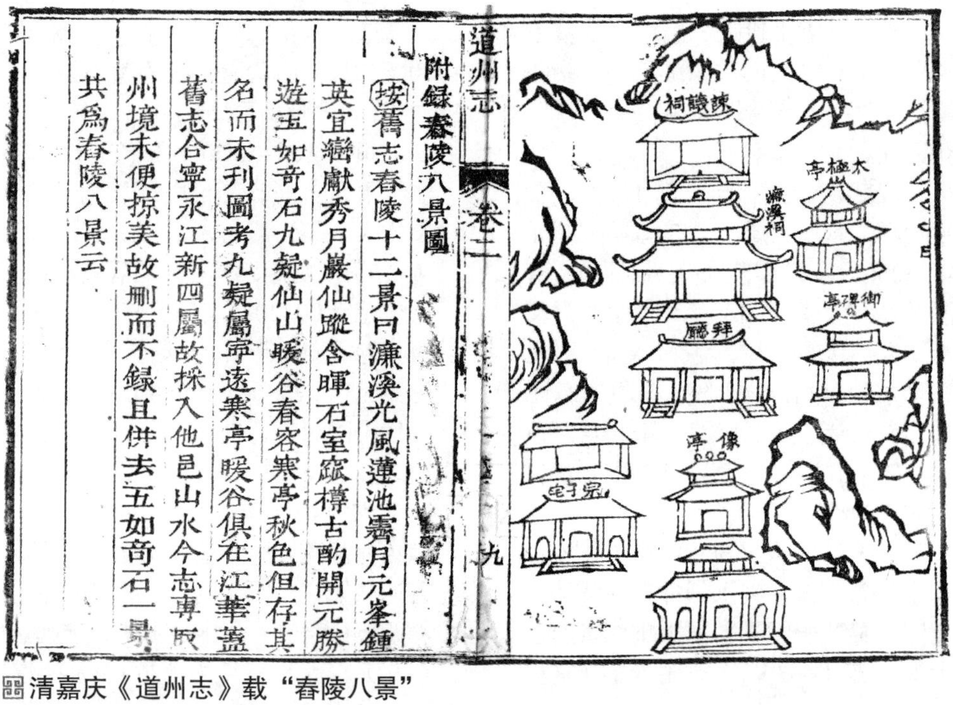

附録舂陵八景圖

按舊志舂陵十二景曰濂溪光風蓮池霽月元峯鍾英宜巒獻秀月巖仙蹤含暉石室窳樽古酌開元勝遊玉如奇石九疑仙山暖谷春容寒亭秋色但存其名而未刊圖考九疑屬寧遠寒亭暖谷俱在江華蓋舊志合寧永江新四屬故採入他邑山水今志專取州境未便掠美故刪而不録且併去玉如奇石一景共爲舂陵八景云

清嘉庆《道州志》载“舂陵八景”

[元峰钟英]

清嘉庆《道州志》“卷二·图”载“元峰钟英”

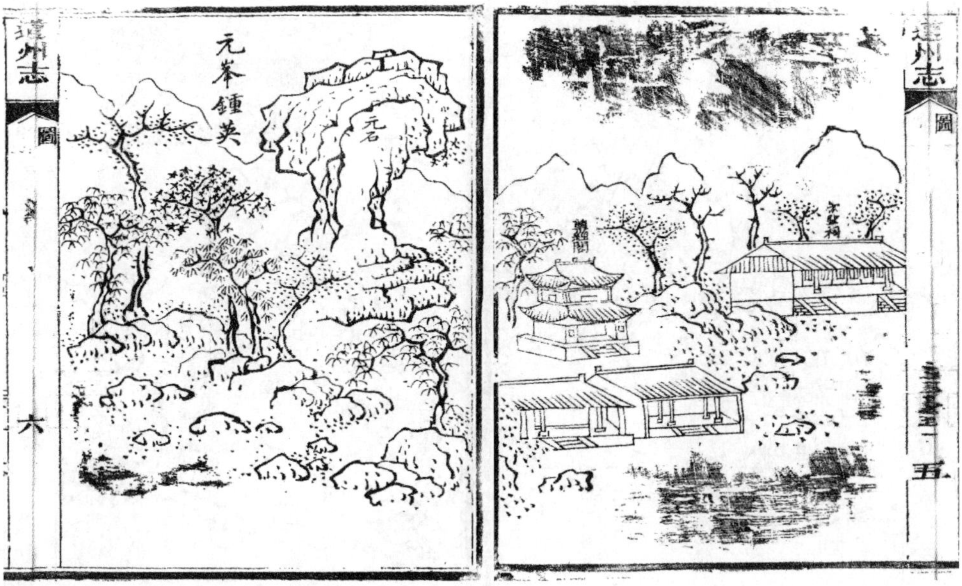

清光绪《道州志》载“元峰钟英”

清嘉庆《道州志》“卷之一·山川”载“元石”：在学后，石峰矗立，以唐李郃、宋吴必达、乐雷发皆特奏状元，故名。明洪武间佥都建楼于山麓，曰状元楼。嘉靖丁酉，左都御史顾璘视学，刻“元石”二字，盖又以周元公为重不专在科第已也。

[宜峦献秀]

宜巒獻秀

屈曲廻欄風月清宜山廟

古半山横斜陂渡口漁舟

穩多少留題客子情

張元惠題

清嘉庆《道州志》“卷二·图”载“宜峦献秀”

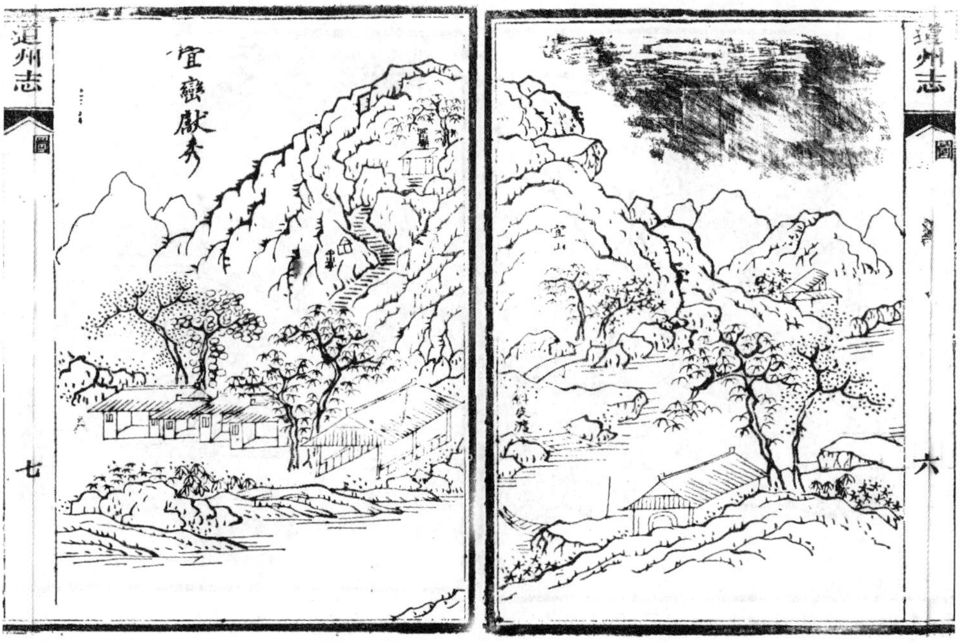

清光绪《道州志》载“宜峦献秀”

清光绪《道州志》“卷之一·山川”载“宜山”：在州北十五里，极高峻，盘踞十数里，四面环视，方正如一，为州之镇山。山麓有巨石壁立，呼为圣人石，上有宜山神庙。

［月岩仙踪］

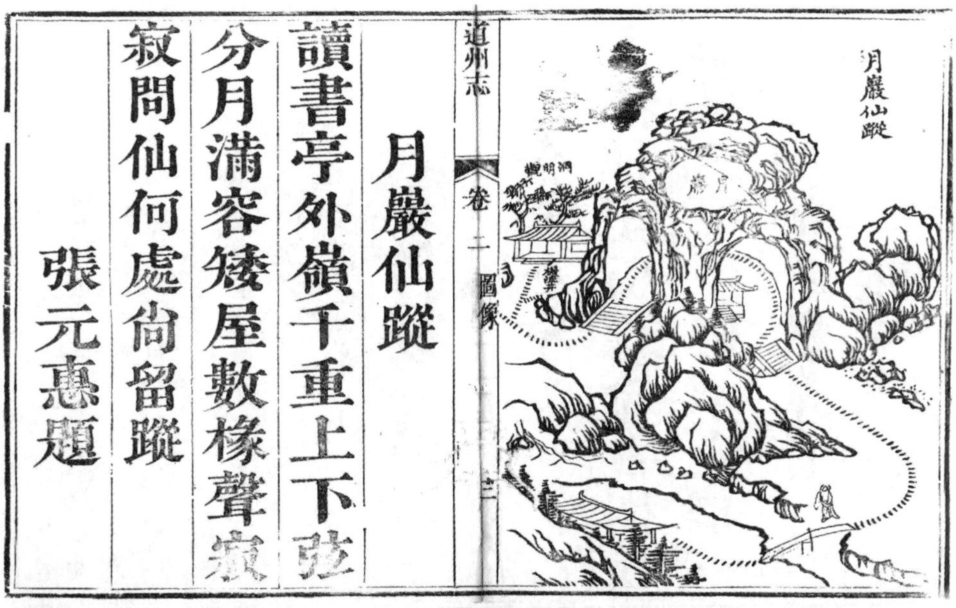

清嘉庆《道州志》“卷二·图”载“月岩仙踪”

清光绪《道州志》载“月岩仙踪”

清光绪《湖南通志》“山川七·永州府二·道州”载“月岩”：在州西营山西南二里，一名太极岩，东去濂溪十五里，亦名穿岩。穿岩形如圆廪，中可容数万斛，东西两门想通，望之若城阙，又如偃月。岩前有石，如走猊伏犀，其形不一。

[含晖石室]

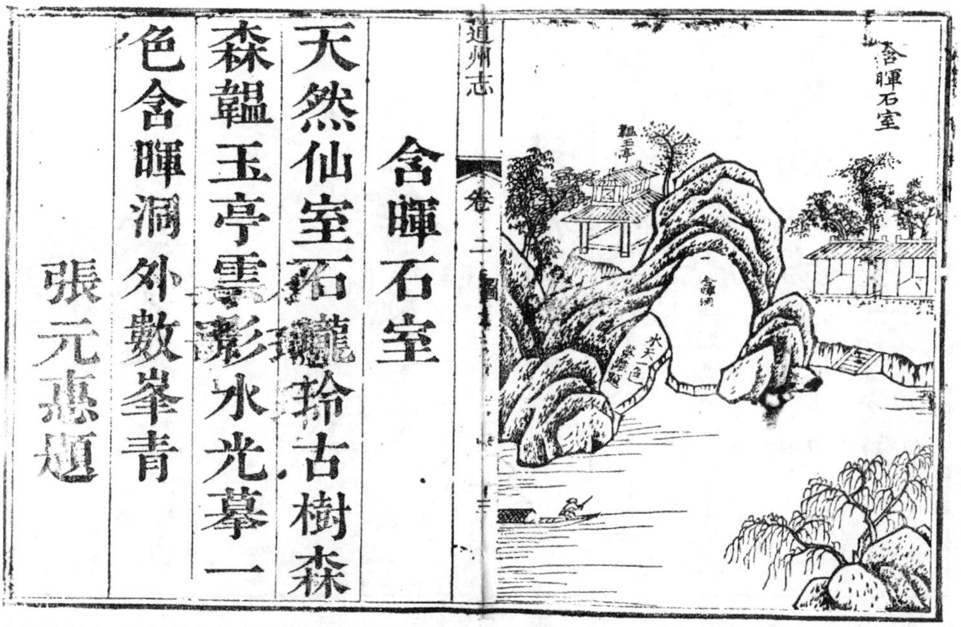

清嘉庆《道州志》“卷二·图”载“含晖石室”

清光绪《道州志》载“含晖石室”

清光绪《湖南通志》“山川七·永州府二·道州”载“含晖洞”：在州南五里，石洞如屋，东西两门，内有泉，从石罅出，极清冽。宋治平中，周子尝游此，有题名二十八字。又，石壁最高处镌“水天一色”四字，大三尺许。

[莲池霁月]

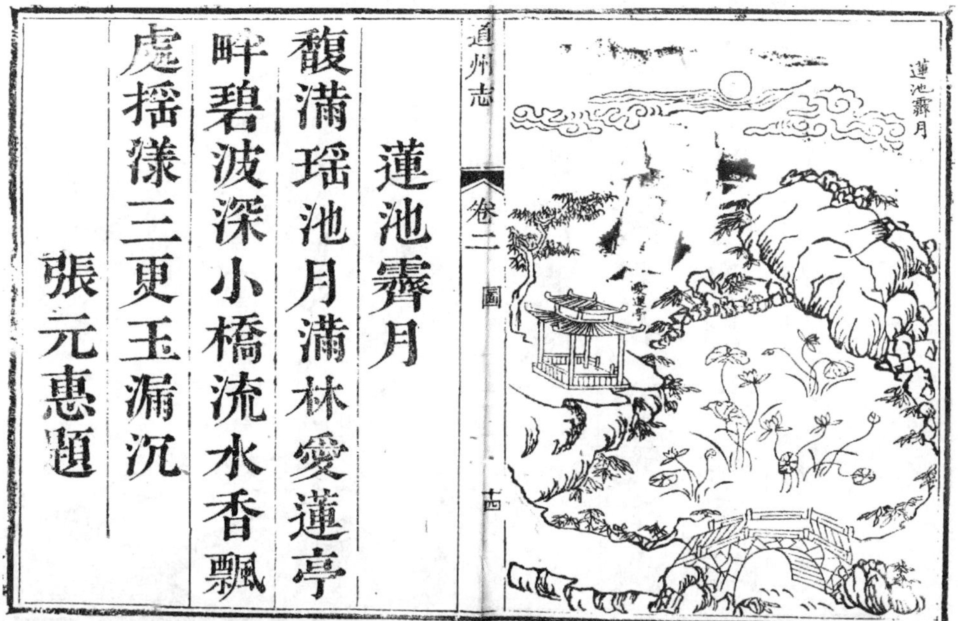

清嘉庆《道州志》“卷二·图”载“莲池霁月”

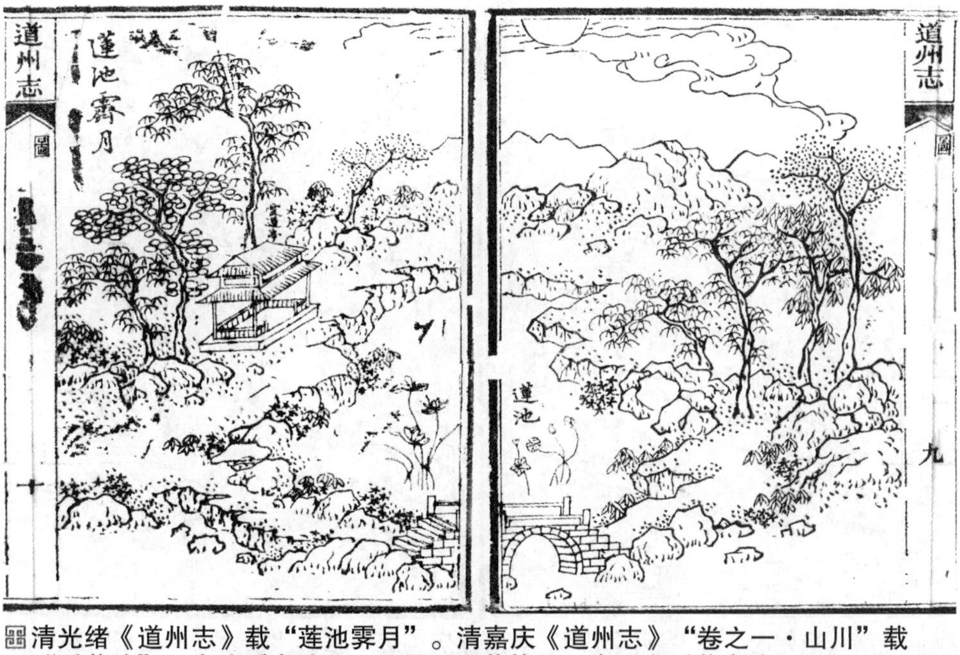

清光绪《道州志》载“莲池霁月”。清嘉庆《道州志》“卷之一·山川”载“爱莲池”：在濂溪书院北，即周子观莲故处，朱子有爱莲亭诗。

[濂溪光风]

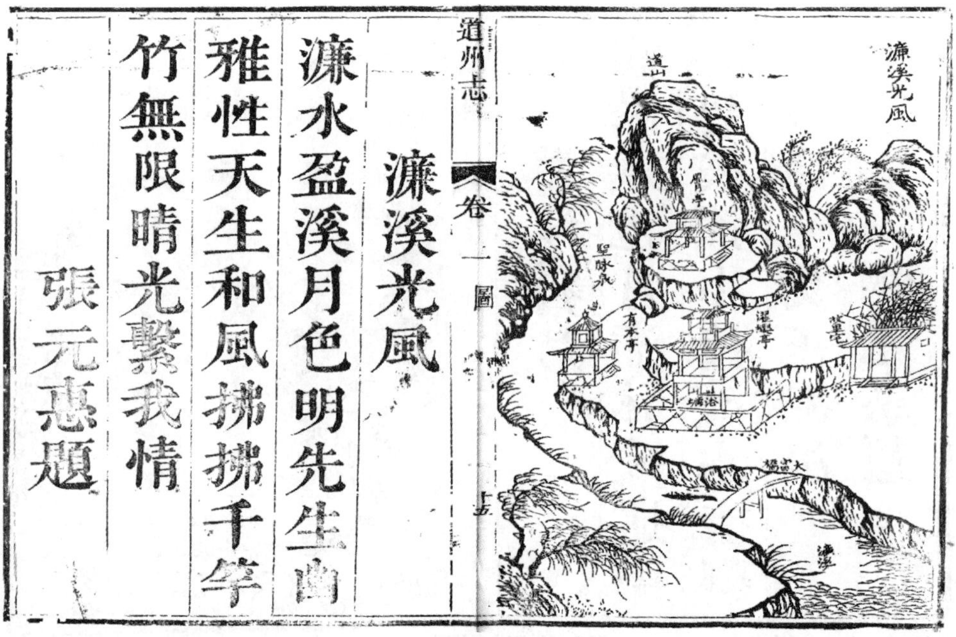

清嘉庆《道州志》“卷二·图”载“濂溪光风”

清光绪《道州志》载“濂溪光风”。清嘉庆《道州志》“卷之一·山川”载“濂溪”：在州西二十五里安定山下，石窦深广有泉溢出，是为濂溪，周子生于此，人呼为圣脉泉。

[窊樽古酌]

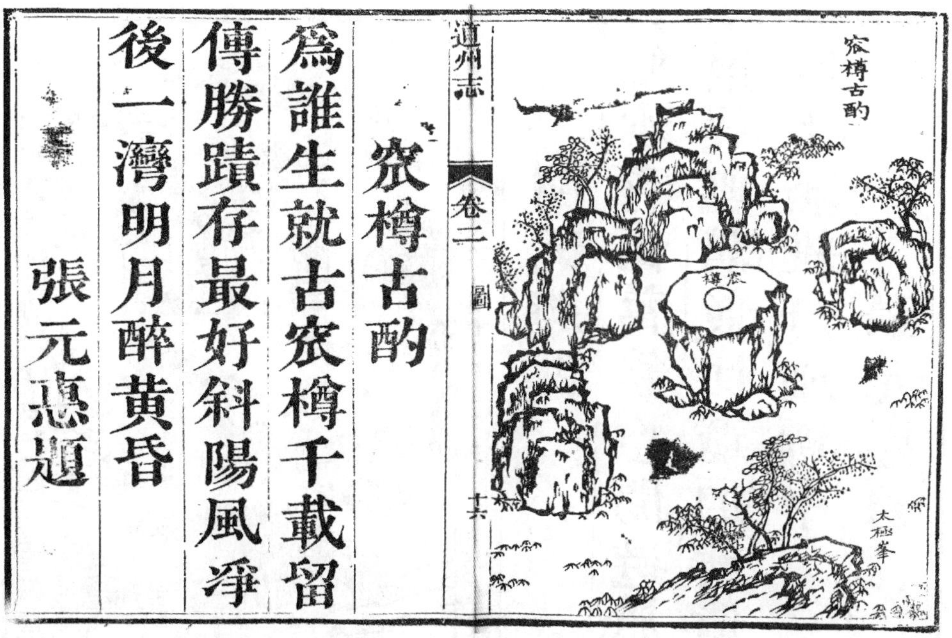
道州志
卷二 圖
窊樽古酌
爲誰生就古窊樽千載留
傳勝蹟存最好斜陽風淨
後一灣明月醉黃昏
張元憙題
窊樽古酌

清嘉庆《道州志》“卷二 · 图”载“窊樽古酌”

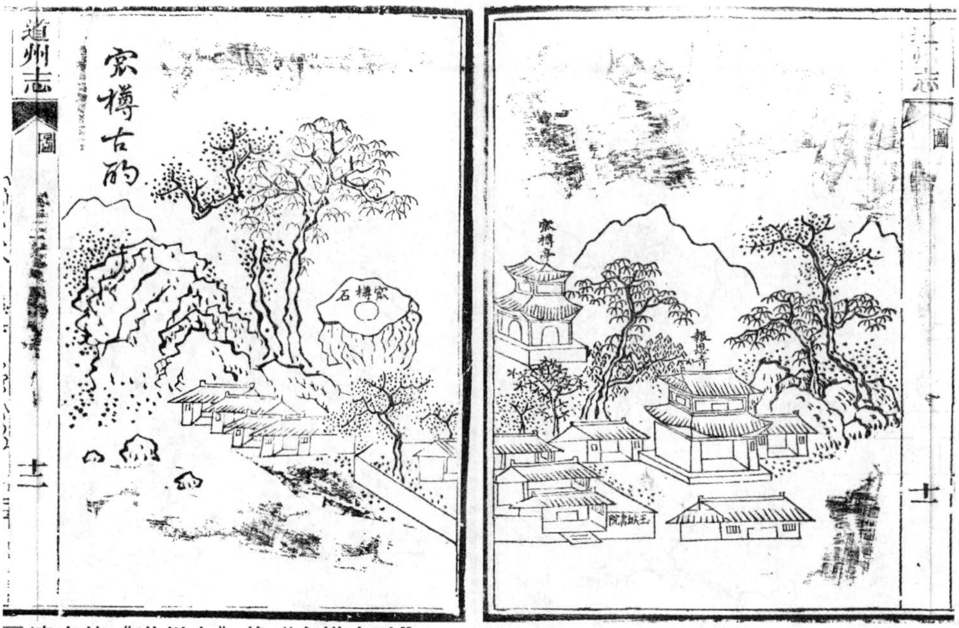
道州志
窊樽古酌

清光绪《道州志》载“窊樽古酌”

清嘉庆《道州志》“卷之一 · 山川”载“窊樽石”：在城内报恩寺西，唐元结刻铭于上，字皆古篆，虽剥落犹可识，前有小引数十字。后有年月，止存数字，又尝建亭于上，今久废，石荒没于蔓间，久无知者。

[开元胜游]

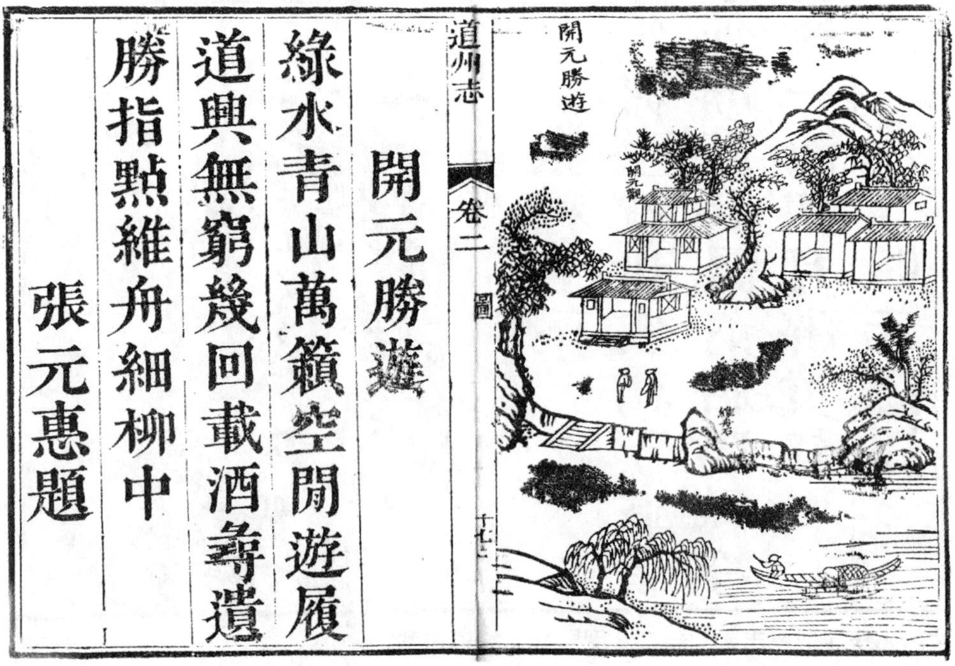
開元勝遊
綠水青山萬籟空閒遊屐
道興無窮幾回載酒尋遺
勝指點維舟細柳中
張元惠題
道州志
卷二
圖
開元勝遊

清嘉庆《道州志》“卷二·图”载“开元胜游”

道州志
圖
開元勝遊
道州志
圖

清光绪《道州志》载“开元胜游”。清光绪《道州志》“卷之二·寺观”载“开元观”：在州西南二里江岸之上，又为飞霞山，明洪武正统间先后重修。

【祁阳八景】

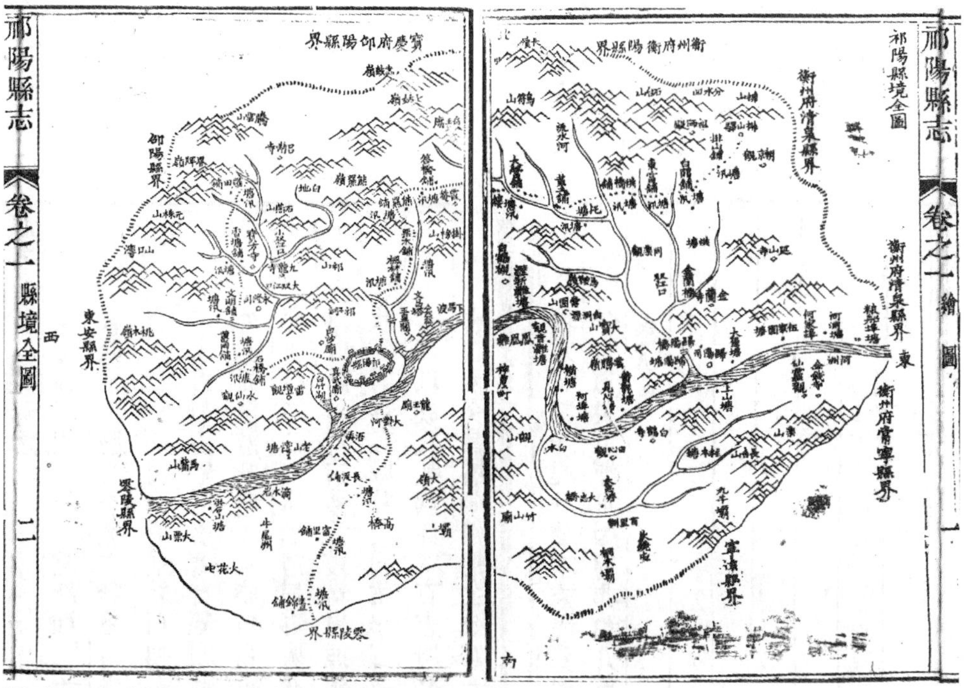

清嘉庆《祁阳县志》载“祁阳县境全图”

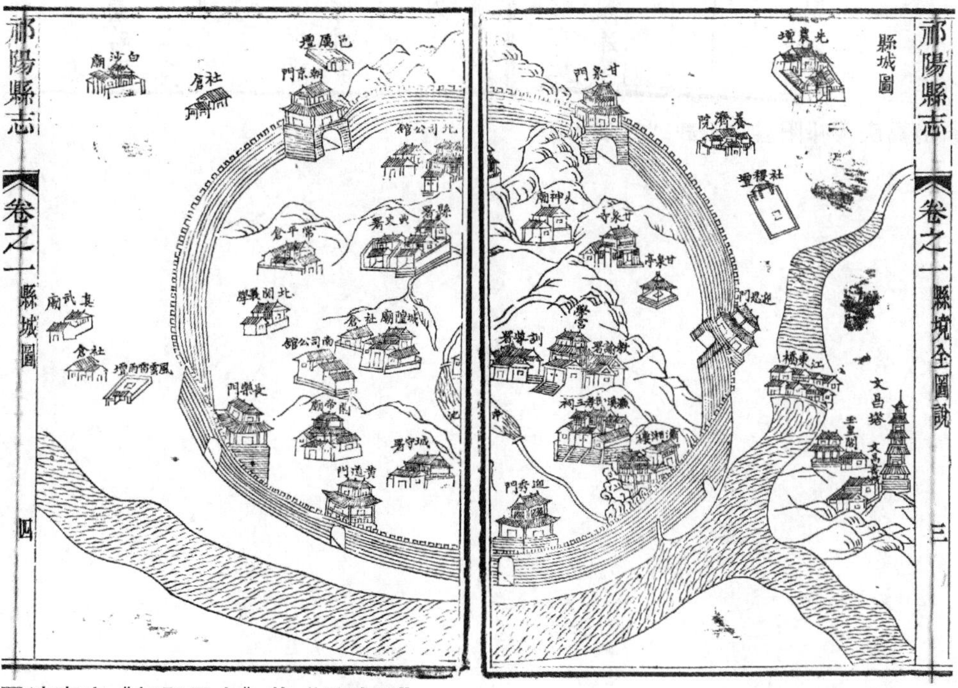

清嘉庆《祁阳县志》载“县城图”

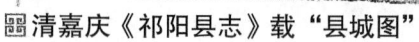

春秋战国时，祁阳为楚之南疆。秦始皇统一中国，置郡县，祁阳属长沙郡。西汉时分长沙郡南部，置桂阳、零陵二郡，祁阳属零陵郡的泉陵侯国；东汉时除泉陵侯国为县，隶属未变。三国东吴末期，祁阳仍属零陵郡。以后两晋、南北朝的宋、齐、梁、陈，隶属未有重大变动。隋开皇九年（589），省并州县，祁阳、永昌二县并于零陵。唐武德四年（621）恢复建置，永昌并入。寻废。唐贞观四年（630），重行恢复，仍属永州零陵郡。宋仍之。元时属永州总管府。明隶永州府。清承明制，未曾改动。

清嘉庆《祁阳县志》载“祁阳八景”：祁山叠翠、湘水环清、书岩霁月、燕冈阴雨、熊岭朝暾、雷洞灵湫、白鹤云屏、紫霄霞绮。

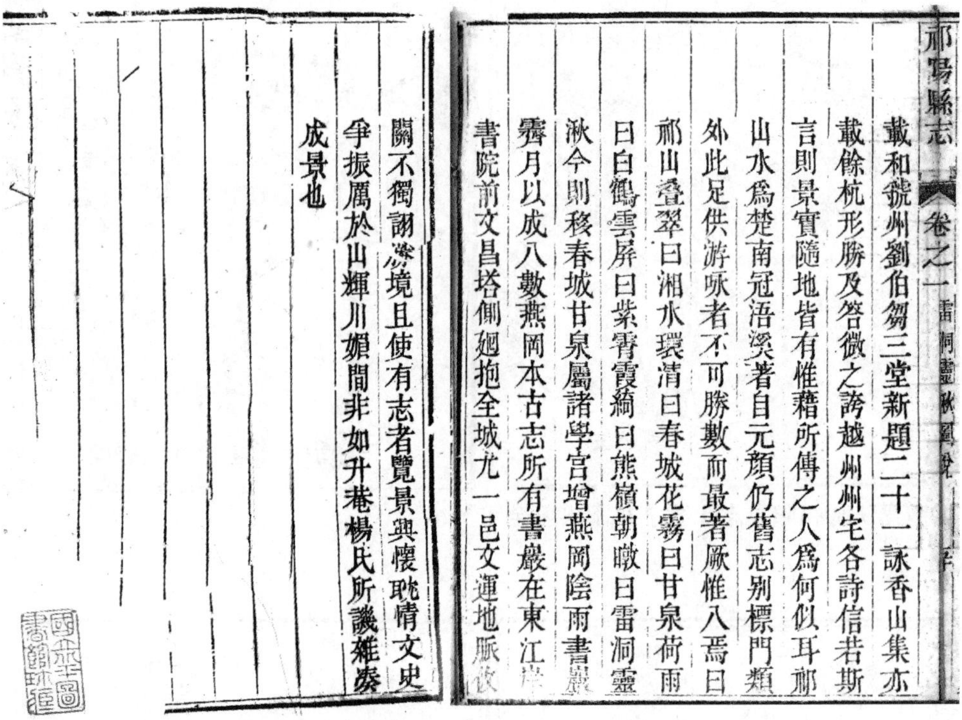
祁陽縣志 卷之一 雷洞靈湫圖說

載和虢州劉伯芻三堂新題二十一詠香山集亦載餘杭形勝及咨微之誇越州州宅各詩信若斯言則景實隨地皆有惟藉所傳之人爲何似耳祁山水爲楚南冠浯溪著自元顏仍舊志別標門類外此足供游咏者不可勝數而最著厥惟八焉曰祁山叠翠曰湘水環清曰春城花霧曰甘泉荷雨曰白鶴雲屏曰紫霄霞綺曰熊嶺朝暾曰雷洞靈湫今則移春城甘泉屬諸學宮增燕岡陰雨書巖霽月以成八數燕岡本古志所有書巖在東江岸書院前文昌塔側廻抱全城尤一邑文運地脈攸關不獨詡游境且使有志者覽景興懷點睛文史爭振厲於山輝川媚間非如升菴楊氏所譏雜湊成景也

圖清嘉庆《祁阳县志》载“祁阳八景”

[祁山叠翠]

圖 清嘉庆《祁阳县志》载“祁山叠翠”

清同治《祁阳县志》“卷之四·山川”载“祁山”：县北十五里，重峦复岭，高接青霄，与众山环裹县治，萦青缭白，与天为际。上有龙泉，常兴云雨中，邑八景之首。

清代伍泽梁《祁阳八景词·桃源忆故人·祁山叠翠》

祁山面目看成误，横岭侧峰无数。触石白云飞去，天际烟鬟露。

仙源幻境从今悟，只在万山深处。剩有清泉茂树，合着幽人住。

[湘水环清]

清嘉庆《祁阳县志》载“湘水环清”

清同治《祁阳县志》“卷之四·山川·潇湘水”载：易三接《记》：湘与漓分，一派远来，待潇而汪，可以生烟，可以涌月，可以乱雨，可以流云。《水经注》：湘水清照五六丈，下见石子，如樗蒲。旧《志》：自祁一下皆称湘，而不及潇者，以湘为经流，足统乎潇耳，今列八景之一。

清代伍泽梁《祁阳八景词·浪淘沙·湘水环清》

湘水净无尘，白石粼粼，扁舟宛在镜中行。山县层峰青不断，环绕生情。

两岸夹空明，酒舍渔村，遥听欸乃有清音。谁解云山韶頀曲，天付骚人。

［书岩霁月］

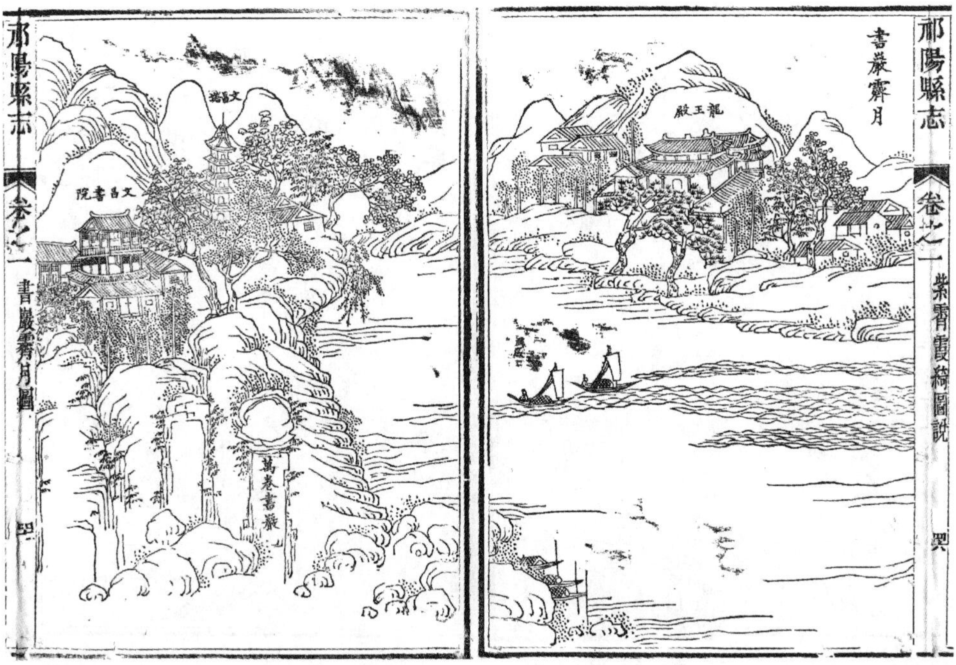

图 清嘉庆《祁阳县志》载“书岩霁月”

清嘉庆《祁阳县志》“卷之四·山川”载“万卷书岩”（“八景图”名“书岩霁月”）：县东三里文昌塔前，石壁层叠，望若书卷排比，中一洞，下瞰湘流，净绿盈目。

[燕冈阴雨]

图清嘉庆《祁阳县志》载“燕冈阴雨”

清嘉庆《祁阳县志》“卷之四·山川”载“石燕山”：县西北九十里，《水经注》云：其山有石，绀色而状类燕，或大或小，雷风相薄，则石燕群飞，颉颃逼真矣。罗君章《湘中记》云：今燕不复飞也。入邑八景。

[熊岭朝暾]

图 清嘉庆《祁阳县志》载“熊岭朝暾”

清同治《祁阳县志》“卷之四·山川”载“熊罴山”：即熊罴岭，县北三十里，山势崚嶒，磴道盘曲。明监司严起恒建关其上，屏翰一邑，上有邮舍、佛阁，行人憩焉。

清代伍泽梁《祁阳八景词·望江南·熊岭朝暾》

熊岭上，据胜控蚪龙。日上扶桑光早到，朝霞艳射满林红。爽气挹晴空。

闲骋望，界破境西东。水绕青山山绕水，万家俱在画图中。谁与绘豳风。

[雷洞灵湫]

图清嘉庆《祁阳县志》载“雷洞灵湫”

清嘉庆《祁阳县志》“卷之四·山川”载“雷泽洞”：县西七里，苍崖峭壁，岩石玲珑，奇怪万状，有泉伏流，冬温夏冷，掬饮甘芳。

清代伍泽梁《祁阳八景词·南乡子·雷洞灵湫》

神物此中居，清浅灵湫不受污。石洞传闻通水府，非虚。人说为霖应旱雩。

紫馆惜荒芜，岩壑依然似画图。屈指洞阳兴创日，堪吁。完得仙棋一局无。

[白鹤云屏]

图清嘉庆《祁阳县志》载“白鹤云屏”

清同治《祁阳县志》“卷之四·山川”载“白鹤山”：县东三十里，崿嶂齐云，林壑幽蔚，相传楚白公奔避于此，其末孙改姓屈名处静，炼丹绝顶，跨鹤仙去，坛灶尚存。

清代伍泽梁《祁阳八景词·卜算子·白鹤云屏》

羽客久飞升，白鹤余空观。华表归来会有时，城郭嗟频换。

禽尚愿空违，婚嫁缘难断。千载悠悠岭上云，怅望腾霄汉。

[紫霄霞绮]

图 清嘉庆《祁阳县志》载“紫霄霞绮”

清嘉庆《祁阳县志》“卷之四·山川”载“乌符山”：县北六十里，宋逸士蒋晖所居，有紫霄观，吕纯阳、白玉蟾曾访之。白书镇蛟符及天篆山铃，高妙淳古，莫测其运笔起止。

清代伍泽梁《祁阳八景词·减字木兰花·紫霄霞绮》

紫霄仙馆，羽客何年丹九转。风马云车，仿佛神光照绮霞。

月瓢承露，犹见回仙题壁处。我欲从之，尚在邯郸未觉时。

【浯溪十六景】

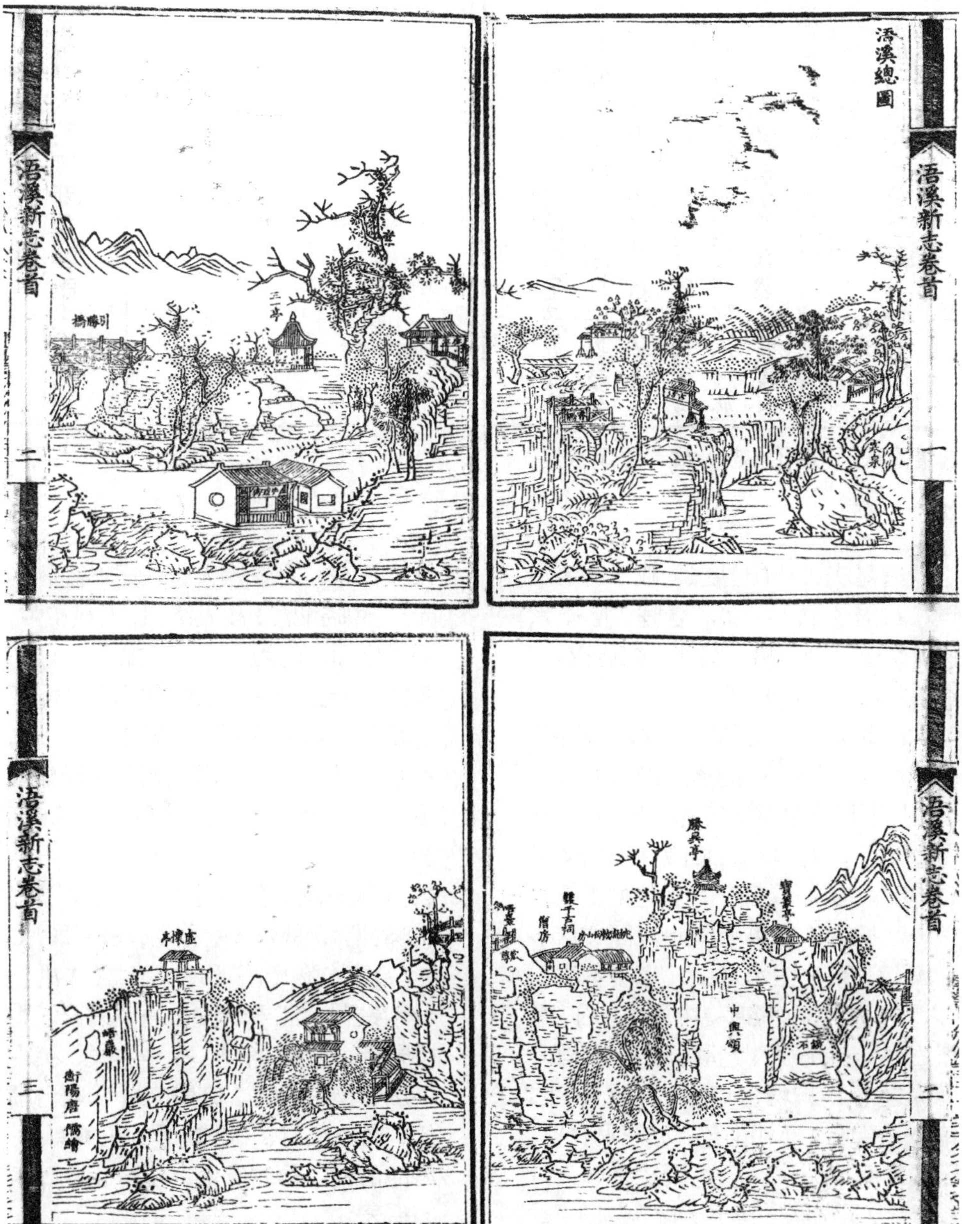

清乾隆《浯溪新志》载“浯溪总图”

浯溪，发源于双牌县阳明山，在祁阳县城南古渡口入湘江。

清光绪《湖南通志》“山川六·永州府一·祁阳县”载“浯溪”：在县西南，溪在州北，水路百余里，流入湘江。此溪口水石绝奇。溪在县南五里，水清石峻。唐上元中，经略使元结家焉。结作《大唐中兴颂》，颜真卿大书刻于此崖。水自双井发源，绕漫郎宅书院前，过渡香桥，北入湘。

浯溪，旧有浯溪八景、浯溪十景、浯溪十六景之说。

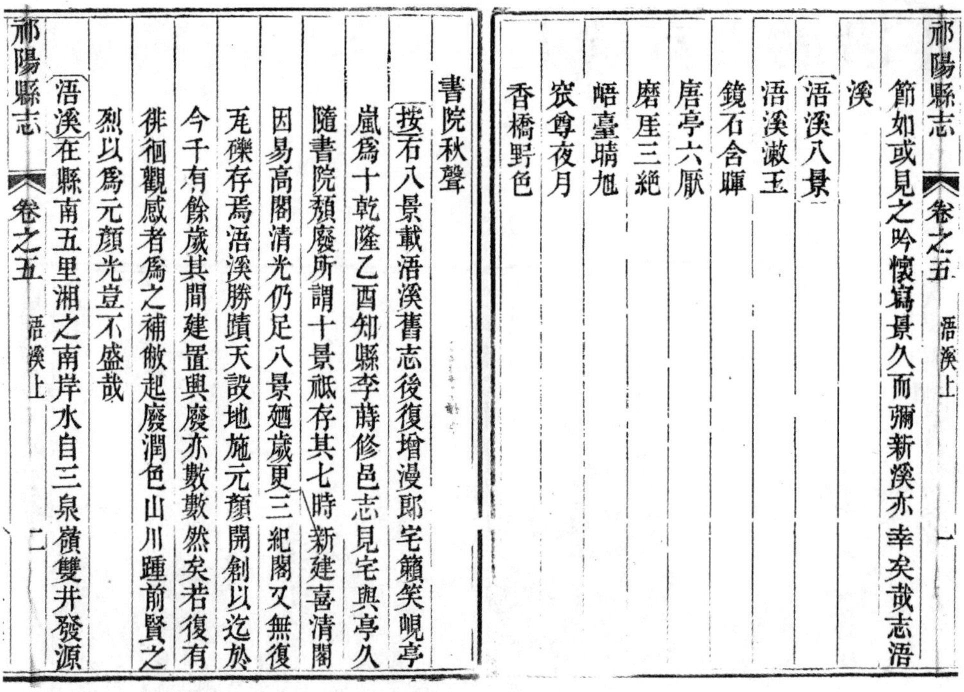

祁陽縣志《卷之五 浯溪上 一

節如或見之吟懷寫景久而彌新溪亦幸矣哉志浯
溪
浯溪八景
浯溪漱玉
鏡石含暉
㢈亭六厭
磨厓三絶
峿臺晴旭
窊尊夜月
香橋野色

祁陽縣志《卷之五 浯溪上 二

書院秋聲
按右八景載浯溪舊志後復增漫郎宅籟笑峴亭嵐爲十乾隆乙酉知縣李蒔修邑志見宅與亭久隨書院頹廢所謂十景祇存其七時新建喜清閣因易高閣清光仍足八景廼歲更三紀閣又無復瓦礫存焉浯溪勝蹟天設地施元顔開創以迄於今千有餘歲其間建置興廢亦數數然矣若復有徘徊觀感者爲之補敝起廢潤色山川踵前賢之烈以爲元顔光豈不盛哉
浯溪在縣南五里湘之南岸水自三泉嶺雙井發源

▣清嘉庆《祁阳县志》载“浯溪八景”

清嘉庆《祁阳县志》载“浯溪八景”：浯溪漱玉、镜石含晖、㢈亭六厌、摩崖三绝、峿台晴旭、窊尊夜月、香桥野色、书院秋声。

清乾隆《祁阳县志》“卷六·浯溪”载“浯溪八景”：浯溪之景引人入胜者，几于目不给赏。其尤胜者，曰“浯溪漱玉”，溪中水石相激，声如漱玉也。曰“镜石涵辉”，石色如墨玉，以湘水拭之，照彻万象也。曰“㢈亭六厌”，亭上山水环绕，应接不暇，“六厌”则元公《铭序》中语也。曰“磨崖三绝”，合崖石、元颂、颜书之高妙，而称之也。曰“峿台晴旭”，危石临江，每晓霁登临，环祁山色，尽归眼底也。曰“窊尊夜月”，台有天然窊尊，月夜登之，眺湘波，浮光无际也。曰“香桥野色”，桥跨浯溪石浒，鸣禽上下，樵牧往来，野景娱人也。曰“高阁川光”，阁临湘江，波光潆洄，人在镜中，浯溪生面，此为别开云。按：旧《志》载浯溪十景，有“书院秋声”“漫郎宅籁”“笑岘亭岚”，故迹并久湮废，不必仍循其名，今俱从删。独新建喜清阁，傍崖临流，引人入胜，爰增“高阁川光”一景，合原存七景，适符八数。旧《志》又有续增“江干晚渡”“梵院晓钟”，是处皆可移动，概无取焉。

清乾隆《浯溪新志》载“浯溪十六景”：江干晚渡、浯溪漱玉、香桥野色、梵院晓钟、㢈亭六厌、笑岘亭岚、镜石含辉、磨崖三绝 、峿台晴旭、窊尊夜月、石屏拥翠、玉篆新搜、浯池浴鹭、峿岩窥湘、三一览胜、㢈庐宿云。

［江干晚渡］

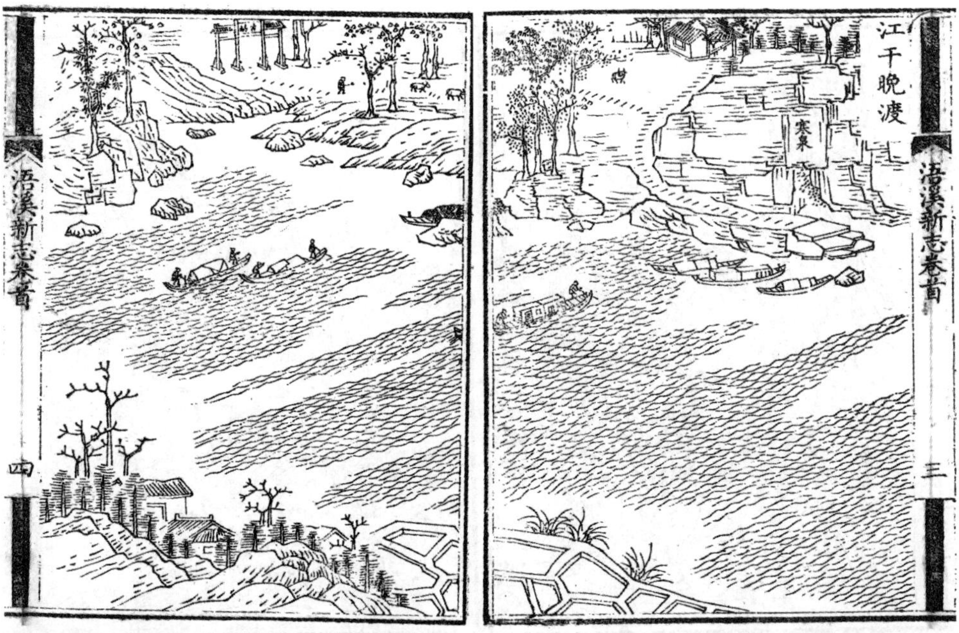

清乾隆《浯溪新志》载“江干晚渡”

清乾隆《浯溪新志》“卷之四”载“江干晚渡”：即浯溪渡（以渡由湘江故曰江干）。又载“浯溪渡”：浯溪口之西有埠焉，当楚粤官道之冲，县驿由陆路至者必泛舟以渡。旧在摩崖下，登岸由浯溪书院前达郡治，后驿路既改，因移渡于溪之西南。雍正间，复设于上游，距浯溪半里，名新埠头，今渡香桥前数十步，亦有埠。晋江黄中通刻“寒泉”两大字于石壁，各五尺，崖上既多古木，浓阴远荫，绿压舣篷，或朝旭剪江，或残阳半渡，为朗吟唐人溪上马嘶、柳边人歇之句，分明一幅小李将军着色画矣。

[浯溪漱玉]

▣清乾隆《浯溪新志》载“浯溪漱玉”

清乾隆《浯溪新志》“卷四”载“浯溪漱玉”：言溪水琤琮如漱玉声也。

清代阮学浩《浯溪漱玉》

松偃梅攲橘刺低，琤琮一派岸东西。春塍映带溪流碧，隔陇新耕雨一犁。

[香桥野色]

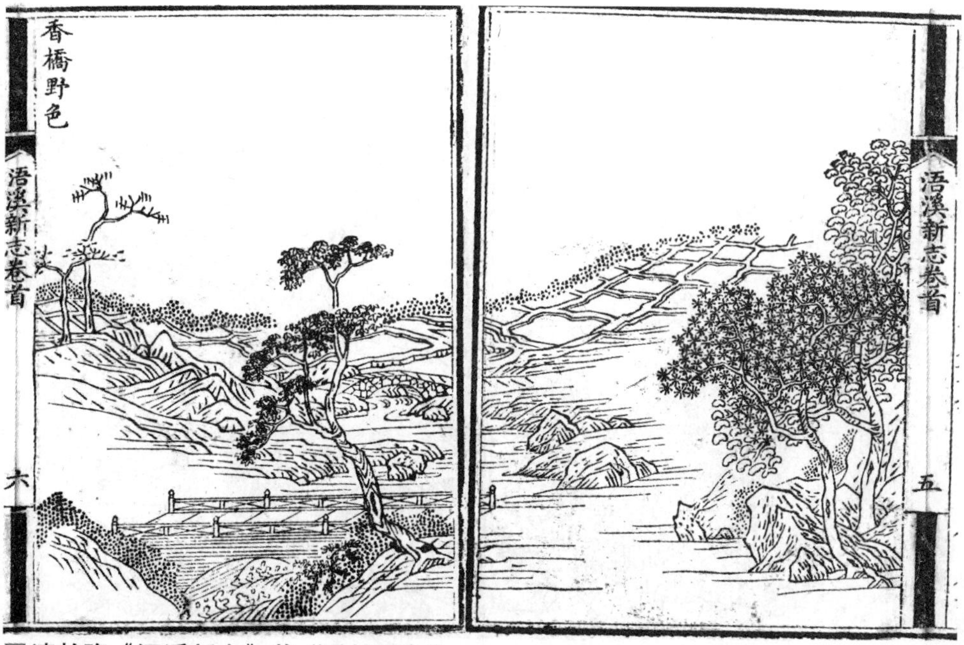

清乾隆《浯溪新志》载“香桥野色”

清乾隆《浯溪新志》“卷四”载“香桥野色”：渡香桥畔，野趣最胜。又载“渡香桥”：在庴亭西南三十余步，跨浯溪溪水，过此即与湘水会，两岸幽篁古木，细芷浓花，四时不绝，游者至此裙屐俱染余香矣。

清代阮学浩《香桥野色》

石梁宛转压山椒，低覆松枝与柳条。最是免当车马路，杏花如雨带香飘。

［梵院晓钟］

清乾隆《浯溪新志》载“梵院晓钟”

清乾隆《浯溪新志》“卷四”载“梵院晓钟”：中宫寺林深径曲，望不可见。然当客子、维艄、行人晓发，则钟声常在耳焉。

清康熙《浯溪考》“上卷”载“中宫寺”：《舆地纪胜》：浯溪中宫禅寺，本元次山故宅。《浯溪志》：宋庆历中浮屠显万建于浯溪之北，元祐中僧承亮徙溪上游。

[唐亭六厌]

清乾隆《浯溪新志》载“唐亭六厌”

清乾隆《浯溪新志》“卷四”载“唐亭六厌”：远山清川，水声松吹，霜朝寒日，方暑清风，元子所谓六厌也。以今观之，良然。

清代阮学浩《唐亭六厌》

曲槛凌风俨画屏，朝朝远翠落江汀。红尘不到三山畔，目厌逢迎耳厌听。

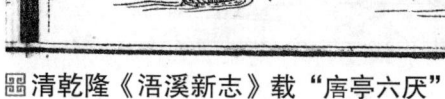

[笑岘亭岚]

清乾隆《浯溪新志》载“笑岘亭岚”

清乾隆《浯溪新志》“卷四”载“笑岘亭岚”：四周山色无间，朝暮空翠，近人如在几席。

清代阮学浩《笑岘亭岚》

石磴缘崖次第探，一亭烟景足春三。闲将岘首评兴废，何日重停载酒骖。

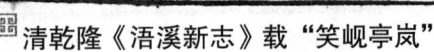

[镜石含辉]

清乾隆《浯溪新志》载“镜石含辉”

清康熙《浯溪考》“上卷”载“镜石”：在摩崖碑之左，高一尺四寸，广二尺三寸。

清乾隆《浯溪新志》“卷三”载“镜石”：杜绾《石谱》：永州祁阳浯溪山岩之侧有立石一片，广数尺，色深清润，光可照物数十步，土人谓之石镜焉。

清代阮学浩《镜石含辉》

浩渺湘波涌翠微，孤悬片石对斜晖。匆忙照过人多少，日日渔蓑镜里归。

[摩崖三绝]

清乾隆《浯溪新志》载“摩崖三绝”

清乾隆《浯溪新志》“卷四·三绝堂”载：宋皇祐六年，县令平乐齐术美元颂、颜书暨摩崖石，称为三绝。

清代阮学浩《摩崖三绝》

一颂中兴事已乖，几行蝌蚪饱风霾。精诚自合垂千古，可但磨崖笔法佳。

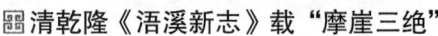

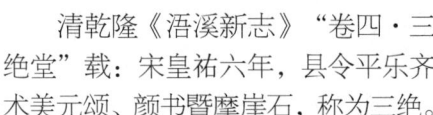

[峿台晴旭]

▣ 清乾隆《浯溪新志》载“峿台晴旭”

清乾隆《浯溪新志》“卷四”载“峿台晴旭”：晴朝远瞩，烟光明灭千里。

清嘉庆《祁阳县志》“卷之五·浯溪（上）”载“峿台”：在庴亭东，石崖高阜。

清代阮学浩《峿台晴旭》

清烟霭霭绿荫成，云与苍岩一样平。记取台边风日好，柳丝桃片近清明。

[窊尊夜月]

清乾隆《浯溪新志》载“窊尊夜月”

清乾隆《浯溪新志》“卷四”载“窊尊夜月”：清桐环列，月色更佳。

清同治《祁阳县志》“卷之五·浯溪（上）”载“窊尊石”：形如臼，洼圆天然若樽，深可贮酒斗许，故名。

清代阮学浩《窊尊夜月》

山色鲜疑着雨痕，绿波环处绝嚣喧。倘容杯饮邀明月，不羡田家老瓦盆。

[石屏拥翠]

清乾隆《浯溪新志》载“石屏拥翠”。另，“卷四”载“石屏拥翠”：宝篆亭后，石壁如屏，绿莎点翠，色如画图。

[玉篆新搜]

清乾隆《浯溪新志》载“玉篆新搜”。另，“卷四”载“玉篆新搜”：李庚《峿台铭》玉筋篆埋没久矣，予剔藓出之，文如新刻，为建亭以表彰其胜概矣。

[浯池浴鹭]

囧清乾隆《浯溪新志》载“浯池浴鹭”。另，“卷四”载“浯池浴鹭”：峿台南不数武，群石环抱，有凹其中，形如半月，一勺渟泓，时有鸥鹭翔浴其间。

[浯岩窥湘]

清乾隆《浯溪新志》载"浯岩窥湘"

清乾隆《浯溪新志》"卷四"载"峿岩窥湘"：含清阁东，得石穴一，深若井螺旋而下，两石捍其前，其北有石室，可坐五六人，微露洞穴，若明窗然。俯瞰湘江，以其地近峿台，予因名之曰峿岩云。

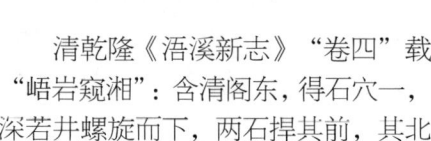

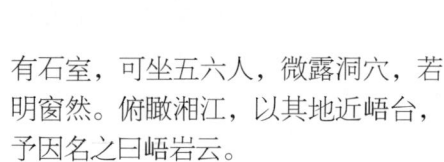

[三一览胜]

清乾隆《浯溪新志》载“三一览胜”。另，“卷三·三一亭”载：峿台之西，渡香桥东有隙地，形三角，若觚棱。岁己丑予始建亭其中，寿樟旁荫，一品石前拱，溪水环流，而予以暇日得吟咏其间，以三一名吾亭，与欧阳六一之义同。

［唐庐宿云］

清乾隆《浯溪新志》载“唐庐宿云”。另，“卷四”载“唐庐宿云”：山云草莽，水云鱼鳞。浯溪富山水，予为构庐以宿云焉，亦曰唐者，继漫郎也。

【祁阳学宫八景】

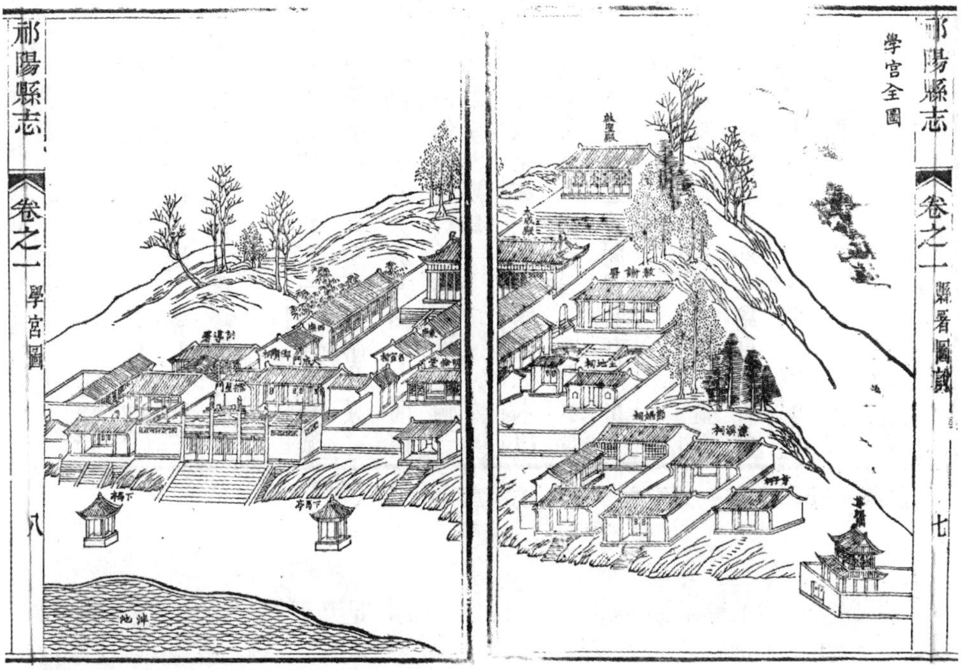

清嘉庆《祁阳县志》载“学宫全图”

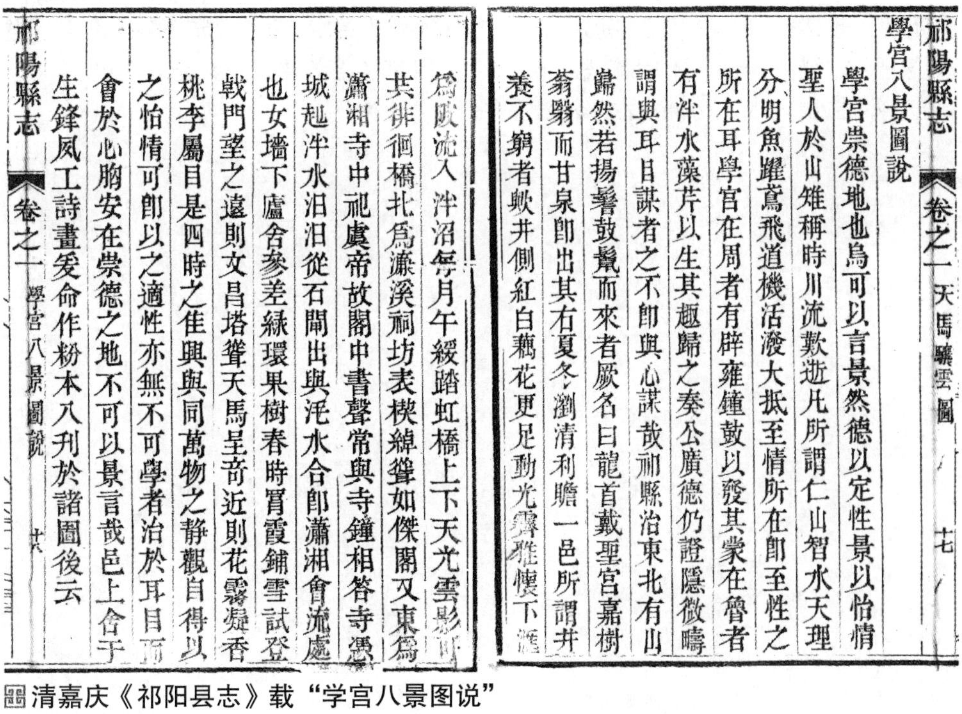

祁陽縣志　卷之一　天馬曉雲圖　十七

學宮八景圖說

學宮崇德地也烏可以言景然德以定性景以怡情聖人於山雉稱時川流歎逝凡所謂仁山智水天理分明魚躍鳶飛道機活潑大抵至情所在即至性之所在耳學宮在周者有辟雍鐘鼓以發其裳在魯者有泮水藻芹以生其趣歸之奏公廣德仍證隱微疇謂與耳目謀者之不即與心謀哉祁縣治東北有山巋然若揚鬐鼓鬣而來者厥名曰龍首戴聖宮嘉樹蓊翳而甘泉即出其右夏冬瀏清利贍一邑所謂井養不窮者歟井側紅白藕花更足動光霽雅懷下滙爲陂流入泮沼每月午綏踏虹橋上下天光雲影可共徘徊橋北爲濂溪祠坊表楔綽聳如傑閣又東爲瀟湘寺中祀虞帝故閣中書聲常與寺鐘相答寺憑城越泮水汩汩從石間出與浯水合即瀟湘會流處也女墻下廬舍參差綠環果樹春時胃霞鋪雪試登戟門望之遠則文昌塔聳天馬呈奇近則花露凝香桃李屬目是四時之佳興與同萬物之靜觀自得以之怡情可即以之適性亦無不可學者治於耳目而會於心胸安在崇德之地不可以景言哉邑上舍于生鋒凤工詩畫爰命作粉本八刋於諸圖後云

祁陽縣志　卷之一　學宮八景圖說　十六

清嘉庆《祁阳县志》载“学宫八景图说”

永州卷

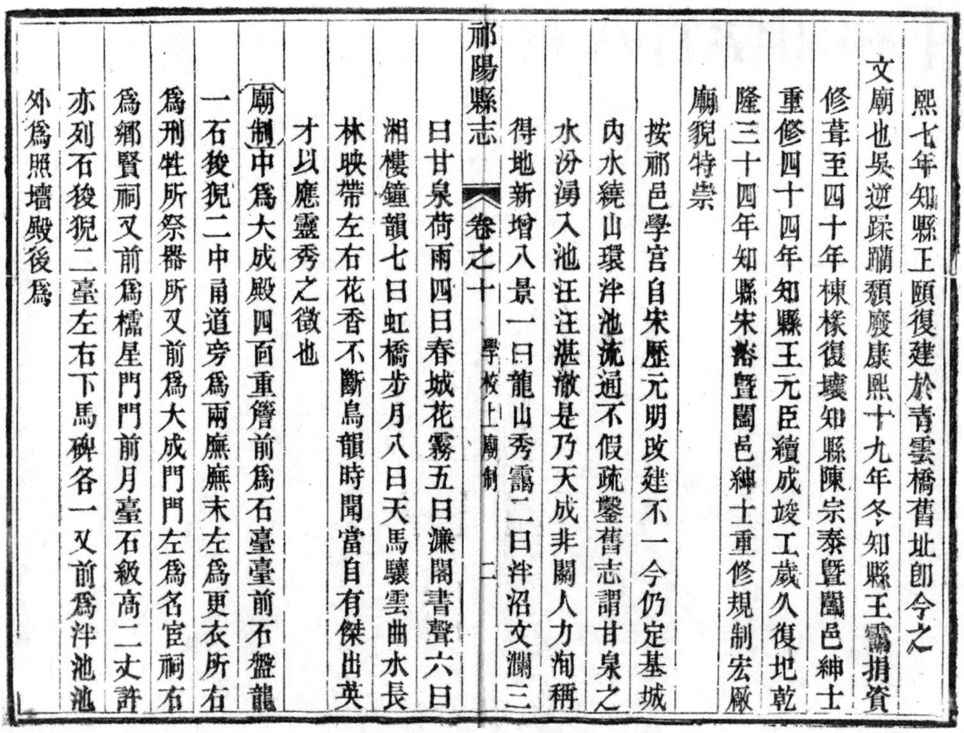
熙七年知縣王頤復建於青雲橋舊址卽今之
文廟也吳逆蹂躪頹廢康熙十九年冬知縣王霨捐資
修葺至四十年棟榱復壞知縣陳宗泰暨闔邑紳士
重修四十四年知縣王元臣續成竣工歲久復圯乾
隆三十四年知縣宋溶暨闔邑紳士重修規制宏廠
廟貌特崇
按祁邑學宮自宋歷元明改建不一今仍定基城
內水繞山環泮池流通不假疏鑿舊志謂甘泉之
水汾涌入池汪汪湛澈是乃天成非關人力洵稱
得地新增八景一曰龍山秀靄二曰泮沼文瀾三
祁陽縣志 卷之十 學校上 廟制 二
曰甘泉荷雨四曰春城花霧五曰濂閣書聲六曰
湘樓鐘韻七曰虹橋步月八曰天馬驤雲曲水長
林映帶左右花香不斷鳥韻時聞當自有傑出英
才以應靈秀之徵也
廟制中爲大成殿四面重簷前爲石臺臺前石盤龍
一石狻猊二中甬道旁爲兩廡廡末左爲更衣所右
爲刑牲所祭器所又前爲大成門門左爲名宦祠右
爲鄉賢祠又前爲欞星門門前月臺石級高二丈許
亦列石狻猊二臺左右下馬碑各一又前爲泮池池
外爲照墻殿後爲

清嘉庆《祁阳县志》“卷之十·学校”载“学宫八景”

祁阳龙山，位于祁阳县城，为旧时学宫之后山。山脚下，有泮池（今莲子塘），山西麓有甘泉井。

清嘉庆《祁阳县志》“卷之十·学校”载“学宫八景”：祁邑学宫自宋历元明，改建不一，今仍定基城内，水绕山环，泮池流通，不假疏凿。旧《志》谓甘泉之水，汾涌入池，汪汪湛澈，是乃天成，非关人力。洵称得地，新增八景：一曰龙山秀霭、二曰泮沼文澜、三曰甘泉荷雨、四曰春城花雾、五曰濂阁书声、六曰湘楼钟韵、七曰虹桥步月、八曰天马骧云，曲水长林，映带左右，花香不断，鸟韵时闻，当自有杰出英才以应灵秀之征也。

[龙山秀霭]

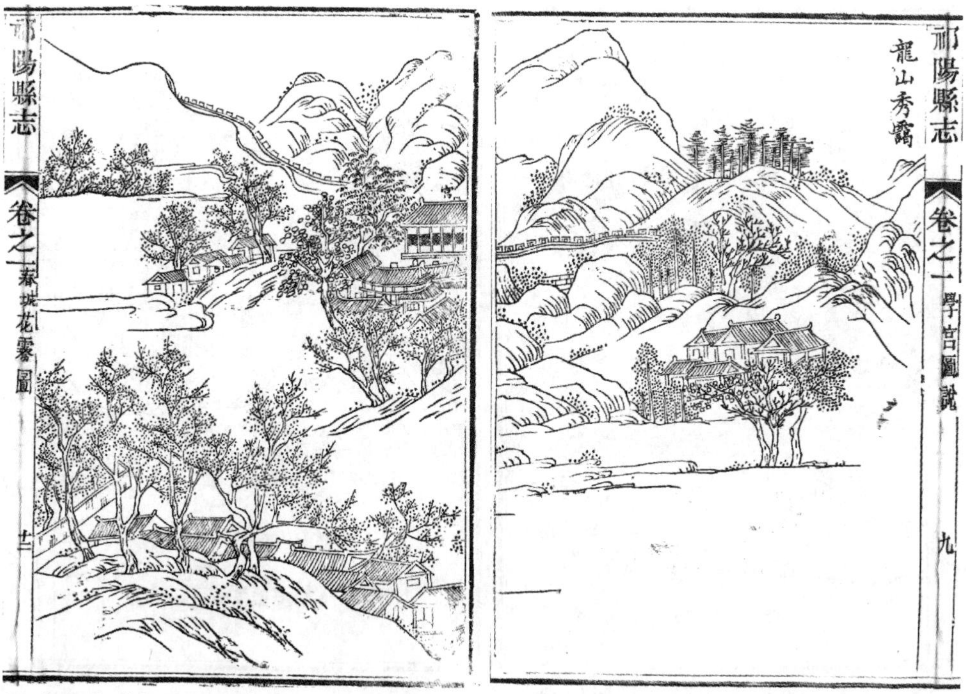

▣清嘉庆《祁阳县志》载“龙山秀霭”

清嘉庆《祁阳县志》“卷之四·山川”载“龙山”：在城内学宫后，高居雉堞，最称杰秀。右为甘泉活水，流经山趾，汇为泮池，山与池均列学宫八景。

[甘泉荷雨]

图 清嘉庆《祁阳县志》载"甘泉荷雨"

清嘉庆《祁阳县志》"卷之四·山川"载"甘泉"：城内龙山之右，水由地中涌出，其色深靓，甘芳清冽，随波随满。先贤邹浩有《铭》，南轩张栻得墨本有跋。泉旁一带，塘悉种荷，每当夏秋间，翠盖红蕖掩映，绿波清香扑鼻，爽气宜人，今列为学宫八景。

[濂阁书声]

清嘉庆《祁阳县志》载“濂阁书声”

清嘉庆《祁阳县志》“艺文·国朝诗”载“王矩《学宫八景·濂阁书声》”：何必岩中月，名山好读书。窗环草青翠，声在树扶疏。萤影黄昏后，鸡鸣晓梦初。濂溪如可到，应解爱芙蕖。

[湘楼钟韵]

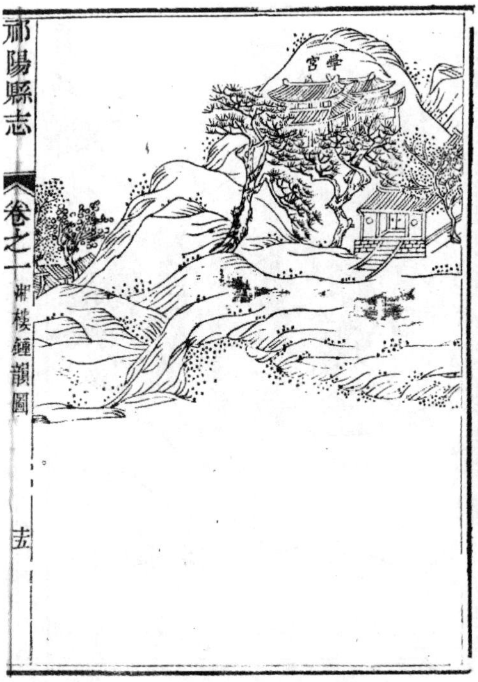

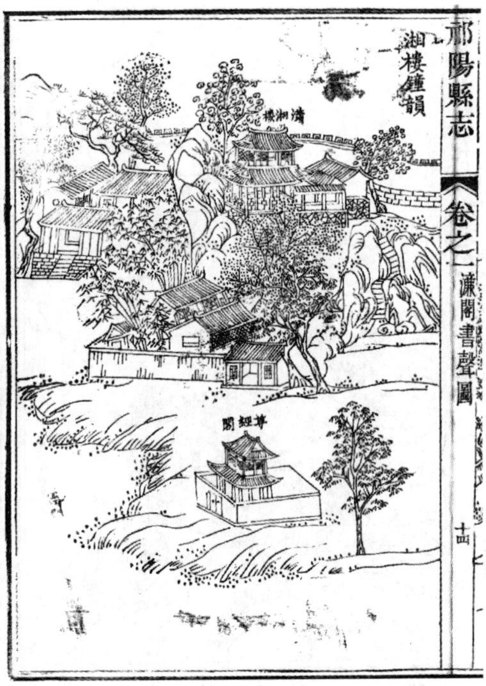

图 清嘉庆《祁阳县志》载“湘楼钟韵”

清嘉庆《祁阳县志》“寺观”载“潇湘庙”：在潇湘门内，泮水从此入湘，突起石冈，约五亩许，石多玲珑崱屴，若画家斧劈马齿诸皴，嘉木美箭从石罅生出，掩映于睥睨之间，上祀虞帝暨二妃。神庙前旧有合江亭、元华阁、缘拓城废之。国朝顺治十四年总戎陈德重修。乾隆十年，僧方峄募众于庙右叠石建亭以供游眺。

[虹桥步月]

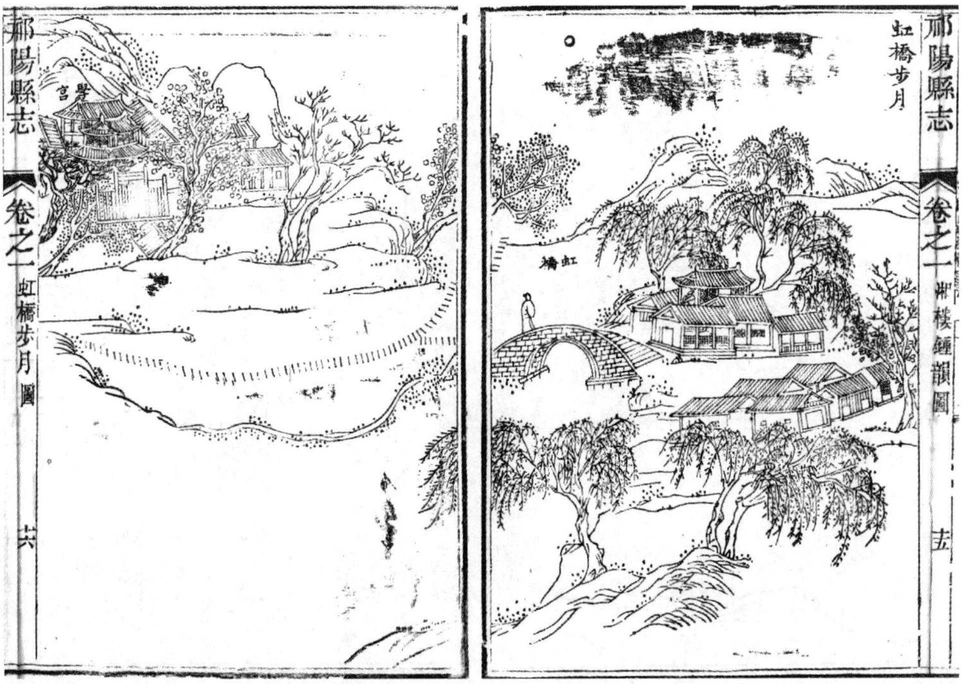

圖清嘉庆《祁阳县志》载“虹桥步月”。另，“卷之六·桥渡”载“青云桥”：在儒学左，明钱中选修，入学宫八景。

［天马骧云］

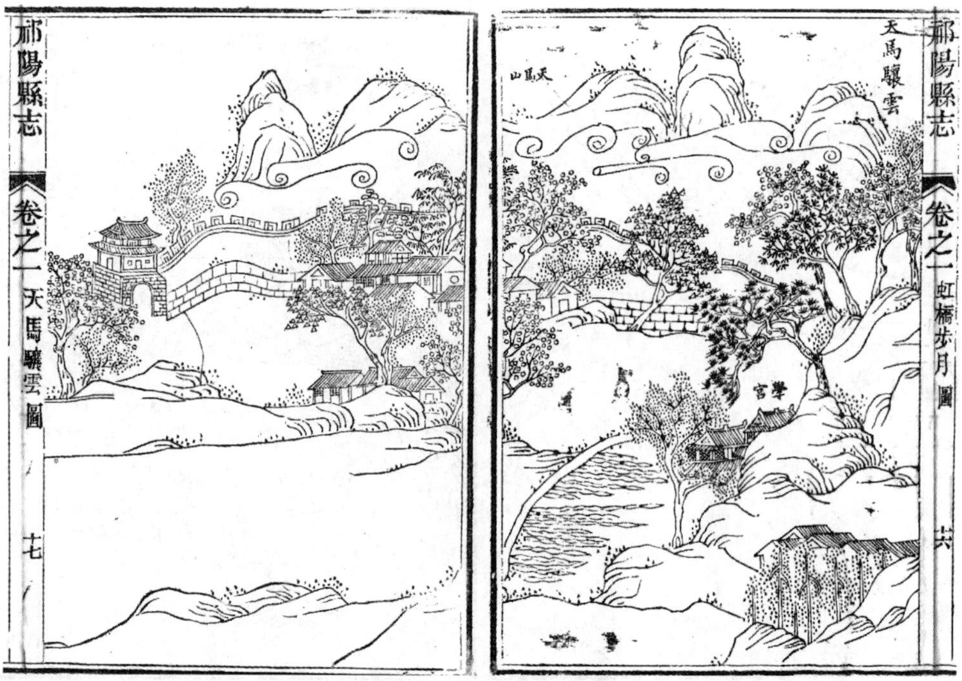

清嘉庆《祁阳县志》载“天马骧云”。另，“卷之四·山川”载“天马山”：县东五里，山势雄拔如天马腾空，峙文昌塔后，为邑下关之镇，列学宫八景。

[泮沼回澜]

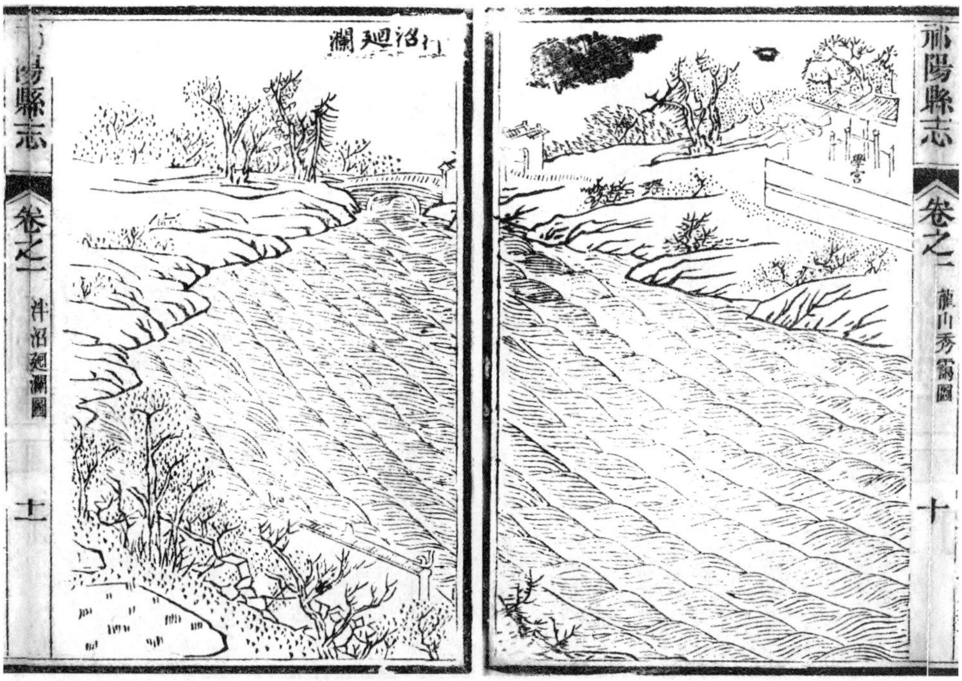

圖清同治《祁阳县志》载“泮沼回澜”

清乾隆《祁阳县志》“卷之二·学校”载“泮池”：旧《志》云：松山之水，阴绕入池，汪汪湛澈，是乃天成，非关人力。

清嘉庆《祁阳县志》“艺文·国朝诗”载“王矩《学宫八景·泮沼文澜》”：源头来活水，风过沼生澜。洙泗当前是，文章此处观。月华辉片玉，霞影皱轻纨。尽有登龙鲤，飞腾拭目看。

[春城花雾]

图 清同治《祁阳县志》载“春城花雾”

旧时，祁阳古城环城皆桃李也，殆不可以千百计。李树多于桃树，桃红李白，簇簇团团，花雾弥漫。

清嘉庆《祁阳县志》“艺文·国朝诗”载“刘笃庆《春城花雾》”：万物春骀荡，环城景色嘉。直将花作县，翻爱雾藏家。夺目光难掩，寻芳路恐差。浓看浮雉堞，艳欲闹蜂衙。风软红初露，烟轻馥更加。公门桃李茂，结实更含花。

清代伍泽梁《祁阳八景词·渔家傲·春城花雾》

如画江城寰海少，春来芳景天然妙。花气氤氲香雾绕，桃李笑，石家锦障平铺好。

怀县风流称绝调，人工欲助天工巧。可惜等闲人不晓，风信到，落英满地随芳草。

【东安十景】

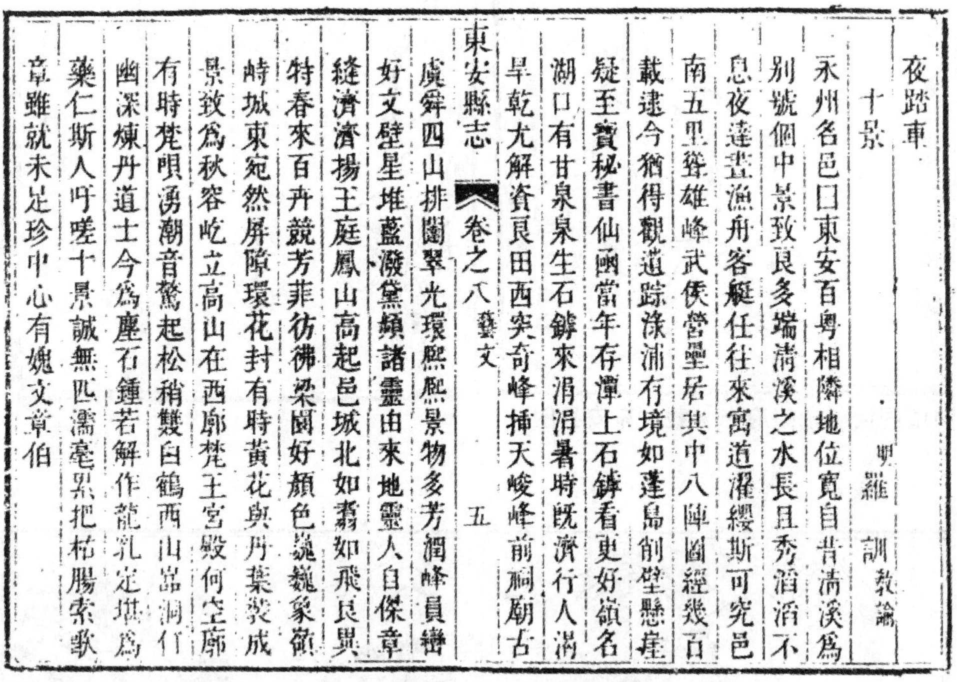

夜踏車

十景　　明 羅訓 教諭

永州各邑曰東安百粤相隣地位寬自昔清溪爲
別號個中景致良多端清溪之水長且秀滔滔不
息夜達甞漁舟客艇任往來寓道濯纓斯可究邑
南五里聳雄峰武侯營壘居其中八陣圖經幾百
載逮今猶得觀道踪涤浦有境如蓬島削壁懸崖
疑至寶秘書仙函當年存潭上石鋳看更好嶺名
湖口有甘泉泉生石罅來涓涓暑時既濟行人渴
旱乾尤解資艮田西突奇峰挿天峻峰前祠廟古

東安縣志　卷之八 藝文　五

虞舜四山排闥翠光環熙熙景物多芳潤峰員巒
好文璧星堆藍潑黛頻諸靈由來地靈人自傑章
縫濟濟揚王庭鳳山高起邑城北如翥如飛艮異
特春來百卉競芳菲彷彿梁園好顏色巍巍象嶺
峙城東宛然屏障環花封有時黃花與丹葉裝成
景致爲秋容屹立高山在西廓梵王宮殿何空廓
有時梵唄湧潮音驚起松稍雙白鶴西山嵓洞仃
幽深煉丹道士今爲塵石鍾若解作龍乳定堪爲
藥仁斯人吁嗟十景誠無匹濡毫累把枯腸索歌
章雖就未足珍中心有媿文章伯

清乾隆《东安县志》“卷之八·艺文”载“明罗训《十景》诗”

东安，春秋战国时境域属楚南境。秦时，属长沙郡。汉武帝元鼎六年（前111），境域属零陵郡洮阳县。三国赤壁之战后，境内属蜀零陵郡，蜀章武二年（222）属吴之零陵郡。

西晋惠帝永熙元年（290）析零陵郡观阳县置应阳县，隶零陵郡。境域始建县，即东安县前身。《水经注》云：应阳县“盖既应水为名也”。

南朝宋武帝永初元年（420），应阳县改应阳男国。

南朝陈宣帝太建五年（573），应阳改男国为子国。陈后主至德四年（586），应阳改为公国，仍属零陵郡。隋文帝开皇九年（589），应阳县并入零陵县。

唐昭宗光化元年（898），马殷取永州，在原应阳境内立东安场。五代时，境域属楚永州府零陵县地。宋太宗雍熙元年（984），析零陵县地，升东安场置东安县，属永州零陵郡。境域复立县。

元世祖至元十四年（1277），改永州零陵郡为永州路，县属永州路。明洪武元年（1368），属永州府。清康熙三年（1664），隶属湖南省衡永郴桂道永州府。

清乾隆《东安县志》“卷之一·疆域”载“东安十景”：凤山春色、象岭秋容、文璧孕灵、幽岩含秀、舜峰遗象、葛岭旧垒、一溪环带、五峰呈图、高山古刹、湖岭甘泉。又载“续清溪四景”：紫亭观澜、文阁凌云、塔峰插汉、浮虹架波。

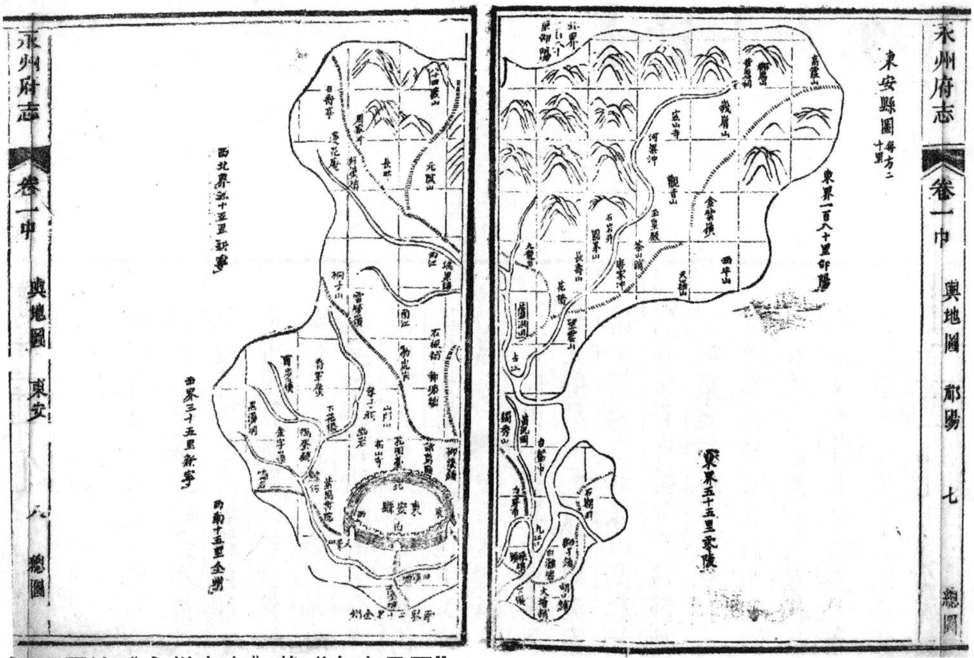

清同治《永州府志》载“东安县图”

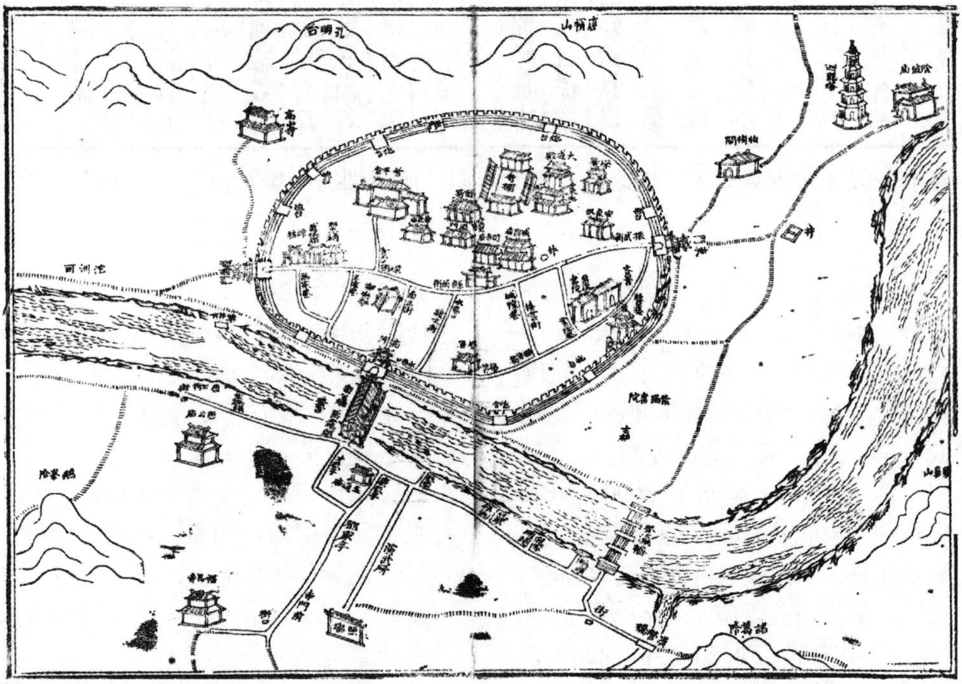

清光绪《东安县志》载“县城图”

[凤山春色]

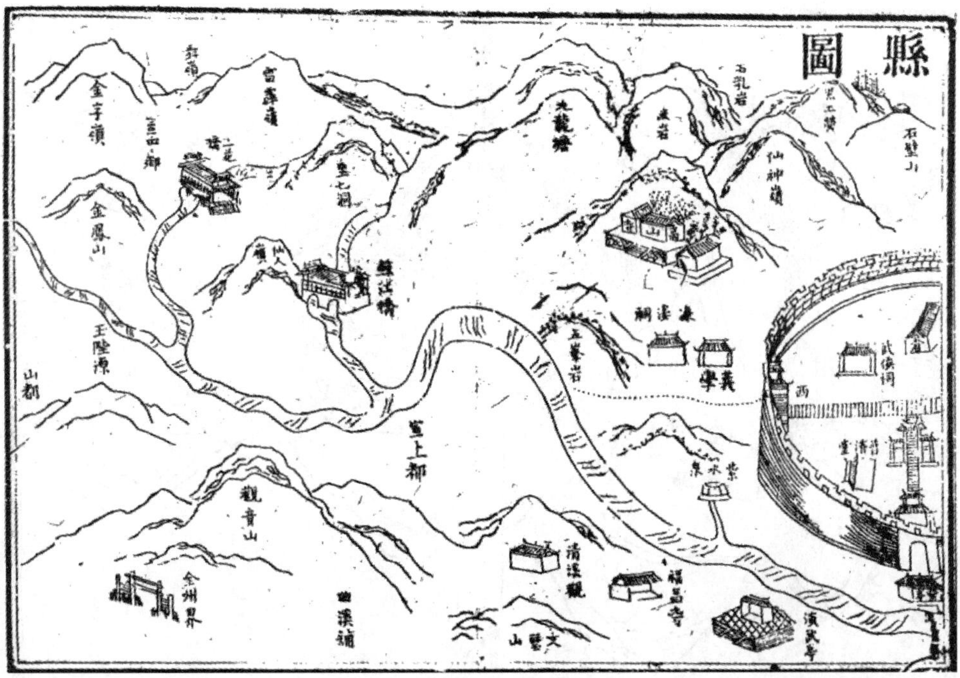

▣ 清乾隆《东安县志》“东安县图”（局部）载“金凤山”。另，“卷之一・疆域・山川”载“金凤山”：在县西三十里，列嶂苍苍，如凤冲霄，绝顶有天宁寺。

[象岭秋容]

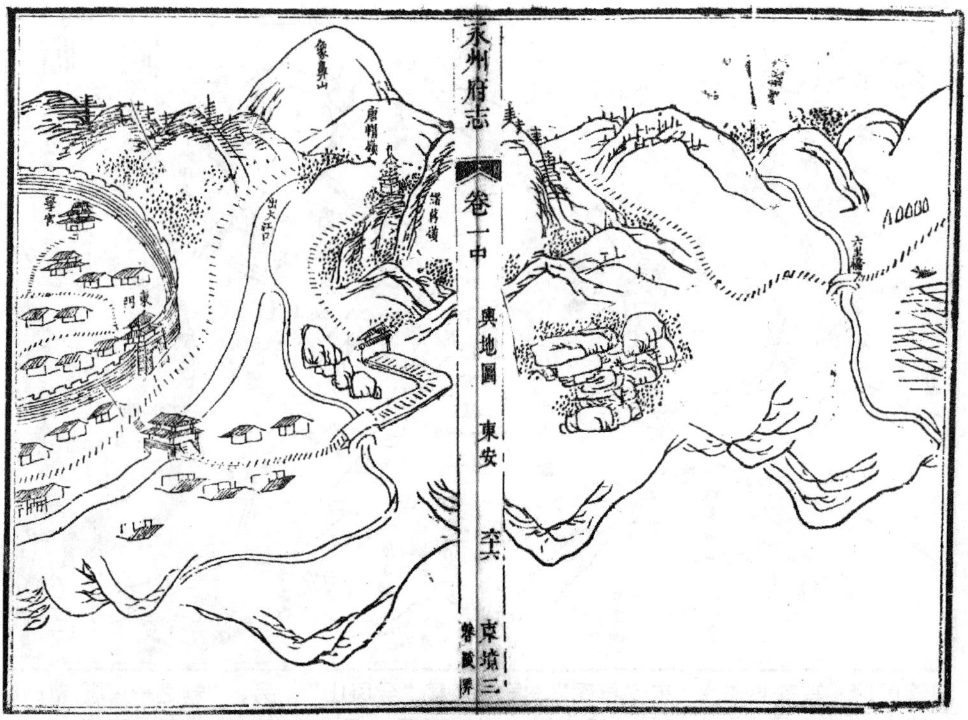

清同治《永州府志》“东安县四境图”（局部）载“象鼻山”。清乾隆《东安县志》“卷之一·疆域·山川”载“象鼻山”：在县东一里许，仪状奇诡，修鼻肖象，故名。

［文璧孕灵］

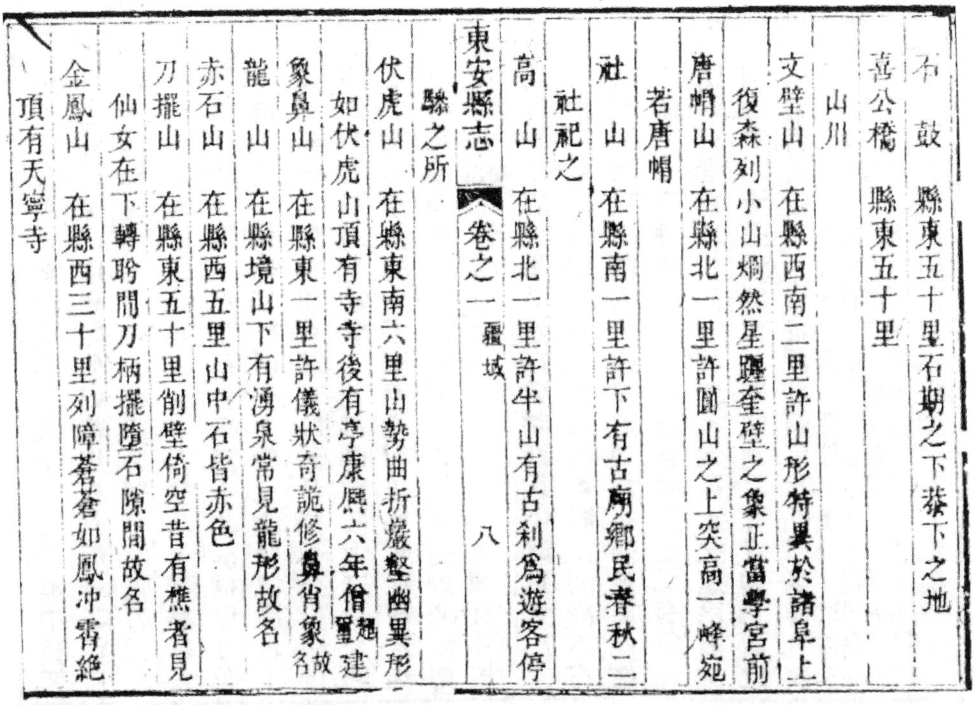
石鼓　縣東五十里石期之下棼下之地
喜公橋　縣東五十里
山川
文壁山　在縣西南二里許山形特異於諸阜上復森列小山燗然星躔奎壁之象正當學宮前
唐帽山　在縣北一里許圓山之上突高一峰宛若唐帽
社山　在縣南一里許下有古廟鄉民春秋二社祀之
高山　在縣北一里許半山有古刹爲遊客停驂之所
東安縣志　卷之一　疆域　八
伏虎山　在縣東南六里山勢曲折巖壑幽異形如伏虎山頂有寺寺後有亭康熙六年僧超寶建
象鼻山　在縣東一里許儀狀奇詭修鼻肖象故名
龍山　在縣境山下有湧泉常見龍形故名
赤石山　在縣西五里山中石皆赤色
刀攏山　在縣東五十里削壁倚空昔有樵者見仙女在下轉盼間刀柄攏墮石隙間故名
金鳳山　在縣西三十里列障蒼蒼如鳳冲霄絕頂有天寧寺

清乾隆《东安县志》“卷之一·疆域·山川”载“文璧（璧）山”：在县西南二里许，山形特异，于诸阜上复森列小山，迥然星躔，奎璧之象，正当学宫前。

[幽岩含秀]

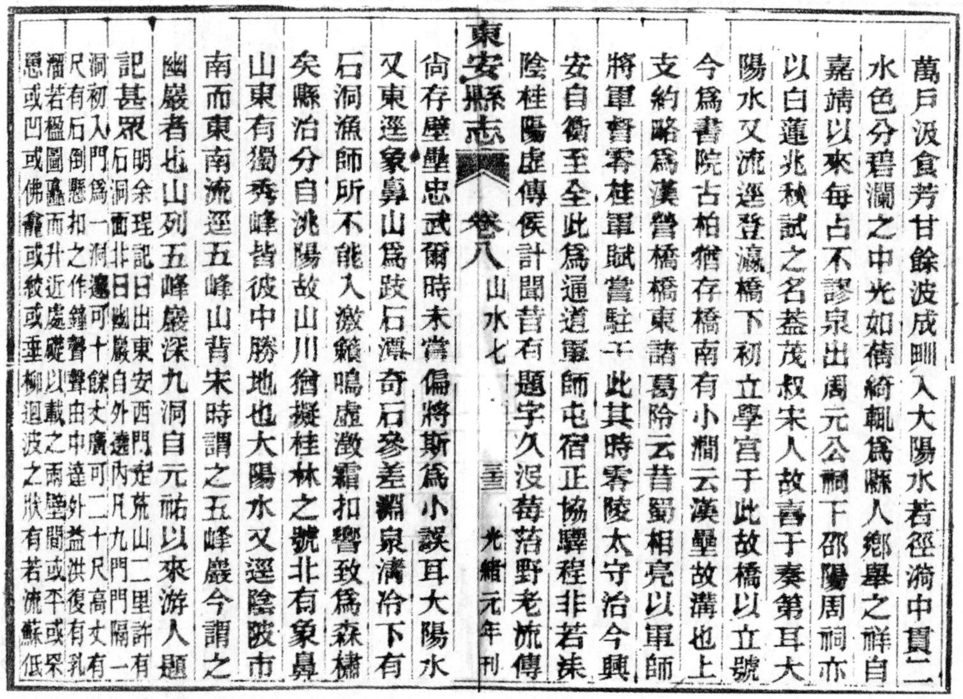

萬戶汲食芳甘餘波成甽入大陽水若徑滴中貫二一水色分碧瀾之中光如倚綺輒爲縣人鄉舉之祥自嘉靖以來每占不謬泉出周元公祠下邵陽周祠亦以白蓮兆秋試之名蓋茂叔宋人故書于奏第耳大陽水又流逕登瀛橋下初立學宮于此故橋以立號今爲書院古柏猶存橋南有小㵎云漢壘故溝也上支約略爲漢營橋橋東諸葛除云昔蜀相亮以軍師將軍督零桂軍賦嘗駐于此其時零陵太守治今興安自衡至全此爲通道軍師屯宿正協驛程非若洙陰桂陽虛傳侯計聞昔有題字久沒莓苔野老流傳

東安縣志　卷八　山水七　三　光緒元年刊

倘存壁壘忠武爾時未嘗偏將斯爲小誤耳大陽水又東逕象鼻山爲跂石灘奇石參差淵泉清泠下有石洞漁師所不能入激籟鳴虛激霜扣響致爲森橚矣縣治分自洮陽故山川猶擬桂林之號北有象鼻山東有獨秀峰皆彼中勝地也大陽水又逕陰陂市南而東南流逕五峰山背宋時謂之五峰巖今謂之幽巖者也山列五峰巖深九洞自元祐以來游人題記甚衆明余理記曰出東安西門走荒山二里許有石洞面北日幽巖自外達內凡九門門隔一洞初入門爲一洞邃可十餘丈廣可二十尺高丈有尺有石倒懸扣之作鐘磬聲由中達外益洪復有乳溜若楹圖蟲而升近處礎以載之兩壁間或平或累懸或凹或佛龕或鼓或垂柳迴波之狀有若流蘇低

清光绪《东安县志》载“幽岩”

清乾隆《东安县志》“卷之一·疆域·山川”载“幽岩”：在县西高山之上，石背嶙峋，下折而入，为洞者九，中敞下坦，其奇胜不可言状，游者谛视不忍释去。

明代杨鳌《幽岩》

九窟幽深呈绝景，岩门古木自荒凉。多情赖有山头月，犹自依依照一方。

[舜峰遗像]

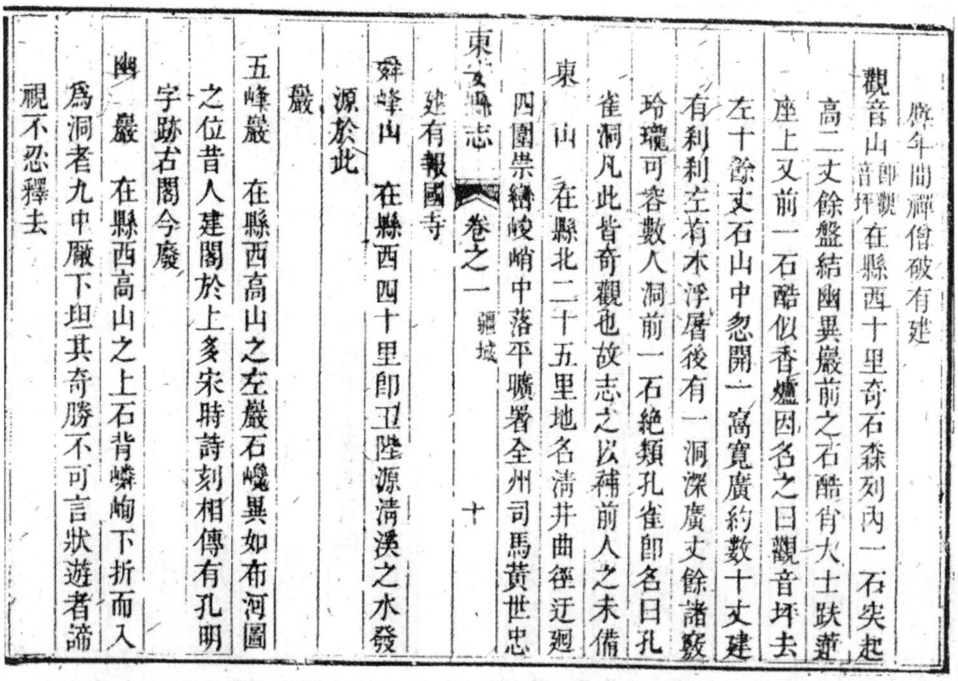

歷年間禪僧破有建
觀音山即觀音坪 在縣西十里奇石森列內一石突起
高二丈餘盤結幽異巖前之石酷肖大士趺蓮
座上又前一石酷似香爐因名之曰觀音坪去
左十餘丈石山中忽開一竅寬廣約數十丈建
有刹刹左有木浮屠後有一洞深廣丈餘諸竅
玲瓏可容數人洞前一石絕類孔雀即名曰孔
雀洞凡此皆奇觀也故志之以補前人之未備
東山 在縣北二十五里地名清井曲徑迂廻
四圍祟巒峻峭中落平曠署全州司馬黃世忠

東安縣志 卷之一 疆域 十

建有報國寺
舜峰山 在縣西四十里即玉陛源清溪之水發
源於此
巖
五峰巖 在縣西高山之左巖石巉異如布河圖
之位昔人建閣於上多宋時詩刻相傳有孔明
字跡右閣今廢
幽巖 在縣西高山之上石背嶙峋下折而入
為洞者九中廠下坦其奇勝不可言狀遊者諦
視不忍釋去

清乾隆《东安县志》“卷之一·疆域·山川”载“舜峰山”：在县西四十里，即玉陛源，清溪之水发源于此。

［葛岭旧垒］

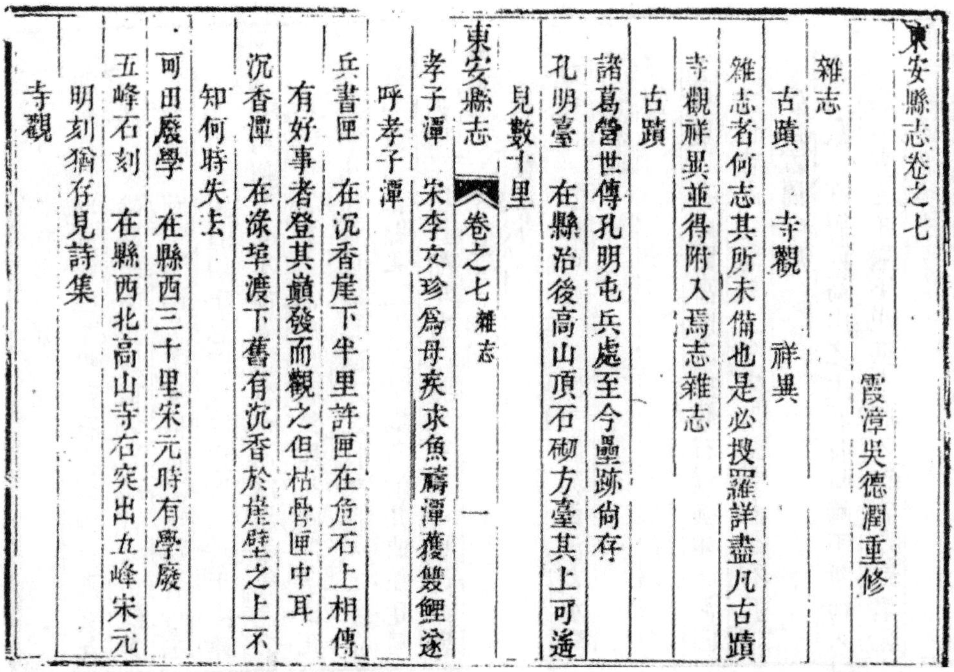

東安縣志卷之七

霞漳吳德潤重修

雜志

古蹟　寺觀　祥異

雜志者何志其所未備也是必捜羅詳盡凡古蹟寺觀祥異並得附入焉志雜志

古蹟

諸葛營世傳孔明屯兵處至今壘跡尚存

孔明臺　在縣治後高山頂石砌方臺其上可遙見數十里

東安縣志　卷之七　雜志　一

孝子潭　宋李文珍爲母疾求魚禱潭獲雙鯉遂呼孝子潭

兵書匣　在沉香崖下半里許匣在危石上相傳有好事者登其巔發而覩之但枯骨匣中耳

沉香潭　在滌革渡下舊有沉香於崖壁之上不知何時失去

可田廢學　在縣西三十里宋元時有學廢

五峰石刻　在縣西北高山寺右突出五峰宋元明刻猶存見詩集

寺觀

▣清乾隆《东安县志》“古迹”载“诸葛营”：世传孔明屯兵处，至今垒迹尚存。

清乾隆《东安县志》“卷之一·疆域·山川”载“诸葛岭”：在县南半里许，相传武侯尝驻兵于此，壁垒之迹犹存。岭下石壁镌有“汉营古迹”四大字。

［一溪环带］

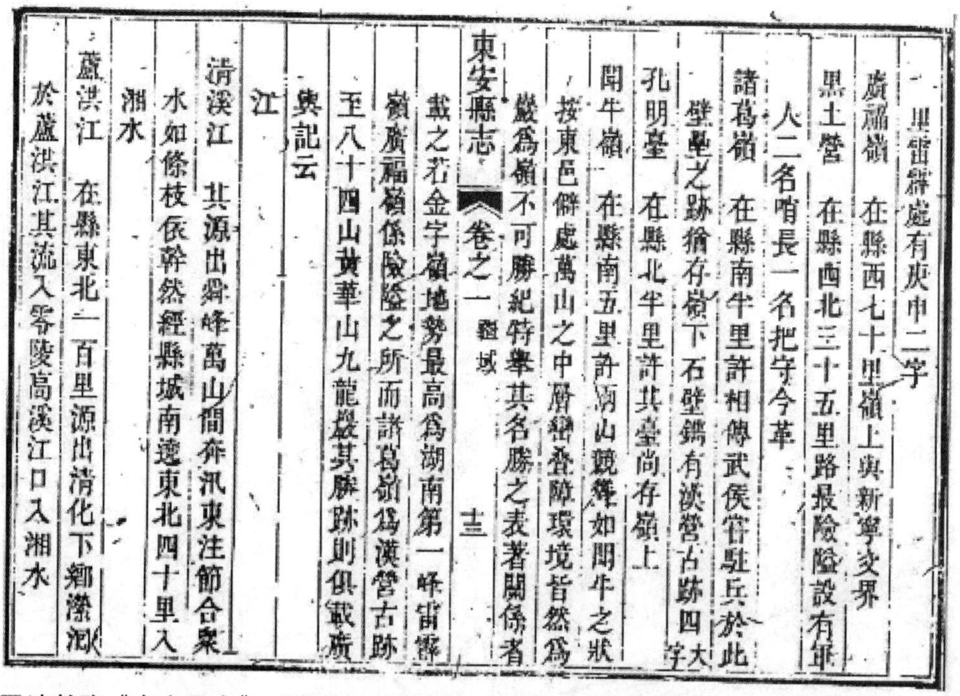

一里雷霹處有庚申二字
廣福嶺　在縣西七十里嶺上與新寧交界
黑土營　在縣西北三十五里路最險隘設有卒
人二名哨長一名把守今革
諸葛嶺　在縣南牛里許相傳武侯嘗駐兵於此
壁壘之跡猶存嶺下石壁鐫有漢營古跡四大字
孔明臺　在縣北半里許其臺尚存嶺上
鬪牛嶺　在縣南五里許兩山競聳如鬪牛之狀
按東邑僻處萬山之中層巒叠障環境皆然爲
巖爲嶺不可勝紀特舉其名勝之表著關係者
東安縣志　卷之一　疆域　十三
載之若金字嶺地勢最高爲湖南第一峰雷霹
嶺廣福嶺係險隘之所而諸葛嶺爲漢營古跡
至八十四山黄華山九龍巖其靡跡則俱載廣
輿記云
江
清溪江　其源出舜峰萬山間奔汛東注節合衆
水如條枝依幹然經縣城南遶東北四十里入
湘水
蘆洪江　在縣東北一百里源出清化下鄉瀠洄
於蘆洪江其流入零陵高溪江口入湘水

清乾隆《东安县志》“卷之一·疆域·山川”载“清溪江”：其源出舜峰，万山间奔汛东注，节合众水，如条枝依干然，经县城南绕东北四十里入湘水。

[五峰呈图]

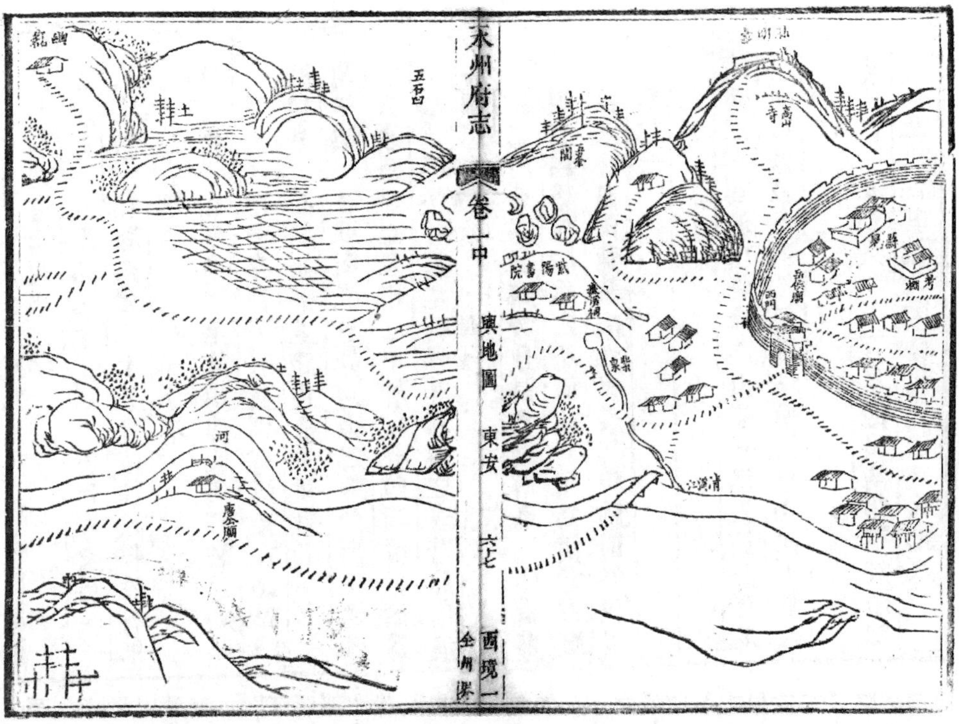

清同治《永州府志》“东安县四境图”（局部）载“五峰阁”

清乾隆《东安县志》“卷之一·疆域·山川”载“五峰岩”：在县西高山之左，岩石巉异，如布河图之位。昔人建阁于上，多宋时诗刻。相传有孔明字迹，古阁今废。

[高山古刹]

甯鄉蔣行忠仲思題　魏繼先　懷玉舒宗智叔自永州來省其親靖菴于東安縣齋歷陽魏繼先資進
叔以家君之命載酒盤渠父子與柴坱伯恭同遊福寺就觀華嚴閣新創規模徐登五峯閣循崖而下
剎落朔薛摩挐后壁得見元祐大觀開舊令徐太宰十數公留題屈指歲月感愴久之使人忘去因援筆
以識庶後之覩今亦猶今之覩昔也嘗嘉慶庚辰臘月十有一日弟繼得正叔子明禰柴祖侍行靖庵名
木字鄉云東巖寺即高山寺取永州唐寺之名非謂五峯
爲高山曾鑄別以孔明臺爲高山轉取寺名反譏舊
志非矣　國朝知縣賈構易幽巖爲靈巖宗氏誤列
之宋刻又有許叔玖癸亥題名叔玖亦未知何代溪貴
許叔玖韓城宋景光洛陽陳正□延津李得□嵩陽蔡壽□癸亥冬孟□日小集于此　明朱麟
詩云平生慕懸遠此日得幽深初入疑無地空洞實可尋擊石聲浮磬摶沙影耀金鳳圖開自昔虎跡見

東安縣志　卷八　山水七　壹　光緒元年刊

于今境慮集眾妙興到發家吟漸覺息塵慮浩然散煩襟來路雲迷野歸途月在林達觀應未已聊亦慰
初心巖北平岡俗謂之孔明臺登覽山城悉見崗折若
擬屯設守在所必據然茲城之設未爲阻固其東唐
帽山以圓頂得名五峰以西岡巒相屬唐帽以東始
有平原大陽水自陰陂東北流逕伏虎山北山上有
嘯風亭昔爲縣僚游宴之所又北流逕柳溪鋪一小
水自里七洞東群山中東南流注蓋即所謂柳溪矣
又北東流屆下白牙龍溪水注之水出野牛山山有
龍溪寺因水以立名也南流十五里屆清井北合苦
枸小水濤井塘汎地也以泉水得名又南流十里稍

清光绪《东安县志》“卷八·山水”载“高山寺”。清乾隆《东安县志》“卷之一·疆域·山川”载“高山”：在县北一里许，半山有古刹，为游客停骖之所。

[湖岭甘泉]

▣清同治《永州府志》“东安县四境图”（局部）载“湖口岭”。清乾隆《东安县志》“卷之一 · 疆域 · 山川”载“湖口岭”：在县东二十五里，有泉清冽，大旱不竭。

【续清溪四景】

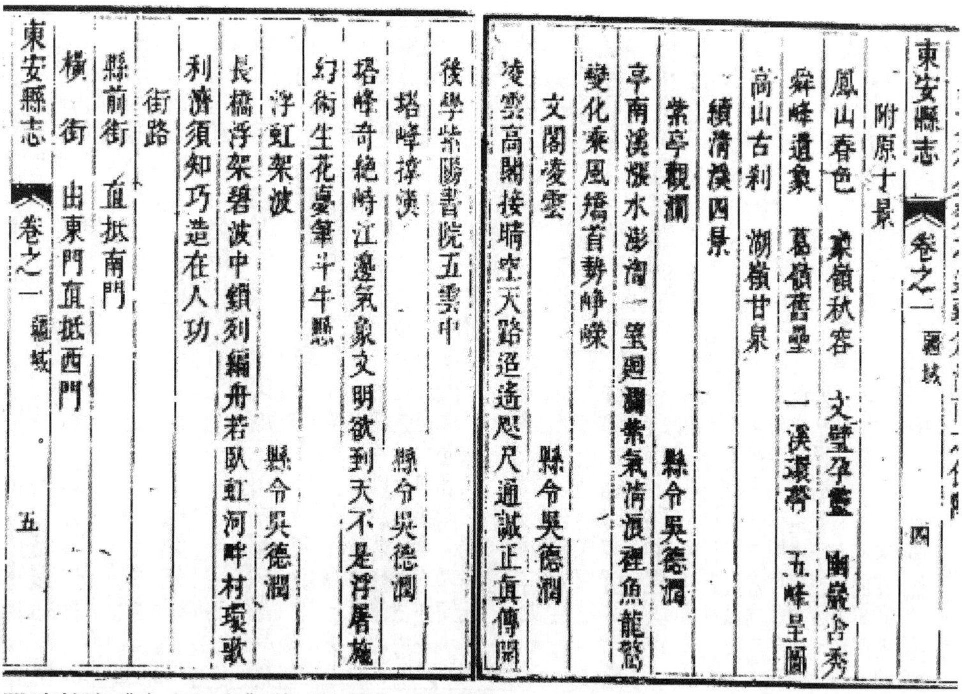

東安縣志 卷之一 疆域 四

附原十景

鳳山春色 象嶺秋容 文璧孕靈 幽巖含秀

舜峰遺象 葛嶺舊壘 一溪瀠帶 五峰呈圖

高山古刹 湖嶺甘泉

續清溪四景

紫亭觀瀾 縣令吳德潤

亭南溪漲水澎湃一望廻瀾紫氣清浪裡魚龍驚

變化乘風矯首勢崢嶸

文閣凌雲 縣令吳德潤

凌雲高閣接晴空天路迢遙咫尺通誠正真傳開

後學紫陽書院五雲中

塔峰撐漢 縣令吳德潤

塔峰奇絶峙江邊氣象文明欲到天不是浮屠施

幻術生花夢筆斗牛懸

浮虹架波 縣令吳德潤

長橋浮架碧波中鎖列編舟若臥虹河畔村環歌

利濟須知巧造在人功

街路

縣前街 直抵南門

橫街 由東門直抵西門

東安縣志 卷之一 疆域 五

圖 清乾隆《东安县志》载“十景”“四景”

清乾隆年间，东安知县吴德润建紫亭、朱子阁、回龙塔、阴陂浮桥，并作《朱子阁记》《回龙塔记》《紫亭记》《阴陂渡浮桥记》及《清溪四景》诗。

清代吴德润《清溪四景》

紫亭观澜

亭南溪涨水澎湃，一望回澜紫气清。浪里鱼龙惊变化，乘风矫首势峥嵘。

文阁凌云

凌云高阁接晴空，天路迢遥咫尺通。诚正真传开后学，紫阳书院五云中。

塔峰撑汉

塔峰奇绝峙江边，气象文明欲到天。不是浮屠施幻术，生花梦笔斗牛悬。

浮虹架波

长桥浮架碧波中，锁列编舟若卧虹。河畔村环歌利济，须知巧造在人功。

[紫亭观澜]

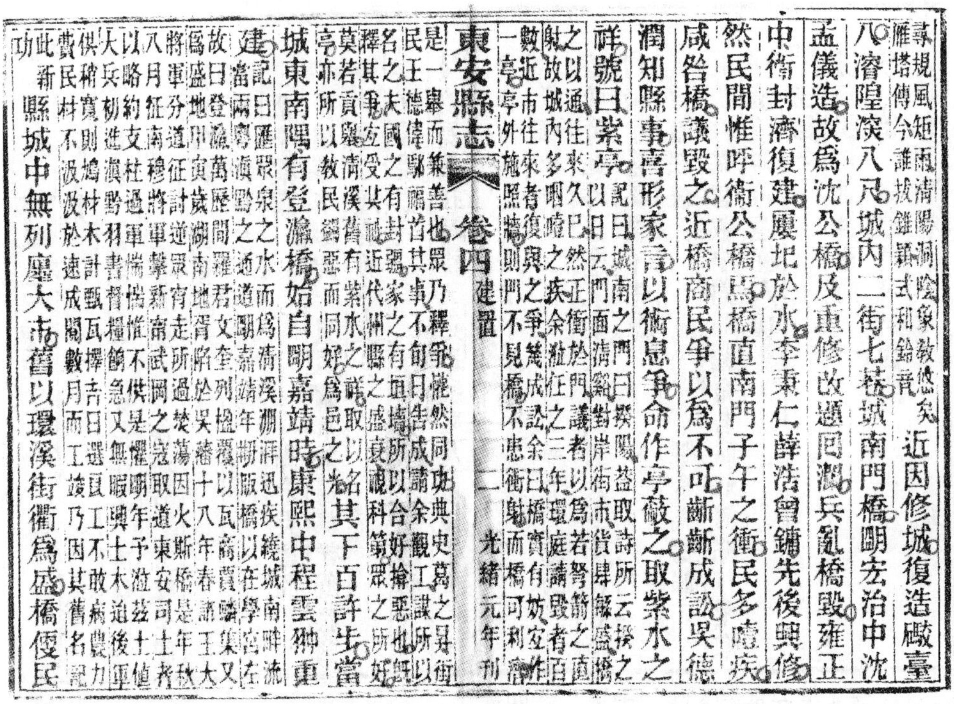

尋規風矩雨清陽洞陰象教悠悠矣雁塔傳今誰拔雖穎式和鈆黃近因修城復造礮臺
八濬隍淚八凡城內二街七巷城南門橋明宏治中沈
孟儀造故爲沈公橋及重修改題回瀾兵亂橋毀雍正
中衛封濟復建屢圮於水李秉仁薛浩曾鏞先後興修
然民間惟呼衛公橋焉橋直南門子午之衝民多噎疾
咸咎橋議毀之近橋商民爭以爲不可齗齗成訟吳德
潤知縣事喜形家言以術息爭命作亭蔽之取紫水之
祥號曰紫亭亂曰城南之門曰橋陽益取詩所云揆之以日云門面清谿對岸街市貨肆繇盛橋
之以通往來久已然正衛於門議者以爲若弩箭之直射故城內多咽噎之疾余拉任之三年環庭請毀者百
數近市往來者復興之爭幾成訟余曰橋實有妨安作一亭亭外施照牆則門不見橋不患衛射而橋可剩存

東安縣志 卷四 建置 二 光緒元年刊

是一舉而兼善也衆乃釋然同功典史葛之昇街民王德偉鄒爾首其事不旬日告成請余觀工識所以
名之大國之有封疆家之有垣墻所以合好捍惡也既釋其爭宏受其祉近代州縣之盛衰視科第衆之所好
莫若貢舉清溪舊有紫水之祥取以名亭亦所以教民鋤惡而同好爲邑之光其下百許步當
城東南隅有登瀛橋始自明嘉靖時康熙中程雲翀重
建記曰匯衆泉之水而爲清溪溯湃迅疾繞城南畔流當兩粵滇黔之通道明嘉靖年間版橋以在學宮左
故曰登瀛萬歷間羅君文奎列檻覆以瓦商賈輳集又爲盛地甲寅歲湖南地胥陷於吳藩十八年春詔王大
將軍分道征討逆衆宵走所過焚蕩因火斯橋是年秋八月征南將軍攀新南武岡之寇取道東安司土者
以略約支柱過軍惴惴不供是懼明年予涖茲土值大兵初進滇黔羽書督糧餉急又無暇興士木迨後軍
供稍寬則鳩材木計甓瓦擇吉日選良工不敢病農力費民材不汲汲於速成閱數月而工竣乃因其舊名記
此功新縣城中無列廛大市舊以環溪街衢爲盛橋便民

清光绪《东安县志》“卷四·建置”载“紫亭”

清光绪《东安县志》“卷四·建置”载“紫亭”：城南门桥，明弘治中沈孟仪造，故名沈公桥，及重修改题回澜。兵乱被毁。雍正中，卫封济复建，屡圮于水。李秉仁、薛浩、曾镛先后兴修，然民间惟呼卫公桥焉。桥直南门子午之冲，民多噎疾，咸咎桥，议毁之。近桥商民争以为不可，齗齗成讼。吴德润知县事，喜形家言，以术息争，命作亭蔽之，取紫水之祥，号曰紫亭。

[文阁凌云]

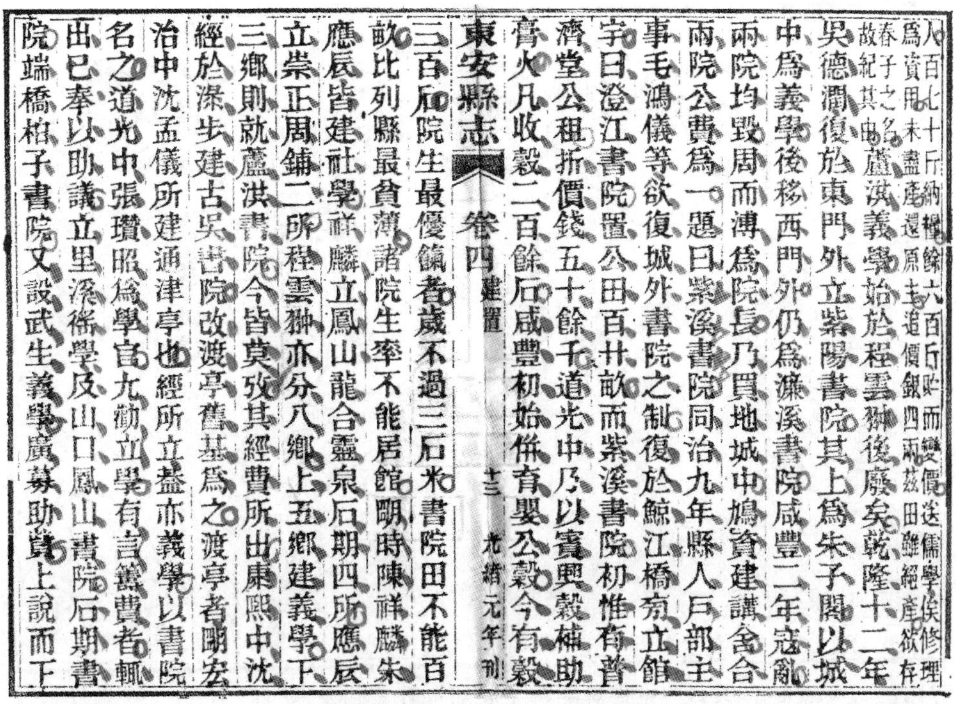

八百七十斤納糧餘六百斤貯而變價送儒學供修理爲資用未盡應還原主追價銀四兩茲田雖絕產欲存春子之名故紀其由蘆洪義學始於程雲翀後廢矣乾隆十二年吳德潤復於東門外立紫陽書院其上爲朱子閣以城中爲義學後移西門外仍爲濂溪書院咸豐二年寇亂兩院均毀周而溥爲院長乃買地城中鳩資建講舍合兩院公費爲一題曰紫溪書院同治九年縣人戶部主事毛鴻儀等欲復城外書院之制復於鯨江橋旁立館字曰澄江書院置公田百卄畝而紫溪書院初惟有普濟堂公租折價錢五十餘千道光中乃以賓興穀補助膏火凡收穀二百餘石咸豐初始倂育嬰公穀今有穀

東安縣志 卷四 建置 十三 光緒元年刊

三百石院生最優饍者歲不過三石米書院田不能百畝比列縣最貧薄諸院生率不能居館明時陳祥麟朱應辰皆建社學祥麟立鳳山龍合靈泉石期四所應辰立崇正周鋪二所程雲翀亦分八鄉上五鄉建義學下三鄉則就蘆洪書院今皆莫攷其經費所出康熙中沈經於濂步建古吳書院改渡亭舊基爲之渡亭者明宏治中沈孟儀所建通津亭也經所立蓋亦義學以書院名之道光中張瓚昭爲學官九勸立學有言籌費者輒出已奉以助議立里溪儲學及山口鳳山書院石期書院端橋梧子書院文設武生義學廣募助貲上說而下

清光绪《东安县志》“卷四·建置”载“朱子阁”。清乾隆《东安县志》“卷之三·建置”载“朱子阁”：在县东二里许，乾隆十五年知县吴德润择地鼎建，为紫阳书院，以振文教。

[塔峰插汉]

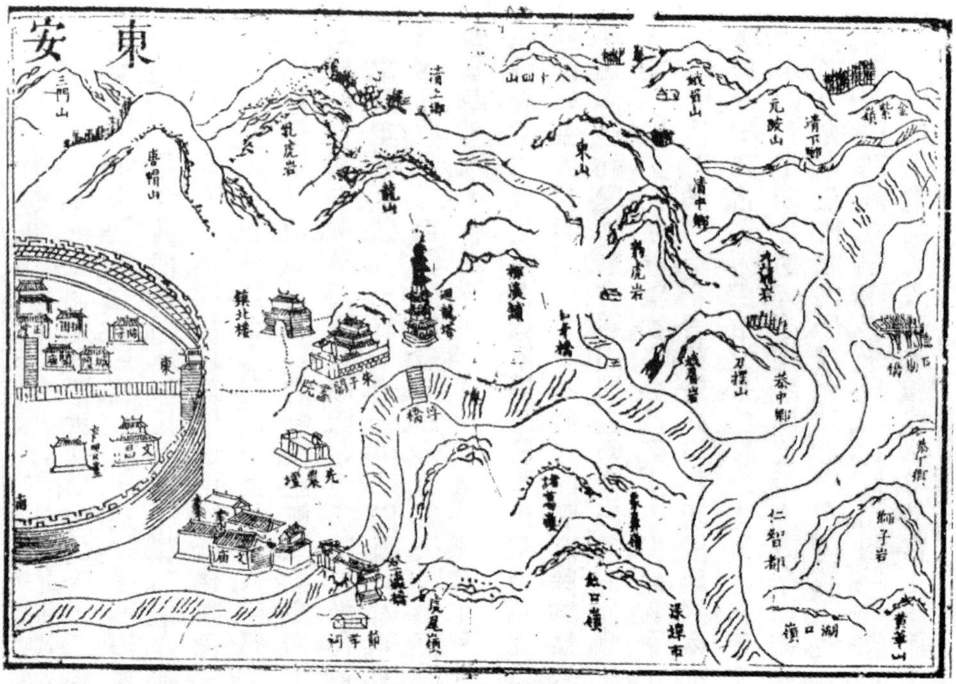

清乾隆《东安县志》“东安县图”（局部）载“回龙塔”

清乾隆《东安县志》“卷之三·建置”载“回龙塔”：在县东二里许，乾隆十五年知县吴德润因阖邑士民之请，修培风水，捐俸倡建。

[浮虹架波]

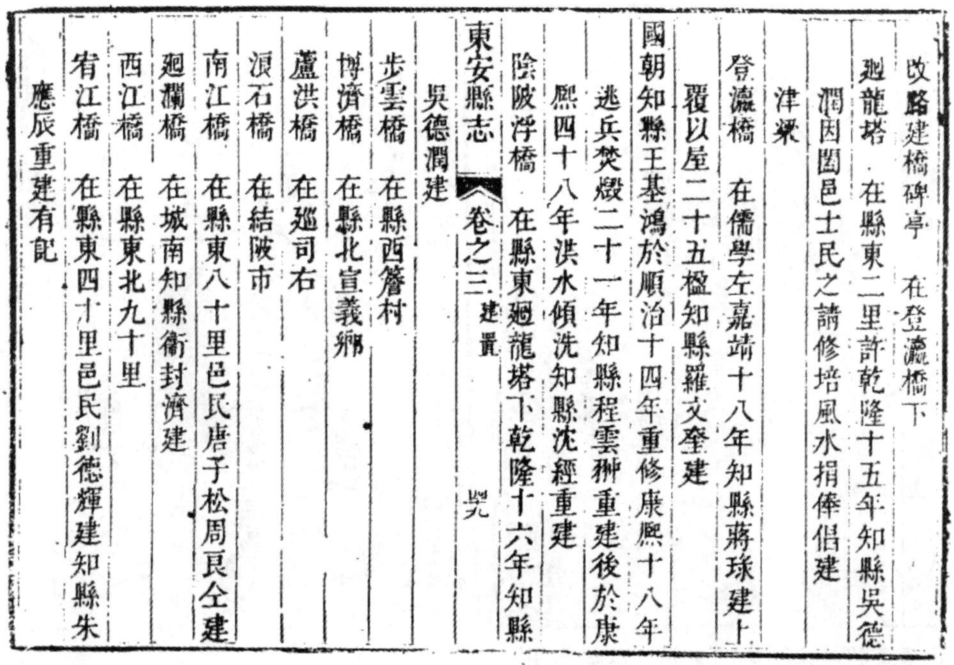

改路建橋碑亭　在登瀛橋下
廻龍塔　在縣東二里許乾隆十五年知縣吳德
潤因闔邑士民之請修培風水捐俸倡建
津梁
登瀛橋　在儒學左嘉靖十八年知縣蔣琭建上
覆以屋二十五楹知縣羅文奎建
國朝知縣王基鴻於順治十四年重修康熙十八年
逃兵焚燬二十一年知縣程雲翀重建後於康
熙四十八年洪水傾洗知縣沈經重建
陰陂浮橋　在縣東廻龍塔下乾隆十六年知縣
東安縣志　卷之三　建置　卌九
吳德潤建
步雲橋　在縣西簷村
博濟橋　在縣北宣義鄉
蘆洪橋　在巡司右
浪石橋　在結陂市
南江橋　在縣東八十里邑民唐子松周艮仝建
廻瀾橋　在城南知縣衛封濟建
西江橋　在縣東北九十里
宥江橋　在縣東四十里邑民劉德輝建知縣朱
應辰重建有記

清乾隆《东安县志》“卷之三·建置·津梁”载“阴陂浮桥”：在县东回龙塔下，乾隆十六年知县吴德润建。

永州卷

【永明八景】

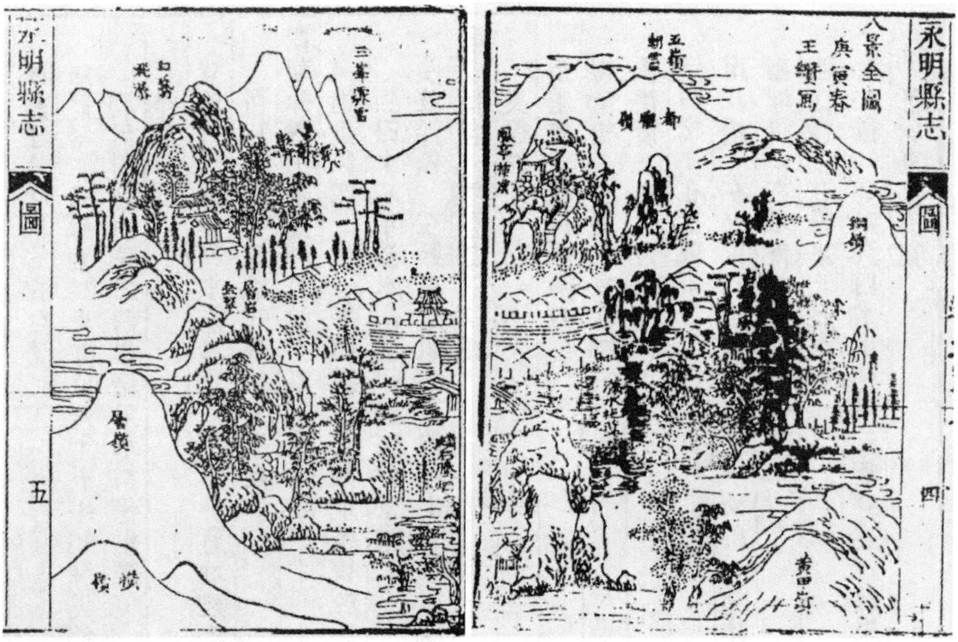

▣清康熙《永明县志》载“八景全图”

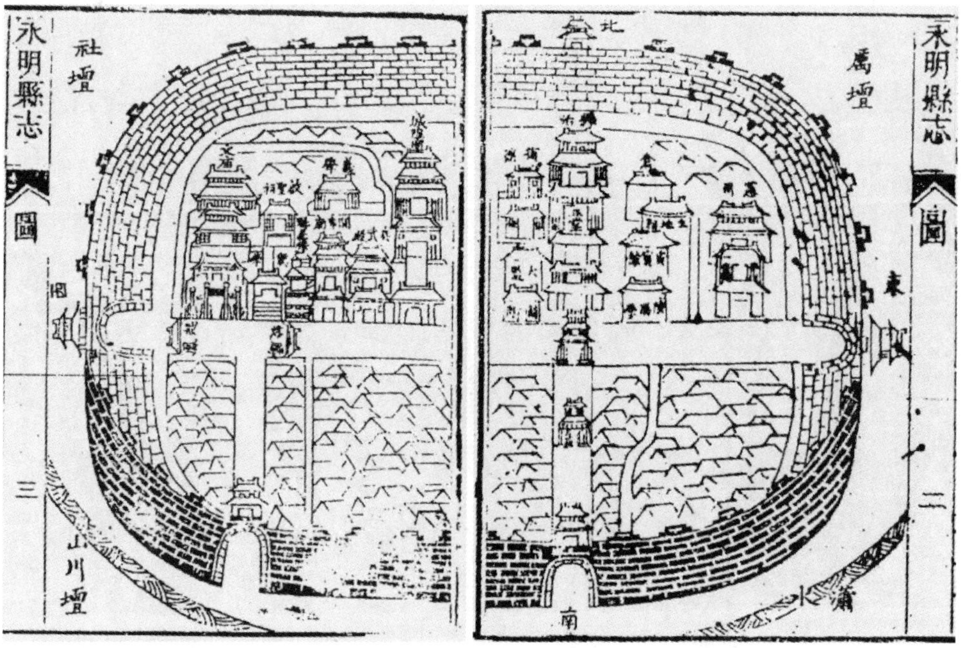

▣清康熙《永明县志》载“县治图”

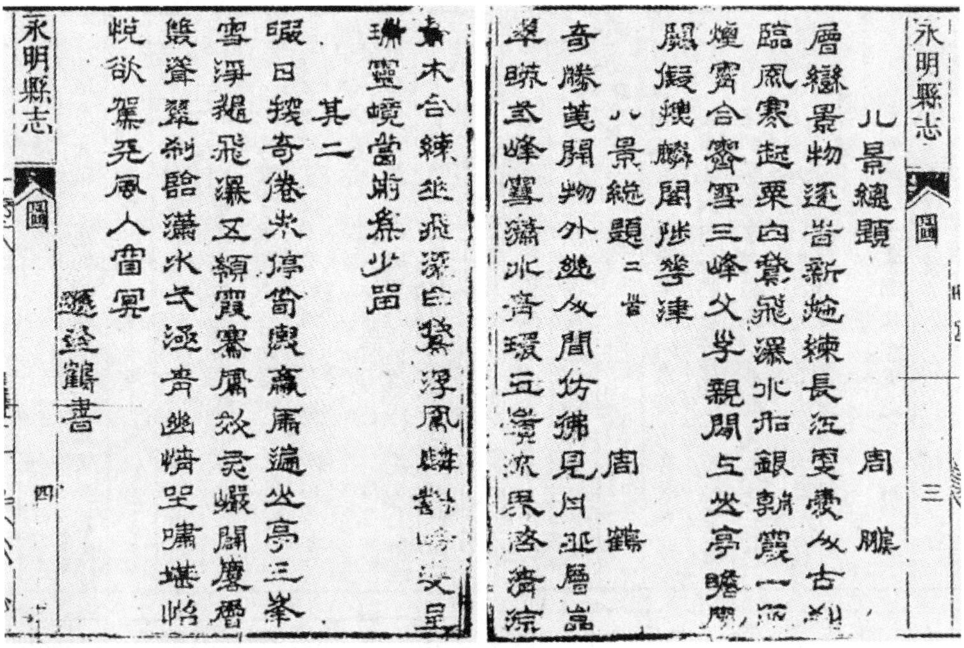

永明縣志 圖 三

八景總題 周鹏

層巒景物逐嵓新拖練長江更費從古剎
臨風寒起粟白鵞飛瀑水如銀朝霞一抹
煙霄合齊雪三峰父子親閒上岩亭瞻麟
閣假攬麟閣陟峯津

八景總題二首 周鶴

奇勝萬開物外幾從間仿彿見丹巖層嵓
翠曉武峰霄瀟水齊環五嶺流界洛齊淙
青木合練並飛瀑白鵞浮鳳麟對峙文星
珊靈境當前系步留

其二

暇日携奇倦未停箇中瀛屬遍岩亭三峯
雪淨翹飛瀑五嶺霞寒鳳效灵巘闗麐層
巒聳翠剎臨瀟水氣逕青幽情呈嘯堪怡
悦欲攀飛風人留冥

遴銓鶴書

永明縣志 圖 四

清康熙《永明县志》“图”载“八景总题”

江永县，秦嬴政二十六年（前221），王翦戍都庞，请准设营浦县，属长沙郡，县北部为营浦地。汉元鼎六年（前111），在县西南置谢沐县（境内有谢水、沐水，故名），属交州苍梧郡；同时析长沙郡，置零陵郡，营浦改隶荆州零陵郡。

三国（吴）甘露元年（265）至南北朝，谢沐属临贺郡（宋改临庆国）。营浦属营阳郡（西晋改零陵郡，梁改永阳郡）。隋开皇九年（598），并谢沐、营浦为永阳县，属永州总管府（大业三年改零陵郡）。唐武德四年（621）属南营州。贞观八年（634），置道州江华郡，县省入营道县；天授二年（691）复置永阳县，属道州。唐天宝元年（742），以永明岭（今都庞岭）定县名，改永阳县为永明县，属道州。宋建隆元年（960），永明属湖南路道州江华郡。宋熙宁五年（1072），分允山、允平、文德、谢沐、永川、崇福六乡入营道，兴化一乡入冯乘（今江华），废县为镇。元祐元年（1086）复置永明县，属湖南路道州江华郡。宋景炎二年（1277），永明县属岭北湖南道道州路总管府。明洪武元年（1368），永明县属湖广布政司永州府。洪武九年，隶永州府道州。清康熙三年（1664），永明属湖南布政司（后改省）衡永郴道永州府。清雍正十年（1732），永明属湖南省衡永郴桂道。

清康熙《永明县志》“八景全图”载“永明八景”：层岩叠翠、潇水拖蓝、凤亭插汉、古刹临风、麟石腾烟、白鹅飞瀑、三峰霁雪、五岭朝霞。

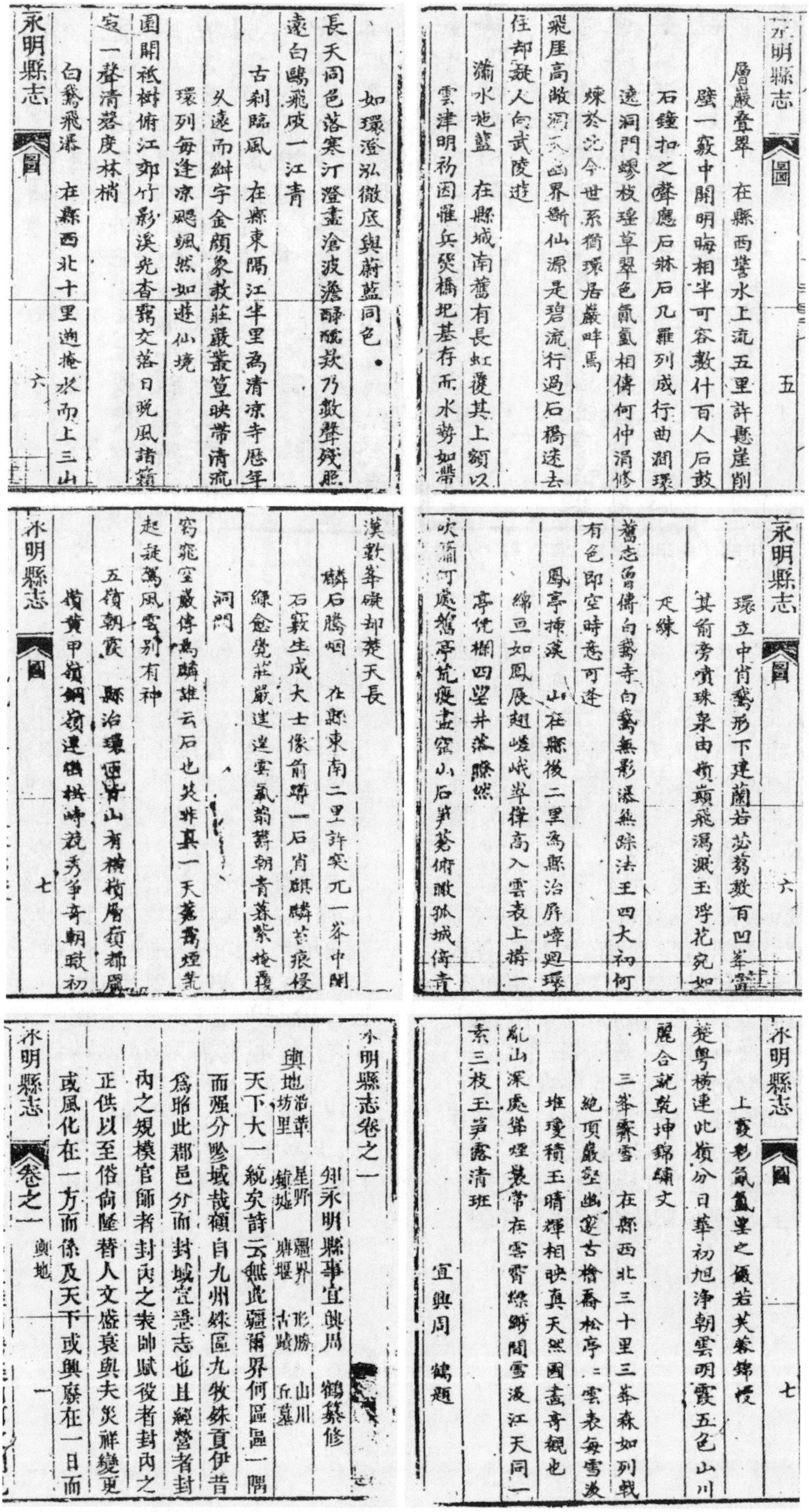
永明縣志 圖 五

層巖疊翠 在縣西譬水上流五里許懸崖削壁一竅中開明晦相半可容數什百人石鼓石鐘扣之聲應石牀石几羅列成行曲澗環遶洞門蟉枝瑤草翠色氤氲相傳何仲涓修煉於此今世系猶環居巖畔焉

飛壓高皦洞天幽界斷仙源是碧流行過石橋迷去住却疑人向武陵遊

瀟水拖藍 在縣城南舊有長虹覆其上額以雲津明礽因罹兵燹橋圮基存而水勢如帶

永明縣志 圖 六

如環澄泓徹底與蔚藍同色

長天同色落寒汀澄盡滄波瀲灩馡獻乃數聲殘艇遠白鷗飛破一江青

古刹臨風 在縣東隔江半里爲清凉寺歷年久遠而紺宇金顔象教莊嚴叢篁映帶清流環列每逢凉飇颯然如遊仙境

園開祇樹俯江郊竹影溪光杳靄交落日晚風諸籟寂一聲清磬度林梢

白鷺飛瀑 在縣西北十里迴掩水而上三山

永明縣志 圖 六

環立中肖鷺形下建蘭若苾蒭數百四峯峦其前旁噴珠泉由嶺巔飛瀉濺玉浮花宛如疋練

舊志爲傳白鷺寺白鷺無影瀑無踪法王四大初何有色即空時惹可迷

鳳亭揷漢 山在縣後二里爲縣治屏嶂迴環綿亘如鳳展翅嵯峨聳拔高入雲表上搆一亭俛瞰四望井落瞭然

吹簫何處鸞亭荒瘦盡寂小石笋蒼俯瞰孤城倚青

永明縣志 圖 七

漢數峯礙却楚天長

麟石騰烟 在縣東南二里許突兀一峯中闢石竅生成大士像前蹲一石肖麒麟苔痕侵綠愈覺莊嚴迷迷雲氣翁鬱朝青暮紫掩覆洞門

窈窕空巖傳爲麟雄云石也共非真一天蒸霭煙茫起擬鸞風雲別有神

五嶺朝霞 縣治環匝皆山有橫嶺層嶺都龐揭黃甲嶺銅嶺連峰桃峙競秀爭奇朝暾初

永明縣志 圖 七

上霞彩氤氲望之儼若芙蓉錦幄

楚粤横連此嶺分日華初旭淨朝雲明霞五色山川麗合就乾坤錦繡文

三峯霽雪 在縣西北三十里三峯森如列戟絕頂嚴壑幽邃古檜喬松亭亭雲表每雪凌堆瓊積玉晴輝相映真天然圖畫奇觀也

亂山深處聳煙巒常在雲霄縹緲間雪凌江天同一素三枝玉笋露清班

宜興周 鶴題

永明縣志卷之一

知永明縣事宜興周 鶴纂修

輿地 沿革 星野 疆界 形勝 山川 坊里 鄉堠 塘堰 古蹟 丘墓

天下大一統矣詩云無此疆爾界何區區一隅而强分畛域哉禹自九州殊區九牧殊貢伊昔爲郡此郡邑分而封域宜誌志也且經營者封內之規模官師者封內之表帥賦役者封內之正供以至俗尚隆替人文盛衰與夫災祥變更或風化在一方而係及天下或興廢在一日而

永明縣志 卷之一 輿地 一

清康熙《永明县志》“图”载“八景”

[层岩叠翠]

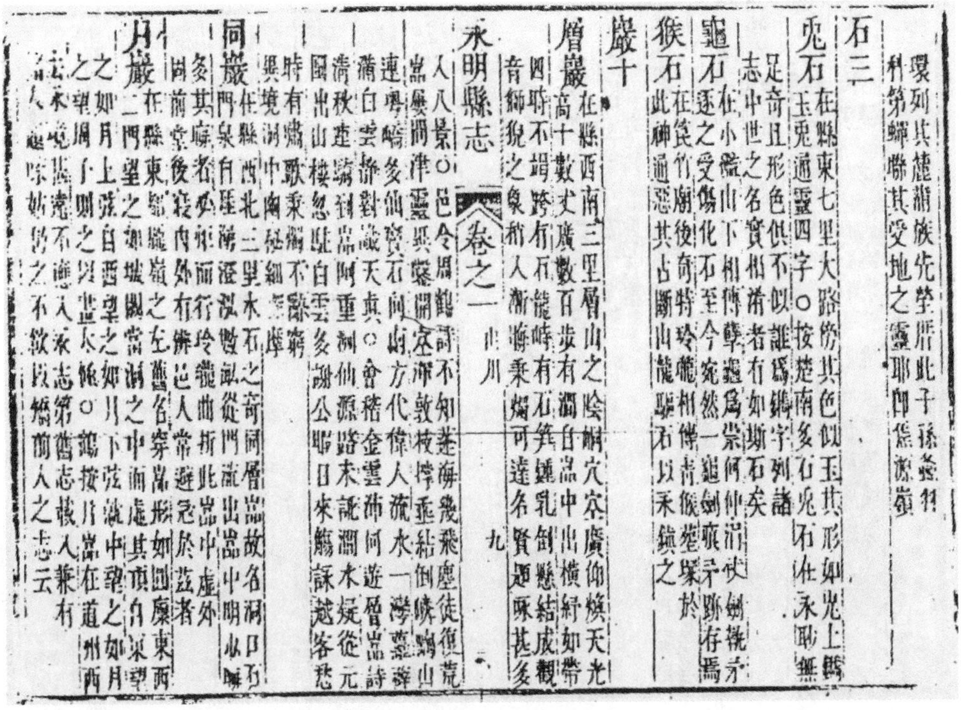

環列其麓猶族先塋所此子孫叠科第蟬聯其受地之靈耶即熊傢嶺

石三

兔石 在縣東七里大路傍其色似玉其形如兔上鐫玉兔通靈四字○按楚南多石兔石在永邵無足奇且形色俱不似誰為鐫字列諸志中世之名實相淆者有如斯石矣

龜石 在小鑑山下相傳孽龜為祟何仲涓仗劍逐之受傷化石至今宛然一龜劍痕爪跡存焉

猴石 在筧竹廟後奇特玲瓏相傳青猴楚塚於此神通惡其占斷山龍鑿石以禾鎮之

巖十

層巖 在縣西南三里層山之陰崩穴空廣仰燠天光高十數丈廣數百步有潤自嵒中出橫紆如帶四時不竭跨有石能峙有石笋鐘乳劍懸結成觀音獅猊之象稱人漸海秉燭可達名賢題咏甚多

永明縣志 卷之一 山川 九

入八景○邑令周鶴詩不知蓬海幾飛塵徒復荒嵒幽洞津靈異鑿開空洋敦枝撐垂結倒嶢鵝山連粵嶠多仙竇石洞嵒方代傍人流水一灣蒲白雲斜對識天真○會稽金雲飛何遊層嵒詩清秋走馬到嵒阿重洞仙源路未訛潤木疑從元圃出山樓忽駐白雲多謝公曬日來觴詠越客愁時有鸞歌乘獨不躋異境洞中陶秘細無摩

同巖 在縣西北三里水石之奇同層嵒故名洞口石門泉自匯瀦澄泓數畝從門流出嵒中明亦多其窈者必挾炬而行玲瓏曲折此嵒中虛外固前堂後寢內外有佛邑人常避亂於茲者

月巖 在縣東鄉巖嶺之左舊名穿嵒形如圓廩東西二門望之如城闕當洞之中而處其頂有竅望之如月上弦自西望之如月下弦中望之如滿月周子則之以盡太極○鶴按月嵒在道州西志未曉其不應入永志第舊志載入兼有嵒人趣嗦姑留之不敢毀前人之志云

清康熙《永明县志》“山川”载“层岩”

清康熙《永明县志》“八景全图”载“层岩叠翠”：在县西警水上流五里许，悬崖削壁，一窍中开，明晦相半，可容数十百人，石鼓石钟扣之声应，石床石几罗列成行，曲涧环流洞门，蟉枝瑶草，翠色氤氲，相传何仲涓修炼于此，今世系犹环居岩畔焉。

［瀟水拖蓝］

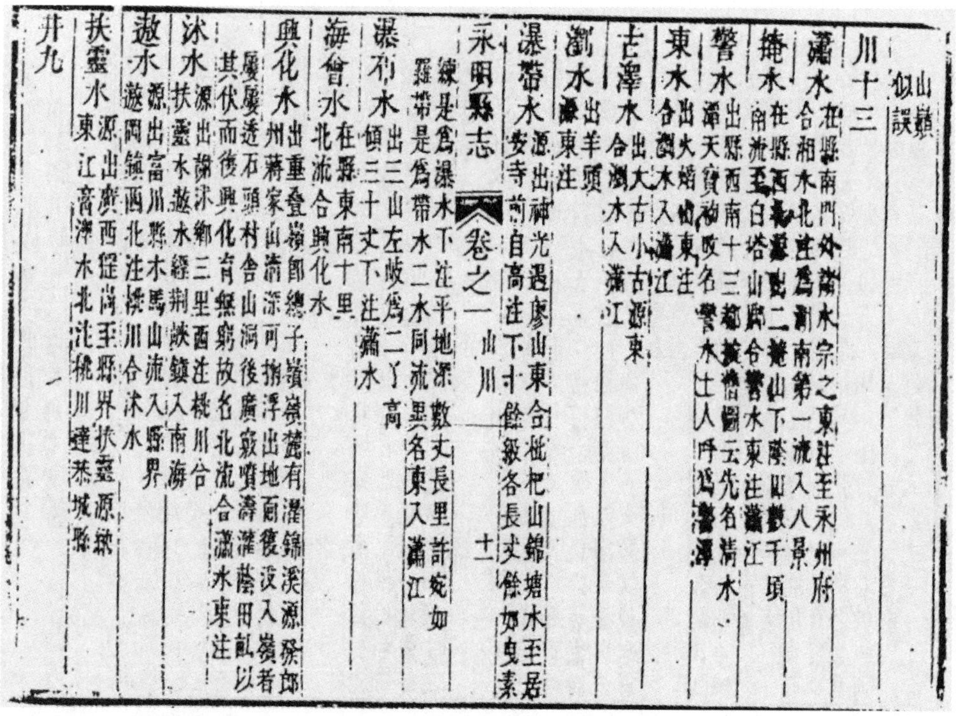
山巔似誤
川十三
瀟水 在縣南門外瀟水宗之東注至永州府 合湘水北注爲湘南第一流入八景
掩水 在縣西北羅藏山二龍山下灌田數千頃 南流至白塔山與合警水東注瀟江
警水 出縣西南十三都黃溪嶺圖云先名清水 源天寶源改名警水士人呼爲警潭
東水 出火燒山東注 合瀏水入瀟江
古澤水 出大古小古源東 合瀏水入瀟江
瀏水 出羊頭 源東注
瀑帶水 源出神光遇廖山東合枇杷山錦塘水至居 安寺前自高注下十餘級各長丈餘如曳素
永明縣志 卷之一 山川 十一
練是爲瀑水下注平地深數丈長里許宛如 羅帶是爲帶水二水同流異名東入瀟江
瀑布水 出三山左岐爲二丫高 傾三十丈下注瀟水
海會水 在縣東南十里 北流合興化水
興化水 出重疊嶺郎總子嶺嶺麓有灌錦溪源發郎 州蔣家山滸深可掬浮出地面復沒入嶺者 屢屢透石頭村舍山洞後廣寂噴濤灌蔭田畝以 其伏而後興化育無窮故名北流合瀟水東注
沭水 源出謝沭鄉三里西注桃川合 扶靈水遨水經荊峽鎮入南海
遨水 源出富川縣木馬山流入縣界 遨岡鎮西北注桃川合沭水
扶靈水 源出廣西從尚至縣界扶靈源 東江高澤水北注桃川達恭城縣
井九

清康熙《永明县志》“山川”载“潇水”

清康熙《永明县志》“八景全图”载“潇水拖蓝”：在县城南，旧有长虹覆其上，额以云津。明初因罹兵燹，桥圮基存，而水势如带如环，澄泓彻底，与蔚蓝同色。

[凤亭插汉]

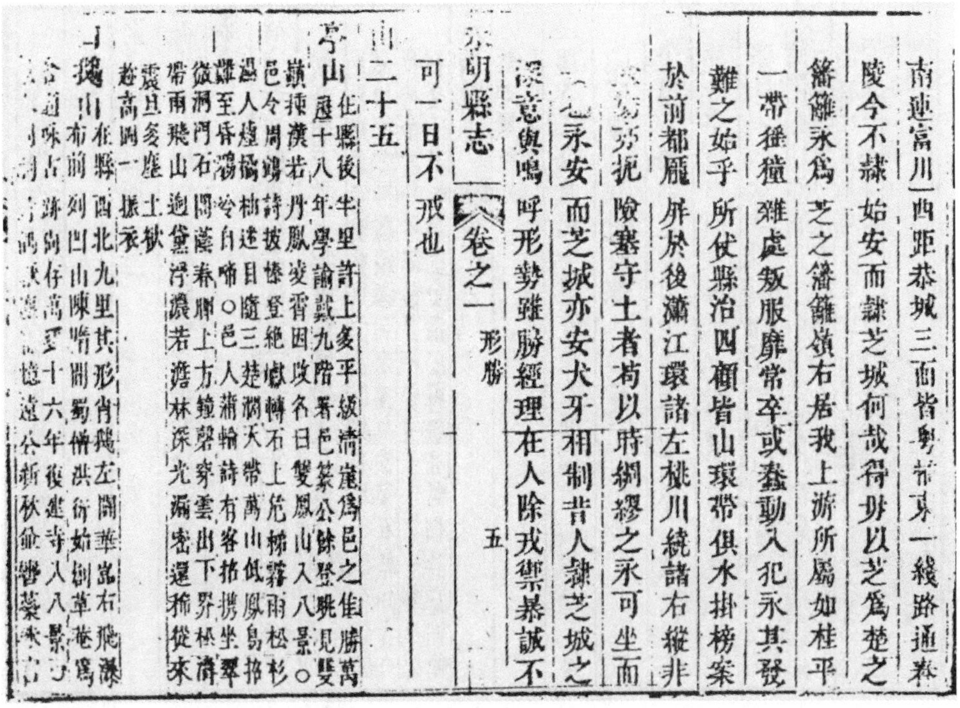

南連富川一西距恭城三面皆崇峯一綫路通舂陵今不隸始安而隸芝城何哉得毋以芝爲楚之籓籬永爲芝之籓籬嶺右居我上游所屬如桂平一帶徭獞雜處叛服靡常卒或蠢動入犯永其發難之始乎所仗縣治四顧皆山環帶俱水掛榜案於前都龐屏於後瀟江環諸左桃川繞諸右縱非天設夾扼險塞守土者苟以時綢繆之永可坐而制也永安而芝城亦安犬牙相制昔人隸芝城之深意與嗚呼形勢雖勝經理在人除戎禦暴誠不可一日不戒也

永明縣志 卷之一 形勝 五

山二十五

亭山 在縣後半里許上多平級清麗爲邑之佳勝萬曆十八年學諭戴九階署邑篆公餘登眺見雙嶺揷漢若丹鳳凌霄因改名曰雙鳳山入八景○邑令周鶴詩披榛登絶巘轉石上危梯霧雨松杉過人煙橘柚迷目隨三楚潤天帶萬山低鳳鳥栖難至人侍鶴兮自啼○邑人蒲輪詩有客招携坐翠微洞門石闊藏春脚上方鐘磬穿雲出下界松濤帶雨飛山迴黛浮濃若潑林深光漏密還稀從來震旦多塵土欲登高一振衣

飛山 在縣西北九里其形肖飛左開華嵒右飛瀑一布前列四山陳晴開蜀僧洪衍始創草菴爲[illegible]道咏古跡尚存萬曆十六年復建寺入八景○[illegible]

圖清康熙《永明县志》“山川”载“亭山”

清康熙《永明县志》“八景全图”载“凤亭插汉”：山在县后二里，为县治屏障，回环绵亘，如凤展翅，嵯峨崒嵂，高入云表，上构一亭，凭栏四望，井落了然。

[古刹临风]

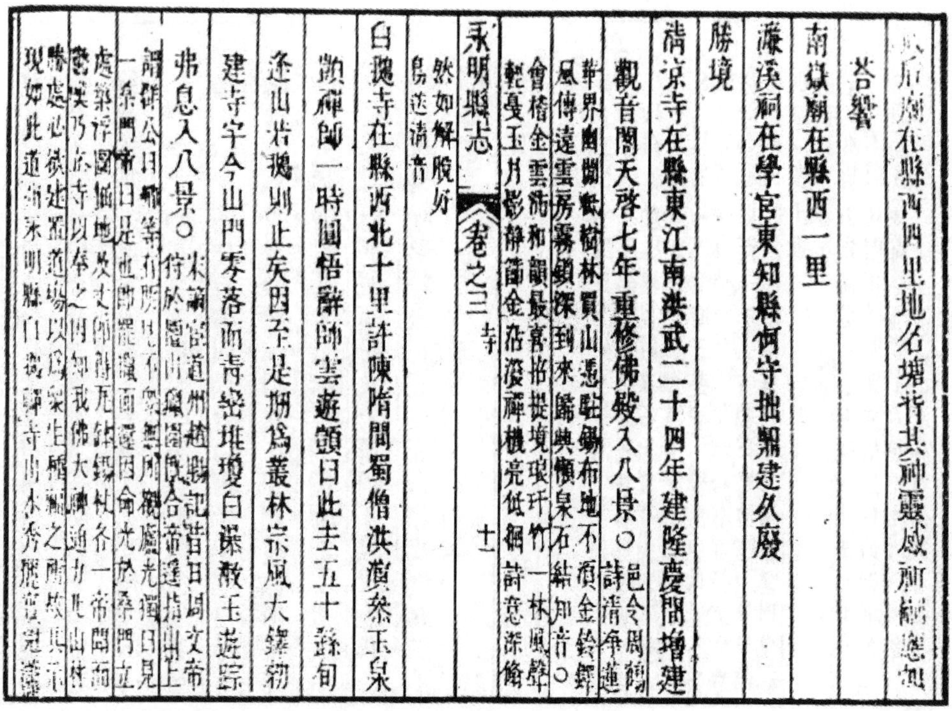

大后廟在縣西四里地名塘背其神靈感祈禱應如
答響
南嶽廟在縣西一里
瀟湘祠在學宮東知縣何守拙鼎建久廢
勝境
清涼寺在縣東江南洪武二十四年建隆慶間增建
觀音閣天啓七年重修佛殿入八景○邑令周鶴
詩清淨蓮
華界幽幽樹林買山憑貼錫布地不須金鈴鐸
風傳遠雲房霧鎖深到來歸興懶泉石結知音○
會稽金雲瑞和韻最喜招提境琅玕竹一林風聲
輕戛玉月影靜篩金茗潑禪機亮低徊詩意深脩
永明縣志 卷之三 寺 十一
然如解脫方
鳥送清音
白鶴寺在縣西北十里許陳隋間蜀僧洪濬參玉泉
𩃴禪師一時圓悟辭師雲遊頌曰此去五十餘旬
逢山若鶴則止矣因至是埇爲叢林宗風大鐸初
建寺宇今山門零落而青鎖堆瓊白礫散玉遊踪
弗息入八景○宋簡宮道州趙惪記昔日周文帝
詣師公日臘等有陽光不假無所觀鷹光獨日見
一條門帝日是也即罷獵面還因命光於桑門立
處築浮圖掘地及丈餘得瓦缽錫杖各一帝間而
驚歎乃於寺以奉之因知我佛大神通力此山林
勝處必欲建置道場以爲衆生福利之所故其示
現如此道州永明縣白鶴禪寺山水秀麗靈冠瀟

圖 清康熙《永明县志》“卷之三・营建”载“清凉寺”

清康熙《永明县志》“八景全图”载“古刹临风”：在县东隔江半里，为清凉寺，历年久远而绀宇金颜，象教庄严。丛篁映带，清流环列，每逢凉飔，飒然如游仙境。

[麟石腾烟]

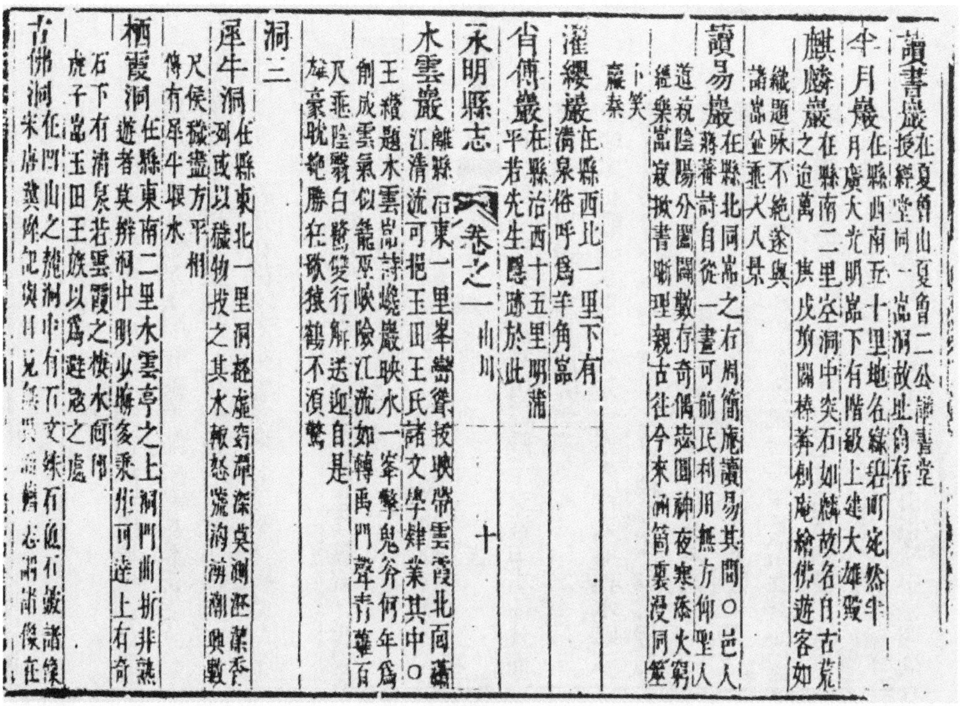

讀書巖在夏曾山夏魯二公讀書堂授經堂同一嵓洞故址尚存

半月巖在縣西南五十里地名綠碧町宛然半月廣大光明嵓下有階級上建大雄殿

麒麟巖在縣南二里空洞中突石如麟故名自古荒之迨萬曆戊戌斯闢榛莽創庵繪佛遊客如織題咏不絕遂與諸嵓並垂入八景

讀易巖在縣北同嵓之右周簡庵讀易其間○邑人蔣蕃詩自從一畫可前民利用無方仰聖人道統陰陽分圖闢數存奇偶參圖神夜寒添大窮經樂嵓寂撫書斷理親古往今來兩篙裏漫同塵下笑贏秦

灌纓巖在縣西北一里下有清泉俗呼為羊角嵓

肖傅巖在縣治西十五里明儲平若先生隱跡於此

永明縣志 卷之一 山川 十

水雲巖離縣百東一里峯巒聳拔映帶雲霞北面蘸江清流可挹玉田王氏諸文學肄業其中○王續題水雲嵓詩巉巖映水一峯擎鬼斧何年為劍成雲氣似龍眾峽險江流如轉禹門聲青華百尺垂陰翳白鷺雙行解送迎自是梅豪耽絕勝狂歌猿鶴不須驚

洞三

犀牛洞在縣東北一里洞極虛窈潭深莫測歷叢秀列或以穢物投之其水輒怒濤洶湧潮與數尺候穢盡方平相傳有犀牛出水

栖霞洞在縣東南二里水雲亭之上洞門曲折非熟遊者莫辨洞中則少暗多乘炬可達上有奇石下有清泉若雲霞之候水向仰虎子嵓玉田王族以為避亂之處

古佛洞在四山之麓洞中有石文絲石佛石嶽諸像[illegible]

清康熙《永明县志》“山川”载“麒麟岩”

清康熙《永明县志》“八景全图”载“麟石腾烟”：在县东南二里许，突兀一峰，中开石窍，生成大士像。前蹲一石，肖麒麟，苔痕侵绿，愈觉庄严□□，云气蓊郁，朝青暮紫，掩覆洞门。

[白鹅飞瀑]

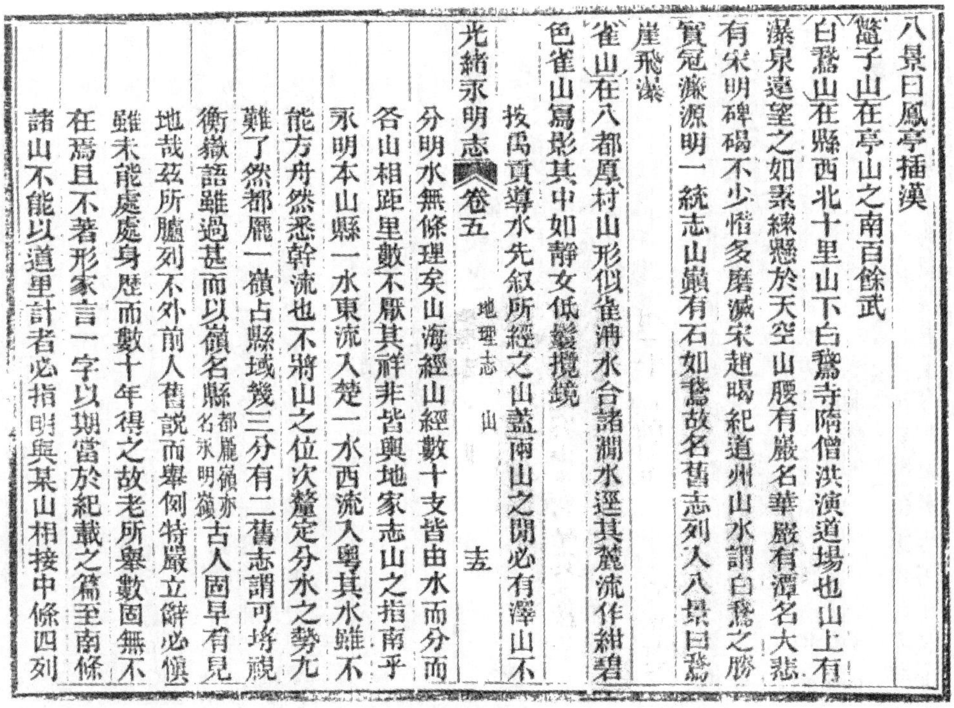

八景曰鳳亭插漢
鷺子山在亭山之南百餘武
白鷺山在縣西北十里山下白鷺寺隋僧洪演道場也山上有
瀑泉遠望之如素練懸於天空山腰有巖名華嚴有潭名大悲
有宋明碑碣不少惜多磨滅宋趙暘紀道州山水謂白鷺之勝
實冠瀟源明一統志山巔有石如鷺故名舊志列入八景曰鷺
崖飛瀑
雀山在八都厚村山形似雀溯水合諸澗水逕其麓流作紺碧
色雀山寫影其中如靜女低鬟攬鏡
按禹貢導水先叙所經之山蓋兩山之閒必有澤山不
光緒永明志　卷五　地理志　山　去
分明水無條理矣山海經山經數十支皆由水而分而
各山相距里數不厭其詳非皆輿地家志山之指南乎
永明本山縣一水東流入楚一水西流入粵其水雖不
能方舟然悉幹流也不將山之位次釐定分水之勢尤
難了然都龎一嶺占縣域幾三分有二舊志謂可埒覰
衡嶽語雖過甚而以嶺名縣（都龎嶺亦名永明嶺）古人固早有見
地哉茲所臚列不外前人舊說而舉例特嚴立辭必慎
雖未能處處身歷而數十年得之故老所舉數固無不
在焉且不著形家言一字以期當於紀載之篇至南條
諸山不能以道里計者必指明與某山相接中條四列

圖 清光绪《永明县志》“卷五·地理志”载“白鹅山”。“白鹅飞瀑”又名“鹅崖飞瀑”。

清康熙《永明县志》“八景全图”载“白鹅飞瀑”：在县西北十里，溯掩水而上，三山环立，中肖鹅形，下建兰若，比丘数百，凹峰当其前，旁喷珠泉，由岭巅飞泻，溅玉浮花，宛如匹练。

[三峰霁雪]

清同治《永州府志》“永明县四境长图”（局部）载“三峰山”

清康熙《永明县志》“八景全图”载“三峰霁雪”：在县西北三十里，三峰森如列戟，绝顶岩壑幽邃，古桧乔松，亭亭云表。每雪后，堆琼积玉，晴辉相映，真天然画图奇观也。

[五岭朝霞]

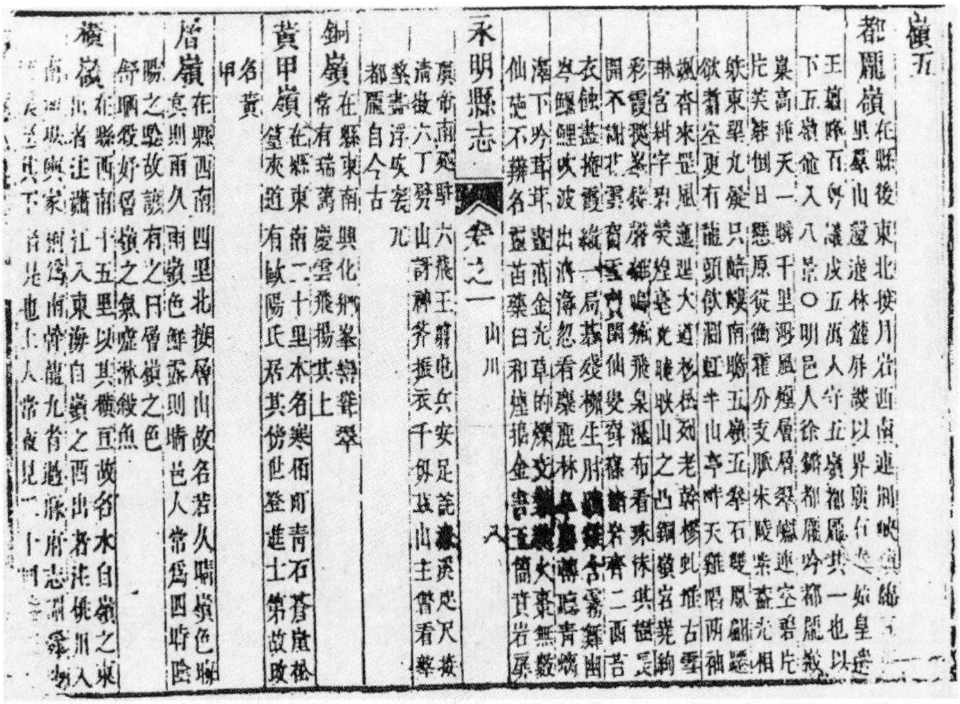

五嶺

都龐嶺

銅嶺

黃甲嶺

層嶺

橫嶺

永明縣志 卷之一 山川

图 清康熙《永明县志》“山川”载“五岭”

清康熙《永明县志》“八景全图”载“五岭朝霞”：县治环匝皆山，有横岭、层岭、都庞岭、黄甲岭、铜山岭连峦拱峙，竞秀争奇，朝暾初上，霞彩氤氲，望之俨若芙蓉锦幔。

【宁远八景】

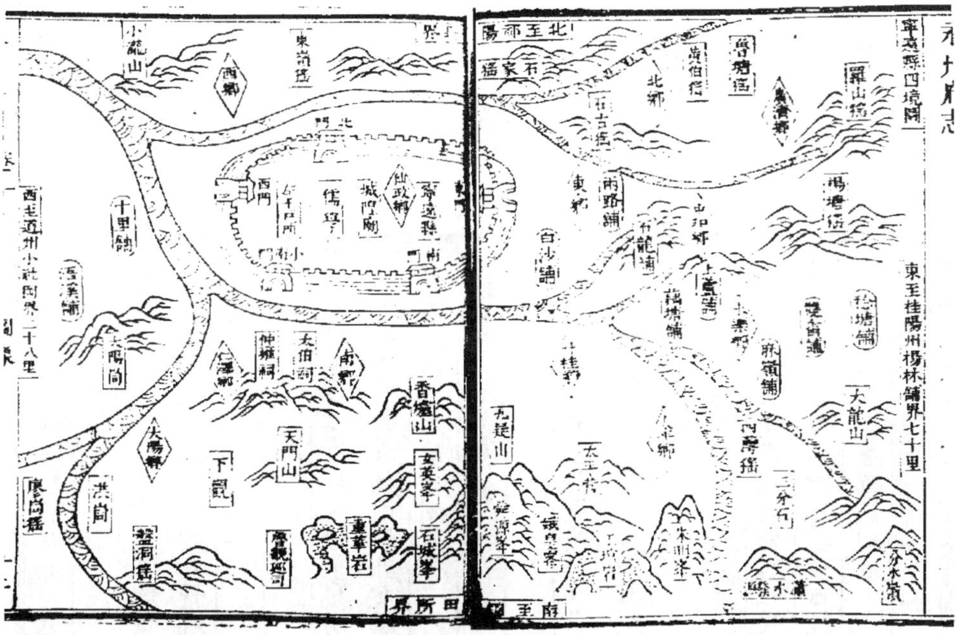

清康熙《永州府志》载“宁远县四境图”

清嘉庆《宁远县志》“卷首”载“宁远县总图”

宁远县名，始于宋乾德三年。

秦王政二十四年（前 223），初设楚郡，后于长沙置长沙郡，于今宁远地设春陵、泠道两县。汉景帝时，春陵、泠道属长沙国（郡）。汉武帝元朔五年（前 124），封长沙王中子刘买为春陵侯，于春陵建国。武帝元鼎六年（前111），析长沙郡置零陵郡，同年设营道县，春陵县与泠道县，共属零陵郡。元帝初元四年（前45），春陵侯刘仁（刘买孙）徙春陵国至南阳白水乡。搬迁后，其地并入泠道县，属零陵郡。居摄元年（6），王莽在九疑修建虞帝园，改零陵郡为九疑郡，改泠道县为泠陵县，改营道县为九疑亭。东汉建武元年（25），废泠陵县、九疑亭，恢复泠道，营道县建置，属零陵郡。吴归命侯孙皓宝鼎元年（266）置营阳郡，泠道县改属营阳郡。孙皓凤凰元年（272），分泠道县为泠道、春阳两县，属荆州营阳郡。穆帝永和中期，改春阳县为春陵县，泠道、春陵属营阳郡。南朝宋分所辖地为五州，下辖郡县。泠道、春陵县属湘州营阳郡。梁时，营阳郡改永阳郡，泠道县和春陵县属永阳郡。隋开皇九年

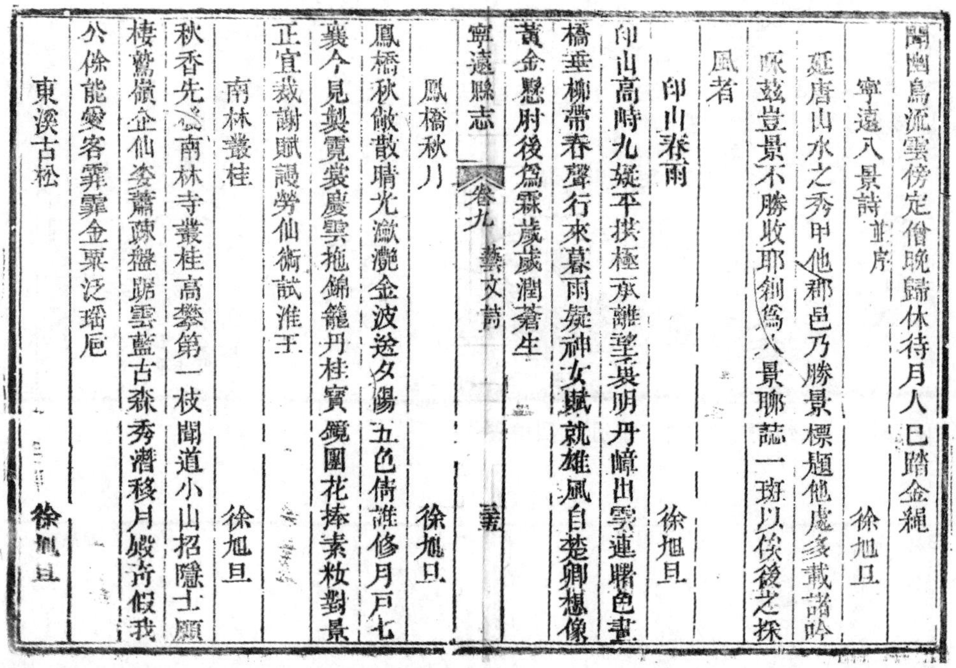

闢幽鳥泝雲傍定僧晚歸休待月人已踏金繩

寧遠八景詩並序　徐旭旦

延唐山水之秀甲他郡邑乃勝景標題他處多載諸吟咏茲豈景不勝收耶𠛬爲八景聊誌一斑以俟後之採風者

印山春雨　徐旭旦

印山高峙九疑平拱極承離望裏明丹幛出雲連黯色畫橋垂柳帶春聲行來暮雨疑神女賦就雄風自楚卿想像黃金懸肘後爲霖歲歲潤蒼生

寧遠縣志　卷九　藝文詩

鳳橋秋月　徐旭旦

鳳橋秋斂散晴光瀲灧金波送夕陽五色倩誰修月戶七襄今見製霓裳慶雲拖錦籠丹桂寶鏡團花捧素妝對景正宜裁謝賦謾勞仙術試淮王

南林叢桂　徐旭旦

秋香先發南林寺叢桂高攀第一枝闢道小山招隱士願棲鸞嶺企仙姿蕭疏盤踞雲藍古森秀潛移月姊奇假我分條能愛客霏霏金粟泛瑤卮

東溪古松　徐旭旦

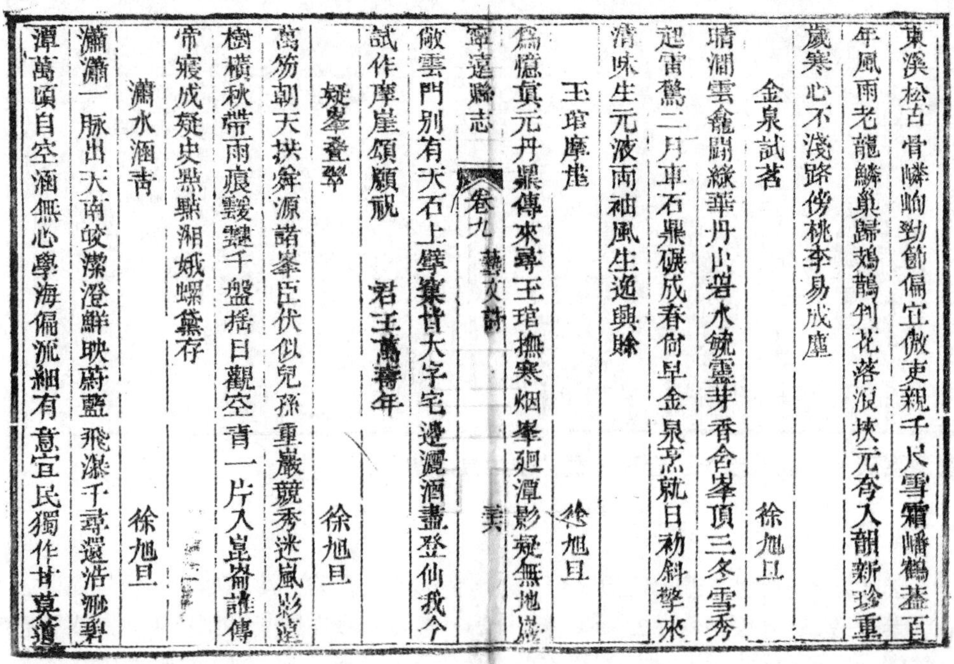

東溪松古骨嶙峋勁節偏宜傲吏親千尺雪霜蟠鶴蓋百年風雨老龍鱗巢歸鴆鶴判花落汲挾元奇入韻新珍重歲寒心不淺路傍桃李易成塵

金泉試茗　徐旭旦

晴澗雲龕闢綠華丹山碧水毓靈芽香含峯頂三冬雪秀迎雷驚二月車石鼎碾成春尙早金泉烹就日初斜擎來清味生元液兩袖風生逸興賒

玉琯摩崖　徐旭旦

爲憶眞元丹鼎傳來尋玉琯撫寒烟峯廻潭影疑無地巖

寧遠縣志　卷九　藝文詩

做雲門別有天石上擘窠皆大字宅邊灑酒盡登仙我今試作摩崖頌願祝君王萬壽年

疑峯疊翠　徐旭旦

萬笏朝天拱舜源諸峯臣伏似兒孫重巖競秀迷嵐影遠樹橫秋帶雨痕雙髻千盤搖日觀空青一片入崑崙誰傳帝寢成疑史點點湘娥螺黛存

瀟水涵青　徐旭旦

瀟瀟一脈出天南皎潔澄鮮映蔚藍飛瀑千尋還浩渺羣潭萬頃自空涵無心學海偏流細有意宜民獨作甘莫道

清嘉庆《宁远县志》“艺文”载“宁远八景诗”（一）

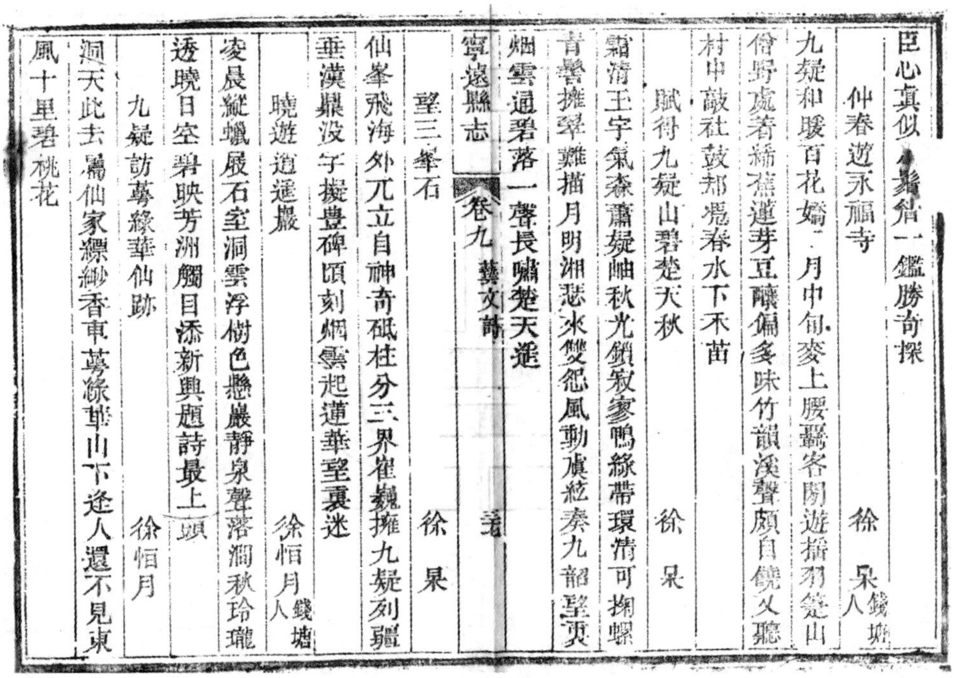
臣心眞似□□眉一鑑勝奇探
仲春遊永福寺　徐杲 錢塘人
九疑和暖百花嫣二月中旬麥上腰羈客閑遊攜羽箆山
僧野處肴篩蔬蓮芽豆釀偏多味竹韻溪聲頗自饒又聽
村中敲社鼓邦儺春水下禾苗
賦得九疑山碧楚天秋　徐杲
霜清玉宇氣森蕭疑曲秋光鎖寂寥鴨綠帶環清可掬螺
青鬟擁翠難描月明湘瑟冰雙怨風動虞絃奏九韶望頁
烟雲迥碧落一聲長嘯楚天遥
寧遠縣志　卷九　藝文詩
望三峯石　徐杲
仙峯飛海外兀立自神奇砥柱分三界崔巍擁九疑列嶂
垂漢鼎没字擬豊碑頃刻烟雲起蓮華望裏迷
曉遊逍遥巖　徐恒月 錢塘人
凌晨縱蠟屐石室洞雲浮樹色懸巖靜泉聲落澗秋玲瓏
透曉日空碧映芳洲觸目添新興題詩最上頭
九疑訪蕚綠華仙跡　徐恒月
洞天此去屬仙家縹緲香車蕚綠華山下逢人還不見東
風十里碧桃花

▣清嘉庆《宁远县志》“艺文”载“宁远八景诗”（二）

（589），废永阳郡。春陵、泠道二县合并入营道，属荆州零陵郡。隋末，大业十三年（617），萧铣起兵建国号梁，从营道县中析出今宁远地置梁兴县。唐武德四年（621），平萧铣，迁营道县治于州郭。同年改梁兴县为唐兴县，属道州。长寿二年（693），改唐兴县为武盛县，属江南西道州江华郡。神龙元年（705）复名唐兴县。天宝元年（742）改唐兴县为延唐县，大历二年（767），析延唐西北地置大历县，延唐、大历县均属道州江华郡。五代后梁开平中，改延唐为延昌县。后唐同光初，复改延昌为延唐县，属道州。后晋天福七年（942），改延唐为延熹县，大历县、延熹县均属道州。宋划全国为路，路下设郡县。宋太祖乾德三年（965），延熹县改为宁远县，大历县并入，迁今治，属荆湖南路道州江华郡。元划全国为行省，下辖府州县。至元十三年（1276），改道州江华郡为湖广行省道州路，宁远属之。明洪武元年（1368），改道州路为府，宁远县属道州府。洪武九年（1376），降道州府为州，永州改为府，宁远属湖广省永州府道州。明崇祯十二年（1639），划境东北部南、北二乡十三里置新田县，宁远属永州府道州。清划全国为省，下辖道、府、州、县。康熙三年（1664），设湖南省，宁远县属湖南省衡永郴桂道永州府。

清嘉庆《宁远县志》“卷九·艺文·诗”载“徐旭旦《宁远八景诗并序》”：

延唐山水之秀甲他郡邑，乃胜景标题他处，多载诸吟咏，兹岂景不胜收耶。创为八景，聊志一斑，以俟后之采风者。

印山春雨

印山高峙九疑平，拱极承离望里明。丹嶂出云连曙色，画桥垂柳带春声。行来暮雨疑神女，赋就雄风自楚卿。想象黄金悬肘后，为霖岁岁润苍生。

凤桥秋月

凤桥秋敞散晴光，潋滟金波送夕阳。五色倩谁修月户，七襄今见制霓裳。庆云拖锦笼丹桂，宝镜团花捧素敉。对景正宜裁谢赋，谩劳仙术试淮王。

南林丛桂

秋香先发南林寺，丛桂高攀第一

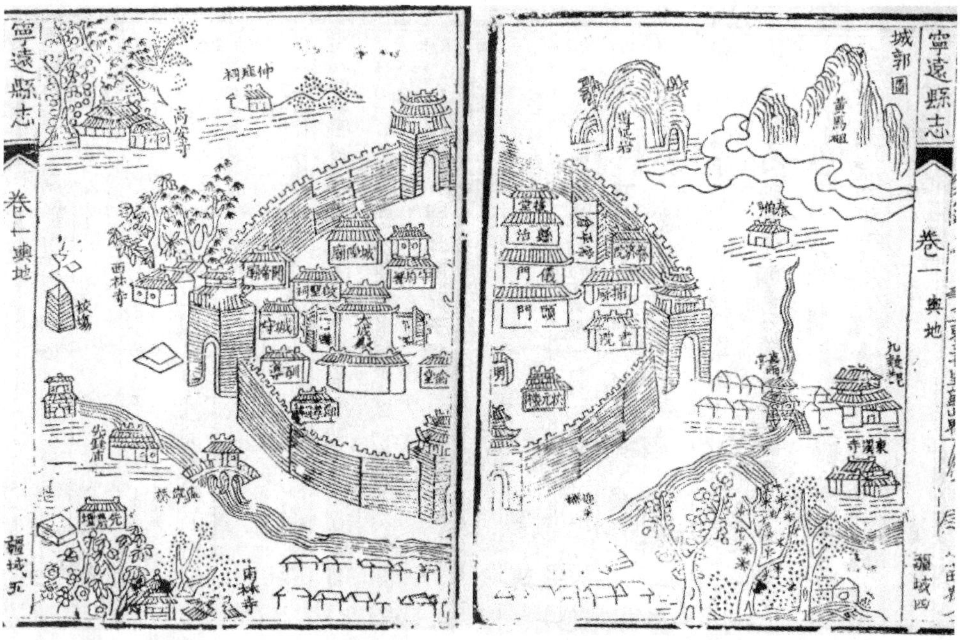

囧清乾隆《宁远县志》载“城郭图”

枝。闻道小山招隐士，愿栖鹫岭企仙姿。萧疏盘踞云蓝古，森秀潜移月殿奇。假我公余能爱客，霏霏金粟泛瑶卮。

东溪古松

东溪松古骨嶙峋，劲节偏宜傲吏亲。千尺雪霜皤鹤盖，百年风雨老龙鳞。巢归鵁鹊判花落，浪挟元夷入韵新。珍重岁寒心不浅，路傍桃李易成尘。

金泉试茗

晴涧云龛闟绿华，丹山碧水毓灵芽。香含峰顶三冬雪，秀起雷惊二月车。石鼎碾成春尚早，金泉烹就日初斜。擎来清味生元液，两袖风生逸兴赊。

玉琯摩崖

为忆真元丹鼎传，来寻玉琯抚寒烟。峰回潭影疑无地，岩敞云门别有天。石上擘窠皆大字，宅边洒洒尽登仙。我今试作摩崖颂，愿祝君王万寿年。

疑峰叠翠

万笏朝天拱舜源，诸峰臣伏似儿孙。重岩竞秀迷岚影，远树横秋带雨痕。叆叇千盘摇日观，空青一片入昆仑。谁传帝寝成疑史，点点湘娥螺黛存。

潇水涵青

潇潇一脉出天南，皎洁澄鲜映蔚蓝。飞瀑千寻还浩渺，碧潭万顷自空涵。无心学海偏流细，有意宜民独作甘。莫道臣心真似水，须眉一鉴胜奇探。

[印山春雨]

图清同治《永州府志》“宁远县四境陆路长图”（局部）载“印山”

清嘉庆《宁远县志》“卷一·山川”载“金印山”：在县南十里，其形如笠，四面多土，其顶戴石方平如印，为县治应山。前邑令陈丹心治形家言，于印山上建塔，然终不宜，今废。

[凤桥秋月]

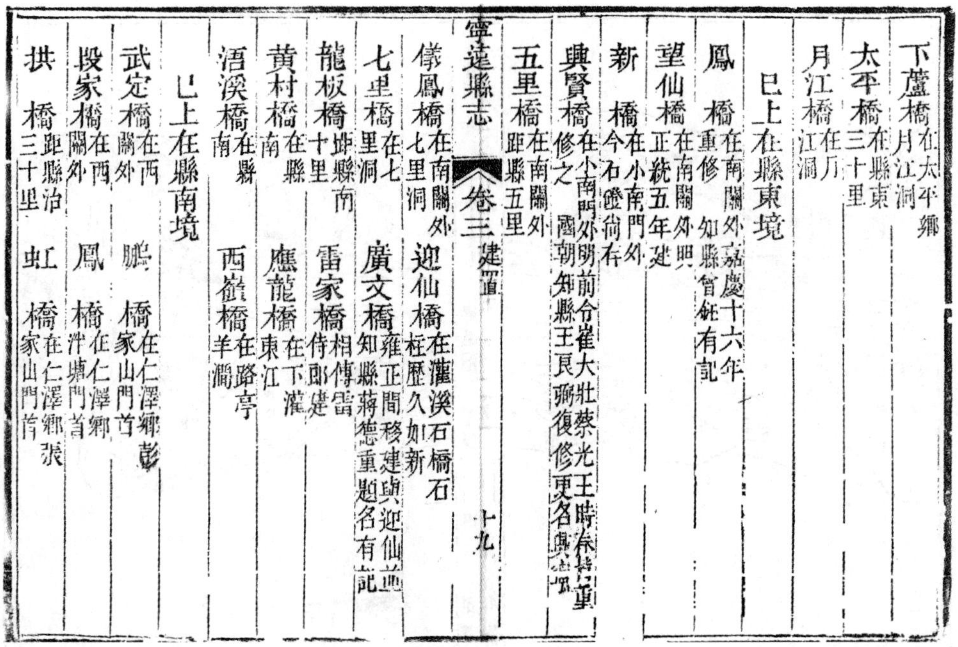

下盧橋在太平鄉月江洞
太平橋在縣東三十里
月江橋在月江洞
已上在縣東境
鳳橋在南關外嘉慶十六年重修知縣曾鈺有記
望仙橋在南關外明正統五年建
新橋在小南門外今石磴尚存
興賢橋在小南門外明前令崔大壯蔡光王時春捐重修之國朝知縣王艮卿復修更名興賢
五里橋在南關外距縣五里
寧遠縣志 卷三 建置 十九
儀鳳橋在南關外七里洞
迎仙橋在灌溪石橋石柱歷久如新
七里橋在七里洞
廣文橋雍正間移建與迎仙並知縣蔣德重題名有記
龍板橋在縣南十里
雷家橋相傳雷侍郎建
黃村橋在縣南
應龍橋在下灌東江
酒溪橋在縣南
西嶺橋在路亭羊瀾
已上在縣南境
武定橋在西關外
鵬橋在仁澤鄉彭家山門首
段家橋在西關外
鳳橋在仁澤鄉泮塘門首
拱橋距縣治三十里
虹橋在仁澤鄉張家山門首

清嘉庆《宁远县志》“卷三 · 建置”载“凤桥”：在南关外，嘉庆十六年重修，知县曾钰有记。

［南林丛桂］

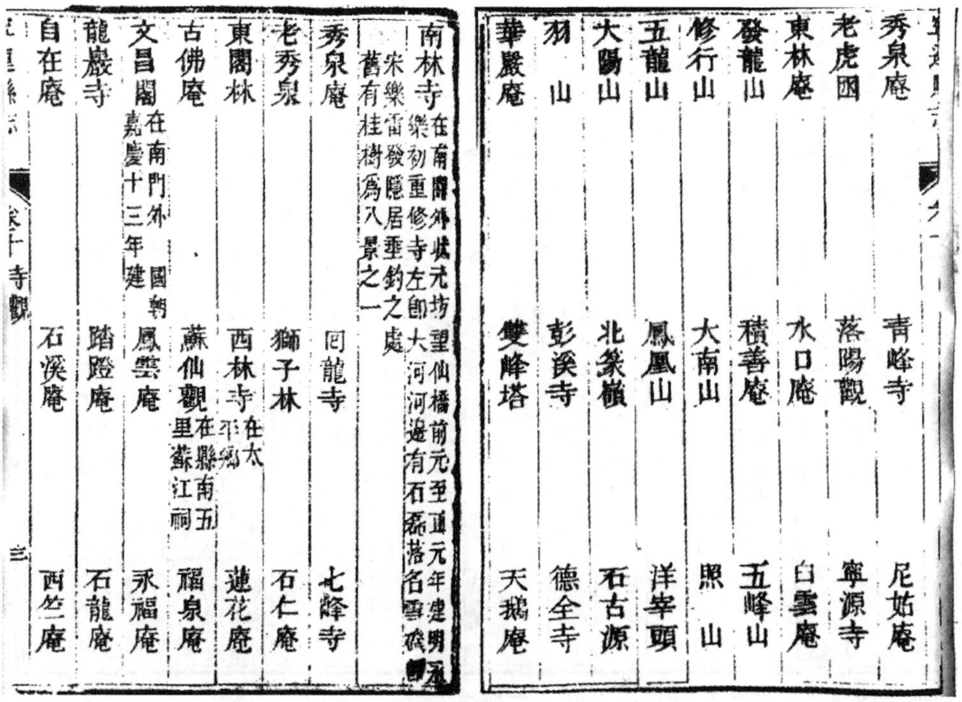

秀泉庵 青峰寺 尼姑庵
老虎囤 落陽觀 寧源寺
東林庵 水口庵 白雲庵
發龍山 積善庵 五峰山
修行山 大南山 衆山
五龍山 鳳凰山 洋峯頭
大陽山 北象嶺 石古源
羽山 彭溪寺 德全寺
華嚴庵 雙峰塔 天鵝庵

南林寺 在南關外狀元坊望仙橋前元至正元年建明永樂初重修寺左即大河河邊有石磊落名雪磯宋樂雷發隱居垂釣之處舊有桂樹為八景之一
秀泉庵 回龍寺 七峰寺
老秀泉 獅子林 石仁庵
東園林 西林寺 在太平鄉 蓮花庵
古佛庵 蘇仙觀 在縣南五里蘇江祠 福泉庵
文昌閣 在南門外嘉慶十三年建 國朝 鳳雲庵 永福庵
龍巖寺 踏蹬庵 石龍庵
自在庵 石溪庵 西竺庵

图 清嘉庆《宁远县志》“寺观”载“南林寺”

清嘉庆《宁远县志》“卷十·寺观”载“南林寺”：在前关外状元坊望仙桥前。元至正元年建，明永乐初重修，寺左即大河，河边有石磊落，名雪矶，即宋乐雷发隐居垂钓之处，旧有桂树，为八景之一。

［东溪古松］

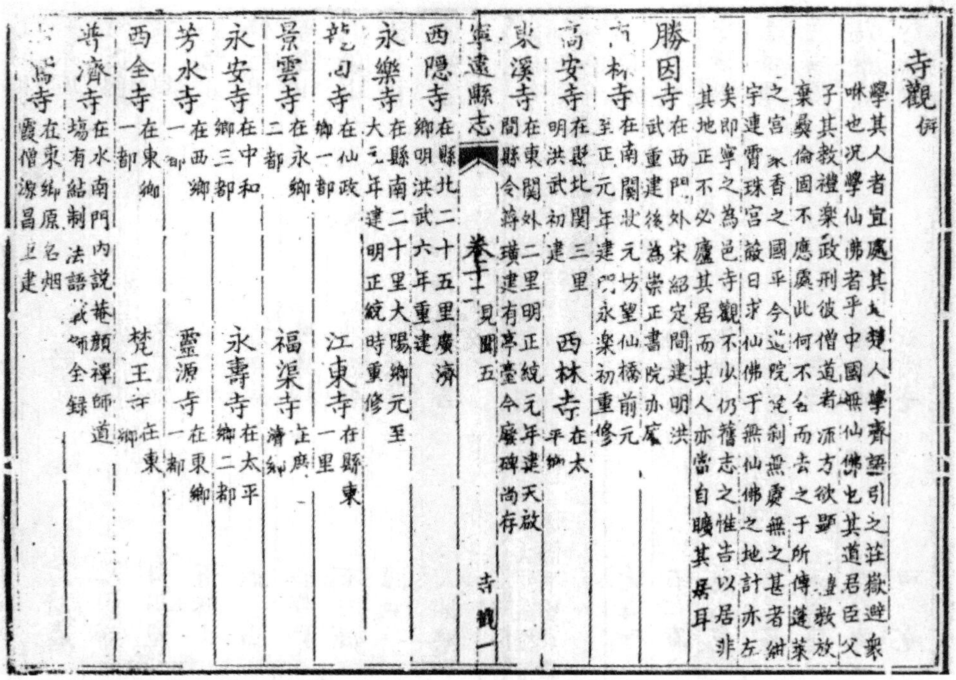
寺觀 併

學其人者宜處其土髮人學齊楚引之莊嶽避衆咻也况學仙佛者乎中國無仙佛也其道君臣父子其教禮樂政刑彼僧道者派方欲郢書教放棄彝倫固不應處此何不各而去之于所傳蓬萊之宮采香之國乎今道院梵剎無處無之甚者紺宇連霄珠宮蔽日求仙佛于無仙佛之地計亦左矣即寧之為邑寺觀不少仍舊志之惟吿以居非其地正不必廬其居而其人亦當自曠其居耳

勝因寺 在西門外宋紹定間建明洪武重建後為崇正書院亦廢

□林寺 在南關狀元坊望仙橋前元至正元年建明永樂初重修

高安寺 在縣北關三里明洪武初建

西林寺 在太平鄉

東溪寺 在東關外二里明正統元年建天啟間縣令蔣璜建有亭臺今廢碑尚存

寧遠縣志 卷十 見聞五 寺觀 一

西隱寺 在縣北二十五里廣濟鄉明洪武六年重建

永樂寺 在縣南二十里大陽鄉元至大元年建明正統時重修

乾□寺 在仙政鄉一都

江東寺 在縣東一里

景雲寺 在永□鄉二都

福渠寺 在□□清鄉

永安寺 在中和鄉三都

永壽寺 在太平鄉二都

芳水寺 在西鄉一都

靈源寺 在東鄉一都

西全寺 在東鄉一都

梵王寺 在東鄉

普濟寺 在水南門內說菴顏禪師道場有結制法語□師全錄

□□寺 在東鄉原名烟霞僧源昌□建

清乾隆《宁远县志》“见闻”载“东溪寺”

清嘉庆《宁远县志》“卷十·寺观”载“东溪寺”：在东关外二里，明正统元年建，天启间县令蒋璜建有亭台，今废。

[金泉试茗]

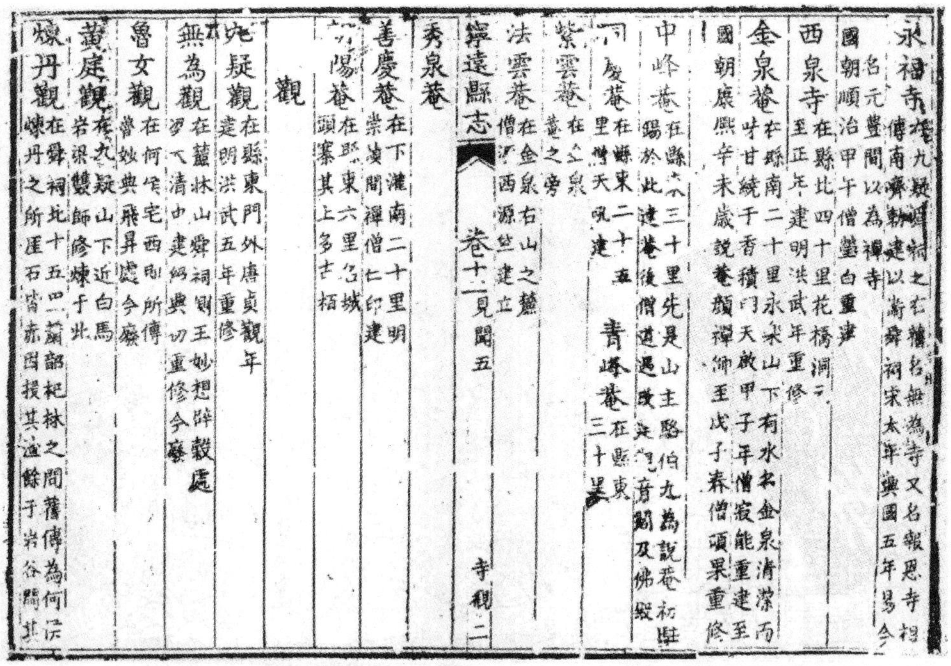

永福寺在九疑舜祠之右舊名無為寺又名報恩寺相傳南齊勅建以崇舜祠宋太平興國五年易今名元豐間以為禪寺
國朝順治甲午僧鑾白重建
西泉寺在縣北四十里花橋洞元至正年建明洪武年重修
金泉菴在縣南二十里永樂山下有水名金泉清潔而味甘繞于香積明天啟甲子年僧寂能重建至
國朝康熙辛未歲說菴顏禪師至戊子春僧碩果重修
中峰菴在縣南三十里先是山主駱伯九為說菴和尚錫於此建菴後僧道遇改建[illegible]育關及佛殿
同慶菴在縣東二十五里明天啟建
青峰菴在縣東三十里
紫雲菴在金泉之旁
法雲菴在金泉右山之麓僧[illegible]西源[illegible]建立
寧遠縣志 卷十二 見聞五 寺觀二
秀泉菴
善慶菴在下灌南二十里明崇禎間禪僧仁印建
高陽菴在縣東六里名城頭寨其上多古栢
觀
無疑觀在縣東門外唐貞觀年建明洪武五年重修
無為觀在舊林山舜祠側王妙想辟穀處[illegible]清中建紹興[illegible]重修今廢
魯女觀在何侯宅西即所傳曾妙典飛昇處今廢
黃庭觀在九疑山下近白馬岩[illegible]雙師修煉于此
煉丹觀在舜祠北十五里蕭韶杷林之間舊傳為何侯煉丹之所厓石皆赤因按其遺餘于岩谷間其

清乾隆《宁远县志》“见闻”载“金泉庵”

清嘉庆《宁远县志》“卷十·寺观”载“金泉庵”：在县南二十里，永乐山下有水名金泉，清潆而味甘，绕于香积。明天启甲子年，僧寂能重建。至国朝康熙辛未岁说庵颜禅师，至戊子春僧硕果重修。

[玉琯摩崖]

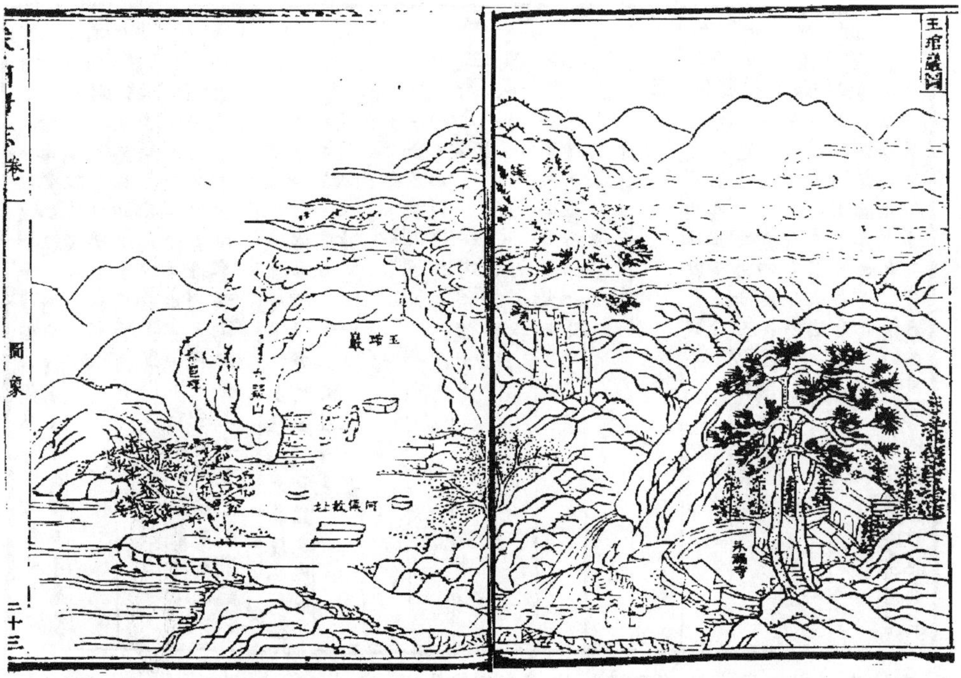

清康熙《永州府志》载“玉琯岩图”

清嘉庆《宁远县志》“卷一·山川”载“玉琯岩”：在舜源峰后五里，《元和志》：汉哀帝时，零陵文学奚璟于泠道舜祠下得玉琯十二，献之朝。《方舆胜览》云：今舜祠后石室是也。旧《志》：相传舜巡狩至九疑，十二州牧执之以觐者。按：《风俗通》《尚书大传》：舜时西王母来，献白玉琯，不知璟所何属。岩突兀轩豁，不与群山相附，上有“玉琯岩”三字，乃淳祐六年郡人李挺祖书，旁有“九疑山”三大字，字大如盖。道州知州方信孺书刻于石。李挺祖八分书蔡邕《九疑山铭》镌其旁。历代题咏勒石甚多，并录《艺文》。

[疑峰叠翠]

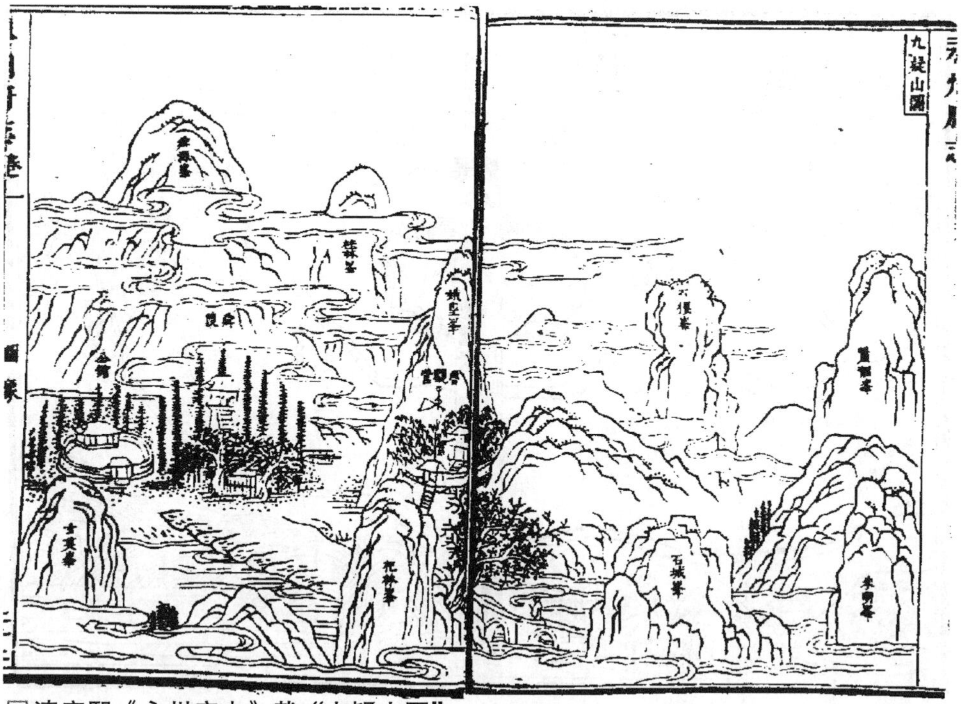

图 清康熙《永州府志》载“九疑山图”

清嘉庆《宁远县志》“卷一 · 山川”载“九疑山”：在县南，联络百粤，迢递三楚，元气鸿庞，为南方巨镇。自古以来记载互异，传说不一。非独山可疑，说者亦可疑矣。

［潇水涵青］

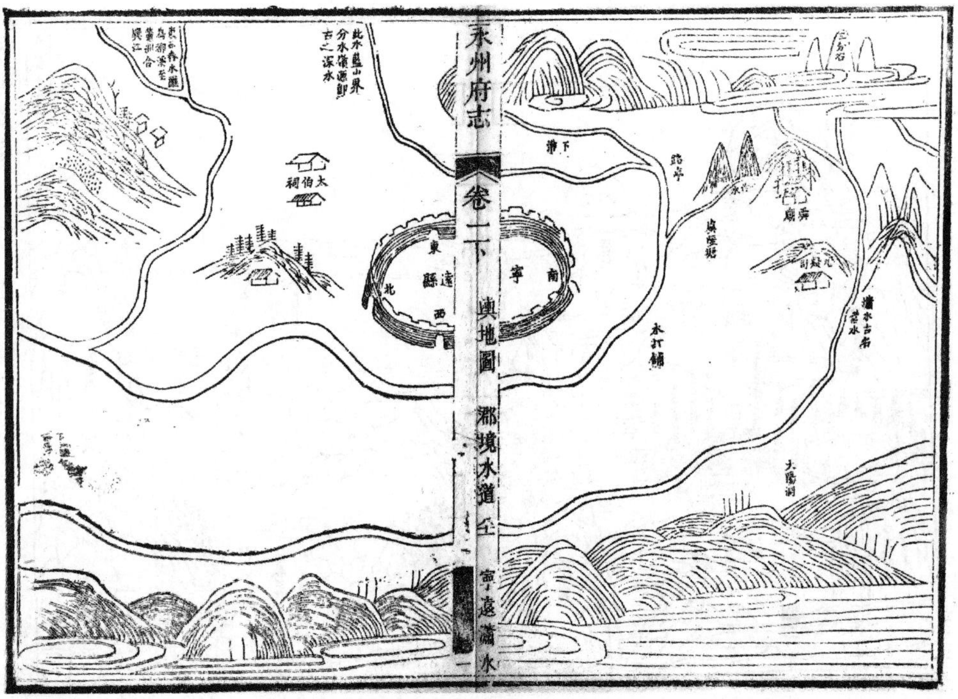

▣清同治《永州府志》载“郡境水道”“宁远潇水”（局部）

清康熙《永州府志》“卷三·下·宁远·潇水”载：潇水出朱明峰，下至三江口，东北与沱水合。此水源远而流阔，几言潇水以此为是。

【蓝山八景】

㗊清康熙《蓝山县志》载“县四境图”

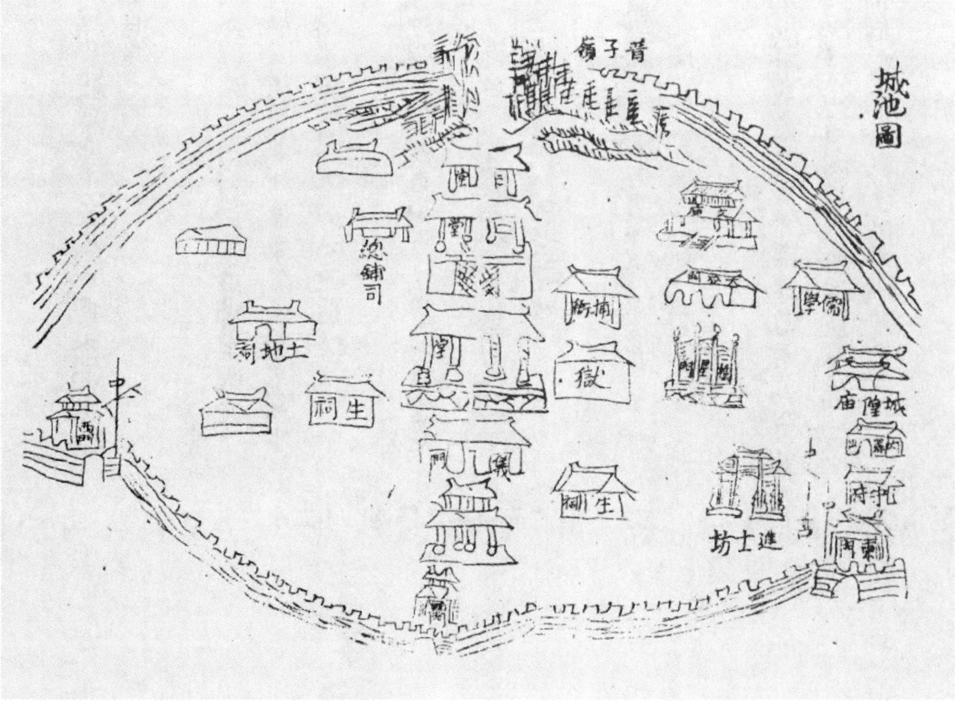

㗊清康熙《蓝山县志》载“城池图”

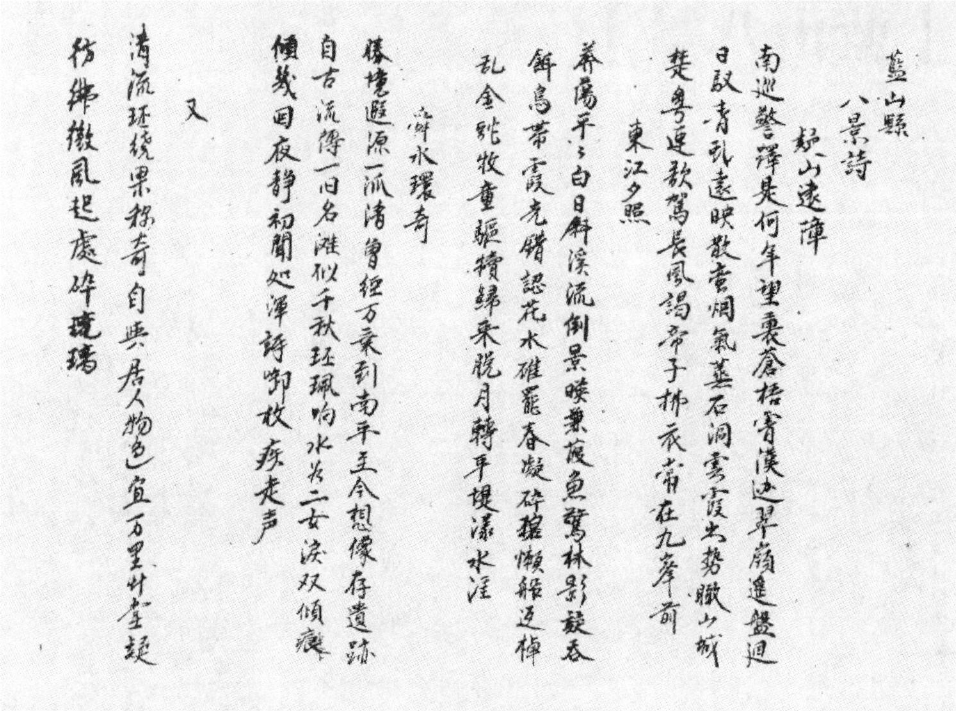

藍山縣
八景詩
嶷山遠障
南巡警蹕是何年望裏蒼梧霄漢邊翠巖進盤廻
日馭青孔遠映散晝烟氣蒸石洞雲霞出勢瞰山城
楚粤連疆駕長風謁帝子拂衣常在九峯前
東江夕照
斜陽平平白日斜溪流倒景暎蒹葭魚驚林影疑吞
餌鳥帶霞光錯認花水碓罷舂凝碎搖懶船返棹
乱金蛇牧童驅犢歸來晚月轉平堤漾水涯
舜水環奇
勝境遐源一派清曾經万乘到南平至今想像存遺跡
自古流傳一旧名灘似千秋环珮响水如二女淚双傾癡
傾幾回夜靜初聞処渾詩鄉枚疾走声
又
清流環繞果稱奇自與居人物色宜万里竹臺疑
彷彿微風起處碎琉璃

清康熙《蓝山县志》“艺文”载“蓝山县八景诗”（一）

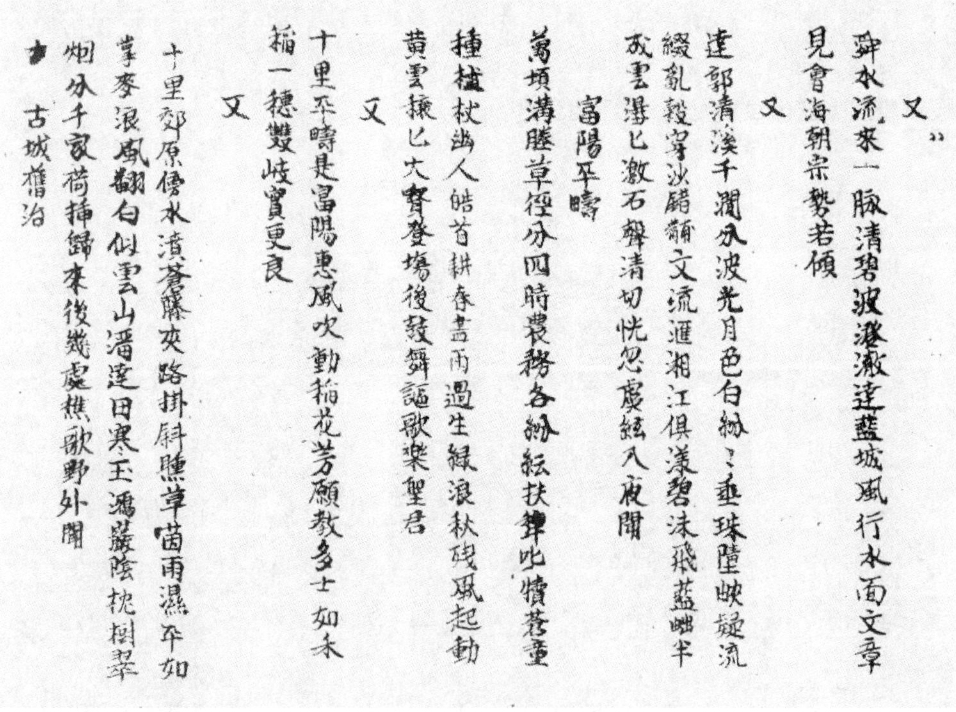

又
舜水流來一脉清碧波瀲灩達藍城風行水面文章
見會海朝宗勢若傾
又
遶郭清溪千澗承波光月色白泓泓垂珠墮峽疑流
綴亂穀穿沙錯簇文流滙湘江俱漾碧沫飛藍幽半
成雲濕已激石聲清切恍忽處絃入夜聞
富陽罕晴
萬頃溝塍草徑分四時農務各紛紜扶犂叱犢蒼童
種植杖幽人皓首耕春盡雨過生綠浪秋殘風起動
黃雲接已大賢登場後鼓舞謳歌樂聖君
又
十里罕晴是富陽惠風吹動稻花芳願教多士如禾
稻一穗雙岐實更良
又
十里郊原傍水濱蒼藤夾路掛斜曛草茵雨濕平如
掌麥浪風翻白似雲山潘遶田寒玉濾巖陰枕樹翠
烟分千家荷插歸來後幾處樵歌野外聞
古城舊治

清康熙《蓝山县志》“艺文”载“蓝山县八景诗”（二）

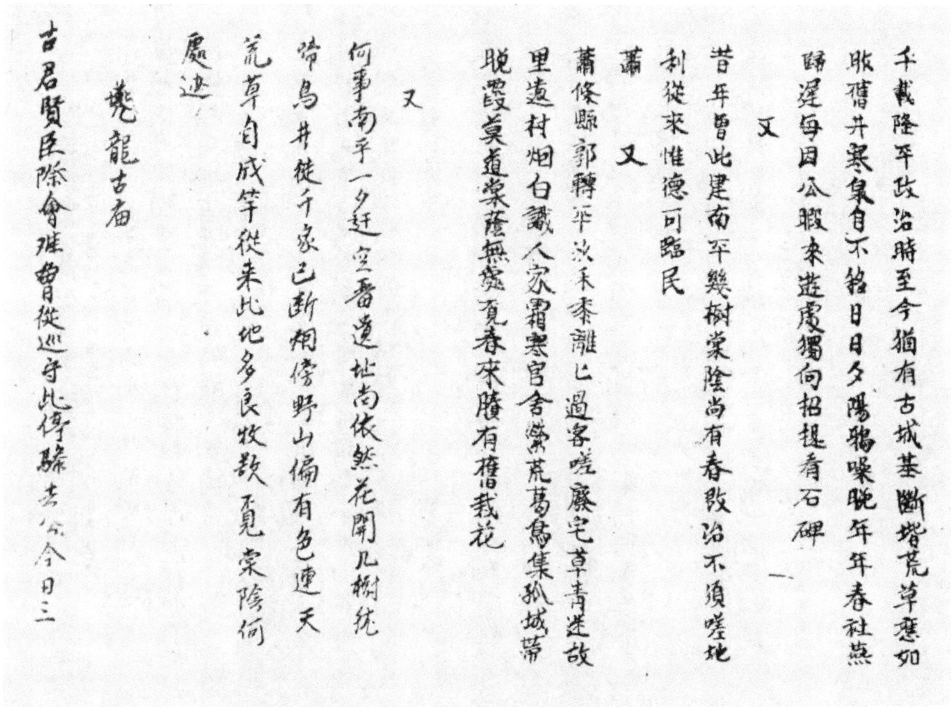

千載隆平政治將至今猶有古城基斷堦荒草悉如
故舊井寒泉自不銘日日夕陽鴉噪晚年年春社燕
歸遲每因公暇來遊處獨向招提看石碑

又

昔年曾此建南平幾樹棠陰尚有春政治不須嗟地
利從來惟德可臨民

蕭　又

蕭條縣郭轉平洮禾黍離離過客嗟廢宅草青迷故
里遠村烟白識人家霜寒宫舍縈荒葛鳥集孤城帶
晚霞莫道棠蔭無覓處春來隨有舊栽花

又

何事南平一夕遷空留遺址尚依然花開几樹恍
啼鳥井徙千家已斷烟傍野山偏有色連天
荒草自成竿從來此地多良牧欲覓棠陰何
處边

蟠龍古庙

古君賢臣際會难曾從巡守此停驂去今日三

清康熙《蓝山县志》“艺文”载“蓝山县八景诗”（三）

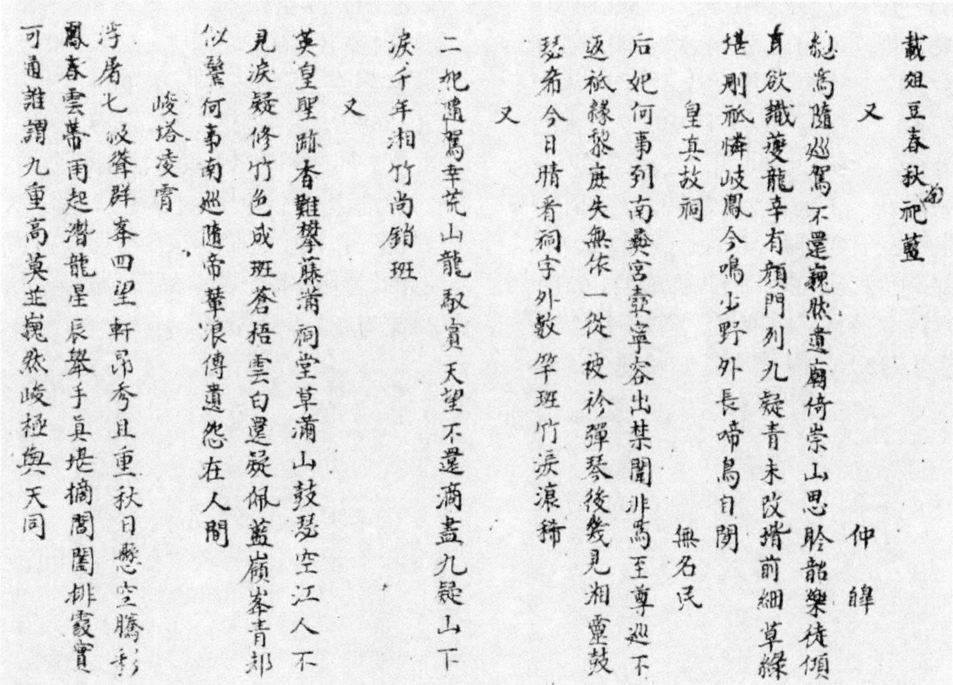

載俎豆春秋祀蓋

又　　　　　　　　仲　韓

總爲隨巡駕不還魏然遺廟倚崇山思聆韶樂徒傾
耳欲識夔龍幸有顏門列九疑青未改堦前細草綠
堪刪祗憐岐鳳今鳴少野外長啼鳥自閑

皇英故祠　　　　　無名氏

后妃何事到南兖宫壺寧容出禁闈非爲至尊巡不
返衹緣黎庶失無依一從被袗彈琴後幾見湘靈鼓
瑟希今日暗看祠宇外數竿斑竹淚潺稀

又

二妃遺駕幸荒山龍馭賓天望不還滴盡九疑山下
淚千年湘竹尚斑斑

又

英皇聖跡杳難攀藤滿祠堂草滿山鼓瑟空江人不
見淚疑修竹色成斑蒼梧雲白還疑佩藍嶺峯青却
似鬟何事南巡隨帝輦浪傳遺怨在人間

峻塔凌霄

浮屠七級聳群峯四望軒昂秀且重秋日懸空騰彩
鳳春雲帶雨起潛龍星辰舉手真堪摘閶闔排霄實
可通誰謂九重高莫並巍然峻極與天同

清康熙《蓝山县志》“艺文”载“蓝山县八景诗”（四）

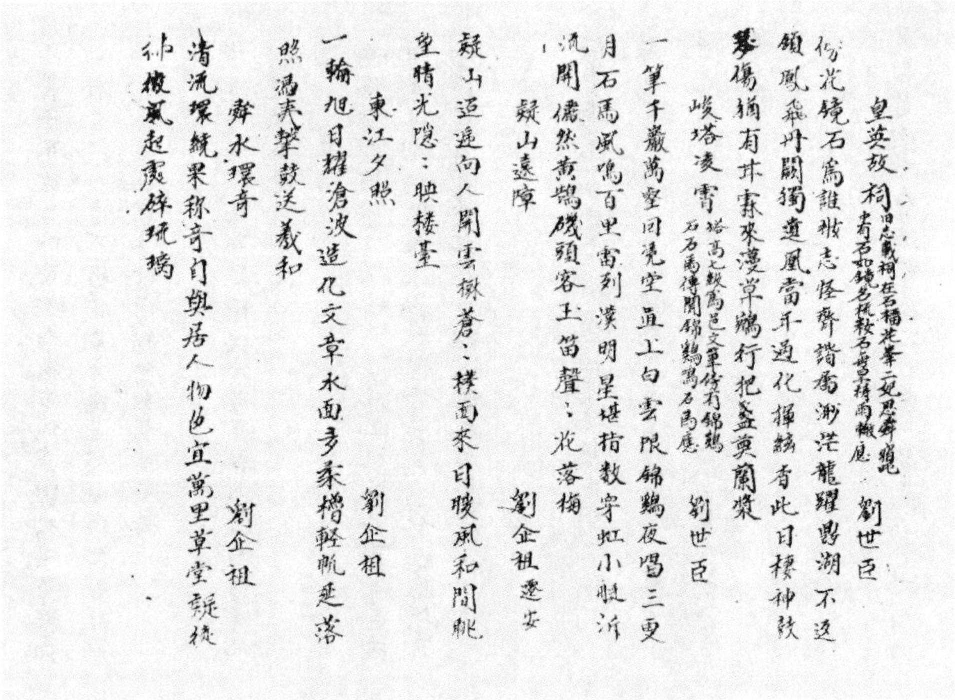
皇英故祠（舊志載祠在石楠花峯二妃思舜猶□者有石如鏡名梳妝石蓋皇精兩撤庭） 劉世臣
何光鏡石爲誰妝志怪齊諧爲渺茫龍躍影湖不返
鏡鳳飛丹闕獨遺風當年造化揮絲香此日樓神效
蓼殤猶有抹霖來漫岸鶴行把盞英蘭槳
峻塔凌霄（塔高七級爲邑文筆傍有錦雞石爲傳聞錦雞鳴石爲應） 劉世臣
一筆千巔萬壑回凴空直上白雲限錦雞夜唱三更
月石馬風鳴百里雷列漢明星堪指數穿虹小艇泝
流聞儒然黃鶴磯頭客玉笛聲聲花落梅
疑山遠障 劉企祖 遷安
疑山迢遞向人開雲樹蒼蒼樓面來日暖風和閒舵
望晴光隱隱映樓臺
東江夕照 劉企祖
一輪旭日耀滄波造化文章水面多參棹輕帆延落
照渴夷擊鼓送羲和
舜水環奇 劉企祖
清流環繞果稱奇自與居人物色宜萬里草堂疑夜
補撒風起處碎琉璃

圖清康熙《蓝山县志》“艺文”载“蓝山县八景诗”（五）

蓝山位于湘南边陲，南岭山脉中段北侧，东与临武县接壤，南与江华县、广东省连州市毗邻，西与宁远县交界，北接嘉禾县。历史悠久，源远流长，春秋战国时期，县境属楚。汉高祖五年（前202）建县，名南平，隶属桂阳郡。隋炀帝大业三年（607），并入临武县。唐高祖武德四年（621）复置南平县，属郴州。唐玄宗天宝元年（742），以境内“山岭重叠，荟蔚苍翠，浮空如蓝”而更名为蓝山，隶属桂阳郡。宋真宗景德三年（1007），属桂阳监。元属桂阳路。明洪武元年（1368），属郴州。二年，属桂阳府；九年，属衡州府桂阳州。清属桂阳州。

清康熙《蓝山县志》载“蓝山八景图”：疑山远障、东江夕照、古城旧治、富阳平畴、峻塔凌霄、舜水环奇、夔龙古庙、皇英故祠。

[疑山远障]

▣清康熙《蓝山县志》载“疑山远障”

▣民国《蓝山县图志》“卷五·古迹景物录”载“三峰石”：《九疑山志》以三峰石即舜峰，盖去舜祠四十里，三峰插天，相距各四五里，山拥泉飞，晴天常雨，斗崖瀑练，人迹罕至。上有石桃、石棋，马蹄石迹；又有香炉石，足耳具备；有壕，以铜为碑，字不可识，传为舜墓，西南下即苍梧县界矣。旧《志》“疑山远障，影泛难取”，以此代之。

[舜水环奇]

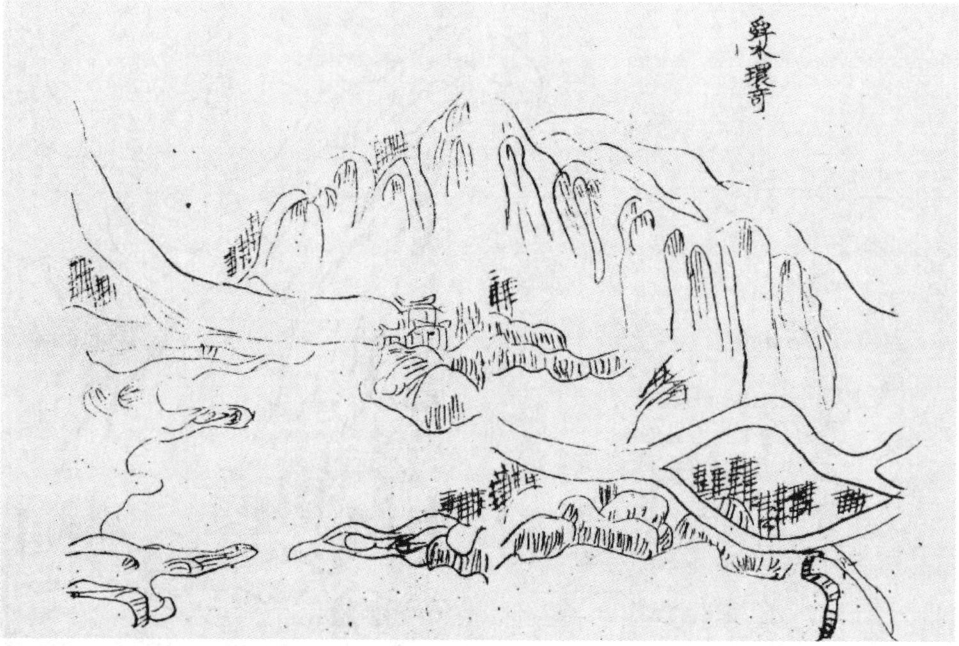

▣清康熙《蓝山县志》载“舜水环奇”

▣民国《蓝山县图志》“卷五·古迹景物录”载“舜水环带”：此即县城南东两面水景也。曩时水去城基尚远，今则啮近逼冲，势且不止环带矣。舜水为钟水旧名。

[古城旧治]

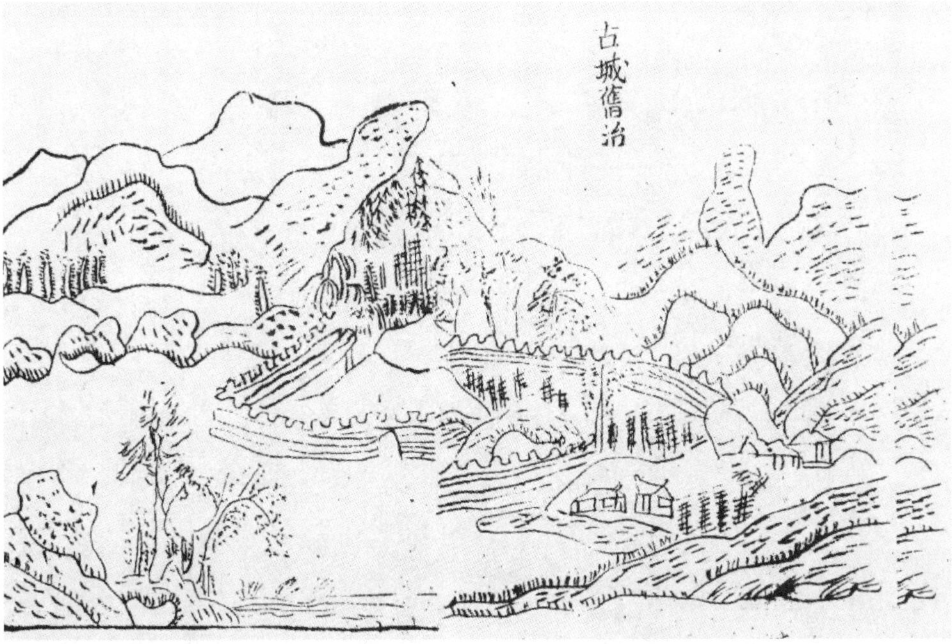

清康熙《蓝山县志》载“古城旧治”

南平古城遗址，位于今古城村。民国《蓝山县图志》“卷五·古迹景物录”载“古城烟树”：南平县治初迁之地，今为雷、彭、杨三姓村居，废堙疏树，平畴漾陂，乐郊故自可适。

[东江夕照]

清康熙《蓝山县志》载“东江夕照”

民国《蓝山县图志》“卷五·古迹景物录”载“东江夕照”：东江，雷村也，距城六七里，夕照盖三峰石日軆透景，说见前录，其村后迤东岭巅，隐约翠微者，即童峰塔也。

[富阳平畴]

清康熙《蓝山县志》载“富阳平畴”

民国《蓝山县图志》“卷五·古迹景物录”载“富阳平畴”：县治今城，负山环水，村里万亩，南东从衡，而西郭二里之富阳成族，独占半畴之名，颇以濒钟患水，兹境较高平，常占丰稔，有成族之先成景□上贤坊基在焉。

[夔龙古庙]

▣清康熙《蓝山县志》“八景图”载“夔龙古庙”

▣民国《蓝山县图志》“卷五·古迹景物录”载“夔庙”：“县西二里许夔峰下，旧所谓都漯庙者也”。

▣民国《蓝山县图志》“卷五·古迹景物录”载“龙庙”：大慈乡上凤头之龙川，川之上曰龙山，皆以龙作纳言祀庙得名，唐时蓝山令庄武龙有《龙山庙碑》。

［皇英故祠］

清康熙《蓝山县志》载“英皇故祠”

民国《蓝山县图志》“卷五·古迹景物录”载“石榴峰皇英故祠”：“此石榴峰皇英故祠也，从凤麓山迤逦而上，过涧缘阪，位祠于峰奥，下望村郭，如数家珍，慨然见翠辇缥缈之迹。”又载“石榴峰皇英故祠梳妆石”：祠之前右，叠石如案，案右端，一石特起如镜屏。

[峻塔凌霄]

清康熙《蓝山县志》载“峻塔凌霄”

民国《蓝山县图志》“卷五·古迹景物录”载“峭塔凌云”：此旧《志》所谓“峻塔凌霄”者也，万山涵虚，一水掠影，村郭接郊，平畴如织，东端即观澜亭，志局编纂，假榻于此，真得江山之助，历史及诸胜，详《礼俗篇》。

【新田八景】

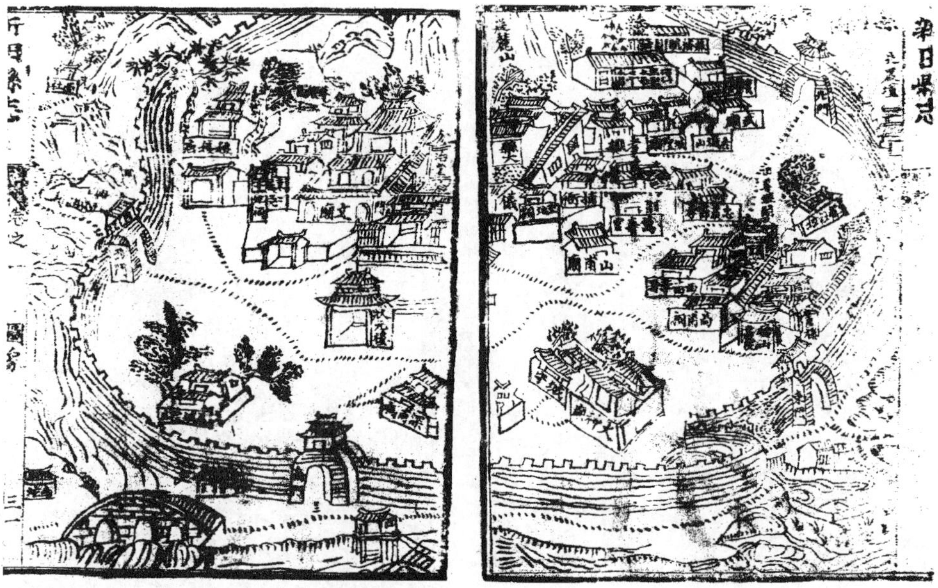

▣清嘉庆《新田县志》载“县治图”

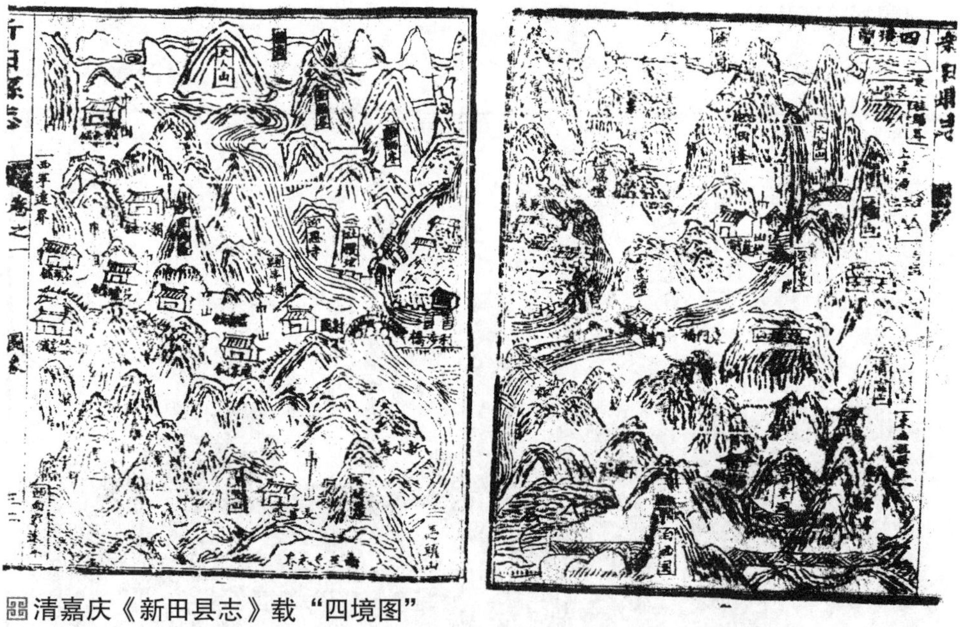

▣清嘉庆《新田县志》载“四境图”

新田，春秋战国时属楚地。秦代、汉初设春陵县、泠道县，属长沙国（郡）。汉武帝元鼎六年（前111）析长沙郡置零陵郡，同年设营道县、春陵县、泠道县，统属零陵郡。三国时，吴孙皓宝鼎元年（266）置营阳郡，泠道县改属营阳郡。孙皓凤凰元年（272），分泠道为泠道、春阳二县，属荆州营阳郡。东晋穆帝永和中，改春阳县为春陵县，泠道、春陵属营阳郡。南朝宋，泠道县、春陵县属湘州营阳郡。梁时，营阳郡改永阳郡，泠道县、春陵县属之。隋属营道县地，隶属荆州零陵郡。唐武德四年（621）属唐兴县地。大历二年（767）分延唐县西北置大历县，县治在现宁远县柏家坪区地。五代大梁改延唐县为延昌县，大历县并入。后晋改延昌县为延熹县。宋乾德三年（965）改延熹县为宁远县，隶属道州江华郡。明万历二年（1574）设新田城堡于今城关。崇祯十二年（1693），永州知府晏日曙奏请分宁远南乡（9里）、北乡（4里），桂阳州西面部分地区设置新田县，以新田营地为治所，属永州。清初，湖广行省分左、右二布政使司，永州属湖广右布政使司。康熙三年（1664），湖广右布政使司改为湖南省（治长沙），全省分四道，新田属衡永郴桂道（治衡阳）永州府。

据清嘉庆《新田县志》"卷九·艺文志·邑令沈维垣《新田八景序》"

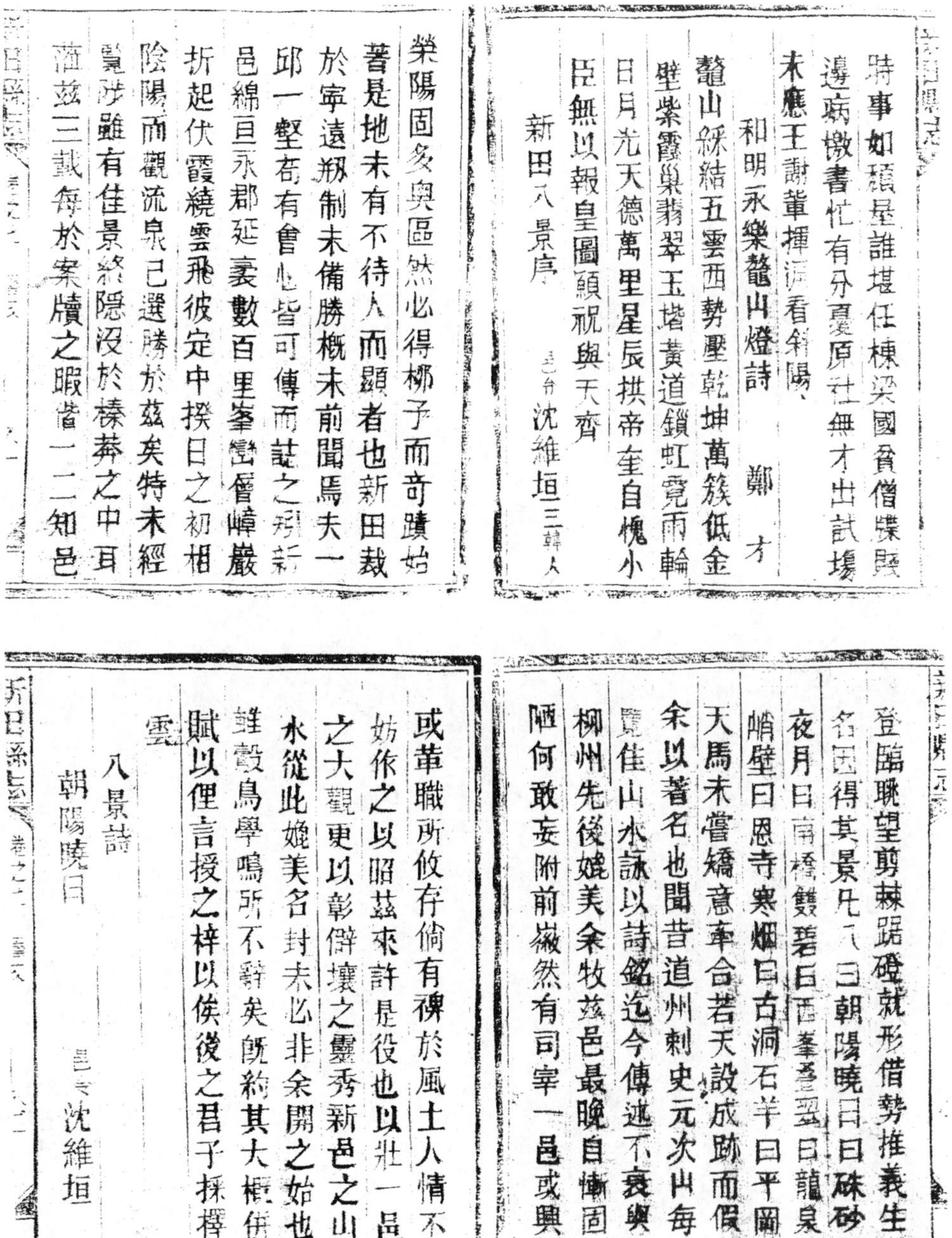

特事如磧壘誰堪任棟梁國貧僧蝶賤
邊病檄書忙有分憂原社無才出試場
未應王謝輩揮涙看斜陽、
和明永樂鼇山燈詩　鄭才
鼇山綵結五雲西勢壓乾坤萬簇低金
壁紫霞巢翡翠玉堦黄道鎖虹霓雨輪
日月光天德萬里星辰拱帝奎自愧小
臣無以報皇圖願祝與天齊
新田八景序　邑令沈維垣三韓人

榮陽固多奧區然必得郴子而奇蹟始
著是地未有不待人而顯者也新田裁
於寧遠剏制未備勝概未前聞焉夫一
邱一壑苟有會心皆可傳而誌之矧新
邑綿亘永郡延袤數百里峯巒嶂巖
折起伏霞繞雲飛彼定中揆日之初相
陰陽而觀流泉已選勝於兹矣特未經
覽陟雖有佳景終隱沒於榛莽之中耳
涖兹三載每於案牘之暇嘗一二知邑

登臨眺望剪棘踞磴就形借勢推義生
名因得其景凡八曰朝陽曉日曰硃砂
夜月曰南橋雙碧曰西峯叠翠曰龍泉
峭壁曰恩寺寒烟曰古洞石羊曰平岡
天馬未嘗矯意牽合若天設成跡而假
余以著名也聞昔道州刺史元次山每
覽佳山水詠以詩銘迄今傳述不衰與
柳州先後媲美余牧兹邑最晚自慚固
陋何敢妄附前緻然有司宰一邑或興

或革職所攸存倘有禆於風土人情不
妨作之以昭兹來許是役也以壯一邑
之大觀更以彰僻壤之靈秀新邑之山
水從此媲美名封未必非余開之始也
雖彀鳥學鳴所不辭矣既約其大概併
賦以俚言授之梓以俟後之君子採擇
云
八景詩　邑令沈維垣
朝陽曉日

清嘉庆《新田县志》"艺文"载"新田八景序"

永州卷

载“新田八景”：荥阳固多奥区，然必得柳子而奇迹始著。是地未有不待人而显者也。新田裁于宁远，创制未备，胜概未前闻焉。夫一丘一壑苟有会心，皆可传而志之。矧新邑绵亘永郡，延袤数百里，峰峦层嶂，岩折起伏，霞绕云飞。彼定中揆日之初，相阴阳而观流泉，已选胜于兹矣。特未经览陟，虽有佳景，终隐没于榛莽之中耳。莅兹三载，每于案牍之暇，偕一二知邑，登临眺望。剪棘踞磴，就形借势，推义生名，因得其景凡八。曰“朝阳晓日”，曰“朱砂夜月”，曰“南桥双碧”，曰“西峰叠翠”，曰“龙泉峭壁”，曰“恩寺寒烟”，曰“古洞石羊”，曰“平冈天马”。未尝矫意牵合，若天设成迹而假余以著名也。

闻昔道州刺史元次山，每览佳山水，咏以诗铭，迄今传述不衰，与柳州先后媲美。余牧兹邑最晚，自惭固陋，何敢妄附前徽。然有司宰一邑，或兴或革，职所攸存，倘有裨于风土人情，不妨作之，以昭兹来许。是役也，以壮一邑之大观，更以彰僻壤之灵秀，新邑之山水从此媲美名封，未必非余开之始也，虽鷇鸟学鸣，所不辞矣。既约其大概，并赋以俚言，授之梓，以俟后之君子采择云。

[朝阳晓日]

▣清嘉庆《新田县志》载“朝阳晓日”

清嘉庆《新田县志》“卷九·艺文志”载“邑令沈维垣《朝阳晓日》”：

县东北三里许，有朝阳庵，背山面水，材木森蔚，每朝旭初生，光彩照耀，令人心目俱爽。

旭日初开曙，苍凉紫气浮。晴葵含露向，晓竹带烟收。射水波光灿，穿林叶影稠。山深僧觉否，间傲簿书投。

又载邑令黄应培《朝阳晓日》：

扶桑焕彩日曈昽，独照祇园万籁空。晓露溅花疑宿雨，晴岚迎曙笑春风。晨钟响彻炊烟碧，威凤翚舒瀚海红。老衲稳眠浑未觉，凭他送影上帘拢。

[朱砂夜月]

清嘉庆《新田县志》载“朱砂夜月”

清嘉庆《新田县志》“卷九·艺文志”载“邑令沈维垣《朱砂夜月》”：

县西南隔岸有朱砂岩，旧传其地产朱砂，因以得名。悬岩之下，沉潭印月，光景常新。

朱岩斜映月，众壑夜生文。素影悬青汉，晖光散白云。石门苔色晓，山径树荫分。虚静通幽谷，寒烟处处曛。

又载邑令黄应培《朱砂夜月》：

见说朱岩别有天，石门开敞峙山前。一溪碧浪翻孤月，十里苍松啸晚烟。潭影空涵云欲驻，山光静拥鸟初眠。回环更绕东西水，洞口潜窥一豁然。

[南桥双碧]

清嘉庆《新田县志》载“南桥双碧”

清嘉庆《新田县志》“卷九·艺文志”载“邑令沈维垣《南桥双碧》”：

县城外有二水，东西分流。交汇于城之南，石桥旦其上。山光掩映，碧色相解。

一径通南野，长虹卧碧流。云鸿衔荻苇，汀鹭宿沙洲。涧水常容月，石滩不住舟。谁为题柱者，今古慕英俦。

又载邑令黄应培《南桥双碧》：

潆洄二水控南桥，无限澄清障欲消。两岸晴烟排雁齿，一帆春雨碍虹腰。影横波镜分青霭，绿净潭心印碧寥。界破闲云天寂静，月明何处夜吹箫。

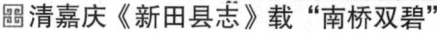

[西峰叠翠]

清嘉庆《新田县志》载“西峰叠翠”

清嘉庆《新田县志》“卷九·艺文志”载“邑令沈维垣《西峰叠翠》”：

县之上多平，独西南特起数峰。罗列望之，萃色盈眸，乃知胜地固多佳景也。

山外山无极，峰高接大荒。堆螺生万象，拥翠耸穹苍。自带烟霞气，时闻兰蕙香。鸟飞鸣碧水，云汉起文章。

又载邑令黄应培《西峰叠翠》：

插天秀削矗芙蓉，耸出群巅第一峰。叠嶂凌空珠斗近，悬崖积翠石苔浓。宵烟罨罩千山月，秋雨苍茫万壑松。我欲振衣高顶上，乾坤望里豁心胸。

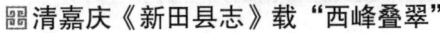

[龙泉峭壁]

清嘉庆《新田县志》载“龙泉峭壁”

清嘉庆《新田县志》“卷九·艺文志”载“邑令沈维垣《龙泉峭壁》”：

县之十里有山口，龙泉寺藏其中，山护其外，山从地突起内平夷，而外实巉岩也。

知有龙含璧，清泉暗处生。石巉含雾冷，寺古傍云成。雁去平原落，鸟来高树鸣。老僧惮艰险，客至少逢迎。

又载邑令黄应培《龙泉峭壁》：

千山壁立撼长天，蹊径盘纡走瀑泉。薜荔倒牵流水急，芙蓉直捧暮云连。钟鸣远寺溪方午，鹤唳荒烟客未眠。独上巉岩明月下，一番清兴属诗仙。

[恩寺寒烟]

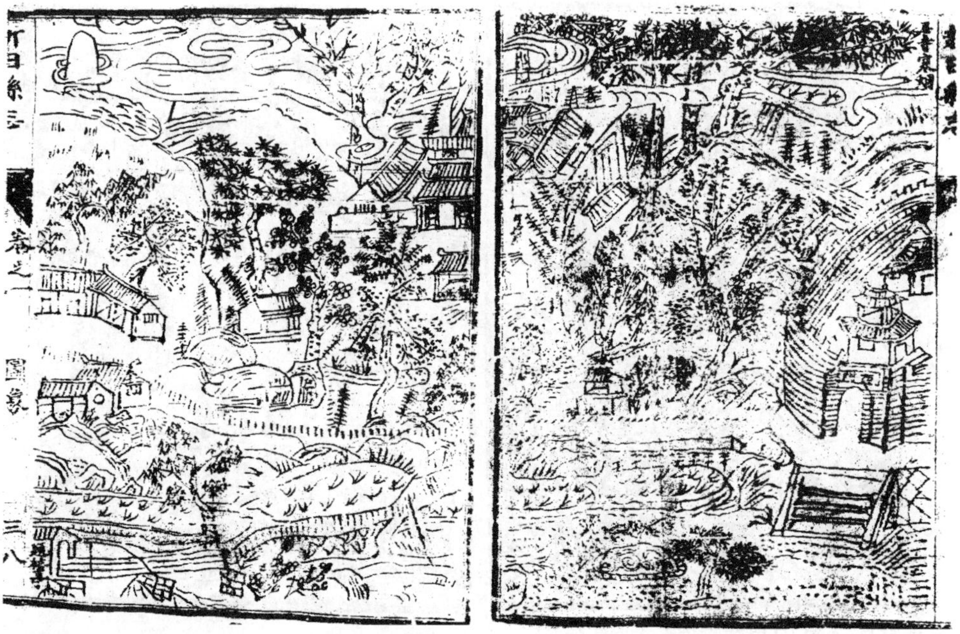

清嘉庆《新田县志》载“恩寺寒烟”

清嘉庆《新田县志》“卷九·艺文志”载“邑令沈维垣《恩寺寒烟》”：

西城外迎恩寺，县治来脉处，踞山之巅。古木参差，寒烟缭绕，真古刹也。

极目西城外，禅关古树稠。山青开日晓，烟白与云浮。灵气层层接，寒光淡淡收。清虚尘不染，高士许同游。

又载邑令黄应培《恩寺寒烟》：

曲径迂回古寺深，寒林长锁碧烟沈。泉声隐约知溪远，岚影微茫待月临。一鸣白云迷暮霭，半山红叶淡秋阴。静听钟鼓斜阳外，却把婆心证梵音。

[古洞石羊]

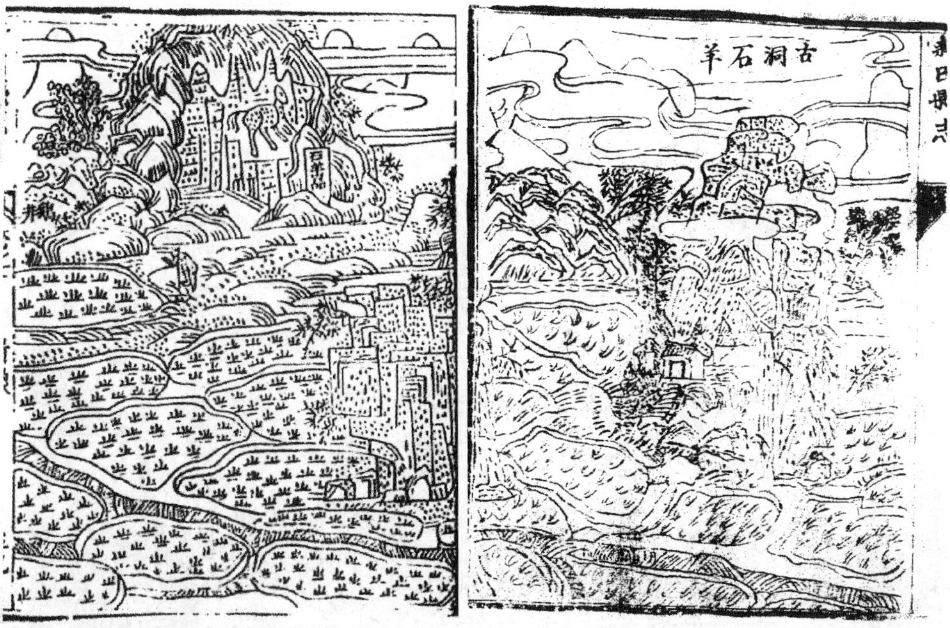

清嘉庆《新田县志》载“古洞石羊”

清嘉庆《新田县志》“卷九·艺文志”载“邑令沈维垣《古洞石羊》”：

南乡石羊洞，去城三十余里。有石羊立于洞口，首尾具备，宛然如生。

石洞原无锁，清虚不尽游。青云连寺合，绿树有烟留。卧草苔痕静，眠沙月影浮。蓬莱遇道侣，叱起向丹坵。

又载邑令黄应培《古洞石羊》：

不须叱石倩神功，独立荒茫古洞中。色相半封苍苏老，须髯全借白云笼。空劳汉使持边节，莫向仙人问雨工。孤影也堕牛犊否，晚来同下夕阳东。

[平冈天马]

图 清嘉庆《新田县志》载“平冈天马”

清嘉庆《新田县志》“卷九·艺文志”载“邑令沈维垣《平冈天马》”：

县之南岸，石山丛列，诡形异映，不可殚述。有一石宛如骏马腾骧，真天成也。

地气生神骏，腾骧别驽骀。子昂绘真骨，伯乐识良才。踏月依天表，嘘风傍水隈。何人能驾驭，千里片时回。

又载邑令黄应培《平冈天马》：

房星压地势参天，独立平冈几阅年。风里桃花嘶夜月，岸边石磴锁寒烟。春归芳草蹄应没，瘦到秋霜骨更坚。结体若教韩干画，也知合著杜陵篇。

【江华八景】

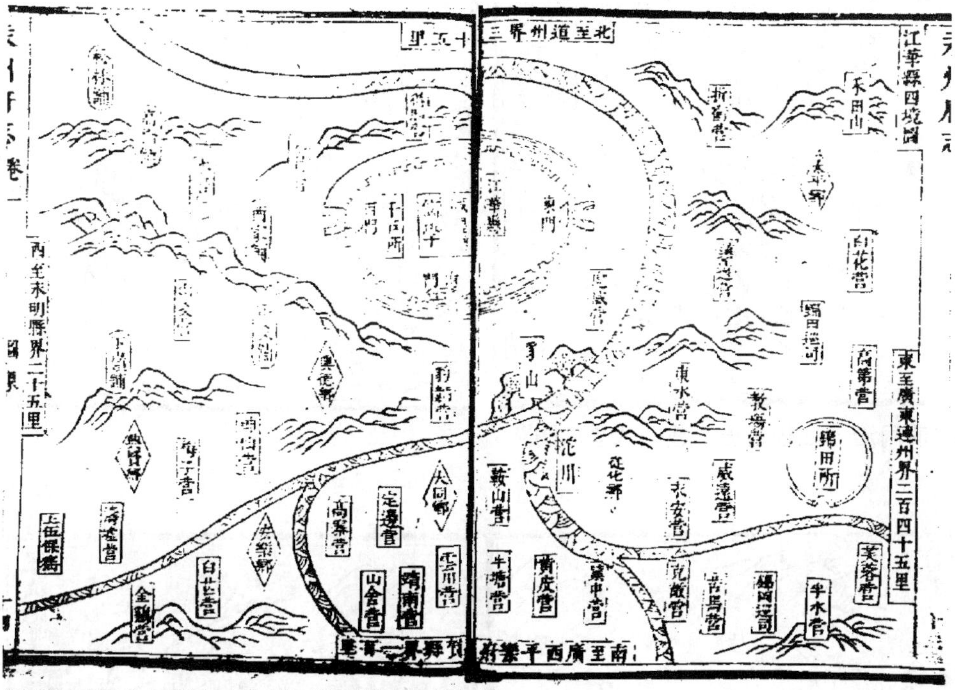

清康熙《永州府志》载“江华县四境图”

江华瑶族自治县位于南岭北麓，潇水上游，古为冯乘，始建于汉武帝元鼎六年（前111），迄今已有两千多年的历史。初，辖今之江华瑶族自治县全境，广西壮族自治区之贺县、钟山、富川及江永等县部分地区，设县治于深平城。唐武德四年（621）平梁后，析冯乘置江华，治所“阳华岩之江南”，江华之名盖始于此。元、明时期，又划县南24里地归富川，划松柏及其以西之地归永明。明天顺六年（1462）迁县治于黄头岗（今沱江镇）。清顺治六年（1649）江华始入清版图，领六乡，编户六里。清末，桂岭等地划归广西之贺县。

江华之地春秋战国属楚，西汉前期属长沙国，置“周都尉别军”。汉武帝元鼎六年（前111）镇服南越之后，始托境内冯水之名置冯乘县，隶苍梧郡，属交趾刺史部。东汉隶苍梧郡，属交州。三国地入东吴，隶临贺郡，属广州。西晋隶临贺郡，属广州。东晋康帝前隶营阳郡，属荆州，穆帝后属湘州。南朝宋，隶临庆国，属广州（武帝永初三年属湘州）。齐、梁、陈，隶临贺郡，属湘州。

隋，隶零陵郡，属荆州。恭帝义宁二年（618）萧铣踞巴陵称帝，国号梁，冯乘属之。唐武德四年（621）隶营州。贞观八年（634）隶道州，十七年道州废，隶永州，属江南西道。唐睿宗文明元年（684）江华改名云溪。中宗神龙元年（705）复名江华，隶道州。玄宗天宝元年（742）改道州为道州江华郡，江华隶之。昭宗乾宁二年（895）属武安军节度使。五代后梁马殷据湖南，国号楚，江华属楚。后唐、后晋、反汉均属楚。后周，属南汉武安节度使。宋，隶道州江华郡，属荆湖南路。元世祖至元十三年

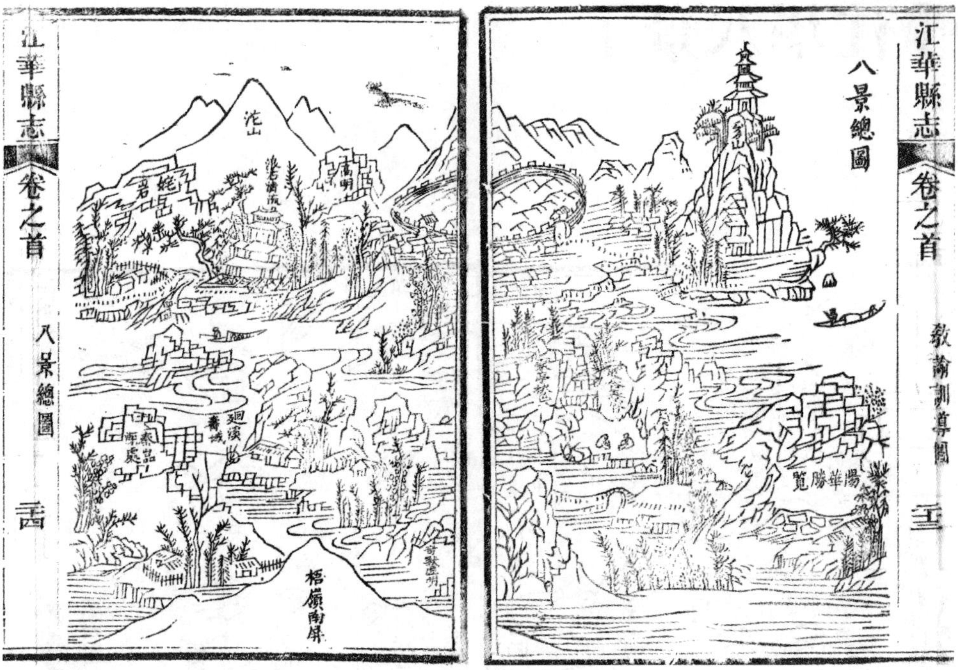

▣清同治《江华县志》载“八景总图”

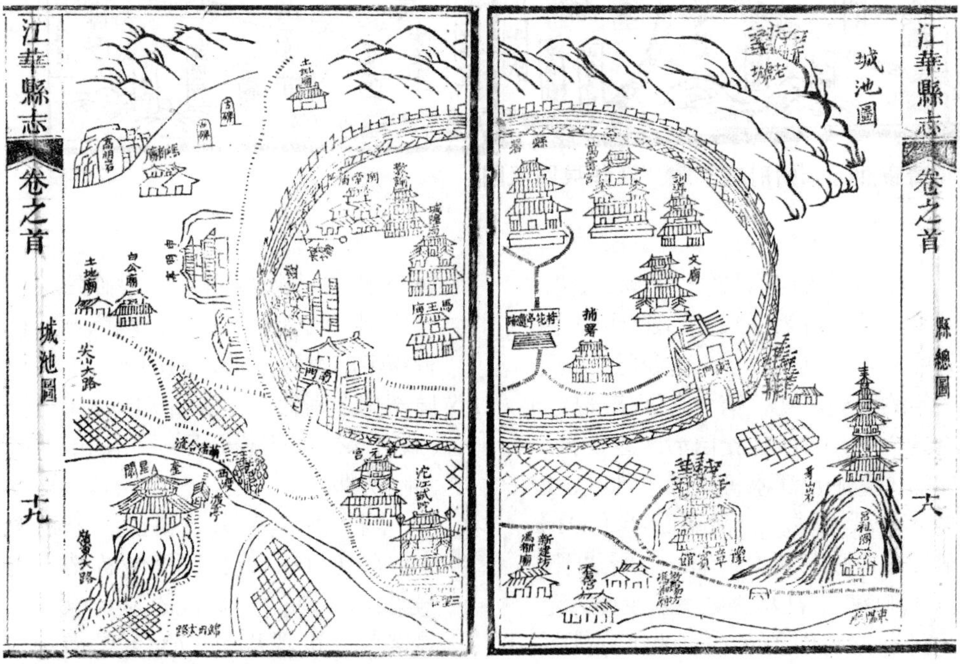

▣清同治《江华县志》载“城池图”

（1276）隶道州路，属湖广行省。

明洪武初年改道州路为道州府，江华隶之。九年（1376）降道州府为道州，江华隶永州府，属湖广布政使司。

崇祯十六年（1643）张献忠陷永州，改称西府，派童佐圣知江华。清顺治四年（1647）李自成部将郝永忠驻守江华，拥南明桂王抗清。顺治六年，江华始入清版图，隶永州府，属湖南省衡永郴桂道。康熙十六年（1677），吴三桂称帝，国号周，江华属之。二十年（1681）周灭，江华仍隶永州府，属湖南布政使司。雍正

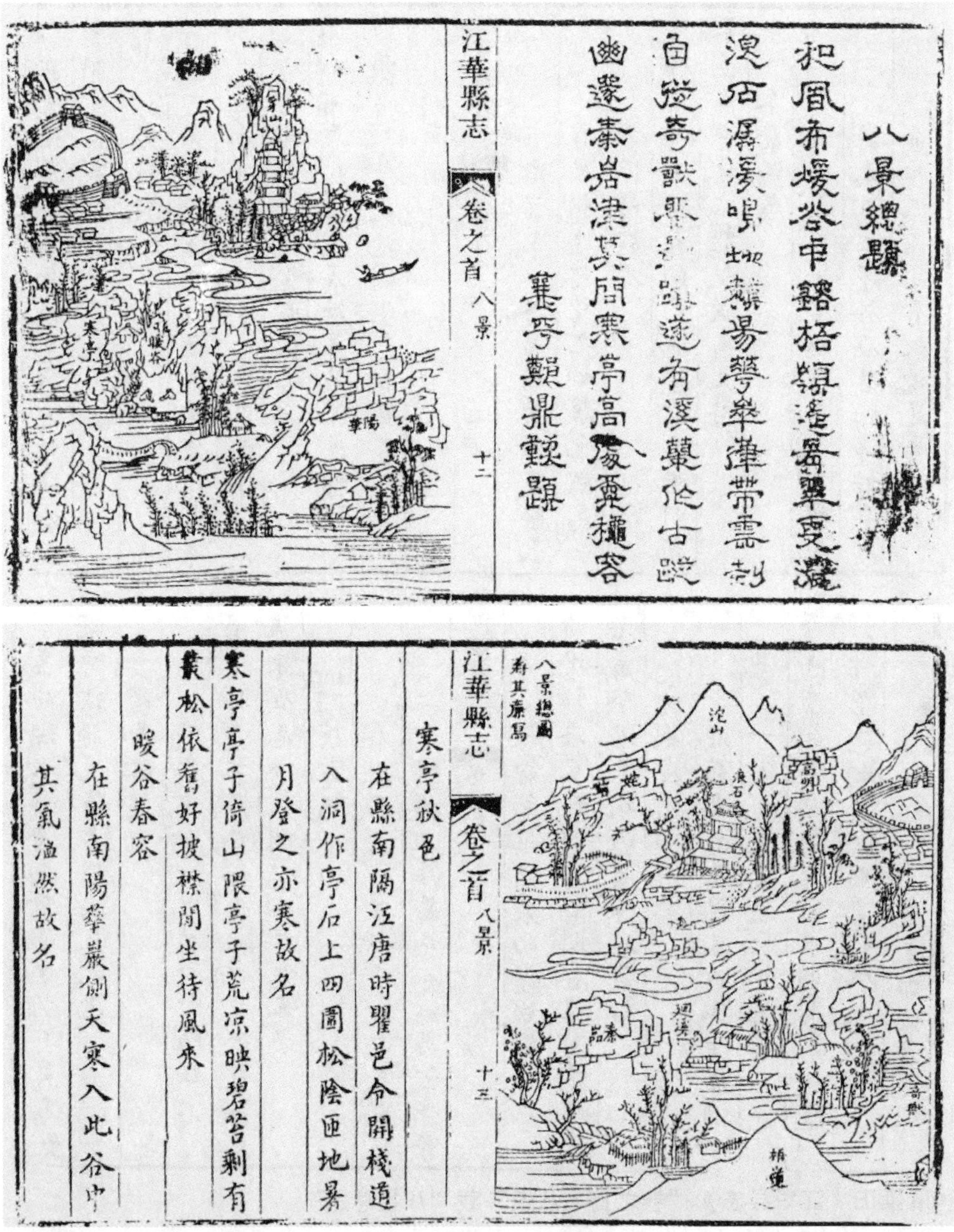

八景總題

和風布暖谷中鳴梧嶺遙屏翠更濃
浪石潺湲鳴[illegible]易攀華帶雲封
自從奇獸眠[illegible]跡遂有溪藤似古蹤
幽邃秦岩深莫問寒亭高處更擁容

龔孚鼎[illegible]題

江華縣志　卷之首　八景　十二

八景總圖　壽其康寫

江華縣志　卷之首　八景　十三

寒亭秋色

在縣南隔江唐時瞿邑令開棧道入洞作亭石上四圍松陰匝地暑月登之亦寒故名

寒亭亭子倚山隈亭子荒涼映碧苔剩有叢松依舊好披襟閒坐待風來

暖谷春容

在縣南陽華巖側天寒入此谷中其氣溫然故名

清雍正《江华县志》“卷之首·八景”载“八景总题”

二年（1724）至清末民初江华隶永州府。

清雍正《江华县志》“卷之首·八景·八景总题”载“江华八景”：暖谷春容、寒亭秋色、阳华胜览、浪石清流、梧岭南屏、秦岩深处、洄溪寿域、奇兽虚明。

清代蒋琛《江华八景诗》

暖谷春容

雨余春气淑，破月伏新晴。江夜色初正，梅烟暖更生。山中千树媚，谷口众芳情。似有怀相助，晨光先柳莺。

寒亭秋色

循桥携友度，江气到寒亭。风急摧松绿，云阴入洞青。径留秋在叶，风送夜归椂。客里矜幽赏，游情更窈冥。

阳华胜览

山高疑插汉，登眺发高吟。风日常清美，春冬如昨今。仙田生异草，石磬度元音。快读元郎句，琳琅悦我心。

浪石清流

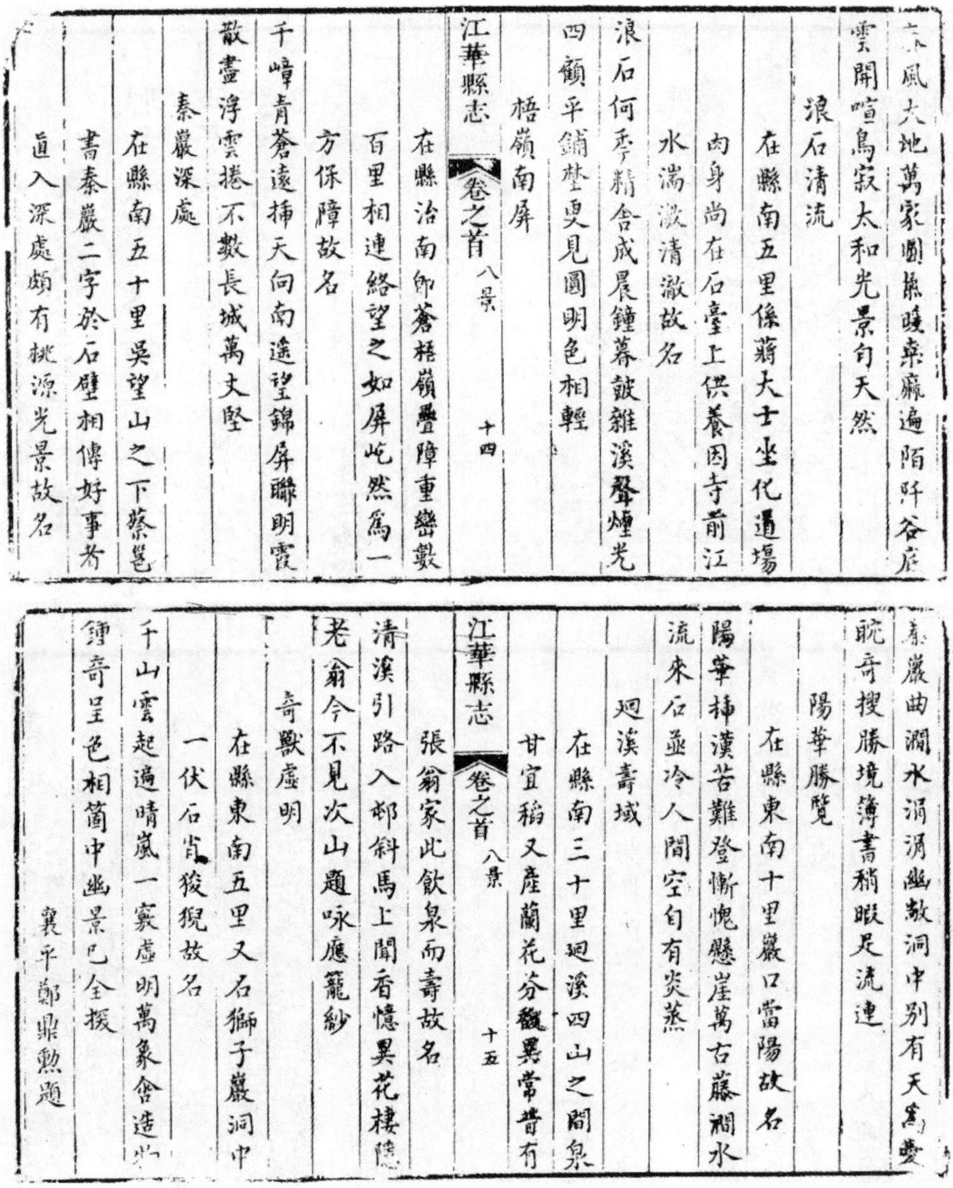

□風大地萬家圍燕嘆桌麻遍陌阡谷庶
雲開喧鳥寂太和光景句天然
浪石清流
在縣南五里係蔣大士坐化道場
肉身尚在石臺上供養因寺前江
水湍激清澈故名
浪石何季精舍成晨鐘暮鼓雜溪聲煙光
四顧平鋪埜叟見圓明色相輕
梧嶺南屏
江華縣志 卷之首 八景 十四
在縣治南即蒼梧嶺疊障重巒數
百里相連絡望之如屏屹然為一
方保障故名
千嶂青蒼遠挿天向南遙望錦屏聯明霞
散盡浮雲捲不數長城萬丈堅
秦巖深處
在縣南五十里吳望山之下蔡邕
書秦巖二字於石壁相傳好事者
直入深處頗有桃源光景故名

秦巖曲澗水涓涓幽敞洞中別有天□要
眺奇搜勝境簿書稍暇足流連
陽華勝覽
在縣東南十里巖口當陽故名
陽華挿漢若難登慚愧懸崖萬古藤澗水
流來石益冷人間空自有炎蒸
廻溪壽域
在縣南三十里廻溪四山之間泉
甘宜稻又產蘭花芬馥異常昔有
江華縣志 卷之首 八景 十五
張翁家此飲泉而壽故名
清溪引路入鄉斜馬上聞香憶異花棲隱
老翁今不見次山題詠應籠紗
奇獸虛明
在縣東南五里又石獅子巖洞中
一伏石肖狻猊故名
千山雲起過晴嵐一竅虛明萬象含造
鍾奇呈色相箇中幽景已全援
襄平鄭鼎勳題

清雍正《江华县志》“卷之首·八景”载“八景总题”

青峰远献翠，流亦有清声。倚槛看云落，望澜知浪轻。夜临心一水，寒助月三更。深坐不能去，机锋击竹生。

梧岭南屏

联络重冈远，晨光点翠微。密云难日出，灌木易霜稀。百粤千蟠绕，三湘万仞威。南关称巨镇，赖此足长依。

秦岩深处

秦岩奇赏满，恰趁半闲来。舞燕如轻蝶，烘桃可醉梅。峰高先月到，洞敞报云开。清绝湖南地，登临始畅哉。

洄溪寿域

欣然怀古逸，步入迴溪间。寻胜得孤境，绝尘如一山。天分鸥鹭碧，村受水云环。兰臭今如在，吾思老此湾。

奇兽虚明

岂必绝人境，翛然出世尘。崖生龙象眼，石学狻猊身。虚实从风过，明光入洞新。静中堪累日，莫更待芳辰。

[暖谷春容]

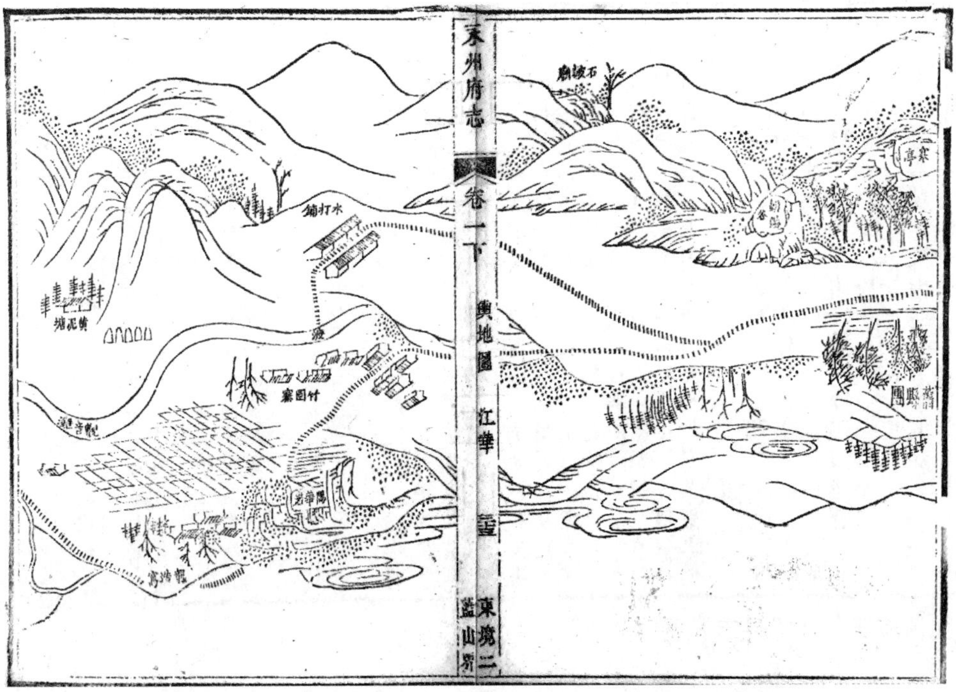

清同治《永州府志》“江华县四境长图”（局部）载“朝阳谷”

清同治《江华县志》“卷之一·山川”载“暖谷”：《府志》：旧地图作朝阳谷，在寒亭旁，八景之一。峭壁突兀，古木盘翏，岩寒入之，其气温然。宋治平中，邑尉成纪、李伯英始得其处，太常博士、知县事蒋祺作诗刻石上，有《序》。

［寒亭秋色］

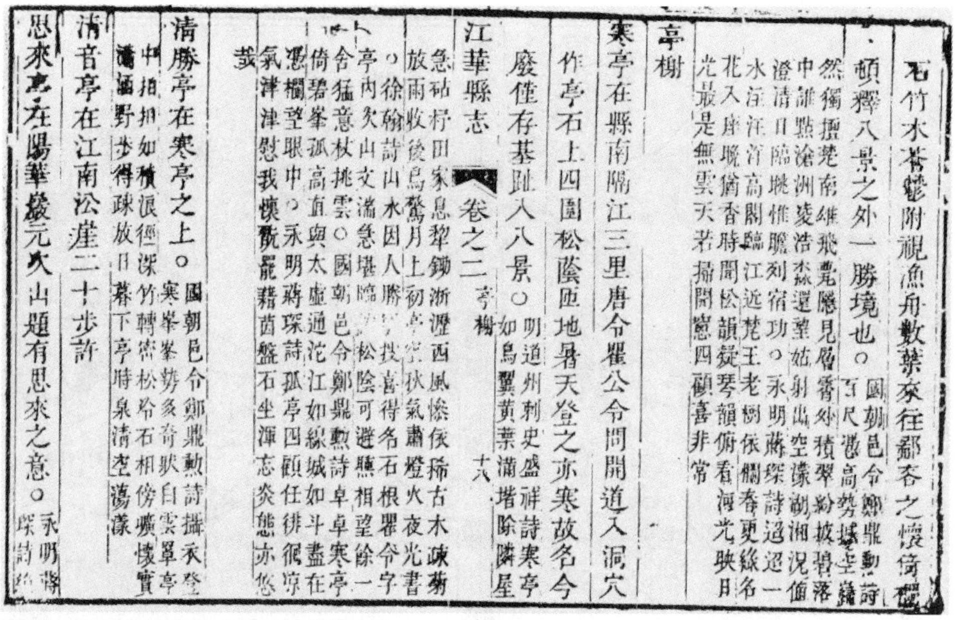

石竹木蒼鬱附視漁舟數葉來往都杳之懷倚檻
頓彌八景之外一勝境也。國朝邑令鄭鼎勳詩百尺巒高勢壓空巋然獨擅楚南雄飛甍隱見層霄外積翠紛披碧落中誰點滄洲淩浩森還望姑射出空濛謝湘況值澄清日臨眺惟聽刻宿功。永明蔣琛詩迢迢一水汪汪倚高閣臨江近楚王老樹依欄春更綠名花入座曉猶香時聞松韻疑琴韻俯看河光映日光最是無雲天若掃開窗四顧喜非常

亭榭

寒亭在縣南隔江三里唐令瞿公令問開道入洞穴作亭石上四圍松蔭匝地暑天登之亦寒故名今廢僅存基趾入八景。明道州刺史盛祥詩寒亭如鳥翼黄葉滿堦除隣屋急砧杼田家息犂鋤淅瀝西風慘依稀古木疎菊放雨收後烏鶯月上初亭空秋氣肅燈火夜光書。徐翰詩山水因人勝亭因得名石根罍令字亭内欠山文滿急堪臨松陰可避聽相望餘一含猛意杖挑雲。國朝邑令鄭鼎勳詩卓卓寒亭倚碧峯孤高直與太虛通沱江如線城如斗盡在憑欄望眼中。永明蔣琛詩孤亭四顧任徘徊涼氣津津慰我懷既罷藉茵盤石坐渾忘炎熱亦悠哉

清勝亭在寒亭之上。國朝邑令鄭鼎勳詩攜來登寒岸峯勢多奇狀白雲罩亭中拍拍如積浪徑深竹轉密松倚石相傍曠懷實瀟灑野步得疎放日暮下亭時泉清空蕩漾

清音亭在江南崧崖二十步許

思來亭在陽華巖元次山題有思來之意。永明蔣琛詩

江華縣志　卷之二　亭榭　十六

清雍正《江华县志》载“寒亭”

清雍正《江华县志》“卷之二·亭榭”载“寒亭”：在县南隔江三里，唐令瞿公令问开道入洞穴作亭石上，四围松阴匝地，暑天登之亦寒，故名。今废，仅存基址，入八景。

[阳华胜览]

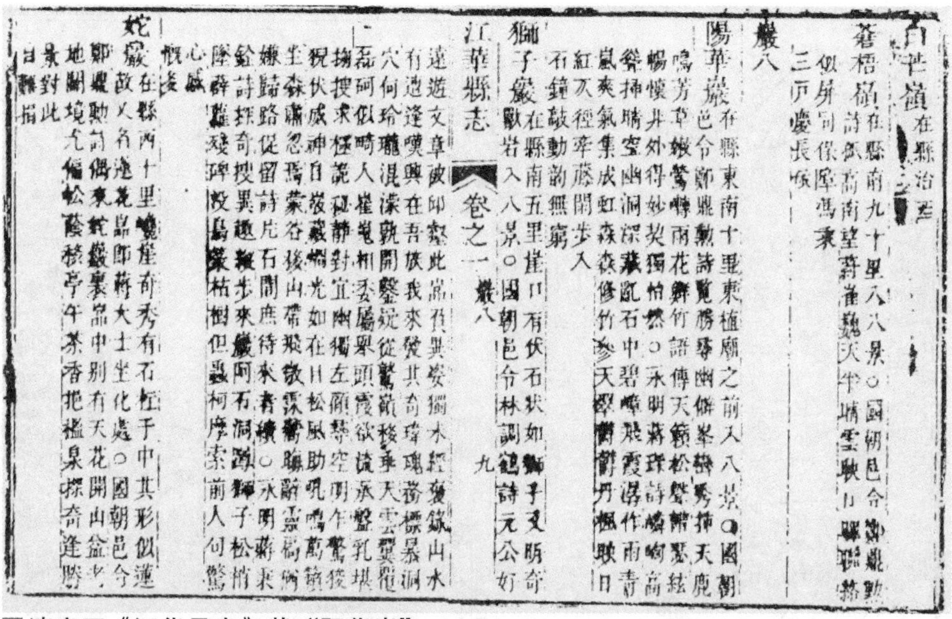

江華縣志 卷之一 巖八 九

陽華巖 在縣東南十里東植廟之前入八景○國朝邑令鄭鼎勳詩

獅子巖 在縣南五里崖口有伏石狀如獅子又既奇歟岩入八景○國朝邑令林調鶴詩

蛇巖 在縣西十里巉崖有秀有石矼于中其形似蓮故又名蓮花岩即蔣大士坐化處○國朝邑令鄭鼎勳詩

▣清雍正《江华县志》载“阳华岩”

清同治《江华县志》“卷之一·山川”载“阳华岩”：在县东南十里，山势向阳，清迥高朗，中有石磬，下有寒泉。唐元结守道州时作《铭》，属邑令瞿令问书之，刻岩石，世称名迹，八景之一。

[浪石清流]

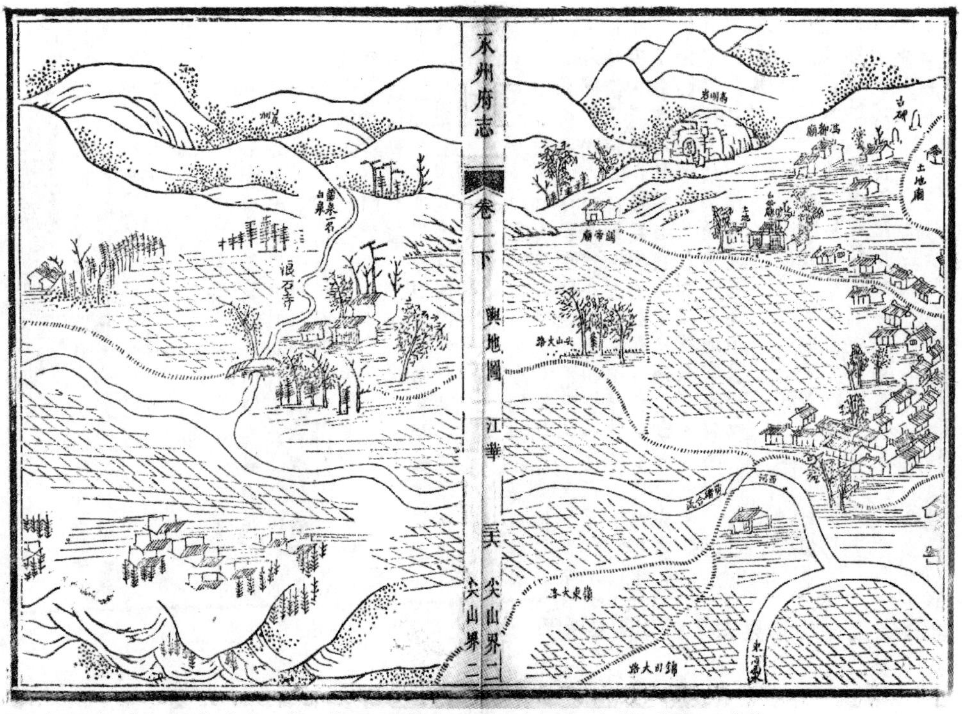

图清同治《永州府志》"江华县四境长图"（局部）载"浪石寺"

清雍正《江华县志》"卷之首·八景"载"浪石清流"：在县南五里，系蒋大士坐化道场，肉身尚在石台上供养，因寺前江水湍急清澈，故名。

［梧岭南屏］

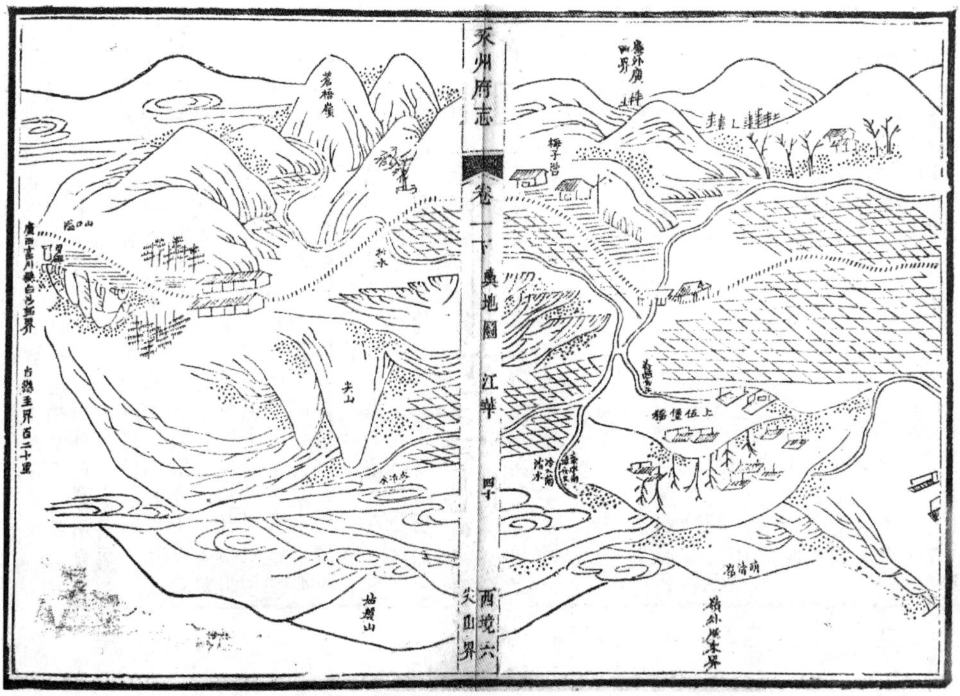

圖清同治《永州府志》“江华县四境长图”（局部）载“苍梧岭”

清同治《江华县志》“卷之一·山川”载“苍梧岭”：在县南九十里，八景之一。案：楚粤之交山，以苍梧名者不一，疑皆九疑支山，犹宁远、江、桂、贺之皆有桂岭也。

[秦岩深处]

高明巖在縣西一里。永明蔣琛詩萬象始何[illegible]色渺無盡峯攢雲路窮壁峭日光振綬步[illegible]逶迤浴日青蒼隕嵓壑亦何高登臨絕攀引瓮卜[illegible]此中棲恐滋遲暮哂。碧溪山人將其廉詩巖以高明號委迤石數盤空濛瀰曉露菁蔚釀春寒近郭望何遠臨流秀可發日光纔咫尺不厭度江看

秦巖在縣南五十里與望山之下舊志云秦人避亂於此故名刻有秦岩二大字筆力蒼古相傳漢蔡邕所書當入八景。國朝邑令鄭鼎勳詩秦岩標榜萬山間赤入長林度碧灣窩裹桑麻堪想像洞中雞犬更誰閒探奇性癖就孤往懷古情凝想懶速還笑指[illegible]賢吟咏處流花曲澗水潺潺。永明蔣琛詩萬叠峻嶒勢倚天玲瓏資質鎖寒煙縱觀勝境 皇恩遠綠野桑麻遍陌阡

金剛巖在縣東南百里沿崖三十丈至崖口有石卓立如巨人形故名。國朝邑令鄭鼎勳詩絕巘最高處一巖天外懸梵聲過嶺表鳥跡踏松巔風響沿崖竹林迷隔還煙勢崇如嶽峻登眺亦悠

江華縣志 卷之一 巖八 十

然。永明蔣琛詩多年尋勝蹟懷抱亦殷殷如此山川秀自傳冰雪文小橋橫野色亂石帶寒雲不盡山中意鶴淚隔山聞

大光巖在縣北七里

豸山巖在縣東一里叫山玉云其山西向矗然而高通體玲瓏一庵嵌於石下數級而上隨石勢以為閣架前吞浩浪上接天光倚檻望之蒼蔚[illegible]陳有如刻畫洵江邑之最勝處也東坡云江流[illegible]聲斷岸千尺二語可況茲山之槩。明邑學博[illegible]元變詩巍然石壁立一竅向中開却是天工巧何須人力培閣雲棲野鶴曲徑護蒼苔夜靜無關[illegible]千峯伴月來。國朝邑令鄭鼎勳詩偶步東郊[illegible]老僧浮磬靜鎖詩洞登雲橫縹緲山腰寺日射瓏渡口留身近三天收諸藹勢變千仞失嵯峨心自此頻臨眺邪念無縈正氣升。永明蔣秉[illegible]詩久耆尋山約行行[illegible]

圖清雍正《江华县志》载“秦岩”

清同治《江华县志》“卷之一·山川”载“秦岩”：在秦山下，八景之一，有石犀向岩，俗呼犀牛吸月。岩口昏隘，用火导至深处，忽平坦，上多石罅，光明透入，奇状不可胜纪，好事者方诸桃源仙境云，岩壁有“秦岩”二字，笔力苍古，相传汉蔡邕书。

[洄溪寿域]

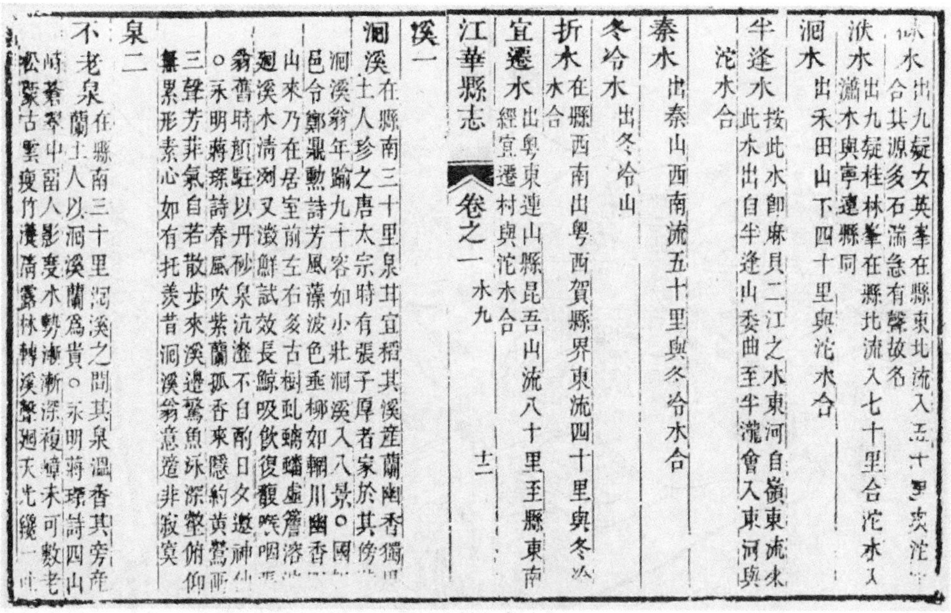

㳘水出九疑女英峯在縣東北流入五十里與沱
合其源多石湍急有聲故名
洑水 出九疑桂林峯在縣北流入七十里合沱水入
瀟水與寧遠縣同
洄水 出禾田山下四十里與沱水合
半逢水 按此水即麻貝二江之水東河自嶺東流來
此水出自半逢山委曲至半瀧會入東河與
沱水合
秦水 出秦山西南流五十里與冬冷水合
冬冷水 出冬冷山
折木 在縣西南出粵西賀縣界東流四十里與冬冷
水合
宜遷水 出粵東連山縣昆吾山流八十里至縣東南
經宜遷村與沱水合

江華縣志 卷之一 水九 十二

溪一
洄溪 在縣南三十里泉甘宜稻其溪產蘭幽香獨異
土人珍之唐太宗時有張子厚者家於其傍號
洄溪翁年踰九十容如少壯洄溪入八景。國朝
邑令鄭鼎勳詩芳風藻波色垂柳如輞川幽香
山來乃在居室前左右多古樹虬蟠虛簷溶
洄溪木清冽又澂鮮試效長鯨吸飲復馥咽
翁舊時顏駐以丹砂泉流澄不自耐日久邀神仙
。永明蔣琛詩春風吹紫蘭孤香來隱約黃鶯啼
三聲芳菲氣自若散步來溪邊驚魚泳深壑俯仰
無累形素心如有托羨昔洄溪翁意造非寂寞
泉二
不老泉 在縣南三十里洄溪之間其泉溫香其旁產
蘭土人以洄溪蘭為貴。永明蔣琛詩四山
一崎嶔翠中留人影變木勢漸漸深複嶂未可數老
松蒙古雲瘦竹叢濃霧林轉溪聲迴天光纔一

▣清雍正《江华县志》载“洄溪”

清雍正《江华县志》“卷之一·水”载“洄溪”：在县南三十里，泉甘宜稻，其溪产兰，幽香独异，土人珍之。唐太宗时有张子厚者，家于其旁，□号洄溪翁，年逾九十，容如少状。洄溪入八景。

永州卷

[奇兽虚明]

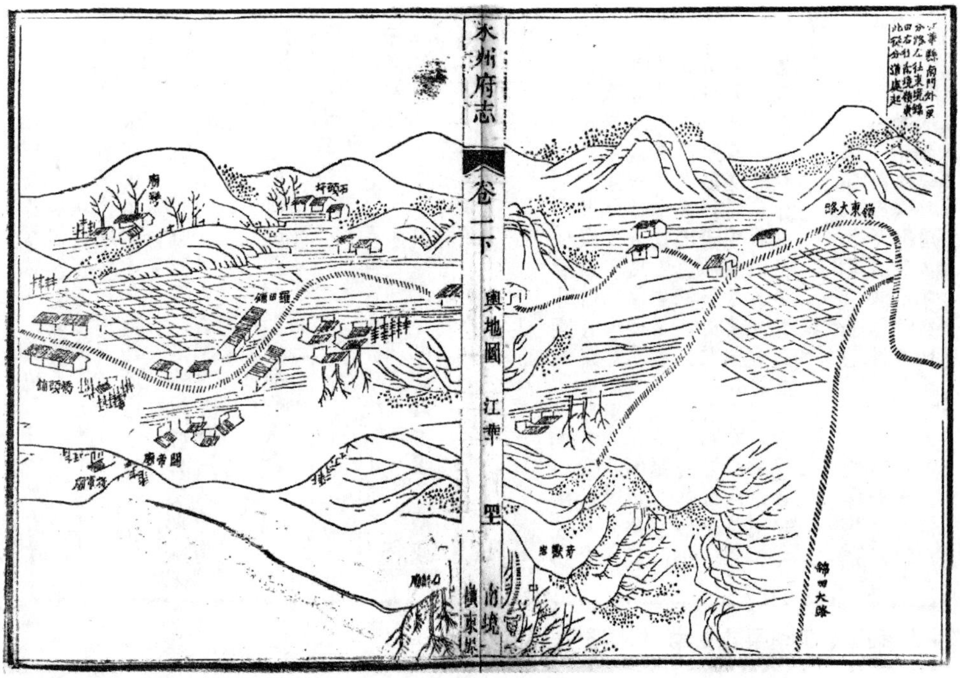

▣ 清同治《永州府志》“江华县四境长图”（局部）载“奇兽岩”

清同治《江华县志》“卷之一·山川”载“虚明岩”：在县东三里许，岩之对面特起一峰，林谷深邃，中悬石乳，叩之冬冬。土人称为“石鼓奇音”。又载“奇兽岩”：（旧《志》作狮子岩，因与岭东狮子岩相混，故仍载原名。）在县南五里，岩口有伏石，状如狻猊，八景之一。宋蒋之奇有《铭》。

【沅陵八景】

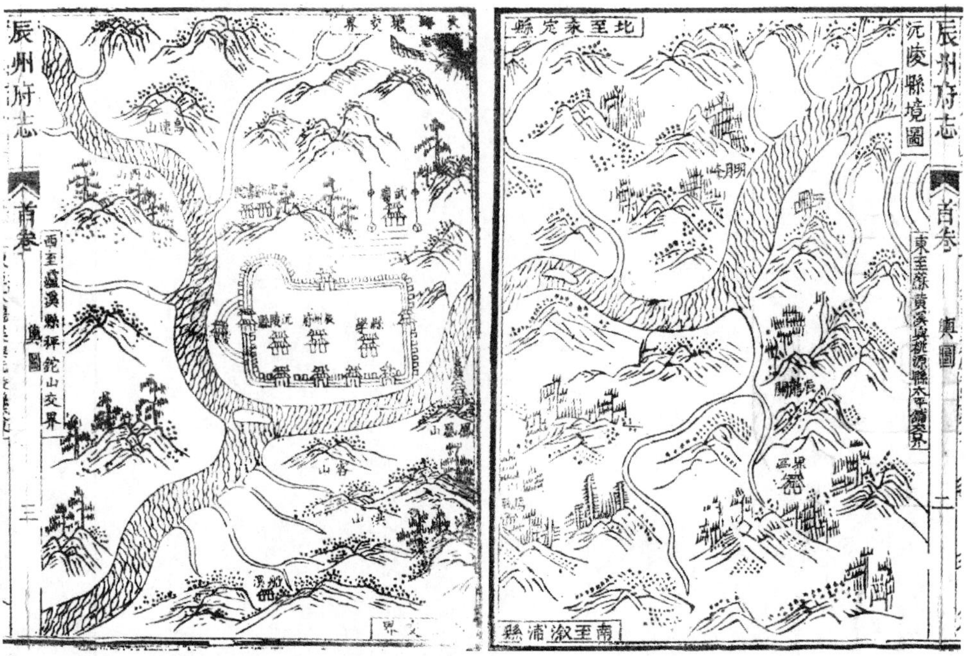

清乾隆《辰州府志》载“沅陵县境图”

沅陵，位于湖南省西北部，怀化地区北端，沅水中游，处武陵山东南麓与雪峰山东北尾端交汇处。春秋时期属楚巫中地，战国属楚黔中地，秦属黔中郡。汉高祖五年（前202），始置沅陵县，属武陵郡。高后元年（前187）封长沙王子吴阳为沅陵顷侯，历46年无子国除。新莽时改沅陵县为沅陆县，改武陵郡为建平郡，县属建平郡。东汉灭莽后，郡、县名复故。东汉时，县属荆州武陵郡。三国时，县随武陵郡，先属蜀，后属吴。两晋，县仍属荆州武陵郡。南朝宋孝建元年（454），县随武陵郡属郢州刺史。齐因之。梁，县属武州武陵郡，又别置武陵都尉府于沅陵。陈天嘉元年（560），县改属沅州通宁郡。太建七年（575），改通宁郡为沅陵郡，治沅陵，县属沅州沅陵郡。至德元年（583），封皇弟陈叔兴为沅陵王，越6年陈亡。隋开皇九年（589），废沅州沅陵郡，改置辰州，治沅陵。大业二年（606），复改辰州为沅陵郡，隶荆州。隋末沅陵郡为梁萧铣所据。唐武德二年（619），萧铣部将董景珍以沅陵郡降唐，改为辰州，县属辰州。贞观元年（627），分天下为10道，县属辰州，隶江南道。开元二十一年（733），分天下为15道，县属辰州，隶黔中道。天宝元年（742），改辰州为卢溪郡，县属卢溪郡。乾元元年（758），改卢溪郡为辰州，县属辰州。后梁开平元年（907），马殷据湖南，受封楚王，县、州地随属马楚，历后唐、后晋、后汉无变。后周广顺元年（951），南唐灭马楚，三年县地隶武平军节度使（治武陵），先后为刘言、王进逵、周行逢所据。宋乾德元年（963），辰、锦、叙等州归顺，立辰州卢溪郡军事，治沅陵，隶荆湖北路。元至元十二年

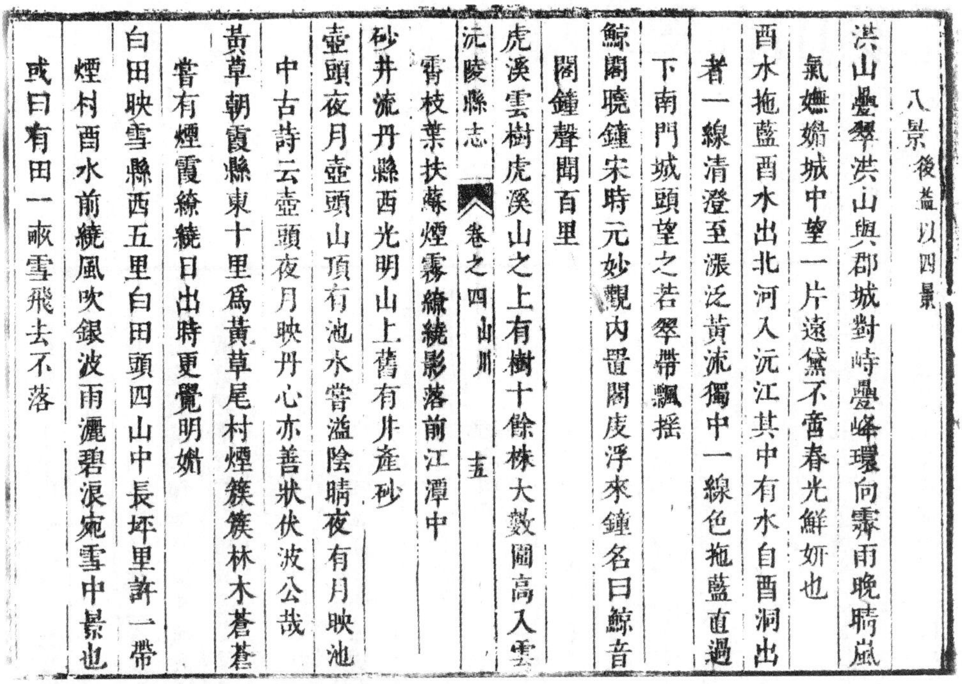
八景後益以四景
洪山叠翠洪山與郡城對峙疊峰環向霽雨晚晴嵐
氣嫵媚城中望一片遠黛不啻春光鮮妍也
酉水拖藍酉水出北河入沅江其中有水自酉洞出
者一線清澄至漲泛黃流獨中一線色拖藍直過
下南門城頭望之若翠帶飄揺
鯨閣曉鐘宋時元妙觀内置閣虔浮來鐘名曰鯨音
閣鐘聲聞百里
虎溪雲樹虎溪山之上有樹十餘株大數圍高入雲
沅陵縣志　卷之四　山川　五
霄枝葉扶蘇煙霧繚繞影落前江潭中
砂井流丹縣西光明山上舊有井産砂
壺頭夜月壺頭山頂有池水嘗溢陰晴夜有月映池
中古詩云壺頭夜月映丹心亦善狀伏波公哉
黄草朝霞縣東十里爲黄草尾村煙簇簇林木蒼蒼
嘗有煙霞繚繞日出時更覺明媚
白田映雪縣西五里白田頭四山中長坪里許一帶
煙村酉水前繞風吹銀波雨灑碧浪宛雪中景也
或曰有田一畝雪飛去不落

清康熙《沅陵县志》载“八景”

（1275）五月，宋知辰州吕文兴降元，改辰州为辰州路，治沅陵，属江南湖北道肃政廉访司，隶湖广行中书省。至正二十四年（1364），吴王朱元璋遣徐达克辰州路，改辰州路为辰州府，治沅陵。

明洪武九年（1376）革元行中书省，置湖广等处承宣布政使司，县属辰州府，隶湖广布政使司。宣德八年（1433），封辽简王朱植第十七子朱贵熵为沅陵王，传122年无子除。嘉靖十二年（1533），湖北分守道驻沅陵，历134年。清康熙三年（1164），分设湖南布政使司于长沙，县属辰州府，隶湖南布政使司。雍正八年（1730），县属辰永靖道，十三年（1735）改为辰永靖兵备道。乾隆元年（1736），改称辰沅永靖兵备道，县仍属辰州府，隶辰沅永靖兵备道，直至宣统三年（1911）封建王朝结束。

清康熙《沅陵县志》“卷之四·山川”载“八景”：洪山叠翠、酉水拖蓝、鲸阁晓钟、虎溪云树、砂井流丹、壶头夜月、黄草朝霞、白田映雪。

[笏山叠翠]

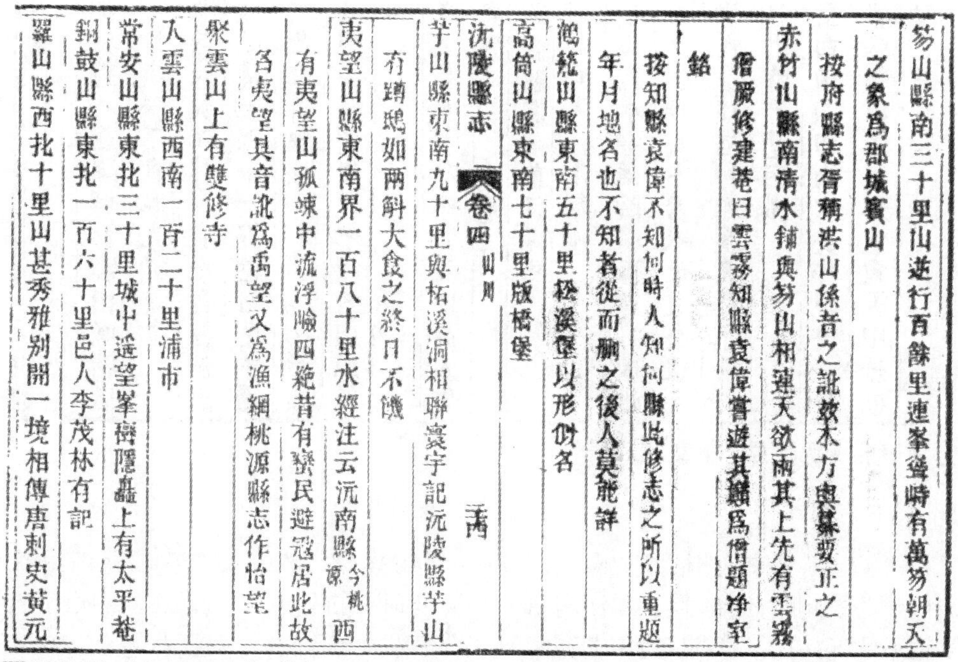
笏山縣南三十里山逆行百餘里連峯聳峙有萬笏朝天
之象爲郡城寳山
按府縣志胥稱洪山係音之訛茲本方輿纂要正之
赤竹山縣南清水鋪與笏山相連天欲雨其上先有雲霧
僧嚴修建菴曰雲霧知縣袁偉嘗遊其巔爲僧題净室
銘
按知縣袁偉不知何時人知何縣此修志之所以重題
年月地名也不知者從而删之後人莫能詳
鵝梵山縣東南五十里桜溪堡以形似名
高筒山縣東南七十里版橋堡
沅陵縣志　卷四　山川
芋山縣東南九十里與柘溪洞相聯寰宇記沅陵縣芋山
有蹲鴟如兩斛大食之終日不饑
夷望山縣東南界一百八十里水經注云沅南縣今桃源西
有夷望山孤竦中流浮險四絶昔有蠻民避寇居此故
名夷望其音訛爲禹望又爲漁綱桃源縣志作怡望
聚雲山上有雙修寺
入雲山縣西南一百二十里浦市
常安山縣東北三十里城中遥望峯樹隱矗上有太平菴
銅鼓山縣東北一百六十里邑人李茂林有記
羅山縣西北十里山甚秀雅别開一境相傳唐刺史黄元

清同治《沅陵县志》“卷四·山川”载“笏山”：县南三十里，山逆行百余里，连峰耸峙，有万笏朝天之象，为郡城宝山。按：府、县《志》胥称洪山，系音之讹，兹本《方舆纂要》正之。

清康熙《沅陵县志》“卷之四·山川·八景”载“洪山叠翠”（应为“笏山叠翠”）：洪山与郡城对峙，叠峰环向，霁雨晚晴，岚气妩媚，城中望，一片远黛，不啻春光鲜妍也。

[酉水拖蓝]

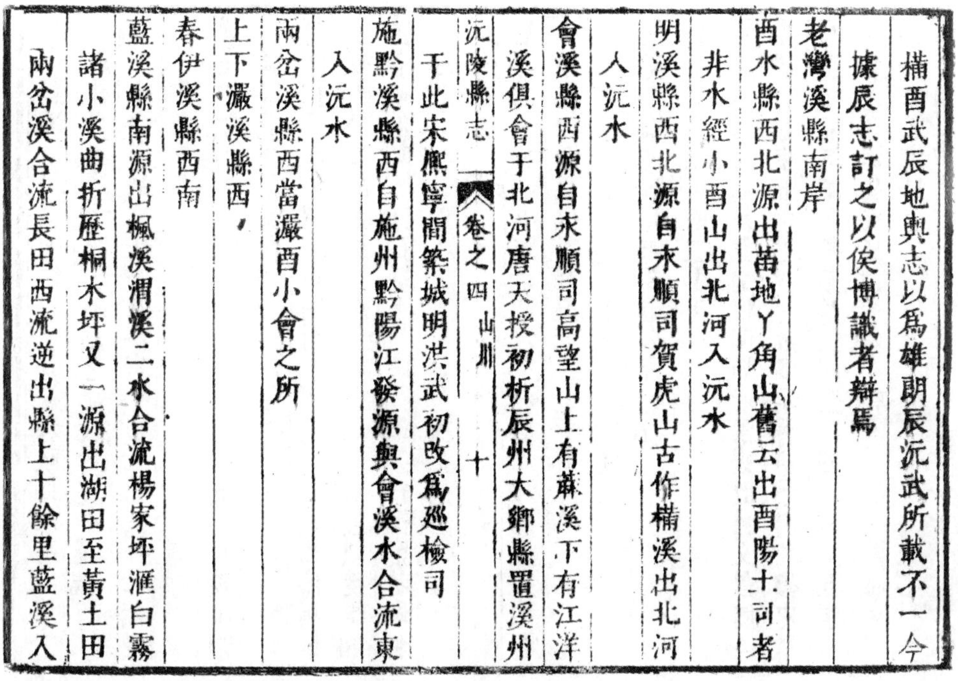

清康熙《沅陵县志》“山川”载“酉水”

清康熙《沅陵县志》“卷之四·山川·八景”载“酉水拖蓝”：酉水出北河，入沅江，其中有水自酉洞出者，一线清澄，至涨泛黄流独中一线色拖蓝，直过下南门。城头望之，若翠带飘摇。

[鲸阁晓钟]

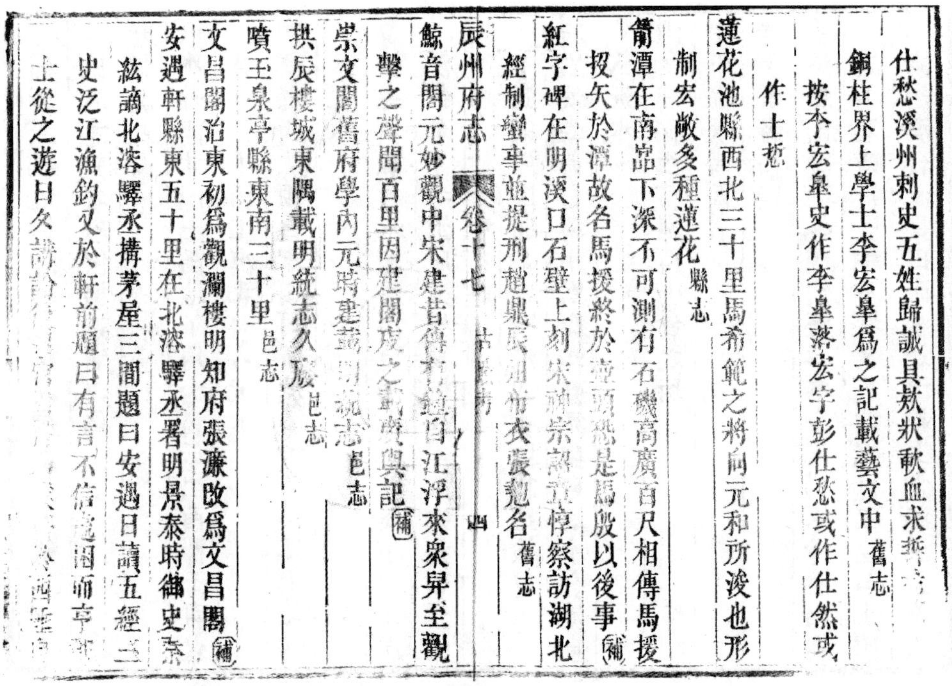
仕愁溪州刺史五姓歸誠具款狀歃血求撫[illegible]
銅柱界上學士李宏臯爲之記載藝文中 舊志
按李宏臯史作李臯落宏字彭仕愁或作仕然或
作士愁
蓮花池縣西北三十里馬希範之將向元和所浚也形
制宏敞多種蓮花 縣志
箭潭在南岸下深不可測有石磯高廣百尺相傳馬援
投矢於潭故名馬援終於壺頭[illegible]是爲殷以後事 補
紅字碑在明溪口石壁上刻宋神宗詔[illegible]惇察訪湖北
經制蠻事並提刑趙鼎辰州布衣張翹名 舊志
辰州府志 卷十七 古蹟考 四
鯨音閣元妙觀中宋建昔傳有鐘自江浮來衆舁至觀
擊之聲聞百里因建閣度之[illegible]與記 補
崇文閣舊府學內元時建[illegible]志 邑志
拱辰樓城東隅載明統志久廢 邑志
噴玉泉亭縣東南三十里 邑志
文昌閣治東初爲觀瀾樓明知府張濂改爲文昌閣 補
安遇軒縣東五十里在北溶驛丞署明景泰時御史柰
紘謫北溶驛丞搆茅屋三間題曰安遇日讀五經[illegible]
史泛江漁釣又於軒前題曰有言不信[illegible]而亭[illegible]
士從之遊日久[illegible]

清乾隆《辰州府志》“古迹”载“鲸音阁”

清康熙《沅陵县志》“卷之四·山川·八景”载“鲸阁晓钟”：宋时，元妙观内置阁，庋浮来钟，名曰鲸音阁，钟声闻百里。

［虎溪云树］

清乾隆《辰州府志》载“虎溪书院图”

清康熙《沅陵县志》“卷之四·山川·八景”载“虎溪云树”：虎溪山上有树十余株，大数围，高入云霄，枝叶扶苏，烟雾缭绕，影落前江潭中。

[砂井流丹]

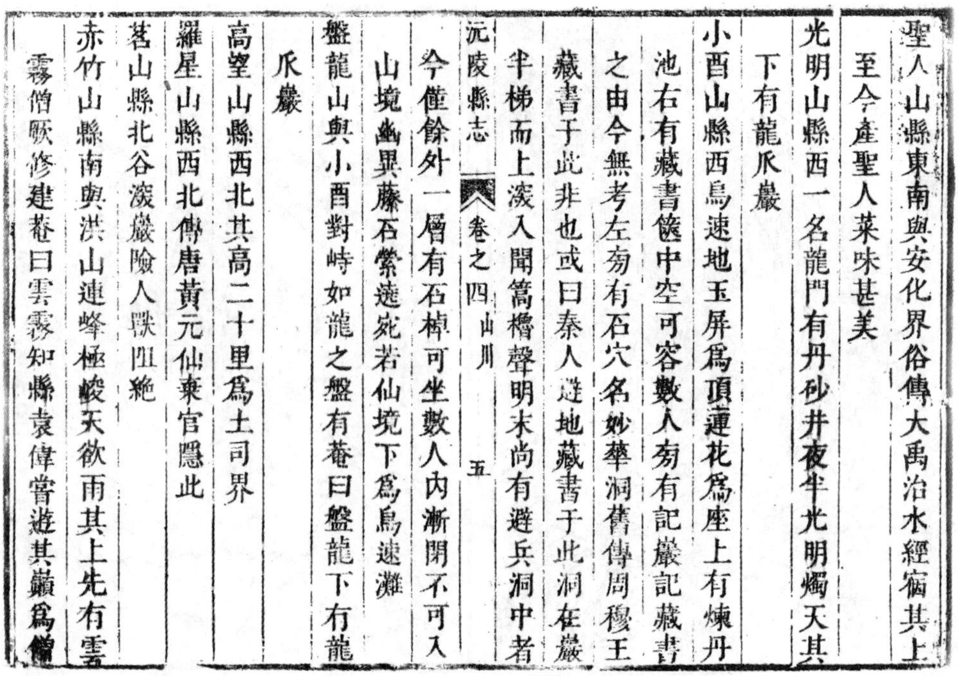

聖人山縣東南與安化界俗傳大禹治水經宿其上
至今產聖人菜味甚美
光明山縣西一名龍門有丹砂井夜半光明燭天其
下有龍爪巖
小酉山縣西烏速地玉屏為頂蓮花為座上有煉丹
池右有藏書篋中空可容數人旁有記巖記藏書
之由今無考左旁有石穴名妙華洞舊傳周穆王
藏書于此非也或曰秦人避地藏書于此洞在巖
半梯而上深入聞篙櫓聲明末尚有避兵洞中者

沅陵縣志　卷之四　山川　五

今僅餘外一層有石棹可坐數人內漸閉不可入
山境幽異藤石縈遶宛若仙境下為烏速灘
盤龍山與小酉對峙如龍之盤有菴曰盤龍下有龍
爪巖
高望山縣西北其高二十里為土司界
羅星山縣西北傳唐黃元仙棄官隱此
茗山縣北谷深巖險人跡阻絕
赤竹山縣南與洪山連峰極峻天欲雨其上先有雲
霧僧厭修建菴曰雲霧知縣袁偉嘗遊其巔為

清康熙《沅陵县志》“山川”载“光明山”

清康熙《沅陵县志》“卷之四·山川·八景”载“砂井流丹”：县西光明山上旧有井，产砂。另，“山川·光明山”载：县西，一名龙门，有丹砂井，夜半光明烛天，其下有龙爪岩。

[壶头夜月]

囧 清康熙《沅陵县志》载“壶头山图”

清康熙《沅陵县志》“卷之四·山川·八景”载“壶头夜月”：壶头山顶有池，水尝溢，阴晴夜有月映池中。古诗云“壶头夜月映丹心”，亦善状伏波公哉。

[黄草朝霞]

皎古詩云壺頭夜月映丹心可謂善狀伏波
黄草朝霞　縣東五里黄草尾村煙簇簇林木蒼蒼嘗有
煙霞繚繞日出時更覺明媚
白田映雪　縣西五里白田頭四山環峙西水前繞中一
帶煙村匝雪霽後山頭積素與銀波碧浪上下輝映
論曰靈壽陸志凡無關係者概置弗載於古蹟獨三致意
譬人家國無先朝法物古人彝器則於故國世家不甚相
稱古蹟之足爲地方生色亦猶是也考邑舊志殊略其有
當於古蹟者唯銅柱紅字碑暨西陽故城等類餘係廢驛
於古蹟奚取府志詳矣而其間亭臺樓觀久經毀圮又非
沅陵縣志　卷四十　古蹟　三三
出自偉人手創安繫人思至烏速山之古在對嵒西山之
古在藏書儀在記嵒在煉丹池府志仍以烏速西山貫首
而鋪敘之則宜入山川志今併删易庶與志古蹟例稍合
節壽坊係旌善之典其人又已入列女志幽明迄今屢旌
雖書從靈壽志之例不載可也邸墓與唯其人不唯其墓
如弟以科名官階並存其墓景仰之謂何耶今之棄取較
舊頗覈用以商諸後之論古者

清同治《沅陵县志》“古迹”载“黄草朝霞”

清康熙《沅陵县志》“卷之四·山川·八景”载“黄草朝霞”：县东十里为黄草尾，村烟簇簇，林木苍苍，尝有烟霞缭绕，日出时更觉明媚。

［白田映雪］

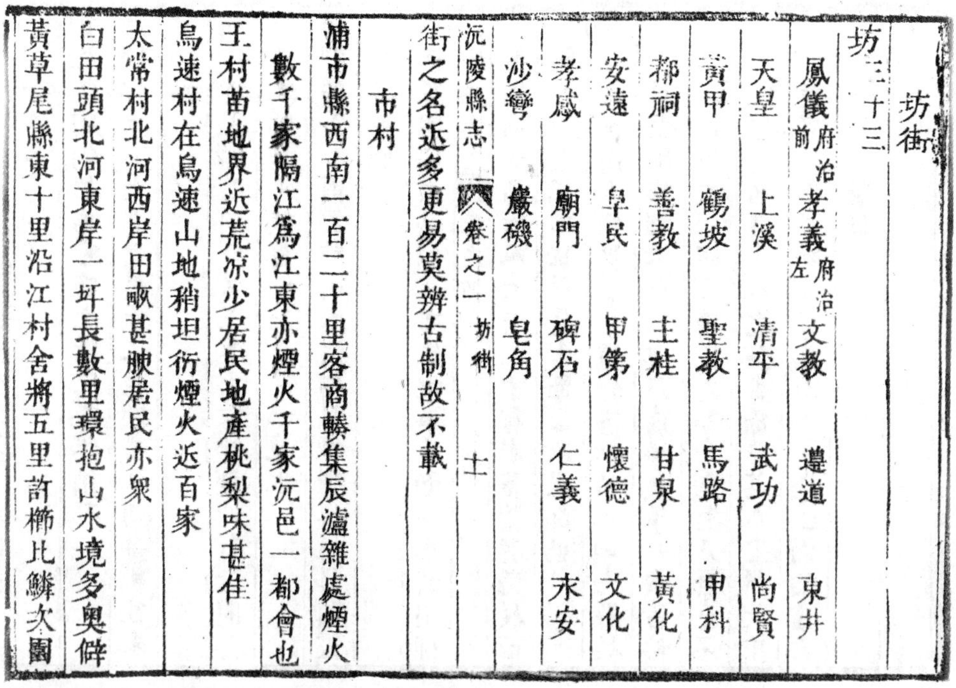

坊街
坊三十三
鳳儀府治前 孝義府治左 文教 遵道 東井
天皇 上溪 清平 武功 尚賢
黃甲 鶴坡 聖教 馬路 甲科
都祠 善教 主桂 甘泉 黃化
安遠 阜民 甲第 懷德 文化
孝感 廟門 碑石 仁義 永安
沙灣 巖磯 皂角
沅陵縣志 卷之一 坊街 十一
街之名近多更易莫辨古制故不載
市村
浦市縣西南一百二十里客商輳集辰瀘雜處煙火數千家隔江爲江東亦煙火千家沅邑一都會也
王村苗地界近荒凉少居民地產桃梨味甚佳
烏速村在烏速山地稍坦衍煙火近百家
太常村北河西岸田畝甚腴居民亦衆
白田頭北河東岸一坪長數里環抱山水境多奧僻
黃草尾縣東十里沿江村舍將五里許櫛比鱗次圍

清康熙《沅陵县志》“市村”载“白田头”

清康熙《沅陵县志》“卷之四·山川·八景”载“白田映霞”：县西五里白田头，四山中长坪里许，一带烟村，酉水前绕，风吹银波，雨洒碧浪，宛雪中景也。或曰有田一亩，雪飞去不落。

【沅陵后四景】

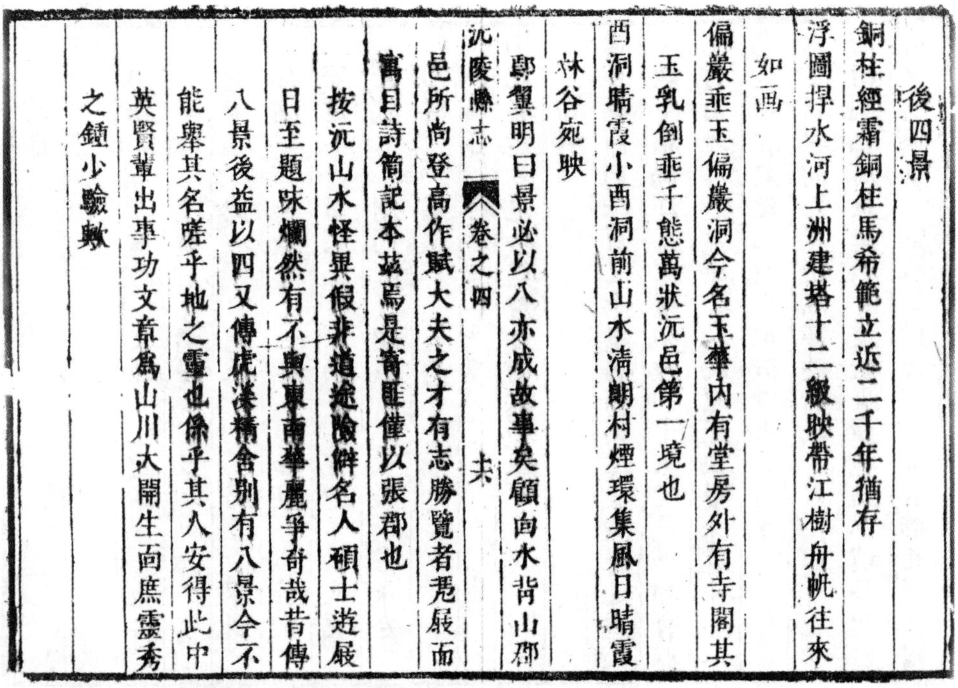

後四景
銅柱經霜銅柱馬希範立迄二千年猶存
浮圖捍水河上洲建塔十二級映帶江樹舟帆往來
如畫
偏巖垂玉偏巖洞今名玉華內有堂房外有寺閣其
玉乳倒垂千態萬狀沅邑第一境也
西洞晴霞小酉洞前山水清朗村煙環集風日晴霞
林谷宛映
鄖賀明曰景必以八亦成故事矣顧向水背山郡
沅陵縣志　卷之四　夫
邑所尚登高作賦大夫之才有志勝覽者兎展而
寓目詩簡記本兹焉是竊匪僅以張郡也
按沅山水怪異假非道途險僻名人碩士遊屐
日至題咏爛然有不與東南華麗爭奇哉昔傳
八景後益以四又傳虎溪精舍别有八景今不
能舉其名嗟乎地之靈也係乎其人安得此中
英賢輩出事功文章爲山川大闢生面庶靈秀
之鍾少驗歟

清康熙《沅陵县志》“卷之四·山川”载“后四景”：铜柱经霜、浮屠捍水、偏岩垂玉、西洞晴霞。

[铜柱经霜]

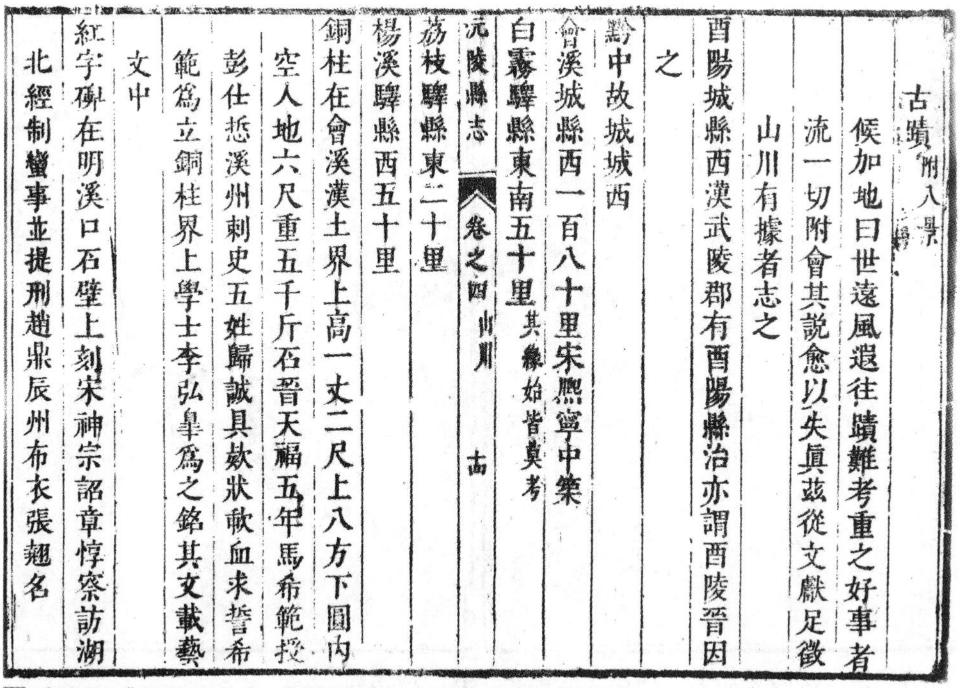
古蹟附八景
候加地曰世遠風遐往蹟難考重之好事者
流一切附會其說愈以失眞茲從文獻足徵
山川有據者志之
酉陽城縣西漢武陵郡有酉陽縣治亦謂酉陵晉因
之
黔中故城城西
會溪城縣西一百八十里宋熙寧中築
白霧驛縣東南五十里其緣始皆莫考
沅陵縣志　卷之四　山川　古
荔枝驛縣東二十里
楊溪驛縣西五十里
銅柱在會溪漢土界上高一丈二尺上八方下圓內
空入地六尺重五千斤石晉天福五年馬希範投
彭仕愁溪州刺史五姓歸誠具款狀歃血求誓希
範爲立銅柱界上學士李弘臯爲之銘其文載藝
文中
紅字碑在明溪口石壁上刻宋神宗詔章惇察訪湖
北經制蠻事並提刑趙鼎辰州布衣張翘名

清康熙《沅陵县志》“卷之四·古迹”载“铜柱”

清康熙《沅陵县志》“卷之四·山川·后四景”载“铜柱经霜”：铜柱为马希范立，近二千年犹存。

[浮屠捍水]

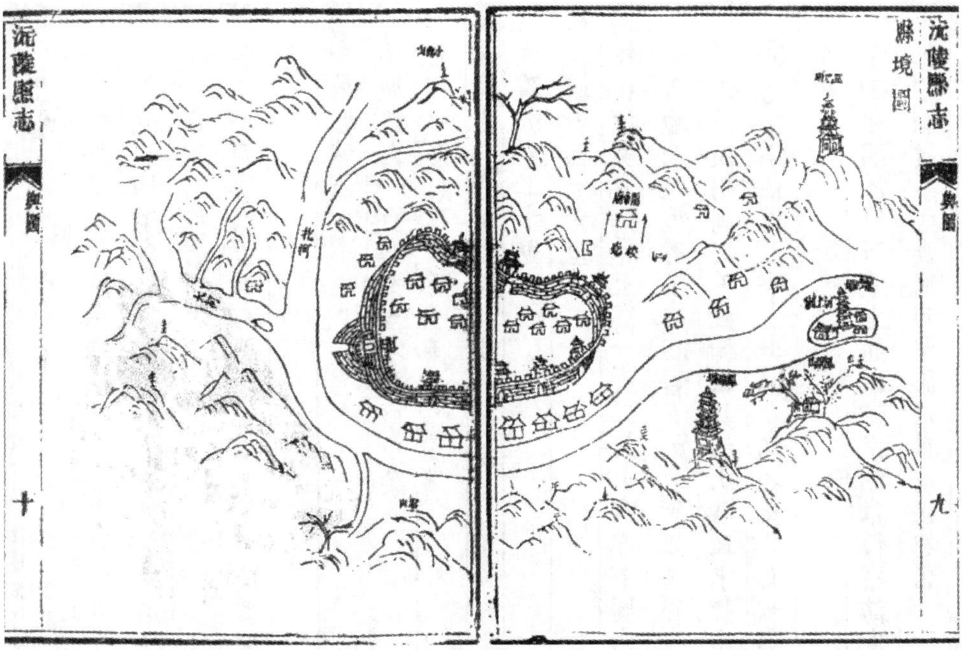

▣ 清同治《沅陵县志》“舆图·县境图”载“河上洲”

清康熙《沅陵县志》“卷之四·山川·后四景”载“浮屠捍水”：河上洲建塔十二级，映带江树，舟帆往来如画。另，“卷之四·山川”载“河上洲”：县东，一曰龙吟洲，上有广福寺，有宝塔。

[偏岩垂玉]

清康熙《沅陵县志》“卷之一 · 山图”载“玉华洞”

清康熙《沅陵县志》“卷之四 · 山川 · 后四景”载“偏岩垂玉”：偏岩洞今名玉华，内有堂房，外有寺阁，其玉乳倒垂，千态万状，沅邑第一境也。

[西洞晴霞]

清康熙《沅陵县志》“卷之一·山图”载“小西山图”

清康熙《沅陵县志》“卷之四·山川·后四景”载“西洞晴霞”：小西洞前山水清朗，村烟环集，风日晴霞，林谷宛映。

【辰溪新拟八景】

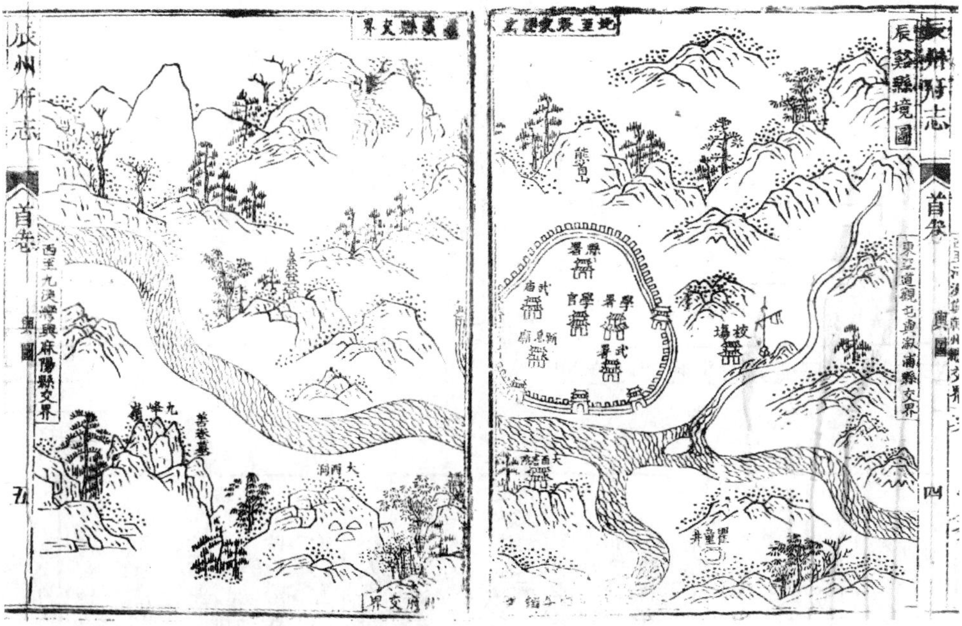

清乾隆《辰州府志》载“辰溪县境图”

辰溪，古名辰阳。屈原诗曰：“朝发枉渚兮，夕宿辰阳。”战国时属楚黔中地，秦为黔中郡地。西汉高祖二年（前205）建县，初名辰陵，为建县之始，隶义陵郡。

西汉高祖五年（前202），改义陵郡为武陵郡。同时，改辰陵县为辰阳县。唐李吉甫《元和郡县志》载：“汉高祖置县时，初名辰陵，后以地当辰水之阳，改名辰阳。”王莽篡政建立新朝，改辰阳为会真县。公元25年莽败，复故。光武帝建武六年（30），省义陵（今溆浦）、无阳二县，并入辰阳。三国时，辰阳先属蜀，猇亭之战（222）后，归于孙吴。无阳从辰阳析出，改置舞阳县。晋武帝太康元年（280），裁辰阳并入镡成县。东晋安帝义熙六年（410），裁镡成并入舞阳县。南朝宋武帝永初元年（420）复置辰阳县。辖地除贵州铜仁一地已划入牂牁郡外，余皆不变。梁武帝天监十年（511），改名建昌县，隶南阳郡。至陈宣帝，废建昌，仍复名辰阳，隶沅陵郡。

隋文帝开皇九年（589），辰阳县治迁于沅水北岸（即今县治），与辰阳之名不符，又适当辰水（又名辰溪）入沅水之口，故易县名为辰溪。同时废静人县（今吉首）入之。南阳郡先后改名寿州、兖州。炀帝大业二年（606）废州复郡。兖州、辰州合并为沅陵郡，辖沅陵、辰溪、大乡、盐泉、龙标五县。唐高祖武德三年（620），复改沅陵郡为辰州。辰溪析出原义陵县地置溆浦县；析出辰溪、沅陵两县之部分地置麻阳县；原静人县地亦析出归泸溪县管辖。武后垂拱三年（687），复析出所属之今凤凰县地增置渭阳县。辰溪县域大大缩小。宋元明清时期，辰溪先后隶属于辰州泸溪郡、辰州路、辰州府。康熙二十八年（1689）颁发县印时，改“溪”

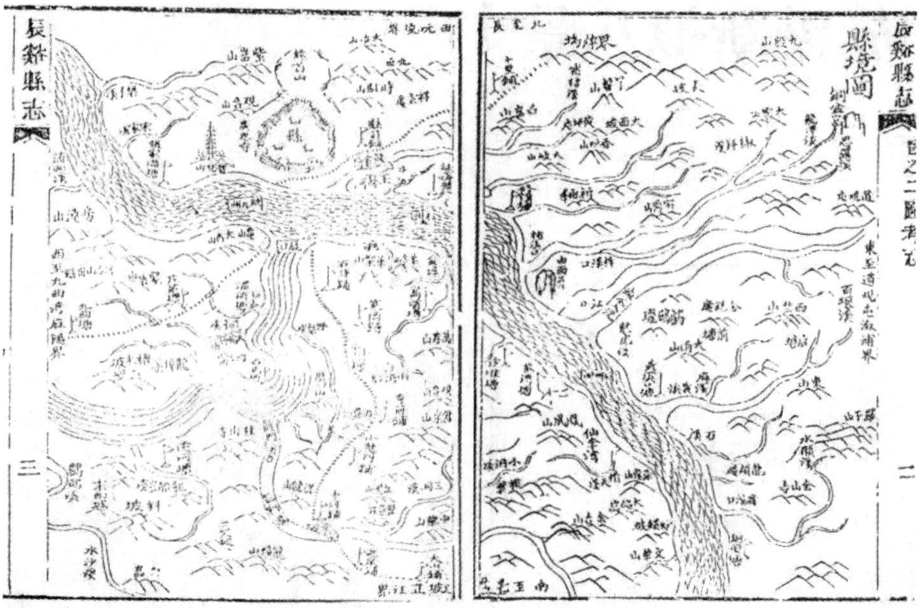

清道光《辰溪县志》载“县境图”

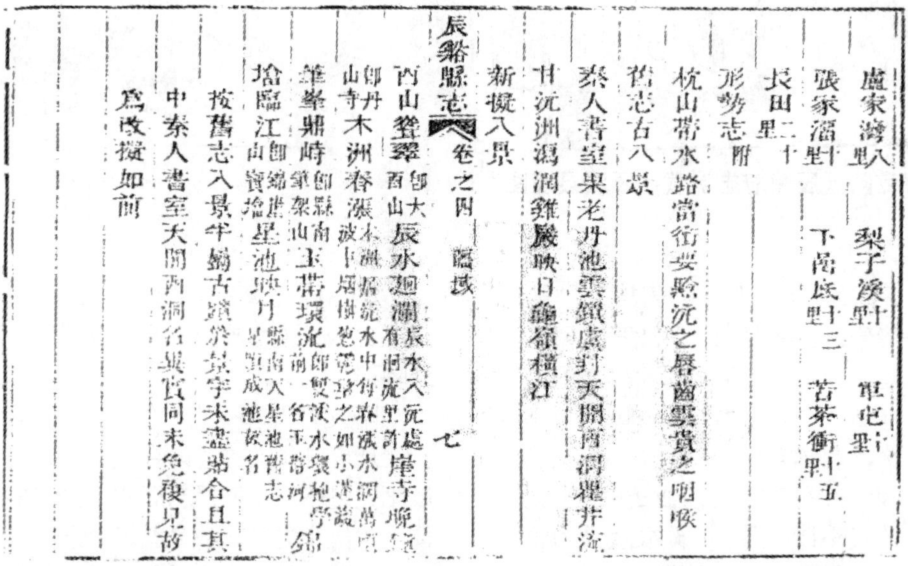
盧家灣八里　梨子溪十里　軍屯十一里
張家溜十一里　下邑底十三里　苦茶衙十五里
長田二十里
形勢志附
枕山帶水路當衍要黔沅之唇齒雲貴之咽喉
舊志古八景
秦人書室果老丹池雲鎖□封天開西洞瞿井流
甘沅洲瀉潤雞巖映日龜嶺橫江
新擬八景
辰谿縣志　卷之四　疆域　七
西山聳翠　辰水迴瀾　崖寺晚鐘
即丹山寺　木洲春漲
筆峰鼎峙　玉帶環流　錦
塔臨江　星池映月
按舊志八景半屬古蹟於景字未盡貼合且其
中秦人書室天開西洞名異實同未免復見故
爲改擬如前

清道光《辰溪县志》“卷之四·疆域·形势志”载“旧志八景”“新拟八景”

为“谿”。

清道光《辰溪县志》“卷之四·疆域·形势志”载“旧志八景”：秦人书室、果老丹池、云锁□封、天开西洞、瞿井流甘、沅洲泻润、鸡岩映日、龟岭横江。“新拟八景”：酉山耸翠、崖寺晚钟、锦塔临江、星池映月、玉带环流、笔峰鼎峙、木洲春涨、辰水回澜。按：旧《志》八景半属古迹，于景字未尽贴合，且其中秦人书室、天开西洞名异而实同，未免复见。故为改拟如前。

[西山耸翠]

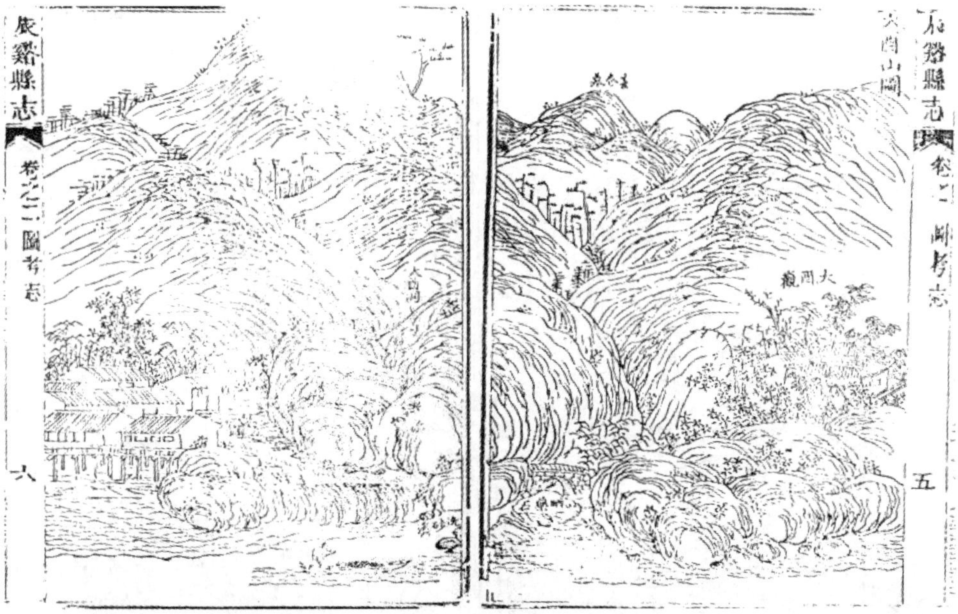

▣ 清道光《辰溪县志》载“大西山图”

清道光《辰溪县志》“卷之四·新拟八景”载“西山耸翠”：即大酉山。又，“卷之五·山川”载“大酉山”：城南对河里许，与龟山相连。主山高耸，九峰层叠，故又名九峰岭。《名胜志》：脉自铜仁万山来，至县南西向结为大山。故名。宋道君封禅此山，以名胜得与山麓有洞、有古观、有旧书院，皆以大酉名。详见“大酉洞”及《寺观》《古迹》。

“卷之五·山川”载“大酉洞”：城南里许，大酉山下，洗砂溪上，相传即周穆王藏书处。《府志》：昔产丹砂，自洞水流出。《广记》：穴生云母，崖滴丹砂，第二十六洞天即此。前明薛瑄、王守仁、满朝荐、叶宪祖、曹行健俱有题咏，见《艺文》。

[崖寺晚钟]

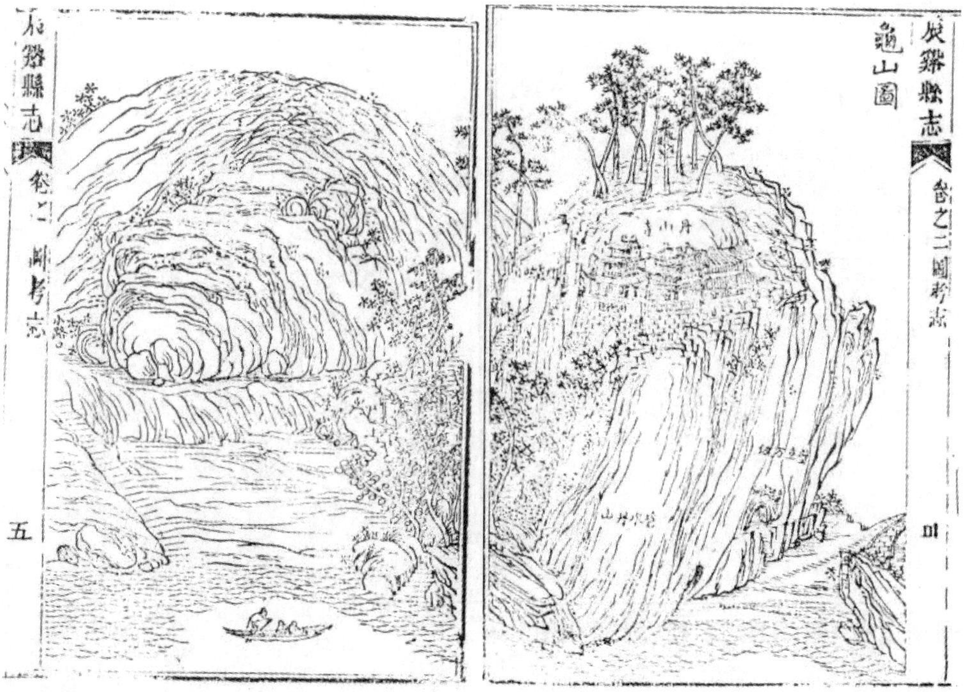

清道光《辰溪县志》载“龟山图”

清道光《辰溪县志》“卷之四·新拟八景”载“崖寺晚钟”：即丹山寺。又，“卷之五·山川”载“丹山”：即龟山头石山戴土屹立江干上，有果老丹池故名，余见《寺观》《古迹》。

“卷之二十·寺观”载“丹山寺”：县对河南岸，丹山洞口，三面石壁前临大河，飞阁流丹，天然图画。其山门在寺右石罅间，舟行远望。莫识从入之路，康熙二十一年，知县朱兆梓创建，中观音阁、右文昌阁、左僧房，上建有楼，游览题咏者甚夥。嘉庆二十三年，文昌阁石基圮毁，邑人重修。

[锦塔临江]

清道光《辰溪县志》“卷之二 · 图考志”载“塔山图”

清道光《辰溪县志》“卷之四 · 新拟八景”载“锦塔临江”：即锦崖山宝塔。

“卷之十一 · 古迹”载“锦岩（崖）塔”：城西五里锦岩山顶，共七级，级高丈余，空其中为楼，六层俱开，有户旋转，拾级可登。明万历三十九年，知县曹行健建，刻石额曰“凤城佳气”。又碑刻手书落成诗并铭。今碑尚存，诗、铭见《艺文》。

[星池映月]

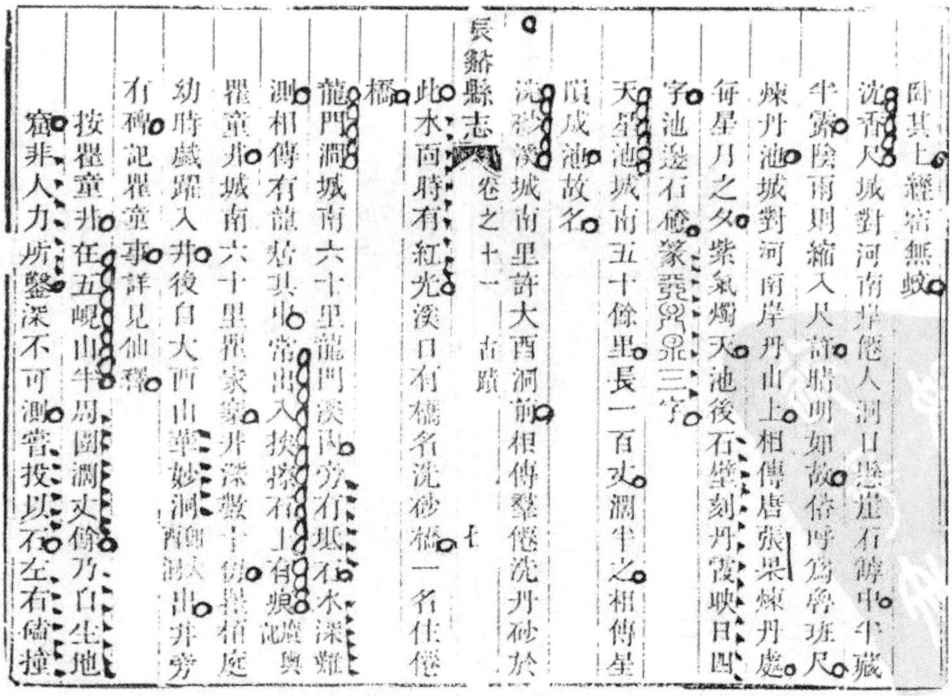
臥其上經宿無蚊
洗香尺城對河南岸僊人洞口懸崖石罅中半藏
半露陰雨則縮入尺許晴明如故俗呼為尋班尺
煉丹池城對河南岸丹山上相傳唐張果煉丹處
每星月之夕紫氣燭天池後石壁刻丹霞映日四
字池邊石磴篆[illegible]三字
天星池城南五十餘里長一百丈濶半之相傳星
隕成池故名
洗砂溪城南里許大酉洞前相傳瞿僊洗丹砂於
辰谿縣志 卷之十一 古蹟 七
此水面時有紅光溪口有橋名洗砂橋一名仕僊
橋
龍門淵城南六十里龍門溪口旁有堀石水深難
測相傳有龍蟄其中常出入挨擦石上有痕詳廣輿記
瞿童井城南六十里瞿家寨井深數十仞[illegible]植庭
幼時戲躍入井後自大酉山華妙洞西側洞天出井旁
有碑記瞿童事詳見仙釋
按瞿童井在五峴山半周圍濶丈餘乃自生地
竅非人力所鑿深不可測窺投以石左右磕撞

圖 清道光《辰溪县志》“古迹”载“炼丹池”

清道光《辰溪县志》“卷之四·新拟八景”载“星池映月”：县南天星池。旧《志》：星陨成池，故名。

“卷之十一·古迹”载“天星池”：城南五十余里，长一百丈，阔半之，相传星陨成池，故名。

[玉带环流]

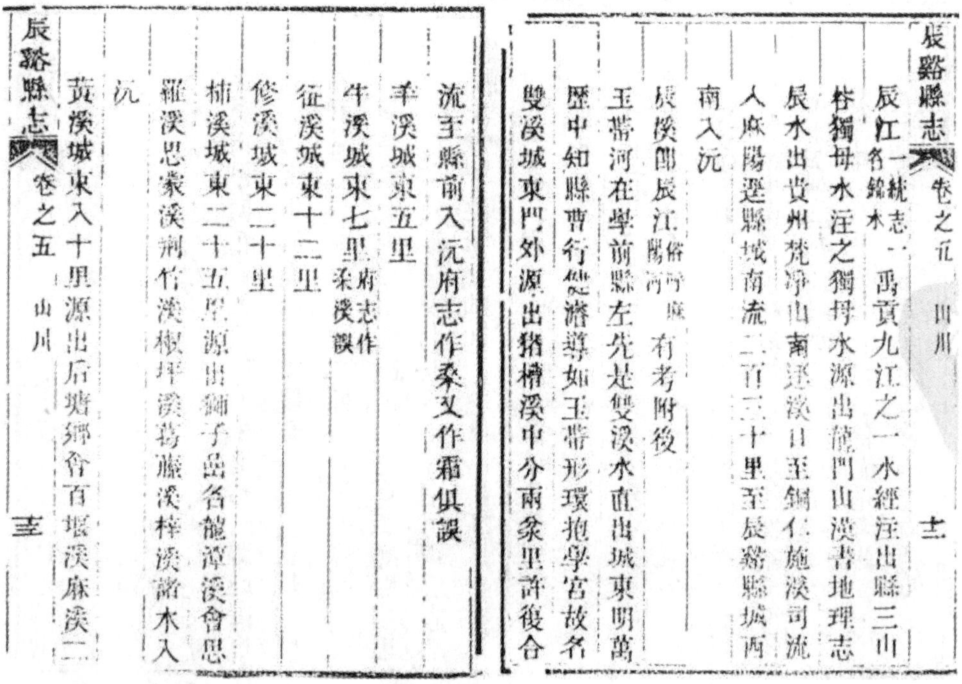
辰谿縣志 卷之五 山川 十二

辰江一統志一名錦水 禹貢九江之一水經注出縣三山
谷獨母水注之獨母水源出龍門山漢書地理志
辰水出貴州梵淨山南逕銅仁至銅仁施溪司流
入麻陽逕縣城南流二百三十里至辰谿縣城西
南入沅
辰溪即辰江俗呼麻陽河有考附後
玉帶河在學前縣左先是雙溪水直出城東明萬
歷中知縣曹行健濬導如玉帶形環抱學宮故名
雙溪城東門外源出豬槽溪中分兩叉里許復合

辰谿縣志 卷之五 山川 十三

流至縣南入沅府志作桑叉作霜俱誤
半溪城東五里
牛溪城東七里府志作桑溪誤
征溪城東十二里
修溪城東二十里
柿溪城東二十五里源出獅子岩名龍潭溪會思
羅溪思蒙溪荊竹溪椒坪溪藤溪梓溪諸水入
沅
黃溪城東八十里源出后塘鄉合百堰溪麻溪二

圖 清道光《辰溪县志》“山川”载“双溪”

清道光《辰溪县志》“卷之四・新拟八景”载“玉带环流”：即双溪水，环抱学前，一名玉带河。

“卷之五・山川”载“玉带河”：在学前县右，先是双溪水直出城东，明万历中知县曹行健浚导如玉带形，环抱学宫，故名。

[笔峰鼎峙]

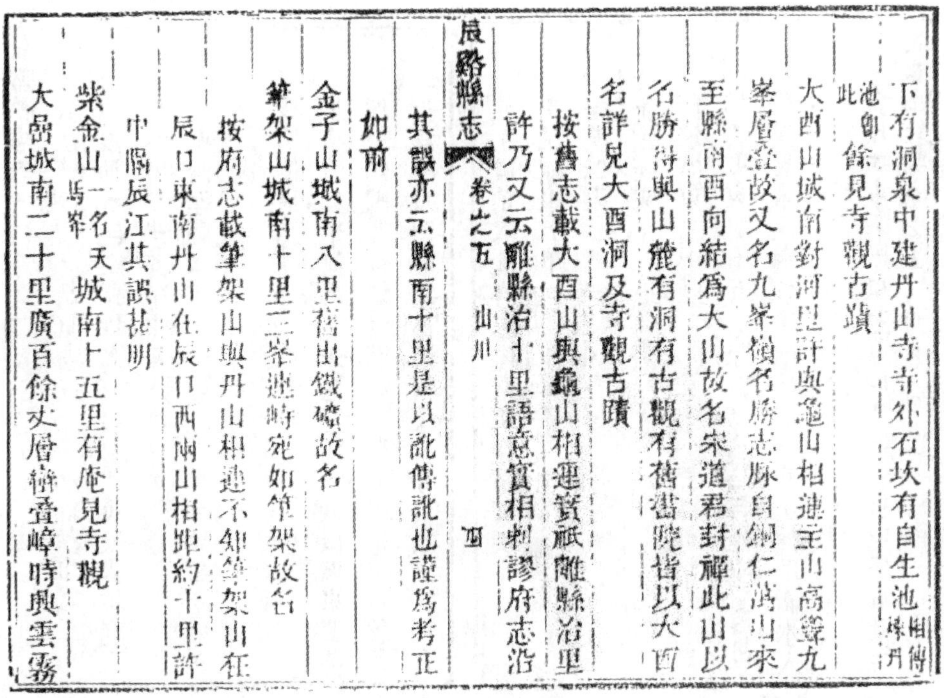

下有洞泉中建丹山寺寺外石坎有自生池相傳丹池創此餘見寺觀古蹟
大酉山城南對河里許與龜山相連主山高聳九峯層叠故又名九峯嶺名勝志脉自銅仁萬山來至縣南西向結爲大山故名宋道君封禪此山以名勝得與山麓有洞有古觀有舊書院皆以大酉名詳見大酉洞及寺觀古蹟
按舊志載大酉山與龜山相連實祇離縣治里許乃又云離縣治十里語意實相刺謬府志沿

辰谿縣志 卷之五 山川 四

其誤亦云縣南十里是以訛傳訛也謹爲考正如前
金子山城南八里舊出鐵礦故名
筆架山城南十里三峯連峙宛如筆架故名
按府志載筆架山與丹山相連不知筆架山在辰口東南丹山在辰口西兩山相距約十里許中隔辰江其誤甚明
紫金山一名天馬寨城南十五里有庵見寺觀
大㟭城南二十里廣百餘丈層巒叠嶂時興雲霧

图 清道光《辰溪县志》“山川”载“笔架山”

清道光《辰溪县志》“卷之四·新拟八景”载“笔峰耸峙”：即县南笔架山。

“卷之五·山川”载“笔架山”：城南十里，三峰连峙，宛如笔架，故名。

[木洲春涨]

圖 清道光《辰溪县志》载“木洲图”

清道光《辰溪县志》“卷之四·新拟八景”载“木洲春涨”：木洲居沅水中，每春涨水阔，万顷波中，烟树葱郁，望之如小蓬瀛。

“卷之五·山川”载“木洲”：一名中洲，城东十里，在沅水中，洲上民居田产比于巨村，洲尾有石突出江心，宛如小山。

[辰水回澜]

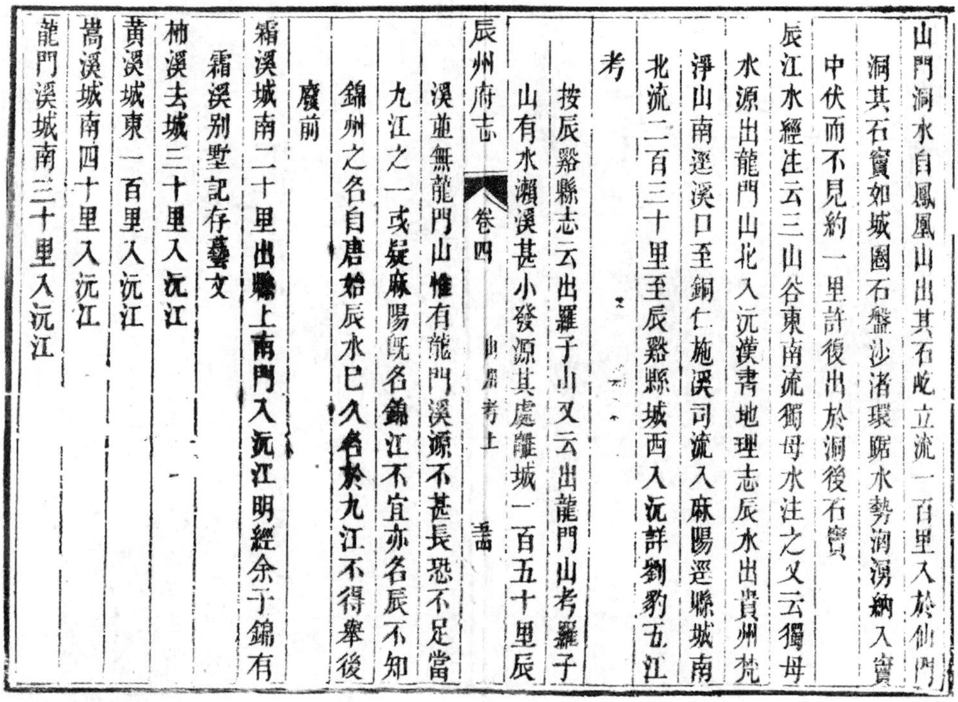

山門洞水自鳳凰山出其石屹立流一百里入於仙門
洞其石竇如城圈石盤沙渚環踞水勢洶湧納入竇
中伏而不見約一里許復出於洞復石竇
辰江水經注云三山谷東南流獨母水注之又云獨母
水源出龍門山北入沅漢書地理志辰水出貴州梵
淨山南逕溪口至銅仁施溪司流入麻陽逕縣城南
北流二百三十里至辰谿縣城西入沅詳劉豹五江
考
按辰谿縣志云出羅子山又云出龍門山考羅子
山有水瀨溪甚小發源其處離城一百五十里辰

辰州府志 卷四 山川考上

溪並無龍門山惟有龍門溪源不甚長恐不足當
九江之一或疑麻陽既名錦江不宜亦名辰不知
錦州之名自唐始辰水巳久名於九江不得舉後
廢前
霜溪城南二十里出縣上南門入沅江明經余于錦有
霜溪別墅記存藝文
柿溪去城三十里入沅江
黄溪城東一百里入沅江
嵩溪城南四十里入沅江
龍門溪城南三十里入沅江

图 清乾隆《辰州府志》“山川”载“辰江”

清道光《辰溪县志》“卷之四·新拟八景”载“辰水回澜”：辰水入沅处，有回流里许。

“卷之五·山川”载“辰江”：《一统志》：一名锦水。《禹贡》：九江之一。《水经注》：出县三山谷，独母水注之，独母水源出龙门山。《汉书·地理志》：辰水出贵州梵净山，南迳溪口至铜仁施溪司流入麻阳，迳县城南二百三十里至辰溪县城西南入沅。

【溆浦八景】

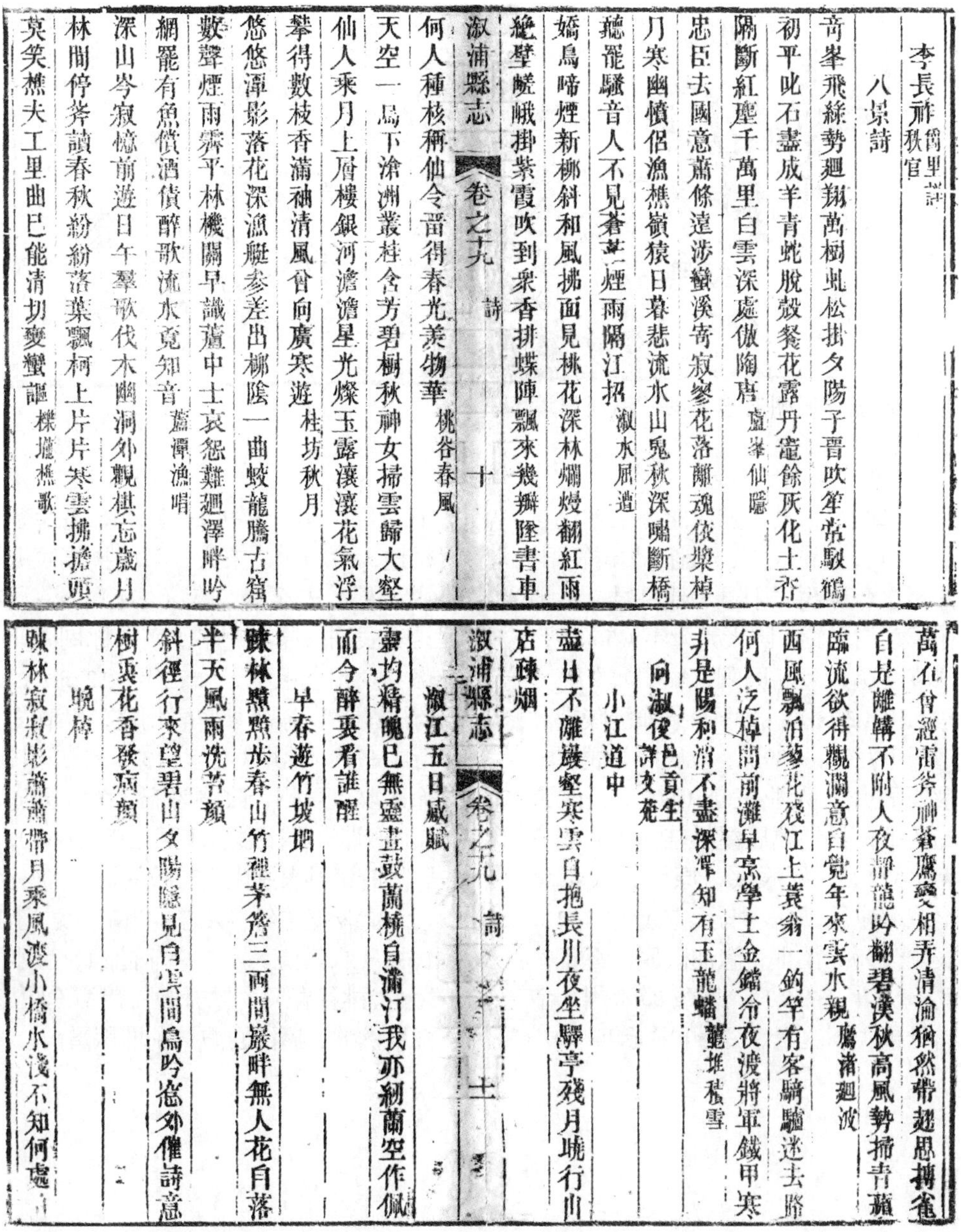

李長祚 衢里詩 秋官

八景詩

奇峯飛絲勢廻翔萬樹虬松掛夕陽子晉吹笙常馭鶴
初平叱石盡成羊青蛇脫殼餐花露丹竈餘灰化土香
隔斷紅塵千萬里白雲深處傲陶唐 盧峯仙隱
忠臣去國意蕭條遠涉蠻溪寄寂寥花落離魂依槳棹
月寒幽憤侶漁樵嶺猿日暮悲流水山鬼秋深嘯斷橋
聽罷騷音人不見蒼茫煙雨隔江招 溆水屈遺
嬌鳥啼煙新柳斜和風拂面見桃花深林爛熳翻紅雨
絕壁巑岏掛紫霞吹到衆香排蝶陣飄來幾瓣墜書車

溆浦縣志 卷之十九 詩 十

何人種核稱仙令留得春光羨物華 桃谷春風
天空一鳥下滄洲叢桂含芳碧樹秋神女掃雲歸大壑
仙人乘月上層樓銀河澹澹星光燦玉露瀼瀼花氣浮
攀得數枝香滿袖清風曾向廣寒遊 桂坊秋月
悠悠潭影落花深漁艇參差出柳陰一曲蛟龍騰古窟
數聲煙雨霽平林機關早識蘆中士哀怨難廻澤畔吟
網罷有魚償酒債醉歌流水竟知音 蘆潭漁唱
深山岑寂憶前遊日午聲歌伐木幽洞外觀棋忘歲月
林間停斧讀春秋紛紛落葉飄柯上片片寒雲拂擔頭
莫笑樵夫工里曲已能清切變蠻謳 櫟壠樵歌

萬石曾經雷斧神蒼鷹變相弄清淪猶然帶翅思搏雀
自是離群不附人夜靜龍吟翻碧漢秋高風勢掃青蘋
臨流欲得觀瀾意自覺年來雲水親 鷹潭廻波
西風飄泊蓼花殘江上蓑翁一釣竿有客騎驢迷去路
何人泛棹問前灘早京學士金鑣冷夜渡將軍鐵甲寒
弗是陽和消不盡深潭知有玉龍蟠 龍堆積雪

向溆俊 邑貢生 詳文苑

小江道中

盡日不離巖壑寒雲自拖長川夜坐驛亭殘月曉行山
店疎烟

溆浦縣志 卷之十九 詩 十一

溆江五日感賦

衷均精魄已無靈畫鼓蘭橈自滿汀我亦紉蘭空作佩
而今醉裏看誰醒

早春遊竹坡埛

疎林點點步春山竹裡茅簷三兩間巖畔無人花自落
半天風雨洗苔顏

斜徑行來望碧山夕陽隱見白雲間鳥吟窗外催詩意
樹裏花香發病顏

晚棹

映林寂寂影蕭蕭帶月乘風渡小橋水淺不知何處

图 清乾隆《溆浦县志》“卷之十九·诗”载“李长祚《八景诗》”

溆浦古“蛮夷”地，唐虞为要服，地处荆州。夏、商因之。周属楚。秦属黔中郡。汉高祖五年（前202），置义陵县，属武陵郡。郡治设此。新天凤元年（14），王莽改武陵郡为建平郡，义陵县为建平县，隶属未变。地皇四年（23），莽败，郡、县皆复原称。东汉建武六年（30）六月，光武帝诏令司隶州牧，并省400余县。时义陵为“夷”所破，遂废义陵县，地入辰阳。武陵郡治亦迁索（今汉寿县）。晋武帝太康元年（280），废辰阳，

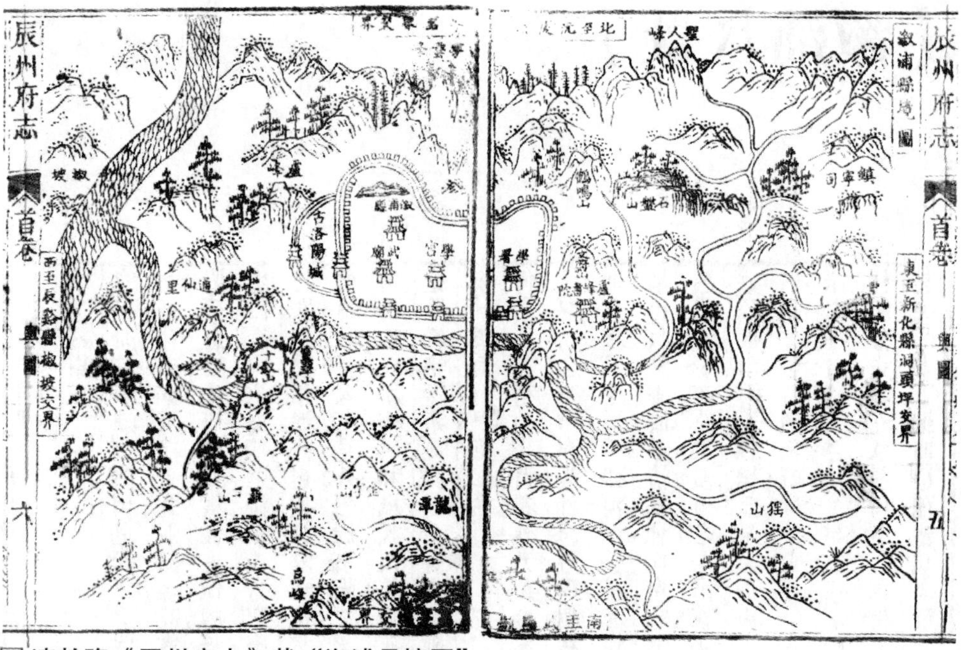

清乾隆《辰州府志》载“溆浦县境图”

并入镡城县，县地随属之。宋孝建元年(454)，复置辰阳，县地随改属辰阳，齐因之。梁改辰阳县为建昌县，县地随属建昌县辖。陈天嘉元年（560），“废建昌，复名辰阳，如旧属”。太建七年（575），辰阳县隶属沅陵郡。隋开皇九年（589），改辰阳为辰溪，隶属辰州。大业三年（607），改隶沅陵郡，县地属辰溪县辖。唐武德五年（622），析辰溪，原汉义陵县境始置溆浦县，属辰州。天宝元年(742)，辰州改为泸溪郡，溆浦改属泸溪郡；乾元元年（758），复改郡为州，溆浦仍属辰州。五代后梁开平元年(907)至后周广顺元年（951），溆浦为楚属地，隶辰州。宋代，溆浦县属辰洲泸溪郡。宋至道三年（997），溆浦县随辰州隶属湖州路（南宋称荆湖北路）。元世祖至元十二年（1275），置辰州路，溆浦县属辰州路，隶湖广行中书省。明洪武七年(1374)十二月，徐达攻克辰州，改路为府，溆浦县随属辰州府。清，因之。康熙三年(1664)，辰州府诸县隶湖南省布政使司。

清乾隆《溆浦县志》“诗”载“李长祚《八景诗》”：卢峰仙隐、溆水屈遭、桃谷春风、桂坊秋月、芦潭渔唱、栎垅樵歌、鹰渚回波、龙堆积雪。

［卢峰仙隐］

溆浦縣志 卷之三 山水 十四

梅子坳縣西南二十里

汕麻洞縣西南一百三十里古佛山水出焉

以上縣西南

靈翠山縣西二里即靈萃山昔構通真宮其上掘地得石球如斗大眾異之以為靈瑞山麓有巨石當水之衝作溆江砥柱名鷹諸即舊志八景中鷹諸迴波是

盧峯縣西十里亦名盧坡高十五里綿亙八十餘里為一縣之望縣城基其麓唐虞時善卷隱此所謂朝遊盧峯暮宿大酉者也歲旱祈雨必雲起為應頂有菴石牆鐵瓦菴側有善卷弈棊處盧真人丹竈故址山腰有新洞苦竹洞飛泉洞山麓有龍津洞對馬洞盧家洞楠木洞又有洗衣澗南水澗龍津澗對馬澗盧家澗楠木澗皆奇勝舊志盧峯仙隱為八景之首

溆浦縣志 卷之三 山水 十五

清同治《溆浦县志》载“卢峰”

清同治《溆浦县志》“卷之三·山水”载“卢峰”：县西十里，亦名卢坡，高十五里，绵亘八十余里，为一县之望。县城基其麓，唐虞时善卷隐此，所谓朝游卢峰，暮宿大酉者也。岁旱祈雨，必云起为应。顶有庵，石墙铁瓦，庵侧有善卷弈棋处、卢真人丹灶故址。山腰有新洞，苦竹洞、飞泉洞，山麓有龙津洞、对马洞、卢家洞、楠木洞，又有洗衣涧、南水涧、龙津涧、对马涧、卢家涧、楠木涧皆奇胜。旧《志》：卢峰仙隐为八景之首。

清代袁丕基《卢峰仙隐》

人说仙人隐此峰，求仙无诀道何从。延陵烬后云霞在，弱水流分洞壑封。三月烟花迷鹤骑，寒年筠节识虬松。匆匆惭愧尘劳吏，匆漏量沙属正供。

[溆水屈遭]

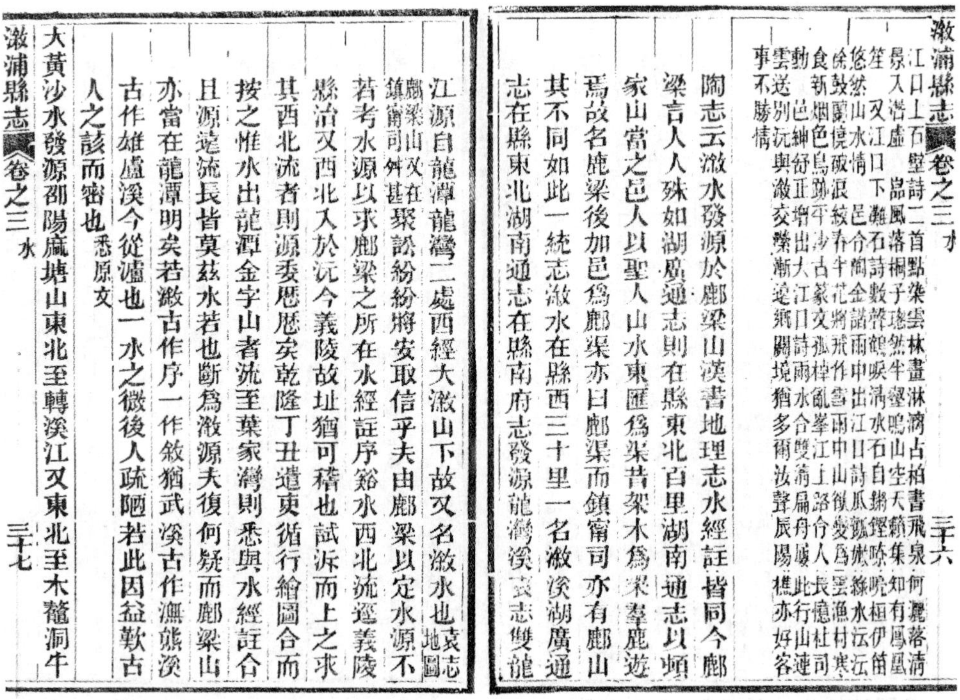

漵浦縣志　卷之三　水　三十六

江口上石壁詩二首 點染雲林畫淋漓古柏書飛泉何灑落清景入浩虛 嵒風落桐子璁然半壑鳴山空天籟集知有鳳凰笙 又江口下灘石詩 數聲鵲唳清水石自鏘鏗嘹晚桓伊笛悠然山水情 邑令陶金諸雨中出江日詩瓜瓠嫩綠水沄沄餘鼓蘭僥破浪紋吞牛花將飛作雪雨中山徵變為雲漁村寒食新烟色鳥跡平沙古篆文孤棹亂峯江上路合人長憶杜司動 邑紳舒正增出大江口詩雨水合雙淆扁舟破此行山連雲送別沅與激交縈漸遶窺闢境猶多爾汝聲辰陽樵亦好客事不勝情

陶志云漵水發源於鄜梁山漢書地理志水經註皆同今鄜梁言人人殊如湖廣通志則在縣東北百里湖南通志以頓家山當之邑人以聖人山水東匯為渠昔架木為渠羣鹿遊焉故名鹿渠後加邑為鄜渠亦曰鄜渠而鎮甯司亦有鄜山其不同如此一統志漵水在縣西三十里一名漵溪湖廣通志在縣東北湖南通志在縣南府志發源龍灣溪袁志雙龍江源自龍潭龍灣二處西經大漵山下故又名漵水也袁志地圖鄜梁山又在鎮甯司外甚聚訟紛紛將安取信乎夫由鄜梁以定水源不若考水源以求鄜梁之所在水經註序谿水西北流逕義陵縣治又西北入於沅今義陵故址猶可稽也試泝而上之求其西北流者則源委歷歷矣乾隆丁丑遣吏循行繪圖合而按之惟水出龍潭金字山者流至葉家灣則悉與水經註合且源遠流長皆莫茲水若也斷為漵源夫復何疑而鄜梁山亦當在龍潭明矣若漵古作序一作敘猶武溪古作潕熊溪古作雄盧溪今從瀘也一水之微後人疏陋若此因益歎古人之該而密也悉原文

大黃沙水發源邵陽麻塘山東北至轉溪江又東北至木龍洞牛

漵浦縣志　卷之三　水　三十七

清同治《溆浦县志》载“溆水”

溆水，古名序水，亦曰溆川，又名双龙江，源出鄜梁山，西北流入沅。屈原《楚辞·九章·涉江》：“入溆浦余儃佪兮，迷不知吾所如。”

清同治《溆浦县志》“卷之三·山水”载“吐钱岩”：“县南五里，一名赌钱岩，旧有招屈亭。”溆水在此处拐弯形成河水回旋，取屈原“入溆浦余儃徊兮”，旧有“溆水屈遭”，为“溆浦八景”之一。

清代李长祚《溆水屈遭》

忠臣去国意萧条，远涉蛮溪寄寂寥。花落离魂依桨棹，月寒忧愤侣渔樵。岭猿日暮悲流水，山鬼秋深啸断桥。听罢骚音人不见，苍茫烟雨隔江招。

[桃谷春风]

黑洞縣西北五十五在老旺界

無選洞縣西北二十五里

蠻子洞縣西北二十五里

四面山洞縣西北二十里椒板溪屈姓屋右內有神遍身紅毛昔人見之同治三年冬有屈姓媳亦見於山後

明倫石縣西北十五里

以上俱縣西北

桃花山即桃谷山城北一里相傳唐時有道人種桃谷間故名華蓋文蔚鶴鳴諸山皆發脈於此

陶志云桃花山俗名桃花寨三伏三起一起而為華蓋峯再起而為鶴鳴山三起而為文蔚山烟霏霧結斷而復連鵠峙鸞停斜而復正體勢雖分脈絡一也其山為八景之一 國朝邑令袁丕基桃谷春風詩桃源洞外繪成真六曲屏風錦繡春度索無端湮化劫河陽應屬後來人分池密種窺晨鏡繞谷深栽藉落茵婦子壺漿歡笑日太平佳境軟紅塵 邑令李長畊詩嬌鳥啼烟新柳斜和風拂面見桃花深林爛漫翻紅雨絕壁嵯峨掛紫霞吹到眾香排蝶陣飄來幾瓣陛書車何人種核稱仙合留得春光羨物華 邑貢生向禹門詩武溪疑似却疑真曾見桃花幾度春嫋嫋吹來遲客坐輕輕放去引漁人幾家烟火山鋪錦一整氤氳草疊茵鄰下穠華須退舍何如拂面送芳塵 邑庠夏廷瑚詩東風拂拂扇微和花發山阿淑景多幾樹芳菲開綺霧半歲爛漫掠流波乍看紫陌成新塢錯認臙脂記舊坡自是 累朝多雨露天桃南圖起遍歌 邑紳舒洪訓詩灼灼仙桃花滿枝春回陽谷闕芳委笑迴旭日紅頷齊斜對東風淑影移入境好看摩詰畫臨流堤賦謫仙詩道人一去無消息長向天台有所思 邑進士向嶺詠山南得春早和風蕩新晴士青入午潤草木爭向榮滿谷桃花發片月拂面輕為當春風至有酒急須傾醉臥深林下悠然淡心情 邑紳向世蠢詩和風吹到滿城香人面桃花並醉陽豈謂回春爭黍谷輕翻朱粉賽河陽 釋達明詩春風蕩漾拂枝斜絕勝河陽二月花襯雨臨脂濃似潑舞烟羅袖薄如霞葉翻洞口疑無路菓熟山城擲蒲車名士

漵浦縣志 卷之三 山水 二十四

▣ 清同治《溆浦县志》载“桃花山”

清同治《溆浦县志》“卷之三·山水”载“桃花山”：即桃花谷，城北一里，相传唐时有道人种桃谷间，故名。华盖、文蔚、鹤鸣诸山皆发脉于此。陶《志》云：桃花山俗名桃花寨，三伏三起，一起而为华盖峰，再起而为鹤鸣山，三起而为文蔚山，烟霏雾结，断而复连，鹄峙鸾停，斜而复正，体势虽分，脉络一也。其山为八景之一。

清代袁丕基《桃谷春风》

桃源洞外绘成真，六曲屏风锦绣春。度索无端湮花劫，河阳应属后来人。分池密种窥晨境，绕谷深栽藉落茵。妇子壶浆欢笑日，太平佳境软红尘。

[桂坊秋月]

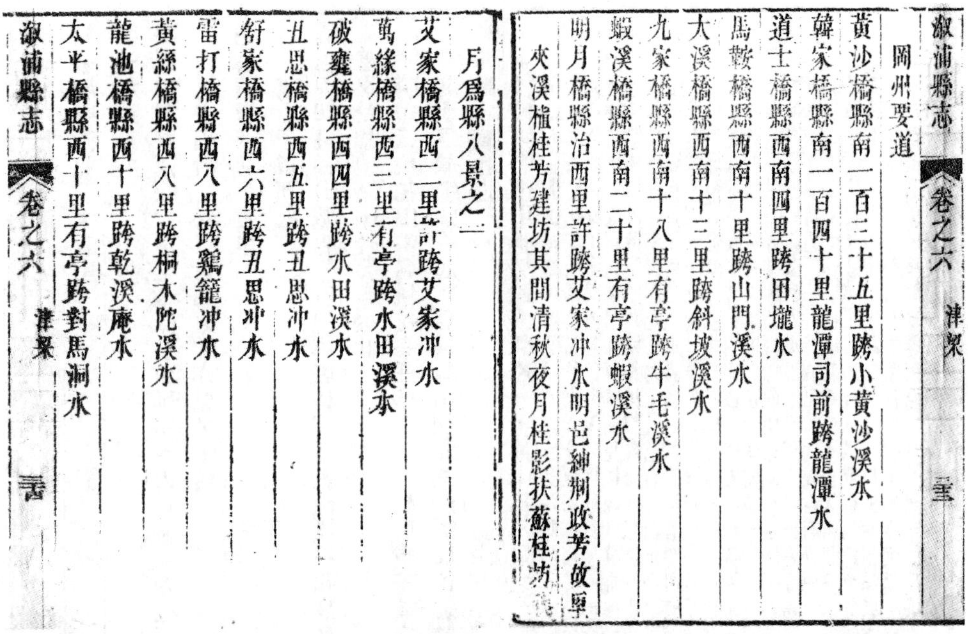

漵浦縣志 卷之六 津梁

岡州要道

黄沙橋縣南一百三十五里跨小黄沙溪水

韓家橋縣南一百四十里龍潭司前跨龍潭水

道士橋縣西南四里跨田壠水

馬鞍橋縣西南十里跨山門溪水

大溪橋縣西南十三里跨斜坡溪水

九家橋縣西南十八里有亭跨牛毛溪水

蝦溪橋縣西南二十里有亭跨蝦溪水

明月橋縣治西里許跨艾家冲水明邑紳荆政芳故里

夾溪植桂芳建坊其間清秋夜月桂影扶蘇桂坊秋月爲縣八景之一

艾家橋縣西二里許跨艾家冲水

萬緣橋縣西三里有亭跨水田溪水

破甕橋縣西四里跨水田溪水

丑思橋縣西五里跨丑思冲水

舒家橋縣西六里跨丑思冲水

雷打橋縣西八里跨雞籠冲水

黄綠橋縣西八里跨桐木陀溪水

龍池橋縣西十里跨乾溪庵水

太平橋縣西十里有亭跨對馬洞水

漵浦縣志 卷之六 津梁

清乾隆《溆浦县志》“卷之六 · 津梁”载“明月桥”：县治西里许，跨艾家冲水，明邑绅荆政芳故里。夹溪植桂，芳建坊其间，清秋夜月，桂影扶苏，“桂坊秋月”为县八景之一

清代李长祚《桂坊秋月》

天空一鸟下沧州，丛桂含芳碧树秋。神女扫云归大壑，仙人乘月上层楼。银河淡淡星光灿，玉露瀼瀼花气浮。攀得数枝香满袖，清风曾向广寒游。

［芦潭渔唱］

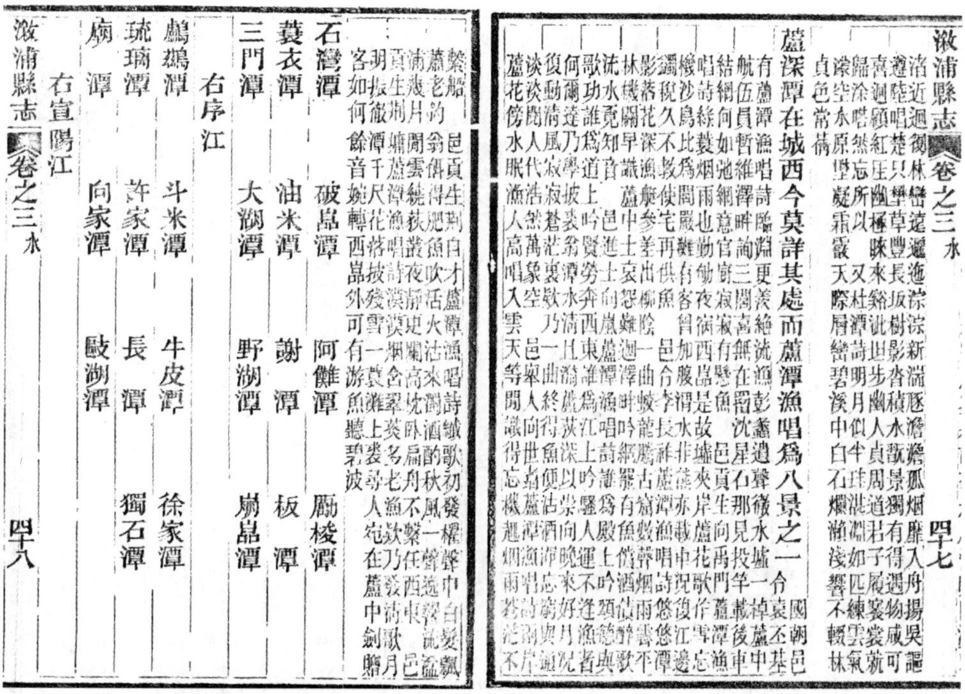

漵浦縣志 卷之三 水 四十七

蘆深潭在城西今莫詳其處而蘆潭漁唱爲八景之一

石灣潭 破嵓潭 阿儺潭 勵棱潭

蓑衣潭 油米潭 謝潭 板潭

三門潭 大瀏潭 野湖潭 崩嵓潭

右序江

鸕鷀潭 斗米潭 牛皮潭 徐家潭

琉璃潭 許家潭 長潭 獨石潭

㾏潭 向家潭 毆湖潭

右宣陽江

漵浦縣志 卷之三 水 四十八

清同治《溆浦县志》载“芦深潭”

清同治《溆浦县志》“卷之三·水”载“芦深潭”：在城西，今莫详其处，而“芦潭渔唱”为八景之一。

[栎垅樵歌]

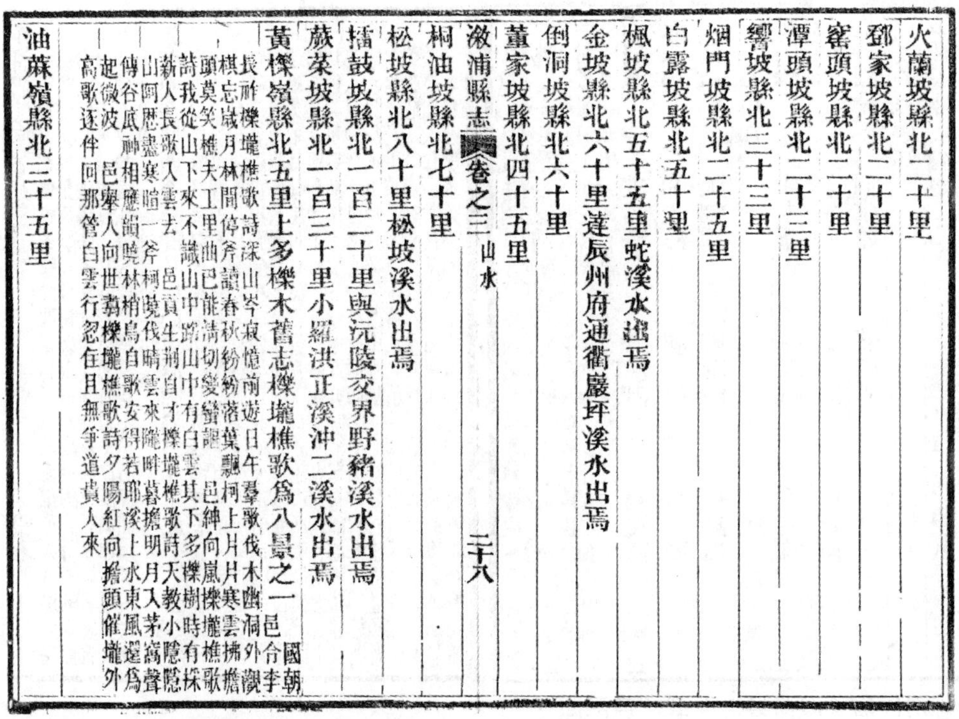

火蘭坡縣北二十里
鄧家坡縣北二十里
窰頭坡縣北二十里
潭頭坡縣北二十三里
響坡縣北三十三里
烟門坡縣北二十五里
白露坡縣北五十里
楓坡縣北五十五里蛇溪水出焉
金坡縣北六十里達辰州府通衢巖坪溪水出焉
倒洞坡縣北六十里
董家坡縣北四十五里
溆浦縣志　卷之三　山水　二十八
桐油坡縣北七十里
松坡縣北八十里松坡溪水出焉
擂鼓坡縣北一百二十里與沅陵交界野豬溪水出焉
蕨菜坡縣北一百三十里小羅洪正溪沖二溪水出焉
黃櫟嶺縣北五里上多櫟木舊志櫟壠樵歌爲八景之一
國朝
邑合李
長砍櫟壠樵歌詩深山岑寂憶前遊日午羣歌伐木幽洞外觀
棋忘歲月林間停斧讀春秋紛紛落葉飄柯上月片寒雲拂擔
頭莫笑樵夫工里曲已能清切變蠻謳　邑紳向嵐櫟壠樵歌
詩我從山下來不識山中路山中有白雲其下多櫟樹時有採
新人長歌入雲去　邑貢生荆自才櫟壠樵歌詩天教小隱隱
山阿歷盡寒暗一斧柯曉伐晴雲來隴畔暮擔明月入茅窩聲
傳谷底神相應韻嘵林梢鳥自歌安得若耶溪上水東風還爲
起微波　邑舉人向世羇櫟壠樵歌詩夕陽紅向擔頭催壠外
高歌逐件同那管白雲行忽任且無爭道貴人來
油蘇嶺縣北三十五里

清同治《溆浦县志》载“黄栎岭”

清同治《溆浦县志》“卷之三·山水”载“黄栎岭”：县北五里，上多栎木，旧《志》“栎垅樵歌”为八景之一。

[鹰渚回波]

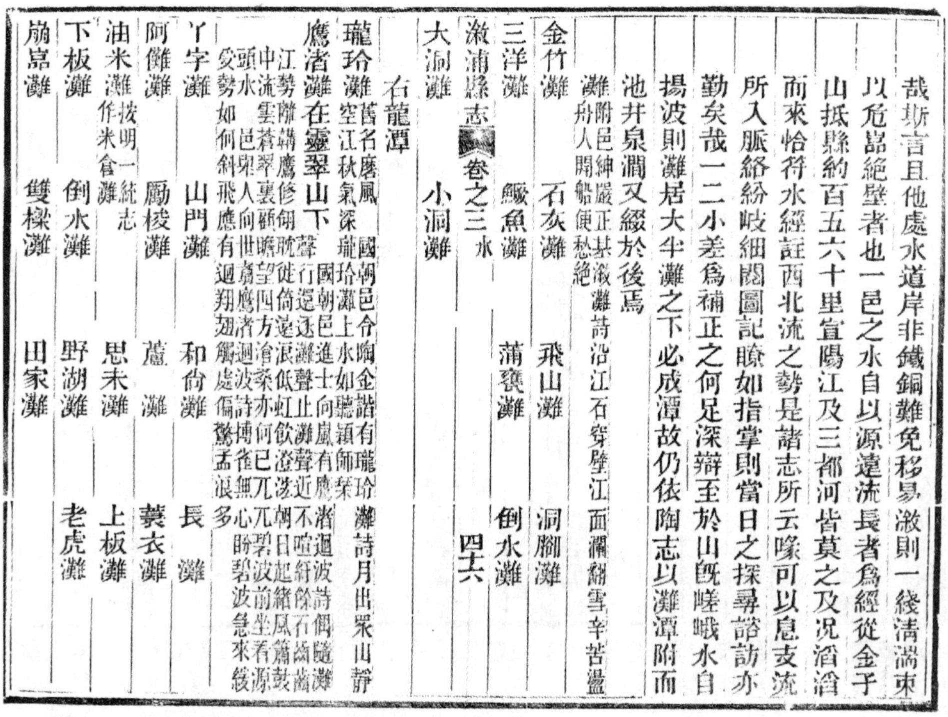

哉斯言且他處水道岸非鐵銅難免移易溆則一綫清湍束
以危崖絕壁者也一邑之水自以源遠流長者爲經從金子
山抵縣約百五六十里宜陽江及三都河皆莫之及況滔滔
而來恰符水經註西北流之勢是諸志所云喙可以息支流
所入脈絡紛岐細閱圖記瞭如指掌則當日之探尋諮訪亦
勤矣哉一二小差爲補正之何足深辯至於山既嵯峨水自
揚波則灘居大半灘之下必成潭故仍依陶志以灘潭附而
池井泉澗又綴於後焉
灘附邑紳嚴正基溆灘詩沿江石穿壁江面瀾翻雪辛苦盪
灘舟人開船便愁絕
金竹灘　石灰灘　飛山灘　洞瀏灘
三洋灘　鰍魚灘　蒲褒灘　倒水灘
溆浦縣志　卷之三　水　四十六
大洞灘　小洞灘
石龍潭
瓏玲灘舊名磨風　國朝邑令陶金諧有瓏玲灘詩月出眾山靜
空江秋氣深瓏玲灘上水如聽穎師琴
鷹渚灘在靈翠山下　國朝邑進士向嵐有鷹渚迴波詩偶隨灘
聲行還逐灘聲止灘聲近不喧紆餘石齒齒
江勢瞰鶇鷹修翎眈徒倚遶浪低虹飲澄淡朝日起緒風簫鼓
中流雲蒼翠裹頽曠望四方滄桑亦何已兀兀翠波前坐看源
頭水邑衆人向世爲鷹渚迴波詩博雀無心盼碧波急來綫
爰勢如何斜飛應有迴翔翅觸處偏驚盂浪多
丫字灘　山門灘　和尚灘　長灘
阿儺灘　勵椶灘　蘆灘　蓑衣灘
油米灘按明一統志作米倉灘　思未灘　上板灘
下板灘　倒水灘　野湖灘　老虎灘
崩嵓灘　雙樑灘　田家灘

清同治《溆浦县志》载“鹰渚滩”

清乾隆《溆浦县志》“卷之三·山”载“灵翠山”：县西二里，即灵萃山，昔构通真宫其上，掘地得石球如斗大，众异之，以为灵瑞，山麓有巨石当水之冲，作溆江砥柱，名鹰渚，即旧《志》八景中“鹰渚回波”是。

[龙堆积雪]

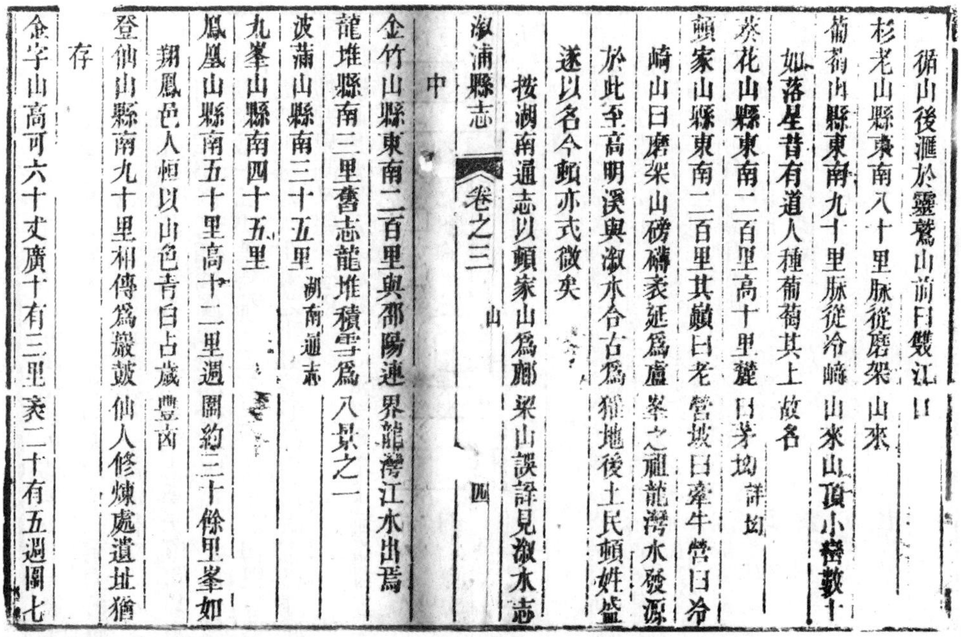

猶山後滙於靈鷲山前曰雙江口
杉老山縣東南八十里脉從磨架山來
葡萄山縣東南九十里脉從冷𡹉山來山頂小石數十
如落星昔有道人種葡萄其上故名
葵花山縣東南二百里高十里麓曰茅坳詳坳
頓家山縣東南二百里其巔曰老營坡曰牽牛營曰冷
𡹉山曰磨架山磅礴袤延爲盧峯之祖龍灣水發源
於此至高明溪與溆水合古爲猺地後土民頓姓盛
遂以名今頓亦式微矣
按湖南通志以頓家山爲鄜梁山誤詳見溆水志
溆浦縣志 卷之三 山 中 四
金竹山縣東南二百里與邵陽連界龍灣江水出焉
龍堆縣南三里舊志龍堆積雪爲八景之一
波蕩山縣南三十五里 湖南通志
九峯山縣南四十五里
鳳凰山縣南五十里高十二里週圍約三十餘里峯如
翔鳳邑人恒以山色青白占歲豐凶
登仙山縣南九十里相傳爲巖竅仙人修煉處遺址猶
存
金字山高可六十丈廣十有三里袤二十有五週圍七

清乾隆《溆浦县志》“卷之三 · 山”载“龙堆”：县南三里，旧《志》“龙堆积雪”为八景之一。

清代袁丕基《龙堆积雪》

一片空明傍水隈，山灵玉戏幻成堆。即看盐虎蹲危石，应是冰虬战蛰雷。遮却远峰迷巅角，融因初日露苍鬣。待看百废俱兴后，为尔经营步雪台。

清代李长祚《龙堆积雪》

西风漂泊蓼花残，江上蓑翁一钓竿。有客骑驴迷去路，何人泛棹问前滩。早烹学士金铛冷，夜渡将军铁甲寒。非是阳和消不尽，深潭知有玉龙蟠。

【会同八景】

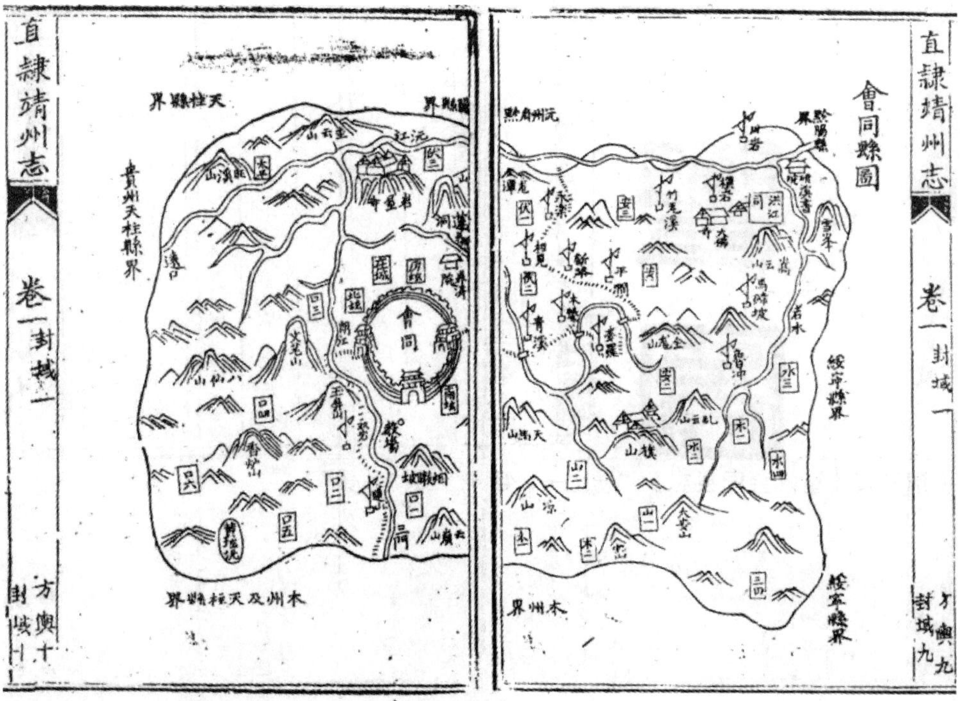

清乾隆《直隶靖州志》载“会同县图”

会同县位于湖南省西南边陲，怀化南部，湘黔两省交界地区。处于云贵高原东部边缘，雪峰山脉西南部，沅水支流渠、巫水下游流域。夏、商、西周，会同境地属荆州西南要服地。春秋、战国，属楚黔中地。秦，先后属黔中郡、象郡地。汉，属镡成县地，隶武陵郡。三国，属吴，所隶郡、县名称未变。晋，西晋仍属镡成县地，东晋义熙年间废镡成县，其地并入舞阳县，今县境属舞阳县地。南北朝，宋属舞阳县地，齐改舞阳县为㵲阳县，隶武陵郡，梁改㵲阳县为龙檦县，隶南阳郡。陈因之。隋，仍属龙檦县地，先后隶属辰州、沅陵郡。

唐贞观八年（634），改龙檦县为龙标县，分龙标县地设朗溪县，是为本境置县之始，隶巫州，后隶叙州。五代，属叙州，实属诚州，为侗苗首领据有。宋。北宋属诚州。崇宁元年（1102），设三江县，仍隶诚州。崇宁二年（1103），三江县改为会同县，诚州改为靖州，会同县属靖州。南宋因之。元，先后属湖广行省靖州路、靖州安抚司、靖州总管府、军民安抚司。明，先后属湖广布政使司靖州军民安抚司、靖州、靖州府、直隶靖州。清，先后属湖广布政使司靖州直隶州、湖南省辰沅永靖道靖州直隶州。

清乾隆《重修会同县志》“卷之一”载“八景”：池莲呈瑞、吕剑留泉、榴峰耸秀、莲花洞天、岩屋晴岚、青陂晓雾、沅江夜月、金龙晚翠。

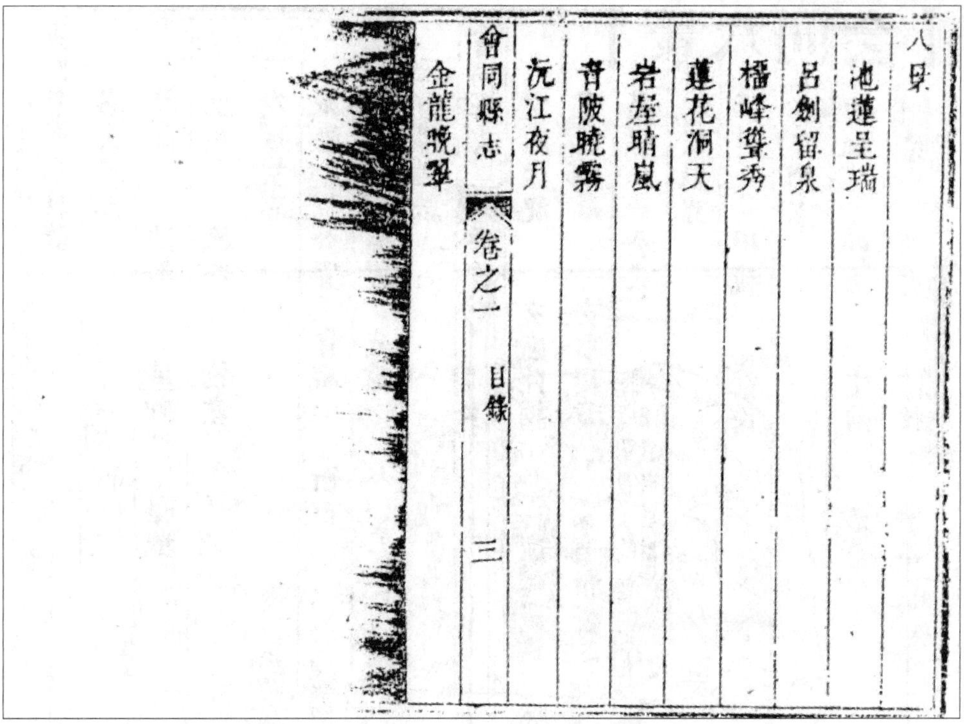
八景
池蓮呈瑞
呂劍留泉
檣峰聳秀
蓮花洞天
岩屋晴嵐
音陂曉霧
沅江夜月
會同縣志　卷之一　目錄　三
金龍晚翠

清乾隆《重修会同县志》“卷之一・目录”载“八景”

［池莲呈瑞］

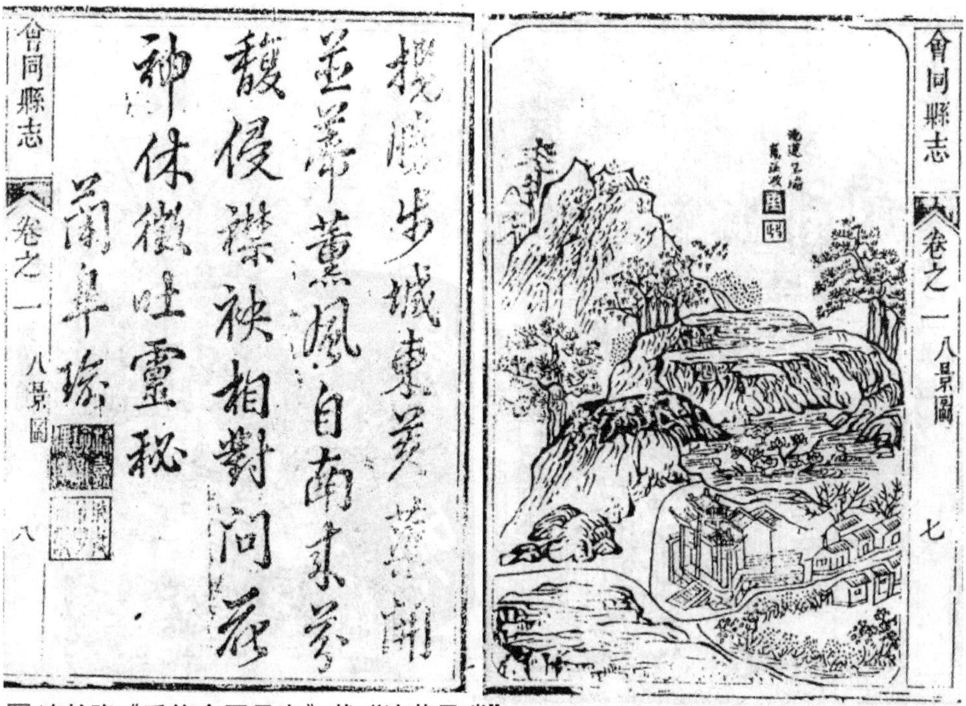

图 清乾隆《重修会同县志》载“池莲呈瑞”

清乾隆《重修会同县志》“卷之八·古迹”载“瑞莲池”：城东半里许有方塘，围径十亩，故名藕塘，有莲盛开，时呈异兆，凡邑有廉吏及士子登科，则必双头并蒂，献瑞敷荣。……八景所以有“池莲呈瑞”也。

［吕剑留泉］

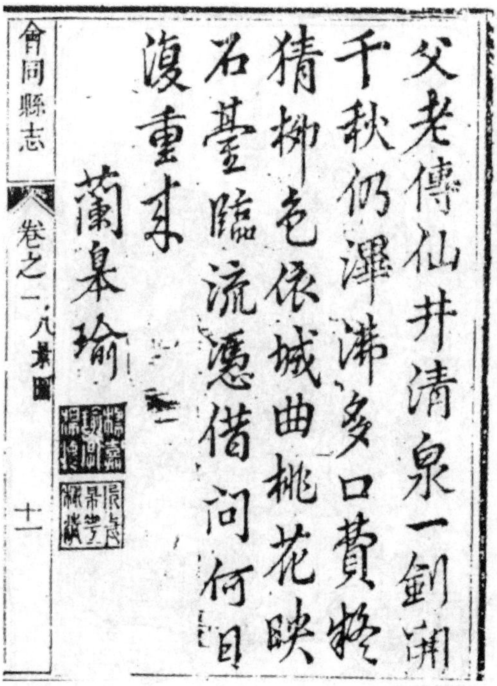
會同縣志 卷之一 八景圖 十一

父老傳仙井清泉一劍開
千秋仍澤沸多口費疑
猜柳色依城曲桃花映
石臺臨流憑借問何日
復重來
蘭皋本瑜

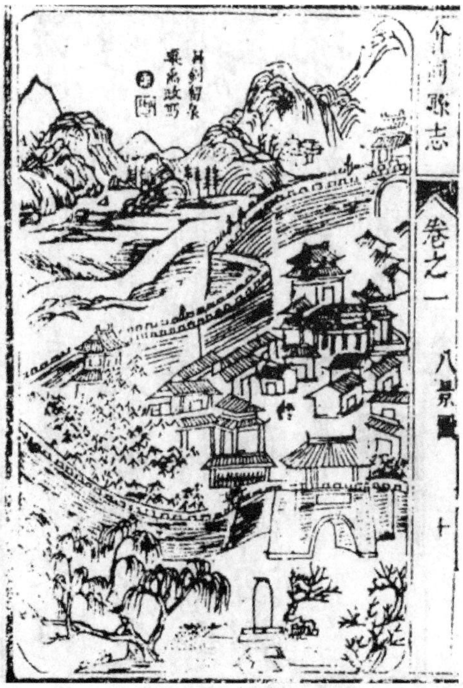

▣ 清乾隆《重修会同县志》载“吕剑留泉”

清乾隆《重修会同县志》“卷之八·古迹”载“插剑泉”：西城外百步，世传吕洞宾幻相至隐观，见道童时苦运汲，临行插剑于地，泉随涌出，沥沥有声，寒冽异常。留句云：凡夫不识神仙眼，多口先生到此来。后，隐真观迁城内东隅，其基地遂为豪占，明成化九年县令刘永建亭立碑于上，今仅碑存，即八景“吕剑留泉”也。

[榴峰耸秀]

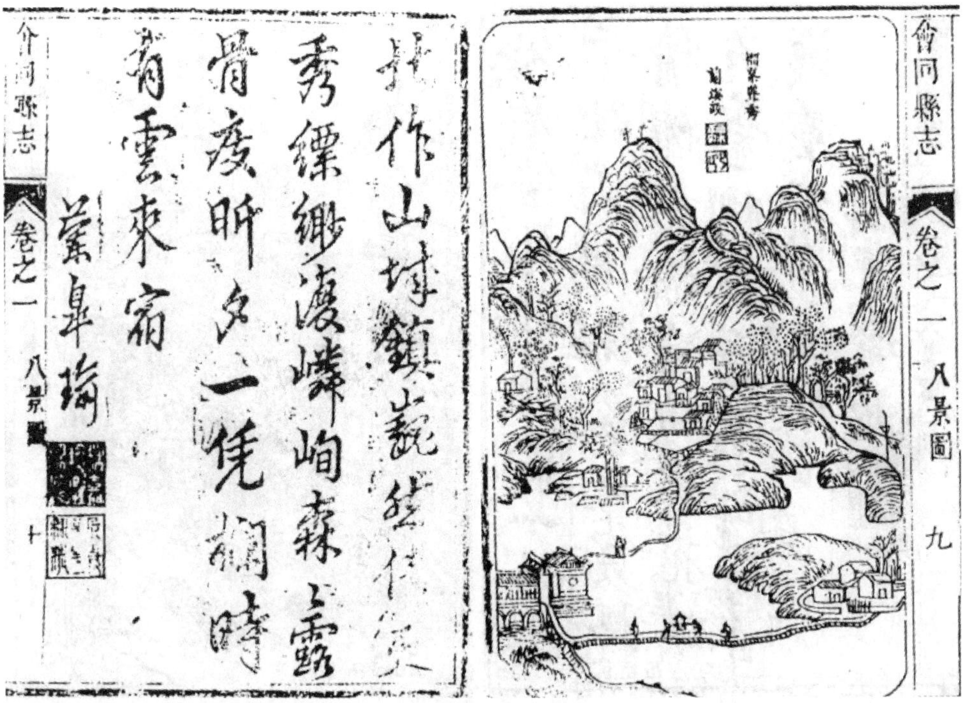

囧 清乾隆《重修会同县志》载“榴峰耸秀”

清乾隆《重修会同县志》“卷之八·山川”载“天马山”：县东二里，其形如马，俨有蹀躞凌云之势，一名榴峰，即八景中“榴峰挺秀”是也。

[莲花洞天]

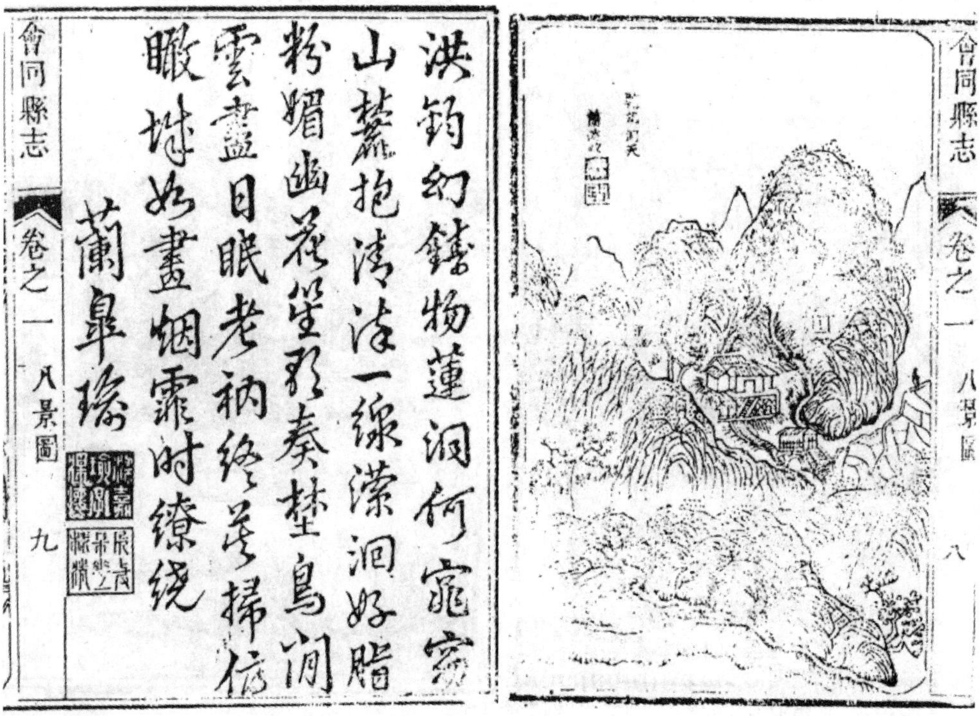

图 清乾隆《重修会同县志》载“莲花洞天”

清乾隆《重修会同县志》“卷之八・山川”载“莲花洞”：县西北半里许，石山突兀，顶似莲花，岩谷玲珑，云龛天构，内有清泉穿石罅而出，涓涓不竭。

［岩屋晴岚］

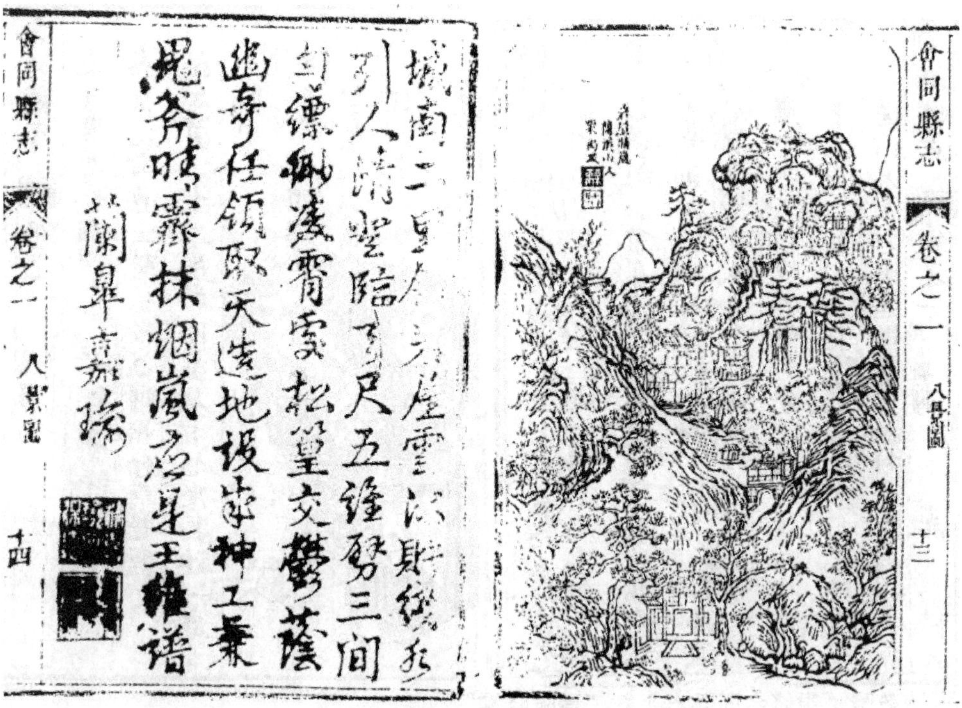

圖 清乾隆《重修会同县志》载“老屋晴岚”

清乾隆《重修会同县志》“卷之八·山川”载“岩屋山”：县南三里许，奇峰峭崛，石壁崚峋，望之岿然，其崖凌空，品列三窟，悬覆如楹，盘礴如幄，距地十余丈中，可容二十人，登眺者，沿磴引铁绳上之，觉数百里层苍叠翠，毕收于几席襟裾之前。……雍正己酉春，湖广巡察使王瓒经会，游览此景，题有“振衣千仞”之额并自记曰：余奉命巡楚，王事谘诹，驰驱载道，山川名胜过而不留者多矣。谷雨之明日阻雨会同，傍午天稍霁，因得登岩屋寺，小桥流水，翠柏幽兰，古洞云封，石径陡绝，登眺之余，目眩心掉者，久之为颜，片额以志，劳人之偶憩云：八景中“岩屋晴岚”即此。

[青陂晓雾]

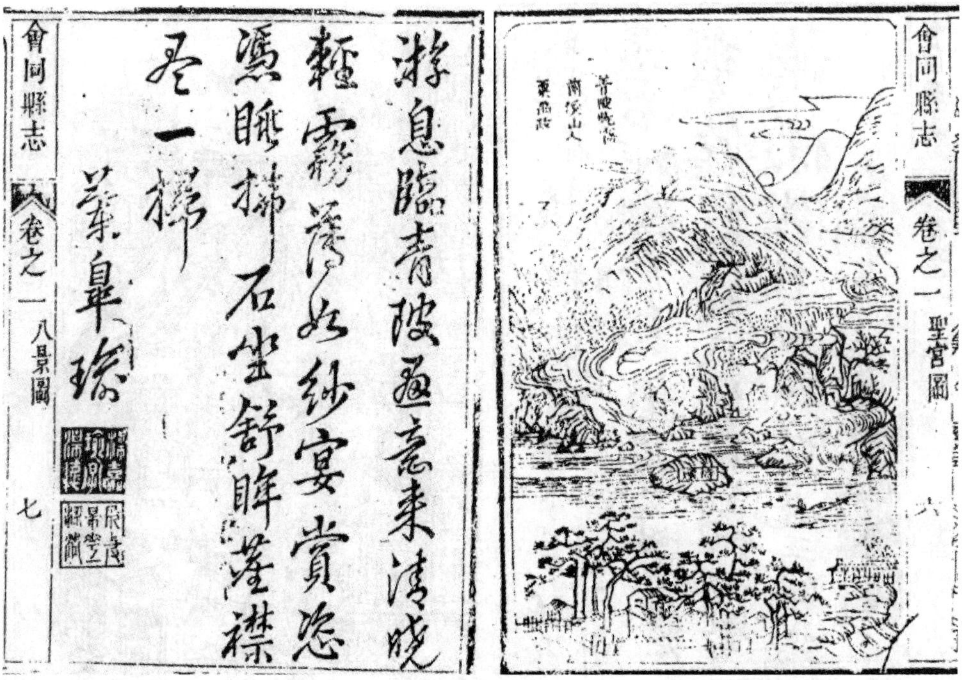

囧 清乾隆《重修会同县志》载“青陂晓雾”

清乾隆《重修会同县志》“卷之八·山川”载“青陂湖”：县南五里，两岸山绕，一水中通，澄泓盘曲，堪任溯洄，上有奇石，可憩可坐，下有清泉，可饮可濯，为士夫游憩处。宋邓璪倅是州游此，曾有题刻于石，今湮没，即八景之“清陂晓雾”也。

[沅江夜月]

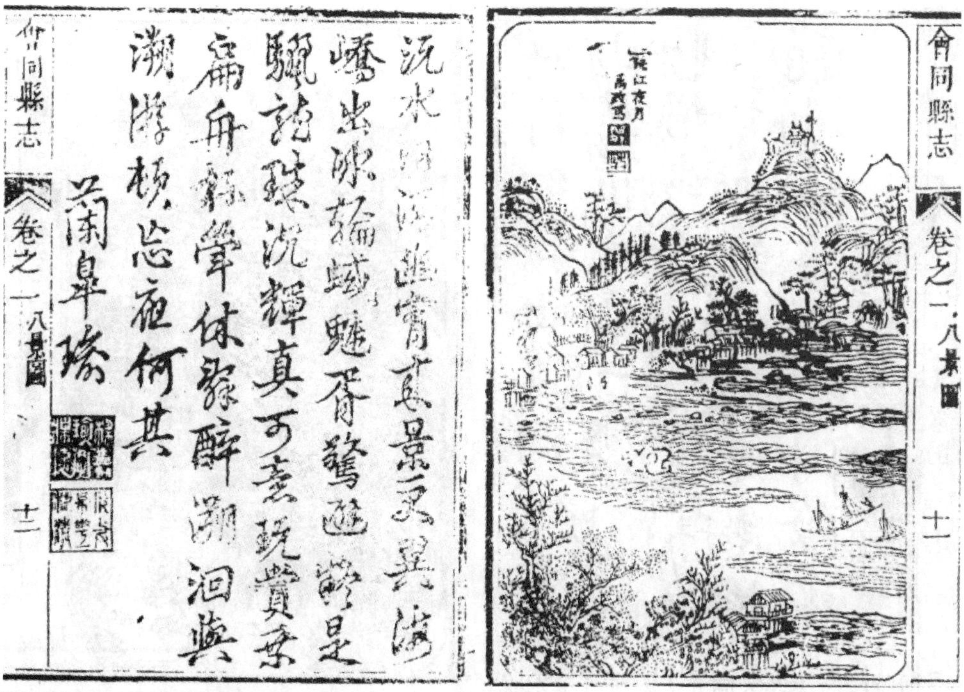

清乾隆《重修会同县志》载“沅江夜月”

清乾隆《重修会同县志》“卷之八·山川”载“沅江”：在县北五十里，源出西南蕃界，过长潭、云潭、汶溪、金溪与朗水合流，产九肋鳖，八景中“沅水夜月”即此。

[金龙晚翠]

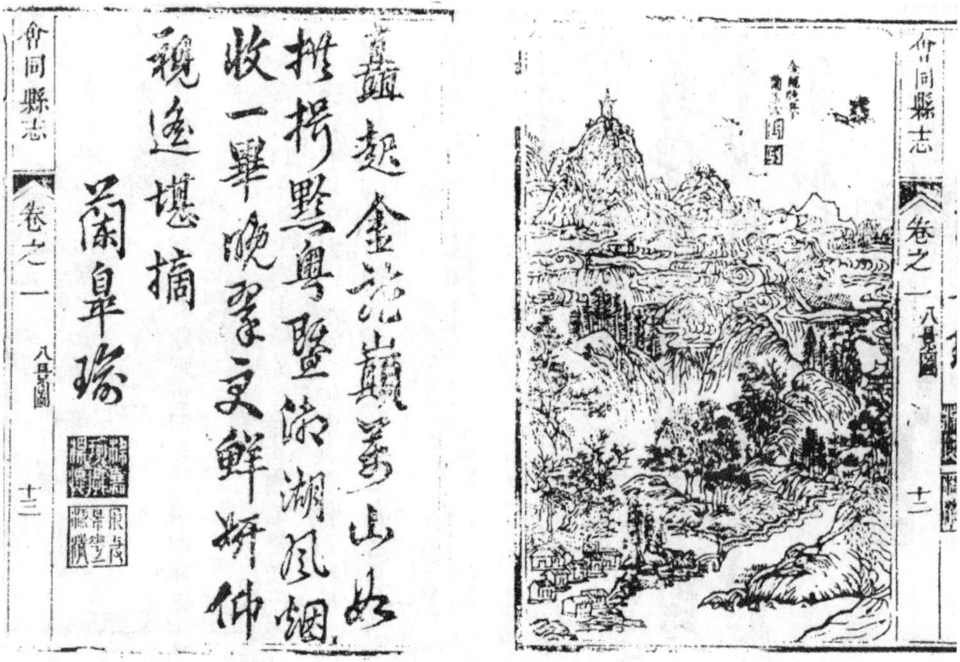

清乾隆《重修会同县志》载“金龙晚翠”

清乾隆《重修会同县志》“卷之八·山川”载“金龙山”：县东五十里，峥嵘峻绝，状若飞龙，为一邑群山之冠，登高肆眺，觉四郡五溪烟树咸归一览。晴久，忽云气上烝即雨，上建金龙大子祠，明永乐靖难，神化风雨助之，封助国明王，岁旱，里人祈求辄应，八景内载“金龙晚翠”。

【麻阳八景】

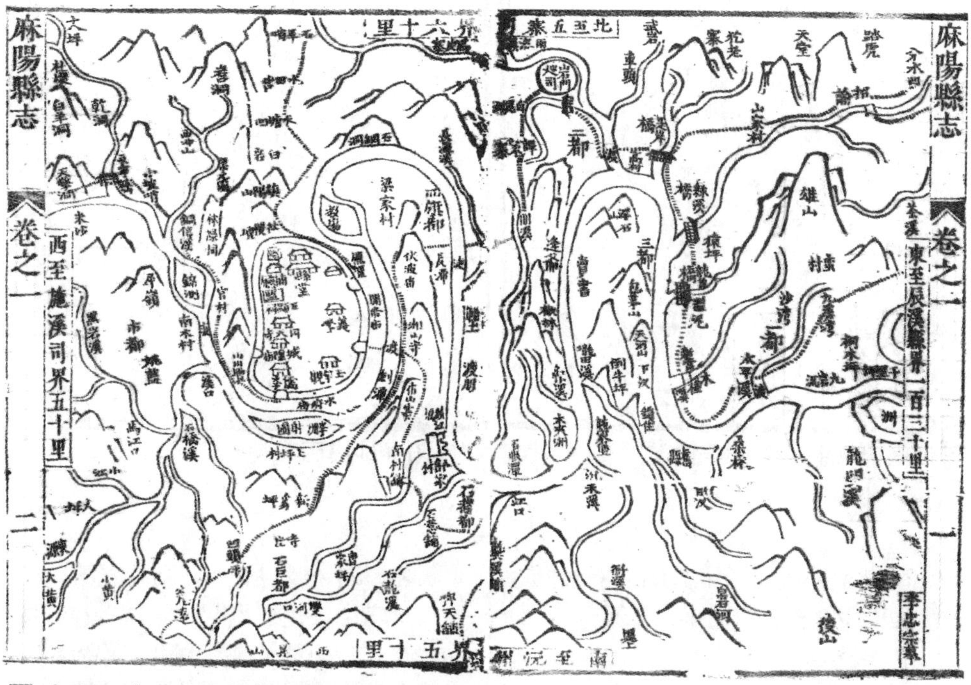

清康熙《麻阳县志》载“麻阳地舆图”

麻阳，春秋战国时期为楚国属地，秦为黔中郡地，汉为武陵郡地，南朝陈天嘉三年（562）置麻阳戍。唐武德三年（620）置麻阳县，隶辰州。其后，虽几经变易，但麻阳县名一直沿用至今。

清康熙三十三年《麻阳县志》“卷之一·形胜”载“八景”：

西晃晴云

西晃山面县堂，峰峦秀拔，翠列如屏，天霁时，有云气郁郁纷纷，莫可端倪，胜览也。

晓日棠阴静隐屏，岚光望远眼偏青。衣披玉女春无色，诏下丹峰凤亦停。南浦飞来常带日，西郊自我几占星。等闲一啸烟霞破，时逐秋风度洞庭。

东湘水月

邑东之湘山寺，竹石荫翳，下临锦水，山寺尚未得月，而水面光浮空明呈景。

湘水承流自锦江，山高唯听水淙淙。俯看时见光先出，回眺天灯照一双。太白乘酣休浪捉，丹青欲画笔难扛。凭虚识得西来意，风静瞻淇独倚窗。

莲柱擎天

天擎洞蹲踞铜仁江口，三山半落，一水中流，瀑布千尺，非烟非雨。洞中一柱，围可数丈，高顶洞门，石液下垂，如莲花朵朵，下有文星石，玉笔投池石。

源深百里面三山，经锁铜江第一关。直下飞流排列宿，孤撑两腋挺中间。文星落石非天陨，玉笔投池伴我闲。如上华峰搔首问，莲花千朵任跻攀。

岩龙盘洞

旧名雨珠洞，高深百丈许，中一石龙盘溪，鳞甲头角如生，傍有石马蹭踞，鞍辔宛然。康熙九年，典探奇得之，自有洞以来，土著者亦不知也。

洞门深处镇潆洄，石笋流沙曲径栽。借问点睛如有笔，可能破壁自飞来。

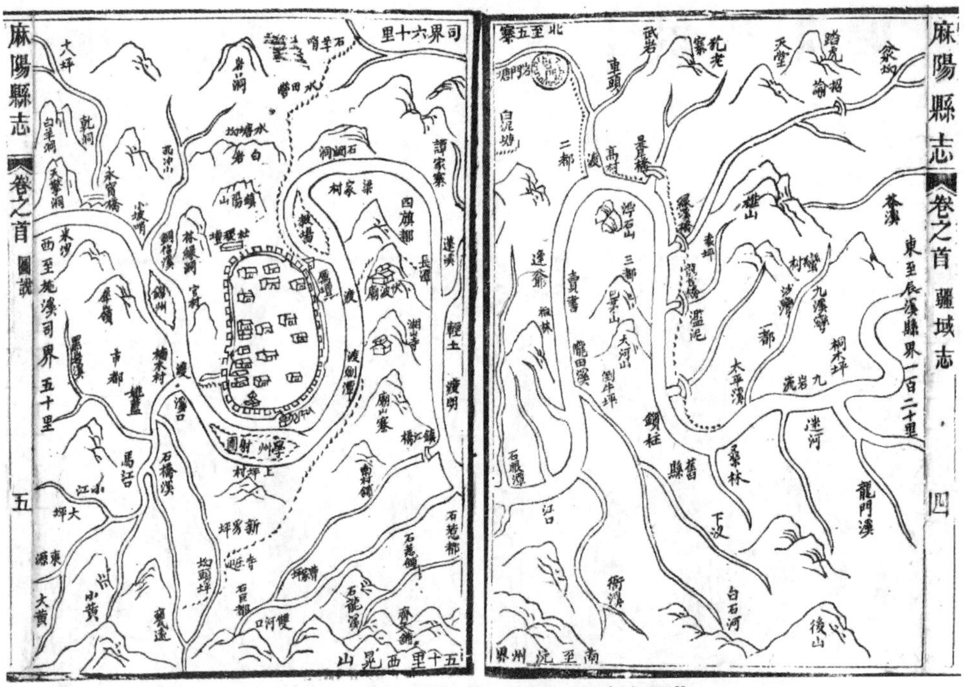

清同治《新修麻阳县志》“卷之首”载“麻阳县地舆图”

风烟出没常云雨，鳞甲分明绝涓埃。惊震中天应会合，行看平步起天台。

苞茅遗迹

《左传》：苞茅不供，无以缩酒。旧《志》载出麻邑，今茅坪其地也，然问之父老，茫然无有知者矣。

夜读春秋意爽然，南征有恨代巡天。胶州汉水无消息，骏马瑶池付大千。三脊遗茅风景旧，万年迹任史书编。供王不入来齐问，料得当年已失传。

石羊仙踪

府《志》：县民种菽一亩，尝为群羊践食。民夜伺羊出逐之，入洞中，其内渐阔，忽见绿溪修篁，碧宫丹阙，一老人坐皋比讲《易》，侍听一少年持经前问。民窃听良久，问之候门者曰：老人河上公，少年王弼也。

壶天消息几人知，见说群羊盗麦枝。趁入洞中谁氏子，到来门外夜何其。仙翁趺坐情终古，年少谈经问亦奇。编作清歌传胜事，风流输我凤凰池。

剑潭春浪

锦州之东，庙山之麓，旧名官潭，相传田元帅德兴功成，置剑于此，后怀忠公朱瓒网鱼得剑，上有金昆玉季镂文，剑留署内，夜放光，公复送之潭，因名，遇风波浪兼天，至春尤甚。

庙山底定慨潜踪，玉季金昆纪大功。源自锦洲分白鹭，洞回石网锁青釭。光寒斗气频吹浪，夜静风声亦自雄。神物虽然终有合，表扬佳迹赖怀忠。

浮石烟村

高村马栏，夹河云聚，岩山古树，壁岸阴森，曙色凌人，其光在水，蝉声送夏，其气常秋，藏修息游，皆可乐也。

东流水自邑南还，老树屯烟石点斑。波浪千层翘雨笠，风岚一带锁云鬟。春深秋落平分外，犬吠鸡鸣指顾间。是崖桥边赊夜月，飞来何处小君山。

清同治《新修麻阳县志》“卷之十二”载“陈五典《蒋城八景》”。陈五典，江南安庆府太湖县（今安徽太湖县）人，选贡，清康熙元年（1662）十一月任麻阳县知县，在麻十年，曾纂修县志。作《蒋城八景》诗。麻阳县城锦和镇古称蒋城，这里泛指麻阳。

清同治《新修麻阳县志》载“八景图说”：东湘水月图说、西晃晴云图说、剑潭春浪图说、浮石烟村图说、苞茅遗地图说、柱莲擎天图说、岩龙盘洞图说、石羊仙踪图说。

仙田誰種玉流霞鏈鼓飛聲瀑布遮怪石看人皆欲
笑白雲歸洞自生華恐驚題句星河落别有行天日
月跡轉入高明林上坐蓮花深處認吾家

蔣城八景

東湘水月　陳五典

邑東之湘山寺竹石陰翳下臨錦水山寺尚未得
月而水面光浮空明呈景

湘水承流自錦江山高唯聽水淙淙俯看時見光先
出回眺天燈照一雙太白乘酣休浪捉丹青欲畫筆

麻陽縣志　卷之十二　七言律　十八

難扛憑虛識得西來意風靜瞻淇獨倚窗

西晃晴雲

西晃山面縣堂峯巒秀拔翠列如屏天霽時有雲
氣郁郁紛紛莫可端倪勝覽也

曉日棠陰靜隱屏嵐光望遠眼偏青衣披玉女春無
色詔下丹峯鳳亦停南浦飛來常帶日西郊自我幾
古星等閒一嘯煙霞破時逐秋風度洞庭

劍潭春浪

錦洲之東廟山之麓舊名官潭相傳田元帥德與
功成埋劍於此後懷忠公朱璸網魚得劍上有金
昆玉季鏤文劍留署夜放光公復送之潭因名劍
潭過風波浪壯濶至春尤甚

廟山底定慨潛蹤玉季金昆紀大功源自錦洲分白
鷺（潭邊有鷺鷥洲）洞回石網（洞名在潭下五里舊傳田元帥亦會留劍於此）鎖青銅
光寒斗氣頻吹浪夜靜風聲亦自雄神物雖然終有
合表揚佳蹟賴懷忠

浮石煙村

高村馬欄夾河雲聚巖山古樹壁岸陰森曙色凌

麻陽縣志　卷之十二　七言律　十九

人其光在水蟬聲送夏其氣常秋藏修息游皆可
樂也

東流水自邑南還老樹屯煙石點斑波浪千層翻雨
笠風嵐一帶鎖雲鬟春深秋落平分外犬吠雞鳴指
顧間最是夜來明月上瑩然幾疊翠微灣

包茅遺地

左傳包茅不供無以縮酒舊志載出麻邑今茅坪
其地也然問之父老茫然無有知者矣

夜讀春秋意爽然南征有恨代巡天膠舟漢水無消

清同治《新修麻阳县志》“卷之十二”载“陈五典《蒋城八景》”（一）

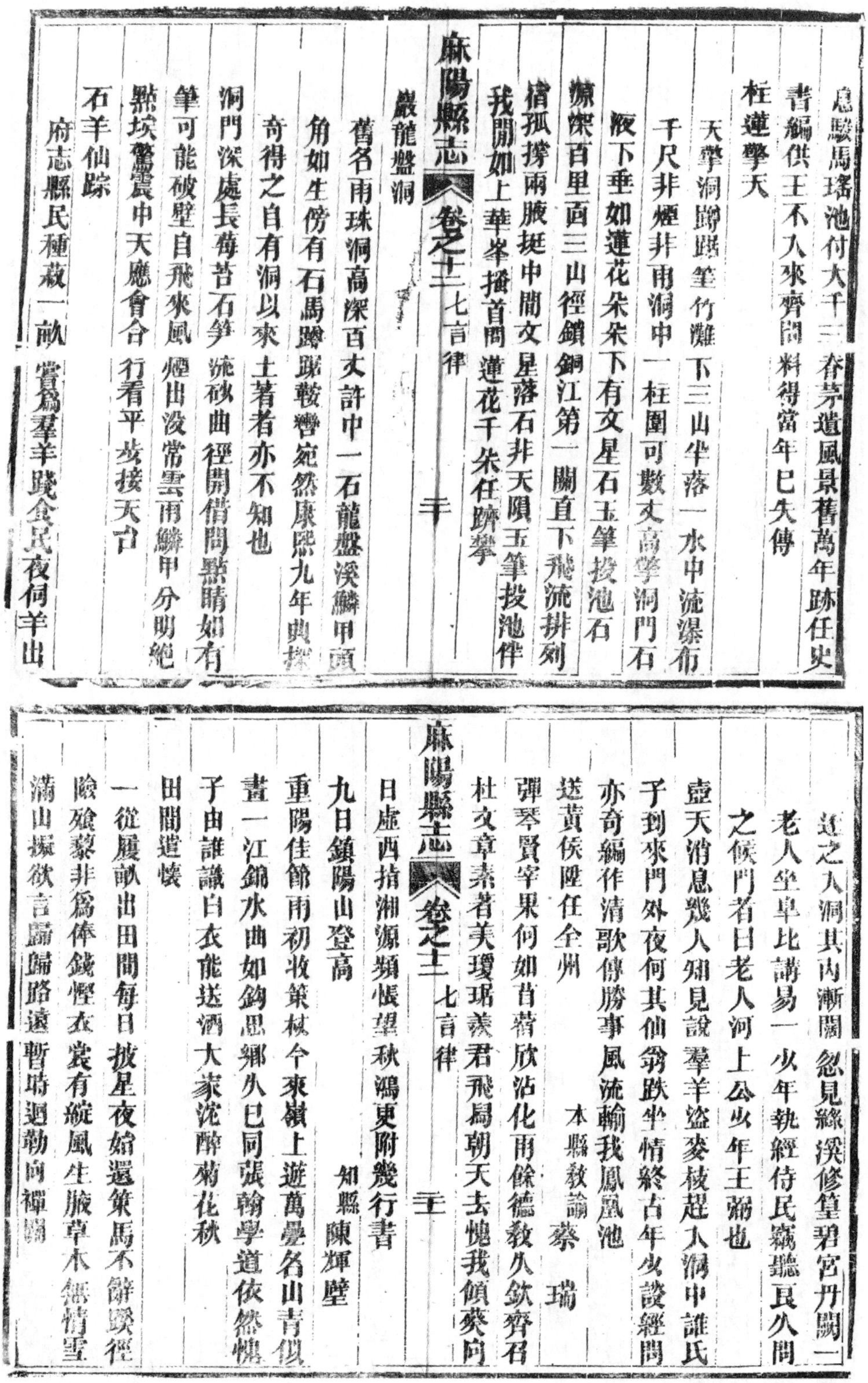

息駿馬瑤池付大千三春芳遺風景舊萬年跡任史
昔編供王不入來齊問料得當年已失傳
桂蓮擎天
天擎洞躑躅筆竹灘下三山半落一水中流瀑布
千尺非煙非雨洞中一柱圍可數丈高擎洞門石
液下垂如蓮花朵朵下有文星石玉筆拔池石
源深百里酉三山徑鎖銅江第一關直下飛流排列
倚孤撐兩腋挺中間文星落石非天隕玉筆拔池伴
我開如上華峯搔首問蓮花千朵任躋攀

麻陽縣志　卷之十二　七言律　二十

巖龍盤洞
舊名雨珠洞高深百丈許中一石龍盤溪鱗甲頭
角如生傍有石馬躑躅轡宛然康熙九年典探
奇得之自有洞以來土著者亦不知也
洞門深處長莓苔石笋流砂曲徑開借問點睛如有
筆可能破壁自飛來風煙出沒常雲雨鱗甲分明絶
點埃驚震中天應會合行看平步接天台
石羊仙踪
府志縣民種菽一畝嘗爲羣羊踐食民夜伺羊出

逐之入洞其內漸闊忽見綠溪修篁碧宮丹闕一
老人坐皐比講易一少年執經侍民竊聽良久問
之候門者曰老人河上公少年王弼也
虛天消息幾人知見說羣羊盜麥枝超入洞中誰氏
子到來門外夜何其仙翁趺坐情終古年少談經問
亦奇編作清歌傳勝事風流輸我鳳凰池
送黃侯陞任全州　本縣教諭　蔡　瑞
彈琴賢宰果何如昔藉欣沾化雨餘德教久欽齊召
杜文章素者美瓊琚羨君飛舄朝天去愧我傾葵向

麻陽縣志　卷之十二　七言律　二十一

日虛西指湘源頻悵望秋鴻更附幾行書
九日鎮陽山登高　知縣　陳輝璧
重陽佳節雨初收策杖今來嶺上遊萬疊名山青似
畫一江錦水曲如鈎思鄉久已同張翰學道依然愧
子由誰識白衣能送酒大家沈醉菊花秋
田間遺懷
一從履畝出田間每日披星夜始還策馬不辭蹊徑
險殘黎非爲俸錢慳衣裳有縱風生腋草木無情雪
滿山擬欲言歸歸路遠暫時迴勒向禪關

清同治《新修麻阳县志》“卷之十二”载“陈五典《蒋城八景》”（二）

[东湘水月]

麻陽縣志 卷之首 東湘水月圖說 十一

東湘水月圖說

麻陽縣志 卷之首 東湘水月圖說 十二

東湘水月說

湘山在縣東里許與治城一水相隔其間多脩篁翠篠雜以古木千章曲徑全陰重簷偏覆清暉初上欲攬無由未幾一鏡橫空波心直點迴光射壁林壑皆明皋山之層巖幽谷寺之曲檻回廊無不溶溶浩浩朗若列眉迨夫薄霧全消清飈微至則亭榭樓臺恍若欹側動搖莫可窮狀豈第空明如畫已耶客有憑欄危望者覺貝闕珠宮幾忘置身何所云

清同治《新修麻阳县志》“卷之首”载“东湘水月图说”

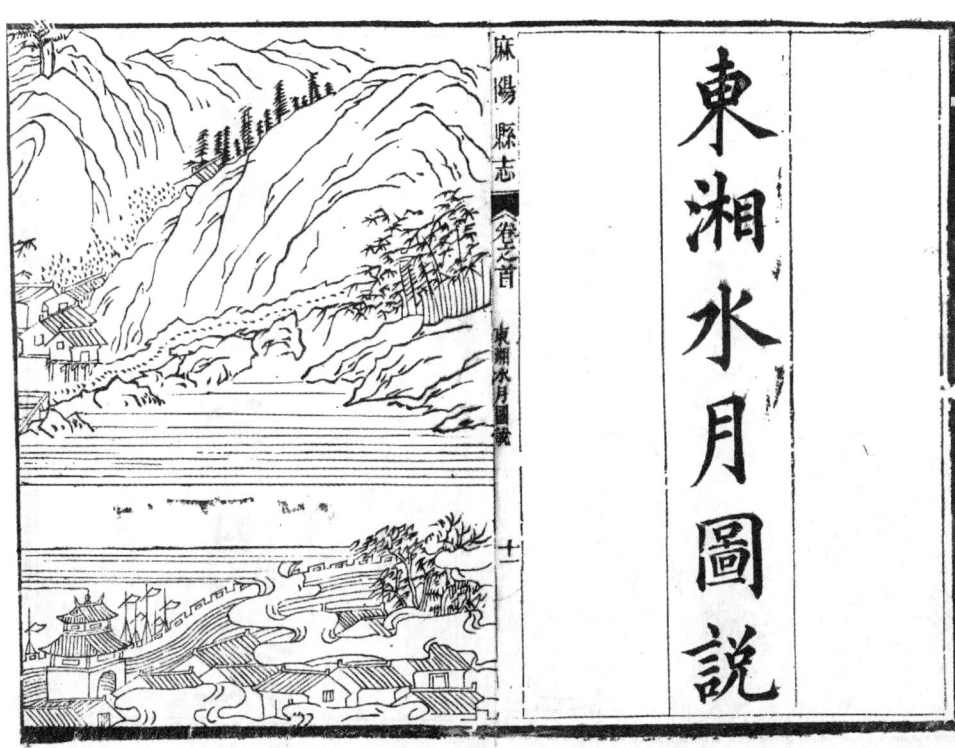

[西晃晴云]

西晃晴雲圖說

麻陽縣志 卷之首 西晃晴雲圖說 十三

麻陽縣志 卷之首 西晃晴雲圖說 十四

西晃晴雲說

西晃山在縣西南三十里層巒疊嶂秀削天成登城一望覺青排翠滴峙若列屏若夫宿雨初停朝霞未起倏一縷之飛翔翳千巖而障蔽時或迴風吹磴空谷偶明斜日穿林危尖半露空濛縹緲莫罄形容葢山吐雲則氤氳雲藏山而掩映也更有無心出岫而續續紛紛竟化霖雨以慰蒼生者回視是山依然一片空明爭開霽色斯亦奇已

清同治《新修麻阳县志》“卷之首”载“西晃晴云图说”

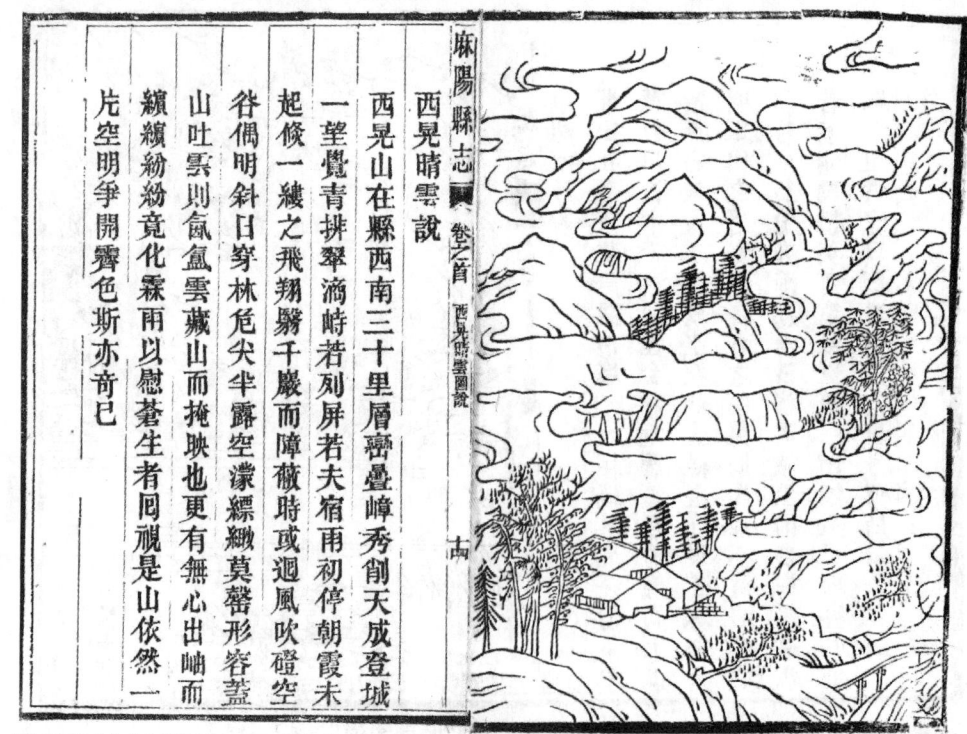

［剑潭春浪］

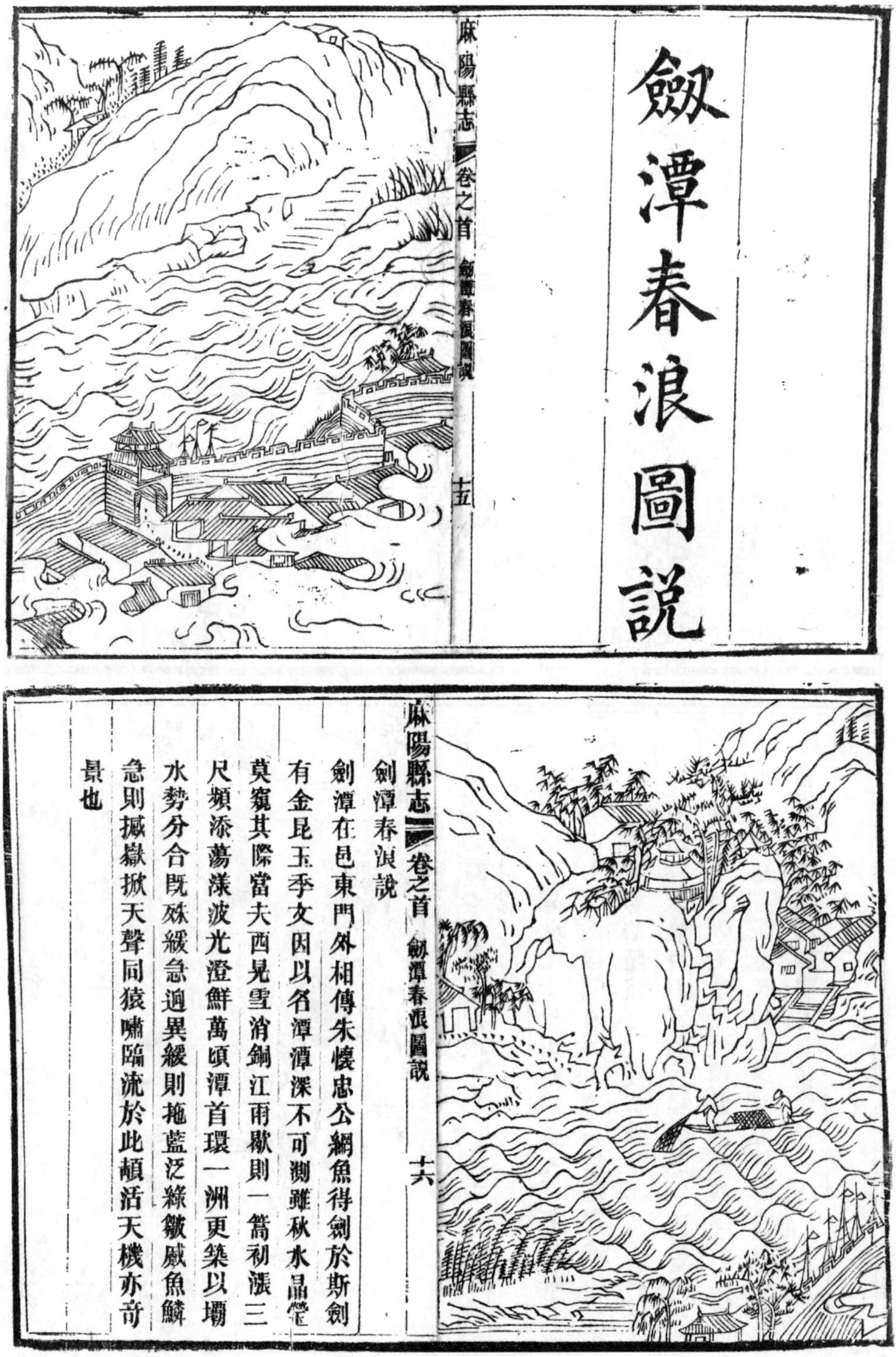

劍潭春浪圖說

麻陽縣志 卷之首 劍潭春浪圖說 十五

麻陽縣志 卷之首 劍潭春浪圖說 十六

劍潭春浪說

劍潭在邑東門外相傳朱懐忠公網魚得劍於斯劍有金昆玉季文因以名潭潭深不可測雖秋水晶瑩莫窺其際當夫西晃雪消銅江雨歇則一篙初漲三尺頻添蕩漾波光澄鮮萬頃潭首環一洲更築以壩水勢分合既殊緩急迥異緩則拖藍泛綠皺颭魚鱗急則撼嶽掀天聲同猿嘯臨流於此頓活天機亦奇景也

清同治《新修麻阳县志》“卷之首”载“剑潭春浪图说”

[浮石烟村]

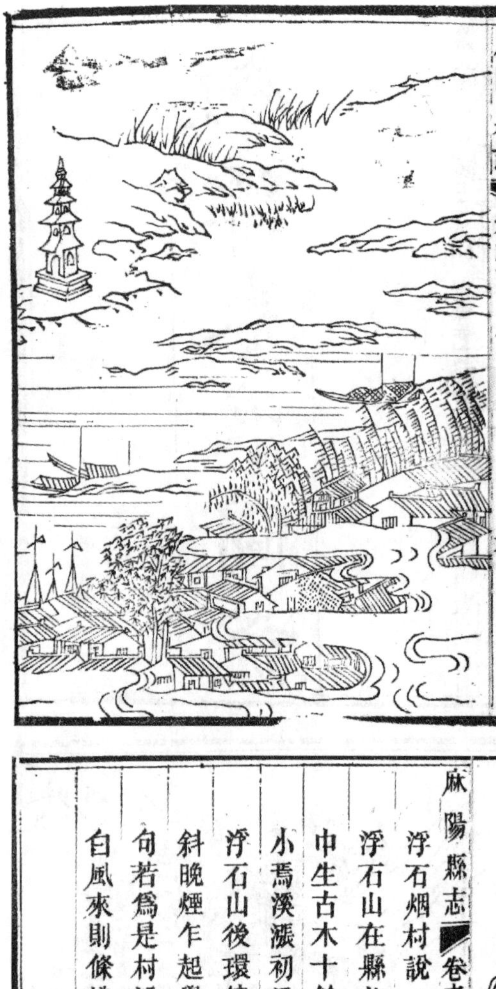

麻陽縣志　卷之首　浮石煙村圖說　七

浮石煙村圖說

麻陽縣志　卷之首　浮石煙村圖說　大

浮石烟村説

浮石山在縣北七十里山高約數丈巨石層疊石隙中生古木十餘株三面臨水彷彿鎮江之金山而差小焉溪漲初添隨波蕩漾幾有動浮不定之致故名浮石山後環繞百餘家茆舍槿籬豚柵雞栖白日初斜晚煙乍起覺王摩詰渡頭餘落日墟里上孤煙之句若爲是村詠也又村中多栽梨椰雨過而花翻雪白風來則條拂綠青尤春景之絕妙者

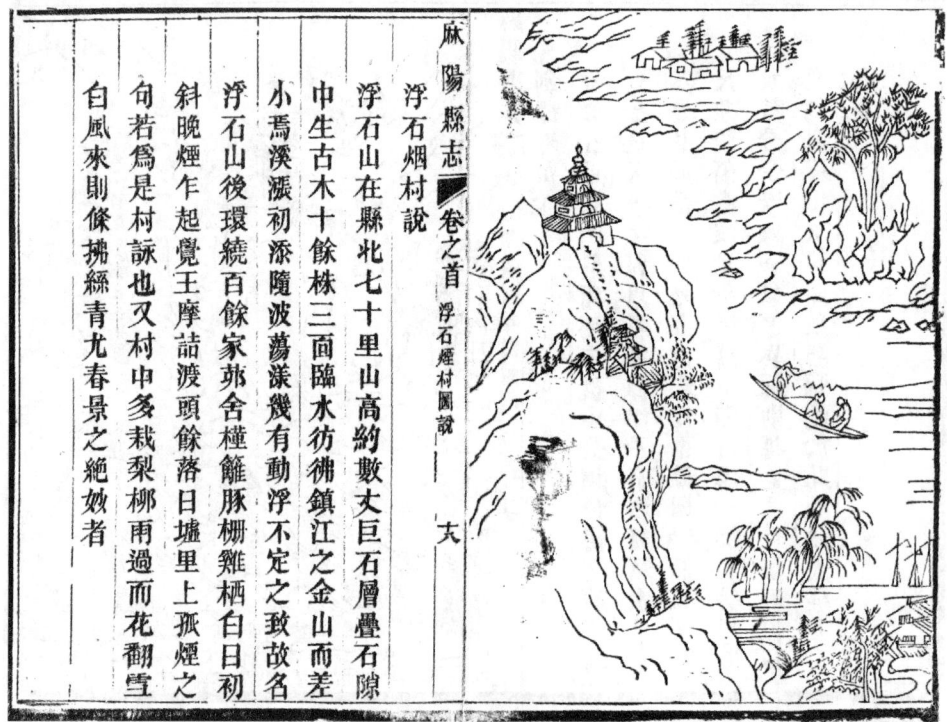

清同治《新修麻阳县志》“卷之首”载“浮石烟村图说”

[苞茅遗地]

麻陽縣志《卷之首 包茅遺蹟圖說 十九

包茅遺地圖說

麻陽縣志《卷之首 苞茅遺蹟圖說 二十

苞茅遺地說

苞茅山在縣西北八十里有村曰茅坪村之對岸一山即其地書曰包匭菁茅傳曰包茅不入無以縮酒是包茅用於祭祀物至重也今遊是山但見蘅蕪夾道杜若盈途求所謂三脊遺種已同階蓂廚萐杳不可追豈山產是物而人不善辨歟抑物非常產而空遺其蹟歟特存以待後之考古者若夫下俯灘流洪波噴雪高插天半古木生寒真所謂塵囂不到生面別開登是山者每低徊流連而不能去

清同治《新修麻阳县志》“卷之首”载“包茅遗地图说”

[莲柱擎天]

柱蓮擎天圖說

麻陽縣志 卷之首 蓮柱擎天圖說 二十

麻陽縣志 卷之首 蓮柱擎天圖說 二十一

柱蓮擎天說

蓮柱在縣西南四十里有洞曰天擎峭壁千仞上有飛瀑如布之懸如珠之濺可謂一條界破青山色矣沙石並下結而成柱雲根直插石筍高撑宛然十丈蓮開吾聞天柱山高不可極蓮花峯巧莫能名此則擬名山之木能支大厦如太液之荷欲鬭芳華謂非兼擅其勝歟其下有文星石有玉筆投池石皆空明峭立惜不令米元章見而拜之

清同治《新修麻阳县志》“卷之首”载“莲柱（柱莲）擎天图说”

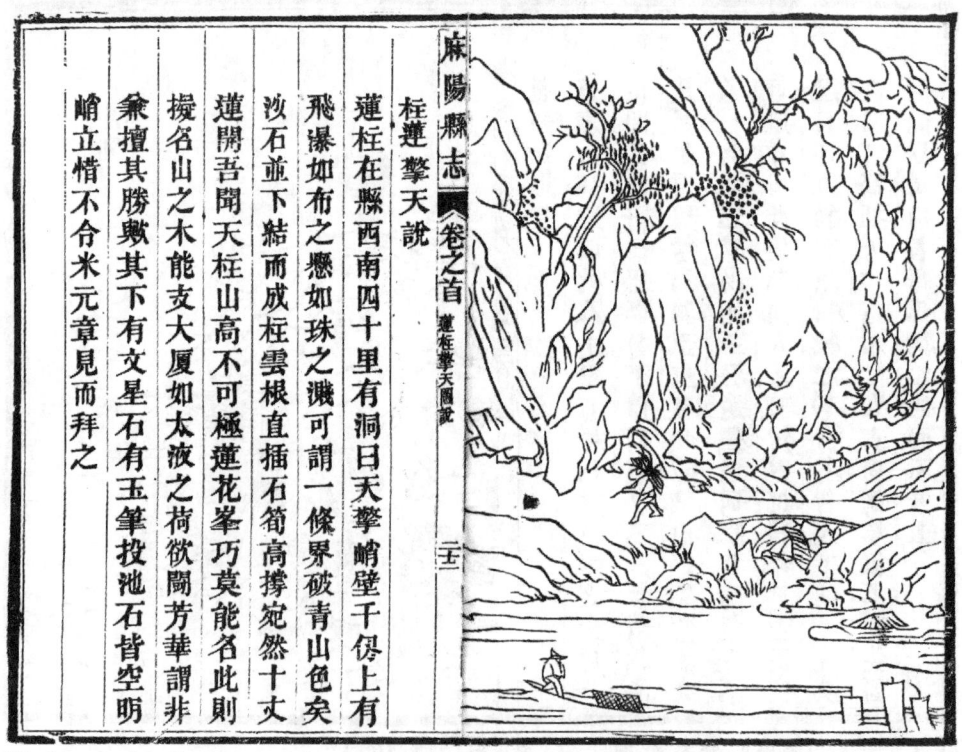

[岩龙盘洞]

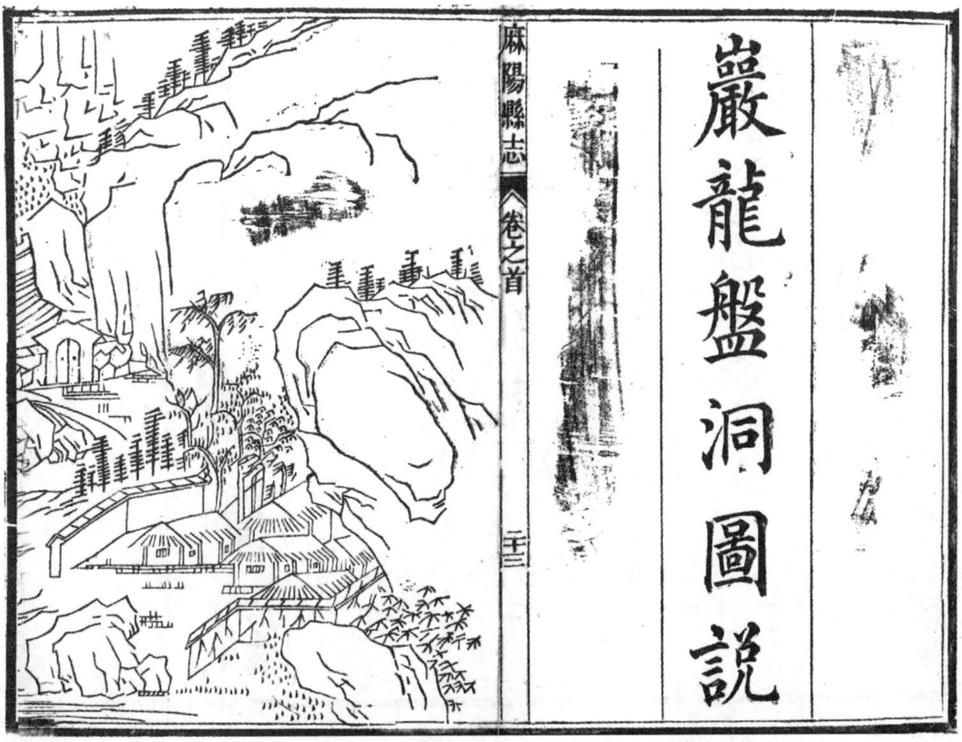

麻陽縣志 卷之首 二十三

巖龍盤洞圖說

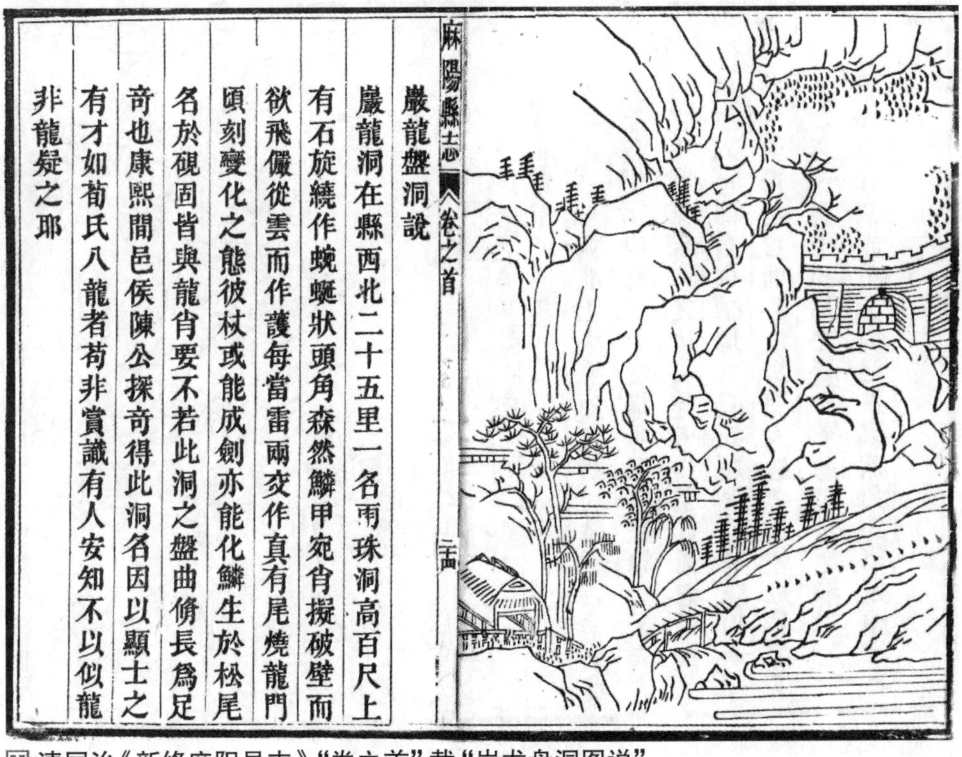

麻陽縣志 卷之首 二十四

巖龍盤洞說

巖龍洞在縣西北二十五里一名雨珠洞高百尺上有石旋繞作蜿蜒狀頭角森然鱗甲宛肖擬破壁而欲飛儼從雲而作護每當雷雨交作真有尾燒龍門頭刻變化之態彼杖或能成劍亦能化鱗生於松尾名於硯固皆與龍肖要不若此洞之盤曲脩長為足奇也康熙間邑侯陳公探奇得此洞名因以顯士之有才如荀氏八龍者苟非賞識有人安知不以似龍非龍疑之耶

清同治《新修麻阳县志》“卷之首”载“岩龙盘洞图说”

［石羊仙踪］

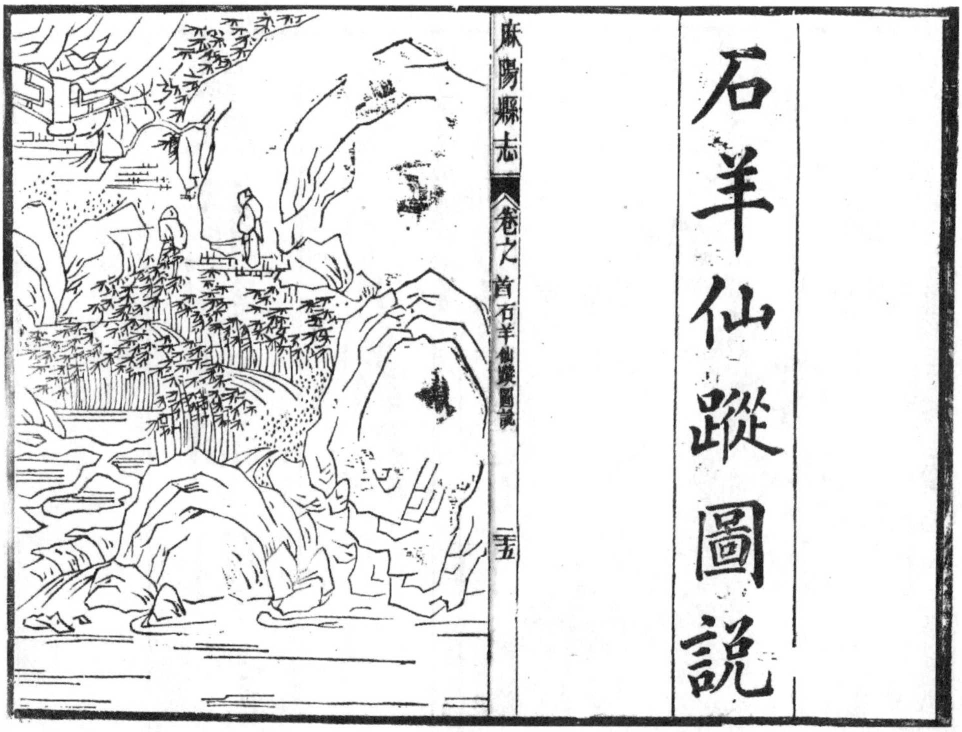

石羊仙蹤圖說

麻陽縣志　卷之首　石羊仙蹤圖說　一五

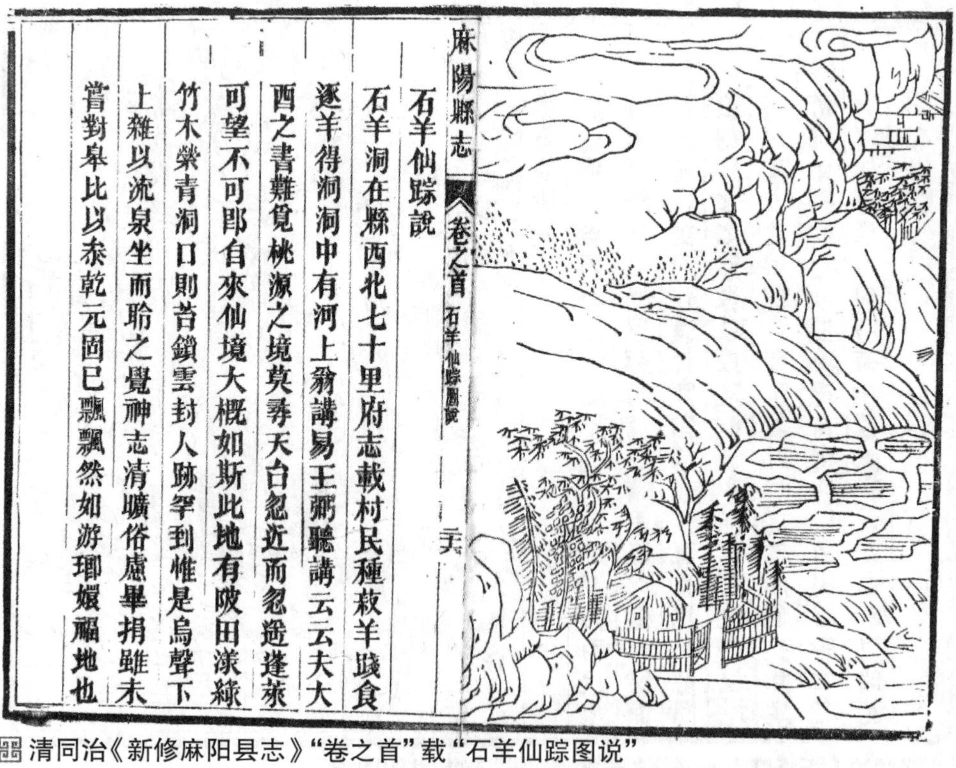

麻陽縣志　卷之首　石羊仙蹤圖說　十六

石羊仙蹤說

石羊洞在縣西北七十里府志載村民種菽羊踐食逐羊得洞洞中有河上翁講易王弼聽講云云夫大酉之書難覓桃源之境莫尋天台忽近而忽遠蓬萊可望不可即自來仙境大槪如斯此地有畈田漾綠竹木縈青洞口則苔鎖雲封人跡罕到惟是烏聲下上雜以流泉坐而聆之覺神志清曠俗慮畢捐雖未嘗對皋比以叅乾元固已飄飄然如游瑯嬛福地也

清同治《新修麻阳县志》“卷之首”载“石羊仙踪图说”

【晃州八景】

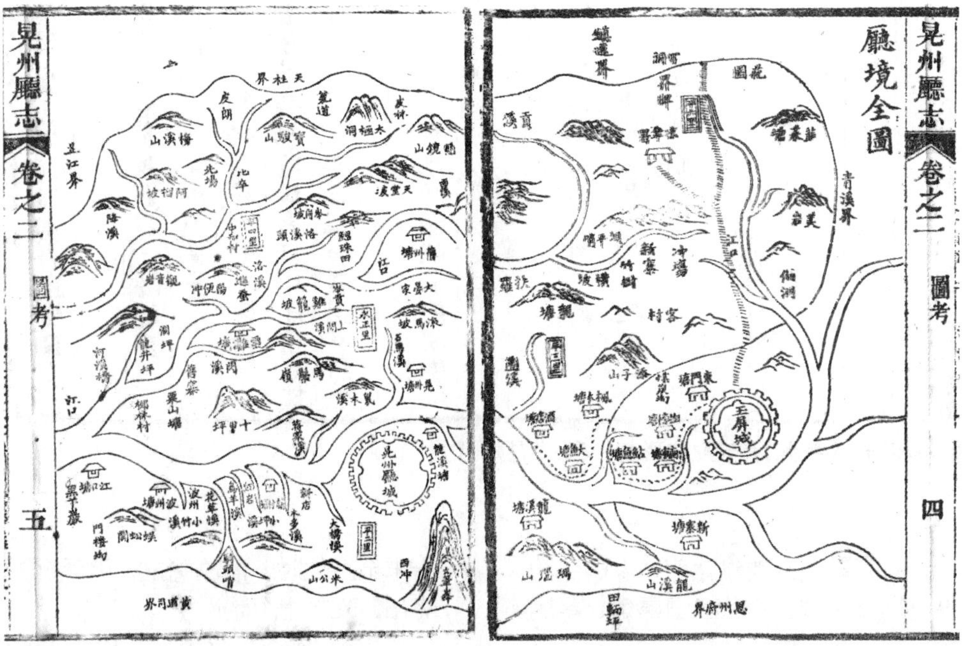

清道光《晃州厅志》载“厅境全图”

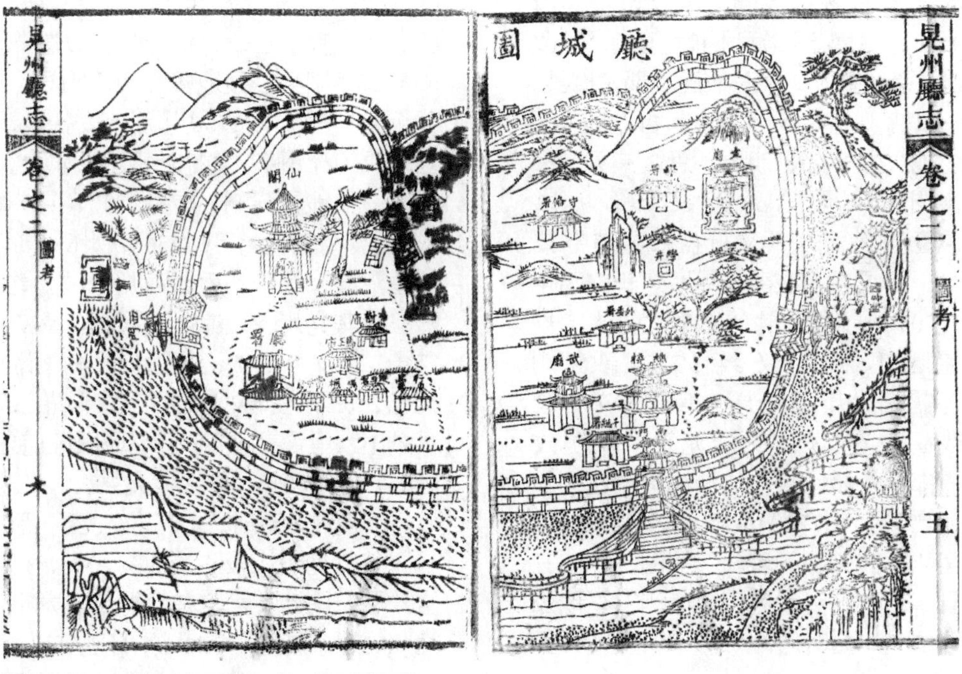

清道光《晃州厅志》载“厅城图”

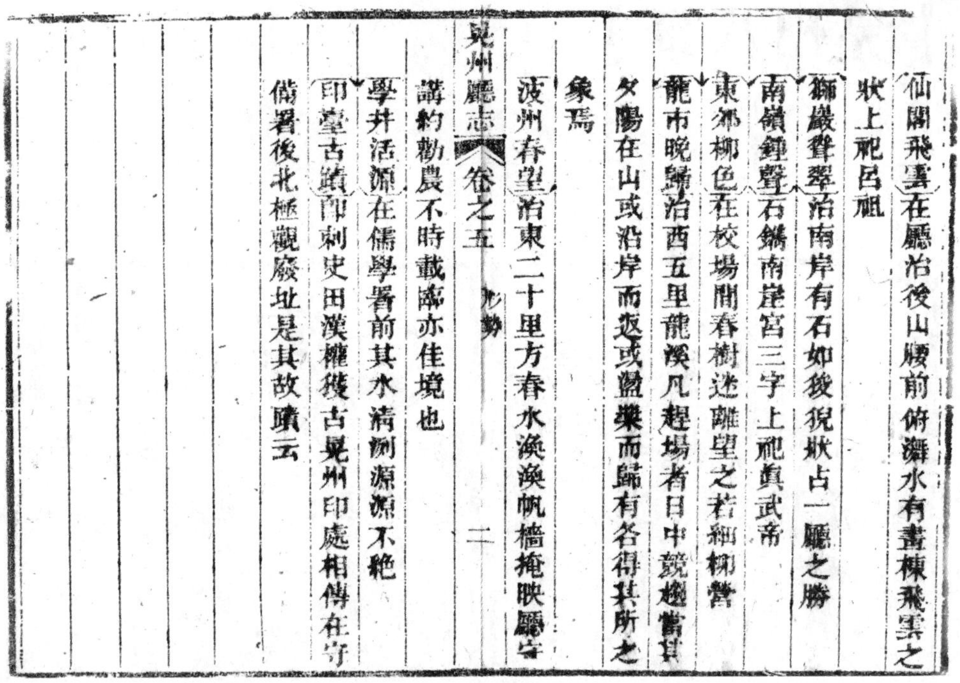

仙閣飛雲在廳治後山腰前俯瀰水有畫棟飛雲之狀上祀呂祖

獅巖聳翠治南岸有石如狻猊狀占一廳之勝

南嶺鐘聲石鐫南崖宮三字上祀真武帝

東郊柳色在校場間春樹迷離望之若細柳營

龍市晚歸治西五里龍溪凡趕場者日中競趨當其夕陽在山或沿岸而返或盪槳而歸有各得其所之象焉

波州春望治東二十里方春水渙渙帆檣掩映廳守講約勸農不時載酒亦佳境也

學井活源在儒學署前其水清冽源源不絕

印臺古蹟印刺史田漢權幾古晃州印處相傳在守備署後北極觀廢址是其故蹟云

晃州廳志 卷之五 形勢 二

清道光《晃州厅志》“形势”载“晃州八景”

新晃县，县地建置前，夏、商为禹贡荆州之域，春秋战国属楚，秦属黔中郡，西汉属武陵郡无阳县，东汉属武陵郡辰阳县，三国属荆州武陵郡舞阳县，晋至南朝宋时因之，南朝齐时仍属武陵郡㵲阳县（改舞阳为㵲阳），南朝梁时属南阳郡龙檦标县（改㵲阳为龙檦），隋时属沅陵郡龙檦县。

唐贞观八年（634），析龙标（即龙檦）置夜郎、朗溪、思徽三县，隶巫州。县地属夜郎。天授二年（691），改巫州为沅州，又析夜郎县置渭溪县，渭溪县治在今老晃城。长安四年（704），以沅州之夜郎、渭溪二县置舞州。开元十三年（725）改舞州为鹤州。开元二十三年（735），又改鹤州为业州。天宝元年（742）改夜郎县为峨山县，与渭溪同属业州。大历五年（770）改业州为奖州，置奖州龙溪郡，领峨山、渭溪、梓姜三县。唐时，另置晃州羁縻州，县地部分属晃州羁縻州，为黔州都督府所辖。唐末至五代时，藩镇割据，田氏据得奖州，改奖州为晃州。

宋淳化二年（991），田氏归顺宋朝（仍为羁縻）。熙宁七年（1074），章惇以武力收复溪峒黔、古、显、叙、峡、中胜、富、嬴、绣、允、云、洽、晃、波、奖、峨、宜十七州，置沅州，以唐潭阳县置卢阳县，县地属沅州卢阳县。元至元十三年（1276）置沅州安抚司，翌年改为沅州路，县地随卢阳县属之。明时，县地属沅州，置晃州驿、晃州巡检司。清乾隆元年（1736）沅州升府，置芷江县，凉伞坪添驻通判一员。乾隆三年裁晃州驿设凉山巡检司。嘉庆二十二年（1817），清朝廷派湖南巡抚巴、贵州巡抚文合同勘察，从芷江县划出六里置晃州直隶厅，属辰沅道。民国二年（1913）废厅置晃县。

清道光《晃州厅志》“卷之五·形势”载“晃州八景”：仙阁飞云、狮岩耸翠、南岭钟声、东郊柳色、龙市晚归、波州春望、学井活源、印台古迹。

[仙阁飞云]

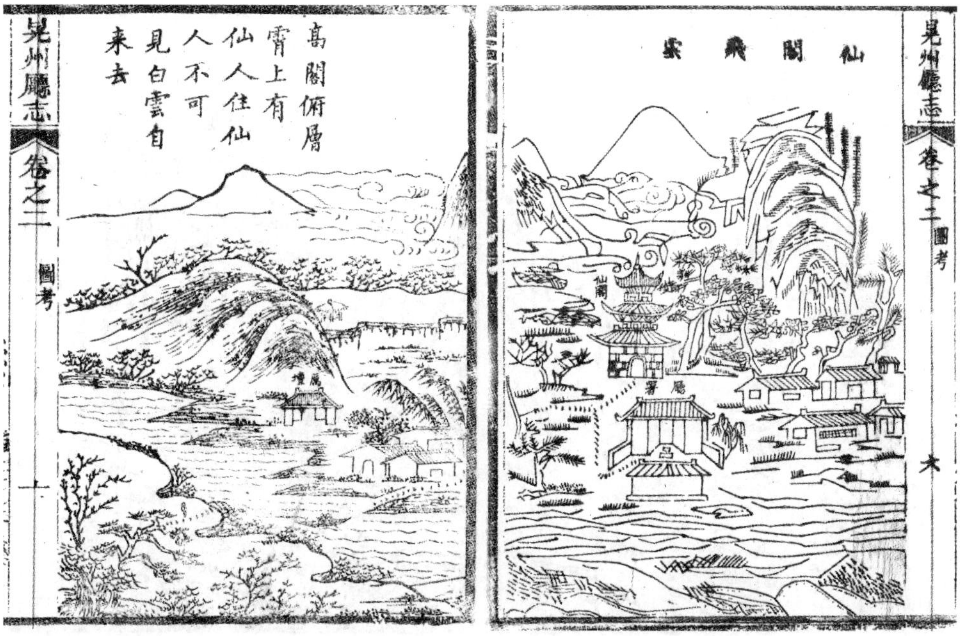

清道光《晃州厅志》载“仙阁飞云”

清道光《晃州厅志》“卷之五·形势·晃州八景”载“仙阁飞云”：在厅治后山腰，前俯㵲水，有画栋飞云之状，上祀吕祖。

[狮岩耸翠]

清道光《晃州厅志》载“狮岩耸翠”

清道光《晃州厅志》“卷之五·形势·晃州八景”载“岩狮耸翠”：治南岸有石如狻猊状，占一厅之胜。

[南岭钟声]

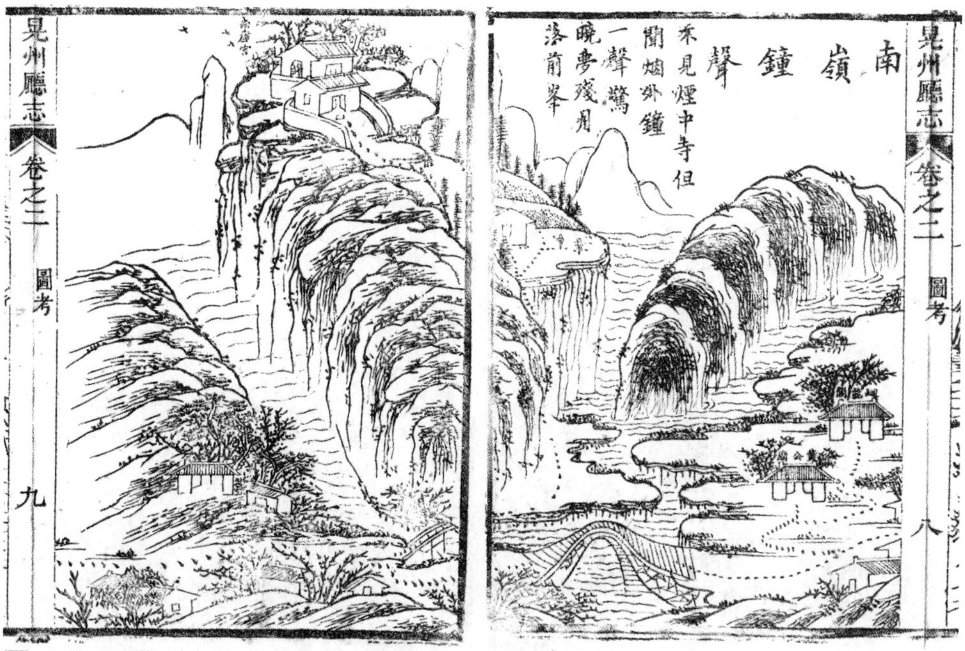

囧 清道光《晃州厅志》载“南岭钟声”

清道光《晃州厅志》“卷之五·形势·晃州八景”载“南岭钟声”：石镌“南崖宫”三字，上祀真武帝。

[东郊柳色]

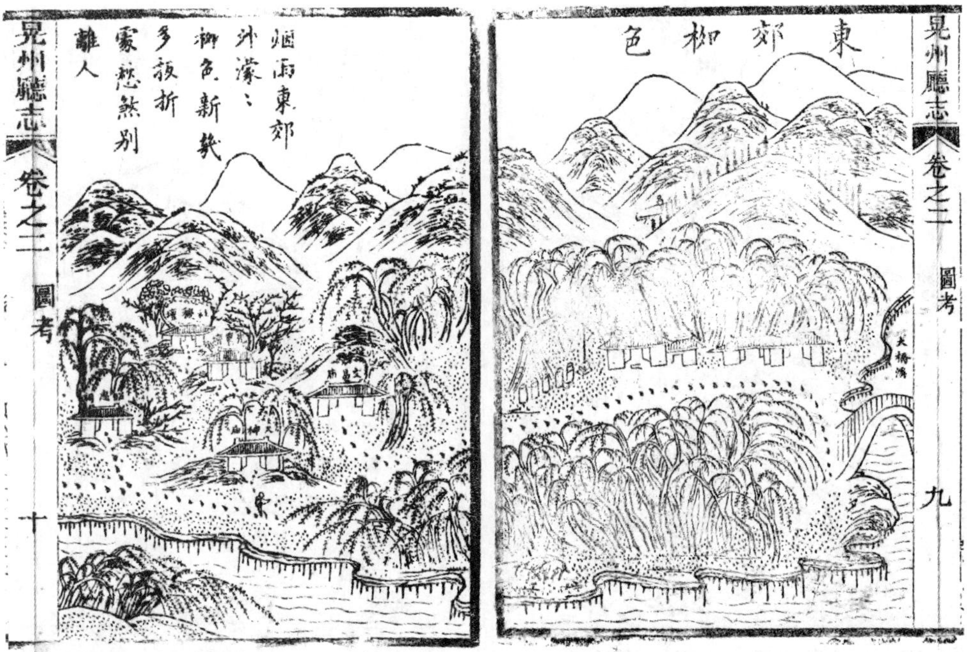

清道光《晃州厅志》载“东郊柳色”

清道光《晃州厅志》“卷之五·形势·晃州八景”载“东郊柳色”：在校场间，春树迷离，望之若细柳营。

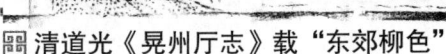

[龙市晚归]

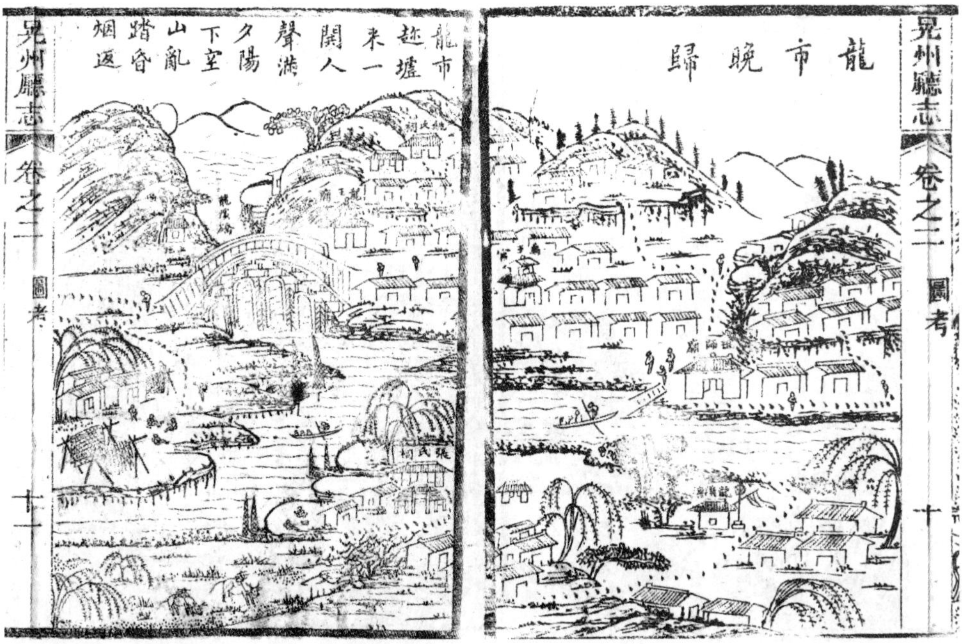

图 清道光《晃州厅志》载“龙市晚归”

清道光《晃州厅志》“卷之五·形势·晃州八景”载“龙市晚归”治西五里龙溪，凡赶场者，日中竞趋，当其夕阳在山，或沿岸而返，或荡桨而归，有各得其所之象焉。

[波洲春望]

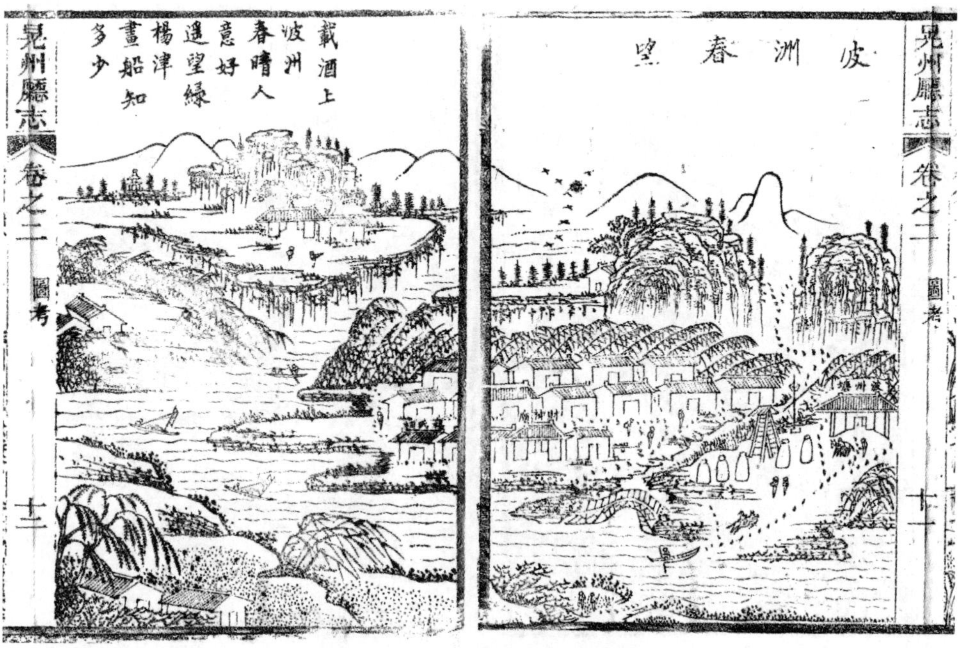

图 清道光《晃州厅志》载“波洲春望”（一名波州春望）

清道光《晃州厅志》“卷之五·形势·晃州八景”载“波州春望”：治东二十里，方春水涣涣，帆樯掩映，厅守讲约劝农不时载临，亦佳境也。

[学井活源]

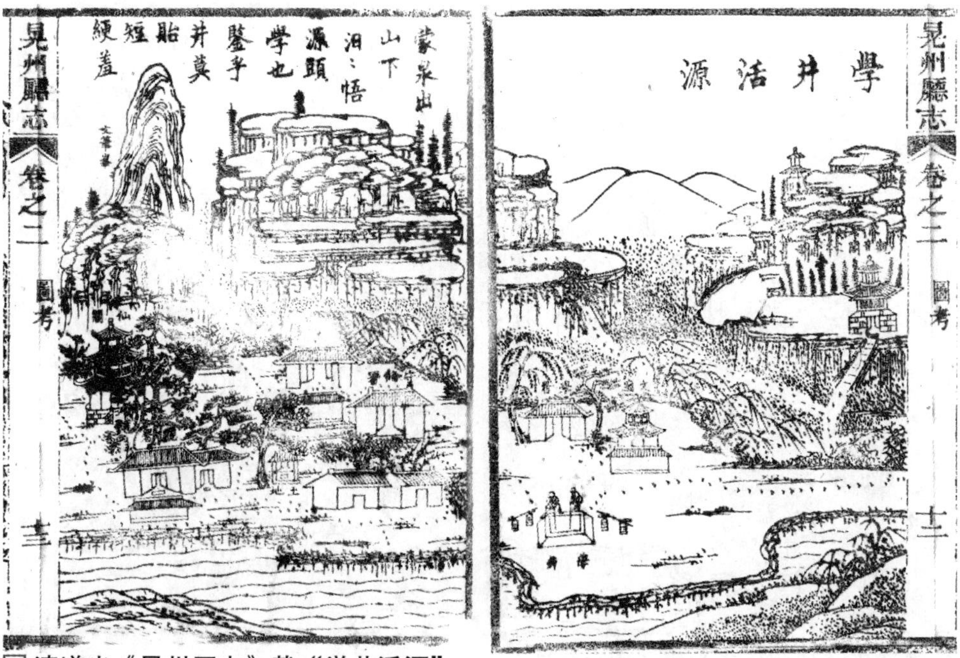

清道光《晃州厅志》载“学井活源”

清道光《晃州厅志》“卷之五·形势·晃州八景”载“学井活源”：在儒学署前，其水清冽，源源不绝。

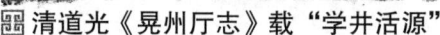

[印台古迹]

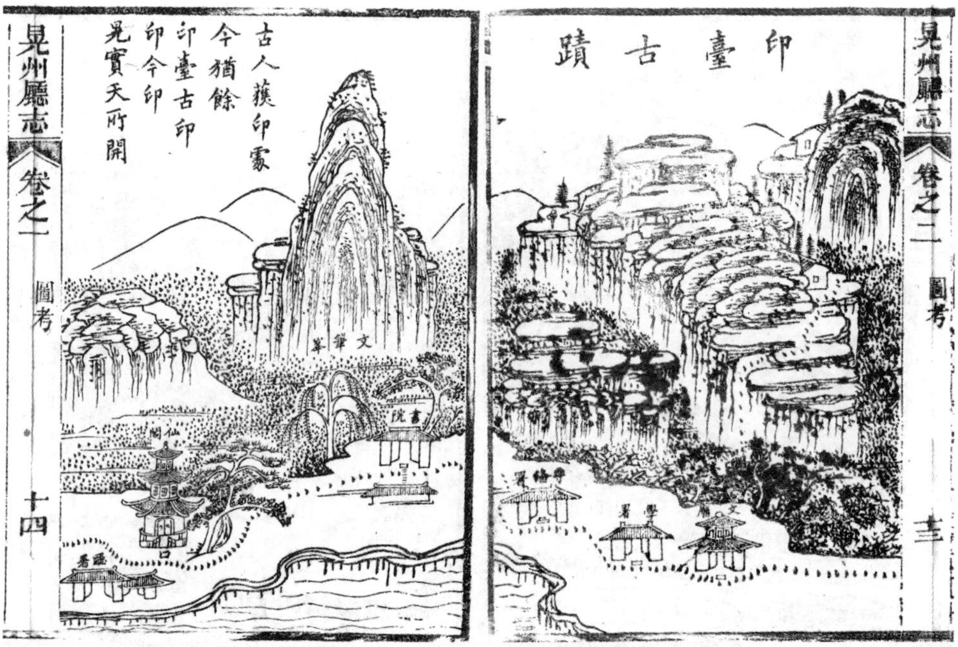

清道光《晃州厅志》载“印台古迹”

清道光《晃州厅志》“卷之五·形势·晃州八景”载“印台古迹”：即刺史田汉权获古晃州印处，相传在守备署后北极观废址，是其故迹云。

【芷江八景】

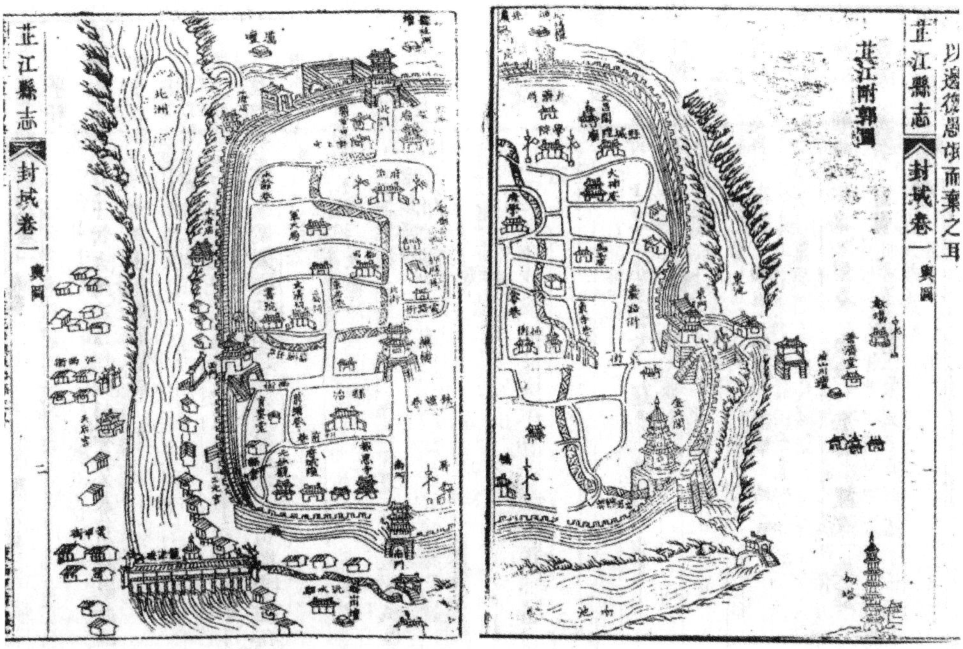

囧清乾隆《芷江县志》载“芷江附郭图”

芷江，禹贡为荆州之域。战国属楚黔中地。秦为黔中郡地。汉高祖五年（前 202）始设无阳县，属武陵郡。东汉时裁无阳，并入辰阳县。三国时，初属蜀，后属吴。晋太康年间，无阳县地置舞阳县。晋义熙年间，迁治于故镡成县，隶属武陵郡。南朝宋因之，齐时改舞阳为潕阳。北朝梁时改潕阳为龙檦县，隶南阳郡。陈永定三年（559）改隶沅陵郡。隋开皇九年（589），废沅陵郡，改置辰州，龙檦隶辰州。大业初，废辰州，复置沅陵郡，龙檦隶沅陵郡。唐武德七年（624），废沅陵郡，复置辰州，龙檦仍隶辰州。贞观八年（634），以辰州龙檦置巫州，龙檦改龙标，又析龙标置夜郎、朗溪、思微三县。九年裁思微。天授二年（691），改巫州为沅州，又析夜郎置渭溪县。长安四年（704），分沅州夜郎、渭溪二县置舞州。先天二年（713），析龙标置潭阳县（治所在今芷江县城），仍隶沅州。开元十三年（725），因“沅”“元”声相近，沅州复为巫州。舞州“舞”“武”声相近，更名为鹤州，开元二十年易名为业州。天宝元年（742），巫州改为潭阳郡，业州改为龙标郡。乾元元年（758），潭阳郡复改为巫州，龙标郡复改为业州。大历五年（770），巫州更为洽州潭阳郡，领龙标、朗溪、潭阳三县；业州更为奖州龙溪郡，领峨山、渭溪二县。唐末，马殷据湖南，叙州“蛮酋”昌师益附于楚。五代长兴三年（932），楚王马希范以叙州潭阳县置懿州。乾祐三年（950），马希萼袭位，改懿州为洽州。宋乾德三年（965），改洽州为懿州，遂为羁縻州。熙宁七年（1074），撤销羁縻州，在懿州新城（今县治）置沅州，又以潭阳郡地置卢阳县。元丰三年（1080），沅州领卢阳、黔阳、麻阳、渠阳四县，属荆湖北路。元至元十二年（1275），置沅州安抚司，元至元十四年（1277），改为沅州路，领卢阳、黔阳、麻阳三县，属湖广行中书省。明太祖甲辰年（1364），命徐达攻克沅州，改沅州路为沅州府，仍属湖广行中书省。洪武九年（1376），改府为州，以州治卢阳，县省，沅州领黔阳、麻阳二县，隶辰州府，属湖广布政使司。清顺治九年（1652），张献忠部将孙可望领兵击败清军，自称秦王，改沅州为黔兴府。清顺治十五年（1658），经略洪承畴复克沅州，

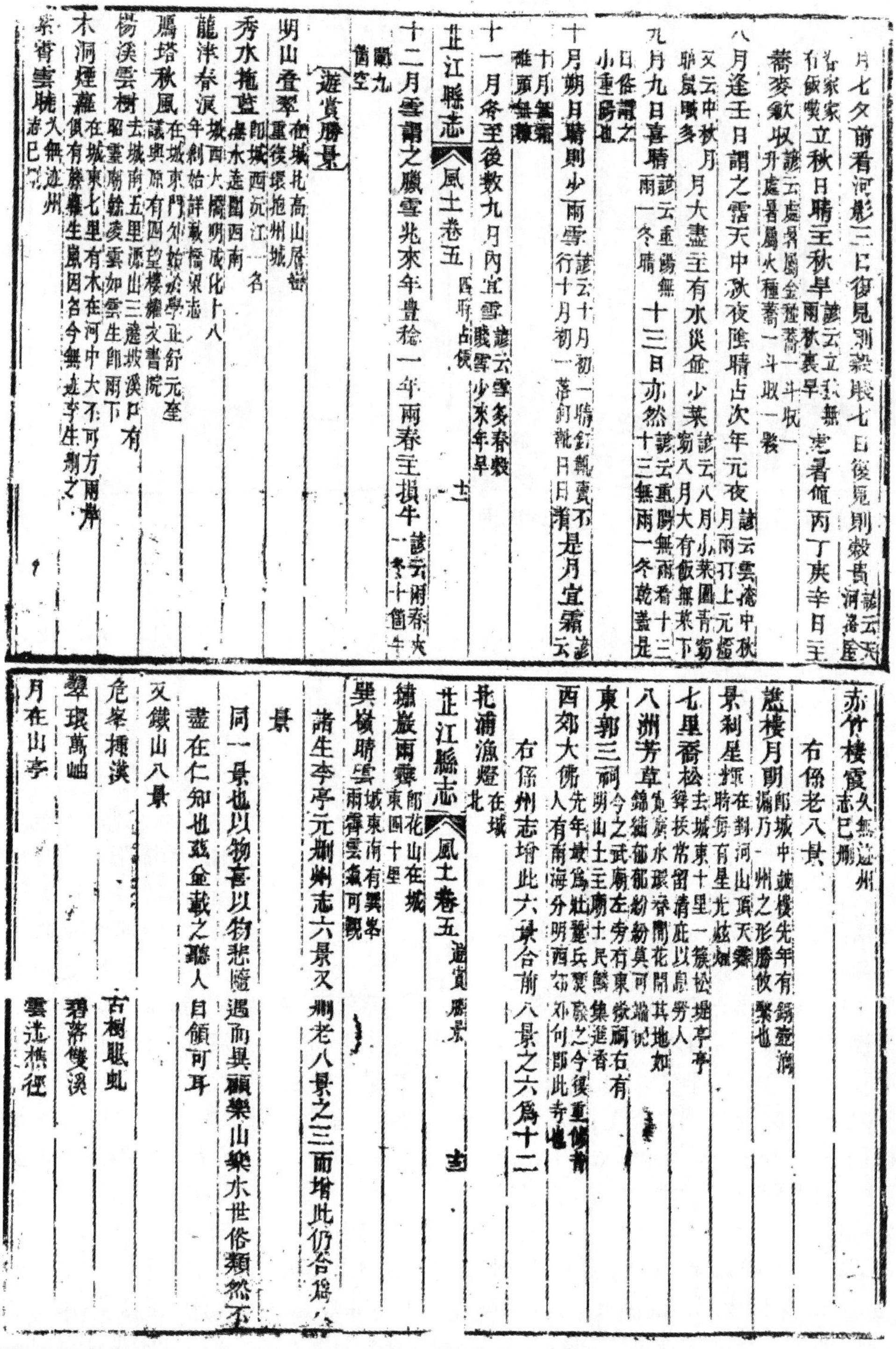
月七夕前看河影三日復見則穀賤七日後見則穀貴 諺云天河落屋各家家有飯喫
立秋日晴主秋旱 諺云立秋無雨秋裏旱 老者値丙丁庚辛日主蕎麥歉收 諺云處暑屬金種蕎一斗收一斗 處暑屬火種蕎一斗收一穀
八月逢壬日謂之霑天中秋夜陰晴占次年元夜 諺云雲掩中秋月雨打上元燈
又云中秋月大盡主有水災並少菜 諺云八月小菜園青菊 八月大有飯無菜
九月九日喜晴 諺云重陽無雨一冬晴 十三日亦然 諺云重陽無雨看十三十三無雨一冬乾 蓋是日俗謂之小重陽也
十月朔月晴則少雨雪 諺云十月初一晴釘靴賣不行十月初一落釘靴日日消 是月宜霜 諺云十月無霜雞頭無穰
十一月冬至後數九九月內宜雪 諺云雪多春穀賤雪少來年旱
芷江縣志 風土卷五 四時占候
十二月雪謂之臘雪兆來年豐稔 一年兩春主損牛 諺云兩春夾一冬十個牛欄九個空

遊賞勝景

明山叠翠 在城北高山層巒疊嶂後環抱州城
秀水拖藍 即城西沅江一名舞水遶閶西南
龍津春漲 城西大橋明成化十八年創始詳載橋梁志
鴈塔秋風 在城東門外始於學正舒元瑩議與原有四望樓樟文書院
楊溪雲樹 去城南五里源出三蹺坡溪戶有昭雲廟綠奚雲如雲生即雨下
木洞煙蘿 在城東七里有木在河中大不可方兩岸俱有綠蘿生焉因名今無
紫霄雲曉 久無迹州志已刪
赤竹樓霞 久無迹州志已刪

右係老八景

慈樓月明 即城中鼓樓先年有銅壺滴漏乃一州之形勝攸繫也
景刹星輝 在對河山頂天霽晴有星光燦爛
七里喬松 去城東十里一簇松堤亭亭聳拔常留清庇以息勞人
八洲芳草 旣廣水環春開花開其地如錦繡郁郁紛紛真可端說
東郭三祠 今之武廟左旁有東嶽祠右有朔山土主廟土民鱗集進香
西郊大佛 先年歲爲蛀蠹兵燹之今復重修前人有南海分明西竺何即此寺也

右係州志增此六景合前八景之六爲十二

沘浦漁燈 在城北
芷江縣志 風土卷五 遊賞勝景
鍾巖雨霽 即花山在城東四十里
異嶺晴雲 城東南有異峯雨霽雲氣可觀

諸生李亭元刪州志六景又刪老八景之三而增此仍合爲八景

同一景也以物喜以物悲隨遇而異顧樂山樂水世俗類然不盡在仁知也茲並載之聽人自領可耳

又鐵山八景

危峯捷溪 古樹眠虬
翠環萬岫 碧落雙溪
月在山亭 雲迷樵徑

图 清乾隆《芷江县志》“风土卷五·游赏胜览”载“八景”

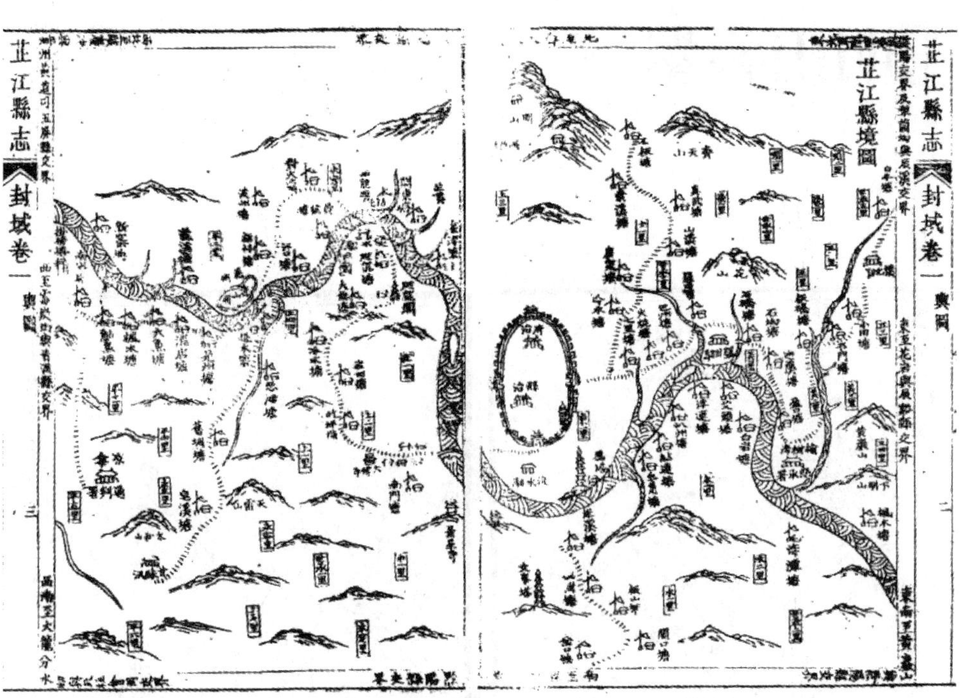

图 清乾隆《芷江县志》载“芷江县境图”

废黔兴府为沅州，隶辰州府。清雍正八年（1730），沅州改为直隶州，辖黔阳、麻阳。乾隆元年（1736），升沅州为府，属湖南布政使司，增置芷江县附郭。

清乾隆《芷江县志》“风土卷五·游赏胜景”载“老八景”：明山叠翠，秀水拖蓝、龙津春浪、雁塔秋风、杨溪云树、木洞烟萝、紫霄云晓、赤竹栖霞。载“州《志》增此六景合前八景之六为十二”：谯楼月朗、景刹星辉、七里乔松、八洲芳草、东郭三祠、西郊大佛。另载“诸生李亭元删州《志》六景又删老八景之三而增此仍合为八景”：北浦渔灯、绣岩雨霁、巽岭晴云。

清同治《沅州府志》载“八景图”：明山叠翠，层楼月朗、秀水拖蓝、龙津春浪、雁塔秋风、杨溪云树、景刹星辉、木洞烟萝。

[明山叠翠]

清同治《沅州府志》载“明山叠翠”

清乾隆《芷江县志》“风土卷之五·游赏胜景”载“明山叠翠”：在城北，高山层峦重复，环抱州城。

[层楼月朗]

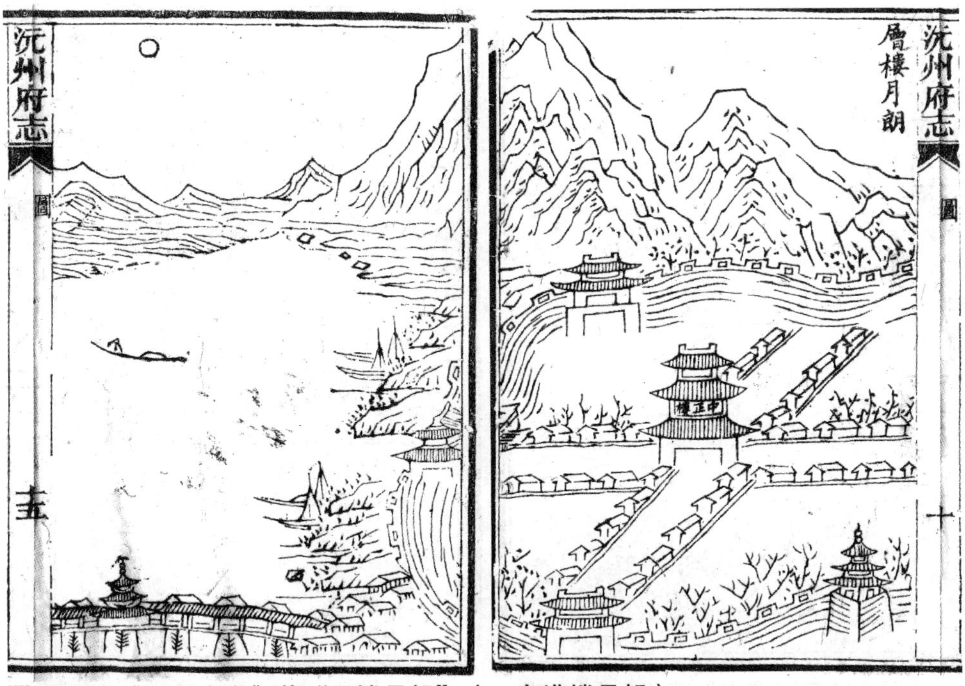

清同治《沅州府志》载“层楼月朗”（一名谯楼月朗）

清乾隆《芷江县志》“风土卷之五·游赏胜景”载“谯楼月朗”：郎城中鼓楼，先年有铜壶滴漏，乃一州之形胜攸系也。

［秀水拖蓝］

圖 清同治《沅州府志》载“秀水拖蓝”

清乾隆《芷江县志》“风土卷之五·游赏胜景”载“秀水拖蓝”：即城西沅江，一名潕水，绕围西南。

[龙津春浪]

▣ 清同治《沅州府志》载“龙津春浪”

清乾隆《芷江县志》“风土卷之五·游赏胜景”载“龙津春浪”：城西大桥，明成化十八年创始，详载《桥梁志》。

[雁塔秋风]

清同治《沅州府志》载“雁塔秋风”

清乾隆《芷江县志》“风土卷之五·游赏胜景”载“雁塔秋风”：在城东门外，始于学正舒元奎议兴，原有四望楼、耀文书院。

[杨溪云树]

图 清同治《沅州府志》载“杨溪云树”

清乾隆《芷江县志》“风土卷之五·游赏胜景”载“杨溪云树”：去城南五里，源出三绕坡溪口，有昭灵庙，□凌云如云生即雨下。

[景刹星辉]

清同治《沅州府志》载“景刹星辉”

清乾隆《芷江县志》“风土卷之五·游赏胜景”载“景刹星辉”：在对河山顶，天霁时每有星光炫耀。

［木洞烟萝］

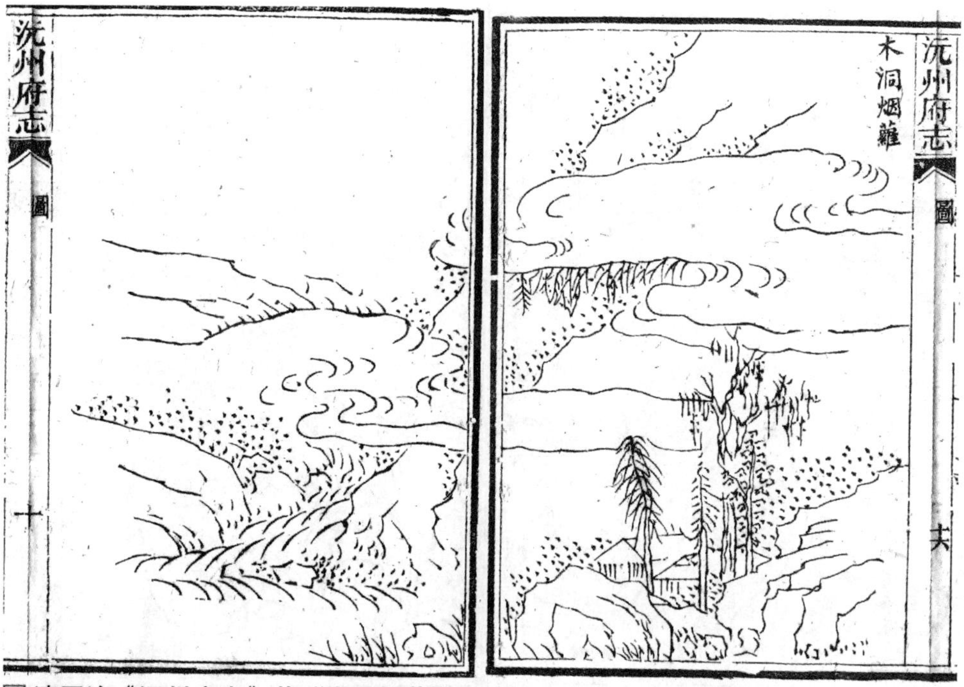

图 清同治《沅州府志》载“木洞烟萝”

清乾隆《芷江县志》“风土卷之五·游赏胜景”载“木洞烟萝”：在城东七里，有木在河中，大不可方，两岸俱有藤萝生岚，因名。今无迹，李生删之。

【靖州十景】

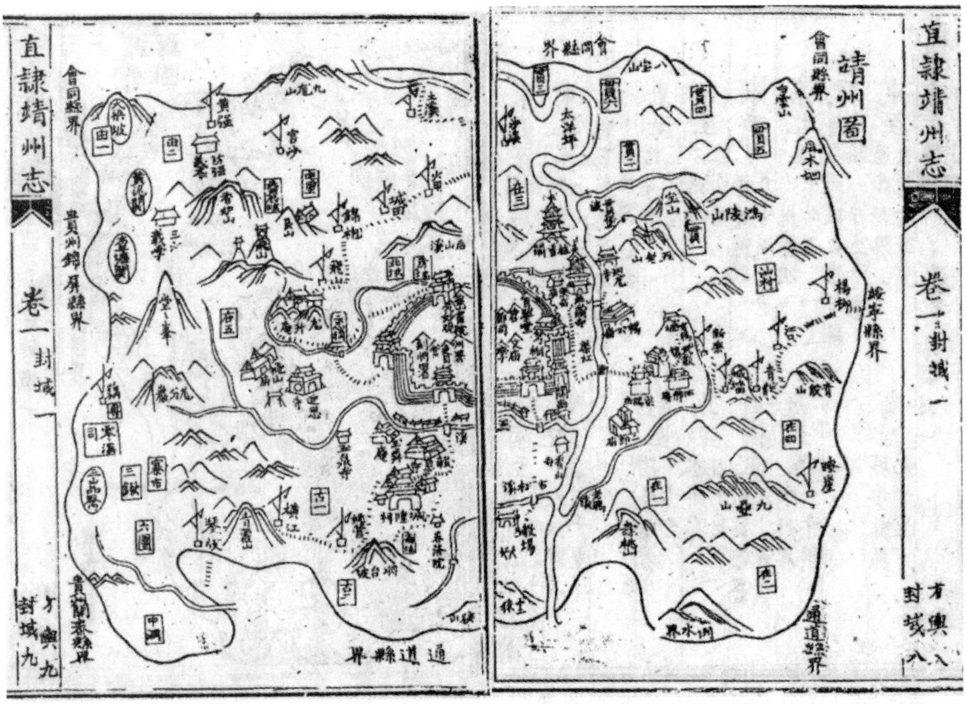

清乾隆《直隶靖州志》载“靖州图”

靖州，秦为黔中郡地。汉为武陵郡镡成县地，三国、西晋因之。东晋至南朝宋、齐为武陵郡舞阳县地，梁至陈为南阳郡龙檦县地；隋为沅陵郡龙檦县地。唐为叙州朗溪县南僚地。五代，马殷遣吕师周破飞山后，杨再思归附于楚，被封为诚州刺史。宋初为羁縻诚州，杨氏据之。太平兴国五年（980），“土人杨通宝入贡，命为诚州刺史”。元丰四年（1081）复置诚州。元丰五年（1082），析沅州之贯堡砦置渠阳县，隶属诚州。元祐二年（1087）七月改为渠阳军，三年废军州为砦，隶属沅州。五年复置诚州及渠阳县，为羁縻州。崇宁二年（1103），杨晟臻纳贡归附，遂以安靖之意，改诚州为靖州（靖州称谓始于此）。绍兴八年（1138）改渠阳县为永平县，州、县同治。靖州辖永平、会同、通道3县，隶属荆湖北路。元至元十二年（1275），改靖州为靖州路，治永平。十三年建立靖州安抚司，翌年，改为靖州路总管府，属湖广行中书省。后降为州，属辰州路。明太祖乙巳年（1365），更靖州路为靖州军民安抚司。洪武元年（1368）降为州，三年升靖州府，九年复降为州，同时废永平县，只存靖州，直隶湖广布政使司，领会同、通道、绥宁3县。洪武十八年（1385）设靖州、五开（贵州黎平县）、铜鼓（贵州锦屏县）3卫，都隶于靖州。万历二十五年（1597），改天柱所为天柱县，隶于靖州，共领会同、通道、绥宁、天柱4县。清顺治四年（1647），仍置靖州直隶州，属湖广布政使司。雍正四年（1726），天柱县改隶贵州镇远府。乾隆三年（1738），贵州锦屏县之平察、善理、

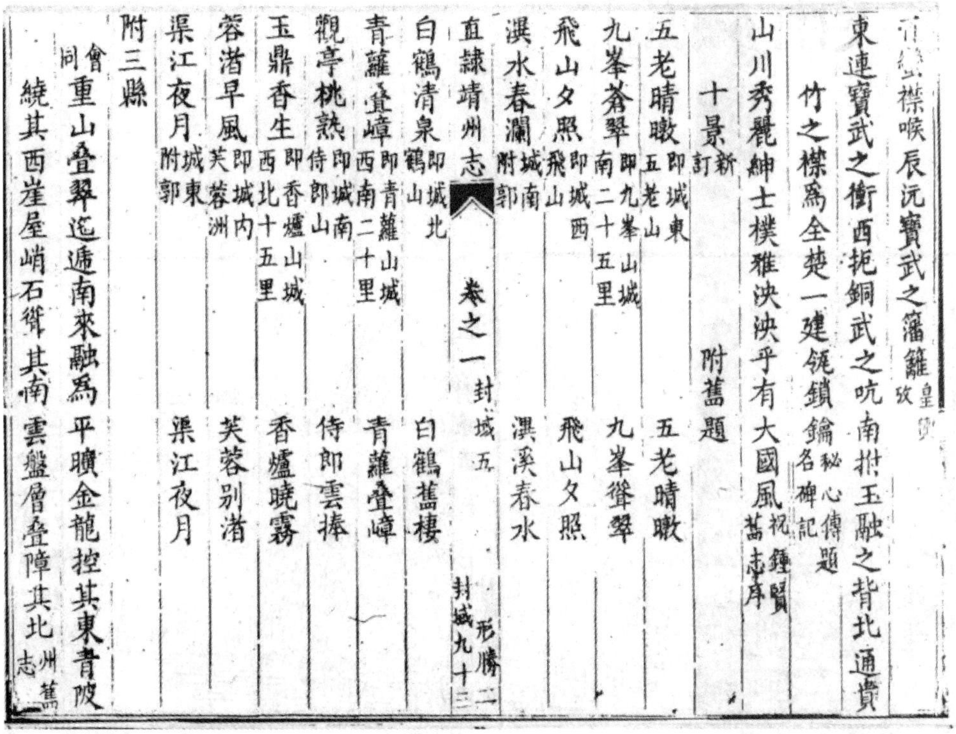
百蠻襟喉辰沅寶武之藩籬 皇攷
東連寶武之衝西扼銅武之吭南拱玉融之背北通貴
竹之襟爲全楚一建瓴鎖鑰 秘心傳題名碑記
山川秀麗紳士樸雅泱泱乎有大國風 祝鍾賢舊志序
十景新訂　附舊題
五老晴暾 即城東五老山　五老晴暾
九峯蒼翠 即九峯山城南二十五里　九峯聳翠
飛山夕照 即城西飛山　飛山夕照
潩水春瀾 城南附郭　潩溪春水
直隸靖州志　卷之一　封域五　形勝二　封域九十三
白鶴清泉 即城北鶴山　白鶴舊棲
青蘿叠嶂 即青蘿山城西南二十里　青蘿叠嶂
觀亭桃熟 即城南侍郎山　侍郎雲捧
玉鼎香生 即香爐山城西北十五里　香爐曉霧
蓉渚早風 即城內芙蓉洲　芙蓉别渚
渠江夜月 附城東郭　渠江夜月
附三縣
會同 重山叠翠迤邐南來融爲平曠金龍控其東青陂
繞其西崖屋峭石聳其南雲盤層叠障其北 州舊志

清乾隆《直隶靖州志》载“靖州十景”

新四、营寨4乡划入，宝庆府（邵阳）的城步县划入，六年，复归宝庆府。至清末，靖州仍领会同、通道、绥宁3县。

清乾隆《直隶靖州志》“卷之一”载“十景（新订）”：五老晴暾、九峰苍翠、飞山夕照、潩水春澜、白鹤清泉、青萝叠嶂、观亭桃熟、玉鼎香生、蓉渚早风、渠江夜月。载“十景(旧题）”：“五老晴暾、九峰耸翠、飞山夕照、潩溪春水、白鹤旧栖、青萝叠嶂、侍郎云捧、香炉晚雾、芙蓉别渚、渠江夜月。”

清光绪《靖州直隶州志》载“十景全图”：飞山夕照、五老晴暾、九峰耸翠、青萝叠嶂、侍郎云捧、玉鼎香生、芙蓉别渚、渠江夜月、潩溪春水、白鹤旧栖。

[飞山夕照]

清光绪《靖州直隶州志》载“飞山夕照”

清乾隆《直隶靖州志》“卷之一·山川”载“飞山”：在城西十里，巉岩壁立，顶复夷旷，四面相距里许，又突起双峰，势各陡绝。五代时，杨承磊据此山，楚将吕师周讨灭之。大观元年，建飞山堡，元末土人丁伸仔复据，洪武改元平之，建方广寺于峰下，后改元天宫，左厂有米穴，世传古屯粮处，其米黑而成石，至今犹有存者，后有寺，曰三清寺，有亭曰望虚亭，今废。

[五老晴暾]

清光绪《靖州直隶州志》载“五老晴暾”

清乾隆《直隶靖州志》“卷之一·山川”载“五老山”：在城东，隔岸自鸿陵山起，巨陵溯江而上，五峰相次，故名。按：旧《志》：州牧傅文藻以此山峙泮宫，又名五魁山。

[九峰耸翠]

清光绪《靖州直隶州志》载“九峰耸翠”

清乾隆《直隶靖州志》“卷之一·山川”载“九叠山”：在城南二十五里，自鸿陵绵亘而南，九峰骈列，云林古木，苍翠如画。

［青萝叠嶂］

▣ 清光绪《靖州直隶州志》载“青萝叠嶂”

清乾隆《直隶靖州志》“卷之一·山川”载“青萝山”：在城西南二十里，峰叠苍翠，望之如黛，一名大青山。

［侍郎云捧］

清光绪《靖州直隶州志》载“侍郎云捧”

清乾隆《直隶靖州志》“卷之一·山川”载“侍郎山”：在城南五里，为宋侍郎程子山观亭旧址，故名。与鹰嘴山相连，遗迹尚存。

[玉鼎香生]

囧 清光绪《靖州直隶州志》载“玉鼎香生”

清乾隆《直隶靖州志》“卷之一·山川”载“香炉山”：在城西北十五里，平阜中三石骈列，宛如鼎状，昔学政张天复见而奇之，题曰玉鼎。

［芙蓉别渚］

图 清光绪《靖州直隶州志》载“芙蓉别渚”

光绪《靖州乡土志》“卷二”载“芙蓉洲”：在城内鹤山书院下，宋魏了翁凿池种芙蓉。

[渠江夜月]

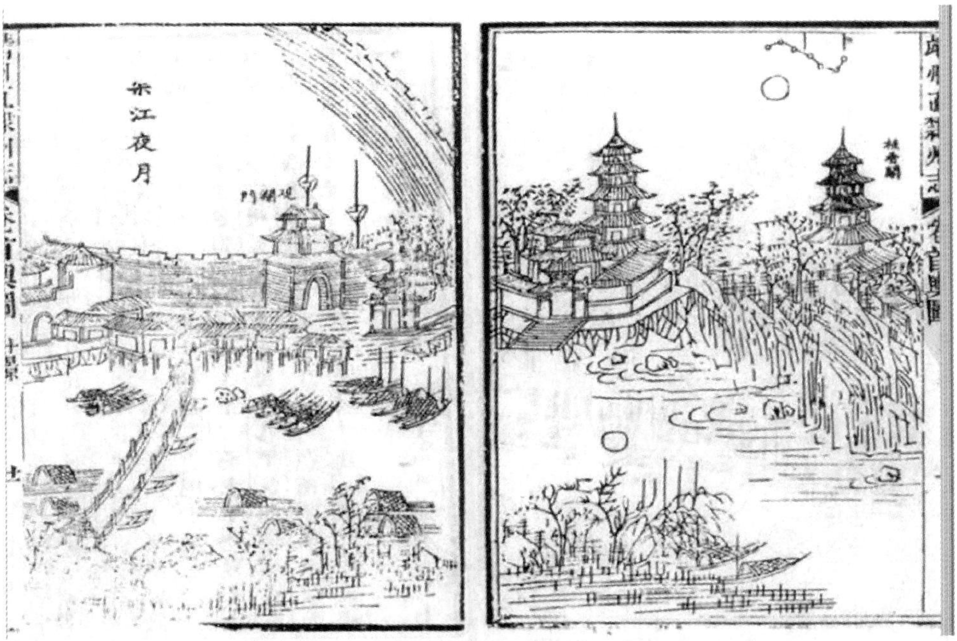

清光绪《靖州直隶州志》载“渠江夜月”

清乾隆《直隶靖州志》“卷之一·山川”载“渠江”：发源自通道佛子岭，至流坪入州境，绕城东至土溪铺入会同，为朗江经黔阳会洪江达辰河。

［渫溪春水］

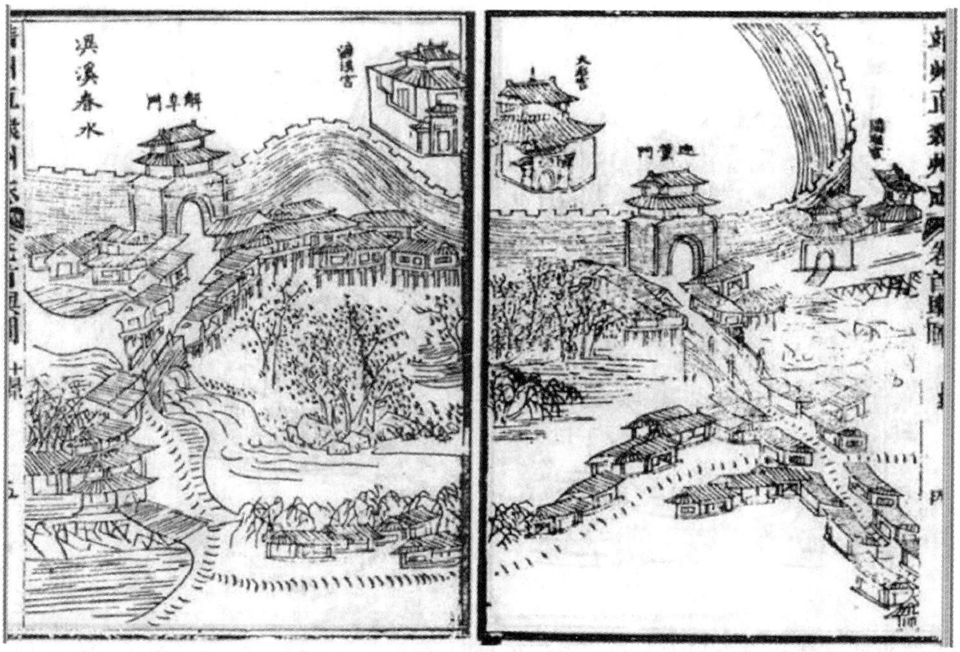

图 清光绪《靖州直隶州志》载“渫溪春水”

清乾隆《直隶靖州志》“卷之一·山川”载“渫溪”：在城南，自古城至白豹潭，绕城南入渠江。

[白鹤旧栖]

清光绪《靖州直隶州志》载“白鹤旧栖”

清乾隆《直隶靖州志》“卷之一·山川”载“鹤山”：在城北城堞界，其脊其下为纯福坡，宋魏文靖谪时以其家御书“鹤山书院”四字移之，后人因称此山曰鹤山。

【通道八景】

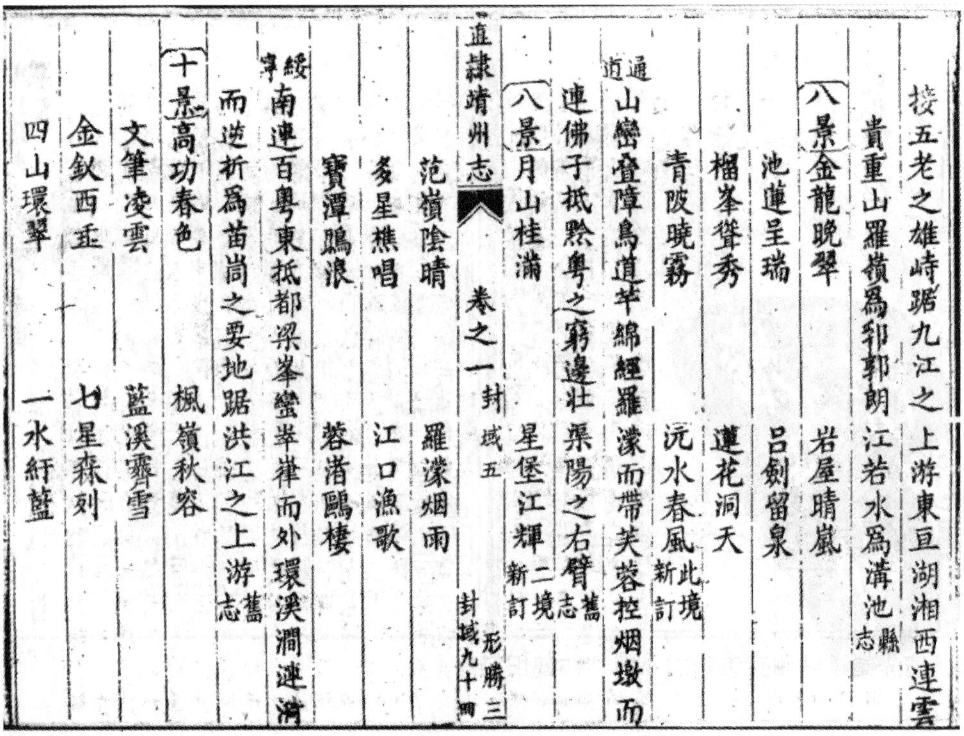
按五老之雄峙踞九江之上游東亘湖湘西連雲貴重山羅嶺爲郛郭朗江若水爲溝池縣志

八景　金龍晚翠　岩屋晴嵐
池蓮呈瑞　呂劍留泉
榴峯聳秀　蓮花洞天
青陂曉霧　沅水春風此境新訂

通道　山巒叠障鳥道羊綿經羅濛而帶芙蓉控烟墩而連佛子抵黔粤之窮邊壯渠陽之右臂舊志

八景　月山桂滿　星堡江輝二境新訂

直隸靖州志　卷之一　封域五　形勝三　封域九十四

范嶺陰晴　羅濛烟雨
多星樵唱　江口漁歌
寶潭鵾浪　蓉渚鷗棲

綏寧　南連百粤東抵都梁峯巒峷嵂而外環溪澗連瀠而逆折爲苗崗之要地踞洪江之上游舊志

十景　高功春色　楓嶺秋容
文筆凌雲　藍溪霽雪
金釵西垂　七星森列
四山環翠　一水紆藍

清乾隆《直隶靖州志》“卷之一·形胜”载“通道八景”

通道县，唐、虞、夏、商、周为荆州西南隅要服之地，春秋、战国时期属楚黔中地，秦为古镡成地属象郡。汉、三国至两晋为武陵郡镡成县地（汉高祖五年置）。东晋至南朝宋、齐为武陵郡舞（潕）阳县地（义熙年间撤镡县并入）。南朝梁、陈至隋为沅陵郡龙檦县地（由舞阳县改）。唐为叙州潭阳郡朗溪县地（由龙标县地分出）。五代为诚州（原朗溪县地）属地。宋元丰七年（1084）置罗蒙砦，（元祐三年废，今县溪），崇宁元年（1102）在今县溪置罗蒙县，翌年（1103）改为通道县，属靖州（原诚州，同年改）。元属靖州路（至元十二年由靖州改）。明洪武十年（1377）五月，撤通道并入靖州，洪武十三年（1380）五月复置，属靖州。清沿明制，县境范围隶属关系无变。

清嘉庆《通道县志》“卷一·封域·形胜”载“八景”：月山产秀、飞山应雨、范岭阴晴、罗濛烟雨、多星樵唱、江口渔歌 、宝潭鲲浪、蓉渚鸥栖。

龍坵灘縣西南二十八里
淵岩溪縣南五十里水從石壁流出
八卦溪縣南四十里八石羅列宛如八卦
鑿字溪縣西南二百里詳古蹟

形勝

八景之説昉於宋嘉祐宋南宫瀟湘八景箸圖其於相陰陽攬險阨無甚関要大抵所以助游覧供吟咏耳通邑山陬僻壤必詳紀其形勝者亦以見扶輿清淑之氣磅礴鬱積無地不毓秀鍾靈也况文人學士即景留題覆玉鏗金鶴鳴子和其將地以人傳乎抑亦人以地傳乎

舊志天地之奇多在山水五嶽之聳翠四瀆之浩瀚觀者無不驚心駭目披襟流連通邑環境皆山溪流一帶雖不能與衡山洞庭比視然環覩四郊亦有絶巘藏雲清流激湍爲眉山柳州輩所必錄者余爲之總紀其勝志名於後以俟引享者取如康樂其八者

八景

月山産秀
飛山應雨

通道縣志　卷一　封域　形勝　三十

花嶺陰晴
羅漈烟雨
多星樵唱
江口漁歌
寳潭鯤浪
蓉渚鷗棲

通道縣志　卷一　封域　形勝　三十一

清嘉庆《通道县志》“卷一·形胜”载“八景”

[月山产秀]

清嘉庆《通道县志》载“月山之秀”

清嘉庆《通道县志》“卷一·山川”载“月山”：城外对河，与学宫相对，形如半月，故名。

清代袁云从《月山产秀》

半月山形对面来，恰临泮沼镜全开。此间灵秀谁多挹，直入蟾宫折桂回。

[飞山应雨]

图 清嘉庆《通道县志》载“飞山应雨”

清嘉庆《通道县志》“卷二·坛庙”载“威远侯祠”：城东，一名飞山庙。祀宋威远侯杨再思，尝有功于靖者，通邑自建祠后，旱涝疫疠祈祷必应，故八景之一曰飞山应雨。

清代袁云从《飞山应雨》

曾忆坡仙喜雨亭，横纵交庆黍苗青。作霖原是关心事，乞得飞山几度灵。

[范岭阴晴]

清嘉庆《通道县志》载“范岭阴晴”

清嘉庆《通道县志》“卷一·山川”载“范岭”：县西十里。

清代袁云从《范岭阴晴》

云藏日影雾笼烟，范岭阴晴界划然。触目一时多变幻，丹青难绘养花天。

[罗濛烟雨]

囧 清嘉庆《通道县志》载“罗濛烟雨”

清嘉庆《通道县志》“卷一·山川”载“罗濛江”：县西四十里，其源有三：一出县南佛子岭，为羊镇堡江；一出县西南天星里，为天星江；一出贵州黎平府洪州长官司界，为洪州江，合流径县西。

清代袁云从《罗濛烟雨》

沿江纤雨带烟流，城外山光放复收。一望模糊图不定，罗濛错欲认罗浮。

[多星樵唱]

清嘉庆《通道县志》载“多星樵唱”

清嘉庆《通道县志》“卷一·山川”载“多星江”：县南十里，宋元丰间置多星堡于此。

清代王政《多星樵唱》

芒鞋踏破陇头烟，赢得幽怀寄石泉。半世薪传遗斧柄，一枰棋局感桑田。鹤林啸去云随檐，鹿径吟回月满肩。犹有读书声唱和，策名笑定服官年。

[江口渔歌]

囧 清嘉庆《通道县志》载“江口渔歌”

清嘉庆《通道县志》“卷二·村寨”载“江口”：县东北十里。

清代蔡象横《江口渔歌》

手敲铜斗拍烟波，来往渔翁发棹歌。欸乃声从芦岸出，沧浪韵绕竹篷多。三岔路口投笭箵，一叶舟头荷笠蓑。更忆斫竿功不计，海居船子有诗哦。

[宝潭鲲浪]

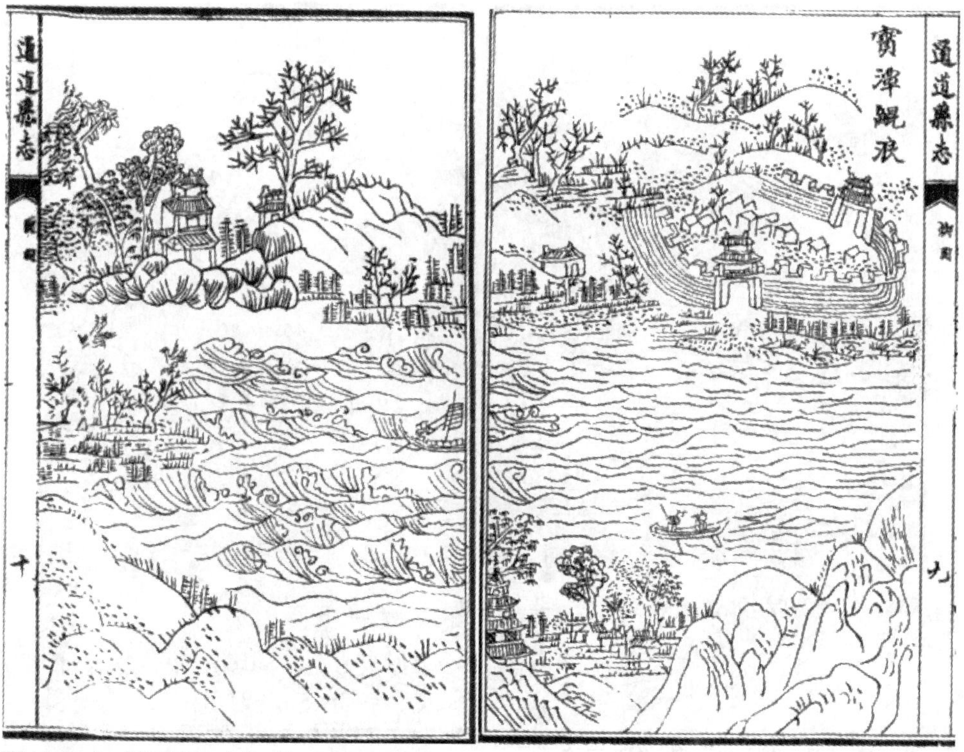

清嘉庆《通道县志》载“宝潭鲲浪”

清嘉庆《通道县志》“卷一·山川”载“宝门潭”：县北一里。

清代罗天绪《宝潭鲲浪》

何年鲲向此中来，遗下余威亦壮哉。疾浪排空飞作雨，惊涛触石响成雷。群峰杂沓离还合，一水潆洄闭复开。牵挽何须及众力，济川自有不凡材。

[蓉渚鸥栖]

清嘉庆《通道县志》载“蓉渚鸥栖”

清嘉庆《通道县志》“卷十·古迹”载“芙蓉江”：在县南七十里，昔有芙蓉夹于两岸。《一统志》：源出县西南，北流入州界，又北流至会同县西北，入朗溪。一名渠河，一名渠江，又名芙蓉江，亦名南川河。

清代罗天绪《蓉渚鸥栖》

芙蓉渚畔景融和，日日群鸥戏水涡。高翥懒隐处士鹤，长鸣慵伴右军鹅。清虚即是逍遥地，寂静浑如安乐窝。吩咐渔翁轻鼓楫，莫惊幽梦出烟波。

【黔阳十二景】

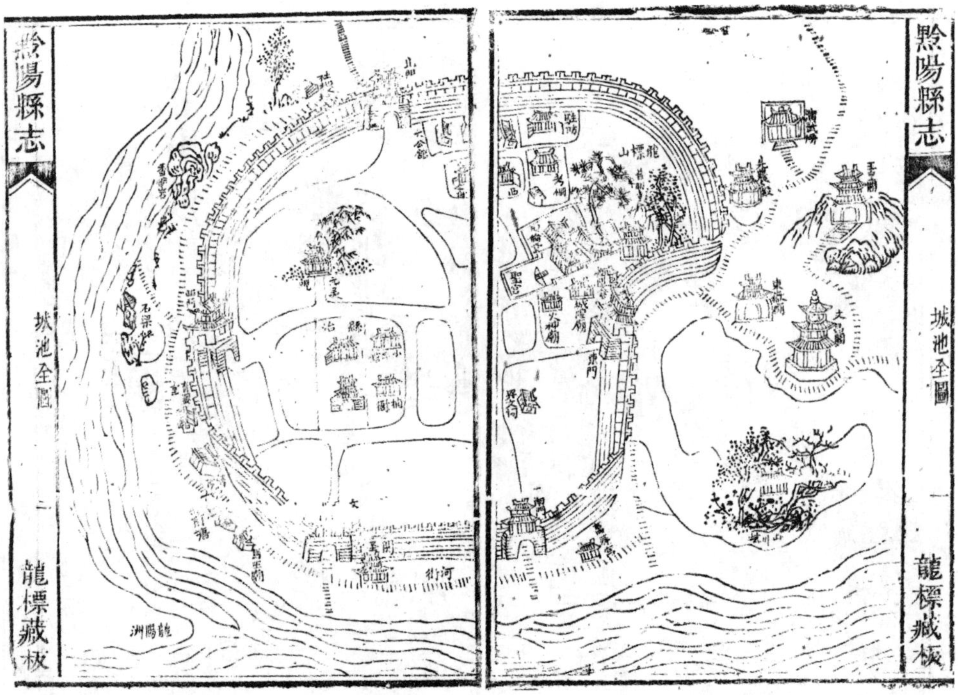

▣ 清乾隆《黔阳县志》载“城池全图”

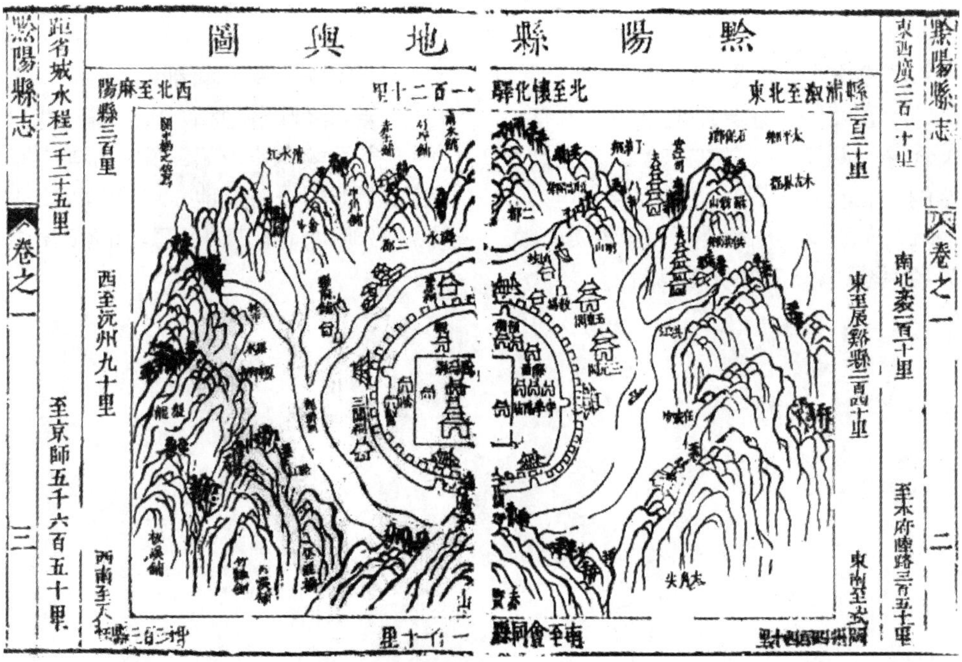

▣ 清雍正《黔阳县志》载“黔阳县地舆图”

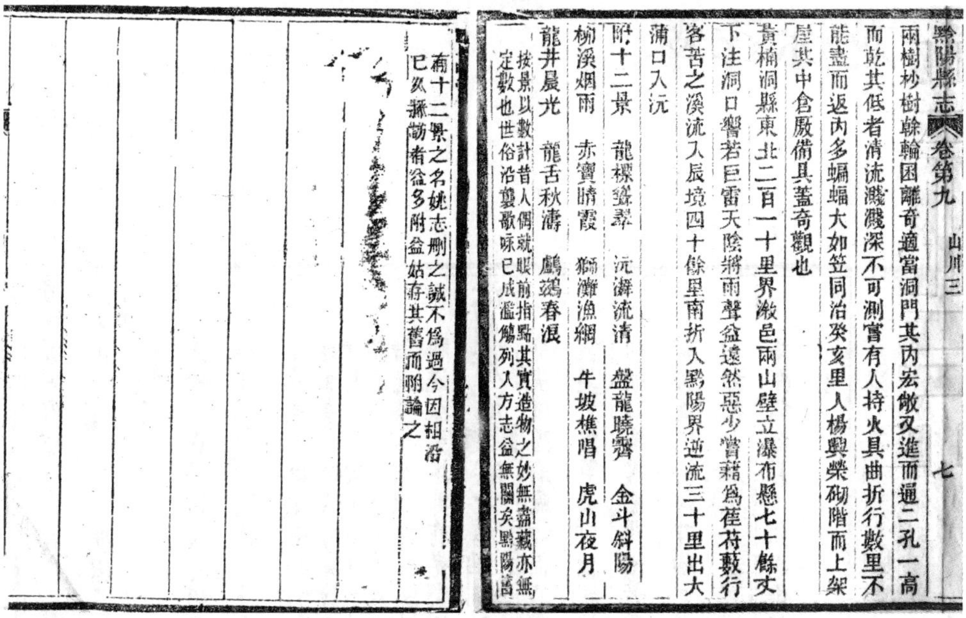

黔陽縣志　卷第九　山川三　七

兩樹杉樹蔽輪囷離奇適當洞門其內宏敞又進而逼二孔一高而乾其低者清流濺濺深不可測嘗有人持火具曲折行數里不能盡而返內多蝙蝠大如笠同治癸亥里人楊輿槃砌階而上架屋其中倉廒備具蓋奇觀也

貴楠洞縣東北二百一十里界漵邑兩山壁立瀑布懸七十餘丈下注洞口響若巨雷天陰將雨聲益遠然惡少嘗藉為萑苻數行客苦之溪流入辰境四十餘里南折入黔陽界逆流三十里出大蒲口入沅

附十二景　龍標聳翠　沅灘流清　盤龍曉霽　金斗斜陽　柳溪烟雨　赤寶晴霞　獅灘漁網　牛坡樵唱　虎山夜月　龍井晨光　龍舌秋濤　鸕鷀春浪

按景以數計昔人偶就眼前指點其實造物之妙無盡藏亦無一定數也世俗沿襲歌咏已成濫觴列入方志益無關矣黔陽舊有十二景之名姚志刪之誠不爲過今因相沿已久採訪者益多附益姑存其舊而附論之

▣ 清同治《黔阳县志》“山川”载“十二景”

黔阳（今洪江市），战国属楚地，秦为黔中郡地。西汉高祖五年（前202），置镡成县，县治在黔阳西南，属武陵郡。东汉、三国因之。东晋义熙年间，废镡成县并入舞阳县，舞阳治（今芷江）迁镡成，并改为镡城。南北朝，齐建元元年（479），舞阳改为潕阳，仍属武陵郡。梁改潕阳为龙檦县，隶属南阳郡。陈武帝永定三年（559），改属沅陵郡。隋文帝开皇九年（589）置辰州，龙檦改属辰州。炀帝大业元年（605）复属沅陵郡。唐高祖武德七年（624）改属辰州。贞观八年（634），分置朗溪县，龙檦县改为龙标县，属巫州，州治设龙标。武后天授二年（691），巫州改为沅州，龙标县隶属沅州。长安三年（703），沅州改为舞州。玄宗开元十三年（725）又改为巫州。天宝元年（742）改称潭阳郡，属黔中道。代宗大历五年（770）更名叙州。五代时，龙标为少数民族据有，废县置州，仍称叙州。宋太祖建隆三年（962）湖南归顺，奖（芷江）、叙诸州随之。神宗熙宁七年（1074）置黔江城。元丰三年（1080）改置黔阳县，以在黔水之阳，故名（一说县境石皆黑色，故以黔名），隶属于沅州。元至元十四年（1277），黔阳县属沅州路总管府，隶湖广中书省。明太祖洪武元年（1368），黔阳隶属沅州府。洪武九年（1376），沅州府降为州，黔阳属辰州府，隶湖广布政司。清顺治四年（1647），黔阳县纳入清室版图，仍属辰州府。乾隆元年（1736），沅州升为府，黔阳属沅州府。

清同治《黔阳县志》“卷第九·山川”载“十二景”：龙标耸翠、沅滩流清、蟠龙晓霁、金斗斜阳、柳溪烟雨、赤宝晴霞、狮滩渔网、牛坡樵唱、虎山夜月、龙井晨光、龙舌秋涛、鸬鹚春浪。

[龙标耸翠]

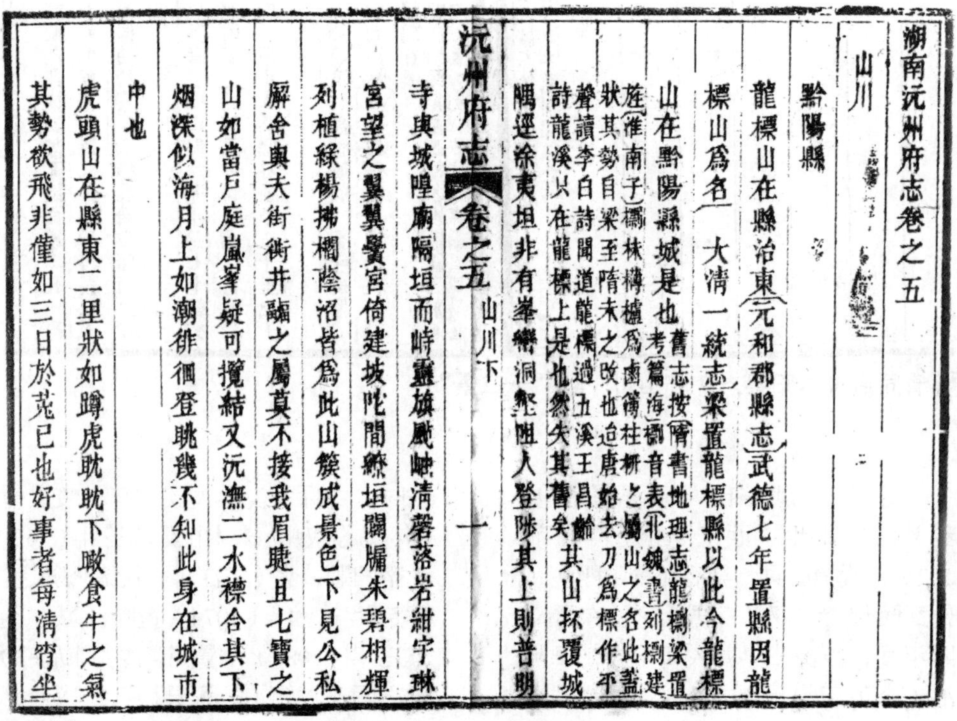

湖南沅州府志卷之五

山川

黔陽縣

龍標山在縣治東(元和郡縣志)武德七年置縣因龍標山爲名(大清一統志)梁置龍標縣以此今龍標山在黔陽縣城是也舊志按(隋書地理志)龍檦梁置考(篇海)檦音表(北魏書)列檦建旌(淮南子)檦林構櫨爲鹵簿柱枅之屬山之名此蓋狀其勢自梁至隋未之改也迨唐始去刀爲標作平聲讀李白詩聞道龍標過五溪王昌齡詩龍溪只在龍標上是也然失其舊矣其山抔覆城隅逕涂夷坦非有峯巒洞壑阻人登陟其上則普明寺與城隍廟隔垣而峙靈旗颭岫清磬落岩紺宇琳宮望之翼翼黌宮倚建坡陀間繚垣闢牖朱碧相輝列植緑楊拂檻蔭沼皆爲此山簇成景色下見公私廨舍與夫街衖井鼆之屬莫不接我眉睫且七寶之山如當戶庭嵐峯疑可攬結又沅潕二水襟合其下烟深似海月上如潮徘徊登眺幾不知此身在城市中也

虎頭山在縣東二里狀如蹲虎眈眈下瞰食牛之氣其勢欲飛非僅如三日於菟已也好事者每清宵坐

沅州府志 卷之五 山川下 一

清同治《沅州府志》“卷之五·山川下”载“龙标山”

清同治《沅州府志》“卷之五·山川下”载“龙标山”：在县治东。(《元和郡县志》)。武德七年置县，因龙标山为名。(《大清一统志》)。梁置龙标县，以此今龙标山在黔阳县城是也。其山抔覆城隅，逕涂夷坦，非有峰峦洞壑阻人，登徙其上，则普明寺与城隍庙隔垣而峙，灵旗飐岫，清磬落岩，绀宇琳宫，望之翼翼，黉宫倚建坡陀间，绕垣辟牖，朱碧相辉，列植绿杨，拂槛荫沼，皆为此山簇成景色，下见公私廨舍，与夫街巷井鼆之属，莫不接我眉睫。且七宝之山如当户庭，岚峰疑可揽结，又沅潕二水襟合其下，烟深似海，月上如潮，徘徊登眺，几不知此身在城市中也。

[沅㵲流清]

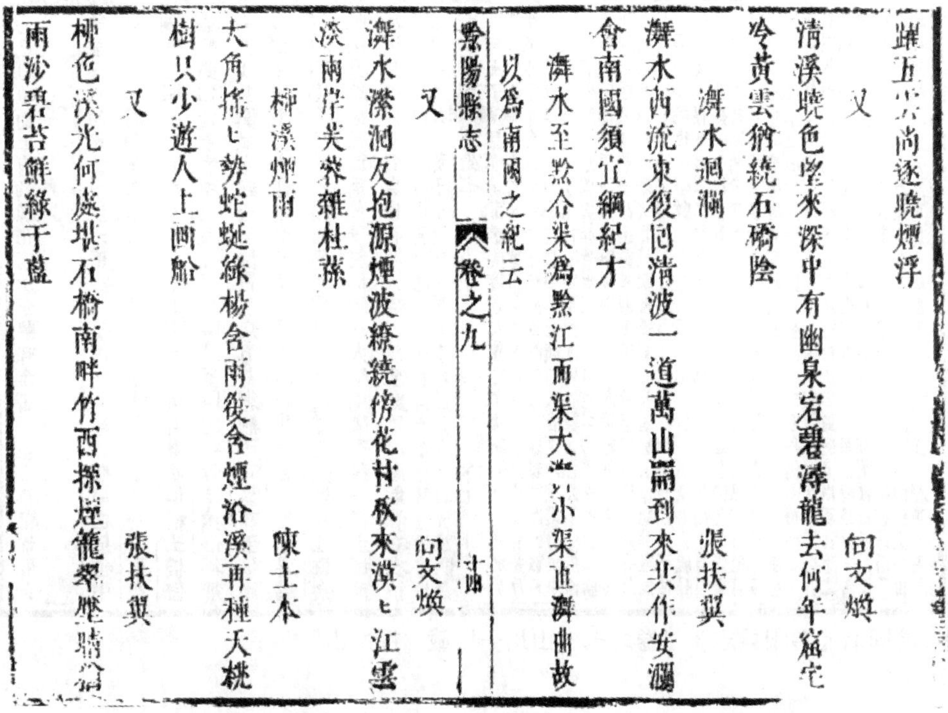

躍五雲尚逐曉煙浮

又　向文煥

清溪曉色望來深中有幽泉宕碧潯龍去何年窟宅冷黃雲猶繞石磯陰

㵲水迴瀾　張扶翼

㵲水西流東復回清波一道萬山開到來共作安瀾會南國須宜綱紀才

㵲水至黔合渠爲黔江而渠大㵲小渠直㵲曲故以爲南國之紀云

黔陽縣志　卷之九　十四

又　向文煥

㵲水縈洄反抱源煙波繚繞傍花村秋來漠漠江雲淡兩岸芙蓉雜杜蓀

柳溪煙雨　陳士本

大角搖搖勢蛇蜒絲楊含雨復含煙沿溪再種天桃樹只少遊人上畫船

又　張扶翼

柳色溪光何處堪石橋南畔竹西探煙籠翠壓晴猶雨沙碧苔鮮綠于藍

图 清雍正《黔阳县志》“卷之九·景胜·凡四十八首”载“㵲水回澜”

沅㵲清流，位于今洪江市黔城镇倒水湾村，又称㵲水回澜。㵲水在此回旋而成。清同治《黔阳县志》“卷第二十五·工书二”载“倒水湾渡”：“县西二十里，通安江要道。”清雍正《黔阳县志》“卷之九·景胜·凡四十八首”载“张扶翼《㵲水回澜》：‘㵲水西流东复回，清波一道万山开。到来共作安澜会，南国须宜纲纪才。’㵲水至黔合渠为黔江，而渠大㵲小，渠直㵲曲，故以为南国之纪云”。

[蟠龙晓霁]

乃已緣磴而上有洪鐘聲倚樹而聽有滴漏聲怪石崢嶸景最奇
特
蟠龍山縣西南二里沅水南一統志舊志游人渡江登岸從田徑中
導入山口石勒天台進步四字壁色紺赤緣溪行截溪一石內空
洞可容數人數折度石砌上隙其下若通流者爲渡仙橋去橋磴
道紆曲始達石室中支石牀可以偃息壁間題字皆篆籀俗無知
者又上爲眞武殿殿後有閣覆以巖有詩剝蝕不可盡讀至後圃
石壁斗絕上有石龕嵌空貼壁欲墜貌呂仙其中去此度危梁爲
補衲石亦有崖覆石榻相傳明季有宦者逃禪於此外爲杜香泉
味清芬緣磴而西爲燕子巖極險仄人罕梯陟又得一徑至蟠龍
巖則以此山得名處也石狀夭矯如龍坐此衆山嵐氣皆在衣袂
間矣舊志向文煥遊蟠龍山記己酉暮秋向子亦庵將遊蟠龍與
廖子長公黃子子鉉向子復旦吉水歐陽孝先出安遠門始

黔陽縣志 卷第七 山川一 六

命舟王子武臣從後王遂與諸遊人會於岸次既登舟自灘水渡
龍陽洲泝渠江舟行步步望山與城緣岸竅石嵌空水激有聲乃
泛淺灘達岸舍舟穿徑入平疇數百畝阡陌交通緣細路行數百
步略不經意田盡山濶合壁皆赤色額曰天台進步緣溪行溪中
一石藏流而崎王子指曰石中空旁入可容數人舍之不顧折而
入度石砌下隙處旁觸若水門王子曰是李濤潭先生渡仙橋
水失故道橋遂湮石磴磷磷楊而上芽舍數椽籬外垂楊裊裊爲
王子莊遊人小憩出故道躡峻阪王子在前遙呼衆愕然乃從莊
後出徑其前也諸遊人岸嶺蹬道數百尺遙見石洞間薜蘿倒
挂王子曰洞中有石牀壁間字皆篆籀荒徑雲封不可往遂不往
度危嶺小憩復緣磴數百尺杉松塞羅細磴曲折清涼沁人肌骨
去眞武殿僅咫尺路不欲即至故紆以拗之諸遊人憩樹下有頃
蟻行愿曲磴一僧貌甚癯補衲石上儼仙離離遂造殿遊人先後
至小憩入後閣閣奉佛半在巖下氣陰森坐久談人思慮石壁有
詩點畫斷缺不可讀遂出步檐石壁嶙峋百尋色赤甚仰見呂祖
像立石龕龕架空垂壁外若將飛去遊人欲上斗絕不可攀然必
欲從他道窮之右壁鐫張容園先生詩識舉渡危橋補衲石左
穿修竹巖下丹竈石牀王子曰明懷宗時宦者年七十祝髮坐石
牀三年無履跡將亂辭去莫知所終出折下曲磴旁得石徑略之
傍林轉小徑路如帶細草青青復得磴道舍之取徑看泉泉之名
曰杜香上多杜蘅芳草也掬飲寒香沁骨泉旁細花紅白數點山
牛有巖湧出向空游人爭欲往王子止之返向所舍磴道躡而登
不盡百級而憩人各據一磴有頃陟嶺嶺窮磴亦窮西瞰金斗山
若在足底潭水淵然可掬南遠山後或降或升遂至絕頂一石如

清同治《黔阳县志》“卷之七·山川一”载“蟠龙山”

清同治《黔阳县志》“卷之七·山川一”载“蟠龙山”：县西南二里，沅水南。（《一统志》）。旧《志》：游人渡江登岸，从田径中导入，山口勒“天台进步”四字，壁色绀赤，缘溪行，截溪一石内空洞，可容数人，数折度石砌上隙，其下若通流者，为渡仙桥，去桥蹬道，纡曲始达石室中，支石床可以偃息，壁间题字皆篆籀，俗无知者。又上为真武殿，殿后有阁，覆以岩，有诗剥蚀不可尽读，至后圃石绝斗绝上有石龛嵌空，贴壁欲坠，貌吕仙其中，去此度危梁，为补衲石，亦有崖覆石榻，相传明季有宦者逃禅于此，外为杜香泉，味清芬，缘蹬而西，为燕子岩，极险仄，人罕梯陟，又得一径至蟠龙岩，则以此山得名处也，石状夭矫如龙，坐此众山岚气皆在衣袂间矣。

[金斗斜阳]

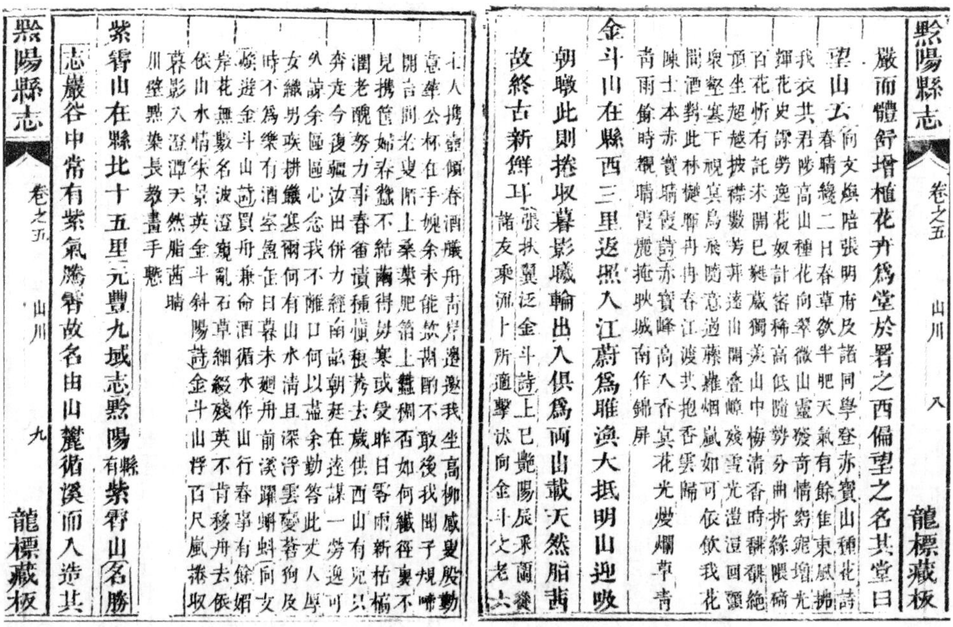

黔陽縣志　卷之五　山川　八　龍標藏板

巖而體舒增植花卉爲堂於署之西偏望之名其堂曰

金斗山在縣西三里返照入江蔚爲雎渙大抵明山迎吸

朝曔此則捲收暮影曦輪出入俱爲兩山載天然脂茜

故終古新鮮耳

紫霄山在縣北十五里元豐九域志黔陽有紫霄山名勝

志巖谷中常有紫氣騰霄故名由山麓循溪而入造其

黔陽縣志　卷之五　山川　九　龍標藏板

清乾隆《黔阳县志》载“金牛山”

清乾隆《黔阳县志》“卷之五·山川”载“金牛山”：在县西三里，返照入江，蔚为雎涣，大抵明山迎吸朝暾，此则捲收暮影，曦轮出入俱为两山载天然脂茜，故终古新鲜耳。

清代陈士本《金斗斜阳》

金斗何年浪得名，岚清雾白总无情。一时返照匀黄色，却讶仙丹点化成。

[柳溪烟雨]

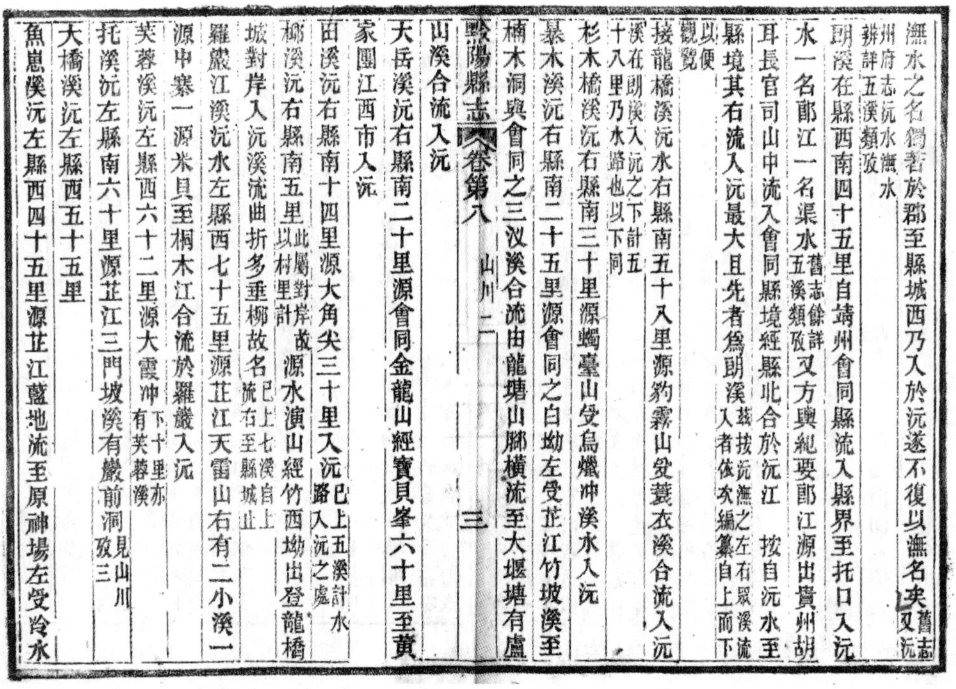
潕水之名獨著於郡至縣城西乃入於沅遂不復以潕名矣舊志又沅州府志沅水潕水辨詳五溪類攷
朗溪在縣西南四十五里自靖州會同縣流入縣界至托口入沅水一名郎江一名渠水舊志餘詳五溪類攷又方輿紀要郎江源出貴州胡耳長官司山中流入會同縣境經縣北合於沅江　按自沅水至縣境其右流入沅最大且先者為朗溪兹按沅潕之左右眾溪流入者依次編纂自上而下以便觀覽
接龍橋溪沅水右縣南五十八里源豹霧山受蓑衣溪合流入沅溪在朗溪入沅之下計五十八里乃水路也以下同
杉木橋溪沅右縣南三十里源蠋臺山受烏爔冲溪水入沅
瀑木溪沅右縣南二十五里源會同之白坳左受芷江竹坡溪至楠木洞與會同之三汊溪合流由龍塘山腳横流至太堰塘有盧山溪合流入沅
黔陽縣志　卷第八　山川一　三
天岳溪沅右縣南二十里源會同金龍山經寶貝峯六十里至黄家園江西市入沅
田溪沅右縣南十四里源大角尖三十里入沅已上五溪計水路入沅之處
柳溪沅右縣南五里此屬對岸以村里計故源水演山經竹西坳出登龍橋城對岸入沅溪流曲折多垂柳故名已上七溪自上流右至縣城止
羅巖江溪沅水左縣西七十五里源芷江天雷山右有二小溪一源中寨一源米貝至桐木江合流於羅巖入沅
芙蓉溪沅左縣西六十二里源大霞冲下十里亦有芙蓉溪
托溪沅左縣南六十里源芷江三門坡溪有巖前洞見山川攷三
大橋溪沅左縣西五十五里
魚崽溪沅左縣西四十五里源芷江鼇地流至原神場左受冷水

清同治《黔阳县志》载“柳溪”

清同治《沅州府志》“卷之五·山川下”载“柳溪”：在县南五里，源出大角尖，流入沅，沿溪遍栽垂柳，每一春波涨两岸，丝丝万缕千条，临流披拂，当其烟憨雨亸，虽不及板渚隋堤，然宛地自垂，固依然江潭余影也。游人过此，扳条折枝，恒不忍去。

清代陈士本《柳溪烟雨》

大角摇摇势蛇蜒，绿杨含雨复含烟。沿溪再种夭桃树，只少游人上画船。

清代张扶翼《柳溪烟雨》

柳色溪光何处堪，石桥南畔竹西探。烟笼翠压晴犹雨，沙碧苔藓绿于蓝。

[赤宝晴霞]

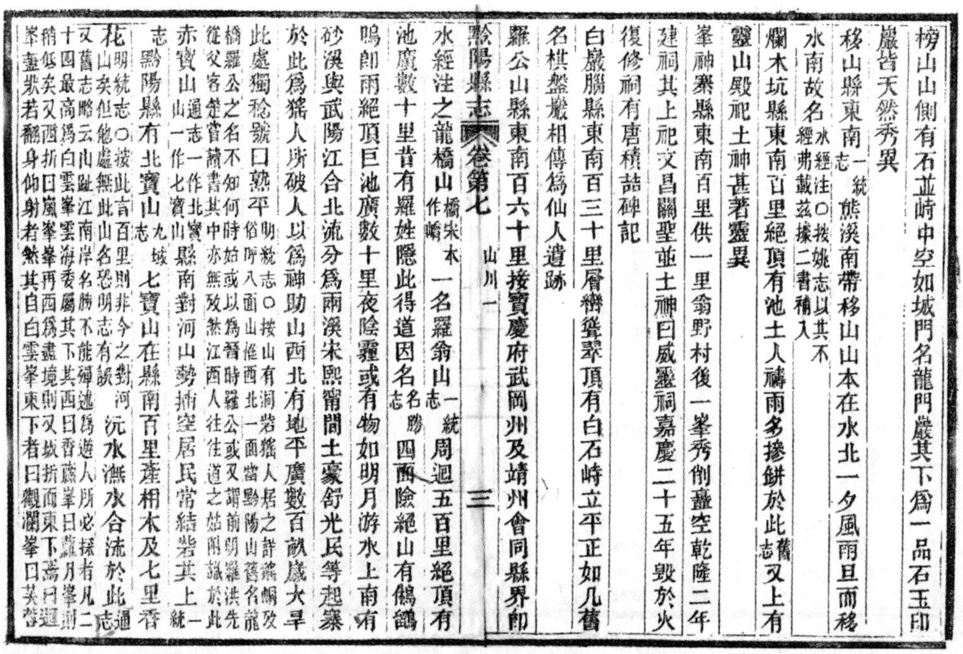

榜山山側有石並峙中空如城門名龍門巖其下爲一品石玉印
巖皆天然秀異
移山縣東南一統志熊溪南帶移山山本在水北一夕風雨且而移
水南故名水經注○按姚志以其不經弗載茲據二書補入
爛木坑縣東南百里絕頂有池土人禱雨多摻餅於此舊志又上有
靈山殿祀土神甚著靈異
峯神寨縣東南百里供一里翁野村後一峯秀削矗空乾隆二年
建祠其上祀文昌關聖並土神曰威靈祠嘉慶二十五年燬於火
復修祠有唐積喆碑記
白巖腦縣東南百三十里層巒聳翠頂有白石峙立平正如几舊
名棋盤巖相傳爲仙人遺跡
羅公山縣東南百六十里接寶慶府武岡州及靖州會同縣界即

黔陽縣志　卷第七　山川一　三

水經注之龍橋山橋宋本作嶠一名羅翁山一統志周迴五百里絕頂有
池廣數十里昔有羅姓隱此得道因名名勝志四面險絕山有鵂鶹
鳴即雨絕頂巨池廣數十里夜陰霾或有物如明月游水上南有
砂溪與武陽江合北流分爲兩溪宋熙甯間土豪舒光民等起寨
於此爲猺人所破人以爲神助山西北有地平廣數百畝歲大旱
此處獨稔號曰熟平明統志○按山有洞砦猺人居之詳猺峒及俗所八面山在西北一面當黔陽山舊名龍
橋羅公之名不知何時始或以爲晉時羅公或又謂前明羅洪先從父客楚嘗讀書其中亦無攷然江西人往往道之姑附識於此
赤寶山通志一作北寶山一作七寶山縣南對河山勢插空居民常結砦其上一統
志黔陽縣有北寶山九域志七寶山在縣南百里產柏木及七里香
花明統志○按此言百里則非今之對河山矣但他處無此山名恐明志有誤沅水潕水合流於此通志
又舊志略云山趾江南岸名勝不能殫述爲遊人所必採者凡二十四最高爲白雲峯雲海委屬其下其西曰香蘇峯曰蠶月峯曰
稍低矣又西折曰嵐峯峯再西爲盡境則又拔折而東下焉曰迴峯盡欹若翻身仰射者然其自白雲峯東下者曰觀瀾峯曰芙蓉

清同治《黔阳县志》“山川”载“赤宝山”

清雍正《黔阳县志》“卷之一”载“赤宝山”：在县城南对河，山势盘地插空，列嶂开屏，为邑之面。日出霞映如锦，黔江出其下，邑景称为赤宝流清，又曰宝绳流赤，未邑时居民结寨避寇其上，又为赤宝寨。

[狮滩渔网]

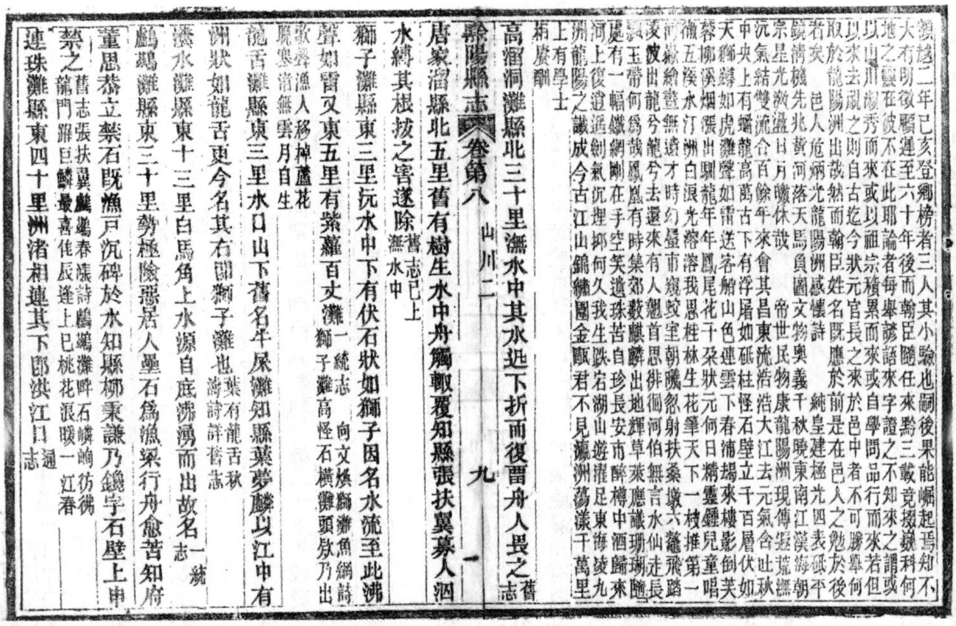

高溜洞灘縣北三十里漵水中其水迅下折而復畱舟人畏之舊志

黔陽縣志 卷第八 山川二 九

唐家溜縣北五里舊有樹生水中舟觸輒覆知縣張扶翼募人泅水縛其根拔之害遂除舊志已上漵水中

獅子灘縣東三里沅水中下有伏石狀如獅子因名水流至此沸聲如雷又東五里有紫蘿百丈灘一統志 向文煥獅灘漁網詩 獅子灘高怪石橫灘頭欸乃出歌聲漁人移棹蘆花晚寒渚無雲月自生

龍舌灘縣東三里水口山下舊名牛屎灘知縣蔡夢麟以江中有洲狀如龍舌更今名其右即獅子灘也蔡有龍舌秋濤詩詳舊志

濺水灘縣東十三里白馬角上水源自底沸湧而出故名一統志

鸕鷀灘縣東三十里勢極險惡居人壘石為漁梁行舟愈苦知府董思恭立禁石既漁戶沉碑於水知縣柳秉謙乃鐫字石壁上申禁之舊志 張扶翼鸕鷀春漲詩 鸕鷀灘畔石嶙峋彷彿龍門躍巨鱗最喜佳辰逢上巳桃花浪暖一江春

連珠灘縣東四十里洲渚相連其下即洪江口通志

清同治《黔阳县志》“山川”载“狮子滩”

清乾隆《黔阳县志》“卷之八·山川四”载“狮子滩”：在县东三里沅水中，下有伏石，状如狮子，因名。水流至此，沸声如雷，而渔人网集澄潭，欸乃一声山水绿，大有异趣。

清代陈士本《狮滩渔网》

只说狻猊不易逢，何当伏石幻晶宫。多因网集澄潭下，惊起青狮白浪中。

明末清初向文焕《狮滩渔网》

狮子滩高怪石横，滩头欸乃出歌声。渔人移棹芦晚，寒渚无云月自生。

［牛坡樵唱］

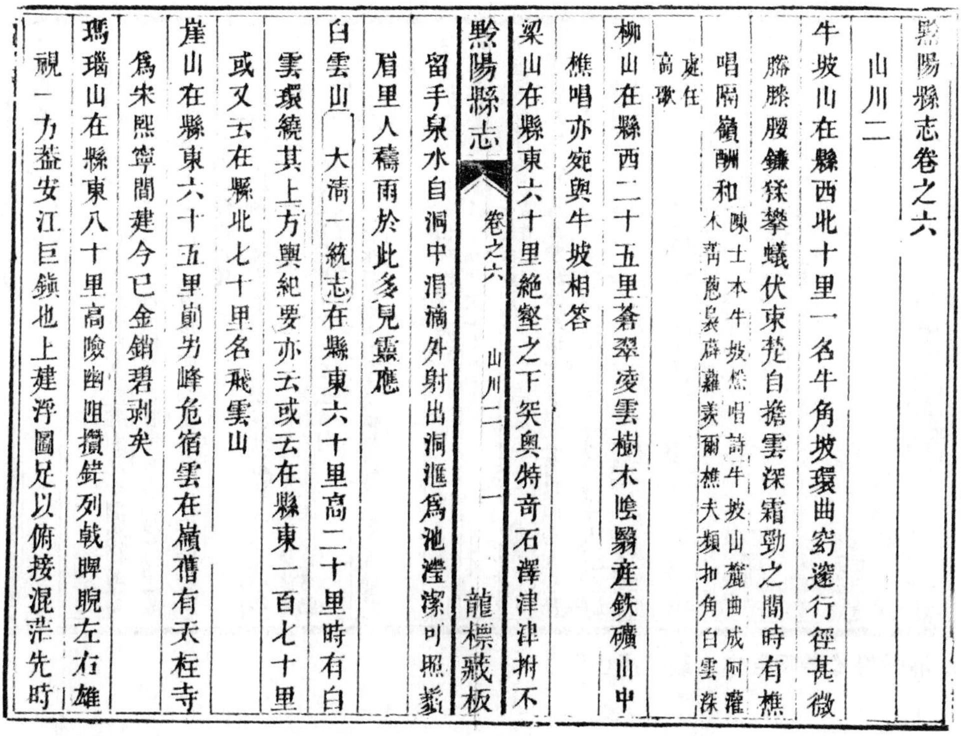

黔陽縣志卷之六

山川二

牛坡山在縣西北十里一名牛角坡環曲窈邃行徑甚微滕膝腰鐮猱攀蟻伏束楚自擔雲深霜勁之間時有樵唱隔嶺酬和陳士本牛坡樵唱詩牛坡山麓曲成阿灌木菁葱梟薜蘿羨爾樵夫頻扣角白雲深處任高歌

柳山在縣西二十五里蒼翠凌雲樹木陰翳產鉄礦山中樵唱亦婉與牛坡相答

梁山在縣東六十里絕壑之下突興特奇石澤津津拊不留手泉水自洞中涓滴外射出洞滙爲池瀅潔可照鬚眉里人禱雨於此多見靈應

白雲山大清一統志在縣東六十里高二十里時有白雲環繞其上方輿紀要亦云或云在縣東一百七十里或又云在縣北七十里名飛雲山

崖山在縣東六十五里削岀峰危宿雲在巔舊有天柱寺爲宋熙寧間建今已金銷碧剥矣

瑪瑙山在縣東八十里高險幽阻攢鋒列戟睥睨左右雄視一方蓋安江巨鎮也上建浮圖足以俯接混茫先時

黔陽縣志　卷之六　山川二　一　龍標藏板

清乾隆《黔阳县志》载“牛坡山”

清乾隆《黔阳县志》“卷之六·山川二”载“牛坡山”：在县西北十里，一名牛角坡。环曲窕邃，行径甚微，滕膝腰镰，猱攀蚁伏，束楚自担，云深霜劲之间，时有樵唱隔岭酬和。

清代陈士本《牛坡樵唱》

牛坡山麓曲成阿，灌木菁葱梟薜萝。羡尔樵夫频扣角，白云深处任高歌。

［虎山夜月］

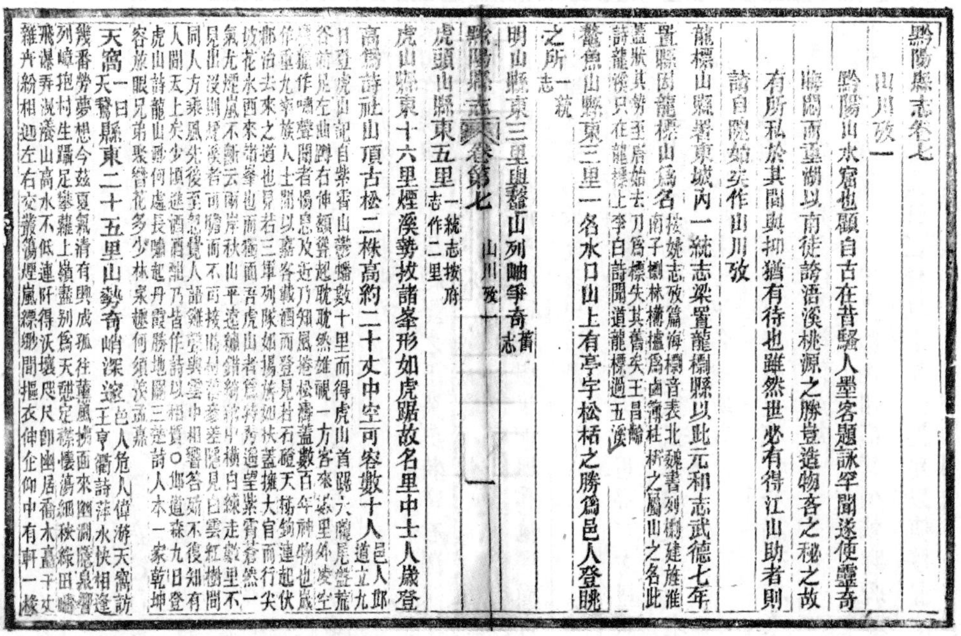

黔陽縣志卷七

山川攷一

黔陽山水窟也顧自古在昔騷人墨客題詠罕聞遂使靈奇晦閟而臺榭以南徒誇浯溪桃源之勝豈造物吝之秘之故有所私於其間與抑猶有待也雖然世必有得江山助者則詩自隗始矣作山川攷

龍標山縣署東城內一統志梁置龍標縣以此元和志武德七年置縣因龍標山爲名

鰲魚山縣東三里一名水口山上有亭宇松栝之勝爲邑人登眺之所一統志

明山縣東三里與鰲山列岫爭奇舊志

黔陽縣志卷第七　山川攷一

虎頭山縣東五里一統志按府志作二里

虎山縣東十六里煙溪勢拔諸峯形如虎踞故名里中士人歲登高爲詩社山頂古松二株高約二十丈中空可容數十人

天窩一曰天鶩縣東二十五里山勢奇峭深邃

清同治《黔阳县志》载“虎山”

清同治《黔阳县志》“卷之七·山川·考一”载“虎山”：县东十六里烟溪，势拔诸峰，形如虎踞，故名。里中士人岁登高为诗社。山顶古松二株，高约二十丈，中空可容数十人。

清代陈士本《虎山夜月》

怪岫狰狞石势雄，尝疑白额啸天风。更从五夜凭虚望，万壑松声吼月中。

[龙井晨光]

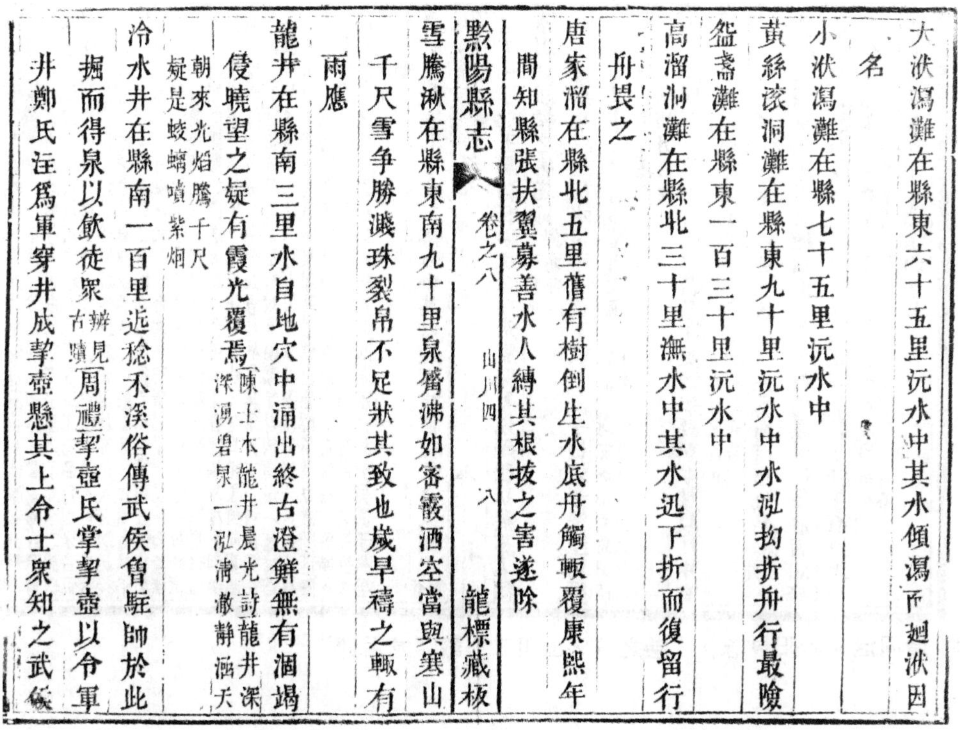

大洑瀉灘在縣東六十五里沅水中其水傾瀉而廻洑因名
小洑瀉灘在縣七十五里沅水中
黄絲滾洞灘在縣東九十里沅水中水泓拗折舟行最險
盤斋灘在縣東一百三十里沅水中
高溜洞灘在縣北三十里潕水中其水迅下折而復留行舟畏之
唐家溜在縣北五里舊有樹倒生水底舟觸輒覆康熙年間知縣張扶翼募善水人縛其根拔之害遂除

黔陽縣志　卷之八　山川四　八　龍標藏板

雪騰湫在縣東南九十里泉觱沸如寫霰洒空當與寒山千尺雪爭勝濺珠裂帛不足狀其致也歲旱禱之輒有雨應
龍井在縣南三里水自地穴中涌出終古澄鮮無有涸竭侵曉望之疑有霞光覆焉[陳士本龍井晨光詩]龍井深深湧碧泉一泓清澈靜涵天朝來光焰騰千尺疑是蛟螭噴紫烟
冷水井在縣南一百里近稔不溪俗傳武侯曾駐師於此掘而得泉以飲徒衆辨見古蹟[周禮]挈壺氏掌挈壺以令軍井鄭氏注爲軍穿井成挈壺懸其上令士衆知之武侯

清乾隆《黔阳县志》载“龙井”

清乾隆《黔阳县志》“卷之八·山川四”载“龙井”：在县南三里，水自地穴中涌出，终古澄鲜，无有涸竭，侵晓望之，疑有霞光覆焉。

清代陈士本《龙井晨光》

龙井深深涌碧泉，一泓清澈静涵天。朝来光焰腾千尺，疑是蛟螭喷紫烟。

清代张扶翼《龙井晨光》

一泓清澈甘犹洌，万斛渊泉缩不流。昔日潜龙今已跃，五云尚逐晓烟浮。

[龙舌秋涛]

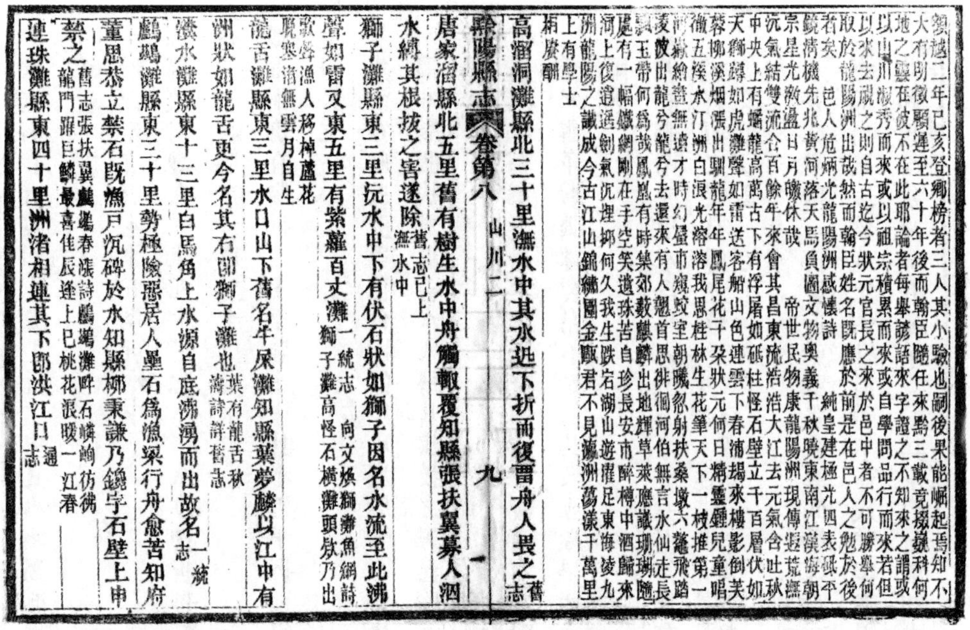
領越二年己亥登鄉榜者三人其小驗也嗣後果能崛起焉知不
大有明徵驅遲至六十年後而翰臣隨任來黔三載竟擬科何
地之靈在彼不在此耶論者每舉諺語來字證之不知來之謂或
以山川淑秀而來或以祖宗積累而來或自學問品行而來若但
以水去觀之則自古迄今狀元官長之來於邑中者不可勝舉何
取於龍陽洲出哉然而翰臣姓名既應於前是在邑人之勉於後
者矣 邑人危炳光龍陽洲感懷詩 純皇建極光四表砥平
鏡清機先兆黃河落天馬負圖文物奧義千秋曉東南江漢海朝
宗星光散溢日月曠休哉 帝世民物康龍陽洲現傳遐荒撫
沅氣結雙流合百餘年來會其昌東流浩浩大江去元氣含吐秋
中央上有蟠龍高萬古下有浮屠如砥柱怪石壁立千百層伏如
天獅蹲如虎灘聲如雷送客船山色連雲下春浦揭來樓影倒芙
蓉五柳溪烟漲出驪龍年年鳳尾花千朵狀元何日精靈兒童唱
徹五溪水汀洲白浪光溶溶我思桂林生花筆天下一枝推第一
雨絲綸盡無遺才時幻蜃市窺蛟室朝曦忽射扶桑墩六鼇飛踏
凌波出龍兮龍兮去還來有人翹首思徘徊河伯無言水仙走長
飄玉帶何爲哉鳳凰有時集郊藪麒麟出地輝草萊應識珊瑚隨
處有一幅鮫綃剛在手空笑遺珠苦自珍長安市醉樽中酒歸來
河上復遺逸劍氣沉埋抑何久我生跌宕湖山遊濯足東海凌九
洲龍陽之讖成今古江山錦繡圖金甌君不見瀛洲蕩漾千萬里
上有學士
栢磨酬
高溜洞灘縣北三十里潕水中其水迅下折而復冒舟人畏之舊志
黔陽縣志 卷第八 山川二 九
唐家溜縣北五里舊有樹生水中舟觸輒覆知縣張扶翼募人泅
水縛其根拔之害遂除舊志已上潕水中
獅子灘縣東三里沅水中下有伏石狀如獅子因名水流至此沸
聲如雷又東五里有紫蘿百丈灘一統志 向文煥獅灘魚網詩 獅子灘高怪石橫灘頭欸乃出歌聲漁人移棹蘆花覓寒消無雲月自生
龍舌灘縣東三里水口山下舊名牛屎灘知縣葉夢麟以江中有
洲狀如龍舌更今名其右即獅子灘也葉有龍舌秋濤詩詳舊志
潫水灘縣東十三里白馬角上水源自底沸湧而出故名一統志
鸕鷀灘縣東三十里勢極險惡居人壘石爲漁梁行舟愈苦知府
董思恭立禁石既燕戸沉碑於水知縣郴秉謙乃鑱字石壁上申
禁之舊志 張扶翼鸕鷀春漲詩 鸕鷀灘畔石嶙峋彷彿龍門躍巨鱗最喜佳辰逢上巳桃花浪暖一江春
連珠灘縣東四十里洲渚相連其下即洪江口通志

清同治《黔阳县志》“卷之八·山川二”载“龙舌滩”

清乾隆《黔阳县志》“卷之八·山川四”载“龙舌滩”：亦在县东三里，水口山下，原名牛屎滩，知县叶梦麟以江中有洲，形削如龙舌，遂更今名，其右即狮子滩也。

清代叶梦麟《龙舌秋涛》

龙舌滩名敢易牛，清波日夜吼菰洲。疑他灵物能风雨，澎湃声传一枕秋。

［鸬鹚春浪］

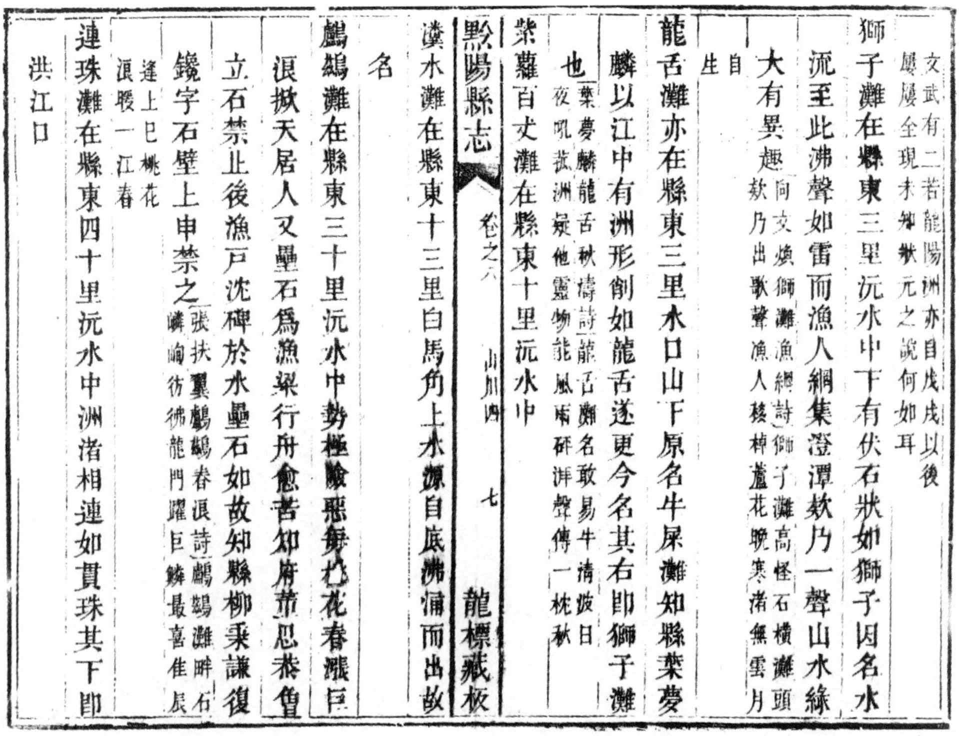

文武有二苦龍陽洲亦自戊戌以後屢屢全現未知狀元之說何如耳

獅子灘在縣東三里沅水中下有伏石狀如獅子因名水沅至此沸聲如雷而漁人網集澄潭欸乃一聲山水綠大有異趣〔向文煥獅灘漁網詩〕獅子灘高怪石橫灘頭欸乃出歌聲漁人棲棹蘆花晚寒渚無雲月自生

龍舌灘亦在縣東三里水口山下原名牛屎灘知縣葉夢麟以江中有洲形剏如龍舌遂更今名其右即獅子灘也〔葉夢麟龍舌秋濤詩〕龍舌灘名敢易牛清波日夜吼蕉洲疑他靈物能風雨硏湃聲傳一枕秋

紫藿百丈灘在縣東十里沅水中

黔陽縣志 卷之八 山川四 七 龍標藏板

漾水灘在縣東十三里白馬角上水源自底沸涌而出故名

鸕鷀灘在縣東三十里沅水中勢極險惡每桃花春漲巨浪掀天居人又壘石為漁梁行舟愈苦知府董思恭魯立石禁止後漁戶沉碑於水壘石如故知縣柳秉謙復鑱字石壁上申禁之〔張扶翼鸕鷀春浪詩〕鸕鷀灘畔石嶙峋彷彿龍門躍巨鱗最喜佳辰逢上巳桃花浪暖一江春

連珠灘在縣東四十里沅水中洲渚相連如貫珠其下即洪江口

清乾隆《黔阳县志》载“鸬鹚滩”

清乾隆《黔阳县志》“卷之八·山川四”载“鸬鹚滩”：在县东三十里沅水中，势极险恶，每桃花春涨，巨浪掀天，居人又垒石为渔梁，行舟愈苦，知府董思恭鲁立石禁止，后渔户沉碑于水，垒石如故，县柳秉谦复镵字石壁上申禁之。

清代张扶翼《鸬鹚春浪》

鸬鹚滩畔石嶙峋，仿佛龙门跃巨鳞。最喜佳辰逢上巳，桃花浪暖一江春。

【乾州八景】

囧 清乾隆《辰州府志》载“乾州厅境图”

吉首，市域秦属黔中郡，汉代属武陵郡沅陵县地。三国时，武陵郡属荆州，先后分属蜀汉和东吴。晋时，武陵郡隶荆州。南朝（宋、齐）时，隶郢州武陵郡。梁代，析沅陵县，建夜郎郡。陈袭梁制，隋废夜郎郡，置静人县。不久废县，先后属辰州和沅陵郡。唐朝时，黔中观察使管 15 州，其中辰州辖泸溪、沅陵、麻阳、溆浦和辰溪县，市境属泸溪县地。五代十国时期，同唐。宋朝时，市境属泸溪县，熙宁三年（1070），置镇溪砦（今吉首市城区），为军事防地。元朝时，属辰州路泸溪县地。明洪武初年，境内设巡检司，朝廷发黄册，苗民经常反抗。洪武二十八年（1395），泸溪县主簿孙应龙入峒招谕，苗族首领禀报：“朝廷赋税和徭役太重，苗民难以应付，请奏皇上，另设官府治理。”孙遂引头人杨二进京，获准减轻赋税。三十年（1397）二月。朱元璋准将泸溪上五都分为十六里，置镇溪军民千户所，隶辰州卫，令江西建昌守御千户所正千户段文进京受铜印，任千户职，又令兵部调贵州乌撒卫副千户陈牙、四川泸州卫副千户宋贵兼管，派孙应龙为“所镇抚”，在今城区设立机构，每十年照州县上报人口，“乱时则聚为军，事平则散为民”，与竿子坪土官分寨管理。正德八年（1514），设守备，驻乾州，兼管各土官。嘉靖三十一年（1552），镇溪设哨，撤湾溪屯，设乾州哨和强虎哨。清康熙四十三年（1704），撤镇溪军民千户所，设乾州厅，治乾州，隶辰沅永靖道。四十九年（1710），上六里（今花垣县地）划归乾州厅。雍正八年（1730），析乾州上六里，设六里同知，隶于辰州府。雍正十年（1732），改六里为永绥厅。嘉庆二年（1797），乾州厅

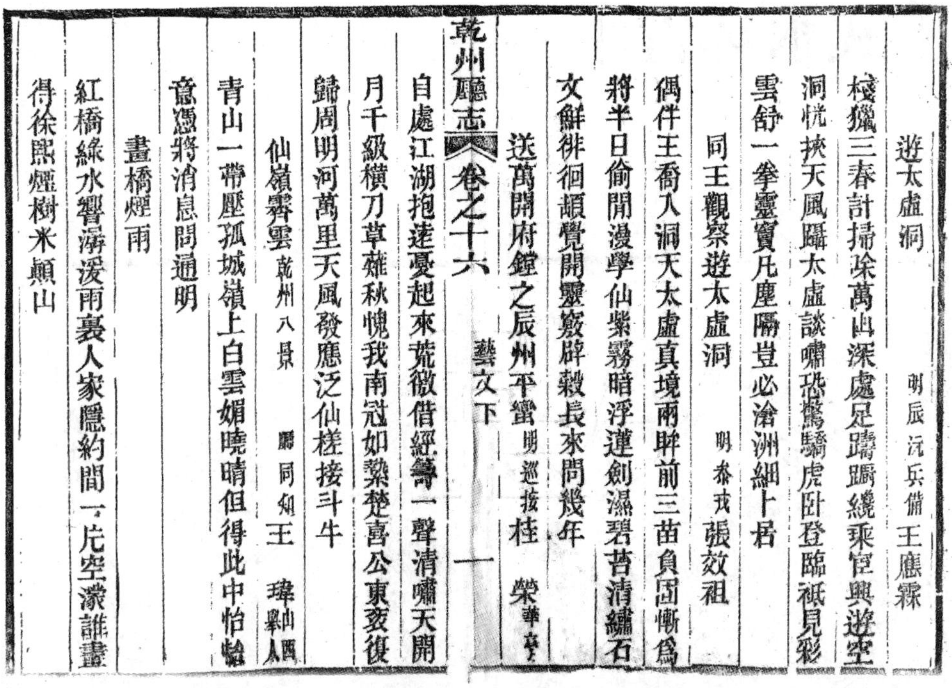

遊太虛洞　明辰沅兵備王應霖

棧獵三春討掃除萬山深處足躊躕纔乘官興遊空
洞恍挾天風躡太虛談嘯恐驚騎虎卧登臨祗見彩
雲舒一拳靈寶凡塵隔豈必滄洲細卜居

同王觀察遊太虛洞　明恭戎張效祖

偶伴王喬入洞天太虛真境兩眸前三苗負固慚爲
將半日偷閒漫學仙紫霧暗浮蓮劍濕碧苔清繡石
文斛徘徊頓覺開靈竅辟穀長來問幾年

送萬開府鏜之辰州平蠻　明巡按桂榮　華亭人

乾州廳志　卷之十六　藝文下　一

自處江湖抱逵憂起來蒞徵借經籌一聲清嘯天開
月千級橫刀草薙秋愧我南冠如縶楚喜公東亥復
歸周明河萬里天風發應泛仙槎接斗牛

仙嶺霽雲　乾州八景　廳同知王瑋　山西舉人

青山一帶壓孤城嶺上白雲媚曉晴但得此中怡悅
意憑將消息問通明

畫橋煙雨

紅橋綠水響潺湲雨裏人家隱約間一片空濛誰畫
得徐熙煙樹米顛山

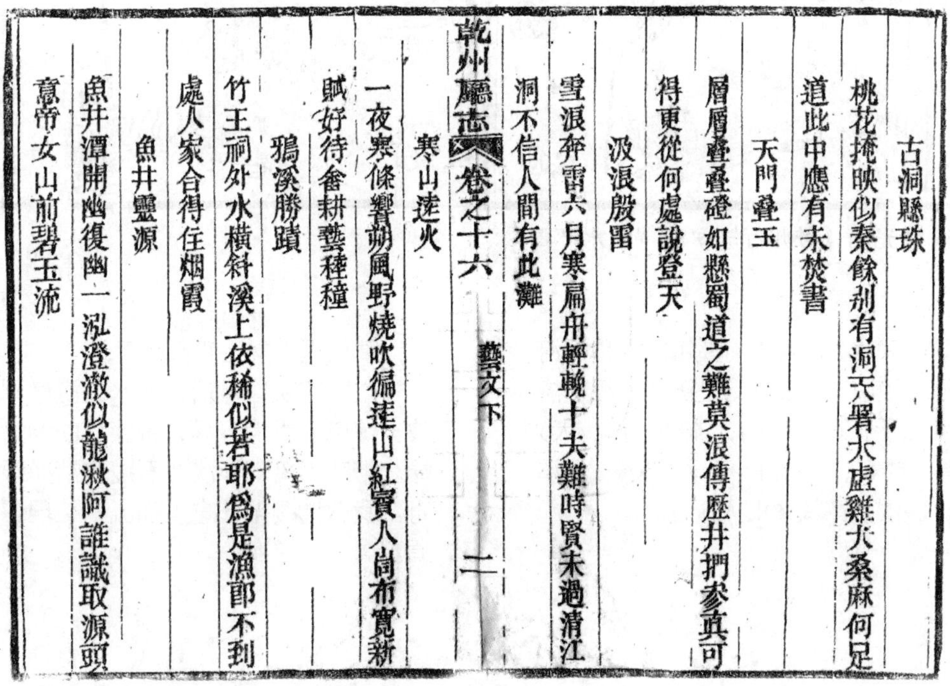

古洞懸珠

桃花掩映似秦餘刱有洞天署太虛雞犬桑麻何足
道此中應有未焚書

天門疊玉

層層疊疊礎如懸蜀道之難莫浪傳歷井捫參真可
得更從何處說登天

汲浪殷雷

雪浪奔雷六月寒扁舟輕轆十夫難時賢未過清江
洞不信人間有此灘

乾州廳志　卷之十六　藝文下　二

寒山逵火

一夜寒條響朔風野燒吹徧逵山紅賓人尚布寬新
賦好待畲耕藝種穜

鴉溪勝蹟

竹王祠外水橫斜溪上依稀似若耶爲是漁郎不到
處人家合得住烟霞

魚井靈源

魚井潭開幽復幽一泓澄澈似龍湫阿誰識取源頭
意帝女山前碧玉流

清光绪《乾州厅志》“艺文”载“《乾州八景》诗”

升为直隶厅。

清光绪《乾州厅志》“八景图”载“八景”：武水环青、笔峰耸翠、太虚洞天、小桥烟雨、鸦溪晚照、狮岫秋岚、仙岭霁云、天门叠玉。

[武水环青]

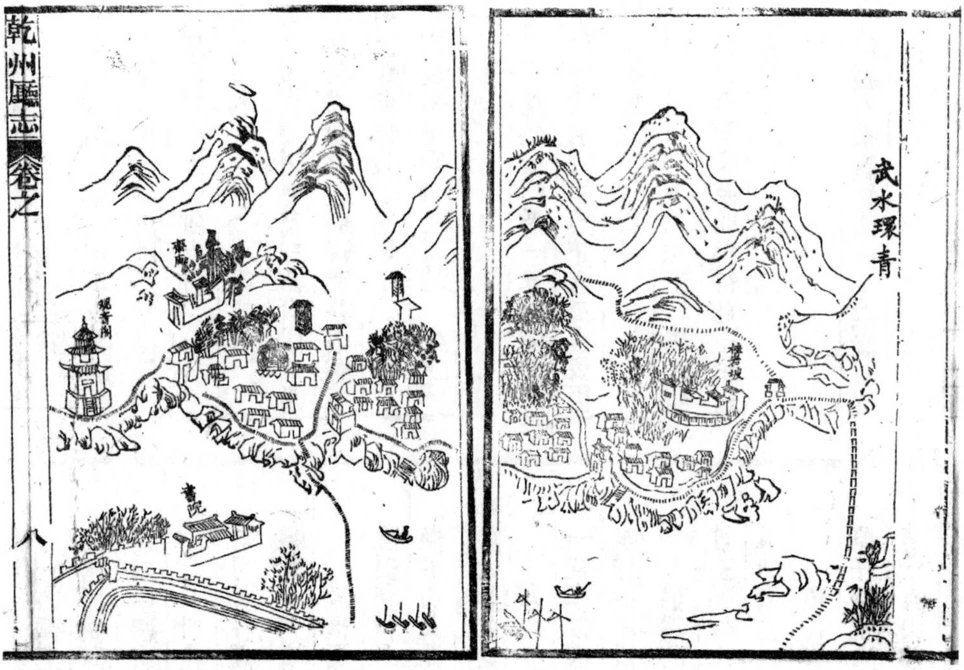

▣ 清光绪《乾州厅志》载"武水环青"

武水，吉首市河溪镇以上称峒河，河溪镇以下称武水，是沅江一级支流，发源于花垣老人山，流经禾排、大兴寨、矮寨、吉首市、河溪、潭溪、洗溪、于泸溪县武溪镇汇入沅江。

清代程宝文《武水环青》

空明四映碧琉璃，武水光澄澈翠陂。练曳千重消野马，带萦九曲洞盘螭。烟寒木落幽怀淡，石瘦霜清净眼奇。我欲请缨无壮志，临流一笑现鬓眉。

[笔峰耸翠]

清光绪《乾州厅志》载“笔峰耸翠”

清光绪《乾州厅志》“卷之二·山川”载“笔架山”：城南九里，形如笔架，清奇峭拔，上多松杉，交柯互荫，浓翠欲滴。（旧《志》）。“笔峰耸翠”为八景之一。中峰下有泉自石壁流出，井底墨石长三尺宽尺五，面平如砥，内低数寸，酷似砚池。泉水由石墨滴入池中，潺潺不竭，名曰砚池井，过客取饮，微有翰墨香气。

清代胡大正《笔峰耸翠》

毕竟文章大块工，凌云健笔赋苍穹。自从一画开天后，有此三峰卓楚中。雨过争看含墨饱，烟深列岭染翰雄。蔚蓝写就垂古今，直插文潭砚井东。

[太虚洞天]

清光绪《乾州厅志》载“太虚洞天”

清光绪《乾州厅志》“卷之二·山川”载“太虚洞”：城东北三里，高十余丈，深半里许，洞如螺口上开，中有八仙台，可布一席，石乳悬如璎珞，下有溪流，可以垂钓，常有云气在中，非烟非雾，为八景之一，曰“太虚洞天”。《通志》载：有月窟梯、蛤蟆峡、狮子堂、渡仙桥、炼丹台、宝塔廊、玉帐崖诸胜，有前明王应霖、张效祖诗碑，本朝王玮诗碑、朱燕唱和诗碑。

明代王应霖《游太虚洞》

栈猎三春计扫除，万山深处足踌躇。才乘宦兴游空洞，恍挟天风蹑太虚。谈啸恐惊骄虎卧，登临只见彩云舒。一拳灵窦凡尘隔，岂必沧州细卜居。

[小桥烟雨]

清光绪《乾州厅志》载“小桥烟雨”

清光绪《乾州厅志》“卷之二·疆里”载“小溪桥”：厅东二里。

清代梁钠《小桥烟雨》

偶向城东载酒游，小桥风景望中收。轻烟影锁虹腰瘦，细雨声酣鸟语柔。红湿桃花春寂寂，碧笼杨柳夜悠悠。错教认作文山宅，明月池南旧酒楼（烟雨楼在明月池南，乃吾澧乡先辈李公群玉遗址）。

［鸦溪晚照］

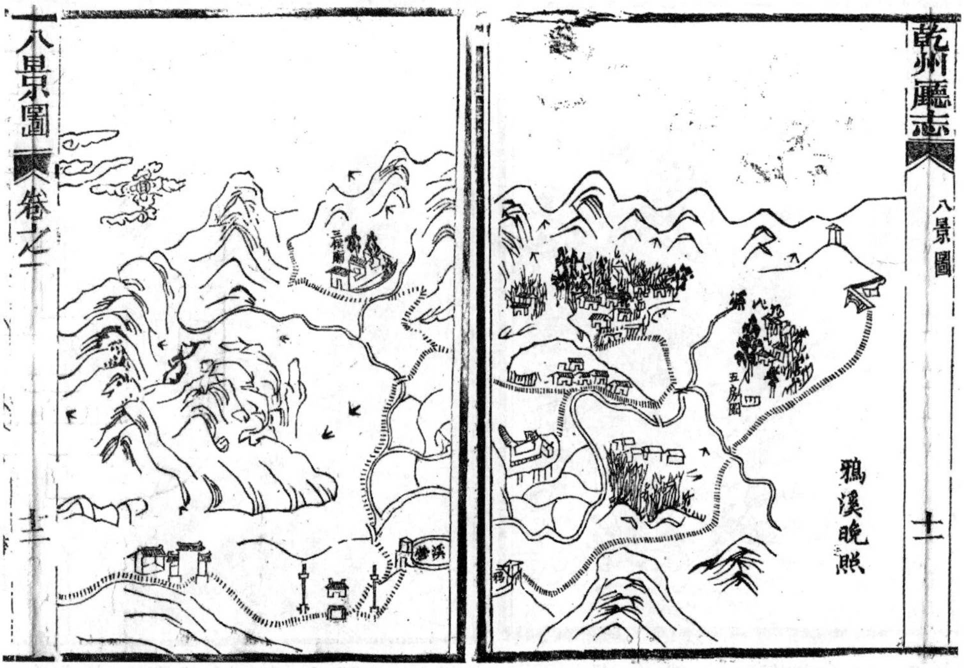

清光绪《乾州厅志》载“鸦溪晚照”

清光绪《乾州厅志》“卷二·疆里”载“鸦溪”：厅东五里。

清代梁钠《鸦溪晚照》

暮过鸦溪立马看，鸦溪暮色正苍然。临流倒泻光逾好，返照回蒸气转妍。杨柳绿明秋水岸，芙蓉红簇夕阳烟，漫云日落无佳景，尚有余霞散满天。

[狮岫秋岚]

囧 清光绪《乾州厅志》载“狮岫秋岚”

清光绪《乾州厅志》“卷之二·山川”载“蹲狮山”：城北十二里，石山耸峙，若狻猊蹲踞，猛状可畏，高岩河、夯沙河、冲角营溪合注山下，潆青翻碧，饶有佳致。山头古木虬盘，藤萝延蔓，秋景尤佳人。旧《志》“狮岫秋岚”八景之一。

[仙岭霁云]

▣ 清光绪《乾州厅志》载“仙岭霁云”

清光绪《乾州厅志》“卷之二·山川”载“仙镇山”：俗名大坡，城北三里，形如屏障，峭拔干霄。云出则雨，无云则晴，初晴之际，白云横绕，山腰明媚可爱。(旧《志》)。“仙灵(岭)霁云”八景之一，产砚石最佳。

清代王玮《仙岭霁云》

青山一带压孤城，岭上白云媚晓晴。但得此中怡口意，凭将消息问通明。

[天门叠玉]

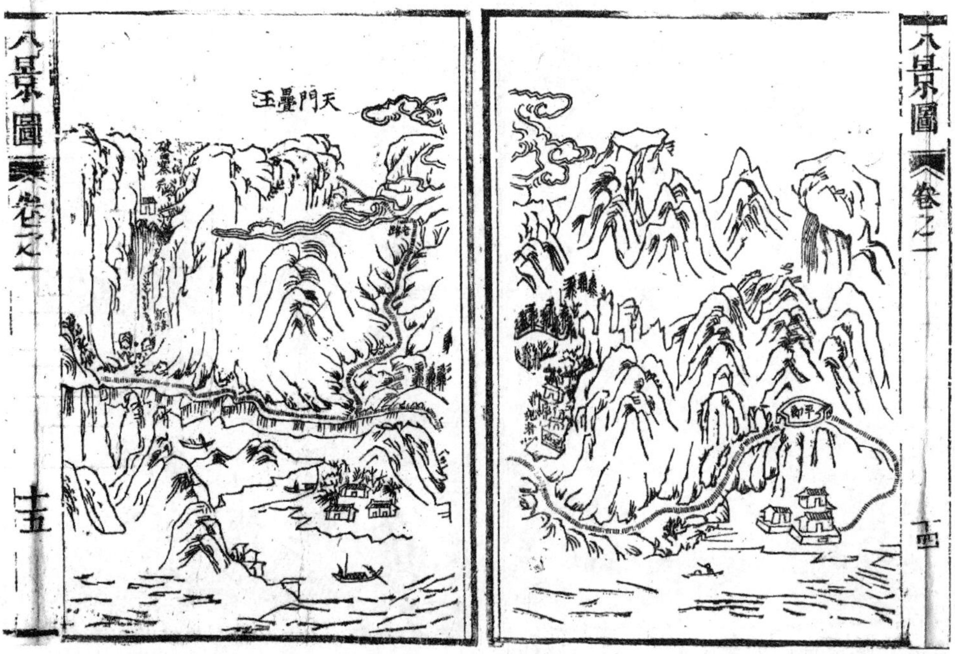

囧 清光绪《乾州厅志》载“天门叠玉”

清光绪《乾州厅志》“卷之二·山川”载“天门山”：城西四十五里，河水中流，两山回合，石壁鲜洁，高可千仞，状如板扉重叠，璀璨掩映，上与天际。(旧《志》)。“天门叠玉”八景之一。

清代王玮《天门叠玉》

层层叠叠蹬如悬，蜀道之难莫浪传。历井扪参真可及，更从何处说登天。

【泸溪十二景】

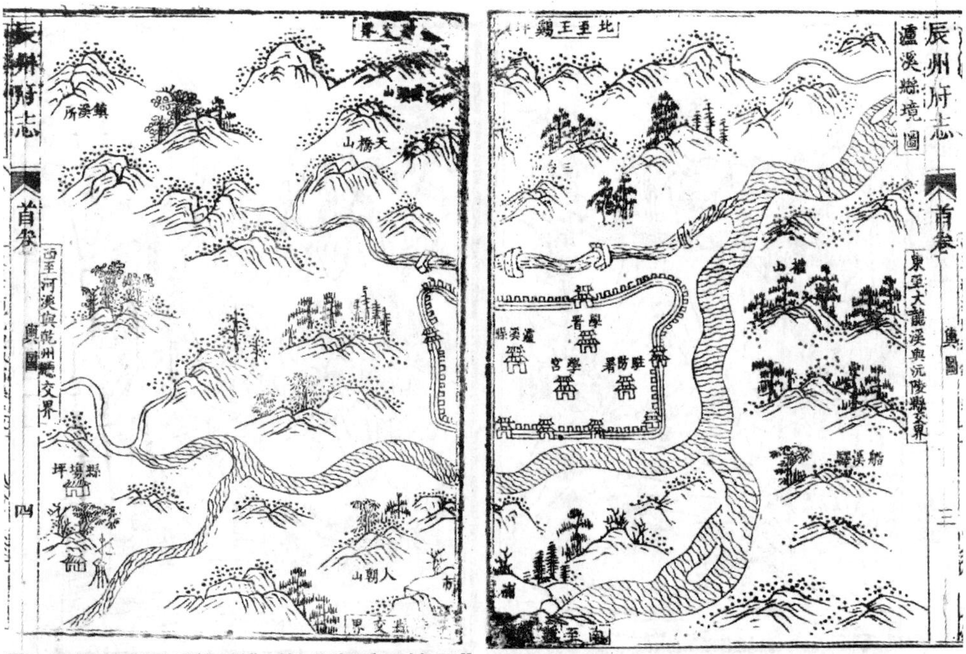

清乾隆《辰州府志》载“泸溪县境图”

泸溪，春秋战国时属楚，秦时属黔中郡。汉高祖五年（前202）至南朝齐时属武陵郡(郡治先后设今溆浦、常德、沅陵）沅陵县。南朝梁武帝萧衍天监十年(511),分沅陵县地置卢州，州治在今泸溪县城东北郊。南朝陈宣帝太建七年（575），废卢州，建沅陵郡，治所在沅陵，领县五。泸溪地属沅陵郡沅陵县。隋开皇九年（589）废沅陵郡，置辰州，后复置沅陵郡，泸溪地均属沅陵县。隋炀帝大业十三年(617)，萧铣在江陵建梁国，年号鸣凤。唐武德二年(619),即梁萧铣鸣凤三年，梁将董景珍分沅陵县建卢溪县。因武水出口一段名卢水及水北有卢山而得名。第二年董景珍以地降唐。唐因旧置，卢溪县名不变，治所在卢州旧地，辖今泸溪、花垣、吉首地域。唐天宝元年（742），建辰州卢溪郡，唐玄宗驸马太常卿张垍，于天宝十三年（754）三月贬谪为卢溪郡司马，曾驻卢江口，卢溪县属辰州卢溪郡（郡领县五，即沅陵、卢溪、溆浦、麻阳、辰溪）。五代时卢溪县辖今泸溪、吉首地，属辰州卢溪郡。宋时因袭旧置，郡领四县，即沅陵、卢溪、溆浦、辰溪。元时，改郡为路，卢溪县属辰州路。明时，改路为府，卢溪县隶属湖广布政使司辰州府，辖今泸溪、吉首、花垣。清时，泸溪属辰沅永靖道（辖辰州、沅州、永顺三府和靖州直隶州）辰州府。顺治六年（1649）将卢溪县改为泸溪县。康熙四十三年（1704），从泸溪县十里苗地裁出镇溪军民千户所，设乾州厅（今吉首市）。雍正八年（1730）划上六里苗地设永绥厅（今花垣）。

清乾隆《泸溪县志》“卷之首”载“泸溪十二景图”：武溪春水、虎头霜月、崖门雪霁、柳潭钓秋、辛女朝云、江南烟树、武洲雁集、天桥叠翠、长岭樵歌、白田夕照、洞口秋霞、石壁仙舟。

[武溪春水]

清乾隆《泸溪县志》载"武溪春水"

清乾隆《泸溪县志》"卷之四·水"载"武水"：即古潕溪，源出武山，在邑西一百五十里，其水经泸溪流入沅陵境，过桃源、武陵东流至龙阳县。北入洞庭，亦五溪之一，又谓之武陵溪，又名德胜泉。汉马援门生善吹笛，援作歌以和之，名曰武溪深是也。当春水泛涨，沅湘东下与溪水合流出武口洲尾，浊浪中一线清波宛如翠带，故"武水拖蓝"为邑中八景之胜。

清乾隆《泸溪县志》"卷之首"载"泸溪十二景图"定名为"武溪春水"。

[虎头霜月]

图 清乾隆《泸溪县志》载“虎头霜月”

清乾隆《泸溪县志》“卷之三·山”载“虎头岩”：即三台山之中峰也。山形怪伟若虎首，故名。元末兵燹，邑人杨添輗立寨以障居民。明万历元年，知县移建县治，更名三台山。今邑人仍呼为虎头岩。“泸溪八景”中一曰“虎头霜月”。

[崖门雪霁]

清乾隆《泸溪县志》载“崖门雪霁”

清乾隆《泸溪县志》“卷之三·山”载“崖门”：在大溪口，左右山高峻如门，树木荫翳，积雪尤甚。晴霁则风景最佳，为八景一胜。

[柳潭钓秋]

囧 清乾隆《泸溪县志》载“柳潭钓秋”

清乾隆《泸溪县志》“卷之四·水”载“柳潭”：在县西十里。详见“古迹”。

清乾隆《泸溪县志》“卷之十六·古迹”载“柳潭钓艇”：在邑西，明永乐丁酉举人陈源清于此遇仙，指示隐处，今钓矶尚存。

清乾隆《泸溪县志》“卷之首”载“泸溪十二景图”定名为“柳潭钓秋”。

［辛女朝云］

囧 清乾隆《泸溪县志》载“辛女朝云”

清乾隆《泸溪县志》“卷之三·山”载“辛女岩”：在县西南三十里，奇峰绝壁，高耸插田，有石屹立如人。相传高辛氏之女于此化为石。

清代周克昌《辛女朝云》

飘飘神女骨婷娉，古迹苍茫化石形。髻乐朝云春雨绿，眉拖翠黛晓烟青。巫山不逐高唐梦，沅水同哀帝子灵。月夜风吹松壑响，翻疑环佩曳珑玲。

[江南烟树]

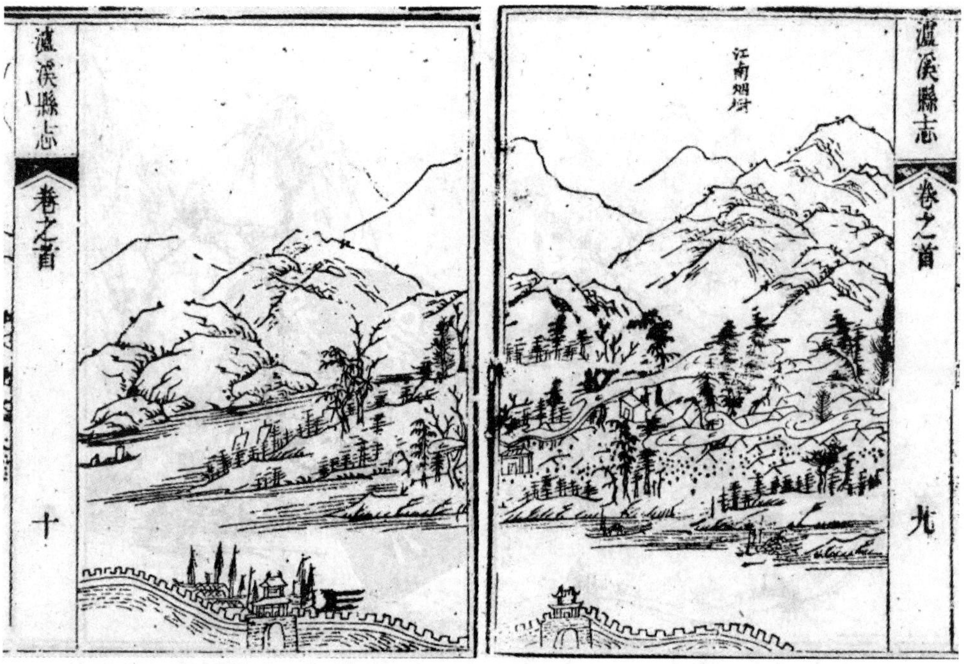

囧 清乾隆《泸溪县志》载“江南烟树”

［武洲雁集］

᪥ 清乾隆《泸溪县志》载“武洲雁集”

清乾隆《泸溪县志》“卷之四·水”载“武口洲”：县东武、沅二水左右分流，延袤五里许，又名五里洲。

［天桥叠翠］

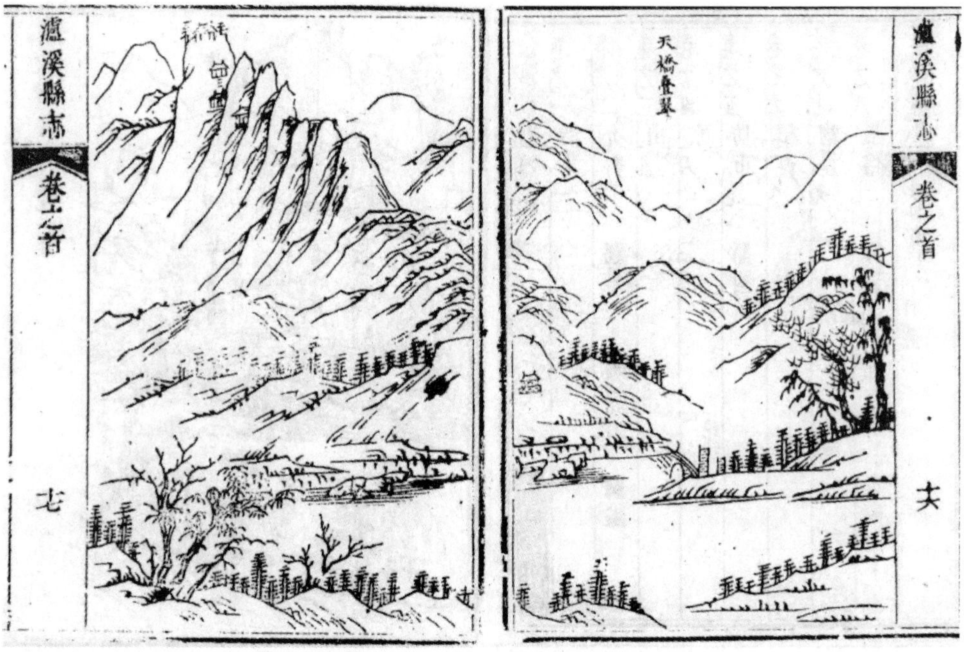

清乾隆《泸溪县志》载“天桥叠翠”

清乾隆《泸溪县志》“卷之三·山”载“天桥山”：城西二十里，两山耸峙，高数百丈，桥跨两山之巅，宽三尺许，仅容羊行，故名羊桥。行者目骇心悸，匍匐而过乃稍拓焉。山半有洞，相传女仙居其中，农夫樵竖间有见者，多不利。洞中白气弥漫，常满山谷，游人俨在云雾中。行桥下，仰观山梁，隐隐如长虹之横霄也，因易名曰天桥。过桥里许，有小山，建灵官殿，殿侧石泉清流，涓涓不息，右折则二峰突立，曰香炉峰、蜡烛峰，皆形似。山畔有棋盘岩，又名曝日台，昔有老僧曝日题咏于此。西北有汲泉石径，有禅堂、华严阁，后山益高峻，石仅容半趾，山半有观音殿，并祀女仙，其右更历石蹬百十级，直入青霄，离天咫尺。山顶有北极宫，像设庄严，规制雄敞，乃邑中山最胜处。

清代周克昌《天桥叠翠》

彩虹天半向空飘，翠霭横拖卧柳腰。鹊驾银河疑月影，人归仙洞认蓝桥。红绡一幅霜初剪，碧树千寻雾未销。赢得相如题柱处，许多山色笔难描。

[长岭樵歌]

清乾隆《泸溪县志》载“长岭樵歌”

清乾隆《泸溪县志》“卷之三·山”载“长岭”：俗名鳌鱼，形岖而长，左右叠嶂横空，晴岚凝碧，台榭相望，村落稠密，农歌樵唱，往来不绝对，亦一佳处也。

清代周克昌《长岭樵歌》

闻看仙棋白日过，归寻草径烂樵柯。云移千树高低影，风送一声长短歌。响落松涛飞石涧，曲堕鸟语堕山阿。牧童共去斜阳里，短笛积吹唱和多。

[白田夕照]

圖 清乾隆《泸溪县志》载“白田夕照”

[洞口秋霞]

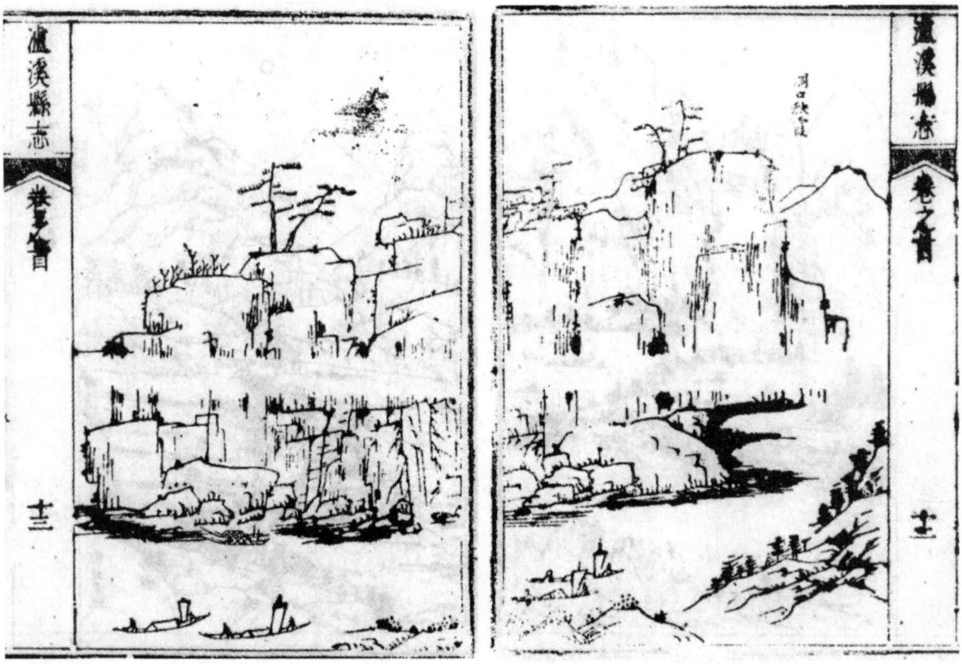

▣ 清乾隆《泸溪县志》载“洞口秋霞”

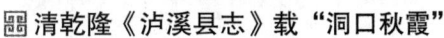

[石壁仙舟]

清乾隆《泸溪县志》载“石壁仙舟”

清乾隆《泸溪县志》“卷之十六·古迹”载“沉香船”：又名海船，在桐木坳，不知年代，陡崖半壁，船架其间，至今不朽坏，即邑十二景中之“石壁仙舟”也。

【凤凰八景】

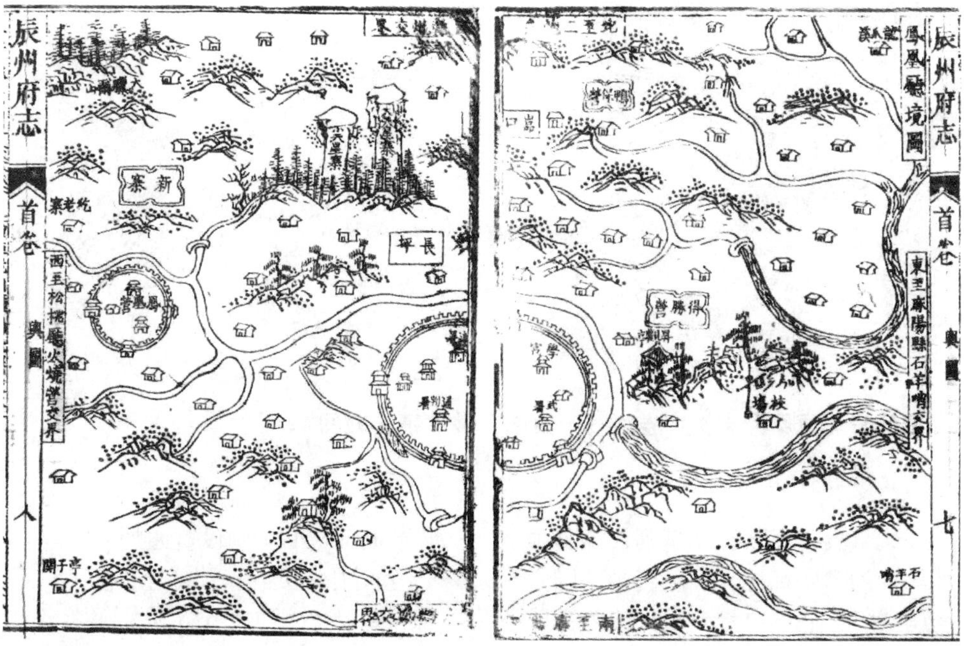

清乾隆《辰州府志》载“凤凰厅境图”

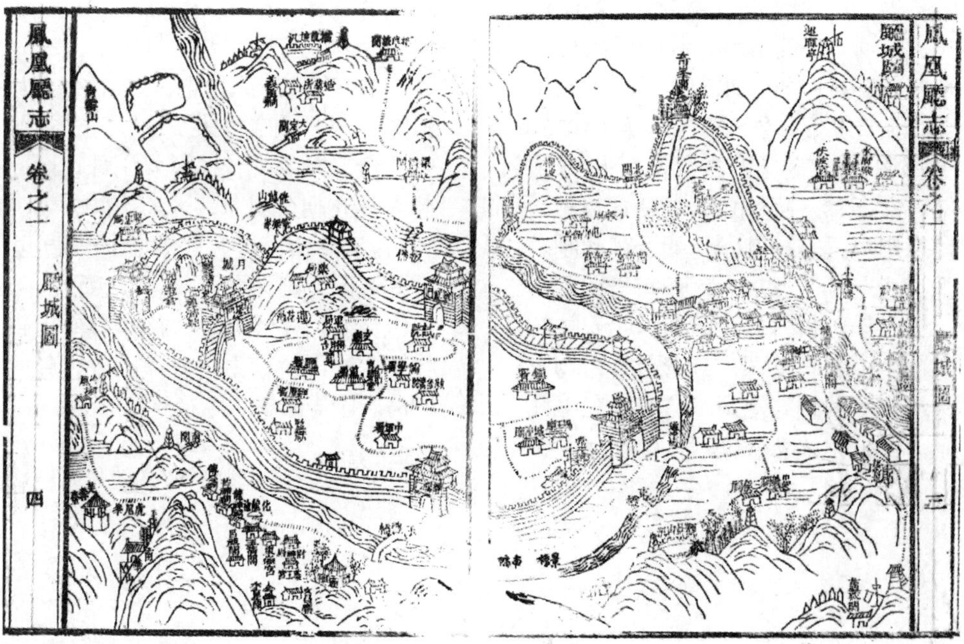

清光绪《凤凰厅志》载“厅城图”

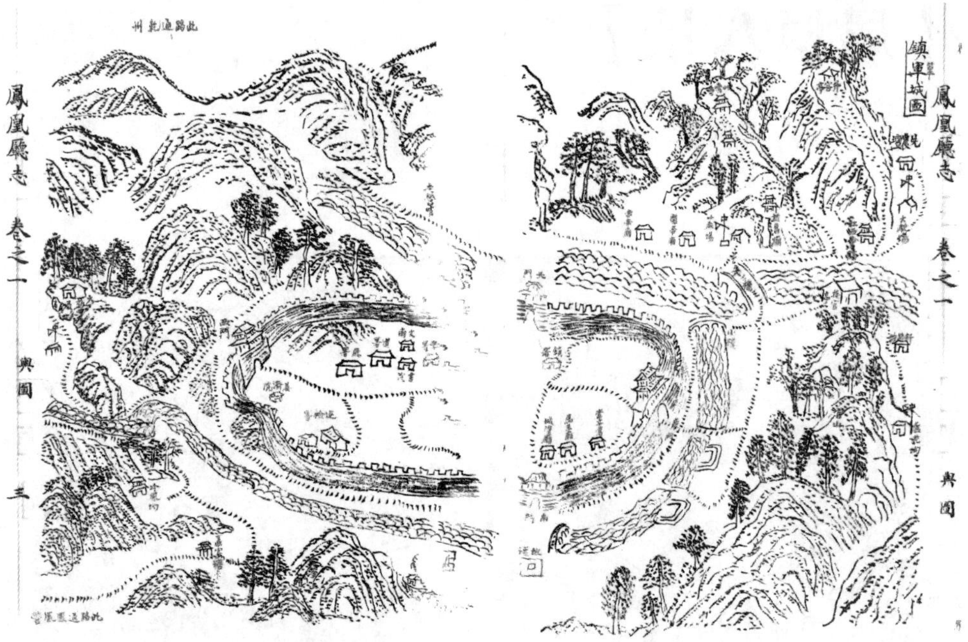

清乾隆《凤凰厅志》“卷之一·舆图”载“镇竿城图”

凤凰县，春秋时属楚国，为黔中地。秦为黔中郡地。两汉直至三国，均属武陵郡辰阳县地。晋代或为镡成县地，或为舞阳县地，仍属武陵郡。南北朝复为辰阳县地，至隋朝改为辰溪县地。唐垂拱三年（687）改为渭阳县地，后又改为招谕县地，均属锦州卢阳郡。五代仍为渭阳、招谕县地，宋初划归麻阳县，北宋太平兴国七年（982）改隶招谕县，熙宁八年（1075）废招谕，复置麻阳县，属沅州镡阳郡。宋嘉泰三年（1203）设五寨司，属思州军民安抚使。元朝沿袭此制。明洪武七年（1374）置五寨长官司，永乐三年（1405），将竿子坪元帅府改置竿子坪长官司，分管苗寨，均属保靖州军民宣慰使司。清康熙三十九年（1700）始独立设厅（散厅），四十三年（1704）设置通判（流官），但土司并未废除，形成土流并存。至康熙四十六年（1707）偏沅巡抚赵申乔以土司田宏天不法，奏准裁革，不予袭替，至此土司制度彻底废除。嘉庆二年（1797）升散厅为直隶厅，升通判为同知。民国二年（1913），改凤凰厅为凤凰县。

清光绪《凤凰厅志》“卷之一·八景图”载“凤凰八景”：厅《志》旧有八景，以今视昔，风景稍殊，而此邦人士亦朝夕观摩，习为声韵之学。夫诗以理性情，亦化民成俗之一端也。爰即其旧题略为更正，各载以说并系之以诗文。东岭迎晖、南华叠翠、奇峰挺秀、溪桥夜月、龙潭渔火、梵阁回涛、山寺晨钟、兰径樵歌。

[东岭迎晖]

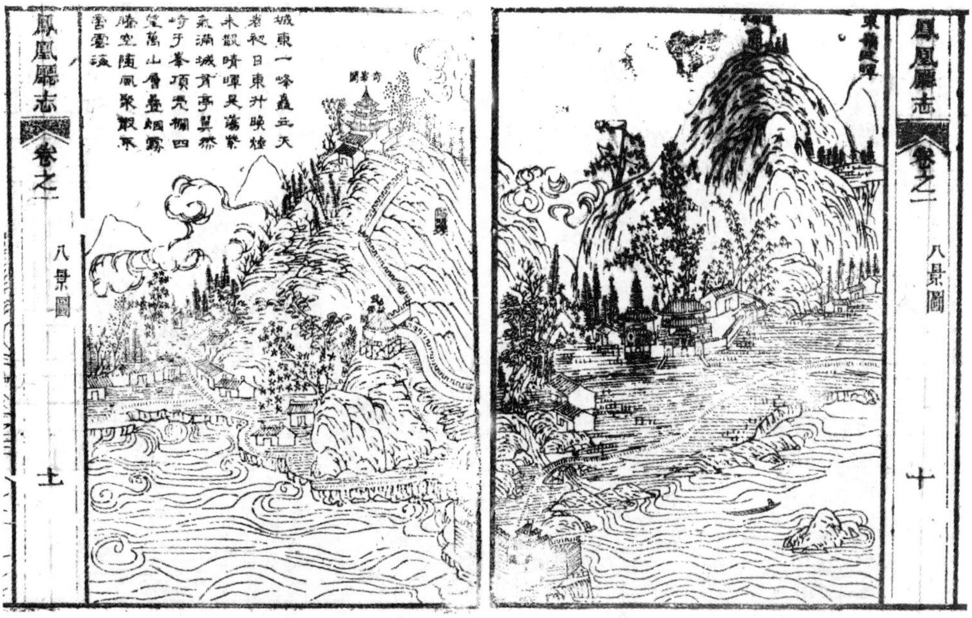

清光绪《凤凰厅志》载“东岭迎晖”

清光绪《凤凰厅志》“卷之一·八景图”载“东岭迎晖”：城东一峰，矗立天表。初日东升，晚烟未散，晴晖晃荡，紫气满城。有亭翼然，峙于峰顶。凭栏四望，万山层叠。烟雾腾空，随风聚散，不啻云海。

清代周南枝《望江南·东岭迎晖》

扶桑耀，岭上早迎晖。日丽彩霞凝叆叇，天空晓雾见熹微。留住莫斜飞。

［南华叠翠］

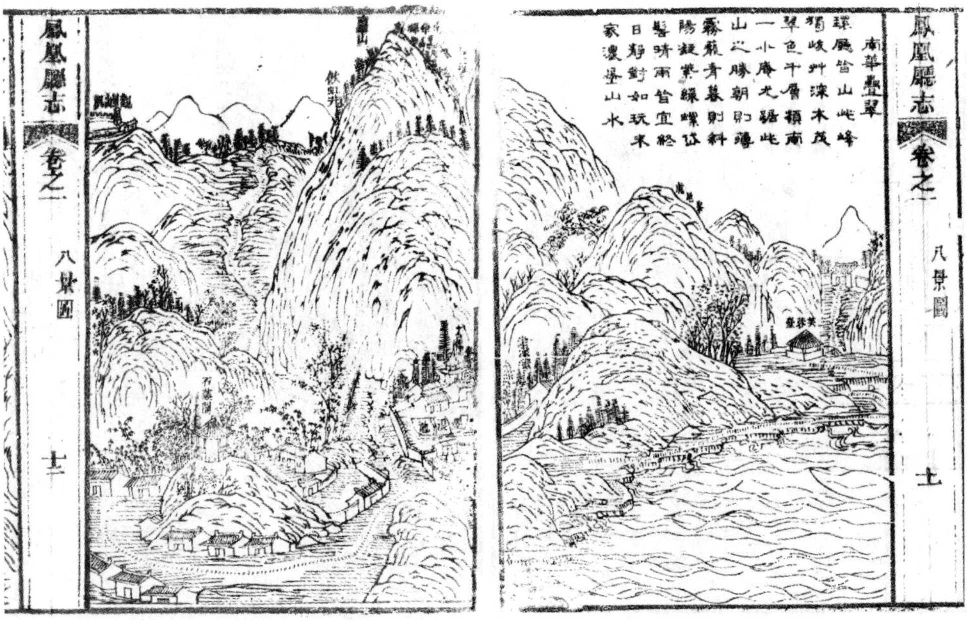

清光绪《凤凰厅志》载“南华叠翠”

清光绪《凤凰厅志》“卷之一·八景图”载“南华叠翠”：环厅皆山，此峰独峻，草深木茂，翠色千层。岭南一小庵，尤踞此山之胜，朝则薄雾笼青，暮则斜阳凝紫。绿螺岱髻，晴雨皆宜。终日静对，如玩米家浓墨山水。

清代周南枝《望江南·南华叠翠》

层层翠，一望是南华。浓淡几重堆黛髻，浅浅万叠散晴霞。时露两三花。

清代刘代照《南华叠翠》

万重紫绿淡烟遮，树绕山腰一道斜。石蹬云深盘碧落，虚斋翠滴入窗纱。翻空返照烘晴壁，过峡长林锁暮霞。叠嶂层峦人罕到，钟声出寺是南华。

［奇峰挺秀］

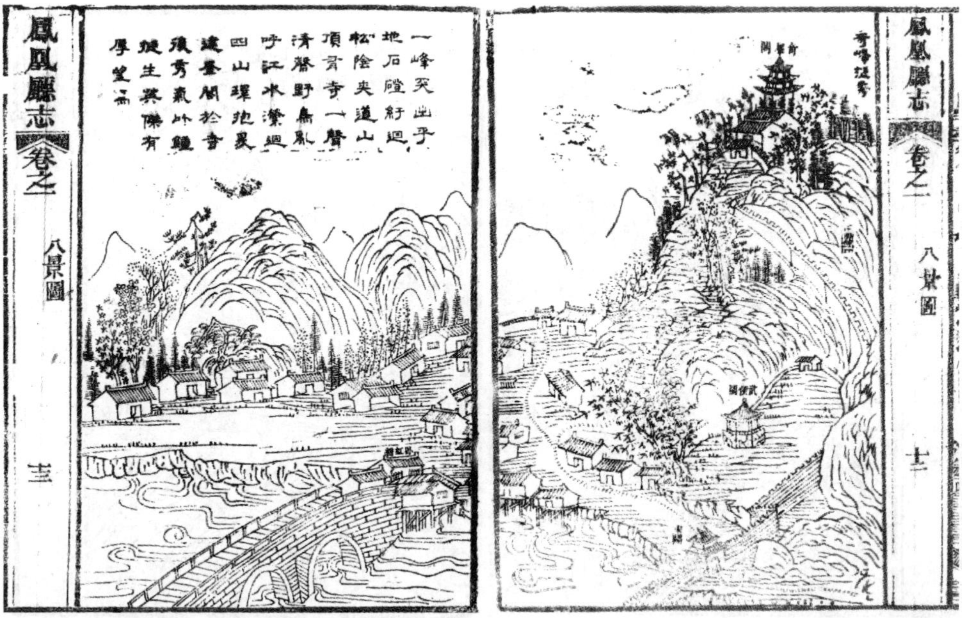

圖 清光绪《凤凰厅志》载“奇峰挺秀”

清光绪《凤凰厅志》“卷之一·八景图”载“奇峰挺秀”：一峰突出乎地，石磴迂回，松荫夹道，山顶有寺，一声清磬，野鸟乱呼，江水潆回，四山环抱，爰建奎阁于寺后，秀气所钟，挺生英杰，有厚望焉。

清代黄应培《奇峰挺秀》

一朵芙蓉秀可餐，诸峰罗列路高盘。到秋瘦骨风前立，入夏浓云雨后看。翠耸重霄人迹少，彩摇文笔斗光寒。振衣莫更登千仞，此是山灵气厚蟠。

[溪桥夜月]

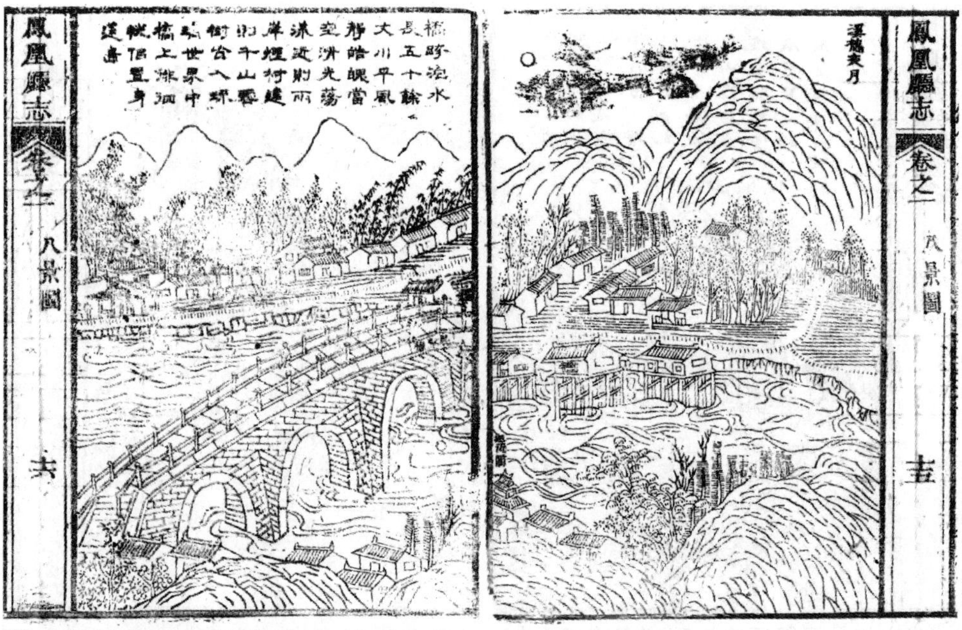

囧 清光绪《凤凰厅志》载“溪桥夜月”

清光绪《凤凰厅志》“卷之一·八景图”载“溪桥夜月”：桥跨沱江水，长五十余丈，川平风静，皓魄当空，清光荡漾。近则两岸烟村，远则千山云树，皆入琉璃世界中，桥上徘徊，恍似置身蓬岛。

清代黄应培《溪桥夜月》

跨岸长桥满彩虹，最清幽是明月中。秋山倒浸寒流碧，渔火遥添远浦红，一角楼台开府集。二分风景秣陵同，我本来是行冰上，不辨珠宫与玉宫。

[龙潭渔火]

囧 清光绪《凤凰厅志》载“龙潭渔火”

清光绪《凤凰厅志》“卷之一·八景图”载“龙潭渔火”：潭水甚深，渔舟蚁集，或钓于岸，或网于渊，暮霭方浓，余霞渐散，邻村沽酒，聚饮于绿柳红蓼间，点上寒灯，与月影星光，交相辉映。

清代凌标《龙潭渔火》

唱晚前滩泊钓槎，渔灯点点映轻波。若教醉眼蒙眬看，错认秋萤聚野莎。

[梵阁回涛]

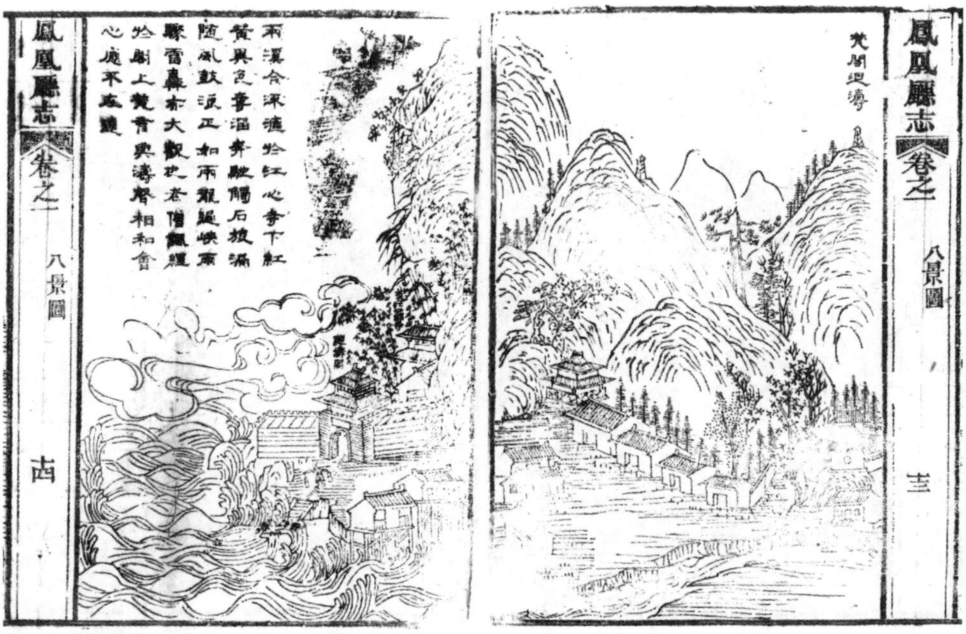

▣ 清光绪《凤凰厅志》载“梵阁回涛”

清光绪《凤凰厅志》“卷之一·八景图”载“梵阁回涛”：两溪合流，汇于江心，寺下红黄异色，夺溜奔驰，触石旋涡，随风鼓浪，正如两龙过峡，雨骤雷轰，亦大观也。老僧讽经于阁上，梵音与涛声相和，会心应不在远。

清代周南枝《梵阁回涛》

双溪流水合，滚滚浪花青。涛声杂梵语，江边静夜听。

［山寺晨钟］

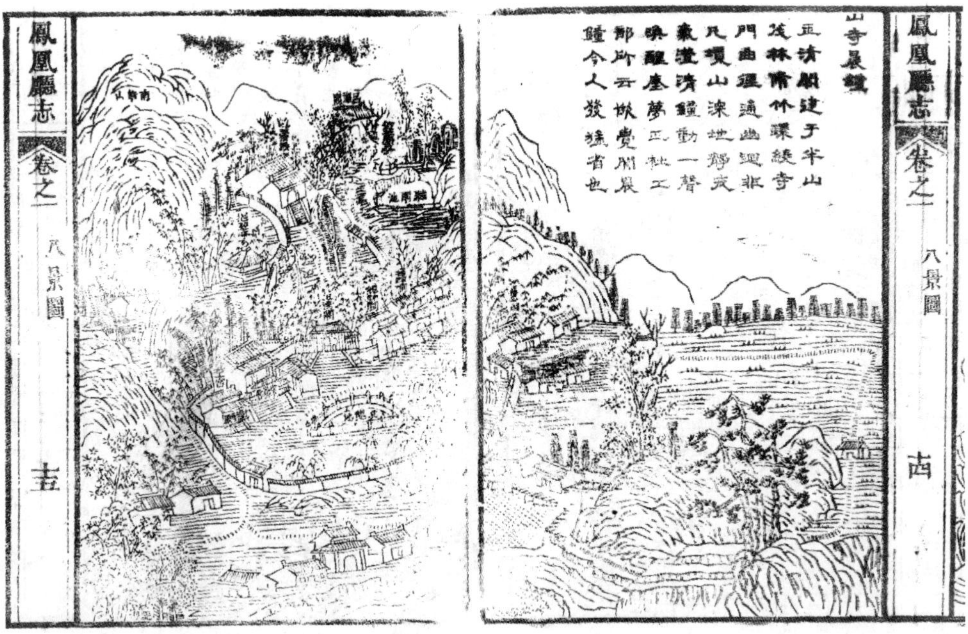

清光绪《凤凰厅志》载“山寺晨钟”

清光绪《凤凰厅志》“卷之一·八景图”载“山寺晨钟”：玉清阁建于半山，茂林修竹，环绕寺门，曲径通幽，迥非凡境。山深地静，夜气澄清，钟动一声，唤醒尘梦。正杜工部所云：“欲觉闻晨钟，令人发猛省也。”

清代李遇春《山寺晨钟》

古寺疏钟早，山岚晓色青。春容随落月，断续送残星。野店催鸡唱，虚窗耸客听。声声开觉路，大梦一时醒。

[兰径樵歌]

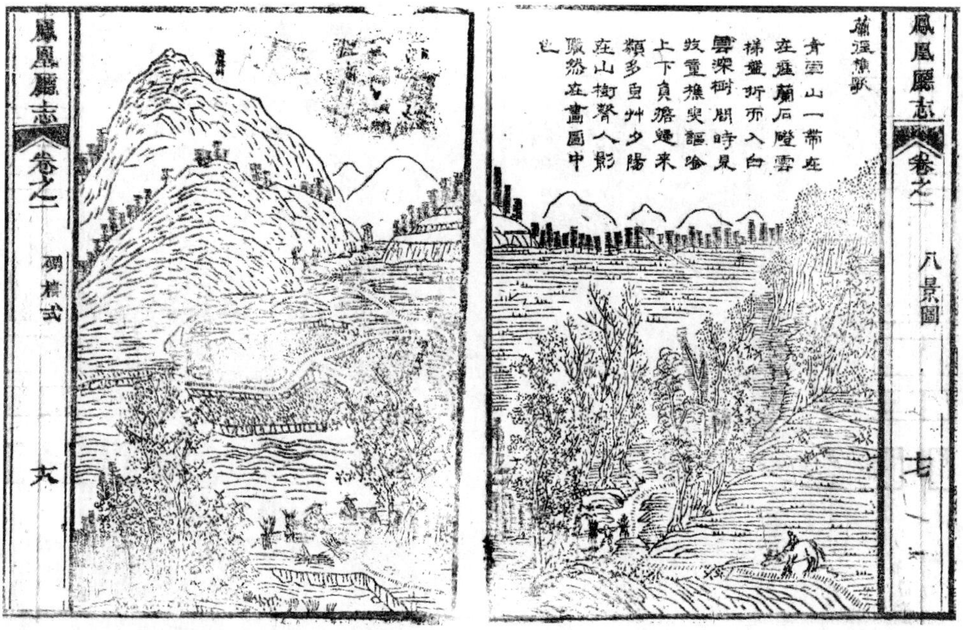

清光绪《凤凰厅志》载“兰径樵歌”

清光绪《凤凰厅志》“卷之一·八景图”载“兰径樵歌”：青云山一带在在产兰，石蹬云梯，盘折而入。白云深树间，时见牧童樵叟，讴吟上下，负担归来，类多良草，夕阳在山，树声人影，俨然画图中也。

清代刘代照《兰径樵歌》

处处樵夫析柞薪，夕阳荷担踏清尘。声喧兰径寻空谷，调引香风扑路人。笛倩牧童相倚和，歌传下里亦翻新，应知一曲阳春后，风景讴吟尽率真。

【永绥（花垣）旧城十景】

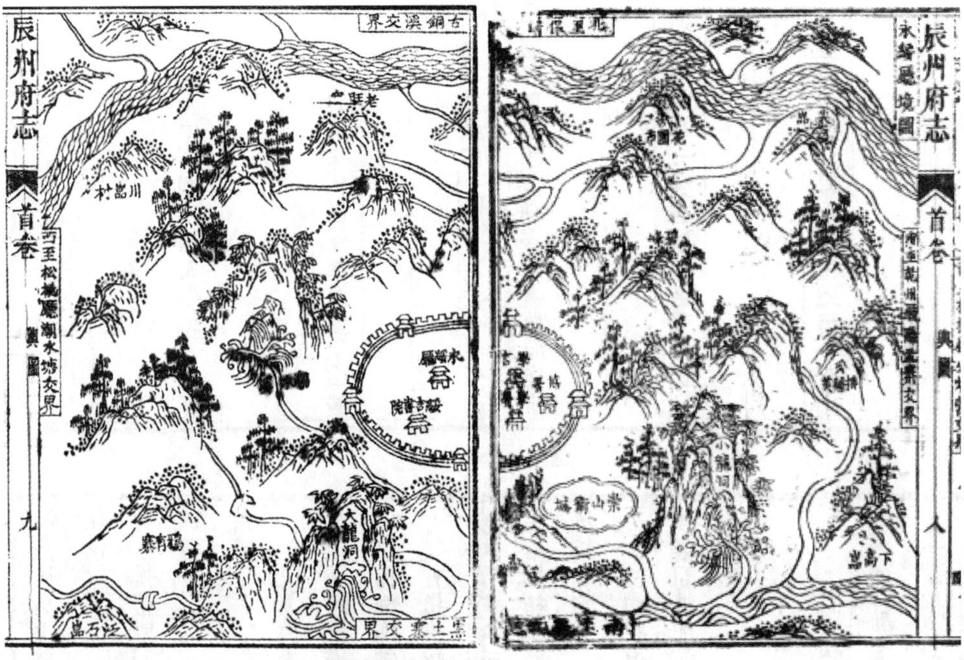

清乾隆《辰州府志》载“永绥厅境图”

花垣县，秦属黔中郡。西汉时划黔中郡部分地区置武陵郡，花垣北半部属迁陵县，南半部属辰阳县，两县同属武陵郡。东汉，属五溪地。三国时期，先为蜀国所有，后为吴国所属，均属辰阳县。晋时属舞阳迁陵地，宋齐时属郢州辰阳地，梁时属卢州地，陈为沅陵郡。隋朝，北半部属大乡县，南半部属沅陵县，均属沅陵郡。唐属溪州地。五代十国后晋天福五年（940）属辰州地。宋熙宁年间属辰州泸溪郡。元代至元二十年（1283）后，南半部属辰州泸溪县，北半部属永保土司。明洪武元年（1368）设崇山卫，后改为崇山千户所。三十年后，革崇山千户所，置镇溪军民千户所，分镇溪崇山124寨为十里，自高岩河分界，下四里为今吉首地，上六里为今花垣县域，旧称“六里苗地”。清雍正八年（1730），设六里同知，管理全境行政事务，隶属辰州府。清雍正十年（1732），改六里为永绥厅，治吉多坪（今花垣县南新卫城），是为旧城。清嘉庆二年（1797）升永绥厅为永绥直隶厅，嘉庆七年（1802）移治花园堡（原为明朝保靖宣慰司彭氏花园，后筑城垣，年久称花垣），是为新城。

清同治《永绥直隶厅志》“卷之六·艺文”载“段汝霖《旧城十景诗》”：

梅井泉甘、荷池香泛、西山晓雾、东阁晚钟、圣水来潮、灵岩瀑布、排楼映日、文笔凌云、五指排空、三台拱秀。

东阁晚钟、圣水来朝二景无考。

永綏詩徵

舊城十景詩

梅井泉甘　濮陽　段汝霖

泉湧香甘梅澥同同歸開闢此城中淵淵不假人穿鑿一井資生萬井功

荷池香泛

荒烟蔓草衛城基猶儺香生夏日宜宋代園亭湮没盡祟山猶賸一荷池

西山曉霧

古斷山巔陰與晴衣冠早起望西城雨憂潮溼乾憂稼曉霧惟祈夏月生

東閣晚鐘

嘹喨鐘鳴寺閣東晚風遥送暮烟中一聲撞醒三苗夢始信元音識聖功

聖水來潮

宮衛岑寂對横翠萬籟無聲香印心何處鳴雷從地起小西門外一潮音

靈嵒瀑布

龍嵒漬水下龍潭百丈珠簾雨後懸一隊源頭休薄視直通舟楫濟湖南

井樓映日

雙雙樓峙雲端疊嶂偏宜久照看幻出蜃樓山市裏可知陸地亦波瀾

文筆凌雲

點化愚頑掃盡兇

朝廷設館細陶鎔他年定叶凌雲兆景運天開文筆峰

五指排空

五峰如指插晴空造化由來布置工應是拏雲伸妙手高攀丹桂向蟾宮

三台拱秀

拱照奇峰筆架排太微垣裡映三台公餘翹首東南望秀色參天入座來

新城十景詩

沈濫春流　甯鄉　黄本驥

偃體能資灌溉功塘名雅與古詩同月潭鏡面雙匳啟春入城跟一綫通荷鍤定逢源左右穿渠應遍畝南東清漣盡洗豁山

清同治《永绥直隶厅志》“艺文”载载“段汝霖《旧城十景诗》”

[梅井泉甘]

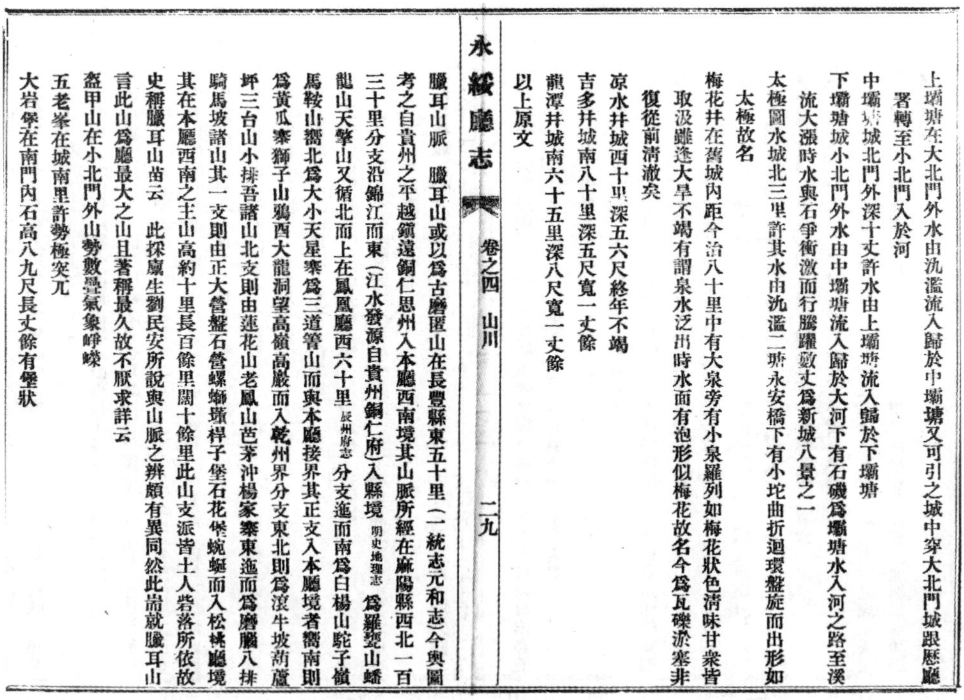

上壩塘在大北門外水由氿濫流入歸於中壩塘又可引之城中穿大北門城跟歷廳
署轉至小北門入於河
中壩塘城北門外深十丈許水由上壩塘流入歸於下壩塘
下壩塘城小北門外水由中壩塘流入歸於大河下有石磯爲壩塘水入河之路至溪
流大漲時水與石爭衝激而行騰躍數丈爲新城八景之一
太極圖水城北三里許其水由氿濫二塘永安橋下有小坨曲折迴環盤旋而出形如
太極故名
梅花井在舊城內距今治八十里中有大泉旁有小泉羅列如梅花狀色清味甘衆皆
取汲雖逢大旱不竭有謂泉水泛出時水面有泡形似梅花故名今爲瓦礫淤塞非
復從前清澈矣
凉水井城西十里深五六尺終年不竭
吉多井城南八十里深五尺寬一丈餘
龍潭井城南六十五里深八尺寬一丈餘
以上原文

永綏廳志　卷之四　山川　二九

臘耳山脈　臘耳山或以爲古磨匱山在長豐縣東五十里（一統志元和志）今輿圖
考之自貴州之平越鎮遠銅仁思州入本廳西南境其山脈所經在麻陽縣西北一百
三十里分支沿錦江而東（江水發源自貴州銅仁府）入縣境（明史地理志）爲羅甕山蟠
龍山天擎山又循北而上在鳳凰廳西六十里（辰州府志）分支迤而南爲白楊山駝子嶺
馬鞍山嚮北爲大小天星寨爲三道箐山而與本廳接界其正支入本廳境者嚮南則
爲黃瓜寨獅子山鴉西大龍洞望高嶺高巖而入乾州界分支東北則爲滾牛坡葫蘆
坪三台山小排吾諸山北支則由蓮花山老鳳山芭茅沖楊家寨東迤而爲磨腦八排
騎馬坡諸山其一支則由正大營盤石營螺螄壩桿子堡石花堡蜿蜒而入松桃廳境
其在本廳西南之主山高約十里長百餘里闊十餘里此山支派皆土人砦落所依故
史稱臘耳山苗云　此探廩生劉民安所說與山脈之辨頗有異同然此耑就臘耳山
言此山爲廳最大之山且著稱最久故不厭求詳云
盔甲山在小北門外山勢數疊氣象崢嶸
五老峯在城南里許勢極突兀
大岩堡在南門內石高八九尺長丈餘有壘狀

清宣统《永绥厅志》“山川”载“梅花井”

清同治《永绥直隶厅志》“卷之一·古迹”载“梅花井”：在旧城内，其味甘洌而香，当其涌出时，水面有泡形似梅花，故得其名。

清代段汝霖《梅井泉甘》

泉涌香甘梅瓣同，同归开辟此城中。渊渊不假人穿凿，一井资生万井功。

[荷池香泛]

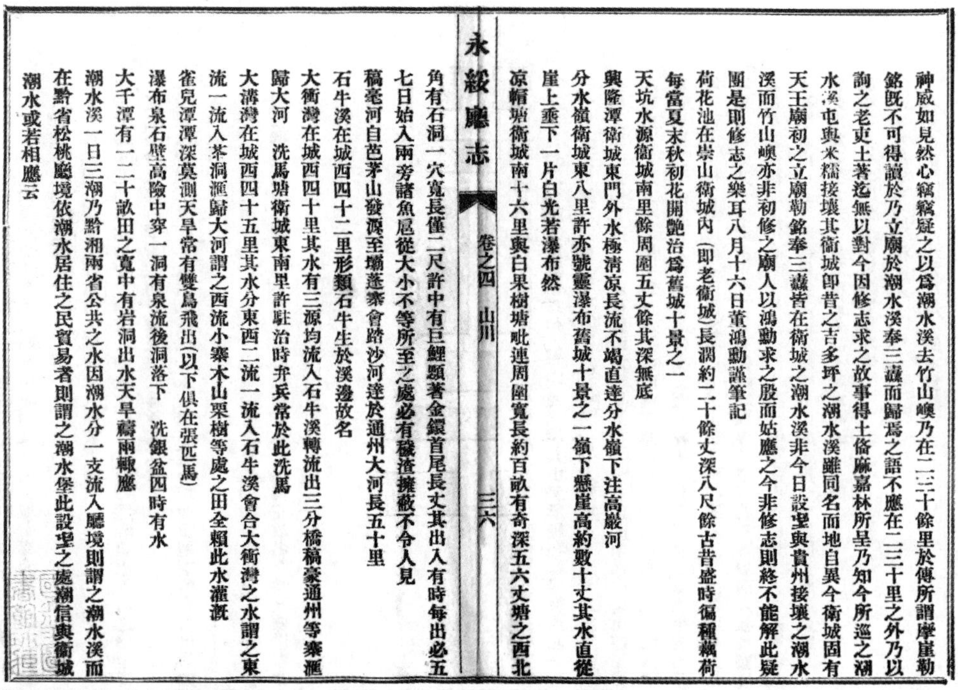

神威如見然心竊竊疑之以爲潮水溪去竹山嶼乃在二三十餘里於傳所謂摩崖勒
銘既不可得讀於乃立廟於潮水溪奉三蟲而歸焉之語不應在二三十里之外乃以
詢之老吏土著迄無以對今因修志求之故事得土偹麻嘉林所呈乃知今所巡之潮
水溪屯與米糯接壤其衞城卽昔之吉多坪之潮水溪雖同名而地自異今衞城固有
天王廟初之立廟勒銘奉三蟲皆在衞城之潮水溪非今日設塘與貴州接壤之潮水
溪而竹山嶼亦非初修之廟人以鴻勳求之殷而姑應之今非修志則終不能解此疑
團是則修志之樂耳八月十六日董鴻勳謹筆記
荷花池在崇山衞城內（即老衞城）長濶約二十餘丈深八尺餘古昔盛時徧種藕荷
每當夏末秋初花開艷治爲舊城十景之一
天坑水源衞城南里餘周圍五丈餘其深無底
輿隆潭衞城東門外水極清凉長流不竭直達分水嶺下注高巖河
分水嶺衞城東八里許亦號靈瀑布舊城十景之一嶺下懸崖高約數十丈其水直從
崖上垂下一片白光若瀑布然
凉帽塘衞城南十六里與白果樹塘毗連周圍寬長約百畝有奇深五六丈塘之西北
角有石洞一穴寬長僅二尺許中有巨鯉題著金鐶首尾長丈其出入有時每出必五
七日始入兩旁諸魚扈從大小不等所至之處必有穢渣擁蔽不令人見
稿毫河自芭茅山發源至壩蓬寨會踏沙河達於通州大河長五十里
石牛溪在城西四十二里形類石牛生於溪邊故名
大衞灣在城西四十里其水有三源均流入石牛溪轉流出三分橋稿豪通州等寨滙
歸大河　洗馬塘衞城東南里許駐治時弁兵常於此洗馬
大溝灣在城西四十五里其水分東西二流一流入石牛溪會合大衞灣之水謂之東
流一流入茶洞滙歸大河謂之西流小寨木山栗樹等處之田全賴此水灌溉
雀兒潭潭深莫測天旱常有雙鳥飛出（以下俱在張匹馬）
瀑布泉石壁高險中穿一洞有泉流後洞落下　洗銀盆四時有水
大千潭有一二十畝田之寬中有岩洞出水天旱禱雨輙應
潮水溪一日三潮乃黔湘兩省公共之水因潮水分一支流入廳境則謂之潮水溪而
在黔省松桃廳境依潮水居住之民貿易者則謂之潮水堡此設塘之處潮信與衞城
潮水或若相應云

永綏廳志　卷之四　山川　三六

清宣统《永绥厅志》“卷之四·山川”载“荷花池”

清宣统《永绥厅志》“卷之四·山川”载“荷花池”：在崇山卫城内（即老卫城），长阔二十余丈，深八尺余。古昔盛时，遍种藕荷，每当夏末秋初，花开艳冶，为旧城十景之一。

[西山晓雾]

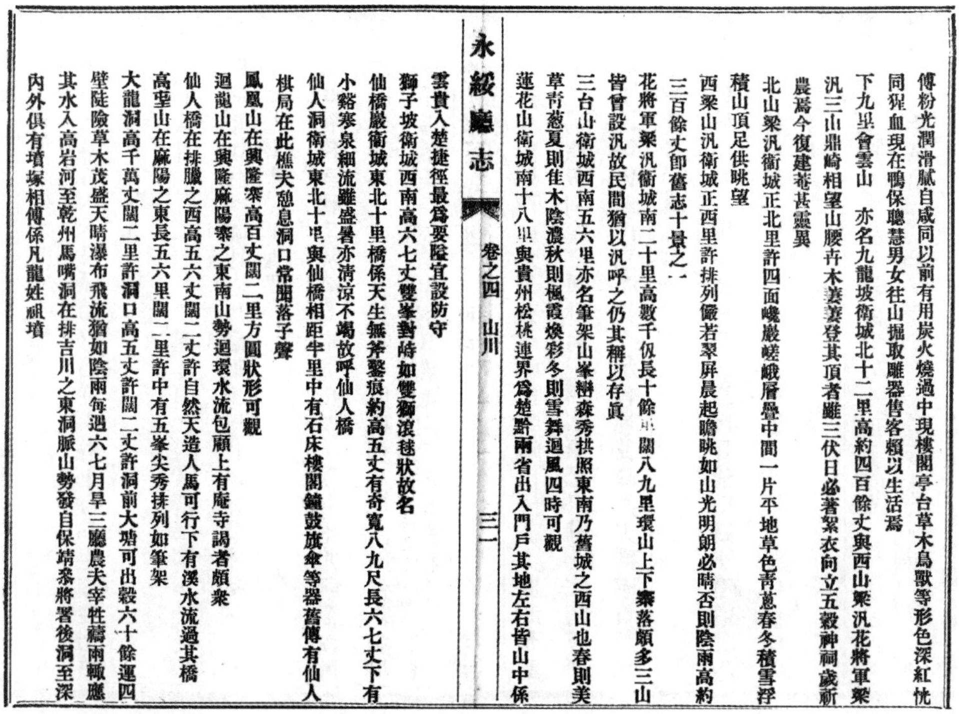

傳粉光潤滑膩自咸同以前有用炭火燒過中現樓閣亭台草木鳥獸等形色深紅恍
同猩血現在鴨保聰慧男女往山掘取雕器售客頼以生活焉
下九里會雲山　亦名九龍坡衛城北十二里高約四百餘丈與西山梁汛花將軍梁
汛三山鼎崎相望山腰卉木萋萋登其頂者雖三伏日必著絮衣向立五穀神祠歲祈
農焉今復建菴甚靈異
北山梁汛衛城正北里許四面巉巖嵯峨層疊中間一片平地草色靑葱春冬積雪浮
積山頂足供眺望
西梁山汛衛城正西里許排列儼若翠屏晨起瞻眺如山光明朗必晴否則陰雨高約
三百餘丈卽舊志十景之一
花將軍梁汛衛城南二十里高數千仭長十餘里闊八九里環山上下寨落頗多三山
皆曾設汛故民間猶以汛呼之仍其稱以存眞
三台山衛城西南五六里亦名筆架山峯巒森秀拱照東南乃舊城之西山也春則美
草靑葱夏則佳木陰濃秋則楓霞煥彩冬則雪舞迴風四時可觀
蓮花山衛城南十八里與貴州松桃連界爲楚黔兩省出入門戶其地左右皆山中係
雲貴入楚捷徑最爲要隘宜設防守
獅子坡衛城西南高六七丈雙峯對峙如雙獅滾毬狀故名
仙橋巖衛城東北十里橋係天生無斧鑿痕約高五丈有奇寬八九尺長六七丈下有
小谿寒泉細流雖盛暑亦清涼不竭故呼仙人橋
仙人洞衛城東北十里與仙橋相距半里中有石床樓閣鐘鼓旗傘等器舊傳有仙人
棋局在此樵夫憩息洞口常聞落子聲
鳳凰山在興隆寨高百丈闊二里方圓狀形可觀
迴龍山在興隆麻陽寨之東南山勢迴環水流包顧上有庵寺謁者頗衆
仙人橋在排膽之西高五六丈闊二丈許自然天造人馬可行下有溪水流過其橋
高望山在麻陽之東長五六里闊二里許中有五峯尖秀排列如筆架
大龍洞高千萬丈闊二里許洞口高五丈許闊二丈許洞前大塘可出穀六十餘運四
壁陡險草木茂盛天晴瀑布飛流猶如陰雨每遇六七月旱三廳農夫宰牲禱雨輒應
其水入高岩河至乾州馬嘴洞在排吉川之東洞脈山勢發自保靖參將署後洞至深
內外俱有墳塚相傳係凡龍姓祖墳

永綏廳志　卷之四　山川　三一

清宣统《永绥厅志》“卷之四・山川”载“西梁山”

清宣统《永绥厅志》“卷之四・山川”载“西梁山”：泛卫城正西十里许，排列俨若翠屏，晨起瞻眺，如山光明朗必晴，否则阴雨。高约三百丈，即旧《志》十景之一。

清代段汝霖《西山晓雾》

占断山巅阴与晴，衣冠早起望西城。雨忧潮湿干忧稼，晓雾惟祈夏月生。

[灵岩瀑布]

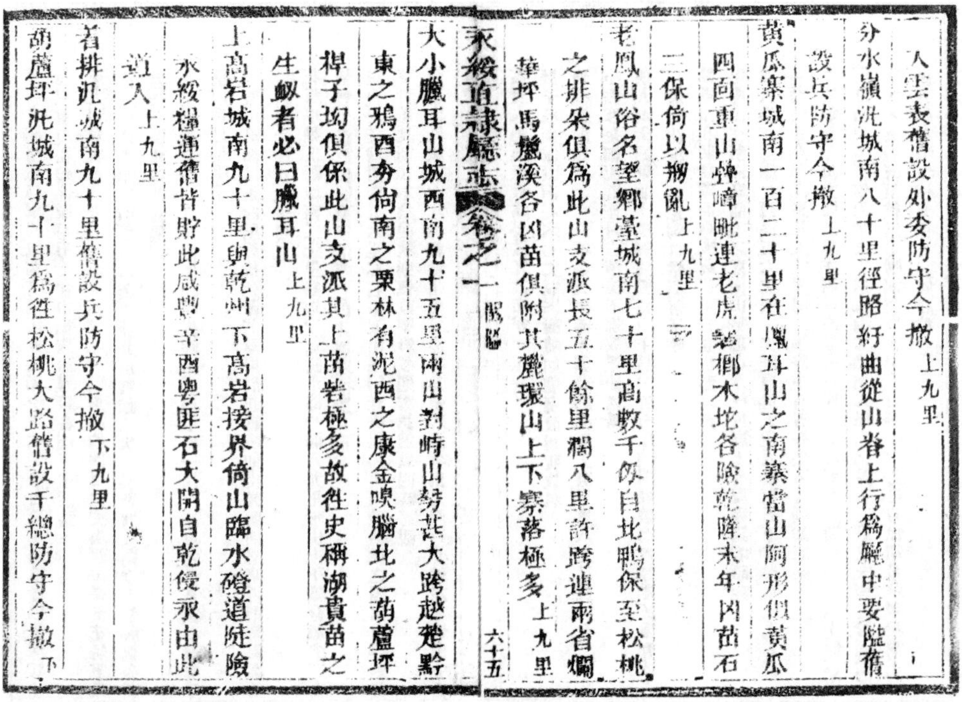
入雲表舊設外委防守今撤上九里
分水嶺汛城南八十里徑路紆曲從山脊上行爲廳中要隘舊
設兵防守今撤上九里
黃瓜寨城南一百二十里在鳳凰山之南巖當山腰形似黃瓜
四面重山嶂嶂毗連老虎崧椰木坨各險乾隆末年因苗石
三保倚以捌亂上九里
老鳳山俗名望鄉臺城南七十里高數千仞自北鴨保至松桃
之排柴俱爲此山支派長五十餘里濶八里許跨連兩省嶋
華坪馬鬃溪各因苗俱附其麓環山上下寨落極多上九里
永綏直隸廳志 卷之一 關隘 六十五
大小臘耳山城西南九十五里兩山對峙山勢甚大跨越楚黔
東之鴉酉夯倘南之栗林有泥西之康金嗅腦北之葫蘆坪
桿子坳俱係此山支派其上苗砦極多故往史稱湖貴苗之
生叛者必曰臘耳山上九里
上高岩城南九十里與乾州下高岩接界倚山臨水磴道陡險
永綏糧運舊皆由此咸豐辛酉粵匪石大開自乾侵永由此
道入上九里
番排汛城南九十里舊設兵防守今撤下九里
葫蘆坪汛城南九十里爲往松桃大路舊設千總防守今撤下

清同治《永绥直隶厅志》“卷之一·关隘”载“分水岭”

清宣统《永绥厅志》“卷之四·山川”载“分水岭”：卫城东八里许，亦号灵瀑布，旧城十景之一，岭下悬崖高约数十丈，其水直从崖上垂下，一片白光，若瀑布然。

清代段汝霖《灵岩瀑布》

龙岩喷水下龙潭，百丈珠帘雨后憨。一隙源头休薄视，直通舟楫济湖南。

［排楼映日］

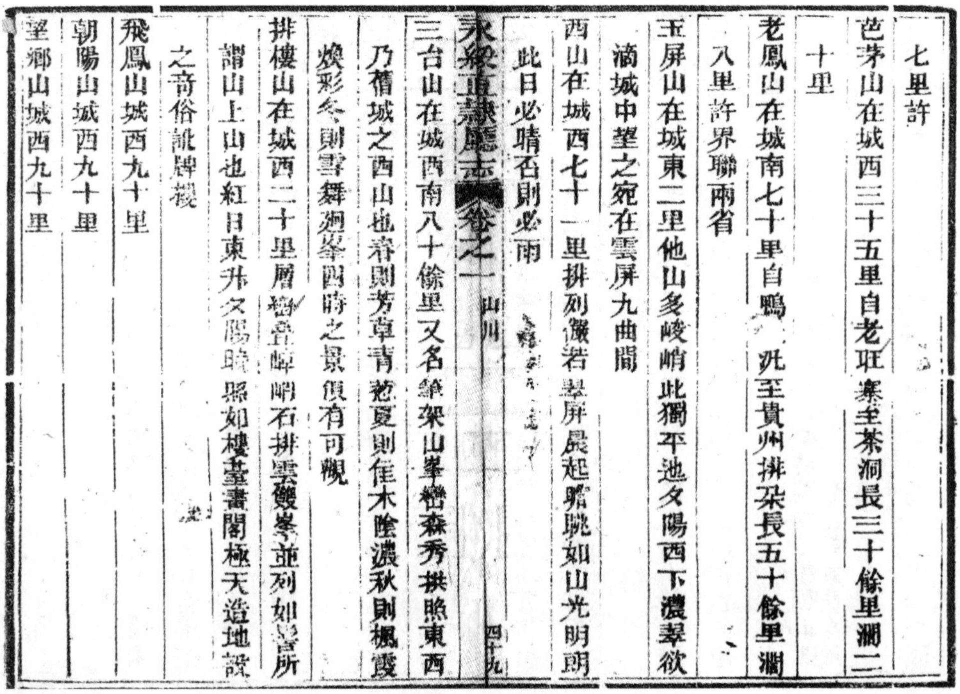
七里許
芭茅山在城西三十五里自老旺寨至茶洞長三十餘里瀾二
十里
老鳳山在城南七十里自鴨氿至貴州排朵長五十餘里瀾
八里許界聯兩省
玉屏山在城東二里他山多崚峭此獨平迤夕陽西下濃翠欲
滴城中望之宛在雲屏九曲間
西山在城西七十一里排列儼若翠屏晨起瞻眺如山光明朗
此日必晴否則必雨
永綏直隸廳志 卷之一 山川 四十九
三台山在城西南八十餘里又名筆架山峯巒森秀拱照東西
乃舊城之西山也春則芳草青葱夏則佳木陰濃秋則楓霞
煥彩冬則雪舞迴峯四時之景俱有可觀
排樓山在城西二十里層巒叠嶂峭石排雲雙峯並列如髻所
謂山上山也紅日東升夕陽晚照如樓臺書閣極天造地設
之奇俗訛牌樓
飛鳳山城西九十里
朝陽山城西九十里
望鄉山城西九十里

清同治《永绥直隶厅志》“山川”载“排楼山”

清同治《永绥直隶厅志》“卷之一・山川”载“排楼山”：在城西二十里，层峦叠嶂，峭石排云，双峰并列如髻，所谓山上山也。红日东升，夕阳晚照，如楼台书阁，极天造地设之奇。俗讹牌楼。

清代段汝霖《排楼映日》

双双螺髮峙云端，叠嶂偏宜夕照看。幻出蜃楼山市里，可知陆地亦波澜。

[文笔凌云]

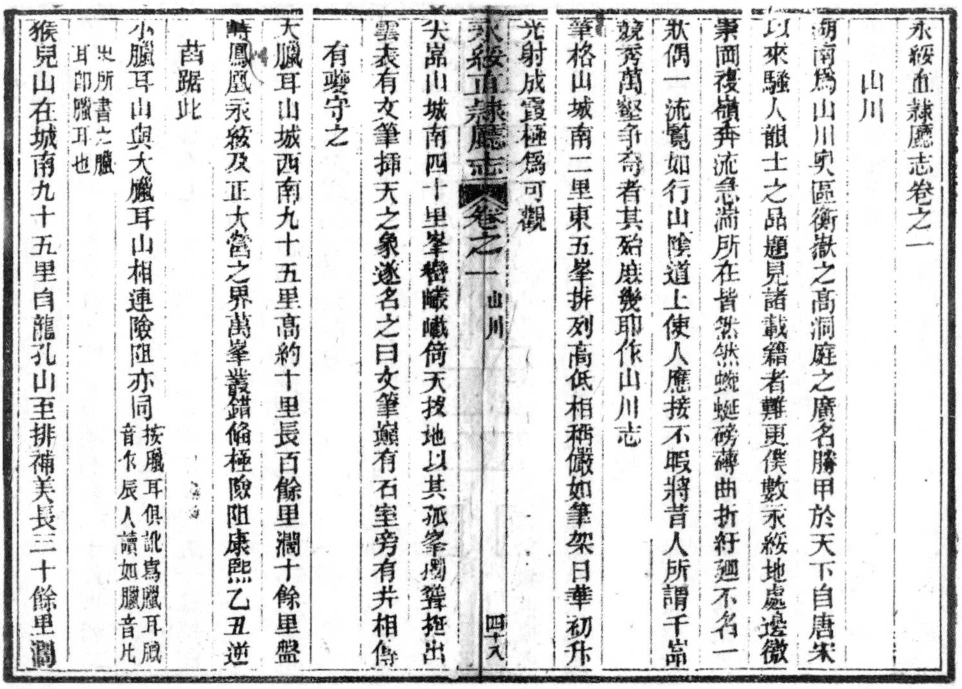

永綏直隸廳志卷之一

山川

湖南爲山川奧區衡嶽之高洞庭之廣名勝甲於天下自唐宋以來騷人韻士之品題見諸載籍者難更僕數永綏地處邊徼羣岡複嶺奔流急湍所在皆然蜿蜒磅礡曲折紆迴不名一狀偶一流覽如行山陰道上使人應接不暇將昔人所謂千岩競秀萬壑爭奇者其殆庶幾耶作山川志

筆格山城南二里東五峯排列高低相稱儼如筆架日華初升光射成霞極爲可觀

永綏直隸廳志 卷之一 山川 四十八

尖嵓山城南四十里峯巒巉巖倚天拔地以其孤峯獨聳挺出雲表有文筆插天之象遂名之曰文筆巔有石室旁有井相傳有夔守之

大臘耳山城西南九十五里高約十里長百餘里濶十餘里盤踞鳳凰永綏及乾大營之界萬峯叢錯倚極險阻康熙乙丑逆苗踞此

小臘耳山與大臘耳山相連險阻亦同 按臘耳俱訛爲臘耳臘音乍辰人讀如臘音凡史所書之臘耳即臘耳也

猴兒山在城南九十五里自龍孔山至排補美長三十餘里濶

清同治《永绥直隶厅志》“山川”载“尖岩山”

清同治《永绥直隶厅志》“卷之一·山川”载“尖岩山”：城南四十里，峰峦巉巖，倚天拔地，以其孤峰独耸挺出云表，有文笔插天之象，遂名曰文笔巅，有石室，旁有井，相传有夔守之。

清代段汝霖《文笔凌云》

点化愚顽扫尽凶，朝廷设馆细陶熔。他年定叶凌云兆，景运天开文笔峰。

[五指排空]

永綏直隸廳志卷之一

山川

湖南爲山川奧區衡嶽之高洞庭之廣名勝甲於天下自唐宋以來騷人韻士之品題見諸載籍者難更僕數永綏地處邊徼峯岡複嶺奔流急湍所在皆然蜿蜒磅礴曲折紆廻不名一狀偶一流覽如行山陰道上使人應接不暇將昔人所謂千巖競秀萬壑爭奇者其殆庶幾耶作山川志

筆格山城南二里東五峯排列高低相稱儼如筆架日華初升光射成霞極爲可觀

永綏直隸廳志 卷之一 山川 四十八

尖嵓山城南四十里峯巒巉巇倚天拔地以其孤峯獨聳挺出雲表有文筆插天之象遂名之曰文筆巖有石室旁有井相傳有夔守之

大臘耳山城西南九十五里高約十里長百餘里濶十餘里盤踞鳳凰永綏及正大營之界萬峯叢錯備極險阻康熙乙丑逆苗踞此

小臘耳山與大臘耳山相連險阻亦同按臘耳俱訛爲臘耳臘音乍辰人讀如臘音凡史所書之臘耳即臘耳也

猴兒山在城南九十五里自龍孔山至排補美長三十餘里濶

清同治《永绥直隶厅志》“山川”载“笔格山”

清同治《永绥直隶厅志》“卷之一·山川”载“笔格山”：城南二里东，五峰排列，高低相称，俨如笔架，日华初升，光射成霞，极为可观。

清代段汝霖《五指排空》

五峰如指插晴空，造化由来布置工。应是拏云伸妙手，高攀丹桂向蟾宫。

[三台拱秀]

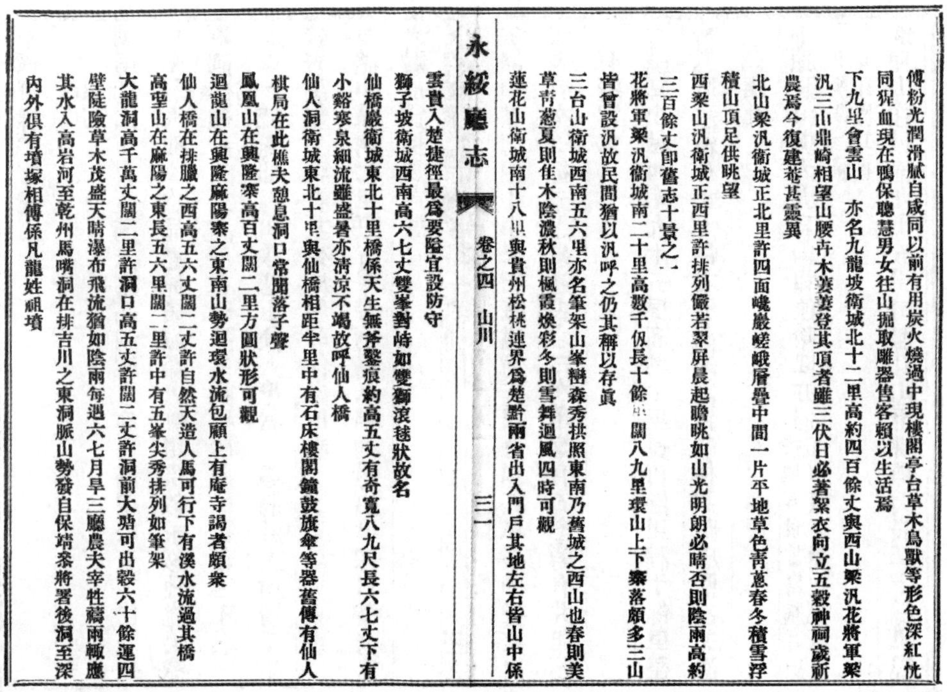
傳粉光潤滑膩自咸同以前有用炭火燒過中現樓閣亭台草木鳥獸等形色深紅恍
同猩血現在鴨保聽慧男女往山掘取雕器售客賴以生活焉
下九里會雲山　亦名九龍坡衛城北十二里高約四百餘丈與西山梁汎花將軍梁
汎三山鼎崎相望山腰卉木蔞蔞登其頂者雖三伏日必著絮衣向立五穀神祠歲祈
農焉今復建菴甚靈異
北山梁汎衛城正北里許四面巉巖嵯峨層疊中間一片平地草色青葱春冬積雪浮
積山頂足供眺望
西梁山汎衛城正西里許排列儼若翠屏晨起瞻眺如山光明朗必晴否則陰雨高約
三百餘丈卽舊志十景之一
花將軍梁汎衛城南二十里高數千仞長十餘里闊八九里環山上下寨落頗多三山
皆曾設汎故民間猶以汎呼之仍其稱以存眞
三台山衛城西南五六里亦名筆架山峯巒森秀拱照東南乃舊城之西山也春則美
草青葱夏則佳木陰濃秋則楓霞煥彩冬則雪舞迴風四時可觀
蓮花山衛城南十八里與貴州松桃連界爲楚黔兩省出入門戶其地左右皆山中係
雲貫入楚捷徑最爲要隘宜設防守
獅子坡衛城西南高六七丈雙峯對峙如雙獅滾毬狀故名
仙橋巖衛城東北十里橋係天生無斧鑿痕約高五丈有奇寬八九尺長六七丈下有
小谿寒泉細流雖盛暑亦淸涼不竭故呼仙人橋
仙人洞衛城東北十里與仙橋相距半里中有石床樓閣鐘鼓旗傘等器舊傳有仙人
棋局在此樵夫憩息洞口常聞落子聲
鳳凰山在興隆寨高百丈闊二里方圓狀形可觀
迴龍山在興隆麻陽寨之東南山勢迴環水流包顧上有庵寺謁者頗衆
仙人橋在排膽之西高五六丈闊一丈許自然天造人馬可行下有溪水流過其橋
高埡山在麻陽之東長五六里闊一里許中有五峯尖秀排列如筆架
大龍洞高千萬丈闊二里許洞口高五丈許闊二丈許洞前大塘可出穀六十餘運四
壁陡險草木茂盛天晴瀑布飛流猶如陰雨每遇六七月旱三廳農夫宰牲禱雨輒應
其水入高岩河至乾州馬嘴洞在排吉川之東洞脈山勢發自保靖參將署後洞至深
內外俱有墳塚相傳係凡龍姓祖墳

永綏廳志　卷之四　山川　三一

清宣统《永绥厅志》“卷之四·山川”载“三台山”

清宣统《永绥厅志》“卷之四·山川”载“三台山”：卫城西南五六里，亦名笔架山。峰峦森秀，拱照东南，乃旧城之西山也。春则美草青葱，夏则佳木荫浓，秋则枫霞焕彩，冬则雪舞回风，四时可观。

清代段汝霖《三台拱秀》

拱照奇峰笔架排，太微垣里映三台。公余翘首东南望，秀色参天入座来。

【永绥（花垣）新城十景】

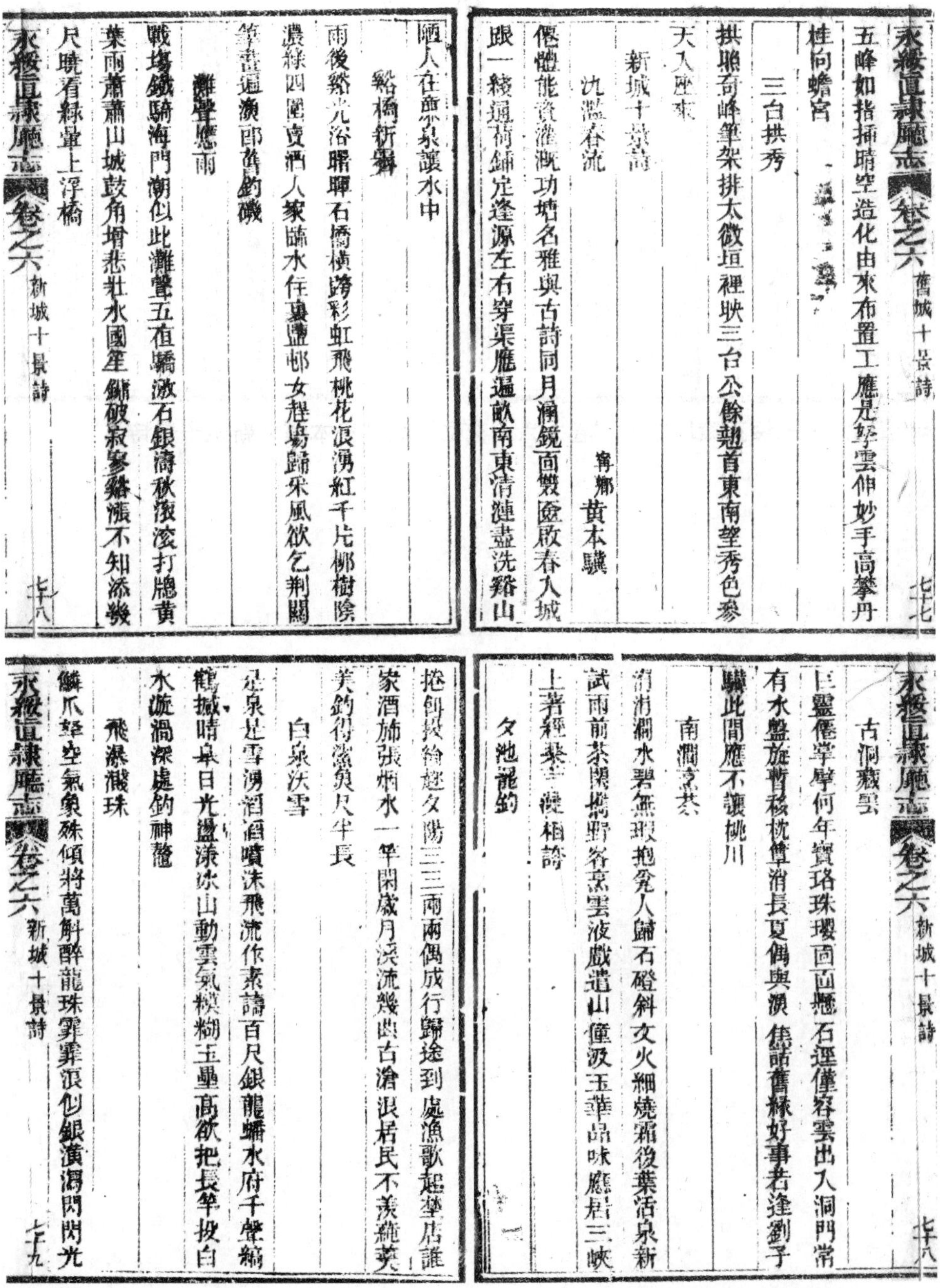

永綏直隸廳志 卷之六 舊城十景詩 七十七

五峰如指插晴空造化由來布置工應是好雲伸妙手高擎丹
桂向蟾宮

三台拱秀

拱聯奇峰筆架排太微垣裡映三台公餘翹首東南望秀色參
天入座來

新城十景詩　甯鄉　黄本驥

氿濫春流

偃憹能資灌溉功塘名雅與古詩同月涵鏡面斅匳啟春入城
跟一綫通荷鍤定逢源左右穿渠應遍畝南東清漣盡洗豁山

酾人在齋泉讓水中

谿橋新霽

雨後谿光浴曙暉石橋横跨彩虹飛桃花浪湧紅千片椰樹陰
濃綠四圍賣酒人家臨水住浣紗女伴趁墟歸采風欲乞荊關
筆畫遍瀨郎舊釣磯

灘聲應雨

戰場鐵騎海門潮似此灘聲五夜驕激石銀濤秋浪滚打篷黄
葉雨蕭蕭山城鼓角增悲壯水國笙鏞破寂寥豁漲不知添幾
尺曉看綠暈上浮橋

永綏直隸廳志 卷之六 新城十景詩 七十八

永綏直隸廳志 卷之六 新城十景詩 七十八

古洞藏雲

巨靈偃掌擘何年寶珞珠瓔面面懸石逕僅容雲出入洞門常
有水盤旋青稜枕簟消長夏偶與漁樵話舊緣好事若逢劉子
驥此間應不讓桃川

南澗烹茶

涓涓澗水碧無瑕抱瓮人歸石磴斜文火細燒霜後葉活泉新
試雨前茶閑攜野客烹雲液戲遣山僮汲玉華品味應居三峽
上著經辛擬補詩

夕池罷釣

捲餌投綸趁夕陽三三兩兩偶成行歸途到處漁歌起華店誰
家酒旆張烟水一竿閑歲月溪流幾曲古滄浪居民不羨蒓鱸
美釣得溪魚尺半長

白泉沃雪

是泉是雪湧滔滔噴沫飛流作素濤百尺銀龍蟠水府千聲鶴
鶴撼晴皋日光盪漾疑山動雲氣模糊玉壘高欲把長竿投白
水漩渦深處釣神鼇

飛瀑濺珠

鱗爪騰空氣象殊傾將萬斛醉龍珠霏霏浪似銀潢瀉閃閃光

永綏直隸廳志 卷之六 新城十景詩 七十九

清同治《永绥直隶厅志》“卷之六·艺文”载“黄本骥《新城十景诗》”

清同治《永绥直隶厅志》“卷之六·艺文”载“黄本骥《新城十景诗》”：氿滥春流、溪桥新霁、滩声应雨、古洞藏云、南涧烹茶、夕池罢钓、白泉沃雪、飞瀑溅珠、山阁朝晖、江楼夜月。

夕池罢钓、山阁朝晖、江楼夜月三景无考。

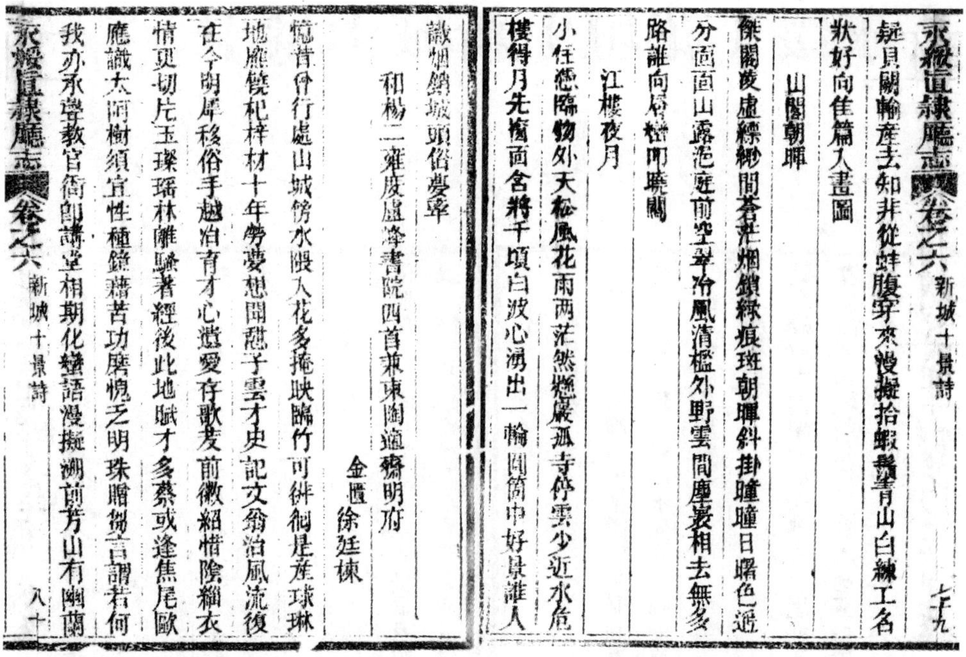

永綏直隸廳志 卷之六 新城十景詩 七十九

疑貝闕輸產去知非從蚌腹穿來謾擬拾蝦鬚青山白練工名
狀好向佳篇入畫圖

山閣朝暉

傑閣凌虛縹緲間蒼茫烟鎖綠痕斑朝暉斜掛曈曈日曙色遥
分面面山露泡庭前空翠冷風清檻外野雲閒塵寰相去無多
路誰向層欄叩曉關

江樓夜月

小住憑臨物外天松風花雨兩茫然燃巖孤寺停雲少近水危
樓得月先檻面含將千頃白波心湧出一輪圓箇中好景誰人

識烟鎖城頭俗夢寧

和楊二雍度盧峰書院四首兼柬陶適齋明府

金匱 徐廷棟

憶昔舟行處山城傍水隈入花多掩映臨竹可徘徊是產球琳
地應饒杞梓材十年勞夢想聞憇子雲才史記文翁治風流後
在今明犀移俗手越冶育才心遺愛存歌麦前徽紹惜陰緇衣
情更切片玉璨瑶林雕騷著經後此地賦才多蔡或逢焦尾歐
應識太阿樹須宜性種鐙藉苦功磨愧乏明珠贈惭言謂若何
我亦承學教官銜郎講堂相期化蠻語漫擬溯前芳山有幽蘭

永綏直隸廳志 卷之六 新城十景詩 八十

清同治《永绥直隶厅志》“卷之六·艺文”载“黄本骥《新城十景诗》”

[汍滥春流]

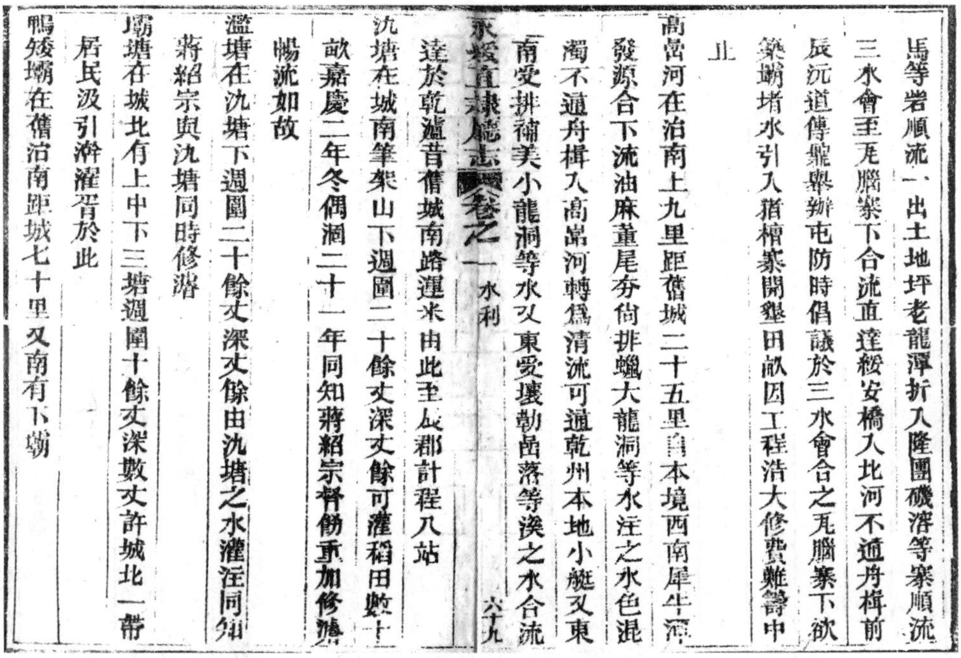
馬等岩順流一出土地坪老龍潭折入隆團磯滘等寨順流
三水會至瓦腦寨下合流直達綏安橋入北河不通舟楫前
辰沅道傅鼐舉辦屯防時倡議於三水會合之瓦腦寨下欲
築壩堵水引入猪槽寨開墾田畝因工程浩大修費難籌中
止
高嵓河在治南上九里距舊城二十五里自本境西南犀牛潭
發源合下流油麻董尾夯尙排蠟大龍洞等水注之水色混
濁不通舟楫入高嵓河轉爲清流可通乾州本地小艇又東
南受排補美小龍洞等水又東受壞勒嵒落等溪之水合流

永綏直隸廳志　卷之一　水利　六十九

達於乾瀘昔舊城南路運米由此至辰郡計程八站
汍塘在城南筆架山下週圍二十餘丈深丈餘可灌稻田數十
畝嘉慶二年冬偶涸二十一年同知蔣紹宗督飭重加修濬
暢流如故
濫塘在汍塘下週圍二十餘丈深丈餘由汍塘之水灌注同知
蔣紹宗與汍塘同時修濬
壩塘在城北有上中下三塘週圍十餘丈深數丈許城北一帶
居民汲引澣濯胥於此
鴨矮壩在舊治南距城七十里又南有下壩

清同治《永绥直隶厅志》“水利”载“汍塘”“滥塘”

清同治《永绥直隶厅志》“卷之一·水利”载“汍塘”：“在城南笔架山下，周围二十余丈，深丈余，可灌稻田数十亩，嘉庆二年冬偶涸，二十一年同知蒋绍宗督饬重加修浚，畅流如故。”载“滥塘”：“在汍塘下，周围二十余丈，深丈余，由汍塘之水灌注，同知蒋绍宗与汍塘同时修浚。”

清代黄本骥《汍滥春流》

仙体能资灌溉功，塘名雅与古诗同。月涵镜面双奁启，春入城跟一线通。荷锸定逢源左右，穿渠应遍亩南东。清涟尽洗溪山陋，人在廉泉让水中。

［溪桥新霁］

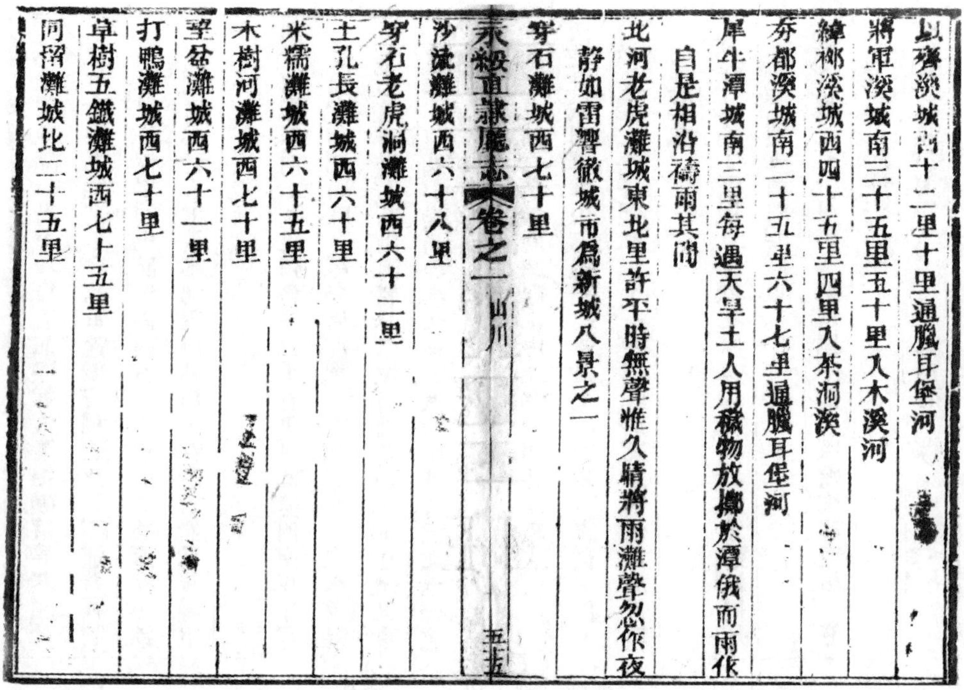

以齊溪城西十二里十里通臘耳堡河
將軍溪城南三十五里五十里入木溪河
緯袍溪城西四十五里四里入茶洞溪
夯都溪城南二十五里六十七里通臘耳堡河
犀牛潭城南三里每遇天旱土人用穢物放擲於潭俄而雨作
自是相沿禱雨其間
北河老虎灘城東北里許平時無聲惟久晴將雨灘聲忽作夜
靜如雷響徹城市爲新城八景之一
穿石灘城西七十里
永綏直隸廳志 卷之一 山川 五十五
沙流灘城西六十八里
穿石老虎洞灘城西六十二里
土孔長灘城西六十里
米糯灘城西六十五里
木樹河灘城西七十里
望岔灘城西六十一里
打鴨灘城西七十里
草樹五鐵灘城西七十五里
同留灘城北二十五里

清同治《永绥直隶厅志》“卷之一·津梁”载“绥安桥”

清同治《永绥直隶厅志》“卷之一·津梁”载“绥安桥”：治东关外小河口，砌石墩五座，高二丈，如月晕形。上铺石板，左右以石为阑，长十三丈，宽一丈二尺，系永保通衢，每年岁修由屯防项下动支。旧桥原系架木为梁，道光十年被水冲塌，同知田永丰重建今桥。

清代黄本骥《溪桥新霁》

雨后溪光浴曙晖，石桥横跨彩虹飞。桃花浪涌红千片，柳树荫浓绿四围。卖酒人家临水住，裹盐村女赶场归。采风欲乞荆关笔，画遍渔郎旧钓矶。

[滩声应雨]

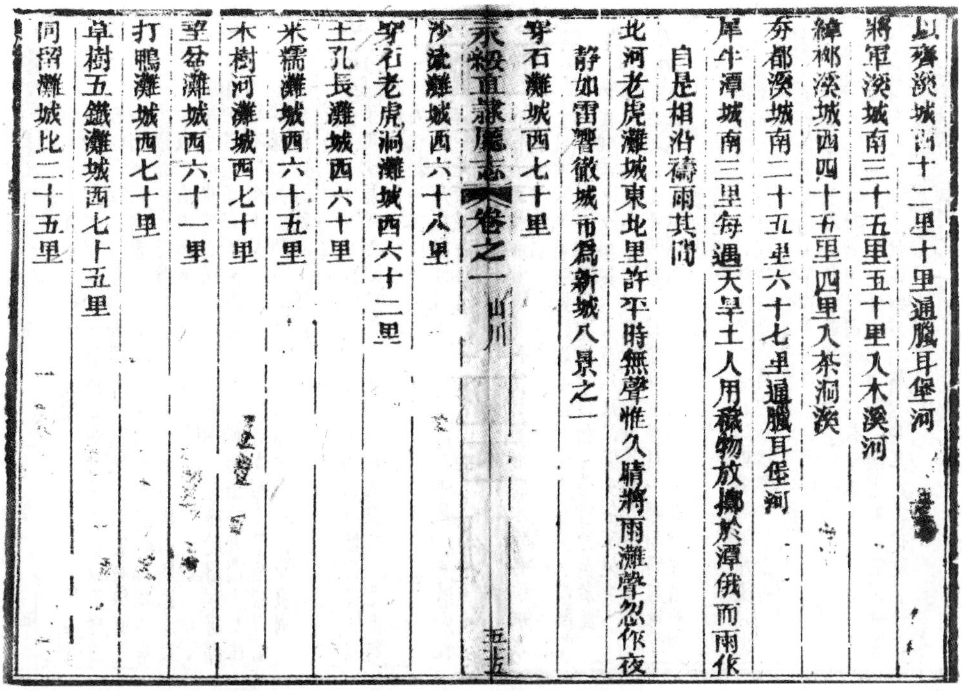

以賽溪城西十二里十里通臘耳堡河
將軍溪城南三十五里五十里入木溪河
緯栁溪城西四十五里四里入茶洞溪
夯都溪城南二十五里六十七里通臘耳堡河
犀牛潭城南三里每遇天旱土人用穢物放擲於潭俄而雨作
自是相沿禱雨其間
北河老虎灘城東北里許平時無聲惟久晴將雨灘聲忽作夜
靜如雷響徹城市爲新城八景之一
穿石灘城西七十里

沙流灘城西六十八里
穿石老虎洞灘城西六十二里
土孔長灘城西六十里
米糯灘城西六十五里
木樹河灘城西七十里
望岔灘城西六十一里
打鴨灘城西七十里
草樹五鐵灘城西七十五里
同留灘城北二十五里

清同治《永绥直隶厅志》“山川”载“北河老虎滩”

清同治《永绥直隶厅志》“卷之一·山川”载“北河老虎滩”：城东北里许，平时无声，惟久晴将雨，滩声忽作，夜静如雷，响彻城市，为新城八景之一。

清代黄本骥《滩声应雨》

战场铁骑海门潮，似此滩声午夜骄。激石银涛秋滚滚，打窗黄叶雨潇潇。山城鼓角增悲壮，水国笙镛破寂寥。溪涨不知添几尺，晓看绿晕上浮桥。

[古洞藏云]

永綏直隸廳志 卷之一 古蹟 七十七

置或以爲元時置相傳有明楊二指揮守此後以孤懸苗地轉運維艱議撤又恐苗之驕其後也爰設羊蹄猫鼓餓馬摇鈴之計以去然戰籍無攷惟明史載洪武宣德間先後兩置衛未幾撤去又辰州推官侯加地作府志謂此衛宜復遷世將撫之久自馴若終明世迄未復今城垣街道衙署故址猶存

花園 即今治也舊爲保靖宣慰司花園有妝樓鏡閣之勝凖觀不禁今土人猶能指其處嘗有人犁土得銅器似爐非爐似鼎非鼎或曰軍中刁斗也康熙中曲阜孔尚任來游此園觀演所製桃花扇傳奇極驩而散

摩崖銘 雍正八年總兵周一德平定六里生苗築城吉多坪建天王廟以鎮撫之於潮水溪旁摩崖爲銘曰 九重錫命仗節西來頑苗入化絕域雲開

金子洞 在今治大北門外里餘相傳爲前人避難之所游人往往於此拾得金器及碎金然有心求之不得也

棣花井 在舊城內其味甘冽而香當其湧出時水面有泡形似棣花故得是名

僊人洞 在城南八十里形如巨艦可容百餘人中多石竅聞聲輒應冬煖夏涼足稱僊境相傳張三豐曾修眞於此

僊人磧 在城西七十里長六丈寬八尺高五丈許不見修砌痕跡俗以爲魯般所造故呼爲僊人磧

潮水溪 在城西七十里或一日數潮或數日一潮潮將起肖聲隆隆作又城南六十五里亦有潮水溪此潮起則彼潮應從無或爽者所謂潮有信也

老虎灘 在城東北平日無聲惟久晴將雨則灘聲頓作儼如虎嘯入夜猶甚獨敵枕簟八景中所謂灘聲應雨也

犀牛潭 在城南三里相傳有犀牛在其中嘗出游觸人不能得每遇天旱農人擲穢物於潭中輒雨

太極圖水 在城北三里許其水曲折回環中分陰陽形如太極說者謂足與濂溪之月岩相配

碎金石 在城南六十里所產之石中多金點光彩爍然相傳昔有道士煉金於此既成有貧兒旬之道士拾境金予之

永綏直隸廳志 卷之一 古蹟 七十八

清同治《永绥直隶厅志》“古迹”载“仙人洞”

清同治《永绥直隶厅志》“卷之一·古迹”载“仙人洞”：在城南八十里，形如巨舰，可容百余人，中多石窍，闻声辄应，冬暖夏凉，足称仙境，相传张三丰曾修真于此。

清代黄本骥《古洞藏云》

巨灵仙掌擘何年，宝珞珠璎面面悬。石径仅容云出入，洞门常有水盘旋。暂移枕簟消长夏，偶与渔樵话旧缘。好事若逢刘子骥，此间应不让桃川。

[南涧烹茶]

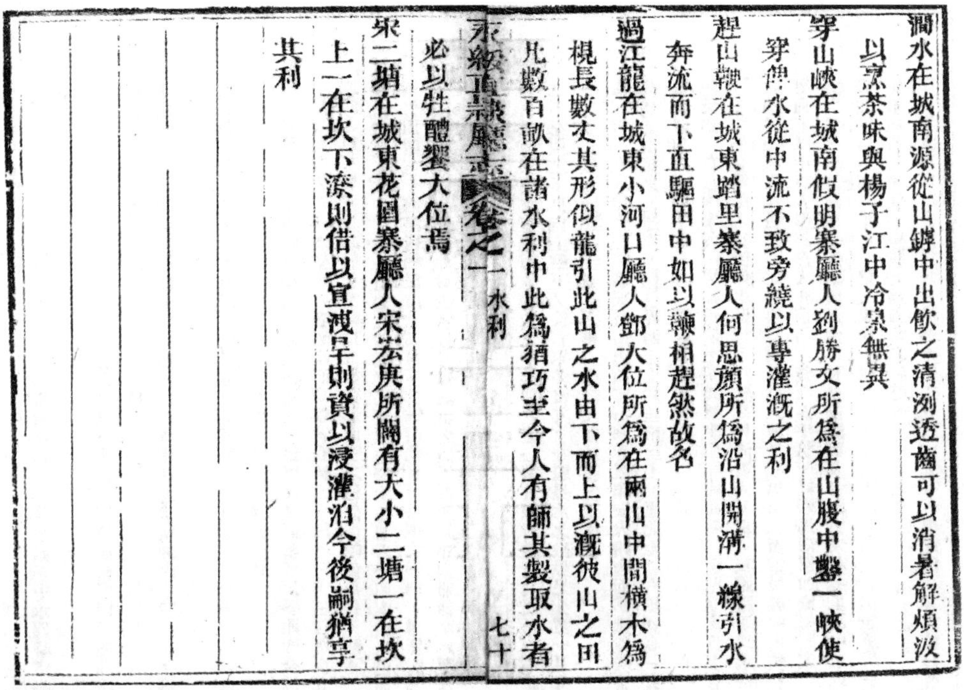

澗水在城南源從山罅中出飲之清冽透齒可以消暑解煩汲
以烹茶味與楊子江中冷泉無異
穿山峽在城南假明寨廳人劉勝文所鑿在山腹中鑿一峽使
穿鑿水從中流不致旁繞以專灌溉之利
趕山鞭在城東踏里寨廳人何思顏所爲沿山開溝一線引水
奔流而下直驅田中如以鞭相趕然故名
過江龍在城東小河口廳人鄧大位所爲在兩山中間橫木爲
梘長數丈其形似龍引此山之水由下而上以溉彼山之田
凡數百畝在諸水利中此爲猶巧至今人有師其製取水者

永綏直隸廳志 卷之一 水利 七十

必以牲醴饗大位焉
泉二塘在城東花園寨廳人宋宏庚所闢有大小二塘一在坎
上一在坎下潦則借以宣洩旱則資以浸灌迨今後嗣猶享
其利

清同治《永绥直隶厅志》“卷之一 · 水利”载“涧水”

清同治《永绥直隶厅志》“卷之一 · 水利”载“涧水”：在城南，源从山罅中出，饮之清冽透齿，可以消暑解烦，汲以烹茶，味与扬子江中冷泉无异。

[白泉沃雪]

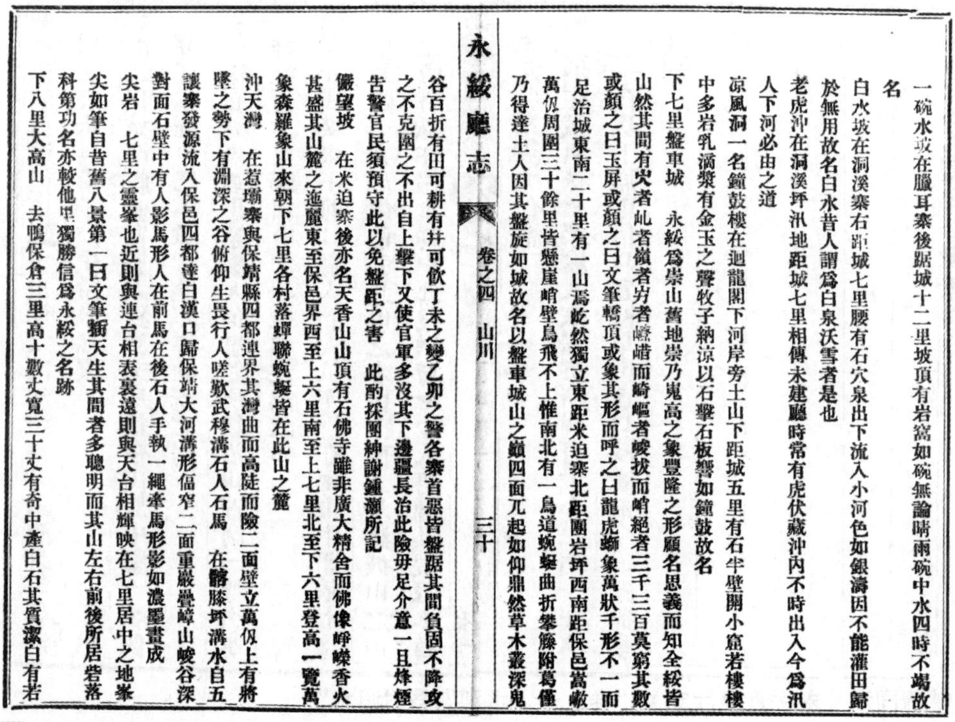

一碗水　或在臘耳寨後距城十二里坡頂有岩窩如碗無論晴雨碗中水四時不竭故
名
白水坡　在洞溪寨右距城七里腰有石穴泉出下流入小河色如銀濤因不能灌田歸
於無用故名白水昔人謂爲白泉沃雪者是也
老虎沖　在洞溪坪汛地距城七里相傳未建廳時常有虎伏藏沖內不時出入今爲汛
人下河必由之道
涼風洞　一名鐘鼓樓在廻龍閣下河岸旁土山下距城五里有石半壁開小窟若樓樓
中多岩乳滴漿有金玉之聲牧子納涼以石擊石板響如鐘鼓故名
下七里盤車城　永綏爲崇山舊地崇乃嵬高之象豐隆之形顧名思義而知全綏皆
山然其間有突者屾者嶺者岁者巉嶆而崎嶇者峻拔而峭絕者三千三百莫窮其數
或顏之曰玉屏或顏之曰文筆轎頂或象其形而呼之曰龍虎蜥象萬狀千形不一而
足治城東南二十里有一山焉屹然獨立東距米追寨北距團岩坪西南距保邑嵩嶮
萬仞周圍三十餘里皆懸崖峭壁鳥飛不上惟南北有一鳥道蜿蜒曲折攀籐附葛僅
乃得達土人因其盤旋如城故名以盤車城山之巔四面兀起如仰鼎然草木叢深鬼

永綏廳志　卷之四　山川　三十

谷百折有田可耕有井可飲丁未之變乙卯之警各寨首惡皆盤踞其間負固不降攻
之不克圍之不出自上擊下又使官軍多沒其下邊疆長治此險毋足介意一旦烽煙
告警官民須預守此以免盤距之害　此酌採團紳謝鍾灝所記
儼望坡　在米追寨後亦名天香山山頂有石佛寺雖非廣大精舍而佛像崢嶸香火
甚盛其山麓之迤麗東至保邑界西至上六里南至上七里北至下六里登高一覽萬
象森羅象山來朝下七里各村落蟬聯蜿蜒皆在此山之麓
沖天灣　在惹壩寨與保靖縣四都連界其灣曲而高陡而險二面壁立萬仞上有將
墜之勢下有淵深之谷俯仰生畏行人嗟歎武穆溝石人石馬　在鵒滕坪溝水自五
讓寨發源流入保邑四都達白漢口歸保靖大河溝形偪窄二面重巖疊嶂山峻谷深
對面石壁中有人影馬形人在前馬在後石人手執一繩牽馬形影如濃墨畫成
尖岩　七里之靈峯也近則與連台相表裏遠則與天台相輝映在七里居中之地峯
尖如筆自昔舊八景第一曰文筆獅天生其間者多聰明而其山左右前後所居砦落
科第功名亦較他里獨勝信爲永綏之名跡
下八里大高山　去鴨保倉三里高十數丈寬三十丈有奇中產白石其質潔白有若

清宣统《永绥厅志》“山川”载“白水坡”

清宣统《永绥厅志》“卷之四·山川”载“白水坡”：在洞溪寨右，距城七里，腰有石穴泉出，下流入小河，色如银涛，因不能灌田，归于无用，故名白水。昔人谓为“白泉沃雪”者是也。

清代黄本骥《白泉沃雪》

是泉是雪涌滔滔，喷沫飞流作素涛。百尺银龙蟠水府，千声缟鹤撼晴皋。日光荡漾冰山动，云气模糊玉垒高。欲把长竿投白水，漩涡深处钓神鳌。

［飞瀑溅珠］

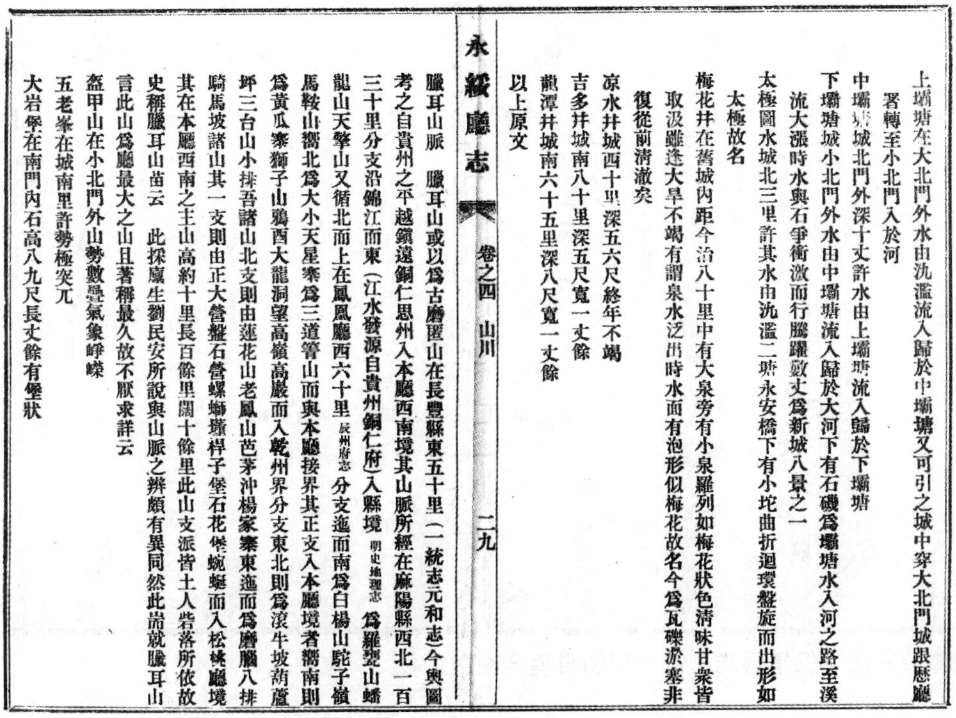

上壩塘在大北門外水由洸濫流入歸於中壩塘又可引之城中穿大北門城跟歷廳署轉至小北門入於河

中壩塘城北門外深十丈許水由上壩塘流入歸於下壩塘

下壩塘城小北門外水由中壩塘流入歸於大河下有石磯爲壩塘水入河之路至溪流大漲時水與石爭衝激而行騰躍數丈爲新城八景之一

太極圖水城北三里許其水由洸濫二塘永安橋下有小坨曲折迴環盤旋而出形如太極故名

梅花井在舊城內距今治八十里中有大泉旁有小泉羅列如梅花狀色清味甘衆皆取汲雖逢大旱不竭有謂泉水泛出時水面有泡形似梅花故名今爲瓦礫淤塞非復從前清澈矣

凉水井城西十里深五六尺終年不竭

吉多井城南八十里深五尺寬一丈餘

龍潭井城南六十五里深八尺寬一丈餘

以上原文

永綏廳志　卷之四　山川　二九

臘耳山脈　臘耳山或以爲古磨匿山在長豐縣東五十里（一統志元和志）今輿圖考之自貴州之平越鎮遠銅仁思州入本廳西南境其山脈所經在麻陽縣西北一百三十里分支沿錦江而東（江水發源自貴州銅仁府）入縣境 明史地理志 爲羅㙩山蟠龍山天擎山又循北而上在鳳凰廳西六十里 辰州府志 分支迤而南爲白楊山駝子嶺馬鞍山獨北爲大小天星寨爲三道箐山而與本廳接界其正支入本廳境者獨南則爲黃瓜寨獅子山鴉酉大龍洞望高嶺高巖而入乾州界分支東北則爲滾牛坡葫蘆坪三台山小排吾諸山北支則由蓮花山老鳳山芭茅沖楊家寨東迤而爲磨腦八排騎馬坡諸山其一支則由正大營盤石營螺螄壧桿子堡石花堡蜿蜒而入松桃廳境其在本廳西南之主山高約十里長百餘里闊十餘里此山支派皆土人砦落所依故史稱臘耳山苗云　此採廩生劉民安所説與山脈之辨頗有異同然此岩就臘耳山言此山爲廳最大之山且著稱最久故不厭求詳云

盔甲山在小北門外山勢數疊氣象崢嶸

五老峯在城南里許勢極突兀

大岩學在南門內石高八九尺長丈餘有壘狀

清宣统《永绥厅志》“卷之四·山川”载“下坝塘”

清宣统《永绥厅志》“卷之四·山川”载“下坝塘”：城小北门外，水由中坝塘流入，归于大河。下有石矶，为坝塘水入河之路，至溪流大涨时，水与石争，冲激而行，腾跃数丈，为新城八景之一。

【保靖八景】

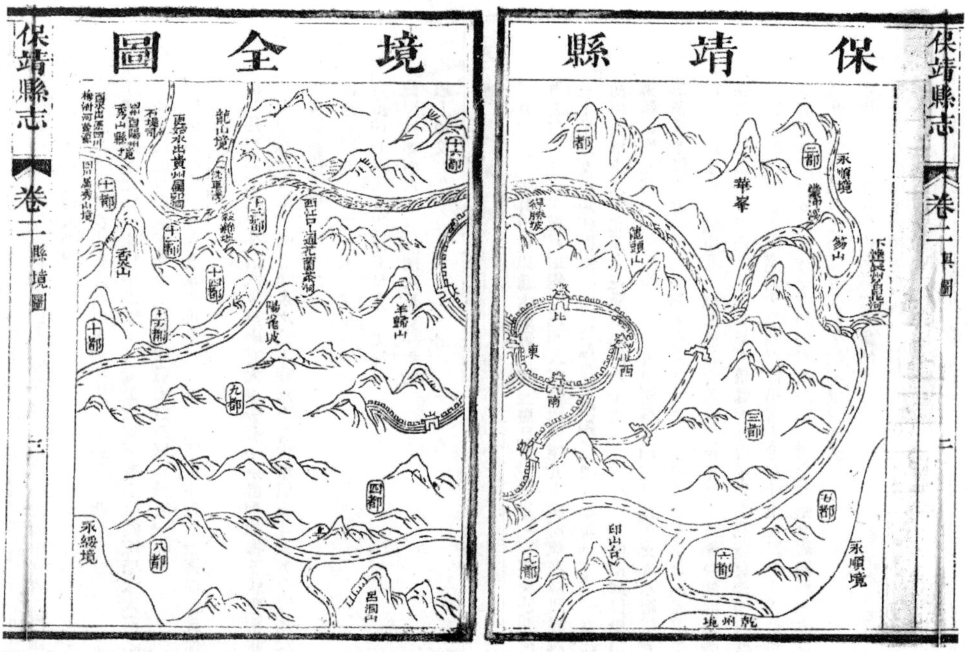

清同治《保靖县志》载“保靖县境全图”

保靖，战国时属楚。秦时属黔中郡。汉高祖五年（前 202）始建迁陵县，属武陵郡。新王莽始建国元年（9），改为迁陆县。东汉复为迁陵县。三国、两晋因之。南朝齐高帝建元元年（479），改为零陵县，梁复为迁陵县，均属武陵郡。陈属沅陵郡，南朝陈后主祯明三年（589），并入大乡县，隋朝因之。唐太宗贞观九年（635），析大乡县部分地城置三亭县，先属辰州，后属溪州。武后天授二年（691），三亭县改为洛浦县，先属溪州，后属锦州。唐玄宗先天二年（713），又复三亭县，仍隶属溪州。五代后梁开平元年（907）改三亭县为保静州。宋太祖建隆元年（960），改为羁縻保静州，属荆湖北路。元初改称保靖州，属新添葛蛮安抚司。元至正二十六年（1366），置保靖州军民安抚司。明洪武元年（1368）改为宣慰司。洪武六年（1373）升为保靖州军民宣慰使司，属湖广布政使司，后改属湖广都司，领长官司二，即五寨长官司和竿子坪长官司（今凤凰地）。武宗正德十四年（1519），分保靖大江之五寨，置大喇巡检司（今龙山县隆头镇地），属辰州府。清世宗雍正五年（1727）“改土归流”置同知隶属辰州府。雍正七年（1729），建立保靖县设知县，县治设今迁陵镇，隶属永顺府。

清同治《永顺府志》“卷之二·山水续编·附胜迹”载“迁陵八景”：月坡春艳、佛阁晓钟、溪岭分松、烟霞浣翠、龙潭演钓、狮洞樵歌、石楼仙洞、华峰献掌。

清同治《保靖县志》“卷二·舆图”载“八景图”：石山丛桂、月坡春艳、狮洞樵歌、华峰献掌、佛阁晓钟、烟霞浣翠、石楼仙洞、龙潭演钓。

月坡春豔

坡在縣城東北隅即二月坡也月之升也不一其度獨至二月直從坡頂湧出故曰二月坡每至春日無論雨晴一望桃紅柳緑豔冶非常遊觀者輒留連不忍去

佛閣曉鐘

閣在城西喜鵲溪口即觀音閣也閣有數間與煙霞山相望原屬土司之家佛堂相傳盛時疎籬掩映曲檻橫斜嘉木異石錯置允爲昔日名勝地乾隆年間知縣鄧家燕增建有斐亭於其旁尤爲佛閣生色每

當天欲曉時寺鐘初鳴響徹山谷而煙嵐四起其奇致不能盡述

溪嶺分松

嶺在縣西參將署後左側上有老松一株中分頂合與煙霞山對峙嶺下有溪故曰溪嶺昔人曾言其勝口細柳營中春試馬分松嶺上夜鳴金蓋紀實也今樹朽久矣時人猶能指其故處

煙霞浣翠

煙霞山在城西二里喜鵲橋外土官曾建署於其上以爲高卧閒遊之所因其朝煙夕霞晦明相通故名

煙霞山嘉慶初曾建保閣三層以培一邑形勝歲久就圮道光十年知縣謝元謨復建呂祖閣而置戍樓於其旁自遠望之四面奇石嶙峋蒼翠欲滴

龍潭演釣

龍馬嘴在縣北二里河邊一帶澄潭左右縈迴上接鰱艫溪口下即古牛灘頭而華峯則峙其前中流倒影幽秀絶倫每當春夏時臨流垂釣者絡繹不絶閒時領畧箇中清趣得未曾有

獅洞樵歌 見前獅洞精舍

屏山返照 見前

石樓仙洞 見前

華峯獻掌 見前鰱艫溪

石山叢桂 見前他山居

此二景因溪嶺分松屏山返照無存後人以是補之

清同治《保靖县志》“古迹”载“八景”

[石山丛桂]

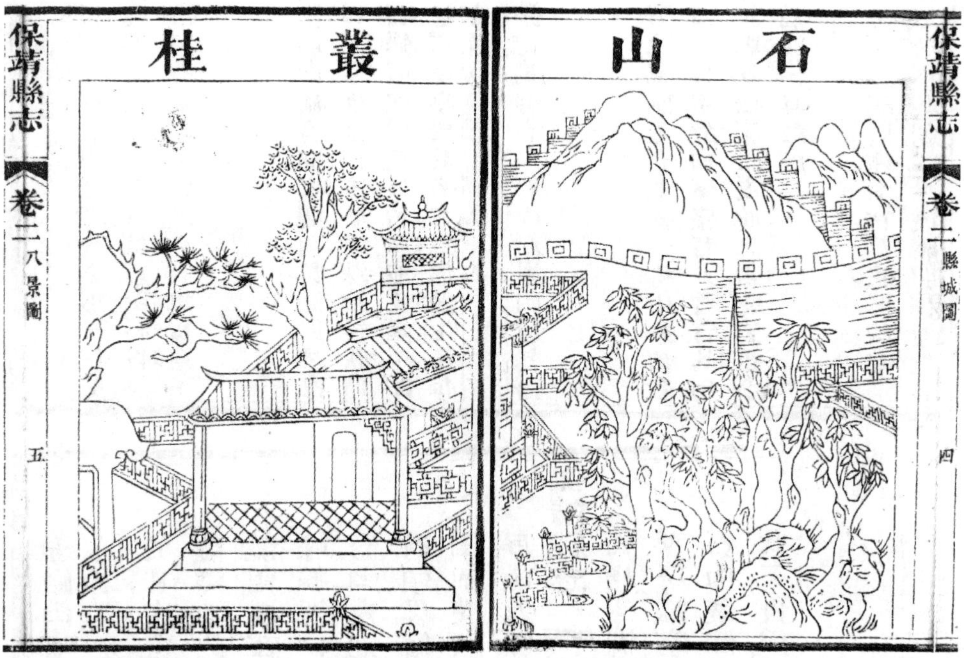

图 清同治《保靖县志》载“石山丛桂”

清同治《保靖县志》“卷二·古迹·旧《志》八景”载“石山丛桂”：见前他山居。

清同治《保靖县志》“卷二·古迹”载“他山居”：在县署西隅上花厅，前有石山平地耸拔，窍穴玲珑，类太湖石。山上蟠植桂树六株，旁依山为曲沼，覆以朱槛，又缘石皆莓苔点缀，苍翠掩映，无一处不入画境。静中把玩，足以令人涤去俗尘数斗，榜曰“他山居”，由来久矣。相传始自知县张联珂，今则易名“古香轩”，其旧额移置下花厅门首，至今犹存。阿抚军制一联云：山从人面起逼真云根凿就，桂自石中生不假月窟修成。

[月坡春艳]

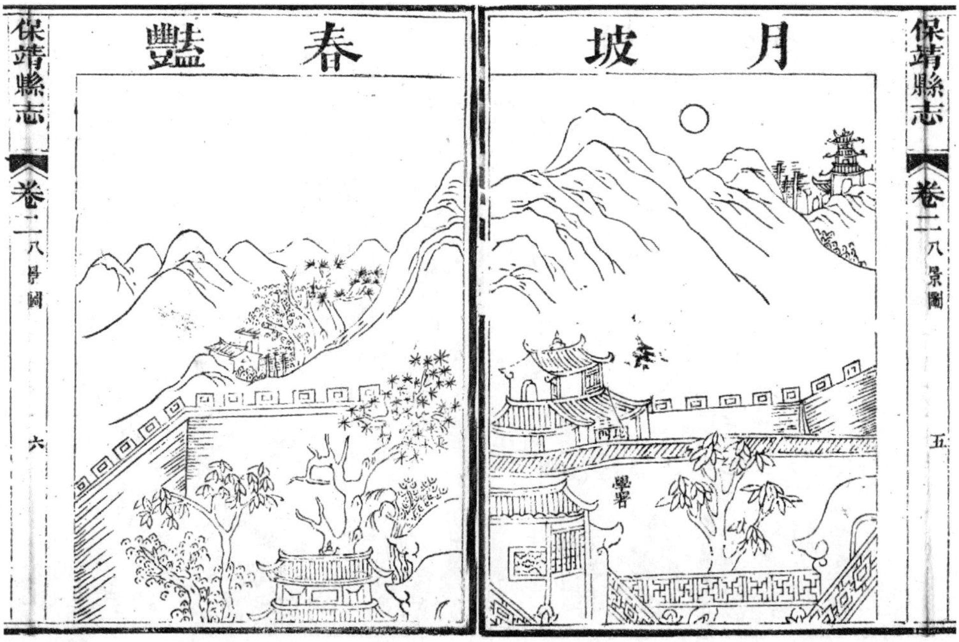

清同治《保靖县志》载“月坡春艳”

清同治《保靖县志》“卷二·古迹·旧《志》八景”载“月坡春艳”：坡在县城东北隅，即二月坡也。月之升也不一，其度独至二月直从坡顶涌出，故曰二月坡。每至春日，无论雨晴，一望桃红柳绿，艳冶非常，游观者辄流连不忍去。

[狮洞樵歌]

清同治《保靖县志》载“狮洞樵歌”

清同治《保靖县志》“卷二·古迹”载“狮洞精舍”：在县西隔河狮洞边，乾隆十一年知县王图倡建书房三间，为士子藏修游息之所，左右修竹林木蓊郁，鸟鸣上下，游目骋怀，气象万千，真不啻置身百尺楼也。旁一洞，外窄内宽，其深莫测，中多幽邃，奇景如千邱田、擎天柱、钟鼓楼诸名胜美难殚述，允踞一邑胜概，今则兰若供佛，香火极盛，其精舍悉易名为僧舍也。

明代江大鲲《狮洞樵歌》

古洞幽深烟径微，乱岩高峙画云衣。麝香潜处眠芝草，野鹤来时立钓矶。石籁暗通青玉响，樵歌酣唱夕阳归。山鸣谷应多风韵，尚有闲鸦叫暮晖。

清代向宗先《游狮子洞》

古洞称奇艳，牵惹游人兴。山僧向爱客，执火导前径。弯环路模糊，空阔声响应。羌无鬼怪来，疑有神仙听。阴风吹飒飒，蝙蝠飞不定。我性素好奇，前途努力进。忽见擎天柱，其高莫与并。火光相照耀，四壁明如镜。泠泉出石罅，道心从此证。虎豹皆蹲伏，鼠雀无争竞。飞腾龙蛇势，攀附猿猱性。怪石遍摩挲，佳名难悉问。归坐山寺中，泠泠数声磬。

[华峰献掌]

囧 清同治《保靖县志》载“华峰献掌”

清同治《保靖县志》“卷二·山水”载“华峰”：在县北艨艟溪口，奇峰高耸，峭壁凌空，人咸称为“华峰献掌”云。

清代袁祖绶《迁陵八景咏（并引）·华峰献掌》

县北二里艨艟溪口，奇峰耸秀，峭壁摩空，方诸太华，殆无多让。

艨艟溪口水淙淙，上有仙人倚翠峰。自把庞眉怜草木，特伸只手献芙蓉。心悬捧日双双合，气撼挐云叠叠逢。料得巨灵同一擘，西来万里挽苍龙。

[佛阁晓钟]

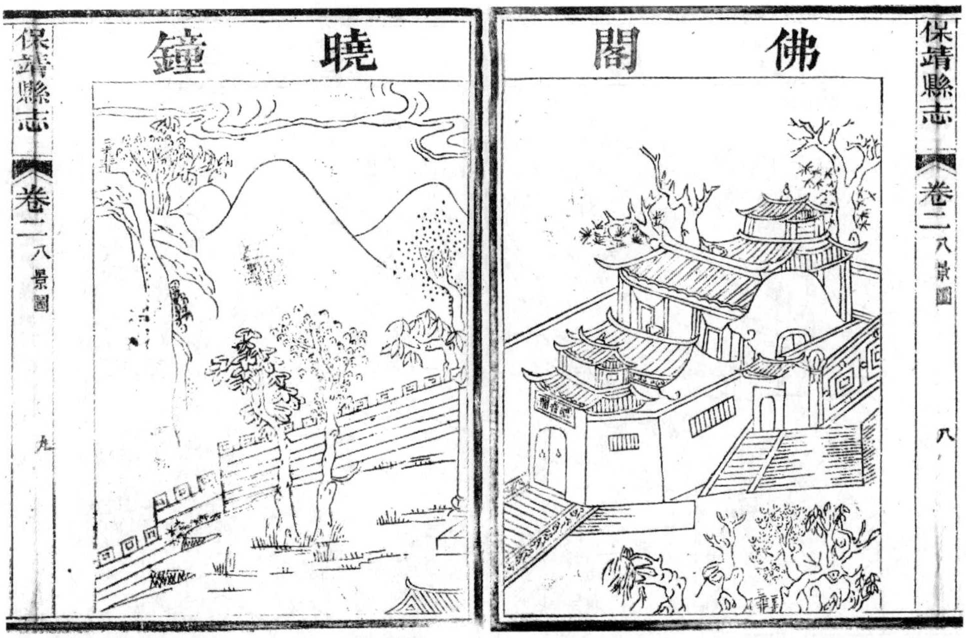

▣ 清同治《保靖县志》载“佛阁晓钟”

清同治《保靖县志》“卷二·古迹·旧《志》八景”载“佛阁晓钟”：阁在城西喜鹊溪口，即观音阁也。阁有数间，与烟霞山相望，原属土司之家佛堂。相传盛时疏篱掩映，曲槛横斜，嘉木异石错置，允为昔日名胜地。乾隆年间，知县邓家燕增建有斐亭于其旁，尤为佛阁生色，每当天欲晓时，寺钟初鸣，响彻山谷，而烟岚四起，其奇致用不能尽述。

［烟霞浣翠］

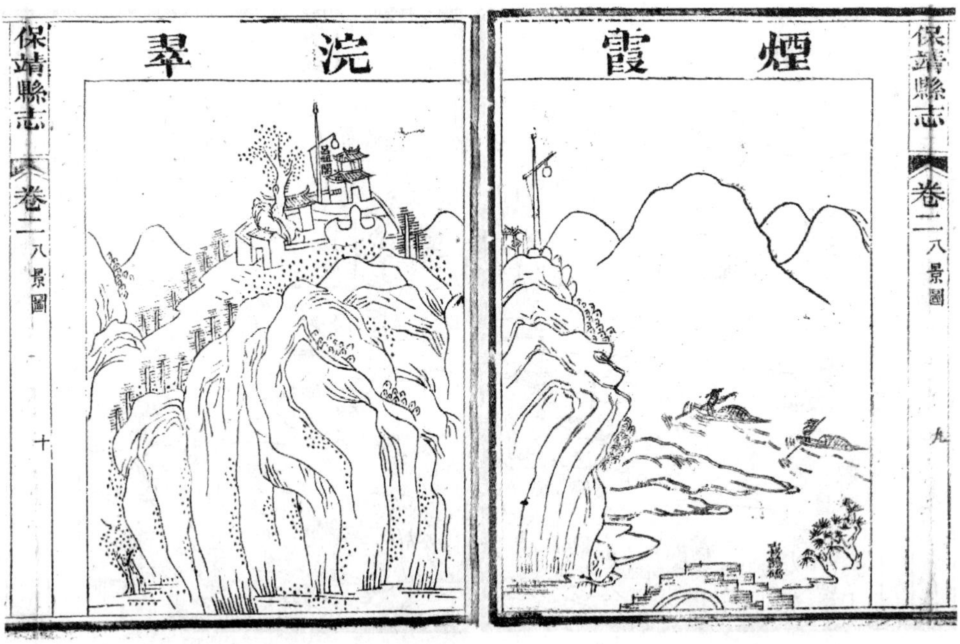

囲 清同治《保靖县志》载“烟霞浣翠”

清同治《保靖县志》“卷二·古迹·旧《志》八景”载“烟霞浣翠”：烟霞山在城西二里喜鹊桥外，土官曾建署于其上，以为高卧闲游之所。因其朝烟夕霞，晦明相通，故名烟霞山。嘉庆初，曾建杰阁三檐，以培一邑形胜。岁久就圮。道光十年，知县谢元谟复建吕祖阁而置戍楼，于其旁自远望之，四面奇石嶙峋，苍翠欲滴。

[石楼仙洞]

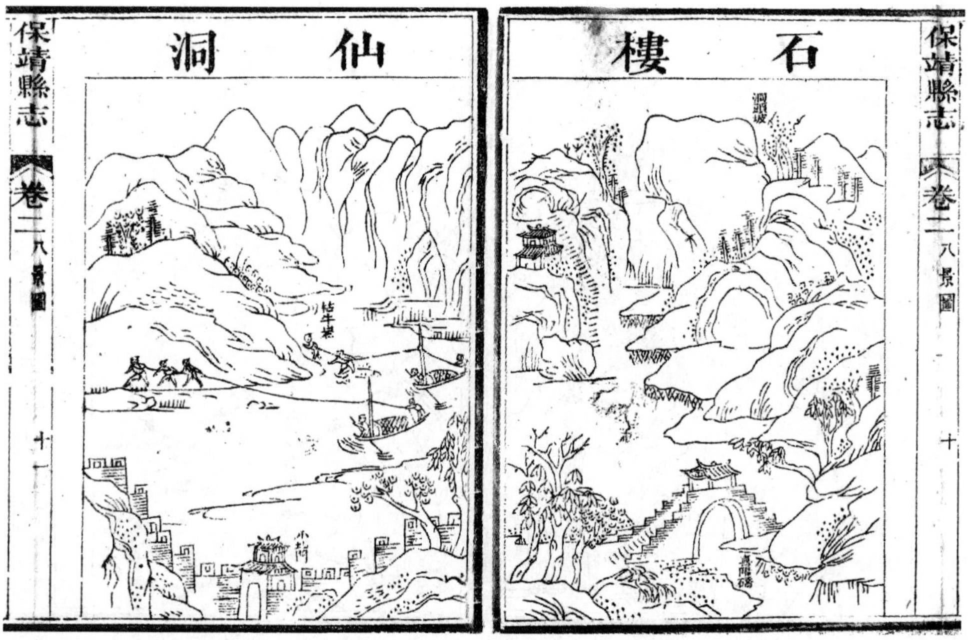

图 清同治《保靖县志》载“石楼仙洞”

清同治《保靖县志》“卷二·古迹”载“石门洞”：即石楼仙洞，县中八景之一。洞在天王庙下半里，路过喜阳桥，左循河岸至洞旁，石径半覆榛莽中，洞口有清泉泻出，砌石级高丈许，至其上有楼，天然户牖，空阔可容数十人，远围苍翠，下瞰清流，洵奇致也。咸丰七年，邑人李玉章募建真人庙于洞口，洞左培以斋房，修砌山门，招僧住持，嗣有好善者增建寺庵于山顶上，暨两旁复穿穴洞中，以供游览。邑中名胜地以此为最。

清代向宗先《石楼洞》

谁把层楼凿，飞空一洞悬。太深疑有鬼，极上已通天。不染尘寰气，仍思草昧年。何须谈旧迹，我辈即神仙。

[龙潭演钓]

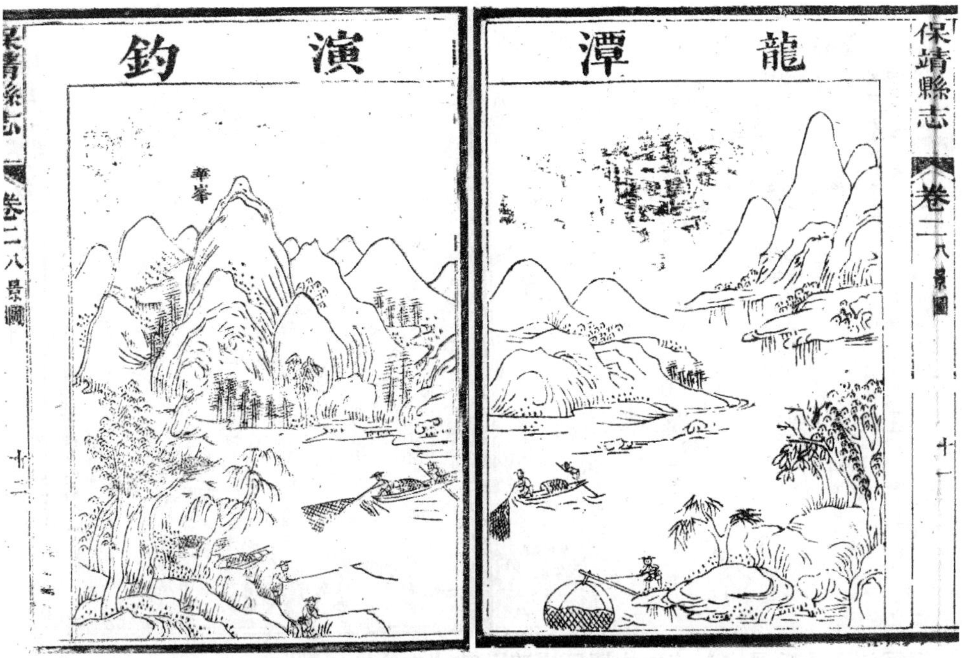

清同治《保靖县志》载“龙潭演钓”

清同治《保靖县志》“卷二·古迹·旧《志》八景”载“龙潭演钓”：龙马嘴在县北二里河边，一带澄潭，左右潆回，上接艨艟溪口，下即古牛滩头，而华峰则峙其前，中流倒影，幽秀绝伦，每当春夏时，临流垂钓者，络绎不绝。闲时领略个中清趣，得未曾有。

【古丈八景】

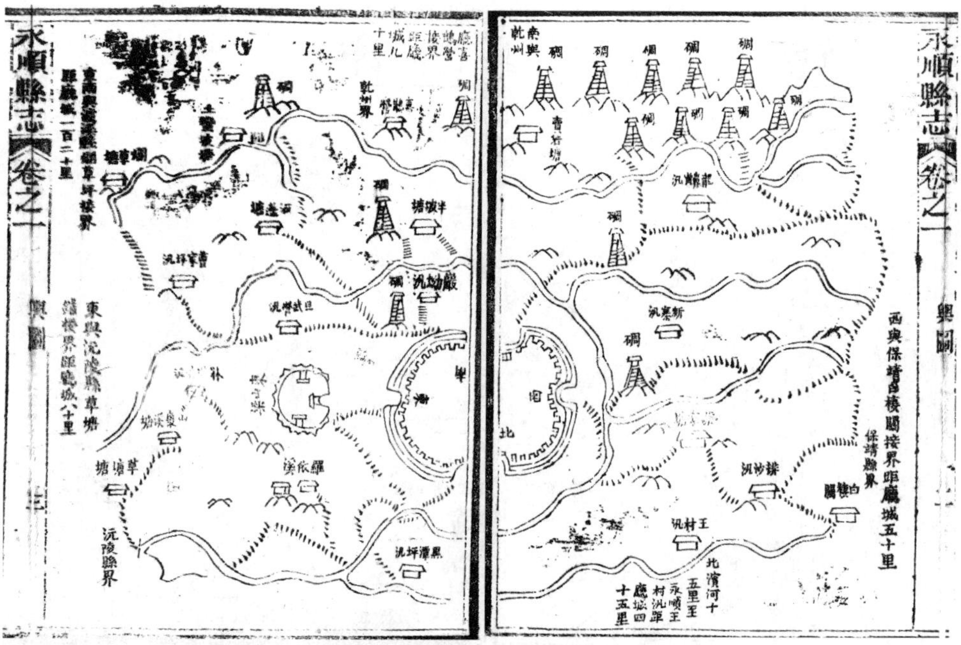

图 清同治《永顺县志》“古丈坪厅辑略”载“古丈坪舆图”

古丈，因治城设古丈坪（今属古阳镇）而得名。古丈坪原为古仗坪。战国时，古丈地区属楚。秦统一中国，置郡县，古丈属黔中郡。至汉，属武陵郡（其治城设今常德）酉阳县（其治城设今永顺王村）。三国时，属东吴荆州郡酉阳县。自梁至隋，改属沅陵郡大乡县（其治城设今永顺老司城）。至唐，属黔中道溪州（老司城）。五代十国时，属楚溪州下溪州（其治城设今古丈县会溪坪，已被凤滩水库淹没）。至宋，属辰州泸溪郡。至元，属保靖州地。明朝时，改属永顺宣慰使，永顺所辖3州、6峒长官司，其中施溶州含今古丈高峰、罗依溪等地；田家峒即今古丈断龙等地；麦着黄峒即今古丈茄通等地。并设有4旗。即西旗，今双溪等地；英旗，今默戎等地；功旗，今野竹等地；冲旗，今坪坝等地。清雍正五年（1727）“改土归流”，设永顺同知治此。雍正七年（1729），永顺府于古丈坪设督捕同知，督永顺18保捕务，有“永顺二府”之称。清道光二年（1822），建置古丈坪厅，改设抚民同知，属辰沅永靖道永顺府管辖。古丈坪厅因属苗疆要地，曾与凤凰、乾州、永绥3厅统被称“苗疆四厅”。民国元年（1912），改厅置县，定名古丈县。

清同治《永顺县志》“卷之七·胜迹”载“古阳八景”：龙潭印月，虎岭嘘云，西场赛社，南浦观涛，桐花飘雪，杨柳垂阴，溪桃红雨，丛桂香风。

桐花飘雪：城东五里，有桐百余株，花开落时，随风飘舞，如飞花滚雪之状。

杨柳垂阴：城北门外，沿河垂柳千株，浓阴一碧，其下可浣衣乘凉。

以上二景，无详考。

古丈坪廳說

古丈坪廳以廳治古仗坪得名治本古仗塲從丈省文所屬又有小古仗坪苗疆也廳轄境遼遠山川盤鬱苗防備覽稱廳治四面高峯層疊中開一坪溪流環繞綠柳垂蔭雖萬山中風景差可人意雍正七年永順改土歸流開設府治以此間地連乾州密邇苗巢防範不可少䟽分駐督捕同知督永順各屬捕務嘉慶紅苗之役既失旋復其時督捕治已畫今廳屬之轄境與乾州鳳凰永綏號苗疆四廳稱最要地道光二年改建撫民廳割永順之羅依西英功全冲正四保建治去所屬永順等處督捕之任專任地方事明白其自成一廳矣

治城周圍一里零三分計長二百四十三丈設三門南曰迎薫西

古丈坪廳志　卷二　十三

曰瑞金北曰台平東有礮樓一座即嘉慶二十四年所建之石堡也

所屬今爲六保曰內冲正保外冲正保內功全保外功全保西英保羅依保

所屬民村二百二十八寨苗村五十八寨皆以村稱寨非眞有土石周垣如堡寨之制也

六保山多田少刀耕火種男女合作全賴桐茶雜糧以補不足近始推講利源矣土地除近四溪河者有水田其餘皆係山地百種皆宜卯產尤豐詳後卯產植物各記中不贅及

清光绪《古丈坪厅志》“卷二”载“古丈坪厅说”

龍潭印月　城西北隅相傳爲龍潭口　水色秀綠深不可測夜月照其中如珠滾盤然

虎嶺嘘雲　城南五里其嶺高如虎負嵎常有雲霧氣盤聚其上

西塲賽社　城西門外有坪可容二千餘人即古丈坪營之演武廳每遇五月二十八日迎神會期各村男女聚會塲期互相歌和此俗至今猶存

南浦觀濤　城南門外兩水夾流春水漲時波濤洶湧如拜揖之狀

桐花飄雪　城東五里有桐百餘株花開落時隨風飄舞如飛花滚雪之狀

楊柳垂陰　城北門外沿河垂柳千株濃陰一碧其下可浣衣乘

古丈坪廳志　卷二　八

涼

谿桃紅雨　城南五里紅沙溪徧種桃樹二月花開光艷奪目落如紅雨

叢桂香風　城南文昌宮有丹黃桂二種當秋花時十里皆香按八景之說已成志書習見且多强湊古丈坪八景皆有實事文亦簡明故自可存亦以見官蠻荒者山川花樹故自親人移風易俗在此教養正無庸抑抑也

清光绪《古丈坪厅志》载“古阳八景”

[龙潭印月]

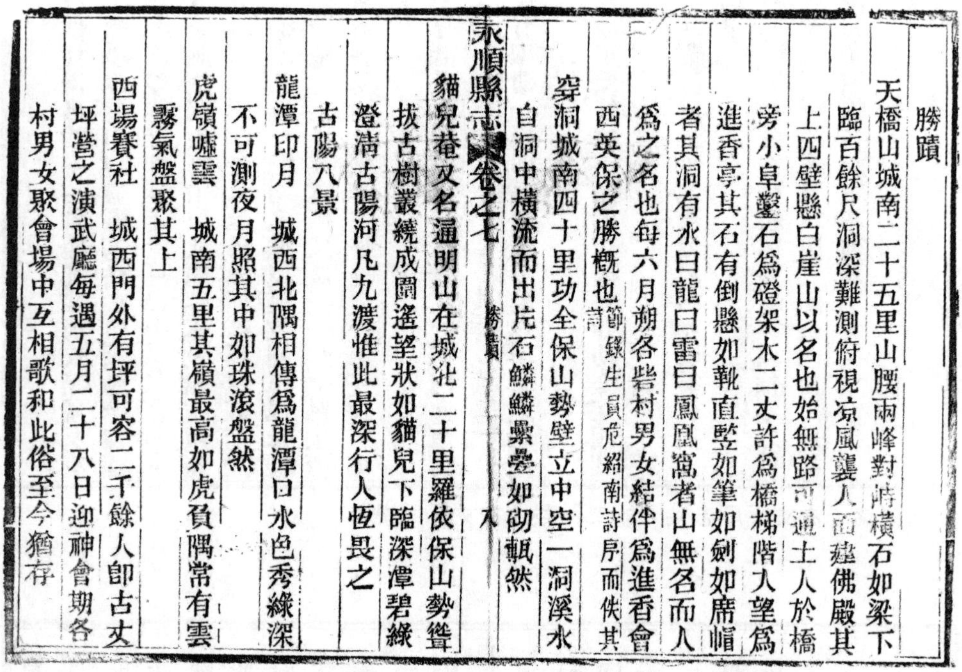

勝蹟

天橋山城南二十五里山腰兩峰對峙橫石如梁下臨百餘尺洞深難測俯視凉風襲人西建佛殿其上四壁懸白崖山以名也始無路可通土人於橋旁小阜鑿石爲磴架木二丈許爲橋梯階入望爲進香亭其石有倒懸如靴直竪如筆如劍如席帽者其洞有水曰龍曰雷曰鳳凰窩者山無名而人爲之名也每六月朔各砦村男女結伴爲進香會西英保之勝概也節錄生員危紹南詩序而佚其詩

穿洞城南四十里功全保山勢壁立中空一洞溪水自洞中橫流而出片石鱗鱗纍疊如砌輒然

永順縣志　卷之七　勝蹟　八

貓兒菴又名逼明山在城北二十里羅依保山勢聳拔古樹叢繞成圓遙望狀如貓兒下臨深潭碧綠澄淸古陽河凡九渡惟此最深行人恒畏之

古陽八景

龍潭印月　城西北隅相傳爲龍潭口水色秀綠深不可測夜月照其中如珠滾盤然

虎嶺噓雲　城南五里其嶺最高如虎負隅常有雲霧氣盤聚其上

西場賽社　城西門外有坪可容二千餘人卽古丈坪營之演武廳每遇五月二十八日迎神會朔各村男女聚會場中互相歌和此俗至今猶存

清同治《永顺县志》“卷七·古丈坪厅辑略·胜迹”载“龙潭印月”

清同治《永顺县志》“卷之七·胜迹·古阳八景”载“龙潭印月”：城西北隅，相传为龙潭口，水色秀绿，深不可测，夜月照其中，如珠滚盘然。

［虎岭嘘云］

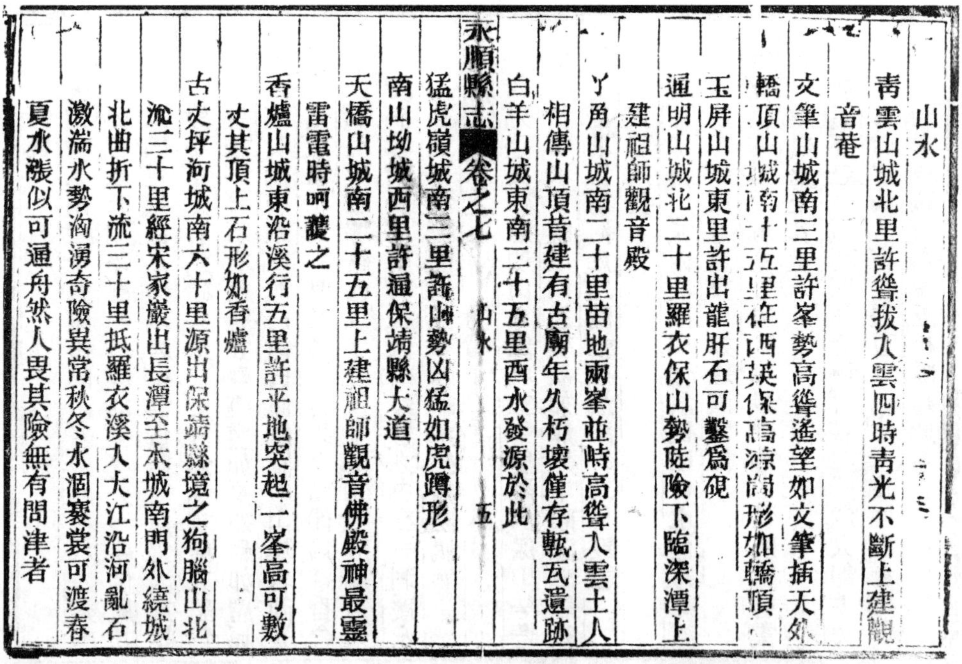
山水
青雲山城北里許聳拔入雲四時青光不斷上建觀
音菴
文筆山城南三里許峯勢高聳遥望如文筆插天外
轎頂山城南十五里在西英保高涼崗形如轎頂
玉屏山城東里許出龍肝石可鑿爲硯
遥明山城北二十里羅衣保山勢陡險下臨深潭上
建祖師觀音殿
丫角山城南二十里苗地兩峯並峙高聳入雲土人
相傳山頂昔建有古廟年久朽壞僅存甎瓦遺跡
白羊山城東南二十五里西水發源於此
永順縣志　卷之七　山水　五
猛虎嶺城南三里許山勢凶猛如虎蹲形
南山坳城西里許遥保靖縣大道
天橋山城南二十五里上建祖師觀音佛殿神最靈
雷電時呵護之
香爐山城東沿溪行五里許平地突起一峯高可數
丈其頂上石形如香爐
古丈坪河城南六十里源出保靖縣境之狗腦山北
流三十里經宋家巖出長潭至本城南門外繞城
北曲折下流三十里抵羅衣溪入大江沿河亂石
激湍水勢洶湧奇險異常秋冬水涸褰裳可渡春
夏水漲似可通舟然人畏其險無有問津者

清同治《永顺县志》“卷七 · 古丈坪厅辑略 · 山水”载“猛虎岭”

清同治《永顺县志》“卷之七 · 胜迹 · 古阳八景”载“虎岭嘘云”：城南五里，其岭最高如虎负隅，常有云雾气盘聚其上。

［西场赛社］

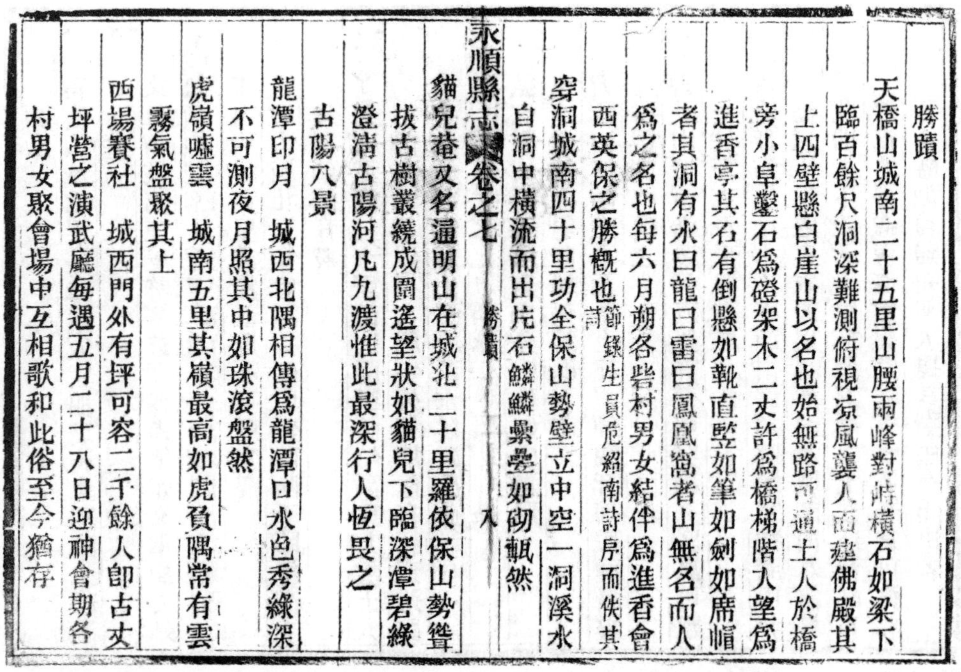

勝蹟
天橋山城南二十五里山腰兩峰對峙橫石如梁下
臨百餘尺洞深難測俯視凉風襲人西䢖佛殿其
上四壁懸白崖山以名也始無路可通土人於橋
旁小阜鑿石爲磴架木二丈許爲橋梯階入望爲
進香亭其石有倒懸如靴直豎如筆如劍如席帽
者其洞有水曰龍曰雷曰鳳凰窩者山無名而人
爲之名也每六月朔各砦村男女結伴爲進香會
西英保之勝概也節錄生員危紹南詩序而佚其詩
穿洞城南四十里功全保山勢壁立中空一洞溪水
自洞中橫流而出片石鱗鱗纍疊如砌輒然
永順縣志　卷之七　勝蹟　八
貓兒菴又名逼明山在城北二十里羅依保山勢聳
拔古樹叢繞成圍遙望狀如貓兒下臨深潭碧綠
澄清古陽河凡九渡惟此最深行人恆畏之
古陽八景
龍潭印月　城西北隅相傳爲龍潭曰水色秀綠深
不可測夜月照其中如珠滚盤然
虎嶺嘘雲　城南五里其嶺最高如虎負隅常有雲
霧氣盤聚其上
西場賽社　城西門外有坪可容二千餘人卽古丈
坪營之演武廳每遇五月二十八日迎神會期各
村男女聚會場中互相歌和此俗至今猶存

清乾隆十年《永顺县志》“卷一·地舆志·市村”载“古丈坪”

清同治《永顺县志》“卷之七·胜迹·古阳八景”载“西场赛社”：城西门外有坪，可容二千余人，即古丈坪营之演武厅，每遇五月二十八日迎神会期，各村男女聚会场中，互相歌和，此俗至今犹存。

[南浦观涛]

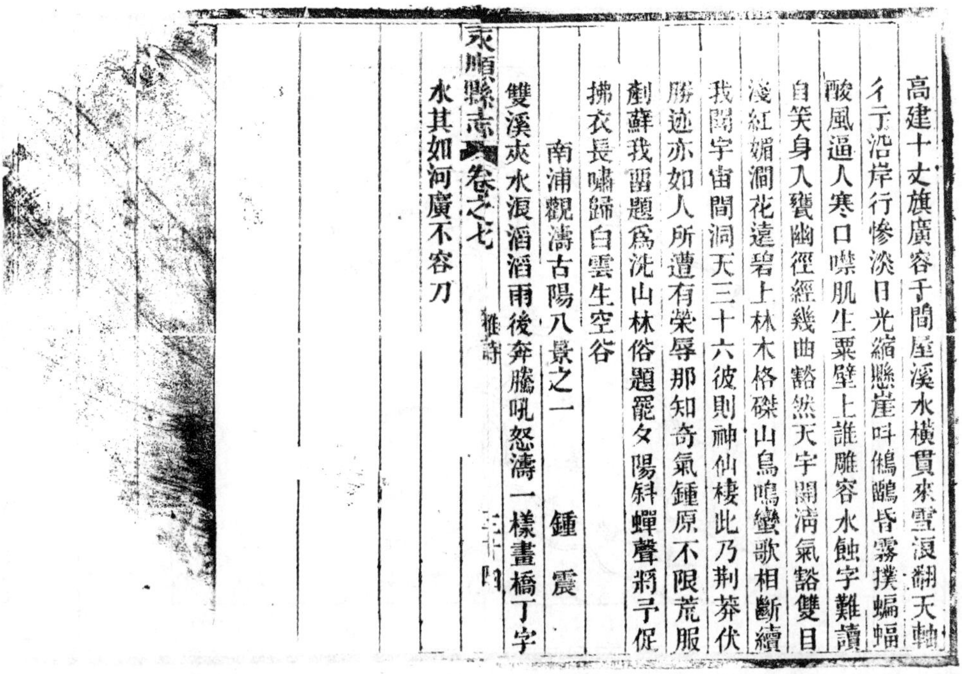

高建十丈旗廣容千間屋溪水橫貫來雪浪翻天軸
彳亍沿岸行慘淡日光縮懸崖叫鵂鶹昏霧撲蝙蝠
酸風逼人寒口噤肌生粟壁上誰雕容水蝕字難讀
自笑身入甕幽徑經幾曲豁然天宇開淸氣豁雙目
淺紅媚澗花遠碧上林木格磔山鳥鳴蠻歌相斷續
我聞宇宙間洞天三十六彼則神仙棲此乃荆莽伏
勝迹亦如人所遭有榮辱那知奇氣鍾原不限荒服
劖蘚我留題爲洗山林俗題罷夕陽斜蟬聲將予促
拂衣長嘯歸白雲生空谷

南浦觀濤古陽八景之一　鍾震

雙溪夾水浪滔滔雨後奔騰吼怒濤一樣畫橋丁字
水其如河廣不容刀

永順縣志　卷之七　雜詩

图 清同治《永顺县志》“卷七·古丈坪厅辑略·杂诗”载“钟震《南浦观涛·古阳八景之一》”

清同治《永顺县志》“卷之七·胜迹·古阳八景”载“南浦观涛”：城南门外，两水夹流，春水涨时，波涛涌流如拜揖之状。

[溪桃红雨]

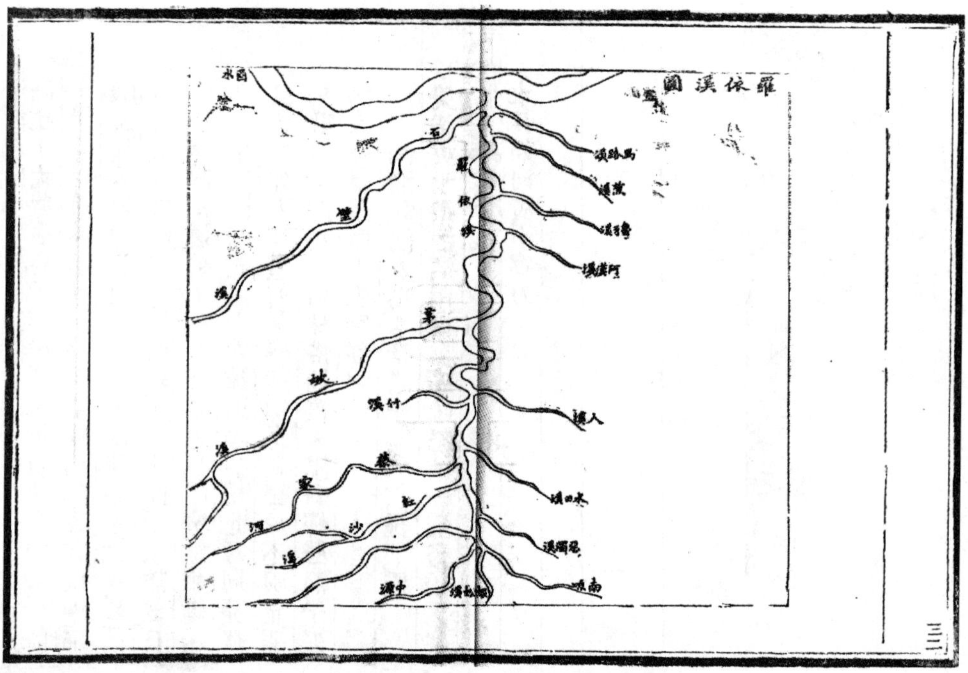

清光绪《古丈坪厅志》“卷二·罗依溪图”载“红沙溪”

清同治《永顺县志》“卷之七·胜迹·古阳八景”载“溪桃红雨”：城南五里红沙溪，遍种桃树，二月花开，光艳夺目，落如红雨。

[丛桂香风]

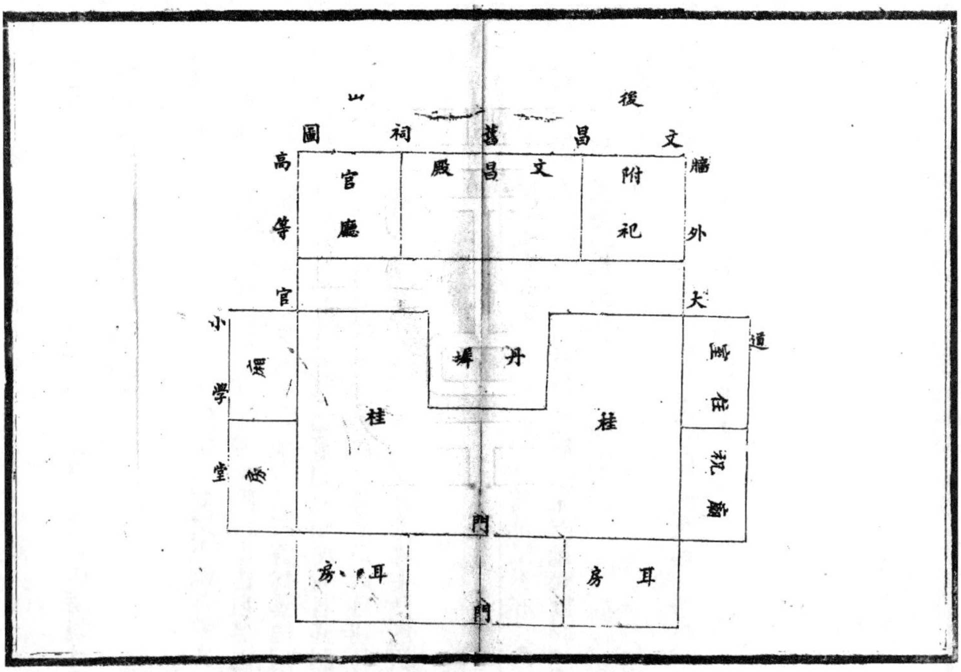

清光绪《古丈坪厅志》“卷二·文昌祠”载“丹黄二桂”

清同治《永顺县志》“卷之七·胜迹·古阳八景”载“丛桂香风”：城南文昌宫有丹黄桂二种，当秋花时，十里皆香。

【白岩八景】

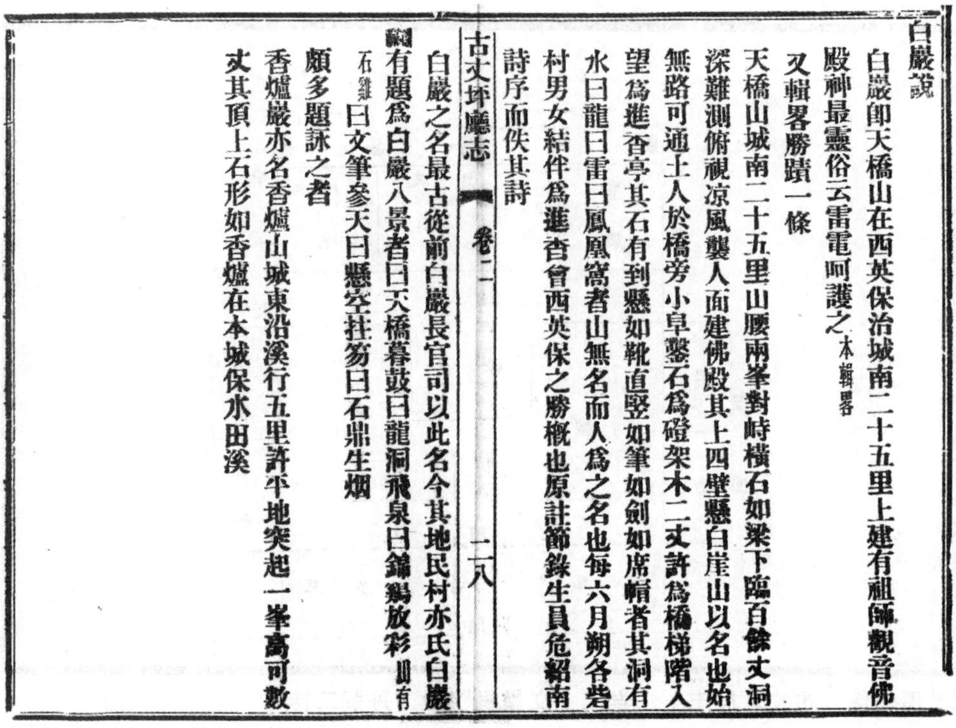

白巖說

白巖即天橋山在西英保治城南二十五里上建有祖師觀音佛殿神最靈俗云雷電呵護之本輯畧

又輯畧勝蹟一條

天橋山城南二十五里山腰兩峯對峙橫石如梁下臨百餘丈洞深難測俯視涼風襲人面建佛殿其上四壁懸白崖山以名也始無路可通土人於橋旁小阜鑿石爲磴架木二丈許爲橋梯階入望爲進香亭其石有到懸如靴直豎如筆如劍如席帽者其洞有水曰龍曰雷曰鳳凰窩者山無名而人爲之名也每六月朔各砦村男女結伴爲進香會西英保之勝概也原註節錄生員危紹南詩序而佚其詩

古丈坪廳志　卷二　一八

白巖之名最古從前白巖長官司以此名今其地民村亦氏白巖

續有題爲白巖八景者曰天橋暮鼓曰龍洞飛泉曰錦雞放彩四有石雞曰文筆參天曰懸空拄笏曰石鼎生烟

頗多題詠之者

香爐巖亦名香爐山城東沿溪行五里許平地突起一峯高可數丈其頂上石形如香爐在本城保水田溪

清光绪《古丈坪厅志》载“白岩八景”

清光绪《古丈坪厅志》“卷二·白岩说”载“白岩”（即天桥山）：城南二十五里，山腰两峰对峙，横石如梁，下临百余丈，洞深难测，俯视凉风袭人面。建佛殿其上，四壁悬白崖，山以名也。始无路可通，土人于桥旁小阜凿石为蹬，架木二丈许为桥梯阶。入望为进香亭，其石有倒悬如靴，直竖如笔、如剑、如席帽者。其洞有水，曰龙、曰雷、曰凤凰窝者。山无名而人为之名也。每六月朔，各寨村男女结伴为进香会。并载“白岩八景”：天桥暮鼓，龙洞飞泉，锦鸡放彩，文笔参天，悬空拄笏，石鼎生烟（仅载六景，另二景无考）。

【罗江八景】

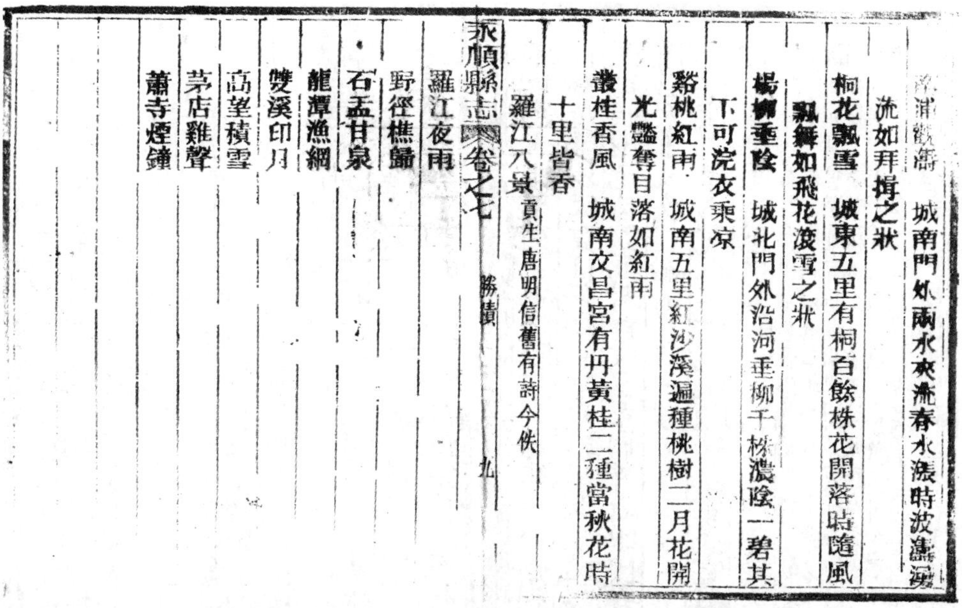

滂湃觀濤 城南門外兩水交流春水漲時波濤洶流如拜揖之狀
桐花飄雪 城東五里有桐百餘株花開落時隨風飄舞如飛花潑雪之狀
楊柳垂陰 城北門外沿河垂柳千株濃陰一碧其下可浣衣乘凉
谿桃紅雨 城南五里紅沙溪遍種桃樹二月花開光豔奪目落如紅雨
叢桂香風 城南文昌宮有丹黃桂二種當秋花時十里皆香
羅江八景 貢生唐明信舊有詩今佚

永順縣志 卷之七 勝蹟 九

羅江夜雨
野徑樵歸
石盂甘泉
龍潭漁網
雙溪印月
高望積雪
茅店雞聲
蕭寺煙鐘

清同治《永顺县志》“卷七·古丈坪厅辑略·胜迹”载“罗江八景”

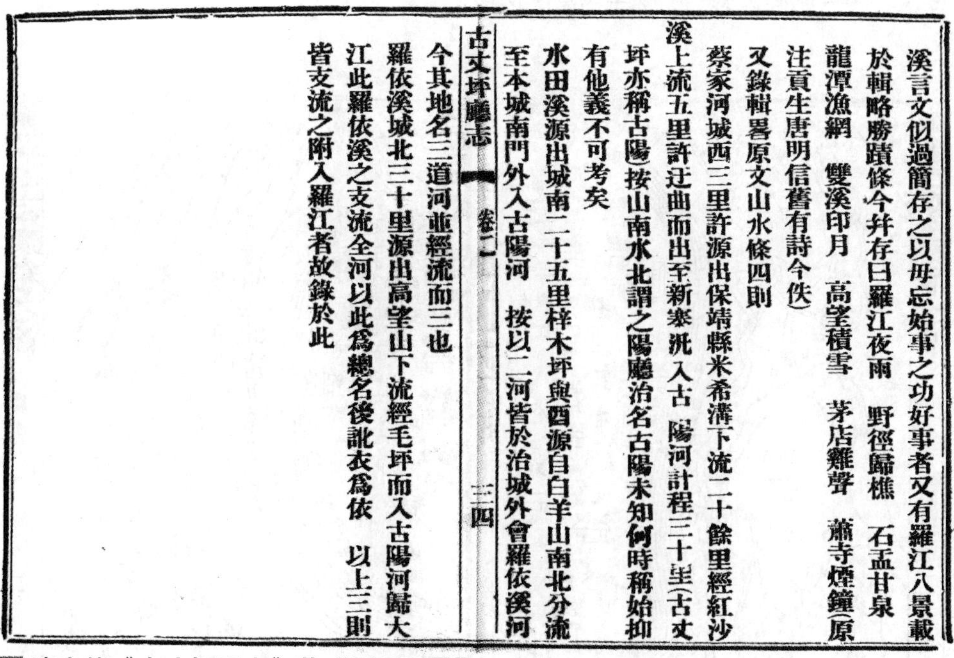

溪言文似過簡存之以毋忘始事之功好事者又有羅江八景載於輯略勝蹟條今并存曰羅江夜雨 野徑歸樵 石盂甘泉 龍潭漁網 雙溪印月 高望積雪 茅店雞聲 蕭寺煙鐘(原注貢生唐明信舊有詩今佚)
又錄輯畧原文山水條四則
蔡家河城西三里許源出保靖縣米希溝下流二十餘里經紅沙溪上流五里許迂曲而出至新寨洑入古陽河計程三十里(古丈坪亦稱古陽按山南水北謂之陽廳治名古陽未知何時稱始抑有他義不可考矣
水田溪源出城南二十五里梓木坪與西源自白羊山南北分流至本城南門外入古陽河 按以二河皆於治城外會羅依溪河

古丈坪廳志 卷二 三四

今其地名三道河並經流而三也
羅依溪城北三十里源出高望山下流經毛坪而入古陽河歸大江此羅依溪之支流全河以此爲總名後訛衣爲依 以上三則皆支流之附入羅江者故錄於此

清光绪《古丈坪厅志》载“罗江八景”

罗依溪，城北三十里源出高望山，下流经毛坪而入古阳河。清光绪《古丈坪厅志》载“罗江八景”：罗江夜雨、野径归樵、石盂甘泉、龙潭渔网、双溪印月、高望积雪、茅店鸡声、萧寺烟钟。

【永顺八景】

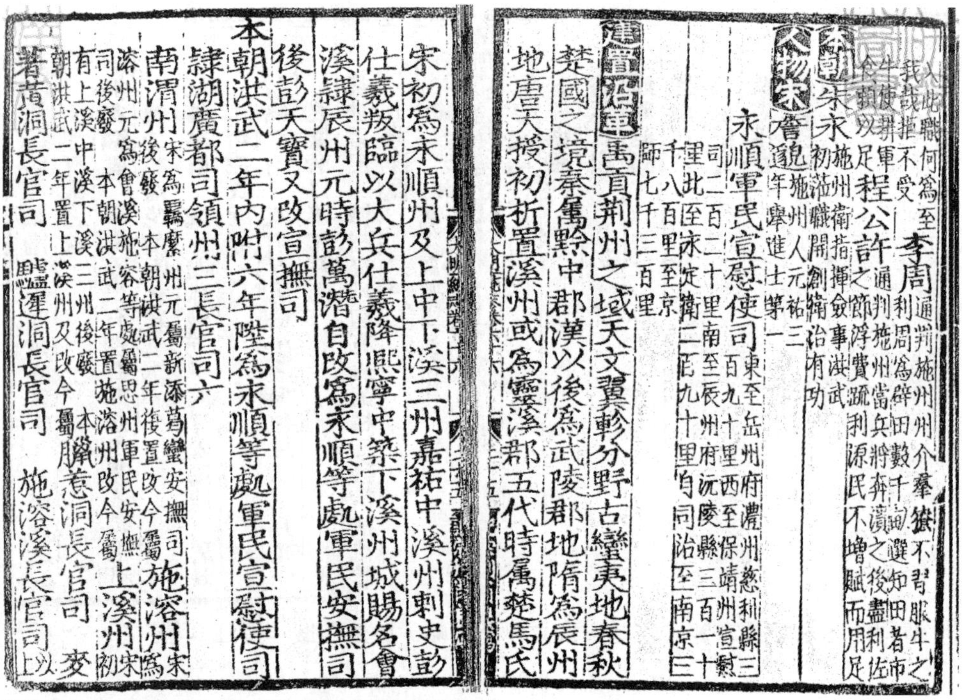
入此職何爲至李周通判施州州介羣獠不葺服牛之我哉拒不受利周爲辟田數千畝選知田者市牛使耕軍食賴以足程公許通判施州當兵將奔潰之後盡利佐之節浮費疏利源民不增賦而用足

本朝宋永施州衛指揮僉事洪武初莅職開創衛治有功

人物宋詹邈施州人元祐三年舉進士第一

永順軍民宣慰使司東至岳州府澧州慈利縣三百九十里西至保靖州宣慰司二百二十里南至辰州府沅陵縣三百一十里北至永定衛二百九十里自司治至南京三千八百里至京師七千三百里

建置沿革禹貢荊州之域天文翼軫分野古蠻夷地春秋楚國之境秦屬黔中郡漢以後爲武陵郡地隋爲辰州地唐天授初析置溪州或爲靈溪郡五代時屬楚馬氏

宋初爲永順州及上中下溪三州嘉祐中溪州刺史彭仕義叛臨以大兵仕義降熙寧中築下溪州城賜名會溪隸辰州元時彭萬潛自改爲永順等處軍民安撫司後彭天寶又改宣撫司

本朝洪武二年內附六年陞爲永順等處軍民宣慰使司隸湖廣都司領州三長官司六

南渭州宋爲羈縻州元屬新添葛蠻安撫司後廢本朝洪武二年後置改今屬

施溶州宋爲溶州元爲會溪施溶等處蠻思州軍民安撫司後廢本朝洪武二年置施溶州改今屬

上溪州宋初有上溪中溪下溪三州後廢本朝洪武二年置上溪州及改今屬

臘惹洞長官司 麥著黃洞長官司 驢遲洞長官司 施溶溪長官司 以上

《大明一统志》载“永顺军民宣慰使司”

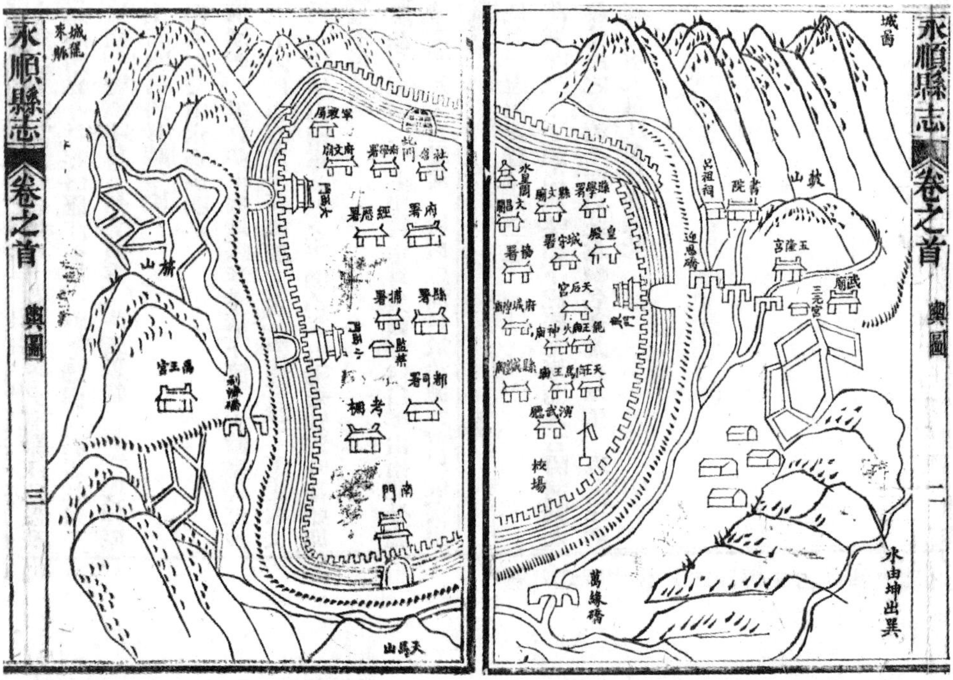

清同治《永顺县志》载“城图”

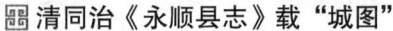

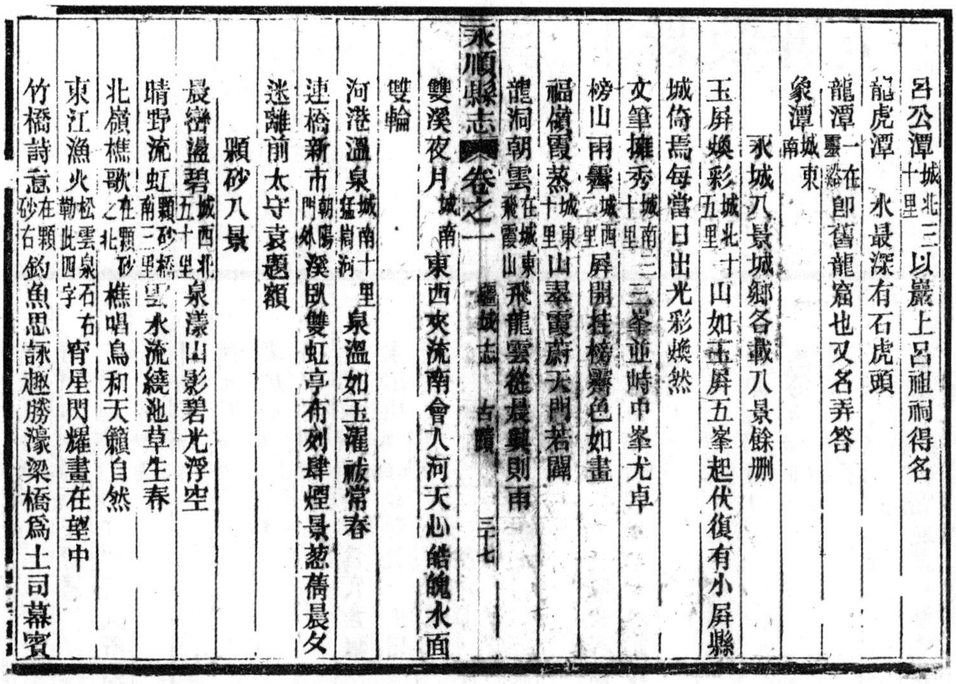

呂公潭城北三十里以巖上呂祖祠得名
龍虎潭水最深有石虎頭
龍潭一在縣署右即舊龍窟也又名弄答
象潭城東南
永城八景城鄉各載八景餘删
玉屏煥彩城北十五里山如玉屏五峯起伏復有小屏縣
城倚焉每當日出光彩燦然
文筆擁秀城南三十里三峯並峙中峯尤卓
榜山雨霽城西二里屏開桂榜霽色如畫
福嶺霞蒸城東十里山羣霞蔚天門若闢
龍洞朝雲在城東飛霞山飛龍雲從晨興則雨
永順縣志卷之一 疆域志 古蹟 三十七
雙溪夜月城南東西夾流南會八河天心皓魄水面
雙輪
河港溫泉城南十里猛峒河泉溫如玉濯祓常春
連橋新市朝陽門外溪卧雙虹亭布列肆煙景葱蒨晨夕
迷離前太守袁題額
顆砂八景
晨巒叠碧城西北五十里泉濙山影碧光浮空
晴野流虹顆砂橋南三里雲水流繞池草生春
北嶺樵歌在顆砂之北樵唱鳥和天籟自然
東江漁火松雲泉石右勒此四字宵星閃耀畫在望中
竹橋詩意在顆砂右釣魚思詠趣勝濠梁橋爲土司幕賓

图 清同治《永顺县志》“古迹”载“永城八景”

清光绪《湖南通志》“卷五·地理志五·郡县沿革考三·永顺府”载“永顺县”：附郭。汉酉阳地，梁以后为大乡县。五代时蛮置永顺州，宋为羁縻州。元为永顺安抚司、宣抚司治，明为永顺宣慰使司治。本朝雍正七年改置永顺县，称治于旧司治西北三十里。

清乾隆十年《永顺县志》“卷一·地舆志·形胜”载“永顺八景”：玉屏焕彩、文峰拥秀、榜岫云晴、福岭霞蒸、龙洞朝云、双溪夜月、河港温泉、连桥新市。

［玉屏焕彩］

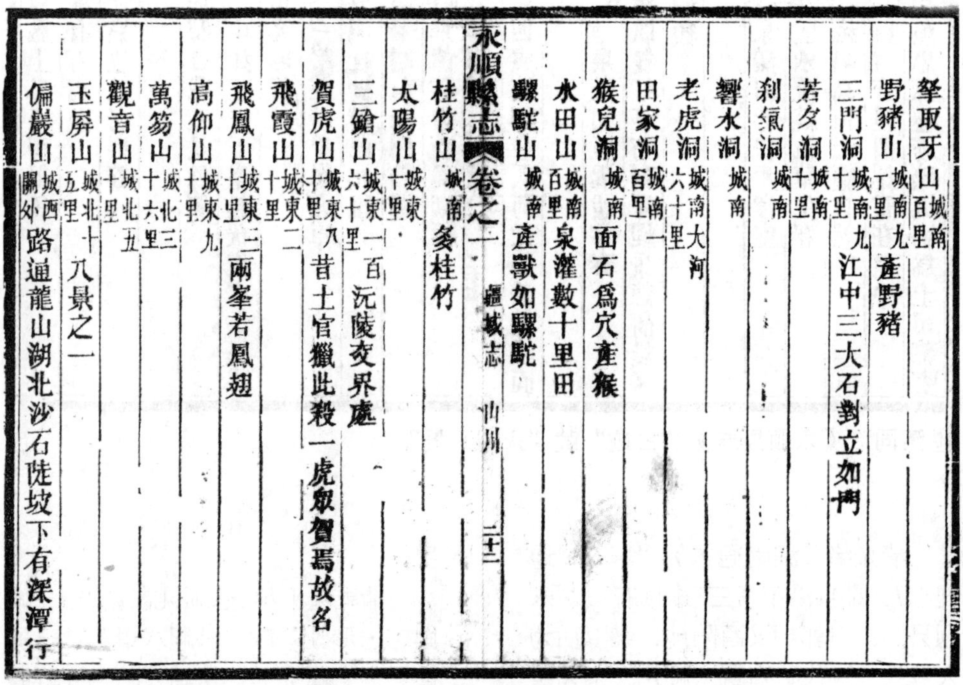

拏取牙山 城南百里

野豬山 城南九十里 產野豬

三門洞 城南九十里 江中三大石對立如門

若夕洞 城南十里

刹氣洞 城南

響水洞 城南

老虎洞 城南六十里 大河

田家洞 城南一百里

猴兒洞 城南 面石爲穴產猴

水田山 城南百里 泉灌數十里田

騾駝山 城南 產獸如騾駝

永順縣志 卷之一 疆域志 山川 二十二

桂竹山 城南 多桂竹

太陽山 城東十里

三鎗山 城東一百六十里 沅陵交界處

賀虎山 城東八十里 昔土官獵此殺一虎衆賀焉故名

飛霞山 城東二十里

飛鳳山 城東三十里 兩峯若鳳翅

高仰山 城東九十里

萬笏山 城北三十六里

觀音山 城北五十里

玉屏山 城北十五里 八景之一

偏巖山 城西 關外路通龍山湖北沙石陡坡下有深潭行

清同治《永顺县志》“卷之一·山川”载“玉屏山”

清同治《永顺县志》“卷之一·古迹”载“玉屏焕彩”：城北十五里，山如玉屏，五峰起伏，复有小屏，县城倚焉。每当日出光彩焕然。

[文峰拥秀]

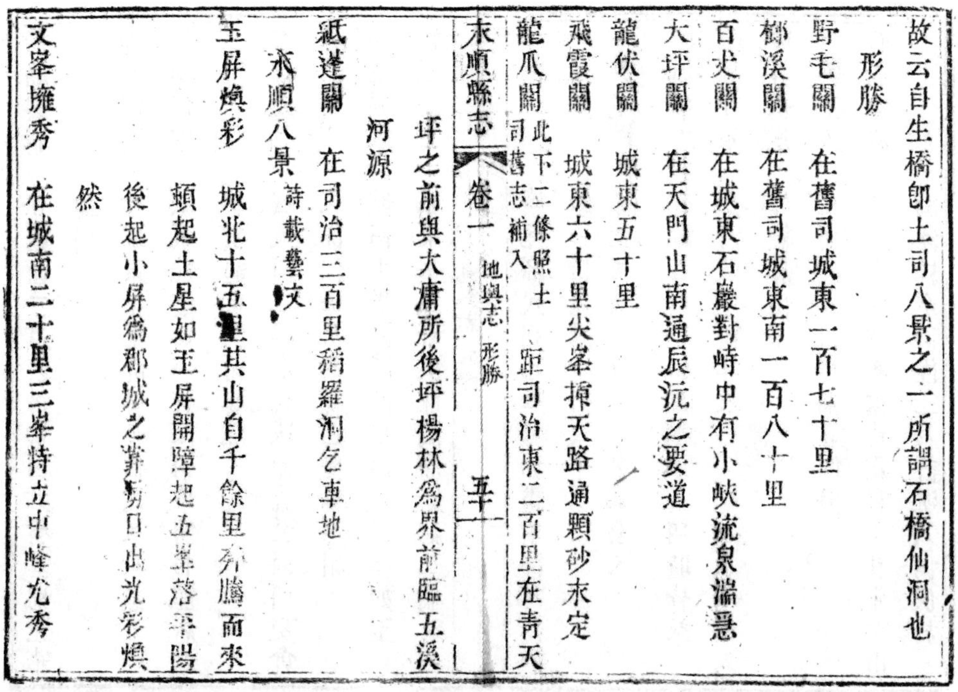

故云自生橋卽土司八景之一所謂石橋仙洞也
形勝
野毛關　在舊司城東一百七十里
都溪關　在舊司城東南一百八十里
百丈關　在城東石巖對峙中有小峽流泉湍急
大坪關　在天門山南通辰沅之要道
龍伏關　城東五十里
飛霞關　城東六十里尖峯插天路通顆砂未定
龍爪關　此下二條照土司舊志補入　距司治東二百里在青天
永順縣志　卷一　地輿志　形勝　五十
坪之前與大庸所後坪楊林爲界前臨五溪
河源
祗遂關　在司治三百里稻羅洞乞車地
永順八景　詩載藝文
玉屏煥彩　城北十五里其山自千餘里奔騰而來
頓起土星如玉屏開障起五峯落平陽
後起小屏爲郡城之靠[illegible]日出光彩煥
然
文峯擁秀　在城南二十里三峯特立中峰尤秀

图 清乾隆十年《永顺县志》“卷一・地舆志・形胜”载“永顺八景・文峰拥秀”

清同治《永顺县志》“卷之一・古迹”载“文笔拥秀”：城南三十里，三峰并峙，中峰尤卓。

［榜岫云晴］

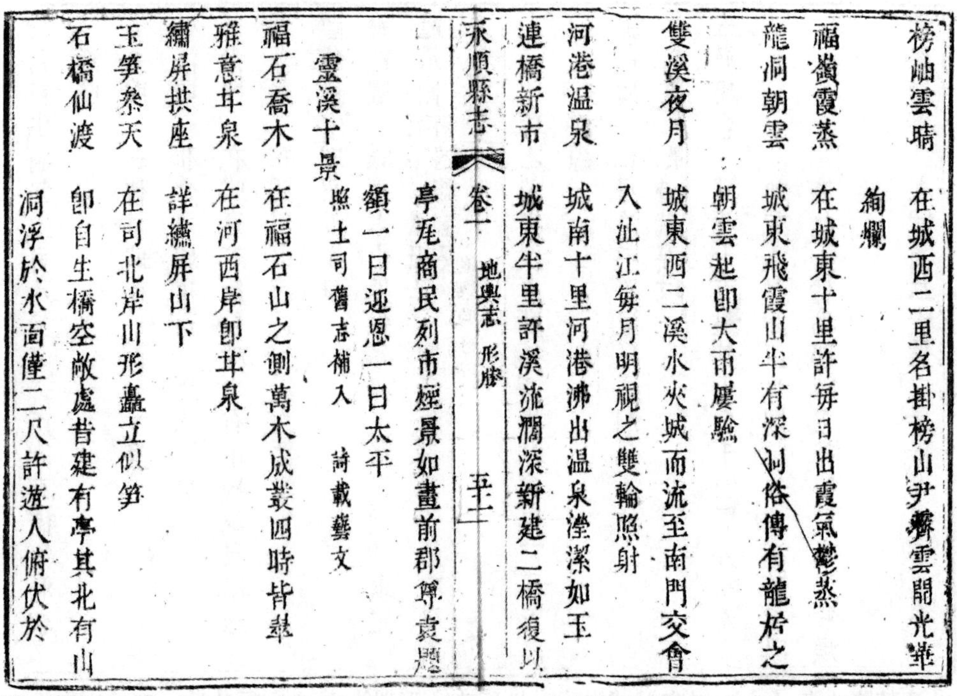
榜岫雲晴　在城西二里名掛榜山尹齋雲開光華
絢爛
福嶺霞蒸　在城東十里許每日出霞氣鬱蒸
龍洞朝雲　城東飛霞山半有深洞俗傳有龍於之
朝雲起即大雨屢驗
雙溪夜月　城東西二溪水夾城而流至南門交會
入沚江每月明視之雙輪照射
河巷溫泉　城南十里河巷沸出溫泉瑩潔如玉
連橋新市　城東半里許溪流潤深新建二橋復以

永順縣志　卷一　地輿志　形勝　五十二

亭甃商民列市煙景如畫前郡尊袁題
額一曰迎恩一曰太平
照土司舊志補入　詩載藝文
靈溪十景
福石喬木　在福石山之側萬木成叢四時皆華
雅意茸泉　在河西岸即茸泉
繡屏拱座　詳繡屏山下
玉筍參天　在司北岸山形矗立似筍
石橋仙渡　即自生橋空敞處昔建有亭其北有山
洞浮於水面僅二尺許遊人俯伏於

图 清乾隆十年《永顺县志》“卷一·地舆志·形胜”载“永顺八景·榜岫云晴”

清同治《永顺县志》“卷之一·古迹”载“榜山雨霁”（一名榜山云晴）：

城西二里，屏开挂榜，霁色如画。

[福岭霞蒸]

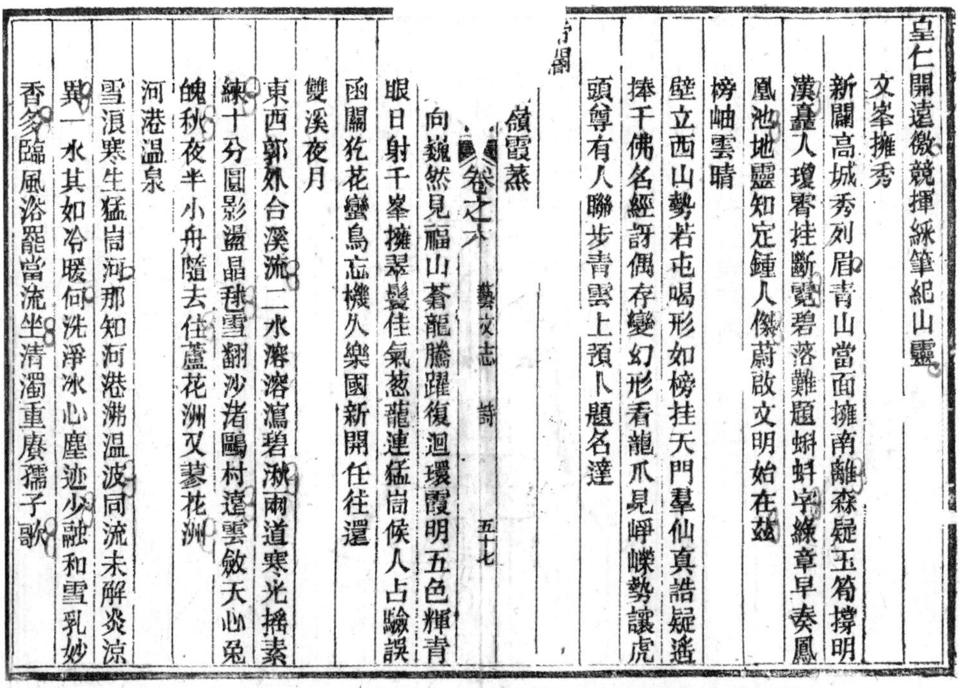
皇仁開遠徼競揮綵筆紀山靈
文峯擁秀
新闢高城秀列屏青山當面擁南離森疑玉筍撐明
漢矗入瓊霄挂斷霓碧落難題蝌蚪字絲章早奏鳳
凰池地靈知定鍾人傑蔚啟文明始在茲
榜岫雲晴
壁立西山勢若屯噣形如榜挂天門羣仙真誥疑遙
捧千佛名經詎偶存變幻形看龍爪見呼嘘勢讓虎
頭尊有人聯步青雲上預卜題名達
卷之六　藝文志　詩　五十七
嶺霞蒸
向巍然見福山蒼龍騰躍復迴環霞明五色輝青
眼日射千峯擁翠鬟佳氣葱蘢連猛峝俟人占驗誤
函關犵花蠻鳥忘機久樂國新開任往還
雙溪夜月
東西郭外合溪流二水灣溶瀉碧湫兩道寒光搖素
練十分圓影盪晶毬雪翻沙渚鷗村遠雲斂天心兔
魄秋夜半小舟隨去住蘆花洲又蓼花洲
河港温泉
雪浪寒生猛峝河那知河港沸温波同流未解炎涼
異一水其如冷暖何洗淨冰心塵迹少融和雪乳妙
香多臨風浴罷當流坐清濁重賡孺子歌

清同治《永顺县志》“卷之六·艺文志”载“清代李瑾《福岭霞蒸》”

清同治《永顺县志》“卷之一·古迹”载“福岭霞蒸”：城东十里，山翠霞蔚，天门若辟。

［龙洞朝云］

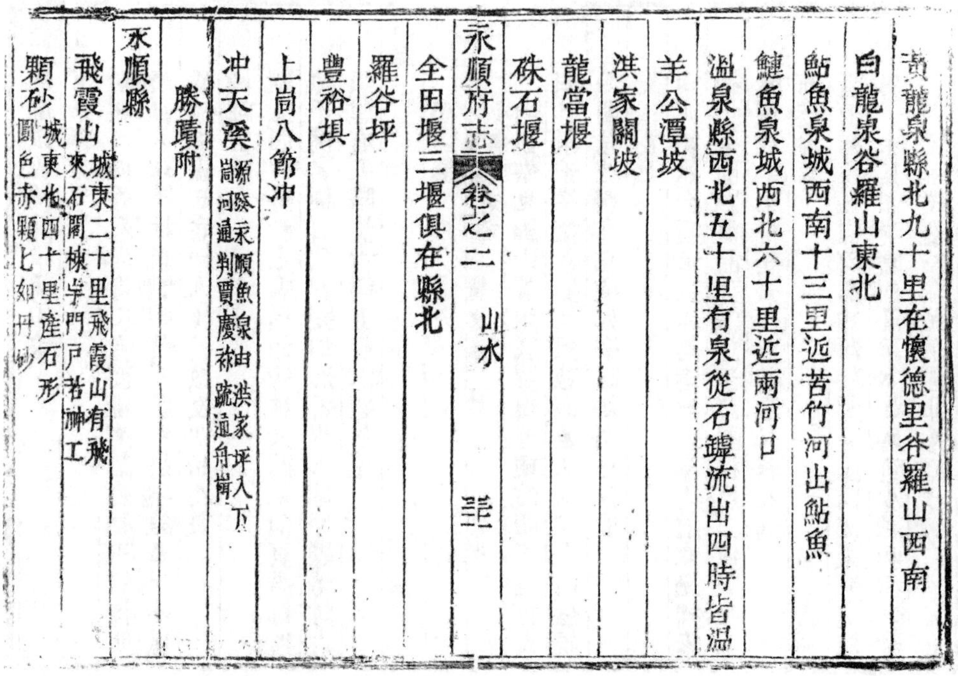

黃龍泉縣北九十里在懷德里谷羅山西南

白龍泉谷羅山東北

鮎魚泉城西南十三里近苦竹河出鮎魚

鰱魚泉城西北六十里近兩河口

溫泉縣西北五十里有泉從石罅流出四時皆溫

羊公潭坡

洪家關坡

龍當堰

硃石堰

永順府志　卷之二　山水　卅

全田堰三堰俱在縣北

羅谷坪

豐裕垻

上峝八節冲

冲天溪源發永順魚泉由洪家坪入下峝河通判賈慶祿疏通舟楫

勝蹟附

永順縣

飛霞山城東二十里飛霞山有飛來石闌楝宇門戶若神工

顆砂城東北四十里産石形圓色赤顆匕如丹砂

清乾隆《永顺府志》“卷之二·山水”载“飞霞山”

清同治《永顺县志》“卷之一·古迹”载“龙洞朝云”：在城东飞霞山，飞龙云从，晨兴则雨。

[双溪夜月]

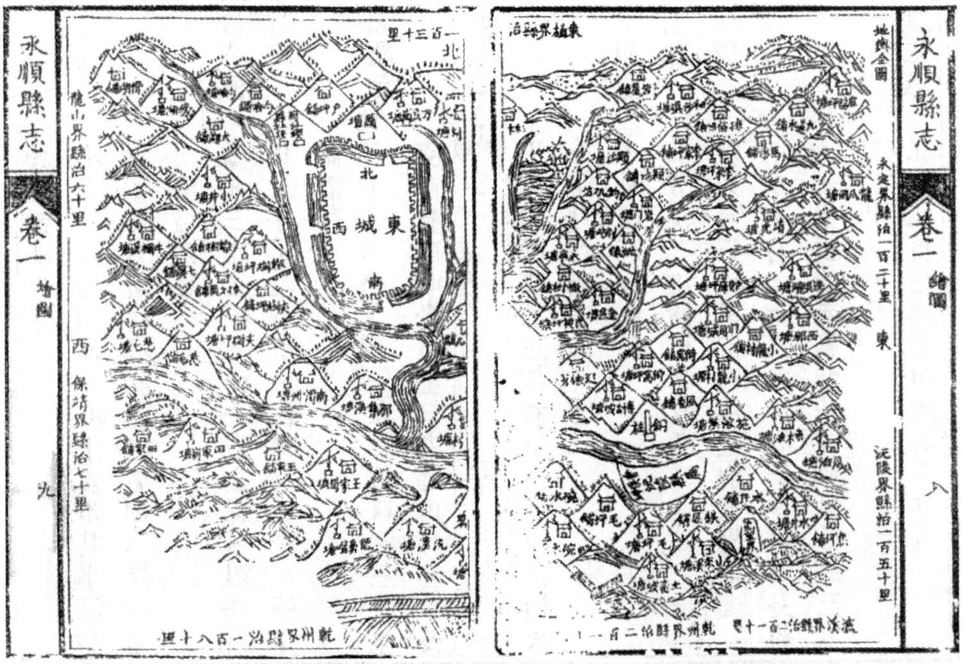

图 清乾隆五十八年《永顺县志》“卷一·地舆全图”载“城南东西夹流”位置

清同治《永顺县志》“卷之一·古迹”载“双溪夜月”：城南，东西夹流，南会入河，天心皓魄，水面双轮。

[河港温泉]

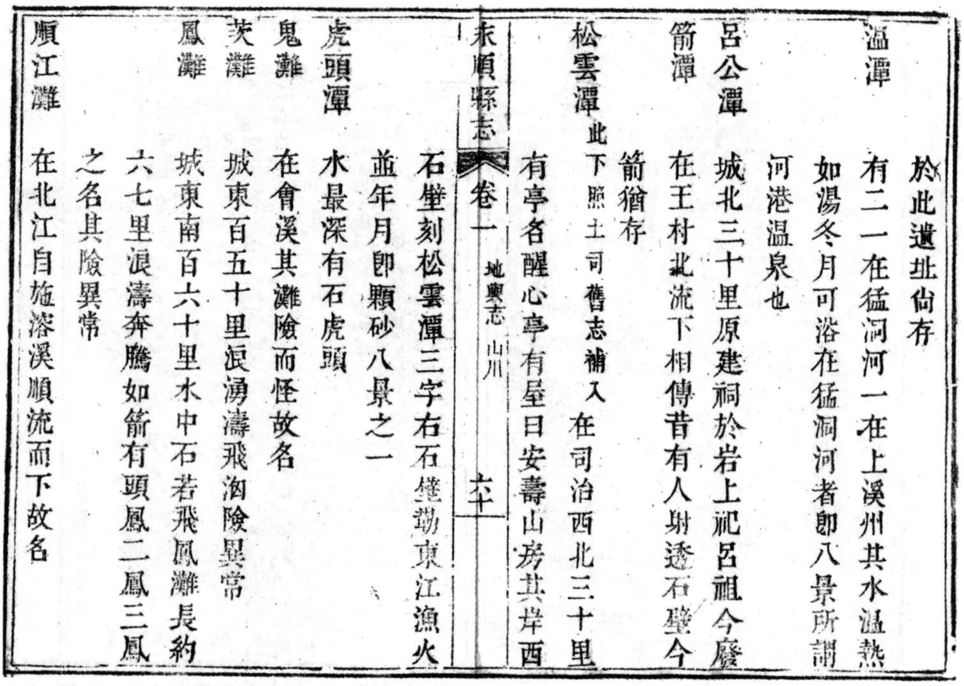

於此遺址尙存
溫潭　有二一在猛洞河一在上溪州其水溫熱
如湯冬月可浴在猛洞河者卽八景所謂
河港溫泉也
呂公潭　城北三十里原建祠於岩上祀呂祖今廢
箭潭　在王村北流下相傳昔有人射透石壁今
箭猶存
松雲潭此下照土司舊志補入　在司治西北三十里
有亭名醒心亭有壘曰安壽山旁其岸西

永順縣志　卷一　地輿志　山川　六十

石壁刻松雲潭三字右石壁勘東江漁火
並年月卽顆砂八景之一
虎頭潭　水最深有石虎頭
鬼灘　在會溪其灘險而怪故名
茨灘　城東百五十里浪湧濤飛洶險異常
鳳灘　城東南百六十里水中石若飛鳳灘長約
六七里浪濤奔騰如箭有頭鳳二鳳三鳳
之名其險異常
順江灘　在北江自施溶溪順流而下故名

图 清乾隆十年《永顺县志》“卷之一·山川”载“温潭”

清同治《永顺县志》“卷之一·古迹”载“河港温泉”：城南十里猛峒河，泉温如玉，濯祓常春。

[连桥新市]

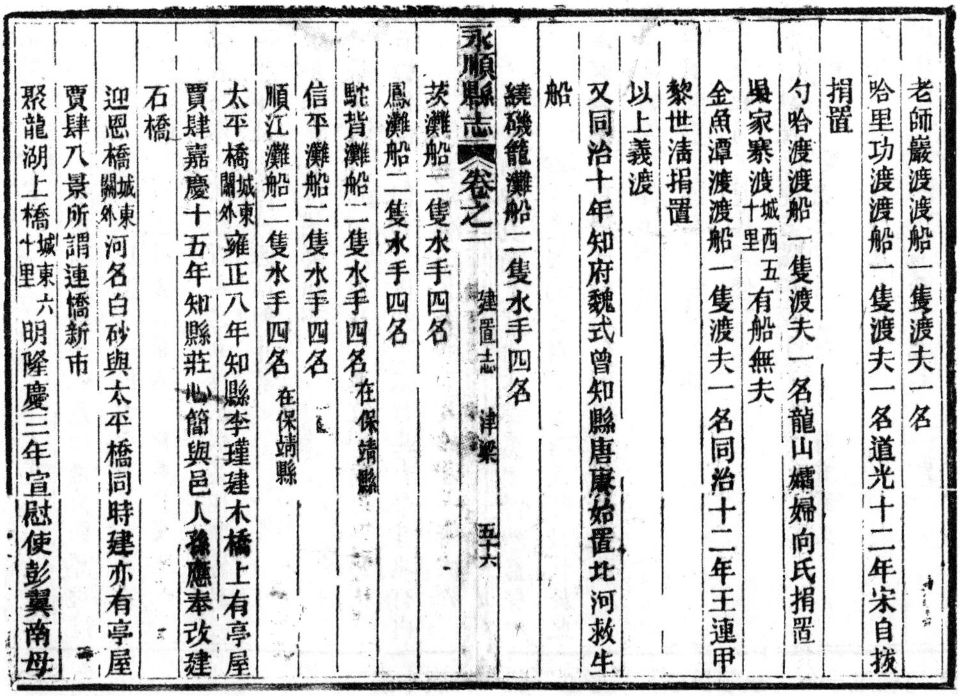

老師巖渡渡船一隻渡夫一名
哈里功渡渡船一隻渡夫一名道光十二年宋自拔
捐置
勺哈渡渡船一隻渡夫一名龍山孀婦向氏捐置
吳家寨渡城西五十里有船無夫
金魚潭渡渡船一隻渡夫一名同治十二年王連甲
黎世清捐置
以上義渡
又同治十年知府魏式曾知縣唐廉始置比河救生
船
繞磯龍灘船二隻水手四名
永順縣志　卷之一　建置志　津梁　五十六
茨灘船二隻水手四名
鳳灘船二隻水手四名
駝背灘船二隻水手四名在保靖縣
信平灘船二隻水手四名
順江灘船二隻水手四名在保靖縣
太平橋城東關外雍正八年知縣李瑾建木橋上有亭屋
貫肆嘉慶十五年知縣莊心簡與邑人孫應奎改建
石橋
迎恩橋城東關外河名白砂與太平橋同時建亦有亭屋
貫肆八景所謂連橋新市
聚龍湖上橋城東六十里明隆慶三年宣慰使彭翼南母

图 清同治《永顺县志》“卷之一·津梁”载“迎恩桥”

清同治《永顺县志》“卷之一·古迹”载“连桥新市”：朝阳门外，溪卧双虹亭，布列肆，烟景葱茜，晨夕迷离，前太守袁题额。

【灵溪十景】

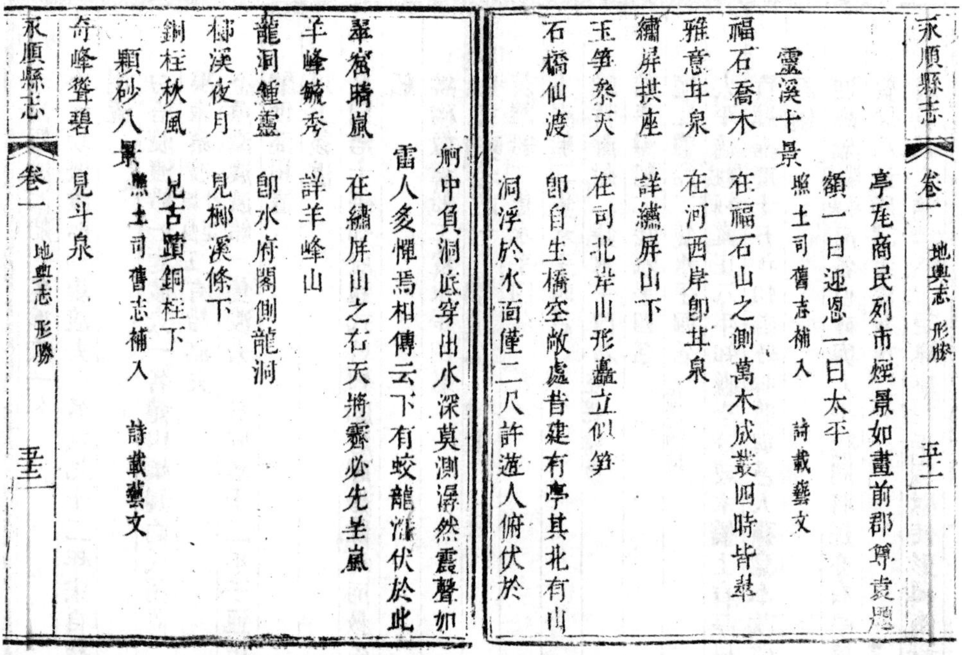

永順縣志 卷一 地輿志 形勝 五十二

亭瓦商民列市煙景如畫前郡守袁應
額一曰迎恩一曰太平
靈溪十景 照土司舊志補入 詩載藝文
福石喬木 在福石山之側萬木成叢四時皆翠
雅意甘泉 在河西岸即甘泉
繡屏拱座 詳繡屏山下
玉筍參天 在司北岸山形矗立似筍
石橋仙渡 即自生橋空敞處昔建有亭其北有山
洞浮於水面僅二尺許遊人俯伏於
舸中負洞底穿出水深莫測潺然震聲如
雷人多懼焉相傳云下有蛟龍潛伏於此
翠窩晴嵐 在繡屏山之右天將霽必先生嵐
羊峰毓秀 詳羊峰山
龍洞鍾靈 即水府閣側龍洞
椰溪夜月 見椰溪條下
銅柱秋風 見古蹟銅柱下
顆砂八景 照土司舊志補入 詩載藝文
奇峰聳碧 見斗泉

永順縣志 卷一 地輿志 形勝 五十三

圖 清乾隆十年《永顺县志》“形胜”载“灵溪十景”

灵溪，即永顺老司城。

清乾隆十年《永顺县志》“卷一·地舆志·形胜”载“灵溪十景”：福石乔木、雅意甘泉、绣屏拱座、玉笋参天、石桥仙渡、翠窟晴岚、羊峰毓秀、龙洞钟灵、榔溪夜月、铜柱秋风

文峯擁秀　在城南二十里三峯特立中峯尤秀
榜山雲睛　在城西二里名掛榜山雨霽雲開光
華絢爛
福嶺霞蒸　在城東十里許每日出霞氣鬱蒸
龍洞朝雲　城東飛霞山半有深洞俗傳有龍居
之朝雲起即大雨屢驗
雙溪夜月　城東西二溪水夾城而流至南門交
會入沚江每月明視之雙輪照射
河港温泉　城南十里河港沸出温泉瀅潆如玉

永順縣志　卷一　地輿志　形勝　二十六

連橋新市　城東半里許溪流澗深新建二橋設
以亭屋商民列市煙景如畫前郡尊袁題額
曰迎恩一曰太平
靈溪十景　照土司舊志補入　詩載藝文
福石喬木　在福石山之側萬木成叢四時皆翠
雅意甘泉　在河西岸即甘泉
繡屏拱座　詳繡屏山下
玉笋參天　在司北岸山形矗立似笋
石橋仙渡　即自生橋空敞處昔建有亭其北有

山洞浮於水面僅二尺許遊人俯伏於舸中[illegible]
洞底穿出水深莫測潺然震聲如雷人多憚焉
相傳云下有蛟龍潛伏於此
翠屏晴嵐　在繡屏山之右天將霽必先呈嵐
羊峯毓秀　詳羊峯山
龍洞鍾靈　即水府閣側龍洞
榔溪夜月　見榔溪條下
銅柱秋風　見古蹟銅柱下
顆砂八景　照土司舊志補入　詩載藝文

永順縣志　卷一　地輿志　形勝　二十七

奇峯聳碧　見斗泉
晴野流雲　在顆砂南橋三里有巨池昔曾畜鰱
子諸魚當天際雲氣流遶影映池内故名
壯嶺樵歌　在顆砂壯尼樵採者羣歌於嶺若與
鳥鳴相和故名
東江漁火　見松雲潭
竹榭吟眺　見顆砂竹橋
松塢琹聲　在顆砂古衆碧木前左右植羅漢巨
松二株盤旋如華蓋每值風生聲若敲琹

图 清乾隆五十八年《永顺县志》“卷一”载“灵溪十景”

[福石乔木]

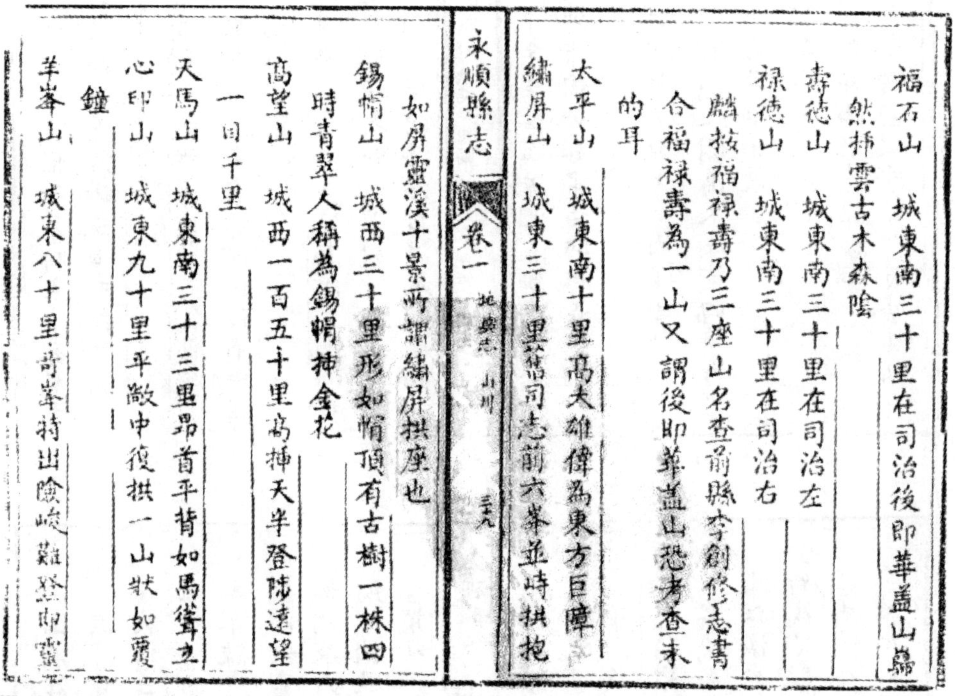

福石山　城東南三十里在司治後即華蓋山巅
然插雲古木森陰
壽德山　城東南三十里在司治左
祿德山　城東南三十里在司治右
麟按福祿壽乃三座山名查前縣李創修志書
合福祿壽為一山又謂後即華蓋山恐考查未
的耳
太平山　城東南十里高大雄偉為東方巨障
繡屏山　城東三十里舊司志前六峯並峙拱抱

永順縣志　卷一　地輿志　山川　三九

如屏靈溪十景所謂繡屏拱座也
錫帽山　城西三十里形如帽頂有古樹一株四
時青翠人稱為錫帽插金花
高望山　城西一百五十里高插天半登陟遠望
一目千里
天馬山　城東南三十三里昂首平背如馬聳立
心印山　城東九十里平敞中復拱一山狀如覆
鐘
筆峯山　城東八十里奇峯特出險峻難登即靈

清乾隆五十八年《永顺县志》“卷一·地舆志·山川”载“福石山”

清乾隆十年《永顺县志》“卷一·地舆志·形胜·灵溪十景（照土司旧志补入）”载“福石乔木”：在福石山之侧，万木成丛，四时皆翠。

[雅意甘泉]

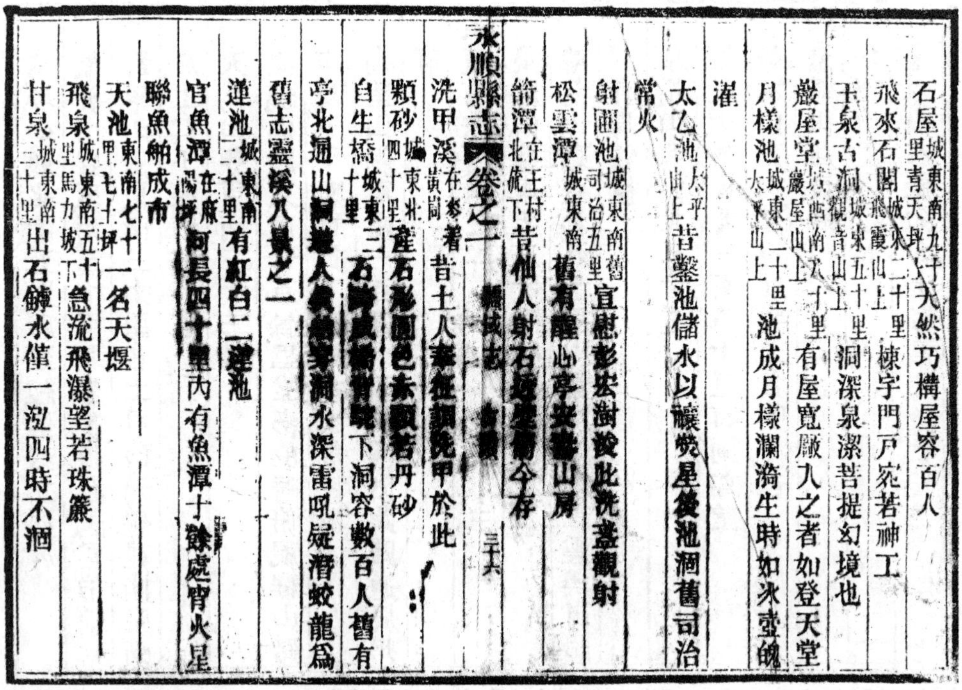

石屋城東南九十里青天坪天然巧構屋容百人
飛來石閣城東二十里飛霞山上棟宇門戶宛若神工
玉泉古洞城東五十里觀音山上洞深泉潔菩提幻境也
巖屋堂城西南六十里巖屋山上有屋寬廠入之者如登天堂
月樣池城東二十里太平山上池成月樣瀾漪生時如冰壺魄
濯
太乙池太平山上昔鑿池儲水以禳熒星後池涸舊司治
常火
射圃池城東南舊司治五里宜慰彭宏澍設此洗盞觀射
松雲潭城東南舊有醒心亭安[illegible]山房
箭潭在王村北流下昔仙人射石疑是箭今存
永順縣志 卷之一 輿地志 古蹟 三十六
洗甲溪在麥著黃岡昔土人奉征調洗甲於此
顆砂城東北四十里產石形圓色赤顆若丹砂
自生橋城東三十里石跨成橋背略下洞容數百人舊有
亭北通山洞遊人[illegible]洞水深雷吼疑潛蛟龍爲
舊志靈溪八景之一
蓮池城東南三十里有紅白二蓮池
官魚潭在麻陽坪河長四十里內有魚潭十餘處宵火星
聯魚船成市
天池城東南七十里七十坪一名天堰
飛泉城東南五十里馬力坡下急流飛瀑望若珠簾
甘泉城東南三十里出石罅水僅一泓四時不涸

清同治《永顺县志》“卷之一・古迹”载“甘泉”

清乾隆十年《永顺县志》“卷一・地舆志・形胜・灵溪十景（照土司旧志补入）”载“雅意甘泉”：在河西岸，即甘泉。

民国《永顺县志》“卷六・地理志・古迹”载“雅草甘泉”：在司治江西岸雅草坪，泉出其地，味甘故名。

湘西卷

［绣屏拱座］

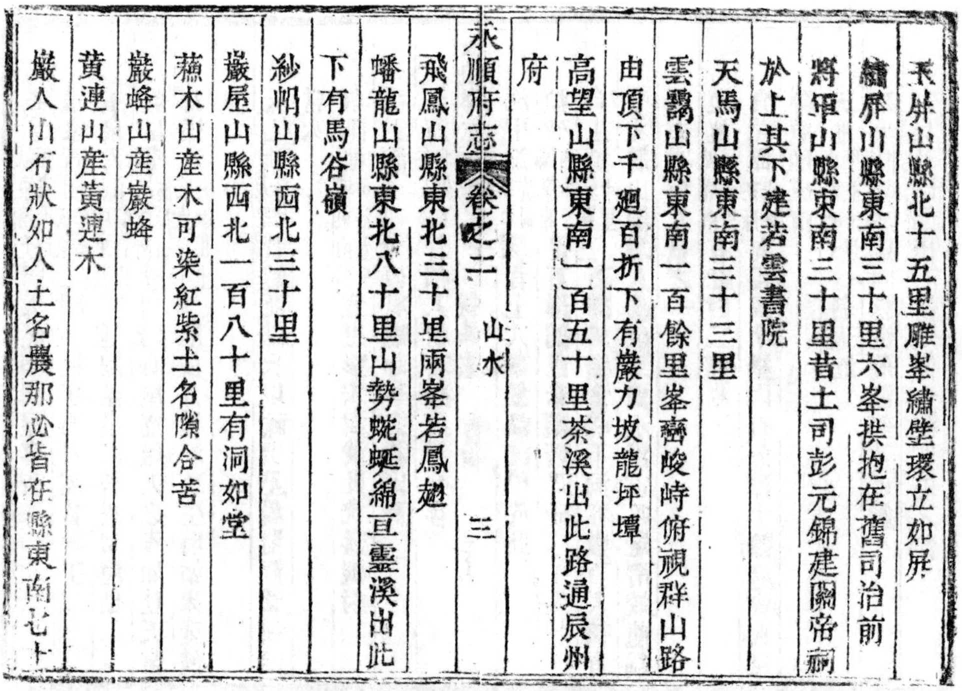

禾屏山縣北十五里雕峯繡壁環立如屏
繡屏山縣東南三十里六峯拱抱在舊司治前
將軍山縣東南三十里昔土司彭元錦建關帝祠
於上其下建若雲書院
天馬山縣東南三十三里
雲霧山縣東南一百餘里峯巒峻峙俯視群山路
由頂下千廻百折下有巖力坡龍坪壇
高望山縣東南一百五十里茶溪出此路通辰州
府

永順府志　卷之二　山水　三

飛鳳山縣東北三十里兩峯若鳳翅
蟠龍山縣東北八十里山勢蜿蜒綿亘靈溪出此
下有馬谷嶺
紗帽山縣西北三十里
巖屋山縣西北一百八十里有洞如堂
蘇木山產木可染紅紫土名隙合苦
巖蜂山產巖蜂
黃連山產黃連木
巖人山石狀如人土名農那必皆在縣東南七十

清乾隆《永顺府志》“卷之二·山水”载“绣屏山”

清乾隆十年《永顺县志》“卷一·地舆志·形胜·灵溪十景（照土司旧志补入）”载“绣屏拱座”：详绣屏山下。

清乾隆十年《永顺县志》“卷一·地舆志·山川”载“绣屏山”：城东三十里，旧司治前，六峰并峙，拱抱如屏。灵溪十景所谓绣屏拱座也。

[玉笋参天]

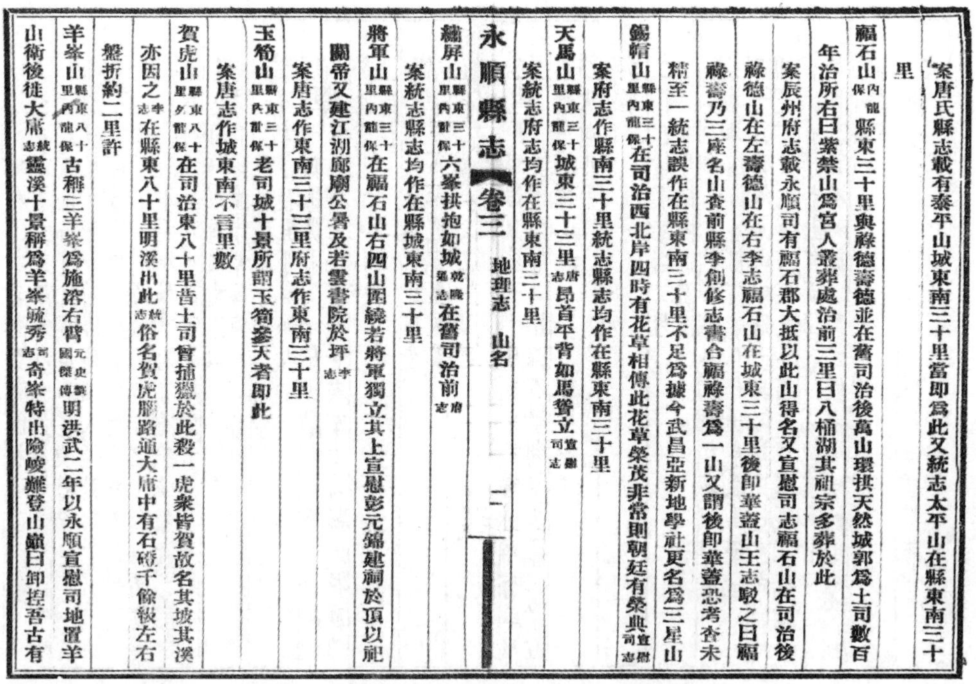

案唐氏縣志載有泰平山城東南三十里當即爲此又統志太平山在縣東南三十
里
纛石山內龍保縣東三十里與祿德壽德並在舊司治後萬山環拱天然城郭爲土司數百
年治所右曰紫禁山爲宮人叢葬處治前三里曰八桶湖其祖宗多葬於此
案辰州府志載永順司有纛石郡大抵以此山得名又宣慰司志纛石山在司治後
祿德山在左壽德山在右李志纛石山在城東三十里後即華蓋山王志駁之曰纛
祿壽乃三座名山耷前縣李創修志書合纛祿壽爲一山又謂後即華蓋恐考查未
精至一統志誤作在縣東南三十里不足爲據今武昌亞新地學社更名爲三星山
錫帽山縣東三十里內龍保在司治西北岸四時有花草相傳此花草榮茂非常則朝廷有榮典宣慰司志
案府志作縣南三十里統志縣志均作在縣東南三十里
天馬山縣東三十里內龍保城東三十三里唐志昂首平背如馬聳立宣慰司志
案統志府志均作在縣東南三十里
永順縣志 卷三 地理志 山名 二
纛屏山縣東三十里內龍保六峯拱抱如城乾隆志在舊司治前唐志
案統志縣志均作在縣城東南三十里
將軍山縣東三十里內龍保在纛石山右四山圍繞若將軍獨立其上宣慰彭元錦建祠於頂以祀
關帝又建江湖廊廟公署及若雲書院於坪李志
案唐志作東南三十三里府志作東南三十里
玉筍山縣東三十里內龍保老司城十景所謂玉筍參天者即此
案唐志作城東南不言里數
賀虎山縣東八十里夕龍保在司治東八十里昔土司曾捕獵於此殺一虎衆皆賀故名其坡其溪
亦因之李志在縣東八十里明溪出此統志俗名賀虎腦路通大庸中有石磴千餘級左右
盤折約二里許
羊峯山縣東八十里內龍保古稱三羊峯爲施溶右臂元史劉國傑傳明洪武二年以永順宣慰司地置羊
山衛後徙大庸統志靈溪十景稱爲羊峯毓秀司志奇峯特出險峻難登山巔曰卸担吾古有

民国《永顺县志》“卷三 · 地理志 · 山名”载“玉笋山”

清乾隆十年《永顺县志》“卷一 · 地舆志 · 形胜 · 灵溪十景（照土司旧志补入）”载“玉笋参天”：在司北岸，山形矗立似笋。

［石桥仙渡］

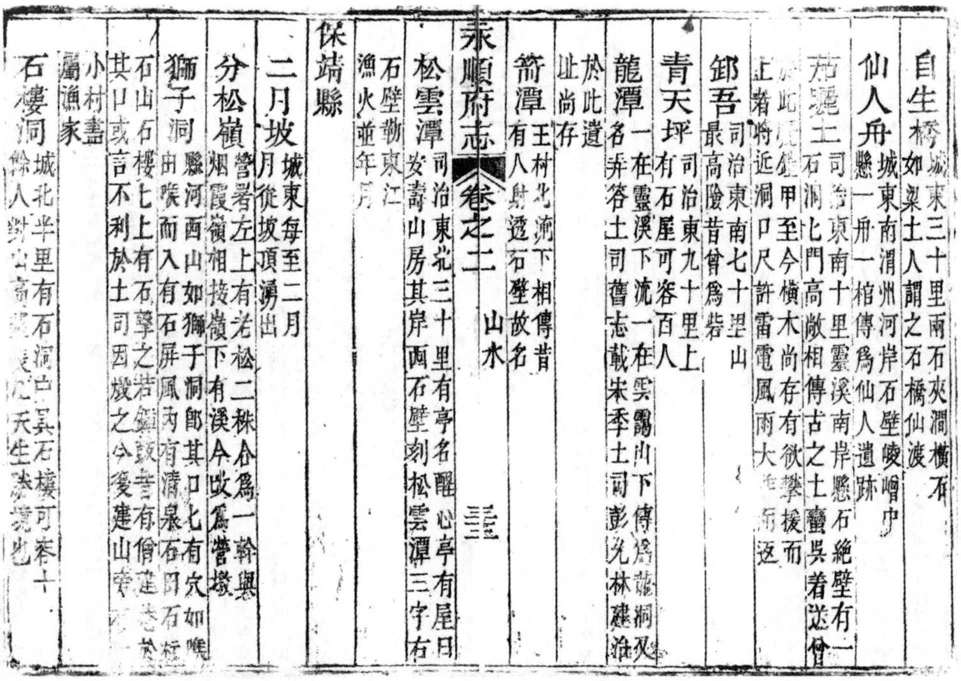

自生橋 城東三十里兩石夾澗橫石如梁土人謂之石橋仙渡

仙人舟 城東南渭州河岸石壁峻嶒中懸一舟一棺傳爲仙人遺跡

茄瀧土 司治東南十里靈溪南岸懸石絕壁有一石洞北門高敞相傳古之土蠻具着送骨於此[illegible]鎧甲至今橫木尚存有欲攀援而上者將近洞口尺許雷電風雨大作而返

鄒吾 司治東南七十里山最高險昔曾爲砦

青天坪 司治東九十里上有石屋可容百人

龍潭 一在靈溪下流一在雲霧山下傳爲龍洞又名弄答土司舊志載宋季土司彭允林建治於此遺址尚存

箭潭 王村北流下相傳昔有人射透石壁故名

永順府志 卷之二 山水 三十三

松雲潭 司治東北三十里有亭名醒心亭有屋曰安壽山房其岸西石壁刻松雲潭三字有石壁勒東江漁火並年月

保靖縣

二月坡 城東每至二月月從坡頂湧出

分松嶺 營署左上有老松二株合爲一幹與烟霞嶺相接嶺下有溪今改爲營墩

獅子洞 縣河西山如獅于洞即其口七有穴如喉由喉而入有石屏風內有清泉石臼石杵石山石樓七上有石孳之若鐘鼓昔有僧建寺於其口或言不利於土司因燬之今復建山寺[illegible]小村盡屬漁家

石樓洞 城北半里有石洞口[illegible]石樓可容十餘人對山[illegible]天生妙境也

清乾隆《永顺府志》“卷之二 · 山水”载“自生桥”

清乾隆十年《永顺县志》“卷一·地舆志·形胜·灵溪十景（照土司旧志补入）”载“石桥仙渡”：即自生桥，空敞处，昔建有亭，其北有山洞，浮于水面仅二尺许，游人俯伏于舸中，负洞底穿出，水深莫测，潺然震声如雷，人多惮焉。相传云下有蛟龙潜伏于此。

[翠窟晴岚]

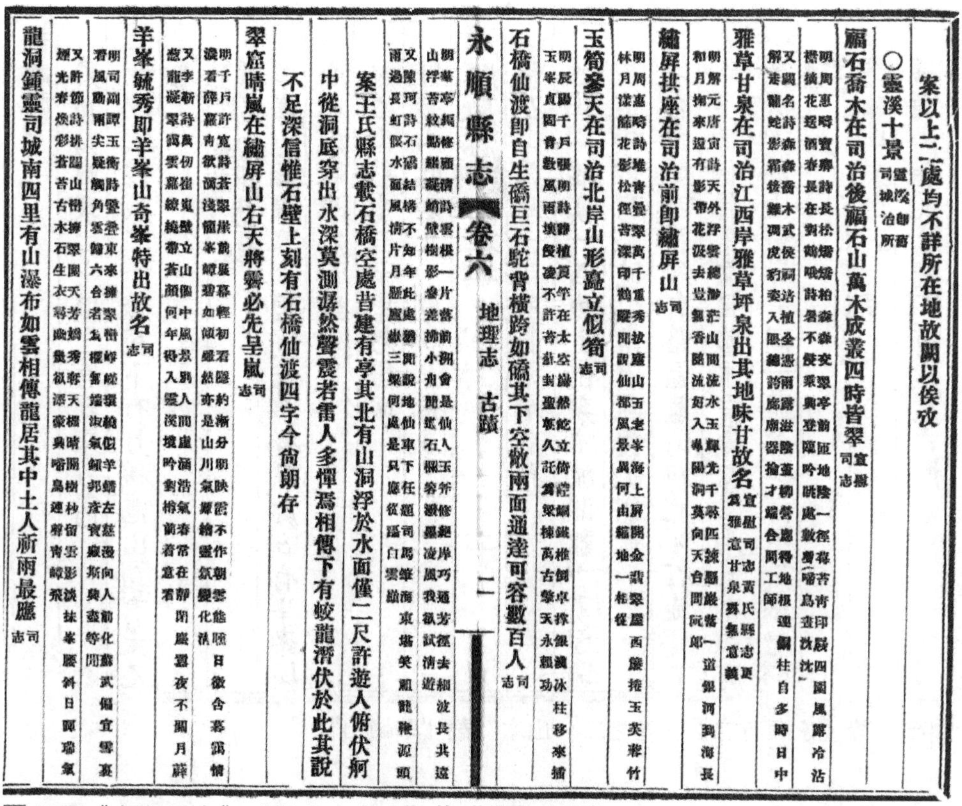

案以上二處均不詳所在地故闕以俟攷

○靈溪十景 司志舊
靈溪即
司城治
所

福石喬木在司治後福石山萬木成叢四時皆翠 司宣撫志

雅草甘泉在司治江西岸雅草坪泉出其地味甘故名 宣慰司志 黄氏縣志更為雅意甘泉舞氣意義

繡屏拱座在司治前即繡屏山 司志

玉筍參天在司治北岸山形矗立似筍 司志

石橋仙渡即自生橋巨石跎背橫跨如橋其下空敞兩面通達可容數百人 司志

永順縣志 卷六 地理志 古蹟 二

案王氏縣志載石橋空處昔建有亭其北有山洞浮於水面僅二尺許遊人俯伏舸中從洞底穿出水深莫測潺然聲震若雷人多憚焉相傳下有蛟龍潛伏於此其說不足深信惟石壁上刻有石橋仙渡四字今尚朗存

翠窟晴嵐在繡屏山右天將霽必先呈嵐 司志

羊峯毓秀即羊峯山奇峯特出故名 司志

龍洞鍾靈司城南四里有山瀑布如雲相傳龍居其中土人祈雨最應 司志

民国《永顺县志》“卷六·古迹”载“翠窟晴岚”

清乾隆十年《永顺县志》“卷一·地舆志·形胜·灵溪十景（照土司旧志补入）”载“翠窟晴岚”：在绣屏山之右，天将霁必先生岚。

［羊峰毓秀］

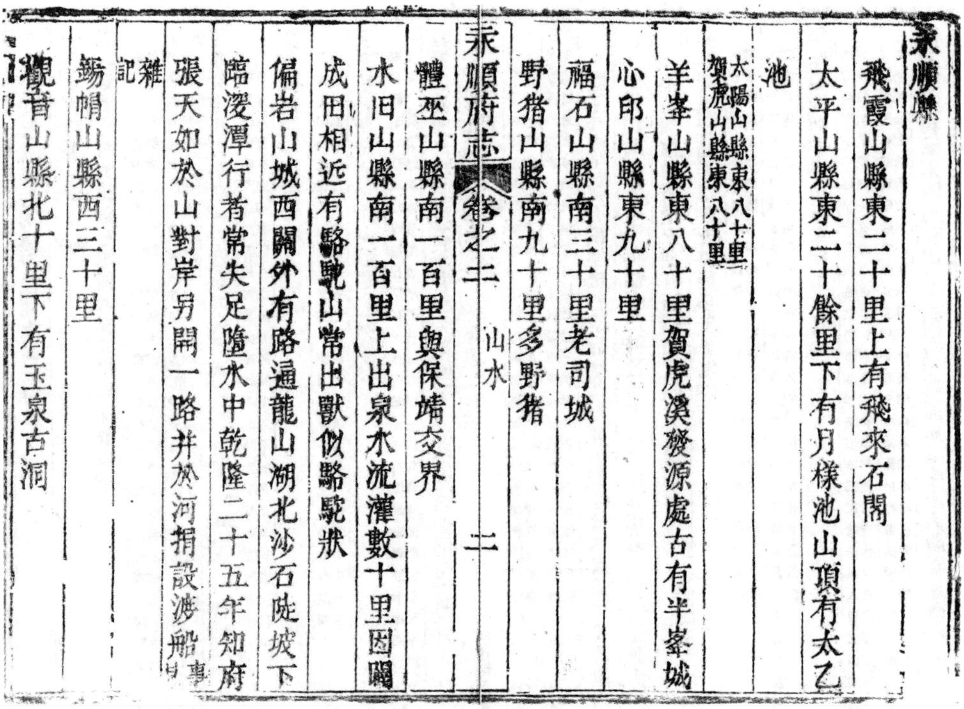
永順縣
飛霞山縣東二十里上有飛來石閣
太平山縣東二十餘里下有月樣池山頂有太乙池
太陽山縣東八十里
賀虎山縣東八十里
羊峯山縣東八十里賀虎溪發源處古有半峯城
心邱山縣東九十里
福石山縣南三十里老司城
野猪山縣南九十里多野猪
永順府志　卷之二　山水　二
體巫山縣南一百里與保靖交界
水田山縣南一百里上出泉水流灌數十里因闢成田相近有駱駝山常出獸似駱駝狀
偏岩山城西關外有路通龍山湖北沙石陡坡下臨澂潭行者常失足墮水中乾隆二十五年知府張天如於山對岸另開一路并於河捐設渡船事[illegible]雜記
錫帽山縣西三十里
觀音山縣北十里下有玉泉古洞

图 清乾隆《永顺府志》“卷之二·山水”载“羊峰山”

清乾隆十年《永顺县志》“卷一·地舆志·形胜·灵溪十景（照土司旧志补入）”载“羊峰毓秀”：详羊峰山。

清乾隆十年《永顺县志》“卷一·地舆志·山川”载“羊峰山”：城西八十里，奇峰特出，险峻难登，即灵溪十景之羊峰毓秀也。

[龙洞钟灵]

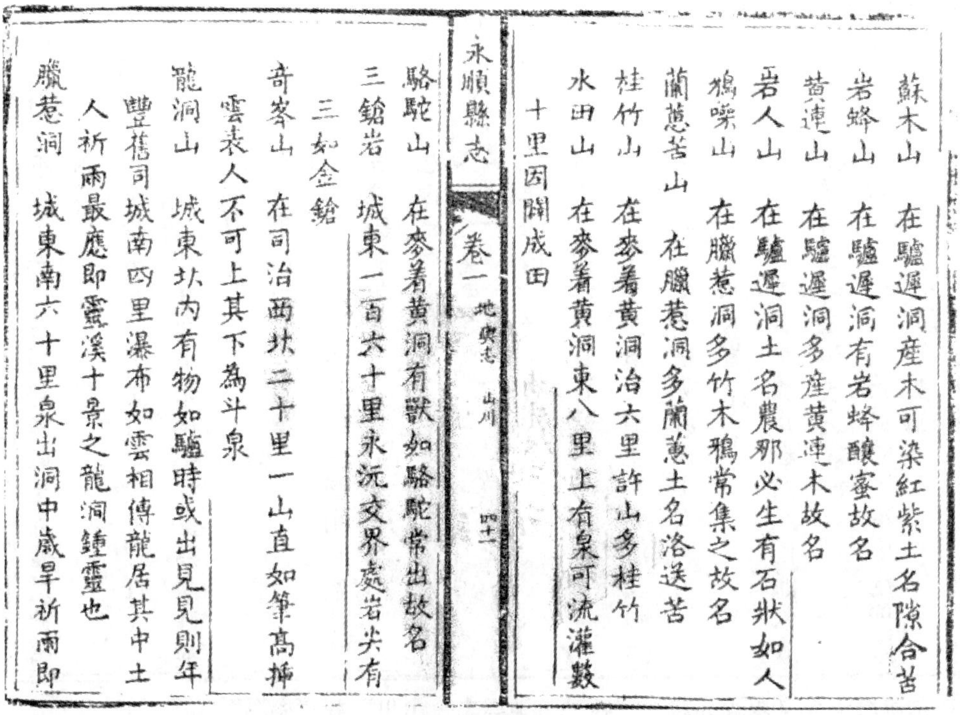

蘇木山　在驢遲洞產木可染紅紫土名隙合苦
岩蜂山　在驢遲洞有岩蜂釀蜜故名
黄連山　在驢遲洞多產黄連木故名
石人山　在驢遲洞土名農那必生有石狀如人
鴉噪山　在臘惹洞多竹木鴉常集之故名
蘭蒽苦山　在臘惹洞多蘭蒽土名洛送苦
桂竹山　在麥着黄洞治六里許山多桂竹
水田山　在麥着黄洞東八里上有泉可流灌數
十里因闢成田

永順縣志　卷一　地輿志　山川　四十一

駱駝山　在麥着黄洞有獸如駱駝常出故名
三鎗岩　城東一百六十里永沅交界處岩尖有
三如金鎗
奇峯山　在司治西北二十里一山直如筆高插
雲表人不可上其下為斗泉
龍洞山　城東北內有物如驢時或出見見則年
豐舊司城南四里瀑布如雲相傳龍居其中土
人祈雨最應即靈溪十景之龍洞鍾靈也
臘惹洞　城東南六十里泉出洞中歲旱祈雨即

清乾隆五十八年《永顺县志》“卷一・地舆志・山川”载“龙洞山”

清乾隆十年《永顺县志》“卷一・地舆志・形胜・灵溪十景（照土司旧志补入）”载“龙洞钟灵”：即水府阁侧龙洞。

民国《永顺县志》“卷六・地理志・古迹”载“龙洞钟灵”：司城南四里有山，瀑布如云，相传龙居其中，土人祈雨最应。

［榔溪夜月］

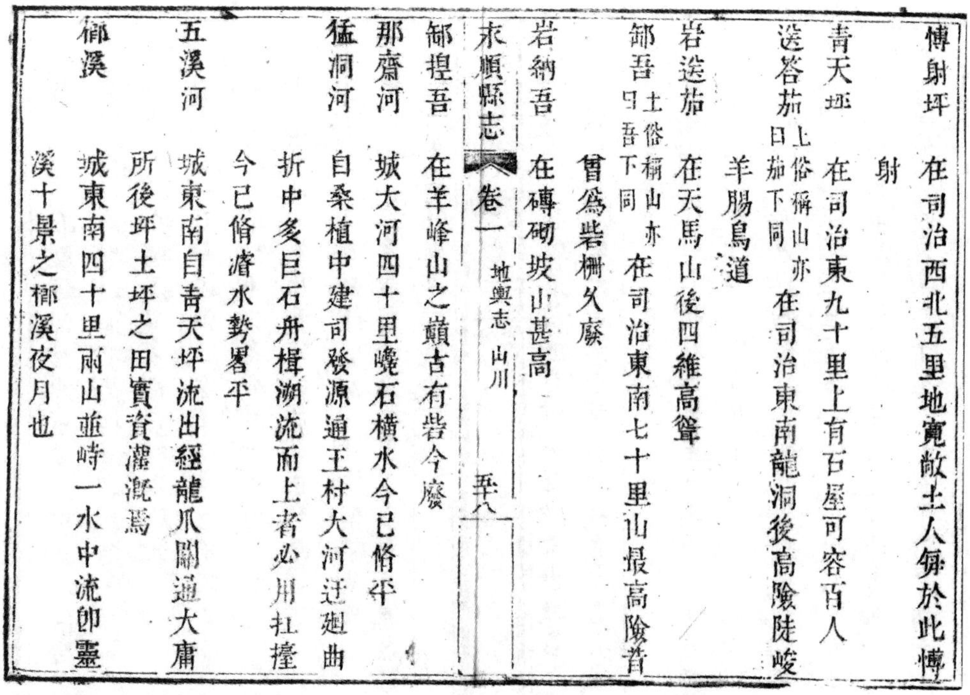

傅射坪　在司治西北五里地寬敞土人每於此傅射

青天坪　在司治東九十里上有石屋可容百人

送答茄上俗稱山亦曰茄下同　在司治東南龍洞後高險陡峻羊腸鳥道

岩送茄　在天馬山後四維高聳

鄒吾土俗稱山亦曰吾下同　在司治東南七十里山最高險昔曾為砦柵久廢

岩納吾　在磚砌坡山甚高

永順縣志　卷一　地輿志　山川　五八

鄒捏吾　在羊峰山之巔古有砦今廢

那齋河　城大河四十里巉石橫水今已脩平

猛洞河　自桑植中建司發源通王村大河迂廻曲折中多巨石舟楫溯流而上者必用扛撬今已脩濬水勢畧平

五溪河　城東南自青天坪流出經龍爪關通大庸所後坪土坪之田實資灌溉焉

榔溪　城東南四十里兩山並峙一水中流即靈溪十景之榔溪夜月也

清乾隆十年《永顺县志》“卷一・地舆志・山川”载“榔溪”

清乾隆十年《永顺县志》“卷一・地舆志・形胜・灵溪十景（照土司旧志补入）”载“榔溪夜月”：见榔溪条下。

民国《永顺县志》“卷六・地理志・古迹”载“榔溪夜月”：距司城十里，两山并峙，一水中流，月明时尤丽。

[铜柱秋风]

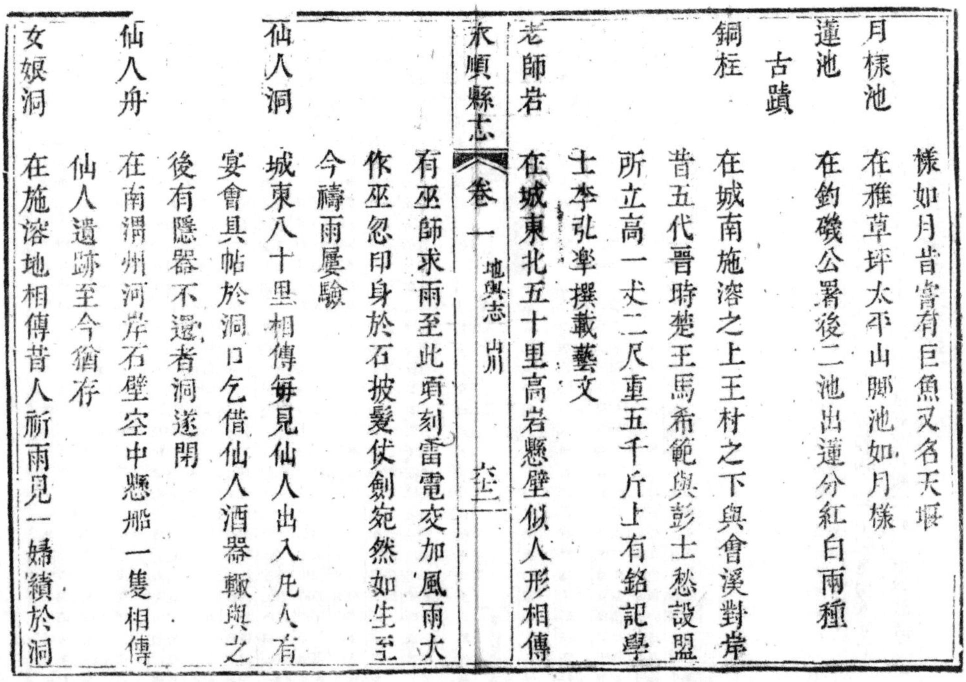

梂如月昔嘗有巨魚又名天堰
月梂池 在雅草坪太平山腳池如月梂
蓮池 在釣磯公署後二池出蓮分紅白兩種
古蹟
銅柱 在城南施溶之上王村之下與會溪對岸
昔五代晉時楚王馬希範與彭士愁設盟
所立高一丈二尺重五千斤上有銘記學
士李弘臯撰載藝文
老師岩 在城東北五十里高岩懸壁似人形相傳

永順縣志 卷一 地輿志 山川 六十二

有巫師求雨至此頃刻雷電交加風雨大
作巫忽印身於石披髮仗劍宛然如生至
今禱雨屢驗
仙人洞 城東八十里相傳每見仙人出入凡人有
宴會具帖於洞口乞借仙人酒器輙與之
後有隱器不還者洞遂閉
仙人舟 在南渭州河岸石壁空中懸船一隻相傳
仙人遺跡至今猶存
女娘洞 在施溶地相傳昔人祈雨見一婦績於洞

清乾隆十年《永顺县志》“卷一·地舆志·山川·古迹”载“铜柱”

清乾隆十年《永顺县志》“卷一·地舆志·形胜·灵溪十景（照土司旧志补入）”载“铜柱秋风”：见“古迹”铜柱下。

清乾隆十年《永顺县志》“卷一·地舆志·山川·古迹”载“铜柱”：在城南施溶之上王村之下，与会溪对岸。昔五代晋时，楚王马希范与彭士愁设盟所立，高一丈二尺，重五千斤以上，有铭记，学士李弘臯撰，载“艺文”。

【颗砂八景】

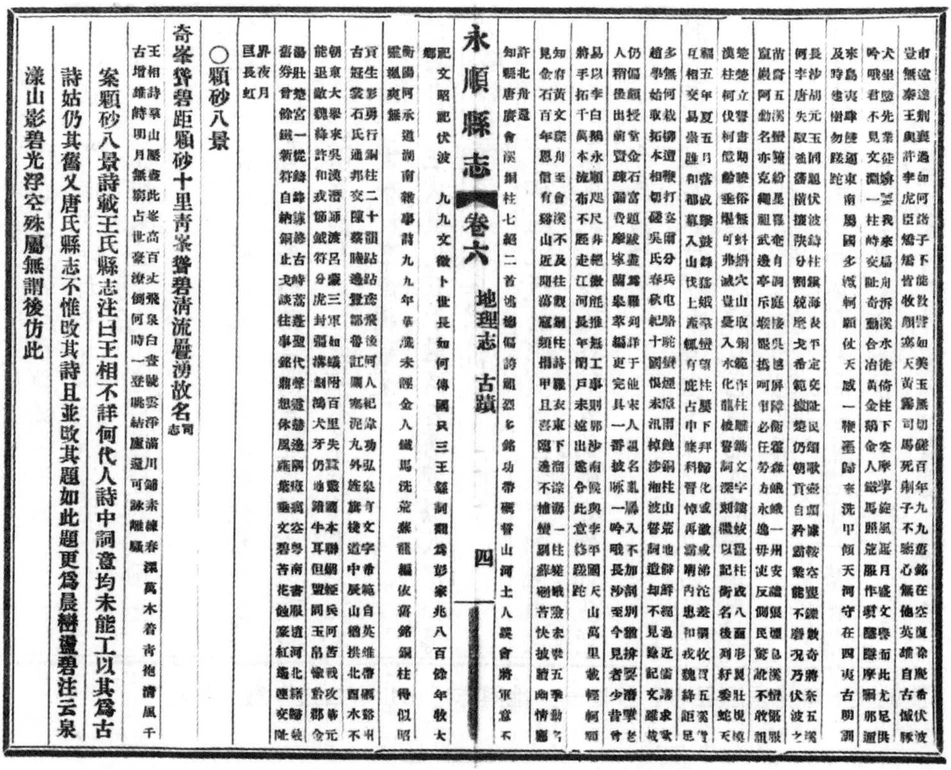

永順縣志 卷六 地理志 古蹟 四

○顆砂八景

奇峯聳碧距顆砂十里青峯聳碧清流層湧故名 司志

王相詩翠山懸盡此峯高百丈飛泉白一壺皺雲浮滿川鋪素練春深萬木着青袍濤風千古增雄峙明月無窮古世豪澹倒何時一登眺結廬還可詠離騷

案顆砂八景詩載王氏縣志注曰王相不詳何代人詩中詞意均未能工以其為古詩姑仍其舊又唐氏縣志不惟改其詩且並改其題如此題更為晨巒疊碧注云泉漾山影碧光浮空殊屬無謂後仿此

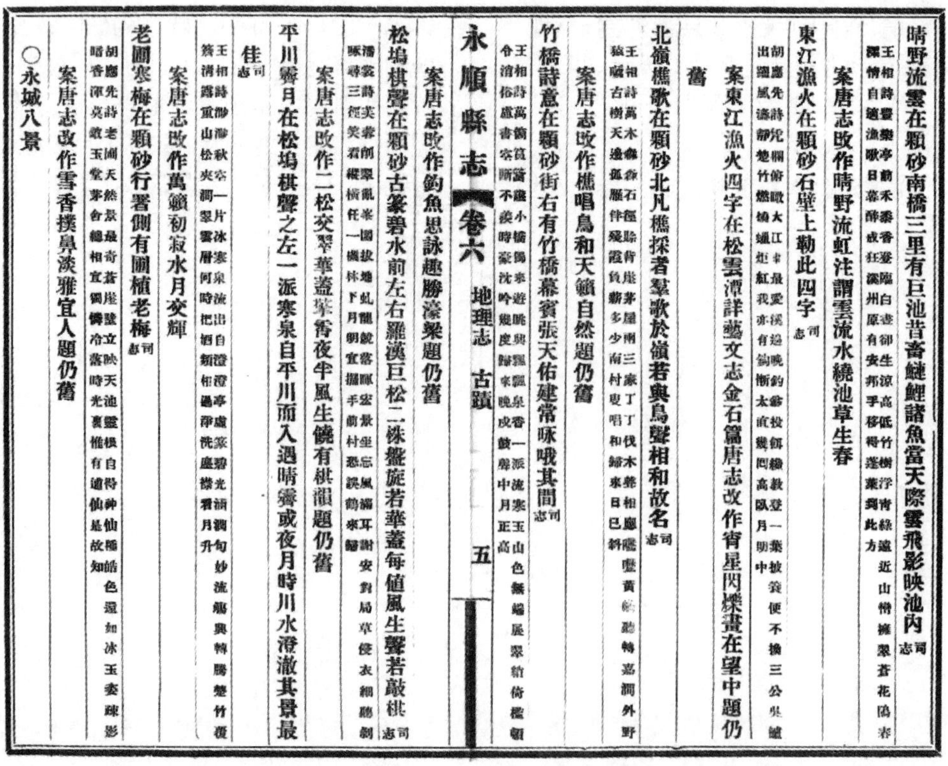

永順縣志 卷六 地理志 古蹟 五

晴野流雲在顆砂南橋三里有巨池昔畜鰱鯉諸魚當天際雲飛影映池內 司志

王相詩豐樂亭前禾黍香登臨白晝御生涼高低竹樹浮青綠遠近山巒擁翠蒼花隖春深情自適漁歌日暮醉成狂瀛洲原有安邦手移得蓬萊到此方

案唐志改作晴野流虹注謂雲流水繞池草生春

東江漁火在顆砂石壁上勒此四字 司志

胡應先詩兜欄俯瞰大江東最愛漁過晚釣翁投餌撒登一葉披簑便不換三公舉爐出漁風濤都楚竹燃燈燭炬紅我亦有鈎斷太直幾回高臥月明中

案東江漁火四字在松雲潭詳藝文志金石篇唐志改作宵星閃爍畫在望中題仍舊

北嶺樵歌在顆砂北凡樵採者羣歌於嶺若與鳥聲相和故名 司志

王相詩萬木森森石徑斜崖茅屋兩三家丁丁伐木聲相應疊疊黃鸝轉嘉潤外野猿啼古樹天邊孤雁伴飛霞負薪多少南村叟唱和歸來日已斜

案唐志改作樵唱鳥和天籟自然題仍舊

竹橋詩意在顆砂街右有竹橋幕賓張天佑建常咏哦其間 司志

王相詩萬箇篔簹小橋偏來遊眺與鳳泉香一派流寒玉山色無端展翠鋪倚檻頓令清俗塵書窗斷不俟時豪沈吟幾度歸來晚戌鼓聲中月正高

案唐志改作釣魚思詠趣勝濠梁題仍舊

松塢棋聲在顆砂古篆碧水前左右羅漢巨松二株盤旋若華蓋每値風生聲若敲棋 司志

潘雲詩笑春蔥翠亂峯圍拔地虬龍飲露威景坐忘風滿耳謝安對局草侵衣細聽剝啄尋三徑笑霜縱橫任一機林下月明宜攜手前村恐誤鶴來歸

案唐志改作二松交翠華蓋萃香夜半風生饒有棋韻題仍舊

平川霽月在松塢棋聲之左一派寒泉自平川而入遇晴霽或夜月時川水澄澈其景最佳 司志

王相詩渺渺秋空一片冰寒泉流出自澄澄亭虛篆碧光涵潤句妙流觴興轉騰楚竹覆篩清露重山松夾澗翠雲層何時把酒頻相過淨洗塵襟看月升

案唐志改作萬籟初寂水月交輝

老圃寒梅在顆砂行署側有圃植老梅 司志

胡應先詩老圃天然景最奇蒼崖壁立映天池鹽梅自得神仙種皓色還如冰玉姿疏影暗香渾莫敵玉堂茅舍總相宜獨憐冷落時光裏惟有逋仙是故知

案唐志改作雪香撲鼻淡雅宜人題仍舊

○永城八景

民国《永顺县志》“卷六·地理志·古迹”载“颗砂八景”

颗砂，湘西土家族主要集聚地之一，位于永顺县东北部 。土司彭肇槐于清雍正二年（1724）迁治于此，这里成为永顺土家族地区的政治、军事、文化中心。由此，颗砂有“新司城”之称。

清乾隆五十八年《永顺县志》“卷一·市村”载“颗砂”：在县东北，离城四十里，人烟繁盛，景物清幽，又有曲水流觞，双松掩映，实永邑胜地。原任宣慰使彭肇槐于雍正二年迁建衙署于此，改土初，永顺城郭未建，郡守与邑宰俱驻扎焉。

清乾隆十年《永顺县志》“卷一·地舆志·形胜”载“颗砂八景”：奇峰耸碧、清野流云、北岭樵歌、东江渔火、竹桥吟眺、松坞棋声、平川霁月、老圃含香。

清同治《永顺县志》“卷之一·疆域志·古迹”载“颗砂八景”：层峦荡碧、晴野流虹、北岭樵歌、东江渔火、竹桥诗意、松坞棋声、平川霁月、老圃寒梅。

[奇峰耸碧]

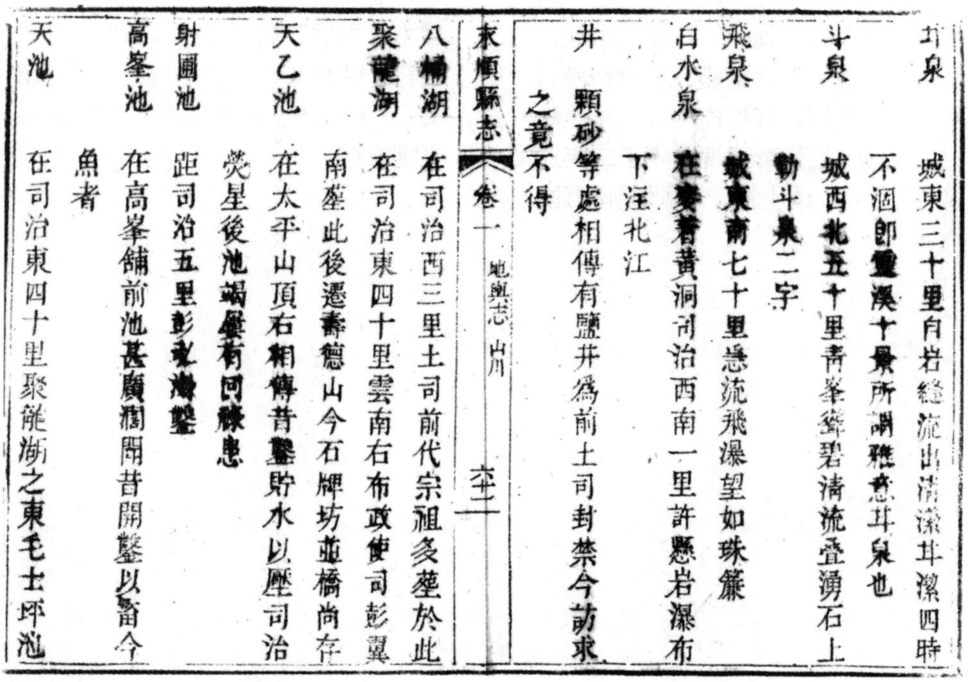

甘泉　城東三十里自岩縫流出清潔甘潔四時不涸郎靈溪十景所謂甜意甘泉也
斗泉　城西北五十里青峯聳碧清流疊湧石上勒斗泉二字
飛泉　城東南七十里懸流飛瀑望如珠簾
白水泉　在麥著黄洞司治西南一里許懸岩瀑布下注北江
井　顆砂等處相傳有鹽井為前土司封禁今訪求之竟不得

永順縣志　卷一　地輿志　山川　六十二

八蒲湖　在司治西三里土司前代宗祖多葬於此
聚龍湖　在司治東四十里雲南右布政使司彭翼南葬此後遷壽德山今石牌坊並橋尚存
天乙池　在太平山頂右相傳昔鑿貯水以壓司治熒星後池竭屢有回祿患
射圃池　距司治五里彭永海鑿
高峯池　在高峯舖前池甚廣潤聞昔開鑿以畜今魚者
天池　在司治東四十里聚龍湖之東毛士坪湖

清乾隆十年《永顺县志》“卷一 · 地舆志 · 山川”载“斗泉”

清乾隆十年《永顺县志》“卷一·地舆志·形胜”载“颗砂八景·奇峰耸碧”：见斗泉。

清乾隆十年《永顺县志》“卷一·地舆志 · 山川”载“斗泉”：城西北五十里，青峰耸碧，清流叠涌，石上勒“斗泉”二字。

[清野流云]

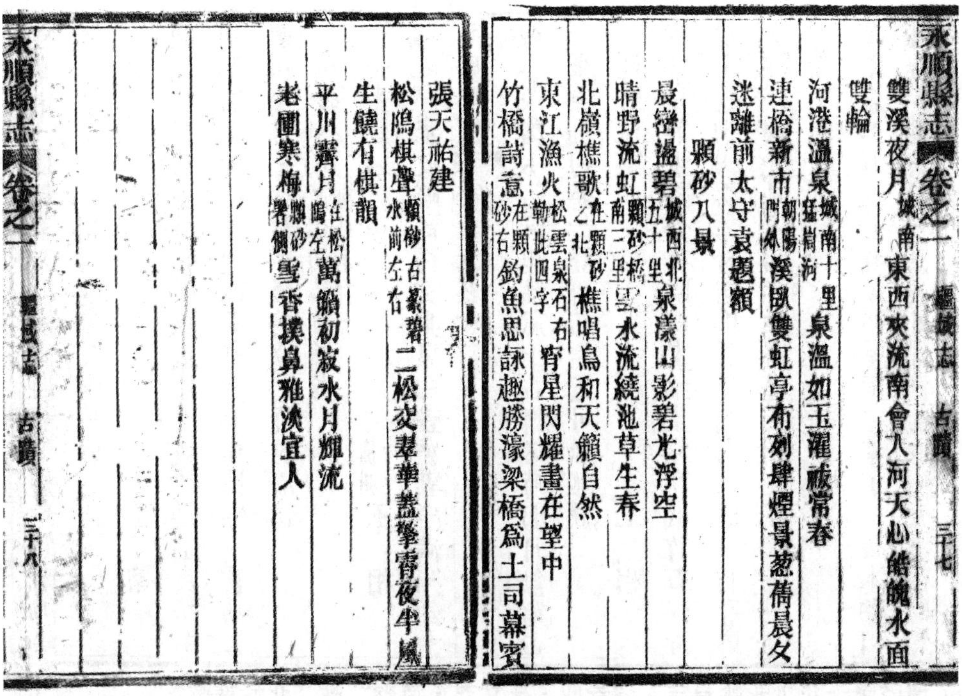

永順縣志 卷之一 疆域志 古蹟 三十七

雙溪夜月城南東西夾流南會入河天心皓魄水面雙輪

河港溫泉城南十里猛崗河泉溫如玉濯祓常春

連橋新市朝陽門外溪臥雙虹亭布列肆煙景葱蒨晨夕迷離前太守袁憩額

顆砂八景

晨巒擁碧城西北五十里泉漾山影碧光浮空

晴野流虹顆砂橋南三里雲水流繞池草生春

北嶺樵歌在顆砂之北樵唱鳥和天籟自然

東江漁火松雲泉石右勒此四字宵星閃耀畫在望中

竹橋詩意在顆砂右釣魚思詠趣勝濠梁橋爲土司幕賓張天祐建

松鳴棋聲顆砂古寨水前左右碧二松交柔華蓋擎霄夜半風生籟有棋韻

平川霽月在松鳴左萬籟初寂水月輝流

老圃寒梅顆砂署側雪香撲鼻雅淡宜人

永順縣志 卷之一 疆域志 古蹟 三十八

清同治《永顺县志》“卷之一·疆域志·古迹·颗砂八景”载“晴野流虹”（一名清野流云）

清乾隆十年《永顺县志》“卷一·地舆志·形胜”载“颗砂八景·清野流云”：在颗砂南桥三里，有巨池，昔曾畜鲢子诸鱼。当天际云气流绕影映池内，故名，

清同治《永顺县志》“卷之一·疆域志·古迹”载“晴野流虹”：颗砂桥南三里，云水流绕，池草生春。

[北岭樵歌]

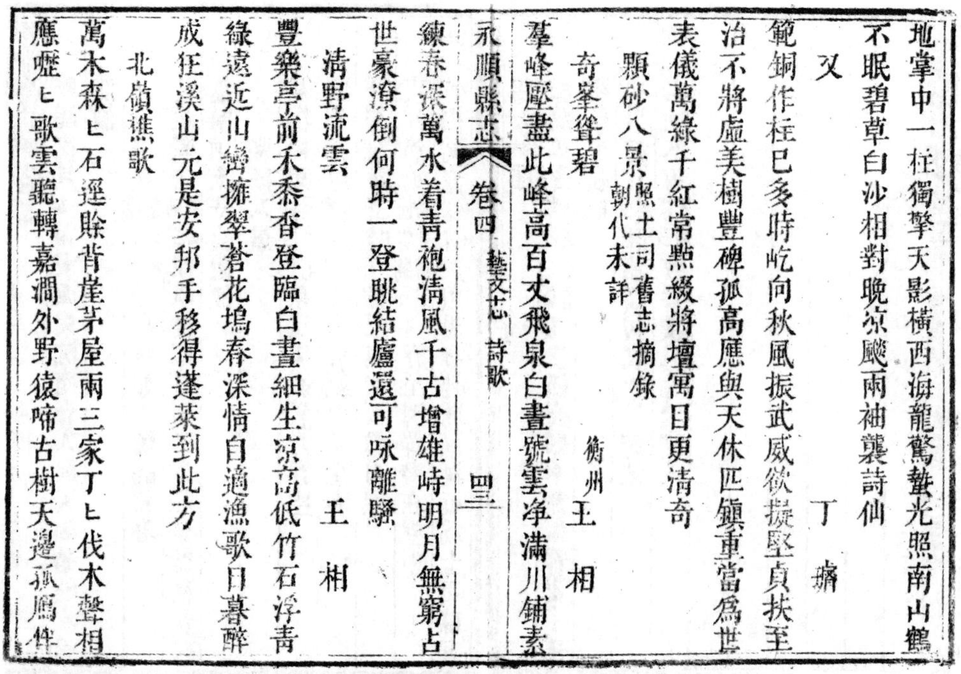
地掌中一柱獨擎天影横西海龍驚蟄光照南山鶴
不眠碧草白沙相對晚凉颸雨袖襲詩仙
又　　丁　墉
範銅作柱已多時屹向秋風振武威欲擬堅貞扶至
治不將虛美樹豐碑孤高應與天休匹鎮重當爲世
表儀萬綠千紅常點綴將壇寓目更清奇
顆砂八景照土司舊志摘錄剏代未詳
奇峯聳碧　　衡州　王　相
羣峰壓盡此峰高百丈飛泉白晝號雲净滿川鋪素
練春深萬水着青袍清風千古增雄峙明月無窮占
世豪潦倒何時一登眺結廬還可咏離騷
清野流雲　　王　相
豐樂亭前禾黍香登臨白晝細生凉高低竹石浮青
綠遠近山巒擁翠蒼花塢春深情自適漁歌日暮醉
成狂溪山元是安邦手移得蓬萊到此方
北嶺樵歌
萬木森ヒ石逕賒背崖茅屋兩三家丁ヒ伐木聲相
應嚦ヒ歌雲聽轉嘉澗外野猿啼古樹天邊孤鴈件
永順縣志　卷四　藝文志　詩歌　四三

清乾隆十年《永顺县志》“卷四・艺文志・诗歌”载“北岭樵歌”

清乾隆十年《永顺县志》“卷一・地舆志・形胜・颗砂八景”载“北岭樵歌”：在颗砂北，凡樵采者群歌于岭，若于鸟鸣相和，故名。

清同治《永顺县志》“卷之一・疆域志・古迹”载“北岭樵歌”：在颗砂之北，樵唱鸟和，天籁自然。

［东江渔火］

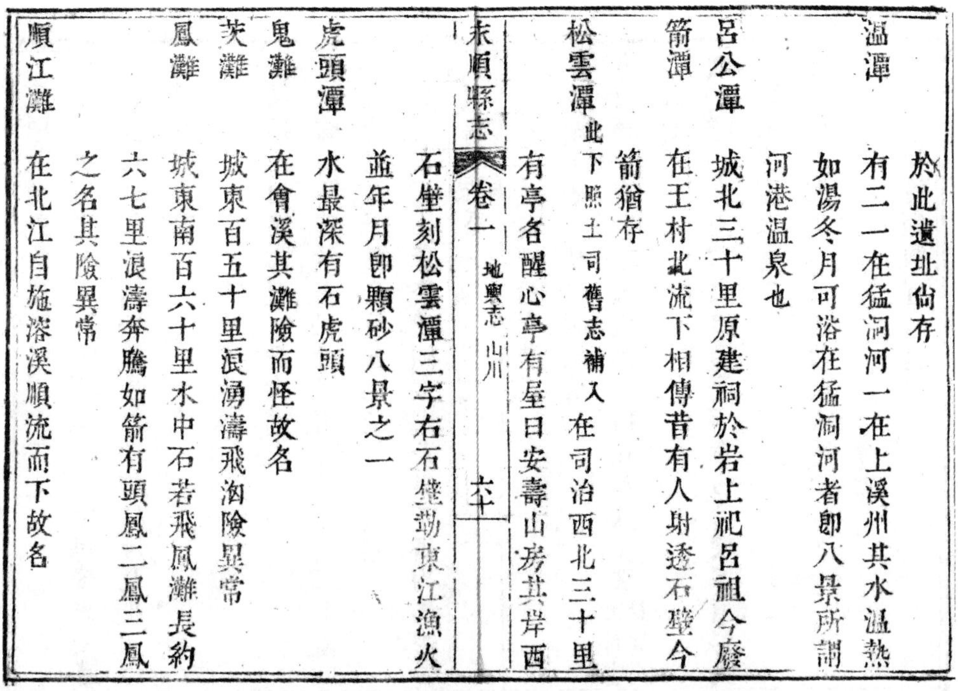

於此遺址尚存
溫潭　有二一在猛洞河一在上溪州其水溫熱如湯冬月可浴在猛洞河者即八景所謂河港溫泉也
呂公潭　城北三十里原建祠於岩上祀呂祖今廢
箭潭　在王村北流下相傳昔有人射透石壁今箭猶存
松雲潭　此下照土司舊志補入　在司治西北三十里有亭名醒心亭有屋曰安壽山旁其岸西

永順縣志　卷一　地輿志　山川　六十

石壁刻松雲潭三字右石壁勒東江漁火並年月即顆砂八景之一
虎頭潭　水最深有石虎頭
鬼灘　在會溪其灘險而怪故名
茨灘　城東百五十里浪湧濤飛洶險異常
鳳灘　城東南百六十里水中石若飛鳳灘長約六七里浪濤奔騰如箭有頭鳳二鳳三鳳之名其險異常
順江灘　在北江自施溶溪順流而下故名

清乾隆十年《永顺县志》“卷一·地舆志·山川”载“松云潭”

清乾隆十年《永顺县志》“卷一·地舆志·形胜·颗砂八景”载“东江渔火”：见松云潭。

清同治《永顺县志》“卷之一·疆域志·古迹”载“东江渔火”：松云泉石右勒此四字。宵星闪耀，画在望中。

[竹桥吟眺]

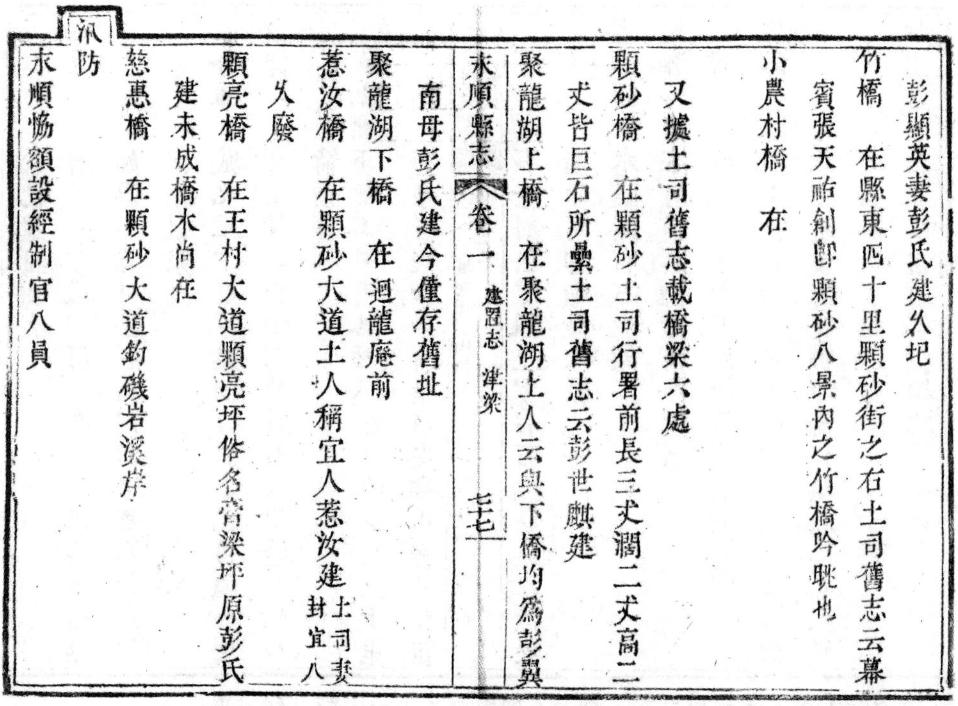
彭顯英妻彭氏建久圯
竹橋　在縣東四十里顆砂街之右土司舊志云幕
賓張天祐創即顆砂八景內之竹橋吟眺也
小農村橋　在
又據土司舊志載橋梁六處
顆砂橋　在顆砂土司行署前長三丈濶二丈高二
丈皆巨石所壘土司舊志云彭世麒建
聚龍湖上橋　在聚龍湖上人云與下橋均為彭翼
永順縣志　卷一　建置志　津梁　七七
南毋彭氏建今僅存舊址
聚龍湖下橋　在迴龍庵前
惹汝橋　在顆砂大道土人稱宜人惹汝建土司妻封宜人
久廢
顆亮橋　在王村大道顆亮坪俗名宵梁坪原彭氏
建未成橋木尚在
慈惠橋　在顆砂大道釣磯岩溪岸
汛防
永順協額設經制官八員

清乾隆十年《永顺县志》“卷一·建置志·津梁”载“竹桥”：在县东四十里，颗砂街之右。土司旧《志》云：幕宾张天祐创，颗砂八景内之竹桥吟眺也。

清同治《永顺县志》“卷之一·疆域志·古迹”载“竹桥诗意”：在颗砂右，钓鱼思咏，趣胜濠梁，桥为土司幕宾张天祐建。

[松坞棋声]

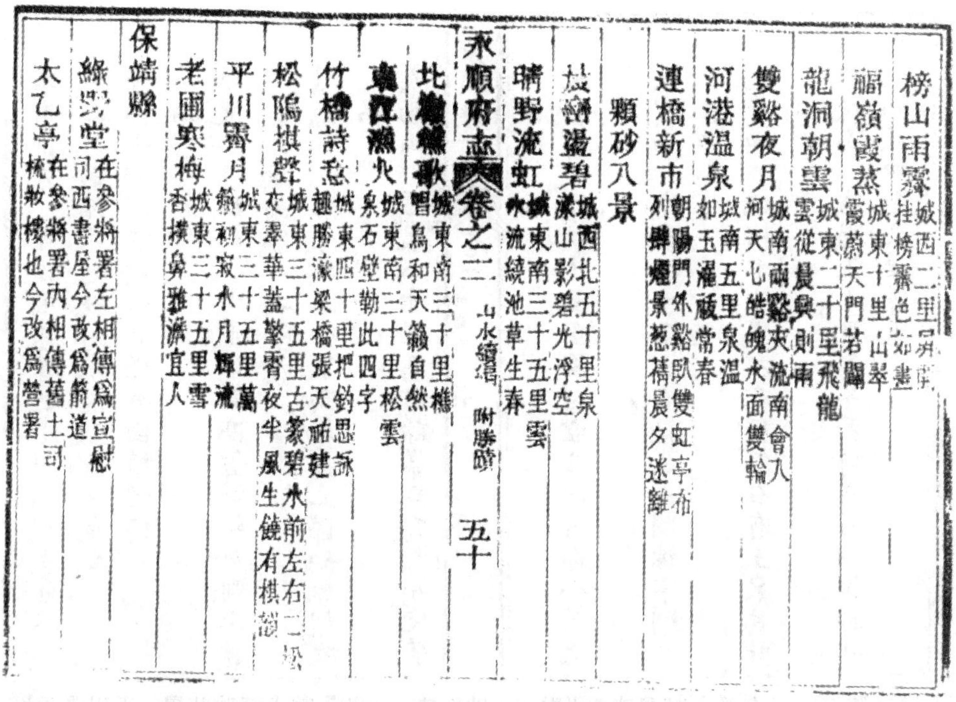

榜山雨霽 城西二里屏峯挂榜霽色如畫
福嶺霞蒸 城東十里山翠霞蔚天門若闢
龍洞朝雲 城東二十里飛龍雲從晨興則雨
雙谿夜月 城南兩谿夾流南會入河天心皓魄水面雙輪
河港温泉 城南五里泉温如玉濯破常春
連橋新市 朝陽門外谿臥雙虹亭布列肆煙景葱蒨晨夕迷離

顆砂八景

[illegible]谿瀉碧 城西北五十里泉漾山影碧光浮空
晴野流虹 城東南三十五里雲水流繞池草生春

永顺府志 卷之二 山水續編 附勝蹟 五十

北樓鐘歌 城東南三十里樵唱鳥和天籟自然
東西漁火 城東南三十里松雲泉石壁勒此四字
竹橋詩意 城東四十里把釣思詠趣勝濠梁橋張天祐建
松隖棋聲 城東三十五里古篆碧水前左右二松交翠華蓋擎霄夜半風生饒有棋韻
平川霽月 城東三十五里萬頃初寂水月輝流
老圃寒梅 城東三十五里雪香撲鼻雅澹宜人

保靖縣

綠野堂 在參將署左相傳爲宣慰司西書屋今改爲箭道
太乙亭 在參將署內相傳舊土司梳妝樓也今改爲營署

清同治《永顺府志》“卷之二 · 山水续编 · 附胜迹”载“松坞棋声”

清同治《永顺县志》“卷之一 · 疆域志 · 古迹”载“松坞棋声”：颗砂古篆碧水前左右，二松交翠，华盖擎霄，夜半风生，饶有棋韵。

[平川霁月]

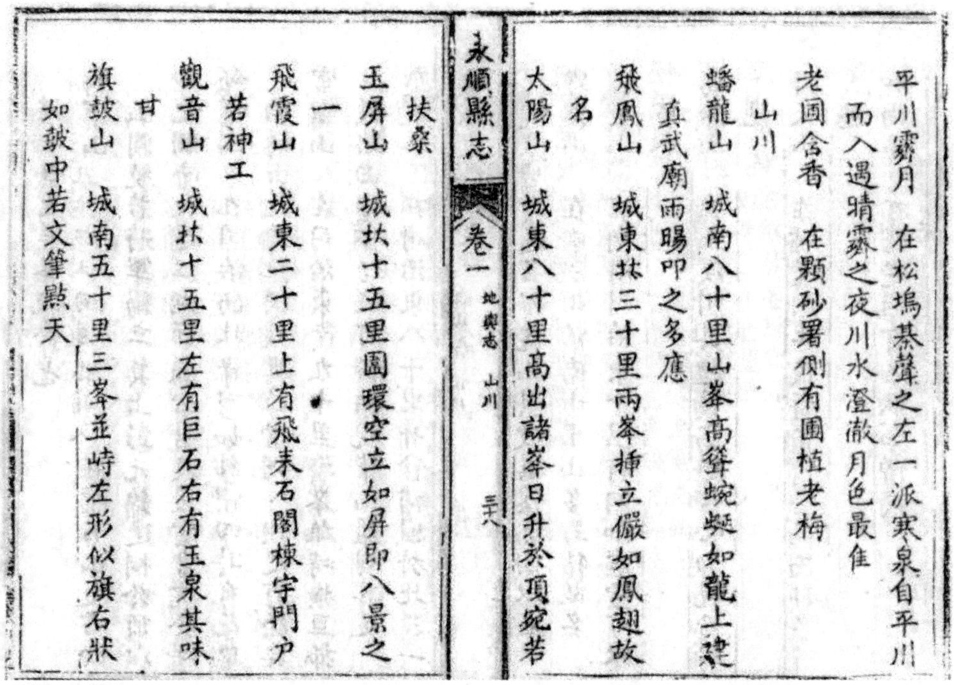

平川霽月　在松塢棊聲之左一派寒泉自平川
而入遇晴霽之夜川水澄澈月色最佳
老圃含香　在顆砂署側有圃植老梅
山川
蟠龍山　城南八十里山峯高聳蜿蜒如龍上建
真武廟雨暘叩之多應
飛鳳山　城東北三十里兩峯挿立儼如鳳翅故
名
太陽山　城東八十里高出諸峯日升於項宛若

永順縣志　卷一　地輿志　山川　三十八

扶桑
玉屏山　城北十五里圓環空立如屏即八景之
一
飛霞山　城東二十里上有飛來石閣棟宇門户
若神工
觀音山　城北十五里左有巨石右有玉泉其味
甘
旗鼓山　城南五十里三峯並峙左形似旗右狀
如鼓中若文筆點天

清乾隆五十八年《永顺县志》“卷一 · 地舆志 · 山川”载“颗砂八景 · 平川霁月”

清乾隆十年《永顺县志》“卷一·地舆志 · 形胜”载“颗砂八景 · 平川霁月”：在“松坞棋声”之左，一派寒泉，自平川而入，遇晴霁之夜，川水澄澈，月色最佳。

清同治《永顺县志》“卷之一·疆域志 · 古迹”载“平川霁月”：在松坞左，万籁初寂，水月辉流。

[老圃含香]

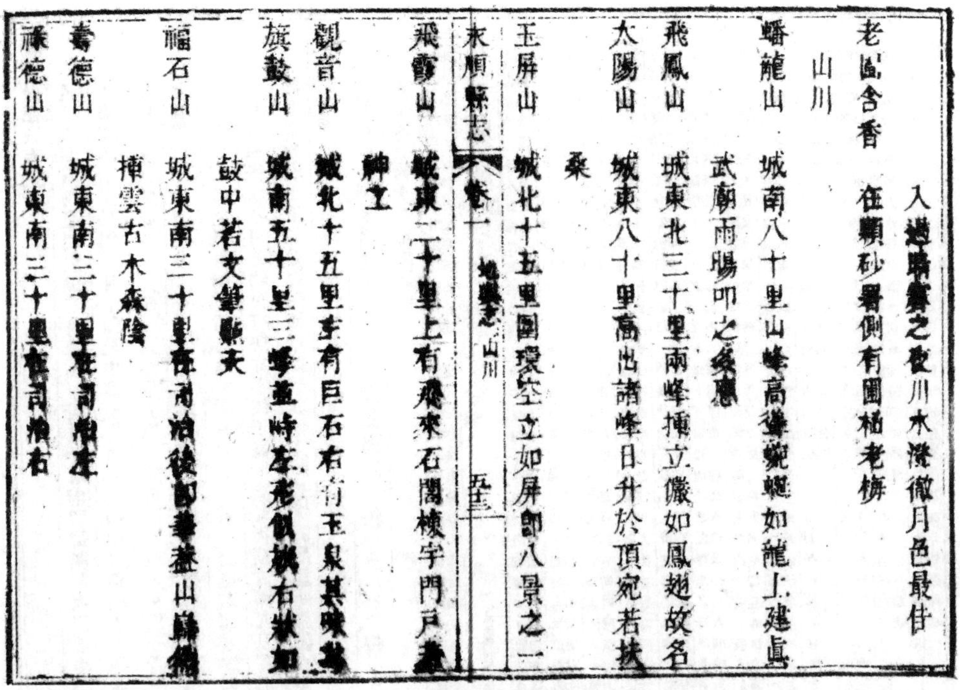

入邀晴霽之夜川水澄徹月色最佳
老圃含香　在顆砂署側有圃植老梅
山川
蟠龍山　城南八十里山峰高聳蜿蜒如龍上建眞
武廟雨暘叩之多應
飛鳳山　城東北三十里兩峰挿立儼如鳳翅故名
太陽山　城東八十里高出諸峰日升於頂宛若扶
桑
玉屏山　城北十五里圓環空立如屏即八景之一
永順縣志　卷一　地輿志　山川　五三
飛霞山　城東二十里上有飛來石閣棟宇門戶森
聳立
觀音山　城北十五里上有巨石右有玉泉其味甘
旗鼓山　城南五十里三峰並峙左形似旗右狀如
鼓中若文筆懸天
福石山　城東南三十里在司治後四圍叠山[illegible]
揷雲古木森陰
壽德山　城東南三十里在司治左
祿德山　城東南三十里在司治右

圖 清乾隆十年《永顺县志》"卷一·地舆志·形胜"载"颗砂八景·老圃含香"：在颗砂署侧有圃植老梅。

清同治《永顺县志》"卷之一·疆域志·古迹"载"老圃寒梅"：颗砂署侧，雪香扑鼻，雅淡宜人。

【观音岩八景】

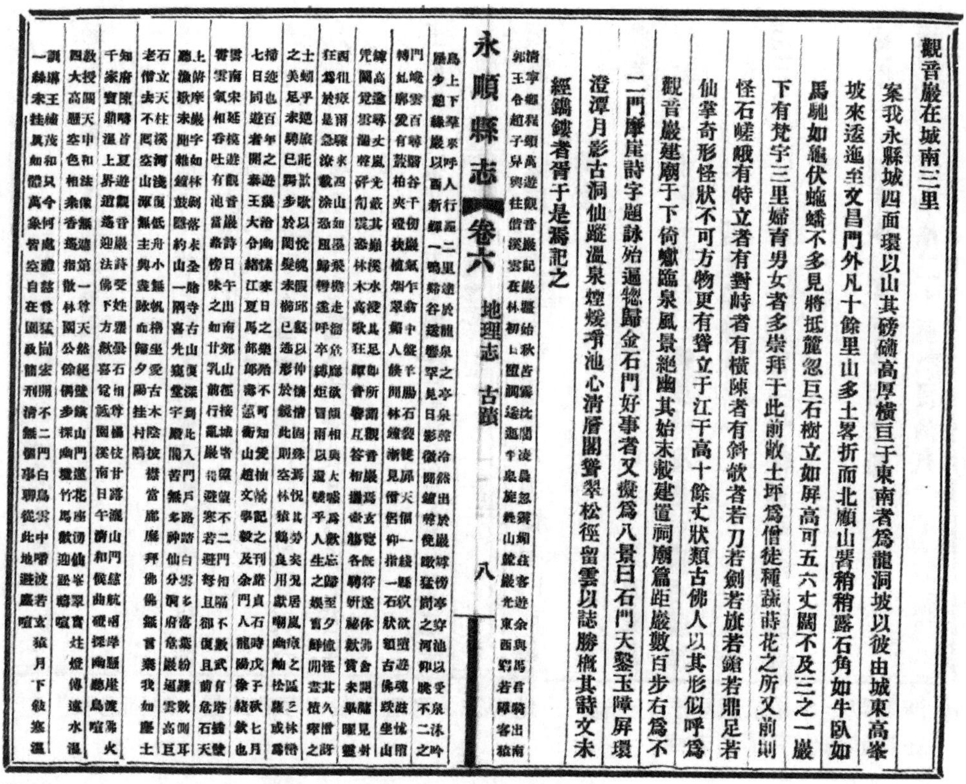

觀音巖在城南三里

案我永縣城四面環以山其磅礴高厚横亘于東南者爲龍洞坡以彼由城東高峯坡來逶迤至文昌門外凡十餘里山多土翠折而北顧山胥稍稍露石角如牛臥如馬馳如龜伏蜿蜒不多見將抵麓忽巨石樹立如屏高可五六丈闊不及三之一巖下有梵宇三里婦育男女者多崇拜于此前敞土坪爲僧徒種蔬蒔花之所又前則怪石嵯峨有特立者有對峙者有横陳者有斜欹者若刀若劍若旗若纛若鼎足若仙掌奇形怪狀不可方物更有聳立于江干高十餘丈狀類古佛人以其形似呼爲觀音巖建廟于下倚巘臨泉風景絕幽其始末載建置祠廟篇距巖數百步右爲不二門摩崖詩字題詠殆遍惚歸金石門好事者又擬爲八景曰石門天鑿玉障屏環澄潭月影古洞仙蹤溫泉煙煖淨池心清層閣聳翠松徑留雲以誌勝概其詩文未經鐫鑴者胥于是焉記之

永順縣志 卷六 地理志 古蹟 八

图 民国《永顺县志》“卷六·古迹”载“观音岩八景”

观音岩，位于永顺县不二门国家森林公园内。民国《永顺县志》“卷六·古迹”载“观音岩八景”：石门天凿、玉障屏环、澄潭月影、古洞仙踪、温泉烟暖、净池心清、层阁耸翠、松径留云。

【龙山八景】

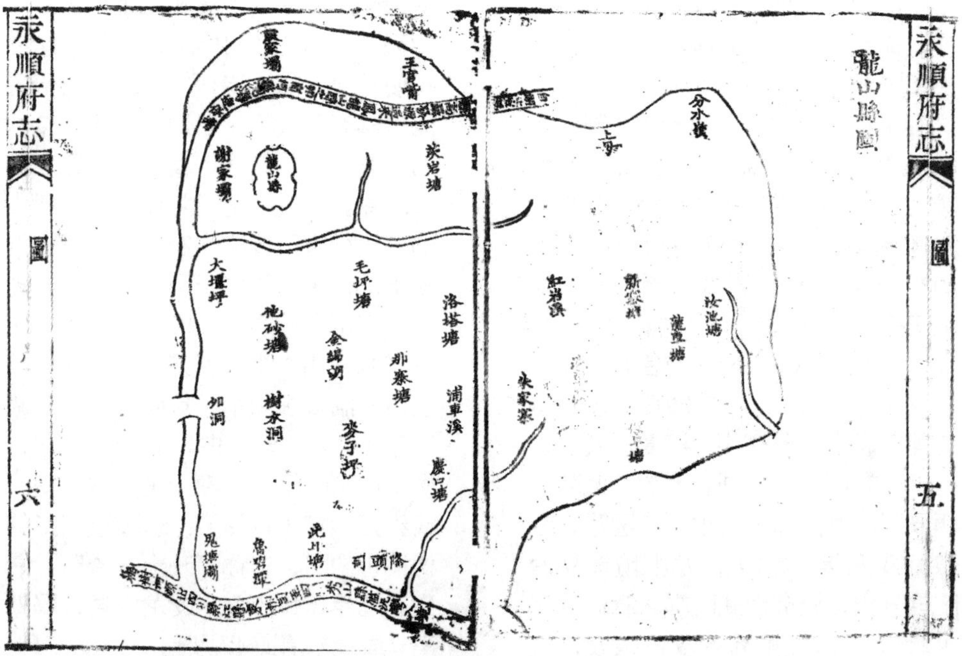

清乾隆《辰州府志》载“龙山县图”

娑羅樹縣西南二百一十里里耶河深潭底相傳前朝被水衝激周身遍生綠苔遇旱以巨纜曳之出水即雨每驗輒應

鼇水八景

松岡煙雨

蓮岫晴嵐

筆峯拱翠

古渡迴流

石井香泉

楓林古刹

永順府志 卷之二 山水續編 附勝蹟 五十二

獅頭晚照

魚洞春坡

桑植縣

金風巖城東五十里石筍林立風鳴若金奏

石窩柱城東北絕壁千仞巖巔一柱長丈餘風至則搖

棗兒埡巖形如馬約三丈餘水從巖口出

溫泉城西五十里泉從石罅出四時皆溫人多祓濯其間

九谿八景

風濤鐵井

清同治《永顺府志》载“龙山县鳌水八景”

龙山，唐禹时地属荆州，商周属濮地。春秋属楚国巫中地。秦昭王十九年（前 288），秦令司马错出蜀攻楚，占领巫中（今常德市），龙山属秦。次年楚收复巫中，龙山又属楚。秦昭王二十二年（前 285），秦郡守张若伐楚，占巫中郡及江南，置黔中郡，郡治在今沅陵县城西二十里，龙山又属秦。

秦统一中国，推行郡县制，龙山属黔中郡。西汉高祖元年（前 206），新置酉阳县，属黔中郡，龙山属酉阳县。西汉高祖五年（前 202），分黔中郡置武陵郡，龙山属武陵郡酉阳县。新莽改武陵郡为建平郡，东汉复改武陵郡，辖地不变。东汉献帝建安二十年（215），刘备与孙权联合，分荆州、江夏、长沙、桂阳以东属吴，南郡、零陵、武陵以西属蜀，龙山为蜀属地。三国时，昭烈章武元年（221），龙山境地从酉阳县分出，属蜀地武陵郡。章武二年（222），东吴派潘璇攻占武陵，龙山属吴。晋统一全国，沿袭汉时旧制，龙山仍属荆州武陵郡。南北朝之梁改为大乡县，陈废天门设沅陵郡，龙山仍为大乡县地，属沅陵郡。

隋代，龙山先属荆州，后属辰州沅陵郡。唐太宗贞观元年（627）分全国为十道。天授二年（691）分大乡县部分属地置溪州，龙山为溪州地。天宝元年（742），溪州升格，辖大乡、三亭二县，属黔中道。五代时，后梁封马殷为楚王，据有武陵各郡，并将溪州灵溪郡分为晢下、上溪、保静三州，龙山属上溪州蛮地。宋高宗绍兴二十四年（1154），广西经路安抚使吕愿中降谕诸蛮，实行以夷治夷的“羁縻”政策，县地由彭氏统辖，为羁縻上溪州蛮地，属荆湖北路。后又废除。元代。全国共设十一个行中书省，行省下设路、府、州、县等行政单位，龙山为白岩洞，属四川行省新添葛蛮安抚司。明代基本沿袭元代行省制。明太祖洪武三年（1370），改白岩洞属永顺军民宣慰使司。洪武五年（1372），升白岩洞为长官司，属湖广布政使司永顺军民宣慰使司。清雍正六年（1728），永顺土司彭肇槐纳土内附，史称“改土归流”。清雍正七年（1729），设龙山县，属湖南省辰沅永清道永顺府。

清嘉庆《龙山县志》载“八景图”。

据载，龙山古为鳖水。

清同治《永顺府志》载“鳖水八景”：松冈烟雨、莲岫晴岚、笔峰排翠、古渡回流、石井香泉、枫林古刹、狮头晚照、鱼洞春波。

[笔峰排翠]

清嘉庆《龙山县志》载“笔峰排翠图”

五里牌　在縣東南董補里懸崖千仞中有石凸出如列屏形方正合繩削縱横各丈餘崖石純青此獨瑩白類玉石

五指峯　在縣南一百六十里洗車溪西岸五峯環列圓纖如玉笋高矗雲霄儼然巨靈伸一臂

文筆山　在縣南一百六十里洗車溪南岸孤峯森秀狀如筆故名約高三百餘丈

雞公山　在縣東四里

舍人坡　在縣南一百五十里

龍山縣志　卷之三　山水　九

火石坡　在縣南一百八十里

揚山坡　在縣南一百五十里

土老虎坡　在縣南一百五十里

凡坡　在縣南一百二十里

長坡　在縣南五十里

岩峯塘　在縣南坡腳里界永順縣舊名三腳岩

補了坡　在縣南一百二十五里

鞋面坡　在縣西南九十五里

苦土坡　在縣西南一百里

清光绪《龙山县志》“卷之三·山水”载“文笔山”：在县南一百六十里洗车溪南岸，孤峰森秀，状如笔，故名，约高三百余丈。

[狮头晚照]

清嘉庆《龙山县志》载“狮头晚照图”

天馬山　有二一在縣東烏鴉河孤巒屏立懸崖上有石凸出如馬形尾鬣宛然昂首軒蹏具騰蹕之勢一在縣西南賈田溪層巔雲氣滃蒸雖大旱俄頃必雨其左右山常有雲然以卜雨候則不如其驗

桂英山　在縣東北五十里多桂樹居民數十家花時紛然黃雪點綴茅舍竹籬山徑出入有香風為迎送山下一溪環抱水甘冽居民取以烹茶采落英入湯內其味清馥異常

獅子山　在縣東十里如狻猊蹲踞狀草木蒙被毶毶

卷然首北嚮有洞穴如獅張口者穴容數十人中有碓磨蹟相傳為前人避兵所遺咸豐十一年粵寇犯境里人結砦其上寇不能攻望而去山極崇峻坿城巒岫四周以此為冠嶺

沙子坡　在縣南二十五里舊名老鄉臺其徑自下直上少盤折積徑皆沙石子偶雨雪卽滑澾難於行頂如甕口多大風貫入勢猶列撲人極晴明未嘗息嘉慶十八年知縣朱沛霖捐廉建廟宇其上易山名曰鎮風山

龍潭岩　在縣西南三十里兩山對峙中貫一溪路右

清光绪《龙山县志》“卷之三·山水”载“狮子山”：在县东十里，如狻猊蹲踞状，草木蒙被，毶毶卷然，首北向有洞穴，如狮张口者。穴容数十人，中有碓磨迹。相传为前人避兵所遗。咸丰十一年，粤寇犯境，里人结砦其上，寇不能攻，望而去。山极崇峻，附城峦岫四周，以此为冠岭。

[鱼洞春波]

清嘉庆《龙山县志》载“鱼洞春波图”

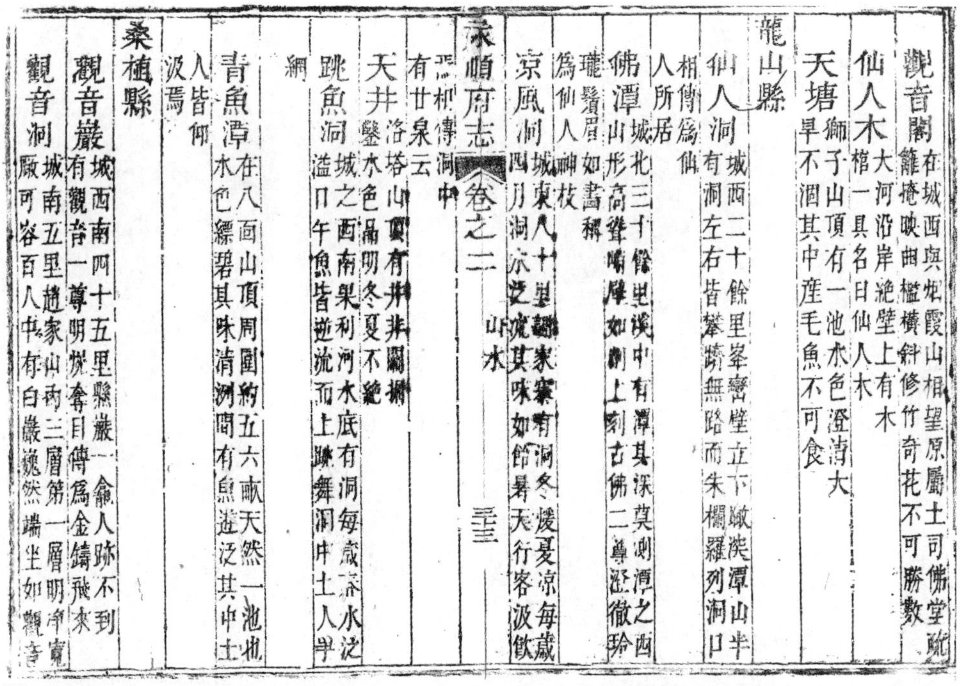

觀音閣在城西與棲霞山相望原屬土司佛堂疏籬掩映曲檻橫斜修竹奇花不可勝數

仙人木大河沿岸絕壁上有木棺一具名曰仙人木

天塘獅子山頂有一池水色澄清大旱不涸其中產毛魚不可食

龍山縣

仙人洞城西二十餘里峯巒壁立下瞰深潭山半有洞左右皆攀躋無路而朱欄羅列洞口相傳為仙人所居

佛潭城北三十餘里溪中有潭其深莫測潭之西山形高聳峭壁如削上刻古佛二尊澄徹玲瓏鬚眉如畫稱為仙人神枝

涼風洞城東八十里鄰家寨有洞冬煖夏涼每歲四月洞水泛溢其味如飴暑天行客汲飲

永順府志 卷之二 山水 卅三

相傳洞中有甘泉云

天井洛塔山頂有井非闢斯鑿水色晶明冬夏不絕

跳魚洞城之西南果利河水底有洞每歲春水泛溢日午魚皆逆流而上跳舞洞中土人爭網

青魚潭在八面山頂周圍約五六畝天然一池也水色縹碧其味清冽間有魚游泛其中土人皆仰汲焉

桑植縣

觀音巖城西南四十五里懸巖一線人跡不到有觀音一尊明燦奪目傳為金鑄飛來

觀音洞城南五里趙家山內三層第一層明淨寬廠可容百人中有白巖巍然端坐如觀音

清乾隆《永顺府志》“卷之二 · 山水”载“跳鱼洞”：城之西南果利河水底有洞，每岁春水泛溢，日午鱼皆逆流而上，跳舞洞中，土人争网。

[松冈烟雨]

清嘉庆《龙山县志》载“松冈烟雨图”

[莲岫晴岚]

▣ 清嘉庆《龙山县志》载“莲岫晴岚图”

[古渡回流]

清嘉庆《龙山县志》载“古渡回流图”

[石井香泉]

清嘉庆《龙山县志》载“石井香泉图”

[枫林古刹]

▣清嘉庆《龙山县志》载“枫林古刹图”

【后记】

《文脉·千年湖湘八景图典》荟萃湖湘“八景”文化，全书200万字（含图片），图文并茂，蔚然大观。

《文脉·千年湖湘八景图典》全书以湖南各市州、县市区分篇，周蕾负责长沙市、张家界市，叶聪负责株洲市、湘潭市，周伟平负责衡阳市、常德市，黄艳清负责邵阳市、娄底市，李旭丹负责永州市、益阳市，蔡立奇负责岳阳市、怀化市，宋昱君负责郴州市、湘西州的“八景”采编组稿。同时，蔡立奇还负责开篇“潇湘八景”的采编组稿。刘玉清负责排版、统稿和编辑工作。

感谢湖南省财政厅、湖南省地方志编纂院、湖南省图书馆、时代华文图书有限公司对《文脉·千年湖湘八景图典》全书策划、采编、审稿、出版工作所给予的大力支持。

因编者水平所囿，书中谬误之处，恳请读者及专家批评指正，以期再版时予以更正。

主要参考书目

《三才图会》（明）
中湘韶山毛氏二修族谱（光绪）
安福县志（道光）
安福县志（同治）
安化县志（嘉靖）
安化县志（嘉庆）
安化县志（同治）
安仁县志（乾隆）
安仁县志（道光）
安仁县志（同治）
安乡县志（康熙）
安乡县志（乾隆）
安乡县志（民国）
巴陵县志（光绪）
巴陵县志（嘉庆）
巴陵县志（同治）
巴陵乡土志（光绪）
白水纪胜（光绪）
宝庆府志（道光）
宝庆府志（道光）
宝庆府志（道光）
宝庆府志（隆庆）
保靖县志（同治）
茶陵州呈报咨询事宜清册（光绪）
茶陵州志（嘉靖）
茶陵州志（康熙）
茶陵州志（嘉庆）
茶陵州志（同治）
茶陵县志（同治）
常德府志（嘉靖）
常德府志（嘉庆）
郴州志（万历）
郴州总志（康熙）
直隶郴州志（乾隆）
郴州总志（嘉庆）
辰州府志（乾隆）
辰州府义田总记（道光）
辰溪县志（道光）
续增城步县志（乾隆）
城步县志（同治）

慈利县志（民国）
慈利县志（万历）
续增慈利县志（同治）
答复王委员整理湖南水道意见书（民国）
洞庭湖志（道光）
道州志（光绪）
道州志（嘉庆）
东安县志（乾隆）
东安县志（光绪）
凤凰厅志（乾隆）
凤凰厅志（道光）
凤凰厅志（光绪）
凤凰厅续志（光绪）
古丈坪厅志（光绪）
广湖南考古略（光绪）
桂东县志（乾隆）
桂东县志（嘉庆）
桂东县志（同治）
桂阳县志（同治）
直隶桂阳州志（乾隆）
桂阳直隶州志（同治）
桂阳州志（雍正）
桂阳县志（乾隆）
衡山县志（道光）
衡山县志（弘治，民国重印）
衡山县志（乾隆）
衡山县志（光绪）
衡阳县奉咨询各项事宜清册（光绪）
衡阳县志（乾隆）
衡阳县志（嘉庆）
衡阳县志（同治）
衡岳志（康熙）
衡州府志（嘉靖）
衡州府志（康熙）
衡州府志（乾隆）
湖南各县调查笔记（民国）
湖南疆域驿传总纂（光绪）
湖南考古略（光绪）
湖南全省舆地图表（光绪）
湖南全省舆地图表（清抄本）
湖南全省掌故备考（光绪）
湖南通志（光绪）
湖南通志（嘉庆）
湖南舆图说（光绪）
会同县志（光绪）
重修会同县志（乾隆）

华容县志（光绪）
华容县志（乾隆）
华容县咨询各项事宜清册（清抄本）
晃州厅志（道光）
江华县志（雍正）
江华县志（同治）
蕉花园合编桃花源志（光绪）
靖州志（康熙）
靖州直隶州志（光绪）
靖州乡土志（光绪）
直隶靖州志（乾隆）
嘉禾县志（乾隆）
嘉禾县志（万历）
嘉禾县志（同治）
嘉禾县图志（民国）
静园八景图题咏集（宣统）
蓝山县志（康熙）
蓝山县图志（民国）
耒阳县志（康熙）
耒阳县志（道光）
耒阳县志（光绪）
澧志举要（乾隆）
醴陵乡土志（民国）
醴陵县志（民国）
增修醴陵县志（乾隆）
醴陵县志（同治）
临武县志（同治）
临武县志（康熙）
临湘山志（民国十一年）
临湘山志（民国三十六年）
临湘山志（康熙）
临湘县志（同治）
零陵县志（光绪）
零陵县志（嘉庆）
零陵县志（康熙）
零志补零（嘉庆）
酃县志（乾隆）
酃县志（同治）
炎陵志（道光）
浏阳县志（嘉庆）
浏阳县志（同治）
浏阳县志（雍正）
龙山县志（嘉庆）
龙山县志（光绪）
龙山县志（同治）
龙山县志略（同治）

泸溪县志（乾隆）
麻阳县志（康熙）
新修麻阳县志（同治）
南岳全图（清末）
南岳小录（唐，清抄本）
南岳游记（民国）
南岳志（光绪）
南岳志（乾隆）
南岳总胜集（绍兴，光绪刻本）
宁乡县宾兴志（光绪）
宁乡县志（嘉庆）
宁乡县志（康熙）
宁乡县志（乾隆）
宁乡县新志（民国）
宁乡县志（民国）
宁乡县志（同治）
宁远县志（嘉庆）
宁远县志（乾隆）
平江县志（乾隆）
平江县志（嘉庆）
平江县志（同治）
祁阳县志（乾隆）
祁阳县志（嘉庆）
祁阳县志（民国）
祁阳县志（同治）
乾州志（乾隆）
乾州厅志（光绪）
黔阳县志（雍正）
黔阳县志（乾隆）
黔阳县志（同治）
清泉县志（乾隆）
清泉县志（同治）
汝城县志（民国）
桑植县志（乾隆）
桑植县志（同治）
善化县志（光绪）
善化县志（嘉庆）
善化县志（乾隆）
邵阳县志（康熙）
邵阳县志（乾隆）
邵阳县志（嘉庆）
邵阳县志（光绪）
邵阳县乡土志（光绪）
石门县志（嘉庆）
石门县志（康熙）
石门县志（同治）

石门县志（光绪）
绥宁县志（乾隆）
绥宁县志（同治）
桃花源志略（光绪）
桃源洞天志（乾隆）
桃源县志（万历）
桃源县志（道光）
桃源县志（光绪）
桃源县志（同治）
通道县志（嘉庆）
常宁县志（嘉庆）
常宁志（同治）
浯溪考（康熙）
浯溪新志（乾隆）
武冈州乡土志（光绪）
武冈州志（光绪）
武冈州志（嘉庆）
武冈州志（乾隆）
武冈州志（康熙）
武冈州志（同治）
武陵县志（同治二年）
武陵县志（同治七年，残本）
湘城访古录（光绪）
湘潭县地理图说（民国）
湘潭县志（光绪）
湘潭县志（嘉庆）
湘潭县志（乾隆）
湘乡县志（乾隆）
湘乡县志（道光）
湘乡县志（同治）
湘乡县志（康熙）
湘阴县图志（光绪）
湘阴县志（嘉靖三十三年）
湘阴县志（嘉靖四十四年）
湘阴县志（嘉庆）
湘阴县志（乾隆）
新化县志（同治）
新化县志（道光）
新化县志（乾隆）
重辑万历新宁县志（道光）
新宁县志（光绪）
新宁县志（康熙）
新田县志（嘉庆）
麻阳县志（康熙）
新修麻阳县志（同治）
兴宁县志（乾隆）

兴宁县志（道光）
兴宁县志（光绪）
永定卫志（康熙）
永定县志（嘉庆）
续修永定县志（同治）
永定乡土志（民国）
宜章县志（乾隆）
宜章县志（嘉庆）
溆浦县志（乾隆）
溆浦县志（同治）
溆浦县志（民国）
宜章县志（民国）
益阳县志（乾隆）
益阳县志（同治）
永顺府志（乾隆）
永顺府志（同治）
永顺县风土志（民国）
永顺县志（民国）
永顺县志（乾隆）
永顺县志（同治）
永绥厅志（宣统）
永绥直隶厅志（同治）
永兴县志（乾隆）
永兴县志（光绪）
永州府志（弘治）
永州府志（隆庆）
永州府志（康熙九年）
永州府志（康熙三十三年）
永州府志（道光）
永明县志（康熙）
岳州府志（弘治）
岳州府志（隆庆）
岳州府志（康熙）
岳州府志（乾隆）
岳阳风土记（民国）
攸县志（同治）
沅江白水浃案控诉呈文（民国）
沅江县志（嘉庆）
沅陵县志（康熙）
沅陵县志（同治）
沅州府志（乾隆）
沅州府志（同治）
凿石浦志（光绪）
长沙府浏阳县奉饬查询各项事宜清册（光绪）
长沙府益阳县箴言书院志（同治）
长沙府志（嘉靖）
长沙府志（康熙）
长沙府志（乾隆）

长沙贾太傅祠志（光绪）
长沙县学宫志（同治）
长沙县学宫志（咸丰）
长沙县续志（乾隆）
长沙县志（嘉庆）
长沙县志（同治）
直隶澧州志（同治）
直隶澧州志（道光）
直隶澧州志林（乾隆）
重修慈利县志（嘉庆）
龙阳县志（康熙）
龙阳县志（嘉庆）
重修龙阳县志（光绪）
芷江县志（乾隆）
芷江县志（同治）

图书在编目（CIP）数据

文脉：千年湖湘八景图典 / 赵涛，杨玲主编. -- 北京：北京时代华文书局，2021.9
ISBN 978-7-5699-4250-7

Ⅰ. ①文… Ⅱ. ①赵… ②杨… Ⅲ. ①名胜古迹－湖南－图集 Ⅳ. ① K928.706.4-64

中国版本图书馆 CIP 数据核字 (2021) 第 139210 号

文脉·千年湖湘八景图典
WENMAI · QIANNIAN HUXIANG BAJING TUDIAN

名誉主编 | 夏义生
主　　编 | 赵　涛　杨　玲

出 版 人 | 陈　涛
责任编辑 | 徐敏峰　周海燕
执行编辑 | 韩明慧
装帧设计 | 刘秋香
责任印制 | 訾　敬

出版发行 | 北京时代华文书局 http://www.bjsdsj.com.cn
北京市东城区安定门外大街 136 号皇城国际大厦 A 座 8 楼
邮编：100011　电话：010－64267955　64267677
印　　刷 | 湖南省美如画彩色印刷有限公司　　0731-84434509
（如发现印装质量问题，请与印刷厂联系调换）
开　　本 | 889mm×1194mm　1/16　　印　　张 | 79.5　　字　　数 | 2165 千字
版　　次 | 2021 年 8 月第 1 版　　印　　次 | 2021 年 8 月第 1 次印刷
书　　号 | ISBN 978-7-5699-4250-7
定　　价 | 500.00 元